W9-BPN-417

LAROUSSE

PETIT DICTIONNAIRE

FRANÇAIS-ANGLAIS
ANGLAIS-FRANÇAIS

LAROUSSE

ISBN 2-03-401761-7
Larousse, Paris
Diffusion/Sales Les Éditions Françaises Inc., Boucherville, Québec

ISBN 2-03-430650-3
Diffusion/Sales Larousse plc, London

Printed in France

LAROUSSE

SCHOOL

FRENCH-ENGLISH
ENGLISH-FRENCH

DICTIONARY

LAROUSSE

Réalisé par / Produced by
LAROUSSE

Direction de l'ouvrage
General Editor
CATHERINE E. LOVE

Rédaction
Editors
WENDY LEE   PATRICK WHITE   CATHERINE JULIA
CALLUM BRINES   LESLIE GALLMANN   HILARY MACARTNEY
MARGARET NICOLSON   CLAUDE NIMMO
CÉCILE VANWALLEGHEM

AU LECTEUR

L e PETIT DICTIONNAIRE LAROUSSE est le compagnon idéal de tous ceux qui apprennent l'anglais.

Cet ouvrage apporte une réponse rapide et claire au plus grand nombre des questions posées par l'apprentissage de l'anglais d'aujourd'hui. Avec plus de 55.000 mots et expressions éclairés par plus de 80.000 traductions, comprenant de nombreux sigles, abréviations et noms propres, il permet d'accéder à un large éventail de textes.

Le traitement détaillé du vocabulaire fondamental, les exemples de constructions grammaticales, les tournures idiomatiques, les indications de sens soulignant la traduction appropriée permettent de s'exprimer de manière claire et correcte et guideront l'usager vers une meilleure maîtrise de l'anglais.

N'hésitez pas à nous faire part de vos observations, questions ou critiques éventuelles, vous contribuerez ainsi à rendre cet ouvrage encore meilleur.

L'ÉDITEUR

TO OUR READERS

T he LAROUSSE SCHOOL DICTIONARY is the perfect companion for all students learning French at secondary-school level.

This handy dictionary is designed to provide fast and clear solutions to the various problems encountered when studying present-day French. With over 55,000 references and over 80,000 translations, including many common abbreviations and proper names, it enables the student to understand and enjoy a wide range of reading material.

Writing idiomatic French with confidence is no longer a problem thanks to the SCHOOL DICTIONARY's detailed coverage of essential vocabulary and helpful sense-markers which guide the user to the most appropriate translation.

Send us your comments or queries – you will be helping to make this dictionary an even better book.

THE PUBLISHER

ABBREVIATIONS _____ ABRÉVIATIONS

abbreviation	*abbr/abr*	abréviation
adjective	*adj*	adjectif
administration, administrative	ADMIN	administration
adverb	*adv*	adverbe
aeronautics, aviation	AERON/AÉRON	aéronautique
agriculture, farming	AGR(IC)	agriculture
American English	*Am*	anglais américain
anatomy	ANAT	anatomie
archaeology	ARCHAEOL/ARCHÉOL	archéologie
architecture	ARCHIT	architecture
slang	*arg*	argot
article	*art*	article
astrology	ASTROL	astrologie
astronomy	ASTRON	astronomie
automobile, cars	AUT(OM)	automobile
auxiliary	*aux*	auxiliaire
before noun	*avant n*	avant le nom

before noun — indicates that the translation is always used directly before the noun which it modifies

avant le nom — appliqué à la traduction d'un adjectif français, indique l'emploi d'un nom anglais avec valeur d'adjectif ; souligne aussi les cas où la traduction d'un adjectif est nécessairement antéposée

Belgian French	*Belg*	belgicisme
biology	BIOL	biologie
botany	BOT	botanique
British English	*Br*	anglais britannique
Canadian English/French	*Can*	canadianisme
chemistry	CHEM/CHIM	chimie
cinema, film-making	CIN(EMA)	cinéma
commerce, business	COMM	commerce
compound	*comp*	nom anglais utilisé en apposition
comparative	*compar*	comparatif
computers, computer science	COMPUT	informatique
conjunction	*conj*	conjonction
construction, building trade	CONSTR	construction, bâtiment
continuous	*cont*	progressif
sewing	COUT	couture
culinary, cooking	CULIN	cuisine, art culinaire
definite	*def/déf*	défini
demonstrative	*dem*	démonstratif
ecology	ÉCOL	écologie
economics	ECON/ÉCON	économie
electricity	ELEC/ÉLECTR	électricité

electronics	ELECTRON/ÉLECTRON	électronique
especially	*esp*	particulièrement
exclamation	*excl*	interjection
feminine	*f*	féminin
informal	*fam*	familier
figurative	*fig*	figuré
finance, financial	FIN	finances
formal	*fml*	soutenu
soccer	FTBL	football
inseparable	*fus*	non séparable
– shows that a phrasal verb is "fused", i.e. inseparable, e.g. **look after** where the object cannot come between the verb and the particle, e.g. *I looked after him* but not * *I looked him after*		– indique qu'un verbe anglais à particule ("phrasal verb") ne peut pas être séparé de sa particule, c'est-à-dire qu'un complément d'objet ne peut être inséré entre les deux, par exemple, *I looked after him* et non * *I looked him after*
generally, in most cases	*gen/gén*	généralement
geography, geographical	GEOGR/GÉOGR	géographie
geology, geological	GEOL/GÉOL	géologie
geometry	GEOM/GÉOM	géométrie
grammar	GRAM(M)	grammaire
Swiss French	*Helv*	helvétisme
history	HIST	histoire
humorous	*hum*	humoristique
industry	IND	industrie
indefinite	*indef/indéf*	indéfini
informal	*inf*	familier
infinitive	*infin*	infinitif
computers, computer science	INFORM	informatique
exclamation	*interj*	interjection
interrogative	*interr*	interrogatif
invariable	*inv*	invariable
ironic	*iro/iron*	ironique
juridical, legal	JUR	juridique
linguistics	LING	linguistique
literal	*lit/litt*	littéral
phrase(s)	*loc*	locution(s)
adjectival phrase	*loc adj*	locution adjectivale
adverbial phrase	*loc adv*	locution adverbiale
conjunctive phrase	*loc conj*	locution conjonctive
prepositional phrase	*loc prép*	locution prépositionnelle
– adjectives, adverbs and prepositions consisting of more than one word, e.g. **d'affilée, par dépit**		– adjectifs, adverbes et prépositions composés de plusieurs mots, **d'affilée, par dépit,** par exemple
masculine	*m*	masculin
mathematics	MATH(S)	mathématiques
medicine	MED/MÉD	médecine

weather, meteorology	METEOR/ MÉTÉOR	météorologie
military	MIL	domaine militaire
music	MUS	musique
mythology	MYTH	mythologie
noun	*n*	nom
nautical, maritime	NAUT/NAVIG	navigation
numeral	*num*	numéral
oneself	*o.s.*	
pejorative	*pej/péj*	péjoratif
personal	*pers*	personnel
pharmacology, pharmaceutics	PHARM	pharmacologie
philosophy	PHILO	philosophie
photography	PHOT	photographie
phrase(s)	*phr*	locution(s)
physics	PHYS	physique
plural	*pl*	pluriel
politics	POL(IT)	politique
possessive	*poss*	possessif
past participle	*pp*	participe passé
present participle	*ppr*	participe présent
preposition	*prep/prép*	préposition
pronoun	*pron*	pronom
psychology, psychiatry	PSYCH(OL)	psychologie
past tense	*pt*	passé
	qqch	quelque chose
	qqn	quelqu'un
registered trademark	®	nom déposé
railways	RAIL	rail
relative	*rel*	relatif
religion	RELIG	religion
someone, somebody	*sb*	
school	SCH/SCOL	scolarité
Scottish English	*Scot*	anglais écossais
separable	*sep*	séparable
– shows that a phrasal verb is separable, e.g. **let in, help out** where the object can come between the verb and the particle, *I let her in, he helped me out*		– indique qu'un verbe anglais à post-position ("phrasal verb") peut être séparé de sa particule, c'est-à-dire qu'un complément d'objet peut être inséré entre les deux, par exemple *I let her in, he helped me out*
singular	*sg*	singulier
slang	*sl*	argot
sociology	SOCIOL	sociologie
formal	*sout*	soutenu
stock exchange	ST EX	Bourse
something	*sthg*	

subject	subj/suj	sujet
superlative	superl	superlatif
technology, technical	TECH(NOL)	domaine technique et technologique
telecommunications	TELEC/TÉLÉCOM	télécommunications
very informal	tfam	très familier
television	TV/TÉLÉ	télévision
printing, typography	TYPO	typographie
uncountable noun	U	substantif non comptable
university	UNIV	université
usually	usu	habituellement
link verb followed by a predicative adjective or noun	v attr	verbe suivi d'un attribut
verb	vb/v	verbe
veterinary science	VETER	médecine vétérinaire
intransitive verb	vi	verbe intransitif
impersonal verb	v impers	verbe impersonnel
very informal	v inf	très familier
pronominal verb	vp	verbe pronominal
transitive verb	vt	verbe transitif
vulgar	vulg	vulgaire
zoology	ZOOL	zoologie
cultural equivalent	≈	équivalence culturelle

A NOTE ON ENGLISH COMPOUNDS

A compound is a word or expression which has a single meaning but is made up of more than one word, e.g. **point of view**, **kiss of life**, **virtual reality**, **West Indies** and **Confederation of British Industry**. It is a feature of this dictionary that English compounds appear in the A-Z list in strict alphabetical order. The compound **blood poisoning** will therefore come after **bloodhound** which itself follows **blood group**.

TRADEMARKS

Words considered to be trademarks have been designated in this dictionary by the symbol ®. However, neither the presence nor the absence of such designation should be regarded as affecting the legal status of any trademark.

MOTS COMPOSÉS ANGLAIS

On désigne par composés des entités lexicales ayant un sens autonome mais qui sont composées de plus d'un mot. Nous avons pris le parti de faire figurer les composés anglais dans l'ordre alphabétique général. Le composé **blood poisoning** est ainsi présenté après **bloodhound** qui suit **blood group**.

NOMS DE MARQUE

Les noms de marque sont désignés dans ce dictionnaire par le symbole ®. Néanmoins, ni ce symbole ni son absence éventuelle ne peuvent être considérés comme susceptibles d'avoir une incidence quelconque sur le statut légal d'une marque.

PHONETIC TRANSCRIPTION_____TRANSCRIPTION PHONÉTIQUE

English Vowels

[ɪ]	pit, big, rid
[e]	pet, tend
[æ]	pat, bag, mad
[ʌ]	putt, cut
[ɒ]	pot, log
[ʊ]	put, full
[ə]	mother, suppose
[iː]	bean, weed
[ɑː]	barn, car, laugh
[ɔː]	born, lawn
[uː]	loop, loose
[ɜː]	burn, learn, bird

English Diphthongs

[eɪ]	bay, late, great
[aɪ]	buy, light, aisle
[ɔɪ]	boy , foil
[əʊ]	no, road, blow
[aʊ]	now, shout, town
[ɪə]	peer, fierce, idea
[eə]	pair, bear, share
[ʊə]	poor, sure, tour

Semi-vowels

you, spaniel	[j]
wet, why, twin	[w]

Consonants

pop, people	[p]
bottle, bib	[b]
train, tip	[t]
dog, did	[d]
come, kitchen	[k]
gag, great	[g]
chain, wretched	[tʃ]
jig, fridge	[dʒ]
fib, physical	[f]
vine, livid	[v]
think, fifth	[θ]
this, with	[ð]
seal, peace	[s]

Voyelles françaises

[i]	fille, île
[e]	pays, année
[ɛ]	bec, aime
[a]	lac, papillon
[ɑ]	tas, âme
[o]	drôle, aube
[u]	outil, goût
[y]	usage, lune
[ø]	aveu, jeu
[œ]	peuple, bœuf
[ə]	le, je

Nasales françaises

[ɛ̃]	limbe, main
[ɑ̃]	champ, ennui
[ɔ̃]	ongle, mon
[œ̃]	parfum, brun

Semi-voyelles

yeux, lieu	
ouest, oui	
[ɥ]	lui, nuit

Consonnes

prendre, grippe	
bateau, rosbif	
théâtre, temps	
dalle, ronde	
coq, quatre	
garder, épilogue	
physique, fort	
voir, rive	
cela, savant	

zip, his	[z]	fraise, zéro	
sheep, machine	[ʃ]	charrue, schéma	
usual, measure	[ʒ]	rouge, jabot	
how, perhaps	[h]		
metal, comb	[m]	mât, drame	
night, dinner	[n]	nager, trône	
sung, parking	[ŋ]		
	[ɲ]	agneau, peigner	
little, help	[l]	halle, lit	
right, carry	[r]	arracher, sabre	

The symbol ['] has been used to represent the French "h aspiré", e.g. **hachis** ['aʃi].

Le symbole ['] représente le "h aspiré" français, e.g. **hachis** ['aʃi].

The symbol ['] indicates that the following syllable carries primary stress and the symbol [ˌ] that the following syllable carries secondary stress.

Les symboles ['] et [ˌ] indiquent respectivement un accent primaire et un accent secondaire sur la syllabe suivante.

The symbol [ʳ] in English phonetics indicates that the final "r" is pronounced only when followed by a word beginning with a vowel. Note that it is nearly always pronounced in American English.

Le symbole [ʳ] indique que le "r" final d'un mot anglais ne se prononce que lorsqu'il forme une liaison avec la voyelle du mot suivant; le "r" final est presque toujours prononcé en anglais américain.

A phonetic transcription has been given where appropriate after every French headword (the main word which starts an entry). All one-word English headwords similarly have phonetics. For English compound headwords, whether hyphenated or of two or more words, phonetics are given for any element which does not appear elsewhere in the dictionary as a headword in its own right.

Une transcription phonétique – quand elle a été jugée nécessaire – suit chaque libellé (terme-vedette de l'entrée) français, ainsi que chaque libellé anglais écrit en un seul mot. Pour les mots composés anglais (avec ou sans trait d'union, et composés de deux éléments ou plus), la phonétique est présente pour ceux des éléments qui n'apparaissent pas dans le dictionnaire en tant que libellé à part entière.

CONJUGAISONS

Légende: *ppr* = participe présent, *pp* = participe passé, *pr ind* = présent de l'indicatif, *imp* = imparfait, *fut* = futur, *cond* = conditionnel, *pr subj* = présent du subjonctif

acquérir: *pp* acquis, *pr ind* acquiers, acquérons, acquièrent, *imp* acquérais, *fut* acquerrai, *pr subj* acquière

aller: *pp* allé, *pr ind* vais, vas, va, allons, allez, vont, *imp* allais, *fut* irai, *cond* irais, *pr subj* aille

asseoir: *ppr* asseyant, *pp* assis, *pr ind* assieds, asseyons, *imp* asseyais, *fut* assiérai, *pr subj* asseye

atteindre: *ppr* atteignant, *pp* atteint, *pr ind* atteins, atteignons, *imp* atteignais, *pr subj* atteigne

avoir: *ppr* ayant, *pp* eu, *pr ind* ai, as, a, avons, avez, ont, *imp* avais, *fut* aurai, *cond* aurais, *pr subj* aie, aies, ait, ayons, ayez, aient

boire: *ppr* buvant, *pp* bu, *pr ind* bois, buvons, boivent, *imp* buvais, *pr subj* boive

conduire: *ppr* conduisant, *pp* conduit, *pr ind* conduis, conduisons, *imp* conduisais, *pr subj* conduise

connaître: *ppr* connaissant, *pp* connu, *pr ind* connais, connaît, connaissons, *imp* connaissais, *pr subj* connaisse

coudre: *ppr* cousant, *pp* cousu, *pr ind* couds, cousons, *imp* cousais, *pr subj* couse

courir: *pp* couru, *pr ind* cours, courons, *imp* courais, *fut* courrai, *pr subj* coure

couvrir: *pp* couvert, *pr ind* couvre, couvrons, *imp* couvrais, *pr subj* couvre

craindre: *ppr* craignant, *pp* craint, *pr ind* crains, craignons, *imp* craignais, *pr subj* craigne

croire: *ppr* croyant, *pp* cru, *pr ind* crois, croyons, croient, *imp* croyais, *pr subj* croie

cueillir: *pp* cueilli, *pr ind* cueille, cueillons, *imp* cueillais, *fut* cueillerai, *pr subj* cueille

devoir: *pp* dû, due, *pr ind* dois, devons, doivent, *imp* devais, *fut* devrai, *pr subj* doive

dire: *ppr* disant, *pp* dit, *pr ind* dis, disons, dites, disent, *imp* disais, *pr subj* dise

dormir: *pp* dormi, *pr ind* dors, dormons, *imp* dormais, *pr subj* dorme

écrire: *ppr* écrivant, *pp* écrit, *pr ind* écris, écrivons, *imp* écrivais, *pr subj* écrive

essuyer: *pp* essuyé, *pr ind* essuie, essuyons, essuient, *imp* essuyais, *fut* essuierai, *pr subj* essuie

être: *ppr* étant, *pp* été, *pr ind* suis, es, est, sommes, êtes, sont, *imp* étais, *fut* serai, *cond* serais, *pr subj* sois, sois, soit, soyons, soyez, soient

faire: *ppr* faisant, *pp* fait, *pr ind* fais, fais, fait, faisons, faites, font, *imp* faisais, *fut* ferai, *cond* ferais, *pr subj* fasse

falloir: *pp* fallu, *pr ind* faut, *imp* fallait, *fut* faudra, *pr subj* faille

FINIR: *ppr* finissant, *pp* fini, *pr ind* finis, finis, finit, finissons, finissez, finissent, *imp* finissais, finissais, finissait, finissions, finissiez, finissaient, *fut* finirai, finiras, finira, finirons, finirez, finiront, *cond* finirais, finirais, finirait, finirions, finiriez, finiraient, *pr subj* finisse, finisses, finisse, finissions, finissiez, finissent

fuir: *ppr* fuyant, *pp* fui, *pr ind* fuis, fuyons, fuient, *imp* fuyais, *pr subj* fuie

haïr: *ppr* haïssant, *pp* haï, *pr ind* hais, haïssons, *imp* haïssais, *pr subj* haïsse

joindre: *comme* **atteindre**

lire: *ppr* lisant, *pp* lu, *pr ind* lis, lisons, *imp* lisais, *pr subj* lise

mentir: *pp* menti, *pr ind* mens, mentons, *imp* mentais, *pr subj* mente

mettre: *ppr* mettant, *pp* mis, *pr ind* mets, mettons, *imp* mettais, *pr subj* mette

mourir: *pp* mort, *pr ind* meurs, mourons, meurent, *imp* mourais, *fut* mourrai, *pr subj* meure

naître: *ppr* naissant, *pp* né, *pr ind* nais, naît, naissons, *imp* naissais, *pr subj* naisse

offrir: *pp* offert, *pr ind* offre, offrons, *imp* offrais, *pr subj* offre

paraître: *comme* **connaître**

PARLER: *ppr* parlant, *pp* parlé, *pr ind* parle, parles, parle, parlons, parlez, parlent, *imp* parlais, parlais, parlait, parlions, parliez, parlaient, *pr fut* parlerai, parleras, parlera, parlerons, parlerez, parleront, *cond* parlerais, parlerais, parlerait, parlerions, parleriez, parleraient, *pr subj* parle, parles, parle, parlions, parliez, parlent

partir: *pp* parti, *pr ind* pars, partons, *imp* partais, *pr subj* parte

plaire: *ppr* plaisant, *pp* plu, *pr ind* plais, plaît, plaisons, *imp* plaisais, *pr subj* plaise

pleuvoir: *pp* plu, *pr ind* pleut, *imp* pleuvait, *fut* pleuvra, *pr subj* pleuve

pouvoir: *pp* pu, *pr ind* peux, peux, peut, pouvons, pouvez, peuvent, *imp* pouvais, *fut* pourrai, *pr subj* puisse

prendre: *ppr* prenant, *pp* pris, *pr ind* prends, prenons, prennent, *imp* prenais, *pr subj* prenne

prévoir: *ppr* prévoyant, *pp* prévu, *pr ind* prévois, prévoyons, prévoient, *imp* prévoyais, *fut* prévoirai, *pr subj* prévoie

recevoir: *pp* reçu, *pr ind* reçois, recevons, reçoivent, *imp* recevais, *fut* recevrai, *pr subj* reçoive

RENDRE: *ppr* rendant, *pp* rendu, *pr ind* rends, rends, rend, rendons, rendez, rendent, *imp* rendais, rendais, rendait, rendions, rendiez, rendaient, *fut* rendrai, rendras, rendra, rendrons, rendrez, rendront, *cond* rendrais, rendrais, rendrait, rendrions, rendriez, rendraient, *pr subj* rende, rendes, rende, rendions, rendiez, rendent

résoudre: *ppr* résolvant, *pp* résolu, *pr ind* résous, résolvons, *imp* résolvais, *pr subj* résolve

rire: *ppr* riant, *pp* ri, *pr ind* ris, rions, *imp* riais, *pr subj* rie

savoir: *ppr* sachant, *pp* su, *pr ind* sais, savons, *imp* savais, *fut* saurai, *pr subj* sache

servir: *pp* servi, *pr ind* sers, servons, *imp* servais, *pr subj* serve

sortir: *comme* **partir**

suffire: *ppr* suffisant, *pp* suffi, *pr ind* suffis, suffisons, *imp* suffisais, *pr subj* suffise

suivre: *ppr* suivant, *pp* suivi, *pr ind* suis, suivons, *imp* suivais, *pr subj* suive

taire: *ppr* taisant, *pp* tu, *pr ind* tais, taisons, *imp* taisais, *pr subj* taise

tenir: *pp* tenu, *pr ind* tiens, tenons, tiennent, *imp* tenais, *fut* tiendrai, *pr subj* tienne

vaincre: *ppr* vainquant, *pp* vaincu, *pr ind* vaincs, vainc, vainquons, *imp* vainquais, *pr subj* vainque

valoir: *pp* valu, *pr ind* vaux, valons, *imp* valais, *fut* vaudrai, *pr subj* vaille

venir: *comme* **tenir**

vivre: *ppr* vivant, *pp* vécu, *pr ind* vis, vivons, *imp* vivais, *pr subj* vive

voir: *ppr* voyant, *pp* vu, *pr ind* vois, voyons, voient, *imp* voyais, *fut* verrai, *pr subj* voie

vouloir: *pp* voulu, *pr ind* veux, veux, veut, voulons, voulez, veulent, *imp* voulais, *fut* voudrai, *pr subj* veuille

ENGLISH IRREGULAR VERBS

INFINITIVE	PAST TENSE	PAST PARTICIPLE	INFINITIVE	PAST TENSE	PAST PARTICIPLE
arise	arose	arisen	**feed**	fed	fed
awake	awoke	awoken	**feel**	felt	felt
be	was, were	been	**fight**	fought	fought
bear	bore	born(e)	**find**	found	found
beat	beat	beaten	**flee**	fled	fled
befall	befell	befallen	**fling**	flung	flung
begin	began	begun	**fly**	flew	flown
behold	beheld	beheld	**forget**	forgot	forgotten
bend	bent	bent	**forsake**	forsook	forsaken
beseech	besought	besought	**freeze**	froze	frozen
beset	beset	beset	**get**	got	got (*Am* gotten)
bet	bet (betted)	bet (betted)	**give**	gave	given
bid	bid (bade)	bid (bidden)	**go**	went	gone
bind	bound	bound	**grind**	ground	ground
bite	bit	bitten	**grow**	grew	grown
bleed	bled	bled	**hang**	hung	hung
blow	blew	blown		(hanged)	(hanged)
break	broke	broken	**have**	had	had
breed	bred	bred	**hear**	heard	heard
bring	brought	brought	**hide**	hid	hidden
build	built	built	**hit**	hit	hit
burn	burnt	burnt	**hold**	held	held
	(burned)	(burned)	**hurt**	hurt	hurt
burst	burst	burst	**keep**	kept	kept
buy	bought	bought	**kneel**	knelt	knelt
can	could	–		(kneeled)	(kneeled)
cast	cast	cast	**know**	knew	known
catch	caught	caught	**lay**	laid	laid
choose	chose	chosen	**lead**	led	led
cling	clung	clung	**lean**	leant	leant
come	came	come		(leaned)	(leaned)
cost	cost	cost	**leap**	leapt	leapt
creep	crept	crept		(leaped)	(leaped)
cut	cut	cut	**learn**	learnt	learnt
deal	dealt	dealt		(learned)	(learned)
dig	dug	dug	**leave**	left	left
do	did	done	**lend**	lent	lent
draw	drew	drawn	**let**	let	let
dream	dreamed	dreamed	**lie**	lay	lain
	(dreamt)	(dreamt)	**light**	lit	lit
drink	drank	drunk		(lighted)	(lighted)
drive	drove	driven	**lose**	lost	lost
dwell	dwelt	dwelt	**make**	made	made
eat	ate	eaten	**may**	might	–
fall	fell	fallen	**mean**	meant	meant

INFINITIVE	PAST TENSE	PAST PARTICIPLE	INFINITIVE	PAST TENSE	PAST PARTICIPLE
meet	met	met	**spell**	spelt	spelt
mow	mowed	mown		(spelled)	(spelled)
		(mowed)	**spend**	spent	spent
pay	paid	paid	**spill**	spilt	spilt
put	put	put		(spilled)	(spilled)
quit	quit	quit	**spin**	spun	spun
	(quitted)	(quitted)	**spit**	spat	spat
read	read	read	**split**	split	split
rend	rent	rent	**spoil**	spoiled	spoiled
rid	rid	rid		(spoilt)	(spoilt)
ride	rode	ridden	**spread**	spread	spread
ring	rang	rung	**spring**	sprang	sprung
rise	rose	risen	**stand**	stood	stood
run	ran	run	**steal**	stole	stolen
saw	sawed	sawn	**stick**	stuck	stuck
say	said	said	**sting**	stung	stung
see	saw	seen	**stink**	stank	stunk
seek	sought	sought	**stride**	strode	stridden
sell	sold	sold	**strike**	struck	struck
send	sent	sent			(stricken)
set	set	set	**strive**	strove	striven
shake	shook	shaken	**swear**	swore	sworn
shall	should	–	**sweep**	swept	swept
shear	sheared	shorn	**swell**	swelled	swollen
		(sheared)			(swelled)
shed	shed	shed	**swim**	swam	swum
shine	shone	shone	**swing**	swung	swung
shoot	shot	shot	**take**	took	taken
show	showed	shown	**teach**	taught	taught
shrink	shrank	shrunk	**tear**	tore	torn
shut	shut	shut	**tell**	told	told
sing	sang	sung	**think**	thought	thought
sink	sank	sunk	**throw**	threw	thrown
sit	sat	sat	**thrust**	thrust	thrust
slay	slew	slain	**tread**	trod	trodden
sleep	slept	slept	**wake**	woke	woken
slide	slid	slid		(waked)	(waked)
sling	slung	slung	**wear**	wore	worn
slit	slit	slit	**weave**	wove	woven
smell	smelt	smelt		(weaved)	(weaved)
	(smelled)	(smelled)	**wed**	wedded	wedded
sow	sowed	sown	**weep**	wept	wept
		(sowed)	**win**	won	won
speak	spoke	spoken	**wind**	wound	wound
speed	sped	sped	**wring**	wrung	wrung
	(speeded)	(speeded)	**write**	wrote	written

a¹, A [a] *nm inv* a, A; **de A à Z** from beginning to end.
♦ **Á -1.** (*abr de* **ampère**) A, amp. **-2.** (*abr de* **autoroute**) M.

a² → **avoir**.

à [a] *prép* (*contraction de à + le =* **au**, *contraction de à + les =* **aux**) **-1.** [introduisant un complément d'objet indirect] to; **parler à qqn** to speak to sb; **donner qqch à qqn** to give sthg to sb, to give sb sthg. **-2.** [introduisant un complément de lieu - situation] at, in; [- direction] to; **être à la maison/au bureau** to be at home/at the office; **il habite à Paris/à la campagne** he lives in Paris/in the country; **aller à Paris/à la campagne/au Pérou** to go to Paris/to the country/to Peru; **un voyage à Londres/aux Seychelles** a journey to London/to the Seychelles. **-3.** [introduisant un complément de temps]: **à onze heures** at eleven o'clock; **au mois de février** in the month of February; **à lundi!** see you (on) Monday!; **à plus tard!** see you later!; **de huit à dix heures** from eight to ten o'clock; **se situer à une heure/à 10 kilomètres de l'aéroport** to be situated an hour/10 kilometres (away) from the airport. **-4.** [introduisant un complément de manière, de moyen]: **à haute voix** out loud, aloud; **rire aux éclats** to roar with laughter; **agir à son gré** to do as one

pleases; **acheter à crédit** to buy on credit; **à pied/cheval** on foot/horseback. **-5.** [indiquant une caractéristique] with; **une fille aux cheveux longs** a girl with long hair; **l'homme à l'imperméable** the man with the raincoat. **-6.** [introduisant un chiffre]: **ils sont venus à dix** ten of them came; **un livre à 30 francs** a 30-franc book, a book costing 30 francs; **la vitesse est limitée à 50 km à l'heure** the speed limit is 50 km per OU an hour; **un groupe de 10 à 12 personnes** a group of 10 to 12 people, a group of between 10 and 12 people; **deux à deux** two by two. **-7.** [marque l'appartenance]: **c'est à moi/toi/lui/elle** it's mine/yours/his/hers; **ce vélo est à ma sœur** this bike is my sister's OU belongs to my sister; **une amie à moi** a friend of mine. **-8.** [introduit le but]: **coupe à champagne** champagne goblet; **le courrier à poster** the mail to be posted; **appartement à vendre/louer** flat for sale/to let.

AB (*abr de* **assez bien**) *fair grade (as assessment of schoolwork)*.

abaisser [abese] *vt* **-1.** [rideau, voile] to lower; [levier, manette] to push OU pull down. **-2.** [diminuer] to reduce, to lower.
♦ **s'abaisser** *vp* **-1.** [descendre - rideau] to fall, to come down; [- terrain] to fall away. **-2.** [s'humilier] to demean

o.s.; **s'~ à faire qqch** to lower o.s. to do sthg.

abandon [abɑ̃dɔ̃] *nm* **-1.** [désertion, délaissement] **desertion**; **à l'~** [jardin, maison] **neglected, in a state of neglect. -2.** [renonciation] **abandoning, giving up. -3.** [nonchalance, confiance] **abandon.**

abandonner [abɑ̃dɔne] *vt* **-1.** [quitter - femme, enfants] **to abandon, to desert;** [- voiture, propriété] **to abandon. -2.** [renoncer à] **to give up, to abandon. -3.** [se retirer de - course, concours] **to withdraw from. -4.** [céder]: **~ qqch à qqn** to leave sthg to sb, to leave sb sthg.

abasourdi, -e [abazurdi] *adj* **stunned.**

abat-jour [abaʒur] *nm inv* **lampshade.**

abats [aba] *nmpl* [d'animal] **offal** (*U*); [de volaille] **giblets.**

abattement [abatmɑ̃] *nm* **-1.** [faiblesse physique] **weakness. -2.** [désespoir] **dejection. -3.** [déduction] **reduction;** **~ fiscal** **tax allowance.**

abattis [abati] *nmpl* **giblets.**

abattoir [abatwar] *nm* **abattoir, slaughterhouse.**

abattre [abatr] *vt* **-1.** [faire tomber - mur] **to knock down;** [- arbre] **to cut down, to fell;** [- avion] **to bring down. -2.** [tuer - gén] **to kill;** [- dans un abattoir] **to slaughter. -3.** [épuiser] **to wear out;** [démoraliser] **to demoralize.**

abbaye [abei] *nf* **abbey.**

abbé [abe] *nm* **-1.** [prêtre] **priest. -2.** [de couvent] **abbot.**

abc *nm* **basics** (*pl*).

abcès [apsɛ] *nm* **abscess.**

abdiquer [abdike] ◇ *vt* [renoncer à] **to renounce.** ◇ *vi* [roi] **to abdicate.**

abdomen [abdɔmɛn] *nm* **abdomen.**

abdominaux [abdɔmino] *nmpl* **-1.** [muscles] **abdominal** OU **stomach muscles. -2.** [exercices] **faire des abdominaux** to do exercises for the stomach muscles.

abeille [abɛj] *nf* **bee.**

aberrant, -e [abɛrɑ̃, ɑ̃t] *adj* **absurd.**

abîme [abim] *nm* **abyss, gulf.**

abîmer [abime] *vt* [détériorer - objet] **to damage;** [- partie du corps, vue] **to ruin.**
◆ **s'abîmer** *vp* [gén] **to be damaged;** [- fruits] **to go bad.**

abject, -e [abʒɛkt] *adj* **despicable, contemptible.**

abnégation [abnegasjɔ̃] *nf* **selflessness.**

aboiement [abwamɑ̃] *nm* **bark, barking** (*U*).

abolir [abɔlir] *vt* **to abolish.**

abominable [abɔminabl] *adj* **appalling, awful.**

abondance [abɔ̃dɑ̃s] *nf* **-1.** [profusion] **abundance. -2.** [opulence] **affluence.**

abondant, -e [abɔ̃dɑ̃, ɑ̃t] *adj* [gén] **plentiful;** [végétation, chevelure] **luxuriant;** [pluie] **heavy.**

abonder [abɔ̃de] *vi* **to abound, to be abundant;** **~ en qqch** to be rich in sthg; **~ dans le sens de qqn** to be entirely of sb's opinion.

abonné, -e [abɔne] *nm, f* **-1.** [à un journal, à une chaîne de télé] **subscriber;** [à un théâtre] **season-ticket holder. -2.** [à un service public] **consumer.**

abonnement [abɔnmɑ̃] *nm* **-1.** [à un journal, à une chaîne de télé] **subscription;** [à un théâtre] **season ticket. -2.** [au téléphone] **rental;** [au gaz, à l'électricité] **standing charge.**

abonner [abɔne]
◆ **s'abonner** *vp*: **s'~ à qqch** [journal, chaîne de télé] to take out a subscription to sthg; [service public] to get connected to sthg; [théâtre] to buy a season ticket for sthg.

abord [abɔr] *nm*: **être d'un ~ facile/difficile** to be very/not very approachable.
◆ **abords** *nmpl* [gén] **surrounding area** (*sg*); [de ville] **outskirts.**
◆ **d'abord** *loc adv* **-1.** [en premier lieu] **first. -2.** [avant tout]: **(tout) d'~** **first (of all), in the first place.**

abordable [abɔrdabl] *adj* [lieu] accessible; [personne] **approchable**; [de prix modéré] **affordable**.

aborder [abɔrde] ◇ *vi* to land. ◇ *vt* -1. [personne, lieu] to approach. -2. [question] to tackle.

aborigène [abɔriʒɛn] *adj* aboriginal.

◆ **Aborigène** *nmf* (Australian) aborigine.

abouti, -e [abuti] *adj* [projet, démarche] successful.

aboutir [abutir] *vi* -1. [chemin]: ~ à/ **dans** to end at/in. -2. [négociation] to be successful; ~ **à qqch** to result in sthg.

aboyer [abwaje] *vi* to bark.

abrasif, -ive [abrazif, iv] *adj* abrasive.

abrégé, -e [abreʒe] *adj* abridged.

abréger [abreʒe] *vt* [visite, réunion] to cut short; [discours] to shorten; [mot] to abbreviate.

abreuvoir [abrœvwar] *nm* [lieu] watering place; [installation] drinking trough.

abréviation [abrevjasjɔ̃] *nf* abbreviation.

abri [abri] *nm* shelter; **à l'**~ **de** sheltered from; *fig* safe from.

abricot [abriko] *nm & adj inv* apricot.

abricotier [abrikɔtje] *nm* apricot tree.

abriter [abrite] *vt* -1. [protéger]: ~ **qqn/qqch (de)** to shelter sb sthg (from). -2. [héberger] to accommodate.

◆ **s'abriter** *vp*: **s'**~ **(de)** to shelter (from).

abroger [abrɔʒe] *vt* to repeal.

abrupt, -e [abrypt] *adj* -1. [raide] steep. -2. [rude] abrupt, brusque.

abruti, -e [abryti] *fam nm, f* moron.

abrutir [abrytir] *vt* -1. [abêtir]: ~ **qqn** to deaden sb's mind. -2. [accabler]: ~ **qqn de travail** to work sb silly.

abrutissant, -e [abrytisɑ̃, ɑ̃t] *adj* -1. [bruit, travail] stupefying. -2. [jeu, feuilleton] moronic.

absence [apsɑ̃s] *nf* -1. [de personne] absence. -2. [carence] lack.

absent, -e [apsɑ̃, ɑ̃t] ◇ *adj* -1. [personne]: ~ **(de)** [gén] away (from); [pour maladie] absent (from). -2. [regard, air] vacant, absent. -3. [manquant] lacking. ◇ *nm, f* absentee.

absenter [apsɑ̃te]

◆ **s'absenter** *vp*: **s'**~ **(de la pièce)** to leave (the room).

absinthe [apsɛ̃t] *nf* [plante] wormwood; [boisson] absinth.

absolu, -e [apsɔly] *adj* [gén] absolute; [décision, jugement] uncompromising.

absolument [apsɔlymɑ̃] *adv* absolutely.

absorbant, -e [apsɔrbɑ̃, ɑ̃t] *adj* -1. [matière] absorbent. -2. [occupation] absorbing.

absorber [apsɔrbe] *vt* -1. [gén] to absorb. -2. [manger] to take.

abstenir [apstənir]

◆ **s'abstenir** *vp* -1. [ne rien faire]: **s'**~ **(de qqch/de faire qqch)** to refrain (from sthg/from doing sthg). -2. [ne pas voter] to abstain.

abstention [apstɑ̃sjɔ̃] *nf* abstention.

abstentionnisme [apstɑ̃sjɔnism] *nm* abstaining.

abstinence [apstinɑ̃s] *nf* abstinence.

abstraction [apstraksjɔ̃] *nf* abstraction; **faire** ~ **de** to disregard.

abstrait, -e [apstrɛ, ɛt] *adj* abstract.

absurde [apsyrd] *adj* absurd.

absurdité [apsyrdite] *nf* absurdity; **dire des** ~**s** to talk nonsense (*U*).

abus [aby] *nm* abuse; ~ **de confiance** breach of trust; ~ **de pouvoir** abuse of power.

abuser [abyze] *vi* -1. [dépasser les bornes] to go too far. -2. [user]: ~ **de** [autorité, pouvoir] to overstep the bounds of; [temps] to take up too much of; ~ **de ses forces** to overexert o.s.

abusif, -ive [abyzif, iv] *adj* -1. [excessif] excessive. -2. [fautif] improper.

acabit [akabi] *nm*: **du même** ~ *péj* of the same type.

acacia [akasja] *nm* acacia.

académicien, -ienne [akademisjɛ̃, jɛn] *nm, f* academician; [de l'Académie française] member of the French Academy.

académie [akademi] *nf* **-1.** SCOL & UNIV ≈ regional education authority *Br*, school district *Am*. **-2.** [institut] academy; **l'Académie française** the French Academy (*learned society of leading men and women of letters*).

acajou [akaʒu] *nm & adj inv* mahogany.

acariâtre [akarjatr] *adj* bad-tempered, cantankerous.

acarien [akarjɛ̃] *nm* [gén] acarid; [de poussière] dust mite.

accablant, -e [akablɑ̃, ɑ̃t] *adj* **-1.** [soleil, chaleur] oppressive. **-2.** [preuve, témoignage] overwhelming.

accabler [akable] *vt* **-1.** [surcharger]: ~ **qqn de** [travail] to overwhelm sb with; ~ **qqn d'injures** to shower sb with abuse. **-2.** [accuser] to condemn.

accalmie [akalmi] *nf litt & fig* lull.

accéder [aksede]
♦ **accéder à** *vt* **-1.** [pénétrer dans] to reach, to get to. **-2.** [parvenir à] to attain. **-3.** [consentir à] to comply with.

accélérateur [akseleratœr] *nm* accelerator.

accélération [akselerasjɔ̃] *nf* [de voiture, machine] acceleration; [de projet] speeding up.

accélérer [akselere] ◇ *vt* to accelerate, to speed up. ◇ *vi* AUTOM to accelerate.

accent [aksɑ̃] *nm* **-1.** [gén] accent; ~ **aigu/grave/circonflexe** acute/grave/circumflex (accent). **-2.** [intonation] tone; **mettre l'~ sur** to stress, to emphasize.

accentuation [aksɑ̃tɥasjɔ̃] *nf* [à l'écrit] accenting; [en parlant] stress.

accentuer [aksɑ̃tɥe] *vt* **-1.** [insister sur, souligner] to emphasize, to accentuate. **-2.** [intensifier] to intensify. **-3.** [à l'écrit] to put the accents on; [en parlant] to stress.

♦ **s'accentuer** *vp* to become more pronounced.

acceptable [akseptabl] *adj* satisfactory, acceptable.

acceptation [akseptasjɔ̃] *nf* acceptance.

accepter [aksepte] *vt* to accept; ~ **de faire qqch** to agree to do sthg; ~ **que** (+ *subjonctif*): ~ **que qqn fasse qqch** to agree to sb doing sthg; **je n'accepte pas qu'il me parle ainsi** I won't have him talking to me like that.

acception [aksepsjɔ̃] *nf* sense.

accès [aksɛ] *nm* **-1.** [entrée] entry; **avoir/donner ~ à** to have/to give access to; **«~ interdit»** "no entry". **-2.** [voie d'entrée] entrance. **-3.** [crise] bout; ~ **de colère** fit of anger.

accessible [aksesibl] *adj* [lieu, livre] accessible; [personne] approachable; [prix, équipement] affordable.

accession [aksesjɔ̃] *nf*: ~ **à** [trône, présidence] accession to; [indépendance] attainment of.

accessoire [akseswar] ◇ *nm* **-1.** [gén] accessory. **-2.** [de théâtre, cinéma] prop. ◇ *adj* secondary.

accident [aksidɑ̃] *nm* accident; **par ~** by chance, by accident; ~ **de la route/de voiture/du travail** road/car/industrial accident.

accidenté, -e [aksidɑ̃te] ◇ *adj* **-1.** [terrain, surface] uneven. **-2.** [voiture] damaged. ◇ *nm, f* (*gén pl*): ~ **de la route** accident victim.

accidentel, -elle [aksidɑ̃tel] *adj* accidental.

acclamation [aklamasjɔ̃] *nf* (*gén pl*) cheers (*pl*), cheering (*U*).

acclamer [aklame] *vt* to cheer.

acclimatation [aklimatasjɔ̃] *nf* acclimatization.

acclimater [aklimate] *vt* to acclimatize; *fig* to introduce.

accolade [akɔlad] *nf* **-1.** TYPO brace. **-2.** [embrassade] embrace.

accommodant, -e [akɔmɔdɑ̃, ɑ̃t] *adj*
obliging.

accommodement [akɔmɔdmɑ̃] *nm*
compromise.

accommoder [akɔmɔde] *vt* CULIN to
prepare.

accompagnateur, -trice [akɔ̃paɲatœr,
tris] *nm, f* **-1.** MUS accompanist. **-2.**
[guide] guide.

accompagnement [akɔ̃paɲmɑ̃] *nm*
MUS accompaniment.

accompagner [akɔ̃paɲe] *vt* **-1.** [per-
sonne] to go with, to accompany. **-2.**
[agrémenter]: ~ **qqch de** to accompany sthg with. **-3.** MUS to accompany.

accompli, -e [akɔ̃pli] *adj* accomplished.

accomplir [akɔ̃plir] *vt* to carry out.
♦ **s'accomplir** *vp* to come about.

accomplissement [akɔ̃plismɑ̃] *nm*
[d'apprentissage] completion; [de tra-
vail] fulfilment.

accord [akɔr] *nm* **-1.** [gén & LING]
agreement. **-2.** MUS chord. **-3.** [accep-
tation] approval; **donner son** ~ **à**
qqch to approve sthg.
♦ **d'accord** ◇ *loc adv* OK, all right.
◇ *loc adj*: **être d'**~ **(avec)** to agree
(with); **tomber** OU **se mettre d'**~ to
come to an agreement, to agree.

accordéon [akɔrdeɔ̃] *nm* accordion.

accorder [akɔrde] *vt* **-1.** [donner]: ~
qqch à qqn to grant sb sthg. **-2.** [at-
tribuer]: ~ **qqch à qqch** to accord
sthg to sthg; ~ **de l'importance à** to
attach importance to. **-3.** [harmoniser]
to match. **-4.** GRAM: ~ **qqch avec**
qqch to make sthg agree with sthg.
-5. MUS to tune.
♦ **s'accorder** *vp* **-1.** [gén]: **s'**~ **(pour**
faire qqch) to agree (to do sthg); **s'**~
à faire qqch to be unanimous in
doing sthg. **-2.** [être assorti] to match.
-3. GRAM to agree.

accoster [akɔste] ◇ *vt* **-1.** NAVIG to
come alongside. **-2.** [personne] to accost. ◇ *vi* NAVIG to dock.

accotement [akɔtmɑ̃] *nm* [de route]
shoulder; ~ **non stabilisé** soft verge
Br, soft shoulder *Am*.

accouchement [akuʃmɑ̃] *nm* childbirth; ~ **sans douleur** natural childbirth.

accoucher [akuʃe] *vi*: ~ **(de)** to give
birth (to).

accouder [akude]
♦ **s'accouder** *vp* to lean on one's elbows; **s'**~ **à** to lean one's elbows
on.

accoudoir [akudwar] *nm* armrest.

accouplement [akupləmɑ̃] *nm* mating,
coupling.

accourir [akurir] *vi* to run up, to rush
up.

accouru, -e [akury] *pp* → **accourir**.

accoutré, -e [akutre] *adj péj*: **être bi-**
zarrement ~ to be oddly got up.

accoutrement [akutrəmɑ̃] *nm péj* get-
up.

accoutumer [akutyme] *vt*: ~ **qqn à**
qqn/qqch to get sb used to sb/sthg;
~ **qqn à faire qqch** to get sb used to
doing sthg.
♦ **s'accoutumer** *vp*: **s'**~ **à qqn/qqch**
to get used to sb/sthg; **s'**~ **à faire**
qqch to get used to doing sthg.

accréditer [akredite] *vt* [rumeur] to
substantiate; ~ **qqn auprès de** to ac-
credit sb to.

accro [akro] *fam* ◇ *adj*: ~ **à** hooked
on. ◇ *nmf*: **c'est une** ~ **de la planche**
she's a windsurfing freak.

accroc [akro] *nm* **-1.** [déchirure] tear.
-2. [incident] hitch.

accrochage [akrɔʃaʒ] *nm* **-1.** [accident]
collision. **-2.** *fam* [dispute] row.

accroche [akrɔʃ] *nf* COMM catch line.

accrocher [akrɔʃe] *vt* **-1.** [suspendre]:
~ **qqch (à)** to hang sthg up (on). **-2.**
[déchirer]: ~ **qqch (à)** to catch sthg
(on). **-3.** [attacher]: ~ **qqch (à)** to
hitch sthg (to).
♦ **s'accrocher** *vp* **-1.** [s'agripper]: **s'**~
(à) to hang on (to); **s'**~ **à qqn** *fig* to
cling to sb. **-2.** *fam* [se disputer] to

row, to have a row. **-3.** *fam* [persévérer] to stick at it.

accroissement [akrwasmɑ̃] *nm* increase, growth.

accroître [akrwatr] *vt* to increase.

◆ **s'accroître** *vp* to increase, to grow.

accroupir [akrupir]

◆ **s'accroupir** *vp* to squat.

accru, -e [akry] *pp* → **accroître**.

accueil [akœj] *nm* **-1.** [lieu] reception. **-2.** [action] welcome, reception.

accueillant, -e [akœjɑ̃, ɑ̃t] *adj* welcoming, friendly.

accueillir [akœjir] *vt* **-1.** [gén] to welcome. **-2.** [loger] to accommodate.

accumulateur [akymylatœr] *nm* accumulator, battery.

accumulation [akymylasjɔ̃] *nf* accumulation.

accumuler [akymyle] *vt* to accumulate; *fig* to store up.

◆ **s'accumuler** *vp* to pile up.

accusateur, -trice [akyzatœr, tris] ◇ *adj* accusing. ◇ *nm, f* accuser.

accusation [akyzasjɔ̃] *nf* **-1.** [reproche] accusation. **-2.** JUR charge; **mettre en ~** to indict; **l'~** the prosecution.

accusé, -e [akyze] *nm, f* accused, defendant.

◆ **accusé de réception** *nm* acknowledgement (of receipt).

accuser [akyze] *vt* **-1.** [porter une accusation contre]: **~ qqn (de qqch)** to accuse sb (of sthg). **-2.** JUR: **~ qqn de qqch** to charge sb with sthg.

acerbe [asɛrb] *adj* acerbic.

acéré, -e [asere] *adj* sharp.

achalandé, -e [aʃalɑ̃de] *adj* [en marchandises]: **bien ~** well-stocked.

acharné, -e [aʃarne] *adj* [combat] fierce; [travail] unremitting.

acharnement [aʃarnəmɑ̃] *nm* relentlessness.

acharner [aʃarne]

◆ **s'acharner** *vp* **-1.** [combattre]: **s'~ contre** OU **après** OU **sur qqn** [ennemi, victime] to hound sb; [suj: malheur] to

dog sb. **-2.** [s'obstiner]: **s'~ (à faire qqch)** to persist (in doing sthg).

achat [aʃa] *nm* purchase; **faire des ~s** to go shopping.

acheminer [aʃmine] *vt* to dispatch.

◆ **s'acheminer** *vp*: **s'~ vers** [lieu, désastre] to head for; [solution, paix] to move towards.

acheter [aʃte] *vt litt* & *fig* to buy; **~ qqch à** OU **pour qqn** to buy sthg for sb, to buy sb sthg.

acheteur, -euse [aʃtœr, øz] *nm, f* buyer, purchaser.

achevé, -e [aʃve] *adj sout*: **d'un ridicule ~** utterly ridiculous.

achèvement [aʃɛvmɑ̃] *nm* completion.

achever [aʃve] *vt* **-1.** [terminer] to complete, to finish (off). **-2.** [tuer, accabler] to finish off.

◆ **s'achever** *vp* to end, to come to an end.

achoppement [aʃɔpmɑ̃] → **pierre**.

acide [asid] ◇ *adj* **-1.** [saveur] sour. **-2.** [propos] sharp, acid. **-3.** CHIM acid. ◇ *nm* CHIM acid.

acidité [asidite] *nf* **-1.** CHIM acidity. **-2.** [saveur] sourness. **-3.** [de propos] sharpness.

acidulé, -e [asidyle] *adj* slightly acid.

acier [asje] *nm* steel; **~ inoxydable** stainless steel.

aciérie [asjeri] *nf* steelworks (*sg*).

acné [akne] *nf* acne.

acolyte [akɔlit] *nm péj* henchman.

acompte [akɔ̃t] *nm* deposit.

à-côté [akote] (*pl* **à-côtés**) *nm* **-1.** [point accessoire] side issue. **-2.** [gain d'appoint] extra.

à-coup [aku] (*pl* **à-coups**) *nm* jerk; **par ~s** in fits and starts.

acoustique [akustik] *nf* **-1.** [science] acoustics (*U*). **-2.** [d'une salle] acoustics (*pl*).

acquéreur [akerœr] *nm* buyer.

acquérir [akerir] *vt* [gén] to acquire.

acquiescement [akjɛsmɑ̃] *nm* approval.

acquiescer [akjese] *vi* to acquiesce; ~ à to agree to.

acquis, -e [aki, iz] ◇ *pp* → **acquérir**. ◇ *adj* **-1.** [caractère] acquired. **-2.** [droit, avantage] established.

◆ **acquis** *nm* knowledge.

acquisition [akizisjɔ̃] *nf* acquisition.

acquit [aki] *nm* receipt; **pour** ~ COMM received; **faire qqch par** ~ **de conscience** *fig* to do sthg to set one's mind at rest.

acquittement [akitmã] *nm* **-1.** [d'obligation] settlement. **-2.** JUR acquittal.

acquitter [akite] *vt* **-1.** JUR to acquit. **-2.** [régler] to pay. **-3.** [libérer]: ~ **qqn de** to release sb from.

âcre [akr] *adj* **-1.** [saveur] bitter. **-2.** [fumée] acrid.

acrobate [akrɔbat] *nmf* acrobat.

acrobatie [akrɔbasi] *nf* acrobatics (U).

acrylique [akrilik] *adj & nm* acrylic.

acte [akt] *nm* **-1.** [action] act, action; **faire** ~ **d'autorité** to exercise one's authority; **faire** ~ **de candidature** to submit an application. **-2.** THÉÂTRE act. **-3.** JUR deed; ~ **d'accusation** charge; ~ **de naissance/de mariage** birth/marriage certificate; ~ **de vente** bill of sale. **-4.** RELIG certificate. **-5.** *loc*: **faire** ~ **de présence** to put in an appearance; **prendre** ~ **de** to note, to take note of.

◆ **actes** *nmpl* [de colloque] proceedings.

acteur, -trice [aktœr, tris] *nm, f* actor (f actress).

actif, -ive [aktif, iv] *adj* [gén] active; **la population active** the working population.

◆ **actif** *nm* **-1.** FIN assets (*pl*). **-2.** *loc*: **avoir qqch à son** ~ to have sthg to one's credit.

action [aksjɔ̃] *nf* **-1.** [gén] action; **sous l'**~ **de** under the effect of. **-2.** [acte] action, act; **bonne/mauvaise** ~ good/bad deed. **-3.** JUR action, lawsuit. **-4.** FIN share.

actionnaire [aksjɔnɛr] *nmf* FIN shareholder.

actionner [aksjɔne] *vt* to work, to activate.

activement [aktivmã] *adv* actively.

activer [aktive] *vt* to speed up.

◆ **s'activer** *vp* to bustle about.

activiste [aktivist] *adj & nmf* activist.

activité [aktivite] *nf* [gén] activity; **en** ~ [volcan] active.

actualisation [aktɥalizasjɔ̃] *nf* [d'un texte] updating.

actualiser [aktɥalize] *vt* to bring up to date.

actualité [aktɥalite] *nf* **-1.** [d'un sujet] topicality. **-2.** [événements]: **l'**~ **sportive/politique/littéraire** the current sports/political/literary news.

◆ **actualités** *nfpl*: **les** ~s the news (*sg*).

actuel, -elle [aktɥɛl] *adj* [contemporain, présent] current, present; **à l'heure** ~**le** at the present time.

actuellement [aktɥɛlmã] *adv* at present, currently.

acuité [akɥite] *nf* acuteness.

acupuncture, acuponcture [akypɔ̃ktyr] *nf* acupuncture.

adage [adaʒ] *nm* adage, saying.

adaptateur, -trice [adaptatœr, tris] *nm, f* adapter.

◆ **adaptateur** *nm* ÉLECTR adapter.

adaptation [adaptasjɔ̃] *nf* adaptation.

adapter [adapte] *vt* **-1.** [gén] to adapt. **-2.** [fixer] to fit.

◆ **s'adapter** *vp*: **s'**~ **(à)** to adapt (to).

additif, -ive [aditif, iv] *adj* additive.

◆ **additif** *nm* **-1.** [supplément] rider, additional clause. **-2.** [substance] additive.

addition [adisjɔ̃] *nf* **-1.** [ajout, calcul] addition. **-2.** [note] bill *Br*, check *Am*.

additionner [adisjɔne] *vt* **-1.** [ajouter]: ~ **une poudre d'eau** to add water to a powder. **-2.** [calculer] to add up.

adepte [adɛpt] *nmf* follower.

adéquat, -e [adekwa, at] *adj* suitable, appropriate.

adhérence [aderãs] *nf* [de pneu] grip.

adhérent, -e [aderɑ̃, ɑ̃t] *nm, f:* ~ **(de)** member (of).

adhérer [adere] *vi* **-1.** [coller] to stick, to adhere; ~ **à** [se fixer sur] to stick OU adhere to; [être d'accord avec] *fig* to support, to adhere to. **-2.** [être membre]: ~ **à** to belong to, to be a member of.

adhésif, -ive [adezif, iv] *adj* sticky, adhesive.
♦ **adhésif** *nm* adhesive.

adhésion [adezjɔ̃] *nf* **-1.** [à idée]: ~ **(à)** support (for). **-2.** [à parti]: ~ **(à)** membership (of).

adieu [adjø] ◇ *interj* goodbye!, farewell!; **dire** ~ **à qqch** *fig* to say goodbye to sthg. ◇ *nm (gén pl)* farewell; **faire ses** ~**x à qqn** to say one's farewells to sb.

adipeux, -euse [adipø, øz] *adj* [tissu] adipose; [personne] fat.

adjectif [adʒɛktif] *nm* GRAM adjective.

adjoint, -e [adʒwɛ̃, ɛ̃t] ◇ *adj* deputy *(avant n)*, assistant *(avant n)*. ◇ *nm, f* deputy, assistant; ~ **au maire** deputy mayor.

adjonction [adʒɔ̃ksjɔ̃] *nf* addition.

adjudant [adʒydɑ̃] *nm* [dans la marine] warrant officer; [dans l'armée] company sergeant major.

adjuger [adʒyʒe] *vt:* ~ **qqch (à qqn)** [aux enchères] to auction sthg (to sb); [décerner] to award sthg (to sb); **adjugé!** sold!

admettre [admɛtr] *vt* **-1.** [tolérer, accepter] to allow, to accept. **-2.** [autoriser] to allow. **-3.** [accueillir, reconnaître] to admit.

administrateur, -trice [administratœr, tris] *nm, f* **-1.** [gérant] administrator; ~ **judiciaire** receiver. **-2.** [de conseil d'administration] director.

administratif, -ive [administratif, iv] *adj* administrative.

administration [administrasjɔ̃] *nf* **-1.** [service public]: **l'Administration** ≃ the Civil Service. **-2.** [gestion] administration.

administrer [administre] *vt* **-1.** [gérer] to manage, to administer. **-2.** [médicament, sacrement] to administer.

admirable [admirabl] *adj* **-1.** [personne, comportement] admirable. **-2.** [paysage, spectacle] wonderful.

admiratif, -ive [admiratif, iv] *adj* admiring.

admiration [admirasjɔ̃] *nf* admiration.

admirer [admire] *vt* to admire.

admis, -e [admi, iz] *pp* → **admettre**.

admissible [admisibl] *adj* **-1.** [attitude] acceptable. **-2.** SCOL eligible.

admission [admisjɔ̃] *nf* admission.

ADN *(abr de* **acide désoxyribonucléique)** *nm* DNA.

ado [ado] *(abr de* **adolescent)** *nmf fam* teenager.

adolescence [adɔlesɑ̃s] *nf* adolescence.

adolescent, -e [adɔlesɑ̃, ɑ̃t] *nm, f* adolescent, teenager.

adonner [adɔne]
♦ **s'adonner** *vp:* **s'**~ **à** [sport, activité] to devote o.s. to; [vice] to take to.

adopter [adɔpte] *vt* **-1.** [gén] to adopt. **-2.** [loi] to pass.

adoptif, -ive [adɔptif, iv] *adj* [famille] adoptive; [pays, enfant] adopted.

adoption [adɔpsjɔ̃] *nf* adoption; **d'**~ [pays, ville] adopted; [famille] adoptive.

adorable [adɔrabl] *adj* adorable, delightful.

adoration [adɔrasjɔ̃] *nf* **-1.** [amour] adoration. **-2.** RELIG worship.

adorer [adɔre] *vt* **-1.** [personne, chose] to adore. **-2.** RELIG to worship.

adosser [adose] *vt:* ~ **qqch à qqch** to place sthg against sthg.
♦ **s'adosser** *vp:* **s'**~ **à** OU **contre qqch** to lean against sthg.

adoucir [adusir] *vt* **-1.** [gén] to soften. **-2.** [chagrin, peine] to ease, to soothe.
♦ **s'adoucir** *vp* **-1.** [temps] to become OU get milder. **-2.** [personne] to mellow.

adoucissant, -e [adusisɑ̃, ɑ̃t] *adj* soothing.
◆ **adoucissant** *nm* softener.
adoucisseur [adusisœr] *nm*: ~ **d'eau** water softener.
adresse [adrɛs] *nf* **-1.** [gén & INFORM] address. **-2.** [habileté] skill.
adresser [adrese] *vt* **-1.** [faire parvenir]: ~ **qqch à qqn** to address sthg to sb. **-2.** [envoyer]: ~ **qqn à qqn** to refer sb to sb.
◆ **s'adresser** *vp*: **s'~ à** [parler à] to speak to; [être destiné à] to be aimed at, to be intended for.
Adriatique [adriatik] *nf*: **l'~** the Adriatic.
adroit, -e [adrwa, at] *adj* skilful.
aduler [adyle] *vt* to adulate.
adulte [adylt] *nmf & adj* adult.
adultère [adyltɛr] ◇ *nm* [acte] adultery. ◇ *adj* adulterous.
advenir [advanir] *v impers* to happen; **qu'advient-il de ...?** what is happening to ...?; **qu'est-il advenu de ...?** what has happened to OU become of ...?
advenu, -e [advany] *pp* → **advenir**.
adverbe [advɛrb] *nm* adverb.
adversaire [advɛrsɛr] *nmf* adversary, opponent.
adverse [advɛrs] *adj* [opposé] opposing; → **parti**.
adversité [advɛrsite] *nf* adversity.
aération [aerasjɔ̃] *nf* [circulation d'air] ventilation; [action] airing.
aérer [aere] *vt* **-1.** [pièce, chose] to air. **-2.** *fig* [présentation, mise en page] to lighten.
aérien, -ienne [aerjɛ̃, jɛn] *adj* **-1.** [câble] overhead (*avant n*). **-2.** [transports, attaque] air (*avant n*).
aérobic [aerɔbik] *nm* aerobics (U).
aérodrome [aerɔdrom] *nm* aerodrome.
aérodynamique [aerɔdinamik] *adj* streamlined, aerodynamic.
aérogare [aerɔgar] *nf* **-1.** [aéroport] airport. **-2.** [gare] air terminal.

aéroglisseur [aerɔglisœr] *nm* hovercraft.
aérogramme [aerɔgram] *nm* aerogramme.
aéronautique [aerɔnotik] *nf* aeronautics (U).
aéronaval, -e, -als [aerɔnaval] *adj* air and sea (*avant n*).
aérophagie [aerɔfaʒi] *nf* abdominal wind.
aéroport [aerɔpɔr] *nm* airport.
aéroporté, -e [aerɔpɔrte] *adj* airborne.
aérosol [aerɔsɔl] *nm & adj inv* aerosol.
aérospatial, -e, -iaux [aerɔspasjal, jo] *adj* aerospace (*avant n*).
◆ **aérospatiale** *nf* aerospace industry.
affable [afabl] *adj* **-1.** [personne] affable, agreeable. **-2.** [parole] kind.
affaiblir [afeblir] *vt litt & fig* to weaken.
◆ **s'affaiblir** *vp litt & fig* to weaken, to become weaker.
affaire [afɛr] *nf* **-1.** [question] matter. **-2.** [situation, polémique] affair. **-3.** [marché] deal; **faire une ~** to get a bargain OU a good deal. **-4.** [entreprise] business. **-5.** [procès] case. **-6.** [marché] deal; **faire une ~** to get a bargain OU a good deal. **-4.** [entreprise] business. **-5.** [procès] case. **-6.** *loc*: **avoir ~ à qqn** to deal with sb; **vous aurez ~ à moi!** you'll have me to deal with!; **faire l'~** to do nicely.
◆ **affaires** *nfpl* **-1.** COMM business (U). **-2.** [objets personnels] things, belongings. **-3.** [activités] affairs; **les Affaires étrangères** ≃ the Foreign Office (*sg*).
affairé, -e [afere] *adj* busy.
affairer [afere]
◆ **s'affairer** *vp* to bustle about.
affairisme [aferism] *nm* racketeering.
affaisser [afese]
◆ **s'affaisser** *vp* **-1.** [se creuser] to subside, to sink. **-2.** [tomber] to collapse.
affaler [afale]
◆ **s'affaler** *vp* to collapse.
affamé, -e [afame] *adj* starving.
affecter [afɛkte] *vt* **-1.** [consacrer]: ~ **qqch à** to allocate sthg to. **-2.** [nom-

mer]: ~ **qqn à** to appoint sb to. **-3.** [feindre] to feign. **-4.** [émouvoir] to affect, to move.

affectif, -ive [afɛktif, iv] *adj* emotional.

affection [afɛksjɔ̃] *nf* **-1.** [sentiment] affection; **avoir de l'~ pour** to be fond of. **-2.** [maladie] complaint.

affectionner [afɛksjɔne] *vt* to be fond of.

affectueusement [afɛktɥøzmɑ̃] *adv* affectionately.

affectueux, -euse [afɛktɥø, øz] *adj* affectionate.

affichage [afiʃaʒ] *nm* **-1.** [d'affiche] putting up, displaying. **-2.** ÉLECTRON: ~ **à cristaux liquides** LCD, liquid crystal display; ~ **numérique** digital display.

affiche [afiʃ] *nf* [gén] poster; [officielle] notice.

afficher [afiʃe] *vt* **-1.** [liste, affiche] to put up; [vente, réglementation] to put up a notice about. **-2.** [laisser transparaître] to display, to exhibit.

affilée [afile]
◆ **d'affilée** *loc adv*: **trois jours d'~** three days running.

affiler [afile] *vt* to sharpen.

affiner [afine] *vt litt & fig* to refine.

affinité [afinite] *nf* affinity.

affirmatif, -ive [afirmatif, iv] *adj* **-1.** [réponse] affirmative. **-2.** [personne] positive.
◆ **affirmative** *nf*: **dans l'affirmative** if yes, if the answer is yes; **répondre par l'affirmative** to reply in the affirmative.

affirmation [afirmasjɔ̃] *nf* assertion.

affirmer [afirme] *vt* **-1.** [certifier] to maintain, to claim. **-2.** [exprimer] to assert.

affliction [afliksjɔ̃] *nf* affliction.

affligeant, -e [afliʒɑ̃, ɑ̃t] *adj* **-1.** [désolant] saddening, distressing. **-2.** [lamentable] appalling.

affliger [afliʒe] *vt sout* **-1.** [attrister] to sadden, to distress. **-2.** [de défaut, de

maladie]: **être affligé de** to be afflicted with.

affluence [aflyɑ̃s] *nf* crowd, crowds (*pl*).

affluent [aflyɑ̃] *nm* tributary.

affluer [aflye] *vi* **-1.** [choses] to pour in, to flood in. **-2.** [personnes] to flock. **-3.** [sang]: ~ **(à)** to rush (to).

afflux [afly] *nm* **-1.** [de liquide, dons, capitaux] flow. **-2.** [de personnes] flood.

affolement [afɔlmɑ̃] *nm* panic.

affoler [afɔle] *vt* [inquiéter] to terrify.
◆ **s'affoler** *vp* [paniquer] to panic.

affranchir [afrɑ̃ʃir] *vt* **-1.** [lettre - avec timbre] to stamp; [- à la machine] to frank. **-2.** [esclave] to set free, to liberate.

affreux, -euse [afrø, øz] *adj* **-1.** [repoussant] horrible. **-2.** [effrayant] terrifying. **-3.** [détestable] awful, dreadful.

affriolant, -e [afrijɔlɑ̃, ɑ̃t] *adj* enticing.

affront [afrɔ̃] *nm* insult, affront.

affrontement [afrɔ̃tmɑ̃] *nm* confrontation.

affronter [afrɔ̃te] *vt* to confront.

affubler [afyble] *vt péj*: **être affublé de** to be got up in.

affût [afy] *nm*: **être à l'~ (de)** to be lying in wait (for); *fig* to be on the lookout (for).

affûter [afyte] *vt* to sharpen.

Afghanistan [afganistɑ̃] *nm*: **l'~** Afghanistan.

afin [afɛ̃]
◆ **afin de** *loc prép* in order to.
◆ **afin que** *loc conj* (+ *subjonctif*) so that.

a fortiori [afɔrsjɔri] *adv* all the more.

africain, -e [afrikɛ̃, ɛn] *adj* African.
◆ **Africain, -e** *nm, f* African.

Afrique [afrik] *nf*: **l'~** Africa; **l'~ du Nord** North Africa; **l'~ du Sud** South Africa.

agacer [agase] *vt* to irritate.

âge [aʒ] *nm* age; **quel ~ as-tu?** how old are you?; **prendre de l'~** to age; **l'~ adulte** adulthood; **l'~ ingrat** the awkward OU difficult age; ~ **mental** mental age; ~ **d'or** golden age; **le troisième** ~ [personnes] the over-sixties.

âgé, -e [aʒe] adj old, elderly; **être** ~ **de 20 ans** to be 20 years old OU of age; **un enfant** ~ **de 3 ans** a 3-year-old child.

agence [aʒɑ̃s] nf agency; ~ **immobilière** estate agent's Br, real estate agent's Am; ~ **matrimoniale** marriage bureau; **Agence nationale pour l'emploi** ≃ job centre; ~ **de publicité** advertising agency; ~ **de voyages** travel agent's, travel agency.

agencer [aʒɑ̃se] vt to arrange; fig to put together.

agenda [aʒɛ̃da] nm diary.

agenouiller [aʒnuje]
♦ **s'agenouiller** vp to kneel.

agent [aʒɑ̃] nm agent; ~ **de change** stockbroker; ~ **de police** police officer; ~ **secret** secret agent.

agglomération [aglɔmerasjɔ̃] nf [ville] conurbation.

aggloméré [aglɔmere] nm chipboard.

agglomérer [aglɔmere] vt to mix together.

agglutiner [aglytine] vt to stick together.
♦ **s'agglutiner** vp [foule] to gather, to congregate.

aggraver [agrave] vt to make worse.
♦ **s'aggraver** vp to get worse, to worsen.

agile [aʒil] adj agile, nimble.

agilité [aʒilite] nf litt & fig agility.

agios [aʒjo] nmpl FIN bank charges.

agir [aʒir] vi **-1.** [faire, être efficace] to act. **-2.** [se comporter] to behave. **-3.** [influer]: ~ **sur** to have an effect on.
♦ **s'agir** v impers: **il s'agit de ...** it's a matter of ...; **de quoi s'agit-il?** what's it about?

agissements [aʒismɑ̃] nmpl péj schemes, intrigues.

agitateur, -trice [aʒitatœr, tris] nm, f POLIT agitator.

agitation [aʒitasjɔ̃] nf agitation; [politique, sociale] unrest.

agité, -e [aʒite] adj **-1.** [gén] restless; [enfant, classe] restless, fidgety; [journée, atmosphère] hectic. **-2.** [mer] rough.

agiter [aʒite] vt **-1.** [remuer - flacon, objet] to shake; [- drapeau, bras] to wave. **-2.** [énerver] to perturb.
♦ **s'agiter** vp [personne] to move about, to fidget; [mer] to stir; [population] to get restless.

agneau [aɲo] nm **-1.** [animal, viande] lamb. **-2.** [cuir] lambskin.

agonie [agɔni] nf [de personne] mortal agony; fig death throes (pl).

agoniser [agɔnize] vi [personne] to be dying; fig to be on its last legs.

agrafe [agraf] nf **-1.** [de bureau] staple. **-2.** MÉD clip.

agrafer [agrafe] vt [attacher] to fasten.

agrafeuse [agraføz] nf stapler.

agraire [agrer] adj agrarian.

agrandir [agrɑ̃dir] vt **-1.** [élargir - gén & PHOT] to enlarge; [- rue, écart] to widen. **-2.** fig [développer] to expand.
♦ **s'agrandir** vp **-1.** [s'étendre] to grow. **-2.** fig [se développer] to expand.

agrandissement [agrɑ̃dismɑ̃] nm **-1.** [gén & PHOT] enlargement. **-2.** fig [développement] expansion.

agréable [agreabl] adj pleasant, nice.

agréé, -e [agree] adj [concessionnaire, appareil] authorized.

agréer [agree] vt sout **-1.** [accepter]: **veuillez** ~ **mes salutations distinguées** OU **l'expression de mes sentiments distingués** yours faithfully. **-2.** [convenir]: ~ **à qqn** to suit OU please sb.

agrégation [agregasjɔ̃] nf competitive examination for secondary school and university teachers.

agrégé, -e [agreʒe] nm, f holder of the agrégation.

agrément [agremɑ̃] nm **-1.** [caractère

agréable] **attractiveness. -2.** [approbation] consent, approval.

agrès [agrɛ] *nmpl* SPORT **gym apparatus** (*U*).

agresser [agrese] *vt* **-1.** [suj: personne] to attack. **-2.** *fig* [suj: bruit, pollution] to assault.

agresseur [agrɛsœr] *nm* attacker.

agressif, -ive [agrɛsif, iv] *adj* aggressive.

agression [agrɛsjɔ̃] *nf* attack; MIL & PSYCHOL aggression.

agricole [agrikɔl] *adj* agricultural.

agriculteur, -trice [agrikyltœr, tris] *nm, f* farmer.

agriculture [agrikyltyr] *nf* agriculture, farming.

agripper [agripe] *vt* **-1.** [personne] to cling OU hang on to. **-2.** [objet] to grip, to clutch.

agronomie [agrɔnɔmi] *nf* agronomy.

agrume [agrym] *nm* citrus fruit.

aguets [agɛ]
◆ **aux aguets** *loc adv*: **être/rester aux** ~ to be OU keep on the lookout.

ahuri, -e [ayri] *adj*: **être** ~ (**par qqch**) to be taken aback (by sthg).

ahurissant, -e [ayrisɑ̃, ɑ̃t] *adj* astounding.

ai → avoir.

aide [ɛd] *nf* **-1.** [gén] help; **appeler (qqn) à l'**~ to call (to sb) for help; **venir en** ~ **à qqn** to come to sb's aid, to help sb; ~ **ménagère** home help. **-2.** [secours financier] aid; ~ **sociale** social security *Br*, welfare *Am*.
◆ **à l'aide de** *loc prép* with the help OU aid of.

aide-mémoire [ɛdmemwar] *nm inv* aide-mémoire; [pour examen] revision notes (*pl*).

aider [ede] *vt* to help; ~ **qqn à faire qqch** to help sb to do sthg.
◆ **s'aider** *vp* **-1.** [s'assister mutuellement] to help each other. **-2.** [avoir recours]: **s'**~ **de** to use, to make use of.

aide-soignant, -e [ɛdswaɲɑ̃, ɑ̃t] *nm, f* nursing auxiliary *Br*, nurse's aide *Am*.

aie, aies *etc* → avoir.

aïe [aj] *interj* [exprime la douleur] ow!, ouch!

aïeul, -e [ajœl] *nm, f sout* grandparent, grandfather (*f* grandmother).

aïeux [ajø] *nmpl* ancestors.

aigle [ɛgl] *nm* eagle.

aigre [ɛgr] *adj* **-1.** [gén] sour. **-2.** [propos] harsh.

aigre-doux, -douce [ɛgrədu, dus] *adj* **-1.** CULIN sweet-and-sour. **-2.** [propos] bittersweet.

aigrelet, -ette [ɛgrəlɛ, ɛt] *adj* **-1.** [vin] vinegary. **-2.** [voix] sharpish.

aigreur [ɛgrœr] *nf* **-1.** [d'un aliment] sourness. **-2.** [d'un propos] harshness.
◆ **aigreurs d'estomac** *nfpl* heartburn (*U*).

aigri, -e [egri] *adj* embittered.

aigu, -uë [egy] *adj* **-1.** [son] high-pitched. **-2.** [objet, lame] sharp; [angle] acute. **-3.** [douleur] sharp, acute. **-4.** [intelligence, sens] acute, keen.
◆ **aigu** *nm* high note.

aiguillage [egɥijaʒ] *nm* [RAIL - manœuvre] shunting *Br*, switching *Am*; [- dispositif] points (*pl*) *Br*, switch *Am*.

aiguille [egɥij] *nf* **-1.** [gén] needle; ~ **à tricoter** knitting needle; ~ **de pin** pine needle. **-2.** [de pendule] hand.

aiguiller [egɥije] *vt* **-1.** RAIL to shunt *Br*, to switch *Am*. **-2.** [personne, conversation] to steer, to direct.

aiguilleur [egɥijœr] *nm* **-1.** RAIL pointsman *Br*, switchman *Am*. **-2.** AÉRON: ~ **du ciel** air traffic controller.

aiguiser [egize] *vt litt* & *fig* to sharpen.

ail [aj] (*pl* **ails** OU **aulx** [o]) *nm* garlic (*U*).

aile [ɛl] *nf* [gén] wing.

aileron [ɛlrɔ̃] *nm* **-1.** [de requin] fin. **-2.** [d'avion] aileron.

ailier [elje] *nm* winger.

aille, ailles *etc* → aller.

ailleurs [ajœr] *adv* elsewhere, somewhere else; **nulle part/partout** ~ nowhere/everywhere else.

◆ **d'ailleurs** *loc adv* moreover, besides.

aimable [ɛmabl] *adj* kind, nice.

aimablement [ɛmabləmɑ̃] *adv* kindly.

aimant¹, -e [ɛmɑ̃, ɑ̃t] *adj* loving.

aimant² [ɛmɑ̃] *nm* magnet.

aimer [eme] *vt* **-1.** [gén] to like; ~ **bien qqch/qqn** to like sthg/sb, to be fond of sthg/sb; ~ **bien faire qqch** to (really) like doing sthg; ~ **(à) faire qqch** to like to do sthg, to like doing sthg; **j'aime à croire que ...** I like to think that ...; **elle aime qu'on l'appelle par son surnom** she likes being called by her nickname; **je n'aime pas que tu rentres seule le soir** I don't like you coming home alone at night; **j'aimerais (bien) que tu viennes avec moi** I'd like you to come with me; **j'aimerais bien une autre tasse de café** I wouldn't mind another cup of coffee; ~ **mieux qqch** to prefer sthg; ~ **mieux faire qqch** to prefer doing OU to do sthg. **-2.** [d'amour] to love.

◆ **s'aimer** *vp* (*emploi réciproque*) to love each other; **s'**~ **bien** to like each other.

aine [ɛn] *nf* groin.

aîné, -e [ene] ◇ *adj* [plus âgé] elder, older; [le plus âgé] eldest, oldest. ◇ *nm, f* [plus âgé] older OU elder child, older OU eldest son/daughter; [le plus âgé] oldest OU eldest child, oldest OU eldest son/daughter; **elle est mon ~e de deux ans** she is two years older than me.

aînesse [enɛs] → **droit**.

ainsi [ɛ̃si] *adv* **-1.** [manière] in this way, like this. **-2.** [valeur conclusive] thus; **et** ~ **de suite** and so on, and so forth; **pour** ~ **dire** so to speak.

◆ **ainsi que** *loc conj* [et] as well as.

air [ɛr] *nm* **-1.** [gén] air; **en plein** ~ (out) in the open air, outside; **en l'**~ [projet] (up) in the air; *fig* [paroles] empty; ~ **conditionné** air-conditioning. **-2.** [apparence, mine] air, look; **il a l'**~ **triste** he looks sad; **il a l'**~ **de bouder** he looks like he's sulking; **il a l'**~ **de faire beau** it looks like being a nice day. **-3.** MUS tune.

aire [ɛr] *nf* [gén] area; ~ **d'atterrissage** landing strip; ~ **de jeu** playground; ~ **de repos** lay-by; ~ **de stationnement** parking area.

aisance [ɛzɑ̃s] *nf* **-1.** [facilité] ease. **-2.** [richesse]: **il vit dans l'**~ he has an affluent lifestyle.

aise [ɛz] *nf sout* pleasure; **être à l'**~ OU **à son** ~ [confortable] to feel comfortable; [financièrement] to be comfortably off; **mettez-vous à l'**~ make yourself comfortable; **mettre qqn mal à l'**~ to make sb feel ill at ease OU uneasy.

◆ **aises** *nfpl*: **aimer ses** ~**s** to like one's (home) comforts; **prendre ses** ~**s** to make o.s. comfortable.

aisé, -e [eze] *adj* **-1.** [facile] easy. **-2.** [riche] well-off.

aisselle [esɛl] *nf* armpit.

ajourner [aʒurne] *vt* **-1.** [reporter - décision etc] to postpone; [- réunion, procès] to adjourn. **-2.** [candidat] to refer.

ajout [aʒu] *nm* addition.

ajouter [aʒute] *vt* to add; ~ **foi à qqch** *sout* to give credence to sthg.

◆ **s'ajouter** *vp*: **s'**~ **à qqch** to be in addition to sthg.

ajuster [aʒyste] *vt* **-1.** [monter]: ~ **qqch (à)** to fit sthg (to). **-2.** [régler] to adjust. **-3.** [vêtement] to alter. **-4.** [tir, coup] to aim.

◆ **s'ajuster** *vp* to be adaptable.

alarme [alarm] *nf* alarm; **donner l'**~ to give OU raise the alarm.

alarmer [alarme] *vt* to alarm.

◆ **s'alarmer** *vp* to get OU become alarmed.

albanais, -e [albanɛ, ɛz] *adj* Albanian.

◆ **albanais** *nm* [langue] Albanian.

◆ **Albanais, -e** *nm, f* Albanian.

Albanie [albani] *nf*: **l'**~ Albania.

albâtre [albatr] *nm* alabaster.

albatros [albatros] *nm* albatross.

albinos [albinos] *nmf & adj inv* albino.

album [albɔm] *nm* album; ~ **(de) photo** photo album.

alchimiste [alʃimist] *nmf* alchemist.

alcool [alkɔl] *nm* alcohol; ~ **à brûler** methylated spirits (*pl*); **c'est juste un travail** ~ **à 90 degrés** surgical spirit.

alcoolique [alkɔlik] *nmf & adj* alcoholic.

alcoolisé, -e [alkɔlize] *adj* alcoholic.

alcoolisme [alkɔlism] *nm* alcoholism.

Alc(o)otest ® [alkɔtɛst] *nm* Breathalyser®.

alcôve [alkov] *nf* recess.

aléatoire [aleatwar] *adj* **-1.** [avenir] uncertain. **-2.** [choix] random.

alentour [alɑ̃tur] *adv* around, round about.

◆ **alentours** *nmpl* surroundings; **aux** ~**s de** [spatial] in the vicinity of; [temporel] around.

alerte [alɛrt] ◇ *adj* **-1.** [personne, esprit] agile, alert. **-2.** [style, pas] lively. ◇ *nf* alarm, alert; **donner l'**~ **to** sound OU give the alert; ~ **à la bombe** bomb scare.

alerter [alɛrte] *vt* to warn, to alert.

algèbre [alʒɛbr] *nf* algebra.

Alger [alʒe] *n* Algiers.

Algérie [alʒeri] *nf*: **l'**~ Algeria.

algérien, -ienne [alʒerjɛ̃, jɛn] *adj* Algerian.

◆ **Algérien, -ienne** *nm, f* Algerian.

algue [alg] *nf* seaweed (*U*).

alibi [alibi] *nm* alibi.

aliénation [aljenasjɔ̃] *nf* alienation; ~ **mentale** insanity.

aliéné, -e [aljene] ◇ *adj* **-1.** MÉD insane. **-2.** JUR alienated. ◇ *nm, f* MÉD insane person.

aliéner [aljene] *vt* to alienate.

alignement [aliɲmɑ̃] *nm* alignment, lining up.

aligner [aliɲe] *vt* **-1.** [disposer en ligne] to line up. **-2.** [adapter]: ~ **qqch sur** to align sthg with, to bring sthg into line with.

◆ **s'aligner** *vp* to line up; **s'**~ **sur** POLIT to align o.s. with.

aliment [alimɑ̃] *nm* [nourriture] food (*U*).

alimentaire [alimɑ̃tɛr] *adj* **-1.** [gén] food (*avant n*); **c'est juste un travail** ~ I'm doing this job just for the money. **-2.** JUR maintenance (*avant n*).

alimentation [alimɑ̃tasjɔ̃] *nf* **-1.** [nourriture] diet; **magasin d'**~ food store. **-2.** [approvisionnement]: ~ **(en)** supply OU supplying (*U*) (of).

alimenter [alimɑ̃te] *vt* **-1.** [nourrir] to feed. **-2.** [approvisionner]: ~ **qqch en** to supply sthg with.

alinéa [alinea] *nm* **-1.** [retrait de ligne] indent. **-2.** [dans document officiel] paragraph.

aliter [alite] *vt*: **être alité** to be bedridden.

◆ **s'aliter** *vp* to take to one's bed.

allaitement [alɛtmɑ̃] *nm* [d'enfant] breast-feeding; [d'animal] suckling.

allaiter [alɛte] *vt* [enfant] to breastfeed; [animal] to suckle.

allé, -e [ale] *pp* → **aller.**

alléchant, -e [aleʃɑ̃, ɑ̃t] *adj* mouthwatering, tempting.

allécher [aleʃe] *vt*: **il a été alléché par l'odeur/la perspective** the smell/prospect made his mouth water.

allée [ale] *nf* **-1.** [dans un jardin] path; [dans une ville] avenue. **-2.** [trajet]: ~**s et venues** comings and goings.

allégé, -e [aleʒe] *adj* [régime, produit] low-fat.

alléger [aleʒe] *vt* **-1.** [fardeau] to lighten. **-2.** [douleur] to soothe.

allégorie [alegɔri] *nf* allegory.

allègre [alɛgr] *adj* **-1.** [ton] cheerful. **-2.** [démarche] jaunty.

allégresse [alegrɛs] *nf* elation.

alléguer [alege] *vt*: ~ **une excuse** to put forward an excuse; ~ **que** to plead (that).

Allemagne [almaɲ] *nf*: **l'**~ Germany; **l'(ex-)**~ **de l'Est** (former) East Germany; **l'(ex-)~ de l'Ouest** (former) West Germany.

allemand, -e [almã, ãd] *adj* German.
◆ **allemand** *nm* [langue] German.
◆ **Allemand, -e** *nm, f* German; **un Allemand de l'Est/l'Ouest** an East/a West German.

aller [ale] ◇ *nm* **-1.** [trajet] outward journey. **-2.** [billet] single ticket *Br*, one-way ticket *Am*. ◇ *vi* **-1.** [gén] to go; **allez!** come on!; **vas-y!** go on!; **allons-y!** let's go! **-2.** (+ *infinitif*): ~ **faire qqch** to go and do sthg; ~ **chercher les enfants à l'école** to go and fetch the children from school; ~ **travailler/se promener** to go to work/for a walk. **-3.** [indiquant un état]: **comment vas-tu?** how are you?; **je vais bien** I'm very well, I'm fine; **comment ça va? — ça va** [santé] how are you? — fine OU all right; [situation] how are things? — fine OU all right; ~ **mieux** to be better. **-4.** [convenir]: **ce type de clou ne va pas pour ce travail** this kind of nail won't do OU isn't suitable for this job; ~ **avec qqch** to go with; ~ **à qqn** to suit sb; [suj: vêtement, taille] to fit sb; **ces couleurs ne vont pas ensemble** these colours don't go well together. **-5.** *loc*: **cela va de soi, cela va sans dire** that goes without saying; **il en va de ... comme ... the same** goes for ... as ...; **il en va de même pour lui** the same goes for him. ◇ *v aux* (+ *infinitif*) [exprime le futur proche] to be going to, will; **je vais arriver en retard** I'm going to arrive late, I'll arrive late; **nous allons bientôt avoir fini** we'll soon have finished.
◆ **s'en aller** *vp* **-1.** [partir] to go, to be off; **allez-vous en!** go away! **-2.** [disparaître] to go away.

allergie [alɛrʒi] *nf* allergy.

allergique [alɛrʒik] *adj*: ~ **(à)** allergic (to).

aller-retour [alerətur] *nm* return (ticket).

alliage [aljaʒ] *nm* alloy.

alliance [aljɑ̃s] *nf* **-1.** [union - stratégique] alliance; [- par le mariage] union, marriage; **cousin par** ~ cousin by marriage. **-2.** [bague] wedding ring.

allié, -e [alje] ◇ *adj*: ~ **(à)** allied (to). ◇ *nm, f* ally.
◆ **Alliés** *nmpl*: **les Alliés** the Allies.

allier [alje] *vt* [associer] to combine.
◆ **s'allier** *vp* to become allies; **s'~ qqn** to win sb over as an ally; **s'~ à qqn** to ally with sb.

alligator [aligatɔr] *nm* alligator.

allô [alo] *interj* hello!

allocation [alɔkasjɔ̃] *nf* **-1.** [attribution] allocation. **-2.** [aide financière]: ~ **chômage** unemployment benefit (U); ~ **logement** housing benefit (U); ~**s familiales** child benefit (U).

allocution [alɔkysjɔ̃] *nf* short speech.

allongé, -e [alɔ̃ʒe] *adj* **-1.** [position]: **être** ~ to be lying down OU stretched out. **-2.** [forme] elongated.

allonger [alɔ̃ʒe] *vt* **-1.** [gén] to lengthen, to make longer. **-2.** [jambe, bras] to stretch (out). **-3.** [personne] to lay down.
◆ **s'allonger** *vp* **-1.** [gén] to get longer. **-2.** [se coucher] to lie down.

allopathique [alɔpatik] *adj* allopathic.

allumage [alymaʒ] *nm* **-1.** [de feu] lighting. **-2.** [d'appareil électrique] switching OU turning on. **-3.** [de moteur] ignition.

allume-cigares [alymsigar] *nm inv* cigar lighter.

allume-gaz [alymgaz] *nm inv* gas lighter.

allumer [alyme] *vt* **-1.** [lampe, radio, télévision] to turn OU switch on; **allume dans la cuisine** turn the kitchen light on. **-2.** [gaz] to light; [cigarette] to light (up). **-3.** *fam* [personne] to turn on.

allumette [alymɛt] *nf* match.

allumeuse [alymøz] *nf fam péj* tease.

allure [alyr] *nf* **-1.** [vitesse] speed; **à toute** ~ as quickly OU fast as possible. **-2.** [prestance] presence; **avoir de l'~** to have style. **-3.** [apparence générale] appearance.

allusion [alyzjɔ̃] *nf* allusion; **faire ~ à** to refer OU allude to.

almanach [almana] *nm* almanac.

aloi [alwa] *nm*: **de bon ~** [mesure] of real worth; **de mauvais ~** [gaîté] not genuine; [plaisanterie] in bad taste.

alors [alɔr] *adv* **-1.** [jadis] then, at that time. **-2.** [à ce moment-là] then. **-3.** [exprimant la conséquence] then, so; **et ~, qu'est-ce qui s'est passé?** so what happened?; **il va se mettre en colère — et ~?** he'll be angry — so what? **-4.** [emploi expressif] well (then); **~, qu'est-ce qu'on fait?** well, what are we doing?; **ça ~!** well fancy that!

◆ **alors que** *loc conj* **-1.** [exprimant le temps] while, when. **-2.** [exprimant l'opposition] even though; **elle est sortie ~ que c'était interdit** she went out even though it was forbidden; **ils aiment le café ~ que nous, nous buvons du thé** they like coffee whereas we drink tea.

alouette [alwɛt] *nf* lark.

alourdir [alurdir] *vt* **-1.** [gén] to weigh down, to make heavy. **-2.** *fig* [impôts] to increase.

aloyau [alwajo] *nm* sirloin.

Alpes [alp] *nfpl*: **les ~** the Alps.

alphabet [alfabɛ] *nm* alphabet.

alphabétique [alfabetik] *adj* alphabetical.

alphabétiser [alfabetize] *vt*: **~ qqn** to teach sb (how) to read and write; **~ un pays** to eliminate illiteracy from a country.

alpin, -e [alpɛ̃, in] *adj* alpine.

alpinisme [alpinism] *nm* mountaineering.

alter ego [altɛrego] *nm inv* alter ego.

altérer [altere] *vt* **-1.** [détériorer] to spoil. **-2.** [amitié, santé] to harm, to affect; [vérité, récit] to distort.

◆ **s'altérer** *vp* **-1.** [matière - métal] to

deteriorate; [- aliment] to go off, to spoil. **-2.** [santé] to deteriorate.

alternance [altɛrnɑ̃s] *nf* **-1.** [succession] alternation; **en ~** alternately. **-2.** POLIT change of government party.

alternatif, -ive [altɛrnatif, iv] *adj* **-1.** [périodique] alternating. **-2.** [parallèle] alternative.

◆ **alternative** *nf* alternative.

alternativement [altɛrnativmɑ̃] *adv* alternatively.

alterner [altɛrne] *vi* [se succéder]: **~ (avec)** to alternate (with).

altier, -ière [altje, jɛr] *adj* haughty.

altitude [altityd] *nf* altitude, height; **en ~** at (high) altitude.

alto [alto] *nm* [MUS - voix] alto; [- instrument] viola.

aluminium [alyminjɔm] *nm* aluminium *Br*, aluminum *Am*.

alvéole [alveɔl] *nf* **-1.** [cavité] cavity. **-2.** [de ruche, poumon] alveolus.

amabilité [amabilite] *nf* kindness; **avoir l'~ de faire qqch** to be so kind as to do sthg.

amadouer [amadwe] *vt* [adoucir] to tame, to pacify; [persuader] to coax.

amaigrir [amegrir] *vt* to make thin OU thinner.

amaigrissant, -e [amegrisɑ̃, ɑ̃t] *adj* slimming (*avant n*) *Br*, reducing (*avant n*) *Am*.

amaigrissement [amegrismɑ̃] *nm* loss of weight.

amalgame [amalgam] *nm* **-1.** TECHNOL amalgam. **-2.** [de styles] mixture. **-3.** [d'idées, de notions]: **il ne faut pas faire l'~ entre ces deux questions** the two issues must not be confused.

amalgamer [amalgame] *vt* to combine.

amande [amɑ̃d] *nf* almond.

amandier [amɑ̃dje] *nm* almond tree.

amant, -e [amɑ̃, ɑ̃t] *nm, f* lover.

amarre [amar] *nf* rope, cable.

amarrer [amare] *vt* **-1.** NAVIG to moor. **-2.** [fixer] to tie down.

amas [ama] *nm* pile.

amasser [amase] *vt* **-1.** [objets] to pile up. **-2.** [argent] to accumulate.

amateur [amatœr] *nm* **-1.** [connaisseur - d'art, de bon café] : ~ **de** lover of. **-2.** [non-professionnel] amateur; **faire qqch en** ~ to do sthg as a hobby. **-3.** *péj* [dilettante] amateur.

amazone [amazon] *nf* horsewoman; **monter en** ~ to ride sidesaddle.

Amazonie [amazoni] *nf* : l'~ the Amazon (Basin).

amazonien, -ienne [amazonjɛ̃, jɛn] *adj* Amazonian; **la forêt ~ne** the Amazon rain forest.

ambassade [ɑ̃basad] *nf* embassy.

ambassadeur, -drice [ɑ̃basadœr, dris] *nm, f* ambassador.

ambiance [ɑ̃bjɑ̃s] *nf* atmosphere.

ambiant, -e [ɑ̃bjɑ̃, ɑ̃t] *adj* : **température ~e** room temperature.

ambidextre [ɑ̃bidɛkstr] *adj* ambidextrous.

ambigu, -uë [ɑ̃bigy] *adj* ambiguous.

ambiguïté [ɑ̃biguite] *nf* ambiguity.

ambitieux, -ieuse [ɑ̃bisjø, jøz] *adj* ambitious.

ambition [ɑ̃bisjɔ̃] *nf* **-1.** *péj* [arrivisme] ambitiousness. **-2.** [désir] ambition; **avoir l'~ de faire qqch** to have an ambition to do sthg.

ambivalent, -e [ɑ̃bivalɑ̃, ɑ̃t] *adj* ambivalent.

ambre [ɑ̃br] *nm* **-1.** [couleur] amber. **-2.** [matière] : ~ **(gris)** ambergris.

ambré, -e [ɑ̃bre] *adj* [couleur] amber.

ambulance [ɑ̃bylɑ̃s] *nf* ambulance.

ambulancier, -ière [ɑ̃bylɑ̃sje, jɛr] *nm, f* ambulanceman (*f* ambulancewoman).

ambulant, -e [ɑ̃bylɑ̃, ɑ̃t] *adj* travelling (*avant n*).

âme [ɑm] *nf* **-1.** [gén] soul; **avoir une ~ de comédien** to be a born actor; ~ **sœur** soulmate. **-2.** [caractère] spirit, soul.

amélioration [ameljɔrasjɔ̃] *nf* improvement.

améliorer [ameljɔre] *vt* to improve.
♦ **s'améliorer** *vp* to improve.

amen [amɛn] *adv* amen.

aménagement [amenaʒmɑ̃] *nm* **-1.** [de lieu] fitting out. **-2.** [de programme] planning, organizing.

aménager [amenaʒe] *vt* **-1.** [pièce] to fit out. **-2.** [programme] to plan, to organize.

amende [amɑ̃d] *nf* fine.

amendement [amɑ̃dmɑ̃] *nm* POLIT amendment.

amender [amɑ̃de] *vt* **-1.** POLIT to amend. **-2.** AGRIC to enrich.
♦ **s'amender** *vp* to mend one's ways.

amener [amne] *vt* **-1.** [mener] to bring. **-2.** [inciter] : ~ **qqn à faire qqch** [suj: circonstances] to lead sb to do sthg; [suj: personne] to get sb to do sthg. **-3.** [occasionner, préparer] to bring about.

amenuiser [amənɥize] *vt* **-1.** [rendre plus petit] : **ses cheveux amenuisent son visage** her hair makes her face look thinner. **-2.** [réduire] to diminish, to reduce.
♦ **s'amenuiser** *vp* to dwindle, to diminish.

amer, -ère [amɛr] *adj* bitter.

américain, -e [amerikɛ̃, ɛn] *adj* American.
♦ **américain** *nm* [langue] American English.
♦ **Américain, -e** *nm, f* American.

américanisme [amerikanism] *nm* Americanism.

Amérique [amerik] *nf* : l'~ America; l'~ **centrale** Central America; l'~ **du Nord** North America; l'~ **du Sud** South America; l'~ **latine** Latin America.

amertume [amɛrtym] *nf* bitterness.

améthyste [ametist] *nf* amethyst.

ameublement [amœbləmɑ̃] *nm* [meubles] furniture; [action de meubler] furnishing.

ami, -e [ami] ◇ *adj* friendly. ◇ *nm, f* **-1.** [camarade] friend; **petit ~** boyfriend; **petite ~e** girlfriend. **-2.** [partisan] supporter, friend.

amiable [amjabl] *adj* [accord] friendly, informal.
♦ **à l'amiable** *loc adv & loc adj* out of court.

amiante [amjɑ̃t] *nm* asbestos.

amibe [amib] *nf* amoeba.

amical, -e, -aux [amikal, o] *adj* friendly.
♦ **amicale** *nf* association, club (*for people with a shared interest*).

amicalement [amikalmɑ̃] *adv* **-1.** [de façon amicale] amicably, in a friendly way. **-2.** [dans une lettre] yours (ever), (with) best wishes.

amidon [amidɔ̃] *nm* starch.

amidonner [amidɔne] *vt* to starch.

amincissant, -e [amɛ̃sisɑ̃, ɑ̃t] *adj* slimming.

amiral, -aux [amiral, o] *nm* admiral.

amitié [amitje] *nf* **-1.** [affection] affection; **prendre qqn en ~** to befriend sb. **-2.** [rapports amicaux] friendship; **faire ses ~s à qqn** to give sb one's good OU best wishes.

ammoniac, -iaque [amɔnjak] *adj* CHIM ammoniac.
♦ **ammoniac** *nm* ammonia.
♦ **ammoniaque** *nf* ammonia (water).

amnésie [amnezi] *nf* amnesia.

amniocentèse [amnjɔsɛ̃tɛz] *nf* amniocentesis.

amnistie [amnisti] *nf* amnesty.

amnistier [amnistje] *vt* to amnesty.

amoindrir [amwɛ̃drir] *vt* to diminish.

amonceler [amɔ̃sle] *vt* to accumulate.

amont [amɔ̃] *nm* upstream (water); **en ~ de** [rivière] upriver OU upstream from; *fig* prior to.

amoral, -e, -aux [amɔral, o] *adj* **-1.** [qui ignore la morale] amoral. **-2.** [débauché] immoral.

amorce [amɔrs] *nf* **-1.** [d'explosif] priming; [de cartouche, d'obus] cap. **-2.**

PÊCHE **bait. -3.** *fig* [commencement] beginnings (*pl*), germ.

amorcer [amɔrse] *vt* **-1.** [explosif] to prime. **-2.** PÊCHE to bait. **-3.** *fig* [commencer] to begin, to initiate.

amorphe [amɔrf] *adj* [personne] lifeless.

amortir [amɔrtir] *vt* **-1.** [atténuer - choc] to absorb; [- bruit] to deaden, to muffle. **-2.** [dette] to pay off. **-3.** [achat] to write off.

amour [amur] *nm* [gén] love; **faire l'~** to make love.
♦ **amours** *nfpl* [vie sentimentale] love-life.

amoureux, -euse [amurø, øz] ◇ *adj* **-1.** [personne] in love; **être/tomber ~ (de)** to be/fall in love (with). **-2.** [regard, geste] loving. ◇ *nm, f* **-1.** [prétendant] suitor. **-2.** [passionné]: **~ de** lover of; **un ~ de la nature** a nature lover.

amour-propre [amurprɔpr] *nm* pride, self-respect.

amovible [amɔvibl] *adj* [déplaçable] detachable, removable.

ampère [ɑ̃pɛr] *nm* amp, ampere.

amphétamine [ɑ̃fetamin] *nf* amphetamine.

amphi [ɑ̃fi] *nm fam* lecture hall OU theatre; **cours en ~** lecture.

amphibie [ɑ̃fibi] *adj* amphibious.

amphithéâtre [ɑ̃fiteatr] *nm* **-1.** HIST amphitheatre. **-2.** [d'université] lecture hall OU theatre.

ample [ɑ̃pl] *adj* **-1.** [vêtement - gén] loose-fitting; [- jupe] full. **-2.** [projet] extensive; **pour de plus ~s informations** for further details. **-3.** [geste] broad, sweeping.

amplement [ɑ̃pləmɑ̃] *adv* [largement] fully, amply.

ampleur [ɑ̃plœr] *nf* **-1.** [de vêtement] fullness. **-2.** [d'événement, de dégâts] extent.

ampli [ɑ̃pli] *nm* amp.

amplificateur, -trice [ɑ̃plifikatœr, tris] *adj* ÉLECTR amplifying; **un phénomène**

~ **de la croissance** *fig* a phenomenon which increases growth.

♦ **amplificateur** *nm* **-1.** [gén] amplifier. **-2.** PHOT enlarger.

amplifier [ɑ̃plifje] *vt* **-1.** [mouvement, son] to amplify; [image] to magnify, to enlarge. **-2.** [scandale] to increase; [événement, problème] to highlight.

amplitude [ɑ̃plityd] *nf* **-1.** [de geste] fullness. **-2.** [d'onde] amplitude. **-3.** [de température] range.

ampoule [ɑ̃pul] *nf* **-1.** [de lampe] bulb. **-2.** [sur la peau] blister. **-3.** [médicament] ampoule, phial.

amputation [ɑ̃pytasjɔ̃] *nf* MÉD amputation.

amputer [ɑ̃pyte] *vt* MÉD to amputate; *fig* [couper] to cut (back OU down); **son article a été amputé d'un tiers** his article was cut by a third.

amulette [amylɛt] *nf* amulet.

amusant, -e [amyzɑ̃, ɑ̃t] *adj* [drôle] funny; [distrayant] amusing; **c'est très ~** it's great fun.

amuse-gueule [amyzgœl] *nm inv fam* cocktail snack, (party) nibble.

amusement [amyzmɑ̃] *nm* amusement (U).

amuser [amyze] *vt* to amuse, to entertain.

♦ **s'amuser** *vp* to have fun, to have a good time; **s'~ à faire qqch** to amuse o.s. (by) doing sthg.

amygdale [amidal] *nf* tonsil.

an [ɑ̃] *nm* year; **avoir sept ~s** to be seven (years old); **en l'~ 2000** in the year 2000; **le nouvel ~** the New Year.

anabolisant [anabolizɑ̃] *nm* anabolic steroid.

anachronique [anakrɔnik] *adj* anachronistic.

anagramme [anagram] *nf* anagram.

anal, -e, -aux [anal, o] *adj* anal.

analgésique [analʒezik] *nm & adj* analgesic.

anallergique [analɛrʒik] *adj* hypoallergenic.

analogie [analɔʒi] *nf* analogy.

analogique [analɔʒik] *adj* analogue.

analogue [analɔg] *adj* analogous, comparable.

analphabète [analfabɛt] *nmf & adj* illiterate.

analyse [analiz] *nf* **-1.** [étude] analysis. **-2.** CHIM & MÉD test, analysis. **-3.** [psychanalyse] analysis (U).

analyser [analize] *vt* **-1.** [étudier, psychanalyser] to analyse. **-2.** CHIM & MÉD to test, to analyse.

analyste [analist] *nmf* analyst.

analyste-programmeur, -euse [analist-prɔgramœr, øz] *nm, f* systems analyst.

analytique [analitik] *adj* analytical.

ananas [anana(s)] *nm* pineapple.

anarchie [anarʃi] *nf* **-1.** POLIT anarchy. **-2.** [désordre] chaos, anarchy.

anarchique [anarʃik] *adj* anarchic.

anarchiste [anarʃist] *nmf & adj* anarchist.

anatomie [anatɔmi] *nf* anatomy.

anatomique [anatɔmik] *adj* anatomical.

ancestral, -e, -aux [ɑ̃sɛstral, o] *adj* ancestral.

ancêtre [ɑ̃sɛtr] *nmf* [aïeul] ancestor; *fig* [forme première] forerunner, ancestor; *fig* [initiateur] father (*f* mother).

anchois [ɑ̃ʃwa] *nm* anchovy.

ancien, -ienne [ɑ̃sjɛ̃, jɛn] *adj* **-1.** [gén] old. **-2.** (*avant n*) [précédent] former, old. **-3.** [qui a de l'ancienneté] senior. **-4.** [du passé] ancient.

anciennement [ɑ̃sjɛnmɑ̃] *adv* formerly, previously.

ancienneté [ɑ̃sjɛnte] *nf* **-1.** [d'une tradition] oldness. **-2.** [d'un employé] seniority.

ancre [ɑ̃kr] *nf* NAVIG anchor; **jeter l'~** to drop anchor; **lever l'~** to weigh anchor; *fam* [partir] to make tracks.

ancrer [ɑ̃kre] *vt* [bateau] to anchor; *fig* [idée, habitude] to root.

Andes [ɑ̃d] *nfpl*: **les ~** the Andes.

Andorre [ɑ̃dɔr] *nf*: **(la principauté d')**~ (the principality of) Andorra.

andouille [ɑ̃duj] *nf* **-1.** [charcuterie] *type of sausage made of chitterlings (pig's intestines).* **-2.** *fam* [imbécile] **prat**, twit.

âne [an] *nm* **-1.** ZOOL ass, donkey. **-2.** *fam* [imbécile] **ass.**

anéantir [aneɑ̃tir] *vt* **-1.** [détruire] to annihilate; *fig* to ruin, to wreck. **-2.** [démoraliser] to crush, to overwhelm.

anecdote [anɛkdɔt] *nf* anecdote.

anecdotique [anɛkdɔtik] *adj* anecdotal.

anémie [anemi] *nf* MÉD anaemia; *fig* enfeeblement.

anémié, -e [anemje] *adj* anaemic.

anémique [anemik] *adj* anaemic.

anémone [anemɔn] *nf* anemone.

ânerie [anri] *nf* *fam* [parole, acte]: **dire/faire une** ~ **to say/do some-thing stupid.**

ânesse [anɛs] *nf* **she-ass, she-donkey.**

anesthésie [anestezi] *nf* anaesthesia; ~ **locale/générale** local/general anaesthetic.

anesthésier [anestezje] *vt* to anaesthetize.

anesthésique [anestezik] *nm & adj* anaesthetic.

anesthésiste [anestezist] *nmf* anaesthetist.

anfractuosité [ɑ̃fraktɥozite] *nf* crevice.

ange [ɑ̃ʒ] *nm* angel; ~ **gardien** guardian angel; **être aux** ~**s** *fig* to be in one's seventh heaven.

angélique [ɑ̃ʒelik] *adj* angelic.

angélus [ɑ̃ʒelys] *nm* [sonnerie] angelus (bell).

angine [ɑ̃ʒin] *nf* [pharyngite] pharyngitis; [amygdalite] tonsillitis.

anglais, -e [ɑ̃glɛ, ɛz] *adj* English.
◆ **anglais** *nm* [langue] English.
◆ **Anglais, -e** *nm, f* Englishman (*f* Englishwoman); **les Anglais** the English.
◆ **anglaises** *nfpl* ringlets.

angle [ɑ̃gl] *nm* **-1.** [coin] corner. **-2.** MATHS angle; ~ **droit/aigu/obtus** right/acute/obtuse angle.

Angleterre [ɑ̃glətɛr] *nf*: **l'** ~ England.

anglican, -e [ɑ̃glikɑ̃, an] *adj & nm, f* Anglican.

anglophone [ɑ̃glɔfɔn] ◇ *nmf* English-speaker. ◇ *adj* English-speaking, anglophone.

anglo-saxon, -onne [ɑ̃glosaksɔ̃, ɔn] *adj* Anglo-Saxon.
◆ **anglo-saxon** *nm* [langue] Anglo-Saxon, Old English.
◆ **Anglo-Saxon, -onne** *nm, f* Anglo-Saxon.

angoisse [ɑ̃gwas] *nf* anguish.

angoisser [ɑ̃gwase] *vt* [effrayer] to cause anxiety to.
◆ **s'angoisser** *vp* **-1.** [être anxieux] to be overcome with anxiety. **-2.** *fam* [s'inquiéter] to fret.

anguille [ɑ̃gij] *nf* eel.

anguleux, -euse [ɑ̃gylø, øz] *adj* angular.

anicroche [anikrɔʃ] *nf* hitch.

animal, -e, -aux [animal, o] *adj* **-1.** [propre à l'animal] animal (*avant n*). **-2.** [instinctif] instinctive.
◆ **animal** *nm* [bête] animal; ~ **sauvage/domestique** wild/domestic animal.

animateur, -trice [animatœr, tris] *nm, f* **-1.** RADIO & TÉLÉ presenter. **-2.** [socio-culturel, sportif] activities organizer.

animation [animasjɔ̃] *nf* **-1.** [de rue] activity, life; [de conversation, visage] animation. **-2.** [activités] activities (*pl*). **-3.** CIN animation.

animé, -e [anime] *adj* [rue] lively; [conversation, visage] animated; [objet] animate.

animer [anime] *vt* **-1.** [mettre de l'entrain dans] to animate, to liven up. **-2.** [présenter] to present. **-3.** [organiser des activités pour] to organize activities for.
◆ **s'animer** *vp* **-1.** [visage] to light up. **-2.** [rue] to come to life, to liven up.

animosité [animozite] *nf* animosity.

anis [ani(s)] *nm* BOT anise; CULIN aniseed.

ankylosé, -e [ãkiloze] *adj* [paralysé] stiff; [engourdi] numb.

annales [anal] *nfpl* **-1.** [d'examen] past papers. **-2.** [chronique annuelle] chronicle (*sg*), annals.

anneau, -x [ano] *nm* **-1.** [gén] ring. **-2.** [maillon] link.

année [ane] *nf* year; **souhaiter la bonne ~ à qqn** to wish sb a Happy New Year; **~ bissextile** leap year; **~-lumière** light year; **~ scolaire** school year.

annexe [anɛks] ◇ *nf* **-1.** [de dossier] appendix, annexe. **-2.** [de bâtiment] annexe. ◇ *adj* related, associated.

annexer [anɛkse] *vt* **-1.** [incorporer]: **~ qqch (à qqch)** to append OU annex sthg (to sthg). **-2.** [pays] to annex.

annexion [anɛksjɔ̃] *nf* annexation.

annihiler [aniile] *vt* [réduire à néant] to destroy, to wreck.

anniversaire [anivɛrsɛr] ◇ *nm* [de mariage, mort, événement] anniversary; [de naissance] birthday; **bon** OU **joyeux ~!** happy birthday! ◇ *adj* anniversary (*avant n*).

annonce [anɔ̃s] *nf* **-1.** [déclaration] announcement; *fig* sign, indication. **-2.** [texte] advertisement; **petite ~** classified advertisement, small ad.

annoncer [anɔ̃se] *vt* **-1.** [faire savoir] to announce. **-2.** [prédire] to predict.

annonciateur, -trice [anɔ̃sjatœr, tris] *adj*: **~ de qqch** heralding sthg.

annoter [anɔte] *vt* to annotate.

annuaire [anɥɛr] *nm* annual, yearbook; **~ téléphonique** telephone directory, phone book.

annuel, -elle [anɥɛl] *adj* **-1.** [tous les ans] annual, yearly. **-2.** [d'une année] annual.

annuité [anɥite] *nf* **-1.** [paiement] annual payment OU instalment. **-2.** [année de service] year (of service).

annulaire [anɥlɛr] *nm* ring finger.

annulation [anylasjɔ̃] *nf* **-1.** [de rendez-vous, réservation] cancellation. **-2.** [de mariage] annulment.

annuler [anyle] *vt* **-1.** [rendez-vous, réservation] to cancel. **-2.** [mariage] to annul.

◆ **s'annuler** *vp* to cancel each other out.

anoblir [anɔblir] *vt* to ennoble.

anodin, -e [anɔdɛ̃, in] *adj* **-1.** [blessure] minor. **-2.** [propos] harmless. **-3.** [détail, personne] insignificant.

anomalie [anɔmali] *nf* anomaly.

ânon [anɔ̃] *nm* young donkey OU ass.

ânonner [anɔne] *vt & vi* to recite in a drone.

anonymat [anɔnima] *nm* anonymity.

anonyme [anɔnim] *adj* anonymous.

anorak [anɔrak] *nm* anorak.

anorexie [anɔrɛksi] *nf* anorexia.

anormal, -e, -aux [anɔrmal, o] ◇ *adj* **-1.** [inhabituel] abnormal, not normal. **-2.** [intolérable, injuste] wrong, not right. **-3.** [arriéré] (mentally) subnormal. ◇ *nm, f* mental defective.

ANPE (*abr de* Agence nationale pour l'emploi) *nf French national employment agency*, ≈ job centre *Br*.

anse [ɑ̃s] *nf* **-1.** [d'ustensile] handle. **-2.** GÉOGR cove.

antagoniste [ɑ̃tagɔnist] *adj* antagonistic.

antan [ɑ̃tɑ̃]

◆ **d'antan** *loc adj littéraire* of old, of yesteryear.

antarctique [ɑ̃tarktik] *adj* Antarctic; **le cercle polaire ~** the Antarctic Circle.

◆ **Antarctique** *nm* **-1.** [continent]: **l'~** Antarctica. **-2.** [océan]: **l'~** the Antarctic (Ocean).

antécédent [ɑ̃tesedɑ̃] *nm* (*gén pl*) [passé] history (*sg*).

antenne [ɑ̃tɛn] *nf* **-1.** [d'insecte] antenna, feeler. **-2.** [de télévision, de radio] aerial *Br*, antenna. **-3.** [succursale] branch, office.

antérieur, -e [ɑ̃terjœr] *adj* **-1.** [dans le temps] earlier, previous; **~ à** previous

OU prior to. **-2.** [dans l'espace] front (*avant n*).

antérieurement [ɑ̃terjœrmɑ̃] *adv* earlier, previously; ~ **à** prior to.

anthologie [ɑ̃tɔlɔʒi] *nf* anthology.

anthracite [ɑ̃trasit] ◇ *nm* anthracite. ◇ *adj inv* charcoal (grey).

anthropologie [ɑ̃trɔpɔlɔʒi] *nf* anthropology.

anthropophage [ɑ̃trɔpɔfaʒ] *nmf* cannibal.

anti-âge [ɑ̃tiaʒ] *adj*: **crème** ~ anti-ageing cream.

antialcoolique [ɑ̃tialkɔlik] *adj*: **ligue** ~ temperance league.

antibiotique [ɑ̃tibjɔtik] *nm & adj* antibiotic.

antibrouillard [ɑ̃tibrujar] *nm & adj inv*: **(phare** OU **feu)** ~ fog lamp *Br*, foglight *Am*.

antichambre [ɑ̃tiʃɑ̃br] *nf* antechamber; **faire** ~ *fig* to wait patiently (*to see somebody*).

anticipation [ɑ̃tisipasjɔ̃] *nf* LITTÉRATURE: **roman d'**~ science fiction novel.

anticipé, -e [ɑ̃tisipe] *adj* early.

anticiper [ɑ̃tisipe] ◇ *vt* to anticipate. ◇ *vi*: ~ **(sur qqch)** to anticipate (sthg).

anticonformiste [ɑ̃tikɔ̃fɔrmist] *adj & nmf* non-conformist.

anticorps [ɑ̃tikɔr] *nm* antibody.

anticyclone [ɑ̃tisiklon] *nm* anticyclone.

antidater [ɑ̃tidate] *vt* to backdate.

antidépresseur [ɑ̃tidepresœr] *nm & adj m* antidepressant.

antidote [ɑ̃tidɔt] *nm* antidote.

antigel [ɑ̃tiʒɛl] *nm inv & adj inv* antifreeze.

antillais, -e [ɑ̃tije, ɛz] *adj* West Indian.

♦ **Antillais, -e** *nm, f* West Indian.

Antilles [ɑ̃tij] *nfpl*: **les** ~ the West Indies.

antilope [ɑ̃tilɔp] *nf* antelope.

antimilitariste [ɑ̃timilitarist] *nmf & adj* antimilitarist.

antimite [ɑ̃timit] *adj inv*: **boule** ~ mothball.

antipathie [ɑ̃tipati] *nf* antipathy, hostility.

antipathique [ɑ̃tipatik] *adj* unpleasant; **elle m'est** ~ I dislike her, I don't like her.

antipelliculaire [ɑ̃tipelikylɛr] *adj*: **shampooing** ~ anti-dandruff shampoo.

antiphrase [ɑ̃tifraz] *nf* antiphrasis.

antiquaire [ɑ̃tikɛr] *nmf* antique dealer.

antique [ɑ̃tik] *adj* **-1.** [de l'antiquité - civilisation] ancient; [- vase, objet] antique. **-2.** [vieux] antiquated, ancient.

antiquité [ɑ̃tikite] *nf* **-1.** [époque]: **l'Antiquité** antiquity. **-2.** [objet] antique.

antirabique [ɑ̃tirabik] *adj*: **vaccin** ~ rabies vaccine.

antiraciste [ɑ̃tirasist] *adj & nmf* antiracist.

antirides [ɑ̃tirid] *adj inv* anti-wrinkle.

antirouille [ɑ̃tiruj] *adj inv* [traitement] rust (*avant n*); [revêtement, peinture] rustproof.

antisèche [ɑ̃tisɛʃ] *nm & nf arg scol* crib *Br*, cheat sheet *Am*.

antisémite [ɑ̃tisemit] ◇ *nmf* anti-Semite. ◇ *adj* anti-Semitic.

antiseptique [ɑ̃tiseptik] *nm & adj* antiseptic.

antisismique [ɑ̃tisismik] *adj* earthquake-proof.

antithèse [ɑ̃titɛz] *nf* antithesis.

antiviral, -aux [ɑ̃tiviral, o] *nm* antivirus.

antivol [ɑ̃tivɔl] *nm inv & adj inv* anti-theft device.

antre [ɑ̃tr] *nm* den, lair.

anus [anys] *nm* anus.

anxiété [ɑ̃ksjete] *nf* anxiety.

anxieux, -ieuse [ɑ̃ksjø, jøz] ◇ *adj* anxious, worried; **être** ~ **de qqch** to be worried OU anxious about sthg; **être** ~ **de faire qqch** to be anxious to do sthg. ◇ *nm, f* worrier.

aorte [ɔrt] *nf* aorta.

août [u(t)] *nm* August; *voir aussi* **septembre**.

apaisement [apɛzmɑ̃] *nm* **-1.** [moral] comfort. **-2.** [de douleur] alleviation. **-3.** [de tension, de crise] calming.

apaiser [apeze] *vt* **-1.** [personne] to calm down, to pacify. **-2.** [conscience] to salve; [douleur] to soothe; [soif] to slake, to quench; [faim] to assuage; [passion] to calm.
◆ **s'apaiser** *vp* **-1.** [personne] to calm down. **-2.** [besoin, passion] to be assuaged; [tempête] to subside, to abate; [douleur] to die down; [scrupules] to be allayed.

apanage [apanaʒ] *nm sout* privilege; **être l'~ de qqn/qqch** to be the prerogative of sb/sthg.

aparté [aparte] *nm* **-1.** THÉÂTRE aside. **-2.** [conversation] private conversation; **prendre qqn en ~** to take sb aside.

apartheid [apartɛd] *nm* apartheid.

apathie [apati] *nf* apathy.

apathique [apatik] *adj* apathetic.

apatride [apatrid] *nmf* stateless person.

apercevoir [apɛrsəvwar] *vt* [voir] to see, to catch sight of.
◆ **s'apercevoir** *vp*: **s'~ de qqch** to notice sthg; **s'~ que** to notice (that).

aperçu, -e [apɛrsy] *pp* → **apercevoir**.
◆ **aperçu** *nm* general idea.

apéritif, -ive [aperitif, iv] *adj* which whets the appetite.
◆ **apéritif** *nm* aperitif; **prendre l'~** to have an aperitif, to have drinks (*before a meal*).

apesanteur [apəzɑ̃tœr] *nf* weightlessness.

à-peu-près [apøprɛ] *nm inv* approximation.

aphone [afɔn] *adj* voiceless.

aphrodisiaque [afrɔdizjak] *nm & adj* aphrodisiac.

aphte [aft] *nm* mouth ulcer.

apiculteur, -trice [apikyltœr, tris] *nm, f* beekeeper.

apitoyer [apitwaje] *vt* to move to pity.
◆ **s'apitoyer** *vp* to feel pity; **s'~ sur** to feel sorry for.

ap. J.-C. (*abr de* **après Jésus-Christ**) AD.

aplanir [aplanir] *vt* **-1.** [aplatir] to level. **-2.** *fig* [difficulté, obstacle] to smooth away, to iron out.

aplatir [aplatir] *vt* [gén] to flatten; [couture] to press flat; [cheveux] to smooth down.

aplomb [aplɔ̃] *nm* **-1.** [stabilité] balance. **-2.** [audace] nerve, cheek.
◆ **d'aplomb** *loc adv* steady.

apocalypse [apɔkalips] *nf* apocalypse.

apogée [apɔʒe] *nm* ASTRON apogee; *fig* peak.

apolitique [apɔlitik] *adj* apolitical, unpolitical.

apologie [apɔlɔʒi] *nf* justification, apology.

apoplexie [apɔplɛksi] *nf* apoplexy.

apostrophe [apɔstrɔf] *nf* [signe graphique] apostrophe.

apostropher [apɔstrɔfe] *vt*: **~ qqn** to speak rudely to sb.

apothéose [apɔteoz] *nf* **-1.** [consécration] great honour. **-2.** [point culminant - d'un spectacle] grand finale; [- d'une carrière] crowning glory.

apôtre [apotr] *nm* apostle, disciple.

apparaître [aparɛtr] ◇ *vi* **-1.** [gén] to appear. **-2.** [se dévoiler] to come to light. ◇ *v impers*: **il apparaît que** it seems OU appears that.

apparat [apara] *nm* pomp; **d'~** [dîner, habit] ceremonial.

appareil [aparɛj] *nm* **-1.** [gén] device; [électrique] appliance; INFORM unit, device. **-2.** [téléphone] phone, telephone; **qui est à l'~?** who's speaking? **-3.** [avion] aircraft.
◆ **appareil digestif** *nm* digestive system.
◆ **appareil photo** *nm* camera.

appareillage [aparɛjaʒ] *nm* **-1.** [équipement] equipment. **-2.** NAVIG getting under way.

appareiller [apareje] ◇ *vt* [assortir] to match up. ◇ *vi* NAVIG to get under way.

apparemment [aparamɑ̃] *adv* apparently.

apparence [aparɑ̃s] *nf* appearance.
◆ **en apparence** *loc adv* seemingly, apparently.

apparent, -e [aparɑ̃, ɑ̃t] *adj* **-1.** [superficiel, illusoire] apparent. **-2.** [visible] visible.

apparenté, -e [aparɑ̃te] *adj*: ~ à [personne] related to; *fig* [ressemblant] similar to.

appariteur [aparitœr] *nm* porter (*in university*).

apparition [aparisjɔ̃] *nf* **-1.** [gén] appearance. **-2.** [vision - RELIG] vision; [- de fantôme] apparition.

appart [apart] (*abr de* **appartement**) *nm fam* flat *Br*, apartment *Am*.

appartement [apartəmɑ̃] *nm* flat *Br*, apartment *Am*.

appartenir [apartənir] *vi* **-1.** [être la propriété de]: ~ à **qqn** to belong to sb. **-2.** [faire partie de]: ~ à **qqch** to belong to sthg, to be a member of sthg; **il ne m'appartient pas de faire ...** *fig & sout* it's not up to me to do ....

appartenu [apartəny] *pp inv* → **appartenir**.

apparu, -e [apary] *pp* → **apparaître**.

appâter [apate] *vt litt & fig* to lure.

appauvrir [apovrir] *vt* to impoverish.
◆ **s'appauvrir** *vp* to grow poorer, to become impoverished.

appel [apel] *nm* **-1.** [gén] call; **faire** ~ **à qqn** to appeal to sb; **faire** ~ **à qqch** [nécessiter] to call for sthg; [avoir recours à] to call on sthg; ~ **(téléphonique)** (phone) call. **-2.** JUR appeal; **faire** ~ JUR to appeal; **sans** ~ final. **-3.** [pour vérifier - gén] roll-call; [- SCOL] registration. **-4.** COMM: ~ **d'offre** in-

vitation to tender. **-5.** [signe]: **faire un** ~ **de phares** to flash one's headlights.

appelé, -e [aple] *pp* → **appeler**.
◆ **appelé** *nm* conscript.

appeler [aple] *vt* **-1.** [gén] to call. **-2.** [téléphoner] to ring, to call. **-3.** [exiger] to call for.
◆ **s'appeler** *vp* **-1.** [se nommer] to be called; **comment cela s'appelle?** what is it called?; **il s'appelle Patrick** his name is Patrick, he's called Patrick. **-2.** [se téléphoner]: **on s'appelle demain?** shall we talk tomorrow?

appendice [apɛ̃dis] *nm* appendix.

appendicite [apɛ̃disit] *nf* appendicitis.

appentis [apɑ̃ti] *nm* lean-to.

appesantir [apəzɑ̃tir] *vt* [démarche] to slow down.
◆ **s'appesantir** *vp* **-1.** [s'alourdir] to become heavy. **-2.** [insister]: **s'**~ **sur qqch** to dwell on sthg.

appétissant, -e [apetisɑ̃, ɑ̃t] *adj* [nourriture] appetizing.

appétit [apeti] *nm* appetite; **bon** ~! enjoy your meal!

applaudir [aplodir] ◇ *vt* to applaud. ◇ *vi* to clap, to applaud; ~ **à qqch** *fig* to applaud sthg; ~ **à tout rompre** *fig* to bring the house down.

applaudissements [aplodismɑ̃] *nmpl* applause (*U*), clapping (*U*).

application [aplikasjɔ̃] *nf* [gén & INFORM] application.

applique [aplik] *nf* wall lamp.

appliquer [aplike] *vt* [gén] to apply; [loi] to enforce.
◆ **s'appliquer** *vp* **-1.** [s'étaler, se poser]: **cette peinture s'applique facilement** this paint goes on easily. **-2.** [se concentrer]: **s'**~ **(à faire qqch)** to apply o.s. (to doing sthg).

appoint [apwɛ̃] *nm* **-1.** [monnaie] change; **faire l'**~ to give the right money. **-2.** [aide] help, support; **d'**~ [salaire, chauffage] extra.

appointements [apwɛ̃tmɑ̃] *nmpl* salary (*sg*).

apport [apɔr] *nm* **-1.** [gén & FIN] contribution. **-2.** [de chaleur] input.

apporter [apɔrte] *vt* **-1.** [gén] to bring. **-2.** [raison, preuve] to provide, to give. **-3.** [mettre - soin] to exercise; [- attention] to give.

apposer [apoze] *vt* **-1.** [affiche] to put up. **-2.** [signature] to append.

apposition [apozisjɔ̃] *nf* GRAM apposition.

appréciable [apresjabl] *adj* **-1.** [notable] appreciable. **-2.** [précieux]: **un grand jardin, c'est ~! I/we really appreciate having a big garden.**

appréciation [apresjasjɔ̃] *nf* **-1.** [de valeur] valuation; [de distance, poids] estimation. **-2.** [jugement] judgment. **-3.** SCOL assessment.

apprécier [apresje] *vt* **-1.** [gén] to appreciate. **-2.** [évaluer] to estimate, to assess.

appréhender [apreɑ̃de] *vt* **-1.** [arrêter] to arrest. **-2.** [craindre]: ~ **qqch/de faire qqch** to dread sthg/doing sthg.

appréhension [apreɑ̃sjɔ̃] *nf* apprehension.

apprendre [aprɑ̃dr] *vt* **-1.** [étudier] to learn; ~ **à faire qqch** to learn (how) to do sthg. **-2.** [enseigner] to teach; ~ **qqch à qqn** to teach sb sthg; ~ **à qqn à faire qqch** to teach sb (how) to do sthg. **-3.** [nouvelle] to hear of, to learn of; ~ **que** to hear that, to learn that; ~ **qqch à qqn** to tell sb of sthg.

apprenti, -e [aprɑ̃ti] *nm, f* [élève] apprentice; *fig* beginner.

apprentissage [aprɑ̃tisaʒ] *nm* **-1.** [de métier] apprenticeship. **-2.** [formation] learning.

apprêter [aprete] *vt* to prepare.
♦ **s'apprêter** *vp* **-1.** [être sur le point]: **s'~ à faire qqch** to get ready to do sthg. **-2.** [s'habiller]: **s'~ pour qqch** to dress up for sthg.

appris, -e [apri, iz] *pp* → **apprendre**.

apprivoiser [aprivwaze] *vt* to tame.

approbateur, -trice [aprɔbatœr, tris] *adj* approving.

approbation [aprɔbasjɔ̃] *nf* approval.

approchant, -e [aprɔʃɑ̃, ɑ̃t] *adj* similar; **quelque chose d'~** something similar.

approche [aprɔʃ] *nf* [arrivée] approach; **à l'~ des fêtes** as the Christmas holidays draw near; **il a pressé le pas à l'~ de la maison** he quickened his step as he approached OU drew near the house.

approcher [aprɔʃe] ◇ *vt* **-1.** [mettre plus près] to move near, to bring near; ~ **qqch de qqn/qqch** to move sthg near (to) sb/sthg. **-2.** [aborder] to go up to, to approach. **-3.** [côtoyer] to mix with. ◇ *vi* to approach, to go/come near; **approchez!** come nearer!; **n'approchez pas!** keep OU stay away!; ~ **de** [moment, fin] to approach.
♦ **s'approcher** *vp* to come/go near, to approach; **s'~ de qqn/qqch** to approach sb/sthg.

approfondir [aprɔfɔ̃dir] *vt* **-1.** [creuser] to make deeper. **-2.** [développer] to go further into.

approprié, -e [aprɔprije] *adj*: ~ **(à)** appropriate (to).

approprier [aprɔprije] *vt* **-1.** [adapter] to adapt. **-2.** *Belg* to clean.
♦ **s'approprier** *vp* [s'adjuger] to appropriate.

approuver [apruve] *vt* [gén] to approve of.

approvisionnement [aprɔvizjɔnmɑ̃] *nm* supplies (*pl*), stocks (*pl*).

approvisionner [aprɔvizjɔne] *vt* **-1.** [compte en banque] to pay money into. **-2.** [magasin, pays] to supply.

approximatif, -ive [aprɔksimatif, iv] *adj* approximate, rough.

approximation [aprɔksimasjɔ̃] *nf* approximation.

approximativement [aprɔksimativmɑ̃] *adv* approximately, roughly.

appt *abr de* **appartement**.

appui [apɥi] *nm* [soutien] support.

appui-tête [apɥitɛt] (*pl* **appuis-tête**) *nm* headrest.

appuyer [apɥije] ◇ *vt* **-1.** [poser]: ~ qqch sur/contre qqch to lean sthg on/against sthg, to rest sthg on/against sthg. **-2.** [presser]: ~ qqch sur/contre to press sthg on/against. **-3.** *fig* [soutenir] to support. ◇ *vi* **-1.** [reposer]: ~ sur to lean OU rest on. **-2.** [presser] to push; ~ sur [bouton] to press. **-3.** *fig* [insister]: ~ sur to stress. **-4.** [se diriger]: ~ sur la OU à droite to bear right.

◆ **s'appuyer** *vp* **-1.** [se tenir]: s'~ contre/sur to lean against/on, to rest against/on. **-2.** [se baser]: s'~ sur to rely on.

âpre [apʀ] *adj* **-1.** [goût, discussion, combat] bitter. **-2.** [ton, épreuve, critique] harsh. **-3.** [concurrence] fierce.

après [apʀɛ] ◇ *prép* **-1.** [gén] after; ~ avoir mangé, ils ... after having eaten OU after they had eaten, they ...; ~ cela after that; ~ quoi after which. **-2.** [indiquant l'attirance, l'attachement, l'hostilité]: soupirer ~ qqn to yearn for sb; aboyer ~ qqn to bark at sb. ◇ *adv* **-1.** [temps] afterwards; un mois ~ one month later; le mois d'~ the following OU next month. **-2.** [lieu, dans un ordre, dans un rang]: la rue d'~ the next street; c'est ma sœur qui vient ~ my sister's next.

◆ **après coup** *loc adv* afterwards, after the event.

◆ **après que** *loc conj* (+ *indicatif*) after; je le verrai ~ qu'il aura fini I'll see him after OU when he's finished; ~ qu'ils eurent dîné, ... after dinner OU after they had dined, ...

◆ **après tout** *loc adv* after all.

◆ **d'après** *loc prép* according to; d'~ moi in my opinion; d'~ lui according to him.

◆ **et après** *loc adv* (*employée interrogativement*) **-1.** [questionnement sur la suite] and then what? **-2.** [exprime l'indifférence] so what?

après-demain [apʀɛdmɛ̃] *adv* the day after tomorrow.

après-guerre [apʀɛgɛʀ] *nm* post-war years (*pl*); d'~ post-war.

après-midi [apʀɛmidi] *nm inv ou nf* afternoon.

après-rasage [apʀɛʀazaʒ] *nm & adj inv* aftershave.

après-ski [apʀɛski] *nm* [chaussure] snow-boot.

après-soleil [apʀɛsɔlɛj] *adj inv* after-sun (*avant n*).

après-vente [apʀɛvɑ̃t] → **service**.

à-propos [apʀopo] *nm inv* [de remarque] aptness; faire preuve d'~ to show presence of mind.

apte [apt] *adj*: ~ à qqch/à faire qqch capable of sthg/of doing sthg; ~ (au service) MIL fit (for service).

aquarelle [akwaʀɛl] *nf* watercolour.

aquarium [akwaʀjɔm] *nm* aquarium.

aquatique [akwatik] *adj* [plante, animal] aquatic; [milieu, paysage] watery, marshy.

aqueduc [akdyk] *nm* aqueduct.

aqueux, -euse [akø, øz] *adj* watery.

aquilin [akilɛ̃] → **nez**.

arabe [aʀab] ◇ *adj* [peuple] Arab; [désert] Arabian. ◇ *nm* [langue] Arabic.

◆ **Arabe** *nmf* Arab.

arabesque [aʀabɛsk] *nf* **-1.** [ornement] arabesque. **-2.** [ligne sinueuse] flourish.

Arabie [aʀabi] *nf*: l'~ Arabia; l'~ Saoudite Saudi Arabia.

arachide [aʀaʃid] *nf* **-1.** [plante] groundnut. **-2.** [graine] peanut, groundnut.

araignée [aʀɛɲe] *nf* spider.

◆ **araignée de mer** *nf* spider crab.

arbalète [aʀbalɛt] *nf* crossbow.

arbitrage [aʀbitʀaʒ] *nm* **-1.** [SPORT- gén] refereeing; [- au tennis, cricket] umpiring. **-2.** JUR arbitration.

arbitraire [aʀbitʀɛʀ] *adj* arbitrary.

arbitre [aʀbitʀ] *nm* **-1.** [SPORT - gén] referee; [- au tennis, cricket] umpire. **-2.** [conciliateur] arbitrator.

arbitrer [arbitre] *vt* **-1.** [SPORT - gén] to referee; [- au tennis, cricket] to umpire. **-2.** [conflit] to arbitrate.

arboriculture [arbɔrikyltyr] *nf* tree growing.

arbre [arbr] *nm* **-1.** BOT & *fig* tree; ~ **fruitier** fruit tree; ~ **généalogique** family tree. **-2.** [axe] shaft.

arbrisseau [arbriso] *nm* shrub.

arbuste [arbyst] *nm* shrub.

arc [ark] *nm* **-1.** [arme] bow. **-2.** [courbe] arc; ~ **de cercle** arc of a circle. **-3.** ARCHIT arch.

arcade [arkad] *nf* **-1.** ARCHIT arch; ~**s** arcade (*sg*). **-2.** ANAT: ~ **sourcilière** arch of the eyebrows.

arc-bouter [arkbute]

◆ **s'arc-bouter** *vp* to brace o.s.

arceau [arso] *nm* **-1.** ARCHIT arch. **-2.** [objet métallique] hoop.

arc-en-ciel [arkɑ̃sjɛl] (*pl* **arcs-en-ciel**) *nm* rainbow.

archaïque [arkaik] *adj* archaic.

arche [arʃ] *nf* ARCHIT arch.

archéologie [arkeɔlɔʒi] *nf* archaeology.

archéologique [arkeɔlɔʒik] *adj* archaeological.

archéologue [arkeɔlɔg] *nmf* archaeologist.

archet [arʃɛ] *nm* MUS bow.

archevêque [arʃəvɛk] *nm* archbishop.

archipel [arʃipɛl] *nm* archipelago.

architecte [arʃitɛkt] *nmf* architect.

architecture [arʃitɛktyr] *nf* architecture; *fig* structure.

archives [arʃiv] *nfpl* [de bureau] records; [de musée] archives.

archiviste [arʃivist] *nmf* archivist.

arctique [arktik] *adj* Arctic; **le cercle polaire** ~ the Arctic Circle.

◆ **Arctique** *nm*: **l'**~ the Arctic.

ardemment [ardamɑ̃] *adv* fervently, passionately.

ardent, -e [ardɑ̃, ɑ̃t] *adj* **-1.** [soleil] blazing. **-2.** [soif, fièvre] raging; [passion] burning.

ardeur [ardœr] *nf* **-1.** [vigueur] fervour, enthusiasm. **-2.** [chaleur] blazing heat.

ardoise [ardwaz] *nf* slate.

ardu, -e [ardy] *adj* [travail] arduous; [problème] difficult.

are [ar] *nm* 100 square metres.

arène [arɛn] *nf* arena.

◆ **arènes** *nfpl* amphitheatre (*sg*).

arête [arɛt] *nf* **-1.** [de poisson] bone. **-2.** [du nez] bridge.

argent [arʒɑ̃] *nm* **-1.** [métal, couleur] silver. **-2.** [monnaie] money; ~ **liquide** (ready) cash; ~ **de poche** pocket money.

argenté, -e [arʒɑ̃te] *adj* silvery, silver.

argenterie [arʒɑ̃tri] *nf* silverware.

Argentine [arʒɑ̃tin] *nf*: **l'**~ Argentina.

argile [arʒil] *nf* clay.

argileux, -euse [arʒilø, øz] *adj* clayey.

argot [argo] *nm* slang.

argotique [argɔtik] *adj* slang (*avant n*), slangy.

argument [argymɑ̃] *nm* argument.

argumentation [argymɑ̃tasjɔ̃] *nf* argumentation.

argus [argys] *nm*: **coté à l'**~ rated in the guide to secondhand car prices.

aride [arid] *adj* litt & *fig* arid; [travail] thankless.

aristocrate [aristɔkrat] *nmf* aristocrat.

aristocratie [aristɔkrasi] *nf* aristocracy.

arithmétique [aritmetik] *nf* arithmetic.

armateur [armatœr] *nm* ship owner.

armature [armatyr] *nf* **-1.** CONSTR & *fig* framework, frame; [de parapluie] frame; [de soutien-gorge] underwiring.

arme [arm] *nf* litt & *fig* weapon; ~ **blanche** blade; ~ **à feu** firearm.

◆ **armes** *nfpl* **-1.** [armée] : **les** ~**s** the army. **-2.** [blason] coat of arms (*sg*). **-3.** *loc*: **partir avec** ~**s et bagages** to leave taking everything.

armée [arme] *nf* army; **l'**~ **de l'air** air force; **l'**~ **de terre** the army.

◆ **Armée du salut** *nf*: **l'Armée du salut** the Salvation Army.

armement [arməmã] *nm* [MIL - de personne] **arming**; [- de pays] **armament**; [- ensemble d'armes] **arms** (*pl*); **la course aux ~s** the arms race.

Arménie [armeni] *nf*: **l'~** Armenia.

armer [arme] *vt* **-1.** [pourvoir en armes] **to arm**; **être armé pour qqch/pour faire qqch** *fig* [préparé] **to be equipped for sthg/to do sthg. -2.** [fusil] **to cock. -3.** [appareil photo] **to wind on. -4.** [navire] **to fit out.**

armistice [armistis] *nm* **armistice.**

armoire [armwar] *nf* [gén] **cupboard** *Br*, **closet** *Am*; [garde-robe] **wardrobe; c'est une ~ à glace!** *fam fig* **he's built like a tank!; ~ à pharmacie** medicine cabinet.

armoiries [armwari] *nfpl* **coat of arms** (*sg*).

armure [armyr] *nf* **armour.**

armurier [armyrje] *nm* [d'armes à feu] **gunsmith**; [d'armes blanches] **armourer.**

arnaque [arnak] *nf fam* **rip-off.**

arnaquer [arnake] *vt fam* **to do** *Br*, **to swindle; se faire ~ to be had.**

aromate [arɔmat] *nm* [épice] **spice**; [fine herbe] **herb.**

arôme [arom] *nm* **-1.** [gén] **aroma**; [de fleur, parfum] **fragrance. -2.** [goût] **flavour.**

arpège [arpɛʒ] *nm* **arpeggio.**

arpenter [arpɑ̃te] *vt* [marcher] **to pace up and down.**

arqué, -e [arke] *adj* **-1.** [objet] **curved. -2.** [jambe] **bow** (*avant n*), **bandy**; [nez] **hooked**; [sourcil] **arched.**

arr. *abr de* **arrondissement.**

arrache-pied [araʃpje]

◆ **d'arrache-pied** *loc adv*: **travailler d'~ to work away furiously.**

arracher [araʃe] *vt* **-1.** [extraire - plante] **to pull up** OU **out**; [- dent] **to extract. -2.** [déchirer - page] **to tear off** OU **out**; [- chemise, bras] **to tear off. -3.** [prendre]: **~ qqch à qqn to snatch sthg**

from sb; [susciter] **to wring sthg from sb. -4.** [soustraire]: **~ qqn à** [milieu, lieu] **to drag sb away from**; [lit, sommeil] **to drag sb from**; [habitude, torpeur] **to force sb out of.**

arrangeant, -e [arɑ̃ʒɑ̃, ɑ̃t] *adj* **obliging.**

arrangement [arɑ̃ʒmɑ̃] *nm* **-1.** [gén] **arrangement. -2.** [accord] **agreement, arrangement.**

arranger [arɑ̃ʒe] *vt* **-1.** [gén] **to arrange. -2.** [convenir à] **to suit. -3.** [régler] **to settle. -4.** [améliorer] **to sort out. -5.** [réparer] **to fix.**

◆ **s'arranger** *vp* **to come to an agreement; s'~ pour faire qqch to manage to do sthg; arrangez-vous pour être là à cinq heures make sure you're there at five o'clock; cela s'~ things will work out.**

arrdt. *abr de* **arrondissement.**

arrestation [arɛstasjɔ̃] *nf* **arrest; être en état d'~ to be under arrest.**

arrêt [arɛ] *nm* **-1.** [d'un mouvement] **stopping; à l'~** [véhicule] **stationary**; [machine] (switched) **off; tomber en ~ devant qqch to stop dead in front of sthg. -2.** [interruption] **interruption; sans ~** [sans interruption] **non-stop**; [sans relâche] **constantly, continually; être en ~ maladie to be on sick leave; ~ maladie** OU **de travail doctor's certificate; ~ du travail stoppage. -3.** [station]: **~ (d'autobus) (bus) stop. -4.** JUR **decision, judgment.**

arrêté [arete] *nm* ADMIN **order, decree.**

arrêter [arete] ◇ *vt* **-1.** [gén] **to stop. -2.** [cesser]: **~ de faire qqch to stop doing sthg; ~ de fumer to stop smoking. -3.** [voleur] **to arrest.** ◇ *vi* **to stop.**

◆ **s'arrêter** *vp* **to stop; s'~ à qqch: il ne s'arrête pas à ces détails he's not going to dwell on these details; s'~ de faire to stop doing.**

arrhes [ar] *nfpl* **deposit** (*sg*).

arrière [arjɛr] ◇ *adj inv* **back, rear; roue ~ rear** OU **back wheel; marche ~ reverse gear.** ◇ *nm* **-1.** [partie postérieure] back; à l'~ at the back Br, in back Am. **-2**. SPORT back.

◆ **en arrière** loc adv **-1**. [dans la direction opposée] back, backwards; **faire un pas en ~** to take a step back OU backwards. **-2**. [derrière, à la traîne] behind; **rester en ~** to lag behind.

arriéré, -e [arjere] adj [mentalité, pays] backward.

◆ **arriéré** nm arrears (pl).

arrière-boutique [arjɛrbutik] (pl **arrière-boutiques**) nf back shop.

arrière-garde [arjɛrgard] (pl **arrière-gardes**) nf rearguard.

arrière-goût [arjɛrgu] (pl **arrière-goûts**) nm aftertaste.

arrière-grand-mère [arjɛrgrɑ̃mɛr] (pl **arrière-grands-mères**) nf great-grandmother.

arrière-grand-père [arjɛrgrɑ̃pɛr] (pl **arrière-grands-pères**) nm great-grandfather.

arrière-pays [arjɛrpei] nm inv hinterland.

arrière-pensée [arjɛrpɑ̃se] (pl **arrière-pensées**) nf [raison intéressée] ulterior motive.

arrière-plan [arjɛrplɑ̃] (pl **arrière-plans**) nm background.

arrière-saison [arjɛrsɛzɔ̃] (pl **arrière-saisons**) nf late autumn.

arrière-train [arjɛrtrɛ̃] (pl **arrière-trains**) nm hindquarters (pl).

arrimer [arime] vt **-1**. [attacher] to secure. **-2**. NAVIG to stow.

arrivage [arivaʒ] nm [de marchandises] consignment, delivery.

arrivée [arive] nf **-1**. [venue] arrival. **-2**. TECHNOL inlet.

arriver [arive] ◇ vi **-1**. [venir] to arrive; **j'arrive!** (I'm) coming!; **~ à Paris** to arrive in OU reach Paris; **l'eau m'arrivait aux genoux** the water came up to my knees. **-2**. [parvenir]: **~ à faire qqch** to manage to do sthg, to succeed in doing sthg; **il n'arrive pas à faire ses devoirs** he can't do his homework. ◇ v impers

to happen; **il arrive que** (+ subjonctif): **il arrive qu'il soit en retard** he is sometimes late; **il arrive à tout le monde de se décourager** we all get fed up sometimes; **il arrive à tout le monde de se tromper** anyone can make a mistake; **il lui arrive d'oublier quel jour on est** he sometimes forgets what day it is; **quoi qu'il arrive** whatever happens.

arrivisme [arivism] nm péj ambition.

arrogance [arɔgɑ̃s] nf arrogance.

arrogant, -e [arɔgɑ̃, ɑ̃t] adj arrogant.

arroger [arɔʒe]

◆ **s'arroger** vp: **s'~ le droit de faire qqch** to take it upon o.s. to do sthg.

arrondi [arɔ̃di] nm [de jupe] hemline.

arrondir [arɔ̃dir] vt **-1**. [forme] to make round. **-2**. [chiffre - en haut] to round up; [- en bas] to round down.

arrondissement [arɔ̃dismɑ̃] nm ADMIN arrondissement (administrative division of a département or city).

arroser [aroze] vt **-1**. [jardin] to water, to spray. **-2**. fam [célébrer] to celebrate.

arrosoir [arozwar] nm watering can.

arsenal, -aux [arsənal, o] nm **-1**. [de navires] naval dockyard. **-2**. [d'armes] arsenal.

arsenic [arsənik] nm arsenic.

art [ar] nm art; **le septième ~** cinema; **~s et métiers** state-funded institution offering vocational courses by correspondence or evening classes.

art. abr de **article**.

artère [artɛr] nf **-1**. ANAT artery. **-2**. [rue] arterial road.

artériel, -ielle [arterjɛl] adj arterial.

artériosclérose [arterjɔsklerɔz] nf arteriosclerosis.

arthrite [artrit] nf arthritis.

arthrose [artroz] nf osteoarthritis.

artichaut [artiʃo] nm artichoke.

article [artikl] nm **-1**. [gén] article; **~ de fond** feature. **-2**. loc: **à l'~ de la mort** at death's door.

articulation [artikylasjɔ̃] *nf* **-1.** ANAT & TECHNOL joint. **-2.** [prononciation] articulation.

articuler [artikyle] *vt* **-1.** [prononcer] to articulate. **-2.** ANAT & TECHNOL to articulate, to joint.

artifice [artifis] *nm* **-1.** [moyen astucieux] clever device OU trick. **-2.** [tromperie] trick.

artificiel, -ielle [artifisjɛl] *adj* artificial.

artillerie [artijri] *nf* MIL artillery.

artisan, -e [artizɑ̃, an] *nm, f* craftsman (*f* craftswoman).

artisanal, -e, -aux [artizanal, o] *adj* craft (*avant n*).

artisanat [artizana] *nm* [métier] craft; [classe] craftsmen.

artiste [artist] *nmf* **-1.** [créateur] artist; ~ **peintre** painter. **-2.** [interprète] performer.

artistique [artistik] *adj* artistic.

as[1] [a] → **avoir**.

as[2] [as] *nm* **-1.** [carte] ace. **-2.** [champion] star, ace.

ascendant, -e [asɑ̃dɑ̃, ɑ̃t] *adj* rising.
◆ **ascendant** *nm* **-1.** [influence] influence, power. **-2.** ASTROL ascendant.

ascenseur [asɑ̃sœr] *nm* lift *Br*, elevator *Am*.

ascension [asɑ̃sjɔ̃] *nf* **-1.** [de montagne] ascent. **-2.** [progression] rise.
◆ **Ascension** *nf*: l'**Ascension** Ascension (Day).

ascète [asɛt] *nmf* ascetic.

asiatique [azjatik] *adj* **-1.** [de l'Asie en général] Asian. **-2.** [d'Extrême-Orient] oriental.
◆ **Asiatique** *nmf* Asian.

Asie [azi] *nf*: l'~ Asia; l'~ **du Sud-Est** Southeast Asia.

asile [azil] *nm* **-1.** [refuge] refuge. **-2.** POLIT: **demander/accorder l'**~ **politique** to seek/to grant political asylum. **-3.** *vieilli* [psychiatrique] asylum.

asocial, -e, -iaux [asɔsjal, jo] ◇ *adj* antisocial. ◇ *nm, f* social misfit.

aspect [aspɛ] *nm* **-1.** [apparence] appearance; **d'**~ **agréable** nice-looking. **-2.** [angle & LING] aspect.

asperge [aspɛrʒ] *nf* [légume] asparagus.

asperger [aspɛrʒe] *vt*: ~ **qqch de qqch** to spray sthg with sthg; ~ **qqn de qqch** [arroser] to spray sb with sthg; [éclabousser] to splash sb with sthg.

aspérité [asperite] *nf* [du sol] bump.

asphalte [asfalt] *nm* asphalt.

asphyxier [asfiksje] *vt* **-1.** MÉD to asphyxiate, to suffocate. **-2.** *fig* [économie] to paralyse.

aspic [aspik] *nm* [vipère] asp.

aspirant, -e [aspirɑ̃, ɑ̃t] *adj*: **hotte** ~**e** cooker hood *Br*, cooker range *Am*; **pompe** ~**e** suction pump.
◆ **aspirant** *nm* [armée] ≃ officer cadet; [marine] ≃ midshipman.

aspirateur [aspiratœr] *nm* Hoover®️ *Br*, vacuum cleaner; **passer l'**~ to do the vacuuming OU hoovering.

aspiration [aspirasjɔ̃] *nf* **-1.** [souffle] inhalation. **-2.** TECHNOL suction.
◆ **aspirations** *nfpl* aspirations.

aspirer [aspire] *vt* **-1.** [air] to inhale; [liquide] to suck up. **-2.** TECHNOL to suck up, to draw up. **-3.** [désirer] ~ **à qqch/à faire qqch** to aspire to sthg/to do sthg.

aspirine [aspirin] *nf* aspirin.

assagir [asaʒir] *vt* to quieten down.
◆ **s'assagir** *vp* to quieten down.

assaillant, -e [asajɑ̃, ɑ̃t] *nm, f* assailant, attacker.

assaillir [asajir] *vt* to attack, to assault; ~ **qqn de qqch** *fig* to assail OU bombard sb with sthg.

assainir [asenir] *vt* **-1.** [logement] to clean up. **-2.** [eau] to purify. **-3.** ÉCON to rectify, to stabilize.

assaisonnement [asɛzɔnmɑ̃] *nm* [sauce] dressing.

assaisonner [asɛzɔne] *vt* [salade] to dress; [viande, plat] to season.

assassin, -e [asasɛ̃, in] *adj* provocative.

◆ **assassin** *nm* [gén] murderer; POLIT assassin.

assassinat [asasina] *nm* [gén] murder; POLIT assassination.

assassiner [asasine] *vt* [tuer - gén] to murder; [- POLIT] to assassinate.

assaut [aso] *nm* [attaque] assault, attack; **prendre d'~** [lieu] to storm; [personne] to attack.

assécher [aseʃe] *vt* to drain.

ASSEDIC, Assedic [asedik] (*abr de* **Associations pour l'emploi dans l'industrie et le commerce**) *nfpl* French *unemployment insurance scheme*; **toucher les ~** to get unemployment benefit *Br* OU welfare *Am*.

assemblage [asɑ̃blaʒ] *nm* [gén] assembly.

assemblée [asɑ̃ble] *nf* -1. [réunion] meeting. -2. [public] gathering. -3. ADMIN & POLIT assembly; **l'Assemblée nationale** *lower house of the French parliament*.

assembler [asɑ̃ble] *vt* -1. [monter] to put together. -2. [réunir - objets] to gather (together). -3. [personnes - gén] to bring together, to assemble.
◆ **s'assembler** *vp* to gather.

assener [asɔne], **asséner** [asene] *vt*: ~ **un coup à qqn** [frapper] to strike sb, to deal sb a blow.

assentiment [asɑ̃timɑ̃] *nm* assent.

asseoir [aswar] *vt* -1. [sur un siège] to put; **faire ~ qqn** to seat sb, to ask sb to take a seat. -2. [fondations] to lay. -3. *fig* [réputation] to establish.
◆ **s'asseoir** *vp* to sit (down).

assermenté, -e [asɛrmɑ̃te] *adj* [fonctionnaire, expert] sworn.

assertion [asɛrsjɔ̃] *nf* assertion.

assesseur [asesœr] *nm* assessor.

assez [ase] *adv* -1. [suffisamment] enough; ~ **de** enough; ~ **de lait/chaises** enough milk/chairs; **en avoir ~ de qqn/qqch** to have had enough of sb/sthg, to be fed up with sb/sthg. -2. [plutôt] quite, rather.

assidu, -e [asidy] *adj* -1. [élève] diligent. -2. [travail] painstaking. -3. [empressé]: ~ **(auprès de qqn)** attentive (to sb).

assiduité [asidɥite] *nf* -1. [zèle] diligence. -2. [fréquence]: **avec ~** regularly.
◆ **assiduités** *nfpl* *péj & sout* attentions.

assiéger [asjeʒe] *vt* *litt & fig* to besiege.

assiette [asjɛt] *nf* -1. [vaisselle] plate; ~ **creuse** OU **à soupe** soup plate; ~ **à dessert** dessert plate; ~ **plate** dinner plate. -2. [d'impôt] base. CULIN: ~ **anglaise** assorted cold meats (*pl*) *Br*, cold cuts (*pl*) *Am*.

assigner [asiɲe] *vt* JUR: ~ **qqn en justice** to issue a writ against sb.

assimiler [asimile] *vt* -1. [aliment, connaissances] to assimilate. -2. [confondre]: ~ **qqch (à qqch)** to liken sthg (to sthg); ~ **qqn à qqn** to compare sb to OU with sb.

assis, -e [asi, iz] ◇ *pp* → **asseoir**. ◇ *adj* sitting, seated; **place ~e** seat.
◆ **assise** *nf* [base] seat, seating.
◆ **assises** *nfpl* -1. JUR assizes. -2. [congrès] conference (*sg*).

assistance [asistɑ̃s] *nf* -1. [aide] assistance; **l'Assistance publique** *French authority which manages the social services and state-owned hospitals*. -2. [auditoire] audience.

assistant, -e [asistɑ̃, ɑ̃t] *nm, f* -1. [auxiliaire] assistant; ~ **e sociale** social worker. -2. UNIV assistant lecturer.

assister [asiste] ◇ *vi*: ~ **à qqch** to be at sthg, to attend sthg. ◇ *vt* to assist.

association [asɔsjasjɔ̃] *nf* -1. [gén] association. -2. [union] society, association; ~ **sportive** sports club. -3. COMM partnership.

associé, -e [asɔsje] ◇ *adj* associated. ◇ *nm, f* -1. [collaborateur] associate. -2. [actionnaire] partner.

associer [asɔsje] *vt* -1. [personnes] to bring together. -2. [idées] to associate. **-3.** [faire participer]: ~ **qqn à qqch** [inclure] to bring sb in on sthg; [prendre pour partenaire] to make sb a partner in sthg.

◆**s'associer** *vp* **-1.** [prendre part]: **s'~ à qqch** [participer] to join OU participate in sthg; [partager] to share sthg. **-2.** [collaborer]: **s'~ à** OU **avec qqn** to join forces with sb.

assoiffé, -e [aswafe] *adj* thirsty; ~ **de pouvoir** *fig* power-hungry.

assombrir [asɔ̃brir] *vt* **-1.** [plonger dans l'obscurité] to darken. **-2.** *fig* [attrister] to cast a shadow over.

◆**s'assombrir** *vp* **-1.** [devenir sombre] to grow dark. **-2.** *fig* [s'attrister] to darken.

assommer [asɔme] *vt* **-1.** [frapper] to knock out. **-2.** [ennuyer] to bore stiff.

Assomption [asɔ̃psjɔ̃] *nf*: l'~ the Assumption.

assorti, -e [asɔrti] *adj* [accordé]: **bien ~** well-matched; **mal ~** ill-matched; **une cravate ~e au costume** a tie which matches the suit.

assortiment [asɔrtimɑ̃] *nm* assortment, selection.

assortir [asɔrtir] *vt* [objets]: ~ **qqch à** **qqch** to match sthg to OU with sthg.

assoupi, -e [asupi] *adj* [endormi] dozing.

assoupir [asupir] *vt sout* [enfant] to send to sleep.

◆**s'assoupir** *vp* [s'endormir] to doze off.

assouplir [asuplir] *vt* **-1.** [corps] to make supple. **-2.** [matière] to soften. **-3.** [règlement] to relax.

assourdir [asurdir] *vt* **-1.** [rendre sourd] to deafen. **-2.** [amortir] to deaden, to muffle.

assouvir [asuvir] *vt* to satisfy.

assujettir [asyʒetir] *vt* **-1.** [peuple] to subjugate. **-2.** [soumettre]: ~ **qqn à qqch** to subject sb to sthg.

assumer [asyme] *vt* **-1.** [fonction - exercer] to carry out. **-2.** [risque, responsabilité] to accept. **-3.** [condition] to come to terms with. **-4.** [frais] to meet.

assurance [asyrɑ̃s] *nf* **-1.** [gén] assurance. **-2.** [contrat] insurance; ~ **maladie** health insurance; ~ **tous risques** AUTOM comprehensive insurance; ~**-vie** life assurance.

assuré, -e [asyre] *nm, f* policy holder; ~ **social** National Insurance *Br* OU Social Security *Am* contributor.

assurément [asyremɑ̃] *adv sout* certainly.

assurer [asyre] *vt* **-1.** [promettre]: ~ **à** **qqn que** to assure sb (that); ~ **qqn** **de qqch** to assure sb of sthg. **-2.** [permanence, liaison] to provide. **-3.** [voiture] to insure.

◆**s'assurer** *vp* **-1.** [vérifier]: **s'~ que** to make sure (that); **s'~ de qqch** to ensure sthg, to make sure of sthg. **-2.** COMM: **s'~ (contre qqch)** to insure o.s. (against sthg). **-3.** [obtenir]: **s'~** **qqch** to secure sthg.

astérisque [asterisk] *nm* asterisk.

asthme [asm] *nm* MÉD asthma.

asticot [astiko] *nm* maggot.

astiquer [astike] *vt* to polish.

astre [astr] *nm* star.

astreignant, -e [astrɛɲɑ̃, ɑ̃t] *adj* demanding.

astreindre [astrɛ̃dr] *vt*: ~ **qqn à qqch** to subject sb to sthg; ~ **qqn à faire** **qqch** to compel sb to do sthg.

astreint, -e [astrɛ̃, ɛ̃t] *pp* → astreindre.

astringent, -e [astrɛ̃ʒɑ̃, ɑ̃t] *adj* astringent.

astrologie [astrɔlɔʒi] *nf* astrology.

astrologue [astrɔlɔg] *nm* astrologer.

astronaute [astronot] *nmf* astronaut.

astronautique [astronotik] *nf* astronautics (*U*).

astronomie [astronɔmi] *nf* astronomy.

astronomique [astronɔmik] *adj* astronomical.

astuce [astys] *nf* **-1.** [ruse] (clever) trick. **-2.** [ingéniosité] shrewdness (*U*).

astucieux, -ieuse [astysjø, jøz] *adj* **-1.** [idée] clever. **-2.** [personne] shrewd.

asymétrique [asimetrik] *adj* asymmetric, asymmetrical.

atelier [atəlje] *nm* **-1.** [d'artisan] workshop. **-2.** [de peintre] studio.

athée [ate] ◇ *nmf* atheist. ◇ *adj* atheistic.

Athènes [atɛn] *n* Athens.

athlète [atlɛt] *nmf* athlete.

athlétisme [atletism] *nm* athletics (*U*).

atlantique [atlɑ̃tik] *adj* Atlantic.

♦ **Atlantique** *nm*: **l'Atlantique** the Atlantic (Ocean).

atlas [atlas] *nm* atlas.

atmosphère [atmɔsfɛr] *nf* atmosphere.

atome [atom] *nm* atom.

atomique [atɔmik] *adj* **-1.** [gén] nuclear. **-2.** CHIM & PHYS atomic.

atomiseur [atɔmizœr] *nm* spray.

atone [atɔn] *adj* [inexpressif] lifeless.

atout [atu] *nm* **-1.** [carte] trump; ~ **cœur/pique/trèfle/carreau** hearts/spades/clubs/diamonds are trumps. **-2.** *fig* [ressource] asset, advantage.

âtre [atr] *nm littéraire* hearth.

atroce [atrɔs] *adj* **-1.** [crime] atrocious, dreadful. **-2.** [souffrance] horrific, atrocious.

atrocité [atrɔsite] *nf* **-1.** [horreur] atrocity. **-2.** [calomnie] insult.

atrophier [atrɔfje]

♦ **s'atrophier** *vp* to atrophy.

attabler [atable]

♦ **s'attabler** *vp* to sit down (at the table).

attachant, -e [ataʃɑ̃, ɑ̃t] *adj* lovable.

attache [ataʃ] *nf* [lien] fastening.

♦ **attaches** *nfpl* links, connections.

attaché, -e [ataʃe] *nm, f* attaché; ~ **de presse** [diplomatique] press attaché; [d'organisme, d'entreprise] press officer.

attaché-case [ataʃekɛz] (*pl* **attachés-cases**) *nm* attaché case.

attachement [ataʃmɑ̃] *nm* attachment.

attacher [ataʃe] ◇ *vt* **-1.** [lier]: ~ **qqch (à)** to fasten OU tie sthg (to). **-2.** [paquet] to tie up. **-3.** [lacet] to do up; [ceinture de sécurité] to fasten. ◇ *vi* CULIN: ~ **(à)** to stick (to).

♦ **s'attacher** *vp* **-1.** [émotionnellement]: **s'~ à qqn/qqch** to become attached to sb/sthg. **-2.** [se fermer] to fasten; **s'~ avec** OU **par qqch** to do up OU fasten with sthg. **-3.** [s'appliquer]: **s'~ à qqch/à faire qqch** to devote o.s. to sthg/to doing sthg, to apply o.s. to sthg/to doing sthg.

attaquant, -e [atakɑ̃, ɑ̃t] *nm, f* attacker.

attaque [atak] *nf* [gén & MÉD] attack; ~ **contre qqn/qqch** attack on sb/sthg.

attaquer [atake] *vt* **-1.** [gén] to attack. **-2.** [JUR - personne] to take to court; [- jugement] to contest. **-3.** *fam* [plat] to tuck into.

♦ **s'attaquer** *vp* **-1.** [combattre]: **s'~ à qqn** to attack sb. **-2.** *fig*: **s'~ à qqch** [tâche] to tackle sthg.

attardé, -e [atarde] *adj* **-1.** [idées] outdated. **-2.** [passants] late. **-3.** [enfant] backward.

attarder [atarde]

♦ **s'attarder** *vp*: **s'~ sur qqch** to dwell on sthg; **s'~ à faire qqch** to stay on to do sthg, to stay behind to do sthg.

atteindre [atɛ̃dr] *vt* **-1.** [gén] to reach. **-2.** [toucher] to hit. **-3.** [affecter] to affect.

atteint, -e [atɛ̃, ɛ̃t] ◇ *pp* → **atteindre**. ◇ *adj* [malade]: **être ~ de** to be suffering from.

♦ **atteinte** *nf* **-1.** [préjudice]: **porter ~e à** to undermine; **hors d'~e** [hors de portée] out of reach; [inattaquable] beyond reach. **-2.** [effet] effect.

attelage [atlaʒ] *nm* [chevaux] team.

atteler [atle] *vt* [animaux, véhicules] to hitch up; [wagons] to couple.

attelle [atɛl] *nf* splint.

attenant, -e [atnɑ̃, ɑ̃t] *adj*: ~ **(à qqch)** adjoining (sthg).

attendre [atɑ̃dr] ◇ *vt* **-1.** [gén] to wait for; **le déjeuner nous attend** lunch is ready; ~ **que** (+ *subjonctif*): ~ **que la pluie s'arrête** to wait for the rain to stop; **faire** ~ **qqn** [personne] to keep sb waiting. **-2.** [espérer]: ~ **qqch (de qqn/qqch)** to expect sthg (from sb/sthg). **-3.** [suj: surprise, épreuve] to be in store for. ◇ *vi* to wait; **attends!** hang on!
◆ **s'attendre** *vp*: **s'**~ **à** to expect.
◆ **en attendant** *loc adv* **-1.** [pendant ce temps] meanwhile, in the meantime. **-2.** [quand même] all the same.

attendrir [atɑ̃drir] *vt* **-1.** [viande] to tenderize. **-2.** [personne] to move.
◆ **s'attendrir** *vp*: **s'**~ **(sur qqn/qqch)** to be moved (by sb/sthg).

attendrissant, -e [atɑ̃drisɑ̃, ɑ̃t] *adj* moving, touching.

attendu, -e [atɑ̃dy] *pp* → **attendre**.
◆ **attendu que** *loc conj* since, considering that.

attentat [atɑ̃ta] *nm* attack; ~ **à la bombe** bomb attack, bombing.

attente [atɑ̃t] *nf* **-1.** [station] wait; **en** ~ in abeyance. **-2.** [espoir] expectation; **répondre aux** ~**s de qqn** to live up to sb's expectations.

attenter [atɑ̃te] *vi*: ~ **à** [liberté, droit] to violate; ~ **à ses jours** to attempt suicide; ~ **à la vie de qqn** to make an attempt on sb's life.

attentif, -ive [atɑ̃tif, iv] *adj* [auditoire]: ~ **(à qqch)** attentive to.

attention [atɑ̃sjɔ̃] ◇ *nf* attention; **à l'**~ **de** for the attention of; **faire** ~ **à** [prudence] to be careful of; [concentration] to pay attention to. ◇ *interj* watch out!, be careful!

attentionné, -e [atɑ̃sjɔne] *adj* thoughtful.

attentivement [atɑ̃tivmɑ̃] *adv* attentively, carefully.

atténuer [atenɥe] *vt* [douleur] to ease; [propos, ton] to tone down; [lumière] to dim, to subdue; [bruit] to quieten.
◆ **s'atténuer** *vp* [lumière] to dim, to fade; [bruit] to fade; [douleur] to ease.

atterrer [atere] *vt* to stagger.

atterrir [aterir] *vi* to land; ~ **dans qqch** *fig* to land up in sthg.

atterrissage [aterisaʒ] *nm* landing.

attestation [atɛstasjɔ̃] *nf* [certificat] certificate.

attester [atɛste] *vt* **-1.** [confirmer] to vouch for, to testify to. **-2.** [certifier] to attest.

attirail [atiraj] *nm fam* [équipement] gear.

attirance [atirɑ̃s] *nf* attraction.

attirant, -e [atirɑ̃, ɑ̃t] *adj* attractive.

attirer [atire] *vt* **-1.** [gén] to attract. **-2.** [amener vers soi]: ~ **qqn à/vers soi** to draw sb to/towards one. **-3.** [provoquer]: ~ **des ennuis à qqn** to cause trouble for sb.
◆ **s'attirer** *vp*: **s'**~ **qqch** to bring sthg on o.s.

attiser [atize] *vt* **-1.** [feu] to poke. **-2.** *fig* [haine] to stir up.

attitré, -e [atitre] *adj* **-1.** [habituel] usual. **-2.** [titulaire - fournisseur] by appointment; [- représentant] accredited.

attitude [atityd] *nf* **-1.** [comportement, approche] attitude. **-2.** [posture] posture.

attouchement [atuʃmɑ̃] *nm* caress.

attractif, -ive [atraktif, iv] *adj* **-1.** [force] magnetic. **-2.** [prix] attractive.

attraction [atraksjɔ̃] *nf* **-1.** [gén] attraction. **-2.** [force]: ~ **magnétique** magnetic force.
◆ **attractions** *nfpl* **-1.** [jeux] amusements. **-2.** [spectacle] attractions.

attrait [atrɛ] *nm* **-1.** [séduction] appeal. **-2.** [intérêt] attraction.

attrape-nigaud [atrapnigo] (*pl* **attrape-nigauds**) *nm* con.

attraper [atrape] *vt* **-1.** [gén] to catch. **-2.** *fam* [gronder] to tell off. **-3.** *fam* [tromper] to take in.

attrayant, -e [atrɛjɑ̃, ɑ̃t] *adj* attractive.

attribuer [atribɥe] *vt* **-1.** [tâche, part]: ~ **qqch à qqn** to assign OU allocate sthg to sb, to assign OU allocate sb sthg; [privilège] to grant sthg to sb, to

grant sb sthg; [récompense] to award sthg to sb, to award sb sthg. **-2.** [faute]: ~ **qqch à qqn** to attribute sthg to sb, to put sthg down to sb.
◆ **s'attribuer** *vp* **-1.** [s'approprier] to appropriate (for o.s.). **-2.** [revendiquer] to claim (for o.s.).

attribut [atriby] *nm* **-1.** [gén] attribute. **-2.** GRAM complement.

attribution [atribysjɔ̃] *nf* **-1.** [de prix] awarding, award. **-2.** [de part, tâche] allocation, assignment. **-3.** [d'avantage] bestowing.
◆ **attributions** *nfpl* [fonctions] duties.

attrister [atriste] *vt* to sadden.
◆ **s'attrister** *vp* to be saddened.

attroupement [atrupmɑ̃] *nm* crowd.

attrouper [atrupe]
◆ **s'attrouper** *vp* to form a crowd, to gather.

au [o] → **à**.

aubade [obad] *nf* dawn serenade.

aubaine [obɛn] *nf* piece of good fortune.

aube [ob] *nf* [aurore] dawn, daybreak; **à l'~** at dawn.

aubépine [obepin] *nf* hawthorn.

auberge [obɛrʒ] *nf* [hôtel] inn; ~ **de jeunesse** youth hostel.

aubergine [obɛrʒin] *nf* **-1.** BOT aubergine *Br*, eggplant *Am*. **-2.** *péj* [contractuelle] traffic warden *Br*, meter maid *Am*.

aubergiste [obɛrʒist] *nmf* innkeeper.

auburn [obœrn] *adj inv* auburn.

aucun, -e [okœ̃, yn] ◇ *adj* **-1.** [sens négatif]: **ne ... ~** no; **il n'y a ~e voiture dans la rue** there aren't any cars in the street, there are no cars in the street; **sans faire ~ bruit** without making a sound. **-2.** [sens positif] any; **il lit plus qu'~ autre enfant** he reads more than any other child. ◇ *pron* **-1.** [sens négatif] none; ~ **des enfants** none of the children; ~ **d'entre nous** none of us; ~ **(des deux)** neither (of them). **-2.** [sens positif]: **plus qu'~ de nous** more than any of us.

aucunement [okynmɑ̃] *adv* not at all, in no way.

audace [odas] *nf* **-1.** [hardiesse] daring, boldness. **-2.** [insolence] audacity. **-3.** [innovation] daring innovation.

audacieux, -ieuse [odasjø, jøz] *adj* **-1.** [projet] daring, bold. **-2.** [personne, geste] bold.

au-dedans [odədɑ̃] *loc adv* inside.
◆ **au-dedans de** *loc prép* inside.

au-dehors [odəɔr] *loc adv* outside.
◆ **au-dehors de** *loc prép* outside.

au-delà [odəla] ◇ *loc adv* **-1.** [plus loin] beyond. **-2.** [davantage, plus] more. ◇ *nm*: **l'~** RELIG the beyond, the afterlife.
◆ **au-delà de** *loc prép* beyond.

au-dessous [odəsu] *loc adv* below, underneath.
◆ **au-dessous de** *loc prép* below, under.

au-dessus [odəsy] *loc adv* above.
◆ **au-dessus de** *loc prép* above, over.

au-devant [odəvɑ̃] *loc adv* ahead.
◆ **au-devant de** *loc prép*: **aller ~ de** to go to meet; **aller ~ du danger** to court danger.

audible [odibl] *adj* audible.

audience [odjɑ̃s] *nf* **-1.** [public, entretien] audience. **-2.** JUR hearing.

Audimat® [odimat] *nm* audience rating.

audionumérique [odjɔnymerik] *adj* digital audio.

audiovisuel, -elle [odjɔvizɥɛl] *adj* audio-visual.
◆ **audiovisuel** *nm* TV and radio.

audit [odit] *nm* audit.

auditeur, -trice [oditœr, tris] *nm, f* listener.
◆ **auditeur** *nm* **-1.** UNIV: ~ **libre** *person allowed to attend lectures without being registered*, auditor *Am*. **-2.** FIN auditor.

audition [odisjɔ̃] *nf* **-1.** [fait d'entendre] hearing. **-2.** JUR examination. **-3.** THÉÂTRE audition. **-4.** MUS recital.

auditionner [odisjɔne] *vt & vi* to audition.

auditoire [oditwar] *nm* [public] audience.

auditorium [oditɔrjɔm] *nm* [de concert] auditorium; [d'enregistrement] studio.

auge [oʒ] *nf* [pour animaux] trough.

augmentation [ogmɑ̃tasjɔ̃] *nf*: ~ **(de)** increase (in); ~ **(de salaire)** rise (in salary).

augmenter [ogmɑ̃te] ◇ *vt* to increase; [prix, salaire] to raise; [personne] to give a rise *Br* OU raise *Am* to. ◇ *vi* to increase, to rise; **le froid augmente** it's getting colder; **la douleur augmente the pain is getting worse**.

augure [ogyr] *nm* [présage] omen; **être de bon/mauvais ~** to be a good/bad sign.

auguste [ogyst] *adj* august.

aujourd'hui [oʒurdɥi] *adv* today.

aulx → **ail.**

aumône [omon] *nf*: **faire l'~ à qqn** to give alms to sb.

auparavant [oparavɑ̃] *adv* **-1.** [tout d'abord] first (of all). **-2.** [avant] before, previously.

auprès [oprɛ]
◆ **auprès de** *loc prép* **-1.** [à côté de] beside, next to. **-2.** [comparé à] compared with. **-3.** [en s'adressant à] to.

auquel [okel] → **lequel.**

aurai, auras *etc* → **avoir.**

auréole [oreɔl] *nf* **-1.** ASTRON & RELIG halo. **-2.** [trace] ring.

auriculaire [orikyler] *nm* little finger.

aurore [orɔr] *nf* dawn.

ausculter [oskylte] *vt* MÉD to sound.

auspice [ospis] *nm* (*gén pl*) sign, auspice; **sous les ~s de qqn** under the auspices of sb.

aussi [osi] *adv* **-1.** [pareillement, en plus] also, too; **moi ~** me too; **j'y vais ~** I'm going too OU as well. **-2.** [dans une comparaison]: ~ ... **que** as ... as; **il n'est pas ~ intelligent que son frère** he's not as clever as his brother; **je n'ai jamais rien vu d'~ beau** I've never seen anything so beautiful; ~

incroyable que cela paraisse incredible though OU as it may seem.
◆ **(tout) aussi bien** *loc adv* just as easily, just as well; **j'aurais pu (tout) ~ bien refuser** I could just as easily have said no.
◆ **aussi bien ... que** *loc conj* as well ... as; **tu le sais ~ bien que moi** you know as well as I do.

aussitôt [osito] *adv* immediately.
◆ **aussitôt que** *loc conj* as soon as.

austère [ostɛr] *adj* **-1.** [personne, vie] austere. **-2.** [vêtement] severe; [paysage] harsh.

austérité [osterite] *nf* **-1.** [de personne, vie] austerity. **-2.** [de vêtement] severeness; [de paysage] harshness.

austral, -e [ostral] (*pl* **australs** OU **austraux** [ostro]) *adj* southern.

Australie [ostrali] *nf*: **l'~** Australia.

australien, -ienne [ostraljɛ̃, jɛn] *adj* Australian.
◆ **Australien, -ienne** *nm, f* Australian.

autant [otɑ̃] *adv* **-1.** [comparatif]: ~ **que** as much as; **ce livre coûte ~ que l'autre** this book costs as much as the other one; ~ **de (... que)** [quantité] as much (... as); [nombre] as many (... as); **il a dépensé ~ d'argent que moi** he spent as much money as I did; **il y a ~ de femmes que d'hommes** there are as many women as men. **-2.** [à un tel point, en si grande quantité] so much; [en si grand nombre] so many; ~ **de patience** so much patience; ~ **de gens** so many people; **il ne peut pas en dire** ~ he can't say the same; **en faire** ~ to do likewise. **-3.** [il vaut mieux]: ~ **dire la vérité** we/you *etc* may as well tell the truth.
◆ **autant que** *loc conj*: **(pour) ~ que je sache** as far as I know.
◆ **d'autant** *loc adv* accordingly, in proportion.
◆ **d'autant que** *loc conj*: **d'~ (plus) que** all the more so since; **d'~ moins que** all the less so since.

♦ **d'autant mieux** loc adv all the better; **d'~ mieux que** all the better since.

♦ **pour autant** loc adv for all that.

autel [otɛl] nm altar.

auteur [otœr] nm **-1.** [d'œuvre] author. **-2.** [responsable] perpetrator.

authentique [otātik] adj authentic, genuine.

autiste [otist] adj autistic.

auto [oto] nf car.

autobiographie [otobjografi] nf autobiography.

autobronzant, -e [otobrõzā, āt] adj self-tanning.

autobus [otobys] nm bus.

autocar [otokar] nm coach.

autochtone [otokton] nmf & adj native.

autocollant, -e [otokolā, āt] adj self-adhesive, sticky.

♦ **autocollant** nm sticker.

auto-couchettes [otokuʃɛt] adj inv: **train ~** ≃ Motorail® train.

autocritique [otokritik] nf self-criticism.

autocuiseur [otokɥizœr] nm pressure cooker.

autodéfense [otodefās] nf self-defence.

autodétruire [otodetrɥir]

♦ **s'autodétruire** vp **-1.** [machine] to self-destruct. **-2.** [personne] to destroy o.s.

autodidacte [otodidakt] nmf self-taught person.

auto-école [otoekol] (pl **auto-écoles**) nf driving school.

autofinancement [otofināsmā] nm self-financing.

autofocus [otofokys] nm & adj inv autofocus.

autogestion [otoʒɛstjõ] nf workers' control.

autographe [otograf] nm autograph.

automate [otomat] nm [robot] automaton.

automatique [otomatik] ◇ nm **-1.** [pistolet] automatic. **-2.** TÉLÉCOM ≃ direct dialling. ◇ adj automatic.

automatisation [otomatizasjõ] nf automation.

automatisme [otomatism] nm **-1.** [de machine] automatic operation. **-2.** [réflexe] automatic reaction, automatism.

automne [oton] nm autumn, fall Am; **en ~** in autumn, in the fall Am.

automobile [otomobil] ◇ nf car, automobile Am. ◇ adj [industrie, accessoires] car (avant n), automobile (avant n) Am; [véhicule] motor (avant n).

automobiliste [otomobilist] nmf motorist.

autonettoyant, -e [otonɛtwajā, āt] adj self-cleaning.

autonome [otonom] adj **-1.** [gén] autonomous, independent. **-2.** [appareil] self-contained.

autonomie [otonomi] nf **-1.** [indépendance] autonomy, independence. **-2.** AUTOM & AVIAT range. **-3.** POLIT autonomy, self-government.

autonomiste [otonomist] nmf & adj separatist.

autoportrait [otoportrɛ] nm self-portrait.

autopsie [otopsi] nf post-mortem, autopsy.

autoradio [otoradjo] nm car radio.

autorail [otoraj] nm railcar.

autorisation [otorizasjõ] nf **-1.** [permission] permission, authorization; **avoir l'~ de faire qqch** to be allowed to do sthg. **-2.** [attestation] pass, permit.

autorisé, -e [otorize] adj [personne] in authority; **milieux ~s** official circles.

autoriser [otorize] vt to authorize, to permit; **~ qqn à faire qqch** [permission] to give sb permission to do sthg; [possibilité] to permit OU allow sb to do sthg.

autoritaire [otoritɛr] nmf & adj authoritarian.

autorité [otɔrite] *nf* authority; faire ~ [ouvrage] to be authoritative; [personne] to be an authority.

autoroute [otɔrut] *nf* motorway *Br*, highway *Am*, freeway *Am*.

auto-stop [otɔstɔp] *nm* hitchhiking; **faire de l'~** to hitchhike, to hitch.

auto-stoppeur, -euse [otɔstɔpœr, øz] *nm, f* hitchhiker, hitcher.

autour [otur] *adv* round, around.
◆ **autour de** *loc prép* **-1.** [sens spatial] round, around. **-2.** [sens temporel] about, around.

autre [otr] ◇ *adj indéf* **-1.** [distinct, différent] other, different; **je préfère une ~ marque de café** I prefer another OU a different brand of coffee; **l'un et l'~ projets** both projects; ~ **chose** something else. **-2.** [supplémentaire] other; **tu veux une ~ tasse de café?** would you like another cup of coffee? **-3.** [qui reste] other, remaining; **les ~s passagers ont été rapatriés en autobus** the other OU remaining passengers were bussed home. ◇ *pron indéf*: **l'~** the other (one); **un ~** another (one); **les ~s** [personnes] the others; [objets] the others, the other ones; **l'un à côté de l'~** side by side; **d'une semaine à l'~** from one week to the next; **aucun ~, nul ~, personne d'~** no one else, nobody else; **quelqu'un d'~** somebody else, someone else; **rien d'~** nothing else; **l'un et l'~ sont venus** they both came, both of them came; **l'un ou l'~ ira** one or the other (of them) will go; **ni l'un ni l'~ n'est venu** neither (of them) came.
◆ **entre autres** *loc adv* among other things.

autrefois [otrəfwa] *adv* in the past, formerly.

autrement [otrəmɑ̃] *adv* **-1.** [différemment] otherwise, differently; **je n'ai pas pu faire ~ que d'y aller** I had no choice but to go; ~ **dit** in other words. **-2.** [sinon] otherwise.

Autriche [otriʃ] *nf*: **l'~** Austria.

autrichien, -ienne [otriʃjɛ̃, jɛn] *adj* Austrian.
◆ **Autrichien, -ienne** *nm, f* Austrian.

autruche [otryʃ] *nf* ostrich.

autrui [otrɥi] *pron* others, other people.

auvent [ovɑ̃] *nm* canopy.

aux [o] → **à**.

auxiliaire [oksiljɛr] ◇ *nmf* [assistant] assistant. ◇ *nm* GRAM auxiliary (verb). ◇ *adj* **-1.** [secondaire] auxiliary. **-2.** ADMIN assistant (*avant n*).

auxquels, auxquelles [okɛl] → **lequel**.

av. *abr de* **avenue**.

avachi, -e [avaʃi] *adj* **-1.** [gén] misshapen. **-2.** [personne] listless; **il était ~ dans un fauteuil** he was slumped in an armchair.

aval, -als [aval] *nm* backing (*U*), endorsement.
◆ **en aval** *loc adv litt & fig* downstream.

avalanche [avalɑ̃ʃ] *nf litt & fig* avalanche.

avaler [avale] *vt* **-1.** [gén] to swallow. **-2.** *fig* [supporter] to take; **dur à ~** difficult to swallow.

avance [avɑ̃s] *nf* **-1.** [progression, somme d'argent] advance. **-2.** [distance, temps] lead; **le train a dix minutes d'~** the train is ten minutes early; **le train a une ~ de dix minutes sur l'horaire** the train is running ten minutes ahead of schedule; **prendre de l'~ (dans qqch)** to get ahead (in sthg).
◆ **avances** *nfpl*: **faire des ~s à qqn** to make advances towards sb.
◆ **à l'avance** *loc adv* in advance.
◆ **d'avance** *loc adv* in advance.
◆ **en avance** *loc adv*: **être en ~** to be early; **être en ~ sur qqch** to be ahead of sthg.
◆ **par avance** *loc adv* in advance.

avancement [avɑ̃smɑ̃] *nm* **-1.** [développement] progress. **-2.** [promotion] promotion.

avancer [avɑ̃se] ◇ *vt* **-1.** [objet, tête] to move forward; [date, départ] to

bring forward; [main] to hold out. **-2.** [projet, travail] to advance. **-3.** [montre, horloge] to put forward. **-4.** [argent]: ~ **qqch à qqn** to advance sb sthg. ◇ *vi* **-1.** [approcher] to move forward. **-2.** [progresser] to advance; ~ **dans qqch** to make progress in sthg. **-3.** [faire saillie]: ~ **(dans/sur)** to jut out (into/over), to project (into/over). **-4.** [montre, horloge]: **ma montre avance de dix minutes** my watch is ten minutes fast. **-5.** [servir]: **ça n'avance à rien** that won't get us/you anywhere.
◆ **s'avancer** *vp* **-1.** [s'approcher] to move forward; **s'~ vers qqn/qqch** to move towards sb/sthg. **-2.** [s'engager] to commit o.s.

avant [avã] ◇ *prép* before. ◇ *adv* before; **quelques jours** ~ a few days earlier OU before; **tu connais le cinéma? ma maison se situe un peu** ~ you know the cinema? my house is just this side of it. ◇ *adj inv* front; **les roues** ~ the front wheels. ◇ *nm* **-1.** [partie antérieure] front. **-2.** SPORT forward.
◆ **avant de** *loc prép*: ~ **de faire qqch** before doing sthg; ~ **de partir** before leaving.
◆ **avant que** *loc conj* (+ *subjonctif*): ~ **que nous partions, nous devons ...** before we leave, we must ....
◆ **avant tout** *loc adv* above all; **sa carrière passe** ~ **tout** his career comes first.
◆ **en avant** *loc adv* forward, forwards.

avantage [avãtaʒ] *nm* [gén & TENNIS] advantage; **se montrer à son** ~ to look one's best.

avantager [avãtaʒe] *vt* **-1.** [favoriser] to favour. **-2.** [mettre en valeur] to flatter.

avantageux, -euse [avãtaʒø, øz] *adj* **-1.** [profitable] profitable, lucrative. **-2.** [flatteur] flattering.

avant-bras [avãbra] *nm inv* forearm.

avant-centre [avãsãtr] (*pl* **avants-centres**) *nm* centre forward.

avant-coureur [avãkurœr] → **signe**.

avant-dernier, -ière [avãdɛrnje, jɛr] (*mpl* **avant-derniers**, *fpl* **avant-dernières**) *adj* second to last, penultimate.

avant-garde [avãgard] (*pl* **avant-gardes**) *nf* **-1.** MIL vanguard. **-2.** [idée] avant-garde.

avant-goût [avãgu] (*pl* **avant-goûts**) *nm* foretaste.

avant-hier [avãtjɛr] *adv* the day before yesterday.

avant-première [avãprəmjɛr] (*pl* **avant-premières**) *nf* preview.

avant-projet [avãprɔʒɛ] (*pl* **avant-projets**) *nm* draft.

avant-propos [avãpropo] *nm inv* foreword.

avant-veille [avãvɛj] (*pl* **avant-veilles**) *nf*: **l'~** two days earlier.

avare [avar] ◇ *nmf* miser. ◇ *adj* miserly; **être** ~ **de qqch** *fig* to be sparing with sthg.

avarice [avaris] *nf* avarice.

avarie [avari] *nf* damage (U).

avarié, -e [avarje] *adj* rotting, bad.

avatar [avatar] *nm* [transformation] metamorphosis.
◆ **avatars** *nmpl* [mésaventures] misfortunes.

avec [avɛk] ◇ *prép* **-1.** [gén] with; ~ **respect** with respect, respectfully; **c'est fait** ~ **du cuir** it's made from leather; **et** ~ **ça?** *fam* [dans un magasin] anything else? **-2.** [vis-à-vis de] to, towards. ◇ *adv fam* with it/him *etc*; **tiens mon sac, je ne peux pas courir ~!** hold my bag, I can't run with it!

Ave (Maria) [ave(marja)] *nm inv* Hail Mary.

avenant, -e [avnã] *adj* pleasant.
◆ **avenant** *nm* JUR additional clause.
◆ **à l'avenant** *loc adv* in the same vein.

avènement [avɛnmã] *nm* **-1.** [d'un roi] accession. **-2.** *fig* [début] advent.

avenir [avnir] *nm* future; **avoir de l'~** to have a future; **d'~** [profession, concept] with a future, with prospects.

◆ **à l'avenir** *loc adv* in future.

Avent [avɑ̃] *nm*: l'~ Advent.

aventure [avɑ̃tyr] *nf* -1. [gén] adventure. -2. [liaison amoureuse] affair.

aventurer [avɑ̃tyre] *vt* [risquer] to risk.

◆ **s'aventurer** *vp* to venture (out); s'~ à faire qqch *fig* to venture to do sthg.

aventureux, -euse [avɑ̃tyrø, øz] *adj* -1. [personne, vie] adventurous. -2. [projet] risky.

aventurier, -ière [avɑ̃tyrje, jɛr] *nm, f* adventurer.

avenu [avny] *adj m*: nul et non ~ JUR null and void.

avenue [avny] *nf* avenue.

avérer [avere]

◆ **s'avérer** *vp*: il s'est avéré (être) à la hauteur he proved (to be) up to it; il s'est avéré (être) un musicien accompli he proved to be an accomplished musician.

averse [avɛrs] *nf* downpour.

averti, -e [avɛrti] *adj* -1. [expérimenté] experienced. -2. [initié]: ~ (de) informed OU well-informed (about).

avertir [avɛrtir] *vt* -1. [mettre en garde] to warn. -2. [prévenir] to inform; avertissez-moi dès que possible let me know as soon as possible.

avertissement [avɛrtismɑ̃] *nm* -1. [gén] warning. -2. [avis] notice, notification.

avertisseur, -euse [avɛrtisœr, øz] *nm* -1. [Klaxon®] horn. -2. [d'incendie] alarm.

aveu, -x [avø] *nm* confession.

aveugle [avœgl] ◇ *nmf* blind person; les ~s the blind. ◇ *adj litt & fig* blind.

aveuglement [avœgləmɑ̃] *nm* blindness.

aveuglément [avœglemɑ̃] *adv* blindly.

aveugler [avœgle] *vt litt & fig* [priver de la vue] to blind.

aveuglette [avœglɛt]

◆ **à l'aveuglette** *loc adv*: marcher à l'~ to grope one's way; avancer à l'~ *fig* to be in the dark.

aviateur, -trice [avjatœr, tris] *nm, f* aviator.

aviation [avjasjɔ̃] *nf* -1. [transport aérien] aviation. -2. MIL airforce.

avide [avid] *adj* -1. [vorace, cupide] greedy. -2. [désireux]: ~ (de qqch/de faire qqch) eager (for sthg/to do sthg).

avidité [avidite] *nf* -1. [voracité, cupidité] greed. -2. [passion] eagerness.

avilir [avilir] *vt* [personne] to degrade.

◆ **s'avilir** *vp* -1. [personne] to demean o.s. -2. [monnaie, marchandise] to depreciate.

aviné, -e [avine] *adj* -1. [personne] inebriated. -2. [haleine] smelling of alcohol.

avion [avjɔ̃] *nm* plane, aeroplane, airplane *Am*; en ~ by plane, by air; par ~ [courrier] airmail; ~ à réaction jet (plane).

aviron [avirɔ̃] *nm* -1. [rame] oar. -2. SPORT: l'~ rowing.

avis [avi] *nm* -1. [opinion] opinion; changer d'~ to change one's mind; être d'~ que to think that, to be of the opinion that; à mon ~ in my opinion. -2. [conseil] advice (*U*). -3. [notification] notification, notice; sauf ~ contraire unless otherwise informed.

avisé, -e [avize] *adj* [sensé] sensible; être bien/mal ~ de faire qqch to be well-advised/ill-advised to do sthg.

aviser [avize] ◇ *vt* [informer]: ~ qqn de qqch to inform sb of sthg. ◇ *vi* to reassess the situation.

◆ **s'aviser** *vp* -1. *sout* [s'apercevoir]: s'~ de qqch to notice sthg. -2. [oser]: s'~ de faire qqch to take it into one's head to do sthg; ne t'avise pas de répondre! don't you dare answer me back!

av. J.-C. (*abr de* avant Jésus-Christ) BC.

babines

avocat, -e [avɔka, at] *nm, f* JUR lawyer; ~ **de la défense** counsel for the defence *Br*, defense counsel *Am*; ~ **général** ≃ counsel for the prosecution *Br*, prosecuting attorney *Am*.
◆ **avocat** *nm* [fruit] avocado.

avoine [avwan] *nf* oats (*pl*).

avoir [avwar] ◇ *nm* **-1.** [biens] assets (*pl*). **-2.** [document] credit note. ◇ *v aux* to have; **j'ai fini** I have finished; **il a attendu pendant deux heures** he waited for two hours. ◇ *vt* **-1.** [posséder] to have (got); **il a deux enfants/les cheveux bruns** he has (got) two children/brown hair; **la maison a un grand jardin** the house has (got) a large garden. **-2.** [être âgé de]: **il a 20 ans** he is 20 (years old); **il a deux ans de plus que son frère** he is two years older than his brother. **-3.** [obtenir] to get. **-4.** [éprouver] to have; ~ **du chagrin** to feel sorrowful; ~ **de la sympathie pour qqn** to have a liking for sb; *voir aussi* **faim, peur, soif** *etc*. **-5.** *loc*: **se faire** ~ *fam* to be had OU conned; **en** ≃ **assez (de qqch/de faire qqch)** to have had enough (of sthg/of doing sthg); **j'en ai pour cinq minutes** it'll take me five minutes; **en** ~ **après qqn** to have (got) it in for sb.
◆ **avoir à** *vi* + *prép* [devoir]: ~ **à faire qqch** to have to do sthg; **tu n'avais pas à lui parler sur ce ton** you had no need to speak to him like that, you shouldn't have spoken to him like that; **tu n'avais qu'à me demander** you only had to ask me; **tu n'as qu'à y aller toi-même** just go (there) yourself, why don't you just go (there) yourself?
◆ **il y a** *v impers* **-1.** [présentatif] there is/are; **il y a un problème** there's a problem; **il y a des problèmes** there are (some) problems; **qu'est-ce qu'il y a?** what's the matter?, what is it?; **il n'y a qu'à en finir** we'll/you'll *etc* just have to have done (with it). **-2.** [temporel]: **il y a trois ans** three years

ago; **il y a longtemps de cela** that was a long time ago; **il y a longtemps qu'il est parti** he left a long time ago.

avoisinant, -e [avwazinã, ãt] *adj* **-1.** [lieu, maison] neighbouring. **-2.** [sens, couleur] similar.

avortement [avɔrtəmã] *nm* MÉD abortion.

avorter [avɔrte] *vi* **-1.** MÉD: **(se faire)** ~ to have an abortion. **-2.** [échouer] to fail.

avorton [avɔrtõ] *nm péj* [nabot] runt.

avouer [avwe] *vt* **-1.** [confesser] to confess (to). **-2.** [reconnaître] to admit.

avril [avril] *nm* April; *voir aussi* **septembre**.

axe [aks] *nm* **-1.** GÉOM & PHYS axis. **-2.** [de roue] axle. **-3.** [prolongement]: **dans l'~ de** directly in line with.

axer [akse] *vt*: ~ **qqch sur/autour de qqch** to centre sthg on/around sthg.

axiome [aksjom] *nm* axiom.

ayant [ɛjã] *ppr* → **avoir**.

azalée [azale] *nf* azalea.

azimut [azimyt]
◆ **tous azimuts** *loc adj* [défense, offensive] all-out.

azote [azɔt] *nm* nitrogen.

azur [azyr] *nm littéraire* **-1.** [couleur] azure. **-2.** [ciel] skies (*pl*).

B

b, B [be] *nm inv* b, B.
◆ **B** (*abr de* **bien**) good grade (as assessment on schoolwork), ≃ B.

BA (*abr de* **bonne action**) *nf fam* good deed.

babiller [babije] *vi* to babble.

babines [babin] *nfpl* chops.

bâbord [babɔr] *nm* port; **à** ~ **to** port, on the port side.

babouin [babwɛ̃] *nm* baboon.

baby-sitter [bebisitœr] (*pl* **baby-sitters**) *nmf* baby-sitter.

baby-sitting [bebisitiŋ] *nm*: **faire du** ~ to baby-sit.

bac [bak] *nm* **-1.** → **baccalauréat. -2.** [bateau] ferry. **-3.** [de réfrigérateur]: ~ **à glace** ice tray; ~ **à légumes** vegetable drawer.

baccalauréat [bakalɔrea] *nm* *school-leaving examinations leading to university entrance qualification.*

bâche [baʃ] *nf* [toile] tarpaulin.

bachelier, -ière [baʃəlje, jɛr] *nm, f* *holder of the baccalauréat.*

bacille [basil] *nm* bacillus.

bâcler [bakle] *vt* to botch.

bactérie [bakteri] *nf* bacterium.

badaud, -e [bado, od] *nm, f* gawper.

badge [badʒ] *nm* badge.

badigeonner [badiʒɔne] *vt* [mur] to whitewash.

badiner [badine] *vi sout* to joke; **ne pas** ~ **avec qqch** not to treat sthg lightly.

badminton [badmintɔn] *nm* badminton.

baffe [baf] *nf fam* slap.

baffle [bafl] *nm* speaker.

bafouiller [bafuje] *vi & vt* to mumble.

bâfrer [bafre] *fam vi* to guzzle.

bagage [bagaʒ] *nm* **-1.** (*gén pl*) [valises, sacs] luggage (*U*), baggage (*U*); **faire ses** ~**s** to pack; ~**s à main** hand luggage. **-2.** [connaissances] (fund of) knowledge; ~ **intellectuel/culturel** intellectual/cultural baggage.

bagagiste [bagaʒist] *nmf* [chargement des avions] baggage handler; [à l'hôtel etc] porter; [fabricant] travel goods manufacturer.

bagarre [bagar] *nf* brawl, fight.

bagarrer [bagare] *vi* to fight.

◆ se bagarrer *vp* to fight.

bagatelle [bagatɛl] *nf* **-1.** [objet] trinket. **-2.** [somme d'argent]: **acheter qqch**

pour une ~ to buy sthg for next to nothing; **la** ~ **de X francs** *iron* a mere X francs. **-3.** [chose futile] trifle.

bagnard [baɲar] *nm* convict.

bagne [baɲ] *nm* [prison] labour camp.

bagnole [baɲɔl] *nf fam* car.

bague [bag] *nf* **-1.** [bijou, anneau] ring; ~ **de fiançailles** engagement ring. **-2.** TECH: ~ **de serrage** clip.

baguer [bage] *vt* [oiseau, arbre] to ring.

baguette [bagɛt] *nf* **-1.** [pain] French stick. **-2.** [petit bâton] stick; ~ **magique** magic wand; ~ **de tambour** drumstick; **mener qqn à la** ~ to rule sb with a rod of iron. **-3.** [pour manger] chopstick. **-4.** [de chef d'orchestre] baton.

bahut [bay] *nm* **-1.** [buffet] sideboard. **-2.** *arg scol* [lycée] secondary school.

baie [bɛ] *nf* **-1.** [fruit] berry. **-2.** GÉOGR bay. **-3.** [fenêtre]: ~ **vitrée** picture window.

baignade [beɲad] *nf* [action] bathing (*U*) *Br*, swimming (*U*); «~ **interdite**» "no bathing/swimming".

baigner [beɲe] ◇ *vt* **-1.** [donner un bain à] to bath. **-2.** [tremper, remplir] to bathe; **baigné de soleil** bathed in sunlight. ◇ *vi*: ~ **dans son sang** to lie in a pool of blood; **les tomates baignaient dans l'huile** the tomatoes were swimming in oil.

◆ se baigner *vp* **-1.** [dans la mer] to go swimming, to swim. **-2.** [dans une baignoire] to have a bath.

baigneur, -euse [beɲœr, øz] *nm, f* bather *Br*, swimmer.

◆ baigneur *nm* [poupée] baby doll.

baignoire [beɲwar] *nf* bath.

bail [baj] (*pl* **baux** [bo]) *nm* JUR lease.

bâillement [bajmɑ̃] *nm* yawning (*U*), yawn.

bâiller [baje] *vi* **-1.** [personne] to yawn. **-2.** [vêtement] to gape.

bailleur, -eresse [bajœr, bajrɛs] *nm, f* lessor; ~ **de fonds** backer.

bâillon [bajɔ̃] *nm* gag.

bâillonner [bajɔne] *vt* to gag.

bain [bɛ̃] *nm* -1. [gén] bath; **prendre un ~** to have OU take a bath; **~ moussant** foaming bath oil; **~-douches** public baths. -2. [dans mer, piscine] swim; **~ de mer** sea bathing *Br* OU swimming. -3. *loc*: **prendre un ~ de soleil** to sunbathe.

bain-marie [bɛ̃mari] (*pl* **bains-marie**) *nm*: **au ~** in a bain-marie.

baïonnette [bajɔnɛt] *nf* -1. [arme] bayonet. -2. ÉLECTR bayonet fitting.

baiser [beze] *nm* kiss.

baisse [bɛs] *nf* [gén]: **~ (de)** drop (in), fall (in); **en ~** falling; **la tendance est à la ~** there is a downward trend.

baisser [bese] ◇ *vt* [gén] to lower; [radio] to turn down. ◇ *vi* -1. [descendre] to go down; **le jour baisse** it's getting dark. -2. [santé, vue] to fail. -3. [prix] to fall.
♦ **se baisser** *vp* to bend down.

bajoues [baʒu] *nfpl* jowls.

bal [bal] *nm* ball; **~ masqué/costumé** masked/fancy-dress ball; **~ populaire** OU **musette** *popular old-fashioned dance accompanied by accordion.*

balade [balad] *nf fam* stroll.

balader [balade] *vt* -1. *fam* [traîner avec soi] to trail around. -2. [emmener en promenade] to take for a walk.
♦ **se balader** *vp fam* -1. [se promener - à pied] to go for a walk; [- en voiture] to go for a drive.

baladeur, -euse [baladœr, øz] *adj* wandering.
♦ **baladeur** *nm* personal stereo.

balafre [balafr] *nf fam* -1. [blessure] gash. -2. [cicatrice] scar.

balafré, -e [balafre] *adj* scarred.

balai [balɛ] *nm* -1. [de nettoyage] broom, brush. -2. *fam* [an]: **il a 50 ~s** he's 50 years old.

balai-brosse [balɛbrɔs] *nm* (long-handled) scrubbing brush.

balance [balɑ̃s] *nf* -1. [instrument] scales (*pl*). -2. COMM & POLIT balance.
♦ **Balance** *nf* ASTROL Libra.

balancer [balɑ̃se] *vt* -1. [bouger] to swing. -2. *fam* [lancer] to chuck. -3. *fam* [jeter] to chuck out.
♦ **se balancer** *vp* -1. [sur une chaise] to rock backwards and forwards. -2. [sur une balançoire] to swing. -3. *fam*: **se ~ de qqch** not to give a damn about sthg.

balancier [balɑ̃sje] *nm* -1. [de pendule] pendulum. -2. [de funambule] pole.

balançoire [balɑ̃swar] *nf* [suspendue] swing; [bascule] see-saw.

balayage [balɛjaʒ] *nm* [gén] sweeping; TECHNOL scanning.

balayer [baleje] *vt* -1. [nettoyer] to sweep. -2. [chasser] to sweep away. -3. [suj: radar] to scan; [suj: projecteurs] to sweep (across).

balayette [balɛjɛt] *nf* small brush.

balayeur, -euse [balɛjœr, øz] *nm, f* roadsweeper *Br*, streetsweeper *Am*.
♦ **balayeuse** *nf* [machine] road-sweeper.

balbutier [balbysje] ◇ *vi* [bafouiller] to stammer. ◇ *vt* [bafouiller] to stammer (out).

balcon [balkɔ̃] *nm* -1. [de maison - terrasse] balcony; [- balustrade] parapet. -2. [de théâtre, de cinéma] circle.

balconnet [balkɔnɛ] *nm*: **soutien-gorge à ~** half-cup bra.

baldaquin [baldakɛ̃] *nm* → **lit**.

baleine [balɛn] *nf* -1. [mammifère] whale. -2. [de corset] whalebone. -3. [de parapluie] rib.

balise [baliz] *nf* -1. NAVIG marker (buoy). -2. AÉRON runway light. -3. AUTOM road sign. -4. INFORM tag.

baliser [balize] *vt* to mark out.

balivernes [balivɛrn] *nfpl* nonsense (U).

Balkans [balkɑ̃] *nmpl*: **les ~** the Balkans.

ballade [balad] *nf* ballad.

ballant, -e [balɑ̃, ɑ̃t] *adj*: **les bras ~s** arms dangling.

ballast [balast] *nm* -1. [chemin de fer] ballast. -2. NAVIG ballast tank.

balle [bal] *nf* **-1.** [d'arme à feu] **bullet**; ~ **perdue** stray bullet. **-2.** [de jeu] **ball. -3.** [de marchandises] **bale. -4.** *fam* [argent] **franc.**

ballerine [balrin] *nf* **-1.** [danseuse] **ballerina. -2.** [chaussure] **ballet shoe.**

ballet [balɛ] *nm* [gén] **ballet;** *fig* [activité intense] **to-ing and fro-ing.**

ballon [balɔ̃] *nm* **-1.** JEU & SPORT **ball;** ~ **de football football. -2.** [montgolfière, de fête] **balloon.**

ballonné, -e [balɔne] *adj*: **avoir le ventre** ~, **être** ~ to be bloated.

ballot [balo] *nm* **-1.** [de marchandises] **bundle. -2.** *vieilli* [imbécile] **twit.**

ballottage [balɔtaʒ] *nm* POLIT **second ballot; en** ~ **standing for a second ballot.**

ballotter [balɔte] ◇ *vt* **to toss about.** ◇ *vi* [chose] **to roll around.**

ballottine [balɔtin] *nf*: ~ **de foie gras** *type of galantine made with foie gras.*

ball-trap [baltrap] *nm* **clay pigeon shooting.**

balluchon = baluchon.

balnéaire [balneɛr] *adj*: **station** ~ **seaside resort.**

balourd, -e [balur, urd] *adj* **clumsy.**

balte [balt] *adj* **Baltic.**

◆ **Balte** *nmf* **native of the Baltic states.**

Baltique [baltik] *nf*: **la** ~ **the Baltic (Sea).**

baluchon, balluchon [balyʃɔ̃] *nm* **bundle; faire son** ~ *fam* **to pack one's bags (and leave).**

balustrade [balystrad] *nf* **-1.** [de terrasse] **balustrade. -2.** [rambarde] **guardrail.**

bambin [bɑ̃bɛ̃] *nm* **kiddie.**

bambou [bɑ̃bu] *nm* [plante] **bamboo.**

ban [bɑ̃] *nm* **-1.** [de mariage]: **publier** OU **afficher les** ~**s** **to publish** OU **display the banns. -2.** *loc*: **être/mettre qqn au** ~ **de la société** **to be outlawed/to outlaw sb (from society); le** ~ **et l'arrière-**~ **the whole lot of them.**

banal, -e, -als [banal] *adj* **commonplace, banal.**

banaliser [banalize] *vt*: **voiture banalisée unmarked police car.**

banalité [banalite] *nf* **-1.** [caractère banal] **banality. -2.** [cliché] **commonplace.**

banane [banan] *nf* **-1.** [fruit] **banana. -2.** [sac] **bum-bag. -3.** [coiffure] **quiff.**

bananier, -ière [bananje, jɛr] *adj* **banana (*avant n*).**

◆ **bananier** *nm* **-1.** [arbre] **banana tree. -2.** [cargo] **banana boat.**

banc [bɑ̃] *nm* [siège] **bench; le** ~ **des accusés** JUR **the dock;** ~ **d'essai testbed; être au** ~ **d'essai** *fig* **to be at the test stage;** ~ **de sable sandbank.**

bancaire [bɑ̃kɛr] *adj* **bank (*avant n*), banking (*avant n*).**

bancal, -e, -als [bɑ̃kal] *adj* **-1.** [meuble] **wobbly. -2.** [théorie, idée] **unsound.**

bandage [bɑ̃daʒ] *nm* [de blessé] **bandage.**

bande [bɑ̃d] *nf* **-1.** [de tissu, de papier] **strip;** ~ **dessinée comic strip. -2.** [bandage] **bandage;** ~ **Velpeau®** **crepe bandage. -3.** [de billard] **cushion; par la** ~ *fig* **by a roundabout route. -4.** [groupe] **band; en** ~ **in a group. -5.** [pellicule de film] **film. -6.** [d'enregistrement] **tape;** ~ **magnétique (magnetic) tape;** ~ **originale** CIN **original soundtrack;** ~ **vidéo video (tape). -7.** [voie]: ~ **d'arrêt d'urgence hard shoulder. -8.** RADIO: ~ **de fréquence waveband. -9.** NAVIG: **donner de la** ~ **to list.**

bande-annonce [bɑ̃danɔ̃s] *nf* **trailer.**

bandeau [bɑ̃do] *nm* **-1.** [sur les yeux] **blindfold. -2.** [dans les cheveux] **headband.**

bandelette [bɑ̃dlɛt] *nf* **strip (of cloth).**

bander [bɑ̃de] ◇ *vt* **-1.** MÉD **to bandage;** ~ **les yeux de qqn** **to blindfold sb. -2.** [arc] **to draw back. -3.** [muscle] **to flex.** ◇ *vi* *vulg* **to have a hard-on.**

banderole [bɑ̃drɔl] *nf* **streamer.**

bande-son [bɑ̃dsɔ̃] (*pl* **bandes-son**) *nf* soundtrack.

bandit [bɑ̃di] *nm* [voleur] bandit.

banditisme [bɑ̃ditism] *nm* serious crime.

bandoulière [bɑ̃duljɛr] *nf* bandolier; **en** ~ across the shoulder.

banlieue [bɑ̃ljø] *nf* suburbs (*pl*).

banlieusard, -e [bɑ̃ljøzar, ard] *nm, f* person living in the suburbs.

bannière [banjɛr] *nf* [étendard] banner.

bannir [banir] *vt:* ~ **qqn/qqch (de)** to banish sb/sthg (from).

banque [bɑ̃k] *nf* **-1.** [activité] banking. **-2.** [établissement, au jeu] bank. **-3.** INFORM: ~ **de données** data bank. **-4.** MÉD: ~ **d'organes/du sang/du sperme** organ/blood/sperm bank.

banqueroute [bɑ̃krut] *nf* bankruptcy; **faire** ~ to go bankrupt.

banquet [bɑ̃kɛ] *nm* (celebration) dinner; [de gala] banquet.

banquette [bɑ̃kɛt] *nf* seat.

banquier, -ière [bɑ̃kje, jɛr] *nm, f* banker.

banquise [bɑ̃kiz] *nf* ice field.

baptême [batɛm] *nm* **-1.** RELIG baptism, christening. **-2.** [première fois]: ~ **de l'air** maiden flight.

baptiser [batize] *vt* to baptize, to christen.

baquet [bakɛ] *nm* [cuve] tub.

bar [bar] *nm* **-1.** [café, unité de pression] bar. **-2.** [poisson] bass.

baraque [barak] *nf* **-1.** [cabane] hut. **-2.** *fam* [maison] house. **-3.** [de forain] stall, stand.

baraqué, -e [barake] *adj fam* well-built.

baraquement [barakmɑ̃] *nm* camp (*of huts for refugees, workers etc*).

baratin [baratɛ̃] *nm fam* smooth talk; **faire du** ~ **à qqn** to sweet-talk sb.

baratiner [baratine] *fam* ◇ *vt* to chat up; [client] to give one's sales pitch to. ◇ *vi* to be a smooth talker.

barbare [barbar] ◇ *nm* barbarian. ◇ *adj* **-1.** *péj* [non civilisé] barbarous. **-2.** [cruel] barbaric.

barbe [barb] *nf* beard; **se laisser pousser la** ~ to grow a beard; ~ **à papa** candy floss *Br*, cotton candy *Am*; **quelle** OU **la** ~! *fam* what a drag!

barbelé, -e [barbəle] *adj* barbed.
◆ **barbelé** *nm* barbed wire (U).

barbiche [barbiʃ] *nf* goatee (beard).

barbiturique [barbityrik] *nm* barbiturate.

barboter [barbɔte] *vi* to paddle.

barboteuse [barbɔtøz] *nf* romper-suit.

barbouillé, -e [barbuje] *adj:* **être** ~, **avoir l'estomac** ~ to feel sick.

barbouiller [barbuje] *vt* [salir]: ~ **qqch (de)** to smear sthg (with).

barbu, -e [barby] *adj* bearded.
◆ **barbu** *nm* bearded man.

bardé, -e [barde] *adj:* **il est** ~ **de diplômes** he's got heaps of diplomas.

barder [barde] ◇ *vt* CULIN to bard. ◇ *vi fam:* **ça va** ~ there'll be trouble.

barème [barɛm] *nm* [de référence] table; [de salaires] scale.

baril [baril] *nm* barrel.

bariolé, -e [barjɔle] *adj* multicoloured.

barjo(t) [barʒo] *adj inv fam* nuts.

barmaid [barmɛd] *nf* barmaid.

barman [barman] (*pl* **barmans** OU **barmen** [barmɛn]) *nm* barman.

baromètre [barɔmɛtr] *nm* barometer.

baron, -onne [barɔ̃, ɔn] *nm, f* baron (*f* baroness).

baroque [barɔk] *adj* **-1.** [style] baroque. **-2.** [bizarre] weird.

barque [bark] *nf* small boat.

barquette [barkɛt] *nf* **-1.** [tartelette] pastry boat. **-2.** [récipient - de fruits] punnet; [- de crème glacée] tub.

barrage [baraʒ] *nm* **-1.** [de rue] roadblock. **-2.** CONSTR dam.

barre [bar] *nf* **-1.** [gén & JUR] bar; ~ **d'espacement** [sur machine à écrire] space bar; ~ **fixe** GYM high bar; ~ **des témoins** JUR witness box *Br* OU stand *Am*. **-2.** NAVIG helm; **être à la** ~ NAVIG

& *fig* to be at the helm. **-3.** [trait] stroke.

barreau [baro] *nm* bar; **le** ~ JUR the Bar.

barrer [bare] *vt* **-1.** [rue, route] to block. **-2.** [mot, phrase] to cross out. **-3.** [bateau] to steer.

♦ **se barrer** *vp fam* to clear off.

barrette [baret] *nf* [pince à cheveux] (hair) slide *Br*, barrette *Am*.

barreur, -euse [barœr, øz] *nm, f* NAVIG helmsman; [à l'aviron] cox.

barricade [barikad] *nf* barricade.

barrière [barjer] *nf litt* & *fig* barrier.

barrique [barik] *nf* barrel.

baryton [baritɔ̃] *nm* baritone.

bas, basse [ba, baz *devant nm commençant par voyelle ou h muet*, bas] *adj* **-1.** [gén] low. **-2.** *péj* [vil] base, low. **-3.** MUS bass.

♦ **bas** ◇ *nm* **-1.** [partie inférieure] bottom, lower part; **avoir/connaître des hauts et des** ~ to have/go through ups and downs. **-2.** [vêtement] stocking; ~ **de laine** woollen stocking; *fig* nest egg. ◇ *adv* low; **à** ~ **...!** down with ...!; **parler** ~ to speak in a low voice, to speak softly; **mettre** ~ [animal] to give birth.

♦ **en bas** *loc adv* at the bottom; [dans une maison] downstairs.

♦ **en bas de** *loc prép* at the bottom of; **attendre qqn en** ~ **de chez lui** to wait for sb downstairs.

♦ **bas de gamme** ◇ *adj* downmarket. ◇ *nm* bottom of the range.

basalte [bazalt] *nm* basalt.

basané, -e [bazane] *adj* tanned.

bas-côté [bakote] *nm* [de route] verge.

bascule [baskyl] *nf* [balançoire] seesaw.

basculer [baskyle] ◇ *vi* to fall over, to overbalance; [benne] to tip up; ~ **dans qqch** *fig* to tip over into sthg. ◇ *vt* to tip up, to tilt.

base [baz] *nf* **-1.** [partie inférieure] base. **-2.** [principe fondamental] basis; **à** ~ **de** based on; **de** ~ basic; **une**

boisson à ~ **d'orange** an orange-based drink; **sur la** ~ **de** on the basis of. **-3.** INFORM: ~ **de données** database.

baser [baze] *vt* to base.

♦ **se baser** *vp*: **sur quoi vous basez-vous pour affirmer cela?** what are you basing this statement on?

bas-fond [bafɔ̃] *nm* [de l'océan] shallow.

♦ **bas-fonds** *nmpl fig* **-1.** [de la société] dregs. **-2.** [quartiers pauvres] slums.

basilic [bazilik] *nm* [plante] basil.

basilique [bazilik] *nf* basilica.

basique [bazik] *adj* basic.

basket [basket] *nf* **-1.** [chaussure] trainer *Br*, sneaker *Am*; **lâche-moi les** ~**s!** *fam fig* get off my back! **-2.** = **basket-ball**.

basket-ball [basketbol] *nm* basketball.

basque [bask] ◇ *adj* Basque; **le Pays** ~ the Basque country. ◇ *nm* [langue] Basque. ◇ *nf* [vêtement] tail (*of coat*); **être toujours pendu aux** ~**s de qqn** *fam fig* to be always tagging along after sb.

♦ **Basque** *nmf* Basque.

bas-relief [barəljef] *nm* bas-relief.

basse [bas] ◇ *adj* → **bas.** ◇ *nf* MUS bass.

basse-cour [baskur] *nf* **-1.** [volaille] poultry. **-2.** [partie de ferme] farmyard.

bassement [basmã] *adv* despicably; **être** ~ **intéressé** to be motivated by petty self-interest.

basset [base] *nm* basset hound.

bassin [basɛ̃] *nm* **-1.** [cuvette] bowl. **-2.** [pièce d'eau] (ornamental) pond. **-3.** [de piscine]: ~ **children's/main pool. -4.** ANAT pelvis. **-5.** GÉOL basin; ~ **houiller** coalfield; **le Bassin parisien** the Paris basin.

bassine [basin] *nf* bowl, basin.

bassiste [basist] *nmf* bass player.

basson [basɔ̃] *nm* [instrument] bassoon; [personne] bassoonist.

bastide [bastid] *nf* traditional farmhouse or country house in southern France; walled town (in south-west France).

bastingage [bastɛ̃gaʒ] *nm* (ship's) rail.

bastion [bastjɔ̃] *nm litt & fig* bastion.

baston [bastɔ̃] *nf tfam* punch-up.

bas-ventre [bavɑ̃tr] *nm* stomach.

bataille [bataj] *nf* **-1.** MIL battle. **-2.** [bagarre] fight. **-3.** [jeu de cartes] ≈ beggar-my-neighbour. **-4.** *loc*: **en ~** [cheveux] dishevelled.

bataillon [batajɔ̃] *nm* MIL battalion; *fig* horde.

bâtard, -e [batar, ard] ◇ *adj* **-1.** [enfant] illegitimate. **-2.** *péj* [style, solution] hybrid. ◇ *nm, f* illegitimate child.
◆ **bâtard** *nm* **-1.** [pain] ≈ Vienna loaf. **-2.** [chien] mongrel.

batavia [batavja] *nf* Webb lettuce.

bateau [bato] *nm* **-1.** [embarcation - gén] boat; [- plus grand] ship; **~ à voile/moteur** sailing/motor boat; **~ de pêche** fishing boat; **mener qqn en ~** *fig* to take sb for a ride. **-2.** [de trottoir] driveway entrance (low kerb). **-3.** (en apposition inv) [sujet, thème] well-worn; **c'est ~!** it's the same old stuff!

bâti, -e [bati] *adj* **-1.** [terrain] developed. **-2.** [personne]: **bien ~** well-built.
◆ **bâti** *nm* **-1.** COUTURE tacking. **-2.** CONSTR frame, framework.

batifoler [batifɔle] *vi* to frolic.

bâtiment [batimɑ̃] *nm* **-1.** [édifice] building. **-2.** IND: **le ~** the building trade. **-3.** NAVIG ship, vessel.

bâtir [batir] *vt* **-1.** CONSTR to build. **-2.** *fig* [réputation, fortune] to build (up); [théorie, phrase] to construct. **-3.** COUTURE to tack.

bâtisse [batis] *nf souvent péj* house.

bâton [batɔ̃] *nm* **-1.** [gén] stick; **~ de ski** ski pole. **-2.** *fam fig* 10 000 francs. **-3.** *loc*: **mettre des ~s dans les roues à qqn** to put a spoke in sb's wheel; **à ~s rompus** [conversation] rambling; **parler à ~s rompus** to talk of this and that.

bâtonnet [batɔnɛ] *nm* rod.

batracien [batrasjɛ̃] *nm* amphibian.

battage [bataʒ] *nm*: **~ (publicitaire** OU **médiatique)** (media) hype.

battant, -e [batɑ̃, ɑ̃t] ◇ *adj*: **sous une pluie ~e** in the pouring OU driving rain; **le cœur ~** with beating heart. ◇ *nm, f* fighter.
◆ **battant** *nm* **-1.** [de porte] door (of double doors); [de fenêtre] half (of double window). **-2.** [de cloche] clapper.

battement [batmɑ̃] *nm* **-1.** [mouvement - d'ailes] flap, beating (U); [- de cœur, pouls] beat, beating (U); [- de cils, paupières] flutter, fluttering (U). **-2.** [intervalle de temps] break; **une heure de ~** an hour free.

batterie [batri] *nf* **-1.** ÉLECTR & MIL battery; **recharger ses ~s** *fig* to recharge one's batteries. **-2.** [attirail]: **~ de cuisine** kitchen utensils (pl). **-3.** MUS drums (pl). **-4.** [série]: **une ~ de** a string of.

batteur [batœr] *nm* **-1.** MUS drummer. **-2.** CULIN beater, whisk. **-3.** [SPORT - de cricket] batsman; [- de base-ball] batter.

battre [batr] ◇ *vt* **-1.** [gén] to beat; **~ en neige** [blancs d'œufs] to beat until stiff. **-2.** [cartes] to shuffle. ◇ *vi* [gén] to beat; **~ des cils** to blink; **~ des mains** to clap (one's hands).
◆ **se battre** *vp* to fight; **se ~ contre qqn** to fight sb.

battu, -e [baty] ◇ *pp* → **battre**. ◇ *adj* **-1.** [tassé] hard-packed; **jouer sur terre ~e** TENNIS to play on clay. **-2.** [fatigué]: **avoir les yeux ~s** to have shadows under one's eyes.
◆ **battue** *nf* **-1.** [chasse] beat. **-2.** [chasse à l'homme] manhunt.

baume [bom] *nm litt & fig* balm; **mettre du ~ au cœur de qqn** to comfort sb.

baux → **bail.**

bavard, -e [bavar, ard] ◇ *adj* talkative. ◇ *nm, f* chatterbox; *péj* gossip.

bavardage [bavardaʒ] *nm* **-1.** [papotage] chattering. **-2.** (*gén pl*) [racontar] gossip (*U*).

bavarder [bavarde] *vi* to chatter; *péj* to gossip.

bave [bav] *nf* **-1.** [salive] dribble. **-2.** [d'animal] slaver. **-3.** [de limace] slime.

baver [bave] *vi* **-1.** [personne] to dribble. **-2.** [animal] to slaver. **-3.** [limace] to leave a trail. **-4.** [stylo] to leak. **-5.** *loc*: **en ~** *fam* to have a hard OU rough time of it.

bavette [bavɛt] *nf* **-1.** [bavoir, de tablier] bib. **-2.** [viande] flank. **-3.** *loc*: **tailler une ~ (avec qqn)** *fam* to have a natter (with sb) *Br*.

baveux, -euse [bavø, øz] *adj* **-1.** [bébé] dribbling. **-2.** [omelette] runny.

bavoir [bavwar] *nm* bib.

bavure [bavyr] *nf* **-1.** [tache] smudge. **-2.** [erreur] blunder.

bayer [baje] *vi*: **~ aux corneilles** to stand gazing into space.

bazar [bazar] *nm* **-1.** [boutique] general store. **-2.** *fam* [désordre] jumble, clutter.

bazarder [bazarde] *vt fam* to chuck out, to get rid of.

BCBG (*abr de* **bon chic bon genre**) *nmf & adj* term used to describe an upper-class lifestyle reflected especially in expensive but conservative clothes.

bcp *abr de* **beaucoup**.

bd *abr de* **boulevard**.

BD, bédé [bede] (*abr de* **bande dessinée**) *nf*: **la ~** a comic strip.

béant, -e [beã, ãt] *adj* [plaie, gouffre] gaping; [yeux] wide open.

béat, -e [bea, at] *adj* [heureux] blissful.

beau, belle, beaux [bo, bɛl] *adj* (*bel devant voyelle ou h muet*) **-1.** [joli - femme] beautiful, good-looking; [- homme] handsome, good-looking; [- chose] beautiful. **-2.** [temps] fine, good. **-3.** (*toujours avant le nom*) [important] fine, excellent; **une belle somme** a tidy sum (of money). **-4.** *iron* [mauvais]: **une belle grippe** a

nasty dose of the flu; **un ~ travail** a fine piece of work. **-5.** (*sens intensif*): **un ~ jour** one fine day. **-6.** *loc*: **elle a ~ jeu de dire** ça it's easy OU all very well for her to say that.

◆ **beau** ◇ *adv*: **il fait ~** the weather is good OU fine; **j'ai ~ essayer** ... however hard I try ..., try as I may ...; **j'ai ~ dire** ... whatever I say ... ◇ *nm*: **être au ~ fixe** to be set fair; **avoir le moral au ~ fixe** *fig* to have a sunny disposition; **faire le ~** [chien] to sit up and beg.

◆ **belle** *nf* **-1.** [femme] lady friend. **-2.** [dans un jeu] decider.

◆ **de plus belle** *loc adv* more than ever.

beaucoup [boku] ◇ *adv* **-1.** [un grand nombre]: **~ de** a lot of, many; **il y en a ~** there are many OU a lot (of them). **-2.** [une grande quantité]: **~ de** a lot of; **~ d'énergie** a lot of energy; **il n'a pas ~ de temps** he hasn't a lot of OU much time; **il n'en a pas ~** he doesn't have much OU a lot (of it). **-3.** (*modifiant un verbe*) a lot; **il boit ~** he drinks a lot; **il y en a ~** there are many OU a lot (of them). **-3.** (*modifiant un verbe*) a lot; **il boit ~** he drinks a lot; **c'est ~ dire** that's saying a lot. **-4.** (*modifiant un adjectif comparatif*) much, a lot; **c'est ~ mieux** it's much OU a lot better; **~ trop vite** much too quickly. ◇ *pron inv* many; **nous sommes ~ à penser que** ... many of us think that ....

◆ **de beaucoup** *loc adv* by far.

beauf [bof] *nm* **-1.** *péj* stereotype of average French man with narrow views. **-2.** *fam* [beau-frère] brother-in-law.

beau-fils [bofis] *nm* **-1.** [gendre] son-in-law. **-2.** [de remariage] stepson.

beau-frère [bofrɛr] *nm* brother-in-law.

beau-père [bopɛr] *nm* **-1.** [père du conjoint] father-in-law. **-2.** [de remariage] stepfather.

beauté [bote] *nf* beauty; **de toute ~** absolutely beautiful; **en ~** [magnifiquement] in great style.

beaux-arts [bozar] *nmpl* fine art (*sg*).

◆ **Beaux-Arts** *nmpl*: les Beaux-Arts *French national art school.*

beaux-parents [boparɑ̃] *nmpl* -1. [de l'homme] husband's parents, in-laws. -2. [de la femme] wife's parents, in-laws.

bébé [bebe] *nm* baby.

bébé-éprouvette [bebeepruvɛt] (*pl* **bébés-éprouvette**) *nm* test-tube baby.

bébête [bebɛt] *adj* silly.

bec [bɛk] *nm* -1. [d'oiseau] beak. -2. [d'instrument de musique] mouthpiece. -3. [de casserole etc] lip; ~ de gaz [réverbère] gaslamp (*in street*); ~ verseur spout. -4. *fam* [bouche] mouth; ouvrir le ~ to open one's mouth; clouer le ~ à qqn to shut sb up.

bécane [bekan] *nf fam* -1. [moto, vélo] bike. -2. [ordinateur etc] machine.

bécasse [bekas] *nf* -1. [oiseau] woodcock. -2. *fam* [femme sotte] silly goose.

bec-de-lièvre [bɛkdəljɛvr] (*pl* **becs-de-lièvre**) *nm* harelip.

bêche [bɛʃ] *nf* spade.

bêcher [beʃe] *vt* to dig.

bécoter [bekɔte] *vt fam* to snog *Br* OU smooch with.

◆ **se bécoter** *vp* to snog *Br*, to smooch.

becquée [beke] *nf*: donner la ~ à to feed.

becqueter, béqueter [bɛkte] *vt* to peck at.

bedaine [bədɛn] *nf* potbelly.

bédé = BD.

bedonnant, -e [bədɔnɑ̃, ɑ̃t] *adj* pot-bellied.

bée [be] *adj*: bouche ~ open-mouthed.

bégayer [begeje] ◇ *vi* to have a stutter OU stammer. ◇ *vt* to stammer (out).

bégonia [begɔnja] *nm* begonia.

bègue [bɛg] ◇ *adj*: être ~ to have a stutter OU stammer. ◇ *nmf* stutterer, stammerer.

béguin [begɛ̃] *nm fam*: avoir le ~ pour qqn to have a crush on sb.

beige [bɛʒ] *adj & nm* beige.

beignet [bɛɲɛ] *nm* fritter.

bel [bɛl] → beau.

bêler [bele] *vi* to bleat.

belette [bəlɛt] *nf* weasel.

belge [bɛlʒ] *adj* Belgian.

◆ **Belge** *nmf* Belgian.

Belgique [bɛlʒik] *nf*: la ~ Belgium.

bélier [belje] *nm* -1. [animal] ram. -2. [poutre] battering ram.

◆ **Bélier** *nm* ASTROL Aries.

belladone [beladɔn] *nf* deadly nightshade.

belle [bɛl] *adj & nf* → beau.

belle-famille [bɛlfamij] *nf* -1. [de l'homme] husband's family, in-laws (*pl*). -2. [de la femme] wife's family, in-laws (*pl*).

belle-fille [bɛlfij] *nf* -1. [épouse du fils] daughter-in-law. -2. [de remariage] stepdaughter.

belle-mère [bɛlmɛr] *nf* -1. [mère du conjoint] mother-in-law. -2. [de remariage] stepmother.

belle-sœur [bɛlsœr] *nf* sister-in-law.

belligérant, -e [beliʒerɑ̃, ɑ̃t] *adj & nm, f* belligerent.

belliqueux, -euse [belikø, øz] *adj* [peuple] warlike; [humeur, tempérament] aggressive.

belvédère [bɛlvedɛr] *nm* -1. [construction] belvedere. -2. [terrasse] viewpoint.

bémol [bemɔl] *adj & nm* MUS flat.

bénédiction [benediksjɔ̃] *nf* blessing.

bénéfice [benefis] *nm* -1. [avantage] advantage, benefit; au ~ de in aid of. -2. [profit] profit.

bénéficiaire [benefisjɛr] ◇ *nmf* [gén] beneficiary; [de chèque] payee. ◇ *adj* [marge] profit (*avant n*); [résultat, société] profit-making.

bénéficier [benefisje] *vi*: ~ de [profiter de] to benefit from; [jouir de] to have, to enjoy; [obtenir] to have, to get.

bénéfique [benefik] *adj* beneficial.

Bénélux [benelyks] *nm*: **le ~** Benelux.

benêt [bənɛ] *nm* clod.

bénévole [benevɔl] ◇ *adj* voluntary. ◇ *nmf* volunteer, voluntary worker.

bénin, -igne [benɛ̃, iɲ] *adj* [maladie, accident] minor; [tumeur] benign.

bénir [benir] *vt* **-1.** [gén] to bless. **-2.** [se réjouir de] to thank God for.

bénitier [benitje] *nm* holy water font.

benjamin, -e [bɛ̃ʒamɛ̃, in] *nm, f* [de famille] youngest child; [de groupe] youngest member.

benne [bɛn] *nf* **-1.** [de camion] tipper. **-2.** [de téléphérique] car. **-3.** [pour déchets] skip.

benzine [bɛ̃zin] *nf* benzine.

béotien, -ienne [beɔsjɛ̃, jɛn] *nm, f* philistine.

BEP, Bep (*abr de* **brevet d'études professionnelles**) *nm* school-leaver's diploma (*taken at age 18*).

BEPC, Bepc (*abr de* **brevet d'études du premier cycle**) *nm* former school certificate (*taken at age 16*).

béquille [bekij] *nf* **-1.** [pour marcher] crutch. **-2.** [d'un deux-roues] stand.

berceau, -x [bɛrso] *nm* cradle.

bercer [bɛrse] *vt* [bébé] to rock.

berceuse [bɛrsøz] *nf* **-1.** [chanson] lullaby. **-2.** *Can* [fauteuil] rocking chair.

béret [berɛ] *nm* beret.

berge [bɛrʒ] *nf* **-1.** [bord] bank. **-2.** *fam* [an]: **il a plus de 50 ~s** he's over 50.

berger, -ère [bɛrʒe, ɛr] *nm, f* shepherd (*f* shepherdess).
◆ **berger allemand** *nm* alsatian *Br*, German shepherd.

bergerie [bɛrʒəri] *nf* sheepfold.

Berlin [bɛrlɛ̃] *n* Berlin.

berline [bɛrlin] *nf* saloon (car) *Br*, sedan *Am*.

berlingot [bɛrlɛ̃go] *nm* **-1.** [de lait] carton. **-2.** [bonbon] boiled sweet.

berlue [bɛrly] *nf*: **j'ai la ~!** I must be seeing things!

bermuda [bɛrmyda] *nm* bermuda shorts (*pl*).

berne [bɛrn] *nf*: **en ~ ≈** at half-mast.

berner [bɛrne] *vt* to fool.

besogne [bəzɔɲ] *nf* job, work (*U*).

besoin [bəzwɛ̃] *nm* need; **avoir ~ de qqch/de faire qqch** to need sthg/to do sthg; **au ~** if necessary, if need OU needs be.
◆ **besoins** *nmpl* **-1.** [exigences] needs. **-2.** *loc*: **faire ses ~s** to relieve o.s.

bestial, -e, -iaux [bɛstjal, jo] *adj* bestial, brutish.

bestiole [bɛstjɔl] *nf* (little) creature.

bétail [betaj] *nm* cattle (*pl*).

bête [bɛt] ◇ *nf* [animal] animal; [insecte] insect; **~ de somme** beast of burden. ◇ *adj* [stupide] stupid.

bêtise [betiz] *nf* **-1.** [stupidité] stupidity. **-2.** [action, remarque] stupid thing; **faire/dire une ~** to do/say something stupid.

béton [betɔ̃] *nm* [matériau] concrete; **~ armé** reinforced concrete.

bétonnière [betɔnjɛr] *nf* cement mixer.

betterave [bɛtrav] *nf* beetroot *Br*, beet *Am*; **~ sucrière** OU **à sucre** sugar beet.

beugler [bøgle] *vi* [bovin] to moo, to low.

beurre [bœr] *nm* [aliment] butter.

beurrer [bœre] *vt* to butter.

beurrier [bœrje] *nm* butter dish.

beuverie [bœvri] *nf* drinking session.

bévue [bevy] *nf* blunder.

Beyrouth [berut] *n* Beirut.

biais [bjɛ] *nm* **-1.** [ligne oblique] slant; **en** OU **de ~** [de travers] at an angle; *fig* indirectly. **-2.** COUTURE bias. **-3.** [moyen détourné] expedient; **par le ~ de** by means of.

biaiser [bjeze] *vi fig* to dodge the issue.

bibelot [biblo] *nm* trinket, curio.

biberon [bibrɔ̃] *nm* baby's bottle.

bible [bibl] *nf* bible.

bibliographie [biblijɔgrafi] *nf* bibliography.

bibliophile [biblijɔfil] *nmf* book lover.

bibliothécaire [biblijɔtekɛr] *nmf* librarian.

bibliothèque [biblijɔtɛk] *nf* **-1.** [meuble] bookcase. **-2.** [édifice, collection] library.

biblique [biblik] *adj* biblical.

bicarbonate [bikarbɔnat] *nm*: ~ **(de soude)** bicarbonate of soda.

biceps [bisɛps] *nm* biceps.

biche [biʃ] *nf* ZOOL hind, doe.

bicolore [bikɔlɔr] *adj* two-coloured.

bicoque [bikɔk] *nf péj* house.

bicorne [bikɔrn] *nm* cocked hat.

bicyclette [bisiklɛt] *nf* bicycle; **rouler à** ~ to cycle.

bide [bid] *nm fam* **-1.** [ventre] belly. **-2.** [échec] flop.

bidet [bidɛ] *nm* **-1.** [sanitaire] bidet. **-2.** *hum* [cheval] nag.

bidon [bidɔ̃] *nm* **-1.** [récipient] can. **-2.** *fam* [ventre] belly. **-3.** (*en apposition inv*) *fam* [faux] phoney.

bidonville [bidɔ̃vil] *nm* shantytown.

bielle [bjɛl] *nf* connecting rod.

bien [bjɛ̃] (*compar & superl* **mieux**) ◇ *adj inv* **-1.** [satisfaisant] good; **il est** ~ **comme prof** he's a good teacher; **il est** ~, **ce bureau** this is a good office. **-2.** [en bonne santé] well; **je ne me sens pas** ~ I don't feel well. **-3.** [joli] good-looking; **tu ne trouves pas qu'elle est** ~ **comme ça?** don't you think she looks good OU nice like that? **-4.** [à l'aise] comfortable. **-5.** [convenable] respectable. ◇ *nm* **-1.** [sens moral]: **le** ~ **et le mal** good and evil. **-2.** [intérêt] good; **je te dis ça pour ton** ~ I'm telling you this for your own good. **-3.** [richesse, propriété] property, possession; ~**s de consommation** consumer goods. **-4.** *loc*: **faire du** ~ **à qqn** to do sb good; **dire du** ~ **de qqn/qqch** to speak well of sb/sthg; **mener à** ~ to bring to fruition, to complete. ◇ *adv* **-1.** [de

manière satisfaisante] well; **on mange** ~ **ici** the food's good here; **il ne s'est pas** ~ **conduit** he didn't behave well; **tu as** ~ **fait** you did the right thing; **tu ferais** ~ **d'y aller** you would be wise to go; **c'est** ~ **fait!** it serves him/her *etc* right! **-2.** [sens intensif] quite, really; ~ **souvent** quite often; **en es-tu** ~ **sûr?** are you quite sure (about it)?; **j'espère** ~ **que...** I DO hope that...; **on a** ~ **ri** we had a good laugh; **il y a** ~ **trois heures que j'attends** I've been waiting for at least three hours; **c'est** ~ **aimable à vous** it's very kind OU good of you. **-3.** [renforçant un comparatif]: **il est parti** ~ **plus tard** he left much later; **on était** ~ **moins riches** we were a lot worse off OU poorer. **-4.** [servant à conclure ou à introduire]: ~, **je t'écoute** well, I'm listening. **-5.** [en effet]: **c'est** ~ **lui** it really IS him; **c'est** ~ **ce que je disais** that's just what I said. ◇ *interj*: **eh** ~! oh well!; **eh** ~, **qu'en penses-tu?** well, what do you think? ◆ **biens** *nmpl* property (*U*).

◆ **bien de**, **bien des** *loc adj*: ~ **des gens sont venus** quite a lot of people came; ~ **des fois** many times; **il a** ~ **de la chance** he's very OU really lucky; **il a eu** ~ **de la peine à me convaincre** he had quite a lot of trouble convincing me.

◆ **bien entendu** *loc adv* of course.

◆ **bien que** *loc conj* (+ *subjonctif*) although, though.

◆ **bien sûr** *loc adv* of course, certainly.

bien-aimé, -e [bjɛ̃neme] (*mpl* **bien-aimés**, *fpl* **bien-aimées**) *adj & nm, f* beloved.

bien-être [bjɛ̃nɛtr] *nm inv* [physique] wellbeing.

bienfaisance [bjɛ̃fəzɑ̃s] *nf* charity.

bienfaisant, -e [bjɛ̃fəzɑ̃, ɑ̃t] *adj* beneficial.

bienfait [bjɛ̃fɛ] *nm* **-1.** [effet bénéfique] benefit. **-2.** [faveur] kindness.

bienfaiteur, -trice [bjɛ̃fɛtœr, tris] *nm, f* benefactor.

bien-fondé [bjɛ̃fɔ̃de] (*pl* **bien-fondés**) *nm* validity.

bienheureux, -euse [bjɛ̃nørø, øz] *adj* **-1.** RELIG blessed. **-2.** [heureux] happy.

bientôt [bjɛ̃to] *adv* soon; **à ~!** see you soon!

bienveillance [bjɛ̃vejɑ̃s] *nf* kindness.

bienveillant, -e [bjɛ̃vejɑ̃, ɑ̃t] *adj* kindly.

bienvenu, -e [bjɛ̃vəny] ◇ *adj* [qui arrive à propos] welcome. ◇ *nm, f*: **être le ~/la ~e** to be welcome; **soyez le ~!** welcome!
♦ **bienvenue** *nf* welcome; **souhaiter la ~ à qqn** to welcome sb.

bière [bjɛr] *nf* **-1.** [boisson] beer; **~ blonde** lager; **~ brune** brown ale; **~ pression** draught beer. **-2.** [cercueil] coffin.

bifteck [biftɛk] *nm* steak.

bifurcation [bifyrkasjɔ̃] *nf* [embranchement] fork; *fig* new direction.

bifurquer [bifyrke] *vi* **-1.** [route, voie ferrée] to fork. **-2.** [voiture] to turn off. **-3.** *fig* [personne] to branch off.

bigamie [bigami] *nf* bigamy.

bigoudi [bigudi] *nm* curler.

bijou, -x [biʒu] *nm* **-1.** [joyau] jewel. **-2.** *fig* [chef d'œuvre] gem.

bijouterie [biʒutri] *nf* [magasin] jeweller's (shop).

bijoutier, -ière [biʒutje, jɛr] *nm, f* jeweller.

bikini [bikini] *nm vieilli* bikini.

bilan [bilɑ̃] *nm* **-1.** FIN balance sheet; **déposer son ~** to declare bankruptcy. **-2.** [état d'une situation] state of affairs; **faire le ~ (de)** to take stock (of); **~ de santé** checkup.

bilatéral, -e, -aux [bilateral, o] *adj* **-1.** [stationnement] on both sides (of the road). **-2.** [contrat, accord] bilateral.

bile [bil] *nf* bile; **se faire de la ~** *fam* to worry.

biliaire [biljɛr] *adj* biliary; **calcul ~** gallstone; **vésicule ~** gall bladder.

bilingue [bilɛ̃g] *adj* bilingual.

billard [bijar] *nm* **-1.** [jeu] billiards (*U*). **-2.** [table de jeu] billiard table.

bille [bij] *nf* **-1.** [d'enfant] marble. **-2.** [de bois] block of wood.

billet [bije] *nm* **-1.** [lettre] note. **-2.** [argent]: **~ (de banque)** (bank) note; **un ~ de 100 francs** a 100-franc note. **-3.** [ticket] ticket; **~ de train/d'avion** train/plane ticket; **~ de loterie** lottery ticket.

billetterie [bijɛtri] *nf* **-1.** [à l'aéroport] ticket desk; [à la gare] booking office OU hall. **-2.** BANQUE cash dispenser.

billion [biljɔ̃] *nm* billion *Br*, trillion *Am*.

bimensuel, -elle [bimɑ̃sɥɛl] *adj* fortnightly *Br*, twice monthly.
♦ **bimensuel** *nm* fortnightly review *Br*.

bimoteur [bimɔtœr] *nm* twin-engined plane.

binaire [binɛr] *adj* binary.

biner [bine] *vt* to hoe.

binocle [binɔkl] *nm* pince-nez.
♦ **binocles** *nmpl fam vieilli* specs.

bio [bjo] *adj inv* natural; **aliments ~** wholefood, health food.

biocarburant [bjokarbyrɑ̃] *nm* biofuel.

biochimie [bjoʃimi] *nf* biochemistry.

biodégradable [bjodegradabl] *adj* biodegradable.

biographie [bjografi] *nf* biography.

biologie [bjɔlɔʒi] *nf* biology.

biologique [bjɔlɔʒik] *adj* **-1.** SCIENCE biological. **-2.** [naturel] organic.

biopsie [bjɔpsi] *nf* biopsy.

biorythme [bjɔritm] *nm* biorhythm.

biréacteur [bireaktœr] *nm* twin-engined jet.

bis¹, -e [bi, biz] *adj* greyish-brown; **pain ~** brown bread.

bis² [bis] *adv* **-1.** [dans adresse]: **5 ~** 5a. **-2.** [à la fin d'un spectacle] encore.

bisannuel, -elle [bizanɥɛl] *adj* biennial.

biscornu, -e [biskɔrny] *adj* **-1.** [difforme] **irregularly shaped. -2.** [bizarre] **weird.**

biscotte [biskɔt] *nf toasted bread sold in packets and often eaten for breakfast.*

biscuit [biskɥi] *nm* **-1.** [sec] **biscuit** *Br*, **cookie** *Am*; [salé] **cracker. -2.** [gâteau] **sponge.**

bise [biz] *nf* **-1.** [vent] **north wind. -2.** *fam* [baiser] **kiss; grosses ~s love and kisses.**

biseau, -x [bizo] *nm* **bevel; en ~ bevelled.**

bison [bizɔ̃] *nm* **bison.**

bisou [bizu] *nm fam* **kiss.**

bissextile [bisɛkstil] → **année.**

bistouri [bisturi] *nm* **lancet.**

bistro(t) [bistro] *nm fam* **cafe, bar.**

bit [bit] *nm* INFORM **bit.**

bivouac [bivwak] *nm* **bivouac.**

bivouaquer [bivwake] *vi* **to bivouac.**

bizarre [bizar] *adj* **strange, odd.**

bizutage [bizytaʒ] *nm* **practical jokes played on new arrivals in a school or college.**

black-out [blakɔwt] *nm* **blackout.**

blafard, -e [blafar, ard] *adj* **pale.**

blague [blag] *nf* [plaisanterie] **joke.**

blaguer [blage] *fam* ◇ *vi* **to joke.** ◇ *vt* **to tease.**

blagueur, -euse [blagœr, øz] *fam* ◇ *adj* **jokey.** ◇ *nm, f* **joker.**

blaireau, -x [blɛro] *nm* **-1.** [animal] **badger. -2.** [de rasage] **shaving brush.**

blâme [blam] *nm* **-1.** [désapprobation] **disapproval. -2.** [sanction] **reprimand.**

blâmer [blame] *vt* **-1.** [désapprouver] **to blame. -2.** [sanctionner] **to reprimand.**

blanc, blanche [blɑ̃, blɑ̃ʃ] *adj* **-1.** [gén] **white. -2.** [non écrit] **blank. -3.** [pâle] **pale.**

◆ **blanc** *nm* **-1.** [couleur] **white. -2.** [personne] **white (man). -3.** [linge de maison]: **le ~ the (household) linen. -4.** [sur page] **blank (space); en ~** [chèque] **blank. -5.** [de volaille] **white meat. -6.** [vin] **white (wine). -7.** *loc*: **chauffé à ~ white-hot.**

◆ **blanche** *nf* **-1.** [personne] **white (woman). -2.** MUS **minim.**

◆ **blanc d'œuf** *nm* **egg white.**

blancheur [blɑ̃ʃœr] *nf* **whiteness.**

blanchir [blɑ̃ʃir] ◇ *vt* **-1.** [mur] **to whitewash. -2.** [linge, argent] **to launder. -3.** [légumes] **to blanch. -4.** [sucre] **to refine;** [papier, tissu] **to bleach.** ◇ *vi*: **~ (de) to go white (with).**

blanchissage [blɑ̃ʃisaʒ] *nm* [de linge] **laundering.**

blanchisserie [blɑ̃ʃisri] *nf* **laundry.**

blasé, -e [blaze] *adj* **blasé.**

blason [blazɔ̃] *nm* **coat of arms.**

blasphème [blasfɛm] *nm* **blasphemy.**

blasphémer [blasfeme] *vt & vi* **to blaspheme.**

blatte [blat] *nf* **cockroach.**

blazer [blazɛr] *nm* **blazer.**

blé [ble] *nm* **-1.** [céréale] **wheat, corn. -2.** *fam* [argent] **dough.**

blême [blɛm] *adj*: **~ (de) pale (with).**

blennorragie [blenɔraʒi] *nf* **gonorrhoea.**

blessant, -e [blɛsɑ̃, ɑ̃t] *adj* **hurtful.**

blessé, -e [blese] *nm, f* **wounded** OU **injured person.**

blesser [blese] *vt* **-1.** [physiquement - accidentellement] **to injure, to hurt;** [- par arme] **to wound. -2.** [moralement] **to hurt.**

◆ **se blesser** *vp* **to injure o.s., to hurt o.s.**

blessure [blesyr] *nf litt & fig* **wound.**

blet, blette [blɛ, blɛt] *adj* **overripe.**

bleu, -e [blø] *adj* **-1.** [couleur] **blue. -2.** [viande] **very rare.**

◆ **bleu** *nm* **-1.** [couleur] **blue. -2.** [meurtrissure] **bruise. -3.** [novice - à l'armée] **raw recruit;** [- à l'université] **freshman, fresher** *Br*. **-4.** [fromage] **blue cheese. -5.** [vêtement]: **~ de travail overalls** (*pl*).

bleuet [bløɛ] *nm* **cornflower.**

bleuir [bløir] *vt & vi* **to turn blue.**

bleuté, -e [bløte] *adj* **bluish.**

blindé, -e [blɛ̃de] *adj* [véhicule] **armoured;** [porte, coffre] **armour-plated.**

◆ **blindé** nm armoured car.

blinder [blɛ̃de] vt [véhicule] to armour; [porte, coffre] to armour-plate.

blizzard [blizar] nm blizzard.

bloc [blɔk] nm **-1.** [gén] block; **en ~ wholesale. -2.** [assemblage] unit; **~ d'alimentation** INFORM power pack; **~ opératoire** operating theatre; **~ sanitaire** toilet block.

blocage [blɔkaʒ] nm **-1.** ÉCON freeze, freezing (U). **-2.** [de roue] locking. **-3.** PSYCHOL [mental] block.

blockhaus [blɔkos] nm blockhouse.

bloc-notes [blɔknɔt] nm notepad.

blocus [blɔkys] nm blockade.

blond, -e [blɔ̃, blɔ̃d] ◇ adj fair, blond. ◇ nm, f fair-haired ou blond man (f fair-haired ou blonde woman).

◆ **blond** nm: ~ **cendré/vénitien/ platine** ash/strawberry/platinum blond.

◆ **blonde** nf **-1.** [cigarette] Virginia cigarette. **-2.** [bière] lager.

blondeur [blɔ̃dœr] nf blondness, fairness.

bloquer [blɔke] vt **-1.** [porte, freins] to jam; [roues] to lock. **-2.** [route, chemin] to block; [personne] **être bloqué** to be stuck. **-3.** [prix, salaires, crédit] to freeze. **-4.** PSYCHOL: **être bloqué** to have a (mental) block.

◆ **se bloquer** vp [se coincer] to jam.

blottir [blɔtir]

◆ **se blottir** vp: **se ~ (contre)** to snuggle up (to).

blouse [bluz] nf [de travail, d'écolier] smock.

blouson [bluzɔ̃] nm bomber jacket, blouson.

blue-jean [bludʒin] (pl **blue-jeans** [bludʒins]) nm jeans (pl).

blues [bluz] nm inv blues.

bluffer [blœfe] fam vi & vt to bluff.

blush [blœʃ] nm blusher.

boa [bɔa] nm boa.

boat people [botpipəl] nmpl boat people.

bobard [bɔbar] nm fam fib.

bobine [bɔbin] nf **-1.** [cylindre] reel, spool. **-2.** ÉLECTR coil.

bobsleigh [bɔbslɛg] nm bobsleigh.

bocage [bɔkaʒ] nm GÉOGR bocage.

bocal, -aux [bɔkal, o] nm jar.

body-building [bɔdibildiŋ] nm: **le ~** body building (U).

bœuf [bœf, pl bø] nm **-1.** [animal] ox. **-2.** [viande] beef.

bof [bɔf] interj fam [exprime le mépris] so what?; [exprime la lassitude] I don't really care.

bohème [bɔɛm] adj bohemian.

bohémien, -ienne [bɔemjɛ̃, jɛn] nm, f **-1.** [tsigane] gipsy. **-2.** [non-conformiste] bohemian.

boire [bwar] ◇ vt **-1.** [s'abreuver] to drink. **-2.** [absorber] to soak up, to absorb. ◇ vi to drink.

bois [bwa] ◇ nm wood; **en ~** wooden. ◇ nmpl **-1.** MUS woodwind (U). **-2.** [cornes] antlers.

boisé, -e [bwaze] adj wooded.

boiserie [bwazri] nf panelling (U).

boisson [bwasɔ̃] nf [breuvage] drink.

boîte [bwat] nf **-1.** [récipient] box; **en ~ tinned** Br, canned; **~ de conserve** tin Br, can; **~ à gants** glove compartment; **~ aux lettres** [pour la réception] letterbox; [pour l'envoi] postbox Br, mailbox Am; **~ à musique** musical box Br, music box Am; **~ postale** post office box; **~ de vitesses** gearbox. **-2.** fam [entreprise] company, firm; [lycée] school. **-3.** fam [discothèque]: **~ (de nuit)** nightclub, club.

boiter [bwate] vi [personne] to limp.

boiteux, -euse [bwatø, øz] adj **-1.** [personne] lame. **-2.** [meuble] wobbly. **-3.** fig [raisonnement] shaky.

boîtier [bwatje] nm **-1.** [boîte] case. **-2.** TECHNOL casing.

bol [bɔl] nm **-1.** [récipient] bowl. **-2.** [contenu] bowl, bowlful. **-3.** loc: **prendre un ~ d'air** to get some fresh air.

bolet [bɔle] nm boletus.

bolide [bɔlid] nm [véhicule] racing car.

Bolivie [bɔlivi] nf: **la ~** Bolivia.

bord

bombance [bɔ̃bɑ̃s] *nf*: **faire ~** *fam* to have a feast.

bombardement [bɔ̃bardəmɑ̃] *nm* bombardment, bombing (*U*).

bombarder [bɔ̃barde] *vt* **-1.** MIL to bomb. **-2.** [assaillir]: **~ qqn/qqch de** to bombard sb/sthg with.

bombardier [bɔ̃bardje] *nm* **-1.** [avion] bomber. **-2.** [aviateur] bombardier.

bombe [bɔ̃b] *nf* **-1.** [projectile] bomb; *fig* bombshell; **~ atomique** atomic bomb; **~ à retardement** time bomb. **-2.** [casquette] riding hat. **-3.** [atomiseur] spray, aerosol.

bombé, -e [bɔ̃be] *adj* bulging, rounded.

bon, bonne [bɔ̃, bɔn] (*compar & superl* **meilleur**) *adj* **-1.** [gén] good. **-2.** [généreux] good, kind. **-3.** [utilisable - billet, carte] valid. **-4.** [correct] right. **-5.** [dans l'expression d'un souhait]: **bonne année!** Happy New Year!; **bonne chance!** good luck!; **bonnes vacances!** have a nice holiday! **-6.** *loc*: **être ~ pour qqch/pour faire qqch** *fam* to be fit for sthg/for doing sthg; **tu es ~ pour une contravention** you'll end up with OU you'll get a parking ticket; **~ à** (+ *infinitif*) fit to; **c'est ~ à savoir** that's worth knowing.
◆ **bon** ◇ *adv*: **il fait ~** the weather's fine, it's fine; **sentir ~** to smell good; **tenir ~** to stand firm. ◇ *interj* **-1.** [marque de satisfaction] good! **-2.** [marque de surprise]: **ah ~!** really? ◇ *nm* **-1.** [constatant un droit] voucher; **~ de commande** order form; **~ du Trésor** FIN Treasury bill OU bond. **-2.** (*gén pl*) [personne]: **les ~s et les méchants** good people and wicked people.
◆ **pour de bon** *loc adv* seriously, really.

bonbon [bɔ̃bɔ̃] *nm* **-1.** [friandise] sweet *Br*, piece of candy *Am*. **-2.** *Belg* [gâteau] biscuit.

bonbonne [bɔ̃bɔn] *nf* demijohn.

bonbonnière [bɔ̃bɔnjɛr] *nf* [boîte] sweet-box *Br*, candy box *Am*.

bond [bɔ̃] *nm* [d'animal, de personne] leap, bound; [de balle] bounce; **faire un ~** to leap (forward).

bonde [bɔ̃d] *nf* **-1.** [d'évier] plug. **-2.** [trou] bunghole. **-3.** [bouchon] bung.

bondé, -e [bɔ̃de] *adj* packed.

bondir [bɔ̃dir] *vi* **-1.** [sauter] to leap, to bound; **~ sur qqn/qqch** to pounce on sb/sthg. **-2.** [s'élancer] to leap forward.

bonheur [bɔnœr] *nm* **-1.** [félicité] happiness. **-2.** [chance] (good) luck, good fortune; **par ~** happily, fortunately; **porter ~** to be lucky, to bring good luck.

bonhomme [bɔnɔm] (*pl* **bonshommes** [bɔ̃zɔm]) *nm* **-1.** *fam péj* [homme] fellow. **-2.** [représentation] man; **~ de neige** snowman.

bonification [bɔnifikasjɔ̃] *nf* **-1.** [de terre, de vin] improvement. **-2.** SPORT bonus points (*pl*).

bonjour [bɔ̃ʒur] *nm* hello; [avant midi] good morning; [après midi] good afternoon.

bonne [bɔn] ◇ *nf* maid. ◇ *adj* → **bon**.

bonnet [bɔnɛ] *nm* **-1.** [coiffure] (woolly) hat; **~ de bain** swimming cap. **-2.** [de soutien-gorge] cup.

bonneterie [bɔnɛtri] *nf* [commerce] hosiery (business OU trade).

bonsoir [bɔ̃swar] *nm* [en arrivant] hello, good evening; [en partant] goodbye, good evening; [en se couchant] good night.

bonté [bɔ̃te] *nf* **-1.** [qualité] goodness, kindness; **avoir la ~ de faire qqch** *sout* to be so good OU kind as to do sthg. **-2.** (*gén pl*) [acte] act of kindness.

bonus [bɔnys] *nm* [prime d'assurance] no-claims bonus.

bord [bɔr] *nm* **-1.** [de table, de vêtement] edge; [de verre, de chapeau] rim; **à ras ~s** to the brim. **-2.** [de rivière] bank; [de lac] edge, shore; **au ~ de la mer** at the seaside. **-3.** [de bois, jardin] edge; [de route] edge, side. **-4.** [d'un

moyen de transport]: **passer par-dessus** ~ to fall overboard.
◆ **à bord de** *loc prép*: **à** ~ **de qqch** on board sthg.
◆ **au bord de** *loc prép* at the edge of; *fig* on the verge of.

bordeaux [bɔrdo] ◇ *nm* **-1.** [vin] Bordeaux. **-2.** [couleur] claret. ◇ *adj inv* claret.

bordel [bɔrdɛl] *nm* *vulg* **-1.** [maison close] brothel. **-2.** [désordre] shambles (*sg*).

border [bɔrde] *vt* **-1.** [vêtement]: ~ **qqch de** to edge sthg with. **-2.** [être en bordure de] to line. **-3.** [couverture, personne] to tuck in.

bordereau [bɔrdəro] *nm* **-1.** [liste] schedule. **-2.** [facture] invoice. **-3.** [relevé] statement.

bordure [bɔrdyr] *nf* **-1.** [bord] edge; **en** ~ **de** on the edge of. **-2.** [de fleurs] border.

borgne [bɔrɲ] *adj* [personne] one-eyed.

borne [bɔrn] *nf* **-1.** [marque] boundary marker. **-2.** *fam* [kilomètre] kilometre. **-3.** [limite] limit, bounds (*pl*); **dépasser les** ~**s** to go too far; **sans** ~**s** boundless. **-4.** ÉLECTR terminal.

borné, -e [bɔrne] *adj* [personne] narrow-minded; [esprit] narrow.

borner [bɔrne] *vt* [terrain] to limit; [projet, ambition] to limit, to restrict.
◆ **se borner** *vp*: **se** ~ **à qqch/à faire qqch** [suj: personne] to confine o.s. to sthg/to doing sthg.

Bosnie [bɔsni] *nf*: **la** ~ Bosnia.

bosnien, -ienne [bɔsnjɛ̃, jɛn] *adj* Bosnian.
◆ **Bosnien, -ienne** *nm, f* Bosnian.

bosquet [bɔskɛ] *nm* copse.

bosse [bɔs] *nf* **-1.** [sur tête, sur route] bump. **-2.** [de bossu, chameau] hump.

bosser [bɔse] *vi* *fam* to work hard.

bossu, -e [bɔsy] ◇ *adj* hunchbacked. ◇ *nm, f* hunchback.

bot [bo] → **pied**.

botanique [bɔtanik] ◇ *adj* botanical. ◇ *nf*: **la** ~ botany.

botte [bɔt] *nf* **-1.** [chaussure] boot. **-2.** [de légumes] bunch. **-3.** [en escrime] thrust, lunge.

botter [bɔte] *vt* **-1.** [chausser]: **être botté de cuir** to be wearing leather boots. **-2.** *fam* [donner un coup de pied à] to boot. **-3.** *fam vieilli* [plaire à]: **ça me botte** I dig it.

bottier [bɔtje] *nm* [de bottes] boot-maker; [de chaussures] shoemaker.

Bottin® [bɔtɛ̃] *nm* phone book.

bottine [bɔtin] *nf* [ankle] boot.

bouc [buk] *nm* **-1.** [animal] (billy) goat; ~ **émissaire** *fig* scapegoat. **-2.** [barbe] goatee.

boucan [bukɑ̃] *nm* *fam* row, racket.

bouche [buʃ] *nf* [gén] mouth; ~ **d'incendie** fire hydrant; ~ **de métro** metro entrance OU exit.

bouché, -e [buʃe] *adj* **-1.** [en bouteille] bottled. **-2.** *fam* [personne] thick *Br*, dumb.

bouche-à-bouche [buʃabuʃ] *nm inv*: **faire du** ~ **à qqn** to give sb mouth-to-mouth resuscitation.

bouchée [buʃe] *nf* mouthful.

boucher[1] [buʃe] *vt* **-1.** [fermer - bouteille] to cork; [- trou] to fill (in OU up). **-2.** [passage, vue] to block.

boucher[2], **-ère** [buʃe, ɛr] *nm, f* butcher.

boucherie [buʃri] *nf* **-1.** [magasin] butcher's (shop). **-2.** *fig* [carnage] slaughter.

bouche-trou [buʃtru] (*pl* **bouche-trous**) *nm* **-1.** [personne]: **servir de** ~ to make up (the) numbers. **-2.** [objet] stopgap.

bouchon [buʃɔ̃] *nm* **-1.** [pour obturer - gén] top; [- de réservoir] cap; [- de bouteille] cork. **-2.** [de canne à pêche] float. **-3.** [embouteillage] traffic jam.

boucle [bukl] *nf* **-1.** [de ceinture, soulier] buckle. **-2.** [bijou]: ~ **d'oreille** earring. **-3.** [de cheveux] curl. **-4.** [de fleuve, d'avion & INFORM] loop.

bouclé, -e [bukle] *adj* [cheveux] curly; [personne] curly-haired.

boucler [bukle] *vt* **-1.** [attacher] to buckle; [ceinture de sécurité] to fasten. **-2.** [fermer] to shut. **-3.** *fam* [enfermer - voleur] to lock up; [- malade] to shut away. **-4.** [encercler] to seal off. **-5.** [terminer] to finish.

bouclier [buklije] *nm litt & fig* shield.

bouddhiste [budist] *nmf & adj* Buddhist.

bouder [bude] ◇ *vi* to sulk. ◇ *vt* [chose] to dislike; [personne] to shun; **elle me boude depuis que je lui ai fait faux-bond** she has cold-shouldered me ever since I let her down.

boudeur, -euse [budœr, øz] *adj* sulky.

boudin [budɛ̃] *nm* CULIN blood pudding.

boue [bu] *nf* mud.

bouée [bwe] *nf* **-1.** [balise] buoy. **-2.** [pour flotter] rubber ring; ~ **de sauvetage** lifebelt.

boueux, -euse [buø, øz] *adj* muddy.

bouffe [buf] *nf fam* grub.

bouffée [bufe] *nf* **-1.** [de fumée] puff; [de parfum] whiff; [d'air] breath. **-2.** [accès] surge; ~s **délirantes** mad fits.

bouffer [bufe] *vt fam* [manger] to eat.

bouffi, -e [bufi] *adj*: ~ **(de)** swollen (with).

bouffon, -onne [buf5, ɔn] *adj* farcical. ◆ **bouffon** *nm* **-1.** HIST jester. **-2.** [pitre] clown.

bouge [buʒ] *nm péj* **-1.** [taudis] hovel. **-2.** [café] dive.

bougeoir [buʒwar] *nm* candlestick.

bougeotte [buʒɔt] *nf*: **avoir la** ~ to have itchy feet.

bouger [buʒe] ◇ *vt* [déplacer] to move. ◇ *vi* **-1.** [remuer] to move; **je ne bouge pas (de chez moi) aujourd'hui** I'm staying at home today. **-2.** [changer] to change. **-3.** [s'agiter]: **ça bouge partout dans le monde** there is unrest all over the world.

bougie [buʒi] *nf* **-1.** [chandelle] candle. **-2.** [de moteur] spark plug, sparking plug.

bougon, -onne [bug5, ɔn] *adj* grumpy.

bougonner [bugɔne] *vt & vi* to grumble.

bouillant, -e [bujã, ãt] *adj* **-1.** [qui bout] boiling. **-2.** [très chaud] boiling hot.

bouillie [buji] *nf* baby's cereal; **réduire en** ~ [légumes] to puree; [personne] to reduce to a pulp.

bouillir [bujir] *vi* [aliments] to boil; **faire** ~ to boil.

bouilloire [bujwar] *nf* kettle.

bouillon [buj5] *nm* **-1.** [soupe] stock. **-2.** [bouillonnement] bubble; **faire bouillir à gros** ~s to bring to a rolling boil.

bouillonner [bujɔne] *vi* **-1.** [liquide] to bubble. **-2.** [torrent] to foam. **-3.** *fig* [personne] to seethe.

bouillotte [bujɔt] *nf* hot-water bottle.

boul. *abr de* **boulevard**.

boulanger, -ère [bulãʒe, ɛr] *nm, f* baker.

boulangerie [bulãʒri] *nf* **-1.** [magasin] baker's (shop). **-2.** [commerce] bakery trade.

boule [bul] *nf* [gén] ball; [de loto] counter; [de pétanque] bowl; ~ **de neige** snowball.

bouleau [bulo] *nm* silver birch.

bouledogue [buldɔg] *nm* bulldog.

boulet [bulɛ] *nm* **-1.** [munition]: ~ **de canon** cannonball. **-2.** [de forçat] ball and chain. **-3.** *fig* [fardeau] millstone (round one's neck).

boulette [bulɛt] *nf* **-1.** [petite boule] pellet. **-2.** [de viande] meatball.

boulevard [bulvar] *nm* **-1.** [rue] boulevard. **-2.** THÉÂTRE light comedy (U).

bouleversant, -e [bulversã, ãt] *adj* distressing.

bouleversement [bulversəmã] *nm* disruption.

bouleverser [bulvɛrse] *vt* **-1.** [objets] to turn upside down. **-2.** [modifier] to disrupt. **-3.** [émouvoir] to distress.

boulier [bulje] *nm* abacus.

boulimie [bulimi] *nf* bulimia.

boulon [bulɔ̃] *nm* bolt.

boulonner [bulɔne] ◇ *vt* to bolt. ◇ *vi fam* to slog (away).

boulot [bulo] *nm fam* **-1.** [travail] work. **-2.** [emploi] job.

boum [bum] *nf fam vieilli* party.

bouquet [bukɛ] *nm* **-1.** [de fleurs - gén] bunch (of flowers). **-2.** [de vin] bouquet. **-3.** [de feu d'artifice] crowning piece.

bouquin [bukɛ̃] *nm fam* book.

bouquiner [bukine] *vi & vt fam* to read.

bouquiniste [bukinist] *nmf* second-hand bookseller.

bourbier [burbje] *nm* [lieu] quagmire, mire; *fig* mess.

bourde [burd] *nf fam* [erreur] blunder.

bourdon [burdɔ̃] *nm* [insecte] bumble-bee.

bourdonnement [burdɔnmɑ̃] *nm* **-1.** [d'insecte, de voix] buzz (U). **-2.** [de moteur] hum (U).

bourdonner [burdɔne] *vi* **-1.** [insecte] to buzz. **-2.** [machine, voix] to hum. **-3.** [oreille] to ring.

bourgeois, -e [burʒwa, az] ◇ *adj* **-1.** [valeur] middle-class. **-2.** [cuisine] plain. **-3.** *péj* [personne] bourgeois. ◇ *nm, f* bourgeois.

bourgeoisie [burʒwazi] *nf* ≃ middle classes (*pl*).

bourgeon [burʒɔ̃] *nm* bud.

bourgeonner [burʒɔne] *vi* to bud.

Bourgogne *nf*: **la** ~ Burgundy.

bourlinguer [burlɛ̃ge] *vi fam* [voyager] to bum around the world.

bourrade [burad] *nf* thump.

bourrage [buraʒ] *nm* [de coussin] stuffing.

♦ **bourrage de crâne** *nm* **-1.** [bachotage] swotting. **-2.** [propagande] brainwashing.

bourrasque [burask] *nf* gust of wind.

bourratif, -ive [buratif, iv] *adj* stodgy.

bourreau [buro] *nm* HIST executioner.

bourrelet [burlɛ] *nm* [de graisse] roll of fat.

bourrer [bure] *vt* **-1.** [remplir - coussin] to stuff; [- sac, armoire]: ~ **qqch (de)** to cram sthg full (with). **-2.** *fam* [gaver]: ~ **qqn (de)** to stuff sb (with).

bourrique [burik] *nf* **-1.** [ânesse] she-ass. **-2.** *fam* [personne] pigheaded person.

bourru, -e [bury] *adj* [peu aimable] surly.

bourse [burs] *nf* **-1.** [porte-monnaie] purse. **-2.** [d'études] grant.

♦ **Bourse** *nf* **-1.** [lieu] ≃ Stock Exchange *Br*, ≃ Wall Street *Am*. **-2.** [opérations]: **Bourse des valeurs** stock market, stock exchange; **Bourse de commerce** commodity market.

boursier, -ière [bursje, jɛr] *adj* **-1.** [élève] on a grant. **-2.** FIN stock-market (*avant n*).

boursouflé, -e [bursufle] *adj* [enflé] swollen.

bousculade [buskylad] *nf* **-1.** [cohue] crush. **-2.** [agitation] rush.

bousculer [buskyle] *vt* **-1.** [faire tomber] to knock over. **-2.** [presser] to rush. **-3.** [modifier] to overturn.

bouse [buz] *nf*: ~ **de vache** cow dung.

bousiller [buzije] *vt fam* [abîmer] to ruin, to knacker *Br*.

boussole [busɔl] *nf* compass.

bout [bu] *nm* **-1.** [extrémité, fin] end; **au** ~ **de** [temps] after; [espace] at the end of; **d'un** ~ **à l'autre** [de ville etc] from one end to the other; [de livre] from beginning to end. **-2.** [morceau] bit. **-3.** *loc*: **être à** ~ to be exhausted; **à** ~ **portant** at point-blank range; **pousser qqn à** ~ to drive sb to distraction; **venir à** ~ **de** [personne] to get the better of; [difficulté] to overcome.

boutade [butad] *nf* [plaisanterie] jest.

boute-en-train [butɑ̃trɛ̃] *nm inv* live wire; **il était le ~ de la soirée** he was the life and soul of the party.

bouteille [butɛj] *nf* bottle.

boutique [butik] *nf* [gén] shop; [de mode] boutique.

bouton [butɔ̃] *nm* **-1.** COUTURE button; **~ de manchette** cuff link. **-2.** [sur la peau] spot. **-3.** [de porte] knob. **-4.** [commutateur] switch. **-5.** [bourgeon] bud.

bouton-d'or [butɔ̃dɔr] (*pl* **boutons-d'or**) *nm* buttercup.

boutonner [butɔne] *vt* to button (up).

boutonneux, -euse [butɔnø, øz] *adj* spotty.

boutonnière [butɔnjɛr] *nf* [de vêtement] buttonhole.

bouton-pression [butɔ̃presjɔ̃] (*pl* **boutons-pression**) *nm* press-stud *Br*, snap fastener *Am*.

bouture [butyr] *nf* cutting.

bovin, -e [bɔvɛ̃, in] *adj* bovine.
◆ **bovins** *nmpl* cattle.

bowling [bulin] *nm* **-1.** [jeu] bowling. **-2.** [lieu] bowling alley.

box [bɔks] (*pl* **boxes**) *nm* **-1.** [d'écurie] loose box. **-2.** [compartiment] cubicle; **le ~ des accusés** the dock. **-3.** [parking] lock-up garage.

boxe [bɔks] *nf* boxing.

boxer[1] [bɔksɛ] ◇ *vi* to box. ◇ *vt fam* to thump.

boxer[2] [bɔksɛr] *nm* [chien] boxer.

boxeur [bɔksœr] *nm* SPORT boxer.

boyau [bwajo] *nm* **-1.** [chambre à air] inner tube. **-2.** [corde] catgut. **-3.** [galerie] narrow gallery.
◆ **boyaux** *nmpl* [intestins] guts.

boycotter [bɔjkɔte] *vt* to boycott.

BP (*abr de* **boîte postale**) *nf* PO Box.

bracelet [braslɛ] *nm* **-1.** [bijou] bracelet. **-2.** [de montre] strap.

bracelet-montre [braslɛmɔ̃tr] *nm* wristwatch.

braconner [brakɔne] *vi* to go poaching, to poach.

braconnier [brakɔnje] *nm* poacher.

brader [brade] *vt* [solder] to sell off; [vendre à bas prix] to sell for next to nothing.

braderie [bradri] *nf* clearance sale.

braguette [bragɛt] *nf* flies (*pl*).

braille [braj] *nm* Braille.

brailler [braje] *vi* to bawl.

braire [brɛr] *vi* [âne] to bray.

braise [brɛz] *nf* embers (*pl*).

bramer [brame] *vi* [cerf] to bell.

brancard [brɑ̃kar] *nm* **-1.** [civière] stretcher. **-2.** [de charrette] shaft.

brancardier, -ière [brɑ̃kardje, jɛr] *nm, f* stretcher-bearer.

branchage [brɑ̃ʃaʒ] *nm* branches (*pl*).

branche [brɑ̃ʃ] *nf* **-1.** [gén] branch. **-2.** [de lunettes] side.

branché, -e [brɑ̃ʃe] *adj* **-1.** ÉLECTR plugged in, connected. **-2.** *fam* [à la mode] trendy.

branchement [brɑ̃ʃmɑ̃] *nm* [raccordement] connection, plugging in.

brancher [brɑ̃ʃe] *vt* **-1.** [raccorder & INFORM] to connect; **~ qqch sur** ÉLECTR to plug sthg into. **-2.** [orienter] to steer; **~ qqn sur qqch** to start sb off on sthg. **-3.** *fam* [plaire] to appeal to.

branchies [brɑ̃ʃi] *nfpl* [de poisson] gills.

brandir [brɑ̃dir] *vt* to wave.

branlant, -e [brɑ̃lɑ̃, ɑ̃t] *adj* [escalier, mur] shaky; [meuble, dent] wobbly.

branle-bas [brɑ̃lba] *nm inv* pandemonium (*U*).

braquage [brakaʒ] *nm* **-1.** AUTOM lock. **-2.** [attaque] holdup.

braquer [brake] ◇ *vt* **-1.** [diriger]: **~ qqch sur** [arme] to aim sthg at; [regard] to fix sthg on. **-2.** *fam* [attaquer] to hold up. ◇ *vi* to turn (the wheel).
◆ **se braquer** *vp* [personne] to take a stand.

bras [bra] *nm* **-1.** [gén] arm; **~ droit** right-hand man OU woman; **~ de fer** [jeu] arm wrestling; *fig* trial of strength; **avoir le ~ long** [avoir de l'influence] to have pull. **-2.** [de cours d'eau] branch; ~ **de mer** arm of the sea.

brasier [brazje] *nm* [incendie] **blaze, inferno.**

bras-le-corps [bralkɔr]

♦ **à bras-le-corps** *loc adv* **bodily.**

brassage [brasaʒ] *nm* **-1.** [de bière] **brewing. -2.** *fig* [mélange] **mixing.**

brassard [brasar] *nm* **armband.**

brasse [bras] *nf* [nage] **breaststroke;** ~ **papillon butterfly (stroke).**

brassée [brase] *nf* **armful.**

brasser [brase] *vt* **-1.** [bière] **to brew. -2.** [mélanger] **to mix. -3.** *fig* [manier] **to handle.**

brasserie [brasri] *nf* **-1.** [usine] **brewery. -2.** [café-restaurant] **brasserie.**

brasseur, -euse [brasœr, øz] *nm, f* [de bière] **brewer.**

brassière [brasjɛr] *nf* **-1.** [de bébé] (baby's) **vest** *Br* OU **undershirt** *Am*. **-2.** *Can* [soutien-gorge] **bra.**

bravade [bravad] *nf*: **par** ~ out of bravado.

brave [brav] ◇ *adj* **-1.** (*après n*) [courageux] **brave. -2.** (*avant n*) [honnête] **decent. -3.** [naïf et gentil] **nice.** ◇ *nmf*: **mon** ~ my good man.

braver [brave] *vt* **-1.** [parents, règlement] **to defy. -2.** [mépriser] **to brave.**

bravo [bravo] *interj* **bravo!**

♦ **bravos** *nmpl* **cheers.**

bravoure [bravur] *nf* **bravery.**

break [brɛk] *nm* **-1.** [voiture] **estate (car)** *Br*, **station wagon** *Am*. **-2.** [pause] **break.**

brebis [brəbi] *nf* **ewe;** ~ **galeuse** black sheep.

brèche [brɛʃ] *nf* **-1.** [de mur] **gap. -2.** MIL **breach.**

bredouiller [brəduje] *vi* **to stammer.**

bref, brève [brɛf, brɛv] *adj* **-1.** [gén] **short, brief; soyez** ~**!** make it brief!; **d'un ton** ~ **curtly. -2.** LING **short.**

♦ **bref** *adv* in short, in a word.

♦ **brève** *nf* PRESSE **brief news item.**

brelan [brəlɑ̃] *nm*: **un** ~ three of a kind; **un** ~ **de valets** three jacks.

Brésil [brezil] *nm*: **le** ~ **Brazil.**

Bretagne [brətaɲ] *nf*: **la** ~ **Brittany.**

bretelle [brətɛl] *nf* **-1.** [d'autoroute] **slip road** *Br*. **-2.** [de pantalon]: ~**s braces** *Br*, **suspenders** *Am*. **-3.** [de bustier] **strap.**

breuvage [brœvaʒ] *nm* [boisson] **beverage.**

brève → **bref.**

brevet [brəvɛ] *nm* **-1.** [certificat] **certificate;** ~ **de secouriste** first-aid certificate. **-2.** [diplôme] **diploma. -3.** [d'invention] **patent.**

breveter [brəvte] *vt* **to patent.**

bréviaire [brevjɛr] *nm* **breviary.**

bribe [brib] *nf* [fragment] **scrap, bit;** *fig* **snippet;** ~**s de conversation** snatches of conversation.

bric [brik]

♦ **de bric et de broc** *loc adv* **any old how.**

bric-à-brac [brikabrak] *nm inv* **bric-a-brac.**

bricolage [brikɔlaʒ] *nm* **-1.** [travaux] **do-it-yourself, DIY. -2.** [réparation provisoire] **patching up.**

bricole [brikɔl] *nf* **-1.** [babiole] **trinket. -2.** [chose insignifiante] **trivial matter.**

bricoler [brikɔle] ◇ *vi* to do odd jobs (around the house). ◇ *vt* **-1.** [réparer] **to fix, to mend. -2.** [fabriquer] **to knock up** *Br*.

bricoleur, -euse [brikɔlœr, øz] *nm, f* **home handyman** (*f* **handywoman**).

bride [brid] *nf* **-1.** [de cheval] **bridle. -2.** [de chapeau] **string. -3.** COUTURE **bride, bar. -4.** TECHNOL **flange.**

bridé [bride] → **œil.**

brider [bride] *vt* [cheval] **to bridle;** *fig* **to rein (in).**

bridge [bridʒ] *nm* **bridge.**

briefer [brife] *vt* **to brief.**

briefing [brifiŋ] *nm* **briefing.**

brièvement [brijɛvmɑ̃] *adv* **briefly.**

brièveté [brijɛvte] *nf* **brevity, briefness.**

brigade [brigad] *nf* **-1.** [d'ouvriers, de

soldats] **brigade. -2.** [détachement] squad; ~ **volante** flying squad.

brigand [brigɑ̃] nm [bandit] bandit.

brillamment [brijamɑ̃] adv [gén] brilliantly; [réussir un examen] with flying colours.

brillant, -e [brijɑ̃, ɑ̃t] adj **-1.** [qui brille - gén] sparkling; [- cheveux] glossy; [- yeux] bright. **-2.** [remarquable] brilliant.

◆ **brillant** nm [diamant] brilliant.

briller [brije] vi to shine.

brimer [brime] vt to victimize, to bully.

brin [brɛ̃] nm **-1.** [tige] twig; ~ **d'herbe** blade of grass. **-2.** [fil] strand. **-3.** [petite quantité]: **un ~ (de)** a bit (of); **faire un ~ de toilette** to have a quick wash.

brindille [brɛ̃dij] nf twig.

bringuebaler, brinquebaler [brɛ̃gbale] vi [voiture] to jolt along.

brio [brijo] nm [talent]: **avec ~** brilliantly.

brioche [brijɔʃ] nf **-1.** [pâtisserie] brioche. **-2.** fam [ventre] paunch.

brioché, -e [brijɔʃe] adj [pain] brioche-style.

brique [brik] nf **-1.** [pierre] brick. **-2.** [emballage] carton. **-3.** fam [argent] 10,000 francs.

briquer [brike] vt to scrub.

briquet [brike] nm [cigarette] lighter.

brisant [brizɑ̃] nm [écueil] reef.

◆ **brisants** nmpl [récif] breakers.

brise [briz] nf breeze.

brise-glace(s) [brizglas] nm inv [navire] icebreaker.

brise-lames [brizlam] nm inv breakwater.

briser [brize] vt **-1.** [gén] to break. **-2.** fig [carrière] to ruin; [conversation] to break off; [espérances] to shatter.

◆ **se briser** vp **-1.** [gén] to break. **-2.** fig [espoir] to be dashed; [efforts] to be thwarted.

briseur, -euse [brizœr, øz] nm, f: ~ **de grève** strike-breaker.

bristol [bristɔl] nm [papier] Bristol board.

britannique [britanik] adj British.

◆ **Britannique** nmf British person, Briton; **les Britanniques** the British.

broc [bro] nm jug.

brocante [brɔkɑ̃t] nf **-1.** [commerce] secondhand trade. **-2.** [objets] secondhand goods (pl).

brocanteur, -euse [brɔkɑ̃tœr, øz] nm, f dealer in secondhand goods.

broche [brɔʃ] nf **-1.** [bijou] brooch. **-2.** CULIN spit; **cuire à la ~** to spit-roast. **-3.** ÉLECTR & MÉD pin.

broché, -e [brɔʃe] adj **-1.** [tissu] brocade (avant n), brocaded. **-2.** TYPO: **livre ~** paperback (book).

brochet [brɔʃɛ] nm pike.

brochette [brɔʃɛt] nf **-1.** [ustensile] skewer. **-2.** [plat] kebab. **-3.** fam fig [groupe] string, row.

brochure [brɔʃyr] nf **-1.** [imprimé] brochure, booklet.

broder [brɔde] vt & vi to embroider.

broderie [brɔdri] nf **-1.** [art] embroidery. **-2.** [ouvrage] (piece of) embroidery.

bromure [brɔmyr] nm bromide.

bronche [brɔ̃ʃ] nf bronchus; **j'ai des problèmes de ~s** I've got chest problems.

broncher [brɔ̃ʃe] vi: **sans ~** without complaining, uncomplainingly.

bronchite [brɔ̃ʃit] nf bronchitis (U).

bronzage [brɔ̃zaʒ] nm [de peau] tan, suntan.

bronze [brɔ̃z] nm bronze.

bronzé, -e [brɔ̃ze] adj tanned, suntanned.

bronzer [brɔ̃ze] vi [peau] to tan; [personne] to get a tan.

brosse [brɔs] nf brush; ~ **à cheveux** hairbrush; ~ **à dents** toothbrush; **avoir les cheveux en ~** to have a crew cut.

brosser [brɔse] vt **-1.** [habits, cheveux] to brush. **-2.** [paysage, portrait] to paint.

◆ **se brosser** *vp*: se ~ **les cheveux/les dents** to brush one's hair/teeth.

brouette [bruɛt] *nf* wheelbarrow.

brouhaha [bruaa] *nm* hubbub.

brouillard [brujar] *nm* [léger] mist; [dense] fog; ~ **givrant** freezing fog; **être dans le ~** *fig* to be lost.

brouille [bruj] *nf* quarrel.

brouillé, -e [bruje] *adj* **-1.** [fâché]: **être ~ avec qqn** to be on bad terms with sb; **être ~ avec qqch** *fig* to be hopeless OU useless at sthg. **-2.** [teint] muddy. **-3.** → **œuf.**

brouiller [bruje] *vt* **-1.** [désunir] to set at odds, to put on bad terms. **-2.** [vue] to blur. **-3.** RADIO to cause interference to; [- délibérément] to jam. **-4.** [rendre confus] to muddle (up).

◆ **se brouiller** *vp* **-1.** [se fâcher] to fall out; **se ~ avec qqn (pour qqch)** to fall out with sb (over sthg). **-2.** [se troubler] to become blurred. **-3.** MÉ-TÉOR to cloud over.

brouillon, -onne [brujɔ̃, ɔn] *adj* careless, untidy.

◆ **brouillon** *nm* rough copy, draft.

broussaille [brusaj] *nf*: **les ~s** the undergrowth; **en ~** *fig* [cheveux] untidy; [sourcils] bushy.

brousse [brus] *nf* GÉOGR scrubland, bush.

brouter [brute] ◇ *vt* to graze on. ◇ *vi* **-1.** [animal] to graze. **-2.** TECHNOL to judder.

broutille [brutij] *nf* trifle.

broyer [brwaje] *vt* to grind, to crush.

bru [bry] *nf sout* daughter-in-law.

brugnon [bryɲɔ̃] *nm* nectarine.

bruine [bruin] *nf* drizzle.

bruissement [bruismɑ̃] *nm* [de feuilles, d'étoffe] rustle, rustling (*U*); [d'eau] murmur, murmuring (*U*).

bruit [brui] *nm* **-1.** [son] noise, sound; ~ **de fond** background noise. **-2.** [va-carme & TECHNOL] noise; **faire du ~** to make a noise; **sans ~** silently, noise-lessly. **-3.** [rumeur] rumour. **-4.** [reten-

tissement] fuss; **faire du ~** to cause a stir.

bruitage [bruitaʒ] *nm* sound-effects (*pl*).

brûlant, -e [brylɑ̃, ɑ̃t] *adj* **-1.** [gén] burning (hot); [liquide] boiling (hot); [plat] piping hot. **-2.** *fig* [amour, question] burning.

brûle-pourpoint [brylpurpwɛ̃] ◆ **à brûle-pourpoint** *loc adv* point-blank, straight out.

brûler [bryle] ◇ *vt* **-1.** [gén] to burn; [suj: eau bouillante] to scald; **la fumée me brûle les yeux** the smoke is making my eyes sting. **-2.** [feu rouge] to drive through; [étape] to miss out, to skip. ◇ *vi* **-1.** [gén] to burn; [maison, forêt] to be on fire. **-2.** [être brûlant] to be burning (hot); ~ **de** *fig* to be consumed with; ~ **de faire qqch** to be longing OU dying to do sthg; ~ **de fièvre** to be running a high temperature.

◆ **se brûler** *vp* to burn o.s.

brûlure [brylyr] *nf* **-1.** [lésion] burn; **au premier/troisième degré** first-degree/third-degree burn. **-2.** [sensation] burning (sensation); **avoir des ~s d'estomac** to have heartburn.

brume [brym] *nf* mist.

brumeux, -euse [brymø, øz] *adj* misty; *fig* hazy.

brun, -e [brœ̃, bryn] ◇ *adj* brown; [cheveux] dark. ◇ *nm, f* dark-haired man (*f* woman).

◆ **brun** *nm* [couleur] brown.

◆ **brune** *nf* **-1.** [cigarette] *cigarette made of dark tobacco.* **-2.** [bière] brown ale.

brunir [brynir] *vi* [personne] to get a tan; [peau] to tan.

brushing [brœʃiŋ] *nm*: **faire un ~ à qqn** to give sb a blow-dry, to blow-dry sb's hair.

brusque [brysk] *adj* abrupt.

brusquement [bryskəmɑ̃] *adv* abruptly.

brusquer [bryske] *vt* to rush; [élève] to push.

brusquerie [bryskəri] *nf* abruptness.

brut, -e [bryt] *adj* **-1.** [pierre précieuse, bois] rough; [sucre] unrefined; [métal, soie] raw; [champagne] extra dry; **(pétrole)** ~ crude (oil). **-2.** *fig* [fait, idées] crude, raw. **-3.** ÉCON gross.
♦ **brute** *nf* brute.

brutal, -e, -aux [brytal, o] *adj* **-1.** [violent] violent, brutal. **-2.** [soudain] sudden. **-3.** [manière] blunt.

brutaliser [brytalize] *vt* to mistreat.

brutalité [brytalite] *nf* **-1.** [violence] violence, brutality. **-2.** [caractère soudain] suddenness.

Bruxelles [bry(k)sɛl] *n* Brussels.

bruyamment [bryijamã] *adv* noisily.

bruyant, -e [bryijã, ãt] *adj* noisy.

bruyère [bryijɛr] *nf* [plante] heather.

BT *nm* (*abr de* **brevet de technicien**) *vocational training certificate (taken at age 18).*

BTP (*abr de* **bâtiments et travaux publics**) *nmpl building and public works sector.*

BTS (*abr de* **brevet de technicien supérieur**) *nm advanced vocational training certificate (taken at the end of a 2-year higher education course).*

bu, -e [by] *pp* → **boire.**

BU (*abr de* **bibliothèque universitaire**) *nf university library.*

buanderie [byãdri] *nf* laundry.

buccal, -e, -aux [bykal, o] *adj* buccal.

bûche [byʃ] *nf* [bois] log; ~ **de Noël** Yule log; **prendre** OU **ramasser une** ~ *fam* to fall flat on one's face.

bûcher¹ [byʃe] *nm* **-1.** [supplice]: **le** ~ the stake. **-2.** [funéraire] pyre.

bûcher² [byʃe] ◇ *vi* to swot. ◇ *vt* to swot up.

bûcheron, -onne [byʃrɔ̃, ɔn] *nm, f* forestry worker.

bûcheur, -euse [byʃœr, øz] ◇ *adj* hard-working. ◇ *nm, f fam* swot.

bucolique [bykɔlik] *adj* pastoral.

budget [bydʒɛ] *nm* budget.

budgétaire [bydʒetɛr] *adj* budgetary; **année** ~ financial year.

buée [bye] *nf* [sur vitre] condensation.

buffet [byfɛ] *nm* **-1.** [meuble] sideboard. **-2.** [repas] buffet. **-3.** [café-restaurant]: ~ **de gare** station buffet.

buis [byi] *nm* box(wood).

buisson [byisɔ̃] *nm* bush.

buissonnière [byisɔnjɛr] → **école.**

bulbe [bylb] *nm* bulb.

bulgare [bylgar] *adj* Bulgarian.
♦ **bulgare** *nm* [langue] Bulgarian.
♦ **Bulgare** *nmf* Bulgarian.

Bulgarie [bylgari] *nf*: **la** ~ Bulgaria.

bulldozer [byldozɛr] *nm* bulldozer.

bulle [byl] *nf* **-1.** [gén] bubble; ~ **de savon** soap bubble. **-2.** [de bande dessinée] speech balloon.

bulletin [byltɛ̃] *nm* **-1.** [communiqué] bulletin; ~ **(de la) météo** weather forecast; ~ **de santé** medical bulletin. **-2.** [imprimé] form; ~ **de vote** ballot paper. **-3.** SCOL report. **-4.** [certificat] certificate; ~ **de salaire** OU **de paye** pay slip.

bulletin-réponse [byltɛ̃repɔ̃s] (*pl* **bulletins-réponse**) *nm* reply form.

buraliste [byralist] *nmf* [d'un bureau de tabac] tobacconist.

bureau [byro] *nm* **-1.** [gén] office; ~ **d'aide sociale** social security office; ~ **de change** bureau de change; ~ **d'études** design office; ~ **de poste** post office; ~ **de tabac** tobacconist's; ~ **de vote** polling station. **-2.** [meuble] desk.

bureaucrate [byrokrat] *nmf* bureaucrat.

bureaucratie [byrokrasi] *nf* bureaucracy.

bureautique [byrotik] *nf* office automation.

burette [byrɛt] *nf* [de mécanicien] oil-can.

burin [byrɛ̃] *nm* [outil] chisel.

buriné, -e [byrine] *adj* engraved; [visage, traits] lined.

burlesque [byrlɛsk] *adj* **-1.** [comique] funny. **-2.** [ridicule] ludicrous, absurd. **-3.** THÉÂTRE burlesque.

bus [bys] *nm* bus.

busqué [byske] → **nez**.

buste [byst] *nm* [torse] chest; [poitrine de femme, sculpture] bust.

bustier [bystje] *nm* [corsage] strapless top; [soutien-gorge] longline bra.

but [byt] *nm* **-1.** [point visé] target. **-2.** [objectif] goal, aim, purpose; **errer sans ~** to wander aimlessly; **il touche au ~** he's nearly there; **à ~ non lucratif** JUR non-profit-making *Br*, non-profit *Am*; **aller droit au ~** to go straight to the point; **dans le ~ de faire qqch** with the aim OU intention of doing sthg. **-3.** SPORT goal; **marquer un ~** to score a goal. **-4.** *loc*: **de ~ en blanc** point-blank, straight out.

butane [bytan] *nm*: **(gaz) ~** butane; [domestique] **Calor gas®** *Br*, butane.

buté, -e [byte] *adj* stubborn.

buter [byte] ◇ *vi* [se heurter]: **~ sur/ contre qqch** to stumble on/over sthg, to trip on/over sthg. ◇ *vt tfam* [tuer] to do in, to bump off.
◆ **se buter** *vp* to dig one's heels in; **se ~ contre** *fig* to refuse to listen to.

butin [bytɛ̃] *nm* [de guerre] booty; [de vol] loot; [de recherche] finds (*pl*).

butiner [bytine] *vi* to collect nectar.

butte [byt] *nf* [colline] mound, rise; **être en ~ à** *fig* to be exposed to.

buvard [byvar] *nm* [papier] blotting-paper; [sous-main] blotter.

buvette [byvɛt] *nf* [café] refreshment room, buffet.

buveur, -euse [byvœr, øz] *nm, f* drinker.

C

c¹, C [se] *nm inv* c, C.
◆ **C** (*abr de* **celsius, centigrade**) C.
c² abr de **centime**.
c' → ce.

CA *nm abr de* **chiffre d'affaires**.

ça [sa] *pron dém* **-1.** [pour désigner] that; [- plus près] this. **-2.** [sujet indéterminé] it, that; **comment ~ va?** how are you?, how are things?; **~ ira comme ~** that will be fine; **~ y est** that's it; **c'est ~** that's right. **-3.** [renforcement expressif]: **où ~?** where?; **qui ~?** who?

çà *adv*: **~ et là** here and there.

caban [kabɑ̃] *nm* reefer (jacket).

cabane [kaban] *nf* [abri] cabin, hut; [remise] shed; **~ à lapins** hutch.

cabanon [kabanɔ̃] *nm* **-1.** [à la campagne] cottage. **-2.** [sur la plage] chalet. **-3.** [cellule] padded cell. **-4.** [de rangement] shed.

cabaret [kabarɛ] *nm* cabaret.

cabas [kaba] *nm* shopping-bag.

cabillaud [kabijo] *nm* (fresh) cod.

cabine [kabin] *nf* **-1.** [de navire, d'avion, de véhicule] cabin. **-2.** [compartiment, petit local] cubicle; **~ d'essayage** fitting room; **~ téléphonique** phone box.

cabinet [kabinɛ] *nm* **-1.** [pièce]: **~ de toilette** ≃ bathroom. **-2.** [local professionnel] office; **~ dentaire/médical** dentist's/doctor's surgery *Br*, dentist's/doctor's office *Am*. **-3.** [de ministre] advisers (*pl*).
◆ **cabinets** *nmpl* toilet (*sg*).

câble [kabl] *nm* cable; **télévision par ~** cable television.

câblé, -e [kable] *adj* TÉLÉ equipped with cable TV.

cabosser [kabɔse] *vt* to dent.

cabotage [kabɔtaʒ] *nm* coastal navigation.

caboteur [kabɔtœr] *nm* [navire] coaster.

cabrer [kabre]
◆ **se cabrer** *vp* **-1.** [cheval] to rear (up); [avion] to climb steeply. **-2.** *fig* [personne] to take offence.

cabri [kabri] *nm* kid.

cabriole [kabrijɔl] *nf* [bond] caper; [pirouette] somersault.

cabriolet [kabʀijɔlɛ] *nm* convertible.

CAC, Cac [kak] (*abr de* **Compagnie des agents de change**) *nf*: **l'indice ~-40** *the French stock exchange shares index*.

caca [kaka] *nm fam* pooh; **faire ~** to do a pooh; **~ d'oie** greeny-yellow.

cacahouète, cacahuète [kakawɛt] *nf* peanut.

cacao [kakao] *nm* **-1.** [poudre] cocoa (powder). **-2.** [boisson] cocoa.

cachalot [kaʃalo] *nm* sperm whale.

cache [kaʃ] *nf* [cachette] hiding place. ◇ *nm* [masque] card (*for masking text etc*).

cache-cache [kaʃkaʃ] *nm inv*: **jouer à ~** to play hide and seek.

cachemire [kaʃmiʀ] *nm* **-1.** [laine] cashmere. **-2.** [dessin] paisley.

cache-nez [kaʃne] *nm inv* scarf.

cache-pot [kaʃpo] *nm inv* flowerpot-holder.

cacher [kaʃe] *vt* **-1.** [gén] to hide; **je ne vous cache pas que ...** to be honest, ... **-2.** [vue] to mask.
♦ **se cacher** *vp*: **se ~ (de qqn)** to hide (from sb).

cachet [kaʃɛ] *nm* **-1.** [comprimé] tablet, pill. **-2.** [marque] postmark. **-3.** [style] style, character; **avoir du ~** to have character. **-4.** [rétribution] fee.

cacheter [kaʃte] *vt* to seal.

cachette [kaʃɛt] *nf* hiding place; **en ~** secretly.

cachot [kaʃo] *nm* [cellule] cell.

cachotterie [kaʃɔtʀi] *nf* little secret; **faire des ~s (à qqn)** to hide things (from sb).

cachottier, -ière [kaʃɔtje, ɛʀ] *nm, f* secretive person.

cactus [kaktys] *nm* cactus.

c.-à-d. (*abr de* **c'est-à-dire**) i.e.

cadastre [kadastʀ] *nm* [registre] ≃ land register; [service] ≃ land registry, land office *Am*.

cadavérique [kadaveʀik] *adj* deathly.

cadavre [kadavʀ] *nm* corpse, (dead) body.

cadeau, -x [kado] ◇ *nm* present, gift; **faire ~ de qqch à qqn** to give sthg to sb (as a present). ◇ *adj inv*: **idée ~** gift idea.

cadenas [kadna] *nm* padlock.

cadenasser [kadnase] *vt* to padlock.

cadence [kadɑ̃s] *nf* **-1.** [rythme musical] rhythm; **en ~** in time. **-2.** [de travail] rate.

cadencé, -e [kadɑ̃se] *adj* rhythmical.

cadet, -ette [kadɛ, ɛt] *nm, f* **-1.** [de deux enfants] younger; [de plusieurs enfants] youngest; **il est mon ~ de deux ans** he's two years younger than me. **-2.** SPORT junior.

cadran [kadʀɑ̃] *nm* dial; **~ solaire** sundial.

cadre [kadʀ] *nm* **-1.** [de tableau, de porte] frame. **-2.** [contexte] context. **-3.** [décor, milieu] surroundings (*pl*). **-4.** [responsable]: **~ moyen/supérieur** middle/senior manager. **-5.** [sur formulaire] box.

cadrer [kadʀe] ◇ *vi* to agree, to tally. ◇ *vt* CIN, PHOT & TÉLÉ to frame.

caduc, caduque [kadyk] *adj* **-1.** [feuille] deciduous. **-2.** [qui n'est plus valide] obsolete.

cafard [kafaʀ] *nm* **-1.** [insecte] cockroach. **-2.** *fig* [mélancolie]: **avoir le ~** to feel low ou down.

café [kafe] *nm* **-1.** [plante, boisson] coffee; **~ crème** white coffee (*with cream*); **~ en grains** coffee beans; **~ au lait** white coffee (*with hot milk*); **~ moulu** ground coffee; **~ noir** black coffee; **~ en poudre** ou **soluble** instant coffee. **-2.** [lieu] bar, cafe.

caféine [kafein] *nf* caffeine.

cafétéria [kafeteʀja] *nf* cafeteria.

café-théâtre [kafeteatʀ] *nm* ≃ cabaret.

cafetière [kaftjɛʀ] *nf* **-1.** [récipient] coffee-pot. **-2.** [électrique] coffee-maker; [italienne] percolator.

cafouiller [kafuje] *vi fam* **-1.** [s'embrouiller] to get into a mess. **-2.** [moteur] to misfire; TÉLÉ to be on the blink.

cage [kaʒ] *nf* **-1.** [pour animaux] cage. **-2.** [dans une maison]: ~ **d'escalier** stairwell. **-3.** ANAT: ~ **thoracique** rib cage.

cageot [kaʒo] *nm* [caisse] crate.

cagibi [kaʒibi] *nm* boxroom *Br.*

cagneux, -euse [kaɲø, øz] *adj* knock-kneed.

cagnotte [kaɲɔt] *nf* **-1.** [caisse commune] kitty. **-2.** [économies] savings (*pl*).

cagoule [kagul] *nf* **-1.** [passe-montagne] balaclava. **-2.** [de voleur, de pénitent] hood.

cahier [kaje] *nm* **-1.** [de notes] exercise book, notebook; ~ **de brouillon** rough book; ~ **de textes** homework book. **-2.** COMM: ~ **des charges** specification.

cahin-caha [kaɛ̃kaa] *adv*: **aller** ~ to be jogging along.

cahot [kao] *nm* bump, jolt.

cahoter [kaɔte] *vi* to jolt around.

cahute [kayt] *nf* shack.

caille [kaj] *nf* quail.

caillé, -e [kaje] *adj* [lait] curdled; [sang] clotted.

caillot [kajo] *nm* clot.

caillou, -x [kaju] *nm* **-1.** [pierre] stone, pebble. **-2.** *fam* [crâne] head.

caillouteux, -euse [kajutø, øz] *adj* stony.

caïman [kaimɑ̃] *nm* cayman.

Caire [kɛr] *n*: **Le** ~ Cairo.

caisse [kɛs] *nf* **-1.** [boîte] crate, box; ~ **à outils** toolbox. **-2.** TECHNOL case. **-3.** [guichet] cash desk, till; [de supermarché] checkout, till; ~ **enregistreuse** cash register. **-4.** [recette] takings (*pl*). **-5.** [organisme]: ~ **d'allocation** ≃ social security office; ~ **d'épargne** [fonds] savings fund; [établissement] savings bank; ~ **de retraite** pension fund.

caissier, -ière [kesje, jɛr] *nm, f* cashier.

caisson [kɛsɔ̃] *nm* **-1.** MIL & TECHNOL caisson. **-2.** ARCHIT coffer.

cajoler [kaʒɔle] *vt* to make a fuss of, to cuddle.

cajou [kaʒu] → **noix**.

cake [kɛk] *nm* fruit-cake.

cal¹ [kal] *nm* callus.

cal² (*abr de* **calorie**) cal.

calamar [kalamar], **calmar** [kalmar] *nm* squid.

calamité [kalamite] *nf* disaster.

calandre [kalɑ̃dr] *nf* **-1.** [de voiture] radiator grille. **-2.** [machine] calender.

calanque [kalɑ̃k] *nf* rocky inlet.

calcaire [kalkɛr] ◇ *adj* [eau] hard; [sol] chalky; [roche] limestone (*avant n*). ◇ *nm* limestone.

calciner [kalsine] *vt* to burn to a cinder.

calcium [kalsjɔm] *nm* calcium.

calcul [kalkyl] *nm* **-1.** [opération]: **le** ~ arithmetic; ~ **mental** mental arithmetic. **-2.** [compte] calculation. **-3.** *fig* [plan] plan. **-4.** MÉD: ~ **(rénal)** kidney stone.

calculateur, -trice [kalkylatœr, tris] *adj péj* calculating.

◆ **calculateur** *nm* computer.

◆ **calculatrice** *nf* calculator.

calculer [kalkyle] ◇ *vt* **-1.** [déterminer] to calculate, to work out. **-2.** [prévoir] to plan; **mal/bien** ~ **qqch** to judge sthg badly/well. ◇ *vi péj* [dépenser avec parcimonie] to count the pennies.

calculette [kalkylɛt] *nf* pocket calculator.

cale [kal] *nf* **-1.** [de navire] hold; ~ **sèche** dry dock. **-2.** [pour immobiliser] wedge.

calé, -e [kale] *adj fam* [personne] clever, brainy; **être** ~ **en** to be good at.

calèche [kalɛʃ] *nf* (horse-drawn) carriage.

caleçon [kalsɔ̃] *nm* **-1.** [sous-vêtement masculin] boxer shorts (*pl*), pair of boxer shorts. **-2.** [vêtement féminin] leggings (*pl*), pair of leggings.

calembour [kalɑ̃bur] *nm* pun, play on words.

calendrier [kalɑ̃drije] *nm* **-1.** [système, agenda, d'un festival] **calendar. -2.** [emploi du temps] **timetable. -3.** [d'un voyage] **schedule.**

cale-pied [kalpje] (*pl* **cale-pieds**) *nm* **toe-clip.**

calepin [kalpɛ̃] *nm* **notebook.**

caler [kale] ◇ *vt* **-1.** [avec cale] to **wedge. -2.** [stabiliser, appuyer] to prop up. **-3.** *fam* [remplir]: **ça cale (l'estomac)** it's filling. ◇ *vi* **-1.** [moteur, véhicule] to **stall. -2.** *fam* [personne] to **give up.**

calfeutrer [kalføtre] *vt* to draughtproof.
◆ **se calfeutrer** *vp* to shut o.s. up OU away.

calibre [kalibr] *nm* **-1.** [de tuyau] diameter, bore; [de fusil] **calibre;** [de fruit, d'œuf] **size. -2.** *fam* *fig* [envergure] **calibre.**

calibrer [kalibre] *vt* **-1.** [machine, fusil] to **calibrate. -2.** [fruit, œuf] to **grade.**

Californie [kaliforni] *nf:* **la ~** California.

califourchon [kalifurʃɔ̃]
◆ **à califourchon** *loc adv* astride; **être (assis) à ~ sur qqch** to sit astride sthg.

câlin, -e [kalɛ̃, in] *adj* **affectionate.**
◆ **câlin** *nm* **cuddle.**

câliner [kaline] *vt* to **cuddle.**

calleux, -euse [kalø, øz] *adj* **calloused.**

call-girl [kɔlgœrl] (*pl* **call-girls**) *nf* **call girl.**

calligraphie [kaligrafi] *nf* **calligraphy.**

calmant, -e [kalmɑ̃, ɑ̃t] *adj* **soothing.**
◆ **calmant** *nm* [pour la douleur] **painkiller;** [pour l'anxiété] **tranquillizer, sedative.**

calmar → **calamar.**

calme [kalm] ◇ *adj* **quiet, calm.** ◇ *nm* **-1.** [gén] **calm, calmness. -2.** [absence de bruit] **peace (and quiet).**

calmer [kalme] *vt* **-1.** [apaiser] to **calm (down). -2.** [réduire - douleur] to **soothe;** [- inquiétude] to **allay.**

◆ **se calmer** *vp* **-1.** [s'apaiser - personne, discussion] to **calm down;** [- tempête] to **abate;** [- mer] to **become calm. -2.** [diminuer - douleur] to **ease;** [- fièvre, inquiétude, désir] to **subside.**

calomnie [kalɔmni] *nf* [écrits] **libel;** [paroles] **slander.**

calorie [kalɔri] *nf* **calorie.**

calorique [kalɔrik] *adj* **calorific.**

calot [kalo] *nm* [bille] (large) **marble.**

calotte [kalɔt] *nf* **-1.** [bonnet] **skullcap. -2.** GÉOGR: **~ glaciaire** ice cap.

calque [kalk] *nm* **-1.** [dessin] **tracing. -2.** [papier]: **(papier) ~ tracing paper. -3.** *fig* [imitation] **(exact) copy.**

calquer [kalke] *vt* **-1.** [carte] to **trace. -2.** [imiter] to copy exactly; **~ qqch sur qqch** to model sthg on sthg.

calvaire [kalvɛr] *nm* **-1.** [croix] wayside cross. **-2.** *fig* [épreuve] **ordeal.**

calvitie [kalvisi] *nf* **baldness.**

camaïeu [kamajø] *nm* **monochrome.**

camarade [kamarad] *nmf* **-1.** [compagnon, ami] **friend; ~ de classe** classmate; **~ d'école** schoolfriend. **-2.** POLIT **comrade.**

camaraderie [kamaradri] *nf* **-1.** [familiarité, entente] **friendship. -2.** [solidarité] **comradeship, camaraderie.**

Cambodge [kɑ̃bɔdʒ] *nm:* **le ~** Cambodia.

cambouis [kɑ̃bwi] *nm* **dirty grease.**

cambré, -e [kɑ̃bre] *adj* **arched.**

cambriolage [kɑ̃brijɔlaʒ] *nm* **burglary.**

cambrioler [kɑ̃brijɔle] *vt* to **burgle** *Br,* to **burglarize** *Am.*

cambrioleur, -euse [kɑ̃brijɔlœr, øz] *nm, f* **burglar.**

camée [kame] *nm* **cameo.**

caméléon [kameleɔ̃] *nm litt* & *fig* **chameleon.**

camélia [kamelja] *nm* **camellia.**

camelote [kamlɔt] *nf* [marchandise de mauvaise qualité] **rubbish.**

caméra [kamera] *nf* **-1.** CIN & TÉLÉ **camera. -2.** [d'amateur] **cinecamera.**

cameraman [kameraman] (*pl* **camera-**

men [kameramɛn] OU **cameramans**)
nm cameraman.

Cameroun [kamrun] *nm*: **le** ~ Cameroon.

Caméscope® [kameskɔp] *nm* camcorder.

camion [kamjɔ̃] *nm* lorry *Br*, truck *Am*; ~ **de déménagement** removal van *Br*, moving van *Am*.

camion-citerne [kamjɔ̃sitɛrn] *nm* tanker *Br*, tanker truck *Am*.

camionnage [kamjɔnaʒ] *nm* road haulage *Br*, trucking *Am*.

camionnette [kamjɔnɛt] *nf* van.

camionneur [kamjɔnœr] *nm* **-1.** [conducteur] lorry-driver *Br*, truck-driver *Am*. **-2.** [entrepreneur] road haulier *Br*, trucker *Am*.

camisole [kamizɔl]
♦ **camisole de force** *nf* straitjacket.

camouflage [kamuflaʒ] *nm* [déguisement] camouflage; *fig* [dissimulation] concealment.

camoufler [kamufle] *vt* [déguiser] to camouflage; *fig* [dissimuler] to conceal, to cover up.

camp [kɑ̃] *nm* **-1.** [gén] camp; ~ **de concentration** concentration camp. **-2.** SPORT half (of the field). **-3.** [parti] side.

campagnard, -e [kɑ̃paɲar, ard] *adj* **-1.** [de la campagne] country (*avant n*). **-2.** [rustique] rustic.

campagne [kɑ̃paɲ] *nf* **-1.** [régions rurales] country; **à la** ~ in the country. **-2.** MIL, POLIT & PUBLICITÉ campaign; **faire** ~ **pour/contre** to campaign for/against; ~ **d'affichage** poster campaign; ~ **électorale** election campaign; ~ **de presse** press campaign; ~ **publicitaire** advertising campaign; ~ **de vente** sales campaign.

campement [kɑ̃pmɑ̃] *nm* camp, encampment.

camper [kɑ̃pe] ◇ *vi* to camp. ◇ *vt* **-1.** [poser solidement] to place firmly. **-2.** *fig* [esquisser] to portray.

campeur, -euse [kɑ̃pœr, øz] *nm, f* camper.

camphre [kɑ̃fr] *nm* camphor.

camping [kɑ̃piŋ] *nm* **-1.** [activité] camping; **faire du** ~ to go camping. **-2.** [terrain] campsite.

Canada [kanada] *nm*: **le** ~ Canada.

canadien, -ienne [kanadjɛ̃, jɛn] *adj* Canadian.
♦ **canadienne** *nf* [veste] sheepskin jacket.
♦ **Canadien, -ienne** *nm, f* Canadian.

canaille [kanaj] ◇ *adj* **-1.** [coquin] roguish. **-2.** [vulgaire] crude. ◇ *nf* **-1.** [scélérat] scoundrel. **-2.** *hum* [coquin] little devil.

canal, -aux [kanal, o] *nm* **-1.** [gén] channel; **par le** ~ **de qqn** *fig* [par l'entremise de] through sb. **-2.** [voie d'eau] canal. **-3.** ANAT canal, duct.
♦ **Canal** *nm*: **Canal+** *French TV pay channel.*

canalisation [kanalizasjɔ̃] *nf* [conduit] pipe.

canaliser [kanalize] *vt* **-1.** [cours d'eau] to canalize. **-2.** *fig* [orienter] to channel.

canapé [kanape] *nm* [siège] sofa.

canapé-lit [kanapeli] *nm* sofa bed.

canaque, kanak [kanak] *adj* Kanak.
♦ **Canaque** *nmf* Kanak.

canard [kanar] *nm* **-1.** [oiseau] duck. **-2.** [fausse note] wrong note. **-3.** *fam* [journal] rag.

canari [kanari] *nm* canary.

cancan [kɑ̃kɑ̃] *nm* **-1.** [ragot] piece of gossip. **-2.** [danse] cancan.

cancer [kɑ̃sɛr] *nm* MÉD cancer.
♦ **Cancer** *nm* ASTROL Cancer.

cancéreux, -euse [kɑ̃serø, øz] ◇ *adj* **-1.** [personne] suffering from cancer. **-2.** [tumeur] cancerous. ◇ *nm, f* [personne] cancer sufferer.

cancérigène [kɑ̃seriʒɛn] *adj* carcinogenic.

cancre [kɑ̃kr] *nm fam* dunce.

cancrelat [kɑ̃krəla] *nm* cockroach.

candélabre [kɑ̃delabr] *nm* candelabra.

candeur [kɑ̃dœr] *nf* ingenuousness.

candi [kɑ̃di] *adj*: **sucre** ~ (sugar) candy.

candidat, -e [kɑ̃dida, at] *nm, f*: ~ (à) candidate (for).

candidature [kɑ̃didatyr] *nf* **-1.** [à un poste] application; **poser sa** ~ **pour qqch** to apply for sthg. **-2.** [à une élection] candidature.

candide [kɑ̃did] *adj* ingenuous.

cane [kan] *nf* (female) duck.

caneton [kantɔ̃] *nm* (male) duckling.

canette [kanɛt] *nf* **-1.** [de fil] spool. **-2.** [petite cane] (female) duckling. **-3.** [de boisson - bouteille] **bottle**; [- boîte] can.

canevas [kanva] *nm* COUTURE canvas.

caniche [kaniʃ] *nm* poodle.

canicule [kanikyl] *nf* heatwave.

canif [kanif] *nm* penknife.

canin, -e [kanɛ̃, in] *adj* canine; **exposition** ~**e** dog show.

♦ **canine** *nf* canine (tooth).

caniveau [kanivo] *nm* gutter.

canne [kan] *nf* **-1.** [bâton] walking stick; ~ **à pêche** fishing rod. **-2.** *fam* [jambe] pin.

♦ **canne à sucre** *nf* sugar cane.

cannelle [kanɛl] *nf* [aromate] cinnamon.

cannelure [kanlyr] *nf* [de colonne] flute.

cannibale [kanibal] *nmf & adj* cannibal.

canoë [kanɔe] *nm* canoe.

canoë-kayak [kanɔekajak] *nm* kayak.

canon [kanɔ̃] *nm* **-1.** [arme] gun; HIST cannon. **-2.** [tube d'arme] barrel. **-3.** MUS: **chanter en** ~ to sing in canon. **-4.** [norme & RELIG] canon.

canoniser [kanɔnize] *vt* to canonize.

canot [kano] *nm* dinghy; ~ **pneumatique** inflatable dinghy; ~ **de sauvetage** lifeboat.

cantatrice [kɑ̃tatris] *nf* prima donna.

cantine [kɑ̃tin] *nf* **-1.** [réfectoire] canteen. **-2.** [malle] trunk.

cantique [kɑ̃tik] *nm* hymn.

canton [kɑ̃tɔ̃] *nm* **-1.** [en France] ≈ district. **-2.** [en Suisse] canton.

cantonade [kɑ̃tɔnad]

♦ **à la cantonade** *loc adv*: **parler à la** ~ to speak to everyone (in general).

cantonais, -e [kɑ̃tɔnɛ, ɛz] *adj* Cantonese; **riz** ~ egg fried rice.

♦ **cantonais** *nm* [langue] Cantonese.

cantonner [kɑ̃tɔne] *vt* **-1.** MIL to quarter, to billet *Br*. **-2.** [maintenir] to confine; ~ **qqn à** OU **dans** to confine sb to.

cantonnier [kɑ̃tɔnje] *nm* roadman.

canular [kanylar] *nm fam* hoax.

caoutchouc [kautʃu] *nm* **-1.** [substance] rubber. **-2.** [plante] rubber plant.

caoutchouteux, -euse [kautʃutø, øz] *adj* rubbery.

cap [kap] *nm* **-1.** GÉOGR cape; **le** ~ **de Bonne-Espérance** the Cape of Good Hope; **le** ~ **Horn** Cape Horn; **passer le** ~ **de qqch** *fig* to get through sthg; **passer le** ~ **de la quarantaine** *fig* to turn forty. **-2.** [direction] course; **changer de** ~ to change course; **mettre le** ~ **sur** to head for.

♦ **Cap** *nm*: **Le Cap** Cape Town.

CAP (*abr de* **certificat d'aptitude professionnelle**) *nm* vocational training certificate (taken at secondary school).

capable [kapabl] *adj* **-1.** [apte]: ~ **(de qqch/de faire qqch)** capable (of sthg/of doing sthg). **-2.** [à même]: ~ **de faire qqch** likely to do sthg.

capacité [kapasite] *nf* **-1.** [de récipient] capacity. **-2.** [de personne] ability. **-3.** UNIV: ~ **en droit** [diplôme] *qualifying certificate in law gained by examination after 2 years' study*.

cape [kap] *nf* [vêtement] cloak; **rire sous** ~ *fig* to laugh up one's sleeve.

CAPES, Capes [kapɛs] (*abr de* **certificat d'aptitude au professorat de l'enseignement du second degré**) *nm secondary school teaching certificate*.

capharnaüm [kafarnaɔm] *nm* mess.

capillaire [kapilɛr] ◇ *adj* **-1.** [lotion] hair (*avant n*). **-2.** ANAT & BOT capillary. ◇ *nm* **-1.** BOT maidenhair fern. **-2.** ANAT capillary.

capillarité [kapilarite] *nf* PHYS capillarity.

capitaine [kapitɛn] *nm* captain.

capitainerie [kapitɛnri] *nf* harbour master's office.

capital, -e, -aux [kapital, o] *adj* **-1.** [décision, événement] major. **-2.** JUR capital.
◆ **capital** *nm* FIN capital; ~ santé *fig* reserves (*pl*) of health; ~ social authorized OU share capital.
◆ **capitale** *nf* [ville, lettre] capital.
◆ **capitaux** *nmpl* capital (*U*).

capitaliser [kapitalize] ◇ *vt* FIN to capitalize; *fig* to accumulate. ◇ *vi* to save.

capitalisme [kapitalism] *nm* capitalism.

capitaliste [kapitalist] *nmf & adj* capitalist.

capiteux, -euse [kapitø, øz] *adj* [vin] intoxicating; [parfum] heady.

capitonné, -e [kapitɔne] *adj* padded.

capituler [kapityle] *vi* to surrender; ~ devant qqn/qqch to surrender to sb/sthg.

caporal, -aux [kapɔral, o] *nm* **-1.** MIL lance-corporal. **-2.** [tabac] caporal.

capot [kapo] *nm* **-1.** [de voiture] bonnet *Br*, hood *Am*. **-2.** [de machine] (protective) cover.

capote [kapɔt] *nf* **-1.** [de voiture] hood *Br*, top *Am*. **-2.** *fam* [préservatif]: ~ (anglaise) condom.

câpre [kapr] *nf* caper.

caprice [kapris] *nm* whim.

capricieux, -ieuse [kaprisjø, jøz] ◇ *adj* [changeant] capricious; [coléreux] temperamental. ◇ *nm, f* temperamental person.

capricorne [kaprikɔrn] *nm* ZOOL capricorn beetle.
◆ **Capricorne** *nm* ASTROL Capricorn.

capsule [kapsyl] *nf* **-1.** [de bouteille] cap. **-2.** ASTRON, BOT & MÉD capsule.

capter [kapte] *vt* **-1.** [recevoir sur émetteur] to pick up. **-2.** [source, rivière] to harness. **-3.** *fig* [attention, confiance] to gain, to win.

captif, -ive [kaptif, iv] ◇ *adj* captive. ◇ *nm, f* prisoner.

captivant, -e [kaptivɑ̃, ɑ̃t] *adj* [livre, film] enthralling; [personne] captivating.

captiver [kaptive] *vt* to captivate.

captivité [kaptivite] *nf* captivity.

capture [kaptyr] *nf* **-1.** [action] capture. **-2.** [prise] catch.

capturer [kaptyre] *vt* to catch, to capture.

capuche [kapyʃ] *nf* (detachable) hood.

capuchon [kapyʃɔ̃] *nm* **-1.** [bonnet - d'imperméable] hood. **-2.** [bouchon] cap, top.

capucine [kapysin] *nf* [fleur] nasturtium.

caquet [kakɛ] *nm* *péj* [bavardage]: rabattre le ~ à OU de qqn to shut sb up.

caqueter [kakte] *vi* **-1.** [poule] to cackle. **-2.** *péj* [personne] to chatter.

car¹ [kar] *nm* coach *Br*, bus *Am*.

car² [kar] *conj* for, because.

carabine [karabin] *nf* rifle.

caractère [karaktɛr] *nm* [gén] character; avoir du ~ to have character; avoir mauvais ~ to be bad-tempered; en petits/gros ~ s in small/large print; ~s d'imprimerie block capitals.

caractériel, -ielle [karakterjɛl] *adj* [troubles] emotional; [personne] emotionally disturbed.

caractérisé, -e [karakterize] *adj* [net] clear.

caractériser [karakterize] *vt* to be characteristic of.
◆ **se caractériser** *vp*: se ~ par qqch to be characterized by sthg.

caractéristique [karakteristik] ◇ *nf* characteristic, feature. ◇ *adj*: ~ **(de)** characteristic (of).

carafe [karaf] *nf* [pour vin, eau] carafe; [pour alcool] decanter.

Caraïbes [karaib] *nfpl*: **les** ~ the Caribbean.

carambolage [karɑ̃bɔlaʒ] *nm* pile-up.

caramel [karamɛl] *nm* **-1.** CULIN caramel. **-2.** [bonbon - dur] toffee, caramel; [- mou] fudge.

carapace [karapas] *nf* shell; *fig* protection, shield.

carapater [karapate]

♦ **se carapater** *vp fam* to scarper, to hop it.

carat [kara] *nm* carat; **or à 9 ~s** 9-carat gold.

caravane [karavan] *nf* [de camping, de désert] caravan.

caravaning [karavaniŋ] *nm* caravanning.

carbone [karbɔn] *nm* carbon; **(papier)** ~ carbon paper.

carbonique [karbɔnik] *adj*: **gaz** ~ carbon dioxide; **neige** ~ dry ice.

carboniser [karbɔnize] *vt* to burn to a cinder.

carburant [karbyrɑ̃] *nm* fuel.

carburateur [karbyratœr] *nm* carburettor.

carcan [karkɑ̃] *nm* HIST iron collar; *fig* yoke.

carcasse [karkas] *nf* **-1.** [d'animal] carcass. **-2.** [de bâtiment, navire] framework. **-3.** [de véhicule] shell.

carder [karde] *vt* to card.

cardiaque [kardjak] *adj* cardiac; **être** ~ to have a heart condition; **crise** ~ heart attack.

cardigan [kardigɑ̃] *nm* cardigan.

cardinal, -e, -aux [kardinal, o] *adj* cardinal.

♦ **cardinal** *nm* **-1.** RELIG cardinal. **-2.** [nombre] cardinal number.

cardiologue [kardjɔlɔg] *nmf* heart specialist, cardiologist.

cardio-vasculaire [kardjɔvaskylɛr] (*pl* **cardio-vasculaires**) *adj* cardiovascular.

Carême [karɛm] *nm*: **le** ~ Lent.

carence [karɑ̃s] *nf* [manque]: ~ **(en)** deficiency (in).

carène [karɛn] *nf* NAVIG hull.

caressant, -e [karɛsɑ̃, ɑ̃t] *adj* affectionate.

caresse [karɛs] *nf* caress.

caresser [karese] *vt* **-1.** [personne] to caress; [animal, objet] to stroke. **-2.** *fig* [espoir] to cherish.

cargaison [kargɛzɔ̃] *nf* TRANSPORT cargo.

cargo [kargo] *nm* **-1.** [navire] freighter. **-2.** [avion] cargo plane.

caricature [karikatyr] *nf* **-1.** [gén] caricature. **-2.** *péj* [personne] sight.

carie [kari] *nf* MÉD caries.

carillon [karijɔ̃] *nm* **-1.** [cloches] bells (*pl*). **-2.** [d'horloge, de porte] chime.

carlingue [karlɛ̃g] *nf* **-1.** [d'avion] cabin. **-2.** [de navire] keelson.

carmin [karmɛ̃] *adj inv* crimson.

carnage [karnaʒ] *nm* slaughter, carnage.

carnassier [karnasje] *nm* carnivore.

carnaval [karnaval] *nm* carnival.

carnet [karnɛ] *nm* **-1.** [petit cahier] notebook; ~ **d'adresses** address book; ~ **de notes** SCOL report card. **-2.** [bloc de feuilles] book; ~ **de chèques** cheque book; ~ **de tickets** book of tickets.

carnivore [karnivɔr] ◇ *adj* carnivorous. ◇ *nm* carnivore.

carotte [karɔt] *nf* carrot.

carpe [karp] *nf* carp.

carpette [karpɛt] *nf* **-1.** [petit tapis] rug. **-2.** *fam péj* [personne] doormat.

carquois [karkwa] *nm* quiver.

carré, -e [kare] *adj* [gén] square; **20 mètres ~s** 20 square metres.

♦ **carré** *nm* **-1.** [quadrilatère] square; **élever un nombre au** ~ MATHS to square a number; ~ **blanc** TÉLÉ *white square in the corner of the screen indi-*

cating that a television programme is not recommended for children. **-2.** CARTES: **un ~ d'as** four aces. **-3.** [petit terrain] patch, plot.

carreau [karo] *nm* **-1.** [carrelage] tile. **-2.** [vitre] **window pane. -3.** [motif carré] check; **à ~x** [tissu] checked; [papier] squared. **-4.** CARTES diamond.

carrefour [karfur] *nm* [de routes, de la vie] crossroads (*sg*).

carrelage [karlaʒ] *nm* [surface] tiles (*pl*).

carrément [karemã] *adv* **-1.** [franchement] bluntly. **-2.** [complètement] completely, quite. **-3.** [sans hésiter] straight.

carrière [karjɛr] *nf* **-1.** [profession] career; **faire ~ dans qqch** to make a career (for o.s.) in sthg. **-2.** [gisement] quarry.

carriériste [karjerist] *nmf péj* careerist.

carriole [karjɔl] *nf* **-1.** [petite charrette] cart. **-2.** *Can* [traîneau] sleigh.

carrossable [karɔsabl] *adj* suitable for vehicles.

carrosse [karɔs] *nm* (horse-drawn) coach.

carrosserie [karɔsri] *nf* [de voiture] bodywork, body.

carrossier [karɔsje] *nm* coachbuilder.

carrure [karyr] *nf* [de personne] build; *fig* stature.

cartable [kartabl] *nm* schoolbag.

carte [kart] *nf* **-1.** [gén] card; **~ bancaire** cash card *Br*; **~ de crédit** credit card; **~ d'étudiant** student card; **~ graphique** INFORM graphics board; **~ grise** ≃ (vehicle) registration document *Br*; **~ d'identité** identity card; **~ à mémoire** memory card; **Carte Orange** season ticket (*for use on public transport in Paris*); **~ postale** postcard; **~ privative** personal credit card; **~ à puce** smart card; **~ de séjour** residence permit; **Carte Vermeil** *card entitling senior citizens to reduced rates in cinemas, on public transport etc*; **~ de visite** visiting card *Br*, calling card *Am*; **donner ~ blanche à qqn** *fig*

to give sb a free hand. **-2.** [de jeu] **~ (à jouer)** (playing) card. **-3.** GÉOGR map; **~ d'état-major** ≃ Ordnance Survey map *Br*; **~ routière** road map. **-4.** [au restaurant] menu; **à la ~** [menu] à la carte; [horaires] flexible; **~ des vins** wine list.

cartilage [kartilaʒ] *nm* cartilage.

cartomancien, -ienne [kartɔmãsjɛ̃, jɛn] *nm, f* fortune-teller (*using cards*).

carton [kartɔ̃] *nm* **-1.** [matière] cardboard. **-2.** [emballage] cardboard box; **~ à dessin** portfolio.

cartonné, -e [kartɔne] *adj* [livre] hardback.

carton-pâte [kartɔ̃pat] *nm* pasteboard.

cartouche [kartuʃ] *nf* **-1.** [gén & INFORM] cartridge. **-2.** [de cigarettes] carton.

cas [ka] *nm* case; **au ~ où** in case; **aucun ~** under no circumstances; **en tout ~** in any case, anyway; **en ~ de** in case of; **en ~ de besoin** if need be; **le ~ échéant** if the need arises, if need be; **~ de conscience** matter of conscience; **~ social** person with social problems.

casanier, -ière [kazanje, jɛr] *adj & nm, f* stay-at-home.

casaque [kazak] *nf* **-1.** [veste] overblouse. **-2.** HIPPISME blouse.

cascade [kaskad] *nf* **-1.** [chute d'eau] waterfall; *fig* stream, torrent. **-2.** CIN stunt.

cascadeur, -euse [kaskadœr, øz] *nm, f* CIN stuntman (*f* stuntwoman).

cascher = **kas(c)her**.

case [kaz] *nf* **-1.** [habitation] hut. **-2.** [de boîte, tiroir] compartment; [d'échiquier] square; [sur un formulaire] box.

caser [kaze] *vt* **-1.** *fam* [trouver un emploi pour] to get a job for. **-2.** *fam* [marier] to marry off. **-3.** [placer] to put.

◆ **se caser** *vp fam* **-1.** [trouver un emploi] to get (o.s.) a job. **-2.** [se marier] to get hitched.

caserne [kazɛrn] *nf* barracks.

cash [kaʃ] *nm* cash; **payer** ~ to pay (in) cash.

casier [kazje] *nm* **-1.** [compartiment] compartment; [pour le courrier] pigeonhole. **-2.** [meuble - à bouteilles] rack; [- à courrier] set of pigeonholes. **-3.** PÊCHE lobster pot.
◆ **casier judiciaire** *nm* police record; ~ **judiciaire vierge** clean (police) record.

casino [kazino] *nm* casino.

casque [kask] *nm* **-1.** [de protection] helmet. **-2.** [à écouteurs] headphones (*pl*).
◆ **Casques bleus** *nmpl*: **les Casques bleus** the UN peace-keeping force.

casquette [kaskɛt] *nf* cap.

cassant, -e [kasɑ̃, ɑ̃t] *adj* **-1.** [fragile - verre] fragile; [- cheveux] brittle. **-2.** [dur] brusque.

cassation [kasasjɔ̃] → **cour.**

casse [kas] ◇ *nf* **-1.** *fam* [violence] aggro. **-2.** [de voitures] scrapyard. ◇ *nm fam* [cambriolage] break-in.

casse-cou [kasku] *nmf inv* [personne] daredevil.

casse-croûte [kaskrut] *nm inv* snack.

casse-noisettes [kasnwazɛt], **casse-noix** [kasnwa] *nm inv* nutcrackers (*pl*).

casse-pieds [kaspje] ◇ *adj inv fam* annoying. ◇ *nmf inv* pain (in the neck).

casser [kase] ◇ *vt* **-1.** [briser] to break. **-2.** JUR to quash. **-3.** COMM: ~ **les prix** to slash prices. ◇ *vi* to break.
◆ **se casser** *vp* **-1.** [se briser] to break. **-2.** [membre]: **se** ~ **un bras** to break one's arm.

casserole [kasrɔl] *nf* [ustensile] saucepan.

casse-tête [kastɛt] *nm inv* **-1.** *fig* [problème] headache. **-2.** [jeu] puzzle.

cassette [kasɛt] *nf* **-1.** [coffret] casket. **-2.** [de musique, vidéo] cassette.

cassis [kasis] *nm* **-1.** [fruit] blackcurrant; [arbuste] blackcurrant bush; [liqueur] blackcurrant liqueur. **-2.** [sur la route] dip.

cassure [kasyr] *nf* break.

caste [kast] *nf* caste.

casting [kastiŋ] *nm* [acteurs] cast; [sélection] casting; **aller à un** ~ to go to an audition.

castor [kastɔr] *nm* beaver.

castrer [kastre] *vt* to castrate; [chat] to neuter; [chatte] to spay.

cataclysme [kataklism] *nm* cataclysm.

catadioptre [katadjɔptr], **Cataphote®** [katafɔt] *nm* **-1.** [sur la route] cat's eye. **-2.** [de véhicule] reflector.

catalogue [katalɔg] *nm* catalogue.

cataloguer [katalɔge] *vt* **-1.** [classer] to catalogue. **-2.** *péj* [juger] to label.

catalyseur [katalizœr] *nm* CHIM & *fig* catalyst.

catalytique [katalitik] → **pot.**

catamaran [katamarɑ̃] *nm* [voilier] catamaran.

Cataphote® = **catadioptre.**

cataplasme [kataplasm] *nm* poultice.

catapulter [katapylte] *vt* to catapult.

cataracte [katarakt] *nf* cataract.

catastrophe [katastrɔf] *nf* disaster, catastrophe.

catastrophé, -e [katastrɔfe] *adj* shocked, upset.

catastrophique [katastrɔfik] *adj* disastrous, catastrophic.

catch [katʃ] *nm* wrestling.

catéchisme [kateʃism] *nm* catechism.

catégorie [kategɔri] *nf* [gén] category; [de personnel] grade; [de viande, fruits] quality; ~ **socio-professionnelle** ÉCON socio-economic group.

catégorique [kategɔrik] *adj* categorical.

cathédrale [katedral] *nf* cathedral.

cathodique [katɔdik] → **tube.**

catholicisme [katɔlisism] *nm* Catholicism.

catholique [katɔlik] *adj* Catholic.

catimini [katimini]

◆ **en catimini** *loc adv* secretly.

cauchemar [koʃmar] *nm litt & fig* nightmare.

cauchemardesque [koʃmardɛsk] *adj* nightmarish.

cause [koz] *nf* **-1.** [gén] cause; **à ~ de** because of; **pour ~ de** on account of, because of. **-2.** JUR case. **-3.** *loc*: **être en ~** [intérêts] to be at stake; [honnêteté] to be in doubt OU in question; **remettre en ~** to challenge, to question.

causer [koze] ◇ *vt*: **~ qqch à qqn** to cause sb sthg. ◇ *vi* [bavarder]: **~ (de)** to chat (about).

causerie [kozri] *nf* talk.

caustique [kostik] *adj & nm* caustic.

cautériser [koterize] *vt* to cauterize.

caution [kosjɔ̃] *nf* **-1.** [somme d'argent] guarantee. **-2.** [personne] guarantor; **se porter ~ pour qqn** to act as guarantor for sb.

cautionner [kosjone] *vt* **-1.** [se porter garant de] to guarantee. **-2.** *fig* [appuyer] to support, to back.

cavalcade [kavalkad] *nf* **-1.** [de cavaliers] cavalcade. **-2.** [d'enfants] stampede.

cavalerie [kavalri] *nf* MIL cavalry.

cavalier, -ière [kavalje, jɛr] *nm, f* **-1.** [à cheval] rider. **-2.** [partenaire] partner.

◆ **cavalier** *nm* [aux échecs] knight.

cavalièrement [kavaljɛrmã] *adv* in an offhand manner.

cave [kav] ◇ *nf* **-1.** [sous-sol] cellar. **-2.** [de vins] (wine) cellar. ◇ *adj* [joues] hollow; [yeux] sunken.

caveau [kavo] *nm* **-1.** [petite cave] small cellar. **-2.** [sépulture] vault.

caverne [kavɛrn] *nf* cave.

caviar [kavjar] *nm* caviar.

cavité [kavite] *nf* cavity.

CB (*abr de* **citizen's band, canaux banalisés**) *nf* CB.

cc *abr de* **charges comprises.**

CCP (*abr de* **compte chèque postal, compte courant postal**) *nm post office account*, ≃ Giro *Br*.

CD *nm* (*abr de* **compact disc**) CD.

CDD *nm abr de* **contrat à durée déterminée.**

CDI *nm* **-1.** (*abr de* **centre de documentation et d'information**) *school library*. **-2.** *abr de* **contrat à durée indéterminée.**

ce [sə] ◇ *adj dém* (**cet** [sɛt] *devant voyelle ou h muet, f* **cette** [sɛt], *pl* **ces** [se]*)* [proche] this, these (*pl*); [éloigné] that, those (*pl*); **~ mois, ~ mois-ci** this month; **cette année, cette année-là** that year. ◇ *pron dém* (**c'** *devant voyelle*): **c'est** it is, it's; **~ sont** they are, they're; **c'est mon bureau** this is my office, it's my office; **~ sont mes enfants** these are my children, they're my children; **c'est à Paris** it's in Paris; **qui est-~?** who is it?; **~ qui, ~ que** what; **ils ont eu ~ qui leur revenait** they got what they deserved; ..., **~ qui est étonnant** ..., which is surprising; **elle n'achète même pas ~ dont elle a besoin** she doesn't even buy what she needs; **vous savez bien ~ à quoi je pense** you know exactly what I'm thinking about; **faites donc ~ pour quoi on vous paie** do what you're paid to do.

◆ **n'est-ce pas?** *loc adv* isn't it?/aren't you? *etc*; **~ café est bon, n'est-~ pas?** this coffee's good, isn't it?; **tu connais Pierre, n'est-~ pas?** you know Pierre, don't you?; **elle est jolie, n'est-~ pas?** she's pretty, isn't she?

CE ◇ *nm* **-1.** *abr de* **comité d'entreprise. -2.** (*abr de* **cours élémentaire**) **~1** *second year of primary school*; **~2** *third year of primary school.* ◇ *nf* (*abr de* **Communauté européenne**) EC.

ceci [səsi] *pron dém* this; **à ~ près que** with the exception that, except that.

cécité [sesite] *nf* blindness.

céder [sede] ◇ *vt* **-1.** [donner] to give up. **-2.** [revendre] to sell. ◇ *vi* **-1.** [personne]: ~ **(à)** to give in (to), to yield (to). **-2.** [chaise, plancher] to give way.

CEDEX, Cedex [sedɛks] (*abr de* **courrier d'entreprise à distribution exceptionnelle**) *nm* accelerated postal service for bulk users.

cédille [sedij] *nf* cedilla.

cèdre [sɛdr] *nm* cedar.

CEE (*abr de* **Communauté économique européenne**) *nf* EEC.

CEI (*abr de* **Communauté des États Indépendants**) *nf* CIS.

ceinture [sɛ̃tyr] *nf* **-1.** [gén] belt; ~ **de sécurité** safety OU seat belt. **-2.** ANAT waist.

ceinturon [sɛ̃tyrɔ̃] *nm* belt.

cela [səla] *pron dém* that; ~ **ne vous regarde pas** it's OU that's none of your business; **il y a des années de** ~ that was many years ago; **c'est** ~ that's right; ~ **dit** ... having said that ...; **malgré** ~ in spite of that, nevertheless.

célèbre [selɛbr] *adj* famous.

célébrer [selebre] *vt* **-1.** [gén] to celebrate. **-2.** [faire la louange de] to praise.

célébrité [selebrite] *nf* **-1.** [renommée] fame. **-2.** [personne] celebrity.

céleri [sɛlri] *nm* celery.

céleste [selɛst] *adj* heavenly.

célibat [seliba] *nm* celibacy.

célibataire [selibatɛr] ◇ *adj* single, unmarried. ◇ *nmf* single person, single man (*f* woman).

celle → **celui**.

celle-ci → **celui-ci**.

celle-là → **celui-là**.

celles → **celui**.

celles-ci → **celui-ci**.

celles-là → **celui-là**.

cellier [selje] *nm* storeroom.

Cellophane® [selɔfan] *nf* Cellophane®.

cellulaire [selylɛr] *adj* **-1.** BIOL & TÉLÉCOM cellular. **-2.** [destiné aux prisonniers]: **régime** ~ solitary confinement; **voiture** ~ prison van.

cellule [selyl] *nf* **-1.** [gén & INFORM] cell. **-2.** [groupe] unit; [réunion] emergency committee meeting.

cellulite [selylit] *nf* cellulite.

celte [sɛlt] *adj* Celtic.

◆ **Celte** *nmf* Celt.

celui [səlɥi] (*f* **celle** [sɛl], *mpl* **ceux** [sø], *fpl* **celles** [sɛl]) *pron dém* **-1.** [suivi d'un complément prépositionnel] the one; **celle de devant** the one in front; **ceux d'entre vous qui** ... those of you who .... **-2.** [suivi d'un pronom relatif]: ~ **qui** [objet] the one which OU that; [personne] the one who; **c'est celle qui te va le mieux** that's the one which OU that suits you best; ~ **que vous voyez** the one (which OU that) you can see, the one whom you can see; **ceux que je connais** those I know.

celui-ci [səlɥisi] (*f* **celle-ci** [sɛlsi], *mpl* **ceux-ci** [søsi], *fpl* **celles-ci** [sɛlsi]) *pron dém* this one, these ones (*pl*).

celui-là [səlɥila] (*f* **celle-là** [sɛlla], *mpl* **ceux-là** [søla], *fpl* **celles-là** [sɛlla]) *pron dém* that one, those ones (*pl*); ~ ... **celui-ci** the former ... the latter.

cendre [sɑ̃dr] *nf* ash.

cendré, -e [sɑ̃dre] *adj* [chevelure]: **blond** ~ ash blond.

cendrier [sɑ̃drije] *nm* **-1.** [de fumeur] ashtray. **-2.** [de poêle] ashpan.

cène [sɛn] *nf* (Holy) Communion.

◆ **Cène** *nf*: **la Cène** the Last Supper.

censé, -e [sɑ̃se] *adj*: **être** ~ **faire qqch** to be supposed to do sthg.

censeur [sɑ̃sœr] *nm* **-1.** SCOL ≃ deputy head *Br*, ≃ vice-principal *Am*. **-2.** CIN & PRESSE censor.

censure [sɑ̃syr] *nf* **-1.** [CIN & PRESSE - contrôle] censorship; [- censeurs] censors (*pl*). **-2.** POLIT censure. **-3.** PSYCHOL censor.

censurer [sɑ̃syre] *vt* **-1.** CIN, PRESSE & PSYCHOL to censor. **-2.** [juger] to censure.

cent [sɑ̃] ◇ *adj num* one hundred, a hundred. ◇ *nm* **-1.** [nombre] a hundred; *voir aussi* **six**. -2. [mesure de proportion]: **pour** ~ per cent.

centaine [sɑ̃tɛn] *nf* -1. [cent unités] hundred. -2. [un grand nombre]: **une** ~ **de** about a hundred; **des** ~**s (de)** hundreds (of); **plusieurs** ~**s de** several hundred; **par** ~**s** in hundreds.

centenaire [sɑ̃tnɛr] ◇ *adj* hundred-year-old (*avant n*); **être** ~ **to be a** hundred years old. ◇ *nmf* centenarian. ◇ *nm* [anniversaire] centenary.

centiare [sɑ̃tjar] *nm* square metre.

centième [sɑ̃tjɛm] *adj num, nm & nmf* hundredth; *voir aussi* **sixième**.

centigrade [sɑ̃tigrad] → **degré**.

centilitre [sɑ̃tilitr] *nm* centilitre.

centime [sɑ̃tim] *nm* centime.

centimètre [sɑ̃timɛtr] *nm* -1. [mesure] centimetre. -2. [ruban, règle] tape measure.

central, -e, -aux [sɑ̃tral, o] *adj* central.
♦ **central** *nm* [de réseau]: ~ **téléphonique** telephone exchange.
♦ **centrale** *nf* -1. [usine] power plant OU station; ~**e hydroélectrique** hydroelectric power station; ~**e nucléaire** nuclear power plant OU station. -2. COMM: ~**e d'achat** buying group.

centraliser [sɑ̃tralize] *vt* to centralize.

centre [sɑ̃tr] *nm* [gén] centre; ~ **aéré** outdoor centre; ~ **commercial** shopping centre; ~ **culturel** arts centre; ~ **de gravité** centre of gravity; ~ **nerveux** nerve centre.

centrer [sɑ̃tre] *vt* to centre.

centre-ville [sɑ̃trəvil] *nm* city centre, town centre.

centrifuge [sɑ̃trifyʒ] → **force**.

centrifugeuse [sɑ̃trifyʒøz] *nf* -1. TECHNOL centrifuge. -2. CULIN juice extractor.

centuple [sɑ̃typl] *nm*: **être le** ~ **de qqch** to be a hundred times sthg.

cep [sɛp] *nm* stock.

cèpe [sɛp] *nm* cep.

cependant [səpɑ̃dɑ̃] *conj* however, yet.

céramique [seramik] *nf* [matière, objet] ceramic.

cerceau [sɛrso] *nm* hoop.

cercle [sɛrkl] *nm* circle; ~ **vicieux** vicious circle.

cercueil [sɛrkœj] *nm* coffin.

céréale [sereal] *nf* cereal.

cérémonial, -als [seremɔnjal] *nm* ceremonial.

cérémonie [seremɔni] *nf* ceremony.

cérémonieux, -ieuse [seremɔnjø, jøz] *adj* ceremonious.

cerf [sɛr] *nm* stag.

cerf-volant [sɛrvɔlɑ̃] *nm* [jouet] kite.

cerise [səriz] *nf & adj inv* cherry.

cerisier [sərizje] *nm* [arbre] cherry (tree); [bois] cherry (wood).

cerne [sɛrn] *nm* ring.

cerné [sɛrne] → **œil**.

cerner [sɛrne] *vt* -1. [encercler] to surround. -2. *fig* [sujet] to define.

certain, -e [sɛrtɛ̃, ɛn] ◇ *adj* certain; **être** ~ **de qqch** to be certain OU sure of sthg; **je suis pourtant** ~ **d'avoir mis mes clés là** but I'm certain OU sure I left my keys there. ◇ *adj indéf* (*avant n*) certain; **il a un** ~ **talent** he has some talent OU a certain talent; **un** ~ **temps** for a while; **avoir un** ~ **âge** to be getting on, to be past one's prime; **c'est un monsieur d'un** ~ **âge** he's getting on a bit; **un** ~ **M Lebrun** a Mr Lebrun.
♦ **certains** (*fpl* **certaines**) *pron indéf pl* some.

certainement [sɛrtɛnmɑ̃] *adv* certainly.

certes [sɛrt] *adv* of course.

certificat [sɛrtifika] *nm* [attestation, diplôme] certificate; ~ **médical** medical certificate.

certifié, -e [sɛrtifje] *adj*: **professeur** ~ qualified teacher.

certifier [sɛrtifje] *vt* -1. [assurer]: ~ **qqch à qqn** to assure sb of sthg. -2. [authentifier] to certify.

certitude [sɛrtityˈ ˌ.ˌ] *nf* certainty.

cerveau [sɛrvo] *n ..* brain.

cervelle [sɛrvɛl] *nf* **-1.** ANAT brain. **-2.** [facultés mentales, aliment] brains (*pl*).

cervical, -e, -aux [sɛrvikal, o] *adj* cervical.

ces → ce.

CES (*abr de* **collège d'enseignement secondaire**) *nm former secondary school.*

césarienne [sezarjɛn] *nf* caesarean (section).

cesse [sɛs] *nf*: **n'avoir de ~ que** (+ *subjonctif*) *sout* not to rest until.
◆ **sans cesse** *loc adv* continually, constantly.

cesser [sese] ◇ *vi* to stop, to cease. ◇ *vt* to stop; **~ de faire qqch** to stop doing sthg.

cessez-le-feu [seselfø] *nm inv* ceasefire.

cession [sɛsjɔ̃] *nf* transfer.

c'est-à-dire [sɛtadir] *conj* **-1.** [en d'autres termes]: **~ (que)** that is (to say). **-2.** [introduit une restriction, précision, réponse]: **~ que** well ..., actually ....

cet → ce.

cétacé [setase] *nm* cetacean.

cette → ce.

ceux → celui.

ceux-ci → celui-ci.

ceux-là → celui-là.

cf. (*abr de* **confer**) cf.

CFC (*abr de* **chlorofluorocarbone**) *nm* CFC.

chacal [ʃakal] *nm* jackal.

chacun, -e [ʃakœ̃, yn] *pron indéf* each (one); [tout le monde] everyone, everybody; **~ de nous/de vous/d'eux** each of us/you/them; **~ pour soi** every man for himself; **tout un ~** every one of us/them.

chagrin, -e [ʃagrɛ̃, in] *adj* [personne] grieving; [caractère, humeur] morose.
◆ **chagrin** *nm* grief; **avoir du ~** to grieve.

chagriner [ʃagrine] *vt* **-1.** [peiner] to

grieve, to distress. **-2.** [contrarier] to upset.

chahut [ʃay] *nm* uproar.

chahuter [ʃayte] ◇ *vi* to cause an uproar. ◇ *vt* **-1.** [importuner - professeur] to rag, to tease; [- orateur] to heckle. **-2.** [bousculer] to jostle.

chaîne [ʃɛn] *nf* **-1.** [gén] chain; **~ de montagnes** mountain range. **-2.** IND: **~ de fabrication/de montage** production/assembly line; **travail à la ~** production-line work; **produire qqch à la ~** to mass-produce sthg. **-3.** TÉLÉ channel. **-4.** [appareil] stereo (system); **~ hi-fi** hi-fi system.
◆ **chaînes** *nfpl fig* chains, bonds.

chaînon [ʃɛnɔ̃] *nm litt & fig* link.

chair [ʃɛr] *nf* flesh; **avoir la ~ de poule** *fig* to have goosepimples *Br*, to have goosebumps *Am*.

chaire [ʃɛr] *nf* **-1.** [estrade - de prédicateur] pulpit; [- de professeur] rostrum. **-2.** UNIV chair.

chaise [ʃɛz] *nf* chair; **~ longue** deck-chair.

châle [ʃal] *nm* shawl.

chalet [ʃalɛ] *nm* **-1.** [de montagne] chalet. **-2.** *Can* [maison de campagne] (holiday) cottage.

chaleur [ʃalœr] *nf* heat; [agréable] warmth.

chaleureux, -euse [ʃalœrø, øz] *adj* warm.

challenge [ʃalɑ̃ʒ] *nm* **-1.** SPORT tournament. **-2.** *fig* [défi] challenge.

chaloupe [ʃalup] *nf* rowing boat *Br*, rowboat *Am*.

chalumeau [ʃalymo] *nm* TECHNOL blowlamp *Br*, blowtorch *Am*.

chalutier [ʃalytje] *nm* [bateau] trawler.

chamailler [ʃamaje]
◆ **se chamailler** *vp fam* to squabble.

chambranle [ʃɑ̃brɑ̃l] *nm* [de porte, fenêtre] frame; [de cheminée] mantelpiece.

chambre [ʃɑ̃br] *nf* **-1.** [où l'on dort]: **~ (à coucher)** bedroom; **~ à un lit, ~ pour une personne** single room; **~**

pour deux personnes double room; ~ **à deux lits** twin-bedded room; ~ **d'amis** spare room. **-2.** [local] room; ~ **forte** strongroom; ~ **froide** cold store; ~ **noire** darkroom. **-3.** JUR division; ~ **d'accusation** court of criminal appeal. **-4.** POLIT chamber, house; **Chambre des députés** ≃ House of Commons *Br*, ≃ House of Representatives *Am*. **-5.** TECHNOL chamber; ~ **à air** [de pneu] inner tube.

chambrer [ʃɑ̃bre] *vt* **-1.** [vin] to bring to room temperature. **-2.** *fam* [se moquer] to wind up *Br*.

chameau, -x [ʃamo] *nm* [mammifère] camel.

chamois [ʃamwa] *nm* chamois; [peau] chamois (leather).

champ [ʃɑ̃] *nm* **-1.** [gén & INFORM] field; ~ **de bataille** battlefield; ~ **de courses** racecourse. **-2.** [étendue] area.

champagne [ʃɑ̃paɲ] *nm* champagne.

champêtre [ʃɑ̃pɛtr] *adj* rural.

champignon [ʃɑ̃piɲɔ̃] *nm* **-1.** BOT & MÉD fungus. **-2.** [comestible] mushroom; ~ **vénéneux** toadstool.

champion, -ionne [ʃɑ̃pjɔ̃, jɔn] ◇ *nm, f* champion. ◇ *adj fam* brilliant.

championnat [ʃɑ̃pjɔna] *nm* championship.

chance [ʃɑ̃s] *nf* **-1.** [bonheur] luck (*U*); **avoir de la** ~ to be lucky; **ne pas avoir de** ~ to be unlucky; **porter** ~ to bring good luck. **-2.** [probabilité, possibilité] chance, opportunity; **avoir des ~s de faire qqch** to have a chance of doing sth.

chanceler [ʃɑ̃sle] *vi* [personne, gouvernement] to totter; [meuble] to wobble.

chancelier [ʃɑ̃səlje] *nm* **-1.** [premier ministre] chancellor. **-2.** [de consulat, d'ambassade] secretary.

chanceux, -euse [ʃɑ̃sø, øz] *adj* lucky.

chandail [ʃɑ̃daj] *nm* (thick) sweater.

Chandeleur [ʃɑ̃dlœr] *nf* Candlemas.

chandelier [ʃɑ̃dəlje] *nm* [pour une bougie] candlestick; [à plusieurs branches] candelabra.

chandelle [ʃɑ̃dɛl] *nf* [bougie] candle.

change [ʃɑ̃ʒ] *nm* **-1.** [troc & FIN] exchange. **-2.** [couche de bébé] disposable nappy *Br*, diaper *Am*.

changeant, -e [ʃɑ̃ʒɑ̃, ɑ̃t] *adj* **-1.** [temps, humeur] changeable. **-2.** [reflet] shimmering.

changement [ʃɑ̃ʒmɑ̃] *nm* change.

changer [ʃɑ̃ʒe] ◇ *vt* **-1.** [gén] to change; ~ **qqch contre** to change OU exchange sth for; ~ **qqn en** to change sb into; ~ **des francs en livres** to change francs into pounds, to exchange francs for pounds. **-2.** [modifier] to change, to alter; **ça me/te changera** that will be a (nice) change for me/you. ◇ *vi* **-1.** [gén] to change; ~ **de train (à)** to change trains (at); ~ **d'avis** to change one's mind; **ça changera!** that'll make a change!; ~ **de direction** to change direction; ~ **de place (avec qqn)** to change places (with sb); ~ **de voiture** to change one's car; **pour** ~ for a change. **-2.** [modifier] to change, to alter; ~ **de comportement** to alter one's behaviour.

chanson [ʃɑ̃sɔ̃] *nf* song; **c'est toujours la même** ~ *fig* it's the same old story.

chansonnier, -ière [ʃɑ̃sɔnje, jɛr] *nm, f* cabaret singer-songwriter.

chant [ʃɑ̃] *nm* **-1.** [chanson] song, singing (*U*); [sacré] hymn. **-2.** [art] singing.

chantage [ʃɑ̃taʒ] *nm litt & fig* blackmail; **faire du** ~ to use OU resort to blackmail; **faire du** ~ **à qqn** to blackmail sb.

chanter [ʃɑ̃te] ◇ *vt* **-1.** [chanson] to sing. **-2.** *littéraire* [célébrer] to sing OU tell of; ~ **les louanges de qqn** to sing sb's praises. ◇ *vi* **-1.** [gén] to sing. **-2.** *loc*: **faire** ~ **qqn** to blackmail sb; **si ça vous chante!** *fam* if you feel like OU fancy it!

chanteur, -euse [ʃɑ̃tœr, øz] *nm, f* singer.

chantier [ʃɑ̃tje] *nm* **-1.** CONSTR (building) site; [sur la route] roadworks (*pl*); ~ **naval** shipyard, dockyard. **-2.** *fig* [désordre] shambles (*sg*), mess.

chantonner [ʃɑ̃tɔne] *vt & vi* to hum.

chanvre [ʃɑ̃vr] *nm* hemp.

chaos [kao] *nm* chaos.

chap. (*abr de* **chapitre**) ch.

chaparder [ʃaparde] *vt* to steal.

chapeau, -x [ʃapo] *nm* **-1.** [coiffure] hat. **-2.** PRESSE introductory paragraph.

chapeauter [ʃapote] *vt* [service] to head; [personnes] to supervise.

chapelet [ʃaplɛ] *nm* **-1.** RELIG rosary. **-2.** *fig* [d'injures] string, torrent.

chapelle [ʃapɛl] *nf* [petite église] chapel; [partie d'église] choir.

chapelure [ʃaplyr] *nf* (dried) breadcrumbs (*pl*).

chapiteau [ʃapito] *nm* [de cirque] big top.

chapitre [ʃapitr] *nm* [de livre & RELIG] chapter.

chaque [ʃak] *adj indéf* each, every; ~ **personne** each person, everyone; **j'ai payé ces livres 100 francs** ~ I paid 100 francs each for these books.

char [ʃar] *nm* **-1.** MIL: ~ **(d'assaut)** tank. **-2.** [de carnaval] float. **-3.** *Can* [voiture] car.

charabia [ʃarabja] *nm* gibberish.

charade [ʃarad] *nf* charade.

charbon [ʃarbɔ̃] *nm* [combustible] coal; ~ **de bois** charcoal.

charcuter [ʃarkyte] *vt fam péj* to butcher.

charcuterie [ʃarkytri] *nf* **-1.** [magasin] pork butcher's. **-2.** [produits] pork meat products.

charcutier, -ière [ʃarkytje, jɛr] *nm, f* [commerçant] pork butcher.

chardon [ʃardɔ̃] *nm* [plante] thistle.

charge [ʃarʒ] *nf* **-1.** [fardeau] load. **-2.** [fonction] office. **-3.** [responsabilité] responsibility; **être à la** ~ **de** [personne] to be dependent on; **les travaux sont à la** ~ **du propriétaire** the owner is liable for the cost of the work; **prendre qqch en** ~ [payer] to pay (for) sthg; [s'occuper de] to take charge of sthg; **prendre qqn en** ~ to take charge of sb. **-4.** ÉLECTR, JUR & MIL charge.

◆ **charges** *nfpl* **-1.** [d'appartement] service charge. **-2.** ÉCON expenses, costs; ~**s sociales** ≃ employer's contributions.

chargé, -e [ʃarʒe] ◇ *adj* **-1.** [véhicule, personne]: ~ **(de)** loaded (with). **-2.** [responsable]: ~ **(de)** responsible (for). **-3.** [occupé] full, busy. ◇ *nm, f:* ~ **d'affaires** chargé d'affaires; ~ **de mission** head of mission.

chargement [ʃarʒəmɑ̃] *nm* **-1.** [action] loading. **-2.** [marchandises] load.

charger [ʃarʒe] *vt* **-1.** [gén & INFORM] to load. **-2.** ÉLECTR, JUR & MIL to charge. **-3.** [donner une mission à]: ~ **qqn de faire qqch** to put sb in charge of doing sthg.

◆ **se charger** *vp*: **se** ~ **de qqn/qqch** to take care of sb/sthg, to take charge of sb/sthg; **se** ~ **de faire qqch** to undertake to do sthg.

chargeur [ʃarʒœr] *nm* **-1.** ÉLECTR charger. **-2.** [d'arme] magazine.

chariot [ʃarjo] *nm* **-1.** [charrette] handcart. **-2.** [à bagages, dans un hôpital] trolley *Br*, wagon *Am*. **-3.** [de machine à écrire] carriage.

charisme [karism] *nm* charisma.

charitable [ʃaritabl] *adj* charitable; [conseil] friendly.

charité [ʃarite] *nf* **-1.** [aumône & RELIG] charity. **-2.** [bonté] kindness.

charlatan [ʃarlatɑ̃] *nm péj* charlatan.

charmant, -e [ʃarmɑ̃, ɑ̃t] *adj* charming.

charme [ʃarm] *nm* **-1.** [séduction] charm. **-2.** [enchantement] spell. **-3.** [arbre] ironwood, hornbeam.

charmer [ʃarme] *vt* to charm; **être charmé de faire qqch** to be delighted to do sthg.

charmeur, -euse [ʃarmœr, øz] ◇ *adj*

charming. ◇ *nm, f* charmer; ~ **de serpents** snake charmer.

charnel, -elle [ʃarnɛl] *adj* carnal.

charnier [ʃarnje] *nm* mass grave.

charnière [ʃarnjɛr] ◇ *nf* hinge; *fig* turning point. ◇ *adj* [période] transitional.

charnu, -e [ʃarny] *adj* fleshy.

charogne [ʃarɔɲ] *nf* [d'animal] carrion (U).

charpente [ʃarpɑ̃t] *nf* -1. [de bâtiment, de roman] framework. -2. [ossature] frame.

charpentier [ʃarpɑ̃tje] *nm* carpenter.

charretier, -ière [ʃartje, jɛr] *nm, f* carter.

charrette [ʃarɛt] *nf* cart.

charrier [ʃarje] ◇ *vt* -1. to carry. -2. *fam* [se moquer de]: ~ **qqn** to take sb for a ride. ◇ *vi fam* [exagérer] to go too far.

charrue [ʃary] *nf* plough, plow *Am*.

charte [ʃart] *nf* charter.

charter [ʃartɛr] *nm* chartered plane.

chartreuse [ʃartrøz] *nf* -1. RELIG Carthusian monastery. -2. [liqueur] Chartreuse.

chas [ʃa] *nm* eye (*of needle*).

chasse [ʃas] *nf* -1. [action] hunting; ~ **à courre** hunting (*on horseback with hounds*). -2. [période]: **la ~ est ouverte/ fermée** it's the open/close season. -3. [domaine]: ~ **gardée** private hunting ou shooting preserve; *fig* preserve. -4. [poursuite] chase; **faire la ~ à qqn/qqch** *fig* to hunt (for) sb/sthg, to hunt sb/sthg down; **prendre qqn/qqch en ~** to give chase to sb/sthg. -5. [des cabinets]: ~ **(d'eau)** flush; **tirer la ~** to flush the toilet.

chassé-croisé [ʃasekrwaze] *nm* toing and froing.

chasse-neige [ʃasnɛʒ] *nm inv* snowplough.

chasser [ʃase] *vt* -1. [animal] to hunt. -2. [faire partir - personne] to drive ou chase away; [- odeur, souci] to dispel.

chasseur, -euse [ʃasœr, øz] *nm, f* hunter.

◆ **chasseur** *nm* -1. [d'hôtel] page, messenger. -2. MIL: ~ **alpin** *soldier specially trained for operations in mountainous terrain.* -3. [avion] fighter.

châssis [ʃasi] *nm* -1. [de fenêtre, de porte, de machine] frame. -2. [de véhicule] chassis.

chaste [ʃast] *adj* chaste.

chasteté [ʃastəte] *nf* chastity.

chasuble [ʃazybl] *nf* chasuble.

chat, chatte [ʃa, ʃat] *nm, f* cat.

châtaigne [ʃatɛɲ] *nf* -1. [fruit] chestnut. -2. *fam* [coup] clout.

châtaignier [ʃatɛɲe] *nm* [arbre] chestnut (tree); [bois] chestnut.

châtain [ʃatɛ̃] *adj & nm* chestnut, chestnut-brown.

château, -x [ʃato] *nm* -1. [forteresse]: ~ **(fort)** castle. -2. [résidence - seigneuriale] mansion; [- de monarque, d'évêque] palace; ~ **de sable** sandcastle. -3. [réservoir]: ~ **d'eau** water tower.

châtiment [ʃatimɑ̃] *nm* punishment.

chaton [ʃatɔ̃] *nm* -1. [petit chat] kitten. -2. BOT catkin.

chatouiller [ʃatuje] *vt* -1. [faire des chatouilles à] to tickle. -2. *fig* [titiller] to titillate.

chatoyant, -e [ʃatwajɑ̃, ɑ̃t] *adj* [reflet, étoffe] shimmering; [bijou] sparkling.

châtrer [ʃɑtre] *vt* to castrate; [chat] to neuter; [chatte] to spay.

chatte → chat.

chaud, -e [ʃo, ʃod] *adj* -1. [gén] warm; [de température très élevée, sensuel] hot. -2. *fig* [enthousiaste]: **être ~ pour qqch/pour faire qqch** to be keen on sthg/on doing sthg.

◆ **chaud** ◇ *adv*: **avoir ~** to be warm ou hot; **il fait ~** it's warm ou hot; **manger ~** to have something hot (to eat). ◇ *nm* heat; **rester au ~** to stay in the warm.

chaudement [ʃodmɑ̃] *adv* warmly.

chaudière [ʃodjɛr] *nf* boiler.

chaudron [ʃodrɔ̃] *nm* cauldron.

chauffage [ʃofaʒ] *nm* [appareil] heating (system); ~ **central** central heating.

chauffant, -e [ʃofɑ̃, ɑ̃t] *adj* heating; **plaque ~e** hotplate.

chauffard [ʃofar] *nm péj* reckless driver.

chauffe-eau [ʃofo] *nm inv* water-heater.

chauffer [ʃofe] ◇ *vt* [rendre chaud] to heat (up). ◇ *vi* **-1.** [devenir chaud] to heat up. **-2.** [moteur] to overheat. **-3.** *fam* [barder]: **ça va ~** there's going to be trouble.

chauffeur [ʃofœr] *nm* AUTOM driver.

chaume [ʃom] *nm* [paille] thatch.

chaumière [ʃomjɛr] *nf* cottage.

chaussée [ʃose] *nf* road, roadway; **«~ déformée»** "uneven road surface".

chausse-pied [ʃospje] (*pl* **chausse-pieds**) *nm* shoehorn.

chausser [ʃose] ◇ *vt* [chaussures, lunettes, skis] to put on. ◇ *vi*: ~ **du 39** to take size 39 (shoes).
◆ **se chausser** *vp* to put one's shoes on.

chaussette [ʃosɛt] *nf* sock.

chausson [ʃosɔ̃] *nm* **-1.** [pantoufle] slipper. **-2.** [de danse] ballet shoe. **-3.** [de bébé] bootee. **-4.** CULIN turnover; ~ **aux pommes** apple turnover.

chaussure [ʃosyr] *nf* **-1.** [soulier] shoe; ~ **basse** low-heeled shoe, flat shoe; ~ **de marche** [de randonnée] hiking OU walking boot; [confortable] walking shoe; ~ **montante** (ankle) boot; ~ **de ski** ski boot. **-2.** [industrie] footwear industry.

chauve [ʃov] *adj* [sans cheveux] bald.

chauve-souris [ʃovsuri] *nf* bat.

chauvin, -e [ʃovɛ̃, in] *adj* chauvinistic.

chaux [ʃo] *nf* lime; **blanchi à la ~** whitewashed.

chavirer [ʃavire] *vi* **-1.** [bateau] to capsize. **-2.** *fig* [tourner] to spin.

chef [ʃɛf] *nm* **-1.** [d'un groupe] head, leader; [au travail] boss; **en ~** in chief; ~ **d'entreprise** company head; ~ **de**

famille head of the family; ~ **de file** POLIT (party) leader; ~ **de gare** stationmaster; ~ **d'orchestre** conductor; ~ **de rayon** departmental manager OU supervisor; ~ **de service** ADMIN departmental manager. **-2.** [cuisinier] chef.
◆ **chef d'accusation** *nm* charge, count.

chef-d'œuvre [ʃɛdœvr] (*pl* **chefs-d'œuvre**) *nm* masterpiece.

chef-lieu [ʃɛfljø] *nm* ≈ county town.

cheik [ʃɛk] *nm* sheikh.

chemin [ʃəmɛ̃] *nm* **-1.** [voie] path; ~ **de fer** railway; ~ **vicinal** byroad, minor road. **-2.** [parcours] way; *fig* road; **en ~** on the way.

cheminée [ʃəmine] *nf* **-1.** [foyer] fireplace. **-2.** [conduit d'usine] chimney. **-3.** [encadrement] mantelpiece. **-4.** [de paquebot, locomotive] funnel.

cheminement [ʃəminmɑ̃] *nm* [progression] advance, *fig* [d'idée] development.

cheminer [ʃəmine] *vi* [avancer] to make one's way; *fig* [idée] to develop.

cheminot [ʃəmino] *nm* railwayman *Br*, railroad man *Am*.

chemise [ʃəmiz] *nf* **-1.** [d'homme] shirt; ~ **de nuit** [de femme] nightdress. **-2.** [dossier] folder.

chemisette [ʃəmizɛt] *nf* [d'homme] short-sleeved shirt; [de femme] short-sleeved blouse.

chemisier [ʃəmizje] *nm* [vêtement] blouse.

chenal, -aux [ʃənal, o] *nm* [canal] channel.

chêne [ʃɛn] *nm* [arbre] oak (tree); [bois] oak.

chenet [ʃənɛ] *nm* firedog.

chenil [ʃənil] *nm* [pour chiens] kennel.

chenille [ʃənij] *nf* **-1.** [insecte] caterpillar. **-2.** [courroie] caterpillar track.

chèque [ʃɛk] *nm* cheque; **faire/toucher un ~** to write/cash a cheque; ~ **(bancaire)** (bank) cheque;

~ **barré** crossed cheque; ~ **postal** post office cheque; ~ **sans provision** bad cheque; ~ **de voyage** traveller's cheque.

chèque-cadeau [ʃɛkkado] *nm* gift token.

chèque-repas [ʃɛkrəpa] (*pl* **chèques-repas**), **chèque-restaurant** [ʃɛkrɛstɔrɑ̃] (*pl* **chèques-restaurant**) *nm* luncheon voucher.

chéquier [ʃekje] *nm* chequebook.

cher, chère [ʃɛr] ◇ *adj* -**1.** [aimé]: ~ (**à qqn**) dear (to sb); **Cher Monsieur** [au début d'une lettre] Dear Sir; **Chère Madame** [au début d'une lettre] Dear Madam. -**2.** [produit, vie, commerçant] expensive. ◇ *nm, f hum:* **mon ~** dear. ◆ **cher** *adv:* **valoir ~, coûter ~** to be expensive, to cost a lot; **payer ~** to pay a lot; **je l'ai payé ~** *litt* & *fig* it cost me a lot. ◆ **chère** *nf:* **aimer la bonne ~** *sout* to like to eat well.

chercher [ʃɛrʃe] ◇ *vt* -**1.** [gén] to look for. -**2.** [prendre]: **aller/venir qqn** [à un rendez-vous] to (go/come and) meet sb; [en voiture] to (go/come and) pick sb up; **aller/venir ~ qqch** to (go/come and) get sthg. ◇ *vi:* ~ **à faire qqch** to try to do sthg.

chercheur, -euse [ʃɛrʃœr, øz] *nm, f* [scientifique] researcher.

chéri, -e [ʃeri] ◇ *adj* dear. ◇ *nm, f* darling.

chérir [ʃerir] *vt* [personne] to love dearly; [chose, idée] to cherish.

chétif, -ive [ʃetif, iv] *adj* [malingre] sickly, weak.

cheval, -aux [ʃəval, o] *nm* -**1.** [animal] horse; **être à ~ sur qqch** [être assis] to be sitting astride sthg; *fig* [siècles] to straddle sthg; *fig* [tenir à] to be a stickler for sthg; ~ **d'arçons** horse (*in gymnastics*). -**2.** [équitation] riding, horse-riding; **faire du ~** to ride. -**3.** AUTOM: ~, ~**-vapeur** horsepower.

chevalerie [ʃəvalri] *nf* -**1.** [qualité] chivalry. -**2.** HIST knighthood.

chevalet [ʃəvalɛ] *nm* [de peintre] easel.

chevalier [ʃəvalje] *nm* knight.

chevalière [ʃəvaljɛr] *nf* [bague] signet ring.

chevauchée [ʃəvoʃe] *nf* [course] ride, horse-ride.

chevaucher [ʃəvoʃe] *vt* [être assis] to sit OU be astride. ◆ **se chevaucher** *vp* to overlap.

chevelu, -e [ʃəvly] *adj* hairy.

chevelure [ʃəvlyr] *nf* [cheveux] hair.

chevet [ʃəvɛ] *nm* head (*of bed*); **être au ~ de qqn** to be at sb's bedside.

cheveu, -x [ʃəvø] *nm* [cheveu] hair; **se faire couper les ~x** to have one's hair cut.

cheville [ʃəvij] *nf* -**1.** ANAT ankle. -**2.** [pour fixer une vis] Rawlplug®.

chèvre [ʃɛvr] ◇ *nf* [animal] goat. ◇ *nm* [fromage] goat's cheese.

chevreau, -x [ʃəvro] *nm* kid.

chèvrefeuille [ʃɛvrəfœj] *nm* honeysuckle.

chevreuil [ʃəvrœj] *nm* -**1.** [animal] roe deer. -**2.** CULIN venison.

chevronné, -e [ʃəvrɔne] *adj* [expérimenté] experienced.

chevrotant, -e [ʃəvrɔtɑ̃, ɑ̃t] *adj* tremulous.

chevrotine [ʃəvrɔtin] *nf* buckshot.

chewing-gum [ʃwiŋgɔm] (*pl* **chewing-gums**) *nm* chewing gum (*U*).

chez [ʃe] *prép* -**1.** [dans la maison de]: **il est ~ lui** he's at home; **il rentre ~ lui** he's going home; **être ~ le coiffeur/médecin** to be at the hairdresser's/doctor's; **aller ~ le médecin/coiffeur** to go to the doctor's/hairdresser's; **il va venir ~ nous** he is going to come to our place OU house; **il habite ~ nous** he lives with us. -**2.** [en ce qui concerne]: ~ **les jeunes** among young people; ~ **les Anglais** in England. -**3.** [dans les œuvres de]: ~ **Proust** in (the works of) Proust. -**4.** [dans le caractère de]: **cette réaction est normale ~ lui** this reaction is normal for OU with him; **ce que j'apprécie ~ lui, c'est sa gentillesse** what I like about him is his kindness.

chez-soi [ʃeswa] *nm inv* home, place of one's own.

chic [ʃik] ◇ *adj* (*inv en genre*) **-1.** [élégant] smart, chic. **-2.** *vieilli* [serviable] nice. ◇ *nm* style. ◇ *interj* : ~ **(alors)!** great!

chicorée [ʃikɔre] *nf* [salade] endive; [à café] chicory.

chien [ʃjɛ̃] *nm* **-1.** [animal] dog; ~ **de chasse** [d'arrêt] **gundog;** ~ **de garde** guard dog. **-2.** [d'arme] hammer. **-3.** *loc* : **avoir un mal de ~ à faire qqch** to have a lot of trouble doing sthg; **en ~ de fusil** curled up.

chiendent [ʃjɛ̃dɑ̃] *nm* couch grass.

chien-loup [ʃjɛ̃lu] *nm* Alsatian (dog).

chienne [ʃjɛn] *nf* bitch.

chiffe [ʃif] *nf* : **c'est une ~ molle** he's spineless, he's a weed.

chiffon [ʃifɔ̃] *nm* [linge] rag.

chiffonné, -e [ʃifɔne] *adj* [visage] worn.

chiffre [ʃifr] *nm* **-1.** [caractère] figure, number; ~ **arabe/romain** Arabic/ Roman numeral. **-2.** [montant] sum; ~ **d'affaires** COMM turnover *Br*, net revenue *Am*; ~ **rond** round number; ~ **de ventes** sales figures (*pl*).

chiffrer [ʃifre] *vt* **-1.** [évaluer] to calculate, to assess. **-2.** [coder] to encode. ◇ *vi fam* to mount up.

chignole [ʃiɲɔl] *nf* drill.

chignon [ʃiɲɔ̃] *nm* bun (*in hair*); **se crêper le ~** *fig* to scratch each other's eyes out.

Chili [ʃili] *nm* : **le ~** Chile.

chimère [ʃimɛr] *nf* **-1.** MYTH chimera. **-2.** [illusion] illusion, dream.

chimie [ʃimi] *nf* chemistry.

chimiothérapie [ʃimjɔterapi] *nf* chemotherapy.

chimique [ʃimik] *adj* chemical.

chimiste [ʃimist] *nmf* chemist.

chimpanzé [ʃɛ̃pɑ̃ze] *nm* chimpanzee.

Chine [ʃin] *nf* : **la ~** China.

chiné, -e [ʃine] *adj* mottled.

chiner [ʃine] *vi* to look for bargains.

chinois, -e [ʃinwa, waz] *adj* Chinese.
◆ **chinois** *nm* **-1.** [langue] Chinese. **-2.** [passoire] conical sieve.
◆ **Chinois, -e** *nm, f* Chinese person; **les Chinois** the Chinese.

chiot [ʃjo] *nm* puppy.

chipie [ʃipi] *nf* vixen *péj*.

chips [ʃips] *nfpl* : **(pommes)** ~ **(potato) crisps** *Br*, **(potato) chips** *Am*.

chiquenaude [ʃiknod] *nf* flick.

chiquer [ʃike] ◇ *vt* to chew. ◇ *vi* to chew tobacco.

chirurgical, -e, -aux [ʃiryrʒikal, o] *adj* surgical.

chirurgie [ʃiryrʒi] *nf* surgery.

chirurgien [ʃiryrʒjɛ̃] *nm* surgeon.

chiure [ʃjyr] *nf* : ~ **(de mouche)** flyspecks (*pl*).

chlore [klɔr] *nm* chlorine.

chloroforme [klɔrɔfɔrm] *nm* chloroform.

chlorophylle [klɔrɔfil] *nf* chlorophyll.

choc [ʃɔk] *nm* **-1.** [heurt, coup] impact. **-2.** [conflit] clash. **-3.** [émotion] shock. **-4.** (*en apposition*) : **images-~s** shock pictures; **prix-~** amazing bargain.

chocolat [ʃɔkɔla] ◇ *nm* chocolate; ~ **au lait/noir** milk/plain chocolate; ~ **à cuire/à croquer** cooking/eating chocolate. ◇ *adj inv* chocolate (brown).

chœur [kœr] *nm* **-1.** [chorale] choir; [d'opéra & *fig*] chorus; **en ~** *fig* all together. **-2.** [d'église] choir, chancel.

choisi, -e [ʃwazi] *adj* selected; [termes, langage] carefully chosen.

choisir [ʃwazir] ◇ *vt* : ~ **(de faire qqch)** to choose (to do sthg). ◇ *vi* to choose.

choix [ʃwa] *nm* **-1.** [gén] choice; **le livre de ton ~** any book you like; **au ~** as you prefer; **avoir le ~** to have the choice. **-2.** [qualité] : **de premier ~** grade OU class one; **articles de second ~** seconds.

choléra [kɔlera] *nm* cholera.

cholestérol [kɔlɛsterɔl] *nm* cholesterol.

chômage [ʃomaʒ] *nm* unemployment; **en ~, au ~** unemployed; **être mis au ~ technique** to be laid off.

chômeur, -euse [ʃomœr, øz] *nm, f:* **les ~s** the unemployed.

chope [ʃɔp] *nf* tankard.

choper [ʃɔpe] *vt fam* **-1.** [voler, arrêter] to nick *Br*, to pinch. **-2.** [attraper] to catch.

choquant, -e [ʃɔkɑ̃, ɑ̃t] *adj* shocking.

choquer [ʃɔke] *vt* **-1.** [scandaliser] to shock. **-2.** [traumatiser] to shake (up).

choral, -e, -als OU **-aux** [kɔral, o] *adj* choral.
◆ **chorale** *nf* [groupe] choir.

chorégraphie [kɔregrafi] *nf* choreography.

choriste [kɔrist] *nmf* chorister.

chose [ʃoz] *nf* thing; **c'est (bien) peu de ~** it's nothing really; **c'est la moindre des ~s** it's the least I/we can do; **de deux ~s l'une** (it's got to be) one thing or the other; **parler de ~s et d'autres** to talk of this and that.

chou, -x [ʃu] ◇ *nm* **-1.** [légume] cabbage. **-2.** [pâtisserie] choux bun. ◇ *adj inv* sweet, cute.

chouchou, -oute [ʃuʃu, ut] *nm, f* favourite; [élève] teacher's pet.

choucroute [ʃukrut] *nf* sauerkraut.

chouette [ʃwɛt] ◇ *nf* [oiseau] owl. ◇ *adj fam vieilli* smashing *Br*, great. ◇ *interj* **(alors)! great!

chou-fleur [ʃuflœr] *nm* cauliflower.

choyer [ʃwaje] *vt sout* to pamper.

chrétien, -ienne [kretjɛ̃, jɛn] *adj & nm, f* Christian.

chrétienté [kretjɛ̃te] *nf* Christendom.

Christ [krist] *nm* Christ.

christianisme [kristjanism] *nm* Christianity.

chrome [krom] *nm* CHIM chromium.

chromé, -e [krome] *adj* chrome-plated; **acier ~ chrome steel.

chromosome [krɔmozom] *nm* chromosome.

chronique [krɔnik] ◇ *nf* **-1.** [annales] chronicle. **-2.** PRESSE: **~ sportive** sports section. ◇ *adj* chronic.

chronologie [krɔnɔlɔʒi] *nf* chronology.

chronologique [krɔnɔlɔʒik] *adj* chronological.

chronomètre [krɔnɔmɛtr] *nm* SPORT stopwatch.

chronométrer [krɔnɔmetre] *vt* to time.

chrysalide [krizalid] *nf* chrysalis.

chrysanthème [krizɑ̃tɛm] *nm* chrysanthemum.

chuchotement [ʃyʃɔtmɑ̃] *nm* whisper.

chuchoter [ʃyʃɔte] *vt & vi* to whisper.

chut [ʃyt] *interj* sh!, hush!

chute [ʃyt] *nf* **-1.** [gén] fall; **~ d'eau** waterfall; **~ de neige** snowfall. **-2.** [de tissu] scrap.

ci [si] *adv* (*après n*): **ce livre-~** this book; **ces jours-~** these days.

ci-après [siaprɛ] *adv* below.

cible [sibl] *nf litt & fig* target.

cicatrice [sikatris] *nf* scar.

cicatriser [sikatrize] *vt litt & fig* to heal.

ci-contre [sikɔ̃tr] *adv* opposite.

ci-dessous [sidəsu] *adv* below.

ci-dessus [sidəsy] *adv* above.

cidre [sidr] *nm* cider.

Cie (*abr de* compagnie) Co.

ciel, cieux [sjɛl, sjø] *nm* **-1.** [firmament] sky; **à ~ ouvert** open-air. **-2.** [paradis, providence] heaven; **c'est le ~ qui l'envoie!** he's heaven-sent!
◆ **cieux** *nmpl* heaven (*sg*).

cierge [sjɛrʒ] *nm* RELIG (votive) candle.

cigale [sigal] *nf* cicada.

cigare [sigar] *nm* cigar.

cigarette [sigarɛt] *nf* cigarette.

ci-gît [siʒi] *adv* here lies.

cigogne [sigɔɲ] *nf* stork.

ci-inclus, -e [siɛ̃kly, yz] *adj* enclosed.

◆ **ci-inclus** *adv* enclosed.

ci-joint, -e [siʒwɛ̃, ɛt] *adj* enclosed.

◆ **ci-joint** *adv*: **veuillez trouver** ~ ... please find enclosed ....

cil [sil] *nm* ANAT eyelash, lash.

ciller [sije] *vi* to blink (one's eyes).

cime [sim] *nf* [d'arbre, de montagne] top; *fig* height.

ciment [simɑ̃] *nm* cement.

cimenter [simɑ̃te] *vt* to cement.

cimetière [simtjɛr] *nm* cemetery.

ciné [sine] *nm fam* cinema.

cinéaste [sineast] *nmf* film-maker.

ciné-club [sineklœb] (*pl* **ciné-clubs**) *nm* film club.

cinéma [sinema] *nm* **-1.** [salle, industrie] cinema. **-2.** [art] cinema, film; **un acteur de** ~ a film star.

cinémathèque [sinematɛk] *nf* film archive.

cinématographique [sinematɔgrafik] *adj* cinematographic.

cinéphile [sinefil] *nmf* film buff.

cinglé, -e [sɛ̃gle] *fam adj* nuts, nutty.

cingler [sɛ̃gle] *vt* to lash.

cinq [sɛ̃k] ◇ *adj num* five. ◇ *nm* five; *voir aussi* **six**.

cinquantaine [sɛ̃kɑ̃tɛn] *nf* **-1.** [nombre]: **une** ~ **de** about fifty. **-2.** [âge]: **avoir la** ~ to be in one's fifties.

cinquante [sɛ̃kɑ̃t] *adj num & nm* fifty; *voir aussi* **six**.

cinquantième [sɛ̃kɑ̃tjɛm] *adj num, nm & nmf* fiftieth; *voir aussi* **sixième**.

cinquième [sɛ̃kjɛm] ◇ *adj num, nm & nmf* fifth. ◇ *nf* second year (*of secondary school*); *voir aussi* **sixième**.

cintre [sɛ̃tr] *nm* [pour vêtements] coat hanger.

cintré, -e [sɛ̃tre] *adj* COUTURE waisted.

cirage [siraʒ] *nm* [produit] shoe polish.

circoncision [sirkɔ̃sizjɔ̃] *nf* circumcision.

circonférence [sirkɔ̃ferɑ̃s] *nf* **-1.** GÉOM circumference. **-2.** [pourtour] boundary.

circonflexe [sirkɔ̃flɛks] → **accent**.

circonscription [sirkɔ̃skripsjɔ̃] *nf* district.

circonscrire [sirkɔ̃skrir] *vt* **-1.** [incendie, épidémie] to contain. **-2.** *fig* [sujet] to define.

circonspect, -e [sirkɔ̃spɛ, ɛkt] *adj* cautious.

circonstance [sirkɔ̃stɑ̃s] *nf* **-1.** [occasion] occasion. **-2.** (*gén pl*) [contexte, conjoncture] circumstance; **atténuantes** JUR mitigating circumstances.

circonstancié, -e [sirkɔ̃stɑ̃sje] *adj* detailed.

circonstanciel, -ielle [sirkɔ̃stɑ̃sjɛl] *adj* GRAM adverbial.

circuit [sirkɥi] *nm* **-1.** [chemin] route. **-2.** [parcours touristique] tour. **-3.** SPORT & TECHNOL circuit; **en** ~ **fermé** [en boucle] closed-circuit (*avant n*); *fig* within a limited circle.

circulaire [sirkylɛr] *nf & adj* circular.

circulation [sirkylasjɔ̃] *nf* **-1.** [mouvement] circulation; **mettre en** ~ to circulate; ~ **(du sang)** circulation. **-2.** [trafic] traffic.

circuler [sirkyle] *vi* **-1.** [sang, air, argent] to circulate; **faire** ~ **qqch** to circulate sthg. **-2.** [aller et venir] to move (along); **on circule mal en ville** the traffic is bad in town. **-3.** [train, bus] to run. **-4.** *fig* [rumeur, nouvelle] to spread.

cire [sir] *nf* **-1.** [matière] wax. **-2.** [encaustique] polish.

ciré, -e [sire] *adj* **-1.** [parquet] polished. **-2.** → **toile**.

◆ **ciré** *nm* oilskin.

cirer [sire] *vt* to polish.

cirque [sirk] *nm* **-1.** [gén] circus. **-2.** GÉOL cirque. **-3.** *fam fig* [désordre, chahut] chaos (*U*).

cirrhose [siroz] *nf* cirrhosis (*U*).

cisaille [sizaj] *nf* shears (*pl*).

cisailler [sizaje] *vt* [métal] to cut; [branches] to prune.

ciseau, -x [sizo] *nm* chisel.

◆ **ciseaux** *nmpl* scissors.

ciseler [sizle] vt -1. [pierre, métal] to chisel. -2. [bijou] to engrave.

Cisjordanie [sizʒɔrdani] nf: la ~ the West Bank.

citadelle [sitadɛl] nf litt & fig citadel.

citadin, -e [sitadɛ̃, in] ◇ adj city (avant n), urban. ◇ nm, f city dweller.

citation [sitasjɔ̃] nf -1. JUR summons (sg). -2. [extrait] quote, quotation.

cité [site] nf -1. [ville] city. -2. [lotissement] housing estate; ~ universitaire halls (pl) of residence.

citer [site] vt -1. [exemple, propos, auteur] to quote. -2. JUR [convoquer] to summon. -3. MIL: être cité à l'ordre du jour to be mentioned in dispatches.

citerne [sitɛrn] nf -1. [d'eau] water tank. -2. [cuve] tank.

cité U [sitey] nf fam abr de cité universitaire.

citoyen, -enne [sitwajɛ̃, ɛn] nm, f citizen.

citoyenneté [sitwajɛnte] nf citizenship.

citron [sitrɔ̃] nm lemon; ~ pressé fresh lemon juice; ~ vert lime.

citronnade [sitrɔnad] nf (still) lemonade.

citronnier [sitrɔnje] nm lemon tree.

citrouille [sitruj] nf pumpkin.

civet [sivɛ] nm stew; ~ de lièvre jugged hare.

civière [sivjɛr] nf stretcher.

civil, -e [sivil] ◇ adj -1. [gén] civil. -2. [non militaire] civilian. ◇ nm, f civilian; dans le ~ in civilian life; policier en ~ plain-clothes policeman (f policewoman); soldat en ~ soldier in civilian clothes.

civilement [sivilmɑ̃] adv: se marier ~ to get married at a registry office.

civilisation [sivilizasjɔ̃] nf civilization.

civilisé, -e [sivilize] adj civilized.

civiliser [sivilize] vt to civilize.

civique [sivik] adj civic; instruction ~ civics (U).

civisme [sivism] nm sense of civic responsibility.

cl (abr de **centilitre**) cl.

clair, -e [klɛr] adj -1. [gén] clear; c'est ~ et net there's no two ways about it. -2. [lumineux] bright. -3. [pâle - couleur, teint] light; [- tissu, cheveux] light-coloured.

♦ **clair** ◇ adv: **voir** ~ (dans qqch) fig to have a clear understanding (of sthg). ◇ nm: **mettre** OU **tirer qqch au** ~ to shed light upon sthg.

♦ **clair de lune** (pl clairs de lune) nm moonlight (U).

♦ **en clair** loc adv TÉLÉ unscrambled (esp of a private TV channel).

clairement [klɛrmɑ̃] adv clearly.

claire-voie [klɛrvwa]

♦ **à claire-voie** loc adv openwork (avant n).

clairière [klɛrjɛr] nf clearing.

clairon [klɛrɔ̃] nm bugle.

claironner [klɛrɔne] vt fig [crier]: ~ qqch to shout sthg from the rooftops.

clairsemé, -e [klɛrsəme] adj [cheveux] thin; [arbres] scattered; [population] sparse.

clairvoyant, -e [klɛrvwajɑ̃, ɑ̃t] adj perceptive.

clamer [klame] vt to proclaim.

clameur [klamœr] nf clamour.

clan [klɑ̃] nm clan.

clandestin, -e [klɑ̃dɛstɛ̃, in] ◇ adj [journal, commerce] clandestine; [activité] covert. ◇ nm, f illegal immigrant OU alien; [voyageur] stowaway.

clapier [klapje] nm [à lapins] hutch.

clapoter [klapɔte] vi [vagues] to lap.

claquage [klakaʒ] nm MÉD strain; se faire un ~ to pull OU to strain a muscle.

claque [klak] nf -1. [gifle] slap. -2. THÉÂTRE claque.

claquer [klake] ◇ vt -1. [fermer] to slam. -2. faire ~ [langue] to click; [doigts] to snap; [fouet] to crack. -3.

fam [gifler] to slap. **-4.** *fam* [dépenser] to blow. ◇ *vi* [porte, volet] to bang.

claquettes [klaket] *nfpl* [danse] tap dancing (*U*).

clarifier [klarifje] *vt litt* & *fig* to clarify.

clarinette [klarinεt] *nf* [instrument] clarinet.

clarté [klarte] *nf* **-1.** [lumière] brightness. **-2.** [netteté] clarity.

classe [klas] *nf* **-1.** [gén] class; ~ touriste economy class. **-2.** SCOL: **aller en** ~ to go to school; ~ **de neige** skiing trip (*with school*); ~ **verte** field trip (*with school*). **-3.** MIL rank. **-4.** *loc:* **faire ses** ~**s** MIL to do one's training.

classé, -e [klase] *adj* [monument] listed.

classement [klasmã] *nm* **-1.** [rangement] filing. **-2.** [classification] classification. **-3.** [rang - SPORT] position; [- SPORT] placing. **-4.** [liste - SCOL] class list; [- SPORT] final placings (*pl*).

classer [klase] *vt* **-1.** [ranger] to file. **-2.** [plantes, animaux] to classify. **-3.** [cataloguer]: ~ **qqn (parmi)** to label sb (as). **-4.** [attribuer un rang à] to rank.

◆ **se classer** *vp* to be classed, to rank; **se** ~ **troisième** to come third.

classeur [klasœr] *nm* **-1.** [meuble] filing cabinet. **-2.** [d'écolier] ring binder.

classification [klasifikasjõ] *nf* classification.

classique [klasik] ◇ *nm* **-1.** [auteur] classical author. **-2.** [œuvre] classic. ◇ *adj* **-1.** ART & MUS classical. **-2.** [sobre] classic. **-3.** [habituel] classic; **ça c'est l'histoire** ~! it's the usual story!

clause [kloz] *nf* clause.

claustrophobie [klostrofɔbi] *nf* claustrophobia.

clavecin [klavsɛ̃] *nm* harpsichord.

clavicule [klavikyl] *nf* collarbone.

clavier [klavje] *nm* keyboard.

clé, clef [kle] ◇ *nf* **-1.** [gén] key; **la** ~ **du mystère** the key to the mystery; **mettre qqn/qqch sous** ~ to lock sb/ sthg up; ~ **de contact** AUTOM ignition

key. **-2.** [outil]: ~ **anglaise** OU **à molette** adjustable spanner *Br* OU wrench *Am*, monkey wrench. **-3.** MUS [signe] clef; ~ **de sol/fa** treble/ bass clef. ◇ *adj:* **industrie/rôle** ~ key industry/role.

◆ **clé de voûte** *nf litt* & *fig* keystone.

clémence [klemãs] *nf* **-1.** *sout* [indulgence] clemency. **-2.** *fig* [douceur] mildness.

clément, -e [klemã, ãt] *adj* **-1.** [indulgent] lenient. **-2.** *fig* [température] mild.

clémentine [klemãtin] *nf* clementine.

cleptomane → **kleptomane.**

clerc [klεr] *nm* [assistant] clerk.

clergé [klεrʒe] *nm* clergy.

cliché [kliʃe] *nm* **-1.** PHOT negative. **-2.** [banalité] cliché.

client, -e [kliã, ãt] *nm, f* **-1.** [de notaire, d'agence] client; [de médecin] patient. **-2.** [acheteur] customer. **-3.** [habitué] regular (customer).

clientèle [kliãtεl] *nf* **-1.** [ensemble des clients] customers (*pl*); [de profession libérale] clientele. **-2.** [fait d'être client]: **accorder sa** ~ **à** to give one's custom to.

cligner [kliɲe] *vi:* ~ **de l'œil** to wink; ~ **des yeux** to blink.

clignotant, -e [kliɲɔtã, ãt] *adj* [lumière] flickering.

◆ **clignotant** *nm* AUTOM indicator.

clignoter [kliɲɔte] *vi* **-1.** [yeux] to blink. **-2.** [lumière] to flicker.

climat [klima] *nm litt* & *fig* climate.

climatisation [klimatizasjõ] *nf* airconditioning.

climatisé, -e [klimatize] *adj* airconditioned.

clin [klɛ̃]

◆ **clin d'œil** *nm:* **faire un** ~ **d'œil (à)** to wink (at); **en un** ~ **d'œil** in a flash.

clinique [klinik] ◇ *nf* clinic. ◇ *adj* clinical.

clip [klip] *nm* **-1.** [vidéo] pop video. **-2.** [boucle d'oreilles] clip-on earring.

cliquer [klike] *vi* INFORM to click.

cliqueter [klikte] *vi* **-1.** [pièces, clés, chaînes] to jingle, to jangle. **-2.** [verres] to clink.

clivage [klivaʒ] *nm fig* [division] division.

clochard, -e [klɔʃar, ard] *nm, f* tramp.

cloche [klɔʃ] ◇ *nf* **-1.** [d'église] bell. **-2.** *fam* [idiot] clot *Br.* ◇ *adj fam*: ce qu'elle peut être ~, celle-là! she can be a right idiot!

cloche-pied [klɔʃpje]
◆ **à cloche-pied** *loc adv* hopping; sauter à ~ to hop.

clocher [klɔʃe] *nm* [d'église] church tower.

clochette [klɔʃɛt] *nf* **-1.** [petite cloche] (little) bell. **-2.** [de fleur] bell.

clodo [klɔdo] *nmf fam* tramp.

cloison [klwazɔ̃] *nf* [mur] partition.

cloisonner [klwazɔne] *vt* [pièce, maison] to partition (off); *fig* to compartmentalize.

cloître [klwatr] *nm* cloister.

clopiner [klɔpine] *vi* to hobble along.

cloporte [klɔpɔrt] *nm* woodlouse.

cloque [klɔk] *nf* blister.

clore [klɔr] *vt* to close; [négociations] to conclude.

clos, -e [klo, kloz] ◇ *pp* → **clore.** ◇ *adj* closed.

clôture [klotyr] *nf* **-1.** [haie] hedge; [de fil de fer] fence. **-2.** [fermeture] closing, closure. **-3.** [fin] end, conclusion.

clôturer [klotyre] *vt* **-1.** [terrain] to enclose. **-2.** [négociation] to close, to conclude.

clou [klu] *nm* **-1.** [pointe] nail; ~ de girofle CULIN clove. **-2.** [attraction] highlight.

clouer [klue] *vt* [fixer - couvercle, planche] to nail (down); [- tableau, caisse] to nail (up); *fig* [immobiliser]: **rester cloué sur place** to be rooted to the spot.

clouté, -e [klute] *adj* [vêtement] studded.

clown [klun] *nm* clown; **faire le** ~ to clown around, to act the fool.

club [klœb] *nm* club.

cm (*abr de* **centimètre**) cm.

CM *nm* (*abr de* **cours moyen**): ~1 *fourth year of primary school;* ~2 *fifth year of primary school.*

CNAM [knam] (*abr de* **Conservatoire national des arts et métiers**) *nm* science and technology school in Paris.

CNRS (*abr de* **Centre national de la recherche scientifique**) *nm* national scientific research organization.

coaguler [kɔagyle] *vi* **-1.** [sang] to clot. **-2.** [lait] to curdle.

coalition [kɔalisjɔ̃] *nf* coalition.

coasser [kɔase] *vi* [grenouille] to croak.

cobaye [kɔbaj] *nm litt & fig* guinea pig.

cobra [kɔbra] *nm* cobra.

Coca® [kɔka] *nm* [boisson] Coke®.

cocaïne [kɔkain] *nf* cocaine.

cocaïnomane [kokainɔman] *nmf* cocaine addict.

cocarde [kɔkard] *nf* **-1.** [insigne] roundel. **-2.** [distinction] rosette.

cocardier, -ière [kɔkardje, jɛr] *adj* [chauvin] jingoistic.

cocasse [kɔkas] *adj* funny.

coccinelle [kɔksinɛl] *nf* **-1.** [insecte] ladybird *Br*, ladybug *Am*. **-2.** [voiture] Beetle.

coccyx [kɔksis] *nm* coccyx.

cocher¹ [kɔʃe] *nm* coachman.

cocher² [kɔʃe] *vt* to tick (off) *Br*, to check (off) *Am*.

cochon, -onne [kɔʃɔ̃, ɔn] ◇ *adj* dirty, smutty. ◇ *nm, f fam péj* pig; **un tour de** ~ a dirty trick.
◆ **cochon** *nm* pig.

cochonnerie [kɔʃɔnri] *nf fam* **-1.** [nourriture] muck (*U*). **-2.** [chose] rubbish (*U*). **-3.** [saleté] mess (*U*). **-4.** [obscénité] dirty joke, smut (*U*).

cochonnet [kɔʃɔnɛ] *nm* JEU jack.

cocktail [kɔktɛl] *nm* **-1.** [réception] cocktail party. **-2.** [boisson] cocktail. **-3.** *fig* [mélange] mixture.

coco [kɔko] nm **-1.** → **noix**. **-2.** péj [communiste] commie.

cocon [kɔkɔ̃] nm ZOOL & fig cocoon.

cocorico [kɔkɔriko] nm [du coq] cock-a-doodle-doo.

cocotier [kɔkɔtje] nm coconut tree.

cocotte [kɔkɔt] nf **-1.** [marmite] casserole (dish). **-2.** [poule] hen. **-3.** péj [courtisane] tart.

Cocotte-Minute® [kɔkɔtminyt] nf pressure cooker.

cocu, -e [kɔky] nm, f & adj fam cuckold.

code [kɔd] nm **-1.** [gén] code; ~ **barres** bar code; ~ **pénal** penal code; ~ **postal** postcode Br, zip code Am; ~ **de la route** highway code. **-2.** [phares] dipped headlights (pl).

coder [kɔde] vt to code.

coefficient [kɔefisjɑ̃] nm coefficient.

coéquipier, -ière [kɔekipje, jɛr] nm, f teammate.

cœur [kœr] nm heart; **au** ~ **de l'hiver** in the depths of winter; **au** ~ **de l'été** at the height of summer; **au** ~ **du conflit** at the height of the conflict; **de bon** ~ willingly; **de tout son** ~ with all one's heart; **apprendre par** ~ to learn by heart; **avoir bon** ~ to be kind-hearted; **avoir mal au** ~ to feel sick; **s'en donner à** ~ **joie** [prendre beaucoup de plaisir] to have a whale of a time; **manquer de** ~, **ne pas avoir de** ~ to be heartless; **soulever le** ~ **à qqn** to make sb feel sick.

coexister [kɔɛgziste] vi to coexist.

coffre [kɔfr] nm **-1.** [meuble] chest. **-2.** [de voiture] boot Br, trunk Am. **-3.** [coffre-fort] safe.

coffre-fort [kɔfrəfɔr] nm safe.

coffret [kɔfrɛ] nm **-1.** [petit coffre] casket; ~ **à bijoux** jewellery box. **-2.** [de disques] boxed set.

cogner [kɔɲe] vi **-1.** [heurter] to bang. **-2.** fam [donner des coups] to hit. **-3.** [soleil] to beat down.

◆ **se cogner** vp [se heurter] to bump o.s.; **se** ~ à OU **contre qqch** to bump into sthg; **se** ~ **la tête/le genou** to hit one's head/knee.

cohabiter [kɔabite] vi **-1.** [habiter ensemble] to live together. **-2.** POLIT to cohabit.

cohérence [kɔerɑ̃s] nf consistency, coherence.

cohérent, -e [kɔerɑ̃, ɑ̃t] adj **-1.** [logique] consistent, coherent. **-2.** [unifié] coherent.

cohésion [kɔezjɔ̃] nf cohesion.

cohorte [kɔɔrt] nf [groupe] troop.

cohue [kɔy] nf **-1.** [foule] crowd. **-2.** [bousculade] crush.

coi, coite [kwa, kwat] adj: **rester** ~ sout to remain silent.

coiffe [kwaf] nf headdress.

coiffé, -e [kwafe] adj: **être bien/mal** ~ to have tidy/untidy hair; **être** ~ **d'une casquette** to be wearing a cap.

coiffer [kwafe] vt **-1.** [mettre sur la tête]: ~ **qqn de qqch** to put sthg on sb's head. **-2.** [les cheveux]: ~ **qqn** to do sb's hair.

◆ **se coiffer** vp **-1.** [les cheveux] to do one's hair. **-2.** [mettre sur sa tête]: **se** ~ **de** to wear, to put on.

coiffeur, -euse [kwafœr, øz] nm, f hairdresser.

◆ **coiffeuse** nf [meuble] dressing table.

coiffure [kwafyr] nf **-1.** [chapeau] hat. **-2.** [cheveux] hairstyle.

coin [kwɛ̃] nm **-1.** [angle] corner; **au** ~ **du feu** by the fireside. **-2.** [parcelle, endroit] place, spot; **dans le** ~ in the area; **un** ~ **de ciel bleu** a patch of blue sky; ~ **cuisine** kitchen area; **le petit** ~ fam the little boys'/girls' room. **-3.** [outil] wedge.

coincer [kwɛ̃se] vt **-1.** [bloquer] to jam. **-2.** fam [prendre] to nab; fig to catch out. **-3.** [acculer] to corner, to trap.

coïncidence [kɔɛ̃sidɑ̃s] nf coincidence.

coïncider [kɔɛ̃side] *vi* to coincide.

coing [kwɛ̃] *nm* [fruit] quince.

coït [kɔit] *nm* coitus.

col [kɔl] *nm* -1. [de vêtement] collar; ~ **roulé** polo neck *Br*, turtleneck *Am*. -2. [partie étroite] neck. -3. ANAT: ~ **du fémur** neck of the thighbone OU femur; ~ **de l'utérus** cervix, neck of the womb. -4. GÉOGR pass.

coléoptère [kɔleɔptɛr] *nm* beetle.

colère [kɔlɛr] *nf* -1. [irritation] anger; **être/se mettre en** ~ to be/get angry; **piquer une** ~ to fly into a rage. -2. [accès d'humeur] fit of anger OU rage.

coléreux, -euse [kɔlerø, øz], **colérique** [kɔlerik] *adj* [tempérament] fiery; [personne] quick-tempered.

colimaçon [kɔlimasɔ̃]
◆ **en colimaçon** *loc adv* spiral.

colique [kɔlik] *nf* -1. (*gén pl*) [douleur] colic (*U*). -2. [diarrhée] diarrhoea.

colis [kɔli] *nm* parcel.

collaborateur, -trice [kɔlabɔratœr, tris] *nm, f* -1. [employé] colleague. -2. HIST collaborator.

collaboration [kɔlabɔrasjɔ̃] *nf* collaboration.

collaborer [kɔlabɔre] *vi* -1. [coopérer, sous l'Occupation] to collaborate. -2. [participer]: ~ **à** to contribute to.

collant, -e [kɔlɑ̃, ɑ̃t] *adj* -1. [substance] sticky. -2. *fam* [personne] clinging, clingy.
◆ **collant** *nm* tights (*pl*) *Br*, panty hose (*U*) *Am*.

colle [kɔl] *nf* -1. [substance] glue. -2. [question] poser. -3. [SCOL - interrogation] test; [- retenue] detention.

collecte [kɔlɛkt] *nf* collection.

collectif, -ive [kɔlɛktif, iv] *adj* -1. [responsabilité, travail] collective. -2. [billet, voyage] group (*avant n*).
◆ **collectif** *nm* -1. [équipe] team. -2. LING collective noun. -3. FIN: ~ **budgétaire** collection of budgetary measures.

collection [kɔlɛksjɔ̃] *nf* -1. [d'objets, de

livres, de vêtements] collection; **faire la** ~ **de** to collect. -2. COMM line.

collectionner [kɔlɛksjɔne] *vt litt & fig* to collect.

collectionneur, -euse [kɔlɛksjɔnœr, øz] *nm, f* collector.

collectivité [kɔlɛktivite] *nf* community; **les ~s locales** ADMIN the local communities.

collège [kɔlɛʒ] *nm* -1. SCOL ≈ secondary school. -2. [de personnes] college.

collégien, -ienne [kɔleʒjɛ̃, jɛn] *nm, f* schoolboy (*f* schoolgirl).

collègue [kɔlɛg] *nmf* colleague.

coller [kɔle] ◇ *vt* -1. [fixer - affiche] to stick (up); [- timbre] to stick. -2. [appuyer] to press. -3. *fam* [mettre] to stick, to dump. -4. SCOL to give (a) detention to, to keep behind. ◇ *vi* -1. [adhérer] to stick. -2. [être adapté]: ~ **à qqch** [vêtement] to cling to sthg; *fig* to fit in with sthg, to adhere to sthg.
◆ **se coller** *vp* [se plaquer]: **se** ~ **contre qqn/qqch** to press o.s. against sb/sthg.

collerette [kɔlrɛt] *nf* [de vêtement] ruff.

collet [kɔlɛ] *nm* -1. [de vêtement] collar; **être** ~ **monté** [affecté, guindé] to be strait-laced. -2. [piège] snare.

collier [kɔlje] *nm* -1. [bijou] necklace. -2. [d'animal] collar. -3. [barbe] *fringe of beard along the jawline*.

colline [kɔlin] *nf* hill.

collision [kɔlizjɔ̃] *nf* [choc] collision, crash; **entrer en** ~ **avec** to collide with; *fig* [opposition] clash.

colloque [kɔlɔk] *nm* colloquium.

colmater [kɔlmate] *vt* -1. [fuite] to plug, to seal off. -2. [brèche] to fill, to seal.

colombe [kɔlɔ̃b] *nf* dove.

Colombie [kɔlɔ̃bi] *nf*: **la** ~ Colombia.

colon [kɔlɔ̃] *nm* settler.

côlon [kolɔ̃] *nm* colon.

colonel [kɔlɔnɛl] *nm* colonel.

colonial, -e, -iaux [kɔlɔnjal, jo] *adj* colonial.

colonialisme [kɔlɔnjalism] *nm* colonialism.

colonie [kɔlɔni] *nf* **-1.** [territoire] colony. **-2.** [d'expatriés] community; ~ **de vacances** holiday *Br* OU vacation *Am* camp (*for children*).

colonisation [kɔlɔnizasjɔ̃] *nf* colonization.

coloniser [kɔlɔnize] *vt litt* & *fig* to colonize.

colonne [kɔlɔn] *nf* column.

◆ **colonne vertébrale** *nf* spine, spinal column.

colorant, -e [kɔlɔrɑ̃, ɑ̃t] *adj* colouring.

◆ **colorant** *nm* colouring.

colorer [kɔlɔre] *vt* [teindre] to colour.

colorier [kɔlɔrje] *vt* to colour in.

coloris [kɔlɔri] *nm* shade.

colorisation [kɔlɔrizasjɔ̃] *nf* CIN colourization.

coloriser [kɔlɔrize] *vt* CIN to colourize.

colossal, -e, -aux [kɔlɔsal, o] *adj* colossal, huge.

colporter [kɔlpɔrte] *vt* [marchandise] to hawk; [information] to spread.

coma [kɔma] *nm* coma; **être dans le** ~ to be in a coma.

comateux, -euse [kɔmatø, øz] *adj* comatose.

combat [kɔ̃ba] *nm* **-1.** [bataille] battle, fight. **-2.** *fig* [lutte] struggle. **-3.** SPORT fight.

combatif, -ive [kɔ̃batif, iv] *adj* [humeur] fighting (*avant n*); [troupes] willing to fight.

combattant, -e [kɔ̃batɑ̃, ɑ̃t] *nm, f* [en guerre] combatant; [dans bagarre] fighter; **ancien** ~ veteran.

combattre [kɔ̃batr] ◇ *vt litt* & *fig* to fight (against). ◇ *vi* to fight.

combattu, -e [kɔ̃baty] *pp* → **combattre**.

combien [kɔ̃bjɛ̃] ◇ *conj* how much; ~ **de** [nombre] how many; [quantité] how much; ~ **de temps?** how long?; **ça fait** ~? [prix] how much is that?; [longueur, hauteur etc] how long/high *etc* is it? ◇ *adv* how (much). ◇ *nm*

inv: **le** ~ **sommes-nous?** what date is it?; **tous les** ~? how often?

combinaison [kɔ̃binɛzɔ̃] *nf* **-1.** [d'éléments] combination. **-2.** [de femme] slip. **-3.** [vêtement - de mécanicien] boiler suit *Br*, overalls (*pl*) *Br*, overall *Am*; [- de ski] ski suit. **-4.** [de coffre] combination.

combine [kɔ̃bin] *nf fam* trick.

combiné [kɔ̃bine] *nm* receiver.

combiner [kɔ̃bine] *vt* **-1.** [arranger] to combine. **-2.** [organiser] to devise.

◆ **se combiner** *vp* to turn out.

comble [kɔ̃bl] ◇ *nm* height; **c'est un** OU **le** ~! that beats everything! ◇ *adj* packed.

◆ **combles** *nmpl* attic (*sg*), loft (*sg*).

combler [kɔ̃ble] *vt* **-1.** [gâter]: ~ **qqn de** to shower sb with. **-2.** [boucher] to fill in. **-3.** [déficit] to make good; [lacune] to fill.

combustible [kɔ̃bystibl] ◇ *nm* fuel. ◇ *adj* combustible.

combustion [kɔ̃bystjɔ̃] *nf* combustion.

comédie [kɔmedi] *nf* **-1.** CIN & THÉÂTRE comedy; ~ **musicale** musical. **-2.** [complication] palaver.

comédien, -ienne [kɔmedjɛ̃, jɛn] *nm, f* [acteur] actor (*f* actress); *fig* & *péj* sham.

comestible [kɔmɛstibl] *adj* edible.

comète [kɔmɛt] *nf* comet.

comique [kɔmik] ◇ *nm* THÉÂTRE comic actor. ◇ *adj* **-1.** [style] comic. **-2.** [drôle] comical, funny.

comité [kɔmite] *nm* committee; ~ **d'entreprise** works council (*also organizing leisure activities*).

commandant [kɔmɑ̃dɑ̃] *nm* commander.

commande [kɔmɑ̃d] *nf* **-1.** [de marchandises] order; **passer une** ~ to place an order; **sur** ~ to order; **disponible sur** ~ available on request. **-2.** TECHNOL control. **-3.** INFORM command; ~ **numérique** digital control.

commander [kɔmɑ̃de] ◇ *vt* **-1.** MIL to command. **-2.** [contrôler] to operate, to control. **-3.** COMM to order. ◇ *vi* to be in charge; ~ **à qqn de faire qqch** to order sb to do sthg.

commanditer [kɔmɑ̃dite] *vt* **-1.** [entreprise] to finance. **-2.** [meurtre] to put up the money for.

commando [kɔmɑ̃do] *nm* commando (unit).

comme [kɔm] ◇ *conj* **-1.** [introduisant une comparaison] like; **il sera médecin ~ son père** he'll become a doctor (just) like his father. **-2.** [exprimant la manière] as; **fais ~ il te plaira** do as you wish; **~ prévu/convenu** as planned/agreed; **~ bon vous semble** as you think best. **-3.** [tel que] like, such as; **les arbres ~ le marronnier** trees such as OU like the chestnut. **-4.** [en tant que] as. **-5.** [ainsi que]: **les filles ~ les garçons iront jouer au foot** both girls and boys will play football; **l'un ~ l'autre sont très gentils** the one is as kind as the other, they are equally kind. **-6.** [introduisant une cause] as, since; **~ il pleuvait nous sommes rentrés** as it was raining we went back. ◇ *adv* [marquant l'intensité] how; **~ tu as grandi!** how you've grown!; **~ c'est difficile!** it's so difficult!; **regarde ~ il nage bien!** (just) look what a good swimmer he is!, (just) look how well he swims!

commémoration [kɔmemɔrasjɔ̃] *nf* commemoration.

commémorer [kɔmemɔre] *vt* to commemorate.

commencement [kɔmɑ̃smɑ̃] *nm* beginning, start.

commencer [kɔmɑ̃se] ◇ *vt* [entreprendre] to begin, to start; [être au début de] to begin. ◇ *vi* to start, to begin; **~ à faire qqch** to begin OU start to do sthg, to begin OU start doing sthg; **~ par faire qqch** to begin OU start by doing sthg.

comment [kɔmɑ̃] ◇ *adv* how; **~? what?**; **~ ça va?** how are you?; **~ cela?** how come? ◇ *nm inv* → **pourquoi**.

commentaire [kɔmɑ̃tɛr] *nm* **-1.** [explication] commentary. **-2.** [observation] comment.

commentateur, -trice [kɔmɑ̃tatœr, tris] *nm, f* RADIO & TÉLÉ commentator.

commenter [kɔmɑ̃te] *vt* to comment on.

commérage [kɔmeraʒ] *nm péj* gossip (U).

commerçant, -e [kɔmɛrsɑ̃, ɑ̃t] ◇ *adj* [rue] shopping (*avant n*); [quartier] commercial; [personne] business-minded. ◇ *nm, f* shopkeeper.

commerce [kɔmɛrs] *nm* **-1.** [achat et vente] commerce, trade; **~ de gros/détail** wholesale/retail trade; **~ extérieur** foreign trade. **-2.** [magasin] business; **le petit ~** small shopkeepers (*pl*).

commercial, -e, -iaux [kɔmɛrsjal, jo] ◇ *adj* [entreprise, valeur] commercial; [politique] trade (*avant n*). ◇ *nm, f* marketing man (*f* woman).

commercialiser [kɔmɛrsjalize] *vt* to market.

commère [kɔmɛr] *nf péj* gossip.

commettre [kɔmɛtr] *vt* to commit.

commis, -e [kɔmi, iz] *pp* → **commettre**.

◆ **commis** *nm* assistant; **~ voyageur** commercial traveller.

commisération [kɔmizerasjɔ̃] *nf sout* commiseration.

commissaire [kɔmisɛr] *nm* commissioner; **~ de police** (police) superintendent *Br*.

commissaire-priseur [kɔmisɛrprizœr] *nm* auctioneer.

commissariat [kɔmisarja] *nm*: **~ de police** police station.

commission [kɔmisjɔ̃] *nf* **-1.** [délégation] commission, committee. **-2.** [message] message. **-3.** [rémunération] commission.

◆ **commissions** *nfpl* shopping (U); **faire les ~s** to do the shopping.

commissure [kɔmisyr] *nf*: **la ~ des lèvres** the corner of the mouth.

commode [kɔmɔd] ◇ *nf* chest of drawers. ◇ *adj* **-1.** [pratique - système] convenient; [- outil] handy. **-2.** [aimable]: **pas** ~ awkward.

commodité [kɔmɔdite] *nf* convenience.

commotion [kɔmosjɔ̃] *nf* MÉD shock; ~ **cérébrale** concussion.

commun, -e [kɔmœ̃, yn] *adj* **-1.** [gén] common; [- décision, effort] joint; [- salle] shared; **avoir qqch en** ~ to have sthg in common; **faire qqch en** ~ to do sthg together. **-2.** [courant] usual, common.
◆ **commune** *nf* town.

communal, -e, -aux [kɔmynal, o] *adj* [école] local; [bâtiments] council (*avant n*).

communauté [kɔmynote] *nf* **-1.** [groupe] community. **-2.** [de sentiments, d'idées] identity.
◆ **Communauté européenne** *nf*: **la Communauté européenne** the European Community.

commune → **commun**.

communément [kɔmynemɑ̃] *adv* commonly.

communiant, -e [kɔmynjɑ̃, ɑ̃t] *nm, f* communicant; **premier** ~ child taking first communion.

communication [kɔmynikasjɔ̃] *nf* **-1.** [gén] communication. **-2.** TÉLÉCOM: ~ **(téléphonique)** (phone) call; **être en** ~ **avec qqn** to be talking to sb; **obtenir la** ~ to get through; **recevoir/prendre une** ~ to receive/take a (phone) call; ~ **interurbaine** long-distance (phone) call.

communier [kɔmynje] *vi* RELIG to take communion.

communion [kɔmynjɔ̃] *nf* RELIG communion.

communiqué [kɔmynike] *nm* communiqué; ~ **de presse** press release.

communiquer [kɔmynike] *vt*: ~ **qqch à** [information, sentiment] to pass on OU communicate sthg to; [chaleur] to transmit sthg to.

communisme [kɔmynism] *nm* communism.

communiste [kɔmynist] *nmf & adj* communist.

commutateur [kɔmytatœr] *nm* switch.

compact, -e [kɔ̃pakt] *adj* **-1.** [épais, dense] dense. **-2.** [petit] compact.
◆ **compact** *nm* [disque laser] compact disc, CD.

compagne → **compagnon**.

compagnie [kɔ̃paɲi] *nf* **-1.** [gén & COMM] company; **tenir** ~ **à qqn** to keep sb company; **en** ~ **de** in the company of. **-2.** [assemblée] gathering.

compagnon [kɔ̃paɲɔ̃], **compagne** [kɔ̃paɲ] *nm, f* companion.
◆ **compagnon** *nm* HIST journeyman.

comparable [kɔ̃parabl] *adj* comparable.

comparaison [kɔ̃parɛzɔ̃] *nf* [parallèle] comparison; **en** ~ **de, par** ~ **avec** compared with, in OU by comparison with.

comparaître [kɔ̃parɛtr] *vi* JUR: ~ **(devant)** to appear (before).

comparatif, -ive [kɔ̃paratif, iv] *adj* comparative.

comparé, -e [kɔ̃pare] *adj* comparative; [mérites] relative.

comparer [kɔ̃pare] *vt* **-1.** [confronter]: ~ **(avec)** to compare (with). **-2.** [assimiler]: ~ **qqch à** to compare OU liken sthg to.

comparse [kɔ̃pars] *nmf péj* stooge.

compartiment [kɔ̃partimɑ̃] *nm* compartment.

comparu, -e [kɔ̃pary] *pp* → **comparaître**.

comparution [kɔ̃parysjɔ̃] *nf* JUR appearance.

compas [kɔ̃pa] *nm* **-1.** [de dessin] pair of compasses, compasses (*pl*). **-2.** NAVIG compass.

compassion [kɔ̃pasjɔ̃] *nf sout* compassion.

compatible [kɔ̃patibl] *adj*: ~ **(avec)** compatible (with).

compatir [kɔ̃patir] *vi*: ~ **(à)** to sympathize (with).

compatriote [kɔ̃patrijɔt] *nmf* compatriot, fellow countryman (*f* countrywoman).

compensation [kɔ̃pɑ̃sasjɔ̃] *nf* [dédommagement] compensation.

compensé, -e [kɔ̃pɑ̃se] *adj* built-up.

compenser [kɔ̃pɑ̃se] *vt* to compensate OU make up for.

compétence [kɔ̃petɑ̃s] *nf* **-1.** [qualification] skill, ability. **-2.** JUR competence; **cela n'entre pas dans mes ~s** that's outside my scope.

compétent, -e [kɔ̃petɑ̃, ɑ̃t] *adj* **-1.** [capable] capable, competent. **-2.** ADMIN & JUR competent; **les autorités ~es** the relevant authorities.

compétitif, -ive [kɔ̃petitif, iv] *adj* competitive.

compétition [kɔ̃petisjɔ̃] *nf* competition; **faire de la ~** to go in for competitive sport.

complainte [kɔ̃plɛ̃t] *nf* lament.

complaisant, -e [kɔ̃plɛzɑ̃, ɑ̃t] *adj* **-1.** [aimable] obliging, kind. **-2.** [indulgent] indulgent.

complément [kɔ̃plemɑ̃] *nm* **-1.** [gén & GRAM] complement. **-2.** [reste] remainder.

complémentaire [kɔ̃plemɑ̃tɛr] *adj* **-1.** [supplémentaire] supplementary. **-2.** [caractères, couleurs] complementary.

complet, -ète [kɔ̃plɛ, ɛt] *adj* **-1.** [gén] complete. **-2.** [plein] full.
♦ **complet (-veston)** *nm* suit.

complètement [kɔ̃plɛtmɑ̃] *adv* **-1.** [vraiment] absolutely, totally. **-2.** [entièrement] completely.

compléter [kɔ̃plete] *vt* [gén] to complete, to complement; [somme d'argent] to make up.

complexe [kɔ̃plɛks] ◇ *nm* **-1.** PSYCHOL complex; ~ **d'infériorité/de supériorité** inferiority/superiority complex. **-2.** [ensemble] complex. ◇ *adj* complex, complicated.

complexé, -e [kɔ̃plɛkse] *adj* hung up, mixed up.

complexifier [kɔ̃plɛksifje] *vt* to make (more) complex.

complexité [kɔ̃plɛksite] *nf* complexity.

complication [kɔ̃plikasjɔ̃] *nf* intricacy, complexity.
♦ **complications** *nfpl* complications.

complice [kɔ̃plis] ◇ *nmf* accomplice. ◇ *adj* [sourire, regard, air] knowing.

complicité [kɔ̃plisite] *nf* complicity.

compliment [kɔ̃plimɑ̃] *nm* compliment.

complimenter [kɔ̃plimɑ̃te] *vt* to compliment.

compliqué, -e [kɔ̃plike] *adj* [problème] complex, complicated; [personne] complicated.

compliquer [kɔ̃plike] *vt* to complicate.

complot [kɔ̃plo] *nm* plot.

comploter [kɔ̃plɔte] *vt & vi litt & fig* to plot.

comportement [kɔ̃pɔrtəmɑ̃] *nm* behaviour.

comportemental, -e, -aux [kɔ̃pɔrtəmɑ̃tal, o] *adj* behavioural *Br.*

comporter [kɔ̃pɔrte] *vt* **-1.** [contenir] to include, to contain. **-2.** [être composé de] to consist of, to be made up of.
♦ **se comporter** *vp* to behave.

composant, -e [kɔ̃pozɑ̃, ɑ̃t] *adj* constituent, component.
♦ **composant** *nm* component.
♦ **composante** *nf* component.

composé, -e [kɔ̃poze] *adj* compound.
♦ **composé** *nm* **-1.** [mélange] combination. **-2.** CHIM & LING compound.

composer [kɔ̃poze] ◇ *vt* **-1.** [constituer] to make up, to form. **-2.** [créer - musique] to compose, to write. **-3.** [numéro de téléphone] to dial. ◇ *vi* to compromise.

◆ **se composer** *vp* [être constitué]: **se ~ de** to be composed of, to be made up of.

composite [kɔ̃pozit] *adj* **-1.** [disparate - mobilier] assorted, of various types; [- foule] **heterogeneous. -2.** [matériau] composite.

compositeur, -trice [kɔ̃pozitœr, tris] *nm, f* **-1.** MUS composer. **-2.** TYPO typesetter.

composition [kɔ̃pozisjɔ̃] *nf* **-1.** [gén] **composition;** [de roman] **writing,** composition. **-2.** SCOL test. **-3.** [caractère]: **être de bonne ~** to be good-natured.

composter [kɔ̃pɔste] *vt* [ticket, billet] to date-stamp.

compote [kɔ̃pɔt] *nf* compote; **~ de pommes** stewed apple.

compréhensible [kɔ̃preɑ̃sibl] *adj* [texte, parole] **comprehensible;** *fig* [réaction] **understandable.**

compréhensif, -ive [kɔ̃preɑ̃sif, iv] *adj* **understanding.**

compréhension [kɔ̃preɑ̃sjɔ̃] *nf* **-1.** [de texte] **comprehension, understanding. -2.** [indulgence] **understanding.**

comprendre [kɔ̃prɑ̃dr] *vt* **-1.** [gén] to understand; **je comprends! I see!; se faire ~** to make o.s. understood; **mal ~** to misunderstand. **-2.** [comporter] to comprise, to consist of. **-3.** [inclure] to include.

compresse [kɔ̃prɛs] *nf* compress.

compresseur [kɔ̃presœr] → **rouleau.**

compression [kɔ̃presjɔ̃] *nf* [de gaz] compression; *fig* cutback, reduction.

comprimé, -e [kɔ̃prime] *adj* compressed.

◆ **comprimé** *nm* tablet; **~ effervescent** effervescent tablet.

comprimer [kɔ̃prime] *vt* **-1.** [gaz, vapeur] to compress. **-2.** [personnes]: **être comprimés dans** to be packed into.

compris, -e [kɔ̃pri, iz] ◇ *pp* → **comprendre.** ◇ *adj* **-1.** [situé] lying, contained. **-2.** [inclus]: **charges (non)**

~es (not) including bills, bills (not) included; tout ~ all inclusive, all in; **y ~** including.

compromettre [kɔ̃prɔmetr] *vt* to compromise.

compromis, -e [kɔ̃prɔmi, iz] *pp* → **compromettre.**

◆ **compromis** *nm* compromise.

compromission [kɔ̃prɔmisjɔ̃] *nf péj* base action.

comptabilité [kɔ̃tabilite] *nf* [comptes] accounts (*pl*); [service]: **la ~** accounts, the accounts department.

comptable [kɔ̃tabl] *nmf* accountant.

comptant [kɔ̃tɑ̃] *adv*: **payer** OU **régler ~** to pay cash.

◆ **au comptant** *loc adv*: **payer au ~** to pay cash.

compte [kɔ̃t] *nm* **-1.** [action] count, counting (*U*); [total] number; **~ à rebours** countdown. **-2.** BANQUE, COMM & COMPTABILITÉ account; **ouvrir un ~** to open an account; **~ bancaire** OU **en banque** bank account; **~ courant** current account, checking account *Am*; **~ créditeur** account in credit; **~ débiteur** overdrawn account; **~ de dépôt** deposit account; **~ d'épargne** savings account; **~ d'exploitation** operating account; **~ postal** post office account. **-3.** *loc*: **avoir son ~** to have had enough; **être/se mettre à son ~** to be/become self-employed; **prendre qqch en ~, tenir ~ de qqch** to take sthg into account; **se rendre ~ de qqch** to realize sthg; **s'en tirer à bon ~** to get off lightly; **tout ~ fait** all things considered.

◆ **comptes** *nmpl* accounts; **faire ses ~s** to do one's accounts.

compte-chèques, compte chèques [kɔ̃tʃɛk] *nm* current account, checking account *Am*.

compte-gouttes [kɔ̃tgut] *nm inv* dropper.

compter [kɔ̃te] ◇ *vt* **-1.** [dénombrer] to count. **-2.** [avoir l'intention de]: **~ faire qqch** to intend to do sthg, to plan to do sthg. ◇ *vi* **-1.** [calculer] to count. **-2.** [être important] to count, to matter; ~ **pour** to count for. **-3.** ~ **sur** [se fier à] to rely OU count on.

◆ **sans compter que** *loc conj* besides which.

compte rendu, compte-rendu [kɔ̃trɑ̃dy] *nm* report, account.

compteur [kɔ̃tœr] *nm* meter.

comptine [kɔ̃tin] *nf* nursery rhyme.

comptoir [kɔ̃twar] *nm* **-1.** [de bar] bar; [de magasin] counter. **-2.** HIST trading post. **-3.** *Helv* [foire] trade fair.

compulser [kɔ̃pylse] *vt* to consult.

comte [kɔ̃t] *nm* count.

comtesse [kɔ̃tɛs] *nf* countess.

con, conne [kɔ̃, kɔn] *tfam* ◇ *adj* bloody *Br* OU damned stupid. ◇ *nm, f* stupid bastard (*f* bitch).

concave [kɔ̃kav] *adj* concave.

concéder [kɔ̃sede] *vt*: ~ **qqch à** [droit, terrain] to grant sthg to; [point, victoire] to concede sthg to; ~ **que** to admit (that), to concede (that).

concentration [kɔ̃sɑ̃trasjɔ̃] *nf* concentration.

concentré, -e [kɔ̃sɑ̃tre] *adj* **-1.** [gén] concentrated. **-2.** [personne] concentrating. **-3.** → **lait**.

◆ **concentré** *nm* concentrate.

concentrer [kɔ̃sɑ̃tre] *vt* to concentrate.

◆ **se concentrer** *vp* **-1.** [se rassembler] to be concentrated. **-2.** [personne] to concentrate.

concentrique [kɔ̃sɑ̃trik] *adj* concentric.

concept [kɔ̃sɛpt] *nm* concept.

conception [kɔ̃sɛpsjɔ̃] *nf* **-1.** [gén] conception. **-2.** [d'un produit, d'une campagne] design, designing (*U*).

concernant [kɔ̃sɛrnɑ̃] *prép* regarding, concerning.

concerner [kɔ̃sɛrne] *vt* to concern; **être/se sentir concerné par qqch** to be/feel concerned by sthg; **en ce qui me concerne** as far as I'm concerned.

concert [kɔ̃sɛr] *nm* MUS concert.

concertation [kɔ̃sɛrtasjɔ̃] *nf* consultation.

concerter [kɔ̃sɛrte] *vt* [organiser] to devise (jointly).

◆ **se concerter** *vp* to consult (each other).

concerto [kɔ̃sɛrto] *nm* concerto.

concession [kɔ̃sesjɔ̃] *nf* **-1.** [compromis & GRAM] concession. **-2.** [autorisation] rights (*pl*), concession.

concessionnaire [kɔ̃sesjɔnɛr] *nmf* **-1.** [automobile] **(car)** dealer. **-2.** [qui possède une franchise] franchise holder.

concevable [kɔ̃səvabl] *adj* conceivable.

concevoir [kɔ̃səvwar] *vt* **-1.** [enfant, projet] to conceive. **-2.** [comprendre] to conceive of; **je ne peux pas** ~ **comment/pourquoi** I cannot conceive how/why.

concierge [kɔ̃sjɛrʒ] *nmf* caretaker, concierge.

conciliation [kɔ̃siljasjɔ̃] *nf* **-1.** [règlement d'un conflit] reconciliation, reconciling. **-2.** [accord & JUR] conciliation.

concilier [kɔ̃silje] *vt* [mettre d'accord, allier] to reconcile; ~ **qqch et** OU **avec qqch** to reconcile sthg with sthg.

concis, -e [kɔ̃si, iz] *adj* [style, discours] concise; [personne] terse.

concision [kɔ̃sizjɔ̃] *nf* conciseness, concision.

concitoyen, -yenne [kɔ̃sitwajɛ̃, jɛn] *nm, f* fellow citizen.

conclu, -e [kɔ̃kly] *pp* → **conclure**.

concluant, -e [kɔ̃klyɑ̃, ɑ̃t] *adj* [convaincant] conclusive.

conclure [kɔ̃klyr] ◇ *vt* to conclude; **en** ~ **que** to deduce (that). ◇ *vi*: ~ **à qqch** to conclude (that); **les experts ont conclu à la folie** the experts concluded he/she was mad; **le tribunal a conclu au suicide** the court returned a verdict of suicide.

conclusion [kɔ̃klyzjɔ̃] *nf* **-1.** [gén] conclusion. **-2.** [partie finale] close.

concombre [kɔ̃kɔ̃br] *nm* cucumber.

concordance [kɔ̃kɔrdɑ̃s] *nf* [conformité] agreement; ~ **des temps** GRAM sequence of tenses.

concorder [kɔ̃kɔrde] *vi* **-1.** [coïncider] to agree, to coincide. **-2.** [être en accord]: ~ **(avec)** to be in accordance (with).

concourir [kɔ̃kurir] *vi* **-1.** [contribuer]: ~ **à** to work towards. **-2.** [participer à un concours] to compete.

concours [kɔ̃kur] *nm* **-1.** [examen] competitive examination. **-2.** [compétition] competition, contest. **-3.** [coïncidence]: ~ **de circonstances** combination of circumstances.

concret, -ète [kɔ̃krɛ, ɛt] *adj* concrete.

concrétiser [kɔ̃kretize] *vt* [projet] to give shape to; [rêve, espoir] to give solid form to.

◆ **se concrétiser** *vp* [projet] to take shape; [rêve, espoir] to materialize.

conçu, -e [kɔ̃sy] *pp* → **concevoir**.

concubinage [kɔ̃kybinaʒ] *nm* living together, cohabitation.

concupiscent, -e [kɔ̃kypisɑ̃, ɑ̃t] *adj* concupiscent.

concurremment [kɔ̃kyramɑ̃] *adv* jointly.

concurrence [kɔ̃kyrɑ̃s] *nf* **-1.** [rivalité] rivalry. **-2.** ÉCON competition.

concurrent, -e [kɔ̃kyrɑ̃, ɑ̃t] ◇ *adj* rival, competing. ◇ *nm, f* competitor.

concurrentiel, -ielle [kɔ̃kyrɑ̃sjɛl] *adj* competitive.

condamnation [kɔ̃danasjɔ̃] *nf* **-1.** JUR sentence. **-2.** [dénonciation] condemnation.

condamné, -e [kɔ̃dane] *nm, f* convict, prisoner.

condamner [kɔ̃dane] *vt* **-1.** JUR: ~ **qqn (à)** to sentence sb (to); ~ **qqn à une amende** to fine sb. **-2.** *fig* [obliger]: ~ **qqn à qqch** to condemn sb to sthg. **-3.** [malade]: **être condamné** to be terminally ill. **-4.** [interdire] to forbid. **-5.** [blâmer] to condemn. **-6.** [fermer] to fill in, to block up.

condensation [kɔ̃dɑ̃sasjɔ̃] *nf* condensation.

condensé [kɔ̃dɑ̃se] ◇ *nm* summary. ◇ *adj* → **lait**.

condenser [kɔ̃dɑ̃se] *vt* to condense.

condescendant, -e [kɔ̃desɑ̃dɑ̃, ɑ̃t] *adj* condescending.

condiment [kɔ̃dimɑ̃] *nm* condiment.

condisciple [kɔ̃disipl] *nm* fellow student.

condition [kɔ̃disjɔ̃] *nf* **-1.** [gén] condition; **se mettre en** ~ [physiquement] to get into shape. **-2.** [place sociale] station; **la** ~ **des ouvriers** the workers' lot.

◆ **conditions** *nfpl* **-1.** [circonstances] conditions; ~**s de vie** living conditions; ~**s atmosphériques** atmospheric conditions. **-2.** [de paiement] terms.

◆ **à condition de** *loc prép* providing OU provided (that),

◆ **à condition que** *loc conj* (+ *subjonctif*) providing OU provided (that).

◆ **sans conditions** ◇ *loc adj* unconditional. ◇ *loc adv* unconditionally.

conditionné, -e [kɔ̃disjɔne] *adj* **-1.** [emballé]: ~ **sous vide** vacuum-packed. **-2.** → **air**.

conditionnel, -elle [kɔ̃disjɔnɛl] *adj* conditional.

◆ **conditionnel** *nm* GRAM conditional.

conditionnement [kɔ̃disjɔnmɑ̃] *nm* **-1.** [action d'emballer] packaging, packing. **-2.** [emballage] package. **-3.** PSYCHOL & TECHNOL conditioning.

conditionner [kɔ̃disjɔne] *vt* **-1.** [déterminer] to govern. **-2.** PSYCHOL & TECHNOL to condition. **-3.** [emballer] to pack.

condoléances [kɔ̃dɔleɑ̃s] *nfpl* condolences.

conducteur, -trice [kɔ̃dyktœr, tris] ◇ *adj* conductive. ◇ *nm, f* [de véhicule] driver.

◆ **conducteur** *nm* ÉLECTR conductor.

conduire [kɔ̃dɥir] ◇ *vt* **-1.** [voiture, personne] to drive. **-2.** [transmettre] to conduct. **-3.** *fig* [diriger] to manage.

-4. *fig* [à la ruine, au désespoir]: ~ **qqn à qqch** to drive sb to sthg. ◇ *vi* **-1.** AUTOM to drive. **-2.** [mener]: ~ **à** to lead to.

◆ **se conduire** *vp* to behave.

conduit, -e [kɔ̃dɥi, it] *pp* → **conduire.**

◆ **conduit** *nm* **-1.** [tuyau] conduit, pipe. **-2.** ANAT duct, canal.

◆ **conduite** *nf* **-1.** [pilotage d'un véhicule] driving; **~e à droite/gauche** right-hand/left-hand drive. **-2.** [comportement] behaviour (*U*). **-3.** [canalisation]: **~e de gaz/d'eau** gas/water main, gas/water pipe.

cône [kon] *nm* GÉOM cone.

confection [kɔ̃fɛksjɔ̃] *nf* **-1.** [réalisation] making. **-2.** [industrie] clothing industry.

confectionner [kɔ̃fɛksjɔne] *vt* to make.

confédération [kɔ̃federasjɔ̃] *nf* **-1.** [d'états] confederacy. **-2.** [d'associations] confederation.

conférence [kɔ̃ferɑ̃s] *nf* **-1.** [exposé] lecture. **-2.** [réunion] conference; **~ de presse** press conference.

conférencier, -ière [kɔ̃ferɑ̃sje, jɛr] *nm, f* lecturer.

conférer [kɔ̃fere] *vt* [accorder]: ~ **qqch à qqn** to confer sthg on sb.

confesser [kɔ̃fese] *vt* **-1.** [avouer] to confess. **-2.** RELIG: ~ **qqn** to hear sb's confession.

◆ **se confesser** *vp* to go to confession.

confession [kɔ̃fesjɔ̃] *nf* confession.

confessionnal, -aux [kɔ̃fesjonal, o] *nm* confessional.

confetti [kɔ̃feti] *nm* confetti (*U*).

confiance [kɔ̃fjɑ̃s] *nf* confidence; **avoir ~ en** to have confidence OU faith in; **avoir ~ en soi** to be self-confident; **en toute ~** with complete confidence; **de ~** trustworthy; **faire ~ à qqn/qqch** to trust sb/sthg.

confiant, -e [kɔ̃fjɑ̃, ɑ̃t] *adj* [sans méfiance] trusting.

confidence [kɔ̃fidɑ̃s] *nf* confidence.

confident, -e [kɔ̃fidɑ̃, ɑ̃t] *nm, f* confidant (*f* confidante).

confidentiel, -ielle [kɔ̃fidɑ̃sjɛl] *adj* confidential.

confier [kɔ̃fje] *vt* **-1.** [donner]: ~ **qqn/qqch à qqn** to entrust sb/sthg to sb. **-2.** [dire]: ~ **qqch à qqn** to confide sthg to sb.

◆ **se confier** *vp*: **se ~ à qqn** to confide in sb.

confiné, -e [kɔ̃fine] *adj* **-1.** [air] stale; [atmosphère] enclosed. **-2.** [enfermé] shut away.

confins [kɔ̃fɛ̃]

◆ **aux confins de** *loc prép* on the borders of.

confirmation [kɔ̃firmasjɔ̃] *nf* confirmation.

confirmer [kɔ̃firme] *vt* [certifier] to confirm.

◆ **se confirmer** *vp* to be confirmed.

confiscation [kɔ̃fiskasjɔ̃] *nf* confiscation.

confiserie [kɔ̃fizri] *nf* **-1.** [magasin] sweet shop *Br*, candy store *Am*, confectioner's. **-2.** [sucreries] sweets (*pl*) *Br*, candy (*U*) *Am*, confectionery (*U*).

confiseur, -euse [kɔ̃fizœr, øz] *nm, f* confectioner.

confisquer [kɔ̃fiske] *vt* to confiscate.

confiture [kɔ̃fityr] *nf* jam.

conflit [kɔ̃fli] *nm* **-1.** [situation tendue] clash, conflict. **-2.** [entre États] conflict.

confondre [kɔ̃fɔ̃dr] *vt* **-1.** [ne pas distinguer] to confuse. **-2.** [accusé] to confound. **-3.** [stupéfier] to astound.

confondu, -e [kɔ̃fɔ̃dy] *pp* → **confondre.**

conformation [kɔ̃fɔrmasjɔ̃] *nf* structure.

conforme [kɔ̃fɔrm] *adj*: ~ **à** in accordance with.

conformément [kɔ̃fɔrmemɑ̃]

◆ **conformément à** *loc prép* in accordance with.

conformer [kɔ̃fɔrme] *vt*: ~ **qqch à** to shape sthg according to.

◆ **se conformer** *vp*: **se ~ à** [s'adapter] to conform to; [obéir] to comply with.

conformiste [kɔ̃fɔrmist] ◇ *nmf* conformist. ◇ *adj* **-1.** [traditionaliste] conformist. **-2.** [Anglican] Anglican.

conformité [kɔ̃fɔrmite] *nf* [accord]: **être en ~ avec** to be in accordance with.

confort [kɔ̃fɔr] *nm* comfort; **tout ~** with all mod cons *Br*.

confortable [kɔ̃fɔrtabl] *adj* comfortable.

confrère [kɔ̃frɛr], **consœur** [kɔ̃sœr] *nm, f* colleague.

confrontation [kɔ̃frɔ̃tasjɔ̃] *nf* [face à face] confrontation.

confronter [kɔ̃frɔ̃te] *vt* [mettre face à face] to confront; *fig*: **être confronté à** to be confronted ou faced with.

confus, -e [kɔ̃fy, yz] *adj* **-1.** [indistinct, embrouillé] confused. **-2.** [gêné] embarrassed.

confusion [kɔ̃fyzjɔ̃] *nf* **-1.** [gén] confusion. **-2.** [embarras] confusion, embarrassment.

congé [kɔ̃ʒe] *nm* **-1.** [arrêt de travail] leave (*U*); **~ (de) maladie** sick leave; **~ de maternité** maternity leave. **-2.** [vacances] holiday *Br*, vacation *Am*; **en ~** on holiday; **~s payés** paid holiday (*U*) ou holidays ou leave (*U*) *Br*, paid vacation *Am*; **une journée/semaine de ~** a day/week off. **-3.** [renvoi] notice; **donner son ~ à qqn** to give sb his/her notice; **prendre ~ (de qqn)** *sout* to take one's leave (of sb).

congédier [kɔ̃ʒedje] *vt* to dismiss.

congé-formation [kɔ̃ʒefɔrmasjɔ̃] (*pl* **congés-formation**) *nm* training leave.

congélateur [kɔ̃ʒelatœr] *nm* freezer.

congeler [kɔ̃ʒle] *vt* to freeze.

congénital, -e, -aux [kɔ̃ʒenital, o] *adj* congenital.

congère [kɔ̃ʒɛr] *nf* snowdrift.

congestion [kɔ̃ʒɛstjɔ̃] *nf* congestion; **~ pulmonaire** pulmonary congestion.

Congo [kɔ̃go] *nm*: **le ~** the Congo.

congratuler [kɔ̃gratyle] *vt* to congratulate.

congrégation [kɔ̃gregasjɔ̃] *nf* congregation.

congrès [kɔ̃grɛ] *nm* [colloque] assembly.

conifère [kɔnifɛr] *nm* conifer.

conjecture [kɔ̃ʒɛktyr] *nf* conjecture.

conjecturer [kɔ̃ʒɛktyre] *vt & vi* to conjecture.

conjoint, -e [kɔ̃ʒwɛ̃, ɛ̃t] ◇ *adj* joint. ◇ *nm, f* spouse.

conjonction [kɔ̃ʒɔ̃ksjɔ̃] *nf* conjunction.

conjonctivite [kɔ̃ʒɔ̃ktivit] *nf* conjunctivitis (*U*).

conjoncture [kɔ̃ʒɔ̃ktyr] *nf* ÉCON situation, circumstances (*pl*).

conjugaison [kɔ̃ʒygɛzɔ̃] *nf* **-1.** [union] uniting. **-2.** GRAM conjugation.

conjugal, -e, -aux [kɔ̃ʒygal, o] *adj* conjugal.

conjuguer [kɔ̃ʒyge] *vt* **-1.** [unir] to combine. **-2.** GRAM to conjugate.

conjuration [kɔ̃ʒyrasjɔ̃] *nf* **-1.** [conspiration] conspiracy. **-2.** [exorcisme] exorcism.

connaissance [kɔnɛsɑ̃s] *nf* **-1.** [savoir] knowledge (*U*); **à ma ~** to (the best of) my knowledge; **en ~ de cause** with full knowledge of the facts; **prendre ~ de qqch** to study, to examine. **-2.** [personne] acquaintance; **faire ~ (avec qqn)** to become acquainted (with sb); **faire la ~ de** to meet. **-3.** [conscience]: **perdre/reprendre ~** to lose/regain consciousness.

connaisseur, -euse [kɔnɛsœr, øz] ◇ *adj* expert (*avant n*). ◇ *nm, f* connoisseur.

connaître [kɔnɛtr] *vt* **-1.** [gén] to know; **~ qqn de nom/de vue** to know sb by name/sight. **-2.** [éprouver] to experience.

◆ **se connaître** *vp* **-1.** s'y ~ **en** [être expert] to know about; **il s'y connaît** he knows what he's talking about/ doing. **-2.** [soi-même] to know o.s. **-3.** [se rencontrer] to meet (each other); **ils se connaissent** they've met (each other).

connecter [kɔnɛkte] *vt* to connect.

connexion [kɔnɛksjɔ̃] *nf* connection.

connu, -e [kɔny] ◇ *pp* → **connaître**. ◇ *adj* [célèbre] well-known, famous.

conquérant, -e [kɔ̃kerɑ̃, ɑ̃t] ◇ *adj* conquering. ◇ *nm, f* conqueror.

conquérir [kɔ̃kerir] *vt* to conquer.

conquête [kɔ̃kɛt] *nf* conquest.

conquis, -e [kɔ̃ki, iz] *pp* → **conquérir**.

consacrer [kɔ̃sakre] *vt* **-1.** RELIG to consecrate. **-2.** [employer]: ~ **qqch à** to devote sthg to.
◆ **se consacrer** *vp*: se ~ **à** to dedicate o.s. to, to devote o.s. to.

conscience [kɔ̃sjɑ̃s] *nf* **-1.** [connaissance & PSYCHOL] consciousness; **avoir** ~ **de qqch** to be aware of sthg. **-2.** [morale] conscience; **bonne/mauvaise** ~ clear/guilty conscience; ~ **professionnelle** professional integrity, conscientiousness.

consciencieux, -ieuse [kɔ̃sjɑ̃sjø, jøz] *adj* conscientious.

conscient, -e [kɔ̃sjɑ̃, ɑ̃t] *adj* conscious; **être** ~ **de qqch** [connaître] to be conscious of sthg.

conscription [kɔ̃skripsjɔ̃] *nf* conscription, draft *Am*.

conscrit [kɔ̃skri] *nm* conscript, recruit, draftee *Am*.

consécration [kɔ̃sekrasjɔ̃] *nf* **-1.** [reconnaissance] recognition; [de droit, coutume] establishment. **-2.** RELIG consecration.

consécutif, -ive [kɔ̃sekytif, iv] *adj* **-1.** [successif & GRAM] consecutive. **-2.** [résultant]: ~ **à** resulting from.

conseil [kɔ̃sɛj] *nm* **-1.** [avis] piece of advice, advice (*U*); **donner un** ~ OU **des** ~**s (à qqn)** to give (sb) advice. **-2.** [personne]: ~ **(en)** consultant (in).

-3. [assemblée] council; ~ **d'administration** board of directors; ~ **de classe** staff meeting; ~ **de discipline** disciplinary committee.

conseiller¹ [kɔ̃seje] *vt* **-1.** [recommander] to advise; ~ **qqch à qqn** to recommend sthg to sb. **-2.** [guider] to advise, to counsel. ◇ *vi* [donner un conseil]: ~ **à qqn de faire qqch** to advise sb to do sthg.

conseiller², -ère [kɔ̃seje, ɛr] *nm, f* **-1.** [guide] counsellor. **-2.** [d'un conseil] councillor; ~ **municipal** town councillor *Br*, city councilman (*f* -woman) *Am*.

consensuel, -elle [kɔ̃sɑ̃sɥɛl] *adj*: **politique** ~**le** consensus politics.

consentement [kɔ̃sɑ̃tmɑ̃] *nm* consent.

consentir [kɔ̃sɑ̃tir] *vi*: ~ **à qqch** to consent to sthg.

conséquence [kɔ̃sekɑ̃s] *nf* consequence, result; **ne pas tirer à** ~ to be of no consequence.

conséquent, -e [kɔ̃sekɑ̃, ɑ̃t] *adj* **-1.** [cohérent] consistent. **-2.** [important] sizeable, considerable.
◆ **par conséquent** *loc adv* therefore, consequently.

conservateur, -trice [kɔ̃sɛrvatœr, tris] ◇ *adj* conservative. ◇ *nm, f* **-1.** POLIT conservative. **-2.** [administrateur] curator.
◆ **conservateur** *nm* preservative.

conservation [kɔ̃sɛrvasjɔ̃] *nf* **-1.** [état, entretien] preservation. **-2.** [d'aliment] preserving.

conservatoire [kɔ̃sɛrvatwar] *nm* academy; ~ **de musique** music college.

conserve [kɔ̃sɛrv] *nf* tinned *Br* OU canned food; **en** ~ [en boîte] tinned, canned; [en bocal] preserved, bottled.

conserver [kɔ̃sɛrve] *vt* **-1.** [garder, entretenir] to preserve. **-2.** [entreposer - en boîte] to can; [- en bocal] to bottle.

considérable [kɔ̃siderabl] *adj* considerable.

considération [kɔ̃siderasjɔ̃] *nf* **-1.** [réflexion, motivation] consideration;

prendre qqch en ~ to take sthg into consideration. **-2.** [estime] respect.

considérer [kɔ̃sidere] *vt* to consider; **tout bien considéré** all things considered.

consigne [kɔ̃siɲ] *nf* **-1.** (*gén pl*) [instruction] instructions (*pl*). **-2.** [entrepôt de bagages] left-luggage office *Br*, checkroom *Am*, baggage room *Am*; ~ **automatique** left-luggage lockers (*pl*). **-3.** [somme d'argent] deposit.

consigné, -e [kɔ̃siɲe] *adj* returnable.

consistance [kɔ̃sistɑ̃s] *nf* [solidité] consistency; *fig* substance.

consistant, -e [kɔ̃sistɑ̃, ɑ̃t] *adj* **-1.** [épais] thick. **-2.** [nourrissant] substantial. **-3.** [fondé] sound.

consister [kɔ̃siste] *vi*: ~ **en** to consist of; ~ **à faire qqch** to consist in doing sthg.

consœur → **confrère**.

consolation [kɔ̃sɔlasjɔ̃] *nf* consolation.

console [kɔ̃sɔl] *nf* **-1.** [table] console (table). **-2.** INFORM: ~ **de visualisation** VDU, visual display unit.

consoler [kɔ̃sɔle] *vt* [réconforter]: ~ **qqn (de qqch)** to comfort sb (in sthg).

consolider [kɔ̃sɔlide] *vt litt & fig* to strengthen.

consommateur, -trice [kɔ̃sɔmatœr, tris] *nm, f* [acheteur] consumer; [d'un bar] customer.

consommation [kɔ̃sɔmasjɔ̃] *nf* **-1.** [utilisation] consumption; **faire une grande** OU **grosse** ~ **de** to use (up) a lot of. **-2.** [boisson] drink.

consommé, -e [kɔ̃sɔme] *adj sout* consummate.

♦ **consommé** *nm* consommé.

consommer [kɔ̃sɔme] ◇ *vt* **-1.** [utiliser] to use (up). **-2.** [manger] to eat. **-3.** [énergie] to consume, to use. ◇ *vi* **-1.** [boire] to drink. **-2.** [voiture]: **cette voiture consomme beaucoup** this car uses a lot of fuel.

consonance [kɔ̃sɔnɑ̃s] *nf* consonance.

consonne [kɔ̃sɔn] *nf* consonant.

conspirateur, -trice [kɔ̃spiratœr, tris] *nm, f* conspirator.

conspiration [kɔ̃spirasjɔ̃] *nf* conspiracy.

conspirer [kɔ̃spire] ◇ *vt* [comploter] to plot. ◇ *vi* to conspire.

constamment [kɔ̃stamɑ̃] *adv* constantly.

constant, -e [kɔ̃stɑ̃, ɑ̃t] *adj* constant.

constat [kɔ̃sta] *nm* **-1.** [procès-verbal] report. **-2.** [constatation] established fact.

constatation [kɔ̃statasjɔ̃] *nf* **-1.** [révélation] observation. **-2.** [fait retenu] finding.

constater [kɔ̃state] *vt* **-1.** [se rendre compte de] to see, to note. **-2.** [consigner - fait, infraction] to record; [- décès, authenticité] to certify.

constellation [kɔ̃stelasjɔ̃] *nf* ASTRON constellation.

consternation [kɔ̃stɛrnasjɔ̃] *nf* dismay.

consterner [kɔ̃stɛrne] *vt* to dismay.

constipation [kɔ̃stipasjɔ̃] *nf* constipation.

constipé, -e [kɔ̃stipe] *adj* **-1.** MÉD constipated. **-2.** *fam fig* [manière, air] ill at ease.

constituer [kɔ̃stitɥe] *vt* **-1.** [élaborer] to set up. **-2.** [composer] to make up. **-3.** [représenter] to constitute.

constitution [kɔ̃stitysjɔ̃] *nf* **-1.** [création] setting up. **-2.** [de pays, de corps] constitution.

constructeur [kɔ̃stryktœr] *nm* **-1.** [fabricant] manufacturer; [de navire] shipbuilder. **-2.** [bâtisseur] builder.

construction [kɔ̃stryksjɔ̃] *nf* **-1.** IND building, construction; ~ **navale** shipbuilding. **-2.** [édifice] structure, building. **-3.** GRAM & *fig* construction.

construire [kɔ̃strɥir] *vt* **-1.** [bâtir, fabriquer] to build. **-2.** [théorie, phrase] to construct.

construit, -e [kɔ̃strɥi, it] *pp* → **construire**.

consulat [kɔ̃syla] *nm* [résidence] consulate.

consultation [kɔ̃syltasjɔ̃] *nf* **-1.** [d'ouvrage]: **de ~ aisée** easy to use. **-2.** MÉD & POLIT consultation.

consulter [kɔ̃sylte] ◇ *vt* **-1.** [compulser] to consult. **-2.** [interroger, demander conseil à] to consult, to ask. **-3.** [spécialiste] to consult, to see. ◇ *vi* [médecin] to take OU hold surgery; [avocat] to be available for consultation.
◆ **se consulter** *vp* to confer.

contact [kɔ̃takt] *nm* **-1.** [gén] contact; **le ~ du marbre est froid** marble is cold to the touch; **prendre ~ avec** to make contact with; **rester en ~ (avec)** to stay in touch (with); **au ~ de on** contact with. **-2.** AUTOM ignition; **mettre/couper le ~** to switch on/off the ignition.

contacter [kɔ̃takte] *vt* to contact.

contagieux, -ieuse [kɔ̃taʒjø, jøz] *adj* MÉD contagious; *fig* infectious.

contagion [kɔ̃taʒjɔ̃] *nf* MÉD contagion; *fig* infectiousness.

contaminer [kɔ̃tamine] *vt* [infecter] to contaminate; *fig* to contaminate, to infect.

conte [kɔ̃t] *nm* story; **~ de fées** fairy tale.

contemplation [kɔ̃tɑ̃plasjɔ̃] *nf* contemplation.

contempler [kɔ̃tɑ̃ple] *vt* to contemplate.

contemporain, -e [kɔ̃tɑ̃pɔrɛ̃, ɛn] *nm, f* contemporary.

contenance [kɔ̃tnɑ̃s] *nf* **-1.** [capacité volumique] capacity. **-2.** [attitude]: **se donner une ~** to give an impression of composure; **perdre ~** to lose one's composure.

contenir [kɔ̃tnir] *vt* to contain, to hold, to take.
◆ **se contenir** *vp* to contain o.s., to control o.s.

content, -e [kɔ̃tɑ̃, ɑ̃t] *adj* [satisfait]: **~ (de qqn/qqch)** happy (with sb/sthg), content (with sb/sthg); **~ de faire qqch** happy to do sthg.

contentement [kɔ̃tɑ̃tmɑ̃] *nm* satisfaction.

contenter [kɔ̃tɑ̃te] *vt* to satisfy.
◆ **se contenter** *vp*: **se ~ de qqch/de faire qqch** to content o.s. with sthg/with doing sthg.

contentieux [kɔ̃tɑ̃sjø] *nm* [litige] dispute; [service] legal department.

contenu, -e [kɔ̃tny] *pp* → **contenir.**
◆ **contenu** *nm* **-1.** [de récipient] contents (*pl*). **-2.** [de texte, discours] content.

conter [kɔ̃te] *vt* to tell.

contestable [kɔ̃tɛstabl] *adj* questionable.

contestation [kɔ̃tɛstasjɔ̃] *nf* **-1.** [protestation] protest, dispute. **-2.** POLIT: **la ~** anti-establishment activity.

conteste [kɔ̃tɛst]
◆ **sans conteste** *loc adv* unquestionably.

contester [kɔ̃tɛste] ◇ *vt* to dispute, to contest. ◇ *vi* to protest.

conteur, -euse [kɔ̃tœr, øz] *nm, f* storyteller.

contexte [kɔ̃tɛkst] *nm* context.

contigu, -uë [kɔ̃tigy] *adj*: **~ (à)** adjacent (to).

continent [kɔ̃tinɑ̃] *nm* continent.

continental, -e, -aux [kɔ̃tinɑ̃tal, o] *adj* continental.

contingence [kɔ̃tɛ̃ʒɑ̃s] *nf* (*gén pl*) contingency.

contingent [kɔ̃tɛ̃ʒɑ̃] *nm* **-1.** MIL national service conscripts (*pl*), draft *Am*. **-2.** COMM quota.

continu, -e [kɔ̃tiny] *adj* continuous.

continuation [kɔ̃tinɥasjɔ̃] *nf* continuation.

continuel, -elle [kɔ̃tinɥɛl] *adj* **-1.** [continu] continuous. **-2.** [répété] continual.

continuellement [kɔ̃tinɥɛlmɑ̃] *adv* continually.

continuer [kɔ̃tinɥe] ◇ *vt* [poursuivre] to carry on with, to continue (with). ◇ *vi* to continue, to go on; **~ à** OU

de faire qqch to continue to do OU doing sthg.

continuité [kɔ̃tinɥite] *nf* continuity.

contorsionner [kɔ̃tɔrsjɔne]
◆ **se contorsionner** *vp* to contort (o.s.), to writhe.

contour [kɔ̃tur] *nm* **-1.** [limite] outline. **-2.** (*gén pl*) [courbe] bend.

contourner [kɔ̃turne] *vt litt* & *fig* to bypass, to get round.

contraceptif, -ive [kɔ̃traseptif, iv] *adj* contraceptive.
◆ **contraceptif** *nm* contraceptive.

contraception [kɔ̃trasepsjɔ̃] *nf* contraception.

contracter [kɔ̃trakte] *vt* **-1.** [muscle] to contract, to tense; [visage] to contort. **-2.** [maladie] to contract, to catch. **-3.** [engagement] to contract; [assurance] to take out.

contraction [kɔ̃traksjɔ̃] *nf* contraction; [état de muscle] **tenseness.**

contractuel, -elle [kɔ̃traktɥel] *nm, f* traffic warden *Br*.

contradiction [kɔ̃tradiksjɔ̃] *nf* contradiction.

contradictoire [kɔ̃tradiktwar] *adj* contradictory; **débat** ~ open debate.

contraignant, -e [kɔ̃trɛɲɑ̃, ɑ̃t] *adj* restricting.

contraindre [kɔ̃trɛ̃dr] *vt*: ~ **qqn à faire qqch** to compel OU force sb to do sthg; **être contraint de faire qqch** to be compelled OU forced to do sthg.

contraire [kɔ̃trɛr] ◇ *nm*: **le** ~ the opposite; **je n'ai jamais dit le** ~ I have never denied it. ◇ *adj* opposite; ~ **à** [non conforme à] contrary to; [nuisible à] harmful to, damaging to.
◆ **au contraire** *loc adv* on the contrary.
◆ **au contraire de** *loc prép* unlike.

contrairement [kɔ̃trɛrmɑ̃]
◆ **contrairement à** *loc prép* contrary to.

contrarier [kɔ̃trarje] *vt* **-1.** [contrecarrer] to thwart, to frustrate. **-2.** [irriter] to annoy.

contrariété [kɔ̃trarjete] *nf* annoyance.

contraste [kɔ̃trast] *nm* contrast.

contraster [kɔ̃traste] *vt* & *vi* to contrast.

contrat [kɔ̃tra] *nm* contract, agreement; ~ **à durée déterminée/indéterminée** fixed-term/permanent contract.

contravention [kɔ̃travɑ̃sjɔ̃] *nf* [amende] fine; ~ **pour stationnement interdit** parking ticket; **dresser une** ~ **à qqn** to fine sb.

contre [kɔ̃tr] ◇ *prép* **-1.** [juxtaposition, opposition] **against. -2.** [proportion, comparaison]: **élu à 15 voix** ~ **9** elected by 15 votes to 9. **-3.** [échange] (in exchange) for. ◇ *adv* [juxtaposition]: **prends la rampe et appuie-toi** ~ take hold of the rail and lean against it.
◆ **par contre** *loc adv* on the other hand.

contre-attaque [kɔ̃tratak] (*pl* **contre-attaques**) *nf* counterattack.

contrebalancer [kɔ̃trəbalɑ̃se] *vt* to counterbalance, to offset.

contrebande [kɔ̃trəbɑ̃d] *nf* [activité] smuggling; [marchandises] contraband.

contrebandier, -ière [kɔ̃trəbɑ̃dje, jer] *nm, f* smuggler.

contrebas [kɔ̃trəba]
◆ **en contrebas** *loc adv* (down) below.

contrebasse [kɔ̃trəbas] *nf* [instrument] (double) bass.

contrecarrer [kɔ̃trəkare] *vt* to thwart, to frustrate.

contrecœur [kɔ̃trəkœr]
◆ **à contrecœur** *loc adv* grudgingly.

contrecoup [kɔ̃trəku] *nm* consequence.

contre-courant [kɔ̃trəkurɑ̃]
◆ **à contre-courant** *loc adv* against the current.

contredire [kɔ̃trədir] *vt* to contradict.
◆ **se contredire** *vp* **-1.** (*emploi récipro-*

que) to contradict (each other). **-2.** (*emploi réfléchi*) to contradict o.s.

contredit, -e [kɔ̃trədi] *pp* → **contredire**.

contrée [kɔ̃tre] *nf* [pays] land; [région] region.

contre-espionnage [kɔ̃trɛspjɔnaʒ] *nm* counterespionage.

contre-exemple [kɔ̃trɛgzɑ̃pl] (*pl* **contre-exemples**) *nm* example to the contrary.

contre-expertise [kɔ̃trɛkspɛrtiz] (*pl* **contre-expertises**) *nf* second (expert) opinion.

contrefaçon [kɔ̃trəfasɔ̃] *nf* [activité] counterfeiting; [produit] forgery.

contrefaire [kɔ̃trəfɛr] *vt* **-1.** [signature, monnaie] to counterfeit, to forge. **-2.** [voix] to disguise.

contrefort [kɔ̃trəfɔr] *nm* **-1.** [pilier] buttress. **-2.** [de chaussure] back.
◆ **contreforts** *nmpl* foothills.

contre-indication [kɔ̃trɛ̃dikasjɔ̃] (*pl* **contre-indications**) *nf* contraindication.

contre-jour [kɔ̃trəʒur]
◆ **à contre-jour** *loc adv* against the light.

contremaître, -esse [kɔ̃trəmɛtr, ɛs] *nm, f* foreman (*f* forewoman).

contremarque [kɛ̃trəmark] *nf* [pour sortir d'un spectacle] pass-out ticket.

contre-offensive [kɔ̃trɔfɑ̃siv] (*pl* **contre-offensives**) *nf* counteroffensive.

contre-ordre = **contrordre**.

contrepartie [kɔ̃trəparti] *nf* **-1.** [compensation] compensation. **-2.** [contraire] opposing view.
◆ **en contrepartie** *loc adv* in return.

contre-performance [kɔ̃trəpɛrfɔrmɑ̃s] (*pl* **contre-performances**) *nf* disappointing performance.

contrepèterie [kɔ̃trəpetri] *nf* spoonerism.

contre-pied [kɔ̃trəpje] *nm*: **prendre le ~ de** to do the opposite of.

contreplaqué, **contre-plaqué** [kɔ̃trəplake] *nm* plywood.

contrepoids [kɔ̃trəpwa] *nm litt* & *fig* counterbalance, counterweight.

contre-pouvoir [kɔ̃trəpuvwar] (*pl* **contre-pouvoirs**) *nm* counterbalance.

contrer [kɔ̃tre] *vt* **-1.** [s'opposer à] to counter. **-2.** CARTES to double.

contresens [kɔ̃trəsɑ̃s] *nm* **-1.** [erreur - de traduction] mistranslation; [- d'interprétation] misinterpretation. **-2.** [absurdité] nonsense (*U*).
◆ **à contresens** *loc adv litt* & *fig* the wrong way.

contresigner [kɔ̃trəsiɲe] *vt* to countersign.

contretemps [kɔ̃trətɑ̃] *nm* hitch, mishap.
◆ **à contretemps** *loc adv* MUS out of time; *fig* at the wrong moment.

contrevenir [kɔ̃trəvnir] *vi*: **~ à** to contravene, to infringe.

contribuable [kɔ̃tribɥabl] *nmf* taxpayer.

contribuer [kɔ̃tribɥe] *vi*: **~ à** to contribute to OU towards.

contribution [kɔ̃tribysjɔ̃] *nf*: **~ (à)** contribution (to); **mettre qqn à ~** to call on sb's services.
◆ **contributions** *nfpl* taxes; **~s directes/indirectes** direct/indirect taxation.

contrit, -e [kɔ̃tri, it] *adj* contrite.

contrôle [kɔ̃trol] *nm* **-1.** [vérification - de déclaration] check, checking (*U*); [- de documents, billets] inspection; **~ d'identité** identity check. **-2.** [maîtrise, commande] control; **perdre le ~ de qqch** to lose control of sthg; **~ des naissances** birth control; **~ des prix** price control. **-3.** SCOL test.

contrôler [kɔ̃trole] *vt* **-1.** [vérifier - documents, billets] to inspect; [- déclaration] to check; [- connaissances] to test. **-2.** [maîtriser, diriger] to control. **-3.** TECHNOL to monitor, to control.

contrôleur, -euse [kɔ̃trolœr, øz] *nm, f* [de train] ticket inspector; [d'autobus]

(bus) conductor (f conductress); ~ **aérien** air traffic controller.

contrordre, contre-ordre (pl **contre-ordres**) [kɔ̃trɔrdr] nm countermand; **sauf ~** unless otherwise instructed.

controverse [kɔ̃trɔvɛrs] nf controversy.

controversé, -e [kɔ̃trɔvɛrse] adj [personne, décision] controversial.

contumace [kɔ̃tymas] nf JUR: **condamné par ~** sentenced in absentia.

contusion [kɔ̃tyzjɔ̃] nf bruise, contusion.

convaincant, -e [kɔ̃vɛ̃kɑ̃, ɑ̃t] adj convincing.

convaincre [kɔ̃vɛ̃kr] vt **-1.** [persuader]: ~ **qqn (de qqch)** to convince sb (of sthg); ~ **qqn (de faire qqch)** to persuade sb (to do sthg). **-2.** JUR: ~ **qqn de** to find sb guilty of, to convict sb of.

convaincu, -e [kɔ̃vɛ̃ky] ◇ pp → **convaincre**. ◇ adj [partisan] committed; **d'un ton ~, d'un air ~** with conviction.

convainquant [kɔ̃vɛ̃kɑ̃] ppr → **convaincre**.

convalescence [kɔ̃valesɑ̃s] nf convalescence; **être en ~** to be convalescing OU recovering.

convalescent, -e [kɔ̃valesɑ̃, ɑ̃t] adj & nm, f convalescent.

convenable [kɔ̃vnabl] adj **-1.** [manières, comportement] polite; [tenue, personne] decent, respectable. **-2.** [acceptable] adequate, acceptable.

convenance [kɔ̃vnɑ̃s] nf: **à ma/votre ~** to my/your convenience.

♦ **convenances** nfpl proprieties.

convenir [kɔ̃vnir] vi **-1.** [décider]: ~ **de qqch/de faire qqch** to agree on sthg/to do sthg. **-2.** [plaire]: ~ **à qqn** to suit sb, to be convenient for sb. **-3.** [être approprié]: ~ **à** OU **pour** to be suitable for. **-4.** sout [admettre]: ~ **de qqch** to admit to sthg; ~ **que** to admit (that).

convention [kɔ̃vɑ̃sjɔ̃] nf **-1.** [règle, assemblée] convention. **-2.** [accord] agreement; ~ **collective** collective agreement.

conventionné, -e [kɔ̃vɑ̃sjɔne] adj ≃ National Health (avant n) Br.

conventionnel, -elle [kɔ̃vɑ̃sjɔnɛl] adj conventional.

convenu, -e [kɔ̃vny] ◇ pp → **convenir**. ◇ adj [décidé]: **comme ~** as agreed.

convergent, -e [kɔ̃vɛrʒɑ̃, ɑ̃t] adj convergent.

converger [kɔ̃vɛrʒe] vi: ~ **(vers)** to converge (on).

conversation [kɔ̃vɛrsasjɔ̃] nf conversation.

converser [kɔ̃vɛrse] vi sout: ~ **(avec)** to converse (with).

conversion [kɔ̃vɛrsjɔ̃] nf [gén]: ~ **(à/en)** conversion (to/into).

convertible [kɔ̃vɛrtibl] nm [canapé-lit] sofa-bed.

convertir [kɔ̃vɛrtir] vt: ~ **qqn (à)** to convert sb (to); ~ **qqch (en)** to convert sthg (into).

♦ **se convertir** vp: **se ~ (à)** to be converted (to).

convexe [kɔ̃vɛks] adj convex.

conviction [kɔ̃viksjɔ̃] nf conviction.

convier [kɔ̃vje] vt: ~ **qqn à** to invite sb to.

convive [kɔ̃viv] nmf guest (at a meal).

convivial, -e, -iaux [kɔ̃vivjal, jo] adj **-1.** [réunion] convivial. **-2.** INFORM user-friendly.

convocation [kɔ̃vɔkasjɔ̃] nf [avis écrit] summons (sg), notification to attend.

convoi [kɔ̃vwa] nm **-1.** [de véhicules] convoy. **-2.** [train] train.

convoiter [kɔ̃vwate] vt to covet.

convoitise [kɔ̃vwatiz] nf covetousness.

convoquer [kɔ̃vɔke] vt **-1.** [assemblée] to convene. **-2.** [pour un entretien] to invite. **-3.** [subalterne, témoin] to summon. **-4.** [à un examen]: ~ **qqn** to ask sb to attend.

convoyer [kõvwaje] *vt* to escort.

convoyeur, -euse [kõvwajœr, øz] *nm, f* escort; ~ **de fonds** security guard.

convulsion [kõvylsjõ] *nf* convulsion.

coopération [kɔɔperasjõ] *nf* **-1.** [collaboration] cooperation. **-2.** [aide]: **la** ~ ≈ overseas development.

coopérer [kɔɔpere] *vi*: ~ **(à)** to cooperate (in).

coordination [kɔɔrdinasjõ] *nf* coordination.

coordonnée [kɔɔrdɔne] *nf* **-1.** LING coordinate clause. **-2.** MATHS coordinate.

◆ **coordonnées** *nfpl* **-1.** GÉOGR coordinates. **-2.** [adresse] address and phone number, details.

coordonner [kɔɔrdɔne] *vt* to coordinate.

copain, -ine [kɔpɛ̃, in] ◇ *adj* matey; **être très ~s** to be great pals. ◇ *nm, f* friend, mate.

copeau, -x [kɔpo] *nm* [de bois] (wood) shaving.

Copenhague [kɔpɛnag] *n* Copenhagen.

copie [kɔpi] *nf* **-1.** [double, reproduction] copy. **-2.** [SCOL - de devoir] fair copy; [- d'examen] paper, script.

copier [kɔpje] ◇ *vt* to copy. ◇ *vi*: ~ **sur qqn** to copy from sb.

copieux, -ieuse [kɔpjø, jøz] *adj* copious.

copilote [kɔpilɔt] *nmf* copilot.

copine → **copain**.

coproducteur, -trice [kɔprɔdyktœr, tris] *nm, f* [pour spectacle] coproducer.

coproduction [kɔprɔdyksjõ] *nf* coproduction.

copropriété [kɔprɔprijete] *nf* coownership, joint ownership.

coq [kɔk] *nm* cock, cockerel; **sauter** OU **passer du** ~ **à l'âne** to jump from one subject to another.

coque [kɔk] *nf* **-1.** [de noix] shell. **-2.** [de navire] hull.

coquelicot [kɔkliko] *nm* poppy.

coqueluche [kɔklyʃ] *nf* whooping cough.

coquet, -ette [kɔkɛ, ɛt] *adj* **-1.** [vêtements] smart, stylish; [ville, jeune fille] pretty. **-2.** *(avant n)* *hum* [important]: **la ~te somme de 100 livres** the tidy sum of £100.

◆ **coquette** *nf* flirt.

coquetier [kɔktje] *nm* eggcup.

coquetterie [kɔkɛtri] *nf* [désir de plaire] coquettishness.

coquillage [kɔkijaʒ] *nm* **-1.** [mollusque] shellfish. **-2.** [coquille] shell.

coquille [kɔkij] *nf* **-1.** [de mollusque, noix, œuf] shell; ~ **de noix** [embarcation] cockleshell. **-2.** TYPO misprint.

coquillettes [kɔkijɛt] *nfpl* pasta shells.

coquin, -e [kɔkɛ̃, in] ◇ *adj* [sousvêtement] sexy, naughty; [regard, histoire] saucy. ◇ *nm, f* rascal.

cor [kɔr] *nm* **-1.** [instrument] horn. **-2.** [au pied] corn.

◆ **à cor et à cri** *loc adv*: **réclamer qqch à** ~ **et à cri** to clamour for sthg.

corail, -aux [kɔraj, o] *nm* **-1.** [gén] coral. **-2.** RAIL: **train** ~ ≈ express train.

Coran [kɔrɑ̃] *nm*: **le** ~ the Koran.

corbeau, -x [kɔrbo] *nm* **-1.** [oiseau] crow. **-2.** [délateur] writer of poison-pen letters.

corbeille [kɔrbɛj] *nf* **-1.** [panier] basket; ~ **à papier** waste paper basket. **-2.** THÉÂTRE (dress) circle. **-3.** [de Bourse] stockbrokers' enclosure (*at Paris Stock Exchange*).

corbillard [kɔrbijar] *nm* hearse.

cordage [kɔrdaʒ] *nm* **-1.** [de bateau] rigging (*U*). **-2.** [de raquette] strings (*pl*).

corde [kɔrd] *nf* **-1.** [filin] rope; ~ **à linge** washing OU clothes line; ~ **à sauter** skipping rope. **-2.** [d'instrument, arc] string. **-3.** ANAT: ~ **vocale** vocal cord. **-4.** HIPPISME rails (*pl*); ATHLÉTISME inside (lane).

cordée [kɔrde] *nf* ALPINISME roped party (*of mountaineers*).

cordial, -e, -iaux [kɔrdjal, jo] *adj* warm, cordial.

cordon [kɔrdɔ̃] *nm* string, cord; ~ **ombilical** umbilical cord; ~ **de police** police cordon.

cordon-bleu [kɔrdɔ̃blø] *nm* cordon bleu cook.

cordonnerie [kɔrdɔnri] *nf* [magasin] shoe repairer's, cobbler's.

cordonnier, -ière [kɔrdɔnje, jɛr] *nm, f* shoe repairer, cobbler.

Corée [kɔre] *nf* Korea.

coriace [kɔrjas] *adj litt & fig* tough.

cormoran [kɔrmɔrɑ̃] *nm* cormorant.

corne [kɔrn] *nf* **-1.** [gén] horn; [de cerf] antler. **-2.** [callosité] hard skin (*U*), callus.

cornée [kɔrne] *nf* cornea.

corneille [kɔrnɛj] *nf* crow.

cornemuse [kɔrnəmyz] *nf* bagpipes (*pl*).

corner¹ [kɔrne] *vt* [page] to turn down the corner of.

corner² [kɔrnɛr] *nm* FOOTBALL corner (kick).

cornet [kɔrnɛ] *nm* **-1.** [d'aliment] cornet, cone. **-2.** [de jeu] (dice) shaker.

corniaud, corniot [kɔrnjo] *nm* **-1.** [chien] mongrel. **-2.** *fam* [imbécile] twit.

corniche [kɔrniʃ] *nf* **-1.** [route] cliff road. **-2.** [moulure] cornice.

cornichon [kɔrniʃɔ̃] *nm* **-1.** [condiment] gherkin. **-2.** *fam* [imbécile] twit.

corniot = **corniaud**.

Cornouailles [kɔrnwaj] *nf*: **la** ~ Cornwall.

corollaire [kɔrɔlɛr] *nm* corollary.

corolle [kɔrɔl] *nf* corolla.

coron [kɔrɔ̃] *nm* [village] mining village.

corporation [kɔrpɔrasjɔ̃] *nf* corporate body.

corporel, -elle [kɔrpɔrɛl] *adj* [physique - besoin] bodily; [- châtiment] corporal.

corps [kɔr] *nm* **-1.** [gén] body. **-2.** [groupe]: ~ **d'armée** (army) corps; ~ **enseignant** [profession] teaching profession; [d'école] teaching staff.

corpulent, -e [kɔrpylɑ̃, ɑ̃t] *adj* corpulent, stout.

correct, -e [kɔrɛkt] *adj* **-1.** [exact] correct, right. **-2.** [honnête] correct, proper. **-3.** [acceptable] decent; [travail] fair.

correcteur, -trice [kɔrɛktœr, tris] ◇ *adj* corrective. ◇ *nm, f* **-1.** [d'examen] examiner, marker *Br*, grader *Am*. **-2.** TYPO proofreader.

correction [kɔrɛksjɔ̃] *nf* **-1.** [d'erreur] correction. **-2.** [punition] punishment. **-3.** TYPO proofreading. **-4.** [notation] marking. **-5.** [bienséance] propriety.

corrélation [kɔrelasjɔ̃] *nf* correlation.

correspondance [kɔrɛspɔ̃dɑ̃s] *nf* **-1.** [gén] correspondence; **cours par** ~ correspondence course. **-2.** TRANSPORT connection; **assurer la** ~ **avec** to connect with.

correspondant, -e [kɔrɛspɔ̃dɑ̃, ɑ̃t] ◇ *adj* corresponding. ◇ *nm, f* **-1.** [par lettres] penfriend, correspondent. **-2.** [par téléphone]: **je vous passe votre** ~ I'll put you through. **-3.** PRESSE correspondent.

correspondre [kɔrɛspɔ̃dr] *vi* **-1.** [être conforme]: ~ **à** to correspond to. **-2.** [par lettres]: ~ **avec** to correspond with.

corridor [kɔridɔr] *nm* corridor.

corrigé [kɔriʒe] *nm* correct version.

corriger [kɔriʒe] *vt* **-1.** TYPO to correct, to proofread. **-2.** [noter] to mark. **-3.** [modifier] to correct. **-4.** [guérir] ~ **qqn de** to cure sb of. **-5.** [punir] to give sb a good hiding.

◆ **se corriger** *vp* [d'un défaut]: **se** ~ **de** to cure o.s. of.

corroborer [kɔrɔbɔre] *vt* to corroborate.

corroder [kɔrɔde] *vt* [ronger] to corrode; *fig* to erode.

corrompre [kɔrɔ̃pr] *vt* **-1.** [soudoyer] to bribe. **-2.** [dépraver] to corrupt.

corrosion [kɔrozjɔ̃] *nf* corrosion.

corruption [kɔrypsjɔ̃] *nf* **-1.** [subornation] bribery. **-2.** [dépravation] corruption.

corsage [kɔrsaʒ] *nm* **-1.** [chemisier] blouse. **-2.** [de robe] bodice.

corsaire [kɔrsɛr] *nm* **-1.** [navire, marin] corsair, privateer. **-2.** [pantalon] pedal-pushers (*pl*).

corse [kɔrs] ◇ *adj* Corsican. ◇ *nm* [langue] Corsican.
◆ **Corse** ◇ *nmf* Corsican. ◇ *nf*: la Corse Corsica.

corsé, -e [kɔrse] *adj* [café] strong; [vin] full-bodied; [plat, histoire] spicy.

corset [kɔrsɛ] *nm* corset.

cortège [kɔrtɛʒ] *nm* procession.

corvée [kɔrve] *nf* **-1.** MIL fatigue (duty). **-2.** [activité pénible] chore.

cosmétique [kɔsmetik] *nm & adj* cosmetic.

cosmique [kɔsmik] *adj* cosmic.

cosmonaute [kɔsmɔnɔt] *nmf* cosmonaut.

cosmopolite [kɔsmɔpɔlit] *adj* cosmopolitan.

cosmos [kɔsmos] *nm* **-1.** [univers] cosmos. **-2.** [espace] outer space.

cossu, -e [kɔsy] *adj* [maison] opulent.

Costa Rica [kɔstarika] *nm*: le ~ Costa Rica.

costaud (*f* **costaud** OU **-e**) [kɔsto, od] *adj* sturdily built.

costume [kɔstym] *nm* **-1.** [folklorique, de théâtre] costume. **-2.** [vêtement d'homme] suit.

costumé, -e [kɔstyme] *adj* fancy-dress (*avant n*).

costumier, -ière [kɔstymje, jɛr] *nm, f* THÉÂTRE wardrobe master (*f* mistress).

cotation [kɔtasjɔ̃] *nf* FIN quotation.

cote [kɔt] *nf* **-1.** [marque de classement] classification mark; [marque numérale] serial number. **-2.** FIN quotation. **-3.** [popularité] rating. **-4.** [niveau] level; ~ **d'alerte** [de cours d'eau] danger level; *fig* crisis point.

côte [kot] *nf* **-1.** [ANAT, BOT & de bœuf] rib; [de porc, mouton, agneau] chop; ~ à ~ side by side. **-2.** [pente] hill. **-3.** [littoral] coast.

côté [kote] *nm* **-1.** [gén] side; **être couché sur le** ~ to be lying on one's side; **être aux** ~s **de qqn** *fig* to be by sb's side; **d'un** ~ ..., **de l'autre** ~ ... on the one hand ..., on the other hand ...; **et** ~ **finances, ça va?** *fam* how are things moneywise? **-2.** [endroit, direction] direction, way; **de quel** ~ **est-il parti?** which way did he go?; **de l'autre** ~ **de** on the other side of; **de tous** ~s from all directions; **du** ~ **de** [près de] near; [direction] towards; [provenance] from.
◆ **à côté** *loc adv* **-1.** [lieu - gén] nearby; [- dans la maison adjacente] next door. **-2.** [cible]: **tirer à** ~ to shoot wide (of the target).
◆ **à côté de** *loc prép* **-1.** [proximité] beside, next to. **-2.** [en comparaison avec] beside, compared to. **-3.** [en dehors de]: **être à** ~ **du sujet** to be off the point.
◆ **de côté** *loc adv* **-1.** [se placer, marcher] sideways. **-2.** [en réserve] aside.

coteau [kɔto] *nm* **-1.** [colline] hill. **-2.** [versant] slope.

Côte-d'Ivoire [kotdivwar] *nf*: la ~ the Ivory Coast.

côtelé, -e [kotle] *adj* ribbed; **velours** ~ corduroy.

côtelette [kotlɛt] *nf* [de porc, mouton, d'agneau] chop; [de veau] cutlet.

coter [kɔte] *vt* **-1.** [marquer, noter] to mark. **-2.** FIN to quote.

côtier, -ière [kotje, jɛr] *adj* coastal.

cotisation [kɔtizasjɔ̃] *nf* [à club, parti] subscription; [à la Sécurité sociale] contribution.

cotiser [kɔtize] *vi* [à un club, un parti] to subscribe; [à la Sécurité sociale] to contribute.
◆ **se cotiser** *vp* to club together.

coton [kɔtɔ̃] *nm* cotton; ~ **(hydrophile)** cotton wool.

Coton-Tige® [kɔtɔ̃tiʒ] *nm* cotton bud.

côtoyer [kotwaje] *vt* *fig* [fréquenter] to mix with.

cou [ku] *nm* [de personne, bouteille] neck.

couchant [kuʃɑ̃] ◇ *adj* → soleil. ◇ *nm* west.

couche [kuʃ] *nf* -1. [de peinture, de vernis] coat, layer; [de poussière] film, layer. -2. [épaisseur] layer; ~ d'ozone ozone layer. -3. [de bébé] nappy *Br*, diaper *Am*. -4. [classe sociale] stratum.
♦ **fausse couche** *nf* miscarriage.

couché, -e [kuʃe] *adj:* être ~ [étendu] to be lying down; [au lit] to be in bed.

couche-culotte [kuʃkylɔt] *nf* disposable nappy *Br* ou diaper *Am*.

coucher[1] [kuʃe] ◇ *vt* -1. [enfant] to put to bed. -2. [objet, blessé] to lay down. ◇ *vi* -1. [passer la nuit] to spend the night. -2. *fam* [avoir des rapports sexuels]: ~ avec to sleep with.
♦ **se coucher** *vp* -1. [s'allonger] to lie down. -2. [se mettre au lit] to go to bed. -3. [astre] to set.

coucher[2] [kuʃe] *nm* [d'astre] setting; au ~ du soleil at sunset.

couchette [kuʃet] *nf* -1. [de train] couchette. -2. [de navire] berth.

coucou [kuku] ◇ *nm* -1. [oiseau] cuckoo. -2. [pendule] cuckoo clock. -3. *péj* [avion] crate. ◇ *interj* peeka-boo!

coude [kud] *nm* -1. [de personne, de vêtement] elbow. -2. [courbe] bend.

cou-de-pied [kudpje] (*pl* cous-de-pied) *nm* instep.

coudre [kudr] *vt* [bouton] to sew on.

couette [kwet] *nf* -1. [édredon] duvet. -2. [coiffure] bunches (*pl*).

couffin [kufɛ̃] *nm* [berceau] Moses basket.

couille [kuj] *nf* (*gén pl*) *vulg* ball.

couiner [kwine] *vi* -1. [animal] to squeal. -2. [pleurnicher] to whine.

coulée [kule] *nf* -1. [de matière liquide]: ~ de lave lava flow; ~ de boue mudslide. -2. [de métal] casting.

couler [kule] ◇ *vi* -1. [liquide] to flow. -2. [beurre, fromage, nez] to run. -3. [navire, entreprise] to sink. ◇ *vt* -1. [navire] to sink. -2. [métal, bronze] to cast. -3. *fam* [personne, entreprise] to ruin. -4. [remplir]: faire ~ un bain to run a bath.

couleur [kulœr] ◇ *nf* -1. [teinte, caractère] colour. -2. [linge] coloureds (*pl*). -3. CARTES suit. ◇ *adj inv* [télévision, pellicule] colour (*avant n*).

couleuvre [kulœvr] *nf* grass snake.

coulisse [kulis] *nf* [glissière]: fenêtre/porte à ~ sliding window/door.
♦ **coulisses** *nfpl* THÉÂTRE wings.

coulisser [kulise] *vi* to slide.

couloir [kulwar] *nm* -1. [corridor] corridor. -2. GÉOGR gully. -3. SPORT & TRANSPORT lane.

coup [ku] *nm* -1. [choc - physique, moral] blow; ~ de couteau stab (*with a knife*); un ~ dur *fig* a heavy blow; donner un ~ de fouet à qqn *fig* to give sb a shot in the arm; ~ de grâce *litt* & *fig* coup de grâce, death-blow; ~ de pied kick; ~ de poing punch. -2. [action nuisible] trick. -3. [SPORT - au tennis] stroke; [- en boxe] blow, punch; [- au football] kick; ~ franc free kick. -4. [d'éponge, de chiffon] wipe; un ~ de crayon a pencil stroke. -5. [bruit] noise; ~ de feu shot, gunshot; ~ de tonnerre thunderclap. -6. [action spectaculaire]: ~ d'état coup (d'état); ~ de théâtre *fig* dramatic turn of events. -7. *fam* [fois] time. -8. *loc:* boire un ~ to have a drink; donner un ~ de main à qqn to give sb a helping hand; jeter un ~ d'œil à to glance at; tenir le ~ to hold out; valoir le ~ to be well worth it.
♦ **coup de fil** *nm* phone call.
♦ **coup de foudre** *nm* love at first sight.

◆ **coup du lapin** *nm* AUTOM whiplash (U).

◆ **coup de soleil** *nm* sunburn (U).

◆ **coup de téléphone** *nm* telephone OU phone call; **donner** OU **passer un ~ de téléphone à qqn** to telephone OU phone sb.

◆ **coup de vent** *nm* gust of wind; **partir en ~ de vent** to rush off.

◆ **après coup** *loc adv* afterwards.

◆ **du coup** *loc adv* as a result.

◆ **coup sur coup** *loc adv* one after the other.

◆ **du premier coup** *loc adv* first time, at the first attempt.

◆ **tout à coup** *loc adv* suddenly.

◆ **à coup sûr** *loc adv* definitely.

◆ **sous le coup de** *loc prép* **-1.** [sous l'action de]: **tomber sous le ~ de la loi** to be a statutory offence. **-2.** [sous l'effet de] in the grip of.

coupable [kupabl] ◇ *adj* **-1.** [personne, pensée] guilty. **-2.** [action, dessein] culpable, reprehensible; [négligence, oubli] sinful. ◇ *nmf* guilty person OU party.

coupant, -e [kupɑ̃, ɑ̃t] *adj* **-1.** [tranchant] cutting. **-2.** *fig* [sec] sharp.

coupe [kup] *nf* **-1.** [verre] glass. **-2.** [à fruits] dish. **-3.** SPORT cup. **-4.** [de vêtement, aux cartes] cut. **-5.** [plan, surface] (cross) section. **-6.** [réduction] cut, cutback.

coupé, -e [kupe] *adj*: **bien/mal ~** well/badly cut.

coupe-ongles [kupɔ̃gl] *nm inv* nail clippers.

coupe-papier [kuppapje] (*pl inv* OU **coupe-papiers**) *nm* paper knife.

couper [kupe] ◇ *vt* **-1.** [matériau, cheveux, blé] to cut. **-2.** [interrompre, trancher] to cut off. **-3.** [traverser] to cut across. **-4.** [pain, au tennis] to slice; [rôti] to carve. **-5.** [mélanger] to dilute. **-6.** [CARTES - avec atout] to trump; [- paquet] to cut. **-7.** [envie, appétit] to take away. ◇ *vi* [gén] to cut.

◆ **se couper** *vp* **-1.** [se blesser] to cut

o.s. **-2.** [se croiser] to cross. **-3.** [s'isoler]: **se ~ de** to cut o.s. off from.

couperet [kuprɛ] *nm* **-1.** [de boucher] cleaver. **-2.** [de guillotine] blade.

couperosé, -e [kuproze] *adj* blotchy.

couple [kupl] *nm* [de personnes] couple; [d'animaux] pair.

coupler [kuple] *vt* [objets] to couple.

couplet [kuplɛ] *nm* verse.

coupole [kupɔl] *nf* ARCHIT dome, cupola.

coupon [kupɔ̃] *nm* **-1.** [d'étoffe] remnant. **-2.** [billet] ticket.

coupon-réponse [kupɔ̃repɔ̃s] (*pl* **coupons-réponse**) *nm* reply coupon.

coupure [kupyr] *nf* **-1.** [gén] cut; [billet de banque]: **petite ~** small denomination note; **~ de courant** ÉLECTR power cut; INFORM blackout. **-2.** *fig* [rupture] break.

cour [kur] *nf* **-1.** [espace] courtyard. **-2.** [du roi, tribunal] court; *fig & hum* following; **~ d'assises** Crown Court *Br*; **Cour de cassation** Court of Appeal; **~ martiale** court-martial.

courage [kuraʒ] *nm* courage; **bon ~!** good luck!; **je n'ai pas le ~ de faire mes devoirs** I can't bring myself to do my homework.

courageux, -euse [kuraʒø, øz] *adj* **-1.** [brave] brave. **-2.** [audacieux] bold.

couramment [kuramɑ̃] *adv* **-1.** [parler une langue] fluently. **-2.** [communément] commonly.

courant, -e [kurɑ̃, ɑ̃t] *adj* **-1.** [habituel] everyday (*avant n*). **-2.** [en cours] present.

◆ **courant** *nm* **-1.** [marin, atmosphérique, électrique] current; **~ d'air** draught. **-2.** [d'idées] current. **-3.** [laps de temps]: **dans le ~ du mois/de l'année** in the course of the month/the year.

◆ **au courant** *loc adv*: **être au ~** to know (about it); **mettre qqn au ~ (de)** to tell sb (about); **tenir qqn au ~ (de)** to keep sb informed (about); **se mettre/se tenir au ~ (de)** to get/keep up to date (with).

courbature [kurbatyr] *nf* ache.

courbaturé, -e [kurbatyre] *adj* aching.

courbe [kurb] ◇ *nf* curve; ~ **de niveau** [sur une carte] contour (line). ◇ *adj* curved.

courber [kurbe] ◇ *vt* **-1.** [tige] to bend. **-2.** [tête] to bow. ◇ *vi* to bow.
◆ **se courber** *vp* **-1.** [chose] to bend. **-2.** [personne] to bow, to bend down.

courbette [kurbɛt] *nf* [révérence] bow; **faire des ~s** *fig* to bow and scrape.

coureur, -euse [kurœr, øz] *nm, f* SPORT runner; ~ **cycliste** racing cyclist.

courge [kurʒ] *nf* **-1.** [légume] marrow *Br*, squash *Am*. **-2.** *fam* [imbécile] dimwit.

courgette [kurʒɛt] *nf* courgette *Br*, zucchini *Am*.

courir [kurir] ◇ *vi* **-1.** [aller rapidement] to run. **-2.** SPORT to race. **-3.** [se précipiter, rivière] to rush. **-4.** [se propager]: **le bruit court que ...** rumour has it that ...; **faire ~ un bruit** to spread a rumour. ◇ *vt* **-1.** SPORT to run in. **-2.** [parcourir] to roam (through). **-3.** [fréquenter - bals, musées] to do the rounds of.

couronne [kurɔn] *nf* **-1.** [ornement, autorité] crown. **-2.** [de fleurs] wreath. **-3.** [monnaie - de Suède, d'Islande] krona; [- de Danemark, de Norvège] krone; [- de Tchécoslovaquie] crown.

couronnement [kurɔnmɑ̃] *nm* **-1.** [de monarque] coronation. **-2.** *fig* [apogée] crowning achievement.

couronner [kurɔne] *vt* **-1.** [monarque] to crown. **-2.** [récompenser] to give a prize to.

courre [kur] → **chasse**.

courrier [kurje] *nm* mail, letters (*pl*); ~ **du cœur** agony column.

courroie [kurwa] *nf* TECHNOL belt; [attache] strap; ~ **de transmission** driving belt; ~ **de ventilateur** fanbelt.

courroucer [kuruse] *vt littéraire* to anger.

cours [kur] *nm* **-1.** [écoulement] flow; ~ **d'eau** waterway; **donner** OU **laisser**

libre ~ **à** *fig* to give free rein to. **-2.** [déroulement] course; **au** ~ **de** during, in the course of; **en** ~ [année, dossier] current; [affaires] in hand; **en** ~ **de route** on the way. **-3.** FIN price; **avoir** ~ [monnaie] to be legal tender. **-4.** [leçon] class, lesson; **donner des** ~ (à **qqn**) to teach (sb). **-5.** [classe]: ~ **élémentaire** years two and three of primary school; ~ **moyen** last two years of primary school; ~ **préparatoire** ≃ first-year infants *Br*.

course [kurs] *nf* **-1.** [action] running (*U*); **au pas de** ~ at a run. **-2.** [compétition] race. **-3.** [en taxi] journey. **-4.** [mouvement] flight, course. **-5.** [commission] errand; **faire des** ~s to go shopping.

coursier, -ière [kursje, jɛr] *nm, f* messenger.

court, -e [kur, kurt] *adj* short.
◆ **court** ◇ *adv*: **être à** ~ **d'argent/ d'idées/d'arguments** to be short of money/ideas/arguments; **prendre qqn de** ~ to catch sb unawares; **tourner** ~ to stop suddenly. ◇ *nm*: ~ **de tennis** tennis court.

court-bouillon [kurbujɔ̃] *nm* court-bouillon.

court-circuit [kursirkɥi] *nm* short circuit.

courtier, -ière [kurtje, jɛr] *nm, f* broker.

courtisan, -e [kurtizɑ̃, an] *nm, f* **-1.** HIST courtier. **-2.** [flatteur] sycophant.
◆ **courtisane** *nf* courtesan.

courtiser [kurtize] *vt* **-1.** [femme] to woo, to court. **-2.** *péj* [flatter] to flatter.

court-métrage [kurmetraʒ] *nm* short (film).

courtois, -e [kurtwa, az] *adj* courteous.

courtoisie [kurtwazi] *nf* courtesy.

couru, -e [kury] ◇ *pp* → **courir**. ◇ *adj* popular.

cousin, -e [kuzɛ̃, in] *nm, f* cousin; ~ **germain** first cousin.

coussin [kusɛ̃] *nm* [de siège] cushion.

cousu, -e [kuzy] *pp* → **coudre**.

coût [ku] *nm* cost.

coûtant [kutɑ̃] → **prix**.

couteau, -x [kuto] *nm* **-1.** [gén] knife; **~ à cran d'arrêt** flick knife. **-2.** [coquillage] razor-shell *Br*, razor clam *Am*.

coûter [kute] ◇ *vi* **-1.** [valoir] to cost; **ça coûte combien?** how much is it? **~ cher à qqn** to cost sb a lot; *fig* to cost sb dear OU dearly. **-2.** *fig* [être pénible] to be difficult. ◇ *vt fig* to cost.
♦ **coûte que coûte** *loc adv* at all costs.

coûteux, -euse [kutø, øz] *adj* costly, expensive.

coutume [kutym] *nf* [gén & JUR] custom.

couture [kutyr] *nf* **-1.** [action] sewing. **-2.** [points] seam. **-3.** [activité] dressmaking.

couturier, -ière [kutyrje, jɛr] *nm, f* couturier.

couvée [kuve] *nf* [d'œufs] clutch; [de poussins] brood.

couvent [kuvɑ̃] *nm* [de sœurs] convent; [de moines] monastery.

couver [kuve] ◇ *vt* **-1.** [œufs] to sit on. **-2.** [dorloter] to mollycoddle. **-3.** [maladie] to be sickening for. ◇ *vi* [poule] to brood; *fig* [complot] to hatch.

couvercle [kuvɛrkl] *nm* [de casserole, boîte] lid, cover.

couvert, -e [kuvɛr, ɛrt] ◇ *pp* → **couvrir**. ◇ *adj* **-1.** [submergé] covered; **~ de** covered with. **-2.** [habillé] dressed; **être bien ~** to be well wrapped up. **-3.** [nuageux] overcast.
♦ **couvert** *nm* **-1.** [abri]: **se mettre à ~** to take shelter. **-2.** [place à table] place (setting); **mettre** OU **dresser le ~** to set OU lay the table.
♦ **couverts** *nmpl* cutlery (*U*).

couverture [kuvɛrtyr] *nf* **-1.** [gén] cover. **-2.** [de lit] blanket; **~ chauffante** electric blanket. **-3.** [toit] roofing (*U*).

couveuse [kuvøz] *nf* **-1.** [poule] sitting hen. **-2.** [machine] incubator.

couvre-chef [kuvrəʃɛf] (*pl* **couvre-chefs**) *nm hum* hat.

couvre-feu [kuvrəfø] (*pl* **couvre-feux**) *nm* curfew.

couvreur [kuvrœr] *nm* roofer.

couvrir [kuvrir] *vt* **-1.** [gén] to cover; **~ qqn/qqch de** *litt* & *fig* to cover sb/ sthg with. **-2.** [protéger] to shield.
♦ **se couvrir** *vp* **-1.** [se vêtir] to wrap up. **-2.** [se recouvrir]: **se ~ de feuilles/ de fleurs** to come into leaf/blossom. **-3.** [ciel] to cloud over. **-4.** [se protéger] to cover o.s.

CP *nm abr de* **cours préparatoire**.

CQFD (*abr de* **ce qu'il fallait démontrer**) QED.

crabe [krab] *nm* crab.

crachat [kraʃa] *nm* spit (*U*).

cracher [kraʃe] ◇ *vi* **-1.** [personne] to spit. **-2.** *fam* [dédaigner]: **ne pas ~ sur qqch** not to turn one's nose up at sthg. ◇ *vt* [sang] to spit (up); [lave, injures] to spit (out).

crachin [kraʃɛ̃] *nm* drizzle.

crachoir [kraʃwar] *nm* spittoon.

craie [krɛ] *nf* chalk.

craindre [krɛ̃dr] *vt* **-1.** [redouter] to fear, to be afraid of; **~ de faire qqch** to be afraid of doing sthg; **je crains d'avoir oublié mes papiers** I'm afraid I've forgotten my papers; **~ que** (+ *subjonctif*) to be afraid (that); **je crains qu'il oublie** OU **n'oublie** I'm afraid he may forget. **-2.** [être sensible à] to be susceptible to.

craint, -e [krɛ̃, ɛ̃t] *pp* → **craindre**.

crainte [krɛ̃t] *nf* fear; **de ~ de faire qqch** for fear of doing sthg; **de ~ que** (+ *subjonctif*) for fear that; **il a fui de ~ qu'on ne le voie** he fled for fear that he might be seen OU for fear of being seen.

craintif, -ive [krɛ̃tif, iv] *adj* timid.

cramoisi, -e [kramwazi] *adj* crimson.

crampe [krɑ̃p] *nf* cramp.

crampon [krɑ̃pɔ̃] *nm* [crochet - gén] clamp; [- pour alpinisme] crampon.

cramponner [krɑ̃pɔne]

♦ **se cramponner** *vp* [s'agripper] to hang on; **se ~ à qqn/qqch** *litt* & *fig* to cling to sb/sthg.

cran [krɑ̃] *nm* **-1.** [entaille, degré] notch, cut. **-2.** (*U*) [audace] guts (*pl*).

crâne [krɑn] *nm* skull.

crâner [krane] *vi fam* to show off.

crânien, -ienne [kranjɛ̃, jɛn] *adj*: **boîte ~ne** skull; **traumatisme ~** head injury.

crapaud [krapo] *nm* toad.

crapule [krapyl] *nf* scum (*U*).

craquelure [kraklyr] *nf* crack.

craquement [krakmɑ̃] *nm* crack, cracking (*U*).

craquer [krake] ◇ *vi* **-1.** [produire un bruit] to crack; [plancher, chaussure] to creak. **-2.** [se déchirer] to split. **-3.** [s'effondrer - personne] to crack up. **-4.** [être séduit par]: **~ pour** to fall for. ◇*vt* [allumette] to strike.

crasse [kras] *nf* **-1.** [saleté] dirt, filth. **-2.** *fam* [mauvais tour] dirty trick.

crasseux, -euse [krasø, øz] *adj* filthy.

cratère [kratɛr] *nm* crater.

cravache [kravaʃ] *nf* riding crop.

cravate [kravat] *nf* tie.

crawl [krol] *nm* crawl.

crayon [krɛjɔ̃] *nm* **-1.** [gén] pencil; **~ à bille** ballpoint (pen); **~ de couleur** crayon. **-2.** TECHNOL pen; **~ optique** light pen.

créancier, -ière [kreɑ̃sje, jɛr] *nm, f* creditor.

créateur, -trice [kreatœr, tris] ◇ *adj* creative. ◇ *nm, f* creator.

♦ **Créateur** *nm*: **le Créateur** the Creator.

créatif, -ive [kreatif, iv] *adj* creative.

création [kreasjɔ̃] *nf* creation.

créativité [kreativite] *nf* creativity.

créature [kreatyr] *nf* creature.

crécelle [kresɛl] *nf* rattle.

crèche [krɛʃ] *nf* **-1.** [de Noël] crib. **-2.** [garderie] crèche.

crédible [kredibl] *adj* credible.

crédit [kredi] *nm* **-1.** [gén] credit; **faire ~ à qqn** to give sb credit; **acheter/vendre qqch à ~** to buy/sell sthg on credit; **~ municipal** pawnshop. **-2.** *fig* & *sout* influence.

crédit-bail [kredibaj] (*pl* **crédits-bails**) *nm* leasing.

créditeur, -trice [kreditœr, tris] ◇ *adj* in credit. ◇ *nm, f* creditor.

crédule [kredyl] *adj* credulous.

crédulité [kredylite] *nf* credulity.

créer [kree] *vt* **-1.** [RELIG & inventer] to create. **-2.** [fonder] to found, to start up.

crémaillère [kremajɛr] *nf* **-1.** [de cheminée] trammel; **pendre la ~** *fig* to have a housewarming (party). **-2.** TECHNOL rack.

crémation [kremasjɔ̃] *nf* cremation.

crématoire [krematwar] → **four**.

crème [krɛm] ◇ *nf* [gén] cream; **~ fouettée/fraîche/glacée** whipped/fresh/ice cream; **~ anglaise** custard; **~ hydratante** moisturizer. ◇ *adj inv* cream.

crémerie [krɛmri] *nf* dairy.

crémier, -ière [kremje, jɛr] *nm, f* dairyman (*f* dairywoman).

créneau, -aux [kreno] *nm* **-1.** [de fortification] crenel. **-2.** [pour se garer]: **faire un ~** to reverse into a parking space. **-3.** [de marché] niche. **-4.** [horaire] window, gap.

créole [kreɔl] *adj & nm* creole.

crêpe [krɛp] ◇ *nf* CULIN pancake. ◇ *nm* [tissu] crepe.

crêperie [krɛpri] *nf* pancake restaurant.

crépi [krepi] *nm* roughcast.

crépir [krepir] *vt* to roughcast.

crépiter [krepite] *vi* [feu, flammes] to crackle; [pluie] to patter.

crépon [krepɔ̃] ◇ *adj* → **papier**. ◇ *nm* seersucker.

crépu, -e [krepy] *adj* frizzy.

crépuscule [krepyskyl] *nm* [du jour] dusk, twilight; *fig* twilight.

crescendo [kreʃɛndo, kreʃēdo] ◇ *adv* crescendo; **aller ~** *fig* [bruit] to get OU grow louder and louder; [dépenses, émotion] to grow apace. ◇ *nm inv* MUS & *fig* crescendo.

cresson [kresɔ̃] *nm* watercress.

Crète [krɛt] *nf:* **la ~** Crete.

crête [krɛt] *nf* **-1.** [de coq] comb. **-2.** [de montagne, vague, oiseau] crest.

crétin, -e [kretɛ̃, in] *fam* ◇ *adj* cretinous, idiotic. ◇ *nm, f* cretin, idiot.

creuser [krøze] *vt* **-1.** [trou] to dig. **-2.** [objet] to hollow out. **-3.** *fig* [approfondir] to go into deeply.

creuset [krøzɛ] *nm* crucible; *fig* melting pot.

creux, creuse [krø, krøz] *adj* **-1.** [vide, concave] hollow. **-2.** [période - d'activité réduite] slack; [- à tarif réduit] off-peak. **-3.** [paroles] empty.
◆ **creux** *nm* **-1.** [concavité] hollow. **-2.** [période] lull.

crevaison [krəvɛzɔ̃] *nf* puncture.

crevant, -e [krəvɑ̃, ɑ̃t] *adj fam* [fatigant] knackering *Br*.

crevasse [krəvas] *nf* [de mur] crevice, crack; [de glacier] crevasse; [sur la main] crack.

crevé, -e [krəve] *adj* **-1.** [pneu] burst, punctured. **-2.** *fam* [fatigué] dead, shattered *Br*.

crève-cœur [krɛvkœr] *nm inv* heartbreak.

crever [krəve] ◇ *vi* **-1.** [éclater] to burst. **-2.** *tfam* [mourir] to die; **~ de** *fig* [jalousie, santé, orgueil] to be bursting with. ◇ *vt* **-1.** [percer] to burst. **-2.** *fam* [épuiser] to wear out.

crevette [krəvɛt] *nf:* **~ (grise)** shrimp; **~ (rose)** prawn.

cri [kri] *nm* **-1.** [de personne] cry, shout; [perçant] scream; [d'animal] cry; **pousser un ~** to cry (out), to shout; **pousser un ~ de douleur** to cry out in pain. **-2.** [appel] cry; **le dernier ~** *fig* the latest thing.

criant, -e [krijɑ̃, ɑ̃t] *adj* [injustice] blatant.

criard, -e [krijar, ard] *adj* **-1.** [voix] strident, piercing. **-2.** [couleur] loud.

crible [kribl] *nm* [instrument] sieve; **passer qqch au ~** *fig* to examine sthg closely.

criblé, -e [krible] *adj* riddled; **être ~ de dettes** to be up to one's eyes in debt.

cric [krik] *nm* jack.

cricket [krikɛt] *nm* cricket.

crier [krije] ◇ *vi* **-1.** [pousser un cri] to shout (out), to yell. **-2.** [parler fort] to shout. **-3.** [protester]: **~ contre** OU **après qqn** to nag sb, to go on at sb. ◇ *vt* to shout (out).

crime [krim] *nm* **-1.** [délit] crime. **-2.** [meurtre] murder.

criminalité [kriminalite] *nf* criminality.

criminel, -elle [kriminɛl] ◇ *adj* criminal. ◇ *nm, f* criminal; **~ de guerre** war criminal.

crin [krɛ̃] *nm* [d'animal] hair.

crinière [krinjɛr] *nf* mane.

crique [krik] *nf* creek.

criquet [krikɛ] *nm* locust; [sauterelle] grasshopper.

crise [kriz] *nf* **-1.** MÉD attack; **~ cardiaque** heart attack; **~ de foie** bilious attack. **-2.** [accès] fit; **~ de nerfs** attack of nerves. **-3.** [phase critique] crisis.

crispation [krispasjɔ̃] *nf* **-1.** [contraction] contraction. **-2.** [agacement] irritation.

crispé, -e [krispe] *adj* tense, on edge.

crisper [krispe] *vt* **-1.** [contracter - visage] to tense; [- poing] to clench. **-2.** [agacer] to irritate.
◆ **se crisper** *vp* **-1.** [se contracter] to tense (up). **-2.** [s'irriter] to get irritated.

crisser [krise] *vi* [pneu] to screech; [étoffe] to rustle.

cristal, -aux [kristal, o] *nm* crystal; **~ de roche** quartz.

cristallin, -e [kristalɛ̃, in] *adj* **-1.** [limpide] **crystal clear**, crystalline. **-2.** [roche] **crystalline**.

◆ **cristallin** *nm* crystalline lens.

critère [kritεr] *nm* criterion.

critique [kritik] ◇ *adj* critical. ◇ *nmf* critic. ◇ *nf* criticism.

critiquer [kritike] *vt* to criticize.

croasser [krɔase] *vi* to croak, to caw.

croate [krɔat] *adj* Croat, Croatian.

◆ **Croate** *nmf* Croat, Croatian.

Croatie [krɔasi] *nf*: **la ~** Croatia.

croc [kro] *nm* [de chien] **fang**.

croche [krɔʃ] *nf* quaver *Br*, eighth (note) *Am*.

croche-pied [krɔʃpje] (*pl* **croche-pieds**) *nm*: **faire un ~ à qqn** to trip sb up.

crochet [krɔʃε] *nm* **-1.** [de métal] **hook**; **vivre aux ~s de qqn** to live off sb. **-2.** TRICOT crochet hook. **-3.** TYPO **square bracket**. **-4.** BOXE: **~ du gauche/du droit** left/right **hook**.

crochu, -e [krɔʃy] *adj* [doigts] claw-like; [nez] **hooked**.

crocodile [krɔkɔdil] *nm* crocodile.

croire [krwar] ◇ *vt* **-1.** [chose, personne] to **believe**. **-2.** [penser] to **think**; **tu crois?** do you think so?; **il te croyait parti** he thought you'd left; **~ que** to think (that). ◇ *vi*: **~ à** to believe in; **~ en** to believe in, to have faith in.

croisade [krwazad] *nf* HIST & *fig* crusade.

croisé, -e [krwaze] *adj* [veste] double-breasted.

◆ **croisé** *nm* HIST crusader.

croisement [krwazmã] *nm* **-1.** [intersection] junction, **intersection**. **-2.** BIOL **crossbreeding**.

croiser [krwaze] ◇ *vt* **-1.** [jambes] to **cross**; [bras] to **fold**. **-2.** [passer à côté de] to **pass**. **-3.** [chemin] to **cross**, to **cut across**. **-4.** [métisser] to **interbreed**. ◇ *vi* NAVIG to **cruise**.

◆ **se croiser** *vp* [chemins] to **cross**, to **intersect**; [personnes] to **pass**; [lettres] to **cross**; [regards] to **meet**.

croisière [krwazjεr] *nf* cruise.

croisillon [krwazijɔ̃] *nm*: **à ~s** lattice (*avant n*).

croissance [krwasɑ̃s] *nf* growth, development; **~ économique** economic growth OU development.

croissant, -e [krwasɑ̃, ɑ̃t] *adj* increasing, growing.

◆ **croissant** *nm* **-1.** [de lune] **crescent**. **-2.** CULIN **croissant**.

croître [krwatr] *vi* **-1.** [grandir] to grow. **-2.** [augmenter] to **increase**.

croix [krwa] *nf* cross; **en ~** in the shape of a cross; **~ gammée** swastika; **la Croix-Rouge** the Red Cross.

croquant, -e [krɔkɑ̃, ɑ̃t] *adj* crisp, crunchy.

croque-mitaine [krɔkmitεn] (*pl* **croque-mitaines**) *nm* bogeyman.

croque-monsieur [krɔkməsjø] *nm inv* toasted cheese and ham sandwich.

croque-mort [krɔkmɔr] (*pl* **croque-morts**) *nm fam* undertaker.

croquer [krɔke] ◇ *vt* **-1.** [manger] to **crunch**. **-2.** [dessiner] to **sketch**. ◇ *vi* to be crunchy.

croquette [krɔkεt] *nf* croquette.

croquis [krɔki] *nm* sketch.

cross [krɔs] *nm* [exercice] cross-country (running); [course] cross-country race.

crotte [krɔt] *nf* [de lapin etc] droppings (*pl*); [de chien] **dirt**.

crottin [krɔtε̃] *nm* [de cheval] (horse) manure.

crouler [krule] *vi* to **crumble**; **~ sous** *litt* & *fig* to collapse under.

croupe [krup] *nf* rump; **monter en ~** to ride pillion.

croupier [krupje] *nm* croupier.

croupir [krupir] *vi litt* & *fig* to stagnate.

croustillant, -e [krustijɑ̃, ɑ̃t] *adj* [croquant - pain] **crusty**; [- biscuit] **crunchy**.

croûte [krut] *nf* **-1.** [du pain, terrestre] **crust**. **-2.** [de fromage] **rind**. **-3.** [de plaie] **scab**. **-4.** *fam péj* [tableau] **daub**.

croûton [krutɔ̃] *nm* **-1.** [bout du pain] crust. **-2.** [pain frit] crouton. **-3.** *fam péj* [personne] fuddy-duddy.

croyance [krwajɑ̃s] *nf* belief.

croyant, -e [krwajɑ̃, ɑ̃t] ◇ *adj*: être ~ to be a believer. ◇ *nm, f* believer.

CRS (*abr de* **Compagnie républicaine de sécurité**) *nm* member of the French riot police.

cru, -e [kry] ◇ *pp* → **croire**. ◇ *adj* **-1.** [non cuit] raw. **-2.** [violent] harsh. **-3.** [direct] blunt. **-4.** [grivois] crude.

crû [kry] *pp* → **croître**.

cruauté [kryote] *nf* cruelty.

cruche [kryʃ] *nf* **-1.** [objet] jug. **-2.** *fam péj* [personne niaise] twit.

crucial, -e, -iaux [krysjal, jo] *adj* crucial.

crucifix [krysifi] *nm* crucifix.

crudité [krydite] *nf* crudeness.

◆ **crudités** *nfpl* crudités.

crue [kry] *nf* rise in the water level.

cruel, -elle [kryɛl] *adj* cruel.

crûment [krymɑ̃] *adv* **-1.** [sans ménagement] bluntly. **-2.** [avec grossièreté] crudely.

crustacé [krystase] *nm* shellfish, crustacean; **~s** shellfish (*U*).

Cuba [kyba] *n* Cuba.

cubain, -aine [kybɛ̃, ɛn] *adj* Cuban.

◆ **Cubain, -aine** *nm, f* Cuban.

cube [kyb] *nm* cube; **4 au ~ = 64** 4 cubed is 64; **mètre ~** cubic metre.

cueillette [kœjɛt] *nf* picking, harvesting.

cueilli, -e [kœji] *pp* → **cueillir**.

cueillir [kœjir] *vt* [fruits, fleurs] to pick.

cuillère, cuiller [kɥijɛr] *nf* spoon; ~ à **café** coffee spoon; CULIN teaspoon; ~ **à dessert** dessertspoon; ~ **à soupe** soup spoon; CULIN tablespoon; **petite ~** teaspoon.

cuillerée [kɥijere] *nf* spoonful; ~ **à café** CULIN teaspoonful; ~ **à soupe** CULIN tablespoonful.

cuir [kɥir] *nm* leather; [non tanné] hide; ~ **chevelu** ANAT scalp.

cuirasse [kɥiras] *nf* [de chevalier] breastplate; *fig* armour.

cuirassé [kɥirase] *nm* battleship.

cuire [kɥir] ◇ *vt* [viande, œuf] to cook; [tarte, gâteau] to bake; **faire ~ qqch** to cook/bake sthg. ◇ *vi* **-1.** [viande, œuf] to cook; [tarte, gâteau] to bake. **-2.** [personne] to roast, to be boiling.

cuisine [kɥizin] *nf* **-1.** [pièce] kitchen. **-2.** [art] cooking, cookery; **faire la ~** to do the cooking, to cook.

cuisiné, -e [kɥizine] *adj*: **plat ~** ready-cooked meal.

cuisiner [kɥizine] ◇ *vt* **-1.** [aliment] to cook. **-2.** *fam* [personne] to grill. ◇ *vi* to cook; **bien/mal ~** to be a good/ bad cook.

cuisinier, -ière [kɥizinje, jɛr] *nm, f* cook.

◆ **cuisinière** *nf* cooker; **cuisinière électrique/à gaz** electric/gas cooker.

cuisse [kɥis] *nf* **-1.** ANAT thigh. **-2.** CULIN leg.

cuisson [kɥisɔ̃] *nf* cooking.

cuit, -e [kɥi, kɥit] ◇ *pp* → **cuire**. ◇ *adj*: **bien ~** [steak] well-done.

cuivre [kɥivr] *nm* [métal]: ~ **(rouge)** copper; ~ **jaune** brass.

◆ **cuivres** *nmpl*: **les ~s** MUS the brass.

cuivré, -e [kɥivre] *adj* [couleur, reflet] coppery; [teint] bronzed.

cul [ky] *nm* **-1.** *tfam* [postérieur] bum. **-2.** [de bouteille] bottom.

culbute [kylbyt] *nf* **-1.** [saut] somersault. **-2.** [chute] tumble, fall.

cul-de-sac [kydsak] (*pl* **culs-de-sac**) *nm* dead end.

culinaire [kylinɛr] *adj* culinary.

culminant [kylminɑ̃] → **point**.

culot [kylo] *nm* **-1.** *fam* [toupet] cheek, nerve; **avoir du ~** to have a lot of nerve. **-2.** [de cartouche, ampoule] cap.

culotte [kylɔt] *nf* [sous-vêtement féminin] knickers (*pl*), panties (*pl*), pair of knickers OU panties.

culotté, -e [kylɔte] *adj* [effronté]: **elle est ~e** she's got a nerve.

culpabilité [kylpabilite] *nf* guilt.

culte [kylt] *nm* **-1.** [vénération, amour] worship. **-2.** [religion] religion.

cultivateur, -trice [kyltivatœr, tris] *nm, f* farmer.

cultivé, -e [kyltive] *adj* [personne] educated, cultured.

cultiver [kyltive] *vt* **-1.** [terre, goût, relation] to cultivate. **-2.** [plante] to grow.

culture [kyltyr] *nf* **-1.** AGRIC cultivation, farming; **les ~s** cultivated land. **-2.** [savoir] culture, knowledge; **~ physique** physical training. **-3.** [civilisation] culture.

culturel, -elle [kyltyrɛl] *adj* cultural.

culturisme [kyltyrism] *nm* bodybuilding.

cumin [kymɛ̃] *nm* cumin.

cumuler [kymyle] *vt* [fonctions, titres] to hold simultaneously; [salaires] to draw simultaneously.

cupide [kypid] *adj* greedy.

cure [kyr] *nf* (course of) treatment; **faire une ~ de fruits** to go on a fruit-based diet; **~ de désintoxication** [d'alcool] drying-out treatment; [de drogue] detoxification treatment; **~ de sommeil** sleep therapy; **faire une ~ thermale** to take the waters.

curé [kyre] *nm* parish priest.

cure-dents [kyrdã] *nm inv* toothpick.

curer [kyre] *vt* to clean out.

curieux, -ieuse [kyrjø, jøz] ◇ *adj* **-1.** [intéressé] curious; **~ de qqch/de faire qqch** curious about sthg/to do sthg. **-2.** [indiscret] inquisitive. **-3.** [étrange] strange, curious. ◇ *nm, f* busybody.

curiosité [kyrjozite] *nf* curiosity.

curriculum vitae [kyrikylɔmvite] *nm inv* curriculum vitae.

curry [kyri], **carry** [kari], **cari** [kari] *nm* **-1.** [épice] curry powder. **-2.** [plat] curry.

curseur [kyrsœr] *nm* cursor.

cutané, -e [kytane] *adj* cutaneous, skin (*avant n*).

cutiréaction, cuti-réaction (*pl* cuti-réactions) [kytireaksjɔ̃] *nf* skin test.

cuve [kyv] *nf* **-1.** [citerne] tank. **-2.** [à vin] vat.

cuvée [kyve] *nf* [récolte] vintage.

cuvette [kyvɛt] *nf* **-1.** [récipient] basin, bowl. **-2.** [de lavabo] basin; [de W.-C.] bowl. **-3.** GÉOGR basin.

CV *nm* **-1.** (*abr de* **curriculum vitae**) CV. **-2.** (*abr de* **cheval-vapeur**) hp; [puissance fiscale] *classification for scaling of car tax*.

cyanure [sjanyr] *nm* cyanide.

cyclable [siklabl] → **piste**.

cycle [sikl] *nm* cycle; **premier ~** UNIV ≃ first and second year; SCOL middle school *Br*, junior high school *Am*; **second ~** UNIV ≃ final year *Br*, ≃ senior year *Am*; SCOL upper school *Br*, high school *Am*; **troisième ~** UNIV ≃ postgraduate year OU years.

cyclique [siklik] *adj* cyclic, cyclical.

cyclisme [siklism] *nm* cycling.

cycliste [siklist] *nmf* cyclist.

cyclone [siklon] *nm* cyclone.

cygne [siɲ] *nm* swan.

cylindre [silɛ̃dr] *nm* **-1.** AUTOM & GÉOM cylinder. **-2.** [rouleau] roller.

cymbale [sɛ̃bal] *nf* cymbal.

cynique [sinik] *adj* cynical.

cynisme [sinism] *nm* cynicism.

cyprès [siprɛ] *nm* cypress.

cyrillique [sirilik] *adj* Cyrillic.

D

d, D [de] *nm inv* d, D.

d' → **de**.

d'abord [dabɔr] → **abord**.

d'accord [dakɔr] *loc adv:* **~!** all right!, OK!; **être ~ avec** to agree with.

dactylo [daktilo] *nf* [personne] typist; [procédé] typing.

dactylographier [daktilɔgrafje] vt to type.

dada [dada] nm **-1.** [cheval] gee-gee. **-2.** fam [occupation] hobby. **-3.** fam [idée] hobbyhorse. **-4.** ART Dadaism.

dahlia [dalja] nm dahlia.

daigner [deɲe] vi to deign.

daim [dɛ̃] nm **-1.** [animal] fallow deer. **-2.** [peau] suede.

dallage [dalaʒ] nm [action] paving; [dalles] pavement.

dalle [dal] nf [de pierre] slab; [de lino] tile.

dalmatien, -ienne [dalmasjɛ̃, jɛn] nm, f dalmatian.

daltonien, -ienne [daltɔnjɛ̃, jɛn] adj colour-blind.

dame [dam] nf **-1.** [femme] lady. **-2.** CARTES & ÉCHECS queen.
◆ **dames** nfpl draughts Br, checkers Am.

damier [damje] nm **-1.** [de jeu] draughtboard Br, checkerboard Am. **-2.** [motif]: à ~ checked.

damné, -e [dane] ◇ adj fam damned. ◇ nm, f damned person.

damner [dane] vt to damn.

dancing [dɑ̃siŋ] nm dance hall.

dandiner [dɑ̃dine]
◆ **se dandiner** vp to waddle.

Danemark [danmark] nm: le ~ Denmark.

danger [dɑ̃ʒe] nm danger; en ~ in danger; courir un ~ to run a risk.

dangereux, -euse [dɑ̃ʒrø, øz] adj dangerous.

danois, -e [danwa, az] adj Danish.
◆ **danois** nm **-1.** [langue] Danish. **-2.** [chien] Great Dane.
◆ **Danois, -e** nm, f Dane.

dans [dɑ̃] prép **-1.** [dans le temps] in; je reviens ~ un mois I'll be back in a month OU in a month's time. **-2.** [dans l'espace] in; ~ une boîte in OU inside a box. **-3.** [avec mouvement] into; entrer ~ une chambre to come into a room, to enter a room. **-4.** [indiquant état, manière] in; vivre ~ la mi-

sère to live in poverty; il est ~ le commerce he's in business. **-5.** [environ]: ~ les ... about ...; ça coûte ~ les 200 francs it costs about 200 francs.

dansant, -e [dɑ̃sɑ̃, ɑ̃t] adj litt & fig dancing; soirée ~e dance; thé ~ tea dance.

danse [dɑ̃s] nf **-1.** [art] dancing. **-2.** [musique] dance.

danser [dɑ̃se] ◇ vi **-1.** [personne] to dance. **-2.** [bateau] to bob; [flammes] to flicker. ◇ vt to dance.

danseur, -euse [dɑ̃sœr, øz] nm, f dancer.

dard [dar] nm [d'animal] sting.

date [dat] nf **-1.** [jour+mois+année] date; ~ de naissance date of birth. **-2.** [moment] event.

dater [date] ◇ vt to date. ◇ vi **-1.** [marquer] to be OU mark a milestone. **-2.** fam [être démodé] to be dated.
◆ **à dater de** loc prép as of OU from.

datte [dat] nf date.

dattier [datje] nm date palm.

dauphin [dofɛ̃] nm **-1.** [mammifère] dolphin. **-2.** HIST heir apparent.

daurade, dorade [dɔrad] nf sea bream.

davantage [davɑ̃taʒ] adv **-1.** [plus] more; ~ de more. **-2.** [plus longtemps] (any) longer.

de [də] (contraction de de + le = du [dy], de + les = des [de]) ◇ prép **-1.** [provenance] from; revenir ~ Paris to come back OU return from Paris; il est sorti ~ la maison he left the house, he went out of the house. **-2.** [avec à]: ~ ... à from ... to; ~ Paris à Tokyo from Paris to Tokyo; ~ dix heures à midi from ten o'clock to OU till midday; il y avait ~ quinze à vingt mille spectateurs there were between fifteen and twenty thousand spectators. **-3.** [appartenance] of; la porte du salon the door of the sitting room, the sitting-room door; le frère ~ Pierre Pierre's brother; la maison ~ mes parents my parents' house. **-4.** [indique la détermination, la qualité]: **un verre d'eau** a glass of water; **un peignoir ~ soie** a silk dressing gown; **un appartement ~ 60m²** a flat 60 metres square; **un bébé ~ trois jours** a three-day-old baby; **une ville ~ 500 000 habitants** a town with OU of 500,000 inhabitants; **le train ~ 9 h 30 the 9.30** train. ◇ *article partitif* **-1.** [dans une phrase affirmative] some; **je voudrais du vin/du lait** I'd like (some) wine/(some) milk; **boire ~ l'eau** to drink (some) water; **acheter des légumes** to buy some vegetables. **-2.** [dans une Interrogation ou une négation] any; **ils n'ont pas d'enfants** they don't have any children, they have no children; **avez-vous du pain?** do you have any bread?, have you got any bread?; **voulez-vous du thé?** would you like some tea?

dé [de] *nm* **-1.** [à jouer] dice, die. **-2.** COUTURE: ~ **(à coudre)** thimble.

DEA (*abr de* **diplôme d'études approfondies**) *nm* postgraduate diploma.

dealer¹ [dile] *vt* to deal.

dealer² [dilœr] *nm fam* dealer.

déambuler [deãbyle] *vi* to stroll (around).

débâcle [debakl] *nf* [débandade] rout; *fig* collapse.

déballer [debale] *vt* to unpack; *fam fig* to pour out.

débandade [debãdad] *nf* dispersal.

débarbouiller [debarbuje] *vt*: ~ **qqn** to wash sb's face.
◆ **se débarbouiller** *vp* to wash one's face.

débarcadère [debarkadɛr] *nm* landing stage.

débardeur [debardœr] *nm* **-1.** [ouvrier] docker. **-2.** [vêtement] slipover.

débarquement [debarkəmã] *nm* unloading.

débarquer [debarke] ◇ *vt* [marchandises] to unload; [passagers & MIL] to land. ◇ *vi* **-1.** [d'un bateau] to disembark. **-2.** MIL to land. **-3.** *fam* [arriver à

l'improviste] to turn up; *fig* to know nothing.

débarras [debara] *nm* junk room; **bon ~!** *fig* good riddance!

débarrasser [debarase] *vt* **-1.** [pièce] to clear up; [table] to clear. **-2.** [ôter]: ~ **qqn de qqch** to take sthg from sb.
◆ **se débarrasser** *vp*: **se ~ de** to get rid of.

débat [deba] *nm* debate.

débattre [debatr] *vt* to debate, to discuss.
◆ **se débattre** *vp* to struggle.

débattu, -e [debaty] *pp* → **débattre**.

débauche [deboʃ] *nf* debauchery.

débaucher [deboʃe] *vt* **-1.** [corrompre] to debauch, to corrupt. **-2.** [licencier] to make redundant.

débile [debil] ◇ *nmf* **-1.** [attardé] retarded person; ~ **mental** mentally retarded person. **-2.** *fam* [idiot] moron. ◇ *adj fam* stupid.

débit [debi] *nm* **-1.** [de marchandises] (retail) sale. **-2.** [coupe] sawing up, cutting up. **-3.** [de liquide] (rate of) flow. **-4.** [élocution] delivery. **-5.** FIN debit; **avoir un ~ de 500 francs** to be 500 francs overdrawn.

débiter [debite] *vt* **-1.** [marchandises] to sell. **-2.** [arbre] to saw up; [viande] to cut up. **-3.** [suj: robinet] to have a flow of. **-4.** *fam fig* [prononcer] to spout. **-5.** FIN to debit.

débiteur, -trice [debitœr, tris] ◇ *adj* **-1.** [personne] debtor (*avant n*). **-2.** FIN debit (*avant n*), in the red. ◇ *nm, f* debtor.

déblayer [debleje] *vt* [dégager] to clear; ~ **le terrain** *fig* to clear the ground.

débloquer [debloke] ◇ *vt* **-1.** [machine] to get going again. **-2.** [crédit] to release. **-3.** [compte, salaires, prix] to unfreeze. ◇ *vi fam* to talk rubbish.

déboires [debwar] *nmpl* **-1.** [déceptions] disappointments. **-2.** [échecs] setbacks. **-3.** [ennuis] trouble (*U*), problems.

déboiser [debwaze] *vt* [région] to deforest; [terrain] to clear (of trees).

déboîter [debwate] ◇ *vt* **-1.** [objet] to dislodge. **-2.** [membre] to dislocate. ◇ *vi* AUTOM to pull out.
◆ **se déboîter** *vp* **-1.** [se démonter] to come apart; [porte] to come off its hinges. **-2.** [membre] to dislocate.

débonnaire [debɔnɛr] *adj* good-natured, easy-going.

déborder [debɔrde] *vi* [fleuve, liquide] to overflow; [fig] to flood; ~ **de** [vie, joie] to be bubbling with.

débouché [debuʃe] *nm* **-1.** [issue] end. **-2.** (*gén pl*) COMM outlet. **-3.** [de carrière] prospect, opening.

déboucher [debuʃe] ◇ *vt* **-1.** [bouteille] to open. **-2.** [conduite, nez] to unblock. ◇ *vi*: ~ **sur** [arriver] to open out into; [fig] to lead to, to achieve.

débourser [deburse] *vt* to pay out.

debout [dəbu] *adv* **-1.** [gén]: **être ~** [sur ses pieds] to be standing (up); [réveillé] to be up; [objet] to be standing up OU upright; **mettre qqch ~** to stand sthg up; **se mettre ~** to stand up; **~! get up!**, on your feet! **-2.** *loc*: **tenir ~** [bâtiment] to remain standing; [argument] to stand up; **il ne tient pas ~** he's asleep on his feet.

déboutonner [debutɔne] *vt* to unbutton, to undo.

débraillé, -e [debraje] *adj* dishevelled.

débrayage [debrɛjaʒ] *nm* [arrêt de travail] stoppage.

débrayer [debreje] *vi* AUTOM to disengage the clutch, to declutch.

débris [debri] ◇ *nm* piece, fragment. ◇ *nmpl* [restes] leftovers.

débrouillard, -e [debrujar, ard] *fam adj* resourceful.

débrouiller [debruje] *vt* **-1.** [démêler] to untangle. **-2.** *fig* [résoudre] to unravel, to solve.
◆ **se débrouiller** *vp*: **se ~ (pour faire qqch)** to manage (to do sthg); **se ~ en anglais/math** to get by in English/maths; **débrouille-toi!** you'll have to sort it out (by) yourself!

débroussailler [debrusaje] *vt* [terrain] to clear; [fig] to do the groundwork for.

début [deby] *nm* beginning, start; **au ~** at the start OU beginning; **au ~ de** at the beginning of; **dès le ~** (right) from the start.

débutant, -e [debytɑ̃, ɑ̃t] *nm, f* beginner.

débuter [debyte] *vi* **-1.** [commencer]: ~ **(par)** to begin (with), to start (with). **-2.** [faire ses débuts] to start out.

deçà [dəsa]
◆ **en deçà de** *loc prép* **-1.** [de ce côté-ci de] on this side of. **-2.** [en dessous de] short of.

décacheter [dekaʃte] *vt* to open.

décadence [dekadɑ̃s] *nf* **-1.** [déclin] decline. **-2.** [débauche] decadence.

décadent, -e [dekadɑ̃, ɑ̃t] *adj* decadent.

décaféiné, -e [dekafeine] *adj* decaffeinated.
◆ **décaféiné** *nm* decaffeinated coffee.

décalage [dekalaʒ] *nm* gap; *fig* gulf, discrepancy; ~ **horaire** [entre zones] time difference; [après un vol] jet lag.

décaler [dekale] *vt* **-1.** [dans le temps - avancer] to bring forward; [- retarder] to put back. **-2.** [dans l'espace] to move, to shift.

décalquer [dekalke] *vt* to trace.

décamper [dekɑ̃pe] *vi fam* to clear off.

décapant, -e [dekapɑ̃, ɑ̃t] *adj* **-1.** [nettoyant] stripping. **-2.** *fig* [incisif] cutting, caustic.
◆ **décapant** *nm* (paint) stripper.

décaper [dekape] *vt* to strip, to sand.

décapiter [dekapite] *vt* [personne] to behead; [- accidentellement] to decapitate; [arbre] to cut the top off; *fig* to remove the leader OU leaders of.

décapotable [dekapɔtabl] *nf & adj* convertible.

décapsuler [dekapsyle] *vt* to take the top off, to open.

décapsuleur [dekapsylœr] *nm* bottle opener.

décédé, -e [desede] *adj* deceased.

décéder [desede] *vi* to die.

déceler [desle] *vt* [repérer] to detect.

décembre [desãbr] *nm* December; *voir aussi* **septembre**.

décemment [desamã] *adv* **-1.** [convenablement] properly. **-2.** [raisonnablement] reasonably.

décence [desãs] *nf* decency.

décennie [deseni] *nf* decade.

décent, -e [desã, ãt] *adj* decent.

décentralisation [desãtralizasjõ] *nf* decentralization.

décentrer [desãtre] *vt* to move off-centre OU away from the centre.

déception [desɛpsjõ] *nf* disappointment.

décerner [deserne] *vt*: ~ **qqch à** to award sthg to.

décès [desɛ] *nm* death.

décevant, -e [desəvã, ãt] *adj* disappointing.

décevoir [desəvwar] *vt* to disappoint.

déchaîné, -e [deʃene] *adj* **-1.** [vent, mer] stormy, wild. **-2.** [personne] wild.

déchaîner [deʃene] *vt* [passion] to unleash; [rires] to cause an outburst of.
◆ **se déchaîner** *vp* **-1.** [éléments naturels] to erupt. **-2.** [personne] to fly into a rage.

déchanter [deʃãte] *vi* to become disillusioned.

décharge [deʃarʒ] *nf* **-1.** JUR discharge. **-2.** ÉLECTR discharge; ~ **électrique** electric shock. **-3.** [dépotoir] rubbish tip OU dump *Br*, garbage dump *Am*.

déchargement [deʃarʒəmã] *nm* unloading.

décharger [deʃarʒe] *vt* **-1.** [véhicule, marchandises] to unload. **-2.** [arme - tirer] to fire, to discharge; [- enlever la charge] to unload. **-3.** [soulager - cœur] to unburden; [- conscience] to salve; [- colère] to vent. **-4.** [libérer]: ~ **qqn de** to release sb from.

décharné, -e [deʃarne] *adj* [maigre] emaciated.

déchausser [deʃose] *vt*: ~ **qqn** to take sb's shoes off.
◆ **se déchausser** *vp* **-1.** [personne] to take one's shoes off. **-2.** [dent] to come loose.

déchéance [deʃeãs] *nf* [déclin] degeneration, decline.

déchet [deʃɛ] *nm* [de matériau] scrap.
◆ **déchets** *nmpl* refuse (U), waste (U).

déchiffrer [deʃifre] *vt* **-1.** [inscription, hiéroglyphes] to decipher; [énigme] to unravel. **-2.** MUS to sight-read.

déchiqueter [deʃikte] *vt* to tear to shreds.

déchirant, -e [deʃirã, ãt] *adj* heart-rending.

déchirement [deʃirmã] *nm* [souffrance morale] heartbreak, distress.

déchirer [deʃire] *vt* **-1.** [papier, tissu] to tear up, to rip up.
◆ **se déchirer** *vp* **-1.** [personnes] to tear each other apart. **-2.** [matériau, muscle] to tear.

déchirure [deʃiryr] *nf* tear; *fig* wrench; ~ **musculaire** MÉD torn muscle.

déchu, -e [deʃy] *adj* **-1.** [homme, ange] fallen; [souverain] deposed. **-2.** JUR: être ~ **de** to be deprived of.

décibel [desibel] *nm* decibel.

décidé, -e [deside] *adj* **-1.** [résolu] determined. **-2.** [arrêté] settled.

décidément [desidemã] *adv* really.

décider [deside] *vt* **-1.** [prendre une décision]: ~ (**de faire qqch**) to decide (to do sthg). **-2.** [convaincre]: ~ **qqn à faire qqch** to persuade sb to do sthg.
◆ **se décider** *vp* **-1.** [personne]: se ~ (**à faire qqch**) to make up one's mind (to do sthg). **-2.** [choisir]: se ~ **pour** to decide on, to settle on.

décilitre [desilitr] *nm* decilitre.

décimal, -e, -aux [desimal, o] *adj* decimal.
◆ **décimale** *nf* decimal.

décimer [desime] *vt* to decimate.

décimètre [desimɛtr] *nm* **-1.** [dixième de mètre] decimetre. **-2.** [règle] ruler; **double ~** ≃ foot rule.

décisif, -ive [desizif, iv] *adj* decisive.

décision [desizjɔ̃] *nf* decision.

décisionnaire [desizjɔnɛr] *nmf* decision-maker.

déclamer [deklame] *vt* to declaim.

déclaration [deklarasjɔ̃] *nf* **-1.** [orale] declaration, announcement. **-2.** [écrite] **report, declaration; **[d'assurance] **claim; ~ de naissance/de décès** registration of birth/death; **~ d'impôts** tax return; **~ de revenus** statement of income.

déclarer [deklare] *vt* **-1.** [annoncer] to declare. **-2.** [signaler] to report; **rien à ~** nothing to declare; **~ une naissance** to register a birth.
♦ **se déclarer** *vp* **-1.** [se prononcer]: **se ~ pour/contre qqch** to come out in favour of/against sthg. **-2.** [se manifester] to break out.

déclenchement [deklɑ̃ʃmɑ̃] *nm* [de mécanisme] **activating, setting off;** *fig* launching.

déclencher [deklɑ̃ʃe] *vt* [mécanisme] to activate, to set off; *fig* to launch.
♦ **se déclencher** *vp* [mécanisme] to go off, to be activated; *fig* to be triggered off.

déclic [deklik] *nm* **-1.** [mécanisme] trigger. **-2.** [bruit] click.

déclin [deklɛ̃] *nm* **-1.** [de civilisation, population, santé] decline. **-2.** [fin] close.

déclinaison [deklinɛzɔ̃] *nf* GRAM declension.

décliner [dekline] ◇ *vi* [santé, population, popularité] to decline. ◇ *vt* **-1.** [offre, honneur] to decline. **-2.** GRAM to decline; *fig* [gamme de produits] to develop.

décoder [dekɔde] *vt* to decode.

décoiffer [dekwafe] *vt* [cheveux] to mess up.

décoincer [dekwɛ̃se] *vt* **-1.** [chose] to loosen; [mécanisme] to unjam. **-2.** *fam* [personne] to loosen up.

décollage [dekɔlaʒ] *nm* *litt* & *fig* take-off.

décoller [dekɔle] ◇ *vt* [étiquette, timbre] to unstick; [papier peint] to strip (off). ◇ *vi* *litt* & *fig* to take off.

décolleté, -e [dekɔlte] *adj* [vêtement] low-cut.
♦ **décolleté** *nm* **-1.** [de personne] neck and shoulders (*pl*). **-2.** [de vêtement] neckline, neck.

décolonisation [dekɔlɔnizasjɔ̃] *nf* decolonization.

décolorer [dekɔlɔre] *vt* [par décolorant] to bleach, to lighten; [par usure] to fade.

décombres [dekɔ̃br] *nmpl* debris (*U*).

décommander [dekɔmɑ̃de] *vt* to cancel.

décomposé, -e [dekɔ̃poze] *adj* **-1.** [pourri] decomposed. **-2.** [visage] haggard; [personne] in shock.

décomposer [dekɔ̃poze] *vt* [gén]: **~ (en)** to break down (into).
♦ **se décomposer** *vp* **-1.** [se putréfier] to rot, to decompose. **-2.** [se diviser]: **se ~ en** to be broken down into.

décomposition [dekɔ̃pozisjɔ̃] *nf* **-1.** [putréfaction] decomposition. **-2.** *fig* [analyse] breaking down, analysis.

décompresser [dekɔ̃prese] ◇ *vt* TECHNOL to decompress. ◇ *vi* to unwind.

décompression [dekɔ̃presjɔ̃] *nf* decompression.

décompte [dekɔ̃t] *nm* [calcul] breakdown (of an amount).

déconcentrer [dekɔ̃sɑ̃tre] *vt* [distraire] to distract.
♦ **se déconcentrer** *vp* to be distracted.

déconcerter [dekɔ̃sɛrte] *vt* to disconcert.

déconfiture [dekɔ̃fityr] *nf* collapse, ruin.

décongeler [dekɔ̃ʒle] *vt* to defrost.

décongestionner [dekɔ̃ʒɛstjɔne] vt to relieve congestion in.

déconnecter [dekɔnɛkte] vt to disconnect.

déconseillé, -e [dekɔ̃seje] adj: **c'est fortement ~** it's extremely inadvisable.

déconseiller [dekɔ̃seje] vt: **~ qqch à qqn** to advise sb against sthg; **~ à qqn de faire qqch** to advise sb against doing sthg.

déconsidérer [dekɔ̃sidere] vt to discredit.

décontaminer [dekɔ̃tamine] vt to decontaminate.

décontenancer [dekɔ̃tnɑ̃se] vt to put out.

décontracté, -e [dekɔ̃trakte] adj **-1.** [muscle] relaxed. **-2.** [détendu] casual, laid-back.

décontracter [dekɔ̃trakte] vt to relax.
◆ **se décontracter** vp to relax.

décor [dekɔr] nm **-1.** [cadre] scenery. **-2.** THÉÂTRE scenery (U); CIN sets (pl), décor.

décorateur, -trice [dekɔratœr, tris] nm, f CIN & THÉÂTRE designer; **~ d'intérieur** interior decorator.

décoratif, -ive [dekɔratif, iv] adj decorative.

décoration [dekɔrasjɔ̃] nf decoration.

décorer [dekɔre] vt to decorate.

décortiquer [dekɔrtike] vt [noix] to shell; [graine] to husk; fig to analyse in minute detail.

découcher [dekuʃe] vi to stay out all night.

découdre [dekudr] vt COUTURE to unpick.

découler [dekule] vi: **~ de** to follow from.

découpage [dekupaʒ] nm **-1.** [action] cutting out; [résultat] paper cutout. **-2.** ADMIN: **~ (électoral)** division into constituencies.

découper [dekupe] vt **-1.** [couper] to cut up. **-2.** fig [diviser] to cut out.

découpure [dekupyr] nf [bord] indentations (pl), jagged outline.

découragement [dekuraʒmɑ̃] nm discouragement.

décourager [dekuraʒe] vt to discourage; **~ qqn de qqch** to put sb off sthg; **~ qqn de faire qqch** to discourage sb from doing sthg.
◆ **se décourager** vp to lose heart.

décousu, -e [dekuzy] ◇ pp → **découdre**. ◇ adj fig [conversation] disjointed.

découvert, -e [dekuver, ɛrt] ◇ pp → **découvrir**. ◇ adj [tête] bare; [terrain] exposed.
◆ **découvert** nm BANQUE overdraft; **être à ~ (de 6 000 francs)** to be (6,000 francs) overdrawn.
◆ **découverte** nf discovery; **aller à la ~e de** to explore.

découvrir [dekuvrir] vt **-1.** [trouver, surprendre] to discover. **-2.** [ôter ce qui couvre, mettre à jour] to uncover.

décrasser [dekrase] vt to scrub.

décrépitude [dekrepityd] nf **-1.** [de personne] decrepitude. **-2.** [d'objet] dilapidation.

décret [dekrɛ] nm decree.

décréter [dekrete] vt [décider]: **~ que** to decide that.

décrire [dekrir] vt to describe.

décrit, -e [dekri, it] pp → **décrire**.

décrocher [dekrɔʃe] ◇ vt **-1.** [enlever] to take down. **-2.** [téléphone] to pick up. **-3.** fam [obtenir] to land. ◇ vi fam [abandonner] to drop out.

décroître [dekrwatr] vi to decrease, to diminish; [jours] to get shorter.

décrypter [dekripte] vt to decipher.

déçu, -e [desy] ◇ pp → **décevoir**. ◇ adj disappointed.

déculotter [dekylɔte] vt: **~ qqn** to take sb's trousers off.

dédaigner [dedeɲe] vt **-1.** [mépriser - personne] to despise; [- conseils, injures] to scorn. **-2.** [refuser]: **~ de faire qqch** sout to disdain to do sthg; **ne**

pas ~ qqch/de faire qqch not to be above sthg/above doing sthg.

dédaigneux, -euse [dedɛɲø, øz] *adj* disdainful.

dédain [dedɛ̃] *nm* disdain, contempt.

dédale [dedal] *nm litt* & *fig* maze.

dedans [dədã] *adv* & *nm* inside.
♦ **de dedans** *loc adv* from inside, from within.
♦ **en dedans** *loc adv* inside, within.
♦ **en dedans de** *loc prép* inside, within; *voir aussi* **là-dedans**.

dédicace [dedikas] *nf* dedication.

dédicacer [dedikase] *vt*: **~ qqch (à qqn)** to sign OU autograph sthg (for sb).

dédier [dedje] *vt*: **~ qqch (à qqn/à qqch)** to dedicate sthg (to sb/to sthg).

dédire [dedir]
♦ **se dédire** *vp sout* to go back on one's word.

dédommagement [dedɔmaʒmã] *nm* compensation.

dédommager [dedɔmaʒe] *vt* **-1.** [indemniser] to compensate. **-2.** *fig* [remercier] to repay.

dédouaner [dedwane] *vt* [marchandises] to clear through customs.

dédoubler [deduble] *vt* to halve, to split; [fil] to separate.

déduction [dedyksjɔ̃] *nf* deduction.

déduire [dedɥir] *vt*: **~ qqch (de)** [ôter] to deduct sthg (from); [conclure] to deduce sthg (from).

déduit, -e [dedɥi, ɥit] *pp* → **déduire**.

déesse [deɛs] *nf* goddess.

défaillance [defajãs] *nf* **-1.** [incapacité - de machine] failure; [- de personne, organisation] weakness. **-2.** [malaise] blackout, fainting fit.

défaillant, e [defajã, ãt] *adj* [faible] failing.

défaillir [defajir] *vi* [s'évanouir] to faint.

défaire [defɛr] *vt* [détacher] to undo; [valise] to unpack; [lit] to strip.

♦ **se défaire** *vp* **-1.** [ne pas tenir] to come undone. **-2.** *sout* [se séparer]: **se ~ de** to get rid of.

défait, -e [defɛ, ɛt] ◇ *pp* → **défaire**. ◇ *adj fig* [épuisé] haggard.

♦ **défaite** *nf* defeat.

défaitiste [defetist] *nmf* & *adj* defeatist.

défaut [defo] *nm* **-1.** [imperfection] flaw; [- de personne] fault, shortcoming; **~ de fabrication** manufacturing fault. **-2.** [manque] lack; **à ~ de** for lack OU want of; **l'eau fait (cruellement) ~** there is a serious water shortage.

défaveur [defavœr] *nf* disfavour; **être/tomber en ~** to be/fall out of favour.

défavorable [defavɔrabl] *adj* unfavourable.

défavoriser [defavɔrize] *vt* to handicap, to penalize.

défection [defɛksjɔ̃] *nf* **-1.** [absence] absence. **-2.** [abandon] defection.

défectueux, -euse [defɛktɥø, øz] *adj* faulty, defective.

défendeur, -eresse [defãdœr, rɛs] *nm, f* defendant.

défendre [defãdr] *vt* **-1.** [personne, opinion, client] to defend. **-2.** [interdire] to forbid; **~ qqch à qqn** to forbid sb sthg; **~ à qqn de faire qqch** to forbid sb to do sthg; **~ que qqn fasse qqch** to forbid sb to do sthg.

♦ **se défendre** *vp* **-1.** [se battre, se justifier] to defend o.s. **-2.** [nier]: **se ~ de faire qqch** to deny doing sthg. **-3.** [thèse] to stand up.

défendu, -e [defãdy] ◇ *pp* → **défendre**. ◇ *adj*: **«il est ~ de jouer au ballon»** "no ball games".

défense [defãs] *nf* **-1.** [d'éléphant] tusk. **-2.** [interdiction] prohibition, ban; **«~ de fumer/de stationner/d'entrer»** "no smoking/parking/entry"; **«~ d'afficher»** "stick no bills". **-3.** [protection] defence; **prendre la ~ de** to stand up for; **légitime ~** JUR self-defence.

défenseur [defɑ̃sœr] *nm* [partisan] champion.

défensif, -ive [defɑ̃sif, iv] *adj* defensive.

◆ **défensive** *nf*: être sur la défensive to be on the defensive.

déférence [deferɑ̃s] *nf* deference.

déferlement [deferləmɑ̃] *nm* [de vagues] breaking; *fig* surge, upsurge.

déferler [deferle] *vi* [vagues] to break; *fig* to surge.

défi [defi] *nm* challenge.

défiance [defjɑ̃s] *nf* distrust, mistrust.

déficience [defisjɑ̃s] *nf* deficiency.

déficit [defisit] *nm* FIN deficit; être en ~ to be in deficit.

déficitaire [defisitɛr] *adj* in deficit.

défier [defje] *vt* [braver]: ~ **qqn** de faire qqch to defy sb to do sthg.

défigurer [defigyre] *vt* **-1.** [blesser] to disfigure. **-2.** [enlaidir] to deface.

défilé [defile] *nm* **-1.** [parade] parade. **-2.** [couloir] defile, narrow pass.

défiler [defile] *vi* **-1.** [dans une parade] to march past. **-2.** [se succéder] to pass.

◆ **se défiler** *vp fam* to back out.

défini, -e [defini] *adj* **-1.** [précis] clear, precise. **-2.** GRAM definite.

définir [definir] *vt* to define.

définitif, -ive [definitif, iv] *adj* definitive, final.

◆ **en définitive** *loc adv* in the end.

définition [definisjɔ̃] *nf* definition.

définitivement [definitivmɑ̃] *adv* for good, permanently.

défiscaliser [defiskalize] *vt* to exempt from taxation.

déflationniste [deflasjɔnist] *adj* deflationary, deflationist.

défoncer [defɔ̃se] *vt* [caisse, porte] to smash in; [route] to break up; [mur] to smash down; [chaise] to break.

déformation [defɔrmasjɔ̃] *nf* **-1.** [d'objet, de théorie] distortion. **-2.** MÉD deformity; ~ **professionnelle** *mental conditioning caused by one's job.*

déformer [defɔrme] *vt* to distort.

◆ **se déformer** *vp* [changer de forme] to be distorted, to be deformed; [se courber] to bend.

défouler [defule] *vt fam* to unwind.

◆ **se défouler** *vp fam* to let off steam, to unwind.

défricher [defriʃe] *vt* [terrain] to clear; *fig* [question] to do the groundwork for.

défunt, -e [defœ̃, œ̃t] ◇ *adj* [décédé] late. ◇ *nm, f* deceased.

dégagé, -e [degaʒe] *adj* **-1.** [ciel, vue] clear; [partie du corps] bare. **-2.** [désinvolte] casual, airy. **-3.** [libre]: ~ **de** free from.

dégager [degaʒe] ◇ *vt* **-1.** [odeur] to produce, to give off. **-2.** [délivrer - blessé] to free, to extricate. **-3.** [bénéfice] to show. **-4.** [pièce] to clear. **-5.** [libérer]: ~ **qqn de** to release sb from. ◇ *vi fam* [partir] to clear off.

◆ **se dégager** *vp* **-1.** [se délivrer]: **se ~ de qqch** to free o.s. from sthg; *fig* to get out of sthg. **-2.** [émaner] to be given off. **-3.** [émerger] to emerge.

dégarnir [degarnir] *vt* to strip, to clear.

◆ **se dégarnir** *vp* [vitrine] to be cleared; [arbre] to lose its leaves; **sa tête se dégarnit, il se dégarnit** he's going bald.

dégât [dega] *nm litt & fig* damage (U); **faire des ~s** to cause damage.

dégel [deʒɛl] *nm* [fonte des glaces] thaw.

dégeler [deʒle] ◇ *vt* [produit surgelé] to thaw. ◇ *vi* to thaw.

dégénéré, -e [deʒenere] *adj & nm, f* degenerate.

dégénérer [deʒenere] *vi* to degenerate; ~ **en** to degenerate into.

dégivrer [deʒivre] *vt* [pare-brise] to de-ice; [réfrigérateur] to defrost.

dégonfler [degɔ̃fle] ◇ *vt* to deflate, to let down. ◇ *vi* to go down.

◆ **se dégonfler** *vp* **-1.** [objet] to go down. **-2.** *fam* [personne] to chicken out.

dégouliner [deguline] *vi* to trickle.

dégourdi, -e [degurdi] *adj* clever.

dégourdir [degurdir] *vt* **-1.** [membres - ankylosés] to restore the circulation to. **-2.** *fig* [déniaiser]: ~ **qqn** to teach sb a thing or two.
◆ **se dégourdir** *vp* **-1.** [membres]: **se** ~ **les jambes** to stretch one's legs. **-2.** *fig* [acquérir de l'aisance] to learn a thing or two.

dégoût [degu] *nm* disgust, distaste.

dégoûtant, -e [degutɑ̃, ɑ̃t] *adj* **-1.** [sale] filthy, disgusting. **-2.** [révoltant, grossier] disgusting.

dégoûter [degute] *vt* to disgust.

dégoutter [degute] *vi*: ~ **(de qqch)** to drip (with sthg).

dégradé, -e [degrade] *adj* [couleur] shading off.
◆ **dégradé** *nm* gradation; **un** ~ **de bleu** a blue shading.
◆ **en dégradé** *loc adv* [cheveux] layered.

dégrader [degrade] *vt* **-1.** [officier] to degrade. **-2.** [abîmer] to damage. **-3.** *fig* [avilir] to degrade, to debase.
◆ **se dégrader** *vp* **-1.** [bâtiment, santé] to deteriorate. **-2.** *fig* [personne] to degrade o.s.

dégrafer [degrafe] *vt* to undo, to unfasten.

dégraissage [degrɛsaʒ] *nm* **-1.** [de vêtement] dry-cleaning. **-2.** [de personnel] trimming, cutting back.

degré [dəgre] *nm* [gén] degree; ~**s centigrades** OU **Celsius** degrees centigrade OU Celsius; **prendre qqn/qqch au premier** ~ to take sb/sthg at face value.

dégressif, -ive [degresif, iv] *adj*: **tarif** ~ decreasing price scale.

dégringoler [degrɛ̃gɔle] *fam vi* [tomber] to tumble; *fig* to crash.

déguenillé, -e [degnije] *adj* ragged.

déguerpir [degɛrpir] *vi* to clear off.

dégueulasse [degœlas] *tfam* ◇ *adj* **-1.** [très sale, grossier] filthy. **-2.** [révoltant] dirty, rotten. ◇ *nmf* scum (U).

dégueuler [degœle] *vi fam* to throw up.

déguisement [degizmɑ̃] *nm* disguise; [pour bal masqué] fancy dress.

déguiser [degize] *vt* to disguise.
◆ **se déguiser** *vp*: **se** ~ **en** [pour tromper] to disguise o.s. as; [pour s'amuser] to dress up as.

dégustation [degystasjɔ̃] *nf* tasting, sampling; ~ **de vin** wine tasting.

déguster [degyste] ◇ *vt* [savourer] to taste, to sample. ◇ *vi fam* [subir]: **il va** ~! he'll be for it!

déhancher [deɑ̃ʃe]
◆ **se déhancher** *vp* [en marchant] to swing one's hips; [en restant immobile] to put all one's weight on one leg.

dehors [dəɔr] ◇ *adv* outside; **aller** ~ to go outside; **dormir** ~ to sleep out of doors, to sleep out; **jeter** OU **mettre qqn** ~ to throw sb out. ◇ *nm* outside. ◇ *nmpl*: **les** ~ [les apparences] appearances.
◆ **en dehors** *loc adv* outside, outwards.
◆ **en dehors de** *loc prép* [excepté] apart from.

déjà [deʒa] *adv* **-1.** [dès cet instant] already. **-2.** [précédemment] already, before. **-3.** [au fait]: **quel est ton nom** ~? what did you say your name was? **-4.** [renforce une affirmation]: **ce n'est** ~ **pas si mal** that's not bad at all.

déjeuner [deʒœne] ◇ *vi* **-1.** [le matin] to have breakfast. **-2.** [à midi] to have lunch. ◇ *nm* **-1.** [repas de midi] lunch. **-2.** *Can* [dîner] dinner.

déjouer [deʒwe] *vt* to frustrate; ~ **la surveillance de qqn** to elude sb's surveillance.

delà [dəla]
◆ **au-delà de** *loc prép* beyond.

délabré, -e [delabre] *adj* ruined.

délacer [delase] *vt* to unlace, to undo.

délai [delɛ] *nm* **-1.** [temps accordé] period; **sans** ~ immediately, without delay; ~ **de livraison** delivery time,

délaisser [delese] vt **-1.** [abandonner] to leave. **-2.** [négliger] to neglect.

délassement [delasmɑ̃] nm relaxation.

délasser [delase] vt to refresh.
◆ **se délasser** vp to relax.

délation [delasjɔ̃] nf informing.

délavé, -e [delave] adj faded.

délayer [deleje] vt [diluer]: ~ **qqch dans qqch** to mix sthg with sthg.

délecter [delɛkte]
◆ **se délecter** vp: **se ~ de qqch/à faire qqch** to delight in sthg/in doing sthg.

délégation [delegasjɔ̃] nf delegation; **agir par ~** to be delegated to act.

délégué, -e [delege] ◇ adj [personne] delegated. ◇ nm, f [représentant]: ~ **(à)** delegate (to).

déléguer [delege] vt: ~ **qqn (à qqch)** to delegate sb (to sthg).

délester [delɛste] vt **-1.** [circulation routière] to set up a diversion on, to divert. **-2.** fig & hum [voler]: ~ **qqn de qqch** to relieve sb of sthg.

délibération [deliberasjɔ̃] nf deliberation.

délibéré, -e [delibere] adj **-1.** [intentionnel] deliberate. **-2.** [résolu] determined.

délibérer [delibere] vi: ~ **(de OU sur)** to deliberate (on OU over).

délicat, -e [delika, at] adj **-1.** [gén] delicate. **-2.** [exigeant] fussy, difficult.

délicatement [delikatmɑ̃] adv delicately.

délicatesse [delikatɛs] nf **-1.** [gén] delicacy. **-2.** [tact] delicacy, tact.

délice [delis] nm delight.

délicieux, -ieuse [delisjø, jøz] adj **-1.** [savoureux] delicious. **-2.** [agréable] delightful.

délié, -e [delje] adj [doigts] nimble.

délier [delje] vt to untie.

délimiter [delimite] vt [frontière] to fix; fig [question, domaine] to define, to demarcate.

délinquance [delɛ̃kɑ̃s] nf delinquency.

délinquant, -e [delɛ̃kɑ̃, ɑ̃t] nm, f delinquent.

délirant, -e [delirɑ̃, ɑ̃t] adj **-1.** MÉD delirious. **-2.** [extravagant] frenzied. **-3.** fam [extraordinaire] crazy.

délire [delir] nm MÉD delirium; **en ~** fig frenzied.

délirer [delire] vi MÉD to be OU become delirious; fam fig to rave.

délit [deli] nm crime, offence; **en flagrant ~** red-handed, in the act.

délivrance [delivrɑ̃s] nf **-1.** [libération] freeing, release. **-2.** [soulagement] relief. **-3.** [accouchement] delivery.

délivrer [delivre] vt **-1.** [prisonnier] to free, to release. **-2.** [pays] to deliver, to free; ~ **de** to free from; fig to relieve from. **-3.** [remettre]: ~ **qqch (à qqn)** to issue sthg (to sb). **-4.** [marchandise] to deliver.

déloger [delɔʒe] vt: ~ **(de)** to dislodge (from).

déloyal, -e, -aux [delwajal, o] adj **-1.** [infidèle] disloyal. **-2.** [malhonnête] unfair.

delta [dɛlta] nm delta.

deltaplane, delta-plane (pl **deltaplanes**) [dɛltaplan] nm hang glider.

déluge [delyʒ] nm **-1.** RELIG: **le Déluge** the Flood. **-2.** [pluie] downpour, deluge; **un ~ de** fig a flood of.

déluré, -e [delyre] adj [malin] quick-witted; péj [dévergondé] saucy.

démagogie [demagɔʒi] nf pandering to public opinion, demagogy.

demain [dəmɛ̃] ◇ adv **-1.** [le jour suivant] tomorrow; ~ **matin** tomorrow morning. **-2.** fig [plus tard] in the future. ◇ nm tomorrow; **à ~!** see you tomorrow!

demande [dəmɑ̃d] nf **-1.** [souhait] request. **-2.** [démarche] proposal; ~ **en mariage** proposal of marriage. **-3.** [candidature] application; ~ **d'emploi** job application; «~s d'emploi» "situations wanted". **-4.** ÉCON demand.

demandé, -e [dəmɑ̃de] *adj* in demand.

demander [dəmɑ̃de] ◇ *vt* **-1.** [réclamer, s'enquérir] to ask for; ~ **qqch à qqn** to ask sb for sthg. **-2.** [appeler] to call; **on vous demande à la réception/au téléphone** you're wanted at reception/on the telephone. **-3.** [désirer] to ask, to want; **je ne demande pas mieux** I'd be only too pleased (to), I'd love to. **-4.** [exiger]: **tu m'en demandes trop** you're asking too much of me. **-5.** [nécessiter] to require. ◇ *vi* **-1.** [réclamer]: ~ **à qqn de faire qqch** to ask sb to do sthg; **ne ~ qu'à ...** to be ready to .... **-2.** [nécessiter]: **ce projet demande à être étudié** this project requires investigation OU needs investigating.

◆ **se demander** *vp*: **se ~ (si)** to wonder (if OU whether).

demandeur, -euse [dəmɑ̃dœr, øz] *nm, f* [solliciteur]: ~ **d'asile** asylum-seeker; ~ **d'emploi** job-seeker.

démangeaison [demɑ̃ʒezɔ̃] *nf* [irritation] itch, itching (U); *fam fig* urge.

démanger [demɑ̃ʒe] *vi* [gratter] to itch; **ça me démange de ...** *fig* I'm itching OU dying to ....

démanteler [demɑ̃tle] *vt* [construction] to demolish; *fig* to break up.

démaquillant, -e [demakijɑ̃, ɑ̃t] *adj* make-up-removing (*avant n*).

◆ **démaquillant** *nm* make-up remover.

démaquiller [demakije] *vt* to remove make-up from.

◆ **se démaquiller** *vp* to remove one's make-up.

démarche [demarʃ] *nf* **-1.** [manière de marcher] gait, walk. **-2.** [raisonnement] approach, method. **-3.** [requête] step; **faire les ~s pour faire qqch** to take the necessary steps to do sthg.

démarcheur, -euse [demarʃœr, øz] *nm, f* [représentant] door-to-door salesman OU saleswoman).

démarquer [demarke] *vt* **-1.** [solder] to mark down. **-2.** SPORT not to mark.

◆ **se démarquer** *vp* **-1.** SPORT to shake off one's marker. **-2.** *fig* [se distinguer]: **se ~ (de)** to distinguish o.s. (from).

démarrage [demaraʒ] *nm* starting, start; ~ **en côte** hill start.

démarrer [demare] ◇ *vi* **-1.** [véhicule] to start (up); [conducteur] to drive off. **-2.** *fig* [affaire, projet] to get off the ground. ◇ *vt* **-1.** [véhicule] to start (up). **-2.** *fam fig* [commencer]: ~ **qqch** to get sthg going.

démarreur [demarœr] *nm* starter.

démasquer [demaske] *vt* **-1.** [personne] to unmask. **-2.** *fig* [complot, plan] to unveil.

démêlant, -e [demɛlɑ̃, ɑ̃t] *adj* conditioning (*avant n*).

◆ **démêlant** *nm* conditioner.

démêlé [demele] *nm* quarrel; **avoir des ~s avec la justice** to get into trouble with the law.

démêler [demɛle] *vt* [cheveux, fil] to untangle; *fig* to unravel.

◆ **se démêler** *vp*: **se ~ de** *fig* to extricate o.s. from.

déménagement [demenaʒmɑ̃] *nm* removal.

déménager [demenaʒe] ◇ *vt* to move. ◇ *vi* to move (house).

déménageur [demenaʒœr] *nm* removal man *Br*, mover *Am*.

démence [demɑ̃s] *nf* MÉD dementia; [bêtise] madness.

démener [demne]

◆ **se démener** *vp litt* & *fig* to struggle.

dément, -e [demɑ̃, ɑ̃t] ◇ *adj* MÉD demented; *fam* [extraordinaire, extravagant] crazy. ◇ *nm, f* demented person.

démenti [demɑ̃ti] *nm* denial.

démentiel, -ielle [demɑ̃sjɛl] *adj* MÉD demented; *fam* [incroyable] crazy.

démentir [demɑ̃tir] *vt* **-1.** [réfuter] to deny. **-2.** [contredire] to contradict.

démesure [deməzyr] *nf* excess, immoderation.

démettre [demɛtr] vt **-1.** MÉD to put out (of joint). **-2.** [congédier]: ~ **qqn de** to dismiss sb from.
◆ **se démettre** vp **-1.** MÉD: **se ~ l'épaule** to put one's shoulder out (of joint). **-2.** [démissionner]: **se ~ de ses fonctions** to resign.

demeurant [dəmœrɑ̃]
◆ **au demeurant** loc adv all things considered.

demeure [dəmœr] nf sout [domicile, habitation] residence.
◆ **à demeure** loc adv permanently.

demeuré, -e [dəmœre] ◇ adj simple, half-witted. ◇ nm, f half-wit.

demeurer [dəmœre] vi **-1.** (aux: avoir) [habiter] to live. **-2.** (aux: être) [rester] to remain.

demi, -e [dəmi] adj half; **un kilo et ~** one and a half kilos; **une heure et ~e** half past one; **à ~** half; **dormir à ~** to be nearly asleep; **ouvrir à ~** to half-open; **faire les choses à ~** to do things by halves.
◆ **demi** nm **-1.** [bière] beer, ≃ half-pint Br. **-2.** FOOTBALL midfielder.
◆ **demie** nf: **à la ~e** on the half-hour.

demi-cercle [dəmisɛrkl] (pl demi-cercles) nm semicircle.

demi-douzaine [dəmiduzɛn] (pl demi-douzaines) nf half-dozen; **une ~ (de)** half a dozen.

demi-finale [dəmifinal] (pl demi-finales) nf semifinal.

demi-frère [dəmifrɛr] (pl demi-frères) nm half-brother.

demi-gros [dəmigro] nm: **(commerce de) ~** cash and carry.

demi-heure [dəmijœr] (pl demi-heures) nf half an hour, half-hour.

demi-journée [dəmiʒurne] (pl demi-journées) nf half a day, half-day.

démilitariser [demilitarize] vt to demilitarize.

demi-litre [dəmilitr] (pl demi-litres) nm half a litre, half-litre.

demi-mesure [dəmiməzyr] (pl demi-

mesures) nf **-1.** [quantité] half a measure. **-2.** [compromis] half-measure.

demi-mot [dəmimo]
◆ **à demi-mot** loc adv: **comprendre à ~** to understand without things having to be spelled out.

déminer [demine] vt to clear of mines.

demi-pension [dəmipɑ̃sjɔ̃] (pl demi-pensions) nf **-1.** [d'hôtel] half-board. **-2.** [d'école] : **être en ~** to take school dinners (pl).

démis, -e [demi, iz] pp → **démettre**.

demi-sœur [dəmisœr] (pl demi-sœurs) nf half-sister.

démission [demisjɔ̃] nf resignation.

démissionner [demisjɔne] vi [d'un emploi] to resign; fig to give up.

demi-tarif [dəmitarif] (pl demi-tarifs) ◇ adj half-price. ◇ nm **-1.** [tarification] half-fare. **-2.** [billet] half-price ticket.

demi-tour [dəmitur] (pl demi-tours) nm [gén] half-turn; MIL about-turn; **faire ~** to turn back.

démocrate [demɔkrat] nmf democrat.

démocratie [demɔkrasi] nf democracy.

démocratique [demɔkratik] adj democratic.

démocratiser [demɔkratize] vt to democratize.

démodé, -e [demɔde] adj old-fashioned.

démographique [demɔgrafik] adj demographic.

demoiselle [dəmwazɛl] nf [jeune fille] maid; **~ d'honneur** bridesmaid.

démolir [demɔlir] vt [gén] to demolish.

démolition [demɔlisjɔ̃] nf demolition.

démon [demɔ̃] nm [diable, personne] devil, demon; **le ~** RELIG the Devil.

démoniaque [demɔnjak] adj [diabolique] diabolical.

démonstratif, -ive [demɔ̃stratif, iv] adj [personne & GRAM] demonstrative.

◆ **démonstratif** *nm* GRAM demonstrative.

démonstration [demõstrasjõ] *nf* [gén] demonstration.

démonter [demõte] *vt* **-1.** [appareil] to dismantle, to take apart. **-2.** [troubler]: ~ qqn to put sb out.

◆ **se démonter** *vp fam* to be put out.

démontrer [demõtre] *vt* **-1.** [prouver] to prove, to demonstrate. **-2.** [témoigner de] to show, to demonstrate.

démoralisant, -e [demoralizã, ãt] *adj* demoralizing.

démoraliser [demoralize] *vt* to demoralize.

◆ **se démoraliser** *vp* to lose heart.

démordre [demordr] *vt*: **ne pas** ~ **de** to stick to.

démotiver [demotive] *vt* to demotivate.

démouler [demule] *vt* to turn out of a mould, to remove from a mould.

démunir [demynir] *vt* to deprive.

◆ **se démunir** *vp*: **se** ~ **de** to part with.

dénationaliser [denasjonalize] *vt* to denationalize.

dénaturer [denatyre] *vt* **-1.** [goût] to impair, to mar. **-2.** TECHNOL to denature. **-3.** [déformer] to distort.

dénégation [denegasjõ] *nf* denial.

dénicher [denife] *vt fig* **-1.** [personne] to flush out. **-2.** *fam* [objet] to unearth.

dénigrer [denigre] *vt* to denigrate, to run down.

dénivelé [denivle] *nm* difference in level OU height.

dénivellation [denivelasjõ] *nf* **-1.** [différence de niveau] difference in height OU level. **-2.** [pente] slope.

dénombrer [denõbre] *vt* [compter] to count; [énumérer] to enumerate.

dénominateur [denominatœr] *nm* denominator.

dénomination [denominasjõ] *nf* name.

dénommé, -e [denome] *adj*: **un** ~ **Ro-**

bert someone by the name of Robert.

dénoncer [denõse] *vt* **-1.** [gén] to denounce; ~ qqn à qqn to denounce sb to sb, to inform on sb. **-2.** *fig* [trahir] to betray.

dénonciation [denõsjasjõ] *nf* denunciation.

dénoter [denote] *vt* to show, to indicate.

dénouement [denumã] *nm* **-1.** [issue] outcome. **-2.** CIN & THÉÂTRE denouement.

dénouer [denwe] *vt* [nœud] to untie, to undo; *fig* to unravel.

dénoyauter [denwajote] *vt* [fruit] to stone.

denrée [dãre] *nf* [produit] produce (U); ~s alimentaires foodstuffs.

dense [dãs] *adj* **-1.** [gén] dense. **-2.** [style] condensed.

densité [dãsite] *nf* density.

dent [dã] *nf* **-1.** [de personne, d'objet] tooth; **faire ses** ~s to cut one's teeth, to teethe; ~ **de lait/de sagesse** milk/wisdom tooth. **-2.** GÉOGR peak.

dentaire [dãter] *adj* dental.

dentelé, -e [dãtle] *adj* serrated, jagged.

dentelle [dãtel] *nf* lace (U).

dentier [dãtje] *nm* [dents] dentures (*pl*).

dentifrice [dãtifris] *nm* toothpaste.

dentiste [dãtist] *nmf* dentist.

dentition [dãtisjõ] *nf* teeth (*pl*), dentition.

dénuder [denyde] *vt* to leave bare; [fil électrique] to strip.

dénué, -e [denчe] *adj sout*: ~ **de** devoid of.

dénuement [denчmã] *nm* destitution (U).

déodorant, -e [deodorã, ãt] *adj* deodorant.

◆ **déodorant** *nm* deodorant.

déontologie [deõtolɔʒi] *nf* professional ethics (*pl*).

dépannage [depanaʒ] *nm* repair.

dépanner [depane] *vt* **-1.** [réparer] to repair, to fix. **-2.** *fam* [aider] to bail out.

dépanneur, -euse [depanœr, øz] *nm, f* repairman (*f* repairwoman).
◆ **dépanneuse** *nf* [véhicule] (breakdown) recovery vehicle.

dépareillé, -e [depareje] *adj* [ensemble] non-matching; [paire] odd.

départ [depar] *nm* **-1.** [de personne] departure, leaving; [de véhicule] departure. **-2.** SPORT & *fig* start.
◆ **au départ** *loc adv* to start with.

départager [departaʒe] *vt* **-1.** [concurrents, opinions] to decide between. **-2.** [séparer] to separate.

département [departəmã] *nm* **-1.** [territoire] *territorial and administrative division of France.* **-2.** [service] department.

départemental, -e, -aux [departəmãtal, o] *adj* of a French département.
◆ **départementale** *nf* ≈ B road *Br*.

dépassé, -e [depase] *adj* **-1.** [périmé] old-fashioned. **-2.** *fam* [déconcerté]: ~ par overwhelmed by.

dépassement [depasmã] *nm* [en voiture] overtaking.

dépasser [depase] ◇ *vt* **-1.** [doubler] to overtake. **-2.** [être plus grand que] to be taller than. **-3.** [excéder] to exceed, to be more than. **-4.** [durer plus longtemps que]: ~ **une heure** to go on for more than an hour. **-5.** [aller au-delà de] to exceed. **-6.** [franchir] to pass. ◇ *vi*: ~ **(de)** to stick out (from).

dépayser [depeize] *vt* **-1.** [désorienter] to disorientate *Br*, to disorient *Am*. **-2.** [changer agréablement] to make a change of scene for.

dépecer [depəse] *vt* **-1.** [découper] to chop up. **-2.** [déchiqueter] to tear apart.

dépêche [depeʃ] *nf* dispatch.

dépêcher [depeʃe] *vt sout* [envoyer] to dispatch.
◆ **se dépêcher** *vp* to hurry up; **se ~ de faire qqch** to hurry to do sthg.

dépeindre [depɛ̃dr] *vt* to depict, to describe.

dépeint, -e [depɛ̃, ɛ̃t] *pp* → **dépeindre.**

dépendance [depãdãs] *nf* **-1.** [de personne] dependence; **être sous la ~ de** to be dependent on. **-2.** [à la drogue] dependency. **-3.** [de bâtiment] outbuilding.

dépendre [depãdr] *vt* **-1.** [être soumis]: ~ **de** to depend on; **ça dépend** it depends. **-2.** [appartenir]: ~ **de** to belong to.

dépens [depã] *nmpl* JUR costs; **aux ~ de qqn** at sb's expense; **je l'ai appris à mes ~** I learned that to my cost.

dépense [depãs] *nf* **-1.** [frais] expense. **-2.** FIN & *fig* expenditure (*U*); **les ~s publiques** public spending (*U*).

dépenser [depãse] *vt* **-1.** [argent] to spend. **-2.** *fig* [énergie] to expend.
◆ **se dépenser** *vp litt* & *fig* to exert o.s.

dépensier, -ière [depãsje, jɛr] *adj* extravagant.

déperdition [deperdisjɔ̃] *nf* loss.

dépérir [deperir] *vi* **-1.** [personne] to waste away. **-2.** [santé, affaire] to decline. **-3.** [plante] to wither.

dépeupler [depœple] *vt* **-1.** [pays] to depopulate. **-2.** [étang, rivière, forêt] to drive the wildlife from.

déphasé, -e [defaze] *adj* ÉLECTR out of phase; *fam fig* out of touch.

dépilatoire [depilatwar] *adj*: **crème/lotion** ~ depilatory cream/lotion.

dépistage [depistaʒ] *nm* [de maladie] screening; ~ **du SIDA** AIDS testing.

dépister [depiste] *vt* **-1.** [gibier, voleur] to track down. **-2.** [maladie] to screen for.

dépit [depi] *nm* pique, spite.
◆ **en dépit de** *loc prép* in spite of.

déplacé, -e [deplase] *adj* **-1.** [propos, attitude, présence] out of place. **-2.** [personne] displaced.

déplacement [deplasmã] *nm* **-1.** [d'objet] moving. **-2.** [voyage] travelling (*U*).

déplacer [deplase] *vt* **-1.** [objet] to move, to shift; *fig* [problème] to shift the emphasis of. **-2.** [muter] to transfer.

◆ **se déplacer** *vp* **-1.** [se mouvoir - animal] to move (around); [- personne] to walk. **-2.** [voyager] to travel. **-3.** MÉD: **se ~ une vertèbre** to slip a disc.

déplaire [depler] *vt* **-1.** [ne pas plaire]: **cela me déplaît** I don't like it. **-2.** [irriter] to displease.

déplaisant, -e [deplɛzɑ̃, ɑ̃t] *adj sout* unpleasant.

dépliant [deplijɑ̃] *nm* leaflet; **~ touristique** tourist brochure.

déplier [deplije] *vt* to unfold.

déploiement [deplwamɑ̃] *nm* **-1.** MIL deployment. **-2.** [d'ailes] spreading. **-3.** *fig* [d'efforts] display.

déplorer [deplɔre] *vt* [regretter] to deplore.

déployer [deplwaje] *vt* **-1.** [déplier - gén] to unfold; [- plan, journal] to open; [ailes] to spread. **-2.** MIL to deploy. **-3.** [mettre en œuvre] to expend.

déplu [deply] *pp inv* → **déplaire**.

déportation [depɔrtasjɔ̃] *nf* **-1.** [exil] deportation. **-2.** [internement] transportation to a concentration camp.

déporté, -e [depɔrte] *nm, f* **-1.** [exilé] deportee. **-2.** [interné] prisoner (*in a concentration camp*).

déporter [depɔrte] *vt* **-1.** [dévier] to carry off course. **-2.** [exiler] to deport. **-3.** [interner] to send to a concentration camp.

déposé, -e [depoze] *adj*: **marque ~e** registered trademark; **modèle ~** patented design.

déposer [depoze] ◇ *vt* **-1.** [poser] to put down. **-2.** [personne, paquet] to drop. **-3.** [argent, sédiment] to deposit. **-4.** JUR to file; **~ son bilan** FIN to go into liquidation. **-5.** [monarque] to depose. ◇ *vi* JUR to testify, to give evidence.

◆ **se déposer** *vp* to settle.

dépositaire [depoziter] *nmf* **-1.** COMM agent. **-2.** [d'objet] bailee; **~ de** *fig* person entrusted with.

déposition [depozisjɔ̃] *nf* deposition.

déposséder [deposede] *vt*: **~ qqn de** to dispossess sb of.

dépôt [depo] *nm* **-1.** [d'objet, d'argent, de sédiment] deposit, depositing (U); **verser un ~ (de garantie)** to put down a deposit; **~ d'ordures** (rubbish) dump *Br*, garbage dump *Am*. **-2.** ADMIN registration; **~ légal** copyright registration. **-3.** [garage] depot. **-4.** [entrepôt] store, warehouse. **-5.** [prison] ≃ police cells (*pl*).

dépotoir [depɔtwar] *nm* [décharge] (rubbish) dump *Br*, garbage dump *Am*; *fam* dump, tip.

dépouille [depuj] *nf* **-1.** [peau] hide, skin. **-2.** [humaine] remains (*pl*).

dépouillement [depujmɑ̃] *nm* [sobriété] austerity, sobriety.

dépouiller [depuje] *vt* **-1.** [priver]: **qqn (de)** to strip sb (of). **-2.** [examiner] to peruse; **~ un scrutin** to count the votes.

dépourvu, -e [depurvy] *adj*: **~ de** without, lacking in.

◆ **au dépourvu** *loc adv*: **prendre qqn au ~** to catch sb unawares.

dépoussiérer [depusjere] *vt* to dust (off).

dépravé, -e [deprave] ◇ *adj* depraved. ◇ *nm, f* degenerate.

dépréciation [depresjasjɔ̃] *nf* depreciation.

déprécier [depresje] *vt* **-1.** [marchandise] to reduce the value of. **-2.** [œuvre] to disparage.

◆ **se déprécier** *vp* **-1.** [marchandise] to depreciate. **-2.** [personne] to put o.s. down.

dépressif, -ive [depresif, iv] *adj* depressive.

dépression [depresjɔ̃] *nf* depression; **~ nerveuse** nervous breakdown.

déprimant, -e [deprimɑ̃, ɑ̃t] *adj* depressing.

déprime [deprim] *nf fam*: **faire une ~** to be (feeling) down.

déprimé, -e [deprime] *adj* depressed.

déprimer [deprime] ◇ *vt* to depress. ◇ *vi fam* to be (feeling) down.

déprogrammer [deprɔgrame] *vt* to remove from the schedule; TÉLÉ to take off the air.

dépuceler [depysle] *vt fam*: **~ qqn** to take sb's virginity.

depuis [dəpɥi] ◇ *prép* **-1.** [à partir d'une date ou d'un moment précis] since; **je ne l'ai pas vu ~ son mariage** I haven't seen him since he got married; **il est parti ~ hier** he's been away since yesterday; **~ le début jusqu'à la fin** from beginning to end. **-2.** [exprimant une durée] for; **il est malade ~ une semaine** he has been ill for a week; **~ 10 ans/longtemps** for 10 years/a long time; **~ toujours** always. **-3.** [dans l'espace] from; **~ la route, on pouvait voir la mer** you could see the sea from the road. ◇ *adv* since (then); **~, nous ne l'avons pas revu** we haven't seen him since (then).

◆ **depuis que** *loc conj* since; **je ne l'ai pas revu ~ qu'il s'est marié** I haven't seen him since he got married.

député [depyte] *nm* [au parlement] member of parliament *Br*, representative *Am*.

déraciner [derasine] *vt litt & fig* to uproot.

déraillement [derɑjmɑ̃] *nm* derailment.

dérailler [deraje] *vi* **-1.** [train] to leave the rails, to be derailed. **-2.** *fam fig* [mécanisme] to go on the blink. **-3.** *fam fig* [personne] to go to pieces.

dérailleur [derajœr] *nm* [de bicyclette] derailleur.

déraisonnable [derɛzɔnabl] *adj* unreasonable.

dérangement [derɑ̃ʒmɑ̃] *nm* trouble; **en ~** out of order.

déranger [derɑ̃ʒe] ◇ *vt* **-1.** [personne] to disturb, to bother; **ça vous dé-** range si je fume? do you mind if I smoke? **-2.** [plan] to disrupt. **-3.** [maison, pièce] to disarrange, to make untidy. ◇ *vi* to be disturbing.

◆ **se déranger** *vp* **-1.** [se déplacer] to move. **-2.** [se gêner] to put o.s. out.

dérapage [derapaʒ] *nm* [glissement] skid; *fig* excess.

déraper [derape] *vi* [glisser] to skid; *fig* to get out of hand.

déréglementer [dereglǝmɑ̃te] *vt* to deregulate.

dérégler [deregle] *vt* [mécanisme] to put out of order; *fig* to upset.

◆ **se dérégler** *vp* [mécanisme] to go wrong; *fig* to be upset OU unsettled.

dérider [deride] *vt fig*: **~ qqn** to cheer sb up.

dérision [derizjɔ̃] *nf* derision; **tourner qqch en ~** to hold sthg up to ridicule.

dérisoire [derizwar] *adj* derisory.

dérivatif, -ive [derivatif, iv] *adj* derivative.

◆ **dérivatif** *nm* distraction.

dérive [deriv] *nf* [mouvement] drift, drifting (*U*); **aller** OU **partir à la ~** *fig* to fall apart.

dérivé [derive] *nm* derivative.

dériver [derive] ◇ *vt* [détourner] to divert. ◇ *vi* **-1.** [aller à la dérive] to drift. **-2.** *fig* [découler]: **~ de** to derive from.

dermatologie [dɛrmatɔlɔʒi] *nf* dermatology.

dermatologue [dɛrmatɔlɔg] *nmf* dermatologist.

dernier, -ière [dɛrnje, jɛr] ◇ *adj* **-1.** [gén] last; **l'année dernière** last year. **-2.** [ultime] last, final. **-3.** [plus récent] latest. ◇ *nm, f* last; **ce ~** the latter.

◆ **en dernier** *loc adv* last.

dernièrement [dɛrnjɛrmɑ̃] *adv* recently, lately.

dernier-né, dernière-née [dɛrnjene, dɛrnjɛrne] *nm, f* [bébé] youngest (child).

dérobade [derɔbad] *nf* evasion, shirking (*U*).

dérobé, -e [derobe] *adj* **-1.** [volé] stolen. **-2.** [caché] hidden.

◆ **à la dérobée** *loc adv* surreptitiously.

dérober [derobe] *vt sout* to steal.

◆ **se dérober** *vp* **-1.** [se soustraire]: **se ~ à qqch** to shirk sthg. **-2.** [s'effondrer] to give way.

dérogation [derɔgasjɔ̃] *nf* [action] dispensation; [résultat] exception.

déroulement [derulmɑ̃] *nm* **-1.** [de bobine] unwinding. **-2.** *fig* [d'événement] development.

dérouler [derule] *vt* [fil] to unwind; [papier, tissu] to unroll.

◆ **se dérouler** *vp* to take place.

déroute [derut] *nf* MIL rout; *fig* collapse.

dérouter [derute] *vt* **-1.** [déconcerter] to disconcert, to put out. **-2.** [dévier] to divert.

derrière [derjɛr] ◇ *prép & adv* behind. ◇ *nm* **-1.** [partie arrière] back; **la porte de ~** the back door. **-2.** [partie du corps] bottom, behind.

des [de] ◇ *art indéf* → **un**. ◇ *prép* → **de**.

dès [dɛ] *prép* from; **~ son arrivée** the minute he arrives/arrived, as soon as he arrives/arrived; **~ l'enfance** since childhood; **~ 1900** as far back as 1900, as early as 1900; **~ maintenant** from now on; **~ demain** starting OU from tomorrow.

◆ **dès que** *loc conj* as soon as.

désabusé, -e [dezabyze] *adj* disillusioned.

désaccord [dezakɔr] *nm* disagreement.

désaccordé, -e [dezakɔrde] *adj* out of tune.

désaffecté, -e [dezafɛkte] *adj* disused.

désaffection [dezafɛksjɔ̃] *nf* disaffection.

désagréable [dezagreabl] *adj* unpleasant.

désagréger [dezagreʒe] *vt* to break up.

◆ **se désagréger** *vp* to break up.

désagrément [dezagremɑ̃] *nm* annoyance.

désaltérant, -e [dezalterɑ̃, ɑ̃t] *adj* thirst-quenching.

désaltérer [dezaltere]

◆ **se désaltérer** *vp* to quench one's thirst.

désamorcer [dezamɔrse] *vt* [arme] to remove the primer from; [bombe] to defuse; *fig* [complot] to nip in the bud.

désappointer [dezapwɛte] *vt* to disappoint.

désapprobation [dezaprɔbasjɔ̃] *nf* disapproval.

désapprouver [dezapruve] ◇ *vt* to disapprove of. ◇ *vi* to be disapproving.

désarmement [dezarməmɑ̃] *nm* disarmament.

désarmer [dezarme] *vt* to disarm; [fusil] to unload.

désarroi [dezarwa] *nm* confusion.

désastre [dezastr] *nm* disaster.

désastreux, -euse [dezastrø, øz] *adj* disastrous.

désavantage [dezavɑ̃taʒ] *nm* disadvantage.

désavantager [dezavɑ̃taʒe] *vt* to disadvantage.

désavantageux, -euse [dezavɑ̃taʒø, øz] *adj* unfavourable.

désavouer [dezavwe] *vt* to disown.

désaxé, -e [dezakse] ◇ *adj* [mentalement] disordered, unhinged. ◇ *nm, f* unhinged person.

descendance [desɑ̃dɑ̃s] *nf* [progéniture] descendants (*pl*).

descendant, -e [desɑ̃dɑ̃, ɑ̃t] *nm, f* [héritier] descendant.

descendre [desɑ̃dr] ◇ *vt* (*aux: avoir*) **-1.** [escalier, pente] to go/come down; **~ la rue en courant** to run down the street. **-2.** [rideau, tableau] to lower. **-3.** [apporter] to bring/take down. **-4.**

fam [personne, avion] **to shoot down.**
◇ *vi* (*aux: être*) **-1.** [gén] **to go/come down;** [température, niveau] **to fall. -2.** [passager] **to get off;** ~ **d'un bus to get off a bus;** ~ **d'une voiture to get out of a car. -3.** [être issu]: ~ **de to be descended from. -4.** [marée] **to go out.**

descendu, -e [desãdy] *pp* → **descendre.**

descente [desãt] *nf* **-1.** [action] **descent. -2.** [pente] **downhill slope** OU **stretch. -3.** [irruption] **raid. -4.** [tapis]: ~ **de lit bedside rug.**

descriptif, -ive [dɛskriptif, iv] *adj* **descriptive.**
◆ **descriptif** *nm* [de lieu] **particulars** (*pl*); [d'appareil] **specification.**

description [dɛskripsjɔ̃] *nf* **description.**

désemparé, -e [dezãpare] *adj* [personne] **helpless;** [avion, navire] **disabled.**

désendettement [dezãdɛtmã] *nm* **degearing, debt reduction.**

désenfler [dezãfle] *vi* **to go down, to become less swollen.**

désensibiliser [desãsibilize] *vt* **to desensitize.**

déséquilibre [dezekilibr] *nm* **imbalance.**

déséquilibré, -e [dezekilibre] *nm, f* **unbalanced person.**

déséquilibrer [dezekilibre] *vt* **-1.** [physiquement]: ~ **qqn to throw sb off balance. -2.** [perturber] **to unbalance.**

désert, -e [dezɛr, ɛrt] *adj* [désertique - île] **desert** (*avant n*); [peu fréquenté] **deserted.**
◆ **désert** *nm* **desert.**

déserter [dezɛrte] *vt & vi* **to desert.**

déserteur [dezɛrtœr] *nm* MIL **deserter;** *fig & péj* **traitor.**

désertion [dezɛrsjɔ̃] *nf* **desertion.**

désertique [dezɛrtik] *adj* **desert** (*avant n*).

désespéré, -e [dezɛspere] *adj* **-1.** [re-

gard] **desperate. -2.** [situation] **hopeless.**

désespérément [dezɛsperemã] *adv* **-1.** [sans espoir] **hopelessly. -2.** [avec acharnement] **desperately.**

désespérer [dezɛspere] ◇ *vt* **-1.** [décourager]: ~ **qqn to drive sb to despair. -2.** [perdre espoir]: ~ **que qqch arrive to give up hope of sthg happening.** ◇ *vi*: ~ (**de**) **to despair (of).**
◆ **se désespérer** *vp* **to despair.**

désespoir [dezɛspwar] *nm* **despair; en** ~ **de cause as a last resort.**

déshabillé [dezabije] *nm* **negligee.**

déshabiller [dezabije] *vt* **to undress.**
◆ **se déshabiller** *vp* **to undress, to get undressed.**

désherbant, -e [dezɛrbã, ãt] *adj* **weed-killing.**
◆ **désherbant** *nm* **weedkiller.**

déshérité, -e [dezerite] ◇ *adj* **-1.** [privé d'héritage] **disinherited. -2.** [pauvre] **deprived.** ◇ *nm, f* [pauvre] **deprived person.**

déshériter [dezerite] *vt* **to disinherit.**

déshonneur [dezɔnœr] *nm* **disgrace.**

déshonorer [dezɔnɔre] *vt* **to disgrace, to bring disgrace on.**

déshydrater [dezidrate] *vt* **to dehydrate.**
◆ **se déshydrater** *vp* **to become dehydrated.**

désigner [deziɲe] *vt* **-1.** [choisir] **to appoint. -2.** [signaler] **to point out. -3.** [nommer] **to designate.**

désillusion [dezilyzjɔ̃] *nf* **disillusion.**

désincarné, -e [dezɛ̃karne] *adj* **-1.** RELIG **disembodied. -2.** [éthéré] **unearthly.**

désindustrialisation [dezɛ̃dystrijalizasjɔ̃] *nf* **deindustrialization.**

désinfectant, -e [dezɛ̃fɛktã, ãt] *adj* **disinfectant.**
◆ **désinfectant** *nm* **disinfectant.**

désinfecter [dezɛ̃fɛkte] *vt* **to disinfect.**

désinflation [dezɛ̃flasjɔ̃] *nf* **disinflation.**

désintégrer [dezɛ̃tegre] vt to break up.
♦ **se désintégrer** vp to disintegrate, to break up.

désintéressé, -e [dezɛ̃terese] adj disinterested.

désintéresser [dezɛ̃terese]
♦ **se désintéresser** vp: se ~ de to lose interest in.

désintoxication [dezɛ̃tɔksikasjɔ̃] nf detoxification.

désinvolte [dezɛ̃vɔlt] adj -1. [à l'aise] casual. -2. péj [sans-gêne] offhand.

désinvolture [dezɛ̃vɔltyr] nf -1. [légèreté] casualness. -2. péj [sans-gêne] offhandedness.

désir [dezir] nm -1. [souhait] desire, wish. -2. [charnel] desire.

désirable [dezirabl] adj desirable.

désirer [dezire] vt -1. sout [chose]: ~ faire qqch to wish to do sthg; vous désirez? [dans un magasin] can I help you?; [dans un café] what can I get you? -2. [sexuellement] to desire.

désistement [dezistəmɑ̃] nm: ~ (de) withdrawal (from).

désister [deziste]
♦ **se désister** vp [se retirer] to withdraw, to stand down.

désobéir [dezɔbeir] vi: ~ (à qqn) to disobey (sb).

désobéissant, -e [dezɔbeisɑ̃, ɑ̃t] adj disobedient.

désobligeant, -e [dezɔbliʒɑ̃, ɑ̃t] adj sout offensive.

désodorisant, -e [dezɔdɔrizɑ̃, ɑ̃t] adj deodorant.
♦ **désodorisant** nm air freshener.

désœuvré, -e [dezœvre] adj idle.

désolation [dezɔlasjɔ̃] nf -1. [destruction] desolation. -2. sout [affliction] distress.

désolé, -e [dezɔle] adj -1. [ravagé] desolate. -2. [contrarié] very sorry.

désoler [dezɔle] vt -1. [affliger] to sadden. -2. [contrarier] to upset, to make sorry.

♦ **se désoler** vp [être contrarié] to be upset.

désolidariser [desɔlidarize] vt -1. [choses]: ~ qqch (de) to disengage OU disconnect sthg (from). -2. [personnes] to estrange.
♦ **se désolidariser** vp: se ~ de to dissociate o.s. from.

désopilant, -e [dezɔpilɑ̃, ɑ̃t] adj hilarious.

désordonné, -e [dezɔrdɔne] adj [maison, personne] untidy; fig [vie] disorganized.

désordre [dezɔrdr] nm -1. [fouillis] untidiness; en ~ untidy. -2. [agitation] disturbances (pl), disorder (U).

désorganiser [dezɔrganize] vt to disrupt.

désorienté, -e [dezɔrjɑ̃te] adj disoriented, disorientated.

désormais [dezɔrmɛ] adv from now on, in future.

désosser [dezɔse] vt to bone.

despote [despɔt] nm [chef d'État] despot; fig & péj tyrant.

despotisme [despɔtism] nm [gouvernement] despotism; fig & péj tyranny.

desquels, desquelles [dekɛl] → lequel.

DESS (abr de diplôme d'études supérieures spécialisées) nm postgraduate diploma.

dessécher [deseʃe] vt [peau] to dry (out); fig [cœur] to harden.
♦ **se dessécher** vp [peau, terre] to dry out; [plante] to wither; fig to harden.

desserrer [desere] vt to loosen; [poing, dents] to unclench; [frein] to release.

dessert [desɛr] nm dessert.

desserte [desɛrt] nf -1. TRANSPORT (transport) service. -2. [meuble] sideboard.

desservir [desɛrvir] vt -1. TRANSPORT to serve. -2. [table] to clear. -3. [désavantager] to do a disservice to.

dessin [desɛ̃] nm -1. [graphique] drawing; ~ animé cartoon (film); ~ hu-

moristique cartoon (*drawing*). **-2.** fig [contour] outline.

dessinateur, -trice [desinatœr, tris] *nm* artist, draughtsman (f draughtswoman).

dessiner [desine] ◇ *vt* [représenter] to draw; fig to outline. ◇ *vi* to draw.

dessous [dəsu] ◇ *adv* underneath. ◇ *nm* [partie inférieure - gén] underside; [- d'un tissu] wrong side. ◇ *nmpl* [sous-vêtements féminins] underwear (*U*).
◆ **en dessous** *loc adv* underneath; [plus bas] below; **ils habitent l'appartement d'en ~** they live in the flat below OU downstairs.

dessous-de-plat [dəsudpla] *nm inv* tablemat.

dessus [dəsy] ◇ *adv* on top; **faites attention à ne pas marcher ~** be careful not to walk on it. ◇ *nm* **-1.** [partie supérieure] top. **-2.** [étage supérieur] upstairs; **les voisins du ~** the upstairs neighbours. **-3.** *loc*: **avoir le ~** to have the upper hand; **reprendre le ~** to get over it.
◆ **en dessus** *loc adv* above.

dessus-de-lit [dəsydli] *nm inv* bedspread.

déstabiliser [destabilize] *vt* to destabilize.

destin [dɛstɛ̃] *nm* fate.

destinataire [dɛstinatɛr] *nmf* addressee.

destination [dɛstinasjɔ̃] *nf* **-1.** [direction] destination; **un avion à ~ de Paris** a plane to OU for Paris. **-2.** [rôle] purpose.

destinée [dɛstine] *nf* destiny.

destiner [dɛstine] *vt* **-1.** [consacrer]: **~ qqch à** to intend sthg for, to mean sthg for. **-2.** [vouer]: **~ qqn à qqch/à faire qqch** [à un métier] to destine sb for sthg/to do sthg; [sort] to mark sb out for sthg/to do sthg.

destituer [dɛstitɥe] *vt* to dismiss.

destructeur, -trice [dɛstryktœr, tris] ◇ *adj* destructive. ◇ *nm, f* destroyer.

destruction [dɛstryksjɔ̃] *nf* destruction.

désuet, -ète [dezɥe, ɛt] *adj* [expression, coutume] obsolete; [style, tableau] outmoded.

désuni, -e [dezyni] *adj* divided.

détachable [detaʃabl] *adj* detachable, removable.

détachant, -e [detaʃɑ̃, ɑ̃t] *adj* stain-removing.
◆ **détachant** *nm* stain remover.

détaché, -e [detaʃe] *adj* detached.

détachement [detaʃmɑ̃] *nm* **-1.** [d'esprit] detachment. **-2.** [de fonctionnaire] secondment. **-3.** MIL detachment.

détacher [detaʃe] *vt* **-1.** [enlever]: **~ qqch (de)** [objet] to detach sthg (from); fig to free sthg (from). **-2.** [nettoyer] to remove stains from, to clean. **-3.** [délier] to undo; [cheveux] to untie. **-4.** ADMIN: **~ qqn auprès de** to second sb to.
◆ **se détacher** *vp* **-1.** [tomber]: **se ~ (de)** to come off; fig to free o.s. (from). **-2.** [se défaire] to come undone. **-3.** [ressortir]: **se ~ sur** to stand out on. **-4.** [se désintéresser]: **se ~ de qqn** to drift apart from sb.

détail [detaj] *nm* **-1.** [précision] detail. **-2.** COMM: **le ~** retail.
◆ **au détail** *loc adj & loc adv* retail.
◆ **en détail** *loc adv* in detail.

détaillant, -e [detajɑ̃, ɑ̃t] *nm, f* retailer.

détaillé, -e [detaje] *adj* detailed.

détailler [detaje] *vt* **-1.** [expliquer] to give details of. **-2.** [vendre] to retail.

détaler [detale] *vi* **-1.** [personne] to clear out. **-2.** [animal] to bolt.

détartrant, -e [detartrɑ̃, ɑ̃t] *adj* descaling.
◆ **détartrant** *nm* descaling agent.

détaxe [detaks] *nf*: **~ (sur)** [suppression] removal of tax (from); [réduction] reduction in tax (on).

détecter [detɛkte] *vt* to detect.

détecteur, -trice [detɛktœr, tris] *adj* detecting, detector (*avant n*).

◆ **détecteur** *nm* detector.

détection [detɛksjɔ̃] *nf* detection.

détective [detɛktiv] *nm* detective; ~ **privé** private detective.

déteindre [detɛ̃dr] *vi* to fade.

déteint, -e [detɛ̃, ɛ̃t] *pp* → **déteindre**.

dételer [detle] *vt* [cheval] to unharness.

détendre [detɑ̃dr] *vt* -1. [corde] to loosen, to slacken; *fig* to ease. -2. [personne] to relax.

◆ **se détendre** *vp* -1. [se relâcher] to slacken; *fig* [situation] to ease; [atmosphère] to become more relaxed. -2. [se reposer] to relax.

détendu, -e [detɑ̃dy] ◇ *pp* → **détendre**. ◇ *adj* -1. [corde] loose, slack. -2. [personne] relaxed.

détenir [detnir] *vt* -1. [objet] to have, to hold. -2. [personne] to detain, to hold.

détente [detɑ̃t] *nf* -1. [de ressort] release. -2. [d'une arme] trigger. -3. [repos] relaxation. -4. POLIT détente.

détenteur, -trice [detɑ̃tœr, tris] *nm* [d'objet, de secret] possessor; [de prix, record] holder.

détention [detɑ̃sjɔ̃] *nf* -1. [possession] possession. -2. [emprisonnement] detention.

détenu, -e [detny] ◇ *pp* → **détenir**. ◇ *adj* detained. ◇ *nm, f* prisoner.

détergent, -e [detɛrʒɑ̃, ɑ̃t] *adj* detergent (*avant n*).

◆ **détergent** *nm* detergent.

détérioration [deterjɔrasjɔ̃] *nf* [de bâtiment] deterioration; [de situation] worsening.

détériorer [deterjɔre] *vt* -1. [abîmer] to damage. -2. [altérer] to ruin.

◆ **se détériorer** *vp* -1. [bâtiment] to deteriorate; [situation] to worsen. -2. [s'altérer] to be spoiled.

déterminant, -e [detɛrminɑ̃, ɑ̃t] *adj* decisive, determining.

◆ **déterminant** *nm* LING determiner.

détermination [detɛrminasjɔ̃] *nf* [résolution] decision.

déterminé, -e [detɛrmine] *adj* -1. [quantité] given (*avant n*). -2. [expression] determined.

déterminer [detɛrmine] *vt* -1. [préciser] to determine, to specify. -2. [provoquer] to bring about.

déterrer [detɛre] *vt* to dig up.

détestable [detɛstabl] *adj* dreadful.

détester [detɛste] *vt* to detest.

détonateur [detɔnatœr] *nm* TECHNOL detonator; *fig* trigger.

détoner [detɔne] *vi* to detonate.

détonner [detɔne] *vi* MUS to be out of tune; [couleur] to clash; [personne] to be out of place.

détour [detur] *nm* -1. [crochet] detour. -2. [méandre] bend; **sans** ~ *fig* directly.

détourné, -e [deturne] *adj* [dévié] indirect; *fig* roundabout (*avant n*).

détournement [deturnəmɑ̃] *nm* diversion; ~ **d'avion** hijacking; ~ **de fonds** embezzlement; ~ **de mineur** corruption of a minor.

détourner [deturne] *vt* -1. [dévier - gén] to divert; [- avion] to hijack. -2. [écarter]: ~ **qqn de** to distract sb from, to divert sb from. -3. [tourner ailleurs] to turn away. -4. [argent] to embezzle.

◆ **se détourner** *vp* to turn away; **se** ~ **de** *fig* to move away from.

détraquer [detrake] *vt fam* [dérégler] to break; *fig* to upset.

◆ **se détraquer** *vp fam* [se dérégler] to go wrong; *fig* to become unsettled.

détresse [detrɛs] *nf* distress.

détriment [detrimɑ̃]

◆ **au détriment de** *loc prép* to the detriment of a.

détritus [detrity(s)] *nm* detritus.

détroit [detrwa] *nm* strait; **le** ~ **de Bering** the Bering Strait; **le** ~ **de Gibraltar** the Strait of Gibraltar.

détromper [detrɔ̃pe] *vt* to disabuse.

détrôner [detrone] *vt* [souverain] to dethrone; *fig* to oust.

détruire [detrɥir] *vt* **-1.** [démolir, éliminer] to destroy. **-2.** *fig* [anéantir] to ruin.

détruit, -e [detrɥi, ɥit] *pp* → **détruire**.

dette [dɛt] *nf* debt.

DEUG, Deug [dœg] (*abr de* **diplôme d'études universitaires générales**) *nm university diploma taken after 2 years of arts courses.*

deuil [dœj] *nm* [douleur, mort] bereavement; [vêtements, période] mourning (*U*); **porter le ~** to be in OU wear mourning.

DEUST, Deust [dœst] (*abr de* **diplôme d'études universitaires scientifiques et techniques**) *nm university diploma taken after 2 years of science courses; voir aussi* **DEUG**.

deux [dø] ◇ *adj num* two; **ses ~ fils** both his sons, his two sons; **tous les ~ jours** every other day, every two days, every second day. ◇ *nm* two; **les ~** both; **par ~** in pairs; *voir aussi* **six**.

deuxième [døzjɛm] *adj num, nm & nmf* second; *voir aussi* **sixième**.

deux-pièces [døpjɛs] *nm inv* **-1.** [appartement] two-room flat *Br* OU apartment *Am*. **-2.** [bikini] two-piece (swimming costume).

deux-points [døpwɛ̃] *nm inv* colon.

deux-roues [døru] *nm inv* two-wheeled vehicle.

dévaler [devale] *vt* to run down.

dévaliser [devalize] *vt* [cambrioler - maison] to ransack; [- personne] to rob; *fig* to strip bare.

dévaloriser [devalɔrize] *vt* **-1.** [monnaie] to devalue. **-2.** [personne] to run OU put down.
  ◆ **se dévaloriser** *vp* **-1.** [monnaie] to fall in value. **-2.** [personne] *fig* to run OU put o.s. down.

dévaluation [devalɥasjɔ̃] *nf* devaluation.

dévaluer [devalɥe] *vt* to devalue.
  ◆ **se dévaluer** *vp* to devalue.

devancer [dəvɑ̃se] *vt* **-1.** [précéder] to arrive before. **-2.** [anticiper] to anticipate.

devant [dəvɑ̃] ◇ *prép* **-1.** [en face de] in front of. **-2.** [en avant de] ahead of, in front of; **aller droit ~ soi** to go straight ahead OU on. **-3.** [en présence de, face à] in the face of. ◇ *adv* **-1.** [en face] in front. **-2.** [en avant] in front, ahead. ◇ *nm* front; **prendre les ~s** to make the first move.
  ◆ **de devant** *loc adj* [pattes, roues] front (*avant n*).

devanture [dəvɑ̃tyr] *nf* shop window.

dévaster [devaste] *vt* to devastate.

développement [devlɔpmɑ̃] *nm* **-1.** [gén] development. **-2.** PHOT developing.

développer [devlɔpe] *vt* to develop; [industrie, commerce] to expand.
  ◆ **se développer** *vp* **-1.** [s'épanouir] to spread. **-2.** ÉCON to grow, to expand.

devenir [dəvnir] *vi* to become; **que devenez-vous?** *fig* how are you doing?

devenu, -e [dəvny] *pp* → **devenir**.

dévergondé, -e [devɛrgɔ̃de] ◇ *adj* shameless, wild. ◇ *nm, f* shameless person.

déverser [devɛrse] *vt* **-1.** [liquide] to pour out. **-2.** [ordures] to tip (out). **-3.** *fig* [injures] to pour out.

dévêtu, -e [devɛty] *pp* → **dévêtir**.

déviation [devjasjɔ̃] *nf* **-1.** [gén] deviation. **-2.** [d'itinéraire] diversion.

dévier [devje] ◇ *vi* : **~ de** to deviate from. ◇ *vt* to divert.

devin, devineresse [dəvɛ̃, dəvinrɛs] *nm, f* : **je ne suis pas ~!** I'm not psychic!

deviner [dəvine] *vt* to guess.

devinette [dəvinɛt] *nf* riddle.

devis [dəvi] *nm* estimate; **faire un ~** to (give an) estimate.

dévisager [devizaʒe] *vt* to stare at.

devise [dəviz] *nf* **-1.** [formule] motto. **-2.** [monnaie] currency.
  ◆ **devises** *nfpl* [argent] currency (*U*).

dévisser [devise] ◇ *vt* to unscrew. ◇ *vi* ALPINISME to fall (off).

dévoiler [devwale] *vt* to unveil; *fig* to reveal.

devoir [dəvwar] ◇ *nm* **-1.** [obligation] duty. **-2.** SCOL homework (*U*); **faire ses ~s** to do one's homework. ◇ *vt* **-1.** [argent, respect]: **~ qqch (à qqn)** to owe (sb) sthg. **-2.** [marque l'obligation]: **~ faire qqch** to have to do sthg; **je dois partir à l'heure ce soir** I have to OU must leave on time tonight; **tu devrais faire attention** you should be OU ought to be careful; **il n'aurait pas dû mentir** he shouldn't have lied, he ought not to have lied. **-3.** [marque la probabilité]: **il doit faire chaud là-bas** it must be hot over there; **il a dû oublier** he must have forgotten. **-4.** [marque le futur, l'intention]: **~ faire qqch** to be (due) to do sthg, to be going to do sthg; **elle doit arriver à 6 heures** she's due to arrive at 6 o'clock; **je dois voir mes parents ce week-end** I'm seeing OU going to see my parents this weekend. **-5.** [être destiné à]: **il devait mourir trois ans plus tard** he was to die three years later; **cela devait arriver** it had to happen, it was bound to happen.
◆ **se devoir** *vp*: **se ~ de faire qqch** to be duty-bound to do sthg; **comme il se doit** as is proper.

dévolu, -e [devɔly] *adj sout*: **~ à** allotted to.
◆ **dévolu** *nm*: **jeter son ~ sur** to set one's sights on.

dévorer [devɔre] *vt* to devour.

dévotion [devɔsjɔ̃] *nf* devotion; **avec ~** [prier] devoutly; [soigner, aimer] devotedly.

dévoué, -e [devwe] *adj* devoted.

dévouement [devumɑ̃] *nm* devotion.

dévouer [devwe]
◆ **se dévouer** *vp* **-1.** [se consacrer]: **se ~ à** to devote o.s. to. **-2.** *fig* [se sacrifier]: **se ~ pour qqch/pour faire qqch** to sacrifice o.s. for sthg/to do sthg.

dévoyé, -e [devwaje] *adj & nm, f* delinquent.

devrai, devras *etc* → devoir.

dextérité [dɛksterite] *nf* dexterity, skill.

diabète [djabɛt] *nm* diabetes (*U*).

diabétique [djabetik] *nmf & adj* diabetic.

diable [djabl] *nm* devil.

diabolique [djabɔlik] *adj* diabolical.

diabolo [djabɔlo] *nm* [boisson] fruit cordial and lemonade; **~ menthe** mint (cordial) and lemonade.

diadème [djadɛm] *nm* diadem.

diagnostic [djagnɔstik] *nm* MÉD & *fig* diagnosis.

diagnostiquer [djagnɔstike] *vt* MÉD & *fig* to diagnose.

diagonale [djagɔnal] *nf* diagonal.

dialecte [djalɛkt] *nm* dialect.

dialogue [djalɔg] *nm* discussion.

dialoguer [djalɔge] *vi* **-1.** [converser] to converse. **-2.** INFORM to interact.

diamant [djamɑ̃] *nm* [pierre] diamond.

diamètre [djamɛtr] *nm* diameter.

diapason [djapazɔ̃] *nm* [instrument] tuning fork.

diapositive [djapozitiv] *nf* slide.

diarrhée [djare] *nf* diarrhoea.

dictateur [diktatœr] *nm* dictator.

dictature [diktatyr] *nf* dictatorship.

dictée [dikte] *nf* dictation.

dicter [dikte] *vt* to dictate.

diction [diksjɔ̃] *nf* diction.

dictionnaire [diksjɔnɛr] *nm* dictionary.

dicton [diktɔ̃] *nm* saying, dictum.

dièse [djɛz] ◇ *adj* sharp; **do/fa ~** C/F sharp. ◇ *nm* sharp.

diesel [djezɛl] *adj inv* diesel.

diète [djɛt] *nf* diet.

diététicien, -ienne [djetetisjɛ̃, jɛn] *nm, f* dietician.

diététique [djetetik] ◇ *nf* dietetics (*U*). ◇ *adj* [considération, raison] dietary; [produit, magasin] health (*avant n*).

dieu, -x [djø] *nm* god.
◆ **Dieu** *nm* God; **mon Dieu!** my God!

diffamation [difamasjɔ̃] *nf* [écrite] libel; [orale] slander.

différé, -e [difere] *adj* recorded.
◆ **différé** *nm*: **en ~** TÉLÉ recorded.

différence [diferɑ̃s] *nf* difference.

différencier [diferɑ̃sje] *vt*: **~ qqch de qqch** to differentiate sthg from sthg.
◆ **se différencier** *vp*: **se ~ de** to be different from.

différend [diferɑ̃] *nm* [désaccord] difference of opinion.

différent, -e [diferɑ̃, ɑ̃t] *adj*: **~ (de)** different (from).

différer [difere] ◇ *vt* [retarder] to postpone. ◇ *vi*: **~ de** to differ from, to be different from.

difficile [difisil] *adj* difficult.

difficilement [difisilmɑ̃] *adv* with difficulty.

difficulté [difikylte] *nf* **-1.** [complexité, peine] difficulty. **-2.** [obstacle] problem.

difforme [diform] *adj* deformed.

diffuser [difyze] *vt* **-1.** [lumière] to diffuse. **-2.** [émission] to broadcast. **-3.** [livres] to distribute.

diffuseur [difyzœr] *nm* **-1.** [appareil] diffuser. **-2.** [de livres] distributor.

diffusion [difyzjɔ̃] *nf* **-1.** [d'émission, d'onde] broadcast. **-2.** [de livres] distribution.

digérer [diʒere] ◇ *vi* to digest. ◇ *vt* **-1.** [repas, connaissance] to digest. **-2.** *fam fig* [désagrément] to put up with.

digestif, -ive [diʒestif, iv] *adj* digestive.
◆ **digestif** *nm* liqueur.

digestion [diʒestjɔ̃] *nf* digestion.

digital, -e, -aux [diʒital, o] *adj* **-1.** TECHNOL digital. **-2.** → **empreinte**.

digne [diɲ] *adj* **-1.** [honorable] dignified. **-2.** [méritant]: **~ de** worthy of.

dignité [diɲite] *nf* dignity.

digression [digresjɔ̃] *nf* digression.

digue [dig] *nf* dike.

dilapider [dilapide] *vt* to squander.

dilater [dilate] *vt* to dilate.

dilemme [dilɛm] *nm* dilemma.

diligence [diliʒɑ̃s] *nf* HIST & *sout* diligence.

diluant [dilɥɑ̃] *nm* thinner.

diluer [dilɥe] *vt* to dilute.

diluvien, -ienne [dilyvjɛ̃, jɛn] *adj* torrential.

dimanche [dimɑ̃ʃ] *nm* Sunday; *voir aussi* **samedi**.

dimension [dimɑ̃sjɔ̃] *nf* **-1.** [mesure] dimension. **-2.** [taille] dimensions (*pl*), size. **-3.** *fig* [importance] magnitude.

diminuer [diminɥe] ◇ *vt* [réduire] to diminish, to reduce. ◇ *vi* [intensité] to diminish, to decrease.

diminutif, -ive [diminytif, iv] *adj* diminutive.
◆ **diminutif** *nm* diminutive.

diminution [diminysjɔ̃] *nf* diminution.

dinde [dɛ̃d] *nf* **-1.** [animal] turkey. **-2.** *péj* [femme] stupid woman.

dindon [dɛ̃dɔ̃] *nm* turkey; **être le ~ de la farce** *fig* to be made a fool of.

dîner [dine] ◇ *vi* to dine. ◇ *nm* dinner.

dingue [dɛ̃g] *fam* ◇ *adj* **-1.** [personne] crazy. **-2.** [histoire] incredible. ◇ *nmf* loony.

dinosaure [dinozor] *nm* dinosaur.

diplomate [diplomat] ◇ *nmf* [ambassadeur] diplomat. ◇ *adj* diplomatic.

diplomatie [diplomasi] *nf* diplomacy.

diplomatique [diplomatik] *adj* diplomatic.

diplôme [diplom] *nm* diploma.

diplômé, -e [diplome] ◇ *adj*: **être ~ de/en** to be a graduate of/in. ◇ *nm, f* graduate.

dire [dir] *vt*: **~ qqch (à qqn)** [parole] to say sthg (to sb); [vérité, mensonge, secret] to tell (sb) sthg; **~ à qqn de faire qqch** to tell sb to do sthg; **il m'a dit que ...** he told me (that) ...; **c'est vite dit** *fam* that's easy (for you/him *etc*) to say; **c'est beaucoup ~** that's saying a lot; **la ville propre-**

ment dite the actual town; ~ **du bien/du mal (de)** to speak well/ill (of); **que dirais-tu de ...?** what would you say to ...?; **qu'en dis-tu?** what do you think (of it)?; **on dirait que ...** it looks as if ...; **on dirait de la soie il** looks like silk, you'd think it was silk; **et ~ que je n'étais pas là!** and to think I wasn't there!; **ça ne me dit rien** [pas envie] I don't fancy that; [jamais entendu] I've never heard of it.

♦ **se dire** *vp* **-1.** [penser] to think (to o.s.). **-2.** [s'employer]: **ça ne se dit pas** [par décence] you mustn't say that; [par usage] people don't say that, nobody says that. **-3.** [se traduire]: **«chat» se dit «gato» en espagnol** the Spanish for "cat" is "gato".

♦ **cela dit** *loc adv* having said that.

♦ **dis donc** *loc adv fam* so; [au fait] by the way; [à qqn qui exagère] look here!

♦ **pour ainsi dire** *loc adv* so to speak.

♦ **à vrai dire** *loc adv* to tell the truth.

direct, -e [dirɛkt] *adj* direct.

♦ **direct** *nm* **-1.** BOXE jab. **-2.** [train] direct train. **-3.** RADIO & TÉLÉ: **le ~** live transmission (*U*); **en ~** live.

directement [dirɛktəmɑ̃] *adv* directly.

directeur, -trice [dirɛktœr, tris] ◇ *adj* **-1.** [dirigeant] leading; **comité ~** steering committee. **-2.** [central] guiding. ◇ *nm, f* director, manager; **~ général** general manager, managing director *Br*, chief executive officer *Am*.

direction [dirɛksjɔ̃] *nf* **-1.** [gestion, ensemble des cadres] management; **sous la ~ de** under the management of. **-2.** [orientation] direction; **en** OU **dans la ~ de** in the direction of. **-3.** AUTOM steering.

directive [dirɛktiv] *nf* directive.

directrice → **directeur.**

dirigeable [diriʒabl] *nm*: **(ballon) ~** airship.

dirigeant, -e [diriʒɑ̃, ɑ̃t] ◇ *adj* ruling. ◇ *nm, f* [de pays] leader; [d'entreprise] manager.

diriger [diriʒe] *vt* **-1.** [mener - entreprise] to run, to manage; [- orchestre] to conduct; [- film, acteurs] to direct; [- recherches, projet] to supervise. **-2.** [conduire] to steer. **-3.** [orienter]: ~ **qqch sur/vers** to aim sthg at/towards.

♦ **se diriger** *vp*: **se ~ vers** to go OU head towards.

discernement [disɛrnəmɑ̃] *nm* [jugement] discernment.

discerner [disɛrne] *vt* **-1.** [distinguer]: ~ **qqch de** to distinguish sthg from. **-2.** [deviner] to discern.

disciple [disipl] *nmf* disciple.

disciplinaire [disiplinɛr] *adj* disciplinary.

discipline [disiplin] *nf* discipline.

discipliner [discipline] *vt* [personne] to discipline; [cheveux] to control.

disco [disko] *nm* disco (music).

discontinu, -e [diskɔ̃tiny] *adj* [ligne] broken; [bruit, effort] intermittent.

discordant, -e [diskɔrdɑ̃, ɑ̃t] *adj* discordant.

discorde [diskɔrd] *nf* discord.

discothèque [diskɔtɛk] *nf* **-1.** [boîte de nuit] discothèque. **-2.** [de prêt] record library.

discourir [diskurir] *vi* to talk at length.

discours [diskur] *nm* [allocution] speech.

discréditer [diskredite] *vt* to discredit.

discret, -ète [diskrɛ, ɛt] *adj* [gén] discreet; [réservé] reserved.

discrètement [diskrɛtmɑ̃] *adv* discreetly.

discrétion [diskresjɔ̃] *nf* [réserve, tact, silence] discretion.

discrimination [diskriminasjɔ̃] *nf* discrimination; **sans ~** indiscriminately.

discriminatoire [diskriminatwar] *adj* discriminatory.

disculper [diskylpe] *vt* to exonerate.

♦ **se disculper** *vp* to exonerate o.s.

discussion [diskysjɔ̃] *nf* **-1.** [conversation, examen] **discussion. -2.** [contestation, altercation] **argument.**

discutable [diskytabl] *adj* [contestable] **questionable.**

discuter [diskyte] ◇ *vt* **-1.** [débattre]: ~ **(de) qqch** to discuss sthg. **-2.** [contester] to dispute. ◇ *vi* **-1.** [parlementer] to discuss. **-2.** [converser] to talk. **-3.** [contester] to argue.

diseur, -euse [dizœr, øz] *nm, f*: ~ **de bonne aventure** fortune-teller.

disgracieux, -ieuse [disgrasjø, jøz] *adj* **-1.** [sans grâce] **awkward, graceless. -2.** [laid] **plain.**

disjoncteur [disʒɔ̃ktœr] *nm* **trip switch, circuit breaker.**

disloquer [disloke] *vt* **-1.** MÉD to dislocate. **-2.** [machine, empire] to dismantle.

◆ **se disloquer** *vp* [machine] to fall apart OU to pieces; *fig* [empire] to break up.

disparaître [disparɛtr] *vi* **-1.** [gén] to disappear, to vanish; **faire** ~ [personne] to get rid of; [obstacle] to remove. **-2.** [mourir] to die.

disparité [disparite] *nf* [différence d'éléments] **disparity**; [- de couleurs] **mismatch.**

disparition [disparisjɔ̃] *nf* **-1.** [gén] disappearance; [d'espèce] extinction; **en voie de** ~ **endangered. -2.** [mort] **passing.**

disparu, -e [dispary] ◇ *pp* → **disparaître.** ◇ *nm, f* **dead person, deceased.**

dispatcher [dispatʃe] *vt* to dispatch, to despatch.

dispensaire [dispɑ̃sɛr] *nm* **community clinic** *Br*, **free clinic** *Am*.

dispense [dispɑ̃s] *nf* [exemption] **exemption.**

dispenser [dispɑ̃se] *vt* **-1.** [distribuer] to dispense. **-2.** [exempter]: ~ **qqn de qqch** [corvée] to excuse sb sthg, to let sb off sthg; **je te dispense de tes réflexions!** keep your comments to yourself!

disperser [disperse] *vt* to **scatter (about** OU **around**); [collection, brume, foule] to **break up;** *fig* [efforts, forces] to **dissipate, to waste.**

◆ **se disperser** *vp* **-1.** [feuilles, cendres] to **scatter**; [brume, foule] to **break up**, to **clear. -2.** [personne] to **take on too much at once, to spread o.s. too thin.**

dispersion [dispɛrsjɔ̃] *nf* **scattering**; [de collection, brume, foule] **breaking up;** *fig* [d'efforts, de forces] **waste, squandering.**

disponibilité [disponibilite] *nf* **-1.** [de choses] **availability. -2.** [de fonctionnaire] **leave of absence. -3.** [d'esprit] **alertness, receptiveness.**

disponible [disponibl] *adj* [place, personne] **available, free.**

disposé, -e [dispoze] *adj*: **être** ~ **à faire qqch** to be **prepared** OU **willing to do sthg; être bien** ~ **envers qqn** to be **well-disposed towards** OU to **sb.**

disposer [dispoze] ◇ *vt* [arranger] to **arrange.** ◇ *vi*: ~ **de** [moyens, argent] to **have available (to one), to have at one's disposal;** [chose] to **have the use of;** [temps] to **have free** OU **available.**

dispositif [dispozitif] *nm* [mécanisme] **device, mechanism.**

disposition [dispozisjɔ̃] *nf* **-1.** [arrangement] **arrangement. -2.** [disponibilité]: **à la** ~ **de** at the disposal of, **available to.**

◆ **dispositions** *nfpl* **-1.** [mesures] **arrangements, measures. -2.** [dons]: **avoir des ~s pour** to have a gift for.

disproportionné, -e [disproporsjone] *adj* **out of proportion.**

dispute [dispyt] *nf* **argument, quarrel.**

disputer [dispyte] *vt* **-1.** [SPORT - course] to **run;** [- match] to **play. -2.** [lutter pour] to **fight for.**

◆ **se disputer** *vp* **-1.** [se quereller] to **quarrel, to fight. -2.** [lutter pour] to **fight over** OU **for.**

disquaire [diskɛr] *nm* **record dealer.**

disqualifier [diskalifje] *vt* to disqualify.

disque [disk] *nm* **-1.** MUS record; [vidéo] video disc; ~ **compact** OU **laser compact** disc. **-2.** ANAT disc. **-3.** INFORM disk; ~ **dur** hard disk. **-4.** SPORT discus.

disquette [disket] *nf* diskette, floppy disk; ~ **système** system diskette.

dissection [diseksjɔ̃] *nf* dissection.

dissemblable [disãblabl] *adj* dissimilar.

disséminer [disemine] *vt* [graines, maisons] to scatter, to spread (out); *fig* [idées] to disseminate, to spread.

disséquer [diseke] *vt litt* & *fig* to dissect.

dissertation [disertasjɔ̃] *nf* essay.

dissident, -e [disidã, ãt] *adj* & *nm, f* dissident.

dissimulation [disimylasjɔ̃] *nf* **-1.** [hypocrisie] duplicity. **-2.** [de la vérité] concealment.

dissimuler [disimyle] *vt* to conceal.
◆ **se dissimuler** *vp* **-1.** [se cacher] to conceal o.s., to hide. **-2.** [refuser de voir]: **se ~ qqch** to close one's eyes to sthg.

dissipation [disipasjɔ̃] *nf* **-1.** [dispersion] dispersal, breaking up; *fig* [de malentendu] clearing up; [de craintes] dispelling. **-2.** [indiscipline] indiscipline, misbehaviour.

dissiper [disipe] *vt* **-1.** [chasser] to break up, to clear; *fig* to dispel. **-2.** [distraire] to lead astray.
◆ **se dissiper** *vp* **-1.** [brouillard, fumée] to clear. **-2.** [élève] to misbehave. **-3.** *fig* [malaise, fatigue] to go away; [doute] to be dispelled.

dissocier [disɔsje] *vt* [séparer] to separate, to distinguish.

dissolution [disɔlysjɔ̃] *nf* **-1.** JUR dissolution. **-2.** [mélange] dissolving. **-3.** *sout* [débauche] dissipation.

dissolvant, -e [disɔlvã, ãt] *adj* solvent.

◆ **dissolvant** *nm* [solvant] solvent; [pour vernis à ongles] nail varnish remover.

dissoudre [disudr] *vt*: **(faire) ~** to dissolve.
◆ **se dissoudre** *vp* [substance] to dissolve.

dissous, -oute [disu, ut] *pp* → **dissoudre.**

dissuader [disɥade] *vt* to dissuade.

dissuasion [disɥazjɔ̃] *nf* dissuasion; **force de ~** deterrent (effect).

distance [distɑ̃s] *nf* **-1.** [éloignement] distance; **à ~** at a distance; [télécommander] by remote control; **à une ~ de 300 mètres** at 300 metres away. **-2.** [intervalle] interval. **-3.** [écart] gap.

distancer [distɑ̃se] *vt* to outstrip.

distant, -e [distɑ̃, ɑ̃t] *adj* **-1.** [éloigné]: **une ville ~e de 10 km** a town 10 km away; **des villes ~es de 10 km** towns 10 km apart. **-2.** [froid] distant.

distendre [distɑ̃dr] *vt* [ressort, corde] to stretch; [abdomen] to distend.
◆ **se distendre** *vp* to distend.

distendu, -e [distɑ̃dy] *pp* → **distendre.**

distiller [distile] *vt* [alcool] to distil; [pétrole] to refine; [miel] to secrete; *fig* & *littéraire* to exude.

distinct, -e [distɛ̃, ɛ̃kt] *adj* distinct.

distinctement [distɛ̃ktəmɑ̃] *adv* distinctly, clearly.

distinctif, -ive [distɛ̃ktif, iv] *adj* distinctive.

distinction [distɛ̃ksjɔ̃] *nf* distinction.

distingué, -e [distɛ̃ge] *adj* distinguished.

distinguer [distɛ̃ge] *vt* **-1.** [différencier] to tell apart, to distinguish. **-2.** [percevoir] to make out, to distinguish. **-3.** [rendre différent]: ~ **de** to distinguish from, to set apart from.
◆ **se distinguer** *vp* **-1.** [se différencier]: **se ~ (de)** to stand out (from). **-2.** [s'illustrer] to distinguish o.s.

distraction [distraksjɔ̃] *nf* **-1.** [inatten-

tion] **inattention, absent-mindedness.**
-2. [passe-temps] **leisure activity.**

distraire [distrɛr] vt **-1.** [déranger] to
distract. **-2.** [divertir] to amuse, to entertain.
♦ **se distraire** vp to amuse o.s.

distrait, -e [distrɛ, ɛt] ◇ pp → **distraire.** ◇ adj absent-minded.

distribuer [distribɥe] vt to distribute;
[courrier] to deliver; [ordres] to give
out; [cartes] to deal; [coups, sourires] to
dispense.

distributeur, -trice [distribytœr, tris]
nm, f distributor.
♦ **distributeur** nm **-1.** AUTOM & COMM
distributor. **-2.** [machine]: ~ **(automatique) de billets** BANQUE **cash
machine, cash dispenser;** TRANSPORT
ticket machine; ~ **de boissons drinks
machine.**

distribution [distribysjɔ̃] nf **-1.** [répari-
tion, diffusion, disposition] **distribution;**
~ **des prix** SCOL **prize-giving. -2.** CIN &
THÉÂTRE **cast.**

dit, dite [di, dit] ◇ pp → **dire.** ◇ adj
-1. [appelé] known as. **-2.** JUR said,
above. **-3.** [fixé]: **à l'heure** ~**e** at the
appointed time.

divagation [divagasjɔ̃] nf wandering.

divaguer [divage] vi to ramble.

divan [divɑ̃] nm divan (seat).

divergence [divɛrʒɑ̃s] nf divergence,
difference; [d'opinions] difference.

diverger [divɛrʒe] vi to diverge; [opi-
nions] to differ.

divers, -e [divɛr, ɛrs] adj **-1.** [différent]
different, various. **-2.** [disparate] di-
verse. **-3.** (avant n) [plusieurs] various,
several.

diversifier [divɛrsifje] vt to vary, to
diversify.
♦ **se diversifier** vp to diversify.

diversion [divɛrsjɔ̃] nf diversion.

diversité [divɛrsite] nf diversity.

divertir [divɛrtir] vt [distraire] to entertain, to amuse.
♦ **se divertir** vp to amuse o.s., to entertain o.s.

divertissement [divɛrtismɑ̃] nm
[passe-temps] form of relaxation.

divin, -e [divɛ̃, in] adj divine.

divinité [divinite] nf divinity.

diviser [divize] vt **-1.** [gén] to divide,
to split up. **-2.** MATHS to divide; ~ **8
par 4** to divide 8 by 4.

division [divizjɔ̃] nf division.

divorce [divɔrs] nm **-1.** JUR divorce.
-2. fig [divergence] gulf, separation.

divorcé, -e [divɔrse] ◇ adj divorced.
◇ nm, f divorcee, divorced person.

divorcer [divɔrse] vi to divorce.

divulguer [divylge] vt to divulge.

dix [dis] adj num & nm ten; voir aussi
six.

dix-huit [dizɥit] adj num & nm
eighteen; voir aussi **six.**

dix-huitième [dizɥitjɛm] adj num, nm
& nmf eighteenth; voir aussi **sixième.**

dixième [dizjɛm] adj num, nm & nmf
tenth; voir aussi **sixième.**

dix-neuf [diznœf] adj num & nm
nineteen; voir aussi **six.**

dix-neuvième [diznœvjɛm] adj num,
nm & nmf nineteenth; voir aussi
sixième.

dix-sept [disɛt] adj num & nm seventeen; voir aussi **six.**

dix-septième [disɛtjɛm] adj num, nm
& nmf seventeenth; voir aussi
sixième.

dizaine [dizɛn] nf **-1.** MATHS ten. **-2.**
[environ dix]: **une** ~ **de** about ten; **par
~s** [en grand nombre] in their dozens.

DM (abr de **deutsche Mark**) DM.

do [do] nm inv MUS C; [chanté] doh.

doc [dɔk] (abr de **documentation**) nf
literature, brochures (pl).

doc. (abr de **document**) doc.

docile [dɔsil] adj [obéissant] docile.

dock [dɔk] nm **-1.** [bassin] dock. **-2.**
[hangar] warehouse.

docker [dɔkɛr] nm docker.

docteur [dɔktœr] nm **-1.** [médecin]
doctor. **-2.** UNIV: ~ **ès lettres/sciences**
≈ PhD.

doctorat [dɔktɔra] *nm* [grade] doctorate.

doctrine [dɔktrin] *nf* doctrine.

document [dɔkymɑ̃] *nm* document.

documentaire [dɔkymɑ̃tɛr] *nm & adj* documentary.

documentaliste [dɔkymɑ̃talist] *nmf* [d'archives] **archivist**; PRESSE & TÉLÉ researcher.

documentation [dɔkymɑ̃tasjɔ̃] *nf* **-1.** [travail] **research. -2.** [documents] paperwork, papers (*pl*). **-3.** [brochures] documentation.

documenter [dɔkymɑ̃te] *vt* to document.

◆ **se documenter** *vp* to do some research.

dodo [dɔdo] *nm fam* beddy-byes; **faire ~** to sleep.

dodu, -e [dɔdy] *adj fam* [enfant, joue, bras] **chubby**; [animal] **plump.**

dogme [dɔgm] *nm* dogma.

dogue [dɔg] *nm* mastiff.

doigt [dwa] *nm* finger; **un ~ de** (just) a drop OU finger of; **montrer qqch du ~** to point at sthg; **~ de pied** toe.

dois → **devoir**.

doive → **devoir**.

dollar [dɔlar] *nm* dollar.

domaine [dɔmɛn] *nm* **-1.** [propriété] **estate. -2.** [secteur, champ d'activité] **field, domain.**

dôme [dom] *nm* **-1.** ARCHIT dome. **-2.** GÉOGR rounded peak.

domestique [dɔmɛstik] ◇ *nmf* (domestic) servant. ◇ *adj* family (*avant n*); [travaux] **household** (*avant n*).

domestiquer [dɔmɛstike] *vt* **-1.** [animal] to domesticate. **-2.** [éléments naturels] to harness.

domicile [dɔmisil] *nm* [gén] (place of) residence; **travailler à ~** to work from OU at home; **ils livrent à ~** they do deliveries.

dominant, -e [dɔminɑ̃, ɑ̃t] *adj* [qui prévaut] dominant.

domination [dɔminasjɔ̃] *nf* **-1.** [autorité] domination, dominion. **-2.** [influence] **influence.**

dominer [dɔmine] ◇ *vt* **-1.** [surplomber, avoir de l'autorité sur] to dominate. **-2.** [surpasser] to outclass. **-3.** [maîtriser] to control, to master. **-4.** *fig* [connaître] to master. ◇ *vi* **-1.** [régner] to dominate, to be dominant. **-2.** [prédominer] to predominate. **-3.** [triompher] to be on top, to hold sway.

◆ **se dominer** *vp* to control o.s.

Dominique [dɔminik] *nf*: **la ~** Dominica.

domino [dɔmino] *nm* domino.

dommage [dɔmaʒ] *nm* **-1.** [préjudice] harm (*U*); **~s et intérêts, ~s-intérêts** damages; **c'est ~ que** (+ *subjonctif*) it's a pity OU shame (that). **-2.** [dégâts] damage (*U*).

dompter [dɔ̃te] *vt* **-1.** [animal, fauve] to tame. **-2.** *fig* [maîtriser] to overcome, to control.

dompteur, -euse [dɔ̃tœr, øz] *nm, f* [de fauves] tamer.

DOM-TOM [dɔmtɔm] (*abr de* **départements d'outre-mer/territoires d'outre-mer**) *nmpl French overseas départements and territories.*

don [dɔ̃] *nm* **-1.** [cadeau] gift. **-2.** [aptitude] knack.

donateur, -trice [dɔnatœr, tris] *nm, f* donor.

donation [dɔnasjɔ̃] *nf* settlement.

donc [dɔ̃k] *conj* so; **je disais ~ ...** so as I was saying ...; **allons ~!** come on!; **tais-toi ~!** will you be quiet!

donjon [dɔ̃ʒɔ̃] *nm* keep.

donné, -e [dɔne] *adj* given; **étant ~ que** given that, considering (that).

◆ **donnée** *nf* **-1.** INFORM & MATHS datum, piece of data; **~es numériques** numerical data. **-2.** [élément] fact, particular.

donner [dɔne] ◇ *vt* **-1.** [gén] to give; [se débarrasser de] to give away; **qqch à qqn** to give sb sthg, to give sthg to sb; **~ qqch à faire à qqn** to give sb sthg to do, to give sthg to sb to do; ~ **sa voiture à réparer** to leave one's car to be repaired; **quel âge lui donnes-tu?** how old do you think he/she is? **-2.** [occasionner] to give, to cause. ◇ *vi* **-1.** [s'ouvrir]: ~ **sur** to look out onto. **-2.** [produire] to produce, to yield.

donneur, -euse [dɔnœr, øz] *nm, f* **-1.** MÉD donor. **-2.** CARTES dealer.

dont [dɔ̃] *pron rel* **-1.** [complément de verbe ou d'adjectif]: **la personne ~ tu parles** the person you're speaking about, the person about whom you are speaking; **l'accident ~ il est responsable** the accident for which he is responsible; **c'est quelqu'un ~ on dit le plus grand bien** he's someone about whom people speak highly (*la traduction varie selon la préposition anglaise utilisée avec le verbe ou l'adjectif*). **-2.** [complément de nom ou de pronom - relatif à l'objet] of which, whose; [- relatif à personne] whose; **la boîte ~ le couvercle est jaune** the box whose lid is yellow, the box with the yellow lid; **c'est quelqu'un ~ j'apprécie l'honnêteté** he's someone whose honesty I appreciate; **celui ~ les parents sont divorcés** the one whose parents are divorced. **-3.** [indiquant la partie d'un tout]: **plusieurs personnes ont téléphoné, ~ ton frère** several people phoned, one of which was your brother OU and among them was your brother.

dopage [dɔpaʒ] *nm* doping.

doper [dɔpe] *vt* to dope.
♦ **se doper** *vp* to take stimulants.

dorade [dɔrad] = **daurade**.

doré, -e [dɔre] *adj* **-1.** [couvert de dorure] gilded, gilt. **-2.** [couleur] golden.

dorénavant [dɔrenavɑ̃] *adv* from now on, in future.

dorer [dɔre] *vt* **-1.** [couvrir d'or] to gild. **-2.** [peau] to tan. **-3.** CULIN to glaze.

dorloter [dɔrlɔte] *vt* to pamper, to cosset.

dormir [dɔrmir] *vi* **-1.** [sommeiller] to sleep. **-2.** [rester inactif - personne] to slack, to stand around (doing nothing); [- capitaux] to lie idle.

dortoir [dɔrtwar] *nm* dormitory.

dos [do] *nm* back; **de ~** from behind; «**voir au ~**» "see over"; ~ **crawlé** backstroke.

DOS, Dos [dɔs] (*abr de* **Disk Operating System**) *nm* DOS.

dosage [dozaʒ] *nm* [de médicament] dose; [d'ingrédient] amount.

dos-d'âne [dodɑn] *nm* bump.

dose [doz] *nf* **-1.** [quantité de médicament] dose. **-2.** [quantité] share; **forcer la ~** *fam fig* to overdo it; **une (bonne) ~ de bêtise** *fam fig* à a lot of silliness.

doser [doze] *vt* [médicament, ingrédient] to measure out; *fig* to weigh up.

dossard [dosar] *nm* number (*on competitor's back*).

dossier [dosje] *nm* **-1.** [de fauteuil] back. **-2.** [documents] file, dossier. **-3.** [classeur] file, folder. **-4.** *fig* [question] question.

dot [dɔt] *nf* dowry.

doter [dɔte] *vt* [pourvoir]: ~ **de** [talent] to endow with; [machine] to equip with.

douane [dwan] *nf* **-1.** [service, lieu] customs (*pl*); **passer la ~** to go through customs. **-2.** [taxe] (import) duty.

douanier, -ière [dwanje, jɛr] ◇ *adj* customs (*avant n*). ◇ *nm, f* customs officer.

doublage [dublaʒ] *nm* **-1.** [renforcement] lining. **-2.** [de film] dubbing. **-3.** [d'acteur] understudying.

double [dubl] ◇ *adj* double. ◇ *adv* double. ◇ *nm* **-1.** [quantité]: **le ~** double. **-2.** [copie] copy; **en ~** in duplicate. **-3.** TENNIS **doubles** (*pl*).

doublé [duble] *nm* [réussite double] double.

doublement [dubləmɑ̃] *adv* doubly.

doubler [duble] ◇ *vt* **-1.** [multiplier] to double. **-2.** [plier] to (fold) double. **-3.** [renforcer]: ~ **(de)** to line (with). **-4.** [dépasser] to overtake. **-5.** [film, acteur] to dub. **-6.** [augmenter] to double. ◇ *vi* **-1.** [véhicule] to overtake. **-2.** [augmenter] to double.

doublure [dublyr] *nf* **-1.** [renforcement] lining. **-2.** CIN stand-in.

douce → **doux.**

doucement [dusmã] *adv* **-1.** [descendre] carefully; [frapper] gently. **-2.** [traiter] gently; [parler] softly.

douceur [dusœr] *nf* **-1.** [de saveur, parfum] sweetness. **-2.** [d'éclairage, de peau, de musique] softness. **-3.** [de climat] mildness. **-4.** [de caractère] gentleness.

◆ **douceurs** *nfpl* [friandises] sweets.

douche [duʃ] *nf* **-1.** [appareil, action] shower. **-2.** *fam fig* [déception] letdown.

doucher [duʃe] *vt* **-1.** [donner une douche à]: ~ **qqn** to give sb a shower. **-2.** *fam fig* [décevoir] to let down.

◆ **se doucher** *vp* to take OU have a shower, to shower.

doué, -e [dwe] *adj* talented; être ~ **pour** to have a gift for.

douillet, -ette [duje, ɛt] ◇ *adj* **-1.** [confortable] snug, cosy. **-2.** [sensible] soft. ◇ *nm, f* wimp.

douloureux, -euse [dulurø, øz] *adj* **-1.** [physiquement] painful. **-2.** [moralement] distressing. **-3.** [regard, air] sorrowful.

doute [dut] *nm* doubt.

◆ **sans doute** *loc adv* no doubt; **sans aucun** ~ without (a) doubt.

douter [dute] ◇ *vt* [ne pas croire]: ~ **que** (+ *subjonctif*) to doubt (that). ◇ *vi* [ne pas avoir confiance]: ~ **de qqn/qqch** to doubt sb/sthg, to have doubts about sb/sthg; **j'en doute** I doubt it.

◆ **se douter** *vp*: se ~ **de qqch** to suspect sthg; **je m'en doutais** I thought so.

douteux, -euse [dutø, øz] *adj* **-1.** [incertain] doubtful. **-2.** [contestable] questionable. **-3.** *péj* [mœurs] dubious; [vêtements, personne] dubious-looking.

Douvres [duvr] *n* Dover.

doux, douce [du, dus] *adj* **-1.** [éclairage, peau, musique] soft. **-2.** [saveur, parfum] sweet. **-3.** [climat, condiment] mild. **-4.** [pente, regard, caractère] gentle.

douzaine [duzɛn] *nf* **-1.** [douze] dozen. **-2.** [environ douze]: **une** ~ **de** about twelve.

douze [duz] *adj num & nm* twelve; *voir aussi* **six.**

douzième [duzjɛm] *adj num, nm & nmf* twelfth; *voir aussi* **sixième.**

doyen, -enne [dwajɛ̃, ɛn] *nm, f* [le plus ancien] most senior member.

Dr (*abr de* **Docteur**) Dr.

draconien, -ienne [drakɔnjɛ̃, jɛn] *adj* draconian.

dragée [draʒe] *nf* **-1.** [confiserie] sugared almond. **-2.** [comprimé] pill.

dragon [dragɔ̃] *nm* **-1.** [monstre, personne autoritaire] dragon. **-2.** [soldat] dragoon.

draguer [drage] *vt* **-1.** [nettoyer] to dredge. **-2.** *fam* [personne] to chat up, to get off with.

dragueur, -euse [dragœr, øz] *nm, f fam* [homme] womanizer; **quelle dragueuse!** she's always chasing after men!

drainage [drɛnaʒ] *nm* draining.

drainer [drɛne] *vt* **-1.** [terrain, plaie] to drain. **-2.** *fig* [attirer] to drain off.

dramatique [dramatik] ◇ *nf* play. ◇ *adj* **-1.** THÉÂTRE dramatic. **-2.** [grave] tragic.

dramatiser [dramatize] *vt* [exagérer] to dramatize.

drame [dram] *nm* **-1.** [catastrophe] tragedy; **faire un** ~ **de qqch** *fig* to make a drama of sthg. **-2.** LITTÉRATURE drama.

drap [dra] *nm* **-1.** [de lit] sheet. **-2.** [tissu] woollen cloth.

drapeau, -x [drapo] *nm* flag; **être sous les ~x** *fig* to be doing military service.

draper [drape] *vt* to drape.

draperie [drapri] *nf* [tenture] drapery.

dresser [drese] *vt* **-1.** [lever] to raise. **-2.** [faire tenir] to put up. **-3.** *sout* [construire] to erect. **-4.** [acte, liste, carte] to draw up; [procès-verbal] to make out. **-5.** [dompter] to train. **-6.** *fig* [opposer]: **~ qqn contre qqn** to set sb against sb.
◆ **se dresser** *vp* **-1.** [se lever] to stand up. **-2.** [s'élever] to rise (up); *fig* to stand; **se ~ contre qqch** to rise up against sthg.

dresseur, -euse [drescer, øz] *nm, f* trainer.

dribbler [drible] SPORT ◇ *vi* to dribble. ◇ *vt*: **~ qqn** to dribble past sb.

drogue [drɔg] *nf* [stupéfiant & *fig*] drug; **la ~** drugs (*pl*).

drogué, -e [drɔge] ◇ *adj* drugged. ◇ *nm, f* drug addict.

droguer [drɔge] *vt* [victime] to drug.
◆ **se droguer** *vp* [de stupéfiants] to take drugs.

droguerie [drɔgri] *nf* hardware shop.

droguiste [drɔgist] *nmf*: **chez le ~** at the hardware shop.

droit, -e [drwa, drwat] *adj* **-1.** [du côté droit] right. **-2.** [rectiligne, vertical, honnête] straight.
◆ **droit** ◇ *adv* straight; **tout ~** straight ahead. ◇ *nm* **-1.** JUR law. **-2.** [prérogative] right; **avoir ~ à** to be entitled to; **avoir le ~ de faire qqch** to be allowed to do sthg; **être dans son ~** to be within one's rights; **être en ~ de faire qqch** to have a right to do sthg; **~ d'aînesse** birthright; **~ de vote** right to vote; **~s de l'homme** human rights.
◆ **droite** *nf* **-1.** [gén] right, right-hand side; **à ~e** on the right; **à ~e de** to the right of. **-2.** POLIT: **la ~e** the right (wing); **de ~e** right-wing.

droitier, -ière [drwatje, jɛr] ◇ *adj* right-handed. ◇ *nm, f* right-handed person, right-hander.

drôle [drol] *adj* **-1.** [amusant] funny. **-2.** **~ de** [bizarre] funny; *fam* [remarquable] amazing.

dromadaire [drɔmadɛr] *nm* dromedary.

dru, -e [dry] *adj* thick.

ds *abr de* **dans.**

du → de.

dû, due [dy] ◇ *pp* → **devoir.** ◇ *adj* due, owing.
◆ **dû** *nm* due.

Dublin [dyblɛ̃] *n* Dublin.

duc [dyk] *nm* duke.

duchesse [dyʃɛs] *nf* duchess.

duel [dɥɛl] *nm* duel.

dûment [dymɑ̃] *adv* duly.

dune [dyn] *nf* dune.

duo [dyo] *nm* **-1.** MUS duet. **-2.** [couple] duo.

dupe [dyp] ◇ *nf* dupe. ◇ *adj* gullible.

duper [dype] *vt* *sout* to dupe, to take sb in.

duplex [dyplɛks] *nm* **-1.** [appartement] split-level flat, maisonette *Br*, duplex *Am*. **-2.** RADIO & TÉLÉ link-up.

duplicata [dyplikata] *nm inv* duplicate.

dupliquer [dyplike] *vt* [document] to duplicate.

duquel [dykɛl] → **lequel.**

dur, -e [dyr] ◇ *adj* **-1.** [matière, personne, travail] hard; [carton] stiff. **-2.** [viande] tough. **-3.** [climat, punition, loi] harsh. ◇ *nm, f* *fam*: **~ (à cuire)** tough nut.
◆ **dur** *adv* hard.

durable [dyrabl] *adj* lasting.

durant [dyrɑ̃] *prép* **-1.** [pendant] for. **-2.** [au cours de] during.

durcir [dyrsir] ◇ *vt* *litt* & *fig* to harden. ◇ *vi* to harden, to become hard.

durée [dyre] *nf* length.

durement [dyrmɑ̃] *adv* **-1.** [violemment] hard, vigorously. **-2.** [péniblement] severely. **-3.** [méchamment] harshly.

durer [dyre] *vi* to last.

dureté [dyrte] *nf* **-1.** [de matériau, de l'eau] **hardness. -2.** [d'époque, de climat, de personne] **harshness. -3.** [de punition] **severity.**

dus, dut *etc* → **devoir.**

DUT (*abr de* **diplôme universitaire de technologie**) *nm* university diploma in technology.

duvet [dyvɛ] *nm* **-1.** [plumes, poils fins] **down. -2.** [sac de couchage] **sleeping bag.**

dynamique [dinamik] *adj* dynamic.

dynamisme [dinamism] *nm* dynamism.

dynamite [dinamit] *nf* dynamite.

dynastie [dinasti] *nf* dynasty.

dyslexique [dislɛksik] *adj* dyslexic.

E

e, E [ə] *nm inv* e, E.
◆ **E** (*abr de* **est**) E.

eau, -x [o] *nf* water; ~ **douce/salée/ de mer** fresh/salt/sea water; ~ **gazeuse/plate** fizzy/still water; ~ **courante** running water; ~ **minérale** mineral water; ~ **oxygénée** hydrogen peroxide; ~ **de toilette** toilet water; **les ~x territoriales** territorial waters; **tomber à l'~** *fig* to fall through.

eau-de-vie [odvi] (*pl* **eaux-de-vie**) *nf* brandy.

ébahi, -e [ebai] *adj* staggered, astounded.

ébattre [ebatr]
◆ **s'ébattre** *vp littéraire* to frolic.

ébauche [eboʃ] *nf* [esquisse] sketch; *fig* outline; **l'~ d'un sourire** the ghost of a smile.

ébaucher [eboʃe] *vt* **-1.** [esquisser] to rough out. **-2.** *fig* [commencer]: ~ **un geste** to start to make a gesture.

ébène [ebɛn] *nf* ebony.

ébéniste [ebenist] *nm* cabinet-maker.

éberlué, -e [ebɛrlɥe] *adj* flabbergasted.

éblouir [ebluir] *vt* to dazzle.

éblouissement [ebluismɑ̃] *nm* **-1.** [aveuglement] glare, dazzle. **-2.** [vertige] **dizziness. -3.** [émerveillement] amazement.

éborgner [ebɔrɲe] *vt*: ~ **qqn** to put sb's eye out.

éboueur [ebwœr] *nm* dustman *Br*, garbage collector *Am*.

ébouillanter [ebujɑ̃te] *vt* to scald.

éboulement [ebulmɑ̃] *nm* caving in, fall.

éboulis [ebuli] *nm* mass of fallen rocks.

ébouriffer [eburife] *vt* [cheveux] to ruffle.

ébranler [ebrɑ̃le] *vt* **-1.** [bâtiment, opinion] to shake. **-2.** [gouvernement, nerfs] to weaken.
◆ **s'ébranler** *vp* [train] to move off.

ébrécher [ebreʃe] *vt* [assiette, verre] to chip; *fam fig* to break into.

ébriété [ebrijete] *nf* drunkenness.

ébrouer [ebrue]
◆ **s'ébrouer** *vp* [animal] to shake o.s.

ébruiter [ebrɥite] *vt* to spread.

ébullition [ebylisjɔ̃] *nf* **-1.** [de liquide] boiling point. **-2.** [effervescence]: **en ~** *fig* in a state of agitation.

écaille [ekaj] *nf* **-1.** [de poisson, reptile] **scale;** [de tortue] **shell. -2.** [de plâtre, peinture, vernis] **flake. -3.** [matière] **tortoiseshell; en ~** [lunettes] **horn-rimmed.**

écailler [ekaje] *vt* **-1.** [poisson] to scale. **-2.** [huîtres] to open.
◆ **s'écailler** *vp* to flake OU peel off.

écarlate [ekarlat] *adj & nf* scarlet.

écarquiller [ekarkije] *vt*: ~ **les yeux** to stare wide-eyed.

écart [ekar] *nm* **-1.** [espace] **space. -2.** [temps] **gap. -3.** [différence] **difference.**

-4. [déviation]: **faire un ~** [personne] to step aside; [cheval] to shy; **être à l'~** to be in the background.

écarteler [ekartəle] vt fig to tear apart.

écartement [ekartəmã] nm: **~ entre** space between.

écarter [ekarte] vt **-1.** [bras, jambes] to open, to spread; **~ qqch de** to move sthg away from. **-2.** [obstacle, danger] to brush aside. **-3.** [foule, rideaux] to push aside; [solution] to dismiss; **~ qqn de** to exclude sb from. ◆ **s'écarter** vp **-1.** [se séparer] to part. **-2.** [se détourner]: **s'~ de** to deviate from.

ecchymose [ekimoz] nf bruise.

ecclésiastique [eklezjastik] ◇ nm clergyman. ◇ adj ecclesiastical.

écervelé, -e [esɛrvəle] ◇ adj scatty, scatterbrained. ◇ nm, f scatterbrain.

échafaud [eʃafo] nm scaffold.

échafaudage [eʃafodaʒ] nm **-1.** CONSTR scaffolding. **-2.** [amas] pile.

échalote [eʃalɔt] nf shallot.

échancrure [eʃãkryr] nf **-1.** [de robe] low neckline. **-2.** [de côte] indentation.

échange [eʃãʒ] nm [de choses] exchange; **en ~ (de)** in exchange (for).

échanger [eʃãʒe] vt **-1.** [troquer] to swap, to exchange. **-2.** [marchandise]: **~ qqch (contre)** to change sthg (for). **-3.** [communiquer] to exchange.

échangisme [eʃãʒism] nm [de partenaires sexuels] partner-swapping.

échantillon [eʃãtijɔ̃] nm [de produit, de population] sample; fig example.

échappatoire [eʃapatwar] nf way out.

échappement [eʃapmã] nm AUTOM exhaust; → **pot**.

échapper [eʃape] vi **-1.** **~ à** [personne, situation] to escape from; [danger, mort] to escape; [suj: détail, parole, sens] to escape. **-2.** [glisser]: **laisser ~** to let slip. ◆ **s'échapper** vp: **~ (de)** to escape (from).

écharde [eʃard] nf splinter.

écharpe [eʃarp] nf scarf; **en ~** in a sling.

écharper [eʃarpe] vt to rip to pieces OU shreds.

échasse [eʃas] nf [de berger, oiseau] stilt.

échassier [eʃasje] nm wader.

échauffement [eʃofmã] nm SPORT warm-up.

échauffer [eʃofe] vt **-1.** [chauffer] to overheat. **-2.** [exciter] to excite. **-3.** [énerver] to irritate. ◆ **s'échauffer** vp **-1.** SPORT to warm up. **-2.** fig [s'animer] to become heated.

échéance [eʃeãs] nf **-1.** [délai] expiry; **à longue ~** in the long term. **-2.** [date] payment date; **arriver à ~** to fall due.

échéant [eʃeã] adj: **le cas ~** if necessary, if need be.

échec [eʃɛk] nm failure. ◆ **échecs** nmpl chess (U); **~ et mat** checkmate.

échelle [eʃɛl] nf **-1.** [objet] ladder. **-2.** [ordre de grandeur] scale.

échelon [eʃlɔ̃] nm **-1.** [barreau] rung. **-2.** fig [niveau] level.

échelonner [eʃlɔne] vt [espacer] to spread out.

échevelé, -e [eʃəvle] adj **-1.** [ébouriffé] dishevelled. **-2.** [frénétique] wild.

échine [eʃin] nf ANAT spine.

échiquier [eʃikje] nm JEU chessboard.

écho [eko] nm echo.

échographie [ekɔgrafi] nf [examen] ultrasound (scan).

échoir [eʃwar] vi **-1.** [être dévolu]: **~ à** to fall to. **-2.** [expirer] to fall due.

échoppe [eʃɔp] nf stall.

échouer [eʃwe] vi [ne pas réussir] to fail; **~ à un examen** to fail an exam. ◆ **s'échouer** vp [navire] to run aground.

échu, -e [eʃy] pp → **échoir**.

éclabousser [eklabuse] vt **-1.** [suj: liquide] to spatter. **-2.** fig [compromettre] to **compromise**.

éclair [eklɛr] ◇ nm **-1.** [de lumière] flash of lightning. **-2.** fig [instant]: ~ de flash of. ◇ adj inv: visite ~ flying visit; guerre ~ blitzkrieg.

éclairage [eklɛraʒ] nm **-1.** [lumière] lighting. **-2.** fig [point de vue] light.

éclaircie [eklɛrsi] nf bright interval, sunny spell.

éclaircir [eklɛrsir] vt **-1.** [rendre plus clair] to lighten. **-2.** [rendre moins épais] to thin. **-3.** fig [clarifier] to clarify.

◆ **s'éclaircir** vp **-1.** [devenir plus clair] to clear. **-2.** [devenir moins épais] to thin. **-3.** [se clarifier] to become clearer.

éclaircissement [eklɛrsismã] nm [explication] **explanation**.

éclairer [eklere] vt **-1.** [de lumière] to light up. **-2.** [expliquer] to clarify.

◆ **s'éclairer** vp **-1.** [de lumière] to light one's way. **-2.** [regard, visage] to light up. **-3.** [rue, ville] to light up.

éclaireur [eklɛrœr] nm scout.

éclat [ekla] nm **-1.** [de verre, d'os] splinter; [de pierre] chip. **-2.** [de lumière] brilliance. **-3.** [de couleur] vividness. **-4.** [beauté] radiance. **-5.** [faste] splendour. **-6.** [bruit] burst; ~ de rire burst of laughter; ~s de voix shouts; faire un ~ to cause a scandal. **-7.** loc: rire aux ~s to roar OU shriek with laughter.

éclater [eklate] vi **-1.** [exploser - pneu] to burst; [- verre] to shatter; [- obus] to explode; faire ~ [ballon] to burst; [pétard] to let off. **-2.** [incendie, rires] to break out. **-3.** [joie] to shine; laisser ~ to give vent to. **-4.** fig [nouvelles, scandale] to break.

◆ **s'éclater** vp fam to have a great time.

éclectique [eklɛktik] nmf & adj eclectic.

éclipse [eklips] nf ASTRON eclipse; ~ de lune/soleil eclipse of the moon/sun.

éclipser [eklipse] vt to eclipse.

◆ **s'éclipser** vp **-1.** ASTRON to go into eclipse. **-2.** fam [s'esquiver] to slip away.

éclopé, -e [eklɔpe] ◇ adj lame. ◇ nm, f lame person.

éclore [eklɔr] vi **-1.** [s'ouvrir - fleur] to open out, to blossom; [- œuf] to hatch. **-2.** fig [naître] to dawn.

éclos, -e [eklo, oz] pp → éclore.

écluse [eklyz] nf lock.

écœurant, -e [ekœrã, ãt] adj **-1.** [gén] disgusting. **-2.** [démoralisant] sickening.

écœurer [ekœre] vt **-1.** [dégoûter] to sicken, to disgust. **-2.** fig [indigner] to sicken. **-3.** [décourager] to discourage.

école [ekɔl] nf **-1.** [gén] school; ~ maternelle nursery school; ~ normale ≈ teacher training college Br, teachers college Am; École normale supérieure grande école for secondary and university teachers; ~ primaire/secondaire primary/secondary school Br, grade/high school Am; grande ~ specialist training establishment, entered by competitive exam and highly prestigious; faire l'~ buissonnière to play truant Br OU hooky Am; faire ~ to be accepted. **-2.** [éducation] schooling; l'~ privée private education.

écolier, -ière [ekɔlje, jɛr] nm, f [élève] pupil.

écolo [ekɔlo] nmf fam ecologist; les ~s the Greens.

écologie [ekɔlɔʒi] nf ecology.

écologiste [ekɔlɔʒist] nmf ecologist.

éconduire [ekɔ̃dɥir] vt [repousser - demande] to dismiss; [- visiteur, soupirant] to show to the door.

économe [ekɔnɔm] ◇ nmf bursar. ◇ adj careful, thrifty.

économie [ekɔnɔmi] nf **-1.** [science] economics (U). **-2.** POLIT economy; ~ de marché market economy. **-3.** [parcimonie] economy, thrift. **-4.** (gén pl) [pécule] savings (pl); faire des ~s to save up.

économique [ekɔnɔmik] *adj* **-1.** ÉCON economic. **-2.** [avantageux] economical.

économiser [ekɔnɔmize] *vt litt & fig* to save.

économiste [ekɔnɔmist] *nmf* economist.

écoper [ekɔpe] *vt* **-1.** NAVIG to bale out. **-2.** *fam* [sanction]: ~ **(de) qqch** to get sthg.

écoproduit [ekɔprɔdɥi] *nm* green product.

écorce [ekɔrs] *nf* **-1.** [d'arbre] bark. **-2.** [d'agrume] peel. **-3.** GÉOL crust.

écorcher [ekɔrʃe] *vt* **-1.** [lapin] to skin. **-2.** [bras, jambe] to scratch. **-3.** *fig* [langue, nom] to mispronounce.

écorchure [ekɔrʃyr] *nf* graze, scratch.

écossais, -e [ekɔsɛ, ɛz] *adj* **-1.** [de l'Écosse] Scottish; [whisky] Scotch. **-2.** [tissu] tartan.

◆ **écossais** *nm* [langue] Scots.

◆ **Écossais, -e** *nm, f* Scot, Scotsman (*f* Scotswoman).

Écosse [ekɔs] *nf:* **l'~** Scotland.

écosser [ekɔse] *vt* to shell.

écosystème [ekɔsistɛm] *nm* ecosystem.

écouler [ekule] *vt* to sell.

◆ **s'écouler** *vp* **-1.** [eau] to flow. **-2.** [personnes] to flow out. **-3.** [temps] to pass.

écourter [ekurte] *vt* to shorten.

écouter [ekute] *vt* to listen to.

écouteur [ekutœr] *nm* [de téléphone] earpiece; [personne] listener.

◆ **écouteurs** *nmpl* [de radio] headphones.

écoutille [ekutij] *nf* hatchway.

écran [ekrɑ̃] *nm* **-1.** [de protection] shield. **-2.** CIN & INFORM screen; **le petit ~** television.

écrasant, -e [ekrazɑ̃, ɑ̃t] *adj fig* [accablant] overwhelming.

écraser [ekraze] *vt* **-1.** [comprimer - cigarette] to stub out; [- pied] to stub on; [- insecte, raisin] to crush. **-2.** [accabler]: ~ **qqn (de)** to burden sb

(with). **-3.** [vaincre] to crush. **-4.** [renverser] to run over.

◆ **s'écraser** *vp* [avion, automobile]: **s'~ (contre)** to crash (into).

écrémer [ekreme] *vt* [lait] to skim.

écrevisse [ekrəvis] *nf* crayfish.

écrier [ekrije]

◆ **s'écrier** *vp* to cry out.

écrin [ekrɛ̃] *nm* case.

écrire [ekrir] *vt* **-1.** [phrase, livre] to write. **-2.** [orthographier] to spell.

écrit, -e [ekri, it] ◇ *pp* → **écrire**. ◇ *adj* written.

◆ **écrit** *nm* **-1.** [ouvrage] writing. **-2.** [examen] written exam. **-3.** [document] piece of writing.

◆ **par écrit** *loc adv* in writing.

écriteau, -x [ekrito] *nm* notice.

écriture [ekrityr] *nf* **-1.** [gén] writing. **-2.** (*gén pl*) COMM [comptes] books (*pl*).

écrivain [ekrivɛ̃] *nm* writer, author.

écrou [ekru] *nm* TECHNOL nut.

écrouer [ekrue] *vt* to imprison.

écrouler [ekrule]

◆ **s'écrouler** *vp litt & fig* to collapse.

écru, -e [ekry] *adj* [naturel] unbleached.

ECU [eky] (*abr de* **European Currency Unit**) *nm* ECU.

écu [eky] *nm* **-1.** [bouclier, armoiries] shield. **-2.** [monnaie ancienne] crown. **-3.** = ECU.

écueil [ekœj] *nm* **-1.** [rocher] reef. **-2.** *fig* [obstacle] stumbling block.

écuelle [ekɥɛl] *nf* [objet] bowl.

éculé, -e [ekyle] *adj* **-1.** [chaussure] down-at-heel. **-2.** *fig* [plaisanterie] hackneyed.

écume [ekym] *nf* [mousse, bave] foam.

écumoire [ekymwar] *nf* skimmer.

écureuil [ekyrœj] *nm* squirrel.

écurie [ekyri] *nf* **-1.** [pour chevaux & SPORT] stable. **-2.** *fig* [local sale] pigsty.

écusson [ekysɔ̃] *nm* **-1.** [d'armoiries] coat-of-arms. **-2.** MIL badge.

écuyer, -ère [ekɥije, jɛr] *nm, f* [de cirque] rider.

◆ **écuyer** *nm* [de chevalier] squire.

eczéma [ɛgzema] *nm* eczema.

éden [eden] *nm*: **un ~** a garden of Eden; **l'Éden** the garden of Eden.

édenté, -e [edɑ̃te] *adj* toothless.

EDF, Edf (*abr de* **Électricité de France**) *nf French national electricity company.*

édifice [edifis] *nm* -1. [construction] building. -2. *fig* [institution]: **l'~ social** the fabric of society.

édifier [edifje] *vt* -1. [ville, église] to build. -2. *fig* [théorie] to construct. -3. [personne] to edify; *iron* to enlighten.

Édimbourg [edɛ̃bur] *n* Edinburgh.

éditer [edite] *vt* to publish.

éditeur, -trice [editœr, tris] *nm, f* publisher.

édition [edisjɔ̃] *nf* -1. [profession] publishing. -2. [de journal, livre] edition.

éditorial, -iaux [editɔrjal, jo] *nm* leader, editorial.

édredon [edrədɔ̃] *nm* eiderdown.

éducateur, -trice [edykatœr, tris] *nm, f* teacher; **~ spécialisé** *teacher of children with special educational needs.*

éducatif, -ive [edykatif, iv] *adj* educational.

éducation [edykasjɔ̃] *nf* -1. [apprentissage] education; **l'Éducation nationale** ≃ the Department for Education *Br.* -2. [parentale] upbringing. -3. [savoir-vivre] breeding.

édulcorant [edylkɔrɑ̃] *nm*: **~ (de synthèse)** (artificial) sweetener.

édulcorer [edylkɔre] *vt* -1. *sout* [tisane] to sweeten. -2. *fig* [propos] to tone down.

éduquer [edyke] *vt* to educate.

effacé, -e [efase] *adj* -1. [teinte] faded. -2. [modeste - rôle] unobtrusive; [- personne] self-effacing.

effacer [efase] *vt* -1. [mot] to erase, to rub out; INFORM to delete. -2. [souvenir] to erase. -3. [réussite] to eclipse.

◆ **s'effacer** *vp* -1. [s'estomper] to fade

(away). -2. *sout* [s'écarter] to move aside. -3. *fig* [s'incliner] to give way.

effarant, -e [efarɑ̃, ɑ̃t] *adj* frightening.

effarer [efare] *vt* to frighten, to scare.

effaroucher [efaruʃe] *vt* -1. [effrayer] to scare off. -2. [intimider] to overawe.

effectif, -ive [efɛktif, iv] *adj* -1. [remède] effective. -2. [aide] positive.

◆ **effectif** *nm* -1. MIL strength. -2. [de groupe] total number.

effectivement [efɛktivmɑ̃] *adv* -1. [réellement] effectively. -2. [confirmation] in fact.

effectuer [efɛktɥe] *vt* [réaliser - manœuvre] to carry out; [- trajet, paiement] to make.

efféminé, -e [efemine] *adj* effeminate.

effervescent, -e [efɛrvesɑ̃, ɑ̃t] *adj* [boisson] effervescent; *fig* [pays] in turmoil.

effet [efɛ] *nm* -1. [gén] effect; **sous l'~ de** under the effects of; **~ de serre** greenhouse effect. -2. [impression recherchée] impression. -3. COMM [titre] bill.

◆ **en effet** *loc adv* in fact, indeed.

effeuiller [efœje] *vt* [arbre] to remove the leaves from; [fleur] to remove the petals from.

efficace [efikas] *adj* -1. [remède, mesure] effective. -2. [personne, machine] efficient.

effigie [efiʒi] *nf* effigy.

effiler [efile] *vt* -1. [tissu] to fray. -2. [lame] to sharpen. -3. [cheveux] to thin.

effilocher [efilɔʃe] *vt* to fray.

◆ **s'effilocher** *vp* to fray.

efflanqué, -e [eflɑ̃ke] *adj* emaciated.

effleurer [eflœre] *vt* -1. [visage, bras] to brush (against). -2. *fig* [problème, thème] to touch on. -3. *fig* [suj: pensée, idée] to cross one's mind.

effluve [eflyv] *nm* exhalation; *fig* [d'enfance, du passé] breath.

effondrement [efɔ̃drəmɑ̃] *nm* collapse.

effondrer [efɔ̃dre]
◆ **s'effondrer** *vp litt* & *fig* to collapse.

efforcer [efɔrse]
◆ **s'efforcer** *vp*: **s'~ de faire qqch** to make an effort to do sthg.

effort [efɔr] *nm* **-1.** [de personne] effort. **-2.** TECHNOL stress.

effraction [efraksjɔ̃] *nf* breaking in; **entrer par ~ dans** to break into.

effrayer [efreje] *vt* to frighten, to scare.

effréné, -e [efrene] *adj* [course] frantic.

effriter [efrite] *vt* to cause to crumble.
◆ **s'effriter** *vp* [mur] to crumble.

effroi [efrwa] *nm* fear, dread.

effronté, -e [efrɔ̃te] ◇ *adj* insolent. ◇ *nm, f* insolent person.

effronterie [efrɔ̃tri] *nf* insolence.

effroyable [efrwajabl] *adj* **-1.** [catastrophe, misère] appalling. **-2.** [laideur] hideous.

effusion [efyzjɔ̃] *nf* **-1.** [de liquide] effusion. **-2.** [de sentiments] effusiveness.

égal, -e, -aux [egal, o] ◇ *adj* **-1.** [équivalent] equal. **-2.** [régulier] even. ◇ *nm, f* equal.

également [egalmɑ̃] *adv* **-1.** [avec égalité] equally. **-2.** [aussi] as well, too.

égaler [egale] *vt* **-1.** MATHS to equal. **-2.** [beauté] to match, to compare with.

égaliser [egalize] ◇ *vt* [haie, cheveux] to trim. ◇ *vi* SPORT to equalize *Br*, to tie *Am*.

égalitaire [egaliter] *adj* egalitarian.

égalité [egalite] *nf* **-1.** [gén] equality. **-2.** [d'humeur] evenness. **-3.** SPORT: **être à ~** to be level.

égard [egar] *nm* consideration; **à cet ~** in this respect.
◆ **à l'égard de** *loc prép* with regard to, towards.

égarement [egarmɑ̃] *nm* **-1.** [de jeunesse] wildness. **-2.** [de raisonnement] aberration.

égarer [egare] *vt* **-1.** [objet] to mislay, to lose. **-2.** [personne] to mislead. **-3.** *fig* & *sout* [suj: passion] to lead astray.
◆ **s'égarer** *vp* **-1.** [lettre] to get lost, to go astray; [personne] to get lost, to lose one's way. **-2.** *fig* & *sout* [personne] to stray from the point.

égayer [egeje] *vt* **-1.** [personne] to cheer up. **-2.** [pièce] to brighten up.

égide [eʒid] *nf* protection; **sous l'~ de** *littéraire* under the aegis of.

église [egliz] *nf* church.
◆ **Église** *nf*: **l'Église** the Church.

égocentrique [egosɑ̃trik] *adj* self-centred, egocentric.

égoïsme [egoism] *nm* selfishness, egoism.

égoïste [egoist] ◇ *nmf* selfish person. ◇ *adj* selfish, egoistic.

égorger [egɔrʒe] *vt* [animal, personne] to cut the throat of.

égosiller [egozije]
◆ **s'égosiller** *vp fam* **-1.** [crier] to bawl, to shout. **-2.** [chanter] to sing one's head off.

égout [egu] *nm* sewer.

égoutter [egute] *vt* **-1.** [vaisselle] to leave to drain. **-2.** [légumes, fromage] to drain.
◆ **s'égoutter** *vp* to drip, to drain.

égouttoir [egutwar] *nm* **-1.** [à légumes] colander, strainer. **-2.** [à vaisselle] rack (*for washing-up*).

égratigner [egratiɲe] *vt* to scratch; *fig* to have a go OU dig at.
◆ **s'égratigner** *vp*: **s'~ la main** to scratch one's hand.

égratignure [egratiɲyr] *nf* scratch, graze; *fig* dig.

égrener [egrəne] *vt* **-1.** [détacher les grains de - épi, cosse] to shell; [- grappe] to pick grapes from. **-2.** [chapelet] to tell. **-3.** *fig* [marquer] to mark.

égrillard, -e [egrijar, ard] *adj* ribald, bawdy.

Égypte [eʒipt] *nf*: **l'~** Egypt.

égyptien, -ienne [eʒipsjɛ̃, jɛn] *adj* Egyptian.
♦ **égyptien** *nm* [langue] Egyptian.
♦ **Égyptien, -ienne** *nm, f* Egyptian.

égyptologie [eʒiptɔlɔʒi] *nf* Egyptology.

eh [e] *interj* hey!; ~ **bien** well.

éhonté, -e [eɔ̃te] *adj* shameless.

Eiffel [efɛl] *n*: **la tour** ~ the Eiffel Tower.

éjaculation [eʒakylasjɔ̃] *nf* ejaculation.

éjectable [eʒɛktabl] *adj*: **siège** ~ ejector seat.

éjecter [eʒɛkte] *vt* **-1.** [douille] to eject. **-2.** *fam* [personne] to kick out.

élaboration [elabɔrasjɔ̃] *nf* [de plan, système] working out, development.

élaboré, -e [elabɔre] *adj* elaborate.

élaborer [elabɔre] *vt* [plan, système] to work out, to develop.

élaguer [elage] *vt litt* & *fig* to prune.

élan [elɑ̃] *nm* **-1.** ZOOL elk. **-2.** SPORT run-up; **prendre son** ~ to take a run-up, to gather speed. **-3.** *fig* [de joie] outburst.

élancé, -e [elɑ̃se] *adj* slender.

élancer [elɑ̃se] *vi* MÉD to give shooting pains.
♦ **s'élancer** *vp* **-1.** [se précipiter] to rush, to dash. **-2.** SPORT to take a run-up. **-3.** *fig* [s'envoler] to soar.

élargir [elarʒir] *vt* to widen; [vêtement] to let out; *fig* to expand.
♦ **s'élargir** *vp* [s'agrandir] to widen; [vêtement] to stretch; *fig* to expand.

élasticité [elastisite] *nf* PHYS elasticity.

élastique [elastik] ◇ *nm* **-1.** [pour attacher] elastic band. **-2.** [matière] elastic. ◇ *adj* **-1.** PHYS elastic. **-2.** [corps] flexible. **-3.** *fig* [conscience] accommodating.

électeur, -trice [elɛktœr, tris] *nm, f* voter, elector.

élection [elɛksjɔ̃] *nf* [vote] election; ~ **présidentielle** presidential election; ~**s municipales** local elections.

électoral, -e, -aux [elɛktɔral, o] *adj*

electoral; [campagne, réunion] **election** (*avant n*).

électricien, -ienne [elɛktrisjɛ̃, jɛn] *nm, f* electrician.

électricité [elɛktrisite] *nf* electricity.

électrifier [elɛktrifje] *vt* to electrify.

électrique [elɛktrik] *adj litt* & *fig* electric.

électroaimant [elɛktrɔɛmɑ̃] *nm* electro-magnet.

électrocardiogramme [elɛktrɔkardjɔgram] *nm* electrocardiogram.

électrochoc [elɛktrɔʃɔk] *nm* electric shock treatment.

électrocuter [elɛktrɔkyte] *vt* to electrocute.

électrode [elɛktrɔd] *nf* electrode.

électroencéphalogramme [elɛktrɔɑ̃sefalɔgram] *nm* electroencephalogram.

électrogène [elɛktrɔʒɛn] *adj*: **groupe** ~ generating unit.

électrolyse [elɛktrɔliz] *nf* electrolysis.

électromagnétique [elɛktrɔmaɲetik] *adj* electromagnetic.

électroménager [elɛktrɔmenaʒe] *nm* household electrical appliances (*pl*).

électron [elɛktrɔ̃] *nm* electron.

électronicien, -ienne [elɛktrɔnisjɛ̃, jɛn] *nm, f* electronics specialist.

électronique [elɛktrɔnik] ◇ *nf* SCIENCE electronics (*U*). ◇ *adj* electronic; [microscope] electron (*avant n*).

électrophone [elɛktrɔfɔn] *nm* record player.

élégance [elegɑ̃s] *nf* [de personne, style] elegance.

élégant, -e [elegɑ̃, ɑ̃t] *adj* **-1.** [personne, style] elegant. **-2.** [délicat - solution, procédé] elegant; [- conduite] generous.

élément [elemɑ̃] *nm* **-1.** [gén] element; **être dans son** ~ to be in one's element. **-2.** [de machine] component.

élémentaire [elemɑ̃tɛr] *adj* **-1.** [gén] elementary. **-2.** [installation, besoin] basic.

éléphant [elefɑ̃] nm elephant.

élevage [ɛlvaʒ] nm breeding, rearing; [installation] farm.

élévateur, -trice [elevatœr, tris] adj elevator (avant n).

élevé, -e [ɛlve] adj -1. [haut] high. -2. fig [sentiment, âme] noble. -3. [enfant]: **bien/mal ~** well/badly brought up.

élève [elɛv] nmf [écolier, disciple] pupil.

élever [ɛlve] vt -1. [gén] to raise. -2. [statue] to put up, to erect. -3. [à un rang supérieur] to elevate. -4. [esprit] to improve. -5. [enfant] to bring up. -6. [poulets] to rear, to breed.
◆ **s'élever** vp -1. [gén] to rise. -2. [montant]: **s'~ à** to add up to. -3. [protester]: **s'~ contre qqn/qqch** to protest against sb/sthg.

éleveur, -euse [elvœr, øz] nm, f breeder.

elfe [ɛlf] nm elf.

éligible [eliʒibl] adj eligible.

élimé, -e [elime] adj threadbare.

élimination [eliminasjɔ̃] nf elimination.

éliminatoire [eliminatwar] ◇ nf (gén pl) SPORT qualifying heat OU round. ◇ adj qualifying (avant n).

éliminer [elimine] vt to eliminate.

élire [elir] vt to elect.

élite [elit] nf elite; **d'~** choice, select.

élitiste [elitist] nmf & adj elitist.

elle [ɛl] pron pers -1. [sujet - personne] she; [- animal] it, she; [- chose] it. -2. [complément - personne] her; [- animal] it, her; [- chose] it.
◆ **elles** pron pers pl -1. [sujet] they. -2. [complément] them.
◆ **elle-même** pron pers [personne] herself; [animal] itself, herself; [chose] itself.
◆ **elles-mêmes** pron pers pl themselves.

ellipse [elips] nf -1. GÉOM ellipse. -2. LING ellipsis.

élocution [elɔkysjɔ̃] nf delivery; défaut d'~ speech defect.

éloge [elɔʒ] nm [louange] praise; **faire l'~ de qqn/qqch** [louer] to speak highly of sb/sthg; **couvrir qqn d'~s** to shower sb with praise.

élogieux, -ieuse [elɔʒjø, jøz] adj laudatory.

éloignement [elwaɲmɑ̃] nm -1. [mise à l'écart] removal. -2. [séparation] absence. -3. [dans l'espace, le temps] distance.

éloigner [elwaɲe] vt -1. [écarter] to move away; **~ qqch de** to move sthg away from. -2. [détourner] to turn away. -3. [chasser] to dismiss.
◆ **s'éloigner** vp -1. [partir] to move OU go away. -2. fig [du sujet] to stray from the point. -3. [se détacher] to distance o.s.

éloquence [elɔkɑ̃s] nf [d'orateur, d'expression] eloquence.

éloquent, -e [elɔkɑ̃, ɑ̃t] adj -1. [avocat, silence] eloquent. -2. [données] significant.

élu, -e [ely] ◇ pp → élire. ◇ adj POLIT elected. ◇ nm, f -1. POLIT elected representative. -2. RELIG chosen one; **l'~ de son cœur** hum ou sout one's heart's desire.

élucider [elyside] vt to clear up.

éluder [elyde] vt to evade.

Élysée [elize] nm: **l'~** the official residence of the French President and, by extension, the President himself.

émacié, -e [emasje] adj littéraire emaciated.

émail, -aux [emaj, emo] nm enamel; **en ~** enamel, enamelled.

émanation [emanasjɔ̃] nf emanation; **être l'~ de** fig to emanate from.

émanciper [emɑ̃sipe] vt to emancipate.
◆ **s'émanciper** vp -1. [se libérer] to become free OU liberated. -2. fam [se dévergonder] to become emancipated.

émaner [emane] vi: **~ de** to emanate from.

émarger [emarʒe] vt [signer] to sign.

émasculer [emaskyle] *vt* to emasculate.

emballage [ɑ̃balaʒ] *nm* packaging.

emballer [ɑ̃bale] *vt* **-1.** [objet] to pack (up), to wrap (up). **-2.** *fam* [plaire] to thrill.
♦ **s'emballer** *vp* **-1.** [moteur] to race. **-2.** [cheval] to bolt. **-3.** *fam* [personne - s'enthousiasmer] to get carried away; [- s'emporter] to lose one's temper.

embarcadère [ɑ̃barkadɛr] *nm* landing stage.

embarcation [ɑ̃barkasjɔ̃] *nf* small boat.

embardée [ɑ̃barde] *nf* swerve; **faire une ~** to swerve.

embargo [ɑ̃bargo] *nm* embargo.

embarquement [ɑ̃barkəmɑ̃] *nm* **-1.** [de marchandises] loading. **-2.** [de passagers] boarding.

embarquer [ɑ̃barke] ◇ *vt* **-1.** [marchandises] to load. **-2.** [passagers] to (take on) board. **-3.** *fam* [arrêter] to pick up. **-4.** *fam fig* [engager]: **~ qqn dans** to involve sb in. **-5.** *fam* [emmener] to cart off. ◇ *vi*: **~ (pour)** to sail (for).
♦ **s'embarquer** *vp* **-1.** [sur un bateau] to (set) sail. **-2.** *fam fig* [s'engager]: **s'~ dans** to get involved in.

embarras [ɑ̃bara] *nm* **-1.** [incertitude] (state of) uncertainty; **avoir l'~ du choix** to be spoilt for choice. **-2.** [situation difficile] predicament; **être dans l'~** to be in a predicament; **mettre qqn dans l'~** to place sb in an awkward position; **tirer qqn d'~** to get sb out of a tight spot. **-3.** [gêne] embarrassment. **-4.** [souci] difficulty, worry.

embarrassé, -e [ɑ̃barase] *adj* **-1.** [encombré - pièce, bureau] cluttered; **avoir les mains ~es** to have one's hands full. **-2.** [gêné] embarrassed. **-3.** [confus] confused.

embarrasser [ɑ̃barase] *vt* **-1.** [encombrer - pièce] to clutter up; [- personne] to hamper. **-2.** [gêner] to put in an awkward position.

♦ **s'embarrasser** *vp* **-1.** [se charger]: **s'~ de qqch** to burden o.s. with sthg; *fig* to bother about sthg.

embauche [ɑ̃boʃ] *nf*, **embauchage** [ɑ̃boʃaʒ] *nm* hiring, employment.

embaucher [ɑ̃boʃe] *vt* **-1.** [employer] to employ, to take on. **-2.** *fam* [occuper]: **je t'embauche!** I need your help!

embaumer [ɑ̃bome] ◇ *vt* **-1.** [cadavre] to embalm. **-2.** [parfumer] to scent. ◇ *vi* to be fragrant.

embellir [ɑ̃belir] ◇ *vt* **-1.** [agrémenter] to brighten up. **-2.** *fig* [enjoliver] to embellish. ◇ *vi* [devenir plus beau] to become more attractive; *fig & hum* to grow, to increase.

embêtant, -e [ɑ̃betɑ̃, ɑ̃t] *adj fam* annoying.

embêtement [ɑ̃betmɑ̃] *nm fam* trouble.

embêter [ɑ̃bete] *vt fam* [contrarier, importuner] to annoy.
♦ **s'embêter** *vp fam* [s'ennuyer] to be bored.

emblée [ɑ̃ble]
♦ **d'emblée** *loc adv* right away.

emblème [ɑ̃blɛm] *nm* emblem.

emboîter [ɑ̃bwate] *vt*: **~ qqch dans qqch** to fit sthg into sthg.
♦ **s'emboîter** *vp* to fit together.

embonpoint [ɑ̃bɔ̃pwɛ̃] *nm* stoutness.

embouché, -e [ɑ̃buʃe] *adj fam*: **mal ~** foul-mouthed.

embouchure [ɑ̃buʃyr] *nf* [de fleuve] mouth.

embourber [ɑ̃burbe]
♦ **s'embourber** *vp* [s'enliser] to get stuck in the mud; *fig* to get bogged down.

embourgeoiser [ɑ̃burʒwaze] *vt* [personne] to instil middle-class values in; [quartier] to gentrify.
♦ **s'embourgeoiser** *vp* [personne] to adopt middle-class values; [quartier] to become gentrified.

embout [ɑ̃bu] *nm* [protection] tip; [extrémité d'un tube] nozzle.

embouteillage [ãbutɛjaʒ] nm [circulation] traffic jam.

emboutir [ãbutir] vt -1. fam [voiture] to crash into. -2. TECHNOL to stamp.

embranchement [ãbrãʃmã] nm -1. [carrefour] junction. -2. [division] branching (out); fig branch.

embraser [ãbraze] vt [incendier, éclairer] to set ablaze; fig [d'amour] to (set on) fire, to inflame.

◆ **s'embraser** vp [prendre feu, s'éclairer] to be ablaze; fig & littéraire to be inflamed.

embrassade [ãbrasad] nf embrace.

embrasser [ãbrase] vt -1. [donner un baiser à] to kiss. -2. [étreindre] to embrace. -3. fig [du regard] to take in.

◆ **s'embrasser** vp to kiss (each other).

embrasure [ãbrazyr] nf: dans l'~ de la fenêtre in the window.

embrayage [ãbrɛjaʒ] nm [mécanisme] clutch.

embrayer [ãbreje] vi AUTOM to engage the clutch.

embrocher [ãbrɔʃe] vt to skewer.

embrouillamini [ãbrujamini] nm fam muddle.

embrouiller [ãbruje] vt -1. [mélanger] to mix (up), to muddle (up). -2. fig [compliquer] to confuse.

embruns [ãbrœ̃] nmpl spray (U).

embryon [ãbrijɔ̃] nm litt & fig embryo.

embûche [ãbyʃ] nf pitfall.

embuer [ãbɥe] vt -1. [de vapeur] to steam up. -2. [de larmes] to mist (over).

embuscade [ãbyskad] nf ambush.

éméché, -e [emeʃe] adj fam merry, tipsy.

émeraude [emrod] nf emerald.

émerger [emɛrʒe] vi -1. [gén] to emerge. -2. NAVIG & fig to surface.

émeri [emri] nm: papier OU toile ~ emery paper.

émérite [emerit] adj distinguished, eminent.

émerveiller [emɛrveje] vt to fill with wonder.

émetteur, -trice [emetœr, tris] adj transmitting; poste ~ transmitter.

◆ **émetteur** nm [appareil] transmitter.

émettre [emetr] vt -1. [produire] to emit. -2. [diffuser] to transmit, to broadcast. -3. [mettre en circulation] to issue. -4. [exprimer] to express.

émeute [emøt] nf riot.

émietter [emjete] vt -1. [du pain] to crumble. -2. [morceler] to divide up.

émigrant, -e [emigrã, ãt] adj & nm, f emigrant.

émigré, -e [emigre] ◇ adj migrant. ◇ nm, f emigrant.

émigrer [emigre] vi -1. [personnes] to emigrate. -2. [animaux] to migrate.

émincé, -e [emɛ̃se] adj sliced thinly.

◆ **émincé** nm thin slices of meat served in a sauce.

éminemment [eminamã] adv eminently.

éminence [eminãs] nf hill.

éminent, -e [eminã, ãt] adj eminent, distinguished.

émir [emir] nm emir.

émirat [emira] nm emirate.

◆ **Émirat** nm: les Émirats arabes unis the United Arab Emirates.

émis, -e [emi, iz] pp → émettre.

émissaire [emiser] ◇ nm [envoyé] emissary, envoy. ◇ adj → bouc.

émission [emisjɔ̃] nf -1. [de gaz, de son etc] emission. -2. [RADIO & TÉLÉ - transmission] transmission, broadcasting; [- programme] programme Br, program Am. -3. [mise en circulation] issue.

emmagasiner [ãmagazine] vt -1. [stocker] to store. -2. fig [accumuler] to store up.

emmailloter [ãmajɔte] vt to wrap up.

emmanchure [ãmãʃyr] nf armhole.

emmêler [ãmele] vt -1. [fils] to tangle up. -2. fig [idées] to muddle up, to confuse.

◆ **s'emmêler** *vp* **-1.** [fils] to get into a tangle. **-2.** *fig* [personne] to get mixed up.

emménagement [ãmenaʒmã] *nm* moving in.

emménager [ãmenaʒe] *vi* to move in.

emmener [ãmne] *vt* to take.

emmerder [ãmɛrde] *vt* *tfam* to piss off.

◆ **s'emmerder** *vp* *tfam* [s'embêter] to be bored stiff.

emmitoufler [ãmitufle] *vt* to wrap up.

◆ **s'emmitoufler** *vp* to wrap o.s. up.

émoi [emwa] *nm* **-1.** *sout* [agitation] agitation, commotion; **en ~** in turmoil. **-2.** [émotion] emotion.

émotif, -ive [emɔtif, iv] *adj* emotional.

émotion [emosjɔ̃] *nf* **-1.** [sentiment] emotion. **-2.** [peur] fright, shock.

émotionnel, -elle [emosjɔnɛl] *adj* emotional.

émousser [emuse] *vt* *litt* & *fig* to blunt.

émouvant, -e [emuvã, ãt] *adj* moving.

émouvoir [emuvwar] *vt* **-1.** [troubler] to disturb, to upset. **-2.** [susciter la sympathie de] to move, to touch.

◆ **s'émouvoir** *vp* to show emotion, to be upset.

empailler [ãpaje] *vt* **-1.** [animal] to stuff. **-2.** [chaise] to upholster (with straw).

empaler [ãpale] *vt* to impale.

empaqueter [ãpakte] *vt* to pack (up), to wrap (up).

empâter [ãpate] *vt* **-1.** [visage, traits] to fatten out. **-2.** [bouche, langue] to coat, to fur up.

◆ **s'empâter** *vp* to put on weight.

empêchement [ãpɛʃmã] *nm* obstacle; **j'ai un ~** something has come up.

empêcher [ãpeʃe] *vt* to prevent; **~ qqn/qqch de faire qqch** to prevent sb/sthg from doing sthg; **~ que qqn (ne) fasse qqch** to prevent sb from doing sthg; **(il) n'empêche que** nevertheless, all the same.

empereur [ãprœr] *nm* emperor.

empesé, -e [ãpəze] *adj* **-1.** [linge] starched. **-2.** *fig* [style] stiff.

empester [ãpɛste] *vi* to stink.

empêtrer [ãpetre] *vt*: **être empêtré dans** to be tangled up in.

◆ **s'empêtrer** *vp*: **s'~ (dans)** to get tangled up (in).

emphase [ãfaz] *nf* *péj* pomposity.

empiéter [ãpjete] *vi*: **~ sur** to encroach on.

empiffrer [ãpifre]

◆ **s'empiffrer** *vp* *fam* to stuff o.s.

empiler [ãpile] *vt* [entasser] to pile up, to stack up.

empire [ãpir] *nm* **-1.** HIST & *fig* empire. **-2.** *sout* [contrôle] influence.

empirer [ãpire] *vi* & *vt* to worsen.

empirique [ãpirik] *adj* empirical.

emplacement [ãplasmã] *nm* site, location.

emplette [ãplɛt] *nf* (*gén pl*) purchase.

emplir [ãplir] *vt* *sout*: **~ (de)** to fill (with).

◆ **s'emplir** *vp*: **s'~ (de)** to fill (with).

emploi [ãplwa] *nm* **-1.** [utilisation] use; **~ du temps** timetable; **mode d'~** instructions (*pl*) (for use). **-2.** [travail] job.

employé, -e [ãplwaje] *nm, f* employee; **~ de bureau** office employee OU worker.

employer [ãplwaje] *vt* **-1.** [utiliser] to use. **-2.** [salarier] to employ.

employeur, -euse [ãplwajœr, øz] *nm, f* employer.

empocher [ãpɔʃe] *vt* *fam* to pocket.

empoignade [ãpwaɲad] *nf* row.

empoigner [ãpwaɲe] *vt* [saisir] to grasp.

◆ **s'empoigner** *vp* *fig* to come to blows.

empoisonnement [ãpwazɔnmã] *nm* [intoxication] poisoning.

empoisonner [ãpwazɔne] *vt* **-1.** [gén] to poison. **-2.** *fam* [ennuyer] to annoy, to bug.

emporté, -e [ɑ̃pɔrte] *adj* short-tempered.

emportement [ɑ̃pɔrtəmɑ̃] *nm* anger.

emporter [ɑ̃pɔrte] *vt* **-1.** [emmener] to take (away); **à ~** [plats] to take away, to go *Am.* **-2.** [entraîner] to carry along. **-3.** [arracher] to tear off, to blow off. **-4.** [faire mourir] to carry off. **-5.** [surpasser]: **l'~ sur** to get the better of.
◆ **s'emporter** *vp* to get angry, to lose one's temper.

empoté, -e [ɑ̃pɔte] *fam* ◇ *adj* clumsy. ◇ *nm, f* clumsy person.

empreinte [ɑ̃prɛ̃t] *nf* [trace] print; *fig* mark, trace; **~s digitales** fingerprints.

empressement [ɑ̃presmɑ̃] *nm* **-1.** [zèle] attentiveness. **-2.** [enthousiasme] eagerness.

empresser [ɑ̃prese]
◆ **s'empresser** *vp*: **s'~ de faire qqch** to hurry to do sthg; **s'~ auprès de qqn** to be attentive to sb.

emprise [ɑ̃priz] *nf* [ascendant] influence.

emprisonnement [ɑ̃prizɔnmɑ̃] *nm* imprisonment.

emprisonner [ɑ̃prizɔne] *vt* [voleur] to imprison.

emprunt [ɑ̃prœ̃] *nm* **-1.** FIN loan. **-2.** LING & *fig* borrowing.

emprunté, -e [ɑ̃prœ̃te] *adj* awkward, self-conscious.

emprunter [ɑ̃prœ̃te] *vt* **-1.** [gén] to borrow; **~ qqch à** to borrow sthg from. **-2.** [route] to take.

ému, -e [emy] ◇ *pp* → **émouvoir**. ◇ *adj* [personne] moved, touched; [regard, sourire] emotional.

émulation [emylasjɔ̃] *nf* **-1.** [concurrence] rivalry. **-2.** [imitation] emulation.

émule [emyl] *nmf* **-1.** [imitateur] emulator. **-2.** [concurrent] rival.

émulsion [emylsjɔ̃] *nf* emulsion.

en [ɑ̃] ◇ *prép* **-1.** [temps] in; **~ 1994** in 1994; **~ hiver/septembre** in winter/September. **-2.** [lieu] in; [direc-

tion] to; **habiter ~ Sicile/ville** to live in Sicily/town; **aller ~ Sicile/ville** to go to Sicily/town. **-3.** [matière] made of; **c'est ~ métal** it's (made of) metal; **une théière ~ argent** a silver teapot. **-4.** [état, forme, manière]: **les arbres sont ~ fleurs** the trees are in blossom; **du sucre ~ morceaux** sugar cubes; **du lait ~ poudre** powdered milk; **je la préfère ~ vert** I prefer it in green; **agir ~ traître** to behave treacherously; **je l'ai eu ~ cadeau** I was given it as a present; **dire qqch ~ anglais** to say sthg in English; **~ vacances** on holiday. **-5.** [moyen] by; **~ avion/bateau/train** by plane/boat/train. **-6.** [mesure] in; **vous l'avez ~ 38?** do you have it in a 38?; **compter ~ dollars** to calculate in dollars. **-7.** [devant un participe présent]: **~ arrivant à Paris** on arriving in Paris, as he/she *etc* arrived in Paris; **~ faisant un effort** by making an effort; **~ mangeant** while eating; **elle répondit ~ souriant** she replied with a smile. ◇ *pron adv* **-1.** [complément de verbe, de nom, d'adjectif]: **il s'~ est souvenu** he remembered it; **nous ~ avons déjà parlé** we've already spoken about it; **je m'~ porte garant** I'll vouch for him/her. **-2.** [avec un indéfini, exprimant une quantité]: **j'ai du chocolat, tu ~ veux?** I've got some chocolate, do you want some?; **tu ~ as?** have you got any?, do you have any?; **il y ~ a plusieurs** there are several (of them). **-3.** [provenance] from there.

ENA, Ena [ena] (*abr de* **École nationale d'administration**) *nf prestigious grande école training future government officials.*

encadrement [ɑ̃kadrəmɑ̃] *nm* **-1.** [de tableau, porte] frame. **-2.** [dans une entreprise] managerial staff; [à l'armée] officers (*pl*); [à l'école] staff. **-3.** [du crédit] restriction.

encadrer [ɑ̃kadre] *vt* **-1.** [photo, visage] to frame. **-2.** [employés] to supervise;

[soldats] to be in command of; [élèves] to teach.

encaissé, -e [ākese] *adj* [vallée] deep and narrow; [rivière] steep-banked.

encaisser [ākese] *vt* **-1.** [argent, coups, insultes] to take. **-2.** [chèque] to cash.

encart [ākar] *nm* insert.

encastrer [ākastre] *vt* to fit.
♦ **s'encastrer** *vp* to fit (exactly).

encaustique [ākostik] *nf* [cire] polish.

enceinte [āsēt] ◇ *adj f* pregnant; ~ de 4 mois 4 months pregnant. ◇ *nf* **-1.** [muraille] wall. **-2.** [espace]: dans l'~ de within (the confines of). **-3.** [baffle]: ~ (acoustique) speaker.

encens [āsā] *nm* incense.

encenser [āsāse] *vt* **-1.** [brûler de l'encens dans] to burn incense in. **-2.** *fig* [louer] to flatter.

encensoir [āsāswar] *nm* censer.

encercler [āserkle] *vt* **-1.** [cerner, environner] to surround. **-2.** [entourer] to circle.

enchaînement [āʃɛnmā] *nm* **-1.** [succession] series. **-2.** [liaison] link.

enchaîner [āʃene] ◇ *vt* **-1.** [attacher] to chain up. **-2.** *fig* [asservir] to enslave. **-3.** [coordonner] to link. ◇ *vi*: ~ (sur) to move on (to).
♦ **s'enchaîner** *vp* [se suivre] to follow on from each other.

enchanté, -e [āʃāte] *adj* **-1.** [ravi] delighted; ~ de faire votre connaissance pleased to meet you. **-2.** [ensorcelé] enchanted.

enchantement [āʃātmā] *nm* **-1.** [sortilège] magic spell; comme par ~ as if by magic. **-2.** *sout* [ravissement] delight. **-3.** [merveille] wonder.

enchanter [āʃāte] *vt* **-1.** [ensorceler, charmer] to enchant. **-2.** [ravir] to delight.

enchâsser [āʃase] *vt* **-1.** [encastrer] to fit. **-2.** [sertir] to set.

enchère [āʃɛr] *nf* bid; vendre qqch aux ~s to sell sthg at ou by auction.

enchevêtrer [āʃəvetre] *vt* [emmêler] to tangle up; *fig* to muddle, to confuse.

enclave [āklav] *nf* enclave.

enclencher [āklāʃe] *vt* [mécanisme] to engage.
♦ **s'enclencher** *vp* **-1.** TECHNOL to engage. **-2.** *fig* [commencer] to begin.

enclin, -e [āklē, in] *adj*: ~ à qqch/à faire qqch inclined to sthg/to do sthg.

enclore [āklɔr] *vt* to fence in, to enclose.

enclos, -e [āklo, oz] *pp* → enclore.
♦ **enclos** *nm* enclosure.

enclume [āklym] *nf* anvil.

encoche [ākɔʃ] *nf* notch.

encoignure [ākwaɲyr, ākɔɲyr] *nf* [coin] corner.

encolure [ākɔlyr] *nf* neck.

encombrant, -e [ākɔ̄brā, āt] cumbersome; *fig* [personne] undesirable.

encombre [ākɔ̄br]
♦ **sans encombre** *loc adv* without a hitch.

encombré, -e [ākɔ̄bre] *adj* [lieu] busy, congested; *fig* saturated.

encombrement [ākɔ̄brəmā] *nm* **-1.** [d'une pièce] clutter. **-2.** [d'un objet] overall dimensions (*pl*). **-3.** [embouteillage] traffic jam. **-4.** INFORM footprint.

encombrer [ākɔ̄bre] *vt* to clutter (up).

encontre [ākɔ̄tr]
♦ **à l'encontre de** *loc prép*: aller à l'~ de to go against, to oppose.

encore [ākɔr] *adv* **-1.** [toujours] still; ~ un mois one more month; pas ~ not yet; elle ne travaille pas ~ she's not working yet. **-2.** [de nouveau] again; il m'a ~ menti he's lied to me again; quoi ~? what now?; l'ascenseur est en panne - ~! the lift's out of order - not again!; ~ une fois once more, once again. **-3.** [marque le renforcement] even; ~ mieux/pire even better/worse.
♦ **et encore** *loc adv*: j'ai eu le temps de prendre un sandwich, et ~! I had time for a sandwich, but only just!
♦ **si encore** *loc adv* if only.

◆ **encore que** *loc conj* (+ *subjonctif*) although.

encouragement [ākuraʒmā] *nm* [parole] (word of) encouragement.

encourager [ākuraʒe] *vt* to encourage; ~ **qqn à faire qqch** to encourage sb to do sthg.

encourir [ākurir] *vt sout* to incur.

encouru, -e [ākury] *pp* → **encourir**.

encrasser [ākrase] *vt* **-1.** TECHNOL to clog up. **-2.** *fam* [salir] to make dirty OU filthy.

◆ **s'encrasser** *vp* **-1.** TECHNOL to clog up. **-2.** *fam* [se salir] to get dirty OU filthy.

encre [ākr] *nf* ink.

encrer [ākre] *vt* to ink.

encrier [ākrije] *nm* inkwell.

encroûter [ākrute]

◆ **s'encroûter** *vp fam* to get into a rut; **s'~ dans ses habitudes** to become set in one's ways.

encyclopédie [āsiklɔpedi] *nf* encyclopedia.

encyclopédique [āsiklɔpedik] *adj* encyclopedic.

endémique [ādemik] *adj* endemic.

endetter [ādete]

◆ **s'endetter** *vp* to get into debt.

endeuiller [ādœje] *vt* to plunge into mourning.

endiablé, -e [ādjable] *adj* [frénétique] frantic, frenzied.

endiguer [ādige] *vt* **-1.** [fleuve] to dam. **-2.** *fig* [réprimer] to stem.

endimanché, -e [ādimāʃe] *adj* in one's Sunday best.

endive [ādiv] *nf* chicory (*U*).

endoctriner [ādɔktrine] *vt* to indoctrinate.

endommager [ādɔmaʒe] *vt* to damage.

endormi, -e [ādɔrmi] *adj* **-1.** [personne] sleeping, asleep. **-2.** *fig* [village] sleepy; [jambe] numb; [passion] dormant; *fam* [apathique] sluggish.

endormir [ādɔrmir] *vt* **-1.** [assoupir, ennuyer] to send to sleep. **-2.** [anes-thésier - patient] to anaesthetize; [- douleur] to ease. **-3.** *fig* [tromper] to allay.

◆ **s'endormir** *vp* [s'assoupir] to fall asleep.

endosser [ādose] *vt* **-1.** [vêtement] to put on. **-2.** FIN & JUR to endorse; ~ **un chèque** to endorse a cheque. **-3.** *fig* [responsabilité] to take on.

endroit [ādrwa] *nm* **-1.** [lieu, point] place; **à quel ~? where? -2.** [passage] part. **-3.** [côté] right side; **à l'~** the right way round.

enduire [ādɥir] *vt*: ~ **qqch (de)** to coat sthg (with).

enduit, -e [ādɥi, ɥit] *pp* → **enduire**.

◆ **enduit** *nm* coating.

endurance [ādyrās] *nf* endurance.

endurcir [ādyrsir] *vt* to harden.

◆ **s'endurcir** *vp*: **s'~ à** to become hardened to.

endurer [ādyre] *vt* to endure.

énergétique [enerʒetik] *adj* **-1.** [ressource] energy (*avant n*). **-2.** [aliment] energy-giving.

énergie [enerʒi] *nf* energy.

énergique [enerʒik] *adj* [gén] energetic; [remède] powerful; [mesure] drastic.

énergumène [energymɛn] *nmf* rowdy character.

énerver [enerve] *vt* to irritate, to annoy.

◆ **s'énerver** *vp* to get annoyed.

enfance [āfās] *nf* **-1.** [âge] childhood. **-2.** [enfants] children (*pl*). **-3.** *fig* [débuts] infancy; [de civilisation, de l'humanité] dawn.

enfant [āfā] *nmf* [gén] child; **attendre un ~** to be expecting a baby.

◆ **bon enfant** *loc adj* good-natured.

enfanter [āfāte] *vt littéraire* to give birth to.

enfantillage [āfātijaʒ] *nm* childishness (*U*).

enfantin, -e [āfātē, in] *adj* **-1.** [propre à l'enfance] childlike; *péj* childish; [jeu, chanson] children's (*avant n*). **-2.** [facile] childishly simple.

enfer [ɑ̃fɛr] *nm* RELIG & *fig* hell.

◆ **Enfers** *nmpl*: **les Enfers** the Underworld (*sg*).

enfermer [ɑ̃fɛrme] *vt* [séquestrer, ranger] to shut away.

◆ **s'enfermer** *vp* to shut o.s. away OU up; **s'~ dans** *fig* to retreat into.

enfilade [ɑ̃filad] *nf* row.

enfiler [ɑ̃file] *vt* **-1.** [aiguille, sur un fil] to thread. **-2.** [vêtements] to slip on.

enfin [ɑ̃fɛ̃] *adv* **-1.** [en dernier lieu] finally, at last; [dans une liste] lastly. **-2.** [avant une récapitulation] in a word, in short. **-3.** [introduit une rectification] that is, well. **-4.** [introduit une concession] anyway.

enflammer [ɑ̃flame] *vt* **-1.** [bois] to set fire to. **-2.** *fig* [exalter] to inflame.

◆ **s'enflammer** *vp* **-1.** [bois] to catch fire. **-2.** *fig* [s'exalter] to flare up.

enflé, -e [ɑ̃fle] *adj* [style] turgid.

enfler [ɑ̃fle] *vi* to swell (up).

enfoncer [ɑ̃fɔ̃se] *vt* **-1.** [faire pénétrer] to drive in; **~ qqch dans qqch** to drive sthg into sthg. **-2.** [enfouir]: **~ ses mains dans ses poches** to thrust one's hands into one's pockets. **-3.** [défoncer] to break down.

◆ **s'enfoncer** *vp* **-1.** **s'~ dans** [eau, boue] to sink into; [bois, ville] to disappear into. **-2.** [céder] to give way.

enfouir [ɑ̃fwir] *vt* **-1.** [cacher] to hide. **-2.** [ensevelir] to bury.

enfourcher [ɑ̃furʃe] *vt* to get on, to mount.

enfourner [ɑ̃furne] *vt* **-1.** [pain] to put in the oven. **-2.** *fam* [avaler] to gobble up.

enfreindre [ɑ̃frɛdr] *vt* to infringe.

enfreint, -e [ɑ̃frɛ̃, ɛ̃t] *pp* → **enfreindre**.

enfuir [ɑ̃fɥir]

◆ **s'enfuir** *vp* [fuir] to run away.

enfumer [ɑ̃fyme] *vt* to fill with smoke.

engagé, -e [ɑ̃gaʒe] *adj* committed.

engageant, -e [ɑ̃gaʒɑ̃, ɑ̃t] *adj* engaging.

engagement [ɑ̃gaʒmɑ̃] *nm* **-1.** [promesse] commitment. **-2.** JUR contract. **-3.** [MIL - de soldats] enlistment; [- combat] engagement. **-4.** FOOTBALL & RUGBY kick-off.

engager [ɑ̃gaʒe] *vt* **-1.** [lier] to commit. **-2.** [embaucher] to take on, to engage. **-3.** [faire entrer]: **~ qqch dans** to insert sthg into. **-4.** [commencer] to start. **-5.** [impliquer] to involve. **-6.** [encourager]: **~ qqn à faire qqch** to urge sb to do sthg.

◆ **s'engager** *vp* **-1.** [promettre]: **s'~ à qqch/à faire qqch** to commit o.s. to sthg/to doing sthg. **-2.** MIL: **s'~ (dans)** to enlist (in). **-3.** [pénétrer]: **s'~ dans** to enter.

engelure [ɑ̃ʒlyr] *nf* chilblain.

engendrer [ɑ̃ʒɑ̃dre] *vt* **-1.** *littéraire* to father. **-2.** *fig* [produire] to cause, to give rise to; [sentiment] to engender.

engin [ɑ̃ʒɛ̃] *nm* **-1.** [machine] machine. **-2.** MIL missile. **-3.** *fam péj* [objet] thing.

englober [ɑ̃glɔbe] *vt* to include.

engloutir [ɑ̃glutir] *vt* **-1.** [dévorer] to gobble up. **-2.** [faire disparaître] to engulf. **-3.** *fig* [dilapider] to squander.

engorger [ɑ̃gɔrʒe] *vt* **-1.** [obstruer] to block, to obstruct. **-2.** MÉD to engorge.

◆ **s'engorger** *vp* to become blocked.

engouement [ɑ̃gumɑ̃] *nm* [enthousiasme] infatuation.

engouffrer [ɑ̃gufre] *vt* *fam* [dévorer] to wolf down.

◆ **s'engouffrer** *vp*: **s'~ dans** to rush into.

engourdi, -e [ɑ̃gurdi] *adj* numb; *fig* dull.

engourdir [ɑ̃gurdir] *vt* to numb; *fig* to dull.

◆ **s'engourdir** *vp* to go numb.

engrais [ɑ̃grɛ] *nm* fertilizer.

engraisser [ɑ̃grese] ◇ *vt* **-1.** [animal] to fatten. **-2.** [terre] to fertilize. ◇ *vi* to put on weight.

engrenage [ãgrənaʒ] *nm* **-1.** TECHNOL gears (*pl*). **-2.** *fig* [circonstances]: **être pris dans l'~** to be caught up in the system.

engueulade [ãgœlad] *nf fam* bawling out.

engueuler [ãgœle] *vt fam*: **~ qqn** to bawl sb out.

◆ **s'engueuler** *vp fam* to have a slanging match *Br*.

enhardir [ãardir] *vt* to make bold.

◆ **s'enhardir** *vp* to pluck up one's courage.

énième [enjɛm] *adj fam*: **la ~ fois** the nth time.

énigmatique [enigmatik] *adj* enigmatic.

énigme [enigm] *nf* **-1.** [mystère] enigma. **-2.** [jeu] riddle.

enivrant, -e [ãnivrã, ãt] *adj litt & fig* intoxicating.

enivrer [ãnivre] *vt litt* to get drunk; *fig* to intoxicate.

◆ **s'enivrer** *vp*: **s'~ (de)** to get drunk (on); *fig* to become intoxicated (with).

enjambée [ãʒãbe] *nf* stride.

enjamber [ãʒãbe] *vt* **-1.** [obstacle] to step over. **-2.** [cours d'eau] to straddle.

enjeu [ãʒø] *nm* [mise] stake; **quel est l'~ ici?** *fig* what's at stake here?

enjoindre [ãʒwɛdr] *vt littéraire*: **~ à qqn de faire qqch** to enjoin sb to do sthg.

enjoint [ãʒwɛ] *pp inv* → **enjoindre.**

enjôler [ãʒole] *vt* to coax.

enjoliver [ãʒolive] *vt* to embellish.

enjoliveur [ãʒolivœr] *nm* [de roue] hubcap; [de calandre] badge.

enjoué, -e [ãʒwe] *adj* cheerful.

enlacer [ãlase] *vt* [prendre dans ses bras] to embrace, to hug.

◆ **s'enlacer** *vp* [s'embrasser] to embrace, to hug.

enlaidir [ãledir] ◇ *vt* to make ugly. ◇ *vi* to become ugly.

enlèvement [ãlɛvmã] *nm* **-1.** [action d'enlever] removal. **-2.** [rapt] abduction.

enlever [ãlve] *vt* **-1.** [gén] to remove; [vêtement] to take off. **-2.** [prendre]: **~ qqch à qqn** to take sthg away from sb. **-3.** [kidnapper] to abduct.

enliser [ãlize]

◆ **s'enliser** *vp* **-1.** [s'embourber] to sink, to get stuck. **-2.** *fig* [piétiner]: **s'~ dans qqch** to get bogged down in sthg.

enluminure [ãlyminyr] *nf* illumination.

enneigé, -e [ãneʒe] *adj* snow-covered.

ennemi, -e [ɛnmi] ◇ *adj* enemy (*avant n*). ◇ *nm, f* enemy.

ennui [ãnɥi] *nm* **-1.** [lassitude] boredom. **-2.** [contrariété] annoyance; **l'~, c'est que ...** the annoying thing is that .... **-3.** [problème] trouble (*U*); **avoir des ~s** to have problems.

ennuyer [ãnɥije] *vt* **-1.** [agacer, contrarier] to annoy; **cela t'ennuierait de venir me chercher?** would you mind picking me up? **-2.** [lasser] to bore. **-3.** [inquiéter] to bother.

◆ **s'ennuyer** *vp* **-1.** [se morfondre] to be bored. **-2.** [déplorer l'absence]: **s'~ de qqn/qqch** to miss sb/sthg.

ennuyeux, -euse [ãnɥijø, øz] *adj* **-1.** [lassant] boring. **-2.** [contrariant] annoying.

énoncé [enõse] *nm* [libellé] wording.

énoncer [enõse] *vt* **-1.** [libeller] to word. **-2.** [exposer] to expound; [théorème] to set forth.

énorme [enɔrm] *adj* **-1.** *litt & fig* [immense] enormous. **-2.** *fam fig* [incroyable] far-fetched.

énormément [enɔrmemã] *adv* enormously; **~ de** a great deal of.

enquête [ãkɛt] *nf* **-1.** [de police, recherches] investigation. **-2.** [sondage] survey.

enquêter [ãkete] *vi* **-1.** [police, chercheur] to investigate. **-2.** [sonder] to conduct a survey.

enragé, -e [ɑ̃raʒe] *adj* **-1.** [chien] rabid, with rabies. **-2.** *fig* [invétéré] keen.

enrager [ɑ̃raʒe] *vi* to be furious; **faire ~ qqn** to infuriate sb.

enrayer [ɑ̃reje] *vt* **-1.** [épidémie] to check, to stop. **-2.** [mécanisme] to jam.

◆ **s'enrayer** *vp* [mécanisme] to jam.

enregistrement [ɑ̃rəʒistrəmɑ̃] *nm* **-1.** [de son, d'images, d'informations] recording. **-2.** [inscription] registration. **-3.** [à l'aéroport] check-in; **~ des bagages** baggage registration.

enregistrer [ɑ̃rəʒistre] *vt* **-1.** [son, images, informations] to record. **-2.** INFORM to store. **-3.** [inscrire] to register. **-4.** [à l'aéroport] to check in. **-5.** *fam* [mémoriser] to make a mental note of.

enrhumé, -e [ɑ̃ryme] *adj*: **je suis ~** I have a cold.

enrhumer [ɑ̃ryme]

◆ **s'enrhumer** *vp* to catch (a) cold.

enrichir [ɑ̃riʃir] *vt* **-1.** [financièrement] to make rich. **-2.** [terre & *fig*] to enrich.

◆ **s'enrichir** *vp* **-1.** [financièrement] to grow rich. **-2.** [sol & *fig*] to become enriched.

enrobé, -e [ɑ̃rɔbe] *adj* **-1.** [recouvert]: **~ de** coated with. **-2.** *fam* [grassouillet] plump.

enrober [ɑ̃rɔbe] *vt* **-1.** [recouvrir]: **~ qqch de** to coat sthg with. **-2.** *fig* [requête, nouvelle] to wrap up.

◆ **s'enrober** *vp* to put on weight.

enrôler [ɑ̃role] *vt* to enrol; MIL to enlist.

◆ **s'enrôler** *vp* to enrol; MIL to enlist.

enroué, -e [ɑ̃rwe] *adj* hoarse.

enrouler [ɑ̃rule] *vt* to roll up; **~ qqch autour de qqch** to wind sthg round sthg.

◆ **s'enrouler** *vp* **-1.** [entourer]: **s'~ sur** OU **autour de qqch** to wind around sthg. **-2.** [se pelotonner]: **s'~ dans qqch** to wrap o.s. up in sthg.

ensabler [ɑ̃sable] *vt* to silt up.

◆ **s'ensabler** *vp* to silt up.

enseignant, -e [ɑ̃sɛɲɑ̃, ɑ̃t] ◇ *adj* teaching (*avant n*). ◇ *nm, f* teacher.

enseigne [ɑ̃sɛɲ] *nf* **-1.** [de commerce] sign. **-2.** [drapeau, soldat] ensign.

enseignement [ɑ̃sɛɲmɑ̃] *nm* **-1.** [gén] teaching; **~ primaire/secondaire** primary/secondary education. **-2.** [leçon] lesson.

enseigner [ɑ̃sɛɲe] *vt litt* & *fig* to teach; **~ qqch à qqn** to teach sb sthg, to teach sthg to sb.

ensemble [ɑ̃sɑ̃bl] ◇ *adv* together; **aller ~** to go together. ◇ *nm* **-1.** [totalité] whole; **idée d'~** general idea; **dans l'~** on the whole. **-2.** [harmonie] unity. **-3.** [vêtement] outfit. **-4.** [série] collection. **-5.** MATHS set. **-6.** MUS ensemble.

ensemencer [ɑ̃səmɑ̃se] *vt* **-1.** [terre] to sow. **-2.** [rivière] to stock.

enserrer [ɑ̃sere] *vt* [entourer] to encircle; *fig* to imprison.

ensevelir [ɑ̃səvlir] *vt litt* & *fig* to bury.

ensoleillé, -e [ɑ̃sɔleje] *adj* sunny.

ensoleillement [ɑ̃sɔlɛjmɑ̃] *nm* sunshine.

ensommeillé, -e [ɑ̃sɔmeje] *adj* sleepy.

ensorceler [ɑ̃sɔrsəle] *vt* to bewitch.

ensuite [ɑ̃sɥit] *adv* **-1.** [après, plus tard] after, afterwards, later. **-2.** [puis] then, next, after that; **et ~** what then?, what next?

ensuivre [ɑ̃sɥivr]

◆ **s'ensuivre** *vp* to follow; **il s'ensuit que** it follows that.

entaille [ɑ̃taj] *nf* cut.

entailler [ɑ̃taje] *vt* to cut.

entamer [ɑ̃tame] *vt* **-1.** [commencer] to start (on); [- bouteille] to start, to open. **-2.** [capital] to dip into. **-3.** [cuir, réputation] to damage. **-4.** [courage] to shake.

entartrer [ɑ̃tartre] *vt* to fur up.

◆ **s'entartrer** *vp* to fur up.

entasser [ɑ̃tase] *vt* **-1.** [accumuler, multiplier] to pile up. **-2.** [serrer] to squeeze.

◆ **s'entasser** *vp* **-1.** [objets] to pile up. **-2.** [personnes]: s'~ **dans** to squeeze into.

entendement [ãtãdmã] *nm* understanding.

entendre [ãtãdr] *vt* **-1.** [percevoir, écouter] to hear; ~ **parler de qqch** to hear OU about sthg. **-2.** *sout* [comprendre] to understand; **laisser** ~ **que** to imply that. **-3.** *sout* [vouloir]: ~ **faire qqch** to intend to do sthg. **-4.** [vouloir dire] to mean.

◆ **s'entendre** *vp* **-1.** [sympathiser]: s'~ **avec qqn** to get on with sb. **-2.** [s'accorder] to agree.

entendu, -e [ãtãdy] ◇ *pp* → entendre. ◇ *adj* **-1.** [compris] agreed, understood. **-2.** [complice] knowing.

◆ **bien entendu** *loc adv* of course.

entente [ãtãt] *nf* **-1.** [harmonie] understanding. **-2.** [accord] agreement.

entériner [ãterine] *vt* to ratify.

enterrement [ãtɛrmã] *nm* burial.

enterrer [ãtere] *vt litt & fig* to bury.

en-tête [ãtɛt] (*pl* **en-têtes**) *nm* heading.

entêté, -e [ãtete] *adj* stubborn.

entêter [ãtete]

◆ **s'entêter** *vp* to persist; s'~ **à faire qqch** to persist in doing sthg.

enthousiasme [ãtuzjasm] *nm* enthusiasm.

enthousiasmer [ãtuzjasme] *vt* to fill with enthusiasm.

◆ **s'enthousiasmer** *vp*: s'~ **de** OU **pour** to be enthusiastic about.

enticher [ãtife]

◆ **s'enticher** *vp*: s'~ **de qqn/qqch** to become obsessed with sb/sthg.

entier, -ière [ãtje, jɛr] *adj* whole, entire.

◆ **en entier** *loc adv* in its entirety.

entièrement [ãtjɛrmã] *adv* **-1.** [complètement] fully. **-2.** [pleinement] wholly, entirely.

entité [ãtite] *nf* entity.

entonner [ãtɔne] *vt* [chant] to strike up.

entonnoir [ãtɔnwar] *nm* **-1.** [instrument] funnel. **-2.** [cavité] crater.

entorse [ãtɔrs] *nf* MÉD sprain; **se faire une** ~ **à la cheville/au poignet** to sprain one's ankle/wrist.

entortiller [ãtɔrtije] *vt* **-1.** [entrelacer] to twist. **-2.** [envelopper]: ~ **qqch autour de qqch** to wrap sthg round sthg. **-3.** *fam fig* [personne] to sweettalk.

entourage [ãturaʒ] *nm* [milieu] entourage.

entourer [ãture] *vt* **-1.** [enclore, encercler]: ~ **(de)** to surround (with). **-2.** *fig* [soutenir] to rally round.

entourloupette [ãturlupɛt] *nf fam* dirty trick.

entournure [ãturnyr] *nf*: **être gêné aux** ~**s** *fig* [financièrement] to feel the pinch; [être mal à l'aise] to feel awkward.

entracte [ãtrakt] *nm* interval; *fig* interlude.

entraide [ãtrɛd] *nf* mutual assistance.

entrailles [ãtraj] *nfpl* **-1.** [intestins] entrails. **-2.** *sout* [profondeurs] depths.

entrain [ãtrɛ̃] *nm* drive.

entraînement [ãtrɛnmã] *nm* [préparation] practice; SPORT training.

entraîner [ãtrene] *vt* **-1.** TECHNOL to drive. **-2.** [tirer] to pull. **-3.** [susciter] to lead to. **-4.** SPORT to coach. **-5.** [emmener] to take along. **-6.** [séduire] to influence; ~ **qqn à faire qqch** to talk sb into sthg.

◆ **s'entraîner** *vp* to practise; SPORT to train; s'~ **à faire qqch** to practise doing sthg.

entraîneur, -euse [ãtrɛnœr, øz] *nm, f* trainer, coach.

entrave [ãtrav] *nf* hobble; *fig* obstruction.

entraver [ãtrave] *vt* to hobble; *fig* to hinder.

entre [ãtr] *prép* **-1.** [gén] between; ~ **nous** between you and me, between ourselves. **-2.** [parmi] among; **l'un d'~ nous ira** one of us will go; **géné-**

ralement ils restent ~ eux they tend to keep themselves to themselves; **ils se battent** ~ **eux** they're fighting among OU amongst themselves.

entrebâiller [ɑ̃trəbaje] *vt* to open slightly.

entrechoquer [ɑ̃trəʃɔke] *vt* to bang together.

♦ **s'entrechoquer** *vp* to bang into each other.

entrecôte [ɑ̃trəkot] *nf* entrecôte.

entrecouper [ɑ̃trəkupe] *vt* to intersperse.

entrecroiser [ɑ̃trəkrwaze] *vt* to interlace.

♦ **s'entrecroiser** *vp* to intersect.

entrée [ɑ̃tre] *nf* **-1.** [arrivée, accès] entry, entrance; **«~ interdite»** "no admittance"; **«~ libre»** [dans musée] "admission free"; [dans boutique] "browsers welcome". **-2.** [porte] entrance. **-3.** [vestibule] (entrance) hall. **-4.** [billet] ticket. **-5.** [plat] starter, first course.

entrefaites [ɑ̃trəfɛt] *nfpl:* **sur ces ~** just at that moment.

entrefilet [ɑ̃trəfile] *nm* paragraph.

entrejambe, entre-jambes [ɑ̃trəʒɑ̃b] *nm* crotch.

entrelacer [ɑ̃trəlase] *vt* to intertwine.

entrelarder [ɑ̃trəlarde] *vt* **-1.** CULIN to lard. **-2.** *fam fig* [discours]: ~ **de** to lace with.

entremêler [ɑ̃trəmele] *vt* to mix; ~ **de** to mix with.

entremets [ɑ̃trəmɛ] *nm* dessert.

entremettre [ɑ̃trəmɛtr]

♦ **s'entremettre** *vp:* **s'~** (**dans**) to mediate (in).

entremise [ɑ̃trəmiz] *nf* intervention; **par l'~ de** through.

entrepont [ɑ̃trəpɔ̃] *nm* steerage.

entreposer [ɑ̃trəpoze] *vt* to store.

entrepôt [ɑ̃trəpo] *nm* warehouse.

entreprendre [ɑ̃trəprɑ̃dr] *vt* to undertake; [commencer] to start; ~ **de faire qqch** to undertake to do sth.

entrepreneur, -euse [ɑ̃trəprənœr, øz] *nm, f* [de services & CONSTR] contractor.

entrepris, -e [ɑ̃trəpri, iz] *pp* → **entreprendre**.

entreprise [ɑ̃trəpriz] *nf* **-1.** [travail, initiative] enterprise. **-2.** [société] company.

entrer [ɑ̃tre] ◇ *vi* **-1.** [pénétrer] to enter, to go/come in; ~ **dans** [gén] to enter; [pièce] to go/come into; [bain, voiture] to get into; *fig* [sujet] to go into; ~ **par** to go in OU enter by; **faire** ~ **qqn** to show sb in; **faire** ~ **qqch** to bring sth in. **-2.** [faire partie]: ~ **dans** to go into, to be part of. **-3.** [être admis, devenir membre]: ~ **à** [club, parti] to join; ~ **dans** [les affaires, l'enseignement] to go into; [la police, l'armée] to join; ~ **à l'université** to enter university; ~ **à l'hôpital** to go into hospital. ◇ *vt* **-1.** [gén] to bring in. **-2.** INFORM to enter, to input.

entresol [ɑ̃trəsɔl] *nm* mezzanine.

entre-temps [ɑ̃trətɑ̃] *adv* meanwhile.

entretenir [ɑ̃trətnir] *vt* **-1.** [faire durer] to keep alive. **-2.** [cultiver] to maintain. **-3.** [soigner] to look after. **-4.** [personne, famille] to support. **-5.** [parler à]: ~ **qqn de qqch** to speak to sb about sth.

♦ **s'entretenir** *vp* [se parler]: **s'~** (**de**) to talk (about).

entretien [ɑ̃trətjɛ̃] *nm* **-1.** [de voiture, jardin] maintenance, upkeep. **-2.** [conversation] discussion; [colloque] debate.

entre-tuer [ɑ̃trətɥe]

♦ **s'entre-tuer** *vp* to kill each other.

entrevoir [ɑ̃trəvwar] *vt* **-1.** [distinguer] to make out. **-2.** [voir rapidement] to see briefly. **-3.** *fig* [deviner] to glimpse.

entrevu, -e [ɑ̃trəvy] *pp* → **entrevoir**.

entrevue [ɑ̃trəvy] *nf* meeting.

entrouvert, -e [ɑ̃truvɛr, ɛrt] ◇ *pp* → **entrouvrir**. ◇ *adj* half-open.

entrouvrir [ɑ̃truvrir] *vt* to open partly.

◆ **s'entrouvrir** *vp* to open partly.

énumération [enymerasjɔ̃] *nf* enumeration.

énumérer [enymere] *vt* to enumerate.

env. *abr de* **environ**.

envahir [ɑ̃vair] *vt* **-1.** [gén & MIL] to invade. **-2.** *fig* [suj: sommeil, doute] to overcome. **-3.** *fig* [déranger] to intrude on.

envahissant, -e [ɑ̃vaisɑ̃, ɑ̃t] *adj* **-1.** [herbes] invasive. **-2.** [personne] intrusive.

envahisseur [ɑ̃vaisœr] *nm* invader.

enveloppe [ɑ̃vlɔp] *nf* **-1.** [de lettre] envelope. **-2.** [d'emballage] covering. **-3.** [membrane] **membrane**; [de graine] husk.

envelopper [ɑ̃vlɔpe] *vt* **-1.** [emballer] to wrap (up). **-2.** [suj: brouillard] to envelop. **-3.** [déguiser] to mask.
◆ **s'envelopper** *vp*: **s'~ dans** to wrap o.s. up in.

envenimer [ɑ̃vnime] *vt* **-1.** [blessure] to infect. **-2.** *fig* [querelle] to poison.
◆ **s'envenimer** *vp* **-1.** [s'infecter] to become infected. **-2.** *fig* [se détériorer] to become poisoned.

envergure [ɑ̃vɛrgyr] *nf* **-1.** [largeur] span; [d'oiseau, d'avion] wingspan. **-2.** *fig* [qualité] **calibre**. **-3.** *fig* [importance] scope; **prendre de l'~** to expand.

envers¹ [ɑ̃vɛr] *prép* towards.

envers² [ɑ̃vɛr] *nm* **-1.** [de tissu] wrong side; [de feuillet etc] back; [de médaille] reverse. **-2.** [face cachée] other side.
◆ **à l'envers** *loc adv* [vêtement] inside out; [portrait, feuille] upside down; *fig* the wrong way.

envi [ɑ̃vi]
◆ **à l'envi** *loc adv littéraire* trying to outdo each other.

envie [ɑ̃vi] *nf* **-1.** [désir] desire; **avoir ~ de qqch/de faire qqch** to feel like sthg/like doing sthg, to want sthg/to do sthg. **-2.** [convoitise] envy; **ce tailleur me fait ~** I covet that suit.

envier [ɑ̃vje] *vt* to envy.

envieux, -ieuse [ɑ̃vjø, jøz] ◇ *adj* envious. ◇ *nm, f* envious person; **faire des ~** to make other people envious.

environ [ɑ̃virɔ̃] *adv* [à peu près] about.

environnement [ɑ̃virɔnmɑ̃] *nm* environment.

environs [ɑ̃virɔ̃] *nmpl* (surrounding) area (*sg*); **aux ~ de** [lieu] near; [époque] round about, around.

envisager [ɑ̃vizaʒe] *vt* to consider; **~ de faire qqch** to be considering doing sthg.

envoi [ɑ̃vwa] *nm* **-1.** [action] sending, dispatch. **-2.** [colis] parcel.

envol [ɑ̃vɔl] *nm* takeoff.

envolée [ɑ̃vɔle] *nf* **-1.** [d'oiseaux & *fig*] flight. **-2.** [augmentation]: **l'~ du dollar** the rapid rise in the value of the dollar.

envoler [ɑ̃vɔle]
◆ **s'envoler** *vp* **-1.** [oiseau] to fly away. **-2.** [avion] to take off. **-3.** [disparaître] to disappear into thin air.

envoûter [ɑ̃vute] *vt* to bewitch.

envoyé, -e [ɑ̃vwaje] ◇ *adj*: **bien ~** well-aimed. ◇ *nm, f* envoy.

envoyer [ɑ̃vwaje] *vt* to send; **~ qqch à qqn** [expédier] to send sb sthg, to send sthg to sb; [jeter] to throw sb sthg, to throw sthg to sb; **~ qqn faire qqch** to send sb to do sthg; **~ chercher qqn/qqch** to send for sb/sthg.

épagneul [epaɲœl] *nm* spaniel.

épais, -aisse [epɛ, ɛs] *adj* **-1.** [large, dense] thick. **-2.** [grossier] crude.

épaisseur [epɛsœr] *nf* **-1.** [largeur, densité] thickness. **-2.** *fig* [consistance] depth.

épaissir [epesir] *vt & vi* to thicken.
◆ **s'épaissir** *vp* **-1.** [liquide] to thicken. **-2.** *fig* [mystère] to deepen.

épanchement [epɑ̃ʃmɑ̃] *nm* **-1.** [effusion] outpouring. **-2.** MÉD effusion.

épancher [epɑ̃ʃe] *vt* to pour out.
◆ **s'épancher** *vp* [se confier] to pour one's heart out.

épanoui, -e [epanwi] *adj* **-1.** [fleur] in full bloom. **-2.** [expression] radiant. **-3.** [corps] fully formed; **aux formes ~es** well-rounded.

épanouir [epanwir] *vt* [personne] to make happy.

◆ **s'épanouir** *vp* **-1.** [fleur] to open. **-2.** [visage] to light up. **-3.** [corps] to fill out. **-4.** [personnalité] to blossom.

épanouissement [epanwismã] *nm* **-1.** [de fleur] blooming, opening. **-2.** [de visage] brightening. **-3.** [de corps] filling out. **-4.** [de personnalité] flowering.

épargnant, -e [eparɲã, ãt] *nm, f* saver.

épargne [eparɲ] *nf* **-1.** [action, vertu] saving. **-2.** [somme] savings (*pl*); ~ **logement** savings account (*to buy property*).

épargner [eparɲe] *vt* **-1.** [gén] to spare; ~ **qqch à qqn** to spare sb sthg. **-2.** [économiser] to save.

éparpiller [eparpije] *vt* **-1.** [choses, personnes] to scatter. **-2.** *fig* [forces] to dissipate.

◆ **s'éparpiller** *vp* **-1.** [se disperser] to scatter. **-2.** *fig* [perdre son temps] to lack focus.

épars, -e [epar, ars] *adj sout* [objets] scattered; [végétation, cheveux] sparse.

épatant, -e [epatã, ãt] *adj fam* great.

épaté, -e [epate] *adj* **-1.** [nez] flat. **-2.** *fam* [étonné] amazed.

épaule [epol] *nf* shoulder.

épauler [epole] *vt* to support, to back up.

épaulette [epolɛt] *nf* **-1.** MIL epaulet. **-2.** [rembourrage] shoulder pad.

épave [epav] *nf* wreck.

épée [epe] *nf* sword.

épeler [eple] *vt* to spell.

éperdu, -e [eperdy] *adj* [sentiment] passionate; ~ **de** [personne] overcome with.

éperon [eprɔ̃] *nm* [de cavalier, de montagne] spur; [de navire] ram.

éperonner [eprɔne] *vt* to spur on.

épervier [epɛrvje] *nm* sparrowhawk.

éphèbe [efɛb] *nm hum* Adonis.

éphémère [efemɛr] ◇ *adj* [bref] ephemeral, fleeting. ◇ *nm* ZOOL mayfly.

éphéméride [efemerid] *nf* tear-off calendar.

épi [epi] *nm* **-1.** [de céréale] ear. **-2.** [cheveux] tuft.

épice [epis] *nf* spice.

épicéa [episea] *nm* spruce.

épicer [epise] *vt* [plat] to spice.

épicerie [episri] *nf* **-1.** [magasin] grocer's (shop). **-2.** [denrées] groceries (*pl*).

épicier, -ière [episje, jɛr] *nm, f* grocer.

épidémie [epidemi] *nf* epidemic.

épiderme [epidɛrm] *nm* epidermis.

épier [epje] *vt* **-1.** [espionner] to spy on. **-2.** [observer] to look for.

épilation [epilasjɔ̃] *nf* hair removal.

épilepsie [epilɛpsi] *nf* epilepsy.

épiler [epile] *vt* [jambes] to remove hair from; [sourcils] to pluck.

◆ **s'épiler** *vp*: **s'~ les jambes** to remove the hair from one's legs; **s'~ les sourcils** to pluck one's eyebrows.

épilogue [epilɔg] *nm* **-1.** [de roman] epilogue. **-2.** [d'affaire] outcome.

épiloguer [epilɔge] *vi* to hold forth.

épinards [epinar] *nmpl* spinach (*U*).

épine [epin] *nf* [piquant - de rosier] thorn; [- de hérisson] spine.

épineux, -euse [epinø, øz] *adj* thorny.

épingle [epɛ̃gl] *nf* [instrument] pin.

épingler [epɛ̃gle] *vt* **-1.** [fixer] to pin (up). **-2.** *fam fig* [arrêter] to nick *Br*.

épinière [epinjɛr] → **moelle**.

Épiphanie [epifani] *nf* Epiphany.

épique [epik] *adj* epic.

épiscopal, -e, -aux [episkɔpal, o] *adj* episcopal.

épisode [epizɔd] *nm* episode.

épisodique [epizɔdik] *adj* **-1.** [occasionnel] occasional. **-2.** [secondaire] minor.

épistolaire [epistɔlɛr] *adj* **-1.** [échange] of letters; **être en relations ~s avec**

qqn to be in (regular) correspondence with sb. **-2.** [roman] epistolary.

épitaphe [epitaf] *nf* epitaph.

épithète [epitɛt] ◇ *nf* **-1.** GRAM attribute. **-2.** [qualificatif] term. ◇ *adj* attributive.

épître [epitr] *nf* epistle.

éploré, -e [eplɔre] *adj* [personne] in tears; [visage, air] tearful.

épluche-légumes [eplyʃlegym] *nm inv* potato peeler.

éplucher [eplyʃe] *vt* **-1.** [légumes] to peel. **-2.** [textes] to dissect; [comptes] to scrutinize.

épluchure [eplyʃyr] *nf* peelings (*pl*).

éponge [epɔ̃ʒ] *nf* sponge.

éponger [epɔ̃ʒe] *vt* **-1.** [liquide, déficit] to mop up. **-2.** [visage] to mop, to wipe.

épopée [epɔpe] *nf* epic.

époque [epɔk] *nf* **-1.** [de l'année] time. **-2.** [de l'histoire] period.

épouiller [epuje] *vt* to delouse.

époumoner [epumɔne]
◆ **s'époumoner** *vp* to shout o.s. hoarse.

épouse → **époux.**

épouser [epuze] *vt* **-1.** [personne] to marry. **-2.** [forme] to hug. **-3.** *fig* [idée, principe] to espouse.

épousseter [epuste] *vt* to dust.

époustouflant, -e [epustuflɑ̃, ɑ̃t] *adj fam* amazing.

épouvantable [epuvɑ̃tabl] *adj* dreadful.

épouvantail [epuvɑ̃taj] *nm* [à moineaux] scarecrow; *fig* bogeyman.

épouvanter [epuvɑ̃te] *vt* to terrify.

époux, épouse [epu, epuz] *nm, f* spouse.

éprendre [eprɑ̃dr]
◆ **s'éprendre** *vp sout*: **s'~ de** to fall in love with.

épreuve [eprœv] *nf* **-1.** [essai, examen] test; **à l'~ du feu** fireproof; **à l'~ des balles** bullet-proof; **~ de force** *fig* trial of strength. **-2.** [malheur] ordeal.

-3. SPORT event. **-4.** TYPO proof. **-5.** PHOT print.

épris, -e [epri, iz] ◇ *pp* → **éprendre.** ◇ *adj sout*: **~ de** in love with.

éprouver [epruve] *vt* **-1.** [tester] to test. **-2.** [ressentir] to feel. **-3.** [faire souffrir] to distress; **être éprouvé par** to be afflicted by. **-4.** [difficultés, problèmes] to experience.

éprouvette [epruvɛt] *nf* **-1.** [tube à essai] test tube. **-2.** [échantillon] sample.

EPS (*abr de* **éducation physique et sportive**) *nf* PE.

épuisé, -e [epɥize] *adj* **-1.** [personne, corps] exhausted. **-2.** [marchandise] sold out, out of stock; [livre] out of print.

épuisement [epɥizmɑ̃] *nm* exhaustion.

épuiser [epɥize] *vt* to exhaust.

épuisette [epɥizɛt] *nf* landing net.

épurer [epyre] *vt* **-1.** [eau, huile] to purify. **-2.** POLIT to purge.

équarrir [ekarir] *vt* **-1.** [animal] to cut up. **-2.** [poutre] to square. **-3.** *fig* [personne]: **mal équarri** rough, crude.

équateur [ekwatœr] *nm* equator.

Équateur [ekwatœr] *nm*: **l'~** Ecuador.

équation [ekwasjɔ̃] *nf* equation.

équatorial, -e, -iaux [ekwatɔrjal, jo] *adj* equatorial.

équerre [ekɛr] *nf* [instrument] set square; [en T] T-square.

équestre [ekɛstr] *adj* equestrian.

équilatéral, -e, -aux [ekɥilateral, o] *adj* equilateral.

équilibre [ekilibr] *nm* **-1.** [gén] balance. **-2.** [psychique] stability.

équilibré, -e [ekilibre] *adj* **-1.** [personne] well-balanced. **-2.** [vie] stable. **-3.** [proportions] well-proportioned.

équilibrer [ekilibre] *vt* to balance.
◆ **s'équilibrer** *vp* to balance each other out.

équilibriste [ekilibrist] *nmf* tightrope walker.

équipage [ekipaʒ] *nm* crew.

équipe [ekip] *nf* team.

équipement [ekipmã] *nm* **-1.** [matériel] equipment. **-2.** [aménagement] facilities (*pl*); ~**s sportifs/scolaires** sports/educational facilities.

équiper [ekipe] *vt* **-1.** [navire, armée] to equip. **-2.** [personne, local] to equip, to fit out; ~ **qqn/qqch de** to equip sb/sthg with, to fit sb/sthg out with.
◆ **s'équiper** *vp*: **s'**~ **de** to equip o.s. (with).

équipier, -ière [ekipje, jɛr] *nm, f* team member.

équitable [ekitabl] *adj* fair.

équitation [ekitasjɔ̃] *nf* riding, horse-riding.

équité [ekite] *nf* fairness.

équivalent, -e [ekivalã, ãt] *adj* equivalent.
◆ **équivalent** *nm* equivalent.

équivaloir [ekivalwar] *vi*: ~ **à** to be equivalent to.

équivoque [ekivɔk] ◇ *adj* **-1.** [ambigu] ambiguous. **-2.** [mystérieux] dubious. ◇ *nf* ambiguity; **sans** ~ unequivocal (*adj*), unequivocally (*adv*).

érable [erabl] *nm* maple.

éradiquer [eradike] *vt* to eradicate.

érafler [erafle] *vt* **-1.** [peau] to scratch. **-2.** [mur, voiture] to scrape.

éraflure [eraflyr] *nf* **-1.** [de peau] scratch. **-2.** [de mur, voiture] scrape.

éraillé, -e [eraje] *adj* [voix] hoarse.

ère [ɛr] *nf* era.

érection [erɛksjɔ̃] *nf* erection.

éreintant, -e [erɛ̃tã, ãt] *adj* exhausting.

éreinter [erɛ̃te] *vt* **-1.** [fatiguer] to exhaust. **-2.** [critiquer] to pull to pieces.

ergonomique [ɛrgɔnɔmik] *adj* ergonomic.

ergot [ɛrgo] *nm* **-1.** [de coq] spur. **-2.** [de mammifère] dewclaw. **-3.** [de blé] ergot.

ériger [eriʒe] *vt* **-1.** [monument] to erect. **-2.** [tribunal] to set up. **-3.** *fig* [transformer]: ~ **qqn en** to set sb up as.

ermite [ɛrmit] *nm* hermit.

éroder [erɔde] *vt* to erode.

érogène [erɔʒɛn] *adj* erogenous.

érosion [erozjɔ̃] *nf* erosion.

érotique [erɔtik] *adj* erotic.

érotisme [erɔtism] *nm* eroticism.

errance [ɛrãs] *nf* wandering.

erratum [eratɔm] (*pl* **errata** [erata]) *nm* erratum.

errer [ere] *vi* to wander.

erreur [erœr] *nf* mistake; **par** ~ by mistake.

erroné, -e [ɛrɔne] *adj sout* wrong.

ersatz [ɛrzats] *nm inv* ersatz.

éructer [erykte] *vi* to belch.

érudit, -e [erydi, it] ◇ *adj* erudite, learned. ◇ *nm, f* learned person.

éruption [erypsjɔ̃] *nf* **-1.** MÉD rash. **-2.** [de volcan] eruption.

es → **être**.

ès [ɛs] *prép* of (*in certain titles*); **docteur** ~ **lettres** ≃ PhD, doctor of philosophy.

escabeau, -x [ɛskabo] *nm* **-1.** [échelle] stepladder. **-2.** *vieilli* [tabouret] stool.

escadre [ɛskadr] *nf* **-1.** [navires] fleet. **-2.** [avions] wing.

escadrille [ɛskadrij] *nf* **-1.** [navires] flotilla. **-2.** [avions] flight.

escadron [ɛskadrɔ̃] *nm* squadron.

escalade [ɛskalad] *nf* **-1.** [de montagne, grille] climbing. **-2.** [des prix, de violence] escalation.

escalader [ɛskalade] *vt* to climb.

escale [ɛskal] *nf* **-1.** [lieu - pour navire] port of call; [- pour avion] stopover; **faire** ~ **à** [navire] to put in at, to call at; [avion] to stop over at. **-2.** [arrêt - de navire] call; [- d'avion] stopover, stop.

escalier [ɛskalje] *nm* stairs (*pl*); **descendre/monter l'**~ to go downstairs/upstairs; ~ **roulant** OU **mécanique** escalator.

escalope [ɛskalɔp] *nf* escalope.

escamotable [ɛskamɔtabl] *adj* **-1.** [train d'atterrissage] retractable; [antenne] telescopic. **-2.** [table] folding.

escamoter [ɛskamɔte] *vt* **-1.** [faire disparaître] to make disappear. **-2.** [voler] to lift. **-3.** [rentrer] to retract. **-4.** [phrase, mot] to swallow. **-5.** [éluder - question] to evade; [- objection] to get round.

escapade [ɛskapad] *nf* **-1.** [voyage] outing. **-2.** [fugue] escapade.

escargot [ɛskargo] *nm* snail.

escarmouche [ɛskarmuʃ] *nf* skirmish.

escarpé, -e [ɛskarpe] *adj* steep.

escarpement [ɛskarpəmã] *nm* **-1.** [de pente] steep slope. **-2.** GÉOGR escarpment.

escarpin [ɛskarpɛ̃] *nm* court shoe *Br*.

escarre [ɛskar] *nf* bedsore, pressure sore.

escient [esjã] *nm*: **à bon ~** advisedly; **à mauvais ~** ill-advisedly.

esclaffer [ɛsklafe]
◆ **s'esclaffer** *vp* to burst out laughing.

esclandre [ɛsklãdr] *nm sout* scene.

esclavage [ɛsklavaʒ] *nm* slavery.

esclave [ɛsklav] ◇ *nmf* slave. ◇ *adj*: **être ~ de** to be a slave to.

escompte [ɛskɔ̃t] *nm* discount.

escompter [ɛskɔ̃te] *vt* **-1.** [prévoir] to count on. **-2.** FIN to discount.

escorte [ɛskɔrt] *nf* escort.

escorter [ɛskɔrte] *vt* to escort.

escouade [ɛskwad] *nf* squad.

escrime [ɛskrim] *nf* fencing.

escrimer [ɛskrime]
◆ **s'escrimer** *vp*: **s'~ à faire qqch** to work (away) at doing sthg.

escroc [ɛskro] *nm* swindler.

escroquer [ɛskrɔke] *vt* to swindle; **~ qqch à qqn** to swindle sb out of sthg.

escroquerie [ɛskrɔkri] *nf* swindle, swindling (*U*).

eskimo, Eskimo → esquimau.

espace [ɛspas] *nm* space; **~ vert** green space, green area.

espacer [ɛspase] *vt* **-1.** [dans l'espace] to space out. **-2.** [dans le temps - visi-

tes] to space out; [- paiements] to spread out.

espadon [ɛspadɔ̃] *nm* [poisson] swordfish.

espadrille [ɛspadrij] *nf* espadrille.

Espagne [ɛspaɲ] *nf*: **l'~** Spain.

espagnol, -e [ɛspaɲɔl] *adj* Spanish.
◆ **espagnol** *nm* [langue] Spanish.
◆ **Espagnol, -e** *nm, f* Spaniard; **les Espagnols** the Spanish.

espèce [ɛspɛs] *nf* **-1.** BIOL, BOT & ZOOL species. **-2.** [sorte] kind, sort; **~ d'idiot!** you stupid fool!
◆ **espèces** *nfpl* cash; **payer en ~s** to pay (in) cash.

espérance [ɛsperãs] *nf* hope; **~ de vie** life expectancy.

espérer [ɛspere] ◇ *vt* to hope for; **~ que** to hope (that); **~ faire qqch** to hope to do sthg. ◇ *vi* to hope; **~ en qqn/qqch** to trust in sb/sthg.

espiègle [ɛspjɛgl] *adj* mischievous.

espion, -ionne [ɛspjɔ̃, jɔn] *nm, f* spy.

espionnage [ɛspjɔnaʒ] *nm* spying; **~ industriel** industrial espionage.

espionner [ɛspjɔne] *vt* to spy on.

esplanade [ɛsplanad] *nf* esplanade.

espoir [ɛspwar] *nm* hope.

esprit [ɛspri] *nm* **-1.** [entendement, personne, pensée] mind; **reprendre ses ~s** to recover. **-2.** [attitude] spirit; **~ de compétition** competitive spirit; **~ critique** critical acumen. **-3.** [humour] wit. **-4.** [fantôme] spirit, ghost.

esquif [ɛskif] *nm littéraire* skiff.

esquimau, -aude, -aux, eskimo [ɛskimo, od] *adj* Eskimo.
◆ **Esquimau, -aude** *nm, f*, **Eskimo** *nmf* Eskimo.

esquinter [ɛskɛ̃te] *vt fam* **-1.** [abîmer] to ruin. **-2.** [critiquer] to slate *Br*, to pan.
◆ **s'esquinter** *vp*: **s'~ à faire qqch** to kill o.s. doing sthg.

esquiver [ɛskive] *vt* to dodge.
◆ **s'esquiver** *vp* to slip away.

essai [ɛsɛ] *nm* **-1.** [vérification] test,

testing (U); à l'~ on trial. -2. [tentative] attempt. -3. RUGBY try.

essaim [esɛ̃] nm litt & fig swarm.

essayage [esejaʒ] nm fitting.

essayer [eseje] vt to try; ~ de faire qqch to try to do sthg.

essence [esɑ̃s] nf -1. [fondement, de plante] essence; par ~ sout in essence. -2. [carburant] petrol Br, gas Am; prendre de l'~ to get some petrol. -3. [d'arbre] species.

essentiel, -ielle [esɑ̃sjɛl] adj -1. [indispensable] essential. -2. [fondamental] basic.

◆ **essentiel** nm -1. [point]: l'~ [le principal] the essential OU main thing. -2. [quantité]: l'~ de the main OU greater part of.

essentiellement [esɑ̃sjɛlmɑ̃] adv -1. [avant tout] above all. -2. [par essence] essentially.

esseulé, -e [esœle] adj littéraire forsaken.

essieu [esjø] nm axle.

essor [esɔr] nm flight, expansion, boom; prendre son ~ to take flight; fig to take off.

essorer [esɔre] vt [à la main, à rouleaux] to wring out; [à la machine] to spindry; [salade] to spin, to dry.

essoreuse [esɔrøz] nf [à rouleaux] mangle; [électrique] spin-dryer; [à salade] salad spinner.

essouffler [esufle] vt to make breathless.

◆ **s'essouffler** vp to be breathless OU out of breath; fig to run out of steam.

essuie-glace [esɥiglas] (pl essuie-glaces) nm windscreen wiper Br, windshield wiper Am.

essuie-mains [esɥimɛ̃] nm inv hand towel.

essuie-tout [esɥitu] nm inv kitchen roll.

essuyer [esɥije] vt -1. [sécher] to dry. -2. [nettoyer] to dust. -3. fig [subir] to suffer.

◆ **s'essuyer** vp to dry o.s.

est¹ [ɛst] ◇ nm east; un vent d'~ an easterly wind; à l'~ in the east; à l'~ (de) to the east (of). ◇ adj inv [gén] east; [province, région] eastern.

est² [ɛ] → être.

estafette [ɛstafɛt] nf dispatch-rider; MIL liaison officer.

estafilade [ɛstafilad] nf slash, gash.

est-allemand, -e [ɛstalmɑ̃, ɑ̃d] adj East German.

estampe [ɛstɑ̃p] nf print.

estampille [ɛstɑ̃pij] nf stamp.

est-ce que [ɛskə] adv interr: est-ce qu'il fait beau? is the weather good?; ~ vous aimez l'accordéon? do you like the accordion?; où ~ tu es? where are you?

esthète [ɛstɛt] nmf aesthete.

esthétique [ɛstetik] adj -1. [relatif à la beauté] aesthetic. -2. [harmonieux] attractive.

estimation [ɛstimasjɔ̃] nf estimate, estimation.

estime [ɛstim] nf respect, esteem.

estimer [ɛstime] vt -1. [expertiser] to value. -2. [évaluer] to estimate; j'estime la durée du voyage à 2 heures I reckon the journey time is 2 hours. -3. [respecter] to respect. -4. [penser]: ~ que to feel (that).

estivant, -e [ɛstivɑ̃, ɑ̃t] nm, f (summer) holiday-maker Br OU vacationer Am.

estomac [ɛstɔma] nm ANAT stomach.

estomper [ɛstɔ̃pe] vt to blur; fig [douleur] to lessen.

◆ **s'estomper** vp to be/become blurred; fig [douleur] to lessen.

Estonie [ɛstɔni] nf: l'~ Estonia.

estrade [ɛstrad] nf dais.

estragon [ɛstragɔ̃] nm tarragon.

estropié, -e [ɛstrɔpje] ◇ adj crippled. ◇ nm, f cripple.

estuaire [ɛstɥɛr] nm estuary.

esturgeon [ɛstyrʒɔ̃] nm sturgeon.

et [e] conj -1. [gén] and; ~ moi? what about me? -2. [dans les fractions et les nombres composés]: **vingt ~ un** twenty-one; **il y a deux ans ~ demi** two and a half years ago; **à deux heures ~ demie** at half past two.

ét. (*abr de* **étage**) fl.

ETA (*abr de* **Euskadi ta Askatasuna**) *nf* ETA.

étable [etabl] *nf* cowshed.

établi [etabli] *nm* workbench.

établir [etablir] *vt* **-1.** [gén] to establish; [record] to set. **-2.** [dresser] to draw up.

◆ **s'établir** *vp* **-1.** [s'installer] to settle. **-2.** [s'instaurer] to become established.

établissement [etablismɑ̃] *nm* establishment; **~ hospitalier** hospital; **~ scolaire** educational establishment.

étage [etaʒ] *nm* **-1.** [de bâtiment] storey, floor; **un immeuble à quatre ~s** a four-storey block of flats; **au premier ~** on the first floor *Br*, on the second floor *Am*. **-2.** [de fusée] stage.

étagère [etaʒɛr] *nf* **-1.** [rayon] shelf. **-2.** [meuble] shelves (*pl*), set of shelves.

étain [etɛ̃] *nm* [métal] tin; [alliage] pewter.

étais, était *etc* → **être.**

étal [etal] (*pl* **-s** OU **étaux** [eto]) *nm* **-1.** [éventaire] stall. **-2.** [de boucher] butcher's block.

étalage [etalaʒ] *nm* **-1.** [action, ensemble d'objets] display; **faire ~ de** *fig* to flaunt. **-2.** [devanture] window display.

étalagiste [etalaʒist] *nmf* **-1.** [décorateur] window-dresser. **-2.** [vendeur] stall-holder.

étaler [etale] *vt* **-1.** [exposer] to display. **-2.** [étendre] to spread out. **-3.** [dans le temps] to stagger. **-4.** [mettre une couche de] to spread. **-5.** [exhiber] to parade.

◆ **s'étaler** *vp* **-1.** [s'étendre] to spread. **-2.** [dans le temps]: **s'~ (sur)** to be spread (over). **-3.** *fam* [tomber] to come a cropper *Br*, to fall flat on one's face.

étalon [etalɔ̃] *nm* **-1.** [cheval] stallion. **-2.** [mesure] standard.

étamine [etamin] *nf* [de fleur] stamen.

étanche [etɑ̃ʃ] *adj* watertight; [montre] waterproof.

étancher [etɑ̃ʃe] *vt* **-1.** [sang, larmes] to stem (the flow of). **-2.** [assouvir] to quench.

étang [etɑ̃] *nm* pond.

étant *ppr* → **être.**

étape [etap] *nf* **-1.** [gén] stage. **-2.** [halte] stop; **faire ~ à** to break one's journey at.

état [eta] *nm* **-1.** [manière d'être] state; **être en ~/hors d'~ de faire qqch** to be in a/in no fit state to do sthg; **en bon/mauvais ~** in good/poor condition; **en ~ d'ivresse** under the influence of alcohol; **en ~ de marche** in working order; **~ d'âme** mood; **~ d'esprit** state of mind; **~ de santé** (state of) health; **être dans tous ses ~s** *fig* to be in a state. **-2.** [métier, statut] status; **~ civil** ADMIN ≃ marital status. **-3.** [inventaire - gén] inventory; [- de dépenses] statement; **~ des lieux** *inventory and inspection of rented property.*

◆ **État** *nm* [nation] state; **l'État** the State; **État membre** member state.

état-major [etamaʒɔr] *nm* **-1.** ADMIN & MIL staff; [de parti] leadership. **-2.** [lieu] headquarters (*pl*).

États-Unis [etazyni] *nmpl*: **les ~ (d'Amérique)** the United States (of America).

étau [eto] *nm* vice.

étayer [eteje] *vt* to prop up; *fig* to back up.

etc. (*abr de* **et cætera**) etc.

été [ete] ◇ *pp inv* → **être.** ◇ *nm* summer; **en ~** in (the) summer.

éteindre [etɛ̃dr] *vt* **-1.** [incendie, bougie, cigarette] to put out; [radio, chauffage, lampe] to turn off, to switch off.

◆ **s'éteindre** *vp* **-1.** [feu, lampe] to go out. **-2.** [bruit, souvenir] to fade (away). **-3.** *fig & littéraire* [personne] to pass away. **-4.** [race] to die out.

étendard [etɑ̃dar] *nm* standard.

étendre [etɑ̃dr] *vt* **-1.** [déployer] to stretch; [journal, linge] to spread (out). **-2.** [coucher] to lay. **-3.** [appliquer] to spread. **-4.** [accroître] to extend. **-5.** [diluer] to dilute; [sauce] to thin.
♦ **s'étendre** *vp* **-1.** [se coucher] to lie down. **-2.** [s'étaler au loin]: **s'~ (de/jusqu'à)** to stretch (from/as far as). **-3.** [croître] to spread. **-4.** [s'attarder]: **s'~ sur** to elaborate on.

étendu, -e [etɑ̃dy] ◇ *pp* → **étendre**. ◇ *adj* **-1.** [bras, main] outstretched. **-2.** [plaine, connaissances] extensive.
♦ **étendue** *nf* **-1.** [surface] area, expanse. **-2.** [durée] length. **-3.** [importance] extent. **-4.** MUS range.

éternel, -elle [etɛrnɛl] *adj* eternal; **ce ne sera pas ~** this won't last for ever.

éterniser [etɛrnize] *vt* [prolonger] to drag out.
♦ **s'éterniser** *vp* **-1.** [se prolonger] to drag out. **-2.** *fam* [rester] to stay for ever.

éternité [etɛrnite] *nf* eternity.

éternuer [etɛrnɥe] *vi* to sneeze.

êtes → **être**.

étêter [etete] *vt* to cut the head off.

éther [etɛr] *nm* ether.

Éthiopie [etjɔpi] *nf*: **l'~** Ethiopia.

éthique [etik] ◇ *nf* ethics (*U or pl*). ◇ *adj* ethical.

ethnie [etni] *nf* ethnic group.

ethnique [etnik] *adj* ethnic.

ethnologie [ɛtnɔlɔʒi] *nf* ethnology.

éthylisme [etilism] *nm* alcoholism.

étiez, étions *etc* → **être**.

étincelant, -e [etɛ̃slɑ̃, ɑ̃t] *adj* sparkling.

étinceler [etɛ̃sle] *vi* to sparkle.

étincelle [etɛ̃sɛl] *nf* spark.

étioler [etjɔle]
♦ **s'étioler** *vp* [plante] to wilt; [personne] to weaken; [mémoire] to go.

étiqueter [etikte] *vt litt & fig* to label.

étiquette [etikɛt] *nf* **-1.** [marque & *fig*] label. **-2.** [protocole] etiquette.

étirer [etire] *vt* to stretch.
♦ **s'étirer** *vp* to stretch.

étoffe [etɔf] *nf* fabric, material.

étoile [etwal] *nf* star; **~ filante** shooting star; **à la belle ~** *fig* under the stars.
♦ **étoile de mer** *nf* starfish.

étoilé, -e [etwale] *adj* **-1.** [ciel, nuit] starry; **la bannière ~e** the Star-Spangled Banner. **-2.** [vitre, pare-brise] shattered.

étole [etɔl] *nf* stole.

étonnant, -e [etɔnɑ̃, ɑ̃t] *adj* astonishing.

étonnement [etɔnmɑ̃] *nm* astonishment, surprise.

étonner [etɔne] *vt* to surprise, to astonish.
♦ **s'étonner** *vp*: **s'~ (de)** to be surprised (by); **s'~ que** (+ *subjonctif*) to be surprised (that).

étouffant, -e [etufɑ̃, ɑ̃t] *adj* stifling.

étouffée [etufe]
♦ **à l'étouffée** *loc adv* steamed; [viande] braised.

étouffer [etufe] ◇ *vt* **-1.** [gén] to stifle. **-2.** [asphyxier] to suffocate. **-3.** [feu] to smother. **-4.** [scandale, révolte] to suppress. ◇ *vi* to suffocate.
♦ **s'étouffer** *vp* [s'étrangler] to choke.

étourderie [eturdəri] *nf* **-1.** [distraction] thoughtlessness. **-2.** [bévue] careless mistake; [acte irréfléchi] thoughtless act.

étourdi, -e [eturdi] ◇ *adj* scatter-brained. ◇ *nm, f* scatterbrain.

étourdir [eturdir] *vt* [assommer] to daze.

étourdissement [eturdismɑ̃] *nm* dizzy spell.

étourneau, -x [eturno] *nm* starling.

étrange [etrɑ̃ʒ] *adj* strange.

étranger, -ère [etrɑ̃ʒe, ɛr] ◇ *adj* **-1.** [gén] foreign. **-2.** [différent, isolé] unknown, unfamiliar; **être ~ à qqn** to be unknown to sb; **être ~ à qqch** to have no connection with sthg; **se sentir ~** to feel like an outsider. ◇

nm, f **-1.** [de nationalité différente] foreigner. **-2.** [inconnu] stranger. **-3.** [exclu] outsider.

♦ **étranger** *nm*: à l'~ abroad.

étrangeté [etrɑ̃ʒte] *nf* strangeness.

étranglement [etrɑ̃gləmɑ̃] *nm* **-1.** [strangulation] strangulation. **-2.** [rétrécissement] constriction.

étrangler [etrɑ̃gle] *vt* **-1.** [gén] to choke. **-2.** [strangler] to strangle. **-3.** [réprimer] to stifle. **-4.** [serrer] to constrict.

♦ **s'étrangler** *vp* [s'étouffer] to choke.

étrave [etrav] *nf* stem.

être [etr] ◇ *nm* being; **les ~s vivants/humains** living/human beings. ◇ *v aux* **-1.** [pour les temps composés] to have/to be; **il est parti hier** he left yesterday; **il est déjà arrivé** he has already arrived; **il est né en 1952** he was born in 1952. **-2.** [pour le passif] to be; **la maison a été vendue** the house has been OU was sold. ◇ *v attr* **-1.** [état] to be; **la maison est blanche** the house is white; **il est médecin** he's a doctor; **sois sage!** be good! **-2.** [possession]: ~ **à qqn** to be sb's, to belong to sb; **c'est à vous, cette voiture?** is this your car?, is this car yours?; **cette maison est à lui/eux** this house is his/theirs, this is his/their house. ◇ *v impers* **-1.** [exprimant le temps]: **quelle heure est-il?** what time is it?, what's the time?; **il est dix heures dix** it's ten past *Br* OU after *Am* ten. **-2.** [suivi d'un adjectif]: **il est ... it is ...; il est inutile de** it's useless to; **il serait bon de/que** it would be good to/if, it would be a good idea to/if. ◇ *vi* **-1.** [exister] to be; **n'~ plus** *sout* [être décédé] to be no more. **-2.** [indique une situation, un état] to be; **il est à Paris** he's in Paris; **nous sommes au printemps/en été** it's spring/summer. **-3.** [indiquant une origine]: **il est de Paris** he's from Paris.

♦ **être à** *v + prép* **-1.** [indiquant une obligation]: **c'est à vérifier** it needs to be checked; **c'est à voir** that remains to be seen. **-2.** [indiquant une continuité]: **il est toujours à ne rien faire** he never does a thing.

étreindre [etrɛ̃dr] *vt* **-1.** [embrasser] to hug, to embrace. **-2.** *fig* [tenailler] to grip, to clutch.

♦ **s'étreindre** *vp* to embrace each other.

étreinte [etrɛ̃t] *nf* **-1.** [enlacement] embrace. **-2.** [pression] stranglehold.

étrenner [etrene] *vt* to use for the first time.

étrennes [etren] *nfpl* Christmas box *(sg)*.

étrier [etrije] *nm* stirrup.

étriller [etrije] *vt* **-1.** [cheval] to curry. **-2.** [personne] to wipe the floor with; [film] to tear to pieces.

étriper [etripe] *vt* **-1.** [animal] to disembowel. **-2.** *fam fig* [tuer] to murder.

♦ **s'étriper** *vp fam* to tear each other to pieces.

étriqué, -e [etrike] *adj* **-1.** [vêtement] tight; [appartement] cramped. **-2.** [mesquin] narrow.

étroit, -e [etrwa, at] *adj* **-1.** [gén] narrow. **-2.** [intime] close. **-3.** [serré] tight.

♦ **à l'étroit** *loc adj*: **être à l'~** to be cramped.

étroitesse [etrwatɛs] *nf* narrowness.

étude [etyd] *nf* **-1.** [gén] study; **à l'~** under consideration; ~ **de marché** market research (U). **-2.** [de notaire - local] office; [- charge] practice. **-3.** *MUS* étude.

♦ **études** *nfpl* studies; **faire des ~s to study.

étudiant, -e [etydjɑ̃, ɑ̃t] *nm, f* student.

étudié, -e [etydje] *adj* studied.

étudier [etydje] *vt* to study.

étui [etɥi] *nm* case; ~ **à cigarettes/lunettes** cigarette/glasses case.

étuve [etyv] *nf* **-1.** [local] steam room; *fig* oven. **-2.** [appareil] sterilizer.

étuvée [etyve]

◆ à l'étuvée *loc adv* braised.
étymologie [etimɔlɔʒi] *nf* etymology.
eu, -e [y] *pp* → avoir.
E-U, E-U A (*abr de* États-Unis (d'Amérique)) *nmpl* US, USA.
eucalyptus [økaliptys] *nm* eucalyptus.
euh [ø] *interj* er.
eunuque [ønyk] *nm* eunuch.
euphémisme [øfemism] *nm* euphemism.
euphorie [øfɔri] *nf* euphoria.
euphorisant, -e [øfɔrizɑ̃, ɑ̃t] *adj* exhilarating.
◆ euphorisant *nm* antidepressant.
eurent → avoir.
eurodevise [ørodəviz] *nf* Eurocurrency.
Europe [ørɔp] *nf*: l'~ Europe.
européen, -enne [ørɔpeɛ̃, ɛn] *adj* European.
◆ Européen, -enne *nm, f* European.
eus, eut *etc* → avoir.
eût → avoir.
euthanasie [øtanazi] *nf* euthanasia.
eux [ø] *pron pers* -1. [sujet] they; ce sont ~ qui me l'ont dit they're the ones who told me. -2. [complément] them.
◆ eux-mêmes *pron pers* themselves.
évacuer [evakɥe] *vt* -1. [gén] to evacuate. -2. [liquide] to drain.
évadé, -e [evade] *nm, f* escaped prisoner.
évader [evade]
◆ s'évader *vp*: s'~ (de) to escape (from).
évaluation [evalɥasjɔ̃] *nf* [action] valuation; [résultat] estimate.
évaluer [evalɥe] *vt* [distance] to estimate; [tableau] to value; [risque] to assess.
évangélique [evɑ̃ʒelik] *adj* evangelical.
évangéliser [evɑ̃ʒelize] *vt* to evangelize.
évangile [evɑ̃ʒil] *nm* gospel.
évanouir [evanwir]

◆ s'évanouir *vp* -1. [défaillir] to faint. -2. [disparaître] to fade.
évanouissement [evanwismɑ̃] *nm* [syncope] fainting fit.
évaporer [evapɔre]
◆ s'évaporer *vp* to evaporate.
évasé, -e [evaze] *adj* flared.
évasif, -ive [evazif, iv] *adj* evasive.
évasion [evazjɔ̃] *nf* escape.
évêché [eveʃe] *nm* [territoire] diocese; [résidence] bishop's palace.
éveil [evɛj] *nm* awakening; en ~ on the alert.
éveillé, -e [eveje] *adj* -1. [qui ne dort pas] wide awake. -2. [vif, alerte] alert.
éveiller [eveje] *vt* -1. [sommeil] to arouse; [intelligence, dormeur] to awaken.
◆ s'éveiller *vp* -1. [dormeur] to wake, to awaken. -2. [curiosité] to be aroused. -3. [esprit, intelligence] to be awakened. -4. [s'ouvrir]: s'~ à qqch to discover sthg.
événement [evɛnmɑ̃] *nm* event.
événementiel, -ielle [evɛnmɑ̃sjɛl] *adj* [histoire] factual.
éventail [evɑ̃taj] *nm* -1. [objet] fan; en ~ fan-shaped. -2. [choix] range.
éventaire [evɑ̃tɛr] *nm* -1. [étalage] stall, stand. -2. [corbeille] tray.
éventer [evɑ̃te] *vt* -1. [rafraîchir] to fan. -2. [divulguer] to give away.
◆ s'éventer *vp* -1. [se rafraîchir] to fan o.s. -2. [parfum, vin] to go stale.
éventrer [evɑ̃tre] *vt* -1. [étriper] to disembowel. -2. [fendre] to rip open.
éventualité [evɑ̃tɥalite] *nf* -1. [possibilité] possibility. -2. [circonstance] eventuality; dans l'~ de in the event of.
éventuel, -elle [evɑ̃tɥɛl] *adj* possible.
éventuellement [evɑ̃tɥɛlmɑ̃] *adv* possibly.
évêque [evɛk] *nm* bishop.
évertuer [evɛrtɥe]
◆ s'évertuer *vp*: s'~ à faire qqch to strive to do sthg.
évidemment [evidamɑ̃] *adv* obviously.

évidence [evidãs] *nf* [caractère] evidence; [fait] obvious fact; **mettre en ~ to emphasize, to highlight.**

évident, -e [evidã, ãt] *adj* obvious.

évider [evide] *vt* to hollow out.

évier [evje] *nm* sink.

évincer [evẽse] *vt*: ~ **qqn (de)** to oust sb (from).

éviter [evite] *vt* **-1.** [esquiver] to avoid. **-2.** [s'abstenir]: ~ **de faire qqch** to avoid doing sthg. **-3.** [épargner]: ~ **qqch à qqn** to save sb sthg.

évocateur, -trice [evɔkatœr, tris] *adj* [geste, regard] meaningful.

évocation [evɔkasjɔ̃] *nf* evocation.

évolué, -e [evɔlɥe] *adj* **-1.** [développé] developed. **-2.** [libéral, progressiste] broad-minded.

évoluer [evɔlɥe] *vi* **-1.** [changer] to evolve; [personne] to change. **-2.** [se mouvoir] to move about.

évolution [evɔlysjɔ̃] *nf* **-1.** [transformation] development. **-2.** BIOL evolution. **-3.** MÉD progress.

évoquer [evɔke] *vt* **-1.** [souvenir] to evoke. **-2.** [problème] to refer to. **-3.** [esprits, démons] to call up.

exacerber [ɛgzasɛrbe] *vt* to heighten.

exact, -e [ɛgzakt] *adj* **-1.** [calcul] correct. **-2.** [récit, copie] exact. **-3.** [ponctuel] punctual.

exactement [ɛgzaktəmã] *adv* exactly.

exaction [ɛgzaksjɔ̃] *nf* extortion.

exactitude [ɛgzaktityd] *nf* **-1.** [de calcul, montre] accuracy. **-2.** [ponctualité] punctuality.

ex æquo [ɛgzeko] ◇ *adj inv* & *nmf inv* equal. ◇ *adv* equal; **troisième ~** third equal.

exagération [ɛgzaʒerasjɔ̃] *nf* exaggeration.

exagéré, -e [ɛgzaʒere] *adj* exaggerated.

exagérer [ɛgzaʒere] *vt* & *vi* to exaggerate.

exalté, -e [ɛgzalte] ◇ *adj* [sentiment] elated; [tempérament] over-excited; [imagination] vivid. ◇ *nm, f* fanatic.

exalter [ɛgzalte] *vt* to excite.

♦ **s'exalter** *vp* to get carried away.

examen [ɛgzamẽ] *nm* examination; SCOL exam, examination; ~ **médical** medical (examination).

examinateur, -trice [ɛgzaminatœr, tris] *nm, f* examiner.

examiner [ɛgzamine] *vt* to examine.

exaspération [ɛgzasperasjɔ̃] *nf* exasperation.

exaspérer [ɛgzaspere] *vt* to exasperate.

exaucer [ɛgzose] *vt* to grant; ~ **qqn** to answer sb's prayers.

excédent [ɛksedã] *nm* surplus; **en ~** surplus (*avant n*).

excéder [ɛksede] *vt* **-1.** [gén] to exceed. **-2.** [exaspérer] to exasperate.

excellence [ɛksɛlãs] *nf* excellence; **par ~** par excellence.

excellent, -e [ɛksɛlã, ãt] *adj* excellent.

exceller [ɛksele] *vi*: ~ **en** OU **dans qqch** to excel at OU in sthg; ~ **à faire qqch** to excel at doing sthg.

excentré, -e [ɛksãtre] *adj*: **c'est très ~** it's quite a long way out.

excentrique [ɛksãtrik] ◇ *nmf* eccentric. ◇ *adj* **-1.** [gén] eccentric. **-2.** [quartier] outlying.

excepté, -e [ɛksɛpte] *adj*: **tous sont venus, lui ~** everyone came except (for) him.

♦ **excepté** *prép* apart from, except.

exception [ɛksɛpsjɔ̃] *nf* exception; **à l'~ de** except for.

exceptionnel, -elle [ɛksɛpsjɔnɛl] *adj* exceptional.

excès [ɛksɛ] ◇ *nm* excess; ~ **de zèle** overzealousness. ◇ *nmpl* excesses.

excessif, -ive [ɛksesif, iv] *adj* **-1.** [démesuré] excessive. **-2.** [extrême] extreme.

excitant, -e [ɛksitã, ãt] *adj* [stimulant, passionnant] exciting.

♦ **excitant** *nm* stimulant.

excitation [ɛksitasjɔ̃] *nf* **-1.** [énervement] excitement. **-2.** [stimulation] encouragement. **-3.** MÉD stimulation.

excité, -e [ɛksite] ◇ *adj* [énervé] excited. ◇ *nm, f* hothead.

exciter [ɛksite] *vt* **-1.** [gén] to excite. **-2.** [inciter] : ~ **qqn (à qqch/à faire qqch)** to incite sb (to sthg/to do sthg). **-3.** MÉD to stimulate.

exclamation [ɛksklamasjɔ̃] *nf* exclamation.

exclamer [ɛksklame] ◆ **s'exclamer** *vp* : **s'~ (devant)** to exclaim (at OU over).

exclu, -e [ɛkskly] ◇ *pp* → **exclure.** ◇ *adj* excluded. ◇ *nm, f* outsider.

exclure [ɛksklyr] *vt* to exclude; [expulser] to expel.

exclusion [ɛksklyzjɔ̃] *nf* expulsion; **à l'~ de** to the exclusion of.

exclusivement [ɛksklyzivmɑ̃] *adv* **-1.** [uniquement] exclusively. **-2.** [non inclus] exclusive.

exclusivité [ɛksklyzivite] *nf* **-1.** COMM exclusive rights (*pl*). **-2.** CIN sole screening rights (*pl*); **en ~** exclusively. **-3.** [de sentiment] exclusiveness.

excommunier [ɛkskɔmynje] *vt* to excommunicate.

excrément [ɛkskremɑ̃] *nm* (*gén pl*) excrement (*U*).

excroissance [ɛkskrwasɑ̃s] *nf* excrescence.

excursion [ɛkskyrsjɔ̃] *nf* excursion.

excursionniste [ɛkskyrsjɔnist] *nmf* day-tripper *Br*.

excuse [ɛkskyz] *nf* excuse.

excuser [ɛkskyze] *vt* to excuse; **excusez-moi** [pour réparer] I'm sorry; [pour demander] excuse me. ◆ **s'excuser** *vp* [demander pardon] to apologize; **s'~ de qqch/de faire qqch** to apologize for sthg/for doing sthg.

exécrable [ɛgzekrabl] *adj* atrocious.

exécrer [ɛgzekre] *vt* to loathe.

exécutant, -e [ɛgzekytɑ̃, ɑ̃t] *nm, f* **-1.** [personne] underling. **-2.** MUS performer.

exécuter [ɛgzekyte] *vt* **-1.** [réaliser] to carry out; [tableau] to paint. **-2.** MUS

to play, to perform. **-3.** [mettre à mort] to execute. ◆ **s'exécuter** *vp* to comply.

exécutif, -ive [ɛgzekytif, iv] *adj* executive. ◆ **exécutif** *nm* : **l'~** the executive.

exécution [ɛgzekysjɔ̃] *nf* **-1.** [réalisation] carrying out; [de tableau] painting. **-2.** MUS performance. **-3.** [mise à mort] execution.

exemplaire [ɛgzɑ̃plɛr] ◇ *nm* copy. ◇ *adj* exemplary.

exemple [ɛgzɑ̃pl] *nm* example; **par ~** for example, for instance.

exempté, -e [ɛgzɑ̃te] *adj* : ~ **(de)** exempt (from).

exercer [ɛgzɛrse] *vt* **-1.** [entraîner, mettre en usage] to exercise; [autorité, influence] to exert. **-2.** [métier] to carry on; [médecine] to practise. ◆ **s'exercer** *vp* **-1.** [s'entraîner] : **s'~ (à qqch/à faire qqch)** to practise (sthg/doing sthg). **-2.** [se manifester] : **s'~ (sur OU contre)** to be exerted (on).

exercice [ɛgzɛrsis] *nm* **-1.** [gén] exercise. **-2.** [entraînement] practice. **-3.** [de métier, fonction] carrying out; **en ~** in office.

exhaler [ɛgzale] *vt littéraire* **-1.** [odeur] to give off. **-2.** [plainte, soupir] to utter. ◆ **s'exhaler** *vp* **-1.** [odeur] to rise. **-2.** [plainte, soupir] : **s'~ de** to rise from.

exhaustif, -ive [ɛgzostif, iv] *adj* exhaustive.

exhiber [ɛgzibe] *vt* [présenter] to show; [faire étalage de] to show off. ◆ **s'exhiber** *vp* to make an exhibition of o.s.

exhibitionniste [ɛgzibisjɔnist] *nmf* exhibitionist.

exhorter [ɛgzɔrte] *vt* : ~ **qqn à qqch/à faire qqch** to urge sb to sthg/to do sthg.

exhumer [ɛgzyme] *vt* to exhume; *fig* to unearth, to dig up.

exigeant, -e [ɛgziʒɑ̃, ɑ̃t] *adj* demanding.

exigence [ɛgziʒɑ̃s] *nf* [demande] demand.

exiger [ɛgziʒe] *vt* **-1.** [demander] to demand; ~ **que** (+ *subjonctif*) to demand that; ~ **qqch de qqn** to demand sthg from sb. **-2.** [nécessiter] to require.

exigible [ɛgziʒibl] *adj* payable.

exigu, -ë [ɛgzigy] *adj* cramped.

exil [ɛgzil] *nm* exile; **en** ~ exiled.

exilé, -e [ɛgzile] *nm, f* exile.

exiler [ɛgzile] *vt* to exile.
♦ **s'exiler** *vp* **-1.** POLIT to go into exile. **-2.** *fig* [partir] to go into seclusion.

existence [ɛgzistɑ̃s] *nf* existence.

exister [ɛgziste] *vi* to exist.

exode [ɛgzɔd] *nm* exodus.

exonération [ɛgzɔnerasjɔ̃] *nf* exemption; ~ **d'impôts** tax exemption.

exorbitant, -e [ɛgzɔrbitɑ̃, ɑ̃t] *adj* exorbitant.

exorbité, -e [ɛgzɔrbite] → **œil**.

exorciser [ɛgzɔrsize] *vt* to exorcize.

exotique [ɛgzɔtik] *adj* exotic.

exotisme [ɛgzɔtism] *nm* exoticism.

expansif, -ive [ɛkspɑ̃sif, iv] *adj* expansive.

expansion [ɛkspɑ̃sjɔ̃] *nf* expansion.

expansionniste [ɛkspɑ̃sjɔnist] *nmf & adj* expansionist.

expatrié, -e [ɛkspatrije] *adj & nm, f* expatriate.

expatrier [ɛkspatrije] *vt* to expatriate.
♦ **s'expatrier** *vp* to leave one's country.

expédier [ɛkspedje] *vt* **-1.** [lettre, marchandise] to send, to dispatch. **-2.** [personne] to get rid of; [question] to dispose of. **-3.** [travail] to dash off.

expéditeur, -trice [ɛkspeditœr, tris] *nm, f* sender.

expéditif, -ive [ɛkspeditif, iv] *adj* quick, expeditious.

expédition [ɛkspedisjɔ̃] *nf* **-1.** [envoi] sending. **-2.** [voyage, campagne militaire] expedition.

expérience [ɛksperjɑ̃s] *nf* **-1.** [pratique] experience; **avoir de l'**~ to have experience, to be experienced. **-2.** [essai] experiment.

expérimental, -e, -aux [ɛksperimɑ̃tal, o] *adj* experimental.

expérimenté, -e [ɛksperimɑ̃te] *adj* experienced.

expert, -e [ɛksper, ɛrt] *adj* expert.
♦ **expert** *nm* expert.

expert-comptable [ɛkspɛrkɔ̃tabl] *nm* chartered accountant *Br*, certified public accountant *Am*.

expertise [ɛkspɛrtiz] *nf* **-1.** [examen] expert appraisal; [estimation] (expert) valuation. **-2.** [compétence] expertise.

expertiser [ɛkspɛrtize] *vt* to value; [dégâts] to assess.

expier [ɛkspje] *vt* to pay for.

expiration [ɛkspirasjɔ̃] *nf* **-1.** [d'air] exhalation. **-2.** [de contrat] expiry.

expirer [ɛkspire] ◇ *vt* to breathe out. ◇ *vi* [contrat] to expire.

explicatif, -ive [ɛksplikatif, iv] *adj* explanatory.

explication [ɛksplikasjɔ̃] *nf* explanation; ~ **de texte** (literary) criticism.

explicite [ɛksplisit] *adj* explicit.

expliciter [ɛksplisite] *vt* to make explicit.

expliquer [ɛksplike] *vt* **-1.** [gén] to explain. **-2.** [texte] to criticize.
♦ **s'expliquer** *vp* **-1.** [se justifier] to explain o.s. **-2.** [comprendre] to understand. **-3.** [discuter] to have it out. **-4.** [devenir compréhensible] to be explained, to become clear.

exploit [ɛksplwa] *nm* exploit, feat; *iron* [maladresse] achievement.

exploitant, -e [ɛksplwatɑ̃, ɑ̃t] *nm, f* farmer.

exploitation [ɛksplwatasjɔ̃] *nf* **-1.** [mise en valeur] running; [de mine] working. **-2.** [entreprise] operation, concern; ~ **agricole** farm. **-3.** [d'une personne] exploitation.

exploiter [ɛksplwate] *vt* **-1.** [gén] to

exploit. -2. [entreprise] to operate, to run.

explorateur, -trice [ɛksplɔratœr, tris] *nm, f* explorer.

explorer [ɛksplɔre] *vt* to explore.

exploser [ɛksploze] *vi* to explode.

explosif, -ive [ɛksplozif, iv] *adj* explosive.

♦ **explosif** *nm* explosive.

explosion [ɛksplozjɔ̃] *nf* explosion; [de colère, joie] outburst.

exportateur, -trice [ɛkspɔrtatœr, tris] ◇ *adj* exporting. ◇ *nm, f* exporter.

exportation [ɛkspɔrtasjɔ̃] *nf* export.

exporter [ɛkspɔrte] *vt* to export.

exposé, -e [ɛkspoze] *adj* **-1.** [orienté]: **bien ~** facing the sun. **-2.** [vulnérable] exposed.

♦ **exposé** *nm* account; SCOL talk.

exposer [ɛkspoze] *vt* **-1.** [orienter, mettre en danger] to expose. **-2.** [présenter] to display; [- tableaux] to show, to exhibit. **-3.** [expliquer] to explain, to set out.

♦ **s'exposer** *vp*: **s'~ à qqch** to expose o.s. to sthg.

exposition [ɛkspozisjɔ̃] *nf* **-1.** [présentation] exhibition. **-2.** [orientation] aspect.

exprès¹, -esse [ɛksprɛs] *adj* **-1.** [formel] formal, express. **-2.** (*inv*) [urgent] express.

exprès² [ɛksprɛ] *adv* on purpose; **faire ~ de faire qqch** to do sthg deliberately OU on purpose.

express [ɛksprɛs] ◇ *nm inv* **-1.** [train] express. **-2.** [café] espresso. ◇ *adj inv* express.

expressément [ɛkspresemɑ̃] *adv* expressly.

expressif, -ive [ɛkspresif, iv] *adj* expressive.

expression [ɛkspresjɔ̃] *nf* expression.

exprimer [ɛksprime] *vt* [pensées, sentiments] to express.

♦ **s'exprimer** *vp* to express o.s.

expropriation [ɛksprɔprijasjɔ̃] *nf* expropriation.

exproprier [ɛksprɔprije] *vt* to expropriate.

expulser [ɛkspylse] *vt*: **~ (de)** to expel (from); [locataire] to evict (from).

expulsion [ɛkspylsjɔ̃] *nf* expulsion; [de locataire] eviction.

expurger [ɛkspyrʒe] *vt* to expurgate.

exquis, -e [ɛkski, iz] *adj* **-1.** [délicieux] exquisite. **-2.** [distingué, agréable] delightful.

exsangue [ɛksɑ̃g] *adj* [blême] deathly pale.

extase [ɛkstaz] *nf* ecstasy.

extasier [ɛkstazje]

♦ **s'extasier** *vp* to be ecstatic; **s'~ devant** to go into ecstasies over.

extensible [ɛkstɑ̃sibl] *adj* stretchable.

extension [ɛkstɑ̃sjɔ̃] *nf* **-1.** [étirement] stretching. **-2.** [élargissement] extension; **par ~** by extension.

exténuer [ɛkstenɥe] *vt* to exhaust.

extérieur, -e [ɛksterjœr] *adj* [au dehors] outside; [étranger] external; [apparent] outward.

♦ **extérieur** *nm* [dehors] outside; [de maison] exterior; **à l'~ de qqch** outside sthg.

extérieurement [ɛksterjœrmɑ̃] *adv* **-1.** [à l'extérieur] on the outside, externally. **-2.** [en apparence] outwardly.

extérioriser [ɛksterjɔrize] *vt* to show.

exterminer [ɛkstɛrmine] *vt* to exterminate.

externat [ɛkstɛrna] *nm* **-1.** SCOL day school. **-2.** MÉD *non-resident medical studentship.*

externe [ɛkstɛrn] ◇ *nmf* **-1.** SCOL day pupil. **-2.** MÉD *non-resident medical student*, ≈ extern *Am*. ◇ *adj* outer, external.

extincteur [ɛkstɛ̃ktœr] *nm* (fire) extinguisher.

extinction [ɛkstɛ̃ksjɔ̃] *nf* **-1.** [action d'éteindre] putting out, extinguishing. **-2.** *fig* [disparition] extinction; **~ de voix** loss of one's voice.

extirper [ɛkstirpe] *vt*: **~ (de)** [épine, réponse, secret] to drag (out of); [erreur, préjugé] to root out (of).

extorquer [ɛkstɔrke] vt: ~ **qqch à qqn** to extort sthg from sb.

extra [ɛkstra] ◇ nm inv **-1.** [employé] extra help (U). **-2.** [chose inhabituelle] (special) treat. ◇ adj inv **-1.** [de qualité] top-quality. **-2.** fam [génial] great, fantastic.

extraction [ɛkstraksjɔ̃] nf extraction.

extrader [ɛkstrade] vt to extradite.

extraire [ɛkstrɛr] vt: ~ **(de)** to extract (from).

extrait, -e [ɛkstrɛ, ɛt] pp → extraire.

◆ **extrait** nm extract; ~ **de naissance** birth certificate.

extraordinaire [ɛkstraɔrdinɛr] adj extraordinary.

extrapoler [ɛkstrapɔle] vt & vi to extrapolate.

extraterrestre [ɛkstratɛrɛstr] nmf & adj extraterrestrial.

extravagance [ɛkstravagɑ̃s] nf extravagance.

extravagant, -e [ɛkstravagɑ̃, ɑ̃t] adj extravagant; [idée, propos] wild.

extraverti, -e [ɛkstravɛrti] nm, f & adj extrovert.

extrême [ɛkstrɛm] ◇ nm extreme; **d'un ~ à l'autre** from one extreme to the other. ◇ adj extreme; [limite] furthest.

extrêmement [ɛkstrɛmmɑ̃] adv extremely.

extrême-onction [ɛkstrɛmɔ̃ksjɔ̃] nf last rites (pl), extreme unction.

Extrême-Orient [ɛkstrɛmɔrjɑ̃] nm: l'~ the Far East.

extrémiste [ɛkstremist] nmf & adj extremist.

extrémité [ɛkstremite] nf **-1.** [bout] end. **-2.** [situation critique] straights (pl).

exubérant, -e [ɛgzyberɑ̃, ɑ̃t] adj **-1.** [personne] exuberant. **-2.** [végétation] luxuriant.

exulter [ɛgzylte] vi to exult.

F

f, F [ɛf] nm inv f, F; **F3** three-room flat Br OU apartment Am.

◆ **F -1.** (abr de **Fahrenheit**) F. **-2.** (abr de **franc**) F, Fr.

fa [fa] nm inv F; [chanté] fa.

fable [fabl] nf fable.

fabricant, -e [fabrikɑ̃, ɑ̃t] nm, f manufacturer.

fabrication [fabrikasjɔ̃] nf manufacture, manufacturing.

fabrique [fabrik] nf [usine] factory.

fabriquer [fabrike] vt **-1.** [confectionner] to manufacture, to make. **-2.** fam [faire]: **qu'est-ce que tu fabriques?** what are you up to? **-3.** [inventer] to fabricate.

fabulation [fabylasjɔ̃] nf fabrication.

fabuleux, -euse [fabylø, øz] adj fabulous.

fac [fak] nf fam college, uni Br.

façade [fasad] nf litt & fig facade.

face [fas] nf **-1.** [visage] face. **-2.** [côté] side; **faire ~ à qqch** [maison] to face sthg, to be opposite sthg; fig [affronter] to face up to sthg; **de ~** from the front; **en ~ de qqn/qqch** opposite sb/sthg.

face-à-face [fasafas] nm inv debate.

facétie [fasesi] nf practical joke.

facette [fasɛt] nf litt & fig facet.

fâché, -e [faʃe] adj **-1.** [en colère] angry; [contrarié] annoyed. **-2.** [brouillé] on bad terms.

fâcher [faʃe] vt [mettre en colère] to anger, to make angry; [contrarier] to annoy, to make annoyed.

◆ **se fâcher** vp **-1.** [se mettre en colère]: **se ~ (contre qqn)** to get angry (with sb). **-2.** [se brouiller]: **se ~ (avec qqn)** to fall out (with sb).

fâcheux, -euse [faʃø, øz] *adj* unfortunate.

facile [fasil] *adj* **-1.** [aisé] easy; ~ à faire/prononcer easy to do/pronounce. **-2.** [peu subtil] facile. **-3.** [conciliant] easy-going.

facilement [fasilmã] *adv* easily.

facilité [fasilite] *nf* **-1.** [de tâche, problème] easiness. **-2.** [capacité] ease. **-3.** [dispositions] aptitude. **-4.** COMM: ~s de paiement easy (payment) terms.

faciliter [fasilite] *vt* to make easier.

façon [fasõ] *nf* **-1.** [manière] way. **-2.** [travail] work; COUTURE making-up. **-3.** [imitation]: ~ cuir imitation leather.
◆ **de façon à** *loc prép* so as to.
◆ **de façon que** *loc conj* (+ *subjonctif*) so that.
◆ **de toute façon** *loc adv* anyway, in any case.

fac-similé [faksimile] (*pl* **fac-similés**) *nm* facsimile.

facteur, -trice [faktœr, tris] *nm, f* [des postes] postman (*f* postwoman) *Br*, mailman (*f* mailwoman) *Am*.
◆ **facteur** *nm* [élément & MATHS] factor.

factice [faktis] *adj* artificial.

faction [faksjõ] *nf* **-1.** [groupe] faction. **-2.** MIL: être en OU de ~ to be on guard (duty) OU on sentry duty.

facture [faktyr] *nf* **-1.** COMM invoice; [de gaz, d'électricité] bill. **-2.** ART technique.

facturer [faktyre] *vt* COMM to invoice.

facultatif, -ive [fakyltatif, iv] *adj* optional.

faculté [fakylte] *nf* **-1.** [don & UNIV] faculty; ~ de lettres/de droit/de médecine Faculty of Arts/Law/Medicine. **-2.** [possibilité] freedom. **-3.** [pouvoir] power.
◆ **facultés** *nfpl* (mental) faculties.

fadaises [fadɛz] *nfpl* drivel (*U*).

fade [fad] *adj* **-1.** [sans saveur] bland. **-2.** [sans intérêt] insipid.

fagot [fago] *nm* bundle of sticks.

fagoté, -e [fagɔte] *adj fam* dressed.

faible [fɛbl] ◇ *adj* **-1.** [gén] weak; être ~ en maths to be not very good at maths. **-2.** [petit - montant, proportion] small; [- revenu] low. **-3.** [lueur, bruit] faint. ◇ *nmf* weak person; ~ d'esprit feeble-minded person. ◇ *nm* weakness.

faiblement [fɛbləmã] *adv* **-1.** [mollement] weakly, feebly. **-2.** [imperceptiblement] faintly. **-3.** [peu] slightly.

faiblesse [fɛbles] *nf* **-1.** [gén] weakness. **-2.** [petitesse] smallness.

faiblir [feblir] *vi* **-1.** [personne, monnaie] to weaken. **-2.** [forces] to diminish, to fail. **-3.** [tempête, vent] to die down.

faïence [fajãs] *nf* earthenware.

faignant, -e = **fainéant**.

faille [faj] ◇ → **falloir**. ◇ *nf* **-1.** GÉOL fault. **-2.** [défaut] flaw.

faillible [fajibl] *adj* fallible.

faillir [fajir] *vi* **-1.** [manquer]: ~ à [promesse] not to keep; [devoir] not to do. **-2.** [être sur le point de]: ~ faire qqch to nearly OU almost do sthg.

faillite [fajit] *nf* FIN bankruptcy; faire ~ to go bankrupt; en ~ bankrupt.

faim [fɛ̃] *nf* hunger; avoir ~ to be hungry.

fainéant, -e [feneã, ãt], **feignant, -e**, **faignant, -e** [fɛɲã, ãt] ◇ *adj* lazy, idle. ◇ *nm, f* lazybones.

faire [fɛr] ◇ *vt* **-1.** [fabriquer, préparer] to make; ~ une tarte/du café/un film to make a tart/coffee/a film; ~ qqch de qqch [transformer] to make sthg into sthg; ~ qqch de qqn *fig* to make sthg of sb; il veut en ~ un avocat he wants him to be a lawyer, he wants to make a lawyer of him. **-2.** [s'occuper à, entreprendre] to do; qu'est-ce qu'il fait dans la vie? what does he do (for a living)?; que fais-tu dimanche? what are you doing on Sunday? **-3.** [étudier] to do; ~ de l'anglais/des maths/du droit to do English/maths/law. **-4.** [sport, musique] to play; ~ du football/de la clarinette to play football/the clarinet. **-5.** [effectuer] to do; ~ **le ménage** to do the housework; ~ **la cuisine** to cook, to do the cooking; ~ **la lessive** to do the washing. **-6.** [occasionner]: ~ **de la peine à qqn** to hurt sb; ~ **du mal à to harm**; ~ **du bruit** to make a noise; **ça ne fait rien** it doesn't matter. **-7.** [imiter]: ~ **le sourd/l'innocent** to act deaf/(the) innocent. **-8.** [calcul, mesure]: **un et un font deux** one and one are OU make two; **ça fait combien de kilomètres jusqu'à la mer?** how far is it to the sea?; **la table fait 2 mètres de long** the table is 2 metres long. **-9.** [dire]: **«tiens», fit-elle** "really", she said. **-10. ne que** [faire sans cesse] to do nothing but; **elle ne fait que bavarder** she does nothing but gossip, she's always gossiping; **je ne fais que passer** I've just popped in. ◇ *vi* [agir] **-1.** to do, to act; ~ **vite** to act quickly; **tu ferais bien d'aller voir ce qui se passe** you ought to OU you'd better go and see what's happening; ~ **comme chez soi** to make o.s. at home. ◇ *v attr* [avoir l'air] to look; ~ **démodé/joli** to look old-fashioned/pretty; **ça fait jeune** it makes you look young. ◇ *v substitut* to do; **je lui ai dit de prendre une échelle mais il ne l'a pas fait** I told him to use a ladder but he didn't; **faites!** please do! ◇ *v impers* **-1.** [climat, temps]: **il fait beau/froid** it's fine/cold; **il fait 20 degrés** it's 20 degrees; **il fait jour/nuit** it's light/dark. **-2.** [exprime la durée, la distance]: **ça fait six mois que je ne l'ai pas vu** it's six months since I last saw him; **ça fait six mois que je fais du portugais** I've been going to Portuguese classes for six months; **ça fait 30 kilomètres qu'on roule sans phares** we've been driving without lights for 30 kilometres. ◇ *v auxiliaire* **-1.** [à l'actif] to make; ~ **démarrer une voiture** to start a car; ~ **tomber qqch** to make sthg fall; ~ **travailler qqn** to make sb work; ~ **traverser la rue à un aveugle** to help a blind man

cross the road. **-2.** [au passif]: ~ **faire qqch (par qqn)** to have sthg done (by sb); ~ **réparer sa voiture/nettoyer ses vitres** to have one's car repaired/one's windows cleaned.

◆ **se faire** *vp* **-1.** [avoir lieu] to take place. **-2.** [être convenable]: **ça ne se fait pas (de faire qqch)** it's not done (to do sthg). **-3.** [devenir]: **se** ~ (+ *adjectif*) to get, to become; **il se fait tard** it's getting late; **se** ~ **beau** to make o.s. beautiful. **-4.** [causer] (+ *nom*): **se** ~ **mal** to hurt o.s.; **se** ~ **des amis** to make friends; **se** ~ **une idée sur qqch** to get some idea about sthg. **-5.** (+ *infinitif*): **se** ~ **écraser** to get run over; **se** ~ **opérer** to have an operation; **se** ~ **aider (par qqn)** to get help (from sb); **se** ~ **faire un costume** to have a suit made (for o.s.). **-6.** *loc*: **comment se fait-il que ...?** how is it that ...?, how come ...?

◆ **se faire à** *vp* + *prép* to get used to.
faire-part [ferpar] *nm inv* announcement.
fais, fait *etc* → **faire**.
faisable [fəzabl] *adj* feasible.
faisan, -e [fəzɑ̃, an] *nm, f* pheasant.
faisandé, -e [fəzɑ̃de] *adj* CULIN high.
faisceau [feso] *nm* [rayon] beam.
faisons → **faire**.
fait, faite [fɛ, fɛt] ◇ *pp* → **faire**. ◇ *adj* **-1.** [fabriqué] made; **il n'est pas ~ pour mener cette vie** he's not cut out for this kind of life. **-2.** [physique]: **bien ~** well-built. **-3.** [fromage] ripe. **-4.** *loc*: **c'est bien ~ pour lui** (it) serves him right; **c'en est ~ de nous** we're done for.
◆ **fait** *nm* **-1.** [acte] act; **mettre qqn devant le ~ accompli** to present sb with a fait accompli; **prendre qqn sur le ~** to catch sb in the act; **~s et gestes** doings, actions. **-2.** [événement] event; **~s divers** news in brief. **-3.** [réalité] fact.
◆ **au fait** *loc adv* by the way.
◆ **en fait** *loc adv* in (actual) fact.
◆ **en fait de** *loc prép* by way of.

◆**tout à fait** *loc adv* completely, quite.

faîte [fɛt] *nm* **-1.** [de toit] ridge. **-2.** [d'arbre] top. **-3.** *fig* [sommet] pinnacle.

faites → **faire**.

fait-tout (*pl inv*), **faitout** (*pl faitouts*) [fɛtu] *nm* stewpan.

fakir [fakir] *nm* fakir.

falaise [falɛz] *nf* cliff.

fallacieux, -ieuse [falasjø, jøz] *adj* **-1.** [promesse] false. **-2.** [argument] fallacious.

falloir [falwar] *v impers*: **il me faut du temps** I need (some) time; **il lui faudra de l'énergie** he'll need (a lot of) energy; **il te faut un peu de repos** you need some rest; **il faut que tu partes** you must go OU leave, you'll have to go OU leave; **il faut toujours qu'elle intervienne!** she always has to interfere!; **il faut faire attention** we/you *etc* must be careful, we'll/you'll have to be careful; **s'il le faut** if necessary.

◆**s'en falloir** *v impers*: **il s'en faut de peu pour qu'il puisse acheter cette maison** he can almost afford to buy the house; **il s'en faut de 20 cm pour que l'armoire tienne dans le coin** the cupboard is 20 cm too big to fit into the corner; **il s'en faut de beaucoup pour qu'il ait l'examen** it'll take a lot for him to pass the exam; **peu s'en est fallu qu'il ne démissionne** he very nearly resigned, he came close to resigning.

fallu [faly] *pp inv* → **falloir**.

falot, -e [falo, ɔt] *adj* dull.

falsifier [falsifje] *vt* [document, signature, faits] to falsify.

famé, -e [fame] *adj*: **mal ~** with a (bad) reputation.

famélique [famelik] *adj* half-starved.

fameux, -euse [famø, øz] *adj* **-1.** [célèbre] famous. **-2.** *fam* [remarquable] great.

familial, -e, -iaux [familjal, jo] *adj* family (*avant n*).

familiariser [familjarize] *vt*: **~ qqn avec** to familiarize sb with.

familiarité [familjarite] *nf* familiarity.

◆**familiarités** *nfpl* liberties.

familier, -ière [familje, jɛr] *adj* familiar.

◆**familier** *nm* regular (customer).

famille [famij] *nf* family; [ensemble des parents] relatives, relations.

famine [famin] *nf* famine.

fan [fan] *nmf fam* fan.

fanal, -aux [fanal, o] *nm* **-1.** [de phare] beacon. **-2.** [lanterne] lantern.

fanatique [fanatik] ◇ *nmf* fanatic. ◇ *adj* fanatical.

fanatisme [fanatism] *nm* fanaticism.

faner [fane] ◇ *vt* [altérer] to fade. ◇ *vi* **-1.** [fleur] to wither. **-2.** [beauté, couleur] to fade.

◆**se faner** *vp* **-1.** [fleur] to wither. **-2.** [beauté, couleur] to fade.

fanfare [fɑ̃far] *nf* **-1.** [orchestre] brass band. **-2.** [musique] fanfare.

fanfaron, -onne [fɑ̃farɔ̃, ɔn] ◇ *adj* boastful. ◇ *nm, f* braggart.

fange [fɑ̃ʒ] *nf littéraire* mire.

fanion [fanjɔ̃] *nm* pennant.

fantaisie [fɑ̃tezi] ◇ *nf* **-1.** [caprice] whim. **-2.** (*U*) [goût] fancy. **-3.** [imagination] imagination. ◇ *adj inv*: **chapeau ~** fancy hat; **bijoux ~** fake jewellery.

fantaisiste [fɑ̃tezist] ◇ *nmf* entertainer. ◇ *adj* [bizarre] fanciful.

fantasme [fɑ̃tasm] *nm* fantasy.

fantasque [fɑ̃task] *adj* **-1.** [personne] whimsical. **-2.** [humeur] capricious.

fantassin [fɑ̃tasɛ̃] *nm* infantryman.

fantastique [fɑ̃tastik] ◇ *adj* fantastic. ◇ *nm*: **le ~** the fantastic.

fantoche [fɑ̃tɔʃ] ◇ *adj* puppet (*avant n*). ◇ *nm* puppet.

fantôme [fɑ̃tom] ◇ *nm* ghost. ◇ *adj* [inexistant] phantom.

faon [fɑ̃] *nm* fawn.

farandole [farɑ̃dɔl] *nf* farandole.

farce [fars] *nf* **-1.** CULIN stuffing. **-2.**

[blague] (practical) joke; ~**s et attrapes** jokes and novelties.

farceur, -euse [farsœr, øz] *nm, f* (practical) joker.

farcir [farsir] *vt* **-1.** CULIN to stuff. **-2.** [remplir]: ~ **qqch de** to stuff OU cram sthg with.

fard [far] *nm* make-up.

fardeau, -x [fardo] *nm* [poids] load; *fig* burden.

farder [farde] *vt* [maquiller] to make up.
♦ **se farder** *vp* to make o.s. up, to put on one's make-up.

farfelu, -e [farfǝly] *fam* ◇ *adj* weird. ◇ *nm, f* weirdo.

farfouiller [farfuje] *vi fam* to rummage.

farine [farin] *nf* flour.

farouche [faruʃ] *adj* **-1.** [animal] wild, not tame; [personne] shy, withdrawn. **-2.** [sentiment] fierce.

fart [far(t)] *nm* (ski) wax.

fascicule [fasikyl] *nm* part, instalment.

fascination [fasinasjɔ̃] *nf* fascination.

fasciner [fasine] *vt* to fascinate.

fascisme [faʃism] *nm* fascism.

fasse, fassions *etc* → **faire**.

faste [fast] ◇ *nm* splendour. ◇ *adj* [favorable] lucky.

fastidieux, -ieuse [fastidjø, jøz] *adj* boring.

fastueux, -euse [fastɥø, øz] *adj* luxurious.

fatal, -e [fatal] *adj* **-1.** [mortel, funeste] fatal. **-2.** [inévitable] inevitable.

fataliste [fatalist] *adj* fatalistic.

fatalité [fatalite] *nf* **-1.** [destin] fate. **-2.** [inéluctabilité] inevitability.

fatigant, -e [fatigɑ̃, ɑ̃t] *adj* **-1.** [épuisant] tiring. **-2.** [ennuyeux] tiresome.

fatiguant [fatigɑ̃] *ppr* → **fatiguer**.

fatigue [fatig] *nf* tiredness.

fatigué, -e [fatige] *adj* tired; [cœur, yeux] strained.

fatiguer [fatige] ◇ *vt* **-1.** [épuiser, affecter] to tire; [- cœur, yeux] to strain.

-2. [ennuyer] to wear out. ◇ *vi* **-1.** [personne] to grow tired. **-2.** [moteur] to strain.
♦ **se fatiguer** *vp* to get tired; **se ~ de qqch** to get tired of sthg; **se ~ à faire qqch** to wear o.s. out doing sthg.

fatras [fatra] *nm* jumble.

fatuité [fatɥite] *nf littéraire* complacency.

faubourg [fobur] *nm* suburb.

fauché, -e [foʃe] *adj fam* broke, hard-up.

faucher [foʃe] *vt* **-1.** [couper - herbe, blé] to cut. **-2.** *fam* [voler]: ~ **qqch à qqn** to pinch sthg from sb. **-3.** [piéton] to run over. **-4.** *fig* [suj: mort, maladie] to cut down.

faucille [fosij] *nf* sickle.

faucon [fokɔ̃] *nm* hawk.

faudra → **falloir**.

faufiler [fofile] *vt* to tack, to baste.
♦ **se faufiler** *vp*: **se ~ dans** to slip into; **se ~ entre** to thread one's way between.

faune [fon] ◇ *nf* **-1.** [animaux] fauna. **-2.** *péj* [personnes]: **la ~ qui fréquente ce bar** the sort of people who hang round that bar. ◇ *nm* MYTH faun.

faussaire [foser] *nmf* forger.

faussement [fosmɑ̃] *adv* **-1.** [à tort] wrongly. **-2.** [prétendument] falsely.

fausser [fose] *vt* **-1.** [déformer] to bend. **-2.** [rendre faux] to distort.

fausseté [foste] *nf* **-1.** [hypocrisie] duplicity. **-2.** [de jugement, d'idée] falsity.

faute [fot] *nf* **-1.** [erreur] mistake, error; ~ **de frappe** [à la machine à écrire] typing error; [à l'ordinateur] keying error; ~ **d'orthographe** spelling mistake. **-2.** [méfait, infraction] offence; **prendre qqn en ~** to catch sb out; ~ **professionnelle** professional misdemeanour. **-3.** TENNIS fault; FOOTBALL foul. **-4.** [responsabilité] fault; **de ma/ta** *etc* ~ my/your *etc* fault; **par la ~ de qqn** because of sb.

◆ **faute de** loc prép for want OU lack of; ~ **de mieux** for want OU lack of anything better.

◆ **sans faute** loc adv without fail.

fauteuil [fotœj] nm **-1.** [siège] armchair; ~ **roulant** wheelchair. **-2.** [de théâtre] seat. **-3.** [de président] chair; [d'académicien] seat.

fautif, -ive [fotif, iv] ◇ adj **-1.** [coupable] guilty. **-2.** [défectueux] faulty. ◇ nm, f guilty party.

fauve [fov] ◇ nm **-1.** [animal] big cat. **-2.** [couleur] fawn. **-3.** ART Fauve. ◇ adj **-1.** [animal] wild. **-2.** [cuir, cheveux] tawny. **-3.** ART Fauvist.

fauvette [fovet] nf warbler.

faux, fausse [fo, fos] adj **-1.** [incorrect] wrong. **-2.** [postiche, mensonger, hypocrite] false; ~ **témoignage** JUR perjury. **-3.** [monnaie, papiers] forged, fake; [bijou, marbre] imitation, fake. **-4.** [injustifié]: **fausse alerte** false alarm; **c'est un** ~ **problème** that's not an issue (here).

◆ **faux** ◇ nm [document, tableau] forgery, fake. ◇ nf scythe. ◇ adv: **chanter/jouer** ~ MUS to sing/play out of tune; **sonner** ~ fig not to ring true.

faux-filet, faux filet [fofile] nm sirloin.

faux-fuyant [fofɥijɑ̃] nm excuse.

faux-monnayeur [fomɔnɛjœr] nm counterfeiter.

faux-sens [fosɑ̃s] nm inv mistranslation.

faveur [favœr] nf favour.

◆ **à la faveur de** loc prép thanks to.

◆ **en faveur de** loc prép in favour of.

favorable [favɔrabl] adj: ~ **(à)** favourable (to).

favori, -ite [favɔri, it] adj & nm, f favourite.

favoriser [favɔrize] vt **-1.** [avantager] to favour. **-2.** [contribuer à] to promote.

faxer [fakse] vt to fax.

fayot [fajo] nm fam [personne] creep, crawler.

fébrile [febril] adj feverish.

fécond, -e [fekɔ̃, ɔ̃d] adj **-1.** [femelle, terre, esprit] fertile. **-2.** [écrivain] prolific.

fécondation [fekɔ̃dasjɔ̃] nf fertilization; ~ **in vitro** in vitro fertilization.

féconder [fekɔ̃de] vt **-1.** [ovule] to fertilize. **-2.** [femme, femelle] to impregnate.

fécondité [fekɔ̃dite] nf **-1.** [gén] fertility. **-2.** [d'écrivain] productiveness.

fécule [fekyl] nf starch.

féculent, -e [fekylɑ̃, ɑ̃t] adj starchy.

◆ **féculent** nm starchy food.

fédéral, -e, -aux [federal, o] adj federal.

fédération [federasjɔ̃] nf federation.

fée [fe] nf fairy.

féerie [fe(e)ri] nf [de lieu] enchantment; [de vision] enchanting sight.

féerique [fe(e)rik] adj [enchanteur] enchanting.

feignant, -e = **fainéant**.

feindre [fɛ̃dr] ◇ vt to feign; ~ **de faire qqch** to pretend to do sthg. ◇ vi to pretend.

feint, -e [fɛ̃, fɛ̃t] pp → **feindre**.

feinte [fɛ̃t] nf **-1.** [ruse] ruse. **-2.** FOOTBALL dummy; BOXE feint.

fêlé, -e [fele] adj **-1.** [assiette] cracked. **-2.** fam [personne] cracked, loony.

fêler [fele] vt to crack.

félicitations [felisitasjɔ̃] nfpl congratulations.

féliciter [felisite] vt to congratulate.

◆ **se féliciter** vp: **se** ~ **de** to congratulate o.s. on.

félin, -e [felɛ̃, in] adj feline.

◆ **félin** nm big cat.

félon, -onne [felɔ̃, ɔn] littéraire ◇ adj traitorous. ◇ nm, f traitor.

fêlure [felyr] nf crack.

femelle [fəmɛl] nf & adj female.

féminin, -e [feminɛ̃, in] adj **-1.** [gén] feminine. **-2.** [revue, équipe] women's (avant n).

◆ **féminin** *nm* GRAM feminine.

féminisme [feminism] *nm* feminism.

féminité [feminite] *nf* femininity.

femme [fam] *nf* -1. [personne de sexe féminin] woman; ~ **de chambre** chambermaid; ~ **de ménage** cleaning woman. -2. [épouse] wife.

fémur [femyr] *nm* femur.

fendre [fɑ̃dr] *vt* -1. [bois] to split. -2. [foule, flots] to cut through.

◆ **se fendre** *vp* [se crevasser] to crack.

fendu, -e [fɑ̃dy] *pp* → **fendre**.

fenêtre [fənɛtr] *nf* [gén & INFORM] window.

fenouil [fənuj] *nm* fennel.

fente [fɑ̃t] *nf* -1. [fissure] crack. -2. [interstice, de vêtement] slit.

féodal, -e, -aux [feɔdal, o] *adj* feudal.

féodalité [feɔdalite] *nf* feudalism.

fer [fɛr] *nm* iron; ~ **à cheval** horseshoe; ~ **forgé** wrought iron; ~ **à repasser** iron; ~ **à souder** soldering iron.

ferai, feras *etc* → **faire**.

fer-blanc [fɛrblɑ̃] *nm* tinplate, tin.

ferblanterie [fɛrblɑ̃tri] *nf* -1. [commerce] tin industry. -2. [ustensiles] tinware.

férié, -e [ferje] → **jour**.

férir [ferir] *vt*: **sans coup** ~ without meeting any resistance OU obstacle.

ferme¹ [fɛrm] *nf* farm.

ferme² [fɛrm] ◇ *adj* firm; **être** ~ **sur ses jambes** to be steady on one's feet. ◇ *adv* -1. [beaucoup] a lot. -2. [définitivement]: **acheter/vendre** ~ to make a firm purchase/sale.

fermement [fɛrməmɑ̃] *adv* firmly.

ferment [fɛrmɑ̃] *nm* -1. [levure] ferment. -2. *fig* [germe] seed, seeds (*pl*).

fermentation [fɛrmɑ̃tasjɔ̃] *nf* CHIM fermentation; *fig* ferment.

fermer [fɛrme] ◇ *vt* -1. [porte, tiroir, yeux] to close, to shut; [rideaux] to close, to draw; [store] to pull down; [enveloppe] to seal. -2. [bloquer] to close; ~ **son esprit à qqch** to close one's mind to sthg. -3. [gaz, lumière]

to turn off. -4. [vêtement] to do up. -5. [entreprise] to close down. -6. [interdire]: ~ **qqch à qqn** to close sthg to sb. ◇ *vi* -1. [gén] to shut, to close. -2. [vêtement] to do up. -3. [entreprise] to close down.

◆ **se fermer** *vp* -1. [porte] to close, to shut. -2. [plaie] to close up. -3. [vêtement] to do up.

fermeté [fɛrməte] *nf* firmness.

fermeture [fɛrmətyr] *nf* -1. [de porte] closing. -2. [de vêtement, sac] fastening; ~ **Éclair**® zip *Br*, zipper *Am*. -3. [d'établissement - temporaire] closing; [- définitive] closure; ~ **hebdomadaire/annuelle** weekly/annual closing.

fermier, -ière [fɛrmje, jɛr] *nm, f* farmer.

fermoir [fɛrmwar] *nm* clasp.

féroce [ferɔs] *adj* [animal, appétit] ferocious; [personne, désir] fierce.

ferraille [fɛraj] *nf* -1. [vieux fer] scrap iron (*U*); **bon à mettre à la** ~ fit for the scrap heap. -2. *fam* [monnaie] loose change.

ferronnerie [fɛrɔnri] *nf* -1. [objet, métier] ironwork (*U*). -2. [atelier] ironworks (*sg*).

ferroviaire [fɛrɔvjɛr] *adj* rail (*avant n*).

ferry-boat [feribot] (*pl* ferry-boats) *nm* ferry.

fertile [fɛrtil] *adj litt* & *fig* fertile; ~ **en** *fig* filled with, full of.

fertiliser [fɛrtilize] *vt* to fertilize.

fertilité [fɛrtilite] *nf* fertility.

féru, -e [fery] *adj sout* [passionné]: **être** ~ **de qqch** to have a passion for sthg.

fervent, -e [fɛrvɑ̃, ɑ̃t] *adj* [chrétien] fervent; [amoureux, démocrate] ardent.

ferveur [fɛrvœr] *nf* [dévotion] fervour.

fesse [fɛs] *nf* buttock.

fessée [fese] *nf* spanking, smack (on the bottom).

festin [fɛstɛ̃] *nm* banquet, feast.

festival, -als [fɛstival] *nm* festival.

festivités [fɛstivite] *nfpl* festivities.

feston [fɛstɔ̃] *nm* **-1.** ARCHIT festoon. **-2.** COUTURE scallop.

festoyer [fɛstwaje] *vi* to feast.

fêtard, -e [fɛtar, ard] *nm, f* fun-loving person.

fête [fɛt] *nf* **-1.** [congé] holiday; **les ~s (de fin d'année)** the Christmas holidays; **~ nationale** national holiday. **-2.** [réunion, réception] celebration. **-3.** [kermesse] fair; **~ foraine** funfair. **-4.** [jour de célébration - de personne] saint's day; [- de saint] feast (day). **-5.** [soirée] party. **-6.** *loc:* **faire ~ à qqn** to make a fuss of sb; **faire la ~** to have a good time.

fêter [fete] *vt* [événement] to celebrate; [personne] to have a party for.

fétiche [fetiʃ] *nm* **-1.** [objet de culte] fetish. **-2.** [mascotte] mascot.

fétichisme [fetiʃism] *nm* [culte, perversion] fetishism.

fétide [fetid] *adj* fetid.

fétu [fety] *nm:* **~ (de paille)** wisp (of straw).

feu, feue [fø] *adj:* **~ M. X** the late Mr X; **~ mon mari** my late husband.

◆ **feu, -x** *nm* **-1.** [flamme, incendie] fire; **au ~!** fire!; **en ~** *litt & fig* on fire; **avez-vous du ~?** have you got a light?; **faire ~** MIL to fire; **mettre le ~ à qqch** to set fire to sthg, to set sthg on fire; **prendre ~** to catch fire; **~ de camp** camp fire; **~ de cheminée** chimney fire; **~ follet** will-o'-the-wisp. **-2.** [signal] light; **~ rouge/vert** red/green light; **~x de croisement** dipped headlights; **~x de position** sidelights; **~x de route** headlights on full beam. **-3.** CULIN ring *Br*, burner *Am;* **à ~ doux/vif** on a low/high flame; **à petit ~** gently. **-4.** CIN & THÉÂTRE light (*U*).

◆ **feu d'artifice** *nm* firework.

feuillage [fœjaʒ] *nm* foliage.

feuille [fœj] *nf* **-1.** [d'arbre] leaf; **~ morte** dead leaf; **~ de vigne** BOT vine leaf. **-2.** [page] sheet; **~ de papier** sheet of paper. **-3.** [document] form.

feuillet [fœjɛ] *nm* page.

feuilleté, -e [fœjte] *adj* **-1.** CULIN: **pâte ~e** puff pastry. **-2.** GÉOL foliated.

feuilleter [fœjte] *vt* to flick through.

feuilleton [fœjtɔ̃] *nm* serial.

feutre [føtr] *nm* **-1.** [étoffe] felt. **-2.** [chapeau] felt hat. **-3.** [crayon] felt-tip pen.

feutré, -e [føtre] *adj* **-1.** [garni de feutre] trimmed with felt; [qui a l'aspect du feutre] felted. **-2.** [bruit, cri] muffled.

feutrine [føtrin] *nf* lightweight felt.

fève [fɛv] *nf* broad bean.

février [fevrije] *nm* February; *voir aussi* **septembre**.

fg *abr de* **faubourg**.

fi [fi] *interj:* **faire ~ de** to scorn.

fiable [fjabl] *adj* reliable.

fiacre [fjakr] *nm* hackney carriage.

fiançailles [fjɑ̃saj] *nfpl* engagement (*sg*).

fiancé, -e [fjɑ̃se] *nm, f* fiancé (*f* fiancée).

fiancer [fjɑ̃se]

◆ **se fiancer** *vp:* **se ~ (avec)** to get engaged (to).

fibre [fibr] *nf* ANAT, BIOL & TECHNOL fibre; **~ de verre** fibreglass, glass fibre.

ficelé, -e [fisle] *adj fam* dressed.

ficeler [fisle] *vt* [lier] to tie up.

ficelle [fisɛl] *nf* **-1.** [fil] string. **-2.** [pain] *thin French stick.* **-3.** (*gén pl*) [truc] trick.

fiche [fiʃ] *nf* **-1.** [document] card; **~ de paie** pay slip. **-2.** ÉLECTR & TECHNOL pin.

ficher [fiʃe] (*pp vt sens 1 & 2* **fiché**, *pp vt sens 3 & 4* **fichu**) *vt* **-1.** [enfoncer]: **~ qqch dans** to stick sthg into. **-2.** [inscrire] to put on file. **-3.** *fam* [faire]: **qu'est-ce qu'il fiche?** what's he doing? **-4.** *fam* [mettre] to put; **~ qqch par terre** *fig* to mess OU muck sthg up.

◆ **se ficher** *vp* **-1.** [s'enfoncer - suj: clou, pique]: **se ~ dans** to go into. **-2.** *fam* [se moquer]: **se ~ de** to make fun of. **-3.** *fam* [ne pas tenir compte]: se ~ de not to give a damn about.

fichier [fiʃje] *nm* file.

fichu, -e [fiʃy] *adj* **-1.** *fam* [cassé, fini] done for. **-2.** (*avant n*) [désagréable] nasty. **-3.** *loc:* être mal ~ *fam* [personne] to feel rotten; [objet] to be badly made; **il n'est même pas ~ de faire son lit** *fam* he can't even make his own bed.
♦ **fichu** *nm* scarf.

fictif, -ive [fiktif, iv] *adj* **-1.** [imaginaire] imaginary. **-2.** [faux] false.

fiction [fiksjɔ̃] *nf* **-1.** LITTÉRATURE fiction. **-2.** [monde imaginaire] dream world.

fidèle [fidɛl] ◇ *nmf* **-1.** RELIG believer. **-2.** [adepte] fan. ◇ *adj* **-1.** [loyal, exact, semblable]: ~ (à) faithful (to); ~ à la réalité accurate. **-2.** [habitué] regular.

fidéliser [fidelize] *vt* to attract and keep.

fidélité [fidelite] *nf* faithfulness.

fief [fjɛf] *nm* fief; *fig* stronghold.

fiel [fjɛl] *nm* litt & *fig* gall.

fier¹, fière [fjɛr] *adj* **-1.** [gén] proud; ~ de qqn/qqch proud of sb/sthg; ~ de faire qqch proud to be doing sthg. **-2.** [noble] noble.

fier² [fje]
♦ **se fier** *vp:* se ~ à to trust, to rely on.

fierté [fjɛrte] *nf* **-1.** [satisfaction, dignité] pride. **-2.** [arrogance] arrogance.

fièvre [fjɛvr] *nf* **-1.** MÉD fever; **avoir 40 de ~** to have a temperature of 105 (degrees). **-2.** *fig* [excitation] excitement.

fiévreux, -euse [fjevrø, øz] *adj* litt & *fig* feverish.

fig. *abr de* **figure.**

figer [fiʒe] *vt* to paralyse.
♦ **se figer** *vp* **-1.** [s'immobiliser] to freeze. **-2.** [se solidifier] to congeal.

fignoler [fiɲɔle] *vt* to put the finishing touches to.

figue [fig] *nf* fig.

figuier [figje] *nm* fig-tree.

figurant, -e [figyrã, ãt] *nm, f* extra.

figuratif, -ive [figyratif, iv] *adj* figurative.

figure [figyr] *nf* **-1.** [gén] figure; **faire ~ de** to look like. **-2.** [visage] face.

figuré, -e [figyre] *adj* [sens] figurative.
♦ **figuré** *nm:* au ~ in the figurative sense.

figurer [figyre] ◇ *vt* to represent. ◇ *vi:* ~ dans/parmi to figure in/among.

figurine [figyrin] *nf* figurine.

fil [fil] *nm* **-1.** [brin] thread; ~ à plomb plumb line; **perdre le ~ (de qqch)** *fig* to lose the thread (of sthg). **-2.** [câble] wire; ~ de fer wire. **-3.** [cours] course; **au ~ de** in the course of. **-4.** [tissu] linen. **-5.** [tranchant] edge.

filament [filamã] *nm* **-1.** ANAT & ÉLECTR filament. **-2.** [végétal] fibre. **-3.** [de colle, bave] thread.

filandreux, -euse [filãdrø, øz] *adj* [viande] stringy.

filasse [filas] ◇ *nf* tow. ◇ *adj inv* flaxen.

filature [filatyr] *nf* **-1.** [usine] mill; [fabrication] spinning. **-2.** [poursuite] tailing.

file [fil] *nf* line; à la ~ in a line; se garer en double ~ to double-park; ~ d'attente queue *Br*, line *Am*.

filer [file] ◇ *vt* **-1.** [soie, coton] to spin. **-2.** [personne] to tail. **-3.** *fam* [donner]: ~ qqch à qqn to slip sthg to sb, to slip sb sthg. ◇ *vi* **-1.** [bas] to ladder *Br*, to run *Am*. **-2.** [aller vite - temps, véhicule] to fly (by). **-3.** *fam* [partir] to dash off. **-4.** *loc:* ~ doux to behave nicely.

filet [filɛ] *nm* **-1.** [à mailles] net; ~ de pêche fishing net; ~ à provisions string bag. **-2.** CULIN fillet. **-3.** [de liquide] drop, dash; [de lumière] shaft.

filial, -e, -iaux [filjal, jo] *adj* filial.
♦ **filiale** *nf* ÉCON subsidiary.

filiation [filjasjɔ̃] *nf* [lien de parenté] line.

filière [filjɛr] *nf* **-1.** [voie]: **suivre la ~** [professionnelle] to work one's way up; **suivre la ~ hiérarchique** to go through the right channels. **-2.** [réseau] **network**.

filiforme [filiform] *adj* skinny.

filigrane [filigran] *nm* [dessin] watermark; **en ~** *fig* between the lines.

filin [filɛ̃] *nm* rope.

fille [fij] *nf* **-1.** [enfant] daughter. **-2.** [femme] girl; **jeune ~** girl; **~ mère** *péj* single mother; **vieille ~** *péj* spinster.

fillette [fijɛt] *nf* little girl.

filleul, -e [fijœl] *nm, f* godchild.

film [film] *nm* **-1.** [gén] film; **~ catastrophe** disaster movie; **~ d'épouvante** horror film; **~ policier** detective film. **-2.** *fig* [déroulement] course.

filmer [filme] *vt* to film.

filmographie [filmɔgrafi] *nf* filmography, films (*pl*).

filon [filɔ̃] *nm* **-1.** [de mine] vein. **-2.** *fam fig* [possibilité] cushy number.

fils [fis] *nm* son; **~ de famille** boy from a privileged background.

filtrant, -e [filtrã, ãt] *adj* [verre] tinted.

filtre [filtr] *nm* filter; **~ à café** coffee filter.

filtrer [filtre] ◇ *vt* to filter; *fig* to screen. ◇ *vi* to filter; *fig* to filter through.

fin, fine [fɛ̃, fin] ◇ *adj* **-1.** [gén] fine. **-2.** [partie du corps] slender; [couche, papier] thin. **-3.** [subtil] shrewd. **-4.** [ouïe, vue] keen. ◇ *adv* finely; **~ prêt** quite ready.

◆ **fin** *nf* end; **~ mars** at the end of March; **mettre ~ à** to put a stop OU an end to; **prendre ~** to come to an end; **tirer** OU **toucher à sa ~** to draw to a close; **arriver** OU **parvenir à ses ~s** to achieve one's ends OU aims.

◆ **fin de série** *nf* oddment.

◆ **à la fin** *loc adv*: **tu vas m'écouter, à la ~?** will you listen to me?

◆ **à la fin de** *loc prép* at the end of.

◆ **sans fin** *loc adj* endless.

final, -e [final] (*pl* **finals** OU **finaux**) *adj* final.

◆ **finale** *nf* SPORT final.

finalement [finalmã] *adv* finally.

finaliste [finalist] *nmf & adj* finalist.

finalité [finalite] *nf sout* [fonction] purpose.

finance [finãs] *nf* finance.

◆ **finances** *nfpl* finances.

financer [finãse] *vt* to finance, to fund.

financier, -ière [finãsje, jɛr] *adj* financial.

◆ **financier** *nm* financier.

finaud, -e [fino, od] *adj* wily, crafty.

finesse [fines] *nf* **-1.** [gén] fineness. **-2.** [minceur] slenderness. **-3.** [perspicacité] shrewdness. **-4.** [subtilité] subtlety.

fini, -e [fini] *adj* **-1.** *péj* [fieffé]: **un crétin ~** a complete idiot. **-2.** [usé, diminué] finished. **-3.** [limité] finite.

◆ **fini** *nm* [d'objet] finish.

finir [finir] ◇ *vt* **-1.** [gén] to finish, to end. **-2.** [vider] to empty. ◇ *vi* **-1.** [gén] to finish, to end; **~ par faire qqch** to end up doing sthg eventually; **tu finis par m'énerver!** you're starting to get on my nerves!; **mal ~** to end badly. **-2.** [arrêter]: **~ de faire qqch** to stop doing sthg; **en ~ (avec)** to finish (with).

finition [finisjɔ̃] *nf* [d'objet] finish.

finlandais, -e [fɛ̃lãdɛ, ɛz] *adj* Finnish.

◆ **Finlandais, -e** *nm, f* Finn.

Finlande [fɛ̃lãd] *nf*: **la ~** Finland.

finnois, -e [finwa, az] *adj* Finnish.

◆ **finnois** *nm* [langue] Finnish.

◆ **Finnois, -e** *nm, f* Finn.

fiole [fjɔl] *nf* flask.

fioriture [fjɔrityr] *nf* flourish.

fioul = **fuel**.

firmament [firmamã] *nm* firmament.

firme [firm] *nf* firm.

fis, fit *etc* → **faire**.

fisc [fisk] *nm* ≈ Inland Revenue *Br*, ≈ Internal Revenue *Am*.

fiscal, -e, -aux [fiskal, o] *adj* tax (*avant n*), fiscal.

fiscalité [fiskalite] *nf* tax system.

fissure [fisyr] *nf litt & fig* crack.

fissurer [fisyre] *vt* [fendre] to crack; *fig* to split.
◆ **se fissurer** *vp* to crack.
fiston [fistɔ̃] *nm fam* son.
FIV (*abr de* **fécondation in vitro**) *nf* IVF.
fixation [fiksasjɔ̃] *nf* **-1.** [action de fixer] fixing. **-2.** [attache] fastening, fastener; [de ski] binding. **-3.** PSYCHOL fixation.
fixe [fiks] *adj* fixed; [encre] permanent.
◆ **fixe** *nm* fixed salary.
fixement [fiksəmɑ̃] *adv* fixedly.
fixer [fikse] *vt* **-1.** [gén] to fix; [règle] to set; ~ **son choix sur** to decide on. **-2.** [monter] to hang. **-3.** [regarder] to stare at. **-4.** [renseigner]: ~ **qqn sur qqch** to put sb in the picture about sthg; **être fixé sur qqch** to know all about sthg.
◆ **se fixer** *vp* to settle; **se ~ sur** [suj: choix, personne] to settle on; [suj: regard] to rest on.
fjord [fjɔrd] *nm* fjord.
flacon [flakɔ̃] *nm* small bottle.
flageller [flaʒele] *vt* [fouetter] to flagellate.
flageoler [flaʒɔle] *vi* to tremble.
flageolet [flaʒɔlɛ] *nm* **-1.** [haricot] flageolet bean. **-2.** MUS flageolet.
flagrant, -e [flagrɑ̃, ɑ̃t] *adj* flagrant; → **délit**.
flair [flɛr] *nm* sense of smell; *fig* intuition.
flairer [flɛre] *vt* to sniff, to smell; *fig* to scent.
flamand, -e [flamɑ̃, ɑ̃d] *adj* Flemish.
◆ **flamand** *nm* [langue] Flemish.
◆ **Flamand, -e** *nm, f* Flemish person, Fleming.
flamant [flamɑ̃] *nm* flamingo; ~ **rose** pink flamingo.
flambeau, -x [flɑ̃bo] *nm* torch; *fig* flame.
flamber [flɑ̃be] ◇ *vi* **-1.** [brûler] to blaze. **-2.** *fam* JEU to play for high

stakes. ◇ *vt* **-1.** [crêpe] to flambé. **-2.** [volaille] to singe.
flamboyant, -e [flɑ̃bwajɑ̃, ɑ̃t] *adj* **-1.** [ciel, regard] blazing; [couleur] flaming. **-2.** ARCHIT flamboyant.
flamboyer [flɑ̃bwaje] *vi* to blaze.
flamme [flam] *nf* flame; *fig* fervour, fire.
flan [flɑ̃] *nm* baked custard.
flanc [flɑ̃] *nm* [de personne, navire, montagne] side; [d'animal, d'armée] flank.
flancher [flɑ̃ʃe] *vi fam* to give up.
flanelle [flanɛl] *nf* flannel.
flâner [flane] *vi* [se promener] to stroll.
flanquer [flɑ̃ke] *vt* **-1.** *fam* [jeter]: ~ **qqch par terre** to fling sthg to the ground; ~ **qqn dehors** to chuck OU fling sb out. **-2.** *fam* [donner]: ~ **une gifle à qqn** to clout sb round the ear; ~ **la frousse à qqn** to put the wind up sb. **-3.** [accompagner]: **être flanqué de** to be flanked by.
flapi, -e [flapi] *adj fam* dead beat.
flaque [flak] *nf* pool.
flash [flaʃ] *nm* **-1.** PHOT flash. **-2.** RADIO & TÉLÉ: ~ **(d'information)** newsflash; ~ **de publicité** commercial.
flash-back [flaʃbak] (*pl inv* OU **flash-backs**) *nm* CIN flashback.
flasher [flaʃe] *vi fam*: ~ **sur qqn/qqch** to be turned on by sb/sthg.
flasque [flask] ◇ *nf* flask. ◇ *adj* flabby, limp.
flatter [flate] *vt* **-1.** [louer] to flatter. **-2.** [caresser] to stroke.
◆ **se flatter** *vp* to flatter o.s.; **je me flatte de le convaincre** I flatter myself that I can convince him; **se ~ de faire qqch** to pride o.s. on doing sthg.
flatterie [flatri] *nf* flattery.
flatteur, -euse [flatœr, øz] ◇ *adj* flattering. ◇ *nm, f* flatterer.
fléau, -x [fleo] *nm* **-1.** *litt & fig* [calamité] scourge. **-2.** [instrument] flail.
flèche [flɛʃ] *nf* **-1.** [gén] arrow. **-2.** [d'église] spire. **-3.** *fig* [critique] shaft.

fléchette [fleʃɛt] *nf* dart.

◆ **fléchettes** *nfpl* darts (*sg*).

fléchir [fleʃir] ◇ *vt* to bend, to flex; *fig* to sway. ◇ *vi* to bend; *fig* to weaken.

fléchissement [fleʃismɑ̃] *nm* flexing, bending; *fig* weakening.

flegmatique [flɛgmatik] *adj* phlegmatic.

flegme [flɛgm] *nm* composure.

flemmard, -e [flɛmar, ard] *fam* ◇ *adj* lazy. ◇ *nm, f* lazybones (*sg*), idler.

flemme [flɛm] *nf fam* laziness; **avoir la ~** to laze about.

flétrir [fletrir] *vt* [fleur, visage] to wither.

◆ **se flétrir** *vp* to wither.

fleur [flœr] *nf* BOT & *fig* flower; **en ~**, **en ~s** [arbre] in flower, in blossom; **à ~s** [motif] flowered.

fleuret [flœrɛ] *nm* foil.

fleuri, -e [flœri] *adj* -1. [jardin, pré] in flower; [vase] of flowers; [tissu] flowered; [table, appartement] decorated with flowers. -2. *fig* [style] flowery.

fleurir [flœrir] ◇ *vi* to blossom; *fig* to flourish. ◇ *vt* [maison] to decorate with flowers; [tombe] to lay flowers on.

fleuriste [flœrist] *nmf* florist.

fleuron [flœrɔ̃] *nm fig* jewel.

fleuve [flœv] *nm* -1. [cours d'eau] river. -2. (*en apposition*) [interminable] lengthy, interminable.

flexible [flɛksibl] *adj* flexible.

flexion [flɛksjɔ̃] *nf* -1. [de genou, de poutre] bending. -2. LING inflexion.

flibustier [flibystje] *nm* buccaneer.

flic [flik] *nm fam* cop.

flinguer [flɛ̃ge] *vt fam* to gun down.

◆ **se flinguer** *vp fam* to blow one's brains out.

flipper [flipœr] *nm* pin-ball machine.

flirter [flœrte] *vi*: **~ (avec qqn)** to flirt (with sb); **~ avec qqch** *fig* to flirt with sthg.

flocon [flɔkɔ̃] *nm* flake; **~ de neige** snowflake.

flonflon [flɔ̃flɔ̃] *nm* (*gén pl*) blare.

flop [flɔp] *nm* [échec] flop, failure.

floraison [flɔrɛzɔ̃] *nf litt* & *fig* flowering, blossoming.

floral, -e, -aux [flɔral, o] *adj* floral.

flore [flɔr] *nf* flora.

Floride [flɔrid] *nf*: **la ~** Florida.

florissant, -e [flɔrisɑ̃, ɑ̃t] *adj* [santé] blooming; [économie] flourishing.

flot [flo] *nm* flood, stream; **être à ~** [navire] to be afloat; *fig* to be back to normal.

◆ **flots** *nmpl littéraire* waves.

flottaison [flɔtɛzɔ̃] *nf* floating.

flottant, -e [flɔtɑ̃, ɑ̃t] *adj* -1. [gén] floating; [esprit] **irresolute.** -2. [robe] loose-fitting.

flotte [flɔt] *nf* -1. AÉRON & NAVIG fleet. -2. *fam* [eau] water. -3. *fam* [pluie] rain.

flottement [flɔtmɑ̃] *nm* -1. [indécision] hesitation, wavering. -2. [de monnaie] floating.

flotter [flɔte] ◇ *vi* -1. [sur l'eau] to float. -2. [drapeau] to flap; [brume, odeur] to drift. -3. [dans un vêtement]: **tu flottes dedans** it's baggy on you. ◇ *v impers fam*: **il flotte** it's raining.

flotteur [flɔtœr] *nm* [de ligne de pêche, d'hydravion] float; [de chasse d'eau] ballcock.

flou, -e [flu] *adj* -1. [couleur, coiffure] soft. -2. [photo] blurred, fuzzy. -3. [pensée] vague, woolly.

◆ **flou** *nm* [de photo] fuzziness; [de décision] vagueness.

flouer [flue] *vt fam* to do, to swindle.

fluctuer [flyktɥe] *vi* to fluctuate.

fluet, -ette [flyɛ, ɛt] *adj* [personne] thin, slender; [voix] thin.

fluide [flɥid] ◇ *nm* -1. [matière] fluid. -2. *fig* [pouvoir] (occult) power. ◇ *adj* [matière] fluid; [circulation] flowing freely.

fluidifier [flɥidifje] *vt* [trafic] to improve the flow of.

fluidité [flɥidite] *nf* [gén] fluidity; [de circulation] easy flow.

fluor [flyɔr] *nm* fluorine.

fluorescent, -e [flyɔresã, ãt] *adj* fluorescent.

flûte [flyt] ◇ *nf* **-1.** MUS flute. **-2.** [verre] flute (glass). ◇ *interj fam* bother!

flûtiste [flytist] *nmf* flautist.

fluvial, -e, -iaux [flyvjal, jo] *adj* [eaux, pêche] river (*avant n*); [alluvions] fluvial.

flux [fly] *nm* **-1.** [écoulement] flow. **-2.** [marée] flood tide. **-3.** PHYS flux.

fluxion [flyksjõ] *nf* inflammation.

FM (*abr de* frequency modulation) *nf* FM.

FMI (*abr de* Fonds monétaire international) *nm* IMF.

FN (*abr de* Front national) *nm* extreme right-wing French political party, ≃ National Front *Br*.

foc [fɔk] *nm* jib.

focal, -e, -aux [fɔkal, o] *adj* focal.

fœtal, -e, -aux [fetal, o] *adj* foetal.

fœtus [fetys] *nm* foetus.

foi [fwa] *nf* **-1.** RELIG faith. **-2.** [confiance] trust; **avoir ~ en qqn/qqch** to trust sb/sthg, to have faith in sb/sthg. **-3.** *loc*: **être de bonne/mauvaise ~** to be in good/bad faith.

foie [fwa] *nm* ANAT & CULIN liver.

foin [fwẽ] *nm* hay.

foire [fwar] *nf* **-1.** [fête] funfair. **-2.** [exposition, salon] trade fair.

fois [fwa] *nf* time; **une ~** once; **deux ~** twice; **trois/quatre ~** three/four times; **deux ~ plus long** twice as long; **neuf ~ sur dix** nine times out of ten; **deux ~ trois** two times three; **cette ~** this time; **il était une ~ ...** once upon a time there was ...; **une (bonne) ~ pour toutes** once and for all.
◆ **à la fois** *loc adv* at the same time, at once.
◆ **des fois** *loc adv* [parfois] sometimes; **non, mais des ~!** *fam* look here!
◆ **si des fois** *loc conj fam* if ever.
◆ **une fois que** *loc conj* once.

foison [fwazõ] *nf*.
◆ **à foison** *loc adv* in abundance.

foisonner [fwazɔne] *vi* to abound.

folâtre [fɔlatr] *adj* playful.

folâtrer [fɔlatre] *vi* to romp (about).

folie [fɔli] *nf litt & fig* madness.

folklore [fɔlklɔr] *nm* [de pays] folklore.

folklorique [fɔlklɔrik] *adj* **-1.** [danse] folk. **-2.** *fig* [situation, personne] bizarre, quaint.

folle → **fou.**

follement [fɔlmã] *adv* madly, wildly.

follet [fɔle] → **feu.**

fomenter [fɔmãte] *vt* to foment.

foncé, -e [fõse] *adj* dark.

foncer [fõse] *vi* **-1.** [teinte] to darken. **-2.** [se ruer]: **~ sur** to rush at. **-3.** *fam* [se dépêcher] to get a move on.

foncier, -ière [fõsje, jɛr] *adj* **-1.** [impôt] land (*avant n*); **propriétaire ~** landowner. **-2.** [fondamental] basic, fundamental.

foncièrement [fõsjɛrmã] *adv* basically.

fonction [fõksjõ] *nf* **-1.** [gén] function; **faire ~ de** to act as. **-2.** [profession] post; **entrer en ~** to take up one's post OU duties.
◆ **en fonction de** *loc prép* according to.

fonctionnaire [fõksjɔnɛr] *nmf* [de l'État] state employee; [dans l'administration] civil servant.

fonctionnel, -elle [fõksjɔnɛl] *adj* functional.

fonctionnement [fõksjɔnmã] *nm* working, functioning.

fonctionner [fõksjɔne] *vi* to work, to function.

fond [fõ] *nm* **-1.** [de récipient, puits, mer] bottom; [de pièce] back; **sans ~** bottomless. **-2.** [substance] heart, root; **le ~ de ma pensée** what I really think; **le ~ et la forme** content and form. **-3.** [arrière-plan] background.
◆ **fond de teint** *nm* foundation.

◆ **à fond** *loc adv* **-1.** [entièrement] thoroughly; **se donner à ~** to give one's all. **-2.** [très vite] at top speed.
◆ **au fond, dans le fond** *loc adv* basically.
◆ **au fond de** *loc prép*: **au ~ de moi-même/lui-même** *etc* at heart, deep down.

fondamental, -e, -aux [fɔ̃damɑ̃tal, o] *adj* fundamental.

fondant, -e [fɔ̃dɑ̃, ɑ̃t] *adj* [neige, glace] melting; [aliment] which melts in the mouth.

fondateur, -trice [fɔ̃datœr, tris] *nm, f* founder.

fondation [fɔ̃dasjɔ̃] *nf* foundation.
◆ **fondations** *nfpl* CONSTR foundations.

fondé, -e [fɔ̃de] *adj* [craintes, reproches] justified, well-founded; **non ~** unfounded.
◆ **fondé de pouvoir** *nm* authorized representative.

fondement [fɔ̃dmɑ̃] *nm* [base, motif] foundation; **sans ~** groundless, without foundation.

fonder [fɔ̃de] *vt* **-1.** [créer] to found. **-2.** [baser]: **~ qqch sur** to base sthg on; **~ de grands espoirs sur qqn** to pin one's hopes on sb.
◆ **se fonder** *vp*: **~ sur** [suj: personne] to base o.s. on; [suj: argument] to be based on.

fonderie [fɔ̃dri] *nf* [usine] foundry.

fondre [fɔ̃dr] ◇ *vt* **-1.** [beurre, neige] to melt; [sucre, sel] to dissolve; [métal] to melt down. **-2.** [mouler] to cast. **-3.** [mêler] to blend. ◇ *vi* **-1.** [beurre, neige] to melt; [sucre, sel] to dissolve; *fig* to melt away. **-2.** [maigrir] to lose weight. **-3.** [se ruer]: **~ sur** to swoop down on.

fonds [fɔ̃] ◇ *nm* **-1.** [ressources] fund; **le Fonds monétaire international** the International Monetary Fund. **-2.** [bien immobilier]: **~ (de commerce)** business. ◇ *nmpl* funds.

fondu, -e [fɔ̃dy] *pp* → fondre.
◆ **fondue** *nf* fondue.

font → faire.

fontaine [fɔ̃tɛn] *nf* [naturelle] spring; [publique] fountain.

fonte [fɔ̃t] *nf* **-1.** [de glace, beurre] melting; [de métal] melting down. **-2.** [alliage] cast iron.

foot [fut] = football.

football [futbol] *nm* football *Br*, soccer.

footballeur, -euse [futbolœr, øz] *nm, f* footballer *Br*, soccer player.

footing [futiŋ] *nm* jogging.

for [fɔr] *nm*: **dans son ~ intérieur** in his/her heart of hearts.

forage [fɔraʒ] *nm* drilling.

forain, -e [fɔrɛ̃, ɛn] *adj* → fête.
◆ **forain** *nm* stallholder.

forçat [fɔrsa] *nm* convict.

force [fɔrs] *nf* **-1.** [vigueur] strength; **c'est ce qui fait sa ~** that's where his strength lies. **-2.** [violence, puissance, MIL & PHYS] force; **faire faire qqch à qqn de ~** to force sb to do sthg; **avoir ~ de loi** to have force of law; **obtenir qqch par la ~** to obtain sthg by force; **~ centrifuge** PHYS centrifugal force.
◆ **forces** *nfpl* [physique] strength (*sg*); **de toutes ses ~s** with all his/her strength.
◆ **à force de** *loc prép* by dint of.

forcément [fɔrsemɑ̃] *adv* inevitably.

forcené, -e [fɔrsəne] *nm, f* maniac.

forceps [fɔrsɛps] *nm* forceps (*pl*).

forcer [fɔrse] ◇ *vt* **-1.** [gén] to force; **~ qqn à qqch/à faire qqch** to force sb into sthg/to do sthg. **-2.** [admiration, respect] to compel, to command. **-3.** [talent, voix] to strain. ◇ *vi*: **ça ne sert à rien de ~**, **ça ne passe pas** there's no point in forcing it, it won't go through; **~ sur qqch** to overdo sthg.
◆ **se forcer** *vp* [s'obliger]: **se ~ à faire qqch** to force o.s. to do sthg.

forcir [fɔrsir] *vi* to put on weight.

forer [fɔre] *vt* to drill.

forestier, -ière [fɔrɛstje, jɛr] *adj* forest (*avant n*).
♦ **forestier** *nm* forestry worker.

forêt [fɔrɛ] *nf* forest.

forfait [fɔrfɛ] *nm* **-1.** [prix fixe] fixed price. **-2.** SPORT: **déclarer ~** [abandonner] to withdraw; *fig* to give up. **-3.** *littéraire* [crime] heinous crime.

forfaitaire [fɔrfɛtɛr] *adj* inclusive.

forge [fɔrʒ] *nf* forge.

forger [fɔrʒe] *vt* **-1.** [métal] to forge. **-2.** *fig* [caractère] to form.

forgeron [fɔrʒərɔ̃] *nm* blacksmith.

formaliser [fɔrmalize] *vt* to formalize.
♦ **se formaliser** *vp*: se ~ (de) to take offence (at).

formalisme [fɔrmalism] *nm* formality.

formaliste [fɔrmalist] ◇ *nmf* formalist. ◇ *adj* [milieu] conventional; [personne]: **être ~** to be a stickler for the rules.

formalité [fɔrmalite] *nf* formality.

format [fɔrma] *nm* [dimension] size.

formatage [fɔrmataʒ] *nm* INFORM formatting.

formater [fɔrmate] *vt* INFORM to format.

formateur, -trice [fɔrmatœr, tris] ◇ *adj* formative. ◇ *nm, f* trainer.

formation [fɔrmasjɔ̃] *nf* **-1.** [gén] formation. **-2.** [apprentissage] training.

forme [fɔrm] *nf* **-1.** [aspect] shape, form; **en ~ de** in the shape of. **-2.** [état] form; **être en (pleine) ~** to be in (great) shape, to be on (top) form.
♦ **formes** *nfpl* figure (*sg*).

formel, -elle [fɔrmɛl] *adj* **-1.** [définitif, ferme] positive, definite. **-2.** [poli] formal.

former [fɔrme] *vt* **-1.** [gén] to form. **-2.** [personnel, élèves] to train. **-3.** [goût, sensibilité] to develop.
♦ **se former** *vp* **-1.** [se constituer] to form. **-2.** [s'instruire] to train o.s.

Formica® [fɔrmika] *nm inv* Formica®.

formidable [fɔrmidabl] *adj* **-1.** [épa-

tant] great, tremendous. **-2.** [incroyable] incredible.

formol [fɔrmɔl] *nm* formalin.

formulaire [fɔrmylɛr] *nm* form; **remplir un ~** to fill in a form.

formule [fɔrmyl] *nf* **-1.** [expression] expression; **~ de politesse** [orale] polite phrase; [épistolaire] letter ending. **-2.** CHIM & MATHS formula. **-3.** [méthode] way, method.

formuler [fɔrmyle] *vt* to formulate, to express.

fort, -e [fɔr, fɔrt] ◇ *adj* **-1.** [gén] strong; **et le plus ~, c'est que ...** and the most amazing thing about it is ...; **c'est plus ~ que moi ~!** I can't help it. **-2.** [corpulent] heavy, big. **-3.** [doué] gifted; **être ~ en qqch** to be good at sthg. **-4.** [puissant - voix] loud; [- vent, lumière, accent] strong. **-5.** [considérable] large; **il y a de ~es chances qu'il gagne** there's a good chance he'll win. ◇ *adv* **-1.** [frapper, battre] hard; [sonner, parler] loud, loudly. **-2.** *sout* [très] very. ◇ *nm* **-1.** [château] fort. **-2.** [spécialité]: **ce n'est pas mon ~** it's not my strong point OU forte.

forteresse [fɔrtərɛs] *nf* fortress.

fortifiant, -e [fɔrtifjɑ̃, ɑ̃t] *adj* fortifying.
♦ **fortifiant** *nm* tonic.

fortification [fɔrtifikasjɔ̃] *nf* fortification.

fortifier [fɔrtifje] *vt* [personne, ville] to fortify; **~ qqn dans qqch** *fig* to strengthen sb in sthg.

fortuit, -e [fɔrtɥi, it] *adj* chance (*avant n*), fortuitous.

fortune [fɔrtyn] *nf* **-1.** [richesse] fortune. **-2.** [hasard] luck, fortune.

fortuné, -e [fɔrtyne] *adj* **-1.** [riche] wealthy. **-2.** [chanceux] fortunate, lucky.

forum [fɔrɔm] *nm* forum.

fosse [fos] *nf* **-1.** [trou] pit. **-2.** [tombe] grave.

fossé [fose] *nm* ditch; *fig* gap.

fossette [fosɛt] *nf* dimple.

fossile [fosil] *nm* **-1.** [de plante, d'animal] fossil. **-2.** *fig & péj* [personne] fossil, fogy.

fossoyeur, -euse [foswajœr, øz] *nm, f* gravedigger.

fou, folle [fu, fɔl] ◇ *adj* (**fol** *devant voyelle ou h muet*) mad, insane; [prodigieux] tremendous. ◇ *nm, f* madman (*f* madwoman).

foudre [fudr] *nf* lightning.

foudroyant, -e [fudrwajɑ̃, ɑ̃t] *adj* **-1.** [progrès, vitesse] lightning (*avant n*); [succès] stunning. **-2.** [nouvelle] devastating; [regard] withering.

foudroyer [fudrwaje] *vt* **-1.** [suj: foudre] to strike; **l'arbre a été foudroyé** the tree was struck by lightning. **-2.** *fig* [abattre] to strike down, to kill; ~ **qqn du regard** to glare at sb.

fouet [fwɛ] *nm* **-1.** [en cuir] whip. **-2.** CULIN whisk.

fouetter [fwete] *vt* **-1.** [gén] to whip; [suj: pluie] to lash (against). **-2.** [stimuler] to stimulate.

fougère [fuʒɛr] *nf* fern.

fougue [fug] *nf* ardour.

fougueux, -euse [fugø, øz] *adj* ardent, spirited.

fouille [fuj] *nf* **-1.** [de personne, maison] search. **-2.** [du sol] dig, excavation.

fouiller [fuje] ◇ *vt* **-1.** [gén] to search. **-2.** *fig* [approfondir] to examine closely. ◇ *vi*: ~ **dans** to go through.

fouillis [fuji] *nm* jumble, muddle.

fouine [fwin] *nf* stone-marten.

fouiner [fwine] *vi* to ferret about.

foulard [fular] *nm* scarf.

foule [ful] *nf* [de gens] crowd.

foulée [fule] *nf* [de coureur] stride.

fouler [fule] *vt* [raisin] to press; [sol] to walk on.

◆ **se fouler** *vp* MÉD: **se** ~ **le poignet/la cheville** to sprain one's wrist/ankle.

foulure [fulyr] *nf* sprain.

four [fur] *nm* **-1.** [de cuisson] oven; ~ **électrique/à micro-ondes** electric/

microwave oven; ~ **crématoire** HIST oven. **-2.** THÉÂTRE flop.

fourbe [furb] *adj* treacherous, deceitful.

fourbu, -e [furby] *adj* tired out, exhausted.

fourche [furʃ] *nf* **-1.** [outil] pitchfork. **-2.** [de vélo, route] fork. **-3.** *Belg* SCOL free period.

fourchette [furʃɛt] *nf* **-1.** [couvert] fork. **-2.** [écart] range, bracket.

fourgon [furgɔ̃] *nm* **-1.** [camionnette] van; ~ **cellulaire** police van *Br*, patrol wagon *Am*. **-2.** [ferroviaire]: ~ **à bestiaux** cattle truck; ~ **postal** mail van.

fourgonnette [furgɔnɛt] *nf* small van.

fourmi [furmi] *nf* [insecte] ant; *fig* hard worker.

fourmilière [furmiljɛr] *nf* anthill.

fourmiller [furmije] *vi* [pulluler] to swarm; ~ **de** *fig* to be swarming with.

fournaise [furnɛz] *nf* furnace.

fourneau, -x [furno] *nm* **-1.** [cuisinière, poêle] stove. **-2.** [de fonderie] furnace; **haut** ~ blast furnace.

fournée [furne] *nf* batch.

fourni, -e [furni] *adj* [barbe, cheveux] thick.

fournil [furnil] *nm* bakery.

fournir [furnir] *vt* **-1.** [procurer]: ~ **qqch à qqn** to supply OU provide sb with sthg. **-2.** [produire]: ~ **un effort** to make an effort. **-3.** [approvisionner]: ~ **qqn (en)** to supply sb (with).

fournisseur, -euse [furnisœr, øz] *nm, f* supplier.

fourniture [furnityr] *nf* supply, supplying (*U*).

◆ **fournitures** *nfpl*: ~s **de bureau** office supplies; ~s **scolaires** school supplies.

fourrage [furaʒ] *nm* fodder.

fourré [fure] *nm* thicket.

fourreau, -x [furo] *nm* **-1.** [d'épée] sheath; [de parapluie] cover. **-2.** [robe] sheath dress.

fourrer [fure] *vt* **-1.** CULIN to stuff, to fill. **-2.** *fam* [mettre]: ~ **qqch (dans)** to stuff sthg (into).
♦ **se fourrer** *vp*: se ~ **une idée dans la tête** to get an idea into one's head; **je ne savais plus où me** ~ I didn't know where to put myself.

fourre-tout [furtu] *nm inv* **-1.** [pièce] lumber room *Br*, junk room *Am*. **-2.** [sac] holdall.

fourreur [furœr] *nm* furrier.

fourrière [furjɛr] *nf* pound.

fourrure [furyr] *nf* fur.

fourvoyer [furvwaje]
♦ **se fourvoyer** *vp sout* [s'égarer] to lose one's way; [se tromper] to go off on the wrong track.

foutre [futr] *vt tfam* **-1.** [mettre] to shove, to stick; ~ **qqn dehors** OU **à la porte** to chuck sb out. **-2.** [donner]: ~ **la trouille à qqn** to put the wind up sb; **il lui a foutu une baffe** he thumped him one. **-3.** [faire] to do; **ne rien** ~ **de la journée** to do damn all day; **j'en ai rien à** ~ I don't give a toss.
♦ **se foutre** *vp tfam* **-1.** [se mettre]: se ~ **dans** [situation] to get o.s. into. **-2.** [se moquer]: **se** ~ **de (la gueule de) qqn** to take the mickey out of sb *Br*. **-3.** [ne pas s'intéresser]: **je m'en fous** I don't give a damn about it.

foyer [fwaje] *nm* **-1.** [maison] home. **-2.** [résidence] home, hostel. **-3.** [point central] centre. **-4.** [de lunettes] focus; **verres à double** ~ bifocals.

fracas [fraka] *nm* roar.

fracasser [frakase] *vt* to smash, to shatter.

fraction [fraksjɔ̃] *nf* fraction.

fractionner [fraksjɔne] *vt* to divide (up), to split up.

fracture [fraktyr] *nf* MÉD fracture.

fracturer [fraktyre] *vt* **-1.** MÉD to fracture. **-2.** [coffre, serrure] to break open.

fragile [fraʒil] *adj* [gén] fragile; [peau, santé] delicate.

fragiliser [fraʒilize] *vt* to weaken.

fragilité [fraʒilite] *nf* fragility.

fragment [fragmɑ̃] *nm* **-1.** [morceau] fragment. **-2.** [extrait - d'œuvre] extract; [- de conversation] snatch.

fragmenter [fragmɑ̃te] *vt* to fragment, to break up.

fraîche → **frais**.

fraîcheur [frɛʃœr] *nf* **-1.** [d'air, d'accueil] coolness. **-2.** [de teint, d'aliment] freshness.

frais, fraîche [frɛ, frɛʃ] *adj* **-1.** [air, accueil] cool. **-2.** [récent - trace] fresh; [- encre] wet. **-3.** [teint] fresh, clear.
♦ **frais** ◇ *nm*: **mettre qqch au** ~ to put sthg in a cool place. ◇ *nmpl* [dépenses] expenses, costs; **aux** ~ **de la maison** at the company's expense; **faire des** ~ to spend a lot of money; **rentrer dans ses** ~ to cover one's expenses. ◇ *adv*: **il fait** ~ it's cool.

fraise [frɛz] *nf* **-1.** [fruit] strawberry. **-2.** [de dentiste] drill; [de menuisier] bit.

fraiser [frɛze] *vt* to countersink.

fraiseuse [frɛzøz] *nf* milling machine.

fraisier [frɛzje] *nm* **-1.** [plante] strawberry plant. **-2.** [gâteau] strawberry sponge.

framboise [frɑ̃bwaz] *nf* **-1.** [fruit] raspberry. **-2.** [liqueur] raspberry liqueur.

franc, franche [frɑ̃, frɑ̃ʃ] *adj* **-1.** [sincère] frank. **-2.** [net] clear, definite.
♦ **franc** *nm* franc.

français, -e [frɑ̃sɛ, ɛz] *adj* French.
♦ **français** *nm* [langue] French.
♦ **Français, -e** *nm, f* Frenchman (f Frenchwoman); **les Français** the French.

France [frɑ̃s] *nf*: **la** ~ France; ~ **2,** ~ **3** TÉLÉ French state-owned television channels.

franche → **franc**.

franchement [frɑ̃ʃmɑ̃] *adv* **-1.** [sincèrement] frankly. **-2.** [nettement] clearly. **-3.** [tout à fait] completely, downright.

franchir [frɑ̃ʃir] *vt* **-1.** [obstacle] to get

over. **-2.** [porte] to go through; [seuil] to cross. **-3.** [distance] to cover.

franchise [frãʃiz] *nf* **-1.** [sincérité] frankness. **-2.** COMM franchise. **-3.** [d'assurance] excess. **-4.** [détaxe] exemption.

franciscain, -e [frãsiskɛ̃, ɛn] *adj & nm, f* Franciscan.

franciser [frãsize] *vt* to frenchify.

franc-jeu [frãʒø] *nm*: **jouer ~** to play fair.

franc-maçon, -onne [frãmasɔ̃, ɔn] (*mpl* **francs-maçons**, *fpl* **franc-maçonnes**) *adj* masonic.

◆ **franc-maçon** *nm* freemason.

franc-maçonnerie [frãmasɔnri] *nf* freemasonry (U).

franco [frãko] *adv* COMM: **~ de port** carriage paid.

francophone [frãkɔfɔn] ◇ *adj* French-speaking. ◇ *nmf* French speaker.

francophonie [frãkɔfɔni] *nf*: **la ~** French-speaking nations (*pl*).

franc-parler [frãparle] *nm*: **avoir son ~** to speak one's mind.

franc-tireur [frãtirœr] *nm* MIL irregular.

frange [frãʒ] *nf* fringe.

frangipane [frãʒipan] *nf* almond paste.

franglais [frãglɛ] *nm* Franglais.

franquette [frãket]

◆ **à la bonne franquette** *loc adv* informally, without any ceremony.

frappant, -e [frapã, ãt] *adj* striking.

frapper [frape] ◇ *vt* **-1.** [gén] to strike. **-2.** [boisson] to chill. ◇ *vi* to knock.

frasques [frask] *nfpl* pranks, escapades.

fraternel, -elle [fratɛrnɛl] *adj* fraternal, brotherly.

fraterniser [fratɛrnize] *vi* to fraternize.

fraternité [fratɛrnite] *nf* brotherhood.

fratricide [fratrisid] *nmf* fratricide.

fraude [frod] *nf* fraud.

frauder [frode] *vt & vi* to cheat.

frauduleux, -euse [frodylø, øz] *adj* fraudulent.

frayer [freje]

◆ **se frayer** *vp*: **se ~ un chemin (à travers une foule)** to force one's way through (a crowd).

frayeur [frejœr] *nf* fright, fear.

fredaines [frɔdɛn] *nfpl* pranks.

fredonner [frɔdɔne] *vt & vi* to hum.

freezer [frizœr] *nm* freezer compartment.

frégate [fregat] *nf* [bateau] frigate.

frein [frɛ̃] *nm* **-1.** AUTOM brake. **-2.** *fig* [obstacle] brake, check.

freinage [frɛnaʒ] *nm* braking.

freiner [frene] ◇ *vt* **-1.** [mouvement, véhicule] to slow down; [inflation, dépenses] to curb. **-2.** [personne] to restrain. ◇ *vi* to brake.

frelaté, -e [frɔlate] *adj* [vin] adulterated; *fig* corrupt.

frêle [frɛl] *adj* [enfant, voix] frail.

frelon [frɔlɔ̃] *nm* hornet.

frémir [fremir] *vi* **-1.** [corps, personne] to tremble. **-2.** [eau] to simmer.

frémissement [fremismã] *nm* **-1.** [de corps, personne] shiver, trembling (U). **-2.** [d'eau] simmering.

frêne [frɛn] *nm* ash.

frénésie [frenezi] *nf* frenzy.

frénétique [frenetik] *adj* frenzied.

fréquence [frekãs] *nf* frequency.

fréquent, -e [frekã, ãt] *adj* frequent.

fréquentation [frekãtasjɔ̃] *nf* **-1.** [d'endroit] frequenting. **-2.** [de personne] association.

◆ **fréquentations** *nfpl* company (U).

fréquenté, -e [frekãte] *adj*: **très ~** busy; **c'est très bien/mal ~** the right/wrong sort of people go there.

fréquenter [frekãte] *vt* **-1.** [endroit] to frequent. **-2.** [personne] to associate with; [petit ami] to go out with, to see.

frère [frɛr] ◇ *nm* brother. ◇ *adj* [parti, pays] sister (*avant n*).

fresque [frɛsk] *nf* fresco.

fret [frɛ] nm freight.

frétiller [fretije] vi [poisson, personne] to wriggle.

fretin [frətɛ̃] nm: **le menu ~** the small fry.

friable [frijabl] adj crumbly.

friand, -e [frijã, ãd] adj: **être ~ de** to be partial to.

friandise [frijãdiz] nf delicacy.

fric [frik] nm fam cash.

friche [friʃ] nf fallow land; **en ~** fallow.

friction [friksjɔ̃] nf -1. [massage] massage. -2. fig [désaccord] friction.

frictionner [friksjɔne] vt to rub.

Frigidaire® [friʒidɛr] nm fridge, refrigerator.

frigide [friʒid] adj frigid.

frigidité [friʒidite] nf frigidity.

frigo [frigo] nm fam fridge.

frigorifié, -e [frigɔrifje] adj fam frozen.

frileux, -euse [frilø, øz] adj -1. [craignant le froid] sensitive to the cold. -2. [prudent] unadventurous.

frimas [frima] nm littéraire foggy winter weather.

frimer [frime] vi fam [bluffer] to pretend; [se mettre en valeur] to show off.

frimousse [frimus] nf fam dear little face.

fringale [frɛ̃gal] nf fam: **avoir la ~** to be starving.

fringant, -e [frɛ̃gã, ãt] adj highspirited.

fripe [frip] nf: **les ~s** secondhand clothes.

fripon, -onne [fripɔ̃, ɔn] ◇ nm, f fam vieilli rogue, rascal. ◇ adj mischievous, cheeky.

fripouille [fripuj] nf fam scoundrel; **petite ~** little devil.

frire [frir] ◇ vt to fry. ◇ vi to fry.

frise [friz] nf ARCHIT frieze.

frisé, -e [frize] adj [cheveux] curly; [personne] curly-haired.

friser [frize] ◇ vt -1. [cheveux] to curl.

-2. fig [ressembler à] to border on. ◇ vi to curl.

frisquet [friskɛ] adj m: **il fait ~** it's chilly.

frisson [frisɔ̃] nm [gén] shiver; [de dégoût] shudder.

frissonner [frisɔne] vi -1. [trembler] to shiver; [de dégoût] to shudder. -2. [s'agiter - eau] to ripple; [- feuillage] to tremble.

frit, -e [fri, frit] pp → **frire.**

frite [frit] nf chip Br, (French) fry Am.

friteuse [fritøz] nf deep fat fryer.

friture [frityr] nf -1. [poisson] fried fish. -2. fam RADIO crackle.

frivole [frivɔl] adj frivolous.

frivolité [frivɔlite] nf frivolity.

froid, froide [frwa, frwad] adj litt & fig cold; **rester ~** to keep OU stay cool.

◆ **froid** ◇ nm -1. [température] cold; **prendre ~** to catch (a) cold. -2. [tension] coolness. ◇ adv: **il fait ~** it's cold; **avoir ~** to be cold.

froidement [frwadmã] adv -1. [accueillir] coldly. -2. [écouter, parler] coolly. -3. [tuer] cold-bloodedly.

froisser [frwase] vt -1. [tissu, papier] to crumple, to crease. -2. fig [offenser] to offend.

◆ **se froisser** vp -1. [tissu] to crumple, to crease. -2. MÉD: **se ~ un muscle** to strain a muscle. -3. [se vexer] to take offence.

frôler [frole] vt to brush against; fig to have a brush with, to come close to.

fromage [frɔmaʒ] nm cheese.

fromager, -ère [frɔmaʒe, ɛr] nm, f cheesemaker.

fromagerie [frɔmaʒri] nf cheese-dairy.

froment [frɔmã] nm wheat.

froncer [frɔ̃se] vt -1. COUTURE to gather. -2. [plisser]: **~ les sourcils** to frown.

frondaison [frɔ̃dɛzɔ̃] nf -1. [phénomène] foliation. -2. [feuillage] foliage.

fronde [frɔ̃d] nf -1. [arme] sling; [jouet]

catapult *Br*, slingshot *Am*. **-2.** [révolte] rebellion.

front [frɔ̃] *nm* **-1.** ANAT forehead. **-2.** *fig* [audace] **cheek. -3.** [avant] front; [de bâtiment] front, façade; **~ de mer** (sea) front. **-4.** MÉTÉOR, MIL & POLIT front.

frontal, -e, -aux [frɔ̃tal, o] *adj* **-1.** ANAT **frontal. -2.** [collision, attaque] head-on.

frontalier, -ière [frɔ̃talje, jɛr] ◇ *adj* frontier (*avant n*); **travailleur ~** *person who lives on one side of the border and works on the other.* ◇ *nm, f* inhabitant of border area.

frontière [frɔ̃tjɛr] ◇ *adj* border (*avant n*). ◇ *nf* frontier, border; *fig* frontier.

fronton [frɔ̃tɔ̃] *nm* ARCHIT pediment.

frottement [frɔtmɑ̃] *nm* **-1.** [action] rubbing. **-2.** [contact, difficulté] friction.

frotter [frɔte] ◇ *vt* to rub; [parquet] to scrub. ◇ *vi* to rub, to scrape.

frottis [frɔti] *nm* smear.

fructifier [fryktifje] *vi* **-1.** [investissement] to give OU yield a profit. **-2.** [terre] to be productive. **-3.** [arbre, idée] to bear fruit.

fructueux, -euse [fryktɥø, øz] *adj* fruitful, profitable.

frugal, -e, -aux [frygal, o] *adj* frugal.

fruit [frɥi] *nm litt* & *fig* fruit (*U*); **~s de mer** seafood (*U*).

fruité, -e [frɥite] *adj* fruity.

fruitier, -ière [frɥitje, jɛr] ◇ *adj* [arbre] fruit (*avant n*). ◇ *nm, f* fruiterer.

fruste [fryst] *adj* uncouth.

frustration [frystrasjɔ̃] *nf* frustration.

frustrer [frystre] *vt* **-1.** [priver]: **~ qqn de** to deprive sb of. **-2.** [décevoir] to frustrate.

fuchsia [fyʃja] *nm* fuchsia.

fuel, fioul [fjul] *nm* **-1.** [de chauffage] fuel. **-2.** [carburant] fuel oil.

fugace [fygas] *adj* fleeting.

fugitif, -ive [fyʒitif, iv] ◇ *adj* fleeting. ◇ *nm, f* fugitive.

fugue [fyg] *nf* **-1.** [de personne] flight; **faire une ~** to run away. **-2.** MUS fugue.

fui [fɥi] *pp inv* → **fuir.**

fuir [fɥir] ◇ *vi* **-1.** [détaler] to flee. **-2.** [tuyau] to leak. **-3.** *fig* [s'écouler] to fly by. ◇ *vt* [éviter] to avoid, to shun.

fuite [fɥit] *nf* **-1.** [de personne] escape, flight. **-2.** [écoulement, d'information] leak.

fulgurant, -e [fylgyrɑ̃, ɑ̃t] *adj* **-1.** [découverte] dazzling. **-2.** [vitesse] lightning (*avant n*). **-3.** [douleur] searing.

fulminer [fylmine] *vi* [personne]: **~ (contre)** to fulminate (against).

fumé, -e [fyme] *adj* **-1.** CULIN smoked. **-2.** [verres] tinted.

fumée [fyme] *nf* [de combustion] smoke.

fumer [fyme] ◇ *vi* **-1.** [personne, cheminée] to smoke. **-2.** [bouilloire, plat] to steam. ◇ *vt* **-1.** [cigarette, aliment] to smoke. **-2.** AGRIC to spread manure on.

fumeur, -euse [fymœr, øz] *nm, f* smoker.

fumier [fymje] *nm* AGRIC dung, manure.

fumiste [fymist] *nmf péj* skiver *Br*, shirker.

fumisterie [fymistəri] *nf fam* skiving *Br*, shirking.

fumoir [fymwar] *nm* **-1.** [pour aliments] smokehouse. **-2.** [pièce] smoking room.

funambule [fynɑ̃byl] *nmf* tightrope walker.

funèbre [fynɛbr] *adj* **-1.** [de funérailles] fu- neral (*avant n*). **-2.** [lugubre] funereal; [sentiments] dismal.

funérailles [fyneraj] *nfpl* funeral (*sg*).

funéraire [fynerɛr] *adj* funeral (*avant n*).

funeste [fynɛst] *adj* **-1.** [accident] fatal. **-2.** [initiative, erreur] disastrous. **-3.** [présage] of doom.

funiculaire [fynikylɛr] *nm* funicular railway.

fur [fyr]
◆ **au fur et à mesure** loc adv as I/you etc go along; **au ~ et à mesure des besoins** as (and when) needed.
◆ **au fur et à mesure que** loc conj as (and when).

furet [fyrɛ] nm **-1.** [animal] ferret. **-2.** [jeu] hunt-the-slipper.

fureter [fyrte] vi [fouiller] to ferret around.

fureur [fyrœr] nf [colère] fury.

furibond, -e [fyribɔ̃, ɔ̃d] adj furious.

furie [fyri] nf **-1.** [colère, agitation] fury; **en ~** [personne] infuriated; [éléments] raging. **-2.** fig [femme] shrew.

furieux, -ieuse [fyrjø, jøz] adj **-1.** [personne] furious. **-2.** [énorme] tremendous.

furoncle [fyrɔ̃kl] nm boil.

furtif, -ive [fyrtif, iv] adj furtive.

fus, fut etc → **être**.

fusain [fyzɛ̃] nm **-1.** [crayon] charcoal. **-2.** [dessin] charcoal drawing.

fuseau, -x [fyzo] nm **-1.** [outil] spindle. **-2.** [pantalon] ski-pants (pl).
◆ **fuseau horaire** nm time zone.

fusée [fyze] nf [pièce d'artifice & AÉRON] rocket.

fuselage [fyzlaʒ] nm fuselage.

fuselé, -e [fyzle] adj [doigts] tapering; [jambes] slender.

fuser [fyze] vi [cri, rire] to burst forth OU out.

fusible [fyzibl] nm fuse.

fusil [fyzi] nm [arme] gun.

fusillade [fyzijad] nf [combat] gunfire (U), fusillade.

fusiller [fyzije] vt [exécuter] to shoot.

fusion [fyzjɔ̃] nf **-1.** [gén] fusion. **-2.** [fonte] smelting. **-3.** ÉCON & POLIT merger.

fusionner [fyzjɔne] vt & vi to merge.

fustiger [fystiʒe] vt to castigate.

fut → **être**.

fût [fy] nm **-1.** [d'arbre] trunk. **-2.** [tonneau] barrel, cask. **-3.** [d'arme] stock. **-4.** [de colonne] shaft.

futaie [fytɛ] nf wood.

futile [fytil] adj **-1.** [insignifiant] futile. **-2.** [frivole] frivolous.

futur, -e [fytyr] ◇ adj future (avant n). ◇ nm, f [fiancé] intended.
◆ **futur** nm future.

futuriste [fytyrist] adj futuristic.

fuyant, -e [fɥijɑ̃, ɑ̃t] adj **-1.** [perspective, front] receding (avant n). **-2.** [regard] evasive.

fuyard, -e [fɥijar, ard] nm, f runaway.

G

g, G [ʒe] nm inv g, G.

gabardine [gabardin] nf gabardine.

gabarit [gabari] nm [dimension] size.

Gabon [gabɔ̃] nm: **le ~** Gabon.

gâcher [gaʃe] vt **-1.** [gaspiller] to waste. **-2.** [gâter] to spoil. **-3.** CONSTR to mix.

gâchette [gaʃɛt] nf trigger.

gâchis [gaʃi] nm [gaspillage] waste (U).

gadget [gadʒɛt] nm gadget.

gadoue [gadu] nf fam [boue] mud; [engrais] sludge.

gaélique [gaelik] ◇ adj Gaelic. ◇ nm Gaelic.

gaffe [gaf] nf **-1.** fam [maladresse] clanger. **-2.** [outil] boat hook.

gaffer [gafe] vi fam to put one's foot in it.

gag [gag] nm gag.

gage [gaʒ] nm **-1.** [dépôt] pledge; **mettre qqch en ~** to pawn sthg. **-2.** [assurance, preuve] proof. **-3.** [dans jeu] forfeit.

gager [gaʒe] vt: **~ que** to bet (that).

gageure [gaʒyr] nf challenge.

gagnant, -e [gaɲɑ̃, ɑ̃t] ◇ adj winning (avant n). ◇ nm, f winner.

gagne-pain [gaɲpɛ̃] nm inv livelihood.

gagner [gaɲe] ◇ vt **-1.** [salaire, argent, repos] to earn. **-2.** [course, prix, affection] to win. **-3.** [obtenir, économiser] to gain; ~ **du temps/de la place** to gain time/space. **-4.** [atteindre] to reach; [- suj: feu, engourdissement] to spread to; [- suj: sommeil, froid] to overcome. ◇ *vi* **-1.** [être vainqueur] to win. **-2.** [bénéficier] to gain; ~ **à faire qqch** to be better off doing sthg; **qu'est-ce que j'y gagne?** what do I get out of it? **-3.** [s'améliorer]: ~ **en** to increase in.

gai, -e [gɛ] *adj* **-1.** [joyeux] cheerful, happy. **-2.** [vif, plaisant] bright.

gaieté [gete] *nf* **-1.** [joie] cheerfulness. **-2.** [vivacité] brightness.

gaillard, -e [gajar, ard] ◇ *adj* **-1.** [alerte] sprightly, spry. **-2.** [licencieux] ribald. ◇ *nm, f* strapping individual.

gain [gɛ̃] *nm* **-1.** [profit] gain, profit. **-2.** [succès] winning. **-3.** [économie] saving.
◆ **gains** *nmpl* earnings.

gaine [gɛn] *nf* **-1.** [étui, enveloppe] sheath. **-2.** [sous-vêtement] girdle, corset.

gainer [gene] *vt* to sheathe.

gala [gala] *nm* gala, reception.

galant, -e [galɑ̃, ɑ̃t] *adj* **-1.** [courtois] gallant. **-2.** [amoureux] flirtatious.
◆ **galant** *nm* admirer.

galanterie [galɑ̃tri] *nf* **-1.** [courtoisie] gallantry, politeness. **-2.** [flatterie] compliment.

galaxie [galaksi] *nf* galaxy.

galbe [galb] *nm* curve.

gale [gal] *nf* MÉD scabies (*U*).

galère [galɛr] *nf* NAVIG galley; **quelle ~!** *fig* what a hassle!, what a drag!

galérer [galere] *vi fam* to have a hard time.

galerie [galri] *nf* **-1.** [gén] gallery. **-2.** THÉÂTRE circle. **-3.** [porte-bagages] roof rack.

galet [galɛ] *nm* **-1.** [caillou] pebble. **-2.** TECHNOL wheel, roller.

galette [galɛt] *nf* CULIN pancake (*made from buckwheat flour*).

galipette [galipɛt] *nf fam* somersault.

Galles [gal] → **pays**.

gallicisme [galisism] *nm* [expression] French idiom; [dans une langue étrangère] gallicism.

gallois, -e [galwa, az] *adj* Welsh.
◆ **gallois** *nm* [langue] Welsh.
◆ **Gallois, -e** *nm, f* Welshman (*f* Welshwoman); **les Gallois** the Welsh.

galon [galɔ̃] *nm* **-1.** COUTURE braid (*U*). **-2.** MIL stripe.

galop [galo] *nm* [allure] gallop; **au ~** [cheval] at a gallop; *fig* at the double.

galoper [galɔpe] *vi* **-1.** [cheval] to gallop. **-2.** [personne] to run about. **-3.** [imagination] to run riot.

galopin [galɔpɛ̃] *nm fam* brat.

galvaniser [galvanize] *vt litt & fig* to galvanize.

galvauder [galvode] *vt* [ternir] to tarnish.

gambader [gɑ̃bade] *vi* [sautiller] to leap about; [agneau] to gambol.

gamelle [gamɛl] *nf* [plat] mess tin *Br*, kit *Am*.

gamin, -e [gamɛ̃, in] ◇ *adj* [puéril] childish. ◇ *nm, f fam* [enfant] kid.

gamme [gam] *nf* **-1.** [série] range; ~ **de produits** product range. **-2.** MUS scale.

ganglion [gɑ̃glijɔ̃] *nm* ganglion.

gangrène [gɑ̃grɛn] *nf* gangrene; *fig* corruption, canker.

gangue [gɑ̃g] *nf* **-1.** [de minerai] gangue. **-2.** *fig* [carcan] straitjacket.

gant [gɑ̃] *nm* glove; ~ **de toilette** face cloth, flannel *Br*.

garage [garaʒ] *nm* garage.

garagiste [garaʒist] *nmf* [propriétaire] garage owner; [réparateur] garage mechanic.

garant, -e [garɑ̃, ɑ̃t] *nm, f* [responsable] guarantor; **se porter ~ de** to vouch for.
◆ **garant** *nm* [garantie] guarantee.

garantie [garɑ̃ti] *nf* [gén] guarantee.

garantir [garɑ̃tir] *vt* **-1.** [assurer & COMM] to guarantee; ~ **à qqn que** to assure OU guarantee sb that. **-2.** [protéger]: ~ **qqch (de)** to protect sthg (from).

garçon [garsɔ̃] nm **-1.** [enfant] boy. **-2.** [célibataire]: **vieux** ~ confirmed bachelor. **-3.** [serveur]: ~ **(de café)** waiter.

garçonnet [garsɔnɛ] nm little boy.

garçonnière [garsɔnjɛr] nf bachelor flat Br OU apartment Am.

garde [gard] ◇ nf **-1.** [surveillance] protection. **-2.** [veille]: **pharmacie de** ~ duty chemist. **-3.** MIL guard; **monter la** ~ to go on guard. **-4.** loc: **être/se tenir sur ses** ~**s** to be/stay on one's guard; **mettre qqn en** ~ **contre qqch** to put sb on their guard about sthg. ◇ nmf keeper; ~ **du corps** bodyguard.

garde-à-vous [gardavu] nm inv attention; **se mettre au** - to stand to attention.

garde-boue [gardəbu] nm inv mudguard Br, fender Am.

garde-chasse [gardəʃas] (pl **gardes-chasse** OU **gardes-chasses**) nm gamekeeper.

garde-fou [gardəfu] (pl **garde-fous**) nm railing, parapet.

garde-malade [gardəmalad] (pl **gardes-malades**) nmf nurse.

garde-manger [gardəmɑ̃ʒe] nm inv [pièce] pantry, larder; [armoire] meat safe Br, cooler Am.

garde-pêche [gardəpɛʃ] (pl **gardes-pêche**) nm [personne] water bailiff Br, fishwarden Am.

garder [garde] vt **-1.** [gén] to keep; [vêtement] to keep on. **-2.** [surveiller] to mind, to look after; [défendre] to guard. **-3.** [protéger]: ~ **qqn de qqch** to save sb from sthg.

◆ **se garder** vp **-1.** [se conserver] to keep. **-2.** [se méfier]: **se** ~ **de qqn/ qqch** to beware of sb/sthg. **-3.** [s'abstenir]: **se** ~ **de faire qqch** to take care not to do sthg.

garderie [gardəri] nf crèche Br, day nursery Br, day-care center Am.

garde-robe [gardərɔb] (pl **garde-robes**) nf wardrobe.

gardien, -ienne [gardjɛ̃, jɛn] nm, f **-1.** [surveillant] guard, keeper; ~ **de but** goalkeeper; ~ **de nuit** night watchman. **-2.** fig [défenseur] protector, guardian. **-3.** [agent]: ~ **de la paix** policeman.

gare [gar] nf station; ~ **routière** [de marchandises] road haulage depot; [pour passagers] bus station.

garer [gare] vt **-1.** [ranger] to park. **-2.** [mettre à l'abri] to put in a safe place.

◆ **se garer** vp **-1.** [stationner] to park. **-2.** [se ranger] to pull over.

gargariser [gargarize] ◆ **se gargariser** vp **-1.** [se rincer] to gargle. **-2.** péj [se délecter]: **se** ~ **de** to delight OU revel in.

gargouiller [garguje] vi **-1.** [eau] to gurgle. **-2.** [intestins] to rumble.

garnement [garnəmɑ̃] nm rascal, pest.

garni [garni] nm vieilli furnished accommodation (U).

garnir [garnir] vt **-1.** [équiper] to fit out, to furnish. **-2.** [remplir] to fill. **-3.** [orner]: ~ **qqch de** to decorate sthg with; COUTURE to trim sthg with.

garnison [garnizɔ̃] nf garrison.

garniture [garnityr] nf **-1.** [ornement] trimming; [de lit] bed linen. **-2.** [CULIN - pour accompagner] garnish Br, fixings (pl) Am; [- pour remplir] filling.

garrigue [garig] nf scrub.

garrot [garo] nm **-1.** [de cheval] withers (pl). **-2.** MÉD tourniquet.

gars [ga] nm fam **-1.** [garçon, homme] lad. **-2.** [type] guy, bloke Br.

gas-oil [gazɔjl, gazwal], **gazole** [gazɔl] nm diesel oil.

gaspillage [gaspijaʒ] nm waste.

gaspiller [gaspije] vt to waste.

gastrique [gastrik] adj gastric.

gastro-entérite [gastrɔ̃ãterit] (pl **gastro-entérites**) nf gastroenteritis (U).

gastronome [gastrɔnɔm] nmf gourmet.

gastronomie [gastronɔmi] *nf* gastronomy.

gâteau, -x [gato] *nm* cake; ~ **sec** biscuit *Br*, cookie *Am*.

gâter [gate] *vt* **-1.** [gén] to spoil; [vacances, affaires] to ruin, to spoil. **-2.** *iron* [combler] to be too good to sb; **on est gâté!** just marvellous!

◆ **se gâter** *vp* **-1.** [temps] to change for the worse. **-2.** [situation] to take a turn for the worse.

gâteux, -euse [gatø, øz] ◇ *adj* senile. ◇ *nm, f* **-1.** [sénile] doddering old man (*f* woman). **-2.** [radoteur] old bore.

gauche [goʃ] ◇ *nf* **-1.** [côté] left, left-hand side; **à ~ (de)** on the left (of). **-2.** POLIT: **la ~** the left (wing); **de ~** left-wing. ◇ *adj* **-1.** [côté] left. **-2.** [personne] clumsy.

gaucher, -ère [goʃe, ɛr] ◇ *adj* left-handed. ◇ *nm, f* left-handed person.

gauchiste [goʃist] *nmf* leftist.

gaufre [gofr] *nf* waffle.

gaufrer [gofre] *vt* to emboss.

gaufrette [gofrɛt] *nf* wafer.

gaule [gol] *nf* **-1.** [perche] pole. **-2.** [canne à pêche] fishing rod.

gauler [gole] *vt* to bring OU shake down.

gaulliste [golist] *nmf & adj* Gaullist.

gaver [gave] *vt* **-1.** [animal] to force-feed. **-2.** [personne]: ~ **qqn de** to feed sb full of.

gay [gɛ] *adj inv & nm* gay.

gaz [gaz] *nm inv* gas.

gaze [gaz] *nf* gauze.

gazelle [gazɛl] *nf* gazelle.

gazer [gaze] *vt* to gas.

gazette [gazɛt] *nf* newspaper, gazette.

gazeux, -euse [gazø, øz] *adj* **-1.** CHIM gaseous. **-2.** [boisson] fizzy.

gazoduc [gazɔdyk] *nm* gas pipeline.

gazole → **gas-oil**.

gazon [gazɔ̃] *nm* [herbe] grass; [terrain] lawn.

gazouiller [gazuje] *vi* **-1.** [oiseau] to chirp, to twitter. **-2.** [bébé] to gurgle.

GB, G-B (*abr de* **Grande-Bretagne**) *nf* GB.

gd *abr de* **grand**.

GDF, Gdf (*abr de* **Gaz de France**) *French national gas company.*

geai [ʒɛ] *nm* jay.

géant, -e [ʒeɑ̃, ɑ̃t] ◇ *adj* gigantic, giant. ◇ *nm, f* giant.

geindre [ʒɛ̃dr] *vi* **-1.** [gémir] to moan. **-2.** *fam* [pleurnicher] to whine.

gel [ʒɛl] *nm* **-1.** MÉTÉOR frost. **-2.** [d'eau] freezing. **-3.** [cosmétique] gel.

gélatine [ʒelatin] *nf* gelatine.

gelée [ʒəle] *nf* **-1.** MÉTÉOR frost. **-2.** CULIN jelly.

geler [ʒəle] *vt & vi* **-1.** [gén] to freeze. **-2.** [projet] to halt.

gélule [ʒelyl] *nf* capsule.

Gémeaux [ʒemo] *nmpl* ASTROL Gemini.

gémir [ʒemir] *vi* **-1.** [gén] to moan. **-2.** [par déception] to groan.

gémissement [ʒemismɑ̃] *nm* **-1.** [gén] moan; [du vent] moaning (*U*). **-2.** [de déception] groan.

gemme [ʒɛm] *nf* gem, precious stone.

gênant, -e [ʒenɑ̃, ɑ̃t] *adj* **-1.** [encombrant] in the way. **-2.** [embarrassant] awkward, embarrassing. **-3.** [énervant]: **être ~** to be a nuisance.

gencive [ʒɑ̃siv] *nf* gum.

gendarme [ʒɑ̃darm] *nm* policeman.

gendarmerie [ʒɑ̃darməri] *nf* **-1.** [corps] police force. **-2.** [lieu] police station.

gendre [ʒɑ̃dr] *nm* son-in-law.

gène [ʒɛn] *nm* gene.

gêne [ʒɛn] *nf* **-1.** [physique] difficulty. **-2.** [psychologique] embarrassment. **-3.** [financière] difficulty.

généalogie [ʒenealɔʒi] *nf* genealogy.

généalogique [ʒenealɔʒik] *adj* genealogical; **arbre ~** family tree.

gêner [ʒene] *vt* **-1.** [physiquement - gén] to be too tight for; [- suj: chaussures] to pinch. **-2.** [moralement] to embarrass. **-3.** [incommoder] to bother. **-4.** [encombrer] to hamper.

général, -e, -aux [ʒeneral, o] *adj* général; **en ~** generally, in general; **répétition ~e** dress rehearsal.
◆ **général** *nm* MIL general.
◆ **générale** *nf* THÉÂTRE dress rehearsal.

généralement [ʒeneralmã] *adv* generally.

généralisation [ʒeneralizasjɔ̃] *nf* generalization.

généraliser [ʒeneralize] *vt & vi* to generalize.
◆ **se généraliser** *vp* to become general OU widespread.

généraliste [ʒeneralist] ◇ *nmf* GP *Br*, family doctor. ◇ *adj* general.

généralité [ʒeneralite] *nf* **-1.** [idée] generality. **-2.** [universalité] general nature.
◆ **généralités** *nfpl* generalities.

générateur, -trice [ʒeneratœr, tris] *adj* generating.
◆ **générateur** *nm* TECHNOL generator.

génération [ʒenerasjɔ̃] *nf* generation.

générer [ʒenere] *vt* to generate.

généreux, -euse [ʒenerø, øz] *adj* generous; [terre] fertile.

générique [ʒenerik] ◇ *adj* generic. ◇ *nm* credits (*pl*).

générosité [ʒenerozite] *nf* generosity.

genèse [ʒənez] *nf* [création] genesis.
◆ **Genèse** *nf* BIBLE Genesis.

genêt [ʒəne] *nm* broom.

génétique [ʒenetik] ◇ *adj* genetic. ◇ *nf* genetics (*U*).

Genève [ʒənɛv] *n* Geneva.

génial, -e, -iaux [ʒenjal, jo] *adj* **-1.** [personne] of genius. **-2.** [idée, invention] inspired. **-3.** *fam* [formidable]: **c'est ~!** that's great!, that's terrific!

génie [ʒeni] *nm* **-1.** [personne, aptitude] genius. **-2.** MYTH spirit, genie. **-3.** TECHNOL engineering; **le ~** MIL ≈ the Royal Engineers *Br*.

genièvre [ʒənjɛvr] *nm* juniper.

génisse [ʒenis] *nf* heifer.

génital, -e, -aux [ʒenital, o] *adj* genital.

génitif [ʒenitif] *nm* genitive (case).

génocide [ʒenɔsid] *nm* genocide.

genou, -x [ʒənu] *nm* knee; **à ~x** on one's knees, kneeling.

genouillère [ʒənujɛr] *nf* **-1.** [bandage] knee bandage. **-2.** SPORT kneepad.

genre [ʒɑ̃r] *nm* **-1.** [type] type, kind. **-2.** LITTÉRATURE genre. **-3.** [style de personne] style. **-4.** GRAM gender.

gens [ʒã] *nmpl* people.

gentiane [ʒãsjan] *nf* gentian.

gentil, -ille [ʒãti, ij] *adj* **-1.** [agréable] nice. **-2.** [aimable] kind, nice.

gentillesse [ʒãtijɛs] *nf* kindness.

gentiment [ʒãtimã] *adv* **-1.** [sagement] nicely. **-2.** [aimablement] kindly, nicely. **-3.** *Helv* [tranquillement] calmly, quietly.

génuflexion [ʒenyflɛksjɔ̃] *nf* genuflexion.

géographie [ʒeɔgrafi] *nf* geography.

geôlier, -ière [ʒolje, jɛr] *nm, f* gaoler.

géologie [ʒeɔlɔʒi] *nf* geology.

géologue [ʒeɔlɔg] *nmf* geologist.

géomètre [ʒeɔmɛtr] *nmf* **-1.** [spécialiste] geometer, geometrician. **-2.** [technicien] surveyor.

géométrie [ʒeɔmetri] *nf* geometry.

géosphère [ʒeɔsfɛr] *nf* geosphere.

gérance [ʒerãs] *nf* management.

géranium [ʒeranjɔm] *nm* geranium.

gérant, -e [ʒerã, ãt] *nm, f* manager.

gerbe [ʒɛrb] *nf* **-1.** [de blé] sheaf; [de fleurs] spray. **-2.** [d'étincelles, d'eau] shower.

gercé, -e [ʒɛrse] *adj* chapped.

gérer [ʒere] *vt* to manage.

gériatrie [ʒerjatri] *nf* geriatrics (*U*).

germain, -e [ʒɛrmɛ̃, ɛn] → **cousin**.

germanique [ʒɛrmanik] *adj* Germanic.

germe [ʒɛrm] *nm* **-1.** BOT & MÉD germ; [de pomme de terre] eye. **-2.** *fig* [origine] seed, cause.

germer [ʒɛrme] *vi* to germinate.

gésier [ʒezje] *nm* gizzard.

gésir [ʒezir] *vi littéraire* to lie.

gestation [ʒɛstasjɔ̃] *nf* gestation.

geste [ʒɛst] *nm* **-1.** [mouvement] gesture. **-2.** [acte] act, deed.

gesticuler [ʒɛstikyle] *vi* to gesticulate.

gestion [ʒɛstjɔ̃] *nf* management; JUR administration; ~ **de fichiers** INFORM file management.

Ghana [gana] *nm*: **le** ~ Ghana.

ghetto [gɛto] *nm litt* & *fig* ghetto.

gibet [ʒibɛ] *nm* gallows (*sg*), gibbet.

gibier [ʒibje] *nm* game; *fig* [personne] prey.

giboulée [ʒibule] *nf* sudden shower.

gicler [ʒikle] *vi* to squirt, to spurt.

gifle [ʒifl] *nf* slap.

gifler [ʒifle] *vt* to slap; *fig* [suj: vent, pluie] to whip, to lash.

gigantesque [ʒigɑ̃tɛsk] *adj* gigantic.

gigolo [ʒigɔlo] *nm* gigolo.

gigot [ʒigo] *nm* CULIN leg.

gigoter [ʒigɔte] *vi* to squirm, to wriggle.

gilet [ʒilɛ] *nm* **-1.** [cardigan] cardigan. **-2.** [sans manches] waistcoat *Br*, vest *Am*.

gin [dʒin] *nm* gin.

gingembre [ʒɛ̃ʒɑ̃br] *nm* ginger.

girafe [ʒiraf] *nf* giraffe.

giratoire [ʒiratwar] *adj* gyrating; **sens** ~ roundabout *Br*, traffic circle *Am*.

girofle [ʒirɔfl] → **clou**.

girouette [ʒirwɛt] *nf* weathercock.

gisement [ʒizmɑ̃] *nm* deposit.

gît → **gésir**.

gitan, -e [ʒitɑ̃, an] *adj* Gipsy (*avant n*).
◆ **Gitan, -e** *nm, f* Gipsy.

gîte [ʒit] *nm* **-1.** [logement]: ~ **(rural)** gîte, *self-catering accommodation in the country*. **-2.** [du bœuf] shin *Br*, shank *Am*.

givre [ʒivr] *nm* frost.

glabre [glabr] *adj* hairless.

glace [glas] *nf* **-1.** [eau congelée] ice. **-2.** [crème glacée] ice cream. **-3.** [vitre] pane; [- de voiture] window. **-4.** [miroir] mirror.

glacé, -e [glase] *adj* **-1.** [gelé] frozen. **-2.** [très froid] freezing. **-3.** *fig* [hostile] cold.

glacer [glase] *vt* **-1.** [geler, paralyser] to chill. **-2.** [étoffe, papier] to glaze. **-3.** [gâteau] to ice *Br*, to frost *Am*.

glacial, -e, -iaux [glasjal, jo] *adj litt* & *fig* icy.

glacier [glasje] *nm* **-1.** GÉOGR glacier. **-2.** [marchand] ice cream seller OU man.

glaçon [glasɔ̃] *nm* **-1.** [dans boisson] ice cube. **-2.** [sur toit] icicle. **-3.** *fam fig* [personne] iceberg.

glaïeul [glajœl] *nm* gladiolus.

glaire [glɛr] *nf* MÉD phlegm.

glaise [glɛz] *nf* clay.

glaive [glɛv] *nm* sword.

gland [glɑ̃] *nm* **-1.** [de chêne] acorn. **-2.** [ornement] tassel. **-3.** ANAT glans.

glande [glɑ̃d] *nf* gland.

glaner [glane] *vt* to glean.

glapir [glapir] *vi* to yelp, to yap.

glas [gla] *nm* knell.

glauque [glok] *adj* **-1.** [couleur] bluey-green. **-2.** *fam* [lugubre] gloomy. **-3.** *fam* [sordide] sordid.

glissade [glisad] *nf* slip.

glissant, -e [glisɑ̃, ɑ̃t] *adj* slippery.

glissement [glismɑ̃] *nm* **-1.** [action de glisser] gliding, sliding. **-2.** *fig* [électoral] swing, shift.

glisser [glise] ◇ *vi* **-1.** [se déplacer]: ~ **(sur)** to glide (over), to slide (over). **-2.** [déraper]: ~ **(sur)** to slip (on). **-3.** *fig* [passer rapidement]: ~ **sur** to skate over. **-4.** [surface] to be slippery. **-5.** [progresser] to slip; ~ **dans/vers** to slip into/towards, to slide into/towards. ◇ *vt* to slip; ~ **un regard à qqn** *fig* to give sb a sidelong glance.
◆ **se glisser** *vp* to slip; **se** ~ **dans** [lit] to slip OU slide into; *fig* to slip OU creep into.

glissière [glisjɛr] *nf* runner.

global, -e, -aux [glɔbal, o] *adj* global.

globalement [glɔbalmɑ̃] *adv* on the whole.

globe [glɔb] nm **-1.** [sphère, terre] globe. **-2.** [de verre] glass cover.

globule [glɔbyl] nm globule; ~ **blanc/ rouge** white/red corpuscle.

globuleux [glɔbylø] → **œil**.

gloire [glwar] nf **-1.** [renommée] glory; [de vedette] fame, stardom. **-2.** [mérite] credit.

glorieux, -ieuse [glɔrjø, jøz] adj [mort, combat] glorious; [héros, soldat] renowned.

glossaire [glɔsɛr] nm glossary.

glousser [gluse] vi **-1.** [poule] to cluck. **-2.** fam [personne] to chortle, to chuckle.

glouton, -onne [glutɔ̃, ɔn] ◇ adj greedy. ◇ nm, f glutton.

glu [gly] nf [colle] glue.

gluant, -e [glyɑ̃, ɑ̃t] adj sticky.

glucide [glysid] nm glucide.

glycémie [glisemi] nf glycaemia.

glycine [glisin] nf wisteria.

go [go]
♦ **tout de go** loc adv straight.

GO (abr de **grandes ondes**) nfpl LW.

goal [gol] nm goalkeeper.

gobelet [gɔblɛ] nm beaker, tumbler.

gober [gɔbe] vt **-1.** [avaler] to gulp down. **-2.** fam [croire] to swallow.

godet [gɔdɛ] nm **-1.** [récipient] jar, pot. **-2.** COUTURE flare.

godiller [gɔdije] vi **-1.** [rameur] to scull. **-2.** [skieur] to wedeln.

goéland [gɔelɑ̃] nm gull, seagull.

goélette [gɔelɛt] nf schooner.

goguenard, -e [gɔgnar, ard] adj mocking.

goguette [gɔgɛt]
♦ **en goguette** loc adv fam a bit tight OU tipsy.

goinfre [gwɛ̃fr] nmf fam pig.

goitre [gwatr] nm goitre.

golf [gɔlf] nm [sport] golf; [terrain] golf course.

golfe [gɔlf] nm gulf, bay; **le ~ de Gascogne** the Bay of Biscay; **le ~ Persique** the (Persian) Gulf.

gomme [gɔm] nf **-1.** [substance, bonbon] gum. **-2.** [pour effacer] rubber Br, eraser Am.

gommer [gɔme] vt to rub out, to erase; fig to erase.

gond [gɔ̃] nm hinge.

gondole [gɔ̃dɔl] nf gondola.

gondoler [gɔ̃dɔle] vi [bois] to warp; [carton] to curl.

gonfler [gɔ̃fle] ◇ vt **-1.** [ballon, pneu] to blow up, to inflate; [rivière, poitrine, yeux] to swell; [joues] to blow out. **-2.** fig [grossir] to exaggerate. ◇ vi to swell.

gonflette [gɔ̃flɛt] nf fam: **faire de la ~** to pump iron.

gong [gɔ̃g] nm gong.

gorge [gɔrʒ] nf **-1.** [gosier, cou] throat. **-2.** (gén pl) [vallée] gorge.

gorgée [gɔrʒe] nf mouthful.

gorger [gɔrʒe] vt: ~ **qqn de qqch** [gaver] to stuff sb with sthg; [combler] to heap sthg on sb; ~ **qqch de** to fill sthg with.

gorille [gɔrij] nm [animal] gorilla.

gosier [gozje] nm throat, gullet.

gosse [gɔs] nmf fam kid.

gothique [gɔtik] adj **-1.** ARCHIT Gothic. **-2.** TYPO: **écriture ~** Gothic script.

gouache [gwaʃ] nf gouache.

goudron [gudrɔ̃] nm tar.

goudronner [gudrɔne] vt to tar.

gouffre [gufr] nm abyss.

goujat [guʒa] nm boor.

goulet [gulɛ] nm narrows (pl).

goulot [gulo] nm neck.

goulu, -e [guly] adj greedy, gluttonous.

goupillon [gupijɔ̃] nm **-1.** RELIG (holy water) sprinkler. **-2.** [à bouteille] bottle brush.

gourd, -e [gur, gurd] adj numb.

gourde [gurd] ◇ nf **-1.** [récipient] flask, waterbottle. **-2.** fam [personne] clot Br. ◇ adj fam thick.

gourdin [gurdɛ̃] nm club.

gourmand, -e [gurmɑ̃, ɑ̃d] ◇ adj greedy. ◇ nm, f glutton.

gourmandise [gurmɑ̃diz] nf -1. [caractère] greed, greediness. -2. [sucrerie] sweet thing.

gourmette [gurmɛt] nf chain bracelet.

gousse [gus] nf pod.

goût [gu] nm taste; **de mauvais** ~ tasteless, in bad taste.

goûter [gute] ◇ vt -1. [déguster] to taste. -2. [savourer] to enjoy. ◇ vi to have (afternoon) tea Br; ~ à to taste. ◇ nm afternoon snack for children, typically consisting of bread, butter, chocolate and a drink.

goutte [gut] nf -1. [de pluie, d'eau] drop. -2. MÉD [maladie] gout.
◆ **gouttes** nfpl MÉD drops.

goutte-à-goutte [gutagut] nm inv (intravenous) drip Br, IV Am.

gouttelette [gutlɛt] nf droplet.

gouttière [gutjɛr] nf -1. [CONSTR - horizontale] gutter; [- verticale] drainpipe. -2. MÉD splint.

gouvernail [guvɛrnaj] nm rudder.

gouvernante [guvɛrnɑ̃t] nf -1. [d'enfants] governess. -2. [de maison] housekeeper.

gouvernement [guvɛrnəmɑ̃] nm government.

gouverner [guvɛrne] vt to govern.

gouverneur [guvɛrnœr] nm governor.

grâce [gras] nf -1. [charme] grace; **de bonne** ~ with good grace, willingly; **de mauvaise** ~ with bad grace, reluctantly. -2. [faveur] favour. -3. [miséricorde] mercy.
◆ **grâce à** loc prép thanks to.

gracier [grasje] vt to pardon.

gracieusement [grasjøzmɑ̃] adv -1. [avec grâce] graciously. -2. [gratuitement] free (of charge).

gracieux, -ieuse [grasjø, jøz] adj -1. [charmant] graceful. -2. [gratuit] free.

gradation [gradasjɔ̃] nf gradation.

grade [grad] nm [échelon] rank; [universitaire] qualification.

gradé, -e [grade] ◇ adj non-commissioned. ◇ nm, f non-commissioned officer, NCO.

gradin [gradɛ̃] nm [de stade, de théâtre] tier; [de terrain] terrace.

graduation [graduasjɔ̃] nf graduation.

graduel, -elle [graduɛl] adj gradual; [difficultés] increasing.

graduer [gradue] vt -1. [récipient, règle] to graduate. -2. fig [effort, travail] to increase gradually.

graffiti [grafiti] nm inv graffiti (U).

grain [grɛ̃] nm -1. [gén] grain; [de moutarde] seed; [de café] bean; ~ **de raisin** grape. -2. [point]: ~ **de beauté** beauty spot. -3. [averse] squall.

graine [grɛn] nf BOT seed.

graisse [grɛs] nf -1. ANAT & CULIN fat. -2. [pour lubrifier] grease.

graisser [grese] vt -1. [machine] to grease, to lubricate. -2. [vêtements] to get grease on.

grammaire [gramɛr] nf grammar.

grammatical, -e, -aux [gramatikal, o] adj grammatical.

gramme [gram] nm gram, gramme.

grand, -e [grɑ̃, grɑ̃d] ◇ adj -1. [en hauteur] tall; [en dimensions] big, large; [en quantité, nombre] large, great; **un** ~ **nombre de** a large ou great number of; **en** ~ [dimension] full-size. -2. [âgé] grown-up; **les** ~**es personnes** grown-ups; **un** ~ **frère** big ou older brother; ~**e sœur** big ou older sister; **il est assez** ~ **pour ...** he's old enough to .... -3. [important, remarquable] great; **un** ~ **homme** a great man. -4. [intense]: **un** ~ **blessé/brûlé** a person with serious wounds/burns; **un** ~ **buveur/fumeur** a heavy drinker/smoker. ◇ nm, f (gén pl) -1. [personnage] great man ou woman; **c'est l'un des** ~**s de l'électroménager** he's one of the big names in electrical appliances. -2. [enfant] older ou bigger boy (f girl).

grand-angle [grɑ̃tɑ̃gl] nm wide-angle lens.

grand-chose [grɑ̃ʃoz]
◆ **pas grand-chose** pron indéf not much.

Grande-Bretagne [grɑ̃dbrətaɲ] *nf*: **la ~** Great Britain.

grandeur [grɑ̃dœr] *nf* **-1.** [taille] size. **-2.** [apogée & *fig*] greatness; **~ d'âme** *fig* magnanimity.

grandir [grɑ̃dir] ◇ *vt*: **~ qqn** [suj: chaussures] to make sb look taller; *fig* to increase sb's standing. ◇ *vi* [personne, plante] to grow; [obscurité, bruit] to increase, to grow.

grand-mère [grɑ̃mɛr] *nf* grandmother; *fam fig* old biddy.

grand-père [grɑ̃pɛr] *nm* grandfather; *fam fig* old geezer.

grands-parents [grɑ̃parɑ̃] *nmpl* grandparents.

grange [grɑ̃ʒ] *nf* barn.

granit(e) [granit] *nm* granite.

granulé, -e [granyle] *adj* [surface] granular.
♦ granulé *nm* tablet.

granuleux, -euse [granylø, øz] *adj* granular.

graphique [grafik] ◇ *nm* diagram; [graphe] graph. ◇ *adj* graphic.

graphisme [grafism] *nm* **-1.** [écriture] handwriting. **-2.** ART style of drawing.

graphologie [grafɔlɔʒi] *nf* graphology.

grappe [grap] *nf* **-1.** [de fruits] bunch; [de fleurs] stem. **-2.** *fig* [de gens] knot.

grappiller [grapije] *vt litt & fig* to gather, to pick up.

grappin [grapɛ̃] *nm* [ancre] grapnel.

gras, grasse [gra, gras] *adj* **-1.** [personne, animal] fat. **-2.** [plat, aliment] fatty; **matières grasses** fats. **-3.** [cheveux, mains] greasy. **-4.** [sol] clayey; [crayon] soft. **-5.** *fig* [rire] throaty; [toux] phlegmy. **-6.** *fig* [plante] succulent.
♦ gras ◇ *nm* **-1.** [du jambon] fat. **-2.** TYPO bold (type). ◇ *adv*: **manger ~** to eat fatty foods.

grassement [grasmɑ̃] *adv* **-1.** [rire] coarsely. **-2.** [payer] a lot.

gratifier [gratifje] *vt* **-1.** [accorder]: **~ qqn de qqch** to present sb with

sthg, to present sthg to sb; *fig* to reward sb with sthg. **-2.** [stimuler] to gratify.

gratin [gratɛ̃] *nm* **-1.** CULIN dish sprinkled with breadcrumbs or cheese and browned. **-2.** *fam fig* [haute société] upper crust.

gratiné, -e [gratine] *adj* **-1.** CULIN sprinkled with breadcrumbs or cheese and browned. **-2.** *fam fig* [ardu] stiff.

gratis [gratis] *adv* free.

gratitude [gratityd] *nf*: **~ (envers)** gratitude (to OU towards).

gratte-ciel [gratsjɛl] *nm inv* skyscraper.

grattement [gratmɑ̃] *nm* scratching.

gratter [grate] ◇ *vt* [gén] to scratch; [pour enlever] to scrape off. ◇ *vi* **-1.** [démanger] to itch, to be itchy. **-2.** *fam* [écrire] to scribble. **-3.** [frapper]: **~ à la porte** to tap at the door. **-4.** *fam* [travailler] to slave, to slog.
♦ se gratter *vp* to scratch.

gratuit, -e [gratɥi, it] *adj* **-1.** [entrée] free. **-2.** [violence] gratuitous.

gratuitement [gratɥitmɑ̃] *adv* **-1.** [sans payer] free, for nothing. **-2.** [sans raison] gratuitously.

gravats [grava] *nmpl* rubble (U).

grave [grav] ◇ *adj* **-1.** [attitude, faute, maladie] serious, grave; **ce n'est pas ~** [ce n'est rien] don't worry about it. **-2.** [voix] deep. **-3.** LING: **accent ~** grave accent. ◇ *nm* (*gén pl*) MUS low register.

gravement [gravmɑ̃] *adv* gravely, seriously.

graver [grave] *vt* **-1.** [gén] to engrave. **-2.** [bois] to carve. **-3.** [disque] to cut.

gravier [gravje] *nm* gravel (U).

gravillon [gravijɔ̃] *nm* fine gravel (U).

gravir [gravir] *vt* to climb.

gravité [gravite] *nf* **-1.** [importance] seriousness, gravity. **-2.** PHYS gravity.

graviter [gravite] *vi* **-1.** [astre] to revolve. **-2.** *fig* [évoluer] to gravitate.

gravure [gravyr] *nf* **-1.** [technique]: **~**

(sur) engraving (on). **-2.** [reproduction] print; [dans livre] plate.

gré [gre] nm **-1.** [goût]: **à mon/son** ~ for my/his taste, for my/his liking. **-2.** [volonté]: **bon** ~ **mal** ~ willy nilly; **de** ~ **ou de force** fig whether you/they etc like it or not; **de mon/son plein** ~ of my/his own free will.

grec, grecque [grɛk] adj Greek.
◆ **grec** nm [langue] Greek.
◆ **Grec, Grecque** nm, f Greek.

Grèce [grɛs] nf: **la** ~ Greece.

gréement [gremɑ̃] nm rigging.

greffe [grɛf] nf **-1.** MÉD transplant; [de peau] graft. **-2.** BOT graft.

greffer [grefe] vt **-1.** MÉD to transplant; [peau] to graft; ~ **un rein/un cœur à qqn** to give sb a kidney/heart transplant. **-2.** BOT to graft.
◆ **se greffer** vp: **se** ~ **sur qqch** to be added to sthg.

greffier [grɛfje] nm clerk of the court.

grégaire [greɡɛr] adj gregarious.

grêle [grɛl] ◇ nf hail. ◇ adj **-1.** [jambes] spindly. **-2.** [son] shrill.

grêler [grele] v impers to hail; **il grêle** it's hailing.

grêlon [grɛlɔ̃] nm hailstone.

grelot [grəlo] nm bell.

grelotter [grəlɔte] vi: ~ **(de)** to shiver (with).

grenade [grənad] nf **-1.** [fruit] pomegranate. **-2.** MIL grenade.

grenat [grəna] adj inv dark red.

grenier [grənje] nm **-1.** [de maison] attic. **-2.** [à foin] loft.

grenouille [grənuj] nf frog.

grès [grɛ] nm **-1.** [roche] sandstone. **-2.** [poterie] stoneware.

grésiller [grezije] vi **-1.** [friture] to sizzle; [feu] to crackle. **-2.** [radio] to crackle.

grève [grɛv] nf **-1.** [arrêt du travail] strike; **faire** ~ to strike, to go on strike. **-2.** [rivage] shore.

grever [grəve] vt to burden; [budget] to put a strain on.

gréviste [grevist] nmf striker.

gribouiller [gribuje] vt & vi **-1.** [écrire] to scrawl. **-2.** [dessiner] to doodle.

grief [grijɛf] nm grievance; **faire** ~ **de qqch à qqn** to hold sthg against sb.

grièvement [grijɛvmɑ̃] adv seriously.

griffe [grif] nf **-1.** [d'animal] claw. **-2.** Belg [éraflure] scratch.

griffer [grife] vt [suj: chat etc] to claw.

grignoter [griɲɔte] ◇ vt **-1.** [manger] to nibble. **-2.** fam fig [réduire - capital] to eat away (at). **-3.** fam fig [gagner - avantage] to gain. ◇ vi **-1.** [manger] to nibble. **-2.** fam fig [prendre]: ~ **sur** to nibble away at.

gril [gril] nm grill.

grillade [grijad] nf CULIN grilled meat.

grillage [grijaʒ] nm **-1.** [de porte, de fenêtre] wire netting. **-2.** [clôture] wire fence.

grille [grij] nf **-1.** [portail] gate. **-2.** [d'orifice, de guichet] grille; [de fenêtre] bars (pl). **-3.** [de mots croisés, de loto] grid. **-4.** [tableau] table.

grille-pain [grijpɛ̃] nm inv toaster.

griller [grije] ◇ vt **-1.** [viande] to grill Br, to broil Am; [pain] to toast; [café, marrons] to roast. **-2.** fig [au soleil - personne] to burn; [- végétation] to shrivel. **-3.** [ampoule] to blow. **-4.** fam fig [dépasser - concurrents] to outstrip; ~ **un feu rouge** to jump the lights. **-5.** fig [compromettre] to ruin. ◇ vi [viande] to grill Br, to broil Am.

grillon [grijɔ̃] nm [insecte] cricket.

grimace [grimas] nf grimace.

grimer [grime] vt CIN & THÉÂTRE to make up.

grimper [grɛ̃pe] ◇ vt to climb. ◇ vi to climb; ~ **à un arbre/une échelle** to climb a tree/a ladder.

grincement [grɛ̃smɑ̃] nm [de charnière] squeaking; [de porte, plancher] creaking.

grincer [grɛ̃se] vi [charnière] to squeak; [porte, plancher] to creak.

grincheux, -euse [grɛ̃ʃø, øz] ◇ adj grumpy. ◇ nm, f moaner, grumbler.

grippe [grip] nf MÉD flu (U).

grippé, -e [gripe] *adj* [malade]: **être ~** to have flu.

gripper [gripe] *vi* **-1.** [mécanisme] to jam. **-2.** *fig* [processus] to stall.

gris, -e [gri, griz] *adj* **-1.** [couleur] grey. **-2.** *fig* [morne] dismal. **-3.** [saoul] tipsy.
♦ **gris** *nm* [couleur] grey.

grisaille [grizaj] *nf* **-1.** [de ciel] greyness. **-2.** *fig* [de vie] dullness.

grisant, -e [grizɑ̃, ɑ̃t] *adj* intoxicating.

griser [grize] *vt* to intoxicate.

grisonner [grizɔne] *vi* to turn grey.

grisou [grizu] *nm* firedamp.

grive [griv] *nf* thrush.

grivois, -e [grivwa, az] *adj* ribald.

Groenland [grɔenlɑ̃d] *nm*: **le ~** Greenland.

grog [grɔg] *nm* (hot) toddy.

grognement [grɔɲmɑ̃] *nm* **-1.** [son] grunt; [d'ours, de chien] growl. **-2.** [protestation] grumble.

grogner [grɔɲe] *vi* **-1.** [émettre un son] to grunt; [ours, chien] to growl. **-2.** [protester] to grumble.

groin [grwɛ̃] *nm* snout.

grommeler [grɔmle] *vt & vi* to mutter.

grondement [grɔ̃dmɑ̃] *nm* [d'animal] growl; [de tonnerre, de train] rumble; [de torrent] roar.

gronder [grɔ̃de] ◇ *vi* [animal] to growl; [tonnerre] to rumble. ◇ *vt* to scold.

gros, grosse [gro, gros] ◇ *adj* (*gén avant n*) **-1.** [gén] large, big; *péj* big. **-2.** (*avant ou après n*) [corpulent] fat. **-3.** [grossier] coarse. **-4.** [fort, sonore] loud. **-5.** [important, grave - ennuis] serious; [- dépense] major.
♦ **gros** ◇ *adv* [beaucoup] a lot. ◇ *nm* [partie]: **le (plus) ~ (de qqch)** the main part (of sthg).
♦ **en gros** *loc adv & loc adj* **-1.** COMM wholesale. **-2.** [en grands caractères] in large letters. **-3.** [grosso modo] roughly.

groseille [grozɛj] *nf* currant.

grosse [gros] *adj* → **gros**.

grossesse [grosɛs] *nf* pregnancy.

grosseur [grosœr] *nf* **-1.** [dimension, taille] size. **-2.** MÉD lump.

grossier, -ière [grosje, jɛr] *adj* **-1.** [matière] coarse. **-2.** [sommaire] rough. **-3.** [insolent] rude. **-4.** [vulgaire] crude. **-5.** [erreur] crass.

grossièrement [grosjɛrmɑ̃] *adv* **-1.** [sommairement] roughly. **-2.** [vulgairement] crudely.

grossir [grosir] ◇ *vi* **-1.** [prendre du poids] to put on weight. **-2.** [augmenter] to grow. **-3.** [s'intensifier] to increase. **-4.** [cours d'eau] to swell. ◇ *vt* **-1.** [suj: microscope, verre] to magnify. **-2.** [suj: vêtement]: **~ qqn** to make sb look fatter. **-3.** [exagérer] to exaggerate.

grossiste [grosist] *nmf* wholesaler.

grosso modo [grosomɔdo] *adv* roughly.

grotte [grɔt] *nf* cave.

grouiller [gruje] *vi*: **~ (de)** to swarm (with).

groupe [grup] *nm* group.
♦ **groupe sanguin** *nm* blood group.

groupement [grupmɑ̃] *nm* **-1.** [action] grouping. **-2.** [groupe] group.

grouper [grupe] *vt* to group.
♦ **se grouper** *vp* to come together.

grue [gry] *nf* TECHNOL & ZOOL crane.

grumeau, -x [grymo] *nm* lump.

Guatemala [gwatemala] *nm*: **le ~** Guatemala.

gué [ge] *nm* ford; **traverser à ~** to ford.

guenilles [gənij] *nfpl* rags.

guenon [gənɔ̃] *nf* female monkey.

guépard [gepar] *nm* cheetah.

guêpe [gɛp] *nf* wasp.

guêpier [gepje] *nm* wasp's nest; *fig* hornet's nest.

guère [gɛr] *adv* [peu] hardly; **ne (+ verbe) ~** [peu] hardly; **il ne l'aime ~** he doesn't like him/her very much.

guéridon [geridɔ̃] *nm* pedestal table.

guérilla [gerija] *nf* guerrilla warfare.

guérir [gerir] ◇ *vt* to cure; ~ **qqn de** *litt* & *fig* to cure sb of. ◇ *vi* to recover, to get better.

guérison [gerizɔ̃] *nf* **-1.** [de malade] recovery. **-2.** [de maladie] cure.

guerre [gɛr] *nf* **-1.** MIL & *fig* war; **faire la ~ à un pays** to make OU wage war on a country; **Première/Seconde Guerre mondiale** First/Second World War. **-2.** [technique] warfare (U).

guerrier, -ière [gerje, jɛr] *adj* **-1.** [de guerre] war (*avant n*). **-2.** [peuple] warlike.
♦ **guerrier** *nm* warrior.

guet-apens [gɛtapɑ̃] *nm* ambush; *fig* trap.

guêtre [gɛtr] *nf* gaiter.

guetter [gete] *vt* **-1.** [épier] to lie in wait for. **-2.** [attendre] to be on the look-out for, to watch for. **-3.** [menacer] to threaten.

gueule [gœl] *nf* **-1.** [d'animal, ouverture] mouth. **-2.** *tfam* [bouche de l'homme] gob *Br.* **-3.** *fam* [visage] face.

gueuleton [gœltɔ̃] *nm fam* blow-out *Br.*

gui [gi] *nm* mistletoe.

guichet [giʃɛ] *nm* counter; [de gare, de théâtre] ticket office.

guide [gid] *nm* **-1.** [gén] guide. **-2.** [livre] guidebook.

guider [gide] *vt* to guide.

guidon [gidɔ̃] *nm* handlebars (*pl*).

guignol [giɲɔl] *nm* **-1.** [marionnette] glove puppet. **-2.** [théâtre] ≃ Punch and Judy show.

guillemet [gijmɛ] *nm* inverted comma, quotation mark.

guilleret, -ette [gijre, ɛt] *adj* perky.

guillotine [gijɔtin] *nf* **-1.** [instrument] guillotine. **-2.** [de fenêtre] sash.

guindé, -e [gɛ̃de] *adj* stiff.

Guinée [gine] *nf*: **la ~** Guinea.

guirlande [girlɑ̃d] *nf* **-1.** [de fleurs] garland. **-2.** [de papier] chain; [de Noël] tinsel (U).

guise [giz] *nf*: **à ma ~** as I please OU like; **en ~ de** by way of.

guitare [gitar] *nf* guitar.

guitariste [gitarist] *nmf* guitarist.

guttural, -e, -aux [gytyral, o] *adj* guttural.

gymnastique [ʒimnastik] *nf* SPORT & *fig* gymnastics (U).

gynécologie [ʒinekɔlɔʒi] *nf* gynaecology.

gynécologue [ʒinekɔlɔg] *nmf* gynaecologist.

H

h¹, H [aʃ] *nm inv* h, H.

h² (*abr de* **heure**) hr.

ha (*abr de* **hectare**) ha.

hab. *abr de* **habitant.**

habile [abil] *adj* skilful; [démarche] clever.

habileté [abilte] *nf* skill.

habiller [abije] *vt* **-1.** [vêtir]: ~ **qqn (de)** to dress sb (in). **-2.** [recouvrir] to cover.
♦ **s'habiller** *vp* **-1.** [se vêtir] to dress, to get dressed. **-2.** [se vêtir élégamment] to dress (up).

habit [abi] *nm* **-1.** [costume] suit. **-2.** RELIG habit.
♦ **habits** *nmpl* [vêtements] clothes.

habitacle [abitakl] *nm* [d'avion] cockpit; [de voiture] passenger compartment.

habitant, -e [abitɑ̃, ɑ̃t] *nm, f* **-1.** [de pays] inhabitant. **-2.** [d'immeuble] occupant. **-3.** *Can* [paysan] farmer.

habitation [abitasjɔ̃] *nf* **-1.** [fait d'habiter] housing. **-2.** [résidence] house, home.

habiter [abite] ◇ *vt* **-1.** [résider] to live in. **-2.** [suj: passion, sentiment] to dwell within. ◇ *vi* to live; ~ **à** to live in.

habitude [abityd] *nf* [façon de faire] habit; **avoir l'~ de faire qqch** to be in the habit of doing sthg; **d'~** usually.

habituel, -elle [abituɛl] *adj* [coutumier] usual, customary.

habituer [abitye] *vt*: **~ qqn à qqch/à faire qqch** to get sb used to sthg/to doing sthg.
♦ **s'habituer** *vp*: **s'~ à qqch/à faire qqch** to get used to sthg/to doing sthg.

hache ['aʃ] *nf* axe.

hacher ['aʃe] *vt* **-1.** [couper - gén] to chop finely; [- viande] to mince *Br*, to grind *Am*. **-2.** [entrecouper] to interrupt.

hachisch = **haschisch**.

hachoir ['aʃwar] *nm* **-1.** [couteau] chopper. **-2.** [appareil] mincer *Br*, grinder *Am*. **-3.** [planche] chopping-board.

hachure ['aʃyr] *nf* hatching.

hagard, -e ['agar, ard] *adj* haggard.

haie ['ɛ] *nf* **-1.** [d'arbustes] hedge. **-2.** [de personnes] row; [de soldats, d'agents de police] line. **-3.** SPORT hurdle.

haillons ['ajɔ̃] *nmpl* rags.

haine ['ɛn] *nf* hatred.

haïr ['air] *vt* to hate.

Haïti [aiti] *n* Haiti.

hâle ['al] *nm* tan.

hâlé, -e ['ale] *adj* tanned.

haleine [alɛn] *nf* breath.

haleter ['alte] *vi* to pant.

hall ['ol] *nm* **-1.** [vestibule, entrée] foyer, lobby. **-2.** [salle publique] concourse.

halle ['al] *nf* covered market.

hallucination [alysinasjɔ̃] *nf* hallucination.

halo ['alo] *nm* [cercle lumineux] halo.

halogène [alɔʒɛn] *nm & adj* halogen.

halte ['alt] ◇ *nf* stop. ◇ *interj* stop!

haltère [altɛr] *nf* dumbbell.

haltérophilie [alterɔfili] *nf* weight-lifting.

hamac ['amak] *nm* hammock.

hamburger ['aburgœr] *nm* hamburger.

hameau, -x ['amo] *nm* hamlet.

hameçon [amsɔ̃] *nm* fish-hook.

hamster ['amstɛr] *nm* hamster.

hanche ['ãʃ] *nf* hip.

handball ['ãdbal] *nm* handball.

handicap ['ãdikap] *nm* handicap.

handicapé, -e ['ãdikape] ◇ *adj* handicapped. ◇ *nm, f* handicapped person.

handicaper ['ãdikape] *vt* to handicap.

hangar ['ãgar] *nm* shed; AÉRON hangar.

hanneton ['antɔ̃] *nm* cockchafer.

hanter ['ãte] *vt* to haunt.

hantise ['ãtiz] *nf* obsession.

happer ['ape] *vt* [attraper] to snap up.

haranguer [arãge] *vt* to harangue.

haras ['ara] *nm* stud (farm).

harassant, -e ['arasã, ãt] *adj* exhausting.

harceler ['arsəle] *vt* **-1.** [relancer] to harass. **-2.** MIL to harry. **-3.** [importuner]: **~ qqn (de)** to pester sb (with).

hardes ['ard] *nfpl* old clothes.

hardi, -e ['ardi] *adj* bold, daring.

hareng ['arã] *nm* herring.

hargne ['arɲ] *nf* spite (*U*), bad temper.

haricot ['ariko] *nm* bean; **~s verts/blancs/rouges** green/haricot/kidney beans.

harmonica [armɔnika] *nm* harmonica, mouth organ.

harmonie [armɔni] *nf* **-1.** [gén] harmony. **-2.** [de visage] symmetry.

harmonieux, -ieuse [armɔnjø, jøz] *adj* **-1.** [gén] harmonious. **-2.** [voix] melodious. **-3.** [traits, silhouette] regular.

harmoniser [armɔnize] *vt* MUS & *fig* to harmonize; [salaires] to bring into line.

harnacher ['arnaʃe] *vt* [cheval] to harness.

harnais ['arnɛ] *nm* **-1.** [de cheval, de parachutiste] harness. **-2.** TECHNOL train.

harpe [ˈarp] *nf* harp.

harpon [ˈarpɔ̃] *nm* harpoon.

harponner [ˈarpɔne] *vt* **-1.** [poisson] to harpoon. **-2.** *fam* [personne] to waylay.

hasard [ˈazar] *nm* chance; **au ~** at random; **par ~** by accident, by chance.

hasarder [ˈazarde] *vt* **-1.** [tenter] to venture. **-2.** [risquer] to hazard.

◆ **se hasarder** *vp*: **se ~ à faire qqch** to risk doing sthg.

haschisch, haschich, hachisch [ˈaʃiʃ] *nm* hashish.

hâte [ˈat] *nf* haste.

hâter [ˈate] *vt* **-1.** [activer] to hasten. **-2.** [avancer] to bring forward.

◆ **se hâter** *vp* to hurry; **se ~ de faire qqch** to hurry to do sthg.

hausse [ˈos] *nf* [augmentation] rise, increase.

hausser [ˈose] *vt* to raise.

haut, -e [o, ot] *adj* **-1.** [gén] high; **~ de 20 m** 20 m high. **-2.** [classe sociale, pays, région] upper. **-3.** [responsable] senior.

◆ **haut** ◇ *adv* **-1.** [gén] high; [placé] highly. **-2.** [fort] loudly. ◇ *nm* **-1.** [hauteur] height; **faire 2 m de ~** to be 2 m high OU in height. **-2.** [sommet, vêtement] top. **-3.** *loc*: **avoir** OU **connaître des ~s et des bas** to have one's ups and downs.

◆ **de haut** *loc adv* haughtily; **le prendre de ~** to react haughtily.

◆ **de haut en bas** *loc adv* from top to bottom.

◆ **du haut de** *loc prép* from the top of.

◆ **en haut de** *loc prép* at the top of.

hautain, -e [ˈotɛ̃, ɛn] *adj* haughty.

hautbois [ˈobwa] *nm* oboe.

haut de gamme [odgam] ◇ *adj* upmarket; **une chaîne ~** a state-of-the-art hi-fi system. ◇ *nm* top of the range.

haute-fidélité [otfidelite] *nf* high fidelity, hi-fi.

hautement [ˈotmɑ̃] *adv* highly.

hauteur [ˈotœr] *nf* height; **à ~ d'épaule** at shoulder level OU height.

haut-fourneau [ˈofurno] *nm* blast furnace.

haut-parleur [ˈoparlœr] (*pl* **haut-parleurs**) *nm* loudspeaker.

havre [ˈavr] *nm* [refuge] haven.

Haye [ˈɛ] *n*: **La ~** the Hague.

hayon [ˈajɔ̃] *nm* hatchback.

hebdomadaire [ɛbdɔmadɛr] *nm & adj* weekly.

héberger [eberʒe] *vt* **-1.** [loger] to put up. **-2.** [suj: hôtel] to take in.

hébété, -e [ebete] *adj* dazed.

hébraïque [ebraik] *adj* Hebrew.

hébreu, -x [ebrø] *adj* Hebrew.

◆ **hébreu** *nm* [langue] Hebrew.

◆ **Hébreu, -x** *nm* Hebrew.

hécatombe [ekatɔ̃b] *nf litt & fig* slaughter.

hectare [ɛktar] *nm* hectare.

hectolitre [ɛktɔlitr] *nm* hectolitre.

hégémonie [eʒemɔni] *nf* hegemony.

hein [ˈɛ̃] *interj fam* eh?, what?; **tu m'en veux, ~?** you're cross with me, aren't you?

hélas [elas] *interj* unfortunately, alas.

héler [ele] *vt sout* to hail.

hélice [elis] *nf* **-1.** [d'avion, de bateau] propeller. **-2.** MATHS helix.

hélicoptère [elikɔptɛr] *nm* helicopter.

héliport [elipɔr] *nm* heliport.

hélium [eljɔm] *nm* helium.

Helsinki [ˈɛlsiŋki] *n* Helsinki.

hématome [ematom] *nm* MÉD haematoma.

hémicycle [emisikl] *nm* POLIT: **l'~** the Assemblée Nationale.

hémisphère [emisfɛr] *nm* hemisphere.

hémophile [emɔfil] ◇ *nmf* haemophiliac. ◇ *adj* haemophilic.

hémorragie [emɔraʒi] *nf* **-1.** MÉD haemorrhage. **-2.** *fig* [perte, fuite] loss.

hémorroïdes [emɔrɔid] *nfpl* haemorrhoids, piles.

hennir [ˈenir] *vi* to neigh, to whinny.

hépatite [epatit] *nf* MÉD hepatitis.

herbe [ɛrb] *nf* **-1.** BOT grass. **-2.** CULIN & MÉD herb. **-3.** *fam* [marijuana] grass.

herbicide [ɛrbisid] *nm* weedkiller, herbicide.

herboriste [ɛrbɔrist] *nmf* herbalist.

héréditaire [ereditɛr] *adj* hereditary.

hérédité [eredite] *nf* [génétique] heredity.

hérésie [erezi] *nf* heresy.

hérisson ['erisɔ̃] *nm* ZOOL hedgehog.

héritage [eritaʒ] *nm* **-1.** [de biens] inheritance. **-2.** [culturel] heritage.

hériter [erite] ◇ *vi* to inherit; ~ **de qqch** to inherit sthg. ◇ *vt*: ~ **qqch de qqn** *litt* & *fig* to inherit sthg from sb.

héritier, -ière [eritje, jɛr] *nm, f* heir (*f* heiress).

hermétique [ɛrmetik] *adj* **-1.** [étanche] hermetic. **-2.** [incompréhensible] inaccessible, impossible to understand. **-3.** [imperméable] impenetrable.

hermine [ɛrmin] *nf* **-1.** [animal] stoat. **-2.** [fourrure] ermine.

hernie ['erni] *nf* hernia.

héroïne [erɔin] *nf* **-1.** [personne] heroine. **-2.** [drogue] heroin.

héroïque [erɔik] *adj* heroic.

héroïsme [erɔism] *nm* heroism.

héron ['erɔ̃] *nm* heron.

héros ['ero] *nm* hero.

herse ['ers] *nf* **-1.** AGRIC harrow. **-2.** [grille] portcullis.

hertz ['ɛrts] *nm inv* hertz.

hésitant, -e [ezitɑ̃, ɑ̃t] *adj* hesitant.

hésitation [ezitasjɔ̃] *nf* hesitation.

hésiter [ezite] *vi* to hesitate; ~ **entre/sur** to hesitate between/over; ~ **à faire qqch** to hesitate to do sthg.

hétéroclite [eterɔklit] *adj* motley.

hétérogène [eterɔʒɛn] *adj* heterogeneous.

hétérosexuel, -elle [eterɔsɛksyɛl] *adj* & *nm, f* heterosexual.

hêtre ['etr] *nm* beech.

heure [œr] *nf* **-1.** [unité de temps] hour; **250 km à l'**~ 250 km per OU an hour; **faire des** ~**s supplémentai-**res to work overtime. **-2.** [moment du jour] time; **il est deux** ~**s** it's two o'clock; **quelle** ~ **est-il?** what time is it?; **être à l'**~ to be on time; **à quelle** ~? when?, (at) what time?; ~ **de pointe** rush hour; ~**s de bureau** office hours. **-3.** SCOL class, period. **-4.** *loc*: **c'est l'**~ **(de faire qqch)** it's time (to do sthg); **de bonne** ~ early.

heureusement [œrøzmɑ̃] *adv* [par chance] luckily, fortunately.

heureux, -euse [œrø, øz] *adj* **-1.** [gén] happy; [favorable] fortunate; **être** ~ **de faire qqch** to be happy to do sthg. **-2.** [réussi] successful, happy.

heurt ['œr] *nm* **-1.** [choc] collision, impact. **-2.** [désaccord] clash.

heurter ['œrte] *vt* **-1.** [rentrer dans - gén] to hit; [- suj: personne] to bump into. **-2.** [offenser - personne, sensibilité] to offend. **-3.** [bon sens, convenances] to go against.

◆ **se heurter** *vp* **-1.** [gén]: **se** ~ **(contre)** to collide (with). **-2.** [rencontrer]: **se** ~ **à qqch** to come up against sthg.

hexagonal, -e, -aux [ɛgzagɔnal, o] *adj* **-1.** GÉOM hexagonal. **-2.** [français] French.

hexagone [ɛgzagɔn] *nm* GÉOM hexagon.

hiatus [jatys] *nm inv* hiatus.

hiberner [ibɛrne] *vi* to hibernate.

hibou, -x ['ibu] *nm* owl.

hideux, -euse ['idø, øz] *adj* hideous.

hier [ijɛr] *adv* yesterday.

hiérarchie ['jerarʃi] *nf* hierarchy.

hiéroglyphe [jerɔglif] *nm* hieroglyph, hieroglyphic.

hilare [ilar] *adj* beaming.

hilarité [ilarite] *nf* hilarity.

Himalaya [imalaja] *nm*: **l'**~ the Himalayas (*pl*).

hindou, -e [ɛ̃du] *adj* Hindu.
◆ **Hindou, -e** *nm, f* Hindu.

hippie, hippy ['ipi] (*pl* **hippies**) *nmf* & *adj* hippy.

hippique [ipik] *adj* horse (*avant n*).

hippodrome [ipɔdrom] *nm* race-course.

hippopotame [ipɔpɔtam] *nm* hippo-potamus.

hirondelle [irɔ̃dɛl] *nf* swallow.

hirsute [irsyt] *adj* [chevelure, barbe] shaggy.

hispanique [ispanik] *adj* [gén] His-panic.

hisser ['ise] *vt* **-1.** [voile, drapeau] to hoist. **-2.** [charge] to heave, to haul. ◆ **se hisser** *vp* **-1.** [grimper]: **se ~ (sur)** to heave OU haul o.s. up (onto). **-2.** *fig* [s'élever]: **se ~ à** to pull o.s. up to.

histoire [istwar] *nf* **-1.** [science] his-tory. **-2.** [récit, mensonge] story. **-3.** [aventure] funny OU strange thing. **-4.** (*gén pl*) [ennui] trouble (*U*).

historique [istɔrik] *adj* **-1.** [roman, re-cherches] historical. **-2.** [monument, événement] historic.

hiver [ivɛr] *nm* winter; **en ~** in (the) winter.

HLM (*abr de* **habitation à loyer mo-déré**) *nm ou nf* low-rent, state-owned housing, ≃ council house/flat *Br*, ≃ public housing unit *Am*.

hobby ['ɔbi] *nm* hobby.

hocher ['ɔʃe] *vt*: **la tête** [affirmative-ment] to nod (one's head); [négative-ment] to shake one's head.

hochet ['ɔʃe] *nm* rattle.

hockey ['ɔkɛ] *nm* hockey.

holding ['ɔldiŋ] *nm ou nf* holding company.

hold-up ['ɔldœp] *nm inv* hold-up.

hollandais, -e ['ɔlɑ̃dɛ, ɛz] *adj* Dutch. ◆ **hollandais** *nm* [langue] Dutch. ◆ **Hollandais, -e** *nm, f* Dutchman (*f* Dutchwoman).

Hollande ['ɔlɑ̃d] *nf*: **la ~** Holland.

holocauste [ɔlɔkost] *nm* holocaust.

homard ['ɔmar] *nm* lobster.

homéopathie [ɔmeɔpati] *nf* homeopa-thy.

homicide [ɔmisid] *nm* [meurtre] mur-der.

hommage [ɔmaʒ] *nm* [témoignage d'estime] tribute; **rendre ~ à qqn/qqch** to pay tribute to sb/sthg.

homme [ɔm] *nm* man; **~ d'affaires** businessman; **~ d'État** statesman; **~ politique** politician.

homme-grenouille [ɔmgrənuj] *nm* frogman.

homogène [ɔmɔʒɛn] *adj* homo-geneous.

homologue [ɔmɔlɔg] *nm* counterpart, opposite number.

homonyme [ɔmɔnim] *nm* **-1.** LING homonym. **-2.** [personne, ville] name-sake.

homosexualité [ɔmɔsɛksyalite] *nf* homosexuality.

homosexuel, -elle [ɔmɔsɛksyɛl] *adj & nm, f* homosexual.

Honduras ['ɔ̃dyras] *nm*: **le ~** Hon-duras.

Hongrie ['ɔ̃gri] *nf*: **la ~** Hungary.

hongrois, -e ['ɔ̃grwa, az] *adj* Hungar-ian. ◆ **hongrois** *nm* [langue] Hungarian. ◆ **Hongrois, -e** *nm, f* Hungarian.

honnête [ɔnɛt] *adj* **-1.** [intègre] hon-est. **-2.** [correct] honourable. **-3.** [convenable - travail, résultat] reason-able.

honnêtement [ɔnɛtmɑ̃] *adv* **-1.** [de fa-çon intègre, franchement] honestly. **-2.** [correctement] honourably.

honnêteté [ɔnɛtte] *nf* honesty.

honneur [ɔnœr] *nm* honour; **faire ~ à qqn/à qqch** to be a credit to sb/to sthg; **faire ~ à un repas** *fig* to do jus-tice to a meal.

honorable [ɔnɔrabl] *adj* **-1.** [digne] honourable. **-2.** [convenable] respect-able.

honorablement [ɔnɔrabləmɑ̃] *adv* honourably.

honoraire [ɔnɔrɛr] *adj* honorary. ◆ **honoraires** *nmpl* fee (*sg*), fees.

honorer [ɔnɔre] *vt* **-1.** [faire honneur à] to be a credit to. **-2.** [payer] to hon-our.

honte ['ɔ̃t] *nf* [sentiment] shame; **avoir ~ de qqn/qqch** to be ashamed of sb/sth; **avoir ~ de faire qqch** to be ashamed of doing sthg.

honteux, -euse ['ɔ̃tø, øz] *adj* shameful; [personne] ashamed.

hôpital, -aux [ɔpital, o] *nm* hospital.

hoquet ['ɔkɛ] *nm* hiccup.

horaire [ɔrɛr] ◇ *nm* **-1.** [de départ, d'arrivée] timetable. **-2.** [de travail] hours (*pl*) (of work). ◇ *adj* hourly,

horizon [ɔrizɔ̃] *nm* **-1.** [ligne, perspective] horizon. **-2.** [panorama] view.

horizontal, -e, -aux [ɔrizɔ̃tal, o] *adj* horizontal.

◆ **horizontale** *nf* MATHS horizontal.

horloge [ɔrlɔʒ] *nf* clock.

hormis ['ɔrmi] *prép* save.

hormone [ɔrmɔn] *nf* hormone.

horodateur [ɔrɔdatœr] *nm* [à l'usine] clock; [au parking] ticket machine.

horoscope [ɔrɔskɔp] *nm* horoscope.

horreur [ɔrœr] *nf* horror; **avoir ~ de qqn/qqch** to hate sb/sthg; **avoir ~ de faire qqch** to hate doing sthg; **quelle ~!** how dreadful!, how awful!

horrible [ɔribl] *adj* **-1.** [affreux] horrible. **-2.** *fig* [terrible] terrible, dreadful.

horrifier [ɔrifje] *vt* to horrify.

horripiler [ɔripile] *vt* to exasperate.

hors ['ɔr] *prép*: **~ pair** outstanding.

◆ **hors de** *loc prép* outside.

hors-bord ['ɔrbɔr] *nm inv* speedboat.

hors-d'œuvre ['ɔrdœvr] *nm inv* hors d'oeuvre, starter.

hors-jeu ['ɔrʒø] *nm inv & adj inv* offside.

hors-la-loi ['ɔrlalwa] *nm inv* outlaw.

hors-piste ['ɔrpist] *nm inv* off-piste skiing.

hortensia [ɔrtɑ̃sja] *nm* hydrangea.

horticulture ['ɔrtikyltyr] *nf* horticulture.

hospice [ɔspis] *nm* home.

hospitalier, -ière [ɔspitalje, jɛr] *adj* **-1.** [accueillant] hospitable. **-2.** [relatif aux hôpitaux] hospital (*avant n*).

hospitaliser [ɔspitalize] *vt* to hospitalize.

hospitalité [ɔspitalite] *nf* hospitality.

hostie [ɔsti] *nf* host.

hostile [ɔstil] *adj*: **~ (à)** hostile (to).

hostilité [ɔstilite] *nf* hostility.

◆ **hostilités** *nfpl* hostilities.

hôte, hôtesse [ot, otɛs] *nm, f* host (*f* hostess); **hôtesse de l'air** air hostess.

◆ **hôte** *nm* [invité] guest.

hôtel [otɛl] *nm* **-1.** [d'hébergement] hôtel. **-2.** [établissement public] public building; **~ de ville** town hall.

hotte ['ɔt] *nf* **-1.** [panier] basket. **-2.** [d'aération] hood.

houblon [ublɔ̃] *nm* **-1.** BOT hop. **-2.** [de la bière] hops (*pl*).

houille ['uj] *nf* coal.

houiller, -ère ['uje, ɛr] *adj* coal (*avant n*).

◆ **houillère** *nf* coalmine.

houle ['ul] *nf* swell.

houlette ['ulɛt] *nf sout*: **sous la ~ de qqn** under the guidance of sb.

houppe ['up] *nf* **-1.** [à poudre] powder puff. **-2.** [de cheveux] tuft.

hourra, hurrah ['ura] *interj* hurrah!

houspiller ['uspije] *vt* to tell off.

housse ['us] *nf* cover.

houx ['u] *nm* holly.

HS (*abr de* **hors service**) *adj* out of order; **je suis ~** *fam* I'm completely washed out.

hublot ['yblo] *nm* [de bateau] porthole.

huer ['ye] *vt* [siffler] to boo.

huile [ɥil] *nf* **-1.** [gén] oil; **~ d'arachide/d'olive** groundnut/olive oil. **-2.** [peinture] oil painting. **-3.** *fam* [personnalité] bigwig.

huis [ɥi] *nm littéraire* door; **à ~ clos** JUR in camera.

huissier [ɥisje] *nm* **-1.** [appariteur] usher. **-2.** JUR bailiff.

huit ['ɥit] ◇ *adj num* eight. ◇ *nm* eight; **lundi en ~** a week on *Br* OU from *Am* Monday, Monday week *Br*; *voir aussi* **six**.

huitième ['ɥitjɛm] ◇ *adj num, nm & nmf* eighth. ◇ *nf* -1. [championnat]: **la ~ de finale** round before the quarter-final. -2. [classe] ≃ fourth year primary *Br*, ≃ fourth grade *Am*; *voir aussi* **sixième**.

huître [ɥitr] *nf* oyster.

humain, -e [ymɛ̃, ɛn] *adj* -1. [gén] human. -2. [sensible] humane.
◆ **humain** *nm* [être humain] human (being).

humanitaire [ymanitɛr] *adj* humanitarian.

humanité [ymanite] *nf* humanity.
◆ **humanités** *nfpl Belg* humanities.

humble [œ̃bl] *adj* humble.

humecter [ymɛkte] *vt* to moisten.

humer'['yme] *vt* to smell.

humérus [ymerys] *nm* humerus.

humeur [ymœr] *nf* -1. [disposition] mood; **être de bonne/mauvaise ~** to be in a good/bad mood. -2. [caractère] nature. -3. *sout* [irritation] temper.

humide [ymid] *adj* [air, climat] humid; [terre, herbe, mur] wet, damp; [saison] rainy; [front, yeux] moist.

humidité [ymidite] *nf* [de climat, d'air] humidity; [de terre, mur] dampness.

humiliation [ymiljasjɔ̃] *nf* humiliation.

humilier [ymilje] *vt* to humiliate.
◆ **s'humilier** *vp*: **s'~ devant qqn** to grovel to sb.

humilité [ymilite] *nf* humility.

humoristique [ymɔristik] *adj* humorous.

humour [ymur] *nm* humour.

humus [ymys] *nm* humus.

huppé, -e ['ype] *adj* -1. *fam* [société] upper-crust. -2. [oiseau] crested.

hurlement ['yrləmɑ̃] *nm* howl.

hurler ['yrle] *vi* [gén] to howl.

hurrah = **hourra**.

hutte ['yt] *nf* hut.

hybride [ibrid] *nm & adj* hybrid.

hydratant, -e [idratɑ̃, ɑ̃t] *adj* moisturizing.

hydrater [idrate] *vt* -1. CHIM to hydrate. -2. [peau] to moisturize.

hydraulique [idrolik] *adj* hydraulic.

hydravion [idravjɔ̃] *nm* seaplane, hydroplane.

hydrocarbure [idrɔkarbyr] *nm* hydrocarbon.

hydrocution [idrɔkysjɔ̃] *nf* immersion syncope.

hydroélectrique [idrɔelɛktrik] *adj* hydroelectric.

hydrogène [idrɔʒɛn] *nm* hydrogen.

hydroglisseur [idrɔglisœr] *nm* jetfoil, hydroplane.

hydrophile [idrɔfil] *adj* → **coton**.

hyène [jɛn] *nf* hyena.

hygiène [iʒjɛn] *nf* hygiene.

hygiénique [iʒjenik] *adj* -1. [sanitaire] hygienic. -2. [bon pour la santé] healthy.

hymne [imn] *nm* hymn.

hypermarché [ipɛrmarʃe] *nm* hypermarket.

hypermétrope [ipɛrmetrɔp] ◇ *nmf* longsighted person. ◇ *adj* longsighted.

hypertension [ipɛrtɑ̃sjɔ̃] *nf* high blood pressure, hypertension.

hypertrophié [ipɛrtrɔfje] *adj* hypertrophic; *fig* exaggerated.

hypnotiser [ipnɔtize] *vt* to hypnotize; *fig* to mesmerize.

hypocondriaque [ipɔkɔ̃drijak] *nmf & adj* hypochondriac.

hypocrisie [ipɔkrizi] *nf* hypocrisy.

hypocrite [ipɔkrit] ◇ *nmf* hypocrite. ◇ *adj* hypocritical.

hypoglycémie [ipɔglisemi] *nf* hypoglycaemia.

hypotension [ipɔtɑ̃sjɔ̃] *nf* low blood pressure.

hypothèque [ipɔtɛk] *nf* mortgage.

hypothèse [ipɔtɛz] *nf* hypothesis.

hystérie [isteri] *nf* hysteria.

hystérique [isterik] *adj* hysterical.

I

i, I [i] *nm inv* i, I; **mettre les points sur les i** to dot the i's and cross the t's.

ibérique [iberik] *adj*: **la péninsule ~** the Iberian Peninsula.

iceberg [ajsbɛrg] *nm* iceberg.

ici [isi] *adv* **-1.** [lieu] here; **par ~** [direction] this way; [alentour] around here. **-2.** [temps] now; **d'~ là** by then.

icône [ikon] *nf* INFORM & RELIG icon.

iconographie [ikɔnɔgrafi] *nf* iconography.

idéal, -e [ideal] (*pl* **idéals** OU **idéaux** [ideo]) *adj* ideal.
◆ **idéal** *nm* ideal.

idéaliste [idealist] ◇ *nmf* idealist. ◇ *adj* idealistic.

idée [ide] *nf* idea; **à l'~ de/que** at the idea of/that; **se faire des ~s** to imagine things; **cela ne m'est jamais venu à l'~** it never occurred to me.

identification [idɑ̃tifikasjɔ̃] *nf*: **~ (à)** identification (with).

identifier [idɑ̃tifje] *vt* to identify.
◆ **s'identifier** *vp*: **s'~ à qqn/qqch** to identify with sb/sthg.

identique [idɑ̃tik] *adj*: **~ (à)** identical (to).

identité [idɑ̃tite] *nf* identity.

idéologie [ideɔlɔʒi] *nf* ideology.

idiomatique [idjɔmatik] *adj* idiomatic.

idiot, -e [idjo, ɔt] ◇ *adj* idiotic; MÉD idiot (*avant n*). ◇ *nm, f* idiot.

idiotie [idjɔsi] *nf* **-1.** [stupidité] idiocy. **-2.** [action, parole] idiotic thing.

idolâtrer [idɔlatre] *vt* to idolize.

idole [idɔl] *nf* idol.

idylle [idil] *nf* [amour] romance.

idyllique [idilik] *adj* [idéal] idyllic.

if [if] *nm* yew.

igloo, iglou [iglu] *nm* igloo.

ignare [iɲar] ◇ *nmf* ignoramus. ◇ *adj* ignorant.

ignoble [iɲɔbl] *adj* **-1.** [abject] base. **-2.** [hideux] vile.

ignominie [iɲɔmini] *nf* **-1.** [état] disgrace. **-2.** [action] disgraceful act.

ignorance [iɲɔrɑ̃s] *nf* ignorance.

ignorant, -e [iɲɔrɑ̃, ɑ̃t] ◇ *adj* ignorant. ◇ *nm, f* ignoramus.

ignorer [iɲɔre] *vt* **-1.** [ne pas savoir] not to know, to be unaware of. **-2.** [ne pas tenir compte de] to ignore. **-3.** [ne pas connaître] to have no experience of.

il [il] *pron pers* **-1.** [sujet - personne] he; [- animal] it, he; [- chose] it. **-2.** [sujet d'un verbe impersonnel] it; **~ pleut** it's raining.
◆ **ils** *pron pers pl* they.

île [il] *nf* island; **les ~s Anglo-Normandes** the Channel Islands; **les ~s Baléares** the Balearic Islands; **les ~s Britanniques** the British Isles; **les ~s Canaries** the Canary Islands; **les ~s Malouines** the Falkland Islands.

illégal, -e, -aux [ilegal, o] *adj* illegal.

illégalité [ilegalite] *nf* [fait d'être illégal] illegality.

illégitime [ileʒitim] *adj* **-1.** [enfant] illegitimate; [union] unlawful. **-2.** [non justifié] unwarranted.

illettré, -e [iletre] *adj & nm, f* illiterate.

illicite [ilisit] *adj* illicit.

illimité, -e [ilimite] *adj* **-1.** [sans limites] unlimited. **-2.** [indéterminé] indefinite.

illisible [ilizibl] *adj* **-1.** [indéchiffrable] illegible. **-2.** [incompréhensible & INFORM] unreadable.

illogique [ilɔʒik] *adj* illogical.

illumination [ilyminasjɔ̃] *nf* **-1.** [éclairage] lighting. **-2.** [idée soudaine] inspiration.

illuminer [ilymine] *vt* to light up; [bâtiment, rue] to illuminate.

◆ **s'illuminer** *vp*: **s'~ de joie** to light up with joy.

illusion [ilyzjɔ̃] *nf* illusion.

illusoire [ilyzwar] *adj* illusory.

illustration [ilystrasjɔ̃] *nf* illustration.

illustre [ilystr] *adj* illustrious.

illustré, -e [ilystre] *adj* illustrated.

◆ **illustré** *nm* illustrated magazine.

illustrer [ilystre] *vt* **-1.** [gén] to illustrate. **-2.** [rendre célèbre] to make famous.

◆ **s'illustrer** *vp* to distinguish o.s.

îlot *nm* **-1.** [île] small island, islet. **-2.** *fig* [de résistance] pocket.

ils → **il**.

image [imaʒ] *nf* **-1.** [vision mentale, comparaison, ressemblance] image. **-2.** [dessin] picture.

imaginaire [imaʒinɛr] *adj* imaginary.

imagination [imaʒinasjɔ̃] *nf* imagination; **avoir de l'~** to be imaginative.

imaginer [imaʒine] *vt* **-1.** [supposer, croire] to imagine. **-2.** [trouver] to think of.

◆ **s'imaginer** *vp* **-1.** [se voir] to see o.s. **-2.** [croire] to imagine.

imam [imam] *nm* imam.

imbattable [ɛ̃batabl] *adj* unbeatable.

imbécile [ɛ̃besil] *nmf* imbecile.

imberbe [ɛ̃bɛrb] *adj* beardless.

imbiber [ɛ̃bibe] *vt*: **~ qqch de qqch** to soak sthg with OU in sthg.

imbriqué, -e [ɛ̃brike] *adj* overlapping.

imbroglio [ɛ̃brɔljo] *nm* imbroglio.

imbu, -e [ɛ̃by] *adj*: **être ~ de** to be full of.

imbuvable [ɛ̃byvabl] *adj* **-1.** [eau] undrinkable. **-2.** *fam* [personne] unbearable.

imitateur, -trice [imitatœr, tris] *nm, f* **-1.** [comique] impersonator. **-2.** *péj* [copieur] imitator.

imitation [imitasjɔ̃] *nf* imitation.

imiter [imite] *vt* **-1.** [s'inspirer de, contrefaire] to imitate. **-2.** [reproduire l'aspect de] to look (just) like.

immaculé, -e [imakyle] *adj* immaculate.

immangeable [ɛ̃mɑ̃ʒabl] *adj* inedible.

immanquable [ɛ̃mɑ̃kabl] *adj* impossible to miss; [sort, échec] inevitable.

immatriculation [imatrikylasjɔ̃] *nf* registration.

immédiat, -e [imedja, at] *adj* immediate.

immédiatement [imedjatmɑ̃] *adv* immediately.

immense [imɑ̃s] *adj* immense.

immerger [imɛrʒe] *vt* to submerge.

◆ **s'immerger** *vp* to submerge o.s.

immérité, -e [imerite] *adj* undeserved.

immeuble [imœbl] *nm* building.

immigration [imigrasjɔ̃] *nf* immigration.

immigré, -e [imigre] *adj & nm, f* immigrant.

immigrer [imigre] *vi* to immigrate.

imminent, -e [iminɑ̃, ɑ̃t] *adj* imminent.

immiscer [imise]

◆ **s'immiscer** *vp*: **s'~ dans** to interfere in OU with.

immobile [imɔbil] *adj* **-1.** [personne, visage] motionless. **-2.** [mécanisme] fixed, stationary. **-3.** *fig* [figé] immovable.

immobilier, -ière [imɔbilje, jɛr] *adj*: **biens ~s** property *Br*, real estate (*U*) *Am*.

immobiliser [imɔbilize] *vt* to immobilize.

◆ **s'immobiliser** *vp* to stop.

immobilité [imɔbilite] *nf* immobility; [de paysage, de lac] stillness.

immodéré, -e [imɔdere] *adj* inordinate.

immoler [imɔle] *vt* to sacrifice; RELIG to immolate.

◆ **s'immoler** *vp* to immolate o.s.

immonde [imɔ̃d] *adj* **-1.** [sale] foul. **-2.** [abject] vile.

immondices [imɔ̃dis] *nfpl* waste (*U*), refuse (*U*).

immoral, -e, -aux [imɔral, o] *adj* immoral.

immortaliser [imɔrtalize] vt to immortalize.

immortel, -elle [imɔrtɛl] adj immortal.

◆ **immortel** nm fam member of the Académie française.

immuable [imɥabl] adj **-1.** [éternel - loi] immutable. **-2.** [constant] unchanging.

immuniser [imynize] vt **-1.** [vacciner] to immunize. **-2.** fig [garantir]: ~ qqn contre qqch to make sb immune to sthg.

immunité [imynite] nf immunity.

impact [ɛ̃pakt] nm impact; **avoir de l'~ sur** to have an impact on.

impair, -e [ɛ̃pɛr] adj odd.

◆ **impair** nm [faux-pas] gaffe.

imparable [ɛ̃parabl] adj **-1.** [coup] unstoppable. **-2.** [argument] unanswerable.

impardonnable [ɛ̃pardɔnabl] adj unforgivable.

imparfait, -e [ɛ̃parfɛ, ɛt] adj **-1.** [défectueux] imperfect. **-2.** [inachevé] incomplete.

◆ **imparfait** nm GRAM imperfect (tense).

impartial, -e, -iaux [ɛ̃parsjal, jo] adj impartial.

impartir [ɛ̃partir] vt: ~ qqch à qqn littéraire [délai, droit] to grant sthg to sb; [tâche] to assign sthg to sb.

impasse [ɛ̃pas] nf **-1.** [rue] dead end. **-2.** fig [difficulté] impasse, deadlock.

impassible [ɛ̃pasibl] adj impassive.

impatience [ɛ̃pasjɑ̃s] nf impatience.

impatient, -e [ɛ̃pasjɑ̃, ɑ̃t] adj impatient.

impatienter [ɛ̃pasjɑ̃te] vt to annoy.

◆ **s'impatienter** vp: **s'~ (de/contre)** to get impatient (at/with).

impayé, -e [ɛ̃peje] adj unpaid, outstanding.

◆ **impayé** nm outstanding payment.

impeccable [ɛ̃pekabl] adj **-1.** [parfait] impeccable, faultless. **-2.** [propre] spotless, immaculate.

impénétrable [ɛ̃penetrabl] adj impenetrable.

impénitent, -e [ɛ̃penitɑ̃, ɑ̃t] adj unrepentant.

impensable [ɛ̃pɑ̃sabl] adj unthinkable.

impératif, -ive [ɛ̃peratif, iv] adj **-1.** [ton, air] imperious. **-2.** [besoin] imperative, essential.

◆ **impératif** nm GRAM imperative.

impératrice [ɛ̃peratris] nf empress.

imperceptible [ɛ̃pɛrsɛptibl] adj imperceptible.

imperfection [ɛ̃pɛrfɛksjɔ̃] nf imperfection.

impérialisme [ɛ̃perjalism] nm POLIT imperialism; fig dominance.

impérieux, -ieuse [ɛ̃perjø, jøz] adj **-1.** [ton, air] imperious. **-2.** [nécessité] urgent.

impérissable [ɛ̃perisabl] adj undying.

imperméabiliser [ɛ̃pɛrmeabilize] vt to waterproof.

imperméable [ɛ̃pɛrmeabl] ◇ adj waterproof; **à** [étanche] impermeable to; fig impervious OU immune to. ◇ nm raincoat.

impersonnel, -elle [ɛ̃pɛrsɔnɛl] adj impersonal.

impertinence [ɛ̃pɛrtinɑ̃s] nf impertinence (U).

impertinent, -e [ɛ̃pɛrtinɑ̃, ɑ̃t] ◇ adj impertinent. ◇ nm, f impertinent person.

imperturbable [ɛ̃pɛrtyrbabl] adj imperturbable.

impétueux, -euse [ɛ̃petɥø, øz] adj [personne, caractère] impetuous.

impie [ɛ̃pi] adj littéraire & vieilli impious.

impitoyable [ɛ̃pitwajabl] adj merciless, pitiless.

implacable [ɛ̃plakabl] adj implacable.

implanter [ɛ̃plɑ̃te] vt **-1.** [entreprise, système] to establish. **-2.** fig [préjugé] to implant.

◆ **s'implanter** vp to be established in.

implication [ɛ̃plikasjɔ̃] *nf* **-1.** [participation]: ~ **(dans)** involvement (in). **-2.** (*gén pl*) [conséquence] implication.

implicite [ɛ̃plisit] *adj* implicit.

impliquer [ɛ̃plike] *vt* **-1.** [compromettre]: ~ **qqn dans** to implicate sb in. **-2.** [requérir, entraîner] to imply.
♦ **s'impliquer** *vp*: **s'**~ **dans** *fam* to become involved in.

implorer [ɛ̃plɔre] *vt* to beseech.

implosion [ɛ̃plozjɔ̃] *nf* implosion.

impoli, -e [ɛ̃pɔli] *adj* rude, impolite.

impopulaire [ɛ̃pɔpylɛr] *adj* unpopular.

importance [ɛ̃pɔrtɑ̃s] *nf* **-1.** [gén] importance; [de problème, montant] magnitude. **-2.** [de dommages] extent. **-3.** [de ville] size.

important, -e [ɛ̃pɔrtɑ̃, ɑ̃t] *adj* **-1.** [gén] important. **-2.** [considérable] considerable, sizeable; [- dommages] extensive.

importation [ɛ̃pɔrtasjɔ̃] *nf* COMM & *fig* import.

importer [ɛ̃pɔrte] ◇ *vt* to import. ◇ *v impers*: ~ **(à)** to matter (to); **il importe de/que** it is important to/that; **qu'importe!, peu importe!** it doesn't matter!; **n'importe qui** anyone (at all); **n'importe quoi** anything (at all); **n'importe où** anywhere (at all); **n'importe quand** at any time (at all).

import-export [ɛ̃pɔrɛkspɔr] *nm* import-export.

importuner [ɛ̃pɔrtyne] *vt* to irk.

imposable [ɛ̃pozabl] *adj* taxable.

imposant, -e [ɛ̃pozɑ̃, ɑ̃t] *adj* imposing.

imposé, -e [ɛ̃poze] *adj* **-1.** [contribuable] taxed. **-2.** SPORT [figure] compulsory.

imposer [ɛ̃poze] *vt* **-1.** [gén]: ~ **qqch/qqn à qqn** to impose sthg/sb on sb. **-2.** [impressionner]: **en** ~ **à qqn** to impress sb. **-3.** [taxer] to tax.
♦ **s'imposer** *vp* **-1.** [être nécessaire] to be essential OU imperative. **-2.** [forcer le respect] to stand out. **-3.** [avoir pour

règle]: **s'**~ **de faire qqch** to make it a rule to do sthg.

impossibilité [ɛ̃pɔsibilite] *nf* impossibility; **être dans l'**~ **de faire qqch** to find it impossible OU to be unable to do sthg.

impossible [ɛ̃pɔsibl] ◇ *adj* impossible. ◇ *nm*: **tenter l'**~ to attempt the impossible.

imposteur [ɛ̃pɔstœr] *nm* impostor.

impôt [ɛ̃po] *nm* tax; **~s locaux** rates *Br*, local tax *Am*; ~ **sur le revenu** income tax.

impotent, -e [ɛ̃pɔtɑ̃, ɑ̃t] *adj* disabled.

impraticable [ɛ̃pratikabl] *adj* **-1.** [inapplicable] impracticable. **-2.** [inaccessible] impassable.

imprécation [ɛ̃prekasjɔ̃] *nf littéraire* imprecation.

imprécis, -e [ɛ̃presi, iz] *adj* imprecise.

imprégner [ɛ̃preɲe] *vt* [imbiber]: ~ **qqch de qqch** to soak sthg in sthg; ~ **qqn de qqch** *fig* to fill sb with sthg.
♦ **s'imprégner** *vp*: **s'**~ **de qqch** [s'imbiber] to soak sthg up; *fig* to soak sthg up, to steep o.s. in sthg.

imprenable [ɛ̃prənabl] *adj* **-1.** [forteresse] impregnable. **-2.** [vue] unimpeded.

imprésario, impresario [ɛ̃presarjo] *nm* impresario.

impression [ɛ̃presjɔ̃] *nf* **-1.** [gén] impression; **avoir l'**~ **que** to have the impression OU feeling that. **-2.** [de livre, tissu] printing. **-3.** PHOT print.

impressionner [ɛ̃presjɔne] *vt* **-1.** [frapper] to impress. **-2.** [choquer] to shock, to upset. **-3.** [intimider] to frighten. **-4.** PHOT to expose.

impressionniste [ɛ̃presjɔnist] *nmf & adj* impressionist.

imprévisible [ɛ̃previzibl] *adj* unforeseeable.

imprévu, -e [ɛ̃prevy] *adj* unforeseen.
♦ **imprévu** *nm* unforeseen situation.

imprimante [ɛ̃primɑ̃t] *nf* printer.

imprimé, -e [ɛ̃prime] *adj* printed.

◆ **imprimé** *nm* **-1.** POSTES printed matter (*U*). **-2.** [formulaire] printed form. **-3.** [tissu] print.

imprimer [ɛ̃prime] *vt* **-1.** [texte, tissu] to print. **-2.** [mouvement] to impart. **-3.** [marque, empreinte] to leave.

imprimerie [ɛ̃primri] *nf* **-1.** [technique] printing. **-2.** [usine] printing works (*sg*).

improbable [ɛ̃prɔbabl] *adj* improbable.

improductif, -ive [ɛ̃prɔdyktif, iv] *adj* unproductive.

impromptu, -e [ɛ̃prɔ̃pty] *adj* impromptu.

impropre [ɛ̃prɔpr] *adj* **-1.** GRAM incorrect. **-2.** [inadapté]: ~ **à** unfit for.

improviser [ɛ̃prɔvize] *vt* to improvise.

◆ **s'improviser** *vp* **-1.** [s'organiser] to be improvised. **-2.** [devenir]: **s'**~ **metteur en scène** to act as director.

improviste [ɛ̃prɔvist]

◆ **à l'improviste** *loc adv* unexpectedly, without warning.

imprudence [ɛ̃prydɑ̃s] *nf* **-1.** [de personne, d'acte] rashness. **-2.** [acte] rash act.

imprudent, -e [ɛ̃prydɑ̃, ɑ̃t] ◇ *adj* rash. ◇ *nm, f* rash person.

impubère [ɛ̃pybɛr] *adj* [avant la puberté] pre-pubescent.

impudent, -e [ɛ̃pydɑ̃, ɑ̃t] ◇ *adj* impudent. ◇ *nm, f* impudent person.

impudique [ɛ̃pydik] *adj* shameless.

impuissant, -e [ɛ̃pɥisɑ̃, ɑ̃t] *adj* **-1.** [incapable]: ~ **(à faire qqch)** powerless (to do sthg). **-2.** [homme, fureur] impotent.

◆ **impuissant** *nm* impotent man.

impulsif, -ive [ɛ̃pylsif, iv] ◇ *adj* impulsive. ◇ *nm, f* impulsive person.

impulsion [ɛ̃pylsjɔ̃] *nf* **-1.** [poussée, essor] impetus. **-2.** [instinct] impulse, instinct. **-3.** *fig*: **sous l'**~ **de qqn** [influence] at the prompting OU instigation of sb; **sous l'**~ **de qqch** [effet] impelled by sthg.

impunément [ɛ̃pynemɑ̃] *adv* with impunity.

impunité [ɛ̃pynite] *nf* impunity; **en toute** ~ with impunity.

impur, -e [ɛ̃pyr] *adj* impure.

impureté [ɛ̃pyrte] *nf* impurity.

imputer [ɛ̃pyte] *vt*: ~ **qqch à qqn/à qqch** to attribute sthg to sb/to sthg; ~ **qqch à qqch** FIN to charge sthg to sthg.

imputrescible [ɛ̃pytresibl] *adj* [bois] rotproof; [déchets] non-degradable.

inabordable [inabɔrdabl] *adj* **-1.** [prix] prohibitive. **-2.** GÉOGR inaccessible (*by boat*). **-3.** [personne] unapproachable.

inacceptable [inaksɛptabl] *adj* unacceptable.

inaccessible [inaksesibl] *adj* [destination, domaine, personne] inaccessible; [objectif, poste] unattainable; ~ **à** [sentiment] impervious to.

inaccoutumé, -e [inakutyme] *adj* unaccustomed.

inachevé, -e [inaʃve] *adj* unfinished, uncompleted.

inactif, -ive [inaktif, iv] *adj* **-1.** [sans occupation, non utilisé] idle. **-2.** [sans effet] ineffective. **-3.** [sans emploi] non-working.

inaction [inaksjɔ̃] *nf* inaction.

inadapté, -e [inadapte] *adj* **-1.** [non adapté]: ~ **(à)** unsuitable (for), unsuited (to). **-2.** [asocial] maladjusted.

inadmissible [inadmisibl] *adj* [conduite] unacceptable.

inadvertance [inadvɛrtɑ̃s] *nf* littéraire oversight; **par** ~ inadvertently.

inaliénable [inaljenabl] *adj* inalienable.

inaltérable [inalterabl] *adj* **-1.** [matériau] stable. **-2.** [sentiment] unfailing.

inamovible [inamɔvibl] *adj* fixed.

inanimé, -e [inanime] *adj* **-1.** [sans vie] inanimate. **-2.** [inerte, évanoui] senseless.

inanition [inanisjɔ̃] *nf*: **tomber/mourir d'**~ to faint with/die of hunger.

inaperçu, -e [inapɛrsy] *adj* unnoticed.

inappréciable [inapresjabl] *adj* [précieux] invaluable.

inapprochable [inaprɔʃabl] *adj*: **il est vraiment ~ en ce moment** you can't say anything to him at the moment.

inapte [inapt] *adj* **-1.** [incapable]: **~ à qqch/à faire qqch** incapable of sthg/of doing sthg. **-2.** MIL unfit.

inattaquable [inatakabl] *adj* **-1.** [imprenable] **impregnable. -2.** [irréprochable] **irreproachable, beyond reproach. -3.** [irréfutable] **irrefutable.**

inattendu, -e [inatɑ̃dy] *adj* unexpected.

inattention [inatɑ̃sjɔ̃] *nf* inattention; **faute d'~** careless mistake.

inaudible [inodibl] *adj* [impossible à entendre] inaudible.

inauguration [inogyrasjɔ̃] *nf* [cérémonie] inauguration, opening (ceremony).

inaugurer [inogyre] *vt* **-1.** [monument] to unveil; [installation, route] to open; [procédé, édifice] to inaugurate. **-2.** [époque] to usher in.

inavouable [inavwabl] *adj* unmentionable.

incalculable [ɛ̃kalkylabl] *adj* incalculable.

incandescence [ɛ̃kɑ̃desɑ̃s] *nf* incandescence.

incantation [ɛ̃kɑ̃tasjɔ̃] *nf* incantation.

incapable [ɛ̃kapabl] ◇ *nmf* [raté] incompetent. ◇ *adj*: **~ de faire qqch** [inapte à] incapable of doing sthg; [dans l'impossibilité de] unable to do sthg.

incapacité [ɛ̃kapasite] *nf* **-1.** [impossibilité]: **~ à** OU **de faire qqch** inability to do sthg. **-2.** [invalidité] disability.

incarcération [ɛ̃karserasjɔ̃] *nf* incarceration.

incarner [ɛ̃karne] *vt* **-1.** [personnifier] to be the incarnation of. **-2.** CIN & THÉÂTRE to play.

incartade [ɛ̃kartad] *nf* misdemeanour.

incassable [ɛ̃kasabl] *adj* unbreakable.

incendie [ɛ̃sɑ̃di] *nm* fire; *fig* flames (*pl*).

incendier [ɛ̃sɑ̃dje] *vt* [mettre le feu à] to set alight, to set fire to.

incertain, -e [ɛ̃sɛrtɛ̃, ɛn] *adj* **-1.** [gén] uncertain; [temps] unsettled. **-2.** [vague - lumière] dim; [- contour] blurred.

incertitude [ɛ̃sɛrtityd] *nf* uncertainty.

incessamment [ɛ̃sesamɑ̃] *adv* at any moment, any moment now.

incessant, -e [ɛ̃sesɑ̃, ɑ̃t] *adj* incessant.

inceste [ɛ̃sɛst] *nm* incest.

inchangé, -e [ɛ̃ʃɑ̃ʒe] *adj* unchanged.

incidence [ɛ̃sidɑ̃s] *nf* [conséquence] effect, impact (*U*).

incident, -e [ɛ̃sidɑ̃, ɑ̃t] *adj* [accessoire] incidental.
◆ **incident** *nm* [gén] incident; [ennui] hitch.

incinérer [ɛ̃sinere] *vt* **-1.** [corps] to cremate. **-2.** [ordures] to incinerate.

inciser [ɛ̃size] *vt* to incise, to make an incision in.

incisif, -ive [ɛ̃sizif, iv] *adj* incisive.
◆ **incisive** *nf* incisor.

inciter [ɛ̃site] *vt* **-1.** [provoquer]: **~ qqn à qqch/à faire qqch** to incite sb to sthg/to do sthg. **-2.** [encourager]: **~ qqn à faire qqch** to encourage sb to do sthg.

inclassable [ɛ̃klasabl] *adj* unclassifiable.

inclinable [ɛ̃klinabl] *adj* reclinable, reclining.

inclinaison [ɛ̃klinɛzɔ̃] *nf* **-1.** [pente] incline. **-2.** [de tête, chapeau] angle, tilt.

incliner [ɛ̃kline] *vt* [pencher] to tilt, to lean.
◆ **s'incliner** *vp* **-1.** [se pencher] to tilt, to lean. **-2.** [céder]: **s'~ (devant)** to give in (to), to yield (to). **-3.** [respecter]: **s'~ devant** to bow down before.

inclure [ɛ̃klyr] *vt* [mettre dedans]: **qqch dans qqch** to include sthg in sthg; [joindre] to enclose sthg with sthg.

inclus, -e [ɛ̃kly, yz] ◇ *pp* → **inclure**.
◇ *adj* **-1.** [compris - taxe, frais] in-

cluded; [joint - lettre] enclosed; [y compris]: **jusqu'à la page 10** ~e up to and including page 10. **-2.** MATHS: **être ~ dans** to be a subset of.

incoercible [ɛ̃kɔɛrsibl] *adj sout* uncontrollable.

incognito [ɛ̃kɔɲito] *adv* incognito.

incohérent, -e [ɛ̃kɔerɑ̃, ɑ̃t] *adj* [paroles] incoherent; [actes] inconsistent.

incollable [ɛ̃kɔlabl] *adj* **-1.** [riz] nonstick. **-2.** *fam* [imbattable] unbeatable.

incolore [ɛ̃kɔlɔr] *adj* colourless.

incomber [ɛ̃kɔ̃be] *vi*: ~ **à qqn** to be **sb's responsibility; il incombe à qqn de faire qqch** (*emploi impersonnel*) it falls to sb OU it is incumbent on sb to do sthg.

incommensurable [ɛ̃kɔmɑ̃syrabl] *adj* [immense] immeasurable.

incommoder [ɛ̃kɔmɔde] *vt sout* to trouble.

incomparable [ɛ̃kɔ̃parabl] *adj* **-1.** [différent] not comparable. **-2.** [sans pareil] incomparable.

incompatible [ɛ̃kɔ̃patibl] *adj* incompatible.

incompétent, -e [ɛ̃kɔ̃petɑ̃, ɑ̃t] *adj* [incapable] incompetent.

incomplet, -ète [ɛ̃kɔ̃plɛ, ɛt] *adj* incomplete.

incompréhensible [ɛ̃kɔ̃preɑ̃sibl] *adj* incomprehensible.

incompris, -e [ɛ̃kɔ̃pri, iz] ◇ *adj* misunderstood, not appreciated. ◇ *nm, f* misunderstood person.

inconcevable [ɛ̃kɔ̃svabl] *adj* unimaginable.

inconciliable [ɛ̃kɔ̃siljabl] *adj* irreconcilable.

inconditionnel, -elle [ɛ̃kɔ̃disjɔnɛl] ◇ *adj* **-1.** [total] unconditional. **-2.** [fervent] ardent. ◇ *nm, f* ardent supporter OU admirer.

inconfortable [ɛ̃kɔ̃fɔrtabl] *adj* uncomfortable.

incongru, -e [ɛ̃kɔ̃gry] *adj* **-1.** [malséant] unseemly, inappropriate. **-2.** [bizarre] incongruous.

inconnu, -e [ɛ̃kɔny] ◇ *adj* unknown. ◇ *nm, f* stranger.
♦ **inconnue** *nf* **-1.** MATHS unknown. **-2.** [variable] unknown (factor).

inconsciemment [ɛ̃kɔ̃sjamɑ̃] *adv* **-1.** [sans en avoir conscience] unconsciously, unwittingly. **-2.** [à la légère] thoughtlessly.

inconscient, -e [ɛ̃kɔ̃sjɑ̃, ɑ̃t] *adj* **-1.** [évanoui, machinal] unconscious. **-2.** [irresponsable] thoughtless.
♦ **inconscient** *nm*: **l'~** the unconscious.

inconsidéré, -e [ɛ̃kɔ̃sidere] *adj* illconsidered, thoughtless.

inconsistant, -e [ɛ̃kɔ̃sistɑ̃, ɑ̃t] *adj* **-1.** [aliment] thin, watery. **-2.** [caractère] frivolous.

inconsolable [ɛ̃kɔ̃sɔlabl] *adj* inconsolable.

incontestable [ɛ̃kɔ̃tɛstabl] *adj* unquestionable, indisputable.

incontinent, -e [ɛ̃kɔ̃tinɑ̃, ɑ̃t] *adj* MÉD incontinent.

incontournable [ɛ̃kɔ̃turnabl] *adj* unavoidable.

inconvenant, -e [ɛ̃kɔ̃vnɑ̃, ɑ̃t] *adj* improper, unseemly.

inconvénient [ɛ̃kɔ̃venjɑ̃] *nm* **-1.** [obstacle] problem. **-2.** [désavantage] disadvantage, drawback. **-3.** [risque] risk.

incorporé, -e [ɛ̃kɔrpɔre] *adj* [intégré] built-in.

incorporer [ɛ̃kɔrpɔre] *vt* **-1.** [gén] to incorporate; ~ **qqch dans** to incorporate sthg into; ~ **qqch à** CULIN to mix OU blend sthg into. **-2.** MIL to enlist.

incorrect, -e [ɛ̃kɔrɛkt] *adj* **-1.** [faux] incorrect. **-2.** [inconvenant] inappropriate; [impoli] rude. **-3.** [déloyal] unfair; **être ~ avec qqn** to treat sb unfairly.

incorrection [ɛ̃kɔrɛksjɔ̃] *nf* **-1.** [impolitesse] impropriety. **-2.** [de langage] grammatical mistake. **-3.** [malhonnêteté] dishonesty.

incorrigible [ɛ̃kɔriʒibl] *adj* incorrigible.

incorruptible [ɛ̃kɔryptibl] *adj* incorruptible.

incrédule [ɛ̃kredyl] *adj* **-1.** [sceptique] incredulous, sceptical. **-2.** RELIG unbelieving.

increvable [ɛ̃krəvabl] *adj* **-1.** [ballon, pneu] puncture-proof. **-2.** *fam fig* [personne] tireless; [machine] that will withstand rough treatment.

incriminer [ɛ̃krimine] *vt* **-1.** [personne] to incriminate. **-2.** [conduite] to condemn.

incroyable [ɛ̃krwajabl] *adj* incredible, unbelievable.

incroyant, -e [ɛ̃krwajɑ̃, ɑ̃t] *nm, f* unbeliever.

incruster [ɛ̃kryste] *vt* **-1.** [insérer]: ~ qqch dans qqch to inlay sthg into sthg. **-2.** [décorer]: ~ qqch de qqch to inlay sthg with sthg. **-3.** [couvrir d'un dépôt] to fur up.
◆ **s'incruster** *vp* [s'insérer]: **s'**~ dans qqch to become embedded in sthg.

incubation [ɛ̃kybasjɔ̃] *nf* [d'œuf, de maladie] incubation; *fig* hatching.

inculpation [ɛ̃kylpasjɔ̃] *nf* charge.

inculper [ɛ̃kylpe] *vt* to charge; ~ qqn de to charge sb with.

inculquer [ɛ̃kylke] *vt*: ~ qqch à qqn to instil sthg in sb.

inculte [ɛ̃kylt] *adj* **-1.** [terre] uncultivated. **-2.** *péj* [personne] uneducated.

incurable [ɛ̃kyrabl] *adj* incurable.

incursion [ɛ̃kyrsjɔ̃] *nf* incursion, foray.

Inde [ɛ̃d] *nf*: l'~ India.

indéboulonnable [ɛ̃debylɔnabl] *adj*: **il est** ~ *hum* they'll never be able to sack him.

indécent, -e [ɛ̃desɑ̃, ɑ̃t] *adj* **-1.** [impudique] indecent. **-2.** [immoral] scandalous.

indéchiffrable [ɛ̃deʃifrabl] *adj* **-1.** [texte, écriture] indecipherable. **-2.** *fig* [regard] inscrutable, impenetrable.

indécis, -e [ɛ̃desi, iz] ◇ *adj* **-1.** [personne - sur le moment] undecided; [- de nature] indecisive. **-2.** [sourire] vague. ◇ *nm, f* indecisive person.

indécision [ɛ̃desizjɔ̃] *nf* indecision; [perpétuelle] indecisiveness.

indécrottable [ɛ̃dekrɔtabl] *adj fam* **-1.** [borné] incredibly dumb. **-2.** [incorrigible] hopeless.

indéfendable [ɛ̃defɑ̃dabl] *adj* indefensible.

indéfini, -e [ɛ̃defini] *adj* [quantité, pronom] indefinite.

indéfinissable [ɛ̃definisabl] *adj* indefinable.

indéformable [ɛ̃defɔrmabl] *adj* that retains its shape.

indélébile [ɛ̃delebil] *adj* indelible.

indélicat, -e [ɛ̃delika, at] *adj* **-1.** [mufle] indelicate. **-2.** [malhonnête] dishonest.

indemne [ɛ̃dɛmn] *adj* unscathed, unharmed.

indemniser [ɛ̃dɛmnize] *vt*: ~ qqn de qqch [perte, préjudice] to compensate sb for sthg.

indemnité [ɛ̃dɛmnite] *nf* **-1.** [de perte, préjudice] compensation. **-2.** [de frais] allowance.

indémodable [ɛ̃demɔdabl] *adj*: **ce style est** ~ this style doesn't date.

indéniable [ɛ̃denjabl] *adj* undeniable.

indépendance [ɛ̃depɑ̃dɑ̃s] *nf* independence.

indépendant, -e [ɛ̃depɑ̃dɑ̃, ɑ̃t] *adj* **-1.** [gén] independent; [entrée] separate; ~ **de ma volonté** beyond my control. **-2.** [travailleur] self-employed.

indéracinable [ɛ̃derasinabl] *adj* [arbre] impossible to uproot; *fig* ineradicable.

indescriptible [ɛ̃dɛskriptibl] *adj* indescribable.

indestructible [ɛ̃dɛstryktibl] *adj* indestructible.

indéterminé, -e [ɛ̃detɛrmine] *adj* **-1.** [indéfini] indeterminate, indefinite.

-2. [vague] **vague. -3.** [personne] un-decided.

indétrônable [ɛ̃detronabl] *adj* inoust-able.

index [ɛ̃dɛks] *nm* **-1.** [doigt] index finger. **-2.** [aiguille] pointer, needle. **-3.** [registre] index.

indexer [ɛ̃dɛkse] *vt* **-1.** ÉCON: ~ **qqch sur qqch** to index sthg to sthg. **-2.** [livre] to index.

indicateur, -trice [ɛ̃dikatœr, tris] *adj*: **poteau** ~ signpost; **panneau** ~ road sign.
♦ **indicateur** *nm* **-1.** [guide] directory, guide; ~ **des chemins de fer** railway timetable. **-2.** TECHNOL **gauge. -3.** ÉCON indicator. **-4.** [de police] in-former.

indicatif, -ive [ɛ̃dikatif, iv] *adj* indica-tive.
♦ **indicatif** *nm* **-1.** RADIO & TÉLÉ signa-ture tune. **-2.** [code]: ~ **(télépho-nique) dialling code** *Br*, **dial code** *Am*. **-3.** GRAM: **l'**~ the indicative.

indication [ɛ̃dikasjɔ̃] *nf* **-1.** [mention] indication. **-2.** [renseignement] infor-mation (*U*). **-3.** [directive] instruction; THÉÂTRE direction; **sauf** ~ **contraire** unless otherwise instructed.

indice [ɛ̃dis] *nm* **-1.** [signe] sign. **-2.** [dans une enquête] clue. **-3.** [taux] rating; ~ **du coût de la vie** ÉCON cost-of-living index. **-4.** MATHS index.

indicible [ɛ̃disibl] *adj* inexpressible.

indien, -ienne [ɛ̃djɛ̃, jɛn] *adj* **-1.** [d'Inde] Indian. **-2.** [d'Amérique] American Indian, Native American.
♦ **Indien, -ienne** *nm, f* **-1.** [d'Inde] In-dian. **-2.** [d'Amérique] American In-dian, Native American.

indifféremment [ɛ̃diferamɑ̃] *adv* indif-ferently.

indifférent, -e [ɛ̃diferɑ̃, ɑ̃t] ◇ *adj* [gén]: ~ **à** indifferent to. ◇ *nm, f* un-concerned person.

indigence [ɛ̃diʒɑ̃s] *nf* poverty.

indigène [ɛ̃diʒɛn] ◇ *nmf* native. ◇ *adj* [peuple] **native**; [faune, flore] in-digenous.

indigent, -e [ɛ̃diʒɑ̃, ɑ̃t] ◇ *adj* [pauvre] destitute, poverty-stricken; *fig* [intel-lectuellement] impoverished. ◇ *nm, f* poor person; **les** ~**s** the poor, the destitute.

indigeste [ɛ̃diʒɛst] *adj* indigestible.

indigestion [ɛ̃diʒɛstjɔ̃] *nf* **-1.** [alimen-taire] indigestion. **-2.** *fig* [saturation] surfeit.

indignation [ɛ̃diɲasjɔ̃] *nf* indignation.

indigné, -e [ɛ̃diɲe] *adj* indignant.

indigner [ɛ̃diɲe] *vt* to make in-dignant.
♦ **s'indigner** *vp*: **s'**~ **de** OU **contre qqch** to get indignant about sthg.

indigo [ɛ̃digo] ◇ *nm* indigo. ◇ *adj inv* indigo (blue).

indiquer [ɛ̃dike] *vt* **-1.** [désigner] to in-dicate, to point out. **-2.** [afficher, montrer - suj: carte, pendule, aiguille] to show, to indicate. **-3.** [recommander]: ~ **qqn/qqch à qqn** to tell sb of sb/sthg, to suggest sb/sthg to sb. **-4.** [dire, renseigner sur] to tell; **pourriez-vous m'**~ **l'heure?** could you tell me the time? **-5.** [fixer - heure, date, lieu] to name, to indicate.

indirect, -e [ɛ̃dirɛkt] *adj* [gén] indirect; [itinéraire] roundabout.

indiscipliné, -e [ɛ̃disipline] *adj* **-1.** [écolier, esprit] undisciplined, unruly. **-2.** *fig* [mèches de cheveux] unmanage-able.

indiscret, -ète [ɛ̃diskrɛ, ɛt] ◇ *adj* in-discreet; [curieux] inquisitive. ◇ *nm, f* indiscreet person.

indiscrétion [ɛ̃diskresjɔ̃] *nf* indiscre-tion; [curiosité] curiosity.

indiscutable [ɛ̃diskytabl] *adj* un-questionable, indisputable.

indispensable [ɛ̃dispɑ̃sabl] *adj* indis-pensable, essential; ~ **à** indispen-sable to, essential to; **il est** ~ **de faire qqch** it is essential OU vital to do sthg.

indisponible [ɛ̃disponibl] *adj* unavail-able.

indisposer [ɛ̃dispoze] *vt sout* [rendre malade] to indispose.

indistinct, -e [ɛ̃distɛ̃(kt), ɛ̃kt] *adj* indistinct; [souvenir] hazy.

individu [ɛ̃dividy] *nm* individual.

individuel, -elle [ɛ̃dividɥɛl] *adj* individual.

indivisible [ɛ̃divizibl] *adj* indivisible.

Indochine [ɛ̃dɔʃin] *nf:* l'~ Indochina.

indolent, -e [ɛ̃dɔlɑ̃, ɑ̃t] *adj* **-1.** [personne] indolent, lethargic. **-2.** [geste, regard] languid.

indolore [ɛ̃dɔlɔr] *adj* painless.

indomptable [ɛ̃dɔ̃tabl] *adj* **-1.** [animal] untamable. **-2.** [personne] indomitable.

Indonésie [ɛ̃dɔnezi] *nf:* l'~ Indonesia.

indu, -e [ɛ̃dy] *adj* [heure] ungodly, unearthly.

indubitable [ɛ̃dybitabl] *adj* indubitable, undoubted; **il est ~ que it is** indisputable OU beyond doubt that.

induire [ɛ̃dɥir] *vt* to induce; ~ **qqn à faire qqch** to induce sb to do sthg; ~ **qqn en erreur** to mislead sb; **en ~ que** to infer OU gather that.

indulgence [ɛ̃dylʒɑ̃s] *nf* [de juge] leniency; [de parent] indulgence.

indulgent, -e [ɛ̃dylʒɑ̃, ɑ̃t] *adj* [juge] lenient; [parent] indulgent.

indûment [ɛ̃dymɑ̃] *adv* unduly.

industrialiser [ɛ̃dystrijalize] *vt* to industrialize.

◆ **s'industrialiser** *vp* to become industrialized.

industrie [ɛ̃dystri] *nf* industry.

industriel, -ielle [ɛ̃dystrijɛl] *adj* industrial.

◆ **industriel** *nm* industrialist.

inébranlable [inebrɑ̃labl] *adj* **-1.** [roc] solid, immovable. **-2.** *fig* [conviction] unshakeable.

inédit, -e [inedi, it] *adj* **-1.** [texte] unpublished. **-2.** [trouvaille] novel, original.

ineffable [inefabl] *adj* ineffable.

ineffaçable [inefasabl] *adj* indelible.

inefficace [inefikas] *adj* **-1.** [personne, machine] inefficient. **-2.** [solution, remède, mesure] ineffective.

inefficacité [inefikasite] *nf* **-1.** [de personne, machine] inefficiency. **-2.** [de solution, remède, mesure] ineffectiveness.

inégal, -e, -aux [inegal, o] *adj* **-1.** [différent, disproportionné] unequal. **-2.** [irrégulier] **uneven. -3.** [changeant] changeable; [artiste, travail] erratic.

inégalé, -e [inegale] *adj* unequalled.

inégalité [inegalite] *nf* **-1.** [injustice, disproportion] inequality. **-2.** [différence] difference, disparity. **-3.** [irrégularité] unevenness. **-4.** [d'humeur] changeability.

inélégant, -e [inelegɑ̃, ɑ̃t] *adj* **-1.** [dans l'habillement] inelegant. **-2.** *fig* [indélicat] discourteous.

inéligible [ineliʒibl] *adj* ineligible.

inéluctable [inelyktabl] *adj* inescapable.

inénarrable [inenarabl] *adj* very funny.

inepte [inɛpt] *adj* inept.

ineptie [inɛpsi] *nf* **-1.** [bêtise] ineptitude. **-2.** [chose idiote] nonsense (*U*).

inépuisable [inepɥizabl] *adj* inexhaustible.

inerte [inɛrt] *adj* **-1.** [corps, membre] lifeless. **-2.** [personne] passive, inert. **-3.** PHYS inert.

inertie [inɛrsi] *nf* **-1.** [manque de réaction] apathy, inertia. **-2.** PHYS inertia.

inespéré, -e [inɛspere] *adj* unexpected, unhoped-for.

inesthétique [inɛstetik] *adj* unaesthetic.

inestimable [inɛstimabl] *adj:* **d'une valeur ~** priceless; *fig* invaluable.

inévitable [inevitabl] *adj* [obstacle] unavoidable; [conséquence] inevitable.

inexact, -e [inegza(kt), akt] *adj* **-1.** [faux, incomplet] inaccurate, inexact. **-2.** [en retard] unpunctual.

inexactitude [inɛgzaktityd] *nf* [erreur, imprécision] inaccuracy.

inexcusable [inɛkskyzabl] *adj* unforgivable, inexcusable.

inexistant, -e [inɛgzistɑ̃, ɑ̃t] *adj* non-existent.

inexorable [inɛgzɔrabl] *adj* inexorable.

inexpérience [inɛksperjɑ̃s] *nf* lack of experience, inexperience.

inexplicable [inɛksplikabl] *adj* inexplicable, unexplainable.

inexpliqué, -e [inɛksplike] *adj* unexplained.

inexpressif, -ive [inɛkspresif, iv] *adj* inexpressive.

inexprimable [inɛksprimabl] *adj* inexpressible.

inextensible [inɛkstɑ̃sibl] *adj* **-1.** [matériau] unstretchable. **-2.** [étoffe] nonstretch.

in extremis [inɛkstremis] *adv* at the last minute.

inextricable [inɛkstrikabl] *adj* **-1.** [fouillis] inextricable. **-2.** *fig* [affaire, mystère] that cannot be unravelled.

infaillible [ɛ̃fajibl] *adj* [personne, méthode] infallible; [instinct] unerring.

infâme [ɛ̃fam] *adj* **-1.** [ignoble] despicable. **-2.** *hum ou littéraire* [dégoûtant] vile.

infanterie [ɛ̃fɑ̃tri] *nf* infantry.

infanticide [ɛ̃fɑ̃tisid] ◇ *nmf* infanticide, child-killer. ◇ *adj* infanticidal.

infantile [ɛ̃fɑ̃til] *adj* **-1.** [maladie] childhood (*avant* n). **-2.** [médecine] for children. **-3.** [comportement] infantile.

infarctus [ɛ̃farktys] *nm* infarction, infarct; ~ **du myocarde** coronary thrombosis, myocardial infarction.

infatigable [ɛ̃fatigabl] *adj* **-1.** [personne] tireless. **-2.** [attitude] untiring.

infect, -e [ɛ̃fɛkt] *adj* [dégoûtant] vile.

infecter [ɛ̃fɛkte] *vt* **-1.** [eau] to contaminate. **-2.** [plaie] to infect. **-3.** [empoisonner] to poison.

◆ **s'infecter** *vp* to become infected, to turn septic.

infectieux, -ieuse [ɛ̃fɛksjø, jøz] *adj* infectious.

infection [ɛ̃fɛksjɔ̃] *nf* **-1.** MÉD infection. **-2.** *fig* & *péj* [puanteur] stench.

inférer [ɛ̃fere] *vt littéraire:* ~ **qqch de qqch** to infer sthg from sthg.

inférieur, -e [ɛ̃ferjœr] ◇ *adj* **-1.** [qui est en bas] lower. **-2.** [dans une hiérarchie] inferior; ~ **à** [qualité] inferior to; [quantité] less than. ◇ *nm, f* inferior.

infériorité [ɛ̃ferjɔrite] *nf* inferiority.

infernal, -e, -aux [ɛ̃fernal, o] *adj* **-1.** [personne] fiendish. **-2.** *fig* [bruit, chaleur, rythme] infernal; [vision] diabolical.

infester [ɛ̃feste] *vt* to infest; **être infesté de** [rats, moustiques] to be infested with.

infidèle [ɛ̃fidel] *adj* **-1.** [mari, femme, ami]: ~ **(à)** unfaithful (to). **-2.** [traducteur, historien] inaccurate.

infidélité [ɛ̃fidelite] *nf* [trahison] infidelity.

infiltration [ɛ̃filtrasjɔ̃] *nf* infiltration.

infiltrer [ɛ̃filtre] *vt* to infiltrate.

◆ **s'infiltrer** *vp* **-1.** [pluie, lumière]: **s'~ par/dans** to filter through/into. **-2.** [hommes, idées] to infiltrate.

infime [ɛ̃fim] *adj* minute, infinitesimal.

infini, -e [ɛ̃fini] *adj* **-1.** [sans bornes] infinite, boundless. **-2.** MATHS, PHILO & RELIG infinite. **-3.** *fig* [interminable] endless, interminable.

◆ **infini** *nm* infinity.

◆ **à l'infini** *loc adv* **-1.** MATHS to infinity. **-2.** [discourir] ad infinitum, endlessly.

infiniment [ɛ̃finimɑ̃] *adv* extremely, immensely.

infinité [ɛ̃finite] *nf* infinity, infinite number.

infinitif, -ive [ɛ̃finitif, iv] *adj* infinitive.

◆ **infinitif** *nm* infinitive.

infirme [ɛ̃firm] ◇ *adj* [handicapé] disabled; [avec l'âge] infirm. ◇ *nmf* disabled person.

infirmer [ɛ̃firme] vt **-1.** [démentir] to invalidate. **-2.** JUR to annul.

infirmerie [ɛ̃firməri] nf infirmary.

infirmier, -ière [ɛ̃firmje, jɛr] nm, f nurse.

infirmité [ɛ̃firmite] nf [handicap] disability; [de vieillesse] infirmity.

inflammable [ɛ̃flamabl] adj inflammable, flammable.

inflammation [ɛ̃flamasjɔ̃] nf inflammation.

inflation [ɛ̃flasjɔ̃] nf ÉCON inflation; fig increase.

inflationniste [ɛ̃flasjɔnist] adj & nmf inflationist.

infléchir [ɛ̃fleʃir] vt fig [politique] to modify.

inflexible [ɛ̃flɛksibl] adj inflexible.

inflexion [ɛ̃flɛksjɔ̃] nf **-1.** [de tête] nod. **-2.** [de voix] inflection.

infliger [ɛ̃fliʒe] vt : ~ qqch à qqn to inflict sthg on sb; [amende] to impose sthg on sb.

influençable [ɛ̃flyɑ̃sabl] adj easily influenced.

influence [ɛ̃flyɑ̃s] nf influence; [de médicament] effect.

influencer [ɛ̃flyɑ̃se] vt to influence.

influer [ɛ̃flye] vi : ~ sur qqch to influence sthg, to have an effect on sthg.

infographie [ɛ̃fɔgrafi] nf computer graphics (U).

informaticien, -ienne [ɛ̃fɔrmatisjɛ̃, jɛn] nm, f computer scientist.

information [ɛ̃fɔrmasjɔ̃] nf **-1.** [renseignement] piece of information. **-2.** [renseignements & INFORM] information (U). **-3.** [nouvelle] piece of news.

◆ **informations** nfpl MÉDIA news (sg).

informatique [ɛ̃fɔrmatik] ◇ nf **-1.** [technique] data-processing. **-2.** [science] computer science. ◇ adj data-processing (avant n), computer (avant n).

informatiser [ɛ̃fɔrmatize] vt to computerize.

informe [ɛ̃fɔrm] adj [masse, vêtement, silhouette] shapeless.

informel, -elle [ɛ̃fɔrmɛl] adj informal.

informer [ɛ̃fɔrme] vt to inform; ~ qqn sur OU de qqch to inform sb about sthg.

◆ **s'informer** vp to inform o.s.; s'~ de qqch to ask about sthg; s'~ sur qqch to find out about sthg.

infortune [ɛ̃fɔrtyn] nf misfortune.

infos [ɛ̃fo] (abr de informations) nfpl fam: **les** ~ **the** news (sg).

infraction [ɛ̃fraksjɔ̃] nf: être en ~ to be in breach of the law.

infranchissable [ɛ̃frɑ̃ʃisabl] adj insurmountable.

infrarouge [ɛ̃fraruʒ] nm & adj infrared.

infrastructure [ɛ̃frastryktyr] nf infrastructure.

infroissable [ɛ̃frwasabl] adj crease-resistant.

infructueux, -euse [ɛ̃fryktɥø, øz] adj fruitless.

infuser [ɛ̃fyze] vi [tisane] to infuse; [thé] to brew.

infusion [ɛ̃fyzjɔ̃] nf infusion.

ingénier [ɛ̃ʒenje]

◆ **s'ingénier** vp: s'~ à faire qqch to try hard to do sthg.

ingénieur [ɛ̃ʒenjœr] nm engineer.

ingénieux, -ieuse [ɛ̃ʒenjø, jøz] adj ingenious.

ingéniosité [ɛ̃ʒenjozite] nf ingenuity.

ingénu, -e [ɛ̃ʒeny] ◇ adj littéraire [candide] artless; hum & péj [trop candide] naïve. ◇ nm, f littéraire [candide] naïve person; THÉÂTRE ingénue.

ingérable [ɛ̃ʒerabl] adj unmanageable.

ingérer [ɛ̃ʒere] vt to ingest.

◆ **s'ingérer** vp: s'~ dans to interfere in.

ingrat, -e [ɛ̃gra, at] ◇ adj **-1.** [personne] ungrateful. **-2.** [métier] thankless, unrewarding. **-3.** [sol] barren. **-4.** [physique] unattractive. ◇ nm, f ungrateful wretch.

ingratitude [ɛ̃gratityd] *nf* ingratitude.

ingrédient [ɛ̃gredjɑ̃] *nm* ingredient.

inguérissable [ɛ̃gerisabl] *adj* incurable.

ingurgiter [ɛ̃gyrʒite] *vt* **-1.** [avaler] to swallow. **-2.** *fig* [connaissances] to absorb.

inhabitable [inabitabl] *adj* uninhabitable.

inhabité, -e [inabite] *adj* uninhabited.

inhabituel, -elle [inabitɥɛl] *adj* unusual.

inhalateur, -trice [inalatœr, tris] *adj*: **appareil** ~ inhaler. ◆ **inhalateur** *nm* inhaler.

inhalation [inalasjɔ̃] *nf* inhalation.

inhérent, -e [inerɑ̃, ɑ̃t] *adj*: ~ **à** inherent in.

inhibition [inibisjɔ̃] *nf* inhibition.

inhospitalier, -ière [inɔspitalje, jɛr] *adj* inhospitable.

inhumain, -e [inymɛ̃, ɛn] *adj* inhuman.

inhumation [inymasjɔ̃] *nf* burial.

inhumer [inyme] *vt* to bury.

inimaginable [inimaʒinabl] *adj* incredible, unimaginable.

inimitable [inimitabl] *adj* inimitable.

ininflammable [inɛ̃flamabl] *adj* nonflammable.

inintelligible [inɛ̃teliʒibl] *adj* unintelligible.

inintéressant, -e [inɛ̃terɛsɑ̃, ɑ̃t] *adj* uninteresting.

ininterrompu, -e [inɛ̃terɔ̃py] *adj* [file, vacarme] uninterrupted; [ligne, suite] unbroken; [travail, effort] continuous.

inique [inik] *adj* iniquitous.

initial, -e, -iaux [inisjal, jo] *adj* [lettre] initial. ◆ **initiale** *nf* initial.

initiateur, -trice [inisjatœr, tris] *nm, f* **-1.** [maître] initiator. **-2.** [précurseur] innovator.

initiation [inisjasjɔ̃] *nf*: ~ **(à)** [discipline] introduction (to); [rituel] initiation (into).

initiative [inisjativ] *nf* initiative; **prendre l'~ de qqch/de faire qqch** to take the initiative for sthg/in doing sthg.

initié, -e [inisje] ◇ *adj* initiated. ◇ *nm, f* initiate.

initier [inisje] *vt*: ~ **qqn à** to initiate sb into.

injecté, -e [ɛ̃ʒɛkte] *adj*: **yeux** ~**s de sang** bloodshot eyes.

injecter [ɛ̃ʒɛkte] *vt* to inject.

injection [ɛ̃ʒɛksjɔ̃] *nf* injection.

injoignable [ɛ̃ʒwaɲabl] *adj*: **j'ai essayé de lui téléphoner mais il est** ~ I tried to phone him but I couldn't get through to him OU reach him OU get hold of him.

injonction [ɛ̃ʒɔ̃ksjɔ̃] *nf* injunction.

injure [ɛ̃ʒyr] *nf* insult.

injurier [ɛ̃ʒyrje] *vt* to insult.

injurieux, -leuse [ɛ̃ʒyrjø, jøz] *adj* abusive, insulting.

injuste [ɛ̃ʒyst] *adj* unjust, unfair.

injustice [ɛ̃ʒystis] *nf* injustice.

inlassable [ɛ̃lasabl] *adj* tireless.

inlassablement [ɛ̃lasabləmɑ̃] *adv* tirelessly.

inné, -e [ine] *adj* innate.

innocence [inɔsɑ̃s] *nf* innocence.

innocent, -e [inɔsɑ̃, ɑ̃t] ◇ *adj* innocent. ◇ *nm, f* **-1.** JUR innocent person. **-2.** [inoffensif, candide] innocent. **-3.** *vieilli* [idiot] simpleton.

innocenter [inɔsɑ̃te] *vt* **-1.** JUR to clear. **-2.** *fig* [excuser] to justify.

innombrable [inɔ̃brabl] *adj* innumerable; [foule] vast.

innover [inɔve] *vi* to innovate.

inobservation [inɔpsɛrvasjɔ̃] *nf* inobservance.

inoccupé, -e [inɔkype] *adj* [lieu] empty, unoccupied.

inoculer [inɔkyle] *vt* MÉD: ~ **qqch à qqn** [volontairement] to inoculate sb with sthg; [accidentellement] to infect sb with sthg.

inodore [inɔdɔr] *adj* odourless.

inoffensif, -ive [inɔfɑ̃sif, iv] *adj* harmless.

inondation [inɔ̃dasjɔ̃] *nf* **-1.** [action] flooding. **-2.** [résultat] flood.
inonder [inɔ̃de] *vt* to flood; ~ **de** *fig* to flood with.
inopérable [inɔperabl] *adj* inoperable.
inopérant, -e [inɔperɑ̃, ɑ̃t] *adj* ineffective.
inopiné, -e [inɔpine] *adj* unexpected.
inopportun, -e [inɔpɔrtœ̃, yn] *adj* inopportune.
inoubliable [inublijabl] *adj* unforgettable.
inouï, -e [inwi] *adj* incredible, extraordinary.
Inox ® [inɔks] *nm inv & adj inv* stainless steel.
inoxydable [inɔksidabl] *adj* stainless; [casserole] stainless steel (*avant n*).
inqualifiable [ɛ̃kalifjabl] *adj* unspeakable.
inquiet, -iète [ɛ̃kjɛ, jɛt] *adj* **-1.** [gén] anxious. **-2.** [tourmenté] feverish.
inquiéter [ɛ̃kjete] *vt* **-1.** [donner du souci à] to worry. **-2.** [déranger] to disturb.
◆ **s'inquiéter** *vp* **-1.** [s'alarmer] to be worried. **-2.** [se préoccuper]: **s'~ de** [s'enquérir de] to enquire about; [se soucier de] to worry about.
inquiétude [ɛ̃kjetyd] *nf* anxiety, worry.
inquisiteur, -trice [ɛ̃kizitœr, tris] *adj* prying.
insaisissable [ɛ̃sezizabl] *adj* **-1.** [personne] elusive. **-2.** *fig* [nuance] imperceptible.
insalubre [ɛ̃salybr] *adj* unhealthy.
insatiable [ɛ̃sasjabl] *adj* insatiable.
insatisfait, -e [ɛ̃satisfɛ, ɛt] ◇ *adj* [personne] dissatisfied. ◇ *nm, f* malcontent.
inscription [ɛ̃skripsjɔ̃] *nf* **-1.** [action, écrit] inscription. **-2.** [enregistrement] enrolment, registration.
inscrire [ɛ̃skrir] *vt* **-1.** [écrire] to write down; [- sur la pierre, le métal] to inscribe. **-2.** [personne]: ~ **qqn à qqch** to enrol ou register sb for sthg; ~

qqn sur qqch to put sb's name down on sthg. **-3.** SPORT [but] to score.
◆ **s'inscrire** *vp* [personne]: **s'~ à qqch** to enrol ou register for sthg; **s'~ sur qqch** to put one's name down on sthg.
inscrit, -e [ɛ̃skri, it] ◇ *pp* → **inscrire**. ◇ *adj* [sur liste] registered; **être ~ sur une liste** to have one's name on a list. ◇ *nm, f* registered person.
insecte [ɛ̃sɛkt] *nm* insect.
insecticide [ɛ̃sɛktisid] *nm & adj* insecticide.
insécurité [ɛ̃sekyrite] *nf* insecurity.
insémination [ɛ̃seminasjɔ̃] *nf* insemination; ~ **artificielle** artificial insemination.
insensé, -e [ɛ̃sɑ̃se] *adj* **-1.** [déraisonnable] insane. **-2.** [incroyable, excentrique] extraordinary.
insensibiliser [ɛ̃sɑ̃sibilize] *vt* to anaesthetize; ~ **qqn (à)** *fig* to make sb insensitive (to).
insensible [ɛ̃sɑ̃sibl] *adj* **-1.** [gén]: ~ **(à)** insensitive (to). **-2.** [imperceptible] imperceptible.
insensiblement [ɛ̃sɑ̃sibləmɑ̃] *adv* imperceptibly.
inséparable [ɛ̃separabl] *adj*: ~ **(de)** inseparable (from).
insérer [ɛ̃sere] *vt* to insert; ~ **une annonce dans un journal** to put an advertisement in a newspaper.
◆ **s'insérer** *vp* [s'intégrer]: **s'~ dans** to fit into.
insidieux, -ieuse [ɛ̃sidjø, jøz] *adj* insidious.
insigne [ɛ̃siɲ] ◇ *nm* badge. ◇ *adj* **-1.** *littéraire* [honneur] distinguished. **-2.** *hum* [maladresse] remarkable.
insignifiant, -e [ɛ̃siɲifjɑ̃, ɑ̃t] *adj* insignificant.
insinuation [ɛ̃sinɥasjɔ̃] *nf* insinuation, innuendo.
insinuer [ɛ̃sinɥe] *vt* to insinuate, to imply.

◆ **s'insinuer** *vp*: **s'~ dans** [eau, humidité, odeur] to seep into; *fig* [personne] to insinuate o.s. into.

insipide [ɛsipid] *adj* [aliment] insipid, tasteless; *fig* insipid.

insistance [ɛsistɑ̃s] *nf* insistence.

insister [ɛsiste] *vi* to insist; ~ **sur** to insist on; ~ **pour faire qqch** to insist on doing sthg.

insolation [ɛsɔlasjɔ̃] *nf* [malaise] sunstroke (U).

insolence [ɛsɔlɑ̃s] *nf* insolence (U).

insolent, -e [ɛsɔlɑ̃, ɑ̃t] ◇ *adj* **-1.** [personne, acte] insolent. **-2.** [joie, succès] unashamed, blatant. ◇ *nm, f* insolent person.

insolite [ɛsɔlit] *adj* unusual.

insoluble [ɛsɔlybl] *adj* insoluble.

insolvable [ɛsɔlvabl] *adj* insolvent.

insomnie [ɛsɔmni] *nf* insomnia (U).

insondable [ɛsɔ̃dabl] *adj* [gouffre, mystère] unfathomable; [bêtise] abysmal.

insonoriser [ɛsɔnɔrize] *vt* to soundproof.

insouciance [ɛsusjɑ̃s] *nf* [légèreté] carefree attitude.

insouciant, -e [ɛsusjɑ̃, ɑ̃t] *adj* [sans-souci] carefree.

insoumis, -e [ɛsumi, iz] *adj* **-1.** [caractère] rebellious. **-2.** [peuple] unsubjugated. **-3.** [soldat] deserting.

insoumission [ɛsumisjɔ̃] *nf* **-1.** [caractère rebelle] rebelliousness. **-2.** MIL. desertion.

insoupçonné, -e [ɛsupsɔne] *adj* unsuspected.

insoutenable [ɛsutnabl] *adj* **-1.** [rythme] unsustainable. **-2.** [scène, violence] unbearable. **-3.** [théorie] untenable.

inspecter [ɛspɛkte] *vt* to inspect.

inspecteur, -trice [ɛspɛktœr, tris] *nm, f* inspector.

inspection [ɛspɛksjɔ̃] *nf* **-1.** [contrôle] inspection. **-2.** [fonction] inspectorate.

inspiration [ɛspirasjɔ̃] *nf* **-1.** [gén] inspiration; [idée] bright idea, brain-

wave; **avoir de l'~** to be inspired. **-2.** [d'air] breathing in.

inspiré, -e [ɛspire] *adj* inspired.

inspirer [ɛspire] *vt* **-1.** [gén] to inspire; ~ **qqch à qqn** to inspire sb with sthg. **-2.** [air] to breathe in, to inhale.
◆ **s'inspirer** *vp* [prendre modèle sur]: **s'~ de qqn/qqch** to be inspired by sb/sthg.

instable [ɛstabl] *adj* **-1.** [gén] unstable. **-2.** [vie, temps] unsettled.

installation [ɛstalasjɔ̃] *nf* **-1.** [de gaz, eau, électricité] installation. **-2.** [de personne - comme médecin, artisan] setting up; [- dans appartement] settling in. **-3.** (*gén pl*) [équipement] installations (*pl*), fittings (*pl*); [industriel] plant (*U*); [de loisirs] facilities (*pl*); ~ **électrique** wiring.

installer [ɛstale] *vt* **-1.** [gaz, eau, électricité] to install, to put in. **-2.** [appartement] to fit out. **-3.** [rideaux, étagères] to put up; [meubles] to put in. **-4.** [personne]: ~ **qqn** to get sb settled, to install sb.
◆ **s'installer** *vp* **-1.** [comme médecin, artisan etc] to set (o.s.) up. **-2.** [emménager] to settle in; **s'~ chez qqn** to move in with sb. **-3.** [dans fauteuil] to settle down. **-4.** *fig* [maladie, routine] to set in.

instamment [ɛstamɑ̃] *adv* insistently.

instance [ɛstɑ̃s] *nf* **-1.** [autorité] authority. **-2.** JUR proceedings (*pl*). **-3.** [insistance] entreaties (*pl*).
◆ **en instance** *loc adj* pending.
◆ **en instance de** *loc adv* on the point of.

instant [ɛstɑ̃] *nm* instant; **à l'~** [il y a peu de temps] a moment ago; [immédiatement] this minute; **à tout** ~ [en permanence] at all times; [d'un moment à l'autre] at any moment; **pour l'~** for the moment.

instantané, -e [ɛstɑ̃tane] *adj* **-1.** [immédiat] instantaneous. **-2.** [soluble] instant.
◆ **instantané** *nm* snapshot.

instar [ɛstar]

◆ **à l'instar de** *loc prép* following the example of.

instaurer [ɛ̃stɔʀe] *vt* [instituer] to establish; *fig* [peur, confiance] to instil.

instigateur, -trice [ɛ̃stigatœʀ, tʀis] *nm, f* instigator.

instigation [ɛ̃stigasjɔ̃] *nf* instigation.

◆ **à l'instigation de, sur l'instigation de** *loc prép* at the instigation of.

instinct [ɛ̃stɛ̃] *nm* instinct.

instinctif, -ive [ɛ̃stɛ̃ktif, iv] ◇ *adj* instinctive. ◇ *nm, f* instinctive person.

instituer [ɛ̃stitɥe] *vt* -1. [pratique] to institute. -2. JUR [personne] to appoint.

institut [ɛ̃stity] *nm* -1. [gén] institute; **l'~ Pasteur** *important medical research centre.* -2. [de soins]: **~ de beauté** beauty salon.

instituteur, -trice [ɛ̃stitytœʀ, tʀis] *nm, f* primary *Br* OU grade *Am* school teacher.

institution [ɛ̃stitysjɔ̃] *nf* -1. [gén] institution. -2. [école privée] private school.

◆ **institutions** *nfpl* POLIT institutions.

instructif, -ive [ɛ̃stʀyktif, iv] *adj* instructive, educational.

instruction [ɛ̃stʀyksjɔ̃] *nf* -1. [enseignement, savoir] education. -2. [formation] training. -3. [directive] order. -4. JUR (pre-trial) investigation.

◆ **instructions** *nfpl* instructions.

instruit, -e [ɛ̃stʀɥi, ɥit] *adj* educated.

instrument [ɛ̃stʀymɑ̃] *nm* instrument; **~ de musique** musical instrument.

insu [ɛ̃sy]

◆ **à l'insu de** *loc prép*: **à l'~ de qqn** without sb knowing; **à mon/ton** *etc* **~** without my/your *etc* realizing (it).

insubmersible [ɛ̃sybmɛʀsibl] *adj* unsinkable.

insubordination [ɛ̃sybɔʀdinasjɔ̃] *nf* insubordination.

insuccès [ɛ̃syksɛ] *nm* failure.

insuffisance [ɛ̃syfizɑ̃s] *nf* -1. [manque] insufficiency. -2. MÉD deficiency.

insuffisances *nfpl* [faiblesses] shortcomings.

insuffisant, -e [ɛ̃syfizɑ̃, ɑ̃t] *adj* -1. [en quantité] insufficient. -2. [en qualité] inadequate, unsatisfactory.

insuffler [ɛ̃syfle] *vt* -1. [air] to blow. -2. *fig* [sentiment]: **~ qqch à qqn** to inspire sb with sthg.

insulaire [ɛ̃sylɛʀ] ◇ *nmf* islander. ◇ *adj* GÉOGR island (*avant n*).

insuline [ɛ̃sylin] *nf* insulin.

insulte [ɛ̃sylt] *nf* insult.

insulter [ɛ̃sylte] *vt* to insult.

insupportable [ɛ̃sypɔʀtabl] *adj* unbearable.

insurgé, -e [ɛ̃syʀʒe] *adj & nm, f* insurgent, rebel.

insurger [ɛ̃syʀʒe]

◆ **s'insurger** *vp* to rebel, to revolt; **s'~ contre qqch** to protest against sthg.

insurmontable [ɛ̃syʀmɔ̃tabl] *adj* [difficulté] insurmountable; [dégoût] uncontrollable.

insurrection [ɛ̃syʀɛksjɔ̃] *nf* insurrection.

intact, -e [ɛ̃takt] *adj* intact.

intangible [ɛ̃tɑ̃ʒibl] *adj* -1. *littéraire* [impalpable] intangible. -2. [sacré] inviolable.

intarissable [ɛ̃taʀisabl] *adj* inexhaustible; **il est ~** he could go on talking for ever.

intégral, -e, -aux [ɛ̃tegʀal, o] *adj* -1. [paiement] in full; [texte] unabridged, complete. -2. MATHS: **calcul ~** integral calculus.

intégralement [ɛ̃tegʀalmɑ̃] *adv* fully, in full.

intégrant, -e [ɛ̃tegʀɑ̃, ɑ̃t] → **parti**.

intègre [ɛ̃tɛgʀ] *adj* honest, of integrity.

intégré, -e [ɛ̃tegʀe] *adj* [élément] built-in.

intégrer [ɛ̃tegʀe] *vt* [assimiler]: **~ (à** OU **dans)** to integrate (into).

◆ **s'intégrer** *vp* -1. [s'incorporer]: **s'~**

dans OU **à** to fit into. **-2.** [s'adapter] to integrate.

intégrisme [ẽtegrism] *nm* fundamentalism.

intégrité [ẽtegrite] *nf* **-1.** [totalité] entirety. **-2.** [honnêteté] integrity.

intellectuel, -elle [ẽtelɛktɥel] *adj & nm, f* intellectual.

intelligence [ẽteliʒɑ̃s] *nf* **-1.** [facultés mentales] intelligence; ~ **artificielle** artificial intelligence. **-2.** [compréhension, complicité] understanding.

intelligent, -e [ẽteliʒɑ̃, ɑ̃t] *adj* intelligent.

intelligible [ẽteliʒibl] *adj* **-1.** [voix] clear. **-2.** [concept, texte] intelligible.

intello [ẽtelo] *adj inv & nmf péj* highbrow.

intempéries [ẽtɑ̃peri] *nfpl* bad weather (U).

intempestif, -ive [ẽtɑ̃pɛstif, iv] *adj* untimely.

intenable [ẽtənabl] *adj* **-1.** [chaleur, personne] unbearable. **-2.** [position] untenable, indefensible.

intendance [ẽtɑ̃dɑ̃s] *nf* **-1.** MIL commissariat; SCOL & UNIV bursar's office. **-2.** *fig* [questions matérielles] housekeeping.

intendant, -e [ẽtɑ̃dɑ̃, ɑ̃t] *nm, f* **-1.** SCOL & UNIV bursar. **-2.** [de manoir] steward. ◆ **intendant** *nm* MIL quartermaster.

intense [ẽtɑ̃s] *adj* [gén] intense.

intensif, -ive [ẽtɑ̃sif, iv] *adj* intensive.

intensité [ẽtɑ̃site] *nf* intensity.

intenter [ẽtɑ̃te] *vt* JUR: ~ **qqch contre** OU **à qqn** to bring sthg against sb.

intention [ẽtɑ̃sjɔ̃] *nf* intention; **avoir l'~ de faire qqch** to intend to do sthg. ◆ **à l'intention de** *loc prép* for.

intentionné, -e [ẽtɑ̃sjɔne] *adj:* **bien ~** well-meaning; **mal ~** ill-disposed.

intentionnel, -elle [ẽtɑ̃sjɔnɛl] *adj* intentional.

interactif, -ive [ẽtɛraktif, iv] *adj* interactive.

intercalaire [ẽtɛrkalɛr] ◇ *nm* insert. ◇ *adj:* **feuillet ~** insert.

intercaler [ẽtɛrkale] *vt:* ~ **qqch dans qqch** [feuillet, citation] to insert sthg in sthg; [dans le temps] to fit sthg into sthg.

intercéder [ẽtɛrsede] *vi:* ~ **pour** OU **en faveur de qqn auprès de qqn** to intercede with sb on behalf of sb.

intercepter [ẽtɛrsɛpte] *vt* **-1.** [lettre, ballon] to intercept. **-2.** [chaleur] to block.

interchangeable [ẽtɛrʃɑ̃ʒabl] *adj* interchangeable.

interclasse [ẽtɛrklas] *nm* break.

interdiction [ẽtɛrdiksjɔ̃] *nf* **-1.** [défense]: **«~ de stationner»** "strictly no parking". **-2.** [prohibition, suspension]: ~ **(de)** ban (on), banning (of); ~ **de séjour** order banning released prisoner from living in certain areas.

interdire [ẽtɛrdir] *vt* **-1.** [prohiber]: ~ **qqch à qqn** to forbid sb sthg; ~ **à qqn de faire qqch** to forbid sb to do sthg. **-2.** [empêcher] to prevent; ~ **à qqn de faire qqch** to prevent sb from doing sthg. **-3.** [bloquer] to block.

interdit, -e [ẽtɛrdi, it] ◇ *pp* → **interdire**. ◇ *adj* **-1.** [défendu] forbidden; **il est ~ de fumer** you're not allowed to smoke. **-2.** [ébahi]: **rester ~** to be stunned. **-3.** [privé]: **être ~ de chéquier** to have had one's chequebook facilities withdrawn; ~ **de séjour** banned from entering the country.

intéressant, -e [ẽterɛsɑ̃, ɑ̃t] *adj* **-1.** [captivant] interesting. **-2.** [avantageux] advantageous, good.

intéressé, -e [ẽterese] *adj* [concerné] concerned, involved; *péj* [motivé] self-interested.

intéresser [ẽterese] *vt* **-1.** [captiver] to interest; ~ **qqn à qqch** to interest sb in sthg. **-2.** COMM [faire participer]: ~ **les employés (aux bénéfices)** to give one's employees a share in the profits; ~ **qqn dans son commerce** to give sb a financial interest in one's business. **-3.** [concerner] to concern.

◆ **s'intéresser** *vp*: **s'~ à qqn/qqch** to take an interest in sb/sthg, to be interested in sb/sthg.

intérêt [ɛ̃terɛ] *nm* **-1.** [gén] interest; **~ pour** interest in; **avoir ~ à faire qqch** to be well advised to do sthg. **-2.** [importance] significance.

◆ **intérêts** *nmpl* **-1.** FIN interest (*sg*). **-2.** COMM: **avoir des ~s dans** to have a stake in.

interface [ɛ̃tɛrfas] *nf* INFORM interface; **~ graphique** graphic interface.

interférer [ɛ̃tɛrfere] *vi* **-1.** PHYS to interfere. **-2.** *fig* [s'immiscer]: **~ dans qqch** to interfere in sthg.

intérieur, -e [ɛ̃terjœr] *adj* **-1.** [gén] inner. **-2.** [de pays] domestic.

◆ **intérieur** *nm* **-1.** [gén] inside; **de l'~** from the inside; **à l'~ (de qqch)** inside (sthg). **-2.** [de pays] interior.

intérim [ɛ̃terim] *nm* **-1.** [période] interim period; **par ~** acting. **-2.** [travail temporaire] temporary OU casual work; [dans bureau] temping.

intérimaire [ɛ̃terimɛr] ◇ *adj* **-1.** [ministre, directeur] acting (*avant n*). **-2.** [employé, fonctions] temporary. ◇ *nmf* [employé] temp.

intérioriser [ɛ̃terjɔrize] *vt* to internalize.

interjection [ɛ̃tɛrʒɛksjɔ̃] *nf* LING interjection.

interligne [ɛ̃tɛrliɲ] *nm* (line) spacing.

interlocuteur, -trice [ɛ̃tɛrlɔkytœr, tris] *nm, f* **-1.** [dans conversation] speaker; **mon ~** the person to whom I am/was speaking. **-2.** [dans négociation] negotiator.

interloquer [ɛ̃tɛrlɔke] *vt* to disconcert.

interlude [ɛ̃tɛrlyd] *nm* interlude.

intermède [ɛ̃tɛrmɛd] *nm* interlude.

intermédiaire [ɛ̃tɛrmedjɛr] ◇ *nm* intermediary, go-between; **par l'~ de qqn/qqch** through sb/sthg. ◇ *adj* intermediate.

interminable [ɛ̃tɛrminabl] *adj* never-ending, interminable.

intermittence [ɛ̃tɛrmitɑ̃s] *nf* [discontinuité]: **par ~** intermittently, off and on.

intermittent, -e [ɛ̃tɛrmitɑ̃, ɑ̃t] *adj* intermittent.

internat [ɛ̃tɛrna] *nm* [SCOL - établissement] boarding school; [- système] boarding.

international, -e, -aux [ɛ̃tɛrnasjɔnal, o] *adj* international.

interne [ɛ̃tɛrn] ◇ *nmf* **-1.** [élève] boarder. **-2.** MÉD & UNIV houseman *Br*, intern *Am*. ◇ *adj* **-1.** ANAT internal; [oreille] inner. **-2.** [du pays] domestic.

interner [ɛ̃tɛrne] *vt* **-1.** POLIT to intern. **-2.** MÉD to confine (*to psychiatric hospital*).

interpeller [ɛ̃tɛrpəle] *vt* **-1.** [apostropher] to call OU shout out to. **-2.** [interroger] to question.

interphone [ɛ̃tɛrfɔn] *nm* intercom; [d'un immeuble] entry phone.

interposer [ɛ̃tɛrpoze] *vt* to interpose.

◆ **s'interposer** *vp*: **s'~ entre qqn et qqn** to intervene between sb and sb.

interprète [ɛ̃tɛrprɛt] *nmf* **-1.** [gén] interpreter. **-2.** CIN, MUS & THÉÂTRE performer.

interpréter [ɛ̃tɛrprete] *vt* to interpret.

interrogateur, -trice [ɛ̃tɛrɔgatœr, tris] *adj* inquiring (*avant n*).

interrogatif, -ive [ɛ̃tɛrɔgatif, iv] *adj* GRAM interrogative.

interrogation [ɛ̃tɛrɔgasjɔ̃] *nf* **-1.** [de prisonnier] interrogation; [de témoin] questioning. **-2.** [question] question. **-3.** SCOL test.

interrogatoire [ɛ̃tɛrɔgatwar] *nm* **-1.** [de police, juge] questioning. **-2.** [procès-verbal] statement.

interrogeable [ɛ̃tɛrɔʒabl] *adj*: **répondeur ~ à distance** answerphone with remote playback facility.

interroger [ɛ̃tɛrɔʒe] *vt* **-1.** [questionner] to question; [accusé, base de données] to interrogate; ~ qqn (sur qqch) to question sb (about sthg). **-2.** [faits, conscience] to examine. **-2.**

◆ **s'interroger** *vp*: s'~ sur to wonder about.

interrompre [ɛtɛrɔ̃pr] *vt* to interrupt.

◆ **s'interrompre** *vp* to break off.

interrompu, -e [ɛtɛrɔ̃py] *pp* → **interrompre**.

interrupteur [ɛteryptœr] *nm* switch.

interruption [ɛterypsjɔ̃] *nf* **-1.** [arrêt] break. **-2.** [action] interruption.

intersection [ɛtɛrsɛksjɔ̃] *nf* intersection.

interstice [ɛtɛrstis] *nm* chink, crack.

interurbain, -e [ɛtɛryrbɛ̃, ɛn] *adj* long-distance.

◆ **interurbain** *nm*: l'~ the long-distance telephone service.

intervalle [ɛtɛrval] *nm* **-1.** [spatial] space, gap. **-2.** [temporel] interval, period (of time); **à 6 jours d'~** after 6 days. **-3.** MUS interval.

intervenant, -e [ɛtɛrvənɑ̃, ɑ̃t] *nm, f* [orateur] speaker.

intervenir [ɛtɛrvənir] *vi* **-1.** [personne] to intervene; ~ **auprès de qqn** to intervene with sb; ~ **dans qqch** to intervene in sthg; **faire** ~ **qqn** to bring OU call in sb. **-2.** [événement] to take place.

intervention [ɛtɛrvɑ̃sjɔ̃] *nf* **-1.** [gén] intervention. **-2.** MÉD operation; **subir une** ~ **chirurgicale** to have an operation. **-3.** [discours] speech.

intervenu, -e [ɛtɛrvəny] *pp* → **intervenir**.

intervertir [ɛtɛrvɛrtir] *vt* to reverse, to invert.

interview [ɛtɛrvju] *nf* interview.

interviewer [ɛtɛrvjuve] *vt* to interview.

intestin [ɛtɛstɛ̃] *nm* intestine.

intestinal, -e, -aux [ɛtɛstinal, o] *adj* intestinal.

intime [ɛtim] ◇ *nmf* close friend. ◇ *adj* [gén] intimate; [vie, journal] private.

intimider [ɛtimide] *vt* to intimidate.

intimité [ɛtimite] *nf* **-1.** [secret] depths (*pl*). **-2.** [familiarité, confort] intimacy. **-3.** [vie privée] privacy.

intitulé [ɛtityle] *nm* [titre] title; [de paragraphe] heading.

intituler [ɛtityle] *vt* to call, to entitle.

◆ **s'intituler** *vp* [ouvrage] to be called OU entitled.

intolérable [ɛtɔlerabl] *adj* intolerable.

intolérance [ɛtɔlerɑ̃s] *nf* [religieuse, politique] intolerance.

intolérant, -e [ɛtɔlerɑ̃, ɑ̃t] *adj* intolerant.

intonation [ɛtɔnasjɔ̃] *nf* intonation.

intouchable [ɛtuʃabl] *nmf & adj* untouchable.

intoxication [ɛtɔksikasjɔ̃] *nf* **-1.** [empoisonnement] poisoning. **-2.** *fig* [propagande] brainwashing.

intoxiquer [ɛtɔksike] *vt*: ~ **qqn par** [empoisonner] to poison sb with; *fig* to indoctrinate sb with.

intraduisible [ɛtradɥizibl] *adj* [texte] untranslatable.

intraitable [ɛtrɛtabl] *adj*: ~ **(sur)** inflexible (about).

intransigeant, -e [ɛtrɑ̃ziʒɑ̃, ɑ̃t] *adj* intransigent.

intransitif, -ive [ɛtrɑ̃zitif, iv] *adj* intransitive.

intransportable [ɛtrɑ̃spɔrtabl] *adj*: **il est** ~ he/it cannot be moved.

intraveineux, -euse [ɛtravɛnø, øz] *adj* intravenous.

intrépide [ɛtrepid] *adj* bold, intrepid.

intrigue [ɛtrig] *nf* **-1.** [manœuvre] intrigue. **-2.** CIN, LITTÉRATURE & THÉÂTRE plot.

intriguer [ɛtrige] ◇ *vt* to intrigue. ◇ *vi* to scheme, to intrigue.

introduction [ɛtrɔdyksjɔ̃] *nf* **-1.** [gén]: ~ **(à)** introduction (to). **-2.** [insertion] insertion.

introduire [ɛtrɔdɥir] *vt* **-1.** [gén] to introduce. **-2.** [faire entrer] to show in. **-3.** [insérer] to insert.

◆ **s'introduire** *vp* **-1.** [pénétrer] to enter; **s'~ dans une maison** [cambrioleur] to get into OU enter a house. **-2.** [s'implanter] to be introduced.

introduit, -e [ɛ̃trɔdɥi, it] *pp* → introduire.

introspection [ɛ̃trɔspɛksjɔ̃] *nf* introspection.

introuvable [ɛ̃truvabl] *adj* nowhere to be found.

introverti, -e [ɛ̃trɔvɛrti] ◇ *adj* introverted. ◇ *nm, f* introvert.

intrus, -e [ɛ̃try, yz] *nm, f* intruder.

intrusion [ɛ̃tryzjɔ̃] *nf* **-1.** [gén & GÉOL] intrusion. **-2.** [ingérence] interference.

intuitif, -ive [ɛ̃tɥitif, iv] *adj* intuitive.

intuition [ɛ̃tɥisjɔ̃] *nf* intuition.

inusable [inyzabl] *adj* hardwearing.

inusité, -e [inyzite] *adj* unusual, uncommon.

inutile [inytil] *adj* [objet, personne] useless; [effort, démarche] pointless.

inutilisable [inytilizabl] *adj* unusable.

inutilité [inytilite] *nf* [de personne, d'objet] uselessness; [de démarche, d'effort] pointlessness.

invaincu, -e [ɛ̃vɛ̃ky] *adj* SPORT unbeaten.

invalide [ɛ̃valid] ◇ *nmf* disabled person; **~ du travail** industrially disabled person. ◇ *adj* disabled.

invalidité [ɛ̃validite] *nf* **-1.** JUR invalidity. **-2.** MÉD disability.

invariable [ɛ̃varjabl] *adj* **-1.** [immuable] unchanging. **-2.** GRAM invariable.

invasion [ɛ̃vazjɔ̃] *nf* invasion.

invendable [ɛ̃vɑ̃dabl] *adj* unsaleable, unsellable.

invendu, -e [ɛ̃vɑ̃dy] *adj* unsold. ◆ **invendu** *nm* (*gén pl*) remainder.

inventaire [ɛ̃vɑ̃tɛr] *nm* **-1.** [gén] inventory. **-2.** [COMM - activité] stocktaking *Br*, inventory *Am*; [- liste] list.

inventer [ɛ̃vɑ̃te] *vt* to invent.

inventeur [ɛ̃vɑ̃tœr] *nm* [de machine] inventor.

invention [ɛ̃vɑ̃sjɔ̃] *nf* **-1.** [découverte, mensonge] invention. **-2.** [imagination] inventiveness.

inventorier [ɛ̃vɑ̃tɔrje] *vt* to make an inventory of.

inverse [ɛ̃vɛrs] ◇ *nm* opposite, reverse. ◇ *adj* **-1.** [sens] opposite; [ordre] reverse; **en sens ~ (de)** in the opposite direction (to). **-2.** [rapport] inverse.

inversement [ɛ̃vɛrsəmɑ̃] *adv* **-1.** MATHS inversely. **-2.** [au contraire] on the other hand. **-3.** [vice versa] vice versa.

inverser [ɛ̃vɛrse] *vt* to reverse.

invertébré, -e [ɛ̃vɛrtebre] *adj* invertebrate. ◆ **invertébré** *nm* invertebrate.

investigation [ɛ̃vɛstigasjɔ̃] *nf* investigation.

investir [ɛ̃vɛstir] *vt* to invest.

investissement [ɛ̃vɛstismɑ̃] *nm* investment.

investisseur, -euse [ɛ̃vɛstisœr, øz] *nm, f* investor.

investiture [ɛ̃vɛstityr] *nf* investiture.

invétéré, -e [ɛ̃vetere] *adj péj* inveterate.

invincible [ɛ̃vɛ̃sibl] *adj* [gén] invincible; [difficulté] insurmountable; [charme] irresistible.

inviolable [ɛ̃vjɔlabl] *adj* **-1.** JUR inviolable. **-2.** [coffre] impregnable.

invisible [ɛ̃vizibl] *adj* invisible.

invitation [ɛ̃vitasjɔ̃] *nf*: **~ (à)** invitation (to); **sur ~** by invitation.

invité, -e [ɛ̃vite] ◇ *adj* [hôte] invited; [professeur, conférencier] guest (*avant n*). ◇ *nm, f* guest.

inviter [ɛ̃vite] *vt* to invite; **~ qqn à faire qqch** to invite sb to do sthg; *fig* [suj: chose] to be an invitation to sb to do sthg; [ordonner] to urge sb to do sthg.

in vitro [invitro] → **fécondation**.

invivable [ɛ̃vivabl] *adj* unbearable.

involontaire [ɛ̃vɔlɔ̃tɛr] *adj* [acte] involuntary.

irrévocable

invoquer [ɛ̃vɔke] *vt* **-1.** [alléguer] to put forward. **-2.** [citer, appeler à l'aide] to invoke; [paix] to call for.

invraisemblable [ɛ̃vrɛsɑ̃blabl] *adj* **-1.** [incroyable] unlikely, improbable. **-2.** [extravagant] incredible.

invulnérable [ɛ̃vylnerabl] *adj* invulnerable.

iode [jɔd] *nm* iodine.

ion [jɔ̃] *nm* ion.

IRA [ira] (*abr de* Irish Republican Army) *nf* IRA.

irai, iras *etc* → **aller**.

Irak, Iraq [irak] *nm*: l'~ Iraq.

irakien, -ienne, iraqien, -ienne [irakjɛ̃, jɛn] *adj* Iraqi.
◆ **irakien, iraqien** *nm* [langue] Iraqi.
◆ **Irakien, -ienne, Iraqien, -ienne** *nm, f* Iraqi.

Iran [irɑ̃] *nm*: l'~ Iran.

iranien, -ienne [iranjɛ̃, jɛn] *adj* Iranian.
◆ **iranien** *nm* [langue] Iranian.
◆ **Iranien, -ienne** *nm, f* Iranian.

Iraq = **Irak**.

iraqien = **irakien**.

irascible [irasibl] *adj* irascible.

iris [iris] *nm* ANAT & BOT iris.

irisé, -e [irize] *adj* iridescent.

irlandais, -e [irlɑ̃dɛ, ɛz] *adj* Irish.
◆ **irlandais** *nm* [langue] Irish.
◆ **Irlandais, -e** *nm, f* Irishman (f Irishwoman).

Irlande [irlɑ̃d] *nf*: l'~ Ireland; l'~ du Nord/Sud Northern/Southern Ireland.

ironie [irɔni] *nf* irony.

ironique [irɔnik] *adj* ironic.

ironiser [irɔnize] *vi* to speak ironically.

irradier [iradje] ◇ *vi* to radiate. ◇ *vt* to irradiate.

irraisonné, -e [irezɔne] *adj* irrational.

irrationnel, -elle [irasjɔnɛl] *adj* irrational.

irréalisable [irealizabl] *adj* unrealizable.

irrécupérable [irekyperabl] *adj* **-1.** [récouvrable] irretrievable. **-2.** [irréparable] beyond repair. **-3.** *fam* [personne] beyond hope.

irrécusable [irekyzabl] *adj* unimpeachable.

irréductible [iredyktibl] ◇ *nmf* diehard. ◇ *adj* **-1.** CHIM, MATHS & MÉD irreducible. **-2.** *fig* [volonté] indomitable; [personne] implacable; [communiste] diehard (*avant n*).

irréel, -elle [ireɛl] *adj* unreal.

irréfléchi, -e [irefleʃi] *adj* unthinking.

irréfutable [irefytabl] *adj* irrefutable.

irrégularité [iregylarite] *nf* **-1.** [gén] irregularity. **-2.** [de terrain, performance] unevenness.

irrégulier, -ière [iregylje, jɛr] *adj* **-1.** [gén] irregular. **-2.** [terrain, surface] uneven, irregular. **-3.** [employé, athlète] erratic.

irrémédiable [iremedjabl] *adj* [irréparable] irreparable.

irremplaçable [irɑ̃plasabl] *adj* irreplaceable.

irréparable [ireparabl] *adj* **-1.** [objet] beyond repair. **-2.** *fig* [perte, erreur] irreparable.

irrépressible [irepresibl] *adj* irrepressible.

irréprochable [ireprɔʃabl] *adj* irreproachable.

irrésistible [irezistibl] *adj* **-1.** [tentation, femme] irresistible. **-2.** [amusant] entertaining.

irrésolu, -e [irezɔly] *adj* **-1.** [indécis] irresolute. **-2.** [sans solution] unresolved.

irrespirable [irɛspirabl] *adj* **-1.** [air] unbreathable. **-2.** *fig* [oppressant] oppressive.

irresponsable [irɛspɔ̃sabl] ◇ *nmf* irresponsible person. ◇ *adj* irresponsible.

irréversible [ireversibl] *adj* irreversible.

irrévocable [irevɔkabl] *adj* irrevocable.

irrigation [iʀigasjɔ̃] *nf* irrigation.
irriguer [iʀige] *vt* to irrigate.
irritable [iʀitabl] *adj* irritable.
irritation [iʀitasjɔ̃] *nf* irritation.
irriter [iʀite] *vt* **-1.** [exaspérer] to irritate, to annoy. **-2.** MÉD to irritate.
♦ **s'irriter** *vp* to get irritated; **s'~ contre qqn/de qqch** to get irritated with sb/at sthg.
irruption [iʀypsjɔ̃] *nf* **-1.** [invasion] invasion. **-2.** [entrée brusque] irruption.
islam [islam] *nm* Islam.
islamique [islamik] *adj* Islamic.
islandais, -e [islɑ̃dɛ, ɛz] *adj* Icelandic.
♦ **islandais** *nm* [langue] Icelandic.
♦ **Islandais, -e** *nm, f* Icelander.
Islande [islɑ̃d] *nf*: **l'~** Iceland.
isocèle [izɔsɛl] *adj* isoceles.
isolant, -e [izɔlɑ̃, ɑ̃t] *adj* insulating.
♦ **isolant** *nm* insulator, insulating material.
isolation [izɔlasjɔ̃] *nf* insulation.
isolé, -e [izɔle] *adj* isolated.
isoler [izɔle] *vt* **-1.** [séparer] to isolate. **-2.** CONSTR & ÉLECTR to insulate; **~ qqch du froid** to insulate sthg (against the cold); **~ qqch du bruit** to soundproof sthg.
♦ **s'isoler** *vp*: **s'~ (de)** to isolate o.s. (from).
isoloir [izɔlwaʀ] *nm* polling booth.
isotherme [izɔtɛʀm] *adj* isothermal.
Israël [israɛl] *n* Israel.
israélien, -ienne [israeljɛ̃, jɛn] *adj* Israeli.
♦ **Israélien, -ienne** *nm, f* Israeli.
israélite [israelit] *adj* Jewish.
♦ **Israélite** *nmf* Jew.
issu, -e [isy] *adj*: **~ de** [résultant de] emerging OU stemming from; [personne] descended from.
♦ **issue** *nf* **-1.** [sortie] exit; **~e de secours** emergency exit. **-2.** *fig* [solution] way out, solution. **-3.** [terme] outcome.
isthme [ism] *nm* isthmus.
Italie [itali] *nf*: **l'~** Italy.
italien, -ienne [italjɛ̃, jɛn] *adj* Italian.

♦ **italien** *nm* [langue] Italian.
♦ **Italien, -ienne** *nm, f* Italian.
italique [italik] *nm* TYPO italics (*pl*); **en ~** in italics.
itinéraire [itineʀɛʀ] *nm* itinerary, route.
itinérant, -e [itineʀɑ̃, ɑ̃t] *adj* [spectacle, troupe] itinerant.
IUT (*abr de* **institut universitaire de technologie**) *nm* ≃ technical college.
IVG (*abr de* **interruption volontaire de grossesse**) *nf* abortion.
ivoire [ivwaʀ] *nm* ivory.
ivre [ivʀ] *adj* drunk.
ivresse [ivʀes] *nf* drunkenness; [extase] rapture.
ivrogne [ivʀɔɲ] *nmf* drunkard.

J

j, J [ʒi] *nm inv* j, J.
j' → **je**.
jabot [ʒabo] *nm* **-1.** [d'oiseau] crop. **-2.** [de chemise] frill.
jacasser [ʒakase] *vi péj* to chatter, to jabber.
jacinthe [ʒasɛ̃t] *nf* hyacinth.
Jacuzzi® [ʒakuzi] *nm* Jacuzzi®.
jade [ʒad] *nm* jade.
jadis [ʒadis] *adv* formerly, in former times.
jaguar [ʒagwaʀ] *nm* jaguar.
jaillir [ʒajiʀ] *vi* **-1.** [liquide] to gush; [flammes] to leap. **-2.** [cri] to ring out. **-3.** [personne] to spring out.
jais [ʒɛ] *nm* jet.
jalon [ʒalɔ̃] *nm* marker pole.
jalonner [ʒalɔne] *vt* to mark (out).
jalousie [ʒaluzi] *nf* **-1.** [envie] jealousy. **-2.** [store] blind.
jaloux, -ouse [ʒalu, uz] *adj*: **~ (de)** jealous (of).
Jamaïque [ʒamaik] *nf*: **la ~** Jamaica.

jamais [ʒamɛ] *adv* **-1.** [sens négatif] never; **ne ... ~, ~ ne** never; **je ne reviendrai ~, ~ je ne reviendrai** I'll never come back; **(ne) ... ~ plus, plus ~ (ne)** never again; **je ne viendrai ~ plus, plus ~ je ne viendrai** I'll never come here again. **-2.** [sens positif]: **plus que ~** more than ever; **il est plus triste que ~** he's sadder than ever; **si ~ tu le vois** if you should happen to see him, should you happen to see him.
◆ **à jamais** *loc adv* for ever.

jambage [ʒɑ̃baʒ] *nm* [de lettre] downstroke.

jambe [ʒɑ̃b] *nf* leg.

jambières [ʒɑ̃bjɛr] *nfpl* [de football] shin pads; [de cricket] pads.

jambon [ʒɑ̃bɔ̃] *nm* ham.

jante [ʒɑ̃t] *nf* (wheel) rim.

janvier [ʒɑ̃vje] *nm* January; *voir aussi* **septembre**.

Japon [ʒapɔ̃] *nm*: **le ~** Japan.

japonais, -e [ʒapɔnɛ, ɛz] *adj* Japanese.
◆ **japonais** *nm* [langue] Japanese.
◆ **Japonais, -e** *nm, f* Japanese (person); **les Japonais** the Japanese.

japper [ʒape] *vi* to yap.

jaquette [ʒakɛt] *nf* **-1.** [vêtement] jacket. **-2.** [de livre] (dust) jacket.

jardin [ʒardɛ̃] *nm* garden; **~ public** park.

jardinage [ʒardinaʒ] *nm* gardening.

jardinier, -ière [ʒardinje, jɛr] *nm, f* gardener.
◆ **jardinière** *nf* [bac à fleurs] window box.

jargon [ʒargɔ̃] *nm* **-1.** [langage spécialisé] jargon. **-2.** *fam* [charabia] gibberish.

jarret [ʒarɛ] *nm* **-1.** ANAT back of the knee. **-2.** CULIN knuckle of veal.

jarretelle [ʒartɛl] *nf* suspender *Br*, garter *Am*.

jarretière [ʒartjɛr] *nf* garter.

jars [ʒar] *nm* gander.

jaser [ʒaze] *vi* [bavarder] to gossip.

jasmin [ʒasmɛ̃] *nm* jasmine.

jatte [ʒat] *nf* bowl.

jauge [ʒoʒ] *nf* [instrument] gauge.

jauger [ʒoʒe] *vt* to gauge.

jaunâtre [ʒonatr] *adj* yellowish.

jaune [ʒon] ◇ *nm* [couleur] yellow. ◇ *adj* yellow.
◆ **jaune d'œuf** *nm* (egg) yolk.

jaunir [ʒonir] *vt & vi* to turn yellow.

jaunisse [ʒonis] *nf* MÉD jaundice.

java [ʒava] *nf* type of popular dance.

Javel [ʒavɛl] *nf*: **(eau de) ~** bleach.

javelot [ʒavlo] *nm* javelin.

jazz [dʒaz] *nm* jazz.

J.-C. (*abr de* **Jésus-Christ**) J.C.

je [ʒə], **j'** (*devant voyelle et h muet*) *pron pers* I.

jean [dʒin], **jeans** [dʒins] *nm* jeans (*pl*), pair of jeans.

Jeep® [dʒip] *nf* Jeep®.

jérémiades [ʒeremjad] *nfpl* moaning (U), whining (U).

jerrycan, jerricane [ʒerikan] *nm* jerry can.

jersey [ʒɛrze] *nm* jersey.

jésuite [ʒezɥit] *nm* Jesuit.

Jésus-Christ [ʒezykri] *nm* Jesus Christ.

jet[1] [ʒɛ] *nm* **-1.** [action de jeter] throw. **-2.** [de liquide] jet.

jet[2] [dʒɛt] *nm* [avion] jet.

jetable [ʒətabl] *adj* disposable.

jeté, -e [ʒəte] *pp* → **jeter**.

jetée [ʒəte] *nf* jetty.

jeter [ʒəte] *vt* to throw; [se débarrasser de] to throw away; **~ qqch à qqn** [lancer] to throw sthg to sb, to throw sb sthg; [pour faire mal] to throw sthg at sb.
◆ **se jeter** *vp*: **se ~ sur** to pounce on; **se ~ dans** [suj: rivière] to flow into.

jeton [ʒətɔ̃] *nm* [de jeu] counter; [de téléphone] token.

jeu, -x [ʒø] *nm* **-1.** [divertissement] play (U), playing (U); **~ de mots** play on words, pun. **-2.** [régi par des règles] game; **mettre un joueur hors ~** to put a player offside; **~ de société** parlour game. **-3.** [d'argent]: **le**

~ gambling. **-4.** [d'échecs, de clés] **set**; ~ **de cartes** pack of cards. **-5.** [manière de jouer - MUS] **playing**; [- THÉÂTRE] **acting**; [- SPORT] **game. -6.** [TECHNOL] **play**; **il y a du** ~ there's a bit of play, it's rather loose. **-7.** *loc*: **cacher son** ~ to play one's cards close to one's chest.

◆ **Jeux Olympiques** *nmpl*: **les Jeux Olympiques** the Olympic Games.

jeudi [ʒødi] *nm* Thursday; *voir aussi* **samedi**.

jeun [ʒœ̃]

◆ **à jeun** *loc adv* on an empty stomach.

jeune [ʒœn] ◇ *adj* young; [style, apparence] **youthful**; ~ **homme/femme** young man/woman. ◇ *nm* young person; **les** ~**s** young people.

jeûne [ʒøn] *nm* fast.

jeunesse [ʒœnɛs] *nf* **-1.** [âge] **youth**; [de style, apparence] **youthfulness. -2.** [jeunes gens] **young people** (*pl*).

jingle [dʒingəl] *nm* jingle.

JO *nmpl* (*abr de* **Jeux Olympiques**) Olympic Games.

joaillier, -ière [ʒɔaje, jɛr] *nm, f* jeweller.

job [dʒɔb] *nm fam* job.

jockey [ʒɔkɛ] *nm* jockey.

jogging [dʒɔgiŋ] *nm* **-1.** [activité] **jogging. -2.** [vêtement] **tracksuit, jogging suit.**

joie [ʒwa] *nf* joy.

joindre [ʒwɛ̃dr] *vt* **-1.** [rapprocher] **to join**; [mains] **to put together. -2.** [ajouter] ~ **qqch (à)** to attach sthg (to); [adjoindre] to enclose sthg (with). **-3.** [par téléphone] **to contact, to reach.**

◆ **se joindre** *vp*: **se** ~ **à qqn** to join sb; **se** ~ **à qqch** to join in sthg.

joint, -e [ʒwɛ̃, ɛ̃t] *pp* → **joindre**.

◆ **joint** *nm* **-1.** [d'étanchéité] **seal. -2.** *fam* [drogue] **joint.**

joli, -e [ʒɔli] *adj* **-1.** [femme, chose] **pretty, attractive. -2.** [somme, situation] **nice.**

joliment [ʒɔlimɑ̃] *adv* **-1.** [bien] **prettily, attractively**; *iron* **nicely. -2.** *fam* [beaucoup] **really.**

jonc [ʒɔ̃] *nm* rush, bulrush.

joncher [ʒɔ̃ʃe] *vt* to strew; **être jonché de** to be strewn with.

jonction [ʒɔ̃ksjɔ̃] *nf* [de routes] junction.

jongler [ʒɔ̃gle] *vi* to juggle.

jongleur, -euse [ʒɔ̃glœr, øz] *nm, f* juggler.

jonquille [ʒɔ̃kij] *nf* daffodil.

Jordanie [ʒɔrdani] *nf*: **la** ~ Jordan.

joue [ʒu] *nf* cheek; **tenir** OU **mettre qqn en** ~ *fig* to take aim at sb.

jouer [ʒwe] ◇ *vi* **-1.** [gén] **to play**; ~ **avec qqn/qqch** to play with sb/sthg; ~ **à qqch** [jeu, sport] **to play sthg**; ~ **de** MUS **to play**; **à toi de** ~! (it's) your turn!; *fig* your move! **-2.** CIN & THÉÂTRE **to act. -3.** [parier] **to gamble.** ◇ *vt* **-1.** [carte, partie] **to play. -2.** [somme d'argent] **to bet, to wager**; *fig* **to gamble with. -3.** [THÉÂTRE - personnage, rôle] **to play**; [- pièce] **to put on, to perform. -4.** CIN **to show. -5.** MUS **to perform, to play.**

jouet [ʒwɛ] *nm* toy; **être le** ~ **de** *fig* to be the victim of.

joueur, -euse [ʒwœr, øz] *nm, f* **-1.** SPORT **player**; ~ **de football footballer, football player. -2.** [du jeu] **gambler.**

joufflu, -e [ʒufly] *adj* [personne] **chubby-cheeked.**

joug [ʒu] *nm* yoke.

jouir [ʒwir] *vi* **-1.** [profiter] ~ **de** to enjoy. **-2.** [sexuellement] **to have an orgasm.**

jouissance [ʒwisɑ̃s] *nf* **-1.** JUR [d'un bien] **use. -2.** [sexuelle] **orgasm.**

joujou, -x [ʒuʒu] *nm* toy.

jour [ʒur] *nm* **-1.** [unité de temps] **day**; **huit** ~**s** a week; **quinze** ~**s** a fortnight *Br*, two weeks; **de** ~ **en** ~ day by day; ~ **après** ~ day after day; **au** ~ **le** ~ from day to day; ~ **et nuit** night and day; **le** ~ **de l'an** New Year's Day; ~ **de congé** day off; ~

férié public holiday; ~ **ouvrable** working day. **-2.** [lumière] daylight; **de** ~ in the daytime, by day. **-3.** loc: **mettre qqch à** ~ to update sthg, to bring sthg up to date; **de nos** ~**s** these days, nowadays.

journal, -aux [ʒurnal, o] nm **-1.** [publication] newspaper, paper. **-2.** TÉLÉ: ~ **télévisé** television news. **-3.** [écrit]: ~ (**intime**) diary, journal.

journalier, -ière [ʒurnalje, jɛr] adj daily.

journalisme [ʒurnalism] nm journalism.

journaliste [ʒurnalist] nmf journalist, reporter.

journée [ʒurne] nf day.

joute [ʒut] nf joust; fig duel.

jovial, -e, -iaux [ʒɔvjal, jo] adj jovial, jolly.

joyau, -x [ʒwajo] nm jewel.

joyeux, -euse [ʒwajø, øz] adj joyful, happy; ~ **Noël!** Merry Christmas!

jubilé [ʒybile] nm jubilee.

jubiler [ʒybile] vi fam to be jubilant.

jucher [ʒyʃe] vt: ~ **qqn sur qqch** to perch sb on sthg.

judaïque [ʒydaik] adj [loi] Judaic; [tradition, religion] Jewish.

judaïsme [ʒydaism] nm Judaism.

judas [ʒyda] nm [ouverture] peephole.

judéo-chrétien, -ienne [ʒydeɔkretjɛ̃, jɛn] (mpl **judéo-chrétiens**, fpl **judéo-chrétiennes**) adj Judaeo-Christian.

judiciaire [ʒydisjɛr] adj judicial.

judicieux, -ieuse [ʒydisjø, jøz] adj judicious.

judo [ʒydo] nm judo.

juge [ʒyʒ] nm judge; ~ **d'instruction** examining magistrate.

jugé [ʒyʒe]
♦ **au jugé** loc adv by guesswork; **tirer au** ~ to fire blind.

jugement [ʒyʒmɑ̃] nm judgment; **prononcer un** ~ to pass sentence.

jugeote [ʒyʒɔt] nf fam common sense.

juger [ʒyʒe] ◇ vt to judge; [accusé] to try; ~ **que** to judge (that), to consider (that); ~ **qqn/qqch inutile** to consider sb/sthg useless. ◇ vi to judge; ~ **de qqch** to judge sthg; **si j'en juge d'après mon expérience** judging from my experience; **jugez de ma surprise!** imagine my surprise!

juif, -ive [ʒɥif, iv] adj Jewish.
♦ **Juif, -ive** nm, f Jew.

juillet [ʒɥijɛ] nm July; **la fête du 14 Juillet** national holiday to mark the anniversary of the storming of the Bastille; voir aussi **septembre**.

juin [ʒɥɛ̃] nm June; voir aussi **septembre**.

juke-box [dʒukbɔks] nm inv jukebox.

jumeau, -elle, -x [ʒymo, ɛl, o] ◇ adj twin (avant n). ◇ nm, f twin.
♦ **jumelles** nfpl OPTIQUE binoculars.

jumelé, -e [ʒymle] adj [villes] twinned; [maisons] semidetached.

jumeler [ʒymle] vt to twin.

jumelle → **jumeau**.

jument [ʒymɑ̃] nf mare.

jungle [ʒœ̃gl] nf jungle.

junior [ʒynjɔr] adj & nmf SPORT junior.

junte [ʒœ̃t] nf junta.

jupe [ʒyp] nf skirt.

jupe-culotte [ʒypkylɔt] nf culottes (pl).

jupon [ʒypɔ̃] nm petticoat, slip.

juré [ʒyre] nm JUR juror.

jurer [ʒyre] ◇ vt: ~ **qqch à qqn** to swear OU pledge sthg to sb; ~ (**à qqn**) **que** ... to swear (to sb) that ...; ~ **de faire qqch** to swear OU vow to do sthg; **je vous jure!** fam honestly! ◇ vi **-1.** [blasphémer] to swear, to curse. **-2.** [ne pas aller ensemble]: ~ (**avec**) to clash (with).
♦ **se jurer** vp: **se** ~ **de faire qqch** to swear OU vow to do sthg.

juridiction [ʒyridiksjɔ̃] nf jurisdiction.

juridique [ʒyridik] adj legal.

jurisprudence [ʒyrisprydɑ̃s] nf jurisprudence.

juriste [ʒyrist] nmf lawyer.

juron [ʒyrɔ̃] *nm* swearword, oath.

jury [ʒyri] *nm* **-1.** JUR jury. **-2.** [SCOL - d'examen] **examining board**; [- de concours] **admissions board**.

jus [ʒy] *nm* **-1.** [de fruits, légumes] juice. **-2.** [de viande] gravy.

jusque, jusqu' [ʒysk(ə)]
◆ **jusqu'à** *loc prép* **-1.** [sens temporel] until, till; **jusqu'à nouvel ordre** until further notice; **jusqu'à présent** up until now, so far. **-2.** [sens spatial] as far as; **jusqu'au bout** to the end. **-3.** [même] even.
◆ **jusqu'à ce que** *loc conj* until, till.
◆ **jusqu'en** *loc prép* up until.
◆ **jusqu'ici** *loc adv* [lieu] up to here; [temps] up until now, so far.
◆ **jusque-là** *loc adv* [lieu] up to there; [temps] up until then.

justaucorps [ʒystokɔr] *nm* [maillot] leotard.

juste [ʒyst] ◇ *adj* **-1.** [équitable] fair. **-2.** [exact] right, correct. **-3.** [trop petit] tight. ◇ *adv* **-1.** [bien] correctly, right. **-2.** [exactement, seulement] just.

justement [ʒystəmɑ̃] *adv* **-1.** [avec raison] rightly. **-2.** [précisément] exactly, precisely.

justesse [ʒystɛs] *nf* [de remarque] aptness; [de raisonnement] soundness.
◆ **de justesse** *loc adv* only just.

justice [ʒystis] *nf* **-1.** JUR justice; **passer en ~** to stand trial. **-2.** [équité] fairness.

justicier, -ière [ʒystisje, jɛr] *nm, f* righter of wrongs.

justifiable [ʒystifjabl] *adj* justifiable.

justificatif, -ive [ʒystifikatif, iv] *adj* supporting.
◆ **justificatif** *nm* written proof (U).

justification [ʒystifikasjɔ̃] *nf* justification.

justifier [ʒystifje] *vt* [gén] to justify.
◆ **se justifier** *vp* to justify o.s.

jute [ʒyt] *nm* jute.

juteux, -euse [ʒytø, øz] *adj* juicy.

juvénile [ʒyvenil] *adj* youthful.

juxtaposer [ʒykstapoze] *vt* to juxtapose.

K

k, K [ka] *nm inv* k, K.

K7 [kasɛt] (*abr de* **cassette**) *nf* cassette.

kaki [kaki] ◇ *nm* **-1.** [couleur] khaki. **-2.** [fruit] persimmon. ◇ *adj inv* khaki.

kaléidoscope [kaleidɔskɔp] *nm* kaleidoscope.

kamikaze [kamikaz] *nm* kamikaze pilot.

kanak = **canaque**.

kangourou [kɑ̃guru] *nm* kangaroo.

karaoké [karaɔke] *nm* karaoke.

karaté [karate] *nm* karate.

karting [kartiŋ] *nm* go-karting.

kas(c)her, cascher [kaʃer] *adj inv* kosher.

kayak [kajak] *nm* kayak.

Kenya [kenja] *nm*: **le ~** Kenya.

képi [kepi] *nm* kepi.

kératine [keratin] *nf* keratin.

kermesse [kɛrmɛs] *nf* **-1.** [foire] fair. **-2.** [fête de bienfaisance] fête.

kérosène [kerozɛn] *nm* kerosene.

ketchup [ketʃœp] *nm* ketchup.

kg (*abr de* **kilogramme**) kg.

kibboutz [kibutz] *nm inv* kibbutz.

kidnapper [kidnape] *vt* to kidnap.

kidnappeur, -euse [kidnapœr, øz] *nm, f* kidnapper.

kilo [kilo] *nm* kilo.

kilogramme [kilɔgram] *nm* kilogram.

kilométrage [kilɔmetraʒ] *nm* **-1.** [de voiture] ≃ mileage. **-2.** [distance] distance.

kilomètre [kilɔmetr] *nm* kilometre.

kilo-octet [kiloɔktɛ] *nm* INFORM kilobyte.

kilowatt [kilɔwat] *nm* kilowatt.

kilt [kilt] *nm* kilt.

kimono [kimɔno] *nm* kimono.

kinésithérapeute [kineziterapøt] *nmf* physiotherapist.

kiosque [kjɔsk] *nm* **-1.** [de vente] kiosk. **-2.** [pavillon] pavilion.

kirsch [kirʃ] *nm* cherry brandy.

kitchenette [kitʃənɛt] *nf* kitchenette.

kitsch [kitʃ] *adj inv* kitsch.

kiwi [kiwi] *nm* **-1.** [oiseau] kiwi. **-2.** [fruit] kiwi, kiwi fruit (*U*).

Klaxon® [klaksɔ̃] *nm* horn.

klaxonner [klaksɔne] *vi* to hoot.

kleptomane, cleptomane [klɛptɔman] *nmf* kleptomaniac.

km (*abr de* **kilomètre**) km.

km/h (*abr de* **kilomètre par heure**) kph.

Ko (*abr de* **kilo-octet**) K.

K.-O. [kao] *nm*: **mettre qqn ~** to knock sb out.

Koweït [kɔwɛt] *nm*: **le ~** Kuwait.

krach [krak] *nm* crash; **~ boursier** stock market crash.

kung-fu [kuɲfu] *nm* kung fu.

kurde [kyrd] ◇ *adj* Kurdish. ◇ *nm* [langue] Kurdish.

◆ **Kurde** *nmf* Kurd.

kyrielle [kirjɛl] *nf fam* stream; [d'enfants] horde.

kyste [kist] *nm* cyst.

L

l, L [ɛl] ◇ *nm inv* l, L. ◇ (*abr de* **litre**) l.

la¹ [la] *art déf & pron déf* → **le**.

la² [la] *nm inv* MUS A; [chanté] la.

là [la] *adv* **-1.** [lieu] there; **à 3 kilomètres de ~** 3 kilometres from there; **passe par ~** go that way; **c'est ~ que je travaille** that's where I work; **je suis ~** I'm here. **-2.** [temps] then; **à quelques jours de ~** a few days later, a few days after that. **-3.** [avec une proposition relative]: **~ où** [lieu] where; [temps] when; *voir aussi* **ce**, **là-bas**, **là-dedans** *etc*.

là-bas [laba] *adv* (over) there.

label [labɛl] *nm* **-1.** [étiquette]: **~ de qualité** label guaranteeing quality. **-2.** [commerce] label, brand name.

labeur [labœr] *nm sout* labour.

labo [labo] (*abr de* **laboratoire**) *nm fam* lab.

laborantin, -e [labɔrɑ̃tɛ̃, in] *nm, f* laboratory assistant.

laboratoire [labɔratwar] *nm* laboratory.

laborieux, -ieuse [labɔrjø, jøz] *adj* [difficile] laborious.

labourer [labure] *vt* **-1.** AGRIC to plough. **-2.** *fig* [creuser] to make a gash in.

laboureur [laburœr] *nm* ploughman.

labyrinthe [labirɛ̃t] *nm* labyrinth.

lac [lak] *nm* lake; **les Grands Lacs** the Great Lakes; **le ~ Léman** Lake Geneva.

lacer [lase] *vt* to tie.

lacérer [lasere] *vt* **-1.** [déchirer] to shred. **-2.** [blesser, griffer] to slash.

lacet [lasɛ] *nm* **-1.** [cordon] lace. **-2.** [de route] bend. **-3.** [piège] snare.

lâche [laʃ] ◇ *nmf* coward. ◇ *adj* **-1.** [nœud] loose. **-2.** [personne, comportement] cowardly.

lâcher [laʃe] ◇ *vt* **-1.** [libérer - bras, objet] to let go of; [- animal] to let go, to release; *fig* [- mot] to let slip. **-2.** [laisser tomber]: **~ qqch** to drop sthg. ◇ *vi* to give way.

lâcheté [laʃte] *nf* **-1.** [couardise] cowardice. **-2.** [acte] cowardly act.

lacis [lasi] *nm* [labyrinthe] maze.

laconique [lakɔnik] *adj* laconic.

lacrymogène [lakrimɔʒɛn] *adj* tear (*avant n*).

lacté, -e [lakte] *adj* [régime] milk (*avant n*).

lacune [lakyn] *nf* [manque] **gap**.

lacustre [lakystr] *adj* [faune, plante] lake (*avant n*); [cité, village] lakeside (*avant n*).

lad [lad] *nm* stable lad.

là-dedans [ladədɑ̃] *adv* inside, in there; **il y a quelque chose qui m'intrigue** ~ there's something in that which intrigues me.

là-dessous [ladsu] *adv* underneath, under there; *fig* behind that.

là-dessus [ladsy] *adv* on that; ~, **il partit** at that point OU with that, he left; **je suis d'accord** ~ I agree about that.

ladite → **ledit**.

lagon [lagɔ̃] *nm*, **lagune** [lagyn] *nf* lagoon.

là-haut [lao] *adv* up there.

laïc (*f* **laïque**), **laïque** [laik] ◇ *adj* lay (*avant n*); [juridiction] civil (*avant n*); [école] state (*avant n*). ◇ *nm, f* layman (*f* laywoman).

laid, -e [lɛ, lɛd] *adj* **-1.** [esthétiquement] ugly. **-2.** [moralement] wicked.

laideron [lɛdrɔ̃] *nm* ugly woman.

laideur [lɛdœr] *nf* **-1.** [physique] ugliness. **-2.** [morale] wickedness.

lainage [lɛnaʒ] *nm* [étoffe] woollen material; [vêtement] woolly OU woollen garment.

laine [lɛn] *nf* wool.

laineux, -euse [lɛnø, øz] *adj* woolly.

laïque → **laïc**.

laisse [lɛs] *nf* [corde] lead, leash; **tenir en** ~ [chien] to keep on a lead OU leash.

laisser [lese] ◇ *v aux* (+*infinitif*): ~ **qqn faire qqch** to let sb do sthg; **laisse-le faire** leave him alone, don't interfere; ~ **tomber qqch** *litt & fig* to drop sthg; **laisse tomber!** *fam* drop it! ◇ *vt* **-1.** [gén] to leave; ~ **qqn/qqch à qqn** [confier] to leave sb/sthg with sb. **-2.** [céder]: ~ **qqch à qqn** to let sb have sthg.
◆ **se laisser** *vp*: **se** ~ **faire** to let o.s. be persuaded; **se** ~ **aller** to relax;

[dans son apparence] to let o.s. go; **se** ~ **aller à qqch** to indulge in sthg.

laisser-aller [lɛseale] *nm inv* carelessness.

laissez-passer [lɛsepase] *nm inv* pass.

lait [lɛ] *nm* **-1.** [gén] milk; ~ **entier/écrémé** whole/skimmed milk; ~ **concentré** OU **condensé** [sucré] condensed milk; [non sucré] evaporated milk. **-2.** [cosmétique]: ~ **démaquillant** cleansing milk OU lotion.

laitage [lɛtaʒ] *nm* milk product.

laiterie [lɛtri] *nf* dairy.

laitier, -ière [lɛtje, jɛr] ◇ *adj* dairy (*avant n*). ◇ *nm, f* milkman (*f* milkwoman).

laiton [lɛtɔ̃] *nm* brass.

laitue [lɛty] *nf* lettuce.

laïus [lajys] *nm* long speech.

lambeau, -x [lɑ̃bo] *nm* [morceau] shred.

lambris [lɑ̃bri] *nm* panelling.

lame [lam] *nf* **-1.** [fer] blade. **-2.** [lamelle] strip; ~ **de rasoir** razor blade. **-3.** [vague] wave.

lamé, -e [lame] *adj* lamé.
◆ **lamé** *nm* lamé.

lamelle [lamɛl] *nf* **-1.** [de champignon] gill. **-2.** [tranche] thin slice. **-3.** [de verre] slide.

lamentable [lamɑ̃tabl] *adj* **-1.** [résultats, sort] appalling. **-2.** [ton] plaintive.

lamentation [lamɑ̃tasjɔ̃] *nf* **-1.** [plainte] lamentation. **-2.** (*gén pl*) [jérémiade] moaning (*U*).

lamenter [lamɑ̃te]
◆ **se lamenter** *vp* to complain.

laminer [lamine] *vt* IND to laminate; *fig* [personne, revenus] to eat away at.

lampadaire [lɑ̃padɛr] *nm* [dans maison] standard lamp *Br*, floor lamp *Am*; [de rue] street lamp OU light.

lampe [lɑ̃p] *nf* lamp, light; ~ **de chevet** bedside lamp; ~ **halogène** halogen light; ~ **de poche** torch *Br*, flashlight *Am*.

lampion [lɑ̃pjɔ̃] *nm* Chinese lantern.

lance [lɑ̃s] *nf* **-1.** [arme] spear. **-2.** [de tuyau] nozzle; ~ **d'incendie** fire hose.

lance-flammes [lɑ̃sflam] *nm inv* flame-thrower.

lancement [lɑ̃smɑ̃] *nm* [d'entreprise, produit, navire] launching.

lance-pierres [lɑ̃spjɛr] *nm inv* catapult.

lancer [lɑ̃se] ◇ *vt* **-1.** [pierre, javelot] to throw; ~ **qqch sur qqn** to throw sthg at sb. **-2.** [fusée, produit, style] to launch. **-3.** [émettre] to give off; [cri] to let out; [injures] to hurl; [ultimatum] to issue. **-4.** [moteur] to start up. **-5.** [INFORM - programme] to start; [- système] to boot (up). **-6.** *fig* [sur un sujet]: ~ **qqn sur qqch** to get sb started on sthg. ◇ *nm* **-1.** PÊCHE casting. **-2.** SPORT throwing; ~ **du poids** shotput. ◆ **se lancer** *vp* **-1.** [débuter] to make a name for o.s. **-2.** [s'engager]: **se** ~ **dans** [dépenses, explication, lecture] to embark on.

lancinant, -e [lɑ̃sinɑ̃, ɑ̃t] *adj* **-1.** [douleur] shooting. **-2.** *fig* [obsédant] haunting. **-3.** [monotone] insistent.

landau [lɑ̃do] *nm* [d'enfant] pram.

lande [lɑ̃d] *nf* moor.

langage [lɑ̃gaʒ] *nm* language.

lange [lɑ̃ʒ] *nm* nappy *Br*, diaper *Am*.

langer [lɑ̃ʒe] *vt* to change.

langoureux, -euse [lɑ̃gurø, øz] *adj* languorous.

langouste [lɑ̃gust] *nf* crayfish.

langoustine [lɑ̃gustin] *nf* langoustine.

langue [lɑ̃g] *nf* **-1.** ANAT & *fig* tongue. **-2.** LING language; ~ **maternelle** mother tongue; ~ **morte/vivante** dead/modern language.

languette [lɑ̃gɛt] *nf* tongue.

langueur [lɑ̃gœr] *nf* **-1.** [dépérissement, mélancolie] languor. **-2.** [apathie] apathy.

languir [lɑ̃gir] *vi* **-1.** [dépérir]: ~ **(de)** to languish (with). **-2.** *sout* [attendre] to wait; **faire** ~ **qqn** to keep sb waiting.

lanière [lanjɛr] *nf* strip.

lanterne [lɑ̃tɛrn] *nf* **-1.** [éclairage] lantern. **-2.** [phare] light.

Laos [laɔs] *nm*: **le** ~ Laos.

laper [lape] *vt & vi* to lap.

lapider [lapide] *vt* [tuer] to stone.

lapin, -e [lapɛ̃, in] *nm, f* **-1.** CULIN & ZOOL rabbit. **-2.** [fourrure] rabbit fur.

Laponie [laponi] *nf*: **la** ~ Lapland.

laps [laps] *nm*: **(dans) un** ~ **de temps** (in) a while.

lapsus [lapsys] *nm* slip (of the tongue/pen).

laquais [lakɛ] *nm* lackey.

laque [lak] *nf* **-1.** [vernis, peinture] lacquer. **-2.** [pour cheveux] hair spray, lacquer.

laqué, -e [lake] *adj* lacquered.

laquelle → **lequel**.

larbin [larbɛ̃] *nm* **-1.** [domestique] servant. **-2.** [personne servile] yes-man.

larcin [larsɛ̃] *nm* **-1.** [vol] larceny, theft. **-2.** [butin] spoils (*pl*).

lard [lar] *nm* **-1.** [graisse de porc] lard. **-2.** [viande] bacon.

lardon [lardɔ̃] *nm* **-1.** CULIN *cube or strip of bacon.* **-2.** *fam* [enfant] kid.

large [larʒ] ◇ *adj* **-1.** [étendu, grand] wide; ~ **de 5 mètres** 5 metres wide. **-2.** [important, considérable] large, big. **-3.** [esprit, sourire] broad. **-4.** [généreux - personne] generous. ◇ *nm* **-1.** [largeur]: **5 mètres de** ~ 5 metres wide. **-2.** [mer]: **le** ~ the open sea; **au** ~ **de la côte française** off the French coast.

largement [larʒəmɑ̃] *adv* **-1.** [diffuser, répandre] widely; **la porte était** ~ **ouverte** the door was wide open. **-2.** [donner, payer] generously; [dépasser] considerably; [récompenser] amply; **avoir** ~ **le temps** to have plenty of time. **-3.** [au moins] easily.

largeur [larʒœr] *nf* **-1.** [d'avenue, de cercle] width. **-2.** *fig* [d'idées, d'esprit] breadth.

larguer [large] *vt* **-1.** [voile] to unfurl. **-2.** [bombe, parachutiste] to drop. **-3.** *fam fig* [abandonner] to chuck.

larme [laʀm] *nf* [pleur] tear; **être en ~s** to be in tears.

larmoyant, -e [laʀmwajɑ̃, ɑ̃t] *adj* **-1.** [yeux, personne] tearful. **-2.** *péj* [histoire] tearjerking.

larron [laʀɔ̃] *nm vieilli* [voleur] thief.

larve [laʀv] *nf* **-1.** ZOOL larva. **-2.** *péj* [personne] wimp.

laryngite [laʀɛ̃ʒit] *nf* laryngitis (*U*).

larynx [laʀɛ̃ks] *nm* larynx.

las, lasse [la, las] *adj littéraire* [fatigué] weary.

lascif, -ive [lasif, iv] *adj* lascivious.

laser [lazɛʀ] ◇ *nm* laser. ◇ *adj* laser (*avant n*).

lasser [lase] *vt sout* [personne] to weary; [patience] to try.
◆ **se lasser** *vp* to weary.

lassitude [lasityd] *nf* lassitude.

lasso [laso] *nm* lasso.

latent, -e [latɑ̃, ɑ̃t] *adj* latent.

latéral, -e, -aux [lateʀal, o] *adj* lateral.

latex [latɛks] *nm inv* latex.

latin, -e [latɛ̃, in] *adj* Latin.
◆ **latin** *nm* [langue] Latin.

latiniste [latinist] *nmf* [spécialiste] Latinist; [étudiant] Latin student.

latino-américain, -e [latinoameʀikɛ̃, ɛn] (*mpl* **latino-américains**, *fpl* **latino-américaines**) *adj* Latin-American, Hispanic.

latitude [latityd] *nf litt* & *fig* latitude.

latrines [latʀin] *nfpl* latrines.

latte [lat] *nf* lath, slat.

lauréat, -e [lɔʀea, at] *nm, f* prize-winner, winner.

laurier [lɔʀje] *nm* BOT laurel.

lavable [lavabl] *adj* washable.

lavabo [lavabo] *nm* **-1.** [cuvette] basin. **-2.** (*gén pl*) [local] toilet.

lavage [lavaʒ] *nm* washing.

lavande [lavɑ̃d] *nf* BOT lavender.

lave [lav] *nf* lava.

lave-glace [lavglas] (*pl* **lave-glaces**) *nm* windscreen washer *Br*, windshield washer *Am*.

lave-linge [lavlɛ̃ʒ] *nm inv* washing machine.

laver [lave] *vt* **-1.** [nettoyer] to wash. **-2.** *fig* [disculper]: **~ qqn de qqch** to clear sb of sthg.
◆ **se laver** *vp* **-1.** [se nettoyer] to wash o.s., to have a wash; **se ~ les mains/les cheveux** to wash one's hands/hair.

laverie [lavʀi] *nf* [commerce] laundry; **~ automatique** launderette.

lavette [lavɛt] *nf* **-1.** [brosse] washing-up brush; [en tissu] dish-cloth. **-2.** *fam* [homme] drip.

laveur, -euse [lavœʀ, øz] *nm, f* washer; **~ de carreaux** window cleaner (*person*).

lave-vaisselle [lavvesɛl] *nm inv* dishwasher.

lavoir [lavwaʀ] *nm* [lieu] laundry.

laxatif, -ive [laksatif, iv] *adj* laxative.
◆ **laxatif** *nm* laxative.

laxisme [laksism] *nm* laxity.

laxiste [laksist] *adj* lax.

layette [lejɛt] *nf* layette.

le [lə], **l'** (*devant voyelle ou h muet*) (*f* **la** [la], *pl* **les** [le]) ◇ *art déf* **-1.** [gén] the; **~ lac** the lake; **la fenêtre** the window; **l'homme** the man; **les enfants** the children. **-2.** [devant les noms abstraits]: **l'amour** love; **la liberté** freedom; **la vieillesse** old age. **-3.** [temps]: **~ 15 janvier 1993** 15th January 1993; **je suis arrivé ~ 15 janvier 1993** I arrived on the 15th of January 1993; **~ lundi** [habituellement] on Mondays; [jour précis] on (the) Monday. **-4.** [possession]: **se laver les mains** to wash one's hands; **secouer la tête** to shake one's head; **avoir les cheveux blonds** to have fair hair. **-5.** [distributif] per, a; **10 francs ~ mètre** 10 francs per OU a metre. ◇ *pron pers* **-1.** [personne] him (*f* her), (*pl*) them; [chose] it, (*pl*) them; [animal] it, him (*f* her), (*pl*) them; **je ~ /la/les connais bien** I know him/her/them well; **tu dois avoir la clé, donne-la moi** you must have the key, give it to me.

-2. [représente une proposition]: je ~ **sais bien** I know, I'm well aware (of it); **je te l'avais bien dit!** I told you so!

LEA (*abr de* **langues étrangères appliquées**) *nfpl* applied modern languages.

leader [lidœr] *nm* [de parti, course] leader.

leadership [lidœrʃip] *nm* leadership.

lécher [leʃe] *vt* **-1.** [passer la langue sur, effleurer] to lick; [suj: vague] to wash against. **-2.** *fam* [fignoler] to polish (up).

lèche-vitrines [lɛʃvitrin] *nm inv* window-shopping; **faire du ~** to go window-shopping.

leçon [ləsɔ̃] *nf* **-1.** [gén] lesson; ~**s de conduite** driving lessons; ~**s particulières** private lessons OU classes. **-2.** [conseil] advice (*U*); **faire la ~ à qqn** to lecture sb.

lecteur, -trice [lɛktœr, tris] *nm, f* **-1.** [de livres] reader. **-2.** UNIV foreign language assistant.
◆ **lecteur** *nm* **-1.** [gén] head; ~ **de cassettes/CD** cassette/CD player. **-2.** INFORM reader.

lecture [lɛktyr] *nf* reading.

ledit, ladite [lədi, ladit] (*mpl* **lesdits** [ledi], *fpl* **lesdites** [ledit]) *adj* the said, the aforementioned.

légal, -e, -aux [legal, o] *adj* legal.

légalement [legalmã] *adv* legally.

légaliser [legalize] *vt* [rendre légal] to legalize.

légalité [legalite] *nf* **-1.** [de contrat, d'acte] legality, lawfulness. **-2.** [loi] law.

légataire [legatɛr] *nmf* legatee.

légendaire [leʒɑ̃dɛr] *adj* legendary.

légende [leʒɑ̃d] *nf* **-1.** [fable] legend. **-2.** [explication] key.

léger, -ère [leʒe, ɛr] *adj* **-1.** [objet, étoffe, repas] light. **-2.** [bruit, différence, odeur] slight. **-3.** [alcool, tabac] low-strength. **-4.** [femme] flighty. **-5.** [in-souciant - ton] light-hearted; [- conduite] thoughtless.
◆ **à la légère** *loc adv* lightly, thoughtlessly.

légèrement [leʒɛrmã] *adv* **-1.** [s'habiller, poser] lightly. **-2.** [agir] thoughtlessly. **-3.** [blesser, remuer] slightly.

légèreté [leʒɛrte] *nf* **-1.** [d'objet, de repas, de punition] lightness. **-2.** [de style] gracefulness. **-3.** [de conduite] thoughtlessness. **-4.** [de personne] flightiness.

légiférer [leʒifere] *vi* to legislate.

légion [leʒjɔ̃] *nf* MIL legion.

légionnaire [leʒjɔnɛr] *nm* legionary.

législatif, -ive [leʒislatif, iv] *adj* legislative.
◆ **législatives** *nfpl*: **les législatives** the legislative elections, ≃ the general election (*sg*) Br.

législation [leʒislasjɔ̃] *nf* legislation.

légiste [leʒist] *adj* **-1.** [juriste] jurist. **-2.** → **médecin**.

légitime [leʒitim] *adj* legitimate.

légitimer [leʒitime] *vt* **-1.** [reconnaître] to recognize; [enfant] to legitimize. **-2.** [justifier] to justify.

legs [lɛg] *nm* legacy.

léguer [lege] *vt*: ~ **qqch à qqn** JUR to bequeath sthg to sb; *fig* to pass sthg on to sb.

légume [legym] *nm* vegetable.

leitmotiv [lajtmɔtif, lɛtmɔtiv] *nm* leitmotif.

Léman [lemã] → **lac**.

lendemain [lɑ̃dmɛ̃] *nm* [jour] day after; **le ~ matin** the next morning; **au ~ de** after, in the days following.

lénifiant, -e [lenifjɑ̃, ɑ̃t] *adj litt & fig* soothing.

lent, -e [lɑ̃, lɑ̃t] *adj* slow.

lente [lɑ̃t] *nf* nit.

lentement [lɑ̃tmã] *adv* slowly.

lenteur [lɑ̃tœr] *nf* slowness (*U*).

lentille [lɑ̃tij] *nf* **-1.** BOT & CULIN lentil. **-2.** [d'optique] lens; ~**s de contact** contact lenses.

léopard [leɔpar] nm leopard.

LEP, Lep (abr de **lycée d'enseignement professionnel**) nm former secondary school for vocational training.

lèpre [lɛpr] nf MÉD leprosy.

lequel [ləkɛl] (f **laquelle** [lakɛl], mpl **lesquels** [lekɛl], fpl **lesquelles** [lekɛl]) (contraction de à + lequel = **auquel**, de + lequel = **duquel**, à + lesquels/lesquelles = **auxquels/auxquelles**, de + lesquels/lesquelles = **desquels/desquelles**) ◇ pron rel **-1.** [complément - personne] whom; [- chose] which. **-2.** [sujet - personne] who; [- chose] which. ◇ pron interr: ~? which (one)?

les → **le**.

lesbienne [lɛsbjɛn] nf lesbian.

lesdits, lesdites → **ledit**.

léser [leze] vt [frustrer] to wrong.

lésiner [lezine] vi to skimp; **ne pas** ~ **sur** not to skimp on.

lésion [lezjɔ̃] nf lesion.

lesquels, lesquelles → **lequel**.

lessive [lesiv] nf **-1.** [nettoyage, linge] washing. **-2.** [produit] washing powder.

lest [lɛst] nm ballast.

leste [lɛst] adj **-1.** [agile] nimble, agile. **-2.** [licencieux] crude.

lester [lɛste] vt [garnir de lest] to ballast.

léthargie [letarʒi] nf litt & fig lethargy.

Lettonie [lɛtɔni] nf: **la** ~ Latvia.

lettre [lɛtr] nf **-1.** [gén] letter; **en toutes** ~**s** in words, in full. **-2.** [sens des mots]: **à la** ~ to the letter.

◆ **lettres** nfpl **-1.** [culture littéraire] letters. **-2.** UNIV arts; ~**s classiques** classics; ~**s modernes** French language and literature.

leucémie [løsemi] nf leukemia.

leucocyte [løkɔsit] nm leucocyte.

leur [lœr] pron pers inv (to) them; **je voudrais** ~ **parler** I'd like to speak to them; **je** ~ **ai donné la lettre** I

gave them the letter, I gave the letter to them.

◆ **leur** (pl **leurs**) adj poss their; **c'est** ~ **tour** it's their turn; ~**s enfants** their children.

◆ **le leur** (f **la leur**, pl **les leurs**) pron poss theirs; **il faudra qu'ils y mettent du** ~ they've got to pull their weight.

leurrer [lœre] vt to deceive.

◆ **se leurrer** vp to deceive o.s.

levain [ləvɛ̃] nm CULIN: **pain au** ~/**sans** ~ leavened/unleavened bread.

levant [ləvɑ̃] ◇ nm east. ◇ adj → **soleil**.

lever [ləve] ◇ vt **-1.** [objet, blocus, interdiction] to lift. **-2.** [main, tête, armée] to raise. **-3.** [scellés, difficulté] to remove. **-4.** [séance] to close, to end. **-5.** [impôts, courrier] to collect. **-6.** [enfant, malade]: ~ **qqn** to get sb up. ◇ vi **-1.** [plante] to come up. **-2.** [pâte] to rise. ◇ nm **-1.** [d'astre] rising, rise; ~ **du jour** daybreak; ~ **du soleil** sunrise. **-2.** [de personne]: **il est toujours de mauvaise humeur au** ~ he's always in a bad mood when he gets up.

◆ **se lever** vp **-1.** [personne] to get up, to rise; [vent] to get up. **-2.** [soleil, lune] to rise; [jour] to break. **-3.** [temps] to clear.

lève-tard [lɛvtar] nmf inv late riser.

lève-tôt [lɛvto] nmf inv early riser.

levier [ləvje] nm litt & fig lever; ~ **de vitesses** gear lever Br, gear shift Am.

lévitation [levitasjɔ̃] nf levitation.

lèvre [lɛvr] nf ANAT lip; [de vulve] labium.

lévrier, levrette [levrije, ləvrɛt] nm, f greyhound.

levure [ləvyr] nf yeast; ~ **chimique** baking powder.

lexicographie [lɛksikɔgrafi] nf lexicography.

lexique [lɛksik] nm **-1.** [dictionnaire] glossary. **-2.** [vocabulaire] vocabulary.

lézard [lezar] nm [animal] lizard.

lézarder [lezarde] ◇ *vt* to crack. ◇ *vi fam* [paresser] to bask.
◆ **se lézarder** *vp* to crack.

liaison [ljɛzɔ̃] *nf* **-1.** [jonction, enchaîne-ment] connection. **-2.** CULIN & LING liaison. **-3.** [contact, relation] contact; **avoir une ~** to have an affair. **-4.** TRANSPORT link.

liane [ljan] *nf* creeper.

liant, -e [ljɑ̃, ɑ̃t] *adj* sociable.
◆ **liant** *nm* [substance] binder.

liasse [ljas] *nf* bundle; [de billets de banque] wad.

Liban [libɑ̃] *nm*: **le ~** Lebanon.

libanais, -e [libanɛ, ɛz] *adj* Lebanese.
◆ **Libanais, -e** *nm, f* Lebanese (person); **les Libanais** the Lebanese.

libeller [libele] *vt* **-1.** [chèque] to make out. **-2.** [lettre] to word.

libellule [libelyl] *nf* dragonfly.

libéral, -e, -aux [liberal, o] ◇ *adj* [atti-tude, idée, parti] liberal. ◇ *nm, f* POLIT liberal.

libéraliser [liberalize] *vt* to liberalize.

libéralisme [liberalism] *nm* liberalism.

libération [liberasjɔ̃] *nf* **-1.** [de prison-nier] release, freeing. **-2.** [de pays, de la femme] liberation. **-3.** [d'énergie] re-lease.

libérer [libere] *vt* **-1.** [prisonnier, fonds] to release, to free. **-2.** [pays, la femme] to liberate; **~ qqn de qqch** to free sb from sthg. **-3.** [passage] to clear. **-4.** [énergie] to release. **-5.** [instincts, pas-sions] to give free rein to.
◆ **se libérer** *vp* **-1.** [se rendre dispo-nible] to get away. **-2.** [se dégager]: **se ~ de** [lien] to free o.s. from; [engage-ment] to get out of.

liberté [liberte] *nf* **-1.** [gén] freedom; **en ~** free; **parler en toute ~** to speak freely; **vivre en ~** to live in freedom; **~ d'expression** freedom of expres-sion; **~ d'opinion** freedom of thought. **-2.** JUR release. **-3.** [loisir] free time.

libertin, -e [libertɛ̃, in] *nm, f* libertine.

libidineux, -euse [libidinø, øz] *adj* lecherous.

libido [libido] *nf* libido.

libraire [librɛr] *nmf* bookseller.

librairie [librɛri] *nf* [magasin] book-shop.

libre [libr] *adj* **-1.** [gén] free; **~ de qqch** free from sthg; **être ~ de faire qqch** to be free to do sthg. **-2.** [école, secteur] private. **-3.** [passage] clear.

libre-échange [librefɑ̃ʒ] *nm* free trade (U).

librement [libramɑ̃] *adv* freely.

libre-service [libraservis] *nm* [magasin] self-service store OU shop; [restaurant] self-service restaurant.

Libye [libi] *nf*: **la ~** Libya.

libyen, -yenne [libjɛ̃, jɛn] *adj* Libyan.
◆ **Libyen, -yenne** *nm, f* Libyan.

licence [lisɑ̃s] *nf* **-1.** [permis] permit; COMM licence. **-2.** UNIV (first) degree; **~ ès lettres/en droit** ≃ Bachelor of Arts/Law degree. **-3.** *littéraire* [liberté] licence.

licencié, -e [lisɑ̃sje] ◇ *adj* UNIV gradu-ate (*avant n*). ◇ *nm, f* **-1.** UNIV gradu-ate. **-2.** [titulaire d'un permis] permit-holder; COMM licence-holder.

licenciement [lisɑ̃simɑ̃] *nm* dismissal; [économique] redundancy *Br*.

licencier [lisɑ̃sje] *vt* to dismiss; [pour cause économique] to make redundant *Br*.

lichen [likɛn] *nm* lichen.

licite [lisit] *adj* lawful, legal.

licorne [likɔrn] *nf* unicorn.

lie [li] *nf* [dépôt] dregs (*pl*), sediment.
◆ **lie-de-vin** *adj inv* burgundy, wine-coloured.

lié, -e [lje] *adj* **-1.** [mains] bound. **-2.** [amis]: **être très ~ avec** to be great friends with.

Liechtenstein [liʃtənʃtajn] *nm*: **le ~** Liechtenstein.

liège [ljɛʒ] *nm* cork.

lien [ljɛ̃] *nm* **-1.** [sangle] bond. **-2.** [re-lation, affinité] bond, tie; **avoir des ~s**

de parenté avec to be related to. **-3.** *fig* [enchaînement] connection, link.

lier [lje] *vt* **-1.** [attacher] to tie (up); ~ **qqn/qqch à** to tie sb/sthg to. **-2.** [suj: contrat, promesse] to bind; ~ **qqn/ qqch par** to bind sb/sthg by. **-3.** [relier par la logique] to link, to connect; ~ **qqch à** to link sthg to, to connect sthg with. **-4.** [commencer]: ~ **connaissance/conversation avec** to strike up an acquaintance/a conversation with. **-5.** [suj: sentiment, intérêt] to unite. **-6.** CULIN to thicken.
◆ **se lier** *vp* [s'attacher]: **se ~ (d'amitié) avec qqn** to make friends with sb.

lierre [ljɛr] *nm* ivy.

liesse [ljɛs] *nf* jubilation.

lieu, -x [ljø] *nm* **-1.** [endroit] place; **en ~ sûr** in a safe place; ~ **de naissance** birthplace. **-2.** *loc*: **avoir ~** to take place.
◆ **lieux** *nmpl* **-1.** [scène] scene (*sg*), spot (*sg*); **sur les ~x (d'un crime/ d'un accident)** at the scene (of a crime/an accident). **-2.** [domicile] premises.
◆ **lieu commun** *nm* commonplace.
◆ **lieu-dit** *nm* locality, place.
◆ **au lieu de** *loc prép*: **au ~ de qqch/ de faire qqch** instead of sthg/of doing sthg.
◆ **en dernier lieu** *loc adv* lastly.
◆ **en premier lieu** *loc adv* in the first place.

lieue [ljø] *nf* league.

lieutenant [ljøtnɑ̃] *nm* lieutenant.

lièvre [ljɛvr] *nm* hare.

lifter [lifte] *vt* TENNIS to spin, to put a spin on.

lifting [liftiŋ] *nm* face-lift.

ligament [ligamɑ̃] *nm* ligament.

ligaturer [ligatyre] *vt* MÉD to ligature, to ligate.

ligne [liɲ] *nf* **-1.** [gén] line; **à la ~** new line OU paragraph; **en ~** [personnes] in a line; ~ **de départ/d'arrivée** starting/finishing line; ~ **aérienne** airline; ~ **de commande** INFORM com-

mand line; ~ **de conduite** line of conduct; ~ **directrice** guideline; ~**s de la main** lines of the hand. **-2.** [forme - de voiture, meuble] lines (*pl*). **-3.** [silhouette]: **garder la ~** to keep one's figure; **surveiller sa ~** to watch one's waistline. **-4.** [de pêche] fishing line; **pêcher à la ~** to go angling. **-5.** *loc*: **dans les grandes ~s** in outline; **entrer en ~ de compte** to be taken into account.

lignée [liɲe] *nf* [famille] descendants (*pl*); **dans la ~ de** *fig* [d'écrivains, d'artistes] in the tradition of.

ligoter [ligɔte] *vt* **-1.** [attacher] to tie up; ~ **qqn à qqch** to tie sb to sthg. **-2.** *fig* [entraver] to bind.

ligue [lig] *nf* league.

liguer [lige]
◆ **se liguer** *vp* to form a league; **se ~ contre** to conspire against.

lilas [lila] *nm & adj inv* lilac.

limace [limas] *nf* ZOOL slug.

limaille [limaj] *nf* filings (*pl*).

limande [limɑ̃d] *nf* dab.

lime [lim] *nf* **-1.** [outil] file; ~ **à ongles** nail file. **-2.** BOT lime.

limer [lime] *vt* [ongles] to file; [aspérités] to file down; [barreau] to file through.

limier [limje] *nm* **-1.** [chien] bloodhound. **-2.** [détective] sleuth.

liminaire [liminɛr] *adj* introductory.

limitation [limitasjɔ̃] *nf* limitation; [de naissances] control; ~ **de vitesse** speed limit.

limite [limit] ◇ *nf* **-1.** [gén] limit; **à la ~** [au pire] at worst; **à la ~, j'accepterais de le voir** if pushed, I'd agree to see him. **-2.** [terme, échéance] deadline; ~ **d'âge** age limit. ◇ *adj* [extrême] maximum (*avant n*); **cas ~** borderline case; **date ~** deadline; **date ~ de vente/consommation** sell-by/use-by date.

limiter [limite] *vt* **-1.** [borner] to border, to bound. **-2.** [restreindre] to limit.

◆ **se limiter** *vp* **-1.** [se restreindre]: se ~ à qqch/à faire qqch to limit o.s. to sthg/to doing sthg. **-2.** [se borner]: se ~ à to be limited to.

limitrophe [limitʀɔf] *adj* **-1.** [frontalier] border (*avant n*); être ~ de to border on. **-2.** [voisin] adjacent.

limoger [limɔʒe] *vt* to dismiss.

limon [limɔ̃] *nm* GÉOL alluvium, silt.

limonade [limɔnad] *nf* lemonade.

limpide [lɛ̃pid] *adj* **-1.** [eau] limpid. **-2.** [ciel, regard] clear. **-3.** [explication, style] clear, lucid.

lin [lɛ̃] *nm* **-1.** BOT flax. **-2.** [tissu] linen.

linceul [lɛ̃sœl] *nm* shroud.

linéaire [lineɛʀ] *adj* [mesure, perspective] linear.

linge [lɛ̃ʒ] *nm* **-1.** [lessive] washing. **-2.** [de lit, de table] linen. **-3.** [sous-vêtements] underwear. **-4.** [morceau de tissu] cloth.

lingerie [lɛ̃ʒʀi] *nf* **-1.** [local] linen room. **-2.** [sous-vêtements] lingerie.

lingot [lɛ̃go] *nm* ingot.

linguistique [lɛ̃gɥistik] ◇ *nf* linguistics (U). ◇ *adj* linguistic.

linoléum [linɔleɔm] *nm* lino, linoleum.

lion, lionne [ljɔ̃, ljɔn] *nm, f* lion (f lioness).

◆ **Lion** *nm* ASTROL Leo.

lionceau, -x [ljɔ̃so] *nm* lion cub.

lipide [lipid] *nm* lipid.

liquéfier [likefje] *vt* to liquefy.

◆ **se liquéfier** *vp* **-1.** [matière] to liquefy. **-2.** *fig* [personne] to turn to jelly.

liqueur [likœʀ] *nf* liqueur.

liquidation [likidasjɔ̃] *nf* **-1.** [de compte & BOURSE] settlement. **-2.** [de société, stock] liquidation.

liquide [likid] ◇ *nm* **-1.** [substance] liquid. **-2.** [argent] cash; en ~ in cash. ◇ *adj* [corps & LING] liquid.

liquider [likide] *vt* **-1.** [compte & BOURSE] to settle. **-2.** [société, stock] to liquidate. **-3.** *arg crime* [témoin] to

liquidate, to eliminate; *fig* [problème] to eliminate, to get rid of.

liquidité [likidite] *nf* liquidity.

◆ **liquidités** *nfpl* liquid assets.

lire¹ [liʀ] *vt* to read; **lu et approuvé** read and approved.

lire² [liʀ] *nf* lira.

lis, lys [lis] *nm* lily.

Lisbonne [lizbɔn] *n* Lisbon.

liseré [lizʀe], **liséré** [lizeʀe] *nm* **-1.** [ruban] binding. **-2.** [bande] border, edging.

liseron [lizʀɔ̃] *nm* bindweed.

liseuse [lizøz] *nf* **-1.** [vêtement] bedjacket. **-2.** [lampe] reading light.

lisible [lizibl] *adj* [écriture] legible.

lisière [lizjɛʀ] *nf* [limite] edge.

lisse [lis] *adj* [surface, peau] smooth.

lisser [lise] *vt* **-1.** [papier, vêtements] to smooth (out). **-2.** [moustache, cheveux] to smooth (down). **-3.** [plumes] to preen.

liste [list] *nf* list; ~ **d'attente** waiting list; ~ **électorale** electoral roll; ~ **de mariage** wedding present list; être sur la ~ **rouge** to be ex-directory.

lister [liste] *vt* to list.

listing [listiŋ] *nm* listing.

lit [li] *nm* [gén] bed; **faire son** ~ to make one's bed; **garder le** ~ to stay in bed; **se mettre au** ~ to go to bed; ~ **à baldaquin** four-poster bed; ~ **de camp** camp bed.

litanie [litani] *nf* litany.

literie [litʀi] *nf* bedding.

lithographie [litɔgʀafi] *nf* **-1.** [procédé] lithography. **-2.** [image] lithograph.

litière [litjɛʀ] *nf* litter.

litige [litiʒ] *nm* **-1.** JUR lawsuit. **-2.** [désaccord] dispute.

litigieux, -ieuse [litiʒjø, jøz] *adj* **-1.** JUR litigious. **-2.** [douteux] disputed.

litre [litʀ] *nm* **-1.** [mesure, quantité] litre, = 1.76 pints. **-2.** [récipient] litre bottle.

littéraire [liteʀɛʀ] *adj* literary.

littéral, -e, -aux [liteʀal, o] *adj* **-1.** [gén] literal. **-2.** [écrit] written.

littérature [literatyr] *nf* [gén] literature.

littoral, -e, -aux [litɔral, o] *adj* coastal.
◆ **littoral** *nm* coast, coastline.

Lituanie [lityani] *nf*: **la ~** Lithuania.

liturgie [lityrʒi] *nf* liturgy.

livide [livid] *adj* [blême] pallid.

livraison [livrɛzɔ̃] *nf* [de marchandise] delivery; **~ à domicile** home delivery.

livre [livr] ◇ *nm* [gén] book; **~ de cuisine** cookery book; **~ d'images** picture book; **~ d'or** visitors' book; **~ de poche** paperback. ◇ *nf* pound; **~ sterling** pound sterling.

livrée [livre] *nf* [uniforme] livery.

livrer [livre] *vt* **-1.** COMM to deliver; **~ qqch à qqn** [achat] to deliver sthg to sb; *fig* [secret] to reveal OU give away sthg to sb. **-2.** [coupable, complice]: **~ qqn à qqn** to hand sb over to sb. **-3.** [abandonner]: **~ qqch à qqch** to give sthg over to sthg; **~ qqn à lui-même** to leave sb to his own devices.
◆ **se livrer** *vp* **-1.** [se rendre]: **se ~ à** [police, ennemi] to give o.s. up to. **-2.** [se confier]: **se ~ à** [ami] to open up to, to confide in. **-3.** [se consacrer]: **se ~ à** [occupation] to devote o.s. to; [excès] to indulge in.

livret [livrɛ] *nm* **-1.** [carnet] booklet; **~ de caisse d'épargne** passbook, bankbook; **~ de famille** *official family record book, given by registrar to newlyweds*; **~ scolaire** ≃ school report. **-2.** [catalogue] catalogue. **-3.** MUS book, libretto.

livreur, -euse [livrœr, øz] *nm, f* delivery man (*f* woman).

lobby [lɔbi] (*pl* **lobbies**) *nm* lobby.

lobe [lɔb] *nm* ANAT & BOT lobe.

lober [lɔbe] *vt* to lob.

local, -e, -aux [lɔkal, o] *adj* local; [douleur] localized.
◆ **local** *nm* room, premises (*pl*).
◆ **locaux** *nmpl* premises, offices.

localiser [lɔkalize] *vt* **-1.** [avion, bruit]

to locate. **-2.** [épidémie, conflit] to localize.

localité [lɔkalite] *nf* (small) town.

locataire [lɔkatɛr] *nmf* tenant.

location [lɔkasjɔ̃] *nf* **-1.** [de propriété - par propriétaire] letting *Br*, renting *Am*; [- par locataire] renting; [de machine] leasing; **~ de voitures/vélos** car/bicycle hire *Br*, car/bicycle rent *Am*. **-2.** [bail] lease. **-3.** [maison, appartement] rented property.

location-vente [lɔkasjɔ̃vɑ̃t] *nf* ≃ hire purchase *Br*, ≃ installment plan *Am*.

locomotion [lɔkɔmɔsjɔ̃] *nf* locomotion.

locomotive [lɔkɔmɔtiv] *nf* **-1.** [machine] locomotive. **-2.** *fig* [leader] moving force.

locution [lɔkysjɔ̃] *nf* expression, phrase.

loft [lɔft] *nm* (converted) loft.

logarithme [lɔgaritm] *nm* logarithm.

loge [lɔʒ] *nf* **-1.** [de concierge, de francs-maçons] lodge. **-2.** [d'acteur] dressing room.

logement [lɔʒmɑ̃] *nm* **-1.** [hébergement] accommodation. **-2.** [appartement] flat *Br*, apartment *Am*; **~ de fonction** company flat *Br* OU apartment *Am*.

loger [lɔʒe] ◇ *vi* [habiter] to live. ◇ *vt* **-1.** [amis, invités] to put up. **-2.** [suj: hôtel, maison] to accommodate, to take.
◆ **se loger** *vp* **-1.** [trouver un logement] to find accommodation. **-2.** [se placer - ballon, balle]: **se ~ dans** to lodge in, to stick in.

logiciel [lɔʒisjɛl] *nm* software (*U*); **~ intégré** integrated software.

logique [lɔʒik] ◇ *nf* logic. ◇ *adj* logical.

logiquement [lɔʒikmɑ̃] *adv* logically.

logis [lɔʒi] *nm* abode.

logistique [lɔʒistik] *nf* logistics (*pl*).

logo [logo] *nm* logo.

loi [lwa] *nf* [gén] law.

loin [lwɛ̃] *adv* -1. [dans l'espace] far; **plus ~** further. -2. [dans le temps - passé] a long time ago; [- futur] a long way off.

◆ **au loin** *loc adv* in the distance, far off.

◆ **de loin** *loc adv* [depuis une grande distance] from a distance; **de plus ~** from further away.

◆ **loin de** *loc prép* -1. [gén] far from; **~ de là!** *fig* far from it! -2. [dans le temps]: **il n'est pas ~ de 9 h** it's nearly 9 o'clock, it's not far off 9 o'clock.

lointain, -e [lwɛ̃tɛ̃, ɛn] *adj* [pays, avenir, parent] **distant**.

loir [lwar] *nm* **dormouse.**

loisir [lwazir] *nm* -1. [temps libre] leisure. -2. (*gén pl*) [distractions] leisure activities (*pl*).

londonien, -ienne [lɔ̃dɔnjɛ̃, jɛn] *adj* London (*avant n*).

◆ **Londonien, -ienne** *nm, f* Londoner.

Londres [lɔ̃dr] *n* London.

long, longue [lɔ̃, lɔ̃g] *adj* -1. [gén] long. -2. [lent] slow; **être ~ à faire qqch** to take a long time doing sthg.

◆ **long** ◇ *nm* [longueur]: **4 mètres de ~** 4 metres long OU in length; **de ~ en large** up and down, to and fro; **en ~ et en large** in great detail; **(tout) le ~ de** [espace] all along; **tout au ~ de** [année, carrière] throughout. ◇ *adv* [beaucoup]: **en savoir ~ sur qqch** to know a lot about sthg.

◆ **à la longue** *loc adv* in the end.

longe [lɔ̃ʒ] *nf* [courroie] halter.

longer [lɔ̃ʒe] *vt* -1. [border] to go along OU alongside. -2. [marcher le long de] to walk along; [raser] to stay close to, to hug.

longévité [lɔ̃ʒevite] *nf* longevity.

longiligne [lɔ̃ʒiliɲ] *adj* long-limbed.

longitude [lɔ̃ʒityd] *nf* longitude.

longtemps [lɔ̃tɑ̃] *adv* (for) a long time; **depuis ~** (for) a long time; **il y a ~ que ...** it's been a long time since ...; **il y a ~ qu'il est là** he's

been here a long time; **mettre ~ à faire qqch** to take a long time to do sthg.

longue → **long**.

longuement [lɔ̃gmɑ̃] *adv* -1. [longtemps] for a long time. -2. [en détail] at length.

longueur [lɔ̃gœr] *nf* length; **faire 5 mètres de ~** to be 5 metres long; **disposer qqch en ~** to put sthg lengthways; **à ~ de journée/temps** the entire day/time; **à ~ d'année** all year long.

◆ **longueurs** *nfpl* [de film, de livre] boring parts.

longue-vue [lɔ̃gvy] *nf* telescope.

look [luk] *nm* look; **avoir un ~** to have a style.

looping [lupiŋ] *nm* loop the loop.

lopin [lɔpɛ̃] *nm*: **~ (de terre)** patch OU plot of land.

loquace [lɔkas] *adj* loquacious.

loque [lɔk] *nf* -1. [lambeau] rag. -2. *fig* [personne] wreck.

loquet [lɔkɛ] *nm* latch.

lorgner [lɔrɲe] *vt fam* -1. [observer] to eye. -2. [guigner] to have one's eye on.

lors [lɔr] *adv*: **depuis ~** since that time; **~ de** at the time of.

lorsque [lɔrsk(ə)] *conj* when.

losange [lɔzɑ̃ʒ] *nm* lozenge.

lot [lo] *nm* -1. [part] share; [de terre] plot. -2. [stock] batch. -3. [prix] prize. -4. *fig* [destin] fate, lot.

loterie [lɔtri] *nf* lottery.

loti, -e [lɔti] *adj*: **être bien/mal ~** to be well/badly off.

lotion [losjɔ̃] *nf* lotion.

lotir [lɔtir] *vt* to divide up.

lotissement [lɔtismɑ̃] *nm* [terrain] plot.

loto [lɔto] *nm* -1. [jeu de société] lotto. -2. [loterie] *popular national lottery*.

lotte [lɔt] *nf* monkfish.

lotus [lɔtys] *nm* lotus.

louange [lwɑ̃ʒ] *nf* praise.

louche¹ [luʃ] *nf* ladle.

louche² [luʃ] *adj fam* [personne, histoire] **suspicious**.

loucher [luʃe] *vi* **-1.** [être atteint de strabisme] to **squint**. **-2.** *fam fig* [lorgner]: ~ **sur** to have one's eye on.

louer [lwe] *vt* **-1.** [glorifier] to **praise**. **-2.** [donner en location - voiture] to **hire** (out) *Br*, to **rent** (out); [- machine] to **hire** (out) *Br*; [- appartement] to **rent** out, to **let** *Br*; à ~ **for hire** *Br*, **for rent** *Am*. **-3.** [prendre en location - voiture] to **rent**, to **hire** *Br*; [- machine] to **hire** *Br*; [- appartement] to **rent**. **-4.** [réserver] to **book**.

♦ **se louer** *vp* **-1.** *sout* [se féliciter]: **se** ~ **de qqch/de faire qqch** to be very pleased about sthg/about doing sthg.

loufoque [lufɔk] *fam adj* **nuts, crazy**.

loup [lu] *nm* **-1.** [carnassier] **wolf**. **-2.** [poisson] **bass**. **-3.** [masque] **mask**.

loupe [lup] *nf* [optique] **magnifying glass**.

louper [lupe] *vt fam* [travail] to **make a mess of**; [train] to **miss**.

loup-garou [lugaru] *(pl* **loups-garous** *) nm* **werewolf**.

lourd, -e [lur, lurd] *adj* **-1.** [gén] **heavy**; ~ **de** *fig* **full of**. **-2.** [tâche] **difficult**; [faute] **serious**. **-3.** [maladroit] **clumsy, heavy-handed**. **-4.** MÉTÉOR **close**.

♦ **lourd** *adv*: **peser** ~ to be heavy, to weigh a lot; **il n'en fait pas** ~ *fam* he doesn't do much.

loutre [lutr] *nf* **otter**.

louve [luv] *nf* **she-wolf**.

louveteau, -x [luvto] *nm* **-1.** ZOOL **wolf cub**. **-2.** [scout] **cub**.

louvoyer [luvwaje] *vi* **-1.** NAVIG to **tack**. **-2.** *fig* [tergiverser] to **beat about the bush**.

Louvre [luvr] *n*: **le** ~ **the Louvre** (museum).

lover [lɔve]

♦ **se lover** *vp* [serpent] to **coil up**.

loyal, -e, -aux [lwajal, o] *adj* **-1.** [fidèle] **loyal**. **-2.** [honnête] **fair**.

loyauté [lwajote] *nf* **-1.** [fidélité] **loyalty**. **-2.** [honnêteté] **fairness**.

loyer [lwaje] *nm* **rent**.

LP (*abr de* **lycée professionnel**) *nm* **secondary school for vocational training**.

LSD (*abr de* **lysergic acid diethylamide**) *nm* **LSD**.

lu, -e [ly] *pp* → **lire**.

lubie [lybi] *nf fam* **whim**.

lubrifier [lybrifje] *vt* to **lubricate**.

lubrique [lybrik] *adj* **lewd**.

lucarne [lykarn] *nf* **-1.** [fenêtre] **skylight**. **-2.** FOOTBALL **top corner of the net**.

lucide [lysid] *adj* **lucid**.

lucidité [lysidite] *nf* **lucidity**.

lucratif, -ive [lykratif, iv] *adj* **lucrative**.

ludique [lydik] *adj* **play** (*avant n*).

ludothèque [lydɔtɛk] *nf* **toy library**.

lueur [lɥœr] *nf* **-1.** [de bougie, d'étoile] **light**; **à la** ~ **de by the light of**. **-2.** *fig* [de colère] **gleam**; [de raison] **spark**; ~ **d'espoir glimmer of hope**.

luge [lyʒ] *nf* **toboggan**.

lugubre [lygybr] *adj* **lugubrious**.

lui¹ [lɥi] *pp inv* → **luire**.

lui² [lɥi] *pron pers* **-1.** [complément d'objet indirect - homme] **(to) him**; [- femme] **(to) her**; [- animal, chose] **(to) it**; **je** ~ **ai parlé I've spoken to him/ to her**; **il** ~ **a serré la main he shook his/her hand**. **-2.** [sujet, en renforcement de «il»] **he**. **-3.** [objet, après préposition, comparatif - personne] **him**; [- animal, chose] **him**; **sans** ~ **without him**; **je vais chez** ~ **I'm going to his place**; **elle est plus jeune que** ~ **she's younger than him** OU **than he is**. **-4.** [remplaçant «soi» en fonction de pronom réfléchi - personne] **himself**; [- animal, chose] **itself**; **il est content de** ~ **he's pleased with himself**.

♦ **lui-même** *pron pers* [personne] **himself**; [animal, chose] **itself**.

luire [lɥir] *vi* [soleil, métal] to **shine**; *fig* [espoir] to **glow, to glimmer**.

luisant, -e [lɥizɑ̃, ɑ̃t] *adj* **gleaming**.

lumière [lymjɛr] *nf* [éclairage & *fig*] light.

lumineux, -euse [lyminø, øz] *adj* **-1.** [couleur, cadran] luminous. **-2.** *fig* [visage] **radiant**; [idée] **brilliant**. **-3.** [explication] **clear**.

luminosité [lyminozite] *nf* **-1.** [du regard, ciel] radiance. **-2.** PHYS & SCIENCE luminosity.

lump [lœp] *nm*: **œufs de ~** lumpfish roe.

lunaire [lynɛr] *adj* **-1.** ASTRON lunar. **-2.** *fig* [visage] moon (*avant n*); [paysage] lunar.

lunatique [lynatik] *adj* temperamental.

lunch [lœ∫] *nm* buffet lunch.

lundi [lœdi] *nm* Monday; *voir aussi* **samedi**.

lune [lyn] *nf* ASTRON moon; **pleine ~** full moon; **~ de miel** *fig* honeymoon.

lunette [lynɛt] *nf* ASTRON telescope.
♦ **lunettes** *nfpl* glasses; **~s de soleil** sunglasses.

lurette [lyrɛt] *nf*: **il y a belle ~ que ...** *fam* it's been ages since ....

luron, -onne [lyrɔ̃, ɔn] *nm, f fam*: **un joyeux ~** a bit of a lad.

lustre [lystr] *nm* **-1.** [luminaire] chandelier. **-2.** [éclat] **sheen, shine**; *fig* reputation.

lustrer [lystre] *vt* **-1.** [faire briller] to make shine. **-2.** [user] to wear.

luth [lyt] *nm* lute.

lutin, -e [lytɛ̃, in] *adj* mischievous.
♦ **lutin** *nm* imp.

lutte [lyt] *nf* **-1.** [combat] fight, struggle; **la ~ des classes** the class struggle. **-2.** SPORT wrestling.

lutter [lyte] *vi* to fight, to struggle; **~ contre** to fight (against).

lutteur, -euse [lytœr, øz] *nm, f* SPORT wrestler; *fig* fighter.

luxation [lyksasjɔ̃] *nf* dislocation.

luxe [lyks] *nm* luxury; **de ~** luxury.

Luxembourg [lyksãbur] *nm* [pays]: **le ~ Luxembourg**.

luxueux, -euse [lyksɥø, øz] *adj* luxurious.

luxure [lyksyr] *nf* lust.

luzerne [lyzɛrn] *nf* lucerne, alfalfa.

lycée [lise] *nm* ≃ secondary school *Br*, ≃ high school *Am*; **~ technique/ professionnel** ≃ technical/training college.

lycéen, -enne [liseɛ̃, ɛn] *nm, f* secondary school pupil *Br*, high school pupil *Am*.

lymphatique [lɛ̃fatik] *adj* **-1.** MÉD lymphatic. **-2.** *fig* [apathique] **sluggish**.

lyncher [lɛ̃∫e] *vt* to lynch.

lynx [lɛ̃ks] *nm* lynx.

Lyon [ljɔ̃] *n* Lyons.

lyre [lir] *nf* lyre.

lyrique [lirik] *adj* [poésie & *fig*] **lyrical**; [drame, chanteur, poète] **lyric**.

lys = **lis**.

m, M [ɛm] ◇ *nm inv* m, M. ◇ (*abr de* **mètre**) m.
♦ **M -1.** (*abr de* **Monsieur**) Mr. **-2.** (*abr de* **million**) M.

ma → **mon**.

macabre [makabr] *adj* macabre.

macadam [makadam] *nm* [revêtement] macadam; [route] road.

macaron [makarɔ̃] *nm* **-1.** [pâtisserie] macaroon. **-2.** [autocollant] sticker.

macaronis [makarɔni] *nmpl* CULIN macaroni (*U*).

macédoine [masedwan] *nf* CULIN: **~ de fruits** fruit salad.

macérer [masere] ◇ *vt* to steep. ◇ *vi* **-1.** [mariner] to steep; **faire ~** to steep. **-2.** *fig* & *péj* [personne] to wallow.

mâche [ma∫] *nf* lamb's lettuce.

mâcher [ma∫e] *vt* [mastiquer] to chew.

machiavélique [makjavelik] *adj* Machiavellian.

machin [maʃɛ̃] *nm* [chose] thing, thingamajig.

Machin, -e [maʃɛ̃, in] *nm, f fam* what's his name (*f* what's her name).

machinal, -e, -aux [maʃinal, o] *adj* mechanical.

machination [maʃinasjɔ̃] *nf* machination.

machine [maʃin] *nf* **-1.** TECHNOL machine; ~ **à coudre** sewing machine; ~ **à écrire** typewriter; ~ **à laver** washing machine. **-2.** [organisation] machinery (*U*). **-3.** NAVIG engine.

machine-outil [maʃinuti] *nf* machine tool.

machiniste [maʃinist] *nm* **-1.** CIN & THÉÂTRE scene shifter. **-2.** TRANSPORT driver.

macho [matʃo] *péj nm* macho man.

mâchoire [maʃwar] *nf* jaw.

mâchonner [maʃɔne] *vt* [mâcher, mordiller] to chew.

maçon [masɔ̃] *nm* mason.

maçonnerie [masɔnri] *nf* [travaux] building; [construction] masonry; [franc-maçonnerie] freemasonry.

macramé [makrame] *nm* macramé.

macrobiotique [makrɔbjɔtik] *nf* macrobiotics (*U*).

macroéconomie [makrɔekɔnɔmi] *nf* macro-economy.

maculer [makyle] *vt* to stain.

madame [madam] (*pl* **mesdames** [medam]) *nf* [titre]: ~ **X** Mrs X; **bonjour** ~! good morning!; [dans hôtel, restaurant] good morning, madam!; **bonjour mesdames!** good morning (ladies)!; **Madame le Ministre n'est pas là** the Minister is out.

mademoiselle [madmwazɛl] (*pl* **mesdemoiselles** [medmwazɛl]) *nf* [titre]: ~ **X** Miss X; **bonjour** ~! good morning!; [à l'école, dans hôtel] good morning, miss!; **bonjour mesdemoiselles!** good morning (ladies)!

madone [madɔn] *nf* **-1.** ART & RELIG Madonna. **-2.** *fig* [jolie femme] beautiful woman.

Madrid [madrid] *n* Madrid.

madrier [madrije] *nm* beam.

maf(f)ia [mafja] *nf* Mafia.

magasin [magazɛ̃] *nm* **-1.** [boutique] shop *Br*, store *Am*; **grand** ~ department store; **faire les** ~**s** *fig* to go round the shops *Br* OU stores *Am*. **-2.** [d'arme, d'appareil photo] magazine.

magazine [magazin] *nm* magazine.

mage [maʒ] *nm*: **les trois Rois** ~**s** the Three Wise Men.

maghrébin, -e [magrebɛ̃, in] *adj* North African.

◆ **Maghrébin, -e** *nm, f* North African.

magicien, -ienne [maʒisjɛ̃, jɛn] *nm, f* magician.

magie [maʒi] *nf* magic.

magique [maʒik] *adj* **-1.** [occulte] magic. **-2.** [merveilleux] magical.

magistral, -e, -aux [maʒistral, o] *adj* **-1.** [œuvre, habileté] masterly. **-2.** [dispute, fessée] enormous. **-3.** [attitude, ton] authoritative.

magistrat [maʒistra] *nm* magistrate.

magistrature [maʒistratyr] *nf* magistracy, magistrature.

magma [magma] *nm* **-1.** GÉOL magma. **-2.** *fig* [mélange] muddle.

magnanime [maɲanim] *adj* magnanimous.

magnat [maɲa] *nm* magnate, tycoon.

magnésium [maɲezjɔm] *nm* magnesium.

magnétique [maɲetik] *adj* magnetic.

magnétisme [maɲetism] *nm* [PHYS & fascination] magnetism.

magnéto(phone) [maɲeto(fɔn)] *nm* tape recorder.

magnétoscope [maɲetɔskɔp] *nm* videorecorder.

magnificence [maɲifisɑ̃s] *nf* magnificence.

magnifique [maɲifik] *adj* magnificent.

magnum [magnɔm] *nm* magnum.

magot [mago] *nm fam* tidy sum, packet.

mai [mɛ] *nm* May; **le premier ~** May Day; *voir aussi* **septembre**.

maigre [mɛgr] *adj* **-1.** [très mince] thin. **-2.** [aliment] low-fat; [viande] lean. **-3.** [peu important] meagre; [végétation] sparse.

maigreur [mɛgrœr] *nf* thinness.

maigrir [megrir] *vi* to lose weight.

mailing [meliŋ] *nm* mailing, mailshot.

maille [maj] *nf* **-1.** [de tricot] stitch. **-2.** [de filet] mesh.

maillet [maje] *nm* mallet.

maillon [majõ] *nm* link.

maillot [majo] *nm* [de sport] shirt, jersey; **~ de bain** swimsuit; **~ de corps** vest *Br*, undershirt *Am*.

main [mɛ̃] *nf* hand; **à la ~** by hand; **attaque à ~ armée** armed attack; **donner la ~ à qqn** to take sb's hand; **haut les ~s!** hands up!

main-d'œuvre [mɛ̃dœvr] *nf* labour, workforce.

mainmise [mɛ̃miz] *nf* seizure.

maint, -e [mɛ̃, mɛ̃t] *adj littéraire* many a; **~s** many; **~es fois** time and time again.

maintenance [mɛ̃tnɑ̃s] *nf* maintenance.

maintenant [mɛ̃tnɑ̃] *adv* now.

♦ **maintenant que** *loc prép* now that.

maintenir [mɛ̃tnir] *vt* **-1.** [soutenir] to support; **~ qqn à distance** to keep sb away. **-2.** [garder, conserver] to maintain. **-3.** [affirmer]: **~ que** to maintain (that).

♦ **se maintenir** *vp* **-1.** [durer] to last. **-2.** [rester] to remain.

maintenu, -e [mɛ̃tny] *pp* → **maintenir**.

maintien [mɛ̃tjɛ̃] *nm* **-1.** [conservation] maintenance; [de tradition] upholding. **-2.** [tenue] posture.

maire [mɛr] *nm* mayor.

mairie [meri] *nf* **-1.** [bâtiment] town hall *Br*, city hall *Am*. **-2.** [administration] town council *Br*, city hall *Am*.

mais [mɛ] ◇ *conj* but; **~ non!** of course not!; **~ alors, tu l'as vu ou non?** so did you see him or not?; **il a pleuré, ~ pleuré!** he cried, and how!; **non ~ ça ne va pas!** that's just not on! ◇ *adv* but; **vous êtes prêts? — ~ bien sûr!** are you ready? — but of course! ◇ *nm*: **il y a un ~** there's a hitch OU a snag; **il n'y a pas de ~** (there are) no buts.

♦ **non seulement ... mais (encore)** *loc corrél* not only ... but (also).

maïs [mais] *nm* maize *Br*, corn *Am*.

maison [mɛzõ] *nf* **-1.** [habitation, lignée & ASTROL] house; **~ individuelle** detached house. **-2.** [foyer] home; [famille] family; **à la ~** [au domicile] at home. **-3.** COMM company. **-4.** [institut]: **~ d'arrêt** prison; **~ de la culture** arts centre; **~ de retraite** old people's home. **-5.** (*en apposition*) [artisanal] homemade; [dans restaurant] house (*avant n*).

Maison-Blanche [mɛzõblɑ̃ʃ] *nf*: **la ~** the White House.

maisonnée [mɛzɔne] *nf* household.

maisonnette [mɛzɔnɛt] *nf* small house.

maître, -esse [mɛtr, mɛtrɛs] *nm, f* **-1.** [professeur] teacher; **~ chanteur** blackmailer; **~ de conférences** UNIV ≃ senior lecturer; **~ d'école** schoolteacher; **~ nageur** swimming instructor. **-2.** [modèle, artiste & *fig*] master. **-3.** [dirigeant] ruler; [d'animal] master (*f* mistress); **~ d'hôtel** head waiter; **être ~ de soi** to be in control of oneself, to have self-control. **-4.** (*en apposition*) [principal] main, principal.

♦ **Maître** *nm* form of address for lawyers.

♦ **maîtresse** *nf* mistress.

maître-assistant, -e [mɛtrasistɑ̃, ɑ̃t] *nm, f* ≃ lecturer *Br*, ≃ assistant professor *Am*.

maîtresse → **maître**.

maîtrise [metriz] *nf* **-1.** [sang-froid, domination] control. **-2.** [connaissance]

mastery, command; [habileté] **skill.**
-3. UNIV ≃ master's degree.
maîtriser [metrize] *vt* **-1.** [animal, forcené] to subdue. **-2.** [émotion, réaction] to control, to master. **-3.** [incendie] to bring under control.
◆ **se maîtriser** *vp* to control o.s.
majesté [maʒɛste] *nf* majesty.
◆ **Majesté** *nf*: **Sa Majesté** His/Her Majesty.
majestueux, -euse [maʒɛstɥø, øz] *adj* majestic.
majeur, -e [maʒœr] *adj* **-1.** [gén] major. **-2.** [personne] of age.
◆ **majeur** *nm* middle finger.
major [maʒɔr] *nm* **-1.** MIL ≃ adjutant. **-2.** SCOL: ~ **(de promotion)** first in OU top of one's year group.
majordome [maʒɔrdɔm] *nm* majordomo.
majorer [maʒɔre] *vt* to increase.
majorette [maʒɔrɛt] *nf* majorette.
majoritaire [maʒɔritɛr] *adj* majority (*avant n*); **être** ~ to be in the majority.
majorité [maʒɔrite] *nf* majority; **en (grande)** ~ in the majority; ~ **absolue/relative** POLIT absolute/relative majority.
majuscule [maʒyskyl] ◇ *nf* capital (letter). ◇ *adj* capital (*avant n*).
mal, maux [mal, mo] *nm* **-1.** [ce qui est contraire à la morale] **evil. -2.** [souffrance physique] **pain; avoir** ~ **au bras** to have a sore arm; **avoir** ~ **au cœur** to feel sick; **avoir** ~ **au dos** to have backache; **avoir** ~ **à la gorge** to have a sore throat; **avoir le** ~ **de mer** to be seasick; **avoir** ~ **aux dents/à la tête** to have toothache/a headache; **avoir** ~ **au ventre** to have (a) stomachache; **faire** ~ **à qqn** to hurt sb; **ça fait** ~ it hurts; **se faire** ~ to hurt o.s. **-3.** [difficulté] **difficulty. -4.** [douleur morale] **pain, suffering** (*U*); **être en** ~ **de qqch** to long for sthg; **faire du** ~ **(à qqn)** to hurt (sb).
◆ **mal** *adv* **-1.** [malade] **ill; aller** ~ not to be well; **se sentir** ~ to feel ill; **être**

au plus ~ to be extremely ill. **-2.** [respirer] **with difficulty. -3.** [informé, se conduire] **badly;** ~ **prendre qqch** to take sthg badly; ~ **tourner** to go wrong. **-4.** *loc*: **pas** ~ not bad (*adj*), not badly (*adv*); **pas** ~ **de** quite a lot of.
malade [malad] ◇ *nmf* invalid, sick person; ~ **mental** mentally ill person. ◇ *adj* **-1.** [souffrant - personne] **ill,** **sick;** [- organe] **bad; tomber** ~ to fall ill OU sick. **-2.** *fam* [fou] **crazy.**
maladie [maladi] *nf* **-1.** MÉD **illness. -2.** [passion, manie] **mania.**
maladresse [maladrɛs] *nf* **-1.** [inhabileté] **clumsiness. -2.** [bévue] **blunder.**
maladroit, -e [maladrwa, at] *adj* clumsy.
malaise [malɛz] *nm* **-1.** [indisposition] **discomfort. -2.** [trouble] **unease** (*U*).
malaisé, -e [maleze] *adj* **difficult.**
Malaisie [malɛzi] *nf*: **la** ~ Malaya.
malappris, -e [malapri, iz] *nm, f* **lout.**
malaria [malarja] *nf* **malaria.**
malaxer [malakse] *vt* to knead.
malchance [malʃɑ̃s] *nf* **bad luck** (*U*).
malchanceux, -euse [malʃɑ̃sø, øz] ◇ *adj* **unlucky.** ◇ *nm, f* **unlucky person.**
malcommode [malkɔmɔd] *adj* **inconvenient;** [meuble] **impractical.**
mâle [mal] ◇ *adj* **-1.** [enfant, animal, hormone] **male. -2.** [voix, assurance] **manly. -3.** ÉLECTR **male.** ◇ *nm* **male.**
malédiction [malediksjɔ̃] *nf* **curse.**
maléfique [malefik] *adj* **sout evil.**
malencontreux, -euse [malɑ̃kɔ̃trø, øz] *adj* [hasard, rencontre] **unfortunate.**
malentendant, -e [malɑ̃tɑ̃dɑ̃, ɑ̃t] *nm, f* person who is hard of hearing.
malentendu [malɑ̃tɑ̃dy] *nm* **misunderstanding.**
malfaçon [malfasɔ̃] *nf* **defect.**
malfaiteur [malfɛtœr] *nm* **criminal.**
malfamé, -e, mal famé, -e [malfame] *adj* **notorious.**
malformation [malfɔrmasjɔ̃] *nf* **malformation.**
malfrat [malfra] *nm* *fam* **crook.**

malgré [malgre] *prép* in spite of; ~ **tout** [quoi qu'il arrive] in spite of everything; [pourtant] even so, yet.
♦ **malgré que** *loc conj* (+ *subjonctif*) although, in spite of the fact that.

malhabile [malabil] *adj* clumsy.

malheur [malœr] *nm* misfortune; par ~ unfortunately; porter ~ à qqn to bring sb bad luck.

malheureusement [malœrøzmɑ̃] *adv* unfortunately.

malheureux, -euse [malœrø, øz] ◈ *adj* **-1.** [triste] unhappy. **-2.** [désastreux, regrettable] unfortunate. **-3.** [malchanceux] unlucky. **-4.** (*avant n*) [sans valeur] pathetic, miserable. ◇ *nm, f* **-1.** [infortuné] poor soul. **-2.** [indigent] poor person.

malhonnête [malɔnɛt] ◇ *nmf* dishonest person. ◇ *adj* **-1.** [personne, affaire] dishonest. **-2.** *hum* [proposition, propos] indecent.

malhonnêteté [malɔnɛtte] *nf* **-1.** [de personne] dishonesty. **-2.** [action] dishonest action.

Mali [mali] *nm*: le ~ Mali.

malice [malis] *nf* mischief.

malicieux, -ieuse [malisjø, jøz] *adj* mischievous.

malin, -igne [malɛ̃, iɲ] ◇ *adj* **-1.** [rusé] crafty, cunning. **-2.** [méchant] malicious, spiteful. **-3.** MÉD malignant. ◇ *nm, f* cunning OU crafty person.

malingre [malɛ̃gr] *adj* sickly.

malle [mal] *nf* [coffre] trunk; [de voiture] boot *Br*, trunk *Am*.

malléable [maleabl] *adj* malleable.

mallette [malet] *nf* briefcase.

mal-logé, -e [malloʒe] (*mpl* **mallogés**, *fpl* **mal-logées**) *nm, f* person living in poor accommodation.

malmener [malmɔne] *vt* [brutaliser] to handle roughly, to ill-treat.

malnutrition [malnytrisjɔ̃] *nf* malnutrition.

malodorant, -e [malɔdɔrɑ̃, ɑ̃t] *adj* smelly.

malotru, -e [malɔtry] *nm, f* lout.

malpoli, -e [malpɔli] *nm, f* rude person.

malpropre [malprɔpr] *adj* [sale] dirty.

malsain, -e [malsɛ̃, ɛn] *adj* unhealthy.

malt [malt] *nm* malt (whisky).

Malte [malt] *n* Malta.

maltraiter [maltrete] *vt* to ill-treat; [en paroles] to attack, to run down.

malus [malys] *nm* increase in car insurance charges, due to loss of no-claims bonus.

malveillant, -e [malvejɑ̃, ɑ̃t] *adj* spiteful.

malversation [malvɛrsasjɔ̃] *nf* embezzlement.

malvoyant, -e [malvwajɑ̃, ɑ̃t] *nm, f* person who is partially sighted.

maman [mamɑ̃] *nf* mummy.

mamelle [mamɛl] *nf* teat; [de vache] udder.

mamelon [mamlɔ̃] *nm* [du sein] nipple.

mamie, mamy [mami] *nf* granny, grandma.

mammifère [mamifɛr] *nm* mammal.

mammouth [mamut] *nm* mammoth.

mamy = **mamie**.

management [manadʒmɛnt] *nm* management.

manager [manadʒɛr] *nm* manager.

manche [mɑ̃ʃ] ◇ *nf* **-1.** [de vêtement] sleeve; ~s courtes/longues short/long sleeves. **-2.** [de jeu] round, game; TENNIS set. ◇ *nm* **-1.** [d'outil] handle; ~ à balai broomstick. **-2.** MUS neck.

Manche [mɑ̃ʃ] *nf* [mer] the English Channel.

manchette [mɑ̃ʃet] *nf* **-1.** [de chemise] cuff. **-2.** [de journal] headline. **-3.** [coup] forearm blow.

manchon [mɑ̃ʃɔ̃] *nm* **-1.** [en fourrure] muff. **-2.** TECHNOL casing, sleeve.

manchot, -ote [mɑ̃ʃo, ɔt] ◇ *adj* onearmed. ◇ *nm, f* one-armed person.
♦ **manchot** *nm* penguin.

mandarine [mɑ̃darin] *nf* mandarin (orange).

mandat [mɑ̃da] *nm* **-1.** [pouvoir, fonction] mandate. **-2.** JUR warrant; ~ **de perquisition** search warrant. **-3.** [titre postal] money order; ~ **postal** postal order *Br*.

mandataire [mɑ̃datɛr] *nmf* proxy, representative.

mandibule [mɑ̃dibyl] *nf* mandible.

mandoline [mɑ̃dɔlin] *nf* mandolin.

manège [manɛʒ] *nm* **-1.** [attraction] roundabout *Br*, carousel *Am*. **-2.** [de chevaux - lieu] riding school. **-3.** [manœuvre] scheme, game.

manette [manɛt] *nf* lever.

manganèse [mɑ̃ganɛz] *nm* manganese.

mangeable [mɑ̃ʒabl] *adj* edible.

mangeoire [mɑ̃ʒwar] *nf* manger.

manger [mɑ̃ʒe] ◇ *vt* **-1.** [nourriture] to eat. **-2.** [fortune] to get through, to squander. ◇ *vi* to eat.

mangue [mɑ̃g] *nf* mango.

maniable [manjabl] *adj* [instrument] manageable.

maniaque [manjak] ◇ *nmf* **-1.** [méticuleux] fusspot. **-2.** [fou] maniac. ◇ *adj* **-1.** [méticuleux] fussy. **-2.** [fou] maniacal.

manie [mani] *nf* **-1.** [habitude] funny habit; **avoir la** ~ **de qqch/de faire qqch** to have a mania for sthg/for doing sthg. **-2.** [obsession] mania.

maniement [manimɑ̃] *nm* handling.

manier [manje] *vt* [manipuler, utiliser] to handle; *fig* [ironie, mots] to handle skilfully.

manière [manjɛr] *nf* [méthode] manner, way; **de toute** ~ at any rate; **d'une** ~ **générale** generally speaking.
◆ **manières** *nfpl* manners.
◆ **de manière à (ce que)** *loc conj* (+ *subjonctif*) so that.
◆ **de manière que** *loc conj* (+ *subjonctif*) in such a way that.

maniéré, -e [manjere] *adj* affected.

manif [manif] *nf fam* demo.

manifestant, -e [manifɛstɑ̃, ɑ̃t] *nm, f* demonstrator.

manifestation [manifɛstasjɔ̃] *nf* **-1.** [témoignage] expression. **-2.** [mouvement collectif] demonstration. **-3.** [apparition - de maladie] appearance.

manifester [manifɛste] ◇ *vt* to show, to express. ◇ *vi* to demonstrate.
◆ **se manifester** *vp* **-1.** [apparaître] to show OU manifest itself. **-2.** [se montrer] to turn up, to appear.

manigancer [manigɑ̃se] *vt fam* to plot.

manioc [manjɔk] *nm* manioc.

manipuler [manipyle] *vt* **-1.** [colis, appareil] to handle. **-2.** [statistiques, résultats] to falsify, to rig. **-3.** *péj* [personne] to manipulate.

manivelle [manivɛl] *nf* crank.

manne [man] *nf* RELIG manna; *fig* & *littéraire* godsend.

mannequin [mankɛ̃] *nm* **-1.** [forme humaine] model, dummy. **-2.** [personne] model, mannequin.

manœuvre [manœvr] ◇ *nf* **-1.** [d'appareil, de véhicule] driving, handling. **-2.** MIL manoeuvre, exercise. **-3.** [machination] ploy, scheme. ◇ *nm* labourer.

manœuvrer [manœvre] ◇ *vi* to manoeuvre. ◇ *vt* **-1.** [faire fonctionner] to operate, to work; [voiture] to manoeuvre. **-2.** [influencer] to manipulate.

manoir [manwar] *nm* manor, country house.

manquant, -e [mɑ̃kɑ̃, ɑ̃t] *adj* missing.

manque [mɑ̃k] *nm* **-1.** [pénurie] lack, shortage; **par** ~ **de** for want of. **-2.** [de toxicomane] withdrawal symptoms (*pl*). **-3.** [lacune] gap.

manqué, -e [mɑ̃ke] *adj* [raté] failed; [rendez-vous] missed.

manquer [mɑ̃ke] ◇ *vi* **-1.** [faire défaut] to be lacking, to be missing; **l'argent/le temps me manque** I don't have enough money/time; **tu me manques** I miss you. **-2.** [être absent]: ~ **(à)** to be absent (from), to be missing (from). **-3.** [échouer] to fail. **-4.** [ne pas avoir assez]: ~ **de qqch** to lack sthg, to be short of sthg. **-5.**

[faillir]: **il a manqué de se noyer** he nearly OU almost drowned; **ne manquez pas de lui dire** don't forget to tell him; **je n'y manquerai pas** I certainly will, I'll definitely do it. **-6.** [ne pas respecter]: ~ **à** [devoir] to fail in; ~ **à sa parole** to break one's word. ◇ vt **-1.** [gén] to miss. **-2.** [échouer à] to bungle, to botch. ◇ v impers: **il manque quelqu'un** somebody is missing; **il me manque 20 francs** I'm 20 francs short.

mansarde [mɑ̃saʀd] nf attic.

mansardé, -e [mɑ̃saʀde] adj attic (avant n).

mansuétude [mɑ̃sɥetyd] nf littéraire indulgence.

mante [mɑ̃t] nf HIST mantle.
◆ **mante religieuse** nf praying mantis.

manteau, -x [mɑ̃to] nm [vêtement] coat.

manucure [manykyʀ] nmf manicurist.

manuel, -elle [manɥɛl] adj manual.
◆ **manuel** nm manual.

manufacture [manyfaktyʀ] nf [fabrique] factory.

manuscrit, -e [manyskri, it] adj handwritten.
◆ **manuscrit** nm manuscript.

manutention [manytɑ̃sjɔ̃] nf handling.

manutentionnaire [manytɑ̃sjɔnɛʀ] nmf packer.

mappemonde [mapmɔ̃d] nf **-1.** [carte] map of the world. **-2.** [sphère] globe.

maquereau, -elle, -x [makʀo, ɛl, o] nm, f fam pimp (f madam).
◆ **maquereau** nm mackerel.

maquette [makɛt] nf **-1.** [ébauche] paste-up. **-2.** [modèle réduit] model.

maquillage [makijaʒ] nm [action, produits] make-up.

maquiller [makije] vt **-1.** [farder] to make up. **-2.** [fausser] to disguise; [- passeport] to falsify; [- chiffres] to doctor.
◆ **se maquiller** vp to make up, to put on one's make-up.

maquis [maki] nm **-1.** [végétation] scrub, brush. **-2.** HIST Maquis.

marabout [maʀabu] nm **-1.** ZOOL marabou. **-2.** [guérisseur] marabout.

maraîcher, -ère [maʀeʃe, ɛʀ] ◇ adj market garden (avant n) Br, truck farming (avant n) Am. ◇ nm, f market gardener Br, truck farmer Am.

marais [maʀɛ] nm [marécage] marsh, swamp; ~ **salant** saltpan.

marasme [maʀasm] nm [récession] stagnation.

marathon [maʀatɔ̃] nm marathon.

marâtre [maʀatʀ] nf **-1.** [mauvaise mère] bad mother. **-2.** [belle-mère] stepmother.

maraude [maʀod] nf, **maraudage** [maʀodaʒ] nm pilfering.

marbre [maʀbʀ] nm [roche, objet] marble.

marc [maʀ] nm **-1.** [eau-de-vie] spirit distilled from grape residue. **-2.** [de fruits] residue; [de thé] leaves; ~ **de café** grounds (pl).

marcassin [maʀkasɛ̃] nm young wild boar.

marchand, -e [maʀʃɑ̃, ɑ̃d] ◇ adj [valeur] market (avant n); [prix] trade (avant n). ◇ nm, f [commerçant] merchant; [détaillant] shopkeeper Br, storekeeper Am; ~ **de journaux** newsagent.

marchander [maʀʃɑ̃de] ◇ vt **-1.** [prix] to haggle over. **-2.** [appui] to begrudge. ◇ vi to bargain, to haggle.

marchandise [maʀʃɑ̃diz] nf merchandise (U), goods (pl).

marche [maʀʃ] nf **-1.** [d'escalier] step. **-2.** [de personne] walking; [promenade] walk; **à pied** walking; ~ **à suivre** fig correct procedure. **-3.** MUS march. **-4.** [déplacement - du temps, d'astre] course; **assis dans le sens de la** ~ [en train] sitting facing the engine; **en** ~ **arrière** in reverse; **faire** ~ **arrière** to reverse; fig to backpedal, to backtrack. **-5.** [fonctionnement] running, working; **en** ~ running; **se mettre en** ~ to start (up).

marché [maʁʃe] *nm* **-1.** [gén] market;
faire son ~ to go shopping, to do
one's shopping; **le** ~ **du travail** the
labour market; ~ **noir** black market;
~ **aux puces** flea market. **-2.** [contrat]
bargain, deal; **(à) bon** ~ cheap.
◆ **Marché commun** *nm*: **le Marché
commun** the Common Market.

marchepied [maʁʃəpje] *nm* [de train]
step; [escabeau] steps (*pl*) *Br*, stepladder; *fig* stepping-stone.

marcher [maʁʃe] *vi* **-1.** [aller à pied] to
walk. **-2.** [poser le pied] to step. **-3.**
[fonctionner, tourner] to work; **son affaire marche bien** his business is
doing well. **-4.** *fam* [accepter] to
agree. **-5.** *loc*: **faire** ~ **qqn** *fam* to
take sb for a ride.

mardi [maʁdi] *nm* Tuesday; ~ **gras**
Shrove Tuesday; *voir aussi* **samedi**.

mare [maʁ] *nf* pool.

marécage [maʁekaʒ] *nm* marsh, bog.

marécageux, -euse [maʁekaʒø, øz] *adj*
[terrain] marshy, boggy.

maréchal, -aux [maʁeʃal, o] *nm* marshal.

marée [maʁe] *nf* **-1.** [de la mer] tide;
(à) ~ **haute/basse** (at) high/low tide.
-2. *fig* [de personnes] wave, surge.
◆ **marée noire** *nf* oil slick.

marelle [maʁɛl] *nf* hopscotch.

margarine [maʁgaʁin] *nf* margarine.

marge [maʁʒ] *nf* **-1.** [espace] margin;
vivre en ~ **de la société** *fig* to live on
the fringes of society. **-2.** [latitude]
leeway; ~ **d'erreur** margin of error.
-3. COMM margin; ~ **commerciale**
gross margin.

margelle [maʁʒɛl] *nf* coping.

marginal, -e, -aux [maʁʒinal, o] ◇ *adj*
-1. [gén] marginal. **-2.** [groupe] dropout (*avant n*). ◇ *nm, f* dropout.

marguerite [maʁgøʁit] *nf* **-1.** BOT daisy.
-2. [d'imprimante] daisy wheel.

mari [maʁi] *nm* husband.

mariage [maʁjaʒ] *nm* **-1.** [union, institu-
tion] marriage; ~ **civil/religieux** civil/

church wedding. **-2.** [cérémonie] wedding. **-3.** *fig* [de choses] blend.

Marianne [maʁjan] *n personification of
the French Republic.*

marié, -e [maʁje] ◇ *adj* married. ◇
nm, f groom, bridegroom (*f* bride).

marier [maʁje] *vt* **-1.** [personne] to
marry. **-2.** *fig* [couleurs] to blend.
◆ **se marier** *vp* **-1.** [personnes] to get
married; **se** ~ **avec qqn** to marry sb.
-2. *fig* [couleurs] to blend.

marihuana [maʁiɥana], **marijuana**
[maʁiɥana] *nf* marijuana.

marin, -e [maʁɛ̃, in] *adj* **-1.** [de la mer]
sea (*avant n*); [faune, biologie] marine.
-2. NAVIG [carte, mille] nautical.
◆ **marin** *nm* **-1.** [navigateur] seafarer.
-2. [matelot] sailor; ~ **pêcheur** deep-
sea fisherman.
◆ **marine** ◇ *nf* **-1.** [navigation] sea-
manship, navigation. **-2.** [navires]
navy; ~**e marchande** merchant navy;
~**e nationale** navy. ◇ *nm* **-1.** MIL
marine. **-2.** [couleur] navy (blue). ◇
adj inv navy.

mariner [maʁine] *vi* **-1.** [aliment] to
marinate; **faire** ~ **qqch** to marinate
sthg. **-2.** *fam fig* [attendre] to hang
around; **faire** ~ **qqn** to let sb stew.

marinier [maʁinje] *nm* bargee *Br*,
bargeman *Am*.

marionnette [maʁjɔnɛt] *nf* puppet.

marital, -e, -aux [maʁital, o] *adj*: **autorisation** ~**e** husband's permission.

maritime [maʁitim] *adj* [navigation]
maritime; [ville] coastal.

mark [maʁk] *nm* [monnaie] mark.

marketing [maʁketiŋ] *nm* marketing;
~ **téléphonique** telemarketing.

marmaille [maʁmaj] *nf fam* brood (of
kids).

marmelade [maʁməlad] *nf* stewed
fruit.

marmite [maʁmit] *nf* [casserole] pot.

marmonner [maʁmɔne] *vt & vi* to
mutter, to mumble.

marmot [maʁmo] *nm fam* kid.

marmotte [maʁmɔt] *nf* marmot.

Maroc [marɔk] *nm*: **le ~** Morocco.
marocain, -e [marɔkɛ̃, ɛn] *adj* Moroccan.
◆ **Marocain, -e** *nm, f* Moroccan.
maroquinerie [marɔkinri] *nf* [magasin] leather-goods shop *Br* OU store *Am*.
marotte [marɔt] *nf* [dada] craze.
marquant, -e [markɑ̃, ɑ̃t] *adj* outstanding.
marque [mark] *nf* **-1.** [signe, trace] mark; *fig* stamp, mark. **-2.** [label, fabricant] make, brand; **de ~** designer (*avant n*); **~ déposée** registered trademark. **-3.** SPORT score; **à vos ~s, prêts, partez!** on your marks, get set, go! **-4.** [témoignage] sign, token.
marqué, -e [marke] *adj* **-1.** [net] marked, pronounced. **-2.** [personne, visage] marked.
marquer [marke] ◇ *vt* **-1.** [gén] to mark. **-2.** *fam* [écrire] to write down, to note down. **-3.** [indiquer, manifester] to show. **-4.** [SPORT - but, point] to score; [- joueur] to mark. ◇ *vi* **-1.** [événement, expérience] to leave its mark. **-2.** SPORT to score.
marqueur [markœr] *nm* [crayon] marker (pen).
marquis, -e [marki, iz] *nm, f* marquis (*f* marchioness).
marraine [marɛn] *nf* **-1.** [de filleul] godmother. **-2.** [de navire] christener.
marrant, -e [marɑ̃, ɑ̃t] *adj fam* funny.
marre [mar] *adv*: **en avoir ~ (de)** *fam* to be fed up (with).
marrer [mare]
◆ **se marrer** *vp fam* to split one's sides.
marron, -onne [marɔ̃, ɔn] *adj péj* [médecin] **quack** (*avant n*); [avocat] **crooked.**
◆ **marron** ◇ *nm* **-1.** [fruit] chestnut. **-2.** [couleur] brown. ◇ *adj inv* brown.
marronnier [marɔnje] *nm* chestnut tree.
mars [mars] *nm* March; *voir aussi* **septembre.**

Marseille [marsɛj] *n* Marseilles.
marsouin [marswɛ̃] *nm* porpoise.
marteau, -x [marto] *nm* **-1.** [gén] hammer; **~ piqueur, ~ pneumatique** pneumatic drill. **-2.** [heurtoir] knocker.
◆ **marteau** *adj fam* barmy.
marteler [martəle] *vt* **-1.** [pieu] to hammer; [table, porte] to hammer on, to pound. **-2.** [phrase] to rap out.
martial, -e, -iaux [marsjal, jo] *adj* martial.
martien, -ienne [marsjɛ̃, jɛn] *adj & nm, f* Martian.
martinet [martinɛ] *nm* **-1.** ZOOL swift. **-2.** [fouet] whip.
martingale [martɛ̃gal] *nf* **-1.** [de vêtement] half-belt. **-2.** JEU winning system.
martini [martini] *nm* martini.
martyr, -e [martir] ◇ *adj* martyred. ◇ *nm, f* martyr.
◆ **martyre** *nm* martyrdom.
martyriser [martirize] *vt* to torment.
marxisme [marksism] *nm* Marxism.
mascarade [maskarad] *nf* [mise en scène] masquerade.
mascotte [maskɔt] *nf* mascot.
masculin, -e [maskylɛ̃, in] *adj* [apparence & GRAM] masculine; [métier, population, sexe] male.
◆ **masculin** *nm* GRAM masculine.
maso [mazo] *fam* ◇ *nm* masochist. ◇ *adj* masochistic.
masochisme [mazɔʃism] *nm* masochism.
masque [mask] *nm* **-1.** [gén] mask; **~ à gaz** gas mask. **-2.** *fig* [façade] front, façade.
masquer [maske] *vt* **-1.** [vérité, crime, problème] to conceal. **-2.** [maison, visage] to conceal, to hide.
massacre [masakr] *nm litt & fig* massacre.
massacrer [masakre] *vt* to massacre; [voiture] to smash up.
massage [masaʒ] *nm* massage.

masse [mas] *nf* **-1.** [de pierre] block; [d'eau] volume. **-2.** [grande quantité]: une ~ de masses (*pl*) OU loads (*pl*) of. **-3.** PHYS mass. **-4.** ÉLECTR earth *Br*, ground *Am*. **-5.** [maillet] sledgehammer.
◆ **masse monétaire** *nf* FIN money supply.
◆ **masse salariale** *nf* payroll.
◆ **en masse** *loc adv* [venir] en masse, all together; *fam* [acheter] in bulk.

masser [mase] *vt* **-1.** [assembler] to assemble. **-2.** [frotter] to massage.
◆ **se masser** *vp* **-1.** [s'assembler] to assemble, to gather. **-2.** [se frotter]: se ~ le bras to massage one's arm.

masseur, -euse [masœr, øz] *nm, f* [personne] masseur (*f* masseuse).

massicot [masiko] *nm* guillotine.

massif, -ive [masif, iv] *adj* **-1.** [monument, personne, dose] massive. **-2.** [or, chêne] solid.
◆ **massif** *nm* **-1.** [de plantes] clump. **-2.** [de montagnes] massif.

massue [masy] *nf* club.

mastic [mastik] *nm* mastic, putty.

mastiquer [mastike] *vt* [mâcher] to chew.

masturber [mastyrbe]
◆ **se masturber** *vp* to masturbate.

masure [mazyr] *nf* hovel.

mat, -e [mat] *adj* **-1.** [peinture, surface] matt. **-2.** [peau, personne] dusky. **-3.** [bruit, son] dull. **-4.** [aux échecs] checkmated.
◆ **mat** *nm* checkmate.

mât [ma] *nm* **-1.** NAVIG mast. **-2.** [poteau] pole, post.

match [matʃ] (*pl* matches OU matchs) *nm* match; (faire) ~ nul (to) draw; ~ aller/retour first/second leg.

matelas [matla] *nm inv* [de lit] mattress; ~ pneumatique airbed.

matelot [matlo] *nm* sailor.

mater [mate] *vt* **-1.** [soumettre, neutraliser] to subdue. **-2.** *fam* [regarder] to eye up.

matérialiser [materjalize]

se matérialiser *vp* **-1.** [esprit] to materialize. **-2.** [aspirations] to be realized.

matérialiste [materjalist] ◇ *nmf* materialist. ◇ *adj* materialistic.

matériau, -x [materjo] *nm* material.
◆ **matériaux** *nmpl* CONSTR material (U), materials.

matériel, -ielle [materjel] *adj* **-1.** [être, substance] material, physical; [confort, avantage, aide] material. **-2.** [considération] practical.
◆ **matériel** *nm* **-1.** [gén] equipment (U). **-2.** INFORM hardware (U).

maternel, -elle [maternel] *adj* maternal; [langue] mother (*avant n*).
◆ **maternelle** *nf* nursery school.

maternité [maternite] *nf* **-1.** [qualité] maternity, motherhood. **-2.** [hôpital] maternity hospital.

mathématicien, -ienne [matematisjɛ̃, jen] *nm, f* mathematician.

mathématique [matematik] *adj* mathematical.
◆ **mathématiques** *nfpl* mathematics (U).

maths [mat] *nfpl fam* maths *Br*, math *Am*.

matière [matjɛr] *nf* **-1.** [substance] matter; ~s grasses fats; ~ grise grey matter. **-2.** [matériau] material; ~s premières raw materials. **-3.** [discipline, sujet] subject; en ~ de sport/littérature as far as sport/literature is concerned.

matin [matɛ̃] *nm* morning; le ~ in the morning; ce ~ this morning; à trois heures du ~ at 3 o'clock in the morning; du ~ au soir *fig* from dawn to dusk.

matinal, -e, -aux [matinal, o] *adj* **-1.** [gymnastique, émission] morning (*avant n*). **-2.** [personne]: être ~ to be an early riser.

matinée [matine] *nf* **-1.** [matin] morning; faire la grasse ~ *fig* to have a lie in. **-2.** [spectacle] matinée, afternoon performance.

matou [matu] *nm* tom, tomcat.

matraque [matrak] *nf* truncheon.

matraquer [matrake] *vt* **-1.** [frapper] to beat, to club. **-2.** *fig* [intoxiquer] to bombard.

matriarcat [matrijarka] *nm* matriarchy.

matrice [matris] *nf* **-1.** [moule] mould. **-2.** MATHS matrix. **-3.** ANAT womb.

matricule [matrikyl] *nm*: **(numéro)** ~ number.

matrimonial, -e, -iaux [matrimɔnjal, jo] *adj* matrimonial.

matrone [matrɔn] *nf péj* old bag.

mature [matyr] *adj* mature.

mâture [matyr] *nf* masts (*pl*).

maturité [matyrite] *nf* maturity; [de fruit] ripeness.

maudire [modir] *vt* to curse.

maudit, -e [modi, it] ◇ *pp* → **maudire.** ◇ *adj* **-1.** [réprouvé] accursed. **-2.** (*avant n*) [exécrable] damned.

maugréer [mogree] ◇ *vt* to mutter. ◇ *vi*: ~ **(contre)** to grumble (about).

mausolée [mozɔle] *nm* mausoleum.

maussade [mosad] *adj* **-1.** [personne, air] sullen. **-2.** [temps] gloomy.

mauvais, -e [move, ɛz] *adj* **-1.** [gén] bad. **-2.** [moment, numéro, réponse] wrong. **-3.** [mer] rough. **-4.** [personne, regard] nasty.
♦ **mauvais** *adv*: **il fait** ~ the weather is bad; **sentir** ~ to smell bad.

mauve [mov] *nm & adj* mauve.

mauviette [movjɛt] *nf fam* **-1.** [physiquement] weakling. **-2.** [moralement] coward, wimp.

maux → **mal.**

max [maks] (*abr de* **maximum**) *nm fam*: **un** ~ **de fric** loads of money.

max. (*abr de* **maximum**) max.

maxillaire [maksilɛr] *nm* jawbone.

maxime [maksim] *nf* maxim.

maximum [maksimɔm] (*pl* **maxima** [maksima]) ◇ *nm* maximum; **le** ~ **de personnes** the greatest (possible) number of people; **au** ~ at the most. ◇ *adj* maximum.

maya [maja] *adj* Mayan.

♦ **Maya** *nmf*: **les Mayas** the Maya.

mayonnaise [majɔnɛz] *nf* mayonnaise.

mazout [mazut] *nm* fuel oil.

me [mə], **m'** (*devant voyelle ou h muet*) *pron pers* **-1.** [complément d'objet direct] me. **-2.** [complément d'objet indirect] (to) me. **-3.** [réfléchi] myself. **-4.** [avec un présentatif]: ~ **voici** here I am.

méandre [meɑ̃dr] *nm* [de rivière] meander, bend.
♦ **méandres** *nmpl* [détours sinueux] meanderings (*pl*).

mec [mɛk] *nm fam* guy, bloke.

mécanicien, -ienne [mekanisjɛ̃, jɛn] *nm, f* **-1.** [de garage] mechanic. **-2.** [conducteur de train] train driver *Br*, engineer *Am*.

mécanique [mekanik] ◇ *nf* **-1.** TECHNOL mechanical engineering. **-2.** MATHS & PHYS mechanics (*U*). **-3.** [mécanisme] mechanism. ◇ *adj* mechanical.

mécanisme [mekanism] *nm* mechanism.

mécène [mesɛn] *nm* patron.

méchamment [meʃamɑ̃] *adv* [cruellement] nastily.

méchanceté [meʃɑ̃ste] *nf* **-1.** [attitude] nastiness. **-2.** *fam* [rosserie] nasty thing.

méchant, -e [meʃɑ̃, ɑ̃t] ◇ *adj* **-1.** [malveillant, cruel] nasty, wicked; [animal] vicious. **-2.** [désobéissant] naughty. ◇ *nm, f* [en langage enfantin] baddy.

mèche [mɛʃ] *nf* **-1.** [de bougie] wick. **-2.** [de cheveux] lock. **-3.** [de bombe] fuse.

méchoui [meʃwi] *nm* whole roast sheep.

méconnaissable [mekɔnɛsabl] *adj* unrecognizable.

méconnu, -e [mekɔny] *adj* unrecognized.

mécontent, -e [mekɔ̃tɑ̃, ɑ̃t] ◇ *adj* unhappy. ◇ *nm, f* malcontent.

mécontenter [mekɔ̃tɑ̃te] *vt* to displease.

Mecque [mɛk] *n*: **La** ~ Mecca.

mécréant, -e [mekreɑ̃, ɑ̃t] *nm, f* non-believer.

médaille [medaj] *nf* **-1.** [pièce, décoration] medal. **-2.** [bijou] medallion. **-3.** [de chien] identification disc, tag.

médaillon [medajɔ̃] *nm* **-1.** [bijou] locket. **-2.** ART & CULIN medallion.

médecin [medsɛ̃] *nm* doctor; ~ **de famille** family doctor, GP *Br*; ~ **de garde** doctor on duty, duty doctor; ~ **légiste** forensic scientist *Br*, medical examiner *Am*; ~ **traitant** consulting physician.

médecine [medsin] *nf* medicine.

média [medja] *nm*: **les** ~**s** the (mass) media.

médian, -e [medjɑ̃, an] *adj* median.
◆ **médiane** *nf* median.

médiateur, -trice [medjatœr, tris] ◇ *adj* mediating (*avant n*). ◇ *nm, f* mediator; [dans conflit de travail] arbitrator.
◆ **médiateur** *nm* ADMIN ombudsman.
◆ **médiatrice** *nf* median.

médiathèque [medjatɛk] *nf* media library.

médiatique [medjatik] *adj* media (*avant n*).

médiatiser [medjatize] *vt péj* to turn into a media event.

médical, -e, -aux [medikal, o] *adj* medical.

médicament [medikamɑ̃] *nm* medicine, drug.

médicinal, -e, -aux [medisinal, o] *adj* medicinal.

médico-légal, -e, -aux [medikɔlegal, o] *adj* forensic.

médiéval, -e, -aux [medjeval, o] *adj* medieval.

médiocre [medjɔkr] *adj* mediocre.

médiocrité [medjɔkrite] *nf* mediocrity.

médire [medir] *vi* to gossip; ~ **de qqn** to speak ill of sb.

médisant, -e [medizɑ̃, ɑ̃t] *adj* slanderous.

méditation [meditasjɔ̃] *nf* meditation.

méditer [medite] ◇ *vt* [projeter] to plan; ~ **de faire qqch** to plan to do sthg. ◇ *vi*: ~ **(sur)** to meditate (on).

Méditerranée [mediterane] *nf*: **la** ~ the Mediterranean (Sea).

méditerranéen, -enne [mediteraneɛ̃, ɛn] *adj* Mediterranean.
◆ **Méditerranéen, -enne** *nm, f* person from the Mediterranean.

médium [medjɔm] *nm* [personne] medium.

médius [medjys] *nm* middle finger.

méduse [medyz] *nf* jellyfish.

méduser [medyze] *vt* to dumbfound.

meeting [mitiŋ] *nm* meeting.

méfait [mefɛ] *nm* misdemeanour, misdeed.
◆ **méfaits** *nmpl* [du temps] ravages.

méfiance [mefjɑ̃s] *nf* suspicion, distrust.

méfiant, -e [mefjɑ̃, ɑ̃t] *adj* suspicious, distrustful.

méfier [mefje]
◆ **se méfier** *vp* to be wary OU careful; **se** ~ **de qqn/qqch** to distrust sb/sthg.

mégalo [megalo] *nmf & adj fam* megalomaniac; **il est complètement** ~ he thinks he's God.

mégalomane [megaloman] *nmf & adj* megalomaniac.

mégalomanie [megalomani] *nf* megalomania.

mega-octet [megaɔkte] *nm* megabyte.

mégapole [megapɔl] *nf* megalopolis, megacity.

mégarde [megard]
◆ **par mégarde** *loc adv* by mistake.

mégère [meʒer] *nf péj* shrew.

mégot [mego] *nm fam* fag-end *Br*, butt *Am*.

meilleur, -e [mejœr] ◇ *adj* (*compar*) better; (*superl*) best. ◇ *nm, f* best.
◆ **meilleur** ◇ *nm*: **le** ~ the best. ◇ *adv* better.

mélancolie [melɑ̃kɔli] *nf* melancholy.

mélancolique [melɑ̃kɔlik] *adj* melancholy.

mélange [melɑ̃ʒ] *nm* **-1.** [action] mixing. **-2.** [mixture] mixture.

mélanger [melɑ̃ʒe] *vt* **-1.** [mettre ensemble] to mix. **-2.** [déranger] to mix up, to muddle up.
♦ **se mélanger** *vp* **-1.** [se mêler] to mix. **-2.** [se brouiller] to get mixed up.

mêlée [mele] *nf* **-1.** [combat] fray. **-2.** RUGBY scrum.

mêler [mele] *vt* **-1.** [mélanger] to mix. **-2.** [déranger] to muddle up, to mix up. **-3.** [impliquer]: ~ **qqn à qqch** to involve sb in sthg.
♦ **se mêler** *vp* **-1.** [se joindre]: **se ~ à** [groupe] to join. **-2.** [s'ingérer]: **se ~ de qqch** to get mixed up in sthg; **mêlez-vous de ce qui vous regarde!** mind your own business!

mélèze [melɛz] *nm* larch.

mélo [melo] *nm fam* melodrama.

mélodie [melɔdi] *nf* melody.

mélodieux, -ieuse [melɔdjø, jøz] *adj* melodious, tuneful.

mélodrame [melɔdram] *nm* melodrama.

mélomane [meloman] ◇ *nmf* music lover. ◇ *adj* music-loving.

melon [məlɔ̃] *nm* **-1.** [fruit] melon. **-2.** [chapeau] bowler (hat).

melting-pot [mɛltiɲpɔt] *nm* melting pot.

membrane [mɑ̃bran] *nf* membrane.

membre [mɑ̃br] ◇ *nm* **-1.** [du corps] limb. **-2.** [personne, pays, partie] member. ◇ *adj* member (*avant n*).

mémé = **mémère**.

même [mɛm] ◇ *adj indéf* **-1.** [indique une identité ou une ressemblance] same; **il a le ~ âge que moi** he's the same age as me. **-2.** [sert à souligner]: **ce sont ses paroles ~s** those are his very words; **elle est la bonté ~** she's kindness itself. ◇ *pron indéf*: **le/la ~** the same one; **ce sont toujours les ~s qui gagnent** it's always the same

people who win. ◇ *adv* even; **il n'est ~ pas diplômé** he isn't even qualified.
♦ **de même** *loc adv* similarly, likewise; **il en va de ~ pour lui** the same goes for him.
♦ **de même que** *loc conj* just as.
♦ **tout de même** *loc adv* all the same.
♦ **à même** *loc prép*: **s'asseoir à ~ le sol** to sit on the bare ground.
♦ **à même de** *loc prép*: **être à ~ de faire qqch** to be able to do sthg, to be in a position to do sthg.
♦ **même si** *loc conj* even if.

mémento [memẽto] *nm* **-1.** [agenda] pocket diary. **-2.** [ouvrage] notes (*title of school textbook*).

mémère [memɛr], **mémé** [meme] *nf fam* **-1.** [grand-mère] granny. **-2.** *péj* [vieille femme] old biddy.

mémoire [memwar] ◇ *nf* [gén & INFORM] memory; **de ~** from memory; **avoir bonne/mauvaise ~** to have a good/bad memory; **mettre en ~** INFORM to store; **~ tampon** INFORM buffer; **~ vive** INFORM random access memory; **à la ~ de** in memory of. ◇ *nm* UNIV dissertation, paper.
♦ **mémoires** *nmpl* memoirs.

mémorable [memorabl] *adj* memorable.

mémorial, -iaux [memorjal, jo] *nm* [monument] memorial.

mémorisable [memorizabl] *adj* INFORM storable.

menaçant, -e [mənasɑ̃, ɑ̃t] *adj* threatening.

menace [mənas] *nf*: ~ **(pour)** threat (to).

menacer [mənase] ◇ *vt* to threaten; ~ **de faire qqch** to threaten to do sthg; ~ **qqn de qqch** to threaten sb with sthg. ◇ *vi*: **la pluie menace** it looks like rain.

ménage [menaʒ] *nm* **-1.** [nettoyage] housework (*U*); **faire le ~** to do the housework. **-2.** [couple] couple. **-3.** ÉCON household.

ménagement [menaʒmɑ̃] *nm* [égards] consideration; **sans ~** brutally.

ménager¹, -ère [menaʒe, ɛr] *adj* household (*avant n*), domestic.
◆ **ménagère** *nf* **-1.** [femme] housewife. **-2.** [de couverts] canteen.

ménager² [menaʒe] *vt* **-1.** [bien traiter] to treat gently. **-2.** [économiser - sucre, réserves] to use sparingly; **~ ses forces** to conserve one's strength; **~ sa santé** to take care of one's health. **-3.** [pratiquer - espace] to make.
◆ **se ménager** *vp* to take care of o.s., to look after o.s.

ménagerie [menaʒri] *nf* menagerie.

mendiant, -e [mɑ̃djɑ̃, ɑ̃t] *nm, f* beggar.

mendier [mɑ̃dje] ◇ *vt* [argent] to beg for. ◇ *vi* to beg.

mener [məne] ◇ *vt* **-1.** [emmener] to take. **-2.** [diriger - débat, enquête] to conduct; [- affaires] to manage, to run; **~ qqch à bonne fin** OU **à bien** to see sthg through, to bring sthg to a successful conclusion. **-3.** [être en tête de] to lead. ◇ *vi* to lead.

meneur, -euse [mənœr, øz] *nm, f* [chef] ringleader; **~ d'hommes** born leader.

menhir [menir] *nm* standing stone.

méningite [menɛ̃ʒit] *nf* meningitis (U).

ménisque [menisk] *nm* meniscus.

ménopause [menɔpoz] *nf* menopause.

menotte [mənɔt] *nf* [main] little hand.
◆ **menottes** *nfpl* handcuffs; **passer les ~s à qqn** to handcuff sb.

mensonge [mɑ̃sɔ̃ʒ] *nm* [propos] lie.

mensonger, -ère [mɑ̃sɔ̃ʒe, ɛr] *adj* false.

menstruel, -elle [mɑ̃stryɛl] *adj* menstrual.

mensualiser [mɑ̃syalize] *vt* to pay monthly; **être mensualisé** [payer ses impôts] ≃ to be on PAYE *Br*.

mensualité [mɑ̃syalite] *nf* **-1.** [traite] monthly instalment. **-2.** [salaire] (monthly) salary.

mensuel, -elle [mɑ̃syɛl] *adj* monthly.
◆ **mensuel** *nm* monthly (magazine).

mensuration [mɑ̃syrasjɔ̃] *nf* measuring.
◆ **mensurations** *nfpl* measurements.

mental, -e, -aux [mɑ̃tal, o] *adj* mental.

mentalité [mɑ̃talite] *nf* mentality.

menteur, -euse [mɑ̃tœr, øz] *nm, f* liar.

menthe [mɑ̃t] *nf* mint.

menti [mɑ̃ti] *pp inv* → **mentir**.

mention [mɑ̃sjɔ̃] *nf* **-1.** [citation] mention. **-2.** [note] mention; **«rayer la ~ inutile»** "delete as appropriate". **-3.** UNIV: **avec ~** with distinction.

mentionner [mɑ̃sjɔne] *vt* to mention.

mentir [mɑ̃tir] *vi*: **~ (à)** to lie (to).

menton [mɑ̃tɔ̃] *nm* chin.

menu, -e [məny] *adj* [très petit] tiny; [mince] thin.
◆ **menu** *nm* [gén & INFORM] menu; [repas à prix fixe] set menu; **~ gastronomique/touristique** gourmet/tourist menu.

menuiserie [mənɥizri] *nf* **-1.** [métier] joinery, carpentry. **-2.** [atelier] joinery (workshop).

menuisier [mənɥizje] *nm* joiner, carpenter.

méprendre [meprɑ̃dr]
◆ **se méprendre** *vp littéraire*: **se ~ sur** to be mistaken about.

mépris, -e [mepri, iz] *pp* → **méprendre**.
◆ **mépris** *nm* **-1.** [dédain]: **~ (pour)** contempt (for), scorn (for). **-2.** [indifférence]: **~ de** disregard for.
◆ **au mépris de** *loc prép* regardless of.

méprisable [meprizabl] *adj* contemptible, despicable.

méprisant, -e [meprizɑ̃, ɑ̃t] *adj* contemptuous, scornful.

mépriser [meprize] *vt* to despise; [danger, offre] to scorn.

mer [mɛr] *nf* sea; **en ~** at sea; **prendre la ~** to put to sea; **haute** OU **pleine ~** open sea; **la ~ d'Irlande** the

Irish Sea; **la ~ Morte** the Dead Sea; **la ~ Noire** the Black Sea; **la ~ du Nord** the North Sea.

mercantile [mɛrkɑ̃til] *adj péj* mercenary.

mercenaire [mɛrsənɛr] *nm & adj* mercenary.

mercerie [mɛrsəri] *nf* **-1.** [articles] haberdashery *Br*, notions (*pl*) *Am*. **-2.** [boutique] haberdasher's shop *Br*, notions store *Am*.

merci [mɛrsi] ◇ *interj* thank you!, thanks!; **~ beaucoup!** thank you very much! ◇ *nm*: **~ (de** OU **pour)** thank you (for); **dire ~ à qqn** to thank sb, to say thank you to sb. ◇ *nf* mercy; **être à la ~ de** to be at the mercy of.

mercier, -ière [mɛrsje, jɛr] *nm, f* haberdasher *Br*, notions dealer *Am*.

mercredi [mɛrkrədi] *nm* Wednesday, *voir aussi* **samedi**.

mercure [mɛrkyr] *nm* mercury.

merde [mɛrd] *tfam nf* shit.

mère [mɛr] *nf* mother; **~ de famille** mother.

merguez [mɛrgɛz] *nf inv* North African spiced sausage.

méridien, -ienne [meridjɛ̃, jɛn] *adj* [ligne] meridian.
◆ **méridien** *nm* meridian.

méridional, -e, -aux [meridjɔnal, o] *adj* southern; [du sud de la France] Southern (French).

meringue [mərɛ̃g] *nf* meringue.

merisier [mərizje] *nm* **-1.** [arbre] wild cherry (tree). **-2.** [bois] cherry.

mérite [merit] *nm* merit; **avoir du ~** [personne] to have talent.

mériter [merite] *vt* **-1.** [être digne de, encourir] to deserve. **-2.** [valoir] to be worth, to merit.

merlan [mɛrlɑ̃] *nm* whiting.

merle [mɛrl] *nm* blackbird.

merveille [mɛrvɛj] *nf* marvel, wonder; **à ~** marvellously, wonderfully.

merveilleux, -euse [mɛrvejø, øz] *adj* **-1.** [remarquable, prodigieux] marvellous, wonderful. **-2.** [magique] magic, magical.
◆ **merveilleux** *nm*: **le ~** the supernatural.

mes → **mon**.

mésalliance [mezaljɑ̃s] *nf* unsuitable marriage, misalliance.

mésange [mezɑ̃ʒ] *nf* ZOOL tit.

mésaventure [mezavɑ̃tyr] *nf* misfortune.

mesdames → **madame**.

mesdemoiselles → **mademoiselle**.

mésentente [mezɑ̃tɑ̃t] *nf* disagreement.

mesquin, -e [mɛskɛ̃, in] *adj* mean, petty.

mesquinerie [mɛskinri] *nf* [étroitesse d'esprit] meanness, pettiness.

mess [mɛs] *nm* mess.

message [mesaʒ] *nm* message; **laisser un ~ à** to leave a message for.

messager, -ère [mesaʒe, ɛr] *nm, f* messenger.

messagerie [mesaʒri] *nf* **-1.** (*gén pl*) [transport de marchandises] freight (*U*). **-2.** INFORM: **~ électronique** electronic mail.

messe [mɛs] *nf* mass; **aller à la ~** to go to mass.

messie [mesi] *nm* Messiah; *fig* saviour.

messieurs → **monsieur**.

mesure [məzyr] *nf* **-1.** [disposition, acte] measure, step; **prendre des ~s** to take measures OU steps. **-2.** [évaluation, dimension] measurement; **pren- dre les ~s de qqn/qqch** to measure sb/sthg. **-3.** [étalon, récipient] measure. **-4.** MUS time, tempo. **-5.** [modération] moderation. **-6.** *loc*: **dans la ~ du possible** as far as possible; **être en ~ de** to be in a position to.
◆ **à la mesure de** *loc prép* worthy of.
◆ **à mesure que** *loc conj* as.
◆ **outre mesure** *loc adv* excessively.
◆ **sur mesure** *loc adj* custom-made; [costume] made-to-measure.

mesurer [məzyre] *vt* **-1.** [gén] to measure; **elle mesure 1,50 m** she's 5 feet tall; **la table mesure 1,50 m** the table is 5 feet long. **-2.** [risques, portée, ampleur] to weigh up; ~ **ses paroles** to weigh one's words.
◆ **se mesurer** *vp*: **se ~ avec** OU **à qqn** to pit o.s. against sb.

métabolisme [metabɔlism] *nm* metabolism.

métal, -aux [metal, o] *nm* metal.

métallique [metalik] *adj* **-1.** [en métal] metal (*avant n*). **-2.** [éclat, son] metallic.

métallurgie [metalyrʒi] *nf* **-1.** [industrie] metallurgical industry. **-2.** [technique] metallurgy.

métamorphose [metamɔrfoz] *nf* metamorphosis.

métaphore [metafɔr] *nf* metaphor.

métaphysique [metafizik] ◇ *nf* metaphysics (*U*). ◇ *adj* metaphysical.

métayer, -ère [meteje, metɛjer] *nm, f* tenant farmer.

météo [meteo] *nf* **-1.** [bulletin] weather forecast. **-2.** [service] ≃ Met Office *Br*, ≃ National Weather Service *Am*.

météore [meteɔr] *nm* meteor.

météorite [meteɔrit] *nm ou nf* meteorite.

météorologie [meteɔrɔlɔʒi] *nf* SCIENCE meteorology.

météorologique [meteɔrɔlɔʒik] *adj* meteorological, weather (*avant n*).

méthane [metan] *nm* methane.

méthode [metɔd] *nf* **-1.** [gén] method. **-2.** [ouvrage - gén] manual; [- de lecture, de langue] primer.

méthodologie [metɔdɔlɔʒi] *nf* methodology.

méticuleux, -euse [metikylø, øz] *adj* meticulous.

métier [metje] *nm* [profession - manuelle] occupation, trade; [- intellectuelle] occupation, profession; **il est du ~** he's in the same trade OU same line of work; **avoir du ~** to have experience.

métis, -isse [metis] *nm, f* half-caste, half-breed.
◆ **métis** *nm* [tissu] cotton-linen mix.

métrage [metraʒ] *nm* **-1.** [mesure] measurement, measuring. **-2.** [COUTURE - coupon] length. **-3.** CIN footage; **long ~** feature film; **court ~** short (film).

mètre [mɛtr] *nm* **-1.** LITTÉRATURE & MATHS metre; ~ **carré/cube** square/cubic metre. **-2.** [instrument] rule.

métro [metro] *nm* underground *Br*, subway *Am*.

métronome [metrɔnɔm] *nm* metronome.

métropole [metrɔpɔl] *nf* **-1.** [ville] metropolis. **-2.** [pays] home country.

métropolitain, -e [metrɔpɔlitɛ̃, ɛn] *adj* metropolitan.

mets [mɛ] *nm* CULIN dish.

metteur [metœr] *nm*: ~ **en scène** THÉÂTRE producer; CIN director.

mettre [mɛtr] *vt* **-1.** [placer] to put; ~ **de l'eau à bouillir** to put some water on to boil. **-2.** [revêtir] to put on; **mets ta robe noire** put your black dress on; **je ne mets plus ma robe noire** I don't wear my black dress any more. **-3.** [consacrer - temps] to take; [- argent] to spend; ~ **longtemps à faire qqch** to take a long time to do sthg. **-4.** [allumer - radio, chauffage] to put on, to switch on. **-5.** [installer] to put in; **faire ~ l'électricité** to have electricity put in; **faire ~ de la moquette** to have a carpet put down OU fitted. **-6.** [inscrire] to put (down).
◆ **se mettre** *vp* **-1.** [se placer]: **où est-ce que ça se met?** where does this go?; **se ~ au lit** to get into bed; **se ~ à côté de qqn** to sit OU stand near to sb. **-2.** [devenir]: **se ~ en colère** to get angry. **-3.** [commencer]: **se ~ à qqch/à faire qqch** to start sthg/doing sthg. **-4.** [revêtir] to put on; **je n'ai rien à me ~** I haven't got a thing to wear.

meuble [mœbl] ◇ *nm* piece of furniture; ~**s** furniture (*U*). ◇ *adj* **-1.**

[terre, sol] easily worked. **-2.** JUR movable.

meublé, -e [mœble] adj furnished.
◆ **meublé** nm furnished room/flat Br, furnished apartment Am.

meubler [mœble] vt **-1.** [pièce, maison] to furnish. **-2.** fig [occuper]: ~ **qqch (de)** to fill sthg (with).
◆ **se meubler** vp to furnish one's home.

meugler [møgle] vi to moo.

meule [møl] nf **-1.** [à moudre] millstone. **-2.** [à aiguiser] grindstone. **-3.** [de fromage] round. **-4.** AGRIC stack; ~ **de foin** haystack.

meunier, -ière [mønje, jɛr] nm, f miller (f miller's wife).

meurtre [mœrtr] nm murder.

meurtrier, -ière [mœrtrije, jɛr] ◇ adj [épidémie, arme] deadly; [fureur] murderous; [combat] bloody. ◇ nm, f murderer.

meurtrir [mœrtrir] vt **-1.** [contusionner] to bruise. **-2.** fig [blesser] to wound.

meurtrissure [mœrtrisyr] nf [marque] bruise.

meute [møt] nf pack.

mexicain, -e [mɛksikɛ̃, ɛn] adj Mexican.
◆ **Mexicain, -e** nm, f Mexican.

Mexique [mɛksik] nm: le ~ Mexico.

mezzanine [mɛdzanin] nf mezzanine.

mezzo-soprano [mɛdzosɔprano] (pl **mezzo-sopranos**) nm mezzosoprano.

mi [mi] nm inv E; [chanté] mi.

mi- [mi] ◇ adj inv half; à la ~**juin** in mid-June. ◇ adv half-.

miasme [mjasm] nm (gén pl) putrid OU foul smell.

miaulement [mjolmɑ̃] nm miaowing.

miauler [mjole] vi to miaow.

mi-bas [miba] nm inv knee-sock.

mi-carême [mikarɛm] nf feast day on third Thursday in Lent.

mi-chemin [miʃmɛ̃]
◆ **à mi-chemin** loc adv halfway (there).

mi-clos, -e [miklo, oz] adj half-closed.

micro [mikro] ◇ nm **-1.** [microphone] mike. **-2.** [micro-ordinateur] micro. ◇ nf microcomputing.

microbe [mikrɔb] nm **-1.** MÉD microbe, germ. **-2.** péj [avorton] (little) runt.

microclimat [mikroklima] nm microclimate.

microcosme [mikrokɔsm] nm microcosm.

microfiche [mikrofiʃ] nf microfiche.

microfilm [mikrofilm] nm microfilm.

micro-ondes [mikrood] nfpl microwaves; **four à** ~ microwave (oven).

micro-ordinateur [mikroɔrdinatœr] (pl **micro-ordinateurs**) nm micro, microcomputer.

microphone [mikrofɔn] nm microphone.

microprocesseur [mikroprosesœr] nm microprocessor.

microscope [mikroskɔp] nm microscope.

midi [midi] nm **-1.** [période du déjeuner] lunchtime. **-2.** [heure] midday, noon. **-3.** [sud] south.
◆ **Midi** nm: le **Midi** the South of France.

mie [mi] nf [de pain] soft part, inside.

miel [mjɛl] nm honey.

mielleux, -euse [mjɛlø, øz] adj [personne] unctuous; [paroles, air] honeyed.

mien [mjɛ̃]
◆ **le mien** (f **la mienne** [lamjɛn], mpl **les miens** [lemjɛ̃], fpl **les miennes** [lemjɛn]) pron poss mine.

miette [mjɛt] nf **-1.** [de pain] crumb, breadcrumb. **-2.** (gén pl) [débris] shreds (pl).

mieux [mjø] ◇ adv **-1.** [comparatif]: ~ **(que)** better (than); **il pourrait** ~ **faire** he could do better; **il va** ~ he's better; **faire** ~ **de faire qqch** to do better to do sthg; **vous feriez** ~ **de vous taire** you would do better to keep quiet, you would be well-advised to keep quiet; ~ **je le comprends, plus/ moins j'ai envie de le lire** the better I understand it, the more/less I want to read it. **-2.** [superlatif] best; **il est le ~ payé du service** he's the best OU highest paid member of the department; **le ~ qu'il peut** as best he can. ◇ *adj* better. ◇ *nm* **-1.** (*sans déterminant*) : **j'espérais ~** I was hoping for something better. **-2.** (*avec déterminant*) best; **il y a un** OU **du ~** there's been an improvement; **faire de son ~** to do one's best.

♦ **au mieux** *loc adv* at best.

♦ **pour le mieux** *loc adv* for the best.

♦ **de mieux en mieux** *loc adv* better and better.

mièvre [mjɛvr] *adj* insipid.

mignon, -onne [miɲɔ̃, ɔn] ◇ *adj* **-1.** [charmant] sweet, cute. **-2.** [gentil] nice. ◇ *nm, f* darling, sweetheart.

migraine [migrɛn] *nf* headache; MÉD migraine.

migrant, -e [migrã, ãt] *nm, f* migrant.

migrateur, -trice [migratœr, tris] *adj* migratory.

migration [migrasjɔ̃] *nf* migration.

mijoter [miʒɔte] ◇ *vt fam* [tramer] to cook up. ◇ *vi* CULIN to simmer.

mi-journée [miʒurne] *nf* : **les informations de la ~** the lunchtime news.

mil [mij] *nm* millet.

milan [milã] *nm* kite (*bird*).

milice [milis] *nf* militia.

milicien, -ienne [milisjɛ̃, jɛn] *nm, f* militiaman (*f* militiawoman).

milieu, -x [miljø] *nm* **-1.** [centre] middle; **au ~ de** [au centre de] in the middle of; [parmi] among, surrounded by. **-2.** [stade intermédiaire] middle course. **-3.** BIOL & SOCIOL environment; **~ familial** family background. **-4.** [pègre]: **le ~** the underworld. **-5.** FOOTBALL: **~ de terrain** midfielder, midfield player.

militaire [militɛr] ◇ *nm* soldier; **~ de carrière** professional soldier. ◇ *adj* military.

militant, -e [militã, ãt] *adj & nm, f* militant.

militer [milite] *vi* to be active; **~ pour/contre** to militate in favour of/ against.

mille [mil] ◇ *nm inv* **-1.** [unité] a OU one thousand. **-2.** [de cible]: **dans le ~** on target. **-3.** NAVIG: **~ marin** nautical mile. **-4.** Can [distance] mile. ◇ *adj inv* thousand; **c'est ~ fois trop** it's far too much; **je lui ai dit ~ fois** I've told him/her a thousand times.

mille-feuille [milfœj] (*pl* **mille-feuilles**) *nm* ≃ vanilla slice *Br*, ≃ napoleon *Am*.

millénaire [milenɛr] ◇ *nm* millennium, thousand years (*pl*). ◇ *adj* thousand-year-old (*avant n*).

mille-pattes [milpat] *nm inv* centipede, millipede.

millésime [milezim] *nm* **-1.** [de pièce] date. **-2.** [de vin] vintage, year.

millésimé, -e [milezime] *adj* [vin] vintage (*avant n*).

millet [mijɛ] *nm* millet.

milliard [miljar] *nm* thousand million *Br*, billion *Am*; **par ~s** *fig* in (their) millions.

milliardaire [miljardɛr] *nmf* multimillionaire *Br*, billionaire *Am*.

millier [milje] *nm* thousand; **un ~ de francs/personnes** about a thousand francs/people; **par ~s** in (their) thousands.

milligramme [miligram] *nm* milligram, milligramme.

millilitre [mililitr] *nm* millilitre.

millimètre [milimɛtr] *nm* millimetre.

million [miljɔ̃] *nm* million; **un ~ de francs** a million francs.

millionnaire [miljɔnɛr] *nmf* millionaire.

mime [mim] *nm* mime.

mimer [mime] *vt* **-1.** [exprimer sans parler] to mime. **-2.** [imiter] to mimic.

mimétisme [mimetism] *nm* mimicry.

mimique [mimik] *nf* **-1.** [grimace] face. **-2.** [geste] sign language (*U*).

mimosa [mimɔza] *nm* mimosa.

min. (*abr de* **minimum**) min.

minable [minabl] *adj fam* **-1.** [misérable] seedy, shabby. **-2.** [médiocre] pathetic.

minaret [minarɛ] *nm* minaret.

minauder [minode] *vi* to simper.

mince [mɛ̃s] *adj* **-1.** [maigre - gén] thin; [- personne, taille] slender, slim. **-2.** *fig* [faible] small, meagre.

minceur [mɛ̃sœr] *nf* **-1.** [gén] thinness; [de personne] slenderness, slimness. **-2.** *fig* [insuffisance] meagreness.

mincir [mɛ̃sir] *vi* to get thinner OU slimmer.

mine [min] *nf* **-1.** [expression] look; **avoir bonne/mauvaise** ~ to look well/ill. **-2.** [apparence] appearance. **-3.** [gisement & *fig*] mine; [exploitation] mining; ~ **de charbon** coalmine. **-4.** [explosif] mine. **-5.** [de crayon] lead.

miner [mine] *vt* **-1.** MIL to mine. **-2.** [ronger] to undermine, to wear away; *fig* to wear down.

minerai [minrɛ] *nm* ore.

minéral, -e, -aux [mineral, o] *adj* **-1.** CHIM inorganic. **-2.** [eau, source] mineral (*avant n*).
◆ **minéral** *nm* mineral.

minéralogie [mineralɔʒi] *nf* mineralogy.

minéralogique [mineralɔʒik] *adj* **-1.** AUTOM: **plaque** ~ numberplate *Br*, license plate *Am*. **-2.** GÉOL mineralogical.

minet, -ette [minɛ, ɛt] *nm, f fam* **-1.** [chat] pussycat, pussy. **-2.** [personne] trendy.

mineur, -e [minœr] ◇ *adj* minor. ◇ *nm, f* JUR minor.
◆ **mineur** *nm* [ouvrier] miner; ~ **de fond** face worker.

miniature [minjatyr] ◇ *nf* miniature. ◇ *adj* miniature.

miniaturiser [minjatyrize] *vt* to miniaturize.

minibus [minibys] *nm* minibus.

minichaîne [miniʃɛn] *nf* portable hi-fi.

minier, -ière [minje, jɛr] *adj* mining (*avant n*).

minijupe [miniʒyp] *nf* miniskirt.

minimal, -e, -aux [minimal, o] *adj* minimum.

minimalisme [minimalism] *nm* minimalism.

minime [minim] ◇ *nmf* SPORT ≃ junior. ◇ *adj* minimal.

minimiser [minimize] *vt* to minimize.

minimum [minimɔm] (*pl* **minimums** OU **minima** [minima]) ◇ *nm* [gén & MATHS] minimum; **au** ~ at least; **le strict** ~ the bare minimum. ◇ *adj* minimum.

ministère [ministɛr] *nm* **-1.** [département] ministry *Br*, department. **-2.** [cabinet] government. **-3.** RELIG ministry.

ministériel, -ielle [ministerjɛl] *adj* [du ministère] ministerial *Br*, departmental.

ministre [ministr] *nm* minister *Br*, secretary; ~ **d'État** cabinet minister *Br*; **premier** ~ prime minister.

Minitel® [minitɛl] *nm teletext system run by the French national telephone company, providing an information and communication network.*

minitéliste [minitelist] *nmf* Minitel® user.

minois [minwa] *nm* sweet (little) face.

minoritaire [minɔritɛr] *adj* minority (*avant n*); **être** ~ to be in the minority.

minorité [minɔrite] *nf* minority; **en** ~ in the minority.

minuit [minɥi] *nm* midnight.

minuscule [minyskyl] ◇ *nf* [lettre] small letter. ◇ *adj* **-1.** [lettre] small. **-2.** [très petit] tiny, minuscule.

minute [minyt] ◇ *nf* minute; **dans une** ~ in a minute; **d'une** ~ **à l'autre**

in next to no time. ◇ *interj fam* hang on (a minute)!

minuter [minyte] *vt* [chronométrer] to time (precisely).

minuterie [minytri] *nf* [d'éclairage] time switch, timer.

minuteur [minytœr] *nm* timer.

minutie [minysi] *nf* [soin] meticulousness; [précision] attention to detail; **avec** ~ [avec soin] meticulously; [dans le détail] in minute detail.

minutieux, -ieuse [minysjø, jøz] *adj* [méticuleux] meticulous; [détaillé] minutely detailed; **un travail** ~ a job requiring great attention to detail.

mioche [mjɔʃ] *nmf fam* kiddy.

mirabelle [mirabɛl] *nf* **-1.** [fruit] mirabelle (plum). **-2.** [alcool] plum brandy.

miracle [mirakl] *nm* miracle; **par** ~ by some OU a miracle, miraculously.

miraculeux, -euse [mirakylø, øz] *adj* miraculous.

mirador [miradɔr] *nm* MIL watchtower.

mirage [miraʒ] *nm* mirage.

mire [mir] *nf* **-1.** TÉLÉ test card. **-2.** [visée]: **ligne de** ~ line of sight.

mirifique [mirifik] *adj* fabulous.

mirobolant, -e [mirɔbɔlɑ̃, ɑ̃t] *adj* fabulous, fantastic.

miroir [mirwar] *nm* mirror.

miroiter [mirwate] *vi* to sparkle, to gleam; **faire** ~ **qqch à qqn** to hold out the prospect of sthg to sb.

mis, mise [mi, miz] *pp* → **mettre**.

misanthrope [mizɑ̃trɔp] ◇ *nmf* misanthropist, misanthrope. ◇ *adj* misanthropic.

mise [miz] *nf* **-1.** [action] putting; ~ **à jour** updating; ~ **en page** making up, composing; ~ **au point** PHOT focusing; *fig* clarification; ~ **en scène** production. **-2.** [d'argent] stake.

miser [mize] ◇ *vt* to bet. ◇ *vi*: ~ **sur** to bet on; *fig* to count on.

misérable [mizerabl] *adj* **-1.** [pauvre]

poor, wretched. **-2.** [sans valeur] paltry, miserable.

misère [mizɛr] *nf* **-1.** [indigence] poverty. **-2.** [infortune] misery. **-3.** *fig* [bagatelle] trifle.

miséricorde [mizerikɔrd] *nf* [clémence] mercy.

misogyne [mizɔʒin] *adj* misogynous.

misogynie [mizɔʒini] *nf* misogyny.

missel [misɛl] *nm* missal.

missile [misil] *nm* missile.

mission [misjɔ̃] *nf* mission; **en** ~ on a mission.

missionnaire [misjɔnɛr] *nmf* missionary.

missive [misiv] *nf* letter.

mitaine [mitɛn] *nf* fingerless glove.

mite [mit] *nf* (clothes) moth.

mité, -e [mite] *adj* moth-eaten.

mi-temps [mitɑ̃] ◇ *nf inv* [SPORT - période] half; [- pause] half-time. ◇ *nm* part-time work.

◆ **à mi-temps** *loc adj & loc adv* part-time.

miteux, -euse [mitø, øz] *fam adj* seedy, dingy.

mitigé, -e [mitiʒe] *adj* **-1.** [tempéré] lukewarm. **-2.** *fam* [mélangé] mixed.

mitonner [mitɔne] ◇ *vt* **-1.** [faire cuire] to simmer. **-2.** [préparer avec soin] to prepare lovingly. ◇ *vi* CULIN to simmer.

mitoyen, -enne [mitwajɛ̃, ɛn] *adj* party (*avant n*), common.

mitrailler [mitraje] *vt* **-1.** MIL to machinegun. **-2.** *fam* [photographier] to click away at. **-3.** *fig* [assaillir]: ~ **qqn (de)** to bombard sb with.

mitraillette [mitrajɛt] *nf* submachine gun.

mitrailleuse [mitrajøz] *nf* machinegun.

mitre [mitr] *nf* [d'évêque] mitre.

mi-voix [mivwa]

◆ **à mi-voix** *loc adv* in a low voice.

mixage [miksaʒ] *nm* CIN & RADIO (sound) mixing.

mixer¹, **mixeur** [miksœr] nm (food) mixer.

mixer² [mikse] vt to mix.

mixte [mikst] adj mixed.

mixture [mikstyr] nf **-1.** CHIM & CULIN mixture. **-2.** péj [mélange] concoction.

MJC (abr de **maison des jeunes et de la culture**) nf youth and cultural centre.

ml (abr de **millilitre**) ml.

Mlle (abr de **Mademoiselle**) Miss.

mm (abr de **millimètre**) mm.

MM (abr de **Messieurs**) Messrs.

Mme (abr de **Madame**) Mrs.

mnémotechnique [mnemotɛknik] adj mnemonic.

Mo (abr de **méga-octet**) MB.

mobile [mɔbil] ◇ nm **-1.** [objet] mobile. **-2.** [motivation] motive. ◇ adj **-1.** [gén] movable, mobile; [partie, pièce] moving. **-2.** [population, main-d'œuvre] mobile.

mobilier, -ière [mɔbilje, jɛr] adj JUR movable.
◆ **mobilier** nm furniture.

mobilisation [mɔbilizasjɔ̃] nf mobilization.

mobiliser [mɔbilize] vt **-1.** [gén] to mobilize. **-2.** [moralement] to rally.
◆ **se mobiliser** vp to mobilize, to rally.

mobilité [mɔbilite] nf mobility.

Mobylette® [mɔbilɛt] nf moped.

mocassin [mɔkasɛ̃] nm moccasin.

moche [mɔʃ] adj fam **-1.** [laid] ugly. **-2.** [triste, méprisable] lousy, rotten.

modalité [mɔdalite] nf [convention] form; **~s de paiement** methods of payment.

mode [mɔd] ◇ nf **-1.** [gén] fashion; **à la ~** in fashion, fashionable. **-2.** [coutume] custom, style; **à la ~ de** in the style of. ◇ nm **-1.** [manière] mode, form; **~ de vie** way of life. **-2.** [méthode] method; **~ d'emploi** instructions (for use). **-3.** GRAM mood. **-4.** MUS mode.

modèle [mɔdɛl] nm **-1.** [gén] model; **sur le ~ de** on the model of; **~ dé-**

posé registered design. **-2.** (en apposition) [exemplaire] model (avant n).

modeler [mɔdle] vt to shape; **~ qqch sur qqch** fig to model sthg on sthg.

modélisme [mɔdelism] nm modelling (of scale models).

modération [mɔderasjɔ̃] nf moderation.

modéré, -e [mɔdere] adj & nm, f moderate.

modérer [mɔdere] vt to moderate.
◆ **se modérer** vp to restrain o.s., to control o.s.

moderne [mɔdɛrn] adj modern; [mathématiques] new.

moderniser [mɔdɛrnize] vt to modernize.
◆ **se moderniser** vp to become (more) modern.

modeste [mɔdɛst] adj modest; [origine] humble.

modestie [mɔdɛsti] nf modesty; **fausse ~** false modesty.

modification [mɔdifikasjɔ̃] nf alteration, modification.

modifier [mɔdifje] vt to alter, to modify.
◆ **se modifier** vp to alter.

modique [mɔdik] adj modest.

modiste [mɔdist] nf milliner.

modulation [mɔdylasjɔ̃] nf modulation.

module [mɔdyl] nm module.

moduler [mɔdyle] vt **-1.** [air] to warble. **-2.** [structure] to adjust.

moelle [mwal] nf ANAT marrow.
◆ **moelle épinière** nf spinal cord.

moelleux, -euse [mwalø, øz] adj **-1.** [canapé, tapis] soft. **-2.** [fromage, vin] mellow.

moellon [mwalɔ̃] nm rubble stone.

mœurs [mœr(s)] nfpl **-1.** [morale] morals. **-2.** [coutumes] customs, habits. **-3.** ZOOL behaviour (U).

mohair [mɔɛr] nm mohair.

moi [mwa] pron pers **-1.** [objet, après préposition, comparatif] me; **aide-~**

help me; **il me l'a dit, à ~** he told ME; **c'est pour ~** it's for me; **plus âgé que ~** older than me OU than I (am). **-2.** [sujet] I; **~ non plus, je n'en sais rien** I don't know anything about it either; **qui est là? — (c'est) ~** who's there? — it's me; **je l'ai vu hier — ~ aussi** I saw him yesterday — me too; **c'est ~ qui lui ai dit de venir** I was the one who told him to come. ◆ **moi-même** *pron pers* myself.

moignon [mwaɲɔ̃] *nm* stump.

moindre [mwɛdʀ] ◇ *adj superl:* **le/la ~** the least; (*avec négation*) the least OU slightest; **les ~s détails** the smallest details; **sans la ~ difficulté** without the slightest problem; **c'est la ~ des choses** it's the least I/you *etc* could do. ◇ *adj compar* less; [prix] lower; **à un ~ degré** to a lesser extent.

moine [mwan] *nm* monk.

moineau, -x [mwano] *nm* sparrow.

moins [mwɛ̃] ◇ *adv* **-1.** [quantité] less; **~ de** less (than); **~ de lait** less milk; **~ de gens** fewer people; **~ de dix** less than ten; **il est un peu ~ de 10 heures** it's nearly 10 o'clock. **-2.** [comparatif] **~ (que)** less (than); **il est ~ vieux que ton frère** he's not as old as your brother, he's younger than your brother; **bien ~ grand que** much smaller than; **~ il mange, ~ il travaille** the less he eats, the less he works. **-3.** [superlatif] **le ~** (the) least; **le ~ riche des hommes** the poorest man; **c'est lui qui travaille le ~** he works (the) least; **le ~ possible** as little as possible. ◇ *prép* **-1.** [gén] minus; **dix ~ huit font deux** ten minus eight is two, ten take away eight is two; **il fait ~ vingt** it's twenty below, it's minus twenty. **-2.** [servant à indiquer l'heure]: **il est 3 heures ~ le quart** it's quarter to 3; **il est ~ dix** it's ten to. ◇ *nm* **-1.** [signe] minus (sign). **-2.** *loc:* **le ~ qu'on puisse dire, c'est que ...** it's an understatement to say ....

◆ **à moins de** *loc prép* unless; **à ~ de battre le record** unless I/you *etc* beat the record.

◆ **à moins que** *loc adv* (+ *subjonctif*) unless.

◆ **au moins** *loc adv* at least.

◆ **de moins en moins** *loc adv* less and less.

◆ **du moins** *loc adv* at least.

◆ **en moins** *adv:* **il a une dent en ~** he's missing OU minus a tooth; **c'était le paradis, les anges en ~ it** was heaven, minus the angels.

◆ **pour le moins** *loc adv* at (the very) least.

◆ **tout au moins** *loc adv* at (the very) least.

moiré, -e [mware] *adj* **-1.** [tissu] watered. **-2.** *littéraire* [reflet] shimmering.

mois [mwa] *nm* [laps de temps] month.

moisi, -e [mwazi] *adj* mouldy.

◆ **moisi** *nm* mould.

moisir [mwazir] *vi* **-1.** [pourrir] to go mouldy. **-2.** *fig* [personne] to rot.

moisissure [mwazisyr] *nf* mould.

moisson [mwasɔ̃] *nf* **-1.** [récolte] harvest; **faire la ~** OU **les ~s** to harvest, to bring in the harvest. **-2.** *fig* [d'idées, de projets] wealth.

moissonner [mwasɔne] *vt* to harvest, to gather (in); *fig* to collect, to gather.

moissonneuse-batteuse [mwasɔnøzbatøz] *nf* combine (harvester).

moite [mwat] *adj* [peau, mains] moist, sweaty; [atmosphère] muggy.

moiteur [mwatœr] *nf* [de peau, mains] moistness; [d'atmosphère] mugginess.

moitié [mwatje] *nf* [gén] half; **à ~ vide** half-empty; **faire qqch à ~** to half-do sthg; **la ~ du temps** half the time; **à la ~ de qqch** halfway through sthg.

moka [mɔka] *nm* **-1.** [café] mocha (coffee). **-2.** [gâteau] coffee cake.

mol → **mou.**

molaire [mɔlɛr] *nf* molar.

molécule [mɔlekyl] *nf* molecule.

molester [mɔlɛste] *vt* to manhandle.

molle → mou.

mollement [mɔlmɑ̃] *adv* **-1.** [faiblement] weakly, feebly. **-2.** [littéraire] [paresseusement] sluggishly, lethargically.

mollesse [mɔlɛs] *nf* **-1.** [de chose] softness. **-2.** [de personne] lethargy.

mollet [mɔlɛ] ◇ *nm* calf. ◇ *adj* → œuf.

mollir [mɔlir] *vi* **-1.** [physiquement, moralement] to give way. **-2.** [vent] to drop, to die down.

mollusque [mɔlysk] *nm* ZOOL **mollusc**.

molosse [mɔlɔs] *nm* **-1.** [chien] *large ferocious dog*. **-2.** *fig & péj* [personne] hulking great brute OU fellow.

môme [mom] *fam nmf* [enfant] kid, youngster.

moment [mɔmɑ̃] *nm* **-1.** [gén] moment; **au ~ de l'accident** at the time of the accident, when the accident happened; **au ~ de partir** just as we/you *etc* were leaving; **au ~ où** just as; **dans un ~** in a moment; **d'un ~ à l'autre, à tout ~** (at) any moment, any moment now; **ne pas avoir un ~ à soi** not to have a moment to oneself; **à un ~ donné** at a given moment; **par ~s** at times, now and then; **en ce ~** at the moment; **pour le ~** for the moment. **-2.** [durée] (short) time; **passer un mauvais ~** to have a bad time. **-3.** [occasion] time; **ce n'est pas le ~ (de faire qqch)** this is not the time (to do sthg).

◆ **du moment que** *loc prép* since, as.

momentané, -e [mɔmɑ̃tane] *adj* temporary.

momie [mɔmi] *nf* mummy.

mon [mɔ̃] (*f* **ma** [ma], *pl* **mes** [me]) *adj poss* my.

monacal, -e, -aux [mɔnakal, o] *adj* monastic.

Monaco [mɔnako] *n*: **(la principauté de) ~** (the principality of) Monaco.

monarchie [mɔnarʃi] *nf* monarchy; **~ absolue/constitutionnelle** absolute/ constitutional monarchy.

monarque [mɔnark] *nm* monarch.

monastère [mɔnastɛr] *nm* monastery.

monceau, -x [mɔ̃so] *nm* [tas] heap.

mondain, -e [mɔ̃dɛ̃, ɛn] *adj* **-1.** [chronique, journaliste] society (*avant n*). **-2.** *péj* [futile] frivolous, superficial.

mondanités [mɔ̃danite] *nfpl* **-1.** [événements] society life (*U*). **-2.** [paroles] small talk (*U*); [comportements] formalities.

monde [mɔ̃d] *nm* **-1.** [gén] world; **le/ la plus ... au ~, le/la plus ... du ~** the most ... in the world; **pour rien au ~** not for the world, not for all the tea in China; **mettre un enfant au ~** to bring a child into the world; **venir au ~** to come into the world. **-2.** [gens] people (*pl*); **beaucoup/peu de ~** a lot of/not many people; **tout le ~** everyone, everybody. **-3.** *loc:* **c'est un ~!** that's really the limit!; **se faire un ~ de qqch** to make too much of sthg; **noir de ~** packed with people.

mondial, -e, -iaux [mɔ̃djal, jo] *adj* world (*avant n*).

mondialement [mɔ̃djalmɑ̃] *adv* throughout OU all over the world.

monétaire [mɔnetɛr] *adj* monetary.

Mongolie [mɔ̃gɔli] *nf*: **la ~** Mongolia.

mongolien, -ienne [mɔ̃gɔljɛ̃, jɛn] *vieilli nm, f* mongol.

moniteur, -trice [mɔnitœr, tris] *nm, f* **-1.** [enseignant] instructor, coach; **~ d'auto-école** driving instructor. **-2.** [de colonie de vacances] supervisor, leader.

◆ **moniteur** *nm* [appareil & INFORM] monitor.

monnaie [mɔnɛ] *nf* **-1.** [moyen de paiement] money. **-2.** [de pays] currency. **-3.** [pièces] change; **avoir de la ~** to have change; **avoir la ~** to have the change; **faire (de) la ~** to get (some) change.

monnayer [mɔnɛje] *vt* **-1.** [biens] to convert into cash. **-2.** *fig* [silence] to buy.

monochrome [mɔnɔkrom] *adj* monochrome, monochromatic.

monocle [mɔnɔkl] *nm* monocle.

monocoque [mɔnɔkɔk] *nm & adj* [bateau] monohull.

monocorde [mɔnɔkɔrd] *adj* [monotone] monotonous.

monogramme [mɔnɔgram] *nm* monogram.

monolingue [mɔnɔlɛ̃g] *adj* monolingual.

monologue [mɔnɔlɔg] *nm* **-1.** THÉÂTRE soliloquy. **-2.** [discours individuel] monologue.

monologuer [mɔnɔlɔge] *vi* **-1.** THÉÂTRE to soliloquize. **-2.** *fig & péj* [parler] to talk away.

monoparental, -e, -aux [mɔnɔparɑ̃tal, o] *adj* single-parent (*avant n*).

monoplace [mɔnɔplas] *adj* single-seater (*avant n*).

monopole [mɔnɔpɔl] *nm* monopoly; **avoir le ~ de qqch** *litt & fig* to have a monopoly of OU on sthg; **~ d'État** state monopoly.

monopoliser [mɔnɔpɔlize] *vt* to monopolize.

monoski [mɔnɔski] *nm* **-1.** [objet] monoski. **-2.** SPORT monoskiing.

monosyllabe [mɔnɔsilab] ◇ *nm* monosyllable. ◇ *adj* monosyllabic.

monotone [mɔnɔtɔn] *adj* monotonous.

monotonie [mɔnɔtɔni] *nf* monotony.

monseigneur [mɔ̃sɛɲœr] (*pl* **messeigneurs** [mɛsɛɲœr]) *nm* [titre - d'évêque, de duc] His Grace; [- de cardinal] His Eminence; [- de prince] His (Royal) Highness.

monsieur [məsjø] (*pl* **messieurs** [mesjø]) *nm* **-1.** [titre]: **~ X** Mr X; **bonjour ~** good morning; [dans hôtel, restaurant] good morning, sir; **bonjour messieurs** good morning (gentlemen); **Monsieur le Ministre n'est pas là** the Minister is out. **-2.** [homme quelconque] gentleman.

monstre [mɔ̃str] *nm* **-1.** [gén] monster. **-2.** (*en apposition*) *fam* [énorme] colossal.

monstrueux, -euse [mɔ̃stryø, øz] *adj* **-1.** [gén] monstrous. **-2.** *fig* [erreur] terrible.

monstruosité [mɔ̃stryozite] *nf* monstrosity.

mont [mɔ̃] *nm* GÉOGR Mount; **le ~ Blanc** Mont Blanc; **le ~ Cervin** the Matterhorn.

montage [mɔ̃taʒ] *nm* **-1.** [assemblage] assembly; [de bijou] setting. **-2.** PHOT photomontage. **-3.** CIN editing.

montagnard, -e [mɔ̃taɲar, ard] *nm, f* mountain dweller.

montagne [mɔ̃taɲ] *nf* **-1.** [gén] mountain; **les ~s Rocheuses** the Rocky Mountains. **-2.** [région]: **la ~** the mountains (*pl*); **à la ~** in the mountains; **en haute ~** at high altitudes.

◆ **montagnes russes** *nfpl* big dipper (*sg*), roller coaster (*sg*).

montant, -e [mɔ̃tɑ̃, ɑ̃t] *adj* [mouvement] rising.

◆ **montant** *nm* **-1.** [pièce verticale] upright. **-2.** [somme] total (amount).

mont-de-piété [mɔ̃dpjete] (*pl* **monts-de-piété**) *nm* pawnshop.

monte-charge [mɔ̃tʃarʒ] *nm inv* goods lift *Br*, service elevator *Am*.

montée [mɔ̃te] *nf* **-1.** [de montagne] climb, ascent. **-2.** [de prix] rise. **-3.** [relief] slope, gradient.

monte-plats [mɔ̃tpla] *nm inv* dumbwaiter.

monter [mɔ̃te] ◇ *vi* (*aux: être*) **-1.** [personne] to come/go up; [température, niveau] to rise; [route, avion] to climb; **~ sur qqch** to climb onto sthg. **-2.** [passager] to get on; **~ dans un bus** to get on a bus; **~ dans une voiture** to get into a car. **-3.** [cavalier] to ride; **~ à cheval** to ride. **-4.** [marée] to go/come in. ◇ *vt* (*aux: avoir*) **-1.** [escalier, côte] to climb, to come/go up; **~ la rue en courant** to run up the street. **-2.** [chauffage, son] to turn up. **-3.** [valise] to take/bring up. **-4.** [meuble] to assemble; COUTURE to assemble, to put OU sew together; [tente] to put up. **-5.** [cheval] to mount. **-6.** THÉÂTRE to put on. **-7.** [société, club] to set up. **-8.** CULIN to beat, to whisk (up).

◆ **se monter** *vp* **-1.** [s'assembler]: **se ~ facilement** to be easy to assemble. **-2.** [atteindre]: **se ~ à** to amount to, to add up to.

monteur, -euse [mɔ̃tœr, øz] *nm, f* **-1.** TECHNOL fitter. **-2.** CIN editor.

monticule [mɔ̃tikyl] *nm* mound.

montre [mɔ̃tr] *nf* watch; **~ à quartz** quartz watch; **~ en main** to the minute, exactly; **contre la ~** [sport] time-trialling; [épreuve] time trial; **une course contre la ~** *fig* a race against time.

montre-bracelet [mɔ̃trəbraslɛ] *nf* wristwatch.

montrer [mɔ̃tre] *vt* **-1.** [gén] to show; **~ qqch à qqn** to show sb sthg, to show sthg to sb. **-2.** [désigner] to show, to point out; **~ qqch du doigt** to point at OU to sthg.

◆ **se montrer** *vp* **-1.** [se faire voir] to appear. **-2.** *fig* [se présenter] to show o.s. **-3.** *fig* [se révéler] to prove (to be).

monture [mɔ̃tyr] *nf* **-1.** [animal] mount. **-2.** [de lunettes] frame.

monument [mɔnymɑ̃] *nm* [gén]: **~ (à)** monument (to); **~ aux morts** war memorial.

monumental, -e, -aux [mɔnymɑ̃tal, o] *adj* monumental.

moquer [mɔke]

◆ **se moquer** *vp*: **se ~ de** [plaisanter sur] to make fun of, to laugh at; [ne pas se soucier de] not to give a damn about.

moquerie [mɔkri] *nf* mockery (*U*), jibe.

moquette [mɔkɛt] *nf* (fitted) carpet.

moqueur, -euse [mɔkœr, øz] *adj* mocking.

moral, -e, -aux [mɔral, o] *adj* moral.

◆ **moral** *nm* **-1.** [mental]: **au ~ comme au physique** mentally as well as physically. **-2.** [état d'esprit] morale, spirits (*pl*); **avoir/ne pas avoir le ~** to

be in good/bad spirits; **remonter le ~ à qqn** to cheer sb up.

◆ **morale** *nf* **-1.** [science] moral philosophy, morals (*pl*). **-2.** [règle] morality. **-3.** [mœurs] morals (*pl*). **-4.** [leçon] moral; **faire la ~ à qqn** to preach at OU lecture sb.

moralisateur, -trice [mɔralizatœr, tris] ◇ *adj* moralizing. ◇ *nm, f* moralizer.

moraliste [mɔralist] *nmf* moralist.

moralité [mɔralite] *nf* **-1.** [gén] morality. **-2.** [enseignement] morals.

moratoire [mɔratwar] *nm* moratorium.

morbide [mɔrbid] *adj* morbid.

morceau, -x [mɔrso] *nm* **-1.** [gén] piece. **-2.** [de poème, de musique] passage.

morceler [mɔrsəle] *vt* to break up, to split up.

mordant, -e [mɔrdɑ̃, ɑ̃t] *adj* biting.

◆ **mordant** *nm* [vivacité] keenness, bite.

mordiller [mɔrdije] *vt* to nibble.

mordoré, -e [mɔrdɔre] *adj* bronze.

mordre [mɔrdr] ◇ *vt* [blesser] to bite. ◇ *vi* **-1.** [saisir avec les dents]: **~ à** to bite. **-2.** [croquer]: **~ dans qqch** to bite into sthg. **-3.** SPORT: **~ sur la ligne** to step over the line.

mordu, -e [mɔrdy] ◇ *pp* → **mordre**. ◇ *adj* [amoureux] hooked. ◇ *nm, f*: **~ du foot/ski etc** football/ski etc addict.

morfondre [mɔrfɔ̃dr]

◆ **se morfondre** *vp* to mope.

morgue [mɔrg] *nf* **-1.** [attitude] pride. **-2.** [lieu] morgue.

moribond, -e [mɔribɔ̃, ɔ̃d] ◇ *adj* dying. ◇ *nm, f* dying person.

morille [mɔrij] *nf* morel.

morne [mɔrn] *adj* [personne, visage] gloomy; [paysage, temps, ville] dismal, dreary.

morose [mɔroz] *adj* gloomy.

morphine [mɔrfin] *nf* morphine.

morphologie [mɔrfɔlɔʒi] *nf* morphology.

mors [mɔr] *nm* bit.

morse [mɔrs] *nm* -1. ZOOL walrus. -2. [code] Morse (code).

morsure [mɔrsyr] *nf* bite.

mort, -e [mɔr, mɔrt] ◇ *pp* → **mourir**. ◇ *adj* dead; ~ **de fatigue** *fig* dead tired; ~ **de peur** *fig* frightened to death. ◇ *nm, f* -1. [cadavre] corpse, dead body. -2. [défunt] dead person.
◆ **mort** ◇ *nm* -1. [victime] fatality. -2. CARTES dummy. ◇ *nf litt* & *fig* death; **de** ~ [silence] deathly; **condamner qqn à** ~ JUR to sentence sb to death; **se donner la** ~ to take one's own life, to commit suicide.

mortadelle [mɔrtadɛl] *nf* mortadella.

mortalité [mɔrtalite] *nf* mortality, death rate.

mort-aux-rats [mɔrora] *nf inv* rat poison.

Morte → **mer**.

mortel, -elle [mɔrtɛl] ◇ *adj* -1. [humain] mortal. -2. [accident, maladie] fatal. -3. *fig* [ennuyeux] deadly (dull). ◇ *nm, f* mortal.

morte-saison [mɔrtsɛzɔ̃] *nf* slack season, off-season.

mortier [mɔrtje] *nm* mortar.

mortification [mɔrtifikasjɔ̃] *nf* mortification.

mort-né, -e [mɔrne] (*mpl* **mort-nés**, *fpl* **mort-nées**) *adj* [enfant] still-born; *fig* [projet] abortive.

mortuaire [mɔrtɥɛr] *adj* funeral (*avant n*).

morue [mɔry] *nf* ZOOL cod.

mosaïque [mɔzaik] *nf litt* & *fig* mosaic.

Moscou [mɔsku] *n* Moscow.

mosquée [mɔske] *nf* mosque.

mot [mo] *nm* -1. [gén] word; **gros** ~ swearword; ~ **de passe** password; ~**s croisés** crossword (puzzle) (*sg*). -2. [message] note, message.

motard [mɔtar] *nm* -1. [motocycliste] motorcyclist. -2. [policier] motocycle policeman.

motel [mɔtɛl] *nm* motel.

moteur, -trice [mɔtœr, tris] *adj* [force, énergie] driving (*avant n*); **à quatre roues motrices** AUTOM with four-wheel drive.
◆ **moteur** *nm* TECHNOL motor, engine; *fig* driving force.

motif [mɔtif] *nm* -1. [raison] motive, grounds (*pl*). -2. [dessin, impression] motif.

motion [mɔsjɔ̃] *nf* POLIT motion; ~ **de censure** motion of censure.

motiver [mɔtive] *vt* -1. [stimuler] to motivate. -2. [justifier] to justify.

moto [mɔto] *nf* motorbike.

motocross [mɔtɔkrɔs] *nm* motocross.

motoculteur [mɔtɔkyltœr] *nm* ≃ Rotavator®.

motocyclette [mɔtɔsiklɛt] *nf* motorcycle, motorbike.

motocycliste [mɔtɔsiklist] *nmf* motorcyclist.

motorisé, -e [mɔtɔrize] *adj* motorized; **être** ~ *fam* to have a car, to have wheels.

motrice → **moteur**.

motricité [mɔtrisite] *nf* motor functions (*pl*).

motte [mɔt] *nf*: ~ **(de terre)** clod, lump of earth; ~ **de beurre** slab of butter.

mou, molle [mu, mɔl] *adj* (**mol** *devant voyelle ou h muet*) -1. [gén] soft. -2. [faible] weak. -3. [résistance, protestation] half-hearted. -4. *fam* [de caractère] wet, wimpy.
◆ **mou** *nm* -1. [de corde]: **avoir du** ~ to be slack. -2. [abats] lungs (*pl*), lights (*pl*).

mouchard, -e [muʃar, ard] *nm, f fam* [personne] sneak.
◆ **mouchard** *nm fam* [dans camion, train] spy in the cab.

mouche [muʃ] *nf* -1. ZOOL fly. -2. [accessoire féminin] beauty spot.

moucher [muʃe] *vt* -1. [nez] to wipe; ~ **un enfant** to wipe a child's nose. -2. [chandelle] to snuff out. -3. *fam fig* [personne]: ~ **qqn** to put sb in his/her place.

◆ **se moucher** *vp* to blow OU wipe one's nose.

moucheron [muʃrɔ̃] *nm* [insecte] **gnat**.

moucheté, -e [muʃte] *adj* **-1.** [laine] flecked. **-2.** [animal] spotted, speckled.

mouchoir [muʃwar] *nm* handkerchief.

moudre [mudr] *vt* to grind.

moue [mu] *nf* pout; faire la ~ to pull a face.

mouette [mwɛt] *nf* seagull.

moufle [mufl] *nf* mitten.

mouflon [muflɔ̃] *nm* wild sheep.

mouillage [muja3] *nm* [NAVIG - emplacement] anchorage, moorings (*pl*).

mouillé, -e [muje] *adj* wet.

mouiller [muje] *vt* **-1.** [personne, objet] to wet; **se faire** ~ to get wet OU soaked. **-2.** NAVIG: ~ **l'ancre** to drop anchor. **-3.** *fam fig* [compromettre] to involve.

◆ **se mouiller** *vp* **-1.** [se tremper] to get wet. **-2.** *fam fig* [prendre risques] to stick one's neck out.

moulage [mula3] *nm* **-1.** [action] moulding, casting. **-2.** [objet] cast.

moule [mul] ◇ *nm* mould; ~ **à gâteau** cake tin; ~ **à tarte** flan dish. ◇ *nf* ZOOL mussel.

mouler [mule] *vt* **-1.** [objet] to mould. **-2.** [forme] to make a cast of.

moulin [mulɛ̃] *nm* mill; ~ **à café** coffee mill; ~ **à paroles** *fig* chatterbox.

moulinet [mulinɛ] *nm* **-1.** PÊCHE reel. **-2.** [mouvement]: **faire des** ~**s** to whirl one's arms around.

Moulinette® [mulinɛt] *nf* food mill.

moulu, -e [muly] *adj* [en poudre] ground.

moulure [mulyr] *nf* moulding.

mourant, -e [murɑ̃, ɑ̃t] ◇ *adj* **-1.** [moribond] dying. **-2.** *fig* [voix] faint. ◇ *nm, f* dying person.

mourir [murir] *vi* **-1.** [personne] to die; **s'ennuyer à** ~ to be bored to death. **-2.** [feu] to die down.

mousquetaire [muskətɛr] *nm* musketeer.

moussant, -e [musɑ̃, ɑ̃t] *adj* foaming.

mousse [mus] ◇ *nf* **-1.** BOT moss. **-2.** [substance] foam; ~ **à raser** shaving foam. **-3.** CULIN mousse. **-4.** [matière plastique] foam rubber. ◇ *nm* NAVIG cabin boy.

mousseline [muslin] *nf* muslin.

mousser [muse] *vi* to foam, to lather.

mousseux, -euse [musø, øz] *adj* **-1.** [shampooing] foaming, frothy. **-2.** [vin, cidre] sparkling.

◆ **mousseux** *nm* sparkling wine.

mousson [musɔ̃] *nf* monsoon.

moussu, -e [musy] *adj* mossy, moss-covered.

moustache [mustaʃ] *nf* moustache.

◆ **moustaches** *nfpl* [d'animal] whiskers.

moustachu, -e [mustaʃy] *adj* with a moustache.

◆ **moustachu** *nm* man with a moustache.

moustiquaire [mustikɛr] *nf* mosquito net.

moustique [mustik] *nm* mosquito.

moutarde [mutard] *nf* mustard.

mouton [mutɔ̃] *nm* **-1.** ZOOL & *fig* sheep. **-2.** [viande] mutton. **-3.** *fam* [poussière] piece of fluff, fluff (U).

mouture [mutyr] *nf* **-1.** [de céréales, de café] grinding. **-2.** [de thème, d'œuvre] rehash.

mouvance [muvɑ̃s] *nf* [domaine] sphere of influence.

mouvant, -e [muvɑ̃, ɑ̃t] *adj* **-1.** [terrain] unstable. **-2.** [situation] uncertain.

mouvement [muvmɑ̃] *nm* **-1.** [gén] movement; **en** ~ on the move. **-2.** [de colère, d'indignation] burst, fit.

mouvementé, -e [muvmɑ̃te] *adj* **-1.** [terrain] rough. **-2.** [réunion, soirée] eventful.

mouvoir [muvwar] *vt* to move.

◆ **se mouvoir** *vp* to move.

moyen, -enne [mwajɛ̃, ɛn] adj -1. [intermédiaire] medium. -2. [médiocre, courant] average.
◆ **moyen** nm means (sg), way; ~ **de communication** means of communication; ~ **de locomotion** OU **transport** means of transport.
◆ **moyenne** nf average; **en moyenne** on average; **la moyenne d'âge** the average age.
◆ **moyens** nmpl -1. [ressources] means; **avoir ~s** to be comfortably off. -2. [capacités] powers, ability; **faire qqch par ses propres ~s** to do sthg on one's own.
◆ **au moyen de** loc prép by means of.
Moyen Âge [mwajɛnaʒ] nm: **le** ~ the Middle Ages (pl).
Moyen-Orient [mwajɛnɔrjɑ̃] nm: **le** ~ the Middle East.
MST nf -1. (abr de **maladie sexuellement transmissible**) STD. -2. (abr de **maîtrise de sciences et techniques**) masters degree in science and technology.
mû, mue [my] pp → **mouvoir.**
mue [my] nf -1. [de pelage] moulting. -2. [de serpent] skin, slough. -3. [de voix] breaking.
muer [mɥe] vi -1. [mammifère] to moult. -2. [serpent] to slough its skin. -3. [voix] to break; [jeune homme]: **il mue** his voice is breaking.
muet, muette [mɥe, ɛt] ◇ adj -1. MÉD dumb. -2. [silencieux] silent; ~ **d'admiration/d'étonnement** speechless with admiration/surprise. -3. LING silent, mute. ◇ nm, f mute, dumb person.
◆ **muet** nm: **le** ~ CIN silent films (pl).
muezzin [mɥedzin] nm muezzin.
mufle [myfl] nm -1. [d'animal] muzzle, snout. -2. fig [goujat] lout.
muflerie [myfləri] nf loutishness.
mugir [myʒir] vi -1. [vache] to moo. -2. [vent, sirène] to howl.
muguet [mygɛ] nm -1. [fleur] lily of the valley. -2. MÉD thrush.
mule [myl] nf mule.

mulet [mylɛ] nm -1. [âne] mule. -2. [poisson] mullet.
mulot [mylo] nm field mouse.
multicolore [myltikɔlɔr] adj multicoloured.
multifonction [myltifɔ̃ksjɔ̃] adj inv multifunction.
multilatéral, -e, -aux [myltilateral, o] adj multilateral.
multinational, -e, -aux [myltinasjɔnal, o] adj multinational.
◆ **multinationale** nf multinational (company).
multiple [myltipl] ◇ nm multiple. ◇ adj -1. [nombreux] multiple, numerous. -2. [divers] many, various.
multiplication [myltiplikasjɔ̃] nf multiplication.
multiplier [myltiplije] vt -1. [accroître] to increase. -2. MATHS to multiply; **X multiplié par Y égale Z** X multiplied by OU times Y equals Z.
◆ **se multiplier** vp to multiply.
multiracial, -e, -iaux [myltirasjal, jo] adj multiracial.
multirisque [myltirisk] adj comprehensive.
multitude [myltityd] nf: ~ **(de)** multitude (of).
municipal, -e, -aux [mynisipal, o] adj municipal.
◆ **municipales** nfpl: **les** ~**es** the local government elections.
municipalité [mynisipalite] nf -1. [commune] municipality. -2. [conseil] town council.
munir [mynir] vt: ~ **qqn/qqch de** to equip sb/sthg with.
◆ **se munir** vp: **se** ~ **de** to equip o.s. with.
munitions [mynisjɔ̃] nfpl ammunition (U), munitions.
muqueuse [mykøz] nf mucous membrane.
mur [myr] nm -1. [gén] wall. -2. fig [obstacle] barrier, brick wall; ~ **du son** AÉRON sound barrier.

mûr, mûre [myr] *adj* ripe; [personne] mature.

◆ **mûre** *nf* **-1.** [de mûrier] mulberry. **-2.** [de ronce] blackberry, bramble.

muraille [myraj] *nf* wall.

murène [myrɛn] *nf* moray eel.

murer [myre] *vt* **-1.** [boucher] to wall up, to block up. **-2.** [enfermer] to wall in.

◆ **se murer** *vp* to shut o.s. up OU away; **se ~ dans** *fig* to retreat into.

muret [myrɛ] *nm* low wall.

mûrier [myrje] *nm* **-1.** [arbre] mulberry tree. **-2.** [ronce] blackberry bush, bramble bush.

mûrir [myrir] *vi* **-1.** [fruits, légumes] to ripen. **-2.** *fig* [idée, projet] to develop. **-3.** [personne] to mature.

murmure [myrmyr] *nm* murmur.

murmurer [myrmyre] *vt & vi* to murmur.

musaraigne [myzarɛɲ] *nf* shrew.

musarder [myzarde] *vi fam* to dawdle.

muscade [myskad] *nf* nutmeg.

muscat [myska] *nm* **-1.** [raisin] muscat grape. **-2.** [vin] *sweet wine*.

muscle [myskl] *nm* muscle.

musclé, -e [myskle] *adj* **-1.** [personne] muscular. **-2.** *fig* [mesure, décision] forceful.

muscler [myskle] *vt*: **~ son corps** to build up one's muscles.

◆ **se muscler** *vp* to build up one's muscles.

musculation [myskylasjɔ̃] *nf*: **faire de la ~** to do muscle-building exercises.

muse [myz] *nf* muse.

museau [myzo] *nm* **-1.** [d'animal] muzzle, snout. **-2.** *fam* [de personne] face.

musée [myze] *nm* museum; [d'art] art gallery.

museler [myzle] *vt litt & fig* to muzzle.

muselière [myzəljɛr] *nf* muzzle.

musette [myzɛt] *nf* haversack; [d'écolier] satchel.

musical, -e, -aux [myzikal, o] *adj* **-1.** [son] musical. **-2.** [émission, critique] music (*avant n*).

music-hall [myzikol] (*pl* music-halls) *nm* music-hall.

musicien, -ienne [myzisjɛ̃, jɛn] ◇ *adj* musical. ◇ *nm, f* musician.

musique [myzik] *nf* music; **~ de chambre** chamber music; **~ de film** film *Br* OU movie *Am* score.

musulman, -e [myzylmɑ̃, an] *adj & nm, f* Muslim.

mutant, -e [mytɑ̃, ɑ̃t] *adj* mutant.

◆ **mutant** *nm* mutant.

mutation [mytasjɔ̃] *nf* **-1.** BIOL mutation. **-2.** *fig* [changement] transformation. **-3.** [de fonctionnaire] transfer.

muter [myte] *vt* to transfer.

mutilation [mytilasjɔ̃] *nf* mutilation.

mutilé, -e [mytile] *nm, f* disabled person.

mutiler [mytile] *vt* to mutilate; **il a été mutilé du bras droit** he lost his right arm.

mutin, -e [mytɛ̃, in] *adj littéraire* impish.

◆ **mutin** *nm* rebel; MIL & NAVIG mutineer.

mutinerie [mytinri] *nf* rebellion; MIL & NAVIG mutiny.

mutisme [mytism] *nm* silence.

mutualité [mytɥalite] *nf* [assurance] mutual insurance.

mutuel, -elle [mytɥɛl] *adj* mutual.

◆ **mutuelle** *nf* mutual insurance company.

mycose [mikoz] *nf* mycosis, fungal infection.

myocarde [mjɔkard] *nm* myocardium.

myopathie [mjɔpati] *nf* myopathy.

myope [mjɔp] ◇ *nmf* shortsighted person. ◇ *adj* shortsighted, myopic.

myopie [mjɔpi] *nf* shortsightedness, myopia.

myosotis [mjozɔtis] *nm* forget-me-not.

myrtille [mirtij] *nf* bilberry *Br*, blueberry *Am*.

mystère [mistɛr] *nm* [gén] mystery.
mystérieux, -ieuse [misterjø, jøz] *adj* mysterious.
mysticisme [mistisism] *nm* mysticism.
mystification [mistifikasjɔ̃] *nf* [tromperie] hoax, practical joke.
mystifier [mistifje] *vt* [duper] to take in.
mystique [mistik] ◇ *nmf* mystic. ◇ *adj* mystic, mystical.
mythe [mit] *nm* myth.
mythique [mitik] *adj* mythical.
mythologie [mitɔlɔʒi] *nf* mythology.
mythomane [mitɔman] *nmf* pathological liar.

N

n, N [ɛn] *nm inv* [lettre] n, N.
◆ **N** (*abr de* **nord**) N.
nacelle [nasɛl] *nf* [de montgolfière] basket.
nacre [nakr] *nf* mother-of-pearl.
nage [naʒ] *nf* **-1.** [natation] swimming; **traverser à la ~** to swim across. **-2.** *loc*: **en ~** bathed in sweat.
nageoire [naʒwar] *nf* fin.
nager [naʒe] *vi* **-1.** [se baigner] to swim. **-2.** [flotter] to float. **-3.** *fig* [dans vêtement]: **~ dans** to be lost in; **~ dans la joie** to be incredibly happy.
nageur, -euse [naʒœr, øz] *nm, f* swimmer.
naguère [nagɛr] *adv littéraire* a short time ago.
naïf, naïve [naif, iv] *adj* **-1.** [ingénu, art] naive. **-2.** *péj* [crédule] gullible.
nain, -e [nɛ̃, nɛn] ◇ *adj* dwarf (*avant n*). ◇ *nm, f* dwarf.
naissance [nɛsɑ̃s] *nf* **-1.** [de personne] birth; **donner ~ à** to give birth to; **le contrôle des ~s** birth control. **-2.**

[endroit] source; [du cou] nape. **-3.** *fig* [de science, nation] birth; **donner ~ à** to give rise to.
naissant, -e [nɛsɑ̃, ɑ̃t] *adj* **-1.** [brise] rising; [jour] dawning. **-2.** [barbe] incipient.
naître [nɛtr] *vi* **-1.** [enfant] to be born; **elle est née en 1965** she was born in 1965. **-2.** [espoir] to spring up; **~ de** to arise from; **faire ~ qqch** to give rise to sthg.
naïveté [naivte] *nf* **-1.** [candeur] innocence. **-2.** *péj* [crédulité] gullibility.
nana [nana] *nf fam* [jeune fille] girl.
nanti, -e [nɑ̃ti] *nm, f* wealthy person.
nantir [nɑ̃tir] *vt littéraire*: **~ qqn de** to provide sb with.
nappe [nap] *nf* **-1.** [de table] tablecloth, cloth. **-2.** *fig* [étendue - gén] sheet; [- de brouillard] blanket. **-3.** [couche] layer.
napper [nape] *vt* CULIN to coat.
napperon [naprɔ̃] *nm* tablemat.
narcisse [narsis] *nm* BOT narcissus.
narcissisme [narsisism] *nm* narcissism.
narcotique [narkɔtik] *nm & adj* narcotic.
narguer [narge] *vt* [danger] to flout; [personne] to scorn, to scoff at.
narine [narin] *nf* nostril.
narquois, -e [narkwa, az] *adj* sardonic.
narrateur, -trice [naratœr, tris] *nm, f* narrator.
narrer [nare] *vt littéraire* to narrate.
nasal, -e, -aux [nazal, o] *adj* nasal.
naseau, -x [nazo] *nm* nostril.
nasillard, -e [nazijar, ard] *adj* nasal.
nasse [nas] *nf* keep net.
natal, -e, -als [natal] *adj* [d'origine] native.
natalité [natalite] *nf* birth rate.
natation [natasjɔ̃] *nf* swimming; **faire de la ~** to swim.
natif, -ive [natif, iv] ◇ *adj* [originaire]: **~ de** native of. ◇ *nm, f* native.
nation [nasjɔ̃] *nf* nation.

◆ **Nations unies** *nfpl*: les Nations unies the United Nations.

national, -e, -aux [nasjɔnal, o] *adj* national.

◆ **nationale** *nf*: (route) ~e ≃ A road *Br*, ≃ state highway *Am*.

nationaliser [nasjɔnalize] *vt* to nationalize.

nationalisme [nasjɔnalism] *nm* nationalism.

nationalité [nasjɔnalite] *nf* nationality; de ~ française of French nationality.

nativité [nativite] *nf* nativity.

natte [nat] *nf* **-1.** [tresse] plait. **-2.** [tapis] mat.

naturaliser [natyralize] *vt* **-1.** [personne, plante] to naturalize. **-2.** [empailler] to stuff.

naturaliste [natyralist] ◇ *nmf* **-1.** LITTÉRATURE & ZOOL naturalist. **-2.** [empailleur] taxidermist. ◇ *adj* naturalistic.

nature [natyr] ◇ *nf* nature. ◇ *adj inv* **-1.** [simple] plain. **-2.** *fam* [spontané] natural.

naturel, -elle [natyrɛl] *adj* natural.

◆ **naturel** *nm* **-1.** [tempérament] nature; être d'un ~ affable/sensible *etc* to be affable/sensitive *etc* by nature. **-2.** [aisance, spontanéité] naturalness.

naturellement [natyrɛlmɑ̃] *adv* **-1.** [gén] naturally. **-2.** [logiquement] rationally.

naturiste [natyrist] *nmf* naturist.

naufrage [nofraʒ] *nm* **-1.** [navire] shipwreck; faire ~ to be wrecked. **-2.** *fig* [effondrement] collapse.

naufragé, -e [nofraʒe] ◇ *adj* shipwrecked. ◇ *nm, f* shipwrecked person.

nauséabond, -e [nozeabɔ̃, ɔ̃d] *adj* nauseating.

nausée [noze] *nf* **-1.** MÉD nausea; avoir la ~ to feel nauseous OU sick. **-2.** [dégoût] disgust.

nautique [notik] *adj* nautical; [ski, sport] water (*avant n*).

naval, -e, -als [naval] *adj* naval.

navet [navɛ] *nm* **-1.** BOT turnip. **-2.** *fam péj* [œuvre] load of rubbish.

navette [navɛt] *nf* shuttle; ~ spatiale AÉRON space shuttle; faire la ~ to shuttle.

navigable [navigabl] *adj* navigable.

navigateur, -trice [navigatœr, tris] *nm, f* navigator.

navigation [navigasjɔ̃] *nf* navigation; COMM shipping.

naviguer [navige] *vi* **-1.** [voguer] to sail. **-2.** [piloter] to navigate.

navire [navir] *nm* ship.

navrant, -e [navrɑ̃, ɑ̃t] *adj* **-1.** [triste] upsetting, distressing. **-2.** [regrettable, mauvais] unfortunate.

navrer [navre] *vt* to upset; être navré de qqch/de faire qqch to be sorry about sthg/to do sthg.

nazi, -e [nazi] *nm, f* Nazi.

nazisme [nazism] *nm* Nazism.

NB (*abr de* Nota Bene) NB.

nbreuses *abr de* nombreuses.

nbrx *abr de* nombreux.

NDLR (*abr de* note de la rédaction) editor's note.

NDT (*abr de* note du traducteur) translator's note.

ne [nə], **n'** (*devant voyelle ou h muet*) *adv* **-1.** [négation] → pas, plus, rien *etc*. **-2.** [négation implicite]: il se porte mieux que je ~ (le) croyais he's in better health than I thought (he would be). **-3.** [avec verbes ou expressions marquant le doute, la crainte etc]: je crains qu'il n'oublie I'm afraid he'll forget; j'ai peur qu'il n'en parle I'm frightened he'll talk about it.

né, -e [ne] *adj* born; ~ en 1965 born in 1965; ~ le 17 juin born on the 17th June; Mme X, ~e Y Mrs X née Y.

néanmoins [neɑ̃mwɛ̃] *adv* nevertheless.

néant [neɑ̃] *nm* **-1.** [absence de valeur] worthlessness. **-2.** [absence d'existence] nothingness; réduire à ~ to reduce to nothing.

nébuleux, -euse [nebylø, øz] *adj* **-1.** [ciel] cloudy. **-2.** [idée, projet] nebulous.

◆ **nébuleuse** *nf* ASTRON nebula.

nécessaire [nesesɛr] ◇ *adj* necessary; ~ à necessary for; **il est** ~ **de faire qqch** it is necessary to do sthg; **il est** ~ **que** (+ *subjonctif*): **il est** ~ **qu'elle vienne** she must come. ◇ *nm* **-1.** [biens] necessities (*pl*); **le strict** ~ **des** bare essentials (*pl*). **-2.** [mesures]: **faire le** ~ to do the necessary. **-3.** [trousse] bag.

nécessité [nesesite] *nf* [obligation, situation] necessity; **être dans la** ~ **de faire qqch** to have no choice OU alternative but to do sthg.

nécessiter [nesesite] *vt* to necessitate.

nécrologique [nekrɔlɔʒik] *adj* obituary (*avant n*).

nectar [nɛktar] *nm* nectar.

nectarine [nɛktarin] *nf* nectarine.

néerlandais, -e [neɛrlɑ̃dɛ, ɛz] *adj* Dutch.

◆ **néerlandais** *nm* [langue] Dutch.

◆ **Néerlandais, -e** *nm, f* Dutchman (*f* Dutchwoman); **les Néerlandais** the Dutch.

nef [nɛf] *nf* **-1.** [d'église] nave. **-2.** *littéraire* [bateau] vessel.

néfaste [nefast] *adj* **-1.** [jour, événement] fateful. **-2.** [influence] harmful.

négatif, -ive [negatif, iv] *adj* negative.

◆ **négatif** *nm* PHOT negative.

◆ **négative** *nf*: **répondre par la négative** to reply in the negative.

négation [negasjɔ̃] *nf* **-1.** [rejet] denial. **-2.** GRAM negative.

négligé, -e [negliʒe] *adj* **-1.** [travail, tenue] untidy. **-2.** [ami, jardin] neglected.

négligeable [negliʒabl] *adj* negligible.

négligemment [negliʒamɑ̃] *adv* **-1.** [sans soin] carelessly. **-2.** [avec indifférence] casually.

négligence [negliʒɑ̃s] *nf* **-1.** [laisser-aller] carelessness. **-2.** [omission] negligence; **par** ~ out of negligence.

négligent, e [negliʒɑ̃, ɑ̃t] *adj* **-1.** [sans soin] careless. **-2.** [indifférent] casual.

négliger [negliʒe] *vt* **-1.** [ami, jardin] to neglect; ~ **de faire qqch** to fail to do sthg. **-2.** [avertissement] to ignore.

◆ **se négliger** *vp* to neglect o.s.

négoce [negɔs] *nm* business.

négociant, -e [negɔsjɑ̃, ɑ̃t] *nm, f* dealer.

négociateur, -trice [negɔsjatœr, tris] *nm, f* negotiator.

négociation [negɔsjasjɔ̃] *nf* negotiation; ~**s de paix** peace negotiations.

négocier [negɔsje] *vt* to negotiate.

nègre, négresse [nɛgr, negrɛs] *nm, f* negro (*f* negress) (*beware: the terms 'nègre' and 'négresse' are considered racist*).

◆ **nègre** ◇ *nm fam* ghost writer. ◇ *adj* negro (*avant n*) (*beware: the term 'nègre' is considered racist*).

neige [nɛʒ] *nf* [flocons] snow.

neiger [neʒe] *v impers*: **il neige** it is snowing.

neigeux, -euse [nɛʒø, øz] *adj* snowy.

nénuphar [nenyfar] *nm* water-lily.

néologisme [neɔlɔʒism] *nm* neologism.

néon [neɔ̃] *nm* **-1.** [gaz] neon. **-2.** [enseigne] neon light.

néophyte [neɔfit] *nmf* novice.

néo-zélandais, -e [neɔzelɑ̃dɛ, ɛz] (*mpl inv, fpl* néo-zélandaises) *adj* New Zealand (*avant n*).

◆ **Néo-Zélandais, -e** *nm, f* New Zealander.

Népal [nepal] *nm*: **le** ~ Nepal.

nerf [nɛr] *nm* **-1.** ANAT nerve. **-2.** *fig* [vigueur] spirit.

nerveux, -euse [nɛrvø, øz] *adj* **-1.** [gén] nervous. **-2.** [viande] stringy. **-3.** [style] vigorous; [voiture] nippy.

nervosité [nɛrvozite] *nf* nervousness.

nervure [nɛrvyr] *nf* [de feuille, d'aile] vein.

n'est-ce pas [nɛspa] *adv*: **vous me croyez,** ~? you believe me, don't you?; **c'est délicieux,** ~? it's delicious, isn't it?; ~ **que vous vous êtes bien amusés?** you enjoyed yourselves, didn't you?

net, nette [nɛt] *adj* **-1.** [écriture, image, idée] clear. **-2.** [propre, rangé] clean, neat. **-3.** COMM & FIN net; ~ **d'impôt** tax-free. **-4.** [visible, manifeste] definite, distinct.

◆ **net** *adv* [sur le coup] on the spot; **s'arrêter** ~ to stop dead; **se casser** ~ to break clean off.

nettement [nɛtmɑ̃] *adv* **-1.** [clairement] clearly. **-2.** [incontestablement] definitely; ~ **plus/moins** much more/less.

netteté [nɛtte] *nf* clearness.

nettoyage [netwajaʒ] *nm* [de vêtement] cleaning; ~ **à sec** dry cleaning.

nettoyer [netwaje] *vt* **-1.** [gén] to clean. **-2.** [grenier] to clear out.

neuf¹, neuve [nœf, nœv] *adj* new.

◆ **neuf** *nm*: **vêtu de** ~ wearing new clothes; **quoi de** ~? what's new?; **rien de** ~ nothing new.

neuf² [nœf] *adj num & nm* nine; *voir aussi* **six**.

neurasthénique [nørastenik] *nmf & adj* depressive.

neurologie [nørɔlɔʒi] *nf* neurology.

neutraliser [nøtralize] *vt* to neutralize.

neutralité [nøtralite] *nf* neutrality.

neutre [nøtr] ◇ *nm* LING neuter. ◇ *adj* **-1.** [gén] neutral. **-2.** LING neuter.

neutron [nøtrɔ̃] *nm* neutron.

neuve → **neuf**.

neuvième [nœvjɛm] *adj num, nm & nmf* ninth; *voir aussi* **sixième**.

névé [neve] *nm* snowbank.

neveu [nəvø] *nm* nephew.

névralgie [nevralʒi] *nf* MÉD neuralgia.

névrose [nevroz] *nf* neurosis.

névrosé, -e [nevroze] *adj & nm, f* neurotic.

nez [ne] *nm* nose; **saigner du** ~ to have a nosebleed; ~ **busqué** hooked nose; ~ **à** ~ face to face.

ni [ni] *conj*: **sans pull** ~ **écharpe** without a sweater or a scarf; **je ne peux** ~ **ne veux venir** I neither can nor want to come.

◆ **ni ... ni** *loc corrélative* neither ... nor; ~ **lui** ~ **moi** neither of us; ~ **l'un** ~ **l'autre n'a parlé** neither of them spoke; **je ne les aime** ~ **l'un** ~ **l'autre** I don't like either of them.

niais, -e [njɛ, njɛz] ◇ *adj* silly, foolish. ◇ *nm, f* fool.

Nicaragua [nikaragwa] *nm*: **le** ~ Nicaragua.

niche [niʃ] *nf* **-1.** [de chien] kennel. **-2.** [de statue] niche.

nicher [niʃe] *vi* [oiseaux] to nest.

nickel [nikel] ◇ *nm* nickel. ◇ *adj inv fam* spotless, spick and span.

nicotine [nikɔtin] *nf* nicotine.

nid [ni] *nm* nest.

nièce [njɛs] *nf* niece.

nier [nje] *vt* to deny.

nigaud, -e [nigo, od] *nm, f* simpleton.

Niger [niʒɛr] *nm* **-1.** [fleuve]: **le** ~ the River Niger. **-2.** [État]: **le** ~ Niger.

Nigeria [niʒɛrja] *nm*: **le** ~ Nigeria.

Nil [nil] *nm*: **le** ~ the Nile.

n'importe → **importer**.

nippon, -one [nipɔ̃, ɔn] *adj* Japanese.

◆ **Nippon, -one** *nm, f* Japanese (person); **les Nippons** the Japanese.

nirvana [nirvana] *nm* nirvana.

nitrate [nitrat] *nm* nitrate.

nitroglycérine [nitrɔgliserin] *nf* nitroglycerine.

niveau [nivo] *nm* [gén] level; **de même** ~ *fig* of the same standard; **le** ~ **de la mer** sea level; ~ **de vie** standard of living; **au** ~ **de** at the level of; *fig* [en ce qui concerne] as regards.

niveler [nivle] *vt* to level; *fig* to level out.

n° (*abr de* **numéro**) no.

noble [nɔbl] ◇ *nmf* nobleman (*f* noblewoman). ◇ *adj* noble.

noblesse [nɔblɛs] *nf* nobility.

noce [nɔs] *nf* **-1.** [mariage] wedding. **-2.** [invités] wedding party.

◆ **noces** *nfpl* wedding (*sg*); ~**s d'or/ d'argent** golden/silver wedding (anniversary).

nocif, -ive [nɔsif, iv] *adj* [produit, gaz] noxious.

noctambule [nɔktãbyl] *nmf* night bird.

nocturne [nɔktyrn] ◇ *nm ou nf* [d'un magasin] late opening. ◇ *adj* **-1.** [émission, attaque] night (*avant n*). **-2.** [animal] nocturnal.

Noël [nɔɛl] *nm* Christmas; **joyeux ~!** happy OU merry Christmas!

nœud [nø] *nm* **-1.** [de fil, de bois] knot; **double ~** double knot. **-2.** NAVIG knot; **filer à X ~s** NAVIG to do X knots. **-3.** [de l'action, du problème] crux. **-4.** [ornement] bow; ~ **de cravate** knot (*in one's tie*); ~ **papillon** bow tie. **-5.** ANAT, ASTRON, ÉLECTR & RAIL node.

noir, -e [nwar] *adj* **-1.** [gén] black; ~ **de** [poussière, suie] black with. **-2.** [pièce, couloir] dark.
◆ **Noir, -e** *nm, f* black.
◆ **noir** *nm* **-1.** [couleur] black; ~ **sur blanc** *fig* in black and white. **-2.** [obscurité] dark. **-3.** *loc:* **acheter qqch au** ~ to buy sthg on the black market; **travail au** ~ moonlighting.
◆ **noire** *nf* crotchet *Br*, quarter note *Am*.

noirâtre [nwaratr] *adj* blackish.

noirceur [nwarsœr] *nf fig* [méchanceté] wickedness.

noircir [nwarsir] ◇ *vi* to darken. ◇ *vt litt* & *fig* to blacken.

Noire → mer.

noisetier [nwaztje] *nm* hazel tree.

noisette [nwazɛt] *nf* [fruit] hazelnut.

noix [nwa] *nf* **-1.** [fruit] walnut; ~ **de cajou** cashew (nut); ~ **de coco** coconut; ~ **de muscade** nutmeg. **-2.** *loc:* **à la** ~ *fam* dreadful.

nom [nɔ̃] *nm* **-1.** [gén] name; **au** ~ **de** in the name of; ~ **déposé** trade name; ~ **de famille** surname; ~ **de jeune fille** maiden name. **-2.** [prénom] (first) name. **-3.** GRAM noun; ~

propre/commun proper/common noun.

nomade [nɔmad] ◇ *nmf* nomad. ◇ *adj* nomadic.

nombre [nɔ̃br] *nm* number; ~ **pair/ impair** even/odd number.

nombreux, -euse [nɔ̃brø, øz] *adj* **-1.** [famille, foule] large. **-2.** [erreurs, occasions] numerous; **peu ~** few.

nombril [nɔ̃bril] *nm* navel; **il se prend pour le ~ du monde** he thinks the world revolves around him.

nominal, -e, -aux [nɔminal, o] *adj* **-1.** [liste] of names. **-2.** [valeur, autorité] nominal. **-3.** GRAM noun (*avant n*).

nomination [nɔminasjɔ̃] *nf* nomination, appointment.

nommé, -e [nɔme] *adj* **-1.** [désigné] named. **-2.** [choisi] appointed.

nommément [nɔmemã] *adv* [citer] by name.

nommer [nɔme] *vt* **-1.** [appeler] to name, to call. **-2.** [qualifier] to call. **-3.** [promouvoir] to appoint, to nominate. **-4.** [dénoncer, mentionner] to name.
◆ **se nommer** *vp* **-1.** [s'appeler] to be called. **-2.** [se désigner] to give one's name.

non [nɔ̃] ◇ *adv* **-1.** [réponse négative] no. **-2.** [se rapportant à une phrase précédente] not; **moi** ~ not me; **moi** ~ **plus** (and) neither am/do *etc* I. **-3.** [sert à demander une confirmation]: **c'est une bonne idée,** ~? it's a good idea, isn't it? **-4.** [modifie un adjectif ou un adverbe] not; ~ **loin d'ici** not far from here; **une difficulté ~ négligeable** a not inconsiderable problem. ◇ *nm inv* no.
◆ **non (pas) que ... mais** *loc corrélative* not that ... but.
◆ **non seulement ... mais (encore)** *loc corrélative* not only ... but also.

nonagénaire [nɔnaʒenɛr] *nmf & adj* nonagenarian.

non-agression [nɔnagrɛsjɔ̃] *nf* non-aggression.

nonante [nɔnãt] *adj num* Belg & Helv ninety.

nonchalance [nõʃalãs] *nf* nonchalance, casualness.

non-fumeur, -euse [nõfymœr, øz] *nm, f* non-smoker.

non-lieu [nõljø] (*pl* **non-lieux**) *nm* JUR dismissal through lack of evidence; **rendre un ~** to dismiss a case for lack of evidence.

nonne [nɔn] *nf* nun.

non-sens [nõsãs] *nm inv* **-1.** [absurdité] nonsense. **-2.** [contresens] meaningless word.

non-violence [nõvjɔlãs] *nf* non-violence.

non-voyant, -e [nõvwajã, ãt] *nm, f* visually handicapped.

nord [nɔr] ◇ *nm* north; **un vent du ~** a northerly wind; **au ~** in the north; **au ~ (de)** to the north (of); **le grand Nord** the frozen North. ◇ *adj inv* north; [province, région] northern.

nord-africain, -e [nɔrafrikɛ̃, ɛn] (*mpl* **nord-africains**, *fpl* **nord-africaines**) *adj* North African.
◆ **Nord-Africain, -e** *nm, f* North African.

nord-américain, -e [nɔramerikɛ̃, ɛn] (*mpl* **nord-américains**, *fpl* **nord-américaines**) *adj* North American.
◆ **Nord-Américain, -e** *nm, f* North American.

nord-est [nɔrɛst] *nm & adj inv* northeast.

nordique [nɔrdik] *adj* Nordic, Scandinavian.
◆ **Nordique** *nmf* **-1.** [Scandinave] Scandinavian. **-2.** *Can* North Canadian.

nord-ouest [nɔrwɛst] *nm & adj inv* north-west.

normal, -e, -aux [nɔrmal, o] *adj* normal.
◆ **normale** *nf*: **la ~e** the norm.

normalement [nɔrmalmã] *adv* normally, usually; **~ il devrait déjà être arrivé** he should have arrived by now.

normalien, -ienne [nɔrmaljɛ̃, jɛn] *nm, f* student at teacher training college.

normaliser [nɔrmalize] *vt* **-1.** [situation] to normalize. **-2.** [produit] to standardize.

normand, -e [nɔrmã, ãd] *adj* Norman.
◆ **Normand, -e** *nm, f* Norman.

Normandie [nɔrmãdi] *nf*: **la ~** Normandy.

norme [nɔrm] *nf* **-1.** [gén] standard, norm. **-2.** [critère] criterion.

Norvège [nɔrvɛʒ] *nf*: **la ~** Norway.

norvégien, -ienne [nɔrveʒjɛ̃, jɛn] *adj* Norwegian.
◆ **norvégien** *nm* [langue] Norwegian.
◆ **Norvégien, -ienne** *nm, f* Norwegian.

nos → **notre**.

nostalgie [nɔstalʒi] *nf* nostalgia.

nostalgique [nɔstalʒik] *adj* nostalgic.

notable [nɔtabl] ◇ *adj* noteworthy, notable. ◇ *nm* notable.

notaire [nɔtɛr] *nm* ≃ solicitor *Br*, lawyer.

notamment [nɔtamã] *adv* in particular.

note [nɔt] *nf* **-1.** [gén & MUS] note; **prendre des ~s** to take notes. **-2.** SCOL & UNIV mark, grade *Am*; **avoir une bonne/mauvaise ~** to have a good/bad mark. **-3.** [facture] bill.

noter [nɔte] *vt* **-1.** [écrire] to note down. **-2.** [constater] to note, to notice. **-3.** SCOL & UNIV to mark, to grade *Am*.

notice [nɔtis] *nf* instructions (*pl*).

notifier [nɔtifje] *vt*: **~ qqch à qqn** to notify sb of sthg.

notion [nɔsjõ] *nf* **-1.** [conscience, concept] notion, concept. **-2.** (*gén pl*) [rudiment] smattering (*U*).

notoire [nɔtwar] *adj* [fait] wellknown; [criminel] notorious.

notre [nɔtr] (*pl* **nos** [no]) *adj poss* our.

nôtre [nɔtr]
◆ **le nôtre** (*f* **la nôtre**, *pl* **les nôtres**) *pron poss* ours; **les ~s** our family (*sg*);

serez-vous des ~s demain? will you be joining us tomorrow?

nouer [nwe] vt -1. [corde, lacet] to tie; [bouquet] to tie up. -2. fig [gorge, estomac] to knot.
◆ **se nouer** vp -1. [gorge] to tighten up. -2. [intrigue] to start.

noueux, -euse [nwø, øz] adj [bois] knotty; [mains] gnarled.

nougat [nuga] nm nougat.

nouille [nuj] nf fam péj idiot.
◆ **nouilles** nfpl [pâtes] pasta (U), noodles (pl).

nourrice [nuris] nf [garde d'enfants] nanny, child-minder; [qui allaite] wet nurse.

nourrir [nurir] vt -1. [gén] to feed. -2. [sentiment, projet] to nurture.
◆ **se nourrir** vp to eat; **se ~ de qqch** litt & fig to live on sthg.

nourrissant, -e [nurisã, ãt] adj nutritious, nourishing.

nourrisson [nurisõ] nm infant.

nourriture [nurityr] nf food.

nous [nu] pron pers -1. [sujet] we. -2. [objet] us.
◆ **nous-mêmes** pron pers ourselves.

nouveau, -elle, -x [nuvo, ɛl, o] (**nouvel** devant voyelle et h muet) ◇ adj new; ~x mariés newlyweds. ◇ nm, f new boy (f new girl).
◆ **nouveau** nm: il y a du ~ there's something new.
◆ **nouvelle** nf -1. [information] (piece of) news (U). -2. [court récit] short story.
◆ **nouvelles** nfpl news; les nouvelles MÉDIA the news (sg); il a donné de ses nouvelles I/we etc have heard from him.
◆ **à nouveau** loc adv -1. [encore] again. -2. [de manière différente] afresh, anew.
◆ **de nouveau** loc adv again.

nouveau-né, -e [nuvone] (mpl **nouveau-nés**, fpl **nouveau-nées**) nm, f newborn baby.

nouveauté [nuvote] nf -1. [actualité]

novelty. -2. [innovation] something new. -3. [ouvrage] new book/film etc.

nouvel, nouvelle → nouveau.

Nouvelle-Calédonie [nuvɛlkaledɔni] nf: **la ~** New Caledonia.

Nouvelle-Guinée [nuvɛlgine] nf: **la ~** New Guinea.

Nouvelle-Zélande [nuvɛlzelãd] nf: **la ~** New Zealand.

novateur, -trice [nɔvatœr, tris] ◇ adj innovative. ◇ nm, f innovator.

novembre [nɔvãbr] nm November; voir aussi septembre.

novice [nɔvis] ◇ nmf novice. ◇ adj inexperienced.

noyade [nwajad] nf drowning.

noyau [nwajo] nm -1. [de fruit] stone, pit. -2. ASTRON, BIOL & PHYS nucleus. -3. fig [d'amis] group, circle; [d'opposants, de résistants] cell; ~ **dur** hard core. -4. fig [centre] core.

noyauter [nwajote] vt to infiltrate.

noyé, -e [nwaje] ◇ adj -1. [personne] drowned. -2. [inondé] flooded; **yeux ~s de larmes** eyes swimming with tears. ◇ nm, f drowned person.

noyer [nwaje] vt -1. [animal, personne] to drown. -2. [terre, moteur] to flood. -3. [estomper, diluer] to swamp; [contours] to blur.
◆ **se noyer** vp -1. [personne] to drown. -2. fig [se perdre] : **se ~ dans** to become bogged down in.

N/Réf (abr de **Notre référence**) O/Ref.

nu, -e [ny] adj -1. [personne] naked. -2. [paysage, fil électrique] bare. -3. [style, vérité] plain.
◆ **nu** nm nude; **à ~** stripped, bare; **mettre à ~** to strip bare.

nuage [nɥaʒ] nm -1. [gén] cloud. -2. [petite quantité] : **un ~ de lait** a drop of milk.

nuageux, -euse [nɥaʒø, øz] adj -1. [temps, ciel] cloudy. -2. fig [esprit] hazy.

nuance [nɥãs] nf [de couleur] shade; [de son, de sens] nuance.

nubile [nybil] *adj* nubile.

nucléaire [nykleɛr] ◇ *nm* nuclear energy. ◇ *adj* nuclear.

nudisme [nydism] *nm* nudism, naturism.

nudité [nydite] *nf* **-1.** [de personne] nudity, nakedness. **-2.** [de lieu, style] bareness.

nuée [nɥe] *nf* **-1.** [multitude]: **une ~ de** a horde of. **-2.** *littéraire* [nuage] cloud.

nues [ny] *nfpl*: **tomber des ~ to** be completely taken aback.

nui [nɥi] *pp inv* → **nuire**.

nuire [nɥir] *vi*: **~ à to harm**, to injure.

nuisance [nɥizɑ̃s] *nf* nuisance (*U*), harm (*U*).

nuisette [nɥizɛt] *nf* short nightgown, babydoll nightgown.

nuisible [nɥizibl] *adj* harmful.

nuit [nɥi] *nf* **-1.** [laps de temps] night; **cette ~** [la nuit dernière] last night; [la nuit prochaine] tonight; **de ~** at night; **bateau/vol de ~** night ferry/flight; **~ blanche** sleepless night. **-2.** [obscurité] darkness, night; **il fait ~** it's dark; **perdu dans la ~ des temps** lost in the mists of time.

nuitée [nɥite] *nf* overnight stay.

nul, nulle [nyl] ◇ *adj indéf* (*avant n*) *littéraire* no. ◇ *adj* (*après n*) **-1.** [égal à zéro] nil. **-2.** [sans valeur] useless, hopeless; **être ~ en maths** to be hopeless OU useless at maths. **-3.** [sans résultat]: **match ~** draw. ◇ *nm, f* *péj* nonentity. ◇ *pron indéf sout* no one, nobody.

◆ **nulle part** *adv* nowhere.

nullement [nylmɑ̃] *adv* by no means.

nullité [nylite] *nf* **-1.** [médiocrité] incompetence. **-2.** JUR invalidity, nullity.

numéraire [nymerɛr] *nm* cash.

numération [nymerasjɔ̃] *nf* MÉD: **~ globulaire** blood count.

numérique [nymerik] *adj* **-1.** [gén] numerical. **-2.** INFORM digital.

numéro [nymero] *nm* **-1.** [gén] number; **composer** OU **faire un ~** to dial a number; **faire un faux ~** to dial a wrong number; **~ minéralogique** OU **d'immatriculation** registration *Br* OU license *Am* number; **~ de téléphone** telephone number; **~ vert** ≃ freefone number. **-2.** [de spectacle] act, turn. **-3.** *fam* [personne]: **quel ~!** what a character!

numéroter [nymerɔte] *vt* to number.

nu-pieds [nypje] *nm inv* [sandale] sandal.

nuptial, -e, -iaux [nypsjal, jo] *adj* nuptial.

nuque [nyk] *nf* nape.

nurse [nœrs] *nf* children's nurse, nanny.

nutritif, -ive [nytritif, iv] *adj* nutritious.

nutritionniste [nytrisjɔnist] *nmf* nutritionist, dietician.

nylon [nilɔ̃] *nm* nylon.

nymphe [nɛ̃f] *nf* nymph.

nymphomane [nɛ̃fɔman] *nf & adj* nymphomaniac.

o, O [o] *nm inv* [lettre] o, O.
◆ **O** (*abr de* **Ouest**) W.

ô [o] *interj* oh!, O!

oasis [ɔazis] *nf* **-1.** [dans désert] oasis. **-2.** *fig* [de calme] haven, oasis.

obéir [ɔbeir] *vi* **-1.** [personne]: **~ à qqn/qqch** to obey sb/sthg. **-2.** [freins] to respond.

obéissant, -e [ɔbeisɑ̃, ɑ̃t] *adj* obedient.

obélisque [ɔbelisk] *nm* obelisk.

obèse [ɔbɛz] *adj* obese.

obésité [ɔbezite] *nf* obesity.

objecteur [ɔbʒɛktœr] nm objector; ~ **de conscience** conscientious objector.

objectif, -ive [ɔbʒɛktif, iv] adj objective.

◆ **objectif** nm -1. PHOT lens. -2. [but, cible] objective, target.

objection [ɔbʒɛksjɔ̃] nf objection; **faire** ~ à to object to.

objectivité [ɔbʒɛktivite] nf objectivity.

objet [ɔbʒɛ] nm -1. [chose] object; ~ **d'art** objet d'art; ~ **de valeur** valuable; ~**s trouvés** lost property office Br, lost and found (office) Am. -2. [sujet] subject.

obligation [ɔbligasjɔ̃] nf -1. [gén] obligation; **être dans l'**~ **de faire qqch** to be obliged to do sthg. -2. FIN bond, debenture.

◆ **obligations** nfpl obligations, duties.

obligatoire [ɔbligatwar] adj -1. [imposé] compulsory, obligatory. -2. fam [inéluctable] inevitable.

obligeance [ɔbliʒɑ̃s] nf sout obligingness; **avoir l'**~ **de faire qqch** to be good ou kind enough to do sthg.

obliger [ɔbliʒe] vt -1. [forcer]: ~ **qqn à qqch** to impose sthg on sb; ~ **qqn à faire qqch** to force sb to do sthg; **être obligé de faire qqch** to be obliged to do sthg. -2. [rendre service à] to oblige.

◆ **s'obliger** vp: **s'**~ à qqch to impose sthg on o.s.; **s'**~ à **faire qqch** to force o.s. to do sthg.

oblique [ɔblik] adj oblique.

obliquer [ɔblike] vi to turn off.

oblitérer [ɔblitere] vt -1. [tamponner] to cancel. -2. MÉD to obstruct. -3. [effacer] to obliterate.

obnubiler [ɔbnybile] vt to obsess; **être obnubilé par** to be obsessed with ou by.

obole [ɔbɔl] nf small contribution.

obscène [ɔpsɛn] adj obscene.

obscénité [ɔpsenite] nf obscenity.

obscur, -e [ɔpskyr] adj -1. [sombre] dark. -2. [confus] vague. -3. [inconnu, douteux] obscure.

obscurantisme [ɔpskyrãtism] nm obscurantism.

obscurcir [ɔpskyrsir] vt -1. [assombrir] to darken. -2. [embrouiller] to confuse.

◆ **s'obscurcir** vp -1. [s'assombrir] to grow dark. -2. [s'embrouiller] to become confused.

obscurité [ɔpskyrite] nf [nuit] darkness.

obsédé, -e [ɔpsede] ◇ adj obsessed. ◇ nm, f obsessive.

obséder [ɔpsede] vt to obsess, to haunt.

obsèques [ɔpsɛk] nfpl funeral (sg).

obséquieux, -ieuse [ɔpsekjø, jøz] adj obsequious.

observateur, -trice [ɔpsɛrvatœr, tris] ◇ adj observant. ◇ nm, f observer.

observation [ɔpsɛrvasjɔ̃] nf -1. [gén] observation; **être en** ~ MÉD to be under observation. -2. [critique] remark.

observatoire [ɔpsɛrvatwar] nm -1. ASTRON observatory. -2. [lieu de surveillance] observation post.

observer [ɔpsɛrve] vt -1. [regarder, remarquer, respecter] to observe. -2. [épier] to watch. -3. [constater]: ~ **que** to note that; **faire** ~ **qqch à qqn** to point sthg out to sb.

obsession [ɔpsesjɔ̃] nf obsession.

obsolète [ɔpsɔlɛt] adj obsolete.

obstacle [ɔpstakl] nm -1. [entrave] obstacle. -2. fig [difficulté] hindrance; **faire** ~ à **qqch/qqn** to hinder sthg/sb; **rencontrer un** ~ to meet an obstacle.

obstétrique [ɔpstetrik] nf obstetrics (U).

obstination [ɔpstinasjɔ̃] nf stubbornness, obstinacy.

obstiné, -e [ɔpstine] adj -1. [entêté] stubborn, obstinate. -2. [acharné] dogged.

obstiner [ɔpstine]

◆ **s'obstiner** *vp* to insist; **s'~ à faire qqch** to persist stubbornly in doing sthg; **s'~ dans qqch** to cling stubbornly to sthg.

obstruction [ɔpstryksjɔ̃] *nf* **-1.** MÉD obstruction, blockage. **-2.** POLIT & SPORT obstruction.

obstruer [ɔpstrye] *vt* to block, to obstruct.

◆ **s'obstruer** *vp* to become blocked.

obtempérer [ɔptɑ̃pere] *vi* : **~ à** to comply with.

obtenir [ɔptənir] *vt* to get, to obtain; **~ qqch de qqn** to get sthg from sb; **~ qqch à** OU **pour qqn** to obtain sthg for sb.

obtention [ɔptɑ̃sjɔ̃] *nf* obtaining.

obtenu, -e [ɔptəny] *pp* → **obtenir**.

obturer [ɔptyre] *vt* to close, to seal; [dent] to fill.

obtus, -e [ɔpty, yz] *adj* obtuse.

obus [ɔby] *nm* shell.

OC (*abr de* **ondes courtes**) SW.

occasion [ɔkazjɔ̃] *nf* **-1.** [possibilité, chance] opportunity, chance; **saisir l'~ (de faire qqch)** to seize OU grab the chance (to do sthg); **rater une ~ (de faire qqch)** to miss a chance (to do sthg); **à l'~** some time; [de temps en temps] sometimes, on occasion; **à la première ~** at the first opportunity. **-2.** [circonstance] occasion; **à l'~ de** on the occasion of. **-3.** [bonne affaire] bargain.

◆ **d'occasion** *loc adv & loc adj* second-hand.

occasionnel, -elle [ɔkazjɔnɛl] *adj* **-1.** [accidentel] chance. **-2.** [irrégulier - visite, problème] occasional; [- travail] casual.

occasionner [ɔkazjɔne] *vt* to cause.

occident [ɔksidɑ̃] *nm* west.

◆ **Occident** *nm* : **l'Occident** the West.

occidental, -e, -aux [ɔksidɑ̃tal, o] *adj* western.

◆ **Occidental, -e, -aux** *nm, f* Westerner.

occlusion [ɔklyzjɔ̃] *nf* **-1.** MÉD blockage, obstruction. **-2.** LING & CHIM occlusion.

occulte [ɔkylt] *adj* occult.

occulter [ɔkylte] *vt* [sentiments] to conceal.

occupation [ɔkypasjɔ̃] *nf* **-1.** [activité] occupation, job. **-2.** MIL occupation.

occupé, -e [ɔkype] *adj* **-1.** [personne] busy; **être ~ à qqch** to be busy doing sthg. **-2.** [appartement, zone] occupied. **-3.** [place] taken; [toilettes] engaged; **c'est ~** [téléphone] it's engaged *Br* OU busy *Am*.

occuper [ɔkype] *vt* **-1.** [gén] to occupy. **-2.** [espace] to take up. **-3.** [fonction, poste] to hold. **-4.** [main-d'œuvre] to employ.

◆ **s'occuper** *vp* **-1.** [s'activer] to keep o.s. busy; **s'~ à qqch/à faire qqch** to be busy with sthg/doing sthg. **-2.** **s'~ de qqch** [se charger de] to take care of sthg, to deal with sthg; [s'intéresser à] to take an interest in, to be interested in; **occupez-vous de vos affaires!** mind your own business! **-3.** [prendre soin] : **s'~ de qqn** to take care of sb, to look after sb.

occurrence [ɔkyrɑ̃s] *nf* **-1.** [circonstance] : **en l'~** in this case. **-2.** LING occurrence.

OCDE (*abr de* **Organisation de coopération et de développement économique**) *nf* OECD.

océan [ɔseɑ̃] *nm* ocean; **l'~ Antarctique** the Antarctic Ocean; **l'~ Arctique** the Arctic Ocean; **l'~ Atlantique** the Atlantic Ocean; **l'~ Indien** the Indian Ocean; **l'~ Pacifique** the Pacific Ocean.

Océanie [ɔseani] *nf* : **l'~** Oceania.

océanique [ɔseanik] *adj* ocean (*avant n*).

océanographie [ɔseanɔɡrafi] *nf* oceanography.

ocre [ɔkr] *adj inv & nf* ochre.

octante [ɔktɑ̃t] *adj num* Belg & Helv eighty.

octave [ɔktav] *nf* octave.

octet [ɔktɛ] *nm* INFORM byte.

octobre [ɔktɔbr] *nm* October; *voir aussi* **septembre**.

octogénaire [ɔktɔʒenɛr] *nmf & adj* octogenarian.

octroyer [ɔktrwaje] *vt:* ~ **qqch à qqn** to grant sb sthg, to grant sthg to sb.
◆ **s'octroyer** *vp* to grant o.s., to treat o.s. to.

oculaire [ɔkylɛr] ◇ *nm* eyepiece. ◇ *adj* ocular, eye (*avant n*); **témoin** ~ eyewitness.

oculiste [ɔkylist] *nmf* ophthalmologist.

ode [ɔd] *nf* ode.

odeur [ɔdœr] *nf* smell.

odieux, -ieuse [ɔdjø, jøz] *adj* **-1.** [crime] odious, abominable. **-2.** [personne, attitude] unbearable, obnoxious.

odorant, -e [ɔdɔrɑ̃, ɑ̃t] *adj* sweet-smelling, fragrant.

odorat [ɔdɔra] *nm* (sense of) smell.

œdème [edɛm] *nm* oedema.

œil [œj] (*pl* **yeux** [jø]) *nm* **-1.** [gén] eye; **yeux bridés/exorbités/globuleux** slanting/bulging/protruding eyes; **avoir les yeux cernés** to have bags under one's eyes; **baisser/lever les yeux** to look down/up, to lower/raise one's eyes; **à l'**~ **nu** to the naked eye; **à vue d'**~ visibly. **-2.** *loc:* **avoir qqch/qqn à l'**~ to have one's eye on sthg/sb; **n'avoir pas froid aux yeux** not to be afraid of anything, to have plenty of nerve; **mon** ~! *fam* like hell; **cela saute aux yeux** it's obvious.

œillade [œjad] *nf* wink; **lancer une** ~ **à qqn** to wink at sb.

œillère [œjɛr] *nf* eyebath.
◆ **œillères** *nfpl* blinkers *Br*, blinders *Am*.

œillet [œjɛ] *nm* **-1.** [fleur] carnation. **-2.** [de chaussure] eyelet.

œnologue [enɔlɔg] *nmf* wine expert.

œsophage [ezɔfaʒ] *nm* oesophagus.

œstrogène [ɛstrɔʒɛn] *nm* œstrogen.

œuf [œf] *nm* egg; ~ **à la coque/au plat/poché** boiled/fried/poached egg; ~ **mollet/dur** soft-boiled/hard-boiled egg; ~**s brouillés** scrambled eggs.

œuvre [œvr] *nf* **-1.** [travail] work; **être à l'**~ to be working OU at work; **se mettre à l'**~ to get down to work; **mettre qqch en** ~ to make use of sthg; [loi, accord, projet] to implement sthg. **-2.** [d'artiste] work; [- ensemble de sa production] works (*pl*); ~ **d'art** work of art. **-3.** [organisation] charity; ~ **de bienfaisance** charity, charitable organization.

off [ɔf] *adj inv* CIN [voix, son] off.

offense [ɔfɑ̃s] *nf* **-1.** [insulte] insult. **-2.** RELIG trespass.

offenser [ɔfɑ̃se] *vt* **-1.** [personne] to offend. **-2.** [bon goût] to offend against.
◆ **s'offenser** *vp:* **s'**~ **de** to take offence at, to be offended by.

offensif, -ive [ɔfɑ̃sif, iv] *adj* offensive.
◆ **offensive** *nf* **-1.** MIL offensive; **passer à l'offensive** to go on the offensive; **prendre l'offensive** to take the offensive. **-2.** *fig* [du froid] (sudden) onset.

offert, -e [ɔfɛr, ɛrt] *pp* → **offrir**.

office [ɔfis] *nm* **-1.** [bureau] office, agency; ~ **du tourisme** tourist office. **-2.** [fonction] **faire** ~ **de** to act as; **remplir son** ~ to do its job, to fulfil its function. **-3.** RELIG service.
◆ **d'office** *loc adv* automatically, as a matter of course; **commis d'**~ officially appointed.

officialiser [ɔfisjalize] *vt* to make official.

officiel, -ielle [ɔfisjɛl] *adj & nm, f* official.

officier[1] [ɔfisje] *vi* to officiate.

officier[2] [ɔfisje] *nm* officer.

officieux, -ieuse [ɔfisjø, jøz] *adj* unofficial.

offrande [ɔfrɑ̃d] *nf* **-1.** [don] offering. **-2.** RELIG offertory.

offre [ɔfr] *nf* **-1.** [proposition] offer; [aux enchères] bid; [pour contrat] tender; «~s d'emploi» "situations vacant", "vacancies"; ~ d'essai trial offer; ~ de lancement introductory offer; ~ publique d'achat takeover bid. -2. ÉCON supply; la loi de l'~ et de la demande the law of supply and demand.

offrir [ɔfrir] vt -1. [faire cadeau]: ~ qqch à qqn to give sb sthg, to give sthg to sb. -2. [proposer]: ~ (qqch à qqn) to offer (sb sthg OU sthg to sb). -3. [présenter] to offer, to present; son visage n'offrait rien d'accueillant his/her face showed no sign of welcome. ◆ **s'offrir** vp -1. [croisière, livre] to treat o.s. to. -2. [se présenter] to present itself. -3. [se proposer] to offer one's services, to offer o.s.

offusquer [ɔfyske] vt to offend. ◆ **s'offusquer** vp: s'~ (de) to take offence (at).

ogive [ɔʒiv] nf -1. ARCHIT ogive. -2. [MIL - d'obus] head; [- de fusée] nose cone; ~ nucléaire nuclear warhead.

ogre, ogresse [ɔgr, ɔgrɛs] nm, f ogre (f ogress).

oh [o] interj oh!; ~ la la! dear oh dear!

ohé [ɔe] interj hey!

oie [wa] nf goose.

oignon [ɔɲɔ̃] nm -1. [plante] onion. -2. [bulbe] bulb. -3. MÉD bunion.

oiseau, -x [wazo] nm -1. ZOOL bird; ~ de proie bird of prey. -2. fam péj [individu] character.

oisif, -ive [wazif, iv] ◇ adj idle. ◇ nm, f man of leisure (f woman of leisure).

oisillon [wazijɔ̃] nm fledgling.

oisiveté [wazivte] nf idleness.

O.K. [ɔke] interj fam okay.

oléoduc [ɔleɔdyk] nm (oil) pipeline.

olfactif, -ive [ɔlfaktif, iv] adj olfactory.

olive [ɔliv] nf olive.

olivier [ɔlivje] nm [arbre] olive tree; [bois] olive wood.

OLP (abr de **Organisation de libération de la Palestine**) nf PLO.

olympique [ɔlɛ̃pik] adj Olympic (avant n).

ombilical, -e, -aux [ɔ̃bilikal, o] adj umbilical.

ombrage [ɔ̃braʒ] nm shade.

ombragé, -e [ɔ̃braʒe] adj shady.

ombrageux, -euse [ɔ̃braʒø, øz] adj -1. [personne] touchy, prickly. -2. [cheval] nervous, skittish.

ombre [ɔ̃br] nf -1. [zone sombre] shade; à l'~ de [arbre] in the shade of; laisser qqch dans l'~ fig to deliberately ignore sthg; vivre dans l'~ fig to live in obscurity. -2. [forme, fantôme] shadow. -3. [trace] hint.

ombrelle [ɔ̃brɛl] nf parasol.

omelette [ɔmlɛt] nf omelette.

omettre [ɔmɛtr] vt to omit; ~ de faire qqch to omit to do sthg.

omis, -e [ɔmi, iz] pp → omettre.

omission [ɔmisjɔ̃] nf omission; par ~ by omission.

omnibus [ɔmnibys] nm stopping OU local train.

omniprésent, -e [ɔmniprezɑ̃, ɑ̃t] adj omnipresent.

omnivore [ɔmnivɔr] ◇ nm omnivore. ◇ adj omnivorous.

omoplate [ɔmɔplat] nf [os] shoulder blade; [épaule] shoulder.

OMS (abr de **Organisation mondiale de la santé**) nf WHO.

on [ɔ̃] pron pers indéf -1. [indéterminé] you, one; ~ n'a pas le droit de fumer ici you're not allowed OU one isn't allowed to smoke here, smoking isn't allowed here. -2. [les gens, l'espèce humaine] they, people; ~ vit de plus en plus vieux en Europe people in Europe are living longer and longer. -3. [quelqu'un] someone; ~ vous a appelé au téléphone ce matin there was a telephone call for you this morning. -4. fam [nous] we; ~ s'en va we're off, we're going.

oncle [ɔ̃kl] nm uncle.

onctueux, -euse [ɔktɥø, øz] *adj*
smooth.

onde [ɔd] *nf* PHYS wave.
◆ **ondes** *nfpl* [radio] air (*sg*).

ondée [ɔde] *nf* shower (of rain).

ondoyer [ɔdwaje] *vi* to ripple.

ondulation [ɔdylasjɔ] *nf* **-1.** [mouve-
ment] rippling; [de sol, terrain] undula-
tion. **-2.** [de coiffure] wave.

onduler [ɔdyle] *vi* [drapeau] to ripple,
to wave; [cheveux] to be wavy;
[route] to undulate.

onéreux, -euse [ɔnerø, øz] *adj* costly.

ongle [ɔgl] *nm* **-1.** [de personne] fingernail, nail; **se ronger les ~s** to bite
one's nails. **-2.** [d'animal] claw.

onglet [ɔglɛ] *nm* **-1.** [de reliure] tab.
-2. [de lame] thumbnail groove. **-3.**
CULIN top skirt.

onguent [ɔgɑ̃] *nm* ointment.

onomatopée [ɔnɔmatɔpe] *nf* ono-
matopoeia.

ont → **avoir**.

ONU, Onu [ɔny] (*abr de* Organisation des Nations unies) *nf* UN, UNO.

onyx [ɔniks] *nm* onyx.

onze [ɔz] ◇ *adj num* eleven. ◇ *nm*
[chiffre & SPORT] eleven; *voir aussi* **six**.

onzième [ɔzjɛm] *adj num, nm & nmf*
eleventh; *voir aussi* **sixième**.

OPA (*abr de* offre publique d'achat)
nf take-over bid.

opacité [ɔpasite] *nf* opacity.

opale [ɔpal] *nf & adj inv* opal.

opaline [ɔpalin] *nf* opaline.

opaque [ɔpak] *adj*: ~ **(à)** opaque (to).

OPEP, Opep (*abr de* Organisation
des pays exportateurs de pétrole) *nf*
OPEC.

opéra [ɔpera] *nm* **-1.** MUS opera. **-2.**
[théâtre] opera house.

opéra-comique [ɔperakɔmik] *nm* light
opera.

opérateur, -trice [ɔperatœr, tris] *nm, f*
operator.

opération [ɔperasjɔ] *nf* **-1.** [gén]
operation. **-2.** COMM deal, transaction.

opérationnel, -elle [ɔperasjɔnɛl] *adj*
operational.

opérer [ɔpere] ◇ *vt* **-1.** MÉD to operate on. **-2.** [exécuter] to carry out, to
implement; [choix, tri] to make. ◇ *vi*
[agir] to take effect; [personne] to
operate, to proceed.
◆ **s'opérer** *vp* to come about, to
take place.

opérette [ɔperɛt] *nf* operetta.

ophtalmologiste [ɔftalmɔlɔʒist] *nmf*
ophthalmologist.

Opinel® [ɔpinɛl] *nm folding knife used
especially for outdoor activities, scouting
etc.*

opiniâtre [ɔpinjatr] *adj* **-1.** [caractère,
personne] stubborn, obstinate. **-2.** [ef-
fort] dogged; [travail] unrelenting; [fiè-
vre, toux] persistent.

opinion [ɔpinjɔ] *nf* opinion; **avoir
(une) bonne/mauvaise ~ de** to have
a good/bad opinion of; **l'~ publique**
public opinion.

opium [ɔpjɔm] *nm* opium.

opportun, -e [ɔpɔrtœ̃, yn] *adj* opportune, timely.

opportuniste [ɔpɔrtynist] ◇ *nmf* opportunist. ◇ *adj* opportunistic.

opportunité [ɔpɔrtynite] *nf* **-1.** [à-
propos] opportuneness, timeliness.
-2. [occasion] opportunity.

opposant, -e [ɔpozɑ̃, ɑ̃t] ◇ *adj* opposing. ◇ *nm, f:* ~ **(à)** opponent (of).

opposé, -e [ɔpoze] *adj* **-1.** [direction,
côté, angle] opposite. **-2.** [intérêts, opi-
nions] conflicting; [forces] opposing.
-3. [hostile]: ~ **à** opposed to.
◆ **opposé** *nm*: **l'~** the opposite; **à l'~
de** in the opposite direction from;
fig unlike, contrary to.

opposer [ɔpoze] *vt* **-1.** [mettre en opposition - choses, notions]: ~ **qqch (à)**
to contrast sthg (with). **-2.** [mettre en
présence - personnes, armées] to oppose; ~ **deux équipes** to bring two
teams together; ~ **qqn à qqn** to pit
OU set sb against sb. **-3.** [refus, protestation, objection] to put forward; ~
une objection à qqn to raise an ob-

jection with sb, to put forward an objection to sb. **-4.** [diviser] to divide.
◆ **s'opposer** *vp* **-1.** [contraster] to contrast. **-2.** [entrer en conflit] to clash. **-3.** s'~ à [se dresser contre] to oppose, to be opposed to; **s'**~ à ce que qqn fasse qqch to be opposed to sb's doing sthg.

opposition [ɔpozisjɔ̃] *nf* **-1.** [gén] opposition; **faire** ~ à [décision, mariage] to oppose; [chèque] to stop; **entrer en** ~ **avec** to come into conflict with. **-2.** JUR: ~ (à) objection (to). **-3.** [contraste] contrast; **par** ~ à in contrast with, as opposed to.

oppresser [ɔprese] *vt* **-1.** [étouffer] to suffocate, to stifle. **-2.** *fig* [tourmenter] to oppress.

oppresseur [ɔprɛsœr] *nm* oppressor.

oppressif, -ive [ɔpresif, iv] *adj* oppressive.

oppression [ɔpresjɔ̃] *nf* **-1.** [asservissement] oppression. **-2.** [malaise] tightness of the chest.

opprimé, -e [ɔprime] ◇ *adj* oppressed. ◇ *nm, f* oppressed person.

opprimer [ɔprime] *vt* **-1.** [asservir] to oppress. **-2.** [étouffer] to stifle.

opter [ɔpte] *vi*: ~ pour to opt for.

opticien, -ienne [ɔptisjɛ̃, jɛn] *nm, f* optician.

optimal, -e, -aux [ɔptimal, o] *adj* optimal.

optimiste [ɔptimist] ◇ *nmf* optimist. ◇ *adj* optimistic.

option [ɔpsjɔ̃] *nf* **-1.** [gén] option; **prendre une** ~ **sur** FIN to take (out) an option on. **-2.** [accessoire] option, optional extra.

optionnel, -elle [ɔpsjɔnɛl] *adj* optional.

optique [ɔptik] ◇ *nf* **-1.** [science, technique] optics (*U*). **-2.** [perspective] viewpoint. ◇ *adj* [nerf] optic; [verre] optical.

opulence [ɔpylɑ̃s] *nf* **-1.** [richesse] opulence. **-2.** [ampleur] fullness, ampleness.

opulent, -e [ɔpylɑ̃, ɑ̃t] *adj* **-1.** [riche] rich. **-2.** [gros] ample.

or¹ [ɔr] *nm* **-1.** [métal, couleur] gold; **en** ~ [objet] gold (*avant n*); **une occasion en** ~ a golden opportunity; **une affaire en** ~ [achat] an excellent bargain; [commerce] a lucrative line of business; **j'ai une femme en** ~ I've a wonderful wife; ~ **massif** solid gold. **-2.** [dorure] gilding.

or² [ɔr] *conj* [au début d'une phrase] now; [pour introduire un contraste] well, but.

oracle [ɔrakl] *nm* oracle.

orage [ɔraʒ] *nm* [tempête] storm.

orageux, -euse [ɔraʒø, øz] *adj* stormy.

oraison [ɔrɛzɔ̃] *nf* prayer; ~ **funèbre** funeral oration.

oral, -e, -aux [ɔral, o] *adj* oral.
◆ **oral** *nm* oral (examination); ~ **de rattrapage** oral examination taken after failing written exams.

oralement [ɔralmɑ̃] *adv* orally.

orange [ɔrɑ̃ʒ] ◇ *nf* orange. ◇ *nm & adj inv* [couleur] orange.

orangé, -e [ɔrɑ̃ʒe] *adj* orangey.

orangeade [ɔrɑ̃ʒad] *nf* orange squash.

oranger [ɔrɑ̃ʒe] *nm* orange tree.

orang-outan, orang-outang [ɔrɑ̃utɑ̃] *nm* orangutang.

orateur, -trice [ɔratœr, tris] *nm, f* **-1.** [conférencier] speaker. **-2.** [personne éloquente] orator.

orbital, -e, -aux [ɔrbital, o] *adj* [mouvement] orbital; [station] orbiting.

orbite [ɔrbit] *nf* **-1.** ANAT (eye) socket. **-2.** ASTRON & *fig* orbit; **mettre sur** ~ AÉRON to put into orbit; *fig* to launch.

orchestre [ɔrkɛstr] *nm* **-1.** MUS orchestra. **-2.** CIN & THÉÂTRE stalls (*pl*) *Br*, orchestra *Am*; **(fauteuil d')**~ seat in the stalls *Br*, orchestra seat *Am*.

orchestrer [ɔrkɛstre] *vt litt & fig* to orchestrate.

orchidée [ɔrkide] *nf* orchid.

ordinaire [ɔrdinɛr] ◇ *adj* **-1.** [usuel, standard] ordinary, normal. **-2.** *péj*

[commun] ordinary, common. ◇ *nm*
-1. [moyenne]: **l'~** the ordinary. **-2.**
[alimentation] usual diet.
◆ **d'ordinaire** *loc adv* normally, usually.

ordinal, -e, -aux [ɔrdinal, o] *adj* ordinal.
◆ **ordinal, -aux** *nm* ordinal (number).

ordinateur [ɔrdinatœr] *nm* computer;
~ individuel personal computer, PC.

ordonnance [ɔrdɔnɑ̃s] ◇ *nf* **-1.** MÉD
prescription. **-2.** [de gouvernement,
juge] order. ◇ *nm ou nf* MIL orderly.

ordonné, -e [ɔrdɔne] *adj* [maison,
élève] tidy.

ordonner [ɔrdɔne] *vt* **-1.** [ranger] to
organize, to put in order. **-2.** [enjoindre] to order, to tell; **~ à qqn de faire
qqch** to order sb to do sthg. **-3.** RELIG
to ordain. **-4.** MATHS to arrange in order.
◆ **s'ordonner** *vp* to be arranged OU
put in order.

ordre [ɔrdr] *nm* **-1.** [gén, MIL &
RELIG] order; **par ~ alphabétique/
chronologique/décroissant** in alphabetical/chronological/descending
order; **donner un ~ à qqn** to give sb
an order; **être aux ~s de qqn** to be
at sb's disposal; **jusqu'à nouvel ~**
until further notice; **l'~** public law
and order. **-2.** [bonne organisation] tidiness, orderliness; **en ~** orderly,
tidy; **mettre en ~** to put in order, to
tidy (up). **-3.** [catégorie]: **de premier/
second ~** first-/second-rate; **d'~
privé/pratique** of a private/practical
nature; **pouvez-vous me donner un
~ de grandeur?** can you give me
some idea of the size/amount *etc?*
-4. [corporation] professional association; **l'Ordre des médecins** ≈
the British Medical Association *Br*,
≈ the American Medical Association *Am*. **-5.** FIN: **à l'~ de** payable to.
◆ **ordre du jour** *nm* **-1.** [de réunion]
agenda; **à l'~ du jour** [de réunion] on

the agenda; *fig* topical. **-2.** MIL order
of the day.

ordure [ɔrdyr] *nf* **-1.** *fig* [grossièreté]
filth (*U*). **-2.** *péj* [personne] scum (*U*),
bastard.
◆ **ordures** *nfpl* [déchets] rubbish (*U*)
Br, garbage (*U*) *Am*.

ordurier, -ière [ɔrdyrje, jɛr] *adj* filthy,
obscene.

orée [ɔre] *nf* edge.

oreille [ɔrɛj] *nf* **-1.** ANAT ear. **-2.** [ouïe]
hearing. **-3.** [de fauteuil, écrou] wing;
[de marmite, tasse] handle.

oreiller [ɔreje] *nm* pillow.

oreillette [ɔrɛjɛt] *nf* **-1.** [du cœur] auricle. **-2.** [de casquette] earflap.

oreillons [ɔrɛjɔ̃] *nmpl* mumps (*sg*).

ores [ɔr]
◆ **d'ores et déjà** *loc adv* from now
on.

orfèvre [ɔrfɛvr] *nm* goldsmith;
[d'argent] silversmith.

orfèvrerie [ɔrfɛvrəri] *nf* **-1.** [art] goldsmith's art; [d'argent] silversmith's
art. **-2.** [commerce] goldsmith's trade;
[d'argent] silversmith's trade.

organe [ɔrgan] *nm* **-1.** ANAT organ. **-2.**
[institution] organ, body. **-3.** *fig*
[porte-parole] representative.

organigramme [ɔrganigram] *nm* **-1.**
[hiérarchique] organization chart. **-2.**
INFORM flow chart.

organique [ɔrganik] *adj* organic.

organisateur, -trice [ɔrganizatœr, tris]
◇ *adj* organizing (*avant n*). ◇ *nm, f*
organizer.

organisation [ɔrganizasjɔ̃] *nf* organization.

organisé, -e [ɔrganize] *adj* organized.

organiser [ɔrganize] *vt* to organize.
◆ **s'organiser** *vp* **-1.** [personne] to be
OU get organized. **-2.** [prendre forme]
to take shape.

organisme [ɔrganism] *nm* **-1.** BIOL &
ZOOL organism. **-2.** [institution] body,
organization.

organiste [ɔrganist] *nmf* organist.

orgasme [ɔrgasm] *nm* orgasm.

orge [ɔrʒ] *nf* barley.

orgie [ɔrʒi] *nf* orgy.

orgue [ɔrg] *nm* organ.

orgueil [ɔrgœj] *nm* pride.

orgueilleux, -euse [ɔrgœjø, øz] ◇ *adj* proud. ◇ *nm, f* proud person.

orient [ɔrjɑ̃] *nm* east.
◆ **Orient** *nm*: l'**Orient** the Orient, the East.

oriental, -e, -aux [ɔrjɑ̃tal, o] *adj* [région, frontière] **eastern**; [d'Extrême-Orient] oriental.

orientation [ɔrjɑ̃tasjɔ̃] *nf* **-1.** [direction] orientation; **avoir le sens de l'~** to have a good sense of direction. **-2.** SCOL career. **-3.** [de maison] aspect. **-4.** *fig* [de politique, recherche] direction, trend.

orienté, -e [ɔrjɑ̃te] *adj* [tendancieux] biased.

orienter [ɔrjɑ̃te] *vt* **-1.** [disposer] to position. **-2.** [voyageur, élève, recherches] to guide, to direct.
◆ **s'orienter** *vp* **-1.** [se repérer] to find OU get one's bearings. **-2.** *fig* [se diriger]: **s'~ vers** to move towards.

orifice [ɔrifis] *nm* orifice.

originaire [ɔriʒiner] *adj* **-1.** [natif]: **être ~ de** to originate from; [personne] to be a native of. **-2.** [premier] original.

original, -e, -aux [ɔriʒinal, o] ◇ *adj* **-1.** [premier, inédit] original. **-2.** [singulier] eccentric. ◇ *nm, f* [personne] (outlandish) character.
◆ **original, -aux** *nm* [œuvre, document] original.

originalité [ɔriʒinalite] *nf* **-1.** [nouveauté] originality; [caractéristique] original feature. **-2.** [excentricité] eccentricity.

origine [ɔriʒin] *nf* **-1.** [gén] origin; **d'~** [originel] original; [de départ] of origin; **pays d'~** country of origin; **d'~ anglaise** of English origin; **à l'~** originally. **-2.** [souche] origins (*pl*). **-3.** [provenance] source.

ORL *nmf* (*abr de* **oto-rhino-laryngologiste**) ENT specialist.

orme [ɔrm] *nm* elm.

ornement [ɔrnəmɑ̃] *nm* **-1.** [gén & MUS] ornament; **d'~** [plante, arbre] ornamental. **-2.** ARCHIT embellishment.

orner [ɔrne] *vt* **-1.** [décorer]: **~ (de)** to decorate (with). **-2.** [agrémenter] to adorn.

ornière [ɔrnjer] *nf* rut.

ornithologie [ɔrnitɔlɔʒi] *nf* ornithology.

orphelin, -e [ɔrfəlɛ̃, in] ◇ *adj* orphan (*avant n*), orphaned. ◇ *nm, f* orphan.

orphelinat [ɔrfalina] *nm* orphanage.

orteil [ɔrtej] *nm* toe.

orthodontiste [ɔrtɔdɔ̃tist] *nmf* orthodontist.

orthodoxe [ɔrtɔdɔks] ◇ *adj* **-1.** RELIG Orthodox. **-2.** [conformiste] orthodox. ◇ *nmf* RELIG Orthodox Christian.

orthographe [ɔrtɔgraf] *nf* spelling.

orthopédiste [ɔrtɔpedist] *nmf* orthopaedist.

orthophoniste [ɔrtɔfɔnist] *nmf* speech therapist.

ortie [ɔrti] *nf* nettle.

os [ɔs, *pl* o] *nm* **-1.** [gén] bone; **~ à moelle** marrowbone. **-2.** *fam fig* [difficulté] snag, hitch.

oscillation [ɔsilasjɔ̃] *nf* oscillation; [de navire] rocking.

osciller [ɔsile] *vi* **-1.** [se balancer] to swing; [navire] to rock. **-2.** [vaciller, hésiter] to waver.

osé, -e [oze] *adj* daring, audacious.

oseille [ozɛj] *nf* BOT sorrel.

oser [oze] *vt* to dare; **~ faire qqch** to dare (to) do sthg.

osier [ozje] *nm* **-1.** BOT osier. **-2.** [fibre] wicker.

Oslo [ɔslo] *n* Oslo.

ossature [ɔsatyr] *nf* **-1.** ANAT skeleton. **-2.** *fig* [structure] framework.

ossements [ɔsmɑ̃] *nmpl* bones.

osseux, -euse [ɔsø, øz] *adj* **-1.** ANAT & MÉD bone (*avant n*). **-2.** [maigre] bony.

ossuaire [ɔsɥer] *nm* ossuary.

ostensible [ɔstɑ̃sibl] *adj* conspicuous.

ostentation [ɔstɑ̃tasjɔ̃] *nf* ostentation.

ostéopathe [ɔsteɔpat] *nmf* osteopath.

otage [ɔtaʒ] *nm* hostage; **prendre qqn en ~** to take sb hostage.

OTAN, Otan [ɔtɑ̃] (*abr de* **Organisation du traité de l'Atlantique Nord**) *nf* NATO.

otarie [ɔtari] *nf* sea lion.

ôter [ote] *vt* **-1.** [enlever] to take off. **-2.** [soustraire] to take away. **-3.** [retirer, prendre]: **~ qqch à qqn** to take sthg away from sb.

otite [ɔtit] *nf* ear infection.

oto-rhino-laryngologie [ɔtɔrinɔlarɛ̃gɔlɔʒi] *nf* ear, nose and throat medicine, ENT.

ou [u] *conj* **-1.** [indique une alternative, une approximation] or. **-2.** [sinon]: **~ (bien)** or (else).

◆ **ou (bien) ... ou (bien)** *loc corrélative* either ... or; **~ c'est elle, ~ c'est moi!** it's either her or me!

où [u] ◇ *pron rel* **-1.** [spatial] where; **le village ~ j'habite** the village where I live, the village I live in; **pose-le là ~ tu l'as trouvé** put it back where you found it; **partout ~ vous irez** wherever you go. **-2.** [temporel] where; **le jour ~ je suis venu** the day (that) I came. ◇ *adv* where; **je vais ~ je veux** I go where I please; **~ que vous alliez** wherever you go. ◇ *adv interr* where?; **~ vas-tu?** where are you going?; **dites-moi ~ il est allé** tell me where he's gone.

◆ **d'où** *loc adv* [conséquence] hence.

ouaté, -e [wate] *adj* **-1.** [garni d'ouate] cotton wool [*avant n*] *Br*, cotton (*avant n*) *Am*; [vêtement] quilted. **-2.** *fig* [feutré] muffled.

oubli [ubli] *nm* **-1.** [acte d'oublier] forgetting. **-2.** [négligence] omission; [étourderie] oversight. **-3.** [général] oblivion; **tomber dans l'~** to sink into oblivion.

oublier [ublije] *vt* to forget; **~ de faire qqch** to forget to do sthg.

oubliettes [ublijɛt] *nfpl* dungeon (*sg*).

ouest [wɛst] ◇ *nm* west; **un vent d'~** a westerly wind; **à l'~** in the west; **à**

l'~ (de) to the west (of). ◇ *adj inv* [gén] west; [province, région] western.

ouest-allemand, -e [wɛstalmɑ̃, ɑ̃d] *adj* West German.

ouf [uf] *interj* phew!

Ouganda [ugɑ̃da] *nm*: **l'~** Uganda.

oui [wi] ◇ *adv* yes; **tu viens?** ~ are you coming? — yes (I am); **tu viens, ~ ou non?** are you coming or not?, are you coming or aren't you?; **je crois que ~** I think so; **faire signe que ~** to nod; **mais ~, bien sûr que ~** yes, of course. ◇ *nm inv* yes; **pour un ~ pour un non** for no apparent reason.

ouï-dire [widir] *nm inv*: **par ~** by OU from hearsay.

ouïe [wi] *nf* hearing; **avoir l'~ fine** to have excellent hearing.

◆ **ouïes** *nfpl* [de poisson] gills.

ouragan [uragɑ̃] *nm* MÉTÉOR hurricane.

ourlet [urlɛ] *nm* COUTURE hem.

ours [urs] *nm* bear; **~ (en peluche)** teddy (bear); **~ polaire** polar bear.

ourse [urs] *nf* she-bear.

oursin [ursɛ̃] *nm* sea urchin.

ourson [ursɔ̃] *nm* bear cub.

outil [uti] *nm* tool.

outillage [utijaʒ] *nm* [équipement] tools (*pl*), equipment.

outrage [utraʒ] *nm* **-1.** *sout* [insulte] insult. **-2.** JUR: **~ à la pudeur** indecent behaviour (*U*).

outrager [utraʒe] *vt* [offenser] to insult.

outrance [utrɑ̃s] *nf* excess; **à ~** excessively.

outrancier, -ière [utrɑ̃sje, jɛr] *adj* extravagant.

outre¹ [utr] *nf* wineskin.

outre² [utr] ◇ *prép* besides, as well as. ◇ *adv*: **passer ~** to go on, to proceed further.

◆ **en outre** *loc adv* moreover, besides.

outre-Atlantique [utratlɑ̃tik] *loc adv* across the Atlantic.

outre-Manche [utrəmɑ̃ʃ] *loc adv* across the Channel.

outremer [utrəmɛr] ◇ *nm* [pierre] lapis lazuli; [couleur] ultramarine. ◇ *adj inv* ultramarine.

outre-mer [utrəmɛr] *loc adv* overseas.

outrepasser [utrəpase] *vt* to exceed.

outrer [utre] *vt* [personne] to outrage.

outre-Rhin [utrərɛ̃] *loc adv* across the Rhine.

outsider [awtsajdœr] *nm* outsider.

ouvert, -e [uvɛr, ɛrt] ◇ *pp* → **ouvrir.** ◇ *adj* **-1.** [gén] open; [robinet] on, running.

ouvertement [uvɛrtəmɑ̃] *adv* openly.

ouverture [uvɛrtyr] *nf* **-1.** [gén] opening; [d'hostilités] outbreak; ~ **d'esprit** open-mindedness. **-2.** MUS overture. **-3.** PHOT aperture.
◆ **ouvertures** *nfpl* [propositions] overtures.

ouvrable [uvrabl] *adj* working; **heures ~s** hours of business.

ouvrage [uvraʒ] *nm* **-1.** [travail] work (*U*), task; **se mettre à l'~** to start work. **-2.** [objet produit] (piece of) work; COUTURE work (*U*). **-3.** [livre, écrit] work; ~ **de référence** reference work.

ouvré, -e [uvre] *adj*: **jour ~** working day.

ouvre-boîtes [uvrəbwat] *nm inv* tin opener *Br*, can opener.

ouvre-bouteilles [uvrəbutɛj] *nm inv* bottle opener.

ouvreuse [uvrøz] *nf* usherette.

ouvrier, -ière [uvrije, jɛr] ◇ *adj* [quartier, enfance] working-class; [conflit] industrial; [questions, statut] labour (*avant n*); **classe ouvrière** working class. ◇ *nm, f* worker; ~ **agricole** farm worker; ~ **qualifié** skilled worker; ~ **spécialisé** semi-skilled worker.

ouvrir [uvrir] ◇ *vt* **-1.** [gén] to open. **-2.** [chemin, voie] to open up. **-3.** [gaz] to turn on. ◇ *vi* to open; ~ **sur qqch** to open onto sthg.

◆ **s'ouvrir** *vp* **-1.** [porte, fleur] to open. **-2.** [route, perspectives] to open up. **-3.** [personne]: **s'~ (à qqn)** to confide (in sb), to open up (to sb). **-4.** [se blesser]: **s'~ le genou** to cut one's knee open; **s'~ les veines** to slash OU cut one's wrists.

ovaire [ɔvɛr] *nm* ovary.

ovale [ɔval] *adj & nm* oval.

ovation [ɔvasjɔ̃] *nf* ovation; **faire une ~ à qqn** to give sb an ovation.

overdose [ɔvœrdoz] *nf* overdose.

ovin, -e [ɔvɛ̃, in] *adj* ovine.
◆ **ovin** *nm* sheep.

OVNI, Ovni [ɔvni] (*abr de* **objet volant non identifié**) *nm* UFO.

oxydation [ɔksidasjɔ̃] *nf* oxidation, oxidization.

oxyde [ɔksid] *nm* oxide.

oxyder [ɔkside] *vt* to oxidize.

oxygène [ɔksiʒɛn] *nm* oxygen.

oxygéné, -e [ɔksiʒene] *adj* CHIM oxygenated; → **eau.**

ozone [ɔzon] *nm* ozone.

P

p¹, P [pe] *nm inv* p, P.

p² **-1.** (*abr de* **page**) p. **-2.** *abr de* **pièce.**

pacemaker [pɛsmekœr] *nm* pacemaker.

pacha [paʃa] *nm* pasha; **mener une vie de ~** *fam fig* to live a life of ease.

pachyderme [paʃidɛrm] *nm* elephant; **les ~s** the pachyderms.

pacifier [pasifje] *vt* to pacify.

pacifique [pasifik] *adj* peaceful.

Pacifique [pasifik] *nm*: **le ~** the Pacific (Ocean).

pacifiste [pasifist] *nmf & adj* pacifist.

pack [pak] *nm* pack.

pacotille [pakɔtij] *nf* shoddy goods (*pl*), rubbish; **de ~** cheap.

pacte [pakt] *nm* pact.

pactiser [paktize] *vi*: **~ avec** [faire un pacte avec] to make a pact with; [transiger avec] to come to terms with.

pactole [paktɔl] *nm* gold mine *fig*.

pagaie [pagɛ] *nf* paddle.

pagaille, pagaye, pagaïe [pagaj] *nf fam* mess.

pagayer [pageje] *vi* to paddle.

page [paʒ] ◇ *nf* **-1.** [feuillet] page; **~ blanche** blank page; **mettre en ~s** TYPO to make up (into pages). **-2.** *loc*: **être à la ~** to be up-to-date. ◇ *nm* page (boy).

pagne [paɲ] *nm* loincloth.

pagode [pagɔd] *nf* pagoda.

paie, paye [pɛ] *nf* pay (*U*), wages (*pl*).

paiement, payement [pɛmɑ̃] *nm* payment.

païen, -ïenne [pajɛ̃, jɛn] *adj & nm, f* pagan, heathen.

paillard, -e [pajar, ard] *adj* bawdy.

paillasse [pajas] *nf* **-1.** [matelas] straw mattress. **-2.** [d'évier] draining board.

paillasson [pajasɔ̃] *nm* [tapis] doormat.

paille [paj] *nf* **-1.** BOT straw. **-2.** [pour boire] straw.
◆ **paille de fer** *nf* steel wool.

pailleté, -e [pajte] *adj* sequined.

paillette [pajɛt] *nf* (*gén pl*) **-1.** [sur vêtements] sequin, spangle. **-2.** [d'or] grain of gold dust. **-3.** [de lessive, savon] flake; **savon en ~s** soap flakes (*pl*).

pain [pɛ̃] *nm* **-1.** [aliment] bread; **un ~** a loaf; **petit ~** (bread) roll; **~ complet** wholemeal bread; **~ d'épice** ≈ gingerbread; **~ de mie** sandwich loaf. **-2.** [de savon, cire] bar.

pair, -e [pɛr] *adj* even.
◆ **pair** *nm* peer.
◆ **paire** *nf* pair; **une ~e de** [lunettes, ciseaux, chaussures] a pair of.
◆ **au pair** *loc adv* for board and lodging, for one's keep; **jeune fille au ~** au pair (girl).
◆ **de pair** *loc adv*: **aller de ~ avec** to go hand in hand with.

paisible [pɛzibl] *adj* peaceful.

paître [pɛtr] *vi* to graze.

paix [pɛ] *nf* peace; **en ~** [en harmonie] at peace; [tranquillement] in peace; **avoir la ~** to have peace and quiet; **faire la ~ avec qqn** to make peace with sb.

Pakistan [pakistɑ̃] *nm*: **le ~** Pakistan.

palace [palas] *nm* luxury hotel.

palais [palɛ] *nm* **-1.** [château] palace. **-2.** [grand édifice] centre; **~ de justice** JUR law courts (*pl*). **-3.** ANAT palate.

palan [palɑ̃] *nm* block and tackle, hoist.

pale [pal] *nf* [de rame, d'hélice] blade.

pâle [pal] *adj* pale.

paléontologie [paleɔ̃tɔlɔʒi] *nf* paleontology.

Palestine [palɛstin] *nf*: **la ~** Palestine.

palet [palɛ] *nm* HOCKEY puck.

palette [palɛt] *nf* [de peintre] palette.

pâleur [palœr] *nf* [de visage] pallor.

palier [palje] *nm* **-1.** [d'escalier] landing. **-2.** [étape] level. **-3.** TECHNOL bearing.

pâlir [palir] *vi* [couleur, lumière] to fade; [personne] to turn OU go pale.

palissade [palisad] *nf* [clôture] fence; [de verdure] hedge.

palliatif, -ive [paljatif, iv] *adj* palliative.
◆ **palliatif** *nm* **-1.** MÉD palliative. **-2.** *fig* stopgap measure.

pallier [palje] *vt* to make up for.

palmarès [palmarɛs] *nm* **-1.** [de lauréats] list of (medal) winners; SCOL list of prizewinners. **-2.** [de succès] record (of achievements).

palme [palm] *nf* **-1.** [de palmier] palm-leaf. **-2.** [de nageur] flipper. **-3.** [décoration, distinction]: **avec ~** MIL ≈ with bar.

palmé, -e [palme] *adj* **-1.** BOT palmate. **-2.** ZOOL web-footed; [patte] webbed.

palmeraie [palmərɛ] *nf* palm grove.

palmier [palmje] *nm* BOT palm tree.

palmipède [palmipɛd] *nm* web-footed bird.

palombe [palɔ̃b] *nf* woodpigeon.

pâlot, -otte [palo, ɔt] *adj* pale, sickly-looking.

palourde [palurd] *nf* clam.

palper [palpe] *vt* [toucher] to feel, to finger; MÉD to palpate.

palpitant, -e [palpitɑ̃, ɑ̃t] *adj* exciting, thrilling.

palpitation [palpitasjɔ̃] *nf* palpitation.

palpiter [palpite] *vi* [paupières] to flutter; [cœur] to pound.

paludisme [palydism] *nm* malaria.

pâmer [pame]
◆ **se pâmer** *vp littéraire* [s'évanouir] to swoon (away).

pamphlet [pɑ̃flɛ] *nm* satirical tract.

pamplemousse [pɑ̃pləmus] *nm* grapefruit.

pan [pɑ̃] ◇ *nm* **-1.** [de vêtement] tail. **-2.** [d'affiche] piece, bit; ~ **de mur** section of wall. ◇ *interj* bang!

panache [panaʃ] *nm* **-1.** [de plumes, fumée] plume. **-2.** [éclat] panache.

panaché, -e [panaʃe] *adj* **-1.** [de plusieurs couleurs] multicoloured. **-2.** [mélangé] mixed.
◆ **panaché** *nm* shandy.

Panama [panama] *nm* [pays]: **le ~** Panama.

panaris [panari] *nm* whitlow.

pancarte [pɑ̃kart] *nf* **-1.** [de manifestant] placard. **-2.** [de signalisation] sign.

pancréas [pɑ̃kreas] *nm* pancreas.

pané, -e [pane] *adj* breaded, in breadcrumbs.

panier [panje] *nm* basket; ~ **à provisions** shopping basket; **mettre au ~** *fig* to throw out.

panique [panik] ◇ *nf* panic. ◇ *adj* panicky; **être pris d'une peur ~** to be panic-stricken.

paniquer [panike] *vt & vi* to panic.

panne [pan] *nf* [arrêt] breakdown; **tomber en ~** to break down; **~ de**

courant OU **d'électricité** power failure.

panneau, -x [pano] *nm* **-1.** [pancarte] sign; ~ **indicateur** signpost; ~ **publicitaire** (advertising) hoarding *Br*, billboard *Am*; ~ **de signalisation** road sign. **-2.** [élément] panel.

panoplie [panɔpli] *nf* **-1.** [jouet] outfit. **-2.** *fig* [de mesures] package.

panorama [panɔrama] *nm* [vue] view, panorama; *fig* overview.

panse [pɑ̃s] *nf* **-1.** [d'estomac] first stomach, rumen. **-2.** *fam* [gros ventre] belly, paunch. **-3.** [partie arrondie] bulge.

pansement [pɑ̃smɑ̃] *nm* dressing, bandage; ~ **(adhésif)** (sticking) plaster *Br*, Bandaid® *Am*.

panser [pɑ̃se] *vt* **-1.** [plaie] to dress, to bandage; [jambe] to put a dressing on, to bandage; [avec pansement adhésif] to put a plaster *Br* ou Bandaid® *Am* on. **-2.** [cheval] to groom.

pantalon [pɑ̃talɔ̃] *nm* trousers (*pl*) *Br*, pants (*pl*) *Am*, pair of trousers *Br* ou pants *Am*.

pantelant, -e [pɑ̃tlɑ̃, ɑ̃t] *adj* panting, gasping.

panthère [pɑ̃tɛr] *nf* panther.

pantin [pɑ̃tɛ̃] *nm* **-1.** [jouet] jumping jack. **-2.** *péj* [personne] puppet.

pantomime [pɑ̃tɔmim] *nf* [art, pièce] mime.

pantouflard, -e [pɑ̃tuflar, ard] *fam adj & nm, f* stay-at-home.

pantoufle [pɑ̃tufl] *nf* slipper.

PAO (*abr de* **publication assistée par ordinateur**) *nf* DTP.

paon [pɑ̃] *nm* peacock.

papa [papa] *nm* dad, daddy.

papauté [papote] *nf* papacy.

pape [pap] *nm* RELIG pope.

paperasse [papras] *nf* *péj* **-1.** [papier sans importance] bumf (*U*) *Br*, papers (*pl*). **-2.** [papiers administratifs] paperwork (*U*).

papeterie [papɛtri] *nf* [magasin] stationer's; [fabrique] paper mill.

papetier, -ière [paptje, jɛr] *nm, f* [commerçant] **stationer**; [fabricant] **paper manufacturer**.

papier [papje] *nm* [matière, écrit] **paper**; ~ **alu** OU **aluminium aluminium** *Br* OU **aluminum** *Am* **foil**, **tinfoil**; ~ **carbone carbon paper**; ~ **crépon crêpe paper**; ~ **d'emballage wrapping paper**; ~ **à en-tête headed notepaper**; ~ **hygiénique toilet paper**; ~ **à lettres writing paper, notepaper**; ~ **peint wallpaper**; ~ **de verre glasspaper, sandpaper**.
♦ **papiers** *nmpl*: ~**s** (**d'identité**) (**identity**) **papers**.

papier-calque [papjekalk] (*pl* **papiers-calque**) *nm* **tracing paper**.

papille [papij] *nf*: ~**s gustatives taste buds**.

papillon [papijɔ̃] *nm* **-1.** ZOOL **butterfly**. **-2.** [écrou] **wing nut**. **-3.** [nage] **butterfly** (**stroke**).

papillote [papijɔt] *nf* **-1.** [de bonbon] **sweet paper** OU **wrapper** *Br*, **candy paper** *Am*. **-2.** [de cheveux] **curl paper**.

papilloter [papijɔte] *vi* [lumière] **to twinkle**; [yeux] **to blink**.

papoter [papɔte] *vi fam* **to chatter**.

paprika [paprika] *nm* **paprika**.

paquebot [pakbo] *nm* **liner**.

pâquerette [pakrɛt] *nf* **daisy**.

Pâques [pak] *nfpl* **Easter** (*sg*); **joyeuses** ~ **Happy Easter**.

paquet [pakɛ] *nm* **-1.** [colis] **parcel**. **-2.** [emballage] **packet**; ~**-cadeau gift-wrapped parcel**.

paquetage [pakta3] *nm* MIL **kit**.

par [par] *prép* **-1.** [spatial] **through, by** (**way of**); **passer** ~ **la Suède et le Danemark to go through** OU **via Sweden and Denmark**; **regarder** ~ **la fenêtre to look out of the window**; ~ **endroits in places**; ~ **ici/là this/that way**; **mon cousin habite** ~ **ici my cousin lives round here**. **-2.** [temporel] **on**; ~ **un beau jour d'été on a** lovely summer's day; ~ **le passé in the past**. **-3.** [moyen, manière, cause] **by**; ~ **bateau/train/avion by boat/train/plane**; ~ **pitié out of** OU **from pity**; ~ **accident by accident, by chance**. **-4.** [introduit le complément d'agent] **by**; **faire faire qqch** ~ **qqn to have sthg done by sb**. **-5.** [sens distributif] **per, a**; **une heure** ~ **jour one hour a** OU **per day**; **deux** ~ **deux two at a time**; **marcher deux** ~ **deux to walk in twos**.
♦ **par-ci par-là** *loc adv* **here and there**.

para [para] (*abr de* **parachutiste**) *nm* **para**.

parabole [parabɔl] *nf* **-1.** [récit] **parable**. **-2.** MATHS **parabola**.

parabolique [parabɔlik] *adj* **parabolic**; **antenne** ~ **dish** OU **parabolic aerial**.

parachever [paraʃve] *vt* **to put the finishing touches to**.

parachute [paraʃyt] *nm* **parachute**; ~ **ascensionnel parachute** (*for parascending*).

parachutiste [paraʃytist] *nmf* **parachutist**; MIL **paratrooper**.

parade [parad] *nf* **-1.** [spectacle] **parade**. **-2.** [défense] **parry**; *fig* **riposte**.

paradis [paradi] *nm* **paradise**.

paradoxal, -e, -aux [paradɔksal, o] *adj* **paradoxical**.

paradoxe [paradɔks] *nm* **paradox**.

parafe, paraphe [paraf] *nm* **initials** (*pl*).

parafer, parapher [parafe] *vt* **to initial**.

paraffine [parafin] *nf* **paraffin** *Br*, **kerosene** *Am*; [solide] **paraffin wax**.

parages [para3] *nmpl*: **être** OU **se trouver dans les** ~ *fig* **to be in the area** OU **vicinity**.

paragraphe [paragraf] *nm* **paragraph**.

Paraguay [paragwɛ] *nm*: **le** ~ **Paraguay**.

paraître [parɛtr] ◇ *v attr* **to look, to seem, to appear**. ◇ *vi* **-1.** [se montrer] **to appear**. **-2.** [être publié] **to come**

out, to be published. ◇ *v impers*: **il paraît/paraîtrait que** it appears/would appear that.

parallèle [paralɛl] ◇ *nm* parallel; **établir un ~ entre** *fig* to draw a parallel between. ◇ *nf* parallel (line). ◇ *adj* **-1.** [action, en maths] parallel. **-2.** [marché] **unofficial**; [médecine, énergie] alternative.

parallélisme [paralelism] *nm* parallelism; [de roues] **alignment**.

paralyser [paralize] *vt* to paralyse.

paralysie [paralizi] *nf* paralysis.

paramédical, -e, -aux [paramedikal, o] *adj* paramedical.

paramètre [parametr] *nm* parameter.

parano [parano] *adj fam* paranoid.

paranoïa [paranɔja] *nf* paranoia.

paranoïaque [paranɔjak] ◇ *adj* paranoid. ◇ *nmf* paranoiac.

parapente [parapɑ̃t] *nm* paragliding.

parapet [parapɛ] *nm* parapet.

paraphe = **parafe.**

parapher = **parafer.**

paraphrase [parafraz] *nf* paraphrase.

paraplégique [paraplezik] *nmf & adj* paraplegic.

parapluie [paraplɥi] *nm* umbrella.

parasite [parazit] ◇ *nm* parasite. ◇ *adj* parasitic.

♦ **parasites** *nmpl* RADIO & TÉLÉ interference (*U*).

parasol [parasɔl] *nm* parasol, sunshade.

paratonnerre [paratɔnɛr] *nm* lightning conductor.

paravent [paravɑ̃] *nm* screen.

parc [park] *nm* **-1.** [jardin] park; [de château] grounds (*pl*); **~ d'attractions** amusement park; **~ national** national park. **-2.** [pour l'élevage] pen. **-3.** [de bébé] playpen. **-4.** [de voitures] fleet; **le ~ automobile** the number of cars on the roads.

parcelle [parsɛl] *nf* **-1.** [petite partie] fragment, particle. **-2.** [terrain] parcel of land.

parce que [parsk(ə)] *loc conj* because.

parchemin [parʃəmɛ̃] *nm* parchment.

parcimonie [parsimɔni] *nf* parsimoniousness; **avec ~** sparingly, parsimoniously.

parcimonieux, -ieuse [parsimɔnjø, jøz] *adj* parsimonious.

parcmètre [parkmetr] *nm* parking meter.

parcourir [parkurir] *vt* **-1.** [région, route] to cover. **-2.** [journal, dossier] to skim OU glance through, to scan.

parcours [parkur] *nm* **-1.** [trajet, voyage] journey; [itinéraire] route. **-2.** GOLF [terrain] course; [trajet] round.

parcouru, -e [parkury] *pp* → **parcourir.**

par-delà [pardəla] *prép* beyond.

par-derrière [pardɛrjɛr] *adv* **-1.** [par le côté arrière] round the back. **-2.** [en cachette] behind one's back.

par-dessous [pardəsu] *prép & adv* under, underneath.

pardessus [pardəsy] *nm inv* overcoat.

par-dessus [pardəsy] ◇ *prép* over, over the top of; **~ tout** above all. ◇ *adv* over, over the top.

par-devant [pardəvɑ̃] ◇ *prép* in front of. ◇ *adv* in front.

pardi [pardi] *interj fam* of course!

pardon [pardɔ̃] ◇ *nm* forgiveness; **demander ~** to say (one is) sorry. ◇ *interj* [excuses] (I'm) sorry!; [pour attirer l'attention] **excuse me!**; (I beg your) **pardon?** *Br*, **pardon me?** *Am*.

pardonner [pardɔne] ◇ *vt* to forgive; **~ qqch à qqn** to forgive sb for sthg; **~ à qqn d'avoir fait qqch** to forgive sb for doing sthg. ◇ *vi*: **ce genre d'erreur ne pardonne pas** this kind of mistake is fatal.

paré, -e [pare] *adj* [prêt] ready.

pare-balles [parbal] *adj inv* bulletproof.

pare-brise [parbriz] *nm inv* windscreen *Br*, windshield *Am*.

pare-chocs [parʃɔk] *nm inv* bumper.

pareil, -eille [parɛj] *adj* **-1.** [semblable]: **~ (à)** similar (to). **-2.** [tel] such; **un ~**

film such a film, a film like this; **de ~s films** such films, films like these.
◆ **pareil** *adv fam* the same (way).

parent, -e [parɑ̃, ɑ̃t] ◇ *adj:* ~ **(de)** related (to). ◇ *nm, f* relative, relation.
◆ **parents** *nmpl* [père et mère] parents, mother and father.

parenté [parɑ̃te] *nf* [lien, affinité] relationship.

parenthèse [parɑ̃tɛz] *nf* **-1.** [digression] digression, parenthesis. **-2.** TYPO bracket, parenthesis; **entre ~s** in brackets; **ouvrir/fermer la ~** to open/close brackets; **fig** incidentally, by the way;

parer [pare] ◇ *vt* **-1.** *sout* [orner] to adorn. **-2.** [vêtir]: ~ **qqn de qqch** to dress sb up in sthg, to deck sb out in sthg; *fig* to attribute sthg to sb. **-3.** [contrer] to ward off, to parry. ◇ *vi:* ~ **à** [faire face à] to deal with; [pourvoir à] to prepare for; ~ **au plus pressé** to see to what is most urgent.
◆ **se parer** *vp* to dress up, to put on all one's finery.

pare-soleil [parsɔlɛj] *nm inv* sun visor.

paresse [parɛs] *nf* **-1.** [fainéantise] laziness, idleness. **-2.** MÉD sluggishness.

paresser [parɛse] *vi* to laze about OU around.

paresseux, -euse [parɛsø, øz] ◇ *adj* **-1.** [fainéant] lazy. **-2.** MÉD sluggish. ◇ *nm, f* [personne] lazy OU idle person.
◆ **paresseux** *nm* [animal] sloth.

parfaire [parfɛr] *vt* to complete, to perfect.

parfait, -e [parfɛ, ɛt] *adj* perfect.
◆ **parfait** *nm* GRAM perfect (tense).

parfaitement [parfɛtmɑ̃] *adv* **-1.** [admirablement, très] perfectly. **-2.** [marque l'assentiment] absolutely.

parfois [parfwa] *adv* sometimes.

parfum [parfœ̃] *nm* **-1.** [de fleur] scent, fragrance. **-2.** [à base d'essences] perfume, scent. **-3.** [de glace] flavour.

parfumé, -e [parfyme] *adj* **-1.** [fleur] fragrant. **-2.** [mouchoir] perfumed. **-3.**

[femme]: **elle est trop ~e** she's wearing too much perfume.

parfumer [parfyme] *vt* **-1.** [suj: fleurs] to perfume. **-2.** [mouchoir] to perfume, to scent. **-3.** CULIN to flavour.
◆ **se parfumer** *vp* to put perfume on.

parfumerie [parfymri] *nf* perfumery.

pari [pari] *nm* **-1.** [entre personnes] bet. **-2.** [jeu] betting (U).

paria [parja] *nm* pariah.

parier [parje] *vt:* ~ **(sur)** to bet (on).

parieur [parjœr] *nm* punter.

Paris [pari] *n* Paris.

parisien, -ienne [parizjɛ̃, jɛn] *adj* [vie, société] Parisian; [métro, banlieue, région] Paris (*avant n*).
◆ **Parisien, -ienne** *nm, f* Parisian.

paritaire [paritɛr] *adj:* **commission ~** joint commission (*with both sides equally represented*).

parité [parite] *nf* parity.

parjure [parʒyr] ◇ *nmf* [personne] perjurer. ◇ *nm* [faux serment] perjury.

parjurer [parʒyre]
◆ **se parjurer** *vp* to perjure o.s.

parka [parka] *nm* ou *nf* parka.

parking [parkiŋ] *nm* [parc] car park *Br*, parking lot *Am*.

parlant, -e [parlɑ̃, ɑ̃t] *adj* **-1.** [qui parle]: **le cinéma ~** talking pictures; **l'horloge ~e** TÉLÉCOM the speaking clock. **-2.** *fig* [chiffres, données] eloquent; [portrait] vivid.

parlement [parləmɑ̃] *nm* parliament; **le Parlement européen** the European Parliament.

parlementaire [parləmɑ̃tɛr] ◇ *nmf* [député] member of parliament; [négociateur] negotiator. ◇ *adj* parliamentary.

parlementer [parləmɑ̃te] *vi* **-1.** [négocier] to negotiate, to parley. **-2.** [parler longtemps] to talk at length.

parler [parle] ◇ *vi* **-1.** [gén] to talk, to speak; ~ **à/avec qqn** to speak to/with sb, to talk to/with sb; ~ **de qqch à qqn** to speak OU talk to sb

about sthg; ~ **de qqn/qqch** to talk
about sb/sthg; ~ **de faire qqch** to
talk about doing sthg; ~ **en français**
to speak in French; **sans ~ de** apart
from, not to mention; **à proprement**
~ strictly speaking; **tu parles!** *fam*
you can say that again!; **n'en parlons plus** we'll say no more about it.
-2. [avouer] to talk. ◇ *vt* [langue] to
speak; ~ **(le) français** to speak
French; ~ **politique/affaires** to talk
politics/business.

parloir [parlwar] *nm* parlour.

parmi [parmi] *prép* among.

parodie [parɔdi] *nf* parody.

parodier [parɔdje] *vt* to parody.

paroi [parwa] *nf* **-1.** [mur] wall; [cloi-
son] partition; ~ **rocheuse** rock face.
-2. [de récipient] inner side.

paroisse [parwas] *nf* parish.

paroissial, -e, -iaux [parwasjal, jo] *adj*
parish (*avant n*).

paroissien, -ienne [parwasjɛ̃, jɛn] *nm,
f* parishioner.

parole [parɔl] *nf* **-1.** [faculté de parler]:
la ~ speech. **-2.** [propos, discours]:
adresser la ~ **à qqn** to speak to sb;
couper la ~ **à qqn** to cut sb off;
prendre la ~ to speak. **-3.** [promesse,
mot] word; **tenir** ~ to keep one's
word; **donner sa** ~ **(d'honneur)** to
give one's word (of honour).
◆ **paroles** *nfpl* MUS words, lyrics.

paroxysme [parɔksism] *nm* height.

parquer [parke] *vt* **-1.** [animaux] to
pen in OU up. **-2.** [prisonniers] to shut
up OU in. **-3.** [voiture] to park.

parquet [parkɛ] *nm* **-1.** [plancher] parquet floor. **-2.** JUR ≃ Crown Prosecution Service *Br*.

parqueter [parkəte] *vt* to lay a parquet floor in.

parrain [parɛ̃] *nm* **-1.** [d'enfant] godfather. **-2.** [de festival, sportif] sponsor.

parrainer [parɛne] *vt* to sponsor, to
back.

parricide [parisid] *nm* [crime] parricide.

parsemer [parsəme] *vt*: ~ **(de)** to
strew (with).

part [par] *nf* **-1.** [de gâteau] portion;
[de bonheur, héritage] share; [partie]
part. **-2.** [participation]: **prendre** ~ **à
qqch** to take part in sthg. **-3.** *loc*:
c'est de la ~ **de qui?** [au téléphone]
who's speaking OU calling?; **dites-lui
de ma** ~ **que ...** tell him from me
that ...; **ce serait bien aimable de votre** ~ it would be very kind of you;
pour ma ~ as far as I'm concerned;
faire ~ **à qqn de qqch** to inform sb
of sthg.
◆ **à part** ◇ *loc adv* aside, separately.
◇ *loc adj* exceptional. ◇ *loc prép*
apart from.
◆ **autre part** *loc adv* somewhere else.
◆ **d'autre part** *loc adv* besides, moreover.
◆ **de part et d'autre** *loc adv* on both
sides.
◆ **d'une part ..., d'autre part** *loc corrélative* on the one hand ..., on the
other hand.
◆ **nulle part** *loc adv* nowhere.
◆ **quelque part** *loc adv* somewhere.

part. *abr de particulier*.

partage [partaʒ] *nm* [action] sharing
(out).

partager [partaʒe] *vt* **-1.** [morceler] to
divide (up); **être partagé** *fig* to be divided. **-2.** [mettre en commun]: ~ **qqch
avec qqn** to share sthg with sb. **-3.** *loc*:
◆ **se partager** *vp* **-1.** [se diviser] to be
divided. **-2.** [partager son temps] to divide one's time. **-3.** [se répartir]: **se ~
qqch** to share sthg between
themselves/ourselves *etc.*

partance [partɑ̃s] *nf*: **en** ~ outward
bound; **en** ~ **pour** bound for.

partant, -e [partɑ̃, ɑ̃t] *adj*: **être** ~ **pour**
to be ready for.
◆ **partant** *nm* starter.

partenaire [partənɛr] *nmf* partner.

partenariat [partənarja] *nm* partnership.

parterre [partɛr] *nm* **-1.** [de fleurs]

(flower) bed. **-2.** THÉÂTRE stalls (*pl*) *Br*, orchestra *Am*.

parti, **-e** [parti] ◇ *pp* → **partir**. ◇ *adj fam* [ivre] **tipsy**.

◆ **parti** *nm* **-1.** POLIT party. **-2.** [choix, décision] course of action; **prendre ~** to make up one's mind; **prendre le ~ de faire qqch** to make up one's mind to do sthg; **en prendre son ~** to be resigned; **être de ~ pris** to be prejudiced OU biased; **tirer ~ de** to make (good) use of. **-3.** [personne à marier] **match**.

◆ **partie** *nf* **-1.** [élément, portion] **part**; **en grande ~e** largely; **en majeure ~e** for the most part; **faire ~e (intégrante) de qqch** to be (an integral) part of sthg. **-2.** [domaine d'activité] field, subject. **-3.** SPORT game. **-4.** JUR party; **la ~e adverse** the opposing party. **-5.** *loc*: **prendre qqn à ~e** to attack sb.

◆ **en partie** *loc adv* partly, in part.

partial, **-e**, **-iaux** [parsjal, jo] *adj* biased.

partialité [parsjalite] *nf* partiality, bias.

participant, **-e** [partisipɑ̃, ɑ̃t] ◇ *adj* participating. ◇ *nm, f* **-1.** [à réunion] participant. **-2.** SPORT competitor. **-3.** [à concours] entrant.

participation [partisipasjɔ̃] *nf* **-1.** [collaboration] participation. **-2.** ÉCON interest; **~ aux bénéfices** profit-sharing.

participe [partisip] *nm* participle; **~ passé/présent** past/present participle.

participer [partisipe] *vi*: **~ à** [réunion, concours] to take part in; [frais] to contribute to; [bénéfices] to share in.

particularité [partikylarite] *nf* distinctive feature.

particule [partikyl] *nf* **-1.** [gén & LING] particle. **-2.** [nobiliaire] nobiliary particle.

particulier, **-ière** [partikylje, jɛr] *adj* **-1.** [personnel, privé] private. **-2.** [spécial] particular, special; [propre] peculiar, characteristic; **~ à** peculiar to,

characteristic of. **-3.** [remarquable] unusual, exceptional; **cas ~** special case. **-4.** [assez bizarre] peculiar.

particulièrement [partikyljɛrmɑ̃] *adv* particularly; **tout ~** especially.

partie → **parti**.

partiel, **-ielle** [parsjɛl] *adj* partial.

◆ **partiel** *nm* UNIV ≃ end-of-term exam.

partir [partir] *vi* **-1.** [personne] to go, to leave; **~ à** to go to; **~ pour** to leave for; **~ de** [bureau] to leave; [aéroport, gare] to leave from; [hypothèse, route] to start from; [date] to run from. **-2.** [voiture] to start. **-3.** [coup de feu] to go off; [bouchon] to pop. **-4.** [tache] to come out, to go.

◆ **à partir de** *loc prép* from.

partisan, **-e** [partizɑ̃, an] *adj* [partial] partisan; **être ~ de** to be in favour of.

◆ **partisan** *nm* [adepte] supporter, advocate.

partition [partisjɔ̃] *nf* **-1.** [séparation] partition. **-2.** MUS score.

partout [partu] *adv* everywhere.

paru, **-e** [pary] *pp* → **paraître**.

parure [paryr] *nf* (matching) set.

parution [parysjɔ̃] *nf* publication.

parvenir [parvənir] *vi*: **~ à faire qqch** to manage to do sthg; **faire ~ qqch à qqn** to send sthg to sb.

parvenu, **-e** [parvəny] ◇ *pp* → **parvenir**. ◇ *nm, f péj* parvenu, upstart.

pas¹ [pa] *nm* **-1.** [gén] step; **allonger le ~** to quicken one's pace; **revenir sur ses ~** to retrace one's steps; **~ à ~** step by step; **à ~ de loup** *fig* stealthily; **à ~ feutrés** *fig* with muffled footsteps. **-2.** TECHNOL thread. **-3.** *loc*: **c'est à deux ~ (d'ici)** it's very near (here); **emboîter le ~ à qqn** to fall into step with sb; **faire les cent ~** to pace up and down; **faire un faux ~** to slip; *fig* to make a faux pas; **faire le premier ~** to make the first move; **franchir** OU **sauter le ~** to take the plunge; **(rouler) au ~** (to move) at a snail's pace; **sur le ~**

de la porte on the doorstep; tirer qqn d'un mauvais ~ to get sb out of a tight spot.

pas² [pa] *adv* **-1.** [avec ne] not; **elle ne vient ~** she's not OU she isn't coming; **elle n'a ~ mangé** she hasn't eaten; **je ne le connais ~** I don't know him; **il n'y a ~ de vin** there's no wine, there isn't any wine; **je préférerais ne ~ le rencontrer** I would prefer not to meet him, I would rather not meet him. **-2.** [sans ne] not; **l'as-tu vu ou ~?** have you seen him or not?; **il est très satisfait, moi ~** he's very pleased, but I'm not; **une histoire ~ drôle** a story which isn't funny; **~ encore** not yet; **~ du tout** not at all. **-3.** [avec pron indéf]: **~ un** [aucun] none, not one; **un d'eux n'est venu** none of them OU not one of them came.

pascal, -e [paskal] (*pl* **pascals** OU **pascaux** [pasko]) *adj* Easter (*avant n*).
◆ **pascal** *nm* **-1.** INFORM Pascal. **-2.** PHYS pascal.

passable [pasabl] *adj* passable, fair.

passage [pasaʒ] *nm* **-1.** [action - de passer] going past; [- de traverser] crossing; **être de ~** to be passing through. **-2.** [endroit] passage, way; **«~ interdit»** "no entry"; **~ clouté** OU **pour piétons** pedestrian crossing; **~ à niveau** level crossing *Br*, grade crossing *Am*; **~ protégé** *priority given to traffic on the main road*; **~ souterrain** underpass *Br*, subway *Am*. **-3.** [extrait] passage.

passager, -ère [pasaʒe, ɛr] ◇ *adj* [bonheur] fleeting, short-lived. ◇ *nm, f* passenger.

passant, -e [pasɑ̃, ɑ̃t] ◇ *adj* busy. ◇ *nm, f* passer-by.
◆ **passant** *nm* [de ceinture] (belt) loop.

passe [pas] ◇ *nm* passkey. ◇ *nf* **-1.** [au sport] pass. **-2.** NAVIG channel.

passé, -e [pase] *adj* **-1.** [qui n'est plus] past; [précédent]: **la semaine ~e** last week; **au cours de la semaine ~e** in the last week; **il est trois heures ~es**

it's gone three *Br*, it's after three. **-2.** [fané] faded.
◆ **passé** ◇ *nm* past; **~ composé** perfect tense; **~ simple** past historic. ◇ *prép* after.

passe-droit [pasdrwa] (*pl* **passe-droits**) *nm* privilege.

passe-montagne [pasmɔ̃taɲ] (*pl* **passe-montagnes**) *nm* Balaclava (helmet).

passe-partout [paspartu] *nm inv* **-1.** [clé] passkey. **-2.** (*en apposition*) [tenue] all-purpose; [phrase] stock (*avant n*).

passeport [paspɔr] *nm* passport.

passer [pase] ◇ *vi* **-1.** [se frayer un chemin] to pass, to get past. **-2.** [défiler] to go by OU past. **-3.** [aller] to go; **~ à** OU **au travers** OU **par** to come OU pass through; **~ chez qqn** to call on sb, to drop in on sb; **~ devant** [bâtiment] to pass; [juge] to come before; **en passant** in passing. **-4.** [venir - facteur] to come, to call. **-5.** SCOL to pass, to be admitted; **~ dans la classe supérieure** to move up, to be moved up (a class). **-6.** [être accepté] to be accepted. **-7.** [fermer les yeux]: **~ sur qqch** to pass over sthg. **-8.** [temps] to pass, to go by. **-9.** [disparaître - souvenir, couleur] to fade; [- douleur] to pass, to go away. **-10.** CIN, TÉLÉ & THÉÂTRE to be on; **~ à la radio/télévision** to be on the radio/television. **-11.** CARTES to pass. **-12.** [devenir]: **~ président/directeur** to become president/director, to be appointed president/director. **-13.** *loc*: **~ inaperçu** to pass OU go unnoticed; **passons ...** let's move on ...; **~ pour** to be regarded as; **se faire ~ pour qqn** to pass o.s. off as sb; **il y est passé** *fam* he kicked the bucket. ◇ *vt* **-1.** [franchir - frontière, rivière] to cross; [- douane] to go through. **-2.** [soirée, vacances] to spend. **-3.** [sauter - ligne, tour] to miss. **-4.** [défauts]: **~ qqch à qqn** to overlook sthg in sb. **-5.** [faire aller - bras] to pass, to put. **-6.** [filtrer -

huile] to strain; [- café] to filter. **-7.** [film, disque] to put on. **-8.** [vêtement] to slip on. **-9.** [vitesses] to change; ~ **la** OU **en troisième** to change into third (gear). **-10.** [donner] ~ **qqch à qqn** to pass sb sthg; MÉD to give sb sthg. **-11.** [accord] ~ **un contrat avec qqn** to have an agreement with sb. **-12.** SCOL & UNIV [examen] to sit, to take. **-13.** [au téléphone] **je vous passe Mme Ledoux** [transmettre] I'll put you through to Mme Ledoux; [donner l'écouteur à] I'll hand you Mme Ledoux.

◆ **se passer** *vp* **-1.** [événement] to happen, to take place; **comment ça s'est passé?** how did it go?; **ça ne se passera pas comme ça!** I'm not putting up with that! **-2.** [s'enduire - crème] to put on. **-3.** [s'abstenir]: **se ~ de qqch/de faire qqch** to do without sthg/doing sthg.

passerelle [pasʀɛl] *nf* **-1.** [pont] footbridge. **-2.** [passage mobile] gangway.

passe-temps [pastɑ̃] *nm inv* pastime.

passif, -ive [pasif, iv] *adj* passive.

◆ **passif** *nm* **-1.** GRAM passive. **-2.** FIN liabilities (*pl*).

passion [pasjɔ̃] *nf* passion; **avoir la ~ de qqch** to have a passion for sthg.

passionnant, -e [pasjɔnɑ̃, ɑ̃t] *adj* exciting, fascinating.

passionné, -e [pasjɔne] ◇ *adj* **-1.** [personne] passionate. **-2.** [récit, débat] impassioned. ◇ *nm, f* passionate person; ~ **de ski/d'échecs** *etc* skiing/chess *etc* fanatic.

passionnel, -elle [pasjɔnɛl] *adj* [crime] of passion.

passionner [pasjɔne] *vt* [personne] to grip, to fascinate.

◆ **se passionner** *vp*: **se ~ pour** to have a passion for.

passivité [pasivite] *nf* passivity.

passoire [paswaʀ] *nf* [à liquide] sieve; [à légumes] colander.

pastel [pastɛl] ◇ *nm* pastel. ◇ *adj inv* [couleur] pastel (*avant n*).

pastèque [pastɛk] *nf* watermelon.

pasteur [pastœʀ] *nm* **-1.** *littéraire* [berger] shepherd. **-2.** RELIG pastor, minister.

pasteuriser [pastœʀize] *vt* to pasteurize.

pastille [pastij] *nf* [bonbon] pastille, lozenge.

pastis [pastis] *nm* aniseed-flavoured aperitif.

patate [patat] *nf* **-1.** *fam* [pomme de terre] spud. **-2.** *fam* [imbécile] fathead.

patauger [patoʒe] *vi* [barboter] to splash about.

pâte [pat] *nf* **-1.** [à tarte] pastry; [à pain] dough; ~ **brisée** shortcrust pastry; ~ **feuilletée** puff OU flaky pastry; ~ **à frire** batter; ~ **à pain** bread dough. **-2.** [mélange] paste; ~ **d'amandes** almond paste; ~ **de fruits** jelly made from fruit paste; ~ **à modeler** modelling clay.

◆ **pâtes** *nfpl* pasta (*sg*).

pâté [pate] *nm* **-1.** CULIN pâté; ~ **de campagne** farmhouse pâté; ~ **en croûte** *pâté baked in a pastry case*; ~ **de foie gras** liver pâté. **-2.** [tache] ink blot. **-3.** [bloc]: ~ **de maisons** block (of houses).

patelin [patlɛ̃] *nm fam* village, place.

patente [patɑ̃t] *nf* licence fee (*for traders and professionals*).

patère [patɛʀ] *nf* [portemanteau] coat hook.

paternalisme [patɛʀnalism] *nm* paternalism.

paternel, -elle [patɛʀnɛl] *adj* [devoir, autorité] paternal; [amour, ton] fatherly.

paternité [patɛʀnite] *nf* paternity, fatherhood; *fig* authorship, paternity.

pâteux, -euse [patø, øz] *adj* [aliment] doughy; [encre] thick.

pathétique [patetik] *adj* moving, pathetic.

pathologie [patɔlɔʒi] *nf* pathology.

patibulaire [patibylɛʀ] *adj péj* sinister.

patience [pasjɑ̃s] *nf* **-1.** [gén] patience.

pays

-2. [jeu de cartes] patience *Br*, solitaire *Am*.

patient, -e [pasjɑ̃, ɑ̃t] ◇ *adj* patient. ◇ *nm, f* MÉD patient.

patienter [pasjɑ̃te] *vi* to wait.

patin [patɛ̃] *nm* SPORT skate; ~ à glace/à roulettes ice/roller skate; faire du ~ à glace/à roulettes to go ice-/roller-skating.

patinage [patinaʒ] *nm* SPORT skating; ~ artistique/de vitesse figure/speed skating.

patiner [patine] ◇ *vi* **-1.** SPORT to skate. **-2.** [véhicule] to skid. ◇ *vt* [objet] to give a patina to; [avec vernis] to varnish.
◆ **se patiner** *vp* to take on a patina.

patineur, -euse [patinœr, øz] *nm, f* skater.

patinoire [patinwar] *nf* ice OU skating rink.

pâtisserie [patisri] *nf* **-1.** [gâteau] pastry. **-2.** [art, métier] pastry-making. **-3.** [commerce] ≃ cake shop.

pâtissier, -ière [patisje, jɛr] ◇ *adj*: crème pâtissière confectioner's custard. ◇ *nm, f* pastrycook.

patois [patwa] *nm* patois.

patriarche [patrijarʃ] *nm* patriarch.

patrie [patri] *nf* country, homeland.

patrimoine [patrimwan] *nm* [familial] inheritance; [collectif] heritage.

patriote [patrijɔt] *nmf* patriot.

patriotique [patrijɔtik] *adj* patriotic.

patron, -onne [patrɔ̃, ɔn] *nm, f* **-1.** [d'entreprise] head. **-2.** [chef] boss. **-3.** RELIG patron saint.
◆ **patron** *nm* [modèle] pattern.

patronage [patrɔnaʒ] *nm* **-1.** [protection] patronage; [de saint] protection. **-2.** [organisation] youth club.

patronal, -e, -aux [patrɔnal, o] *adj* [organisation, intérêts] employers' (*avant n*).

patronat [patrɔna] *nm* employers.

patronyme [patrɔnim] *nm* patronymic.

patrouille [patruj] *nf* patrol.

patte [pat] *nf* **-1.** [d'animal] paw; [d'oiseau] foot. **-2.** *fam* [jambe] leg; [pied] foot; [main] hand, paw. **-3.** [favori] sideburn. **-4.** [de poche] flap.

pâturage [patyraʒ] *nm* [lieu] pasture land.

pâture [patyr] *nf* [nourriture] food, fodder; *fig* intellectual nourishment.

paume [pom] *nf* **-1.** [de main] palm. **-2.** SPORT real tennis.

paumé, -e [pome] *fam* ◇ *adj* lost. ◇ *nm, f* down and out.

paumer [pome] *fam vt* to lose.
◆ **se paumer** *vp* to get lost.

paupière [popjɛr] *nf* eyelid.

pause [poz] *nf* **-1.** [arrêt] break; ~-café coffee-break. **-2.** MUS pause.

pauvre [povr] ◇ *nmf* poor person. ◇ *adj* poor; ~ en low in.

pauvreté [povrəte] *nf* poverty.

pavaner [pavane]
◆ **se pavaner** *vp* to strut.

pavé, -e [pave] *adj* cobbled.
◆ **pavé** *nm* **-1.** [chaussée]: être sur le ~ *fig* to be out on the streets; battre le ~ *fig* to walk the streets. **-2.** [de pierre] cobblestone, paving stone. **-3.** *fam* [livre] tome. **-4.** INFORM: ~ numérique keypad.

pavillon [pavijɔ̃] *nm* **-1.** [bâtiment] detached house. **-2.** [de trompette] bell. **-3.** [d'oreille] pinna, auricle. **-4.** [drapeau] flag.

pavot [pavo] *nm* poppy.

payant, -e [pɛjɑ̃, ɑ̃t] *adj* **-1.** [hôte] paying (*avant n*). **-2.** [spectacle] with an admission charge. **-3.** *fam* [affaire] profitable.

paye = paie.

payement = paiement.

payer [peje] ◇ *vt* **-1.** [gén] to pay; [achat] to pay for; ~ qqch à qqn to buy sthg for sb, to buy sb sthg, to treat sb to sthg. **-2.** [expier - crime, faute] to pay for. ◇ *vi*: ~ (pour) to pay (for).

pays [pei] *nm* **-1.** [gén] country. **-2.** [région, province] region.

◆**pays de Galles** *nm*: le ~ de Galles Wales.

paysage [peizaʒ] *nm* **-1.** [site, vue] landscape, scenery. **-2.** [tableau] landscape.

paysagiste [peizaʒist] *nmf* **-1.** [peintre] landscape artist. **-2.** [concepteur de parcs] landscape gardener.

paysan, -anne [peizɑ̃, an] ◇ *adj* [vie, coutume] country (*avant n*), rural; [organisation, revendication] farmers' (*avant n*); *péj* peasant (*avant n*). ◇ *nm, f* **-1.** [agriculteur] (small) farmer. **-2.** *péj* [rustre] peasant.

Pays-Bas [peiba] *nmpl*: les ~ the Netherlands.

PC *nm* **-1.** (*abr de* **Parti communiste**) Communist Party. **-2.** (*abr de* **personal computer**) PC. **-3.** (*abr de* **Petite Ceinture**) *bus following the inner ring road in Paris.*

PCV (*abr de* **à percevoir**) *nm* reverse charge call.

P-DG (*abr de* **président-directeur général**) *nm* Chairman and Managing Director *Br*, Chairman and President *Am*.

péage [peaʒ] *nm* toll.

peau [po] *nf* **-1.** [gén] skin; ~ d'orange orange peel; MÉD ≈ cellulite. **-2.** [cuir] hide, leather (*U*).

péché [peʃe] *nm* sin.

pêche [pɛʃ] *nf* **-1.** [fruit] peach. **-2.** [activité] fishing; [poissons] catch; **aller à la** ~ to go fishing.

pécher [peʃe] *vi* to sin.

pêcher[1] [peʃe] *vt* **-1.** [poisson] to catch. **-2.** *fam* [trouver] to dig up.

pêcher[2] [peʃe] *nm* peach tree.

pécheur, -eresse [peʃœr, peʃrɛs] ◇ *adj* sinful. ◇ *nm, f* sinner.

pêcheur, -euse [pɛʃœr, øz] *nm, f* fisherman (*f* fisherwoman).

pectoral, -e, -aux [pɛktɔral, o] *adj* [sirop] cough (*avant n*).

◆**pectoraux** *nmpl* pectorals.

pécuniaire [pekynjɛr] *adj* financial.

pédagogie [pedagɔʒi] *nf* **-1.** [science] education, pedagogy. **-2.** [qualité] teaching ability.

pédagogue [pedagɔg] ◇ *nmf* teacher. ◇ *adj*: être ~ to be a good teacher.

pédale [pedal] *nf* [gén] pedal.

pédaler [pedale] *vi* [à bicyclette] to pedal.

pédalo [pedalo] *nm* pedal boat.

pédant, -e [pedɑ̃, ɑ̃t] *adj* pedantic.

pédéraste [pederast] *nm* homosexual, pederast.

pédiatre [pedjatr] *nmf* pediatrician.

pédiatrie [pedjatri] *nf* pediatrics (*U*).

pédicure [pedikyr] *nmf* chiropodist.

peigne [pɛɲ] *nm* **-1.** [démêloir, barrette] comb. **-2.** [de tissage] card.

peigner [peɲe] *vt* **-1.** [cheveux] to comb. **-2.** [fibres] to card.

◆ **se peigner** *vp* to comb one's hair.

peignoir [peɲwar] *nm* dressing gown *Br*, robe *Am*, bathrobe *Am*.

peindre [pɛ̃dr] *vt* to paint; *fig* [décrire] to depict.

peine [pɛn] *nf* **-1.** [châtiment] punishment, penalty; JUR sentence; **sous** ~ **de qqch** on pain of sthg; ~ **capitale** OU **de mort** capital punishment, death sentence. **-2.** [chagrin] sorrow, sadness (*U*); **faire de la** ~ **à qqn** to upset sb, to distress sb. **-3.** [effort] trouble; **ça ne vaut pas** OU **ce n'est pas la** ~ it's not worth it. **-4.** [difficulté] difficulty; **avoir de la** ~ **à faire qqch** to have difficulty OU trouble doing sthg; **à grand-**~ with great difficulty; **sans** ~ without difficulty, easily.

◆ **à peine** *loc adv* scarcely, hardly; **à** ~ ... **que** hardly ... than; **c'est à** ~ **si on se parle** we hardly speak (to each other).

peint, -e [pɛ̃, pɛ̃t] *pp* → **peindre**.

peintre [pɛ̃tr] *nm* painter.

peinture [pɛ̃tyr] *nf* **-1.** [gén] painting. **-2.** [produit] paint; «~ **fraîche**» "wet paint".

péjoratif, -ive [peʒɔratif, iv] *adj* pejorative.

Pékin [pekɛ̃] *n* Peking, Beijing.

pékinois, -e [pekinwa, az] *adj* of/from Peking.
◆ **pékinois** *nm* **-1.** [langue] Mandarin. **-2.** [chien] pekinese.
◆ **Pékinois, -e** *nm, f* native OU inhabitant of Peking.

pelage [pəlaʒ] *nm* coat, fur.

pêle-mêle [pɛlmɛl] *adv* pell-mell.

peler [pəle] *vt & vi* to peel.

pèlerin [pɛlRɛ̃] *nm* pilgrim.

pèlerinage [pɛlRinaʒ] *nm* **-1.** [voyage] pilgrimage. **-2.** [lieu] place of pilgrimage.

pélican [pelikɑ̃] *nm* pelican.

pelle [pɛl] *nf* **-1.** [instrument] shovel. **-2.** [machine] digger.

pelleter [pɛlte] *vt* to shovel.

pellicule [pelikyl] *nf* film.
◆ **pellicules** *nfpl* dandruff (*U*).

pelote [pəlɔt] *nf* [de laine, ficelle] ball.

peloter [pləte] *vt fam* to paw.

peloton [plɔtɔ̃] *nm* **-1.** [de soldats] squad; ~ **d'exécution** firing squad. **-2.** [de concurrents] pack.

pelotonner [plətɔne]
◆ **se pelotonner** *vp* to curl up.

pelouse [pəluz] *nf* **-1.** [de jardin] lawn. **-2.** [de champ de courses] public enclosure. **-3.** FOOTBALL & RUGBY field.

peluche [pəlyʃ] *nf* **-1.** [jouet] soft toy. **-2.** [d'étoffe] piece of fluff.

pelure [pəlyr] *nf* [fruit] peel.

pénal, -e, -aux [penal, o] *adj* penal.

pénaliser [penalize] *vt* to penalize.

penalty [penalti] (*pl* **penaltys** OU **penalties**) *nm* penalty.

penaud, -e [pəno, od] *adj* sheepish.

penchant [pɑ̃ʃɑ̃] *nm* **-1.** [inclination] tendency. **-2.** [sympathie] ~ **pour** liking OU fondness for.

pencher [pɑ̃ʃe] ◇ *vi* to lean; ~ **vers/pour** *fig* to incline towards/in favour of. ◇ *vt* to bend.
◆ **se pencher** *vp* [s'incliner] to lean

over; [se baisser] to bend down; **se ~ sur qqn/qqch** to lean over sb/sthg.

pendaison [pɑ̃dɛzɔ̃] *nf* hanging.

pendant¹, -e [pɑ̃dɑ̃, ɑ̃t] *adj* [bras] hanging, dangling.
◆ **pendant** *nm* **-1.** [bijou]: ~ **d'oreilles** (drop) earring. **-2.** [de paire] counterpart.

pendant² [pɑ̃dɑ̃] *prép* during.
◆ **pendant que** *loc conj* while, whilst.

pendentif [pɑ̃dɑ̃tif] *nm* pendant.

penderie [pɑ̃dRi] *nf* wardrobe.

pendre [pɑ̃dR] ◇ *vi* **-1.** [être fixé en haut]: ~ **(à)** to hang (from). **-2.** [descendre trop bas] to hang down. ◇ *vt* **-1.** [rideaux, tableau] to hang (up), to put up. **-2.** [personne] to hang.
◆ **se pendre** *vp* [se suicider] to hang o.s.

pendule [pɑ̃dyl] ◇ *nm* pendulum. ◇ *nf* clock.

pénétrer [penetre] ◇ *vi* to enter. ◇ *vt* **-1.** [mur, vêtement] to penetrate. **-2.** *fig* [mystère, secret] to fathom out.

pénible [penibl] *adj* **-1.** [travail] laborious. **-2.** [nouvelle, maladie] painful. **-3.** *fam* [personne] tiresome.

péniche [peniʃ] *nf* barge.

pénicilline [penisilin] *nf* penicillin.

péninsule [penɛ̃syl] *nf* peninsula.

pénis [penis] *nm* penis.

pénitence [penitɑ̃s] *nf* **-1.** [repentir] penitence. **-2.** [peine] penance.

pénitencier [penitɑ̃sje] *nm* prison, penitentiary *Am*.

pénombre [penɔ̃bR] *nf* half-light.

pense-bête [pɑ̃sbɛt] (*pl* **pense-bêtes**) *nm* reminder.

pensée [pɑ̃se] *nf* **-1.** [idée, faculté] thought. **-2.** [esprit] mind, thoughts (*pl*). **-3.** [doctrine] thought, thinking. **-4.** BOT pansy.

penser [pɑ̃se] ◇ *vi* to think; ~ **à qqn/qqch** [avoir à l'esprit] to think of sb/sthg, to think about sb/sthg; [se rappeler] to remember sb/sthg; ~ **à faire qqch** [avoir à l'esprit] to think of doing sthg; [se rappeler] to remember to do sthg; **qu'est-ce que tu en penses?** what do you think (of it)?; **faire ~ à qqn/qqch** to make one think of sb/sthg; **faire ~ à qqn à faire qqch** to remind sb to do sthg. ◇ *vt* to think; **je pense que oui** I think so; **je pense que non** I don't think so; **~ faire qqch** to be planning to do sthg.

pensif, -ive [pãsif, iv] *adj* pensive, thoughtful.

pension [pãsjɔ̃] *nf* -1. [allocation] pension; **~ alimentaire** [dans un divorce] alimony. -2. [hébergement] board and lodgings; **~ complète** full board; **demi-~** half board. -3. [hôtel] guesthouse; **~ de famille** guesthouse, boarding house. -4. [prix de l'hébergement] ≃ rent, keep. -5. [internat] boarding school; **être en ~** to be a boarder OU at boarding school.

pensionnaire [pãsjɔnɛr] *nmf* -1. [élève] boarder. -2. [hôte payant] lodger.

pensionnat [pãsjɔna] *nm* [internat] boarding school.

pentagone [pɛ̃tagon] *nm* pentagon.

pente [pãt] *nf* slope; **en ~** sloping, inclined.

pentecôte [pãtkot] *nf* [juive] Pentecost; [chrétienne] Whitsun.

pénurie [penyri] *nf* shortage.

pépier [pepje] *vi* to chirp.

pépin [pepɛ̃] *nm* -1. [graine] pip. -2. *fam* [ennui] hitch. -3. *fam* [parapluie] brolly *Br*.

pépinière [pepinjɛr] *nf* tree nursery; *fig* [école, établissement] nursery.

pépite [pepit] *nf* nugget.

perçant, -e [pɛrsã, ãt] *adj* -1. [regard, son] piercing. -2. [froid] bitter, biting.

percepteur [pɛrsɛptœr] *nm* tax collector.

perception [pɛrsɛpsjɔ̃] *nf* -1. [d'impôts] collection. -2. [bureau] tax office. -3. [sensation] perception.

percer [pɛrse] ◇ *vt* -1. [mur, roche] to make a hole in; [coffre-fort] to crack. -2. [trou] to make; [avec perceuse] to drill. -3. [silence, oreille] to pierce. -4.

[foule] to make one's way through. -5. *fig* [mystère] to penetrate. ◇ *vi* -1. [soleil] to break through. -2. [abcès] to burst; **avoir une dent qui perce** to be cutting a tooth. -3. [réussir] to make a name for o.s., to break through.

perceuse [pɛrsøz] *nf* drill.

percevoir [pɛrsəvwar] *vt* -1. [intention, nuance] to perceive. -2. [retraite, indemnité] to receive. -3. [impôts] to collect.

perche [pɛrʃ] *nf* -1. [poisson] perch. -2. [de bois, métal] pole.

percher [pɛrʃe] ◇ *vi* [oiseau] to perch. ◇ *vt* to perch.

◆ **se percher** *vp* to perch.

perchoir [pɛrʃwar] *nm* perch.

percolateur [pɛrkɔlatœr] *nm* percolator.

perçu, -e [pɛrsy] *pp* → **percevoir**.

percussion [pɛrkysjɔ̃] *nf* percussion.

percutant, -e [pɛrkytã, ãt] *adj* -1. [obus] explosive. -2. *fig* [argument] forceful.

percuter [pɛrkyte] ◇ *vt* to strike, to smash into. ◇ *vi* to explode.

perdant, -e [pɛrdã, ãt] ◇ *adj* losing. ◇ *nm, f* loser.

perdre [pɛrdr] ◇ *vt* -1. [gén] to lose. -2. [temps] to waste; [occasion] to miss, to waste. -3. [suj: bonté, propos] to be the ruin of. ◇ *vi* to lose.

◆ **se perdre** *vp* -1. [coutume] to die out, to become lost. -2. [personne] to get lost, to lose one's way.

perdrix [pɛrdri] *nf* partridge.

perdu, -e [pɛrdy] ◇ *pp* → **perdre**. ◇ *adj* -1. [égaré] lost. -2. [endroit] out-of-the-way. -3. [balle] stray. -4. [emballage] non-returnable. -5. [temps, occasion] wasted. -6. [malade] dying. -7. [récolte, robe] spoilt, ruined.

père [pɛr] *nm* [gén] father; **~ de famille** father.

◆ **père Noël** *nm*: **le ~ Noël** Father Christmas, Santa Claus.

péremptoire [perɑ̃ptwar] *adj* peremptory.

perfection [perfɛksjɔ̃] *nf* [qualité] perfection.

perfectionner [perfɛksjɔne] *vt* to perfect.

◆ **se perfectionner** *vp* to improve.

perfide [perfid] *adj* perfidious.

perforer [perfɔre] *vt* to perforate.

performance [perfɔrmɑ̃s] *nf* performance.

performant, -e [perfɔrmɑ̃, ɑ̃t] *adj* -**1.** [personne] efficient. -**2.** [machine] high-performance (*avant n*).

perfusion [perfyzjɔ̃] *nf* perfusion.

péridurale [peridyral] *nf* epidural.

péril [peril] *nm* peril.

périlleux, -euse [perijø, øz] *adj* perilous, dangerous.

périmé, -e [perime] *adj* out-of-date; *fig* [idées] outdated.

périmètre [perimɛtr] *nm* -**1.** [contour] perimeter. -**2.** [contenu] area.

période [perjɔd] *nf* period.

périodique [perjɔdik] ◇ *nm* periodical. ◇ *adj* periodic.

péripétie [peripesi] *nf* event.

périphérie [periferi] *nf* -**1.** [de ville] outskirts (*pl*). -**2.** [bord] periphery; [de cercle] circumference.

périphérique [periferik] ◇ *nm* -**1.** [route] ring road *Br*, beltway *Am*. -**2.** INFORM peripheral device. ◇ *adj* peripheral.

périphrase [perifraz] *nf* periphrasis.

périple [peripl] *nm* -**1.** NAVIG voyage. -**2.** [voyage] trip.

périr [perir] *vi* to perish.

périssable [perisabl] *adj* -**1.** [denrée] perishable. -**2.** [sentiment] transient.

perle [perl] *nf* -**1.** [de nacre] pearl. -**2.** [de bois, verre] bead. -**3.** [personne] gem.

permanence [permanɑ̃s] *nf* -**1.** [continuité] permanence; en ~ constantly. -**2.** [service]: être de ~ to be on duty. -**3.** SCOL: (salle de) ~ study room.

permanent, -e [permanɑ̃, ɑ̃t] *adj* permanent; [cinéma] with continuous showings; [comité] standing (*avant n*).

◆ **permanente** *nf* perm.

permettre [permɛtr] *vt* to permit, to allow; ~ à qqn de faire qqch to permit OU allow sb to do sthg.

◆ **se permettre** *vp*: se ~ qqch to allow o.s sthg; [avoir les moyens de] to be able to afford sthg; se ~ de faire qqch to take the liberty of doing sthg.

permis, -e [permi, iz] *pp* → **permettre.**

◆ **permis** *nm* licence, permit; ~ de conduire driving licence *Br*, driver's license *Am*; ~ de construire planning permission *Br*, building permit *Am*; ~ de travail work permit.

permission [permisjɔ̃] *nf* -**1.** [autorisation] permission. -**2.** MIL leave.

permuter [permyte] ◇ *vt* to change round; [mots, figures] to transpose. ◇ *vi* to change, to switch.

pérorer [perɔre] *vi* *péj* to hold forth.

Pérou [peru] *nm*: le ~ Peru.

perpendiculaire [perpɑ̃dikyler] ◇ *nf* perpendicular. ◇ *adj*: ~ (à) perpendicular (to).

perpétrer [perpetre] *vt* to perpetrate.

perpétuel, -elle [perpetɥɛl] *adj* -**1.** [fréquent, continu] perpetual. -**2.** [rente] life (*avant n*); [secrétaire] permanent.

perpétuer [perpetɥe] *vt* to perpetuate.

◆ **se perpétuer** *vp* to continue; [espèce] to perpetuate itself.

perpétuité [perpetɥite] *nf* perpetuity; à ~ for life; être condamné à ~ to be sentenced to life imprisonment.

perplexe [perplɛks] *adj* perplexed.

perquisition [perkizisjɔ̃] *nf* search.

perron [perɔ̃] *nm* steps (*pl*) (*at entrance to building*).

perroquet [perɔkɛ] *nm* [animal] parrot.

perruche [peryʃ] *nf* budgerigar.

perruque [peryk] *nf* wig.

persan, -e [pɛrsɑ̃, an] *adj* Persian.
◆ **persan** *nm* [chat] Persian (cat).

persécuter [pɛrsekyte] *vt* **-1.** [martyriser] to persecute. **-2.** [harceler] to harass.

persécution [pɛrsekysjɔ̃] *nf* persecution.

persévérant, -e [pɛrseverɑ̃, ɑ̃t] *adj* persevering.

persévérer [pɛrsevere] *vi* : ~ **(dans)** to persevere (in).

persienne [pɛrsjɛn] *nf* shutter.

persifler [pɛrsifle] *vt littéraire* to mock.

persil [pɛrsi] *nm* parsley.

Persique [pɛrsik] → **golfe**.

persistant, -e [pɛrsistɑ̃, ɑ̃t] *adj* persistent; **arbre à feuillage** ~ evergreen (tree).

persister [pɛrsiste] *vi* to persist; ~ **à faire qqch** to persist in doing sthg.

personnage [pɛrsɔnaʒ] *nm* **-1.** THÉÂTRE character; ART figure. **-2.** [personnalité] image.

personnalité [pɛrsɔnalite] *nf* **-1.** [gén] personality. **-2.** JUR status.

personne [pɛrsɔn] ◇ *nf* person; ~s people; **en** ~ in person, personally; ~ **âgée** elderly person. ◇ *pron indéf* **-1.** [quelqu'un] anybody, anyone. **-2.** [aucune personne] nobody, no one; ~ **ne viendra** nobody will come; **il n'y a jamais** ~ there's never anybody there, nobody is ever there.

personnel, -elle [pɛrsɔnɛl] *adj* **-1.** [gén] personal. **-2.** [égoïste] self-centred.
◆ **personnel** *nm* staff, personnel.

personnellement [pɛrsɔnɛlmɑ̃] *adv* personally.

personnifier [pɛrsɔnifje] *vt* to personify.

perspective [pɛrspɛktiv] *nf* **-1.** [ART & point de vue] perspective. **-2.** [panorama] view. **-3.** [éventualité] prospect.

perspicace [pɛrspikas] *adj* perspicacious.

persuader [pɛrsɥade] *vt* : ~ **qqn de qqch/de faire qqch** to persuade sb of sthg/to do sthg, to convince sb of sthg/to do sthg.

persuasif, -ive [pɛrsɥazif, iv] *adj* persuasive.

persuasion [pɛrsɥazjɔ̃] *nf* persuasion.

perte [pɛrt] *nf* **-1.** [gén] loss. **-2.** [gaspillage - de temps] waste. **-3.** [ruine, déchéance] ruin.
◆ **pertes** *nfpl* [morts] losses.
◆ **à perte de vue** *loc adv* as far as the eye can see.

pertinent, -e [pɛrtinɑ̃, ɑ̃t] *adj* pertinent, relevant.

perturber [pɛrtyrbe] *vt* **-1.** [gén] to disrupt; ~ **l'ordre public** to disturb the peace. **-2.** PSYCHOL to disturb.

pervenche [pɛrvɑ̃ʃ] *nf* **-1.** BOT periwinkle. **-2.** *fam* [contractuelle] traffic warden *Br*, meter maid *Am*.

pervers, -e [pɛrvɛr, ɛrs] ◇ *adj* **-1.** [vicieux] perverted. **-2.** [effet] unwanted. ◇ *nm, f* pervert.

perversion [pɛrvɛrsjɔ̃] *nf* perversion.

perversité [pɛrvɛrsite] *nf* perversity.

pervertir [pɛrvɛrtir] *vt* to pervert.

pesamment [pəzamɑ̃] *adv* heavily.

pesant, -e [pəzɑ̃, ɑ̃t] *adj* **-1.** [lourd] heavy. **-2.** [style, architecture] ponderous.

pesanteur [pəzɑ̃tœr] *nf* **-1.** PHYS gravity. **-2.** [lourdeur] heaviness.

pesée [pəze] *nf* [opération] weighing.

pèse-personne [pɛzpɛrsɔn] (*pl inv* OU **pèse-personnes**) *nm* scales (*pl*).

peser [pəze] ◇ *vt* to weigh. ◇ *vi* **-1.** [avoir un certain poids] to weigh. **-2.** [être lourd] to be heavy. **-3.** [appuyer] : ~ **sur qqch** to press (down) on sthg.

peseta [pezeta] *nf* peseta.

pessimisme [pesimism] *nm* pessimism.

pessimiste [pesimist] ◇ *nmf* pessimist. ◇ *adj* pessimistic.

peste [pɛst] *nf* **-1.** MÉD plague. **-2.** [personne] pest.

pestiféré, -e [pɛstifere] ◇ *adj* plague-stricken. ◇ *nm, f* plague victim.

pestilentiel, -ielle [pɛstilɑ̃sjɛl] *adj* pestilential.

pet [pɛ] *nm fam* fart.

pétale [petal] *nm* petal.

pétanque [petɑ̃k] *nf* ≃ bowls (U).

pétarader [petarade] *vi* to backfire.

pétard [petar] *nm* **-1.** [petit explosif] banger *Br*, firecracker. **-2.** *fam* [revolver] gun. **-3.** *fam* [haschich] joint.

péter [pete] ◇ *vi* **-1.** *tfam* [personne] to fart. **-2.** *fam* [câble, élastique] to snap. ◇ *vt fam* to bust.

pétiller [petije] *vi* **-1.** [vin, eau] to sparkle, to bubble. **-2.** [feu] to crackle. **-3.** *fig* [yeux] to sparkle.

petit, -e [pəti, it] ◇ *adj* **-1.** [de taille, jeune] small, little; ~ **frère** little OU younger brother; **~e sœur** little OU younger sister. **-2.** [voyage, visite] short, little. **-3.** [faible, infime - somme d'argent] small; [- bruit] faint, slight; **c'est une ~e nature** he/she is slightly built. **-4.** [de peu d'importance, de peu de valeur] minor. **-5.** [médiocre, mesquin] petty. **-6.** [de rang modeste - commerçant, propriétaire, pays] small; [- fonctionnaire] minor. ◇ *nm, f* [enfant] little one, child; **bonjour, mon ~/ma ~e** good morning, my dear; **pauvre ~!** poor little thing!; **la classe des ~s** SCOL the infant class. ◇ *nm* [jeune animal] young (U); **faire des ~s** to have puppies/kittens *etc*.

◆ **petit à petit** *loc adv* little by little, gradually.

petit déjeuner [p(ə)tideʒøne] *nm* breakfast.

petite-fille [p(ə)titfij] *nf* granddaughter.

petitement [p(ə)titmɑ̃] *adv* **-1.** [chichement - vivre] poorly. **-2.** [mesquinement] pettily.

petitesse [p(ə)titɛs] *nf* **-1.** [de personne, de revenu] smallness. **-2.** [d'esprit] pettiness.

petit-fils [p(ə)tifis] *nm* grandson.

petit-four [p(ə)tifur] *nm* petit-four.

pétition [petisjɔ̃] *nf* petition.

petit-lait [p(ə)tilɛ] *nm* whey.

petit-nègre [p(ə)tinɛgr] *nm inv fam* pidgin French.

petits-enfants [p(ə)tizɑ̃fɑ̃] *nmpl* grandchildren.

petit-suisse [p(ə)tisɥis] *nm* fresh soft cheese, eaten with sugar.

pétrifier [petrifje] *vt litt & fig* to petrify.

pétrin [petrɛ̃] *nm* **-1.** [de boulanger] kneading machine. **-2.** *fam* [embarras] pickle; **se fourrer/être dans le ~** to get into/to be in a pickle.

pétrir [petrir] *vt* [pâte, muscle] to knead.

pétrole [petrɔl] *nm* oil, petroleum.

pétrolier, -ière [petrɔlje, jɛr] *adj* oil (*avant n*), petroleum (*avant n*).
◆ **pétrolier** *nm* [navire] oil tanker.

pétrolifère [petrɔlifɛr] *adj* oil-bearing.

pétulant, -e [petylɑ̃, ɑ̃t] *adj* exuberant.

peu [pø] ◇ *adv* **-1.** (*avec verbe, adjectif, adverbe*): **il a ~ dormi** he didn't sleep much, he slept little; **~ souvent** not very often; **très ~** very little. **-2.** **~ de** (+ *nom sg*) little, not much; (+ *nom pl*) few, not many; **il a ~ de travail** he hasn't got much work, he has little work; **il reste ~ de jours** there aren't many days left; **~ de gens le connaissent** few OU not many know him. ◇ *nm* **-1.** [petite quantité]: **le ~ de** (+ *nom sg*) the little; (+ *nom pl*) the few. **-2.** **un ~** a little, a bit; **je le connais un ~** I know him slightly OU a little; **un (tout) petit ~** a little bit; **elle est un ~ sotte** she's a bit stupid; **un ~ de** a little; **un ~ de vin/patience** a little wine/patience.
◆ **avant peu** *loc adv* soon, before long.
◆ **depuis peu** *loc adv* recently.
◆ **peu à peu** *loc adv* gradually, little by little.

◆ **pour peu que** loc conj (+ subjonctif) if ever, if only.

◆ **pour un peu** loc adv nearly, almost.

◆ **si peu que** loc conj (+ subjonctif) however little.

◆ **sous peu** loc adv soon, shortly.

peuplade [pœplad] nf tribe.

peuple [pœpl] nm -1. [gén] people; le ~ the (common) people. -2. fam [multitude] quel ~! what a crowd!

peuplement [pœpləmã] nm -1. [action] populating. -2. [population] population.

peupler [pœple] vt -1. [pourvoir d'habitants - région] to populate; [- bois, étang] to stock. -2. [habiter, occuper] to inhabit. -3. fig [remplir] to fill.

◆ **se peupler** vp -1. [région] to become populated. -2. [rue, salle] to be filled.

peuplier [pøplije] nm poplar.

peur [pœr] nf fear; avoir ~ de qqn/qqch to be afraid of sb/sthg; avoir ~ de faire qqch to be afraid of doing sthg; avoir ~ que (+ subjonctif) to be afraid that; j'ai ~ qu'il ne vienne pas I'm afraid he won't come; faire ~ à qqn to frighten sb; par OU de ~ de qqch for fear of sthg; par OU de ~ de faire qqch for fear of doing sthg.

peureux, -euse [pœrø, øz] ◇ adj fearful, timid. ◇ nm, f fearful OU timid person.

peut → **pouvoir**.

peut-être [pøtɛtr] adv perhaps, maybe; ~ qu'ils ne viendront pas, ils ne viendront ~ pas perhaps OU maybe they won't come.

peux → **pouvoir**.

phalange [falãʒ] nf ANAT phalanx.

phallocrate [falɔkrat] nm male chauvinist.

phallus [falys] nm phallus.

pharaon [faraɔ̃] nm pharaoh.

phare [far] ◇ nm -1. [tour] lighthouse. -2. AUTOM headlight; ~ antibrouillard fog lamp. ◇ adj landmark (avant n); une industrie ~ flagship OU pioneering industry.

pharmaceutique [farmasøtik] adj pharmaceutical.

pharmacie [farmasi] nf -1. [science] pharmacology. -2. [magasin] chemist's Br, drugstore Am. -3. [meuble]: (armoire à) ~ medicine cupboard.

pharmacien, -ienne [farmasjɛ̃, jɛn] nm, f chemist Br, druggist Am.

pharynx [farɛ̃ks] nm pharynx.

phase [faz] nf phase; être en ~ avec qqn to be on the same wavelength as sb.

phénoménal, -e, -aux [fenɔmenal, o] adj phenomenal.

phénomène [fenɔmɛn] nm -1. [fait] phenomenon. -2. [être anormal] freak. -3. fam [excentrique] character.

philanthropie [filãtrɔpi] nf philanthropy.

philatélie [filateli] nf philately, stamp-collecting.

philharmonique [filarmɔnik] adj philharmonic.

Philippines [filipin] nfpl: les ~ the Philippines.

philologie [filɔlɔʒi] nf philology.

philosophe [filɔzɔf] ◇ nmf philosopher. ◇ adj philosophical.

philosophie [filɔzɔfi] nf philosophy.

phobie [fɔbi] nf phobia.

phonétique [fɔnetik] ◇ nf phonetics (U). ◇ adj phonetic.

phonographe [fɔnɔgraf] nm vieilli gramophone Br, phonograph Am.

phoque [fɔk] nm seal.

phosphate [fɔsfat] nm phosphate.

phosphore [fɔsfɔr] nm phosphorus.

phosphorescent, -e [fɔsfɔresã, ãt] adj phosphorescent.

photo [fɔto] ◇ nf -1. [technique] photography. -2. [image] photo, picture; prendre qqn en ~ to take a photo of sb; ~ d'identité passport photo. ◇ adj inv: appareil ~ camera.

photocomposition [fɔtɔkɔ̃pozisjɔ̃] nf

filmsetting *Br*, photocomposition *Am*.

photocopie [fɔtɔkɔpi] *nf* -1. [procédé] photocopying. -2. [document] photocopy.

photocopier [fɔtɔkɔpje] *vt* to photocopy.

photocopieur [fɔtɔkɔpjœr] *nm*, **photocopieuse** [fɔtɔkɔpjøz] *nf* photocopier.

photoélectrique [fɔtɔelɛktrik] *adj* photoelectric.

photogénique [fɔtɔʒenik] *adj* photogenic.

photographe [fɔtɔgraf] *nmf* -1. [artiste, technicien] photographer. -2. [commerçant] camera dealer.

photographie [fɔtɔgrafi] *nf* -1. [technique] photography. -2. [cliché] photograph.

photographier [fɔtɔgrafje] *vt* to photograph.

Photomaton® [fɔtɔmatɔ̃] *nm* photo booth.

photoreportage [fɔtɔrəpɔrtaʒ] *nm* PRESSE report (*consisting mainly of photographs*).

phrase [fraz] *nf* -1. LING sentence; ~ toute faite stock phrase. -2. MUS phrase.

physicien, -ienne [fizisjɛ̃, jɛn] *nm, f* physicist.

physiologie [fizjɔlɔʒi] *nf* physiology.

physiologique [fizjɔlɔʒik] *adj* physiological.

physionomie [fizjɔnɔmi] *nf* -1. [faciès] face. -2. [apparence] physiognomy.

physionomiste [fizjɔnɔmist] *adj*: être ~ to have a good memory for faces.

physique [fizik] ◇ *adj* physical. ◇ *nf* SCIENCE physics (U). ◇ *nm* -1. [constitution] physical well-being. -2. [apparence] physique.

physiquement [fizikmɑ̃] *adv* physically.

piaffer [pjafe] *vi* -1. [cheval] to paw the ground. -2. [personne] to fidget.

piailler [pjaje] *vi* -1. [oiseaux] to cheep. -2. [enfant] to squawk.

pianiste [pjanist] *nmf* pianist.

piano [pjano] ◇ *nm* piano. ◇ *adv* -1. MUS piano. -2. [doucement] gently.

pianoter [pjanɔte] *vi* -1. [jouer du piano] to plunk away (on the piano). -2. [sur table] to drum one's fingers.

piaule [pjol] *nf fam* [hébergement] place; [chambre] room.

PIB (*abr de* **produit intérieur brut**) *nm* GDP.

pic [pik] *nm* -1. [outil] pick, pickaxe. -2. [montagne] peak. -3. [oiseau] woodpecker.
◆ **à pic** *loc adv* -1. [verticalement] vertically; **couler à ~** to sink like a stone. -2. *fam fig* [à point nommé] just at the right moment.

pichenette [piʃnɛt] *nf* flick (of the finger).

pichet [piʃɛ] *nm* jug.

pickpocket [pikpɔkɛt] *nm* pickpocket.

picorer [pikɔre] *vi & vt* to peck.

picotement [pikɔtmɑ̃] *nm* prickling (U), prickle.

pie [pi] ◇ *nf* -1. [oiseau] magpie. -2. *fig & péj* [bavard] chatterbox. ◇ *adj inv* [cheval] piebald.

pièce [pjɛs] *nf* -1. [élément] piece; [de moteur] part; ~ **de collection** collector's item; ~ **détachée** spare part. -2. [unité]: **quinze francs ~** fifteen francs each OU apiece; **acheter/vendre qqch à la ~** to buy/sell sthg singly, to buy/sell sthg separately; **travailler à la ~** to do piece work. -3. [document] document, paper; ~ **d'identité** identification papers (*pl*); ~ **justificative** written proof (U), supporting document. -4. [œuvre littéraire ou musicale] piece; ~ **(de théâtre)** play. -5. [argent]: ~ **(de monnaie)** coin. -6. [de maison] room. -7. COUTURE patch.

pied [pje] *nm* -1. [gén] foot; **à ~** on foot; **avoir ~** to be able to touch the bottom; **perdre ~** *litt & fig* to be out of one's depth; **être/marcher ~s nus** OU **nu-~s** to be/to go barefoot; ~

pied-de-biche
pied-de-biche 324

bot [handicap] clubfoot. **-2.** [base - de montagne, table] foot; [- de verre] stem; [- de lampe] **base. -3.** [plant - de tomate] stalk; [- de vigne] stock. **-4.** loc: être sur ~ to be (back) on one's feet, to be up and about; faire du ~ à to play footsie with; mettre qqch sur ~ to get sthg on its feet, to get sthg off the ground; je n'ai jamais mis les ~s chez lui I've never set foot in his house; au ~ de la lettre literally, to the letter.
◆ **en pied** loc adj [portrait] full-length.
pied-de-biche [pjedbiʃ] (pl **pieds-de-biche**) nm [outil] nail claw.
piédestal, -aux [pjedɛstal, o] nm pedestal.
pied-noir [pjenwar] nmf French settler in Algeria.
piège [pjɛʒ] nm litt & fig trap.
piéger [pjeʒe] vt **-1.** [animal, personne] to trap. **-2.** [colis, véhicule] to booby-trap.
pierraille [pjɛraj] nf loose stones (pl).
pierre [pjɛr] nf stone; ~ d'achoppement fig stumbling block; ~ précieuse precious stone.
pierreries [pjɛrri] nfpl precious stones, jewels.
piété [pjete] nf piety.
piétiner [pjetine] ◇ vi **-1.** [trépigner] to stamp (one's feet). **-2.** fig [ne pas avancer] to make no progress, to be at a standstill. ◇ vt [personne, parterre] to trample.
piéton, -onne [pjetɔ̃, ɔn] ◇ nm, f pedestrian. ◇ adj pedestrian (avant n).
piétonnier, -ière [pjetɔnje, jɛr] adj pedestrian (avant n).
piètre [pjɛtr] adj poor.
pieu, -x [pjø] nm **-1.** [poteau] post, stake. **-2.** fam [lit] pit Br, sack Am.
pieuvre [pjœvr] nf octopus; fig & péj leech.
pieux, pieuse [pjø, pjøz] adj [personne, livre] pious.
pif [pif] nm fam conk, hooter Br; au ~ fig by guesswork.

pigeon [piʒɔ̃] nm **-1.** [oiseau] pigeon. **-2.** fam péj [personne] sucker.
pigeonnier [piʒɔnje] nm [pour pigeons] pigeon loft, dovecote.
pigment [pigmɑ̃] nm pigment.
pignon [piɲɔ̃] nm **-1.** [de mur] gable. **-2.** [d'engrenage] gearwheel. **-3.** [de pomme de pin] pine kernel.
pile [pil] ◇ nf **-1.** [de livres, journaux] pile. **-2.** ÉLECTR battery. **-3.** [de pièce] ~ ou face heads or tails. ◇ adv fam on the dot; tomber/arriver ~ to come/to arrive at just the right time.
piler [pile] ◇ vt [amandes] to crush, to grind. ◇ vi fam AUTOM to jam on the brakes.
pileux, -euse [pilø, øz] adj hairy (avant n); système ~ hair.
pilier [pilje] nm **-1.** [de construction] pillar. **-2.** fig [soutien] mainstay, pillar. **-3.** RUGBY prop (forward).
pillard, -e [pijar, ard] nm, f looter.
piller [pije] vt **-1.** [ville, biens] to loot. **-2.** fig [ouvrage, auteur] to plagiarize.
pilon [pilɔ̃] nm **-1.** [instrument] pestle. **-2.** [de poulet] drumstick. **-3.** [jambe de bois] wooden leg.
pilonner [pilɔne] vt to pound.
pilori [pilɔri] nm pillory; mettre OU clouer qqn au ~ fig to pillory sb.
pilotage [pilɔtaʒ] nm piloting; ~ automatique automatic piloting.
pilote [pilɔt] ◇ nm [d'avion] pilot; [de voiture] driver; ~ automatique auto-pilot; ~ de chasse fighter pilot; ~ de course racing driver; ~ d'essai test pilot; ~ de ligne airline pilot. ◇ adj pilot (avant n), experimental.
piloter [pilɔte] vt **-1.** [avion] to pilot; [voiture] to drive. **-2.** [personne] to show around.
pilotis [pilɔti] nm pile.
pilule [pilyl] nf pill; prendre la ~ to be on the pill.
piment [pimɑ̃] nm **-1.** [plante] pepper, capsicum; ~ rouge chilli pepper, hot red pepper. **-2.** fig [piquant] spice.
pimpant, -e [pɛ̃pɑ̃, ɑ̃t] adj smart.

pin [pɛ̃] *nm* pine; ~ **parasol** umbrella pine; ~ **sylvestre** Scots pine.

pince [pɛ̃s] *nf* **-1.** [grande] pliers (*pl*). **-2.** [petite]: ~ **(à épiler)** tweezers (*pl*); ~ **à linge** clothes peg. **-3.** [de crabe] pincer. **-4.** COUTURE dart.

pinceau [pɛ̃so] *nm* [pour peindre] brush.

pincée [pɛ̃se] *nf* pinch.

pincer [pɛ̃se] ◇ *vt* **-1.** [serrer] to pinch; MUS to pluck; [lèvres] to purse. **-2.** *fam fig* [arrêter] **to nick** Br; to catch. **-3.** [suj: froid] to nip. ◇ *vi fam* [faire froid]: **ça pince!** it's a bit nippy!

pincettes [pɛ̃sɛt] *nfpl* [ustensile] tongs.

pingouin [pɛ̃gwɛ̃] *nm* penguin.

ping-pong [piŋpɔ̃g] *nm* ping pong, table tennis.

pinson [pɛ̃sɔ̃] *nm* chaffinch.

pintade [pɛ̃tad] *nf* guinea fowl.

pin-up [pinœp] *nf inv* pinup (girl).

pioche [pjɔʃ] *nf* **-1.** [outil] pick. **-2.** JEU pile.

piocher [pjɔʃe] ◇ *vt* **-1.** [terre] to dig. **-2.** JEU to dig. **-3.** *fig* [choisir] to pick at random. ◇ *vi* **-1.** [creuser] to dig. **-2.** JEU to pick up; ~ **dans** [tas] to delve into; [économies] to dip into.

pion, pionne [pjɔ̃, pjɔn] *nm, f fam* SCOL supervisor (*often a student who does this as a part-time job).*
◆ **pion** *nm* [aux échecs] pawn; [aux dames] piece; **n'être qu'un** ~ *fig* to be just a pawn in the game.

pionnier, -ière [pjɔnje, jɛr] *nm, f* pioneer.

pipe [pip] *nf* pipe.

pipeline, pipe-line [pajplajn, piplin] (*pl* **pipe-lines**) *nm* pipeline.

pipi [pipi] *nm fam* wee; **faire** ~ to have a wee.

piquant, -e [pikɑ̃, ɑ̃t] *adj* **-1.** [barbe, feuille] prickly. **-2.** [sauce] spicy, hot.
◆ **piquant** *nm* **-1.** [d'animal] spine; [de végétal] thorn, prickle. **-2.** *fig* [d'histoire] spice.

pique [pik] ◇ *nf* **-1.** [arme] pike. **-2.**

fig [mot blessant] barbed comment. ◇ *nm* [aux cartes] spade.

pique-assiette [pikasjɛt] (*pl inv* OU **pique-assiettes**) *nmf péj* sponger.

pique-nique [piknik] (*pl* **pique-niques**) *nm* picnic.

piquer [pike] ◇ *vt* **-1.** [suj: guêpe, méduse] to sting; [suj: serpent, moustique] to bite. **-2.** [avec pointe] to prick. **-3.** MÉD to give an injection to. **-4.** [animal] to put down. **-5.** [fleur]: ~ **qqch dans** to stick sthg into. **-6.** [suj: tissu, barbe] to prickle. **-7.** [suj: fumée, froid] to sting. **-8.** COUTURE to sew, to machine. **-9.** *fam* [voler] to pinch. **-10.** *fig* [curiosité] to excite, to arouse. **-11.** *fam* [voleur, escroc] **to nick** Br, to catch. ◇ *vi* **-1.** [ronce] to prick; [ortie] to sting. **-2.** [guêpe, méduse] to sting; [serpent, moustique] to bite. **-3.** [épice] to burn. **-4.** *fam* [voler]: ~ **(dans)** to pinch (from). **-5.** [avion] to dive.

piquet [pikɛ] *nm* [pieu] peg, stake.
◆ **piquet de grève** *nm* picket.

piqûre [pikyr] *nf* **-1.** [de guêpe, méduse] sting; [de serpent, moustique] bite. **-2.** [d'ortie] sting. **-3.** [injection] jab Br, shot.

piratage [pirata3] *nm* piracy; INFORM hacking.

pirate [pirat] ◇ *nm* [corsaire] pirate; ~ **de l'air** hijacker, skyjacker. ◇ *adj* pirate (*avant n*).

pire [pir] ◇ *adj* **-1.** [comparatif relatif] worse. **-2.** [superlatif]: **le/la** ~ the worst. ◇ *nm*: **le** ~ **(de)** the worst (of).

pirogue [pirɔg] *nf* dugout canoe.

pirouette [pirwɛt] *nf* **-1.** [saut] pirouette. **-2.** *fig* [faux-fuyant] prevarication, evasive answer.

pis [pi] ◇ *adj littéraire* [pire] worse. ◇ *adv* worse; **de mal en** ~ from bad to worse. ◇ *nm* udder.

pis-aller [pizale] *nm inv* last resort.

pisciculture [pisikyltyr] *nf* fish farming.

piscine [pisin] *nf* swimming pool; ~

couverte/découverte indoor/open-air swimming pool.

pissenlit [pisɑ̃li] *nm* dandelion.

pisser [pise] *fam* ◇ *vt* **-1.** [suj: personne]: ~ **du sang** to pass blood. **-2.** [suj: plaie]: **son genou pissait le sang** blood was gushing from his knee. ◇ *vi* to pee, to piss.

pissotière [pisɔtjɛr] *nf fam* public urinal.

pistache [pistaʃ] *nf* [fruit] pistachio (nut).

piste [pist] *nf* **-1.** [trace] trail. **-2.** [zone aménagée]: ~ **d'atterrissage** runway; ~ **cyclable** cycle track; ~ **de danse** dance floor; ~ **de ski** ski run. **-3.** [chemin] path, track. **-4.** [d'enregistrement] track.

pistil [pistil] *nm* pistil.

pistolet [pistɔlɛ] *nm* **-1.** [arme] pistol, gun. **-2.** [à peinture] spray gun.

piston [pistɔ̃] *nm* **-1.** [de moteur] piston. **-2.** MUS [d'instrument] valve. **-3.** *fig* [appui] string-pulling.

pistonner [pistɔne] *vt* to pull strings for; **se faire** ~ to have strings pulled for one.

pitance [pitɑ̃s] *nf péj & vieilli* sustenance.

piteux, -euse [pitø, øz] *adj* piteous.

pitié [pitje] *nf* pity; **avoir** ~ **de qqn** to have pity on sb, to pity sb.

piton [pitɔ̃] *nm* **-1.** [clou] piton. **-2.** [pic] peak.

pitoyable [pitwajabl] *adj* pitiful.

pitre [pitr] *nm* clown.

pitrerie [pitrəri] *nf* tomfoolery.

pittoresque [pitɔrɛsk] *adj* **-1.** [région] picturesque. **-2.** [détail] colourful, vivid.

pivot [pivo] *nm* **-1.** [de machine, au basket] pivot. **-2.** [de dent] post. **-3.** [centre] *fig* mainspring.

pivoter [pivɔte] *vi* to pivot; [porte] to revolve.

pizza [pidza] *nf* pizza.

Pl., pl. *abr de* **place**.

placage [plakaʒ] *nm* [de bois] veneer.

placard [plakar] *nm* **-1.** [armoire] cupboard. **-2.** [affiche] poster, notice.

placarder [plakarde] *vt* [affiche] to put up, to stick up; [mur] to placard, to stick a notice on.

place [plas] *nf* **-1.** [espace] space, room; **prendre de la** ~ to take up (a lot of) space; **faire** ~ **à** [amour, haine] to give way to. **-2.** [emplacement, position] position; **changer qqch de** ~ to put sthg in a different place, to move sthg; **prendre la** ~ **de qqn** to take sb's place; **à la** ~ **de qqn** instead of sb, in sb's place; **à ta** ~ if I were you, in your place. **-3.** [siège] seat; ~ **assise** seat. **-4.** [rang] place. **-5.** [de ville] square. **-6.** [emploi] position, job. **-7.** MIL [de garnison] garrison (town); ~ **forte** fortified town.

placement [plasmɑ̃] *nm* **-1.** [d'argent] investment. **-2.** [d'employé] placing.

placenta [plasɛ̃ta] *nm* ANAT placenta.

placer [plase] *vt* **-1.** [gén] to put, to place; [invités, spectateurs] to seat. **-2.** [mot, anecdote] to put in, to get in. **-3.** [argent] to invest.

◆ **se placer** *vp* **-1.** [prendre place - debout] to stand; [- assis] to sit (down). **-2.** *fig* [dans situation] to put o.s. **-3.** [se classer] to come, to be.

placide [plasid] *adj* placid.

plafond [plafɔ̃] *nm litt & fig* ceiling; **faux** ~ false ceiling.

plafonner [plafɔne] *vi* [prix, élève] to peak; [avion] to reach its ceiling.

plage [plaʒ] *nf* **-1.** [de sable] beach. **-2.** [d'ombre, de prix] band; *fig* [de temps] slot. **-3.** [de disque] track. **-4.** [dans voiture]: ~ **arrière** back shelf.

plagiat [plaʒja] *nm* plagiarism.

plagier [plaʒje] *vt* to plagiarize.

plaider [plede] JUR ◇ *vt* to plead. ◇ *vi* to plead; ~ **contre qqn** to plead against sb; ~ **pour qqn** JUR to plead for sb; [justifier] to plead sb's cause.

plaidoirie [pledwari] *nf*, **plaidoyer** [pledwaje] *nm* JUR speech for the defence; *fig* plea.

plaie [plɛ] *nf* **-1.** *litt* & *fig* [blessure] wound. **-2.** *fam* [personne] pest.

plaindre [plɛ̃dr] *vt* to pity.
◆ **se plaindre** *vp* to complain.

plaine [plɛn] *nf* plain.

plain-pied [plɛ̃pje]
◆ **de plain-pied** *loc adv* **-1.** [pièce] on one floor; **de ~ avec** *litt* & *fig* on a level with. **-2.** *fig* [directement] straight.

plaint, -e [plɛ̃, plɛ̃t] *pp* → **plaindre**.

plainte [plɛ̃t] *nf* **-1.** [gémissement] moan, groan; *fig* & *litt* [du vent] moan. **-2.** [doléance & JUR] complaint; **porter ~** to lodge a complaint; **~ contre X** = complaint against person or persons unknown.

plaintif, -ive [plɛ̃tif, iv] *adj* plaintive.

plaire [plɛr] *vi* to be liked; **il me plaît** I like him; **ça te plairait d'aller au cinéma?** would you like to go to the cinema?; **s'il vous/te plaît** please.

plaisance [plɛzɑ̃s]
◆ **de plaisance** *loc adj* sailing (*avant n*); **navigation de ~** sailing; **port de ~** marina.

plaisancier, -ière [plɛzɑ̃sje, jɛr] *nm, f* (amateur) sailor.

plaisant, -e [plɛzɑ̃, ɑ̃t] *adj* pleasant.

plaisanter [plɛzɑ̃te] *vi* to joke; **tu plaisantes?** you must be joking!

plaisanterie [plɛzɑ̃tri] *nf* joke; **c'est une ~?** *iron* you must be joking!

plaisantin [plɛzɑ̃tɛ̃] *nm* joker.

plaisir [plɛzir] *nm* pleasure; **les ~s de la vie** life's pleasures; **avoir du/prendre ~ à faire qqch** to have/to take pleasure in doing sthg; **faire ~ à qqn** to please sb; **avec ~** with pleasure; **j'ai le ~ de vous annoncer que ...** I have the (great) pleasure of announcing that ....

plan¹, -e [plɑ̃, an] *adj* level, flat.

plan² [plɑ̃] *nm* **-1.** [dessin - de ville] map; [- de maison] plan. **-2.** [projet] plan; **faire des ~s** to make plans; **avoir son ~** to have something in mind. **-3.** [domaine]: **sur tous les ~s** in all respects; **sur le ~ affectif** emotionally; **sur le ~ familial** as far as the family is concerned. **-4.** [surface]: **~ d'eau** lake; **~ de travail** work surface, worktop. **-5.** GÉOM plane. **-6.** CIN take; **gros ~** close-up.
◆ **à l'arrière plan** *loc adv* in the background.
◆ **au premier plan** *loc adv* [dans l'espace] in the foreground.
◆ **en plan** *loc adv*: **laisser qqn en ~** to leave sb stranded, to abandon sb; **il a tout laissé en ~** he dropped everything.
◆ **sur le même plan** *loc adj* on the same level.

planche [plɑ̃ʃ] *nf* **-1.** [en bois] plank; **~ à dessin** drawing board; **~ à repasser** ironing board; **~ à voile** [planche] **sailboard**; [sport] windsurfing; **faire la ~** *fig* to float. **-2.** [d'illustration] plate.

plancher [plɑ̃ʃe] *nm* **-1.** [de maison, de voiture] floor. **-2.** *fig* [limite] floor, lower limit.

plancton [plɑ̃ktɔ̃] *nm* plankton.

planer [plane] *vi* **-1.** [avion, oiseau] to glide. **-2.** [nuage, fumée, brouillard] to float. **-3.** *fig* [danger]: **sur qqn** to hang over sb. **-4.** *fam fig* [personne] to be out of touch with reality, to have one's head in the clouds.

planétaire [planeter] *adj* **-1.** ASTRON planetary. **-2.** [mondial] world (*avant n*).

planétarium [planetarjɔm] *nm* planetarium.

planète [planɛt] *nf* planet.

planeur [planœr] *nm* glider.

planification [planifikasjɔ̃] *nf* ÉCON planning.

planisphère [planisfɛr] *nm* map of the world, planisphere.

planning [planiŋ] *nm* **-1.** [de fabrication] workflow schedule. **-2.** [agenda personnel] schedule; **~ familial** [contrôle] family planning; [organisme] family planning centre.

planque [plɑ̃k] *nf fam* **-1.** [cachette] hideout. **-2.** *fig* [situation, travail] cushy number.

plant [plɑ̃] *nm* [plante] seedling.

plantaire [plɑ̃tɛr] *adj* plantar.

plantation [plɑ̃tasjɔ̃] *nf* **-1.** [exploitation - d'arbres, de coton, de café] plantation; [- de légumes] patch. **-2.** [action] planting.

plante [plɑ̃t] *nf* **-1.** BOT plant; ~ verte OU **d'appartement** OU **d'intérieur** house OU pot plant. **-2.** ANAT sole.

planter [plɑ̃te] *vt* **-1.** [arbre, terrain] to plant. **-2.** [clou] to hammer in, to drive in; [pieu] to drive in; [couteau, griffes] to stick in. **-3.** [tente] to pitch. **-4.** *fam fig* [laisser tomber] to dump. **-5.** *fig* [chapeau] to stick; [baiser] to plant; ~ **son regard dans celui de qqn** to look sb right in the eyes.

plantureux, -euse [plɑ̃tyrø, øz] *adj* **-1.** [repas] lavish. **-2.** [femme] buxom.

plaque [plak] *nf* **-1.** [de métal, de verre, de verglas] sheet; [de marbre] slab; ~ **chauffante** OU **de cuisson** hotplate; ~ **de chocolat** bar of chocolate. **-2.** [gravée] plaque; ~ **d'immatriculation** OU **minéralogique** number plate *Br*, license plate *Am*. **-3.** [insigne] badge. **-4.** [sur la peau] patch. **-5.** [dentaire] plaque.

plaqué, -e [plake] *adj* [métal] plated; ~ **or/argent** gold-/silver-plated.
◆ **plaqué** *nm* [métal]: **du ~ or/argent** gold/silver plate.

plaquer [plake] *vt* **-1.** [métal] to plate. **-2.** [bois] to veneer. **-3.** [aplatir] to flatten; ~ **qqn contre qqch** to pin sb against sthg; ~ **qqch contre qqch** to stick sthg onto sthg. **-4.** RUGBY to tackle. **-5.** MUS [accord] to play. **-6.** *fam* [travail, personne] to chuck.

plaquette [plakɛt] *nf* **-1.** [de métal] plaque; [de marbre] tablet. **-2.** [de chocolat] bar; [de beurre] pat. **-3.** [de comprimés] packet, strip. **-4.** (*gén pl*) BIOL platelet. **-5.** AUTOM: ~ **de frein** brake pad.

plasma [plasma] *nm* plasma.

plastique [plastik] *adj & nm* plastic.

plastiquer [plastike] *vt* to blow up (*with plastic explosives*).

plat, -e [pla, plat] *adj* **-1.** [gén] flat. **-2.** [eau] still.
◆ **plat** *nm* **-1.** [partie plate] flat. **-2.** [récipient] dish. **-3.** [mets] course; [cuisiné] ready-cooked meal OU dish; ~ **du jour** today's special; ~ **de résistance** main course. **-4.** [plongeon] belly-flop.
◆ **à plat** *loc adv* **-1.** [horizontalement, dégonflé] flat. **-2.** *fam* [épuisé] exhausted.

platane [platan] *nm* plane tree.

plateau [plato] *nm* **-1.** [de cuisine] tray; ~ **de/à fromages** cheese board. **-2.** [de balance] pan. **-3.** GÉOGR & *fig* plateau. **-4.** THÉÂTRE stage; CIN & TÉLÉ set. **-5.** [de vélo] chain wheel.

plateau-repas [platorəpa] *nm* tray (of food).

plate-bande [platbɑ̃d] *nf* flower bed.

plate-forme [platform] *nf* [gén] platform; ~ **de forage** drilling platform.

platine [platin] ◇ *adj inv* platinum. ◇ *nm* [métal] platinum. ◇ *nf* [de tourne-disque] deck; ~ **laser** compact disc player.

platonique [platɔnik] *adj* [amour, amitié] platonic.

plâtras [platra] *nm* [gravats] rubble.

plâtre [platr] *nm* **-1.** CONSTR & MÉD plaster. **-2.** [sculpture] plaster cast. **-3.** *péj* [fromage]: **c'est du vrai ~** it's like sawdust.

plâtrer [platre] *vt* **-1.** [mur] to plaster. **-2.** MÉD to put in plaster.

plausible [plozibl] *adj* plausible.

play-back [plɛbak] *nm inv* miming; **chanter en ~** to mime.

play-boy [plɛbɔj] (*pl* play-boys) *nm* playboy.

plébiscite [plebisit] *nm* plebiscite.

plein, -e [plɛ̃, plɛn] *adj* **-1.** [rempli, complet] full; **c'est la ~e forme** I/they are *etc* in top form; **en ~e nuit** in the middle of the night; **en ~ air**

in the open air. **-2.** [non creux] solid.
-3. [femelle] pregnant.
♦ **plein** ◇ *adv fam*: **il a de l'encre ~ les doigts** he has ink all over his fingers; **en ~ dans/sur qqch** right in/on sthg. ◇ *nm* [de réservoir] full tank; **le ~, s'il vous plaît** fill her up please; **faire le ~** to fill up.

plein-temps [plɛ̃tɑ̃] *nm* full-time work (*U*).
♦ **à plein temps** *loc adj & loc adv* full-time.

plénitude [plenityd] *nf* fullness.

pléonasme [pleɔnasm] *nm* pleonasm.

pleurer [plœre] ◇ *vi* **-1.** [larmoyer] to cry; **~ de joie** to weep for joy, to cry with joy. **-2.** *péj* [se plaindre] to whinge. **-3.** [se lamenter]: **~ sur** to lament. ◇ *vt* to mourn.

pleurnicher [plœrnife] *vi* to whine, to whinge.

pleurs [plœr] *nmpl*: **être en ~** to be in tears.

pleuvoir [pløvwar] *v impers litt & fig* to rain; **il pleut** it is raining.

Plexiglas® [plɛksiglas] *nm* Plexiglass®.

plexus [plɛksys] *nm* plexus; **~ solaire** solar plexus.

pli [pli] *nm* **-1.** [de tissu] pleat; [de pantalon] crease; **faux ~** crease. **-2.** [du front] line; [du cou] fold. **-3.** [lettre] letter; [enveloppe] envelope; **sous ~ séparé** under separate cover. **-4.** CARTES trick. **-5.** GÉOL fold.

pliant, -e [plijɑ̃, ɑ̃t] *adj* folding (*avant n*).

plier [plije] ◇ *vt* **-1.** [papier, tissu] to fold. **-2.** [vêtement, vélo] to fold (up). **-3.** [branche, bras] to bend. ◇ *vi* **-1.** [se courber] to bend. **-2.** *fig* [céder] to bow.
♦ **se plier** *vp* **-1.** [être pliable] to fold (up). **-2.** *fig* [se soumettre]: **se ~ à qqch** to bow to sthg.

plinthe [plɛ̃t] *nf* plinth.

plissé, -e [plise] *adj* **-1.** [jupe] pleated. **-2.** [peau] wrinkled.

plissement [plismɑ̃] *nm* **-1.** [de front] creasing; [d'yeux] screwing up. **-2.** GÉOL fold.

plisser [plise] ◇ *vt* **-1.** COUTURE to pleat. **-2.** [front] to crease; [lèvres] to pucker; [yeux] to screw up. ◇ *vi* [étoffe] to crease.

plomb [plɔ̃] *nm* **-1.** [métal, de vitrail] lead. **-2.** [de chasse] shot. **-3.** ÉLECTR fuse; **les ~s ont sauté** a fuse has blown OU gone. **-4.** [de pêche] sinker.

plombage [plɔ̃baʒ] *nm* [de dent] filling.

plomber [plɔ̃be] *vt* **-1.** [ligne] to weight (with lead). **-2.** [dent] to fill.

plombier [plɔ̃bje] *nm* plumber.

plonge [plɔ̃ʒ] *nf* dishwashing; **faire la ~** to wash dishes.

plongeant, -e [plɔ̃ʒɑ̃, ɑ̃t] *adj* **-1.** [vue] from above. **-2.** [décolleté] plunging.

plongeoir [plɔ̃ʒwar] *nm* diving board.

plongeon [plɔ̃ʒɔ̃] *nm* [dans l'eau, au football] dive.

plonger [plɔ̃ʒe] ◇ *vt* **-1.** [immerger, enfoncer] to plunge; **~ la tête sous l'eau** to put one's head under the water. **-2.** *fig* [précipiter]: **~ qqn dans qqch** to throw sb into sthg; **~ une pièce dans l'obscurité** to plunge a room into darkness. ◇ *vi* [dans l'eau, gardien de but] to dive.
♦ **se plonger** *vp* **-1.** [s'immerger] to submerge. **-2.** *fig* [s'absorber]: **se ~ dans qqch** to immerse o.s. in sthg.

plongeur, -euse [plɔ̃ʒœr, øz] *nm, f* **-1.** [dans l'eau] diver. **-2.** [dans restaurant] dishwasher.

ployer [plwaje] *vt & vi litt & fig* to bend.

plu [ply] ◇ *pp inv* → **plaire**. ◇ *pp inv* → **pleuvoir**.

pluie [plɥi] *nf* **-1.** [averse] rain (*U*); **sous la ~** in the rain; **une ~ battante** driving rain. **-2.** *fig* [grande quantité]: **une ~ de** a shower of.

plume [plym] *nf* **-1.** [d'oiseau] feather. **-2.** [pour écrire - d'oiseau] quill pen; [- de stylo] nib.

plumeau [plymo] *nm* feather duster.

plumer [plyme] *vt* **-1.** [volaille] to pluck. **-2.** *fam fig* & *péj* [personne] to fleece.

plumier [plymje] *nm* pencil box.

plupart [plypar] *nf* : **la ~ de** most of, the majority of; **la ~ du temps** most of the time, mostly; **pour la ~** mostly, for the most part.

pluriel, -ielle [plyrjɛl] *adj* **-1.** GRAM plural. **-2.** [société] pluralist.
◆ **pluriel** *nm* plural; **au ~** in the plural.

plus [ply(s)] ◇ *adv* **-1.** [quantité] more; **je ne peux vous en dire ~** I can't tell you anything more; **beaucoup ~ de** (+ *n sg*) a lot more, much more; (+ *n pl*) a lot more, many more; **un peu ~ de** (+ *n sg*) a little more; (+ *n pl*) a few more; **il y a (un peu) ~ de 15 ans** (a little) more than 15 years ago; **~ j'y pense, ~ je me dis que ...** the more I think about it, the more I'm sure .... **-2.** [comparaison] more; **c'est ~ court par là** it's shorter that way; **viens ~ souvent** come more often; **c'est un peu ~ loin** it's a (little) bit further; **~ jeune (que)** younger (than); **c'est ~ simple qu'on ne le croit** it's simpler than you think. **-3.** [superlatif] : **le ~** the most; **c'est lui qui travaille le ~** he's the hardest worker, he's the one who works (the) hardest; **un de ses tableaux les ~ connus** one of his best-known paintings; **le ~ souvent** the most often; **le ~ loin** the furthest; **le ~ vite possible** as quickly as possible. **-4.** [négation] no more; **~ un mot!** not another word!; **ne ... ~** no longer, no more; **il ne vient ~ me voir** he doesn't come to see me any more, he no longer comes to see me. ◇ *nm* **-1.** [signe] plus (sign). **-2.** *fig* [atout] plus. ◇ *prép* plus; **trois ~ trois font six** three plus three is six, three and three are six.
◆ **au plus** *loc adv* at the most; **tout au ~** at the very most.

◆ **de plus** *loc adv* **-1.** [en supplément, en trop] more; **elle a cinq ans de ~ que moi** she's five years older than me. **-2.** [en outre] furthermore, what's more.
◆ **de plus en plus** *loc adv* more and more.
◆ **de plus en plus de** *loc prép* more and more.
◆ **en plus** *loc adv* **-1.** [en supplément] extra. **-2.** [d'ailleurs] moreover, what's more.
◆ **en plus de** *loc prép* in addition to.
◆ **ni plus ni moins** *loc adv* no more no less.
◆ **plus ou moins** *loc adv* more or less.
◆ **sans plus** *loc adv* : **elle est gentille, sans ~** she's nice, but no more than that.

plusieurs [plyzjœr] *adj indéf pl* & *pron indéf mfpl* several.

plus-que-parfait [plyskəparfɛ] *nm* GRAM pluperfect.

plus-value [plyvaly] *nf* **-1.** [d'investissement] appreciation. **-2.** [excédent] surplus. **-3.** [bénéfice] profit.

plutôt [plyto] *adv* rather; **~ que de faire qqch** instead of doing sthg, rather than doing OU do sthg.

pluvieux, -ieuse [plyvjø, jøz] *adj* rainy.

PME (*abr de* **petite et moyenne entreprise**) *nf* SME.

PMI *nf* (*abr de* **petite et moyenne industrie**) small industrial firm.

PMU (*abr de* **Pari mutuel urbain**) *nm* system for betting on horses.

PNB (*abr de* **produit national brut**) *nm* GNP.

pneu [pnø] *nm* [de véhicule] tyre.

pneumatique [pnømatik] ◇ *nf* PHYS pneumatics (*U*). ◇ *adj* **-1.** [fonctionnant à l'air] pneumatic. **-2.** [gonflé à l'air] inflatable.

pneumonie [pnømɔni] *nf* pneumonia.

PO (*abr de* **petites ondes**) MW.

poche [pɔʃ] *nf* **-1.** [de vêtement, de sac, d'air] pocket; **de ~** pocket (*avant n*).

-2. [sac, sous les yeux] bag; **faire des ~s** [vêtement] to bag.

pocher [pɔʃe] vt **-1.** CULIN to poach. **-2.** [blesser]: **~ l'œil à qqn** to give sb a black eye.

pochette [pɔʃɛt] nf **-1.** [enveloppe] envelope; [d'allumettes] book; [de photos] packet. **-2.** [de disque] sleeve. **-3.** [mouchoir] (pocket) handkerchief.

pochoir [pɔʃwar] nm stencil.

podium [pɔdjɔm] nm podium.

poêle [pwal] ◇ nf pan; **~ à frire** frying pan. ◇ nm stove.

poème [pɔɛm] nm poem.

poésie [pɔezi] nf **-1.** [genre littéraire] poetry. **-2.** [pièce écrite] poem. **-3.** [caractère poétique] poeticism.

poète [pɔɛt] nm **-1.** [écrivain] poet. **-2.** fig & hum [rêveur] dreamer.

pogrom(e) [pɔgrɔm] nm pogrom.

poids [pwa] nm **-1.** [gén] weight; **quel ~ fait-il?** how heavy is it/he?; **perdre/prendre du ~** to lose/gain weight; **vendre au ~** to sell by weight; **~ lourd** BOXE heavyweight; [camion] heavy goods vehicle; **de ~** [argument] weighty. **-2.** SPORT [lancer] shot.

poignant, -e [pwaɲɑ̃, ɑ̃t] adj poignant.

poignard [pwaɲar] nm dagger.

poignée [pwaɲe] nf **-1.** [quantité, petit nombre] handful. **-2.** [manche] handle. ◆ **poignée de main** nf handshake.

poignet [pwaɲɛ] nm **-1.** ANAT wrist. **-2.** [de vêtement] cuff.

poil [pwal] nm **-1.** [du corps] hair. **-2.** [d'animal] hair, coat. **-3.** [de pinceau] bristle; [de tapis] strand. **-4.** fam [peu]: **il s'en est fallu d'un ~ que je réussisse** I came within a hair's breadth of succeeding.

poilu, -e [pwaly] adj hairy.

poinçon [pwɛ̃sɔ̃] nm **-1.** [outil] awl. **-2.** [marque] hallmark.

poinçonner [pwɛ̃sɔne] vt **-1.** [bijou] to hallmark. **-2.** [billet, tôle] to punch.

poing [pwɛ̃] nm fist.

point [pwɛ̃] ◇ nm **-1.** COUTURE & TRICOT stitch; **~s** MÉD stitches. **-2.** [de ponctuation]: **~ (final)** full stop Br, period Am; **~ d'interrogation/d'exclamation** question/exclamation mark; **~s de suspension** suspension points. **-3.** [petite tache] dot; **~ noir** [sur la peau] blackhead; fig [problème] problem. **-4.** [endroit] spot, point; fig point; **~ d'appui** [support] something to lean on; **~ culminant** [en montagne] summit; fig climax; **~ de repère** [temporel] reference point; [spatial] landmark; **~ de vente** point of sale, sale outlet; **~ de vue** [panorama] viewpoint; fig [opinion, aspect] point of view; **avoir un ~ commun avec qqn** to have something in common with sb. **-5.** [degré] point; **au ~ que, à tel ~ que** to such an extent that; **je ne pensais pas que cela le vexerait à ce ~** I didn't think it would make him so cross; **être ... au ~ de faire qqch** to be so ... as to do sthg. **-6.** fig [position] position. **-7.** [réglage]: **mettre au ~** [machine] to adjust; [idée, projet] to finalize; **à ~** [cuisson] just right; **à ~ (nommé)** just in time. **-8.** [question, détail] point, detail; **~ faible** weak point. **-9.** [score] point. **-10.** [douleur] pain; **~ de côté** stitch. **-11.** [début]: **être sur le ~ de faire qqch** to be on the point of doing sthg, to be about to do sthg. **-12.** AUTOM: **au ~ mort** in neutral. **-13.** GÉOGR: **~s cardinaux** points of the compass. ◇ adv vieilli: **ne ~** not (at all).

pointe [pwɛ̃t] nf **-1.** [extrémité] point; [de nez] tip; **se hausser sur la ~ des pieds** to stand on tiptoe; **en ~** pointed; **tailler en ~** to taper; **se terminer en ~** to taper; **~ d'asperge** asparagus tip. **-2.** [clou] tack. **-3.** [sommet] peak, summit; **à la ~ de** fig at the peak of; **à la ~ de la technique** at the forefront OU leading edge of technology. **-4.** fig [trait d'esprit] witticism. **-5.** fig [petite quantité]: **une ~ de** a touch of.

◆ **pointes** *nfpl* DANSE points; **faire des** OU **les ~s** to dance on one's points.

◆ **de pointe** *loc adj* **-1.** [vitesse] maximum, top. **-2.** [industrie, secteur] leading; [technique] latest.

pointer [pwɛte] ◇ *vt* **-1.** [cocher] to tick (off). **-2.** [employés - à l'entrée] to check in; [- à la sortie] to check out. **-3.** [diriger]: ~ **qqch vers/sur** to point sthg towards/at. ◇ *vi* **-1.** [à l'usine - à l'entrée] to clock in; [- à la sortie] to clock out. **-2.** [à la pétanque] to get as close to the jack as possible. **-3.** [jour] to break.

pointillé [pwɛtije] *nm* **-1.** [ligne] dotted line; **en ~** [ligne] dotted. **-2.** [perforations] perforations (*pl*).

pointilleux, -euse [pwɛtijø, øz] *adj*: ~ (**sur**) particular (about).

pointu, -e [pwɛty] *adj* **-1.** [objet] pointed. **-2.** [voix, ton] sharp; [caractère] touchy. **-3.** [étude, formation] specialized.

pointure [pwɛtyr] *nf* size.

point-virgule [pwɛvirgyl] *nm* semicolon.

poire [pwar] *nf* **-1.** [fruit] pear. **-2.** MÉD: ~ **à injections** syringe. **-3.** *fam* [visage] face. **-4.** *fam* [naïf] dope.

poireau, -x [pwaro] *nm* leek.

poirier [pwarje] *nm* pear tree.

pois [pwa] *nm* **-1.** BOT pea; ~ **chiche** chickpea; **petits ~** garden peas, petits pois; ~ **de senteur** sweet pea. **-2.** *fig* [motif] dot, spot; **à ~** spotted, polka-dot.

poison [pwazɔ̃] ◇ *nm* [substance] poison. ◇ *nmf fam fig* [personne] drag, pain; [enfant] brat.

poisse [pwas] *nf fam* bad luck; **porter la ~** to be bad luck.

poisseux, -euse [pwasø, øz] *adj* sticky.

poisson [pwasɔ̃] *nm* fish; ~ **d'avril** [farce] April fool; [en papier] *paper fish pinned to someone's back as a prank on April Fools' Day*; ~ **rouge** goldfish.

◆ **Poissons** *nmpl* ASTROL Pisces (*sg*).

poissonnerie [pwasɔnri] *nf* [boutique] fish shop, fishmonger's (shop).

poissonnier, -ière [pwasɔnje, jɛr] *nm, f* fishmonger.

poitrine [pwatrin] *nf* [thorax] chest; [femme] chest, bust.

poivre [pwavr] *nm* pepper; ~ **blanc** white pepper; ~ **gris,** ~ **noir** black pepper.

poivrier [pwavrije] *nm,* **poivrière** [pwavrijɛr] *nf* pepper pot.

poivron [pwavrɔ̃] *nm* pepper, capsicum; ~ **rouge/vert** red/green pepper.

poker [pɔkɛr] *nm* poker.

polaire [pɔlɛr] *adj* polar.

polar [pɔlar] *nm fam* thriller, whodunnit.

Polaroïd® [pɔlarɔid] *nm* Polaroid®.

polder [pɔldɛr] *nm* polder.

pôle [pol] *nm* pole; ~ **Nord/Sud** North/South Pole.

polémique [pɔlemik] ◇ *nf* controversy. ◇ *adj* [style, ton] polemical.

poli, -e [pɔli] *adj* **-1.** [personne] polite. **-2.** [surface] polished.

police [pɔlis] *nf* **-1.** [force de l'ordre] police; **être de** OU **dans la ~** to be in the police; ~ **secours** *emergency service provided by the police.* **-2.** [contrat] policy; ~ **d'assurance** insurance policy.

polichinelle [pɔliʃinɛl] *nm* [personnage] Punch; **secret de ~** *fig* open secret.

policier, -ière [pɔlisje, jɛr] *adj* **-1.** [de la police] police (*avant n*). **-2.** [film, roman] detective (*avant n*).

◆ **policier** *nm* police officer.

poliomyélite [pɔljɔmjelit] *nf* poliomyelitis.

polir [pɔlir] *vt* to polish.

polisson, -onne [pɔlisɔ̃, ɔn] ◇ *adj* **-1.** [chanson, propos] lewd, suggestive. **-2.** [enfant] naughty. ◇ *nm, f* [enfant] naughty child.

politesse [pɔlitɛs] *nf* **-1.** [courtoisie] politeness. **-2.** [action] polite action.

politicien, -ienne [pɔlitisjɛ̃, jɛn] ◇ *adj*

péj politicking, politically unscrupulous. ◇ *nm, f* politician, politico.

politique [pɔlitik] ◇ *nf* **-1.** [de gouvernement, de personne] policy. **-2.** [affaires publiques] politics (*U*). ◇ *adj* **-1.** [pouvoir, théorie] political; **homme** ~ politician. **-2.** *littéraire* [choix, réponse] politic.

politiser [pɔlitize] *vt* to politicize.

pollen [pɔlɛn] *nm* pollen.

polluer [pɔlɥe] *vt* to pollute.

pollution [pɔlysjɔ̃] *nf* pollution.

polo [pɔlo] *nm* **-1.** [sport] polo. **-2.** [chemise] polo shirt.

Pologne [pɔlɔɲ] *nf*: **la** ~ Poland.

polonais, -e [pɔlɔnɛ, ɛz] *adj* Polish.
◆ **polonais** *nm* [langue] Polish.
◆ **Polonais, -e** *nm, f* Pole.

poltron, -onne [pɔltrɔ̃, ɔn] ◇ *nm, f* coward. ◇ *adj* cowardly.

polychrome [pɔlikrom] *adj* polychrome, polychromatic.

polyclinique [pɔliklinik] *nf* general hospital.

polycopié, -e [pɔlikɔpje] *adj* duplicate (*avant n*).
◆ **polycopié** *nm* duplicated lecture notes.

polyester [pɔliɛstɛr] *nm* polyester.

polygame [pɔligam] *adj* polygamous.

polyglotte [pɔliglɔt] *nmf & adj* polyglot.

polygone [pɔligon] *nm* MATHS polygon.

polymère [pɔlimɛr] *nm* polymer.

Polynésie [pɔlinezi] *nf*: **la** ~ Polynesia.

polystyrène [pɔlistiren] *nm* polystyrene.

polytechnicien, -ienne [pɔlitɛknisjɛ̃, jɛn] *nm, f* student or ex-student of the *École Polytechnique*.

Polytechnique [pɔlitɛknik] *n*: **l'École** ~ *prestigious engineering college*.

polyvalent, -e [pɔlivalɑ̃, ɑ̃t] *adj* **-1.** [salle] multi-purpose. **-2.** [personne] versatile.

pommade [pɔmad] *nf* [médicament] ointment.

pomme [pɔm] *nf* **-1.** [fruit] apple; ~ **de pin** pine OU fir cone. **-2.** [pomme de terre]: **~s allumettes** *very thin chips*; **~s frites** chips *Br*, (French) fries *Am*; **~s vapeur** steamed potatoes.
◆ **pomme d'Adam** *nf* Adam's apple.

pomme de terre [pɔmdətɛr] *nf* potato.

pommette [pɔmɛt] *nf* cheekbone.

pommier [pɔmje] *nm* apple tree.

pompe [pɔ̃p] *nf* **-1.** [appareil] pump; ~ **à essence** petrol pump *Br*, gas pump *Am*. **-2.** [magnificence] pomp, ceremony. **-3.** *fam* [chaussure] shoe.
◆ **pompes funèbres** *nfpl* undertaker's (*sg*), funeral director's (*sg*) *Br*, mortician's (*sg*) *Am*.

pomper [pɔ̃pe] *vt* [eau, air] to pump.

pompeux, -euse [pɔ̃pø, øz] *adj* pompous.

pompier [pɔ̃pje] *nm* fireman *Br*, fire fighter *Am*.

pompiste [pɔ̃pist] *nmf* petrol *Br* OU gas *Am* pump attendant.

pompon [pɔ̃pɔ̃] *nm* pompom.

pomponner [pɔ̃pɔne]
◆ **se pomponner** *vp* to get dressed up.

ponce [pɔ̃s] *adj*: **pierre** ~ pumice (stone).

poncer [pɔ̃se] *vt* [bois] to sand (down).

ponceuse [pɔ̃søz] *nf* sander, sanding machine.

ponction [pɔ̃ksjɔ̃] *nf* **-1.** [MÉD - lombaire] puncture; [- pulmonaire] tapping. **-2.** *fig* [prélèvement] withdrawal.

ponctualité [pɔ̃ktɥalite] *nf* punctuality.

ponctuation [pɔ̃ktɥasjɔ̃] *nf* punctuation.

ponctuel, -elle [pɔ̃ktɥɛl] *adj* **-1.** [action] specific, selective. **-2.** [personne] punctual.

ponctuer [pɔ̃ktɥe] *vt* to punctuate; ~ **qqch de qqch** *fig* to punctuate sthg with sthg.

pondéré, -e [pɔ̃dere] *adj* **-1.** [personne] level-headed. **-2.** ÉCON weighted.

pondre [pɔ̃dr] *vt* **-1.** [œufs] to lay. **-2.** *fam fig* [projet, texte] to produce.

pondu, -e [pɔ̃dy] *pp* → **pondre**.

poney [pɔnɛ] *nm* pony.

pont [pɔ̃] *nm* **-1.** CONSTR bridge; ~s et chaussées ADMIN ≃ highways department. **-2.** [lien] link, connection; ~ aérien airlift. **-3.** [congé] *day off granted by an employer to fill the gap between a national holiday and a weekend*. **-4.** [de navire] deck.

ponte [pɔ̃t] ◇ *nf* [action] laying; [œufs] clutch. ◇ *nm fam* [autorité] big shot.

pont-levis [pɔ̃ləvi] *nm* drawbridge.

ponton [pɔ̃tɔ̃] *nm* [plate-forme] pontoon.

pop [pɔp] ◇ *nm* pop. ◇ *adj* pop (*avant n*).

pop-corn [pɔpkɔrn] *nm inv* popcorn (U).

populace [pɔpylas] *nf péj* mob.

populaire [pɔpylɛr] *adj* **-1.** [du peuple - volonté] popular, of the people; [- quartier] working-class; [- art, chanson] folk. **-2.** [personne] popular.

populariser [pɔpylarize] *vt* to popularize.

popularité [pɔpylarite] *nf* popularity.

population [pɔpylasjɔ̃] *nf* population; ~ active working population.

porc [pɔr] *nm* **-1.** [animal] pig, hog *Am*. **-2.** *fig* & *péj* [personne] pig, swine. **-3.** [viande] pork. **-4.** [peau] pigskin.

porcelaine [pɔrsəlɛn] *nf* **-1.** [matière] china, porcelain. **-2.** [objet] piece of china OU porcelain.

porc-épic [pɔrkepik] *nm* porcupine.

porche [pɔrʃ] *nm* porch.

porcherie [pɔrʃəri] *nf litt* & *fig* pigsty.

porcin, -e [pɔrsɛ̃, in] *adj* **-1.** [élevage] pig (*avant n*). **-2.** *fig* & *péj* [yeux] piggy.

pore [pɔr] *nm* pore.

poreux, -euse [pɔrø, øz] *adj* porous.

pornographie [pɔrnɔgrafi] *nf* pornography.

port [pɔr] *nm* **-1.** [lieu] port; ~ de commerce/pêche commercial/fishing port. **-2.** [fait de porter sur soi - d'objet] carrying; [- de vêtement, décoration] wearing; ~ d'armes carrying of weapons. **-3.** [transport] carriage; franco de ~ carriage paid. **-4.** [allure] bearing.

portable [pɔrtabl] ◇ *nm* [TV] portable; INFORM laptop, portable. ◇ *adj* **-1.** [vêtement] wearable. **-2.** [ordinateur, machine à écrire] portable, laptop.

portail [pɔrtaj] *nm* portal.

portant, -e [pɔrtɑ̃, ɑ̃t] *adj*: être bien/mal ~ to be in good/poor health.

portatif, -ive [pɔrtatif, iv] *adj* portable.

porte [pɔrt] *nf* **-1.** [de maison, voiture] door; mettre qqn à la ~ to throw sb out; ~ d'entrée front door. **-2.** [AÉRON, SKI & de ville] gate. **-3.** *fig* [de région] gateway.

porte-à-faux [pɔrtafo] *nm inv* [roche] overhang; CONSTR cantilever; en ~ overhanging; CONSTR cantilevered; *fig* in a delicate situation.

porte-à-porte [pɔrtapɔrt] *nm inv*: faire du ~ to sell from door to door.

porte-avions [pɔrtavjɔ̃] *nm inv* aircraft carrier.

porte-bagages [pɔrtbagaʒ] *nm inv* luggage rack; [de voiture] roof rack.

porte-bonheur [pɔrtbɔnœr] *nm inv* lucky charm.

porte-clefs, **porte-clés** [pɔrtakle] *nm inv* keyring.

porte-documents [pɔrtdɔkymɑ̃] *nm inv* attaché OU document case.

portée [pɔrte] *nf* **-1.** [de missile] range; à ~ de within range of; à ~ de main within reach; à ~ de voix within earshot; à ~ de vue in sight; à la ~ de qqn *fig* within sb's reach. **-2.** [d'événement] impact, significance. **-3.** MUS stave, staff. **-4.** [de femelle] litter.

porte-fenêtre [pɔrtfənɛtr] *nf* French window ou door *Am*.

portefeuille [pɔrtəfœj] *nm* **-1.** [pour billets] wallet. **-2.** FIN & POLIT portfolio.

porte-jarretelles [pɔrtʒartɛl] *nm inv* suspender belt *Br*, garter belt *Am*.

portemanteau, -x [pɔrtmɑ̃to] *nm* [au mur] coat-rack; [sur pied] coat stand.

porte-monnaie [pɔrtmɔnɛ] *nm inv* purse.

porte-parole [pɔrtparɔl] *nm inv* spokesman (*f* spokeswoman).

porter [pɔrte] ◇ *vt* **-1.** [gén] to carry. **-2.** [vêtement, lunettes, montre] to wear; [barbe] to have. **-3.** [nom, date, inscription] to bear. **-4.** [inscrire] to put down, to write down; porté disparu reported missing. ◇ *vi* **-1.** [remarque] to strike home. **-2.** [voix, tir] to carry.
◆ **se porter** ◇ *vp* [se sentir]: **se ~ bien/mal** to be well/unwell. ◇ *v attr*: **se ~ garant de qqch** to guarantee sthg, to vouch for sthg; **se ~ candidat à** to stand for election to *Br*, to run for *Am*.

porte-savon [pɔrtsavɔ̃] (*pl inv* ou **porte-savons**) *nm* soap dish.

porte-serviettes [pɔrtsɛrvjɛt] *nm inv* towel rail.

porteur, -euse [pɔrtœr, øz] ◇ *adj*: **marché ~** COMM growth market; **mère porteuse** surrogate mother; **mur ~** load-bearing wall. ◇ *nm, f* **-1.** [de message, nouvelle] bringer, bearer. **-2.** [de bagages] porter. **-3.** [détenteur - de papiers, d'actions] holder; [- de chèque] bearer. **-4.** [de maladie] carrier.

portier [pɔrtje] *nm* commissionaire.

portière [pɔrtjɛr] *nf* [de voiture, train] door.

portillon [pɔrtijɔ̃] *nm* barrier, gate.

portion [pɔrsjɔ̃] *nf* [de gâteau] portion, helping.

portique [pɔrtik] *nm* **-1.** ARCHIT portico. **-2.** SPORT crossbeam (*for hanging apparatus*).

porto [pɔrto] *nm* port.

Porto Rico [pɔrtoriko], **Puerto Rico** [pwɛrtoriko] *n* Puerto Rico.

portrait [pɔrtrɛ] *nm* portrait; PHOT photograph; **faire le ~ de qqn** *fig* to describe sb.

portraitiste [pɔrtrɛtist] *nmf* portrait painter.

portrait-robot [pɔrtrɛrɔbo] *nm* Photofit® picture, Identikit® picture.

portuaire [pɔrtɥɛr] *adj* port (*avant n*), harbour (*avant n*).

portugais, -e [pɔrtygɛ, ɛz] *adj* Portuguese.
◆ **portugais** *nm* [langue] Portuguese.
◆ **Portugais, -e** *nm, f* Portuguese (person); **les Portugais** the Portuguese.

Portugal [pɔrtygal] *nm*: **le ~** Portugal.

pose [poz] *nf* **-1.** [de pierre, moquette] laying; [de papier peint, rideaux] hanging. **-2.** [position] pose. **-3.** PHOT exposure.

posé, -e [poze] *adj* sober, steady.

poser [poze] ◇ *vt* **-1.** [mettre] to put down; **~ qqch sur qqch** to put sthg on sthg. **-2.** [installer - rideaux, papier peint] to hang; [- étagère] to put up; [- moquette, carrelage] to lay. **-3.** [donner à résoudre - problème, difficulté] to pose; **~ une question** to ask a question; **~ sa candidature** to apply; POLIT to stand for election. ◇ *vi* to pose.
◆ **se poser** *vp* **-1.** [oiseau, avion] to land; *fig* [choix, regard]: **se ~ sur** to fall on. **-2.** [question, problème] to arise, to come up.

poseur, -euse [pozœr, øz] *nm, f vieilli* show-off, poser.

positif, -ive [pozitif, iv] *adj* positive.

position [pozisjɔ̃] *nf* position; **prendre ~** *fig* to take up a position, to take a stand.

posologie [pozɔlɔʒi] *nf* dosage.

posséder [pɔsede] *vt* **-1.** [détenir - voiture, maison] to possess, to own; [- diplôme] to have; [- capacités, connaissances] to possess, to have. **-2.** [langue, art] to have mastered. **-3.** *fam* [personne] to have.

possesseur [pɔsesœr] *nm* **-1.** [de bien] possessor, owner. **-2.** [de secret, diplôme] holder.

possessif, -ive [pɔsesif, iv] *adj* possessive.

◆ **possessif** *nm* GRAM possessive.

possession [pɔsesjɔ̃] *nf* [gén] possession; **être en ma/ta** *etc* ~ to be in my/your *etc* possession.

possibilité [pɔsibilite] *nf* **-1.** [gén] possibility. **-2.** [moyen] chance, opportunity.

possible [pɔsibl] ◇ *adj* possible; **c'est/ce n'est pas** ~ that's possible/impossible; **dès que** OU **aussitôt que** ~ as soon as possible. ◇ *nm*: **faire tout son** ~ to do one's utmost, to do everything possible; **dans la mesure du** ~ as far as possible.

postal, -e, -aux [pɔstal, o] *adj* postal.

poste [pɔst] ◇ *nf* **-1.** [service] post *Br*, mail *Am*; **envoyer/recevoir qqch par la** ~ to send/receive sthg by post. **-2.** [bureau] post office; ~ **restante** poste restante *Br*, general delivery *Am*. ◇ *nm* **-1.** [emplacement] post; ~ **de police** police station. **-2.** [emploi] position, post. **-3.** [appareil]: ~ **de radio** radio; ~ **de télévision** television (set). **-4.** TÉLÉCOM extension.

poster[1] [pɔstɛr] *nm* poster.

poster[2] [pɔste] *vt* **-1.** [lettre] to post *Br*, to mail *Am*. **-2.** [sentinelle] to post.

◆ **se poster** *vp* to position o.s., to station o.s.

postérieur, -e [pɔsterjœr] *adj* **-1.** [date] later, subsequent. **-2.** [membre] hind (*avant n*), back (*avant n*).

◆ **postérieur** *nm hum* posterior.

posteriori [pɔsterjɔri]

◆ **a posteriori** *loc adv* a posteriori.

postérité [pɔsterite] *nf* [générations à venir] posterity.

posthume [pɔstym] *adj* posthumous.

postiche [pɔstiʃ] *adj* false.

postier, -ière [pɔstje, jɛr] *nm, f* post-office worker.

postillonner [pɔstijɔne] *vi* to splutter.

post-scriptum [pɔstskriptɔm] *nm inv* postscript.

postulant, -e [pɔstylɑ̃, ɑ̃t] *nm, f* [pour emploi] applicant.

postuler [pɔstyle] *vt* **-1.** [emploi] to apply for. **-2.** PHILO to postulate.

posture [pɔstyr] *nf* posture; **être** OU **se trouver en mauvaise** ~ *fig* to be in a difficult position.

pot [po] *nm* **-1.** [récipient] pot, jar; [à eau, à lait] jug; ~ **de chambre** chamber pot; ~ **de fleurs** flowerpot. **-2.** AUTOM: ~ **catalytique** catalytic convertor; ~ **d'échappement** exhaust (pipe); [silencieux] silencer *Br*, muffler *Am*. **-3.** *fam* [boisson] drink.

potable [pɔtabl] *adj* **-1.** [liquide] drinkable; **eau** ~ drinking water. **-2.** *fam* [travail] acceptable.

potage [pɔtaʒ] *nm* soup.

potager, -ère [pɔtaʒe, ɛr] *adj*: **jardin** ~ vegetable garden; **plante potagère** vegetable.

◆ **potager** *nm* kitchen OU vegetable garden.

potasser [pɔtase] *vt fam* [cours] to swot up *Br*; [examen] to swot up for *Br*.

potassium [pɔtasjɔm] *nm* potassium.

pot-au-feu [pɔtofø] *nm inv* **-1.** [plat] *boiled beef with vegetables.* **-2.** [viande] ≈ piece of stewing steak.

pot-de-vin [podvɛ̃] (*pl* **pots-de-vin**) *nm* bribe.

pote [pɔt] *nm fam* mate *Br*, buddy *Am*.

poteau, -x [pɔto] *nm* post; ~ **de but** goalpost; ~ **indicateur** signpost; ~ **télégraphique** telegraph pole.

potelé, -e [pɔtle] *adj* plump, chubby.

potence [pɔtɑ̃s] *nf* **-1.** CONSTR bracket. **-2.** [de pendaison] gallows (*sg*).

potentiel, -ielle [pɔtɑ̃sjɛl] *adj* potential.

◆ **potentiel** *nm* potential.

poterie [pɔtri] *nf* **-1.** [art] pottery. **-2.** [objet] piece of pottery.

potiche [potiʃ] *nf* [vase] vase.

potier, -ière [potje, jɛr] *nm, f* potter.

potin [potɛ̃] *nm fam* [bruit] din.

◆ **potins** *nmpl fam* [ragots] gossip (U).

potion [posjɔ̃] *nf* potion.

potiron [potirɔ̃] *nm* pumpkin.

pot-pourri [popuri] *nm* potpourri.

pou, -x [pu] *nm* louse.

poubelle [pubɛl] *nf* dustbin *Br*, trash-can *Am*.

pouce [pus] *nm* **-1.** [de main] thumb; [de pied] **big toe. -2.** [mesure] **inch.**

poudre [pudr] *nf* powder; **prendre la ~ d'escampette** to make off.

poudreux, -euse [pudrø, øz] *adj* powdery.

◆ **poudreuse** *nf* powder (snow).

poudrier [pudrije] *nm* [boîte] powder compact.

poudrière [pudrijɛr] *nf* powder magazine; *fig* powder keg.

pouf [puf] ◇ *nm* pouffe. ◇ *interj* thud!

pouffer [pufe] *vi* : **~ (de rire)** to snigger.

pouilleux, -euse [pujø, øz] *adj* **-1.** [personne, animal] **flea-ridden. -2.** [endroit] **squalid.**

poulailler [pulaje] *nm* **-1.** [de ferme] henhouse. **-2.** *fam* THÉÂTRE **gods** (*sg*).

poulain [pulɛ̃] *nm* foal; *fig* protégé.

poule [pul] *nf* **-1.** ZOOL hen. **-2.** *fam péj* [femme] **bird** *Br*, **broad** *Am*. **-3.** SPORT [compétition] **round robin**; RUGBY [groupe] **pool.**

poulet [pulɛ] *nm* **-1.** ZOOL chicken. **-2.** *fam* [policier] **cop.**

pouliche [puliʃ] *nf* filly.

poulie [puli] *nf* pulley.

poulpe [pulp] *nm* octopus.

pouls [pu] *nm* pulse.

poumon [pumɔ̃] *nm* lung.

poupe [pup] *nf* stern.

poupée [pupe] *nf* [jouet] doll.

poupon [pupɔ̃] *nm* **-1.** [bébé] little baby. **-2.** [jouet] baby doll.

pouponnière [puponjɛr] *nf* nursery.

pour [pur] ◇ *prép* **-1.** [gén] for. **-2.** (+ *infinitif*): **~ faire** in order to do, (so as) to do; **je suis venu ~ vous voir** I've come to see you; **~ m'avoir aidé** for having helped me, for helping me. **-3.** [indique un rapport] for; **avancé ~ son âge** advanced for his/her age; **~ moi** for my part, as far as I'm concerned; **~ ce qui est de** as regards, with regard to. ◇ *adv* : **je suis ~** I'm (all) for it. ◇ *nm* : **le ~ et le contre** the pros and cons (*pl*).

◆ **pour que** *loc conj* (+ *subjonctif*) so that, in order that.

pourboire [purbwar] *nm* tip.

pourcentage [pursɑ̃taʒ] *nm* percentage.

pourparlers [purparle] *nmpl* talks.

pourpre [purpr] *nm & adj* crimson.

pourquoi [purkwa] ◇ *adv* why; **~ pas?** why not?; **c'est ~ ...** that's why .... ◇ *nm inv* : **le ~ (de)** the reason (for); **les ~ et les comment** the whys and wherefores.

pourri, -e [puri] *adj* **-1.** [fruit] rotten. **-2.** [personne, milieu] **corrupt. -3.** [enfant] **spoiled rotten, ruined.**

pourrir [purir] ◇ *vt* **-1.** [matière, aliment] to rot, to spoil. **-2.** [enfant] to ruin, to spoil rotten. ◇ *vi* [matière] to rot; [fruit, aliment] **to go rotten** OU **bad.**

pourriture [purityr] *nf* **-1.** [d'aliment] rot. **-2.** *fig* [de personne, de milieu] **corruption. -3.** *injurieux* [personne] **bastard.**

poursuite [pursɥit] *nf* **-1.** [de personne] chase. **-2.** [d'argent, de vérité] pursuit. **-3.** [de négociations] continuation.

◆ **poursuites** *nfpl* JUR (legal) proceedings.

poursuivi, -e [pursɥivi] *pp* → **poursuivre.**

poursuivre [pursɥivr] ◇ *vt* **-1.** [voleur] to pursue, to chase; [gibier] to hunt. **-2.** [rêve, vengeance] to pursue. **-3.** [enquête, travail] to carry on with, to continue. **-4.** JUR [criminel] to prosecute; [voisin] to sue. ◇ *vi* to go on, to carry on.

pourtant [purtɑ̃] *adv* nevertheless, even so.

pourtour [purtur] *nm* perimeter.

pourvoi [purvwa] *nm* JUR appeal.

pourvoir [purvwar] ◇ *vt*: ~ **qqn de** to provide sb with; ~ **qqch de** to equip OU fit sth with. ◇ *vi*: ~ **à** to provide for.

pourvu, -e [purvy] *pp* → **pourvoir**.
◆ **pourvu que** *loc conj* (+*subjonctif*) **-1.** [condition] providing, provided (that). **-2.** [souhait] let's hope (that).

pousse [pus] *nf* **-1.** [croissance] growth. **-2.** [bourgeon] shoot.

poussé, -e [puse] *adj* **-1.** [travail] meticulous. **-2.** [moteur] souped-up.

pousse-café [puskafe] *nm inv fam* liqueur.

poussée [puse] *nf* **-1.** [pression] pressure. **-2.** [coup] push. **-3.** [de fièvre, inflation] rise.

pousse-pousse [puspus] *nm inv* **-1.** [voiture] rickshaw. **-2.** *Helv* [poussette] pushchair.

pousser [puse] ◇ *vt* **-1.** [personne, objet] to push. **-2.** [moteur, voiture] to drive hard. **-3.** [recherches, études] to carry on, to continue. **-4.** [cri, soupir] to give. **-5.** [inciter]: ~ **qqn à faire qqch** to urge sb to do sth. **-6.** [au crime, au suicide]: ~ **qqn à** to drive sb to. ◇ *vi* **-1.** [exercer une pression] to push. **-2.** [croître] to grow. **-3.** *fam* [exagérer] to overdo it.
◆ **se pousser** *vp* to move up.

poussette [puset] *nf* pushchair.

poussière [pusjɛr] *nf* [gén] dust.

poussiéreux, -euse [pusjerø, øz] *adj* **-1.** [meuble] dusty. **-2.** *fig* [organisation] old-fashioned.

poussif, -ive [pusif, iv] *adj fam* wheezy.

poussin [pusɛ̃] *nm* **-1.** ZOOL chick. **-2.** SPORT under-11.

poutre [putr] *nf* beam.

poutrelle [putrɛl] *nf* girder.

pouvoir [puvwar] ◇ *nm* **-1.** [gén] power; ~ **d'achat** purchasing power; **les ~s publics** the authorities. **-2.** JUR proxy, power of attorney. ◇ *vt* **-1.** [avoir la possibilité de, parvenir à]: **je ne peux pas venir ce soir** I can't come tonight; **pouvez-vous ...?** can you ...?, **could you ...?; je n'en peux plus** [exaspéré] I'm at the end of my tether; [fatigué] I'm exhausted; **je/tu n'y peux rien** there's nothing I/you can do about it; **tu aurais pu me le dire!** you might have told me! **-2.** [avoir la permission de]: **je peux prendre la voiture?** can I borrow the car?; **aucun élève ne peut partir** no pupil may leave. **-3.** [indiquant l'éventualité]: **il peut pleuvoir** it may rain; **vous pourriez rater votre train** you could OU might miss your train.
◆ **se pouvoir** *v impers*: **il se peut que je me trompe** I may be mistaken; **cela se peut/pourrait bien** that's quite possible.

pragmatique [pragmatik] *adj* pragmatic.

Prague [prag] *n* Prague.

prairie [preri] *nf* meadow; [aux États-Unis] prairie.

praline [pralin] *nf* **-1.** [amande] sugared almond. **-2.** *Belg* [chocolat] chocolate.

praticable [pratikabl] *adj* **-1.** [route] passable. **-2.** [plan] feasible, practicable.

praticien, -ienne [pratisjɛ̃, jɛn] *nm, f* practitioner; MÉD medical practitioner.

pratiquant, -e [pratikɑ̃, ɑ̃t] *adj* practising.

pratique [pratik] ◇ *nf* **-1.** [expérience] practical experience. **-2.** [usage] practice; **mettre qqch en** ~ to put sth into practice. ◇ *adj* practical; [gadget, outil] handy.

pratiquement [pratikmɑ̃] *adv* **-1.** [en

fait] in practice. **-2.** [quasiment] practically.

pratiquer [pratike] ◇ *vt* **-1.** [métier] to practise *Br*, to practice *Am*; [méthode] to apply. **-2.** [ouverture] to make. ◇ *vi* RELIG to be a practising Christian/Jew/Muslim *etc*.

pré [pre] *nm* meadow.

préalable [prealabl] ◇ *adj* prior, previous. ◇ *nm* precondition.
♦ **au préalable** *loc adv* first, beforehand.

préambule [preɑ̃byl] *nm* **-1.** [introduction] preamble; **sans ~ immediately. -2.** [prélude] : **~ de** prelude to.

préau, -x [preo] *nm* [d'école] (covered) play area.

préavis [preavi] *nm inv* advance notice OU warning.

précaire [prekɛr] *adj* [incertain] precarious.

précaution [prekosjɔ̃] *nf* **-1.** [prévoyance] precaution; **par ~** as a precaution; **prendre des ~s** to take precautions. **-2.** [prudence] caution.

précédent, -e [presedɑ̃, ɑ̃t] *adj* previous.
♦ **précédent** *nm* precedent; **sans ~** unprecedented.

précéder [presede] *vt* **-1.** [dans le temps - gén] to precede; [- suj: personne] to arrive before. **-2.** [marcher devant] to go in front of. **-3.** *fig* [devancer] to get ahead of.

précepte [presɛpt] *nm* precept.

précepteur, -trice [preseptœr, tris] *nm, f* (private) tutor.

prêcher [preʃe] *vt & vi* to preach.

précieux, -ieuse [presjø, jøz] *adj* **-1.** [pierre, métal] **precious**; [objet] valuable; [collaborateur] invaluable. **-2.** *péj* [style] precious, affected.

précipice [presipis] *nm* precipice.

précipitation [presipitasjɔ̃] *nf* **-1.** [hâte] haste. **-2.** CHIM precipitation.
♦ **précipitations** *nfpl* MÉTÉOR precipitation (*U*).

précipiter [presipite] *vt* **-1.** [objet, personne] to throw, to hurl; **~ qqn/qqch du haut de** to throw sb/sthg off, to hurl sb/sthg off. **-2.** [départ] to hasten.
♦ **se précipiter** *vp* **-1.** [se jeter] to throw o.s., to hurl o.s. **-2.** [s'élancer] : **se ~ (vers qqn)** to rush OU hurry (towards sb). **-3.** [s'accélérer - gén] to speed up; [- choses, événements] to move faster.

précis, -e [presi, iz] *adj* **-1.** [exact] precise, accurate. **-2.** [fixé] definite, precise.
♦ **précis** *nm* handbook.

précisément [presizemɑ̃] *adv* precisely, exactly.

préciser [presize] *vt* **-1.** [heure, lieu] to specify. **-2.** [pensée] to clarify.
♦ **se préciser** *vp* to become clear.

précision [presizjɔ̃] *nf* **-1.** [de style, d'explication] precision. **-2.** [détail] detail.

précoce [prekɔs] *adj* **-1.** [plante, fruit] early. **-2.** [enfant] precocious.

préconçu, -e [prekɔ̃sy] *adj* preconceived.

préconiser [prekɔnize] *vt* to recommend; **~ de faire qqch** to recommend doing sthg.

précurseur [prekyrsœr] ◇ *nm* precursor, forerunner. ◇ *adj* precursory.

prédateur, -trice [predatœr, tris] *adj* predatory.
♦ **prédateur** *nm* predator.

prédécesseur [predesesœr] *nm* predecessor.

prédestiner [predɛstine] *vt* to predestine; **être prédestiné à qqch/à faire qqch** to be predestined for sthg/to do sthg.

prédicateur, -trice [predikatœr, tris] *nm, f* preacher.

prédiction [prediksjɔ̃] *nf* prediction.

prédilection [predilɛksjɔ̃] *nf* partiality, liking; **avoir une ~ pour** to have a partiality OU liking for.

prédire [predir] *vt* to predict.

prédit, -e [predi, it] *pp* → **prédire**.

prédominer [predɔmine] *vt* to predominate.

préfabriqué, -e [prefabrike] *adj* -1. [maison] prefabricated. -2. [accusation, sourire] false.
◆ **préfabriqué** *nm* prefabricated material.

préface [prefas] *nf* preface.

préfecture [prefɛktyr] *nf* prefecture.

préférable [preferabl] *adj* preferable.

préféré, -e [prefere] *adj & nm, f* favourite.

préférence [preferãs] *nf* preference; **de ~** preferably.

préférentiel, -ielle [preferãsjɛl] *adj* preferential.

préférer [prefere] *vt*: **~ qqn/qqch (à)** to prefer sb/sthg (to); **je préfère rentrer** I would rather go home, I would prefer to go home; **je préfère ça!** I like that better!, I prefer that!

préfet [prefɛ] *nm* prefect.

préfixe [prefiks] *nm* prefix.

préhistoire [preistwar] *nf* prehistory.

préinscription [preɛ̃skripsjɔ̃] *nf* pre-registration.

préjudice [preʒydis] *nm* harm (U), detriment (U); **porter ~ à qqn** to harm sb.

préjugé [preʒyʒe] *nm*: **~ (contre)** prejudice (against).

prélasser [prelase]
◆ **se prélasser** *vp* to lounge.

prélat [prela] *nm* prelate.

prélavage [prelavaʒ] *nm* pre-wash.

prélèvement [prelɛvmã] *nm* -1. MÉD removal; [de sang] sample. -2. FIN deduction; **~ automatique** direct debit; **~ mensuel** monthly standing order; **~s obligatoires** tax and social security contributions.

prélever [prelɔve] *vt* -1. FIN: **~ de l'argent (sur)** to deduct money (from). -2. MÉD to remove; **~ du sang** to take a blood sample.

préliminaire [preliminɛr] *adj* preliminary.

◆ **préliminaires** *nmpl* -1. [de paix] preliminary talks. -2. [de discours] preliminaries.

prématuré, -e [prematyre] ◇ *adj* premature. ◇ *nm, f* premature baby.

préméditation [premeditasjɔ̃] *nf* premeditation; **avec ~** [meurtre] premeditated; [agir] with premeditation.

premier, -ière [prɔmje, jɛr] ◇ *adj* -1. [gén] first; [étage] first *Br*, second *Am*. -2. [qualité] top. -3. [état] original. ◇ *nm, f* first; **jeune ~** CIN leading man.
◆ **première** *nf* -1. CIN première; THÉÂTRE première, first night. -2. [exploit] first. -3. [première classe] first class. -4. SCOL ≃ lower sixth *Br*. AUTOM first (gear).
◆ **premier de l'an** *nm*: **le ~ de l'an** New Year's Day.
◆ **en premier** *loc adv* first, firstly.

premièrement [prɔmjɛrmã] *adv* first, firstly.

prémonition [premɔnisjɔ̃] *nf* premonition.

prémunir [premynir] *vt*: **~ qqn (contre)** to protect sb (against).
◆ **se prémunir** *vp* to protect o.s.; **se ~ contre qqch** to guard against sthg.

prénatal, -e [prenatal] (*pl* **prénatals** OU **prénataux** [prenato]) *adj* antenatal; [allocation] maternity (*avant n*).

prendre [prãdr] ◇ *vt* -1. [gén] to take. -2. [enlever] to take (away); **~ qqch à qqn** to take sthg from sb. -3. [aller chercher - objet] to get, to fetch; [- personne] to pick up. -4. [repas, boisson] to have; **vous prendrez quelque chose?** would you like something to eat/drink? -5. [voleur] to catch; **se faire ~** to get caught. -6. [responsabilité] to take (on). -7. [aborder - personne] to handle; [- problème] to tackle. -8. [réserver] to book; [louer] to rent, to take; [acheter] to buy. -9. [poids] to gain, to put on. ◇ *vi* -1. [ciment, sauce] to set. -2. [plante, greffe] to take; [mode] to catch on. -3. [feu] to catch. -4. [se diriger]: **~ à droite** to turn right.

◆ **se prendre** *vp* **-1.** [se considérer]: **pour qui se prend-il?** who does he think he is? **-2.** *loc*: **s'en ~ à qqn** [physiquement] to set about sb; [verbalement] to take it out on sb; **je sais comment m'y ~** I know how to do it OU go about it.

prénom [prenɔ̃] *nm* first name.

prénommer [prenɔme] *vt* to name, to call.

◆ **se prénommer** *vp* to be called.

prénuptial, -e, -iaux [prenypsjal, jo] *adj* premarital.

préoccupation [preɔkypasjɔ̃] *nf* preoccupation.

préoccuper [preɔkype] *vt* to preoccupy.

◆ **se préoccuper** *vp*: **se ~ de qqch** to be worried about sthg.

préparatifs [preparatif] *nmpl* preparations.

préparation [preparasjɔ̃] *nf* preparation.

préparer [prepare] *vt* **-1.** [gén] to prepare; [plat, repas] to cook, to prepare; **~ qqn à qqch** to prepare sb for sthg. **-2.** [réserver]: **~ qqch à qqn** to have sthg in store for sb. **-3.** [congrès] to organize.

◆ **se préparer** *vp* **-1.** [personne]: **se ~ à qqch/à faire qqch** to prepare for sthg/to do sthg. **-2.** [tempête] to be brewing.

prépondérant, -e [prepɔ̃derɑ̃, ɑ̃t] *adj* dominating.

préposé, -e [prepoze] *nm, f* (minor) official; [de vestiaire] attendant; [facteur] postman (*f* postwoman) *Br*, mailman (*f* mailwoman) *Am*; **~ à qqch** person in charge of sthg.

préposition [prepozisjɔ̃] *nf* preposition.

préréglé, -e [preregle] *adj* preset, pre-programmed.

préretraite [preretret] *nf* early retirement; [allocation] early retirement pension.

prérogative [prerɔgativ] *nf* prerogative.

près [prɛ] *adv* near, close.

◆ **de près** *loc adv* closely; **regarder qqch de ~** to watch sthg closely.

◆ **près de** *loc prép* **-1.** [dans l'espace] near, close to. **-2.** [dans le temps] close to. **-3.** [presque] nearly, almost.

◆ **à peu près** *loc adv* more or less, just about; **il est à peu ~ cinq heures** it's about OU almost five o'clock.

◆ **à ceci près que, à cela près que** *loc conj* except that, apart from the fact that.

◆ **à ... près** *loc adv*: **à dix centimètres ~** to within ten centimetres; **il n'en est pas à un ou deux jours ~** a day or two more or less won't make any difference.

présage [prezaʒ] *nm* omen.

présager [prezaʒe] *vt* **-1.** [annoncer] to portend. **-2.** [prévoir] to predict.

presbytère [prɛsbiter] *nm* presbytery.

presbytie [prɛsbisi] *nf* longsightedness *Br*, farsightedness *Am*.

prescription [prɛskripsjɔ̃] *nf* **-1.** MÉD prescription. **-2.** JUR limitation.

prescrire [prɛskrir] *vt* **-1.** [mesures, conditions] to lay down, to stipulate. **-2.** MÉD to prescribe.

prescrit, e [prɛskri, it] *pp* → **prescrire**.

préséance [preseɑ̃s] *nf* precedence.

présélection [preseleksjɔ̃] *nf* preselection; [de candidats] short-listing *Br*.

présence [prezɑ̃s] *nf* **-1.** [gén] presence; **en ~** face to face; **en ~ de** in the presence of. **-2.** [compagnie] company (*U*). **-3.** [assiduité] attendance; **feuille de ~** attendance sheet.

◆ **présence d'esprit** *nf* presence of mind.

présent, -e [prezɑ̃, ɑ̃t] *adj* [gén] present; **le ~ ouvrage** this work; **la ~e loi** this law; **avoir qqch ~ à l'esprit** to remember sthg.

◆ **présent** *nm* **-1.** [gén] present; **à ~** at present; **à ~ que** now that; **jusqu'à ~** up to now, so far; **dès à ~** right away. **-2.** GRAM: **le ~** the present tense.

présentable [prezɑ̃tabl] *adj* [d'aspect] presentable.

présentateur, -trice [prezɑ̃tatœr, tris] *nm, f* presenter.

présentation [prezɑ̃tasjɔ̃] *nf* **-1.** [de personne]: **faire les ~s** to make the introductions. **-2.** [aspect extérieur] appearance. **-3.** [de papiers, de produit, de film] presentation. **-4.** [de magazine] layout.

présenter [prezɑ̃te] *vt* **-1.** [gén] to present; [projet] to present, to submit. **-2.** [invité] to introduce. **-3.** [condoléances, félicitations, avantages] to offer; [hommages] to pay; **~ qqch à qqn** to offer sb sthg.
◆ **se présenter** *vp* **-1.** [se faire connaître]: **se ~ (à)** to introduce o.s. (to). **-2.** [être candidat]: **se ~ à** [élection] to stand in *Br*, to run in *Am*; [examen] to sit *Br*, to take. **-3.** [paraître] to appear. **-4.** [occasion, situation] to arise, to present itself. **-5.** [affaire, contrat]: **se ~ bien/mal** to look good/bad.

présentoir [prezɑ̃twar] *nm* display stand.

préservatif [prezɛrvatif] *nm* condom.

préserver [prezɛrve] *vt* to preserve.
◆ **se préserver** *vp*: **se ~ de** to protect o.s. from.

présidence [prezidɑ̃s] *nf* **-1.** [de groupe] chairmanship. **-2.** [d'État] presidency.

président, -e [prezidɑ̃, ɑ̃t] *nm, f* **-1.** [d'assemblée] chairman (*f* chairwoman). **-2.** [d'État] president; **~ de la République** President (of the Republic) of France. **-3.** JUR [de tribunal] presiding judge; [de jury] foreman (*f* forewoman).

présider [prezide] ◇ *vt* **-1.** [réunion] to chair. **-2.** [banquet, dîner] to preside over. ◇ *vi*: **~ à** to be in charge of; *fig* to govern, to preside at.

présomption [prezɔ̃psjɔ̃] *nf* **-1.** [hypothèse] presumption. **-2.** JUR presumption.

présomptueux, -euse [prezɔ̃ptɥø, øz] *adj* presumptuous.

presque [prɛsk] *adv* almost, nearly; **~ rien** next to nothing, scarcely anything; **~ jamais** hardly ever.

presqu'île [prɛskil] *nf* peninsula.

pressant, -e [prɛsɑ̃, ɑ̃t] *adj* pressing.

presse [prɛs] *nf* press.

pressé, -e [prese] *adj* **-1.** [travail] urgent. **-2.** [personne]: **être ~** to be in a hurry. **-3.** [citron, orange] freshly squeezed.

pressentiment [presɑ̃timɑ̃] *nm* premonition.

pressentir [presɑ̃tir] *vt* [événement] to have a premonition of.

presse-papiers [prɛspapje] *nm inv* paperweight.

presser [prese] *vt* **-1.** [écraser - olives] to press; [- citron, orange] to squeeze. **-2.** [bouton] to press, to push. **-3.** *sout* [harceler]: **~ qqn de faire qqch** to press sb to do sthg. **-4.** [accélérer] to speed up; **~ le pas** to speed up, to walk faster.
◆ **se presser** *vp* **-1.** [se dépêcher] to hurry (up). **-2.** [s'agglutiner]: **se ~ (autour de)** to crowd (around). **-3.** [se serrer] to huddle.

pressing [presiŋ] *nm* [établissement] dry cleaner's.

pression [presjɔ̃] *nf* **-1.** [gén] pressure; **exercer une ~ sur qqch** to exert pressure on sthg; **sous ~** [liquide & *fig*] under pressure. **-2.** [sur vêtement] press stud *Br*, popper *Br*, snap fastener *Am*. **-3.** [bière] draught beer.

pressoir [preswar] *nm* **-1.** [machine] press. **-2.** [lieu] press house.

pressurer [presyre] *vt* **-1.** [objet] to press, to squeeze. **-2.** *fig* [contribuable] to squeeze.

prestance [prɛstɑ̃s] *nf* bearing; **avoir de la ~** to have presence.

prestataire [prɛstatɛr] *nmf* **-1.** [bénéficiaire] person in receipt of benefit, claimant. **-2.** [fournisseur] provider; **~ de service** service provider.

prestation [prɛstasjɔ̃] *nf* **-1.** [allocation]

benefit; ~ **en nature** payment in kind. -2. [de comédien] performance.

preste [prɛst] *adj littéraire* nimble.

prestidigitateur, **-trice** [prɛstidiʒitatœr, tris] *nm, f* conjurer.

prestige [prɛstiʒ] *nm* prestige.

prestigieux, **-ieuse** [prɛstiʒjø, jøz] *adj* [réputé] prestigious.

présumer [prezyme] ◇ *vt* to presume, to assume; **être présumé coupable/innocent** to be presumed guilty/innocent. ◆ *vi*: ~ **de qqch** to overestimate sthg.

prêt, **-e** [prɛ, prɛt] *adj* ready; ~ **à qqch/à faire qqch** ready for sthg/to do sthg; **~s? partez!** SPORT get set, go! ◆ **prêt** *nm* [action] lending (U); [somme] loan.

prêt-à-porter [prɛtaporte] (*pl* **prêts-à-porter**) *nm* ready-to-wear clothing (U).

prétendant [pretãdã] *nm* -1. [au trône] pretender. -2. [amoureux] suitor.

prétendre [pretãdr] *vt* -1. [affecter]: ~ **faire qqch** to claim to do sthg. -2. [affirmer]: ~ **que** to claim (that), to maintain (that).

prétendu, **-e** [pretãdy] ◇ *pp* → **prétendre**. ◇ *adj* (*avant n*) so-called.

prête-nom [prɛtnɔ̃] (*pl* **prête-noms**) *nm* front man.

prétentieux, **-ieuse** [pretãsjø, jøz] *adj* pretentious.

prétention [pretãsjɔ̃] *nf* -1. [suffisance] pretentiousness. -2. [ambition] pretension, ambition; **avoir la ~ de faire qqch** to claim OU pretend to do sthg.

prêter [prete] *vt* -1. [fournir]: ~ **qqch (à qqn)** [objet, argent] to lend (sb) sthg; *fig* [concours, appui] to lend (sb) sthg, to give (sb) sthg. -2. [attribuer]: ~ **qqch à qqn** to attribute sthg to sb. ◆ **se prêter** *vp*: **se** ~ **à** [participer à] to join in; [convenir à] to fit, to suit.

prétérit [preterit] *nm* preterite.

prêteur, **-euse** [prɛtœr, øz] *nm, f*: ~ **sur gages** pawnbroker.

prétexte [pretɛkst] *nm* pretext, excuse; **sous** ~ **de faire qqch/que** on the pretext of doing sthg/that, under the pretext of doing sthg/that; **sous aucun** ~ on no account.

prétexter [pretɛkste] *vt* to give as an excuse.

prêtre [prɛtr] *nm* priest.

preuve [prœv] *nf* -1. [gén] proof. -2. JUR evidence. -3. [témoignage] sign, token; **faire** ~ **de qqch** to show sthg; **faire ses** ~**s** to prove o.s./itself.

prévaloir [prevalwar] *vi* [dominer]: ~ **(sur)** to prevail (over). ◆ **se prévaloir** *vp*: **se** ~ **de** to boast about.

prévalu [prevaly] *pp inv* → **prévaloir**.

prévenance [prevnãs] *nf* [attitude] thoughtfulness, consideration.

prévenant, **-e** [prevnã, ãt] *adj* considerate, attentive.

prévenir [prevnir] *vt* -1. [employé, élève]: ~ **qqn (de)** to warn sb (about). -2. [police] to inform. -3. [désirs] to anticipate. -4. [maladie] to prevent.

préventif, **-ive** [prevãtif, iv] *adj* -1. [mesure, médecine] preventive. -2. JUR: **être en détention préventive** to be on remand.

prévention [prevãsjɔ̃] *nf* -1. [protection]: ~ **(contre)** prevention (of); ~ **routière** road safety (measures). -2. JUR remand.

prévenu, **-e** [prevny] ◇ *pp* → **prévenir**. ◇ *nm, f* accused, defendant.

prévision [previzjɔ̃] *nf* forecast (U), prediction; [de coûts] estimate; ÉCON forecast; **les** ~**s météorologiques** the weather forecast. ◆ **en prévision de** *loc prép* in anticipation of.

prévoir [prevwar] *vt* -1. [s'attendre à] to expect. -2. [prédire] to predict. -3. [anticiper] to foresee, to anticipate. -4. [programmer] to plan; **comme prévu** as planned, according to plan.

prévoyant, **-e** [prevwajã, ãt] *adj* provident.

prévu, e [prevy] *pp* → **prévoir**.

prier [prije] ◇ *vt* **-1.** RELIG to pray to. **-2.** [implorer] to beg; **(ne pas) se faire ~ (pour faire qqch)** (not) to need to be persuaded (to do sthg); **je vous en prie** [de grâce] please, I beg you; [de rien] **don't mention it, not at all. -3.** *sout* [demander]: **~ qqn de faire qqch** to request sb to do sthg. ◇ *vi* RELIG to pray.

prière [prijɛr] *nf* **-1.** [RELIG - recueillement] prayer (*U*), praying (*U*); [- formule] prayer. **-2.** *littéraire* [demande] entreaty; **~ de frapper avant d'entrer** please knock before entering.

primaire [primɛr] *adj* **-1.** [premier]: **études ~s** primary education (*U*). **-2.** *péj* [primitif] limited.

prime [prim] ◇ *nf* **-1.** [d'employé] bonus; **~ d'intéressement** profit-related bonus. **-2.** [allocation - de déménagement, de transport] allowance; [- à l'exportation] incentive. **-3.** [d'assurance] premium. ◇ *adj* **-1.** [premier]: **de ~ abord** at first glance; **de ~ jeunesse** in the first flush of youth. **-2.** MATHS prime.

primer [prime] ◇ *vi* to take precedence, to come first. ◇ *vt* **-1.** [être supérieur à] to take precedence over. **-2.** [récompenser] to award a prize to; **le film a été primé au festival** the film won an award at the festival.

primeur [primœr] *nf* immediacy; **avoir la ~ de qqch** to be the first to hear sthg.

◆ **primeurs** *nfpl* early produce (*U*).

primevère [primvɛr] *nf* primrose.

primitif, -ive [primitif, iv] ◇ *adj* **-1.** [gén] primitive. **-2.** [aspect] original. ◇ *nm, f* primitive.

primordial, -e, -iaux [primɔrdjal, jo] *adj* essential.

prince [prɛ̃s] *nm* prince.

princesse [prɛ̃sɛs] *nf* princess.

princier, -ière [prɛ̃sje, jɛr] *adj* princely.

principal, -e, -aux [prɛ̃sipal, o] ◇ *adj* [gén] main, principal. ◇ *nm, f* **-1.** [im-

portant]: **le ~** the main thing. **-2.** SCOL headmaster (*f* headmistress) *Br*, principal *Am*.

principalement [prɛ̃sipalmɑ̃] *adv* mainly, principally.

principauté [prɛ̃sipote] *nf* principality.

principe [prɛ̃sip] *nm* principle; **par ~** on principle.

◆ **en principe** *loc adv* theoretically, in principle.

printanier, -ière [prɛ̃tanje, jɛr] *adj* [temps] spring-like.

printemps [prɛ̃tɑ̃] *nm* **-1.** [saison] spring. **-2.** *fam* [année]: **avoir 20 ~ to** be 20.

priori [prijɔri]

◆ **a priori** ◇ *loc adv* in principle. ◇ *nm inv* initial reaction.

prioritaire [prijɔritɛr] *adj* **-1.** [industrie, mesure] priority (*avant n*). **-2.** AUTOM with right of way.

priorité [prijɔrite] *nf* **-1.** [importance primordiale] priority; **en ~** first. **-2.** AUTOM right of way; **~ à droite** give way to the right.

pris, -e [pri, priz] ◇ *pp* → **prendre**. ◇ *adj* **-1.** [place] taken; [personne] busy; [mains] full. **-2.** [nez] blocked; [gorge] sore.

◆ **prise** *nf* **-1.** [sur barre, sur branche] grip, hold; **lâcher ~e** to let go; *fig* to give up. **-2.** [action de prendre - de ville] seizure, capture; **~e en charge** [par Sécurité sociale] reimbursement; **~e d'otages** hostage taking; **~e de sang** blood test; **~e de vue** shot; **~e de vue** OU **vues** [action] filming, shooting. **-3.** [à la pêche] haul. **-4.** ÉLECTR: **~e (de courant)** [mâle] plug; [femelle] socket. **-5.** [de judo] hold.

prisme [prism] *nm* prism.

prison [prizɔ̃] *nf* **-1.** [établissement] prison. **-2.** [réclusion] imprisonment.

prisonnier, -ière [prizɔnje, jɛr] ◇ *nm, f* prisoner; **faire qqn ~** to take sb prisoner, to capture sb. ◇ *adj* imprisoned; *fig* trapped.

privation [privasjɔ̃] *nf* deprivation.

♦**privations** *nfpl* privations, hardships.

privatisation [privatizasjɔ̃] *nf* privatization.

privatiser [privatize] *vt* to privatize.

privé, -e [prive] *adj* private.

♦**privé** *nm* **-1.** ÉCON private sector. **-2.** [détective] private eye. **-3.** [intimité]: **en ~** in private; **dans le ~** in private life.

priver [prive] *vt*: **~ qqn (de)** to deprive sb (of).

privilège [privilɛʒ] *nm* privilege.

privilégié, -e [privilegje] ◇ *adj* **-1.** [personne] privileged. **-2.** [climat, site] favoured. ◇ *nm, f* privileged person.

prix [pri] *nm* **-1.** [coût] price; **à ou ~ coûtant** at cost (price); **~ d'achat** purchase price; **à aucun ~** on no account; **à ~ fixe** set-price *(avant n)*; **hors de ~** too expensive; **à moitié ~** at half price; **à tout ~** at all costs; **~ net** net (price); **~ de revient** cost price; **y mettre le ~** to pay a lot. **-2.** [importance] value. **-3.** [récompense] prize.

probabilité [prɔbabilite] *nf* **-1.** [chance] probability. **-2.** [vraisemblance] probability, likelihood; **selon toute ~** in all probability.

probable [prɔbabl] *adj* probable, likely.

probant, -e [prɔbɑ̃, ɑ̃t] *adj* convincing, conclusive.

probité [prɔbite] *nf* integrity.

problème [prɔblɛm] *nm* problem; **(il n'y a) pas de ~!** *fam* no problem!; **ça ne lui pose aucun ~** *hum* that doesn't worry him/her.

procédé [prɔsede] *nm* **-1.** [méthode] process. **-2.** [conduite] behaviour *(U)*.

procéder [prɔsede] *vi* **-1.** [agir] to proceed. **-2.** [exécuter]: **~ à qqch** to set about sthg.

procédure [prɔsedyr] *nf* procedure; [démarche] proceedings *(pl)*.

procès [prɔsɛ] *nm* JUR trial; **intenter un ~ à qqn** to sue sb.

processeur [prɔsesœr] *nm* processor.

procession [prɔsesjɔ̃] *nf* procession.

processus [prɔsesys] *nm* process.

procès-verbal [prɔsɛvɛrbal] *nm* **-1.** [contravention - gén] ticket; [- pour stationnement interdit] parking ticket. **-2.** [compte-rendu] minutes.

prochain, -e [prɔʃɛ̃, ɛn] *adj* **-1.** [suivant] next; **à la ~e!** *fam* see you! **-2.** [imminent] impending.

♦**prochain** *nm littéraire* [semblable] fellow man.

prochainement [prɔʃɛnmɑ̃] *adv* soon, shortly.

proche [prɔʃ] *adj* **-1.** [dans l'espace] near; **~ de** near, close to; [semblable] à] very similar to, closely related to. **-2.** [dans le temps] imminent, near; **dans un ~ avenir** in the immediate future. **-3.** [ami, parent] close.

♦**proches** *nmpl*: **les ~s** the close family *(sg)*.

♦**de proche en proche** *loc adv sout* gradually.

Proche-Orient [prɔʃɔrjɑ̃] *nm*: **le ~** the Near East.

proclamation [prɔklamasjɔ̃] *nf* proclamation.

proclamer [prɔklame] *vt* to proclaim, to declare.

procréer [prɔkree] *vt littéraire* to procreate.

procuration [prɔkyrasjɔ̃] *nf* proxy; **par ~** by proxy.

procurer [prɔkyre] *vt*: **~ qqch à qqn** [suj: personne] to obtain sthg for sb; [suj: chose] to give ou bring sb sthg.

♦**se procurer** *vp*: **se ~ qqch** to obtain sthg.

procureur [prɔkyrœr] *nm*: **Procureur de la République** ≃ Attorney General.

prodige [prɔdiʒ] *nm* **-1.** [miracle] miracle. **-2.** [tour de force] marvel, wonder. **-3.** [génie] prodigy.

prodigieux, -ieuse [prɔdiʒjø, jøz] *adj* fantastic, incredible.

prodigue [prɔdig] *adj* [dépensier] extravagant.

prodiguer [prɔdige] *vt littéraire* [soins, amitié]: ~ **qqch (à)** to lavish sthg (on).

producteur, -trice [prɔdyktœr, tris] ◇ *nm, f* **-1.** [gén] producer. **-2.** AGRIC producer, grower. ◇ *adj*: ~ **de pétrole** oil-producing (*avant n*).

productif, -ive [prɔdyktif, iv] *adj* productive.

production [prɔdyksjɔ̃] *nf* **-1.** [gén] production; **la ~ littéraire d'un pays** the literature of a country. **-2.** [producteurs] **producers** (*pl*).

productivité [prɔdyktivite] *nf* productivity.

produire [prɔdɥir] *vt* **-1.** [gén] to produce. **-2.** [provoquer] to cause.
◆ **se produire** *vp* **-1.** [arriver] to occur, to take place. **-2.** [acteur, chanteur] to appear.

produit, -e [prɔdɥi, ɥit] *pp* → **produire**.
◆ **produit** *nm* [gén] product; ~ **de beauté** cosmetic, beauty product; ~**s chimiques** chemicals; ~**s d'entretien** cleaning products; ~ **de grande consommation** mass consumption product.

proéminent, -e [prɔeminɑ̃, ɑ̃t] *adj* prominent.

profane [prɔfan] ◇ *nmf* **-1.** [non religieux] non-believer. **-2.** [novice] layman. ◇ *adj* **-1.** [laïc] secular. **-2.** [ignorant] ignorant.

profaner [prɔfane] *vt* **-1.** [église] to desecrate. **-2.** *fig* [mémoire] to defile.

proférer [prɔfere] *vt* to utter.

professeur [prɔfesœr] *nm* **-1.** [enseignant] teacher. **-2.** [titre] professor.

profession [prɔfesjɔ̃] *nf* **-1.** [métier] occupation; **sans ~** unemployed; **~ libérale** profession. **-2.** [corps de métier - libéral] **profession**; [- manuel] **trade**.

professionnel, -elle [prɔfesjɔnɛl] ◇ *adj* **-1.** [gén] professional. **-2.** [école] technical. ◇ *nm, f* professional.

professorat [prɔfesɔra] *nm* teaching.

profil [prɔfil] *nm* **-1.** [de personne, d'emploi] profile; [de bâtiment] outline; **de ~** [visage, corps] in profile; [objet] from the side. **-2.** [coupe] section.

profiler [prɔfile] *vt* to shape.
◆ **se profiler** *vp* **-1.** [bâtiment, arbre] to stand out. **-2.** [solution] to emerge.

profit [prɔfi] *nm* **-1.** [avantage] benefit; **au ~ de** in aid of; **tirer ~ de** to profit from, to benefit from. **-2.** [gain] profit.

profitable [prɔfitabl] *adj* profitable; **être ~ à qqn** to benefit sb, to be beneficial to sb.

profiter [prɔfite] *vi* [tirer avantage]: ~ **de** [vacances] to benefit from; [personne] to take advantage of; ~ **de qqch pour faire qqch** to take advantage of sthg to do sthg; **en ~** to make the most of it.

profond, -e [prɔfɔ̃, ɔ̃d] *adj* **-1.** [gén] deep. **-2.** [pensée, raison] deep, profound.

profondément [prɔfɔ̃demɑ̃] *adv* **-1.** [enfoui] deep. **-2.** [intensément - aimer, intéresser] deeply; [- dormir] soundly; **être ~ endormi** to be fast asleep. **-3.** [extrêmement - convaincu, ému] deeply, profoundly; [- différent] profoundly.

profondeur [prɔfɔ̃dœr] *nf* depth; **en ~** in depth.

profusion [prɔfyzjɔ̃] *nf*: **une ~ de** a profusion of; **à ~** in abundance, in profusion.

progéniture [prɔʒenityr] *nf* offspring.

programmable [prɔgramabl] *adj* programmable.

programmateur, -trice [prɔgramatœr, tris] *nm, f* programme planner.
◆ **programmateur** *nm* automatic control unit.

programmation [prɔgramasjɔ̃] *nf* **-1.** INFORM programming. **-2.** RADIO & TÉLÉ programme planning.

programme [prɔgram] *nm* **-1.** [gén] programme *Br*, program *Am*. **-2.** INFORM program. **-3.** [planning] schedule. **-4.** SCOL syllabus.

programmer [prɔgrame] vt **-1.** [organiser] to plan. **-2.** RADIO & TÉLÉ to schedule. **-3.** INFORM to program.

programmeur, -euse [prɔgramœr, øz] nm, f INFORM (computer) programmer.

progrès [prɔgrɛ] nm progress (U); **faire des ~** to make progress.

progresser [prɔgrese] vi **-1.** [avancer] to progress, to advance. **-2.** [maladie] to spread. **-3.** [élève] to make progress.

progressif, -ive [prɔgresif, iv] adj progressive; [difficulté] increasing.

progression [prɔgresjɔ̃] nf **-1.** [avancée] advance. **-2.** [de maladie, du nationalisme] spread.

prohiber [prɔibe] vt to ban, to prohibit.

proie [prwa] nf prey; **être la ~ de qqch** fig to be the victim of sthg; **être en ~ à** [sentiment] to be prey to.

projecteur [prɔʒɛktœr] nm **-1.** [de lumière] floodlight; THÉÂTRE spotlight. **-2.** [d'images] projector.

projectile [prɔʒɛktil] nm missile.

projection [prɔʒɛksjɔ̃] nf **-1.** [gén] projection. **-2.** [jet] throwing.

projectionniste [prɔʒɛksjɔnist] nmf projectionist.

projet [prɔʒɛ] nm **-1.** [perspective] plan. **-2.** [étude, ébauche] draft; **~ de loi** bill.

projeter [prɔʃte] vt **-1.** [envisager] to plan; **~ de faire qqch** to plan to do sthg. **-2.** [missile, pierre] to throw. **-3.** [film, diapositives] to show. **-4.** GÉOM & PSYCHOL to project.

prolétaire [prɔletɛr] nmf & adj proletarian.

prolétariat [prɔletarja] nm proletariat.

proliférer [prɔlifere] vi to proliferate.

prolifique [prɔlifik] adj prolific.

prologue [prɔlɔg] nm prologue.

prolongation [prɔlɔ̃gasjɔ̃] nf [extension] extension, prolongation.

♦ **prolongations** nfpl SPORT extra time (U).

prolongement [prɔlɔ̃gmɑ̃] nm [de mur, quai] extension; **être dans le ~ de** to be a continuation of.

♦ **prolongements** nmpl [conséquences] repercussions.

prolonger [prɔlɔ̃ʒe] vt **-1.** [dans le temps]: **~ qqch (de)** to prolong sthg (by). **-2.** [dans l'espace]: **~ qqch (de)** to extend sthg (by).

promenade [prɔmnad] nf **-1.** [balade] walk, stroll; fig trip, excursion; **~ en voiture** drive; **~ à vélo** (bike) ride; **faire une ~** to go for a walk. **-2.** [lieu] promenade.

promener [prɔmne] vt **-1.** [personne] to take out (for a walk); [en voiture] to take for a drive. **-2.** fig [regard, doigts]: **~ qqch sur** to run sthg over.

♦ **se promener** vp to go for a walk.

promesse [prɔmɛs] nf **-1.** [serment] promise; **tenir sa ~** to keep one's promise. **-2.** [engagement] undertaking; **~ d'achat/de vente** JUR agreement to purchase/to sell. **-3.** fig [espérance]: **être plein de ~s** to be very promising.

prometteur, -euse [prɔmɛtœr, øz] adj promising.

promettre [prɔmɛtr] ◇ vt to promise; **~ qqch à qqn** to promise sb sthg; **~ de faire qqch** to promise to do sthg; **~ à qqn que** to promise sb that. ◇ vi to be promising; **ça promet!** iron that bodes well!

promis, -e [prɔmi, iz] ◇ pp → promettre. ◇ adj promised. ◇ nm, f hum intended.

promiscuité [prɔmiskɥite] nf overcrowding; **~ sexuelle** (sexual) promiscuity.

promontoire [prɔmɔ̃twar] nm promontory.

promoteur, -trice [prɔmɔtœr, tris] nm, f **-1.** [novateur] instigator. **-2.** [constructeur] property developer.

promotion [prɔmɔsjɔ̃] nf **-1.** [gén] promotion; **en ~** [produit] on special offer. **-2.** MIL & SCOL year.

promouvoir [prɔmuvwar] *vt* to promote.

prompt, -e [prɔ̃, prɔ̃t] *adj sout*: ~ (**à faire qqch**) swift (to do sthg).

promu, -e [prɔmy] *pp* → **promouvoir**.

promulguer [prɔmylge] *vt* to promulgate.

prôner [prone] *vt sout* to advocate.

pronom [prɔnɔ̃] *nm* pronoun.

pronominal, -e, -aux [prɔnɔminal, o] *adj* pronominal.

prononcé, -e [prɔnɔ̃se] *adj* marked.

prononcer [prɔnɔ̃se] *vt* -1. JUR & LING to pronounce. -2. [dire] to utter.
◆ **se prononcer** *vp* -1. [se dire] to be pronounced. -2. [trancher - assemblée] to decide, to reach a decision; [- magistrat] to deliver a verdict; **se ~ sur** to give one's opinion of.

prononciation [prɔnɔ̃sjasjɔ̃] *nf* -1. LING pronunciation. -2. JUR pronouncement.

pronostic [prɔnɔstik] *nm* -1. (*gén pl*) [prévision] forecast. -2. MÉD prognosis.

propagande [prɔpagɑ̃d] *nf* -1. [endoctrinement] propaganda. -2. *fig & hum* [publicité]: **faire de la ~ pour qqch** to plug sthg.

propager [prɔpaʒe] *vt* to spread.
◆ **se propager** *vp* to spread; BIOL to be propagated; PHYS to propagate.

propane [prɔpan] *nm* propane.

prophète [prɔfɛt], **prophétesse** [prɔfetɛs] *nm, f* prophet (*f* prophetess).

prophétie [prɔfesi] *nf* prophecy.

prophétiser [prɔfetize] *vt* to prophesy.

propice [prɔpis] *adj* favourable.

proportion [prɔpɔrsjɔ̃] *nf* proportion; **toutes ~s gardées** relatively speaking.

proportionné, -e [prɔpɔrsjɔne] *adj*: **bien/mal ~** well-/badly-proportioned.

proportionnel, -elle [prɔpɔrsjɔnɛl] *adj*: ~ (**à**) proportional (to).
◆ **proportionnelle** *nf*: **la ~le** proportional representation.

propos [prɔpo] ◇ *nm* -1. [discours] talk. -2. [but] intention; **c'est à quel ~?** what is it about?; **hors de ~** at the wrong time. ◇ *nmpl* [paroles] talk (U), words.
◆ **à propos** *loc adv* -1. [opportunément] at (just) the right time. -2. [au fait] by the way.
◆ **à propos de** *loc prép* about.

proposer [prɔpoze] *vt* -1. [offrir] to offer, to propose; ~ **qqch à qqn** to offer sb sthg, to offer sthg to sb; ~ **à qqn de faire qqch** to offer to do sthg for sb. -2. [suggérer] to suggest, to propose; ~ **de faire qqch** to suggest OU propose doing sthg. -3. [loi, candidat] to propose.

proposition [prɔpozisjɔ̃] *nf* -1. [offre] offer, proposal. -2. [suggestion] suggestion, proposal. -3. GRAM clause.

propre [prɔpr] ◇ *adj* -1. [nettoyé] clean. -2. [soigné] neat, tidy. -3. [éduqué - enfant] toilet-trained; [- animal] house-trained *Br*, housebroken *Am*. -4. [personnel] own. -5. [particulier]: ~ **à peculiar to. -6.** [de nature]: ~ **à faire qqch** capable of doing sthg. ◇ *nm* [propreté] cleanness, cleanliness; **recopier qqch au ~** to make a fair copy of sthg, to copy sthg up.
◆ **au propre** *loc adv* LING literally.

proprement [prɔprəmɑ̃] *adv* -1. [convenablement - habillé] neatly, tidily; [- se tenir] correctly. -2. [véritablement] completely; **à ~ parler** strictly OU properly speaking; **l'événement ~ dit** the event itself, the actual event.

propreté [prɔprəte] *nf* cleanness, cleanliness.

propriétaire [prɔprijetɛr] *nmf* -1. [possesseur] owner; ~ **terrien** landowner. -2. [dans l'immobilier] landlord.

propriété [prɔprijete] *nf* -1. [gén] property; ~ **privée** private property. -2. [droit] ownership. -3. [terres] property (U). -4. [convenance] suitability.

propulser [prɔpylse] *vt litt & fig* to propel; *fig* to fling.
◆ **se propulser** *vp* to move forward, to propel o.s. forward OU along; *fig* to shoot.

prorata [prɔrata]
◆ **au prorata de** *loc prép* in proportion to.

prosaïque [prozaik] *adj* prosaic, mundane.

proscrit, -e [prɔskri, it] *adj* [interdit] banned, prohibited.

prose [proz] *nf* prose; **en ~** in prose.

prospecter [prɔspɛkte] *vt* -**1.** [pays, région] to prospect. -**2.** COMM to canvass.

prospection [prɔspɛksjɔ̃] *nf* -**1.** [de ressources] prospecting. -**2.** COMM canvassing.

prospectus [prɔspɛktys] *nm* (advertising) leaflet.

prospérer [prɔspere] *vi* to prosper, to thrive; [plante, insecte] to thrive.

prospérité [prɔsperite] *nf* -**1.** [richesse] prosperity. -**2.** [bien-être] well-being.

prostate [prɔstat] *nf* prostate (gland).

prosterner [prɔstɛrne]
◆ **se prosterner** *vp* to bow down; **se ~ devant** to bow down before; *fig* to kowtow to.

prostituée [prɔstitɥe] *nf* prostitute.

prostituer [prɔstitɥe]
◆ **se prostituer** *vp* to prostitute o.s.

prostitution [prɔstitysjɔ̃] *nf* prostitution.

prostré, -e [prɔstre] *adj* prostrate.

protagoniste [prɔtagɔnist] *nmf* protagonist, hero (*f* heroine).

protecteur, -trice [prɔtɛktœr, tris] ◇ *adj* protective. ◇ *nm, f* -**1.** [défenseur] protector. -**2.** [des arts] patron. -**3.** [souteneur] pimp.

protection [prɔtɛksjɔ̃] *nf* -**1.** [défense] protection; **prendre qqn sous sa ~** to take sb under one's wing. -**2.** [des arts] patronage.

protectionnisme [prɔtɛksjɔnism] *nm* protectionism.

protégé, -e [prɔteʒe] ◇ *adj* protected. ◇ *nm, f* protégé.

protège-cahier [prɔtɛʒkaje] (*pl* **protège-cahiers**) *nm* exercise book cover.

protéger [prɔteʒe] *vt* [gén] to protect.

protéine [prɔtein] *nf* protein.

protestant, -e [prɔtɛstɑ̃, ɑ̃t] *adj & nm, f* Protestant.

protestation [prɔtɛstasjɔ̃] *nf* [contestation] protest.

protester [prɔtɛste] *vi* to protest; **~ contre qqch** to protest against sthg, to protest sthg *Am*.

prothèse [prɔtɛz] *nf* prosthesis; **~ dentaire** dentures (*pl*), false teeth (*pl*).

protide [prɔtid] *nm* protein.

protocolaire [prɔtɔkɔlɛr] *adj* [question] of protocol.

protocole [prɔtɔkɔl] *nm* protocol.

proton [prɔtɔ̃] *nm* proton.

prototype [prɔtɔtip] *nm* prototype.

protubérance [prɔtyberɑ̃s] *nf* bulge, protuberance.

proue [pru] *nf* bows (*pl*), prow.

prouesse [prues] *nf* feat.

prouver [pruve] *vt* -**1.** [établir] to prove. -**2.** [montrer] to demonstrate, to show.

provenance [prɔvnɑ̃s] *nf* origin; **en ~ de** from.

provenir [prɔvnir] *vi*: **~ de** to come from; *fig* to be due to, to be caused by.

proverbe [prɔvɛrb] *nm* proverb.

proverbial, -e, -iaux [prɔvɛrbjal, jo] *adj* proverbial.

providence [prɔvidɑ̃s] *nf* providence; *fig* guardian angel.

providentiel, -ielle [prɔvidɑ̃sjɛl] *adj* providential.

province [prɔvɛ̃s] *nf* -**1.** [gén] province. -**2.** [campagne] provinces (*pl*).

provincial, -e, -iaux [prɔvɛ̃sjal, jo] *adj & nm, f* provincial.

proviseur [prɔvizœr] *nm* ≃ head *Br*,

headteacher *Br*, ≃ headmaster (*f* headmistress) *Br*, ≃ principal *Am*.

provision [prɔvizjɔ̃] *nf* **-1.** [réserve] stock, supply. **-2.** FIN retainer; → **chè-que.**

◆ **provisions** *nfpl* provisions.

provisoire [prɔvizwar] ◇ *adj* temporary; JUR provisional. ◇ *nm*: **ce n'est que du ~** it's only a temporary arrangement.

provocant, -e [prɔvɔkɑ̃, ɑ̃t] *adj* provocative.

provocation [prɔvɔkasjɔ̃] *nf* provocation.

provoquer [prɔvɔke] *vt* **-1.** [entraîner] to cause. **-2.** [personne] to provoke.

proxénète [prɔksenɛt] *nm* pimp.

proximité [prɔksimite] *nf* [de lieu] proximity, nearness; à ~ **de** near.

prude [pryd] *adj* prudish.

prudence [prydɑ̃s] *nf* care, caution.

prudent, -e [prydɑ̃, ɑ̃t] *adj* careful, cautious.

prune [pryn] *nf* plum.

pruneau, -x [pryno] *nm* [fruit] prune.

prunelle [prynɛl] *nf* ANAT pupil.

prunier [prynje] *nm* plum tree.

PS[1] (*abr de* **Parti socialiste**) *nm* French socialist party.

PS[2]**, P-S** (*abr de* **post-scriptum**) *nm* PS.

psalmodier [psalmɔdje] ◇ *vt* to chant; *fig* & *péj* to drone. ◇ *vi* to drone.

psaume [psom] *nm* psalm.

pseudonyme [psødɔnim] *nm* pseudonym.

psy [psi] *fam nmf* (*abr de* **psychiatre**) psychiatrist, shrink *fam*.

psychanalyse [psikanaliz] *nf* psychoanalysis.

psychanalyste [psikanalist] *nmf* psychoanalyst, analyst.

psychédélique [psikedelik] *adj* psychedelic.

psychiatre [psikjatr] *nmf* psychiatrist.

psychiatrie [psikjatri] *nf* psychiatry.

psychique [psiʃik] *adj* psychic; [maladie] psychosomatic.

psychologie [psikɔlɔʒi] *nf* psychology.

psychologique [psikɔlɔʒik] *adj* psychological.

psychologue [psikɔlɔg] ◇ *nmf* psychologist. ◇ *adj* psychological.

psychose [psikoz] *nf* **-1.** MÉD psychosis. **-2.** [crainte] obsessive fear.

psychosomatique [psikɔsɔmatik] *adj* psychosomatic.

psychothérapie [psikɔterapi] *nf* psychotherapy.

Pte -1. *abr de* **porte. -2.** *abr de* **pointe.**

PTT (*abr de* **Postes, télécommunications et télédiffusion**) *nfpl former French post office and telecommunications network.*

pu [py] *pp* → **pouvoir.**

puant, -e [pyɑ̃, ɑ̃t] *adj* **-1.** [fétide] smelly, stinking. **-2.** *fam fig* [personne] bumptious, full of oneself.

puanteur [pyɑ̃tœr] *nf* stink, stench.

pub[1] [pyb] *nf fam* ad, advert *Br*; [métier] advertising.

pub[2] [pœb] *nm* pub.

pubère [pybɛr] *adj* pubescent.

puberté [pybɛrte] *nf* puberty.

pubis [pybis] *nm* [zone] pubis.

public, -ique [pyblik] *adj* public.

◆ **public** *nm* **-1.** [auditoire] audience; **en ~** in public. **-2.** [population] public.

publication [pyblikasjɔ̃] *nf* publication.

publicitaire [pyblisitɛr] *adj* [campagne] advertising (*avant n*); [vente, film] promotional.

publicité [pyblisite] *nf* **-1.** [domaine] advertising; ~ **comparative** comparative advertising; ~ **mensongère** misleading advertising, deceptive advertising. **-2.** [réclame] advertisement, advert. **-3.** [autour d'une affaire] publicity (*U*).

publier [pyblije] *vt* [livre] to publish; [communiqué] to issue, to release.

publireportage [pyblirəpɔrtaʒ] *nm* free write-up *Br*, reading notice *Am*.

puce [pys] *nf* **-1.** [insecte] flea. **-2.** INFORM (silicon) chip. **-3.** *fig* [terme affectueux] pet, love.

puceau, -elle, -x [pyso, ɛl, o] *nm, f & adj fam* virgin.

pudeur [pydœr] *nf* **-1.** [physique] modesty, decency. **-2.** [morale] restraint.

pudibond, -e [pydibɔ̃, ɔ̃d] *adj* prudish, prim and proper.

pudique [pydik] *adj* **-1.** [physiquement] modest, decent. **-2.** [moralement] restrained.

puer [pɥe] ◇ *vi* to stink; **ça pue ici!** it stinks in here! ◇ *vt* to reek of, to stink of.

puéricultrice [pɥerikyltris] *nf* nursery nurse.

puériculture [pɥerikyltyr] *nf* childcare.

puéril, -e [pɥeril] *adj* childish.

Puerto Rico = Porto Rico.

pugilat [pyʒila] *nm* fight.

puis [pɥi] *adv* then; **et ~** [d'ailleurs] and moreover OU besides.

puiser [pɥize] *vt* [liquide] to draw; **~ qqch dans qqch** *fig* to draw OU take sthg from sthg.

puisque [pɥiskə] *conj* [gén] since.

puissance [pɥisɑ̃s] *nf* power.

♦ **en puissance** *loc adj* potential.

puissant, -e [pɥisɑ̃, ɑ̃t] *adj* powerful.

♦ **puissant** *nm*: **les ~s** the powerful.

puisse, puisses *etc* → **pouvoir**.

puits [pɥi] *nm* **-1.** [d'eau] well. **-2.** [de gisement] shaft; **~ de pétrole** oil well.

pull [pyl], **pull-over** [pylɔvɛr] (*pl* pull-overs) *nm* jumper *Br*, sweater.

pulluler [pylyle] *vi* to swarm.

pulmonaire [pylmɔnɛr] *adj* lung (*avant n*), pulmonary.

pulpe [pylp] *nf* pulp.

pulsation [pylsasjɔ̃] *nf* beat, beating (*U*).

pulsion [pylsjɔ̃] *nf* impulse.

pulvérisation [pylverizasjɔ̃] *nf* **-1.** [d'insecticide] spraying. **-2.** MÉD spray; [traitement] spraying.

pulvériser [pylverize] *vt* **-1.** [projeter] to spray. **-2.** [détruire] to pulverize; *fig* to smash.

puma [pyma] *nm* puma.

punaise [pynɛz] *nf* **-1.** [insecte] bug. **-2.** [clou] drawing pin *Br*, thumbtack *Am*.

punch [pɔ̃ʃ] *nm* punch.

puni, -e [pyni] *adj* punished.

punir [pynir] *vt*: **~ qqn (de)** to punish sb (with).

punition [pynisjɔ̃] *nf* punishment.

pupille [pypij] ◇ *nf* ANAT pupil. ◇ *nmf* [orphelin] ward; **~ de l'État** ≃ child in care; **~ de la Nation** war orphan (*in care*).

pupitre [pypitr] *nm* **-1.** [d'orateur] lectern; MUS stand. **-2.** TECHNOL console. **-3.** [d'écolier] desk.

pur, -e [pyr] *adj* **-1.** [gén] pure. **-2.** *fig* [absolu] pure, sheer; **~ et simple** pure and simple. **-3.** *fig & littéraire* [intention] honourable. **-4.** [lignes] pure, clean.

purée [pyre] *nf* purée; **~ de pommes de terre** mashed potatoes.

purement [pyrmɑ̃] *adv* purely; **~ et simplement** purely and simply.

pureté [pyrte] *nf* **-1.** [gén] purity. **-2.** [de sculpture, de diamant] perfection. **-3.** [d'intention] honourableness.

purgatoire [pyrgatwar] *nm* purgatory.

purge [pyrʒ] *nf* **-1.** MÉD & POLIT purge. **-2.** [de radiateur] bleeding.

purger [pyrʒe] *vt* **-1.** MÉD & POLIT to purge. **-2.** [radiateur] to bleed. **-3.** [peine] to serve.

purifier [pyrifje] *vt* to purify.

purin [pyrɛ̃] *nm* slurry.

puritain, -e [pyritɛ̃, ɛn] ◇ *adj* [pudibond] puritanical. ◇ *nm, f* **-1.** [prude] puritan. **-2.** RELIG Puritan.

puritanisme [pyritanism] *nm* puritanism; RELIG Puritanism.

pur-sang [pyrsɑ̃] *nm inv* thoroughbred.

purulent, -e [pyrylɑ̃, ɑ̃t] *adj* purulent.

pus [py] *nm* pus.

pusillanime [pyzilanim] *adj* pusillanimous.

putain [pytɛ̃] *nf vulg* **-1.** *péj* [prostituée] whore. **-2.** *fig* [pour exprimer le mécontentement]: **(ce) ~ de ...** this/that sodding ... *Br*, this/that goddam ... *Am*.

putréfier [pytrefje]
◆ **se putréfier** *vp* to putrefy, to rot.

putsch [putʃ] *nm* uprising, coup.

puzzle [pœzl] *nm* jigsaw (puzzle).

P-V *nm abr de* **procès-verbal**.

pyjama [piʒama] *nm* pyjamas (*pl*).

pylône [pilon] *nm* pylon.

pyramide [piramid] *nf* pyramid.

Pyrénées [pirene] *nfpl*: **les ~** the Pyrenees.

Pyrex® [pirɛks] *nm* Pyrex®.

pyromane [pirɔman] *nmf* arsonist; *MÉD* pyromaniac.

python [pitɔ̃] *nm* python.

q, Q [ky] *nm inv* [lettre] q, Q.

QCM (*abr de* **questionnaire à choix multiple**) *nm* multiple choice questionnaire.

QG (*abr de* **quartier général**) *nm* HQ.

QI (*abr de* **quotient intellectuel**) *nm* IQ.

qqch (*abr de* **quelque chose**) sthg.

qqn (*abr de* **quelqu'un**) s.o., sb.

quadragénaire [kwadraʒenɛr] *nmf* forty year old.

quadrichromie [kwadrikrɔmi] *nf* four-colour printing.

quadrilatère [kwadrilatɛr] *nm* quadrilateral.

quadrillage [kadrijaʒ] *nm* **-1.** [de papier, de tissu] criss-cross pattern. **-2.** [policier] combing.

quadriller [kadrije] *vt* **-1.** [papier] to mark with squares. **-2.** [ville - suj: rues] to criss-cross; [- suj: police] to comb.

quadrimoteur [kwadrimɔtœr] *nm* four-engined plane.

quadrupède [k(w)adrypɛd] *nm & adj* quadruped.

quadruplés, -ées [k(w)adryple] *nm, f pl* quadruplets, quads.

quai [kɛ] *nm* **-1.** [de gare] platform. **-2.** [de port] quay, wharf. **-3.** [de rivière] embankment.

qualificatif, -ive [kalifikatif, iv] *adj* qualifying.
◆ **qualificatif** *nm* term.

qualification [kalifikasjɔ̃] *nf* [gén] qualification.

qualifier [kalifje] *vt* **-1.** [gén] to qualify; **être qualifié pour qqch/pour faire qqch** to be qualified for sthg/to do sthg. **-2.** [caractériser]: **qqn/qqch de qqch** to describe sb/sthg as sthg, to call sb/sthg sthg.
◆ **se qualifier** *vp* to qualify.

qualitatif, -ive [kalitatif, iv] *adj* qualitative.

qualité [kalite] *nf* **-1.** [gén] quality; **de bonne/mauvaise ~** of good/poor quality. **-2.** [condition] position, capacity.

quand [kɑ̃] ◇ *conj* [lorsque, alors que] when; **~ tu le verras, demande-lui de me téléphoner** when you see him, ask him to phone me; **pourquoi rester ici ~ on pourrait partir en week-end?** why stay here when we could go away for the weekend? ◇ *adv interr* when; **~ arriveras-tu?** when will you arrive?; **jusqu'à ~ restez-vous?** how long are you staying for?
◆ **quand même** ◇ *loc adv* all the same; **je pense qu'il ne viendra pas, mais je l'inviterai ~ même** I don't think he'll come but I'll invite him

all the same; **tu pourrais faire attention ~ même!** you might at least be careful! ◇ *interj*: **~ même, à son âge!** really, at his/her age!

◆ **quand bien même** *loc conj sout* even though, even if.

quant [kɑ̃]
◆ **quant à** *loc prép* as for.

quantifier [kɑ̃tifje] *vt* to quantify.

quantitatif, -ive [kɑ̃titatif, iv] *adj* quantitative.

quantité [kɑ̃tite] *nf* **-1.** [mesure] quantity, amount. **-2.** [abondance]: **(une) ~ de** a great many, a lot of; **en ~** in large numbers; **des exemplaires en ~** a large number of copies.

quarantaine [karɑ̃tɛn] *nf* **-1.** [nombre]: **une ~ de** about forty. **-2.** [âge]: **avoir la ~** to be in one's forties. **-3.** [isolement] quarantine.

quarante [karɑ̃t] *adj num & nm* forty; *voir aussi* **six.**

quarantième [karɑ̃tjɛm] *adj num & nmf* fortieth; *voir aussi* **sixième.**

quart [kar] *nm* **-1.** [fraction] quarter; **deux heures moins le ~** (a) quarter to two, (a) quarter of two *Am*; **deux heures et ~** (a) quarter past two, (a) quarter after two *Am*; **il est moins le ~** it's (a) quarter to; **un ~ de** quarter of; **un ~ d'heure** a quarter of an hour. **-2.** NAVIG watch. **-3. ~ de finale** quarter final.

quartier [kartje] *nm* **-1.** [de ville] area, district. **-2.** [de fruit] piece; [de viande] quarter. **-3.** [héraldique, de lune] quarter. **-4.** (*gén pl*) MIL quarters (*pl*); **général** headquarters (*pl*).

quartz [kwarts] *nm* quartz; **montre à ~** quartz watch.

quasi [kazi] *adv* almost, nearly.

quasi- [kazi] *préfixe* near; **~collision** near collision.

quasiment [kazimɑ̃] *adv fam* almost, nearly.

quatorze [katɔrz] *adj num & nm* fourteen; *voir aussi* **six.**

quatorzième [katɔrzjɛm] *adj num, nm & nmf* fourteenth; *voir aussi* **sixième.**

quatrain [katrɛ̃] *nm* quatrain.

quatre [katr] ◇ *adj num* four; **monter l'escalier ~ à ~** to take the stairs four at a time; **se mettre en ~ pour qqn** to bend over backwards for sb. ◇ *nm* four; *voir aussi* **six.**

quatre-vingt = **quatre-vingts.**

quatre-vingt-dix [katrəvɛ̃dis] *adj num & nm* ninety; *voir aussi* **six.**

quatre-vingt-dixième [katrəvɛ̃dizjɛm] *adj num, nm & nmf* ninetieth; *voir aussi* **sixième.**

quatre-vingtième [katrəvɛ̃tjɛm] *adj num, nm & nmf* eightieth; *voir aussi* **sixième.**

quatre-vingts, quatre-vingt [katrəvɛ̃] *adj num & nm* eighty; *voir aussi* **six.**

quatrième [katrijɛm] ◇ *adj num, nm & nmf* fourth; *voir aussi* **sixième.** ◇ *nf* SCOL ≃ third year *Br*.

quatuor [kwatɥɔr] *nm* quartet.

que [k(ə)] ◇ *conj* **-1.** [introduit une subordonnée] that; **il a dit qu'il viendrait** he said (that) he'd come; **il veut ~ tu viennes** he wants you to come. **-2.** [introduit une hypothèse] whether; **~ vous le vouliez ou non** whether you like it or not. **-3.** [reprend une autre conjonction]: **s'il fait beau et ~ nous avons le temps ... if** the weather is good and we have time .... **-4.** [indique un ordre, un souhait]: **qu'il entre!** let him come in!; **~ tout le monde sorte!** everybody out! **-5.** [après un présentatif]: **voilà/voici ~ ça recommence!** here we go again! **-6.** [comparatif - après **moins, plus**] than; [- après **autant, aussi, même**] as; **plus jeune ~ moi** younger than I (am) OU than me; **elle a la même robe ~ moi** she has the same dress as I do OU as me. **-7.** [seulement]: **ne ... ~** only; **je n'ai qu'une sœur** I've only got one sister. ◇ *pron rel* [chose, animal] which, that; [personne] whom, that; **la femme ~ j'aime** the woman (whom OU that) I love; **le livre qu'il**

m'a prêté the book (which OU that) he lent me. ◇ *pron interr* what; ~ **savez-vous au juste?** what exactly do you know?; ~ **faire?** what can I/we/one do?; **je me demande ~ faire** I wonder what I should do. ◇ *adv excl:* **qu'elle est belle!** how beautiful she is!; ~ **de monde!** what a lot of people!

♦ **c'est que** *loc conj* it's because; **si je vais me coucher, c'est ~ j'ai sommeil** if I'm going to bed, it's because I'm tired.

♦ **qu'est-ce que** *pron interr* what; **qu'est-ce ~ tu veux encore?** what else do you want?

♦ **qu'est-ce qui** *pron interr* what; **qu'est-ce qui se passe?** what's going on?

Québec [kebεk] *nm* [province]: **le ~** Quebec.

québécois, -e [kebekwa, az] *adj* Quebec (*avant n*).

♦ **québécois** *nm* [langue] Quebec French.

♦ **Québécois, -e** *nm, f* Quebecker, Québécois.

quel [kεl] (*f* **quelle**, *mpl* **quels**, *fpl* **quelles**) ◇ *adj interr* [personne] who; [chose] what, which; ~ **homme?** which man?; ~ **livre voulez-vous?** what OU which book do you want?; **de ~ côté es-tu?** what OU which side are you on?; **je ne sais ~s sont ses projets** I don't know what his plans are; **quelle heure est-il?** what time is it?, what's the time? ◇ *adj excl:* ~ **idiot!** what an idiot!; **quelle honte!** the shame of it! ◇ *adj indéf:* ~ **que** (+ *subjonctif*) [chose, animal] whatever; [personne] whoever; **il se baigne, ~ que soit le temps** he goes swimming whatever the weather; **il refuse de voir les nouveaux arrivants, ~s qu'ils soient** he refuses to see new arrivals, whoever they may be. ◇ *pron interr* which (one); **de vous trois, ~ est le plus jeune?** which (one) of you three is the youngest?

quelconque [kεlkɔ̃k] *adj* **-1.** [n'importe lequel] any; **donner un prétexte ~** to give any old excuse; **si pour une raison ~ ...** if for any reason ...; **une ~ observation** some remark or other. **-2.** (*après n*) *péj* [banal] ordinary, mediocre.

quelque [kεlk(ə)] ◇ *adj indéf* some; **à ~ distance de là** some way away (from there); **j'ai ~s lettres à écrire** I have some OU a few letters to write; **vous n'avez pas ~s livres à me montrer?** don't you have any books to show me?; **les ~s fois où j'étais absent** the few times I wasn't there; **les ~s 200 francs qu'il m'a prêtés** the 200 francs or so (that) he lent me; ~ **route que je prenne** whatever route I take; ~ **peu** somewhat, rather. ◇ *adv* [environ] about; **200 francs et ~** some OU about 200 francs; **il est midi et ~** *fam* it's just after midday.

quelque chose [kεlkəʃoz] *pron indéf* something; ~ **de différent** something different; ~ **d'autre** something else; **tu veux boire ~?** do you want something OU anything to drink?; **apporter un petit ~ à qqn** to give sb a little something; **c'est ~!** [ton admiratif] it's really something!; **cela m'a fait ~** I really felt it.

quelquefois [kεlkəfwa] *adv* sometimes, occasionally.

quelque part [kεlkəpar] *adv* somewhere; **l'as-tu vu ~?** did you see him anywhere?, have you seen him anywhere?

quelques-uns, quelques-unes [kεlkəzœ̃, yn] *pron indéf* some, a few.

quelqu'un [kεlkœ̃] *pron indéf m* someone, somebody; **c'est ~ d'ouvert/d'intelligent** he's/she's a frank/an intelligent person.

quémander [kemɑ̃de] *vt* to beg for; ~ **qqch à qqn** to beg sb for sthg.

qu'en-dira-t-on [kɑ̃diratɔ̃] *nm inv fam* tittle-tattle.

quenelle [kənɛl] *nf very finely chopped mixture of fish or chicken cooked in stock.*

querelle [kərɛl] *nf* quarrel.

quereller [kərele]

◆ **se quereller** *vp*: se ~ (avec) to quarrel (with).

querelleur, -euse [kərɛlœr, øz] *adj* quarrelsome.

qu'est-ce que [kɛskə] → **que.**

qu'est-ce qui [kɛski] → **que.**

question [kɛstjɔ̃] *nf* question; poser une ~ à qqn to ask sb a question; il est ~ de faire qqch it's a question OU matter of doing sthg; il n'en est pas ~ there is no question of it; remettre qqn/qqch en ~ to question sb/sthg, to challenge sb/sthg; ~ subsidiaire tiebreaker.

questionnaire [kɛstjɔnɛr] *nm* questionnaire.

questionner [kɛstjɔne] *vt* to question.

quête [kɛt] *nf* **-1.** *sout* [d'objet, de personne] quest; se mettre en ~ de to go in search of. **-2.** [d'aumône]: faire la ~ to take a collection.

quêter [kete] ◇ *vi* to collect. ◇ *vt fig* to seek, to look for.

queue [kø] *nf* **-1.** [d'animal] tail; faire une ~ de poisson à qqn *fig & AUTOM* to cut sb up. **-2.** [de fruit] stalk. **-3.** [de poêle] handle. **-4.** [de liste, de classe] bottom; [de file, peloton] rear. **-5.** [file] queue *Br*, line *Am*; faire la ~ to queue *Br*, to stand in line *Am*; à la ~ leu leu in single file.

queue-de-cheval [kødʃəval] (*pl* queues-de-cheval) *nf* ponytail.

queue-de-pie [kødpi] (*pl* queues-de-pie) *nf fam* tails (*pl*).

qui [ki] ◇ *pron rel* **-1.** (*sujet*) [personne] who; [chose] which, that; l'homme ~ parle the man who's talking; je l'ai vu ~ passait I saw him pass; le chien ~ aboie the barking dog, the dog which OU that is barking; ~ plus est (and) what's more; ~ mieux est even better, better still. **-2.** (*complément d'objet direct*) who; tu vois ~ je veux dire you see

who I mean; **invite** ~ **tu veux** invite whoever ou anyone you like. **-3.** (*après une préposition*) who, whom; **la personne à** ~ **je parle** the person I'm talking to, the person to whom I'm talking. **-4.** (*indéfini*): ~ **que tu sois** whoever you are; ~ **que ce soit** whoever it may be. ◇ *pron interr* **-1.** (*sujet*) who; ~ **es-tu?** who are you?; **je voudrais savoir** ~ **est là** I would like to know who's there. **-2.** (*complément d'objet, après préposition*) who, whom; ~ **demandez-vous?** who do you want to see?; **dites-moi** ~ **vous demandez** tell me who you want to see; **à** ~ **vas-tu le donner?** who are you going to give it to?, to whom are you going to give it?

◆ **qui est-ce qui** *pron interr* who.

◆ **qui est-ce que** *pron interr* who, whom.

quiche [kiʃ] *nf* quiche.

quiconque [kikɔ̃k] ◇ *pron indéf* anyone, anybody. ◇ *pron rel indéf sout* anyone who, whoever.

quidam [kidam] *nm fam* chap *Br*, guy *Am*.

quiétude [kjetyd] *nf* tranquillity.

quignon [kiɲɔ̃] *nm fam* hunk.

quille [kij] *nf* [de bateau] keel.

◆ **quilles** *nfpl* [jeu]: **(jeu de)** ~**s** skittles (*U*).

quincaillerie [kɛ̃kajri] *nf* **-1.** [magasin] ironmonger's (shop) *Br*, hardware shop. **-2.** *fam fig* [bijoux] jewellery.

quinconce [kɛ̃kɔ̃s] *nm*: **en** ~ in a staggered arrangement.

quinine [kinin] *nf* quinine.

quinquagénaire [kɛ̃kaʒenɛr] *nmf* fifty year old.

quinquennal, -e, -aux [kɛ̃kenal, o] *adj* [plan] five-year (*avant n*); [élection] five-yearly.

quintal, -aux [kɛ̃tal, o] *nm* quintal.

quinte [kɛ̃t] *nf MUS* fifth.

◆ **quinte de toux** *nf* coughing fit.

quintuple [kɛ̃typl] *nm & adj* quintuple.

quinzaine [kɛ̃zɛn] *nf* **-1.** [nombre] fifteen (or so); **une ~ de** about fifteen. **-2.** [deux semaines] fortnight *Br*, two weeks (*pl*).

quinze [kɛ̃z] ◇ *adj num* fifteen; **dans ~ jours** in a fortnight *Br*, in two weeks. ◇ *nm* [chiffre] fifteen; *voir aussi* **six**.

quinzième [kɛ̃zjɛm] *adj num, nm & nmf* fifteenth; *voir aussi* **sixième**.

quiproquo [kiprɔko] *nm* misunderstanding.

quittance [kitɑ̃s] *nf* receipt.

quitte [kit] *adj* quits; **en être ~ pour qqch/pour faire qqch** to get off with sthg/doing sthg; **~ à faire qqch** even if it means doing sthg.

quitter [kite] *vt* **-1.** [gén] to leave; **ne quittez pas!** [au téléphone] hold the line, please! **-2.** [fonctions] to give up. ◆ **se quitter** *vp* to part.

qui-vive [kiviv] *nm inv*: **être sur le ~** to be on the alert.

quoi [kwa] ◇ *pron rel* (*après prép*): **ce à ~ je me suis intéressé** what I was interested in; **c'est en ~ vous avez tort** that's where you're wrong; **après ~** after which; **avoir de ~ vivre** to have enough to live on; **avez-vous de ~ écrire?** have you got something to write with?; **merci — il n'y a pas de ~** thank you — don't mention it. ◇ *pron interr* what; **à ~ penses-tu?** what are you thinking about?; **je ne sais pas ~ dire** I don't know what to say; **à ~ bon?** what's the point of use?; **~ de neuf?** what's new?; **décide-toi, ~!** *fam* make your mind up, will you?; **tu viens ou ~?** *fam* are you coming or what?
◆ **quoi que** *loc conj* (+ *subjonctif*) whatever; **~ qu'il arrive** whatever happens; **~ qu'il dise** whatever he says; **~ qu'il en soit** be that as it may.

quoique [kwakə] *conj* although, though.

quolibet [kɔlibɛ] *nm sout* jeer, taunt.

quota [k(w)ɔta] *nm* quota.

quotidien, -ienne [kɔtidjɛ̃, jɛn] *adj* daily.
◆ **quotidien** *nm* **-1.** [routine] daily life; **au ~** on a day-to-day basis. **-2.** [journal] daily (newspaper).

quotient [kɔsjɑ̃] *nm* quotient; **~ intellectuel** intelligence quotient.

R

r¹, R [ɛr] *nm inv* [lettre] r, R.

r² *abr de* **rue**.

rabâcher [rabaʃe] ◇ *vi fam* to harp on. ◇ *vt* to go over (and over).

rabais [rabɛ] *nm* reduction, discount; **au ~** *péj* [artiste] third-rate; [travailler] for a pittance.

rabaisser [rabese] *vt* **-1.** [réduire] to reduce; [orgueil] to humble. **-2.** [personne] to belittle.
◆ **se rabaisser** *vp* **-1.** [se déprécier] to belittle o.s. **-2.** [s'humilier]: **se ~ à faire qqch** to demean o.s. by doing sthg.

rabat [raba] *nm* [partie rabattue] flap.

rabat-joie [rabaʒwa] ◇ *nm inv* killjoy. ◇ *adj inv*: **être ~** to be a killjoy.

rabattre [rabatr] *vt* **-1.** [col] to turn down. **-2.** [siège] to tilt back; [couvercle] to shut. **-3.** [gibier] to drive.
◆ **se rabattre** *vp* **-1.** [siège] to tilt back; [couvercle] to shut. **-2.** [voiture, coureur] to cut in. **-3.** [se contenter]: **se ~ sur** to fall back on.

rabattu, -e [rabaty] *pp* → **rabattre**.

rabbin [rabɛ̃] *nm* rabbi.

râble [rabl] *nm* [de lapin] back; CULIN saddle.

râblé, -e [rable] *adj* stocky.

rabot [rabo] *nm* plane.

raboter [rabɔte] *vt* to plane.

rabougri, -e [rabugri] *adj* **-1.** [plante]

stunted. **-2.** [personne] shrivelled, wizened.

rabrouer [rabrue] *vt* to snub.

raccommodage [rakɔmɔdaʒ] *nm* mending.

raccommoder [rakɔmɔde] *vt* **-1.** [vêtement] to mend. **-2.** *fam fig* [personnes] to reconcile, to get back together.

raccompagner [rakɔ̃paɲe] *vt* to see home, to take home.

raccord [rakɔr] *nm* **-1.** [liaison] join. **-2.** [pièce] connector, coupling. **-3.** CIN link.

raccordement [rakɔrdəmɑ̃] *nm* connection, linking.

raccorder [rakɔrde] *vt* : ~ **qqch (à)** to connect sthg (to), to join sthg (to).
◆ **se raccorder** *vp* : **se ~ à** to be connected to; *fig* [faits] to tie in with.

raccourci [rakursi] *nm* shortcut.

raccourcir [rakursir] ◇ *vt* to shorten. ◇ *vi* to grow shorter.

raccrocher [rakrɔʃe] ◇ *vt* to hang back up. ◇ *vi* [au téléphone] : ~ **(au nez de qqn)** to hang up (on sb), to put the phone down (on sb).
◆ **se raccrocher** *vp* : **se ~ à** to cling to, to hang on to.

race [ras] *nf* [humaine] race; [animale] breed; **de ~** pedigree; [cheval] thoroughbred.

racé, -e [rase] *adj* **-1.** [animal] purebred. **-2.** [voiture] of distinction.

rachat [raʃa] *nm* **-1.** [transaction] re-purchase. **-2.** *fig* [de péchés] atonement.

racheter [raʃte] *vt* **-1.** [acheter en plus - gén] to buy another; [- pain, lait] to buy some more. **-2.** [acheter d'occasion] to buy. **-3.** [acheter après avoir vendu] to buy back. **-4.** *fig* [péché, faute] to atone for; [défaut, lapsus] to make up for. **-5.** [prisonnier] to ransom. **-6.** [honneur] to redeem. **-7.** COMM [société] to buy out.
◆ **se racheter** *vp fig* to redeem o.s.

rachitique [raʃitik] *adj* suffering from rickets.

racial, -e, -iaux [rasjal, jo] *adj* racial.

racine [rasin] *nf* root; [de nez] base; ~ **carrée/cubique** MATHS square/cube root.

racisme [rasism] *nm* racism.

raciste [rasist] *nmf & adj* racist.

racketter [rakete] ◇ *vt* : ~ **qqn** to subject sb to a protection racket. ◇ *vi* to racketeer.

raclée [rakle] *nf* hiding, thrashing.

racler [rakle] *vt* to scrape.
◆ **se racler** *vp* : **se ~ la gorge** to clear one's throat.

racoler [rakɔle] *vt fam péj* [suj: commerçant] to tout for; [suj: prostituée] to solicit.

racoleur, -euse [rakɔlœr, øz] *adj fam péj* [air, sourire] come-hither; [publicité] strident.

racontar [rakɔ̃tar] *nm fam péj* piece of gossip.
◆ **racontars** *nmpl fam péj* tittle-tattle (U).

raconter [rakɔ̃te] *vt* **-1.** [histoire] to tell, to relate; [événement] to relate, to tell about; ~ **qqch à qqn** to tell sb sthg, to relate sthg to sb. **-2.** [ragot, mensonge] to tell; **qu'est-ce que tu racontes? what are you on about?**

radar [radar] *nm* radar.

rade [rad] *nf* **(natural) harbour.**

radeau, -x [rado] *nm* [embarcation] raft.

radiateur [radjatœr] *nm* radiator.

radiation [radjasjɔ̃] *nf* **-1.** PHYS radiation. **-2.** [de liste, du barreau] striking off.

radical, -e, -aux [radikal, o] *adj* radical.
◆ **radical** *nm* **-1.** [gén] radical. **-2.** LING stem.

radier [radje] *vt* to strike off.

radieux, -ieuse [radjø, jøz] *adj* radiant; [soleil] dazzling.

radin, -e [radɛ̃, in] *fam péj* ◇ *adj* stingy. ◇ *nm, f* skinflint.

radio [radjo] ◇ *nf* **-1.** [station, poste] radio; **à la ~** on the radio. **-2.** MÉD :

passer une ~ to have an X-ray, to be X-rayed. ◇ *nm* radio operator.

radioactif, -ive [radjɔaktif, iv] *adj* radioactive.

radioactivité [radjɔaktivite] *nf* radioactivity.

radiodiffuser [radjɔdifyze] *vt* to broadcast.

radiographie [radjɔgrafi] *nf* **-1.** [technique] radiography. **-2.** [image] X-ray.

radiologue [radjɔlɔg], **radiologiste** [radjɔlɔʒist] *nmf* radiologist.

radioréveil, radio-réveil [radjɔrevɛj] *nm* radio alarm, clock radio.

radiotélévisé, -e [radjɔtelevize] *adj* broadcast on both radio and television.

radis [radi] *nm* radish.

radium [radjɔm] *nm* radium.

radoter [radɔte] *vi* to ramble.

radoucir [radusir] *vt* to soften.

◆ **se radoucir** *vp* [temps] to become milder; [personne] to calm down.

radoucissement [radusismɑ̃] *nm* **-1.** [d'attitude] softening. **-2.** [de température] rise; **un** ~ **du temps** a spell of milder weather.

rafale [rafal] *nf* **-1.** [de vent] gust; **en ~s** in gusts OU bursts. **-2.** [de coups de feu, d'applaudissements] burst.

raffermir [rafermir] *vt* **-1.** [muscle] to firm up. **-2.** *fig* [pouvoir] to strengthen.

raffinage [rafinaʒ] *nm* refining.

raffiné, -e [rafine] *adj* refined.

raffinement [rafinmɑ̃] *nm* refinement.

raffiner [rafine] *vt* to refine.

raffinerie [rafinri] *nf* refinery.

raffoler [rafɔle] *vi:* ~ **de qqn/qqch** to adore sb/sthg.

raffut [rafy] *nm fam* row, racket.

rafistoler [rafistɔle] *vt fam* to patch up.

rafle [rafl] *nf* raid.

rafler [rafle] *vt* to swipe.

rafraîchir [rafreʃir] *vt* **-1.** [nourriture, vin] to chill, to cool; [air] to cool. **-2.** [vêtement, appartement] to smarten up;

[mémoire, idées] to refresh; [connaissances] to brush up.

◆ **se rafraîchir** *vp* **-1.** [se refroidir] to cool (down). **-2.** *fam* [personne] to have a drink.

rafraîchissant, -e [rafreʃisɑ̃, ɑ̃t] *adj* refreshing.

rafraîchissement [rafreʃismɑ̃] *nm* **-1.** [de climat] cooling. **-2.** [boisson] cold drink.

raft(ing) [raft(iŋ)] *nm* whitewater rafting.

ragaillardir [ragajardir] *vt fam* to buck up, to perk up.

rage [raʒ] *nf* **-1.** [fureur] rage; **faire** ~ [tempête] to rage. **-2.** [maladie] rabies (U).

◆ **rage de dents** *nf* (raging) toothache.

rager [raʒe] *vi fam* to fume.

rageur, -euse [raʒœr, øz] *adj* bad-tempered.

raglan [raglɑ̃] *adj inv* raglan (*avant n*).

ragot [rago] *nm* (*gén pl*) *fam* (malicious) rumour, tittle-tattle (U).

ragoût [ragu] *nm* stew.

rai [rɛ] *nm littéraire* [de soleil] ray.

raid [rɛd] *nm* AÉRON, BOURSE & MIL raid; ~ **aérien** air raid.

raide [rɛd] ◇ *adj* **-1.** [cheveux] straight. **-2.** [tendu - corde] taut; [- membre] stiff. **-3.** [pente] steep. **-4.** [personne - attitude physique] stiff, starchy; [- caractère] inflexible. **-5.** *fam* [histoire] hard to swallow, far-fetched. **-6.** *fam* [chanson] rude, blue. **-7.** *fam* [sans le sou] broke. ◇ *adv* **-1.** [abruptement] steeply. **-2.** *loc:* **tomber** ~ **mort** to fall down dead.

raideur [rɛdœr] *nf* **-1.** [de membre] stiffness. **-2.** [de personne - attitude physique] stiffness, starchiness; [- caractère] inflexibility.

raidir [rɛdir] *vt* [muscle] to tense; [corde] to tighten, to tauten.

◆ **se raidir** *vp* **-1.** [se contracter] to grow stiff, to stiffen. **-2.** *fig* [résister]: **se** ~ **contre** to steel o.s. against.

raie [rɛ] nf **-1.** [rayure] stripe. **-2.** [dans les cheveux] parting Br, part Am. **-3.** [des fesses] crack. **-4.** [poisson] skate.

rail [raj] nm rail.

raillerie [rajri] nf sout mockery (U).

railleur, -euse [rajœr, øz] sout ◇ adj mocking. ◇ nm, f scoffer.

rainure [rɛnyr] nf [longue] groove, channel; [courte] slot.

raisin [rɛzɛ̃] nm [fruit] grape.

raison [rɛzɔ̃] nf **-1.** [gén] reason; à plus forte ∼ all the more (so); se faire une ∼ to resign o.s.; ∼ de plus pour faire qqch all the more reason to do sthg. **-2.** [justesse, équité]: avoir ∼ to be right; avoir ∼ de faire qqch to be right to do sthg; donner ∼ à qqn to prove sb right.

◆ **à raison de** loc prép at (the rate of).

◆ **en raison de** loc prép owing to, because of.

raisonnable [rɛzɔnabl] adj reasonable.

raisonnement [rɛzɔnmɑ̃] nm **-1.** [faculté] reason, power of reasoning. **-2.** [argumentation] reasoning, argument.

raisonner [rɛzɔne] ◇ vt [personne] to reason with. ◇ vi **-1.** [penser] to reason. **-2.** [discuter]: ∼ avec to reason with.

rajeunir [raʒœnir] ◇ vt **-1.** [suj: couleur, vêtement]: ∼ qqn to make sb look younger. **-2.** [suj: personne]: ∼ qqn de trois ans to take three years off sb's age. **-3.** [vêtement, canapé] to renovate, to do up; [meubles] to modernize. **-4.** fig [parti] to rejuvenate. ◇ vi [personne] to look younger; [se sentir plus jeune] to feel younger OU rejuvenated.

rajouter [raʒute] vt to add; **en ∼** fam to exaggerate.

rajuster [raʒyste], **réajuster** [reaʒyste] vt to adjust; [cravate] to straighten.

◆ **se rajuster** vp to straighten one's clothes.

râle [ral] nm moan; [de mort] death rattle.

ralenti, -e [ralɑ̃ti] adj slow.

◆ **ralenti** nm **-1.** AUTOM idling speed; **tourner au ∼** AUTOM & fig to tick over Br. **-2.** CIN slow motion.

ralentir [ralɑ̃tir] ◇ vt **-1.** [allure, expansion] to slow (down). **-2.** [rythme] to slacken. ◇ vi to slow down OU up.

ralentissement [ralɑ̃tismɑ̃] nm **-1.** [d'allure, d'expansion] slowing (down). **-2.** [de rythme] slackening. **-3.** [embouteillage] hold-up. **-4.** PHYS deceleration.

râler [rale] vi **-1.** [malade] to breathe with difficulty. **-2.** fam [grogner] to moan.

ralliement [ralimɑ̃] nm rallying.

rallier [ralje] vt **-1.** [poste, parti] to join. **-2.** [suffrages] to win. **-3.** [troupes] to rally.

◆ **se rallier** vp to rally; **se ∼ à** [parti] to join; [cause] to rally to; ∼ [avis] to come round to.

rallonge [ralɔ̃ʒ] nf **-1.** [de table] leaf, extension. **-2.** [électrique] extension (lead).

rallonger [ralɔ̃ʒe] ◇ vt to lengthen. ◇ vi to lengthen, to get longer.

rallumer [ralyme] vt **-1.** [feu, cigarette] to relight; fig [querelle] to revive. **-2.** [appareil, lumière électrique] to switch (back) on again.

rallye [rali] nm rally.

ramadan [ramadɑ̃] nm Ramadan.

ramassage [ramasaʒ] nm collection; ∼ **scolaire** [action] pick-up (of school children); [service] school bus.

ramasser [ramase] vt **-1.** [récolter, réunir] to gather, to collect; [forces] to gather. **-2.** [prendre] to pick up. **-3.** fam [claque, rhume] to get.

◆ **se ramasser** vp **-1.** [se replier] to crouch. **-2.** fam [tomber, échouer] to come a cropper.

rambarde [rɑ̃bard] nf (guard) rail.

rame [ram] nf **-1.** [aviron] oar. **-2.** RAIL train. **-3.** [de papier] ream.

rameau, -x [ramo] nm branch.

ramener [ramne] *vt* **-1.** [remmener] to take back. **-2.** [rapporter, restaurer] to bring back. **-3.** [réduire]: ~ **qqch à qqch** to reduce sthg to sthg, to bring sthg down to sthg.

ramer [rame] *vi* **-1.** [rameur] to row. **-2.** *fam fig* [peiner] to slog.

rameur, -euse [ramœr, øz] *nm, f* rower.

ramification [ramifikasjɔ̃] *nf* [division] branch.

ramolli, -e [ramɔli] *adj* soft; *fig* soft (in the head).

ramollir [ramɔlir] *vt* **-1.** [beurre] to soften. **-2.** *fam fig* [ardeurs] to cool.

◆ **se ramollir** *vp* **-1.** [beurre] to go soft, to soften. **-2.** *fam fig* [courage] to weaken.

ramoner [ramɔne] *vt* to sweep.

ramoneur [ramɔnœr] *nm* (chimney) sweep.

rampant, -e [rɑ̃pɑ̃, ɑ̃t] *adj* **-1.** [animal] crawling. **-2.** [plante] creeping.

rampe [rɑ̃p] *nf* **-1.** [d'escalier] banister, handrail. **-2.** [d'accès] ramp; ~ **de lancement** launch pad. **-3.** THÉÂTRE: **la** ~ the footlights (*pl*).

ramper [rɑ̃pe] *vi* **-1.** [animal, soldat, enfant] to crawl. **-2.** [plante] to creep.

rance [rɑ̃s] *adj* [beurre] rancid.

rancir [rɑ̃sir] *vi* to go rancid.

rancœur [rɑ̃kœr] *nf* rancour, resentment.

rançon [rɑ̃sɔ̃] *nf* ransom; *fig* price.

rancune [rɑ̃kyn] *nf* rancour, spite; **garder** ~ **à qqn de qqch** to hold a grudge against sb for sthg; **sans** ~! no hard feelings!

rancunier, -ière [rɑ̃kynje, jɛr] *adj* vindictive, spiteful.

randonnée [rɑ̃dɔne] *nf* **-1.** [à pied] walk. **-2.** [à bicyclette] ride; [en voiture] drive.

randonneur, -euse [rɑ̃dɔnœr, øz] *nm, f* walker, rambler.

rang [rɑ̃] *nm* **-1.** [d'objets, de personnes] row; **se mettre en** ~ **par deux** to line up in twos. **-2.** MIL rank. **-3.** [po-sition sociale] station. **-4.** *Can* [peuplement rural] **rural district. -5.** *Can* [chemin] country road.

rangé, -e [rɑ̃ʒe] *adj* [sérieux] well-ordered, well-behaved.

rangée [rɑ̃ʒe] *nf* row.

rangement [rɑ̃ʒmɑ̃] *nm* tidying up.

ranger [rɑ̃ʒe] *vt* **-1.** [chambre] to tidy. **-2.** [objets] to arrange. **-3.** [voiture] to park. **-4.** *fig* [livre, auteur]: ~ **parmi** to rank among.

◆ **se ranger** *vp* **-1.** [élèves, soldats] to line up. **-2.** [voiture] to pull in. **-3.** [piéton] to step aside. **-4.** [s'assagir] to settle down. **-5.** *fig* [se rallier]: **se** ~ **à** to go along with.

ranimer [ranime] *vt* **-1.** [personne] to revive, to bring round. **-2.** [feu] to re-kindle. **-3.** *fig* [sentiment] to rekindle, to reawaken.

rapace [rapas] ◇ *nm* bird of prey. ◇ *adj* [cupide] rapacious, grasping.

rapatrier [rapatrije] *vt* to repatriate.

râpe [rap] *nf* **-1.** [de cuisine] grater. **-2.** *Helv fam* [avare] miser, skinflint.

râpé, -e [rape] *adj* **-1.** CULIN grated. **-2.** [manteau] threadbare. **-3.** *fam* [raté]: **c'est** ~! we've had it!

râper [rape] *vt* CULIN to grate.

râpeux, -euse [rapø, øz] *adj* **-1.** [tissu] rough. **-2.** [vin] harsh.

rapide [rapid] ◇ *adj* **-1.** [gén] rapid. **-2.** [train, coureur] fast. **-3.** [musique, intelligence] lively, quick. ◇ *nm* **-1.** [train] express (train). **-2.** [de fleuve] rapid.

rapidement [rapidmɑ̃] *adv* rapidly.

rapidité [rapidite] *nf* rapidity.

rapiécer [rapjese] *vt* to patch.

rappel [rapɛl] *nm* **-1.** [de réservistes, d'ambassadeur] **recall. -2.** [souvenir] re-minder; ~ **à l'ordre** call to order. **-3.** [de paiement] back pay. **-4.** [de vacci-nation] booster. **-5.** [au spectacle] cur-tain call, encore. **-6.** SPORT abseiling; **descendre en** ~ to abseil (down).

rappeler [raple] *vt* **-1.** [gén] to call back; ~ **qqn à qqch** *fig* to bring sb back to sthg. **-2.** [faire penser à]: ~ **qqch à qqn** to remind sb of sthg; **ça rappelle les vacances** it reminds me of my holidays.

◆ **se rappeler** *vp* to remember.

rapport [rapɔr] *nm* **-1.** [corrélation] link, connection. **-2.** [compte-rendu] report. **-3.** [profit] return, yield. **-4.** MATHS ratio.

◆ **rapports** *nmpl* **-1.** [relations] relations. **-2.** [sexuels]: ~**s (sexuels)** intercourse (*sg*).

◆ **par rapport à** *loc prép* in comparison to, compared with.

rapporter [rapɔrte] *vt* to bring back.

◆ **se rapporter** *vp*: **se** ~ **à** to refer OU relate to.

rapporteur, -euse [rapɔrtœr, øz] ◇ *adj* sneaky, telltale (*avant n*). ◇ *nm, f* sneak, telltale.

◆ **rapporteur** *nm* **-1.** [de commission] rapporteur. **-2.** GÉOM protractor.

rapprochement [raprɔʃmɑ̃] *nm* **-1.** [d'objets, de personnes] bringing together. **-2.** *fig* [entre événements] link, connection. **-3.** *fig* [de pays, de parti] rapprochement, coming together.

rapprocher [raprɔʃe] *vt* **-1.** [mettre plus près]: ~ **qqn/qqch de qqch** to bring sb/sthg nearer to sthg, to bring sb/sthg closer to sthg. **-2.** *fig* [personnes] to bring together. **-3.** *fig* [idée, texte]: ~ **qqch (de)** to compare sthg (with).

◆ **se rapprocher** *vp* **-1.** [approcher]: **se** ~ **(de qqn/qqch)** to approach (sb/sthg). **-2.** [se ressembler]: **se** ~ **de qqch** to be similar to sthg. **-3.** [se réconcilier]: **se** ~ **de qqn** to become closer to sb.

rapt [rapt] *nm* abduction.

raquette [raket] *nf* **-1.** [de tennis, de squash] racket; [de ping-pong] bat. **-2.** [à neige] snowshoe.

rare [rar] *adj* **-1.** [peu commun, peu fréquent] rare; **ses** ~**s amis** his few friends. **-2.** [peu dense] sparse. **-3.** [surprenant] unusual, surprising.

raréfier [rarefje] *vt* to rarefy.

◆ **se raréfier** *vp* to become rarefied.

rarement [rarmɑ̃] *adv* rarely.

rareté [rarte] *nf* **-1.** [de denrées, de nouvelles] scarcity. **-2.** [de visites, de lettres] infrequency. **-3.** [objet précieux] rarity.

ras, -e [ra, raz] *adj* **-1.** [herbe, poil] short. **-2.** [mesure] full.

◆ **ras** *adv* short; **à** ~ **de** level with; **en avoir** ~ **le bol** *fam* to be fed up.

rasade [razad] *nf* glassful.

rasage [razaʒ] *nm* shaving.

rasant, -e [razɑ̃, ɑ̃t] *adj* **-1.** [lumière] low-angled. **-2.** *fam* [film, discours] boring.

raser [raze] *vt* **-1.** [barbe, cheveux] to shave off. **-2.** [mur, sol] to hug. **-3.** [village] to raze. **-4.** *fam* [personne] to bore.

◆ **se raser** *vp* [avec rasoir] to shave.

ras-le-bol [ralbɔl] *nm inv fam* discontent.

rasoir [razwar] ◇ *nm* razor; ~ **électrique** electric shaver; ~ **mécanique** safety razor. ◇ *adj inv fam* boring.

rassasier [rasazje] *vt* to satisfy.

rassemblement [rasɑ̃bləmɑ̃] *nm* **-1.** [d'objets] collecting, gathering. **-2.** [foule] crowd, gathering. **-3.** [union, parti] union. **-4.** MIL parade; ~**!** fall in!

rassembler [rasɑ̃ble] *vt* **-1.** [personnes, documents] to collect, to gather. **-2.** [courage] to summon up; [idées] to collect.

◆ **se rassembler** *vp* **-1.** [manifestants] to assemble. **-2.** [famille] to get together.

rasseoir [raswar]

◆ **se rasseoir** *vp* to sit down again.

rasséréner [raserene] *vt sout* to calm down.

rassis, -e [rasi, iz] *adj* [pain] stale.

rassurant, -e [rasyrɑ̃, ɑ̃t] *adj* reassuring.

rassuré, -e [rasyre] *adj* confident, at ease.

rassurer [rasyre] *vt* to reassure.

rat [ra] ◇ *nm* rat; **petit ~** *fig* young ballet pupil. ◇ *adj fam* [avare] mean, stingy.

ratatiné, -e [ratatine] *adj* [fruit, personne] shrivelled.

rate [rat] *nf* **-1.** [animal] female rat. **-2.** [organe] spleen.

raté, -e [rate] *nm, f* [personne] failure.

◆ **raté** *nm* **-1.** (*gén pl*) AUTOM misfiring (*U*); **faire des ~s** to misfire. **-2.** *fig* [difficulté] problem.

râteau, -x [rato] *nm* rake.

rater [rate] ◇ *vt* **-1.** [train, occasion] to miss. **-2.** [plat, affaire] to make a mess of; [examen] to fail. ◇ *vi* to go wrong.

ratification [ratifikasjɔ̃] *nf* ratification.

ratifier [ratifje] *vt* to ratify.

ration [rasjɔ̃] *nf fig* share; **~ alimentaire** food intake.

rationaliser [rasjɔnalize] *vt* to rationalize.

rationnel, -elle [rasjɔnɛl] *adj* rational.

rationnement [rasjɔnmɑ̃] *nm* rationing.

rationner [rasjɔne] *vt* to ration.

ratissage [ratisaʒ] *nm* **-1.** [de jardin] raking. **-2.** [de quartier] search.

ratisser [ratise] *vt* **-1.** [jardin] to rake. **-2.** [quartier] to search, to comb.

raton [ratɔ̃] *nm* ZOOL young rat.

◆ **raton laveur** *nm* racoon.

RATP (*abr de* Régie autonome des transports parisiens) *nf Paris transport authority.*

rattacher [rataʃe] *vt* **-1.** [attacher de nouveau] to do up, to fasten again. **-2.** [relier]: **~ qqch à** to join sthg to; *fig* to link sthg with. **-3.** [unir]: **~ qqn à** to bind sb to.

◆ **se rattacher** *vp*: **se ~ à** to be linked to.

rattrapage [ratrapaʒ] *nm* **-1.** SCOL: **cours de ~** remedial class. **-2.** [de salaires, prix] adjustment.

rattraper [ratrape] *vt* **-1.** [animal, prisonnier] to recapture. **-2.** [temps]: **~ le temps perdu** to make up for lost

time. **-3.** [rejoindre] to catch up with. **-4.** [erreur] to correct. **-5.** [personne qui tombe] to catch.

◆ **se rattraper** *vp* **-1.** [se retenir]: **se ~ à qqn/qqch** to catch hold of sb/sthg. **-2.** [se faire pardonner] to make amends.

rature [ratyr] *nf* alteration.

rauque [rok] *adj* hoarse, husky.

ravager [ravaʒe] *vt* **-1.** [gén] to devastate, to ravage. **-2.** *fam* [fou]: **être ravagé** to be off one's head.

ravages [ravaʒ] *nmpl* [de troupes] ravages, devastation (*sg*); [d'inondation] devastation (*sg*); [du temps] **ravages**.

ravaler [ravale] *vt* **-1.** [façade] to clean, to restore. **-2.** [personne]: **~ qqn au rang de** to lower sb to the level of. **-3.** *fig* [larmes, colère] to stifle, to hold back.

ravauder [ravode] *vt* to mend, to repair.

ravi, -e [ravi] *adj*: **~ (de)** delighted (with); **je suis ~ de l'avoir trouvé** I'm delighted that I found it, I'm delighted to have found it; **~ de vous connaître** pleased to meet you.

ravin [ravɛ̃] *nm* ravine, gully.

raviolis [ravjɔli] *nmpl* ravioli (*U*).

ravir [ravir] *vt* **-1.** [charmer] to delight; **à ~** beautifully. **-2.** *littéraire* [arracher]: **~ qqch à qqn** to rob sb of sthg.

raviser [ravize]

◆ **se raviser** *vp* to change one's mind.

ravissant, -e [ravisɑ̃, ɑ̃t] *adj* delightful, beautiful.

ravisseur, -euse [ravisœr, øz] *nm, f* abductor.

ravitaillement [ravitajmɑ̃] *nm* [en denrées] resupplying; [en carburant] refuelling.

ravitailler [ravitaje] *vt* [en denrées] to resupply; [en carburant] to refuel.

raviver [ravive] *vt* **-1.** [feu] to rekindle. **-2.** [couleurs] to brighten up. **-3.** *fig* [douleur] to revive. **-4.** [plaie] to reopen.

rayer [ʀeje] *vt* **-1.** [disque, vitre] to scratch. **-2.** [nom, mot] to cross out.

rayon [ʀɛjɔ̃] *nm* **-1.** [de lumière] beam, ray; *fig* [d'espoir] ray. **-2.** (*gén pl*) [radiation] radiation (*U*); ~ **laser** laser beam; ~**s X** X-rays. **-3.** [de roue] spoke. **-4.** GÉOM radius; **dans un ~ de** *fig* within a radius of. **-5.** [étagère] shelf. **-6.** [dans un magasin] department.

rayonnant, -e [ʀɛjɔnɑ̃, ɑ̃t] *adj litt & fig* radiant.

rayonnement [ʀɛjɔnmɑ̃] *nm* **-1.** [gén] radiance; [des arts] influence. **-2.** PHYS radiation.

rayonner [ʀɛjɔne] *vi* **-1.** [soleil] to shine; ~ **de joie** *fig* to radiate happiness. **-2.** [culture] to be influential. **-3.** [avenues, lignes, chaleur] to radiate. **-4.** [touriste] to tour around (*from a base*).

rayure [ʀɛjyʀ] *nf* **-1.** [sur étoffe] stripe. **-2.** [sur disque, sur meuble] scratch.

raz [ʀa]
◆ **raz de marée** *nm* tidal wave; POLIT & *fig* landslide.

razzia [ʀazja] *nf fam* raid.

RDA (*abr de* **République démocratique allemande**) *nf* GDR.

RdC *abr de* **rez-de-chaussée**.

ré [ʀe] *nm inv* MUS D; [chanté] re.

réacteur [ʀeaktœʀ] *nm* [d'avion] jet engine; ~ **nucléaire** nuclear reactor.

réaction [ʀeaksjɔ̃] *nf*: ~ **(à/contre)** reaction (to/against).

réactionnaire [ʀeaksjɔnɛʀ] *nmf & adj péj* reactionary.

réactiver [ʀeaktive] *vt* to reactivate.

réactualiser [ʀeaktɥalize] *vt* [moderniser] to update, to bring up to date.

réadapter [ʀeadapte] *vt* to readapt; [accidenté] to rehabilitate.

réagir [ʀeaʒiʀ] *vi*: ~ **(à/contre)** to react (to/against); ~ **sur** to affect.

réajuster = **rajuster**.

réalisable [ʀealizabl] *adj* **-1.** [projet] feasible. **-2.** FIN realizable.

réalisateur, -trice [ʀealizatœʀ, tʀis] *nm, f* CIN & TÉLÉ director.

réaliser [ʀealize] *vt* **-1.** [projet] to carry out; [ambitions, rêves] to achieve, to realize. **-2.** CIN & TÉLÉ to produce. **-3.** [s'apercevoir de] to realize.
◆ **se réaliser** *vp* **-1.** [ambition] to be realized; [rêve] to come true. **-2.** [personne] to fulfil o.s.

réaliste [ʀealist] ◇ *nmf* realist. ◇ *adj* **-1.** [personne, objectif] realistic. **-2.** ART & LITTÉRATURE realist.

réalité [ʀealite] *nf* reality; **en ~** in reality.

réaménagement [ʀeamenaʒmɑ̃] *nm* **-1.** [de projet] restructuring. **-2.** [de taux d'intérêt] readjustment.

réamorcer [ʀeamɔʀse] *vt* to start up again.

réanimation [ʀeanimasjɔ̃] *nf* resuscitation; **en ~** in intensive care.

réanimer [ʀeanime] *vt* to resuscitate.

réapparaître [ʀeapaʀɛtʀ] *vi* to reappear.

rébarbatif, -ive [ʀebaʀbatif, iv] *adj* **-1.** [personne, visage] forbidding. **-2.** [travail] daunting.

rebâtir [ʀəbɑtiʀ] *vt* to rebuild.

rebattu, -e [ʀəbaty] *adj* overworked, hackneyed.

rebelle [ʀəbɛl] *adj* **-1.** [personne] rebellious; [troupes] rebel (*avant n*). **-2.** [mèche, boucle] unruly.

rebeller [ʀəbele]
◆ **se rebeller** *vp*: **se ~ (contre)** to rebel (against).

rébellion [ʀebeljɔ̃] *nf* rebellion.

rebiffer [ʀəbife]
◆ **se rebiffer** *vp fam*: **se ~ (contre)** to rebel (against).

reboiser [ʀəbwaze] *vt* to reafforest.

rebond [ʀəbɔ̃] *nm* bounce.

rebondir [ʀəbɔ̃diʀ] *vi* **-1.** [objet] to bounce; [contre mur] to rebound. **-2.** *fig* [affaire] to come to life again.

rebondissement [ʀəbɔ̃dismɑ̃] *nm* [d'affaire] new development.

rebord [rəbɔr] nm [de table] edge; [de fenêtre] sill, ledge.

reboucher [rəbuʃe] vt [bouteille] to put the cork back in, to recork; [trou] to fill in.

rebours [rəbur]
◆ **à rebours** loc adv the wrong way; fig the wrong way round, back to front.

reboutonner [rəbutɔne] vt to rebutton.

rebrousse-poil [rəbruspwal]
◆ **à rebrousse-poil** loc adv the wrong way; **prendre qqn à ~** fig to rub sb up the wrong way.

rebrousser [rəbruse] vt to brush back; **~ chemin** fig to retrace one's steps.

rébus [rebys] nm rebus.

rebut [rəby] nm scrap; **mettre qqch au ~** to get rid of sthg, to scrap sthg.

rebuter [rəbyte] vt [suj: travail] to dishearten.

récalcitrant, -e [rekalsitrã, ãt] adj recalcitrant, stubborn.

recaler [rəkale] vt fam to fail.

récapitulatif, -ive [rekapitylatif, iv] adj summary (avant n).
◆ **récapitulatif** nm summary.

récapituler [rekapityle] vt to recapitulate, to recap.

recel [rəsɛl] nm [action] receiving OU handling stolen goods; [délit] possession of stolen goods.

receleur, -euse [rəsəlœr, øz] nm, f receiver (of stolen goods).

récemment [resamã] adv recently.

recensement [rəsãsmã] nm **-1.** [de population] census. **-2.** [d'objets] inventory.

recenser [rəsãse] vt **-1.** [population] to take a census of. **-2.** [objets] to take an inventory of.

récent, -e [resã, ãt] adj recent.

recentrer [rəsãtre] vt to refocus.

récépissé [resepise] nm receipt.

récepteur, -trice [resɛptœr, tris] adj receiving.
◆ **récepteur** nm receiver.

réception [resɛpsjɔ̃] nf **-1.** [gén] reception; **donner une ~** to hold a reception. **-2.** [de marchandises] receipt. **-3.** [bureau] reception (desk). **-4.** SPORT [de sauteur, skieur] **landing**; [du ballon - avec la main] **catch**; [- avec le pied] **bonne ~ de X qui ...** X traps the ball and ....

réceptionner [resɛpsjɔne] vt **-1.** [marchandises] to take delivery of. **-2.** [SPORT - avec la main] to catch; [- avec le pied] to control.

réceptionniste [resɛpsjɔnist] nmf receptionist.

récession [resesjɔ̃] nf recession.

recette [rəsɛt] nf **-1.** COMM takings (pl). **-2.** CULIN recipe; fig [méthode] recipe, formula.

recevable [rəsəvabl] adj **-1.** [excuse, offre] acceptable. **-2.** JUR admissible.

receveur, -euse [rəsəvœr, øz] nm, f **-1.** ADMIN: **~ des impôts** tax collector; **~ des postes** postmaster (f postmistress). **-2.** [de greffe] recipient.

recevoir [rəsəvwar] vt **-1.** [gén] to receive. **-2.** [coup] to get, to receive. **-3.** [invités] to entertain; [client] to see. **-4.** SCOL & UNIV: **être reçu à un examen** to pass an exam.
◆ **se recevoir** vp SPORT to land.

rechange [rəʃɑ̃ʒ]
◆ **de rechange** loc adj spare; fig alternative.

réchapper [reʃape] vi: **~ de** to survive.

recharge [rəʃarʒ] nf [cartouche] refill.

rechargeable [rəʃarʒabl] adj [batterie] rechargeable; [briquet] refillable.

réchaud [reʃo] nm (portable) stove.

réchauffé, -e [reʃofe] adj [plat] reheated; fig rehashed.

réchauffement [reʃofmã] nm warming (up).

réchauffer [reʃofe] vt **-1.** [nourriture] to reheat. **-2.** [personne] to warm up.

◆ **se réchauffer** *vp* to warm up.

rêche [rɛʃ] *adj* rough.

recherche [rəʃɛrʃ] *nf* **-1.** [quête & IN-FORM] search; **être à la ~ de** to be in search of; **faire** OU **effectuer des ~s** to make ou inquiries. **-2.** SCIENCE research; **faire de la ~** to do research. **-3.** [raffinement] elegance.

recherché, -e [rəʃɛrʃe] *adj* **-1.** [ouvrage] sought-after. **-2.** [raffiné - vocabulaire] refined; [- mets] exquisite.

rechercher [rəʃɛrʃe] *vt* **-1.** [objet, personne] to search for, to hunt for. **-2.** [compagnie] to seek out.

rechigner [rəʃiɲe] *vi*: **~ à** to balk at.

rechute [rəʃyt] *nf* relapse.

récidive [residiv] *nf* **-1.** JUR repeat offence. **-2.** MÉD recurrence.

récidiver [residive] *vi* **-1.** JUR to commit another offence. **-2.** MÉD to recur.

récidiviste [residivist] *nmf* repeat OU persistent offender.

récif [resif] *nm* reef.

récipient [resipjɑ̃] *nm* container.

réciproque [resiprɔk] ◇ *adj* reciprocal. ◇ *nf*: **la ~** the reverse.

réciproquement [resiprɔkmɑ̃] *adv* mutually; **et ~** and vice versa.

récit [resi] *nm* story.

récital, -als [resital] *nm* recital.

récitation [resitasjɔ̃] *nf* recitation.

réciter [resite] *vt* to recite.

réclamation [reklamasjɔ̃] *nf* complaint; **faire/déposer une ~** to make/lodge a complaint.

réclame [reklam] *nf* **-1.** [annonce] advert, advertisement. **-2.** [publicité]: **la ~** advertising. **-3.** [promotion]: **en ~** on special offer.

réclamer [reklame] *vt* **-1.** [demander] to ask for, to request; [avec insistance] to demand. **-2.** [nécessiter] to require, to demand.

reclasser [rəklase] *vt* **-1.** [dossiers] to refile. **-2.** [chômeur] to find a new job for. **-3.** ADMIN to regrade.

réclusion [reklyzjɔ̃] *nf* imprisonment; **~ à perpétuité** life imprisonment.

recoiffer [rəkwafe] *vt*: **~ qqn** to do sb's hair again.

◆ **se recoiffer** *vp* to do one's hair again.

recoin [rəkwɛ̃] *nm* nook.

recoller [rəkɔle] *vt* [objet brisé] to stick back together.

récolte [rekɔlt] *nf* **-1.** [AGRIC - action] harvesting (U), gathering (U); [- produit] harvest, crop. **-2.** *fig* collection.

récolter [rekɔlte] *vt* to harvest; *fig* to collect.

recommandable [rəkɔmɑ̃dabl] *adj* commendable; **peu ~** undesirable.

recommandation [rəkɔmɑ̃dasjɔ̃] *nf* recommendation.

recommandé, -e [rəkɔmɑ̃de] *adj* **-1.** [envoi] registered; **envoyer qqch en ~** to send sthg by registered post *Br* OU mail *Am*. **-2.** [conseillé] advisable.

recommander [rəkɔmɑ̃de] *vt* to recommend; **~ qqn de faire qqch** to advise sb to do sthg; **~ qqn à qqn** to recommend sb to sb.

recommencer [rəkɔmɑ̃se] ◇ *vt* [travail] to start OU begin again; [erreur] to make again; **~ à faire qqch** to start OU begin doing sthg again. ◇ *vi* to start OU begin again; **ne recommence pas!** don't do that again!

récompense [rekɔ̃pɑ̃s] *nf* reward.

récompenser [rekɔ̃pɑ̃se] *vt* to reward.

recompter [rəkɔ̃te] *vt* to recount.

réconciliation [rekɔ̃siljasjɔ̃] *nf* reconciliation.

réconcilier [rekɔ̃silje] *vt* to reconcile.

reconduire [rəkɔ̃dɥir] *vt* **-1.** [personne] to accompany, to take. **-2.** [politique, bail] to renew.

reconduit, -e [rəkɔ̃dɥi, ɥit] *pp* → reconduire.

réconfort [rekɔ̃fɔr] *nm* comfort.

réconfortant, -e [rekɔ̃fɔrtɑ̃, ɑ̃t] *adj* comforting.

réconforter [rekɔ̃fɔrte] *vt* to comfort.

reconnaissable [rəkɔnɛsabl] *adj* recognizable.

reconnaissance [rəkɔnɛsɑ̃s] *nf* **-1.** [gén] recognition. **-2.** MIL reconnaissance; **aller/partir en** ~ to go out on reconnaissance. **-3.** [gratitude] gratitude; **exprimer sa** ~ **à qqn** to show OU express one's gratitude to sb.

reconnaissant, -e [rəkɔnɛsɑ̃, ɑ̃t] *adj* grateful; **je vous serais** ~ **de m'aider** I would be grateful if you would help me.

reconnaître [rəkɔnɛtr] *vt* **-1.** [gén] to recognize. **-2.** [erreur] to admit, to acknowledge. **-3.** MIL to reconnoitre.

reconnu, -e [rəkɔny] ◇ *pp* → **reconnaître**. ◇ *adj* well-known.

reconquérir [rəkɔ̃kerir] *vt* to reconquer.

reconquis, -e [rəkɔ̃ki, iz] *pp* → **reconquérir**.

reconsidérer [rəkɔ̃sidere] *vt* to reconsider.

reconstituant, -e [rəkɔ̃stitɥɑ̃, ɑ̃t] *adj* invigorating.

◆ **reconstituant** *nm* tonic.

reconstituer [rəkɔ̃stitɥe] *vt* **-1.** [puzzle] to put together. **-2.** [crime, délit] to reconstruct.

reconstitution [rəkɔ̃stitysjɔ̃] *nf* **-1.** [de puzzle] putting together. **-2.** [de crime, délit] reconstruction.

reconstruction [rəkɔ̃stryksjɔ̃] *nf* reconstruction, rebuilding.

reconstruire [rəkɔ̃strɥir] *vt* to reconstruct, to rebuild.

reconstruit, -e [rəkɔ̃strɥi, ɥit] *pp* → **reconstruire**.

reconversion [rəkɔ̃versjɔ̃] *nf* **-1.** [d'employé] redeployment. **-2.** [d'usine, de société] conversion; ~ **économique/technique** economic/technical restructuring.

reconvertir [rəkɔ̃vertir] *vt* **-1.** [employé] to redeploy. **-2.** [économie] to restructure.

◆ **se reconvertir** *vp*: **se** ~ **dans** to move into.

recopier [rəkɔpje] *vt* to copy out.

record [rəkɔr] ◇ *nm* record; **détenir/améliorer/battre un** ~ to hold/improve/beat a record. ◇ *adj inv* record (*avant n*).

recoucher [rəkuʃe] *vt* to put back to bed.

◆ **se recoucher** *vp* to go back to bed.

recoudre [rəkudr] *vt* to sew (up) again.

recoupement [rəkupmɑ̃] *nm* cross-check; **par** ~ by cross-checking.

recouper [rəkupe] *vt* **-1.** [pain] to cut again. **-2.** COUTURE to recut. **-3.** *fig* [témoignages] to compare, to cross-check.

◆ **se recouper** *vp* **-1.** [lignes] to intersect. **-2.** [témoignages] to match up.

recourir [rəkurir] *vi*: ~ **à** [médecin, agence] to turn to; [force, mensonge] to resort to.

recours [rəkur] *nm* **-1.** [emploi]: **avoir** ~ **à** [médecin, agence] to turn to; [force, mensonge] to resort to, to have recourse to. **-2.** [solution] solution, way out; **en dernier** ~ as a last resort. **-3.** JUR action; ~ **en cassation** appeal.

recouvert, -e [rəkuver, ɛrt] *pp* → **recouvrir**.

recouvrir [rəkuvrir] *vt* **-1.** [gén] to cover; [fauteuil] to re-cover. **-2.** [personne] to cover (up).

◆ **se recouvrir** *vp* **-1.** [tuiles] to overlap. **-2.** [surface]: **se** ~ **(de)** to be covered (with).

recracher [rəkraʃe] *vt* to spit out.

récréatif, -ive [rekreatif, iv] *adj* entertaining.

récréation [rekreasjɔ̃] *nf* **-1.** [détente] relaxation, recreation. **-2.** SCOL break.

recréer [rəkree] *vt* to recreate.

récrimination [rekriminasjɔ̃] *nf* complaint.

récrire [rekrir], **réécrire** [reekrir] *vt* to rewrite.

recroqueviller [rəkrɔkvije]

◆ **se recroqueviller** *vp* to curl up.

recru, -e [rəkry] *adj:* ~ **de fatigue** *littéraire* exhausted.

◆ **recrue** *nf* recruit.

recrudescence [rəkrydesɑ̃s] *nf* renewed outbreak.

recrutement [rəkrytmɑ̃] *nm* recruitment.

recruter [rəkryte] *vt* to recruit.

rectal, -e, -aux [rɛktal, o] *adj* rectal.

rectangle [rɛktɑ̃gl] *nm* rectangle.

rectangulaire [rɛktɑ̃gylɛr] *adj* rectangular.

recteur [rɛktœr] *nm* SCOL ≈ (Chief) Education Officer *Br.*

rectificatif, -ive [rɛktifikatif, iv] *adj* correcting.

◆ **rectificatif** *nm* correction.

rectification [rɛktifikasjɔ̃] *nf* **-1.** [correction] correction. **-2.** [de tir] adjustment.

rectifier [rɛktifje] *vt* **-1.** [tir] to adjust. **-2.** [erreur] to rectify, to correct; [calcul] to correct.

rectiligne [rɛktiliɲ] *adj* rectilinear.

recto [rɛkto] *nm* right side; ~ **verso** on both sides.

rectorat [rɛktɔra] *nm* SCOL ≈ Education Offices *Br.*

reçu, -e [rəsy] *pp* → recevoir.

◆ **reçu** *nm* receipt.

recueil [rəkœj] *nm* collection.

recueillement [rəkœjmɑ̃] *nm* meditation.

recueillir [rəkœjir] *vt* **-1.** [fonds] to collect. **-2.** [suffrages] to win. **-3.** [enfant] to take in.

◆ **se recueillir** *vp* to meditate.

recul [rəkyl] *nm* **-1.** [mouvement arrière] step backwards; MIL retreat. **-2.** [d'arme à feu] recoil. **-3.** [de civilisation] decline; [d'inflation, de chômage]: ~ **(de)** downturn (in). **-4.** *fig* [retrait]: **avec du** ~ with hindsight.

reculé, -e [rəkyle] *adj* distant.

reculer [rəkyle] ◇ *vt* **-1.** [voiture] to back up. **-2.** [date] to put back, to postpone. ◇ *vi* **-1.** [aller en arrière] to move backwards; [voiture] to reverse; **ne** ~ **devant rien** *fig* to stop at nothing. **-2.** [maladie, pauvreté] to be brought under control.

reculons [rəkylɔ̃]

◆ **à reculons** *adv* backwards.

récupération [rekyperasjɔ̃] *nf* salvage.

récupérer [rekypere] ◇ *vt* **-1.** [objet] to get back. **-2.** [déchets] to salvage. **-3.** [idée] to pick up. **-4.** [journée] to make up. ◇ *vi* to recover, to recuperate.

récurer [rekyre] *vt* to scour.

récuser [rekyze] *vt* **-1.** JUR to challenge. **-2.** *sout* [refuser] to reject.

recyclage [rəsiklaʒ] *nm* **-1.** [d'employé] retraining. **-2.** [de déchets] recycling.

recycler [rəsikle] *vt* **-1.** [employé] to retrain. **-2.** [déchets] to recycle.

◆ **se recycler** *vp* [employé] to retrain.

rédacteur, -trice [redaktœr, tris] *nm, f* [de journal] subeditor; [d'ouvrage de référence] editor; ~ **en chef** editor-in-chief.

rédaction [redaksjɔ̃] *nf* **-1.** [de texte] editing. **-2.** SCOL essay. **-3.** [personnel] editorial staff.

redécouvrir [rədekuvrir] *vt* to rediscover.

redéfinir [rədefinir] *vt* to redefine.

redéfinition [rədefinisjɔ̃] *nf* redefinition.

redemander [rədəmɑ̃de] *vt* to ask again for.

rédemption [redɑ̃psjɔ̃] *nf* redemption.

redescendre [rədesɑ̃dr] ◇ *vt* **-1.** [escalier] to go/come down again. **-2.** [objet - d'une étagère] to take down again. ◇ *vi* to go/come down again.

redevable [rədəvabl] *adj:* **être** ~ **de 10 francs à qqn** to owe sb 10 francs; **être** ~ **à qqn de qqch** [service] to be indebted to sb for sthg.

redevance [rədəvɑ̃s] *nf* [de radio, télévision] licence fee; [téléphonique] rental (fee).

rédhibitoire [redibitwar] *adj* [défaut] crippling; [prix] prohibitive.

rediffusion [rədifyzjɔ̃] *nf* repeat.

rédiger [rediʒe] *vt* to write.

redire [rədir] *vt* to repeat; **avoir** OU **trouver à ~ à qqch** *fig* to find fault with sthg.

redistribuer [rədistribɥe] *vt* to redistribute.

redit, -e [rədi, it] *pp* → **redire**.

redite [rədit] *nf* repetition.

redondance [rədɔ̃dɑ̃s] *nf* redundancy.

redonner [rədɔne] *vt* to give back; [confiance, forces] to restore.

redoublant, -e [rədublɑ̃, ɑ̃t] *nm, f* pupil who is repeating a year.

redoubler [rəduble] ◇ *vt* **-1.** [syllabe] to reduplicate. **-2.** [efforts] to intensify. **-3.** SCOL to repeat. ◇ *vi* to intensify.

redoutable [rədutabl] *adj* formidable.

redouter [rədute] *vt* to fear.

redoux [rədu] *nm* thaw.

redressement [rədrɛsmɑ̃] *nm* **-1.** [de pays, d'économie] **recovery. -2.** JUR: ~ **fiscal** payment of back taxes.

redresser [rədrɛse] ◇ *vt* **-1.** [poteau, arbre] to put OU set upright; ~ **la tête** to raise one's head; *fig* to hold up one's head. **-2.** [situation] to set right. ◇ *vi* AUTOM to straighten up.

◆ **se redresser** *vp* **-1.** [personne] to stand OU sit straight. **-2.** [pays] to recover.

réducteur, -trice [redyktœr, tris] *adj* [limitatif] simplistic.

réduction [redyksjɔ̃] *nf* **-1.** [gén] reduction. **-2.** MÉD setting.

réduire [redɥir] ◇ *vt* **-1.** [gén] to reduce; ~ **en** to reduce to. **-2.** MÉD to set. **-3.** *Helv* [ranger] to put away. ◇ *vi* CULIN to reduce.

réduit, -e [redɥi, ɥit] ◇ *pp* → **réduire**. ◇ *adj* reduced.

◆ **réduit** *nm* [local] small room.

rééchelonner [reeʃlɔne] *vt* to reschedule.

réécrire = **récrire**.

réédition [reedisjɔ̃] *nf* new edition.

rééducation [reedykasjɔ̃] *nf* **-1.** [de membre] **re-education. -2.** [de délinquant, malade] **rehabilitation.**

réel, -elle [reɛl] *adj* real.

réélection [reelɛksjɔ̃] *nf* re-election.

réellement [reelmɑ̃] *adv* really.

rééquilibrer [reekilibre] *vt* to balance (again).

réessayer [reeseje] *vt* to try again.

réévaluer [reevalɥe] *vt* to revalue.

réexaminer [reɛgzamine] *vt* to re-examine.

réexpédier [reɛkspedje] *vt* to send back.

réf. (*abr de* **référence**) ref.

refaire [rəfɛr] *vt* **-1.** [faire de nouveau - travail, devoir] to do again; [- voyage] to make again. **-2.** [mur, toit] to repair.

refait, -e [rəfɛ, ɛt] *pp* → **refaire**.

réfection [refɛksjɔ̃] *nf* repair.

réfectoire [refɛktwar] *nm* refectory.

référence [referɑ̃s] *nf* reference; **faire ~ à** to refer to.

référendum [referɛ̃dɔm] *nm* referendum.

référer [refere] *vi*: **en ~ à qqn** to refer the matter to sb.

refermer [rəfɛrme] *vt* to close OU shut again.

réfléchi, -e [refleʃi] *adj* **-1.** [action] considered; **c'est tout ~** I've made up my mind, I've decided. **-2.** [personne] thoughtful. **-3.** GRAM reflexive.

réfléchir [refleʃir] ◇ *vt* **-1.** [refléter] to reflect. **-2.** [penser]: ~ **que** to think OU reflect that. ◇ *vi* to think, to reflect; ~ **à** OU **sur qqch** to think about sthg.

reflet [rəflɛ] *nm* **-1.** [image] reflection. **-2.** [de lumière] glint.

refléter [rəflete] *vt* to reflect.

◆ **se refléter** *vp* **-1.** [se réfléchir] to be reflected. **-2.** [transparaître] to be mirrored.

refleurir [rəflœrir] *vi* [fleurir à nouveau] to flower again.

réflexe [reflɛks] ◇ *nm* reflex. ◇ *adj* reflex (*avant n*).

réflexion [reflɛksjɔ̃] *nf* **-1.** [de lumière, d'ondes] reflection. **-2.** [pensée] reflection, thought. **-3.** [remarque] remark.

refluer [rəflye] *vi* **-1.** [liquide] to flow back. **-2.** [foule] to flow back; [avec violence] to surge back.

reflux [rəfly] *nm* **-1.** [d'eau] ebb. **-2.** [de personnes] backward surge.

refonte [rəfɔ̃t] *nf* **-1.** [de métal] remelting. **-2.** [d'ouvrage] recasting. **-3.** [d'institution, de système] overhaul, reshaping.

reforestation [rəfɔrɛstasjɔ̃] *nf* reforestation.

réformateur, -trice [reformatœr, tris] ◇ *adj* reforming. ◇ *nm, f* **-1.** [personne] reformer. **-2.** RELIG Reformer.

réforme [reform] *nf* reform.

réformé, -e [reforme] *adj & nm, f* Protestant.

♦ **réformé** *nm* MIL *soldier who has been invalided out.*

reformer [rəforme] *vt* to re-form.

réformer [reforme] *vt* **-1.** [améliorer] to reform, to improve. **-2.** MIL to invalid out. **-3.** [matériel] to scrap.

réformiste [reformist] *adj & nmf* reformist.

refoulé, -e [rəfule] ◇ *adj* repressed, frustrated. ◇ *nm, f* repressed person.

refouler [rəfule] *vt* **-1.** [personnes] to repel, to repulse. **-2.** PSYCHOL to repress.

réfractaire [refraktɛr] ◇ *adj* **-1.** [rebelle] insubordinate; ~ à resistant to. **-2.** [matière] refractory. ◇ *nmf* insubordinate.

refrain [rəfrɛ̃] *nm* MUS refrain, chorus; c'est toujours le même ~ *fam fig* it's always the same old story.

refréner [rəfrene] *vt* to check, to hold back.

réfrigérant, -e [refriʒerɑ̃, ɑ̃t] *adj* **-1.** [liquide] refrigerating, refrigerant. **-2.** *fam* [accueil] icy.

réfrigérateur [refriʒeratœr] *nm* refrigerator.

refroidir [rəfrwadir] ◇ *vt* **-1.** [plat] to cool. **-2.** [décourager] to discourage. **-3.** *fam* [tuer] to rub out, to do in. ◇ *vi* to cool.

refroidissement [rəfrwadismɑ̃] *nm* **-1.** [de température] drop, cooling. **-2.** [grippe] chill.

refuge [rəfyʒ] *nm* **-1.** [abri] refuge. **-2.** [de montagne] hut.

réfugié, -e [refyʒje] *nm, f* refugee.

réfugier [refyʒje]

♦ **se réfugier** *vp* to take refuge.

refus [rəfy] *nm inv* refusal; ce n'est pas de ~ *fam* I wouldn't say no.

refuser [rəfyze] *vt* **-1.** [repousser] to refuse; ~ de faire qqch to refuse to do sthg. **-2.** [contester] : ~ qqch à qqn to deny sb sthg. **-3.** [clients, spectateurs] to turn away. **-4.** [candidat] : être refusé to fail.

♦ **se refuser** *vp* : se ~ à faire qqch to refuse to do sthg.

réfuter [refyte] *vt* to refute.

regagner [rəgaɲe] *vt* **-1.** [reprendre] to regain, to win back. **-2.** [revenir à] to get back to.

regain [rəgɛ̃] *nm* [retour] : un ~ de a revival of, a renewal of; un ~ de vie a new lease of life.

régal, -als [regal] *nm* treat, delight.

régaler [regale] *vt* to treat; c'est moi qui régale! it's my treat!

♦ **se régaler** *vp* : je me régale [nourriture] I'm thoroughly enjoying it; [activité] I'm having the time of my life.

regard [rəgar] *nm* look.

regardant, -e [rəgardɑ̃, ɑ̃t] *adj* **-1.** *fam* [économe] mean. **-2.** [minutieux] : être très/peu ~ sur qqch to be very/not very particular about sthg.

regarder [rəgarde] ◇ *vt* **-1.** [observer, examiner, consulter] to look at; [télévision, spectacle] to watch; ~ qqn faire qqch to watch sb doing sthg; ~ les trains passer to watch the trains go by. **-2.** [considérer] to consider, to regard; ~ qqn/qqch comme to regard sb/sthg as, to consider sb/sthg as. **-3.** [concerner] to concern; cela ne te

regarde pas it's none of your business. ◇ *vi* **-1.** [observer, examiner] to look. **-2.** [faire attention]: **sans ~ à la dépense** regardless of the expense; **y ~ à deux fois** to think twice about it.

régate [regat] *nf* (*gén pl*) regatta.

régénérer [reʒenere] *vt* to regenerate.
◆ **se régénérer** *vp* to regenerate.

régent, -e [reʒɑ̃, ɑ̃t] *nm, f* regent.

régenter [reʒɑ̃te] *vt*: **vouloir tout ~** *péj* to want to be the boss.

reggae [rege] *nm & adj inv* reggae.

régie [reʒi] *nf* **-1.** [entreprise] state-controlled company. **-2.** RADIO & TÉLÉ [pièce] control room; CIN, THÉÂTRE & TÉLÉ [équipe] production team.

regimber [rəʒɛ̃be] *vi* to balk.

régime [reʒim] *nm* **-1.** [politique] regime. **-2.** [administratif] system; **~ carcéral** prison regime. **-3.** [alimentaire] diet; **se mettre au/suivre un ~** to go on/to be on a diet. **-4.** [de moteur] speed. **-5.** [de fleuve, des pluies] cycle. **-6.** [de bananes, dattes] bunch.

régiment [reʒimɑ̃] *nm* **-1.** MIL regiment. **-2.** *fam* [grande quantité]: **un ~ de** masses of, loads of.

région [reʒjɔ̃] *nf* region.

régional, -e, -aux [reʒjɔnal, o] *adj* regional.

régir [reʒir] *vt* to govern.

régisseur [reʒisœr] *nm* **-1.** [intendant] steward. **-2.** [de théâtre] stage manager.

registre [rəʒistr] *nm* [gén] register; **~ de comptabilité** ledger.

réglable [reglabl] *adj* **-1.** [adaptable] adjustable. **-2.** [payable] payable.

réglage [regla3] *nm* adjustment, setting.

règle [regl] *nf* **-1.** [instrument] ruler. **-2.** [principe, loi] rule; **je suis en ~** my papers are in order.
◆ **en règle générale** *loc adv* as a general rule.
◆ **règles** *nfpl* [menstruation] period (*sg*).

réglé, -e [regle] *adj* [organisé] regular, well-ordered.

règlement [reglamɑ̃] *nm* **-1.** [résolution] settling; **~ de comptes** *fig* settling of scores. **-2.** [règle] regulation. **-3.** [paiement] settlement.

réglementaire [reglamɑ̃ter] *adj* **-1.** [régulier] statutory. **-2.** [imposé] regulation (*avant n*).

réglementation [reglamɑ̃tasjɔ̃] *nf* **-1.** [action] regulation. **-2.** [ensemble de règles] regulations (*pl*), rules (*pl*).

régler [regle] *vt* **-1.** [affaire, conflit] to settle, to sort out. **-2.** [appareil] to adjust. **-3.** [payer - note] to settle, to pay; [- commerçant] to pay.

réglisse [reglis] *nf* liquorice.

règne [reɲ] *nm* **-1.** [de souverain] reign; **sous le ~ de** in the reign of. **-2.** [pouvoir] rule. **-3.** BIOL kingdom.

régner [reɲe] *vi* **-1.** [souverain] to rule, to reign. **-2.** [silence] to reign.

regonfler [rəgɔ̃fle] *vt* **-1.** [pneu, ballon] to blow up again, to reinflate. **-2.** *fam* [personne] to cheer up.

regorger [rəgɔrʒe] *vi*: **~ de** to be abundant in.

régresser [regrese] *vi* **-1.** [sentiment, douleur] to diminish. **-2.** [personne] to regress.

régression [regresjɔ̃] *nf* **-1.** [recul] decline. **-2.** PSYCHOL regression.

regret [rəgrɛ] *nm*: **~ (de)** regret (for); **à ~** with regret; **sans ~** with no regrets.

regrettable [rəgrɛtabl] *adj* regrettable.

regretter [rəgrɛte] ◇ *vt* **-1.** [époque] to miss, to regret; [personne] to miss. **-2.** [faute] to regret; **~ d'avoir fait qqch** to regret having done sthg. **-3.** [déplorer]: **~ que** (+ *subjonctif*) to be sorry ou to regret that. ◇ *vi* to be sorry.

regrouper [rəgrupe] *vt* **-1.** [grouper à nouveau] to regroup, to reassemble. **-2.** [réunir] to group together.
◆ **se regrouper** *vp* to gather, to assemble.

régulariser [regylarize] vt **-1.** [documents] to sort out, to put in order; [situation] to straighten out. **-2.** [circulation, fonctionnement] to regulate.

régularité [regylarite] nf **-1.** [gén] regularity. **-2.** [de travail, résultats] consistency.

régulateur, -trice [regylatœr, tris] adj regulating.

régulation [regylasjɔ̃] nf [contrôle] control, regulation.

régulier, -ière [regylje, jɛr] adj **-1.** [gén] regular. **-2.** [uniforme, constant] steady, regular. **-3.** [travail, résultats] consistent. **-4.** [légal] legal; **être en situation régulière** to have all the legally required documents.

régulièrement [regyljɛrmɑ̃] adv **-1.** [gén] regularly. **-2.** [uniformément] steadily, regularly; [étalé, façonné] evenly.

réhabilitation [reabilitasjɔ̃] nf rehabilitation.

réhabiliter [reabilite] vt **-1.** [accusé] to rehabilitate, to clear; fig [racheter] to restore to favour. **-2.** [rénover] to restore.

rehausser [rəose] vt **-1.** [surélever] to heighten. **-2.** fig [mettre en valeur] to enhance.

rein [rɛ̃] nm kidney.
◆ **reins** nmpl small of the back (sg); **avoir mal aux ~s** to have backache.

réincarnation [reɛ̃karnasjɔ̃] nf reincarnation.

reine [rɛn] nf queen.

réinsertion [reɛ̃sɛrsjɔ̃] nf [de délinquant] rehabilitation; [dans vie professionnelle] reintegration.

réintégrer [reɛ̃tegre] vt **-1.** [rejoindre] to return to. **-2.** JUR to reinstate.

rejaillir [rəʒajir] vi to splash up; **~ sur qqn** fig to rebound on sb.

rejet [rəʒɛ] nm **-1.** [gén] rejection. **-2.** [pousse] shoot.

rejeter [rəʒte] vt **-1.** [relancer] to throw back. **-2.** [offre, personne] to reject. **-3.** [partie du corps] : **~ la tête/les bras en arrière** to throw back one's head/one's arms. **-4.** [imputer] : **~ la responsabilité de qqch sur qqn** to lay the responsibility for sthg on sb's door.

rejeton [rəʒtɔ̃] nm offspring (U).

rejoindre [rəʒwɛ̃dr] vt **-1.** [retrouver] to join. **-2.** [regagner] to return to. **-3.** [concorder avec] to agree with. **-4.** [rattraper] to catch up with.
◆ **se rejoindre** vp **-1.** [personnes, routes] to meet. **-2.** [opinions] to agree.

rejoint, -e [rəʒwɛ̃, ɛ̃t] pp → **rejoindre**.

réjoui, -e [reʒwi] adj joyful.

réjouir [reʒwir] vt to delight.
◆ **se réjouir** vp to be delighted; **se ~ de qqch** to be delighted at ou about sthg.

réjouissance [reʒwisɑ̃s] nf rejoicing.
◆ **réjouissances** nfpl festivities.

relâche [rəlɑʃ] nf **-1.** [pause] : **sans ~** without respite ou a break. **-2.** THÉÂTRE : **demain c'est le jour de ~** we're closed tomorrow; **faire ~** to be closed.

relâchement [rəlɑʃmɑ̃] nm relaxation.

relâcher [rəlɑʃe] vt **-1.** [étreinte, cordes] to loosen. **-2.** [discipline, effort] to relax, to slacken. **-3.** [prisonnier] to release.
◆ **se relâcher** vp **-1.** [se desserrer] to loosen. **-2.** [faiblir - discipline] to become lax; [- attention] to flag. **-3.** [se laisser aller] to slacken off.

relais [rəlɛ] nm **-1.** [auberge] post house. **-2.** SPORT & TÉLÉ : **prendre/passer le ~** to take/hand over.

relance [rəlɑ̃s] nf [économique] revival, boost; [de projet] relaunch.

relancer [rəlɑ̃se] vt **-1.** [renvoyer] to throw back. **-2.** [faire reprendre - économie] to boost; [- projet] to relaunch; [- moteur, machine] to restart.

relater [rəlate] vt littéraire to relate.

relatif, -ive [rəlatif, iv] adj relative; **~ à** relating to; **tout est ~** it's all relative.
◆ **relative** nf GRAM relative clause.

relation [rəlasjɔ̃] *nf* relationship; **mettre qqn en ~ avec qqn** to put sb in touch with sb.
◆ **relations** *nfpl* **-1.** [rapport] relationship (*sg*); **~s sexuelles** sexual relations, intercourse (*U*). **-2.** [connaissance] acquaintance; **avoir des ~s** to have connections.

relationnel, -elle [rəlasjɔnɛl] *adj* [problèmes] relationship (*avant n*).

relative → **relatif**.

relativement [rəlativmɑ̃] *adv* relatively.

relativiser [rəlativize] *vt* to relativize.

relativité [rəlativite] *nf* relativity.

relax, relaxe [rəlaks] *adj fam* relaxed.

relaxation [rəlaksasjɔ̃] *nf* relaxation.

relaxe = **relax**.

relaxer [rəlakse] *vt* **-1.** [reposer] to relax. **-2.** JUR to discharge.
◆ **se relaxer** *vp* to relax.

relayer [rəlɛje] *vt* to relieve.
◆ **se relayer** *vp* to take over from one another.

relecture [rələktyr] *nf* second reading, rereading.

reléguer [rəlege] *vt* to relegate.

relent [rəlɑ̃] *nm* **-1.** [odeur] stink, stench. **-2.** *fig* [trace] whiff.

relevé, -e [rəlve] *adj* CULIN spicy.
◆ **relevé** *nm* reading; **faire le ~ de qqch** to note sthg; **~ de compte bancaire** bank statement; **~ d'identité bancaire** bank account number.

relève [rəlɛv] *nf* relief; **prendre la ~** to take over.

relever [rəlve] ◇ *vt* **-1.** [redresser - personne] to help up; [- pays, économie] to rebuild; [- moral, niveau] to raise. **-2.** [ramasser] to collect. **-3.** [tête, col, store] to raise; [manches] to push up. **-4.** [CULIN - mettre en valeur] to bring out; [- pimenter] to season; *fig* [récit] to liven up, to spice up. **-5.** [noter] to note down; [compteur] to read. **-6.** [relayer] to take over from, to relieve. **-7.** [erreur] to note. ◇ *vi* **-1.** [se réta-

blir]: **~ de** to recover from. **-2.** [être du domaine]: **~ de** to come under.
◆ **se relever** *vp* [se mettre debout] to stand up; [sortir du lit] to get up.

relief [rəljɛf] *nm* relief; **en ~** in relief, raised; **une carte en ~** relief map; **mettre en ~** *fig* to enhance, to bring out.

relier [rəlje] *vt* **-1.** [livre] to bind. **-2.** [joindre] to connect. **-3.** *fig* [associer] to link up.

religieux, -ieuse [rəliʒjø, jøz] *adj* **-1.** [vie, chant] religious; [mariage] religious, church (*avant n*). **-2.** [respectueux] reverent.
◆ **religieux** *nm* monk.
◆ **religieuse** *nf* RELIG nun.

religion [rəliʒjɔ̃] *nf* **-1.** [culte] religion. **-2.** [croyance] religion, faith.

relique [rəlik] *nf* relic.

relire [rəlir] *vt* **-1.** [lire] to reread. **-2.** [vérifier] to read over.
◆ **se relire** *vp* to read what one has written.

reliure [rəljyr] *nf* binding.

reloger [rələʒe] *vt* to rehouse.

relu, -e [rəly] *pp* → **relire**.

reluire [rəlɥir] *vi* to shine, to gleam.

reluisant, -e [rəlɥizɑ̃, ɑ̃t] *adj* shining, gleaming; **peu** OU **pas très ~** *fig* [avenir, situation] not all that marvellous; [personne] shady.

remaniement [rəmanimɑ̃] *nm* restructuring; **~ ministériel** cabinet reshuffle.

remarier [rəmarje]
◆ **se remarier** *vp* to remarry.

remarquable [rəmarkabl] *adj* remarkable.

remarque [rəmark] *nf* **-1.** [observation] remark; [critique] critical remark. **-2.** [annotation] note.

remarquer [rəmarke] ◇ *vt* **-1.** [apercevoir] to notice; **faire ~ qqch (à qqn)** to point sthg out (to sb); **se faire ~** *péj* to draw attention to o.s. **-2.** [noter] to remark, to comment. ◇ *vi*: **ce**

n'est pas l'idéal, remarque! it's not ideal, mind you!

◆ **se remarquer** *vp* to be noticeable.

rembarrer [rɑ̃bare] *vt fam* to snub.

remblai [rɑ̃blɛ] *nm* embankment.

rembobiner [rɑ̃bɔbine] *vt* to rewind.

rembourrer [rɑ̃bure] *vt* to stuff, to pad.

remboursement [rɑ̃bursəmɑ̃] *nm* refund, repayment.

rembourser [rɑ̃burse] *vt* **-1.** [dette] to pay back, to repay. **-2.** [personne] to pay back; ~ **qqn de qqch** to reimburse sb for sthg.

rembrunir [rɑ̃brynir]

◆ **se rembrunir** *vp* to cloud over, to become gloomy.

remède [rəmɛd] *nm litt & fig* remedy, cure.

remédier [rəmedje] *vi* : ~ **à qqch** to put sthg right, to remedy sthg.

remembrement [rəmɑ̃brəmɑ̃] *nm* land regrouping.

remerciement [rəmɛrsimɑ̃] *nm* thanks (*pl*); **une lettre de** ~ a thank-you letter.

remercier [rəmɛrsje] *vt* **-1.** [dire merci] to thank; ~ **qqn de** OU **pour qqch** to thank sb for sthg; **non, je vous remercie** no, thank you. **-2.** [congédier] to dismiss.

remettre [rəmɛtr] *vt* **-1.** [replacer] to put back; ~ **en question** to call into question; ~ **qqn à sa place** to put sb in his place. **-2.** [enfiler de nouveau] to put back on. **-3.** [rétablir - lumière, son] to put back on; ~ **qqch en marche** to restart sthg; ~ **de l'ordre dans qqch** to tidy sthg up; ~ **une montre à l'heure** to put a watch right; ~ **qqch en état de marche** to put sthg back in working order. **-4.** [donner] : ~ **qqch à qqn** to hand sthg over to sb; [médaille, prix] to present sthg to sb. **-5.** [ajourner] : ~ **qqch (à)** to put sthg off (until).

◆ **se remettre** *vp* **-1.** [recommencer] : **se** ~ **à qqch** to take up sthg again; **se** ~ **à fumer** to start smoking again.

-2. [se rétablir] to get better; **se** ~ **de qqch** to get over sthg; **le temps s'est remis** the weather has cleared up. **-3.** [redevenir] : **se** ~ **debout** to stand up again.

réminiscence [reminisɑ̃s] *nf* reminiscence.

remis, -e [rəmi , iz] *pp* → **remettre**.

remise [rəmiz] *nf* **-1.** [action] : ~ **en jeu** throw-in; ~ **en marche** restarting; ~ **en question** OU **cause** calling into question. **-2.** [de message, colis] handing over; [de médaille, prix] presentation. **-3.** [réduction] discount; ~ **de peine** JUR remission. **-4.** [hangar] shed.

rémission [remisjɔ̃] *nf* remission; **sans** ~ [punir, juger] without mercy.

remodeler [rəmɔdle] *vt* **-1.** [forme] to remodel. **-2.** [remanier] to restructure.

remontant, -e [rəmɔ̃tɑ̃, ɑ̃t] *adj* [tonique] invigorating.

◆ **remontant** *nm* tonic.

remonte-pente [rəmɔ̃tpɑ̃t] (*pl* **remonte-pentes**) *nm* ski-tow.

remonter [rəmɔ̃te] ◇ *vt (aux : avoir)* **-1.** [escalier, pente] to go/come back up. **-2.** [assembler] to put together again. **-3.** [manches] to turn up. **-4.** [horloge, montre] to wind up. **-5.** [ragaillardir] to put new life into, to cheer up. ◇ *vi (aux : être)* **-1.** [monter à nouveau - personne] to go/come back up; [- baromètre] to rise again; [- prix, température] to go up again, to rise; [- sur vélo] to get back on; ~ **dans une voiture** to get back into a car. **-2.** [dater] : ~ **à** to date OU go back to.

remontoir [rəmɔ̃twar] *nm* winder.

remontrer [rəmɔ̃tre] *vt* to show again; **vouloir en** ~ **à qqn** to try to show sb up.

remords [rəmɔr] *nm* remorse.

remorque [rəmɔrk] *nf* trailer; **être en** ~ to be on tow.

remorquer [rəmɔrke] *vt* [voiture, bateau] to tow.

remorqueur [rəmɔrkœr] *nm* tug, tugboat.

remous [rəmu] ◇ *nm* [de bateau] wash, backwash; [de rivière] eddy. ◇ *nmpl fig* stir, upheaval.

rempailler [rɑ̃paje] *vt* to re-cane.

rempart [rɑ̃par] *nm* (*gén pl*) rampart.

rempiler [rɑ̃pile] ◇ *vt* to pile up again. ◇ *vi fam* MIL to sign on again.

remplaçable [rɑ̃plasabl] *adj* replaceable.

remplaçant, -e [rɑ̃plasɑ̃, ɑ̃t] *nm, f* [suppléant] stand-in; SPORT substitute.

remplacement [rɑ̃plasmɑ̃] *nm* **-1.** [changement] replacing, replacement. **-2.** [intérim] substitution; **faire des ~s** to stand in; [docteur] to act as a locum.

remplacer [rɑ̃plase] *vt* **-1.** [gén] to replace. **-2.** [prendre la place de] to stand in for; SPORT to substitute.

remplir [rɑ̃plir] *vt* **-1.** [gén] to fill; **~ de** to fill with; **~ qqn de joie/ d'orgueil** to fill sb with happiness/ pride. **-2.** [questionnaire] to fill in OU out. **-3.** [mission, fonction] to complete, to fulfil.

remplissage [rɑ̃plisaʒ] *nm* **-1.** [de récipient] filling up. **-2.** *fig & péj* [de texte] padding out.

remporter [rɑ̃pɔrte] *vt* **-1.** [repartir avec] to take away again. **-2.** [gagner] to win.

remuant, -e [rəmɥɑ̃, ɑ̃t] *adj* restless, overactive.

remue-ménage [rəmymenaʒ] *nm inv* commotion, confusion.

remuer [rəmɥe] ◇ *vt* **-1.** [bouger, émouvoir] to move. **-2.** [café, thé] to stir; [salade] to toss. ◇ *vi* to move, to stir; **arrête de ~ comme ça** stop being so restless.

◆ **se remuer** *vp* **-1.** [se mouvoir] to move. **-2.** *fig* [réagir] to make an effort.

rémunération [remynerasjɔ̃] *nf* remuneration.

rémunérer [remynere] *vt* **-1.** [personne] to remunerate, to pay. **-2.** [activité] to pay for.

renâcler [rənakle] *vi fam* to make a fuss; **~ devant** OU **à qqch** to balk at sthg.

renaissance [rənɛsɑ̃s] *nf* rebirth.

renaître [rənɛtr] *vi* **-1.** [ressusciter] to come back to life, to come to life again; **faire ~** [passé, tradition] to revive. **-2.** [revenir - sentiment, printemps] to return; [- économie] to revive, to recover.

renard [rənar] *nm* fox.

renchérir [rɑ̃ʃerir] *vi* **-1.** [augmenter] to become more expensive; [prix] to go up. **-2.** [surenchérir]: **~ sur** to add to.

rencontre [rɑ̃kɔ̃tr] *nf* [gén] meeting; **faire une bonne ~** to meet somebody interesting; **faire une mauvaise ~** to meet an unpleasant person; **aller/venir à la ~ de qqn** to go/come to meet sb.

rencontrer [rɑ̃kɔ̃tre] *vt* **-1.** [gén] to meet. **-2.** [heurter] to strike.

◆ **se rencontrer** *vp* **-1.** [gén] to meet. **-2.** [opinions] to agree.

rendement [rɑ̃dmɑ̃] *nm* [de machine, travailleur] output; [de terre, placement] yield.

rendez-vous [rɑ̃devu] *nm inv* **-1.** [rencontre] appointment; [amoureux] date; **on a tous ~ au café** we're all meeting at the café; **lors de notre dernier ~** at our last meeting; **prendre ~ avec qqn** to make an appointment with sb; **donner ~ à qqn** to arrange to meet sb. **-2.** [lieu] meeting place.

rendormir [rɑ̃dɔrmir]

◆ **se rendormir** *vp* to go back to sleep.

rendre [rɑ̃dr] ◇ *vt* **-1.** [restituer]: **~ qqch à qqn** to give sthg back to sb, to return sthg to sb. **-2.** [donner en retour - invitation, coup] to return. **-3.** [JUR - jugement] to pronounce. **-4.** [produire - effet] to produce. **-5.** [vomir] to vomit, to cough up. **-6.** MIL [céder] to surrender; **~ les armes** to lay down one's arms. **-7.** (+ *adj*) [faire devenir] to make; **~ qqn fou** to

drive sb mad. **-8.** [exprimer] to render. ◇ *vi* **-1.** [produire - champ] to yield. **-2.** [vomir] to vomit, to be sick.
◆ **se rendre** *vp* **-1.** [céder, capituler] to give in; **j'ai dû me ~ à l'évidence** I had to face facts. **-2.** [aller]: **se ~ à** to go to. **-3.** (+ *adj*) [se faire tel]: **se ~ utile/malade** to make o.s. useful/ill.

rêne [rɛn] *nf* rein.

renégat, -e [rənega, at] *nm, f sout* renegade.

renégocier [rənegɔsje] *vt* to renegotiate.

renfermé, -e [rãfɛrme] *adj* introverted, withdrawn.
◆ **renfermé** *nm*: **ça sent le ~** it smells stuffy in here.

renfermer [rãfɛrme] *vt* [contenir] to contain.
◆ **se renfermer** *vp* to withdraw.

renflé, -e [rãfle] *adj* bulging.

renflouer [rãflue] *vt* **-1.** [bateau] to refloat. **-2.** *fig* [entreprise, personne] to bail out.

renfoncement [rãfɔ̃smã] *nm* recess.

renforcer [rãfɔrse] *vt* to reinforce, to strengthen; **cela me renforce dans mon opinion** that confirms my opinion.

renfort [rãfɔr] *nm* reinforcement; **venir en ~** to come as reinforcements.

renfrogné, -e [rãfrɔɲe] *adj* scowling.

renfrogner [rãfrɔɲe]
◆ **se renfrogner** *vp* to scowl, to pull a face.

rengaine [rãgɛn] *nf* **-1.** [formule répétée] (old) story. **-2.** [chanson] (old) song.

rengorger [rãgɔrʒe]
◆ **se rengorger** *vp fig* to puff o.s. up.

renier [rənje] *vt* **-1.** [famille, ami] to disown. **-2.** [foi, opinion] to renounce, to repudiate.

renifler [rənifle] ◇ *vi* to sniff. ◇ *vt* to sniff; **~ quelque chose de louche** to smell a rat.

renne [rɛn] *nm* reindeer (*inv*).

renom [rənɔ̃] *nm* renown, fame.

renommé, -e [rənɔme] *adj* renowned, famous.
◆ **renommée** *nf* renown, fame; **de ~ internationale** world-famous, internationally renowned.

renoncement [rənɔ̃smã] *nm*: **~ (à)** renunciation (of).

renoncer [rənɔ̃se] *vi*: **~ à** to give up; **~ à comprendre qqch** to give up trying to understand sthg.

renouer [rənwe] ◇ *vt* **-1.** [lacet, corde] to re-tie, to tie up again. **-2.** [contact, conversation] to resume. ◇ *vi*: **~ avec qqn** to take up with sb again; **~ avec sa famille** to make it up with one's family again.

renouveau, -x [rənuvo] *nm* [transformation] revival.

renouvelable [rənuvlabl] *adj* renewable; [expérience] repeatable.

renouveler [rənuvle] *vt* [gén] to renew.
◆ **se renouveler** *vp* **-1.** [être remplacé] to be renewed. **-2.** [changer, innover] to have new ideas. **-3.** [se répéter] to be repeated, to recur.

renouvellement [rənuvɛlmã] *nm* renewal.

rénovation [renɔvasjɔ̃] *nf* renovation, restoration.

rénover [renɔve] *vt* **-1.** [immeuble] to renovate, to restore. **-2.** [système, méthodes] to reform.

renseignement [rãsɛɲəmã] *nm* information (*U*); **un ~** a piece of information; **prendre des ~s (sur)** to make enquiries (about).
◆ **renseignements** *nmpl* [service d'information] enquiries, information.

renseigner [rãsɛɲe] *vt*: **~ qqn (sur)** to give sb information (about), to inform sb (about).
◆ **se renseigner** *vp* **-1.** [s'enquérir] to make enquiries, to ask for information. **-2.** [s'informer] to find out.

rentabiliser [rãtabilize] *vt* to make profitable.

rentabilité [rãtabilite] *nf* profitability.

rentable [rɑ̃tabl] *adj* **-1.** COMM profitable. **-2.** *fam* [qui en vaut la peine] worthwhile.

rente [rɑ̃t] *nf* **-1.** [d'un capital] revenue, income. **-2.** [pension] pension, annuity.

rentier, -ière [rɑ̃tje, jɛr] *nm, f* person of independent means.

rentrée [rɑ̃tre] *nf* **-1.** [fait de rentrer] return. **-2.** [reprise des activités] : **la ~ parlementaire** the reopening of parliament; **la ~ des classes** the start of the new school year. **-3.** CIN & THÉÂTRE comeback. **-4.** [recette] income; **avoir une ~ d'argent** to come into some money.

rentrer [rɑ̃tre] ◇ *vi (aux : être)* **-1.** [entrer de nouveau] to go/come back in; **tout a fini par ~ dans l'ordre** everything returned to normal. **-2.** [entrer] to go/come in. **-3.** [revenir chez soi] to go/come back, to go/come home. **-4.** [recouvrer, récupérer] : **~ dans** to recover, to get back; **~ dans ses frais** to cover one's costs, to break even. **-5.** [se jeter avec violence] : **~ dans** to crash into. **-6.** [s'emboîter] to go in, to fit; **~ les uns dans les autres** to fit together. **-7.** [être perçu - fonds] to come in. ◇ *vt (aux : avoir)* **-1.** [mettre ou remettre à l'intérieur] to bring in. **-2.** [ventre] to pull in; [griffes] to retract, to draw in; [chemise] to tuck in. **-3.** *fig* [rage, larmes] to hold back.

renversant, -e [rɑ̃vɛrsɑ̃, ɑ̃t] *adj* staggering, astounding.

renverse [rɑ̃vɛrs] *nf* : **tomber à la ~** to fall over backwards.

renversement [rɑ̃vɛrsəmɑ̃] *nm* **-1.** [inversion] turning upside down. **-2.** [de situation] reversal.

renverser [rɑ̃vɛrse] *vt* **-1.** [mettre à l'envers] to turn upside down. **-2.** [faire tomber] to knock over; [- piéton] to run over; [- liquide] to spill. **-3.** *fig* [obstacle] to overcome; [régime] to overthrow; [ministre] to throw out of office. **-4.** [tête, buste] to tilt back.

◆ **se renverser** *vp* **-1.** [incliner le corps en arrière] to lean back. **-2.** [tomber] to overturn.

renvoi [rɑ̃vwa] *nm* **-1.** [licenciement] dismissal. **-2.** [de colis, lettre] return, sending back. **-3.** [ajournement] postponement. **-4.** [référence] cross-reference. **-5.** JUR referral. **-6.** [éructation] belch.

renvoyer [rɑ̃vwaje] *vt* **-1.** [faire retourner] to send back. **-2.** [congédier] to dismiss. **-3.** [colis, lettre] to send back, to return. **-4.** [balle] to throw back. **-5.** [réfléchir - lumière] to reflect; [- son] to echo. **-6.** [référer] : **~ qqn à** to refer sb to. **-7.** [différer] to postpone, to put off.

réorganisation [reɔrganizasjɔ̃] *nf* reorganization.

réorganiser [reɔrganize] *vt* to reorganize.

réorienter [reɔrjɑ̃te] *vt* to reorient, to reorientate.

réouverture [reuvɛrtyr] *nf* reopening.

repaire [rəpɛr] *nm* den.

répandre [repɑ̃dr] *vt* **-1.** [verser, renverser] to spill; [larmes] to shed. **-2.** [diffuser, dégager] to give off. **-3.** *fig* [bienfaits] to pour out; [effroi, terreur, nouvelle] to spread.

répandu, -e [repɑ̃dy] ◇ *pp* → **répandre**. ◇ *adj* [opinion, maladie] widespread.

réparable [reparabl] *adj* **-1.** [objet] repairable. **-2.** [erreur] that can be put right.

réparateur, -trice [reparatœr, tris] ◇ *adj* [sommeil] refreshing. ◇ *nm, f* repairer.

réparation [reparasjɔ̃] *nf* **-1.** [d'objet - action] repairing; [- résultat] repair; **en ~** under repair. **-2.** [de faute] : **~ (de)** atonement (for). **-3.** [indemnité] reparation, compensation.

réparer [repare] *vt* **-1.** [objet] to repair. **-2.** [faute, oubli] to make up for; **~ ses torts** to make amends.

reparler [rəparle] *vi* : **~ de qqn/qqch** to talk about sb/sthg again.

repartie [rəparti] *nf* retort; **avoir de la ~** to be good at repartee.

repartir [rəpartir] ◇ *vi littéraire* to reply. ◇ *vi* **-1.** [retourner] to go back, to return. **-2.** [partir de nouveau] to set off again. **-3.** [recommencer] to start again.

répartir [repartir] *vt* **-1.** [partager] to share out, to divide up. **-2.** [dans l'espace] to spread out, to distribute. **-3.** [classer] to divide OU split up.
♦ **se répartir** *vp* to divide up.

répartition [repartisjɔ̃] *nf* **-1.** [partage] sharing out, [de tâches] allocation. **-2.** [dans l'espace] distribution.

repas [rəpa] *nm* meal; **prendre son ~** to eat.

repassage [rəpasaʒ] *nm* ironing.

repasser [rəpase] ◇ *vi* [passer à nouveau] to go/come back; [film] to be on again. ◇ *vt* **-1.** [frontière, montagne] to cross again, to recross. **-2.** [examen] to resit. **-3.** [film] to show again. **-4.** [linge] to iron.

repêchage [rəpɛʃaʒ] *nm* [de noyé, voiture] recovery.

repêcher [rəpeʃe] *vt* **-1.** [noyé, voiture] to fish out. **-2.** *fam* [candidat] to let through.

repeindre [rəpɛ̃dr] *vt* to repaint.

repeint, -e [rəpɛ̃, ɛ̃t] *pp* → **repeindre**.

repenser [rəpɑ̃se] *vt* to rethink.

repentir [rəpɑ̃tir] *nm* repentance.
♦ **se repentir** *vp* to repent; **se ~ de qqch/d'avoir fait qqch** to be sorry for sthg/for having done sthg.

répercussion [reperkysjɔ̃] *nf* repercussion.

répercuter [reperkyte] *vt* **-1.** [lumière] to reflect; [son] to throw back. **-2.** [ordre, augmentation] to pass on.
♦ **se répercuter** *vp* **-1.** [lumière] to be reflected; [son] to echo. **-2.** [influer]: **se ~ sur** to have repercussions on.

repère [rəpɛr] *nm* [marque] mark; [objet concret] landmark; **point de ~** point of reference.

repérer [rəpere] *vt* **-1.** [situer] to locate, to pinpoint. **-2.** *fam* [remarquer] to spot; **se faire ~** to be spotted.

répertoire [repɛrtwar] *nm* **-1.** [agenda] thumb-indexed notebook. **-2.** [de théâtre, d'artiste] repertoire. **-3.** INFORM directory.

répertorier [repɛrtɔrje] *vt* to make a list of.

répéter [repete] ◇ *vt* **-1.** [gén] to repeat. **-2.** [leçon] to go over, to learn; [rôle] to rehearse. ◇ *vi* to rehearse.
♦ **se répéter** *vp* **-1.** [radoter] to repeat o.s. **-2.** [se reproduire] to be repeated; **que cela ne se répète pas!** don't let it happen again!

répétitif, -ive [repetitif, iv] *adj* repetitive.

répétition [repetisjɔ̃] *nf* **-1.** [réitération] repetition. **-2.** MUS & THÉÂTRE rehearsal.

repeupler [rəpœple] *vt* **-1.** [région, ville] to repopulate. **-2.** [forêt] to replant; [étang] to restock.

repiquer [rəpike] *vt* **-1.** [replanter] to plant out. **-2.** [disque, cassette] to record.

répit [repi] *nm* respite; **sans ~** without respite.

replacer [rəplase] *vt* **-1.** [remettre] to replace, to put back. **-2.** [situer] to place, to put.
♦ **se replacer** *vp* to find new employment.

replanter [rəplɑ̃te] *vt* to replant.

replet, -ète [rəplɛ, ɛt] *adj* chubby.

repli [rəpli] *nm* **-1.** [de tissu] fold; [de rivière] bend. **-2.** [de troupes] withdrawal.

replier [rəplije] *vt* **-1.** [plier de nouveau] to fold up again. **-2.** [ramener en pliant] to fold back. **-3.** [armée] to withdraw.
♦ **se replier** *vp* **-1.** [armée] to withdraw. **-2.** [personne]: **se ~ sur soi-même** to withdraw into o.s. **-3.** [journal, carte] to fold.

réplique [replik] *nf* **-1.** [riposte] reply; **sans ~** [argument] irrefutable. **-2.**

[d'acteur] line; **donner la** ~ **à qqn** to play opposite sb. **-3.** [copie] replica; [sosie] double.

répliquer [replike] ◇ *vt*: ~ **à qqn que** to reply to sb that. ◇ *vi* **-1.** [répondre] to reply; [avec impertinence] to answer back. **-2.** *fig* [riposter] to retaliate.

replonger [rəplɔ̃ʒe] ◇ *vt* to plunge back. ◇ *vi* to dive back.

♦ **se replonger** *vp*: **se** ~ **dans qqch** to immerse o.s. in sthg again.

répondeur [repɔ̃dœr] *nm*: ~ **(téléphonique** OU **automatique** OU **-enregistreur)** answering machine.

répondre [repɔ̃dr] ◇ *vi*: ~ **à qqn** [faire connaître sa pensée] to answer sb, to reply to sb; [riposter] to answer sb back; ~ **à qqch** [faire une réponse] to reply to sthg, to answer sthg; [en se défendant] to respond to sthg; ~ **au téléphone** to answer the telephone. ◇ *vt* to answer, to reply.

♦ **répondre à** *vt* **-1.** [correspondre à - besoin] to answer; [- conditions] to meet. **-2.** [ressembler à - description] to match.

♦ **répondre de** *vt* to answer for.

répondu, -e [repɔ̃dy] *pp* → **répondre**.

réponse [repɔ̃s] *nf* **-1.** [action de répondre] answer, reply; **en** ~ **à votre lettre** ... in reply OU in answer OU in response to your letter .... **-2.** [solution] answer. **-3.** [réaction] response.

report [rəpɔr] *nm* **-1.** [de réunion, rendez-vous] postponement. **-2.** COMM [d'écritures] carrying forward.

reportage [rəpɔrtaʒ] *nm* [article, enquête] report.

reporter[1] [rəpɔrter] *nm* reporter.

reporter[2] [rəpɔrte] *vt* **-1.** [rapporter] to take back. **-2.** [différer]: ~ **qqch à** to postpone sthg till, to put sthg off till. **-3.** [somme]: ~ **(sur)** to carry forward (to). **-4.** [transférer]: ~ **sur** to transfer to.

♦ **se reporter** *vp*: **se** ~ **à** [se référer à] to refer to.

repos [rəpo] *nm* **-1.** [gén] rest; **prendre un jour de** ~ to take a day off. **-2.** [tranquillité] peace and quiet.

reposé, -e [rəpoze] *adj* rested; **à tête** ~**e** with a clear head.

reposer [rəpoze] ◇ *vt* **-1.** [poser à nouveau] to put down again, to put back down. **-2.** [remettre] to put back. **-3.** [poser de nouveau - question] to ask again. **-4.** [appuyer] to rest. **-5.** [délasser] to rest, to relax. ◇ *vi* **-1.** [pâte] to sit, to stand; [vin] to stand. **-2.** [théorie]: ~ **sur** to rest on.

♦ **se reposer** *vp* **-1.** [se délasser] to rest. **-2.** [faire confiance]: **se** ~ **sur qqn** to rely on sb.

repoussant, -e [rəpusɑ̃, ɑ̃t] *adj* repulsive.

repousser [rəpuse] ◇ *vi* to grow again, to grow back. ◇ *vt* **-1.** [écarter] to push away, to push back; [l'ennemi] to repel, to drive back. **-2.** [éconduire] to reject. **-3.** [proposition] to reject, to turn down. **-4.** [différer] to put back, to postpone.

répréhensible [repreɑ̃sibl] *adj* reprehensible.

reprendre [rəprɑ̃dr] ◇ *vt* **-1.** [prendre de nouveau] to take again; **je passe te** ~ **dans une heure** I'll come by and pick you up again in an hour; ~ **la route** to take to the road again; ~ **haleine** to get one's breath back. **-2.** [récupérer - objet prêté] to take back; [- prisonnier, ville] to recapture. **-3.** COMM [entreprise, affaire] to take over. **-4.** [se resservir]: ~ **un gâteau/de la viande** to take another cake/some more meat. **-5.** [recommencer] to resume; **«et ainsi» reprit-il ...** "and so", he continued .... **-6.** [retoucher] to repair; [jupe] to alter. **-7.** [corriger] to correct. ◇ *vi* **-1.** [affaires, plante] to pick up. **-2.** [recommencer] to start again.

représailles [rəprezaj] *nfpl* reprisals.

représentant, -e [rəprezɑ̃tɑ̃, ɑ̃t] *nm, f* representative.

représentatif, -ive [rəprezɑ̃tatif, iv] *adj* representative.

représentation [rəprezɑ̃tasjɔ̃] *nf* **-1.** [gén] representation. **-2.** [spectacle] performance.

représentativité [rəprezɑ̃tativite] *nf* representativeness.

représenter [rəprezɑ̃te] *vt* to represent.

◆ **se représenter** *vp* **-1.** [s'imaginer]: **se ~ qqch** to visualize sthg. **-2.** [se présenter à nouveau]: **se ~ à** [aux élections] to stand again at; [à un examen] to resit, to represent.

répression [represjɔ̃] *nf* **-1.** [de révolte] repression. **-2.** [de criminalité, d'injustices] suppression.

réprimande [reprimɑ̃d] *nf* reprimand.

réprimander [reprimɑ̃de] *vt* to reprimand.

réprimer [reprime] *vt* **-1.** [émotion, rire] to repress, to check. **-2.** [révolte, crimes] to put down, to suppress.

repris, -e [rəpri, iz] *pp* → **reprendre**.

◆ **repris** *nm*: **~ de justice** habitual criminal.

reprise [rəpriz] *nf* **-1.** [recommencement - des hostilités] resumption, renewal; [- des affaires] revival, recovery; [- de pièce] revival; **à plusieurs ~s** on several occasions, several times. **-2.** BOXE round. **-3.** [raccommodage] mending.

repriser [rəprize] *vt* to mend.

réprobateur, -trice [reprɔbatœr, tris] *adj* reproachful.

réprobation [reprɔbasjɔ̃] *nf* disapproval.

reproche [rəprɔʃ] *nm* reproach; **faire des ~s à qqn** to reproach sb; **avec ~** reproachfully; **sans ~** blameless.

reprocher [rəprɔʃe] *vt*: **~ qqch à qqn** to reproach sb for sthg.

◆ **se reprocher** *vp*: **se ~ (qqch)** to blame o.s. (for sthg).

reproducteur, -trice [rəprɔdyktœr, tris] *adj* reproductive.

reproduction [rəprɔdyksjɔ̃] *nf* reproduction; **~ interdite** all rights (of reproduction) reserved.

reproduire [rəprɔdɥir] *vt* to reproduce.

◆ **se reproduire** *vp* **-1.** BIOL to reproduce, to breed. **-2.** [se répéter] to recur.

reproduit, -e [rəprɔdɥi, ɥit] *pp* → **reproduire**.

réprouver [repruve] *vt* [blâmer] to reprove.

reptile [rɛptil] *nm* reptile.

repu, -e [rəpy] *adj* full, sated.

républicain, -e [repyblikɛ̃, ɛn] *adj & nm, f* republican.

république [repyblik] *nf* republic; **la République populaire de Chine** the People's Republic of China.

répudier [repydje] *vt* [femme] to repudiate.

répugnance [repyɲɑ̃s] *nf* **-1.** [horreur] repugnance. **-2.** [réticence] reluctance; **avoir** OU **éprouver de la ~ à faire qqch** to be reluctant to do sthg.

répugnant, -e [repyɲɑ̃, ɑ̃t] *adj* repugnant.

répugner [repyɲe] *vi*: **~ à qqn** to disgust sb, to fill sb with repugnance; **~ à faire qqch** to be reluctant to do sthg, to be loath to do sthg.

répulsion [repylsjɔ̃] *nf* repulsion.

réputation [repytasjɔ̃] *nf* reputation; **avoir une ~ de** to have a reputation for; **avoir bonne/mauvaise ~** to have a good/bad reputation.

réputé, -e [repyte] *adj* famous, well-known.

requérir [rəkerir] *vt* **-1.** [nécessiter] to require, to call for. **-2.** [solliciter] to solicit. **-3.** JUR [réclamer au nom de la loi] to demand.

requête [rəkɛt] *nf* **-1.** [prière] petition. **-2.** JUR appeal.

requiem [rekɥijɛm] *nm inv* requiem.

requin [rəkɛ̃] *nm* shark.

requis, -e [rəki, iz] ◇ *pp* → **requérir**. ◇ *adj* required, requisite.

réquisition [rekizisjɔ̃] *nf* **-1.** MIL requisition. **-2.** JUR closing speech for the prosecution.

réquisitionner [rekizisjɔne] *vt* to requisition.

réquisitoire [rekizitwar] *nm* JUR closing speech for the prosecution; ~ (contre) *fig* indictment (of).

RER (*abr de réseau express régional*) *nm train service linking central Paris with its suburbs and airports.*

rescapé, -e [rɛskape] *nm, f* survivor.

rescousse [rɛskus]
♦ **à la rescousse** *loc adv*: **venir à la ~ de qqn** to come to sb's rescue; **appeler qqn à la ~** to call on sb for help.

réseau [rezo] *nm* network; ~ **ferroviaire/routier** rail/road network.

réservation [rezɛrvasjɔ̃] *nf* reservation.

réserve [rezɛrv] *nf* **-1.** [gén] reserve; **en ~** in reserve; **officier de ~** MIL reserve officer. **-2.** [restriction] reservation; **faire des ~s (sur)** to have reservations (about); **sous ~ de** subject to; **sans ~** unreservedly. **-3.** [territoire] reserve; [~ d'Indiens] reservation; ~ **naturelle** nature reserve. **-4.** [local] storeroom.

réservé, -e [rezɛrve] *adj* reserved.

réserver [rezɛrve] *vt* **-1.** [destiner]: ~ **qqch (à qqn)** [chambre, place] to reserve OU book sthg (for sb); *fig* [surprise, désagrément] to have sthg in store for sb). **-2.** [mettre de côté, garder]: ~ **qqch (pour)** to put sthg on one side (for), to keep sthg (for).
♦ **se réserver** *vp* **-1.** [s'accorder]: **se ~ qqch** to keep sthg for o.s.; **se ~ le droit de faire qqch** to reserve the right to do sthg. **-2.** [se ménager] to save o.s.

réservoir [rezɛrvwar] *nm* **-1.** [cuve] tank. **-2.** [bassin] reservoir.

résidence [rezidɑ̃s] *nf* **-1.** [habitation] residence; ~ **principale** main residence OU home; ~ **secondaire** second home; ~ **universitaire** hall of residence. **-2.** [immeuble] block of luxury flats *Br*, luxury apartment block *Am*.
♦ **résidence surveillée** *nf*: **en ~ surveillée** under house arrest.

résident, -e [rezidɑ̃, ɑ̃t] *nm, f* **-1.** [de pays]: **les ~s français en Écosse** French nationals resident in Scotland. **-2.** [habitant d'une résidence] resident.

résidentiel, -ielle [rezidɑ̃sjɛl] *adj* residential.

résider [rezide] *vi* **-1.** [habiter]: ~ **à/dans/en** to reside in. **-2.** [consister]: ~ **dans** to lie in.

résidu [rezidy] *nm* [reste] residue; [déchet] waste.

résignation [reziɲasjɔ̃] *nf* resignation.

résigné, -e [reziɲe] *adj* resigned.

résigner [reziɲe]
♦ **se résigner** *vp*: **se ~ (à)** to resign o.s. (to).

résilier [rezilje] *vt* to cancel, to terminate.

résille [rezij] *nf* **-1.** [pour cheveux] hairnet. **-2.** **bas ~** fishnet stockings.

résine [rezin] *nf* resin.

résineux, -euse [rezinø, øz] *adj* resinous.
♦ **résineux** *nm* conifer.

résistance [rezistɑ̃s] *nf* **-1.** [gén, ÉLECTR & PHYS] resistance; **manquer de ~** to lack stamina; **opposer une ~** to put up resistance. **-2.** [de radiateur, chaudière] element.
♦ **Résistance** *nf*: **la Résistance** HIST the Resistance.

résistant, -e [rezistɑ̃, ɑ̃t] ◇ *adj* [personne] tough; [tissu] hard-wearing, tough; **être ~ au froid/aux infections** to be resistant to the cold/to infection. ◇ *nm, f* [gén] resistance fighter; [de la Résistance] member of the Resistance.

résister [reziste] *vi* to resist; ~ **à** [attaque, désir] to resist; [tempête, fatigue] to withstand; [personne] to stand up to, to oppose.

résolu, -e [rezɔly] ◇ *pp* → résoudre.
◇ *adj* resolute; **être bien ~ à faire qqch** to be determined to do sthg.

résolument [rezɔlymã] *adv* resolutely.

résolution [rezɔlysjɔ̃] *nf* **-1.** [décision] resolution; **prendre la ~ de faire qqch** to make a resolution to do sthg. **-2.** [détermination] resolve, determination. **-3.** [solution] solving.

résonance [rezɔnãs] *nf* **-1.** ÉLECTR & PHYS resonance. **-2.** *fig* [écho] echo.

résonner [rezɔne] *vi* [retentir] to resound; [renvoyer le son] to echo.

résorber [rezɔrbe] *vt* **-1.** [déficit] to absorb. **-2.** MÉD to resorb.

◆ **se résorber** *vp* **-1.** [déficit] to be absorbed. **-2.** MÉD to be resorbed.

résoudre [rezudr] *vt* [problème] to solve, to resolve.

◆ **se résoudre** *vp*: **se ~ à faire qqch** to make up one's mind to do sthg, to decide OU resolve to do sthg.

respect [rɛspɛ] *nm* respect.

respectable [rɛspɛktabl] *adj* respectable.

respecter [rɛspɛkte] *vt* to respect; **faire ~ la loi** to enforce the law.

respectif, -ive [rɛspɛktif, iv] *adj* respective.

respectivement [rɛspɛktivmã] *adv* respectively.

respectueux, -euse [rɛspɛktɥø, øz] *adj* respectful; **être ~ de** to have respect for.

respiration [rɛspirasjɔ̃] *nf* breathing (U); **retenir sa ~** to hold one's breath.

respiratoire [rɛspiratwar] *adj* respiratory.

respirer [rɛspire] ◇ *vi* **-1.** [inspirer-expirer] to breathe. **-2.** *fig* [se reposer] to get one's breath; [être soulagé] to be able to breathe again. ◇ *vt* **-1.** [aspirer] to breathe in. **-2.** *fig* [exprimer] to exude.

resplendissant, -e [rɛsplãdisã, ãt] *adj* radiant.

responsabiliser [rɛspɔ̃sabilize] *vt*: **~ qqn** to make sb aware of his/her responsibilities.

responsabilité [rɛspɔ̃sabilite] *nf* **-1.** [morale] responsibility; **avoir la ~ de** to be responsible for, to have the responsibility of. **-2.** JUR liability.

responsable [rɛspɔ̃sabl] ◇ *adj* **-1.** [gén]: **~ (de)** responsible (for); [légalement] liable (for); [chargé de] in charge (of), responsible (for). **-2.** [sérieux] responsible. ◇ *nmf* **-1.** [auteur, coupable] person responsible. **-2.** [dirigeant] official. **-3.** [personne compétente] person in charge.

resquiller [rɛskije] *vi* **-1.** [au théâtre etc] to sneak in without paying. **-2.** [dans autobus etc] to dodge paying the fare.

resquilleur, -euse [rɛskijœr, øz] *nm, f* **-1.** [au théâtre etc] person who sneaks in without paying. **-2.** [dans autobus etc] fare-dodger.

ressac [rəsak] *nm* undertow.

ressaisir [rəsezir]

◆ **se ressaisir** *vp* to pull o.s. together.

ressasser [rəsase] *vt* **-1.** [répéter] to keep churning out. **-2.** *fig* [mécontentement] to dwell on.

ressemblance [rəsãblãs] *nf* [gén] resemblance, likeness; [trait] resemblance.

ressemblant, -e [rəsãblã, ãt] *adj* lifelike.

ressembler [rəsãble] *vi*: **~ à** [physiquement] to resemble, to look like; [moralement] to be like, to resemble; **cela ne lui ressemble pas** that's not like him.

◆ **se ressembler** *vp* to look alike, to resemble each other.

ressemeler [rəsəmle] *vt* to resole.

ressentiment [rəsãtimã] *nm* resentment.

ressentir [rəsãtir] *vt* to feel.

resserrer [rəsere] *vt* **-1.** [ceinture, boulon] to tighten. **-2.** *fig* [lien] to strengthen.

◆ **se resserrer** *vp* **-1.** [route] to (be-come) narrow. **-2.** [nœud, étreinte] to tighten. **-3.** *fig* [relations] to grow stronger, to strengthen.

resservir [rəsɛrvir] ◇ *vt* **-1.** [plat] to serve again; *fig* [histoire] to trot out. **-2.** [personne] to give another helping to. ◇ *vi* to be used again.

◆ **se resservir** *vp*: se ~ **de qqch** [us-tensile] to use sthg again; [plat] to take another helping of sthg.

ressort [rəsɔr] *nm* **-1.** [mécanisme] spring. **-2.** *fig* [énergie] spirit. **-3.** *fig* [compétence]: **être du ~ de qqn** to be sb's area of responsibility, to come under sb's jurisdiction.

◆ **en dernier ressort** *loc adv* in the last resort, as a last resort.

ressortir [rəsɔrtir] ◇ *vi* **-1.** [personne] to go out again. **-2.** *fig* [couleur]: ~ **(sur)** to stand out (against); **faire ~** to highlight. **-3.** *fig* [résulter de]: ~ **de** to emerge from. ◇ *vt* to take OU get OU bring out again.

ressortissant, -e [rəsɔrtisɑ̃, ɑ̃t] *nm, f* national.

ressource [rəsurs] *nf* resort; **votre seule ~ est de ...** the only course open to you is to ....

◆ **ressources** *nfpl* **-1.** [financières] means. **-2.** [énergétiques, de langue] re-sources; ~**s naturelles** natural re-sources. **-3.** [de personne] resourceful-ness (*U*).

ressurgir [rəsyrʒir] *vi* to reappear.

ressusciter [resysite] *vi* to rise (from the dead); *fig* to revive.

restant, -e [rɛstɑ̃, ɑ̃t] *adj* remaining, left.

◆ **restant** *nm* rest, remainder.

restaurant [rɛstɔrɑ̃] *nm* restaurant; **manger au ~** to eat out; ~ **d'entreprise** staff canteen.

restaurateur, -trice [rɛstɔratœr, tris] *nm, f* **-1.** CULIN restaurant owner. **-2.** ART restorer.

restauration [rɛstɔrasjɔ̃] *nf* **-1.** CULIN restaurant business; ~ **rapide** fast food. **-2.** ART & POLIT restoration.

restaurer [rɛstɔre] *vt* to restore.

◆ **se restaurer** *vp* to have something to eat.

reste [rɛst] *nm* **-1.** [de lait, temps]: **le ~ (de)** the rest (of). **-2.** MATHS remain-der.

◆ **restes** *nmpl* **-1.** [de repas] leftovers. **-2.** [de mort] remains.

◆ **au reste, du reste** *loc adv* besides.

rester [rɛste] ◇ *vi* **-1.** [dans lieu, état] to stay, to remain; **restez calme!** stay OU keep calm! **-2.** [subsister] to re-main, to be left; **le seul bien qui me reste** the only thing I have left. **-3.** [s'arrêter]: **en ~ à qqch** to stop at sthg; **en ~ là** to finish there. **-4.** *loc*: **y ~** *fam* [mourir] to pop one's clogs. ◇ *v impers*: **il en reste un peu** there's still a little left; **il te reste de l'argent?** do you still have some money left?; **il reste beaucoup à faire** there is still a lot to be done.

restituer [rɛstitɥe] *vt* **-1.** [argent, objet volé] to return, to restore. **-2.** [éner-gie] to release. **-3.** [son] to reproduce.

resto [rɛsto] *nm fam* restaurant; **les ~s du cœur** *charity food distribution centres*; ~**-U** UNIV refectory.

Restoroute® [rɛstorut] *nm* motor-way cafe *Br*, highway restaurant *Am*.

restreindre [rɛstrɛ̃dr] *vt* to restrict.

◆ **se restreindre** *vp* **-1.** [domaine, champ] to narrow. **-2.** [personne] to cut back; **se ~ dans qqch** to restrict sthg.

restreint, -e [rɛstrɛ̃, ɛ̃t] *pp* → **restrein-dre.**

restrictif, -ive [rɛstriktif, iv] *adj* re-strictive.

restriction [rɛstriksjɔ̃] *nf* **-1.** [condition] condition; **sans ~** unconditionally. **-2.** [limitation] restriction.

◆ **restrictions** *nfpl* rationing (*U*).

restructurer [rəstryktyre] *vt* to re-structure.

résultat [rezylta] *nm* result; [d'action] outcome.

résulter [rezylte] ◇ *vi*: ~ **de** to be the result of, to result from. ◇ *v impers*: **il en résulte que ...** as a result, ...

résumé [rezyme] *nm* summary, résumé; **en** ~ [pour conclure] to sum up; [en bref] in brief, summarized.

résumer [rezyme] *vt* to summarize.

◆ **se résumer** *vp* [se réduire]: **se** ~ **à qqch/à faire qqch** to come down to sthg/to doing sthg.

résurgence [rezyrʒɑ̃s] *nf* resurgence.

résurrection [rezyrɛksjɔ̃] *nf* resurrection.

rétablir [retablir] *vt* **-1.** [gén] to restore; [malade] to restore (to health). **-2.** [communications, contact] to re-establish.

◆ **se rétablir** *vp* **-1.** [silence] to return, to be restored. **-2.** [malade] to recover. **-3.** GYM to pull o.s. up.

rétablissement [retablismɑ̃] *nm* **-1.** [d'ordre] restoration. **-2.** [de communications] re-establishment. **-3.** [de malade] recovery. **-4.** GYM pull-up.

retard [rətar] *nm* **-1.** [délai] delay; **être en** ~ [sur une heure] to be late; [sur échéance] to be behind; **avoir du** ~ to be late OU delayed. **-2.** [de pays, peuple, personne] backwardness.

retardataire [rətardatɛr] *nmf* [en retard] latecomer.

retardement [rətardəmɑ̃] *nm*: **à** ~ belatedly; *voir aussi* **bombe**.

retarder [rətarde] ◇ *vt* **-1.** [personne, train] to delay; [sur échéance] to put back. **-2.** [ajourner - rendez-vous] to put back OU off; [- départ] to put back OU off, to delay. **-3.** [montre] to put back. ◇ *vi* **-1.** [horloge] to be slow. **-2.** *fam* [ne pas être au courant] to be behind the times. **-3.** [être en décalage]: ~ **sur** to be out of step OU tune with.

retenir [rətənir] *vt* **-1.** [physiquement - objet, personne, cri] to hold back; [- souffle] to hold; ~ **qqn de faire qqch** to stop OU restrain sb from doing sthg. **-2.** [retarder] to keep, to detain. **-3.** [montant, impôt] to keep

back, to withhold. **-4.** [chambre] to reserve. **-5.** [leçon, cours] to remember. **-6.** [projet] to accept, to adopt. **-7.** [eau, chaleur] to retain. **-8.** MATHS to carry. **-9.** [intérêt, attention] to hold.

◆ **se retenir** *vp* **-1.** [s'accrocher]: **se** ~ **à** to hold onto. **-2.** [se contenir] to hold on; **se** ~ **de faire qqch** to refrain from doing sthg.

rétention [retɑ̃sjɔ̃] *nf* MÉD retention.

retentir [rətɑ̃tir] *vi* **-1.** [son] to ring (out). **-2.** [pièce, rue]: ~ **de** to resound with. **-3.** *fig* [fatigue, blessure]: ~ **sur** to have an effect on.

retentissant, -e [rətɑ̃tisɑ̃, ɑ̃t] *adj* resounding.

retentissement [rətɑ̃tismɑ̃] *nm* [de mesure] repercussions (*pl*).

retenu, -e [rətny] *pp* → **retenir**.

retenue [rətny] *nf* **-1.** [prélèvement] deduction. **-2.** MATHS amount carried. **-3.** SCOL detention. **-4.** *fig* [de personne - dans relations] reticence; [- dans comportement] restraint; **sans** ~ without restraint.

réticence [retisɑ̃s] *nf* [hésitation] hesitation, reluctance; **avec** ~ hesitantly.

réticent, -e [retisɑ̃, ɑ̃t] *adj* hesitant, reluctant.

rétine [retin] *nf* retina.

retiré, -e [rətire] *adj* [lieu] remote, isolated; [vie] quiet.

retirer [rətire] *vt* **-1.** [vêtement, emballage] to take off, to remove; [permis, jouet] to take away; ~ **qqch à qqn** to take sthg away from sb. **-2.** [plainte] to withdraw, to take back. **-3.** [avantages, bénéfices]: ~ **qqch de qqch** to get OU derive sthg from sthg. **-4.** [bagages, billet] to collect; [argent] to withdraw.

◆ **se retirer** *vp* **-1.** [s'isoler] to withdraw, to retreat. **-2.** [des affaires]: **se** ~ **(de)** to retire (from). **-3.** [refluer] to recede.

retombées [rətɔ̃be] *nfpl* repercussions, fallout (*sg*).

retomber [rətɔ̃be] *vi* **-1.** [gymnaste, chat] to land. **-2.** [redevenir]: ~ **malade**

to relapse. **-3.** *fig* [colère] to die away. **-4.** [cheveux] to hang down. **-5.** *fig* [responsabilité]: ~ **sur** to fall on.

rétorquer [retɔrke] *vt* to retort; ~ **à qqn que** ... to retort to sb that ....

retors, -e [rətɔr, ɔrs] *adj* wily.

rétorsion [retɔrsjɔ̃] *nf* retaliation; **mesures de** ~ reprisals.

retouche [rətuʃ] *nf* **-1.** [de texte, vêtement] alteration. **-2.** ART & PHOT touching up.

retoucher [rətuʃe] *vt* **-1.** [texte, vêtement] to alter. **-2.** ART & PHOT to touch up.

retour [rətur] *nm* **-1.** [gén] return; **à mon/ton** ~ when I/you get back, on my/your return; **être de** ~ **(de)** to be back (from); ~ **en arrière** flashback; **en** ~ in return. **-2.** [trajet] journey back, return journey.

retourner [rəturne] ◇ *vt* **-1.** [carte, matelas] to turn over; [terre] to turn over. **-2.** [compliment, objet prêté]: ~ **qqch (à qqn)** to return sthg (to sb). **-3.** [lettre, colis] to send back, to return. **-4.** *fam fig* [personne] to shake up. ◇ *vi* to come/go back; ~ **en arrière** OU **sur ses pas** to retrace one's steps.

♦ **se retourner** *vp* **-1.** [basculer] to turn over. **-2.** [pivoter] to turn round. **-3.** *fam fig* [s'adapter] to sort o.s. out. **-4.** [rentrer]: **s'en** ~ to go back (home). **-5.** *fig* [s'opposer]: **se** ~ **contre** to turn against.

retracer [rətrase] *vt* **-1.** [ligne] to redraw. **-2.** [événement] to relate.

rétracter [retrakte] *vt* to retract.

♦ **se rétracter** *vp* **-1.** [se contracter] to retract. **-2.** [se dédire] to back down.

retrait [rətrɛ] *nm* **-1.** [gén] withdrawal; ~ **du permis** disqualification from driving. **-2.** [de bagages] collection. **-3.** [des eaux] ebbing.

♦ **en retrait** *loc adj & loc adv* **-1.** [maison] set back from the road; **rester en** ~ *fig* to hang back. **-2.** [texte] indented.

retraite [rətrɛt] *nf* **-1.** [gén] retreat. **-2.** [cessation d'activité] retirement; **être à la** ~ to be retired. **-3.** [revenu] (retirement) pension.

retraité, -e [rətrete] ◇ *adj* **-1.** [personne] retired. **-2.** TECHNOL reprocessed. ◇ *nm, f* retired person, pensioner.

retrancher [rətrɑ̃ʃe] *vt* **-1.** [passage]: ~ **qqch (de)** to cut sthg out (from), to remove sthg (from). **-2.** [montant]: ~ **qqch (de)** to take sthg away (from), to deduct sthg (from).

♦ **se retrancher** *vp* to entrench o.s.; **se** ~ **derrière/dans** *fig* to take refuge behind/in.

retransmettre [rətrɑ̃smetr] *vt* to broadcast.

retransmis, -e [rətrɑ̃smi, iz] *pp* → **retransmettre**.

retransmission [rətrɑ̃smisjɔ̃] *nf* broadcast.

retravailler [rətravaje] ◇ *vt*: ~ **qqch** to work on sthg again. ◇ *vi* to start work again.

rétrécir [retresir] *vi* [tissu] to shrink.

rétrécissement [retresismɑ̃] *nm* **-1.** [de vêtement] shrinkage. **-2.** MÉD stricture.

rétribution [retribysjɔ̃] *nf* remuneration.

rétro [retro] ◇ *nm* **-1.** [style] old style OU fashion. **-2.** *fam* [rétroviseur] rearview mirror. ◇ *adj inv* old-style.

rétroactif, -ive [retroaktif, iv] *adj* retrospective.

rétrograde [retrograd] *adj péj* reactionary.

rétrograder [retrograde] ◇ *vt* to demote. ◇ *vi* AUTOM to change down.

rétroprojecteur [retroprɔʒɛktœr] *nm* overhead projector.

rétrospectif, -ive [retrɔspɛktif, iv] *adj* retrospective.

♦ **rétrospective** *nf* retrospective.

rétrospectivement [retrɔspɛktivmɑ̃] *adv* retrospectively.

retrousser [rətruse] *vt* **-1.** [manches,

pantalon] to roll up. **-2.** [lèvres] to curl.

retrouvailles [rətruvaj] *nfpl* reunion (*sg*).

retrouver [rətruve] *vt* **-1.** [gén] to find; [appétit] to recover, to regain. **-2.** [reconnaître] to recognize. **-3.** [ami] to meet, to see.
◆ **se retrouver** *vp* **-1.** [entre amis] to meet (up) again; **on se retrouve au café?** shall we meet up OU see each other at the café? **-2.** [être de nouveau] to find o.s. again. **-3.** [s'orienter] to find one's way; **ne pas s'y ~** [dans papiers] to be completely lost. **-4.** [erreur, style] to be found, to crop up. **-5.** [financièrement]: **s'y ~** *fam* to break even.

rétroviseur [retrɔvizœr] *nm* rear-view mirror.

réunification [reynifikasjɔ̃] *nf* reunification.

réunifier [reynifje] *vt* to reunify.

réunion [reynjɔ̃] *nf* **-1.** [séance] meeting. **-2.** [jonction] union, merging. **-3.** [d'amis, de famille] reunion.

réunir [reynir] *vt* **-1.** [fonds] to collect. **-2.** [extrémités] to put together, to bring together. **-3.** [qualités] to combine. **-4.** [personnes] to bring together; [- après séparation] to reunite.
◆ **se réunir** *vp* **-1.** [personnes] to meet. **-2.** [entreprises] to combine; [états] to unite. **-3.** [fleuves, rues] to converge.

réussi, -e [reysi] *adj* successful; **c'est ~!** *fig & iron* congratulations!, well done!

réussir [reysir] ◇ *vi* **-1.** [personne, affaire] to succeed, to be a success; **~ à faire qqch** to succeed in doing sthg. **-2.** [climat]: **~ à** to agree with. ◇ *vt* **-1.** [portrait, plat] to make a success of. **-2.** [examen] to pass.

réussite [reysit] *nf* **-1.** [succès] success. **-2.** [jeu de cartes] patience *Br*, solitaire *Am*.

réutiliser [reytilize] *vt* to reuse.

revaloriser [rəvalɔrize] *vt* [monnaie] to revalue; [salaires] to raise; *fig* [idée, doctrine] to rehabilitate.

revanche [rəvɑ̃ʃ] *nf* **-1.** [vengeance] revenge; **prendre sa ~** to take one's revenge. **-2.** SPORT return (match).
◆ **en revanche** *loc adv* [par contre] on the other hand.

rêvasser [rɛvase] *vi* to daydream.

rêve [rɛv] *nm* dream.

rêvé, -e [rɛve] *adj* ideal.

revêche [rəvɛʃ] *adj* surly.

réveil [revɛj] *nm* **-1.** [de personne] waking (up); *fig* awakening. **-2.** [pendule] alarm clock.

réveiller [reveje] *vt* **-1.** [personne] to wake up. **-2.** [courage] to revive.
◆ **se réveiller** *vp* **-1.** [personne] to wake (up). **-2.** [ambitions] to re-awaken.

réveillon [revɛjɔ̃] *nm* [jour - de Noël] Christmas Eve; [- de nouvel an] New Year's Eve.

réveillonner [revɛjɔne] *vi* to have a Christmas Eve/New Year's Eve meal.

révélateur, -trice [revelatœr, tris] *adj* revealing.
◆ **révélateur** *nm* PHOT developer; *fig* [ce qui révèle] indication.

révélation [revelasjɔ̃] *nf* **-1.** [gén] revelation. **-2.** [artiste] discovery.

révéler [revele] *vt* **-1.** [gén] to reveal. **-2.** [artiste] to discover.
◆ **se révéler** *vp* **-1.** [apparaître] to be revealed. **-2.** [s'avérer] to prove to be.

revenant [rəvnɑ̃] *nm* **-1.** [fantôme] spirit, ghost. **-2.** *fam* [personne] stranger.

revendeur, -euse [rəvɑ̃dœr, øz] *nm, f* retailer.

revendication [rəvɑ̃dikasjɔ̃] *nf* claim, demand.

revendiquer [rəvɑ̃dike] *vt* [dû, responsabilité] to claim; [avec force] to demand.

revendre [rəvɑ̃dr] *vt* **-1.** [après utilisation] to resell. **-2.** [vendre plus de] to sell more of.

revendu, -e [rəvɑ̃dy] *pp* → **revendre**.

revenir [rəvnir] *vi* **-1.** [gén] to come back, to return; ~ **de** to come back from, to return from; ~ **à** to come back to, to return to; ~ **sur** [sujet] to go over again; [décision] to go back on; ~ **à soi** to come to. **-2.** [mot, sujet] to crop up. **-3.** [à l'esprit]: ~ **à** to come back to. **-4.** [impliquer]: **cela revient au même/à dire que ...** it amounts to the same thing/to saying (that) .... **-5.** [coûter]: ~ **à** to come to, to amount to; ~ **cher** to be expensive. **-6.** [honneur, tâche]: ~ **à** to fall to; **c'est à lui qu'il revient de ...** it is up to him to .... **-7.** CULIN: **faire** ~ to brown. **-8.** *loc*: **sa tête ne me revient pas** I don't like the look of him/her; **il n'en revenait pas** he couldn't get over it.

revente [rəvɑ̃t] *nf* resale.

revenu, -e [rəvny] *pp* → **revenir**.
◆ **revenu** *nm* [de pays] revenue; [de personne] income.

rêver [reve] ◇ *vi* to dream; [rêvasser] to daydream; ~ **de/à** to dream of/about. ◇ *vt* to dream; ~ **que** to dream (that).

réverbération [reverberasjɔ̃] *nf* reverberation.

réverbère [reverber] *nm* street lamp OU light.

révérence [reverɑ̃s] *nf* **-1.** [salut] bow. **-2.** *littéraire* [déférence] reverence.

révérend, -e [reverɑ̃, ɑ̃d] *adj* reverend.
◆ **révérend** *nm* reverend.

révérer [revere] *vt* to revere.

rêverie [rɛvri] *nf* reverie.

revers [rəver] *nm* **-1.** [de main] back; [de pièce] reverse. **-2.** [de veste] lapel; [de pantalon] turn-up *Br*, cuff *Am*. **-3.** TENNIS backhand. **-4.** *fig* [de fortune] reversal.

reverser [rəverse] *vt* **-1.** [liquide] to pour out more of. **-2.** FIN: ~ **qqch sur** to pay sthg into.

réversible [reversibl] *adj* reversible.

revêtement [rəvetmɑ̃] *nm* surface.

revêtir [rəvetir] *vt* **-1.** [mur, surface]: ~ **(de)** to cover (with). **-2.** [aspect] to take on, to assume. **-3.** [vêtement] to put on; [personne] to dress.

revêtu, -e [rəvety] *pp* → **revêtir**.

rêveur, -euse [revœr, øz] ◇ *adj* dreamy. ◇ *nm, f* dreamer.

revient [rəvjɛ̃] → **prix**.

revigorer [rəvigɔre] *vt* to invigorate.

revirement [rəvirmɑ̃] *nm* change.

réviser [revize] *vt* **-1.** [réexaminer, modifier] to revise, to review. **-2.** SCOL to revise. **-3.** [machine] to check.

révision [revizjɔ̃] *nf* **-1.** [réexamen, modification] revision, review. **-2.** SCOL revision. **-3.** [de machine] checkup.

revisser [rəvise] *vt* to screw back again.

revivre [rəvivr] ◇ *vi* [personne] to come back to life, to revive; *fig* [espoir] to be revived, to revive; **faire** ~ to revive. ◇ *vt* to relive; **faire** ~ **qqch à qqn** to bring sthg back to sb.

revoici [rəvwasi] *prép*: **me** ~! it's me again!, I'm back!

revoir [rəvwar] *vt* **-1.** [renouer avec] to see again. **-2.** [corriger, étudier] to revise *Br*, to review *Am*.
◆ **se revoir** *vp* [amis] to see each other again; [professionnellement] to meet again.
◆ **au revoir** *interj & nm* goodbye.

révoltant, -e [revɔltɑ̃, ɑ̃t] *adj* revolting.

révolte [revɔlt] *nf* revolt.

révolter [revɔlte] *vt* to disgust.
◆ **se révolter** *vp*: **se** ~ **(contre)** to revolt (against).

révolu, -e [revɔly] *adj* past; **avoir 15 ans** ~**s** ADMIN to be over 15.

révolution [revɔlysjɔ̃] *nf* **-1.** [gén] revolution. **-2.** *fam* [effervescence] uproar.

révolutionnaire [revɔlysjɔner] *nmf & adj* revolutionary.

révolutionner [revɔlysjɔne] *vt* **-1.** [transformer] to revolutionize. **-2.** [mettre en émoi] to stir up.

revolver [revɔlvɛr] *nm* revolver.

révoquer [revɔke] *vt* **-1.** [fonctionnaire] to dismiss. **-2.** [loi] to revoke.

revue [rəvy] *nf* **-1.** [gén] review; ~ **de presse** press review; **passer en** ~ *fig* to review. **-2.** [défilé] march-past. **-3.** [magazine] magazine. **-4.** [spectacle] revue.

rez-de-chaussée [redʃose] *nm inv* ground floor *Br*, first floor *Am*.

RFA (*abr de* **République fédérale d'Allemagne**) *nf* FRG.

rhabiller [rabije] *vt* to dress again.
◆ **se rhabiller** *vp* to get dressed again.

rhésus [rezys] *nm* rhesus (factor); ~ **positif/négatif** rhesus positive/negative.

rhétorique [retɔrik] *nf* rhetoric.

Rhin [rɛ̃] *nm*: **le** ~ the Rhine.

rhinocéros [rinɔserɔs] *nm* rhinoceros.

rhino-pharyngite [rinɔfarɛ̃ʒit] (*pl* **rhino-pharyngites**) *nf* throat infection.

rhododendron [rɔdɔdɛ̃drɔ̃] *nm* rhododendron.

Rhône [ron] *nm*: **le** ~ the (River) Rhône.

rhubarbe [rybarb] *nf* rhubarb.

rhum [rɔm] *nm* rum.

rhumatisme [rymatism] *nm* rheumatism.

rhume [rym] *nm* cold; **attraper un** ~ to catch a cold; ~ **des foins** hay fever.

ri [ri] *pp inv* → **rire**.

riant, -e [rijɑ̃, ɑ̃t] *adj* smiling; *fig* cheerful.

RIB, Rib [rib] (*abr de* **relevé d'identité bancaire**) *nm* bank account identification slip.

ribambelle [ribɑ̃bɛl] *nf*: ~ **de** string of.

ricaner [rikane] *vi* to snigger.

riche [riʃ] ◇ *adj* **-1.** [gén] rich; [personne, pays] rich, wealthy; ~ **en** OU **de** rich in. **-2.** [idée] great. ◇ *nmf* rich person; **les** ~s the rich.

richesse [riʃɛs] *nf* **-1.** [de personne, pays] wealth (*U*). **-2.** [de faune, flore] abundance.
◆ **richesses** *nfpl* [gén] wealth (*U*).

ricochet [rikɔʃe] *nm litt & fig* rebound; [de balle d'arme] ricochet; **par** ~ in an indirect way.

rictus [riktys] *nm* rictus.

ride [rid] *nf* wrinkle; [de surface d'eau] ripple.

rideau, -x [rido] *nm* curtain; ~ **de fer** [frontière] Iron Curtain.

rider [ride] *vt* **-1.** [peau] to wrinkle. **-2.** [surface] to ruffle.
◆ **se rider** *vp* to become wrinkled.

ridicule [ridikyl] ◇ *adj* ridiculous. ◇ *nm*: **se couvrir de** ~ to make o.s. look ridiculous; **tourner qqn/qqch en** ~ to ridicule sb/sthg.

ridiculiser [ridikylize] *vt* to ridicule.
◆ **se ridiculiser** *vp* to make o.s. look ridiculous.

rien [rjɛ̃] ◇ *pron indéf* **-1.** [en contexte négatif]: **ne ... rien** nothing, not ... anything; **je n'ai** ~ **fait** I've done nothing, I haven't done anything; **je n'en sais** ~ I don't know (anything about it), I know nothing about it; ~ **ne m'intéresse** nothing interests me; **il n'y a plus** ~ **dans le réfrigérateur** there's nothing left in the fridge. **-2.** [aucune chose] nothing; **que fais-tu?** — ~ what are you doing? — nothing; ~ **de nouveau** nothing new; ~ **d'autre** nothing else; ~ **du tout** nothing at all; ~ **à faire** it's no good; **de** ~! don't mention it!, not at all!; **pour** ~ for nothing. **-3.** [quelque chose] anything; **sans** ~ **dire** without saying anything. ◇ *nm*: **pour un** ~ [se fâcher, pleurer] for nothing, at the slightest thing; **perdre son temps à des** ~s to waste one's time with trivia; **en un** ~ **de temps** in no time at all.

◆**rien que** *loc adv* only, just; **la vé-rité, ~ que la vérité** the truth and nothing but the truth; **~ que l'idée des vacances la comblait** just thinking about the holiday filled her with joy.

rieur, rieuse [rijœr, rijøz] *adj* cheerful.

rigide [riʒid] *adj* rigid; [muscle] tense.

rigidité [riʒidite] *nf* rigidity; [de muscle] tenseness; [de principes, mœurs] strictness.

rigole [rigɔl] *nf* channel.

rigoler [rigɔle] *vi fam* **-1.** [rire] to laugh. **-2.** [plaisanter]: **~ (de)** to joke (about).

rigolo, -ote [rigɔlo, ɔt] *fam* ◇ *adj* fun-ny. ◇ *nm, f péj* phoney.

rigoureux, -euse [rigurø, øz] *adj* **-1.** [discipline, hiver] **harsh. -2.** [analyse] rigorous.

rigueur [rigœr] *nf* **-1.** [de punition] se-verity, harshness. **-2.** [de climat] harshness. **-3.** [d'analyse] rigour, ex-actness.

◆**à la rigueur** *loc adv* if necessary, if need be.

rime [rim] *nf* rhyme.

rimer [rime] *vi*: **~ (avec)** to rhyme (with).

rinçage [rɛ̃saʒ] *nm* rinsing.

rincer [rɛ̃se] *vt* [bouteille] to rinse out; [cheveux, linge] to rinse.

ring [riŋ] *nm* **-1.** BOXE ring. **-2.** *Belg* [route] bypass.

riposte [ripɔst] *nf* **-1.** [réponse] retort, riposte. **-2.** [contre-attaque] counterat-tack.

riposter [ripɔste] ◇ *vt*: **~ que** to re-tort OU riposte that. ◇ *vi* **-1.** [répon-dre] to riposte. **-2.** [contre-attaquer] to counter, to retaliate.

rire [rir] ◇ *nm* laugh; **éclater de ~** to burst out laughing. ◇ *vi* **-1.** [gén] to laugh. **-2.** [plaisanter]: **pour ~** *fam* as a joke, for a laugh.

risée [rize] *nf* ridicule; **être la ~ de** to be the laughing stock of.

risible [rizibl] *adj* [ridicule] ridiculous.

risque [risk] *nm* risk; **prendre des ~s** to take risks; **à tes/vos ~s et périls** at your own risk.

risqué, -e [riske] *adj* **-1.** [entreprise] risky, dangerous. **-2.** [plaisanterie] ris-qué, daring.

risquer [riske] *vt* **-1.** [vie, prison] to risk; **~ de faire qqch** to be likely to do sthg; **je risque de perdre tout ce que j'ai** I'm running the risk of los-ing everything I have; **cela ne risque rien** it will be all right. **-2.** [tenter] to venture.

◆**se risquer** *vp* to venture; **se ~ à faire qqch** to dare to do sthg.

rissoler [risɔle] *vi* to brown.

rite [rit] *nm* **-1.** RELIG rite. **-2.** [cérémo-nial & *fig*] ritual.

rituel, -elle [rityɛl] *adj* ritual.

◆**rituel** *nm* ritual.

rivage [rivaʒ] *nm* shore.

rival, -e, -aux [rival, o] ◇ *adj* rival (*avant n*). ◇ *nm, f* rival.

rivaliser [rivalize] *vi*: **~ avec** to com-pete with.

rivalité [rivalite] *nf* rivalry.

rive [riv] *nf* [de rivière] bank.

river [rive] *vt* **-1.** [fixer]: **~ qqch à qqch** to rivet sthg to sthg. **-2.** [clou] to clinch; **être rivé à** *fig* to be riveted OU glued to.

riverain, -e [rivrɛ̃, ɛn] *nm, f* resident.

rivet [rivɛ] *nm* rivet.

rivière [rivjɛr] *nf* river.

rixe [riks] *nf* fight, brawl.

riz [ri] *nm* rice.

rizière [rizjɛr] *nf* paddy (field).

RMI (*abr de* **revenu minimum d'insertion**) *nm* minimum guaranteed income (for people with no other source of income).

robe [rɔb] *nf* **-1.** [de femme] dress; **~ de mariée** wedding dress. **-2.** [pei-gnoir]: **~ de chambre** dressing gown. **-3.** [de cheval] coat. **-4.** [de vin] colour.

robinet [rɔbinɛ] *nm* tap.

robinetterie [rɔbinɛtri] *nf* [installations] taps (*pl*).

robot [rɔbo] *nm* **-1.** [gén] robot. **-2.** [ménager] food processor.

robotique [rɔbɔtik] *nf* robotics (*U*).

robotisation [rɔbɔtizasjɔ̃] *nf* automation.

robuste [rɔbyst] *adj* **-1.** [personne, santé] robust. **-2.** [plante] hardy. **-3.** [voiture] sturdy.

roc [rɔk] *nm* rock.

rocade [rɔkad] *nf* bypass.

rocaille [rɔkaj] *nf* **-1.** [caillou] loose stones (*pl*). **-2.** [dans jardin] rock garden, rockery.

rocailleux, -euse [rɔkajø, øz] *adj* **-1.** [terrain] rocky. **-2.** *fig* [voix] harsh.

rocambolesque [rɔkɑ̃bɔlɛsk] *adj* fantastic.

roche [rɔʃ] *nf* rock.

rocher [rɔʃe] *nm* rock.

rocheux, -euse [rɔʃø, øz] *adj* rocky.

◆ **Rocheuses** *nfpl*: les Rocheuses the Rockies.

rock [rɔk] *nm* rock ('n' roll).

rodage [rɔdaʒ] *nm* **-1.** [de véhicule] running-in; «en ~» "running in". **-2.** *fig* [de méthode] running-in OU debugging period.

rodéo [rɔdeo] *nm* rodeo; *fig* & *iron* free-for-all.

roder [rɔde] *vt* **-1.** [véhicule] to run in. **-2.** *fam* [méthode] to run in, to debug; [personne] to break in.

rôdeur, -euse [rodœr, øz] *nm, f* prowler.

rogne [rɔɲ] *nf fam* bad temper; être/se mettre en ~ to be in/to get into a bad mood, to be in/to get into a temper.

rogner [rɔɲe] ◇ *vt* **-1.** [ongles] to trim. **-2.** [revenus] to eat into. ◇ *vi*: ~ sur qqch to cut down on sthg.

roi [rwa] *nm* king; tirer les ~s to celebrate Epiphany.

rôle [rol] *nm* role, part.

romain, -e [rɔmɛ̃, ɛn] *adj* Roman.

◆ **Romain, -e** *nm, f* Roman.

roman, -e [rɔmɑ̃, an] *adj* **-1.** [langue] Romance. **-2.** ARCHIT Romanesque.

◆ **roman** *nm* **-1.** LITTÉRATURE novel. **-2.** *fig* & *iron* [exagération] story; [aventure] saga.

romance [rɔmɑ̃s] *nf* [chanson] love song.

romancier, -ière [rɔmɑ̃sje, jɛr] *nm, f* novelist.

romanesque [rɔmanɛsk] *adj* **-1.** LITTÉRATURE novelistic. **-2.** [aventure] fabulous, storybook (*avant n*).

roman-feuilleton [rɔmɑ̃fœjtɔ̃] *nm* serial; *fig* soap opera.

roman-photo [rɔmɑ̃fɔto] *nm* story told in photographs.

romantique [rɔmɑ̃tik] *nmf & adj* romantic.

romantisme [rɔmɑ̃tism] *nm* **-1.** ART Romantic movement. **-2.** [sensibilité] romanticism.

romarin [rɔmarɛ̃] *nm* rosemary.

rompre [rɔ̃pr] ◇ *vt* **-1.** *sout* [objet] to break. **-2.** [charme, marché] to break; [fiançailles, relations] to break off. ◇ *vi* to break; ~ avec qqn *fig* to break up with sb.

◆ **se rompre** *vp* to break; se ~ le cou/les reins to break one's neck/back.

ronce [rɔ̃s] *nf* [arbuste] bramble.

ronchonner [rɔ̃ʃɔne] *vi fam*: ~ (après) to grumble (at).

rond, -e [rɔ̃, rɔ̃d] *adj* **-1.** [forme, chiffre] round. **-2.** [joue, ventre] chubby, plump. **-3.** *fam* [ivre] tight.

◆ **rond** *nm* **-1.** [cercle] circle; en ~ in a circle OU ring; tourner en ~ *fig* to go round in circles. **-2.** [anneau] ring. **-3.** *fam* [argent]: je n'ai pas un ~ I haven't got a penny OU bean.

ronde [rɔ̃d] *nf* **-1.** [de surveillance] rounds (*pl*); [de policier] beat. **-2.** [danse] round. **-3.** MUS semibreve *Br*, whole note *Am*.

◆ **à la ronde** *loc adv*: à des kilomètres à la ~ for miles around.

rondelle [rɔ̃dɛl] *nf* **-1.** [de saucisson] slice. **-2.** [de métal] washer.

rondement [rɔ̃dmɑ̃] *adv* [efficacement] efficiently, briskly.

rondeur [rɔ̃dœr] *nf* **-1.** [forme] roundness. **-2.** [partie charnue] curve.

rond-point [rɔ̃pwɛ̃] *nm* roundabout *Br*, traffic circle *Am*.

ronflant, -e [rɔ̃flɑ̃, ɑ̃t] *adj péj* grandiose.

ronflement [rɔ̃fləmɑ̃] *nm* **-1.** [de dormeur] snore. **-2.** [de poêle, moteur] hum, purr.

ronfler [rɔ̃fle] *vi* **-1.** [dormeur] to snore. **-2.** [poêle, moteur] to hum, to purr.

ronger [rɔ̃ʒe] *vt* [bois, os] to gnaw; [métal, falaise] to eat away at; *fig* to gnaw at, to eat away at.
◆ **se ronger** *vp* **-1.** [grignoter]: se ~ les ongles to bite one's nails. **-2.** *fig* [se tourmenter] to worry, to torture o.s.

rongeur, -euse [rɔ̃ʒœr, øz] *adj* gnawing, rodent (*avant n*).
◆ **rongeur** *nm* rodent.

ronronner [rɔ̃rɔne] *vi* [chat] to purr; [moteur] to purr, to hum.

rosace [rozas] *nf* **-1.** [ornement] rose. **-2.** [vitrail] rose window. **-3.** [figure géométrique] rosette.

rosbif [rɔzbif] *nm* [viande] roast beef.

rose [roz] ◇ *nf* rose. ◇ *nm* pink. ◇ *adj* pink.

rosé, -e [roze] *adj* [teinte] rosy.
◆ **rosé** *nm* rosé.
◆ **rosée** *nf* dew.

roseau, -x [rozo] *nm* reed.

rosier [rozje] *nm* rose bush.

rosir [rozir] *vt & vi* to turn pink.

rosser [rɔse] *vt* to thrash.

rossignol [rɔsiɲɔl] *nm* [oiseau] nightingale.

rot [ro] *nm* burp.

rotatif, -ive [rɔtatif, iv] *adj* rotary.

rotation [rɔtasjɔ̃] *nf* rotation.

roter [rɔte] *vi fam* to burp.

rôti, -e [roti] *adj* roast.
◆ **rôti** *nm* roast, joint.

rotin [rɔtɛ̃] *nm* rattan.

rôtir [rotir] ◇ *vt* to roast. ◇ *vi* CULIN to roast.

rôtisserie [rotisri] *nf* **-1.** [restaurant] ≈ steakhouse. **-2.** [magasin] *shop selling roast meat*.

rotonde [rɔtɔ̃d] *nf* [bâtiment] rotunda.

rotule [rɔtyl] *nf* kneecap.

rouage [rwaʒ] *nm* cog, gearwheel; les ~s de l'État *fig* the wheels of State.

rouble [rubl] *nm* rouble.

roucouler [rukule] ◇ *vt* to warble; *fig* to coo. ◇ *vi* to coo; *fig* to bill and coo.

roue [ru] *nf* **-1.** [gén] wheel; ~ de secours spare wheel; un deux ~s a two-wheeled vehicle. **-2.** [de paon]: faire la ~ to display. **-3.** GYM cartwheel.

rouer [rwe] *vt*: ~ qqn de coups to thrash sb, to beat sb.

rouge [ruʒ] ◇ *nm* **-1.** [couleur] red. **-2.** *fam* [vin] red (wine). **-3.** [fard] rouge, blusher; ~ à lèvres lipstick. **-4.** AUTOM: passer au ~ to turn red; [conducteur] to go through a red light. ◇ *nmf* POLIT & *péj* Red. ◇ *adj* **-1.** [gén] red. **-2.** [fer, tison] red-hot. **-3.** POLIT & *péj* Red.

rouge-gorge [ruʒgɔrʒ] *nm* robin.

rougeole [ruʒɔl] *nf* measles (*sg*).

rougeoyer [ruʒwaje] *vi* to turn red.

rougeur [ruʒœr] *nf* **-1.** [de visage, de chaleur, d'effort] flush; [- de gêne] blush. **-2.** [sur peau] red spot OU blotch.

rougir [ruʒir] ◇ *vt* **-1.** [colorer] to turn red. **-2.** [chauffer] to make red-hot. ◇ *vi* **-1.** [devenir rouge] to turn red. **-2.** [d'émotion]: ~ (de) [de plaisir, colère] to flush (with); [de gêne] to blush (with). **-3.** *fig* [avoir honte]: ~ de qqch to be ashamed of sthg.

rougissant, -e [ruʒisɑ̃, ɑ̃t] *adj* [ciel] reddening; [jeune fille] blushing.

rouille [ruj] ◇ *nf* **-1.** [oxyde] rust. **-2.** CULIN *spicy garlic sauce for fish soup*. ◇ *adj inv* rust.

rouiller [ruje] ◇ *vt* to rust, to make rusty. ◇ *vi* to rust.

roulade [rulad] *nf* [galipette] roll.

rouleau, -x [rulo] *nm* **-1.** [gén & TECHNOL] roller; ~ **compresseur** steamroller. **-2.** [de papier] roll. **-3.** [à pâtisserie] rolling pin.

roulement [rulmã] *nm* **-1.** [gén] rolling. **-2.** [de personnel] rotation; **travailler par** ~ to work to a rota. **-3.** [de tambour, tonnerre] roll. **-4.** TECHNOL rolling bearing. **-5.** FIN circulation.

rouler [rule] ◇ *vt* **-1.** [déplacer] to wheel. **-2.** [enrouler - tapis] to roll up; [- cigarette] to roll. **-3.** *fam* [balancer] to sway. **-4.** LING to roll. **-5.** *fam fig* [duper] to swindle, to do. ◇ *vi* **-1.** [ballon, bateau] to roll. **-2.** [véhicule] to go, to run; [suj: personne] to drive.

◆ **se rouler** *vp* to roll about; **se ~ par terre** to roll on the ground; **se ~ en boule** to roll o.s. into a ball.

roulette [rulɛt] *nf* **-1.** [petite roue] castor. **-2.** [de dentiste] drill. **-3.** JEU roulette.

roulis [ruli] *nm* roll.

roulotte [rulɔt] *nf* [de gitan] caravan; [de tourisme] caravan *Br*, trailer *Am*.

roumain, -e [rumẽ, ɛn] *adj* Romanian.

◆ **roumain** *nm* [langue] Romanian.

◆ **Roumain, -e** *nm, f* Romanian.

Roumanie [rumani] *nf*: **la ~** Romania.

rouquin, -e [rukẽ, in] *fam* ◇ *adj* redheaded. ◇ *nm, f* redhead.

rouspéter [ruspete] *vi fam* to grumble, to moan.

rousse → **roux**.

rousseur [rusœr] *nf* redness.

◆ **taches de rousseur** *nfpl* freckles.

roussir [rusir] ◇ *vt* **-1.** [rendre roux] to turn brown; CULIN to brown. **-2.** [brûler légèrement] to singe. ◇ *vi* **-1.** [passer au brun] to turn brown; CULIN to brown.

route [rut] *nf* **-1.** [gén] road; **en ~** on the way; **en ~!** let's go!; **mettre en ~** [démarrer] to start up; *fig* to get under way. **-2.** [itinéraire] route.

routier, -ière [rutje, jɛr] *adj* road (*avant n*).

◆ **routier** *nm* **-1.** [chauffeur] long-distance lorry driver *Br* OU trucker *Am*. **-2.** [restaurant] ≃ transport cafe *Br*, ≃ truck stop *Am*.

routine [rutin] *nf* routine.

routinier, -ière [rutinje, jɛr] *adj* routine.

rouvert, -e [ruver, ɛrt] *pp* → **rouvrir**.

rouvrir [ruvrir] *vt* to reopen, to open again.

◆ **se rouvrir** *vp* to reopen, to open again.

roux, rousse [ru, rus] ◇ *adj* **-1.** [cheveux] red. **-2.** [sucre] brown. ◇ *nm, f* [personne] redhead.

◆ **roux** *nm* [couleur] red, russet.

royal, -e, -aux [rwajal, o] *adj* **-1.** [de roi] royal. **-2.** [magnifique] princely.

royaliste [rwajalist] *nmf & adj* royalist.

royaume [rwajom] *nm* kingdom.

Royaume-Uni [rwajomyni] *nm*: **le ~** the United Kingdom.

royauté [rwajote] *nf* **-1.** [fonction] kingship. **-2.** [régime] monarchy.

RPR (*abr de* **Rassemblement pour la République**) *nm French political party to the right of the political spectrum.*

rte *abr de* **route**.

ruade [rɥad] *nf* kick.

ruban [rybã] *nm* ribbon; ~ **adhésif** adhesive tape.

rubéole [rybeɔl] *nf* German measles (*sg*), rubella.

rubis [rybi] *nm* [pierre précieuse] ruby.

rubrique [rybrik] *nf* **-1.** [chronique] column. **-2.** [dans classement] heading.

ruche [ryʃ] *nf* [abri] hive, beehive; *fig* hive of activity.

rude [ryd] *adj* **-1.** [surface] rough. **-2.** [voix] harsh. **-3.** [personne, manières] rough, uncouth. **-4.** [hiver, épreuve] harsh, severe; [tâche, adversaire] tough.

rudement [rydmã] *adv* **-1.** [brutalement - tomber] hard; [- répondre] harshly. **-2.** *fam* [très] damn.

rudesse [rydɛs] *nf* harshness, severity.

rudimentaire [rydimɑ̃tɛr] *adj* rudimentary.

rudoyer [rydwaje] *vt* to treat harshly.

rue [ry] *nf* street.

ruée [rɥe] *nf* rush.

ruelle [rɥɛl] *nf* [rue] alley, lane.

ruer [rɥe] *vi* to kick.
◆ **se ruer** *vp*: se ~ **sur** to pounce on.

rugby [rygbi] *nm* rugby.

rugir [ryʒir] *vi* [fauve] to roar; [vent] to howl.

rugissement [ryʒismɑ̃] *nm* roar, roaring (U); [de vent] howling.

rugosité [rygozite] *nf* **-1.** [de surface] roughness. **-2.** [aspérité] rough patch.

rugueux, -euse [rygø, øz] *adj* rough.

ruine [rɥin] *nf* **-1.** [gén] ruin. **-2.** [effondrement] ruin, downfall. **-3.** [humaine] wreck.

ruiner [rɥine] *vt* to ruin.
◆ **se ruiner** *vp* to ruin o.s., to bankrupt o.s.

ruineux, -euse [rɥinø, øz] *adj* ruinous.

ruisseau, -x [rɥiso] *nm* **-1.** [cours d'eau] stream. **-2.** *fig & péj* [caniveau] gutter.

ruisseler [rɥisle] *vi*: ~ **(de)** to stream (with).

rumeur [rymœr] *nf* **-1.** [bruit] murmur. **-2.** [nouvelle] rumour.

ruminant [rymināɑ̃] *nm* ruminant.

ruminer [rymine] *vt* to ruminate; *fig* to mull over.

rupture [ryptyr] *nf* **-1.** [cassure] breaking. **-2.** *fig* [changement] abrupt change. **-3.** [de négociations, fiançailles] breaking off; [de contrat] breach. **-4.** [amoureuse] breakup, split.

rural, -e, -aux [ryral, o] *adj* country (*avant n*), rural.

ruse [ryz] *nf* **-1.** [habileté] cunning, craftiness. **-2.** [subterfuge] ruse.

rusé, -e [ryze] *adj* cunning, crafty.

russe [rys] ◇ *adj* Russian. ◇ *nm* [langue] Russian.
◆ **Russe** *nmf* Russian.

Russie [rysi] *nf*: **la** ~ Russia.

rustine [rystin] *nf* small rubber patch for repairing bicycle tyres.

rustique [rystik] *adj* rustic.

rustre [rystr] *péj* ◇ *nmf* lout. ◇ *adj* loutish.

rutilant, -e [rytilɑ̃, ɑ̃t] *adj* [brillant] gleaming.

rythme [ritm] *nm* **-1.** MUS rhythm; **en** ~ in rhythm. **-2.** [de travail, production] pace, rate.

rythmique [ritmik] *adj* rhythmical.

S

s, S [ɛs] *nm inv* **-1.** [lettre] s, S. **-2.** [forme] zigzag.
◆ **S** (*abr de* **Sud**) S.

s' → **se**.

s/ *abr de* **sur**.

sa → **son**.

SA (*abr de* **société anonyme**) *nf* ≃ Ltd *Br*, ≃ Inc. *Am*.

sabbatique [sabatik] *adj* **-1.** RELIG Sabbath (*avant n*). **-2.** [congé] sabbatical.

sable [sabl] *nm* sand; ~**s mouvants** quicksand (*sg*), quicksands.

sablé, -e [sable] *adj* [route] sandy.
◆ **sablé** *nm* ≃ shortbread (U).

sabler [sable] *vt* **-1.** [route] to sand. **-2.** [boire]: ~ **le champagne** to crack a bottle of champagne.

sablier [sablije] *nm* hourglass.

sablonneux, -euse [sablɔnø, øz] *adj* sandy.

saborder [sabɔrde] *vt* [navire] to scuttle; *fig* [entreprise] to wind up; *fig* [projet] to scupper.

sabot [sabo] *nm* **-1.** [chaussure] clog.

-2. [de cheval] hoof. **-3.** AUTOM: ~ de Denver wheel clamp, Denver boot.

sabotage [sabɔtaʒ] *nm* **-1.** [volontaire] sabotage. **-2.** [bâclage] bungling.

saboter [sabɔte] *vt* **-1.** [volontairement] to sabotage. **-2.** [bâcler] to bungle.

saboteur, **-euse** [sabɔtœr, øz] *nm, f* MIL & POLIT saboteur.

sabre [sabr] *nm* sabre.

sac [sak] *nm* **-1.** [gén] bag; [pour grains] sack; [contenu] bag, bagful, sack, sackful; ~ de couchage sleeping bag; ~ à dos rucksack; ~ à main handbag. **-2.** *fam* [10 francs] 10 francs. **-3.** *littéraire* [pillage] sack.

saccade [sakad] *nf* jerk.

saccadé, **-e** [sakade] *adj* jerky.

saccage [sakaʒ] *nm* havoc.

saccager [sakaʒe] *vt* **-1.** [piller] to sack. **-2.** [dévaster] to destroy.

sacerdoce [saserdɔs] *nm* priesthood; *fig* vocation.

sachant *ppr* → **savoir**.

sache, **saches** *etc* → **savoir**.

sachet [saʃɛ] *nm* [de bonbons] bag; [de shampooing] sachet; ~ de thé teabag.

sacoche [sakɔʃ] *nf* **-1.** [de médecin, d'écolier] bag. **-2.** [de cycliste] pannier.

sac-poubelle [sakpubɛl] (*pl* **sacs-poubelle**) *nm* [petit] dustbin liner; [grand] rubbish bag *Br*, garbage bag *Am*.

sacre [sakr] *nm* [de roi] coronation; [d'évêque] consecration.

sacré, **-e** [sakre] *adj* **-1.** [gén] sacred. **-2.** RELIG [ordres, écritures] holy. **-3.** (*avant n*) *fam* [maudit] bloody (*avant n*) *Br*, goddam (*avant n*) *Am*.

sacrement [sakrəmɑ̃] *nm* sacrament.

sacrément [sakremɑ̃] *adv* *fam vieilli* dashed.

sacrer [sakre] *vt* **-1.** [roi] to crown; [évêque] to consecrate. **-2.** *fig* [déclarer] to hail.

sacrifice [sakrifis] *nm* sacrifice.

sacrifié, **-e** [sakrifje] *adj* **-1.** [personne] sacrificed. **-2.** [prix] giveaway (*avant n*).

sacrifier [sakrifje] *vt* [gén] to sacrifice; ~ qqn/qqch à to sacrifice sb/sthg to. ◆ **se sacrifier** *vp*: se ~ à/pour to sacrifice o.s. to/for.

sacrilège [sakrilɛʒ] ◇ *nm* sacrilege. ◇ *adj* sacrilegious.

sacristain [sakristɛ̃] *nm* sacristan.

sacristie [sakristi] *nf* sacristy.

sadique [sadik] ◇ *nmf* sadist. ◇ *adj* sadistic.

sadisme [sadism] *nm* sadism.

safari [safari] *nm* safari.

safran [safrɑ̃] *nm* [épice] saffron.

saga [saga] *nf* saga.

sage [saʒ] ◇ *adj* **-1.** [personne, conseil] wise, sensible. **-2.** [enfant, chien] good. **-3.** [goûts] modest; [propos, vêtement] sober. ◇ *nm* wise man, sage.

sage-femme [saʒfam] *nf* midwife.

sagement [saʒmɑ̃] *adv* **-1.** [avec bon sens] wisely, sensibly. **-2.** [docilement] like a good girl/boy.

sagesse [saʒɛs] *nf* **-1.** [bon sens] wisdom, good sense. **-2.** [docilité] good behaviour.

Sagittaire [saʒitɛr] *nm* ASTROL Sagittarius.

Sahara [saara] *nm*: le ~ the Sahara.

saignant, **-e** [sɛɲɑ̃, ɑ̃t] *adj* **-1.** [blessure] bleeding. **-2.** [viande] rare, underdone.

saignement [sɛɲmɑ̃] *nm* bleeding.

saigner [seɲe] ◇ *vt* **-1.** [malade, animal] to bleed. **-2.** [financièrement]: ~ qqn (à blanc) to bleed sb (white). ◇ *vi* to bleed; je saigne du nez my nose is bleeding, I've got a nosebleed.

saillant, **-e** [sajɑ̃, ɑ̃t] *adj* [proéminent] projecting, protruding; [muscles] bulging; [pommettes] prominent.

saillie [saji] *nf* [avancée] projection; en ~ projecting.

saillir [sajir] *vi* [balcon] to project, to protrude; [muscles] to bulge.

sain, **-e** [sɛ̃, sɛn] *adj* **-1.** [gén] healthy; ~ et sauf safe and sound. **-2.** [lecture]

wholesome. **-3.** [fruit, mur, gestion] sound.

saint, -e [sɛ̃, sɛ̃t] ◇ *adj* **-1.** [sacré] holy. **-2.** [pieux] saintly. **-3.** [extrême]: **avoir une ~e horreur de qqch** to detest sthg. ◇ *nm, f* saint.

saint-bernard [sɛ̃bɛrnar] *nm inv* **-1.** [chien] St Bernard. **-2.** *fig* [personne] good Samaritan.

saintement [sɛ̃tmɑ̃] *adv*: **vivre ~** to lead a saintly life.

sainte-nitouche [sɛ̃tnituʃ] *nf péj*: **c'est une ~** butter wouldn't melt in her mouth.

sainteté [sɛ̃tte] *nf* holiness.

saint-glinglin [sɛ̃glɛ̃glɛ̃]
◆ **à la saint-glinglin** *loc adv fam* till Doomsday.

Saint-Père [sɛ̃pɛr] *nm* Holy Father.

sais, sait *etc* → **savoir**.

saisie [sezi] *nf* **-1.** FISC & JUR distraint, seizure. **-2.** INFORM input; **~ de données** data capture.

saisir [sezir] *vt* **-1.** [empoigner] to take hold of; [avec force] to seize. **-2.** FIN & JUR to seize, to distrain. **-3.** INFORM to capture. **-4.** [comprendre] to grasp. **-5.** [suj: sensation, émotion] to grip, to seize. **-6.** [surprendre]: **être saisi par** to be struck by. **-7.** CULIN to seal.
◆ **se saisir** *vp*: **se ~ de qqn/qqch** to seize sb/sthg, to grab sb/sthg.

saisissant, -e [sezisɑ̃, ɑ̃t] *adj* **-1.** [spectacle] gripping; [ressemblance] striking. **-2.** [froid] biting.

saison [sɛzɔ̃] *nf* season; **en/hors ~** in/out of season; **la haute/basse/ morte ~** the high/low/off season.

saisonnier, -ière [sɛzɔnje, jɛr] ◇ *adj* seasonal. ◇ *nm, f* seasonal worker.

salace [salas] *adj* salacious.

salade [salad] *nf* **-1.** [plante] lettuce. **-2.** [plat] (green) salad.

saladier [saladje] *nm* salad bowl.

salaire [salɛr] *nm* **-1.** [rémunération] salary, wage; **~ brut/net/de base** gross/net/basic salary, gross/net/

basic wage. **-2.** *fig* [récompense] reward.

salant [salɑ̃] → **marais**.

salarial, -e, -iaux [salarjal, jo] *adj* wage (*avant n*).

salarié, -e [salarje] ◇ *adj* **-1.** [personne] wage-earning. **-2.** [travail] paid. ◇ *nm, f* salaried employee.

salaud [salo] *vulg* ◇ *nm* bastard. ◇ *adj m* shitty.

sale [sal] *adj* **-1.** [linge, mains] dirty; [couleur] dirty, dingy. **-2.** (*avant n*) [type, gueule, coup] nasty; [tour, histoire] dirty; [bête, temps] filthy.

salé, -e [sale] *adj* **-1.** [eau, saveur] salty; [beurre] salted; [viande, poisson] salt (*avant n*), salted. **-2.** *fig* [histoire] spicy. **-3.** *fam fig* [addition, facture] steep.

saler [sale] *vt* **-1.** [gén] to salt. **-2.** *fam fig* [note] to bump up.

saleté [salte] *nf* **-1.** [malpropreté] dirtiness, filthiness. **-2.** [crasse] dirt (*U*), filth (*U*); **faire des ~s** to make a mess. **-3.** *fam* [maladie] bug. **-4.** [obscénité] dirty thing, obscenity; **il m'a dit des ~s** he used obscenities to me. **-5.** [action] disgusting thing; **faire une ~ à qqn** to play a dirty trick on sb. **-6.** *fam péj* [personne] nasty piece of work.

salière [saljɛr] *nf* saltcellar.

salir [salir] *vt* **-1.** [linge, mains] to (make) dirty, to soil. **-2.** *fig* [réputation, personne] to sully.

salissant, -e [salisɑ̃, ɑ̃t] *adj* **-1.** [tissu] easily soiled. **-2.** [travail] dirty, messy.

salive [saliv] *nf* saliva.

saliver [salive] *vi* to salivate.

salle [sal] *nf* **-1.** [pièce] room; **~ d'attente** waiting room; **~ de bains** bathroom; **~ de cinéma** cinema; **~ de classe** classroom; **~ d'embarquement** departure lounge; **~ à manger** dining room; **~ d'opération** operating theatre; **~ de séjour** living room; **~ de spectacle** theatre; **~ des ventes** saleroom. **-2.** [de spectacle] audito-

rium. **-3.** [public] audience, house;
faire ~ comble to have a full house.

salon [salɔ̃] *nm* **-1.** [de maison] lounge
Br, living room. **-2.** [commerce]: **~ de
coiffure** hairdressing salon, hairdresser's; **~ de thé** tearoom. **-3.**
[foire-exposition] show.

salope [salɔp] *nf vulg* bitch.

saloperie [salɔpri] *nf fam* **-1.** [pacotille]
rubbish (*U*). **-2.** [maladie] bug. **-3.** [sa-
leté] junk (*U*), rubbish (*U*); **faire des
~s** to make a mess. **-4.** [action] dirty
trick; **faire des ~s à qqn** to play
dirty tricks **on** sb. **-5.** [propos] dirty
comment.

salopette [salɔpɛt] *nf* [d'ouvrier] overalls (*pl*); [à bretelles] dungarees (*pl*).

saltimbanque [saltɛ̃bɑ̃k] *nmf* acrobat.

salubrité [salybrite] *nf* healthiness.

saluer [salɥe] *vt* **-1.** [accueillir] to
greet. **-2.** [dire au revoir à] to take
one's leave of. **-3.** MIL & *fig* to salute.
♦ **se saluer** *vp* to say hello/goodbye
(to one another).

salut [saly] ◇ *nm* **-1.** [de la main]
wave; [de la tête] nod; [propos] greeting. **-2.** MIL salute. **-3.** [sauvegarde]
safety. **-4.** RELIG salvation. ◇ *interj*
fam [bonjour] hi!; [au revoir] bye!, see
you!

salutaire [salytɛr] *adj* **-1.** [conseil, ex-
périence] salutary. **-2.** [remède, repos]
beneficial.

salutation [salytasjɔ̃] *nf littéraire*
salutation, greeting.
♦ **salutations** *nfpl*: **veuillez agréer,
Monsieur, mes ~s distinguées** OU
mes sincères ~s *sout* yours faithfully,
yours sincerely.

salve [salv] *nf* salvo.

samedi [samdi] *nm* Saturday; **nous
sommes partis ~** we left on Saturday; **~ 13 septembre** Saturday 13th
September; **~ dernier/prochain** last/
next Saturday; **le ~** on Saturdays.

SAMU, Samu [samy] (*abr de* **Service
d'aide médicale d'urgence**) *nm French
ambulance and emergency service,* ≃

Ambulance Brigade *Br*, ≃ Para-
medics *Am*.

sanatorium [sanatɔrjɔm] *nm* sanatorium.

sanctifier [sɑ̃ktifje] *vt* **-1.** [rendre saint]
to sanctify. **-2.** [révérer] to hallow.

sanction [sɑ̃ksjɔ̃] *nf* sanction; *fig*
[conséquence] penalty, price; **prendre
des ~s contre** to impose sanctions
on.

sanctionner [sɑ̃ksjɔne] *vt* to sanction.

sanctuaire [sɑ̃ktɥɛr] *nm* **-1.** [d'église]
sanctuary. **-2.** [lieu saint] shrine.

sandale [sɑ̃dal] *nf* sandal.

sandalette [sɑ̃dalɛt] *nf* sandal.

sandwich [sɑ̃dwitʃ] (*pl* **sandwiches**
OU **sandwichs**) *nm* sandwich.

sang [sɑ̃] *nm* blood.

sang-froid [sɑ̃frwa] *nm inv* calm; **de ~**
in cold blood; **perdre/garder son ~**
to lose/to keep one's head.

sanglant, -e [sɑ̃glɑ̃, ɑ̃t] *adj* bloody; *fig*
cruel.

sangle [sɑ̃gl] *nf* strap; [de selle] girth.

sangler [sɑ̃gle] *vt* [attacher] to strap;
[cheval] to girth.

sanglier [sɑ̃glije] *nm* boar.

sanglot [sɑ̃glo] *nm* sob; **éclater en ~s**
to burst into sobs!

sangloter [sɑ̃glɔte] *vi* to sob.

sangsue [sɑ̃sy] *nf* leech; *fig* [personne]
bloodsucker.

sanguin, -e [sɑ̃gɛ̃, in] *adj* **-1.** ANAT
blood (*avant n*). **-2.** [rouge - visage]
ruddy; [- orange] blood (*avant n*). **-3.**
[emporté] quick-tempered.

sanguinaire [sɑ̃ginɛr] *adj* **-1.** [tyran]
bloodthirsty. **-2.** [lutte] bloody.

Sanisette® [sanizɛt] *nf* superloo *Br*.

sanitaire [sanitɛr] *adj* **-1.** [service, me-
sure] health (*avant n*). **-2.** [installation,
appareil] bathroom (*avant n*).
♦ **sanitaires** *nmpl* toilets and
showers.

sans [sɑ̃] ◇ *prép* without; **~ argent**
without any money; **~ faire un effort** without making an effort. ◇
adv: **passe-moi mon manteau, je ne**

veux pas sortir ~ pass me my coat, I don't want to go out without it.
♦ **sans que** *loc conj*: ~ que vous le sachiez without your knowing.

sans-abri [sɑ̃zabri] *nmf inv* homeless person.

sans-emploi [sɑ̃zɑ̃plwa] *nmf inv* unemployed person.

sans-gêne [sɑ̃ʒɛn] ◇ *nm inv* [qualité] rudeness, lack of consideration. ◇ *nmf inv* [personne] rude OU inconsiderate person. ◇ *adj inv* rude, inconsiderate.

santé [sɑ̃te] *nf* health; à ta/votre ~! cheers!, good health!

santon [sɑ̃tɔ̃] *nm* figure placed in Christmas crib.

saoul = **soûl**.

saouler = **soûler**.

sapeur-pompier [sapœrpɔ̃pje] *nm* fireman, fire fighter.

saphir [safir] *nm* sapphire.

sapin [sapɛ̃] *nm* **-1.** [arbre] fir, firtree; ~ de Noël Christmas tree. **-2.** [bois] fir, deal *Br*.

sarabande [sarabɑ̃d] *nf* [danse] saraband.

sarcasme [sarkasm] *nm* sarcasm.

sarcastique [sarkastik] *adj* sarcastic.

sarcler [sarkle] *vt* to weed.

sarcophage [sarkɔfaʒ] *nm* sarcophagus.

Sardaigne [sardɛɲ] *nf*: la ~ Sardinia.

sardine [sardin] *nf* sardine.

SARL, Sarl (*abr de* société à responsabilité limitée) *nf* limited liability company; **Leduc,** ~ ≃ Leduc Ltd.

sarment [sarmɑ̃] *nm* [de vigne] shoot.

sas [sas] *nm* **-1.** AÉRON & NAVIG airlock. **-2.** [d'écluse] lock. **-3.** [tamis] sieve.

satanique [satanik] *adj* satanic.

satelliser [satelize] *vt* **-1.** [fusée] to put into orbit. **-2.** [pays] to make a satellite.

satellite [satelit] *nm* satellite.

satiété [sasjete] *nf*: à ~ [boire, manger] one's fill; [répéter] ad nauseam.

satin [satɛ̃] *nm* satin.

satiné, -e [satine] *adj* satin (*avant n*); [peau] satiny-smooth.
♦ **satiné** *nm* satin-like quality.

satire [satir] *nf* satire.

satirique [satirik] *adj* satirical.

satisfaction [satisfaksjɔ̃] *nf* satisfaction.

satisfaire [satisfɛr] *vt* to satisfy.
♦ **se satisfaire** *vp*: se ~ de to be satisfied with.

satisfaisant, -e [satisfəzɑ̃, ɑ̃t] *adj* **-1.** [travail] satisfactory. **-2.** [expérience] satisfying.

satisfait, -e [satisfɛ, ɛt] ◇ *pp* → **satisfaire.** ◇ *adj* satisfied; être ~ de to be satisfied with.

saturation [satyrasjɔ̃] *nf* saturation.

saturé, -e [satyre] *adj*: ~ (de) saturated (with).

saturne [satyrn] *nm vieilli* lead.
♦ **Saturne** *nf* ASTRON Saturn.

satyre [satir] *nm* satyr; *fig* sex maniac.

sauce [sos] *nf* CULIN sauce.

saucière [sosjɛr] *nf* sauceboat.

saucisse [sosis] *nf* CULIN sausage.

saucisson [sosisɔ̃] *nm* slicing sausage.

sauf¹, sauve [sof, sov] *adj* [personne] safe, unharmed; *fig* [honneur] saved, intact.

sauf² [sof] *prép* **-1.** [à l'exclusion de] except, apart from. **-2.** [sous réserve de] barring; ~ que except (that).

sauf-conduit [sofkɔ̃dɥi] (*pl* **sauf-conduits**) *nm* safe-conduct.

sauge [soʒ] *nf* CULIN sage.

saugrenu, -e [sogrəny] *adj* ridiculous, nonsensical.

saule [sol] *nm* willow; ~ pleureur weeping willow.

saumon [somɔ̃] *nm* salmon.

saumoné, -e [somɔne] *adj* salmon (*avant n*).

saumure [somyr] *nf* brine.

sauna [sona] *nm* sauna.

saupoudrer [sopudre] *vt*: ~ qqch de to sprinkle sthg with.

saurai, sauras *etc* → **savoir.**

saut [so] *nm* [bond] leap, jump; ~ **en hauteur** SPORT high jump; ~ **en longueur** SPORT long jump, broad jump *Am*; ~ **de page** INFORM page break; **faire un** ~ **chez qqn** *fig* to pop in and see sb.

sauté, -e [sote] *adj* sautéed.

saute-mouton [sotmutɔ̃] *nm inv*: **jouer à** ~ to play leapfrog.

sauter [sote] ◇ *vi* **-1.** [bondir] to jump, to leap; ~ **à la corde** to skip; ~ **d'un sujet à l'autre** *fig* to jump from one subject to another; ~ **de joie** *fig* to jump for joy; ~ **au cou de qqn** *fig* to throw one's arms around sb. **-2.** [exploser] to blow up; [fusible] to blow. **-3.** [partir - bouchon] to fly out; [- serrure] to burst off; [- bouton] to fly off; [- chaîne de vélo] to come off. **-4.** *fam* [employé] to get the sack. ◇ *vt* **-1.** [fossé, obstacle] to jump OU leap over. **-2.** *fig* [page, repas] to skip.

sauterelle [sotrɛl] *nf* ZOOL grasshopper.

sauteur, -euse [sotœr, øz] ◇ *adj* [insecte] jumping (*avant n*). ◇ *nm, f* [athlète] jumper.

sautiller [sotije] *vi* to hop.

sautoir [sotwar] *nm* [bijou] chain.

sauvage [sovaʒ] ◇ *adj* **-1.** [plante, animal] wild. **-2.** [farouche - animal familier] shy, timid; [- personne] unsociable. **-3.** [conduite, haine] savage. ◇ *nmf* **-1.** [solitaire] recluse. **-2.** *péj* [brute, indigène] savage.

sauvagerie [sovaʒri] *nf* **-1.** [férocité] brutality, savagery. **-2.** [insociabilité] unsociableness.

sauve ➞ **sauf.**

sauvegarde [sovgard] *nf* **-1.** [protection] safeguard. **-2.** INFORM saving; [copie] backup.

sauvegarder [sovgarde] *vt* **-1.** [protéger] to safeguard. **-2.** INFORM to save; [copier] to back up.

sauve-qui-peut [sovkipø] ◇ *nm inv* [débandade] stampede. ◇ *interj* every man for himself!

sauver [sove] *vt* **-1.** [gén] to save; ~ **qqn/qqch de** to save sb/sthg from, to rescue sb/sthg from. **-2.** [navire, biens] to salvage.

◆ **se sauver** *vp*: **se** ~ **(de)** to run away (from); [prisonnier] to escape (from).

sauvetage [sovtaʒ] *nm* **-1.** [de personne] rescue. **-2.** [de navire, biens] salvage.

sauveteur [sovtœr] *nm* rescuer.

sauvette [sovɛt]
◆ **à la sauvette** *loc adv* hurriedly, at great speed.

savamment [savamɑ̃] *adv* **-1.** [avec érudition] learnedly. **-2.** [avec habileté] skilfully, cleverly.

savane [savan] *nf* savanna.

savant, -e [savɑ̃, ɑ̃t] *adj* **-1.** [érudit] scholarly. **-2.** [habile] skilful, clever. **-3.** [animal] performing (*avant n*).
◆ **savant** *nm* scientist.

saveur [savœr] *nf* flavour; *fig* savour.

savoir [savwar] ◇ *vt* **-1.** [gén] to know; **faire** ~ **qqch à qqn** to tell sb sthg, to inform sb of sthg; **si j'avais su** ... had I but known ..., if I had only known ...; **sans le** ~ unconsciously, without being aware of it; **tu (ne) peux pas** ~ *fam* you have no idea; **pas que je sache** not as far as I know. **-2.** [être capable de] to know how to; **sais-tu conduire?** can you drive? ◇ *nm* learning.
◆ **à savoir** *loc conj* namely, that is.

savoir-faire [savwarfɛr] *nm inv* know-how, expertise.

savoir-vivre [savwarvivr] *nm inv* good manners (*pl*).

savon [savɔ̃] *nm* **-1.** [matière] soap; [pain] cake OU bar of soap. **-2.** *fam* [réprimande] telling-off.

savonner [savɔne] *vt* [linge] to soap.
◆ **se savonner** *vp* to soap o.s.

savonnette [savɔnɛt] *nf* guest soap.

savourer [savure] *vt* to savour.

savoureux, -euse [savurø, øz] *adj* **-1.** [mets] tasty. **-2.** *fig* [anecdote] juicy.

saxophone [saksɔfɔn] *nm* saxophone.
s/c (*abr de* **sous couvert de**) c/o.

scabreux, -euse [skabrø, øz] *adj* **-1.** [propos] shocking, indecent. **-2.** [entreprise] risky.

scalpel [skalpɛl] *nm* scalpel.

scalper [skalpe] *vt* to scalp.

scandale [skɑ̃dal] *nm* **-1.** [fait choquant] scandal. **-2.** [indignation] disgust, indignation. **-3.** [tapage] scene; **faire du** OU **un** ~ to make a scene.

scandaleux, -euse [skɑ̃dalø, øz] *adj* scandalous, outrageous.

scandaliser [skɑ̃dalize] *vt* to shock, to scandalize.

scander [skɑ̃de] *vt* **-1.** [vers] to scan. **-2.** [slogan] to chant.

scandinave [skɑ̃dinav] *adj* Scandinavian.
◆ **Scandinave** *nmf* Scandinavian.

Scandinavie [skɑ̃dinavi] *nf*: **la** ~ Scandinavia.

scanner¹ [skane] *vt* to scan.

scanner² [skanɛr] *nm* scanner.

scaphandre [skafɑ̃dr] *nm* **-1.** [de plongeur] diving suit. **-2.** [d'astronaute] spacesuit.

scarabée [skarabe] *nm* beetle, scarab.

scatologique [skatɔlɔʒik] *adj* scatological.

sceau, -x [so] *nm* seal; *fig* stamp, hallmark.

scélérat, -e [selera, at] ◇ *adj* wicked. ◇ *nm, f* villain; *péj* rogue, rascal.

sceller [sele] *vt* **-1.** [gén] to seal. **-2.** CONSTR [fixer] to embed.

scénario [senarjo] *nm* **-1.** CIN, LITTÉRATURE & THÉÂTRE [canevas] scenario. **-2.** CIN & TÉLÉ [découpage, synopsis] screenplay, script. **-3.** *fig* [rituel] pattern.

scénariste [senarist] *nmf* scriptwriter.

scène [sɛn] *nf* **-1.** [gén] scene. **-2.** [estrade] stage; **entrée en** ~ THÉÂTRE entrance; *fig* appearance; **mettre en** ~ THÉÂTRE to stage; CIN to direct.

scepticisme [sɛptisism] *nm* scepticism.

sceptique [sɛptik] ◇ *nmf* sceptic. ◇ *adj* **-1.** [incrédule] sceptical. **-2.** PHILO sceptic.

sceptre [sɛptr] *nm* sceptre.

schéma [ʃema] *nm* [diagramme] diagram.

schématique [ʃematik] *adj* **-1.** [dessin] diagrammatic. **-2.** [interprétation, exposé] simplified.

schématiser [ʃematize] *vt péj* [généraliser] to oversimplify.

schisme [ʃism] *nm* **-1.** RELIG schism. **-2.** [d'opinion] split.

schizophrène [skizɔfrɛn] *nmf & adj* schizophrenic.

schizophrénie [skizɔfreni] *nf* schizophrenia.

sciatique [sjatik] ◇ *nf* sciatica. ◇ *adj* sciatic.

scie [si] *nf* [outil] saw.

sciemment [sjamɑ̃] *adv* knowingly.

science [sjɑ̃s] *nf* **-1.** [connaissances scientifiques] science; ~**s humaines** OU **sociales** UNIV social sciences. **-2.** [érudition] knowledge. **-3.** [art] art.

science-fiction [sjɑ̃sfiksjɔ̃] *nf* science fiction.

sciences-po [sjɑ̃spo] *nfpl* UNIV political science (*sg*).
◆ **Sciences-Po** *n* grande école for political science.

scientifique [sjɑ̃tifik] ◇ *nmf* scientist. ◇ *adj* scientific.

scier [sje] *vt* [branche] to saw.

scierie [siri] *nf* sawmill.

scinder [sɛ̃de] *vt*: ~ **(en)** to split (into), to divide (into).
◆ **se scinder** *vp*: **se** ~ **(en)** to split (into), to divide (into).

scintiller [sɛ̃tije] *vi* to sparkle.

scission [sisjɔ̃] *nf* split.

sciure [sjyr] *nf* sawdust.

sclérose [skleroz] *nf* sclerosis; *fig* ossification; ~ **en plaques** multiple sclerosis.

sclérosé, -e [skleroze] *adj* sclerotic; *fig* ossified.

scolaire [skɔlɛr] *adj* school (*avant n*); *péj* bookish.

scolarisable [skɔlarizabl] *adj* of school age.

scolarité [skɔlarite] *nf* schooling; **frais de ~** SCOL school fees; UNIV tuition fees.

scooter [skutœr] *nm* scooter.

scorbut [skɔrbyt] *nm* scurvy.

score [skɔr] *nm* SPORT score.

scorpion [skɔrpjɔ̃] *nm* scorpion.

◆ **Scorpion** *nm* ASTROL Scorpio.

scotch [skɔtʃ] *nm* [alcool] whisky, Scotch.

Scotch® [skɔtʃ] *nm* [adhésif] ≃ Sellotape® *Br*, ≃ Scotch tape® *Am*.

scotcher [skɔtʃe] *vt* to sellotape *Br*, to scotch-tape *Am*.

scout, -e [skut] *adj* scout (*avant n*).

◆ **scout** *nm* scout.

scribe [skrib] *nm* HIST scribe.

script [skript] *nm* CIN & TÉLÉ script.

scripte [skript] *nmf* CIN & TÉLÉ continuity person.

scrupule [skrypyl] *nm* scruple; **avec ~** scrupulously; **sans ~s** [être] unscrupulous; [agir] unscrupulously.

scrupuleux, -euse [skrypylø, øz] *adj* scrupulous.

scrutateur, -trice [skrytatœr, tris] *adj* searching.

scruter [skryte] *vt* to scrutinize.

scrutin [skrytɛ̃] *nm* **-1.** [vote] ballot. **-2.** [système] voting system; **~ majoritaire** first-past-the-post system; **~ proportionnel** proportional representation system.

sculpter [skylte] *vt* to sculpt.

sculpteur [skyltœr] *nm* sculptor.

sculpture [skyltyr] *nf* sculpture.

SDF (*abr de* **sans domicile fixe**) *nmf*: **les ~** the homeless.

se [sə], **s'** (*devant voyelle ou h muet*) *pron pers* **-1.** (*réfléchi*) [personne] oneself, himself (*f* herself), (*pl*) themselves; [chose, animal] itself, (*pl*) themselves; **elle ~ regarde dans le miroir** she looks at herself in the mirror. **-2.** (*réciproque*) each other, one another; **elles ~ sont parlé** they spoke to each other OU to one another; **ils ~ sont rencontrés hier** they met yesterday. **-3.** (*passif*): **ce produit ~ vend bien/partout** this product is selling well/is sold everywhere. **-4.** [remplace l'adjectif possessif]: **~ laver les mains** to wash one's hands; **~ couper le doigt** to cut one's finger.

séance [seɑ̃s] *nf* **-1.** [réunion] meeting, sitting, session. **-2.** [période] session; [de pose] sitting. **-3.** CIN & THÉÂTRE performance. **-4.** *loc*: **~ tenante** right away, forthwith.

seau, -x [so] *nm* **-1.** [récipient] bucket. **-2.** [contenu] bucketful.

sec, sèche [sɛk, sɛʃ] *adj* **-1.** [gén] dry. **-2.** [fruits] dried. **-3.** [personne - maigre] lean; [- austère] austere. **-4.** *fig* [cœur] hard; [voix, ton] sharp.

◆ **sec** ◇ *adv* **-1.** [beaucoup]: **boire ~** to drink heavily. **-2.** [démarrer] sharply. ◇ *nm*: **tenir au ~** to keep in a dry place.

sécable [sekabl] *adj* divisible.

sécateur [sekatœr] *nm* secateurs (*pl*).

sécession [sesesjɔ̃] *nf* secession; **faire ~ (de)** to secede (from).

sèche-cheveux [sɛʃʃəvø] *nm inv* hairdryer.

sécher [seʃe] ◇ *vt* **-1.** [linge] to dry. **-2.** *arg scol* [cours] to skip, to skive off *Br*. ◇ *vi* **-1.** [linge] to dry. **-2.** [peau] to dry out; [rivière] to dry up. **-3.** *arg scol* [ne pas savoir répondre] to dry up.

sécheresse [seʃrɛs] *nf* **-1.** [de terre, climat, style] dryness. **-2.** [absence de pluie] drought. **-3.** [de réponse] curtness.

séchoir [seʃwar] *nm* **-1.** [tringle] airer, clotheshorse. **-2.** [électrique] dryer; **~ à cheveux** hairdryer.

second, -e [səgɔ̃, ɔ̃d] ◇ *adj num* second; **dans un état ~** dazed. ◇ *nm, f* second; *voir aussi* **sixième**.

◆**seconde** *nf* **-1.** [unité de temps & MUS] second. **-2.** SCOL ≃ fifth form *Br*. **-3.** TRANSPORT second class.

secondaire [səgɔ̃dɛr] ◇ *nm*: le ~ GÉOL the Mesozoic; SCOL secondary education; ÉCON the secondary sector. ◇ *adj* **-1.** [gén & SCOL] secondary; effets ~s MÉD side effects. **-2.** GÉOL Mesozoic.

seconder [səgɔ̃de] *vt* to assist.

secouer [səkwe] *vt* [gén] to shake.

◆**se secouer** *vp fam* to snap out of it.

secourable [səkurabl] *adj* helpful; main ~ helping hand.

secourir [səkurir] *vt* [blessé, miséreux] to help; [personne en danger] to rescue.

secouriste [səkurist] *nmf* first-aid worker.

secours [səkur] *nm* **-1.** [aide] help; appeler au ~ to call for help; au ~! help! **-2.** [dons] aid, relief. **-3.** [renfort] relief, reinforcements (*pl*). **-4.** [soins] aid; les premiers ~ first aid (*U*).

◆**de secours** *loc adj* **-1.** [trousse, poste] first-aid (*avant n*). **-2.** [éclairage, issue] emergency (*avant n*). **-3.** [roue] spare.

secouru, -e [səkury] *pp* → **secourir**.

secousse [səkus] *nf* **-1.** [mouvement] jerk, jolt. **-2.** *fig* [bouleversement] upheaval; [psychologique] shock. **-3.** [tremblement de terre] tremor.

secret, -ète [səkrɛ, ɛt] *adj* **-1.** [gén] secret. **-2.** [personne] reticent.

◆**secret** *nm* **-1.** [gén] secret. **-2.** [discrétion] secrecy; dans le plus grand ~ in the utmost secrecy.

secrétaire [səkretɛr] ◇ *nmf* [personne] secretary; ~ de direction executive secretary. ◇ *nm* [meuble] writing desk, secretaire.

secrétariat [səkretarja] *nm* **-1.** [bureau] secretary's office; [d'organisation internationale] secretariat. **-2.** [personnel] secretarial staff. **-3.** [métier] secretarial work.

sécréter [sekrete] *vt* to secrete; *fig* to exude.

sécrétion [sekresjɔ̃] *nf* secretion.

sectaire [sɛktɛr] *nmf & adj* sectarian.

secte [sɛkt] *nf* sect.

secteur [sɛktœr] *nm* **-1.** [zone] area; se trouver dans le ~ *fam* to be somewhere around. **-2.** ADMIN district. **-3.** ÉCON, GÉOM & MIL sector; ~ privé/public private/public sector; ~ primaire/secondaire/tertiaire primary/secondary/tertiary sector. **-4.** ÉLECTR mains; sur ~ off OU from the mains.

section [sɛksjɔ̃] *nf* **-1.** [gén] section; [de parti] branch. **-2.** MIL platoon.

sectionner [sɛksjɔne] *vt* **-1.** *fig* [diviser] to divide into sections. **-2.** [trancher] to sever.

Sécu [seky] *fam abr de* **Sécurité sociale**.

séculaire [sekylɛr] *adj* [ancien] age-old.

sécurisant, -e [sekyrizã, ãt] *adj* [milieu] secure; [attitude] reassuring.

sécurité [sekyrite] *nf* **-1.** [d'esprit] security. **-2.** [absence de danger] safety; la ~ routière road safety; en toute ~ safe and sound. **-3.** [dispositif] safety catch. **-4.** [organisme]: la Sécurité sociale ≃ the DSS *Br*, ≃ the Social Security *Am*.

sédatif, -ive [sedatif, iv] *adj* sedative.

◆**sédatif** *nm* sedative.

sédentaire [sedãtɛr] *adj* [personne, métier] sedentary; [casanier] stay-at-home.

sédentariser [sedãtarize]

◆**se sédentariser** *vp* [tribu] to settle, to become settled.

sédiment [sedimã] *nm* sediment.

sédition [sedisjɔ̃] *nf* sedition.

séducteur, -trice [sedyktœr, tris] ◇ *adj* seductive. ◇ *nm, f* seducer (*f* seductress).

séduire [seduir] *vt* **-1.** [plaire à] to attract, to appeal to. **-2.** [abuser de] to seduce.

séduisant, -e [sedɥizɑ̃, ɑ̃t] *adj* attractive.

séduit, -e [sedɥi, ɥit] *pp* → **séduire**.

segment [sɛgmɑ̃] *nm* GÉOM segment.

segmenter [sɛgmɑ̃te] *vt* to segment.

ségrégation [segregasjɔ̃] *nf* segregation.

seigle [sɛgl] *nm* rye.

seigneur [sɛɲœr] *nm* lord.
◆ **Seigneur** *nm*: **le Seigneur** the Lord.

sein [sɛ̃] *nm* breast; *fig* bosom; **donner le ~ (à un bébé)** to breast-feed (a baby).
◆ **au sein de** *loc prép* within.

Seine [sɛn] *nf*: **la ~** the (River) Seine.

séisme [seism] *nm* earthquake.

seize [sɛz] *adj num & nm* sixteen; *voir aussi* **six**.

seizième [sɛzjɛm] *adj num, nm & nmf* sixteenth; *voir aussi* **sixième**.

séjour [seʒur] *nm* **-1.** [durée] stay; **interdit de ~** ≃ banned; **~ linguistique** stay abroad (*to develop language skills*). **-2.** [pièce] living room.

séjourner [seʒurne] *vi* to stay.

sel [sɛl] *nm* salt; *fig* piquancy.

sélection [selɛksjɔ̃] *nf* selection.

sélectionner [selɛksjɔne] *vt* to select, to pick.

self-service [sɛlfsɛrvis] (*pl* **self-services**) *nm* self-service cafeteria.

selle [sɛl] *nf* [gén] saddle.

seller [sele] *vt* to saddle.

selon [səlɔ̃] *prép* **-1.** [conformément à] in accordance with. **-2.** [d'après] according to.
◆ **selon que** *loc conj* depending on whether.

semaine [səmɛn] *nf* [période] week; **à la ~** [être payé] by the week.

sémantique [semɑ̃tik] *adj* semantic.

semblable [sɑ̃blabl] ◇ *nm* [prochain] fellow man; **il n'a pas son ~** there's nobody like him. ◇ *adj* **-1.** [analogue] similar; **~ à** like, similar to. **-2.** (*avant n*) [tel] such.

semblant [sɑ̃blɑ̃] *nm*: **un ~ de** a semblance of; **faire ~ (de faire qqch)** to pretend (to do sthg).

sembler [sɑ̃ble] ◇ *vi* to seem. ◇ *v impers*: **il (me/te) semble que** it seems (to me/you) that.

semelle [səmɛl] *nf* [de chaussure - dessous] sole; [- à l'intérieur] insole.

semence [səmɑ̃s] *nf* **-1.** [graine] seed. **-2.** [sperme] semen (*U*).

semer [səme] *vt* **-1.** [planter & *fig*] to sow. **-2.** [répandre] to scatter; **~ qqch de** to scatter sthg with, to strew sthg with. **-3.** *fam* [se débarrasser de] to shake off. **-4.** *fam* [perdre] to lose.

semestre [səmɛstr] *nm* half year, six-month period; *Am* SCOL semester.

semestriel, -ielle [səmɛstrijɛl] *adj* **-1.** [qui a lieu tous les six mois] half-yearly, six-monthly. **-2.** [qui dure six mois] six months', six-month.

séminaire [seminɛr] *nm* **-1.** RELIG seminary. **-2.** [UNIV & colloque] seminar.

séminariste [seminarist] *nm* seminarist.

semi-remorque [səmirəmɔrk] (*pl* **semi-remorques**) *nm* articulated lorry *Br*, semitrailer *Am*.

semis [səmi] *nm* **-1.** [méthode] sowing broadcast. **-2.** [plant] seedling.

semoule [səmul] *nf* semolina.

sempiternel, -elle [sɑ̃pitɛrnɛl] *adj* eternal.

sénat [sena] *nm* senate; **le Sénat** upper house of the French parliament.

sénateur [senatœr] *nm* senator.

Sénégal [senegal] *nm*: **le ~** Senegal.

sénile [senil] *adj* senile.

sénilité [senilite] *nf* senility.

sens [sɑ̃s] *nm* **-1.** [fonction, instinct, raison] sense; **avoir le ~ de l'humour** to have a sense of humour; **bon ~** good sense. **-2.** [direction] direction; **dans le ~ de la longueur** lengthways; **dans le ~ des aiguilles d'une montre** clockwise; **dans le ~ contraire des aiguilles d'une montre** anticlockwise; **~ dessus dessous** upside down; **~ interdit** OU **unique**

one-way street. **-3.** [signification] meaning; **cela n'a pas de ~!** it's nonsensical!; **dans** OU **en un ~ in** one sense; **~ propre/figuré** literal/figurative sense.

sensation [sɑ̃sasjɔ̃] *nf* **-1.** [perception] sensation, feeling. **-2.** [impression] feeling.

sensationnel, -elle [sɑ̃sasjɔnɛl] *adj* sensational.

sensé, -e [sɑ̃se] *adj* sensible.

sensibiliser [sɑ̃sibilize] *vt* **-1.** MÉD & PHOT to sensitize. **-2.** *fig* [public]: **~ (à)** to make aware (of).

sensibilité [sɑ̃sibilite] *nf*: **~ (à)** sensitivity (to).

sensible [sɑ̃sibl] *adj* **-1.** [gén]: **~ (à)** sensitive (to). **-2.** [notable] considerable, appreciable.

sensiblement [sɑ̃sibləmɑ̃] *adv* **-1.** [à peu près] more or less. **-2.** [notablement] appreciably, considerably.

sensoriel, -ielle [sɑ̃sɔrjɛl] *adj* sensory.

sensualité [sɑ̃sɥalite] *nf* [lascivité] sensuousness; [charnelle] sensuality.

sensuel, -elle [sɑ̃sɥɛl] *adj* **-1.** [charnel] sensual. **-2.** [lascif] sensuous.

sentence [sɑ̃tɑ̃s] *nf* **-1.** [jugement] sentence. **-2.** [maxime] adage.

sentencieux, -ieuse [sɑ̃tɑ̃sjø, jøz] *adj péj* sententious.

senteur [sɑ̃tœr] *nf littéraire* perfume.

senti, -e [sɑ̃ti] ◇ *pp* → **sentir.** ◇ *adj*: **bien ~** [mots] well-chosen.

sentier [sɑ̃tje] *nm* path.

sentiment [sɑ̃timɑ̃] *nm* feeling; **veuillez agréer, Monsieur, l'expression de mes ~s distingués/cordiaux/les meilleurs** yours faithfully/sincerely/with best wishes.

sentimental, -e, -aux [sɑ̃timɑ̃tal, o] *adj* **-1.** [amoureux] love (*avant n*). **-2.** [sensible, romanesque] sentimental. ◇ *nm, f* sentimentalist.

sentinelle [sɑ̃tinɛl] *nf* sentry.

sentir [sɑ̃tir] ◇ *vt* **-1.** [percevoir - par l'odorat] to smell; [- par le goût] to taste; [- par le toucher] to feel. **-2.** [exhaler - odeur] to smell of. **-3.** [colère,

tendresse] to feel. **-4.** [affectation, plagiat] to smack of. **-5.** [danger] to sense, to be aware of; **~ que** to feel (that). **-6.** [beauté] to feel, to appreciate. ◇ *vi*: **~ bon/mauvais** to smell good/bad.

◆ **se sentir** ◇ *v attr*: **se ~ bien/fatigué** to feel well/tired. ◇ *vp* [être perceptible]: **ça se sent!** you can really tell!

séparation [separasjɔ̃] *nf* separation.

séparatiste [separatist] *nmf* separatist.

séparé, -e [separe] *adj* **-1.** [intérêts] separate. **-2.** [couple] separated.

séparer [separe] *vt* **-1.** [gén]: **~ (de)** to separate (from). **-2.** [suj: divergence] to divide.

◆ **se séparer** *vp* **-1.** [se défaire] : **se ~ de** to part with. **-2.** [conjoints] to separate, to split up; **se ~ de** to separate from, to split up with. **-3.** [participants] to disperse. **-4.** [route]: **se ~ (en)** to split (into), to divide (into).

sept [sɛt] *adj num & nm* seven; *voir aussi* **six.**

septembre [sɛptɑ̃br] *nm* September; **en ~, au mois de ~** in September; **début ~, au début du mois de ~** at the beginning of September; **fin ~, à la fin du mois de ~** at the end of September; **d'ici ~** by September; **(à la) mi-~** (in) mid-September; **le premier/deux/dix ~** the first/second/tenth of September.

septennat [sɛptena] *nm* seven-year term (of office).

septicémie [sɛptisemi] *nf* septicaemia, blood poisoning.

septième [sɛtjɛm] *adj num, nm & nmf* seventh; *voir aussi* **sixième.**

sépulcre [sepylkr] *nm* sepulchre.

sépulture [sepyltyr] *nf* **-1.** [lieu] burial place. **-2.** [inhumation] burial.

séquelle [sekɛl] *nf* (*gén pl*) aftermath; MÉD aftereffect.

séquence [sekɑ̃s] *nf* sequence; CARTES run, sequence.

séquestrer [sekɛstre] *vt* **-1.** [personne] to confine. **-2.** [biens] to impound.

serai, seras *etc* → **être**.
serbe [sɛrb] *adj* Serbian.
◆ **Serbe** *nmf* Serb.
Serbie [sɛrbi] *nf*: **la ~** Serbia.
serein, -e [sərɛ̃, ɛn] *adj* **-1.** [calme] serene. **-2.** [impartial] calm, dispassionate.
sérénade [serenad] *nf* MUS serenade.
sérénité [serenite] *nf* serenity.
serf, serve [sɛrf, sɛrv] *nm, f* serf.
sergent [sɛrʒɑ̃] *nm* sergeant.
série [seri] *nf* **-1.** [gén] series (*sg*). **-2.** SPORT rank; [au tennis] seeding. **-3.** COMM & IND: **en ~** mass-produced; **hors ~** custom-made; *fig* outstanding, extraordinary.
sérieusement [serjøzmɑ̃] *adv* seriously.
sérieux, -ieuse [serjø, jøz] *adj* **-1.** [grave] serious. **-2.** [digne de confiance] reliable; [client, offre] genuine. **-3.** [consciencieux] responsible; **ce n'est pas ~** it's irresponsible. **-4.** [considérable] considerable.
◆ **sérieux** *nm* **-1.** [application] sense of responsibility. **-2.** [gravité] seriousness; **garder son ~** to keep a straight face; **prendre qqn/qqch au ~** to take sb/sthg seriously.
serin, -e [sərɛ̃, in] *nm, f* [oiseau] canary.
seringue [sərɛ̃g] *nf* syringe.
serment [sɛrmɑ̃] *nm* **-1.** [affirmation solennelle] oath; **sous ~** on OU under oath. **-2.** [promesse] vow, pledge.
sermon [sɛrmɔ̃] *nm litt* & *fig* sermon.
séronégatif, -ive [serɔnegatif, iv] *adj* HIV-negative.
séropositif, -ive [serɔpozitif, iv] *adj* HIV-positive.
séropositivité [serɔpozitivite] *nf* HIV infection.
serpe [sɛrp] *nf* billhook.
serpent [sɛrpɑ̃] *nm* ZOOL snake.
serpenter [sɛrpɑ̃te] *vi* to wind.
serpillière [sɛrpijɛr] *nf* floor cloth.
serre [sɛr] *nf* [bâtiment] greenhouse, glasshouse.

◆ **serres** *nfpl* ZOOL talons, claws.
serré, -e [sere] *adj* **-1.** [écriture] cramped; [tissu] closely-woven; [rangs] serried. **-2.** [vêtement, chaussure] tight. **-3.** [discussion] closely argued; [match] close-fought. **-4.** [poing, dents] clenched; **la gorge ~e** with a lump in one's throat; **j'en avais le cœur ~** *fig* it was heartbreaking. **-5.** [café] strong.
serrer [sere] ◇ *vt* **-1.** [saisir] to grip, to hold tight; **~ la main à qqn** to shake sb's hand; **~ qqn dans ses bras** to hug sb. **-2.** *fig* [rapprocher] to bring together; **~ les rangs** to close ranks. **-3.** [poing, dents] to clench; [lèvres] to purse; *fig* [cœur] to wring. **-4.** [suj: vêtement, chaussure] to be too tight for. **-5.** [vis, ceinture] to tighten. **-6.** [trottoir, bordure] to hug. ◇ *vi* AUTOM: **~ à droite/gauche** to keep right/left.
◆ **se serrer** *vp* **-1.** [se blottir]: **se ~ contre** to huddle up to OU against. **-2.** [se rapprocher] to squeeze up.
serre-tête [sɛrtɛt] *nm inv* headband.
serrure [seryr] *nf* lock.
serrurier [seryrje] *nm* locksmith.
sertir [sɛrtir] *vt* **-1.** [pierre précieuse] to set. **-2.** TECHNOL [assujettir] to crimp.
sérum [serɔm] *nm* serum.
servage [sɛrvaʒ] *nm* serfdom; *fig* bondage.
servante [sɛrvɑ̃t] *nf* [domestique] maidservant.
serveur, -euse [sɛrvœr, øz] *nm, f* [de restaurant] waiter (*f* waitress); [de bar] barman (*f* barmaid).
◆ **serveur** *nm* INFORM server.
servi, -e [sɛrvi] *pp* → **servir**.
serviable [sɛrvjabl] *adj* helpful, obliging.
service [sɛrvis] *nm* **-1.** [gén] service; **être en ~** to be in use, to be set up; **hors ~** out of order. **-2.** [travail] duty; **pendant le ~** while on duty. **-3.** [département] department; **~ d'ordre** police and stewards (*at a demonstration*). **-4.** MIL: **~ (militaire)** military OU

national service. **-5.** [aide, assistance] favour; **rendre un ~ à qqn** to do sb a favour; **rendre ~** to be helpful; **~ après-vente** after-sales service. **-6.** [à table]: **premier/deuxième ~** first/ second sitting. **-7.** [pourboire] service (charge); **~ compris/non compris** service included/not included. **-8.** [assortiment - de porcelaine] **service**, set; [- de linge] **set**.

serviette [sɛrvjɛt] *nf* **-1.** [de table] serviette, napkin. **-2.** [de toilette] towel. **-3.** [porte-documents] briefcase.

◆ **serviette hygiénique** *nf* sanitary towel *Br*, sanitary napkin *Am*.

serviette-éponge [sɛrvjɛtepɔ̃ʒ] *nf* terry towel.

servile [sɛrvil] *adj* **-1.** [gén] servile. **-2.** [traduction, imitation] slavish.

servir [sɛrvir] ◇ *vt* **-1.** [gén] to serve; **~ qqch à qqn** to serve sb sthg, to help sb to sthg. **-2.** [avantager] to serve (well), to help. ◇ *vi* **-1.** [avoir un usage] to be useful OU of use; **ça peut toujours/encore ~** it may/may still come in useful. **-2.** [être utile]: **~ à qqch/à faire qqch** to be used for sthg/for doing sthg; **ça ne sert à rien** it's pointless. **-3.** [tenir lieu]: **~ de** [personne] to act as; [chose] to serve as. **-4.** [domestique] to be in service. **-5.** MIL & SPORT to serve. **-6.** CARTES to deal.

◆ **se servir** *vp* **-1.** [prendre]: **se ~ (de)** to help o.s. (to); **servez-vous!** help yourself! **-2.** [utiliser]: **se ~ de qqn/ qqch** to use sb/sthg.

serviteur [sɛrvitœr] *nm* servant.

servitude [sɛrvityd] *nf* **-1.** [esclavage] servitude. **-2.** (*gén pl*) [contrainte] constraint.

ses → **son**.

session [sesjɔ̃] *nf* **-1.** [d'assemblée] session, sitting. **-2.** UNIV exam session. **-3.** INFORM: **ouvrir une ~** to log in OU on; **fermer** OU **clore une ~** to log out OU off.

set [sɛt] *nm* **-1.** TENNIS set. **-2.** [nappe-

ron]: **~ (de table)** set of table OU place mats.

seuil [sœj] *nm litt* & *fig* threshold.

seul, -e [sœl] ◇ *adj* **-1.** [isolé] alone; **~ à ~** alone (together), privately. **-2.** [unique]: **le ~ ... the only ...; un ~ ...** a single ...; **pas un ~** not one, not a single. **-3.** [esseulé] lonely. ◇ *nm, f*: **le ~** the only one; **un ~** a single one, only one.

◆ **seul** *adv* **-1.** [sans compagnie] alone, by o.s.; **parler tout ~** to talk to o.s. **-2.** [sans aide] on one's own, by o.s.

seulement [sœlmã] *adv* **-1.** [gén] only; [exclusivement] only, solely. **-2.** [même] even.

sève [sɛv] *nf* BOT sap.

sévère [sevɛr] *adj* severe.

sévérité [severite] *nf* severity.

sévices [sevis] *nmpl sout* ill treatment (*U*).

sévir [sevir] *vi* **-1.** [épidémie, guerre] to rage. **-2.** [punir] to punish.

sevrer [səvre] *vt* to wean.

sexe [sɛks] *nm* **-1.** [gén] sex. **-2.** [organe] genitals (*pl*).

sexiste [sɛksist] *nmf & adj* sexist.

sexologue [sɛksɔlɔg] *nmf* sexologist.

sex-shop [sɛksʃɔp] (*pl* **sex-shops**) *nm* sex shop.

sextant [sɛkstɑ̃] *nm* sextant.

sexualité [sɛksɥalite] *nf* sexuality.

sexuel, -elle [sɛksɥɛl] *adj* sexual.

sexy [sɛksi] *adj inv fam* sexy.

seyant, -e [sɛjɑ̃, ɑ̃t] *adj* becoming.

shampooing [ʃɑ̃pwɛ̃] *nm* shampoo.

shérif [ʃerif] *nm* sheriff.

shopping [ʃɔpiŋ] *nm* shopping; **faire du ~** to go (out) shopping.

short [ʃɔrt] *nm* shorts (*pl*), pair of shorts.

show-business [ʃobiznɛs] *nm inv* show business.

si[1] [si] *nm inv* MUS B; [chanté] ti.

si[2] [si] ◇ *adv* **-1.** [tellement] so; **elle est ~ belle** she is so beautiful; **il roulait ~ vite qu'il a eu un accident** he was driving so fast (that) he had an accident; **ce n'est pas ~ facile que ça** it's not as easy as that; **~ vieux qu'il soit** however old he may be, old as he is. **-2.** [oui] yes; **tu n'aimes pas le café? — ~** don't you like coffee? — yes, I do. ◇ *conj* **-1.** [gén] if; **~ tu veux, on y va** we'll go if you want; **~ tu faisais cela, je te détesterais** I would hate you if you did that; **~ seulement** if only. **-2.** [dans une question indirecte] if, whether; **dites-moi ~ vous venez** tell me if OU whether you're coming.

◆ **si bien que** *loc conj* so that, with the result that.

SI *nm* (*abr de* **syndicat d'initiative**) tourist office.

siamois, -e [sjamwa, az] *adj:* **frères ~, sœurs ~es** MÉD Siamese twins.

Sibérie [siberi] *nf:* **la ~** Siberia.

sibyllin, -e [sibilɛ̃, in] *adj* enigmatic.

SICAV, Sicav [sikav] (*abr de* **société d'investissement à capital variable**) *nf* **-1.** [société] unit trust, mutual fund. **-2.** [action] share in a unit trust.

Sicile [sisil] *nf:* **la ~** Sicily.

SIDA, Sida [sida] (*abr de* **syndrome immuno-déficitaire acquis**) *nm* AIDS.

side-car [sidkar] (*pl* **side-cars**) *nm* sidecar.

sidéen, -enne [sideɛ̃, ɛn] *nm, f* person with AIDS.

sidérer [sidere] *vt fam* to stagger.

sidérurgie [sideryrʒi] *nf* [industrie] iron and steel industry.

siècle [sjɛkl] *nm* **-1.** [cent ans] century. **-2.** [époque, âge] age. **-3.** (*gén pl*) *fam* [longue durée] ages (*pl*).

siège [sjɛʒ] *nm* **-1.** [meuble & POLIT] seat. **-2.** MIL siege. **-3.** [d'organisme] headquarters, head office; **~ social** registered office. **-4.** MÉD: **se présenter par le ~** to be in the breech position.

siéger [sjeʒe] *vi* **-1.** [juge, assemblée] to sit. **-2.** *littéraire* [mal] to have its seat; [maladie] to be located.

sien [sjɛ̃]

◆ **le sien** (*f* **la sienne** [lasjɛn], *mpl* **les siens** [lesjɛ̃], *fpl* **les siennes** [lesjɛn]) *pron poss* [d'homme] his; [de femme] hers; [de chose, d'animal] its; **les ~s** his/her family; **faire des siennes** to be up to one's usual tricks.

sieste [sjɛst] *nf* siesta.

sifflement [sifləmã] *nm* [son] whistling; [de serpent] hissing.

siffler [sifle] ◇ *vi* to whistle; [serpent] to hiss. ◇ *vt* **-1.** [air de musique] to whistle. **-2.** [femme] to whistle at. **-3.** [chien] to whistle (for). **-4.** [acteur] to boo, to hiss. **-5.** *fam* [verre] to knock back.

sifflet [sifle] *nm* whistle.

◆ **sifflets** *nmpl* hissing (U), boos.

siffloter [siflɔte] *vi & vt* to whistle.

sigle [sigl] *nm* acronym, (set of) initials.

signal, -aux [siɲal, o] *nm* **-1.** [geste, son] signal; **~ d'alarme** alarm (signal); **donner le ~ (de)** to give the signal (for). **-2.** [panneau] sign.

signalement [siɲalmã] *nm* description.

signaler [siɲale] *vt* **-1.** [fait] to point out; **rien à ~** nothing to report. **-2.** [à la police] to denounce.

signalétique [siɲaletik] *adj* identifying.

signalisation [siɲalizasjɔ̃] *nf* [signaux] signs (*pl*); NAVIG signals (*pl*).

signataire [siɲater] *nmf* signatory.

signature [siɲatyr] *nf* **-1.** [nom, marque] signature. **-2.** [acte] signing.

signe [siɲ] *nm* **-1.** [gén] sign; **être ~ de** to be a sign of; **être né sous le ~ de** ASTROL to be born under the sign of; **~ avant-coureur** advance indication. **-2.** [trait] mark; **~ particulier** distinguishing mark.

signer [siɲe] *vt* to sign.

◆ **se signer** *vp* to cross o.s.

signet [siɲe] *nm* bookmark (*attached to spine of book*).

significatif, -ive [siɲifikatif, iv] *adj* significant.

signification [siɲifikasjɔ̃] nf [sens] meaning.

signifier [siɲifje] vt -1. [vouloir dire] to mean. -2. [faire connaître] to make known. -3. JUR to serve notice of.

silence [silɑ̃s] nm -1. [gén] silence; **garder le ~ (sur)** to remain silent (about). -2. MUS rest.

silencieux, -ieuse [silɑ̃sjø, jøz] adj [lieu, appareil] quiet; [personne - taciturne] quiet; [- muet] silent.
♦ **silencieux** nm silencer.

silex [silɛks] nm flint.

silhouette [silwɛt] nf -1. [de personne] silhouette; [de femme] figure; [d'objet] outline. -2. ART silhouette.

silicium [silisjɔm] nm silicon.

silicone [silikon] nf silicone.

sillage [sijaʒ] nm wake.

sillon [sijɔ̃] nm -1. [tranchée, ride] furrow. -2. [de disque] groove.

sillonner [sijɔne] vt -1. [champ] to furrow. -2. [ciel] to crisscross.

silo [silo] nm silo.

simagrées [simagre] nfpl péj: faire des ~ to make a fuss.

similaire [similɛr] adj similar.

similicuir [similikɥir] nm imitation leather.

similitude [similityd] nf similarity.

simple [sɛ̃pl] ◇ adj -1. [gén] simple. -2. [ordinaire] ordinary. -3. [billet]: **un aller ~** a single ticket. ◇ nm TENNIS singles (sg).

simplicité [sɛ̃plisite] nf simplicity.

simplifier [sɛ̃plifje] vt to simplify.

simpliste [sɛ̃plist] adj péj simplistic.

simulacre [simylakr] nm -1. [semblant]: **un ~ de** a pretence of, a sham. -2. [action simulée] enactment.

simulateur, -trice [simylatœr, tris] nm, f pretender; [de maladie] malingerer.
♦ **simulateur** nm TECHNOL simulator.

simulation [simylasjɔ̃] nf -1. [gén] simulation. -2. [comédie] shamming, feigning; [de maladie] malingering.

simuler [simyle] vt -1. [gén] to simulate. -2. [feindre] to feign, to sham.

simultané, -e [simyltane] adj simultaneous.

sincère [sɛ̃sɛr] adj sincere.

sincèrement [sɛ̃sɛrmɑ̃] adv -1. [franchement] honestly, sincerely. -2. [vraiment] really, truly.

sincérité [sɛ̃serite] nf sincerity.

sine qua non [sinekwanɔn] adj: **condition ~** prerequisite.

Singapour [sɛ̃gapur] n Singapore.

singe [sɛ̃ʒ] nm ZOOL monkey; [de grande taille] ape.

singer [sɛ̃ʒe] vt -1. [personne] to mimic, to ape. -2. [sentiment] to feign.

singerie [sɛ̃ʒri] nf -1. [grimace] face. -2. [manières] fuss (U).

singulariser [sɛ̃gylarize] vt to draw OU call attention to.
♦ **se singulariser** vp to draw OU call attention to o.s.

singularité [sɛ̃gylarite] nf -1. littéraire [bizarrerie] strangeness. -2. [particularité] peculiarity.

singulier, -ière [sɛ̃gylje, jɛr] adj -1. sout [bizarre] strange; [spécial] uncommon. -2. GRAM singular. -3. [d'homme à homme]: **combat ~** single combat.
♦ **singulier** nm GRAM singular.

singulièrement [sɛ̃gyljɛrmɑ̃] adv -1. littéraire [bizarrement] strangely. -2. [beaucoup, très] particularly.

sinistre [sinistr] ◇ nm -1. [catastrophe] disaster. -2. JUR damage (U). ◇ adj -1. [personne, regard] sinister; [maison, ambiance] gloomy. -2. (avant n) péj [crétin, imbécile] dreadful, terrible.

sinistré, -e [sinistre] ◇ adj [région] disaster (avant n), disaster-stricken; [famille] disaster-stricken. ◇ nm, f disaster victim.

sinon [sinɔ̃] conj -1. [autrement] or else, otherwise. -2. [sauf] except, apart from. -3. [si ce n'est] if not.

sinueux, -euse [sinɥø, øz] adj winding; fig tortuous.

sinuosité [sinɥozite] nf bend, twist.

sinus [sinys] nm -1. ANAT sinus. -2. MATHS sine.

snob

sinusite [sinyzit] *nf* sinusitis (*U*).

sionisme [sjɔnism] *nm* Zionism.

siphon [sifɔ̃] *nm* **-1.** [tube] siphon. **-2.** [bouteille] soda siphon.

siphonner [sifɔne] *vt* to siphon.

sirène [sirɛn] *nf* siren.

sirop [siro] *nm* syrup; ~ **d'érable** maple syrup; ~ **de grenadine** (syrup of) grenadine; ~ **de menthe** mint cordial.

siroter [sirɔte] *vt fam* to sip.

sis, -e [si, siz] *adj* JUR located.

sismique [sismik] *adj* seismic.

site [sit] *nm* **-1.** [emplacement] site; ~ **archéologique/historique** archaeological/historic site. **-2.** [paysage] beauty spot.

sitôt [sito] *adv* as soon as; ~ **après** immediately after; **pas de** ~ not for some time, not for a while; ~ **dit,** ~ **fait** no sooner said than done.

♦ **sitôt que** *loc conj* as soon as.

situation [sityasjɔ̃] *nf* **-1.** [position, emplacement] position, location. **-2.** [contexte, circonstance] situation; ~ **de famille** marital status. **-3.** [emploi] job, position. **-4.** FIN financial statement.

situer [sitye] *vt* **-1.** [maison] to site, to situate; **bien/mal situé** well/badly situated. **-2.** [sur carte] to locate.

♦ **se situer** *vp* [scène] to be set; [dans classement] to be.

six [sis *en fin de phrase,* si *devant consonne ou* h *aspiré,* siz *devant voyelle ou* h *muet*] ◇ *adj num* six; **il a** ~ **ans** he is six (years old); **il est** ~ **heures** it's six (o'clock); **le** ~ **janvier** (on) the sixth of January; **daté du** ~ **septembre** dated the sixth of September; **Charles Six** Charles the Sixth; **page** ~ page six. ◇ *nm inv* **-1.** [gén] six; ~ **de pique** six of spades. **-2.** [adresse] (number) six. ◇ *pron* six; **ils étaient** ~ there were six of them; ~ **par** ~ six at a time.

sixième [sizjɛm] ◇ *adj num* sixth. ◇ *nmf* sixth; **arriver/se classer** ~ to come (in)/to be placed sixth. ◇ *nf*

SCOL ≃ first form OU year *Br*; **être en** ~ to be in the first form *Br*; **entrer en** ~ to go to secondary school. ◇ *nm* **-1.** [part]: **le/un** ~ **de** one/a sixth of; **cinq** ~**s** five sixths. **-2.** [arrondissement] sixth arrondissement. **-3.** [étage] sixth floor *Br*, seventh floor *Am*.

skateboard [skɛtbɔrd] *nm* skateboard.

sketch [skɛtʃ] (*pl* **sketches**) *nm* sketch (*in a revue etc*).

ski [ski] *nm* **-1.** [objet] ski. **-2.** [sport] skiing; **faire du** ~ to ski; ~ **acrobatique/alpin/de fond** freestyle/alpine/cross-country skiing; ~ **nautique** water-skiing.

skier [skje] *vi* to ski.

skieur, -ieuse [skjœr, jøz] *nm, f* skier.

skipper [skipœr] *nm* **-1.** [capitaine] skipper. **-2.** [barreur] helmsman.

slalom [slalɔm] *nm* **-1.** SKI slalom. **-2.** [virage] zigzag.

slave [slav] *adj* Slavonic.

♦ **Slave** *nmf* Slav.

slip [slip] *nm* briefs (*pl*); ~ **de bain** [d'homme] swimming trunks (*pl*); [de femme] bikini bottoms (*pl*).

slogan [slɔgɑ̃] *nm* slogan.

Slovaquie [slɔvaki] *nf:* **la** ~ Slovakia.

Slovénie [slɔveni] *nf:* **la** ~ Slovenia.

slow [slo] *nm* slow dance.

smala(h) [smala] *nf* **-1.** [de chef arabe] retinue. **-2.** *fam* [famille] brood.

smasher [smaʃe] *vi* TENNIS to smash (the ball).

SME (*abr de* **Système monétaire européen**) *nm* EMS.

SMIC, Smic [smik] (*abr de* **salaire minimum interprofessionnel de croissance**) *nm* index-linked guaranteed minimum wage.

smoking [smɔkiŋ] *nm* dinner jacket, tuxedo *Am*.

SNCF (*abr de* **Société nationale des chemins de fer français**) *nf* French railways board, ≃ BR *Br*.

snob [snɔb] ◇ *nmf* snob. ◇ *adj* snobbish.

snober [snɔbe] *vt* to snub, to cold-shoulder.

snobisme [snɔbism] *nm* snobbery, snobbishness.

sobre [sɔbr] *adj* -1. [personne] temperate. -2. [style] sober; [décor, repas] simple.

sobriété [sɔbrijete] *nf* sobriety.

sobriquet [sɔbrikɛ] *nm* nickname.

soc [sɔk] *nm* ploughshare.

sociable [sɔsjabl] *adj* sociable.

social, -e, -iaux [sɔsjal, jo] *adj* -1. [rapports, classe, service] social. -2. COMM: **capital ~** share capital; **raison ~e** company name.
♦ **social** *nm*: **le ~** social affairs (*pl*).

socialisme [sɔsjalism] *nm* socialism.

socialiste [sɔsjalist] *nmf & adj* socialist.

sociétaire [sɔsjetɛr] *nmf* member.

société [sɔsjete] *nf* -1. [communauté, classe sociale, groupe] society; **en ~** in society. -2. [présence] company, society. -3. COMM company, firm.

sociologie [sɔsjɔlɔʒi] *nf* sociology.

sociologue [sɔsjɔlɔg] *nmf* sociologist.

socioprofessionnel, -elle [sɔsjɔprɔfɛsjɔnɛl] *adj* socioprofessional.

socle [sɔkl] *nm* -1. [de statue] plinth, pedestal. -2. [de lampe] base.

socquette [sɔkɛt] *nf* ankle OU short sock.

soda [sɔda] *nm* fizzy drink.

sodium [sɔdjɔm] *nm* sodium.

sodomiser [sɔdɔmize] *vt* to sodomize.

sœur [sœr] *nf* -1. [gén] sister; **grande/petite ~** big/little sister. -2. RELIG nun, sister.

sofa [sɔfa] *nm* sofa.

Sofia [sɔfja] *n* Sofia.

software [sɔftwɛr] *nm* software.

soi [swa] *pron pers* oneself; **chacun pour ~** every man for himself; **cela va de ~** that goes without saying.
♦ **soi-même** *pron pers* oneself.

soi-disant [swadizɑ̃] ◇ *adj inv* (*avant n*) so-called. ◇ *adv fam* supposedly.

soie [swa] *nf* -1. [textile] silk. -2. [poil] bristle.

soierie [swari] *nf* (*gén pl*) [textile] silk.

soif [swaf] *nf* thirst; **~ (de)** *fig* thirst (for), craving (for); **avoir ~** to be thirsty.

soigné, -e [swaɲe] *adj* -1. [travail] meticulous. -2. [personne] well-groomed; [jardin, mains] well-cared-for.

soigner [swaɲe] *vt* -1. [suj: médecin] to treat; [suj: infirmière, parent] to nurse. -2. [invités, jardin, mains] to look after. -3. [travail, présentation] to take care over.
♦ **se soigner** *vp* to take care of o.s., to look after o.s.

soigneusement [swaɲøzmɑ̃] *adv* carefully.

soigneux, -euse [swaɲø, øz] *adj* -1. [personne] tidy, neat. -2. [travail] careful.

soin [swɛ̃] *nm* -1. [attention] care; **avoir** OU **prendre ~ de faire qqch** to be sure to do sthg; **avec ~** carefully; **sans ~** [procédé] carelessly; [travail] careless; **être aux petits ~s pour qqn** *fig* to wait on sb hand and foot. -2. [souci] concern.
♦ **soins** *nmpl* care (*U*); **les premiers ~s** first aid (*sg*).

soir [swar] *nm* evening; **demain ~** tomorrow evening OU night; **le ~** in the evening; **à ce ~!** see you tonight!

soirée [sware] *nf* -1. [soir] evening. -2. [réception] party.

sois → être.

soit¹ [swat] *adv* so be it.

soit² [swa] ◇ *vb → être.* ◇ *conj* -1. [c'est-à-dire] in other words, that is to say. -2. MATHS [étant donné]: **~ une droite AB** given a straight line AB.
♦ **soit ... soit** *loc corrélative* either ... or.
♦ **soit que ... soit que** *loc corrélative* (+ *subjonctif*) whether ... or (whether).

soixante [swasɑ̃t] ◇ *adj num* sixty; **les années ~** the Sixties. ◇ *nm* sixty; *voir aussi* **six**.

soixante-dix [swasɑ̃tdis] ◇ *adj num* seventy; **les années ~** the Seventies. ◇ *nm* seventy; *voir aussi* **six**.

soixante-dixième [swasɑ̃tdizjɛm] *adj num, nm & nmf* seventieth; *voir aussi* **sixième**.

soixantième [swasɑ̃tjɛm] *adj num, nm & nmf* sixtieth; *voir aussi* **sixième**.

soja [sɔʒa] *nm* soya.

sol [sɔl] *nm* **-1.** [terre] ground. **-2.** [de maison] floor. **-3.** [territoire] soil. **-4.** MUS G; [chanté] so.

solaire [sɔlɛr] *adj* **-1.** [énergie, four] solar. **-2.** [crème] sun (*avant n*).

solarium [sɔlaʀjɔm] *nm* solarium.

soldat [sɔlda] *nm* **-1.** MIL soldier; [grade] private; **le ~ inconnu** the Unknown Soldier. **-2.** [jouet] (toy) soldier.

solde [sɔld] ◇ *nm* **-1.** [de compte, facture] balance; **~ créditeur/débiteur** credit/debit balance. **-2.** [rabais]: **en ~** [acheter] in a sale. ◇ *nf* MIL pay.
♦ **soldes** *nmpl* sales.

solder [sɔlde] *vt* **-1.** [compte] to close. **-2.** [marchandises] to sell off.
♦ **se solder** *vp*: **se ~ par** FIN to show; *fig* [aboutir] to end in.

sole [sɔl] *nf* sole.

soleil [sɔlɛj] *nm* **-1.** [astre, motif] sun; **~ couchant/levant** setting/rising sun. **-2.** [lumière, chaleur] sun, sunlight; **au ~** in the sun; **en plein ~** right in the sun.

solennel, -elle [sɔlanɛl] *adj* **-1.** [cérémonieux] ceremonial. **-2.** [grave] solemn. **-3.** *péj* [pompeux] pompous.

solennité [sɔlanite] *nf* **-1.** [gravité] solemnity. **-2.** [raideur] stiffness, formality. **-3.** [fête] special occasion.

solfège [sɔlfɛʒ] *nm*: **apprendre le ~** to learn the rudiments of music.

solidaire [sɔlidɛr] *adj* **-1.** [lié]: **être ~ de qqn** to be behind sb, to show

solidarity with sb. **-2.** [relié] interdependent, integral.

solidarité [sɔlidarite] *nf* [entraide] solidarity; **par ~** [se mettre en grève] in sympathy.

solide [sɔlid] ◇ *adj* **-1.** [état, corps] solid. **-2.** [construction] solid, sturdy. **-3.** [personne] sturdy, robust. **-4.** [argument] solid, sound. **-5.** [relation] stable, strong. ◇ *nm* solid; **il nous faut du ~** *fig* we need something solid OU concrete.

solidifier [sɔlidifje] *vt* **-1.** [ciment, eau] to solidify. **-2.** [structure] to reinforce.
♦ **se solidifier** *vp* to solidify.

solidité [sɔlidite] *nf* **-1.** [de matière, construction] solidity. **-2.** [de mariage] stability, strength. **-3.** [de raisonnement, d'argument] soundness.

soliloque [sɔlilɔk] *nm sout* soliloquy.

soliste [sɔlist] *nmf* soloist.

solitaire [sɔlitɛr] ◇ *adj* **-1.** [de caractère] solitary. **-2.** [esseulé, retiré] lonely. ◇ *nmf* [personne] loner, recluse. ◇ *nm* [jeu, diamant] solitaire.

solitude [sɔlityd] *nf* **-1.** [isolement] loneliness. **-2.** [retraite] solitude.

sollicitation [sɔlisitasjɔ̃] *nf* (*gén pl*) entreaty.

solliciter [sɔlisite] *vt* **-1.** [demander - entretien, audience] to request; [- attention, intérêt] to seek. **-2.** [s'intéresser à]: **être sollicité** to be in demand. **-3.** [faire appel à]: **~ qqn pour faire qqch** to appeal to sb to do sthg.

sollicitude [sɔlisityd] *nf* solicitude, concern.

solo [sɔlo] *nm* solo; **en ~**.

solstice [sɔlstis] *nm*: **~ d'été/d'hiver** summer/winter solstice.

soluble [sɔlybl] *adj* **-1.** [matière] soluble; [café] instant. **-2.** *fig* [problème] solvable.

solution [sɔlysjɔ̃] *nf* **-1.** [résolution] solution, answer. **-2.** [liquide] solution.

solvable [sɔlvabl] *adj* solvent, creditworthy.

solvant [sɔlvɑ̃] *nm* solvent.

Somalie [sɔmali] *nf*: **la ~** Somalia.

sombre [sɔ̃br] *adj* **-1.** [couleur, costume, pièce] dark. **-2.** *fig* [pensées, avenir] dark, gloomy. **-3.** (*avant n*) *fam* [profond]: **c'est un ~ crétin** he's a prize idiot.

sombrer [sɔ̃bre] *vi* to sink; **~ dans** *fig* to sink into.

sommaire [sɔmɛr] ◇ *adj* **-1.** [explication] brief. **-2.** [exécution] summary. **-3.** [installation] basic. ◇ *nm* summary.

sommation [sɔmasjɔ̃] *nf* **-1.** [assignation] **summons** **-2.** [ordre - de payer] demand; [- de se rendre] warning.

somme [sɔm] ◇ *nf* **-1.** [addition] total, sum. **-2.** [d'argent] sum, amount. **-3.** [ouvrage] overview. ◇ *nm* nap.
◆ **en somme** *loc adv* in short.
◆ **somme toute** *loc adv* when all's said and done.

sommeil [sɔmɛj] *nm* sleep; **avoir ~** to be sleepy.

sommeiller [sɔmeje] *vi* **-1.** [personne] to doze. **-2.** *fig* [qualité] to be dormant.

sommelier, -ière [sɔməlje, jɛr] *nm, f* wine waiter (*f* wine waitress).

sommes → **être**.

sommet [sɔmɛ] *nm* **-1.** [de montagne] summit, top. **-2.** *fig* [de hiérarchie] top; [de perfection] height. **-3.** GÉOM apex.

sommier [sɔmje] *nm* base, bed base.

sommité [sɔmite] *nf* [personne] leading light.

somnambule [sɔmnɑ̃byl] ◇ *nmf* sleepwalker. ◇ *adj*: **être ~** to be a sleepwalker.

somnifère [sɔmnifɛr] *nm* sleeping pill.

somnolent, -e [sɔmnɔlɑ̃, ɑ̃t] *adj* [personne] sleepy, drowsy; *fig* [vie] dull; *fig* [économie] sluggish.

somnoler [sɔmnɔle] *vi* to doze.

somptueux, -euse [sɔ̃ptɥø, øz] *adj* sumptuous, lavish.

somptuosité [sɔ̃ptɥozite] *nf* lavishness (*U*).

son¹ [sɔ̃] *nm* **-1.** [bruit] sound; **au ~ de** to the sound of; **~ et lumière** son et lumière. **-2.** [céréale] bran.

son² [sɔ̃] (*f* **sa** [sa], *pl* **ses** [se]) *adj poss* **-1.** [possesseur défini - homme] his; [- femme] her; [- chose, animal] its; **il aime ~ père** he loves his father; **elle aime ses parents** she loves her parents; **la ville a perdu ~ charme** the town has lost its charm. **-2.** [possesseur indéfini - après «chacun», «tout le monde» etc] his/her, their.

sonate [sɔnat] *nf* sonata.

sondage [sɔ̃daʒ] *nm* **-1.** [enquête] poll, survey; **~ d'opinion** opinion poll. **-2.** TECHNOL drilling. **-3.** MÉD probing.

sonde [sɔ̃d] *nf* **-1.** MÉTÉOR sonde; [spatiale] probe. **-2.** MÉD probe. **-3.** NAVIG sounding line. **-4.** TECHNOL drill.

sondé, -e [sɔ̃de] *nm, f* poll respondent.

sonder [sɔ̃de] *vt* **-1.** MÉD & NAVIG to sound. **-2.** [terrain] to drill. **-3.** *fig* [opinion, personne] to sound out.

songe [sɔ̃ʒ] *nm littéraire* dream.

songer [sɔ̃ʒe] ◇ *vt*: **~ que** to consider that. ◇ *vi*: **~ à** to think about.

songeur, -euse [sɔ̃ʒœr, øz] *adj* pensive, thoughtful.

sonnant, -e [sɔnɑ̃, ɑ̃t] *adj*: **à six heures ~es** at six o'clock sharp.

sonné, -e [sɔne] *adj* **-1.** [passé]: **il est trois heures ~es** it's gone three o'clock; **il a quarante ans bien ~s** *fam fig* he's the wrong side of forty. **-2.** *fig* [étourdi] groggy.

sonner [sɔne] ◇ *vt* **-1.** [cloche] to ring. **-2.** [retraite, alarme] to sound. **-3.** [domestique] to ring for. **-4.** *fam fig* [siffler]: **je ne t'ai pas sonné!** who asked you! ◇ *vi* [gén] to ring; **~ chez qqn** to ring sb's bell.

sonnerie [sɔnri] *nf* **-1.** [bruit] ringing. **-2.** [mécanisme] striking mechanism. **-3.** [signal] call.

sonnet [sɔnɛ] *nm* sonnet.

sonnette [sɔnɛt] *nf* bell.

sono [sɔno] *nf fam* [de salle] P.A. (system); [de discothèque] sound system.

sonore [sɔnɔr] *adj* **-1.** CIN & PHYS sound (*avant n*). **-2.** [voix, rire] ringing, resonant. **-3.** [salle] resonant.

sonorisation [sɔnɔrizasjɔ̃] *nf* **-1.** [action - de film] addition of the soundtrack; [- de salle] wiring for sound. **-2.** [matériel - de salle] public address system, P.A. (system); [- de discothèque] sound system.

sonoriser [sɔnɔrize] *vt* **-1.** [film] to add the soundtrack to. **-2.** [salle] to wire for sound.

sonorité [sɔnɔrite] *nf* **-1.** [de piano, voix] tone. **-2.** [de salle] acoustics (*pl*).

sont → être.

sophistiqué, -e [sɔfistike] *adj* sophisticated.

soporifique [sɔpɔrifik] ◇ *adj* soporific. ◇ *nm* sleeping drug, soporific.

soprano [sɔprano] (*pl* **sopranos** OU **soprani** [sɔprani]) *nm & nmf* soprano.

sorbet [sɔrbɛ] *nm* sorbet.

Sorbonne [sɔrbɔn] *nf*: **la ~** the Sorbonne (*highly-respected Paris university*).

sorcellerie [sɔrsɛlri] *nf* witchcraft, sorcery.

sorcier, -ière [sɔrsje, jɛr] *nm, f* sorcerer (*f* witch).

sordide [sɔrdid] *adj* squalid; *fig* sordid.

sornettes [sɔrnɛt] *nfpl* nonsense (U).

sort [sɔr] *nm* **-1.** [maléfice] spell; **jeter un ~ (à qqn)** to cast a spell (on sb). **-2.** [destinée] fate. **-3.** [condition] lot. **-4.** [hasard]: **le ~** fate; **tirer au ~** to draw lots.

sortant, -e [sɔrtɑ̃, ɑ̃t] *adj* **-1.** [numéro] winning. **-2.** [président, directeur] outgoing (*avant n*).

sorte [sɔrt] *nf* sort, kind; **une ~ de** a sort of, a kind of; **toutes ~s de** all kinds of, all sorts of.

sortie [sɔrti] *nf* **-1.** [issue] exit, way out; [d'eau, d'air] outlet; **~ de secours** emergency exit. **-2.** [départ]: **c'est la ~ de l'école** it's home-time; **à la ~ du travail** when work finishes, after work. **-3.** [de produit] launch, launching; [de disque] release; [de livre] publication. **-4.** (*gén pl*) [dépense] outgoings (*pl*), expenditure (U). **-5.** [excursion] outing. **-6.** MIL sortie. **-7.** INFORM: **~ imprimante** printout.

sortilège [sɔrtilɛʒ] *nm* spell.

sortir [sɔrtir] ◇ *vi* **-1.** [de la maison, du bureau etc] to leave, to go/come out; **~ de** to go/come out of, to leave. **-2.** [pour se distraire] to go out. **-3.** *fig* [quitter]: **~ de** [réserve, préjugés] to shed. **-4.** *fig* [de maladie]: **~ de** to get over, to recover from; [coma] to come out of. **-5.** [film, livre, produit] to come out; [disque] to be released. **-6.** [au jeu - carte, numéro] to come up. **-7.** [s'écarter de]: **~ de** [sujet] to get away from; [légalité, compétence] to be outside. **-8.** *loc*: **~ de l'ordinaire** to be out of the ordinary; **d'où il sort, celui-là?** where did HE spring from? ◇ *vt* **-1.** [gén]: **~ qqch (de)** to take sthg out (of). **-2.** [de situation difficile] to get out, to extract. **-3.** [produit] to launch; [disque] to bring out, to release; [livre] to bring out, to publish.

♦ **se sortir** *vp fig* [de pétrin] to get out; **s'en ~** [en réchapper] to come out of it; [y arriver] to get through it.

SOS *nm* SOS; **lancer un ~** to send out an SOS.

sosie [sɔzi] *nm* double.

sot, sotte [so, sɔt] ◇ *adj* silly, foolish. ◇ *nm, f* fool.

sottise [sɔtiz] *nf* stupidity (U), foolishness (U); **dire/faire une ~** to say/do something stupid.

sou [su] *nm*: **être sans le ~** to be penniless.

♦ **sous** *nmpl fam* money (U).

soubassement [subasmɑ̃] *nm* base.

soubresaut [subrəso] *nm* **-1.** [de voiture] jolt. **-2.** [de personne] start.

souche [suʃ] *nf* **-1.** [d'arbre] stump. **-2.** [de carnet] counterfoil, stub.

souci [susi] *nm* **-1.** [tracas] worry; **se faire du ~** to worry. **-2.** [préoccupation] concern. **-3.** [fleur] marigold.

soucier [susje]
♦ **se soucier** *vp*: **se ~ de** to care about.

soucieux, -ieuse [susjø, jøz] *adj* **-1.** [préoccupé] worried, concerned. **-2.** [concerné]: **être ~ de qqch/de faire qqch** to be concerned about sthg/about doing sthg.

soucoupe [sukup] *nf* **-1.** [assiette] saucer. **-2.** [vaisseau]: **~ volante** flying saucer.

soudain, -e [sudɛ̃, ɛn] *adj* sudden.
♦ **soudain** *adv* suddenly, all of a sudden.

Soudan [sudɑ̃] *nm*: **le ~** the Sudan.

soude [sud] *nf* soda.

souder [sude] *vt* **-1.** TECHNOL to weld, to solder. **-2.** MÉD to knit. **-3.** *fig* [unir] to bind together.

soudoyer [sudwaje] *vt* to bribe.

soudure [sudyr] *nf* TECHNOL welding; [résultat] weld.

souffert, -e [sufɛr, ɛrt] *pp* → **souffrir**.

souffle [sufl] *nm* **-1.** [respiration] breathing; [expiration] puff, breath; **un ~ d'air** *fig* a breath of air, a puff of wind. **-2.** *fig* [inspiration] inspiration. **-3.** [d'explosion] blast. **-4.** MÉD: **~ au cœur** heart murmur. **-5.** *loc*: **avoir le ~ coupé** to have one's breath taken away.

souffler [sufle] ◇ *vt* **-1.** [bougie] to blow out. **-2.** [vitre] to blow out, to shatter. **-3.** [chuchoter]: **~ qqch à qqn** to whisper sthg to sb. **-4.** *fam* [prendre]: **~ qqch à qqn** to pinch sthg from sb. ◇ *vi* **-1.** [gén] to blow. **-2.** [respirer] to puff, to pant.

soufflet [suflɛ] *nm* **-1.** [instrument] bellows (*sg*). **-2.** [de train] connecting

corridor, concertina vestibule. **-3.** COUTURE gusset.

souffleur, -euse [suflœr, øz] *nm, f* THÉÂTRE prompt.
♦ **souffleur** *nm* [de verre] blower.

souffrance [sufrɑ̃s] *nf* suffering.

souffrant, -e [sufrɑ̃, ɑ̃t] *adj* poorly.

souffre-douleur [sufrədulœr] *nm inv* whipping boy.

souffrir [sufrir] ◇ *vi* to suffer; **~ de** to suffer from; **~ du dos/cœur** to have back/heart problems. ◇ *vt* **-1.** [ressentir] to suffer. **-2.** *littéraire* [supporter] to stand, to bear.

soufre [sufr] *nm* sulphur.

souhait [swɛ] *nm* wish; **à tes/vos ~s!** bless you!

souhaiter [swete] *vt*: **~ qqch** to wish for sthg; **~ faire qqch** to hope to do sthg; **~ qqch à qqn** to wish sb sthg; **~ à qqn de faire qqch** to hope that sb does sthg; **souhaiter que ...** (+ *subjonctif*) to hope that ....

souiller [suje] *vt littéraire* [salir] to soil; *fig & sout* to sully.

souillon [sujɔ̃] *nf péj* slut.

soûl, -e, saoul, -e [su, sul] *adj* drunk.

soulagement [sulaʒmɑ̃] *nm* relief.

soulager [sulaʒe] *vt* [gén] to relieve.

soûler, saouler [sule] *vt* **-1.** *fam* [enivrer]: **~ qqn** to get sb drunk; *fig* to intoxicate sb. **-2.** *fig & péj* [de plaintes]: **~ qqn** to bore sb silly.
♦ **se soûler** *vp fam* to get drunk.

soulèvement [sulɛvmɑ̃] *nm* uprising.

soulever [sulve] *vt* **-1.** [fardeau, poids] to lift; [rideau] to raise. **-2.** *fig* [question] to raise, to bring up. **-3.** *fig* [enthousiasme] to generate, to arouse; [tollé] to stir up; **~ qqn contre** to stir sb up against.
♦ **se soulever** *vp* **-1.** [s'élever] to raise o.s., to lift o.s. **-2.** [se révolter] to rise up.

soulier [sulje] *nm* shoe.

souligner [suliɲe] *vt* **-1.** [par un trait] to underline. **-2.** *fig* [insister sur] to underline, to emphasize. **-3.** [mettre en valeur] to emphasize.

soumettre [sumɛtr] *vt* **-1.** [astreindre]: ~ **qqn à** to subject sb to. **-2.** [ennemi, peuple] to **subjugate. -3.** [projet, problème]: ~ **qqch (à)** to submit sthg (to).
♦ **se soumettre** *vp*: se ~ **(à)** to submit (to).

soumis, -e [sumi, iz] ◇ *pp* → **soumettre.** ◇ *adj* submissive.

soumission [sumisjɔ̃] *nf* submission.

soupape [supap] *nf* valve.

soupçon [supsɔ̃] *nm* [suspicion, intuition] suspicion.

soupçonner [supsɔne] *vt* [suspecter] to suspect; ~ **qqn de qqch/de faire qqch** to suspect sb of sthg/of doing sthg.

soupçonneux, -euse [supsɔnø, øz] *adj* suspicious.

soupe [sup] *nf* CULIN soup; ~ **populaire** soup kitchen; **cracher dans la** ~ *fig* to bite the hand that feeds.

souper [supe] ◇ *nm* supper. ◇ *vi* to have supper.

soupeser [supəze] *vt* **-1.** [poids] to feel the weight of. **-2.** *fig* [évaluer] to weigh up.

soupière [supjɛr] *nf* tureen.

soupir [supir] *nm* **-1.** [souffle] sigh; **pousser un** ~ to let out OU give a sigh. **-2.** MUS crotchet rest *Br*, quarter-note rest *Am*.

soupirail, -aux [supiraj, o] *nm* barred basement window (*for ventilation purposes*).

soupirant [supirɑ̃] *nm* suitor.

soupirer [supire] *vi* [souffler] to sigh.

souple [supl] *adj* **-1.** [gymnaste] supple. **-2.** [pas] lithe. **-3.** [paquet, col] soft. **-4.** [tissu, cheveux] flowing. **-5.** [tuyau, horaire, caractère] flexible.

souplesse [suplɛs] *nf* **-1.** [de gymnaste] suppleness. **-2.** [flexibilité - de tuyau] pliability, flexibility; [- de matière] suppleness. **-3.** [de personne] flexibility.

source [surs] *nf* **-1.** [gén] source. **-2.** [d'eau] spring; **prendre sa** ~ **à** to rise in.

sourcil [sursi] *nm* eyebrow; **froncer les** ~s to frown.

sourcilière [sursiljɛr] → **arcade.**

sourciller [sursije] *vi*: **sans** ~ without batting an eyelid.

sourcilleux, -euse [sursijø, øz] *adj* fussy, finicky.

sourd, -e [sur, surd] ◇ *adj* **-1.** [personne] **deaf. -2.** [bruit, voix] **muffled. -3.** [douleur] **dull. -4.** [lutte, hostilité] silent. ◇ *nm, f* deaf person.

sourdement [surdəmɑ̃] *adv* **-1.** [avec un bruit sourd] dully. **-2.** *fig* [secrètement] silently.

sourdine [surdin] *nf* mute; **en** ~ [sans bruit] softly; [secrètement] in secret.

sourd-muet, sourde-muette [surmɥe, surdmɥet] *nm, f* deaf-mute, deaf and dumb person.

sourdre [surdr] *vi* to well up.

souriant, -e [surjɑ̃, ɑ̃t] *adj* smiling, cheerful.

souricière [surisjɛr] *nf* mousetrap; *fig* trap.

sourire [surir] ◇ *vi* to smile; ~ **à qqn** to smile at sb; *fig* [destin, chance] to smile on sb. ◇ *nm* smile.

souris [suri] *nf* INFORM & ZOOL mouse.

sournois, -e [surnwa, az] ◇ *adj* **-1.** [personne] **underhand. -2.** *fig* [maladie, phénomène] **unpredictable.**

sous [su] *prép* **-1.** [gén] under; **nager** ~ **l'eau** to swim underwater; ~ **la pluie** in the rain; ~ **cet aspect** OU **angle** from that point of view. **-2.** [dans un délai de] within; ~ **huit jours** within a week.

sous-alimenté, -e [suzalimɑ̃te] *adj* malnourished, underfed.

sous-bois [subwa] *nm inv* undergrowth.

souscription [suskripsjɔ̃] *nf* subscription.

souscrire [suskrir] *vi*: ~ **à** to subscribe to.

sous-développé, -e [sudevlɔpe] adj ÉCON underdeveloped; fig & péj backward.

sous-directeur, -trice [sudirɛktœr, tris] nm, f assistant manager (f assistant manageress).

sous-ensemble [suzɑ̃sɑ̃bl] nm subset.

sous-entendu [suzɑ̃tɑ̃dy] nm insinuation.

sous-estimer [suzɛstime] vt to underestimate, to underrate.

sous-évaluer [suzevalɥe] vt to underestimate.

sous-jacent, -e [suʒasɑ̃, ɑ̃t] adj underlying.

sous-louer [sulwe] vt to sublet.

sous-marin, -e [sumarɛ̃, in] adj underwater (avant n).

◆ **sous-marin** nm submarine.

sous-officier [suzɔfisje] nm noncommissioned officer.

sous-préfecture [suprefɛktyr] nf subprefecture.

sous-préfet [suprefɛ] nm sub-prefect.

sous-produit [suprɔdɥi] nm **-1.** [objet] by-product. **-2.** fig [imitation] pale imitation.

soussigné, -e [susiɲe] ◇ adj: **je ~** I the undersigned. ◇ nm, f undersigned.

sous-sol [susɔl] nm **-1.** [de bâtiment] basement. **-2.** [naturel] subsoil.

sous-tasse [sutas] nf saucer.

sous-titre [sutitr] nm subtitle.

soustraction [sustraksjɔ̃] nf MATHS subtraction.

soustraire [sustrɛr] vt **-1.** [retrancher]: **~ qqch de** to subtract sthg from. **-2.** sout [voler]: **~ qqch à qqn** to take sthg away from sb.

◆ **se soustraire** vp: **se ~ à** to escape from.

sous-traitance [sutrɛtɑ̃s] nf subcontracting; **donner qqch en ~** to subcontract sthg.

sous-traitant, -e [sutrɛtɑ̃, ɑ̃t] adj subcontracting.

◆ **sous-traitant** nm subcontractor.

sous-verre [suvɛr] nm inv picture or document framed between a sheet of glass and a rigid backing.

sous-vêtement [suvɛtmɑ̃] nm undergarment; **~s** underwear (U), underclothes.

soutane [sutan] nf cassock.

soute [sut] nf hold.

soutenance [sutnɑ̃s] nf viva.

souteneur [sutnœr] nm procurer.

soutenir [sutnir] vt **-1.** [immeuble, personne] to support, to hold up. **-2.** [effort, intérêt] to sustain. **-3.** [encourager] to support; POLIT to back, to support. **-4.** [affirmer]: **~ que** to maintain (that). **-5.** [résister à] to withstand; [regard, comparaison] to bear.

soutenu, -e [sutny] adj **-1.** [style, langage] elevated. **-2.** [attention, rythme] sustained. **-3.** [couleur] vivid.

souterrain, -e [sutɛrɛ̃, ɛn] adj underground.

◆ **souterrain** nm underground passage.

soutien [sutjɛ̃] nm support; **apporter son ~ à** to give one's support to.

soutien-gorge [sutjɛ̃gɔrʒ] (pl **soutiens-gorge**) nm bra.

soutirer [sutire] vt fig [tirer]: **~ qqch à qqn** to extract sthg from sb.

souvenir [suvnir] nm **-1.** [réminiscence, mémoire] memory. **-2.** [objet] souvenir.

◆ **se souvenir** vp [ne pas oublier]: **se ~ de qqch/de qqn** to remember sthg/sb; **se ~ que** to remember (that).

souvent [suvɑ̃] adv often.

souvenu, -e [suvny] pp → souvenir.

souverain, -e [suvrɛ̃, ɛn] ◇ adj **-1.** [remède, état] sovereign. **-2.** [indifférence] supreme. ◇ nm, f [monarque] sovereign, monarch.

souveraineté [suvrɛnte] nf sovereignty.

soviétique [sɔvjetik] adj Soviet.

◆ **Soviétique** nmf Soviet (citizen).

soyeux, -euse [swajø, øz] adj silky.

soyez → être.

SPA (*abr de* **Société protectrice des animaux**) *nf* French society for the protection of animals, ≃ RSPCA *Br*, ≃ SPCA *Am*.

spacieux, -ieuse [spasjø, jøz] *adj* spacious.

spaghettis [spageti] *nmpl* spaghetti (*U*).

sparadrap [sparadra] *nm* sticking plaster.

spartiate [sparsjat] *adj* [austère] Spartan.

spasme [spasm] *nm* spasm.

spasmodique [spasmɔdik] *adj* spasmodic.

spatial, -e, -iaux [spasjal, jo] *adj* space (*avant n*).

spatule [spatyl] *nf* -1. [ustensile] spatula. -2. [de ski] tip.

speaker, speakerine [spikœr, spikrin] *nm, f* announcer.

spécial, -e, -iaux [spesjal, jo] *adj* -1. [particulier] special. -2. *fam* [bizarre] peculiar.

spécialiser [spesjalize] *vt* to specialize.

◆ **se spécialiser** *vp*: se ~ (**dans**) to specialize (in).

spécialiste [spesjalist] *nmf* specialist.

spécialité [spesjalite] *nf* speciality.

spécifier [spesifje] *vt* to specify.

spécifique [spesifik] *adj* specific.

spécimen [spesimen] *nm* -1. [représentant] specimen. -2. [exemplaire] sample.

spectacle [spektakl] *nm* -1. [représentation] show. -2. [domaine] show business, entertainment. -3. [tableau] spectacle, sight.

spectaculaire [spektakylɛr] *adj* spectacular.

spectateur, -trice [spektatœr, tris] *nm, f* -1. [témoin] witness. -2. [de spectacle] spectator.

spectre [spektr] *nm* -1. [fantôme] spectre. -2. PHYS spectrum.

spéculateur, -trice [spekylatœr, tris] *nm, f* speculator.

spéculation [spekylasjɔ̃] *nf* speculation.

spéculer [spekyle] *vi*: ~ **sur** FIN to speculate in; *fig* [miser] to count on.

speech [spitʃ] (*pl* **speeches**) *nm* speech.

spéléologie [speleɔlɔʒi] *nf* [exploration] potholing; [science] speleology.

spermatozoïde [spɛrmatɔzɔid] *nm* sperm, spermatozoon.

sperme [spɛrm] *nm* sperm, semen.

sphère [sfɛr] *nf* sphere.

sphérique [sferik] *adj* spherical.

spirale [spiral] *nf* spiral.

spirituel, -elle [spirityɛl] *adj* -1. [de l'âme, moral] spiritual. -2. [vivant, drôle] witty.

splendeur [splãdœr] *nf* -1. [beauté, prospérité] splendour. -2. [merveille]: **c'est une ~!** it's magnificent!

splendide [splãdid] *adj* magnificent, splendid.

spongieux, -ieuse [spɔ̃ʒjø, jøz] *adj* spongy.

sponsor [spɔ̃sɔr] *nm* sponsor.

sponsoriser [spɔ̃sɔrize] *vt* to sponsor.

spontané, -e [spɔ̃tane] *adj* spontaneous.

spontanéité [spɔ̃taneite] *nf* spontaneity.

sporadique [spɔradik] *adj* sporadic.

sport [spɔr] ◇ *nm* sport; **~s d'hiver** winter sports. ◇ *adj inv* -1. [vêtement] sports (*avant n*). -2. [fair play] sporting.

sportif, -ive [spɔrtif, iv] ◇ *adj* -1. [association, résultats] sports (*avant n*). -2. [personne, milieu] sporty, athletic. -3. [fair play] sportsmanlike, sporting. ◇ *nm, f* sportsman (*f* sportswoman).

spot [spɔt] *nm* -1. [lampe] spot, spotlight. -2. [publicité]: ~ (**publicitaire**) commercial, advert.

sprint [sprint] *nm* [SPORT - accélération] spurt; [- course] sprint.

square [skwar] *nm* small public garden.

squash [skwaʃ] *nm* squash.

squelette [skəlɛt] *nm* skeleton.

squelettique [skəletik] *adj* [corps] emaciated.

St (*abr de* **saint**) St.

stabiliser [stabilize] *vt* **-1.** [gén] to stabilize; [meuble] to steady. **-2.** [terrain] to make firm.
◆ **se stabiliser** *vp* **-1.** [véhicule, prix, situation] to stabilize. **-2.** [personne] to settle down.

stabilité [stabilite] *nf* stability.

stable [stabl] *adj* **-1.** [gén] stable. **-2.** [meuble] steady, stable.

stade [stad] *nm* **-1.** [terrain] stadium. **-2.** [étape & MÉD] stage; **en être au ~ de/où** to reach the stage of/at which.

stage [staʒ] *nm* COMM work placement; [sur le temps de travail] in-service training; **faire un ~** [cours] to go on a training course; [expérience professionnelle] to go on a work placement.

stagiaire [staʒjɛr] ◇ *nmf* trainee. ◇ *adj* trainee (*avant n*).

stagnant, -e [stagnɑ̃, ɑ̃t] *adj* stagnant.

stagner [stagne] *vi* to stagnate.

stalactite [stalaktit] *nf* stalactite.

stalagmite [stalagmit] *nf* stalagmite.

stand [stɑ̃d] *nm* **-1.** [d'exposition] stand. **-2.** [de fête] stall.

standard [stɑ̃dar] ◇ *adj inv* standard. ◇ *nm* **-1.** [norme] standard. **-2.** [téléphonique] switchboard.

standardiste [stɑ̃dardist] *nmf* switchboard operator.

standing [stɑ̃diŋ] *nm* standing; **quartier de grand ~** select district.

star [star] *nf* CIN star.

starter [startɛr] *nm* AUTOM choke; **mettre le ~** to pull the choke out.

starting-block [startiŋblɔk] (*pl* **starting-blocks**) *nm* starting-block.

station [stasjɔ̃] *nf* **-1.** [arrêt - de bus] stop; [- de métro] station; **à quelle ~**

dois-je descendre? which stop do I get off at?; **~ de taxis** taxi rank. **-2.** [installations] station; **~ d'épuration** sewage treatment plant. **-3.** [ville] resort; **~ balnéaire** seaside resort; **~ de ski/de sports d'hiver** ski/winter sports resort; **~ thermale** spa (town). **-4.** [position] position. **-5.** INFORM: **~ de travail** work station.

stationnaire [stasjɔnɛr] *adj* stationary.

stationnement [stasjɔnmɑ̃] *nm* parking; **«~ interdit»** "no parking".

stationner [stasjɔne] *vi* to park.

station-service [stasjɔ̃sɛrvis] (*pl* **stations-service**) *nf* service station, petrol station *Br*, gas station *Am*.

statique [statik] *adj* static.

statisticien, -ienne [statistisjɛ̃, jɛn] *nm, f* statistician.

statistique [statistik] ◇ *adj* statistical. ◇ *nf* [donnée] statistic.

statue [staty] *nf* statue.

statuer [statɥe] *vi*: **~ sur** to give a decision on.

statuette [statɥɛt] *nf* statuette.

statu quo [statykwo] *nm inv* status quo.

stature [statyr] *nf* stature.

statut [staty] *nm* status.
◆ **statuts** *nmpl* statutes.

statutaire [statytɛr] *adj* statutory.

Ste (*abr de* **sainte**) St.

Sté (*abr de* **société**) Co.

steak [stɛk] *nm* steak; **~ haché** mince.

stèle [stɛl] *nf* stele.

sténo [steno] ◇ *nmf* stenographer. ◇ *nf* shorthand.

sténodactylo [stenɔdaktilo] *nmf* shorthand typist.

sténodactylographie [stenɔdaktilɔgrafi] *nf* shorthand typing.

sténotypiste [stenɔtipist] *nmf* stenotypist.

stentor [stɑ̃tɔr] → **voix**.

steppe [stɛp] *nf* steppe.

stéréo [stereo] ◇ *adj inv* stereo. ◇ *nf* stereo; **en ~** in stereo.

stéréotype [stereotip] *nm* stereotype.

stérile [steril] *adj* **-1.** [personne] sterile, infertile; [terre] barren. **-2.** *fig* [inutile - discussion] sterile; [- efforts] futile. **-3.** MÉD sterile.

stérilet [sterilɛ] *nm* IUD, intra-uterine device.

stériliser [sterilize] *vt* to sterilize.

stérilité [sterilite] *nf litt* & *fig* sterility; [d'efforts] futility.

sternum [stɛrnɔm] *nm* breastbone, sternum.

stéthoscope [stetɔskɔp] *nm* stethoscope.

steward [stiwart] *nm* steward.

stigmate [stigmat] *nm* (*gén pl*) mark, scar.

stimulant, -e [stimylɑ̃, ɑ̃t] *adj* stimulating.
◆ **stimulant** *nm* **-1.** [remontant] stimulant. **-2.** [motivation] incentive, stimulus.

stimulation [stimylasjɔ̃] *nf* stimulation.

stimuler [stimyle] *vt* to stimulate.

stipuler [stipyle] *vt*: ~ que to stipulate (that).

stock [stɔk] *nm* stock; en ~ in stock.

stocker [stɔke] *vt* **-1.** [marchandises] to stock. **-2.** INFORM to store.

Stockholm [stɔkɔlm] *n* Stockholm.

stoïque [stɔik] *adj* stoical.

stop [stɔp] ◇ *interj* stop! ◇ *nm* **-1.** [panneau] stop sign. **-2.** [auto-stop] hitch-hiking, hitching.

stopper [stɔpe] ◇ *vt* [arrêter] to stop, to halt. ◇ *vi* to stop.

store [stɔr] *nm* **-1.** [de fenêtre] blind. **-2.** [de magasin] awning.

strabisme [strabism] *nm* squint.

strangulation [strɑ̃gylasjɔ̃] *nf* strangulation.

strapontin [strapɔ̃tɛ̃] *nm* [siège] pull-down seat.

strass [stras] *nm* paste.

stratagème [strataʒɛm] *nm* stratagem.

stratégie [strateʒi] *nf* strategy.

stratégique [strateʒik] *adj* strategic.

stress [strɛs] *nm* stress.

stressant, -e [strɛsɑ̃, ɑ̃t] *adj* stressful.

strict, -e [strikt] *adj* **-1.** [personne, règlement] strict. **-2.** [sobre] plain. **-3.** [absolu - minimum] bare, absolute; [- vérité] absolute; dans la plus ~e intimité strictly in private; au sens ~ du terme in the strict sense of the word.

strident, -e [stridɑ̃, ɑ̃t] *adj* strident, shrill.

strié, -e [strije] *adj* [rayé] striped.

strier [strije] *vt* to streak.

strip-tease [striptiz] (*pl* **strip-teases**) *nm* striptease.

strophe [strɔf] *nf* verse.

structure [stryktyr] *nf* structure.

structurer [stryktyre] *vt* to structure.

studieux, -ieuse [stydjø, jøz] *adj* **-1.** [personne] studious. **-2.** [vacances] study (*avant n*).

studio [stydjo] *nm* **-1.** CIN, PHOT & TÉLÉ studio. **-2.** [appartement] studio flat *Br*, studio apartment *Am*.

stupéfaction [stypefaksjɔ̃] *nf* astonishment, stupefaction.

stupéfait, -e [stypefɛ, ɛt] *adj* astounded, stupefied.

stupéfiant, -e [stypefjɑ̃, ɑ̃t] *adj* astounding, stunning.
◆ **stupéfiant** *nm* narcotic, drug.

stupeur [stypœr] *nf* **-1.** [stupéfaction] astonishment. **-2.** MÉD stupor.

stupide [stypid] *adj* **-1.** *péj* [abruti] stupid. **-2.** [insensé - mort] senseless; [- accident] stupid.

stupidité [stypidite] *nf* stupidity.

style [stil] *nm* **-1.** [gén] style. **-2.** GRAM: ~ direct/indirect direct/indirect speech.

styliste [stilist] *nmf* COUTURE designer.

stylo [stilo] *nm* pen; ~ plume fountain pen.

stylo-feutre [stiloføtr] *nm* felt-tip pen.

su, -e [sy] *pp* → savoir.

suave [sɥav] *adj* [voix] smooth; [parfum] sweet.

subalterne [sybaltɛrn] ◇ *nmf* subordinate, junior. ◇ *adj* [rôle] subordinate; [employé] junior.

subconscient, -e [sybkɔ̃sjɑ̃, ɑ̃t] *adj* subconscious.

◆ **subconscient** *nm* subconscious.

subdiviser [sybdivize] *vt* to subdivide.

subir [sybir] *vt* **-1.** [conséquences, colère] to suffer; [personne] to put up with. **-2.** [opération, épreuve, examen] to undergo. **-3.** [dommages, pertes] to sustain, to suffer; ~ **une hausse** to be increased.

subit, -e [sybi, it] *adj* sudden.

subitement [sybitmɑ̃] *adv* suddenly.

subjectif, -ive [sybʒɛktif, iv] *adj* [personnel, partial] subjective.

subjonctif [sybʒɔ̃ktif] *nm* subjunctive.

subjuguer [sybʒyge] *vt* to captivate.

sublime [syblim] *adj* sublime.

submerger [sybmɛrʒe] *vt* **-1.** [inonder] to flood. **-2.** [envahir] to overcome, to overwhelm. **-3.** [déborder] to overwhelm; **être submergé de travail** to be swamped with work.

subordination [sybɔrdinasjɔ̃] *nf* subordination.

subordonné, -e [sybɔrdɔne] ◇ *adj* GRAM subordinate, dependent. ◇ *nm, f* subordinate.

subornation [sybɔrnasjɔ̃] *nf* bribing, subornation.

subrepticement [sybrɛptismɑ̃] *adv* surreptitiously.

subsidiaire [sybzidjɛr] *adj* subsidiary.

subsistance [sybzistɑ̃s] *nf* subsistence.

subsister [sybziste] *vi* **-1.** [chose] to remain. **-2.** [personne] to live, to subsist.

substance [sypstɑ̃s] *nf* **-1.** [matière] substance. **-2.** [essence] gist.

substantiel, -ielle [sypstɑ̃sjɛl] *adj* substantial.

substantif [sypstɑ̃tif] *nm* noun.

substituer [sypstitɥe] *vt*: ~ **qqch à qqch** to substitute sthg for sthg.

◆ **se substituer** *vp*: **se** ~ **à** [personne] to stand in for, to substitute for; [chose] to take the place of.

substitut [sypstity] *nm* **-1.** [remplacement] substitute. **-2.** JUR deputy public prosecutor.

substitution [sypstitysjɔ̃] *nf* substitution.

subterfuge [sybtɛrfyʒ] *nm* subterfuge.

subtil, -e [syptil] *adj* subtle.

subtiliser [syptilize] *vt* to steal.

subtilité [syptilite] *nf* subtlety.

subvenir [sybvənir] *vi*: ~ **à** to meet, to cover.

subvention [sybvɑ̃sjɔ̃] *nf* grant, subsidy.

subventionner [sybvɑ̃sjɔne] *vt* to give a grant to, to subsidize.

subversif, -ive [sybvɛrsif, iv] *adj* subversive.

succédané [syksedane] *nm* substitute.

succéder [syksede] *vt*: ~ **à** [suivre] to follow; [remplacer] to succeed, to take over from.

◆ **se succéder** *vp* to follow one another.

succès [syksɛ] *nm* **-1.** [gén] success; **avoir du** ~ to be very successful; **sans** ~ [essai] unsuccessful; [essayer] unsuccessfully. **-2.** [chanson, pièce] hit.

successeur [syksesœr] *nm* **-1.** [gén] successor. **-2.** JUR successor, heir.

successif, -ive [syksesif, iv] *adj* successive.

succession [syksesjɔ̃] *nf* **-1.** [gén] succession; **une** ~ **de** a succession of; **prendre la** ~ **de qqn** to take over from sb, to succeed sb. **-2.** JUR succession, inheritance; **droits de** ~ death duties.

succinct, -e [syksɛ̃, ɛ̃t] *adj* **-1.** [résumé] succinct. **-2.** [repas] frugal.

succion [syksjɔ̃, sysjɔ̃] *nf* suction, sucking.

succomber [sykɔ̃be] *vi*: ~ **(à)** to succumb (to).

succulent, -e [sykylã, ãt] *adj* delicious.

succursale [sykyrsal] *nf* branch.

sucer [syse] *vt* to suck.

sucette [syset] *nf* [friandise] lolly *Br*, lollipop.

sucre [sykr] *nm* sugar; ~ **en morceaux** lump sugar; ~ **en poudre**, ~ **semoule** caster sugar.

sucré, -e [sykre] *adj* [goût] sweet.

sucrer [sykre] *vt* **-1.** [café, thé] to sweeten, to sugar. **-2.** *fam* [permission] to withdraw; [passage, réplique] to cut; ~ **qqch à qqn** to take sthg away from sb.

sucrerie [sykrəri] *nf* **-1.** [usine] sugar refinery. **-2.** [friandise] sweet *Br*, candy *Am*.

sucrette [sykret] *nf* sweetener.

sucrier [sykrije] *nm* sugar bowl.

sud [syd] ◇ *nm* south; **un vent du** ~ a southerly wind; **au** ~ in the south; **au** ~ **(de)** to the south (of). ◇ *adj inv* [gén] south; [province, région] southern.

sud-africain, -e [sydafrikẽ, ɛn] (*mpl* **sud-africains,** *fpl* **sud-africaines**) *adj* South African.
◆ **Sud-Africain, -e** *nm, f* South African.

sud-américain, -e [sydamerikẽ, ɛn] (*mpl* **sud-américains,** *fpl* **sud-américaines**) *adj* South American.
◆ **Sud-Américain, -e** *nm, f* South American.

sudation [sydasjɔ̃] *nf* sweating.

sud-est [sydɛst] *nm & adj inv* southeast.

sud-ouest [sydwɛst] *nm & adj inv* southwest.

Suède [sɥɛd] *nf*: **la** ~ Sweden.

suédois, -e [sɥedwa, az] *adj* Swedish.
◆ **suédois** *nm* [langue] Swedish.
◆ **Suédois, -e** *nm, f* Swede.

suer [sɥe] ◇ *vi* [personne] to sweat. ◇ *vt* to exude.

sueur [sɥœr] *nf* sweat; **avoir des** ~**s froides** *fig* to be in a cold sweat.

Suez [sɥɛz] *n*: **le canal de** ~ the Suez Canal.

suffi [syfi] *pp inv* → **suffire**.

suffire [syfir] ◇ *vi* **-1.** [être assez]: ~ **pour qqch/pour faire qqch** to be enough for sthg/to do sthg, to be sufficient for sthg/to do sthg; **ça suffit!** that's enough! **-2.** [satisfaire]: ~ **à** to be enough for. ◇ *v impers*: **il suffit de** ... all that is necessary is ..., all that you have to do is ...; **il suffit d'un moment d'inattention pour que** ... it only takes a moment of carelessness for ...; **Il suffit que** (+ *subjonctif*): **il suffit que vous lui écriviez** all (that) you need do is write to him.
◆ **se suffire** *vp*: **se** ~ **à soi-même** to be self-sufficient.

suffisamment [syfizamã] *adv* sufficiently.

suffisant, -e [syfizã, ãt] *adj* **-1.** [satisfaisant] sufficient. **-2.** [vaniteux] self-important.

suffixe [syfiks] *nm* suffix.

suffocation [syfɔkasjɔ̃] *nf* suffocation.

suffoquer [syfɔke] ◇ *vt* **-1.** [suj: chaleur, fumée] to suffocate. **-2.** *fig* [suj: colère] to choke; [suj: nouvelle, révélation] to astonish, to stun. ◇ *vi* to choke.

suffrage [syfraʒ] *nm* vote.

suggérer [sygʒere] *vt* **-1.** [proposer] to suggest; ~ **qqch à qqn** to suggest sthg to sb; ~ **à qqn de faire qqch** to suggest that sb (should) do sthg. **-2.** [faire penser à] to evoke.

suggestif, -ive [sygʒɛstif, iv] *adj* **-1.** [musique] evocative. **-2.** [pose, photo] suggestive.

suggestion [sygʒɛstjɔ̃] *nf* suggestion.

suicidaire [sɥisider] *adj* suicidal.

suicide [sɥisid] *nm* suicide.

suicider [sɥiside]
◆ **se suicider** *vp* to commit suicide, to kill o.s.

suie [sɥi] *nf* soot.

suinter [sɥɛ̃te] *vi* **-1.** [eau, sang] to

ooze, to seep. **-2.** [surface, mur] to sweat; [plaie] to weep.

suis → être.

suisse [sɥis] ◇ *adj* Swiss. ◇ *nm* RELIG verger.

◆ **Suisse** ◇ *nf* [pays]: **la ~** Switzerland; **la ~ allemande/italienne/romande** German-/Italian-/French-speaking Switzerland. ◇ *nmf* [personne] Swiss (person); **les Suisses** the Swiss.

suite [sɥit] *nf* **-1.** [de liste, feuilleton] continuation. **-2.** [série - de maisons, de succès] series; [- d'événements] sequence. **-3.** [succession]: **prendre la ~ de** [personne] to succeed, to take over from; [affaire] to take over; **à la ~** one after the other; **à la ~ de** *fig* following. **-4.** [escorte] retinue. **-5.** MUS suite. **-6.** [appartement] suite.

◆ **suites** *nfpl* consequences.

◆ **par suite de** *loc prép* owing to, because of.

suivant, -e [sɥivɑ̃, ɑ̃t] ◇ *adj* next, following. ◇ *nm, f* next OU following one; **au ~!** next!

suivi, -e [sɥivi] ◇ *pp* → suivre. ◇ *adj* [visites] regular; [travail] sustained; [qualité] consistent.

◆ **suivi** *nm* follow-up.

suivre [sɥivr] ◇ *vt* **-1.** [gén] to follow; **«faire ~»** "please forward"; **à ~** to be continued. **-2.** [suj: médecin] to treat. ◇ *vi* **-1.** SCOL to keep up. **-2.** [venir après] to follow.

◆ **se suivre** *vp* to follow one another.

sujet, -ette [syʒɛ, ɛt] ◇ *adj*: **être ~ à qqch** to be subject OU prone to sthg. ◇ *nm, f* [de souverain] subject.

◆ **sujet** *nm* [gén] subject; **c'est à quel ~?** what is it about?; **~ de conversation** topic of conversation; **au ~ de** about, concerning.

sulfate [sylfat] *nm* sulphate.

sulfurique [sylfyrik] *adj* sulphuric.

super [sypɛr] *fam* ◇ *adj inv* super, great. ◇ *nm* four star (petrol) *Br*.

superbe [sypɛrb] *adj* superb; [enfant, femme] beautiful.

supercherie [sypɛrʃəri] *nf* deception, trickery.

superficie [sypɛrfisi] *nf* **-1.** [surface] area. **-2.** *fig* [aspect superficiel] surface.

superficiel, -ielle [sypɛrfisjɛl] *adj* superficial.

superflu, -e [sypɛrfly] *adj* superfluous.

◆ **superflu** *nm* superfluity.

supérieur, -e [sypɛrjœr] ◇ *adj* **-1.** [étage] upper. **-2.** [intelligence, qualité] superior; **~ à** superior to; [température] higher than, above. **-3.** [dominant - équipe] superior; [- cadre] senior. **-4.** SCOL [- classe] upper, senior; [- enseignement] higher. **-5.** *péj* [air] superior. ◇ *nm, f* superior.

supériorité [sypɛrjɔrite] *nf* superiority.

superlatif [sypɛrlatif] *nm* superlative.

supermarché [sypɛrmarʃe] *nm* supermarket.

superposer [sypɛrpoze] *vt* to stack.

◆ **se superposer** *vp* to be stacked; GÉOL to be superposed.

superproduction [sypɛrprɔdyksjɔ̃] *nf* spectacular.

superpuissance [sypɛrpɥisɑ̃s] *nf* superpower.

supersonique [sypɛrsɔnik] *adj* supersonic.

superstitieux, -ieuse [sypɛrstisjø, jøz] *adj* superstitious.

superstition [sypɛrstisjɔ̃] *nf* [croyance] superstition.

superviser [sypɛrvize] *vt* to supervise.

supplanter [syplɑ̃te] *vt* to supplant.

suppléant, -e [sypleɑ̃, ɑ̃t] ◇ *adj* acting (*avant n*), temporary. ◇ *nm, f* substitute, deputy.

suppléer [syplee] *vt* **-1.** *littéraire* [carence] to compensate for. **-2.** [personne] to stand in for.

supplément [syplemɑ̃] *nm* **-1.** [surplus]: **un ~ de détails** additional details, extra details. **-2.** PRESSE supplement. **-3.** [de billet] extra charge.

supplémentaire [syplemɑ̃tɛr] *adj* extra, additional.

supplication [syplikasjɔ̃] *nf* plea.

supplice [syplis] *nm* torture; *fig* [souffrance] torture, agony.

supplier [syplije] *vt*: ~ qqn de faire qqch to beg OU implore sb to do sthg; **je t'en** OU **vous en supplie** I beg OU implore you.

support [sypɔr] *nm* **-1.** [socle] support, base. **-2.** *fig* [de communication] medium; ~ **publicitaire** advertising medium.

supportable [sypɔrtabl] *adj* **-1.** [douleur] bearable. **-2.** [conduite] tolerable, acceptable.

supporter¹ [sypɔrte] *vt* **-1.** [soutenir, encourager] to support. **-2.** [endurer] to bear, to stand; ~ **que** (+ *subjonctif*): **il ne supporte pas qu'on le contredise** he cannot bear being contradicted. **-3.** [résister à] to withstand.
♦ **se supporter** *vp* [se tolérer] to bear OU stand each other.

supporter² [sypɔrter] *nm* supporter.

supposer [sypoze] *vt* **-1.** [imaginer] to suppose, to assure; **en supposant que** (+ *subjonctif*), **à** ~ **que** (+ *subjonctif*) supposing (that). **-2.** [impliquer] to imply, to presuppose.

supposition [sypozisjɔ̃] *nf* supposition, assumption.

suppositoire [sypozitwar] *nm* suppository.

suppression [sypresjɔ̃] *nf* **-1.** [de permis de conduire] withdrawal; [de document] suppression. **-2.** [de mot, passage] deletion. **-3.** [de loi, poste] abolition.

supprimer [syprime] *vt* **-1.** [document] to suppress; [obstacle, difficulté] to remove; [taudis] to do away with. **-2.** [mot, passage] to delete. **-3.** [loi, poste] to abolish. **-4.** [témoin] to do away with, to eliminate. **-5.** [permis de conduire, revenus]: ~ qqch à qqn to

take sthg away from sb. **-6.** [douleur] to take away, to suppress.

suprématie [sypremasi] *nf* supremacy.

suprême [syprɛm] *adj* [gén] supreme.

sur [syr] *prép* **-1.** [position - dessus] on; [- au-dessus de] above, over; ~ **la table** on the table. **-2.** [direction] towards; ~ **la droite/gauche** to the right/left, to the right/left. **-3.** [distance]: **travaux** ~ **10 kilomètres** roadworks for 10 kilometres. **-4.** [d'après] by; **juger qqn** ~ **sa mine** to judge sb by his/her appearance. **-5.** [grâce à] on; **il vit** ~ **les revenus de ses parents** he lives on OU off his parents' income. **-6.** [au sujet de] on, about. **-7.** [proportion] out of; [mesure] by; **9** ~ **10** 9 out of 10; **un mètre** ~ **deux** one metre by two; **un jour** ~ **deux** every other day; **une fois** ~ **deux** every other time.
♦ **sur ce** *loc adv* whereupon.

sûr, -e [syr] *adj* **-1.** [sans danger] safe. **-2.** [digne de confiance - personne] reliable, trustworthy; [- goût] reliable, sound; [- investissement] sound. **-3.** [certain] sure, certain; ~ **de sure** of; ~ **et certain** absolutely certain; ~ **de soi** self-confident.

surabondance [syrabɔ̃dɑ̃s] *nf* overabundance.

suraigu, -ë [syregy] *adj* high-pitched, shrill.

suranné, -e [syrane] *adj littéraire* old-fashioned, outdated.

surcharge [syrʃarʒ] *nf* **-1.** [excès de poids] excess load; [- de bagages] excess weight. **-2.** *fig* [surcroît]: **une** ~ **de travail** extra work. **-3.** [surabondance] surfeit. **-4.** [de document] alteration.

surcharger [syrʃarʒe] *vt* **-1.** [véhicule, personne]: ~ **(de)** to overload (with). **-2.** [texte] to alter extensively.

surcroît [syrkrwa] *nm*: **un** ~ **de travail/ d'inquiétude** additional work/anxiety.

surdité [syrdite] *nf* deafness.

surdoué, -e [syrdwe] *adj* exceptionally OU highly gifted.

sureffectif [syrefɛktif] *nm* overmanning, overstaffing.

surélever [syrɛlve] *vt* to raise, to heighten.

sûrement [syrmã] *adv* **-1.** [certainement] certainly; ~ **pas!** *fam* no way!, definitely not! **-2.** [sans doute] certainly, surely. **-3.** [sans risque] surely, safely.

surenchère [syrãʃɛr] *nf* higher bid; *fig* overstatement, exaggeration.

surenchérir [syrãʃerir] *vi* to bid higher; *fig* to try to go one better.

surendetté, -e [syrãdɛte] *adj* overindebted.

surendettement [syrãdɛtmã] *nm* overindebtedness.

surestimer [syrɛstime] *vt* **-1.** [exagérer] to overestimate. **-2.** [surévaluer] to overvalue.

♦ **se surestimer** *vp* to overestimate o.s.

sûreté [syrte] *nf* **-1.** [sécurité] safety; **en ~** safe; **de ~** safety (*avant n*). **-2.** [fiabilité] reliability. **-3.** JUR surety.

surexposer [syrɛkspoze] *vt* to overexpose.

surf [sœrf] *nm* surfing.

surface [syrfas] *nf* **-1.** [extérieur, apparence] surface. **-2.** [superficie] surface area.

♦ **grande surface** *nf* hypermarket.

surfait, -e [syrfɛ, ɛt] *adj* overrated.

surfer [sœrfe] *vi* to go surfing.

surgelé, -e [syrʒəle] *adj* frozen.

♦ **surgelé** *nm* frozen food.

surgir [syrʒir] *vi* to appear suddenly; *fig* [difficulté] to arise, to come up.

surhumain, -e [syrymɛ̃, ɛn] *adj* superhuman.

surimpression [syrɛ̃presjɔ̃] *nf* double exposure.

sur-le-champ [syrləʃã] *loc adv* immediately, straightaway.

surlendemain [syrlãdmɛ̃] *nm*: **le ~** two days later; **le ~ de mon départ** two days after I left.

surligner [syrliɲe] *vt* to highlight.

surligneur [syrliɲœr] *nm* highlighter (pen).

surmenage [syrmənaʒ] *nm* overwork.

surmener [syrməne] *vt* to overwork.

♦ **se surmener** *vp* to overwork.

surmonter [syrmɔ̃te] *vt* **-1.** [obstacle, peur] to overcome, to surmount. **-2.** [suj: statue, croix] to surmount, to top.

surnager [syrnaʒe] *vi* **-1.** [flotter] to float (on the surface). **-2.** *fig* [subsister] to remain, to survive.

surnaturel, -elle [syrnatyrɛl] *adj* supernatural.

♦ **surnaturel** *nm*: **le ~** the supernatural.

surnom [syrnɔ̃] *nm* nickname.

surnombre [syrnɔ̃br]

♦ **en surnombre** *loc adv* too many.

surpasser [syrpase] *vt* to surpass, to outdo.

♦ **se surpasser** *vp* to surpass OU excel o.s.

surpeuplé, -e [syrpœple] *adj* overpopulated.

surplomb [syrplɔ̃]

♦ **en surplomb** *loc adj* overhanging.

surplomber [syrplɔ̃be] ◇ *vt* to overhang. ◇ *vi* to be out of plumb.

surplus [syrply] *nm* [excédent] surplus.

surprenant, -e [syrprənã, ãt] *adj* surprising, amazing.

surprendre [syrprãdr] *vt* **-1.** [voleur] to catch (in the act). **-2.** [secret] to overhear. **-3.** [prendre à l'improviste] to surprise, to catch unawares. **-4.** [étonner] to surprise, to amaze.

surpris, -e [syrpri, iz] *pp* → **surprendre**.

surprise [syrpriz] ◇ *nf* surprise; **par ~** by surprise; **faire une ~ à qqn** to give sb a surprise. ◇ *adj* [inattendu] surprise (*avant n*); **grève ~** lightning strike.

surproduction [syrprɔdyksjɔ̃] *nf* overproduction.

surréalisme [syrrealism] *nm* surrealism.

sursaut [syrso] *nm* **-1.** [de personne] jump, start; **en ~** with a start. **-2.** [d'énergie] burst, surge.

sursauter [syrsote] *vi* to start, to give a start.

sursis [syrsi] *nm* JUR & *fig* reprieve; **six mois avec ~** six months' suspended sentence.

sursitaire [syrsiter] *nmf* MIL *person whose call-up has been deferred.*

surtaxe [syrtaks] *nf* surcharge.

surtout [syrtu] *adv* **-1.** [avant tout] above all. **-2.** [spécialement] especially, particularly; **~ pas** certainly not.

◆ **surtout que** *loc conj fam* especially as.

survécu, -e [syrveky] *pp* → **survivre.**

surveillance [syrvεjɑ̃s] *nf* supervision; [de la police, de militaire] surveillance.

surveillant, -e [syrvεjɑ̃, ɑ̃t] *nm, f* supervisor; [de prison] warder *Br*, guard.

surveiller [syrveje] *vt* **-1.** [enfant] to watch, to keep an eye on; [suspect] to keep a watch on. **-2.** [travaux] to supervise; [examen] to invigilate. **-3.** [ligne, langage] to watch.

◆ **se surveiller** *vp* to watch o.s.

survenir [syrvənir] *vi* [incident] to occur.

survenu, -e [syrvəny] *pp* → **survenir.**

survêtement [syrvεtmɑ̃] *nm* tracksuit.

survie [syrvi] *nf* [de personne] survival.

survivant, -e [syrvivɑ̃, ɑ̃t] ◇ *nm, f* survivor. ◇ *adj* surviving.

survivre [syrvivr] *vi* to survive; **~ à** [personne] to outlive, to survive; [accident, malheur] to survive.

survoler [syrvɔle] *vt* **-1.** [territoire] to fly over. **-2.** [texte] to skim (through).

sus [sy(s)] *interj*: **~ à l'ennemi!** at the enemy!

◆ **en sus** *loc adv* moreover, in addition; **en ~ de** over and above, in addition to.

susceptibilité [sysεptibilite] *nf* touchiness, sensitivity.

susceptible [sysεptibl] *adj* **-1.** [ombrageux] touchy, sensitive. **-2.** [en mesure de]: **~ de faire qqch** liable OU likely to do sthg; **~ d'amélioration, ~ d'être amélioré** open to improvement.

susciter [sysite] *vt* **-1.** [admiration, curiosité] to arouse. **-2.** [ennuis, problèmes] to create.

suspect, -e [syspε, εkt] ◇ *adj* **-1.** [personne] suspicious. **-2.** [douteux] suspect. ◇ *nm, f* suspect.

suspecter [syspεkte] *vt* to suspect, to have one's suspicions about; **~ qqn de qqch/de faire qqch** to suspect sb of sthg/of doing sthg.

suspendre [syspɑ̃dr] *vt* **-1.** [lustre, tableau] to hang (up). **-2.** [pourparlers] to suspend; [séance] to adjourn; [journal] to suspend publication of. **-3.** [fonctionnaire, constitution] to suspend. **-4.** [jugement] to postpone, to defer.

suspendu, -e [syspɑ̃dy] ◇ *pp* → **suspendre.** ◇ *adj* **-1.** [fonctionnaire] suspended. **-2.** [séance] adjourned. **-3.** [lustre, tableau]: **~ au plafond/au mur** hanging from the ceiling/on the wall.

suspens [syspɑ̃]

◆ **en suspens** *loc adv* in abeyance.

suspense [syspεns] *nm* suspense.

suspension [syspɑ̃sjɔ̃] *nf* **-1.** [gén] suspension; **en ~** in suspension, suspended. **-2.** [de combat] halt; [d'audience] adjournment. **-3.** [lustre] light fitting.

suspicion [syspisjɔ̃] *nf* suspicion.

susurrer [sysyre] *vt & vi* to murmur.

suture [sytyr] *nf* suture.

svelte [zvεlt] *adj* slender.

SVP *abr de* **s'il vous plaît.**

sweat-shirt [switʃœrt] (*pl* **sweat-shirts**) *nm* sweatshirt.

syllabe [silab] *nf* syllable.

symbole [sɛ̃bɔl] *nm* symbol.

symbolique [sɛ̃bɔlik] *adj* **-1.** [figure] symbolic. **-2.** [geste, contribution] token (*avant n*). **-3.** [rémunération] nominal.

symboliser [sɛ̃bɔlize] *vt* to symbolize.

symétrie [simetri] *nf* symmetry.

symétrique [simetrik] *adj* symmetrical.

sympa [sɛ̃pa] *adj fam* [personne] likeable, nice; [soirée, maison] pleasant, nice; [ambiance] friendly.

sympathie [sɛ̃pati] *nf* **-1.** [pour personne, projet] liking; **accueillir un projet avec** ~ to look sympathetically OU **favourably** on a project. **-2.** [condoléances] sympathy.

sympathique [sɛ̃patik] *adj* **-1.** [personne] likeable, nice; [soirée, maison] pleasant, nice; [ambiance] friendly. **-2.** ANAT & MÉD sympathetic.

sympathiser [sɛ̃patize] *vi* to get on well; ~ **avec qqn** to get on well with sb.

symphonie [sɛ̃fɔni] *nf* symphony.

symphonique [sɛ̃fɔnik] *adj* [musique] symphonic; [concert, orchestre] symphony (*avant n*).

symptomatique [sɛ̃ptɔmatik] *adj* symptomatic.

symptôme [sɛ̃ptom] *nm* symptom.

synagogue [sinagɔg] *nf* synagogue.

synchroniser [sɛ̃krɔnize] *vt* to synchronize.

syncope [sɛ̃kɔp] *nf* **-1.** [évanouissement] blackout. **-2.** MUS syncopation.

syndic [sɛ̃dik] *nm* [de copropriété] representative.

syndicaliste [sɛ̃dikalist] ◇ *nmf* trade unionist. ◇ *adj* (trade) union (*avant n*).

syndicat [sɛ̃dika] *nm* [d'employés, d'agriculteurs] **(trade) union**; [d'employeurs, de propriétaires] **association**.
♦ **syndicat d'initiative** *nm* tourist office.

syndiqué, -e [sɛ̃dike] *adj* unionized.

syndrome [sɛ̃drom] *nm* syndrome.

synergie [sinɛrʒi] *nf* synergy, synergism.

synonyme [sinɔnim] ◇ *nm* synonym. ◇ *adj* synonymous.

syntaxe [sɛ̃taks] *nf* syntax.

synthé [sɛ̃te] *nm fam* synth.

synthèse [sɛ̃tɛz] *nf* **-1.** [opération & CHIM] synthesis. **-2.** [exposé] overview.

synthétique [sɛ̃tetik] *adj* **-1.** [vue] overall. **-2.** [produit] synthetic.

synthétiseur [sɛ̃tetizœr] *nm* synthesizer.

syphilis [sifilis] *nf* syphilis.

Syrie [siri] *nf*: **la** ~ Syria.

syrien, -ienne [sirjɛ̃, jɛn] *adj* Syrian.
♦ **Syrien, -ienne** *nm, f* Syrian.

systématique [sistematik] *adj* systematic.

systématiser [sistematize] *vt* to systematize.

système [sistɛm] *nm* system; ~ **expert** INFORM expert system; ~ **d'exploitation** INFORM operating system; ~ **nerveux** nervous system; ~ **solaire** solar system.

T

t, T [te] *nm inv* t, T.

ta → **ton**.

tabac [taba] *nm* **-1.** [plante, produit] tobacco; ~ **blond** mild OU Virginia tobacco; ~ **brun** dark tobacco; ~ **à priser** snuff. **-2.** [magasin] tobacconist's.

tabagisme [tabaʒism] *nm* **-1.** [intoxication] nicotine addiction. **-2.** [habitude] smoking.

tabernacle [tabɛrnakl] *nm* tabernacle.

table [tabl] *nf* [meuble] table; **à** ~! lunch/dinner *etc* is ready!; **être à** ~ to be at table, to be having a meal; **se mettre à** ~ to sit down to eat; *fig* to come clean; **dresser** OU **mettre la ~** to lay the table; **~ de chevet** OU **de nuit** bedside table.

◆ **table des matières** *nf* contents (*pl*), table of contents.

◆ **table de multiplication** *nf* (multiplication) table.

tableau [tablo] *nm* **-1.** [peinture] painting, picture; *fig* [description] picture. **-2.** THÉÂTRE scene. **-3.** [panneau] board; **~ d'affichage** notice board *Br*, bulletin board *Am*; **~ de bord** AÉRON instrument panel; AUTOM dashboard; **~ noir** blackboard. **-4.** [de données] table.

tabler [table] *vi*: **~ sur** to count OU bank on.

tablette [tablɛt] *nf* **-1.** [planchette] shelf. **-2.** [de chewing-gum] stick; [de chocolat] bar.

tableur [tablœr] *nm* INFORM spreadsheet.

tablier [tablije] *nm* **-1.** [de cuisinière] apron; [d'écolier] smock. **-2.** [de pont] roadway, deck.

tabloïd(e) [tabloid] *nm* tabloid.

tabou, -e [tabu] *adj* taboo.

◆ **tabou** *nm* taboo.

tabouret [taburɛ] *nm* stool.

tabulateur [tabylatœr] *nm* tabulator, tab.

tac [tak] *nm*: **du ~ au ~** tit for tat.

tache [taʃ] *nf* **-1.** [de pelage] marking; [de peau] mark; **~ de rousseur** OU **de son** freckle. **-2.** [de couleur, lumière] spot, patch. **-3.** [sur nappe, vêtement] stain. **-4.** *littéraire* [morale] blemish.

tâche [taʃ] *nf* task.

tacher [taʃe] *vt* **-1.** [nappe, vêtement] to stain, to mark. **-2.** *fig* [réputation] to tarnish.

tâcher [taʃe] *vi*: **~ de faire qqch** to try to do sthg.

tacheter [taʃte] *vt* to spot, to speckle.

tacite [tasit] *adj* tacit.

taciturne [tasityrn] *adj* taciturn.

tact [takt] *nm* [délicatesse] tact; **avoir**

du ~ to be tactful; **manquer de ~** to be tactless.

tactique [taktik] ◇ *adj* tactical. ◇ *nf* tactics (*pl*).

tag [tag] *nm identifying name written with a spray can on walls, the sides of trains etc.*

tagueur, -euse [tagœr, øz] *nm, f person who sprays their "tag" on walls, the sides of trains etc.*

taie [tɛ] *nf* [enveloppe]: **~ (d'oreiller)** pillowcase, pillow slip.

taille [taj] *nf* **-1.** [action - de pierre, diamant] cutting; [- d'arbre, haie] pruning. **-2.** [stature] height. **-3.** [mesure, dimensions] size; **vous faites quelle ~?** what size are you?, what size do you take?; **ce n'est pas à ma ~** it doesn't fit me; **de ~** sizeable, considerable. **-4.** [milieu du corps] waist.

taille-crayon [tajkrɛjɔ̃] (*pl* **taille-crayons**) *nm* pencil sharpener.

tailler [taje] *vt* **-1.** [couper - chair, pierre, diamant] to cut; [- arbre, haie] to prune; [- crayon] to sharpen; [- bois] to carve. **-2.** [vêtement] to cut out.

tailleur [tajœr] *nm* **-1.** [couturier] tailor. **-2.** [vêtement] (lady's) suit. **-3.** [de diamants, pierre] cutter.

taillis [taji] *nm* coppice, copse.

tain [tɛ̃] *nm* silvering; **miroir sans ~** two-way mirror.

taire [tɛr] *vt* to conceal.

◆ **se taire** *vp* **-1.** [rester silencieux] to be silent OU quiet. **-2.** [cesser de s'exprimer] to fall silent; **tais-toi!** shut up!

Taiwan [tajwan] *n* Taiwan.

talc [talk] *nm* talcum powder.

talent [talɑ̃] *nm* talent; **avoir du ~** to be talented, to have talent; **les jeunes ~s** young talent (*U*).

talentueux, -euse [talɑ̃tɥø, øz] *adj* talented.

talisman [talismɑ̃] *nm* talisman.

talkie-walkie [tɔkiwɔki] *nm* walkie-talkie.

talon [talɔ̃] *nm* **-1.** [gén] heel; ~**s aiguilles/hauts** stiletto/high heels; ~**s plats** low OU flat heels. **-2.** [de chèque] counterfoil, stub. **-3.** CARTES stock.

talonner [talɔne] *vt* **-1.** [suj: poursuivant] to be hard on the heels of. **-2.** [suj: créancier] to harry, to hound.

talonnette [talɔnɛt] *nf* [de chaussure] heel cushion, heel-pad.

talquer [talke] *vt* to put talcum powder on.

talus [taly] *nm* embankment.

tambour [tɑ̃buʀ] *nm* **-1.** [instrument, cylindre] drum. **-2.** [musicien] drummer. **-3.** [porte à tourniquet] revolving door.

tambourin [tɑ̃buʀɛ̃] *nm* **-1.** [à grelots] tambourine. **-2.** [tambour] tambourin.

tambouriner [tɑ̃buʀine] *vi* : ~ **sur** OU **à** to drum on; ~ **contre** to drum against.

tamis [tami] *nm* [crible] sieve.

Tamise [tamiz] *nf* : **la** ~ the Thames.

tamisé, -e [tamize] *adj* [éclairage] subdued.

tamiser [tamize] *vt* **-1.** [farine] to sieve. **-2.** [lumière] to filter.

tampon [tɑ̃pɔ̃] *nm* **-1.** [bouchon] stopper, plug. **-2.** [éponge] pad; ~ **à récurer** scourer. **-3.** [de coton, d'ouate] pad; ~ **hygiénique** OU **périodique** tampon. **-4.** [cachet] stamp. **-5.** *litt* & *fig* [amortisseur] buffer.

tamponner [tɑ̃pɔne] *vt* **-1.** [document] to stamp. **-2.** [plaie] to dab.

tam-tam [tamtam] (*pl* **tam-tams**) *nm* tom-tom.

tandem [tɑ̃dɛm] *nm* **-1.** [vélo] tandem. **-2.** [duo] pair; **en** ~ together, in tandem.

tandis [tɑ̃di]
◆ **tandis que** *loc conj* **-1.** [pendant que] while. **-2.** [alors que] while, whereas.

tangage [tɑ̃gaʒ] *nm* pitching, pitch.

tangent, -e [tɑ̃ʒɑ̃, ɑ̃t] *adj* : ~ **à** MATHS tangent to, tangential to; **c'était** ~ *fig* it was close, it was touch and go.

◆ **tangente** *nf* tangent.

tangible [tɑ̃ʒibl] *adj* tangible.

tango [tɑ̃go] *nm* tango.

tanguer [tɑ̃ge] *vi* to pitch.

tanière [tanjɛʀ] *nf* den, lair.

tank [tɑ̃k] *nm* tank.

tanner [tane] *vt* **-1.** [peau] to tan. **-2.** *fam* [personne] to pester, to annoy.

tant [tɑ̃] *adv* **-1.** [quantité] : ~ **de** so much; ~ **de travail** so much work. **-2.** [nombre] : ~ **de** so many; ~ **de livres/d'élèves** so many books/pupils. **-3.** [tellement] such a lot, so much; **il l'aime** ~ he loves her so much. **-4.** [quantité indéfinie] so much; **ça coûte** ~ it costs so much. **-5.** [un jour indéfini] : **votre lettre du** ~ your letter of such-and-such a date. **-6.** [comparatif] : ~ **que** as much as. **-7.** [valeur temporelle] : ~ **que** [aussi longtemps que] as long as; [pendant que] while.

◆ **en tant que** *loc conj* as.

◆ **tant bien que mal** *loc adv* after a fashion, somehow or other.

◆ **tant mieux** *loc adv* so much the better; ~ **mieux pour lui** good for him.

◆ **tant pis** *loc adv* too bad; ~ **pis pour lui** too bad for him.

tante [tɑ̃t] *nf* [parente] aunt.

tantinet [tɑ̃tinɛ] *nm* : **un** ~ **exagéré/trop long** a bit exaggerated/too long.

tantôt [tɑ̃to] *adv* **-1.** [parfois] sometimes. **-2.** *vieilli* [après-midi] this afternoon.

tapage [tapaʒ] *nm* **-1.** [bruit] row. **-2.** *fig* [battage] fuss (U).

tapageur, -euse [tapaʒœʀ, øz] *adj* **-1.** [hôte, enfant] rowdy. **-2.** [style] flashy. **-3.** [liaison, publicité] blatant.

tape [tap] *nf* slap.

tape-à-l'œil [tapalœj] *adj inv* flashy.

taper [tape] ◇ *vt* **-1.** [personne, cuisse] to slap; ~ **(un coup) à la porte** to knock at the door. **-2.** [à la machine] to type. ◇ *vi* **-1.** [frapper] to hit; ~ **du poing sur** to bang one's fist on; ~

dans ses mains to clap. **-2.** [à la machine] to type. **-3.** *fam* [soleil] to beat down. **-4.** *fig* [critiquer]: ~ **sur qqn** to knock sb.

tapis [tapi] *nm* carpet; [de gymnase] mat; ~ **roulant** [pour bagages] conveyor belt; [pour personnes] travolator.

tapisser [tapise] *vt*: ~ **(de)** to cover (with).

tapisserie [tapisri] *nf* tapestry.

tapissier, -ière [tapisje, jɛr] *nm, f* **-1.** [artisan] tapestry maker. **-2.** [décorateur] (interior) decorator. **-3.** [commerçant] upholsterer.

tapoter [tapɔte] ◇ *vt* to tap; [joue] to pat. ◇ *vi*: ~ **sur** to tap on.

taquin, -e [takɛ̃, in] *adj* teasing.

taquiner [takine] *vt* **-1.** [suj: personne] to tease. **-2.** [suj: douleur] to worry.

tarabuster [tarabyste] *vt* **-1.** [suj: personne] to badger. **-2.** [suj: idée] to niggle at.

tard [tar] *adv* late; **plus** ~ later; **au plus** ~ at the latest.

tarder [tarde] ◇ *vi*: ~ **à faire qqch** [attendre pour] to delay OU put off doing sthg; [être lent à] to take a long time to do sthg; **le feu ne va pas** ~ **à s'éteindre** it won't be long before the fire goes out; **elle ne devrait plus** ~ **maintenant** she should be here any time now. ◇ *v impers*: **il me tarde de te revoir/qu'il vienne** I am longing to see you again/for him to come.

tardif, -ive [tardif, iv] *adj* [heure] late.

tare [tar] *nf* **-1.** [défaut] defect. **-2.** [de balance] tare.

tarif [tarif] *nm* **-1.** [prix - de restaurant, café] price; [- de service] rate, price; [douanier] tariff; **demi-**~ half rate OU price; ~ **réduit** reduced price; [au cinéma, théâtre] concession. **-2.** [tableau] price list.

tarir [tarir] *vi* to dry up; **elle ne tarit pas d'éloges sur son professeur** she never stops praising her teacher.

◆ **se tarir** *vp* to dry up.

tarot [taro] *nm* tarot.

◆ **tarots** *nmpl* tarot cards.

tartare [tartar] *adj* Tartar; **(steak)** ~ steak tartare.

tarte [tart] ◇ *nf* **-1.** [gâteau] tart. **-2.** *fam fig* [gifle] slap. ◇ *adj* (*avec ou sans accord*) *fam* [idiot] stupid.

tartine [tartin] *nf* [de pain] piece of bread and butter.

tartiner [tartine] *vt* **-1.** [pain] to spread; **chocolat/fromage à** ~ chocolate/cheese spread. **-2.** *fam fig* [pages] to cover.

tartre [tartr] *nm* **-1.** [de dents, vin] tartar. **-2.** [de chaudière] fur, scale.

tas [ta] *nm* heap; **un** ~ **de** a lot of.

tasse [tas] *nf* cup; ~ **à café/à thé** coffee/tea cup; ~ **de café/de thé** cup of coffee/tea.

tasser [tase] *vt* **-1.** [neige] to compress, to pack down. **-2.** [vêtements, personnes]: ~ **qqn/qqch dans** to stuff sb/sthg into.

◆ **se tasser** *vp* **-1.** [fondations] to settle. **-2.** *fig* [vieillard] to shrink. **-3.** [personnes] to squeeze up. **-4.** *fam fig* [situation] to settle down.

tâter [tate] *vt* to feel; *fig* to sound out.

◆ **se tâter** *vp fam fig* [hésiter] to be in two minds.

tatillon, -onne [tatijɔ̃, ɔn] *adj* finicky.

tâtonnement [tatɔnmɑ̃] *nm* (*gén pl*) [tentative] trial and error (*U*).

tâtonner [tatɔne] *vi* to grope around.

tâtons [tatɔ̃]

◆ **à tâtons** *loc adv*: **marcher/procéder à** ~ to feel one's way.

tatouage [tatwaʒ] *nm* [dessin] tattoo.

tatouer [tatwe] *vt* to tattoo.

taudis [todi] *nm* slum.

taupe [top] *nf litt & fig* mole.

taureau, -x [tɔro] *nm* [animal] bull.

◆ **Taureau** *nm* ASTROL Taurus.

tauromachie [tɔrɔmaʃi] *nf* bullfighting.

taux [to] *nm* rate; [de cholestérol, d'alcool] level; ~ **de change** exchange rate; ~ **d'intérêt** interest rate; ~ **de natalité** birth rate.

taverne [tavɛrn] *nf* tavern.

taxe [taks] *nf* tax; **hors** ~ COMM exclusive of tax, before tax; **toutes** ~**s comprises** inclusive of tax; ~ **sur la valeur ajoutée** value added tax.

taxer [takse] *vt* [imposer] to tax.

taxi [taksi] *nm* **-1.** [voiture] taxi. **-2.** [chauffeur] taxi driver.

TB, **tb** (*abr de* **très bien**) VG.

Tchad [tʃad] *nm*: **le** ~ Chad.

tchécoslovaque [tʃekɔslɔvak] *adj* Czechoslovakian.

◆ **Tchécoslovaque** *nmf* Czechoslovak.

Tchécoslovaquie [tʃekɔslɔvaki] *nf*: **la** ~ Czechoslovakia.

tchèque [tʃɛk] ◇ *adj* Czech. ◇ *nm* [langue] Czech.

◆ **Tchèque** *nmf* Czech.

TD (*abr de* **travaux dirigés**) *nmpl* supervised practical work.

te [tə], **t'** *pron pers* **-1.** [complément d'objet direct] you. **-2.** [complément d'objet indirect] (to) you. **-3.** [réfléchi] yourself. **-4.** [avec un présentatif]: ~ **voici!** here you are!

technicien, -ienne [tɛknisjɛ̃, jɛn] *nm, f* **-1.** [professionnel] technician. **-2.** [spécialiste]: ~ **(de)** expert (in).

technico-commercial, -e [tɛknikɔkɔmɛrsjal] (*mpl* **technico-commerciaux**, *fpl* **technico-commerciales**) *nm, f* sales engineer.

technique [tɛknik] ◇ *adj* technical. ◇ *nf* technique.

technocrate [tɛknɔkrat] *nmf* technocrat.

technologie [tɛknɔlɔʒi] *nf* technology.

technologique [tɛknɔlɔʒik] *adj* technological.

teckel [tekɛl] *nm* dachshund.

tee-shirt (*pl* **tee-shirts**), **T-shirt** (*pl* **T-shirts**) [tiʃœrt] *nm* T-shirt.

teigne [tɛɲ] *nf* **-1.** [mite] moth. **-2.** MÉD ringworm. **-3.** *fam fig* & *péj* [femme] cow; [homme] bastard.

teindre [tɛ̃dr] *vt* to dye.

teint, -e [tɛ̃, tɛ̃t] ◇ *pp* → **teindre**. ◇ *adj* dyed.

◆ **teint** *nm* [carnation] complexion.

◆ **teinte** *nf* colour.

teinté, -e [tɛ̃te] *adj* tinted; ~ **de** *fig* tinged with.

teinter [tɛ̃te] *vt* to stain.

teinture [tɛ̃tyr] *nf* **-1.** [action] dyeing. **-2.** [produit] dye.

◆ **teinture d'iode** *nf* tincture of iodine.

teinturerie [tɛ̃tyrri] *nf* **-1.** [pressing] dry cleaner's. **-2.** [métier] dyeing.

teinturier, -ière [tɛ̃tyrje, jɛr] *nm, f* [de pressing] dry cleaner.

tel [tɛl] (*f* **telle**, *mpl* **tels**, *fpl* **telles**) *adj* **-1.** [valeur indéterminée] such-and-such a; ~ **et** ~ such-and-such a. **-2.** [semblable] such; **un** ~ **homme** such a man; **de telles gens** such people; **je n'ai rien dit de** ~ I never said anything of the sort. **-3.** [valeur emphatique ou intensive] such; **un** ~ **génie** such a genius; **un** ~ **bonheur** such happiness. **-4.** [introduit un exemple ou une énumération]: ~ **(que)** such as, like. **-5.** [introduit une comparaison] like; **il est** ~ **que je l'avais toujours rêvé** he's just like I always dreamt he would be; ~ **quel** as it is/was *etc*.

◆ **à tel point que** *loc conj* to such an extent that.

◆ **de telle manière que** *loc conj* in such a way that.

◆ **de telle sorte que** *loc conj* with the result that, so that.

tél. (*abr de* **téléphone**) tel.

télé [tele] *nf fam* TV, telly *Br*.

téléachat [teleaʃa] *nm* teleshopping.

télécharger [teleʃarge] *vt* to download.

télécommande [telekɔmɑ̃d] *nf* remote control.

télécommunication [telekɔmynikasjɔ̃] *nf* telecommunications (*pl*).

télécopie [telekɔpi] *nf* fax.

télécopieur [telekɔpjœr] *nm* fax (machine).

téléfilm [telefilm] *nm* film made for television.

télégramme [telegram] *nm* telegram.

télégraphe [telegraf] *nm* telegraph.

télégraphier [telegrafje] *vt* to telegraph.

téléguider [telegide] *vt* to operate by remote control; *fig* to mastermind.

télématique [telematik] *nf* telematics (U).

téléobjectif [teleɔbʒɛktif] *nm* telephoto lens (*sg*).

télépathie [telepati] *nf* telepathy.

téléphérique [teleferik] *nm* cableway.

téléphone [telefɔn] *nm* telephone; ~ **sans fil** cordless telephone.

téléphoner [telefɔne] *vi* to telephone, to phone; ~ **à qqn** to telephone sb, to phone sb (up).

téléphonique [telefɔnik] *adj* telephone (*avant n*), phone (*avant n*).

téléprospection [teleprɔspɛksjɔ̃] *nf* telemarketing.

télescope [teleskɔp] *nm* telescope.

télescoper [teleskɔpe] *vt* [véhicule] to crash into.

◆ **se télescoper** *vp* [véhicules] to concertina.

télescopique [teleskɔpik] *adj* [antenne] telescopic.

téléscripteur [teleskriptœr] *nm* teleprinter *Br*, teletypewriter *Am*.

télésiège [telesjɛʒ] *nm* chairlift.

téléski [teleski] *nm* ski tow.

téléspectateur, -trice [telespɛktatœr, tris] *nm, f* (television) viewer.

téléviseur [televizœr] *nm* television (set).

télévision [televizjɔ̃] *nf* television; **à la** ~ on television.

télex [telɛks] *nm inv* telex.

tellement [tɛlmɑ̃] *adv* **-1.** [si, à ce point] so; (+ *comparatif*) so much; ~ **plus jeune que** so much younger than; **pas** ~ not especially, not particularly; **ce n'est plus** ~ **frais/**populaire it's no longer all that fresh/popular. **-2.** [autant] : ~ **de** [personnes, objets] so many; [gentillesse, travail] so much. **-3.** [tant] so much; **elle a** ~ **changé** she's changed so much; **je ne comprends rien** ~ **il parle vite** he talks so quickly that I can't understand a word.

téméraire [temerɛr] ◇ *adj* **-1.** [audacieux] bold. **-2.** [imprudent] rash. ◇ *nmf* hothead.

témérité [temerite] *nf* **-1.** [audace] boldness. **-2.** [imprudence] rashness.

témoignage [temwaɲaʒ] *nm* **-1.** JUR testimony, evidence (U); **faux** ~ perjury. **-2.** [gage] token, expression; **en** ~ **de** as a token of. **-3.** [récit] account.

témoigner [temwaɲe] ◇ *vt* **-1.** [manifester] to show, to display. **-2.** JUR: ~ **que** to testify that. ◇ *vi* JUR to testify; ~ **contre** to testify against.

témoin [temwɛ̃] ◇ *nm* **-1.** [gén] witness; **être** ~ **de qqch** to be a witness to sthg, to witness sthg; ~ **oculaire** eyewitness. **-2.** *littéraire* [marque]: ~ **de** evidence (U) of. **-3.** SPORT baton. ◇ *adj* [appartement] show (*avant n*).

tempe [tɑ̃p] *nf* temple.

tempérament [tɑ̃peramɑ̃] *nm* temperament; **avoir du** ~ to be hot-blooded.

température [tɑ̃peratyr] *nf* temperature; **avoir de la** ~ to have a temperature.

tempéré, -e [tɑ̃pere] *adj* [climat] temperate.

tempérer [tɑ̃pere] *vt* [adoucir] to temper; *fig* [enthousiasme, ardeur] to moderate.

tempête [tɑ̃pɛt] *nf* storm.

tempêter [tɑ̃pɛte] *vi* to rage.

temple [tɑ̃pl] *nm* **-1.** HIST temple. **-2.** [protestant] church.

tempo [tɛmpo] *nm* tempo.

temporaire [tɑ̃pɔrɛr] *adj* temporary.

temporairement [tɑ̃pɔrɛrmɑ̃] *adv* temporarily.

temporel, -elle [tɑ̃pɔrɛl] *adj* **-1.** [défini dans le temps] **time** (*avant n*). **-2.** [terrestre] **temporal.**

temps [tɑ̃] *nm* **-1.** [gén] **time; à plein ~ full-time; à mi-~, à ~ partiel** part-time; **en un ~ record** in record time; **au** OU **du ~ où** (in the days) when; **de mon ~** in my day; **un certain ~** for some time; **ces ~-ci, ces derniers ~** these days; **pendant ce ~** meanwhile; **en ~ utile** in due course; **en ~ de guerre/paix** in wartime/peacetime; **il était ~!** *iron* and about time too!; **avoir le ~ de faire qqch** to have time to do sthg; **~ libre** free time; **à ~** in time; **de ~ à autre** now and then OU again; **de ~ en ~** from time to time; **en même ~ at** the same time; **tout le ~** all the time, the whole time; **avoir tout son ~** to have all the time in the world. **-2.** MUS **beat. -3.** GRAM **tense. -4.** MÉTÉOR **weather.**

tenable [tənabl] *adj* **bearable.**

tenace [tənas] *adj* **-1.** [gén] **stubborn. -2.** *fig* [odeur, rhume] **lingering.**

ténacité [tenasite] *nf* **-1.** [d'odeur] **lingering nature. -2.** [de préjugé, personne] **stubbornness.**

tenailler [tənaje] *vt* **to torment.**

tenailles [tənaj] *nfpl* **pincers.**

tenancier, -ière [tənɑ̃sje, jɛr] *nm, f* **manager** (*f* **manageress**).

tendance [tɑ̃dɑ̃s] *nf* **-1.** [disposition] **tendency; avoir ~ à qqch/à faire qqch** to have a tendency to sthg/to do sthg, to be inclined to sthg/to do sthg. **-2.** [économique, de mode] **trend.**

tendancieux, -ieuse [tɑ̃dɑ̃sjø, jøz] *adj* **tendentious.**

tendeur [tɑ̃dœr] *nm* [sangle] **elastic strap** (*for fastening luggage etc*).

tendinite [tɑ̃dinit] *nf* **tendinitis.**

tendon [tɑ̃dɔ̃] *nm* **tendon.**

tendre¹ [tɑ̃dr] ◇ *adj* **-1.** [gén] **tender. -2.** [matériau] **soft. -3.** [couleur] **delicate.** ◇ *nmf* **tender-hearted person.**

tendre² [tɑ̃dr] *vt* **-1.** [corde] **to tighten. -2.** [muscle] **to tense. -3.** [objet,

main]: **~ qqch à qqn** to hold out sthg to sb. **-4.** [bâche] **to hang. -5.** [piège] **to set (up).**
♦ **se tendre** *vp* **to tighten;** *fig* [relations] **to become strained.**

tendresse [tɑ̃drɛs] *nf* **-1.** [affection] **tenderness. -2.** [indulgence] **sympathy.**

tendu, -e [tɑ̃dy] ◇ *pp* → **tendre.** ◇ *adj* **-1.** [fil, corde] **taut. -2.** [personne] **tense. -3.** [atmosphère, rapports] **strained. -4.** [main] **outstretched.**

ténèbres [tenɛbr] *nfpl* **darkness** (*sg*), **shadows;** *fig* **depths.**

ténébreux, -euse [tenebrø, øz] *adj* **-1.** *fig* [dessein, affaire] **mysterious. -2.** [personne] **serious, solemn.**

teneur [tənœr] *nf* **content;** [de traité] **terms** (*pl*); **~ en alcool/cuivre** **alcohol/copper content.**

tenir [tənir] ◇ *vt* **-1.** [objet, personne, solution] **to hold. -2.** [garder, conserver, respecter] **to keep. -3.** [gérer - boutique] **to keep, to run. -4.** [apprendre]: **~ qqch de qqn** to have sthg from sb. **-5.** [considérer]: **~ qqn pour** to regard sb as. ◇ *vi* **-1.** [être solide] **to stay up, to hold together. -2.** [durer] **to last. -3.** [pouvoir être contenu] **to fit. -4.** [être attaché]: **~ à** [personne] **to care about;** [privilèges] **to value. -5.** [vouloir absolument]: **~ à faire qqch** to insist on doing sthg. **-6.** [ressembler]: **~ de** to take after. **-7.** [relever de]: **~ de** to have something of. **-8.** [dépendre de]: **il ne tient qu'à toi de ...** it's entirely up to you to .... **-9.** *loc*: **~ bon** to stand firm; **tiens!** [en donnant] **here!;** [surprise] **well, well!;** [pour attirer attention] **look!**
♦ **se tenir** *vp* **-1.** [réunion] **to be held. -2.** [personnes] **to hold one another;** **se ~ par la main** to hold hands. **-3.** [être présent] **to be. -4.** [être cohérent] **to make sense. -5.** [se conduire] **to behave** (o.s.). **-6.** [se retenir]: **se ~ (à)** to hold on (to). **-7.** [se borner]: **s'en ~ à** to stick to.

tennis [tenis] ◇ *nm* [sport] tennis. ◇ *nmpl* tennis shoes.

ténor [tenɔr] *nm* **-1.** [chanteur] tenor. **-2.** *fig* [vedette]: **un ~ de la politique** a political star performer.

tension [tɑ̃sjɔ̃] *nf* **-1.** [contraction, désaccord] tension. **-2.** MÉD pressure; **avoir de la ~** to have high blood pressure. **-3.** ÉLECTR voltage; **haute/basse ~** high/low voltage.

tentaculaire [tɑ̃takylɛr] *adj fig* sprawling.

tentant, -e [tɑ̃tɑ̃, ɑ̃t] *adj* tempting.

tentation [tɑ̃tasjɔ̃] *nf* temptation.

tentative [tɑ̃tativ] *nf* attempt; **~ de suicide** suicide attempt.

tente [tɑ̃t] *nf* tent.

tenter [tɑ̃te] *vt* **-1.** [entreprendre]: **~ qqch/de faire qqch** to attempt sthg/to do sthg. **-2.** [plaire] to tempt; **être tenté par qqch/de faire qqch** to be tempted by sthg/to do sthg.

tenture [tɑ̃tyr] *nf* hanging.

tenu, -e [təny] ◇ *pp* → **tenir.** ◇ *adj* **-1.** [obligé]: **être ~ de faire qqch** to be required OU obliged to do sthg. **-2.** [en ordre]: **bien/mal ~** [maison] well/badly kept.

ténu, -e [teny] *adj* **-1.** [fil] fine; *fig* [distinction] tenuous. **-2.** [voix] thin.

tenue [təny] *nf* **-1.** [entretien] running. **-2.** [manières] good manners (*pl*). **-3.** [maintien du corps] posture. **-4.** [costume] dress; **être en petite ~** to be scantily dressed.

◆ **tenue de route** *nf* roadholding.

ter [tɛr] ◇ *adv* MUS three times. ◇ *adj*: **12 ~** 12B.

Tergal® [tɛrgal] *nm* ≃ Terylene®.

tergiverser [tɛrʒivɛrse] *vi* to shilly-shally.

terme [tɛrm] *nm* **-1.** [fin] end; **mettre un ~ à** to put an end OU a stop to. **-2.** [de grossesse] term; **avant ~** prematurely. **-3.** [échéance] time limit; [de loyer] rent day; **à court/moyen/long ~** [calculer] in the short/medium/long term; [projet] short-/medium-/long-term. **-4.** [mot, élément] term.

◆ **termes** *nmpl* **-1.** [expressions] words. **-2.** [de contrat] terms.

terminaison [tɛrminɛzɔ̃] *nf* GRAM ending.

terminal, -e, -aux [tɛrminal, o] *adj* **-1.** [au bout] final. **-2.** MÉD [phase] terminal.

◆ **terminal, -aux** *nm* terminal.

◆ **terminale** *nf* SCOL ≃ upper sixth *Br.*

terminer [tɛrmine] *vt* to end, to finish; [travail, repas] to finish.

◆ **se terminer** *vp* to end, to finish.

terminologie [tɛrminɔlɔʒi] *nf* terminology.

terminus [tɛrminys] *nm* terminus.

termite [tɛrmit] *nm* termite.

terne [tɛrn] *adj* dull.

ternir [tɛrnir] *vt* to dirty; [métal, réputation] to tarnish.

terrain [tɛrɛ̃] *nm* **-1.** [sol] soil; **vélo tout ~** mountain bike. **-2.** [surface] piece of land. **-3.** [emplacement - de football, rugby] pitch; [- de golf] course; **~ d'aviation** airfield; **~ de camping** campsite. **-4.** *fig* [domaine] ground.

terrasse [tɛras] *nf* terrace.

terrassement [tɛrasmɑ̃] *nm* [action] excavation.

terrasser [tɛrase] *vt* [suj: personne] to bring down; [suj: émotion] to overwhelm; [suj: maladie] to conquer.

terre [tɛr] *nf* **-1.** [monde] world. **-2.** [sol] ground; **par ~** on the ground; **~ à ~** *fig* down-to-earth. **-3.** [matière] earth, soil. **-4.** [propriété] land (*U*). **-5.** [territoire, continent] land. **-6.** ÉLECTR earth *Br*, ground *Am.*

◆ **Terre** *nf*: **la Terre** Earth.

terreau [tɛro] *nm* compost.

terre-plein [tɛrplɛ̃] (*pl* **terre-pleins**) *nm* platform.

terrer [tɛre]

◆ **se terrer** *vp* to go to earth.

terrestre [tɛrɛstr] *adj* **-1.** [croûte, atmosphère] of the earth. **-2.** [animal, transport] **land** (*avant n*). **-3.** [plaisir, paradis] **earthly. -4.** [considérations] **worldly.**

terreur [tɛrœr] *nf* terror.

terrible [tɛribl] *adj* **-1.** [gén] **terrible. -2.** [appétit, soif] **terrific, enormous. -3.** *fam* [excellent] **brilliant.**

terriblement [tɛribləmɑ̃] *adv* terribly.

terrien, -ienne [tɛrjɛ̃, jɛn] ◇ *adj* [foncier]: **propriétaire ~ landowner.** ◇ *nm, f* [habitant de la Terre] **earthling.**

terrier [tɛrje] *nm* **-1.** [tanière] **burrow. -2.** [chien] **terrier.**

terrifier [tɛrifje] *vt* to terrify.

terrine [tɛrin] *nf* terrine.

territoire [tɛritwar] *nm* **-1.** [pays, zone] **territory. -2.** ADMIN **area.**

◆ **territoire d'outre-mer** *nm* (French) overseas territory.

territorial, -e, -iaux [tɛritɔrjal, jo] *adj* territorial.

terroir [tɛrwar] *nm* **-1.** [sol] **soil. -2.** [région rurale] **country.**

terroriser [tɛrɔrize] *vt* to terrorize.

terrorisme [tɛrɔrism] *nm* terrorism.

terroriste [tɛrɔrist] *nmf* terrorist.

tertiaire [tɛrsjɛr] ◇ *nm* tertiary sector. ◇ *adj* tertiary.

tes → **ton**.

tesson [tɛsɔ̃] *nm* piece of broken glass.

test [tɛst] *nm* test; **~ de grossesse** pregnancy test.

testament [tɛstamɑ̃] *nm* will; *fig* legacy.

tester [tɛste] *vt* to test.

testicule [tɛstikyl] *nm* testicle.

tétaniser [tetanize] *vt* to cause to go into spasm; *fig* to paralyse.

tétanos [tetanos] *nm* tetanus.

têtard [tɛtar] *nm* tadpole.

tête [tɛt] *nf* **-1.** [gén] **head; de la ~ aux pieds** from head to foot OU toe; **la ~ en bas** head down; **la ~ la première** head first; **calculer qqch de ~** to calculate sthg in one's head; **~ chercheuse** homing head; **~ de lecture** INFORM read head; **~ de liste** PO-

LIT **main candidate; être ~ en l'air** to have one's head in the clouds; **faire la ~** to sulk; **tenir ~ à qqn** to stand up to sb. **-2.** [visage] **face. -3.** [devant - de cortège, peloton] **head, front; en ~** SPORT in the lead.

tête-à-queue [tɛtakø] *nm inv* spin.

tête-à-tête [tɛtatɛt] *nm inv* tête-à-tête.

tête-bêche [tɛtbɛʃ] *loc adv* head to tail.

tétée [tete] *nf* feed.

tétine [tetin] *nf* **-1.** [de biberon, mamelle] **teat. -2.** [sucette] **dummy** *Br,* **pacifier** *Am.*

têtu, -e [tety] *adj* stubborn.

texte [tɛkst] *nm* **-1.** [écrit] **wording. -2.** [imprimé] **text. -3.** [extrait] **passage.**

textile [tɛkstil] ◇ *adj* textile (*avant n*). ◇ *nm* **-1.** [matière] **textile. -2.** [industrie]: **le ~ textiles** (*pl*), the textile industry.

textuel, -elle [tɛkstɥɛl] *adj* **-1.** [analyse] [citation] **textual; exact; il a dit ça, ~ those were his very** OU **exact words. -2.** [traduction] **literal.**

texture [tɛkstyr] *nf* texture.

TF1 (*abr de* **Télévision Française 1**) *nf French independent television company.*

TGV (*abr de* **train à grande vitesse**) *nm French high-speed train linking major cities.*

thaïlandais, -e [tajlɑ̃dɛ, ɛz] *adj* Thai.

◆ **Thaïlandais, -e** *nm, f* Thai.

Thaïlande [tajlɑ̃d] *nf*: **la ~** Thailand.

thalasso(thérapie) [talasɔ(terapi)] *nf* seawater therapy.

thé [te] *nm* tea.

théâtral, -e, -aux [teatral, o] *adj* [ton] theatrical.

théâtre [teatr] *nm* **-1.** [bâtiment, représentation] **theatre. -2.** [art]: **faire du ~** to be on the stage; **adapté pour le ~** adapted for the stage. **-3.** [œuvre] **plays** (*pl*). **-4.** [lieu] **scene; ~ d'opérations** MIL **theatre of operations.**

théière [tejɛr] *nf* teapot.

thématique [tematik] ◇ *adj* thematic.
◇ *nf* themes (*pl*).

thème [tɛm] *nm* **-1.** [sujet & MUS] theme. **-2.** SCOL prose.

théologie [teɔlɔʒi] *nf* theology.

théorème [teɔrɛm] *nm* theorem.

théoricien, -ienne [teɔrisjɛ̃, jɛn] *nm, f* theoretician.

théorie [teɔri] *nf* theory; **en ~** in theory.

théorique [teɔrik] *adj* theoretical.

thérapeute [terapøt] *nmf* therapist.

thérapie [terapi] *nf* therapy.

thermal, -e, -aux [tɛrmal, o] *adj* thermal.

thermes [tɛrm] *nmpl* thermal baths.

thermique [tɛrmik] *adj* thermal.

thermomètre [tɛrmɔmɛtr] *nm* [instrument] thermometer.

Thermos® [tɛrmos] *nm ou nf* Thermos® (flask).

thermostat [tɛrmɔsta] *nm* thermostat.

thèse [tɛz] *nf* **-1.** [opinion] argument. **-2.** PHILO & UNIV thesis; **~ de doctorat** doctorate. **-3.** [théorie] theory.

thon [tɔ̃] *nm* tuna.

thorax [tɔraks] *nm* thorax.

thym [tɛ̃] *nm* thyme.

thyroïde [tirɔid] *nf* thyroid (gland).

Tibet [tibɛ] *nm*: **le ~** Tibet.

tibia [tibja] *nm* tibia.

tic [tik] *nm* tic.

ticket [tikɛ] *nm* ticket; **~ de caisse** (till) receipt; **~-repas** ≃ luncheon voucher.

tic-tac [tiktak] *nm inv* tick-tock.

tiède [tjɛd] *adj* **-1.** [boisson, eau] tepid, lukewarm. **-2.** [vent] mild. **-3.** *fig* [accueil] lukewarm.

tiédir [tjedir] ◇ *vt* to warm. ◇ *vi* to become warm; **faire ~ qqch** to warm sthg.

tien [tjɛ̃]
◆ **le tien** (*f* **la tienne** [latjɛn], *mpl* **les tiens** [letjɛ̃], *fpl* **les tiennes** [letjɛn]) *pron poss* yours; **à la tienne!** cheers!

tierce [tjɛrs] ◇ *nf* **-1.** MUS third. **-2.** CARTES & ESCRIME tierce. ◇ *adj* → **tiers**.

tiercé [tjɛrse] *nm* system of betting involving the first three horses in a race.

tiers, tierce [tjɛr, tjɛrs] *adj*: **une tierce personne** a third party.
◆ **tiers** *nm* **-1.** [étranger] outsider, stranger. **-2.** [tierce personne] third party. **-3.** [de fraction]: **le ~ de** one-third of.

tiers-monde [tjɛrmɔ̃d] *nm*: **le ~** the Third World.

tiers-mondisation [tjɛrmɔ̃dizasjɔ̃] *nf*: **la ~ de ce pays** this country's economic degeneration to Third World levels.

tige [tiʒ] *nf* **-1.** [de plante] stem, stalk. **-2.** [de bois, métal] rod.

tignasse [tiɲas] *nf fam* mop (of hair).

tigre [tigr] *nm* tiger.

tigresse [tigrɛs] *nf* tigress.

tilleul [tijœl] *nm* lime (tree).

timbale [tɛ̃bal] *nf* **-1.** [gobelet] (metal) cup. **-2.** MUS kettledrum.

timbre [tɛ̃br] *nm* **-1.** [gén] stamp. **-2.** [de voix] timbre. **-3.** [de bicyclette] bell.

timbrer [tɛ̃bre] *vt* to stamp.

timide [timid] ◇ *adj* **-1.** [personne] shy. **-2.** [protestation, essai] timid. **-3.** [soleil] uncertain. ◇ *nmf* shy person.

timing [tajmiŋ] *nm* **-1.** [emploi du temps] schedule. **-2.** [organisation] timing.

timoré, -e [timɔre] *adj* fearful, timorous.

tintamarre [tɛ̃tamar] *nm fam* racket.

tintement [tɛ̃tmɑ̃] *nm* [de cloche, d'horloge] chiming; [de pièces] jingling.

tinter [tɛ̃te] *vi* **-1.** [cloche, horloge] to chime. **-2.** [pièces] to jingle.

tir [tir] *nm* **-1.** [SPORT - activité] shooting; [- lieu: **(centre de) ~** shooting range. **-2.** [trajectoire] shot. **-3.** [salve] fire (*U*). **-4.** [manière, action de tirer] firing.

tirage [tiraʒ] *nm* **-1.** [de journal] circulation; [de livre] print run; **à grand ~** mass circulation. **-2.** [du loto] draw; **~ au sort** drawing lots. **-3.** [de cheminée] draught.

tiraillement [tirajmɑ̃] nm (gén pl) **-1.** [crampe] cramp. **-2.** fig [conflit] conflict.

tirailler [tiraje] ◇ vt **-1.** [tirer sur] to tug (at). **-2.** fig [écarteler]: **être tiraillé par/entre qqch** to be torn by/ between sthg. ◇ vi to fire wildly.

tiré, -e [tire] adj [fatigué]: **avoir les traits ~s** OU **le visage ~** to look drawn.

tire-bouchon [tirbuʃɔ̃] (pl **tire-bouchons**) nm corkscrew.
◆ **en tire-bouchon** loc adv corkscrew (avant n).

tirelire [tirlir] nf moneybox.

tirer [tire] ◇ vt **-1.** [gén] to pull; [rideaux] to draw; [tiroir] to pull open. **-2.** [tracer - trait] to draw. **-3.** [revue, livre] to print. **-4.** [avec arme] to fire. **-5.** [faire sortir - vin] to draw off; ~ **qqn de** litt & fig to help OU get sb out of; ~ **un revolver/un mouchoir de sa poche** to pull a gun/a handkerchief out of one's pocket; ~ **la langue** to stick out one's tongue. **-6.** [aux cartes, au loto] to draw. **-7.** [plaisir, profit] to derive. **-8.** [déduire - conclusion] to draw; [- leçon] to learn. ◇ vi **-1.** [tendre]: ~ **sur** to pull on OU at. **-2.** [aspirer]: ~ **sur** [pipe] to draw OU pull on. **-3.** [couleur]: **bleu tirant sur le vert** greenish blue. **-4.** [cheminée] to draw. **-5.** [avec arme] to fire, to shoot. **-6.** SPORT to shoot.
◆ **se tirer** vp **-1.** fam [s'en aller] to push off. **-2.** [se sortir]: **se ~ de** to get o.s. out of; **s'en ~** fam to escape.

tiret [tire] nm dash.

tireur, -euse [tirœr, øz] nm, f [avec arme] gunman; ~ **d'élite** marksman (f markswoman).

tiroir [tirwar] nm drawer.

tiroir-caisse [tirwarkɛs] nm till.

tisane [tizan] nf herb tea.

tisonnier [tizɔnje] nm poker.

tissage [tisaʒ] nm weaving.

tisser [tise] vt litt & fig to weave; [suj: araignée] to spin.

tissu [tisy] nm **-1.** [étoffe] cloth, material. **-2.** BIOL tissue.

titiller [titije] vt to titillate.

titre [titr] nm **-1.** [gén] title. **-2.** [de presse] headline; **gros ~** headline. **-3.** [universitaire] diploma, qualification. **-4.** JUR title; ~ **de propriété** title deed. **-5.** FIN security.
◆ **titre de transport** nm ticket.
◆ **à titre de** loc prép: **à ~ d'exemple** by way of example; **à ~ d'information** for information.

tituber [titybe] vi to totter.

titulaire [titylɛr] ◇ adj [employé] permanent; UNIV with tenure. ◇ nmf [de passeport, permis] holder; [de poste, chaire] occupant.

titulariser [titylarize] vt to give tenure to.

toast [tost] nm **-1.** [pain grillé] toast (U). **-2.** [discours] toast; **porter un ~ à** to drink a toast to.

toboggan [tɔbɔgɑ̃] nm **-1.** [traîneau] toboggan. **-2.** [de terrain de jeu] slide; [de piscine] chute.

toc [tɔk] ◇ interj: **et ~!** so there! ◇ nm fam: **c'est du ~** it's fake; **en ~** fake (avant n).

Togo [tɔgo] nm: **le ~** Togo.

toi [twa] pron pers you.
◆ **toi-même** pron pers yourself.

toile [twal] nf **-1.** [étoffe] cloth; [de lin] linen; ~ **cirée** oilcloth. **-2.** [tableau] canvas, picture.
◆ **toile d'araignée** nf spider's web.

toilette [twalɛt] nf **-1.** [de personne, d'animal] washing; **faire sa ~** to (have a) wash. **-2.** [parure, vêtements] outfit, clothes (pl).
◆ **toilettes** nfpl toilet (sg), toilets.

toise [twaz] nf height gauge.

toison [twazɔ̃] nf **-1.** [pelage] fleece. **-2.** [chevelure] mop (of hair).

toit [twa] nm roof; ~ **ouvrant** sunroof.

toiture [twatyr] nf roof, roofing.

tôle [tol] nf [de métal] sheet metal; ~ **ondulée** corrugated iron.

tolérance [tɔlerɑ̃s] *nf* **-1.** [gén] tolerance. **-2.** [liberté] concession.

tolérant, -e [tɔlerɑ̃, ɑ̃t] *adj* **-1.** [large d'esprit] tolerant. **-2.** [indulgent] liberal.

tolérer [tɔlere] *vt* to tolerate.
◆ **se tolérer** *vp* to put up with OU tolerate each other.

tollé [tɔle] *nm* protest.

tomate [tɔmat] *nf* tomato.

tombal, -e, -aux [tɔ̃bal, o] *adj*: **pierre ~e** gravestone.

tombant, -e [tɔ̃bɑ̃, ɑ̃t] *adj* [moustaches] drooping; [épaules] sloping.

tombe [tɔ̃b] *nf* [fosse] grave, tomb.

tombeau, -x [tɔ̃bo] *nm* tomb.

tombée [tɔ̃be] *nf* fall; **à la ~ du jour** OU **de la nuit** at nightfall.

tomber [tɔ̃be] *vi* **-1.** [gén] to fall; **faire ~ qqn** to knock sb over OU down; **~ raide mort** to drop down dead; **~ bien** [robe] to hang well; *fig* [visite, personne] to come at a good time. **-2.** [cheveux] to fall out. **-3.** [nouvelle] to break. **-4.** [diminuer - prix] to drop, to fall; [- fièvre, vent] to drop; [- jour] to come to an end; [- colère] to die down. **-5.** [devenir brusquement]: **~ malade** to fall ill; **~ amoureux** to fall in love; **être bien/mal tombé** to be lucky/unlucky. **-6.** [trouver]: **~ sur** to come across. **-7.** [attaquer]: **~ sur** to set about. **-8.** [date, événement] to fall on.

tombola [tɔ̃bɔla] *nf* raffle.

tome [tɔm] *nm* volume.

ton¹ [tɔ̃] *nm* **-1.** [de voix] tone; **hausser/baisser le ~** to raise/lower one's voice. **-2.** MUS key; **donner le ~** to give an "A"; *fig* to set the tone.

ton² [tɔ̃] (*f* **ta** [ta], *pl* **tes** [te]) *adj poss* your.

tonalité [tɔnalite] *nf* **-1.** MUS tonality. **-2.** [au téléphone] dialling tone.

tondeuse [tɔ̃døz] *nf* [à cheveux] clippers (*pl*); **~ (à gazon)** mower, lawnmower.

tondre [tɔ̃dr] *vt* [gazon] to mow; [mouton] to shear; [caniche, cheveux] to clip.

tondu, -e [tɔ̃dy] *adj* [caniche, cheveux] clipped; [pelouse] mown.

tonicité [tɔnisite] *nf* *fig* bracing effect.

tonifier [tɔnifje] *vt* [peau] to tone; [esprit] to stimulate.

tonique [tɔnik] *adj* **-1.** [boisson] tonic (*avant n*); [froid] bracing; [lotion] toning. **-2.** LING & MUS tonic.

tonitruant, -e [tɔnitryɑ̃, ɑ̃t] *adj* booming.

tonnage [tɔnaʒ] *nm* tonnage.

tonnant, -e [tɔnɑ̃, ɑ̃t] *adj* thundering, thunderous.

tonne [tɔn] *nf* [1000 kg] tonne.

tonneau, -x [tɔno] *nm* **-1.** [baril] barrel, cask. **-2.** [de voiture] roll. **-3.** NAVIG ton.

tonnelle [tɔnɛl] *nf* bower, arbour.

tonner [tɔne] *vi* to thunder.

tonnerre [tɔnɛr] *nm* thunder; **coup de ~** thunderclap; *fig* bombshell.

tonte [tɔ̃t] *nf* [de mouton] shearing; [de gazon] mowing; [de caniche, cheveux] clipping.

tonus [tɔnys] *nm* **-1.** [dynamisme] energy. **-2.** [de muscle] tone.

top [tɔp] *nm* [signal] beep.

toper [tɔpe] *vi*: **tope-là!** right, you're on!

topographie [tɔpɔgrafi] *nf* topography.

toque [tɔk] *nf* [de juge, de jockey] cap; [de cuisinier] hat.

torche [tɔrʃ] *nf* torch.

torcher [tɔrʃe] *vt* *fam* **-1.** [assiette, fesses] to wipe. **-2.** [travail] to dash off.

torchon [tɔrʃɔ̃] *nm* **-1.** [serviette] cloth. **-2.** *fam* [travail] mess.

tordre [tɔrdr] *vt* [gén] to twist.
◆ **se tordre** *vp*: **se ~ la cheville** to twist one's ankle; **se ~ de rire** *fam* *fig* to double up with laughter.

tordu, -e [tɔrdy] ◇ *pp* → **tordre.** ◇ *adj* *fam* [bizarre, fou] crazy; [esprit] warped.

tornade [tɔrnad] *nf* tornado.

torpeur [tɔrpœr] *nf* torpor.

torpille [tɔrpij] *nf* MIL torpedo.

torpiller [tɔrpije] *vt* to torpedo.

torréfaction [tɔrefaksjɔ̃] *nf* roasting.

torrent [tɔrã] *nm* torrent; **un ~ de** *fig* [injures] **a stream of**; [lumière, larmes] **a** flood of.

torrentiel, -ielle [tɔrãsjɛl] *adj* torrential.

torride [tɔrid] *adj* torrid.

torse [tɔrs] *nm* chest.

torsade [tɔrsad] *nf* **-1.** [de cheveux] twist, coil. **-2.** [de pull] cable.

torsader [tɔrsade] *vt* to twist.

torsion [tɔrsjɔ̃] *nf* twisting; PHYS torsion.

tort [tɔr] *nm* **-1.** [erreur] fault; **avoir ~** to be wrong; **être dans son** OU **en ~** to be in the wrong; **à ~** wrongly. **-2.** [préjudice] wrong.

torticolis [tɔrtikɔli] *nm* stiff neck.

tortiller [tɔrtije] *vt* [enrouler] to twist; [moustache] to twirl.
◆ **se tortiller** *vp* to writhe, to wriggle.

tortionnaire [tɔrsjɔnɛr] *nmf* torturer.

tortue [tɔrty] *nf* tortoise; *fig* slowcoach *Br*, slowpoke *Am*.

tortueux, -euse [tɔrtɥø, øz] *adj* winding, twisting; *fig* tortuous.

torture [tɔrtyr] *nf* torture.

torturer [tɔrtyre] *vt* to torture.

tôt [to] *adv* **-1.** [de bonne heure] early. **-2.** [vite] soon, early.
◆ **au plus tôt** *loc adv* at the earliest.

total, -e, -aux [tɔtal, o] *adj* total.
◆ **total** *nm* total.

totalement [tɔtalmã] *adv* totally.

totaliser [tɔtalize] *vt* **-1.** [additionner] to add up, to total. **-2.** [réunir] to have a total of.

totalitaire [tɔtalitɛr] *adj* totalitarian.

totalitarisme [tɔtalitarism] *nm* totalitarianism.

totalité [tɔtalite] *nf* whole; **en ~** entirely.

totem [tɔtɛm] *nm* totem.

toubib [tubib] *nmf fam* doc.

touchant, -e [tuʃã, ãt] *adj* touching.

touche [tuʃ] *nf* **-1.** [de clavier] key; **~ de fonction** function key. **-2.** [de peinture] stroke. **-3.** *fig* [note]: **une ~ de** a touch of. **-4.** PÊCHE bite. **-5.** [FOOTBALL - ligne] touch line; [- remise en jeu] throw-in; [RUGBY - ligne] touch (line); [- remise en jeu] line-out. **-6.** ESCRIME hit.

toucher [tuʃe] ◇ *nm*: **le ~** the (sense of) touch; **au ~** to the touch. ◇ *vt* **-1.** [palper, émouvoir] to touch. **-2.** [rivage, correspondant] to reach; [cible] to hit. **-3.** [salaire] to get, to be paid; [chèque] to cash; [gros lot] to win. **-4.** [concerner] to affect, to concern. ◇ *vi*: **~ à** to touch; [problème] to touch on; [maison] to adjoin; **~ à sa fin** to draw to a close.
◆ **se toucher** *vp* [maisons] to be adjacent (to each other), to adjoin (each other).

touffe [tuf] *nf* tuft.

touffu, -e [tufy] *adj* [forêt] dense; [barbe] bushy.

toujours [tuʒur] *adv* **-1.** [continuité, répétition] always; **ils s'aimeront ~** they will always love one another, they will love one another forever; **~ plus** more and more; **~ moins** less and less. **-2.** [encore] still. **-3.** [de toute façon] anyway, anyhow.
◆ **de toujours** *loc adj*: **ce sont des amis de ~** they are lifelong friends.
◆ **pour toujours** *loc adv* forever, for good.
◆ **toujours est-il que** *loc conj* the fact remains that.

toupet [tupɛ] *nm* **-1.** [de cheveux] quiff *Br*, tuft of hair. **-2.** *fam fig* [aplomb] cheek; **avoir du ~, ne pas manquer de ~** *fam* to have a cheek.

toupie [tupi] *nf* (spinning) top.

tour [tur] ◇ *nm* **-1.** [périmètre] circumference; **faire le ~ de** to go round; **faire un ~** to go for a walk/ drive *etc*; **~ d'horizon** survey; **~ de piste** SPORT lap; **~ de taille** waist

measurement. **-2.** [rotation] turn; **fermer à double ~** to double-lock. **-3.** [plaisanterie] trick. **-4.** [succession] turn; **à ~ de rôle** in turn; **~ à ~** alternately, in turn. **-5.** [d'événements] turn. **-6.** [de potier] wheel. ◇ *nf* **-1.** [monument, de château] tower; [immeuble] **tower-block** *Br*, **high-rise** *Am*. **-2.** ÉCHECS rook, castle.
◆ **tour de contrôle** *nf* control tower.

tourbe [turb] *nf* peat.

tourbillon [turbijɔ̃] *nm* **-1.** [de vent] **whirlwind. -2.** [de poussière, fumée] swirl. **-3.** [d'eau] whirlpool. **-4.** *fig* [agitation] hurly-burly.

tourbillonner [turbijɔne] *vi* to whirl, to swirl; *fig* to whirl (round).

tourelle [turɛl] *nf* turret.

tourisme [turism] *nm* tourism.

touriste [turist] *nmf* tourist.

touristique [turistik] *adj* tourist (*avant n*).

tourment [turmɑ̃] *nm sout* torment.

tourmente [turmɑ̃t] *nf* **-1.** *littéraire* [tempête] storm, tempest. **-2.** *fig* turmoil.

tourmenter [turmɑ̃te] *vt* to torment.
◆ **se tourmenter** *vp* to worry o.s., to fret.

tournage [turnaʒ] *nm* CIN shooting.

tournant, -e [turnɑ̃, ɑ̃t] *adj* [porte] revolving; [fauteuil] **swivel** (*avant n*); [pont] **swing** (*avant n*).
◆ **tournant** *nm* bend; *fig* turning point.

tourné, -e [turne] *adj* [lait] sour, off.

tourne-disque [turnədisk] (*pl* **tourne-disques**) *nm* record player.

tournée [turne] *nf* **-1.** [voyage] tour. **-2.** *fam* [consommations] round.

tourner [turne] ◇ *vt* **-1.** [gén] to turn. **-2.** [pas, pensées] to turn, to direct. **-3.** [obstacle, loi] to get round. **-4.** CIN to shoot. ◇ *vi* **-1.** [gén] to turn; [moteur] to turn over; [planète] to revolve; **~ autour de qqn** *fig* to hang around sb; **~ autour du pot** OU **du sujet** *fig* to beat about the bush. **-2.**

fam [entreprise] to tick over. **-3.** [lait] to go off.
◆ **se tourner** *vp* to turn (right) round; **se ~ vers** to turn towards.

tournesol [turnəsɔl] *nm* [plante] sunflower.

tournevis [turnəvis] *nm* screwdriver.

tourniquet [turnike] *nm* **-1.** [entrée] turnstile. **-2.** MÉD tourniquet.

tournis [turni] *nm fam*: **avoir le ~** to feel dizzy OU giddy.

tournoi [turnwa] *nm* tournament.

tournoyer [turnwaje] *vi* to wheel, to whirl.

tournure [turnyr] *nf* **-1.** [apparence] turn. **-2.** [formulation] form; **~ de phrase** turn of phrase.

tourteau, -x [turto] *nm* [crabe] crab.

tourterelle [turtərɛl] *nf* turtledove.

tous → **tout**.

Toussaint [tusɛ̃] *nf*: **la ~** All Saints' Day.

tousser [tuse] *vi* to cough.

toussotement [tusɔtmɑ̃] *nm* coughing.

toussoter [tusɔte] *vi* to cough.

tout [tu] (*f* **toute** [tut], *mpl* **tous** [tus], *fpl* **toutes** [tut]) ◇ *adj qualificatif* **-1.** (*avec substantif singulier déterminé*) all; **~ le vin** all the wine; **~ un gâteau** a whole cake; **toute la journée/la nuit** all day/night, the whole day/night; **toute sa famille** all his family, his whole family. **-2.** (*avec pronom démonstratif*): **~ ceci/cela** all this/that; **~ ce que je sais** all I know. ◇ *adj indéf* **-1.** [exprime la totalité] all; **tous les gâteaux** all the cakes; **tous les deux** both of us/them *etc*; **tous les trois** all three of us/them *etc*. **-2.** [chaque] every; **tous les jours** every day; **tous les deux ans** every two years. **-3.** [n'importe quel] every; **à toute heure** at any time. ◇ *pron indéf* everything, all; **je t'ai ~ dit** I've told you everything; **ils voulaient tous la voir** they all wanted to see her; **c'est ~** that's all.

◆ **tout** ◇ *adv* **-1.** [entièrement, tout à fait] very, quite; ~ **jeune/près** very young/near; **ils étaient ~ seuls** they were all alone; ~ **en haut** right at the top. **-2.** [avec un gérondif]: ~ **en marchant** while walking. ◇ *nm*: **un ~ a** whole; **le ~ est de ...** the main thing is to ....

◆ **du tout au tout** *loc adv* completely, entirely.

◆ **pas du tout** *loc adv* not at all.

◆ **tout à fait** *loc adv* **-1.** [complètement] quite, entirely. **-2.** [exactement] exactly.

◆ **tout à l'heure** *loc adv* **-1.** [futur] in a little while, shortly; **à ~ à l'heure!** see you later! **-2.** [passé] a little while ago.

◆ **tout de suite** *loc adv* immediately, at once.

tout-à-l'égout [tutalegu] *nm inv* mains drainage.

toutefois [tutfwa] *adv* however.

tout-petit [tup(ə)ti] (*pl* **tout-petits**) *nm* toddler, tot.

tout-puissant,   **toute-puissante** [tupɥisɑ̃, tutpɥisɑ̃t] (*mpl* **tout-puissants,** *fpl* **toutes-puissantes**) *adj* omnipotent, all-powerful.

toux [tu] *nf* cough.

toxicité [tɔksisite] *nf* toxicity.

toxicomane [tɔksikɔman] *nmf* drug addict.

toxine [tɔksin] *nf* toxin.

toxique [tɔksik] *adj* toxic.

tps *abr de* **temps**.

trac [trak] *nm* nerves (*pl*); THÉÂTRE stage fright; **avoir le ~ to** get nervous; THÉÂTRE **to** get stage fright.

tracas [traka] *nm* worry.

tracasser [trakase] *vt* to worry, to bother.

◆ **se tracasser** *vp* to worry.

tracasserie [trakasri] *nf* annoyance.

trace [tras] *nf* **-1.** [d'animal] track. **-2.** [de brûlure, fatigue] mark. **-3.** (*gén pl*) [vestige] trace. **-4.** [très petite quantité]: **une ~ de a** trace of.

tracé [trase] *nm* [lignes] plan, drawing; [de parcours] line.

tracer [trase] *vt* **-1.** [dessiner, dépeindre] to draw. **-2.** [route, piste] to mark out.

trachéite [trakeit] *nf* throat infection.

tract [trakt] *nm* leaflet.

tractations [traktasjɔ̃] *nfpl* negotiations, dealings.

tracter [trakte] *vt* to tow.

tracteur [traktœr] *nm* tractor.

traction [traksjɔ̃] *nf* **-1.** [action de tirer] towing, pulling; ~ **avant/arrière** front-/rear-wheel drive. **-2.** TECHNOL tensile stress. **-3.** [SPORT - au sol] press-up *Br*, push-up *Am*; [- à la barre] pull-up.

tradition [tradisjɔ̃] *nf* tradition.

traditionnel, -elle [tradisjɔnɛl] *adj* **-1.** [de tradition] traditional. **-2.** [habituel] usual.

traducteur, -trice [tradyktœr, tris] *nm, f* translator.

traduction [tradyksjɔ̃] *nf* [gén] translation.

traduire [tradɥir] *vt* **-1.** [texte] to translate; ~ **qqch en français/anglais** to translate sthg into French/English. **-2.** [révéler - crise] to reveal, to betray; [- sentiments, pensée] to render, to express. **-3.** JUR: ~ **qqn en justice** to bring sb before the courts.

trafic [trafik] *nm* **-1.** [de marchandises] traffic, trafficking. **-2.** [circulation] traffic.

trafiquant, -e [trafikɑ̃, ɑ̃t] *nm, f* trafficker, dealer.

trafiquer [trafike] ◇ *vt* **-1.** [falsifier] to tamper with. **-2.** *fam* [manigancer]: **qu'est-ce que tu trafiques?** what are you up to? ◇ *vi* to be involved in trafficking.

tragédie [traʒedi] *nf* tragedy.

tragi-comédie [traʒikɔmedi] (*pl* **tragi-comédies**) *nf* tragicomedy.

tragique [traʒik] *adj* tragic.

tragiquement [traʒikmɑ̃] *adv* tragically.

trahir [trair] vt **-1.** [gén] to betray. **-2.** [suj: moteur] to let down; [suj: forces] to fail.

◆ **se trahir** vp to give o.s. away.

trahison [traizɔ̃] nf **-1.** [gén] betrayal. **-2.** JUR treason.

train [trɛ̃] nm **-1.** TRANSPORT train. **-2.** [allure] pace. **-3.** loc: **être en ~** fig to be on form.

◆ **train de vie** nm lifestyle.

◆ **en train de** loc prép: **être en ~ de lire/travailler** to be reading/working.

traînant, -e [trɛnɑ̃, ɑ̃t] adj [voix] drawling; [démarche] dragging.

traîne [trɛn] nf **-1.** [de robe] train. **-2.** loc: **être à la ~** to lag behind.

traîneau, -x [trɛno] nm sleigh, sledge.

traînée [trene] nf **-1.** [trace] trail. **-2.** tfam péj [prostituée] tart, whore.

traîner [trene] ◇ vt **-1.** [tirer, emmener] to drag. **-2.** [trimbaler] to lug around, to cart around. **-3.** [maladie] to be unable to shake off. ◇ vi **-1.** [personne] to dawdle. **-2.** [maladie, affaire] to drag on; **~ en longueur** to drag. **-3.** [vêtements, livres] to lie around ou about.

◆ **se traîner** vp **-1.** [personne] to drag o.s. along. **-2.** [jour, semaine] to drag.

train-train [trɛ̃trɛ̃] nm fam routine, daily grind.

traire [trɛr] vt [vache] to milk.

trait [trɛ] nm **-1.** [ligne] line, stroke; **~ d'union** hyphen. **-2.** (gén pl) [de visage] feature. **-3.** [caractéristique] trait, feature. **-4.** loc: **avoir ~ à** to be to do with, to concern.

◆ **d'un trait** loc adv [boire, lire] in one go.

traitant, -e [trɛtɑ̃, ɑ̃t] adj [shampooing, crème] medicated; → **médecin**.

traite [trɛt] nf **-1.** [de vache] milking. **-2.** COMM bill, draft. **-3.** [d'esclaves]: **la ~ des noirs** the slave trade; **la ~ des blanches** the white slave trade.

◆ **d'une seule traite** loc adv without stopping, in one go.

traité [trete] nm **-1.** [ouvrage] treatise. **-2.** POLIT treaty.

traitement [trɛtmɑ̃] nm **-1.** [gén & MÉD] treatment; **mauvais ~** ill-treatment. **-2.** [rémunération] wage. **-3.** IND & INFORM processing; **~ de texte** word processing. **-4.** [de problème] handling.

traiter [trete] ◇ vt **-1.** [gén & MÉD] to treat; **bien/mal ~ qqn** to treat sb well/badly. **-2.** [qualifier]: **~ qqn d'imbécile/de lâche** etc to call sb an imbecile/a coward etc. **-3.** [question, thème] to deal with. **-4.** IND & INFORM to process. ◇ vi **-1.** [négocier] to negotiate. **-2.** [livre] **~ de** to deal with.

traiteur [trɛtœr] nm caterer.

traître, -esse [trɛtr, ɛs] ◇ adj treacherous. ◇ nm, f traitor.

traîtrise [trɛtriz] nf **-1.** [déloyauté] treachery. **-2.** [acte] act of treachery.

trajectoire [traʒɛktwar] nf trajectory, path; fig path.

trajet [traʒɛ] nm **-1.** [distance] distance. **-2.** [itinéraire] route. **-3.** [voyage] journey.

trame [tram] nf weft; fig framework.

tramer [trame] vt sout to plot.

◆ **se tramer** ◇ vp to be plotted. ◇ v impers: **il se trame quelque chose** there's something afoot.

trampoline [trɑ̃pɔlin] nm trampoline.

tram(way) [tram(wɛ)] nm tram Br, streetcar Am.

tranchant, -e [trɑ̃ʃɑ̃, ɑ̃t] adj **-1.** [instrument] sharp. **-2.** [personne] assertive. **-3.** [ton] curt.

◆ **tranchant** nm edge.

tranche [trɑ̃ʃ] nf **-1.** [de gâteau, jambon] slice; **~ d'âge** fig age bracket. **-2.** [de livre, pièce] edge. **-3.** [période] part, section. **-4.** [de revenus] portion; [de paiement] instalment; [fiscale] bracket.

trancher [trɑ̃ʃe] ◇ vt [couper] to cut; [pain, jambon] to slice; **~ la question** fig to settle the question. ◇ vi **-1.** fig [décider] to decide. **-2.** [contraster]: **~ avec** ou **sur** to contrast with.

tranquille [trɑ̃kil] adj **-1.** [endroit, vie] quiet; **laisser qqn/qqch ~** to leave sb/sthg alone; **se tenir/rester** ~ to keep/remain quiet. **-2.** [rassuré] at ease, easy; **soyez** ~ don't worry.

tranquillement [trãkilmã] *adv* **-1.** [sans s'agiter] quietly. **-2.** [sans s'inquiéter] calmly.

tranquillisant, -e [trãkilizã, ãt] *adj* **-1.** [nouvelle] reassuring. **-2.** [médicament] tranquillizing.
♦ **tranquillisant** *nm* tranquillizer.

tranquilliser [trãkilize] *vt* to reassure.
♦ **se tranquilliser** *vp* to set one's mind at rest.

tranquillité [trãkilite] *nf* **-1.** [calme] peacefulness, quietness. **-2.** [sérénité] peace, tranquillity.

transaction [trãzaksjõ] *nf* transaction.

transat [trãzat] ◇ *nm* deckchair. ◇ *nf* transatlantic race.

transatlantique [trãzatlãtik] ◇ *adj* transatlantic. ◇ *nm* transatlantic liner. ◇ *nf* transatlantic race.

transcription [trãskripsjõ] *nf* [de document & MUS] transcription; [dans un autre alphabet] transliteration; ~ **phonétique** phonetic transcription.

transcrire [trãskrir] *vt* [document & MUS] to transcribe; [dans un autre alphabet] to transliterate.

transcrit, -e [trãskri, it] *pp* → **transcrire**.

transe [trãs] *nf*: **être en** ~ *fig* to be beside o.s.

transférer [trãsfere] *vt* to transfer.

transfert [trãsfɛr] *nm* transfer.

transfigurer [trãsfigyre] *vt* to transfigure.

transformateur, -trice [trãsfɔrmatœr, tris] *adj* IND processing (*avant n*).
♦ **transformateur** *nm* transformer.

transformation [trãsfɔrmasjõ] *nf* **-1.** [de pays, personne] transformation. **-2.** IND processing. **-3.** RUGBY conversion.

transformer [trãsfɔrme] *vt* **-1.** [gén] to transform; [magasin] to convert; ~ **qqch en** to turn sthg into. **-2.** IND & RUGBY to convert.

♦ **se transformer** *vp*: **se** ~ **en monstre/papillon** to turn into a monster/butterfly.

transfuge [trãsfyʒ] *nmf* renegade.

transfuser [trãsfyze] *vt* [sang] to transfuse.

transfusion [trãsfyzjõ] *nf*: ~ **(sanguine)** (blood) transfusion.

transgresser [trãsgrese] *vt* [loi] to infringe; [ordre] to disobey.

transhumance [trãzymãs] *nf* transhumance.

transi, -e [trãzi] *adj*: **être** ~ **de** to be paralysed OU transfixed with; **être** ~ **de froid** to be chilled to the bone.

transiger [trãziʒe] *vi*: ~ **(sur)** to compromise (on).

transistor [trãzistɔr] *nm* transistor.

transit [trãzit] *nm* transit.

transiter [trãzite] *vi* to pass in transit.

transitif, -ive [trãzitif, iv] *adj* transitive.

transition [trãzisjõ] *nf* transition; **sans** ~ with no transition, abruptly.

transitivité [trãzitivite] *nf* transitivity.

transitoire [trãzitwar] *adj* [passager] transitory.

translucide [trãslysid] *adj* translucent.

transmettre [trãsmɛtr] *vt* **-1.** [message, salutations]: ~ **qqch (à)** to pass sthg on (to). **-2.** [tradition, propriété]: ~ **qqch (à)** to hand sthg down (to). **-3.** [fonction, pouvoir]: ~ **qqch (à)** to hand sthg over (to). **-4.** [maladie]: ~ **qqch (à)** to transmit sthg (to), to pass sthg on (to). **-5.** [concert, émission] to broadcast.

♦ **se transmettre** *vp* **-1.** [maladie] to be passed on, to be transmitted. **-2.** [nouvelle] to be passed on. **-3.** [courant, onde] to be transmitted. **-4.** [tradition] to be handed down.

transmis, -e [trãsmi, iz] *pp* → **transmettre**.

transmissible [trãsmisibl] *adj* **-1.** [patrimoine] transferable. **-2.** [maladie] transmissible.

transmission [trɑ̃smisjɔ̃] nf **-1.** [de biens] transfer. **-2.** [de maladie] transmission. **-3.** [de message] passing on. **-4.** [de tradition] handing down.

transparaître [trɑ̃sparɛtr] vi to show.

transparence [trɑ̃sparɑ̃s] nf transparency.

transparent, -e [trɑ̃sparɑ̃, ɑ̃t] adj transparent.
◆ **transparent** nm transparency.

transpercer [trɑ̃sperse] vt to pierce; fig [suj: froid, pluie] to go right through.

transpiration [trɑ̃spirasjɔ̃] nf [sueur] perspiration.

transpirer [trɑ̃spire] vi [suer] to perspire.

transplanter [trɑ̃splɑ̃te] vt to transplant.

transport [trɑ̃spɔr] nm transport (U); ~s en commun public transport (sg).

transportable [trɑ̃spɔrtabl] adj [marchandise] transportable; [blessé] fit to be moved.

transporter [trɑ̃spɔrte] vt [marchandises, personnes] to transport.

transporteur [trɑ̃spɔrtœr] nm [personne] carrier; ~ **routier** road haulier.

transposer [trɑ̃spoze] vt **-1.** [déplacer] to transpose. **-2.** [adapter]: ~ **qqch (à)** to adapt sthg (for).

transposition [trɑ̃spozisjɔ̃] nf **-1.** [déplacement] transposition. **-2.** [adaptation]: ~ **(à)** adaptation (for).

transsexuel, -elle [trɑ̃ssɛksɥɛl] adj & nm, f transsexual.

transvaser [trɑ̃svaze] vt to decant.

transversal, -e, -aux [trɑ̃sversal, o] adj **-1.** [coupe] cross (avant n). **-2.** [chemin] running at right angles, cross (avant n) Am. **-3.** [vallée] transverse.

trapèze [trapɛz] nm **-1.** GÉOM trapezium. **-2.** GYM trapeze.

trapéziste [trapezist] nmf trapeze artist.

trappe [trap] nf **-1.** [ouverture] trapdoor. **-2.** [piège] trap.

trapu, -e [trapy] adj **-1.** [personne] stocky, solidly built. **-2.** [édifice] squat.

traquenard [traknar] nm trap; fig trap, pitfall.

traquer [trake] vt [animal] to track; [personne, faute] to track OU hunt down.

traumatiser [tromatize] vt to traumatize.

traumatisme [tromatism] nm traumatism.

travail [travaj] nm **-1.** [gén] work (U); **se mettre au** ~ to get down to work; **demander du** ~ [projet] to require some work. **-2.** [tâche, emploi] job; ~ **intérimaire** temporary work. **-3.** [du métal, du bois] working. **-4.** [phénomène - du bois] warping; [- du temps, fermentation] action. **-5.** MÉD: **être/entrer en** ~ to be in/go into labour.
◆ **travaux** nmpl **-1.** [d'aménagement] work (U); [routiers] roadworks; **travaux publics** civil engineering (sg). **-2.** SCOL: **travaux dirigés** class work; **travaux manuels** arts and crafts; **travaux pratiques** practical work (U).

travaillé, -e [travaje] adj **-1.** [matériau] wrought, worked. **-2.** [style] laboured. **-3.** [tourmenté]: **être** ~ **par** to be tormented by.

travailler [travaje] ◇ vi **-1.** [gén] to work; ~ **chez/dans** to work at/in; ~ **à qqch** to work on sthg. **-2.** [métal, bois] to warp. ◇ vt **-1.** [étudier] to work at OU on; [piano] to practise. **-2.** [essayer de convaincre] to work on. **-3.** [suj: idée, remords] to torment. **-4.** [matière] to work, to fashion.

travailleur, -euse [travajœr, øz] ◇ adj hard-working. ◇ nm, f worker.

travelling [travliŋ] nm [mouvement] travelling shot.

travers [travɛr] nm failing, fault.
◆ **à travers** loc adv & loc prép through.
◆ **au travers** loc adv through.
◆ **au travers de** loc prép through.

♦ **de travers** *loc adv* **-1.** [irrégulière-
ment - écrire] unevenly; **marcher de ~**
to stagger. **-2.** [nez, escalier] crooked.
-3. [obliquement] sideways. **-4.** [mal]
wrong; **aller de ~** to go wrong;
comprendre qqch de ~ to misunderstand sthg.
♦ **en travers** *loc adv* crosswise.
♦ **en travers de** *loc prép* across.
traverse [travɛrs] *nf* **-1.** [de chemin de
fer] sleeper, tie *Am*. **-2.** [chemin] short
cut.
traversée [travɛrse] *nf* crossing.
traverser [travɛrse] *vt* **-1.** [rue, mer,
montagne] to cross; [ville] to go
through. **-2.** [peau, mur] to go
through, to pierce. **-3.** [crise, période]
to go through.
traversin [travɛrsɛ̃] *nm* bolster.
travestir [travɛstir] *vt* **-1.** [déguiser] to
dress up. **-2.** *fig* [vérité, idée] to distort.
♦ **se travestir** *vp* **-1.** [pour bal] to
wear fancy dress. **-2.** [en femme] to
put on drag.
trébucher [trebyʃe] *vi*: ~ **(sur/contre)**
to stumble (over/against).
trèfle [trɛfl] *nm* **-1.** [plante] clover. **-2.**
[carte] club; [famille] clubs *(pl)*.
treille [trɛj] *nf* **-1.** [vigne] climbing
vine. **-2.** [tonnelle] trellised vines *(pl)*,
vine arbour.
treillis [trɛji] *nm* **-1.** [clôture] trellis
(fencing). **-2.** [toile] canvas. **-3.** MIL
combat uniform.
treize [trɛz] *adj num & nm* thirteen;
voir aussi **six**.
treizième [trɛzjɛm] *adj num, nm &*
nmf thirteenth; ~ **mois** *bonus corre-*
sponding to an extra month's salary
which is paid annually; *voir aussi*
sixième.
trekking [trekiŋ] *nm* trek.
tréma [trema] *nm* diaeresis.
tremblant, -e [trɑ̃blɑ̃, ɑ̃t] *adj* **-1.** [per-
sonne - de froid] shivering;
[- d'émotion] trembling, shaking. **-2.**
[voix] quavering. **-3.** [lumière] flickering.

tremblement [trɑ̃bləmɑ̃] *nm* **-1.** [de
corps] trembling. **-2.** [de voix] quavering. **-3.** [de feuilles] fluttering.
♦ **tremblement de terre** *nm* earthquake.
trembler [trɑ̃ble] *vi* **-1.** [personne - de
froid] to shiver; [- d'émotion] to tremble, to shake. **-2.** [voix] to quaver. **-3.**
[lumière] to flicker. **-4.** [terre] to
shake.
trembloter [trɑ̃blɔte] *vi* **-1.** [personne]
to tremble. **-2.** [voix] to quaver. **-3.**
[lumière] to flicker.
trémousser [tremuse]
♦ **se trémousser** *vp* to jig up and
down.
trempe [trɑ̃p] *nf* **-1.** [envergure]
calibre; **de sa ~** of his/her calibre.
-2. *fam* [coups] thrashing.
tremper [trɑ̃pe] ◇ *vt* **-1.** [mouiller] to
soak. **-2.** [plonger]: ~ **qqch dans** to
dip sthg into. **-3.** [métal] to harden,
to quench. ◇ *vi* [linge] to soak.
tremplin [trɑ̃plɛ̃] *nm litt & fig* springboard; SKI ski jump.
trentaine [trɑ̃tɛn] *nf* **-1.** [nombre]: **une**
~ **de** about thirty. **-2.** [âge]: **avoir la**
~ to be in one's thirties.
trente [trɑ̃t] ◇ *adj num* thirty. ◇ *nm*
thirty; *voir aussi* **six**.
trentième [trɑ̃tjɛm] *adj num, nm &*
nmf thirtieth; *voir aussi* **sixième**.
trépasser [trepase] *vi littéraire* to pass
away.
trépidant, -e [trepidɑ̃, ɑ̃t] *adj* [vie]
hectic.
trépied [trepje] *nm* [support] tripod.
trépigner [trepiɲe] *vi* to stamp one's
feet.
très [trɛ] *adv* very; ~ **bien** very well;
être ~ aimé to be much OU greatly
liked; **j'ai ~ envie de ...** I'd very
much like to ....
trésor [trezɔr] *nm* treasure.
♦ **Trésor** *nm*: **le Trésor public** the
public revenue department.
trésorerie [trezɔrri] *nf* **-1.** [service] accounts department. **-2.** [gestion] ac-

counts (*pl*). **-3.** [fonds] finances (*pl*), funds (*pl*).

trésorier, -ière [trezɔrje, jɛr] *nm, f* treasurer.

tressaillement [tresajmɑ̃] *nm* [de joie] thrill; [de douleur] wince.

tressaillir [tresajir] *vi* **-1.** [de joie] to thrill; [de douleur] to wince. **-2.** [sursauter] to start, to jump.

tressauter [tresote] *vi* [sursauter] to jump, to start; [dans véhicule] to be tossed about.

tresse [tres] *nf* **-1.** [de cheveux] plait. **-2.** [de rubans] braid.

tresser [trese] *vt* **-1.** [cheveux] to plait. **-2.** [osier] to braid. **-3.** [panier, guirlande] to weave.

tréteau [treto] *nm* trestle.

treuil [trœj] *nm* winch, windlass.

trêve [trɛv] *nf* **-1.** [cessez-le-feu] truce. **-2.** *fig* [répit] rest, respite; ~ de plaisanteries/de sottises that's enough joking/nonsense.
♦ **sans trêve** *loc adv* relentlessly, unceasingly.

tri [tri] *nm* [de lettres] sorting; [de candidats] selection; **faire le ~ dans qqch** *fig* to sort sthg out.

triage [trijaʒ] *nm* [de lettres] sorting; [de candidats] selection.

triangle [trijɑ̃gl] *nm* triangle.

triangulaire [trijɑ̃gylɛr] *adj* triangular.

triathlon [trijatlɔ̃] *nm* triathlon.

tribal, -e, -aux [tribal, o] *adj* tribal.

tribord [tribɔr] *nm* starboard; **à ~ on** the starboard side, to starboard.

tribu [triby] *nf* tribe.

tribulations [tribylasjɔ̃] *nfpl* tribulations, trials.

tribunal, -aux [tribynal, o] *nm* JUR court; ~ **correctionnel** ≃ Magistrates' Court; ~ **de grande instance** ≃ Crown Court.

tribune [tribyn] *nf* **-1.** [d'orateur] platform. **-2.** (*gén pl*) [de stade] stand.

tribut [triby] *nm littéraire* tribute.

tributaire [tribytɛr] *adj*: **être ~ de** to depend OU be dependent on.

tricher [triʃe] *vi* **-1.** [au jeu, à examen] to cheat. **-2.** [mentir]: ~ **sur** to lie about.

tricherie [triʃri] *nf* cheating.

tricheur, -euse [triʃœr, øz] *nm, f* cheat.

tricolore [trikɔlɔr] *adj* **-1.** [à trois couleurs] three-coloured. **-2.** [français] French.

tricot [triko] *nm* **-1.** [vêtement] jumper *Br*, sweater. **-2.** [ouvrage] knitting; **faire du ~** to knit. **-3.** [étoffe] knitted fabric, jersey.

tricoter [trikɔte] *vi & vt* to knit.

tricycle [trisikl] *nm* tricycle.

trier [trije] *vt* **-1.** [classer] to sort out. **-2.** [sélectionner] to select.

trilingue [trilɛ̃g] *adj* trilingual.

trimestre [trimɛstr] *nm* [période] term.

trimestriel, -ielle [trimɛstrijɛl] *adj* [loyer, magazine] quarterly; SCOL end-of-term (*avant n*).

tringle [trɛ̃gl] *nf* rod; ~ **à rideaux** curtain rod.

trinité [trinite] *nf littéraire* trinity.
♦ **Trinité** *nf*: **la Trinité** the Trinity.

trinquer [trɛ̃ke] *vi* [boire] to toast, to clink glasses; ~ **à** to drink to.

trio [trijo] *nm* trio.

triomphal, -e, -aux [trijɔ̃fal, o] *adj* [succès] triumphal; [accueil] triumphant.

triomphant, -e [trijɔ̃fɑ̃, ɑ̃t] *adj* [équipe] winning; [air] triumphant.

triomphe [trijɔ̃f] *nm* triumph.

triompher [trijɔ̃fe] *vi* [gén] to triumph; ~ **de** to triumph over.

tripes [trip] *nfpl* **-1.** [d'animal, de personne] guts. **-2.** CULIN tripe (*sg*).

triple [tripl] ◇ *adj* triple. ◇ *nm*: **le ~ (de)** three times as much (as).

triplé [triple] *nm* **-1.** [au turf] bet on three horses winning in three different races. **-2.** SPORT [trois victoires] hat-trick of victories.
♦ **triplés, -ées** *nm, f pl* triplets.

triste [trist] *adj* **-1.** [personne, nouvelle] sad; **être ~ de qqch/de faire qqch** to

be sad about sthg/about doing sthg.
-2. [paysage, temps] **gloomy**; [couleur] dull. **-3.** (*avant n*) [lamentable] **sorry**.

tristesse [tristɛs] *nf* **-1.** [de personne, nouvelle] **sadness**. **-2.** [de paysage, temps] **gloominess**.

triturer [trityre] *vt fam* [mouchoir] to **knead**.

◆ **se triturer** *vp fam*: **se ~ l'esprit** OU **les méninges** to rack one's brains.

trivial, -e, -iaux [trivjal, jo] *adj* **-1.** [banal] **trivial**. **-2.** *péj* [vulgaire] **crude**, **coarse**.

troc [trɔk] *nm* **-1.** [échange] **exchange**. **-2.** [système économique] **barter**.

trois [trwa] ◇ *nm* **three**. ◇ *adj num* **three**; *voir aussi* **six**.

troisième [trwazjɛm] ◇ *adj num &* *nmf* **third**. ◇ *nm* **third**; [étage] **third floor** *Br*, **fourth floor** *Am*. ◇ *nf* **-1.** SCOL **fourth year**. **-2.** [vitesse] **third** (gear); *voir aussi* **sixième**.

trombe [trɔ̃b] *nf* **water spout**.

trombone [trɔ̃bɔn] *nm* **-1.** [agrafe] **paper clip**. **-2.** [instrument] **trombone**.

trompe [trɔ̃p] *nf* **-1.** [instrument] **trumpet**. **-2.** [d'éléphant] **trunk**. **-3.** [d'insecte] **proboscis**. **-4.** ANAT **tube**.

trompe-l'œil [trɔ̃plœj] *nm inv* **-1.** [peinture] **trompe-l'oeil**; **en ~** **done in trompe-l'oeil**. **-2.** [apparence] **deception**.

tromper [trɔ̃pe] *vt* **-1.** [personne] to **deceive**; [époux] to **be unfaithful to**, to **deceive**. **-2.** [vigilance] to **elude**.

◆ **se tromper** *vp* to **make a mistake** (about), to **be mistaken** (about); **se ~ de jour/maison** to **get the wrong day/house**.

tromperie [trɔ̃pri] *nf* **deception**.

trompette [trɔ̃pɛt] *nf* **trumpet**.

trompettiste [trɔ̃petist] *nmf* **trumpeter**.

trompeur, -euse [trɔ̃pœr, øz] *adj* **-1.** [personne] **deceitful**. **-2.** [calme, apparence] **deceptive**.

tronc [trɔ̃] *nm* **-1.** [d'arbre, de personne] **trunk**. **-2.** [d'église] **collection box**.

◆ **tronc commun** *nm* [de programmes] **common element** OU **feature**; SCOL **core syllabus**.

tronçon [trɔ̃sɔ̃] *nm* **-1.** [morceau] **piece**, **length**. **-2.** [de route, de chemin de fer] **section**.

tronçonneuse [trɔ̃sɔnøz] *nf* **chain saw**.

trône [tron] *nm* **throne**.

trôner [trone] *vi* **-1.** [personne] to **sit enthroned**; [objet] to **have pride of place**. **-2.** *hum* [faire l'important] to **lord it**.

trop [tro] *adv* **-1.** (*devant adj, adv*) **too**; **~ vieux/loin** **too old/far**; **nous étions ~ nombreux** **there were too many of us**; **avoir ~ chaud/froid/ peur** to **be too hot/cold/frightened**. **-2.** (*avec verbe*) **too much**; **nous étions ~** **there were too many of us**; **je n'aime pas ~ le chocolat** **I don't like chocolate very much**; **sans ~ savoir pourquoi** **without really knowing why**. **-3.** (*avec complément*): **~ de** [quantité] **too much**; [nombre] **too many**.

◆ **en trop, de trop** *loc adv* **too much/many**; **10 francs de** OU **en ~** **10 francs too much**; **une personne de** OU **en ~** **one person too many**; **être de ~** [personne] to **be in the way**, to **be unwelcome**.

trophée [trofe] *nm* **trophy**.

tropical, -e, -aux [trɔpikal, o] *adj* **tropical**.

tropique [trɔpik] *nm* **tropic**.

◆ **tropiques** *nmpl* **tropics**.

trop-plein [trɔplɛ̃] (*pl* **trop-pleins**) *nm* [excès] **excess**; *fig* **excess**, **surplus**.

troquer [trɔke] *vt*: **~ qqch (contre)** to **barter sthg (for)**; *fig* to **swap sthg (for)**.

trot [tro] *nm* **trot**; **au ~** **at a trot**.

trotter [trɔte] *vi* **-1.** [cheval] to **trot**. **-2.** [personne] to **run around**.

trotteur, -euse [trɔtœr, øz] *nm, f* **trotter**.

◆ **trotteuse** *nf* **second hand**.

trottiner [trɔtine] *vi* to **trot**.

tuberculose

trottoir [trɔtwar] *nm* pavement *Br*, sidewalk *Am*.

trou [tru] *nm* **-1.** [gén] hole; ~ **d'air** air pocket. **-2.** [manque, espace vide] gap; ~ **de mémoire** memory lapse.

troublant, -e [trublã, ãt] *adj* disturbing.

trouble [trubl] ◇ *adj* **-1.** [eau] cloudy. **-2.** [image, vue] blurred. **-3.** [affaire] shady. ◇ *nm* **-1.** [désordre] trouble, discord. **-2.** [gêne] confusion; [émoi] agitation. **-3.** (*gén pl*) [dérèglement] disorder.

♦ **troubles** *nmpl* unrest (*U*).

trouble-fête [trubləfɛt] *nmf inv* spoilsport.

troubler [truble] *vt* **-1.** [eau] to cloud, to make cloudy. **-2.** [image, vue] to blur. **-3.** [sommeil, événement] to disrupt, to disturb. **-4.** [esprit, raison] to cloud. **-5.** [inquiéter, émouvoir] to disturb. **-6.** [rendre perplexe] to trouble.

♦ **se troubler** *vp* **-1.** [eau] to become cloudy. **-2.** [personne] to become flustered.

trouée [true] *nf* gap; MIL breach.

trouer [true] *vt* **-1.** [chaussette] to make a hole in. **-2.** *fig* [silence] to disturb.

trouille [truj] *nf fam* fear, terror.

troupe [trup] *nf* **-1.** MIL troop. **-2.** [d'amis] group, band. **-3.** THÉÂTRE theatre group.

troupeau, -x [trupo] *nm* [de vaches, d'éléphants] herd; [de moutons, d'oies] flock; *péj* [de personnes] herd.

trousse [trus] *nf* case, bag; ~ **de secours** first-aid kit; ~ **de toilette** toilet bag.

trousseau, -x [truso] *nm* **-1.** [de mariée] trousseau. **-2.** [de clefs] bunch.

trouvaille [truvaj] *nf* **-1.** [découverte] find, discovery. **-2.** [invention] new idea.

trouver [truve] ◇ *vt* to find; ~ **que** to feel (that); ~ **bon/mauvais que** ... to think (that) it is right/wrong that ...; ~ **qqch à faire/à dire** *etc* to find sthg

to do/say *etc*. ◇ *v impers*: **il se trouve que** ... the fact is that ....

♦ **se trouver** *vp* **-1.** [dans un endroit] to be. **-2.** [dans un état] to find o.s. **-3.** [se sentir] to feel; **se** ~ **mal** [s'évanouir] to faint.

truand [tryã] *nm* crook.

truc [tryk] *nm* **-1.** [combine] trick. **-2.** *fam* [chose] thing, thingamajig; **ce n'est pas son** ~ it's not his thing.

trucage = **truquage**.

truculent, -e [trykylã, ãt] *adj* colourful.

truelle [tryɛl] *nf* trowel.

truffe [tryf] *nf* **-1.** [champignon] truffle. **-2.** [museau] muzzle.

truffer [tryfe] *vt* **-1.** [volaille] to garnish with truffles. **-2.** *fig* [discours]: ~ **de** to stuff with.

truie [trɥi] *nf* sow.

truite [trɥit] *nf* trout.

truquage, trucage [tryka3] *nm* CIN (special) effect.

truquer [tryke] *vt* **-1.** [élections] to rig. **-2.** CIN to use special effects in.

trust [trœst] *nm* **-1.** [groupement] trust. **-2.** [entreprise] corporation.

ts *abr de* **tous**.

tsar, tzar [tzar] *nm* tsar.

tsigane = **tzigane**.

TSVP (*abr de* **tournez s'il vous plaît**) PTO.

tt *abr de* **tout**.

tt conf. *abr de* **tout confort**.

ttes *abr de* **toutes**.

TTX (*abr de* **traitement de texte**) WP.

tu¹, -e [ty] *pp* → **taire**.

tu² [ty] *pron pers* you.

tuba [tyba] *nm* **-1.** MUS tuba. **-2.** [de plongée] snorkel.

tube [tyb] *nm* **-1.** [gén] tube; ~ **cathodique** cathode ray tube. **-2.** *fam* [chanson] hit.

♦ **tube digestif** *nm* digestive tract.

tubercule [tybɛrkyl] *nm* BOT tuber.

tuberculose [tybɛrkyloz] *nf* tuberculosis.

tuer [tɥe] *vt* to kill.
◆ **se tuer** *vp* -1. [se suicider] to kill o.s. -2. [par accident] to die.
tuerie [tyri] *nf* slaughter.
tue-tête [tytɛt]
◆ **à tue-tête** *loc adv* at the top of one's voice.
tueur, -euse [tɥœr, øz] *nm, f* [meurtrier] killer.
tuile [tɥil] *nf* -1. [de toit] tile. -2. *fam* [désagrément] blow.
tulipe [tylip] *nf* tulip.
tulle [tyl] *nm* tulle.
tuméfié, -e [tymefje] *adj* swollen.
tumeur [tymœr] *nf* tumour.
tumulte [tymylt] *nm* -1. [désordre] hubbub. -2. *littéraire* [trouble] tumult.
tunique [tynik] *nf* tunic.
Tunisie [tynizi] *nf*: la ~ Tunisia.
tunisien, -ienne [tynizjɛ̃, jɛn] *adj* Tunisian.
◆ **Tunisien, -ienne** *nm, f* Tunisian.
tunnel [tynɛl] *nm* tunnel.
turban [tyrbɑ̃] *nm* turban.
turbine [tyrbin] *nf* turbine.
turbo [tyrbo] *nm & nf* turbo.
turbulence [tyrbylɑ̃s] *nf* MÉTÉOR turbulence.
turbulent, -e [tyrbylɑ̃, ɑ̃t] *adj* boisterous.
turc, turque [tyrk] *adj* Turkish.
◆ **turc** *nm* [langue] Turkish.
◆ **Turc, Turque** *nm, f* Turk.
turf [tœrf] *nm* [activité]: le ~ racing.
turnover [tœrnɔvœr] *nm* turnover.
turque → turc.
Turquie [tyrki] *nf*: la ~ Turkey.
turquoise [tyrkwaz] *nf & adj inv* turquoise.
tutelle [tytɛl] *nf* -1. JUR guardianship. -2. [dépendance] supervision; sous la ~ des Nations unies under United Nations supervision.
tuteur, -trice [tytœr, tris] *nm, f* guardian.
◆ **tuteur** *nm* [pour plante] stake.
tutoyer [tytwaje] *vt*: ~ qqn to use the "tu" form to sb.

tuyau [tɥijo] *nm* -1. [conduit] pipe; ~ d'arrosage hosepipe. -2. *fam* [renseignement] tip.
tuyauterie [tɥijotri] *nf* piping (U), pipes (pl).
TV (*abr de* télévision) *nf* TV.
TVA (*abr de* taxe à la valeur ajoutée) *nf* ≃ VAT.
tweed [twid] *nm* tweed.
tympan [tɛ̃pɑ̃] *nm* ANAT eardrum.
type [tip] ◇ *nm* -1. [exemple caractéristique] perfect example. -2. [genre] type. -3. *fam* [individu] guy, bloke. ◇ *adj inv* [caractéristique] typical.
typhoïde [tifɔid] *nf* typhoid.
typhon [tifɔ̃] *nm* typhoon.
typhus [tifys] *nm* typhus.
typique [tipik] *adj* typical.
typographie [tipɔgrafi] *nf* typography.
tyran [tirɑ̃] *nm* tyrant.
tyrannique [tiranik] *adj* tyrannical.
tyranniser [tiranize] *vt* to tyrannize.
tzar = tsar.
tzigane, tsigane [tsigan] *nmf* gipsy.

U

u, U [y] *nm inv* u, U.
UDF (*abr de* Union pour la démocratie française) *nf* French political party to the right of the political spectrum.
UFR (*abr de* unité de formation et de recherche) *nf* university department.
Ukraine [ykrɛn] *nf*: l'~ the Ukraine.
ulcère [ylsɛr] *nm* ulcer.
ulcérer [ylsere] *vt* -1. MÉD to ulcerate. -2. *sout* [mettre en colère] to enrage.
ULM (*abr de* ultra léger motorisé) *nm* microlight.
ultérieur, -e [ylterjœr] *adj* later, subsequent.
ultimatum [yltimatɔm] *nm* ultimatum.
ultime [yltim] *adj* ultimate, final.

ultramoderne [yltramɔdɛrn] *adj* ultramodern.

ultrasensible [yltrasɑ̃sibl] *adj* [personne] ultra-sensitive; [pellicule] high-speed.

ultrason [yltrasɔ̃] *nm* ultrasound (*U*).

ultraviolet, -ette [yltravjɔlɛ, ɛt] *adj* ultraviolet.

♦ **ultraviolet** *nm* ultraviolet.

un [œ̃] (*f* **une** [yn]) ◇ *art indéf* a, an (*devant voyelle*); ~ **homme** a man; ~ **livre** a book; **une femme** a woman; **une pomme** an apple. ◇ *pron indéf* one; **l'~ de mes amis** one of my friends; **l'~ l'autre** each other; **les ~s les autres** one another; **l'~ ..., l'autre** one ..., the other; **les ~s ..., les autres** some ..., others; **l'~ et l'autre** both (of them); **l'~ ou l'autre** either (of them); **ni l'~ ni l'autre** neither one nor the other, neither (of them). ◇ *adj num* one; **une personne à la fois** one person at a time. ◇ *nm* one; *voir aussi* **six**.

♦ **une** *nf*: **faire la/être à la une** PRESSE to make the/to be on the front page.

unanime [ynanim] *adj* unanimous.

unanimité [ynanimite] *nf* unanimity; **faire l'~** to be unanimously approved; **à l'~** unanimously.

UNESCO, Unesco [ynɛsko] (*abr de* **United Nations Educational, Scientific and Cultural Organization**) *nf* UNESCO.

uni, -e [yni] *adj* **-1.** [joint, réuni] united. **-2.** [famille, couple] close. **-3.** [surface, mer] smooth; [route] even. **-4.** [étoffe, robe] self-coloured.

UNICEF, Unicef [ynisɛf] (*abr de* **United Nations International Children's Emergency Fund**) *nm* UNICEF.

unifier [ynifje] *vt* **-1.** [régions, parti] to unify. **-2.** [programmes] to standardize.

uniforme [ynifɔrm] ◇ *adj* uniform; [régulier] regular. ◇ *nm* uniform.

uniformiser [ynifɔrmize] *vt* **-1.** [couleur] to make uniform. **-2.** [programmes, lois] to standardize.

unijambiste [yniʒɑ̃bist] ◇ *adj* one-legged. ◇ *nmf* one-legged person.

unilatéral, -e, -aux [ynilateral, o] *adj* unilateral; **stationnement** ~ parking on only one side of the street.

union [ynjɔ̃] *nf* **-1.** [de couleurs] blending. **-2.** [mariage] union; ~ **libre** cohabitation. **-3.** [de pays] union; [de syndicats] confederation. **-4.** [entente] unity.

♦ **Union soviétique** *nf*: **l'(ex-)Union soviétique** the (former) Soviet Union.

unique [ynik] *adj* **-1.** [seul - enfant, veston] only; [- préoccupation] sole. **-2.** [principe, prix] single. **-3.** [exceptionnel] unique.

uniquement [ynikmɑ̃] *adv* **-1.** [exclusivement] only, solely. **-2.** [seulement] only, just.

unir [ynir] *vt* **-1.** [assembler - mots, qualités] to put together, to combine; [- pays] to unite; ~ **qqch à** [pays] to unite sthg with; [mot, qualité] to combine sthg with. **-2.** [réunir - partis, familles] to unite. **-3.** [marier] to unite, to join in marriage.

♦ **s'unir** *vp* **-1.** [s'associer] to unite, to join together. **-2.** [se marier] to be joined in marriage.

unitaire [ynitɛr] *adj* [à l'unité]: **prix** ~ unit price.

unité [ynite] *nf* **-1.** [cohésion] unity. **-2.** COMM, MATHS & MIL unit.

♦ **unité centrale** *nf* INFORM central processing unit.

univers [yniver] *nm* universe; *fig* world.

universel, -elle [yniversɛl] *adj* universal.

universitaire [yniversitɛr] ◇ *adj* university (*avant n*). ◇ *nmf* academic.

université [yniversite] *nf* university.

uranium [yranjɔm] *nm* uranium.

urbain, -e [yrbɛ̃, ɛn] *adj* **-1.** [de la ville] urban. **-2.** *littéraire* [affable] urbane.

urbaniser [yrbanize] *vt* to urbanize.

urbanisme [yrbanism] *nm* town planning.

urgence [yrʒɑ̃s] *nf* **-1.** [de mission] urgency. **-2.** MÉD emergency; **les ~s** the casualty department (*sg*).
◆ **d'urgence** *loc adv* immediately.

urgent, -e [yrʒɑ̃, ɑ̃t] *adj* urgent.

urine [yrin] *nf* urine.

uriner [yrine] *vi* to urinate.

urinoir [yrinwar] *nm* urinal.

urne [yrn] *nf* **-1.** [vase] urn. **-2.** [de vote] ballot box.

URSS (*abr de* **Union des républiques socialistes soviétiques**) *nf*: **l'(ex-)~** the (former) USSR.

urticaire [yrtikɛr] *nf* urticaria, hives (*pl*).

Uruguay [yrygwɛ] *nm*: **l'~** Uruguay.

USA (*abr de* **United States of America**) *nmpl* USA.

usage [yzaʒ] *nm* **-1.** [gén] use; **à ~ externe/interne** for external/internal use; **hors d'~** out of action. **-2.** [coutume] custom. **-3.** LING usage.

usagé, -e [yzaʒe] *adj* worn, old.

usager [yzaʒe] *nm* user.

usé, -e [yze] *adj* **-1.** [détérioré] worn; **eaux ~es** waste water (*sg*). **-2.** [personne] worn-out. **-3.** [plaisanterie] hackneyed, well-worn.

user [yze] ◇ *vt* **-1.** [consommer] to use. **-2.** [vêtement] to wear out. **-3.** [forces] to use up; [santé] to ruin; [personne] to wear out. ◇ *vi* [se servir]: **~ de** [charme] to use; [droit, privilège] to exercise.
◆ **s'user** *vp* **-1.** [chaussure] to wear out. **-2.** [amour] to burn itself out.

usine [yzin] *nf* factory.

usiner [yzine] *vt* **-1.** [façonner] to machine. **-2.** [fabriquer] to manufacture.

usité, -e [yzite] *adj* in common use; **très/peu ~** commonly/rarely used.

ustensile [ystɑ̃sil] *nm* implement, tool.

usuel, -elle [yzɥɛl] *adj* common, usual.

usufruit [yzyfrɥi] *nm* usufruct.

usure [yzyr] *nf* **-1.** [de vêtement, meuble] **wear**; [de forces] wearing down; **avoir qqn à l'~** *fam* to wear sb down. **-2.** [intérêt] usury.

usurier, -ière [yzyrje, jɛr] *nm, f* usurer.

usurpateur, -trice [yzyrpatœr, tris] *nm, f* usurper.

usurper [yzyrpe] *vt* to usurp.

ut [yt] *nm inv* C.

utérus [yterys] *nm* uterus, womb.

utile [ytil] *adj* useful; **être ~ à qqn** to be useful OU of help to sb, to help sb.

utilisateur, -trice [ytilizatœr, tris] *nm, f* user.

utiliser [ytilize] *vt* to use.

utilitaire [ytilitɛr] ◇ *adj* [pratique] utilitarian; [véhicule] commercial. ◇ *nm* INFORM utility (program).

utilité [ytilite] *nf* **-1.** [usage] usefulness. **-2.** JUR: **entreprise d'~ publique** public utility; **organisme d'~ publique** registered charity.

utopie [ytɔpi] *nf* **-1.** [idéal] utopia. **-2.** [projet irréalisable] unrealistic idea.

utopiste [ytɔpist] *nmf* utopian.

UV ◇ *nf* (*abr de* **unité de valeur**) *university course unit*, ≃ credit *Am*. ◇ (*abr de* **ultraviolet**) UV.

v, V [ve] *nm inv* v, V.

v. -1. (*abr de* **vers**) LITTÉRATURE v. **-2.** (*abr de* **verset**) v. **-3.** (*abr de* **vers**) [environ] approx.

va [va] *interj*: **courage, ~!** come on, cheer up!; **~ donc!** come on!; **~ pour**

50 francs/demain OK, let's say 50 francs/tomorrow.

vacance [vakɑ̃s] *nf* vacancy.

◆ **vacances** *nfpl* holiday (*sg*) *Br*, vacation (*sg*) *Am*; **être/partir en ~s** to be/go on holiday; **les grandes ~s** the summer holidays.

vacancier, -ière [vakɑ̃sje, jɛr] *nm, f* holiday-maker *Br*, vacationer *Am*.

vacant, -e [vakɑ̃, ɑ̃t] *adj* [poste] vacant; [logement] vacant, unoccupied.

vacarme [vakarm] *nm* racket, din.

vacataire [vakatɛr] ◇ *adj* [employé] temporary. ◇ *nmf* temporary worker.

vacation [vakasjɔ̃] *nf* [d'expert] session.

vaccin [vaksɛ̃] *nm* vaccine.

vaccination [vaksinasjɔ̃] *nf* vaccination.

vacciner [vaksine] *vt*: **~ qqn (contre)** MÉD to vaccinate sb (against); *fam fig* to make sb immune (to).

vache [vaʃ] ◇ *nf* **-1.** ZOOL cow. **-2.** [cuir] cowhide. **-3.** *fam péj* [femme] cow; [homme] pig. ◇ *adj fam* rotten.

vachement [vaʃmɑ̃] *adv fam* bloody *Br*, dead *Br*, real *Am*.

vaciller [vasije] *vi* **-1.** [jambes, fondations] to shake; [lumière] to flicker; **~ sur ses jambes** to be unsteady on one's legs. **-2.** [mémoire, santé] **to fail**.

va-et-vient [vaevjɛ̃] *nm inv* **-1.** [de personnes] comings and goings (*pl*), toing and froing. **-2.** [de balancier] to-and-fro movement. **-3.** ÉLECTR two-way switch.

vagabond, -e [vagabɔ̃, ɔ̃d] ◇ *adj* **-1.** [chien] stray; [vie] vagabond (*avant n*). **-2.** [humeur] restless. ◇ *nm, f* [rôdeur] vagrant, tramp; *littéraire* [voyageur] wanderer.

vagabondage [vagabɔ̃daʒ] *nm* [délit] vagrancy; [errance] wandering, roaming.

vagin [vaʒɛ̃] *nm* vagina.

vagissement [vaʒismɑ̃] *nm* cry, wail.

vague [vag] ◇ *adj* **-1.** [idée, promesse] vague. **-2.** [vêtement] loose-fitting. **-3.**

(*avant n*) [quelconque]: **il a un ~ travail dans un bureau** he has some job or other in an office. **-4.** (*avant n*) [cousin] distant. ◇ *nf* wave; **une ~ de froid** a cold spell; **~ de chaleur** heatwave.

vaguement [vagmɑ̃] *adv* vaguely.

vaillant, -e [vajɑ̃, ɑ̃t] *adj* **-1.** [enfant, vieillard] hale and hearty. **-2.** *littéraire* [héros] valiant.

vain, -e [vɛ̃, vɛn] *adj* **-1.** [inutile] vain, useless; **en ~** in vain, to no avail. **-2.** *littéraire* [vaniteux] vain.

vaincre [vɛ̃kr] *vt* **-1.** [ennemi] to defeat. **-2.** [obstacle, peur] to overcome.

vaincu, -e [vɛ̃ky] ◇ *pp* → **vaincre**. ◇ *adj* defeated. ◇ *nm, f* defeated person.

vainement [vɛnmɑ̃] *adv* vainly.

vainqueur [vɛ̃kœr] ◇ *nm* **-1.** [de combat] conqueror, victor. **-2.** SPORT winner. ◇ *adj m* victorious, conquering.

vais → **aller**.

vaisseau [vɛso] *nm* **-1.** NAVIG vessel, ship; **~ spatial** AÉRON spaceship. **-2.** ANAT vessel. **-3.** ARCHIT nave.

vaisselle [vɛsɛl] *nf* crockery; **faire** OU **laver la ~** to do the dishes, to wash up.

valable [valabl] *adj* **-1.** [passeport] valid. **-2.** [raison, excuse] valid, legitimate. **-3.** [œuvre] good, worthwhile.

valet [valɛ] *nm* **-1.** [serviteur] servant. **-2.** CARTES jack, knave.

valeur [valœr] *nf* **-1.** [gén & MUS] value; **avoir de la ~** to be valuable; **mettre en ~** [talents] to bring out; **~ ajoutée** ÉCON added value; **de (grande) ~** [chose] (very) valuable. **-2.** (*gén pl*) BOURSE stocks and shares (*pl*), securities (*pl*). **-3.** [mérite] worth, merit. **-4.** *fig* [importance] value, importance. **-5.** [équivalent]: **la ~ de** the equivalent of.

valide [valid] *adj* **-1.** [personne] spry. **-2.** [contrat] valid.

valider [valide] *vt* to validate, to authenticate.

validité [validite] *nf* validity.

valise [valiz] *nf* case, suitcase; **faire sa ~/ses ~s** to pack one's case/cases; *fam fig* [partir] to pack one's bags.

vallée [vale] *nf* valley.

vallon [valɔ̃] *nm* small valley.

vallonné, -e [valɔne] *adj* undulating.

valoir [valwar] ◊ *vi* **-1.** [gén] to be worth; **ça vaut combien?** how much is it?; **que vaut ce film?** is this film any good?; **ne rien ~** not to be any good, to be worthless; **ça vaut mieux** *fam* that's best; **ça ne vaut pas la peine** it's not worth it; **faire ~** [vues] to assert; [talent] to show. **-2.** [règle]: **~ pour** to apply to, to hold good for. ◊ *vt* [médaille, gloire] to bring, to earn. ◊ *v impers*: **il vaudrait mieux que nous partions** it would be better if we left, we'd better leave.
◆ **se valoir** *vp* to be equally good/bad.

valoriser [valɔrize] *vt* [immeuble, région] to develop; [individu, société] to improve the image of.

valse [vals] *nf* waltz; *fam fig* [de personnel] reshuffle.

valser [valse] *vi* to waltz; **envoyer ~ qqch** *fam fig* to send sthg flying.

valu [valy] *pp inv* → **valoir**.

valve [valv] *nf* valve.

vampire [vɑ̃pir] *nm* **-1.** [fantôme] vampire. **-2.** ZOOL vampire bat.

vandalisme [vɑ̃dalism] *nm* vandalism.

vanille [vanij] *nf* vanilla.

vanité [vanite] *nf* vanity.

vaniteux, -euse [vanitø, øz] *adj* vain, conceited.

vanne [van] *nf* **-1.** [d'écluse] lockgate. **-2.** *fam* [remarque] gibe.

vannerie [vanri] *nf* basketwork, wickerwork.

vantard, -e [vɑ̃tar, ard] ◊ *adj* bragging, boastful. ◊ *nm, f* boaster.

vanter [vɑ̃te] *vt* to vaunt.

◆ **se vanter** *vp* to boast, to brag; **se ~ de faire qqch** to boast OU brag about doing sthg.

va-nu-pieds [vanypje] *nmf inv fam* beggar.

vapeur [vapœr] *nf* **-1.** [d'eau] steam; **à la ~** steamed. **-2.** [émanation] vapour.
◆ **vapeurs** *nfpl* **-1.** [malaise]: **avoir ses ~s** to have the vapours. **-2.** [émanations] fumes.

vapocuiseur [vapokyizœr] *nm* pressure cooker.

vaporisateur [vaporizatœr] *nm* **-1.** [atomiseur] spray, atomizer. **-2.** IND vaporizer.

vaporiser [vaporize] *vt* **-1.** [parfum, déodorant] to spray. **-2.** PHYS to vaporize.

vaquer [vake] *vi*: **~ à** to see to, to attend to.

varappe [varap] *nf* rock climbing.

variable [varjabl] ◊ *adj* **-1.** [temps] changeable. **-2.** [distance, résultats] varied, varying. **-3.** [température] variable. ◊ *nf* variable.

variante [varjɑ̃t] *nf* variant.

variateur [varjatœr] *nm* ÉLECTR dimmer switch.

variation [varjasjɔ̃] *nf* variation.

varice [varis] *nf* varicose vein.

varicelle [varisɛl] *nf* chickenpox.

varié, -e [varje] *adj* **-1.** [divers] various. **-2.** [non monotone] varied, varying.

varier [varje] *vt & vi* to vary.

variété [varjete] *nf* variety.
◆ **variétés** *nfpl* variety show (*sg*).

variole [varjɔl] *nf* smallpox.

Varsovie [varsɔvi] *n* Warsaw; **le pacte de ~** the Warsaw Pact.

vase [vaz] ◊ *nm* vase. ◊ *nf* mud, silt.

vaseline [vazlin] *nf* Vaseline®, petroleum jelly.

vaste [vast] *adj* vast, immense.

Vatican [vatikɑ̃] *nm*: **le ~** the Vatican.

vaudrait → **valoir**.

vaut → **valoir**.

vautour [votur] *nm* vulture.

vd *abr de* **vend**.

veau [vo] *nm* **-1.** [animal] calf. **-2.** [viande] veal. **-3.** [peau] calfskin.

vecteur [vɛktœr] *nm* **-1.** GÉOM vector. **-2.** [intermédiaire] vehicle; MÉD carrier.

vécu, -e [veky] ◇ *pp* → **vivre**. ◇ *adj* real.

vedette [vədɛt] *nf* **-1.** NAVIG patrol boat. **-2.** [star] star.

végétal, -e, -aux [veʒetal, o] *adj* [huile] vegetable (*avant n*); [cellule, fibre] plant (*avant n*).

végétalien, -ienne [veʒetaljɛ̃, jɛn] *adj & nm, f* vegan.

végétarien, -ienne [veʒetarjɛ̃, jɛn] *adj & nm, f* vegetarian.

végétation [veʒetasjɔ̃] *nf* vegetation.
◆ **végétations** *nfpl* adenoids.

végéter [veʒete] *vi* to vegetate.

véhémence [veemãs] *nf* vehemence.

véhicule [veikyl] *nm* vehicle.

veille [vɛj] *nf* **-1.** [jour précédent] day before, eve; **la ~ de mon anniversaire** the day before my birthday; **la ~ de Noël** Christmas Eve. **-2.** [éveil] wakefulness; [privation de sommeil] sleeplessness.

veillée [veje] *nf* **-1.** [soirée] evening. **-2.** [de mort] watch.

veiller [veje] ◇ *vi* **-1.** [rester éveillé] to stay up. **-2.** [rester vigilant]: **~ à qqch** to look after sthg; **~ à faire qqch** to see that sthg is done; **~ sur** to watch over. ◇ *vt* to sit up with.

veilleur [vejœr] *nm*: **~ de nuit** night watchman.

veilleuse [vejøz] *nf* **-1.** [lampe] nightlight. **-2.** AUTOM sidelight. **-3.** [de chauffe-eau] pilot light.

veinard, -e [vɛnar, ard] *fam* ◇ *adj* lucky. ◇ *nm, f* lucky devil.

veine [vɛn] *nf* **-1.** [gén] vein. **-2.** [de marbre] vein; [de bois] grain. **-3.** [filon] seam, vein. **-4.** *fam* [chance] luck.

veineux, -euse [venø, øz] *adj* **-1.** ANAT venous. **-2.** [marbre] veined; [bois] grainy.

véliplanchiste [veliplɑ̃ʃist] *nmf* windsurfer.

velléité [veleite] *nf* whim.

vélo [velo] *nm fam* bike; **faire du ~** to go cycling.

vélocité [velɔsite] *nf* swiftness, speed.

vélodrome [velɔdrom] *nm* velodrome.

vélomoteur [velɔmɔtœr] *nm* light motorcycle.

velours [vəlur] *nm* velvet.

velouté, -e [vəlute] *adj* velvety.
◆ **velouté** *nm* **-1.** [de peau] velvetiness. **-2.** [potage] cream soup.

velu, -e [vəly] *adj* hairy.

vénal, -e, -aux [venal, o] *adj* venal.

vendange [vɑ̃dɑ̃ʒ] *nf* **-1.** [récolte] grape harvest, wine harvest. **-2.** [période]: **les ~s** (grape) harvest time (*sg*).

vendanger [vɑ̃dɑ̃ʒe] *vi* to harvest the grapes.

vendeur, -euse [vɑ̃dœr, øz] *nm, f* salesman (*f* saleswoman).

vendre [vɑ̃dr] *vt* to sell.

vendredi [vɑ̃drədi] *nm* Friday; **Vendredi Saint** Good Friday; *voir aussi* **samedi**.

vendu, -e [vɑ̃dy] ◇ *pp* → **vendre**. ◇ *adj* **-1.** [cédé] sold. **-2.** [corrompu] corrupt. ◇ *nm, f* traitor.

vénéneux, -euse [venenø, øz] *adj* poisonous.

vénérable [venerabl] *adj* venerable.

vénération [venerasjɔ̃] *nf* veneration, reverence.

vénérer [venere] *vt* to venerate, to revere.

vénérien, -ienne [venerjɛ̃, jɛn] *adj* venereal.

Venezuela [venezɥela] *nm*: **le ~** Venezuela.

vengeance [vɑ̃ʒɑ̃s] *nf* vengeance.

venger [vɑ̃ʒe] *vt* to avenge.
◆ **se venger** *vp* to get one's revenge; **se ~ de qqn** to take revenge on sb; **se ~ de qqch** to take revenge for sthg; **se ~ sur** to take it out on.

vengeur, vengeresse [vãʒœr, vãʒrɛs] ◇ *adj* vengeful. ◇ *nm, f* avenger.

venimeux, -euse [vənimø, øz] *adj* venomous.

venin [vənɛ̃] *nm* venom.

venir [vənir] *vi* to come; [plante, arbre] to come on; ~ **de** [personne, mot] to come from; [échec] to be due to; ~ **de faire qqch** to have just done sthg; **je viens de la voir** I've just seen her; **s'il venait à mourir ...** if he was to die ...; **où veux-tu en** ~? what are you getting at?

vent [vã] *nm* wind.

vente [vãt] *nf* **-1.** [cession, transaction] sale; **en** ~ on sale; **en** ~ **libre** available over the counter; ~ **par correspondance** mail order. **-2.** [technique] selling.

venteux, -euse [vãtø, øz] *adj* windy.

ventilateur [vãtilatœr] *nm* fan.

ventilation [vãtilasjɔ̃] *nf* **-1.** [de pièce] ventilation. **-2.** FIN breakdown.

ventouse [vãtuz] *nf* **-1.** [de caoutchouc] suction pad; [d'animal] sucker. **-2.** MÉD cupping glass. **-3.** TECHNOL air vent.

ventre [vãtr] *nm* [de personne] stomach; **avoir/prendre du** ~ to have/be getting (a bit of) a paunch; **à plat** ~ flat on one's stomach.

ventriloque [vãtrilɔk] *nmf* ventriloquist.

venu, -e [vəny] ◇ *pp* → **venir**. ◇ *adj*: **bien** ~ welcome; **mal** ~ unwelcome; **il serait mal** ~ **de faire cela** it would be improper to do that. ◇ *nm, f*: **nouveau** ~ newcomer.

◆ **venue** *nf* coming, arrival.

vêpres [vɛpr] *nfpl* vespers.

ver [vɛr] *nm* worm.

véracité [verasite] *nf* truthfulness.

véranda [verãda] *nf* veranda.

verbal, -e, -aux [vɛrbal, o] *adj* **-1.** [promesse, violence] verbal. **-2.** GRAM verb (*avant n*).

verbaliser [vɛrbalize] ◇ *vt* to verbalize. ◇ *vi* to make out a report.

verbe [vɛrb] *nm* GRAM verb.

verdeur [vɛrdœr] *nf* **-1.** [de personne] vigour, vitality. **-2.** [de langage] crudeness.

verdict [vɛrdikt] *nm* verdict.

verdir [vɛrdir] *vt & vi* to turn green.

verdoyant, -e [vɛrdwajã, ãt] *adj* green.

verdure [vɛrdyr] *nf* [végétation] greenery.

véreux, -euse [verø, øz] *adj* worm-eaten, maggoty; *fig* shady.

verge [vɛrʒ] *nf* **-1.** ANAT penis. **-2.** *littéraire* [baguette] rod, stick.

verger [vɛrʒe] *nm* orchard.

vergeture [vɛrʒətyr] *nf* stretchmark.

verglas [vɛrgla] *nm* (black) ice.

véridique [veridik] *adj* truthful.

vérification [verifikasjɔ̃] *nf* [contrôle] check, checking.

vérifier [verifje] *vt* **-1.** [contrôler] to check. **-2.** [confirmer] to prove, to confirm.

véritable [veritabl] *adj* real; [ami] true.

vérité [verite] *nf* **-1.** [chose vraie, réalité, principe] truth (*U*). **-2.** [sincérité] sincerity.

◆ **en vérité** *loc adv* actually, really.

vermeil, -eille [vɛrmɛj] *adj* scarlet.

◆ **vermeil** *nm* silver-gilt.

vermicelle [vɛrmisɛl] *nm* vermicelli (*U*).

vermine [vɛrmin] *nf* [parasites] vermin.

vermoulu, -e [vɛrmuly] *adj* riddled with woodworm; *fig* moth-eaten.

verni, -e [vɛrni] *adj* **-1.** [bois] varnished. **-2.** [souliers]: **chaussures** ~**es** patent-leather shoes. **-3.** *fam* [chanceux] lucky.

vernir [vɛrnir] *vt* to varnish.

vernis [vɛrni] *nm* varnish; *fig* veneer; ~ **à ongles** nail polish OU varnish.

vernissage [vɛrnisaʒ] *nm* **-1.** [de meuble] varnishing. **-2.** [d'exposition] private viewing.

verre [vɛr] *nm* **-1.** [matière, récipient] glass; [quantité] glassful, glass; ~ **dépoli** frosted glass. **-2.** [optique] lens;

~s **de contact** contact lenses. **-3.** [boisson] drink; **boire un** ~ to have a drink.

verrière [vɛrjɛr] nf [toit] glass roof.

verrou [veru] nm bolt.

verrouillage [verujaʒ] nm AUTOM: ~ **central** central locking.

verrouiller [veruje] vt **-1.** [porte] to bolt. **-2.** [personne] to lock up.

verrue [vɛry] nf wart; ~ **plantaire** verruca.

vers[1] [vɛr] ◇ nm line. ◇ nmpl: **en** ~ in verse; **faire des** ~ to write poetry.

vers[2] [vɛr] prép **-1.** [dans la direction de] **towards. -2.** [aux environs de - temporel] **around, about;** [- spatial] **near;** ~ **la fin du mois** towards the end of the month.

versant [vɛrsã] nm side.

versatile [vɛrsatil] adj **changeable, fickle.**

verse [vɛrs]
◆ **à verse** loc adv: **pleuvoir à** ~ to pour down.

Verseau [vɛrso] nm ASTROL **Aquarius.**

versement [vɛrsəmã] nm payment.

verser [vɛrse] ◇ vt **-1.** [eau] to pour; [larmes, sang] to shed. **-2.** [argent] to pay. ◇ vi to overturn, to tip over.

verset [vɛrsɛ] nm verse.

version [vɛrsjɔ̃] nf **-1.** [gén] version; ~ **française/originale** French/original version. **-2.** [traduction] translation (into mother tongue).

verso [vɛrso] nm back.

vert, -e [vɛr, vɛrt] adj **-1.** [couleur, fruit, légume, bois] **green. -2.** fig [vieillard] **spry, sprightly. -3.** [réprimande] **sharp.**
◆ **vert** nm **-1.** [couleur] green.
◆ **Verts** nmpl: **les Verts** POLIT the Greens.

vertébral, -e, -aux [vɛrtebral, o] adj **vertebral.**

vertèbre [vɛrtebr] nf vertebra.

vertébré, -e [vɛrtebre] adj vertebrate.
◆ **vertébré** nm vertebrate.

vertement [vɛrtəmã] adv sharply.

vertical, -e, -aux [vɛrtikal, o] adj **vertical.**
◆ **verticale** nf vertical; **à la** ~**e** [descente] vertical; [descendre] vertically.

vertige [vɛrtiʒ] nm **-1.** [peur du vide] vertigo. **-2.** [étourdissement] dizziness; fig intoxication; **avoir des** ~s to suffer from OU have dizzy spells.

vertigineux, -euse [vɛrtiʒinø, øz] adj **-1.** fig [vue, vitesse] breathtaking. **-2.** [hauteur] dizzy.

vertu [vɛrty] nf **-1.** [morale, chasteté] virtue. **-2.** [pouvoir] properties (pl), power.

vertueux, -euse [vɛrtɥø, øz] adj virtuous.

verve [vɛrv] nf eloquence.

vésicule [vezikyl] nf vesicle.

vessie [vesi] nf bladder.

veste [vɛst] nf [vêtement] jacket; ~ **croisée/droite** double-/single-breasted jacket.

vestiaire [vɛstjɛr] nm **-1.** [au théâtre] cloakroom. **-2.** (gén pl) SPORT changing-room, locker-room.

vestibule [vɛstibyl] nm [pièce] **hall, vestibule.**

vestige [vɛstiʒ] nm (gén pl) [de ville] remains (pl); fig [de civilisation, grandeur] vestiges (pl), relic.

vestimentaire [vɛstimãtɛr] adj [industrie] clothing (avant n); [dépense] on clothes; **détail** ~ accessory.

veston [vɛstɔ̃] nm jacket.

vêtement [vɛtmã] nm garment, article of clothing; ~s clothing (U), clothes.

vétéran [veterã] nm veteran.

vétérinaire [veterinɛr] nmf vet, veterinary surgeon.

vêtir [vetir] vt to dress.
◆ **se vêtir** vp to dress, to get dressed.

veto [veto] nm inv veto; **mettre son** ~ **à qqch** to veto sthg.

vêtu, -e [vɛty] ◇ pp → **vêtir.** ◇ adj: ~ **(de)** dressed (in).

vétuste [vetyst] adj dilapidated.

veuf, **veuve** [vœf, vœv] *nm, f* widower (f widow).

veuille *etc* → **vouloir**.

veuvage [vœvaʒ] *nm* [de femme] widowhood; [d'homme] widowerhood.

veuve → **veuf**.

vexation [vɛksasjɔ̃] *nf* [humiliation] insult.

vexer [vɛkse] *vt* to offend.

♦ **se vexer** *vp* to take offence.

VF (*abr de* **version française**) *nf* indicates that a film is dubbed into French.

via [vja] *prép* via.

viabiliser [vjabilize] *vt* to service.

viable [vjabl] *adj* viable.

viaduc [vjadyk] *nm* viaduct.

viager, **-ère** [vjaʒe, ɛr] *adj* life (*avant n*).

♦ **viager** *nm* life annuity.

viande [vjɑ̃d] *nf* meat.

vibration [vibrasjɔ̃] *nf* vibration.

vibrer [vibre] *vi* **-1.** [trembler] to vibrate. **-2.** *fig* [être ému]: ~ **(de)** to be stirred (with).

vice [vis] *nm* **-1.** [de personne] vice. **-2.** [d'objet] fault, defect.

vice-président, **-e** [visprezidɑ̃, ɑ̃t] (*mpl* **vice-présidents**, *fpl* **vice-présidentes**) *nm, f* POLIT vice-president; [de société] vice-chairman.

vice versa [visvɛrsa] *loc adv* vice versa.

vicié, **-e** [visje] *adj* [air] polluted, tainted.

vicieux, **-ieuse** [visjø, jøz] *adj* **-1.** [personne, conduite] perverted, depraved. **-2.** [animal] restive. **-3.** [attaque] underhand.

victime [viktim] *nf* victim; [blessé] casualty.

victoire [viktwar] *nf* MIL victory; POLIT & SPORT win, victory.

victorieux, **-ieuse** [viktɔrjø, jøz] *adj* **-1.** MIL victorious; POLIT & SPORT winning (*avant n*), victorious. **-2.** [air] triumphant.

victuailles [viktɥaj] *nfpl* provisions.

vidange [vidɑ̃ʒ] *nf* **-1.** [action] emptying, draining. **-2.** AUTOM oil change. **-3.** [mécanisme] waste outlet.

♦ **vidanges** *nfpl* sewage (*U*).

vidanger [vidɑ̃ʒe] *vt* to empty, to drain.

vide [vid] ◇ *nm* **-1.** [espace] void; *fig* [néant, manque] emptiness. **-2.** [absence d'air] vacuum; **conditionné sous** ~ vacuum-packed. **-3.** [ouverture] gap, space. ◇ *adj* empty.

vidéo [video] ◇ *nf* video. ◇ *adj inv* video (*avant n*).

vidéocassette [videokasɛt] *nf* video cassette.

vidéodisque [videodisk] *nm* videodisc.

vide-ordures [vidɔrdyr] *nm inv* rubbish chute.

vidéothèque [videotɛk] *nf* video library.

vidéotransmission [videotrɑ̃smisjɔ̃] *nf* video transmission.

vide-poches [vidpɔʃ] *nm inv* [de voiture] glove compartment.

vider [vide] *vt* **-1.** [rendre vide] to empty. **-2.** [évacuer]: ~ **les lieux** to vacate the premises. **-3.** [poulet] to clean. **-4.** *fam* [personne - épuiser] to drain; [- expulser] to chuck out.

♦ **se vider** *vp* **-1.** [eaux]: **se** ~ **dans** to empty into, to drain into. **-2.** [baignoire, salle] to empty.

videur [vidœr] *nm* bouncer.

vie [vi] *nf* **-1.** [gén] life; **sauver la** ~ **à qqn** to save sb's life; **être en** ~ to be alive; **à** ~ for life. **-2.** [subsistance] cost of living; **gagner sa** ~ to earn one's living.

vieil → **vieux**.

vieillard [vjejar] *nm* old man.

vieille → **vieux**.

vieillerie [vjejri] *nf* [objet] old thing.

vieillesse [vjejɛs] *nf* [fin de la vie] old age.

vieillir [vjejir] ◇ *vi* **-1.** [personne] to grow old, to age. **-2.** CULIN to mature, to age. **-3.** [tradition, idée] to become dated OU outdated. ◇ *vt* **-1.** [suj: coiffure, vêtement]: ~ **qqn** to make sb look older. **-2.** [suj: personne]: **ils m'ont vieilli de cinq ans** they said I was five years older than I actually am.

vieillissement [vjejismɑ̃] *nm* [de personne] ageing.

Vienne [vjɛn] *n* [en Autriche] Vienna.

vierge [vjɛrʒ] ◇ *nf* virgin; **la (Sainte) Vierge** the Virgin (Mary). ◇ *adj* **-1.** [personne] virgin. **-2.** [terre] virgin; [page] blank; [casier judiciaire] clean.

◆ **Vierge** *nf* ASTROL Virgo.

Viêt-nam [vjetnam] *nm*: **le** ~ Vietnam.

vieux, vieille [vjø, vjɛj] ◇ *adj* (**vieil** *devant voyelle ou h muet*) old; ~ **jeu** old-fashioned. ◇ *nm, f* **-1.** [personne âgée] old man (*f* woman); **les** ~ **the** old. **-2.** *fam* [ami]: **mon** ~ old chap OU boy *Br*, old buddy *Am*; **ma vieille** old girl.

vif, vive [vif, viv] *adj* **-1.** [preste - enfant] lively; [- imagination] vivid. **-2.** [couleur, œil] bright; **rouge/jaune** ~ bright red/yellow. **-3.** [reproche] sharp; [discussion] bitter. **-4.** *sout* [vivant] alive. **-5.** [douleur, déception] acute; [intérêt] keen; [amour, haine] intense, deep.

◆ **à vif** *loc adj* [plaie] open; **j'ai les nerfs à** ~ *fig* my nerves are frayed.

vigie [viʒi] *nf* [NAVIG - personne] lookout; [- poste] crow's nest.

vigilant, -e [viʒilɑ̃, ɑ̃t] *adj* vigilant, watchful.

vigile [viʒil] *nm* watchman.

vigne [viɲ] *nf* **-1.** [plante] vine, grapevine. **-2.** [plantation] vineyard.

◆ **vigne vierge** *nf* Virginia creeper.

vigneron, -onne [viɲrɔ̃, ɔn] *nm, f* wine grower.

vignette [viɲɛt] *nf* **-1.** [timbre] label; [de médicament] **price sticker** (*for reimbursement by the social security services*); AUTOM tax disc. **-2.** [motif] vignette.

vignoble [viɲɔbl] *nm* **-1.** [plantation] vineyard. **-2.** [vignes] vineyards (*pl*).

vigoureux, -euse [viguˌrø, øz] *adj* [corps, personne] vigorous; [bras, sentiment] strong.

vigueur [vigœr] *nf* vigour.

◆ **en vigueur** *loc adj* in force.

vilain, -e [vilɛ̃, ɛn] *adj* **-1.** [gén] nasty. **-2.** [laid] ugly.

vilebrequin [vilbrəkɛ̃] *nm* **-1.** [outil] brace and bit. **-2.** AUTOM crankshaft.

villa [vila] *nf* villa.

village [vilaʒ] *nm* village.

villageois, -e [vilaʒwa, az] *nm, f* villager.

ville [vil] *nf* [petite, moyenne] town; [importante] city.

villégiature [vileʒjatyr] *nf* holiday.

vin [vɛ̃] *nm* wine; ~ **blanc/rosé/rouge** white/rosé/red wine.

◆ **vin d'honneur** *nm* reception.

vinaigre [vinɛgr] *nm* vinegar.

vinaigrette [vinɛgrɛt] *nf* oil and vinegar dressing.

vindicatif, -ive [vɛ̃dikatif, iv] *adj* vindictive.

vingt [vɛ̃] *adj num & nm* twenty; *voir aussi* **six**.

vingtaine [vɛ̃tɛn] *nf*: **une** ~ **de** about twenty.

vingtième [vɛ̃tjɛm] *adj num, nm & nmf* twentieth; *voir aussi* **sixième**.

vinicole [vinikɔl] *adj* wine-growing, wine-producing.

viol [vjɔl] *nm* **-1.** [de femme] rape. **-2.** [de sépulture] desecration; [de sanctuaire] violation.

violation [vjɔlasjɔ̃] *nf* violation, breach.

violence [vjɔlɑ̃s] *nf* violence; **se faire** ~ to force o.s.

violent, -e [vjɔlɑ̃, ɑ̃t] *adj* **-1.** [personne, tempête] violent. **-2.** *fig* [douleur, angoisse, chagrin] acute; [haine, passion] violent.

violer [vjɔle] *vt* **-1.** [femme] to rape. **-2.** [loi, traité] to break. **-3.** [sépulture] to desecrate; [sanctuaire] to violate.

violet, -ette [vjɔlɛ, ɛt] *adj* purple; [pâle] violet.
◆ **violet** *nm* purple; [pâle] violet.

violette [vjɔlɛt] *nf* violet.

violeur [vjɔlœr] *nm* rapist.

violon [vjɔlɔ̃] *nm* [instrument] violin.

violoncelle [vjɔlɔ̃sɛl] *nm* [instrument] cello.

violoniste [vjɔlɔnist] *nmf* violinist.

vipère [viper] *nf* viper.

virage [viraʒ] *nm* **-1.** [sur route] bend. **-2.** [changement] turn.

viral, -e, -aux [viral, o] *adj* viral.

virement [virmɑ̃] *nm* FIN transfer; ~ **bancaire/postal** bank/giro transfer.

virer [vire] ◇ *vi* **-1.** [tourner]: ~ **à droite/à gauche** to turn right/left. **-2.** [étoffe] to change colour; ~ **au blanc/jaune** to go white/yellow. **-3.** MÉD to react positively. ◇ *vt* **-1.** FIN to transfer. **-2.** *fam* [renvoyer] to kick out.

virevolter [virvɔlte] *vi* [tourner] to twirl OU spin round.

virginité [virʒinite] *nf* **-1.** [de personne] virginity. **-2.** [de sentiment] purity.

virgule [virgyl] *nf* [entre mots] comma; [entre chiffres] (decimal) point.

viril, -e [viril] *adj* virile.

virilité [virilite] *nf* virility.

virtuel, -elle [virtɥɛl] *adj* potential.

virtuose [virtɥoz] *nmf* virtuoso.

virulence [virylɑ̃s] *nf* virulence.

virulent, -e [virylɑ̃, ɑ̃t] *adj* virulent.

virus [virys] *nm* INFORM & MÉD virus; *fig* bug.

vis [vis] *nf* screw.

visa [viza] *nm* visa.

visage [vizaʒ] *nm* face.

vis-à-vis [vizavi] *nm* **-1.** [personne] person sitting opposite. **-2.** [immeuble]: **avoir un** ~ to have a building opposite.
◆ **vis-à-vis de** *loc prép* **-1.** [en face de] opposite. **-2.** [en comparaison de] beside, compared with. **-3.** [à l'égard de] towards.

viscéral, -e, -aux [viseral, o] *adj* **-1.** ANAT visceral. **-2.** *fam* [réaction] gut (*avant n*); [haine, peur] deep-seated.

viscère [viser] *nm* (*gén pl*) innards (*pl*).

viscose [viskoz] *nf* viscose.

visé, -e [vize] *adj* **-1.** [concerné] concerned. **-2.** [vérifié] stamped.

visée [vize] *nf* **-1.** [avec arme] aiming. **-2.** (*gén pl*) *fig* [intention, dessein] aim.

viser [vize] ◇ *vt* **-1.** [cible] to aim at. **-2.** *fig* [poste] to aspire to, to aim for; [personne] to be directed OU aimed at. **-3.** [document] to check, to stamp. ◇ *vi* to aim, to take aim; ~ **à** to aim at; ~ **à faire qqch** to aim to do sthg, to be intended to do sthg; ~ **haut** *fig* to aim high.

viseur [vizœr] *nm* **-1.** [d'arme] sights (*pl*). **-2.** PHOT viewfinder.

visibilité [vizibilite] *nf* visibility.

visible [vizibl] *adj* **-1.** [gén] visible. **-2.** [personne]: **il n'est pas** ~ he's not seeing visitors.

visiblement [vizibləmɑ̃] *adv* visibly.

visière [vizjer] *nf* **-1.** [de casque] visor. **-2.** [de casquette] peak. **-3.** [de protection] eyeshade.

vision [vizjɔ̃] *nf* **-1.** [faculté] eyesight, vision. **-2.** [représentation] view, vision. **-3.** [mirage] vision.

visionnaire [vizjɔner] *nmf & adj* visionary.

visionner [vizjɔne] *vt* to view.

visite [vizit] *nf* **-1.** [chez ami, officielle] visit; **rendre** ~ **à qqn** to pay sb a visit. **-2.** [MÉD - à l'extérieur] call, visit; [- dans hôpital] rounds (*pl*); **passer une** ~ **médicale** to have a medical. **-3.** [de monument] tour. **-4.** [d'expert] inspection.

visiter [vizite] *vt* **-1.** [en touriste] to tour. **-2.** [malade, prisonnier] to visit.

visiteur, -euse [vizitœr, øz] *nm, f* visitor.

vison [vizɔ̃] *nm* mink.

visqueux, -euse [viskø, øz] *adj* **-1.** [liquide] viscous. **-2.** [surface] sticky.

visser [vise] *vt* **-1.** [planches] to screw together. **-2.** [couvercle] to screw down. **-3.** [bouchon] to screw in; [écrou] to screw on.

visualiser [vizyalize] *vt* **-1.** [gén] to visualize. **-2.** INFORM to display; TECHNOL to make visible.

visuel, -elle [vizɥɛl] *adj* visual.

vital, -e, -aux [vital, o] *adj* vital.

vitalité [vitalite] *nf* vitality.

vitamine [vitamin] *nf* vitamin.

vitaminé, -e [vitamine] *adj* with added vitamins, vitamin-enriched.

vite [vit] *adv* **-1.** [rapidement] quickly, fast; **fais ~!** hurry up! **-2.** [tôt] soon.

vitesse [vites] *nf* **-1.** [gén] speed; **à toute ~** at top speed. **-2.** AUTOM gear.

viticole [vitikɔl] *adj* wine-growing.

viticulteur, -trice [vitikyltœr, tris] *nm, f* wine-grower.

vitrail, -aux [vitraj, o] *nm* stained-glass window.

vitre [vitr] *nf* **-1.** [de fenêtre] pane of glass, window pane. **-2.** [de voiture, train] window.

vitré, -e [vitre] *adj* glass (*avant n*).

vitreux, -euse [vitrø, øz] *adj* **-1.** [roche] vitreous. **-2.** [œil, regard] glassy, glazed.

vitrifier [vitrifje] *vt* **-1.** [parquet] to seal and varnish. **-2.** [émail] to vitrify.

vitrine [vitrin] *nf* **-1.** [de boutique] (shop) window; *fig* showcase. **-2.** [meuble] display cabinet.

vivable [vivabl] *adj* [appartement] livable-in; [situation] bearable, tolerable; [personne] **il n'est pas ~** he's impossible to live with.

vivace [vivas] *adj* **-1.** [plante] perennial; [arbre] hardy. **-2.** *fig* [haine, ressentiment] deep-rooted, entrenched; [souvenir] enduring.

vivacité [vivasite] *nf* **-1.** [promptitude - de personne] liveliness, vivacity; **~ d'esprit** quick-wittedness. **-2.** [de coloris, teint] intensity, brightness. **-3.** [de propos] sharpness.

vivant, -e [vivɑ̃, ɑ̃t] *adj* **-1.** [en vie] alive, living. **-2.** [enfant, quartier] lively. **-3.** [souvenir] still fresh.
♦ **vivant** *nm* [personne]: **les ~s** the living.

vive¹ [viv] *nf* [poisson] weever.

vive² [viv] *interj* three cheers for; **~ le roi!** long live the King!

vivement [vivmɑ̃] ◇ *adv* **-1.** [agir] quickly. **-2.** [répondre] sharply. **-3.** [affecter] deeply. ◇ *interj*: **~ les vacances!** roll on the holidays!; **~ que l'été arrive** I'll be glad when summer comes, summer can't come quick enough.

vivifiant, -e [vivifjɑ̃, ɑ̃t] *adj* invigorating, bracing.

vivisection [viviseksjɔ̃] *nf* vivisection.

vivre [vivr] ◇ *vi* to live; [être en vie] to be alive; **~ de** to live on; **faire ~ sa famille** to support one's family; **être difficile/facile à ~** to be hard/easy to get on with; **avoir vécu** to have seen life. ◇ *vt* **-1.** [passer] to spend. **-2.** [éprouver] to experience.
♦ **vivres** *nmpl* provisions.

vizir [vizir] *nm* vizier.

VO (*abr de* **version originale**) *nf* indicates that a film has not been dubbed.

vocable [vɔkabl] *nm* term.

vocabulaire [vɔkabylɛr] *nm* **-1.** [gén] vocabulary. **-2.** [livre] lexicon, glossary.

vocal, -e, -aux [vɔkal, o] *adj*: **ensemble ~** choir; → **corde**.

vocation [vɔkasjɔ̃] *nf* **-1.** [gén] vocation. **-2.** [d'organisation] mission.

vocifération [vɔsiferasjɔ̃] *nf* shout, scream.

vociférer [vɔsifere] *vt* to shout, to scream.

vodka [vɔdka] *nf* vodka.

vœu, -x [vø] *nm* **-1.** [RELIG & résolution] vow; **faire ~ de silence** to take a vow of silence. **-2.** [souhait, requête] wish.
♦ **vœux** *nmpl* greetings.

vogue [vɔg] *nf* vogue, fashion; **en ~** fashionable, in vogue.

voguer [vɔge] *vi littéraire* to sail.

voici [vwasi] *prép* **-1.** [pour désigner, introduire] here is/are; **le ~** here he/it is; **les ~** here they are; **vous cherchiez des allumettes? — en ~** were you looking for matches? — there are some here; **~ ce qui s'est passé** this is what happened. **-2.** [il y a]: **~ trois mois** three months ago; **quelques années que je ne l'ai pas vu** I haven't seen him for some years (now), it's been some years since I last saw him.

voie [vwa] *nf* **-1.** [route] road; **route à deux ~s** two-lane road; **la ~ publique** the public highway. **-2.** RAIL track, line; **~ ferrée** railway line *Br*, railroad line *Am*; **~ de garage** siding; *fig* dead-end job. **-3.** [mode de transport] route. **-4.** ANAT passage, tract; **par ~ buccale** OU **orale** orally, by mouth; **par ~ rectale** by rectum; **~ respiratoire** respiratory tract. **-5.** *fig* [chemin] way. **-6.** [filière, moyen] means (*pl*).
◆ **Voie lactée** *nf*: **la Voie lactée** the Milky Way.
◆ **en voie de** *loc prép* on the way OU road to; **en ~ de développement** developing.

voilà [vwala] *prép* **-1.** [pour désigner] there is/are; **le ~** there he/it is; **les ~** there they are; **me ~** that's me, there I am; **vous cherchiez de l'encre — en ~** you were looking for ink — there is some (over) there; **nous ~ arrivés** we've arrived. **-2.** [reprend ce dont on a parlé] that is; [introduit ce dont on va parler] this is; **~ ce que j'en pense** this is/that is what I think; **~ tout** that's all; **et ~!** there we are! **-3.** [il y a]: **~ dix jours** ten days ago; **~ dix ans que je le connais** I've known him for ten years (now).

voile [vwal] ◇ *nf* **-1.** [de bateau] sail. **-2.** [activité] sailing. ◇ *nm* **-1.** [textile]

voile. **-2.** [coiffure] veil. **-3.** [de brume] mist.

voilé, -e [vwale] *adj* **-1.** [visage, allusion] veiled. **-2.** [ciel, regard] dull. **-3.** [roue] buckled. **-4.** [son, voix] muffled.

voiler [vwale] *vt* **-1.** [visage] to veil. **-2.** [vérité, sentiment] to hide. **-3.** [suj: brouillard, nuages] to cover.
◆ **se voiler** *vp* **-1.** [femme] to wear a veil. **-2.** [ciel] to cloud over; [yeux] to mist over. **-3.** [roue] to buckle.

voilier [vwalje] *nm* [bateau] sailing boat, sailboat *Am*.

voilure [vwalyr] *nf* [de bateau] sails (*pl*).

voir [vwar] ◇ *vt* [gén] to see; **je l'ai vu tomber** I saw him fall; **faire ~ qqch à qqn** to show sb sthg; **ne rien avoir à ~ avec** *fig* to have nothing to do with; **voyons, ...** [en réfléchissant] let's see, ... ◇ *vi* to see.
◆ **se voir** *vp* **-1.** [se regarder] to see o.s., to watch o.s. **-2.** [se rencontrer] to see one another OU each other. **-3.** [se remarquer] to be obvious, to show; **ça se voit!** you can tell!

voire [vwar] *adv* even.

voirie [vwari] *nf* ADMIN ≃ Department of Transport.

voisin, -e [vwazɛ̃, in] ◇ *adj* **-1.** [pays, ville] neighbouring; [maison] next-door. **-2.** [idée] similar. ◇ *nm, f* neighbour; **~ de palier** next-door neighbour (*in a flat*).

voisinage [vwazinaʒ] *nm* **-1.** [quartier] neighbourhood. **-2.** [relations] neighbourliness. **-3.** [environs] vicinity.

voiture [vwatyr] *nf* **-1.** [automobile] car; **~ de fonction** company car; **~ de location** hire car; **~ d'occasion/de sport** second-hand/sports car. **-2.** [de train] carriage.

voix [vwa] *nf* **-1.** [gén] voice; **~ de stentor** stentorian voice; **à mi-~** in an undertone; **à ~ basse** in a low voice, quietly; **à ~ haute** [parler] in a loud voice; [lire] aloud; **de vive ~** in person. **-2.** [suffrage] vote.

vol [vɔl] *nm* **-1.** [d'oiseau, avion] flight; **à ~ d'oiseau** as the crow flies; **en plein ~** in flight. **-2.** [groupe d'oiseaux] flight, flock. **-3.** [délit] theft.

vol. (*abr de* **volume**) vol.

volage [vɔlaʒ] *adj littéraire* fickle.

volaille [vɔlaj] *nf*: **la ~** poultry, (domestic) fowl.

volant, -e [vɔlɑ̃, ɑ̃t] *adj* **-1.** [qui vole] flying. **-2.** [mobile]: **feuille ~e** loose sheet.

♦ **volant** *nm* **-1.** [de voiture] steering wheel. **-2.** [de robe] flounce. **-3.** [de badminton] shuttlecock.

volatiliser [vɔlatilize]

♦ **se volatiliser** *vp* to volatilize; *fig* to vanish into thin air.

volcan [vɔlkɑ̃] *nm* volcano; *fig* spitfire.

volcanique [vɔlkanik] *adj* volcanic; *fig* [tempérament] fiery.

volée [vɔle] *nf* **-1.** [de flèches] volley; **une ~ de coups** a hail of blows. **-2.** FOOTBALL & TENNIS volley.

voler [vɔle] ◇ *vi* to fly. ◇ *vt* [personne] to rob; [chose] to steal.

volet [vɔlɛ] *nm* **-1.** [de maison] shutter. **-2.** [de dépliant] leaf; [d'émission] part.

voleur, -euse [vɔlœr, øz] *nm, f* thief.

volière [vɔljɛr] *nf* aviary.

volley-ball [vɔlɛbol] (*pl* **volley-balls**) *nm* volleyball.

volontaire [vɔlɔ̃tɛr] ◇ *nmf* volunteer. ◇ *adj* **-1.** [omission] deliberate; [activité] voluntary. **-2.** [enfant] strong-willed.

volonté [vɔlɔ̃te] *nf* **-1.** [vouloir] will; **à ~** unlimited, as much as you like. **-2.** [disposition]: **bonne ~** willingness, good will; **mauvaise ~** unwillingness. **-3.** [détermination] willpower.

volontiers [vɔlɔ̃tje] *adv* **-1.** [avec plaisir] with pleasure, gladly, willingly. **-2.** [affable, bavard] naturally.

volt [vɔlt] *nm* volt.

voltage [vɔltaʒ] *nm* voltage.

volte-face [vɔltəfas] *nf inv* about-turn *Br*, about-face *Am*; *fig* U-turn, about-turn *Br*, about-face *Am*.

voltige [vɔltiʒ] *nf* **-1.** [au trapèze] trapeze work; **haute ~** flying trapeze act; *fam fig* mental gymnastics (U). **-2.** [à cheval] circus riding. **-3.** [en avion] aerobatics (U).

voltiger [vɔltiʒe] *vi* **-1.** [insecte, oiseau] to flit OU flutter about. **-2.** [feuilles] to flutter about.

volubile [vɔlybil] *adj* voluble.

volume [vɔlym] *nm* volume.

volumineux, -euse [vɔlyminø, øz] *adj* voluminous, bulky.

volupté [vɔlypte] *nf* [sensuelle] sensual OU voluptuous pleasure; [morale, esthétique] delight.

voluptueux, -euse [vɔlyptɥø, øz] *adj* voluptuous.

volute [vɔlyt] *nf* **-1.** [de fumée] wreath. **-2.** ARCHIT volute, helix.

vomi [vɔmi] *nm fam* vomit.

vomir [vɔmir] *vt* **-1.** [aliments] to bring up. **-2.** [fumées] to belch, to spew (out); [injures] to spit out.

vorace [vɔras] *adj* voracious.

voracité [vɔrasite] *nf* voracity.

vos → **votre**.

vote [vɔt] *nm* vote.

voter [vɔte] ◇ *vi* to vote. ◇ *vt* POLIT to vote for; [crédits] to vote; [loi] to pass.

votre [vɔtr] (*pl* **vos** [vo]) *adj poss* your.

vôtre [vɔtr]

♦ **le vôtre** (*f* **la vôtre**, *pl* **les vôtres**) *pron poss* yours; **les ~s** your family; **vous et les ~s** people like you; **à la ~!** your good health!

vouer [vwe] *vt* **-1.** [promettre, jurer]: **~ qqch à qqn** to swear OU vow sthg to sb. **-2.** [consacrer] to devote. **-3.** [condamner]: **être voué à** to be doomed to.

vouloir [vulwar] ◇ *vt* **-1.** [gén] to want; **voulez-vous boire quelque chose?** would you like something to

drink?; **veux-tu te taire!** will you be quiet!; **je voudrais savoir** I would like to know; **~ que** (+ *subjonctif*): **je veux qu'il parte** I want him to leave; **~ qqch de qqn/qqch** to want sthg from sb/sthg; **combien voulez-vous de votre maison?** how much do you want for your house?; **ne pas ~ de qqn/qqch** not to want sb/sthg; **je veux bien** I don't mind; **si tu veux** if you like, if you want; **veuillez vous asseoir** please take a seat; **sans le ~** without meaning OU wishing to, unintentionally. **-2.** [suj: coutume] to demand. **-3.** [s'attendre à] to expect; **que voulez-vous que j'y fasse?** what do you want me to do about it? **-4.** loc: **~ dire** to mean; **on veut** more or less, if you like; **en ~ à qqn** to have a grudge against sb. ◇ nm: **le bon ~ de qqn** sb's good will.
◆ **se vouloir** vp: **elle se veut différente** she thinks she's different; **s'en ~ de faire qqch** to be cross with o.s. for doing sthg.

voulu, -e [vuly] ◇ pp → **vouloir**. ◇ adj **-1.** [requis] requisite. **-2.** [délibéré] intentional.

vous [vu] pron pers **-1.** [sujet, objet direct] you. **-2.** [objet indirect] (to) you. **-3.** [après préposition, comparatif] you. **-4.** [réfléchi] yourself, (pl) yourselves.
◆ **vous-même** pron pers yourself.
◆ **vous-mêmes** pron pers yourselves.

voûte [vut] nf **-1.** ARCHIT vault; fig arch. **-2.** ANAT: **~ du palais** roof of the mouth; **~ plantaire** arch (of the foot).

voûter [vute] vt to arch over, to vault.
◆ **se voûter** vp to arch OU become stooped.

vouvoyer [vuvwaje] vt: **~ qqn** to use the "vous" form to sb.

voyage [vwajaʒ] nm journey, trip; **les ~s** travel (U), travelling (U); **partir en ~** to go away, to go on a trip; **~ d'affaires** business trip; **~ organisé** package tour; **~ de noces** honeymoon.

voyager [vwajaʒe] vi to travel.

voyageur, -euse [vwajaʒœr, øz] nm, f traveller.

voyance [vwajɑ̃s] nf clairvoyance.

voyant, -e [vwajɑ̃, ɑ̃t] ◇ adj loud, gaudy. ◇ nm, f [devin] seer.
◆ **voyant** nm [lampe] light; AUTOM indicator (light); **~ d'essence/d'huile** petrol/oil warning light.

voyelle [vwajɛl] nf vowel.

voyeur, -euse [vwajœr, øz] nm, f voyeur, Peeping Tom.

voyou [vwaju] nm **-1.** [garnement] urchin. **-2.** [loubard] lout.

vrac [vrak]
◆ **en vrac** loc adv **-1.** [sans emballage] loose. **-2.** [en désordre] higgledy-piggledy. **-3.** [au poids] in bulk.

vrai, -e [vrɛ] adj **-1.** [histoire] true; **c'est** OU **il est ~ que ...** it's true that .... **-2.** [or, perle, nom] real. **-3.** [personne] natural. **-4.** [ami, raison] real, true.
◆ **vrai** nm: **à ~ dire, à dire ~** to tell the truth.

vraiment [vrɛmɑ̃] adv really.

vraisemblable [vrɛsɑ̃blabl] adj likely, probable; [excuse] plausible.

vraisemblance [vrɛsɑ̃blɑ̃s] nf likelihood, probability; [d'excuse] plausibility.

V/Réf (abr de **Votre référence**) your ref.

vrille [vrij] nf **-1.** BOT tendril. **-2.** [outil] gimlet. **-3.** [spirale] spiral.

vrombir [vrɔ̃bir] vi to hum.

vrombissement [vrɔ̃bismɑ̃] nm humming (U).

VTT (abr de **vélo tout terrain**) nm mountain bike.

vu, -e [vy] ◇ pp → **voir**. ◇ adj **-1.** [perçu]: **être bien/mal ~** to be acceptable/unacceptable. **-2.** [compris] clear.
◆ **vu** prép given, in view of.

◆ **vue** *nf* **-1.** [sens, vision] sight, eyesight. **-2.** [regard] gaze; **à première ~e** at first sight; **de ~e** by sight; **en ~** [vedette] in the public eye; **perdre qqn de ~e** to lose touch with sb. **-3.** [panorama, idée] view. **-4.** CIN → **prise**.
◆ **en vue de** *loc prép* with a view to.
◆ **vu que** *loc conj* given that, seeing that.

vulgaire [vylgɛr] *adj* **-1.** [grossier] vulgar, coarse. **-2.** (*avant n*) *péj* [quelconque] common.

vulgarisation [vylgarizasjɔ̃] *nf* popularization.

vulgariser [vylgarize] *vt* to popularize.

vulgarité [vylgarite] *nf* vulgarity, coarseness.

vulnérable [vylnerabl] *adj* vulnerable.

vulve [vylv] *nf* vulva.

w, W [dubləve] *nm inv* w, W.

wagon [vagɔ̃] *nm* carriage; **~ de première/seconde classe** first-class/second-class carriage.

wagon-lit [vagɔ̃li] *nm* sleeping car, sleeper.

wagon-restaurant [vagɔ̃rɛstɔrɑ̃] *nm* restaurant OU dining car.

Walkman® [wɔkman] *nm* personal stereo, Walkman®.

wallon, -onne [walɔ̃, ɔn] *adj* Walloon.
◆ **wallon** *nm* [langue] Walloon.
◆ **Wallon, -onne** *nm, f* Walloon.

Washington [waʃiɲtɔn] *n* **-1.** [ville] Washington D.C. **-2.** [État] Washington State.

water-polo [watɛrpɔlo] *nm* water polo.

watt [wat] *nm* watt.

W.-C. [vese] (*abr de* **water closet**) *nmpl* WC (*sg*), toilets.

week-end [wikɛnd] (*pl* **week-ends**) *nm* weekend.

western [wɛstɛrn] *nm* western.

whisky [wiski] (*pl* **whiskies**) *nm* whisky.

white-spirit [wajtspirit] (*pl* **white-spirits**) *nm* white spirit.

x, X [iks] *nm inv* x, X; **l'X** *prestigious engineering college in Paris.*

xénophobie [gzenɔfɔbi] *nf* xenophobia.

xérès [gzerɛs, kserɛs] *nm* sherry.

xylophone [ksilɔfɔn] *nm* xylophone.

y¹, Y [igrɛk] *nm inv* y, Y.

y² [i] ◇ *adv* [lieu] there; **j'y vais demain** I'm going there tomorrow; **mets-y du sel** put some salt in it; **va voir sur la table si les clefs y sont** go and see if the keys are on the table; **ils ont ramené des vases anciens et y ont fait pousser des fleurs exotiques** they brought back some antique vases and grew exotic flowers in them. ◇ *pron* (*la traduction varie selon la préposition utilisée avec le verbe*): **pensez-y** think about it; **n'y comptez pas** don't count on it; **j'y suis!** I've got it!; *voir aussi* **aller, avoir** *etc.*

yacht [jot] *nm* yacht.

yaourt [jaurt], **yogourt, yoghourt** [jɔgurt] *nm* yoghurt.

Yémen [jemɛn] *nm*: **le ~** Yemen.

yen [jɛn] *nm* yen.

yeux → **œil**.

yiddish [jidiʃ] *nm inv & adj inv* Yiddish.

yoga [jɔga] *nm* yoga.
yoghourt = yaourt.
yogourt = yaourt.
yougoslave [jugɔslav] *adj* Yugoslav, Yugoslavian.
◆**Yougoslave** *nmf* Yugoslav, Yugoslavian.
Yougoslavie [jugɔslavi] *nf*: la ~ Yugoslavia.

z, Z [zɛd] *nm inv* z, Z.
Zaïre [zair] *nm*: le ~ Zaïre.
zapper [zape] *vi* to zap, to channel-hop.
zapping [zapiŋ] *nm* zapping, channel-hopping.
zèbre [zɛbr] *nm* zebra; un drôle de ~ *fam fig* an oddball.
zébrure [zebryr] *nf* **-1.** [de pelage] stripe. **-2.** [marque] weal.
zébu [zeby] *nm* zebu.
zèle [zɛl] *nm* zeal; faire du ~ *péj* to be over-zealous.
zélé, -e [zele] *adj* zealous.
zénith [zenit] *nm* zenith.
zéro [zero] ◇ *nm* **-1.** [chiffre] zero, nought; [dans numéro de téléphone] O *Br*, zero *Am*. **-2.** [nombre] nought,

nothing. **-3.** [de graduation] freezing point, zero; au-dessus/au-dessous de ~ above/below (zero); avoir le moral à ~ *fig* to be OU feel down. ◇ *adj*: ~ faute no mistakes.
zeste [zɛst] *nm* peel, zest.
zézayer [zezeje] *vi* to lisp.
zigzag [zigzag] *nm* zigzag; en ~ winding.
zigzaguer [zigzage] *vi* to zigzag (along).
zinc [zɛ̃g] *nm* **-1.** [matière] zinc. **-2.** *fam* [comptoir] bar. **-3.** *fam* [avion] crate.
zizi [zizi] *nm fam* willy *Br*, peter *Am*.
zodiaque [zɔdjak] *nm* zodiac.
zone [zon] *nf* **-1.** [région] zone, area; ~ bleue restricted parking zone; ~ industrielle industrial estate; ~ piétonne OU piétonnière pedestrian precinct *Br* OU zone *Am*. **-2.** *fam* [faubourg]: la ~ the slum belt.
zoner [zone] *vi* to hang about, to hang around.
zoo [zo(o)] *nm* zoo.
zoologie [zɔɔlɔʒi] *nf* zoology.
zoom [zum] *nm* **-1.** [objectif] zoom (lens). **-2.** [gros plan] zoom.
zut [zyt] *interj fam* damn!

GRAMMAIRE ANGLAISE

Points de Repère

Le Nom

1. Pluriel des noms

1.1 Pluriels réguliers

■ En règle générale, pour former le pluriel, on ajoute **-s** au nom singulier :
book-books ▲ **hat-hats** ▲ **boy-boys** ▲ **bird-birds**

■ On ajoute **-es** aux noms terminés en **-s, -sh, -ch, -x** et **-o** :
bus-buses ▲ **crash-crashes** ▲ **branch-branches** ▲ **box-boxes**
potato-potatoes

■ Les noms terminés par CONSONNE + **-y** font leur pluriel en **-ies** :
baby-babies ▲ **cherry-cherries** ▲ **entry-entries**

■ Le pluriel est en **-ves** pour la plupart des noms terminés en **-f** ou **-fe** :
half-halves ▲ **wife-wives** MAIS **belief-beliefs** ▲ **roof-roofs**

1.2 Prononciation des pluriels réguliers

■ Le **-s** du pluriel se prononce [s] quand le nom se termine par les sons
[f, k, p, t, θ] :
laughs ▲ **cakes** ▲ **hopes** ▲ **hats** ▲ **months**

MAIS **path** [pɑːθ]   **paths** [pɑːðz]

■ Le **-s** du pluriel se prononce [z] après les sons [b, d, ð, g, l, m, n, ŋ, v],
et toutes les voyelles :
jobs ▲ **beds** ▲ **clothes** ▲ **bags** ▲ **bills** ▲ **films** ▲ **sons** ▲ **kings**
gloves ▲ **commas** ▲ **seas** ▲ **days** ▲ **fires**

■ **-es** se prononce [ɪz] après les sons [dʒ, s, ʃ, tʃ, z, ʒ] :
bridges ▲ **kisses** ▲ **boxes** ▲ **dishes** ▲ **coaches** ▲ **roses** ▲ **mirages**

MAIS **house** [haʊs]   **houses** ['haʊzɪz]

1.3 Quelques pluriels irréguliers

man-men ▲ **foot-feet** ▲ **mouse-mice** ▲ **woman-women**
tooth-teeth ▲ **louse-lice** ▲ **child-children** ▲ **goose-geese**

Certains noms, tels que **sheep, fish, aircraft, series** et **species**, ont la
même forme au singulier et au pluriel.

1.4 Noms toujours pluriels

Certains noms, tels que **cattle, police, trousers, scissors, clothes** ou

thanks, sont toujours suivis d'un verbe au pluriel :

> The *police* have arrested them.
> These *jeans* are torn.

1.5 Noms singuliers terminés en -s

Certains noms terminés en **-s**, tels que **news, mathematics, measles, billiards** ou **the United States**, sont indénombrables et sont suivis d'un verbe au singulier (⇨ 2.2) :

> The *news* is bad.
> The *United States* is a very big country.

1.6 Noms collectifs

Des noms singuliers désignant un groupement humain ou animal, tels que **government, team, school,** peuvent être suivis d'un verbe au singulier ou au pluriel (plutôt singulier en anglais américain) :

> France *is/are* winning two-nil.
> The company *has/have* decided to pay us better.
> *Does/Do* your family still live in Kent?

1.7 Temps et distances

Les noms qui désignent un laps de temps, une somme d'argent ou une distance et qui sont précédés d'une indication de nombre sont suivis d'un verbe au singulier :

> Three weeks *is* a long time for a holiday.
> Five miles *is* too far to walk.

2. Dénombrables et indénombrables

2.1 Dénombrables

Les noms dénombrables :
– désignent des êtres et des choses qui peuvent être comptés :

> **sandwich ▲ child ▲ chair ▲ idea ▲ inch ▲ wish ▲ view**

– peuvent être précédés de **a/an** au singulier, d'une indication de nombre ou de **some** au pluriel (⇨ LES PRONOMS ET LES DÉTERMINANTS) :

> I want *a* sandwich/*two* sandwiches/*some* sandwiches.

2.2 Indénombrables

Les noms indénombrables :
– désignent des matières, des aliments ou des notions abstraites qui ne peuvent être comptés et qui n'ont pas de pluriel :

> **water ▲ furniture ▲ bread ▲ money ▲ dirt ▲ weather ▲ advice**

– peuvent être précédés de **some**, mais pas d'un chiffre ni de **a/an** (⇨ LES PRONOMS ET LES DÉTERMINANTS) :

> **I want bread/*some* bread.**

2.3 Dénombrer les indénombrables et les noms toujours pluriels

■ Au contraire des dénombrables, les indénombrables et les noms toujours pluriels ne peuvent pas être comptés. Il faut donc employer des locutions de quantité telles que **a piece of, a bit of, a set of, a group of**, etc. :

> *an item of* **clothing ▲** *a loaf of* **bread ▲** *a piece of* **furniture**
> *a bit of* **gossip ▲** *a piece of* **news/work**

■ Pour désigner des objets formés de deux parties symétriques, on utilise **a pair of** :

> *a pair of* **trousers/scissors/glasses ▲** *two pairs of* **trousers**

3. Le cas possessif

Le cas possessif est marqué par **-'s**. Le plus souvent, le possesseur est un être humain ou un groupe :

> **Mary's suitcase/sister ▲ the government's policies**

3.1 Formation

■ On ajoute **-'s** aux noms singuliers, et aux pluriels qui ne se terminent pas par un **-s** :

> **cat's ▲ wife's ▲ boss's ▲ men's ▲ James's**
> **the child's face ▲ the children's faces**
> **my sister's friends** (les amis de ma sœur)

■ On ajoute seulement **-'** aux pluriels déjà terminés par **-s** :

> **cats' ▲ wives' ▲ bosses'**
> **my sisters' friends** (les amis de mes sœurs)

3.2 Emploi

■ Le nom au cas possessif (le possesseur) et son déterminant précèdent le nom de la chose possédée (le possédé). Avec le verbe **be**, le possédé est souvent omis :

> '**That car over there, is it your** *father's*?' '**No, it's my** *mother's.*'

■ Les noms **house** et **shop** sont souvent sous-entendus après le **-'s** :

> **We bought some meat at** *the butcher's* **(shop).**
> **I heard the news at** *Steve's* **(house).**

■ Si la possession porte sur un groupe de mots, seul le dernier porte la marque de la possession **-'s** :

> **We saw** *the King of Spain's* **castle.**
> *Alice and Tracey's* **mother**

■ On emploie aussi le cas possessif avec les expressions de durée :

> **We're only taking** *one week's* **holiday this summer.**
> **It's** *an hour's* **drive.**

3.3 Cas possessif ou construction en *of* ?

■ Si le possesseur est un être animé (humain ou animal), seule la construction en **-'s** est correcte :

> **Bill's clothes**

■ Avec des inanimés, la construction en **of** est plus courante :

> **the front of the house** ▲ **the price of sugar**

4. Les noms composés

■ Le premier élément d'un nom composé modifie le sens du second :

> **a railway station** ▲ **a computer system** ▲ **a woman doctor**

■ Le plus souvent, c'est le second terme qui porte la marque du pluriel :

> **express trains** ▲ **Easter eggs** ▲ **boyfriends** ▲ **grown-ups**

■ Lorsque le second élément est un mot invariable, c'est le premier qui porte la marque du pluriel :

> **passers-by** ▲ **fathers-in-law**

Les Pronoms et les Déterminants

■ Les *déterminants* sont placés devant un nom et lui apportent différentes spécifications.

■ Les *pronoms* servent à remplacer les noms.

Déterminants	*Pronoms*
The boy plays football.	*He* plays football.
This work is boring.	*This* is boring.
Give me *some* paper.	I'd like *some* too.

■ Le choix du déterminant dépend de la catégorie à laquelle appartient le nom (dénombrable singulier, dénombrable pluriel ou indénombrable). Il en va de même pour le pronom (⇨ LE NOM, 2.).

1. Les pronoms personnels et les possessifs

1.1 Formes

	Pronom sujet	*Pronom complément*	*Adjectif possessif*	*Pronom possessif*
Singulier				
1ère pers.	I	me	my	mine
2ème pers.	you	you	your	yours
3ème pers.				
-masculin	he	him	his	his
-féminin	she	her	her	hers
-humain	one	one	one's	
-non-humain	it	it	its	its
Pluriel				
1ère pers.	we	us	our	ours
2ème pers.	you	you	your	yours
3ème pers.	they	them	their	theirs

1.2 Emploi des pronoms personnels

■ En anglais, les noms n'ont pas de genre grammatical. On emploie **he, him, his** pour les êtres humains masculins et parfois les animaux mâles ; **she, her, hers** pour les êtres humains féminins et parfois les animaux femelles ; **it, its** pour tout le reste :

There's my brother. *He*'s a postman.
There's my sister. *She*'s a teacher.
There's my car. *It*'s a Ford.

■ Des noms tels que **doctor, cousin, friend, manager** et **cat** sont de genre indéterminé. Le choix entre **he** et **she** dépend du sexe de la personne (ou de l'animal) dont on parle :

There's my boss. **Do you know** *him/her?*

■ Quand on ne connaît pas le sexe de la personne ou de l'animal dont on parle, on utilise ;
– **it** pour parler d'un animal ou d'un bébé :

Listen to that baby. I wish *it* would be quiet.

– **he or she** pour parler d'une personne :

A teacher should always try to help *his or her* students.

– **it** ou **they** (plutôt **it** en anglais américain) pour des noms singuliers désignant un groupe de gens, tels que **team, company** et **government** (⇨ LE NOM, 1.6) :

The class *has (have)* refused to do *its (their)* work.

■ **You, your, yours** s'emploient pour s'adresser à une ou plusieurs personnes, quel que soit le degré d'intimité qu'on entretient avec elle(s). En anglais parlé, on emploie aussi **you** pour dire 'on' :

'How do *you* get to the zoo?' '*You* go down there and turn left.'

■ En anglais soutenu, on emploie plutôt le pronom **one** :

The climate becomes drier as *one* moves east.

2. Les adjectifs et pronoms possessifs

2.1 Formes Voir le tableau section 1.1 ci-dessus.

2.2 Emploi

■ En anglais, le choix de l'adjectif possessif dépend du possesseur et non pas de l'objet possédé :

Her boyfriend is called David.

■ Pour insister sur l'aspect personnel de la possession, on ajoute parfois le mot **own** (propre) :

Is that your *own* car or does it belong to the company?

■ Quand le nom a déjà été mentionné ou qu'il est évident, on emploie un pronom possessif :

Whose is this suitcase? Is it _yours_ or _mine_?

3. Les pronoms réfléchis

3.1 Formes

Singulier : **myself, yourself, himself, herself, itself**
Pluriel : **ourselves, yourselves, themselves**

3.2 Emploi

■ On emploie un pronom réfléchi pour renvoyer au sujet du verbe (personne ou chose) lorsqu'il est mentionné à nouveau dans la même phrase :

I gave _myself_ the largest portion.

He was looking at _himself_ in the mirror.

■ Derrière une préposition de lieu, on utilise le pronom complément :

She saw a man running towards _her_.

■ Un petit nombre de verbes anglais exigent l'emploi du pronom réfléchi :

We enjoyed _ourselves_ very much.

▶ Attention : les verbes faisant référence aux soins corporels ou à un mouvement ne sont pas réfléchis en anglais :

to get up	**to shave**
to lie down	**to wash**
to sit down	**to brush one's hair**

■ Le pronom réfléchi permet aussi d'insister sur le sujet de la phrase :

I told him so _myself_.

3.3 Les pronoms réciproques

■ **Each other** s'emploie pour exprimer la réciprocité :

We send _each other_ cards at Christmas.

They love _each other_.

■ Si cette réciprocité concerne plus de deux personnes ou un groupe, on peut utiliser **one another** :

Their four children are always arguing with *one another*.

4. L'article

4.1 L'article indéfini

■ L'article indéfini **est a** [ə] devant un mot commençant phonétiquement par une consonne, et **an** [ən] devant un mot commençant phonétiquement par une voyelle :

a game ▲ *a* year ▲ *a* new friend
an apple ▲ *an* egg ▲ *an* old friend

■ C'est la prononciation qui compte, pas l'orthographe :

a university ▲ *a* useful idea ▲ *a* one-man band
an M.P. ▲ *an* hour [h muet]

■ On emploie l'article indéfini **a/an** seulement devant un nom dénombrable singulier (⇨ LE NOM, 2.1) :
– pour désigner un objet quelconque dans une situation spécifique :

Can you give me *an* idea what *a* new coat will cost?

– devant un nom de métier :

My uncle's *a* musician.

– dans certaines indications temporelles :

fifty miles *an* hour ▲ four times *a* day

4.2 L'article défini

■ L'article défini **the** se prononce [ðə] devant un mot commençant phonétiquement par une consonne, et [ðɪ] devant un mot commençant phonétiquement par une voyelle :

[ðə] the game ▲ the year ▲ the new house ▲ the money
[ðɪ] the apple ▲ the egg ▲ the old house ▲ the air

■ C'est la prononciation qui compte, pas l'orthographe :

[ðə] the university ▲ the useful idea ▲ the one-man band
[ðɪ] the M.P. ▲ the hour ▲ the honourable man

■ L'article défini peut être employé devant un nom dénombrable au singulier ou au pluriel, et devant un nom indénombrable (⇨ LE NOM, 2.). On l'emploie :

– lorsque l'on se réfère à quelque chose qui a été mentionné précédemment :

I saw a policeman. *The* **policeman saw me.**

– lorsque la personne ou la chose dont on parle est unique :

The **sun is shining.** ▲ **I wrote to** *the* **President**.

– lorsque ce dont on parle fait partie de notre vie quotidienne :

the **bank** ▲ *the* **shops** ▲ *the* **garage**
She's going to *the* **dentist's.**

– devant un adjectif substantivé ou un nom de nationalité :

the **rich** ▲ *the* **unemployed** ▲ *the* **French**

4.3 L'article zéro

■ En anglais, tout nom est précédé d'un article, sauf :
– si l'article est en facteur commun à plusieurs mots :

You should wear *a* **shirt and tie.**

– s'il fait référence à une chose ou des choses en général :

Food **is expensive.** ▲ **I don't like** *Mondays*.

■ L'article est également absent dans les cas suivants :

– lieu : **in bed** ▲ **go to school** ▲ **at home** ▲ **from left to right**
– temps : **in spring** ▲ **at night** ▲ **next year** ▲ **from start to finish**
– transport : **come by car** ▲ **go by bus** ▲ **arrive on foot**
– repas : **have breakfast** ▲ **invite them to dinner**
– titres : **Doctor Allen** ▲ **President Kennedy** ▲ **Queen Elizabeth**
– noms propres : **Victoria Road** ▲ **Central Station**
– noms de pays : **Mexico** ▲ **England**
      MAIS *the* **United States** ▲ *the* **British Isles**

5. Les nombres, *one* et *other*

5.1 Les nombres cardinaux

■ Les nombres cardinaux indiquent une quantité :

0	zero	13	**thirteen**	60	sixty
1	one	14	fourteen	70	seventy
2	two	15	**fifteen**	80	eighty
3	three	16	sixteen	90	ninety
4	four	17	seventeen	100	one hundred
5	five	18	eighteen	110	one hundred and ten
6	six	19	nineteen	200	two hundred
7	seven	20	**twenty**	300	three hundred
8	eight	21	twenty-one	501	five hundred and one
9	nine	22	twenty-two	1000	one thousand
10	ten	30	**thirty**	2000	two thousand
11	**eleven**	40	**forty**	26,000	twenty-six thousand
12	**twelve**	50	**fifty**	1,000,000	one million

■ Les caractères gras indiquent que les formes dérivées sont différentes du radical (**five** → **fifteen**).

5.2 Les nombres ordinaux

■ Les nombres ordinaux indiquent l'ordre :

1st	**first**	11th	eleventh
2nd	**second**	12th	**twelfth**
3rd	**third**	13th	thirteenth
4th	fourth	40th	**fortieth**
5th	**fifth**	50th	**fiftieth**
6th	sixth	61st	**sixty-first**
7th	seventh	72nd	**seventy-second**
8th	**eighth**	83rd	**eighty-third**
9th	**ninth**	95th	**ninety-fifth**
10th	tenth	101st	**(one) hundred and first**

■ Un nombre ordinal se forme en ajoutant **-th** au nombre cardinal. Les exceptions à cette règle sont en caractères gras.

5.3 Emploi

■ Les nombres peuvent être déterminants ou pronoms :

– déterminant : **Give me *one* book/*two* books/the *first* book.**

– pronom : **Give me *one*/*two*/the *first*.**

■ Ils se placent derrière les autres déterminants, mais avant l'adjectif qualificatif :

her *third* husband ▲ my *two* best friends

■ Lorsqu'on a un cardinal et un ordinal, l'ordinal précède le cardinal :

the *first twelve* students on the list

■ **Hundred, thousand, million** sont invariables quand ils sont précédés d'un autre chiffre. Leur pluriel est régulier s'ils sont employés seuls :

two *hundred*/three *thousand*/six *million* people
hundreds/thousands/millions of people

5.4 One

■ **One** et **ones** au pluriel s'emploient après des déterminants et des adjectifs pour éviter de répéter un nom dénombrable :

Which is your car, the black *one* or the red *one*?
You can borrow some books. Which *ones* would you like?

■ Au singulier, on peut employer **one** à la place de **a/an** devant un nom dénombrable :

Can I have *one* whisky and *one* brandy, please?

5.5 Other

■ **Other** peut être déterminant ou pronom. Quand il signifie 'le second d'une paire', il est précédé de **the, my, this**, etc.

■ Quand il y a plus de deux possibilités, il devient **another** au singulier et est précédé de **some, many**, etc. au pluriel :

This shoe is OK. Can I try *the other* one?
Do you have *another* cup/*some other* cups?

■ Au pluriel, le pronom est **others** :

I didn't like the ring so she showed me some *others*.
I'll do this job and you can do the *others*.

6. Les quantifieurs

■ La plupart des quantifieurs ne peuvent être employés qu'avec ou à la place de certains types de noms (⇨ LE NOM, 2.) :
– avec un dénombrable au pluriel ou un indénombrable on emploie :
some, any; a lot of, lots of; no; enough; all.
– avec un dénombrable au pluriel : **many; few; a few; several; both.**

– avec un indénombrable : **much; little; a little.**

– avec un dénombrable singulier : **every, each; either, neither.**

■ La plupart des quantifieurs peuvent être déterminants et pronoms. Dans ce dernier cas, ils sont souvent suivis d'une expression en **of** :

    I haven't read *any* of her books.

Déterminant/ Pronom	Dénombrable singulier	Dénombrable pluriel	Indénombrable
some		some cups	some water
any		any cups	any water
many		many cups	
much			much water
a lot of		a lot of cups	a lot of water
lots of		lots of cups	lots of water
few		few cups	
little			little water
several		several cups	
no	no cup	no cups	no water
enough		enough cups	enough water
all		all cups	all water
every	every cup		
each	each cup		
either	either cup		
neither	neither cup		
both		both cups	

6.1 Some, any

■ **Some** et **any** s'emploient généralement avec un dénombrable au pluriel ou un indénombrable (⇨ LE NOM, 2.).

■ **Some** et **any** signifient 'un certain nombre ou une certaine quantité de'. **Some** s'emploie dans les phrases affirmatives et **any** dans les phrases négatives :

    Give me *some* peas. ▲ Give me *some* meat.
    He had lots of chocolate but he didn't give me *any*.

■ Dans les questions, on emploie le plus souvent **any** ; mais si on s'attend à ce que la réponse soit positive, on emploie **some** :

Do you have *any* **brothers or sisters?**
There aren't many sweets left. Have you eaten *some* **of them?**

■ Quand **any** précède un dénombrable singulier, il prend le sens qualitatif de 'n'importe quel(le)' :

You can buy it from *any* **large department store.**

6.2 Many, much, a lot of, lots of

■ **Much** et **many** peuvent être déterminants ou pronoms. **Many** s'emploie seulement avec un dénombrable au pluriel et **much** avec un indénombrable :

I don't know *many* **people here.**
Did she say *much* **about it?**
I don't have *much* **time.**

■ **A lot of** et **lots of** sont des déterminants. (Les pronoms sont **a lot** et **lots**.) Ils se placent devant un dénombrable au pluriel ou un indénombrable (⇨ 6.9) :

She has *a lot of/lots of* **friends.**
We had *a lot of/lots of* **fun.**
Some of them arrived on time, but *a lot/lots* **were late.**

■ **Much, many, a lot of** et **lots of** ont les formes comparatives **more** et **most** (⇨ LES ADVERBES) :

I wish I had *more* **time.** ▲ **Do you know** *most* **of them?**

■ Si **a lot (of)** et **lots (of)** s'emploient dans tous les types de phrases, **much** et **many** apparaissent surtout :

– dans les phrases interrogatives et négatives.

– après **too, so** et **how** :

There were *too many* **people.** ▲ **There was** *too much* **noise.**
How much **does it cost?** ▲ *How many* **books do you want?**

6.3 Few, a few; little, a little

■ **Few** et **a few** ne s'emploient qu'avec un dénombrable au pluriel ; **little** et **a little** avec un indénombrable :

It's a country with *few* **resources and** *little* **wealth.**

■ **A few** et **a little** peuvent être déterminants et pronoms. **Few** et **little** sont plus courants comme déterminants :

You only need *a little* **milk and** *a few* **eggs.**

6.4 Several

Several ne s'emploie qu'avec un dénombrable au pluriel. Il peut être déterminant et pronom :

> We have *several* things to discuss.
> *Several* of my friends have been ill recently.

6.5 No, none

No est seulement déterminant ; le pronom est **none**. Ils s'emploient surtout avec un dénombrable au pluriel ou un indénombrable (⇨ 6.9) :

> *None* of them are here yet.
> There has been *no* rain for a week.

6.6 Enough

Enough peut être déterminant et pronom. On l'emploie avec un dénombrable au pluriel ou un indénombrable (⇨ 6.9) :

> You don't have *enough* experience.
> He's done some of the work, but not nearly *enough*.

6.7 All, every, each

■ **All** peut être déterminant et pronom. On l'emploie avec un dénombrable au pluriel ou un indénombrable (⇨ 6.9). Il est souvent suivi de déterminants tels que **the**, **my** ou **this** :

> *All* passengers must have a ticket.
> Did your dog cause *all* this damage?

■ **Every** et **each** s'emploient avec un dénombrable au singulier, puisqu'ils font référence à tous les membres d'un groupe pris individuellement. **Every** s'emploie pour un groupe comportant beaucoup d'éléments ; **each** pour un groupe plus réduit :

> *Every* worker gets a bonus at Christmas.
> She gave *each* child a present.

▶ **Every** ne peut pas être employé comme pronom.

■ On peut utiliser **all** avec un dénombrable au singulier s'il désigne une période :

> It rained *all* day. ▲ I worked *all* summer.

6.8 Either, neither, both

■ **Either** et **neither** s'emploient avec un nom dénombrable au singulier. **Both** s'emploie avec un dénombrable au pluriel. Tous trois peuvent être déterminants et pronoms :

> You can borrow *either* book, but *neither* is much good.
> *Both* your parents were there. *Both* of them had a good time.

■ **Neither of** peut être suivi d'un verbe au singulier ou au pluriel :

> Neither of them *wants/want* to go.

6.9 Combinaisons avec of

All (of), a lot of, plenty of, enough of, etc. peuvent être employés devant un nom dénombrable singulier s'ils sont suivis d'un déterminant, tel que **the**, **my** ou **this** :

> *All (of)* the garden was covered in snow. ▲ I saw *a lot of* the country.

6.10 Combinaisons de déterminants et de quantifieurs

En règle générale, un nom est précédé soit d'un déterminant, soit d'un quantifieur. Toutefois, on peut combiner **all**, **half** et **both** avec un article ou un autre déterminant :

> *All the* people at the meeting agreed with me.
> There's only *half a* bottle of wine left.

7. Pronoms indéfinis

somebody	anybody	everybody	nobody
someone	anyone	everyone	no one
something	anything	everything	nothing

■ Les composés en **-body** et **-one** désignent des êtres humains ; ceux en **-thing** des choses.

■ L'emploi des composés de **some-** et **any-** est similaire à celui de **some** et **any** (➪ 6.1) :

> There's *someone* on the phone for you.
> Has *anyone* phoned today?

■ Tous les pronoms indéfinis, même commençant par **every-**, sont suivis d'un verbe au singulier. Cependant, les noms commençant par

every- peuvent être repris par un pronom personnel ou un déterminant pluriel :

> *Nobody* here speaks Italian.
> *Everybody's* going to need *their* raincoats.

■ Les pronoms indéfinis peuvent :
– être suivis d'un adjectif :

> *No one* important came.

– être mis au cas possessif (⇨ LE NOM, 3.) :

> I hope I haven't been wasting *everybody's* time.

8. Démonstratifs

Singulier	Pluriel
this	these
that	those

■ On emploie les démonstratifs comme déterminants et comme
pronoms. En tant que pronoms, ils désignent généralement des objets :

> Give me *that* shampoo. ▴ Give me *that*.

■ On emploie **this** et **these** pour parler des choses qui sont proches
dans l'espace et le temps. On les trouve donc souvent avec **here** ou
now. **That** et **those** s'emploient pour des choses qui sont éloignées
dans l'espace ou dans le temps ; ils sont donc associés à **there** et **then** :

> *This* food here is to eat now; *that* over there is for later.
> Wasn't *that* your father?
> Which skirt should I wear, *this* one or *that* one?

9. Mots interrogatifs

■ On appelle souvent les mots interrogatifs 'mots en WH-' car la plupart d'entre eux commencent par **wh-**. En règle générale, ils se trouvent au début de la phrase.

9.1 Who, which, what

■ Le pronom interrogatif **who** ne s'emploie que pour les personnes :

> *Who* told you? ▴ *Who* did you give the letter to?

■ **Which** et **what** peuvent être pronoms et déterminants. **Which** s'emploie lorsque le choix est limité ; **what** sous-entend un choix plus large. Comme pronom, **what** ne peut pas renvoyer à une personne :

> *We have orange juice and milk. Which* **would you prefer?**
> *Which* **teacher do you like best, Mr Smith or Mrs Williams?**
> *What* **is that?**
> *What* **did you say?**
> *What* **films are on this week?**

■ Quand **who**, **which** et **what** sont sujets, l'ordre des mots est celui d'une phrase affirmative :

> *Who* **does the shopping?** ▲ *What* **guests will be attending?**

■ Quand **who**, **which** et **what** sont sujets, le verbe est au singulier si la question porte sur une personne ou une chose ; au pluriel si elle porte sur plusieurs personnes ou plusieurs choses :

> *Who* **is he?** ▲ *Who* **are they?**
> *What* **is your name?** ▲ *What* **are your other names?**

■ S'il y a une préposition, celle-ci demeure en fin de phrase, sauf en anglais soutenu, auquel cas **who** devient **whom**, et **what**, s'il est déterminatif, devient **which**.

▶ Notez qu'alors la préposition précède **whom** et **which** :

> *Who* **did you get this money** *from?* → *From whom* **did you get this money?**
> *What* **train will they be arriving** *on?* → *On which* **train will they be arriving?**

9.2 Whom

En anglais soutenu, on utilise **whom** quand le mot interrogatif est complément :

> *Whom* **did you see?**
> *Whom* **were you speaking to?** = *To whom* **were you speaking?**

9.3 Whose

On emploie **whose** (à qui) pour s'enquérir du possesseur. Il peut être déterminant et pronom :

> *Whose* **parents are they?**
> *Whose* **is that coat?**

10. Pronoms relatifs

10.1 Pronoms relatifs introduisant une relative déterminative

■ Les relatives déterminatives permettent de qualifier le nom antécédent. Le choix du pronom dépend :
– du type d'antécédent :
- pour les humains : **who, whom, whose, that** [ðət]
- pour les non-humains : **which, that** [ðət]
▶ Notez que le pronom relatif est souvent omis :
The book I bought last week.

– de sa fonction :
- sujet : **who, which, that** ne peuvent pas être omis :
She's the girl *who/that* **broke my heart.**
He said something *which/that* **really surprised me.**

- complément d'objet direct : **that, whom, which** peuvent être omis :
Have you asked everyone (*whom/that***) you know?**
Isn't that the dress (*which/that***) you wanted?**

- complément d'une préposition : **whom, which** sont souvent omis, sauf en anglais soutenu quand il sont placés derrière la préposition :
They're the friends we had dinner *with***.**
They're the friends *with whom* **we had dinner.** (soutenu)
The chair she was sitting *on* **collapsed.**
The chair *on which* **she was sitting collapsed.** (soutenu)

- génitif : **whose, of which**. On emploie aussi **whose** pour les non-humains :
That's the passenger *whose* **bags were stolen.**
It's the house *whose* **roof needs repairing.**

10.2 Pronoms relatifs introduisant une relative non déterminative

Les relatives non déterminatives apportent simplement une information supplémentaire et peuvent être supprimées sans changer le sens de la phrase. Elles sont placées entre virgules, et le relatif ne peut pas être omis :
We stayed in Burbank, *which* **is a part of Los Angeles.**
I've met her sister, *who* **is much taller than she is.**
She got engaged, *which* **made her family very happy.**

L'Adjectif

1. Emploi

L'adjectif qualificatif est invariable en genre et en nombre :
> an *old* woman ▲ an *old* man
> *old* women ▲ *old* men

1.1 Place de l'adjectif qualificatif

■ Il se place :
– devant le nom s'il est épithète :
> *green* eyes ▲ my *dirty old* jeans

– après des verbes comme **be** et **seem** quand il est attribut :
> **English is *difficult*.**
> **He looked very *angry*.**

■ Les adjectifs **well**, **ill**, **fond of** et ceux commençant par **a-** tels que **alone**, **awake** ou **afraid** ne peuvent être qu'attributs :
> **I'm sorry Lucy's *ill*. I'm very *fond of* her.**

1.2 L'adjectif substantivé

■ Un adjectif ayant valeur de nom et précédé de l'article défini **the** désigne l'ensemble d'un groupe de personnes et s'emploie avec un verbe au pluriel (⇨ LES PRONOMS ET LES DÉTERMINANTS, 4.2) :
> **The *old* deserve our help.**

■ Pour l'employer au singulier, il faut lui adjoindre un nom :
> **a blind *man* ▲ a poor *person***

2. La comparaison

2.1 Adjectifs réguliers

■ On ajoute **-er** pour former le comparatif et **-est** pour le superlatif si l'adjectif comporte :
– 1 syllabe :
> **fast** → **faster** → **(the) fastest**

– 2 syllabes et se termine par **-y**, **-le** ou **-ow** :
> **dirty** → **dirtier** → **(the) dirtiest**

   simple → **simpler** → **(the) simplest**

– 3 syllabes avec un préfixe en **-un** :

   unhappy → **unhappier** → **(the) unhappiest**

▶ Attention aux modifications orthographiques :

– si l'adjectif se termine par CONSONNE-VOYELLE-CONSONNE, il faut doubler la consonne finale :

   big → **bigger** → **(the) biggest**

– le **-y** final devient **-i** devant **-er** et **-est** :

   happy → **happier** → **(the) happiest**

– on n'ajoute que **-r** et **-st** aux adjectifs se terminant par **-e** :

   rude → **ruder** → **(the) rudest**

■ On ajoute **more** pour le comparatif et **(the) most** pour le superlatif devant :

– la plupart des adjectifs de 3 syllabes ou plus :

   beautiful → **more beautiful** → **(the) most beautiful**

– la plupart des adjectifs de 2 syllabes :

   distant → **more distant** → **(the) most distant**
   famous → **more famous** → **(the) most famous**

– les participes passés et présents (⟳ LE VERBE 2, 7. & 8.) :

   boring → **more boring** → **(the) most boring**
   spoilt → **more spoilt** → **(the) most spoilt**

En cas d'hésitation, préférez **more** et **most**.

2.2 Adjectifs irréguliers

Adjectif	*Comparatif*	*Superlatif*
good	better	(the) best
bad	worse	(the) worst
much/many	more	(the) most
little (peu de)	less	(the) least
few	fewer/	(the) fewest/
	less	(the) least

Less et **(the) least**, utilisés en tant que formes comparatives de **few**, sont devenus courants en anglais parlé, mais sont toujours considérés comme incorrects.

2.3 Emploi du comparatif

■ On emploie le comparatif suivi de **than** pour comparer deux éléments :

New York is *bigger than* Chicago.
The exam was *easier than* I expected.

■ Dans la langue courante, le comparatif est suivi d'un pronom complément ; en anglais soutenu, il est suivi d'un pronom sujet :

He's much taller than *me*.
He's much taller than *I* (am). (soutenu)

■ Pour indiquer un accroissement parallèle, on emploie deux comparatifs précédés de **the** :

The more I thought about it, *the more* worried I became.

2.4 Emploi du superlatif

Le superlatif s'emploie pour comparer un élément à un ensemble d'éléments. Il est souvent précédé par **the**, **my**, etc. :

That's *the most enjoyable* film I've seen for ages.
He's *my best* friend.

2.5 Autres comparaisons

■ Le comparatif et le superlatif d'infériorité se forment avec **less** et **least** :

I hope the flowers will make you feel *less sad*.
This is *the least interesting* part of the book.

■ Le comparatif d'égalité se forme avec **as...as** :

Is she *as tall as* you?

■ Le comparatif d'inégalité se forme avec **not so...as** ou **not as...as** :

New York is *not so big as* Mexico City.

Le Verbe 1 –
Types de Verbes

1. Formation

À l'exception de **be** (⇨ 2.1), aucun verbe anglais n'a plus de cinq formes différentes. Par exemple, pour le verbe **write** :

– le radical	*write*
– la forme en **-s**	She *writes* letters.
– la forme en **-ing**	I was *writing* a letter.
– le prétérit	I *wrote* a letter.
– le participe passé	I have *written* a letter.

1.1 La base verbale

C'est l'élément de base du verbe sans indices grammaticaux.

1.2 La forme en *-s*

■ Elle s'obtient en ajoutant **-s** ou **-es** au radical, selon les mêmes règles que pour les pluriels réguliers (⇨ LE NOM, 1.1) :

**take-takes ▴ open-opens ▴ see-sees ▴ enjoy-enjoys
kiss-kisses ▴ wash-washes ▴ watch-watches ▴ fix-fixes
try-tries ▴ reply-replies ▴ carry-carries**

■ Les règles de prononciation sont les mêmes que pour les pluriels réguliers (⇨ LE NOM, 1.2) :

[-s] **laughs/makes/drops/sits/baths**
[-z] **robs/needs/kills/comes/wins/sings/enters/plays/lies**
[-ɪz] **damages/misses/wishes/catches/amazes**

■ Les seules exceptions sont :

be [biː]	→	**is** [ɪz]	**have** [hæv] →	**has** [hæz]
do [duː]	→	**does** [dʌz]	**say** [seɪ] →	**says** [sez]
go [gəʊ]	→	**goes** [gəʊz]		

1.3 La forme en *-ing*

■ La forme en **-ing** s'obtient en ajoutant **-ing** au radical :

being ▴ doing ▴ pushing ▴ wanting ▴ reading ▴ saying

■ Les verbes terminés par CONSONNE + **-e**, perdent le **-e** final :

have-having ▴ like-liking ▴ come-coming

Les verbes terminés par **-ie** donnent **-ying** :

> **die-dying** ▲ **lie-lying**

■ Si le verbe se termine par CONSONNE-VOYELLE-CONSONNE et que la dernière syllabe est accentuée, on double généralement la consonne finale :

> **robbing** ▲ **sitting** ▲ **occurring**
> MAIS   **entering** ▲ **widening**

■ Tous les verbes terminés par VOYELLE + **-l** doublent le **l** en anglais, mais pas en américain :

> **travelling** [anglais]   **traveling** [américain]

1.4 Prétérit et participe passé

1.4.1 Verbes réguliers

■ Le prétérit et le participe passé des verbes réguliers sont identiques et se forment en ajoutant **-ed** au radical :

> **looked** ▲ **cheated** ▲ **failed** ▲ **seemed** ▲ **appeared** ▲ **played**

■ Si le verbe se termine par **-e**, on ajoute seulement **-d** :

> **hoped** ▲ **liked** ▲ **died** ▲ **invited** ▲ **agreed**

■ S'il se termine par CONSONNE + **-y**, il devient **-ied** :

> **tried** ▲ **replied**

■ S'il se termine par CONSONNE-VOYELLE-CONSONNE et que la dernière syllabe est accentuée, on double la consonne finale :

> **flopped** ▲ **banned** ▲ **admitted** MAIS **entered** ▲ **credited**

■ Tous les verbes terminés par VOYELLE + **-l** doublent le **l** en anglais, mais pas en américain :

> **travelled** [anglais]   **traveled** [américain]

■ La terminaison **-(e)d** se prononce :

– [-t] si le radical se termine par [f, k, p, s, ʃ, tʃ, θ] :

> **laughed** ▲ **kicked** ▲ **hoped** ▲ **missed** ▲ **wished** ▲ **watched**

– [-d] si le radical se termine par [b, ð, dʒ, g, l, m, n, ŋ, ʳ, v, z, ʒ] ou une voyelle :

> **robbed** ▲ **breathed** ▲ **damaged** ▲ **killed** ▲ **phoned** ▲ **entered**
> **loved** ▲ **surprised** ▲ **played** ▲ **tied** ▲ **agreed** ▲ **flowed**

– [-ɪd] si le radical se termine par [d] ou [t] :

needed ▲ nodded ▲ eroded ▲ rested ▲ chatted ▲ hated

1.4.2 Verbes semi-réguliers

■ Le prétérit et le participe passé des verbes semi-réguliers sont identiques. Ils se terminent par le son [-d] ou [-t]. Parmi les plus courants, on trouve :

bend → bent	**bring → brought**
catch → caught	**feed → fed**

Une liste plus complète figure pp. XV–XVI au début du dictionnaire.

■ Certains verbes courts se terminant par **-d** ou **-t** ont trois formes identiques pour le radical, le prétérit et le participe passé :

**bet ▲ burst ▲ cast ▲ cost ▲ cut ▲ hit ▲ hurt ▲ let ▲ put ▲ quit ▲ rid
set ▲ shed ▲ shut ▲ split ▲ spread**

1.4.3 Verbes irréguliers

Parmi les plus courants, on trouve :

Base verbale	Prétérit	Participe passé
be	was	been
become	became	become
bite	bit	bitten
break	broke	broken

Une liste plus complète figure pp. XV–XVI au début du dictionnaire.

2. Les auxiliaires

■ Dans les phrases affirmatives, l'auxiliaire se place après le sujet. Dans les phrases interrogatives, il y a inversion de l'auxiliaire et du sujet :

They *have* been playing. *Have* they been playing?

■ L'inversion se fait aussi après **neither** et dans les 'question tags' (⇨ 6.4) :

'He *has* eaten, *hasn't* he?' 'No he hasn't. Neither *have* I.'

■ Dans les phrases elliptiques, pour éviter une répétition, on reprend le sujet et l'auxiliaire, qui ne peut pas être contracté à la forme positive :

'*Is* Jane your friend?' 'Yes, she *is*.'/'No, she *isn't*.'

2.1 L'auxiliaire *be*

Formes pleines *Présent*	*Formes contractées* *positives*	*Formes contractées* *négatives*
I am	I'm	I'm not
he/she/it is	he's/she's/it's	he/she/it isn't
we are	we're	we aren't
you are	you're	you aren't
they are	they're	they aren't

Prétérit		
I/he/she/it was		I/he/she/it wasn't
you/we/they were		you/we/they weren't

*Forme en **-ing*** : **being**   *Participe passé* : **been**

■ Le **be** de la forme progressive est suivi de la forme en **-ing** (⇨ LE VERBE 2, 1.2 & 2.2) :

     Why *are* you *looking* at me⸮

■ Le **be** du passif est suivi du participe passé (⇨ LE VERBE 2, 5.) :

     The work *was done* badly.

2.2 L'auxiliaire *have*

Formes pleines *Présent*	*Formes contractées* *positives*	*Formes contractées* *négatives*
I have	I've	I haven't
he/she/it has	he's/she's/it's	he/she/it hasn't
we have	we've	we haven't
you have	you've	you haven't
they have	they've	they haven't

Prétérit		
I/he/she/it had	I/he/she/it'd	I/he/she/it hadn't
we/you/they had	we/you/they'd	we/you/they hadn't

*Forme en **-ing*** : **having**   *Participe passé* : **had**

■ **-'s** est l'abréviation de **is** et **has** :

     She's (= she is) tired.
     She's (= she has) forgotten.

■ **-'d** est l'abréviation de **had** et **would** :

     I wish that he'd (= he had) come.
     I wish that he'd (= he would) come.

■ **Have/has** s'emploie pour former le present perfect et **had** le pluper-fect (⟿ LE VERBE 2, 2.3 – 2.5) :

    They *have* arrived.

■ Quand **have** n'est pas auxiliaire, il s'emploie comme un verbe ordi-naire en américain, et est souvent remplacé par **have got** en anglais :

    I don't *have* any money. → *I haven't got* any money.

2.3 L'auxiliaire *do*

Formes pleines	*Formes contractées*
Présent	*négatives*
I/you/we/they **do** [du:]	I/you/we/they **don't** [dəʊnt]
he/she/it **does** [dʌz]	he/she/it **doesn't** ['dʌznt]
Prétérit	
I/you/he/she/it/we/they **did**	I/you/he/she/it/we/they **didn't**
Forme en -ing : **doing**	*Participe passé* : **done**

■ Pour tous les verbes, sauf **be** et les modaux, **do** est l'auxiliaire utilisé à la forme interrogative et négative des temps simples :

    Ed *knows* her. → *Does* Ed *know* her? Ed *doesn't know* her.
    Sue *ate* it. → *Did* Sue *eat* it? Sue *didn't eat* it.

■ **Do** sert aussi d'auxiliaire de reprise du verbe dans les réponses cour-tes et les 'question tags' (⟿ 6.4 ; LE VERBE 2, 1.1 & 2.1) :

    'You like coffee, *don't* you?' 'Yes, I *do*.'

■ Quand **do** est le verbe principal, il se comporte grammaticalement comme n'importe quel autre verbe :

    He *doesn't do* any work.
    Did you *do* the shopping?

3. Les auxiliaires de mode

■ Les auxiliaires de mode ou modaux **can/could, may/might, will/would, shall/should** et **must** expriment le point de vue du locu-teur sur la probabilité, la moralité ou la possibilité d'une action.

■ Les modaux n'ont qu'une seule et même forme quelle que soit la personne. Pour conjuguer certains modaux, il faut employer des tour-nures de substitution – **be able to** pour **can**, **be allowed to** pour **may** et **have to** pour **must** :

I/he/she/it/we/you/they *can*.
I *can't* **see you now but** *I'll* **be able to see you later.**

■ Tous les modaux, à l'exception de **may**, ont une forme négative contractée :

can	→	can't	could	→	couldn't
will	→	won't	would	→	wouldn't
shall	→	shan't	should	→	shouldn't
might	→	mightn't	must	→	mustn't

■ Seuls **will**, **would**, **shall** et **should** ont une forme positive contractée :

will/shall	→	'll
would/should	→	'd

■ Lorsque les modaux sont associés à la forme progressive, ils combinent la valeur de la forme progressive et la valeur modale (⇨ LE VERBE 2, 1.2 & 2.2) :

He *can't* **still** *be* **work***ing*. ▲ I *must be* **dream***ing***!**

■ La forme passée des modaux ne renvoie pas au passé (sauf au discours indirect), mais exprime une plus grande incertitude ou indique une plus grande intention de politesse que la forme du présent. On les associe au present perfect pour exprimer l'éventualité, la probabilité ou l'impossibilité de l'accomplissement d'une action ; l'action a pu, aurait pu, a dû ou aurait dû avoir lieu :

You *may have* **made a mistake.**
You *might have* **been killed.**
They *must have* **got home by now.**

3.1 *Can* et *could*

(a) **Can** et **could** expriment la capacité, acquise ou innée :

Can **you play tennis?**
I *couldn't* **cook when I was younger.**

Be able to peut se substituer à **can** pour former certains temps :

I've **looked everywhere but I haven't** *been able to* **find it.**

(b) **Can** et **could** s'emploient pour demander si une action est permise, par exemple si elle est conforme à une loi ou à une tradition (⇨ 3.2 (a)) :

Can **you smoke in cinemas in America?**

(c) On emploie **can** dans les questions pour demander une faveur ; **could** est plus poli :

> *Can/Could* **you tell me where it is?**

(d) On emploie **can** pour indiquer qu'une action est envisageable mais non réalisée (⇨ 3.2 (b)) :

> **People** *can* **be very cruel sometimes.**

(e) Avec des verbes comme **remember**, **understand** ou **speak**, on trouve indifféremment **can't** ou **don't** :

> **I** *can't/don't* **understand what you're talking about.**

(f) **Can** remplace le présent progressif avec les verbes de perception **see**, **hear**, **feel**, **smell** :

> **I** *can* **see the bus coming.**

3.2 *May* et *might*

(a) On emploie **may** pour demander ou donner une permission personnelle (⇨ 3.1 (b)) :

> *May* **I ask a question?** ▲ **You** *may* **stay.**

Be allowed to peut se substituer à **may** pour former certains temps verbaux :

> **She** *wasn't allowed to* **see him again.**

(b) **May** exprime aussi l'idée qu'une action semble possible (⇨ 3.1 (d)). **Might** implique une plus grande incertitude :

> **You** *may* **be right.** ▲ **She** *might* **come.**

3.3 *Will* et *would*

(a) **Will** et **would** s'emploient respectivement pour parler du futur et pour former le conditionnel (⇨ LE VERBE 2, 3.).

(b) **Will** implique une idée de volonté du locuteur. Si le sujet est **I** ou **we**, **will** signifie une promesse ou une intention :

> **We** *won't* **make any noise.** ▲ **I'll deal with it later.**

Dans une question, si le sujet est **you**, **will** signifie une invitation ou une requête. **Would** est plus poli :

> *Will* **you come to my party?** ▲ *Would* **you lend me £5?**

Won't et au passé **wouldn't** indiquent le refus :

She *wouldn't* tell me where she'd been.

No, I *won't*.

(c) On trouve **would** dans des expressions figées telles que **would like** et **would rather** :

'*Would* you *like* a cup of tea?' 'I'*d rather* have coffee.'

3.4 *Shall* et *should*

■ **Shall** ne s'emploie que rarement pour parler du futur. On le trouve dans les questions à la première personne pour faire une suggestion, proposer une action ou demander un conseil :

Shall I do some of the driving?

■ **Should** peut exprimer :

(a) Un conseil :

You *shouldn't* smoke so much.

(b) Une probabilité :

They *should* be here by now.

(c) Dans une subordonnée introduite par **that**, **should** est l'équivalent d'un subjonctif en français :

I'm amazed that you *should* think that.

3.5 Must

(a) **Must** exprime l'obligation ou la nécessité :

I *must* get up early tomorrow morning.

Have to et **need to** se substituent à **must** :

– pour former certains temps :

We *had to* leave early.

I *needed to* get up early the following day.

– dans des phrases interrogatives :

Do I *have to* do it now?

– pour exprimer une répétition ou une habitude :

I *have to* get up early every morning.

▶ Notez que dans les propositions négatives, le choix de **must** ou de **have to** change le sens de la phrase. **Must not** et **mustn't** expriment l'interdiction tandis que **haven't got to**, **don't have to**, **don't need to** et **needn't** expriment une absence d'obligation :

I *mustn't* **do it.** (il ne faut pas que je le fasse)**.**
I *don't have to* **do it.** (je ne suis pas obligé de le faire)

(b) **Must** exprime aussi la probabilité :

There *must* **be some mistake.**

Au passé, on emploie **have to**, et dans les phrases négatives et inter-rogatives **can** :

She said she *had to* **visit her aunt but it** *can't* **be true.**

3.6 Les semi-modaux

■ **Ought to**, **used to**, **need** et **dare** ont le même sens que les modaux, mais peuvent aussi s'employer comme des verbes ordinaires.

■ **Ought to**, comme **should**, exprime le conseil et la probabilité (⇨ 3.4 (a) & (b)) :

You *ought to* **read this book.**
They *ought to* **be here by now.**

■ La forme négative de **ought to** est **oughtn't to** ; cette forme est beaucoup moins utilisée que **shouldn't**.

■ **Used to** [ju:stə] s'emploie pour parler d'habitudes ou d'actions répétées qui étaient vraies dans le passé mais ne le sont plus. La forme négative est **didn't use to** et la forme interrogative **did...use to** :

Did he *use to* **play football?**
I *used to* **read a lot when I was at school.**

■ **Dare** et **need** ne sont des modaux qu'au présent dans les phrases interrogatives et négatives. Ils sont alors contractés en **needn't** et **daren't** :

How *dare* **you speak to me like that!**
You *needn't* **work so hard.**

■ Dans les autres cas, **dare to** et **need to** se comportent comme des verbes ordinaires :

I *don't need to* **tell him.**

4. Les verbes complexes

En anglais, de nombreux verbes sont formés de plusieurs éléments qui peuvent être soit des particules, soit des prépositions. Leur sens est parfois très éloigné de celui du verbe seul.

4.1 Verbes à particule

■ Dans les verbes à particule intransitifs (sans complément), la particule est souvent un adverbe de lieu :

Please *sit down.* ▲ **They** *turned up* **late.** ▲ **The plane** *took off.*

■ Avec un verbe à particule transitif, le complément d'objet direct se trouve derrière le verbe ou derrière la particule :

I *made* **the story** *up.* **= I** *made up* **the story.**

■ Mais si le complément est un pronom, il est toujours derrière le verbe :

I *made* **it** *up.*

■ Dans les phrases interrogatives et les subordonnées relatives, la particule reste collée au verbe :

What did you *find out?* ▲ **The goal that we** *set out* **to achieve.**

4.2 Verbes prépositionnels

Les verbes prépositionnels sont formés d'un verbe et d'une préposition. Le complément d'objet direct est toujours placé après la préposition :

I *looked at* **the picture.** ▲ **I** *looked at* **it.**
Who are you *thinking about?* ▲ **He's the man I** *work for.*

4.3 Verbes à particule prépositionnels

Dans les verbes à particule prépositionnels, le premier élément est une particule, le second une préposition :

I hope you *make up with* **her soon.**
They *looked forward to* **his arrival.**

5. Les constructions verbe + verbe

La plupart des verbes peuvent avoir un autre verbe pour complément. La forme du second verbe dépend du premier.

5.1 Constructions simples : verbe + verbe

(a) *Verbe + base verbale* : les modaux, l'auxiliaire **do** et les expressions **go and** et **try and** sont suivis de la base verbale :

Didn't **they** *warn* **you?**

I'll *go and see* what's happening.
Try and eat some of it!

(b) *Verbe + to + base verbale* : **want, agree, decide, seem** et **refuse** sont suivis de **to** + infinitif :

She *refused to listen* to me.

(c) *Verbe (+ préposition) + forme en -ing* : les verbes exprimant soit ce qu'on aime ou non (**enjoy, dislike**), soit le commencement, la continuation ou la fin d'une action (**stop, keep, go**) et les verbes prépositionnels avec ou sans particule (**believe in, boast about, look forward to,** ⇨ 4.2 & 4.3) sont suivis de la forme en **-ing** :

I *love dancing/running/swimming*.
It's *stopped raining*.
They *insisted on paying* for the dinner.

5.2 Constructions complexes : verbe + objet + verbe

(a) *Verbe + objet + base verbale* : **let, make** :

She *makes us work* hard ; she never *lets us go* home early.

(b) *Verbe + objet + to + base verbale* : **ask, allow, expect, tell, persuade, get, want, invite, remind** :

They *want me to try to persuade* him to come.

(c) *Verbe (+ préposition) + objet + forme en -ing* : **remember, find, start, stop** ; **prevent from, thank for, interest in, congratulate on, insist on** :

I *can't stand people swearing*.
I don't *blame you for being* angry.

■ L'emploi de **to** + base verbale ou de la forme en **-ing** modifie le sens de certains verbes ; comparez :

I *stopped to eat*. Je me suis arrêté pour manger.
I *stopped eating*. J'ai arrêté de manger.

You *must remember to ask* him. Il faut que tu penses à lui demander.
You *must remember asking* him. Tu te souviens certainement de lui avoir demandé.

■ Avec les verbes de perception (**see, hear, smell, feel, taste**), l'emploi de la base verbale indique que l'action est achevée, la forme en **-ing** qu'elle est inachevée :

He *saw* the bus *stop*.
She *watched* them *walking* up the hill.

(d) *Verbe + objet + participe passé* : **have**, **get** ; **see**, **hear**, **find** :
Have you *had your hair coloured*?

6. Construction de l'interrogation et de la négation

6.1 Questions fermées

Les questions fermées, sans pronom interrogatif, appellent une réponse en **yes/no**. L'auxiliaire se place en tête de phrase devant le sujet. Aux temps simples, on emploie **do/does/did** (⇨ 2.3) :

Can you swim?
Do you read the Times?
Did she get home safely?

6.2 Phrases interro-négatives

■ On emploie les phrases interro-négatives quand on pense que la réponse sera négative et pour exprimer de la surprise ou de la déception :

***Don't* you *like* this music?**

■ Elles s'emploient aussi pour demander une confirmation :

***Wasn't* it too cold?**

6.3 Questions ouvertes

■ Les questions ouvertes commencent par un pronom ou un adjectif interrogatif en **wh-** (**who**, **whose**, **which**, **what**) ou un adverbe (**when**, **why**, **where**, **how**) :

***What* are you doing?**
***When* will you see them?**

■ Quand le mot en **wh-** est le sujet de la question, le verbe se place tout de suite derrière :

***Who* told you about it?**
***How many* were at the party?**

■ **How** peut être suivi d'un adjectif ou d'un adverbe tels que **long**, **often**, **old**, **far**. **How much** s'emploie pour un nom indénombrable, **how many** pour un nom dénombrable :

How tall is the Empire State Building?
How quickly can you supply the spare parts?
How much (money) can you lend me?
How many students passed their exam?

6.4 Les questions avec *tags*

■ Les questions avec 'tags' sont des questions fermées qui reprennent l'auxiliaire et le sujet de la phrase principale pour demander une confirmation. Si le verbe de la principale est affirmatif, l'auxiliaire dans la question en 'tag' sera négatif, et la réponse positive :

'I *am* on time, *aren't* I?' 'Yes, you *are*.'
'You *can* come this evening, *can't* you?' 'Yes, I *can*.'
'Jenny *lives* near you, *doesn't* she?' 'Yes, she *does*.'
'They *used* to work here, *didn't* they?' 'They certainly *did*.'

■ Si le verbe de la proposition principale est négatif, l'auxiliaire dans le 'question tag' sera positif et la réponse négative :

'You *don't* believe that, *do* you?' 'Well, *not* really.'
'There *won't* be any trouble, *will* there?' 'I'm sure there *won't*.'

6.5 Emploi de *not*

Not se place habituellement après le premier auxiliaire, ou après **do/does/did** aux temps simples. À l'oral, il est généralement contracté en **n't** :

Our teacher *wasn't* very pleased with us.
If you *hadn't* told me I *wouldn't* have known.
Janet *doesn't* like cycling.
You *didn't* remember my birthday.

Le Verbe 2 –
Temps et Modes

1. Les présents

1.1 Le présent simple

1.1.1 Formation

■ Le présent simple se forme à partir de la base verbale, à toutes les personnes sauf à la 3ème personne du singulier où il prend la forme en **-s**. À la forme interrogative et à la forme négative, on emploie l'auxiliaire **do** (⇨ LE VERBE 1, 1.2 & 2.3).

> I/we/you/they *live* here. ▲ He/she/it *lives* here.
> '*Does* your brother live here?' 'No, he *doesn't*.'

▶ Les seules exceptions sont les formes irrégulières **has, does, goes, says, I am, he/she/it is, we/you/they are** et les modaux **he can, she must, it may** (⇨ LE VERBE 1, 1.2 ; 2. & 3.).

1.1.2 Emplois

■ Avec les verbes d'action, le présent simple indique qu'une action se répète, est une habitude ou une coutume. Il est souvent accompagné d'un adverbe de fréquence :

> It *often rains* in Oregon. ▲ *Don't* you *ever eat* meat?

■ Avec les verbes décrivant un état ou un goût, il indique que cet état ou ce goût est toujours vrai :

> Jenny *likes* chocolate.

■ Certains verbes comme **hear**, **understand**, **say** permettent de décrire un évènement qui a déjà eu lieu, mais qui a introduit un fait qui est encore vrai :

> The weather forecast *says* it's going to be cold today.

■ Dans les commentaires sportifs, les instructions, les indications scéniques, il permet de relater des faits au moment même où ils se produisent :

> And now I *put* the eggs into a bowl and *add* a little milk.

■ Il peut avoir un sens futur pour annoncer qu'une action est programmée à l'avance, dans les subordonnées commençant par **if, when**, etc. :

He'll get into trouble *if* he *behaves* like that.

1.2 Le présent progressif

1.2.1 Formation

Le présent progressif (ou continu) se forme avec **am, is, are** et le verbe à la forme en **-ing** (⇨ LE VERBE 1, 1.3). Dans les phrases interrogatives, l'auxiliaire **be** est devant le sujet ; dans les phrases négatives, **not** se place après l'auxiliaire **be** :

    ***Is* Mary *working*? She *is/isn't working*.**

1.2.2 Emplois

■ Avec les verbes d'action, le présent progressif sert à exprimer l'aspect inaccompli de l'action. L'action est vue comme se produisant au moment où l'on parle :

    'What *are* you *doing*?' 'I'm *cleaning* my room.'

■ Mais il peut avoir d'autres valeurs :

– il peut indiquer qu'une action se déroule de façon temporaire :

    She *works* in Paris but she*'s working* in Detroit this week.

– avec des adverbes comme **always** ou **forever**, il marque une habitude et indique souvent un agacement du locuteur :

    They*'re* always *complaining*.

– avec les verbes indiquant un changement d'état, il exprime l'imminence :

    The bus *is stopping*.

– avec un repère temporel futur, il indique que le sujet a décidé de l'action future lui-même (⇨ 3.3) :

    I'm *moving tomorrow*.

2. Les passés

2.1 Le prétérit simple

2.1.1 Formation

Dans les phrases affirmatives, on emploie la forme du prétérit du

verbe, qui est invariable quélle que soit la personne (⇨ LE VERBE 1, 1.4).
On emploie **did** et **didn't** dans les phrases interrogatives et négatives :

> I *slept* badly last night. Why *didn't* you *phone*?

2.1.2 Emplois

■ On emploie le prétérit simple pour des actions appartenant à un
passé révolu. C'est donc par définition le temps de la narration :

> There *was* once a poor man who *lived* in a little house.

■ L'action est considérée dans son ensemble quelle que soit sa durée :

> The Romans *ruled* Britain for about 400 years.
> The company *sold* a million cars last year.

■ Si l'action a été mentionnée une première fois, les détails la concernant sont donnés au prétérit, car elle n'est plus indéfinie :

> I've only *played* baseball once and I *didn't enjoy* it much.

■ Associé à un adverbe tel que **often**, il indique, comme **used to**, une
habitude révolue (⇨ LE VERBE 1, 3.6) :

> She *used to* live here and *often walked* past our house.

■ Le prétérit modal a la forme du prétérit mais un sens d'irréel pour
exprimer une supposition, un souhait, un regret, ou marquer de la
politesse :

> If you really *loved* me you would be kinder to me.
> I *wondered* if you *could* help us.

2.2 Le prétérit progressif

■ Le prétérit progressif se forme avec **was/were** et la forme en **-ing** du
verbe (⇨ LE VERBE 1, 1.3) :

> *Was* it *raining*? It *was/wasn't raining*.

■ Comme le présent progressif, on l'emploie pour indiquer l'aspect
inaccompli d'une action, mais située dans le passé :

> They *were* still *arguing* at the end of the meeting.

■ Le prétérit progressif s'emploie en contraste avec le prétérit simple :

> We *were cooking* dinner when they *arrived*.

■ On l'emploie parfois dans les demandes et requêtes polies :

> I *was hoping* that you might be able to help.

2.3 Le present perfect

2.3.1 Formation

On forme le present perfect avec **have/has** et le participe passé du verbe (⇨ LE VERBE 1, 1.4 & 2.2.) :

> *Have you been* ill? I*'ve been* ill. She *hasn't been* ill.

2.3.2 Emplois

■ De façon générale, on emploie le present perfect pour indiquer qu'une action passée entretient des rapports avec le présent.

■ Avec les verbes d'état, il indique que ce qui a commencé dans le passé se poursuit au moment présent :

> He*'s lived* in Leeds all his life.

■ On l'emploie pour parler d'une action habituelle ou répétée qui a toujours lieu ou pourrait se reproduire :

> She*'s taught* French for twenty years.
> It*'s rained* every day and today looks no better.

■ On l'emploie pour décrire le résultat d'une action. Au contraire du prétérit, ce n'est pas l'action qui compte, mais le résultat :

> Look! They*'ve mended* the fence.
> Tim*'s gone* to Mexico, so you can't speak to him.
> Tim*'s been* to Mexico, so he can tell you about it.

2.3.3 Le present perfect et les locutions de temps

On emploie le present perfect avec des locutions de temps telles que **until now**, **for**, **since**, puisqu'elles indiquent qu'une action commencée dans le passé se poursuit dans le présent. Il est très fréquent aussi avec des adverbes de temps tels que **often**, **sometimes**, **never**, **already**, **yet**, **recently** et **just**. Mais il est impossible avec des locutions temporelles telles que **last year**, **on Tuesday**, **when I was young** ou **ago**, qui situent nettement l'action dans un passé révolu :

> I*'ve known* her *for* six years/*for* ages.
> I*'ve known* her *since* 1978/*since* we were children.
> '*Have you started yet?*' 'I*'ve already finished.*'
> I*'ve just seen* him. MAIS I *saw* him five minutes *ago*.

2.4 Le present perfect progressif

■ Le present perfect progressif se forme avec **have/has been** et la forme en **-ing** du verbe.

■ On l'emploie pour parler d'une action débutée dans le passé et qui se poursuit au moment où l'on parle :

How long *have* you *been waiting* for the bus?

■ Il s'emploie aussi pour décrire une situation temporaire :

I*'ve been working* here for the last ten days.

■ On l'emploie aussi pour faire référence à des évènements qui ont duré un certain temps et dont les conséquences sont encore visibles, constatables :

Your hands are dirty. What *have* you *been doing*?

2.5 Le pluperfect

Le pluperfect se forme avec **had** et le participe passé du verbe. Il s'emploie pour indiquer qu'une action s'est accomplie dans un passé plus ancien que celui du prétérit :

By the time I *arrived*, they *had gone*.

3. Les futurs

Le futur n'est pas un temps verbal en anglais. L'idée de futur s'exprime par différentes formes verbales. Le choix dépend du point de vue du locuteur sur la probabilité de réalisation de l'action.

3.1 Will

■ **Will** est un modal invariable, qui se contracte en **'ll** (**won't** est la forme contractée de **will not**) (⇨ LE VERBE 1, 3.3). **Will** traduit l'idée de prédiction :

'Where *will* you *be* tomorrow?' 'I*'ll be* at home.'
Jane's almost sure that she*'ll get* the job.
By the year 2025 there *won't be* any oil left.

■ **Will** peut avoir d'autres valeurs, qui se combinent souvent avec celle du futur, comme l'expression de la volonté :

I*'ll help* you with your homework.
***Will* you *come* with me to the theatre tonight?**

■ **Will** n'est jamais utilisé dans les subordonnées commençant par **if, when, as long as, as soon as, after**, etc. :

> I'll tell him when I see him.

■ Quand **will** est associé à la forme progressive, à **have** ou au passif, ceux-ci gardent leur valeur de base mais transposée dans le futur (⇨ 1.2 ; 2.3 & 5.) :

> She*'ll* probably *be watching* television when we call.
> Hurry up or the plane *will have left* when we get there.
> This matter *will be dealt* with in the next chapter.

3.2 Be going to

Be going to suivi de la base verbale s'emploie pour indiquer :
– l'intention du sujet :

> She*'s going to* buy herself a new coat.
> I*'m not going to* tell you again!

– que l'action trouve son origine dans la situation présente. Il donne donc souvent l'idée qu'une action va se produire dans un avenir proche :

> Look at those clouds. I think it*'s going to* rain.
> Be careful! You*'re going to* drop those plates.

3.3 Le présent progressif

Le présent progressif s'emploie pour parler de projets et de décisions. On le trouve souvent avec des verbes d'action et une locution de temps :

> I*'m starting* a new job *on Monday*.
> Is Steve *coming* home *tomorrow*?

3.4 Le présent simple

On emploie le présent simple pour parler du futur :
– dans les subordonnées commençant par **if, when, after,** etc.
– quand l'action est présentée comme inéluctable :

> **Christmas Day** *falls* **on a Wednesday this year.**

– pour parler d'une action programmée :

> **We** *start* **from Boston and** *spend* **the night on Cape Cod.**

3.5 Be to

Be to suivi de la base verbale s'emploie pour quelque chose de convenu, un contrat, un projet commun :

We*'re to* meet outside the station at 10 o'clock.

3.6 Be about to

Be about to suivi de la base verbale indique l'imminence d'une action :

The train *is about to* leave.

3.7 Futur dans le passé

■ **Would/should, was going to** et **would/should be +** forme en **-ing** s'emploient pour parler de l'achèvement futur d'une action dans le passé. Les formes contractées sont **'d, wouldn't** et **shouldn't** (➪ LE VERBE 1, 3.) :

She thought (that) he *would* phone.
I *was going to* phone but I didn't have time.
He hoped (that) it *wouldn't be* rain*ing*.

■ **Would/should** et **would/should be +** forme en **-ing** s'emploient dans les subordonnées en **that** et au discours indirect :

You promised *that* you *would* pay us within ten days.
Brian *said that* he *would* be working late.

4. L'impératif

■ Pour donner un ordre, on emploie la base verbale, que l'on s'adresse à une ou à plusieurs personnes :

Shut up! ▲ Go away! ▲ Be good!

■ À la forme négative on emploie **don't** :

***Don't* worry about me. ▲ *Don't* be rude.**

■ Même si on ajoute **please**, l'impératif est souvent ressenti comme impoli en anglais. On peut adoucir l'ordre en employant **do, can** ou **will**, ou, forme encore plus polie, **would** et **could** :

Do have another piece of cake.
***Can/could/would* you pass me the sugar, please?**

■ Par souci de clarté ou pour insister, l'impératif peut avoir un sujet tel que **you** ou **everybody** :

You sit over there. ▲ *Everybody* be quiet.

■ Pour faire une suggestion, on emploie **let's** et **let's not**, toujours à la forme contractée :

Let's go to the cinema. ▲ **Let's not think** about it.

5. Le passif

■ Le passif se forme avec l'auxiliaire **be** conjugué à tous les temps et à toutes les personnes, et le participe passé du verbe. Il correspond souvent au français 'on' :

She *was cured*. ▲ **They *might have been saved*.**

■ Tous les verbes transitifs peuvent être mis au passif même s'ils comportent une particule ou une préposition, ou s'ils sont suivis d'un autre verbe (⇨ LE VERBE 1, 4. & 5.2) :

The meeting *has been put off*. ▲ You *were seen stealing*.

■ Les verbes à double complément admettent deux formes passives, mais la première est la plus courante en anglais :

They gave Mandy a book. → **1. Mandy *was given* a book.**
2. A book *was given* to Mandy.

■ Le complément d'agent, origine de l'action, est introduit par **by** :

I *was hurt* by what he said.

■ On emploie le passif :
– quand le sujet de l'action est inconnu ou sans importance. C'est pourquoi on le trouve fréquemment en anglais commercial et technique :

Newspapers *can be bought* at the station.
The printer *is designed* for use with most computers.

– quand le sujet passif est l'élément le plus important de la phrase :

Our school *was opened* by the President.

■ Quand le sujet est un collectif ou un indéfini, on emploie la construction **it + is/was said, announced, claimed, assumed** :

It*'s said* that prices are going up.

■ Le passif peut décrire un état ou une action. **Get** n'est employé à l'oral à la place de **be** que pour décrire une action :

They*'ve been married* for 40 years.
They *were/got married* at the local church.

■ Des verbes tels que **to be born** (naître), **to be drowned** (se noyer)
sont presque toujours employés au passif.

6. L'infinitif

6.1 Formation

■ On forme l'infinitif avec **to** et la base verbale. À la forme négative,
not est placé avant **to**. S'il y a un sujet, il est précédé de **for** et est au
cas complément :

> **They've gone *to visit* some relatives.**
> **I'll try *not to do* it again.**
> **It'd be better *for them not to know* about it.**

■ L'infinitif peut aussi être mis à la forme progressive, à la forme passive et aux temps du perfect (⇨ 1.2 ; 2.3 & 5.) :

> **The weather seems *to be improving* at last.**
> **The work's sure *to have been finished* by next week.**

6.2 Emplois

On emploie l'infinitif :
– pour indiquer un but ou un usage :

> **To start the motor, turn the key.**
> **This gadget is designed *to make* cooking easier.**

In order et **so as** sont utilisés pour le renforcer :

> **They were very quiet *so as not to annoy* her.**

– comme sujet d'un verbe. Il est souvent remplacé par **it** :

> **To tell lies is wrong.   →   It's wrong *to tell* lies.**

– comme complément de certains verbes (⇨ LE VERBE 1, 5.), noms ou
adjectifs :

> **I was happy *to see* them.**

– après des mots interrogatifs au style indirect :

> **They asked me *what to do*.**

– après les pronoms indéfinis :

> **Is there *anything to eat*?**

– après **too** et **enough** modifiant un adverbe ou un adjectif :

It's *too* late *for you to see* the film.
You're not *old enough to see* this film.

7. La forme en *-ing*

7.1 Formation

■ La forme en **-ing** s'obtient en ajoutant **-ing** à la base verbale (⇨ LE VERBE 1, 1.3).

■ À la forme négative, **not** est placé avant la forme en **-ing**. S'il y a un sujet, il est au cas complément ; toutefois, c'est l'adjectif possessif qui est employé en anglais soutenu :

Not having a job isn't much fun.
I can't say anything without *him/his criticizing* me.

■ Elle peut se combiner avec le perfect et le passif. Ce sont alors les auxiliaires **have** et **be** qui portent la terminaison **-ing** :

She was very upset at *having been left* out of the team.
I don't like *being told* what to do.

7.2 Emplois

– comme nom verbal : **cooking**, **teaching**, **writing**.
– comme adjectif : **boring**, **exciting**, **frightening**, **shining**.
– comme préposition : **concerning**, **regarding**, **not counting**.
– derrière **be** pour former la forme progressive :

I've *been trying* to phone you all day.

– comme sujet de phrase. Il est souvent remplacé par **it** :

Changing the battery may help.   →   It may help *changing* the battery.

– comme complément de certains verbes (⇨ LE VERBE 1, 5.) :

I dislike her always *looking* so untidy.

– après une préposition :

Are you interested in *going* to the zoo?

– après **no** dans les instructions et les ordres :

No *smoking*. ▲ No *parking*.

8. Le participe passé

8.1 Formation

Pour la formation du participe passé des verbes réguliers, voir LE VERBE 1, 1.4 ; pour les verbes irréguliers, voir pp. XV–XVI au début du diction- naire.

8.2 Emplois

– comme adjectif : **bored, tired, well-known, broken.**

– avec **have** et **had** pour former le present perfect et le pluperfect (⇨ 2.3 & 2.5) :

> **Who*'s eaten* my sandwich?**

– avec **be** pour former le passif (⇨ 5.) :

> **The train *has been* delayed by snow.**

– avec les verbes : **have, get ; see, hear** et **find** où il prend une valeur passive :

> **We *had* our kitchen *redecorated*.**
> **I came back and *found* him *gone*.**

Les Adverbes

1. Généralités

1.1 Formation

■ Un grand nombre d'adverbes se forment en ajoutant **-ly** à l'adjectif :

slow → slowly

▶ Attention aux modifications orthographiques :

-y → -ily	**happily**
-le → -ly	**gently**
-ll → -lly	**fully**
-ic → -ically	**historically**
MAIS **publicly**	

■ Certains adverbes ont la même forme que l'adjectif (**fast, late, early, long, right, wrong, hard, near, close**) ou le quantifieur (**much, enough, either**) :

a *fast* train - The train goes very *fast*.

■ Certains mots terminés en **-ly** sont des adjectifs. Pour les employer comme adverbes, on leur substitue une tournure périphrastique :

friendly → in a friendly way/manner

■ Certains adverbes en **-ly** n'ont pas le même sens que l'adjectif employé comme adverbe :

I hit him as *hard* as I could. I *hardly* hit him.
She's always *late*. I haven't seen her *lately*.

1.2 Comparatif et superlatif de l'adverbe

■ On forme le comparatif et le superlatif de la plupart des adverbes avec **more/less … than** et **the most/least** (⇨ L'ADJECTIF, 2.) :

She spoke *more* angrily than before.

■ **Fast, hard, long, soon, late, early, near, close** font leur comparatif et superlatif en **-er** et **-est** (⇨ L'ADJECTIF, 2.1) :

Comparatifs et superlatifs irréguliers

Adverbe	Comparatif	Superlatif
well	**better**	**best**
badly	**worse**	**worst**
much	**more**	**most**
little	**less**	**least**
far	**farther/further**	**farthest/furthest**

2. Place des adverbes

■ Un adverbe ne peut jamais séparer le verbe de sa particule, ni le verbe de son complément d'objet (⇨ LE VERBE 1, 4.) :

John turned up *early*.
We enjoyed our stay in the country *very much*.

■ **Too, as well, (not...) yet** et **(not...) either** se placent toujours en fin de phrase. C'est aussi le cas des adverbes de manière et de temps :

Andy sent me some flowers *too*.
I haven't seen it *yet*, **and Mary hasn't seen it** *either*.
You should read all the questions *with great care*.

■ Les adverbes qui expriment le point de vue du locuteur sur le contenu de la proposition (**luckily, sadly, probably**) et les adverbes connecteurs (**however, on the other hand**) se placent en tête de phrase :

Personally **I don't believe a word of it.**

■ Les adverbes de temps (**always, often, never, still, already, then, by now**) se placent :

– entre le sujet et le verbe à un temps simple :

We *often* **write to each other.**

– après le premier auxiliaire dans une forme composée :

She was *always* **complaining about her job.**

a¹ (*pl* **as** OR **a's**), **A** (*pl* **As** OR **A's**) [eɪ] *n* [letter] a *m inv*, A *m inv*; **to get from A to B** aller d'un point à un autre.
◆ **A** *n* **-1.** MUS la *m inv*. **-2.** SCH [mark] A *m inv*.

a² [stressed eɪ, unstressed ə] (before vowel or silent 'h' **an** [stressed æn, unstressed ən]) *indef art* **-1.** [gen] un (une); **a boy** un garçon; **a table** une table; **an orange** une orange. **-2.** [referring to occupation]: **to be a doctor/lawyer/plumber** être médecin/avocat/plombier. **-3.** [instead of the number one] un (une); **a hundred/thousand pounds** cent/mille livres. **-4.** [to express prices, ratios etc]: **20p a kilo** 20p le kilo; **£10 a person** 10 livres par personne; **twice a week/month** deux fois par semaine/mois; **50 km an hour** 50 km à l'heure.

AA *n* **-1.** (*abbr of* **Automobile Association**) *automobile club britannique*, ≈ ACF *m*, ≈ TCF *m*. **-2.** (*abbr of* **Alcoholics Anonymous**) Alcooliques Anonymes *mpl*.

AAA *n* (*abbr of* **American Automobile Association**) *automobile club américain*, ≈ ACF *m*, ≈ TCF *m*.

AB *n Am abbr of* **Bachelor of Arts**.

aback [ə'bæk] *adv*: **to be taken ~** être déconcertané(e).

abandon [ə'bændən] ◇ *vt* abandonner. ◇ *n*: **with ~** avec abandon.

abashed [ə'bæʃt] *adj* confus(e).

abate [ə'beɪt] *vi* [storm, fear] se calmer; [noise] faiblir.
abattoir ['æbətwɑːʳ] *n* abattoir *m*.
abbey ['æbɪ] *n* abbaye *f*.
abbot ['æbət] *n* abbé *m*.
abbreviate [ə'briːvɪeɪt] *vt* abréger.
abbreviation [ə,briːvɪ'eɪʃn] *n* abréviation *f*.
ABC *n* **-1.** [alphabet] alphabet *m*. **-2.** *fig* [basics] B.A.-Ba *m*, abc *m*.
abdicate ['æbdɪkeɪt] *vt & vi* abdiquer.
abdomen ['æbdəmen] *n* abdomen *m*.
abduct [əb'dʌkt] *vt* enlever.
aberration [,æbə'reɪʃn] *n* aberration *f*.
abet [ə'bet] *vt* → **aid**.
abeyance [ə'beɪəns] *n*: **in ~** en attente.
abhor [əb'hɔːʳ] *vt* exécrer, abhorrer.
abide [ə'baɪd] *vt* supporter, souffrir.
◆ **abide by** *vt fus* respecter, se soumettre à.
ability [ə'bɪlətɪ] *n* **-1.** [capacity, capability] aptitude *f*. **-2.** [skill] talent *m*.
abject ['æbdʒekt] *adj* **-1.** [poverty, misery] misérable, lamentable. **-2.** [person] pitoyable; [apology] servile.
ablaze [ə'bleɪz] *adj* [on fire] en feu.
able ['eɪbl] *adj* **-1.** [capable]: **to be ~ to do sthg** pouvoir faire qqch. **-2.** [accomplished] compétent(e).
ably ['eɪblɪ] *adv* avec compétence, habilement.
abnormal [æb'nɔːml] *adj* anormal(e).
aboard [ə'bɔːd] ◇ *adv* à bord. ◇

prep [ship, plane] **à bord**; [bus, train] **dans**.

abode [ə'bəʊd] *n fml*: **of no fixed ~** sans domicile fixe.

abolish [ə'bɒlɪʃ] *vt* abolir.

abolition [ˌæbə'lɪʃn] *n* abolition *f*.

abominable [ə'bɒmɪnəbl] *adj* abominable.

aborigine [ˌæbə'rɪdʒənɪ] *n* aborigène *mf* d'Australie.

abort [ə'bɔːt] *vt* **-1.** [pregnancy] interrompre. **-2.** *fig* [plan, project] abandonner, faire avorter. **-3.** COMPUT abandonner.

abortion [ə'bɔːʃn] *n* avortement *m*, interruption *f* (volontaire) de grossesse; **to have an ~** se faire avorter.

abortive [ə'bɔːtɪv] *adj* manqué(e).

abound [ə'baʊnd] *vi* **-1.** [be plentiful] abonder. **-2.** [be full]: **to ~ with** OR **in** abonder en.

about [ə'baʊt] ◇ *adv* **-1.** [approximately] environ, à peu près; **~ fifty/a hundred/a thousand** environ cinquante/cent/mille; **at ~ five o'clock** vers cinq heures; **I'm just ~ ready** je suis presque prêt. **-2.** [referring to place]: **to run ~** courir çà et là; **to leave things lying ~** laisser traîner des affaires; **to walk ~** aller et venir, se promener. **-3.** [on the point of]: **to be ~ to do sthg** être sur le point de faire qqch. ◇ *prep* **-1.** [relating to, concerning] au sujet de; **a film ~ Paris** un film sur Paris; **what is it ~?** de quoi s'agit-il?; **to talk ~ sthg** parler de qqch. **-2.** [referring to place]: **his belongings were scattered ~ the room** ses affaires étaient éparpillées dans toute la pièce; **to wander ~ the streets** errer de par les rues.

about-turn, about-face *n* MIL demi-tour *m*; *fig* volte-face *f inv*.

above [ə'bʌv] ◇ *adv* **-1.** [on top, higher up] au-dessus. **-2.** [in text] ci-dessus, plus haut. **-3.** [more, over] plus; **children aged 5 and ~** les enfants âgés de 5 ans et plus OR de plus de 5 ans. ◇ *prep* **-1.** [on top of,

higher up than] **au-dessus de. -2.** [more than] **plus de.**

◆ **above all** *adv* avant tout.

aboveboard [ə,bʌv'bɔːd] *adj* honnête.

abrasive [ə'breɪsɪv] *adj* [substance] abrasif(ive); *fig* caustique, acerbe.

abreast [ə'brest] *adv* de front.

◆ **abreast of** *prep*: **to keep ~ of** se tenir au courant de.

abridged [ə'brɪdʒd] *adj* abrégé(e).

abroad [ə'brɔːd] *adv* à l'étranger.

abrupt [ə'brʌpt] *adj* **-1.** [sudden] soudain(e), brusque. **-2.** [brusque] abrupt(e).

abscess ['æbsɪs] *n* abcès *m*.

abscond [əb'skɒnd] *vi* s'enfuir.

abseil ['æbseɪl] *vi* descendre en rappel.

absence ['æbsəns] *n* absence *f*.

absent ['æbsənt] *adj*: **~ (from)** absent(e) (de).

absentee [ˌæbsən'tiː] *n* absent *m*, -e *f*.

absent-minded [-'maɪndɪd] *adj* distrait(e).

absolute ['æbsəluːt] *adj* **-1.** [complete - fool, disgrace] complet(ète). **-2.** [totalitarian - ruler, power] absolu(e).

absolutely ['æbsəluːtlɪ] *adv* absolument.

absolve [əb'zɒlv] *vt*: **to ~ sb (from)** absoudre qqn (de).

absorb [əb'sɔːb] *vt* absorber; [information] retenir, assimiler; **to be ~ed in sthg** être absorbé dans qqch.

absorbent [əb'sɔːbənt] *adj* absorbant(e).

absorption [əb'sɔːpʃn] *n* absorption *f*.

abstain [əb'steɪn] *vi*: **to ~ (from)** s'abstenir (de).

abstemious [æb'stiːmjəs] *adj fml* frugal(e), sobre.

abstention [əb'stenʃn] *n* abstention *f*.

abstract ['æbstrækt] ◇ *adj* abstrait(e). ◇ *n* [summary] résumé *m*, abrégé *m*.

absurd [əb'sɜːd] *adj* absurde.

ABTA ['æbtə] (*abbr of* **Association of British Travel Agents**) *n* association *des agences de voyage britanniques.*

abundant [ə'bʌndənt] *adj* abondant(e).

abundantly [ə'bʌndəntlɪ] *adv* **-1.** [clear, obvious] extrêmement. **-2.** [exist, grow] abondamment.
abuse [*n* ə'bjuːs, *vb* ə'bjuːz] ◇ *n* (*U*) **-1.** [offensive remarks] insultes *fpl*, injures *fpl*. **-2.** [maltreatment] mauvais traitement *m*; **child** ~ mauvais traitements infligés aux enfants. **-3.** [of power, drugs etc] abus *m*. ◇ *vt* **-1.** [insult] insulter, injurier. **-2.** [maltreat] maltraiter. **-3.** [power, drugs etc] abuser de.
abusive [ə'bjuːsɪv] *adj* grossier(ière), injurieux(ieuse).
abysmal [ə'bɪzml] *adj* épouvantable, abominable.
abyss [ə'bɪs] *n* abîme *m*, gouffre *m*.
a/c (*abbr of* **account (current)**) cc.
AC *n* (*abbr of* **alternating current**) courant *m* alternatif.
academic [,ækə'demɪk] ◇ *adj* **-1.** [of college, university] universitaire. **-2.** [person] intellectuel(elle). **-3.** [question, discussion] théorique. ◇ *n* universitaire *mf*.
academy [ə'kædəmɪ] *n* **-1.** [school, college] école *f*; ~ **of music** conservatoire *m*. **-2.** [institution, society] académie *f*.
ACAS ['eɪkæs] (*abbr of* **Advisory Conciliation and Arbitration Service**) *n organisme britannique de conciliation des conflits du travail.*
accede [æk'siːd] *vi* **-1.** [agree]: **to** ~ **to** agréer, donner suite à. **-2.** [monarch]: **to** ~ **to the throne** monter sur le trône.
accelerate [ək'seləreɪt] *vi* **-1.** [car, driver] accélérer. **-2.** [inflation, growth] s'accélérer.
acceleration [ək,selə'reɪʃn] *n* accélération *f*.
accelerator [ək'seləreɪtər] *n* accélérateur *m*.
accent ['æksent] *n* accent *m*.
accept [ək'sept] *vt* **-1.** [gen] accepter; [for job, as member of club] recevoir, admettre. **-2.** [agree]: **to** ~ **that** ... admettre que ....
acceptable [ək'septəbl] *adj* acceptable.

acceptance [ək'septəns] *n* **-1.** [gen] acceptation *f*. **-2.** [for job, as member of club] admission *f*.
access ['ækses] *n* **-1.** [entry, way in] accès *m*. **-2.** [opportunity to use, see]: **to have** ~ **to sthg** avoir qqch à sa disposition, disposer de qqch.
accessible [ək'sesəbl] *adj* **-1.** [reachable - place] accessible. **-2.** [available] disponible.
accessory [ək'sesərɪ] *n* **-1.** [of car, vacuum cleaner] accessoire *m*. **-2.** JUR complice *mf*.
accident ['æksɪdənt] *n* accident *m*; **by** ~ par hasard, par accident.
accidental [,æksɪ'dentl] *adj* accidentel(elle).
accidentally [,æksɪ'dentəlɪ] *adv* **-1.** [drop, break] par mégarde. **-2.** [meet] par hasard.
accident-prone *adj* prédisposé(e) aux accidents.
acclaim [ə'kleɪm] ◇ *n* (*U*) éloges *mpl*. ◇ *vt* louer.
acclimatize, -ise [ə'klaɪmətaɪz], **acclimate** *Am* ['æklɪmeɪt] *vi*: **to** ~ **(to)** s'acclimater (à).
accommodate [ə'kɒmədeɪt] *vt* **-1.** [provide room for] loger. **-2.** [oblige - person, wishes] satisfaire.
accommodating [ə'kɒmədeɪtɪŋ] *adj* obligeant(e).
accommodation *Br* [ə,kɒmə'deɪʃn] *n*, **accommodations** *Am* [ə,kɒmə'deɪʃnz] *npl* logement *m*.
accompany [ə'kʌmpənɪ] *vt* [gen] accompagner.
accomplice [ə'kʌmplɪs] *n* complice *mf*.
accomplish [ə'kʌmplɪʃ] *vt* accomplir, achever.
accomplishment [ə'kʌmplɪʃmənt] *n* **-1.** [action] accomplissement *m*. **-2.** [achievement] réussite *f*.
◆ **accomplishments** *npl* talents *mpl*.
accord [ə'kɔːd] *n*: **to do sthg of one's own** ~ faire qqch de son propre chef OR de soi-même.
accordance [ə'kɔːdəns] *n*: **in** ~ **with** conformément à.

according [ə'kɔːdɪŋ]
◆ **according to** *prep* **-1.** [as stated or shown by] d'après; **to go ~ to plan** se passer comme prévu. **-2.** [with regard to] suivant, en fonction de.

accordingly [ə'kɔːdɪŋlɪ] *adv* **-1.** [appropriately] en conséquence. **-2.** [consequently] par conséquent.

accordion [ə'kɔːdjən] *n* accordéon *m*.

accost [ə'kɒst] *vt* accoster.

account [ə'kaʊnt] *n* **-1.** [with bank, shop, company] compte *m*. **-2.** [report] compte-rendu *m*. **-3.** *phr*: **to take ~ of sthg, to take sthg into ~** prendre qqch en compte; **to be of no ~** n'avoir aucune importance; **on no ~** sous aucun prétexte, en aucun cas.
◆ **accounts** *npl* [of business] comptabilité *f*, comptes *mpl*.
◆ **by all accounts** *adv* d'après ce que l'on dit, au dire de tous.
◆ **on account of** *prep* à cause de.
◆ **account for** *vt fus* **-1.** [explain] justifier, expliquer. **-2.** [represent] représenter.

accountable [ə'kaʊntəbl] *adj* [responsible]: **~ (for)** responsable (de).

accountancy [ə'kaʊntənsɪ] *n* comptabilité *f*.

accountant [ə'kaʊntənt] *n* comptable *mf*.

accrue [ə'kruː] *vi* [money] fructifier; [interest] courir.

accumulate [ə'kjuːmjʊleɪt] ◇ *vt* accumuler, amasser. ◇ *vi* s'accumuler.

accuracy ['ækjʊrəsɪ] *n* **-1.** [of description, report] exactitude *f*. **-2.** [of weapon, typist, figures] précision *f*.

accurate ['ækjʊrət] *adj* **-1.** [description, report] exact(e). **-2.** [weapon, typist, figures] précis(e).

accurately ['ækjʊrətlɪ] *adv* **-1.** [truthfully - describe, report] fidèlement. **-2.** [precisely - aim] avec précision; [- type] sans faute.

accusation [ˌækjuː'zeɪʃn] *n* accusation *f*.

accuse [ə'kjuːz] *vt*: **to ~ sb of sthg/of doing sthg** accuser qqn de qqch/de faire qqch.

accused [ə'kjuːzd] (*pl inv*) *n* JUR: **the ~** l'accusé *m*, -e *f*.

accustomed [ə'kʌstəmd] *adj*: **to be ~ to sthg/to doing sthg** avoir l'habitude de qqch/de faire qqch.

ace [eɪs] *n* as *m*.

ache [eɪk] ◇ *n* douleur *f*. ◇ *vi* **-1.** [back, limb] faire mal; **my head ~s** j'ai mal à la tête. **-2.** *fig* [want]: **to be aching for sthg/to do sthg** mourir d'envie de qqch/de faire qqch.

achieve [ə'tʃiːv] *vt* [success, victory] obtenir, remporter; [goal] atteindre; [ambition] réaliser; [fame] parvenir à.

achievement [ə'tʃiːvmənt] *n* [success] réussite *f*.

Achilles' tendon [ə'kɪliːz-] *n* tendon *m* d'Achille.

acid ['æsɪd] ◇ *adj lit & fig* acide. ◇ *n* acide *m*.

acid rain *n* (*U*) pluies *fpl* acides.

acknowledge [ək'nɒlɪdʒ] *vt* **-1.** [fact, situation, person] reconnaître. **-2.** [letter]: **to ~ (receipt of)** accuser réception de. **-3.** [greet] saluer.

acknowledg(e)ment [ək'nɒlɪdʒmənt] *n* **-1.** [gen] reconnaissance *f*. **-2.** [letter] accusé *m* de réception.
◆ **acknowledg(e)ments** *npl* [in book] remerciements *mpl*.

acne ['æknɪ] *n* acné *f*.

acorn ['eɪkɔːn] *n* gland *m*.

acoustic [ə'kuːstɪk] *adj* acoustique.
◆ **acoustics** *npl* [of room] acoustique *f*.

acquaint [ə'kweɪnt] *vt*: **to ~ sb with sthg** mettre qqn au courant de qqch; **to be ~ed with sb** connaître qqn.

acquaintance [ə'kweɪntəns] *n* [person] connaissance *f*.

acquire [ə'kwaɪər] *vt* acquérir.

acquisitive [ə'kwɪzɪtɪv] *adj* avide de possessions.

acquit [ə'kwɪt] *vt* **-1.** JUR acquitter. **-2.** [perform]: **to ~ o.s. well/badly** bien/mal se comporter.

acquittal [ə'kwɪtl] *n* acquittement *m*.

acre ['eɪkər] *n* = *4046,9 m²*, ≈ demi-hectare *m*.

acrid ['ækrɪd] *adj* [taste, smell] âcre; *fig* acerbe.

acrimonious [,ækrɪ'məʊnjəs] *adj* acrimonieux(ieuse).

acrobat ['ækrəbæt] *n* acrobate *mf*.

across [ə'krɒs] ◇ *adv* **-1.** [from one side to the other] en travers. **-2.** [in measurements]: **the river is 2 km ~ la rivière mesure 2 km de large. -3.** [in crossword]: **21 ~** 21 horizontalement. ◇ *prep* **-1.** [from one side to the other] d'un côté à l'autre de, en travers de; **to walk ~ the road** traverser la route; **to run ~ the road** traverser la route en courant. **-2.** [on the other side of] de l'autre côté de; **the house ~ the road** la maison d'en face.

♦ **across from** *prep* en face de.

acrylic [ə'krɪlɪk] ◇ *adj* acrylique. ◇ *n* acrylique *m*.

act [ækt] ◇ *n* **-1.** [action, deed] acte *m*; **to catch sb in the ~ of doing sthg** surprendre qqn en train de faire qqch. **-2.** JUR loi *f*. **-3.** [of play, opera] acte *m*; [in cabaret etc] numéro *m*; *fig* [pretence]: **to put on an ~** jouer la comédie. **-4.** *phr:* **to get one's ~ together** se reprendre en main. ◇ *vi* **-1.** [gen] agir. **-2.** [behave] se comporter; **to ~ as if** se conduire comme si, se comporter comme si; **to ~ like** se conduire comme, se comporter comme. **-3.** [in play, film] jouer; *fig* [pretend] jouer la comédie. **-4.** [function]: **to ~ as** [person] être; [object] servir de. ◇ *vt* [part] jouer.

ACT (*abbr of* **American College Test**) *n* examen américain de fin d'études secondaires.

acting ['æktɪŋ] ◇ *adj* par intérim, provisoire. ◇ *n* [in play, film] interprétation *f*.

action ['ækʃn] *n* **-1.** [gen] action *f*; **to take ~** agir, prendre des mesures; **to put sthg into ~** mettre qqch à exécution; **in ~** [person] en action; [machine] en marche; **out of ~** [person] hors de combat; [machine] hors service, hors d'usage. **-2.** JUR procès *m*, action *f*.

action replay *n* répétition *f* immédiate (au ralenti).

activate ['æktɪveɪt] *vt* mettre en marche.

active ['æktɪv] *adj* **-1.** [gen] actif(ive); [encouragement] vif (vive). **-2.** [volcano] en activité.

actively ['æktɪvlɪ] *adv* activement.

activity [æk'tɪvətɪ] *n* activité *f*.

actor ['æktər] *n* acteur *m*.

actress ['æktrɪs] *n* actrice *f*.

actual ['æktʃʊəl] *adj* réel(elle).

actually ['æktʃʊəlɪ] *adv* **-1.** [really, in truth] vraiment. **-2.** [by the way] au fait.

acumen ['ækjʊmen] *n* flair *m*.

acupuncture ['ækjʊpʌŋktʃər] *n* acuponcture *f*.

acute [ə'kju:t] *adj* **-1.** [severe - pain, illness] aigu(ë); [- danger] sérieux(ieuse), grave. **-2.** [perceptive - person, mind] perspicace. **-3.** [keen - eyesight] perçant(e); [- hearing] fin(e); [- sense of smell] développé(e). **-4.** MATH: **~ angle** angle *m* aigu. **-5.** LING: **e ~ e** accent aigu.

ad [æd] (*abbr of* **advertisement**) *n inf* [in newspaper] annonce *f*; [on TV] pub *f*.

AD (*abbr of* **Anno Domini**) ap. J.-C.

adamant ['ædəmənt] *adj:* **to be ~** être inflexible.

Adam's apple ['ædəmz-] *n* pomme *f* d'Adam.

adapt [ə'dæpt] ◇ *vt* adapter. ◇ *vi:* **to ~ (to)** s'adapter (à).

adaptable [ə'dæptəbl] *adj* [person] souple.

adapter, adaptor [ə'dæptər] *n* [ELEC - for several devices] **prise** *f* multiple; [- for foreign plug] adaptateur *m*.

add [æd] *vt* **-1.** [gen]: **to ~ sthg (to)** ajouter qqch (à). **-2.** [numbers] additionner.

♦ **add on** *vt sep:* **to ~ sthg on (to)** ajouter qqch (à); [charge, tax] rajouter qqch (à).

♦ **add to** *vt fus* ajouter à, augmenter.

♦ **add up** *vt sep* additionner.

♦ **add up to** *vt fus* se monter à.

adder ['ædə^r] n vipère f.

addict ['ædɪkt] n lit & fig drogué m, -e f; **drug** ~ drogué(e).

addicted [ə'dɪktɪd] adj: ~ **(to)** drogué(e) (à); fig passionné(e) (de).

addiction [ə'dɪkʃn] n: ~ **(to)** dépendance f (à); fig penchant m (pour).

addictive [ə'dɪktɪv] adj qui rend dépendant(e).

addition [ə'dɪʃn] n addition f; **in** ~ **(to)** en plus (de).

additional [ə'dɪʃənl] adj supplémentaire.

additive ['ædɪtɪv] n additif m.

address [ə'dres] ◇ n -1. [place] adresse f. -2. [speech] discours m. ◇ vt -1. [gen] adresser. -2. [meeting, conference] prendre la parole à. -3. [problem, issue] aborder, examiner.

address book n carnet m d'adresses.

adenoids ['ædɪnɔɪdz] npl végétations fpl.

adept ['ædept] adj: ~ **(at)** doué(e) (pour).

adequate ['ædɪkwət] adj adéquat(e).

adhere [əd'hɪə^r] vi -1. [stick]: **to** ~ **(to)** adhérer (à). -2. [observe]: **to** ~ **to** obéir à. -3. [keep]: **to** ~ **to** adhérer à.

adhesive [əd'hi:sɪv] ◇ adj adhésif(ive). ◇ n adhésif m.

adhesive tape n ruban m adhésif.

adjacent [ə'dʒeɪsənt] adj: ~ **(to)** adjacent(e) (à), contigu(ë) (à).

adjective ['ædʒɪktɪv] n adjectif m.

adjoining [ə'dʒɔɪnɪŋ] ◇ adj voisin(e). ◇ prep attenant à.

adjourn [ə'dʒɜːn] ◇ vt ajourner. ◇ vi suspendre la séance.

adjudicate [ə'dʒuːdɪkeɪt] vi: **to** ~ **(on** OR **upon)** se prononcer (sur).

adjust [ə'dʒʌst] ◇ vt ajuster, régler. ◇ vi: **to** ~ **(to)** s'adapter (à).

adjustable [ə'dʒʌstəbl] adj réglable.

adjustment [ə'dʒʌstmənt] n -1. [modification] ajustement m; TECH réglage m. -2. [change in attitude]: ~ **(to)** adaptation f (à).

ad lib [,æd'lɪb] ◇ adj improvisé(e). ◇ adv à volonté. ◇ n improvisation f.
♦ **ad-lib** vi improviser.

administer [əd'mɪnɪstə^r] vt -1. [company, business] administrer, gérer. -2. [justice, punishment] dispenser. -3. [drug, medication] administrer.

administration [əd,mɪnɪ'streɪʃn] n administration f.

administrative [əd'mɪnɪstrətɪv] adj administratif(ive).

admirable ['ædmərəbl] adj admirable.

admiral ['ædmərəl] n amiral m.

admiration [,ædmə'reɪʃn] n admiration f.

admire [əd'maɪə^r] vt admirer.

admirer [əd'maɪərə^r] n admirateur m, -trice f.

admission [əd'mɪʃn] n -1. [permission to enter] admission f. -2. [to museum etc] entrée f. -3. [confession] confession f, aveu m.

admit [əd'mɪt] ◇ vt -1. [confess] reconnaître; **to** ~ **(that)** ... reconnaître que ...; **to** ~ **doing sthg** reconnaître avoir fait qqch; **to** ~ **defeat** fig s'avouer vaincu(e). -2. [allow to enter, join] admettre; **to be admitted to hospital** Br OR **to the hospital** Am être admis(e) à l'hôpital. ◇ vi: **to** ~ **to** admettre, reconnaître.

admittance [əd'mɪtəns] n admission f; **"no ~"** «entrée interdite».

admittedly [əd'mɪtɪdlɪ] adv de l'aveu général.

admonish [əd'mɒnɪʃ] vt réprimander.

ad nauseam [,æd'nɔːzɪæm] adv [talk] à n'en plus finir.

ado [ə'duː] n: **without further** OR **more** ~ sans plus de cérémonie.

adolescence [,ædə'lesns] n adolescence f.

adolescent [,ædə'lesnt] ◇ adj adolescent(e); pej puéril(e). ◇ n adolescent m, -e f.

adopt [ə'dɒpt] vt adopter.

adoption [ə'dɒpʃn] n adoption f.

adore [ə'dɔː^r] vt adorer.

adorn [ə'dɔːn] vt orner.

adrenalin [ə'drenəlɪn] n adrénaline f.

Adriatic [,eɪdrɪ'ætɪk] n: **the** ~ **(Sea)** l'Adriatique f, la mer Adriatique.

adrift [ə'drɪft] ◇ *adj* à la dérive. ◇ *adv*: **to go ~** *fig* aller à la dérive.

adult ['ædʌlt] ◇ *adj* **-1.** [gen] adulte. **-2.** [films, literature] pour adultes. ◇ *n* adulte *mf*.

adultery [ə'dʌltəri] *n* adultère *m*.

advance [əd'vɑːns] ◇ *n* **-1.** [gen] avance *f*. **-2.** [progress] progrès *m*. ◇ *comp* à l'avance. ◇ *vt* **-1.** [gen] avancer. **-2.** [improve] faire progresser OR avancer. ◇ *vi* **-1.** [gen] avancer. **-2.** [improve] progresser.
♦ **advances** *npl*: **to make ~s to sb** [sexual] faire des avances à qqn; [business] faire des propositions à qqn.
♦ **in advance** *adv* à l'avance.

advanced [əd'vɑːnst] *adj* avancé(e).

advantage [əd'vɑːntɪdʒ] *n*: **~ (over)** avantage *m* (sur); **to be to one's ~** être à son avantage; **to take ~ of sthg** profiter de qqch; **to take ~ of sb** exploiter qqn.

advent ['ædvənt] *n* avènement *m*.
♦ **Advent** *n* RELIG Avent *m*.

adventure [əd'ventʃər] *n* aventure *f*.

adventure playground *n* terrain *m* d'aventures.

adventurous [əd'ventʃərəs] *adj* aventureux(euse).

adverb ['ædvɜːb] *n* adverbe *m*.

adverse ['ædvɜːs] *adj* défavorable.

advert ['ædvɜːt] *Br* = **advertisement**.

advertise ['ædvətaɪz] ◇ *vt* COMM faire de la publicité pour; [event] annoncer. ◇ *vi* faire de la publicité; **to ~ for sb/sthg** chercher qqn/qqch par voie d'annonce.

advertisement [əd'vɜːtɪsmənt] *n* [in newspaper] annonce *f*; COMM & *fig* publicité *f*.

advertiser ['ædvətaɪzər] *n* annonceur *m*.

advertising ['ædvətaɪzɪŋ] *n* (U) publicité *f*.

advice [əd'vaɪs] *n* (U) conseils *mpl*; **a piece of ~** un conseil; **to give sb ~** donner des conseils à qqn; **to take sb's ~** suivre les conseils de qqn.

advisable [əd'vaɪzəbl] *adj* conseillé(e), recommandé(e).

advise [əd'vaɪz] ◇ *vt* **-1.** [give advice to]: **to ~ sb to do sthg** conseiller à qqn de faire qqch; **to ~ sb against sthg** déconseiller qqch à qqn; **to ~ sb against doing sthg** déconseiller à qqn de faire qqch. **-2.** [professionally]: **to ~ sb on sthg** conseiller qqn sur qqch. **-3.** [inform]: **to ~ sb (of sthg)** aviser qqn (de qqch). ◇ *vi* **-1.** [give advice]: **to ~ against sthg/against doing sthg** déconseiller qqch/de faire qqch. **-2.** [professionally]: **to ~ on sthg** conseiller sur qqch.

advisedly [əd'vaɪzɪdlɪ] *adv* en connaissance de cause, délibérément.

adviser *Br*, **advisor** *Am* [əd'vaɪzər] *n* conseiller *m*, -ère *f*.

advisory [əd'vaɪzərɪ] *adj* consultatif(ive).

advocate [*n* 'ædvəkət, *vb* 'ædvəkeɪt] ◇ *n* **-1.** JUR avocat *m*, -e *f*. **-2.** [supporter] partisan *m*. ◇ *vt* préconiser, recommander.

Aegean [iː'dʒiːən] *n*: **the ~ (Sea)** la mer Égée.

aerial ['eərɪəl] ◇ *adj* aérien(ienne). ◇ *n Br* antenne *f*.

aerobics [eə'rəʊbɪks] *n* (U) aérobic *m*.

aerodynamic [,eərəʊdaɪ'næmɪk] *adj* aérodynamique.
♦ **aerodynamics** ◇ *n* (U) aérodynamique *f*. ◇ *npl* [aerodynamic qualities] aérodynamisme *m*.

aeroplane ['eərəpleɪn] *n Br* avion *m*.

aerosol ['eərəsɒl] *n* aérosol *m*.

aesthetic, esthetic *Am* [iːs'θetɪk] *adj* esthétique.

afar [ə'fɑːr] *adv*: **from ~** de loin.

affable ['æfəbl] *adj* affable.

affair [ə'feər] *n* **-1.** [gen] affaire *f*. **-2.** [extra-marital relationship] liaison *f*.

affect [ə'fekt] *vt* **-1.** [influence] avoir un effet OR des conséquences sur. **-2.** [emotionally] affecter, émouvoir. **-3.** [put on] affecter.

affection [ə'fekʃn] *n* affection *f*.

affectionate [ə'fekʃnət] *adj* affectueux(euse).

affirm [ə'fɜːm] vt **-1.** [declare] affirmer. **-2.** [confirm] confirmer.

affix [ə'fɪks] vt [stamp] coller.

afflict [ə'flɪkt] vt affliger; **to be ~ed with** souffrir de.

affluence ['æfluəns] n prospérité f.

affluent ['æfluənt] adj riche.

afford [ə'fɔːd] vt **-1.** [buy, pay for]: **to be able to ~ sthg** avoir les moyens d'acheter qqch. **-2.** [spare]: **to be able to ~ the time (to do sthg)** avoir le temps (de faire qqch). **-3.** [harmful, embarrassing thing]: **to be able to ~ sthg** pouvoir se permettre qqch. **-4.** [provide, give] procurer.

affront [ə'frʌnt] ◇ n affront m, insulte f. ◇ vt insulter, faire un affront à.

Afghanistan [æf'gænɪstæn] n Afghanistan m.

afield [ə'fiːld] adv: **far ~** loin.

afloat [ə'fləʊt] adj lit & fig à flot.

afoot [ə'fʊt] adj en préparation.

afraid [ə'freɪd] adj **-1.** [frightened]: **to be ~ (of)** avoir peur (de); **to be ~ of doing** OR **to do sthg** avoir peur de faire qqch. **-2.** [reluctant, apprehensive]: **to be ~ of** craindre. **-3.** [in apologies]: **to be ~ (that) ...** regretter que ...; **I'm ~ so/not** j'ai bien peur que oui/non.

afresh [ə'freʃ] adv de nouveau.

Africa ['æfrɪkə] n Afrique f.

African ['æfrɪkən] ◇ adj africain(e). ◇ n Africain m, -e f.

aft [ɑːft] adv sur OR à l'arrière.

after ['ɑːftər] ◇ prep **-1.** [gen] après; **~ you!** après vous!; **to be ~ sb/sthg** inf [in search of] chercher qqn/qqch; **to name sb ~ sb** Br donner à qqn le nom de qqn. **-2.** Am [telling the time]: **it's twenty ~ three** il est trois heures vingt. ◇ adv après. ◇ conj après que.

◆ **afters** npl Br inf dessert m.

◆ **after all** adv après tout.

aftereffects ['ɑːftərɪ,fekts] npl suites fpl, répercussions fpl.

afterlife ['ɑːftəlaɪf] (pl -lives [-laɪvz]) n vie f future.

aftermath ['ɑːftəmæθ] n conséquences fpl, suites fpl.

afternoon [,ɑːftə'nuːn] n après-midi m inv; **in the ~** l'après-midi; **good ~** bonjour.

aftershave ['ɑːftəʃeɪv] n après-rasage m.

aftertaste ['ɑːftəteɪst] n lit & fig arrière-goût m.

afterthought ['ɑːftəθɔːt] n pensée f OR réflexion f après coup.

afterward(s) ['ɑːftəwəd(z)] adv après.

again [ə'gen] adv encore une fois, de nouveau; **to do ~** refaire; **to say ~** répéter; **to start ~** recommencer; **~ and ~** à plusieurs reprises; **all over ~** une fois de plus; **time and ~** maintes et maintes fois; **half as much ~** à moitié autant; **(twice) as much ~** deux fois autant; **come ~?** inf comment?, pardon?; **then** OR **there ~** d'autre part.

against [ə'genst] prep & adv contre; **(as) ~** contre.

age [eɪdʒ] (cont ageing OR aging) ◇ n **-1.** [gen] âge m; **she's 20 years of ~** elle a 20 ans; **what ~ are you?** quel âge avez-vous?; **to be under ~** être mineur; **to come of ~** atteindre sa majorité. **-2.** [old age] vieillesse f. **-3.** [in history] époque f. ◇ vt & vi vieillir.

◆ **ages** npl: **~s ago** il y a une éternité; **I haven't seen him for ~s** je ne l'ai pas vu depuis une éternité.

aged [adj sense 1 eɪdʒd, adj sense 2 & npl 'eɪdʒɪd] ◇ adj **-1.** [of stated age]: **~ 15** âgé(e) de 15 ans. **-2.** [very old] âgé(e), vieux (vieille). ◇ npl: **the ~** les personnes fpl âgées.

age group n tranche f d'âge.

agency ['eɪdʒənsɪ] n **-1.** [business] agence f. **-2.** [organization] organisme m.

agenda [ə'dʒendə] (pl -s) n ordre du jour.

agent ['eɪdʒənt] n agent m.

aggravate ['ægrəveɪt] vt **-1.** [make worse] aggraver. **-2.** [annoy] agacer.

aggregate ['ægrɪgət] ◇ adj total(e). ◇ n [total] total m.

aggressive [ə'gresɪv] adj agressif(ive).

aggrieved [ə'griːvd] *adj* blessé(e), froissé(e).

aghast [ə'gɑːst] *adj*: ~ **(at sthg)** atterré(e) (par qqch).

agile [*Br* 'ædʒaɪl, *Am* 'ædʒəl] *adj* agile.

agitate ['ædʒɪteɪt] ◇ *vt* **-1.** [disturb] inquiéter. **-2.** [shake] agiter. ◇ *vi*: **to ~ for/against** faire campagne pour/contre.

AGM (*abbr of* **annual general meeting**) *n Br* AGA *f.*

agnostic [æg'nɒstɪk] ◇ *adj* agnostique. ◇ *n* agnostique *mf.*

ago [ə'gəʊ] *adv*: **a long time ~** il y a longtemps; **three days ~** il y a trois jours.

agog [ə'gɒg] *adj*: **to be ~ (with)** être en ébullition (à propos de).

agonizing ['ægənaɪzɪŋ] *adj* déchirant(e).

agony ['ægənɪ] *n* **-1.** [physical pain] douleur *f* atroce; **to be in ~** souffrir le martyre. **-2.** [mental pain] angoisse *f*; **to be in ~** être angoissé.

agony aunt *n Br inf* personne *qui tient la rubrique du courrier du cœur.*

agree [ə'griː] ◇ *vi* **-1.** [concur]: **to ~ (with/about)** être d'accord (avec/au sujet de); **to ~ on** [price, terms] convenir de. **-2.** [consent]: **to ~ (to sthg)** donner son consentement (à qqch). **-3.** [be consistent] concorder. **-4.** [food]: **to ~ with** être bon (bonne) pour, réussir à. **-5.** GRAMM. **to ~ (with)** s'accorder (avec). ◇ *vt* **-1.** [price, conditions] accepter, convenir de. **-2.** [concur, concede]: **to ~ (that)** ... admettre que .... **-3.** [arrange]: **to ~ to do sthg** se mettre d'accord pour faire qqch.

agreeable [ə'griːəbl] *adj* **-1.** [pleasant] agréable. **-2.** [willing]: **to be ~ to** consentir à.

agreed [ə'griːd] *adj*: **to be ~ (on sthg)** être d'accord (à propos de qqch).

agreement [ə'griːmənt] *n* **-1.** [gen] accord *m*; **to be in ~ (with)** être d'accord (avec). **-2.** [consistency] concordance *f.*

agricultural [ˌægrɪ'kʌltʃərəl] *adj* agricole.

agriculture ['ægrɪkʌltʃəʳ] *n* agriculture *f.*

aground [ə'graʊnd] *adv*: **to run ~** s'échouer.

ahead [ə'hed] *adv* **-1.** [in front] devant, en avant; **right ~, straight ~** droit devant. **-2.** [in better position] en avance; **Scotland are ~ by two goals to one** l'Ecosse mène par deux à un; **to get ~** [be successful] réussir. **-3.** [in time] à l'avance; **the months ~** les mois à venir.

◆ **ahead of** *prep* **-1.** [in front of] devant. **-2.** [in time] avant; **~ of schedule** [work] en avance sur le planning.

aid [eɪd] ◇ *n* aide *f*; **with the ~ of** [person] avec l'aide de; [thing] à l'aide de; **in ~ of** au profit de. ◇ *vt* **-1.** [help] aider. **-2.** JUR: **to ~ and abet** être complice de.

AIDS, Aids [eɪdz] (*abbr of* **acquired immune deficiency syndrome**) ◇ *n* SIDA *m*, Sida *m*. ◇ *comp*: **~ patient** sidéen *m*, -enne *f.*

ailing ['eɪlɪŋ] *adj* **-1.** [ill] souffrant(e). **-2.** *fig* [economy, industry] dans une mauvaise passe.

ailment ['eɪlmənt] *n* maladie *f.*

aim [eɪm] ◇ *n* **-1.** [objective] but *m*, objectif *m*. **-2.** [in firing gun, arrow]: **to take ~ at** viser. ◇ *vt* **-1.** [gun, camera]: **to ~ sthg at** braquer qqch sur. **-2.** *fig*: **to be ~ed at** [plan, campaign etc] être destiné(e) à, viser; [criticism] être dirigé(e) contre. ◇ *vi*: **to ~ (at)** viser; **to ~ at** OR **for** *fig* viser; **to ~ to do sthg** viser à faire qqch.

aimless ['eɪmlɪs] *adj* [person] désœuvré(e); [life] sans but.

ain't [eɪnt] *inf* = **am not, are not, is not, have not, has not.**

air [eəʳ] ◇ *n* **-1.** [gen] air *m*; **to throw sthg into the ~** jeter qqch en l'air; **by ~** [travel] par avion; **to be (up) in the ~** *fig* [plans] être vague. **-2.** RADIO & TV: **on the ~** à l'antenne. ◇ *comp* [transport] aérien(ienne). ◇ *vt* **-1.** [gen]

aérer. -2. [make publicly known] faire connaître OR communiquer. **-3.** [broadcast] diffuser. ◇ *vi* sécher.

airbag ['eabæg] *n* AUT coussin *m* pneumatique (de sécurité).

airbase ['eəbeɪs] *n* base *f* aérienne.

airbed ['eəbed] *n* Br matelas *m* pneumatique.

airborne ['eəbɔːn] *adj* **-1.** [troops etc] aéroporté(e); [seeds] emporté(e) par le vent. **-2.** [plane] qui a décollé.

air-conditioned [-kən'dɪʃnd] *adj* climatisé(e), à air conditionné.

air-conditioning [-kən'dɪʃnɪŋ] *n* climatisation *f*.

aircraft ['eəkrɑːft] (*pl inv*) *n* avion *m*.

aircraft carrier *n* porte-avions *m inv*.

airfield ['eəfiːld] *n* terrain *m* d'aviation.

airforce ['eəfɔːs] *n*: **the ~** l'armée *f* de l'air.

airgun ['eəgʌn] *n* carabine *f* OR fusil *m* à air comprimé.

airhostess ['eə,həʊstɪs] *n* hôtesse *f* de l'air.

airlift ['eəlɪft] ◇ *n* pont *m* aérien. ◇ *vt* transporter par pont aérien.

airline ['eəlaɪn] *n* compagnie *f* aérienne.

airliner ['eəlaɪnə'] *n* [short-distance] (avion *m*) moyen-courrier *m*; [long-distance] (avion) long-courrier *m*.

airlock ['eəlɒk] *n* **-1.** [in tube, pipe] poche *f* d'air. **-2.** [airtight chamber] sas *m*.

airmail ['eəmeɪl] *n* poste *f* aérienne; **by ~** par avion.

airplane ['eəpleɪn] *n Am* avion *m*.

airport ['eəpɔːt] *n* aéroport *m*.

air raid *n* attaque *f* aérienne.

air rifle *n* carabine *f* à air comprimé.

airsick ['eəsɪk] *adj*: **to be ~** avoir le mal de l'air.

airspace ['eəspeɪs] *n* espace *m* aérien.

air steward *n* steward *m*.

airstrip ['eəstrɪp] *n* piste *f*.

air terminal *n* aérogare *f*.

airtight ['eətaɪt] *adj* hermétique.

air-traffic controller *n* aiguilleur *m* (du ciel).

airy ['eərɪ] *adj* **-1.** [room] aéré(e). **-2.** [notions, promises] chimérique, vain(e). **-3.** [nonchalant] nonchalant(e).

aisle [aɪl] *n* allée *f*; [in plane] couloir *m*.

ajar [ə'dʒɑːʳ] *adj* entrouvert(e).

aka (*abbr of* **also known as**) alias.

akin [ə'kɪn] *adj*: **to be ~ to** être semblable à.

alacrity [ə'lækrətɪ] *n* empressement *m*.

alarm [ə'lɑːm] ◇ *n* **-1.** [fear] alarme *f*, inquiétude *f*. **-2.** [device] alarme *f*; **to raise** OR **sound the ~** donner OR sonner l'alarme. ◇ *vt* alarmer, alerter.

alarm clock *n* réveil *m*, réveille-matin *m inv*.

alarming [ə'lɑːmɪŋ] *adj* alarmant(e), inquiétant(e).

alas [ə'læs] *excl* hélas!

Albania [æl'beɪnjə] *n* Albanie *f*.

Albanian [æl'beɪnjən] ◇ *adj* albanais(e). ◇ *n* **-1.** [person] Albanais *m*, -e *f*. **-2.** [language] albanais *m*.

albeit [ɔːl'biːɪt] *conj* bien que (+ *subjunctive*).

albino [æl'biːnəʊ] (*pl* **-s**) *n* albinos *mf*.

album ['ælbəm] *n* album *m*.

alcohol ['ælkəhɒl] *n* alcool *m*.

alcoholic [,ælkə'hɒlɪk] ◇ *adj* [person] alcoolique; [drink] alcoolisé(e). ◇ *n* alcoolique *mf*.

alcove ['ælkəʊv] *n* alcôve *f*.

alderman ['ɔːldəmən] (*pl* **-men** [-mən]) *n* conseiller *m* municipal.

ale [eɪl] *n* bière *f*.

alert [ə'lɜːt] ◇ *adj* **-1.** [vigilant] vigilant(e). **-2.** [perceptive] vif (vive), éveillé(e). **-3.** [aware]: **to be ~ to** être conscient(e) de. ◇ *n* [warning] alerte *f*; **on the ~** [watchful] sur le qui-vive; MIL en état d'alerte. ◇ *vt* alerter; **to ~ sb to sthg** avertir qqn de qqch.

A-level (*abbr of* **Advanced level**) *n* ≈ baccalauréat *m*.

alfresco [æl'freskəʊ] *adj & adv* en plein air.

algae ['ældʒiː] *npl* algues *fpl*.

algebra ['ældʒɪbrə] n algèbre f.

Algeria [æl'dʒɪərɪə] n Algérie f.

alias ['eɪlɪəs] (pl -es) ◇ adv alias. ◇ n faux nom m, nom d'emprunt.

alibi ['ælɪbaɪ] n alibi m.

alien ['eɪljən] ◇ adj -1. [gen] étranger(ère). -2. [from outer space] extraterrestre. ◇ n -1. [from outer space] extraterrestre mf. -2. JUR [foreigner] étranger m, -ère f.

alienate ['eɪljəneɪt] vt aliéner.

alight [ə'laɪt] ◇ adj allumé(e), en feu. ◇ vi -1. [bird etc] se poser. -2. [from bus, train]: to ~ from descendre de.

align [ə'laɪn] vt [line up] aligner.

alike [ə'laɪk] ◇ adj semblable. ◇ adv de la même façon; to look ~ se ressembler.

alimony ['ælɪmənɪ] n pension f alimentaire.

alive [ə'laɪv] adj -1. [living] vivant(e), en vie. -2. [practice, tradition] vivace; to keep ~ préserver. -3. [lively] plein(e) de vitalité; to come ~ [story, description] prendre vie; [person, place] s'animer.

alkali ['ælkəlaɪ] (pl -s OR -es) n alcali m.

all [ɔːl] ◇ adj -1. (with sg noun) tout (toute); ~ day/night/evening toute la journée/la nuit/la soirée; ~ the drink toute la boisson; ~ the time tout le temps. -2. (with pl noun) tous (toutes); ~ the boxes toutes les boîtes; ~ men tous les hommes; ~ three died ils sont morts tous les trois, tous les trois sont morts. ◇ pron -1. (sg) [the whole amount] tout; she drank it ~, she drank ~ of it elle a tout bu. -2. (pl) [everybody, everything] tous (toutes); ~ of them came, they ~ came ils sont tous venus. -3. (with superl): ... of ~ ... de tous (toutes); I like this one best of ~ je préfère celui-ci entre tous. -4. above ~ → above; after ~ → after; at ~ → at. ◇ adv -1. [entirely] complètement; I'd forgotten ~ about that j'avais complètement oublié cela; ~ alone tout seul (toute seule). -2. [in sport, competitions]: the

score is five ~ le score est cinq partout. -3. (with compar): to run ~ the faster courir d'autant plus vite; ~ the better d'autant mieux.

◆ **all but** adv complètement.

◆ **all in all** adv dans l'ensemble.

◆ **in all** adv en tout.

Allah ['ælə] n Allah m.

all-around Am = all-round.

allay [ə'leɪ] vt [fears, anger] apaiser, calmer; [doubts] dissiper.

all clear n signal m de fin d'alerte; fig feu m vert.

allegation [,ælɪ'geɪʃn] n allégation f.

allege [ə'ledʒ] vt prétendre, alléguer; she is ~d to have done it on prétend qu'elle l'a fait.

allegedly [ə'ledʒɪdlɪ] adv prétendument.

allegiance [ə'liːdʒəns] n allégeance f.

allergic [ə'lɜːdʒɪk] adj: ~ (to) allergique (à).

allergy ['ælədʒɪ] n allergie f; to have an ~ to sthg être allergique à qqch.

alleviate [ə'liːvɪeɪt] vt apaiser, soulager.

alley(way) ['ælɪ(weɪ)] n [street] ruelle f; [in garden] allée f.

alliance [ə'laɪəns] n alliance f.

allied ['ælaɪd] adj -1. MIL allié(e). -2. [related] connexe.

alligator ['ælɪgeɪtər] (pl inv OR -s) n alligator m.

all-important adj capital(e), crucial(e).

all-in adj Br [price] global(e).

◆ **all in** ◇ adv [inclusive] tout compris. ◇ adj inf [tired] crevé(e).

all-night adj [party etc] qui dure toute la nuit; [bar etc] ouvert(e) toute la nuit.

allocate ['æləkeɪt] vt [money, resources]: to ~ sthg (to sb) attribuer qqch (à qqn).

allot [ə'lɒt] vt [job] assigner; [money, resources] attribuer; [time] allouer.

allotment [ə'lɒtmənt] n -1. Br [garden] jardin m ouvrier (loué par la commune). -2. [sharing out] attribution f. -3. [share] part f.

all-out *adj* [effort] maximum (*inv*); [war] total(e).

allow [ə'laʊ] *vt* **-1.** [permit - activity, behaviour] autoriser, permettre; **to ~ sb to do sthg** permettre à qqn de faire qqch, autoriser qqn à faire qqch. **-2.** [set aside - money, time] prévoir. **-3.** [officially accept] accepter. **-4.** [concede]: **to ~ that ...** admettre que ....

◆ **allow for** *vt fus* tenir compte de.

allowance [ə'laʊəns] *n* **-1.** [money received] indemnité *f*. **-2.** *Am* [pocket money] argent *m* de poche. **-3.** [excuse]: **to make ~s for sb** faire preuve d'indulgence envers qqn; **to make ~s for sthg** prendre qqch en considération.

alloy ['ælɔɪ] *n* alliage *m*.

all right ◇ *adv* bien; [in answer - yes] d'accord. ◇ *adj* **-1.** [healthy] en bonne santé; [unharmed] sain et sauf (saine et sauve). **-2.** *inf* [acceptable, satisfactory]: **it was ~** c'était pas mal; **that's ~** [never mind] ce n'est pas grave.

all-round *Br*, **all-around** *Am adj* [multi-skilled] doué(e) dans tous les domaines.

all-time *adj* [record] sans précédent.

allude [ə'luːd] *vi*: **to ~ to** faire allusion à.

alluring [ə'ljʊərɪŋ] *adj* séduisant(e).

allusion [ə'luːʒn] *n* allusion *f*.

ally [*n* 'ælaɪ, *vb* ə'laɪ] ◇ *n* allié *m*, -e *f*. ◇ *vt*: **to ~ o.s. with** s'allier à.

almighty [ɔːl'maɪtɪ] *adj inf* [noise] terrible.

almond ['ɑːmənd] *n* [nut] amande *f*.

almost ['ɔːlməʊst] *adv* presque; **I ~ missed the bus** j'ai failli rater le bus.

alms [ɑːmz] *npl dated* aumône *f*.

aloft [ə'lɒft] *adv* [in the air] en l'air.

alone [ə'ləʊn] ◇ *adj* seul(e). ◇ *adv* seul; **to leave sthg ~** ne pas toucher à qqch; **leave me ~!** laisse-moi tranquille!

◆ **let alone** *conj* encore moins.

along [ə'lɒŋ] ◇ *adv*: **to walk ~** se promener; **to move ~** avancer; **can I**

come ~ (with you)? est-ce que je peux venir (avec vous)? ◇ *prep* le long de; **to run/walk ~ the street** courir/marcher le long de la rue.

◆ **all along** *adv* depuis le début.

◆ **along with** *prep* ainsi que.

alongside [ə,lɒŋ'saɪd] ◇ *prep* le long de, à côté de; [person] à côté de. ◇ *adv* bord à bord.

aloof [ə'luːf] ◇ *adj* distant(e). ◇ *adv*: **to remain ~ (from)** garder ses distances (vis-à-vis de).

aloud [ə'laʊd] *adv* à voix haute, tout haut.

alphabet ['ælfəbet] *n* alphabet *m*.

alphabetical [,ælfə'betɪkl] *adj* alphabétique.

Alps [ælps] *npl*: **the ~** les Alpes *fpl*.

already [ɔːl'redɪ] *adv* déjà.

alright [,ɔːl'raɪt] = **all right**.

Alsatian [æl'seɪʃn] *n* [dog] berger *m* allemand.

also ['ɔːlsəʊ] *adv* aussi.

altar ['ɔːltər] *n* autel *m*.

alter ['ɔːltər] ◇ *vt* changer, modifier. ◇ *vi* changer.

alteration [,ɔːltə'reɪʃn] *n* modification *f*, changement *m*.

alternate [*adj Br* ɔːl'tɜːnət, *Am* 'ɔːltərnət, *vb* 'ɔːltərneɪt] ◇ *adj* alterné(e), alternatif(ive); **~ days** un jour sur deux. ◇ *vt* faire alterner. ◇ *vi*: **to ~ (with)** alterner (avec); **to ~ between sthg and sthg** passer de qqch à qqch.

alternately [ɔːl'tɜːnətlɪ] *adv* alternativement.

alternating current ['ɔːltəneɪtɪŋ-] *n* courant *m* alternatif.

alternative [ɔːl'tɜːnətɪv] ◇ *adj* **-1.** [different] autre. **-2.** [non-traditional - society] parallèle; [- art, energy] alternatif(ive). ◇ *n* **-1.** [between two solutions] alternative *f*. **-2.** [other possibility]: **~ (to)** solution *f* de remplacement (à); **to have no ~ but to do sthg** ne pas avoir d'autre choix que de faire qqch.

alternatively [ɔːl'tɜːnətɪvlɪ] *adv* ou bien.

alternative medicine n médecine f parallèle OR douce.

alternator [ˈɔːltəneɪtəʳ] n ELEC alternateur m.

although [ɔːlˈðəʊ] conj bien que (+ subjunctive).

altitude [ˈæltɪtjuːd] n altitude f.

alto [ˈæltəʊ] (pl -s) n -1. [male voice] haute-contre f. -2. [female voice] contralto m.

altogether [ˌɔːltəˈgeðəʳ] adv -1. [completely] entièrement, tout à fait. -2. [considering all things] tout compte fait. -3. [in all] en tout.

aluminium Br [ˌæljʊˈmɪnɪəm], **aluminum** Am [əˈluːmɪnəm] ◇ n aluminium m. ◇ comp en aluminium.

always [ˈɔːlweɪz] adv toujours.

am [æm] → be.

a.m. (abbr of ante meridiem): **at 3** ~ à 3h (du matin).

AM (abbr of amplitude modulation) n AM f.

amalgamate [əˈmælgəmeɪt] vt & vi [unite] fusionner.

amass [əˈmæs] vt amasser.

amateur [ˈæmətəʳ] ◇ adj amateur (inv); pej d'amateur. ◇ n amateur m.

amateurish [ˌæməˈtɜːrɪʃ] adj d'amateur.

amaze [əˈmeɪz] vt étonner, stupéfier.

amazed [əˈmeɪzd] adj stupéfait(e).

amazement [əˈmeɪzmənt] n stupéfaction f.

amazing [əˈmeɪzɪŋ] adj -1. [surprising] étonnant(e), ahurissant(e). -2. [wonderful] excellent(e).

Amazon [ˈæməzn] n -1. [river]: **the** ~ l'Amazone f. -2. [region]: **the** ~ (Basin) l'Amazonie f; **the** ~ **rainforest** la forêt amazonienne.

ambassador [æmˈbæsədəʳ] n ambassadeur m, -drice f.

amber [ˈæmbəʳ] ◇ adj -1. [ambercoloured] ambré(e). -2. Br [traffic light] orange (inv). ◇ n [substance] ambre m.

ambiguous [æmˈbɪgjʊəs] adj ambigu(ë).

ambition [æmˈbɪʃn] n ambition f.

ambitious [æmˈbɪʃəs] adj ambitieux(ieuse).

amble [ˈæmbl] vi déambuler.

ambulance [ˈæmbjʊləns] n ambulance f.

ambush [ˈæmbʊʃ] ◇ n embuscade f. ◇ vt tendre une embuscade à.

amenable [əˈmiːnəbl] adj: ~ **(to)** ouvert(e) (à).

amend [əˈmend] vt modifier; [law] amender. ◆ **amends** npl: **to make** ~**s (for)** se racheter (pour).

amendment [əˈmendmənt] n modification f; [to law] amendement m.

amenities [əˈmiːnətɪz] npl aménagements mpl, équipements mpl.

America [əˈmerɪkə] n Amérique f; **in** ~ en Amérique.

American [əˈmerɪkn] ◇ adj américain(e). ◇ n Américain m, -e f.

American Indian n Indien m, -ienne f d'Amérique, Amérindien m, -ienne f.

amiable [ˈeɪmjəbl] adj aimable.

amicable [ˈæmɪkəbl] adj amical(e).

amid(st) [əˈmɪd(st)] prep au milieu de, parmi.

amiss [əˈmɪs] ◇ adj: **is there anything** ~? y a-t-il quelque chose qui ne va pas? ◇ adv: **to take sthg** ~ prendre qqch de travers.

ammonia [əˈməʊnjə] n [liquid] ammoniaque f.

ammunition [ˌæmjʊˈnɪʃn] n (U) -1. MIL munitions fpl. -2. fig [argument] argument m.

amnesia [æmˈniːzjə] n amnésie f.

amnesty [ˈæmnəstɪ] n amnistie f.

amok [əˈmɒk] adv: **to run** ~ être pris(e) d'une crise de folie furieuse.

among(st) [əˈmʌŋ(st)] prep parmi, entre; ~ **other things** entre autres (choses).

amoral [ˌeɪˈmɒrəl] adj amoral(e).

amorous [ˈæmərəs] adj amoureux(euse).

amount [əˈmaʊnt] n -1. [quantity] quantité f; **a great** ~ **of** beaucoup de.

-2. [sum of money] somme f, montant m.

◆ **amount to** vt fus **-1.** [total] se monter à, s'élever à. **-2.** [be equivalent to] revenir à, équivaloir à.

amp [æmp] n abbr of **ampere**.

ampere ['æmpeə'] n ampère m.

amphibious [æm'fɪbɪəs] adj amphibie.

ample ['æmpl] adj **-1.** [enough] suffisamment de, assez de. **-2.** [large] ample.

amplifier ['æmplɪfaɪə'] n amplificateur m.

amputate ['æmpjʊteɪt] vt & vi amputer.

Amsterdam [,æmstə'dæm] n Amsterdam.

Amtrak ['æmtræk] n société nationale de chemins de fer aux États-Unis.

amuck [ə'mʌk] = **amok**.

amuse [ə'mjuːz] vt **-1.** [make laugh] amuser, faire rire. **-2.** [entertain] divertir, distraire; to ~ o.s. (by doing sthg) s'occuper (à faire qqch).

amused [ə'mjuːzd] adj **-1.** [laughing] amusé(e); to be ~ at OR by sthg trouver qqch amusant. **-2.** [entertained]: to keep o.s. ~ s'occuper.

amusement [ə'mjuːzmənt] n **-1.** [laughter] amusement m. **-2.** [diversion, game] distraction f.

amusement arcade n galerie f de jeux.

amusement park n parc m d'attractions.

amusing [ə'mjuːzɪŋ] adj amusant(e).

an [stressed æn, unstressed ən] → **a**.

anabolic steroid [,ænə'bɒlɪk-] n (stéroïde m) anabolisant m.

anaemic Br, **anemic** Am [ə'niːmɪk] adj anémique; fig & pej fade, plat(e).

anaesthetic Br, **anesthetic** Am [,ænɪs'θetɪk] n anesthésique m; under ~ sous anesthésie; local/general ~ anesthésie f locale/générale.

analogue Br, **analog** Am ['ænəlɒg] adj [watch, clock] analogique.

analogy [ə'nælədʒɪ] n analogie f; by ~ par analogie.

analyse Br, **analyze** Am ['ænəlaɪz] vt analyser.

analysis [ə'næləsɪs] (pl analyses [ə'næləsiːz]) n analyse f.

analyst ['ænəlɪst] n analyste mf.

analytic(al) [,ænə'lɪtɪk(l)] adj analytique.

analyze Am = **analyse**.

anarchist ['ænəkɪst] n anarchiste mf.

anarchy ['ænəkɪ] n anarchie f.

anathema [ə'næθəmə] n anathème m.

anatomy [ə'nætəmɪ] n anatomie f.

ANC (abbr of **African National Congress**) n ANC m.

ancestor ['ænsestə'] n lit & fig ancêtre m.

anchor ['æŋkə'] ◇ n ancre f; to drop/weigh ~ jeter/lever l'ancre. ◇ vt **-1.** [secure] ancrer. **-2.** TV présenter. ◇ vi NAUT jeter l'ancre.

anchovy ['æntʃəvɪ] (pl inv OR **-ies**) n anchois m.

ancient ['eɪnʃənt] adj **-1.** [monument etc] historique; [custom] ancien(ienne). **-2.** hum [car etc] antique; [person] vieux (vieille).

ancillary [æn'sɪlərɪ] adj auxiliaire.

and [strong form ænd, weak form ənd, ən] conj **-1.** [as well as, plus] et. **-2.** [in numbers]: one hundred ~ eighty cent quatre-vingts; six ~ a half six et demi. **-3.** [to]: come ~ see! venez voir!; try ~ come essayez de venir; wait ~ see vous verrez bien.

◆ **and so on, and so forth** adv et ainsi de suite.

Andes ['ændiːz] n: the ~ les Andes fpl.

Andorra [æn'dɔːrə] n Andorre f.

anecdote ['ænɪkdəʊt] n anecdote f.

anemic Am = **anaemic**.

anesthetic etc Am = **anaesthetic** etc.

anew [ə'njuː] adv: to start ~ recommencer (à zéro).

angel ['eɪndʒəl] n ange m.

anger ['æŋgə'] ◇ n colère f. ◇ vt fâcher, irriter.

angina [æn'dʒaɪnə] n angine f de poitrine.

angle ['æŋgl] n **-1.** [gen] angle m; **at an ~** de travers, en biais. **-2.** [point of view] point m de vue, angle m.

angler ['æŋglə^r] n pêcheur m (à la ligne).

Anglican ['æŋglɪkən] ◇ adj anglican(e). ◇ n anglican m, -e f.

angling ['æŋglɪŋ] n pêche f à la ligne.

angry ['æŋgrɪ] adj [person] en colère, fâché(e); [words, quarrel] violent(e): **to be ~ with** OR **at sb** être en colère OR fâché contre qqn; **to get ~** se mettre en colère, se fâcher.

anguish ['æŋgwɪʃ] n angoisse f.

angular ['æŋgjʊlə^r] adj anguleux(euse).

animal ['ænɪml] ◇ n animal m; pej brute f. ◇ adj animal(e).

animate ['ænɪmət] adj animé(e), vivant(e).

animated ['ænɪmeɪtɪd] adj animé(e).

aniseed ['ænɪsiːd] n anis m.

ankle ['æŋkl] ◇ n cheville f. ◇ comp: **~ socks** socquettes fpl; **~ boots** bottines fpl.

annex(e) ['æneks] ◇ n [building] annexe f. ◇ vt annexer.

annihilate [ə'naɪəleɪt] vt anéantir, annihiler.

anniversary [,ænɪ'vɜːsərɪ] n anniversaire m.

announce [ə'naʊns] vt annoncer.

announcement [ə'naʊnsmənt] n **-1.** [statement] déclaration f; [in newspaper] avis m. **-2.** (U) [act of stating] annonce f.

announcer [ə'naʊnsə^r] n RADIO & TV speaker m, speakerine f.

annoy [ə'nɔɪ] vt agacer, contrarier.

annoyance [ə'nɔɪəns] n contrariété f.

annoyed [ə'nɔɪd] adj mécontent(e), agacé(e); **to get ~** se fâcher; **to be ~ at sthg** être contrarié par qqch; **to be ~ with sb** être fâché contre qqn.

annoying [ə'nɔɪɪŋ] adj agaçant(e).

annual ['ænjʊəl] ◇ adj annuel(elle). ◇ n **-1.** [plant] plante f annuelle. **-2.** [book - gen] publication f annuelle;

[- for children] **album** m.

annual general meeting n assemblée f générale annuelle.

annul [ə'nʌl] vt annuler; [law] abroger.

annum ['ænəm] n: **per ~** par an.

anomaly [ə'nɒmlɪ] n anomalie f.

anonymous [ə'nɒnɪməs] adj anonyme.

anorak ['ænəræk] n anorak m.

anorexia (nervosa) [,ænə'reksɪə (nɜː'vəʊsə)] n anorexie f mentale.

anorexic [,ænə'reksɪk] ◇ adj anorexique. ◇ n anorexique mf.

another [ə'nʌðə^r] ◇ adj **-1.** [additional]: **~ apple** encore une pomme, une pomme de plus, une autre pomme; **in ~ few minutes** dans quelques minutes; **(would you like) ~ drink?** encore un verre? **-2.** [different]: **~ job** un autre travail. ◇ pron **-1.** [additional one] un autre (une autre), encore un (encore une); **one after ~** l'un après l'autre (l'une après l'autre). **-2.** [different one] un autre (une autre); **one ~** l'un l'autre (l'une l'autre).

answer ['ɑːnsə^r] ◇ n **-1.** [gen] réponse f; **in ~ to** en réponse à. **-2.** [to problem] solution f. ◇ vt répondre à; **to ~ the door** aller ouvrir la porte; **to ~ the phone** répondre au téléphone. ◇ vi [reply] répondre. ◆ **answer back** ◇ vt sep répondre à. ◇ vi répondre. ◆ **answer for** vt fus être responsable de, répondre de.

answerable ['ɑːnsərəbl] adj: **~ to sb/for sthg** responsable devant qqn/de qqch.

answering machine ['ɑːnsərɪŋ-] n répondeur m.

ant [ænt] n fourmi f.

antagonism [æn'tægənɪzm] n antagonisme m, hostilité f.

antagonize, -ise [æn'tægənaɪz] vt éveiller l'hostilité de.

Antarctic [æn'tɑːktɪk] ◇ n: **the ~** l'Antarctique m. ◇ adj antarctique.

antelope ['æntɪləup] (*pl inv* OR **-s**) *n* antilope *f*.

antenatal [,æntɪ'neɪtl] *adj* prénatal(e).

antenatal clinic *n* service *m* de consultation prénatale.

antenna [æn'tenə] (*pl sense 1* **-nae** [-niː], *pl sense 2* **-s**) *n* **-1.** [of insect] antenne *f*. **-2.** *Am* [for TV, radio] antenne *f*.

anthem ['ænθəm] *n* hymne *m*.

anthology [æn'θɒlədʒɪ] *n* anthologie *f*.

antibiotic [,æntɪbaɪ'ɒtɪk] *n* antibiotique *m*.

antibody ['æntɪ,bɒdɪ] *n* anticorps *m*.

anticipate [æn'tɪsɪpeɪt] *vt* **-1.** [expect] s'attendre à, prévoir. **-2.** [request, movement] anticiper; [competitor] prendre de l'avance sur. **-3.** [look forward to] savourer à l'avance.

anticipation [æn,tɪsɪ'peɪʃn] *n* [expectation] attente *f*; [eagerness] impatience *f*; **in ~ of** en prévision de.

anticlimax [æntɪ'klaɪmæks] *n* déception *f*.

anticlockwise [,æntɪ'klɒkwaɪz] *adj* & *adv* *Br* dans le sens inverse des aiguilles d'une montre.

antics ['æntɪks] *npl* **-1.** [of children, animals] gambades *fpl*. **-2.** *pej* [of politicians etc] bouffonneries *fpl*.

anticyclone [,æntɪ'saɪkləun] *n* anticyclone *m*.

antidepressant [,æntɪdɪ'presnt] *n* antidépresseur *m*.

antidote ['æntɪdəut] *n lit* & *fig*: **~ (to)** antidote *m* (contre).

antifreeze ['æntɪfriːz] *n* antigel *m*.

antihistamine [,æntɪ'hɪstəmɪn] *n* antihistaminique *m*.

antiperspirant [,æntɪ'pɜːspərənt] *n* déodorant *m*.

antiquated ['æntɪkweɪtɪd] *adj* dépassé(e).

antique [æn'tiːk] ◇ *adj* ancien(ienne). ◇ *n* [object] objet *m* ancien; [piece of furniture] meuble *m* ancien.

antique shop *n* magasin *m* d'antiquités.

anti-Semitism [,æntɪ'semɪtɪzm] *n* antisémitisme *m*.

antiseptic [,æntɪ'septɪk] ◇ *adj* antiseptique. ◇ *n* désinfectant *m*.

antisocial [,æntɪ'səuʃl] *adj* **-1.** [against society] antisocial(e). **-2.** [unsociable] peu sociable, sauvage.

antlers [,æntləz] *npl* bois *mpl*.

anus ['eɪnəs] *n* anus *m*.

anvil ['ænvɪl] *n* enclume *f*.

anxiety [æŋ'zaɪətɪ] *n* **-1.** [worry] anxiété *f*. **-2.** [cause of worry] souci *m*. **-3.** [keenness] désir *m* farouche.

anxious ['æŋkʃəs] *adj* **-1.** [worried] anxieux(ieuse), très inquiet(iète); **to be ~ about** se faire du souci au sujet de. **-2.** [keen]: **to be ~ to do sthg** tenir à faire qqch; **to be ~ that** tenir à ce que (+ *subjunctive*).

any ['enɪ] ◇ *adj* **-1.** (*with negative*) de, d'; **I haven't got ~ money/tickets** je n'ai pas d'argent/de billets; **he never does ~ work** il ne travaille jamais. **-2.** [some - with sg noun] du, de l', de la; [- with pl noun] des; **have you got ~ money/milk/cousins?** est-ce que vous avez de l'argent/du lait/des cousins? **-3.** [no matter which] n'importe quel (n'importe quelle); **~ box will do** n'importe quelle boîte fera l'affaire; *see also* **case, day, moment, rate.** ◇ *pron* **-1.** (*with negative*) en; **I didn't buy ~ (of them)** je n'en ai pas acheté; **I didn't know ~ of the guests** je ne connaissais aucun des invités. **-2.** [some] en; **do you have ~?** est-ce que vous en avez? **-3.** [no matter which one or ones] n'importe lequel (n'importe laquelle); **take ~ you like** prenez n'importe lequel/laquelle, prenez celui/celle que vous voulez. ◇ *adv* **-1.** (*with negative*): **I can't see it ~ more** je ne le vois plus; **I can't stand it ~ longer** je ne peux plus le supporter. **-2.** [some, a little] un peu; **do you want ~ more potatoes?** voulez-vous encore des pommes de terre?; **is that ~ better/different?** est-ce que c'est mieux/différent comme ça?

anybody ['enɪ,bɒdɪ] = anyone.

anyhow ['enɪhaʊ] *adv* **-1.** [in spite of that] quand même, néanmoins. **-2.** [carelessly] n'importe comment. **-3.** [in any case] de toute façon.

anyone ['enɪwʌn] *pron* **-1.** (*in negative sentences*): **I didn't see ~** je n'ai vu personne. **-2.** (*in questions*) quelqu'un. **-3.** [any person] n'importe qui.

anyplace *Am* = anywhere.

anything ['enɪθɪŋ] *pron* **-1.** (*in negative sentences*): **I didn't see ~** je n'ai rien vu. **-2.** (*in questions*) quelque chose. **-3.** [any object, event] n'importe quoi; **if ~ happens ...** s'il arrive quoi que ce soit ....

anyway ['enɪweɪ] *adv* [in any case] de toute façon.

anywhere ['enɪweəʳ], **anyplace** *Am* ['enɪpleɪs] *adv* **-1.** (*in negative sentences*): **I haven't seen him ~** je ne l'ai vu nulle part. **-2.** (*in questions*) quelque part. **-3.** [any place] n'importe où.

apart [ə'pɑːt] *adv* **-1.** [separated] séparé(e), éloigné(e); **we're living ~** nous sommes séparés. **-2.** [to one side] à l'écart. **-3.** [aside]: **joking ~** sans plaisanter, plaisanterie à part.
♦ **apart from** *prep* **-1.** [except for] à part, sauf. **-2.** [as well as] en plus de, outre.

apartheid [ə'pɑːtheɪt] *n* apartheid *m*.

apartment [ə'pɑːtmənt] *n* appartement *m*.

apartment building *n Am* immeuble *m* (*d'appartements*).

apathy ['æpəθɪ] *n* apathie *f*.

ape [eɪp] *n* singe *m*. ◇ *vt* singer.

aperitif [əperə'tiːf] *n* apéritif *m*.

aperture ['æpə,tjʊəʳ] *n* **-1.** [hole, opening] orifice *m*, ouverture *f*. **-2.** PHOT ouverture *f*.

apex ['eɪpeks] (*pl* **-es** OR **apices**) *n* sommet *m*.

APEX ['eɪpeks] (*abbr of* **advance purchase excursion**) *n Br*: **~ ticket** billet *m* APEX.

apices ['eɪpɪsiːz] *pl* → **apex**.

apiece [ə'piːs] *adv* [for each person] chacun(e), par personne; [for each thing] chacun(e), pièce (*inv*).

apocalypse [ə'pɒkəlɪps] *n* apocalypse *f*.

apologetic [ə,pɒlə'dʒetɪk] *adj* [letter etc] d'excuse; **to be ~ about sthg** s'excuser de qqch.

apologize, **-ise** [ə'pɒlədʒaɪz] *vi* s'excuser; **to ~ to sb (for sthg)** faire des excuses à qqn (pour qqch).

apology [ə'pɒlədʒɪ] *n* excuses *fpl*.

apostle [ə'pɒsl] *n* RELIG apôtre *m*.

apostrophe [ə'pɒstrəfɪ] *n* apostrophe *f*.

appal *Br*, **appall** *Am* [ə'pɔːl] *vt* horrifier.

appalling [ə'pɔːlɪŋ] *adj* épouvantable.

apparatus [,æpə'reɪtəs] (*pl inv* OR **-es**) *n* **-1.** [device] appareil *m*, dispositif *m*. **-2.** (*U*) [in gym] agrès *mpl*. **-3.** [system, organization] appareil *m*.

apparel [ə'pærəl] *n Am* habillement *m*.

apparent [ə'pærənt] *adj* **-1.** [evident] évident(e). **-2.** [seeming] apparent(e).

apparently [ə'pærəntlɪ] *adv* **-1.** [it seems] à ce qu'il paraît. **-2.** [seemingly] apparemment, en apparence.

appeal [ə'piːl] ◇ *vi* **-1.** [request]: **to ~ (to sb for sthg)** lancer un appel (à qqn pour obtenir qqch). **-2.** [make a plea]: **to ~ to** faire appel à. **-3.** JUR: **~ (against)** faire appel (de). **-4.** [attract, interest]: **to ~ to sb** plaire à qqn; **it ~s to me** ça me plaît. ◇ *n* **-1.** [request] appel *m*. **-2.** JUR appel *m*. **-3.** [charm, interest] intérêt *m*, attrait *m*.

appealing [ə'piːlɪŋ] *adj* [attractive] attirant(e), sympathique.

appear [ə'pɪəʳ] *vi* **-1.** [gen] apparaître; [book] sortir, paraître. **-2.** [seem] sembler, paraître; **to ~ to be/do** sembler être/faire; **it would ~ (that) ...** il semblerait que .... **-3.** [in play, film etc] jouer. **-4.** JUR comparaître.

appearance [ə'pɪərəns] *n* **-1.** [gen] apparition *f*; **to make an ~** se montrer. **-2.** [look] apparence *f*, aspect *m*.

appease [ə'piːz] *vt* apaiser.

append [ə'pend] *vt* ajouter; [signature] apposer.

appendices [ə'pendɪsi:z] *pl* → **appendix**.

appendicitis [ə,pendɪ'saɪtɪs] *n* (*U*) appendicite *f*.

appendix [ə'pendɪks] (*pl* -**dixes** OR -**dices**) *n* appendice *m*; **to have one's ~ out** OR **removed** se faire opérer de l'appendicite.

appetite ['æpɪtaɪt] *n* -1. [for food]: ~ **(for)** appétit *m* (pour). -2. *fig* [enthusiasm]: ~ **(for)** goût *m* (de OR pour).

appetizer, -iser ['æpɪtaɪzəʳ] *n* [food] amuse-gueule *m inv*; [drink] apéritif *m*.

appetizing, -ising ['æpɪtaɪzɪŋ] *adj* [food] appétissant(e).

applaud [ə'plɔ:d] ◇ *vt* -1. [clap] applaudir. -2. [approve] approuver, applaudir à. ◇ *vi* applaudir.

applause [ə'plɔ:z] *n* (*U*) applaudissements *mpl*.

apple ['æpl] *n* pomme *f*.

apple tree *n* pommier *m*.

appliance [ə'plaɪəns] *n* [device] appareil *m*.

applicable [ə'plɪkəbl] *adj*: ~ **(to)** applicable (à).

applicant ['æplɪkənt] *n*: ~ **(for)** [job] candidat *m*, -e *f* (à); [state benefit] demandeur *m*, -euse *f* (de).

application [,æplɪ'keɪʃn] *n* -1. [gen] application *f*. -2. [for job etc]: ~ **(for)** demande *f* (de). -3. COMPUT: ~ **(program)** programme *m* d'application.

application form *n* formulaire *m* de demande.

applied [ə'plaɪd] *adj* [science] appliqué(e).

apply [ə'plaɪ] ◇ *vt* appliquer; **to ~ the brakes** freiner. ◇ *vi* -1. [for work, grant]: **to ~ (for)** faire une demande (de); **to ~ for a job** faire une demande d'emploi; **to ~ to sb (for sthg)** s'adresser à qqn (pour obtenir qqch). -2. [be relevant]: **to ~ (to)** s'appliquer (à), concerner.

appoint [ə'pɔɪnt] *vt* -1. [to job, position]: **to ~ sb (as sthg)** nommer qqn

(qqch); **to ~ sb to sthg** nommer qqn à qqch. -2. [time, place] fixer.

appointment [ə'pɔɪntmənt] *n* -1. [to job, position] nomination *f*, désignation *f*. -2. [job, position] poste *m*, emploi *m*. -3. [arrangement to meet] rendez-vous *m*; **to make an ~** prendre un rendez-vous.

apportion [ə'pɔ:ʃn] *vt* répartir.

appraisal [ə'preɪzl] *n* évaluation *f*.

appreciable [ə'pri:ʃəbl] *adj* [difference] sensible; [amount] appréciable.

appreciate [ə'pri:ʃɪeɪt] ◇ *vt* -1. [value, like] apprécier, aimer. -2. [recognize, understand] comprendre, se rendre compte de. -3. [be grateful for] être reconnaissant(e) de. ◇ *vi* FIN prendre de la valeur.

appreciation [ə,pri:ʃɪ'eɪʃn] *n* -1. [liking] contentement *m*. -2. [understanding] compréhension *f*. -3. [gratitude] reconnaissance *f*.

appreciative [ə'pri:ʃjətɪv] *adj* [person] reconnaissant(e); [remark] élogieux(ieuse).

apprehensive [,æprɪ'hensɪv] *adj* inquiet(iète); **to be ~ about sthg** appréhender OR craindre qqch.

apprentice [ə'prentɪs] *n* apprenti *m*, -e *f*.

apprenticeship [ə'prentɪsʃɪp] *n* apprentissage *m*.

approach [ə'prəʊtʃ] ◇ *n* -1. [gen] approche *f*. -2. [method] démarche *f*, approche *f*. -3. [to person]: **to make an ~ to sb** faire une proposition à qqn. ◇ *vt* -1. [come near to - place, person, thing] s'approcher de. -2. [ask]: **to ~ sb about sthg** aborder qqch avec qqn; COMM entrer en contact avec qqn au sujet de qqch. -3. [tackle - problem] aborder. ◇ *vi* s'approcher.

approachable [ə'prəʊtʃəbl] *adj* accessible.

appropriate [*adj* ə'prəʊprɪət, *vb* ə'prəʊprɪeɪt] ◇ *adj* [clothing] convenable; [action] approprié(e); [moment] opportun(e). ◇ *vt* -1. JUR s'approprier. -2. [allocate] affecter.

approval [ə'pruːvl] *n* approbation *f*; **on** ~ COMM à condition, à l'essai.

approve [ə'pruːv] *vi*: **to** ~ **(of sthg)** approuver (qqch). ◇ *vt* [ratify] approuver, ratifier.

approx. [ə'prɒks] (*abbr of* **approximately**) approx., env.

approximate [ə'prɒksɪmət] *adj* approximatif(ive).

approximately [ə'prɒksɪmətlɪ] *adv* à peu près, environ.

apricot ['eɪprɪkɒt] *n* abricot *m*.

April ['eɪprəl] *n* avril *m*; *see also* **September**.

April Fools' Day *n* le premier avril.

apron ['eɪprən] *n* [clothing] tablier *m*.

apt [æpt] *adj* **-1.** [pertinent] pertinent(e), approprié(e). **-2.** [likely]: **to be** ~ **to do sthg** avoir tendance à faire qqch.

aptitude ['æptɪtjuːd] *n* aptitude *f*, disposition *f*; **to have an** ~ **for** avoir des dispositions pour.

aptly ['æptlɪ] *adv* avec justesse, à propos.

aqualung ['ækwəlʌŋ] *n* scaphandre *m* autonome.

aquarium [ə'kweərɪəm] (*pl* **-riums** OR **-ria** [-rɪə]) *n* aquarium *m*.

Aquarius [ə'kweərɪəs] *n* Verseau *m*.

aquatic [ə'kwætɪk] *adj* **-1.** [animal, plant] aquatique. **-2.** [sport] nautique.

aqueduct ['ækwɪdʌkt] *n* aqueduc *m*.

Arab ['ærəb] ◇ *adj* arabe. ◇ *n* [person] Arabe *mf*.

Arabian [ə'reɪbjən] *adj* d'Arabie, arabe.

Arabic ['ærəbɪk] ◇ *adj* arabe. ◇ *n* arabe *m*.

Arabic numeral *n* chiffre *m* arabe.

arable ['ærəbl] *adj* arable.

arbitrary ['ɑːbɪtrərɪ] *adj* arbitraire.

arbitration [,ɑːbɪ'treɪʃn] *n* arbitrage *m*; **to go to** ~ recourir à l'arbitrage.

arcade [ɑː'keɪd] *n* **-1.** [for shopping] galerie *f* marchande. **-2.** [covered passage] arcades *fpl*.

arch [ɑːtʃ] ◇ *adj* malicieux(ieuse), espiègle. ◇ *n* **-1.** ARCHIT arc *m*, voûte *f*. **-2.** [of foot] voûte *f* plantaire, cam-

brure *f*. ◇ *vt* cambrer, arquer. ◇ *vi* former une voûte.

archaeologist [,ɑːkɪ'ɒlədʒɪst] *n* archéologue *mf*.

archaeology [,ɑːkɪ'ɒlədʒɪ] *n* archéologie *f*.

archaic [ɑː'keɪɪk] *adj* archaïque.

archbishop [,ɑːtʃ'bɪʃəp] *n* archevêque *m*.

archenemy [,ɑːtʃ'enɪmɪ] *n* ennemi *m* numéro un.

archeology *etc* [,ɑːkɪ'ɒlədʒɪ] = **archaeology** *etc*.

archer ['ɑːtʃər] *n* archer *m*.

archery ['ɑːtʃərɪ] *n* tir *m* à l'arc.

archetypal [,ɑːkɪ'taɪpl] *adj* typique.

architect ['ɑːkɪtekt] *n* lit & fig architecte *m*.

architecture ['ɑːkɪtektʃər] *n* [gen & COMPUT] architecture *f*.

archives ['ɑːkaɪvz] *npl* archives *fpl*.

archway ['ɑːtʃweɪ] *n* passage *m* voûté.

Arctic ['ɑːktɪk] ◇ *adj* **-1.** GEOGR arctique. **-2.** *inf* [very cold] glacial(e). ◇ *n*: **the** ~ l'Arctique *m*.

ardent ['ɑːdənt] *adj* fervent(e), passionné(e).

arduous ['ɑːdjʊəs] *adj* ardu(e).

are [weak form ər, strong form ɑːr] → **be**.

area ['eərɪə] *n* **-1.** [region] région *f*; **parking** ~ aire de stationnement; **in the** ~ **of** [approximately] environ, à peu près. **-2.** [surface size] aire *f*, superficie *f*. **-3.** [of knowledge, interest etc] domaine *m*.

area code *n* indicatif *m* de zone.

arena [ə'riːnə] *n* lit & fig arène *f*.

aren't [ɑːnt] = **are not**.

Argentina [,ɑːdʒən'tiːnə] *n* Argentine *f*.

Argentine ['ɑːdʒəntaɪn], **Argentinian** [,ɑːdʒən'tɪnɪən] ◇ *adj* argentin(ine). ◇ *n* Argentin *m*, -ine *f*.

arguably ['ɑːgjʊəblɪ] *adv*: **she's** ~ **the best** on peut soutenir qu'elle est la meilleure.

argue ['ɑːgjuː] ◇ *vi* **-1.** [quarrel]: **to** ~ **(with sb about sthg)** se disputer

(avec qqn à propos de qqch). **-2.**
[reason]: **to ~ (for/against)** argumenter (pour/contre). ◇ *vt* débattre de, discuter de; **to ~ that** soutenir OR maintenir que.

argument ['ɑːgjʊmənt] *n* **-1.** [quarrel] dispute *f*; **to have an ~ (with sb)** se disputer (avec qqn). **-2.** [reason] argument *m*. **-3.** (*U*) [reasoning] discussion *f*, débat *m*.

argumentative [ˌɑːgjʊ'mentətɪv] *adj* querelleur(euse), batailleur(euse).

arid ['ærɪd] *adj lit & fig* aride.

Aries ['eəriːz] *n* Bélier *m*.

arise [ə'raɪz] (*pt* **arose** [ə'rəʊz], *pp* **arisen** [ə'rɪzn]) *vi* [appear] surgir, survenir; **to ~ from** résulter de, provenir de; **if the need ~s** si le besoin se fait sentir.

aristocrat [*Br* 'ærɪstəkræt, *Am* ə'rɪstəkræt] *n* aristocrate *mf*.

arithmetic [ə'rɪθmətɪk] *n* arithmétique *f*.

ark [ɑːk] *n* arche *f*.

arm [ɑːm] ◇ *n* **-1.** [of person, chair] bras *m*; **~ in ~** bras dessus bras dessous; **to keep sb at ~'s length** *fig* tenir qqn à distance; **to twist sb's ~** *fig* forcer la main à qqn. **-2.** [of garment] manche *f*. ◇ *vt* armer.
♦ **arms** *npl* armes *fpl*; **to take up ~s** prendre les armes; **to be up in ~s about sthg** s'élever contre qqch.

armaments ['ɑːməmənts] *npl* [weapons] matériel *m* de guerre, armements *mpl*.

armchair ['ɑːmtʃeəʳ] *n* fauteuil *m*.

armed [ɑːmd] *adj lit & fig*: **~ (with)** armé(e) (de).

armed forces *npl* forces *fpl* armées.

armhole ['ɑːmhəʊl] *n* emmanchure *f*.

armour *Br*, **armor** *Am* ['ɑːməʳ] *n* **-1.** [for person] armure *f*. **-2.** [for military vehicle] blindage *m*.

armoured car [ˌɑːməd-] *n* voiture *f* blindée.

armoury *Br*, **armory** *Am* ['ɑːmərɪ] *n* arsenal *m*.

armpit ['ɑːmpɪt] *n* aisselle *f*.

armrest ['ɑːmrest] *n* accoudoir *m*.

arms control ['ɑːmz-] *n* contrôle *m* des armements.

army ['ɑːmɪ] *n lit & fig* armée *f*.

A road *n Br* route *f* nationale.

aroma [ə'rəʊmə] *n* arôme *m*.

arose [ə'rəʊz] *pt* → **arise**.

around [ə'raʊnd] ◇ *adv* **-1.** [about, round]: **to walk ~** marcher par-ci par-là, errer; **to lie ~** [clothes etc] traîner. **-2.** [on all sides] (tout) autour. **-3.** [near] dans les parages. **-4.** [in circular movement]: **to turn ~** se retourner. **-5.** *phr*: **he has been ~** *inf* il n'est pas né d'hier, il a de l'expérience. ◇ *prep* **-1.** [gen] autour de; **to walk ~ a garden/ town** faire le tour d'un jardin/d'une ville; **all ~ the country** dans tout le pays. **-2.** [near]: **~ here** par ici. **-3.** [approximately] environ, à peu près.

arouse [ə'raʊz] *vt* **-1.** [excite - feeling] éveiller, susciter; [- person] exciter. **-2.** [wake] réveiller.

arrange [ə'reɪndʒ] *vt* **-1.** [flowers, books, furniture] arranger, disposer. **-2.** [event, meeting etc] organiser, fixer; **to ~ to do sthg** convenir de faire qqch. **-3.** MUS arranger.

arrangement [ə'reɪndʒmənt] *n* **-1.** [agreement] accord *m*, arrangement *m*; **to come to an ~** s'entendre, s'arranger. **-2.** [of furniture, books] arrangement *m*. **-3.** MUS arrangement *m*.
♦ **arrangements** *npl* dispositions *fpl*, préparatifs *mpl*.

array [ə'reɪ] ◇ *n* [of objects] étalage *m*. ◇ *vt* [ornaments etc] disposer.

arrears [ə'rɪəz] *npl* [money owed] arriéré *m*; **to be in ~** [late] être en retard; [owing money] avoir des arriérés.

arrest [ə'rest] ◇ *n* [by police] arrestation *f*; **under ~** en état d'arrestation. ◇ *vt* **-1.** [gen] arrêter. **-2.** *fml* [sb's attention] attirer, retenir.

arrival [ə'raɪvl] *n* **-1.** [gen] arrivée *f*; **late ~** [of train etc] retard *m*. **-2.** [person - at airport, hotel] arrivant *m*, -e *f*; **new ~** [person] nouveau venu *m*,

nouvelle venue f; [baby] **nouveau-né** m, **nouveau-née** f.

arrive [ə'raɪv] vi arriver; [baby] être né(e); **to ~ at** [conclusion, decision] arriver à.

arrogant ['ærəgənt] adj arrogant(e).

arrow ['ærəʊ] n flèche f.

arse Br [ɑːs], **ass** Am [æs] n v inf cul m.

arsenic ['ɑːsnɪk] n arsenic m.

arson ['ɑːsn] n incendie m criminel OR volontaire.

art [ɑːt] ◇ n art m. ◇ comp [exhibition] d'art; [college] des beaux-arts; **~ student** étudiant m, -e f d'une école des beaux-arts.

♦ **arts** npl **-1.** SCH & UNIV lettres fpl. **-2.** [fine arts]: **the ~s** les arts mpl.

artefact ['ɑːtɪfækt] = **artifact.**

artery ['ɑːtərɪ] n artère f.

art gallery n [public] musée m d'art; [for selling paintings] galerie f d'art.

arthritis [ɑː'θraɪtɪs] n arthrite f.

artichoke ['ɑːtɪtʃəʊk] n artichaut m.

article ['ɑːtɪkl] n article m; **~ of clothing** vêtement m.

articulate [adj ɑː'tɪkjʊlət, vb ɑː'tɪkjʊleɪt] ◇ adj [person] qui sait s'exprimer; [speech] net (nette), distinct(e). ◇ vt [thought, wish] formuler.

articulated lorry [ɑː'tɪkjʊleɪtɪd-] n Br semi-remorque m.

artifact ['ɑːtɪfækt] n objet m fabriqué.

artificial [ˌɑːtɪ'fɪʃl] adj **-1.** [not natural] artificiel(ielle). **-2.** [insincere] affecté(e).

artillery [ɑː'tɪlərɪ] n artillerie f.

artist ['ɑːtɪst] n artiste mf.

artiste [ɑː'tiːst] n artiste mf.

artistic [ɑː'tɪstɪk] adj [person] artiste; [style etc] artistique.

artistry ['ɑːtɪstrɪ] n art m, talent m artistique.

artless ['ɑːtlɪs] adj naturel(elle), ingénu(e).

as [unstressed əz, stressed æz] ◇ conj **-1.** [referring to time] comme, alors que; **she rang (just) ~ I was leaving** elle m'a téléphoné au moment même où OR juste comme je partais;

~ time goes by à mesure que le temps passe, avec le temps. **-2.** [referring to manner, way] comme; **do ~ I say** fais ce que je (te) dis. **-3.** [introducing a statement] comme; **~ you know, ...** comme tu le sais, ... **-4.** [because] comme. ◇ prep **-1.** [referring to function, characteristic] en, comme, en tant que; **I'm speaking ~ your friend** je te parle en ami; **she works ~ a nurse** elle est infirmière. **-2.** [referring to attitude, reaction]: **it came ~ a shock** cela nous a fait un choc. ◇ adv (in comparisons): **~ rich ~** aussi riche que; **~ red ~ a tomato** rouge comme une tomate; **he's ~ tall ~ I am** il est aussi grand que moi; **twice ~ big ~** deux fois plus gros que; **~ much/many ~** autant que; **~ much wine/many chocolates ~** autant de vin/de chocolats que.

♦ **as for, as to** prep quant à.

♦ **as from, as of** prep dès, à partir de.

♦ **as if, as though** conj comme si; **it looks ~ if** OR **~ though it will rain** on dirait qu'il va pleuvoir.

♦ **as to** prep Br en ce qui concerne, au sujet de.

a.s.a.p. (abbr of **as soon as possible**) d'urgence, dans les meilleurs délais.

asbestos [æs'bestəs] n asbeste m, amiante m.

ascend [ə'send] vt & vi monter.

ascendant [ə'sendənt] n: **to be in the ~** avoir le dessus.

ascent [ə'sent] n lit & fig ascension f.

ascertain [ˌæsə'teɪn] vt établir.

ascribe [ə'skraɪb] vt: **to ~ sthg to** attribuer qqch à; [blame] imputer qqch à.

ash [æʃ] n **-1.** [from cigarette, fire] cendre f. **-2.** [tree] frêne m.

ashamed [ə'ʃeɪmd] adj honteux(euse), confus(e); **to be ~ of** avoir honte de; **to be ~ to do sthg** avoir honte de faire qqch.

ashen-faced ['æʃn,feɪst] adj blême.

ashore [ə'ʃɔːr] adv à terre.

ashtray ['æʃtreɪ] n cendrier m.

Ash Wednesday *n* le mercredi des Cendres.

Asia [*Br* 'eɪʃə, *Am* 'eɪʒə] *n* Asie *f*.

Asian [*Br* 'eɪʃn, *Am* 'eɪʒn] ◇ *adj* asiatique. ◇ *n* [person] Asiatique *mf*.

aside [ə'saɪd] ◇ *adv* **-1.** [to one side] de côté; **to move ~** s'écarter; **to take sb ~** prendre qqn à part. **-2.** [apart] à part; **~ from** à l'exception de. ◇ *n* **-1.** [in play] aparté *m*. **-2.** [remark] réflexion *f*, commentaire *m*.

ask [ɑːsk] ◇ *vt* **-1.** [gen] demander; **to ~ sb sthg** demander qqch à qqn; **he ~ed me my name** il m'a demandé mon nom; **to ~ sb for sthg** demander qqch à qqn; **to ~ sb to do sthg** demander à qqn de faire qqch. **-2.** [put - question] poser. **-3.** [invite] inviter. ◇ *vi* demander.

◆ **ask after** *vt fus* demander des nouvelles de.

◆ **ask for** *vt fus* **-1.** [person] demander à voir. **-2.** [thing] demander.

askance [ə'skæns] *adv*: **to look ~ at sb** regarder qqn d'un air désapprobateur.

askew [ə'skjuː] *adj* [not straight] de travers.

asking price ['ɑːskɪŋ-] *n* prix *m* demandé.

asleep [ə'sliːp] *adj* endormi(e); **to fall ~** s'endormir.

asparagus [ə'spærəgəs] *n* (*U*) asperges *fpl*.

aspect ['æspekt] *n* **-1.** [gen] aspect *m*. **-2.** [of building] orientation *f*.

aspersions [ə'spɔːʃnz] *npl*: **to cast ~ on** jeter le discrédit sur.

asphalt ['æsfælt] *n* asphalte *m*.

asphyxiate [əs'fɪksɪeɪt] *vt* asphyxier.

aspiration [ˌæspə'reɪʃn] *n* aspiration *f*.

aspire [ə'spaɪə*r*] *vi*: **to ~ to sthg/to do sthg** aspirer à qqch/à faire qqch.

aspirin ['æsprɪn] *n* aspirine *f*.

ass [æs] *n* **-1.** [donkey] âne *m*. **-2.** *Br inf* [idiot] imbécile *mf*, idiot *m*, -e *f*. **-3.** *Am v inf* = **arse**.

assailant [ə'seɪlənt] *n* assaillant *m*, -e *f*.

assassin [ə'sæsɪn] *n* assassin *m*.

assassinate [ə'sæsɪneɪt] *vt* assassiner.

assassination [ə,sæsɪ'neɪʃn] *n* assassinat *m*.

assault [ə'sɔːlt] ◇ *n* **-1.** MIL: **~ (on)** assaut *m* (de), attaque *f* (de). **-2.** [physical attack]: **~ (on sb)** agression *f* (contre qqn). ◇ *vt* [attack - physically] agresser; [- sexually] violenter.

assemble [ə'sembl] ◇ *vt* **-1.** [gather] réunir. **-2.** [fit together] assembler, monter. ◇ *vi* se réunir, s'assembler.

assembly [ə'semblɪ] *n* **-1.** [gen] assemblée *f*. **-2.** [fitting together] assemblage *m*.

assembly line *n* chaîne *f* de montage.

assent [ə'sent] ◇ *n* consentement *m*, assentiment *m*. ◇ *vi*: **to ~ (to)** donner son consentement OR assentiment (à).

assert [ə'sɜːt] *vt* **-1.** [fact, belief] affirmer, soutenir. **-2.** [authority] imposer.

assertive [ə'sɜːtɪv] *adj* assuré(e).

assess [ə'ses] *vt* évaluer, estimer.

assessment [ə'sesmənt] *n* **-1.** [opinion] opinion *f*. **-2.** [calculation] évaluation *f*, estimation *f*.

assessor [ə'sesər] *n* [of tax] contrôleur *m* (des impôts).

asset ['æset] *n* avantage *m*, atout *m*.

◆ **assets** *npl* COMM actif *m*.

assign [ə'saɪn] *vt* **-1.** [allot]: **to ~ sthg (to)** assigner qqch (à). **-2.** [give task to]: **to ~ sb (to sthg/to do sthg)** nommer qqn (à qqch/pour faire qqch).

assignment [ə'saɪnmənt] *n* **-1.** [task] mission *f*; SCH devoir *m*. **-2.** [act of assigning] attribution *f*.

assimilate [ə'sɪmɪleɪt] *vt* assimiler.

assist [ə'sɪst] *vt*: **to ~ sb (with sthg/in doing sthg)** aider qqn (dans qqch/à faire qqch); [professionally] assister qqn (dans qqch/pour faire qqch).

assistance [ə'sɪstəns] *n* aide *f*; **to be of ~ (to)** être utile (à).

assistant [ə'sɪstənt] ◇ *n* assistant *m*, -e *f*; [shop] ◇ vendeur *m*, -euse *f*. ◇ *comp*: **~ editor** rédacteur en chef adjoint *m*, rédactrice en chef adjointe *f*; **~ manager** sous-directeur *m*, -trice *f*.

associate [*adj & n* ə'səʊʃɪət, *vb* ə'səʊʃɪeɪt] ◇ *adj* associé(e). ◇ *n* associé *m*, -e *f*. ◇ *vt*: **to ~ sb/sthg (with)** associer qqn/qqch (à); **to be ~d with** être associé(e) à. ◇ *vi*: **to ~ with sb** fréquenter qqn.

association [ə,səʊsɪ'eɪʃn] *n* association *f*; **in ~ with** avec la collaboration de.

assorted [ə'sɔːtɪd] *adj* varié(e).

assortment [ə'sɔːtmənt] *n* mélange *m*.

assume [ə'sjuːm] *vt* **-1.** [suppose] supposer, présumer. **-2.** [power, responsibility] assumer. **-3.** [appearance, attitude] adopter.

assumed name [ə'sjuːmd-] *n* nom *m* d'emprunt.

assuming [ə'sjuːmɪŋ] *conj* en supposant que.

assumption [ə'sʌmpʃn] *n* [supposition] supposition *f*.

assurance [ə'ʃʊərəns] *n* **-1.** [gen] assurance *f*. **-2.** [promise] garantie *f*, promesse *f*.

assure [ə'ʃʊə*r*] *vt*: **to ~ sb (of)** assurer qqn (de).

assured [ə'ʃʊəd] *adj* assuré(e).

asterisk ['æstərɪsk] *n* astérisque *m*.

astern [ə'stɜːn] *adv* NAUT en poupe.

asthma ['æsmə] *n* asthme *m*.

astonish [ə'stɒnɪʃ] *vt* étonner.

astonishment [ə'stɒnɪʃmənt] *n* étonnement *m*.

astound [ə'staʊnd] *vt* stupéfier.

astray [ə'streɪ] *adv*: **to go ~** [become lost] s'égarer; **to lead sb ~** détourner qqn du droit chemin.

astride [ə'straɪd] ◇ *adv* à cheval, à califourchon. ◇ *prep* à cheval OR califourchon sur.

astrology [ə'strɒlədʒɪ] *n* astrologie *f*.

astronaut ['æstrənɔːt] *n* astronaute *mf*.

astronomical [,æstrə'nɒmɪkl] *adj* astronomique.

astronomy [ə'strɒnəmɪ] *n* astronomie *f*.

astute [ə'stjuːt] *adj* malin(igne).

asylum [ə'saɪləm] *n* asile *m*.

at [*unstressed* ət, *stressed* æt] *prep* **-1.** [indicating place, position] à; **~ my father's** chez mon père; **~ home** à la maison, chez soi; **~ school** à l'école; **~ work** au travail. **-2.** [indicating direction] vers; **to look ~ sb** regarder qqn; **to smile ~ sb** sourire à qqn; **to shoot ~ sb** tirer sur qqn. **-3.** [indicating a particular time] à; **~ midnight/noon/eleven o'clock** à minuit/midi/onze heures; **~ night** la nuit; **~ Christmas/Easter** à Noël/Pâques. **-4.** [indicating age, speed, rate] à; **~ 52 (years of age)** à 52 ans; **~ 100 mph** à 160 km/h. **-5.** [indicating price]: **£50 a pair** 50 livres la paire. **-6.** [indicating particular state, condition] en; **~ peace/war** en paix/guerre; **to be ~ lunch/dinner** être en train de déjeuner/dîner. **-7.** (*after adjectives*): **amused/appalled/puzzled ~ sthg** diverti/effaré/intrigué par qqch; **delighted ~ sthg** ravi de qqch; **to be bad/good ~ sthg** être mauvais/bon en qqch.

◆ **at all** *adv* **-1.** (*with negative*): **not ~ all** [when thanked] je vous en prie; [when answering a question] pas du tout; **she's not ~ all happy** elle n'est pas du tout contente. **-2.** [in the slightest]: **anything ~ all will do** n'importe quoi fera l'affaire; **do you know her ~ all?** est-ce que vous la connaissez?

ate [*Br* et, *Am* eɪt] *pt* → **eat**.

atheist ['eɪθɪɪst] *n* athée *mf*.

Athens ['æθɪnz] *n* Athènes *f*.

athlete ['æθliːt] *n* athlète *mf*.

athletic [æθ'letɪk] *adj* athlétique.

◆ **athletics** *npl* athlétisme *m*.

Atlantic [ət'læntɪk] ◇ *adj* atlantique. ◇ *n*: **the ~ (Ocean)** l'océan *m* Atlantique, l'Atlantique *m*.

atlas ['ætləs] *n* atlas *m*.

atmosphere ['ætmə,sfɪə*r*] *n* atmosphère *f*.

atmospheric [,ætməs'ferɪk] *adj* **-1.** [pressure, pollution etc] atmosphérique. **-2.** [film, music etc] d'ambiance.

atom ['ætəm] n -1. TECH atome m. -2. fig [tiny amount] grain m, parcelle f.

atom bomb n bombe f atomique.

atomic [ə'tɒmɪk] adj atomique.

atomic bomb = atom bomb.

atomizer, -iser ['ætəmaɪzəʳ] n atomiseur m, vaporisateur m.

atone [ə'təʊn] vi: to ~ for racheter.

A to Z n plan m de ville.

atrocious [ə'trəʊʃəs] adj [very bad] atroce, affreux(euse).

atrocity [ə'trɒsətɪ] n [terrible act] atrocité f.

attach [ə'tætʃ] vt -1. [gen]: to ~ sthg (to) attacher qqch (à). -2. [letter etc] joindre.

attaché case [ə'tæʃeɪ-] n attaché-case m.

attached [ə'tætʃt] adj [fond]: ~ to attaché(e) à.

attachment [ə'tætʃmənt] n -1. [device] accessoire m. -2. [fondness]: ~ (to) attachement m (à).

attack [ə'tæk] ◇ n -1. [physical, verbal]: ~ (on) attaque f (contre). -2. [of illness] crise f. ◇ vt -1. [gen] attaquer. -2. [job, problem] s'attaquer à. ◇ vi attaquer.

attacker [ə'tækəʳ] n -1. [assailant] agresseur m. -2. SPORT attaquant m, -e f.

attain [ə'teɪn] vt atteindre, parvenir à.

attainment [ə'teɪnmənt] n -1. [of success, aims etc] réalisation f. -2. [skill] talent m.

attempt [ə'tempt] ◇ n: ~ (at) tentative f (de); ~ on sb's life tentative d'assassinat. ◇ vt tenter, essayer; to ~ to do sthg essayer OR tenter de faire qqch.

attend [ə'tend] ◇ vt -1. [meeting, party] assister à. -2. [school, church] aller à. ◇ vi -1. [be present] être présent(e). -2. [pay attention]: to ~ (to) prêter attention (à).

◆ **attend to** vt fus -1. [deal with] s'occuper de, régler. -2. [look after - customer] s'occuper de; [- patient] soigner.

attendance [ə'tendəns] n -1. [number present] assistance f, public m. -2. [presence] présence f.

attendant [ə'tendənt] ◇ adj [problems] qui en découle. ◇ n [at museum, car park] gardien m, -ienne f; [at petrol station] pompiste mf.

attention [ə'tenʃn] ◇ n (U) -1. [gen] attention f; to bring sthg to sb's ~, to draw sb's ~ to sthg attirer l'attention de qqn sur qqch; to attract OR catch sb's ~ attirer l'attention de qqn; to pay ~ to prêter attention à; for the ~ of COMM à l'attention de. -2. [care] soins mpl, attentions fpl. ◇ excl MIL garde-à-vous!

attentive [ə'tentɪv] adj attentif(ive).

attic ['ætɪk] n grenier m.

attitude ['ætɪtjuːd] n -1. [gen]: ~ (to OR towards) attitude f (envers). -2. [posture] pose f.

attn. (abbr of for the attention of) à l'attention de.

attorney [ə'tɜːnɪ] n Am avocat m, -e f.

attorney general (pl attorneys general) n ministre m de la Justice.

attract [ə'trækt] vt attirer.

attraction [ə'trækʃn] n -1. [gen] attraction f; ~ to sb attirance f envers qqn. -2. [of thing] attrait m.

attractive [ə'træktɪv] adj [person] attirant(e), séduisant(e); [thing, idea] attrayant(e), séduisant; [investment] intéressant(e).

attribute [vb ə'trɪbjuːt, n 'ætrɪbjuːt] ◇ vt: to ~ sthg to attribuer qqch à. ◇ n attribut m.

attrition [ə'trɪʃn] n usure f.

aubergine ['əʊbəʒiːn] n Br aubergine f.

auburn ['ɔːbən] adj auburn (inv).

auction ['ɔːkʃn] ◇ n vente f aux enchères; at OR by ~ aux enchères; to put sthg up for ~ mettre qqch (dans une vente) aux enchères. ◇ vt vendre aux enchères.

◆ **auction off** vt sep vendre aux enchères.

auctioneer [,ɔːkʃə'nıəʳ] *n* commissaire-priseur *m*.

audacious [ɔː'deıʃəs] *adj* audacieux(ieuse).

audible ['ɔːdəbl] *adj* audible.

audience ['ɔːdjəns] *n* **-1.** [of play, film] public *m*, spectateurs *mpl*; [of TV programme] téléspectateurs *mpl*. **-2.** [formal meeting] audience *f*.

audio-visual [,ɔːdɪəʊ-] *adj* audiovisuel(elle).

audit ['ɔːdɪt] ◇ *n* audit *m*, vérification *f* des comptes. ◇ *vt* vérifier, apurer.

audition [ɔː'dıʃn] *n* THEATRE audition *f*; CINEMA bout *m* d'essai.

auditor ['ɔːdɪtəʳ] *n* auditeur *m*, -trice *f*.

auditorium [,ɔːdɪ'tɔːrɪəm] (*pl* -riums OR -ria [-rɪə]) *n* salle *f*.

augur ['ɔːgəʳ] *vi*: to ~ well/badly être de bon/mauvais augure.

August ['ɔːgəst] *n* août *m*; *see also* **September**.

Auld Lang Syne [,ɔːldlæ̃ŋ'saın] *n* chant traditionnel britannique correspondant à «ce n'est qu'un au revoir, mes frères».

aunt [uːnt] *n* tante *f*.

auntie, aunty ['uːntı] *n inf* tata *f*, tantine *f*.

au pair [,əʊ'peəʳ] *n* jeune fille *f* au pair.

aura ['ɔːrə] *n* atmosphère *f*.

aural ['ɔːrəl] *adj* auditif(ive).

auspices ['ɔːspısız] *npl*: under the ~ of sous les auspices de.

auspicious [ɔː'spıʃəs] *adj* prometteur(euse).

Aussie ['ɒzı] *inf* ◇ *adj* australien(ienne). ◇ *n* Australien *m*, -ienne *f*.

austere [ɒ'stıəʳ] *adj* austère.

austerity [ɒ'sterətı] *n* austérité *f*.

Australia [ɒ'streıljə] *n* Australie *f*.

Australian [ɒ'streıljən] ◇ *adj* australien(ienne). ◇ *n* Australien *m*, -ienne *f*.

Austria ['ɒstrıə] *n* Autriche *f*.

Austrian ['ɒstrıən] ◇ *adj* autri-

chien(ienne). ◇ *n* Autrichien *m*, -ienne *f*.

authentic [ɔː'θentık] *adj* authentique.

author ['ɔːθəʳ] *n* auteur *m*.

authoritarian [ɔː,θɒrı'teərıən] *adj* autoritaire.

authoritative [ɔː'θɒrıtətıv] *adj* **-1.** [person, voice] autoritaire. **-2.** [study] qui fait autorité.

authority [ɔː'θɒrətı] *n* **-1.** [organization, power] autorité *f*; to be in ~ être le/la responsable. **-2.** [permission] autorisation *f*. **-3.** [expert]: ~ (on sthg) expert *m*, -e *f* (en qqch).
◆ **authorities** *npl*: the authorities les autorités *fpl*.

authorize, -ise ['ɔːθəraız] *vt*: to ~ sb (to do sthg) autoriser qqn (à faire qqch).

autistic [ɔː'tıstık] *adj* [child] autiste; [behaviour] autistique.

auto ['ɔːtəʊ] (*pl* -s) *n Am* auto *f*, voiture *f*.

autobiography [,ɔːtəbaı'ɒgrəfı] *n* autobiographie *f*.

autocratic [,ɔːtə'krætık] *adj* autocratique.

autograph ['ɔːtəgrɑːf] ◇ *n* autographe *m*. ◇ *vt* signer.

automate ['ɔːtəmeıt] *vt* automatiser.

automatic [,ɔːtə'mætık] ◇ *adj* [gen] automatique. ◇ *n* **-1.** *Br* [car] voiture *f* à transmission automatique. **-2.** [gun] automatique *m*. **-3.** [washing machine] lave-linge *m* automatique.

automatically [,ɔːtə'mætıklı] *adv* [gen] automatiquement.

automation [,ɔːtə'meıʃn] *n* automatisation *f*, automation *f*.

automobile ['ɔːtəməbiːl] *n Am* automobile *f*.

autonomy [ɔː'tɒnəmı] *n* autonomie *f*.

autopsy ['ɔːtɒpsı] *n* autopsie *f*.

autumn ['ɔːtəm] *n* automne *m*.

auxiliary [ɔːg'zıljərı] ◇ *adj* auxiliaire. ◇ *n* auxiliaire *mf*.

Av. (*abbr of* **avenue**) av.

avail [ə'veıl] ◇ *n*: to no ~ en vain, sans résultat. ◇ *vt*: to ~ o.s. of profiter de.

available [ə'veɪləbl] *adj* disponible.
avalanche ['ævəlɑːnʃ] *n lit* & *fig* avalanche *f*.
avarice ['ævərɪs] *n* avarice *f*.
Ave. (*abbr of* **avenue**) av.
avenge [ə'vendʒ] *vt* venger.
avenue ['ævənjuː] *n* avenue *f*.
average ['ævərɪdʒ] ◇ *adj* moyen(enne). ◇ *n* moyenne *f*; **on** ~ en moyenne. ◇ *vt*: **the cars were averaging 90 mph** les voitures roulaient en moyenne à 150 km/h.
◆ **average out** *vi*: **to ~ out at** donner la moyenne de.
aversion [ə'vɜːʃn] *n*: ~ (**to**) aversion *f* (pour).
avert [ə'vɜːt] *vt* **-1.** [avoid] écarter; [accident] empêcher. **-2.** [eyes, glance] détourner.
aviary ['eɪvjərɪ] *n* volière *f*.
avid ['ævɪd] *adj*: ~ (**for**) avide (de).
avocado [ˌævə'kɑːdəʊ] (*pl* **-s** OR **-es**) *n*: ~ (**pear**) avocat *m*.
avoid [ə'vɔɪd] *vt* éviter; **to ~ doing sthg** éviter de faire qqch.
avoidance [ə'vɔɪdəns] *n* → **tax avoidance**.
await [ə'weɪt] *vt* attendre.
awake [ə'weɪk] (*pt* **awoke** OR **awaked**, *pp* **awoken**) ◇ *adj* [not sleeping] réveillé(e); **are you ~?** tu dors? ◇ *vt* **-1.** [wake up] réveiller. **-2.** *fig* [feeling] éveiller. ◇ *vi* **-1.** [wake up] se réveiller. **-2.** *fig* [feeling] s'éveiller.
awakening [ə'weɪknɪŋ] *n* **-1.** [from sleep] réveil *m*. **-2.** *fig* [of feeling] éveil *m*.
award [ə'wɔːd] ◇ *n* [prize] prix *m*. ◇ *vt*: **to ~ sb sthg**, **to ~ sthg to sb** [prize] décerner qqch à qqn; [compensation, free kick] accorder qqch à qqn.
aware [ə'weəʳ] *adj*: **to be ~ of sthg** se rendre compte de qqch, être conscient(e) de qqch; **to be ~ that** se rendre compte que, être conscient que.
awareness [ə'weənɪs] *n* (*U*) conscience *f*.
awash [ə'wɒʃ] *adj lit* & *fig*: ~ (**with**) inondé(e) (de).

away [ə'weɪ] ◇ *adv* **-1.** [in opposite direction]: **to move** OR **walk ~ (from)** s'éloigner (de); **to look ~** détourner le regard; **to turn ~** se détourner. **-2.** [in distance]: **we live 4 miles ~ (from here)** nous habitons à 6 kilomètres (d'ici). **-3.** [in time]: **the elections are a month ~** les élections se dérouleront dans un mois. **-4.** [absent] absent(e); **she's ~ on holiday** elle est partie en vacances. **-5.** [in safe place]: **to put sthg ~** ranger qqch. **-6.** [so as to be gone or used up]: **to fade ~** disparaître; **to give sthg ~** donner qqch, faire don de qqch; **to take sthg ~** emporter qqch. **-7.** [continuously]: **to be working ~** travailler sans arrêt. ◇ *adj* SPORT [team, fans] de l'équipe des visiteurs; ~ **game** match *m* à l'extérieur.
awe [ɔː] *n* respect *m* mêlé de crainte; **to be in ~ of sb** être impressionné par qqn.
awesome ['ɔːsəm] *adj* impressionnant(e).
awful ['ɔːfʊl] *adj* **-1.** [terrible] affreux(euse). **-2.** *inf* [very great]: **an ~ lot (of)** énormément (de).
awfully ['ɔːflɪ] *adv inf* [bad, difficult] affreusement; [nice, good] extrêmement.
awhile [ə'waɪl] *adv* un moment.
awkward ['ɔːkwəd] *adj* **-1.** [clumsy] gauche, maladroit(e). **-2.** [embarrassed] mal à l'aise, gêné(e). **-3.** [difficult - person, problem, task] difficile. **-4.** [inconvenient] incommode. **-5.** [embarrassing] embarrassant(e), gênant(e).
awning ['ɔːnɪŋ] *n* **-1.** [of tent] auvent *m*. **-2.** [of shop] banne *f*.
awoke [ə'wəʊk] *pt* → **awake**.
awoken [ə'wəʊkn] *pp* → **awake**.
awry [ə'raɪ] ◇ *adj* de travers. ◇ *adv*: **to go ~** aller de travers, mal tourner.
axe *Br*, **ax** *Am* [æks] ◇ *n* hache *f*. ◇ *vt* [project] abandonner; [jobs] supprimer.
axes ['æksiːz] *pl* → **axis**.
axis ['æksɪs] (*pl* **axes**) *n* axe *m*.

axle ['æksl] *n* essieu *m*.

aye [aɪ] ◇ *adv* oui. ◇ *n* voix *f* pour.

azalea [ə'zeɪljə] *n* azalée *f*.

Azores [ə'zɔːz] *npl*: **the ~** les Açores *fpl*.

B

b (*pl* **b's** OR **bs**), **B** (*pl* **B's** OR **Bs**) [biː] *n* [letter] b *m inv*, B *m inv*.
◆ **B** *n* **-1.** MUS si *m*. **-2.** SCH [mark] B *m inv*.

BA *n abbr of* **Bachelor of Arts**.

babble ['bæbl] ◇ *n* [of voices] murmure *m*, rumeur *f*. ◇ *vi* [person] babiller.

baboon [bə'buːn] *n* babouin *m*.

baby ['beɪbɪ] *n* **-1.** [child] bébé *m*. **-2.** *inf* [darling] chéri *m*, -e *f*.

baby buggy *n* **-1.** *Br* [foldable pushchair] poussette *f*. **-2.** *Am* = **baby carriage**.

baby carriage *n Am* landau *m*.

baby-sit *vi* faire du baby-sitting.

baby-sitter [-,sɪtə'] *n* baby-sitter *mf*.

bachelor ['bætʃələ'] *n* célibataire *m*.

Bachelor of Arts *n* licencié *m*, -e *f* en OR ès Lettres.

Bachelor of Science *n* licencié *m*, -e *f* en OR ès Sciences.

back [bæk] ◇ *adv* **-1.** [backwards] en arrière; **to step/move ~** reculer; **to push ~** repousser. **-2.** [to former position or state]: **I'll be ~ at five** je rentrerai OR serai de retour à dix-sept heures; **I'd like my money ~** [in shop] je voudrais me faire rembourser; **to go ~** retourner; **to come ~** revenir, rentrer; **to drive ~** rentrer en voiture; **to go ~ to sleep** se rendormir; **to go ~ and forth** [person] faire des allées et venues; **to be ~ (in fashion)** revenir à la mode. **-3.** [in time]: **to think ~ (to)** se souvenir (de). **-4.** [in return]: **to phone** OR **call ~** rappeler.

◇ *n* **-1.** [of person, animal] dos *m*; **behind sb's ~** *fig* derrière le dos de qqn. **-2.** [of door, book, hand] dos *m*; [of head] derrière *m*; [of envelope, cheque] revers *m*; [of page] verso *m*; [of chair] dossier *m*. **-3.** [of room, fridge] fond *m*; [of car] arrière *m*. **-4.** SPORT arrière *m*. ◇ *adj* **-1.** [at the back] de derrière; [seat, wheel] arrière (*inv*); [page] dernier(ière). **-2.** [overdue]: **~ rent** arriéré *m* de loyer. ◇ *vt* **-1.** [reverse] reculer. **-2.** [support] appuyer, soutenir. **-3.** [bet on] parier sur, miser sur. ◇ *vi* reculer.

◆ **back to back** *adv* **-1.** [stand] dos à dos. **-2.** [happen] l'un après l'autre.

◆ **back to front** *adv* à l'envers.

◆ **back down** *vi* céder.

◆ **back out** *vi* [of promise] se dédire.

◆ **back up** ◇ *vt sep* **-1.** [support - claim] appuyer, soutenir; [- person] épauler, soutenir. **-2.** [reverse] reculer. **-3.** COMPUT sauvegarder. ◇ *vi* [reverse] reculer.

backache ['bækeɪk] *n*: **to have ~** avoir mal aux reins OR au dos.

backbencher [,bæk'bentʃə'] *n Br* POL *député qui n'a aucune position officielle au gouvernement ni dans aucun parti*.

backbone ['bækbəʊn] *n* épine *f* dorsale, colonne *f* vertébrale; *fig* [main support] pivot *m*.

backcloth ['bækklɒθ] *Br* = **backdrop**.

backdate [,bæk'deɪt] *vt* antidater.

back door *n* porte *f* de derrière.

backdrop ['bækdrɒp] *n lit & fig* toile *f* de fond.

backfire [,bæk'faɪə'] *vi* **-1.** AUT pétarader. **-2.** [plan]: **to ~ (on sb)** se retourner (contre qqn).

backgammon ['bæk,gæmən] *n* backgammon *m*, ≈ jacquet *m*.

background ['bækgraʊnd] *n* **-1.** [in picture, view] arrière-plan *m*; **in the ~** dans le fond, à l'arrière-plan; *fig* au second plan. **-2.** [of event, situation] contexte *m*. **-3.** [upbringing] milieu *m*.

backhand ['bækhænd] *n* revers *m*.

backhanded ['bækhændɪd] *adj fig* ambigu(ë), équivoque.

backhander ['bækhændə'] *n Br inf* pot-de-vin *m*.

backing ['bækɪŋ] *n* **-1.** [support] soutien *m*. **-2.** [lining] doublage *m*.

backlash ['bæklæʃ] *n* contrecoup *m*, choc *m* en retour.

backlog ['bæklɒg] *n*: ~ **(of work)** arriéré *m* de travail, travail *m* en retard.

back number *n* vieux numéro *m*.

backpack ['bækpæk] *n* sac *m* à dos.

back pay *n* rappel *m* de salaire.

back seat *n* [in car] siège *m* OR banquette *f* arrière; **to take a** ~ *fig* jouer un rôle secondaire.

backside [,bæk'saɪd] *n inf* postérieur *m*, derrière *m*.

backstage [,bæk'steɪdʒ] *adv* dans les coulisses.

back street *n Br* petite rue *f*.

backstroke ['bækstrəʊk] *n* dos *m* crawlé.

backup ['bækʌp] ◇ *adj* [plan, team] de secours, de remplacement. ◇ *n* **-1.** [gen] aide *f*, soutien *m*. **-2.** COMPUT (copie *f* de) sauvegarde *f*.

backward ['bækwəd] ◇ *adj* **-1.** [movement, look] en arrière. **-2.** [country] arriéré(e); [person] arriéré, attardé(e). ◇ *adv Am* = **backwards**.

backwards ['bækwədz], **backward** *Am adv* [move, go] en arrière, à reculons; [read list] à rebours, à l'envers; ~ **and forwards** [movement] de va-et-vient, d'avant en arrière et d'arrière en avant; **to walk** ~ **and forwards** aller et venir.

backwater ['bæk,wɔːtə'] *n fig* désert *m*.

backyard [,bæk'jɑːd] *n* **-1.** *Br* [yard] arrière-cour *f*. **-2.** *Am* [garden] jardin *m* de derrière.

bacon ['beɪkən] *n* bacon *m*.

bacteria [bæk'tɪərɪə] *npl* bactéries *fpl*.

bad [bæd] (*compar* **worse**, *superl* **worst**) ◇ *adj* **-1.** [not good] mauvais(e); **to be** ~ **at sthg** être mauvais en qqch; **too** ~! dommage!; **not** ~ pas mal. **-2.** [unhealthy] malade; **smoking is** ~ **for you** fumer est mauvais pour la santé; **I'm feeling** ~

je ne suis pas dans mon assiette. **-3.** [serious]: **a** ~ **cold** un gros rhume. **-4.** [rotten] pourri(e), gâté(e); **to go** ~ se gâter, s'avarier. **-5.** [guilty]: **to feel** ~ **about sthg** se sentir coupable de qqch. **-6.** [naughty] méchant(e). ◇ *adv Am* = **badly**.

badge [bædʒ] *n* **-1.** [metal, plastic] badge *m*. **-2.** [sewn-on] écusson *m*.

badger ['bædʒə'] ◇ *n* blaireau *m*. *vt*: **to** ~ **sb (to do sthg)** harceler qqn (pour qu'il fasse qqch).

badly ['bædlɪ] (*compar* **worse**, *superl* **worst**) *adv* **-1.** [not well] mal. **-2.** [seriously - wounded] grièvement; [- affected] gravement, sérieusement; **to be** ~ **in need of sthg** avoir vraiment OR absolument besoin de qqch.

badly-off *adj* [poor] pauvre, dans le besoin.

bad-mannered [-'mænəd] *adj* [child] mal élevé(e); [shop assistant] impoli(e).

badminton ['bædmɪntən] *n* badminton *m*.

bad-tempered [-'tempəd] *adj* **-1.** [by nature] qui a mauvais caractère. **-2.** [in a bad mood] de mauvaise humeur.

baffle ['bæfl] *vt* déconcerter, confondre.

bag [bæg] ◇ *n* **-1.** [gen] sac *m*; **to pack one's** ~**s** *fig* plier bagage. **-2.** [handbag] sac *m* à main. ◇ *vt Br inf* [reserve] garder.

♦ **bags** *npl* **-1.** [under eyes] poches *fpl*. **-2.** *inf* [lots]: ~**s of** plein OR beaucoup de.

bagel ['beɪgəl] *n* petit pain en couronne.

baggage ['bægɪdʒ] *n* (*U*) bagages *mpl*.

baggage reclaim *n* retrait *m* des bagages.

baggy ['bægɪ] *adj* ample.

bagpipes ['bægpaɪps] *npl* cornemuse *f*.

Bahamas [bə'hɑːməz] *npl*: **the** ~ les Bahamas *fpl*.

bail [beɪl] *n* (*U*) caution *f*; **on** ~ sous caution.

♦ **bail out** ◇ *vt sep* **-1.** [pay bail for] porter garant de. **-2.** *fig* [rescue] tirer d'affaire. ◇ vi [from plane] sauter (en parachute).

bailiff ['beɪlɪf] n huissier m.

bait [beɪt] ◇ n appât m. ◇ vt **-1.** [put bait on] appâter. **-2.** [tease] tourmenter.

bake [beɪk] ◇ vt **-1.** CULIN faire cuire au four. **-2.** [clay, bricks] cuire. ◇ vi [food] cuire au four.

baked beans [beɪkt-] npl haricots mpl blancs à la tomate.

baked potato [beɪkt-] n pomme f de terre en robe de chambre.

baker ['beɪkə'] n boulanger m, -ère f; ~'s (shop) boulangerie f.

bakery ['beɪkərɪ] n boulangerie f.

baking ['beɪkɪŋ] n cuisson f.

balaclava (helmet) [bælə'klɑ:və-] n Br passe-montagne m.

balance ['bæləns] ◇ n **-1.** [equilibrium] équilibre m; **to keep/lose one's** ~ garder/perdre l'équilibre; **off** ~ déséquilibré(e). **-2.** fig [counterweight] contrepoids m; [of evidence] poids m, force f. **-3.** [scales] balance f. **-4.** FIN solde m. ◇ vt **-1.** [keep in balance] maintenir en équilibre. **-2.** [compare]: **to ~ sthg against sthg** mettre qqch et qqch en balance. **-3.** [in accounting]: **to ~ a budget** équilibrer un budget; **to ~ the books** clôturer les comptes, dresser le bilan. ◇ vi **-1.** [maintain equilibrium] se tenir en équilibre. **-2.** [figures] s'équilibrer.

◆ **on balance** adv tout bien considéré.

balanced diet [,bælənst-] n alimentation f équilibrée.

balance of payments n balance f des paiements.

balance of trade n balance f commerciale.

balance sheet n bilan m.

balcony ['bælkənɪ] n balcon m.

bald [bɔːld] adj **-1.** [head, man] chauve. **-2.** [tyre] lisse. **-3.** fig [blunt] direct(e).

bale [beɪl] n balle f.

◆ **bale out** Br ◇ vt sep [boat] écoper. ◇ vi [from plane] sauter en parachute.

Balearic Islands [,bælɪ'ærɪk-], **Balearics** [,bælɪ'ærɪks] npl: **the** ~ les Baléares fpl.

baleful ['beɪlfʊl] adj sinistre.

balk [bɔːk] vi: **to ~ (at)** hésiter OR reculer (devant).

Balkans ['bɔːlkənz], **Balkan States** ['bɔːlkən-] npl: **the** ~ les Balkans mpl, les Etats mpl balkaniques.

ball [bɔːl] n **-1.** [round shape] boule f; [in game] balle f; [football] ballon m; **to be on the** ~ fig connaître son affaire, s'y connaître. **-2.** [of foot] plante f. **-3.** [dance] bal m.

◆ **balls** v inf ◇ npl [testicles] couilles fpl. ◇ n (U) [nonsense] conneries fpl.

ballad ['bæləd] n ballade f.

ballast ['bæləst] n lest m.

ball bearing n roulement m à billes.

ball boy n ramasseur m de balles.

ballerina [,bælə'ri:nə] n ballerine f.

ballet ['bæleɪ] n **-1.** (U) [art of dance] danse f. **-2.** [work] ballet m.

ballet dancer n danseur m, -euse f de ballet.

ball game n **-1.** Am [baseball match] match m de base-ball. **-2.** inf [situation]: **it's a whole new** ~ c'est une autre paire de manches.

balloon [bə'lu:n] n **-1.** [gen] ballon m. **-2.** [in cartoon] bulle f.

ballot ['bælət] ◇ n **-1.** [voting paper] bulletin m de vote. **-2.** [voting process] scrutin m. ◇ vt appeler à voter.

ballot box n **-1.** [container] urne f. **-2.** [voting process] scrutin m.

ballot paper n bulletin m de vote.

ball park n Am terrain m de base-ball.

ballpoint (pen) ['bɔːlpɔɪnt-] n stylo m à bille.

ballroom ['bɔːlrʊm] n salle f de bal.

ballroom dancing n (U) danse f de salon.

balm [bɑːm] n baume m.

balmy ['bɑːmɪ] adj doux (douce).

balsa(wood) ['bɒlsə(wʊd)] n balsa m.

Baltic ['bɔːltɪk] ◇ adj [port, coast] de la Baltique. ◇ n: **the** ~ **(Sea)** la Baltique.

Baltic Republic *n*: the ~s les républiques *fpl* baltes.

bamboo [bæm'bu:] *n* bambou *m*.

bamboozle [bæm'bu:zl] *vt inf* embobiner.

ban [bæn] ◇ *n* interdiction *f*; there is a ~ on smoking il est interdit de fumer. ◇ *vt* interdire; to ~ sb from doing sthg interdire à qqn de faire qqch.

banal [bə'nɑːl] *adj pej* banal(e), ordinaire.

banana [bə'nɑːnə] *n* banane *f*.

band [bænd] *n* -1. [MUS - rock] groupe *m*; [- military] fanfare *f*; [- jazz] orchestre *m*. -2. [group, strip] bande *f*. -3. [stripe] rayure *f*. -4. [range] tranche *f*.
♦ **band together** *vi* s'unir.

bandage ['bændɪdʒ] ◇ *n* bandage *m*, bande *f*. ◇ *vt* mettre un pansement OR un bandage sur.

Band-Aid® *n* pansement *m* adhésif.

b and b, B and B *n abbr of* bed and breakfast.

bandit ['bændɪt] *n* bandit *m*.

bandstand ['bændstænd] *n* kiosque *m* à musique.

bandwagon ['bændwægən] *n*: to jump on the ~ suivre le mouvement.

bandy ['bændɪ] *adj* qui a les jambes arquées.
♦ **bandy about, bandy around** *vt sep* répandre, faire circuler.

bandy-legged [-,legd] *adj* = **bandy**.

bang [bæŋ] ◇ *adv* [exactly]: ~ in the middle en plein milieu; to be ~ on time être pile à l'heure. ◇ *n* -1. [blow] coup *m* violent. -2. [of gun etc] détonation *f*; [of door] claquement *m*. ◇ *vt* frapper violemment; [door] claquer; to ~ one's head/knee se cogner la tête/le genou. ◇ *vi* -1. [knock]: to ~ on frapper à. -2. [make a loud noise - gun etc] détoner; [- door] claquer. -3. [crash]: to ~ into se cogner contre. ◇ *excl* boum!
♦ **bangs** *npl Am* frange *f*.

banger ['bæŋər] *n Br* -1. *inf* [sausage] saucisse *f*. -2. *inf* [old car] vieille guimbarde *f*. -3. [firework] pétard *m*.

bangle ['bæŋgl] *n* bracelet *m*.

banish ['bænɪʃ] *vt* bannir.

banister ['bænɪstər] *n*, **banisters** ['bænɪstəz] *npl* rampe *f*.

bank [bæŋk] ◇ *n* -1. FIN & *fig* banque *f*. -2. [of river, lake] rive *f*, bord *m*. -3. [of earth] talus *m*. -4. [of clouds] masse *f*; [of fog] nappe *f*. ◇ *vt* FIN mettre OR déposer à la banque. ◇ *vi* -1. FIN: to ~ with avoir un compte à. -2. [plane] tourner.
♦ **bank on** *vt fus* compter sur.

bank account *n* compte *m* en banque.

bank balance *n* solde *m* bancaire.

bank card = **banker's card**.

bank charges *npl* frais *mpl* bancaires.

bank draft *n* traite *f* bancaire.

banker ['bæŋkər] *n* banquier *m*.

banker's card *n Br* carte *f* d'identité bancaire.

bank holiday *n Br* jour *m* férié.

banking ['bæŋkɪŋ] *n*: to go into ~ travailler dans la banque.

bank manager *n* directeur *m* de banque.

bank note *n* billet *m* de banque.

bank rate *n* taux *m* d'escompte.

bankrupt ['bæŋkrʌpt] *adj* failli(e); to go ~ faire faillite.

bankruptcy ['bæŋkrəptsɪ] *n* [gen] faillite *f*.

bank statement *n* relevé *m* de compte.

banner ['bænər] *n* banderole *f*.

bannister(s) ['bænɪstə(z)] = **banister(s)**.

banquet ['bæŋkwɪt] *n* banquet *m*.

banter ['bæntər] *n* (U) plaisanterie *f*, badinage *m*.

bap [bæp] *n Br* petit pain *m*.

baptism ['bæptɪzm] *n* baptême *m*.

Baptist ['bæptɪst] *n* baptiste *mf*.

baptize, -ise [Br bæp'taɪz, Am 'bæptaɪz] *vt* baptiser.

bar [bɑː] ◇ *n* -1. [piece of gold] lingot *m*; [- of chocolate] tablette *f*; a ~ of soap une savonnette. -2. [length of wood, metal] barre *f*; to be behind ~s être derrière les barreaux OR sous les

verrous. -3. fig [obstacle] **obstacle** m.
-4. [pub] **bar** m. **-5.** [counter of pub]
comptoir m, **zinc** m. **-6.** MUS **mesure** f.
◇ vt **-1.** [door, road] **barrer;** [window]
mettre des barreaux à; **to ~ sb's way**
barrer la route OR le passage à qqn.
-2. [ban] **interdire, défendre.** ◇ prep
sauf, excepté; ~ **none** sans exception.
◆ **Bar** n JUR: **the Bar** Br **le barreau;**
Am **les avocats** mpl.

barbaric [bɑːˈbærɪk] adj **barbare.**

barbecue [ˈbɑːbɪkjuː] n **barbecue** m.

barbed wire [bɑːbd-] n (U) **fil** m **de**
fer barbelé.

barber [ˈbɑːbəʳ] n **coiffeur** m (pour
hommes); ~**'s (shop) salon** m **de**
coiffure (pour hommes); **to go to the**
~**'s** aller chez le coiffeur.

barbiturate [bɑːˈbɪtjʊrət] n **barbitu-**
rique m.

bar code n **code** m (à) **barres.**

bare [beəʳ] ◇ adj **-1.** [feet, arms etc]
nu(e); [trees, hills] **dénudé(e). -2.** [mini-
mum]: **the** ~ **facts** les simples faits;
the ~ **minimum** le strict minimum. **-3.**
[empty] **vide.** ◇ vt **découvrir; to** ~
one's teeth montrer ses dents.

bareback [ˈbeəbæk] adv **à cru, à nu.**

barefaced [ˈbeəfeɪst] adj **éhonté(e).**

barefoot(ed) [ˌbeəˈfʊt(ɪd)] ◇ adj **aux**
pieds nus. ◇ adv **nu-pieds, pieds**
nus.

barely [ˈbeəlɪ] adv [scarcely] **à peine,**
tout juste.

bargain [ˈbɑːgɪn] ◇ n **-1.** [agreement]
marché m; **into the** ~ **en plus, par-**
dessus le marché. -2. [good buy] **af-**
faire f, **occasion** f. ◇ vi **négocier; to**
~ **with sb for sthg** négocier qqch
avec qqn.
◆ **bargain for, bargain on** vt fus
compter sur, prévoir.

barge [bɑːdʒ] ◇ n **péniche** f. ◇ vi inf:
to ~ **past sb** bousculer qqn.
◆ **barge in** vi inf: **to** ~ **in (on)** interrompre.

baritone [ˈbærɪtəʊn] n **baryton** m.

bark [bɑːk] ◇ n **-1.** [of dog] **aboie-**

ment m. **-2.** [on tree] **écorce** f. ◇ vi
[dog]: **to** ~ **(at)** aboyer (après).

barley [ˈbɑːlɪ] n **orge** f.

barley sugar n Br **sucre** m **d'orge.**

barley water n Br **orgeat** m.

barmaid [ˈbɑːmeɪd] n **barmaid** f, **ser-**
veuse f **de bar.**

barman [ˈbɑːmən] (pl **-men** [-mən]) n
barman m, **serveur** m **de bar.**

barn [bɑːn] n **grange** f.

barometer [bəˈrɒmɪtəʳ] n lit & fig **ba-**
romètre m.

baron [ˈbærən] n **baron** m.

baroness [ˈbærənɪs] n **baronne** f.

barrack [ˈbærək] vt Br **huer, cons-**
puer.
◆ **barracks** npl **caserne** f.

barrage [ˈbærɑːʒ] n **-1.** [of firing] **bar-**
rage m. **-2.** [of questions] **avalanche** f,
déluge m. **-3.** Br [dam] **barrage** m.

barrel [ˈbærəl] n **-1.** [for beer, wine]
tonneau m, **fût** m. **-2.** [for oil] **baril** m.
-3. [of gun] **canon** m.

barren [ˈbærən] adj **stérile.**

barricade [ˌbærɪˈkeɪd] n **barricade** f.

barrier [ˈbærɪəʳ] n lit & fig **barrière** f.

barring [ˈbɑːrɪŋ] prep **sauf.**

barrister [ˈbærɪstəʳ] n Br **avocat** m, **-e** f.

barrow [ˈbærəʊ] n **brouette** f.

bartender [ˈbɑːtendəʳ] n Am **barman** m.

barter [ˈbɑːtəʳ] ◇ n **troc** m. ◇ vt: **to** ~
sthg (for) troquer OR **échanger** qqch
(contre). ◇ vi **faire du troc.**

base [beɪs] ◇ n **base** f. ◇ vt **baser; to**
~ **sthg on** OR **upon** baser OR **fonder**
qqch sur. ◇ adj **indigne, ignoble.**

baseball [ˈbeɪsbɔːl] n **base-ball** m.

baseball cap n **casquette** f **de base-**
ball.

basement [ˈbeɪsmənt] n **sous-sol** m.

base rate n **taux** m **de base.**

bases [ˈbeɪsiːz] pl → **basis.**

bash [bæʃ] inf ◇ n **-1.** [painful blow]
coup m. **-2.** [attempt]: **to have a** ~
tenter le coup. ◇ vt [hit - gen] **frap-**
per, cogner; [- car] **percuter.**

bashful [ˈbæʃfʊl] adj **timide.**

basic [ˈbeɪsɪk] adj **fondamental(e);**
[vocabulary, salary] **de base.**

◆ **basics** *npl* [rudiments] éléments *mpl*, bases *fpl*.

BASIC [ˈbeɪsɪk] (*abbr of* **Beginner's All-purpose Symbolic Instruction Code**) *n* basic *m*.

basically [ˈbeɪsɪklɪ] *adv* **-1.** [essentially] au fond, fondamentalement. **-2.** [really] en fait.

basil [ˈbæzl] *n* basilic *m*.

basin [ˈbeɪsn] *n* **-1.** *Br* [bowl - for cooking] terrine *f*; [- for washing] cuvette *f*. **-2.** [in bathroom] lavabo *m*. **-3.** GEOGR bassin *m*.

basis [ˈbeɪsɪs] (*pl* **-ses**) *n* base *f*; on the ∼ of sur la base de; on a regular ∼ de façon régulière; to be paid on a weekly/monthly ∼ toucher un salaire hebdomadaire/mensuel.

bask [bɑːsk] *vi*: to ∼ in the sun se chauffer au soleil.

basket [ˈbɑːskɪt] *n* corbeille *f*; [with handle] panier *m*.

basketball [ˈbɑːskɪtbɔːl] *n* basket-ball *m*, basket *m*.

bass [beɪs] ◇ *adj* bas (basse). ◇ *n* **-1.** [singer] basse *f*. **-2.** [double bass] contrebasse *f*. **-3.** = **bass guitar**.

bass drum [beɪs-] *n* grosse caisse *f*.

bass guitar [beɪs-] *n* basse *f*.

bassoon [bəˈsuːn] *n* basson *m*.

bastard [ˈbɑːstəd] *n* **-1.** [illegitimate child] bâtard *m*, -e *f*; [unpleasant person] salaud *m*, saligaud *m*.

bastion [ˈbæstɪən] *n* bastion *m*.

bat [bæt] *n* **-1.** [animal] chauve-souris *f*. **-2.** [for cricket, baseball] batte *f*; [for table-tennis] raquette *f*. **-3.** *phr*: to do sthg off one's own ∼ faire qqch de son propre chef.

batch [bætʃ] *n* **-1.** [of papers] tas *m*, liasse *f*; [of letters, applicants] série *f*. **-2.** [of products] lot *m*.

bated [ˈbeɪtɪd] *adj*: with ∼ breath en retenant son souffle.

bath [bɑːθ] ◇ *n* **-1.** [bathtub] baignoire *f*. **-2.** [act of washing] bain *m*; to have a bath prendre un bain. ◇ *vt* baigner, donner un bain à.

◆ **baths** *npl Br* piscine *f*.

bathe [beɪð] ◇ *vt* **-1.** [wound] laver. **-2.** [subj: light, sunshine]: to be ∼d in OR with être baigné(e) de. ◇ *vi* **-1.** [swim] se baigner. **-2.** *Am* [take a bath] prendre un bain.

bathing [ˈbeɪðɪŋ] *n* (*U*) baignade *f*.

bathing cap *n* bonnet *m* de bain.

bathing costume, **bathing suit** *n* maillot *m* de bain.

bathrobe [ˈbɑːθrəʊb] *n* [made of towelling] sortie *f* de bain; [dressing gown] peignoir *m*.

bathroom [ˈbɑːθrʊm] *n* **-1.** *Br* [room with bath] salle *f* de bains. **-2.** *Am* [toilet] toilettes *fpl*.

bath towel *n* serviette *f* de bain.

bathtub [ˈbɑːθtʌb] *n* baignoire *f*.

baton [ˈbætən] *n* **-1.** [of conductor] baguette *f*. **-2.** [in relay race] témoin *m*. **-3.** *Br* [of policeman] bâton *m*, matraque *f*.

batsman [ˈbætsmən] (*pl* **-men** [-mən]) *n* batteur *m*.

battalion [bəˈtæljən] *n* bataillon *m*.

batten [ˈbætn] *n* planche *f*, latte *f*.

batter [ˈbætər] ◇ *n* (*U*) pâte *f*. ◇ *vt* battre.

battered [ˈbætəd] *adj* **-1.** [child, woman] battu(e). **-2.** [car, hat] cabossé(e).

battery [ˈbætərɪ] *n* batterie *f*; [of calculator, toy] pile *f*.

battle [ˈbætl] ◇ *n* **-1.** [in war] bataille *f*. **-2.** [struggle]: ∼ (for/against/with) lutte *f* (pour/contre/avec), combat *m* (pour/contre/avec). ◇ *vi*: to ∼ (for/against/with) se battre (pour/contre/avec), lutter (pour/contre/avec).

battlefield [ˈbætlfiːld], **battleground** [ˈbætlgraʊnd] *n* MIL champ *m* de bataille.

battlements [ˈbætlmənts] *npl* remparts *mpl*.

battleship [ˈbætlʃɪp] *n* cuirassé *m*.

bauble [ˈbɔːbl] *n* babiole *f*, colifichet *m*.

baulk [bɔːk] = **balk**.

bawdy [ˈbɔːdɪ] *adj* grivois(e), salé(e).

bawl [bɔːl] *vt & vi* brailler.

bay [beɪ] *n* **-1.** GEOGR baie *f.* **-2.** [for loading] aire *f* (de chargement). **-3.** [for parking] place *f* (de stationnement). **-4.** *phr:* **to keep sb/sthg at** ~ tenir qqn/qqch à distance, tenir qqn/qqch en échec.

bay leaf *n* feuille *f* de laurier.

bay window *n* fenêtre *f* en saillie.

bazaar [bəˈzɑːʳ] *n* **-1.** [market] bazar *m.* **-2.** Br [charity sale] vente *f* de charité.

B & B *n abbr of* bed and breakfast.

BBC (*abbr of* **British Broadcasting Corporation**) *n office national britannique de radiodiffusion.*

BC (*abbr of* **before Christ**) av. J.-C.

be [biː] (*pt* was OR were, *pp* been) ◇ *aux vb* **-1.** (*in combination with pt:* to form cont tense): **what is he doing?** qu'est-ce qu'il fait?; **it's snowing** il neige; **they've been promising reform for years** ça fait des années qu'ils nous promettent des réformes. **-2.** (*in combination with pp:* to form passive) être; **to** ~ **loved** être aimé(e); **there was no one to** ~ **seen** il n'y avait personne. **-3.** (*in question tags*): **she's pretty, isn't she?** elle est jolie, n'est-ce pas?; **the meal was delicious, wasn't it?** le repas était délicieux, non? OR vous n'avez pas trouvé? **-4.** (*followed by "to"* + *infin*): **the firm is to** ~ **sold** on va vendre la société; **I'm to** ~ **promoted** je vais avoir de l'avancement; **you're not to tell anyone** ne le dis à personne. ◇ *copulative vb* **-1.** (*with adj, n*) être; **to** ~ **a doctor/lawyer/plumber** être médecin/avocat/plombier; **she's intelligent/attractive** elle est intelligente/jolie; **I'm hot/cold** j'ai chaud/froid; **1 and 1 are 2** 1 et 1 font 2. **-2.** [referring to health] aller, se porter; **to** ~ **seriously ill** être gravement malade; **she's better now** elle va mieux maintenant; **how are you?** comment allez-vous? **-3.** [referring to age]: **how old are you?** quel âge avez-vous?; **I'm 20 (years old)** j'ai 20 ans. **-4.** [cost] coûter, faire; **how much was it?** combien cela a-t-il coûté?, combien ça faisait?; **that will** ~ **£10, please** cela fait 10 livres, s'il vous plaît. ◇ *vi* **-1.** [exist] être, exister; ~ **that as it may** quoi qu'il en soit. **-2.** [referring to place] être; **Toulouse is in France** Toulouse se trouve OR est en France; **he will** ~ **here tomorrow** il sera là demain. **-3.** [referring to movement] aller, être; **I've been to the cinema** j'ai été OR je suis allé au cinéma. ◇ *v impers* **-1.** [referring to time, dates, distance] être; **it's two o'clock** il est deux heures; **it's 3 km to the next town** la ville voisine est à 3 km. **-2.** [referring to the weather] faire; **it's hot/cold** il fait chaud/froid; **it's windy** il fait du vent, il y a du vent. **-3.** [for emphasis]: **it's me/Paul/the milkman** c'est moi/Paul/le laitier.

beach [biːtʃ] ◇ *n* plage *f.* ◇ *vt* échouer.

beacon [ˈbiːkən] *n* **-1.** [warning fire] feu *m*, fanal *m.* **-2.** [lighthouse] phare *m.* **-3.** [radio beacon] radiophare *m.*

bead [biːd] *n* **-1.** [of wood, glass] perle *f.* **-2.** [of sweat] goutte *f.*

beagle [ˈbiːgl] *n* beagle *m.*

beak [biːk] *n* bec *m.*

beaker [ˈbiːkəʳ] *n* gobelet *m.*

beam [biːm] ◇ *n* **-1.** [of wood, concrete] poutre *f.* **-2.** [of light] rayon *m.* ◇ *vt* [signal, news] transmettre. ◇ *vi* [smile] faire un sourire radieux.

bean [biːn] *n* [gen] haricot *m*; [of coffee] grain *m*; **to be full of** ~**s** *inf* péter le feu; **to spill the** ~**s** *inf* manger le morceau.

beanbag [ˈbiːnbæg] *n* [chair] sacco *m.*

beanshoot [ˈbiːnʃuːt], **beansprout** [ˈbiːnspraʊt] *n* germe *m* OR pousse *f* de soja.

bear [beəʳ] (*pt* bore, *pp* borne) ◇ *n* [animal] ours *m.* ◇ *vt* **-1.** [carry] porter. **-2.** [support, tolerate] supporter; **to** ~ **responsibility (for)** assumer OR prendre la responsabilité (de). **-3.** [feeling]: **to** ~ **sb a grudge** garder rancune à qqn. ◇ *vi:* **to** ~ **left/right** se diriger vers la gauche/la droite; **to**

bring pressure/influence to ~ **on sb** exercer une pression/une influence sur qqn.

◆ **bear down** *vi*: **to** ~ **down on sb/ sthg** s'approcher de qqn/qqch de façon menaçante.

◆ **bear out** *vt sep* confirmer, corroborer.

◆ **bear up** *vi* tenir le coup.

◆ **bear with** *vt fus* être patient(e) avec.

beard [bɪəd] *n* barbe *f*.

bearer ['beərər] *n* **-1.** [gen] porteur *m*, -euse *f*. **-2.** [of passport] titulaire *mf*.

bearing ['beərɪŋ] *n* **-1.** [connection]: ~ **(on)** rapport *m* (avec). **-2.** [deportment] allure *f*, maintien *m*. **-3.** TECH [for shaft] palier *m*. **-4.** [on compass] orientation *f*; **to get one's** ~**s** s'orienter, se repérer.

beast [biːst] *n* **-1.** [animal] bête *f*. **-2.** *inf pej* [person] brute *f*.

beastly ['biːstlɪ] *adj dated* [person] malveillant(e), cruel(elle); [headache, weather] épouvantable.

beat [biːt] (*pt* **beat,** *pp* **beaten**) ◇ *n* **-1.** [of heart, drum, wings] battement *m*. **-2.** MUS [rhythm] mesure *f*, temps *m*. **-3.** [of policeman] ronde *f*. ◇ *vt* **-1.** [gen] battre; **it ~s me** *inf* ça me dépasse. **-2.** [be better than] être bien mieux que, valoir mieux que. **-3.** *phr:* ~ **it!** *inf* décampe!, fiche le camp! ◇ *vi* battre.

◆ **beat off** *vt sep* [resist] repousser.

◆ **beat up** *vt sep inf* tabasser.

beating ['biːtɪŋ] *n* **-1.** [blows] raclée *f*, rossée *f*. **-2.** [defeat] défaite *f*.

beautiful ['bjuːtɪfʊl] *adj* **-1.** [gen] beau (belle). **-2.** *inf* [very good] joli(e).

beautifully ['bjuːtəflɪ] *adv* **-1.** [attractively - dressed] élégamment; [- decorated] avec goût. **-2.** *inf* [very well] parfaitement, à la perfection.

beauty ['bjuːtɪ] *n* [gen] beauté *f*.

beauty parlour, beauty salon *n* institut *m* de beauté.

beauty spot *n* **-1.** [picturesque place] site *m* pittoresque. **-2.** [on skin] grain *m* de beauté.

beaver ['biːvər] *n* castor *m*.

became [bɪ'keɪm] *pt* → become.

because [bɪ'kɒz] *conj* parce que.

◆ **because of** *prep* à cause de.

beck [bek] *n*: **to be at sb's** ~ **and call** être aux ordres de qqn.

beckon ['bekən] ◇ *vt* [signal to] faire signe à. ◇ *vi* [signal]: **to** ~ **to sb** faire signe à qqn.

become [bɪ'kʌm] (*pt* **became,** *pp* **become**) *vi* devenir; **to** ~ **quieter** se calmer; **to** ~ **irritated** s'énerver.

becoming [bɪ'kʌmɪŋ] *adj* **-1.** [attractive] seyant(e), qui va bien. **-2.** [appropriate] convenable.

bed [bed] *n* **-1.** [to sleep on] lit *m*; **to go to** ~ se coucher; **to go to** ~ **with sb** *euphemism* coucher avec qqn. **-2.** [flowerbed] parterre *m*. **-3.** [of sea, river] lit *m*, fond *m*.

bed and breakfast *n* ≃ chambre *f* d'hôte.

bedclothes ['bedkləʊðz] *npl* draps *mpl* et couvertures *fpl*.

bedlam ['bedləm] *n* pagaille *f*.

bed linen *n* (U) draps *mpl* et taies *fpl*.

bedraggled [bɪ'drægld] *adj* [person] débraillé(e); [hair] embroussaillé(e).

bedridden ['bed,rɪdn] *adj* grabataire.

bedroom ['bedrʊm] *n* chambre *f* (à coucher).

bedside ['bedsaɪd] *n* chevet *m*.

bed-sit(ter) *n* *Br* chambre *f* meublée.

bedsore ['bedsɔːr] *n* escarre *f*.

bedspread ['bedspred] *n* couvre-lit *m*, dessus-de-lit *m* *inv*.

bedtime ['bedtaɪm] *n* heure *f* du coucher.

bee [biː] *n* abeille *f*.

beech [biːtʃ] *n* hêtre *m*.

beef [biːf] *n* bœuf *m*.

beefburger ['biːf,bɜːgər] *n* hamburger *m*.

Beefeater ['biːf,iːtər] *n* hallebardier *m* (de la Tour de Londres).

beefsteak ['biːf,steɪk] *n* bifteck *m*.

beehive ['biːhaɪv] *n* [for bees] ruche *f*.

beeline ['biːlaɪn] *n*: **to make a** ~ **for** *inf* aller tout droit OR directement vers.

been [biːn] *pp* → **be**.

beer [bɪəʳ] *n* bière *f*.

beet [biːt] *n* betterave *f*.

beetle ['biːtl] *n* scarabée *m*.

beetroot ['biːtruːt] *n* betterave *f*.

before [bɪ'fɔːʳ] ◇ *adv* auparavant, avant; **I've never been there** ~ je n'y suis jamais allé; **I've seen it** ~ je l'ai déjà vu; **the year** ~ l'année d'avant OR précédente. ◇ *prep* **-1.** [in time] avant. **-2.** [in space] devant. ◇ *conj* avant de (+ *infin*), avant que (+ *subjunctive*); ~ **leaving** avant de partir; ~ **you leave** avant que vous ne partiez.

beforehand [bɪ'fɔːhænd] *adv* à l'avance.

befriend [bɪ'frend] *vt* prendre en amitié.

beg [beg] ◇ *vt* **-1.** [money, food] mendier. **-2.** [favour] solliciter, quémander; [forgiveness] demander; **to** ~ **sb to do sthg** prier OR supplier qqn de faire qqch. ◇ *vi* **-1.** [for money, food]: **to** ~ **(for sthg)** mendier (qqch). **-2.** [plead] supplier; **to** ~ **for** [forgiveness etc] demander.

began [bɪ'gæn] *pt* → **begin**.

beggar ['begəʳ] *n* mendiant *m*, -e *f*.

begin [bɪ'gɪn] (*pt* **began**, *pp* **begun**) ◇ *vt* commencer; **to** ~ **doing** OR **to do sthg** commencer OR se mettre à faire qqch. ◇ *vi* commencer; **to** ~ **with** pour commencer, premièrement.

beginner [bɪ'gɪnəʳ] *n* débutant *m*, -e *f*.

beginning [bɪ'gɪnɪŋ] *n* début *m*, commencement *m*.

begrudge [bɪ'grʌdʒ] *vt* **-1.** [envy]: **to** ~ **sb sthg** envier qqch à qqn. **-2.** [do unwillingly]: **to** ~ **doing sthg** rechigner à faire qqch.

begun [bɪ'gʌn] *pp* → **begin**.

behalf [bɪ'hɑːf] *n*: **on** ~ **of** *Br*, **in** ~ **of** *Am* de la part de, au nom de.

behave [bɪ'heɪv] ◇ *vt*: **to** ~ **o.s.** se conduire OR se comporter bien. ◇ *vi* **-1.** [in a particular way] se conduire, se comporter. **-2.** [acceptably] se tenir bien.

behaviour *Br*, **behavior** *Am* [bɪ'heɪvjəʳ] *n* conduite *f*, comportement *m*.

behead [bɪ'hed] *vt* décapiter.

beheld [bɪ'held] *pt & pp* → **behold**.

behind [bɪ'haɪnd] ◇ *prep* **-1.** [gen] derrière. **-2.** [in time] en retard sur. ◇ *adv* **-1.** [gen] derrière. **-2.** [in time] en retard; **to leave sthg** ~ oublier qqch; **to stay** ~ rester; **to be** ~ **with sthg** être en retard dans qqch. ◇ *n inf* derrière *m*, postérieur *m*.

behold [bɪ'həʊld] (*pt & pp* **beheld**) *vt literary* voir, regarder.

beige [beɪʒ] ◇ *adj* beige. ◇ *n* beige *m*.

being ['biːɪŋ] *n* **-1.** [creature] être *m*. **-2.** [existence]: **in** ~ existant(e); **to come into** ~ voir le jour, prendre naissance.

Beirut [ˌbeɪ'ruːt] *n* Beyrouth *m*.

belated [bɪ'leɪtɪd] *adj* tardif(ive).

belch [beltʃ] ◇ *n* renvoi *m*, rot *m*. ◇ *vt* [smoke, fire] vomir, cracher. ◇ *vi* [person] éructer, roter.

beleaguered [bɪ'liːgəd] *adj* assiégé(e); *fig* harcelé(e), tracassé(e).

Belgian ['beldʒən] ◇ *adj* belge. ◇ *n* Belge *mf*.

Belgium ['beldʒəm] *n* Belgique *f*; **in** ~ en Belgique.

Belgrade [ˌbel'greɪd] *n* Belgrade.

belie [bɪ'laɪ] (*cont* **belying**) *vt* **-1.** [disprove] démentir. **-2.** [give false idea of] donner une fausse idée de.

belief [bɪ'liːf] *n* **-1.** [faith, certainty]: ~ **(in)** croyance *f* (en). **-2.** [principle, opinion] opinion *f*, conviction *f*.

believe [bɪ'liːv] ◇ *vt* croire; ~ **it or not** tu ne me croiras peut-être pas. ◇ *vi* croire; **to** ~ **in sb** croire en qqn; **to** ~ **in sthg** croire à qqch.

believer [bɪ'liːvəʳ] *n* **-1.** RELIG croyant *m*, -e *f*. **-2.** [in idea, action]: ~ **in** partisan *m*, -e *f* de.

belittle [bɪ'lɪtl] *vt* dénigrer, rabaisser.

bell [bel] *n* [of church] cloche *f*; [handbell] clochette *f*; [on door] sonnette *f*; [on bike] timbre *m*.

belligerent [bɪ'lɪdʒərənt] *adj* **-1.** [at

war] belligérant(e). **-2.** [aggressive] bel-
liqueux(euse).

bellow ['beləʊ] *vi* **-1.** [person] brailler,
beugler. **-2.** [bull] beugler.

bellows ['beləʊz] *npl* soufflet *m*.

belly ['belɪ] *n* [of person] ventre *m*; [of
animal] panse *f*.

bellyache ['belɪeɪk] *n* mal *m* de ventre.

belly button *n inf* nombril *m*.

belong [bɪ'lɒŋ] *vi* **-1.** [be property]: **to
~ to sb** appartenir OR être à qqn. **-2.**
[be member]: **to ~ to sthg** être membre de qqch. **-3.** [be in right place] être
à sa place; **that chair ~s here** ce fauteuil va ici.

belongings [bɪ'lɒŋɪŋz] *npl* affaires *fpl*.

beloved [bɪ'lʌvd] *adj* bien-aimé(e).

below [bɪ'ləʊ] ◇ *adv* **-1.** [lower] en
dessous, en bas. **-2.** [in text] ci-
dessous. **-3.** NAUT en bas. ◇ *prep*
sous, au-dessous de.

belt [belt] ◇ *n* **-1.** [for clothing] ceinture *f*. **-2.** TECH courroie *f*. ◇ *vt inf*
flanquer une raclée à.

beltway ['belt,weɪ] *n Am* route *f* périphérique.

bemused [bɪ'mjuːzd] *adj* perplexe.

bench [bentʃ] *n* **-1.** [gen & POL] banc
m. **-2.** [in lab, workshop] établi *m*.

bend [bend] (*pt & pp* **bent**) ◇ *n* **-1.**
[in road] courbe *f*, virage *m*. **-2.** [in
pipe, river] coude *m*. **-3.** *phr*: **round
the ~** *inf* dingue, fou (folle). ◇ *vt* **-1.**
[arm, leg] plier. **-2.** [wire, fork etc] tordre, courber. ◇ *vi* [person] se baisser,
se courber; [tree, rod] plier; **to ~ over
backwards for sb** se mettre en quatre pour qqn.

beneath [bɪ'niːθ] ◇ *adv* dessous, en
bas. ◇ *prep* **-1.** [under] sous. **-2.** [un-
worthy of] indigne de.

benefactor ['benɪfæktər] *n* bienfaiteur
m.

beneficial [,benɪ'fɪʃl] *adj*: **~ (to sb)** salutaire (à qqn); **~ (to sthg)** utile (à
qqch).

beneficiary [,benɪ'fɪʃərɪ] *n* bénéficiaire *mf*.

benefit ['benɪfɪt] ◇ *n* **-1.** [advantage]
avantage *m*; **for the ~** of dans
l'intérêt de; **to be of ~ to sb's ~, to be of
~ to sb** être dans l'intérêt de qqn.
-2. ADMIN [allowance of money] allocation *f*, prestation *f*. ◇ *vt* profiter à. ◇
vi: **to ~ from** tirer avantage de, profiter de.

Benelux ['benɪlʌks] *n* Bénélux *m*.

benevolent [bɪ'nevələnt] *adj* bienveil-
lant(e).

benign [bɪ'naɪn] *adj* **-1.** [person] gen-
til(ille), bienveillant(e). **-2.** MED bé-
nin(igne).

bent [bent] ◇ *pt & pp* → **bend**. ◇ *adj*
-1. [wire, bar] tordu(e). **-2.** [person,
body] courbé(e), voûté(e). **-3.** *Br inf*
[dishonest] véreux(euse). **-4.** [deter-
mined]: **to be ~ on doing sthg** vouloir
absolument faire qqch, être déci-
dé(e) à faire qqch. ◇ *n*: **~ (for)** penchant *m* (pour).

bequeath [bɪ'kwiːð] *vt lit & fig* léguer.

bequest [bɪ'kwest] *n* legs *m*.

berate [bɪ'reɪt] *vt* réprimander.

bereaved [bɪ'riːvd] (*pl inv*) ◇ *adj* en-
deuillé(e), affligé(e). ◇ *n*: **the ~** la famille du défunt.

beret ['bereɪ] *n* béret *m*.

berk [bɜːk] *n Br inf* idiot *m*, -e *f*, andouille *f*.

Berlin [bɜː'lɪn] *n* Berlin.

berm [bɜːm] *n Am* bas-côté *m*.

Bermuda [bə'mjuːdə] *n* Bermudes *fpl*.

Bern [bɜːn] *n* Berne.

berry ['berɪ] *n* baie *f*.

berserk [bə'zɜːk] *adj*: **to go ~** devenir
fou furieux (folle furieuse).

berth [bɜːθ] ◇ *n* **-1.** [in harbour] poste
m d'amarrage, mouillage *m*. **-2.** [in
ship, train] couchette *f*. ◇ *vi* [ship] accoster, se ranger à quai.

beseech [bɪ'siːtʃ] (*pt & pp* **besought**
OR **beseeched**) *vt literary*: **to ~ sb (to
do sthg)** implorer OR supplier qqn
(de faire qqch).

beset [bɪ'set] (*pt & pp* **beset**) ◇ *adj*:
~ with OR **by** [doubts etc] assailli(e)
de. ◇ *vt* assaillir.

beside [bɪ'saɪd] *prep* **-1.** [next to] à côté de, auprès de. **-2.** [compared with] comparé(e) à, à côté de. **-3.** *phr:* to be ~ o.s. with anger être hors de soi; to be ~ o.s. with joy être fou (folle) de joie.

besides [bɪ'saɪdz] ◇ *adv* en outre, en plus. ◇ *prep* en plus de.

besiege [bɪ'siːdʒ] *vt* **-1.** [town, fortress] assiéger. **-2.** *fig* [trouble, annoy] assaillir, harceler.

besotted [bɪ'sɒtɪd] *adj:* ~ (with sb) entiché(e) (de qqn).

besought [bɪ'sɔːt] *pt & pp* ⊳ beseech.

best [best] ◇ *adj* le meilleur (la meilleure). ◇ *adv* le mieux. ◇ *n* le mieux; to do one's ~ faire de son mieux; all the ~! meilleurs souhaits!; to be for the ~ être pour le mieux; to make the ~ of sthg s'accommoder de qqch, prendre son parti de qqch. ◆ at best *adv* au mieux.

best man *n* garçon *m* d'honneur.

bestow [bɪ'stəʊ] *vt fml:* to ~ sthg on sb conférer qqch à qqn.

best-seller *n* [book] best-seller *m*.

bet [bet] (*pt & pp* bet OR -ted) ◇ *n* pari *m*. ◇ *vt* parier. ◇ *vi* parier; I wouldn't ~ on it *fig* je n'en suis pas si sûr.

betray [bɪ'treɪ] *vt* trahir.

betrayal [bɪ'treɪəl] *n* [of person] trahison *f*.

better ['betər] ◇ *adj* (*compar of* good) meilleur(e); to get ~ s'améliorer; [after illness] se remettre, se rétablir. ◇ *adv* (*compar of* well) mieux; I'd ~ leave il faut que je parte, je dois partir. ◇ *n* meilleur *m*, -e *f*; to get the ~ of sb avoir raison de qqn. ◇ *vt* améliorer; to ~ o.s. s'élever.

better off *adj* **-1.** [financially] plus à son aise. **-2.** [in better situation] mieux.

betting ['betɪŋ] *n* (*U*) paris *mpl*.

betting shop *n Br* ≃ bureau *m* de P.M.U.

between [bɪ'twiːn] ◇ *prep* entre. ◇ *adv:* (in) ~ [in space] au milieu; [in time] dans l'intervalle.

beverage ['bevərɪdʒ] *n fml* boisson *f*.

beware [bɪ'weər] *vi:* to ~ (of) prendre garde (à), se méfier (de); ~ of attention à ....

bewildered [bɪ'wɪldəd] *adj* déconcerté(e), perplexe.

bewitching [bɪ'wɪtʃɪŋ] *adj* charmeur(euse), ensorcelant(e).

beyond [bɪ'jɒnd] ◇ *prep* **-1.** [in space] au-delà de. **-2.** [in time] après, plus tard que. **-3.** [exceeding] au-dessus de; it's ~ my control je n'y peux rien; it's ~ my responsibility cela n'entre pas dans le cadre de mes responsabilités. ◇ *adv* au-delà.

bias ['baɪəs] *n* **-1.** [prejudice] préjugé *m*, parti *m* pris. **-2.** [tendency] tendance *f*.

biased ['baɪəst] *adj* partial(e); to be ~ towards sb/sthg favoriser qqn/qqch; to be ~ against sb/sthg défavoriser qqn/qqch.

bib [bɪb] *n* [for baby] bavoir *m*, bavette *f*.

Bible ['baɪbl] *n:* the ~ la Bible.

bicarbonate of soda [baɪˈkɑːbənət-] *n* bicarbonate *m* de soude.

biceps ['baɪseps] (*pl inv*) *n* biceps *m*.

bicker ['bɪkər] *vi* se chamailler.

bicycle ['baɪsɪkl] ◇ *n* bicyclette *f*, vélo *m*. ◇ *vi* aller en bicyclette OR vélo.

bicycle path *n* piste *f* cyclable.

bicycle pump *n* pompe *f* à vélo.

bid [bɪd] (*pt & pp* bid) ◇ *n* **-1.** [attempt] tentative *f*. **-2.** [at auction] enchère *f*. **-3.** COMM offre *f*. ◇ *vt* [at auction] faire une enchère de. ◇ *vi* **-1.** [at auction]: to ~ (for) faire une enchère (pour). **-2.** [attempt]: to ~ for sthg briguer.

bidder ['bɪdər] *n* enchérisseur *m*, -euse *f*.

bidding ['bɪdɪŋ] *n* (*U*) enchères *fpl*.

bide [baɪd] *vt:* to ~ one's time attendre son heure OR le bon moment.

bifocals [ˌbaɪˈfəʊklz] *npl* lunettes *fpl* bifocales.

big [bɪg] *adj* **-1.** [gen] grand(e). **-2.** [in amount, bulk - box, problem, book] gros (grosse).

bigamy ['bɪgəmɪ] *n* bigamie *f*.
big deal *inf* ◇ *n*: **it's no** ~ ce n'est pas dramatique; **what's the** ~? où est le problème? ◇ *excl* tu parles!, et alors?
Big Dipper [-'dɪpər] *n* **-1.** *Br* [rollercoaster] montagnes *fpl* russes. **-2.** *Am* ASTRON: **the** ~ la Grande Ourse.
bigheaded [,bɪg'hedɪd] *adj inf* crâneur(euse).
bigot ['bɪgət] *n* sectaire *mf*.
bigoted ['bɪgətɪd] *adj* sectaire.
bigotry ['bɪgətrɪ] *n* sectarisme *m*.
big time *n inf*: **to make the** ~ réussir, arriver en haut de l'échelle.
big toe *n* gros orteil *m*.
big top *n* chapiteau *m*.
big wheel *n Br* [at fairground] grande roue *f*.
bike [baɪk] *n inf* **-1.** [bicycle] vélo *m*. **-2.** [motorcycle] bécane *f*, moto *f*.
bikeway ['baɪkweɪ] *n Am* piste *f* cyclable.
bikini [bɪ'kiːnɪ] *n* bikini *m*.
bile [baɪl] *n* **-1.** [fluid] bile *f*. **-2.** [anger] mauvaise humeur *f*.
bilingual [baɪ'lɪŋgwəl] *adj* bilingue.
bill [bɪl] ◇ *n* **-1.** [statement of cost]: ~ **(for)** note *f* OR facture *f* (de); [in restaurant] addition *f* (de). **-2.** [in parliament] projet *m* de loi. **-3.** [of show, concert] programme *m*. **-4.** *Am* [banknote] billet *m* de banque. **-5.** [poster]: **"post** OR **stick no** ~**s"** «défense d'afficher». **-6.** [beak] bec *m*. ◇ *vt* [invoice]: **to** ~ **sb (for)** envoyer une facture à qqn (pour).
billboard ['bɪlbɔːd] *n* panneau *m* d'affichage.
billet ['bɪlɪt] *n* logement *m* (chez l'habitant).
billfold ['bɪlfəʊld] *n Am* portefeuille *m*.
billiards ['bɪljədz] *n* billard *m*.
billion ['bɪljən] *num* **-1.** *Am* [thousand million] milliard *m*. **-2.** *Br* [million million] billion *m*.
Bill of Rights *n*: **the** ~ les dix premiers amendements à la Constitution américaine.

bimbo ['bɪmbəʊ] (*pl* **-s** OR **-es**) *n inf pej*: **she's a bit of a** ~ c'est le genre 'pin-up'.
bin [bɪn] *n* **-1.** *Br* [for rubbish] poubelle *f*. **-2.** [for grain, coal] coffre *m*.
bind [baɪnd] (*pt & pp* **bound**) *vt* **-1.** [tie up] attacher, lier. **-2.** [unite - people] lier. **-3.** [bandage] panser. **-4.** [book] relier. **-5.** [constrain] contraindre, forcer.
binder ['baɪndər] *n* [cover] classeur *m*.
binding ['baɪndɪŋ] ◇ *adj* qui lie OR engage; [agreement] irrévocable. ◇ *n* [on book] reliure *f*.
binge [bɪndʒ] *inf* ◇ *n*: **to go on a** ~ prendre une cuite. ◇ *vi*: **to** ~ **on** sthg se gaver OR se bourrer de qqch.
bingo ['bɪŋgəʊ] *n* bingo *m*, ≈ loto *m*.
binoculars [bɪ'nɒkjʊləz] *npl* jumelles *fpl*.
biochemistry [,baɪəʊ'kemɪstrɪ] *n* biochimie *f*.
biodegradable [,baɪəʊdɪ'greɪdəbl] *adj* biodégradable.
biography [baɪ'ɒgrəfɪ] *n* biographie *f*.
biological [,baɪə'lɒdʒɪkl] *adj* biologique; [washing powder] aux enzymes.
biology [baɪ'ɒlədʒɪ] *n* biologie *f*.
birch [bɜːtʃ] *n* [tree] bouleau *m*.
bird [bɜːd] *n* **-1.** [creature] oiseau *m*. **-2.** *inf* [woman] gonzesse *f*.
birdie ['bɜːdɪ] *n* **-1.** [bird] petit oiseau *m*. **-2.** GOLF birdie *m*.
bird's-eye view *n* vue *f* aérienne.
bird-watcher [-,wɒtʃər] *n* observateur *m*, -trice *f* d'oiseaux.
Biro® ['baɪərəʊ] *n* stylo *m* à bille.
birth [bɜːθ] *n lit & fig* naissance *f*; **to give** ~ **(to)** donner naissance (à).
birth certificate *n* acte *m* OR extrait *m* de naissance.
birth control *n* (*U*) régulation *f* OR contrôle *m* des naissances.
birthday ['bɜːθdeɪ] *n* anniversaire *m*.
birthmark ['bɜːθmɑːk] *n* tache *f* de vin.
birthrate ['bɜːθreɪt] *n* (taux *m* de) natalité *f*.

Biscay ['bɪskeɪ] *n*: **the Bay of ~** le golfe de Gascogne.

biscuit ['bɪskɪt] *n Br* gâteau *m* sec, biscuit *m*; *Am* scone *m*.

bisect [baɪ'sekt] *vt* couper OR diviser en deux.

bishop ['bɪʃəp] *n* **-1.** RELIG évêque *m*. **-2.** [in chess] fou *m*.

bison ['baɪsn] (*pl inv* OR **-s**) *n* bison *m*.

bit [bɪt] ◇ *pt* → **bite**. ◇ *n* **-1.** [small piece - of paper, cheese etc] morceau *m*, bout *m*; [- of book, film] passage *m*; **~s and pieces** *Br* petites affaires *fpl* OR choses *fpl*; **to take sthg to ~s** démonter qqch. **-2.** [amount]: **a ~ of** un peu de; **a ~ of shopping** quelques courses; **it's a ~ of a nuisance** c'est un peu embêtant; **a ~ of trouble** un petit problème; **quite a ~ of** pas mal de, beaucoup de. **-3.** [short time]: **for a ~** pendant quelque temps. **-4.** [of drill] mèche *f*. **-5.** [of bridle] mors *m*. **-6.** COMPUT bit *m*.
♦ **a bit** *adv* un peu; **I'm a ~ tired** je suis un peu fatigué.
♦ **bit by bit** *adv* petit à petit.

bitch [bɪtʃ] *n* **-1.** [female dog] chienne *f*. **-2.** *v inf pej* [woman] salope *f*, garce *f*.

bitchy [bɪtʃɪ] *adj inf* vache, rosse.

bite [baɪt] (*pt* bit, *pp* bitten) ◇ *n* **-1.** [act of biting] morsure *f*, coup *m* de dent. **-2.** *inf* [food]: **to have a ~ (to eat)** manger un morceau. **-3.** [wound] piqûre *f*. ◇ *vt* **-1.** [subj: person, animal] mordre. **-2.** [subj: insect, snake] piquer, mordre. ◇ *vi* **-1.** [animal, person]: **to ~ (into)** mordre (dans); **to ~ off sthg** arracher qqch d'un coup de dents. **-2.** [insect, snake] mordre, piquer. **-3.** [grip] adhérer, mordre. **-4.** *fig* [take effect] se faire sentir.

biting ['baɪtɪŋ] *adj* **-1.** [very cold] cinglant(e), piquant(e). **-2.** [humour, comment] mordant(e), caustique.

bitten ['bɪtn] *pp* → **bite**.

bitter ['bɪtər] ◇ *adj* **-1.** [gen] amer(ère). **-2.** [icy] glacial(e). **-3.** [argument] violent(e). ◇ *n Br* bière relativement amère, à forte teneur en houblon.

bitter lemon *n* Schweppes® *m* au citron.

bitterness ['bɪtənɪs] *n* **-1.** [gen] amertume *f*. **-2.** [of wind, weather] âpreté *f*.

bizarre [bɪ'zɑːr] *adj* bizarre.

blab [blæb] *vi inf* lâcher le morceau.

black [blæk] ◇ *adj* **-1.** [colour] noir *m*. **-2.** [person] noir *m*, -e *f*. **-3.** *phr*: **in ~ and white** [in writing] noir sur blanc, par écrit; **in the ~** [financially solvent] solvable, sans dettes. ◇ *vt* [boycott] boycotter.
♦ **black out** *vi* [faint] s'évanouir.

blackberry ['blækbərɪ] *n* mûre *f*.

blackbird ['blækbɜːd] *n* merle *m*.

blackboard ['blækbɔːd] *n* tableau *m* (noir).

blackcurrant [ˌblæk'kʌrənt] *n* cassis *m*.

blacken ['blækn] ◇ *vt* [make dark] noircir. ◇ *vi* s'assombrir.

black eye *n* œil *m* poché OR au beurre noir.

blackhead ['blækhed] *n* point *m* noir.

black ice *n* verglas *m*.

blackleg ['blækleg] *n pej* jaune *m*.

blacklist ['blæklɪst] ◇ *n* liste *f* noire. ◇ *vt* mettre sur la liste noire.

blackmail ['blækmeɪl] ◇ *n lit & fig* chantage *m*. ◇ *vt* **-1.** [for money] faire chanter. **-2.** *fig* [emotionally] faire du chantage à.

black market *n* marché *m* noir.

blackout ['blækaʊt] *n* **-1.** MIL & PRESS black-out *m*. **-2.** [power cut] panne *f* d'électricité. **-3.** [fainting fit] évanouissement *m*.

black pudding *n Br* boudin *m*.

Black Sea *n*: **the ~** la mer Noire.

black sheep *n* brebis *f* galeuse.

blacksmith ['blæksmɪθ] *n* forgeron *m*; [for horses] maréchal-ferrant *m*.

black spot *n* AUT point *m* noir.

bladder ['blædər] *n* vessie *f*.

blade [bleɪd] *n* **-1.** [of knife, saw] lame *f*. **-2.** [of propeller] pale *f*. **-3.** [of grass] brin *m*.

blame [bleɪm] ◇ *n* responsabilité *f*, faute *f*; **to take the ~ for sthg** endosser la responsabilité de qqch. ◇ *vt* blâmer, condamner; **to ~ sthg on** rejeter la responsabilité de qqch sur, imputer qqch à; **to ~ sb/sthg for sthg** reprocher qqch à qqn/qqch; **to be to ~ for sthg** être responsable de qqch.

bland [blænd] *adj* **-1.** [person] terne. **-2.** [food] fade, insipide. **-3.** [music, style] insipide.

blank [blæŋk] ◇ *adj* **-1.** [sheet of paper] blanc (blanche); [wall] nu(e). **-2.** *fig* [look] vide, sans expression. ◇ *n* **-1.** [empty space] blanc *m*. **-2.** [cartridge] cartouche *f* à blanc.

blank cheque *n* chèque *m* en blanc; *fig* carte *f* blanche.

blanket ['blæŋkɪt] *n* **-1.** [for bed] couverture *f*. **-2.** [of snow] couche *f*, manteau *m*; [of fog] nappe *f*.

blare [bleəʳ] *vi* hurler; [radio] beugler.

blasphemy ['blæsfəmɪ] *n* blasphème *m*.

blast [blɑːst] ◇ *n* **-1.** [explosion] explosion *f*. **-2.** [of air, from bomb] souffle *m*. ◇ *vt* [hole, tunnel] creuser à la dynamite. ◇ *excl Br inf* zut!, mince!

◆ **(at) full blast** *adv* [play music etc] à pleins gaz OR tubes; [work] d'arrache-pied.

blasted ['blɑːstɪd] *adj inf* fichu(e), maudit(e).

blast-off *n* SPACE lancement *m*.

blatant ['bleɪtənt] *adj* criant(e), flagrant(e).

blaze [bleɪz] ◇ *n* **-1.** [fire] incendie *m*. **-2.** *fig* [of colour, light] éclat *m*, flamboiement *m*. ◇ *vi* **-1.** [fire] flamber. **-2.** *fig* [with colour] flamboyer.

blazer ['bleɪzəʳ] *n* blazer *m*.

bleach [bliːtʃ] ◇ *n* eau *f* de Javel. ◇ *vt* [hair] décolorer; [clothes] blanchir.

bleached [bliːtʃt] *adj* décoloré(e).

bleachers ['bliːtʃəz] *npl Am* SPORT gradins *mpl*.

bleak [bliːk] *adj* **-1.** [future] sombre. **-2.** [place, weather, face] lugubre, triste.

bleary-eyed [,blɪərɪ'aɪd] *adj* aux yeux troubles OR voilés.

bleat [bliːt] ◇ *n* bêlement *m*. ◇ *vi* bêler; *fig* [person] se plaindre, geindre.

bleed [bliːd] (*pt & pp* **bled** [bled]) ◇ *vt* [radiator etc] purger. ◇ *vi* saigner.

bleeper ['bliːpəʳ] *n* bip *m*, bip-bip *m*.

blemish ['blemɪʃ] *n lit & fig* défaut *m*.

blend [blend] ◇ *n* mélange *m*. ◇ *vt*: **to ~ sthg (with)** mélanger qqch (avec OR à). ◇ *vi*: **to ~ (with)** se mêler (à OR avec).

blender ['blendəʳ] *n* mixer *m*.

bless [bles] (*pt & pp* **-ed** OR **blest**) *vt* bénir; **~ you!** [after sneezing] à vos souhaits!; [thank you] merci mille fois!

blessing ['blesɪŋ] *n* bénédiction *f*.

blest [blest] *pt & pp* → **bless**.

blew [bluː] *pt* → **blow**.

blight [blaɪt] *vt* gâcher, briser.

blimey ['blaɪmɪ] *excl Br inf* zut alors!, mince alors!

blind [blaɪnd] ◇ *adj lit & fig* aveugle; **to be ~ to sthg** ne pas voir qqch. ◇ *n* [for window] store *m*. ◇ *npl*: **the ~** les aveugles *mpl*. ◇ *vt* aveugler; **to ~ sb to sthg** *fig* cacher qqch à qqn.

blind alley *n lit & fig* impasse *f*.

blind corner *n* virage *m* sans visibilité.

blind date *n rendez-vous avec quelqu'un qu'on ne connaît pas.*

blinders ['blaɪndəz] *npl Am* œillères *fpl*.

blindfold ['blaɪndfəʊld] ◇ *adv* les yeux bandés. ◇ *n* bandeau *m*. ◇ *vt* bander les yeux à.

blindly ['blaɪndlɪ] *adv lit & fig* à l'aveuglette, aveuglément.

blindness ['blaɪndnɪs] *n* cécité *f*; **~ (to)** *fig* aveuglement *m* (devant).

blind spot *n* **-1.** AUT angle *m* mort. **-2.** *fig* [inability to understand] blocage *m*.

blink [blɪŋk] ◇ *n phr*: **on the ~** [machine] détraqué(e). ◇ *vt* [eyes] cligner. ◇ *vi* **-1.** [person] cligner des yeux. **-2.** [light] clignoter.

blinkered ['blɪŋkəd] *adj*: **to be** ~ *lit &* *fig* avoir des œillères.

blinkers ['blɪŋkəz] *npl Br* œillères *fpl*.

bliss [blɪs] *n* bonheur *m* suprême, félicité *f*.

blissful ['blɪsfʊl] *adj* [day, silence] merveilleux(euse); [ignorance] total(e).

blister ['blɪstər] ◇ *n* [on skin] ampoule *f*, cloque *f*. ◇ *vi* **-1.** [skin] se couvrir d'ampoules. **-2.** [paint] cloquer, se boursoufler.

blithely ['blaɪðlɪ] *adv* gaiement, joyeusement.

blitz [blɪts] *n* MIL bombardement *m* aérien.

blizzard ['blɪzəd] *n* tempête *f* de neige.

bloated ['bləʊtɪd] *adj* **-1.** [face] bouffi(e). **-2.** [with food] ballonné(e).

blob [blɒb] *n* **-1.** [drop] goutte *f*. **-2.** [indistinct shape] forme *f*; **a** ~ **of** **colour** une tache de couleur.

block [blɒk] ◇ *n* **-1.** [building]: **office** ~ immeuble *m* de bureaux; ~ **of** **flats** *Br* immeuble *m*. **-2.** *Am* [of buildings] pâté *m* de maisons. **-3.** [of stone, ice] bloc *m*. **-4.** [obstruction] blocage *m*. ◇ *vt* **-1.** [road, pipe, view] boucher. **-2.** [prevent] bloquer, empêcher.

blockade [blɒ'keɪd] ◇ *n* blocus *m*. ◇ *vt* faire le blocus de.

blockage ['blɒkɪdʒ] *n* obstruction *f*.

blockbuster ['blɒkbʌstər] *n* *inf* [book] best-seller *m*; [film] film *m* à succès.

block capitals *npl* majuscules *fpl* d'imprimerie.

block letters *npl* majuscules *fpl* d'imprimerie.

bloke [bləʊk] *n Br inf* type *m*.

blond [blɒnd] *adj* blond(e).

blonde [blɒnd] ◇ *adj* blond(e). ◇ *n* [woman] blonde *f*.

blood [blʌd] *n* sang *m*; **in cold** ~ de sang-froid.

bloodbath ['blʌdbɑːθ, *pl* -bɑːðz] *n* bain *m* de sang, massacre *m*.

blood cell *n* globule *m*.

blood donor *n* donneur *m*, -euse *f* de sang.

blood group *n* groupe *m* sanguin.

bloodhound ['blʌdhaʊnd] *n* limier *m*.

blood poisoning *n* septicémie *f*.

blood pressure *n* tension *f* artérielle; **to** **have** **high** ~ faire de l'hypertension.

bloodshed ['blʌdʃed] *n* carnage *m*.

bloodshot ['blʌdʃɒt] *adj* [eyes] injecté(e) de sang.

bloodstream ['blʌdstriːm] *n* sang *m*.

blood test *n* prise *f* de sang.

bloodthirsty ['blʌd,θɜːstɪ] *adj* sanguinaire.

blood transfusion *n* transfusion *f* sanguine.

bloody ['blʌdɪ] ◇ *adj* **-1.** [gen] sanglant(e). **-2.** *Br v inf* foutu(e); **you** ~ **idiot!** espèce de con! ◇ *adv Br v inf* vachement.

bloody-minded [-'maɪndɪd] *adj Br inf* contrariant(e).

bloom [bluːm] ◇ *n* fleur *f*. ◇ *vi* fleurir.

blooming ['bluːmɪŋ] ◇ *adj Br inf* [to show annoyance] sacré(e), fichu(e). ◇ *adv Br inf* sacrément.

blossom ['blɒsəm] ◇ *n* [of tree] fleurs *fpl*; **in** ~ en fleur OR fleurs. ◇ *vi* **-1.** [tree] fleurir. **-2.** *fig* [person] s'épanouir.

blot [blɒt] ◇ *n* *lit & fig* tache *f*. ◇ *vt* **-1.** [paper] faire des pâtés sur. **-2.** [ink] sécher.
◆ **blot out** *vt sep* voiler, cacher; [memories] effacer.

blotchy ['blɒtʃɪ] *adj* couvert(e) de marbrures OR taches.

blotting paper ['blɒtɪŋ-] *n* (U) (papier *m*) buvard *m*.

blouse [blaʊz] *n* chemisier *m*.

blow [bləʊ] (*pt* **blew**, *pp* **blown**) ◇ *vi* **-1.** [gen] souffler. **-2.** [in wind]: **to** ~ **off** s'envoler. **-3.** [fuse] sauter. ◇ *vt* **-1.** [subj: wind] faire voler, chasser. **-2.** [clear]: **to** ~ **one's nose** se moucher. **-3.** [trumpet] jouer de, souffler dans; **to** ~ **a whistle** donner un coup de sifflet, siffler. ◇ *n* [hit] coup *m*.
◆ **blow out** ◇ *vt sep* souffler. ◇ *vi* **-1.** [candle] s'éteindre. **-2.** [tyre] éclater.

◆ **blow over** *vi* se calmer.

◆ **blow up** ◇ *vt sep* **-1.** [inflate] gonfler. **-2.** [with bomb] faire sauter. **-3.** [photograph] agrandir. ◇ *vi* exploser.

blow-dry ◇ *n* brushing *m.* ◇ *vt* faire un brushing à.

blowlamp *Br* ['bləʊlæmp], **blowtorch** ['bləʊtɔːtʃ] *n* chalumeau *m*, lampe *f* à souder.

blown [bləʊn] *pp* → **blow**.

blowout ['bləʊaʊt] *n* [of tyre] éclatement *m.*

blowtorch = **blowlamp**.

blubber ['blʌbər] ◇ *n* graisse *f* de baleine. ◇ *vi pej* chialer.

bludgeon ['blʌdʒən] *vt* matraquer.

blue [bluː] ◇ *adj* **-1.** [colour] bleu(e). **-2.** *inf* [sad] triste, cafardeux(euse). **-3.** [pornographic] porno (*inv*). ◇ *n* bleu *m*; **out of the** ~ [happen] subitement; [arrive] à l'improviste.

◆ **blues** *npl*: **the** ~**s** MUS le blues; *inf* [sad feeling] le blues, le cafard.

bluebell ['bluːbel] *n* jacinthe *f* des bois.

blueberry ['bluːbərɪ] *n* myrtille *f.*

bluebottle ['bluːˌbɒtl] *n* mouche *f* bleue, mouche de la viande.

blue cheese *n* (fromage *m*) bleu *m.*

blue-collar *adj* manuel(elle).

blue jeans *npl Am* blue-jean *m*, jean *m.*

blueprint ['bluːprɪnt] *n* photocalque *m*; *fig* plan *m*, projet *m.*

bluff [blʌf] ◇ *adj* franc (franche). ◇ *n* **-1.** [deception] bluff *m*; **to call sb's** ~ prendre qqn au mot. **-2.** [cliff] falaise *f* à pic. ◇ *vt* bluffer, donner le change à. ◇ *vi* faire du bluff, bluffer.

blunder ['blʌndər] ◇ *n* gaffe *f*, bévue *f.* ◇ *vi* [make mistake] faire une gaffe, commettre une bévue.

blunt [blʌnt] ◇ *adj* **-1.** [knife] émoussé(e); [pencil] épointé(e); [object, instrument] contondant(e). **-2.** [person, manner] direct(e), carré(e). ◇ *vt lit & fig* émousser.

blur [blɜːr] ◇ *n* forme *f* confuse, tache *f* floue. ◇ *vt* [vision] troubler, brouiller.

blurb [blɜːb] *n* texte *m* publicitaire.

blurt [blɜːt]

◆ **blurt out** *vt sep* laisser échapper.

blush [blʌʃ] ◇ *n* rougeur *f.* ◇ *vi* rougir.

blusher ['blʌʃər] *n* fard *m* à joues, blush *m.*

blustery ['blʌstərɪ] *adj* venteux(euse).

BMX (*abbr of* **bicycle motorcross**) *n* bicross *m.*

BO *abbr of* **body odour**.

boar [bɔːr] *n* **-1.** [male pig] verrat *m.* **-2.** [wild pig] sanglier *m.*

board [bɔːd] ◇ *n* **-1.** [plank] planche *f.* **-2.** [for notices] panneau *m* d'affichage. **-3.** [for games - gen] tableau *m*; [- for chess] échiquier *m.* **-4.** [blackboard] tableau *m* (noir). **-5.** [of company]: ~ **(of directors)** conseil *m* d'administration. **-6.** [committee] comité *m*, conseil *m.* **-7.** *Br* [at hotel, guesthouse] pension *f*; ~ **and lodging** pension; **full** ~ pension complète; **half** ~ demi-pension *f.* **-8. on** ~ [on ship, plane, bus, train] à bord. **-9.** *phr*: **to take sthg on** ~ [knowledge] assimiler qqch; [advice] accepter qqch; **above** ~ régulier(ière), dans les règles. ◇ *vt* [ship, aeroplane] monter à bord de; [train, bus] monter dans.

boarder ['bɔːdər] *n* **-1.** [lodger] pensionnaire *mf.* **-2.** [at school] interne *mf*, pensionnaire *mf.*

boarding card ['bɔːdɪŋ-] *n* carte *f* d'embarquement.

boardinghouse ['bɔːdɪŋhaʊs, *pl* -haʊzɪz] *n* pension *f* de famille.

boarding school ['bɔːdɪŋ-] *n* pensionnat *m*, internat *m.*

Board of Trade *n Br*: **the** ~ ≃ le ministère *m* du Commerce.

boardroom ['bɔːdrʊm] *n* salle *f* du conseil (d'administration).

boast [bəʊst] ◇ *n* vantardise *f*, fanfaronnade *f.* ◇ *vi*: **to** ~ **(about)** se vanter (de).

boastful ['bəʊstfʊl] *adj* vantard(e), fanfaron(onne).

boat [bəʊt] *n* [large] bateau *m*; [small]

canot *m*, embarcation *f*; **by** ~ en bateau.

boater ['bəʊtə[r]] *n* [hat] canotier *m*.

boatswain ['bəʊsn] *n* maître *m*
d'équipage.

bob [bɒb] ◇ *n* **-1.** [hairstyle] coupe *f*
au carré. **-2.** *Br inf dated* [shilling]
shilling *m*. **-3.** = **bobsleigh**. ◇ *vi*
[boat, ship] tanguer.

bobbin ['bɒbɪn] *n* bobine *f*.

bobby ['bɒbɪ] *n Br inf* agent *m* de police.

bobsleigh ['bɒbsleɪ] *n* bobsleigh *m*.

bode [bəʊd] *vi literary*: **to** ~ **ill/well
(for)** être de mauvais/bon augure
(pour).

bodily ['bɒdɪlɪ] ◇ *adj* [needs] maté-
riel(ielle); [pain] physique. ◇ *adv* [lift,
move] à bras-le-corps.

body ['bɒdɪ] *n* **-1.** [of person] corps *m*.
-2. [corpse] corps *m*, cadavre *m*. **-3.**
[organization] organisme *m*, organisation *f*. **-4.** [of car] carrosserie *f*; [of
plane] fuselage *m*. **-5.** (*U*) [of wine]
corps *m*. **-6.** (*U*) [of hair] volume *m*.
-7. [garment] body *m*.

body building *n* culturisme *m*.

bodyguard ['bɒdɪgɑːd] *n* garde *m* du
corps.

body odour *n* odeur *f* corporelle.

bodywork ['bɒdɪwɜːk] *n* carrosserie *f*.

bog [bɒg] *n* **-1.** [marsh] marécage *m*.
-2. *Br v inf* [toilet] chiottes *fpl*.

bogged down [,bɒgd-] *adj* **-1.** *fig* [in
work]: ~ **(in)** submergé(e) (de). **-2.**
[car etc]: ~ **(in)** enlisé(e) (dans).

boggle ['bɒgl] *vi*: **the mind** ~**s!** ce
n'est pas croyable!, on croit rêver!

bogus ['bəʊgəs] *adj* faux (fausse), bidon (*inv*).

boil [bɔɪl] ◇ *n* **-1.** MED furoncle *m*. **-2.**
[boiling point]: **to bring sthg to the** ~
porter qqch à ébullition; **to come to
the** ~ venir à ébullition. ◇ *vt* **-1.**
[water, food] faire bouillir. **-2.** [kettle]
mettre sur le feu. ◇ *vi* [water] bouillir.

◆ **boil down to** *vt fus fig* revenir à, se
résumer à.

◆ **boil over** *vi* **-1.** [liquid] déborder.
-2. *fig* [feelings] exploser.

boiled ['bɔɪld] *adj*: ~ **egg** œuf *m* à la
coque; ~ **sweet** *Br* bonbon *m* (dur).

boiler ['bɔɪlə[r]] *n* chaudière *f*.

boiler suit *n Br* bleu *m* de travail.

boiling ['bɔɪlɪŋ] *adj* **-1.** [liquid] bouil-
lant(e). **-2.** *inf* [weather] très chaud(e),
torride; [person]: **I'm** ~ **(hot)!** je crève
de chaleur!

boiling point *n* point *m* d'ébullition.

boisterous ['bɔɪstərəs] *adj* turbu-
lent(e), remuant(e).

bold [bəʊld] *adj* **-1.** [confident] hardi(e),
audacieux(ieuse). **-2.** [lines, de-
sign] hardi(e); [colour] vif (vive), éclat-
ant(e). **-3.** TYPO: ~ **type** OR **print** caractères *mpl* gras.

bollard ['bɒlɑːd] *n* [on road] borne *f*.

bollocks ['bɒləks] *Br v inf* ◇ *npl*
couilles *fpl*. ◇ *excl* quelles conneries!

bolster ['bəʊlstə[r]] ◇ *n* [pillow] traversin *m*. ◇ *vt* renforcer, affirmer.

◆ **bolster up** *vt fus* soutenir, appuyer.

bolt [bəʊlt] ◇ *n* **-1.** [on door, window]
verrou *m*. **-2.** [type of screw] boulon
m. ◇ *adv*: ~ **upright** droit(e) comme
un piquet. ◇ *vt* **-1.** [fasten together]
boulonner. **-2.** [close - door, window]
verrouiller. **-3.** [food] engouffrer, engloutir. ◇ *vi* [run] détaler.

bomb [bɒm] ◇ *n* bombe *f*. ◇ *vt*
bombarder.

bombard [bɒm'bɑːd] *vt* MIL & *fig*: **to** ~
(with) bombarder (de).

bombastic [bɒm'bæstɪk] *adj* pom-
peux(euse).

bomb disposal squad *n* équipe *f* de
déminage.

bomber ['bɒmə[r]] *n* **-1.** [plane] bombardier *m*. **-2.** [person] plastiqueur *m*.

bombing ['bɒmɪŋ] *n* bombardement
m.

bombshell ['bɒmʃel] *n fig* bombe *f*.

bona fide [,bəʊnə'faɪdɪ] *adj* véritable,
authentique; [offer] sérieux(ieuse).

bond [bɒnd] ◇ *n* **-1.** [between people]
lien *m*. **-2.** [promise] engagement *m*.
-3. FIN bon *m*, titre *m*. ◇ *vt* **-1.** [glue]:

to ~ sthg to sthg coller qqch sur qqch. **-2.** *fig* [people] unir.
bondage ['bɒndɪdʒ] *n* servitude *f*, esclavage *m*.
bone [bəʊn] ◇ *n* os *m*; [of fish] arête *f*. ◇ *vt* [meat] désosser; [fish] enlever les arêtes de.
bone-dry *adj* tout à fait sec (sèche).
bone-idle *adj* paresseux(euse) comme une couleuvre OR un lézard.
bonfire ['bɒn,faɪər] *n* [for fun] feu *m* de joie; [to burn rubbish] feu.
bonfire night *n Br* le 5 novembre (commémoration de la tentative de Guy Fawkes de faire sauter le Parlement en 1605).
Bonn [bɒn] *n* Bonn.
bonnet ['bɒnɪt] *n* **-1.** *Br* [of car] capot *m*. **-2.** [hat] bonnet *m*.
bonny ['bɒnɪ] *adj Scot* beau (belle), joli(e).
bonus ['bəʊnəs] (*pl* **-es**) *n* **-1.** [extra money] prime *f*, gratification *f*. **-2.** *fig* [added advantage] plus *m*.
bony ['bəʊnɪ] *adj* **-1.** [person, hand, face] maigre, osseux(euse). **-2.** [meat] plein(e) d'os; [fish] plein d'arêtes.
boo [buː] (*pl* **-s**) ◇ *excl* hou! ◇ *n* huée *f*. ◇ *vt & vi* huer.
boob [buːb] *n inf* [mistake] gaffe *f*, bourde *f*.
◆ **boobs** *npl Br v inf* nichons *mpl*.
booby trap ['buːbɪ-] *n* **-1.** [bomb] objet *m* piégé. **-2.** [practical joke] farce *f*.
book [bʊk] ◇ *n* **-1.** [for reading] livre *m*. **-2.** [of stamps, tickets, cheques] carnet *m*; [of matches] pochette *f*. ◇ *vt* **-1.** [reserve - gen] réserver; [- performer] engager; **to be fully ~ed** être complet. **-2.** *inf* [subj: police] coller un PV à. **-3.** *Br* FTBL prendre le nom de. ◇ *vi* réserver.
◆ **books** *npl* COMM livres *mpl* de comptes.
◆ **book up** *vt sep* réserver, retenir.
bookcase ['bʊkkeɪs] *n* bibliothèque *f*.
bookie ['bʊkɪ] *n inf* bookmaker *m*.
booking ['bʊkɪŋ] *n* **-1.** [reservation] réservation *f*. **-2.** *Br* FTBL: **to get a ~** recevoir un carton jaune.

booking office *n* bureau *m* de réservation OR location.
bookkeeping ['bʊk,kiːpɪŋ] *n* comptabilité *f*.
booklet ['bʊklɪt] *n* brochure *f*.
bookmaker ['bʊk,meɪkər] *n* bookmaker *m*.
bookmark ['bʊkmɑːk] *n* signet *m*.
bookseller ['bʊk,selər] *n* libraire *mf*.
bookshelf ['bʊkʃelf] (*pl* **-shelves** [-ʃelvz]) *n* rayon *m* OR étagère *f* à livres.
bookshop *Br* ['bʊkʃɒp], **bookstore** *Am* ['bʊkstɔːr] *n* librairie *f*.
book token *n* chèque-livre *m*.
boom [buːm] ◇ *n* **-1.** [loud noise] grondement *m*. **-2.** [in business, trade] boom *m*. **-3.** NAUT bôme *f*. **-4.** [for TV camera, microphone] girafe *f*, perche *f*. ◇ *vi* **-1.** [make noise] gronder. **-2.** [business, trade] être en plein essor OR en hausse.
boon [buːn] *n* avantage *m*, bénédiction *f*.
boost [buːst] ◇ *n* [to production, sales] augmentation *f*; [to economy] croissance *f*. ◇ *vt* **-1.** [production, sales] stimuler. **-2.** [popularity] accroître, renforcer.
booster ['buːstər] *n* MED rappel *m*.
boot [buːt] ◇ *n* **-1.** [for walking, sport] chaussure *f*. **-2.** [fashion item] botte *f*. **-3.** *Br* [of car] coffre *m*. ◇ *vt inf* flanquer des coups de pied à.
◆ **to boot** *adv* par-dessus le marché, en plus.
booth [buːð] *n* **-1.** [at fair] baraque *f* foraine. **-2.** [telephone booth] cabine *f*. **-3.** [voting booth] isoloir *m*.
booty ['buːtɪ] *n* butin *m*.
booze [buːz] *inf* ◇ *n* (U) alcool *m*, boisson *f* alcoolisée. ◇ *vi* picoler.
bop [bɒp] *inf* ◇ *n* **-1.** [hit] coup *m*. **-2.** [disco, dance] boum *f*. ◇ *vi* [dance] danser.
border ['bɔːdər] ◇ *n* **-1.** [between countries] frontière *f*. **-2.** [edge] bord *m*. **-3.** [in garden] bordure *f*. ◇ *vt* **-1.** [country] être limitrophe de. **-2.** [edge] border.

◆**border on** vt fus friser, être voisin(e) à.

borderline ['bɔːdəlaɪn] ◇ adj: ~ **case** cas m limite. ◇ n fig limite f, ligne f de démarcation.

bore [bɔːr] ◇ pt → bear. ◇ n -1. [person] raseur m, -euse f; [situation, event] corvée f. -2. [of gun] calibre m. ◇ vt -1. [not interest] ennuyer, raser; to ~ **sb stiff** OR **to tears** OR **to death** ennuyer qqn à mourir. -2. [drill] forer, percer.

bored [bɔːd] adj [person] qui s'ennuie; [look] d'ennui; **to be** ~ **with** en avoir assez de.

boredom ['bɔːdəm] n (U) ennui m.

boring ['bɔːrɪŋ] adj ennuyeux(euse).

born [bɔːn] adj né(e); **to be** ~ naître; **I was** ~ **in 1965** je suis né en 1965; **when were you** ~? quelle est ta date de naissance?

borne [bɔːn] pp → bear.

borough ['bʌrə] n municipalité f.

borrow ['bɒrəʊ] vt emprunter; **to** ~ **sthg (from sb)** emprunter qqch (à qqn).

Bosnia ['bɒznɪə] n Bosnie f.

Bosnia-Herzegovina [-,hɜːtsəgə'viːnə] n Bosnie-Herzégovine f.

Bosnian ['bɒznɪən] ◇ adj bosniaque. ◇ n Bosniaque mf.

bosom ['bʊzəm] n poitrine f, seins mpl; fig sein m; ~ **friend** ami m intime.

boss [bɒs] ◇ n patron m, -onne f, chef m. ◇ vt pej donner des ordres à, régenter.

◆**boss about**, **boss around** vt sep pej donner des ordres à, régenter.

bossy ['bɒsɪ] adj autoritaire.

bosun ['bəʊsn] = boatswain.

botany ['bɒtənɪ] n botanique f.

botch [bɒtʃ]

◆**botch up** vt sep inf bousiller, saboter.

both [bəʊθ] ◇ adj les deux. ◇ pron: ~ **(of them)** (tous) les deux ((toutes) les deux); ~ **of us are coming** on vient tous les deux. ◇ adv: **she is** ~

intelligent and amusing elle est à la fois intelligente et drôle.

bother ['bɒðər] ◇ vt -1. [worry] ennuyer, inquiéter; **to** ~ **o.s. (about)** se tracasser (au sujet de); **I can't be** ~ed **to do it** je n'ai vraiment pas envie de le faire. -2. [pester, annoy] embêter; **I'm sorry to** ~ **you** excusez-moi de vous déranger. ◇ vi: **to** ~ **about sthg** s'inquiéter de qqch; **don't** ~ **(to do it)** ce n'est pas la peine (de le faire). ◇ n (U) embêtement m; **it's no** ~ **at all** cela ne me dérange OR m'ennuie pas du tout.

bothered ['bɒðəd] adj inquiet(ète).

bottle ['bɒtl] ◇ n -1. [gen] bouteille f; [for medicine, perfume] flacon m; [for baby] biberon m. -2. (U) Br inf [courage] cran m, culot m. ◇ vt [wine etc] mettre en bouteilles; [fruit] mettre en bocal.

◆**bottle up** vt sep [feelings] refouler, contenir.

bottle bank n container m pour verre usagé.

bottleneck ['bɒtlnek] n -1. [in traffic] bouchon m, embouteillage m. -2. [in production] goulet m d'étranglement.

bottle-opener n ouvre-bouteilles m inv, décapsuleur m.

bottom ['bɒtəm] ◇ adj -1. [lowest] du bas. -2. [in class] dernier(ère). ◇ n -1. [of bottle, lake, garden] fond m; [of page, ladder, street] bas m; [of hill] pied m. -2. [of scale] bas m; [of class] dernier m, -ière f. -3. [buttocks] derrière m. -4. [cause]: **to get to the** ~ **of sthg** aller au fond de qqch, découvrir la cause de qqch.

◆**bottom out** vi atteindre son niveau le plus bas.

bottom line n fig: **the** ~ l'essentiel m.

bough [baʊ] n branche f.

bought [bɔːt] pt & pp → buy.

boulder ['bəʊldər] n rocher m.

bounce [baʊns] ◇ vi -1. [ball] rebondir; [person] sauter. -2. inf [cheque] être sans provision. ◇ vt [ball] faire rebondir. ◇ n rebond m.

bouncer ['baʊnsər] n inf videur m.

bound [baʊnd] ◇ *pt & pp* → **bind.** ◇ *adj* **-1.** [certain]: **he's ~ to win** il va sûrement gagner; **she's ~ to see it** elle ne peut pas manquer de le voir. **-2.** [obliged]: **to be ~ to do sthg** être obligé(e) OR tenu(e) de faire qqch; **I'm ~ to say/admit** je dois dire/reconnaître. **-3.** [for place]: **to be ~ for** [subj: person] être en route pour; [subj: plane, train] être à destination de. ◇ *n* [leap] bond *m*, saut *m*. ◇ *vt*: **to be ~ed by** [subj: field] être limité(e) OR délimité(e) par; [subj: country] être limitrophe de.

◆ **bounds** *npl* limites *fpl*; **out of ~s** interdit, défendu.

boundary ['baʊndərɪ] *n* [gen] frontière *f*; [of property] limite *f*, borne *f*.

bourbon ['bɜːbən] *n* bourbon *m*.

bout [baʊt] *n* **-1.** [of illness] accès *m*; **a ~ of flu** une grippe. **-2.** [session] période *f*. **-3.** [boxing match] combat *m*.

bow[1] [baʊ] ◇ *n* **-1.** [in greeting] révérence *f*. **-2.** [of ship] proue *f*, avant *m*. ◇ *vt* [head] baisser, incliner. ◇ *vi* **-1.** [make a bow] saluer. **-2.** [defer]: **to ~ to** s'incliner devant.

bow[2] [baʊ] *n* **-1.** [weapon] arc *m*. **-2.** MUS archet *m*. **-3.** [knot] nœud *m*.

bowels ['baʊəlz] *npl* intestins *mpl*; *fig* entrailles *fpl*.

bowl [baʊl] ◇ *n* **-1.** [container - gen] jatte *f*, saladier *m*; [- small] bol *m*; [- for washing up] cuvette *f*. **-2.** [of toilet, sink] cuvette *f*; [of pipe] fourneau *m*. ◇ *vi* CRICKET lancer la balle.

◆ **bowls** *n* (*U*) boules *fpl* (*sur herbe*).

◆ **bowl over** *vt sep lit & fig* renverser.

bow-legged [,baʊ'legɪd] *adj* aux jambes arquées.

bowler ['baʊlə[r]] *n* **-1.** CRICKET lanceur *m*. **-2.** **~ (hat)** chapeau *m* melon.

bowling ['baʊlɪŋ] *n* (*U*) bowling *m*.

bowling alley *n* [building] bowling *m*; [alley] piste *f* de bowling.

bowling green *n* terrain *m* de boules (*sur herbe*).

bow tie [baʊ-] *n* nœud *m* papillon.

box [bɒks] ◇ *n* **-1.** [gen] boîte *f*. **-2.** THEATRE loge *f*. **-3.** *Br inf* [television]: **the ~** la télé. ◇ *vi* boxer, faire de la boxe.

boxer ['bɒksə[r]] *n* **-1.** [fighter] boxeur *m*. **-2.** [dog] boxer *m*.

boxer shorts *npl* caleçon *m*.

boxing ['bɒksɪŋ] *n* boxe *f*.

Boxing Day *n* jour des étrennes en Grande-Bretagne (le 26 décembre).

boxing glove *n* gant *m* de boxe.

box office *n* bureau *m* de location.

boxroom ['bɒksrʊm] *n Br* débarras *m*.

boy [bɔɪ] ◇ *n* [male child] garçon *m*. ◇ *excl inf*: **(oh) ~!** ben, mon vieux!, ben, dis-donc!

boycott ['bɔɪkɒt] ◇ *n* boycott *m*, boycottage *m*. ◇ *vt* boycotter.

boyfriend ['bɔɪfrend] *n* copain *m*, petit ami *m*.

boyish ['bɔɪɪʃ] *adj* [appearance - of man] gamin(e); [- of woman] de garçon; [behaviour] garçonnier(ère).

BR (*abbr of British Rail*) *n* ≃ SNCF *f*.

bra [brɑː] *n* soutien-gorge *m*.

brace [breɪs] ◇ *n* **-1.** [on teeth] appareil *m* (dentaire). **-2.** [on leg] appareil *m* orthopédique. ◇ *vt* **-1.** [steady] soutenir, consolider; **to ~ o.s.** s'accrocher, se cramponner. **-2.** *fig* [prepare]: **to ~ o.s. (for sthg)** se préparer (à qqch).

◆ **braces** *npl Br* bretelles *fpl*.

bracelet ['breɪslɪt] *n* bracelet *m*.

bracing ['breɪsɪŋ] *adj* vivifiant(e).

bracken ['brækn] *n* fougère *f*.

bracket ['brækɪt] ◇ *n* **-1.** [support] support *m*. **-2.** [parenthesis - round] parenthèse *f*; [- square] crochet *m*; **in ~s** entre parenthèses/crochets. **-3.** [group]: **age/income ~** tranche *f* d'âge/de revenus. ◇ *vt* [enclose in brackets] mettre entre parenthèses/crochets.

brag [bræg] *vi* se vanter.

braid [breɪd] ◇ *n* **-1.** [on uniform] galon *m*. **-2.** [of hair] tresse *f*, natte *f*. ◇ *vt* [hair] tresser, natter.

brain [breɪn] *n* cerveau *m*.

◆ **brains** *npl* [intelligence] intelligence *f*.

brainchild ['breɪntʃaɪld] *n inf* idée *f* personnelle, invention *f* personnelle.

brainwash ['breɪnwɒʃ] *vt* faire un lavage de cerveau à.

brainwave ['breɪnweɪv] *n* idée *f* géniale OR de génie.

brainy ['breɪnɪ] *adj inf* intelligent(e).

brake [breɪk] ◇ *n lit* & *fig* frein *m*. ◇ *vi* freiner.

brake light *n* stop *m*, feu *m* arrière.

bramble ['bræmbl] *n* [bush] ronce *f*; [fruit] mûre *f*.

bran [bræn] *n* son *m*.

branch [brɑːntʃ] ◇ *n* **-1.** [of tree, subject] branche *f*. **-2.** [of railway] bifurcation *f*, embranchement *m*. **-3.** [of company] filiale *f*, succursale *f*; [of bank] agence *f*. ◇ *vi* bifurquer.

◆ **branch out** *vi* [person, company] étendre ses activités, se diversifier.

brand [brænd] ◇ *n* **-1.** COMM marque *f*. **-2.** *fig* [type, style] type *m*, genre *m*. ◇ *vt* **-1.** [cattle] marquer au fer rouge. **-2.** *fig* [classify]: **to ~ sb (as) sthg** étiqueter qqn comme qqch, coller à qqn l'étiquette de qqch.

brandish ['brændɪʃ] *vt* brandir.

brand name *n* marque *f*.

brand-new *adj* flambant neuf (flambant neuve), tout neuf (toute neuve).

brandy ['brændɪ] *n* cognac *m*.

brash [bræʃ] *adj* effronté(e).

brass [brɑːs] *n* **-1.** [metal] laiton *m*, cuivre *m* jaune. **-2.** MUS: **the ~** les cuivres *mpl*.

brass band *n* fanfare *f*.

brassiere [*Br* 'bræsɪə*ʳ*, *Am* brə'zɪr] *n* soutien-gorge *m*.

brat [bræt] *n inf pej* sale gosse *m*.

bravado [brə'vɑːdəʊ] *n* bravade *f*.

brave [breɪv] ◇ *adj* courageux(euse), brave. ◇ *n* guerrier *m* indien, brave *m*. ◇ *vt* braver, affronter.

bravery ['breɪvərɪ] *n* courage *m*, bravoure *f*.

brawl [brɔːl] *n* bagarre *f*, rixe *f*.

brawn [brɔːn] *n* (*U*) **-1.** [muscle] muscle *m*. **-2.** *Br* [meat] fromage *m* de tête.

bray [breɪ] *vi* [donkey] braire.

brazen ['breɪzn] *adj* [person] effronté(e), impudent(e); [lie] éhonté(e).

◆ **brazen out** *vt sep*: **to ~ it out** crâner.

brazier ['breɪzjə*ʳ*] *n* brasero *m*.

Brazil [brə'zɪl] *n* Brésil *m*.

Brazilian [brə'zɪljən] ◇ *adj* brésilien(ienne). ◇ *n* Brésilien *m*, -ienne *f*.

brazil nut *n* noix *f* du Brésil.

breach [briːtʃ] ◇ *n* **-1.** [of law, agreement] infraction *f*, violation *f*; [of promise] rupture *f*; **to be in ~ of sthg** enfreindre OR violer qqch; **~ of contract** rupture *f* de contrat. **-2.** [opening, gap] trou *m*, brèche *f*. ◇ *vt* **-1.** [agreement, contract] rompre. **-2.** [make hole in] faire une brèche dans.

breach of the peace *n* atteinte *f* à l'ordre public.

bread [bred] *n* pain *m*; **~ and butter** tartine *f* beurrée, pain beurré; *fig* gagne-pain *m*.

bread bin *Br*, **bread box** *Am n* boîte *f* à pain.

breadcrumbs ['bredkrʌmz] *npl* chapelure *f*.

breadline ['bredlaɪn] *n*: **to be on the ~** être sans ressources OR sans le sou.

breadth [bretθ] *n* **-1.** [width] largeur *f*. **-2.** *fig* [scope] ampleur *f*, étendue *f*.

breadwinner ['bred,wɪnə*ʳ*] *n* soutien *m* de famille.

break [breɪk] (*pt* broke, *pp* broken) ◇ *n* **-1.** [gap]: **~ (in)** trouée *f* (dans). **-2.** [fracture] fracture *f*. **-3.** [pause - gen] pause *f*; [- at school] récréation *f*; **to take a ~** [short] faire une pause; [longer] prendre des jours de congé; **without a ~** sans interruption; **to have a ~ from doing sthg** arrêter de faire qqch. **-4.** *inf* [luck]: **(lucky) ~** chance *f*, veine *f*. ◇ *vt* **-1.** [gen] casser, briser; **to ~ one's arm/leg** se casser le bras/la jambe; **to ~ a record** battre un record. **-2.** [interrupt - journey] interrompre; [- contact, silence] rompre. **-3.** [not keep - law, rule] enfreindre, violer; [- promise] manquer à. **-4.** [tell]: **to ~ the news (of sthg to sb)** annoncer la nouvelle (de qqch à qqn). ◇ *vi* **-1.** [gen] se casser, se briser; **to ~ loose** OR **free** se dégager, s'échapper. **-2.** [pause] s'arrêter, faire une pause. **-3.** [weather] se gâter. **-4.** [voice - with emotion] se briser; [- at puberty] muer. **-5.** [news] se répandre, éclater. **-6.** *phr*: **to ~ even** rentrer dans ses frais.

◆ **break away** *vi* [escape] s'échapper.

◆ **break down** ◇ *vt sep* **-1.** [destroy - barrier] démolir; [- door] enfoncer. **-2.** [analyse] analyser. ◇ *vi* **-1.** [car, machine] tomber en panne; [resistance] céder; [negotiations] échouer. **-2.** [emotionally] fondre en larmes, éclater en sanglots.

◆ **break in** ◇ *vi* **-1.** [burglar] entrer par effraction. **-2.** [interrupt]: **to ~ in (on sb/sthg)** interrompre (qqn/qqch). ◇ *vt sep* [horse] dresser; [person] rompre, accoutumer.

◆ **break into** *vt fus* **-1.** [subj: burglar] entrer par effraction dans. **-2.** [begin]: **to ~ into song/applause** se mettre à chanter/applaudir.

◆ **break off** ◇ *vt sep* **-1.** [detach] détacher. **-2.** [talks, relationship] rompre; [holiday] interrompre. ◇ *vi* **-1.** [become detached] se casser, se détacher. **-2.** [stop talking] s'interrompre, se taire.

◆ **break out** *vi* **-1.** [begin - fire] se déclarer; [- fighting] éclater. **-2.** [escape]: **to ~ out (of)** s'échapper (de), s'évader (de).

◆ **break up** ◇ *vt sep* **-1.** [into smaller pieces] mettre en morceaux. **-2.** [end - marriage, relationship] détruire; [- fight, party] mettre fin à. ◇ *vi* **-1.** [into smaller pieces - gen] se casser en morceaux; [- ship] se briser. **-2.** [end - marriage, relationship] se briser; [- talks, party] prendre fin; [- school] finir, fermer; **to ~ up (with sb)** rompre (avec qqn). **-3.** [crowd] se disperser.

breakage ['breɪkɪdʒ] *n* bris *m*.

breakdown ['breɪkdaʊn] *n* **-1.** [of vehicle, machine] panne *f*; [of negotiations]

échec *m*; [in communications] rupture *f*. **-2.** [analysis] analyse *f*.

breakfast ['brekfəst] *n* petit déjeuner *m*.

breakfast television *n* Br télévision *f* du matin.

break-in *n* cambriolage *m*.

breaking ['breɪkɪŋ] *n*: **~ and entering** JUR entrée *f* par effraction.

breakneck ['breɪknek] *adj*: **at ~ speed** à fond de train.

breakthrough ['breɪkθruː] *n* percée *f*.

breakup ['breɪkʌp] *n* [of marriage, relationship] rupture *f*.

breast [brest] *n* **-1.** [of woman] sein *m*; [of man] poitrine *f*. **-2.** [meat of bird] blanc *m*.

breast-feed *vt & vi* allaiter.

breaststroke ['breststrəʊk] *n* brasse *f*.

breath [breθ] *n* souffle *m*, haleine *f*; **to take a deep ~** inspirer profondément; **out of ~** hors d'haleine, à bout de souffle; **to get one's ~ back** reprendre haleine OR son souffle.

breathalyse Br, **-yze** Am ['breθəlaɪz] *vt* ≃ faire subir l'Alcootest® à.

breathe [briːð] ◇ *vi* respirer. ◇ *vt* **-1.** [inhale] respirer. **-2.** [exhale - smell] souffler des relents de.

◆ **breathe in** ◇ *vi* inspirer. ◇ *vt sep* aspirer.

◆ **breathe out** *vi* expirer.

breather ['briːðər] *n inf* moment *m* de repos OR répit.

breathing ['briːðɪŋ] *n* respiration *f*.

breathless ['breθlɪs] *adj* **-1.** [out of breath] hors d'haleine, essoufflé(e). **-2.** [with excitement] fébrile, fiévreux(euse).

breathtaking ['breθ,teɪkɪŋ] *adj* à vous couper le souffle.

breed [briːd] (*pt & pp* **bred** [bred]) ◇ *n lit & fig* race *f*, espèce *f*. ◇ *vt* **-1.** [animals, plants] élever. **-2.** *fig* [suspicion, contempt] faire naître, engendrer. ◇ *vi* se reproduire.

breeding ['briːdɪŋ] *n* (*U*) **-1.** [of animals, plants] élevage *m*. **-2.** [manners] bonnes manières *fpl*, savoir-vivre *m*.

breeze [briːz] *n* brise *f*.

breezy ['bri:zi] *adj* **-1.** [windy] venteux(euse). **-2.** [cheerful] jovial(e), enjoué(e).

brevity ['breviti] *n* brièveté *f*.

brew [bru:] ◇ *vt* [beer] brasser; [tea] infuser; [coffee] préparer, faire. ◇ *vi* **-1.** [tea] infuser; [coffee] se faire. **-2.** *fig* [trouble, storm] se préparer, couver.

brewer ['bru:ə'] *n* brasseur *m*.

brewery ['bruəri] *n* brasserie *f*.

bribe [braib] ◇ *n* pot-de-vin *m*. ◇ *vt*: to ~ sb (to do sthg) soudoyer qqn (pour qu'il fasse qqch).

bribery ['braibəri] *n* corruption *f*.

brick [brik] *n* brique *f*.

bricklayer ['brik,leiə'] *n* maçon *m*.

bridal ['braidl] *adj* [dress] de mariée; [suite etc] nuptial(e).

bride [braid] *n* mariée *f*.

bridegroom ['braidgrum] *n* marié *m*.

bridesmaid ['braidzmeid] *n* demoiselle *f* d'honneur.

bridge [brid3] ◇ *n* **-1.** [gen] pont *m*. **-2.** [on ship] passerelle *f*. **-3.** [of nose] arête *f*. **-4.** [card game, for teeth] bridge *m*. ◇ *vt fig* [gap] réduire.

bridle ['braidl] *n* bride *f*.

bridle path *n* piste *f* cavalière.

brief [bri:f] ◇ *adj* **-1.** [short] bref (brève), court(e); in ~ en bref, en deux mots. **-2.** [revealing] très court(e). ◇ *n* **-1.** JUR affaire *f*, dossier *m*. **-2.** *Br* [instructions] instructions *fpl*. ◇ *vt*: to ~ sb (on) [bring up to date] mettre qqn au courant (de); [instruct] briefer qqn (sur).

◆ **briefs** *npl* slip *m*.

briefcase ['bri:fkeis] *n* serviette *f*.

briefing ['bri:fiŋ] *n* instructions *fpl*, briefing *m*.

briefly ['bri:fli] *adv* **-1.** [for a short time] un instant. **-2.** [concisely] brièvement.

brigade [bri'geid] *n* brigade *f*.

brigadier [,brigə'diə'] *n* général *m* de brigade.

bright [brait] *adj* **-1.** [room] clair(e); [light, colour] vif (vive); [sunlight] écla-

tant(e); [eyes, future] brillant(e). **-2.** [intelligent] intelligent(e).

brighten ['braitn] *vi* **-1.** [become lighter] s'éclaircir. **-2.** [face, mood] s'éclairer.

◆ **brighten up** ◇ *vt sep* égayer. ◇ *vi* **-1.** [person] s'égayer, s'animer. **-2.** [weather] se dégager, s'éclaircir.

brilliance ['briljəns] *n* **-1.** [cleverness] intelligence *f*. **-2.** [of colour, light] éclat *m*.

brilliant ['briljənt] *adj* **-1.** [gen] brillant(e). **-2.** [colour] éclatant(e). **-3.** *inf* [wonderful] super (*inv*), génial(e).

Brillo pad® ['briləu-] *n* ≃ tampon *m* Jex®.

brim [brim] ◇ *n* bord *m*. ◇ *vi*: to ~ with *lit* & *fig* être plein(e) de.

brine [brain] *n* saumure *f*.

bring [briŋ] (*pt* & *pp* **brought**) *vt* **-1.** [person] amener; [object] apporter. **-2.** [cause - happiness, shame] entraîner, causer; to ~ sthg to an end mettre fin à qqch.

◆ **bring about** *vt sep* causer, provoquer.

◆ **bring around** *vt sep* [make conscious] ranimer.

◆ **bring back** *vt sep* **-1.** [object] rapporter; [person] ramener. **-2.** [memories] rappeler. **-3.** [reinstate] rétablir.

◆ **bring down** *vt sep* **-1.** [plane] abattre; [government] renverser. **-2.** [prices] faire baisser.

◆ **bring forward** *vt sep* **-1.** [gen] avancer. **-2.** [in bookkeeping] reporter.

◆ **bring in** *vt sep* **-1.** [law] introduire. **-2.** [money - subj: person] gagner; [- subj: deal] rapporter.

◆ **bring off** *vt sep* [plan] réaliser, réussir; [deal] conclure, mener à bien.

◆ **bring out** *vt sep* **-1.** [product] lancer; [book] publier, faire paraître. **-2.** [cause to appear] faire ressortir.

◆ **bring round, bring to** = **bring around**.

◆ **bring up** *vt sep* **-1.** [raise - children] élever. **-2.** [mention] mentionner. **-3.** [vomit] rendre, vomir.

brink [brɪŋk] *n*: **on the ~ of** au bord de, à la veille de.

brisk [brɪsk] *adj* **-1.** [quick] vif (vive), rapide. **-2.** [manner, tone] déterminé(e).

bristle ['brɪsl] ◇ *n* poil *m*. ◇ *vi* lit & fig se hérisser.

Britain ['brɪtn] *n* Grande-Bretagne *f*; **in ~** en Grande-Bretagne.

British ['brɪtɪʃ] *adj* britannique.

British Isles *npl*: **the ~** les îles *fpl* Britanniques.

British Rail *n* société des chemins de fer britanniques, ≃ SNCF *f*.

British Telecom [-'telɪkɒm] *n* société britannique de télécommunications.

Briton ['brɪtn] *n* Britannique *mf*.

Brittany ['brɪtənɪ] *n* Bretagne *f*.

brittle ['brɪtl] *adj* fragile.

broach [brəʊtʃ] *vt* [subject] aborder.

B road *n Br* route *f* départementale.

broad [brɔːd] *adj* **-1.** [wide] large; [- range, interests] divers(e), varié(e). **-2.** [description] général(e). **-3.** [hint] transparent(e); [accent] prononcé(e).
◆ **in broad daylight** *adv* en plein jour.

broad bean *n* fève *f*.

broadcast ['brɔːdkɑːst] (*pt* & *pp* **broadcast**) ◇ *n* RADIO & TV émission *f*. ◇ *vt* RADIO radiodiffuser; TV téléviser.

broaden ['brɔːdn] ◇ *vt* élargir. ◇ *vi* s'élargir.

broadly ['brɔːdlɪ] *adv* [generally] généralement.

broadminded [,brɔːd'maɪndɪd] *adj* large d'esprit.

broccoli ['brɒkəlɪ] *n* brocoli *m*.

brochure ['brəʊʃər] *n* brochure *f*, prospectus *m*.

broil [brɔɪl] *vt Am* griller.

broke [brəʊk] ◇ *pt* → **break**. ◇ *adj inf* fauché(e).

broken ['brəʊkn] ◇ *pp* → **break**. ◇ *adj* **-1.** [gen] cassé(e); **to have a ~ leg** avoir la jambe cassée. **-2.** [interrupted - journey, sleep] interrompu(e); [- line] brisé(e). **-3.** [marriage] brisé(e), détruit(e); [home] désuni(e). **-4.** [hesi-

tant]: **to speak in ~ English** parler un anglais hésitant.

broker ['brəʊkər] *n* courtier *m*; **(insurance) ~** assureur *m*, courtier *m* d'assurances.

brolly ['brɒlɪ] *n Br inf* pépin *m*.

bronchitis [brɒŋ'kaɪtɪs] *n* (*U*) bronchite *f*.

bronze [brɒnz] ◇ *adj* [colour] (couleur) bronze (*inv*). ◇ *n* [gen] bronze *m*.

brooch [brəʊtʃ] *n* broche *f*.

brood [bruːd] ◇ *n* [of animals] couvée *f*. ◇ *vi*: **to ~ (over OR about sthg)** ressasser (qqch), remâcher (qqch).

brook [brʊk] *n* ruisseau *m*.

broom [bruːm] *n* balai *m*.

broomstick ['bruːmstɪk] *n* manche à balai.

Bros, bros (*abbr of* **brothers**) Frères.

broth [brɒθ] *n* bouillon *m*.

brothel ['brɒθl] *n* bordel *m*.

brother ['brʌðər] *n* frère *m*.

brother-in-law (*pl* **brothers-in-law**) *n* beau-frère *m*.

brought [brɔːt] *pt* & *pp* → **bring**.

brow [braʊ] *n* **-1.** [forehead] front *m*. **-2.** [eyebrow] sourcil *m*. **-3.** [of hill] sommet *m*.

brown [braʊn] ◇ *adj* **-1.** [colour] brun(e), marron (*inv*); **~ bread** pain *m* bis. **-2.** [tanned] bronzé(e), hâlé(e). ◇ *n* [colour] marron *m*, brun *m*. ◇ *vt* [food] faire dorer.

Brownie (Guide) ['braʊnɪ-] *n* ≃ jeannette *f*.

Brownie point ['braʊnɪ-] *n* bon point *m*.

brown paper *n* papier *m* d'emballage, papier kraft.

brown rice *n* riz *m* complet.

brown sugar *n* sucre *m* roux.

browse [braʊz] *vi* **-1.** [look]: **I'm just browsing** [in shop] je ne fais que regarder; **to ~ through** [magazines etc] feuilleter. **-2.** [animal] brouter.

bruise [bruːz] ◇ *n* bleu *m*. ◇ *vt* **-1.** [skin, arm] se faire un bleu à; [fruit] taler. **-2.** *fig* [pride] meurtrir, blesser.

brunch [brʌntʃ] *n* brunch *m*.

build

brunette [bruː'net] *n* brunette *f.*

brunt [brʌnt] *n*: **to bear** OR **take the ~ of** subir le plus gros de.

brush [brʌʃ] ◇ *n* **-1.** [gen] brosse *f*; [of painter] pinceau *m.* **-2.** [encounter]: **to have a ~ with the police** avoir des ennuis avec la police. ◇ *vt* **-1.** [clean with brush] brosser. **-2.** [touch lightly] effleurer.

◆ **brush aside** *vt sep* *fig* écarter, repousser.

◆ **brush off** *vt sep* [dismiss] envoyer promener.

◆ **brush up** ◇ *vt sep* [revise] réviser. ◇ *vi*: **to ~ up on sthg** réviser qqch.

brush-off *n inf*: **to give sb the ~** envoyer promener qqn.

brushwood ['brʌʃwʊd] *n* (U) brindilles *fpl.*

brusque [bruːsk] *adj* brusque.

Brussels ['brʌslz] *n* Bruxelles.

brussels sprout *n* chou *m* de Bruxelles.

brutal ['bruːtl] *adj* brutal(e).

brute [bruːt] ◇ *adj* [force] brutal(e). ◇ *n* brute *f.*

BSc (*abbr of* **Bachelor of Science**) *n* (*titulaire d'une*) *licence de sciences*.

BT (*abbr of* **British Telecom**) *n* société *britannique de télécommunications*.

bubble ['bʌbl] ◇ *n* bulle *f.* ◇ *vi* **-1.** [liquid] faire des bulles, bouillonner. **-2.** *fig* [person]: **to ~ with** déborder de.

bubble bath *n* bain *m* moussant.

bubble gum *n* bubble-gum *m.*

bubblejet printer ['bʌbldʒet-] *n* imprimante *f* à bulle d'encre.

Bucharest [,bjuːkə'rest] *n* Bucarest.

buck [bʌk] (*pl inv* OR **-s**) ◇ *n* **-1.** [male animal] mâle *m.* **-2.** *inf* [dollar] dollar *m.* **-3.** *inf* [responsibility]: **to pass the ~** refiler la responsabilité. ◇ *vi* [horse] ruer.

◆ **buck up** *inf vi* **-1.** [hurry up] se remuer, se dépêcher. **-2.** [cheer up] ne pas se laisser abattre.

bucket ['bʌkɪt] *n* [gen] seau *m.*

Buckingham Palace ['bʌkɪŋəm-] *n* le palais de Buckingham (*résidence officielle du souverain britannique*).

buckle ['bʌkl] ◇ *n* boucle *f.* ◇ *vt* **-1.** [fasten] boucler. **-2.** [bend] voiler. ◇ *vi* [wheel] se voiler; [knees, legs] se plier.

bud [bʌd] ◇ *n* bourgeon *m.* ◇ *vi* bourgeonner.

Budapest [,bjuːdə'pest] *n* Budapest.

Buddha ['budə] *n* Bouddha *m.*

Buddhism ['budɪzm] *n* bouddhisme *m.*

budding ['bʌdɪŋ] *adj* [writer, artist] en herbe.

buddy ['bʌdɪ] *n inf* pote *m.*

budge [bʌdʒ] ◇ *vt* faire bouger. ◇ *vi* bouger.

budgerigar ['bʌdʒərɪgɑːʳ] *n* perruche *f.*

budget ['bʌdʒɪt] ◇ *adj* [holiday, price] pour petits budgets. ◇ *n* budget *m.*

◆ **budget for** *vt fus* prévoir.

budgie ['bʌdʒɪ] *n inf* perruche *f.*

buff [bʌf] ◇ *adj* [brown] chamois (*inv*). ◇ *n inf* [expert] mordu *m, -e f.*

buffalo ['bʌfələu] (*pl inv* OR **-es** OR **-s**) *n* buffle *m.*

buffer ['bʌfəʳ] *n* **-1.** [gen] tampon *m.* **-2.** COMPUT mémoire *f* tampon.

buffet1 [*Br* 'bufeɪ, *Am* bə'feɪ] *n* [food, cafeteria] buffet *m.*

buffet2 ['bʌfɪt] *vt* [physically] frapper.

buffet car ['bufeɪ-] *n* wagon-restaurant *m.*

bug [bʌg] ◇ *n* **-1.** [insect] punaise *f.* **-2.** *inf* [germ] microbe *m.* **-3.** *inf* [listening device] micro *m. -e f.* COMPUT défaut *m*, bug *m.* ◇ *vt* **-1.** *inf* [telephone] mettre sur table d'écoute; [room] cacher des micros dans. **-2.** *inf* [annoy] embêter.

bugger ['bʌgəʳ] *Br v inf* ◇ *n* [person] con *m*, conne *f.* ◇ *excl* merde!

◆ **bugger off** *vi*: **~ off!** fous le camp!

buggy ['bʌgɪ] *n* **-1.** [carriage] boghei *m.* **-2.** [pushchair] poussette *f; Am* [pram] landau *m.*

bugle ['bjuːgl] *n* clairon *m.*

build [bɪld] (*pt & pp* **built**) ◇ *vt lit & fig* construire, bâtir. ◇ *n* carrure *f.*

◆ **build on, build upon** ◇ vt fus [success] tirer avantage de. ◇ vt sep [base on] baser sur.

◆ **build up** ◇ vt sep [business] développer; [reputation] bâtir. ◇ vi [clouds] s'amonceler; [traffic] augmenter.

builder ['bɪldə'] n entrepreneur m.

building ['bɪldɪŋ] n bâtiment m.

building and loan association n Am société d'épargne et de financement immobilier.

building site n chantier m.

building society n Br ≃ société f d'épargne et de financement immobilier.

buildup ['bɪldʌp] n [increase] accroissement m.

built [bɪlt] pt & pp → build.

built-in adj -1. CONSTR encastré(e). -2. [inherent] inné(e).

built-up adj: ~ area agglomération f.

bulb [bʌlb] n -1. ELEC ampoule f. -2. BOT oignon m.

Bulgaria [bʌl'geərɪə] n Bulgarie f.

Bulgarian [bʌl'geərɪən] ◇ adj bulgare. ◇ n -1. [person] Bulgare mf. -2. [language] bulgare m.

bulge [bʌldʒ] ◇ n [lump] bosse f. ◇ vi: to ~ (with) être gonflé (de).

bulk [bʌlk] ◇ n -1. [mass] volume m. -2. [of person] corpulence f. -3. COMM: in ~ en gros. -4. [majority]: the ~ of le plus gros de. ◇ adj en gros.

bulky ['bʌlkɪ] adj volumineux(euse).

bull [bʊl] n [male cow] taureau m; [male elephant, seal] mâle m.

bulldog ['bʊldɒg] n bouledogue m.

bulldozer ['bʊldəʊzə'] n bulldozer m.

bullet ['bʊlɪt] n [for gun] balle f.

bulletin ['bʊlətɪn] n bulletin m.

bullet-proof adj pare-balles (inv).

bullfight ['bʊlfaɪt] n corrida f.

bullfighter ['bʊl,faɪtə'] n toréador m.

bullfighting ['bʊl,faɪtɪŋ] n (U) courses fpl de taureaux; [art] tauromachie f.

bullion ['bʊljən] n (U): **gold** ~ or m en barres.

bullock ['bʊlək] n bœuf m.

bullring ['bʊlrɪŋ] n arène f.

bull's-eye n centre m.

bully ['bʊlɪ] ◇ n tyran m. ◇ vt tyranniser, brutaliser.

bum [bʌm] n -1. v inf [bottom] derrière m. -2. inf pej [tramp] clochard m.

bumblebee ['bʌmblbiː] n bourdon m.

bump [bʌmp] ◇ n -1. [lump] bosse f. -2. [knock, blow] choc m. -3. [noise] bruit m sourd. ◇ vt [head etc] cogner; [car] heurter.

◆ **bump into** vt fus [meet by chance] rencontrer par hasard.

bumper ['bʌmpə'] ◇ adj [harvest, edition] exceptionnel(elle). ◇ n -1. AUT pare-chocs m inv. -2. Am RAIL tampon m.

bumptious ['bʌmpʃəs] adj suffisant(e).

bumpy ['bʌmpɪ] adj -1. [surface] défoncé(e). -2. [ride] cahoteux(euse); [sea crossing] agité(e).

bun [bʌn] n -1. [cake] petit pain m aux raisins; [bread roll] petit pain m lait. -2. [hairstyle] chignon m.

bunch [bʌntʃ] ◇ n [of people] groupe m; [of flowers] bouquet m; [of grapes] grappe f; [of bananas] régime m; [of keys] trousseau m. ◇ vi se grouper.

◆ **bunches** npl [hairstyle] couettes fpl.

bundle ['bʌndl] ◇ n [of clothes] paquet m; [of notes, newspapers] liasse f; [of wood] fagot m. ◇ vt [put roughly - person] entasser; [- clothes] fourrer, entasser.

bung [bʌŋ] ◇ n bonde f. ◇ vt Br inf envoyer.

bungalow ['bʌŋgələʊ] n bungalow m.

bungle ['bʌŋgl] vt gâcher, bâcler.

bunion ['bʌnjən] n oignon m.

bunk [bʌŋk] n [bed] couchette f.

bunk bed n lit m superposé.

bunker ['bʌŋkə'] n -1. GOLF & MIL bunker m. -2. [for coal] coffre m.

bunny ['bʌnɪ] n: ~ (rabbit) lapin m.

bunting ['bʌntɪŋ] n (U) guirlandes fpl (de drapeaux).

buoy [Br bɔɪ, Am 'buːɪ] n bouée f.

◆ **buoy up** vt sep [encourage] soutenir.

buoyant ['bɔɪənt] adj -1. [able to float] qui flotte. -2. fig [person] enjoué(e);

[economy] **florissant(e)**; [market] **ferme**.

burden ['bɜːdn] ◇ *n lit* & *fig*: ~ **(on)** charge *f* (pour), fardeau *m* (pour). ◇ *vt*: **to** ~ **sb with** [responsibilities, worries] accabler qqn de.

bureau ['bjʊərəʊ] (*pl* -**x**) *n* -**1.** *Br* [desk] bureau *m*; *Am* [chest of drawers] commode *f*. -**2.** [office] bureau *m*.

bureaucracy [bjʊə'rɒkrəsı] *n* bureaucratie *f*.

bureaux ['bjʊərəʊz] *pl* → **bureau**.

burger ['bɜːgəʳ] *n* hamburger *m*.

burglar ['bɜːgləʳ] *n* cambrioleur *m*, -euse *f*.

burglar alarm *n* système *m* d'alarme.

burglarize *Am* = **burgle**.

burglary ['bɜːglərı] *n* cambriolage *m*.

burgle ['bɜːgl], **burglarize** *Am* ['bɜːgləraız] *vt* cambrioler.

Burgundy ['bɜːgəndı] *n* Bourgogne *f*.

burial ['berıəl] *n* enterrement *m*.

burly ['bɜːlı] *adj* bien charpenté(e).

Burma ['bɜːmə] *n* Birmanie *f*.

burn [bɜːn] (*pt* & *pp* **burnt** OR -**ed**) ◇ *vt* brûler; **I've ~ed my hand** je me suis brûlé la main. ◇ *vi* brûler. ◇ *n* brûlure *f*.
◆ **burn down** ◇ *vt sep* [building, town] incendier. ◇ *vi* [building] brûler complètement.

burner ['bɜːnəʳ] *n* brûleur *m*.

Burns' Night *n* fête célébrée en l'honneur du poète écossais Robert Burns, le 25 janvier.

burnt [bɜːnt] *pt* & *pp* → **burn**.

burp [bɜːp] *inf* ◇ *n* rot *m*. ◇ *vi* roter.

burrow ['bʌrəʊ] ◇ *n* terrier *m*. ◇ *vi* -**1.** [dig] creuser un terrier. -**2.** *fig* [search] fouiller.

bursar ['bɜːsəʳ] *n* intendant *m*, -e *f*.

bursary ['bɜːsərı] *n* *Br* [scholarship, grant] bourse *f*.

burst [bɜːst] (*pt* & *pp* **burst**) ◇ *vi* [gen] éclater. ◇ *vt* faire éclater. ◇ *n* [of gunfire] **rafale** *f*; [of enthusiasm] élan *m*; **a** ~ **of applause** un tonnerre d'applaudissements.

◆ **burst into** *vt fus* -**1.** [room] faire irruption dans. -**2.** [begin suddenly]: **to** ~ **into tears** fondre en larmes; **to** ~ **into flames** prendre feu.

◆ **burst out** *vt fus* [say suddenly] s'exclamer; **to** ~ **out laughing** éclater de rire.

bursting ['bɜːstıŋ] *adj* -**1.** [full] plein(e), bourré(e). -**2.** [with emotion]: ~ **with** débordé(e) de. -**3.** [eager]: **to be** ~ **to do sthg** mourir d'envie de faire qqch.

bury ['berı] *vt* -**1.** [in ground] enterrer. -**2.** [hide] cacher, enfouir.

bus [bʌs] *n* autobus *m*, bus *m*; [long-distance] car *m*; **by** ~ en autobus/car.

bush [bʊʃ] *n* -**1.** [plant] buisson *m*. -**2.** [open country]: **the** ~ la brousse. -**3.** *phr*: **she doesn't beat about the** ~ elle n'y va pas par quatre chemins.

bushy ['bʊʃı] *adj* touffu(e).

business ['bıznıs] *n* -**1.** (*U*) [commerce] affaires *fpl*; **we do a lot of** ~ **with them** nous travaillons beaucoup avec eux; **on** ~ pour affaires; **to mean** ~ *inf* ne pas plaisanter; **to go out of** ~ fermer, faire faillite. -**2.** [company, duty] affaire *f*; **mind your own** ~! *inf* occupe-toi de tes oignons! -**3.** [affair, matter] histoire *f*, affaire *f*.

business class *n* classe *f* affaires.

businesslike ['bıznıslaık] *adj* efficace.

businessman ['bıznısmæn] (*pl* -**men** [-men]) *n* homme *m* d'affaires.

business trip *n* voyage *m* d'affaires.

businesswoman ['bıznıs,wʊmən] (*pl* -**women** [-,wımın]) *n* femme *f* d'affaires.

busker ['bʌskəʳ] *n* *Br* chanteur *m*, -euse *f* des rues.

bus shelter *n* abri-bus *m*.

bus station *n* gare *f* routière.

bus stop *n* arrêt *m* de bus.

bust [bʌst] (*pt* & *pp* **bust** OR -**ed**) ◇ *adj inf* -**1.** [broken] foutu(e). -**2.** [bankrupt]: **to go** ~ faire faillite. ◇ *n* -**1.** [bosom] poitrine *f*. -**2.** [statue] buste *m*. ◇ *vt inf* [break] péter.

bustle ['bʌsl] ◇ n (U) [activity]
remue-ménage m. ◇ vi s'affairer.

busy ['bɪzɪ] ◇ adj **-1.** [gen] occupé(e);
to be ~ doing sthg être occupé à
faire qqch. **-2.** [life, week] chargé(e);
[town, office] animé(e). ◇ vt: to ~ o.s.
(doing sthg) s'occuper (à faire qqch).

busybody ['bɪzɪ,bɒdɪ] n pej mouche f
du coche.

busy signal n Am TELEC tonalité f «occupé».

but [bʌt] ◇ conj mais; I'm sorry, ~ I
don't agree je suis désolé, mais je ne
suis pas d'accord. ◇ prep sauf, excepté; everyone was at the party ~
Jane tout le monde était à la soirée
sauf Jane; he has no one ~ himself
to blame il ne peut s'en prendre
qu'à lui-même. ◇ adv fml seulement,
ne ... que; had I ~ known! si j'avais
su!; we can ~ try on peut toujours
essayer.
◆ **but for** prep sans.

butcher ['bʊtʃər] ◇ n boucher m; ~'s
(shop) boucherie f. ◇ vt **-1.** [animal]
abattre. **-2.** fig [massacre] massacrer.

butler ['bʌtlər] n maître m d'hôtel
(chez un particulier).

butt [bʌt] ◇ n **-1.** [of cigarette, cigar]
mégot m. **-2.** [of rifle] crosse f. **-3.** [for
water] tonneau m. **-4.** [of joke, criti-
cism] cible f. ◇ vt donner un coup de
tête à.
◆ **butt in** vi [interrupt]: to ~ in on sb
interrompre qqn; to ~ in on sthg
s'immiscer OR s'imposer dans qqch.

butter ['bʌtər] ◇ n beurre m. ◇ vt
beurrer.

buttercup ['bʌtəkʌp] n bouton m
d'or.

butter dish n beurrier m.

butterfly ['bʌtəflaɪ] n SWIMMING & ZOOL
papillon m.

buttocks ['bʌtəks] npl fesses fpl.

button ['bʌtn] ◇ n **-1.** [gen] bouton
m. **-2.** Am [badge] badge m. ◇ vt =
button up.
◆ **button up** vt sep boutonner.

button mushroom n champignon m
de Paris.

buttress ['bʌtrɪs] n contrefort m.

buxom ['bʌksəm] adj bien en chair.

buy [baɪ] ◇ (pt & pp bought) ◇ vt
acheter; to ~ sthg from sb acheter
qqch à qqn. ◇ n: a good ~ une
bonne affaire.
◆ **buy up** vt sep acheter en masse.

buyer ['baɪər] n acheteur m, -euse f.

buyout ['baɪaʊt] n rachat m.

buzz [bʌz] ◇ n **-1.** [of insect] bourdonnement m. **-2.** inf [telephone call]:
to give sb a ~ passer un coup de fil
à qqn. ◇ vi: to ~ (with) bourdonner
(de). ◇ vt [on intercom] appeler.

buzzer ['bʌzər] n sonnerie f.

buzzword ['bʌzwɜːd] n inf mot m à
la mode.

by [baɪ] ◇ prep **-1.** [indicating cause,
agent] par; **caused/written/killed** ~
causé/écrit/tué par. **-2.** [indicating
means, method, manner]: **to pay** ~
cheque payer par chèque; **to travel**
~ bus/train/plane/ship voyager en
bus/par le train/en avion/en bateau;
he's a lawyer ~ profession il est
avocat de son métier; ~ doing sthg
en faisant qqch; ~ nature de nature,
de tempérament. **-3.** [beside, close to]
près de; ~ the sea au bord de la
mer; I sat ~ her bed j'étais assis à
son chevet. **-4.** [past]: **to pass** ~ sb/
sthg passer devant qqn/qqch; **to
drive** ~ sb/sthg passer en voiture
devant qqn/qqch. **-5.** [via, through]
par; **come in** ~ the back door entrez
par la porte de derrière. **-6.** [at or before a particular time] avant, pas plus
tard que; I'll be there ~ eight j'y serai avant huit heures; ~ now déjà.
-7. [during]: ~ day le OR de jour; ~
night la OR de nuit. **-8.** [according to]
selon, suivant; ~ law conformément
à la loi. **-9.** [in arithmetic] par;
divide/multiply 20 ~ 2 divisez/
multipliez 20 par 2. **-10.** [in measure-
ments]: 2 metres ~ 4 2 mètres sur 4.
-11. [in quantities, amounts] à; ~ the
yard au mètre; ~ the thousands par
milliers; paid ~ the day/week/month
payé ~ la journée/à la semaine/au

mois; to cut prices ~ 50% réduire les prix de 50%. **-12.** [indicating gradual change]: **day ~ day** jour après jour, de jour en jour; **one ~ one** un à un, un par un. **-13.** *phr:* **(all) ~ oneself** (tout) seul ((toute) seule); **I'm all ~ myself today** je suis tout seul aujourd'hui. ◇ *adv* → **go, pass** *etc.*

bye(-bye) [baɪ(baɪ)] *excl inf* au revoir!, salut!

bye-election = **by-election.**

byelaw ['baɪlɔː] = **bylaw.**

by-election *n* élection *f* partielle.

bygone ['baɪgɒn] *adj* d'autrefois.
◆ **bygones** *npl:* **to let ~s be ~s** oublier le passé.

bylaw ['baɪlɔː] *n* arrêté *m.*

bypass ['baɪpɑːs] ◇ *n* **-1.** [road] route *f* de contournement. **-2.** MED: **~ (operation)** pontage *m.* ◇ *vt* [town, difficulty] contourner; [subject] éviter.

by-product *n* **-1.** [product] dérivé *m.* **-2.** *fig* [consequence] conséquence *f.*

bystander ['baɪˌstændər] *n* spectateur *m,* **-trice** *f.*

byte [baɪt] *n* COMPUT octet *m.*

byword ['baɪwɜːd] *n* [symbol]: **to be a ~ for** être synonyme de.

C

c (*pl* **c's** OR **cs**), **C** (*pl* **C's** OR **Cs**) [siː] *n* [letter] c *m inv,* C *m inv.*
◆ **C** *n* **-1.** MUS do *m.* **-2.** SCH [mark] C *m inv.* **-3.** (*abbr of* **celsius, centigrade**) C.

c., ca. *abbr of* **circa.**

cab [kæb] *n* **-1.** [taxi] taxi *m.* **-2.** [of lorry] cabine *f.*

cabaret ['kæbəreɪ] *n* cabaret *m.*

cabbage ['kæbɪdʒ] *n* [vegetable] chou *m.*

cabin ['kæbɪn] *n* **-1.** [on ship, plane] cabine *f.* **-2.** [house] cabane *f.*

cabin class *n* seconde classe *f.*

cabinet ['kæbɪnɪt] *n* **-1.** [cupboard] meuble *m.* **-2.** POL cabinet *m.*

cable ['keɪbl] ◇ *n* câble *m.* **-3.** [news] câbler; [person] câbler à.

cable car *n* téléphérique *m.*

cable television, cable TV *n* télévision *f* par câble.

cache [kæʃ] *n* **-1.** [store] cache *f.* **-2.** COMPUT mémoire-cache *f,* antémémoire *f.*

cackle ['kækl] *vi* **-1.** [hen] caqueter. **-2.** [person] jacasser.

cactus ['kæktəs] (*pl* **-tuses** OR **-ti** [-taɪ]) *n* cactus *m.*

cadet [kə'det] *n* élève *m* officier.

cadge [kædʒ] *Br inf* ◇ *vt:* **to ~ sthg off** OR **from sb** taper qqn de qqch. ◇ *vi:* **to ~ off** OR **from sb** taper qqn.

caesarean (section) *Br,* **cesarean (section)** *Am* [sɪ'zeərɪən-] *n* césarienne *f.*

cafe, café ['kæfeɪ] *n* café *m.*

cafeteria [ˌkæfɪ'tɪərɪə] *n* cafétéria *f.*

caffeine ['kæfiːn] *n* caféine *f.*

cage [keɪdʒ] *n* [for animal] cage *f.*

cagey ['keɪdʒɪ] (*compar* **-ier,** *superl* **-iest**) *adj inf* discret(ète).

cagoule [kə'guːl] *n Br* K-way® *m inv.*

cajole [kə'dʒəʊl] *vt:* **to ~ sb (into doing sthg)** enjôler qqn (pour qu'il fasse qqch).

cake [keɪk] *n* **-1.** CULIN gâteau *m;* [of fish, potato] croquette *f;* **it's a piece of ~** *inf fig* c'est du gâteau. **-2.** [of soap] pain *m.*

caked [keɪkt] *adj:* **~ with mud** recouvert(e) de boue séchée.

calcium ['kælsɪəm] *n* calcium *m.*

calculate ['kælkjʊleɪt] *vt* **-1.** [result, number] calculer; [consequences] évaluer. **-2.** [plan]: **to be ~d to do sthg** être calculé(e) pour faire qqch.

calculating ['kælkjʊleɪtɪŋ] *adj pej* calculateur(trice).

calculation [ˌkælkjʊ'leɪʃn] *n* calcul *m.*

calculator ['kælkjʊleɪtər] *n* calculatrice *f.*

calendar ['kælɪndər] *n* calendrier *m.*

calendar year *n* année *f* civile.

calf [kɑːf] (*pl* **calves**) *n* **-1.** [of cow, leather] **veau** *m*; [of elephant] **éléphanteau** *m*; [of seal] **bébé** *m* **phoque. -2.** ANAT **mollet** *m*.

calibre, caliber *Am* ['kælɪbər] *n* **calibre** *m*.

California [ˌkælɪ'fɔːnjə] *n* **Californie** *f*.

calipers *Am* = **callipers**.

call [kɔːl] ◇ *n* **-1.** [cry] **appel** *m*, **cri** *m*. **-2.** TELEC **appel** *m* (téléphonique). **-3.** [summons, invitation] **appel** *m*; **to be on** ~ [doctor etc] **être de garde. -4.** [visit] **visite** *f*; **to pay a** ~ **on sb rendre visite à qqn. -5.** [demand]: ~ **(for) demande** *f* (de). ◇ *vt* **-1.** [name, summon, phone] **appeler**; **what's this thing** ~**ed?** comment ça s'appelle ce truc?; **she's** ~**ed Joan** elle s'appelle Joan; **let's** ~ **it £10** disons 10 livres. **-2.** [label]: **he** ~**ed me a liar** il m'a traité de menteur. **-3.** [shout] **appeler, crier. -4.** [announce - meeting] **convoquer**; [- strike] **lancer**; [- flight] **appeler**; [- election] **annoncer**. ◇ *vi* **-1.** [shout - person] **crier**; [- animal, bird] **pousser un cri/des cris. -2.** TELEC **appeler**; **who's** ~**ing?** qui est à l'appareil? **-3.** [visit] **passer**.
♦ **call back** ◇ *vt sep* **rappeler.** ◇ *vi* **-1.** TELEC **rappeler. -2.** [visit again] **repasser.**
♦ **call for** *vt fus* **-1.** [collect - person] **passer prendre**; [- package, goods] **passer chercher. -2.** [demand] **demander.**
♦ **call in** ◇ *vt sep* **-1.** [expert, police etc] **faire venir. -2.** COMM [goods] **rappeler**; FIN [loan] **exiger le remboursement de.** ◇ *vi* **passer.**
♦ **call off** *vt sep* **-1.** [cancel] **annuler. -2.** [dog] **rappeler.**
♦ **call on** *vt fus* **-1.** [visit] **passer voir. -2.** [ask]: **to** ~ **on sb to do sthg demander à qqn de faire qqch.**
♦ **call out** ◇ *vt sep* **-1.** [police, doctor] **appeler. -2.** [cry out] **crier.** ◇ *vi* [cry out] **crier.**
♦ **call round** *vi* **passer.**
♦ **call up** *vt sep* **-1.** MIL & TELEC **appeler. -2.** COMPUT **rappeler.**

call box *n Br* **cabine** *f* (téléphonique).

caller ['kɔːlər] *n* **-1.** [visitor] **visiteur** *m*, **-euse** *f*. **-2.** TELEC **demandeur** *m*.

call-in *n Am* RADIO & TV **programme** *m* **à ligne ouverte.**

calling ['kɔːlɪŋ] *n* **-1.** [profession] **métier** *m*. **-2.** [vocation] **vocation** *f*.

calling card *n Am* **carte** *f* **de visite.**

callipers *Br*, **calipers** *Am* ['kælɪpəz] *npl* **-1.** MATH **compas** *m*. **-2.** MED **appareil** *m* **orthopédique.**

callous ['kæləs] *adj* **dur(e).**

callus ['kæləs] (*pl* **-es**) *n* **cal** *m*, **durillon** *m*.

calm [kɑːm] ◇ *adj* **calme.** ◇ *n* **calme** *m*. ◇ *vt* **calmer.**
♦ **calm down** ◇ *vt sep* **calmer.** ◇ *vi* **se calmer.**

Calor gas® ['kælər-] *n Br* **butane** *m*.

calorie ['kælərɪ] *n* **calorie** *f*.

calves [kɑːvz] *pl* → **calf.**

camber ['kæmbər] *n* [of road] **bombement** *m*.

Cambodia [kæm'bəʊdjə] *n* **Cambodge** *m*.

camcorder ['kæmˌkɔːdər] *n* **Caméscope®** *m*.

came [keɪm] *pt* → **come.**

camel ['kæml] *n* **chameau** *m*.

cameo ['kæmɪəʊ] (*pl* **-s**) *n* **-1.** [jewellery] **camée** *m*. **-2.** CINEMA & THEATRE **courte apparition** *f* (d'une grande vedette).

camera ['kæmərə] *n* PHOT **appareil-photo** *m*; CINEMA & TV **caméra** *f*.
♦ **in camera** *adv* **à huis clos.**

cameraman ['kæmərəmæn] (*pl* **-men** [-men]) *n* **cameraman** *m*.

Cameroon [ˌkæmə'ruːn] *n* **Cameroun** *m*.

camouflage ['kæməflɑːʒ] ◇ *n* **camouflage** *m*. ◇ *vt* **camoufler.**

camp [kæmp] ◇ *n* **camp** *m*. ◇ *vi* **camper.**
♦ **camp out** *vi* **camper.**

campaign [kæm'peɪn] ◇ *n* **campagne** *f*. ◇ *vi*: **to** ~ **(for/against) mener une campagne (pour/contre).**

camp bed *n* **lit** *m* **de camp.**

camper ['kæmpə^r] *n* **-1.** [person] campeur *m*, -euse *f*. **-2.** [vehicle]: ~ **(van)** camping-car *m*.

campground ['kæmpgraʊnd] *n Am* terrain *m* de camping.

camping ['kæmpɪŋ] *n* camping *m*; **to go ~** faire du camping.

camping site, campsite ['kæmpsaɪt] *n* (terrain *m* de) camping *m*.

campus ['kæmpəs] (*pl* **-es**) *n* campus *m*.

can¹ [kæn] (*pt & pp* **-ned**, *cont* **-ning**) ◇ *n* [of drink, food] **boîte** *f*; [of oil] bidon *m*; [of paint] pot *m*. ◇ *vt* mettre en boîte.

can² [*weak form* kən, *strong form* kæn] (*pt & conditional* **could**, *negative* **cannot** OR **can't**) *modal vb* **-1.** [be able to] pouvoir; ~ **you come to lunch?** tu peux venir déjeuner?; ~ **you see/hear/smell/something?** tu vois/entends/sens quelque chose? **-2.** [know how to] savoir; ~ **you drive/cook?** tu sais conduire/cuisiner?; **I ~ speak French** je parle le français. **-3.** [indicating permission, in polite requests] pouvoir; **you ~ use my car if you like** tu peux prendre ma voiture si tu veux; ~ **I speak to John, please?** est-ce que je pourrais parler à John, s'il vous plaît? **-4.** [indicating disbelief, puzzlement] pouvoir; **what ~ she have done with it?** qu'est-ce qu'elle a bien pu en faire?; **you ~'t be serious!** tu ne parles pas sérieusement! **-5.** [indicating possibility]: **I could see you tomorrow** je pourrais vous voir demain; **the train could have been cancelled** peut-être que le train a été annulé.

Canada ['kænədə] *n* Canada *m*; **in ~** au Canada.

Canadian [kə'neɪdjən] ◇ *adj* canadien(ienne). ◇ *n* Canadien *m*, -ienne *f*.

canal [kə'næl] *n* canal *m*.

Canaries [kə'neərɪz] *npl*: **the ~** les Canaries *fpl*.

canary [kə'neərɪ] *n* canari *m*.

cancel ['kænsl] *vt* **-1.** [gen] annuler; [appointment, delivery] décommander. **-2.** [stamp] oblitérer; [cheque] faire opposition à.
◆ **cancel out** *vt sep* annuler; **to ~ each other out** s'annuler.

cancellation [ˌkænsə'leɪʃn] *n* annulation *f*.

cancer ['kænsə^r] *n* cancer *m*.
◆ **Cancer** *n* Cancer *m*.

candelabra [ˌkændɪ'lɑːbrə] *n* candélabre *m*.

candid ['kændɪd] *adj* franc (franche).

candidate ['kændɪdət] *n*: ~ **(for)** candidat *m*, -e *f* (pour).

candle ['kændl] *n* bougie *f*, chandelle *f*.

candlelight ['kændllaɪt] *n* lueur *f* d'une bougie OR d'une chandelle.

candlelit ['kændllɪt] *adj* aux chandelles.

candlestick ['kændlstɪk] *n* bougeoir *m*.

candour *Br*, **candor** *Am* ['kændə^r] *n* franchise *f*.

candy ['kændɪ] *n* **-1.** (U) [confectionery] confiserie *f*. **-2.** [sweet] bonbon *m*.

candyfloss ['kændɪflɒs] *n Br* barbe *f* à papa.

cane [keɪn] ◇ *n* **-1.** (U) [for furniture] rotin *m*. **-2.** [walking stick] canne *f*. **-3.** [for punishment]: **the ~** la verge. **-4.** [for supporting plant] tuteur *m*. ◇ *vt* fouetter.

canine ['keɪnaɪn] ◇ *adj* canin(e). ◇ *n*: ~ **(tooth)** canine *f*.

canister ['kænɪstə^r] *n* [for film, tea] boîte *f*; [for gas, smoke] bombe *f*.

cannabis ['kænəbɪs] *n* cannabis *m*.

canned [kænd] *adj* [food, drink] en boîte.

cannibal ['kænɪbl] *n* cannibale *mf*.

cannon ['kænən] (*pl inv* OR **-s**) *n* canon *m*.

cannonball ['kænənbɔːl] *n* boulet *m* de canon.

cannot ['kænɒt] *fml* → **can²**.

canny ['kænɪ] *adj* [shrewd] adroit(e).

canoe [kə'nuː] *n* canoë *m*, kayak *m*.

canoeing [kə'nu:ɪŋ] *n* (U) canoë-kayak *m*.

canon ['kænən] *n* canon *m*.

can opener *n* ouvre-boîtes *m inv*.

canopy ['kænəpɪ] *n* **-1.** [over bed] baldaquin *m*; [over seat] dais *m*. **-2.** [of trees, branches] voûte *f*.

can't [kɑ:nt] = **cannot**.

cantankerous [kæn'tæŋkərəs] *adj* hargneux(euse).

canteen [kæn'ti:n] *n* **-1.** [restaurant] cantine *f*. **-2.** [box of cutlery] ménagère *f*.

canter ['kæntər] ◇ *n* petit galop *m*. ◇ *vi* aller au petit galop.

cantilever ['kæntɪli:vər] *n* cantilever *m*.

canvas ['kænvəs] *n* toile *f*.

canvass ['kænvəs] *vt* **-1.** POL [person] solliciter la voix de. **-2.** [opinion] sonder.

canyon ['kænjən] *n* cañon *m*.

cap [kæp] ◇ *n* **-1.** [hat - gen] casquette *f*. **-2.** [of pen] capuchon *m*; [of bottle] capsule *f*; [of lipstick] bouchon *m*. ◇ *vt* **-1.** [top]: **to be capped with** être coiffé(e) de. **-2.** [outdo]: **to ~ it all** pour couronner le tout.

capability [,keɪpə'bɪlətɪ] *n* capacité *f*.

capable ['keɪpəbl] *adj*: **~ (of)** capable (de).

capacity [kə'pæsɪtɪ] *n* **-1.** (U) [limit] capacité *f*, contenance *f*. **-2.** [ability]: **~ (for)** aptitude *f* (à). **-3.** [role] qualité *f*; **in an advisory ~** en tant que conseiller.

cape [keɪp] *n* **-1.** GEOGR cap *m*. **-2.** [cloak] cape *f*.

caper ['keɪpər] *n* **-1.** CULIN câpre *f*. **-2.** *inf* [dishonest activity] coup *m*, combine *f*.

capita → **per capita**.

capital ['kæpɪtl] ◇ *adj* **-1.** [letter] majuscule. **-2.** [offence] capital(e). ◇ *n* **-1.** [of country]: **~ (city)** capitale *f*. **-2.** TYPO: **~ (letter)** majuscule *f*. **-3.** (U) [money] capital *m*; **to make ~ (out) of** *fig* tirer profit de.

capital expenditure *n* (U) dépenses *fpl* d'investissement.

capital gains tax *n* impôt *m* sur les plus-values.

capital goods *npl* biens *mpl* d'équipement.

capitalism ['kæpɪtəlɪzm] *n* capitalisme *m*.

capitalist ['kæpɪtəlɪst] ◇ *adj* capitaliste. ◇ *n* capitaliste *mf*.

capitalize, **-ise** ['kæpɪtəlaɪz] *vi*: **to ~ on** tirer parti de.

capital punishment *n* peine *f* capitale OR de mort.

Capitol Hill ['kæpɪtl-] *n* siège du Congrès à Washington.

capitulate [kə'pɪtjʊleɪt] *vi* capituler.

Capricorn ['kæprɪkɔ:n] *n* Capricorne *m*.

capsize [kæp'saɪz] ◇ *vt* faire chavirer. ◇ *vi* chavirer.

capsule ['kæpsju:l] *n* **-1.** [gen] capsule *f*. **-2.** MED gélule *f*.

captain ['kæptɪn] *n* capitaine *m*.

caption ['kæpʃn] *n* légende *f*.

captivate ['kæptɪveɪt] *vt* captiver.

captive ['kæptɪv] ◇ *adj* captif(ive). ◇ *n* captif *m*, -ive *f*.

captor ['kæptər] *n* ravisseur *m*, -euse *f*.

capture ['kæptʃər] ◇ *vt* **-1.** [person, animal] capturer; [city] prendre; [market] conquérir. **-2.** [attention, imagination] captiver. **-3.** COMPUT saisir. ◇ *n* **-1.** [of person, animal] capture *f*; [of city] prise *f*.

car [kɑ:r] ◇ *n* **-1.** AUT voiture *f*. **-2.** RAIL wagon *m*, voiture *f*. ◇ *comp* [door, accident] de voiture; [industry] automobile.

carafe [kə'ræf] *n* carafe *f*.

caramel ['kærəmel] *n* caramel *m*.

carat ['kærət] *n* Br carat *m*; **24-~ gold** or à 24 carats.

caravan ['kærəvæn] *n* [gen] caravane *f*; [towed by horse] roulotte *f*.

caravan site *n* Br camping *m* pour caravanes.

carbohydrate [,kɑ:bəʊ'haɪdreɪt] *n* CHEM hydrate *m* de carbone.

♦ **carbohydrates** *npl* [in food] glucides *mpl*.

carbon ['kɑːbən] *n* [element] carbone *m*.

carbonated ['kɑːbəneɪtɪd] *adj* [mineral water] gazeux(euse).

carbon copy *n* **-1.** [document] carbone *m*. **-2.** *fig* [exact copy] réplique *f*.

carbon dioxide [-daɪˈɒksaɪd] *n* gaz *m* carbonique.

carbon monoxide [-mɒˈnɒksaɪd] *n* oxyde *m* de carbone.

carbon paper *n* (U) (papier *m*) carbone *m*.

car-boot sale *n* Br brocante en plein air où les coffres des voitures servent d'étal.

carburettor Br, **carburetor** Am [ˌkɑːbəˈretəʳ] *n* carburateur *m*.

carcass ['kɑːkəs] *n* [of animal] carcasse *f*.

card [kɑːd] *n* **-1.** [gen] carte *f*. **-2.** (U) [cardboard] carton *m*.
♦ **cards** *npl*: **to play** ~**s** jouer aux cartes.
♦ **on the cards** Br, **in the cards** Am *adv inf*: **it's on the** ~ **s that ...** il y a de grandes chances pour que ....

cardboard ['kɑːdbɔːd] ◇ *n* (U) carton *m*. ◇ *comp* en carton.

cardboard box *n* boîte *f* en carton.

cardiac ['kɑːdɪæk] *adj* cardiaque.

cardigan ['kɑːdɪgən] *n* cardigan *m*.

cardinal ['kɑːdɪnl] ◇ *adj* cardinal(e). ◇ *n* RELIG cardinal *m*.

card index *n* Br fichier *m*.

card table *n* table *f* de jeu.

care [keəʳ] ◇ *n* **-1.** (U) [protection, attention] soin *m*, attention *f*; **to be in** ~ Br être à l'Assistance publique; **to take** ~ **of** [look after] s'occuper de; **to take** ~ **(to do sthg)** prendre soin (de faire qqch); **take** ~! faites bien attention à vous! **-2.** [cause of worry] souci *m*. ◇ *vi* **-1.** [be concerned]: **to** ~ **about** se soucier de. **-2.** [mind]: **I don't** ~ ça m'est égal; **who** ~**s?** qu'est-ce que ça peut faire?
♦ **care of** *prep* chez.
♦ **care for** *vt fus dated* [like] aimer.

career [kəˈrɪəʳ] ◇ *n* carrière *f*. ◇ *vi* aller à toute vitesse.

careers adviser [kəˈrɪəz-] *n* conseiller *m*, -ère *f* d'orientation.

carefree ['keəfriː] *adj* insouciant(e).

careful ['keəful] *adj* **-1.** [cautious] prudent(e); **to be** ~ **to do sthg** prendre soin de faire qqch, faire attention à faire qqch; **be** ~! fais attention!; **to be** ~ **with one's money** regarder à la dépense. **-2.** [work] soigné(e); [worker] consciencieux(ieuse).

carefully ['keəflɪ] *adv* **-1.** [cautiously] prudemment. **-2.** [thoroughly] soigneusement.

careless ['keəlɪs] *adj* **-1.** [work] peu soigné(e); [driver] négligent(e). **-2.** [unconcerned] insouciant(e).

caress [kəˈres] ◇ *n* caresse *f*. ◇ *vt* caresser.

caretaker ['keəˌteɪkəʳ] *n* Br gardien *m*, -ienne *f*.

car ferry *n* ferry *m*.

cargo ['kɑːgəʊ] (*pl* -es OR -s) *n* cargaison *f*.

car hire *n* Br location *f* de voitures.

Caribbean [Br kærɪˈbɪən, Am kəˈrɪbɪən] *n*: **the** ~ **(Sea)** la mer des Caraïbes OR des Antilles.

caring ['keərɪŋ] *adj* bienveillant(e).

carnage ['kɑːnɪdʒ] *n* carnage *m*.

carnal ['kɑːnl] *adj* *literary* charnel(elle).

carnation [kɑːˈneɪʃn] *n* œillet *m*.

carnival ['kɑːnɪvl] *n* carnaval *m*.

carnivorous [kɑːˈnɪvərəs] *adj* carnivore.

carol ['kærəl] *n*: **(Christmas)** ~ chant *m* de Noël.

carousel [ˌkærəˈsel] *n* **-1.** [at fair] manège *m*. **-2.** [at airport] carrousel *m*.

carp [kɑːp] (*pl inv* OR -s) ◇ *n* carpe *f*. ◇ *vi*: **to** ~ **(about sthg)** critiquer (qqch).

car park *n* Br parking *m*.

carpenter ['kɑːpəntəʳ] *n* [on building site, in shipyard] charpentier *m*; [furniture-maker] menuisier *m*.

carpentry ['kɑːpəntrɪ] *n* [on building site, in shipyard] charpenterie *f*; [furniture-making] menuiserie *f*.

carpet ['kɑ:pɪt] ◇ n lit & fig tapis m; **(fitted)** ~ moquette f. ◇ vt [floor] recouvrir d'un tapis; [with fitted carpet] recouvrir de moquette, moquetter.

carpet slipper n pantoufle f.

carpet sweeper [-,swi:pər] n balai m mécanique.

car phone n téléphone m pour automobile.

car rental n Am location f de voitures.

carriage ['kærɪdʒ] n -1. [of train, horse-drawn] voiture f. -2. (U) [transport of goods] transport m; ~ **paid** OR **free** Br franco de port.

carriage return n retour m chariot.

carriageway ['kærɪdʒweɪ] n Br chaussée f.

carrier ['kærɪər] n -1. COMM transporteur m. -2. [of disease] porteur m, -euse f. -3. = **carrier bag.**

carrier bag n sac m (en plastique).

carrot ['kærət] n carotte f.

carry ['kærɪ] ◇ vt -1. [subj: person, wind, water] porter; [- subj: vehicle] transporter. -2. [disease] transmettre. -3. [responsibility] impliquer; [consequences] entraîner. -4. [motion, proposal] voter. -5. [baby] attendre. -6. MATH retenir. ◇ vi [sound] porter.

◆ **carry away** vt fus: **to get carried away** s'enthousiasmer.

◆ **carry forward** vt sep FIN reporter.

◆ **carry off** vt sep -1. [plan] mener à bien. -2. [prize] remporter.

◆ **carry on** ◇ vt fus continuer; **to ~ on doing sthg** continuer à OR de faire qqch. ◇ vi -1. [continue] continuer; **to ~ on with sthg** continuer qqch. -2. inf [make a fuss] faire des histoires.

◆ **carry out** vt fus [task] remplir; [plan, order] exécuter; [experiment] effectuer; [investigation] mener.

◆ **carry through** vt sep [accomplish] réaliser.

carryall ['kærɪɔ:l] n Am fourre-tout m inv.

carrycot ['kærɪkɒt] n couffin m.

carry-out n plat m à emporter.

carsick ['kɑ:,sɪk] adj: **to be** ~ être malade en voiture.

cart [kɑ:t] ◇ n charrette f. ◇ vt inf traîner.

carton ['kɑ:tn] n -1. [box] boîte f en carton. -2. [of cream, yoghurt] pot m; [of milk] carton m.

cartoon [kɑ:'tu:n] n -1. [satirical drawing] dessin m humoristique. -2. [comic strip] bande f dessinée. -3. [film] dessin m animé.

cartridge ['kɑ:trɪdʒ] n -1. [for gun, pen] cartouche f. -2. [for camera] chargeur m.

cartwheel ['kɑ:twi:l] n [movement] roue f.

carve [kɑ:v] ◇ vt -1. [wood, stone] sculpter; [design, name] graver. -2. [slice - meat] découper. ◇ vi découper.

◆ **carve out** vt sep fig se tailler.

◆ **carve up** vt sep fig diviser.

carving ['kɑ:vɪŋ] n [of wood] sculpture f; [of stone] ciselure f.

carving knife n couteau m à découper.

car wash n [process] lavage m de voitures; [place] station f de lavage de voitures.

case [keɪs] n -1. [gen] cas m; **to be the** ~ être le cas; **in ~ in case** do; **in that** ~ dans ce cas; **in which** ~ auquel cas; **as** OR **whatever the** ~ **may be** selon le cas. -2. [argument]: ~ **(for/against)** arguments mpl (pour/contre). -3. JUR affaire f, procès m. -4. [container - gen] caisse f; [- for glasses etc] étui m. -5. Br [suitcase] valise f.

◆ **in any case** adv quoi qu'il en soit, de toute façon.

◆ **in case** ◇ conj au cas où. ◇ adv: **(just) in** ~ à tout hasard.

cash [kæʃ] ◇ n (U) -1. [notes and coins] liquide m; **to pay (in)** ~ payer comptant OR en espèces. -2. inf [money] sous mpl, fric m. -3. [payment]: ~ **in advance** paiement m à l'avance; ~ **on delivery** paiement à la livraison. ◇ vt encaisser.

cash and carry n libre-service m de gros, cash-and-carry m.

cashbook ['kæʃbʊk] n livre m de caisse.

cash box n caisse f.

cash card n carte f de retrait.

cash desk n Br caisse f.

cash dispenser [-dɪˌspensər] n distributeur m automatique de billets.

cashew (nut) ['kæʃuː-] n noix f de cajou.

cashier [kæˈʃɪər] n caissier m, -ière f.

cash machine n distributeur m de billets.

cashmere [kæʃˈmɪər] n cachemire m.

cash register n caisse f enregistreuse.

casing ['keɪsɪŋ] n revêtement m; TECH boîtier m.

casino [kəˈsiːnəʊ] (pl -s) n casino m.

cask [kɑːsk] n tonneau m.

casket ['kɑːskɪt] n -1. [for jewels] coffret m. -2. Am [coffin] cercueil m.

casserole ['kæsərəʊl] n -1. [stew] ragoût m. -2. [pan] cocotte f.

cassette [kæˈset] n [of magnetic tape] cassette f; PHOT recharge f.

cassette player n lecteur m de cassettes.

cassette recorder n magnétophone m à cassettes.

cast [kɑːst] (pt & pp cast) ◇ n [CINEMA & THEATRE - actors] acteurs mpl; [- list of actors] distribution f. ◇ vt -1. [throw] jeter; **to ~ doubt on sthg** jeter le doute sur qqch. -2. CINEMA & THEATRE donner un rôle à. -3. [vote]: **to ~ one's vote** voter. -4. [metal] couler; [statue] mouler.
◆ **cast aside** vt sep fig écarter, rejeter.
◆ **cast off** vi NAUT larguer les amarres.

castaway ['kɑːstəweɪ] n naufragé m, -e f.

caster ['kɑːstər] n [wheel] roulette f.

caster sugar n Br sucre m en poudre.

casting vote ['kɑːstɪŋ-] n voix f prépondérante.

cast iron n fonte f.

castle ['kɑːsl] n -1. [building] château m. -2. CHESS tour f.

castor ['kɑːstər] = caster.

castor oil n huile f de ricin.

castor sugar = caster sugar.

castrate [kæˈstreɪt] vt châtrer.

casual ['kæʒʊəl] adj -1. [relaxed, indifferent] désinvolte. -2. [offhand] sansgêne. -3. [chance] fortuit(e). -4. [clothes] décontracté(e), sport (inv). -5. [work, worker] temporaire.

casually ['kæʒʊəlɪ] adv [in a relaxed manner] avec désinvolture; **~ dressed** habillé simplement.

casualty ['kæʒjʊəltɪ] n -1. [dead person] mort m, -e f, victime f; [injured person] blessé m, -e f; [of road accident] accidenté m, -e f. -2. = casualty department.

casualty department n service m des urgences.

cat [kæt] n -1. [domestic] chat m. -2. [wild] fauve m.

catalogue Br, **catalog** Am ['kætəlɒg] ◇ n [gen] catalogue m; [in library] fichier m. ◇ vt cataloguer.

catalyst ['kætəlɪst] n lit & fig catalyseur m.

catalytic convertor [ˌkætəˈlɪtɪkkənˈvɜːtər] n pot m catalytique.

catapult ['kætəpʌlt] Br ◇ n [hand-held] lance-pierres m inv. ◇ vt lit & fig catapulter.

cataract ['kætərækt] n cataracte f.

catarrh [kəˈtɑːr] n catarrhe m.

catastrophe [kəˈtæstrəfɪ] n catastrophe f.

catch [kætʃ] (pt & pp caught) ◇ vt -1. [gen] attraper; **to ~ sight OR a glimpse of** apercevoir; **to ~ sb's attention** attirer l'attention de qqn; **to ~ sb's imagination** séduire qqn; **to ~ the post** Br arriver à temps pour la levée. -2. [discover, surprise] prendre, surprendre; **to ~ sb doing sthg** surprendre qqn à faire qqch. -3. [hear clearly] saisir, comprendre. -4. [trap]: **I caught my finger in the door** je me suis pris le doigt dans la porte. -5. [strike] frapper. ◇ vi -1. [become

hooked, get stuck] **se prendre. -2.** [fire] prendre, partir. ◇ *n* **-1.** [of ball, thing caught] prise *f*. **-2.** [fastener - of box] fermoir *m*; [- of window] loqueteau *m*; [- of door] loquet *m*. **-3.** [snag] hic *m*, entourloupette *f*.
◆ **catch on** *vi* **-1.** [become popular] prendre. **-2.** *inf* [understand]: **to ~ on (to sthg)** piger (qqch).
◆ **catch out** *vt sep* [trick] prendre en défaut, coincer.
◆ **catch up** ◇ *vt sep* rattraper. ◇ *vi*: **to ~ up on sthg** rattraper qqch.
◆ **catch up with** *vt fus* rattraper.
catching ['kætʃɪŋ] *adj* contagieux (ieuse).
catchment area ['kætʃmənt-] *n Br* [of school] secteur *m* de recrutement scolaire; [of hospital] circonscription *f* hospitalière.
catchphrase ['kætʃfreɪz] *n* rengaine *f*, scie *f*.
catchy ['kætʃɪ] *adj* facile à retenir, entraînant(e).
categorically [,kætɪ'gɒrɪklɪ] *adv* catégoriquement.
category ['kætəgərɪ] *n* catégorie *f*.
cater ['keɪtər] *vi* [provide food] s'occuper de la nourriture, prévoir les repas.
◆ **cater for** *vt fus Br* **-1.** [tastes, needs] pourvoir à, satisfaire; [customers] s'adresser à. **-2.** [anticipate] prévoir.
◆ **cater to** *vt fus* satisfaire.
caterer ['keɪtərər] *n* traiteur *m*.
catering ['keɪtərɪŋ] *n* [trade] restauration *f*.
caterpillar ['kætəpɪlər] *n* chenille *f*.
caterpillar tracks *npl* chenille *f*.
cathedral [kə'θiːdrəl] *n* cathédrale *f*.
Catholic ['kæθlɪk] ◇ *adj* catholique. ◇ *n* catholique *mf*.
◆ **catholic** *adj* [tastes] éclectique.
Catseyes® ['kætsaɪz] *npl Br* catadioptres *mpl*.
cattle ['kætl] *npl* bétail *m*.
catty ['kætɪ] *adj inf pej* [spiteful] rosse, vache.
catwalk ['kætwɔːk] *n* passerelle *f*.

caucus ['kɔːkəs] *n* **-1.** *Am* POL comité *m* électoral (*d'un parti*). **-2.** *Br* POL comité *m* (*d'un parti*).
caught [kɔːt] *pt & pp* → **catch**.
cauliflower ['kɒlɪ,flaʊər] *n* chou-fleur *m*.
cause [kɔːz] ◇ *n* cause *f*; **I have no ~ for complaint** je n'ai pas à me plaindre, je n'ai pas lieu de me plaindre; **to have ~ to do sthg** avoir lieu OR des raisons de faire qqch. ◇ *vt* causer; **to ~ sb to do sthg** faire faire qqch à qqn; **to ~ sthg to be done** faire faire qqch.
caustic ['kɔːstɪk] *adj* caustique.
caution ['kɔːʃn] ◇ *n* **-1.** (*U*) [care] précaution *f*, prudence *f*. **-2.** [warning] avertissement *m*. **-3.** *Br* JUR réprimande *f*. ◇ *vt* **-1.** [warn]: **to ~ sb against doing sthg** déconseiller à qqn de faire qqch. **-2.** *Br* [subj: policeman]: **to ~ sb for sthg** réprimander qqn pour qqch.
cautious ['kɔːʃəs] *adj* prudent(e).
cavalry ['kævlrɪ] *n* cavalerie *f*.
cave [keɪv] *n* caverne *f*, grotte *f*.
◆ **cave in** [roof, ceiling] s'affaisser.
caveman ['keɪvmæn] (*pl* **-men** [-men]) *n* homme *m* des cavernes.
cavernous ['kævənəs] *adj* [room, building] immense.
caviar(e) ['kævɪɑːr] *n* caviar *m*.
cavity ['kævətɪ] *n* cavité *f*.
cavort [kə'vɔːt] *vi* gambader.
CB *n* (*abbr of* **citizens' band**) CB *f*.
CBI *n abbr of* **Confederation of British Industry**.
cc ◇ *n* (*abbr of* **cubic centimetre**) cm³. ◇ (*abbr of* **carbon copy**) pcc.
CD *n* (*abbr of* **compact disc**) CD *m*.
CD player *n* lecteur *m* de CD.
CD-ROM [,siːdiː'rɒm] (*abbr of* **compact disc read only memory**) *n* CD-ROM *m*, CD-Rom *m*.
cease [siːs] *fml* ◇ *vt* cesser; **to ~ doing** OR **to do sthg** cesser de faire qqch. ◇ *vi* cesser.
cease-fire *n* cessez-le-feu *m inv*.
ceaseless ['siːslɪs] *adj fml* incessant(e), continuel(elle).

cedar (tree) ['siːdər-] n cèdre m.
cedilla [sɪ'dɪlə] n cédille f.
ceiling ['siːlɪŋ] n lit & fig plafond m.
celebrate ['selɪbreɪt] ◇ vt [gen] célébrer, fêter. ◇ vi faire la fête.
celebrated ['selɪbreɪtɪd] adj célèbre.
celebration [,selɪ'breɪʃn] n -1. (U) [activity, feeling] fête f, festivités fpl. -2. [event] festivités fpl.
celebrity [sɪ'lebrətɪ] n célébrité f.
celery ['selərɪ] n céleri m (en branches).
celibate ['selɪbət] adj célibataire.
cell [sel] n [gen & COMPUT] cellule f.
cellar ['selər] n cave f.
cello ['tʃeləʊ] (pl -s) n violoncelle m.
Cellophane® ['seləfeɪn] n Cellophane® f.
Celsius ['selsɪəs] adj Celsius (inv).
Celt [kelt] n Celte mf.
Celtic ['keltɪk] ◇ adj celte. ◇ n [language] celte m.
cement [sɪ'ment] ◇ n ciment m. ◇ vt lit & fig cimenter.
cement mixer n bétonnière f.
cemetery ['semɪtrɪ] n cimetière m.
censor ['sensər] ◇ n censeur m. ◇ vt censurer.
censorship ['sensəʃɪp] n censure f.
censure ['senʃər] ◇ n blâme m, critique f. ◇ vt blâmer, critiquer.
census ['sensəs] (pl censuses) n recensement m.
cent [sent] n cent m.
centenary Br [sen'tiːnərɪ], **centennial** Am [sen'tenjəl] n centenaire m.
center Am = centre.
centigrade ['sentɪɡreɪd] adj centigrade.
centilitre Br, **centiliter** Am ['sentɪ,liːtər] n centilitre m.
centimetre Br, **centimeter** Am ['sentɪ,miːtər] n centimètre m.
centipede ['sentɪpiːd] n mille-pattes m inv.
central ['sentrəl] adj central(e).
Central America n Amérique f centrale.

central heating n chauffage m central.
centralize, -ise ['sentrəlaɪz] vt centraliser.
central locking [-'lɒkɪŋ] n AUT verrouillage m centralisé.
central reservation n Br AUT terreplein m central.
centre Br, **center** Am ['sentər] ◇ n centre m; ~ **of attention** centre d'attraction, point m de mire; ~ **of gravity** centre de gravité. ◇ adj -1. [middle] central(e); **a ~ parting** une raie au milieu. -2. POL du centre, centriste. ◇ vt centrer.
centre back n FTBL arrière m central.
centre forward n FTBL avant-centre m inv.
centre half n FTBL arrière m central.
century ['sentʃʊrɪ] n siècle m.
ceramic [sɪ'ræmɪk] adj en céramique.
◆ **ceramics** npl [objects] objets mpl en céramique.
cereal ['sɪərɪəl] n céréale f.
ceremonial [,serɪ'məʊnjəl] ◇ adj [dress] de cérémonie; [duties] honorifique. ◇ n cérémonial m.
ceremony ['serɪmənɪ] n -1. [event] cérémonie f. -2. (U) [pomp, formality] cérémonies fpl; **to stand on** ~ faire des cérémonies.
certain ['sɜːtn] adj [gen] certain(e); **he is ~ to be late** il est certain qu'il sera en retard; **to be ~ of sthg/of doing sthg** être assuré de qqch/de faire qqch, être sûr de qqch/de faire qqch; **to make ~** vérifier; **to make ~ of** s'assurer de; **I know for ~ that ...** je suis sûr OR certain que ...; **to a ~ extent** jusqu'à un certain point, dans une certaine mesure.
certainly ['sɜːtnlɪ] adv certainement.
certainty ['sɜːtntɪ] n certitude f.
certificate [sə'tɪfɪkət] n certificat m.
certified ['sɜːtɪfaɪd] adj [teacher] diplômé(e); [document] certifié(e).
certified mail n Am envoi m recommandé.

certified public accountant n Am expert-comptable m.

certify ['sɜːtɪfaɪ] vt **-1.** [declare true]: **to ~ (that)** certifier OR attester que. **-2.** [declare insane] déclarer mentalement aliéné(e).

cervical [sə'vaɪkl] adj [cancer] du col de l'utérus.

cervical smear n frottis m vaginal.

cervix ['sɜːvɪks] (pl **-ices** [-ɪsiːz]) n col m de l'utérus.

cesarean (section) = caesarean (section).

cesspit ['sespɪt], **cesspool** ['sespuːl] n fosse f d'aisance.

cf. (abbr of **confer**) cf.

CFC (abbr of **chlorofluorocarbon**) n CFC m.

ch. (abbr of **chapter**) chap.

chafe [tʃeɪf] vt [rub] irriter.

chaffinch ['tʃæfɪntʃ] n pinson m.

chain [tʃeɪn] ◇ n chaîne f; **~ of events** suite f OR série f d'événements. ◇ vt [person, animal] enchaîner; [object] attacher avec une chaîne.

chain reaction n réaction f en chaîne.

chain saw n tronçonneuse f.

chain-smoke vi fumer cigarette sur cigarette.

chain store n grand magasin m (à succursales multiples).

chair [tʃeəʳ] ◇ n **-1.** [gen] chaise f; [armchair] fauteuil m. **-2.** [university post] chaire f. **-3.** [of meeting] présidence f. ◇ vt [meeting] présider; [discussion] diriger.

chair lift n télésiège m.

chairman ['tʃeəmən] (pl **-men** [-mən]) n président m.

chairperson ['tʃeə,pɜːsn] (pl **-s**) n président m, -e f.

chalet ['ʃæleɪ] n chalet m.

chalk [tʃɔːk] n craie f.

chalkboard ['tʃɔːkbɔːd] n Am tableau m (noir).

challenge ['tʃælɪndʒ] ◇ n défi m. ◇ vt **-1.** [to fight, competition]: **she ~d me to a race/a game of chess** elle m'a défié à la course/aux échecs; **to ~ sb to do sthg** défier qqn de faire qqch. **-2.** [question] mettre en question OR en doute.

challenging ['tʃælɪndʒɪŋ] adj **-1.** [task, job] stimulant(e). **-2.** [look, tone of voice] provocateur(trice).

chamber ['tʃeɪmbəʳ] n [gen] chambre f.

chambermaid ['tʃeɪmbəmeɪd] n femme f de chambre.

chamber music n musique f de chambre.

chamber of commerce n chambre f de commerce.

chameleon [kə'miːljən] n caméléon m.

champagne [,ʃæm'peɪn] n champagne m.

champion ['tʃæmpjən] n champion m, -ionne f.

championship ['tʃæmpjənʃɪp] n championnat m.

chance [tʃɑːns] ◇ n **-1.** (U) [luck] hasard m; **by ~** par hasard; **if by any ~** si par hasard. **-2.** [likelihood] chance f; **she didn't stand a ~ (of doing sthg)** elle n'avait aucune chance (de faire qqch); **on the off ~** à tout hasard. **-3.** [opportunity] occasion f. **-4.** [risk] risque m; **to take a ~** risquer le coup; **to take a ~ on doing sthg** se risquer à faire qqch. ◇ adj fortuit(e), accidentel(elle). ◇ vt [risk] risquer; **to ~ it** tenter sa chance.

chancellor ['tʃɑːnsələʳ] n **-1.** [chief minister] chancelier m. **-2.** UNIV président m, -e f honoraire.

Chancellor of the Exchequer n Br Chancelier m de l'Échiquier, ≃ ministre m des Finances.

chandelier [,ʃændə'lɪəʳ] n lustre m.

change [tʃeɪndʒ] ◇ n **-1.** [gen]: **~ (in sb/in sthg)** changement m (en qqn/de qqch); **~ of clothes** vêtements mpl de rechange; **for a ~** pour changer (un peu). **-2.** [money] monnaie f. ◇ vt **-1.** [gen] changer; **to ~ sthg into sthg** changer OR transformer qqch en qqch; **to ~ one's mind** changer d'avis. **-2.** [jobs, trains, sides] changer de. **-3.** [money - into smaller units] faire la monnaie de; [- into different currency] changer. ◇ *vi* **-1.** [gen] changer. **-2.** [change clothes] se changer. **-3.** [be transformed]: **to ~ into** se changer en.

◆ **change over** *vi* [convert]: **to ~ over (from/to)** passer de/à.

changeable ['tʃeɪndʒəbl] *adj* [mood] changeable; [weather] variable.

change machine *n* distributeur *m* de monnaie.

changeover ['tʃeɪndʒ,əʊvəʳ] *n*: ~ **(to)** passage *m* (à), changement *m* (pour).

changing ['tʃeɪndʒɪŋ] *adj* changeant(e).

changing room *n* SPORT vestiaire *m*; [in shop] cabine *f* d'essayage.

channel ['tʃænl] ◇ *n* **-1.** TV chaîne *f*; RADIO station *f*. **-2.** [for irrigation] canal *m*; [duct] conduit *m*. **-3.** [on river, sea] chenal *m*. ◇ *vt lit & fig* canaliser.

◆ **Channel** *n*: **the (English) Channel** la Manche.

◆ **channels** *npl*: **to go through the proper ~s** suivre OR passer la filière.

Channel Islands *npl*: **the ~** les îles *fpl* Anglo-Normandes.

Channel tunnel *n*: **the ~** le tunnel sous la Manche.

chant [tʃɑːnt] ◇ *n* chant *m*. ◇ *vt* **-1.** RELIG chanter. **-2.** [words, slogan] scander.

chaos ['keɪɒs] *n* chaos *m*.

chaotic [keɪ'ɒtɪk] *adj* chaotique.

chap [tʃæp] *n Br inf* [man] type *m*.

chapel ['tʃæpl] *n* chapelle *f*.

chaplain ['tʃæplɪn] *n* aumônier *m*.

chapped [tʃæpt] *adj* [skin, lips] gercé(e).

chapter ['tʃæptəʳ] *n* chapitre *m*.

char [tʃɑːʳ] *vt* [burn] calciner.

character ['kærəktəʳ] *n* **-1.** [gen] caractère *m*. **-2.** [in film, book, play] personnage *m*. **-3.** *inf* [eccentric] phénomène *m*, original *m*.

characteristic [,kærəktə'rɪstɪk] ◇ *adj* caractéristique. ◇ *n* caractéristique *f*.

characterize, -ise ['kærəktəraɪz] *vt* caractériser.

charade [ʃə'rɑːd] *n* farce *f*.

◆ **charades** *n* charades *fpl*.

charcoal ['tʃɑːkəʊl] *n* [for drawing] charbon *m*; [for burning] charbon de bois.

charge [tʃɑːdʒ] ◇ *n* **-1.** [cost] prix *m*; **free of ~** gratuit. **-2.** JUR accusation *f*, inculpation *f*. **-3.** [responsibility]: **to take ~ of** se charger de; **to be in ~ of, to have ~ of** être responsable de, s'occuper de; **in ~** responsable. **-4.** ELEC & MIL charge *f*. ◇ *vt* **-1.** [customer, sum] faire payer; **how much do you ~?** vous prenez combien?; **to ~ sthg to sb** mettre qqch sur le compte de qqn. **-2.** [suspect, criminal]: **to ~ sb (with)** accuser qqn (de). **-3.** ELEC & MIL charger. ◇ *vi* [rush] se précipiter, foncer.

charge card *n* carte *f* de compte crédit (*auprès d'un magasin*).

charger ['tʃɑːdʒəʳ] *n* [for batteries] chargeur *m*.

chariot ['tʃærɪət] *n* char *m*.

charisma [kə'rɪzmə] *n* charisme *m*.

charity ['tʃærətɪ] *n* charité *f*.

charm [tʃɑːm] ◇ *n* charme *m*. ◇ *vt* charmer.

charming ['tʃɑːmɪŋ] *adj* charmant(e).

chart [tʃɑːt] ◇ *n* **-1.** [diagram] graphique *m*, diagramme *m*. **-2.** [map] carte *f*. ◇ *vt* **-1.** [plot, map] porter sur une carte. **-2.** *fig* [record] retracer.

◆ **charts** *npl*: **the ~s** le hit-parade.

charter ['tʃɑːtəʳ] ◇ *n* [document] charte *f*. ◇ *vt* [plane, boat] affréter.

chartered accountant [,tʃɑːtəd-] *n Br* expert-comptable *m*.

charter flight *n* vol *m* charter.

chase [tʃeɪs] ◇ *n* [pursuit] poursuite *f*, chasse *f*. ◇ *vt* **-1.** [pursue] poursuivre. **-2.** [drive away] chasser. ◇ *vi*: **to ~ after sb/sthg** courir après qqn/qqch.

chasm ['kæzm] *n lit & fig* abîme *m*.

chassis ['ʃæsɪ] (*pl inv*) *n* châssis *m*.

chat [tʃæt] ◇ *n* causerie *f*, bavardage *m*; **to have a ~** causer, bavarder. ◇ *vi* causer, bavarder.

◆ **chat up** *vt sep Br inf* baratiner.

chat show *n Br* talk-show *m*.

chatter ['tʃætər] ◇ n -1. [of person]
bavardage m. -2. [of animal, bird] ca-
quetage m. ◇ vi -1. [person] bavarder. -2. [animal, bird] jacasser, caqueter. -3. [teeth]: **his teeth were** ~**ing** il
claquait des dents.
chatterbox ['tʃætəbɒks] n inf moulin
m à paroles.
chatty ['tʃætɪ] adj [person] bavard(e);
[letter] plein(e) de bavardages.
chauffeur ['ʃəufər] n chauffeur m.
chauvinist ['ʃəuvɪnɪst] n -1. [sexist]
macho m. -2. [nationalist] chauvin m,
-e f.
cheap [tʃiːp] ◇ adj -1. [inexpensive]
pas cher (chère), bon marché (inv).
-2. [at a reduced price - fare, rate] ré-
duit(e); [- ticket] à prix réduit. -3.
[low-quality] de mauvaise qualité. -4.
[joke, comment] facile. ◇ adv (à) bon
marché.
cheapen ['tʃiːpn] vt [degrade] rabaisser.
cheaply ['tʃiːplɪ] adv à bon marché,
pour pas cher.
cheat [tʃiːt] ◇ n tricheur m, -euse f.
◇ vt tromper; **to** ~ **sb out of sthg**
escroquer qqch à qqn. ◇ vi -1. [in
game, exam] tricher. -2. inf [be unfaith-
ful]: **to** ~ **on sb** tromper qqn.
check [tʃek] ◇ n -1. [inspection, test]:
~ **(on)** contrôle m (de). -2. [restraint]:
~ **(on)** frein m (à), restriction f (sur).
-3. Am [bill] note f. -4. [pattern] carreaux mpl. -5. Am = **cheque**. ◇ vt -1.
[test, verify] vérifier; [passport, ticket]
contrôler. -2. [restrain, stop] enrayer,
arrêter. ◇ vi: **to** ~ **(for sthg)** vérifier
(qqch); **to** ~ **on sthg** vérifier OR
contrôler qqch.
◆ **check in** ◇ vt sep [luggage, coat] enregistrer. ◇ vi -1. [at hotel] signer le
registre. -2. [at airport] se présenter à
l'enregistrement.
◆ **check out** ◇ vt sep -1. [luggage,
coat] retirer. -2. [investigate] vérifier.
◇ vi [from hotel] régler sa note.
◆ **check up** vi: **to** ~ **up on sb** prendre
des renseignements sur qqn; **to** ~
up (on sthg) vérifier (qqch).

checkbook Am = **chequebook**.
checked [tʃekt] adj à carreaux.
checkered Am = **chequered**.
checkers ['tʃekəz] n (U) Am jeu m de
dames.
check-in n enregistrement m.
checking account ['tʃekɪŋ-] n Am
compte m courant.
checkmate ['tʃekmeɪt] n échec et mat
m.
checkout ['tʃekaut] n [in supermarket]
caisse f.
checkpoint ['tʃekpɔɪnt] n [place]
(poste m de) contrôle m.
checkup ['tʃekʌp] n MED bilan m de
santé, check-up m.
Cheddar (cheese) ['tʃedər-] n (fromage m de) cheddar m.
cheek [tʃiːk] n -1. [of face] joue f. -2.
inf [impudence] culot m.
cheekbone ['tʃiːkbəun] n pommette f.
cheeky ['tʃiːkɪ] adj insolent(e), effron-
té(e).
cheer [tʃɪər] ◇ n [shout] acclamation
f. ◇ vt -1. [shout for] acclamer. -2.
[gladden] réjouir. ◇ vi applaudir.
◆ **cheers** excl -1. [said before drinking]
santé! -2. inf [goodbye] salut!, ciao!,
tchao! -3. inf [thank you] merci.
◆ **cheer up** ◇ vt sep remonter le moral à. ◇ vi s'égayer.
cheerful ['tʃɪəful] adj joyeux(euse),
gai(e).
cheerio [,tʃɪərɪ'əu] excl inf au revoir!,
salut!
cheese [tʃiːz] n fromage m.
cheeseboard ['tʃiːzbɔːd] n plateau m
à fromage.
cheeseburger ['tʃiːz,bɜːgər] n cheeseburger m, hamburger m au fromage.
cheesecake ['tʃiːzkeɪk] n CULIN gâteau
m au fromage blanc, cheesecake m.
cheetah ['tʃiːtə] n guépard m.
chef [ʃef] n chef m.
chemical ['kemɪkl] ◇ adj chimique.
◇ n produit m chimique.
chemist ['kemɪst] n -1. Br [pharmacist]
pharmacien m, -ienne f; ~**'s (shop)**
pharmacie f. -2. [scientist] chimiste
mf.

chemistry ['kemɪstrɪ] n chimie f.

cheque Br, **check** Am [tʃek] n chèque m.

chequebook Br, **checkbook** Am ['tʃekbʊk] n chéquier m, carnet m de chèques.

cheque card n Br carte f bancaire.

chequered Br ['tʃekəd], **checkered** Am ['tʃekerd] adj fig [career, life] mouvementé(e).

cherish ['tʃerɪʃ] vt chérir; [hope] nourrir, caresser.

cherry ['tʃerɪ] n [fruit] **cerise** fi ~ **(tree)** cerisier m.

chess [tʃes] n échecs mpl.

chessboard ['tʃesbɔːd] n échiquier m.

chessman ['tʃesmæn] (pl **-men** [-men]) n pièce f.

chest [tʃest] n **-1.** ANAT poitrine f. **-2.** [box] coffre m.

chestnut ['tʃesnʌt] ◇ adj [colour] châtain (inv). ◇ n [nut] châtaigne f; ~ **(tree)** châtaignier m.

chest of drawers (pl **chests of drawers**) n commode f.

chew [tʃuː] ◇ n [sweet] bonbon m (à mâcher). ◇ vt mâcher.

◆ **chew up** vt sep mâchouiller.

chewing gum ['tʃuːɪŋ-] n chewing-gum m.

chic [ʃiːk] adj chic (inv).

chick [tʃɪk] n [baby bird] oisillon m.

chicken ['tʃɪkɪn] n **-1.** [bird, food] poulet m. **-2.** inf [coward] froussard m, -e f.

◆ **chicken out** vi inf se dégonfler.

chickenpox ['tʃɪkɪnpɒks] n (U) varicelle f.

chickpea ['tʃɪkpiː] n pois m chiche.

chicory ['tʃɪkərɪ] n [vegetable] endive f.

chief [tʃiːf] ◇ adj **-1.** [main - aim, problem] principal(e). **-2.** [head] en chef. ◇ n chef m.

chief executive n directeur général m, directrice générale f.

chiefly ['tʃiːflɪ] adv **-1.** [mainly] principalement. **-2.** [above all] surtout.

chiffon ['ʃɪfɒn] n mousseline f.

chilblain ['tʃɪlbleɪn] n engelure f.

child [tʃaɪld] (pl **children**) n enfant mf.

child benefit n (U) Br ≃ allocations fpl familiales.

childbirth ['tʃaɪldbɜːθ] n (U) accouchement m.

childhood ['tʃaɪldhʊd] n enfance f.

childish ['tʃaɪldɪʃ] adj pej puéril(e), enfantin(e).

childlike ['tʃaɪldlaɪk] adj enfantin(e), d'enfant.

childminder ['tʃaɪld,maɪndəʳ] n Br gardienne f d'enfants, nourrice f.

childproof ['tʃaɪldpruːf] adj [container] qui ne peut pas être ouvert par les enfants; ~ **lock** verrouillage m de sécurité pour enfants.

children ['tʃɪldrən] pl → **child**.

children's home n maison f d'enfants.

Chile ['tʃɪlɪ] n Chili m.

Chilean ['tʃɪlɪən] ◇ adj chilien(ienne). ◇ n Chilien m, -ienne f.

chili ['tʃɪlɪ] = **chilli**.

chill [tʃɪl] ◇ adj frais (fraîche). ◇ n **-1.** [illness] coup m de froid. **-2.** [in temperature]: **there's a ~ in the air** le fond de l'air est frais. **-3.** [feeling of fear] frisson m. ◇ vt **-1.** [drink, food] mettre au frais. **-2.** [person] faire frissonner. ◇ vi [drink, food] rafraîchir.

chilli ['tʃɪlɪ] (pl **-ies**) n [vegetable] piment m.

chilling ['tʃɪlɪŋ] adj **-1.** [very cold] glacial(e). **-2.** [frightening] qui glace le sang.

chilly ['tʃɪlɪ] adj froid(e); **to feel ~** avoir froid; **it's ~** il fait froid.

chime [tʃaɪm] ◇ n [of bell, clock] carillon m. ◇ vt [time] sonner. ◇ vi [bell, clock] carillonner.

chimney ['tʃɪmnɪ] n cheminée f.

chimneypot ['tʃɪmnɪpɒt] n mitre f de cheminée.

chimneysweep ['tʃɪmnɪswiːp] n ramoneur m.

chimp(anzee) [tʃɪmp(ən'ziː)] n chimpanzé m.

chin [tʃɪn] n menton m.

china ['tʃaɪnə] n porcelaine f.

China ['tʃaɪnə] *n* Chine *f*.
Chinese [,tʃaɪ'niːz] ◇ *adj* chinois(e). ◇ *n* [language] chinois *m*. ◇ *npl*: **the ~** les Chinois *mpl*.
Chinese cabbage *n* chou *m* chinois.
Chinese leaves *npl Br* = **Chinese cabbage**.
chink [tʃɪŋk] *n* **-1.** [narrow opening] fente *f*. **-2.** [sound] tintement *m*.
chip [tʃɪp] ◇ *n* **-1.** *Br* [fried potato] frite *f*; *Am* [potato crisp] chip *m*. **-2.** [of glass, metal] éclat *m*; [of wood] copeau *m*. **-3.** [flaw] ébréchure *f*. **-4.** [microchip] puce *f*. **-5.** [for gambling] jeton *m*. ◇ *vt* [cup, glass] ébrécher.
◆ **chip in** *inf vi* **-1.** [contribute] contribuer. **-2.** [interrupt] mettre son grain de sel.
◆ **chip off** *vt sep* enlever petit morceau par petit morceau.
chipboard ['tʃɪpbɔːd] *n* aggloméré *m*.
chip shop *n Br* friterie *f*.
chiropodist [kɪ'rɒpədɪst] *n* pédicure *mf*.
chirp [tʃɜːp] *vi* [bird] pépier; [cricket] chanter.
chirpy ['tʃɜːpɪ] *adj* gai(e).
chisel ['tʃɪzl] ◇ *n* [for wood] ciseau *m*; [for metal, rock] burin *m*. ◇ *vt* ciseler.
chit [tʃɪt] *n* [note] note *f*, reçu *m*.
chitchat ['tʃɪttʃæt] *n* (*U*) *inf* bavardage *m*.
chivalry ['ʃɪvlrɪ] *n* (*U*) **-1.** *literary* [of knights] chevalerie *f*. **-2.** [good manners] galanterie *f*.
chives [tʃaɪvz] *npl* ciboulette *f*.
chlorine ['klɔːriːn] *n* chlore *m*.
choc-ice ['tʃɒkaɪs] *n Br* Esquimau® *m*.
chock [tʃɒk] *n* cale *f*.
chock-a-block, chock-full *adj inf*: **~ (with)** plein(e) à craquer (de).
chocolate ['tʃɒkələt] ◇ *n* chocolat *m*. ◇ *comp* au chocolat.
choice [tʃɔɪs] ◇ *n* choix *m*. ◇ *adj* de choix.
choir ['kwaɪə'] *n* chœur *m*.
choirboy ['kwaɪəbɔɪ] *n* jeune choriste *m*.

choke [tʃəuk] ◇ *n* AUT starter *m*. ◇ *vt* **-1.** [strangle] étrangler, étouffer. **-2.** [block] obstruer, boucher. ◇ *vi* s'étrangler.
cholera ['kɒlərə] *n* choléra *m*.
choose [tʃuːz] (*pt* **chose,** *pp* **chosen**) ◇ *vt* **-1.** [select] choisir. **-2.** [decide]: **to ~ to do sthg** décider OR choisir de faire qqch. ◇ *vi* [select]: **to ~ (from)** choisir (parmi OR entre).
choos(e)y ['tʃuːzɪ] (*compar* **-ier,** *superl* **-iest**) *adj* difficile.
chop [tʃɒp] ◇ *n* CULIN côtelette *f*. ◇ *vt* **-1.** [wood] couper; [vegetables] hacher. **-2.** *inf fig* [funding, budget] réduire. **-3.** *phr*: **to ~ and change** changer sans cesse d'avis.
◆ **chops** *npl inf* babines *fpl*.
◆ **chop down** *vt sep* [tree] abattre.
◆ **chop up** *vt sep* couper en morceaux.
chopper ['tʃɒpə'] *n* **-1.** [axe] couperet *m*. **-2.** *inf* [helicopter] hélico *m*.
choppy ['tʃɒpɪ] *adj* [sea] agité(e).
chopsticks ['tʃɒpstɪks] *npl* baguettes *fpl*.
chord [kɔːd] *n* MUS accord *m*.
chore [tʃɔːʳ] *n* corvée *f*; **household ~s** travaux *mpl* ménagers.
chortle ['tʃɔːtl] *vi* glousser.
chorus ['kɔːrəs] *n* **-1.** [part of song] refrain *m*. **-2.** [singers] chœur *m*. **-3.** *fig* [of praise, complaints] concert *m*.
chose [tʃəuz] *pt* → **choose**.
chosen ['tʃəuzn] *pp* → **choose**.
Christ [kraɪst] ◇ *n* Christ *m*. ◇ *excl* Seigneur!, bon Dieu!
christen ['krɪsn] *vt* **-1.** [baby] baptiser. **-2.** [name] nommer.
christening ['krɪsnɪŋ] *n* baptême *m*.
Christian ['krɪstʃən] ◇ *adj* RELIG chrétien(ienne). ◇ *n* chrétien *m*, -ienne *f*.
Christianity [,krɪstɪ'ænətɪ] *n* christianisme *m*.
Christian name *n* prénom *m*.
Christmas ['krɪsməs] *n* Noël *m*; **happy** OR **merry ~!** joyeux Noël!
Christmas card *n* carte *f* de Noël.
Christmas Day *n* jour *m* de Noël.
Christmas Eve *n* veille *f* de Noël.

Christmas pudding n Br pudding m (de Noël).

Christmas tree n arbre m de Noël.

chrome [krəʊm], **chromium** ['krəʊmɪəm] ◇ n chrome m. ◇ comp chromé(e).

chronic ['krɒnɪk] adj [illness, unemployment] chronique; [liar, alcoholic] invétéré(e).

chronicle ['krɒnɪkl] n chronique f.

chronological [,krɒnə'lɒdʒɪkl] adj chronologique.

chrysanthemum [krɪ'sænθəməm] (pl -s) n chrysanthème m.

chubby ['tʃʌbɪ] adj [cheeks, face] joufflu(e); [person, hands] potelé(e).

chuck [tʃʌk] n inf **-1.** [throw] lancer, envoyer. **-2.** [job, boyfriend] laisser tomber.

◆ **chuck away, chuck out** vt sep inf jeter, balancer.

chuckle ['tʃʌkl] vi glousser.

chug [tʃʌg] vi [train] faire teuf-teuf.

chum [tʃʌm] n inf copain m, copine f.

chunk [tʃʌŋk] n gros morceau m.

church [tʃɜːtʃ] n [building] église f; to go to ~ aller à l'église; [Catholics] aller à la messe.

Church of England n: the ~ l'Église d'Angleterre.

churchyard ['tʃɜːtʃjɑːd] n cimetière m.

churlish ['tʃɜːlɪʃ] adj grossier(ière).

churn [tʃɜːn] ◇ n **-1.** [for making butter] baratte f. **-2.** [for milk] bidon m. ◇ vt [stir up] battre.

◆ **churn out** vt sep inf produire en série.

chute [ʃuːt] n glissière f; rubbish ~ vide-ordures m inv.

chutney ['tʃʌtnɪ] n chutney m.

CIA (abbr of **Central Intelligence Agency**) n CIA f.

CID (abbr of **Criminal Investigation Department**) n la police judiciaire britannique.

cider ['saɪdər] n cidre m.

cigar [sɪ'gɑːr] n cigare m.

cigarette [,sɪgə'ret] n cigarette f.

cinder ['sɪndər] n cendre f.

Cinderella [,sɪndə'relə] n Cendrillon f.

cine-camera ['sɪnɪ-] n caméra f.

cine-film ['sɪnɪ-] n film m.

cinema ['sɪnəmə] n cinéma m.

cinnamon ['sɪnəmən] n cannelle f.

cipher ['saɪfər] n [secret writing] code m.

circa ['sɜːkə] prep environ.

circle ['sɜːkl] ◇ n **-1.** [gen] cercle m; to go round in ~s fig tourner en rond. **-2.** [in theatre, cinema] balcon m. ◇ vt **-1.** [draw a circle round] entourer (d'un cercle). **-2.** [move round] faire le tour de. ◇ vi [plane] tourner en rond.

circuit ['sɜːkɪt] n **-1.** [gen & ELEC] circuit m. **-2.** [lap] tour m; [movement round] révolution f.

circuitous [sə'kjuːɪtəs] adj indirect(e).

circular ['sɜːkjʊlər] ◇ adj [gen] circulaire. ◇ n [letter] circulaire f; [advertisement] prospectus m.

circulate ['sɜːkjʊleɪt] ◇ vi **-1.** [gen] circuler. **-2.** [socialize] se mêler aux invités. ◇ vt [rumour] propager; [document] faire circuler.

circulation [,sɜːkjʊ'leɪʃn] n **-1.** [gen] circulation f. **-2.** PRESS tirage m.

circumcision [,sɜːkəm'sɪʒn] n circoncision f.

circumference [sə'kʌmfərəns] n circonférence f.

circumflex ['sɜːkəmfleks] n: ~ (accent) accent m circonflexe.

circumspect ['sɜːkəmspekt] adj circonspect(e).

circumstances ['sɜːkəmstənsɪz] npl circonstances fpl; **under** OR **in no ~** en aucun cas; **under** OR **in the ~** en de telles circonstances.

circumvent [,sɜːkəm'vent] vt fml [law, rule] tourner.

circus ['sɜːkəs] n cirque m.

CIS (abbr of **Commonwealth of Independent States**) n CEI f.

cistern ['sɪstən] n **-1.** Br [inside roof] réservoir m d'eau. **-2.** [in toilet] réservoir m de chasse d'eau.

cite [saɪt] vt citer.

citizen ['sɪtɪzn] n **-1.** [of country] citoyen m, -enne f. **-2.** [of town] habitant m, -e f.

Citizens' Advice Bureau n service britannique d'information et d'aide au consommateur.

Citizens' Band n fréquence radio réservée au public, citizen band f.

citizenship ['sɪtɪznʃɪp] n citoyenneté f.

citrus fruit ['sɪtrəs-] n agrume m.

city ['sɪtɪ] n ville f, cité f.

◆ **City** n Br: **the City** la City (quartier financier de Londres).

city centre n centre-ville m.

city hall n Am ≃ mairie f, ≃ hôtel m de ville.

city technology college n Br établissement d'enseignement technique du secondaire subventionné par les entreprises.

civic ['sɪvɪk] adj **-1.** [leader, event] municipal(e); [duty, pride] civique.

civic centre n Br centre m administratif municipal.

civil ['sɪvl] adj **-1.** [public] civil(e). **-2.** [polite] courtois(e), poli(e).

civil engineering n génie m civil.

civilian [sɪ'vɪljən] ◇ n civil m, -e f. ◇ comp civil(e).

civilization [,sɪvɪlaɪ'zeɪʃn] n civilisation f.

civilized ['sɪvɪlaɪzd] adj civilisé(e).

civil law n droit m civil.

civil liberties npl libertés fpl civiques.

civil rights npl droits mpl civils.

civil servant n fonctionnaire mf.

civil service n fonction f publique.

civil war n guerre f civile.

cl (abbr of centilitre) cl.

clad [klæd] adj literary [dressed]: ~ **in** vêtu(e) de.

claim [kleɪm] ◇ n **-1.** [for pay etc] revendication f; [for expenses, insurance] demande f. **-2.** [right] droit m; **to lay** ~ **to sthg** revendiquer qqch. **-3.** [assertion] affirmation f. ◇ vt **-1.** [ask for] réclamer. **-2.** [responsibility, credit] revendiquer. **-3.** [maintain] prétendre. ◇ vi: **to** ~ **for sthg** faire une demande d'indemnité pour qqch; **to** ~

(on one's insurance) faire une déclaration de sinistre.

claimant ['kleɪmənt] n [to throne] prétendant m, -e f; [of state benefit] demandeur m, -eresse f, requérant m, -e f.

clairvoyant [kleə'vɔɪənt] n voyant m, -e f.

clam [klæm] n palourde f.

clamber ['klæmbər] vi grimper.

clammy ['klæmɪ] adj [skin] moite; [weather] lourd et humide.

clamour Br, **clamor** Am ['klæmər] ◇ n (U) [noise] cris mpl. ◇ vi: **to** ~ **for sthg** demander qqch à cor et à cri.

clamp [klæmp] ◇ n [gen] pince f, agrafe f; [for carpentry] serre-joint m; MED clamp m. ◇ vt **-1.** [gen] serrer. **-2.** AUT poser un sabot de Denver à.

◆ **clamp down** vi: **to** ~ **down (on)** sévir (contre).

clan [klæn] n clan m.

clandestine [klæn'destɪn] adj clandestin(e).

clang [klæŋ] n bruit m métallique.

clap [klæp] ◇ vt [hands]: **to** ~ **one's hands** applaudir, taper des mains. ◇ vi applaudir, taper des mains.

clapping ['klæpɪŋ] n (U) applaudissements mpl.

claret ['klærət] n **-1.** [wine] bordeaux m rouge. **-2.** [colour] bordeaux m inv.

clarify ['klærɪfaɪ] vt [explain] éclaircir, clarifier.

clarinet [,klærə'net] n clarinette f.

clarity ['klærətɪ] n clarté f.

clash [klæʃ] ◇ n **-1.** [of interests, personalities] conflit m. **-2.** [fight, disagreement] heurt m, affrontement m. **-3.** [noise] fracas m. ◇ vi **-1.** [fight, disagree] se heurter. **-2.** [differ, conflict] entrer en conflit. **-3.** [coincide]: **to** ~ **(with sthg)** tomber en même temps (que qqch). **-4.** [colours] jurer.

clasp [klɑːsp] ◇ n [on necklace etc] fermoir m; [on belt] boucle f. ◇ vt [hold tight] serrer.

class [klɑːs] ◇ n **-1.** [gen] classe f. **-2.** [lesson] cours m, classe f. **-3.** [category] catégorie f. ◇ vt classer.

classic ['klæsɪk] ◇ *adj* classique. ◇ *n* classique *m*.

classical ['klæsɪkl] *adj* classique.

classified ['klæsɪfaɪd] *adj* [information, document] classé secret (classée secrète).

classified ad *n* petite annonce *f*.

classify ['klæsɪfaɪ] *vt* classifier, classer.

classmate ['klɑːsmeɪt] *n* camarade *mf* de classe.

classroom ['klɑːsrʊm] *n* (salle *f* de) classe *f*.

classy ['klɑːsɪ] *adj inf* chic (*inv*).

clatter ['klætər] *n* cliquetis *m*; [louder] fracas *m*.

clause [klɔːz] *n* **-1.** [in document] clause *f*. **-2.** GRAMM proposition *f*.

claw [klɔː] ◇ *n* **-1.** [of cat, bird] griffe *f*. **-2.** [of crab, lobster] pince *f*. ◇ *vt* griffer. ◇ *vi* [person]: **to ~ at** s'agripper à.

clay [kleɪ] *n* argile *f*.

clean [kliːn] ◇ *adj* **-1.** [not dirty] propre. **-2.** [sheet of paper, driving licence] vierge; [reputation] sans tache. **-3.** [joke] de bon goût. **-4.** [smooth] net (nette). ◇ *vt* nettoyer; **to ~ one's teeth** se brosser OR laver les dents. ◇ *vi* faire le ménage.

◆ **clean out** *vt sep* [room, drawer] nettoyer à fond.

◆ **clean up** *vt sep* [clear up] nettoyer.

cleaner ['kliːnər] *n* **-1.** [person] personne *f* qui fait le ménage. **-2.** [substance] produit *m* d'entretien.

cleaning ['kliːnɪŋ] *n* nettoyage *m*.

cleanliness ['klenlɪnɪs] *n* propreté *f*.

cleanse [klenz] *vt* **-1.** [skin, wound] nettoyer. **-2.** *fig* [make pure] purifier.

cleanser ['klenzər] *n* [detergent] détergent *m*; [for skin] démaquillant *m*.

clean-shaven [-'ʃeɪvn] *adj* rasé(e) de près.

clear [klɪər] ◇ *adj* **-1.** [gen] clair(e); [glass, plastic] transparent(e); [difference] net (nette); **to make sthg ~ (to sb)** expliquer qqch clairement (à qqn); **to make it ~ that** préciser que; **to make o.s. ~** bien se faire comprendre. **-2.** [voice, sound] qui

s'entend nettement. **-3.** [road, space] libre, dégagé(e). ◇ *adv*: **to stand ~** s'écarter; **to stay ~ of sb/sthg, to steer ~ of sb/sthg** éviter qqn/qqch. ◇ *vt* **-1.** [road, path] dégager; [table] débarrasser. **-2.** [obstacle, fallen tree] enlever. **-3.** [jump] sauter, franchir. **-4.** [debt] s'acquitter de. **-5.** [authorize] donner le feu vert à. **-6.** JUR innocenter. ◇ *vi* [fog, smoke] se dissiper; [weather, sky] s'éclaircir.

◆ **clear away** *vt sep* [plates] débarrasser; [books] enlever.

◆ **clear off** *vi inf* dégager.

◆ **clear out** ◇ *vt sep* [cupboard] vider; [room] ranger. ◇ *vi inf* [leave] dégager.

◆ **clear up** ◇ *vt sep* **-1.** [tidy] ranger. **-2.** [mystery, misunderstanding] éclaircir. ◇ *vi* **-1.** [weather] s'éclaircir. **-2.** [tidy up] tout ranger.

clearance ['klɪərəns] *n* **-1.** [of rubbish] enlèvement *m*; [of land] déblaiement *m*. **-2.** [permission] autorisation *f*.

clear-cut *adj* net (nette).

clearing ['klɪərɪŋ] *n* [in wood] clairière *f*.

clearing bank *n Br* banque *f* de clearing.

clearly ['klɪəlɪ] *adv* **-1.** [distinctly, lucidly] clairement. **-2.** [obviously] manifestement.

clearway ['klɪəweɪ] *n Br* route où le stationnement n'est autorisé qu'en cas d'urgence.

cleavage ['kliːvɪdʒ] *n* [between breasts] décolleté *m*.

cleaver ['kliːvər] *n* couperet *m*.

clef [klef] *n* clef *f*.

cleft [kleft] *n* fente *f*.

clench [klentʃ] *vt* serrer.

clergy ['klɜːdʒɪ] *npl*: **the ~** le clergé.

clergyman ['klɜːdʒɪmən] (*pl* **-men** [-mən]) *n* membre *m* du clergé.

clerical ['klerɪkl] *adj* **-1.** ADMIN de bureau. **-2.** RELIG clérical(e).

clerk [*Br* klɑːk, *Am* klɜːrk] *n* **-1.** [in office] employé *m*, -e *f* de bureau. **-2.** JUR clerc *m*. **-3.** *Am* [shop assistant] vendeur *m*, -euse *f*.

clever ['klevə'] *adj* **-1.** [intelligent - person] intelligent(e); [- idea] ingénieux(ieuse). **-2.** [skilful] habile, adroit(e).

click [klɪk] ◇ *n* [of lock] déclic *m*; [of tongue, heels] claquement *m*. ◇ *vt* faire claquer. ◇ *vi* [heels] claquer; [camera] faire un déclic.

client ['klaɪənt] *n* client *m*, -e *f*.

cliff [klɪf] *n* falaise *f*.

climate ['klaɪmɪt] *n* climat *m*.

climax ['klaɪmæks] *n* [culmination] apogée *m*.

climb [klaɪm] ◇ *n* ascension *f*, montée *f*. ◇ *vt* [tree, rope] monter à; [stairs] monter; [wall, hill] escalader. ◇ *vi* **-1.** [person] monter, grimper. **-2.** [plant] grimper; [road] monter; [plane] prendre de l'altitude. **-3.** [increase] augmenter.

climb-down *n* reculade *f*.

climber ['klaɪmə'] *n* [person] alpiniste *mf*, grimpeur *m*, -euse *f*.

climbing ['klaɪmɪŋ] *n* [rock climbing] varappe *f*; [mountain climbing] alpinisme *m*.

clinch [klɪntʃ] *vt* [deal] conclure.

cling [klɪŋ] (*pt* & *pp* **clung**) *vi* **-1.** [hold tightly]: **to ~ (to)** s'accrocher (à), se cramponner (à). **-2.** [clothes]: **to ~ (to)** coller (à).

clingfilm ['klɪŋfɪlm] *n* Br film *m* alimentaire transparent.

clinic ['klɪnɪk] *n* [building] centre *m* médical, clinique *f*.

clinical ['klɪnɪkl] *adj* **-1.** MED clinique. **-2.** *fig* [attitude] froid(e).

clink [klɪŋk] *vi* tinter.

clip [klɪp] ◇ *n* **-1.** [for paper] trombone *m*; [for hair] pince *f*; [of earring] clip *m*; TECH collier *m*. **-2.** [excerpt] extrait *m*. ◇ *vt* **-1.** [fasten] attacher. **-2.** [nails] couper; [hedge] tailler; [newspaper cutting] découper.

clipboard ['klɪpbɔːd] *n* écritoire *f* à pince, clipboard *m*.

clippers ['klɪpəz] *npl* [for hair] tondeuse *f*; [for nails] pince *f* à ongles; [for hedge] cisaille *f* à haie; [for pruning] sécateur *m*.

clipping ['klɪpɪŋ] *n* [from newspaper] coupure *f*.

cloak [kləʊk] *n* [garment] cape *f*.

cloakroom ['kləʊkrʊm] *n* **-1.** [for clothes] vestiaire *m*. **-2.** Br [toilets] toilettes *fpl*.

clock [klɒk] *n* **-1.** [large] horloge *f*; [small] pendule *f*; **round the ~** [work, be open] 24 heures sur 24. **-2.** AUT [mileometer] compteur *m*.
♦ **clock in, clock on** *vi* Br [at work] pointer (*à l'arrivée*).
♦ **clock off, clock out** *vi* Br [at work] pointer (*à la sortie*).

clockwise ['klɒkwaɪz] *adj* & *adv* dans le sens des aiguilles d'une montre.

clockwork ['klɒkwɜːk] ◇ *n*: **to go like ~** *fig* aller OR marcher comme sur des roulettes. ◇ *comp* [toy] mécanique.

clog [klɒg] *vt* boucher.
♦ **clogs** *npl* sabots *mpl*.
♦ **clog up** ◇ *vt sep* boucher. ◇ *vi* se boucher.

close¹ [kləʊs] ◇ *adj* **-1.** [near]: **~ (to)** proche (de), près (de); **a ~ friend** un ami intime (une amie intime); **~ up, ~ to** de près; **~ by, ~ at hand** tout près; **that was a ~ shave** OR **thing** OR **call** on l'a échappé belle. **-2.** [link, resemblance] fort(e); [cooperation, connection] étroit(e). **-3.** [questioning] serré(e); [examination] minutieux(ieuse); **to keep a ~ watch on sb/sthg** surveiller qqn/qqch de près; **to pay ~ attention** faire très attention. **-4.** [weather] lourd(e); [air in room] renfermé(e). **-5.** [result, contest, race] serré(e). ◇ *adv*: **~ (to)** près (de); **to come ~r (together)** se rapprocher.
♦ **close on, close to** *prep* [almost] près de.

close² [kləʊz] ◇ *vt* **-1.** [gen] fermer. **-2.** [end] clore. ◇ *vi* **-1.** [shop, bank] fermer; [door, lid] (se) fermer. **-2.** [end] se terminer, finir. ◇ *n* fin *f*.
♦ **close down** *vt sep* & *vi* fermer.

closed [kləʊzd] *adj* fermé(e).

close-knit [,kləʊs-] *adj* (très) uni(e).

closely ['kləuslı] *adv* [listen, examine, watch] de près; [resemble] beaucoup; **to be ~ related to** OR **with** être proche parent de.

closet ['klɒzɪt] ◇ *n* Am [cupboard] placard *m*. ◇ *adj inf* non avoué(e).

close-up ['kləus-] *n* gros plan *m*.

closing time ['kləuzɪŋ-] *n* heure *f* de fermeture.

closure ['kləuʒəʳ] *n* fermeture *f*.

clot [klɒt] ◇ *n* **-1.** [of blood, milk] caillot *m*. **-2.** Br inf [fool] empoté *m*, -e *f*. ◇ *vi* [blood] coaguler.

cloth [klɒθ] *n* **-1.** (U) [fabric] tissu *m*. **-2.** [duster] chiffon *m*; [for drying] torchon *m*.

clothe [kləuð] *vt fml* [dress] habiller.

clothes [kləuðz] *npl* vêtements *mpl*, habits *mpl*; **to put one's ~ on** s'habiller; **to take one's ~ off** se déshabiller.

clothes brush *n* brosse *f* à habits.

clothesline ['kləuðzlaɪn] *n* corde *f* à linge.

clothes peg Br, **clothespin** Am ['kləuðzpɪn] *n* pince *f* à linge.

clothing ['kləuðɪŋ] *n* (U) vêtements *mpl*, habits *mpl*.

cloud [klaud] *n* nuage *m*.

◆ **cloud over** *vi* [sky] se couvrir.

cloudy ['klaudɪ] *adj* **-1.** [sky, day] nuageux(euse). **-2.** [liquid] trouble.

clout [klaut] *inf* ◇ *n* (U) [influence] poids *m*, influence *f*. ◇ *vt* donner un coup à.

clove [kləuv] *n*: **a ~ of garlic** une gousse d'ail.

◆ **cloves** *npl* [spice] clous *mpl* de girofle.

clover ['kləuvəʳ] *n* trèfle *m*.

clown [klaun] ◇ *n* **-1.** [performer] clown *m*. **-2.** [fool] pitre *m*. ◇ *vi* faire le pitre.

cloying ['klɔɪɪŋ] *adj* **-1.** [smell] écœurant(e). **-2.** [sentimentality] à l'eau de rose.

club [klʌb] ◇ *n* **-1.** [organization, place] club *m*. **-2.** [weapon] massue *f*. **-3.** (golf) ~ **club** *m*. ◇ *vt* matraquer.

◆ **clubs** *npl* CARDS trèfle *m*.

◆ **club together** *vi* se cotiser.

club car *n* Am RAIL wagon-restaurant *m*.

clubhouse ['klʌbhaus, *pl* -hauzɪz] *n* club *m*, pavillon *m*.

cluck [klʌk] *vi* glousser.

clue [kluː] *n* **-1.** [in crime] indice *m*; **I haven't (got) a ~ (about)** je n'ai aucune idée (sur). **-2.** [in crossword] définition *f*.

clued-up [kluːd-] *adj* Br inf calé(e).

clump [klʌmp] *n* [of trees, bushes] massif *m*, bouquet *m*.

clumsy ['klʌmzɪ] *adj* **-1.** [ungraceful] gauche, maladroit(e). **-2.** [tactless] sans tact.

clung [klʌŋ] *pt & pp* → **cling**.

cluster ['klʌstəʳ] ◇ *n* [group] groupe *m*. ◇ *vi* [people] se rassembler; [buildings etc] être regroupé(e).

clutch [klʌtʃ] ◇ *n* AUT embrayage *m*. ◇ *vt* agripper. ◇ *vi*: **to ~ at** s'agripper à.

clutter ['klʌtəʳ] ◇ *n* désordre *m*. ◇ *vt* mettre en désordre.

cm (*abbr of* **centimetre**) *n* cm.

CND (*abbr of* **Campaign for Nuclear Disarmament**) *n* mouvement pour le désarmement nucléaire.

c/o (*abbr of* **care of**) a/s.

Co. -1. (*abbr of* **Company**) Cie. **-2.** *abbr of* **County**.

coach [kəutʃ] ◇ *n* **-1.** [bus] car *m*, autocar *m*. **-2.** RAIL voiture *f*. **-3.** [horse-drawn] carrosse *m*. **-4.** SPORT entraîneur *m*. **-5.** [tutor] répétiteur *m*, -trice *f*. ◇ *vt* **-1.** SPORT entraîner. **-2.** [tutor] donner un cours particulier (particulières) à.

coal [kəul] *n* charbon *m*.

coalfield ['kəulfiːld] *n* bassin *m* houiller.

coalition [,kəuə'lɪʃn] *n* coalition *f*.

coalman ['kəulmæn] (*pl* **-men** [-men]) *n* Br charbonnier *m*.

coalmine ['kəulmaɪn] *n* mine *f* de charbon.

coarse [kɔːs] *adj* **-1.** [rough - cloth] grossier(ière); [- hair] épais(aisse); [- skin] granuleux(euse). **-2.** [vulgar] grossier(ière).

coast [kəʊst] ◇ n côte f. ◇ vi [in car, on bike] avancer en roue libre.

coastal ['kəʊstl] adj côtier(ière).

coaster ['kəʊstə^r] n [small mat] dessous m de verre.

coastguard ['kəʊstgɑːd] n -1. [person] garde-côte m. -2. [organization]: **the ~** la gendarmerie maritime.

coastline ['kəʊstlaɪn] n côte f.

coat [kəʊt] ◇ n -1. [garment] manteau m. -2. [of animal] pelage m. -3. [layer] couche f. ◇ vt: **to ~ sthg (with)** recouvrir qqch (de); [with paint etc] enduire qqch (de).

coat hanger n cintre m.

coating ['kəʊtɪŋ] n couche f; CULIN glaçage m.

coat of arms (pl coats of arms) n blason m.

coax [kəʊks] vt: **to ~ sb (to do OR into doing sthg)** persuader qqn (de faire qqch) à force de cajoleries.

cob [kɒb] n → **corn**.

cobbled ['kɒbld] adj pavé(e).

cobbler ['kɒblə^r] n cordonnier m.

cobbles ['kɒblz], **cobblestones** ['kɒblstəʊnz] npl pavés mpl.

cobweb ['kɒbweb] n toile f d'araignée.

Coca-Cola® [,kəʊkə'kəʊlə] n Coca-Cola® m.

cocaine [kəʊ'keɪn] n cocaïne f.

cock [kɒk] ◇ n -1. [male chicken] coq m. -2. [male bird] mâle m. ◇ vt -1. [gun] armer. -2. [head] incliner.
♦ **cock up** vt sep Br v inf faire merder.

cockerel ['kɒkrəl] n jeune coq m.

cockeyed ['kɒkaɪd] adj inf -1. [lopsided] de travers. -2. [foolish] complètement fou (folle).

cockle ['kɒkl] n [shellfish] coque f.

Cockney ['kɒknɪ] (pl Cockneys) n [person] Cockney mf (personne issue des quartiers populaires de l'est de Londres).

cockpit ['kɒkpɪt] n [in plane] cockpit m.

cockroach ['kɒkrəʊtʃ] n cafard m.

cocksure [,kɒk'ʃɔː^r] adj trop sûr(e) de soi.

cocktail ['kɒkteɪl] n cocktail m.

cock-up n v inf: **to make a ~** se planter.

cocky ['kɒkɪ] adj inf suffisant(e).

cocoa ['kəʊkəʊ] n cacao m.

coconut ['kəʊkənʌt] n noix f de coco.

cod [kɒd] (pl inv) n morue f.

COD abbr of **cash on delivery**.

code [kəʊd] ◇ n code m. ◇ vt coder.

cod-liver oil n huile f de foie de morue.

coerce [kəʊ'ɜːs] vt: **to ~ sb (into doing sthg)** contraindre qqn (à faire qqch).

C of E abbr of **Church of England**.

coffee ['kɒfɪ] n café m.

coffee bar n Br café m.

coffee break n pause-café f.

coffee morning n Br réunion matinale pour prendre le café.

coffeepot ['kɒfɪpɒt] n cafetière f.

coffee shop n -1. Br [shop] café m. -2. Am [restaurant] ≈ café-restaurant m.

coffee table n table f basse.

coffin ['kɒfɪn] n cercueil m.

cog [kɒg] n [tooth on wheel] dent f; [wheel] roue f dentée.

coherent [kəʊ'hɪərənt] adj cohérent(e).

cohesive [kəʊ'hiːsɪv] adj cohésif(ive).

coil [kɔɪl] ◇ n -1. [of rope etc] rouleau m; [one loop] boucle f. -2. ELEC bobine f. -3. Br [contraceptive device] stérilet m. ◇ vt enrouler. ◇ vi s'enrouler.
♦ **coil up** vt sep enrouler.

coin [kɔɪn] ◇ n pièce f (de monnaie). ◇ vt [word] inventer.

coinage ['kɔɪnɪdʒ] n (U) [currency] monnaie f.

coin-box n Br cabine f (publique) à pièces.

coincide [,kəʊɪn'saɪd] vi coïncider.

coincidence [kəʊ'ɪnsɪdəns] n coïncidence f.

coincidental [kəʊ,ɪnsɪ'dentl] adj de coïncidence.

coke [kəuk] n **-1.** [fuel] coke m. **-2.** drugs sl coco f.

Coke® [kəuk] n Coca® m.

cola ['kəulə] n cola m.

colander ['kʌləndər] n passoire f.

cold [kəuld] ◇ adj froid(e); **it's** ~ il fait froid; **to be** ~ avoir froid; **to get** ~ [person] avoir froid; [hot food] refroidir. ◇ n **-1.** [illness] rhume m; **to catch (a)** ~ attraper un rhume, s'enrhumer. **-2.** [low temperature] froid m.

cold-blooded [-'blʌdɪd] adj fig [killer] sans pitié; [murder] de sang-froid.

cold sore n bouton m de fièvre.

cold war n: **the** ~ **la** guerre froide.

coleslaw ['kəulslɔ:] n chou m cru mayonnaise.

colic ['kɒlɪk] n colique f.

collaborate [kə'læbəreɪt] vi collaborer.

collapse [kə'læps] ◇ n [gen] écroulement m, effondrement m; [of marriage] échec m. ◇ vi **-1.** [building, person] s'effondrer, s'écrouler; [marriage] échouer. **-2.** [fold up] être pliant(e).

collapsible [kə'læpsəbl] adj pliant(e).

collar ['kɒlər] ◇ n **-1.** [on clothes] col m. **-2.** [for dog] collier m. **-3.** TECH collier m, bague f. ◇ vt inf [detain] coincer.

collarbone ['kɒləbəun] n clavicule f.

collate [kə'leɪt] vt collationner.

collateral [kɒ'lætərəl] n (U) nantissement m.

colleague ['kɒli:g] n collègue mf.

collect [kə'lekt] ◇ vt **-1.** [gather together - gen] rassembler, recueillir; [- wood etc] ramasser; **to** ~ **o.s.** se reprendre. **-2.** [as a hobby] collectionner. **-3.** [go to get] aller chercher, passer prendre. **-4.** [money] recueillir; [taxes] percevoir. ◇ vi **-1.** [crowd, people] se rassembler. **-2.** [dust, leaves, dirt] s'amasser, s'accumuler. **-3.** [for charity, gift] faire la quête. ◇ adv Am TELEC: **to call (sb)** ~ téléphoner (à qqn) en PCV.

collection [kə'lekʃn] n **-1.** [of objects] collection f. **-2.** LITERATURE recueil m.

-3. [of money] quête f. **-4.** [of mail] levée f.

collective [kə'lektɪv] ◇ adj collectif(ive). ◇ n coopérative f.

collector [kə'lektər] n **-1.** [as a hobby] collectionneur m, -euse f. **-2.** [of debts, rent] encaisseur m; ~ **of taxes** percepteur m.

college ['kɒlɪdʒ] n **-1.** [gen] ≈ école f d'enseignement (technique) supérieur. **-2.** [of university] maison communautaire d'étudiants sur un campus universitaire.

college of education n ≈ institut m de formation de maîtres.

collide [kə'laɪd] vi: **to** ~ **(with)** entrer en collision (avec).

collie ['kɒlɪ] n colley m.

colliery ['kɒljərɪ] n mine f.

collision [kə'lɪʒn] n [crash]: ~ **(with/ between)** collision f (avec/entre); **to be on a** ~ **course (with)** fig aller audevant de l'affrontement (avec).

colloquial [kə'ləukwɪəl] adj familier(ière).

collude [kə'lu:d] vi: **to** ~ **with sb** comploter avec qqn.

Colombia [kə'lɒmbɪə] n Colombie f.

colon ['kəulən] n **-1.** ANAT côlon m. **-2.** [punctuation mark] deux-points m inv.

colonel ['kɜ:nl] n colonel m.

colonial [kə'ləunjəl] adj colonial(e).

colonize, -ise ['kɒlənaɪz] vt coloniser.

colony ['kɒlənɪ] n colonie f.

color etc Am = **colour** etc.

colossal [kə'lɒsl] adj colossal(e).

colour Br, **color** Am ['kʌlər] ◇ n couleur f; **in** ~ en couleur. ◇ adj en couleur. ◇ vt **-1.** [food, liquid etc] colorer; [with pen, crayon] colorier. **-2.** [dye] teindre. **-3.** fig [judgment] fausser. ◇ vi rougir.

colour bar n discrimination f raciale.

colour-blind adj daltonien(ienne).

coloured Br, **colored** Am ['kʌləd] adj de couleur; **brightly** ~ de couleur vive.

colourful Br, **colorful** Am ['kʌləful] adj **-1.** [gen] coloré(e). **-2.** [person, area] haut en couleur (inv).

colouring *Br*, **coloring** *Am* ['kʌlərɪŋ] *n*
-1. [dye] colorant *m*. **-2.** (*U*) [complexion] teint *m*.

colour scheme *n* combinaison *f* de couleurs.

colt [kəult] *n* [young horse] poulain *m*.

column ['kɒləm] *n* **-1.** [gen] colonne *f*. **-2.** PRESS [article] rubrique *f*.

columnist ['kɒləmnɪst] *n* chroniqueur *m*.

coma ['kəumə] *n* coma *m*.

comb [kəum] ◇ *n* [for hair] peigne *m*. ◇ *vt* **-1.** [hair] peigner. **-2.** [search] ratisser.

combat ['kɒmbæt] ◇ *n* combat *m*. ◇ *vt* combattre.

combination [,kɒmbɪ'neɪʃn] *n* combinaison *f*.

combine [*vb* kəm'baɪn, *n* 'kɒmbaɪn] ◇ *vt* [gen] rassembler; [pieces] combiner; **to ~ sthg with sthg** [two substances] mélanger qqch avec OR à qqch; *fig* allier qqch à qqch. ◇ *vi* COMM & POL: **to ~ (with)** fusionner (avec). ◇ *n* **-1.** [group] cartel *m*. **-2.** = **combine harvester**.

combine harvester [-'hɑːvɪstər] *n* moissonneuse-batteuse *f*.

come [kʌm] (*pt* **came**, *pp* **come**) *vi* **-1.** [move] venir; [arrive] arriver, venir; **the news came as a shock to me** la nouvelle m'a/lui a *etc* fait un choc; **coming!** j'arrive! **-2.** [reach]: **to ~ up to** arriver à, monter jusqu'à; **to ~ down to** descendre OR tomber jusqu'à. **-3.** [happen] arriver, se produire; **~ what may** quoi qu'il arrive. **-4.** [become]: **to ~ true** se réaliser; **to ~ undone** se défaire; **to ~ unstuck** se décoller. **-5.** [begin gradually]: **to ~ to do sthg** en arriver à OR en venir à faire qqch. **-6.** [be placed in order] venir, être placé(e); **P ~s before Q** P vient avant Q, P précède Q; **she came second in the exam** elle était deuxième à l'examen. **-7.** *phr*: **~ to think of it** maintenant que j'y pense, réflexion faite.

◆ **to come** *adv* à venir; **in (the)**
days/years **to ~** dans les jours/années à venir.

◆ **come about** *vi* [happen] arriver, se produire.

◆ **come across** *vt fus* tomber sur, trouver par hasard.

◆ **come along** *vi* **-1.** [arrive by chance] arriver. **-2.** [improve - work] avancer; [- student] faire des progrès.

◆ **come apart** *vi* **-1.** [fall to pieces] tomber en morceaux. **-2.** [come off] se détacher.

◆ **come at** *vt fus* [attack] attaquer.

◆ **come back** *vi* **-1.** [in talk, writing]: **to ~ back to sthg** revenir à qqch. **-2.** [memory]: **to ~ back (to sb)** revenir (à qqn).

◆ **come by** *vt fus* [get, obtain] trouver, dénicher.

◆ **come down** *vi* **-1.** [decrease] baisser. **-2.** [descend] descendre.

◆ **come down to** *vt fus* se résumer à, se réduire à.

◆ **come down with** *vt fus* [cold, flu] attraper.

◆ **come forward** *vi* se présenter.

◆ **come from** *vt fus* venir de.

◆ **come in** *vi* [enter] entrer.

◆ **come in for** *vt fus* [criticism] être l'objet de.

◆ **come into** *vt fus* **-1.** [inherit] hériter de. **-2.** [begin to be]: **to ~ into being** prendre naissance, voir le jour.

◆ **come off** *vi* **-1.** [button, label] se détacher; [stain] s'enlever. **-2.** [joke, attempt] réussir. **-3.** *phr*: **~ off it!** *inf* et puis quoi encore!, non mais sans blague!

◆ **come on** *vi* **-1.** [start] commencer, apparaître. **-2.** [start working - light, heating] s'allumer. **-3.** [progress, improve] avancer, faire des progrès. **-4.** *phr*: **~ on!** [expressing encouragement] allez!; [hurry up] allez, dépêche-toi!; [expressing disbelief] allons donc!

◆ **come out** *vi* **-1.** [become known] être découvert(e). **-2.** [appear - product, book, film] sortir, paraître; [- sun, moon, stars] paraître. **-3.** [go on strike] faire grève. **-4.** [declare publicly]: **to ~ out for/against sthg** se déclarer pour/contre qqch.

◆ **come round** vi [regain consciousness] reprendre connaissance, revenir à soi.

◆ **come through** vt fus survivre à.

◆ **come to** ◇ vt fus **-1.** [reach]: **to ~ to an end** se terminer, prendre fin; **to ~ to a decision** arriver à OR prendre une décision. **-2.** [amount to] s'élever à. ◇ vi [regain consciousness] revenir à soi, reprendre connaissance.

◆ **come under** vt fus **-1.** [be governed by] être soumis(e) à. **-2.** [suffer]: **to ~ under attack (from)** être en butte aux attaques (de).

◆ **come up** vi **-1.** [be mentioned] survenir. **-2.** [be imminent] approcher. **-3.** [happen unexpectedly] se présenter. **-4.** [sun, moon] se lever.

◆ **come up against** vt fus se heurter à.

◆ **come up to** vt fus [approach - in space] s'approcher de.

◆ **come up with** vt fus [answer, idea] proposer.

comeback ['kʌmbæk] n come-back m; **to make a ~** [fashion] revenir à la mode; [actor etc] revenir à la scène.

comedian [kə'miːdjən] n [comic] comique m; THEATRE comédien m.

comedown ['kʌmdaʊn] n inf: **it was a ~ for her** elle est tombée bien bas pour faire ça.

comedy ['kɒmədɪ] n comédie f.

comet ['kɒmɪt] n comète f.

come-uppance [,kʌm'ʌpəns] n: **to get one's ~** inf recevoir ce qu'on mérite.

comfort ['kʌmfət] ◇ n **-1.** (U) [ease] confort m. **-2.** [luxury] commodité f. **-3.** [solace] réconfort m, consolation f. ◇ vt réconforter, consoler.

comfortable ['kʌmftəbl] adj **-1.** [gen] confortable. **-2.** fig [person - at ease, financially] à l'aise. **-3.** [after operation, accident]: **he's ~** son état est stationnaire.

comfortably ['kʌmftəblɪ] adv **-1.** [sit, sleep] confortablement. **-2.** [without

financial difficulty] à l'aise. **-3.** [win] aisément.

comfort station n Am toilettes fpl publiques.

comic ['kɒmɪk] ◇ adj comique, amusant(e). ◇ n **-1.** [comedian] comique m, actrice f comique. **-2.** [magazine] bande f dessinée.

comical ['kɒmɪkl] adj comique, drôle.

comic strip n bande f dessinée.

coming ['kʌmɪŋ] ◇ adj [future] à venir, futur(e). ◇ n: **~s and goings** allées et venues fpl.

comma ['kɒmə] n virgule f.

command [kə'mɑːnd] ◇ n **-1.** [order] ordre m. **-2.** (U) [control] commandement m. **-3.** [of language, subject] maîtrise f; **to have at one's ~** [language] maîtriser; [resources] avoir à sa disposition. **-4.** COMPUT commande f. ◇ vt **-1.** [order]: **to ~ sb to do sthg** ordonner OR commander à qqn de faire qqch. **-2.** MIL [control] commander. **-3.** [deserve - respect] inspirer; [- attention, high price] mériter.

commandeer [,kɒmən'dɪə^r] vt réquisitionner.

commander [kə'mɑːndə^r] n **-1.** [in army] commandant m. **-2.** [in navy] capitaine m de frégate.

commando [kə'mɑːndəʊ] (pl -s OR -es) n commando m.

commemorate [kə'meməreɪt] vt commémorer.

commemoration [kə,memə'reɪʃn] n commémoration f.

commence [kə'mens] fml ◇ vt commencer, entamer; **to ~ doing sthg** commencer à faire qqch. ◇ vi commencer.

commend [kə'mend] vt **-1.** [praise]: **to ~ sb (on** OR **for)** féliciter qqn (de). **-2.** [recommend]: **to ~ sthg (to sb)** recommander qqch (à qqn).

commensurate [kə'menʃərət] adj fml: **~ with** correspondant(e) à.

comment ['kɒment] ◇ n commentaire m, remarque f; **no ~!** sans commentaire! ◇ vt: **to ~ that** remarquer que. ◇ vi: **to ~ (on)** faire des commentaires OR remarques (sur).

commentary ['kɒməntrɪ] n commentaire m.

commentator ['kɒmənteɪtə'] n commentateur m, -trice f.

commerce ['kɒmɜːs] n (U) commerce m, affaires fpl.

commercial [kə'mɜːʃl] ◇ adj commercial(e). ◇ n publicité f, spot m publicitaire.

commercial break n publicités fpl.

commiserate [kə'mɪzəreɪt] vi: **to ~ with sb** témoigner de la compassion pour qqn.

commission [kə'mɪʃn] ◇ n **-1.** [money, investigative body] commission f. **-2.** [order for work] commande f. ◇ vt [work] commander; **to ~ sb to do sthg** charger qqn de faire qqch.

commissionaire [kə,mɪʃə'neə'] n Br chasseur m.

commissioner [kə'mɪʃnə'] n [in police] commissaire m.

commit [kə'mɪt] vt **-1.** [crime, sin etc] commettre; **to ~ suicide** se suicider. **-2.** [promise - money, resources] allouer; **to ~ o.s. (to sthg/to doing sthg)** s'engager (à qqch/à faire qqch). **-3.** [consign]: **to ~ sb to prison** faire incarcérer qqn; **to ~ sthg to memory** apprendre qqch par cœur.

commitment [kə'mɪtmənt] n **-1.** (U) [dedication] **engagement** m. **-2.** [responsibility] **obligation** f.

committee [kə'mɪtɪ] n commission f, comité m.

commodity [kə'mɒdətɪ] n marchandise f.

common ['kɒmən] ◇ adj **-1.** [frequent] courant(e). **-2.** [shared]: **~ (to)** commun(e) (à). **-3.** [ordinary] banal(e). **-4.** Br pej [vulgar] vulgaire. ◇ n [land] terrain m communal.
◆ **in common** adv en commun.

common law n droit m coutumier.
◆ **common-law** adj: **common-law wife** concubine f.

commonly ['kɒmənlɪ] adv [generally] d'une manière générale, généralement.

Common Market n: **the ~** le Marché commun.

commonplace ['kɒmənpleɪs] adj banal(e), ordinaire.

common room n [staffroom] salle f des professeurs; [for students] salle commune.

Commons ['kɒmənz] npl Br: **the ~** les Communes fpl, la Chambre des Communes.

common sense n (U) bon sens m.

Commonwealth ['kɒmənwelθ] n: **the ~** le Commonwealth.

Commonwealth of Independent States n: **the ~** la Communauté des États Indépendants.

commotion [kə'məʊʃn] n remue-ménage m.

communal ['kɒmjunl] adj [kitchen, garden] commun(e); [life etc] communautaire, collectif(ive).

commune [n 'kɒmjuːn, vb kə'mjuːn] ◇ n communauté f. ◇ vi: **to ~ with** communier avec.

communicate [kə'mjuːnɪkeɪt] vt & vi communiquer.

communication [kə,mjuːnɪ'keɪʃn] n contact m; TELEC communication f.

communication cord n Br sonnette f d'alarme.

communion [kə'mjuːnjən] n communion f.
◆ **Communion** n (U) RELIG communion f.

Communism ['kɒmjunɪzm] n communisme m.

Communist ['kɒmjunɪst] ◇ adj communiste. ◇ n communiste mf.

community [kə'mjuːnətɪ] n communauté f.

community centre n foyer m municipal.

community charge n Br ≃ impôts mpl locaux.

commutation ticket n Am carte f de transport.

commute [kə'mjuːt] ◇ vt JUR

commuer. ◇ *vi* [to work] *faire la navette pour se rendre à son travail.*

commuter [kə'mju:tər] *n personne qui fait tous les jours la navette de banlieue en ville pour se rendre à son travail.*

compact [*adj* & *vb* kəm'pækt, *n* 'kɒmpækt] ◇ *adj* compact(e). ◇ *n* -1. [for face powder] poudrier *m.* -2. Am AUT: ~ (car) petite voiture *f.*

compact disc *n* compact *m* (disc *m*), disque *m* compact.

compact disc player *n* lecteur *m* de disques compacts.

companion [kəm'pænjən] *n* [person] camarade *mf.*

companionship [kəm'pænjənʃɪp] *n* compagnie *f.*

company ['kʌmpəni] *n* -1. [COMM - gen] **société** *f*; [- insurance, airline, shipping company] **compagnie** *f.* -2. [companionship] **compagnie** *f*; **to keep sb** ~ tenir compagnie à qqn. -3. [of actors] troupe *f.*

company secretary *n* secrétaire général *m*, secrétaire générale *f.*

comparable ['kɒmprəbl] *adj*: ~ (**to** OR **with**) comparable (à).

comparative [kəm'pærətɪv] *adj* -1. [relative] relatif(ive). -2. [study, in grammar] comparatif(ive).

comparatively [kəm'pærətɪvlɪ] *adv* [relatively] relativement.

compare [kəm'peər] ◇ *vt*: **to** ~ **sb/sthg (with), to** ~ **sb/sthg (to)** comparer qqn/qqch (avec), comparer qqn/qqch (à); ~**d with** OR **to** par rapport à. ◇ *vi*: **to** ~ (**with**) être comparable (à).

comparison [kəm'pærɪsn] *n* comparaison *f*; **in** ~ **with** OR **to** en comparaison de, par rapport à.

compartment [kəm'pɑ:tmənt] *n* compartiment *m.*

compass ['kʌmpəs] *n* [magnetic] boussole *f.*
◆ **compasses** *npl*: (**a pair of**) ~**es** un compas.

compassion [kəm'pæʃn] *n* compassion *f.*

compassionate [kəm'pæʃənət] *adj* compatissant(e).

compatible [kəm'pætəbl] *adj* [gen & COMPUT]: ~ (**with**) compatible (avec).

compel [kəm'pel] *vt* [force]: **to** ~ **sb (to do sthg)** contraindre OR obliger qqn (à faire qqch).

compelling [kəm'pelɪŋ] *adj* [forceful] irrésistible.

compensate ['kɒmpenseɪt] ◇ *vt*: **to** ~ **sb for sthg** [financially] dédommager OR indemniser qqn de qqch. ◇ *vi*: **to** ~ **for sthg** compenser qqch.

compensation [,kɒmpen'seɪʃn] *n* -1. [money]: ~ (**for**) dédommagement *m* (**pour**). -2. [way of compensating]: ~ (**for**) compensation *f* (**pour**).

compete [kəm'pi:t] *vi* -1. [vie - people]: **to** ~ **with sb for sthg** disputer qqch à qqn; **to** ~ **for sthg** se disputer qqch. -2. COMM: **to** ~ (**with**) être en concurrence (avec); **to** ~ **for sthg** se faire concurrence pour qqch. -3. [take part] être en compétition.

competence ['kɒmpɪtəns] *n* (*U*) [proficiency] compétence *f*, capacité *f.*

competent ['kɒmpɪtənt] *adj* compétent(e).

competition [,kɒmpɪ'tɪʃn] *n* -1. (*U*) [rivalry] rivalité *f*, concurrence *f.* -2. (*U*) COMM concurrence *f.* -3. [race, contest] concours *m*, compétition *f.*

competitive [kəm'petətɪv] *adj* -1. [person] qui a l'esprit de compétition; [match, sport] de compétition. -2. [COMM - goods] compétitif(ive); [- manufacturer] concurrentiel(ielle).

competitor [kəm'petɪtər] *n* concurrent *m*, -e *f.*

compile [kəm'paɪl] *vt* rédiger.

complacency [kəm'pleɪsnsɪ] *n* autosatisfaction *f.*

complain [kəm'pleɪn] *vi* -1. [moan]: **to** ~ (**about**) se plaindre (de). -2. MED: **to** ~ **of** se plaindre de.

complaint [kəm'pleɪnt] *n* -1. [gen] plainte *f*; [in shop] réclamation *f.* -2. MED affection *f*, maladie *f.*

complement [*n* 'kɒmplɪmənt, *vb* 'kɒmplɪ,ment] ◇ *n* -1. [accompaniment] accompagnement *m.* **-2.** [number] effectif *m.* **-3.** GRAMM complément *m.* ◇ *vt* aller bien avec.

complementary [ˌkɒmplɪˈmentərɪ] *adj* complémentaire.

complete [kəmˈpliːt] ◇ *adj* **-1.** [gen] complet(ète); ~ **with** doté(e) de, muni(e) de. **-2.** [finished] achevé(e). ◇ *vt* **-1.** [make whole] compléter. **-2.** [finish] achever, terminer. **-3.** [questionnaire, form] remplir.

completely [kəmˈpliːtlɪ] *adv* complètement.

completion [kəmˈpliːʃn] *n* achèvement *m.*

complex [ˈkɒmpleks] ◇ *adj* complexe. ◇ *n* [mental, of buildings] complexe *m.*

complexion [kəmˈplekʃn] *n* teint *m.*

compliance [kəmˈplaɪəns] *n*: ~ **(with)** conformité *f* (à).

complicate [ˈkɒmplɪkeɪt] *vt* compliquer.

complicated [ˈkɒmplɪkeɪtɪd] *adj* compliqué(e).

complication [ˌkɒmplɪˈkeɪʃn] *n* complication *f.*

compliment [*n* ˈkɒmplɪmənt, *vb* ˈkɒmplɪment] ◇ *n* compliment *m.* ◇ *vt*: **to ~ sb (on)** féliciter qqn (de).
♦ **compliments** *npl fml* compliments *mpl.*

complimentary [ˌkɒmplɪˈmentərɪ] *adj* **-1.** [admiring] flatteur(euse). **-2.** [free] gratuit(e).

complimentary ticket *n* billet *m* de faveur.

comply [kəmˈplaɪ] *vi*: **to ~ with** se conformer à.

component [kəmˈpəʊnənt] *n* composant *m.*

compose [kəmˈpəʊz] *vt* **-1.** [gen] composer; **to be ~d of** se composer de, être composé de. **-2.** [calm]: **to ~ o.s.** se calmer.

composed [kəmˈpəʊzd] *adj* [calm] calme.

composer [kəmˈpəʊzəʳ] *n* compositeur *m,* -trice *f.*

composition [ˌkɒmpəˈzɪʃn] *n* composition *f.*

compost [*Br* ˈkɒmpɒst, *Am* ˈkɒmpəʊst] *n* compost *m.*

composure [kəmˈpəʊʒəʳ] *n* sang-froid *m,* calme *m.*

compound [ˈkɒmpaʊnd] *n* **-1.** CHEM & LING composé *m.* **-2.** [enclosed area] enceinte *f.*

compound fracture *n* fracture *f* multiple.

comprehend [ˌkɒmprɪˈhend] *vt* [understand] comprendre.

comprehension [ˌkɒmprɪˈhenʃn] *n* compréhension *f.*

comprehensive [ˌkɒmprɪˈhensɪv] ◇ *adj* **-1.** [account, report] exhaustif(ive), détaillé(e). **-2.** [insurance] tous-risques (*inv*). ◇ *n* = **comprehensive school**.

comprehensive school *n établissement secondaire britannique d'enseignement général.*

compress [kəmˈpres] *vt* **-1.** [squeeze, press] comprimer. **-2.** [shorten - text] condenser.

comprise [kəmˈpraɪz] *vt* comprendre; **to be ~d of** consister en, comprendre.

compromise [ˈkɒmprəmaɪz] ◇ *n* compromis *m.* ◇ *vt* compromettre. ◇ *vi* transiger.

compulsion [kəmˈpʌlʃn] *n* **-1.** [strong desire]: **to have a ~ to do sthg** ne pas pouvoir s'empêcher de faire qqch. **-2.** (*U*) [obligation] obligation *f.*

compulsive [kəmˈpʌlsɪv] *adj* **-1.** [smoker, liar etc] invétéré(e). **-2.** [book, TV programme] captivant(e).

compulsory [kəmˈpʌlsərɪ] *adj* obligatoire.

computer [kəmˈpjuːtəʳ] ◇ *n* ordinateur *m.* ◇ *comp*: ~ **graphics** infographie *f;* ~ **program** programme *m* informatique.

computer game *n* jeu *m* électronique.

computerized [kəmˈpjuːtəraɪzd] *adj* informatisé(e).

computing [kəmˈpjuːtɪŋ], **computer science** *n* informatique *f.*

comrade ['kɒmreɪd] *n* camarade *mf*.

con [kɒn] *inf* ◇ *n* [trick] escroquerie *f*.
◇ *vt* [trick]: **to ~ sb (out of)** escroquer qqn (de); **to ~ sb into doing sthg** persuader qqn de faire qqch (en lui mentant).

concave [,kɒn'keɪv] *adj* concave.

conceal [kən'siːl] *vt* cacher, dissimuler; **to ~ sthg from sb** cacher qqch à qqn.

concede [kən'siːd] ◇ *vt* concéder. ◇ *vi* céder.

conceit [kən'siːt] *n* [arrogance] vanité *f*.

conceited [kən'siːtɪd] *adj* vaniteux(euse).

conceive [kən'siːv] ◇ *vt* concevoir. ◇ *vi* **-1.** MED concevoir. **-2.** [imagine]: **to ~ of** concevoir.

concentrate ['kɒnsəntreɪt] ◇ *vt* concentrer. ◇ *vi*: **to ~ (on)** se concentrer (sur).

concentration [,kɒnsən'treɪʃn] *n* concentration *f*.

concentration camp *n* camp *m* de concentration.

concept ['kɒnsept] *n* concept *m*.

concern [kən'sɜːn] ◇ *n* **-1.** [worry, anxiety] souci *m*, inquiétude *f*. **-2.** COMM [company] affaire *f*. ◇ *vt* **-1.** [worry] inquiéter; **to be ~ed (about)** s'inquiéter (de). **-2.** [involve] concerner, intéresser; **as far as I'm ~ed** en ce qui me concerne; **to be ~ed with** [subj: person] s'intéresser à; **to ~ o.s. with** s'intéresser à, s'occuper de. **-3.** [subj: book, film] traiter de.

concerning [kən'sɜːnɪŋ] *prep* en ce qui concerne.

concert ['kɒnsət] *n* concert *m*.

concerted [kən'sɜːtɪd] *adj* [effort] concerté(e).

concert hall *n* salle *f* de concert.

concertina [,kɒnsə'tiːnə] *n* concertina *m*.

concerto [kən'tʃeətəʊ] (*pl* **-s**) *n* concerto *m*.

concession [kən'seʃn] *n* **-1.** [gen] concession *f*. **-2.** [special price] réduction *f*.

conciliatory [kən'sɪlɪətrɪ] *adj* conciliant(e).

concise [kən'saɪs] *adj* concis(e).

conclude [kən'kluːd] ◇ *vt* conclure. ◇ *vi* [meeting] prendre fin; [speaker] conclure.

conclusion [kən'kluːʒn] *n* conclusion *f*.

conclusive [kən'kluːsɪv] *adj* concluant(e).

concoct [kən'kɒkt] *vt* préparer; *fig* concocter.

concoction [kən'kɒkʃn] *n* préparation *f*.

concourse ['kɒŋkɔːs] *n* [hall] hall *m*.

concrete ['kɒŋkriːt] ◇ *adj* [definite] concret(ète). ◇ *n* (U) béton *m*. ◇ *comp* [made of concrete] **en** béton.

concubine ['kɒŋkjʊbaɪn] *n* maîtresse *f*.

concur [kən'kɜːr] *vi* [agree]: **to ~ (with)** être d'accord (avec).

concurrently [kən'kʌrəntlɪ] *adv* simultanément.

concussion [kən'kʌʃn] *n* commotion *f*.

condemn [kən'dem] *vt* condamner.

condensation [,kɒnden'seɪʃn] *n* condensation *f*.

condense [kən'dens] ◇ *vt* condenser. ◇ *vi* se condenser.

condensed milk [kən'denst-] *n* lait *m* condensé.

condescending [,kɒndɪ'sendɪŋ] *adj* condescendant(e).

condition [kən'dɪʃn] ◇ *n* **-1.** [gen] condition *f*; **in (a) good/bad ~** en bon/mauvais état; **out of ~** pas en forme. **-2.** MED maladie *f*. ◇ *vt* [gen] conditionner.

conditional [kən'dɪʃənl] *adj* conditionnel(elle).

conditioner [kən'dɪʃnəʳ] *n* **-1.** [for hair] après-shampooing *m*. **-2.** [for clothes] assouplissant *m*.

condolences [kən'dəʊlənsɪz] *npl* condoléances *fpl*.

condom ['kɒndəm] *n* préservatif *m*.

condominium [,kɒndə'mɪnɪəm] *n* Am **-1.** [apartment] appartement *m* dans un immeuble en copropriété. **-2.** [apartment block] immeuble *m* en copropriété.

condone [kən'dəʊn] *vt* excuser.

conducive [kən'dju:sɪv] *adj*: **to be ~ to sthg/to doing sthg** inciter à qqch/à faire qqch.

conduct [*n* 'kɒndʌkt, *vb* kən'dʌkt] ◇ *n* conduite *f*. ◇ *vt* **-1.** [carry out, transmit] conduire. **-2.** [behave]: **to ~ o.s. well/ badly** se conduire bien/mal. **-3.** MUS diriger.

conducted tour [kən'dʌktɪd-] *n* visite *f* guidée.

conductor [kən'dʌktəʳ] *n* **-1.** MUS chef *m* d'orchestre. **-2.** [on bus] receveur *m*. **-3.** *Am* [on train] chef *m* de train.

conductress [kən'dʌktrɪs] *n* [on bus] receveuse *f*.

cone [kəʊn] *n* **-1.** [shape] cône *m*. **-2.** [for ice cream] cornet *m*. **-3.** [from tree] pomme *f* de pin.

confectioner [kən'fekʃnəʳ] *n* confiseur *m*; **~'s (shop)** confiserie *f*.

confectionery [kən'fekʃnərɪ] *n* confiserie *f*.

confederation [kən,fedə'reɪʃn] *n* confédération *f*.

Confederation of British Industry *n*: **the ~** ≃ le conseil du patronat.

confer [kən'fɜːʳ] ◇ *vt*: **to ~ sthg (on sb)** conférer qqch (à qqn). ◇ *vi*: **to ~ (with sb on** OR **about sthg)** s'entretenir (avec qqn de qqch).

conference ['kɒnfərəns] *n* conférence *f*.

confess [kən'fes] ◇ *vt* **-1.** [admit] avouer, confesser. **-2.** RELIG confesser. ◇ *vi*: **to ~ (to sthg)** avouer (qqch).

confession [kən'feʃn] *n* confession *f*.

confetti [kən'fetɪ] *n* (*U*) confettis *mpl*.

confide [kən'faɪd] *vi*: **to ~ in sb** se confier à qqn.

confidence ['kɒnfɪdəns] *n* **-1.** [self-assurance] confiance *f* en soi, assurance *f*. **-2.** [trust] confiance *f*; **to have ~ in** avoir confiance en. **-3.** [secrecy]: **in ~** en confidence. **-4.** [secret] confidence *f*.

confidence trick *n* abus *m* de confiance.

confident ['kɒnfɪdənt] *adj* **-1.** [self-assured]: **to be ~** avoir confiance en soi. **-2.** [sure] sûr(e).

confidential [,kɒnfɪ'denʃl] *adj* confidentiel(ielle).

confine [kən'faɪn] *vt* **-1.** [limit] limiter; **to ~ o.s. to** se limiter à. **-2.** [shut up] enfermer, confiner.

confined [kən'faɪnd] *adj* [space, area] restreint(e).

confinement [kən'faɪnmənt] *n* [imprisonment] emprisonnement *m*.

confines ['kɒnfaɪnz] *npl* confins *mpl*.

confirm [kən'fɜːm] *vt* confirmer.

confirmation [,kɒnfə'meɪʃn] *n* confirmation *f*.

confirmed [kən'fɜːmd] *adj* [habitual] invétéré(e); [bachelor, spinster] endurci(e).

confiscate ['kɒnfɪskeɪt] *vt* confisquer.

conflict [*n* 'kɒnflɪkt, *vb* kən'flɪkt] ◇ *n* conflit *m*. ◇ *vi*: **to ~ (with)** s'opposer (à), être en conflit (avec).

conflicting [kən'flɪktɪŋ] *adj* contradictoire.

conform [kən'fɔːm] *vi*: **to ~ (to** OR **with)** se conformer (à).

confound [kən'faʊnd] *vt* [confuse, defeat] déconcerter.

confront [kən'frʌnt] *vt* **-1.** [problem, enemy] affronter. **-2.** [challenge]: **to ~ sb (with)** confronter qqn (avec).

confrontation [,kɒnfrʌn'teɪʃn] *n* affrontement *m*.

confuse [kən'fjuːz] *vt* **-1.** [disconcert] troubler; **to ~ the issue** brouiller les cartes. **-2.** [mix up] confondre.

confused [kən'fjuːzd] *adj* **-1.** [not clear] compliqué(e). **-2.** [disconcerted] troublé(e), désorienté(e); **I'm ~** je n'y comprends rien.

confusing [kən'fjuːzɪŋ] *adj* pas clair(e).

confusion [kən'fjuːʒn] *n* confusion *f*.

congeal [kən'dʒiːl] *vi* [blood] se coaguler.

congenial [kən'dʒiːnjəl] *adj* sympathique, agréable.

congested [kən'dʒestɪd] *adj* **-1.** [street, area] encombré(e). **-2.** MED congestionné(e).

congestion [kən'dʒestʃn] *n* **-1.** [of traffic] encombrement *m*. **-2.** MED congestion *f*.

conglomerate [,kən'glɒmərət] *n* COMM conglomérat *m*.

congratulate [kən'grætʃuleɪt] *vt*: to ~ sb (on sthg/on doing sthg) féliciter qqn (de qqch/d'avoir fait qqch).

congratulations [kən,grætʃu'leɪʃənz] *npl* félicitations *fpl*.

congregate ['kɒŋgrɪgeɪt] *vi* se rassembler.

congregation [,kɒŋgrɪ'geɪʃn] *n* assemblée *f* des fidèles.

congress ['kɒŋgres] *n* [meeting] congrès *m*.

◆ **Congress** *n* *Am* POL le Congrès.

congressman ['kɒŋgresmən] (*pl* -men [-mən]) *n* *Am* POL membre *m* du Congrès.

conifer ['kɒnɪfə^r] *n* conifère *m*.

conjugation [,kɒndʒu'geɪʃn] *n* GRAMM conjugaison *f*.

conjunction [kən'dʒʌŋkʃn] *n* GRAMM conjonction *f*.

conjunctivitis [kən,dʒʌŋktɪ'vaɪtɪs] *n* conjonctivite *f*.

conjure ['kʌndʒə^r] *vi* [by magic] faire des tours de prestidigitation.

◆ **conjure up** *vt sep* évoquer.

conjurer ['kʌndʒərə^r] *n* prestidigitateur *m*, -trice *f*.

conjuror ['kʌndʒərə^r] = **conjurer**.

conk [kɒŋk] *n* *inf* pif *m*.

◆ **conk out** *vi* *inf* tomber en panne.

conker ['kɒŋkə^r] *n* *Br* marron *m*.

conman ['kɒnmæn] (*pl* -men [-men]) *n* escroc *m*.

connect [kə'nekt] ◇ *vt* **-1.** [join]: to ~ sthg (to) relier qqch (à). **-2.** [on telephone] mettre en communication. **-3.** [associate] associer; to ~ sb/sthg to, to ~ sb/sthg with associer qqn/qqch à. **-4.** ELEC [power supply]: to ~ sthg to brancher qqch à. ◇ *vi* [train, plane, bus]: to ~ (with) assurer la correspondance (avec).

connected [kə'nektɪd] *adj* [related]: to be ~ with avoir un rapport avec.

connection [kə'nekʃn] *n* **-1.** [relationship]: ~ (between/with) rapport *m* (entre/avec); in ~ with à propos de. **-2.** ELEC branchement *m*, connexion *f*. **-3.** [on telephone] communication *f*. **-4.** [plane, train, bus] correspondance *f*. **-5.** [professional acquaintance] relation *f*.

connive [kə'naɪv] *vi* **-1.** [plot] comploter. **-2.** [allow to happen]: to ~ at sthg fermer les yeux sur qqch.

connoisseur [,kɒnə'sɜː^r] *n* connaisseur *m*, -euse *f*.

conquer ['kɒŋkə^r] *vt* **-1.** [country, people etc] conquérir. **-2.** [fears, inflation etc] vaincre.

conqueror ['kɒŋkərə^r] *n* conquérant *m*, -e *f*.

conquest ['kɒŋkwest] *n* conquête *f*.

cons [kɒnz] *npl* **-1.** *Br* *inf*: all mod ~ tout confort. **-2.** → **pro.**

conscience ['kɒnʃəns] *n* conscience *f*.

conscientious [,kɒnʃɪ'enʃəs] *adj* consciencieux(ieuse).

conscious ['kɒnʃəs] *adj* **-1.** [not unconscious] conscient(e). **-2.** [aware]: ~ of sthg conscient(e) de qqch. **-3.** [intentional - insult] délibéré(e), intentionnel(elle); [- effort] conscient(e).

consciousness ['kɒnʃəsnɪs] *n* conscience *f*.

conscript ['kɒnskrɪpt] MIL *n* conscrit *m*.

conscription [kən'skrɪpʃn] *n* conscription *f*.

consecutive [kən'sekjutɪv] *adj* consécutif(ive).

consent [kən'sent] ◇ *n* (U) **-1.** [permission] consentement *m*. **-2.** [agreement] accord *m*. ◇ *vi*: to ~ (to) consentir (à).

consequence ['kɒnsɪkwəns] *n* **-1.** [result] conséquence *f*; in ~ par conséquent. **-2.** [importance] importance *f*.

consequently ['kɒnsɪkwəntlɪ] *adv* par conséquent.

conservation [,kɒnsə'veɪʃn] *n* [of nature] protection *f*; [of buildings]

conservation f; [of energy, water] économie f.
conservative [kən'sɜːvətɪv] ◇ adj **-1.**
[not modern] traditionnel(elle). **-2.**
[cautious] prudent(e). ◇ n traditionaliste m.
◆ **Conservative** POL ◇ adj conserva-
teur(trice). ◇ n conservateur m,
-trice f.
Conservative Party n: the ~ le parti
conservateur.
conservatory [kən'sɜːvətrɪ] n [of
house] véranda f.
conserve [vb kən'sɜːv, n 'kɒnsɜːv] ◇
n confiture f. ◇ vt [energy, supplies]
économiser; [nature, wildlife] protéger.
consider [kən'sɪdər] vt **-1.** [think about]
examiner. **-2.** [take into account] prendre en compte; **all things ~ed** tout
compte fait. **-3.** [judge] considérer.
considerable [kən'sɪdrəbl] adj considérable.
considerably [kən'sɪdrəblɪ] adv considérablement.
considerate [kən'sɪdərət] adj préve-
nant(e).
consideration [kən,sɪdə'reɪʃn] n **-1.**
(U) [careful thought] réflexion f; **to
take sthg into** ~ tenir compte de
qqch, prendre qqch en considéra-
tion; **under** ~ à l'étude. **-2.** (U) [care]
attention f. **-3.** [factor] facteur m.
considering [kən'sɪdərɪŋ] ◇ prep
étant donné. ◇ conj étant donné
que.
consign [kən'saɪn] vt: **to** ~ **sb/sthg to**
reléguer qqn/qqch à.
consignment [,kən'saɪnmənt] n [load]
expédition f.
consist [kən'sɪst]
◆ **consist in** vt fus: **to** ~ **in sthg**
consister dans qqch; **to** ~ **in doing
sthg** consister à faire qqch.
◆ **consist of** vt fus consister en.
consistency [kən'sɪstənsɪ] n **-1.** [coher-
ence] cohérence f. **-2.** [texture] consistance f.
consistent [kən'sɪstənt] adj **-1.** [regular
- behaviour] conséquent(e); [- improve-
ment] régulier(ière); [- supporter] cons-

tant(e). **-2.** [coherent] cohérent(e); **to
be** ~ **with** [with one's position] être
compatible avec; [with the facts] correspondre avec.
consolation [,kɒnsə'leɪʃn] n réconfort
m.
console [n 'kɒnsəʊl, vt kən'səʊl] ◇ n
tableau m de commande; MUS
console f. ◇ vt consoler.
consonant ['kɒnsənənt] n consonne f.
consortium [kən'sɔːtjəm] (pl **-tiums**
OR **-tia** [-tjə]) n consortium m.
conspicuous [kən'spɪkjʊəs] adj
voyant(e), qui se remarque.
conspiracy [kən'spɪrəsɪ] n conspiration f, complot m.
conspire [kən'spaɪər] vt: **to** ~ **to do
sthg** comploter de faire qqch; [subj:
events] contribuer à faire qqch.
constable ['kʌnstəbl] n Br [policeman]
agent m de police.
constabulary [kən'stæbjʊlərɪ] n police
f.
constant ['kɒnstənt] adj **-1.** [unvarying]
constant(e). **-2.** [recurring] conti-
nuel(elle).
constantly ['kɒnstəntlɪ] adv constamment.
consternation [,kɒnstə'neɪʃn] n consternation f.
constipated ['kɒnstɪpeɪtɪd] adj consti-
pé(e).
constipation [,kɒnstɪ'peɪʃn] n constipation f.
constituency [kən'stɪtjʊənsɪ] n [area]
circonscription f électorale.
constituent [kən'stɪtjʊənt] n **-1.** [voter]
électeur m, -trice f. **-2.** [element]
composant m.
constitute ['kɒnstɪtjuːt] vt **-1.** [form,
represent] représenter, constituer. **-2.**
[establish, set up] constituer.
constitution [,kɒnstɪ'tjuːʃn] n constitution f.
constraint [kən'streɪnt] n **-1.** [restric-
tion]: ~ **(on)** limitation f (à). **-2.** (U)
[self-control] retenue f, réserve f. **-3.**
[coercion] contrainte f.
construct [kən'strʌkt] vt construire.

construction [kən'strʌkʃn] *n* construction *f*.

constructive [kən'strʌktɪv] *adj* constructif(ive).

construe [kən'struː] *vt fml* [interpret]: **to ~ sthg as** interpréter qqch comme.

consul ['kɒnsəl] *n* consul *m*.

consulate ['kɒnsjʊlət] *n* consulat *m*.

consult [kən'sʌlt] ◇ *vt* consulter. ◇ *vi*: **to ~ with sb** s'entretenir avec qqn.

consultant [kən'sʌltənt] *n* **-1.** [expert] expert-conseil *m*. **-2.** *Br* [hospital doctor] spécialiste *mf*.

consultation [ˌkɒnsəl'teɪʃn] *n* [meeting, discussion] entretien *m*.

consulting room [kən'sʌltɪŋ-] *n* cabinet *m* de consultation.

consume [kən'sjuːm] *vt* [food, fuel etc] consommer.

consumer [kən'sjuːməʳ] *n* consommateur *m*, -trice *f*.

consumer goods *npl* biens *mpl* de consommation.

consumer society *n* société *f* de consommation.

consummate ['kɒnsəmeɪt] *vt* consommer.

consumption [kən'sʌmpʃn] *n* [use] consommation *f*.

cont. *abbr of* **continued.**

contact ['kɒntækt] ◇ *n* **-1.** (U) [touch, communication] contact *m*; **in ~ (with sb)** en rapport OR contact (avec qqn); **to lose ~ with sb** perdre le contact avec qqn; **to make ~ with sb** prendre contact OR entrer en contact avec qqn. **-2.** [person] relation *f*, contact *m*. ◇ *vt* contacter, prendre contact avec; [by phone] joindre, contacter.

contact lens *n* verre *m* de contact, lentille *f* (cornéenne).

contagious [kən'teɪdʒəs] *adj* contagieux(ieuse).

contain [kən'teɪn] *vt* **-1.** [hold, include] contenir, renfermer. **-2.** *fml* [control] contenir; [epidemic] circonscrire.

container [kən'teɪnəʳ] *n* **-1.** [box, bottle etc] récipient *m*. **-2.** [for transporting goods] conteneur *m*, container *m*.

contaminate [kən'tæmɪneɪt] *vt* contaminer.

cont'd *abbr of* **continued.**

contemplate ['kɒntempleɪt] ◇ *vt* **-1.** [consider] envisager. **-2.** *fml* [look at] contempler. ◇ *vi* [consider] méditer.

contemporary [kən'tempərərɪ] ◇ *adj* contemporain(e). ◇ *n* contemporain *m*, -e *f*.

contempt [kən'tempt] *n* **-1.** [scorn]: **~ (for)** mépris *m* (pour). **-2.** JUR: **~ (of court)** outrage *m* à la cour.

contemptuous [kən'temptʃʊəs] *adj* méprisant(e); **~ of sthg** dédaigneux(euse) de qqch.

contend [kən'tend] ◇ *vi* **-1.** [deal]: **to ~ with sthg** faire face à qqch. **-2.** [compete]: **to ~ for** [subj: several people] se disputer; [subj: one person] se battre pour; **to ~ against** lutter contre. ◇ *vt fml* [claim]: **to ~ that ....** soutenir OR prétendre que ....

contender [kən'tendəʳ] *n* [in election] candidat *m*, -e *f*; [in competition] concurrent *m*, -e *f*; [in boxing etc] prétendant *m*, -e *f*.

content [*n* 'kɒntent, *adj & vb* kən'tent] ◇ *adj*: **~ (with)** satisfait(e) (de), content(e) (de); **to be ~ to do sthg** ne pas demander mieux que de faire qqch. ◇ *n* **-1.** [amount] teneur *f*. **-2.** [subject matter] contenu *m*. ◇ *vt*: **to ~ o.s. with sthg/with doing sthg** se contenter de qqch/de faire qqch.
♦ **contents** *npl* **-1.** [of container, document] contenu *m*. **-2.** [at front of book] table *f* des matières.

contented [kən'tentɪd] *adj* satisfait(e).

contention [kən'tenʃn] *n fml* **-1.** [argument, assertion] assertion *f*, affirmation *f*. **-2.** (U) [disagreement] dispute *f*, contestation *f*.

contest [*n* 'kɒntest, *vb* kən'test] ◇ *n* **-1.** [competition] concours *m*. **-2.** [for power, control] combat *m*, lutte *f*. ◇ *vt* **-1.** [compete for] disputer. **-2.** [dispute] contester.

contestant [kən'testənt] n concurrent m, -e f.

context ['kɒntekst] n contexte m.

continent ['kɒntɪnənt] n continent m.

◆ **Continent** n Br: **the Continent** l'Europe f continentale.

continental [ˌkɒntɪ'nentl] adj GEOGR continental(e).

continental breakfast n petit déjeuner m (par opposition à 'English breakfast').

continental quilt n Br couette f.

contingency [kən'tɪndʒənsɪ] n éventualité f.

contingency plan n plan m d'urgence.

continual [kən'tɪnjʊəl] adj continuel(elle).

continually [kən'tɪnjʊəlɪ] adv continuellement.

continuation [kənˌtɪnjʊ'eɪʃn] n -1. (U) [act] continuation f. -2. [sequel] suite f.

continue [kən'tɪnjuː] ◇ vt -1. [carry on] continuer, poursuivre; **to ~ doing** OR **to do sthg** continuer à OR de faire qqch. -2. [after an interruption] reprendre. ◇ vi -1. [carry on] continuer; **to ~ with sthg** poursuivre qqch, continuer qqch. -2. [after an interruption] reprendre, se poursuivre.

continuous [kən'tɪnjʊəs] adj continu(e).

continuously [kən'tɪnjʊəslɪ] adv sans arrêt, continuellement.

contort [kən'tɔːt] vt tordre.

contortion [kən'tɔːʃn] n -1. (U) [twisting] torsion f. -2. [position] contorsion f.

contour ['kɒnˌtʊər] n -1. [outline] contour m. -2. [on map] courbe f de niveau.

contraband ['kɒntrəbænd] ◇ adj de contrebande. ◇ n contrebande f.

contraception [ˌkɒntrə'sepʃn] n contraception f.

contraceptive [ˌkɒntrə'septɪv] ◇ adj [method, device] anticonceptionnel(elle), contraceptif(ive); [advice] sur la contraception. ◇ n contraceptif m.

contract [n 'kɒntrækt, vb kən'trækt] ◇ n contrat m. ◇ vt -1. [gen] contracter. -2. COMM: **to ~ sb (to do sthg)** passer un contrat avec qqn (pour faire qqch); **to ~ to do sthg** s'engager par contrat à faire qqch. ◇ vi [decrease in size, length] se contracter.

contraction [kən'trækʃn] n contraction f.

contractor [kən'træktər] n entrepreneur m.

contradict [ˌkɒntrə'dɪkt] vt contredire.

contradiction [ˌkɒntrə'dɪkʃn] n contradiction f.

contraflow ['kɒntrəfləʊ] n circulation f à contre-sens.

contraption [kən'træpʃn] n machin m, truc m.

contrary ['kɒntrərɪ, adj sense 2 kən'treərɪ] ◇ adj -1. [opposite]: **~ (to)** contraire (à), opposé(e) (à). -2. [awkward] contrariant(e). ◇ n contraire m; **on the ~** au contraire.

◆ **contrary to** prep contrairement à.

contrast [n 'kɒntrɑːst, vb kən'trɑːst] ◇ n contraste m; **by** OR **in ~** par contraste; **in ~ with** OR **to sthg** par contraste avec qqch. ◇ vt contraster. ◇ vi: **to ~ (with)** faire contraste (avec).

contravene [ˌkɒntrə'viːn] vt enfreindre, transgresser.

contribute [kən'trɪbjuːt] ◇ vt [money] contribuer, cotiser; [help, advice, ideas] donner, apporter. ◇ vi -1. [gen]: **to ~ (to)** contribuer (à). -2. [write material]: **to ~ to** collaborer à.

contribution [ˌkɒntrɪ'bjuːʃn] n -1. [of money]: **~ (to)** cotisation f (à), contribution f (à). -2. [article] article m.

contributor [kən'trɪbjʊtər] n -1. [of money] donateur m, -trice f. -2. [to magazine, newspaper] collaborateur m, -trice f.

contrive [kən'traɪv] vt fml -1. [engineer] combiner. -2. [manage]: **to ~ to**

do sthg se débrouiller pour faire qqch, trouver moyen de faire qqch.

contrived [kən'traɪvd] adj tiré(e) par les cheveux.

control [kən'trəʊl] ◇ n [gen] contrôle m; [of traffic] régulation f; **to get sb/ sthg under ~** maîtriser qqn/qqch; **to be in ~ of** sthg [subj: boss, government] diriger qqch; [subj: army] avoir le contrôle de qqch; [of emotions, situation] maîtriser qqch; **to lose ~** [of emotions] perdre le contrôle. ◇ vt **-1.** [company, country] être à la tête de, **diriger. -2.** [operate] **commander,** faire fonctionner. **-3.** [restrict, restrain - disease] enrayer, juguler; [- inflation] mettre un frein à, contenir; [- children] tenir; [- crowd] contenir; [- emotions] maîtriser, contenir; **to ~ o.s.** se maîtriser, se contrôler.
♦ **controls** npl [of machine, vehicle] commandes fpl.

controller [kən'trəʊləʳ] n [person] contrôleur m.

control panel n tableau m de bord.

control tower n tour f de contrôle.

controversial [,kɒntrə'vɜːʃl] adj [writer, theory etc] controversé(e); **to be ~** donner matière à controverse.

controversy ['kɒntrəvɜːsɪ, Br kən'trɒvəsɪ] n controverse f, polémique f.

convalesce [,kɒnvə'les] vi se remettre d'une maladie, relever de maladie.

convene [kən'viːn] ◇ vt convoquer, réunir. ◇ vi se réunir, s'assembler.

convenience [kən'viːnjəns] n **-1.** [usefulness] commodité f. **-2.** [personal comfort, advantage] agrément m, confort m; **at your earliest ~** fml dès que possible.

convenience store n Am petit supermarché de quartier.

convenient [kən'viːnjənt] adj **-1.** [suitable] qui convient. **-2.** [handy] pratique, commode.

convent ['kɒnvənt] n couvent m.

convention [kən'venʃn] n **-1.** [agreement, assembly] convention f. **-2.** [practice] usage m, convention f.

conventional [kən'venʃənl] adj conventionnel(elle).

converge [kən'vɜːdʒ] vi: **to ~ (on)** converger (sur).

conversant [kən'vɜːsənt] adj fml: **~ with sthg** familiarisé(e) avec qqch, qui connaît bien qqch.

conversation [,kɒnvə'seɪʃn] n conversation f.

converse [n & adj 'kɒnvɜːs, vb kən'vɜːs] ◇ n [opposite]: **the ~** le contraire, l'inverse m. ◇ vi fml converser.

conversely [kən'vɜːslɪ] adv fml inversement.

conversion [kən'vɜːʃn] n **-1.** [changing, in religious beliefs] conversion f. **-2.** [in building] aménagement m, transformation f. **-3.** RUGBY transformation f.

convert [vb kən'vɜːt, n 'kɒnvɜːt] ◇ vt **-1.** [change]: **to ~ sthg to** OR **into** convertir qqch en; **to ~ sb (to)** RELIG convertir qqn (à). **-2.** [building, ship]: **to ~ sthg to** OR **into** transformer qqch en, aménager qqch en. ◇ vi: **to ~ from sthg to sthg** passer de qqch à qqch. ◇ n converti m, -e f.

convertible [kən'vɜːtəbl] n (voiture) décapotable f.

convex [kɒn'veks] adj convexe.

convey [kən'veɪ] vt **-1.** fml [transport] transporter. **-2.** [express]: **to ~ sthg (to sb)** communiquer qqch (à qqn).

conveyer belt [kən'veɪəʳ-] n convoyeur m, tapis m roulant.

convict [n 'kɒnvɪkt, vb kən'vɪkt] ◇ n détenu m. ◇ vt: **to ~ sb of sthg** reconnaître qqn coupable de qqch.

conviction [kən'vɪkʃn] n **-1.** [belief, fervour] conviction f. **-2.** JUR [of criminal] condamnation f.

convince [kən'vɪns] vt convaincre, persuader; **to ~ sb of sthg/to do sthg** convaincre qqn de qqch/de faire qqch, persuader qqn de qqch/de faire qqch.

convincing [kən'vɪnsɪŋ] adj **-1.** [persuasive] convaincant(e). **-2.** [resounding - victory] **retentissant(e)**, **éclatant(e)**.

convoluted ['kɒnvəluːtɪd] *adj* [tortuous] **compliqué(e)**.

convoy ['kɒnvɔɪ] *n* convoi *m*.

convulse [kən'vʌls] *vt* [person]: **to be ~d with** se tordre de.

convulsion [kən'vʌlʃn] *n* MED convulsion *f*.

coo [kuː] *vi* roucouler.

cook [kʊk] ◇ *n* cuisinier *m*, -ière *f*. ◇ *vt* [food] faire cuire; [meal] **préparer**. ◇ *vi* [person] cuisiner; faire la cuisine; [food] cuire.

cookbook ['kʊk,bʊk] = **cookery book**.

cooker ['kʊkə'] *n* [stove] cuisinière *f*.

cookery ['kʊkərɪ] *n* cuisine *f*.

cookery book *n* livre *m* de cuisine.

cookie ['kʊkɪ] *n* Am [biscuit] biscuit *m*, gâteau *m* sec.

cooking ['kʊkɪŋ] *n* cuisine *f*.

cool [kuːl] ◇ *adj* -1. [not warm] frais (fraîche); [dress] léger(ère). -2. [calm] calme. -3. [unfriendly] froid(e). -4. *inf* [excellent] génial(e); [trendy] branché(e). ◇ *vt* faire refroidir. ◇ *vi* [become less warm] refroidir. ◇ *n* [calm]: **to keep/lose one's ~** garder/perdre son sang-froid, garder/perdre son calme.

♦ **cool down** *vi* [become less warm - food, engine] refroidir; [- person] se rafraîchir.

cool box *n* glacière *f*.

coop [kuːp] *n* poulailler *m*.

♦ **coop up** *vt sep inf* confiner.

Co-op ['kəʊ,ɒp] (*abbr of* co-operative society) *n* Coop *f*.

cooperate [kəʊ'ɒpəreɪt] *vi*: **to ~ (with sb/sthg)** coopérer (avec qqn/à qqch), collaborer (avec qqn/à qqch).

cooperation [kəʊ,ɒpə'reɪʃn] *n* (*U*) -1. [collaboration] coopération *f*, collaboration *f*. -2. [assistance] aide *f*, concours *m*.

cooperative [kəʊ'ɒpərətɪv] ◇ *adj* coopératif(ive). ◇ *n* coopérative *f*.

coordinate [*n* kəʊ'ɔːdɪnət, *vt*

kəʊ'ɔːdɪneɪt] ◇ *n* [on map, graph] coordonnée *f*. ◇ *vt* coordonner.

♦ **coordinates** *npl* [clothes] coordonnés *mpl*.

coordination [kəʊ,ɔːdɪ'neɪʃn] *n* coordination *f*.

cop [kɒp] *n inf* flic *m*.

cope [kəʊp] *vi* se débrouiller; **to ~ with** faire face à.

Copenhagen [,kəʊpən'heɪgən] *n* Copenhague.

copier ['kɒpɪə'] *n* copieur *m*, photocopieur *m*.

cop-out *n inf* dérobade *f*, échappatoire *f*.

copper ['kɒpə'] *n* -1. [metal] cuivre *m*. -2. Br inf [policeman] flic *m*.

coppice ['kɒpɪs], **copse** [kɒps] *n* taillis *m*.

copy ['kɒpɪ] ◇ *n* -1. [imitation] copie *f*, reproduction *f*. -2. [duplicate] copie *f*. -3. [of book] exemplaire *m*; [of magazine] numéro *m*. ◇ *vt* -1. [imitate] copier, imiter. -2. [photocopy] photocopier.

copyright ['kɒpɪraɪt] *n* copyright *m*, droit *m* d'auteur.

coral ['kɒrəl] *n* corail *m*.

cord [kɔːd] *n* -1. [string] ficelle *f*; [rope] corde *f*. -2. [electric] fil *m*, cordon *m*. -3. [fabric] velours *m* côtelé.

♦ **cords** *npl* pantalon *m* en velours côtelé.

cordial ['kɔːdjəl] ◇ *adj* cordial(e), chaleureux(euse). ◇ *n* cordial *m*.

cordon ['kɔːdn] *n* cordon *m*.

♦ **cordon off** *vt sep* barrer (par un cordon de police).

corduroy ['kɔːdərɔɪ] *n* velours *m* côtelé.

core [kɔːr] ◇ *n* -1. [of apple etc] trognon *m*, cœur *m*. -2. [of cable, Earth] noyau *m*; [of nuclear reactor] cœur *m*. -3. *fig* [of people] noyau *m*; [of problem, policy] essentiel *m*. ◇ *vt* enlever le cœur de.

Corfu [kɔː'fuː] *n* Corfou.

corgi ['kɔːgɪ] (*pl* -s) *n* corgi *m*.

coriander [,kɒrɪ'ændə'] *n* coriandre *f*.

cork [kɔːk] n **-1.** [material] liège m. **-2.** [stopper] bouchon m.

corkscrew ['kɔːkskruː] n tire-bouchon m.

corn [kɔːn] n **-1.** Br [wheat] grain m; Am [maize] maïs m; ~ **on the cob** épi m de maïs cuit. **-2.** [on foot] cor m.

cornea ['kɔːnɪə] (pl -s) n cornée f.

corned beef [kɔːnd-] n corned-beef m inv.

corner ['kɔːnər] ◇ n **-1.** [angle] coin m, angle m; **to cut ~s** fig brûler les étapes. **-2.** [bend in road] virage m, tournant m. **-3.** FTBL corner m. ◇ vt **-1.** [person, animal] acculer. **-2.** [market] accaparer.

corner shop n magasin m du coin OR du quartier.

cornerstone ['kɔːnəstəʊn] n fig pierre f angulaire.

cornet ['kɔːnɪt] n **-1.** [instrument] cornet m à pistons. **-2.** Br [ice-cream cone] cornet m de glace.

cornflakes ['kɔːnfleɪks] npl cornflakes mpl.

cornflour Br ['kɔːnflaʊər], **cornstarch** Am ['kɔːnstɑːtʃ] n ≃ Maïzena® f, farine f de maïs.

Cornwall ['kɔːnwɔːl] n Cornouailles f.

corny ['kɔːnɪ] adj inf [joke] peu original(e); [story, film] à l'eau de rose.

coronary ['kɒrənrɪ], **coronary thrombosis** [-θrɒm'bəʊsɪs] (pl coronary thromboses [-θrɒm'bəʊsiːz]) n infarctus m du myocarde.

coronation [ˌkɒrə'neɪʃn] n couronnement m.

coroner ['kɒrənər] n coroner m.

corporal ['kɔːpərəl] n [gen] caporal m; [in artillery] brigadier m.

corporal punishment n châtiment m corporel.

corporate ['kɔːpərət] adj **-1.** [business] corporatif(ive), de société. **-2.** [collective] collectif(ive).

corporation [ˌkɔːpə'reɪʃn] n **-1.** [town council] conseil m municipal. **-2.** [large company] compagnie f, société f enregistrée.

corps [kɔːr] (pl inv) n corps m.

corpse [kɔːps] n cadavre m.

correct [kə'rekt] ◇ adj **-1.** [accurate] correct(e), exact(e); **you're quite ~** tu as parfaitement raison. **-2.** [proper, socially acceptable] correct(e), convenable. ◇ vt corriger.

correction [kə'rekʃn] n correction f.

correlation [ˌkɒrə'leɪʃn] n corrélation f.

correspond [ˌkɒrɪ'spɒnd] vi **-1.** [gen]: to ~ (**with** OR **to**) correspondre (à). **-2.** [write letters]: **to ~ (with sb)** correspondre (avec qqn).

correspondence [ˌkɒrɪ'spɒndəns] n: ~ (**with**) correspondance f (avec).

correspondence course n cours m par correspondance.

correspondent [ˌkɒrɪ'spɒndənt] n correspondant m, -e f.

corridor ['kɒrɪdɔːr] n [in building] couloir m, corridor m.

corroborate [kə'rɒbəreɪt] vt corroborer.

corrode [kə'rəʊd] ◇ vt corroder, attaquer. ◇ vi se corroder.

corrosion [kə'rəʊʒn] n corrosion f.

corrugated ['kɒrəgeɪtɪd] adj ondulé(e).

corrugated iron n tôle f ondulée.

corrupt [kə'rʌpt] ◇ adj [gen & COMPUT] corrompu(e). ◇ vt corrompre, dépraver.

corruption [kə'rʌpʃn] n corruption f.

corset ['kɔːsɪt] n corset m.

Corsica ['kɔːsɪkə] n Corse f.

cosh [kɒʃ] ◇ n matraque f, gourdin m. ◇ vt frapper, matraquer.

cosmetic [kɒz'metɪk] ◇ n cosmétique m, produit m de beauté. ◇ adj fig superficiel(ielle).

cosmopolitan [kɒzmə'pɒlɪtn] adj cosmopolite.

cosset ['kɒsɪt] vt dorloter, choyer.

cost [kɒst] (pt & pp cost OR -ed) ◇ n lit & fig coût m; **at all ~s** à tout prix, coûte que coûte. ◇ vt **-1.** lit & fig coûter; **it ~ me £10** ça m'a coûté 10 livres. **-2.** COMM [estimate] évaluer le coût de. ◇ vi coûter; **how much**

does it ~? combien ça coûte?, combien cela coûte-t-il?
◆ **costs** *npl* JUR dépens *mpl*.
co-star ['kəʊ-] *n* partenaire *mf*.
Costa Rica [,kɒstə'ri:kə] *n* Costa Rica *m*.
cost-effective *adj* rentable.
costing ['kɒstɪŋ] *n* évaluation *f* du coût.
costly ['kɒstlɪ] *adj* lit & fig coûteux(euse).
cost of living *n*: the ~ le coût de la vie.
cost price *n* prix *m* coûtant.
costume ['kɒstju:m] *n* **-1.** [gen] costume *m*. **-2.** [swimming costume] maillot *m* (de bain).
costume jewellery *n* (U) bijoux *mpl* fantaisie.
cosy Br, **cozy** Am ['kəʊzɪ] *adj* [house, room] douillet(ette); [atmosphere] chaleureux(euse); **to feel** ~ se sentir bien au chaud.
cot [kɒt] *n* **-1.** Br [for child] lit *m* d'enfant, petit lit. **-2.** Am [folding bed] lit *m* de camp.
cottage ['kɒtɪdʒ] *n* cottage *m*, petite maison *f* (de campagne).
cottage cheese *n* fromage *m* blanc.
cottage pie *n* Br ≈ hachis *m* parmentier.
cotton ['kɒtn] ◇ *n* [gen] coton *m*. ◇ *comp* de coton.
◆ **cotton on** *vi inf*: **to** ~ **on (to sthg)** piger (qqch), comprendre (qqch).
cotton candy *n* Am barbe *f* à papa.
cotton wool *n* ouate *f*, coton *m* hydrophile.
couch [kaʊtʃ] *n* **-1.** [sofa] canapé *m*. **-2.** [in doctor's surgery] lit *m*.
cough [kɒf] ◇ *n* toux *f*. ◇ *vi* tousser.
cough mixture *n* Br sirop *m* pour la toux.
cough sweet *n* Br pastille *f* pour la toux.
cough syrup = cough mixture.
could [kʊd] *pt* → can[2].
couldn't ['kʊdnt] = could not.
could've ['kʊdəv] = could have.

council ['kaʊnsl] *n* conseil *m* municipal.
council estate *n* quartier *m* de logements sociaux.
council house *n* Br maison *f* qui appartient à la municipalité, ≈ H.L.M. *m* or *f*.
councillor ['kaʊnsələr] *n* conseiller municipal *m*, conseillère municipale *f*.
council tax *n* Br ≈ impôts *mpl* locaux.
counsel ['kaʊnsəl] *n* **-1.** (U) *fml* [advice] conseil *m*. **-2.** [lawyer] avocat *m*, -e *f*.
counsellor Br, **counselor** Am ['kaʊnsələr] *n* **-1.** [gen] conseiller *m*, -ère *f*. **-2.** Am [lawyer] avocat *m*.
count [kaʊnt] ◇ *n* **-1.** [total] total *m*; **to keep** ~ **of** tenir le compte de; **to lose** ~ **of sthg** ne plus savoir qqch, ne pas se rappeler qqch. **-2.** [aristocrat] comte *m*. ◇ *vt* **-1.** [gen] compter. **-2.** [consider]: **to** ~ **sb as sthg** considérer qqn comme qqch. ◇ *vi* [gen] compter; **to** ~ **(up) to** compter jusqu'à.
◆ **count against** *vt fus* jouer contre.
◆ **count (up)on** *vt fus* **-1.** [rely on] compter sur. **-2.** [expect] s'attendre à, prévoir.
◆ **count up** *vt fus* compter.
countdown ['kaʊntdaʊn] *n* compte *m* à rebours.
counter ['kaʊntər] ◇ *n* **-1.** [in shop, bank] comptoir *m*. **-2.** [in board game] pion *m*. ◇ *vt*: **to** ~ **sthg (with)** [criticism etc] riposter à qqch (par). ◇ *vi*: **to** ~ **with sthg/by doing sthg** riposter par qqch/en faisant qqch.
◆ **counter to** *adv* contrairement à; **to run** ~ **to** aller à l'encontre de.
counteract [,kaʊntə'rækt] *vt* contrebalancer, compenser.
counterattack [,kaʊntərə'tæk] *vt & vi* contre-attaquer.
counterclockwise [,kaʊntə'klɒkwaɪz] *adj & adv* Am dans le sens inverse des aiguilles d'une montre.

counterfeit ['kaʊntəfɪt] ◇ *adj* faux (fausse). ◇ *vt* contrefaire.

counterfoil ['kaʊntəfɔɪl] *n* talon *m*, souche *f*.

countermand [,kaʊntə'mɑːnd] *vt* annuler.

counterpart ['kaʊntəpɑːt] *n* [person] homologue *mf*; [thing] équivalent *m*, -e *f*.

counterproductive [,kaʊntəprə'dʌktɪv] *adj* qui a l'effet inverse.

countess ['kaʊntɪs] *n* comtesse *f*.

countless ['kaʊntlɪs] *adj* innombrable.

country ['kʌntrɪ] *n* -1. [nation] pays *m*. -2. [countryside]: **the ~ la campagne**; **in the ~ à la campagne**. -3. [region] région *f*; [terrain] terrain *m*.

country dancing *n* (U) danse *f* folklorique.

country house *n* manoir *m*.

countryman ['kʌntrɪmən] (*pl* **-men** [-mən]) *n* [from same country] compatriote *m*.

country park *n* Br parc *m* naturel.

countryside ['kʌntrɪsaɪd] *n* campagne *f*.

county ['kaʊntɪ] *n* comté *m*.

county council *n* Br conseil *m* général.

coup [kuː] *n* -1. [rebellion]: ~ **(d'état)** coup *m* d'État. -2. [success] coup *m* (de maître), beau coup *m*.

couple ['kʌpl] ◇ *n* -1. [in relationship] couple *m*. -2. [small number]: **a ~ (of)** [two] deux; [a few] quelques, deux ou trois. ◇ *vt* [join]: **to ~ sthg (to)** atteler qqch (à).

coupon ['kuːpɒn] *n* -1. [voucher] bon *m*. -2. [form] coupon *m*.

courage ['kʌrɪdʒ] *n* courage *m*; **to take ~ (from sthg)** être encouragé (par qqch).

courgette [kɔː'ʒet] *n* Br courgette *f*.

courier ['kʊrɪər] *n* -1. [on holiday] guide *m*, accompagnateur *m*, -trice *f*. -2. [to deliver letters, packages] courrier *m*, messager *m*.

course [kɔːs] *n* -1. [gen & SCH] cours *m*; ~ **of action** ligne *f* de conduite; **in the ~ of** au cours de. -2. MED [of injections] série *f*; ~ **of treatment** traitement *m*. -3. [of ship, plane] route *f*; **to be on ~** suivre le cap fixé; *fig* [on target] être dans la bonne voie; **to be off ~** faire fausse route. -4. [of meal] plat *m*. -5. SPORT terrain *m*.

♦ **of course** *adv* -1. [inevitably, not surprisingly] évidemment, naturellement. -2. [certainly] bien sûr; **of ~ not** bien sûr que non.

coursebook ['kɔːsbʊk] *n* livre *m* de cours.

coursework ['kɔːswɜːk] *n* (U) travail *m* personnel.

court [kɔːt] ◇ *n* -1. [JUR - building, room] cour *f*, tribunal *m*; [- judge, jury etc]: **the ~ la justice**; **to take sb to ~** faire un procès à qqn. -2. [SPORT - gen] court *m*; [- for basketball, volleyball] terrain *m*. -3. [courtyard, of monarch] cour *f*. ◇ *vi dated* sortir ensemble, se fréquenter.

courteous ['kɜːtjəs] *adj* courtois(e), poli(e).

courtesy ['kɜːtɪsɪ] *n* courtoisie *f*, politesse *f*.

♦ **(by) courtesy of** *prep* avec la permission de.

courthouse ['kɔːthaʊs, *pl* -haʊzɪz] *n* Am palais *m* de justice, tribunal *m*.

courtier ['kɔːtjər] *n* courtisan *m*.

court-martial (*pl* **court-martials** OR **courts-martial**) *n* cour *f* martiale.

courtroom ['kɔːtrʊm] *n* salle *f* de tribunal.

courtyard ['kɔːtjɑːd] *n* cour *f*.

cousin ['kʌzn] *n* cousin *m*, -e *f*.

cove [kəʊv] *n* [bay] crique *f*.

covenant ['kʌvənənt] *n* [of money] engagement *m* contractuel.

Covent Garden [,kɒvənt-] *n* ancien marché de Londres, aujourd'hui importante galerie marchande.

cover ['kʌvər] ◇ *n* -1. [covering - of furniture] housse *f*; [- of pan] couvercle *m*; [- of book, magazine] couverture *f*. -2. [blanket] couverture *f*. -3. [protection, shelter] abri *m*; **to take ~** s'abriter, se mettre à l'abri; **under ~** à l'abri, à couvert; **under ~ of dark-**

ness à la faveur de la nuit. **-4.** [concealment] couverture f. **-5.** [insurance] couverture f, garantie f. ◇ vt **-1.** [gen]: **to ~ sthg (with)** couvrir qqch (de). **-2.** [insure]: **to ~ sb against** couvrir qqn en cas de. **-3.** [include] englober, comprendre.

◆ **cover up** vt sep fig [scandal etc] dissimuler, cacher.

coverage ['kʌvərɪdʒ] n [of news] reportage m.

cover charge n couvert m.

covering ['kʌvərɪŋ] n [of floor etc] revêtement m; [of snow, dust] couche f.

covering letter Br, **cover letter** Am n lettre f explicative OR d'accompagnement.

cover note n Br lettre f de couverture, attestation f provisoire d'assurance.

covert ['kʌvət] adj [activity] clandestin(e); [look, glance] furtif(ive).

cover-up n étouffement m.

covet ['kʌvɪt] vt convoiter.

cow [kaʊ] ◇ n **-1.** [female type of cattle] vache f. **-2.** [female elephant etc] femelle f. ◇ vt intimider, effrayer.

coward ['kaʊəd] n lâche mf.

cowardly ['kaʊədlɪ] adj lâche.

cowboy ['kaʊbɔɪ] n [cattlehand] cowboy m.

cower ['kaʊəʳ] vi se recroqueviller.

cox [kɒks], **coxswain** ['kɒksən] n barreur m.

coy [kɔɪ] adj qui fait le/la timide.

cozy Am = cosy.

CPA n abbr of **certified public accountant**.

CPS (abbr of Crown Prosecution Service) n ≈ ministère m public.

crab [kræb] n crabe m.

crab apple n pomme f sauvage.

crack [kræk] ◇ n **-1.** [in glass, pottery] fêlure f; [in wall, wood, ground] fissure f; [in skin] gerçure f. **-2.** [gap - in door] entrebâillement m; [- in curtains] interstice m. **-3.** [noise - of whip] claquement m; [- of twigs] craquement m. **-4.** inf [attempt]: **to have a ~ at sthg** tenter qqch, essayer de faire

qqch. **-5.** drugs sl crack m. ◇ adj [troops etc] de première classe. ◇ vt **-1.** [glass, plate] fêler; [wood, wall] fissurer. **-2.** [egg, nut] casser. **-3.** [whip] faire claquer. **-4.** [bang, hit sharply]: **to ~ one's head** se cogner la tête. **-5.** [solve - problem] résoudre; [- code] déchiffrer. **-6.** inf [make - joke] faire. ◇ vi **-1.** [glass, pottery] se fêler; [ground, wood, wall] se fissurer; [skin] se crevasser, se gercer. **-2.** [break down - person] craquer, s'effondrer; [- resistance] se briser.

◆ **crack down** vi: **to ~ down (on)** sévir (contre).

◆ **crack up** vi craquer.

cracker ['krækəʳ] n **-1.** [biscuit] cracker m, craquelin m. **-2.** Br [for Christmas] diablotin m.

crackers ['krækəz] adj Br inf dingue, cinglé(e).

crackle ['krækl] vi [frying food] grésiller; [fire] crépiter; [radio etc] crachoter.

cradle ['kreɪdl] ◇ n berceau m; TECH nacelle f. ◇ vt [baby] bercer; [object] tenir délicatement.

craft [krɑːft] (pl sense 2 inv) n **-1.** [trade, skill] métier m. **-2.** [boat] embarcation f.

craftsman ['krɑːftsmən] (pl **-men** [-mən]) n artisan m, homme m de métier.

craftsmanship ['krɑːftsmənʃɪp] n (U) **-1.** [skill] dextérité f, art m. **-2.** [skilled work] travail m, exécution f.

craftsmen pl → craftsman.

crafty ['krɑːftɪ] adj rusé(e).

crag [kræg] n rocher m escarpé.

cram [kræm] ◇ vt **-1.** [stuff] fourrer. **-2.** [overfill]: **to ~ sthg with** bourrer qqch de. ◇ vi bachoter.

cramp [kræmp] ◇ n crampe f. ◇ vt gêner, entraver.

cranberry ['krænbərɪ] n canneberge f.

crane [kreɪn] n grue f.

crank [kræŋk] ◇ n **-1.** TECH manivelle f. **-2.** inf [person] excentrique mf. ◇ vt [wind - handle] tourner; [- mechanism] remonter (à la manivelle).

crankshaft ['kræŋkʃɑːft] *n* vilebrequin *m*.

cranny ['krænɪ] *n* → **nook** *f.*

crap [kræp] *n* (U) *v inf* merde *f*; **it's a load of ~** tout ça, c'est des conneries.

crash [kræʃ] ◇ *n* **-1.** [accident] accident *m*. **-2.** [noise] fracas *m*. ◇ *vt*: **I ~ed the car** j'ai eu un accident avec la voiture. ◇ *vi* **-1.** [cars, trains] se percuter, se rentrer dedans; [car, train] avoir un accident; [plane] s'écraser; **to ~ into** [wall] rentrer dans, emboutir. **-2.** [FIN - business, company] faire faillite; [- stock market] s'effondrer.

crash course *n* cours *m* intensif.

crash helmet *n* casque *m* de protection.

crash-land *vi* atterrir en catastrophe.

crass [kræs] *adj* grossier(ière).

crate [kreɪt] *n* cageot *m*, caisse *f.*

crater ['kreɪtər] *n* cratère *m*.

cravat [krə'væt] *n* cravate *f.*

crave [kreɪv] ◇ *vt* [affection, luxury] avoir soif de; [cigarette, chocolate] avoir un besoin fou OR maladif de. ◇ *vi*: **to ~ for** [affection, luxury] avoir soif de; [cigarette, chocolate] avoir un besoin fou OR maladif de.

crawl [krɔːl] ◇ *vi* **-1.** [baby] marcher à quatre pattes; [person] se traîner. **-2.** [insect] ramper. **-3.** [vehicle, traffic] avancer au pas. **-4.** *inf* [place, floor]: **to be ~ing with** grouiller de. ◇ *n* [swimming stroke]: **the ~** le crawl.

crayfish ['kreɪfɪʃ] (*pl inv* OR **-es**) *n* écrevisse *f.*

crayon ['kreɪɒn] *n* crayon *m* de couleur.

craze [kreɪz] *n* engouement *m*.

crazy ['kreɪzɪ] *adj inf* **-1.** [mad] fou (folle). **-2.** [enthusiastic]: **to be ~ about sb/sthg** être fou (folle) de qqn/qqch.

creak [kriːk] *vi* [door, handle] craquer; [floorboard, bed] grincer.

cream [kriːm] ◇ *adj* [in colour] crème (*inv*). ◇ *n* [gen] crème *f.*

cream cake *n Br* gâteau *m* à la crème.

cream cheese *n* fromage *m* frais.

cream cracker *n Br* biscuit *m* salé (*souvent mangé avec du fromage*).

cream tea *n Br* goûter *m* se composant de thé et de scones servis avec de la crème et de la confiture.

crease [kriːs] ◇ *n* [in fabric - deliberate] pli *m*; [- accidental] **(faux) pli.** ◇ *vt* froisser. ◇ *vi* [fabric] se froisser.

create [kriː'eɪt] *vt* créer.

creation [kriː'eɪʃn] *n* création *f.*

creative [kriː'eɪtɪv] *adj* créatif(ive).

creature ['kriːtʃər] *n* créature *f.*

crèche [kreʃ] *n Br* crèche *f.*

credence ['kriːdns] *n*: **to give** OR **lend ~ to sthg** ajouter foi à qqch.

credentials [krɪ'denʃlz] *npl* **-1.** [papers] pièce *f* d'identité; *fig* [qualifications] capacités *fpl*. **-2.** [references] références *fpl.*

credibility [ˌkredə'bɪlətɪ] *n* crédibilité *f.*

credit ['kredɪt] ◇ *n* **-1.** FIN crédit *m*; **to be in ~** [person] avoir un compte approvisionné; [account] être approvisionné; **on ~** à crédit. **-2.** (U) [praise] honneur *m*, mérite *m*; **to give sb ~ for sthg** reconnaître que qqn a fait qqch. **-3.** SCH & UNIV unité *f* de valeur. ◇ *vt* **-1.** FIN: **to ~ £10 to an account, to ~ an account with £10** créditer un compte de 10 livres. **-2.** *inf* [believe] croire. **-3.** [give the credit to]: **to ~ sb with sthg** accorder OR attribuer qqch à qqn.
♦ **credits** *npl* CINEMA générique *m*.

credit card *n* carte *f* de crédit.

credit note *n* avoir *m*; FIN note *f* de crédit.

creditor ['kredɪtər] *n* créancier *m*, -ière *f.*

creed [kriːd] *n* **-1.** [belief] principes *mpl*. **-2.** RELIG croyance *f.*

creek [kriːk] *n* **-1.** [inlet] crique *f.* **-2.** *Am* [stream] ruisseau *m*.

creep [kriːp] (*pt & pp* **crept**) ◇ *vi* **-1.** [insect] ramper; [traffic] avancer au pas. **-2.** [move stealthily] se glisser. ◇ *n inf* [nasty person] sale type *m*.

◆ **creeps** *npl*: **to give sb the ~s** *inf* donner la chair de poule à qqn.

creeper ['kri:pə'] *n* [plant] plante *f* grimpante.

creepy ['kri:pɪ] *adj inf* qui donne la chair de poule.

creepy-crawly [-'krɔ:lɪ] (*pl* creepy-crawlies) *n inf* bestiole *f* qui rampe.

cremate [krɪ'meɪt] *vt* incinérer.

cremation [krɪ'meɪʃn] *n* incinération *f*.

crematorium *Br* [,kremə'tɔ:rɪəm] (*pl* -riums OR -ria [-rɪə]), **crematory** *Am* ['kremətrɪ] *n* crématorium *m*.

crepe [kreɪp] *n* **-1.** [cloth, rubber] crêpe *m*. **-2.** [pancake] crêpe *f*.

crepe bandage *n Br* bande *f*, Velpeau®.

crepe paper *n* (*U*) papier *m* crépon.

crept [krept] *pt & pp* → **creep**.

crescent ['kresnt] *n* **-1.** [shape] croissant. **-2.** [street] rue *f* en demi-cercle.

cress [kres] *n* cresson *m*.

crest [krest] *n* **-1.** [of bird, hill] crête *f*. **-2.** [on coat of arms] timbre *m*.

crestfallen ['krest,fɔ:ln] *adj* découragé(e).

Crete [kri:t] *n* Crète *f*.

cretin ['kretɪn] *n inf* [idiot] crétin *m*, -e *f*.

crevice ['krevɪs] *n* fissure *f*.

crew [kru:] *n* **-1.** [of ship, plane] équipage *m*. **-2.** [team] équipe *f*.

crew cut *n* coupe *f* en brosse.

crew-neck(ed) [-nek(t)] *adj* ras du cou.

crib [krɪb] ◇ *n* [cot] berceau *m*. ◇ *vt inf* [copy]: **to ~ sthg off** OR **from sb** copier qqch sur qqn.

crick [krɪk] *n* [in neck] torticolis *m*.

cricket ['krɪkɪt] *n* **-1.** [game] cricket *m*. **-2.** [insect] grillon *m*.

crime [kraɪm] *n* crime *m*.

criminal ['krɪmɪnl] ◇ *adj* criminel(elle). ◇ *n* criminel *m*, -elle *f*.

crimson ['krɪmzn] ◇ *adj* [in colour] rouge foncé (*inv*); [with embarrassment] cramoisi(e). ◇ *n* cramoisi *m*.

cringe [krɪndʒ] *vi* **-1.** [in fear] avoir un mouvement de recul (par peur). **-2.** *inf* [with embarrassment]: **to ~ (at sthg)** ne plus savoir où se mettre (devant qqch).

crinkle ['krɪŋkl] *vt* [clothes] froisser.

cripple ['krɪpl] ◇ *n dated & offensive* infirme *mf*. ◇ *vt* **-1.** MED [disable] estropier. **-2.** [country] paralyser; [ship, plane] endommager.

crisis ['kraɪsɪs] (*pl* crises ['kraɪsi:z]) *n* crise *f*.

crisp [krɪsp] *adj* **-1.** [pastry] croustillant(e); [apple, vegetables] croquant(e); [snow] craquant(e). **-2.** [weather, manner] vif (vive).

◆ **crisps** *npl Br* chips *fpl*.

crisscross ['krɪskrɒs] ◇ *adj* entrecroisé(e). ◇ *vt* entrecroiser.

criterion [kraɪ'tɪərɪən] (*pl* -rions OR -ria [-rɪə]) *n* critère *m*.

critic ['krɪtɪk] *n* **-1.** [reviewer] critique *m*. **-2.** [detractor] détracteur *m*, -trice *f*.

critical ['krɪtɪkl] *adj* critique; **to be ~ of sb/sthg** critiquer qqn/qqch.

critically ['krɪtɪklɪ] *adv* **-1.** [ill] gravement; **~ important** d'une importance capitale. **-2.** [analytically] de façon critique.

criticism ['krɪtɪsɪzm] *n* critique *f*.

criticize, -ise ['krɪtɪsaɪz] *vt & vi* critiquer.

croak [krəʊk] *vi* **-1.** [frog] coasser; [raven] croasser. **-2.** [person] parler d'une voix rauque.

Croat ['krəʊæt], **Croatian** [krəʊ'eɪʃn] ◇ *adj* croate. ◇ *n* **-1.** [person] Croate *mf*. **-2.** [language] croate *m*.

Croatia [krəʊ'eɪʃə] *n* Croatie *f*.

Croatian = **Croat**.

crochet ['krəʊʃeɪ] *n* crochet *m*.

crockery ['krɒkərɪ] *n* vaisselle *f*.

crocodile ['krɒkədaɪl] (*pl inv* OR **-s**) *n* crocodile *m*.

crocus ['krəʊkəs] (*pl* -cuses) *n* crocus *m*.

croft [krɒft] *n Br* petite ferme *f* (*particulièrement en Écosse*).

crony ['krəʊnɪ] *n inf* copain *m*, copine *f*.

crook [krʊk] n -1. [criminal] escroc m. -2. [of arm, elbow] pliure f. -3. [shepherd's staff] houlette f.

crooked ['krʊkɪd] adj -1. [bent] courbé(e). -2. [teeth, tie] de travers. -3. inf [dishonest] malhonnête.

crop [krɒp] n -1. [kind of plant] culture f. -2. [harvested produce] récolte f. -3. [whip] cravache f.

◆ **crop up** vi survenir.

croquette [krɒ'ket] n croquette f.

cross [krɒs] ◇ adj [person] fâché(e); [look] méchant(e); **to get ~ (with sb)** se fâcher (contre qqn). ◇ n -1. [gen] croix f. -2. [hybrid] **croisement** m. ◇ vt -1. [gen] traverser. -2. [arms, legs] croiser. -3. Br [cheque] barrer. ◇ vi [intersect] se croiser.

◆ **cross off, cross out** vt sep rayer.

crossbar ['krɒsbɑːʳ] n -1. SPORT barre f transversale. -2. [on bicycle] barre f.

cross-Channel adj transManche.

cross-country ◇ adj: **~ running** cross m; **~ skiing** ski m de fond. ◇ n cross-country m, cross m.

cross-examine vt JUR faire subir un contre-interrogatoire à; fig questionner de près.

cross-eyed [-aɪd] adj qui louche.

crossfire ['krɒsˌfaɪəʳ] n (U) feu m croisé.

crossing ['krɒsɪŋ] n -1. [on road] passage m clouté; [on railway line] passage à niveau. -2. [sea journey] traversée f.

cross-legged [-legd] adv en tailleur.

cross-purposes npl: **to talk at ~** ne pas parler de la même chose; **to be at ~** ne pas être sur la même longueur d'ondes.

cross-reference n renvoi m.

crossroads ['krɒsrəʊdz] (pl inv) n croisement m.

cross-section n -1. [drawing] coupe f transversale. -2. [sample] échantillon m.

crosswalk ['krɒswɔːk] n Am passage m clouté, passage pour piétons.

crossways ['krɒsweɪz] = crosswise.

crosswind ['krɒswɪnd] n vent m de travers.

crosswise ['krɒswaɪz] adv en travers.

crossword (puzzle) ['krɒswɜːd-] n mots croisés mpl.

crotch [krɒtʃ] n entrejambe m.

crotchety ['krɒtʃɪtɪ] adj Br inf grognon(onne).

crouch [kraʊtʃ] vi s'accroupir.

crow [krəʊ] ◇ n corbeau m; **as the ~ flies** à vol d'oiseau. ◇ vi -1. [cock] chanter. -2. inf [person] frimer.

crowbar ['krəʊbɑːʳ] n pied-de-biche m.

crowd [kraʊd] ◇ n [mass of people] foule f. ◇ vi s'amasser. ◇ vt -1. [streets, town] remplir. -2. [force into small space] entasser.

crowded ['kraʊdɪd] adj: **~ (with)** bondé(e) (de), plein(e) (de).

crown [kraʊn] ◇ n -1. [of king, on tooth] couronne f. -2. [of head, hill] sommet m; [of hat] fond m. ◇ vt couronner.

◆ **Crown** n: **the Crown** [monarchy] la Couronne.

crown jewels npl joyaux mpl de la Couronne.

crown prince n prince m héritier.

crow's feet npl pattes fpl d'oie.

crucial ['kruːʃl] adj crucial(e).

crucifix ['kruːsɪfɪks] n crucifix m.

Crucifixion [ˌkruːsɪ'fɪkʃn] n: **the ~** la Crucifixion.

crude [kruːd] adj -1. [material] brut(e). -2. [joke, drawing] grossier(ière).

crude oil n (U) brut m.

cruel [krʊəl] adj cruel(elle).

cruelty ['krʊəltɪ] n (U) cruauté f.

cruet ['kruːɪt] n service m à condiments.

cruise [kruːz] ◇ n croisière f. ◇ vi -1. [sail] croiser. -2. [car] rouler; [plane] voler.

cruiser ['kruːzəʳ] n -1. [warship] croiseur m. -2. [cabin cruiser] yacht m de croisière.

crumb [krʌm] n [of food] miette f.

crumble ['krʌmbl] ◇ n crumble m (aux fruits). ◇ vt émietter. ◇ vi -1.

[bread, cheese] **s'émietter**; [building, wall] **s'écrouler**; [cliff] **s'ébouler**; [plaster] **s'effriter**. **-2.** *fig* [society, relationship] **s'effondrer**.

crumbly ['krʌmblɪ] *adj* friable.

crumpet ['krʌmpɪt] *n* CULIN petite crêpe *f* épaisse.

crumple ['krʌmpl] *vt* [crease] froisser.

crunch [krʌntʃ] ◇ *n* crissement *m*; **when it comes to the ~** *inf* au moment crucial OR décisif; **if it comes to the ~** *inf* s'il le faut. ◇ *vt* **-1.** [with teeth] croquer. **-2.** [underfoot] crisser.

crunchy ['krʌntʃɪ] *adj* [food] croquant(e).

crusade [kruːˈseɪd] *n lit & fig* croisade *f*.

crush [krʌʃ] ◇ *n* **-1.** [crowd] foule *f*. **-2.** *inf* [infatuation]: **to have a ~ on sb** avoir le béguin pour qqn. ◇ *vt* **-1.** [gen] écraser; [seeds, grain] broyer; [ice] piler. **-2.** *fig* [hopes] anéantir.

crust [krʌst] *n* croûte *f*.

crutch [krʌtʃ] *n* [stick] béquille *f*; *fig* soutien *m*.

crux [krʌks] *n* nœud *m*.

cry [kraɪ] ◇ *n* [of person, bird] cri *m*. ◇ *vi* **-1.** [weep] pleurer. **-2.** [shout] crier.

♦ **cry off** *vi* se dédire.

♦ **cry out** ◇ *vt* crier. ◇ *vi* crier; [in pain, dismay] pousser un cri.

cryptic ['krɪptɪk] *adj* mystérieux(ieuse), énigmatique.

crystal ['krɪstl] *n* cristal *m*.

crystal clear *adj* [obvious] clair(e) comme de l'eau de roche.

CSE (*abbr of* **Certificate of Secondary Education**) *n ancien brevet de l'enseignement secondaire en Grande-Bretagne.*

CTC *abbr of* **city technology college**.

cub [kʌb] *n* **-1.** [young animal] petit *m*. **-2.** [boy scout] louveteau *m*.

Cuba ['kjuːbə] *n* Cuba.

Cuban ['kjuːbən] ◇ *adj* cubain(e). ◇ *n* Cubain *m*, -e *f*.

cubbyhole ['kʌbɪhəʊl] *n* cagibi *m*.

cube [kjuːb] ◇ *n* cube *m*. ◇ *vt* MATH élever au cube.

cubic ['kjuːbɪk] *adj* cubique.

cubicle ['kjuːbɪkl] *n* cabine *f*.

Cub Scout *n* louveteau *m*.

cuckoo ['kʊkuː] *n* coucou *m*.

cuckoo clock *n* coucou *m*.

cucumber ['kjuːkʌmbə'] *n* concombre *m*.

cuddle ['kʌdl] ◇ *n* caresse *f*, câlin *m*. ◇ *vt* caresser, câliner. ◇ *vi* s'enlacer.

cuddly toy ['kʌdlɪ-] *n* jouet *m* en peluche.

cue [kjuː] *n* **-1.** RADIO, THEATRE & TV signal *m*; **on ~** au bon moment. **-2.** [in snooker, pool] queue *f* (de billard).

cuff [kʌf] *n* **-1.** [of sleeve] poignet *m*; **off the ~** au pied levé. **-2.** *Am* [of trouser] revers *m inv*. **-3.** [blow] gifle *f*.

cuff link *n* bouton *m* de manchette.

cul-de-sac ['kʌldəsæk] *n* cul-de-sac *m*.

cull [kʌl] ◇ *n* massacre *m*. ◇ *vt* **-1.** [kill] massacrer. **-2.** [gather] recueillir.

culminate ['kʌlmɪneɪt] *vi*: **to ~ in sthg** se terminer par qqch, aboutir à qqch.

culmination [,kʌlmɪˈneɪʃn] *n* apogée *m*.

culottes [kjuːˈlɒts] *npl* jupe-culotte *f*.

culpable ['kʌlpəbl] *adj* coupable.

culprit ['kʌlprɪt] *n* coupable *mf*.

cult [kʌlt] ◇ *n* culte *m*. ◇ *comp* culte.

cultivate ['kʌltɪveɪt] *vt* cultiver.

cultivation [,kʌltɪˈveɪʃn] *n* (*U*) [farming] culture *f*.

cultural ['kʌltʃərəl] *adj* culturel(elle).

culture ['kʌltʃə'] *n* culture *f*.

cultured ['kʌltʃəd] *adj* [educated] cultivé(e).

cumbersome ['kʌmbəsəm] *adj* [object] encombrant(e).

cunning ['kʌnɪŋ] ◇ *adj* [person] rusé(e); [plan, method, device] astucieux(ieuse). ◇ *n* (*U*) [of person] ruse *f*; [of plan, method, device] astuce *f*.

cup [kʌp] *n* **-1.** [container, unit of measurement] tasse *f*. **-2.** [prize, competition] coupe *f*. **-3.** [of bra] bonnet *m*.

cupboard ['kʌbəd] *n* placard *m*.

Cup Final *n*: **the ~** la finale de la coupe.

cup tie n Br match m de coupe.

curate ['kjʊərət] n vicaire m.

curator [,kjʊə'reɪtə'] n conservateur m.

curb [kɜːb] ◇ n **-1.** [control]: ~ **(on)** frein m (à). **-2.** Am [of road] bord m du trottoir. ◇ vt mettre un frein à.

curdle ['kɜːdl] vi cailler.

cure [kjʊə'] ◇ n: ~ **(for)** MED remède m (contre); fig remède (à). ◇ vt **-1.** MED guérir. **-2.** [solve - problem] éliminer. **-3.** [rid]: **to** ~ **sb of sthg** guérir qqn de qqch, faire perdre l'habitude de qqch à qqn. **-4.** [preserve - by smoking] **fumer**; [- by salting] **saler**; [- tobacco, hide] **sécher**.

cure-all n panacée f.

curfew ['kɜːfjuː] n couvre-feu m.

curio ['kjʊərɪəʊ] (pl **-s**) n bibelot m.

curiosity [,kjʊərɪ'ɒsətɪ] n curiosité f.

curious ['kjʊərɪəs] adj: ~ **(about)** curieux(ieuse) (à propos de).

curl [kɜːl] ◇ n [of hair] boucle f. ◇ vt **-1.** [hair] boucler. **-2.** [roll up] enrouler. ◇ vi **-1.** [hair] boucler. **-2.** [roll up] s'enrouler.

◆ **curl up** vi [person, animal] **se mettre en boule, se pelotonner**.

curler ['kɜːlə'] n **bigoudi** m.

curling tongs ['kɜːlɪŋ-] npl **fer m à friser**.

curly ['kɜːlɪ] adj [hair] bouclé(e).

currant ['kʌrənt] n [dried grape] raisin m de Corinthe, raisin sec.

currency ['kʌrənsɪ] n **-1.** [type of money] **monnaie** f. **-2.** (U) [money] devise f. **-3.** fml [acceptability]: **to gain** ~ s'accréditer.

current ['kʌrənt] ◇ adj [price, method] actuel(elle); [year, week] **en cours**; [boyfriend, girlfriend] **du moment**; ~ **issue** dernier numéro. ◇ n [of water, air, electricity] courant m.

current account n Br compte m courant.

current affairs npl actualité f, questions fpl d'actualité.

currently ['kʌrəntlɪ] adv actuellement.

curriculum [kə'rɪkjələm] (pl **-lums** OR **-la** [-lə]) n programme m d'études.

curriculum vitae [-'viːtaɪ] (pl **curricula vitae**) n curriculum vitae m.

curry ['kʌrɪ] n curry m.

curse [kɜːs] ◇ n **-1.** [evil spell] malédiction f; fig fléau m. **-2.** [swearword] juron m. ◇ vt maudire. ◇ vi jurer.

cursor ['kɜːsə'] n COMPUT curseur m.

cursory ['kɜːsərɪ] adj superficiel(ielle).

curt [kɜːt] adj brusque.

curtail [kɜː'teɪl] vt [visit] écourter.

curtain ['kɜːtn] n rideau m.

curts(e)y ['kɜːtsɪ] (pt & pp **curtsied**) ◇ n révérence f. ◇ vi **faire une révérence**.

curve [kɜːv] ◇ n courbe f. ◇ vi faire une courbe.

cushion ['kʊʃn] ◇ n coussin m. ◇ vt [fall, blow, effects] amortir.

cushy ['kʊʃɪ] adj inf pépère, peinard(e).

custard ['kʌstəd] n crème f anglaise.

custodian [kʌ'stəʊdjən] n [of building] gardien m, -ienne f; [of museum] conservateur m.

custody ['kʌstədɪ] n **-1.** [of child] garde f. **-2.** JUR: **in** ~ en garde à vue.

custom ['kʌstəm] n **-1.** [tradition, habit] coutume f. **-2.** COMM clientèle f.

◆ **customs** n [place] douane f.

customary ['kʌstəmrɪ] adj [behaviour] coutumier(ière); [way, time] habituel(elle).

customer ['kʌstəmə'] n **-1.** [client] client m, -e f. **-2.** inf [person] type m.

customize, -ise ['kʌstəmaɪz] vt [make] fabriquer OR assembler sur commande; [modify] modifier sur commande.

Customs and Excise n Br ≈ service m des contributions indirectes.

customs duty n droit m de douane.

customs officer n douanier m, -ière f.

cut [kʌt] (pt & pp **cut**) ◇ n **-1.** [in wood etc] entaille f; [in skin] coupure f. **-2.** [of meat] morceau m. **-3.** [reduction]: ~ **(in)** [taxes, salary, personnel] réduction f (de); [film, article] coupure f (dans). **-4.** [of suit, hair] coupe *f*. ◇ *vt* **-1.** [gen] couper; [taxes, costs, workforce] réduire; **to ~ one's finger** se couper le doigt. **-2.** *inf* [lecture, class] sécher. ◇ *vi* **-1.** [gen] couper. **-2.** [intersect] se couper.

◆ **cut back** ◇ *vt sep* **-1.** [prune] tailler. **-2.** [reduce] réduire. ◇ *vi*: **to ~ back on** réduire, diminuer.

◆ **cut down** ◇ *vt sep* **-1.** [chop down] couper. **-2.** [reduce] réduire, diminuer. ◇ *vi*: **to ~ down on smoking/eating/spending** fumer/manger/dépenser moins.

◆ **cut in** *vi* **-1.** [interrupt]: **to ~ in (on sb)** interrompre (qqn). **-2.** AUT & SPORT se rabattre.

◆ **cut off** *vt sep* **-1.** [piece, crust] couper; [finger, leg - subj: surgeon] amputer. **-2.** [power, telephone, funding] couper. **-3.** [separate]: **to be ~ off (from)** [person] être coupé(e) (de); [village] être isolé(e) (de).

◆ **cut out** *vt sep* **-1.** [photo, article] découper; [sewing pattern] couper; [dress] tailler. **-2.** [stop]: **to ~ out smoking/chocolates** arrêter de fumer/de manger des chocolats; **~ it out!** *inf* ça suffit! **-3.** [exclude] exclure.

◆ **cut up** *vt sep* [chop up] couper, hacher.

cutback ['kʌtbæk] *n*: **~ (in)** réduction *f* (de).

cute [kjuːt] *adj* [appealing] mignon(onne).

cuticle ['kjuːtɪkl] *n* envie *f*.

cutlery ['kʌtlərɪ] *n* (*U*) couverts *mpl*.

cutlet ['kʌtlɪt] *n* côtelette *f*.

cutout ['kʌtaʊt] *n* **-1.** [on machine] disjoncteur *m*. **-2.** [shape] découpage *m*.

cut-price, cut-rate *Am adj* à prix réduit.

cutthroat ['kʌtθrəʊt] *adj* [ruthless] acharné(e).

cutting ['kʌtɪŋ] ◇ *adj* [sarcastic - remark] cinglant(e); [- wit] acerbe. ◇ *n* **-1.** [of plant] bouture *f*. **-2.** [from newspaper] coupure *f*. **-3.** *Br* [for road, railway] tranchée *f*.

CV (*abbr of* **curriculum vitae**) *n* CV *m*.

cwt. *abbr of* **hundredweight**.

cyanide ['saɪənaɪd] *n* cyanure *m*.

cycle ['saɪkl] ◇ *n* **-1.** [of events, songs] cycle *m*. **-2.** [bicycle] bicyclette *f*. ◇ *comp* [path, track] cyclable; [race] cycliste; [shop] de cycles. ◇ *vi* faire de la bicyclette.

cycling ['saɪklɪŋ] *n* cyclisme *m*.

cyclist ['saɪklɪst] *n* cycliste *mf*.

cygnet ['sɪgnɪt] *n* jeune cygne *m*.

cylinder ['sɪlɪndər] *n* cylindre *m*.

cymbals ['sɪmblz] *npl* cymbales *fpl*.

cynic ['sɪnɪk] *n* cynique *mf*.

cynical ['sɪnɪkl] *adj* cynique.

cynicism ['sɪnɪsɪzm] *n* cynisme *m*.

cypress ['saɪprəs] *n* cyprès *m*.

Cypriot ['sɪprɪət] ◇ *adj* chypriote. ◇ *n* Chypriote *mf*.

Cyprus ['saɪprəs] *n* Chypre *f*.

cyst [sɪst] *n* kyste *m*.

cystitis [sɪs'taɪtɪs] *n* cystite *f*.

czar [zɑːr] *n* tsar *m*.

Czech [tʃek] ◇ *adj* tchèque. ◇ *n* **-1.** [person] Tchèque *mf*. **-2.** [language] tchèque *m*.

Czechoslovak [,tʃekə'sləʊvæk] = **Czechoslovakian**.

Czechoslovakia [,tʃekəslə'vækɪə] *n* Tchécoslovaquie *f*.

Czechoslovakian [,tʃekəslə'vækɪən] ◇ *adj* tchécoslovaque. ◇ *n* Tchécoslovaque *mf*.

D

d (*pl* **d's** OR **ds**), **D** (*pl* **D's** OR **Ds**) [diː] *n* [letter] d *m inv*, D *m inv*.

◆ **D** *n* **-1.** MUS ré *m*. **-2.** SCH [mark] D *m inv*.

DA *abbr of* **district attorney**.

dab [dæb] ◇ *n* [of cream, powder, ointment] petit peu *m*; [of paint] touche *f*. ◇ *vt* **-1.** [skin, wound] tamponner. **-2.**

[apply - cream, ointment]: **to ~ sthg on**
OR **onto** appliquer qqch sur.

dabble ['dæbl] *vi*: **to ~ in** toucher un
peu à.

dachshund ['dækshund] *n* teckel *m*.

dad [dæd], **daddy** ['dædi] *n inf* papa
m.

daddy longlegs [-'lɒŋlegz] (*pl inv*) *n*
faucheur *m*.

daffodil ['dæfədil] *n* jonquille *f*.

daft [dɑːft] *adj inf* stupide, idiot(e).

dagger ['dægər] *n* poignard *m*.

daily ['deili] ◇ *adj* **-1.** [newspaper, oc-
currence] quotidien(ienne). **-2.** [rate,
output] journalier(ière). ◇ *adv* [hap-
pen, write] quotidiennement; **twice ~**
deux fois par jour. ◇ *n* [newspaper]
quotidien *m*.

dainty ['deinti] *adj* délicat(e).

dairy ['deəri] *n* **-1.** [on farm] laiterie *f*.
-2. [shop] crémerie *f*.

dairy products *npl* produits *mpl* lai-
tiers.

dais ['deiis] *n* estrade *f*.

daisy ['deizi] *n* [weed] pâquerette *f*;
[cultivated] marguerite *f*.

daisy-wheel printer *n* imprimante *f*
à marguerite.

dale [deil] *n* vallée *f*.

dam [dæm] ◇ *n* [across river] barrage
m. ◇ *vt* construire un barrage sur.

damage ['dæmidʒ] ◇ *n* **-1.** [physical
harm] dommage *m*, dégât *m*. **-2.**
[harmful effect] tort *m*. ◇ *vt* **-1.** [harm
physically] endommager, abîmer. **-2.**
[have harmful effect on] nuire à.
◆ **damages** *npl* JUR dommages et intérêts *mpl*.

damn [dæm] ◇ *adj inf* fichu(e), sa-
cré(e). ◇ *adv inf* sacrément. ◇ *n inf*:
not to give OR **care a ~ (about sthg)**
se ficher pas mal (de qqch). ◇ *vt* RE-
LIG [condemn] damner. ◇ *excl inf* zut!

damned [dæmd] *inf* ◇ *adj* fichu(e),
sacré(e); **well I'll be** OR **I'm ~ !** c'est
trop fort!, elle est bien bonne celle-
là! ◇ *adv* sacrément.

damning ['dæmiŋ] *adj* accablant(e).

damp [dæmp] ◇ *adj* humide. ◇ *n*

humidité *f*. ◇ *vt* [make wet] humecter.

dampen ['dæmpən] *vt* **-1.** [make wet]
humecter. **-2.** *fig* [emotion] abattre.

damson ['dæmzn] *n* prune *f* de Da-
mas.

dance [dɑːns] ◇ *n* **-1.** [gen] danse *f*.
-2. [social event] bal *m*. ◇ *vi* danser.

dancer ['dɑːnsər] *n* danseur *m*, -euse
f.

dancing ['dɑːnsiŋ] *n* (*U*) danse *f*.

dandelion ['dændilaiən] *n* pissenlit *m*,

dandruff ['dændrʌf] *n* (*U*) pellicules
fpl.

Dane [dein] *n* Danois *m*, -e *f*.

danger ['deindʒər] *n* **-1.** (*U*) [possibility
of harm] danger *m*; **in ~** en danger;
out of ~ hors de danger. **-2.** [hazard,
risk]: **~ (to)** risque *m* (pour); **to be in
~ of doing sthg** risquer de faire
qqch.

dangerous ['deindʒərəs] *adj* dange-
reux(euse).

dangle ['dæŋgl] ◇ *vt* laisser pendre.
◇ *vi* pendre.

Danish ['deiniʃ] ◇ *adj* danois(e). ◇ *n*
-1. [language] danois *m*. **-2.** *Am* =
Danish pastry. ◇ *npl*: **the ~** les Danois *mpl*.

Danish pastry *n* gâteau feuilleté fourré
aux fruits.

dank [dæŋk] *adj* humide et froid(e).

dapper ['dæpər] *adj* pimpant(e).

dappled ['dæpld] *adj* **-1.** [light] tache-
té(e). **-2.** [horse] pommelé(e).

dare [deər] ◇ *vt* **-1.** [be brave enough]:
to ~ to do sthg oser faire qqch. **-2.**
[challenge]: **to ~ sb to do sthg** défier
qqn de faire qqch. **-3.** *phr*: **I ~ say** je
suppose, sans doute. ◇ *vi* oser; **how
~ you!** comment osez-vous! ◇ *n*
défi *m*.

daredevil ['deə,devl] *n* casse-cou *m*
inv.

daring ['deəriŋ] ◇ *adj* auda-
cieux(ieuse). ◇ *n* audace *f*.

dark [dɑːk] ◇ *adj* **-1.** [room, night]
sombre; **it's getting ~** il commence à
faire nuit. **-2.** [in colour] foncé(e). **-3.**
[dark-haired] brun(e); [dark-skinned] ba-

sané(e). ◇ *n* -1. [darkness]: **the ~ l'obscurité** *f*; **to be in the ~ about sthg** ignorer tout de qqch. -2. [night]: **before/after ~** avant/après la tombée de la nuit.

darken ['dɑːkn] ◇ *vt* assombrir. ◇ *vi* s'assombrir.

dark glasses *npl* lunettes *fpl* noires.

darkness ['dɑːknɪs] *n* obscurité *f*.

darkroom ['dɑːkrʊm] *n* chambre *f* noire.

darling ['dɑːlɪŋ] ◇ *adj* [dear] chéri(e). ◇ *n* -1. [loved person, term of address] chéri *m*, -e *f*. -2. [idol] chouchou *m*, idole *f*.

darn [dɑːn] ◇ *vt* repriser. ◇ *adj inf* sacré(e), satané(e). ◇ *adv inf* sacrément.

dart [dɑːt] ◇ *n* [arrow] fléchette *f*. ◇ *vi* se précipiter.

◆ **darts** *n* [game] jeu *m* de fléchettes.

dartboard ['dɑːtbɔːd] *n* cible *f* de jeu de fléchettes.

dash [dæʃ] ◇ *n* -1. [of milk, wine] goutte *f*; [of cream] soupçon *m*; [of salt] pincée *f*; [of colour, paint] touche *f*. -2. [in punctuation] tiret *m*. -3. [rush]: **to make a ~ for** se ruer vers. ◇ *vt* -1. [throw] jeter avec violence. -2. [hopes] anéantir. ◇ *vi* se précipiter.

dashboard ['dæʃbɔːd] *n* tableau *m* de bord.

dashing ['dæʃɪŋ] *adj* fringant(e).

data ['deɪtə] *n* (*U*) données *fpl*.

database ['deɪtəbeɪs] *n* base *f* de données.

data processing *n* traitement *m* de données.

date [deɪt] ◇ *n* -1. [in time] date *f*; **to ~** à ce jour. -2. [appointment] rendez-vous *m*. -3. [person] petit ami *m*, petite amie *f*. -4. [fruit] datte *f*. ◇ *vt* -1. [gen] dater. -2. [go out with] sortir avec. ◇ *vi* [go out of fashion] dater.

dated ['deɪtɪd] *adj* qui date.

date of birth *n* date *f* de naissance.

daub [dɔːb] *vt*: **to ~ sthg with sthg** barbouiller qqch de qqch.

daughter ['dɔːtər] *n* fille *f*.

daughter-in-law (*pl* **daughters-in-law**) *n* belle-fille *f*.

daunting ['dɔːntɪŋ] *adj* intimidant(e).

dawdle ['dɔːdl] *vi* flâner.

dawn [dɔːn] ◇ *n lit & fig* aube *f*. ◇ *vi* -1. [day] poindre. -2. [era, period] naître.

◆ **dawn (up)on** *vt fus* venir à l'esprit de.

day [deɪ] *n* jour *m*; [duration] journée *f*; **the ~ before** la veille; **the ~ after** le lendemain; **the ~ before yesterday** avant-hier; **the ~ after tomorrow** après-demain; **any ~ now** d'un jour à l'autre; **one ~, some ~, one of these ~s** un jour (ou l'autre), un de ces jours; **in my ~** de mon temps; **to make sb's ~** réchauffer le cœur de qqn.

◆ **days** *adv* le jour.

daybreak ['deɪbreɪk] *n* aube *f*; **at ~** à l'aube.

daycentre ['deɪsentər] *n Br* [for children] garderie *f*; [for elderly people] *centre de jour pour les personnes du troisième âge.*

daydream ['deɪdriːm] *vi* rêvasser.

daylight ['deɪlaɪt] *n* -1. [light] lumière *f* du jour. -2. [dawn] aube *f*.

day off (*pl* **days off**) *n* jour *m* de congé.

day return *n Br* billet aller et retour *valable pour une journée.*

daytime ['deɪtaɪm] ◇ *n* jour *m*, journée *f*. ◇ *comp* [television] pendant la journée; [job, flight] de jour.

day-to-day *adj* [routine, life] journalier(ière); **on a ~ basis** au jour le jour.

day trip *n* excursion *f* d'une journée.

daze [deɪz] ◇ *n*: **in a ~** hébété(e), ahuri(e). ◇ *vt* -1. [subj: blow] étourdir. -2. *fig* [subj: shock, event] abasourdir, sidérer.

dazzle ['dæzl] *vt* éblouir.

DC *n* (*abbr of* **direct current**) courant *m* continu.

D-day ['diːdeɪ] *n* le jour J.

DEA (*abbr of* **Drug Enforcement Ad-**

ministration) *n* agence *américaine de lutte contre la drogue.*

deacon ['diːkn] *n* diacre *m.*

deactivate [ˌdiːˈæktɪveɪt] *vt* désamorcer.

dead [ded] ◇ *adj* **-1.** [not alive, not lively] mort(e); **to shoot sb ~** abattre qqn. **-2.** [numb] engourdi(e). **-3.** [not operating - battery] à plat. **-4.** [complete - silence] de mort. ◇ *adv* **-1.** [directly, precisely]: **~ ahead** droit devant soi; **~ on time** pile à l'heure. **-2.** *inf* [completely] tout à fait. **-3.** [suddenly]: **to stop ~** s'arrêter net. ◇ *npl*: **the ~** les morts *mpl.*

deaden ['dedn] *vt* [sound] assourdir; [pain] calmer.

dead end *n* impasse *f.*

dead heat *n* arrivée *f* ex-aequo.

deadline ['dedlaɪn] *n* dernière limite *f.*

deadlock ['dedlɒk] *n* impasse *f.*

dead loss *n inf*: **to be a ~** [person] être bon (bonne) à rien; [object] ne rien valoir.

deadly ['dedlɪ] ◇ *adj* **-1.** [poison, enemy] mortel(elle). **-2.** [accuracy] imparable. ◇ *adv* [boring, serious] tout à fait.

deadpan ['dedpæn] ◇ *adj* pince-sans-rire (*inv*). ◇ *adv* impassiblement.

deaf [def] ◇ *adj* sourd(e); **to be ~ to sthg** être sourd à qqch. ◇ *npl*: **the ~** les sourds *mpl.*

deaf-aid *n Br* appareil *m* acoustique.

deaf-and-dumb *adj* sourd-muet (sourde-muette).

deafen ['defn] *vt* assourdir.

deaf-mute ◇ *adj* sourd-muet (sourde-muette). ◇ *n* sourd-muet *m*, sourde-muette *f.*

deafness ['defnɪs] *n* surdité *f.*

deal [diːl] (*pt & pp* dealt) ◇ *n* **-1.** [quantity]: **a good** OR **great ~** beaucoup; **a good** OR **great ~ of** beaucoup de, bien de/des. **-2.** [business agreement] marché *m*, affaire *f*; **to do** OR **strike a ~ with sb** conclure un marché avec qqn. **-3.** *inf* [treatment]: **to get a bad ~** ne pas faire une affaire.

◇ *vt* **-1.** [strike]: **to ~ sb/sthg a blow, to ~ a blow to sb/sthg** porter un coup à qqn/qqch. **-2.** [cards] donner, distribuer. ◇ *vi* **-1.** [at cards] donner, distribuer. **-2.** [in drugs] faire le trafic (de drogues).

◆ **deal in** *vt fus* COMM faire le commerce de.

◆ **deal out** *vt sep* distribuer.

◆ **deal with** *vt fus* **-1.** [handle] s'occuper de. **-2.** [be about] traiter de. **-3.** [be faced with] avoir affaire à.

dealer ['diːlər] *n* **-1.** [trader] négociant *m*; [in drugs] trafiquant *m.* **-2.** [cards] donneur *m.*

dealing ['diːlɪŋ] *n* commerce *m.*

◆ **dealings** *npl* relations *fpl*, rapports *mpl.*

dealt [delt] *pt & pp* → **deal.**

dean [diːn] *n* doyen *m.*

dear [dɪər] ◇ *adj*: **~ (to)** cher (chère) (à); **Dear Sir** [in letter] Cher Monsieur; **Dear Madam** Chère Madame. ◇ *n* chéri *m*, -e *f.* ◇ *excl*: **oh ~!** mon Dieu!

dearly ['dɪəlɪ] *adv* [love, wish] de tout son cœur.

death [deθ] *n* mort *f*; **to frighten sb to ~** faire une peur bleue à qqn; **to be sick to ~ of sthg/of doing sthg** en avoir marre de qqch/de faire qqch.

death certificate *n* acte *m* de décès.

death duty *Br*, **death tax** *Am n* droits *mpl* de succession.

deathly ['deθlɪ] *adj* de mort.

death penalty *n* peine *f* de mort.

death rate *n* taux *m* de mortalité.

death tax *Am* = **death duty.**

death trap *n inf* véhicule *m*/bâtiment *m* dangereux.

debar [diːˈbɑːr] *vt*: **to ~ sb (from)** [place] exclure qqn (de); **to ~ sb from doing sthg** interdire à qqn de faire qqch.

debase [dɪˈbeɪs] *vt* dégrader; **to ~ o.s.** s'avilir.

debate [dɪˈbeɪt] ◇ *n* débat *m*; **open to ~** discutable. ◇ *vt* débattre, discuter; **to ~ whether** s'interroger pour savoir si. ◇ *vi* débattre.

debating society 102

debating society [dɪˈbeɪtɪŋ-] *n* club *m* de débats.

debauchery [dɪˈbɔːtʃərɪ] *n* débauche *f*.

debit [ˈdebɪt] ◇ *n* débit *m*. ◇ *vt* débiter.

debit note *n* note *f* de débit.

debris [ˈdeɪbriː] *n* (*U*) débris *mpl*.

debt [det] *n* dette *f*; **to be in ~** avoir des dettes, être endetté(e); **to be in sb's ~** être redevable à qqn.

debt collector *n* agent *m* de recouvrements.

debtor [ˈdetər] *n* débiteur *m*, -trice *f*.

debug [ˌdiːˈbʌg] *vt* COMPUT [program] mettre au point, déboguer.

debunk [ˌdiːˈbʌŋk] *vt* démentir.

debut [ˈdeɪbjuː] *n* débuts *mpl*.

decade [ˈdekeɪd] *n* décennie *f*.

decadence [ˈdekədəns] *n* décadence *f*.

decadent [ˈdekədənt] *adj* décadent(e).

decaffeinated [dɪˈkæfɪneɪtɪd] *adj* décaféiné(e).

decanter [dɪˈkæntər] *n* carafe *f*.

decathlon [dɪˈkæθlɒn] *n* décathlon *m*.

decay [dɪˈkeɪ] ◇ *n* **-1.** [of body, plant] pourriture *f*, putréfaction *f*; [of tooth] carie *f*. **-2.** *fig* [of building] délabrement *m*; [of society] décadence *f*. ◇ *vi* **-1.** [rot] pourrir; [tooth] se carier. **-2.** *fig* [building] se délabrer, tomber en ruines; [society] tomber en décadence.

deceased [dɪˈsiːst] (*pl inv*) ◇ *adj* décédé(e). ◇ *n*: **the ~** le défunt, la défunte.

deceit [dɪˈsiːt] *n* tromperie *f*, supercherie *f*.

deceitful [dɪˈsiːtfʊl] *adj* trompeur(euse).

deceive [dɪˈsiːv] *vt* [person] tromper, duper; [subj: memory, eyes] jouer des tours à; **to ~ o.s.** se leurrer, s'abuser.

December [dɪˈsembər] *n* décembre *m*; *see also* **September**.

decency [ˈdiːsnsɪ] *n* décence *f*, bienséance *f*; **to have the ~ to do sthg** avoir la décence de faire qqch.

decent [ˈdiːsnt] *adj* **-1.** [behaviour, dress] décent(e). **-2.** [wage, meal] cor-

rect(e), décent(e). **-3.** [person] gentil(ille), brave.

deception [dɪˈsepʃn] *n* **-1.** [lie, pretence] tromperie *f*, duperie *f*. **-2.** (*U*) [act of lying] supercherie *f*.

deceptive [dɪˈseptɪv] *adj* trompeur(euse).

decide [dɪˈsaɪd] ◇ *vt* décider; **to ~ to do sthg** décider de faire qqch. ◇ *vi* se décider.

◆ **decide (up)on** *vt fus* se décider pour, choisir.

decided [dɪˈsaɪdɪd] *adj* **-1.** [definite] certain(e), incontestable. **-2.** [resolute] décidé(e), résolu(e).

decidedly [dɪˈsaɪdɪdlɪ] *adv* **-1.** [clearly] manifestement, incontestablement. **-2.** [resolutely] résolument.

deciduous [dɪˈsɪdjʊəs] *adj* à feuilles caduques.

decimal [ˈdesɪml] ◇ *adj* décimal(e). ◇ *n* décimale *f*.

decimal point *n* virgule *f*.

decimate [ˈdesɪmeɪt] *vt* décimer.

decipher [dɪˈsaɪfər] *vt* déchiffrer.

decision [dɪˈsɪʒn] *n* décision *f*.

decisive [dɪˈsaɪsɪv] *adj* **-1.** [person] déterminé(e), résolu(e). **-2.** [factor, event] décisif(ive).

deck [dek] *n* **-1.** [of ship] pont *m*. **-2.** [of bus] impériale *f*. **-3.** [of cards] jeu *m*. **-4.** *Am* [of house] véranda *f*.

deckchair [ˈdektʃeər] *n* chaise longue *f*, transat *m*.

declaration [ˌdekləˈreɪʃn] *n* déclaration *f*.

Declaration of Independence *n*: **the ~** la *Déclaration d'Indépendance des États-Unis d'Amérique (1776)*.

declare [dɪˈkleər] *vt* déclarer.

decline [dɪˈklaɪn] ◇ *n* déclin *m*; **to be in ~** être en déclin; **on the ~** en baisse. ◇ *vt* décliner; **to ~ to do sthg** refuser de faire qqch. ◇ *vi* **-1.** [deteriorate] décliner. **-2.** [refuse] refuser.

decode [ˌdiːˈkəʊd] *vt* décoder.

decompose [ˌdiːkəmˈpəʊz] *vi* se décomposer.

decongestant [ˌdiːkənˈdʒestənt] *n* décongestionnant *m*.

decorate ['dekəreɪt] vt décorer.

decoration [,dekə'reɪʃn] n décoration f.

decorator ['dekəreɪtə'] n décorateur m, -trice f.

decoy [n 'diːkɔɪ, vt dɪ'kɔɪ] ◇ n [for hunting] appât m, leurre m; [person] compère m. ◇ vt attirer dans un piège.

decrease [n 'diːkriːs, vb diː'kriːs] ◇ n: ~ (in) diminution f (de), baisse f (de). ◇ vt diminuer, réduire. ◇ vi diminuer, décroître.

decree [dɪ'kriː] ◇ n -1. [order, decision] décret m. -2. Am JUR arrêt m, jugement m. ◇ vt décréter, ordonner.

decree nisi [-'naɪsaɪ] (pl decrees nisi) n Br jugement m provisoire.

decrepit [dɪ'krepɪt] adj [person] décrépit(e); [house] délabré(e).

dedicate ['dedɪkeɪt] vt -1. [book etc] dédier. -2. [life, career] consacrer.

dedication [,dedɪ'keɪʃn] n -1. [commitment] dévouement m. -2. [in book] dédicace f.

deduce [dɪ'djuːs] vt déduire, conclure.

deduct [dɪ'dʌkt] vt déduire, retrancher.

deduction [dɪ'dʌkʃn] n déduction f.

deed [diːd] n -1. [action] action f, acte m. -2. JUR acte m notarié.

deem [diːm] vt juger, considérer; **to ~ it wise to do sthg** juger prudent de faire qqch.

deep [diːp] ◇ adj profond(e). ◇ adv profondément; ~ **down** [fundamentally] au fond.

deepen ['diːpn] vi -1. [river, sea] devenir profond(e). -2. [crisis, recession, feeling] s'aggraver.

deep freeze n congélateur m.

deep fry vt faire frire.

deeply ['diːplɪ] adv profondément.

deep-sea adj: ~ **diving** plongée f sous-marine; ~ **fishing** pêche f hauturière.

deer [dɪə'] (pl inv) n cerf m.

deface [dɪ'feɪs] vt barbouiller.

defamatory [dɪ'fæmətrɪ] adj diffamatoire, diffamant(e).

default [dɪ'fɔːlt] ◇ n -1. [failure] défaillance f; **by** ~ par défaut. -2. COMPUT **valeur** f par défaut. ◇ vi manquer à ses engagements.

defeat [dɪ'fiːt] ◇ n défaite f; **to admit** ~ s'avouer battu(e) OR vaincu(e). ◇ vt -1. [team, opponent] vaincre, battre. -2. [motion, proposal] rejeter.

defeatist [dɪ'fiːtɪst] ◇ adj défaitiste. ◇ n défaitiste mf.

defect [n 'diːfekt, vi dɪ'fekt] ◇ n défaut m. ◇ vi: **to** ~ **to** passer à.

defective [dɪ'fektɪv] adj défectueux(euse).

defence Br, **defense** Am [dɪ'fens] n -1. [gen] défense f. -2. [protective device, system] protection f. -3. JUR: **the** ~ la défense.

defenceless Br, **defenseless** Am [dɪ'fenslɪs] adj sans défense.

defend [dɪ'fend] vt défendre.

defendant [dɪ'fendənt] n défendeur m, -eresse f.

defender [dɪ'fendə'] n défenseur m.

defense Am = **defence**.

defenseless Am = **defenceless**.

defensive [dɪ'fensɪv] ◇ adj défensif(ive). ◇ n: **on the** ~ sur la défensive.

defer [dɪ'fɜː'] ◇ vt différer. ◇ vi: **to** ~ **to sb** s'en remettre à (l'opinion de) qqn.

deferential [,defə'renʃl] adj respectueux(euse).

defiance [dɪ'faɪəns] n défi m; **in** ~ **of** au mépris de.

defiant [dɪ'faɪənt] adj [person] intraitable, intransigeant(e); [action] de défi.

deficiency [dɪ'fɪʃnsɪ] n -1. [lack] manque m; [of vitamins etc] carence f. -2. [inadequacy] imperfection f.

deficient [dɪ'fɪʃnt] adj -1. [lacking]: **to be** ~ **in** manquer de. -2. [inadequate] insuffisant(e), médiocre.

deficit ['defɪsɪt] n déficit m.

defile [dɪ'faɪl] vt souiller, salir.

define [dɪ'faɪn] vt définir.

definite ['defɪnɪt] adj -1. [plan] bien déterminé(e); [date] certain(e). -2.

[improvement, difference] net (nette), marqué(e). **-3.** [answer] précis(e), catégorique. **-4.** [confident - person] assuré(e).

definitely ['defɪnɪtlɪ] adv **-1.** [without doubt] sans aucun doute, certainement. **-2.** [for emphasis] catégoriquement.

definition [defɪ'nɪʃn] n **-1.** [gen] définition f. **-2.** [clarity] clarté f, précision f.

deflate [dɪ'fleɪt] ⋄ vt [balloon, tyre] dégonfler. ⋄ vi [balloon, tyre] se dégonfler.

deflation [dɪ'fleɪʃn] n ECON déflation f.

deflect [dɪ'flekt] vt [ball, bullet] dévier; [stream] détourner, dériver; [criticism] détourner.

defogger [ˌdiː'fɒgər] n Am AUT dispositif m antibuée (inv).

deformed [dɪ'fɔːmd] adj difforme.

defraud [dɪ'frɔːd] vt [person] escroquer; [Inland Revenue etc] frauder.

defrost [ˌdiː'frɒst] ⋄ vt **-1.** [fridge] dégivrer; [frozen food] décongeler. **-2.** Am AUT [- de-ice] dégivrer; [- demist] désembuer. ⋄ vi [fridge] dégivrer; [frozen food] se décongeler.

deft [deft] adj adroit(e).

defunct [dɪ'fʌŋkt] adj qui n'existe plus; [person] défunt(e).

defuse [ˌdiː'fjuːz] vt Br désamorcer.

defy [dɪ'faɪ] vt **-1.** [gen] défier; to ~ sb to do sthg mettre qqn au défi de faire qqch. **-2.** [efforts] résister à, faire échouer.

degenerate [adj & n dɪ'dʒenərət, vb dɪ'dʒenəreɪt] ⋄ adj dégénéré(e). ⋄ vi: to ~ (into) dégénérer (en).

degrading [dɪ'greɪdɪŋ] adj dégradant(e), avilissant(e).

degree [dɪ'griː] n **-1.** [measurement] degré m. **-2.** UNIV diplôme m universitaire; to have/take a ~ (in) avoir/faire une licence (de). **-3.** [amount]: to a certain ~ jusqu'à un certain point, dans une certaine mesure; a ~ of risk un certain risque; a ~ of truth une certaine part de vérité; by ~s progressivement, petit à petit.

dehydrated [ˌdiːhaɪ'dreɪtɪd] adj déshydraté(e).

de-ice [diː'aɪs] vt dégivrer.

deign [deɪn] vt: to ~ to do sthg daigner faire qqch.

deity ['diːɪtɪ] n dieu m, déesse f, divinité f.

dejected [dɪ'dʒektɪd] adj abattu(e), découragé(e).

delay [dɪ'leɪ] ⋄ n retard m, délai m. ⋄ vt **-1.** [cause to be late] retarder. [defer] différer; to ~ doing sthg tarder à faire qqch. ⋄ vi: to ~ (in doing sthg) tarder (à faire qqch).

delayed [dɪ'leɪd] adj: to be ~ [person, train] être retardé(e).

delectable [dɪ'lektəbl] adj délicieux(ieuse).

delegate [n 'delɪgət, vb 'delɪgeɪt] ⋄ n délégué m, -e f. ⋄ vt déléguer; to ~ sb to do sthg déléguer qqn pour faire qqch; to ~ sthg to sb déléguer qqch à qqn.

delegation [ˌdelɪ'geɪʃn] n délégation f.

delete [dɪ'liːt] vt supprimer, effacer.

deli ['delɪ] n inf abbr of **delicatessen**.

deliberate [adj dɪ'lɪbərət, vb dɪ'lɪbəreɪt] ⋄ adj **-1.** [intentional] voulu(e), délibéré(e). **-2.** [slow] lent(e), sans hâte. ⋄ vi délibérer.

deliberately [dɪ'lɪbərətlɪ] adv [on purpose] exprès, à dessein.

delicacy ['delɪkəsɪ] n **-1.** [gen] délicatesse f. **-2.** [food] mets m délicat.

delicate ['delɪkət] adj délicat(e); [movement] gracieux(ieuse).

delicatessen [ˌdelɪkə'tesn] n épicerie f fine.

delicious [dɪ'lɪʃəs] adj délicieux(ieuse).

delight [dɪ'laɪt] ⋄ n [great pleasure] délice m; to take ~ in doing sthg prendre grand plaisir à faire qqch. ⋄ vt enchanter, charmer. ⋄ vi: to ~ in sthg/in doing sthg prendre grand plaisir à qqch/à faire qqch.

delighted [dɪ'laɪtɪd] adj: ~ (by OR with) enchanté(e) (de), ravi(e) (de); to be ~ to do sthg être enchanté OR ravi de faire qqch.

delightful [dɪ'laɪtful] *adj* ravissant(e), charmant(e); [meal] délicieux(ieuse).

delinquent [dɪ'lɪŋkwənt] ◇ *adj* délinquant(e). ◇ *n* délinquant *m*, -e *f*.

delirious [dɪ'lɪrɪəs] *adj lit* & *fig* délirant(e).

deliver [dɪ'lɪvəʳ] *vt* **-1.** [distribute]: to ~ sthg (to sb) [mail, newspaper] distribuer qqch (à qqn); COMM livrer qqch (à qqn). **-2.** [speech] faire; [warning] donner; [message] remettre; [blow, kick] donner, porter. **-3.** [baby] mettre au monde. **-4.** [free] délivrer. **-5.** *Am* POL [votes] obtenir.

delivery [dɪ'lɪvərɪ] *n* **-1.** COMM livraison *f*. **-2.** [way of speaking] élocution *f*. **-3.** [birth] accouchement *m*.

delude [dɪ'luːd] *vt* tromper, induire en erreur; to ~ o.s. se faire des illusions.

delusion [dɪ'luːʒn] *n* illusion *f*.

delve [delv] *vi*: to ~ into [past] fouiller; [bag etc] fouiller dans.

demand [dɪ'mɑːnd] ◇ *n* **-1.** [claim, firm request] revendication *f*, exigence *f*; on ~ sur demande. **-2.** [need]: ~ (for) demande *f* (de); in ~ demandé(e), recherché(e). ◇ *vt* **-1.** [ask for - justice, money] réclamer; [- explanation, apology] exiger; to ~ to do sthg exiger de faire qqch. **-2.** [require] demander, exiger.

demanding [dɪ'mɑːndɪŋ] *adj* **-1.** [exhausting] astreignant(e). **-2.** [not easily satisfied] exigeant(e).

demean [dɪ'miːn] *vt*: to ~ o.s. s'abaisser.

demeaning [dɪ'miːnɪŋ] *adj* avilissant(e), dégradant(e).

demeanour *Br*, **demeanor** *Am* [dɪ'miːnəʳ] *n* (U) *fml* comportement *m*.

demented [dɪ'mentɪd] *adj* fou (folle), dément(e).

demise [dɪ'maɪz] *n* (U) décès *m*; *fig* mort *f*, fin *f*.

demister [ˌdiː'mɪstəʳ] *n Br* dispositif *m* antibuée (*inv*).

demo ['deməʊ] (*abbr of* **demonstration**) *n inf* manif *f*.

democracy [dɪ'mɒkrəsɪ] *n* démocratie *f*.

democrat ['deməkræt] *n* démocrate *mf*.

◆ **Democrat** *n Am* démocrate *mf*.

democratic [deməˈkrætɪk] *adj* démocratique.

◆ **Democratic** *adj Am* démocrate.

Democratic Party *n Am*: the ~ le Parti démocrate.

demolish [dɪ'mɒlɪʃ] *vt* [destroy] démolir.

demonstrate ['demənstreɪt] ◇ *vt* **-1.** [prove] démontrer, prouver. **-2.** [machine, computer] faire une démonstration de. ◇ *vi*: to ~ (for/against) manifester (pour/contre).

demonstration [demən'streɪʃn] *n* **-1.** [of machine, emotions] démonstration *f*. **-2.** [public meeting] manifestation *f*.

demonstrator ['demənstreɪtəʳ] *n* **-1.** [in march] manifestant *m*, -e *f*. **-2.** [of machine, product] démonstrateur *m*, -trice *f*.

demoralized [dɪ'mɒrəlaɪzd] *adj* démoralisé(e).

demote [ˌdiː'məʊt] *vt* rétrograder.

demure [dɪ'mjʊəʳ] *adj* modeste, réservé(e).

den [den] *n* [of animal] antre *m*, tanière *f*.

denial [dɪ'naɪəl] *n* [of rights, facts, truth] dénégation *f*; [of accusation] démenti *m*.

denier ['denɪə] *n* denier *m*.

denigrate ['denɪgreɪt] *vt* dénigrer.

denim ['denɪm] *n* jean *m*.

◆ **denims** *npl*: a pair of ~s un jean.

denim jacket *n* veste *f* en jean.

Denmark ['denmɑːk] *n* Danemark *m*.

denomination [dɪˌnɒmɪ'neɪʃn] *n* **-1.** RELIG confession *f*. **-2.** [money] valeur *f*.

denounce [dɪ'naʊns] *vt* dénoncer.

dense [dens] *adj* **-1.** [crowd, forest] dense; [fog] dense, épais(aisse). **-2.** *inf* [stupid] bouché(e).

density ['densətɪ] *n* densité *f*.

dent [dent] ◇ *n* bosse *f*. ◇ *vt* cabosser.

dental ['dentl] *adj* dentaire; ~ **appointment** rendez-vous *m* chez le dentiste.

dental floss *n* fil *m* dentaire.

dental surgeon *n* chirurgien-dentiste *m*.

dentist ['dentɪst] *n* dentiste *mf*.

dentures [dentʃəz] *npl* dentier *m*.

deny [dɪ'naɪ] *vt* **-1.** [refute] nier. **-2.** *fml* [refuse] nier, refuser; **to ~ sb sthg** refuser qqch à qqn.

deodorant [diː'əʊdərənt] *n* déodorant *m*.

depart [dɪ'pɑːt] *vi fml* **-1.** [leave]: **to ~ (from)** partir de. **-2.** [differ]: **to ~ from sthg** s'écarter de qqch.

department [dɪ'pɑːtmənt] *n* **-1.** [in organization] service *m*. **-2.** [in shop] rayon *m*. **-3.** SCH & UNIV département *m*. **-4.** [in government] département *m*, ministère *m*.

department store *n* grand magasin *m*.

departure [dɪ'pɑːtʃər] *n* **-1.** [leaving] départ *m*. **-2.** [change] nouveau départ *m*; **a ~ from tradition** un écart par rapport à la tradition.

departure lounge *n* salle *f* d'embarquement.

depend [dɪ'pend] *vi*: **to ~ on** [be dependent on] dépendre de; [rely on] compter sur; [emotionally] se reposer sur; **it ~s** cela dépend; **~ing on** selon.

dependable [dɪ'pendəbl] *adj* [person] sur qui on peut compter; [source of income] sûr(e); [car] fiable.

dependant [dɪ'pendənt] *n* personne *f* à charge.

dependent [dɪ'pendənt] *adj* **-1.** [reliant]: **~ (on)** dépendant(e) (de); **to be ~ on sb/sthg** dépendre de qqn/qqch. **-2.** [addicted] dépendant(e), accro. **-3.** [contingent]: **to be ~ on** dépendre de.

depict [dɪ'pɪkt] *vt* **-1.** [show in picture] représenter. **-2.** [describe]: **to ~ sb/sthg as** dépeindre qqn/qqch comme.

deplete [dɪ'pliːt] *vt* épuiser.

deplorable [dɪ'plɔːrəbl] *adj* déplorable.

deplore [dɪ'plɔːr] *vt* déplorer.

deploy [dɪ'plɔɪ] *vt* déployer.

depopulation [diː,pɒpjʊ'leɪʃn] *n* dépeuplement *m*.

deport [dɪ'pɔːt] *vt* expulser.

depose [dɪ'pəʊz] *vt* déposer.

deposit [dɪ'pɒzɪt] ◇ *n* **-1.** [gen] dépôt *m*; **to make a ~** [into bank account] déposer de l'argent. **-2.** [payment - as guarantee] caution *f*; [- as instalment] acompte *m*; [- on bottle] consigne *f*. ◇ *vt* déposer.

deposit account *n* Br compte *m* sur livret.

depot ['depəʊ] *n* **-1.** [gen] dépôt *m*. **-2.** Am [station] gare *f*.

depreciate [dɪ'priːʃɪeɪt] *vi* se déprécier.

depress [dɪ'pres] *vt* **-1.** [sadden, discourage] déprimer. **-2.** [weaken - economy] affaiblir; [- prices] faire baisser.

depressed [dɪ'prest] *adj* **-1.** [sad] déprimé(e). **-2.** [run-down - area] en déclin.

depressing [dɪ'presɪŋ] *adj* déprimant(e).

depression [dɪ'preʃn] *n* **-1.** [gen] dépression *f*. **-2.** [sadness] tristesse *f*.

deprivation [,deprɪ'veɪʃn] *n* privation *f*.

deprive [dɪ'praɪv] *vt*: **to ~ sb of sthg** priver qqn de qqch.

depth [depθ] *n* profondeur *f*; **in ~** [study, analyse] en profondeur; **to be out of one's ~** [in water] ne pas avoir pied; *fig* avoir perdu pied, être dépassé.

♦ **depths** *npl*: **the ~s** [of seas] les profondeurs *fpl*; [of memory, archives] le fin fond; **in the ~s of winter** au cœur de l'hiver; **to be in the ~s of despair** toucher le fond du désespoir.

deputation [,depjʊ'teɪʃn] *n* délégation *f*.

deputize, -ise ['depjʊtaɪz] *vi*: **to ~ for sb** assurer les fonctions de qqn, remplacer qqn.

deputy ['depjʊtɪ] ◇ *adj* adjoint(e); **~ chairman** vice-président *m*; **~ head**

SCH **directeur** *m* adjoint; ~ **leader** POL vice-président *m*. ◇ *n* **-1.** [second-in-command] adjoint *m*, -e *f*. **-2.** Am [deputy sheriff] shérif *m* adjoint.

derail [dɪ'reɪl] *vt* [train] faire dérailler.

deranged [dɪ'reɪndʒd] *adj* dérangé(e).

derby [Br 'dɑːbɪ, Am 'dɜːbɪ] *n* **-1.** SPORT derby *m*. **-2.** Am [hat] chapeau *m* melon.

derelict ['derəlɪkt] *adj* en ruines.

deride [dɪ'raɪd] *vt* railler.

derisory [də'raɪzərɪ] *adj* **-1.** [puny, trivial] dérisoire. **-2.** [derisive] moqueur(euse).

derivative [dɪ'rɪvətɪv] ◇ *adj pej* pas original(e). ◇ *n* dérivé *m*.

derive [dɪ'raɪv] ◇ *vt* **-1.** [draw, gain]: **to ~ sthg from sthg** tirer qqch de qqch. **-2.** [originate]: **to be ~d from** venir de. ◇ *vi*: **to ~ from** venir de.

derogatory [dɪ'rɒgətrɪ] *adj* désobligeant(e).

derv [dɜːv] *n* Br gas-oil *m*.

descend [dɪ'send] ◇ *vt fml* [go down] descendre. ◇ *vi* **-1.** *fml* [go down] descendre. **-2.** [fall]: **to ~ (on)** [enemy] s'abattre (sur); [subj: silence, gloom] tomber (sur). **-3.** [stoop]: **to ~ to sthg/to doing sthg** s'abaisser à qqch/à faire qqch.

descendant [dɪ'sendənt] *n* descendant *m*, -e *f*.

descended [dɪ'sendɪd] *adj*: **to be ~ from sb** descendre de qqn.

descent [dɪ'sent] *n* **-1.** [downwards movement] descente *f*. **-2.** (U) [origin] origine *f*.

describe [dɪ'skraɪb] *vt* décrire.

description [dɪ'skrɪpʃn] *n* **-1.** [account] description *f*. **-2.** [type] sorte *f*, genre *m*.

desecrate ['desɪkreɪt] *vt* profaner.

desert [*n* 'dezət, *vb* & *npl* dɪ'zɜːt] ◇ *n* désert *m*. ◇ *vt* **-1.** [place] déserter. **-2.** [person, group] déserter, abandonner. ◇ *vi* MIL déserter.

♦ **deserts** *npl*: **to get one's just ~s** recevoir ce que l'on mérite.

deserted [dɪ'zɜːtɪd] *adj* désert(e).

deserter [dɪ'zɜːtər] *n* déserteur *m*.

desert island ['dezət-] *n* île *f* déserte.

deserve [dɪ'zɜːv] *vt* mériter; **to ~ to do sthg** mériter de faire qqch.

deserving [dɪ'zɜːvɪŋ] *adj* [person] méritant(e); [cause, charity] méritoire.

design [dɪ'zaɪn] ◇ *n* **-1.** [plan, drawing] plan *m*, étude *f*. **-2.** (U) [art] design *m*. **-3.** [pattern] motif *m*, dessin *m*. **-4.** [shape] ligne *f*; [of dress] style *m*. **-5.** *fml* [intention] dessein *m*; **by ~** à dessein; **to have ~s on sb/sthg** avoir des desseins sur qqn/qqch. ◇ *vt* **-1.** [draw plans for - building, car] faire les plans de, dessiner; [- dress] créer. **-2.** [plan] concevoir, mettre au point; **to be ~ed for sthg/to do sthg** être conçu pour qqch/pour faire qqch.

designate [*adj* 'dezɪgnət, *vb* 'dezɪgneɪt] ◇ *adj* désigné(e). ◇ *vt* désigner.

designer [dɪ'zaɪnər] ◇ *adj* de marque. ◇ *n* INDUSTRY concepteur *m*, -trice *f*; ARCHIT dessinateur *m*, -trice *f*; [of dresses etc] styliste *mf*; THEATRE décorateur *m*, -trice *f*.

desirable [dɪ'zaɪərəbl] *adj* **-1.** [enviable, attractive] désirable. **-2.** *fml* [appropriate] désirable, souhaitable.

desire [dɪ'zaɪər] ◇ *n* désir *m*; **to ~ for sthg/to do sthg** désir de qqch/de faire qqch. ◇ *vt* désirer.

desist [dɪ'zɪst] *vi fml*: **to ~ (from doing sthg)** cesser (de faire qqch).

desk [desk] *n* bureau *m*; **reception ~** réception *f*; **information ~** bureau *m* de renseignements.

desktop publishing ['desk,tɒp-] *n* publication *f* assistée par ordinateur, PAO *f*.

desolate ['desələt] *adj* **-1.** [place] abandonné(e). **-2.** [person] désespéré(e), désolé(e).

despair [dɪ'speər] ◇ *n* (U) désespoir *m*. ◇ *vi* désespérer; **to ~ of** désespérer de; **to ~ of doing sthg** désespérer de faire qqch.

despairing [dɪ'speərɪŋ] *adj* de désespoir.

despatch [dɪ'spætʃ] = **dispatch**.

desperate ['despərət] *adj* désespéré(e); **to be ~ for sthg** avoir absolument besoin de qqch.

desperately ['despərətlɪ] *adv* désespérément; **~ ill** gravement malade.

desperation [,despə'reɪʃn] *n* désespoir *m*; **in ~ de** désespoir.

despicable [dɪ'spɪkəbl] *adj* ignoble.

despise [dɪ'spaɪz] *vt* [person] mépriser; [racism] exécrer.

despite [dɪ'spaɪt] *prep* malgré.

despondent [dɪ'spɒndənt] *adj* découragé(e).

dessert [dɪ'zɜːt] *n* dessert *m*.

dessertspoon [dɪ'zɜːtspuːn] *n* [spoon] cuillère *f* à dessert.

destination [,destɪ'neɪʃn] *n* destination *f*.

destined ['destɪnd] *adj* **-1.** [intended]: **~ for** destiné(e) à; **~ to do sthg** destiné à faire qqch. **-2.** [bound]: **~ for** à destination de.

destiny ['destɪnɪ] *n* destinée *f*.

destitute ['destɪtjuːt] *adj* indigent(e).

destroy [dɪ'strɔɪ] *vt* [ruin] détruire.

destruction [dɪ'strʌkʃn] *n* destruction *f*.

detach [dɪ'tætʃ] *vt* **-1.** [pull off] détacher; **to ~ sthg from sthg** détacher qqch de qqch. **-2.** [dissociate]: **to ~ o.s. from sthg** [from reality] se détacher de qqch; [from proceedings, discussions] s'écarter de qqch.

detached [dɪ'tætʃt] *adj* [unemotional] détaché(e).

detached house *n* maison *f* individuelle.

detachment [dɪ'tætʃmənt] *n* détachement *m*.

detail ['diːteɪl] ◇ *n* **-1.** [small point] détail *m*; **to go into ~** entrer dans les détails; **in ~** en détail. **-2.** MIL détachement *m*. ◇ *vt* [list] détailler.

♦ **details** *npl* [personal information] coordonnées *fpl*.

detailed ['diːteɪld] *adj* détaillé(e).

detain [dɪ'teɪn] *vt* **-1.** [in police station] détenir; [in hospital] garder. **-2.** [delay] retenir.

detect [dɪ'tekt] *vt* **-1.** [subj: person] déceler. **-2.** [subj: machine] détecter.

detection [dɪ'tekʃn] *n* (*U*) **-1.** [of crime] dépistage *m*. **-2.** [of aircraft, submarine] détection *f*.

detective [dɪ'tektɪv] *n* détective *m*.

detective novel *n* roman *m* policier.

detention [dɪ'tenʃn] *n* **-1.** [of suspect, criminal] détention *f*. **-2.** SCH retenue *f*.

deter [dɪ'tɜːʳ] *vt* dissuader; **to ~ sb from doing sthg** dissuader qqn de faire qqch.

detergent [dɪ'tɜːdʒənt] *n* détergent *m*.

deteriorate [dɪ'tɪərɪəreɪt] *vi* se détériorer.

determination [dɪ,tɜːmɪ'neɪʃn] *n* détermination *f*.

determine [dɪ'tɜːmɪn] *vt* **-1.** [establish, control] déterminer. **-2.** *fml* [decide]: **to ~ to do sthg** décider de faire qqch.

determined [dɪ'tɜːmɪnd] *adj* **-1.** [person] déterminé(e); **~ to do sthg** déterminé à faire qqch. **-2.** [effort] obstiné(e).

deterrent [dɪ'terənt] *n* moyen *m* de dissuasion.

detest [dɪ'test] *vt* détester.

detonate ['detəneɪt] ◇ *vt* faire détoner. ◇ *vi* détoner.

detour ['diːˌtʊəʳ] *n* détour *m*.

detract [dɪ'trækt] *vi*: **to ~ from** diminuer.

detriment ['detrɪmənt] *n*: **to the ~ of** au détriment de.

detrimental [,detrɪ'mentl] *adj* préjudiciable.

deuce [djuːs] *n* TENNIS égalité *f*.

devaluation [,diːvæljʊ'eɪʃn] *n* dévaluation *f*.

devastated ['devəsteɪtɪd] *adj* **-1.** [area, city] dévasté(e). **-2.** *fig* [person] accablé(e).

devastating ['devəsteɪtɪŋ] *adj* **-1.** [hurricane, remark] dévastateur(trice). **-2.** [upsetting] accablant(e). **-3.** [attractive] irrésistible.

develop [dɪ'veləp] ◇ *vt* **-1.** [gen] développer. **-2.** [land, area] aménager, développer. **-3.** [illness, fault, habit] contracter. **-4.** [resources] développer, exploiter. ◇ *vi* **-1.** [grow, advance] se développer. **-2.** [appear - problem, trouble] se déclarer.

developing country [dɪ'veləpɪŋ-] *n* pays *m* en voie de développement.

development [dɪ'veləpmənt] *n* **-1.** [gen] développement *m*. **-2.** (U) [of land, area] exploitation *f*. **-3.** [land being developed] zone *f* d'aménagement; [developed area] zone aménagée. **-4.** (U) [of illness, fault] évolution *f*.

deviate ['diːvɪeɪt] *vi*: **to ~ (from)** dévier (de), s'écarter (de).

device [dɪ'vaɪs] *n* **-1.** [apparatus] appareil *m*, dispositif *m*. **-2.** [plan, method] moyen *m*.

devil ['devl] *n* **-1.** [evil spirit] diable *m*. **-2.** *inf* [person] type *m*; **poor ~!** pauvre diable! **-3.** [for emphasis]: **who/ where/why the ~ ...?** qui/où/ pourquoi diable ...?
♦ **Devil** *n* [Satan]: **the Devil** le Diable.

devious ['diːvjəs] *adj* **-1.** [dishonest - person] retors(e), à l'esprit tortueux; [- scheme, means] détourné(e). **-2.** [tortuous] tortueux(euse).

devise [dɪ'vaɪz] *vt* concevoir.

devoid [dɪ'vɔɪd] *adj fml*: **~ of** dépourvu(e) de, dénué(e) de.

devolution [,diːvə'luːʃn] *n* POL décentralisation *f*.

devote [dɪ'vəut] *vt*: **to ~ sthg to sthg** consacrer qqch à qqch.

devoted [dɪ'vəutɪd] *adj* dévoué(e); **a ~ mother** une mère dévouée à ses enfants.

devotee [,devə'tiː] *n* [fan] passionné *m*, -e *f*.

devotion [dɪ'vəuʃn] *n* **-1.** [commitment]: **~ (to)** dévouement *m* (à). **-2.** RELIG dévotion *f*.

devour [dɪ'vauə'] *vt lit & fig* dévorer.

devout [dɪ'vaut] *adj* dévot(e).

dew [djuː] *n* rosée *f*.

diabetes [,daɪə'biːtiːz] *n* diabète *m*.

diabetic [,daɪə'betɪk] ◇ *adj* [person] diabétique. ◇ *n* diabétique *mf*.

diabolic(al) [,daɪə'bɒlɪk(l)] *adj* **-1.** [evil] diabolique. **-2.** *inf* [very bad] atroce.

diagnose ['daɪəgnəuz] *vt* diagnostiquer.

diagnosis [,daɪəg'nəusɪs] (*pl* **-oses** [-əusiːz]) *n* diagnostic *m*.

diagonal [daɪ'ægənl] ◇ *adj* [line] diagonal(e). ◇ *n* diagonale *f*.

diagram ['daɪəgræm] *n* diagramme *m*.

dial ['daɪəl] ◇ *n* cadran *m*; [of radio] cadran de fréquences. ◇ *vt* [number] composer.

dialect ['daɪəlekt] *n* dialecte *m*.

dialling code ['daɪəlɪŋ-] *n Br* indicatif *m*.

dialling tone *Br* ['daɪəlɪŋ-], **dial tone** *Am n* tonalité *f*.

dialogue *Br*, **dialog** *Am* ['daɪəlɒg] *n* dialogue *m*.

dial tone *Am* = **dialling tone**.

dialysis [daɪ'ælɪsɪs] *n* dialyse *f*.

diameter [daɪ'æmɪtə'] *n* diamètre *m*.

diamond ['daɪəmənd] *n* **-1.** [gem] diamant *m*. **-2.** [shape] losange *m*.
♦ **diamonds** *npl* carreau *m*.

diaper ['daɪpə'] *n Am* couche *f*.

diaphragm ['daɪəfræm] *n* diaphragme *m*.

diarrh(o)ea [,daɪə'rɪə] *n* diarrhée *f*.

diary ['daɪərɪ] *n* **-1.** [appointment book] agenda *m*. **-2.** [journal] journal *m*.

dice [daɪs] (*pl inv*) ◇ *n* [for games] dé *m*. ◇ *vt* couper en dés.

dictate [*vb* dɪk'teɪt, *n* 'dɪkteɪt] ◇ *vt* dicter. ◇ *n* ordre *m*.

dictation [dɪk'teɪʃn] *n* dictée *f*.

dictator [dɪk'teɪtə'] *n* dictateur *m*.

dictatorship [dɪk'teɪtəʃɪp] *n* dictature *f*.

dictionary ['dɪkʃənrɪ] *n* dictionnaire *m*.

did [dɪd] *pt* → **do**.

diddle ['dɪdl] *vt inf* escroquer, rouler.

didn't ['dɪdnt] = **did not**.

die [daɪ] (*pl* **dice**, *pt & pp* **died**, *cont* **dying**) ◇ *vi* mourir; **to be dying** se mourir; **to be dying to do sthg** mourir d'envie de faire qqch; **to be dying for a drink/cigarette** mourir d'envie

de boire un verre/de fumer une cigarette. ◇ *n* [dice] dé *m*.
◆ **die away** *vi* [sound] s'éteindre;
[wind] tomber.
◆ **die down** *vi* [sound] s'affaiblir;
[wind] tomber; [fire] baisser.
◆ **die out** *vi* s'éteindre, disparaître.

diehard ['daɪhɑːd] *n*: **to be a ~** être
coriace; [reactionary] être réactionnaire.

diesel ['diːzl] *n* diesel *m*.

diesel engine *n* AUT moteur *m* diesel;
RAIL locomotive *f* diesel.

diesel fuel, diesel oil *n* diesel *m*.

diet ['daɪət] ◇ *n* **-1.** [eating pattern] alimentation *f*. **-2.** [to lose weight] régime *m*; **to be on a ~** être au régime,
faire un régime. ◇ *comp* [low-calorie]
de régime. ◇ *vi* suivre un régime.

differ ['dɪfəʳ] *vi* **-1.** [be different] être
différent(e), différer; [people] être différent; **to ~ from** être différent de.
-2. [disagree]: **to ~ with sb (about
sthg)** ne pas être d'accord avec qqn
(à propos de qqch).

difference ['dɪfrəns] *n* différence *f*; **it
doesn't make any ~** cela ne change
rien.

different ['dɪfrənt] *adj*: **~ (from)** diffé-
rent(e) (de).

differentiate [,dɪfə'renʃɪeɪt] ◇ *vt*: **to ~
sthg from sthg** différencier qqch de
qqch, faire la différence entre qqch
et qqch. ◇ *vi*: **to ~ (between)** faire la
différence (entre).

difficult ['dɪfɪkəlt] *adj* difficile.

difficulty ['dɪfɪkəltɪ] *n* difficulté *f*; **to
have ~ in doing sthg** avoir de la
difficulté OR du mal à faire qqch.

diffident ['dɪfɪdənt] *adj* [person] qui
manque d'assurance; [manner, voice,
approach] hésitant(e).

diffuse [dɪ'fjuːz] *vt* diffuser, répandre.

dig [dɪg] (*pt & pp* **dug**) ◇ *vi* **-1.** [in
ground] creuser. **-2.** [subj: belt, strap]:
to ~ into sb couper qqn. ◇ *n* **-1.** *fig*
[unkind remark] pique *f*. **-2.** ARCHEOL
fouilles *fpl*. ◇ *vt* **-1.** [hole] creuser. **-2.**
[garden] bêcher.
◆ **dig out** *vt sep inf* [find] dénicher.

◆ **dig up** *vt sep* **-1.** [from ground] déterrer; [potatoes] arracher. **-2.** *inf* [in-
formation] dénicher.

digest [*n* 'daɪdʒest, *vb* dɪ'dʒest] ◇ *n*
résumé *m*, digest *m*. ◇ *vt lit & fig* digérer.

digestion [dɪ'dʒestʃn] *n* digestion *f*.

digestive biscuit [dɪ'dʒestɪv-] *n Br* ≃
sablé *m* (à la farine complète).

digit ['dɪdʒɪt] *n* **-1.** [figure] chiffre *m*.
-2. [finger] doigt *m*; [toe] orteil *m*.

digital ['dɪdʒɪtl] *adj* numérique, digi-
tal(e).

dignified ['dɪgnɪfaɪd] *adj* digne,
plein(e) de dignité.

dignity ['dɪgnətɪ] *n* dignité *f*.

digress [daɪ'gres] *vi*: **to ~ (from)**
s'écarter (de).

digs [dɪgz] *npl Br inf* piaule *f*.

dike [daɪk] *n* **-1.** [wall, bank] digue *f*.
-2. *inf pej* [lesbian] gouine *f*.

dilapidated [dɪ'læpɪdeɪtɪd] *adj* déla-
bré(e).

dilate [daɪ'leɪt] ◇ *vt* dilater. ◇ *vi* se
dilater.

dilemma [dɪ'lemə] *n* dilemme *m*.

diligent ['dɪlɪdʒənt] *adj* appliqué(e).

dilute [daɪ'luːt] ◇ *adj* dilué(e). ◇ *vt*:
to ~ sthg (with) diluer qqch (avec).

dim [dɪm] ◇ *adj* **-1.** [dark - light]
faible; [- room] sombre. **-2.** [indistinct -
memory, outline] vague. **-3.** [weak -
eyesight] faible. **-4.** *inf* [stupid] bor-
né(e). ◇ *vt & vi* baisser.

dime [daɪm] *n Am* (pièce *f* de) dix
cents *mpl*.

dimension [dɪ'menʃn] *n* dimension *f*.

diminish [dɪ'mɪnɪʃ] *vt & vi* diminuer.

diminutive [dɪ'mɪnjʊtɪv] *fml* ◇ *adj*
minuscule. ◇ *n* GRAMM diminutif *m*.

dimmers ['dɪməz] *npl Am* [dipped
headlights] phares *mpl* code (*inv*);
[parking lights] feux *mpl* de position.

dimmer (switch) ['dɪmər-] *n* variateur
m de lumière.

dimple ['dɪmpl] *n* fossette *f*.

din [dɪn] *n inf* barouf *m*.

dine [daɪn] *vi fml* dîner.
◆ **dine out** *vi* dîner dehors.

diner ['daɪnəʳ] *n* **-1.** [person] dîneur *m*, -euse *f*. **-2.** *Am* [café] ≃ resto *m* routier.

dinghy ['dɪŋgɪ] *n* [for sailing] dériveur *m*; [for rowing] (petit) canot *m*.

dingy ['dɪndʒɪ] *adj* miteux(euse), crasseux(euse).

dining car ['daɪnɪŋ-] *n* wagon-restaurant *m*.

dining room ['daɪnɪŋ-] *n* **-1.** [in house] salle *f* à manger. **-2.** [in hotel] restaurant *m*.

dinner ['dɪnəʳ] *n* dîner *m*.

dinner jacket *n* smoking *m*.

dinner party *n* dîner *m*.

dinnertime ['dɪnətaɪm] *n* heure *f* du dîner.

dinosaur ['daɪnəsɔːʳ] *n* dinosaure *m*.

dint [dɪnt] *n fml*: **by ~ of** à force de.

dip [dɪp] ◇ *n* **-1.** [in road, ground] déclivité *f*. **-2.** [sauce] sauce *f*, dip *m*. **-3.** [swim] baignade *f* (rapide); **to go for a ~** aller se baigner en vitesse, aller faire trempette. ◇ *vt* **-1.** [into liquid]: **to ~ sthg in** OR **into** tremper OR plonger qqch dans. **-2.** *Br* AUT: **to ~ one's headlights** se mettre en code. ◇ *vi* **-1.** [sun] baisser, descendre à l'horizon; [wing] plonger. **-2.** [road, ground] descendre.

diploma [dɪ'pləʊmə] (*pl* **-s**) *n* diplôme *m*.

diplomacy [dɪ'pləʊməsɪ] *n* diplomatie *f*.

diplomat ['dɪpləmæt] *n* diplomate *m*.

diplomatic [,dɪplə'mætɪk] *adj* **-1.** [service, corps] diplomatique. **-2.** [tactful] diplomate.

dipstick ['dɪpstɪk] *n* AUT jauge *f* (*de niveau d'huile*).

dire ['daɪəʳ] *adj* [need, consequences] extrême; [warning] funeste.

direct [dɪ'rekt] ◇ *adj* direct(e); [challenge] manifeste. ◇ *vt* **-1.** [gen] diriger. **-2.** [aim]: **to ~ sthg at sb** [question, remark] adresser qqch à qqn; **the campaign is ~ed at teenagers** cette campagne vise les adolescents. **-3.** [order]: **to ~ sb to do sthg** ordonner à

qqn de faire qqch. ◇ *adv* directement.

direct current *n* courant *m* continu.

direct debit *n Br* prélèvement *m* automatique.

direction [dɪ'rekʃn] *n* direction *f*.

◆ **directions** *npl* **-1.** [to find a place] indications *fpl*. **-2.** [for use] instructions *fpl*.

directly [dɪ'rektlɪ] *adv* **-1.** [in straight line] directement. **-2.** [honestly, clearly] sans détours. **-3.** [exactly - behind, above] exactement. **-4.** [immediately] immédiatement. **-5.** [very soon] tout de suite.

director [dɪ'rektəʳ] *n* **-1.** [of company] directeur *m*, -trice *f*. **-2.** THEATRE metteur *m* en scène; CINEMA & TV réalisateur *m*, -trice *f*.

directory [dɪ'rektərɪ] *n* **-1.** [annual publication] annuaire *m*. **-2.** COMPUT répertoire *m*.

directory enquiries *n Br* renseignements *mpl* (téléphoniques).

dire straits *npl*: **in ~** dans une situation désespérée.

dirt [dɜːt] *n* (*U*) **-1.** [mud, dust] saleté *f*. **-2.** [earth] terre *f*.

dirt cheap *inf* ◇ *adj* très bon marché, donné(e). ◇ *adv* pour trois fois rien.

dirty ['dɜːtɪ] ◇ *adj* **-1.** [not clean, not fair] sale. **-2.** [smutty - language, person] grossier(ière); [- book, joke] cochon(onne). ◇ *vt* salir.

disability [,dɪsə'bɪlətɪ] *n* infirmité *f*.

disabled [dɪs'eɪbld] ◇ *adj* [person] handicapé(e), infirme. ◇ *npl*: **the ~** les handicapés, les infirmes.

disadvantage [,dɪsəd'vɑːntɪdʒ] *n* désavantage *m*, inconvénient *m*; **to be at a ~** être désavantagé.

disagree [,dɪsə'griː] *vi* **-1.** [have different opinions]: **to ~ (with)** ne pas être d'accord (avec). **-2.** [differ] ne pas concorder. **-3.** [subj: food, drink]: **to ~ with sb** ne pas réussir à qqn.

disagreeable [,dɪsə'griːəbl] *adj* désagréable.

disagreement [ˌdɪsəˈgriːmənt] n **-1.** [in opinion] désaccord m. **-2.** [argument] différend m.

disallow [ˌdɪsəˈlaʊ] vt **-1.** fml [appeal, claim] rejeter. **-2.** [goal] refuser.

disappear [ˌdɪsəˈpɪəʳ] vi disparaître.

disappearance [ˌdɪsəˈpɪərəns] n disparition f.

disappoint [ˌdɪsəˈpɔɪnt] vt décevoir.

disappointed [ˌdɪsəˈpɔɪntɪd] adj: ~ (in OR with) déçu(e) (par).

disappointing [ˌdɪsəˈpɔɪntɪŋ] adj décevant(e).

disappointment [ˌdɪsəˈpɔɪntmənt] n déception f.

disapproval [ˌdɪsəˈpruːvl] n désapprobation f.

disapprove [ˌdɪsəˈpruːv] vi: **to ~ of** sb/sthg désapprouver qqn/qqch; **do you ~?** est-ce que tu as quelque chose contre?

disarm [dɪsˈɑːm] vt & vi lit & fig désarmer.

disarmament [dɪsˈɑːməmənt] n désarmement m.

disarray [ˌdɪsəˈreɪ] n: **in ~** en désordre; [government] en pleine confusion.

disaster [dɪˈzɑːstəʳ] n **-1.** [damaging event] catastrophe f. **-2.** (U) [misfortune] échec m, désastre m. **-3.** inf [failure] désastre m.

disastrous [dɪˈzɑːstrəs] adj désastreux(euse).

disband [dɪsˈbænd] ◇ vt dissoudre. ◇ vi se dissoudre.

disbelief [ˌdɪsbɪˈliːf] n: **in** OR **with ~** avec incrédulité.

disc Br, **disk** Am [dɪsk] n disque m.

discard [dɪˈskɑːd] vt mettre au rebut.

discern [dɪˈsɜːn] vt discerner, distinguer.

discerning [dɪˈsɜːnɪŋ] adj judicieux(ieuse).

discharge [n ˈdɪstʃɑːdʒ, vt dɪsˈtʃɑːdʒ] ◇ n **-1.** [of patient] autorisation f de sortie, décharge f; JUR relaxe f; **to get one's ~** MIL être rendu à la vie civile. **-2.** [emission - of smoke] émission f; [- of sewage] déversement m; MED

écoulement m. ◇ vt **-1.** [allow to leave - patient] signer la décharge de; [- prisoner, defendant] relaxer; [- soldier] rendre à la vie civile. **-2.** fml [fulfil] assumer. **-3.** [emit - smoke] émettre; [- sewage, chemicals] déverser.

disciple [dɪˈsaɪpl] n disciple m.

discipline [ˈdɪsɪplɪn] ◇ n discipline f. ◇ vt **-1.** [control] discipliner. **-2.** [punish] punir.

disc jockey n disc-jockey m.

disclaim [dɪsˈkleɪm] vt fml nier.

disclose [dɪsˈkləʊz] vt révéler, divulguer.

disclosure [dɪsˈkləʊʒəʳ] n révélation f, divulgation f.

disco [ˈdɪskəʊ] (pl **-s**) (abbr of **discotheque**) n discothèque f.

discomfort [dɪsˈkʌmfət] n **-1.** (U) [physical pain] douleur f. **-2.** (U) [anxiety, embarrassment] malaise m.

disconcert [ˌdɪskənˈsɜːt] vt déconcerter.

disconnect [ˌdɪskəˈnekt] vt **-1.** [detach] détacher. **-2.** [from gas, electricity - appliance] débrancher; [- house] couper. **-3.** TELEC couper.

disconsolate [dɪsˈkɒnsələt] adj inconsolable.

discontent [ˌdɪskənˈtent] n: **~ (with)** mécontentement m (à propos de).

discontented [ˌdɪskənˈtentɪd] adj mécontent(e).

discontinue [ˌdɪskənˈtɪnjuː] vt cesser, interrompre.

discord [ˈdɪskɔːd] n **-1.** (U) [disagreement] discorde f, désaccord m. **-2.** MUS dissonance f.

discotheque [ˈdɪskəʊtek] n discothèque f.

discount [n ˈdɪskaʊnt, vb Br dɪsˈkaʊnt, Am ˈdɪskaʊnt] ◇ n remise f. ◇ vt [report, claim] ne pas tenir compte de.

discourage [dɪsˈkʌrɪdʒ] vt décourager; **to ~** sb **from doing** sthg dissuader qqn de faire qqch.

discover [dɪˈskʌvəʳ] vt découvrir.

discovery [dɪˈskʌvərɪ] n découverte f.

discredit [dɪs'kredɪt] ◇ n discrédit m. ◇ vt discréditer.

discreet [dɪ'skriːt] adj discret(ète).

discrepancy [dɪ'skrepənsɪ] n: ~ (in/between) divergence f (entre).

discretion [dɪ'skreʃn] n (U) **-1.** [tact] discrétion f. **-2.** [judgment] jugement m, discernement m; **at the ~ of** avec l'autorisation de.

discriminate [dɪ'skrɪmɪneɪt] vi **-1.** [distinguish] différencier, distinguer; **to ~ between** faire la distinction entre. **-2.** [be prejudiced]: **to ~ against sb** faire de la discrimination envers qqn.

discriminating [dɪ'skrɪmɪneɪtɪŋ] adj avisé(e).

discrimination [dɪ,skrɪmɪ'neɪʃn] n **-1.** [prejudice] discrimination f. **-2.** [judgment] discernement m, jugement m.

discus ['dɪskəs] (pl **-es**) n disque m.

discuss [dɪ'skʌs] vt discuter (de); **to ~ sthg with sb** discuter de qqch avec qqn.

discussion [dɪ'skʌʃn] n discussion f; **under ~** en discussion.

disdain [dɪs'deɪn] n: ~ (for) dédain m (pour).

disease [dɪ'ziːz] n [illness] maladie f.

disembark [,dɪsɪm'bɑːk] vi débarquer.

disenchanted [,dɪsɪn'tʃɑːntɪd] adj: ~ (with) désenchanté(e) (de).

disengage [,dɪsɪn'geɪdʒ] vt **-1.** [release]: **to ~ sthg (from)** libérer OR dégager qqch (de). **-2.** TECH déclencher; **to ~ the gears** débrayer.

disfavour Br, **disfavor** Am [dɪs'feɪvə'] n [dislike, disapproval] désapprobation f.

disfigure [dɪs'fɪgə'] vt défigurer.

disgrace [dɪs'greɪs] ◇ n **-1.** [shame] honte f; **to bring ~ on sb** jeter la honte sur qqn; **in ~** en défaveur. **-2.** [cause of shame - thing] honte f, scandale m; [- person] honte f. ◇ vt faire honte à; **to ~ o.s.** se couvrir de honte.

disgraceful [dɪs'greɪsful] adj honteux(euse), scandaleux(euse).

disgruntled [dɪs'grʌntld] adj mécontent(e).

disguise [dɪs'gaɪz] ◇ n déguisement m; **in ~** déguisé(e). ◇ vt **-1.** [person, voice] déguiser. **-2.** [hide - fact, feelings] dissimuler.

disgust [dɪs'gʌst] ◇ n: ~ (at) [behaviour, violence etc] dégoût m (pour); [decision] dégoût (devant). ◇ vt dégoûter, écœurer.

disgusting [dɪs'gʌstɪŋ] adj dégoûtant(e).

dish [dɪʃ] n plat m; Am [plate] assiette f.
♦ **dishes** npl vaisselle f; **to do** OR **wash the ~es** faire la vaisselle.
♦ **dish out** vt sep inf distribuer.
♦ **dish up** vt sep inf servir.

dish aerial Br, **dish antenna** Am n antenne f parabolique.

dishcloth ['dɪʃklɒθ] n lavette f.

disheartened [dɪs'hɑːtnd] adj découragé(e).

dishevelled Br, **disheveled** Am [dɪ'ʃevəld] adj [person] échevelé(e); [hair] en désordre.

dishonest [dɪs'ɒnɪst] adj malhonnête.

dishonor etc Am = **dishonour** etc.

dishonour Br, **dishonor** Am [dɪs'ɒnə'] ◇ n déshonneur m. ◇ vt déshonorer.

dishonourable Br, **dishonorable** Am [dɪs'ɒnərəbl] adj [person] peu honorable; [behaviour] déshonorant(e).

dish soap n Am liquide m pour la vaisselle.

dish towel n Am torchon m.

dishwasher ['dɪʃ,wɒʃə'] n [machine] lave-vaisselle m inv.

disillusioned [,dɪsɪ'luːʒnd] adj désillusionné(e), désenchanté(e); **to be ~ with** ne plus avoir d'illusions sur.

disincentive [,dɪsɪn'sentɪv] n: **to be a ~** avoir un effet dissuasif; [in work context] être démotivant(e).

disinclined [,dɪsɪn'klaɪnd] adj: **to be ~ to do sthg** être peu disposé(e) à faire qqch.

disinfect [,dɪsɪn'fekt] vt désinfecter.

disinfectant [,dɪsɪn'fektənt] n désinfectant m.

disintegrate [dɪs'ɪntɪgreɪt] *vi* [object] se désintégrer, se désagréger.

disinterested [,dɪs'ɪntrəstɪd] *adj* **-1.** [objective] désintéressé(e). **-2.** *inf* [uninterested]: ~ (**in**) indifférent(e) (à).

disjointed [dɪs'dʒɔɪntɪd] *adj* décousu(e).

disk [dɪsk] *n* **-1.** COMPUT disque *m*, disquette *f*. **-2.** *Am* = disc.

disk drive *Br*, **diskette drive** *Am n* COMPUT lecteur *m* de disques OR de disquettes.

diskette [dɪsk'et] *n* COMPUT disquette *f*.

diskette drive *n Am* = disk drive.

dislike [dɪs'laɪk] ◇ *n*: ~ (**of**) aversion *f* (pour); **to take a** ~ **to sb/sthg** prendre qqn/qqch en grippe. ◇ *vt* ne pas aimer.

dislocate ['dɪsləkeɪt] *vt* **-1.** MED se démettre. **-2.** [disrupt] désorganiser.

dislodge [dɪs'lodʒ] *vt*: **to** ~ **sthg (from)** déplacer qqch (de); [free] décoincer qqch (de).

disloyal [,dɪs'lɔɪəl] *adj*: ~ (**to**) déloyal(e) (envers).

dismal ['dɪzml] *adj* **-1.** [gloomy, depressing] lugubre. **-2.** [unsuccessful - attempt] infructueux(euse); [- failure] lamentable.

dismantle [dɪs'mæntl] *vt* démanteler.

dismay [dɪs'meɪ] ◇ *n* consternation *f*. ◇ *vt* consterner.

dismiss [dɪs'mɪs] *vt* **-1.** [from job]: **to** ~ **sb (from)** congédier qqn (de). **-2.** [refuse to take seriously - idea, person] écarter; [- plan, challenge] rejeter. **-3.** [allow to leave - class] laisser sortir; [- troops] faire rompre les rangs à.

dismissal [dɪs'mɪsl] *n* **-1.** [from job] licenciement *m*, renvoi *m*. **-2.** [refusal to take seriously] rejet *m*.

dismount [,dɪs'maʊnt] *vi*: **to** ~ **(from)** descendre (de).

disobedience [,dɪsə'biːdjəns] *n* désobéissance *f*.

disobedient [,dɪsə'biːdjənt] *adj* désobéissant(e).

disobey [,dɪsə'beɪ] *vt* désobéir à.

disorder [dɪs'ɔːdəʳ] *n* **-1.** [disarray]: **in** ~ en désordre. **-2.** (*U*) [rioting] troubles *mpl*. **-3.** MED trouble *m*.

disorderly [dɪs'ɔːdəlɪ] *adj* **-1.** [untidy - room] en désordre; [- appearance] débraillé(e). **-2.** [unruly] indiscipliné(e).

disorganized, -ised [dɪs'ɔːgənaɪzd] *adj* [person] désordonné(e), brouillon(onne); [system] mal conçu(e).

disorientated *Br* [dɪs'ɔːrɪənteɪtɪd], **disoriented** *Am* [dɪs'ɔːrɪəntɪd] *adj* désorienté(e).

disown [dɪs'əʊn] *vt* désavouer.

disparaging [dɪ'spærɪdʒɪŋ] *adj* désobligeant(e).

dispassionate [dɪ'spæʃnət] *adj* impartial(e).

dispatch [dɪ'spætʃ] ◇ *n* [message] dépêche *f*. ◇ *vt* [send] envoyer, expédier.

dispel [dɪ'spel] *vt* [feeling] dissiper, chasser.

dispensary [dɪ'spensərɪ] *n* officine *f*.

dispense [dɪ'spens] *vt* [justice, medicine] administrer.

♦ **dispense with** *vt fus* **-1.** [do without] se passer de. **-2.** [make unnecessary] rendre superflu(e); **to** ~ **with the need for sthg** rendre qqch superflu.

dispensing chemist *Br*, **dispensing pharmacist** *Am* [dɪ'spensɪŋ-] *n* pharmacien *m*, -ienne *f*.

disperse [dɪ'spɜːs] ◇ *vt* **-1.** [crowd] disperser. **-2.** [knowledge, news] répandre, propager. ◇ *vi* se disperser.

dispirited [dɪ'spɪrɪtɪd] *adj* découragé(e), abattu(e).

displace [dɪs'pleɪs] *vt* **-1.** [cause to move] déplacer. **-2.** [supplant] supplanter.

display [dɪ'spleɪ] ◇ *n* **-1.** [arrangement] exposition *f*. **-2.** [demonstration] manifestation *f*. **-3.** [public event] spectacle *m*. **-4.** [COMPUT - device] écran *m*; [- information displayed] affichage *m*, visualisation *f*. ◇ *vt* **-1.** [arrange] exposer. **-2.** [show] faire preuve de, montrer.

displease [dɪs'pliːz] *vt* déplaire à, mécontenter; **to be ~d with** être mécontent(e) de.

displeasure [dɪs'pleʒər] *n* mécontentement *m*.

disposable [dɪ'spəʊzəbl] *adj* **-1.** [throw away] jetable. **-2.** [income] disponible.

disposal [dɪ'spəʊzl] *n* **-1.** [removal] enlèvement *m*. **-2.** [availability]: **at sb's ~** à la disposition de qqn.

dispose [dɪ'spəʊz]
◆ **dispose of** *vt fus* [get rid of] se débarrasser de; [problem] résoudre.

disposed [dɪ'spəʊzd] *adj* **-1.** [willing]: **to be ~ to do sthg** être disposé(e) à faire qqch. **-2.** [friendly]: **to be well ~ to OR towards sb** être bien disposé(e) envers qqn.

disposition [ˌdɪspə'zɪʃn] *n* **-1.** [temperament] caractère *m*, tempérament *m*. **-2.** [tendency]: **~ to do sthg** tendance *f* à faire qqch.

disprove [ˌdɪs'pruːv] *vt* réfuter.

dispute [dɪ'spjuːt] ◇ *n* **-1.** [quarrel] dispute *f*. **-2.** (*U*) [disagreement] désaccord *m*. **-3.** INDUSTRY conflit *m*. ◇ *vt* contester.

disqualify [ˌdɪs'kwɒlɪfaɪ] *vt* **-1.** [subj: authority]: **to ~ sb (from doing sthg)** interdire à qqn (de faire qqch); **to ~ sb from driving** *Br* retirer le permis de conduire à qqn. **-2.** SPORT disqualifier.

disquiet [dɪs'kwaɪət] *n* inquiétude *f*.

disregard [ˌdɪsrɪ'ɡɑːd] ◇ *n* (*U*): **~ (for)** [money, danger] mépris *m* (pour); [feelings] indifférence *f* (à). ◇ *vt* [fact] ignorer; [danger] mépriser; [warning] ne pas tenir compte de.

disrepair [ˌdɪsrɪ'peər] *n* délabrement *m*; **to fall into ~** tomber en ruines.

disreputable [dɪs'repjʊtəbl] *adj* peu respectable.

disrepute [ˌdɪsrɪ'pjuːt] *n*: **to bring sthg into ~** discréditer qqch; **to fall into ~** acquérir une mauvaise réputation.

disrupt [dɪs'rʌpt] *vt* perturber.

dissatisfaction ['dɪsˌsætɪs'fækʃn] *n* mécontentement *m*.

dissatisfied [ˌdɪs'sætɪsfaɪd] *adj*: **~ (with)** mécontent(e) (de), pas satisfait(e) (de).

dissect [dɪ'sekt] *vt lit* & *fig* disséquer.

dissent [dɪ'sent] ◇ *n* dissentiment *m*. ◇ *vi*: **to ~ (from)** être en désaccord (avec).

dissertation [ˌdɪsə'teɪʃn] *n* dissertation *f*.

disservice [ˌdɪs'sɜːvɪs] *n*: **to do sb a ~** rendre un mauvais service à qqn.

dissimilar [ˌdɪ'sɪmɪlər] *adj*: **~ (to)** différent(e) (de).

dissipate ['dɪsɪpeɪt] *vt* **-1.** [heat] dissiper. **-2.** [efforts, money] gaspiller.

dissociate [dɪ'səʊʃɪeɪt] *vt* dissocier; **to ~ o.s. from** se désolidariser de.

dissolute ['dɪsəluːt] *adj* dissolu(e).

dissolve [dɪ'zɒlv] ◇ *vt* dissoudre. ◇ *vi* **-1.** [substance] se dissoudre. **-2.** *fig* [disappear] disparaître.

dissuade [dɪ'sweɪd] *vt*: **to ~ sb (from)** dissuader qqn (de).

distance ['dɪstəns] *n* distance *f*; **at a ~** assez loin; **from a ~** de loin; **in the ~** au loin.

distant ['dɪstənt] *adj* **-1.** [gen]: **~ (from)** éloigné(e) (de). **-2.** [reserved - person, manner] distant(e).

distaste [dɪs'teɪst] *n*: **~ (for)** dégoût *m* (pour).

distasteful [dɪs'teɪstfʊl] *adj* répugnant(e), déplaisant(e).

distended [dɪ'stendɪd] *adj* [stomach] distendu(e).

distil *Br*, **distill** *Am* [dɪ'stɪl] *vt* **-1.** [liquid] distiller. **-2.** *fig* [information] tirer.

distillery [dɪ'stɪlərɪ] *n* distillerie *f*.

distinct [dɪ'stɪŋkt] *adj* **-1.** [different]: **~ (from)** distinct(e) (de), différent(e) (de); **as ~ from** par opposition à. **-2.** [definite - improvement] net (nette).

distinction [dɪ'stɪŋkʃn] *n* **-1.** [difference] distinction *f*, différence *f*; **to draw OR make a ~ between** faire une distinction entre. **-2.** (*U*) [excellence] distinction *f*. **-3.** [exam result] mention *f* très bien.

distinctive [dɪ'stɪŋktɪv] *adj* caractéristique.

distinguish [dɪ'stɪŋgwɪʃ] *vt* **-1.** [tell apart]: **to ~ sthg from sthg** distinguer qqch de qqch, faire la différence entre qqch et qqch. **-2.** [perceive] distinguer. **-3.** [characterize] caractériser.

distinguished [dɪ'stɪŋgwɪʃt] *adj* distingué(e).

distinguishing [dɪ'stɪŋgwɪʃɪŋ] *adj* [feature, mark] caractéristique.

distort [dɪ'stɔːt] *vt* déformer.

distract [dɪ'strækt] *vt*: **to ~ sb (from)** distraire qqn (de).

distracted [dɪ'stræktɪd] *adj* [preoccupied] soucieux(ieuse).

distraction [dɪ'strækʃn] *n* [interruption, diversion] distraction *f*.

distraught [dɪ'strɔːt] *adj* éperdu(e).

distress [dɪ'stres] ◇ *n* [anxiety] détresse *f*; [pain] douleur *f*, souffrance *f*. ◇ *vt* affliger.

distressing [dɪ'stresɪŋ] *adj* [news, image] pénible.

distribute [dɪ'strɪbjuːt] *vt* **-1.** [gen] distribuer. **-2.** [spread out] répartir.

distribution [ˌdɪstrɪ'bjuːʃn] *n* **-1.** [gen] distribution *f*. **-2.** [spreading out] répartition *f*.

distributor [dɪ'strɪbjʊtəʳ] *n* AUT & COMM distributeur *m*.

district ['dɪstrɪkt] *n* **-1.** [area - of country] région *f*; [- of town] quartier *m*. **-2.** ADMIN district *m*.

district attorney *n* Am ≃ procureur *m* de la République.

district council *n* Br ≃ conseil *m* général.

district nurse *n* Br infirmière *f* visiteuse OR à domicile.

distrust [dɪs'trʌst] ◇ *n* méfiance *f*. ◇ *vt* se méfier de.

disturb [dɪ'stɜːb] *vt* **-1.** [interrupt] déranger. **-2.** [upset, worry] inquiéter. **-3.** [sleep, surface] troubler.

disturbance [dɪ'stɜːbəns] *n* **-1.** POL troubles *mpl*; [fight] tapage *m*. **-2.** [interruption] dérangement *m*. **-3.** [of mind, emotions] trouble *m*.

disturbed [dɪ'stɜːbd] *adj* **-1.** [emotionally, mentally] perturbé(e). **-2.** [worried] inquiet(iète).

disturbing [dɪ'stɜːbɪŋ] *adj* [image] bouleversant(e); [news] inquiétant(e).

disuse [ˌdɪs'juːs] *n*: **to fall into ~** [factory] être à l'abandon; [regulation] tomber en désuétude.

disused [ˌdɪs'juːzd] *adj* désaffecté(e).

ditch [dɪtʃ] ◇ *n* fossé *m*. ◇ *vt inf* [boyfriend, girlfriend] plaquer; [old car, clothes] se débarrasser de; [plan] abandonner.

dither ['dɪðəʳ] *vi* hésiter.

ditto ['dɪtəʊ] *adv* idem.

dive [daɪv] (*Br pt* & *pp* **-d**, *Am pt* & *pp* **-d** OR **dove**) ◇ *vi* plonger; [bird, plane] piquer. ◇ *n* **-1.** [gen] plongeon *m*. **-2.** [of plane] piqué *m*. **-3.** *inf pej* [bar, restaurant] bouge *m*.

diver ['daɪvəʳ] *n* plongeur *m*, -euse *f*.

diverge [daɪ'vɜːdʒ] *vi*: **to ~ (from)** diverger (de).

diversify [daɪ'vɜːsɪfaɪ] ◇ *vt* diversifier. ◇ *vi* se diversifier.

diversion [daɪ'vɜːʃn] *n* **-1.** [amusement] distraction *f*; [tactical] diversion *f*. **-2.** [of traffic] déviation *f*. **-3.** [of river, funds] détournement *m*.

diversity [daɪ'vɜːsɪtɪ] *n* diversité *f*.

divert [daɪ'vɜːt] *vt* **-1.** [traffic] dévier. **-2.** [river, funds] détourner. **-3.** [person - amuse] distraire; [- tactically] détourner.

divide [dɪ'vaɪd] ◇ *vt* **-1.** [separate] séparer. **-2.** [share out] diviser, partager. **-3.** [split up]: **to ~ sthg (into)** diviser qqch (en). **-4.** MATH: **89 ~d by 3** 89 divisé par 3. **-5.** [people - in disagreement] diviser. ◇ *vi* se diviser.

dividend ['dɪvɪdend] *n* dividende *m*.

divine [dɪ'vaɪn] *adj* divin(e).

diving ['daɪvɪŋ] *n* (U) plongeon *m*; [with breathing apparatus] plongée *f* (sous-marine).

divingboard ['daɪvɪŋbɔːd] *n* plongeoir *m*.

divinity [dɪ'vɪnətɪ] *n* **-1.** [godliness, god] divinité *f*. **-2.** [study] théologie *f*.

division [dɪ'vɪʒn] *n* **-1.** [gen] division *f*. **-2.** [separation] séparation *f*.

divorce [dɪ'vɔːs] ◇ *n* divorce *m*. ◇ *vt* [husband, wife] divorcer.

divorced [dɪ'vɔːst] *adj* divorcé(e).

divorcee [dɪvɔː'siː] *n* divorcé *m*, -e *f*.

divulge [daɪ'vʌldʒ] *vt* divulguer.

DIY (*abbr of* **do-it-yourself**) *n* Br bricolage *m*.

dizzy ['dɪzɪ] *adj* [giddy]: **to feel ~** avoir la tête qui tourne.

DJ *n* (*abbr of* **disc jockey**) disc-jockey *m*.

DNA (*abbr of* **deoxyribonucleic acid**) *n* ADN *m*.

do [duː] (*pt* **did**, *pp* **done**, *pl* **dos** OR **do's**) ◇ *aux vb* **-1.** (*in negatives*): **don't leave it there** ne le laisse pas là. **-2.** (*in questions*): **what did he want?** qu'est-ce qu'il voulait?; **~ you think she'll come?** tu crois qu'elle viendra? **-3.** (*referring back to previous verb*): **she reads more than I ~** elle lit plus que moi; **I like reading — so ~ I** j'aime lire — moi aussi. **-4.** (*in question tags*): **so you think you can dance, ~ you?** alors tu t'imagines que tu sais danser, c'est ça? **-5.** [for emphasis]: **I did tell you but you've forgotten** je te l'avais bien dit, mais tu l'as oublié; **~ come in** entrez donc. ◇ *vt* **-1.** [perform an activity, a service] faire; **to ~ aerobics/gymnastics** faire de l'aérobic/de la gymnastique; **to ~ the cooking/housework** faire la cuisine/le ménage; **to ~ one's hair** se coiffer; **to ~ one's teeth** se laver OR se brosser les dents. **-2.** [take action] faire; **to ~ something about sthg** trouver une solution pour qqch. **-3.** [referring to job]: **what do you ~?** qu'est-ce que vous faites dans la vie? **-4.** [study] faire; **I did physics at school** j'ai fait de la physique à l'école. **-5.** [travel at a particular speed] faire, rouler; **the car can ~ 110 mph** ≃ la voiture peut faire du 180 à l'heure. ◇ *vi* **-1.** [act] faire; **~ as I tell you** fais comme je te dis. **-2.** [perform in a particular way]: **they're ~ing really well** leurs affaires marchent bien; **he could ~ better** il pourrait mieux faire; **how did you ~ in the exam?** comment ça a marché à l'examen? **-3.** [be good enough, be sufficient] suffire, aller; **will £6 ~?** est-ce que 6 livres suffiront?, 6 livres, ça ira?; **that will ~** ça suffit. ◇ *n* [party] fête *f*, soirée *f*.

◆ **dos** *npl*: **~s and don'ts** ce qu'il faut faire et ne pas faire.

◆ **do away with** *vt fus* supprimer.

◆ **do out of** *vt sep inf*: **to ~ sb out of sthg** escroquer OR carotter qqch à qqn.

◆ **do up** *vt sep* **-1.** [fasten - shoelaces, shoes] attacher; [- buttons, coat] boutonner. **-2.** [decorate - room, house] refaire. **-3.** [wrap up] emballer.

◆ **do with** *vt fus* **-1.** [need] avoir besoin de. **-2.** [have connection with]: **that has nothing to ~ with it** ça n'a rien à voir, ça n'a aucun rapport; **I had nothing to ~ with it** je n'y étais pour rien.

◆ **do without** ◇ *vt fus* se passer de. ◇ *vi* s'en passer.

Doberman ['dəʊbəmən] (*pl* **-s**) *n*: **~ (pinscher)** doberman *m*.

docile [Br 'dəʊsaɪl, Am 'dɒsəl] *adj* docile.

dock [dɒk] ◇ *n* **-1.** [in harbour] docks *mpl*. **-2.** JUR banc *m* des accusés. ◇ *vi* [ship] arriver à quai.

docker ['dɒkəʳ] *n* docker *m*.

docklands ['dɒkləndz] *npl* Br docks *mpl*.

dockworker ['dɒkwɜːkəʳ] = **docker**.

dockyard ['dɒkjɑːd] *n* chantier *m* naval.

doctor ['dɒktəʳ] ◇ *n* **-1.** MED docteur *m*, médecin *m*; **to go to the ~'s** aller chez le docteur. **-2.** UNIV docteur *m*. ◇ *vt* [results, report] falsifier; [text, food] altérer.

doctorate ['dɒktərət], **doctor's degree** *n* doctorat *m*.

doctrine ['dɒktrɪn] *n* doctrine *f*.

document ['dɒkjʊmənt] *n* document *m*.

documentary [ˌdɒkjʊ'mentərɪ] ◇ *adj* documentaire. ◇ *n* documentaire *m*.

dodge [dɒdʒ] ◇ *n inf* combine *f*. ◇ *vt* éviter, esquiver. ◇ *vi* s'esquiver.

dodgy ['dɒdʒɪ] *adj Br inf* [plan, deal] douteux(euse).

doe [dəʊ] *n* **-1.** [deer] biche *f*. **-2.** [rabbit] lapine *f*.

does [*weak form* dəz, *strong form* dʌz] → do.

doesn't ['dʌznt] = does not.

dog [dɒg] ◇ *n* [animal] chien *m*, chienne *f*. ◇ *vt* **-1.** [subj: person - follow] suivre de près. **-2.** [subj: problems, bad luck] poursuivre.

dog collar *n* **-1.** [of dog] collier *m* de chien. **-2.** [of priest] col *m* d'ecclésiastique.

dog-eared [-ɪəd] *adj* écorné(e).

dog food *n* nourriture *f* pour chiens.

dogged ['dɒgɪd] *adj* opiniâtre.

dogsbody ['dɒgz,bɒdɪ] *n Br inf* [woman] bonne *f* à tout faire; [man] factotum *m*.

doing ['duːɪŋ] *n*: is this your ~? c'est toi qui est cause de tout cela?

♦ **doings** *npl* actions *fpl*.

do-it-yourself *n* (U) bricolage *m*.

doldrums ['dɒldrəmz] *npl*: to be in the ~ *fig* être dans le marasme.

dole [dəʊl] *n Br* [unemployment benefit] allocation *f* de chômage; to be on the ~ être au chômage.

♦ **dole out** *vt sep* [food, money] distribuer au compte-gouttes.

doleful ['dəʊlfʊl] *adj* morne.

doll [dɒl] *n* poupée *f*.

dollar ['dɒlər] *n* dollar *m*.

dollop ['dɒləp] *n inf* bonne cuillerée *f*.

dolphin ['dɒlfɪn] *n* dauphin *m*.

domain [də'meɪn] *n lit & fig* domaine *m*.

dome [dəʊm] *n* dôme *m*.

domestic [də'mestɪk] ◇ *adj* **-1.** [policy, politics, flight] intérieur(e). **-2.** [chores, animal] domestique. **-3.** [home-loving] casanier(ière). ◇ *n* domestique *mf*.

domestic appliance *n* appareil *m* ménager.

dominant ['dɒmɪnənt] *adj* dominant(e); [personality, group] dominateur(trice).

dominate ['dɒmɪneɪt] *vt* dominer.

domineering [ˌdɒmɪ'nɪərɪŋ] *adj* autoritaire.

dominion [də'mɪnjən] *n* **-1.** (U) [power] domination *f*. **-2.** [land] territoire *m*.

domino ['dɒmɪnəʊ] (*pl* -es) *n* domino *m*.

♦ **dominoes** *npl* dominos *mpl*.

don [dɒn] *n Br* UNIV professeur *m* d'université.

donate [də'neɪt] *vt* faire don de.

done [dʌn] ◇ *pp* → do. ◇ *adj* **-1.** [job, work] achevé(e); I'm nearly ~ j'ai presque fini. **-2.** [cooked] cuit(e). ◇ *excl* [to conclude deal] tope!

donkey ['dɒŋkɪ] (*pl* donkeys) *n* âne *m*, ânesse *f*.

donor ['dəʊnər] *n* **-1.** MED donneur *m*, -euse *f*. **-2.** [to charity] donateur *m*, -trice *f*.

donor card *n* carte *f* de donneur.

don't [dəʊnt] = do not.

doodle ['duːdl] ◇ *n* griffonnage *m*. ◇ *vi* griffonner.

doom [duːm] *n* [fate] destin *m*.

doomed [duːmd] *adj* condamné(e); the plan was ~ to failure le plan était voué à l'échec.

door [dɔːr] *n* porte *f*; [of vehicle] portière *f*.

doorbell ['dɔːbel] *n* sonnette *f*.

doorknob ['dɔːnɒb] *n* bouton *m* de porte.

doorman ['dɔːmən] (*pl* -men [-mən]) *n* portier *m*.

doormat ['dɔːmæt] *n lit & fig* paillasson *m*.

doorstep ['dɔːstep] *n* pas *m* de la porte.

doorway ['dɔːweɪ] *n* embrasure *f* de la porte.

dope [dəʊp] ◇ *n inf* **-1.** drugs sl dope *f*. **-2.** [for athlete, horse] dopant *m*. **-3.** *inf* [fool] imbécile *mf*. ◇ *vt* [horse] doper.

dopey ['dəupɪ] (*compar* **-ier**, *superl* **-iest**) *adj inf* abruti(e).

dormant ['dɔːmənt] *adj* **-1.** [volcano] endormi(e). **-2.** [law] inappliqué(e).

dormitory ['dɔːmətrɪ] *n* **-1.** [gen] dortoir *m*. **-2.** *Am* [in university] ≃ cité *f* universitaire.

Dormobile® ['dɔːməˌbiːl] *n Br* camping-car *m*.

DOS [dɒs] (*abbr of* **disk operating system**) *n* DOS *m*.

dose [dəus] *n* **-1.** MED dose *f*. **-2.** *fig* [amount]: **a ~ of the measles** la rougeole.

dosser ['dɒsəʳ] *n Br inf* clochard *m*, -e *f*.

dosshouse ['dɒshaus, *pl* -hauzɪz] *n Br inf* asile *m* de nuit.

dot [dɒt] ◇ *n* point *m*; **on the ~** à l'heure pile. ◇ *vt*: **dotted with** parsemé(e) de.

dote [dəut]

◆ **dote (up)on** *vt fus* adorer.

dot-matrix printer *n* imprimante *f* matricielle.

dotted line ['dɒtɪd-] *n* ligne *f* pointillée.

double ['dʌbl] ◇ *adj* double; **~ doors** porte *f* à deux battants. ◇ *adv* **-1.** [twice]: **~ the amount** deux fois plus; **to see ~** voir double. **-2.** [in two] en deux; **to bend ~** se plier en deux. ◇ *n* **-1.** [twice as much]: **I earn ~ what I used to** je gagne le double de ce que je gagnais auparavant. **-2.** [drink, look-alike] double *m*. **-3.** CINEMA doublure *f*. ◇ *vt* doubler. ◇ *vi* [increase twofold] doubler.

◆ **doubles** *npl* TENNIS double *m*.

double-barrelled *Br*, **double-barreled** *Am* [-'bærəld] *adj* **-1.** [shotgun] à deux coups. **-2.** [name] à rallonge.

double bass [-beɪs] *n* contrebasse *f*.

double bed *n* lit *m* pour deux personnes, grand lit.

double-breasted [-'brestɪd] *adj* [jacket] croisé(e).

double-check *vt & vi* revérifier.

double chin *n* double menton *m*.

double cream *n Br* crème *f* fraîche épaisse.

double-cross *vt* trahir.

double-decker [-'dekəʳ] *n* [bus] autobus *m* à impériale.

double-dutch *n Br* charabia *m*.

double-glazing [-'gleɪzɪŋ] *n* double vitrage *m*.

double room *n* chambre *f* pour deux personnes.

double vision *n* vue *f* double.

doubly ['dʌblɪ] *adv* doublement.

doubt [daut] ◇ *n* doute *m*; **there is no ~ that** il n'y a aucun doute que; **without (a) ~** sans aucun doute; **to be in ~** [person] ne pas être sûr(e); [outcome] être incertain(e); **to cast ~ on sthg** mettre qqch en doute; **no ~** sans aucun doute. ◇ *vt* douter; **to ~ whether** OR **if douter que**.

doubtful ['dautful] *adj* **-1.** [decision, future] incertain(e). **-2.** [person, value] douteux(euse).

doubtless ['dautlɪs] *adv* sans aucun doute.

dough [dəu] *n (U)* **-1.** CULIN pâte *f*. **-2.** *v inf* [money] fric *m*.

doughnut ['dəunʌt] *n* beignet *m*.

douse [daus] *vt* **-1.** [fire, flames] éteindre. **-2.** [drench] tremper.

dove[1] [dʌv] *n* [bird] colombe *f*.

dove[2] [dəuv] *Am pt* → **dive**.

Dover ['dəuvəʳ] *n* Douvres.

dovetail ['dʌvteɪl] *fig vi* coïncider.

dowdy ['daudɪ] *adj* sans chic.

down [daun] ◇ *adv* **-1.** [downwards] en bas, vers le bas; **to bend ~** se pencher; **to climb ~** descendre; **to fall ~** tomber (par terre); **to pull ~** tirer vers le bas. **-2.** [along]: **we went ~ to have a look** on est allé jeter un coup d'œil; **I'm going ~ to the shop** je vais au magasin. **-3.** [southwards]: **we travelled ~ to London** on est descendu à Londres. **-4.** [lower in amount]: **prices are coming ~** les prix baissent; **~ to the last detail** jusqu'au moindre détail. ◇ *prep* **-1.** [downwards]: **they ran ~ the hill/stairs** ils ont descendu la colline/l'escalier en courant. **-2.** [along]: **to walk ~ the street** descendre la rue. ◇ *adj* **-1.** *inf* [depressed]: **to feel ~** avoir le cafard. **-2.** [computer, telephones] en panne. ◇ *n* (*U*) duvet *m*. ◇ *vt* **-1.** [knock over] abattre. **-2.** [drink] avaler d'un trait.

♦ **downs** *npl Br* collines *fpl*.

down-and-out ◇ *adj* indigent(e). ◇ *n* personne dans le besoin.

down-at-heel *adj* déguenillé(e).

downbeat ['daʊnbi:t] *adj inf* pessimiste.

downcast ['daʊnkɑ:st] *adj* [sad] démoralisé(e).

downfall ['daʊnfɔ:l] *n* (*U*) ruine *f*.

downhearted [ˌdaʊn'hɑ:tɪd] *adj* découragé(e).

downhill [ˌdaʊn'hɪl] ◇ *adj* [downward] en pente. ◇ *n* SKIING [race] descente *f*. ◇ *adv*: **to walk ~** descendre la côte; **her career is going ~** *fig* sa carrière est sur le déclin.

Downing Street ['daʊnɪŋ-] *n* rue du centre de Londres où réside le premier ministre.

down payment *n* acompte *m*.

downpour ['daʊnpɔ:ʳ] *n* pluie *f* torrentielle.

downright ['daʊnraɪt] ◇ *adj* franc (franche) [lie] effronté(e). ◇ *adv* franchement.

downstairs [ˌdaʊn'steəz] ◇ *adj* du bas; [on floor below] à l'étage endessous. ◇ *adv* en bas; [on floor below] à l'étage en-dessous; **to come** OR **go ~** descendre.

downstream [ˌdaʊn'stri:m] *adv* en aval.

down-to-earth *adj* pragmatique, terre-à-terre (*inv*).

downtown [ˌdaʊn'taʊn] ◇ *adj*: **~ New York** le centre de New York. ◇ *adv* en ville.

downturn ['daʊntɜ:n] *n*: **~ (in)** baisse *f* (de).

down under *adv* en Australie/Nouvelle-Zélande.

downward ['daʊnwəd] ◇ *adj* **-1.** [to-wards ground] vers le bas. **-2.** [trend] à la baisse. ◇ *adv Am* = **downwards**.

downwards ['daʊnwədz] *adv* [look, move] vers le bas.

dowry ['daʊərɪ] *n* dot *f*.

doz. (*abbr of* **dozen**) douz.

doze [dəʊz] ◇ *n* somme *m*. ◇ *vi* sommeiller.

♦ **doze off** *vi* s'assoupir.

dozen ['dʌzn] ◇ *num adj*: **a ~ eggs** une douzaine d'œufs. ◇ *n* douzaine *f*; **50p a ~** 50p la douzaine; **~s of** des centaines de.

dozy ['dəʊzɪ] *adj* **-1.** [sleepy] somnolent(e). **-2.** *Br inf* [stupid] lent(e).

Dr. -1. (*abbr of* **Drive**) av. **-2.** (*abbr of* **Doctor**) Dr.

drab [dræb] *adj* terne.

draft [drɑ:ft] ◇ *n* **-1.** [early version] premier jet *m*, ébauche *f*; [of letter] brouillon *m*. **-2.** [money order] traite *f*. **-3.** *Am* MIL: **the ~** la conscription *f*. **-4.** *Am* = **draught**. ◇ *vt* **-1.** [speech] ébaucher, faire le plan de; [letter] faire le brouillon de. **-2.** *Am* MIL appeler. **-3.** [staff] muter.

draftsman *Am* = **draughtsman**.

drafty *Am* = **draughty**.

drag [dræg] ◇ *vt* **-1.** [gen] traîner. **-2.** [lake, river] draguer. ◇ *vi* **-1.** [dress, coat] traîner. **-2.** *fig* [time, action] traîner en longueur. ◇ *n* **-1.** *inf* [bore] plaie *f*. **-2.** *inf* [on cigarette] bouffée *f*. **-3.** [cross-dressing]: **in ~** en travesti.

♦ **drag on** *vi* [meeting, time] s'éterniser, traîner en longueur.

dragon ['drægən] *n lit* & *fig* dragon *m*.

dragonfly ['drægnflaɪ] *n* libellule *f*.

drain [dreɪn] ◇ *n* **-1.** [pipe] égout *m*. **-2.** [depletion - of resources, funds]: **~ on** épuisement *m* de. ◇ *vt* **-1.** [vegetables] égoutter; [land] assécher, drainer. **-2.** [strength, resources] épuiser. **-3.** [drink, glass] boire. ◇ *vi* [dishes] égoutter.

drainage ['dreɪnɪdʒ] *n* **-1.** [pipes, ditches] (système *m* du) tout-à-l'égout *m*. **-2.** [draining - of land] drainage *m*.

draining board *Br* ['dreɪnɪŋ-], **drain-board** *Am* ['dreɪnbɔːrd] *n* égouttoir *m*.

drainpipe ['dreɪnpaɪp] *n* tuyau *m* d'écoulement.

dram [dræm] *n* goutte *f* (de whisky).

drama ['drɑːmə] *n* **-1.** [play, excitement] drame *m*. **-2.** (*U*) [art] théâtre *m*.

dramatic [drə'mætɪk] *adj* **-1.** [gen] dramatique. **-2.** [sudden, noticeable] spectaculaire.

dramatist ['dræmətɪst] *n* dramaturge *mf*.

dramatize, -ise ['dræmətaɪz] *vt* **-1.** [rewrite as play, film] adapter pour la télévision/la scène/l'écran. **-2.** *pej* [make exciting] dramatiser.

drank [dræŋk] *pt* → **drink**.

drape [dreɪp] *vt* draper; **to be ~d with** OR **in** être drapé(e) **de**.

◆ **drapes** *npl Am* rideaux *mpl*.

drastic ['dræstɪk] *adj* **-1.** [measures] drastique, radical(e). **-2.** [improvement, decline] spectaculaire.

draught *Br*, **draft** *Am* [drɑːft] *n* **-1.** [air current] courant *m* d'air. **-2.** [from barrel]: **on ~** [beer] à la pression.

◆ **draughts** *n Br* jeu *m* de dames.

draught beer *n Br* bière *f* à la pression.

draughtboard ['drɑːftbɔːd] *n Br* damier *m*.

draughtsman *Br* (*pl* **-men** [-mən]), **draftsman** *Am* (*pl* **-men** [-mən]) ['drɑːftsmən] *n* dessinateur *m*, -trice *f*.

draughty *Br*, **drafty** *Am* ['drɑːftɪ] *adj* plein(e) de courants d'air.

draw [drɔː] (*pt* **drew**, *pp* **drawn**) ◇ *vt* **-1.** [gen] tirer. **-2.** [sketch] dessiner. **-3.** [comparison, distinction] établir, faire. **-4.** [attract] attirer, entraîner; **to ~ sb's attention to** attirer l'attention de qqn sur. ◇ *vi* **-1.** [sketch] dessiner. **-2.** [move]: **to ~ near** [person] s'approcher; [time]: **to ~ away** reculer. **-3.** SPORT faire match nul; **to be ~ing** être à égalité. ◇ *n* **-1.** SPORT [result] match *m* nul. **-2.** [lottery] tirage *m*. **-3.** [attraction] attraction *f*.

◆ **draw out** *vt sep* **-1.** [encourage - person] faire sortir de sa coquille. **-2.** [prolong] prolonger. **-3.** [money] faire un retrait de, retirer.

◆ **draw up** ◇ *vt sep* [contract, plan] établir, dresser. ◇ *vi* [vehicle] s'arrêter.

drawback ['drɔːbæk] *n* inconvénient *m*, désavantage *m*.

drawbridge ['drɔːbrɪdʒ] *n* pont-levis *m*.

drawer [drɔːr] *n* [in desk, chest] tiroir *m*.

drawing ['drɔːɪŋ] *n* dessin *m*.

drawing board *n* planche *f* à dessin.

drawing pin *n Br* punaise *f*.

drawing room *n* salon *m*.

drawl [drɔːl] *n* voix *f* traînante.

drawn [drɔːn] *pp* → **draw**.

dread [dred] ◇ *n* (*U*) épouvante *f*. ◇ *vt* appréhender; **to ~ doing sthg** appréhender de faire qqch.

dreadful ['dredfʊl] *adj* affreux(euse), épouvantable.

dreadfully ['dredfʊlɪ] *adv* **-1.** [badly] terriblement. **-2.** [extremely] extrêmement; **I'm ~ sorry** je regrette infiniment.

dream [driːm] (*pt* & *pp* **-ed** OR **dreamt**) ◇ *n* rêve *m*. ◇ *adj* de rêve. ◇ *vt*: **to ~ (that)** ... rêver que .... ◇ *vi*: **to ~ (of** OR **about)** rêver (de); **I wouldn't ~ of it** cela ne me viendrait même pas à l'idée.

◆ **dream up** *vt sep* inventer.

dreamt [dremt] *pp* → **dream**.

dreamy ['driːmɪ] *adj* **-1.** [distracted] rêveur(euse). **-2.** [dreamlike] de rêve.

dreary ['drɪərɪ] *adj* **-1.** [weather] morne. **-2.** [dull, boring] ennuyeux(euse).

dredge [dredʒ] *vt* draguer.

◆ **dredge up** *vt sep* **-1.** [with dredger] draguer. **-2.** *fig* [from past] déterrer.

dregs [dregz] *npl lit* & *fig* lie *f*.

drench [drentʃ] *vt* tremper; **to be ~ed in** OR **with** être inondé(e) de.

dress [dres] ◇ n -1. [woman's garment] robe f. -2. (U) [clothing] costume m, tenue f. ◇ vt -1. [clothe] habiller; to be ~ed être habillé(e); to be ~ed in être vêtu(e) de; to get ~ed s'habiller. -2. [bandage] panser. -3. CULIN [salad] assaisonner. ◇ vi s'habiller.
♦ **dress up** vi -1. [in costume] se déguiser. -2. [in best clothes] s'habiller (élégamment).

dress circle n premier balcon m.

dresser ['dresəʳ] n -1. [for dishes] vaisselier m. -2. Am [chest of drawers] commode f.

dressing ['dresɪŋ] n -1. [bandage] pansement m. -2. [for salad] assaisonnement m. -3. Am [for turkey etc] farce f.

dressing gown n robe f de chambre.

dressing room n -1. THEATRE loge f. -2. SPORT vestiaire m.

dressing table n coiffeuse f.

dressmaker ['dres,meɪkəʳ] n couturier m, -ière f.

dressmaking ['dres,meɪkɪŋ] n couture f.

dress rehearsal n générale f.

dressy ['dresɪ] adj habillé(e).

drew [druː] pt → draw.

dribble ['drɪbl] ◇ n -1. [saliva] bave f. -2. [trickle] traînée f. ◇ vt SPORT dribbler. ◇ vi -1. [drool] baver. -2. [liquid] tomber goutte à goutte, couler.

dried [draɪd] adj [milk, eggs] en poudre; [fruit] sec (sèche); [flowers] séché(e).

drier ['draɪəʳ] = dryer.

drift [drɪft] ◇ n -1. [movement] mouvement m; [direction] direction f, sens m. -2. [meaning] sens m général. -3. [of snow] congère f; [of sand, leaves] amoncellement m, entassement m. ◇ vi -1. [boat] dériver. -2. [snow, sand, leaves] s'amasser, s'amonceler.

driftwood ['drɪftwʊd] n bois m flottant.

drill [drɪl] ◇ n -1. [tool] perceuse f; [dentist's] fraise f; [in mine etc] perforatrice f. -2. [exercise, training] exercice m. ◇ vt -1. [wood, hole] percer; [tooth]

fraiser; [well] forer. -2. [soldiers] entraîner. ◇ vi [excavate]: to ~ for oil forer à la recherche de pétrole.

drink [drɪŋk] (pt drank, pp drunk) ◇ n -1. [gen] boisson f; to have a ~ boire un verre. -2. (U) [alcohol] alcool m. ◇ vt boire. ◇ vi boire.

drink-driving Br, **drunk-driving** Am n conduite f en état d'ivresse.

drinker ['drɪŋkəʳ] n buveur m, -euse f.

drinking water ['drɪŋkɪŋ-] n eau f potable.

drip [drɪp] ◇ n -1. [drop] goutte f. -2. MED goutte-à-goutte m inv. ◇ vi [gen] goutter, tomber goutte à goutte.

drip-dry adj qui ne se repasse pas.

drive [draɪv] (pt drove, pp driven) ◇ n -1. [in car] trajet m (en voiture); to go for a ~ faire une promenade (en voiture). -2. [urge] désir m, besoin m. -3. [campaign] campagne f. -4. (U) [energy] dynamisme m, énergie f. -5. [road to house] allée f. -6. SPORT drive m. ◇ vt -1. [vehicle, passenger] conduire. -2. TECH entraîner, actionner. -3. [animals, people] pousser. -4. [motivate] pousser. -5. [force]: to ~ sb to sthg/to do sthg pousser qqn à qqch/à faire qqch, conduire qqn à qqch/à faire qqch; to ~ sb mad OR crazy rendre qqn fou. -6. [nail, stake] enfoncer. ◇ vi [driver] conduire; [travel by car] aller en voiture.

drivel ['drɪvl] n (U) inf foutaises fpl, idioties fpl.

driven ['drɪvn] pp → drive.

driver ['draɪvəʳ] n [of vehicle - gen] conducteur m, -trice f; [- of taxi] chauffeur m.

driver's license Am = driving licence.

drive shaft n arbre m de transmission.

driveway ['draɪvweɪ] n allée f.

driving ['draɪvɪŋ] ◇ adj [rain] battant(e); [wind] cinglant(e). ◇ n (U) conduite f.

driving instructor n moniteur m, -trice f d'auto-école.

driving lesson n leçon f de conduite.

driving licence *Br*, **driver's license** *Am n* permis *m* de conduire.

driving mirror *n* rétroviseur *m*.

driving school *n* auto-école *f*.

driving test *n* (examen *m* du) permis *m* de conduire.

drizzle ['drɪzl] ◇ *n* bruine *f*. ◇ *v impers* bruiner.

droll [drəʊl] *adj* drôle.

drone [drəʊn] *n* **-1.** [of traffic, voices] ronronnement *m*; [of insect] bourdonnement *m*. **-2.** [male bee] abeille *f* mâle, faux-bourdon *m*.

drool [druːl] *vi* baver; **to ~ over** *fig* baver (d'admiration) devant.

droop [druːp] *vi* [head] pencher; [shoulders, eyelids] tomber.

drop [drɒp] ◇ *n* **-1.** [of liquid] goutte *f*. **-2.** [sweet] pastille *f*. **-3.** [decrease]: **~ (in)** baisse *f* (de). **-4.** [distance down] dénivellation *f*; **sheer ~** à-pic *m inv.* ◇ *vt* **-1.** [let fall] laisser tomber. **-2.** [voice, speed, price] baisser. **-3.** [abandon] **abandonner**; [player] exclure. **-4.** [let out of car] déposer. **-5.** [utter]: **to ~ a hint that** laisser entendre que. **-6.** [write]: **to ~ sb a note** OR **line** écrire un petit mot à qqn. ◇ *vi* **-1.** [fall] tomber. **-2.** [temperature, demand] baisser; [voice, wind] tomber.

◆ **drops** *npl* MED gouttes *fpl*.

◆ **drop in** *vi inf*: **to ~ in (on sb)** passer (chez qqn).

◆ **drop off** ◇ *vt sep* déposer. ◇ *vi* **-1.** [fall asleep] s'endormir. **-2.** [interest, sales] baisser.

◆ **drop out** *vi*: **to ~ out (of** OR **from sthg)** abandonner (qqch); **to ~ out of society** vivre en marge de la société.

dropout ['drɒpaʊt] *n* [from society] marginal *m*, -e *f*; [from college] étudiant *m*, -e *f* qui abandonne ses études.

droppings ['drɒpɪŋz] *npl* [of bird] fiente *f*; [of animal] crottes *fpl*.

drought [draʊt] *n* sécheresse *f*.

drove [drəʊv] *pt* → **drive**.

drown [draʊn] ◇ *vt* [in water] noyer. ◇ *vi* se noyer.

drowsy ['draʊzɪ] *adj* assoupi(e), somnolent(e).

drudgery ['drʌdʒərɪ] *n* (*U*) corvée *f*.

drug [drʌg] ◇ *n* **-1.** [medicine] médicament *m*. **-2.** [narcotic] drogue *f*. ◇ *vt* droguer.

drug abuse *n* usage *m* de stupéfiants.

drug addict *n* drogué *m*, -e *f*.

druggist ['drʌgɪst] *n Am* pharmacien *m*, -ienne *f*.

drugstore ['drʌgstɔːr] *n Am* drugstore *m*.

drum [drʌm] ◇ *n* **-1.** MUS tambour *m*. **-2.** [container] bidon *m*. ◇ *vt* tambouriner.

◆ **drums** *npl* batterie *f*.

◆ **drum up** *vt sep* [support, business] rechercher, solliciter.

drummer ['drʌmər] *n* [gen] (joueur *m*, -euse *f* de) tambour *m*; [in pop group] batteur *m*, -euse *f*.

drumstick ['drʌmstɪk] *n* **-1.** [for drum] baguette *f* de tambour. **-2.** [of chicken] pilon *m*.

drunk [drʌŋk] ◇ *pp* → **drink**. ◇ *adj* [on alcohol] ivre, soûl(e); **to get ~** se soûler, s'enivrer. ◇ *n* soûlard *m*, -e *f*.

drunkard ['drʌŋkəd] *n* alcoolique *mf*.

drunk-driving *Am* = drink-driving.

drunken ['drʌŋkn] *adj* [person] ivre; [quarrel] d'ivrognes.

drunken driving *Am* = drink-driving.

dry [draɪ] ◇ *adj* **-1.** [gen] sec (sèche); [day] sans pluie. **-2.** [river, earth] asséché(e). **-3.** [wry] pince-sans-rire (*inv*). ◇ *vt* [gen] sécher; [with cloth] essuyer. ◇ *vi* sécher.

◆ **dry up** ◇ *vt sep* [dishes] essuyer. ◇ *vi* **-1.** [river, lake] s'assécher. **-2.** [supply] se tarir. **-3.** [actor, speaker] avoir un trou, sécher. **-4.** [dry dishes] essuyer.

dry cleaner *n*: **~'s** pressing *m*.

dryer ['draɪər] *n* [for clothes] séchoir *m*.

dry land *n* terre *f* ferme.

dry rot *n* pourriture *f* sèche.

dry ski slope *n* piste *f* de ski artificielle.

DSS (*abbr of* **Department of Social Security**) *n* ministère britannique de la sécurité sociale.

DTI (*abbr of* **Department of Trade and Industry**) *n* ministère britannique du commerce et de l'industrie.

DTP (*abbr of* **desktop publishing**) *n* PAO *f*.

dual [ˈdjuːəl] *adj* double.

dual carriageway *n Br* route *f* à quatre voies.

dubbed [dʌbd] *adj* **-1.** CINEMA doublé(e). **-2.** [nicknamed] surnommé(e).

dubious [ˈdjuːbjəs] *adj* **-1.** [suspect] douteux(euse). **-2.** [uncertain] hésitant(e), incertain(e); **to be ~ about doing sthg** hésiter à faire qqch.

Dublin [ˈdʌblɪn] *n* Dublin.

duchess [ˈdʌtʃɪs] *n* duchesse *f*.

duck [dʌk] ◇ *n* canard *m*. ◇ *vt* **-1.** [head] baisser. **-2.** [responsibility] esquiver, se dérober à. ◇ *vi* [lower head] se baisser.

duckling [ˈdʌklɪŋ] *n* caneton *m*.

duct [dʌkt] *n* **-1.** [pipe] canalisation *f*. **-2.** ANAT canal *m*.

dud [dʌd] ◇ *adj* [bomb] non éclaté(e); [cheque] sans provision, en bois. ◇ *n* obus *m* non éclaté.

dude [djuːd] *n Am inf* [man] gars *m*, type *m*.

due [djuː] ◇ *adj* **-1.** [expected]: **the book is ~ out in May** le livre doit sortir en mai; **she's ~ back shortly** elle devrait rentrer sous peu; **when is the train ~?** à quelle heure le train doit-il arriver? **-2.** [appropriate] dû (due), qui convient; **in ~ course** [at the appropriate time] en temps voulu; [eventually] à la longue. **-3.** [owed, owing] dû (due). ◇ *adv*: **~ west** droit vers l'ouest. ◇ *n* dû *m*.

◆ **dues** *npl* cotisation *f*.

◆ **due to** *prep* [owing to] dû à; [because of] provoqué par, à cause de.

duel [ˈdjuːəl] ◇ *n* duel *m*. ◇ *vi* se battre en duel.

duet [djuːˈet] *n* duo *m*.

duffel bag [ˈdʌfl-] *n* sac *m* marin.

duffel coat [ˈdʌfl-] *n* duffel-coat *m*.

duffle bag [ˈdʌfl-] = **duffel bag**.

duffle coat [ˈdʌfl-] = **duffel coat**.

dug [dʌg] *pt & pp* → **dig**.

duke [djuːk] *n* duc *m*.

dull [dʌl] ◇ *adj* **-1.** [boring - book, conversation] ennuyeux(euse); [- person] terne. **-2.** [colour, light] terne. **-3.** [weather] maussade. **-4.** [sound, ache] sourd(e). ◇ *vt* **-1.** [pain] atténuer. **-2.** [make less bright] ternir.

duly [ˈdjuːlɪ] *adv* **-1.** [properly] dûment. **-2.** [as expected] comme prévu.

dumb [dʌm] *adj* **-1.** [unable to speak] muet(ette). **-2.** *inf* [stupid] idiot(e).

dumbfound [dʌmˈfaund] *vt* stupéfier, abasourdir; **to be ~ed** ne pas en revenir.

dummy [ˈdʌmɪ] ◇ *adj* faux (fausse). ◇ *n* **-1.** [of tailor] mannequin *m*. **-2.** [copy] maquette *f*. **-3.** *Br* [for baby] sucette *f*, tétine *f*. **-4.** SPORT feinte *f*.

dump [dʌmp] ◇ *n* **-1.** [for rubbish] décharge *f*. **-2.** MIL dépôt *m*. ◇ *vt* **-1.** [put down] déposer. **-2.** [dispose of] jeter. **-3.** *inf* [boyfriend, girlfriend] laisser tomber, plaquer.

dumper (truck) *Br* [ˈdʌmpə-], **dump truck** *Am n* tombereau *m*, dumper *m*.

dumping [ˈdʌmpɪŋ] *n* décharge *f*; "**no ~**" «décharge interdite».

dumpling [ˈdʌmplɪŋ] *n* boulette *f* de pâte.

dump truck *Am* = **dumper (truck)**.

dumpy [ˈdʌmpɪ] *adj inf* boulot(otte).

dunce [dʌns] *n* cancre *m*.

dune [djuːn] *n* dune *f*.

dung [dʌŋ] *n* fumier *m*.

dungarees [ˌdʌŋgəˈriːz] *npl Br* [for work] bleu *m* de travail; [fashion garment] salopette *f*.

dungeon [ˈdʌndʒən] *n* cachot *m*.

Dunkirk [dʌnˈkɜːk] *n* Dunkerque *f*.

duo [ˈdjuːəu] *n* duo *m*.

duplex [ˈdjuːpleks] *n Am* **-1.** [apartment] duplex *m*. **-2.** [house] maison *f* jumelée.

duplicate [*adj & n* ˈdjuːplɪkət, *vb* ˈdjuːplɪkeɪt] ◇ *adj* [key, document] en double. ◇ *n* double *m*; **in ~** en

double. ◇ *vt* [copy - gen] faire un double de; [- on photocopier] photocopier.

durable ['djʊərəbl] *adj* solide, résistant(e).

duration [djʊ'reɪʃn] *n* durée *f*; **for the ~ of** jusqu'à la fin de.

duress [dju'res] *n*: **under ~** sous la contrainte.

Durex® ['djʊəreks] *n* préservatif *m*.

during ['djʊərɪŋ] *prep* pendant, au cours de.

dusk [dʌsk] *n* crépuscule *m*.

dust [dʌst] ◇ *n* (*U*) poussière *f*. ◇ *vt* **-1.** [clean] épousseter. **-2.** [cover with powder]: **to ~ sthg (with)** saupoudrer qqch (de).

dustbin ['dʌstbɪn] *n Br* poubelle *f*.

dustcart ['dʌstkɑːt] *n Br* camion *m* des boueux.

duster ['dʌstər] *n* [cloth] chiffon *m* (à poussière).

dust jacket *n* [on book] jaquette *f*.

dustman ['dʌstmən] (*pl* **-men** [-mən]) *n Br* éboueur *m*.

dustpan ['dʌstpæn] *n* pelle *f* à poussière.

dusty ['dʌstɪ] *adj* poussiéreux(euse).

Dutch [dʌtʃ] ◇ *adj* néerlandais(e), hollandais(e). ◇ *n* [language] néerlandais *m*, hollandais *m*. ◇ *npl*: **the ~** les Néerlandais, les Hollandais. ◇ *adv*: **to go ~** partager les frais.

Dutch elm disease *n* maladie *f* des ormes.

dutiful ['djuːtɪfʊl] *adj* obéissant(e).

duty ['djuːtɪ] *n* **-1.** (*U*) [responsibility] devoir *m*; **to do one's ~** faire son devoir. **-2.** [work]: **to be on/off ~** être/ne pas être de service. **-3.** [tax] droit *m*.

◆ **duties** *npl* fonctions *fpl*.

duty-free *adj* hors taxe.

duvet ['duːveɪ] *n Br* couette *f*.

duvet cover *n Br* housse *f* de couette.

dwarf [dwɔːf] (*pl* **-s** OR **dwarves** [dwɔːvz]) ◇ *n* nain *m*, -e *f*. ◇ *vt* [tower over] écraser.

dwell [dwel] (*pt* & *pp* **dwelt** OR **-ed**) *vi literary* habiter.

◆ **dwell on** *vt fus* s'étendre sur.

dwelling ['dwelɪŋ] *n literary* habitation *f*.

dwelt [dwelt] *pt* & *pp* → **dwell**.

dwindle ['dwɪndl] *vi* diminuer.

dye [daɪ] ◇ *n* teinture *f*. ◇ *vt* teindre.

dying ['daɪɪŋ] ◇ *cont* → **die**. ◇ *adj* [person] **mourant(e)**, moribond(e); [plant, language, industry] moribond.

dyke [daɪk] = **dike**.

dynamic [daɪ'næmɪk] *adj* dynamique.

dynamite ['daɪnəmaɪt] *n* (*U*) *lit* & *fig* dynamite *f*.

dynamo ['daɪnəməʊ] (*pl* **-s**) *n* dynamo *f*.

dynasty [*Br* dɪnəstɪ, *Am* 'daɪnəstɪ] *n* dynastie *f*.

dyslexia [dɪs'leksɪə] *n* dyslexie *f*.

dyslexic [dɪs'leksɪk] *adj* dyslexique.

E

e (*pl* **e's** OR **es**), **E** (*pl* **E's** OR **Es**) [iː] *n* [letter] e *m inv*, E *m inv*.

◆ **E** *n* **-1.** MUS mi *m*. **-2.** (*abbr of* **east**) E.

each [iːtʃ] ◇ *adj* chaque. ◇ *pron* chacun(e); **the books cost £10.99 ~** les livres coûtent 10,99 livres (la) pièce; **~ other** l'un l'autre (l'une / l'autre), les uns les autres (les unes les autres); **they love ~ other** ils s'aiment; **we've known ~ other for years** nous nous connaissons depuis des années.

eager ['iːgər] *adj* passionné(e), avide; **to be ~ for** être avide de; **to be ~ to do sthg** être impatient de faire qqch.

eagle ['iːgl] *n* [bird] aigle *m*.

ear [ɪər] *n* **-1.** [gen] oreille *f*. **-2.** [of corn] épi *m*.

earache ['ɪəreɪk] *n*: **to have ~** avoir mal à l'oreille.

eardrum ['ɪədrʌm] n tympan m.

earl [ɜːl] n comte m.

earlier ['ɜːlɪə'] ◇ adj [previous] précédent(e); [more early] plus tôt. ◇ adv plus tôt; ~ **on** plus tôt.

earliest ['ɜːlɪəst] ◇ adj [first] premier(ière); [most early] le plus tôt. ◇ n: **at the** ~ au plus tôt.

earlobe ['ɪələʊb] n lobe m de l'oreille.

early ['ɜːlɪ] ◇ adj **-1.** [before expected time] en avance. **-2.** [in day] de bonne heure; **the** ~ **train** le premier train; **to make an** ~ **start** partir de bonne heure. **-3.** [at beginning]: **in the** ~ **sixties** au début des années soixante. ◇ adv **-1.** [before expected time] en avance; **I was ten minutes** ~ j'étais en avance de dix minutes. **-2.** [in day] tôt, de bonne heure; **as** ~ **as** dès; ~ **on** tôt. **-3.** [at beginning]: **in her life** dans sa jeunesse.

early retirement n retraite f anticipée.

earmark ['ɪəmɑːk] vt: **to be** ~ed **for** être réservé(e) à.

earn [ɜːn] vt **-1.** [as salary] gagner. **-2.** COMM rapporter. **-3.** fig [respect, praise] gagner, mériter.

earnest ['ɜːnɪst] adj sérieux(ieuse).

◆ **in earnest** ◇ adj sérieux(ieuse). ◇ adv pour de bon, sérieusement.

earnings ['ɜːnɪŋz] npl [of person] salaire m, gains mpl; [of company] bénéfices mpl.

earphones ['ɪəfəʊnz] npl casque m.

earplugs ['ɪəplʌgz] npl boules fpl Quiès®.

earring ['ɪərɪŋ] n boucle f d'oreille.

earshot ['ɪəʃɒt] n: **within** ~ à portée de voix; **out of** ~ hors de portée de voix.

earth [ɜːθ] ◇ n [gen & ELEC] terre f; **how/what/where/why on** ~ ...? mais comment/que/où/pourquoi donc ...?; **to cost the** ~ Br coûter les yeux de la tête. ◇ vt Br: **to be** ~ed être à la masse.

earthenware ['ɜːθnweə'] n (U) poteries fpl.

earthquake ['ɜːθkweɪk] n tremblement m de terre.

earthworm ['ɜːθwɜːm] n ver m de terre.

earthy ['ɜːθɪ] adj **-1.** fig [humour, person] truculent(e). **-2.** [taste, smell] de terre, terreux(euse).

earwig ['ɪəwɪg] n perce-oreille m.

ease [iːz] ◇ n (U) **-1.** [lack of difficulty] facilité f; **to do sthg with** ~ faire qqch sans difficulté OR facilement. **-2.** [comfort]: **at** ~ à l'aise; **ill at** ~ mal à l'aise. ◇ vt **-1.** [pain] calmer; [restrictions] modérer. **-2.** [move carefully]: **to** ~ **sthg in/out** faire entrer/sortir qqch délicatement. ◇ vi [problem] s'arranger; [pain] s'atténuer; [rain] diminuer.

◆ **ease off** vi [pain] s'atténuer; [rain] diminuer.

◆ **ease up** vi **-1.** [rain] diminuer. **-2.** [relax] se détendre.

easel ['iːzl] n chevalet m.

easily ['iːzɪlɪ] adv **-1.** [without difficulty] facilement. **-2.** [without doubt] de loin. **-3.** [in a relaxed manner] tranquillement.

east [iːst] ◇ n **-1.** [direction] est m. **-2.** [region]: **the** ~ l'est m. ◇ adj est (inv); [wind] d'est. ◇ adv à l'est, vers l'est; ~ **of** à l'est de.

◆ **East** n: **the East** [gen & POL] l'Est m; [Asia] l'Orient m.

East End n: **the** ~ les quartiers est de Londres.

Easter ['iːstə'] n Pâques m.

Easter egg n œuf m de Pâques.

easterly ['iːstəlɪ] adj à l'est, de l'est; [wind] de l'est.

eastern ['iːstən] adj de l'est.

◆ **Eastern** adj [gen & POL] de l'Est; [from Asia] oriental(e).

East German ◇ adj d'Allemagne de l'Est. ◇ n Allemand m, -e f de l'Est.

East Germany n: (former) ~ (l'ex-) Allemagne f de l'Est.

eastward ['iːstwəd] ◇ adj à l'est, vers l'est. ◇ adv = eastwards.

eastwards ['iːstwədz] adv vers l'est.

easy ['iːzɪ] ◇ *adj* **-1.** [not difficult, comfortable] **facile. -2.** [relaxed - manner] **naturel(elle).** ◇ *adv*: **to take it** OR **things ~** *inf* ne pas se fatiguer.

easy chair *n* fauteuil *m*.

easygoing ['iːzɪ'gəʊɪŋ] *adj* [person] facile à vivre; [manner] **complaisant(e).**

eat [iːt] (*pt* **ate**, *pp* **eaten**) *vt & vi* manger.

◆ **eat away**, **eat into** *vt fus* **-1.** [subj: acid, rust] **ronger. -2.** [deplete] **grignoter.**

eaten ['iːtn] *pp* → **eat.**

eaves ['iːvz] *npl* avant-toit *m*.

eavesdrop ['iːvzdrɒp] *vi*: **to ~ (on sb)** écouter (qqn) de façon indiscrète.

ebb [eb] ◇ *n* reflux *m*. ◇ *vi* [tide, sea] se retirer, refluer.

ebony ['ebənɪ] ◇ *adj* [colour] **noir(e)** d'ébène. ◇ *n* ébène *f*.

EC (*abbr of* **European Community**) *n* CE *f*.

eccentric [ɪk'sentrɪk] ◇ *adj* [odd] **excentrique, bizarre.** ◇ *n* [person] excentrique *mf*.

echo ['ekəʊ] (*pl* **-es**) ◇ *n* *lit & fig* écho *m*. ◇ *vt* [words] **répéter;** [opinion] faire écho à. ◇ *vi* retentir, résonner.

eclipse [ɪ'klɪps] ◇ *n* *lit & fig* éclipse *f*. ◇ *vt* *fig* éclipser.

ecological [ˌiːkə'lɒdʒɪkl] *adj* écologique.

ecology [ɪ'kɒlədʒɪ] *n* écologie *f*.

economic [ˌiːkə'nɒmɪk] *adj* **-1.** ECON économique. **-2.** [profitable] rentable.

economical [ˌiːkə'nɒmɪkl] *adj* **-1.** [cheap] économique. **-2.** [person] économe.

economics [ˌiːkə'nɒmɪks] ◇ *n* (*U*) économie *f* politique, économique *f*. ◇ *npl* [of plan, business] aspect *m* financier.

economize, -ise [ɪ'kɒnəmaɪz] *vi* économiser.

economy [ɪ'kɒnəmɪ] *n* économie *f*; **economies of scale** économies d'échelle.

economy class *n* classe *f* touriste.

ecstasy ['ekstəsɪ] *n* extase *f*, ravissement *m*.

ecstatic [ek'stætɪk] *adj* [person] en extase; [feeling] extatique.

ECU, Ecu ['ekjuː] (*abbr of* **European Currency Unit**) *n* ECU *m*, écu *m*.

eczema ['eksɪmə] *n* eczéma *m*.

Eden ['iːdn] *n*: **(the Garden of) ~** le jardin *m* d'Éden, l'Éden *m*.

edge [edʒ] ◇ *n* **-1.** [gen] bord *m*; [of coin, book] tranche *f*; [of knife] tranchant *m*; **to be on the ~ of** fig être à deux doigts de. **-2.** [advantage]: **to have an ~ over** OR **the ~ on** avoir un léger avantage sur. ◇ *vi*: **to ~ forward** avancer tout doucement.

◆ **on edge** *adj* contracté(e), tendu(e).

edgeways ['edʒweɪz], **edgewise** ['edʒwaɪz] *adv* latéralement, de côté.

edgy ['edʒɪ] *adj* contracté(e), tendu(e).

edible ['edɪbl] *adj* [safe to eat] comestible.

edict ['iːdɪkt] *n* décret *m*.

Edinburgh ['edɪnbrə] *n* Édimbourg.

edit ['edɪt] *vt* **-1.** [correct - text] corriger. **-2.** CINEMA monter; RADIO & TV réaliser. **-3.** [magazine] diriger; [newspaper] être le rédacteur en chef de.

edition [ɪ'dɪʃn] *n* édition *f*.

editor ['edɪtə'] *n* **-1.** [of magazine] directeur *m*, -trice *f*; [of newspaper] rédacteur *m*, -trice *f* en chef. **-2.** [of text] correcteur *m*, -trice *f*. **-3.** CINEMA monteur *m*, -euse *f*; RADIO & TV réalisateur *m*, -trice *f*.

editorial [ˌedɪ'tɔːrɪəl] ◇ *adj* [department, staff] de la rédaction; [style, policy] **éditorial(e).** ◇ *n* éditorial *m*.

educate ['edʒʊkeɪt] *vt* **-1.** SCH & UNIV instruire. **-2.** [inform] informer, éduquer.

education [ˌedʒʊ'keɪʃn] *n* **-1.** [gen] éducation *f*. **-2.** [teaching] enseignement *m*, instruction *f*.

educational [ˌedʒʊ'keɪʃənl] *adj* **-1.** [establishment, policy] **pédagogique. -2.** [toy, experience] **éducatif(ive).**

EEC (*abbr of* **European Economic**

Community) *n* ancien nom de la Communauté Européenne.

eel [i:l] *n* anguille *f*.

eerie ['ɪərɪ] *adj* inquiétant(e), sinistre.

efface [ɪ'feɪs] *vt* effacer.

effect [ɪ'fekt] ◇ *n* [gen] effet *m*; **to have an ~ on** avoir OR produire un effet sur; **for ~** pour attirer l'attention, pour se faire remarquer; **to take ~** [law] prendre effet, entrer en vigueur; **to put sthg into ~** [policy, law] mettre qqch en application. ◇ *vt* [repairs, change] effectuer; [reconciliation] amener.

♦ **effects** *npl*: **(special) ~s** effets *mpl* spéciaux.

effective [ɪ'fektɪv] *adj* **-1.** [successful] efficace. **-2.** [actual, real] effectif(ive).

effectively [ɪ'fektɪvlɪ] *adv* **-1.** [successfully] efficacement. **-2.** [in fact] effectivement.

effectiveness [ɪ'fektɪvnɪs] *n* efficacité *f*.

effeminate [ɪ'femɪnət] *adj* efféminé(e).

effervescent [,efə'vesənt] *adj* [liquid] effervescent(e); [drink] gazeux(euse).

efficiency [ɪ'fɪʃənsɪ] *n* [of person, method] efficacité *f*; [of factory, system] rendement *m*.

efficient [ɪ'fɪʃənt] *adj* efficace.

effluent ['efluənt] *n* effluent *m*.

effort ['efət] *n* effort *m*; **to be worth the ~** valoir la peine; **with ~** avec peine; **to make the ~ to do sthg** s'efforcer de faire qqch; **to make an/no ~ to do sthg** faire un effort/ne faire aucun effort pour faire qqch.

effortless ['efətlɪs] *adj* [easy] facile; [natural] aisé(e).

effusive [ɪ'fju:sɪv] *adj* [person] démonstratif(ive); [welcome] plein(e) d'effusions.

e.g. (*abbr of* exempli gratia) *adv* par exemple.

egg [eg] *n* œuf *m*.

♦ **egg on** *vt sep* pousser, inciter.

eggcup ['egkʌp] *n* coquetier *m*.

eggplant ['egplɑ:nt] *n Am* aubergine *f*.

eggshell ['egʃel] *n* coquille *f* d'œuf.

egg white *n* blanc *m* d'œuf.

egg yolk [-jəuk] *n* jaune *m* d'œuf.

ego ['i:gəu] (*pl* **-s**) *n* moi *m*.

egoism ['i:gəuɪzm] *n* égoïsme *m*.

egoistic [,i:gəu'ɪstɪk] *adj* égoïste.

egotistic(al) [,i:gə'tɪstɪk(l)] *adj* égotiste.

Egypt ['i:dʒɪpt] *n* Égypte *f*.

Egyptian [ɪ'dʒɪpʃn] ◇ *adj* égyptien(ienne). ◇ *n* Égyptien *m*, -ienne *f*.

eiderdown ['aɪdədaun] *n* [bed cover] édredon *m*.

eight [eɪt] *num* huit; *see also* **six**.

eighteen [,eɪ'ti:n] *num* dix-huit; *see also* **six**.

eighth [eɪtθ] *num* huitième; *see also* **sixth**.

eighty ['eɪtɪ] *num* quatre-vingts; *see also* **sixty**.

Eire ['eərə] *n* République *f* d'Irlande.

either ['aɪðər, 'i:ðər] ◇ *adj* **-1.** [one or the other] l'un ou l'autre (l'une ou l'autre) (des deux); **she couldn't find ~ jumper** elle ne trouva ni l'un ni l'autre des pulls; **~ way** de toute façon. **-2.** [each] chaque; **on ~ side of** chaque côté. ◇ *pron*: **~ (of them)** l'un ou l'autre *m*, l'une ou l'autre *f*; **I don't like ~ (of them)** je n'aime aucun des deux, je n'aime ni l'un ni l'autre. ◇ *adv* (*in negatives*) non plus; **I don't ~** non plus. ◇ *conj*: **~ ... or soit ... soit, ou ... ou; I'm not fond of ~ him or his wife** je ne les aime ni lui ni sa femme.

eject [ɪ'dʒekt] *vt* **-1.** [object] éjecter, émettre. **-2.** [person] éjecter, expulser.

eke [i:k]

♦ **eke out** *vt sep* [money, food] économiser, faire durer.

elaborate [*adj* ɪ'læbrət, *vb* ɪ'læbəreɪt] ◇ *adj* [ceremony, procedure] complexe; [explanation, plan] détaillé(e), minutieux(ieuse). ◇ *vi*: **to ~ (on)** donner des précisions (sur).

elapse [ɪ'læps] *vi* s'écouler.

elastic [ɪ'læstɪk] ◇ *adj lit & fig* élastique. ◇ *n* (*U*) élastique *m*.

elasticated [ɪ'læstɪkeɪtɪd] *adj* élastique.

elastic band n Br élastique m, caoutchouc m.

elated [ɪ'leɪtɪd] adj transporté(e) (de joie).

elbow ['elbəʊ] n coude m.

elder ['eldər] ◇ adj aîné(e). ◇ n **-1.** [older person] aîné m, -e f. **-2.** [of tribe, church] ancien m. **-3.** ~ **(tree)** sureau m.

elderly ['eldəlɪ] ◇ adj âgé(e). ◇ npl: **the** ~ les personnes fpl âgées.

eldest ['eldɪst] adj aîné(e).

elect [ɪ'lekt] ◇ adj élu(e). ◇ vt **-1.** [by voting] élire. **-2.** fml [choose]: **to** ~ **to do sthg** choisir de faire qqch.

election [ɪ'lekʃn] n élection f; **to have** OR **hold an** ~ procéder à une élection.

electioneering [ɪ,lekʃə'nɪərɪŋ] n (U) usu pej propagande f électorale.

elector [ɪ'lektər] n électeur m, -trice f.

electorate [ɪ'lektərət] n: **the** ~ l'électorat m.

electric [ɪ'lektrɪk] adj lit & fig électrique.

◆ **electrics** npl Br inf [in car, machine] installation f électrique.

electrical [ɪ'lektrɪkl] adj électrique.

electrical shock Am = electric shock.

electric blanket n couverture f chauffante.

electric cooker n cuisinière f électrique.

electric fire n radiateur m électrique.

electrician [,ɪlek'trɪʃn] n électricien m, -ienne f.

electricity [,ɪlek'trɪsətɪ] n électricité f.

electric shock Br, **electrical shock** Am n décharge f électrique.

electrify [ɪ'lektrɪfaɪ] vt **-1.** TECH électrifier. **-2.** fig [excite] galvaniser, électriser.

electrocute [ɪ'lektrəkjuːt] vt électrocuter.

electrolysis [,ɪlek'trɒləsɪs] n électrolyse f.

electron [ɪ'lektrɒn] n électron m.

electronic [,ɪlek'trɒnɪk] adj électronique.

◆ **electronics** ◇ n (U) [technology, science] électronique f. ◇ npl [equipment] (équipement m) électronique f.

electronic data processing n traitement m électronique de données.

electronic mail n courrier m électronique.

elegant ['elɪgənt] adj élégant(e).

element ['elɪmənt] n **-1.** [gen] élément m; **an** ~ **of truth** une part de vérité. **-2.** [in heater, kettle] résistance f.

◆ **elements** npl **-1.** [basics] rudiments mpl. **-2.** [weather]: **the** ~**s** les éléments mpl.

elementary [,elɪ'mentərɪ] adj élémentaire.

elementary school n Am école f primaire.

elephant ['elɪfənt] (pl inv OR **-s**) n éléphant m.

elevate ['elɪveɪt] vt **-1.** [give importance to]: **to** ~ **sb/sthg (to)** élever qqn/qqch (à). **-2.** [raise] soulever.

elevator ['elɪveɪtər] n Am ascenseur m.

eleven [ɪ'levn] num onze; see also **six**.

elevenses [ɪ'levnzɪz] n (U) Br ≃ pause-café f.

eleventh [ɪ'levnθ] num onzième; see also **sixth**.

elicit [ɪ'lɪsɪt] vt fml: **to** ~ **sthg (from sb)** arracher qqch (à qqn).

eligible ['elɪdʒəbl] adj [suitable, qualified] admissible; **to be** ~ **for sthg** avoir droit à qqch; **to be** ~ **to do sthg** avoir le droit de faire qqch.

eliminate [ɪ'lɪmɪneɪt] vt: **to** ~ **sb/sthg (from)** éliminer qqn/qqch (de).

elite [ɪ'liːt] ◇ adj d'élite. ◇ n élite f.

elitist [ɪ'liːtɪst] ◇ adj élitiste. ◇ n élitiste mf.

elk [elk] (pl inv OR **-s**) n élan m.

elm [elm] n: ~ **(tree)** orme m.

elocution [,elə'kjuːʃn] n élocution f, diction f.

elongated ['iːlɒŋgeɪtɪd] adj allongé(e); [fingers] long (longue).

elope [ɪ'ləʊp] vi: **to** ~ **(with)** s'enfuir (avec).

eloquent ['eləkwənt] adj éloquent(e).

[in mud] **noyé(e) dans. -2.** [ingrained] enraciné(e).

El Salvador [,el'sælvədɔːʳ] *n* Salvador *m*.

else [els] *adv*: **anything ~** n'importe quoi d'autre; **anything ~?** [in shop] et avec ça?, il vous faudra autre chose?; **he doesn't need anything ~** il n'a besoin de rien d'autre; **everyone ~** tous les autres; **nothing ~** rien d'autre; **someone ~** quelqu'un d'autre; **something ~** quelque chose d'autre; **somewhere ~** autre part; **who/what ~?** qui/quoi d'autre?; **where ~?** (à) quel autre endroit? ◆ **or else** *conj* [or if not] sinon, sans quoi.

elsewhere [els'weəʳ] *adv* ailleurs, autre part.

elude [ɪ'luːd] *vt* échapper à.

elusive [ɪ'luːsɪv] *adj* insaisissable; [success] qui échappe.

emaciated [ɪ'meɪʃɪeɪtɪd] *adj* [face] émacié(e); [person, limb] décharné(e).

E-mail *(abbr of electronic mail) n* BAL *f*.

emanate ['eməneɪt] *fml vi*: **to ~ from** émaner de.

emancipate [ɪ'mænsɪpeɪt] *vt*: **to ~ sb (from)** affranchir OR émanciper qqn (de).

embankment [ɪm'bæŋkmənt] *n* [of river] berge *f*; [of railway] remblai *m*; [of road] banquette *f*.

embark [ɪm'bɑːk] *vi* **-1.** [board ship]: **to ~ (on)** embarquer (sur). **-2.** [start]: **to ~ on** OR **upon sthg** s'embarquer dans qqch.

embarkation [,embɑː'keɪʃn] *n* embarquement *m*.

embarrass [ɪm'bærəs] *vt* embarrasser.

embarrassed [ɪm'bærəst] *adj* embarrassé(e).

embarrassing [ɪm'bærəsɪŋ] *adj* embarrassant(e).

embarrassment [ɪm'bærəsmənt] *n* embarras *m*; **to be an ~** [person] causer de l'embarras; [thing] être embarrassant.

embassy ['embəsɪ] *n* ambassade *f*.

embedded [ɪm'bedɪd] *adj* **-1.** [buried]: **~ in** [in rock, wood] incrusté(e) dans;

embellish [ɪm'belɪʃ] *vt* **-1.** [decorate]: **to ~ sthg (with)** [room, house] décorer qqch (de); [dress] orner qqch (de). **-2.** [story] enjoliver.

embers ['embəz] *npl* braises *fpl*.

embezzle [ɪm'bezl] *vt* détourner.

embittered [ɪm'bɪtəd] *adj* aigri(e).

emblem ['embləm] *n* emblème *m*.

embody [ɪm'bɒdɪ] *vt* incarner; **to be embodied in sthg** être exprimé dans qqch.

embossed [ɪm'bɒst] *adj* **-1.** [heading, design]: **~ (on)** inscrit(e) (sur), gravé(e) en relief (sur). **-2.** [wallpaper] gaufré(e); [leather] frappé(e).

embrace [ɪm'breɪs] ◇ *n* étreinte *f.* ◇ *vt* embrasser. ◇ *vi* s'embrasser, s'étreindre.

embroider [ɪm'brɔɪdəʳ] ◇ *vt* **-1.** SEWING broder. **-2.** *pej* [embellish] enjoliver. ◇ *vi* SEWING broder.

embroidery [ɪm'brɔɪdərɪ] *n* (U) broderie *f*.

embroil [ɪm'brɔɪl] *vt*: **to be ~ed (in)** être mêlé(e) (à).

embryo ['embrɪəʊ] *(pl -s) n* embryon *m*.

emerald ['emərəld] ◇ *adj* [colour] émeraude (*inv*). ◇ *n* [stone] émeraude *f*.

emerge [ɪ'mɜːdʒ] ◇ *vi* **-1.** [come out]: **to ~ (from)** émerger (de). **-2.** [from experience, situation]: **to ~ from** sortir de. **-3.** [become known] apparaître. **-4.** [come into existence - poet, artist] percer; [- movement, organization] émerger. ◇ *vt*: **it ~s that ...** il ressort OR il apparaît que ....

emergence [ɪ'mɜːdʒəns] *n* émergence *f*.

emergency [ɪ'mɜːdʒənsɪ] ◇ *adj* d'urgence. ◇ *n* urgence *f*; **in an ~, in emergencies** en cas d'urgence.

emergency exit *n* sortie *f* de secours.

emergency landing *n* atterrissage *m* forcé.

emergency services *npl* ≃ police-secours *f*.

emery board ['eməri-] *n* lime *f* à ongles.

emigrant ['emɪgrənt] *n* émigré *m*, -e *f*.

emigrate ['emɪgreɪt] *vi*: **to ~ (to)** émigrer (en/à).

eminent ['emɪnənt] *adj* éminent(e).

emission [ɪ'mɪʃn] *n* émission *f*.

emit [ɪ'mɪt] *vt* émettre.

emotion [ɪ'məʊʃn] *n* **-1.** (U) [strength of feeling] émotion *f*. **-2.** [particular feeling] sentiment *m*.

emotional [ɪ'məʊʃənl] *adj* **-1.** [sensitive, demonstrative] émotif(ive). **-2.** [moving] émouvant(e). **-3.** [psychological] émotionnel(elle).

emperor ['empərər] *n* empereur *m*.

emphasis ['emfəsɪs] (*pl* **-ases** [-əsiːz]) *n*: **~ (on)** accent *m* (sur); **to lay** OR **place ~ on sthg** insister sur OR souligner qqch.

emphasize, **-ise** ['emfəsaɪz] *vt* insister sur.

emphatic [ɪm'fætɪk] *adj* [forceful] catégorique.

emphatically [ɪm'fætɪklɪ] *adv* **-1.** [with emphasis] catégoriquement. **-2.** [certainly] absolument.

empire ['empaɪər] *n* empire *m*.

employ [ɪm'plɔɪ] *vt* employer; **to be ~ed as** être employé comme; **to ~ sthg as sthg/to do sthg** employer qqch comme qqch/pour faire qqch.

employee [ɪm'plɔiː] *n* employé *m*, -e *f*.

employer [ɪm'plɔɪər] *n* employeur *m*, -euse *f*.

employment [ɪm'plɔɪmənt] *n* emploi *m*, travail *m*.

employment agency *n* bureau *m* OR agence *f* de placement.

empower [ɪm'paʊər] *vt* fml: **to be ~ed to do sthg** être habilité(e) à faire qqch.

empress ['emprɪs] *n* impératrice *f*.

empty ['emptɪ] ◇ *adj* **-1.** [containing nothing] vide. **-2.** *pej* [meaningless] vain(e). ◇ *vt* vider; **to ~ sthg into/out of** vider qqch dans/de. ◇ *vi* se vider. ◇ *n inf* bouteille *f* vide.

empty-handed [-'hændɪd] *adv* les mains vides.

EMS (*abbr of* **European Monetary System**) *n* SME *m*.

emulate ['emjʊleɪt] *vt* imiter.

emulsion [ɪ'mʌlʃn] *n*: **~ (paint)** peinture *f* mate OR à émulsion.

enable [ɪ'neɪbl] *vt*: **to ~ sb to do sthg** permettre à qqn de faire qqch.

enact [ɪ'nækt] *vt* **-1.** JUR promulguer. **-2.** THEATRE jouer.

enamel [ɪ'næml] *n* **-1.** [material] émail *m*. **-2.** [paint] peinture *f* laquée.

encampment [ɪn'kæmpmənt] *n* campement *m*.

encapsulate [ɪn'kæpsjʊleɪt] *vt*: **to ~ sthg (in)** résumer qqch (en).

encase [ɪn'keɪs] *vt*: **to be ~d in** [armour] être enfermé(e) dans; [leather] être bardé(e) de.

enchanted [ɪn'tʃɑːntɪd] *adj*: **~ (by/with)** enchanté(e) (par/de).

enchanting [ɪn'tʃɑːntɪŋ] *adj* enchanteur(eresse).

encircle [ɪn'sɜːkl] *vt* entourer; [subj: troops] encercler.

enclose [ɪn'kləʊz] *vt* **-1.** [surround, contain] entourer. **-2.** [put in envelope] joindre; **please find ~d ...** veuillez trouver ci-joint ...

enclosure [ɪn'kləʊʒər] *n* **-1.** [place] enceinte *f*. **-2.** [in letter] pièce *f* jointe.

encompass [ɪn'kʌmpəs] *vt* fml **-1.** [include] contenir. **-2.** [surround] entourer; [subj: troops] encercler.

encore ['ɒŋkɔːr] ◇ *n* rappel *m*. ◇ *excl* bis!

encounter [ɪn'kaʊntər] ◇ *n* rencontre *f*. ◇ *vt* fml rencontrer.

encourage [ɪn'kʌrɪdʒ] *vt* **-1.** [give confidence to]: **to ~ sb (to do sthg)** encourager qqn (à faire qqch). **-2.** [promote] encourager, favoriser.

encouragement [ɪn'kʌrɪdʒmənt] *n* encouragement *m*.

encroach [ɪn'krəʊtʃ] *vi*: **to ~ on** OR **upon** empiéter sur.

encyclop(a)edia [ɪn,saɪklə'piːdjə] *n* encyclopédie *f*.

end [end] ◇ *n* **-1.** [gen] fin *f*; **at an ~** terminé, fini; **to come to an ~** se terminer, s'arrêter; **to put an ~ to sthg** mettre fin à qqch; **at the ~ of the day** *fig* en fin de compte; **in the ~** [finally] finalement. **-2.** [of rope, path, garden, table etc] bout *m*, extrémité *f*; [of box] côté *m*. **-3.** [leftover part - of cigarette] mégot *m*; [- of pencil] bout *m*. ◇ *vt* mettre fin à; [day] finir; **to ~ sthg with** terminer OR finir qqch par. ◇ *vi* se terminer; **to ~ in** se terminer par; **to ~ with** se terminer par OR avec.
◆ **on end** *adv* **-1.** [upright] debout. **-2.** [continuously] d'affilée.
◆ **end up** *vi* finir; **to ~ up doing sthg** finir par faire qqch.

endanger [ɪn'deɪndʒə^r] *vt* mettre en danger.

endearing [ɪn'dɪərɪŋ] *adj* engageant(e).

endeavour *Br*, **endeavor** *Am* [ɪn'devə^r] *fml* ◇ *n* effort *m*, tentative *f*. ◇ *vt*: **to ~ to do sthg** s'efforcer OR tenter de faire qqch.

ending ['endɪŋ] *n* fin *f*, dénouement *m*.

endive ['endaɪv] *n* **-1.** [salad vegetable] endive *f*. **-2.** [chicory] chicorée *f*.

endless ['endlɪs] *adj* **-1.** [unending] interminable; [patience, possibilities] infini(e); [resources] inépuisable. **-2.** [vast] infini(e).

endorse [ɪn'dɔːs] *vt* **-1.** [approve] approuver. **-2.** [cheque] endosser.

endorsement [ɪn'dɔːsmənt] *n* **-1.** [approval] approbation *f*. **-2.** *Br* [on driving licence] *contravention portée au permis de conduire*.

endow [ɪn'daʊ] *vt* **-1.** [equip]: **to be ~ed with sthg** être doté(e) de qqch. **-2.** [donate money to] faire des dons à.

endurance [ɪn'djʊərəns] *n* endurance *f*.

endure [ɪn'djʊə^r] ◇ *vt* supporter, endurer. ◇ *vi* perdurer.

endways *Br* ['endweɪz], **endwise** *Am* ['endwaɪz] *adv* **-1.** [not sideways] en long. **-2.** [with ends touching] bout à bout.

enemy ['enɪmɪ] ◇ *n* ennemi *m*, -e *f*. ◇ *comp* ennemi(e).

energetic [ˌenə'dʒetɪk] *adj* énergique; [person] plein(e) d'entrain.

energy ['enədʒɪ] *n* énergie *f*.

enforce [ɪn'fɔːs] *vt* appliquer, faire respecter.

enforced [ɪn'fɔːst] *adj* forcé(e).

engage [ɪn'geɪdʒ] ◇ *vt* **-1.** [attention, interest] susciter, éveiller. **-2.** TECH engager. **-3.** *fml* [employ] engager; **to be ~d in** OR **on sthg** prendre part à qqch. ◇ *vi* [be involved]: **to ~ in** s'occuper de.

engaged [ɪn'geɪdʒd] *adj* **-1.** [to be married]: **~ (to sb)** fiancé(e) (à qqn); **to get ~** se fiancer. **-2.** [busy] occupé(e); **~ in sthg** engagé dans qqch. **-3.** [telephone, toilet] occupé(e).

engaged tone *n Br* tonalité *f* «occupé».

engagement [ɪn'geɪdʒmənt] *n* **-1.** [to be married] fiançailles *fpl*. **-2.** [appointment] rendez-vous *m inv*.

engagement ring *n* bague *f* de fiançailles.

engaging [ɪn'geɪdʒɪŋ] *adj* engageant(e); [personality] attirant(e).

engender [ɪn'dʒendə^r] *vt fml* engendrer, susciter.

engine ['endʒɪn] *n* **-1.** [of vehicle] moteur *m*. **-2.** RAIL locomotive *f*.

engine driver *n Br* mécanicien *m*.

engineer [ˌendʒɪ'nɪə^r] *n* **-1.** [of roads] ingénieur *m*; [of machinery, on ship] mécanicien *m*; [of electrical equipment] technicien *m*. **-2.** *Am* [engine driver] mécanicien *m*.

engineering [ˌendʒɪ'nɪərɪŋ] *n* ingénierie *f*.

England ['ɪŋglənd] *n* Angleterre *f*; **in ~** en Angleterre.

English ['ɪŋglɪʃ] ◇ *adj* anglais(e). ◇ *n* [language] anglais *m*. ◇ *npl*: **the ~** les Anglais.

English breakfast *n* petit déjeuner traditionnel anglais.

English Channel *n*: the ~ la Manche.

Englishman ['ɪŋglɪʃmən] (*pl* -men [-mən]) *n* Anglais *m*.

Englishwoman ['ɪŋglɪʃ,wʊmən] (*pl* -women [-wɪmɪn]) *n* Anglaise *f*.

engrave [ɪn'greɪv] *vt*: to ~ sthg (on stone/in one's memory) graver qqch (sur la pierre/dans sa mémoire).

engraving [ɪn'greɪvɪŋ] *n* gravure *f*.

engrossed [ɪn'grəʊst] *adj*: to be ~ (in sthg) être absorbé(e) (par qqch).

engulf [ɪn'gʌlf] *vt* engloutir.

enhance [ɪn'hɑːns] *vt* accroître.

enjoy [ɪn'dʒɔɪ] *vt* **-1.** [like] aimer; to ~ doing sthg avoir plaisir à OR aimer faire qqch; to ~ o.s. s'amuser. **-2.** *fml* [possess] jouir de.

enjoyable [ɪn'dʒɔɪəbl] *adj* agréable.

enjoyment [ɪn'dʒɔɪmənt] *n* [gen] plaisir *m*.

enlarge [ɪn'lɑːdʒ] *vt* agrandir.

◆ **enlarge (up)on** *vt fus* développer.

enlargement [ɪn'lɑːdʒmənt] *n* **-1.** [expansion] extension *f*. **-2.** PHOT agrandissement *m*.

enlighten [ɪn'laɪtn] *vt* éclairer.

enlightened [ɪn'laɪtnd] *adj* éclairé(e).

enlightenment [ɪn'laɪtnmənt] *n* (*U*) éclaircissement *m*.

◆ **Enlightenment** *n*: the Enlightenment le siècle des Lumières.

enlist [ɪn'lɪst] ◇ *vt* **-1.** MIL enrôler. **-2.** [recruit] recruter. **-3.** [obtain] s'assurer. ◇ *vi* MIL: to ~ (in) s'enrôler (dans).

enmity ['enmətɪ] *n* hostilité *f*.

enormity [ɪ'nɔːmətɪ] *n* [extent] étendue *f*.

enormous [ɪ'nɔːməs] *adj* énorme; [patience, success] immense.

enough [ɪ'nʌf] ◇ *adj* assez de; ~ money/time assez d'argent/de temps. ◇ *pron* assez; more than ~ largement, bien assez; to have had ~ (of sthg) en avoir assez (de qqch). ◇ *adv* **-1.** [sufficiently] assez; to be good ~ to do sthg *fml* être assez gentil pour OR de faire qqch, être assez aimable pour OR de faire qqch.

-2. [rather] plutôt; **strangely** ~ bizarrement, c'est bizarre.

enquire [ɪn'kwaɪəʳ] ◇ *vt*: to ~ when/whether/how ... demander quand/si/comment .... ◇ *vi*: to ~ (about) se renseigner (sur).

enquiry [ɪn'kwaɪərɪ] *n* **-1.** [question] demande *f* de renseignements; "Enquiries" «renseignements». **-2.** [investigation] enquête *f*.

enraged [ɪn'reɪdʒd] *adj* déchaîné(e); [animal] enragé(e).

enrol, enroll *Am* [ɪn'rəʊl] ◇ *vt* inscrire. ◇ *vi*: to ~ (in) s'inscrire (à).

ensign ['ensaɪn] *n* [flag] pavillon *m*.

ensue [ɪn'sjuː] *vi* s'ensuivre.

ensure [ɪn'ʃʊəʳ] *vt* assurer; to ~ (that) ... s'assurer que ...

ENT (*abbr of* Ear, Nose & Throat) *n* ORL *f*.

entail [ɪn'teɪl] *vt* entraîner; **what does the work** ~? en quoi consiste le travail?

enter ['entəʳ] ◇ *vt* **-1.** [room, vehicle] entrer dans. **-2.** [university, army] entrer à; [school] s'inscrire à, s'inscrire dans. **-3.** [competition, race] s'inscrire à; [politics] se lancer dans. **-4.** [register]: to ~ sb/sthg for sthg inscrire qqn/qqch à qqch. **-5.** [write down] inscrire. **-6.** COMPUT entrer. ◇ *vi* **-1.** [come or go in] entrer. **-2.** [register]: to ~ (for) s'inscrire (à).

◆ **enter into** *vt fus* [negotiations, correspondence] entamer.

enter key *n* COMPUT (touche *f*) entrée *f*.

enterprise ['entəpraɪz] *n* entreprise *f*.

enterprise zone *n* Br zone dans une région défavorisée qui bénéficie de subsides de l'État.

enterprising ['entəpraɪzɪŋ] *adj* qui fait preuve d'initiative.

entertain [,entə'teɪn] *vt* **-1.** [amuse] divertir. **-2.** [invite - guests] recevoir. **-3.** *fml* [thought, proposal] considérer.

entertainer [,entə'teɪnəʳ] *n* fantaisiste *mf*.

entertaining [,entə'teɪnɪŋ] *adj* divertissant(e).

entertainment [,entə'teɪnmənt] n **-1.** (U) [amusement] divertissement m. **-2.** [show] spectacle m.

enthral, enthrall Am [ɪn'θrɔːl] vt captiver.

enthrone [ɪn'θrəʊn] vt introniser.

enthusiasm [ɪn'θjuːzɪæzm] n **-1.** [passion, eagerness]: ~ (for) enthousiasme m (pour). **-2.** [interest] passion f.

enthusiast [ɪn'θjuːzɪæst] n amateur m, -trice f.

enthusiastic [ɪn,θjuːzɪ'æstɪk] adj enthousiaste.

entice [ɪn'taɪs] vt entraîner.

entire [ɪn'taɪər] adj entier(ière).

entirely [ɪn'taɪəlɪ] adv totalement.

entirety [ɪn'taɪrətɪ] n: **in its** ~ en entier.

entitle [ɪn'taɪtl] vt [allow]: **to** ~ **sb to sthg** donner droit à qqch à qqn; **to** ~ **sb to do sthg** autoriser qqn à faire qqch.

entitled [ɪn'taɪtld] adj **-1.** [allowed] autorisé(e); **to be** ~ **to sthg** avoir droit à qqch; **to be** ~ **to do sthg** avoir le droit de faire qqch. **-2.** [called] intitulé(e).

entitlement [ɪn'taɪtlmənt] n droit m.

entrance [n 'entrəns, vt ɪn'trɑːns] ◊ n **-1.** [way in]: ~ **(to)** entrée f (de). **-2.** [arrival] entrée f. **-3.** [entry]: **to gain** ~ **to** [building] obtenir l'accès à; [society, university] être admis(e) dans. ◊ vt ravir, enivrer.

entrance examination n examen m d'entrée.

entrance fee n **-1.** [to cinema, museum] droit m d'entrée. **-2.** [for club] droit m d'inscription.

entrant ['entrənt] n [in race, competition] concurrent m, -e f.

entreat [ɪn'triːt] vt: **to** ~ **sb (to do sthg)** supplier qqn (de faire qqch).

entrenched [ɪn'trentʃt] adj ancré(e).

entrepreneur [,ɒntrəprə'nɜːr] n entrepreneur m.

entrust [ɪn'trʌst] vt: **to** ~ **sthg to sb, to** ~ **sb with sthg** confier qqch à qqn.

entry ['entrɪ] n **-1.** [gen] entrée f; **to gain** ~ **to** avoir accès à; "no ~" «défense d'entrer»; AUT «sens interdit». **-2.** [in competition] inscription f. **-3.** [in dictionary] entrée f; [in diary, ledger] inscription f.

entry form n formulaire m OR feuille f d'inscription.

entry phone n portier m électronique.

envelop [ɪn'veləp] vt envelopper.

envelope ['envələʊp] n enveloppe f.

envious ['envɪəs] adj envieux(ieuse).

environment [ɪn'vaɪərənmənt] n **-1.** [surroundings] milieu m, cadre m. **-2.** [natural world]: **the** ~ l'environnement m.

environmental [ɪn,vaɪərən'mentl] adj [pollution, awareness] de l'environnement; [impact] sur l'environnement.

environmentally [ɪn,vaɪərən'mentəlɪ] adv [damaging] pour l'environnement; **to be** ~ **aware** être sensible aux problèmes de l'environnement; ~ **friendly** qui préserve l'environnement.

envisage [ɪn'vɪzɪdʒ], **envision** Am [ɪn'vɪʒn] vt envisager.

envoy ['envɔɪ] n émissaire m.

envy ['envɪ] ◊ n envie f, jalousie f. ◊ vt envier; **to** ~ **sb sthg** envier qqch à qqn.

epic ['epɪk] ◊ adj épique. ◊ n épopée f.

epidemic [,epɪ'demɪk] n épidémie f.

epileptic [,epɪ'leptɪk] ◊ adj épileptique. ◊ n épileptique mf.

episode ['epɪsəʊd] n épisode m.

epistle [ɪ'pɪsl] n épître f.

epitaph ['epɪtɑːf] n épitaphe f.

epitome [ɪ'pɪtəmɪ] n: **the** ~ **of** le modèle de.

epitomize, -ise [ɪ'pɪtəmaɪz] vt incarner.

epoch ['iːpɒk] n époque f.

equable ['ekwəbl] adj égal(e), constant(e).

equal ['iːkwəl] ◊ adj **-1.** [gen]: ~ **(to)** égal(e) (à); **on** ~ **terms** d'égal à égal.

-2. [capable]: **~ to sthg** à la hauteur de qqch. ◇ *n* égal *m*, **-e** *f.* ◇ *vt* égaler.

equality [iːˈkwɒlətɪ] *n* égalité *f.*

equalize, -ise [ˈiːkwəlaɪz] ◇ *vt* niveler. ◇ *vi* SPORT égaliser.

equalizer [ˈiːkwəlaɪzəʳ] *n* SPORT but *m* égalisateur.

equally [ˈiːkwəlɪ] *adv* **-1.** [important, stupid etc] tout aussi. **-2.** [in amount] en parts égales. **-3.** [also] en même temps.

equal opportunities *npl* égalité *f* des chances.

equanimity [ˌekwəˈnɪmətɪ] *n* sérénité *f*, égalité *f* d'âme.

equate [ɪˈkweɪt] *vt*: **to ~ sthg with** assimiler qqch à.

equation [ɪˈkweɪʒn] *n* équation *f.*

equator [ɪˈkweɪtəʳ] *n*: **the ~** l'équateur *m.*

equilibrium [ˌiːkwɪˈlɪbrɪəm] *n* équilibre *m.*

equip [ɪˈkwɪp] *vt* équiper; **to ~ sb/ sthg with** équiper qqn/qqch de, munir qqn/qqch de; **he's well equipped for the job** il est bien préparé pour ce travail.

equipment [ɪˈkwɪpmənt] *n* (*U*) équipement *m*, matériel *m.*

equities [ˈekwətɪz] *npl* ST EX actions *fpl* ordinaires.

equivalent [ɪˈkwɪvələnt] ◇ *adj* équivalent(e); **to be ~ to** être équivalent à, équivaloir à. ◇ *n* équivalent *m.*

equivocal [ɪˈkwɪvəkl] *adj* équivoque.

er [ɜːʳ] *excl* euh!

era [ˈɪərə] (*pl* **-s**) *n* ère *f*, période *f.*

eradicate [ɪˈrædɪkeɪt] *vt* éradiquer.

erase [ɪˈreɪz] *vt* **-1.** [rub out] gommer. **-2.** *fig* [memory] effacer; [hunger, poverty] éliminer.

eraser [ɪˈreɪzəʳ] *n* gomme *f.*

erect [ɪˈrekt] ◇ *adj* **-1.** [person, posture] droit(e). **-2.** [penis] en érection. ◇ *vt* **-1.** [statue] ériger; [building] construire. **-2.** [tent] dresser.

erection [ɪˈrekʃn] *n* **-1.** (*U*) [of statue] érection *f*; [of building] construction *f.* **-2.** [erect penis] érection *f.*

ERM (*abbr of* **Exchange Rate Mechanism**) *n* mécanisme *m* des changes (du SME).

ermine [ˈɜːmɪn] *n* [fur] hermine *f.*

erode [ɪˈrəʊd] ◇ *vt* **-1.** [rock, soil] éroder. **-2.** *fig* [confidence, rights] réduire. ◇ *vi* **-1.** [rock, soil] s'éroder. **-2.** *fig* [confidence] diminuer; [rights] se réduire.

erosion [ɪˈrəʊʒn] *n* **-1.** [of rock, soil] érosion *f.* **-2.** *fig* [of confidence] baisse *f*; [of rights] diminution *f.*

erotic [ɪˈrɒtɪk] *adj* érotique.

err [ɜːʳ] *vi* se tromper.

errand [ˈerənd] *n* course *f*, commission *f*; **to go on** OR **run an ~** faire une course.

erratic [ɪˈrætɪk] *adj* irrégulier(ière).

error [ˈerəʳ] *n* erreur *f*; **a spelling/ typing ~** une faute d'orthographe/de frappe; **an ~ of judgment** une erreur de jugement; **in ~** par erreur.

erupt [ɪˈrʌpt] *vi* **-1.** [volcano] entrer en éruption. **-2.** *fig* [violence, war] éclater.

eruption [ɪˈrʌpʃn] *n* **-1.** [of volcano] éruption *f.* **-2.** [of violence] explosion *f*; [of war] déclenchement *m.*

escalate [ˈeskəleɪt] *vi* **-1.** [conflict] s'intensifier. **-2.** [costs] monter en flèche.

escalator [ˈeskəleɪtəʳ] *n* escalier *m* roulant.

escapade [ˌeskəˈpeɪd] *n* aventure *f*, exploit *m.*

escape [ɪˈskeɪp] ◇ *n* **-1.** [gen] fuite *f*, évasion *f*; **to make one's ~** s'échapper; **to have a lucky ~** l'échapper belle. **-2.** [leakage - of gas, water] fuite *f.* ◇ *vt* échapper à. ◇ *vi* **-1.** [gen] s'échapper, fuir; [from prison] s'évader; **to ~ from** [place] s'échapper de; [danger, person] échapper à. **-2.** [survive] s'en tirer.

escapism [ɪˈskeɪpɪzm] *n* (*U*) évasion *f* (de la réalité).

escort [*n* ˈeskɔːt, *vb* ɪˈskɔːt] ◇ *n* **-1.** [guard] escorte *f*; **under ~** sous escorte. **-2.** [companion - male] cavalier *m*; [- female] hôtesse *f.* ◇ *vt* escorter, accompagner.

Eskimo ['eskɪməʊ] (*pl* **-s**) *n* [person] Esquimau *m*, -aude *f.*

espadrille [,espə'drɪl] *n* espadrille *f.*

especially [ɪ'speʃəlɪ] *adv* **-1.** [in particular] surtout. **-2.** [more than usually] particulièrement. **-3.** [specifically] spécialement.

espionage ['espɪə,nɑːʒ] *n* espionnage *m.*

esplanade [,esplə'neɪd] *n* esplanade *f.*

Esquire [ɪ'skwaɪə] *n*: **G. Curry ~** Monsieur G. Curry.

essay ['eseɪ] *n* **-1.** SCH & UNIV dissertation *f.* **-2.** LITERATURE essai *m.*

essence ['esns] *n* **-1.** [nature] essence *f*, nature *f*; **in ~** par essence. **-2.** CULIN extrait *m.*

essential [ɪ'senʃl] *adj* **-1.** [absolutely necessary]: **~ (to** OR **for)** indispensable (à). **-2.** [basic] essentiel(ielle), de base. ◆ **essentials** *npl* **-1.** [basic commodities] produits *mpl* de première nécessité. **-2.** [most important elements] essentiel *m.*

essentially [ɪ'senʃəlɪ] *adv* fondamentalement, avant tout.

establish [ɪ'stæblɪʃ] *vt* **-1.** [gen] établir; **to ~ contact with** établir le contact avec. **-2.** [organization, business] fonder, créer.

establishment [ɪ'stæblɪʃmənt] *n* **-1.** [gen] établissement *m.* **-2.** [of organization, business] fondation *f*, création *f.*
◆ **Establishment** *n* [status quo]: **the Establishment** l'ordre *m* établi, l'Establishment *m.*

estate [ɪ'steɪt] *n* **-1.** [land, property] propriété *f*, domaine *m.* **-2. (housing) ~** lotissement *m.* **-3. (industrial) ~** zone *f* industrielle. **-4.** JUR [inheritance] biens *mpl.*

estate agency *n* Br agence *f* immobilière.

estate agent *n* Br agent *m* immobilier.

estate car *n* Br break *m.*

esteem [ɪ'stiːm] ◇ *n* estime *f.* ◇ *vt* estimer.

esthetic *etc* Am = **aesthetic** *etc.*

estimate [*n* 'estɪmət, *vb* 'estɪmeɪt] ◇ *n* **-1.** [calculation, judgment] estimation *f*, évaluation *f.* **-2.** COMM devis *m.* ◇ *vt* estimer, évaluer.

estimation [,estɪ'meɪʃn] *n* **-1.** [opinion] opinion *f.* **-2.** [calculation] estimation *f*, évaluation *f.*

Estonia [e'stəʊnɪə] *n* Estonie *f.*

estranged [ɪ'streɪndʒd] *adj* [couple] séparé(e); [husband, wife] dont on s'est séparé.

estuary ['estjʊərɪ] *n* estuaire *m.*

etc. (*abbr of* **et cetera**) etc.

etching ['etʃɪŋ] *n* gravure *f* à l'eau forte.

eternal [ɪ'tɜːnl] *adj* **-1.** [life] éternel(elle). **-2.** *fig* [complaints, whining] sempiternel(elle). **-3.** [truth, value] immuable.

eternity [ɪ'tɜːnətɪ] *n* éternité *f.*

ethic ['eθɪk] *n* éthique *f*, morale *f.*
◆ **ethics** ◇ *n* (U) [study] éthique *f*, morale *f.* ◇ *npl* [morals] morale *f.*

ethical ['eθɪkl] *adj* moral(e).

Ethiopia [,iːθɪ'əʊpɪə] *n* Éthiopie *f.*

ethnic ['eθnɪk] *adj* **-1.** [traditions, groups] ethnique. **-2.** [clothes] folklorique.

ethos ['iːθɒs] *n* génie *m* (d'un peuple/d'une civilisation).

etiquette ['etɪket] *n* convenances *fpl*, étiquette *f.*

eulogy ['juːlədʒɪ] *n* panégyrique *m.*

euphemism ['juːfəmɪzm] *n* euphémisme *m.*

euphoria [juː'fɔːrɪə] *n* euphorie *f.*

Eurocheque ['jʊərəʊ,tʃek] *n* eurochèque *m.*

Euro MP *n* député *m* européen.

Europe ['jʊərəp] *n* Europe *f.*

European [,jʊərə'piːən] ◇ *adj* européen(enne). ◇ *n* Européen *m*, -enne *f.*

European Community *n*: **the ~** la Communauté européenne.

European Monetary System *n*: **the ~** le Système monétaire européen.

European Parliament n: the ~ le Parlement européen.

euthanasia [,ju:θə'neɪzjə] n euthanasie f.

evacuate [ɪ'vækjʊeɪt] vt évacuer.

evade [ɪ'veɪd] vt -1. [gen] échapper à. -2. [issue, question] esquiver, éluder.

evaluate [ɪ'væljʊeɪt] vt évaluer.

evaporate [ɪ'væpəreɪt] vi -1. [liquid] s'évaporer. -2. fig [hopes, fears] s'envoler; [confidence] disparaître.

evaporated milk [ɪ'væpəreɪtɪd-] n lait m condensé (non sucré).

evasion [ɪ'veɪʒn] n -1. [of responsibility] dérobade f. -2. [lie] faux-fuyant m.

evasive [ɪ'veɪsɪv] adj évasif(ive); to take ~ action faire une manœuvre d'évitement.

eve [iːv] n veille f.

even ['iːvn] ◇ adj -1. [speed, rate] régulier(ière); [temperature, temperament] égal(e). -2. [flat, level] plat(e), régulier(ière). -3. [equal - contest] équilibré(e); [- teams, players] de la même force; [- scores] à égalité; to get ~ with sb se venger de qqn. -4. [not odd - number] pair(e). ◇ adv -1. [gen] même; ~ now encore maintenant; ~ then même alors. -2. [in comparisons]: ~ bigger/better/more stupid encore plus grand/mieux/plus bête.
◆ **even if** conj même si.
◆ **even so** adv quand même.
◆ **even though** conj bien que (+ subjunctive).
◆ **even out** ◇ vt sep égaliser. ◇ vi s'égaliser.

evening ['iːvnɪŋ] n soir m; [duration, entertainment] soirée f; in the ~ le soir.
◆ **evenings** adv Am le soir.

evening class n cours m du soir.

evening dress n [worn by man] habit m de soirée; [worn by woman] robe f du soir.

event [ɪ'vent] n -1. [happening] événement m. -2. SPORT épreuve f. -3. [case]: in the ~ of en cas de; in the ~ that au cas où.

◆ **in any event** adv en tout cas, de toute façon.
◆ **in the event** adv Br en l'occurrence, en réalité.

eventful [ɪ'ventfʊl] adj mouvementé(e).

eventual [ɪ'ventʃʊəl] adj final(e).

eventuality [ɪ,ventʃʊ'ælətɪ] n éventualité f.

eventually [ɪ'ventʃʊəlɪ] adv finalement, en fin de compte.

ever ['evər] adv -1. [at any time] jamais; **have you ~ been to Paris?** êtes-vous déjà allé à Paris?; **I hardly ~ see him** je ne le vois presque jamais. -2. [all the time] toujours; as ~ comme toujours; for ever toujours. -3. [for emphasis]: ~ so tellement; ~ such vraiment; why/how ~? pourquoi/comment donc?
◆ **ever since** ◇ adv depuis (ce moment-là). ◇ conj depuis que. ◇ prep depuis.

evergreen ['evəgriːn] ◇ adj à feuilles persistantes. ◇ n arbre m à feuilles persistantes.

everlasting [,evə'lɑːstɪŋ] adj éternel(elle).

every ['evrɪ] adj chaque; ~ morning chaque matin, tous les matins.
◆ **every now and then**, **every so often** adv de temps en temps, de temps à autre.
◆ **every other** adj: ~ other day tous les deux jours, un jour sur deux; ~ other street une rue sur deux.
◆ **every which way** adv Am partout, de tous côtés.

everybody ['evrɪ,bɒdɪ] = everyone.

everyday ['evrɪdeɪ] adj quotidien(ienne).

everyone ['evrɪwʌn] pron chacun, tout le monde.

everyplace Am = everywhere.

everything ['evrɪθɪŋ] pron tout.

everywhere ['evrɪweər], **everyplace** Am ['evrɪ,pleɪs] adv partout.

evict [ɪ'vɪkt] vt expulser.

evidence ['evɪdəns] n (U) -1. [proof]

preuve *f.* **-2.** JUR [of witness] témoignage *m*; **to give** ~ témoigner.
evident ['evidənt] *adj* évident(e), manifeste.
evidently ['evidəntli] *adv* **-1.** [seemingly] **apparemment. -2.** [obviously] de toute évidence, manifestement.
evil ['iːvl] ◇ *adj* [person] mauvais(e), malveillant(e). ◇ *n* mal *m*.
evoke [ɪ'vəʊk] *vt* [memory] évoquer; [emotion, response] susciter.
evolution [,iːvə'luːʃn] *n* évolution *f.*
evolve [ɪ'vɒlv] ◇ *vt* développer. ◇ *vi*: **to** ~ **(into/from)** se développer (en/à partir de).
ewe [juː] *n* brebis *f.*
ex- [eks] *prefix* ex-.
exacerbate [ɪg'zæsəbeɪt] *vt* [feeling] exacerber; [problems] **aggraver.**
exact [ɪg'zækt] ◇ *adj* exact(e), précis(e); **to be** ~ pour être exact OR précis, exactement. ◇ *vt*: **to** ~ **sthg (from)** exiger qqch (de).
exacting [ɪg'zæktɪŋ] *adj* [job, standards] astreignant(e); [person] exigeant(e).
exactly [ɪg'zæktlɪ] ◇ *adv* exactement. ◇ *excl* exactement!, parfaitement!
exaggerate [ɪg'zædʒəreɪt] *vt & vi* exagérer.
exaggeration [ɪg,zædʒə'reɪʃn] *n* exagération *f.*
exalted [ɪg'zɔːltɪd] *adj* haut placé(e).
exam [ɪg'zæm] *n* examen *m*; **to take** OR **sit an** ~ passer un examen.
examination [ɪg,zæmɪ'neɪʃn] *n* examen *m.*
examine [ɪg'zæmɪn] *vt* **-1.** [gen] examiner; [passport] contrôler. **-2.** JUR, SCH & UNIV interroger.
examiner [ɪg'zæmɪnər] *n* examinateur *m*, -trice *f.*
example [ɪg'zɑːmpl] *n* exemple *m*; **for** ~ par exemple.
exasperate [ɪg'zæspəreɪt] *vt* exaspérer.
exasperation [ɪg,zæspə'reɪʃn] *n* exaspération *f.*
excavate ['ekskəveɪt] *vt* **-1.** [land] creuser. **-2.** [object] déterrer.

exceed [ɪk'siːd] *vt* **-1.** [amount, number] excéder. **-2.** [limit, expectations] dépasser.
exceedingly [ɪk'siːdɪŋlɪ] *adv* extrêmement.
excel [ɪk'sel] *vi*: **to** ~ **(in** OR **at)** exceller (dans); **to** ~ **o.s.** *Br* se surpasser.
excellence ['eksələns] *n* excellence *f*, supériorité *f.*
excellent ['eksələnt] *adj* excellent(e).
except [ɪk'sept] ◇ *prep & conj*: ~ **(for)** à part, sauf. ◇ *vt*: **to** ~ **sb (from)** exclure qqn (de).
excepting [ɪk'septɪŋ] *prep & conj* = **except.**
exception [ɪk'sepʃn] *n* **-1.** [exclusion]: ~ **(to)** exception *f* (à); **with the** ~ **of** à l'exception de. **-2.** [offence]: **to take** ~ **to** s'offenser de, se froisser de.
exceptional [ɪk'sepʃənl] *adj* exceptionnel(elle).
excerpt ['eksɜːpt] *n*: ~ **(from)** extrait *m* (de), passage *m* (de).
excess [ɪk'ses, *before nouns* 'ekses] ◇ *adj* excédentaire. ◇ *n* excès *m.*
excess baggage *n* excédent *m* de bagages.
excess fare *n Br* supplément *m.*
excessive [ɪk'sesɪv] *adj* excessif(ive).
exchange [ɪks'tʃeɪndʒ] ◇ *n* **-1.** [gen] échange *m*; **in** ~ **(for)** en échange (de). **-2.** TELEC: **(telephone)** ~ central *m* (téléphonique). ◇ *vt* [swap] échanger; **to** ~ **sthg for sthg** échanger qqch contre qqch; **to** ~ **sthg with sb** échanger qqch avec qqn.
exchange rate *n* FIN taux *m* de change.
Exchequer [ɪks'tʃekər] *n Br*: **the** ~ ≃ le ministère des Finances.
excise ['eksaɪz] *n* (U) contributions *fpl* indirectes.
excite [ɪk'saɪt] *vt* exciter.
excited [ɪk'saɪtɪd] *adj* excité(e).
excitement [ɪk'saɪtmənt] *n* [state] excitation *f.*
exciting [ɪk'saɪtɪŋ] *adj* passionnant(e); [prospect] excitant(e).

exclaim [ɪk'skleɪm] ◇ vt s'écrier. ◇ vi s'exclamer.

exclamation [ˌeksklə'meɪʃn] n exclamation f.

exclamation mark Br, **exclamation point** Am n point m d'exclamation.

exclude [ɪk'sklu:d] vt: to ~ sb/sthg (from) exclure qqn/qqch (de).

excluding [ɪk'sklu:dɪŋ] prep sans compter, à l'exclusion de.

exclusive [ɪk'sklu:sɪv] ◇ adj -1. [high-class] fermé(e). -2. [unique - use, news story] exclusif(ive). ◇ n PRESS exclusivité f.
◆ **exclusive of** prep: ~ of interest intérêts non compris.

excrement ['ekskrɪmənt] n excrément m.

excruciating [ɪk'skru:ʃieɪtɪŋ] adj atroce.

excursion [ɪk'skɜ:ʃn] n [trip] excursion f.

excuse [n ɪk'skju:s, vb ɪk'skju:z] ◇ n excuse f. ◇ vt -1. [gen] excuser; to ~ sb for sthg/for doing sthg excuser qqn de qqch/de faire qqch; ~ me [to attract attention] excusez-moi; [forgive me] pardon, excusez-moi; Am [sorry] pardon. -2. [let off]: to ~ sb (from) dispenser qqn (de).

ex-directory adj Br qui est sur la liste rouge.

execute ['eksɪkju:t] vt exécuter.

execution [ˌeksɪ'kju:ʃn] n exécution f.

executioner [ˌeksɪ'kju:ʃnəʳ] n bourreau m.

executive [ɪg'zekjutɪv] ◇ adj [power, board] exécutif(ive). ◇ n -1. COMM cadre m. -2. [of government] exécutif m; [of political party] comité m central, bureau m.

executive director n cadre m supérieur.

executor [ɪg'zekjutəʳ] n exécuteur m testamentaire.

exemplify [ɪg'zemplɪfaɪ] vt -1. [typify] exemplifier. -2. [give example of] exemplifier, illustrer.

exempt [ɪg'zempt] ◇ adj: ~ (from)

exempt(e) (de). ◇ vt: to ~ sb (from) exempter qqn (de).

exercise ['eksəsaɪz] ◇ n exercice m. ◇ vt [gen] exercer. ◇ vi prendre de l'exercice.

exercise book n [notebook] cahier m d'exercices; [published book] livre m d'exercices.

exert [ɪg'zɜ:t] vt exercer; [strength] employer; to ~ o.s. se donner du mal.

exertion [ɪg'zɜ:ʃn] n effort m.

exhale [eks'heɪl] ◇ vt exhaler. ◇ vi expirer.

exhaust [ɪg'zɔ:st] ◇ n -1. (U) [fumes] gaz mpl d'échappement. -2. ~ (pipe) pot m d'échappement. ◇ vt épuiser.

exhausted [ɪg'zɔ:stɪd] adj épuisé(e).

exhausting [ɪg'zɔ:stɪŋ] adj épuisant(e).

exhaustion [ɪg'zɔ:stʃn] n épuisement m.

exhaustive [ɪg'zɔ:tɪv] adj complet(ète), exhaustif(ive).

exhibit [ɪg'zɪbɪt] ◇ n -1. ART objet m exposé. -2. JUR pièce f à conviction. ◇ vt -1. [demonstrate - feeling] montrer; [- skill] faire preuve de. -2. ART exposer.

exhibition [ˌeksɪ'bɪʃn] n -1. ART exposition f. -2. [of feeling] démonstration f. -3. phr: to make an ~ of o.s. Br se donner en spectacle.

exhilarating [ɪg'zɪləreɪtɪŋ] adj [experience] grisant(e); [walk] vivifiant(e).

exile ['eksaɪl] ◇ n -1. [condition] exil m; in ~ en exil. -2. [person] exilé m, -e f. ◇ vt: to ~ sb (from/to) exiler qqn (de/vers).

exist [ɪg'zɪst] vi exister.

existence [ɪg'zɪstəns] n existence f; in ~ qui existe, existant(e); to come into ~ naître.

existing [ɪg'zɪstɪŋ] adj existant(e).

exit ['eksɪt] ◇ n sortie f. ◇ vi sortir.

exodus ['eksədəs] n exode m.

exonerate [ɪg'zɒnəreɪt] vt: to ~ sb (from) disculper qqn (de).

exorbitant [ɪg'zɔ:bɪtənt] adj exorbitant(e).

exotic [ɪgˈzɒtɪk] *adj* exotique.

expand [ɪkˈspænd] ◇ *vt* [production, influence] **accroître**; [business, department, area] **développer**. ◇ *vi* [population, influence] **s'accroître**; [business, department, market] **se développer**; [metal] **se dilater**.

◆ **expand (up)on** *vt fus* développer.

expanse [ɪkˈspæns] *n* étendue *f*.

expansion [ɪkˈspænʃn] *n* [of production, population] **accroissement** *m*; [of business, department, area] **développement** *m*; [of metal] **dilatation** *f*.

expect [ɪkˈspekt] ◇ *vt* **-1.** [anticipate] **s'attendre à**; [event, letter, baby] **attendre**; **when do you ~ it to be ready?** quand pensez-vous que cela sera prêt?; **to ~ sb to do sthg** s'attendre à ce que qqn fasse qqch. **-2.** [count on] **compter sur. -3.** [demand] **exiger, demander**; **to ~ sb to do sthg** attendre de qqn qu'il fasse qqch; **to ~ sthg from sb** exiger qqch de qqn. **-4.** [suppose] **supposer**; **I ~ so** je crois que oui. ◇ *vi* **-1.** [anticipate]: **to ~ to do sthg** compter faire qqch. **-2.** [be pregnant]: **to be ~ing** être enceinte, attendre un bébé.

expectancy → **life expectancy**.

expectant [ɪkˈspektənt] *adj* qui est dans l'expectative.

expectant mother *n* femme *f* enceinte.

expectation [ˌekspekˈteɪʃn] *n* **-1.** [hope] **espoir** *m*, **attente** *f*. **-2.** [belief]: **it's my ~ that ...** à mon avis, ...; **against all ~** OR **~s, contrary to all ~** OR **~s** contre toute attente.

expedient [ɪkˈspiːdjənt] *fml* ◇ *adj* **indiqué(e)**. ◇ *n* expédient *m*.

expedition [ˌekspɪˈdɪʃn] *n* expédition *f*.

expel [ɪkˈspel] *vt* **-1.** [gen] **expulser. -2.** SCH **renvoyer**.

expend [ɪkˈspend] *vt*: **to ~ time/money (on)** consacrer du temps/de l'argent (à).

expendable [ɪkˈspendəbl] *adj* dont on peut se passer, qui n'est pas indispensable.

expenditure [ɪkˈspendɪtʃəʳ] *n* (U) dépense *f*.

expense [ɪkˈspens] *n* **-1.** [amount spent] **dépense** *f*. **-2.** (U) [cost] **frais** *mpl*; **at the ~ of** au prix de; **at sb's ~** [financial] aux frais de qqn; *fig* aux dépens de qqn.

◆ **expenses** *npl* COMM **frais** *mpl*.

expense account *n* frais *mpl* de représentation.

expensive [ɪkˈspensɪv] *adj* **-1.** [financially - gen] **cher (chère)**, **coûteux(euse)**; [- tastes] **dispendieux(ieuse)**. **-2.** [mistake] qui coûte cher.

experience [ɪkˈspɪərɪəns] ◇ *n* expérience *f*. ◇ *vt* [difficulty] **connaître**; [disappointment] **éprouver, ressentir**; [loss, change] **subir**.

experienced [ɪkˈspɪərɪənst] *adj* expérimenté(e); **to be ~ at** OR **in sthg** avoir de l'expérience en OR en matière de qqch.

experiment [ɪkˈsperɪmənt] ◇ *n* expérience *f*; **to carry out an ~** faire une expérience. ◇ *vi*: **to ~ (with sthg)** expérimenter (qqch).

expert [ˈekspɜːt] ◇ *adj* expert(e); [advice] d'expert. ◇ *n* expert *m*, -e *f*.

expertise [ˌekspɜːˈtiːz] *n* (U) compétence *f*.

expire [ɪkˈspaɪəʳ] *vi* expirer.

expiry [ɪkˈspaɪərɪ] *n* expiration *f*.

explain [ɪkˈspleɪn] ◇ *vt* **expliquer**; **to ~ sthg to sb** expliquer qqch à qqn. ◇ *vi* **s'expliquer**; **to ~ to sb (about sthg)** expliquer (qqch) à qqn.

explanation [ˌekspləˈneɪʃn] *n*: **~ (for)** explication *f* (de).

explicit [ɪkˈsplɪsɪt] *adj* explicite.

explode [ɪkˈspləʊd] ◇ *vt* [bomb] **faire exploser**. ◇ *vi* *lit & fig* **exploser**.

exploit [*n* ˈeksplɔɪt, *vb* ɪkˈsplɔɪt] ◇ *n* exploit *m*. ◇ *vt* **exploiter**.

exploitation [ˌeksplɔɪˈteɪʃn] *n* (U) exploitation *f*.

exploration [ˌeksplɔˈreɪʃn] *n* exploration *f*.

explore [ɪkˈsplɔːʳ] *vt & vi* explorer.

explorer [ɪk'splɔːrəʳ] n explorateur m, -trice f.

explosion [ɪk'spləʊʒn] n explosion f; [of interest] débordement m.

explosive [ɪk'spləʊsɪv] ◇ adj lit & fig explosif(ive). ◇ n explosif m.

exponent [ɪk'spəʊnənt] n [of theory] défenseur m.

export [n & comp 'ekspɔːt, vb ɪk'spɔːt] ◇ n exportation f. ◇ comp d'exportation. ◇ vt exporter.

exporter [ek'spɔːtəʳ] n exportateur m, -trice f.

expose [ɪk'spəʊz] vt **-1.** [uncover] exposer, découvrir; **to be ~d to** sthg être exposé à qqch. **-2.** [unmask - corruption] révéler; [- person] démasquer.

exposed [ɪk'spəʊzd] adj [land, house, position] exposé(e).

exposure [ɪk'spəʊʒəʳ] n **-1.** [to light, radiation] exposition f. **-2.** MED: **to die of ~** mourir de froid. **-3.** [PHOT - time] temps m de pose; [- photograph] pose f. **-4.** (U) [publicity] publicité f; [coverage] couverture f.

exposure meter n posemètre m.

expound [ɪk'spaʊnd] fml ◇ vt exposer. ◇ vi: **to ~ on** faire un exposé sur.

express [ɪk'spres] ◇ adj **-1.** Br [letter, delivery] exprès (inv). **-2.** [train, coach] express (inv). **-3.** fml [specific] exprès(esse). ◇ adv exprès. ◇ n [train] rapide m, express m. ◇ vt exprimer.

expression [ɪk'spreʃn] n expression f.

expressive [ɪk'spresɪv] adj expressif(ive).

expressly [ɪk'spresli] adv expressément.

expressway [ɪk'spreswei] n Am voie f express.

exquisite [ɪk'skwɪzɪt] adj exquis(e).

ext., extn. (abbr of **extension**): ~ 4174 p. 4174.

extend [ɪk'stend] ◇ vt **-1.** [enlarge - building] agrandir. **-2.** [make longer - gen] prolonger; [- visa] proroger; [- deadline] repousser. **-3.** [expand - rules, law] étendre (la portée de);

[- power] accroître. **-4.** [stretch out - arm, hand] étendre. **-5.** [offer - help] apporter, offrir; [- credit] accorder. ◇ vi [stretch - in space] s'étendre; [- in time] continuer.

extension [ɪk'stenʃn] n **-1.** [to building] agrandissement m. **-2.** [lengthening - gen] prolongement m; [- of visit] pro-longation f; [- of visa] prorogation f; [- of deadline] report m. **-3.** [of power] accroissement m; [of law] élargis-sement m. **-4.** TELEC poste m. **-5.** ELEC prolongateur m.

extension cable n rallonge f.

extensive [ɪk'stensɪv] adj **-1.** [in amount] considérable. **-2.** [in area] vaste. **-3.** [in range - discussions] ap-profondi(e); [- changes, use] considé-rable.

extensively [ɪk'stensɪvli] adv **-1.** [in amount] considérablement. **-2.** [in range] abondamment, largement.

extent [ɪk'stent] n **-1.** [of land, area] étendue f, superficie f; [of problem, damage] étendue. **-2.** [degree]: **to what ~ ...?** dans quelle mesure ...?; **to the ~ that** [in so far as] dans la mesure où; [to the point where] au point que; **to a certain ~** jusqu'à un certain point; **to a large** OR **great ~** en grande partie; **to some ~** en partie.

extenuating circumstances [ɪk'stenjʊeɪtɪŋ-] npl circonstances fpl atténuantes.

exterior [ɪk'stɪərɪəʳ] ◇ adj exté-rieur(e). ◇ n **-1.** [of house, car] exté-rieur m. **-2.** [of person] dehors m, ex-térieur m.

exterminate [ɪk'stɜːmɪneɪt] vt exter-miner.

external [ɪk'stɜːnl] adj externe.

extinct [ɪk'stɪŋkt] adj **-1.** [species] dis-paru(e). **-2.** [volcano] éteint(e).

extinguish [ɪk'stɪŋgwɪʃ] vt [fire, ciga-rette] éteindre.

extinguisher [ɪk'stɪŋgwɪʃəʳ] n extinc-teur m.

extn. = ext.

extol, extoll Am [ɪk'stəʊl] vt louer.

extort [ɪk'stɔːt] *vt*: **to ~ sthg from sb** extorquer qqch à qqn.

extortionate [ɪk'stɔːʃnət] *adj* exorbitant(e).

extra ['ekstrə] ◇ *adj* supplémentaire. ◇ *n* **-1.** [addition] supplément *m*; **optional ~** option *f*. **-2.** CINEMA & THEATRE figurant *m*, -e *f*. ◇ *adv* [hard, big etc] extra; [pay, charge etc] en plus.

extra- ['ekstrə] *prefix* extra-.

extract [*n* 'ekstrækt, *vb* ɪk'strækt] ◇ *n* extrait *m*. ◇ *vt* **-1.** [take out - tooth] arracher; **to ~ sthg from** tirer qqch de. **-2.** [confession, information]: **to ~ sthg (from sb)** arracher qqch (à qqn), tirer qqch (de qqn). **-3.** [coal, oil] extraire.

extradite ['ekstrədaɪt] *vt*: **to ~ sb (from/to)** extrader qqn (de/vers).

extramarital [,ekstrə'mærɪtl] *adj* extraconjugal(e).

extramural [,ekstrə'mjʊərəl] *adj* UNIV hors faculté.

extraordinary [ɪk'strɔːdnrɪ] *adj* extraordinaire.

extraordinary general meeting *n* assemblée *f* générale extraordinaire.

extravagance [ɪk'strævəgəns] *n* **-1.** (U) [excessive spending] gaspillage *m*, prodigalités *fpl*. **-2.** [luxury] extravagance *f*, folie *f*.

extravagant [ɪk'strævəgənt] *adj* **-1.** [wasteful - person] dépensier(ière); [- use, tastes] dispendieux(ieuse). **-2.** [elaborate, exaggerated] extravagant(e).

extreme [ɪk'striːm] ◇ *adj* extrême. ◇ *n* extrême *m*.

extremely [ɪk'striːmlɪ] *adv* extrêmement.

extremist [ɪk'striːmɪst] ◇ *adj* extrémiste. ◇ *n* extrémiste *mf*.

extricate ['ekstrɪkeɪt] *vt*: **to ~ sthg (from)** dégager qqch (de); **to ~ o.s. (from)** [from seat belt etc] s'extirper (de); [from difficult situation] se tirer (de).

extrovert ['ekstrəvɜːt] ◇ *adj* extraverti(e). ◇ *n* extraverti *m*, -e *f*.

exuberance [ɪg'zjuːbərəns] *n* exubérance *f*.

exultant [ɪg'zʌltənt] *adj* triomphant(e).

eye [aɪ] (*cont* **eyeing** OR **eying**) ◇ *n* **-1.** [gen] œil *m*; **to cast** OR **run one's ~ over sthg** jeter un coup d'œil sur qqch; **to catch sb's ~** attirer l'attention de qqn; **to have one's ~ on sb** avoir qqn à l'œil; **to have one's ~ on sthg** avoir repéré qqch; **to keep one's ~s open for sthg** [try to find] essayer de repérer qqch; **to keep an ~ on sthg** surveiller qqch, garder l'œil sur qqch. **-2.** [of needle] chas *m*. ◇ *vt* regarder, reluquer.

eyeball ['aɪbɔːl] *n* globe *m* oculaire.

eyebath ['aɪbɑːθ] *n* œillère *f* (*pour bains d'œil*).

eyebrow ['aɪbraʊ] *n* sourcil *m*.

eyebrow pencil *n* crayon *m* à sourcils.

eyedrops ['aɪdrɒps] *npl* gouttes *fpl* pour les yeux.

eyelash ['aɪlæʃ] *n* cil *m*.

eyelid ['aɪlɪd] *n* paupière *f*.

eyeliner ['aɪ,laɪnəʳ] *n* eye-liner *m*.

eye-opener *n inf* révélation *f*.

eye shadow *n* fard *m* à paupières.

eyesight ['aɪsaɪt] *n* vue *f*.

eyesore ['aɪsɔːʳ] *n* horreur *f*.

eyestrain ['aɪstreɪn] *n* fatigue *f* des yeux.

eyewitness [,aɪ'wɪtnɪs] *n* témoin *m* oculaire.

F

f (*pl* **f's** OR **fs**), **F** (*pl* **F's** OR **Fs**) [ef] *n* [letter] f *m inv*, F *m inv*.
◆F *n* **-1.** MUS fa *m*. **-2.** (*abbr of* **Fahrenheit**) F.

fable ['feɪbl] *n* fable *f*.

fabric ['fæbrɪk] *n* **-1.** [cloth] tissu *m*. **-2.** [of building, society] structure *f*.

fabrication [,fæbrɪ'keɪʃn] *n* **-1.** [lie,

lying] **fabrication** f, **invention** f. **-2.** [manufacture] **fabrication** f.

fabulous ['fæbjʊləs] adj **-1.** [gen] fabuleux(euse). **-2.** inf [excellent] sensationnel(elle), fabuleux(euse).

facade [fə'sɑːd] n façade f.

face [feɪs] ◇ n **-1.** [of person] visage m, figure f; to ~ face à face; to say sthg to sb's ~ dire qqch à qqn en face. **-2.** [expression] visage m, mine f; to make OR pull a ~ faire la grimace. **-3.** [of cliff, mountain] face f, paroi f; [of building] façade f; [of clock, watch] cadran m; [of coin, shape] face. **-4.** [surface - of planet] surface f; on the ~ of it à première vue. **-5.** [respect]: to save/lose ~ sauver/perdre la face. ◇ vt **-1.** [look towards - subj: person] faire face à; the house ~s the sea/south la maison donne sur la mer/est orientée vers le sud. **-2.** [decision, crisis] être confronté(e) à; [problem, danger] faire face à. **-3.** [facts, truth] faire face à, admettre. **-4.** inf [cope with] affronter.
◆ **face down** adv [person] face contre terre; [object] à l'envers; [card] face en dessous.
◆ **face up** adv [person] sur le dos; [object] à l'endroit; [card] face en dessus.
◆ **in the face of** prep devant.
◆ **face up to** vt fus faire face à.

facecloth ['feɪsklɒθ] n Br gant m de toilette.

face cream n crème f pour le visage.

face-lift n lifting m; fig restauration f, rénovation f.

face powder n poudre f de riz, poudre pour le visage.

face-saving [-ˌseɪvɪŋ] adj qui sauve la face.

facet ['fæsɪt] n facette f.

facetious [fə'siːʃəs] adj facétieux(ieuse).

face value n [of coin, stamp] valeur f nominale; to take sthg at ~ prendre qqch au pied de la lettre.

facility [fə'sɪlətɪ] n [feature] fonction f.
◆ **facilities** npl [amenities] équipement m, aménagement m.

facing ['feɪsɪŋ] adj d'en face; [sides] opposé(e).

facsimile [fæk'sɪmɪlɪ] n **-1.** [fax] télécopie f, fax m. **-2.** [copy] fac-similé m.

fact [fækt] n **-1.** [true piece of information] fait m; to know sthg for a ~ savoir pertinemment qqch. **-2.** (U) [truth] faits mpl, réalité f.
◆ **in fact** ◇ adv de fait, effectivement. ◇ conj en fait.

fact of life n fait m, réalité f; the facts of life euphemism les choses fpl de la vie.

factor ['fæktə'] n facteur m.

factory ['fæktərɪ] n fabrique f, usine f.

fact sheet n Br résumé m, brochure f.

factual ['fæktʃʊəl] adj factuel(elle), basé(e) sur les faits.

faculty ['fækltɪ] n **-1.** [gen] faculté f. **-2.** Am [in college]: the ~ le corps enseignant.

FA Cup n en Angleterre, championnat de football dont la finale se joue à Wembley.

fad [fæd] n engouement m, mode f; [personal] marotte f.

fade [feɪd] ◇ vt [jeans, curtains, paint] décolorer. ◇ vi **-1.** [jeans, curtains, paint] se décolorer; [colour] passer; [flower] se flétrir. **-2.** [light] baisser, diminuer. **-3.** [sound] diminuer, s'affaiblir. **-4.** [memory] s'effacer; [feeling, interest] diminuer.

faeces Br, **feces** Am ['fiːsiːz] npl fèces fpl.

fag [fæg] n inf **-1.** Br [cigarette] clope m. **-2.** Am pej [homosexual] pédé m.

Fahrenheit ['færənhaɪt] adj Fahrenheit (inv).

fail [feɪl] ◇ vt **-1.** [exam, test] rater, échouer à. **-2.** [not succeed]: to ~ to do sthg ne pas arriver à faire qqch. **-3.** [neglect]: to ~ to do sthg manquer OR omettre de faire qqch. **-4.** [candidate] refuser. ◇ vi **-1.** [not succeed] ne pas réussir OR y arriver. **-2.** [not pass exam] échouer. **-3.** [stop functioning] lâcher. **-4.** [weaken - health, daylight] décliner; [- eyesight] baisser.

failing ['feɪlɪŋ] ◇ n [weakness] défaut m, point m faible. ◇ prep à moins de; ~ **that** à défaut.

failure ['feɪljə'] n **-1.** [lack of success, unsuccessful thing] échec m. **-2.** [person] raté m, -e f. **-3.** [of engine, brake etc] défaillance f; [of crop] perte f.

faint [feɪnt] ◇ adj **-1.** [smell] léger(ère); [memory] vague; [sound, hope] faible. **-2.** [slight - chance] petit(e), faible. **-3.** [dizzy]: **I'm feeling a bit** ~ je ne me sens pas bien. ◇ vi s'évanouir.

fair [feə'] ◇ adj **-1.** [just] juste, équitable; **it's not** ~! ce n'est pas juste! **-2.** [quite large] grand(e), important(e). **-3.** [quite good] assez bon (assez bonne). **-4.** [hair] blond(e). **-5.** [skin, complexion] clair(e). **-6.** [weather] beau (belle). ◇ n **-1.** Br [funfair] fête f foraine. **-2.** [trade fair] foire f. ◇ adv [fairly] loyalement.

◆ **fair enough** adv Br inf OK, d'accord.

fair-haired [-'heəd] adj [person] blond(e).

fairly ['feəlɪ] adv **-1.** [rather] assez; ~ **certain** presque sûr. **-2.** [justly] équitablement; [describe] avec impartialité; [fight, play] loyalement.

fairness ['feənɪs] n [justness] équité f.

fairy ['feərɪ] n [imaginary creature] fée f.

fairy tale n conte m de fées.

faith [feɪθ] n **-1.** [belief] foi f, confiance f. **-2.** RELIG foi f.

faithful ['feɪθfʊl] adj fidèle.

faithfully ['feɪθfʊlɪ] adv [loyally] fidèlement; **Yours** ~ Br [in letter] je vous prie d'agréer mes salutations distinguées.

fake [feɪk] ◇ adj faux (fausse). ◇ n **-1.** [object, painting] faux m. **-2.** [person] imposteur m. ◇ vt **-1.** [signature] imiter. **-2.** [illness, emotions] simuler. ◇ vi [pretend] simuler, faire semblant.

falcon ['fɔːlkən] n faucon m.

Falkland Islands ['fɔːklənd-], **Falklands** ['fɔːkləndz] npl: **the** ~ les îles fpl Falkland, les Malouines fpl.

fall [fɔːl] (pt **fell**, pp **fallen**) ◇ vi **-1.** [gen] tomber; **to** ~ **flat** [joke] tomber à plat. **-2.** [decrease] baisser. **-3.** [become]: **to** ~ **asleep** s'endormir; **to** ~ **ill** tomber malade; **to** ~ **in love** tomber amoureux(euse). ◇ n **-1.** [gen]: ~ **(in)** chute (de). **-2.** Am [autumn] automne m.

◆ **falls** npl chutes fpl.

◆ **fall apart** vi **-1.** [disintegrate - book, chair] tomber en morceaux. **-2.** fig [country] tomber en ruine; [person] s'effondrer.

◆ **fall back** vi [person, crowd] reculer.

◆ **fall back on** vt fus [resort to] se rabattre sur.

◆ **fall behind** vi **-1.** [in race] se faire distancer. **-2.** [with rent] être en retard; **to** ~ **behind with one's work** avoir du retard dans son travail.

◆ **fall for** vt fus **-1.** inf [fall in love with] tomber amoureux(euse) de. **-2.** [trick, lie] se laisser prendre à.

◆ **fall in** vi **-1.** [roof, ceiling] s'écrouler, s'affaisser. **-2.** MIL former les rangs.

◆ **fall off** vi **-1.** [branch, handle] se détacher, tomber. **-2.** [demand, numbers] baisser, diminuer.

◆ **fall out** vi **-1.** [hair, tooth] tomber. **-2.** [friends] se brouiller. **-3.** MIL rompre les rangs.

◆ **fall over** ◇ vt fus: **to** ~ **over sthg** trébucher sur qqch et tomber. ◇ vi [person, chair etc] tomber.

◆ **fall through** vi [plan, deal] échouer.

fallacy ['fæləsɪ] n erreur f, idée f fausse.

fallen ['fɔːln] pp → **fall**.

fallible ['fæləbl] adj faillible.

fallout ['fɔːlaʊt] n (U) [radiation] retombées fpl.

fallout shelter n abri m antiatomique.

fallow ['fæləʊ] adj: **to lie** ~ être en jachère.

false [fɔːls] adj faux (fausse).

false alarm n fausse alerte f.

falsely ['fɔːlslɪ] adv à tort; [smile, laugh] faussement.

false teeth npl dentier m.

falsify ['fɔːlsɪfaɪ] *vt* falsifier.

falter ['fɔːltəʳ] *vi* **-1.** [move unsteadily] chanceler. **-2.** [steps, voice] devenir hésitant(e). **-3.** [hesitate, lose confidence] hésiter.

fame [feɪm] *n* gloire *f*, renommée *f*.

familiar [fəˈmɪljəʳ] *adj* familier(ière); ~ **with sthg** familiarisé(e) avec qqch.

familiarity [fə,mɪlɪˈærətɪ] *n* (U) [knowledge]: ~ **with sthg** connaissance *f* de qqch, familiarité *f* avec qqch.

familiarize, -ise [fəˈmɪljəraɪz] *vt*: **to** ~ **o.s. with sthg** se familiariser avec qqch; **to** ~ **sb with sthg** familiariser qqn avec qqch.

family ['fæmlɪ] *n* famille *f*.

family credit *n* (U) Br ≃ complément *m* familial.

family doctor *n* médecin *m* de famille.

family planning *n* planning *m* familial; ~ **clinic** centre *m* de planning familial.

famine ['fæmɪn] *n* famine *f*.

famished ['fæmɪʃt] *adj inf* [very hungry] affamé(e); **I'm ~!** je meurs de faim!

famous ['feɪməs] *adj*: ~ **(for)** célèbre (pour).

famously ['feɪməslɪ] *adv dated*: **to get on** OR **along** ~ s'entendre comme larrons en foire.

fan [fæn] ◇ *n* **-1.** [of paper, silk] éventail *m*. **-2.** [electric or mechanical] ventilateur *m*. **-3.** [enthusiast] fan *mf*. ◇ *vt* **-1.** [face] éventer. **-2.** [fire, feelings] attiser.

♦ **fan out** *vi* se déployer.

fanatic [fəˈnætɪk] *n* fanatique *mf*.

fan belt *n* courroie *f* de ventilateur.

fanciful ['fænsɪful] *adj* **-1.** [odd] bizarre, fantasque. **-2.** [elaborate] extravagant(e).

fancy ['fænsɪ] ◇ *adj* **-1.** [elaborate - hat, clothes] extravagant(e); [- food, cakes] raffiné(e). **-2.** [expensive - restaurant, hotel] de luxe; [- prices] fantaisiste. ◇ *n* [desire, liking] envie *f*, lubie *f*; **to take a** ~ **to sb** se prendre d'affection pour qqn; **to take a** ~ **to**

sthg se mettre à aimer qqch; **to take sb's** ~ faire envie à qqn, plaire à qqn. ◇ *vt* **-1.** *inf* [want] avoir envie de; **to** ~ **doing sthg** avoir envie de faire qqch. **-2.** *inf* [like]: **I** ~ **her** elle me plaît. **-3.** [imagine]: ~ **that!** ça alors!

fancy dress *n* (U) déguisement *m*.

fancy-dress party *n* bal *m* costumé.

fanfare ['fænfeəʳ] *n* fanfare *f*.

fang [fæŋ] *n* [of wolf] croc *m*; [of snake] crochet *m*.

fan heater *n* radiateur *m* soufflant.

fanny ['fænɪ] *n* Am inf [buttocks] fesses *fpl*.

fantasize, -ise ['fæntəsaɪz] *vi*: **to** ~ **(about sthg/about doing sthg)** fantasmer (sur qqch/sur le fait de faire qqch).

fantastic [fænˈtæstɪk] *adj* **-1.** *inf* [wonderful] fantastique, formidable. **-2.** [incredible] extraordinaire, incroyable.

fantasy ['fæntəsɪ] *n* **-1.** [dream, imaginary event] rêve *m*, fantasme *m*. **-2.** (U) [fiction] fiction *f*. **-3.** [imagination] fantaisie *f*.

fao (*abbr of* **for the attention of**) à l'attention de.

far [fɑːʳ] (*compar* **farther** OR **further**, *superl* **farthest** OR **furthest**) ◇ *adv* **-1.** [in distance] loin; **how** ~ **is it?** c'est à quelle distance?, (est-ce que) c'est loin?; **have you come** ~? vous venez de loin?; ~ **away** OR **off** loin; ~ **and wide** partout; **as** ~ **as** jusqu'à. **-2.** [in time]: ~ **away** OR **off** loin; **so** ~ jusqu'à maintenant, jusqu'ici. **-3.** [in degree or extent] bien; **as** ~ **as** autant que; **as** ~ **as I'm concerned** en ce qui me concerne; **as** ~ **as possible** autant que possible, dans la mesure du possible; ~ **and away, by** ~ de loin; ~ **from it** loin de là, au contraire. ◇ *adj* [extreme]: **the** ~ **end of the street** l'autre bout de la rue; **the** ~ **right of the party** l'extrême droite du parti; **the door on the** ~ **left** la porte la plus à gauche.

faraway ['fɑːrəweɪ] *adj* lointain(e).

farce [fɑ:s] n **-1.** THEATRE farce f. **-2.** fig [disaster] pagaille f, vaste rigolade f.

farcical ['fɑ:sɪkl] adj grotesque.

fare [feə'] n **-1.** [payment] prix m, tarif m. **-2.** dated [food] nourriture f.

Far East n: the ~ l'Extrême-Orient m.

farewell [,feə'wel] ◇ n adieu m. ◇ excl literary adieu!

farm [fɑ:m] ◇ n ferme f. ◇ vt cultiver.

farmer ['fɑ:mə'] n fermier m.

farmhand ['fɑ:mhænd] n ouvrier m, -ière f agricole.

farmhouse ['fɑ:mhaus, pl -hauzɪz] n ferme f.

farming ['fɑ:mɪŋ] n (U) agriculture f; [of animals] élevage m.

farm labourer = farmhand.

farmland ['fɑ:mlænd] n (U) terres fpl cultivées OR arables.

farmstead ['fɑ:msted] n Am ferme f.

farm worker = farmhand.

farmyard ['fɑ:mjɑ:d] n cour f de ferme.

far-reaching [-'ri:tʃɪŋ] adj d'une grande portée.

farsighted [,fɑ:'saɪtɪd] adj **-1.** [person] prévoyant(e); [plan] élaboré(e) avec clairvoyance. **-2.** Am [longsighted] hypermétrope.

fart [fɑ:t] v inf ◇ n [air] pet m. ◇ vi péter.

farther ['fɑ:ðə'] compar → far.

farthest ['fɑ:ðəst] superl → far.

fascinate ['fæsɪneɪt] vt fasciner.

fascinating ['fæsɪneɪtɪŋ] adj [person, country] fascinant(e); [job] passionnant(e); [idea, thought] très intéressant(e).

fascination [,fæsɪ'neɪʃn] n fascination f.

fascism ['fæʃɪzm] n fascisme m.

fashion ['fæʃn] ◇ n **-1.** [clothing, style] mode f; **to be in/out of** ~ être/ne plus être à la mode. **-2.** [manner] manière f. ◇ vt fml façonner, fabriquer.

fashionable ['fæʃnəbl] adj à la mode.

fashion show n défilé m de mode.

fast [fɑ:st] ◇ adj **-1.** [rapid] rapide. **-2.** [clock, watch] qui avance. ◇ adv **-1.** [rapidly] vite. **-2.** [firmly] solidement; **to hold** ~ **to sthg** lit & fig s'accrocher à qqch; ~ **asleep** profondément endormi. ◇ n jeûne m. ◇ vi jeûner.

fasten ['fɑ:sn] ◇ vt [jacket, bag] fermer; [seat belt] attacher; **to** ~ **sthg to sthg** attacher qqch à qqch. ◇ vi: **to** ~ **on to sb/sthg** se cramponner à qqn/qqch.

fastener ['fɑ:snə'] n [of bag, necklace] fermoir m; [of dress] fermeture f.

fastening ['fɑ:snɪŋ] n fermeture f.

fast food n fast food m.

fastidious [fə'stɪdɪəs] adj [fussy] méticuleux(euse).

fat [fæt] ◇ adj **-1.** [overweight] gros (grosse), gras (grasse); **to get** ~ grossir. **-2.** [not lean - meat] gras (grasse). **-3.** [thick - file, wallet] gros (grosse), épais(aisse). ◇ n **-1.** [flesh, on meat, in food] graisse f. **-2.** (U) [for cooking] matière f grasse.

fatal ['feɪtl] adj **-1.** [serious - mistake] fatal(e); [- decision, words] fatidique. **-2.** [accident, illness] mortel(elle).

fatality [fə'tælətɪ] n [accident victim] mort m.

fate [feɪt] n **-1.** [destiny] destin m; **to tempt** ~ tenter le diable. **-2.** [result, end] sort m.

fateful ['feɪtful] adj fatidique.

father ['fɑ:ðə'] n père m.

Father Christmas n Br le Père Noël.

father-in-law (pl father-in-laws OR fathers-in-law) n beau-père m.

fatherly ['fɑ:ðəlɪ] adj paternel(elle).

fathom ['fæðəm] ◇ n brasse f. ◇ vt: **to** ~ **sb/sthg (out)** comprendre qqn/qqch.

fatigue [fə'ti:g] n **-1.** [exhaustion] épuisement m. **-2.** [in metal] fatigue f.

fatten ['fætn] vt engraisser.

fattening ['fætnɪŋ] adj qui fait grossir.

fatty ['fætɪ] ◇ adj gras (grasse). ◇ n inf pej gros m, grosse f.

fatuous ['fætjuəs] adj stupide, niais(e).

faucet ['fɔ:sɪt] n Am robinet m.

fault ['fɔːlt] ◇ *n* **-1.** [responsibility, in tennis] faute *f*; **it's my** ~ c'est de ma faute. **-2.** [mistake, imperfection] défaut *m*; **to find** ~ **with sb/sthg** critiquer qqn/qqch; **at** ~ fautif(ive). **-3.** GEOL faille *f*. ◇ *vt*: **to** ~ **sb (on sthg)** prendre qqn en défaut (sur qqch).

faultless ['fɔːltlɪs] *adj* impeccable.

faulty ['fɔːltɪ] *adj* défectueux(euse).

fauna ['fɔːnə] *n* faune *f*.

favour *Br*, **favor** *Am* ['feɪvəʳ] ◇ *n* **-1.** [approval] faveur *f*, approbation *f*; **in sb's** ~ en faveur de qqn; **to be in/out of** ~ **with sb** avoir/ne pas avoir les faveurs de qqn, avoir/ne pas avoir la cote avec qqn; **to curry** ~ **with sb** chercher à gagner la faveur de qqn. **-2.** [kind act] service *m*; **to do sb a** ~ rendre (un) service à qqn. **-3.** [favouritism] faveur *f*. ◇ *vt* **-1.** [prefer] préférer, privilégier. **-2.** [treat better, help] favoriser.
♦ **in favour** *adv* [in agreement] pour, d'accord.
♦ **in favour of** *prep* **-1.** [in preference to] au profit de. **-2.** [in agreement with]: **to be in** ~ **of sthg/of doing sthg** être partisan(e) de qqch/de faire qqch.

favourable *Br*, **favorable** *Am* ['feɪvrəbl] *adj* [positive] favorable.

favourite *Br*, **favorite** *Am* ['feɪvrɪt] ◇ *adj* favori(ite). ◇ *n* favori *m*, -ite *f*.

favouritism *Br*, **favoritism** *Am* ['feɪvrɪtɪzm] *n* favoritisme *m*.

fawn [fɔːn] ◇ *adj* fauve (*inv*). ◇ *n* [animal] faon *m*. ◇ *vi*: **to** ~ **on sb** flatter qqn servilement.

fax [fæks] ◇ *n* fax *m*, télécopie *f*. ◇ *vt* **-1.** [person] envoyer un fax à. **-2.** [document] envoyer en fax.

fax machine *n* fax *m*, télécopieur *m*.

FBI (*abbr of* **Federal Bureau of Investigation**) *n* FBI *m*.

fear [fɪəʳ] ◇ *n* **-1.** (U) [feeling] peur *f*. **-2.** [object of fear] crainte *f*. **-3.** [risk] risque *m*; **for** ~ **of** de peur de (+ *infin*), de peur que (+ *subjunctive*). ◇ *vt* **-1.** [be afraid of] craindre, avoir peur de. **-2.** [anticipate] craindre; **to** ~

(that) ... craindre que ..., avoir peur que ...

fearful ['fɪəfʊl] *adj* **-1.** *fml* [frightened] peureux(euse); **to be** ~ **of sthg** avoir peur de qqch. **-2.** [frightening] effrayant(e).

fearless ['fɪəlɪs] *adj* intrépide.

feasible ['fiːzəbl] *adj* faisable, possible.

feast [fiːst] ◇ *n* [meal] festin *m*, banquet *m*. ◇ *vi*: **to** ~ **on** OR **off sthg** se régaler de qqch.

feat [fiːt] *n* exploit *m*, prouesse *f*.

feather ['feðəʳ] *n* plume *f*.

feature ['fiːtʃəʳ] ◇ *n* **-1.** [characteristic] caractéristique *f*. **-2.** GEOGR particularité *f*. **-3.** [article] article *m* de fond. **-4.** RADIO & TV émission *f* spéciale, spécial *m*. **-5.** CINEMA long métrage *m*. ◇ *vt* **-1.** [subj: film, exhibition] mettre en vedette. **-2.** [comprise] présenter, comporter. ◇ *vi*: **to** ~ **(in)** figurer en vedette (dans).
♦ **features** *npl* [of face] traits *mpl*.

feature film *n* long métrage *m*.

February ['februərɪ] *n* février *m*; *see also* **September**.

feces *Am* = **faeces**.

fed [fed] *pt & pp* → **feed**.

federal ['fedrəl] *adj* fédéral(e).

federation [,fedə'reɪʃn] *n* fédération *f*.

fed up *adj*: **to be** ~ **(with)** en avoir marre (de).

fee [fiː] *n* [of school] frais *mpl*; [of doctor] honoraires *mpl*; [for membership] cotisation *f*; [for entrance] tarif *m*, prix *m*.

feeble ['fiːbl] *adj* faible.

feed [fiːd] (*pt & pp* **fed**) ◇ *vt* **-1.** [give food to] nourrir. **-2.** [fire, fears etc] alimenter. **-3.** [put, insert]: **to** ~ **sthg into sthg** mettre OR insérer qqch dans qqch. ◇ *vi* [take food]: **to** ~ **(on** OR **off)** se nourrir (de). ◇ *n* **-1.** [for baby] repas *m*. **-2.** [animal food] nourriture *f*.

feedback ['fiːdbæk] *n* (U) **-1.** [reaction] réactions *fpl*. **-2.** ELEC réaction *f*, rétroaction *f*.

feeding bottle ['fi:dɪŋ-] *n Br* biberon *m.*

feel [fi:l] (*pt & pp* **felt**) ◇ *vt* **-1.** [touch] toucher. **-2.** [sense, experience, notice] sentir; [emotion] ressentir; **to ~ o.s. doing sthg** se sentir faire qqch. **-3.** [believe]: **to ~ (that)** ... croire que ..., penser que .... **-4.** *phr:* **I'm not ~ing myself today** je ne suis pas dans mon assiette aujourd'hui. ◇ *vi* **-1.** [have sensation]: **to ~ cold/hot/sleepy** avoir froid/chaud/sommeil; **to ~ like sthg/like doing sthg** [be in mood for] avoir envie de qqch/de faire qqch. **-2.** [have emotion] se sentir; **to ~ angry** être en colère. **-3.** [seem] sembler; **it ~s strange** ça fait drôle. **-4.** [by touch]: **to ~ for sthg** chercher qqch. ◇ *n* **-1.** [sensation, touch] toucher *m*, sensation *f.* **-2.** [atmosphere] atmosphère *f.*

feeler ['fi:lə*r*] *n* antenne *f.*

feeling ['fi:lɪŋ] *n* **-1.** [emotion] sentiment *m.* **-2.** [physical sensation] sensation *f.* **-3.** [intuition, sense] sentiment *m*, impression *f.* **-4.** [understanding] sensibilité *f.*
◆ **feelings** *npl* sentiments *mpl*; **to hurt sb's ~s** blesser (la sensibilité de) qqn.

feet [fi:t] *pl* → **foot.**

feign [feɪn] *vt fml* feindre.

fell [fel] ◇ *pt* → **fall.** ◇ *vt* [tree, person] abattre.
◆ **fells** *npl* GEOGR lande *f.*

fellow ['feləʊ] ◇ *n* **-1.** dated [man] homme *m.* **-2.** [comrade, peer] camarade *m*, compagnon *m.* **-3.** [of society, college] membre *m*, associé *m.* ◇ *adj:* **one's ~ men** ses semblables; **~ passenger** compagnon *m*, compagne *f* (de voyage); **~ student** camarade *mf* (d'études).

fellowship ['feləʊʃɪp] *n* **-1.** [comradeship] amitié *f*, camaraderie *f.* **-2.** [society] association *f*, corporation *f.* **-3.** [of society, college] titre *m* de membre OR d'associé.

felony ['felənɪ] *n* JUR crime *m*, forfait *m.*

felt [felt] ◇ *pt & pp* → **feel.** ◇ *n* (U) feutre *m.*

felt-tip pen *n* stylo-feutre *m.*

female ['fi:meɪl] ◇ *adj* [person] de sexe féminin; [animal, plant] femelle; [sex, figure] féminin(e); **~ student** étudiante *f.* ◇ *n* femelle *f.*

feminine ['femɪnɪn] ◇ *adj* féminin(e). ◇ *n* GRAMM féminin *m.*

feminist ['femɪnɪst] *n* féministe *mf.*

fence [fens] ◇ *n* [barrier] clôture *f*; **to sit on the ~** *fig* ménager la chèvre et le chou. ◇ *vt* clôturer, entourer d'une clôture.

fencing ['fensɪŋ] *n* SPORT escrime *f.*

fend [fend] *vi:* **to ~ for o.s.** se débrouiller tout seul.
◆ **fend off** *vt sep* [blows] parer; [questions, reporters] écarter.

fender ['fendə*r*] *n* **-1.** [round fireplace] pare-feu *m inv.* **-2.** [on boat] défense *f.* **-3.** *Am* [on car] aile *f.*

ferment [*n* 'fɜ:ment, *vb* fə'ment] ◇ *n* (U) [unrest] agitation *f*, effervescence *f.* ◇ *vi* [wine, beer] fermenter.

fern [fɜ:n] *n* fougère *f.*

ferocious [fə'rəʊʃəs] *adj* féroce.

ferret ['ferɪt] *n* furet *m.*
◆ **ferret about, ferret around** *vi* fureter un peu partout.

ferris wheel ['ferɪs-] *n* grande roue *f.*

ferry ['ferɪ] ◇ *n* ferry *m*, ferry-boat *m*; [smaller] bac *m.* ◇ *vt* transporter.

ferryboat ['ferɪbəʊt] *n* = **ferry.**

fertile ['fɜ:taɪl] *adj* **-1.** [land, imagination] fertile, fécond(e). **-2.** [woman] féconde.

fertilizer ['fɜ:tɪlaɪzə*r*] *n* engrais *m.*

fervent ['fɜ:vənt] *adj* fervent(e).

fester ['festə*r*] *vi* [wound, sore] suppurer.

festival ['festəvl] *n* **-1.** [event, celebration] festival *m.* **-2.** [holiday] fête *f.*

festive ['festɪv] *adj* de fête.

festive season *n:* **the ~** la période des fêtes.

festivities [fes'tɪvətɪz] *npl* réjouissances *fpl.*

festoon [fe'stu:n] *vt* décorer de guirlandes; **to be ~ed with** être décoré de.

fetch [fetʃ] vt **-1.** [go and get] aller chercher. **-2.** [raise - money] rapporter.

fetching ['fetʃɪŋ] adj séduisant(e).

fete, fête [feɪt] n fête f, kermesse f.

fetish ['fetɪʃ] n **-1.** [sexual obsession] objet m de fétichisme. **-2.** [mania] manie f, obsession f.

fetus ['fiːtəs] = **foetus**.

feud [fjuːd] ◇ n querelle f. ◇ vi se quereller.

feudal ['fjuːdl] adj féodal(e).

fever ['fiːvəʳ] n fièvre f.

feverish ['fiːvərɪʃ] adj fiévreux(euse).

few [fjuː] ◇ adj peu de; **the first ~ pages** les toutes premières pages; **quite a ~, a good ~** pas mal de, un bon nombre de; **~ and far between** rares. ◇ pron peu; **a ~** quelques-uns mpl, quelques-unes fpl.

fewer ['fjuːəʳ] ◇ adj moins (de). ◇ pron moins.

fewest ['fjuːəst] adj le moins (de).

fiancé [fɪ'ɒnseɪ] n fiancé m.

fiancée [fɪ'ɒnseɪ] n fiancée f.

fiasco [fɪ'æskəʊ] (Br pl -s, Am pl -es) n fiasco m.

fib [fɪb] inf ◇ n bobard m, blague f. ◇ vi raconter des bobards OR des blagues.

fibre Br, **fiber** Am ['faɪbəʳ] n fibre f.

fibreglass Br, **fiberglass** Am ['faɪbəɡlɑːs] n (U) fibre f de verre.

fickle ['fɪkl] adj versatile.

fiction ['fɪkʃn] n fiction f.

fictional ['fɪkʃənl] adj fictif(ive).

fictitious [fɪk'tɪʃəs] adj [false] fictif(ive).

fiddle ['fɪdl] ◇ vi [play around]: **to ~ with sthg** tripoter qqch. ◇ vt Br inf truquer. ◇ n **-1.** [violin] violon m. **-2.** Br inf [fraud] combine f, escroquerie f. **-3.** [argue]: **to ~ (about OR over)** se battre OR se disputer (à propos de).

fiddly ['fɪdlɪ] adj Br inf délicat(e).

fidget ['fɪdʒɪt] vi remuer.

field [fiːld] n **-1.** [gen & COMPUT] champ m. **-2.** [for sports] terrain m. **-3.** [of knowledge] domaine m.

field day n: **to have a ~** s'en donner à cœur joie.

field glasses npl jumelles fpl.

field marshal n ≃ maréchal m (de France).

field trip n voyage m d'étude.

fieldwork ['fiːldwɜːk] n (U) recherches fpl sur le terrain.

fiend [fiːnd] n **-1.** [cruel person] monstre m. **-2.** inf [fanatic] fou m, folle f, mordu m, -e f.

fiendish ['fiːndɪʃ] adj **-1.** [evil] abominable. **-2.** inf [very difficult, complex] compliqué(e), complexe.

fierce [fɪəs] adj féroce; [heat] torride; [storm, temper] violent(e).

fiery ['faɪərɪ] adj **-1.** [burning] ardent(e). **-2.** [volatile - speech] enflammé(e); [- temper, person] fougueux(euse).

fifteen [fɪf'tiːn] num quinze; see also **six**.

fifth [fɪfθ] num cinquième; see also **sixth**.

fifty ['fɪftɪ] num cinquante; see also **sixty**.

fifty-fifty ◇ adj moitié-moitié, fifty-fifty; **to have a ~ chance** avoir cinquante pour cent de chances. ◇ adv moitié-moitié, fifty-fifty.

fig [fɪɡ] n figue f.

fight [faɪt] (pt & pp fought) ◇ n **-1.** [physical] bagarre f; **to have a ~ (with sb)** se battre (avec qqn), se bagarrer (avec qqn); **to put up a ~** se battre, se défendre. **-2.** fig [battle, struggle] lutte f, combat m. **-3.** [argument] dispute f; **to have a ~ (with sb)** se disputer (avec qqn). ◇ vt **-1.** [physically] se battre contre OR avec. **-2.** [conduct - war] mener. **-3.** [enemy, racism] combattre. ◇ vi **-1.** [in war, punch-up] se battre. **-2.** fig [struggle]: **to ~ for/against sthg** lutter pour/contre qqch. **-3.** [argue]: **to ~ (about OR over)** se battre OR se disputer (à propos de).

◆ **fight back** ◇ vt fus refouler. ◇ vi riposter.

fighter ['faɪtəʳ] n **-1.** [plane] avion m de chasse, chasseur m. **-2.** [soldier]

combattant *m*. **-3.** [combative person] battant *m*, -e *f*.

fighting ['faɪtɪŋ] *n* (*U*) [punch-up] bagarres *fpl*; [in war] conflits *mpl*.

figment ['fɪgmənt] *n*: **a ~ of sb's imagination** le fruit de l'imagination de qqn.

figurative ['fɪgərətɪv] *adj* [meaning] figuré(e).

figure [*Br* 'fɪgər, *Am* 'fɪgjər] ◇ *n* **-1.** [statistic, number] chiffre *m*. **-2.** [human shape, outline] silhouette *f*, forme *f*. **-3.** [personality, diagram] figure *f*. **-4.** [shape of body] ligne *f*. ◇ *vt* [suppose] penser, supposer. ◇ *vi* [feature] figurer, apparaître.

◆ **figure out** *vt sep* [understand] comprendre; [find] trouver.

figurehead ['fɪgəhed] *n* **-1.** [on ship] figure *f* de proue. **-2.** *fig & pej* [leader] homme *m* de paille.

figure of speech *n* figure *f* de rhétorique.

Fiji ['fiːdʒiː] *n* Fidji *fpl*.

file [faɪl] ◇ *n* **-1.** [folder, report] dossier *m*; **on ~, on the ~s** répertorié dans les dossiers. **-2.** COMPUT fichier *m*. **-3.** [tool] lime *f*. **-4.** [line]: **in single ~** en file indienne. ◇ *vt* **-1.** [document] classer. **-2.** JUR - accusation, complaint] porter, déposer; [- lawsuit] intenter. **-3.** [fingernails, wood] limer. ◇ *vi* **-1.** [walk in single file] marcher en file indienne. **-2.** JUR: **to ~ for divorce** demander le divorce.

filet *Am* = **fillet**.

filing cabinet ['faɪlɪŋ-] *n* classeur *m*, fichier *m*.

Filipino [ˌfɪlɪ'piːnəʊ] (*pl* **-s**) ◇ *adj* philippin(e). ◇ *n* Philippin *m*, -e *f*.

fill [fɪl] ◇ *vt* **-1.** [gen] remplir; **to ~ sthg with sthg** remplir qqch de qqch. **-2.** [gap, hole] boucher. **-3.** [vacancy - subj: employer] pourvoir à; [- subj: employee] prendre. ◇ *n*: **to eat one's ~** manger à sa faim.

◆ **fill in** ◇ *vt sep* **-1.** [form] remplir. **-2.** [inform]: **to ~ sb in (on)** mettre qqn au courant (de). ◇ *vi* [substitute]: **to ~ in for sb** remplacer qqn.

◆ **fill out** ◇ *vt sep* [form] remplir. ◇ *vi* [get fatter] prendre de l'embonpoint.

◆ **fill up** ◇ *vt sep* remplir. ◇ *vi* se remplir.

fillet *Br*, **filet** *Am* ['fɪlɪt] *n* filet *m*.

fillet steak *n* filet *m* de bœuf.

filling ['fɪlɪŋ] ◇ *adj* qui rassasie, très nourrissant(e). ◇ *n* **-1.** [in tooth] plombage *m*. **-2.** [in cake, sandwich] garniture *f*.

filling station *n* station-service *f*.

film [fɪlm] ◇ *n* **-1.** [movie] film *m*. **-2.** [layer, for camera] pellicule *f*. **-3.** [footage] images *fpl*. ◇ *vt & vi* filmer.

film star *n* vedette *f* de cinéma.

Filofax® ['faɪləʊfæks] *n* Filofax® *m*.

filter ['fɪltər] ◇ *n* filtre *m*. ◇ *vt* [coffee] passer; [water, oil, air] filtrer.

filter coffee *n* café *m* filtre.

filter lane *n Br* ≃ voie *f* de droite.

filter-tipped [-'tɪpt] *adj* à bout filtre.

filth [fɪlθ] *n* (*U*) **-1.** [dirt] saleté *f*, crasse *f*. **-2.** [obscenity] obscénités *fpl*.

filthy ['fɪlθɪ] *adj* **-1.** [very dirty] dégoûtant(e), répugnant(e). **-2.** [obscene] obscène.

fin [fɪn] *n* [of fish] nageoire *f*.

final ['faɪnl] ◇ *adj* **-1.** [last] dernier(ière). **-2.** [at end] final(e). **-3.** [definitive] définitif(ive). ◇ *n* finale *f*.

◆ **finals** *npl* UNIV examens *mpl* de dernière année.

finale [fɪ'nɑːlɪ] *n* finale *m*.

finalize, -ise ['faɪnəlaɪz] *vt* mettre au point.

finally ['faɪnəlɪ] *adv* enfin.

finance [*n* 'faɪnæns, *vb* faɪ'næns] ◇ *n* (*U*) finance *f*. ◇ *vt* financer.

◆ **finances** *npl* finances *fpl*.

financial [fɪ'nænʃl] *adj* financier(ière).

find [faɪnd] (*pt & pp* **found**) ◇ *vt* **-1.** [gen] trouver. **-2.** [realize]: **to ~ (that)** ... s'apercevoir que .... **-3.** JUR: **to be found guilty/not guilty (of)** être déclaré(e) coupable/non coupable (de). ◇ *n* trouvaille *f*.

◆ **find out** ◇ *vi* se renseigner. ◇ *vt fus* **-1.** [information] se renseigner sur.

-2. [truth] découvrir, apprendre. ◇ *vt sep* démasquer.

findings ['faɪndɪŋz] *npl* conclusions *fpl*.

fine [faɪn] ◇ *adj* **-1.** [good - work] excellent(e); [- building, weather] beau (belle). **-2.** [perfectly satisfactory] très bien; **I'm ~ ça va bien. -3.** [thin, smooth] fin(e). **-4.** [minute - detail, distinction] subtil(e); [- adjustment, tuning] délicat(e). ◇ *adv* [very well] très bien. ◇ *n* amende *f.* ◇ *vt* condamner à une amende.

fine arts *npl* beaux-arts *mpl*.

finery ['faɪnərɪ] *n* (U) parure *f.*

fine-tune *vt* [mechanism] régler au quart de tour; *fig* régler minutieusement.

finger ['fɪŋgər] ◇ *n* doigt *m.* ◇ *vt* [feel] palper.

fingernail ['fɪŋgəneɪl] *n* ongle *m* (*de la main*).

fingerprint ['fɪŋgəprɪnt] *n* empreinte *f* (digitale).

fingertip ['fɪŋgətɪp] *n* bout *m* du doigt; **at one's ~s** sur le bout des doigts.

finicky ['fɪnɪkɪ] *adj pej* [eater, task] difficile; [person] tatillon(onne).

finish ['fɪnɪʃ] ◇ *n* **-1.** [end] fin *f*; [of race] arrivée *f.* **-2.** [texture] finition *f.* ◇ *vt* finir, terminer; **to ~ doing sthg** finir OR terminer de faire qqch. ◇ *vi* finir, terminer; [school, film] se terminer.

◆ **finish off** *vt sep* finir, terminer.

◆ **finish up** *vi* finir.

finishing line ['fɪnɪʃɪŋ-] *n* ligne *f* d'arrivée.

finishing school ['fɪnɪʃɪŋ-] *n* école privée pour jeunes filles surtout axée sur l'enseignement de bonnes manières.

finite ['faɪnaɪt] *adj* fini(e).

Finland ['fɪnlənd] *n* Finlande *f.*

Finn [fɪn] *n* Finlandais *m*, -e *f.*

Finnish ['fɪnɪʃ] ◇ *adj* finlandais(e), finnois(e). ◇ *n* [language] finnois *m.*

fir [fɜːʳ] *n* sapin *m.*

fire ['faɪəʳ] ◇ *n* **-1.** [gen] feu *m*; **on ~** en feu; **to catch ~** prendre feu; **to set ~ to sthg** mettre le feu à qqch. **-2.** [out of control] incendie *m.* **-3.** *Br* [heater] appareil *m* de chauffage. **-4.** (U) [shooting] coups *mpl* de feu; **to open ~ (on)** ouvrir le feu (sur). ◇ *vt* **-1.** [shoot] tirer. **-2.** [dismiss] renvoyer. ◇ *vi*: **to ~ (on OR at)** faire feu (sur), tirer (sur).

fire alarm *n* avertisseur *m* d'incendie.

firearm ['faɪərɑːm] *n* arme *f* à feu.

firebomb ['faɪəbɒm] ◇ *n* bombe *f* incendiaire. ◇ *vt* lancer des bombes incendiaires à.

fire brigade *Br*, **fire department** *Am* *n* sapeurs-pompiers *mpl*.

fire door *n* porte *f* coupe-feu.

fire engine *n* voiture *f* de pompiers.

fire escape *n* escalier *m* de secours.

fire extinguisher *n* extincteur *m* d'incendie.

fireguard ['faɪəgɑːd] *n* garde-feu *m inv*.

firelighter ['faɪəlaɪtəʳ] *n* allume-feu *m inv*.

fireman ['faɪəmən] (*pl* **-men** [-mən]) *n* pompier *m.*

fireplace ['faɪəpleɪs] *n* cheminée *f.*

fireproof ['faɪəpruːf] *adj* ignifugé(e).

fireside ['faɪəsaɪd] *n*: **by the ~** au coin du feu.

fire station *n* caserne *f* des pompiers.

firewood ['faɪəwʊd] *n* bois *m* de chauffage.

firework ['faɪəwɜːk] *n* fusée *f* de feu d'artifice.

◆ **fireworks** *npl* [outburst of anger] étincelles *fpl*.

firing ['faɪərɪŋ] *n* (U) MIL tir *m*, fusillade *f.*

firing squad *n* peloton *m* d'exécution.

firm [fɜːm] ◇ *adj* **-1.** [gen] ferme; **to stand ~** tenir bon. **-2.** [support, structure] solide. **-3.** [evidence, news] certain(e). ◇ *n* firme *f*, société *f.*

first [fɜːst] ◇ *adj* premier(ière); **for the ~ time** pour la première fois; **~ thing in the morning** tôt le matin. ◇

adv **-1.** [before anyone else] **en premier. -2.** [before anything else] **d'abord;** ~ **of all** tout d'abord. **-3.** [for the first time] **(pour) la première fois.** ◇ *n* **-1.** [person] **premier** *m*, **-ière** *f*. **-2.** [unprecedented event] **première** *f*. **-3.** *Br* UNIV *diplôme universitaire avec mention très bien.*

◆ **at first** *adv* **d'abord.**
◆ **at first hand** *adv* **de première main.**

first aid *n* (*U*) **premiers secours** *mpl*.

first-aid kit *n* **trousse** *f* **de premiers secours.**

first-class *adj* **-1.** [excellent] **excellent(e). -2.** [ticket, compartment] **de première classe;** [stamp, letter] **tarif normal.**

first floor *n Br* **premier étage** *m; Am* **rez-de-chaussée** *m inv*.

firsthand [ˌfɜːstˈhænd] *adj & adv* **de première main.**

first lady *n* **première dame** *f* **du pays.**

firstly [ˈfɜːstlɪ] *adv* **premièrement.**

first name *n* **prénom** *m*.

first-rate *adj* **excellent(e).**

firtree [ˈfɜːtriː] = **fir.**

fish [fɪʃ] (*pl inv*) ◇ *n* **poisson** *m*. ◇ *vt* [river, sea] **pêcher dans.** ◇ *vi* [fisherman]: **to** ~ **(for sthg) pêcher (qqch).**

fish and chips *npl Br* **poisson** *m* **frit avec frites.**

fish and chip shop *n Br endroit où l'on vend du poisson frit et des frites.*

fishbowl [ˈfɪʃbəʊl] *n* **bocal** *m* **(à poissons).**

fishcake [ˈfɪʃkeɪk] *n* **croquette** *f* **de poisson.**

fisherman [ˈfɪʃəmən] (*pl* **-men** [-mən]) *n* **pêcheur** *m*.

fish farm *n* **centre** *m* **de pisciculture.**

fish fingers *Br*, **fish sticks** *Am npl* **bâtonnets** *mpl* **de poisson panés.**

fishing [ˈfɪʃɪŋ] *n* **pêche** *f*; **to go** ~ **aller à la pêche.**

fishing boat *n* **bateau** *m* **de pêche.**

fishing line *n* **ligne** *f*.

fishing rod *n* **canne** *f* **à pêche.**

fishmonger [ˈfɪʃˌmʌŋɡəʳ] *n* **poissonnier** *m*, **-ière** *f*; ~**'s (shop) poissonnerie** *f*.

fish sticks *Am* = **fish fingers.**

fishy [ˈfɪʃɪ] *adj* **-1.** [smell, taste] **de poisson. -2.** [suspicious] **louche.**

fist [fɪst] *n* **poignet** *m*.

fit [fɪt] ◇ *adj* **-1.** [suitable] **convenable; to be** ~ **for sthg être bon (bonne) à qqch; to be** ~ **to do sthg être apte à faire qqch. -2.** [healthy] **en forme; to keep** ~ **se maintenir en forme.** ◇ *n* **-1.** [of clothes, shoes etc] **ajustement** *m*; **it's a tight** ~ **c'est un peu juste; it's a good** ~ **c'est la bonne taille. -2.** [epileptic seizure] **crise** *f*; **to have a** ~ **avoir une crise;** *fig* **piquer une crise. -3.** [bout - of crying] **crise** *f*; [- of rage] **accès** *m*; [- of sneezing] **suite** *f*; **in** ~**s and starts par à-coups.** ◇ *vt* **-1.** [be correct size for] **aller à. -2.** [place]: **to** ~ **sthg into sthg insérer qqch dans qqch. -3.** [provide]: **to** ~ **sthg with sthg équiper** OR **munir qqch de qqch. -4.** [be suitable for] **correspondre à.** ◇ *vi* **-1.** [be correct size, go] **aller;** [into container] **entrer.**

◆ **fit in** ◇ *vt sep* [accommodate] **prendre.** ◇ *vi* **s'intégrer; to** ~ **in with sthg correspondre à qqch; to** ~ **in with sb s'accorder à qqn.**

fitful [ˈfɪtfʊl] *adj* [sleep] **agité(e);** [wind, showers] **intermittent(e).**

fitment [ˈfɪtmənt] *n* **meuble** *m* **encastré.**

fitness [ˈfɪtnɪs] *n* (*U*) **-1.** [health] **forme** *f*. **-2.** [suitability]: ~ **(for) aptitude** *f* **(pour).**

fitted carpet [ˌfɪtəd-] *n* **moquette** *f*.

fitted kitchen [ˌfɪtəd-] *n Br* **cuisine** *f* **intégrée.**

fitter [ˈfɪtəʳ] *n* [mechanic] **monteur** *m*.

fitting [ˈfɪtɪŋ] ◇ *adj fml* **approprié(e).** ◇ *n* **-1.** [part] **appareil** *m*. **-2.** [for clothing] **essayage** *m*.

◆ **fittings** *npl* **installations** *fpl*.

fitting room *n* **cabine** *f* **d'essayage.**

five [faɪv] *num* **cinq;** *see also* **six.**

fiver [ˈfaɪvəʳ] *n inf* **-1.** *Br* [amount] **cinq livres** *fpl*; [note] **billet** *m* **de cinq**

livres. **-2.** *Am* [amount] cinq dollars *mpl*; [note] billet *m* de cinq dollars.

fix [fɪks] ◇ *vt* **-1.** [gen] fixer; **to ~ sthg to sthg** fixer qqch à qqch. **-2.** [in memory] graver. **-3.** [repair] réparer. **-4.** *inf* [rig] truquer. **-5.** [food, drink] préparer. ◇ *n* **-1.** *inf* [difficult situation]: **to be in a ~** être dans le pétrin. **-2.** *drugs sl* piqûre *f*.
♦ **fix up** *vt sep* **-1.** [provide]: **to ~ sb up with sthg** obtenir qqch pour qqn. **-2.** [arrange] arranger.

fixation [fɪk'seɪʃn] *n*: **~ (on** OR **about)** obsession *f* (de).

fixed [fɪkst] *adj* **-1.** [attached] fixé(e). **-2.** [set, unchanging] fixe; [smile] figé(e).

fixture ['fɪkstʃər] *n* **-1.** [furniture] installation *f*. **-2.** [permanent feature] tradition *f* bien établie. **-3.** SPORT rencontre *f* (sportive).

fizz [fɪz] *vi* [lemonade, champagne] pétiller; [fireworks] crépiter.

fizzle ['fɪzl]
♦ **fizzle out** *vi* [fire] s'éteindre; [firework] se terminer; [interest, enthusiasm] se dissiper.

fizzy ['fɪzɪ] *adj* pétillant(e).

flabbergasted ['flæbəgɑːstɪd] *adj* sidéré(e).

flabby ['flæbɪ] *adj* mou (molle).

flag [flæg] ◇ *n* drapeau *m*. ◇ *vi* [person, enthusiasm, energy] faiblir; [conversation] traîner.
♦ **flag down** *vt sep* [taxi] héler; **to ~ sb down** faire signe à qqn de s'arrêter.

flagpole ['flægpəʊl] *n* mât *m*.

flagrant ['fleɪɡrənt] *adj* flagrant(e).

flagstone ['flæɡstəʊn] *n* dalle *f*.

flair [fleər] *n* **-1.** [talent] don *m*. **-2.** *(U)* [stylishness] style *m*.

flak [flæk] *n (U)* **-1.** [gunfire] tir *m* antiaérien. **-2.** *inf* [criticism] critiques *fpl* sévères.

flake [fleɪk] ◇ *n* [of paint, plaster] écaille *f*; [of snow] flocon *m*; [of skin] petit lambeau *m*. ◇ *vi* [paint, plaster] s'écailler; [skin] peler.

flamboyant [flæm'bɔɪənt] *adj* **-1.** [showy, confident] extravagant(e). **-2.** [brightly coloured] flamboyant(e).

flame [fleɪm] *n* flamme *f*; **in ~s** en flammes; **to burst into ~s** s'enflammer.

flamingo [flə'mɪŋɡəʊ] (*pl* **-s** OR **-es**) *n* flamant *m* rose.

flammable ['flæməbl] *adj* inflammable.

flan [flæn] *n* tarte *f*.

flank [flæŋk] ◇ *n* flanc *m*. ◇ *vt*: **to be ~ed by** être flanqué(e) de.

flannel ['flænl] *n* **-1.** [fabric] flanelle *f*. **-2.** *Br* [facecloth] gant *m* de toilette.

flap [flæp] ◇ *n* **-1.** [of envelope, pocket] rabat *m*; [of skin] lambeau *m*. **-2.** *inf* [panic]: **in a ~** paniqué(e). ◇ *vt & vi* battre.

flapjack ['flæpdʒæk] *n* **-1.** *Br* [biscuit] biscuit *m* à l'avoine. **-2.** *Am* [pancake] crêpe *f* épaisse.

flare [fleər] ◇ *n* [distress signal] fusée *f* éclairante. ◇ *vi* **-1.** [burn brightly]: **to ~ (up)** s'embraser. **-2.** [intensify]: **to ~ (up)** [war, revolution] s'intensifier soudainement; [person] s'emporter. **-3.** [widen - trousers, skirt] s'évaser; [- nostrils] se dilater.
♦ **flares** *npl Br* pantalon *m* à pattes d'éléphant.

flash [flæʃ] ◇ *n* **-1.** [of light, colour] éclat *m*; **~ of lightning** éclair *m*. **-2.** PHOT flash *m*. **-3.** [sudden moment] éclair *m*; **in a ~** en un rien de temps. ◇ *vt* **-1.** [shine] projeter; **to ~ one's headlights** faire un appel de phares. **-2.** [send out - signal, smile] envoyer; [- look] jeter. **-3.** [show] montrer. ◇ *vi* **-1.** [torch] briller. **-2.** [light - on and off] clignoter; [eyes] jeter des éclairs. **-3.** [rush]: **to ~ by** OR **past** passer comme un éclair.

flashback ['flæʃbæk] *n* flashback *m*, retour *m* en arrière.

flashbulb ['flæʃbʌlb] *n* ampoule *f* de flash.

flashgun ['flæʃɡʌn] *n* flash *m*.

flashlight ['flæʃlaɪt] *n* [torch] lampe *f* électrique.

flashy ['flæʃɪ] *adj inf* tape-à-l'œil (*inv*).

flask [flɑːsk] *n* **-1.** [thermos flask] ther-mos® *m or f*. **-2.** CHEM ballon *m*. **-3.** [hip flask] flasque *f*.

flat [flæt] ◇ *adj* **-1.** [gen] plat(e). **-2.** [tyre] crevé(e). **-3.** [refusal, denial] caté-gorique. **-4.** [business, trade] calme. **-5.** [dull - voice, tone] monotone; [- performance, writing] terne. **-6.** [MUS - person] qui chante faux; [- note] bé-mol. **-7.** [fare, price] fixe. **-8.** [beer, lemonade] éventé(e). **-9.** [battery] à plat. ◇ *adv* **-1.** [level] à plat. **-2.** [exactly]: **two hours ~** deux heures pile. ◇ *n* **-1.** *Br* [apartment] appartement *m*. **-2.** MUS bémol *m*.
♦ **flat out** *adv* [work] d'arrache-pied; [travel - subj: vehicle] le plus vite possible.

flatly ['flætlɪ] *adv* **-1.** [absolutely] caté-goriquement. **-2.** [dully - say] avec monotonie; [- perform] de façon terne.

flatmate ['flætmeɪt] *n Br personne avec laquelle on partage le même appartement.*

flat rate *n* tarif *m* forfaitaire.

flatten ['flætn] *vt* **-1.** [make flat - steel, paper] aplatir; [- wrinkles, bumps] apla-nir. **-2.** [destroy] raser.
♦ **flatten out** ◇ *vi* s'aplanir. ◇ *vt sep* aplanir.

flatter ['flætə'] *vt* flatter.

flattering ['flætərɪŋ] *adj* **-1.** [compli-mentary] flatteur(euse). **-2.** [clothes] seyant(e).

flattery ['flætərɪ] *n* flatterie *f*.

flaunt [flɔːnt] *vt* faire étalage de.

flavour *Br*, **flavor** *Am* ['fleɪvə'] ◇ *n* **-1.** [of food] goût *m*; [of ice cream, yoghurt] parfum *m*. **-2.** *fig* [atmos-phere] atmosphère *f*. ◇ *vt* parfumer.

flavouring *Br*, **flavoring** *Am* ['fleɪvərɪŋ] *n* (*U*) parfum *m*.

flaw [flɔː] *n* [in material, character] dé-faut *m*; [in plan, argument] faille *f*.

flawless ['flɔːlɪs] *adj* parfait(e).

flax [flæks] *n* lin *m*.

flea [fliː] *n* puce *f*.

flea market *n* marché *m* aux puces.

fleck [flek] ◇ *n* moucheture *f*, petite tache *f*. ◇ *vt*: **~ed with** moucheté(e) de.

fled [fled] *pt & pp* → **flee**.

flee [fliː] (*pt & pp* **fled**) *vt & vi* fuir.

fleece [fliːs] ◇ *n* toison *f*. ◇ *vt inf* escroquer.

fleet [fliːt] *n* **-1.** [of ships] flotte *f*. **-2.** [of cars, buses] parc *m*.

fleeting ['fliːtɪŋ] *adj* [moment] bref (brève); [look] fugitif(ive); [visit] éclair (*inv*).

Fleet Street *n rue de Londres dont le nom est utilisé pour désigner la presse britannique.*

Flemish ['flemɪʃ] ◇ *adj* flamand(e). ◇ *n* [language] flamand *m*. ◇ *npl*: **the ~** les Flamands *mpl*.

flesh [fleʃ] *n* chair *f*; **his/her ~ and blood** [family] les siens.

flesh wound *n* blessure *f* super-ficielle.

flew [fluː] *pt* → **fly**.

flex [fleks] ◇ *n* ELEC fil *m*. ◇ *vt* [bend] fléchir.

flexible ['fleksəbl] *adj* flexible.

flexitime ['fleksɪtaɪm] *n* (*U*) horaire *m* à la carte OR flexible.

flick [flɪk] ◇ *n* **-1.** [of whip, towel] pe-tit coup *m*. **-2.** [with finger] chique-naude *f*. ◇ *vt* [switch] appuyer sur.
♦ **flick through** *vt fus* feuilleter.

flicker ['flɪkə'] *vi* **-1.** [candle, light] va-ciller. **-2.** [shadow] trembler; [eyelids] ciller.

flick knife *n Br* couteau *m* à cran d'arrêt.

flight [flaɪt] *n* **-1.** [gen] vol *m*. **-2.** [of steps, stairs] volée *f*. **-3.** [escape] fuite *f*.

flight attendant *n* steward *m*, hô-tesse *f* de l'air.

flight crew *n* équipage *m*.

flight deck *n* **-1.** [of aircraft carrier] pont *m* d'envol. **-2.** [of plane] cabine *f* de pilotage.

flight recorder *n* enregistreur *m* de vol.

flimsy ['flɪmzɪ] *adj* [dress, material] léger(ère); [building, bookcase] peu solide; [excuse] piètre.

flinch [flɪntʃ] *vi* tressaillir; **to ~ from sthg/from doing sthg** reculer devant qqch/à l'idée de faire qqch.

fling [flɪŋ] (*pt* & *pp* **flung**) ◇ *n* [affair] aventure *f*, affaire *f*. ◇ *vt* lancer.

flint [flɪnt] *n* [rock] silex *m*. **-2.** [in lighter] pierre *f*.

flip [flɪp] ◇ *vt* **-1.** [turn - pancake] faire sauter; [- record] tourner. **-2.** [switch] appuyer sur. ◇ *vi inf* [become angry] piquer une colère. ◇ *n* **-1.** [flick] chiquenaude *f*. **-2.** [somersault] saut *m* périlleux.
♦ **flip through** *vt fus* feuilleter.

flip-flop *n* [shoe] tong *f*.

flippant ['flɪpənt] *adj* désinvolte.

flipper ['flɪpər] *n* **-1.** [of animal] nageoire *f*. **-2.** [for swimmer, diver] palme *f*.

flirt [flɜːt] ◇ *n* flirt *m*. ◇ *vi* [with person]: **to ~ (with sb)** flirter (avec qqn).

flirtatious [flɜː'teɪʃəs] *adj* flirteur(euse).

flit [flɪt] *vi* [bird] voleter.

float [fləʊt] ◇ *n* **-1.** [for buoyancy] flotteur *m*. **-2.** [in procession] char *m*. **-3.** [money] petite caisse *f*. ◇ *vt* [on water] **faire flotter**. ◇ *vi* [on water] flotter; [through air] glisser.

flock [flɒk] *n* **-1.** [of birds] vol *m*; [of sheep] troupeau *m*. **-2.** *fig* [of people] foule *f*.

flog [flɒg] *vt* **-1.** [whip] flageller. **-2.** *Br inf* [sell] refiler.

flood [flʌd] ◇ *n* **-1.** [of water] inondation *f*. **-2.** [great amount] déluge *m*, avalanche *f*. ◇ *vt* **-1.** [with water, light] inonder. **-2.** [overwhelm]: **to ~ sthg (with)** inonder qqch (de).

flooding ['flʌdɪŋ] *n* (*U*) inondations *fpl*.

floodlight ['flʌdlaɪt] *n* projecteur *m*.

floor [flɔːr] ◇ *n* **-1.** [of room] sol *m*; [of club, disco] piste *f*. **-2.** [of valley, sea, forest] fond *m*. **-3.** [storey] étage *m*. **-4.** [at meeting, debate] auditoire *m*. ◇ *vt* **-1.** [knock down] terrasser. **-2.** [baffle] dérouter.

floorboard ['flɔːbɔːd] *n* plancher *m*.

floor show *n* spectacle *m* de cabaret.

flop [flɒp] *inf n* [failure] fiasco *m*.

floppy ['flɒpɪ] *adj* [flower] flasque; [collar] lâche.

floppy (disk) *n* disquette *f*, disque *m* souple.

flora ['flɔːrə] *n* flore *f*.

florid ['flɒrɪd] *adj* **-1.** [red] rougeaud(e). **-2.** [extravagant] fleuri(e).

florist ['flɒrɪst] *n* fleuriste *mf*; **~'s (shop)** magasin *m* de fleuriste.

flotsam ['flɒtsəm] *n* (*U*): **~ and jetsam** débris *mpl*; *fig* épaves *fpl*.

flounder ['flaʊndər] *vi* **-1.** [in water, mud, snow] patauger. **-2.** [in conversation] bredouiller.

flour ['flaʊər] *n* farine *f*.

flourish ['flʌrɪʃ] ◇ *vi* [plant, flower] bien pousser; [children] être en pleine santé; [company, business] prospérer; [arts] s'épanouir. ◇ *vt* brandir. ◇ *n* grand geste *m*.

flout [flaʊt] *vt* bafouer.

flow [fləʊ] ◇ *n* **-1.** [movement - of water, information] circulation *f*; [- of funds] mouvement *m*; [- of words] flot *m*. **-2.** [of tide] flux *m*. ◇ *vi* **-1.** [gen] couler. **-2.** [traffic, days, weeks] s'écouler. **-3.** [hair, clothes] flotter.

flow chart, flow diagram *n* organigramme *m*.

flower ['flaʊər] ◇ *n* fleur *f*. ◇ *vi* [bloom] fleurir.

flowerbed ['flaʊəbed] *n* parterre *m*.

flowerpot ['flaʊəpɒt] *n* pot *m* de fleurs.

flowery ['flaʊərɪ] *adj* **-1.** [dress, material] à fleurs. **-2.** *pej* [style] fleuri(e).

flown [fləʊn] *pp* → **fly**.

flu [fluː] *n* (*U*) grippe *f*.

fluctuate ['flʌktʃʊeɪt] *vi* fluctuer.

fluency ['fluːənsɪ] *n* aisance *f*.

fluent ['fluːənt] *adj* **-1.** [in foreign language]: **to speak ~ French** parler couramment le français. **-2.** [writing, style] coulant(e), aisé(e).

fluff [flʌf] *n* (*U*) **-1.** [down] duvet *m*. **-2.** [dust] moutons *mpl*.

fluffy ['flʌfɪ] *adj* duveteux(euse); [toy] en peluche.

fluid ['fluːɪd] ◇ *n* fluide *m*; [in diet, for cleaning] liquide *m*. ◇ *adj* **-1.** [flowing] fluide. **-2.** [unfixed] changeant(e).

fluid ounce *n* = 0,03 litre.

fluke [fluːk] *n inf* [chance] coup *m* de bol.

flummox ['flʌməks] *vt inf* désarçonner.

flung [flʌŋ] *pt & pp* → **fling**.

flunk [flʌŋk] *inf vt* **-1.** [exam, test] rater. **-2.** [student] recaler.

fluorescent [fluə'resənt] *adj* fluorescent(e).

fluoride ['fluəraɪd] *n* fluorure *m*.

flurry ['flʌrɪ] *n* **-1.** [of rain, snow] rafale *f*. **-2.** *fig* [of objections] concert *m*; [of activity, excitement] débordement *m*.

flush [flʌʃ] ◇ *adj* [level]: ~ **with** de niveau avec. ◇ *n* **-1.** [in lavatory] chasse *f* d'eau. **-2.** [blush] rougeur *f*. **-3.** [sudden feeling] accès *m*. ◇ *vt* [toilet]: **to** ~ **the toilet** tirer la chasse d'eau. ◇ *vi* [blush] rougir.

flushed [flʌʃt] *adj* **-1.** [red-faced] rouge. **-2.** [excited]: ~ **with** exalté(e) par.

flustered ['flʌstəd] *adj* troublé(e).

flute [fluːt] *n* MUS flûte *f*.

flutter ['flʌtər] ◇ *n* **-1.** [of wings] battement *m*. **-2.** *inf* [of excitement] émoi *m*. ◇ *vi* **-1.** [bird, insect] voleter; [wings] battre. **-2.** [flag, dress] flotter.

flux [flʌks] *n* [change]: **to be in a state of** ~ être en proie à des changements permanents.

fly [flaɪ] (*pt* flew, *pp* flown) ◇ *n* **-1.** [insect] mouche *f*. **-2.** [of trousers] braguette *f*. ◇ *vt* **-1.** [kite, plane] faire voler. **-2.** [passengers, supplies] transporter par avion. **-3.** [flag] faire flotter. ◇ *vi* **-1.** [bird, insect, plane] voler. **-2.** [pilot] faire voler un avion. **-3.** [passenger] voyager en avion. **-4.** [move fast, pass quickly] filer. **-5.** [flag] flotter.
♦ **fly away** *vi* s'envoler.

fly-fishing *n* pêche *f* à la mouche.

flying ['flaɪɪŋ] ◇ *adj* volant(e). ◇ *n* aviation *f*; **to like** ~ aimer prendre l'avion.

flying colours *npl*: **to pass (sthg) with** ~ réussir (qqch) haut la main.

flying picket *n* piquet *m* de grève volant.

flying saucer *n* soucoupe *f* volante.

flying squad *n Br* force d'intervention rapide de la police.

flying start *n*: **to get off to a** ~ prendre un départ sur les chapeaux de roue.

flying visit *n* visite *f* éclair.

flyover ['flaɪ,əʊvər] *n Br* autopont *m*.

flysheet ['flaɪʃiːt] *n* auvent *m*.

fly spray *n* insecticide *m*.

FM (*abbr of* **frequency modulation**) *n* FM *f*.

foal [fəʊl] *n* poulain *m*.

foam [fəʊm] ◇ *n* (U) **-1.** [bubbles] mousse *f*. **-2.** ~ **(rubber)** caoutchouc *m* mousse. ◇ *vi* [water, champagne] mousser.

fob [fɒb]
♦ **fob off** *vt sep* repousser; **to** ~ **sthg off on sb** refiler qqch à qqn; **to** ~ **sb off with sthg** se débarrasser de qqn à l'aide de qqch.

focal point ['fəʊkl-] *n* foyer *m*; *fig* point *m* central.

focus ['fəʊkəs] (*pl* **-cuses** OR **-ci** [-kaɪ]) ◇ *n* **-1.** PHOT mise *f* au point; **in** ~ net; **out of** ~ flou. **-2.** [centre - of rays] foyer *m*; [- of earthquake] centre *m*. ◇ *vt* [lens, camera] mettre au point. ◇ *vi* **-1.** [with camera, lens] se fixer; [eyes] accommoder; **to** ~ **on sthg** [with camera, lens] se fixer sur qqch; [with eyes] fixer qqch. **-2.** [attention]: **to** ~ **on sthg** se concentrer sur qqch.

fodder ['fɒdər] *n* (U) fourrage *m*.

foe [fəʊ] *n literary* ennemi *m*.

foetus ['fiːtəs] *n* fœtus *m*.

fog [fɒg] *n* (U) brouillard *m*.

foggy ['fɒgɪ] *adj* [misty] brumeux(euse).

foghorn ['fɒghɔːn] *n* sirène *f* de brume.

fog lamp *n* feu *m* de brouillard.

foible ['fɔɪbl] *n* marotte *f*.

foil [fɔɪl] ◇ *n* (U) [metal sheet - of tin, silver] feuille *f*; [- CULIN] papier *m* d'aluminium. ◇ *vt* déjouer.

fold [fəʊld] ◇ *vt* -1. [bend, close up] plier; to ~ one's arms croiser les bras. -2. [wrap] envelopper. ◇ *vi* -1. [close up - table, chair] se plier; [- petals, leaves] se refermer. -2. *inf* [company, project] échouer; THEATRE quitter l'affiche. ◇ *n* -1. [in material, paper] pli *m*. -2. [for animals] parc *m*. -3. *fig* [spiritual home]: the ~ le bercail.

◆ **fold up** *vt sep* plier. ◇ *vi* -1. [close up - table, map] se plier; [- petals, leaves] se refermer. -2. [company, project] échouer.

folder ['fəʊldəʳ] *n* [for papers - wallet] chemise *f*; [- binder] classeur *m*.

folding ['fəʊldɪŋ] *adj* [table, umbrella] pliant(e); [doors] en accordéon.

foliage ['fəʊlɪɪdʒ] *n* feuillage *m*.

folk [fəʊk] ◇ *adj* [art, dancing] folklorique; [medicine] populaire. ◇ *npl* [people] gens *mpl*.

◆ **folks** *npl inf* [relatives] famille *f*.

folklore ['fəʊklɔːʳ] *n* folklore *m*.

folk music *n* musique *f* folk.

folk song *n* chanson *f* folk.

follow ['fɒləʊ] ◇ *vt* suivre. ◇ *vi* -1. [gen] suivre. -2. [be logical] tenir debout; it ~s that ... il s'ensuit que ....

◆ **follow up** *vt sep* -1. [pursue - idea, suggestion] prendre en considération; [- advertisement] donner suite à. -2. [complete]: to ~ sthg up with faire suivre qqch de.

follower ['fɒləʊəʳ] *n* [believer] disciple *mf*.

following ['fɒləʊɪŋ] ◇ *adj* suivant(e). ◇ *n* groupe *m* d'admirateurs. ◇ *prep* après.

folly ['fɒlɪ] *n* (U) [foolishness] folie *f*.

fond [fɒnd] *adj* [affectionate] affectueux(euse); to be ~ of aimer beaucoup.

fondle ['fɒndl] *vt* caresser.

font [fɒnt] *n* -1. [in church] fonts *mpl* baptismaux. -2. COMPUT & TYPO police *f* (de caractères).

food [fuːd] *n* nourriture *f*.

food mixer *n* mixer *m*.

food poisoning [-ˌpɔɪznɪŋ] *n* intoxication *f* alimentaire.

food processor [-ˌprəʊsesəʳ] *n* robot *m* ménager.

foodstuffs ['fuːdstʌfs] *npl* denrées *fpl* alimentaires.

fool [fuːl] ◇ *n* -1. [idiot] idiot *m*, -e *f*. -2. *Br* [dessert] ≃ mousse *f*. ◇ *vt* duper; to ~ sb into doing sthg amener qqn à faire qqch en le dupant. ◇ *vi* faire l'imbécile.

◆ **fool about, fool around** *vi* -1. [behave foolishly] faire l'imbécile. -2. [be unfaithful] être infidèle.

foolhardy ['fuːlˌhɑːdɪ] *adj* téméraire.

foolish ['fuːlɪʃ] *adj* idiot(e), stupide.

foolproof ['fuːlpruːf] *adj* infaillible.

foot [fut] (*pl sense 1* feet, *pl sense 2 inv* OR feet) ◇ *n* -1. [gen] pied *m*; [of animal] patte *f*; [of page, stairs] bas *m*; to be on one's feet être debout; to get to one's feet se mettre debout, se lever; on ~ à pied; to put one's ~ in it mettre les pieds dans le plat; to put one's feet up se reposer. -2. [unit of measurement] = 30,48 cm, ≃ pied *m*. ◇ *vt inf*: to ~ the bill payer la note.

footage ['futɪdʒ] *n* (U) séquences *fpl*.

football ['futbɔːl] *n* -1. [game - soccer] football *m*, foot *m*; [- American football] football américain. -2. [ball] ballon *m* de football OR foot.

footballer ['futbɔːləʳ] *n* Br joueur *m*, -euse *f* de football, footballeur *m*, -euse *f*.

football ground *n* Br terrain *m* de football.

football player = footballer.

footbrake ['futbreɪk] *n* frein *m* (à pied).

footbridge ['futbrɪdʒ] *n* passerelle *f*.

foothills ['futhɪlz] *npl* contreforts *mpl*.

foothold ['futhəʊld] *n* prise *f* (de pied).

footing ['futɪŋ] *n* -1. [foothold] prise *f*; to lose one's ~ trébucher. -2. *fig* [basis] position *f*.

footlights ['fʊtlaɪts] *npl* rampe *f*.

footnote ['fʊtnəʊt] *n* note *f* en bas de page.

footpath ['fʊtpɑːθ, *pl* -pɑːðz] *n* sentier *m*.

footprint ['fʊtprɪnt] *n* empreinte *f* (de pied), trace *f* (de pas).

footstep ['fʊtstep] *n* **-1.** [sound] bruit *m* de pas. **-2.** [footprint] empreinte *f* (de pied).

footwear ['fʊtweəʳ] *n* (*U*) chaussures *fpl*.

for [fɔːʳ] ◇ *prep* **-1.** [referring to intention, destination, purpose] pour; **this is ~ you** c'est pour vous; **the plane ~ Paris** l'avion à destination de Paris; **let's meet ~ a drink** retrouvons-nous pour prendre un verre; **we did it ~ a laugh** OR **~ fun** on l'a fait pour rire; **what's it ~?** ça sert à quoi? **-2.** [representing, on behalf of] pour; **the MP ~ Barnsley** le député de Barnsley; **let me do that ~ you** laissez-moi faire, je vais vous le faire. **-3.** [because of] pour, en raison de; **~ various reasons** pour plusieurs raisons; **a prize ~ swimming** un prix de natation; **~ fear of being ridiculed** de OR par peur d'être ridiculisé. **-4.** [with regard to] pour; **to be ready ~ sthg** être prêt à OR pour qqch; **it's not ~ me to say** ce n'est pas à moi à le dire; **to be young ~ one's age** être jeune pour son âge; **to feel sorry ~ sb** plaindre qqn. **-5.** [indicating amount of time, space]: **there's no time ~ that now** on n'a pas le temps de faire cela OR de s'occuper de cela maintenant; **there's room ~ another person** il y a de la place pour encore une personne. **-6.** [indicating period of time]: **she'll be away ~ a month** elle sera absente (pendant) un mois; **we talked ~ hours** on a parlé pendant des heures; **I've lived here ~ 3 years** j'habite ici depuis 3 ans, cela fait 3 ans que j'habite ici; **I can do it for you ~ tomorrow** je peux vous le faire pour demain. **-7.** [indicating distance] pendant, sur; **~ 50 kilometres**

pendant OR sur 50 kilomètres; **I walked ~ miles** j'ai marché (pendant) des kilomètres. **-8.** [indicating particular occasion] pour; **~ Christmas** pour Noël. **-9.** [indicating amount of money, price]: **they're 50p ~ ten** cela coûte 50p les dix; **I bought/sold it ~ £10** je l'ai acheté/vendu 10 livres. **-10.** [in favour of, in support of] pour; **to vote ~ sthg** voter pour qqch; **to be all ~ sthg** être tout à fait pour OR en faveur de qqch. **-11.** [in ratios] pour. **-12.** [indicating meaning]: **P ~ Peter** P comme Peter; **what's the Greek ~ "mother"?** comment dit-on «mère» en grec? ◇ *conj fml* [as, since] car.

◆ **for all** ◇ *prep* malgré. ◇ *conj* bien que (+ *subjunctive*); **~ all I know** pour ce que j'en sais; **~ all I care** pour ce que cela me fait.

forage ['fɒrɪdʒ] *vi*: **to ~ (for)** fouiller (pour trouver).

foray ['fɒreɪ] *n*: **~ (into)** *lit* & *fig* incursion *f* (dans).

forbad [fə'bæd], **forbade** [fə'beɪd] *pt* → **forbid**.

forbid [fə'bɪd] (*pt* **-bade** OR **-bad**, *pp* **forbid** OR **-bidden**) *vt* interdire, défendre; **to ~ sb to do sthg** interdire OR défendre à qqn de faire qqch.

forbidden [fə'bɪdn] ◇ *pp* → **forbid**. ◇ *adj* interdit(e), défendu(e).

forbidding [fə'bɪdɪŋ] *adj* [severe, unfriendly] austère; [threatening] sinistre.

force [fɔːs] ◇ *n* **-1.** [gen] force *f*; **by ~** de force. **-2.** [effect]: **to be in/to come into ~** être/entrer en vigueur. ◇ *vt* **-1.** [gen] forcer; **to ~ sb to do sthg** forcer qqn à faire qqch. **-2.** [press]: **to ~ sthg on sb** imposer qqch à qqn. ◆ **forces** *npl*: **the ~s** les forces *fpl* armées; **to join ~s** joindre ses efforts.

force-feed *vt* nourrir de force.

forceful ['fɔːsfʊl] *adj* [person] énergique; [speech] vigoureux(euse).

forceps ['fɔːseps] *npl* forceps *m*.

forcibly ['fɔːsəblɪ] *adv* **-1.** [using physical force] de force. **-2.** [powerfully] avec vigueur.

ford [fɔːd] *n* gué *m*.

fore [fɔːʳ] ◇ *adj* NAUT à l'avant. ◇ *n*: **to come to the ~** s'imposer.

forearm ['fɔːrɑːm] *n* avant-bras *m inv*.

foreboding [fɔː'bəʊdɪŋ] *n* pressentiment *m*.

forecast ['fɔːkɑːst] (*pt* & *pp* **forecast** OR **-ed**) ◇ *n* prévision *f*; **(weather)** ~ prévisions météorologiques. ◇ *vt* prévoir.

foreclose [fɔː'kləʊz] ◇ *vt* saisir. ◇ *vi*: **to ~ on sb** saisir qqn.

forecourt ['fɔːkɔːt] *n* [of petrol station] devant *m*; [of building] avant-cour *f*.

forefinger ['fɔːˌfɪŋgəʳ] *n* index *m*.

forefront ['fɔːfrʌnt] *n*: **in** OR **at the ~ of** au premier plan de.

forego [fɔː'gəʊ] = **forgo**.

foregone conclusion ['fɔːgɒn-] *n*: **it's a ~** c'est couru.

foreground ['fɔːgraʊnd] *n* premier plan *m*.

forehand ['fɔːhænd] *n* TENNIS coup *m* droit.

forehead ['fɔːhed] *n* front *m*.

foreign ['fɒrən] *adj* **-1.** [gen] étranger(ère); [correspondent] à l'étranger. **-2.** [policy, trade] extérieur(e).

foreign affairs *npl* affaires *fpl* étrangères.

foreign currency *n* (U) devises *fpl* étrangères.

foreigner ['fɒrənəʳ] *n* étranger *m*, -ère *f*.

foreign minister *n* ministre *m* des Affaires étrangères.

Foreign Office *n Br*: **the ~** ≃ le ministère des Affaires étrangères.

Foreign Secretary *n Br* ≃ ministre *m* des Affaires étrangères.

foreleg ['fɔːleg] *n* [of horse] membre *m* antérieur; [of other animals] patte *f* de devant.

foreman ['fɔːmən] (*pl* **-men** [-mən]) *n* **-1.** [of workers] contremaître *m*. **-2.** JUR président *m* du jury.

foremost ['fɔːməʊst] ◇ *adj* principal(e). ◇ *adv*: **first and ~** tout d'abord.

forensic [fə'rensɪk] *adj* [department, investigation] médico-légal(e).

forensic medicine, forensic science *n* médecine *f* légale.

forerunner ['fɔːˌrʌnəʳ] *n* précurseur *m*.

foresee [fɔː'siː] (*pt* **-saw** [-'sɔː], *pp* **-seen**) *vt* prévoir.

foreseeable [fɔː'siːəbl] *adj* prévisible; **for the ~ future** pour tous les jours/mois *etc* à venir.

foreseen [fɔː'siːn] *pp* → **foresee**.

foreshadow [fɔː'ʃædəʊ] *vt* présager.

foresight ['fɔːsaɪt] *n* (U) prévoyance *f*.

forest ['fɒrɪst] *n* forêt *f*.

forestall [fɔː'stɔːl] *vt* [attempt, discussion] prévenir; [person] devancer.

forestry ['fɒrɪstrɪ] *n* sylviculture *f*.

foretaste ['fɔːteɪst] *n* avant-goût *m*.

foretell [fɔː'tel] (*pt* & *pp* **-told**) *vt* prédire.

foretold [fɔː'təʊld] *pt* & *pp* → **foretell**.

forever [fə'revəʳ] *adv* [eternally] **(pour)** toujours.

forewarn [fɔː'wɔːn] *vt* avertir.

foreword ['fɔːwɜːd] *n* avant-propos *m inv*.

forfeit ['fɔːfɪt] ◇ *n* amende *f*; [in game] gage *m*. ◇ *vt* perdre.

forgave [fə'geɪv] *pt* → **forgive**.

forge [fɔːdʒ] ◇ *n* forge *f*. ◇ *vt* **-1.** INDUSTRY & *fig* forger. **-2.** [signature, money] contrefaire; [passport] falsifier.

◆ **forge ahead** *vi* prendre de l'avance.

forger ['fɔːdʒəʳ] *n* faussaire *mf*.

forgery ['fɔːdʒərɪ] *n* **-1.** (U) [crime] contrefaçon *f*. **-2.** [forged article] faux *m*.

forget [fə'get] (*pt* **-got**, *pp* **-gotten**) ◇ *vt* oublier; **to ~ to do sthg** oublier de faire qqch; ~ **it!** laisse tomber! ◇ *vi*: **to ~ (about sthg)** oublier (qqch).

forgetful [fə'getfʊl] *adj* distrait(e), étourdi(e).

forget-me-not *n* myosotis *m*.

forgive [fə'gɪv] (*pt* **-gave**, *pp* **-given** [-'gɪvən]) *vt* pardonner; **to ~ sb for**

sthg/for doing sthg pardonner qqch à qqn/à qqn d'avoir fait qqch.

forgiveness [fə'gɪvnɪs] n (U) pardon m.

forgo [fɔː'gəu] (pt -went, pp -gone [-'gɒn]) vt renoncer à.

forgot [fə'gɒt] pt → forget.

forgotten [fə'gɒtn] pp → forget.

fork [fɔːk] ◇ n -1. [for eating] fourchette f. -2. [for gardening] fourche f. -3. [in road] bifurcation f; [of river] embranchement m. ◇ vi bifurquer.

♦ **fork out** inf ◇ vt fus allonger, débourser. ◇ vi: to ~ out (for) casquer (pour).

forklift truck ['fɔːklɪft-] n chariot m élévateur.

forlorn [fə'lɔːn] adj -1. [person, face] malheureux(euse), triste. -2. [place, landscape] désolé(e). -3. [hope, attempt] désespéré(e).

form [fɔːm] ◇ n -1. [shape, fitness, type] forme f; on ~ Br, in ~ Am en forme; off ~ pas en forme; in the ~ of sous forme de. -2. [questionnaire] formulaire m. -3. Br SCH classe f. ◇ vt former. ◇ vi se former.

formal ['fɔːml] adj -1. [person] formaliste; [language] soutenu(e). -2. [dinner party, announcement] officiel(ielle); [dress] de cérémonie.

formality [fɔː'mælətɪ] n formalité f.

format ['fɔːmæt] ◇ n [gen & COMPUT] format m. ◇ vt COMPUT formater.

formation [fɔː'meɪʃn] n -1. [gen] formation f. -2. [of idea, plan] élaboration f.

formative ['fɔːmətɪv] adj formateur(trice).

former ['fɔːmər] ◇ adj -1. [previous] ancien(ienne); ~ husband ex-mari m; ~ pupil ancien élève m, ancienne élève f. -2. [first of two] premier(ière). ◇ n: the ~ le premier (la première), celui-là (celle-là).

formerly ['fɔːməlɪ] adv autrefois.

formidable ['fɔːmɪdəbl] adj impressionnant(e).

formula ['fɔːmjulə] (pl -as OR -ae [-iː]) n formule f.

formulate ['fɔːmjuleɪt] vt formuler.

forsake [fə'seɪk] (pt forsook, pp forsaken) vt literary [person] abandonner; [habit] renoncer à.

forsaken [fə'seɪkn] adj abandonné(e).

forsook [fə'suk] pt → forsake.

fort [fɔːt] n fort m.

forte ['fɔːteɪ] n point m fort.

forth [fɔːθ] adv literary en avant.

forthcoming [fɔːθ'kʌmɪŋ] adj -1. [imminent] à venir. -2. [helpful] communicatif(ive).

forthright ['fɔːθraɪt] adj franc (franche), direct(e).

forthwith [,fɔːθ'wɪθ] adv fml aussitôt.

fortified wine ['fɔːtɪfaɪd-] n vin m de liqueur.

fortify ['fɔːtɪfaɪ] vt -1. MIL fortifier. -2. fig [resolve etc] renforcer.

fortnight ['fɔːtnaɪt] n quinze jours mpl, quinzaine f.

fortnightly ['fɔːt,naɪtlɪ] ◇ adj bimensuel(elle). ◇ adv tous les quinze jours.

fortress ['fɔːtrɪs] n forteresse f.

fortunate ['fɔːtʃnət] adj heureux(euse); to be ~ avoir de la chance.

fortunately ['fɔːtʃnətlɪ] adv heureusement.

fortune ['fɔːtʃuːn] n -1. [wealth] fortune f. -2. [luck] fortune f, chance f. -3. [future]: to tell sb's ~ dire la bonne aventure à qqn.

fortune-teller [-,telər] n diseuse f de bonne aventure.

forty ['fɔːtɪ] num quarante; see also sixty.

forward ['fɔːwəd] ◇ adj -1. [movement] en avant. -2. [planning] à long terme. -3. [impudent] effronté(e). ◇ adv -1. [ahead] en avant; to go OR move ~ avancer. -2. [in time]: to bring a meeting ~ avancer la date d'une réunion. ◇ n SPORT avant m. ◇ vt [letter] faire suivre; [goods] expédier.

forwarding address ['fɔːwədɪŋ-] n adresse f où faire suivre le courrier.

forwards ['fɔːwədz] adv = forward.

forwent [fɔ:'went] pt → **forgo**.

fossil ['fɒsl] n fossile m.

foster ['fɒstər] ◇ adj [family] d'accueil. ◇ vt **-1.** [child] accueillir. **-2.** fig [nurture] nourrir, entretenir.

foster child n enfant m placé en famille d'accueil.

foster parent n parent m nourricier.

fought [fɔ:t] pt & pp → **fight**.

foul [faʊl] ◇ adj **-1.** [gen] infect(e); [water] croupi(e). **-2.** [language] ordurier(ière). ◇ n SPORT faute f. ◇ vt **-1.** [make dirty] souiller, salir. **-2.** SPORT commettre une faute contre.

found [faʊnd] ◇ pt & pp → **find**. ◇ vt **-1.** [hospital, town] fonder. **-2.** [base]: to ~ sthg on fonder OR baser qqch sur.

foundation [faʊn'deɪʃn] n **-1.** [creation, organization] fondation f. **-2.** [basis] fondement m, base f. **-3.** ~ (cream) fond m de teint.
♦ **foundations** npl CONSTR fondations fpl.

founder ['faʊndər] ◇ n fondateur m, -trice f. ◇ vi [ship] sombrer.

foundry ['faʊndrɪ] n fonderie f.

fountain ['faʊntɪn] n fontaine f.

fountain pen n stylo m à encre.

four [fɔ:r] num quatre; **on all** ~**s** à quatre pattes; see also **six**.

four-letter word n mot m grossier.

four-poster (bed) n lit m à baldaquin.

foursome ['fɔ:səm] n groupe m de quatre.

fourteen [,fɔ:'ti:n] num quatorze; see also **six**.

fourth [fɔ:θ] num quatrième; see also **sixth**.

Fourth of July n: **the** ~ Fête de l'Indépendance américaine.

four-wheel drive n: **with** ~ à quatre roues motrices.

fowl [faʊl] (pl inv OR **-s**) n volaille f.

fox [fɒks] ◇ n renard m. ◇ vt laisser perplexe.

foxglove ['fɒksglʌv] n digitale f.

foyer ['fɔɪeɪ] n **-1.** [of hotel, theatre]

foyer m. **-2.** Am [of house] hall m d'entrée.

fracas ['fræka:, Am 'freɪkəs] (Br pl inv, Am pl **-cases**) n bagarre f.

fraction ['frækʃn] n fraction f; **a** ~ **too big** légèrement OR un petit peu trop grand.

fractionally ['frækʃnəlɪ] adv un tout petit peu.

fracture ['fræktʃər] ◇ n fracture f. ◇ vt fracturer.

fragile ['frædʒaɪl] adj fragile.

fragment ['frægmənt] n fragment m.

fragrance ['freɪɡrəns] n parfum m.

fragrant ['freɪɡrənt] adj parfumé(e).

frail [freɪl] adj fragile.

frame [freɪm] ◇ n **-1.** [gen] cadre m; [of glasses] monture f; [of door, window] encadrement m; [of boat] carcasse f. **-2.** [physique] charpente f. ◇ vt **-1.** [gen] encadrer. **-2.** [express] formuler. **-3.** inf [set up] monter un coup contre.

frame of mind n état m d'esprit.

framework ['freɪmwɜ:k] n **-1.** [structure] armature f, carcasse f. **-2.** fig [basis] structure f, cadre m.

France [frɑ:ns] n France f; **in** ~ en France.

franchise ['fræntʃaɪz] n **-1.** POL droit m de vote. **-2.** COMM franchise f.

frank [fræŋk] ◇ adj franc (franche). ◇ vt affranchir.

frankly ['fræŋklɪ] adv franchement.

frantic ['fræntɪk] adj frénétique.

fraternity [frə'tɜ:nətɪ] n **-1.** [community] confrérie f. **-2.** (U) [friendship] fraternité f. **-3.** Am [of students] club m d'étudiants.

fraternize, -ise ['frætənaɪz] vi fraterniser.

fraud [frɔ:d] n **-1.** (U) [crime] fraude f. **-2.** pej [impostor] imposteur m.

fraught [frɔ:t] adj **-1.** [full]: ~ **with** plein(e) de. **-2.** Br [person] tendu(e); [time, situation] difficile.

fray [freɪ] ◇ vt fig: **my nerves were** ~**ed** j'étais extrêmement tendu(e), j'étais à bout de nerfs. ◇ vi [material, sleeves] s'user; **tempers** ~**ed** fig l'atmosphère était tendue OR électrique. ◇ *n literary* bagarre *f*.

frayed [freɪd] *adj* [jeans, collar] élimé(e).

freak [fri:k] ◇ *adj* bizarre, insolite. ◇ *n* **-1.** [strange creature] monstre *m*, phénomène *m*. **-2.** [unusual event] accident *m* bizarre. **-3.** *inf* [fanatic] fana *mf*.
◆ **freak out** *inf vi* [get angry] exploser (de colère); [panic] paniquer.

freckle ['frekl] *n* tache *f* de rousseur.

free [fri:] (*compar* **freer**, *superl* **freest**, *pt* & *pp* **freed**) ◇ *adj* **-1.** [gen] libre; **to be ~ to do sthg** être libre de faire qqch; **feel ~!** je t'en prie!; **to set ~** libérer. **-2.** [not paid for] gratuit(e); **~ of charge** gratuitement. ◇ *adv* **-1.** [without payment] gratuitement; **for ~** gratuitement. **-2.** [run, live] librement. ◇ *vt* **-1.** [gen] libérer. **-2.** [trapped person, object] dégager.

freedom ['fri:dəm] *n* **-1.** [gen] liberté *f*; **~ of speech** liberté d'expression. **-2.** [exception]: **~ (from)** exemption *f* (de).

freefone ['fri:fəun] *n Br* (*U*) ≃ numéro *m* vert.

free-for-all *n* mêlée *f* générale.

free gift *n* prime *f*.

freehand ['fri:hænd] *adj & adv* à main levée.

freehold ['fri:həuld] *n* propriété *f* foncière inaliénable.

free house *n* pub *m* en gérance libre.

free kick *n* coup *m* franc.

freelance ['fri:lɑ:ns] ◇ *adj* indépendant(e), free-lance (*inv*). ◇ *n* indépendant *m*, -e *f*, free-lance *mf*.

freely ['fri:lɪ] *adv* **-1.** [gen] librement. **-2.** [generously] sans compter.

Freemason ['fri:,meɪsn] *n* franc-maçon *m*.

freephone ['fri:fəun] *n* = **freefone**.

freepost ['fri:pəust] *n* port *m* payé.

free-range *adj* de ferme.

freestyle ['fri:staɪl] *n* SWIMMING nage *f* libre.

free trade *n* (*U*) libre-échange *m*.

freeway ['fri:weɪ] *n Am* autoroute *f*.

freewheel [,fri:'wi:l] *vi* [on bicycle] rouler en roue libre; [in car] rouler au point mort.

free will *n* (*U*) libre arbitre *m*; **to do sthg of one's own ~** faire qqch de son propre gré.

freeze [fri:z] (*pt* **froze**, *pp* **frozen**) ◇ *vt* **-1.** [gen] geler; [food] congeler. **-2.** [wages, prices] bloquer. ◇ *vi* **-1.** [gen] geler. **-2.** [stop moving] s'arrêter. ◇ *n* **-1.** [cold weather] gel *m*. **-2.** [of wages, prices] blocage *m*.

freeze-dried [-'draɪd] *adj* lyophilisé(e).

freezer ['fri:zəʳ] *n* congélateur *m*.

freezing ['fri:zɪŋ] ◇ *adj* glacé(e); **I'm ~** je gèle. ◇ *n* = **freezing point**.

freezing point *n* point *m* de congélation.

freight [freɪt] *n* [goods] fret *m*.

freight train *n* train *m* de marchandises.

French [frentʃ] ◇ *adj* français(e). ◇ *n* [language] français *m*. ◇ *npl*: **the ~** les Français *mpl*.

French bean *n* haricot *m* vert.

French bread *n* (*U*) baguette *f*.

French Canadian ◇ *adj* canadien français (canadienne française). ◇ *n* Canadien français *m*, Canadienne française *f*.

French doors = **French windows**.

French dressing *n* [in UK] vinaigrette *f*; [in US] *sauce-salade à base de mayonnaise et de ketchup*.

French fries *npl* frites *fpl*.

Frenchman ['frentʃmən] (*pl* **-men** [-mən]) *n* Français *m*.

French stick *n Br* baguette *f*.

French windows *npl* porte-fenêtre *f*.

Frenchwoman ['frentʃ,wumən] (*pl* **-women** [-,wɪmɪn]) *n* Française *f*.

frenetic [frə'netɪk] *adj* frénétique.

frenzy ['frenzɪ] *n* frénésie *f*.

frequency ['fri:kwənsɪ] *n* fréquence *f*.

frequent [*adj* 'fri:kwənt, *vb* frɪ'kwent] ◇ *adj* fréquent(e). ◇ *vt* fréquenter.

frequently ['fri:kwəntlɪ] *adv* fréquemment.

fresh [freʃ] *adj* **-1.** [gen] frais (fraîche). **-2.** [not salty] doux (douce). **-3.** [new - drink, piece of paper] autre; [- look, approach] nouveau(elle). **-4.** *inf* dated [cheeky] familier(ière).

freshen ['freʃn] ◇ *vt* rafraîchir. ◇ *vi* [wind] devenir plus fort.

◆ **freshen up** ◇ *vi* faire un brin de toilette.

fresher ['freʃər] *n* Br *inf* bleu *m*, -e *f*.

freshly ['freʃlɪ] *adv* [squeezed, ironed] fraîchement.

freshman ['freʃmən] (*pl* -men [-mən]) *n* étudiant *m*, -e *f* de première année.

freshness ['freʃnɪs] *n* (U) **-1.** [gen] fraîcheur *f*. **-2.** [originality] nouveauté *f*.

freshwater ['freʃ,wɔːtər] *adj* d'eau douce.

fret [fret] *vi* [worry] s'inquiéter.

friar ['fraɪər] *n* frère *m*.

friction ['frɪkʃn] *n* (U) friction *f*.

Friday ['fraɪdɪ] *n* vendredi *m*; *see also* Saturday.

fridge [frɪdʒ] *n* frigo *m*.

fridge-freezer *n* Br réfrigérateur-congélateur *m*.

fried [fraɪd] *adj* frit(e); ~ egg œuf *m* au plat.

friend [frend] *n* ami *m*, -e *f*; to be ~s with sb être ami avec qqn; to make ~s (with sb) se lier d'amitié (avec qqn).

friendly ['frendlɪ] *adj* [person, manner, match] amical(e); [nation] ami(e); [argument] sans conséquence; to be ~ with sb être ami avec qqn.

friendship ['frendʃɪp] *n* amitié *f*.

fries [fraɪz] = French fries.

frieze [friːz] *n* frise *f*.

fright [fraɪt] *n* peur *f*; to give sb a ~ faire peur à qqn; to take ~ prendre peur.

frighten ['fraɪtn] *vt* faire peur à, effrayer.

frightened ['fraɪtnd] *adj* apeuré(e); to be ~ of sthg/of doing sthg avoir peur de qqch/de faire qqch.

frightening ['fraɪtnɪŋ] *adj* effrayant(e).

frightful ['fraɪtfʊl] *adj* dated effroyable.

frigid ['frɪdʒɪd] *adj* [sexually] frigide.

frill [frɪl] *n* **-1.** [decoration] volant *m*. **-2.** *inf* [extra] supplément *m*.

fringe [frɪndʒ] *n* **-1.** [gen] frange *f*. **-2.** [edge - of village] bordure *f*; [- of wood, forest] lisière *f*.

fringe benefit *n* avantage *m* extrasalarial.

frisk [frɪsk] *vt* fouiller.

frisky ['frɪskɪ] *adj inf* vif (vive).

fritter ['frɪtər] *n* beignet *m*.

◆ **fritter away** *vt sep* gaspiller.

frivolous ['frɪvələs] *adj* frivole.

frizzy ['frɪzɪ] *adj* crépu(e).

fro [frəʊ] → to.

frock [frɒk] *n* dated robe *f*.

frog [frɒg] *n* [animal] grenouille *f*; to have a ~ in one's throat avoir un chat dans la gorge.

frogman ['frɒgmən] (*pl* -men) *n* homme-grenouille *m*.

frogmen ['frɒgmən] *pl* → frogman.

frolic ['frɒlɪk] (*pt & pp* -ked, *cont* -king) *vi* folâtrer.

from [weak form frəm, strong form frɒm] *prep* **-1.** [indicating source, origin, removal] de; where are you ~? d'où venez-vous?, d'où êtes-vous?; I got a letter ~ her today j'ai reçu une lettre d'elle aujourd'hui; a flight ~ Paris un vol en provenance de Paris; to translate ~ Spanish into English traduire d'espagnol en anglais; to drink ~ a glass boire dans un verre; to take sthg (away) ~ sb prendre qqch à qqn. **-2.** [indicating a deduction] de; to deduct sthg ~ sthg retrancher qqch de qqch. **-3.** [indicating escape, separation] de; he ran away ~ home il a fait une fugue, il s'est sauvé de chez lui. **-4.** [indicating position] de; seen ~ above/below vu d'en haut/d'en bas. **-5.** [indicating distance] de; it's 60 km ~ here c'est à 60 km d'ici. **-6.** [indicating material object is made out of] en; it's made ~ wood/plastic c'est en bois/plastique. **-7.** [starting at a particular time] de; ~ 2

pm to OR **till 6 pm** de 14 h à 18 h; ~ **the moment I saw him** dès que OR dès l'instant où je l'ai vu. **-8.** [indicating difference] de; **to be different ~ sb/sthg** être différent de qqn/qqch. **-9.** [indicating change]: ~ ... **to** de ... à; **the price went up ~ £100 to £150** le prix est passé OR monté de 100 livres à 150 livres. **-10.** [because of, as a result of] de; **to suffer ~ cold/ hunger** souffrir du froid/de la faim. **-11.** [on the evidence of] d'après, à. **-12.** [indicating lowest amount] depuis, à partir de; **prices start ~ £50** le premier prix est de 50 livres.

front [frʌnt] ◇ *n* **-1.** [most forward part - gen] avant *m*; [- of chess, envelope, house] devant *m*; [- of class] premier rang *m*. **-2.** METEOR & MIL front *m*. **-3.** (sea) ~ front *m* de mer. **-4.** [outward appearance - of person] contenance *f*; *pej* [of business] façade *f*. ◇ *adj* [tooth, garden] de devant; [row, page] **premier(ière).**
♦ **in front** *adv* **-1.** [further forward - walk, push] devant; [- people] à l'avant. **-2.** [winning]: **to be in ~** mener.
♦ **in front of** *prep* devant.

frontbench [,frʌnt'bentʃ] *n* à la chambre des Communes, bancs occupés respectivement par les ministres du gouvernement en exercice et ceux du gouvernement fantôme.

front door *n* porte *f* d'entrée.

frontier ['frʌn,tɪəʳ, *Am* frʌn'tɪəʳ] *n* [border] frontière *f*; *fig* limite *f*.

front man *n* **-1.** [of company, organization] porte-parole *m*. **-2.** TV présentateur *m*.

front room *n* salon *m*.

front-runner *n* favori *m*, -ite *f*.

front-wheel drive *n* traction *f* avant.

frost [frɒst] *n* gel *m*.

frostbite ['frɒstbaɪt] *n* (U) gelure *f*.

frosted ['frɒstɪd] *adj* **-1.** [glass] dépoli(e). **-2.** *Am* CULIN glacé(e).

frosty ['frɒstɪ] *adj* **-1.** [weather, welcome] glacial(e). **-2.** [field, window] gelé(e).

froth [frɒθ] *n* [on beer] mousse *f*; [on sea] écume *f*.

frown [fraun] *vi* froncer les sourcils.
♦ **frown (up)on** *vt fus* désapprouver.

froze [frəuz] *pt* → **freeze.**

frozen ['frəuzn] ◇ *pp* → **freeze.** ◇ *adj* gelé(e); [food] congelé(e).

frugal ['fru:gl] *adj* **-1.** [meal] frugal(e). **-2.** [person, life] économe.

fruit [fru:t] (*pl inv* OR **fruits**) *n* fruit *m*.

fruitcake ['fru:tkeɪk] *n* cake *m*.

fruiterer ['fru:tərəʳ] *n Br* fruitier *m*.

fruitful ['fru:tful] *adj* [successful] fructueux(euse).

fruition [fru:'ɪʃn] *n*: **to come to ~** se réaliser.

fruit juice *n* jus *m* de fruits.

fruitless ['fru:tlɪs] *adj* vain(e).

fruit machine *n Br* machine *f* à sous.

fruit salad *n* salade *f* de fruits.

frumpy ['frʌmpɪ] *adj* mal attifé(e), mal fagoté(e).

frustrate [frʌ'streɪt] *vt* **-1.** [annoy, disappoint] frustrer. **-2.** [prevent] faire échouer.

frustrated [frʌ'streɪtɪd] *adj* **-1.** [person, artist] frustré(e). **-2.** [effort, love] vain(e).

frustration [frʌ'streɪʃn] *n* frustration *f*.

fry [fraɪ] (*pt & pp* **-ied**) *vt & vi* frire.

frying pan ['fraɪɪŋ-] *n* poêle *f* à frire.

ft. *abbr of* **foot, feet.**

fuck [fʌk] *vulg vt & vi* baiser.
♦ **fuck off** *vi vulg*: ~ **off!** fous le camp!

fudge [fʌdʒ] *n* (U) [sweet] caramel *m* (mou).

fuel [fjuəl] ◇ *n* combustible *m*; [for engine] carburant *m*. ◇ *vt* **-1.** [supply with fuel] alimenter (en combustible/carburant). **-2.** *fig* [speculation] nourrir.

fuel pump *n* pompe *f* d'alimentation.

fuel tank *n* réservoir *m* à carburant.

fugitive ['fju:dʒətɪv] *n* fugitif *m*, -ive *f*.

fulfil, fulfill *Am* [ful'fɪl] *vt* **-1.** [duty, role] remplir; [hope] répondre à; [ambition, prophecy] réaliser. **-2.** [satisfy - need] satisfaire.

fulfilment, **fulfillment** *Am* [fʊl'filmənt] *n* (*U*) **-1.** [satisfaction] grande satisfaction *f*. **-2.** [of ambition, dream] réalisation *f*; [of role, promise] exécution *f*; [of need] satisfaction *f*.

full [fʊl] ◇ *adj* **-1.** [gen] plein(e); [bus, car park] complet(ète); [with food] gavé(e), repu(e). **-2.** [complete - recovery, control] total(e); [- explanation, day] entier(ière); [- volume] maximum. **-3.** [busy - life] rempli(e); [- timetable, day] chargé(e). **-4.** [flavour] riche. **-5.** [plump - figure] rondelet(ette); [- mouth] charnu(e). **-6.** [skirt, sleeve] ample, large ◇ *adv* [very]: **you know ~ well that ...** tu sais très bien que .... ◇ *n*: **in ~** complètement, entièrement.

full-blown [-'bləʊn] *adj* général(e); **to have ~ AIDS** avoir le Sida avéré.

full board *n* pension *f* complète.

full-fledged *Am* = **fully-fledged**.

full moon *n* pleine lune *f*.

full-scale *adj* **-1.** [life-size] grandeur nature (*inv*). **-2.** [complete] de grande envergure.

full stop *n* point *m*.

full time *n Br* SPORT fin *f* de match.

◆ **full-time** *adj & adv* [work, worker] à temps plein.

full up *adj* [bus, train] complet (complète); [with food] gavé(e), repu(e).

fully ['fʊlɪ] *adv* [understand, satisfy] tout à fait; [trained, describe] entièrement.

fully-fledged *Br*, **full-fledged** *Am* [-'fledʒd] *adj* diplômé(e).

fulsome ['fʊlsəm] *adj* excessif(ive).

fumble ['fʌmbl] *vi* fouiller, tâtonner; **to ~ for** fouiller pour trouver.

fume [fju:m] *vi* [with anger] rager.

◆ **fumes** *npl* [from paint] émanations *fpl*; [from smoke] fumées *fpl*; [from car] gaz *mpl* d'échappement.

fumigate ['fju:mɪgeɪt] *vt* fumiger.

fun [fʌn] *n* (*U*) **-1.** [pleasure, amusement]: **to have ~** s'amuser; **for ~, for**

the ~ of it pour s'amuser. **-2.** [playfulness]: **to be full of ~** être plein(e) d'entrain. **-3.** [ridicule]: **to make ~ of** OR **poke ~ at sb** se moquer de qqn.

function ['fʌŋkʃn] ◇ *n* **-1.** [gen] fonction *f*. **-2.** [formal social event] réception *f* officielle. ◇ *vi* fonctionner; **to ~ as** servir de.

functional ['fʌŋkʃnəl] *adj* **-1.** [practical] fonctionnel(elle). **-2.** [operational] en état de marche.

fund [fʌnd] ◇ *n* fonds *m*; *fig* [of knowledge] puits *m*. ◇ *vt* financer.

◆ **funds** *npl* fonds *mpl*.

fundamental [,fʌndə'mentl] *adj*: **~ (to)** fondamental(e) (à).

funding ['fʌndɪŋ] *n* (*U*) financement *m*.

funeral ['fju:nərəl] *n* obsèques *fpl*.

funeral parlour *n* entreprise *f* de pompes funèbres.

funfair ['fʌnfeəʳ] *n* fête *f* foraine.

fungus ['fʌŋgəs] (*pl* **-gi** [-gaɪ] OR **-guses**) *n* champignon *m*.

funnel ['fʌnl] *n* **-1.** [tube] entonnoir *m*. **-2.** [of ship] cheminée *f*.

funny ['fʌnɪ] *adj* **-1.** [amusing, odd] drôle. **-2.** [ill] tout drôle (toute drôle).

fur [fɜːʳ] *n* fourrure *f*.

fur coat *n* (manteau *m* de) fourrure *f*.

furious ['fjʊərɪəs] *adj* **-1.** [very angry] furieux(ieuse). **-2.** [wild - effort, battle] acharné(e); [- temper] déchaîné(e).

furlong ['fɜːlɒŋ] *n* = 201,17 mètres.

furnace ['fɜːnɪs] *n* [fire] fournaise *f*.

furnish ['fɜːnɪʃ] *vt* **-1.** [fit out] meubler. **-2.** *fml* [provide] fournir; **to ~ sb with sthg** fournir qqch à qqn.

furnished ['fɜːnɪʃt] *adj* meublé(e).

furnishings ['fɜːnɪʃɪŋz] *npl* mobilier *m*.

furniture ['fɜːnɪtʃəʳ] *n* (*U*) meubles *mpl*; **a piece of ~** un meuble.

furrow ['fʌrəʊ] *n* **-1.** [in field] sillon *m*. **-2.** [on forehead] ride *f*.

furry ['fɜːrɪ] *adj* **-1.** [animal] à fourrure. **-2.** [material] recouvert(e) de fourrure.

further ['fɜːðəʳ] ◇ *compar* → **far.** ◇ *adv* **-1.** [gen] plus loin; **how much ~ is it?** combien de kilomètres y a-t-il?; **~ on** plus loin. **-2.** [more - complicate, develop] **davantage**; [- enquire] plus avant. **-3.** [in addition] de plus. ◇ *adj* nouveau(elle), supplémentaire; **until ~** notice jusqu'à nouvel ordre. ◇ *vt* [career, aims] faire avancer; [cause] encourager.

further education *n Br* éducation *f* post-scolaire.

furthermore [,fɜːðə'mɔːʳ] *adv* de plus.

furthest ['fɜːðɪst] ◇ *superl* → **far.** ◇ *adj* le plus éloigné (la plus éloignée). ◇ *adv* le plus loin.

furtive ['fɜːtɪv] *adj* [person] sournois(e); [glance] furtif(ive).

fury ['fjʊərɪ] *n* fureur *f.*

fuse *esp Br*, **fuze** *Am* [fjuːz] ◇ *n* **-1.** ELEC fusible *m*, plomb *m.* **-2.** [of bomb] détonateur *m*; [of firework] amorce *f.* ◇ *vt* **-1.** [join by heat] réunir par la fusion. **-2.** [combine] fusionner. ◇ *vi* **-1.** ELEC: **the lights have ~d** les plombs ont sauté. **-2.** [join by heat] fondre. **-3.** [combine] fusionner.

fuse-box *n* boîte *f* à fusibles.

fused [fjuːzd] *adj* [plug] avec fusible incorporé.

fuselage ['fjuːzəlɑːʒ] *n* fuselage *m.*

fuss [fʌs] ◇ *n* **-1.** [excitement, anxiety] agitation *f*; **to make a ~** faire des histoires. **-2.** (U) [complaints] protestations *fpl.* ◇ *vi* faire des histoires.

fussy ['fʌsɪ] *adj* **-1.** [fastidious - person] tatillon(onne); [- meal] difficile. **-2.** [over-decorated] tarabiscoté(e).

futile ['fjuːtaɪl] *adj* vain(e).

futon ['fuːtɒn] *n* futon *m.*

future ['fjuːtʃəʳ] ◇ *n* **-1.** [gen] avenir *m*; **in ~** à l'avenir; **in the ~** dans le futur, à l'avenir. **-2.** GRAMM: **~ (tense)** futur *m.* ◇ *adj* futur(e).

fuze *Am* = **fuse.**

fuzzy ['fʌzɪ] *adj* **-1.** [hair] crépu(e). **-2.** [photo, image] flou(e). **-3.** [thoughts, mind] confus(e).

G

g¹ (*pl* **g's** OR **gs**), **G** (*pl* **G's** OR **Gs**) [dʒiː] *n* [letter] g *m inv*, G *m inv.*
◆ **G** ◇ *n* MUS sol *m.* ◇ (*abbr of* **good**) B.

g² (*abbr of* **gram**) g.

gab [gæb] → **gift.**

gabble ['gæbl] ◇ *vt & vi* baragouiner. ◇ *n* charabia *m.*

gable ['geɪbl] *n* pignon *m.*

gadget ['gædʒɪt] *n* gadget *m.*

Gaelic ['geɪlɪk] ◇ *adj* gaélique. ◇ *n* gaélique *m.*

gag [gæg] ◇ *n* **-1.** [for mouth] bâillon *m.* **-2.** *inf* [joke] blague *f*, gag *m.* ◇ *vt* [put gag on] bâillonner.

gage *Am* = **gauge.**

gaiety ['geɪətɪ] *n* gaieté *f.*

gaily ['geɪlɪ] *adv* **-1.** [cheerfully] gaiement. **-2.** [thoughtlessly] allègrement.

gain [geɪn] ◇ *n* **-1.** [gen] profit *m.* **-2.** [improvement] augmentation *f.* ◇ *vt* **-1.** [acquire] gagner. **-2.** [increase in - speed, weight] prendre; [- confidence] gagner en. ◇ *vi* **-1.** [advance]: **to ~ in sthg** gagner en qqch. **-2.** [benefit]: **to ~ from** OR **by sthg** tirer un avantage de qqch. **-3.** [watch, clock] avancer.
◆ **gain on** *vt fus* rattraper.

gait [geɪt] *n* démarche *f.*

gal. *abbr of* **gallon.**

gala ['gɑːlə] *n* [celebration] gala *m.*

galaxy ['gæləksɪ] *n* galaxie *f.*

gale [geɪl] *n* [wind] grand vent *m.*

gall [gɔːl] *n* [nerve]: **to have the ~ to do sthg** avoir le toupet de faire qqch.

gallant [*sense 1* 'gælənt, *sense 2* gə'lænt, 'gælənt] *adj* **-1.** [courageous] courageux(euse). **-2.** [polite to women] galant.

gall bladder *n* vésicule *f* biliaire.

gallery ['gælərɪ] *n* **-1.** [gen] galerie *f.* **-2.** [for displaying art] musée *m.* **-3.** [in theatre] paradis *m.*

galley ['gælɪ] (*pl* **galleys**) *n* **-1.** [ship] galère *f.* **-2.** [kitchen] coquerie *f.*

Gallic ['gælɪk] *adj* français(e).

galling ['gɔːlɪŋ] *adj* humiliant(e).

gallivant [,gælɪ'vænt] *vi inf* mener une vie de patachon.

gallon ['gælən] *n* = 4,546 *litres*, gallon *m.*

gallop ['gæləp] ◇ *n* galop *m.* ◇ *vi* galoper.

gallows ['gæləʊz] (*pl inv*) *n* gibet *m.*

gallstone ['gɔːlstəʊn] *n* calcul *m* biliaire.

galore [gə'lɔːr] *adj* en abondance.

galvanize, -ise ['gælvənaɪz] *vt* **-1.** TECH galvaniser. **-2.** [impel]: **to ~ sb into action** pousser qqn à agir.

gambit ['gæmbɪt] *n* entrée *f* en matière.

gamble ['gæmbl] ◇ *n* [calculated risk] risque *m.* ◇ *vi* **-1.** [bet] jouer; **to ~ on** jouer de l'argent sur. **-2.** [take risk]: **to ~ on** miser sur.

gambler ['gæmblər] *n* joueur *m*, -euse *f.*

gambling ['gæmblɪŋ] *n* (*U*) jeu *m.*

game [geɪm] ◇ *n* **-1.** [gen] jeu *m.* **-2.** [match] match *m.* **-3.** (*U*) [hunted animals] gibier *m.* ◇ *adj* **-1.** [brave] courageux(euse). **-2.** [willing]: **~ (for sthg/to do sthg)** partant(e) (pour qqch/pour faire qqch).

◆ **games** ◇ *n* SCH éducation *f* physique. ◇ *npl* [sporting contest] jeux *mpl.*

gamekeeper ['geɪm,kiːpər] *n* gardechasse *m.*

game reserve *n* réserve *f* (de chasse).

gammon ['gæmən] *n* jambon *m* fumé.

gamut ['gæmət] *n* gamme *f.*

gang [gæŋ] *n* **-1.** [of criminals] gang *m.* **-2.** [of young people] bande *f.*

◆ **gang up** *vi inf*: **to ~ up (on)** se liguer (contre).

gangland ['gæŋlænd] *n* (*U*) milieu *m.*

gangrene ['gæŋgriːn] *n* gangrène *f.*

gangster ['gæŋstər] *n* gangster *m.*

gangway ['gæŋweɪ] *n* **-1.** *Br* [aisle] allée *f.* **-2.** [gangplank] passerelle *f.*

gantry ['gæntrɪ] *n* portique *m.*

gaol [dʒeɪl] *Br* = **jail.**

gap [gæp] *n* **-1.** [empty space] trou *m*; [in text] blanc *m*; *fig* [in knowledge, report] lacune *f.* **-2.** [interval of time] période *f.* **-3.** *fig* [great difference] fossé *m.*

gape [geɪp] *vi* **-1.** [person] rester bouche bée. **-2.** [hole, shirt] bâiller.

gaping ['geɪpɪŋ] *adj* **-1.** [openmouthed] bouche bée (*inv*). **-2.** [wide-open] béant(e); [shirt] grand ouvert (grande ouverte).

garage [*Br* 'gærɑːʒ, 'gærɪdʒ, *Am* gə'rɑːʒ] *n* **-1.** [gen] garage *m.* **-2.** *Br* [for fuel] station-service *f.*

garbage ['gɑːbɪdʒ] *n* (*U*) **-1.** [refuse] détritus *mpl.* **-2.** *inf* [nonsense] idioties *fpl.*

garbage can *n Am* poubelle *f.*

garbage truck *n Am* camionpoubelle *m.*

garbled ['gɑːbld] *adj* confus(e).

garden ['gɑːdn] ◇ *n* jardin *m.* ◇ *vi* jardiner.

garden centre *n* jardinerie *f*, garden centre *m.*

gardener ['gɑːdnər] *n* [professional] jardinier *m*, -ière *f*; [amateur] personne *f* qui aime jardiner, amateur *m* de jardinage.

gardening ['gɑːdnɪŋ] *n* jardinage *m.*

gargle ['gɑːgl] *vi* se gargariser.

gargoyle ['gɑːgɔɪl] *n* gargouille *f.*

garish ['geərɪʃ] *adj* criard(e).

garland ['gɑːlənd] *n* guirlande *f* de fleurs.

garlic ['gɑːlɪk] *n* ail *m.*

garlic bread *n* pain *m* à l'ail.

garment ['gɑːmənt] *n* vêtement *m.*

garnish ['gɑːnɪʃ] ◇ *n* garniture *f.* ◇ *vt* garnir.

garrison ['gærɪsn] *n* [soldiers] garnison *f.*

garrulous ['gærələs] *adj* volubile.

garter ['gɑːtər] *n* **-1.** [for socks] support-chaussette *m*; [for stockings] jarretière f. -2. Am [suspender] **jarretelle** f.

gas [gæs] (pl -es OR -ses) ◇ n -1. [gen] gaz m inv. -2. Am [for vehicle] essence f. ◇ vt gazer.

gas cooker n Br cuisinière f à gaz.

gas cylinder n bouteille f de gaz.

gas fire n Br appareil m de chauffage à gaz.

gas gauge n Am jauge f d'essence.

gash [gæʃ] ◇ n entaille f. ◇ vt entailler.

gasket ['gæskɪt] n joint m d'étanchéité.

gasman ['gæsmæn] (pl -men [-men]) n [who reads meter] employé m du gaz; [for repairs] installateur m de gaz.

gas mask n masque m à gaz.

gas meter n compteur m à gaz.

gasoline ['gæsəliːn] n Am essence f.

gasp [gɑːsp] ◇ n halètement m. ◇ vi -1. [breathe quickly] haleter. -2. [in shock, surprise] avoir le souffle coupé.

gas pedal n Am accélérateur m.

gas station n Am station-service f.

gas stove = gas cooker.

gas tank n Am réservoir m.

gas tap n [for mains supply] robinet m de gaz; [on gas fire] prise f de gaz.

gastroenteritis ['gæstrəʊˌentə'raɪtɪs] n gastro-entérite f.

gastronomy [gæs'trɒnəmɪ] n gastronomie f.

gasworks ['gæswɜːks] (pl inv) n usine f à gaz.

gate [geɪt] n [of garden, farm] barrière f; [of town, at airport] porte f; [of park] grille f.

gatecrash ['geɪtkræʃ] inf vt & vi prendre part à une réunion, une réception sans y avoir été convié.

gateway ['geɪtweɪ] n -1. [entrance] entrée f. -2. [means of access]: ~ **to** porte f de; fig clé f de.

gather ['gæðə[r]] ◇ vt -1. [collect] ramasser; [flowers] cueillir; [information] recueillir; [courage, strength] rassembler; to ~ **together** rassembler. -2. [increase - speed, force] prendre. -3. [understand]: to ~ **(that)** ... croire

comprendre que .... -4. [cloth - into folds] plisser. ◇ vi [come together] se rassembler; [clouds] s'amonceler.

gathering ['gæðərɪŋ] n [meeting] rassemblement m.

gaudy ['gɔːdɪ] adj voyant(e).

gauge, gage Am [geɪdʒ] ◇ n -1. [for rain] pluviomètre m; [for fuel] jauge f (d'essence); [for tyre pressure] manomètre m. -2. [of gun, wire] calibre m. -3. RAIL écartement m. ◇ vt -1. [measure] mesurer. -2. [evaluate] jauger.

Gaul [gɔːl] n -1. [country] Gaule f. -2. [person] Gaulois m, -e f.

gaunt [gɔːnt] adj -1. [thin] hâve. -2. [bare, grim] désolé(e).

gauntlet ['gɔːntlɪt] n gant m (de protection); to run the ~ of sthg endurer qqch.

gauze [gɔːz] n gaze f.

gave [geɪv] pt → give.

gawky ['gɔːkɪ] adj [person] dégingandé(e); [movement] désordonné(e).

gawp [gɔːp] vi: to ~ **(at)** rester bouche bée (devant).

gay [geɪ] ◇ adj -1. [gen] gai(e). -2. [homosexual] homo (inv), gay (inv). ◇ n homo mf, gay mf.

gaze [geɪz] ◇ n regard m (fixe). ◇ vi: to ~ **at** sb/sthg regarder qqn/qqch (fixement).

gazelle [gə'zel] (pl inv OR -s) n gazelle f.

gazetteer [ˌgæzɪ'tɪə[r]] n index m géographique.

gazump [gə'zʌmp] vt Br inf: to be ~ed être victime d'une suroffre.

GB (abbr of Great Britain) n G-B f.

GCE (abbr of General Certificate of Education) n certificat de fin d'études secondaires en Grande-Bretagne.

GCSE (abbr of General Certificate of Secondary Education) n examen de fin d'études secondaires en Grande-Bretagne.

GDP (abbr of gross domestic product) n PIB m.

gear [gɪə[r]] ◇ n -1. TECH [mechanism] embrayage m. -2. [speed - of car, bicycle] vitesse f; to be in/out of ~ être

en prise/au point mort. **-3.** (U) [equipment, clothes] équipement m. ◇ vt: **to ~ sthg to sb/sthg** destiner qqch à qqn/qqch.
♦ **gear up** vi: **to ~ up for sthg/to do sthg** se préparer pour qqch/à faire qqch.

gearbox ['gɪəbɒks] n boîte f de vitesses.

gear lever, gear stick Br, **gear shift** Am n levier m de changement de vitesse.

gear wheel n pignon m, roue f d'engrenage.

geese [giːs] pl → goose.

gel [dʒel] ◇ n [for hair] gel m. ◇ vi **-1.** [thicken] prendre. **-2.** fig [take shape] prendre tournure.

gelatin ['dʒelətɪn], **gelatine** [,dʒelə'tiːn] n gélatine f.

gelignite ['dʒelɪgnaɪt] n gélignite f.

gem [dʒem] n **-1.** [jewel] pierre f précieuse, gemme f. **-2.** fig [person, thing] perle f.

Gemini ['dʒemɪnaɪ] n Gémeaux mpl.

gender ['dʒendər] n **-1.** [sex] sexe m. **-2.** GRAMM genre m.

gene [dʒiːn] n gène m.

general ['dʒenərəl] ◇ adj général(e). ◇ n général m.
♦ **in general** adv en général.

general anaesthetic n anesthésie f générale.

general delivery n Am poste f restante.

general election n élection f générale.

generalization [,dʒenərəlaɪ'zeɪʃn] n généralisation f.

general knowledge n culture f générale.

generally ['dʒenərəlɪ] adv **-1.** [usually, in most cases] généralement. **-2.** [unspecifically] en général; [describe] en gros.

general practitioner n (médecin m) généraliste m.

general public n: **the ~** le grand public.

general strike n grève f générale.

generate ['dʒenəreɪt] vt [energy, jobs] générer; [electricity, heat] produire; [interest, excitement] susciter.

generation [,dʒenə'reɪʃn] n **-1.** [gen] génération f. **-2.** [creation - of jobs] création f; [- of interest, excitement] induction f; [- of electricity] production f.

generator ['dʒenəreɪtər] n générateur m; ELEC génératrice f, générateur m.

generosity [,dʒenə'rɒsətɪ] n générosité f.

generous ['dʒenərəs] adj généreux(euse).

genetic [dʒɪ'netɪk] adj génétique.
♦ **genetics** n (U) génétique f.

Geneva [dʒɪ'niːvə] n Genève.

genial ['dʒiːnjəl] adj affable.

genitals ['dʒenɪtlz] npl organes mpl génitaux.

genius ['dʒiːnjəs] (pl **-es**) n génie m.

gent [dʒent] n Br inf gentleman m.
♦ **gents** n Br [toilets] toilettes fpl pour hommes; [sign on door] messieurs.

genteel [dʒen'tiːl] adj raffiné(e).

gentle ['dʒentl] adj doux (douce); [hint] discret(ète); [telling-off] léger(ère).

gentleman ['dʒentlmən] (pl **-men** [-mən]) n **-1.** [well-behaved man] gentleman m. **-2.** [man] monsieur m.

gently ['dʒentlɪ] adv [gen] doucement; [speak, smile] avec douceur.

gentry ['dʒentrɪ] n petite noblesse f.

genuine ['dʒenjuɪn] adj authentique; [interest, customer] sérieux(euse); [person, concern] sincère.

geography [dʒɪ'ɒgrəfɪ] n géographie f.

geology [dʒɪ'ɒlədʒɪ] n géologie f.

geometric(al) [,dʒɪə'metrɪk(l)] adj géométrique.

geometry [dʒɪ'ɒmətrɪ] n géométrie f.

geranium [dʒɪ'reɪnjəm] (pl **-s**) n géranium m.

gerbil ['dʒɜːbɪl] n gerbille f.

geriatric [,dʒerɪ'ætrɪk] adj **-1.** MED gériatrique. **-2.** pej [person] décrépit(e); [object] vétuste.

germ [dʒɜːm] n **-1.** [bacterium] germe m. **-2.** fig [of idea, plan] embryon m.

German ['dʒɜːmən] ◇ *adj* allemand(e). ◇ *n* -**1.** [person] Allemand *m*, -e *f*. -**2.** [language] allemand *m*.

German measles *n* (U) rubéole *f*.

Germany ['dʒɜːmənɪ] *n* Allemagne *f*.

germinate ['dʒɜːmɪneɪt] *vi lit* & *fig* germer.

gerund ['dʒerənd] *n* gérondif *m*.

gesticulate [dʒes'tɪkjʊleɪt] *vi* gesticuler.

gesture ['dʒestʃər] ◇ *n* geste *m*. ◇ *vi*: to ~ to OR towards sb faire signe à qqn.

get [get] (*Br pt* & *pp* got, *Am pt* got, *pp* gotten) ◇ *vt* -**1.** [cause to do]: to ~ sb to do sthg faire faire qqch à qqn; I'll ~ my sister to help je vais demander à ma sœur de nous aider. -**2.** [cause to be done]: to ~ sthg done faire faire qqch; I got the car fixed j'ai fait réparer la voiture. -**3.** [cause to become]: to ~ sb pregnant rendre qqn enceinte; I can't ~ the car started je n'arrive pas à mettre la voiture en marche. -**4.** [cause to move]: to ~ sb/sthg through sthg faire passer qqn/qqch par qqch; to ~ sb/sthg out of sthg faire sortir qqn/qqch de qqch. -**5.** [bring, fetch] aller chercher; can I ~ you something to eat/drink? est-ce que je peux vous offrir quelque chose à manger/boire? -**6.** [obtain - gen] obtenir; [- job, house] trouver. -**7.** [receive] recevoir, avoir; what did you ~ for your birthday? qu'est-ce que tu as eu pour ton anniversaire?; she ~s a good salary elle touche un bon traitement. -**8.** [experience a sensation] avoir; do you ~ the feeling he doesn't like us? tu n'as pas l'impression qu'il ne nous aime pas? -**9.** [be infected with, suffer from] avoir, attraper; to ~ a cold attraper un rhume. -**10.** [understand] comprendre, saisir; I don't ~ it *inf* je ne comprends pas, je ne saisis pas. -**11.** [catch - bus, train, plane] prendre. -**12.** [capture] prendre, attraper. -**13.** [find]: you ~ a lot of artists here on trouve OR il y a beaucoup d'artistes

ici; *see also* have. ◇ *vi* -**1.** [become] devenir; to ~ suspicious devenir méfiant; I'm getting cold/bored je commence à avoir froid/à m'ennuyer; it's getting late il se fait tard. -**2.** [arrive] arriver; I only got back yesterday je suis rentré hier seulement. -**3.** [eventually succeed in]: to ~ to do sthg parvenir à OR finir par faire qqch; did you ~ to see him? est-ce que tu as réussi à le voir? -**4.** [progress]: how far have you got? où en es-tu?; now we're getting somewhere enfin on avance; we're getting nowhere on n'arrive à rien. ◇ *aux vb*: to ~ excited s'exciter; to ~ hurt se faire mal; to ~ beaten up se faire tabasser; let's ~ going OR moving allons-y; *see also* have.

◆ **get about, get around** *vi* -**1.** [move from place to place] se déplacer. -**2.** [circulate - news, rumour] circuler, se répandre; *see also* get around.

◆ **get along** *vi* -**1.** [manage] se débrouiller. -**2.** [progress] avancer, faire des progrès. -**3.** [have a good relationship] s'entendre.

◆ **get around, get round** ◇ *vt fus* [overcome] venir à bout de, surmonter. ◇ *vi* -**1.** [circulate] circuler, se répandre. -**2.** [eventually do]: to ~ around to (doing) sthg trouver le temps de faire qqch; *see also* get about.

◆ **get at** *vt fus* -**1.** [reach] parvenir à. -**2.** [imply] vouloir dire; what are you getting at? où veux-tu en venir? -**3.** *inf* [criticize] critiquer, dénigrer.

◆ **get away** *vi* -**1.** [leave] partir, s'en aller. -**2.** [go on holiday] partir en vacances. -**3.** [escape] s'échapper, s'évader.

◆ **get away with** *vt fus*: to let sb ~ away with sthg passer qqch à qqn.

◆ **get back** ◇ *vt sep* [recover, regain] retrouver, récupérer. ◇ *vi* [move away] s'écarter.

◆ **get back to** *vt fus* -**1.** [return to previous state, activity] revenir à; to ~ back to sleep se rendormir; to ~ back to work [after pause] se remettre au travail; [after illness] reprendre son travail. **-2.** *inf* [phone back] rappeler; **I'll ~ back to you on that** je te reparlerai de ça plus tard.

◆ **get by** *vi* se débrouiller, s'en sortir.

◆ **get down** *vt sep* **-1.** [depress] déprimer. **-2.** [fetch from higher level] descendre.

◆ **get down to** *vt fus:* **to ~ down to doing sthg** se mettre à faire qqch.

◆ **get in** *vi* **-1.** [enter - gen] entrer; [- referring to vehicle] monter. **-2.** [arrive] arriver; [arrive home] rentrer.

◆ **get into** *vt fus* **-1.** [car] monter dans. **-2.** [become involved in] se lancer dans; **to ~ into an argument with sb** se disputer avec qqn. **-3.** [enter into a particular situation, state]: **to ~ into a panic** s'affoler; **to ~ into trouble** s'attirer des ennuis; **to ~ into the habit of doing sthg** prendre l'habitude de faire qqch.

◆ **get off** ◇ *vt sep* [remove] enlever. ◇ *vt fus* **-1.** [go away from] partir de. **-2.** [train, bus etc] descendre de. ◇ *vi* **-1.** [leave bus, train] descendre. **-2.** [escape punishment] s'en tirer. **-3.** [depart] partir.

◆ **get on** ◇ *vt fus* **-1.** [bus, train, plane] monter dans. **-2.** [horse] monter sur. ◇ *vi* **-1.** [enter bus, train] monter. **-2.** [have good relationship] s'entendre, s'accorder. **-3.** [progress] avancer, progresser; **how are you getting on?** comment ça va? **-4.** [proceed]: **to ~ on (with sthg)** continuer (qqch), poursuivre (qqch). **-5.** [be successful professionally] réussir.

◆ **get out** ◇ *vt sep* **-1.** [take out] sortir. **-2.** [remove] enlever. ◇ *vi* **-1.** [from car, bus, train] descendre. **-2.** [news] s'ébruiter.

◆ **get out of** *vt fus* **-1.** [car etc] descendre de. **-2.** [escape from] s'évader de, s'échapper de. **-3.** [avoid] éviter, se dérober à; **to ~ out of doing sthg** se dispenser de faire qqch.

◆ **get over** *vt fus* **-1.** [recover from] se remettre de. **-2.** [overcome] surmonter, venir à bout de. **-3.** [communicate] communiquer.

◆ **get round** = get around.

◆ **get through** ◇ *vt fus* **-1.** [job, task] arriver au bout de. **-2.** [exam] réussir à. **-3.** [food, drink] consommer. **-4.** [unpleasant situation] endurer, supporter. ◇ *vi* **-1.** [make o.s. understood]: **to ~ through (to sb)** se faire comprendre (de qqn). **-2.** TELEC obtenir la communication.

◆ **get to** *vt fus inf* [annoy] taper sur les nerfs à.

◆ **get together** ◇ *vt sep* [organize - team, belongings] rassembler; [- project, report] préparer. ◇ *vi* se réunir.

◆ **get up** ◇ *vi* se lever. ◇ *vt fus* [petition, demonstration] organiser.

◆ **get up to** *vt fus inf* faire.

getaway ['getəweɪ] *n* fuite *f*.

get-together *n inf* réunion *f*.

geyser ['giːzə'] *n* **-1.** [hot spring] geyser *m*. **-2.** *Br* [water heater] chauffe-eau *m inv*.

Ghana ['gɑːnə] *n* Ghana *m*.

ghastly ['gɑːstlɪ] *adj* **-1.** *inf* [very bad, unpleasant] épouvantable. **-2.** [horrifying, macabre] effroyable.

gherkin ['gɜːkɪn] *n* cornichon *m*.

ghetto ['getəʊ] (*pl* **-s** OR **-es**) *n* ghetto *m*.

ghetto blaster [-,blɑːstə'] *n inf* grand radiocassette *m* portatif.

ghost [gəʊst] *n* [spirit] spectre *m*.

giant ['dʒaɪənt] ◇ *adj* géant(e). ◇ *n* géant *m*.

gibberish ['dʒɪbərɪʃ] *n* (U) charabia *m*, inepties *fpl*.

gibe [dʒaɪb] *n* insulte *f*.

giblets ['dʒɪblɪts] *npl* abats *mpl*.

Gibraltar [dʒɪ'brɔːltə'] *n* Gibraltar *m*.

giddy ['gɪdɪ] *adj* [dizzy]: **to feel ~** avoir la tête qui tourne.

gift [gɪft] *n* **-1.** [present] cadeau *m*. **-2.** [talent] don *m*; **to have a ~ for sthg/for doing sthg** avoir un don pour qqch/pour faire qqch; **the ~ of the gab** le bagou.

gift certificate *Am* = gift token.

gifted ['gɪftɪd] *adj* doué(e).

gift token, **gift voucher** *n Br* chèque-cadeau *m*.

gig [gɪg] *n inf* [concert] concert *m*.

gigabyte ['gaɪgəbaɪt] *n* COMPUT giga-octet *m*.

gigantic [dʒaɪ'gæntɪk] *adj* énorme, gigantesque.

giggle ['gɪgl] ◇ *n* **-1.** [laugh] gloussement *m*. **-2.** *Br inf* [fun]: **to be a ~** être marrant(e) OR tordant(e); **to have a ~** bien s'amuser. ◇ *vi* [laugh] glousser.

gilded ['gɪldɪd] *adj* = **gilt**.

gill [dʒɪl] *n* [unit of measurement] = 0,142 litre, quart *m* de pinte.

gills [gɪlz] *npl* [of fish] branchies *fpl*.

gilt [gɪlt] ◇ *adj* [covered in gold] doré(e). ◇ *n* (U) [gold layer] dorure *f*.

gimmick ['gɪmɪk] *n pej* artifice *m*.

gin [dʒɪn] *n* gin *m*; **~ and tonic** gin tonic.

ginger ['dʒɪndʒər] ◇ *n* **-1.** [root] gingembre *m*. **-2.** [powder] gingembre *m* en poudre. ◇ *adj Br* [colour] roux (rousse).

ginger ale *n* boisson gazeuse au gingembre.

ginger beer *n* boisson non-alcoolisée au gingembre.

gingerbread ['dʒɪndʒəbred] *n* pain *m* d'épice.

ginger-haired [-'heəd] *adj* roux (rousse).

gingerly ['dʒɪndʒəlɪ] *adv* avec précaution.

gipsy ['dʒɪpsɪ] ◇ *adj* gitan(e). ◇ *n* gitan *m*, -e *f*; *Br pej* bohémien *m*, -ienne *f*.

giraffe [dʒɪ'rɑːf] (*pl inv* OR **-s**) *n* girafe *f*.

girder ['gɜːdər] *n* poutrelle *f*.

girdle ['gɜːdl] *n* [corset] gaine *f*.

girl [gɜːl] *n* **-1.** [gen] fille *f*. **-2.** [girlfriend] petite amie *f*.

girlfriend ['gɜːlfrend] *n* **-1.** [female lover] petite amie *f*. **-2.** [female friend] amie *f*.

girl guide *Br*, **girl scout** *Am* *n* éclaireuse *f*, guide *f*.

giro ['dʒaɪrəʊ] (*pl* **-s**) *n Br* **-1.** (U) [system] virement *m* postal. **-2.** ~

(cheque) chèque *m* d'indemnisation *f* (chômage OR maladie).

girth [gɜːθ] *n* **-1.** [circumference - of tree] circonférence *f*; [- of person] tour *m* de taille. **-2.** [of horse] sangle *f*.

gist [dʒɪst] *n* substance *f*; **to get the ~ of sthg** comprendre OR saisir l'essentiel de qqch.

give [gɪv] (*pt* gave, *pp* given) ◇ *vt* **-1.** [gen] donner; [message] transmettre; [attention, time] consacrer; **to ~ sb/sthg sthg** donner qqch à qqn/qqch; **to ~ sb pleasure/a fright/a smile** faire plaisir/ peur/un sourire à qqn; **to ~ a sigh** pousser un soupir; **to ~ a speech** faire un discours. **-2.** [as present]: **to ~ sb sthg, to ~ sthg to sb** donner qqch à qqn, offrir qqch à qqn. ◇ *vi* [collapse, break] céder, s'affaisser. ◇ *n* [elasticity] élasticité *f*, souplesse *f*.

◆ **give or take** *prep*: **~ or take a day/£10** à un jour/10 livres près.

◆ **give away** *vt sep* **-1.** [get rid of] donner. **-2.** [reveal] révéler.

◆ **give back** *vt sep* [return] rendre.

◆ **give in** *vi* **-1.** [admit defeat] abandonner, se rendre. **-2.** [agree unwillingly]: **to ~ in to sthg** céder à qqch.

◆ **give off** *vt fus* [smell] exhaler; [smoke] faire; [heat] produire.

◆ **give out** ◇ *vt sep* [distribute] distribuer. ◇ *vi* [supplies] s'épuiser; [car] lâcher.

◆ **give up** ◇ *vt sep* **-1.** [stop] renoncer à; **to ~ up drinking/smoking** arrêter de boire/de fumer. **-2.** [surrender]: **to ~ o.s. up (to sb)** se rendre (à qqn). ◇ *vi* abandonner, se rendre.

given ['gɪvn] ◇ *adj* **-1.** [set, fixed] convenu(e), fixé(e). **-2.** [prone]: **to be ~ to sthg/to doing sthg** être enclin(e) à qqch/à faire qqch. ◇ *prep* étant donné; **~ that** étant donné que.

given name *n Am* prénom *m*.

glacier ['glæsjər] *n* glacier *m*.

glad [glæd] *adj* **-1.** [happy, pleased] content(e); **to be ~ about sthg** être content de qqch. **-2.** [willing]: **to be ~ to do sthg** faire qqch volontiers OR avec plaisir. **-3.** [grateful]: **to be ~ of sthg** être content(e) de qqch.

gladly ['glædlɪ] *adv* **-1.** [happily, eagerly] avec joie. **-2.** [willingly] avec plaisir.

glamor *Am* = **glamour**.

glamorous ['glæmərəs] *adj* [person] séduisant(e); [appearance] élégant(e); [job, place] prestigieux(ieuse).

glamour *Br*, **glamor** *Am* ['glæmə'] *n* [of person] charme *m*; [of appearance] élégance *f*, chic *m*; [of job, place] prestige *m*.

glance [glɑːns] ◇ *n* [quick look] regard *m*, coup d'œil *m*; **at a ~** d'un coup d'œil; **at first ~** au premier coup d'œil. ◇ *vi* [look quickly]: **to ~ at sb/sthg** jeter un coup d'œil à qqn/qqch.
◆ **glance off** *vt fus* [subj: ball, bullet] ricocher sur.

glancing ['glɑːnsɪŋ] *adj* de côté, oblique.

gland [glænd] *n* glande *f*.

glandular fever [ˌglændjʊlə'-] *n* mononucléose *f* infectieuse.

glare [gleə'] ◇ *n* **-1.** [scowl] regard *m* mauvais. **-2.** (*U*) [of headlights, publicity] lumière *f* aveuglante. ◇ *vi* **-1.** [scowl]: **to ~ at sb/sthg** regarder qqn/qqch d'un œil mauvais. **-2.** [sun, lamp] briller d'une lumière éblouissante.

glaring ['gleərɪŋ] *adj* **-1.** [very obvious] flagrant(e). **-2.** [blazing, dazzling] aveuglant(e).

glasnost ['glæznɒst] *n* glasnost *f*, transparence *f*.

glass [glɑːs] ◇ *n* **-1.** [gen] verre *m*. **-2.** (*U*) [glassware] verrerie *f*. ◇ *comp* [bottle, jar] en OR de verre; [door, partition] vitré(e).
◆ **glasses** *npl* [spectacles] lunettes *fpl*.

glassware ['glɑːsweə'] *n* (*U*) verrerie *f*.

glassy ['glɑːsɪ] *adj* **-1.** [smooth, shiny] lisse comme un miroir. **-2.** [blank, lifeless] vitreux(euse).

glaze [gleɪz] ◇ *n* [on pottery] vernis *m*; [on pastry, flan] glaçage *m*. ◇ *vt*

[pottery, tiles, bricks] vernisser; [pastry, flan] glacer.

glazier ['gleɪzjə'] *n* vitrier *m*.

gleam [gliːm] ◇ *n* [of gold] reflet *m*; [of fire, sunset, disapproval] lueur *f*. ◇ *vi* **-1.** [surface, object] luire. **-2.** [light, eyes] briller.

gleaming ['gliːmɪŋ] *adj* brillant(e).

glean [gliːn] *vt* [gather] glaner.

glee [gliː] *n* (*U*) [joy] joie *f*, jubilation *f*.

glen [glen] *n* *Scot* vallée *f*.

glib [glɪb] *adj pej* [salesman, politician] qui a du bagout; [promise, excuse] facile.

glide [glaɪd] *vi* **-1.** [move smoothly - dancer, boat] glisser sans effort; [- person] se mouvoir sans effort. **-2.** [fly] planer.

glider ['glaɪdə'] *n* [plane] planeur *m*.

gliding ['glaɪdɪŋ] *n* [sport] vol *m* à voile.

glimmer ['glɪmə'] *n* [faint light] faible lueur *f*; *fig* signe *m*, lueur.

glimpse [glɪmps] ◇ *n* **-1.** [look, sight] aperçu *m*. **-2.** [idea, perception] idée *f*. ◇ *vt* **-1.** [catch sight of] apercevoir, entrevoir. **-2.** [perceive] pressentir.

glint [glɪnt] ◇ *n* **-1.** [flash] reflet *m*. **-2.** [in eyes] éclair *m*. ◇ *vi* étinceler.

glisten ['glɪsn] *vi* briller.

glitter ['glɪtə'] ◇ *n* (*U*) scintillement *m*. ◇ *vi* **-1.** [object, light] scintiller. **-2.** [eyes] briller.

gloat [gləʊt] *vi*: **to ~ (over sthg)** se réjouir (de qqch).

global ['gləʊbl] *adj* [worldwide] mondial(e).

global warming [-'wɔːmɪŋ] *n* réchauffement *m* de la planète.

globe [gləʊb] *n* **-1.** [Earth]: **the ~** la terre. **-2.** [spherical map] globe *m* terrestre. **-3.** [spherical object] globe *m*.

gloom [gluːm] *n* (*U*) **-1.** [darkness] obscurité *f*. **-2.** [unhappiness] tristesse *f*.

gloomy ['gluːmɪ] *adj* **-1.** [room, sky, prospects] sombre. **-2.** [person, atmosphere, mood] triste, lugubre.

glorious ['glɔ:rɪəs] *adj* **-1.** [beautiful, splendid] splendide. **-2.** [very enjoyable] formidable. **-3.** [successful, impressive] magnifique.

glory ['glɔ:rɪ] *n* **-1.** (U) [fame, admiration] gloire *f*. **-2.** (U) [beauty] splendeur *f*.

◆ **glory in** *vt fus* [relish] savourer.

gloss [glɒs] *n* **-1.** (U) [shine] brillant *m*, lustre *m*. **-2.** ~ (paint) peinture *f* brillante.

◆ **gloss over** *vt fus* passer sur.

glossary ['glɒsərɪ] *n* glossaire *m*.

glossy ['glɒsɪ] *adj* **-1.** [hair, surface] brillant(e). **-2.** [book, photo] sur papier glacé.

glove [glʌv] *n* gant *m*.

glove compartment *n* boîte *f* à gants.

glow [gləʊ] ◇ *n* (U) [of fire, light, sunset] lueur *f*. ◇ *vi* **-1.** [shine out - fire] rougeoyer; [light, stars, eyes] flamboyer. **-2.** [shine in light] briller.

glower ['glaʊər] *vi*: to ~ (at) lancer des regards noirs (à).

glucose ['glu:kəʊs] *n* glucose *m*.

glue [glu:] (*cont* glueing OR gluing) ◇ *n* (U) colle *f*. ◇ *vt* [stick with glue] coller; to ~ sthg to sthg coller qqch à OR avec qqch.

glum [glʌm] *adj* [unhappy] morne.

glut [glʌt] *n* surplus *m*.

glutton ['glʌtn] *n* [greedy person] glouton *m*, -onne *f*; to be a ~ for punishment être maso, être masochiste.

gnarled [nɑ:ld] *adj* [tree, hands] noueux(euse).

gnash [næʃ] *vt*: to ~ one's teeth grincer des dents.

gnat [næt] *n* moucheron *m*.

gnaw [nɔ:] ◇ *vt* [chew] ronger. ◇ *vi* [worry]: to ~ (away) at sb ronger qqn.

gnome [nəʊm] *n* gnome *m*, lutin *m*.

GNP (*abbr of* gross national product) *n* PNB *m*.

go [gəʊ] (*pt* went, *pp* gone, *pl* goes) ◇ *vi* **-1.** [move, travel] aller; where are you ~ing? où vas-tu?; he's gone to Portugal il est allé au Portugal; we

went by bus/train nous sommes allés en bus/par le train; where does this path ~? où mène ce chemin?; to ~ and do sthg aller faire qqch; to ~ swimming/shopping/jogging aller nager/faire les courses/faire du jogging; to ~ for a walk aller se promener, faire une promenade; to ~ work aller travailler OR à son travail. **-2.** [depart] partir, s'en aller; I must ~, I have to ~ il faut que je m'en aille; what time does the bus ~? à quelle heure part le bus?; let's ~! allons-y! **-3.** [become] devenir; to ~ grey grisonner, devenir gris; to ~ mad devenir fou. **-4.** [pass - time] passer. **-5.** [progress] marcher, se dérouler; the conference went very smoothly la conférence s'est déroulée sans problème OR s'est très bien passée; to ~ well/badly aller bien/mal; how's it ~ing? *inf* comment ça va? **-6.** [function, work] marcher; the car won't ~ la voiture ne veut pas démarrer. **-7.** [indicating intention, expectation]: to be ~ing to do sthg aller faire qqch; he said he was ~ing to be late il a prévenu qu'il allait arriver en retard; we're ~ing (to ~) to America in June on va (aller) en Amérique en juin; she's ~ing to have a baby elle attend un bébé. **-8.** [bell, alarm] sonner. **-9.** [stop working, break - light bulb, fuse] sauter. **-10.** [deteriorate - hearing, sight etc] baisser. **-11.** [match, be compatible]: to ~ (with) aller (avec); those colours don't really ~ ces couleurs ne vont pas bien ensemble. **-12.** [fit] aller. **-13.** [belong] aller, se mettre; the plates ~ in the cupboard les assiettes vont OR se mettent dans le placard. **-14.** [in division]: three into two won't ~ deux divisé par trois n'y va pas. **-15.** *inf* [expressing irritation, surprise]: now what's he gone and done? qu'est-ce qu'il a fait encore? ◇ *n* **-1.** [turn] tour *m*; it's my ~ c'est à moi (de jouer). **-2.** *inf* [attempt]: to have a ~ (at sthg) essayer (de faire qqch). **-3.** *phr*: to have a ~ at sb *inf* s'en prendre à qqn, engueuler qqn; to be on the ~ *inf* être sur la brèche.

◆**to go** *adv* [remaining]: **there are only three days to ~** il ne reste que trois jours.

◆**go about** ◇ *vt fus* [perform]: **to ~ about one's business** vaquer à ses occupations. ◇ *vi* = **go around**.

◆**go ahead** *vi* **-1.** [proceed]: **to ~ ahead with sthg** mettre qqch à exécution; **~ ahead!** allez-y! **-2.** [take place] avoir lieu.

◆**go along** *vi* [proceed] avancer; **as you ~ along** au fur et à mesure.

◆**go along with** *vt fus* [suggestion, idea] appuyer, soutenir; [person] suivre.

◆**go around** *vi* **-1.** [frequent]: **to ~ around with sb** fréquenter qqn. **-2.** [spread] circuler, courir.

◆**go back on** *vt fus* [one's word, promise] revenir sur.

◆**go back to** *vt fus* **-1.** [return to activity] reprendre, se remettre à; **to ~ back to sleep** se rendormir. **-2.** [date from] remonter à, dater de.

◆**go by** ◇ *vi* [time] s'écouler, passer. ◇ *vt fus* **-1.** [be guided by] suivre. **-2.** [judge from] juger d'après.

◆**go down** ◇ *vi* **-1.** [get lower - prices etc] baisser. **-2.** [be accepted]: **to ~ down well/badly** être bien/mal accueilli. **-3.** [sun] se coucher. **-4.** [tyre, balloon] se dégonfler. ◇ *vt fus* descendre.

◆**go for** *vt fus* **-1.** [choose] choisir. **-2.** [be attracted to] être attiré(e) par. **-3.** [attack] tomber sur, attaquer. **-4.** [try to obtain - job, record] essayer d'obtenir.

◆**go in** *vi* entrer.

◆**go in for** *vt fus* **-1.** [competition] prendre part à; [exam] se présenter à. **-2.** [activity - enjoy] aimer; [- participate in] faire, s'adonner à.

◆**go into** *vt fus* **-1.** [investigate] étudier, examiner. **-2.** [take up as a profession] entrer dans.

◆**go off** ◇ *vi* **-1.** [explode] exploser. **-2.** [alarm] sonner. **-3.** [go bad - food] se gâter. **-4.** [lights, heating]

s'éteindre. ◇ *vt fus* [lose interest in] ne plus aimer.

◆**go on** ◇ *vi* **-1.** [take place, happen] se passer. **-2.** [heating etc] se mettre en marche. **-3.** [continue]: **to ~ on (doing)** continuer (à faire). **-4.** [proceed to further activity]: **to ~ on to sthg** passer à qqch; **to ~ on to do sthg** faire qqch après. **-5.** [talk for too long] parler à n'en plus finir; **to ~ on about sthg** ne pas arrêter de parler de qqch. ◇ *vt fus* [be guided by] se fonder sur.

◆**go on at** *vt fus* [nag] harceler.

◆**go out** *vi* **-1.** [leave] sortir. **-2.** [for amusement]: **to ~ out (with sb)** sortir (avec qqn). **-3.** [light, fire, cigarette] s'éteindre.

◆**go over** *vt fus* **-1.** [examine] examiner, vérifier. **-2.** [repeat, review] repasser.

◆**go round** *vi* [revolve] tourner; *see also* **go around.**

◆**go through** *vt fus* **-1.** [experience] subir, souffrir. **-2.** [study, search through] examiner; **she went through his pockets** elle lui a fait les poches, elle a fouillé dans ses poches.

◆**go through with** *vt fus* [action, threat] aller jusqu'au bout de.

◆**go towards** *vt fus* contribuer à.

◆**go under** *vi lit & fig* couler.

◆**go up** ◇ *vi* **-1.** [gen] monter. **-2.** [prices] augmenter. ◇ *vt fus* monter.

◆**go without** ◇ *vt fus* se passer de. ◇ *vi* s'en passer.

goad [gəʊd] *vt* [provoke] talonner.

go-ahead ◇ *adj* [dynamic] dynamique. ◇ *n* (U) [permission] feu *m* vert.

goal [gəʊl] *n* but *m*.

goalkeeper ['gəʊl,ki:pə^r] *n* gardien *m* de but.

goalmouth ['gəʊlmaʊθ, *pl* -maʊðz] *n* but *m*.

goalpost ['gəʊlpəʊst] *n* poteau *m* de but.

goat [gəʊt] *n* chèvre *f*.

gob [gɒb] *v inf* ◇ *n Br* [mouth] gueule *f*. ◇ *vi* [spit] mollarder.

gobble ['gɒbl] vt engloutir.
♦ **gobble down**, **gobble up** vt sep engloutir.

go-between n intermédiaire mf.

gobsmacked ['gɒbsmækt] adj Br inf bouche bée (inv).

go-cart = go-kart.

god [gɒd] n dieu m, divinité f.
♦ **God** ◇ n Dieu m; **God knows** Dieu seul le sait; **for God's sake** pour l'amour de Dieu; **thank God** Dieu merci. ◇ excl: **(my) God!** mon Dieu!

godchild ['gɒdtʃaɪld] (pl **-children** [-,tʃɪldrən]) n filleul m, -e f.

goddaughter ['gɒd,dɔːtəʳ] n filleule f.

goddess ['gɒdɪs] n déesse f.

godfather ['gɒd,fɑːðəʳ] n parrain m.

godforsaken ['gɒdfə,seɪkn] adj morne, désolé(e).

godmother ['gɒd,mʌðəʳ] n marraine f.

godsend ['gɒdsend] n aubaine f.

godson ['gɒdsʌn] n filleul m.

goes [gəʊz] → go.

goggles ['gɒglz] npl lunettes fpl.

going ['gəʊɪŋ] ◇ n (U) **-1.** [rate of advance] allure f. **-2.** [travel conditions] conditions fpl. ◇ adj **-1.** Br [available] disponible. **-2.** [rate, salary] en vigueur.

go-kart [-kɑːt] n kart m.

gold [gəʊld] ◇ n (U) [metal, jewellery] or m. ◇ comp [made of gold] en or. ◇ adj [gold-coloured] doré(e).

golden ['gəʊldən] adj **-1.** [made of gold] en or. **-2.** [gold-coloured] doré(e).

goldfish ['gəʊldfɪʃ] (pl inv) n poisson m rouge.

gold leaf n (U) feuille f d'or.

gold medal n médaille f d'or.

goldmine ['gəʊldmaɪn] n lit & fig mine f d'or.

gold-plated [-'pleɪtɪd] adj plaqué(e) or.

goldsmith ['gəʊldsmɪθ] n orfèvre m.

golf [gɒlf] n golf m.

golf ball n **-1.** [for golf] balle f de golf. **-2.** [for typewriter] boule f.

golf club n [stick, place] club m de golf.

golf course n terrain m de golf.

golfer ['gɒlfəʳ] n golfeur m, -euse f.

gone [gɒn] ◇ pp → go. ◇ adj [no longer here] parti(e). ◇ prep: **it's ~ ten (o'clock)** il est dix heures passées.

gong [gɒŋ] n gong m.

good [gʊd] (compar **better**, superl **best**) ◇ adj **-1.** [gen] bon (bonne); **it's ~ to see you again** ça fait plaisir de te revoir; **to be ~ at sthg** être bon en qqch; **to be ~ with** [animals, children] savoir y faire avec; [one's hands] être habile de; **it's ~ for you** c'est bon pour toi OR pour la santé; **to feel ~** [person] se sentir bien; **it's ~ that ... c'est bien que ...; ~!** très bien! **-2.** [kind - person] gentil(ille); **to be ~ to sb** être très attentionné envers qqn; **to be ~ enough to do sthg** avoir l'amabilité de faire qqch. **-3.** [well-behaved - child] sage; [- behaviour] correct(e); **be ~!** sois sage, tiens-toi tranquille. ◇ n **-1.** (U) [benefit] bien m; **it will do him ~** ça lui fera du bien. **-2.** [use] utilité f; **what's the ~ of doing that?** à quoi bon faire ça?; **it's no ~** ça ne sert à rien; **it's no ~ crying/worrying** ça ne sert à rien de pleurer/de s'en faire. **-3.** (U) [morally correct behaviour] bien m; **to be up to no ~** préparer un sale coup.
♦ **goods** npl [merchandise] marchandises fpl, articles mpl.
♦ **as good as** adv pratiquement, pour ainsi dire.
♦ **for good** adv [forever] pour de bon, définitivement.
♦ **good afternoon** excl bonjour!
♦ **good evening** excl bonsoir!
♦ **good morning** excl bonjour!
♦ **good night** excl bonsoir!; [at bedtime] bonne nuit!

goodbye [,gʊd'baɪ] ◇ excl au revoir! ◇ n au revoir m.

Good Friday n Vendredi m saint.

good-humoured [-'hjuːməd] adj [person] de bonne humeur; [smile, remark, rivalry] bon enfant.

good-looking [-'lʊkɪŋ] adj [person] beau (belle).

good-natured [-'neɪtʃəd] *adj* [person] d'un naturel aimable; [rivalry, argument] bon enfant.

goodness ['gʊdnɪs] ◇ *n* (U) **-1.** [kindness] bonté *f.* **-2.** [nutritive quality] valeur *f* nutritive. ◇ *excl:* **(my)** ~! mon Dieu!, Seigneur!; **for** ~' **sake!** par pitié!, pour l'amour de Dieu!; **thank** ~! grâce à Dieu!

goods train *n Br* train *m* de marchandises.

goodwill [,gʊd'wɪl] *n* bienveillance *f.*

goody ['gʊdɪ] *inf* ◇ *n* [person] bon *m.* ◇ *excl* chouette!

♦ **goodies** *npl inf* **-1.** [delicious food] friandises *fpl.* **-2.** [desirable objects] merveilles *fpl*, trésors *mpl.*

goose [guːs] (*pl* **geese**) *n* [bird] oie *f.*

gooseberry ['gʊzbərɪ] *n* **-1.** [fruit] groseille *f* à maquereau. **-2.** *Br inf* [third person]: **to play** ~ tenir la chandelle.

gooseflesh ['guːsfleʃ] *n*, **goose pimples** *Br*, **goosebumps** *Am* ['guːsbʌmps] *npl* chair *f* de poule.

gore [gɔːr] ◇ *n* (U) *literary* [blood] sang *m.* ◇ *vt* encorner.

gorge [gɔːdʒ] ◇ *n* gorge *f*, défilé *m.* ◇ *vt:* **to** ~ **o.s. on** OR **with sthg** se bourrer OR se goinfrer de qqch.

gorgeous ['gɔːdʒəs] *adj* divin(e); *inf* [good-looking] magnifique, splendide.

gorilla [gə'rɪlə] *n* gorille *m.*

gormless ['gɔːmlɪs] *adj Br inf* bêta (bêtasse).

gorse [gɔːs] *n* (U) ajonc *m.*

gory ['gɔːrɪ] *adj* sanglant(e).

gosh [gɒʃ] *excl inf* ça alors!

go-slow *n Br* grève *f* du zèle.

gospel ['gɒspl] *n* [doctrine] évangile *m.*

♦ **Gospel** *n* Évangile *m.*

gossip ['gɒsɪp] ◇ *n* **-1.** [conversation] bavardage *m*; *pej* commérage *m.* **-2.** [person] commère *f.* ◇ *vi* [talk] bavarder, papoter; *pej* cancaner.

gossip column *n* échos *mpl.*

got [gɒt] *pt & pp* → **get.**

gotten ['gɒtn] *Am pp* → **get.**

goulash ['guːlæʃ] *n* goulache *m.*

gourmet ['gʊəmeɪ] ◇ *n* gourmet *m.*

◇ *comp* [food, restaurant] gastronomique; [cook] gastronome.

gout [gaʊt] *n* (U) goutte *f.*

govern ['gʌvən] ◇ *vt* **-1.** [gen] gouverner. **-2.** [control] régir. ◇ *vi* POL gouverner.

governess ['gʌvənɪs] *n* gouvernante *f.*

government ['gʌvnmənt] *n* gouvernement *m.*

governor ['gʌvənər] *n* **-1.** POL gouverneur *m.* **-2.** [of school] ≈ membre *m* du conseil d'établissement; [of bank] gouverneur *m.* **-3.** [of prison] directeur *m.*

gown [gaʊn] *n* **-1.** [for woman] robe *f.* **-2.** [for surgeon] blouse *f*; [for judge, academic] robe *f*, toge *f.*

GP *n abbr of* **general practitioner.**

grab [græb] ◇ *vt* **-1.** [seize] saisir. **-2.** *inf* [sandwich] avaler en vitesse; **to** ~ **a few hours' sleep** dormir quelques heures. **-3.** *inf* [appeal to] emballer. ◇ *vi:* **to** ~ **at sthg** faire un geste pour attraper qqch.

grace [greɪs] ◇ *n* **-1.** [elegance] grâce *f.* **-2.** (U) [extra time] répit *m.* **-3.** [prayer] grâces *fpl.* ◇ *vt fml* **-1.** [honour] honorer de sa présence. **-2.** [decorate] orner, décorer.

graceful ['greɪsfʊl] *adj* gracieux(ieuse), élégant(e).

gracious ['greɪʃəs] ◇ *adj* [polite] courtois(e). ◇ *excl:* **(good)** ~! juste ciel!

grade [greɪd] ◇ *n* **-1.** [quality - of worker] catégorie *f*; [- of wool, paper] qualité *f*; [- of petrol] type *m*; [- of eggs] calibre *m.* **-2.** *Am* [class] classe *f.* **-3.** [mark] note *f.* ◇ *vt* **-1.** [classify] classer. **-2.** [mark, assess] noter.

grade crossing *n Am* passage *m* à niveau.

grade school *n Am* école *f* primaire.

gradient ['greɪdjənt] *n* pente *f*, inclinaison *f.*

gradual ['grædʒʊəl] *adj* graduel(elle), progressif(ive).

gradually ['grædʒʊəlɪ] *adv* graduellement, petit à petit.

graduate [*n* 'grædʒʊət, *vb* 'grædʒʊeɪt] ◇ *n* **-1.** [from university] diplômé *m,*

-e f. **-2.** Am [of high school] ≃ titulaire mf du baccalauréat. ◇ vi **-1.** [from university]: **to ~ (from)** ≃ obtenir son diplôme (à). **-2.** Am [from high school]: **to ~ (from)** ≃ obtenir son baccalauréat (à).

graduation [ˌɡrædʒʊˈeɪʃn] n (U) [ceremony] remise f des diplômes.

graffiti [ɡrəˈfiːtɪ] n (U) graffiti mpl.

graft [ɡrɑːft] ◇ n **-1.** [from plant] greffe f, greffon m. **-2.** MED greffe f. **-3.** Br [hard work] boulot m. **-4.** Am inf [corruption] graissage m de patte. ◇ vt [plant, skin] greffer.

grain [ɡreɪn] n **-1.** [gen] grain m. **-2.** (U) [crops] céréales fpl. **-3.** (U) [pattern - in wood] fil m; [- in material] grain m; [- in stone, marble] veines fpl.

gram [ɡræm] n gramme m.

grammar [ˈɡræməʳ] n grammaire f.

grammar school n [in UK] ≃ lycée m; [in US] école f primaire.

grammatical [ɡrəˈmætɪkl] adj grammatical(e).

gramme [ɡræm] Br = **gram**.

gramophone [ˈɡræməfəʊn] n dated gramophone m, phonographe m.

gran [ɡræn] n Br inf mamie f, mémé f.

grand [ɡrænd] ◇ adj **-1.** [impressive] grandiose, imposant(e). **-2.** [ambitious] grand(e). **-3.** [important] important(e); [socially] distingué(e). **-4.** inf dated [excellent] sensationnel(elle), formidable. ◇ n inf [thousand pounds] mille livres fpl; [thousand dollars] mille dollars mpl.

grand(d)ad [ˈɡrændæd] n inf papi m, pépé m.

grandchild [ˈɡræntʃaɪld] (pl -children [-ˌtʃɪldrən]) n [boy] petit-fils m; [girl] petite-fille f.

◆ **grandchildren** npl petits-enfants mpl.

granddaughter [ˈɡrænˌdɔːtəʳ] n petite-fille f.

grandeur [ˈɡrændʒəʳ] n [splendour] splendeur f, magnificence f.

grandfather [ˈɡrændˌfɑːðəʳ] n grand-père m.

grandma [ˈɡrænmɑː] n inf mamie f, mémé f.

grandmother [ˈɡrænˌmʌðəʳ] n grand-mère f.

grandpa [ˈɡrænpɑː] n inf papi m, pépé m.

grandparents [ˈɡrænˌpeərənts] npl grands-parents mpl.

grand piano n piano m à queue.

grand slam n SPORT grand chelem m.

grandson [ˈɡrænsʌn] n petit-fils m.

grandstand [ˈɡrændstænd] n tribune f.

grand total n somme f globale, total m général.

granite [ˈɡrænɪt] n granit m.

granny [ˈɡrænɪ] n inf mamie f, mémé f.

grant [ɡrɑːnt] ◇ n subvention f; [for study] bourse f. ◇ vt **-1.** [wish, appeal] accorder; [request] accéder à. **-2.** [admit] admettre, reconnaître. **-3.** [give] accorder; **to take sb for ~ed** [not appreciate sb's help] penser que tout ce que qqn fait va de soi; [not value sb's presence] penser que qqn fait partie des meubles; **to take sthg for ~ed** [result, sb's agreement] considérer qqch comme acquis.

granulated sugar [ˈɡrænjʊleɪtɪd-] n sucre m cristallisé.

granule [ˈɡrænjuːl] n granule m; [of sugar] grain m.

grape [ɡreɪp] n [grain m de] raisin m; **a bunch of ~s** une grappe de raisin.

grapefruit [ˈɡreɪpfruːt] (pl inv OR -s) n pamplemousse m.

grapevine [ˈɡreɪpvaɪn] n vigne f; **on the ~** fig par le téléphone arabe.

graph [ɡrɑːf] n graphique m.

graphic [ˈɡræfɪk] adj **-1.** [vivid] vivant(e). **-2.** ART graphique.

◆ **graphics** npl graphique f.

graphite [ˈɡræfaɪt] n (U) graphite m, mine f de plomb.

graph paper n (U) papier m millimétré.

grapple [ˈɡræpl]

◆ **grapple with** vt fus **-1.** [person, animal] lutter avec. **-2.** [problem] se débattre avec, se colleter avec.

grasp [grɑːsp] ◇ n -1. [grip] prise f.
-2. [understanding] compréhension f;
to have a good ~ of sthg avoir une
bonne connaissance de qqch. ◇ vt
-1. [grip, seize] saisir, empoigner. -2.
[understand] saisir, comprendre. -3.
[opportunity] saisir.

grasping ['grɑːspɪŋ] adj pej avide, cupide.

grass [grɑːs] ◇ n BOT & drugs sl herbe
f. ◇ vi Br crime sl moucharder; **to ~
on sb** dénoncer qqn.

grasshopper ['grɑːs,hɒpər] n sauterelle f.

grass roots ◇ npl fig base f. ◇ comp
du peuple.

grass snake n couleuvre f.

grate [greɪt] ◇ n grille f de foyer. ◇
vt râper. ◇ vi grincer, crisser.

grateful ['greɪtful] adj: **to be ~ to sb
(for sthg)** être reconnaissant(e) à
qqn (de qqch).

grater ['greɪtər] n râpe f.

gratify ['grætɪfaɪ] vt -1. [please - per-
son]: **to be gratified** être content(e),
être satisfait(e). -2. [satisfy - wish] satisfaire, assouvir.

grating ['greɪtɪŋ] ◇ adj grinçant(e);
[voix] de crécelle. ◇ n [grille] grille f.

gratitude ['grætɪtjuːd] n (U): ~ **(to sb
for sthg)** gratitude f OR reconnaissance f (envers qqn de qqch).

gratuitous [grə'tjuːɪtəs] adj fml gra-
tuit(e).

grave[1] [greɪv] ◇ adj grave; [concern]
sérieux(ieuse). ◇ n tombe f.

grave[2] [grɑːv] adj LING: **e ~ e** m accent grave.

gravel ['grævl] n (U) gravier m.

gravestone ['greɪvstəun] n pierre f
tombale.

graveyard ['greɪvjɑːd] n cimetière m.

gravity ['grævətɪ] n -1. [force] gravité
f, pesanteur f. -2. [seriousness] gravité
f.

gravy ['greɪvɪ] n (U) [meat juice] jus m
de viande.

gray Am = **grey**.

graze [greɪz] ◇ vt -1. [subj: cows,
sheep] brouter, paître. -2. [subj: farm-

er] faire paître. -3. [skin] écorcher,
égratigner. -4. [touch lightly] frôler,
effleurer. ◇ vi brouter, paître. ◇ n
écorchure f, égratignure f.

grease [griːs] ◇ n graisse f. ◇ vt
graisser.

greaseproof paper [,griːspruː-f] n (U)
Br papier m graisse.

greasy ['griːzɪ] adj -1. [covered in
grease] graisseux(euse); [clothes] ta-
ché(e) de graisse. -2. [food, skin, hair]
gras (grasse).

great [greɪt] adj -1. [gen] grand(e); ~
big énorme. -2. inf [splendid] gé-
nial(e), formidable; **to feel ~** se sentir en pleine forme; **~!** superl, génial!

Great Britain n Grande-Bretagne f;
in ~ en Grande-Bretagne.

greatcoat ['greɪtkəut] n pardessus m.

Great Dane n danois m.

great-grandchild n [boy] arrière-
petit-fils m; [girl] arrière-petite-fille f.
♦ **great-grandchildren** npl arrière-
petits-enfants mpl.

great-grandfather n arrière-grand-
père m.

great-grandmother n arrière-grand-
mère f.

greatly ['greɪtlɪ] adv beaucoup; [differ-
ent] très.

greatness ['greɪtnɪs] n grandeur f.

Greece [griːs] n Grèce f.

greed [griːd] n (U) -1. [for food] glou-
tonnerie f. -2. fig [for money, power]:
~ **(for)** avidité f (de).

greedy ['griːdɪ] adj -1. [for food] glou-
ton(onne). -2. [for money, power]: ~
for sthg avide de qqch.

Greek [griːk] ◇ adj grec (grecque). ◇
n -1. [person] Grec m, Grecque f. -2.
[language] grec m.

green [griːn] ◇ adj -1. [in colour, un-
ripe] vert(e). -2. [ecological - issue, poli-
tics] écologique; [- person] vert(e). -3.
inf [inexperienced] inexpérimenté(e),
jeune. ◇ n -1. [colour] vert m. -2.
GOLF vert m. -3. **village ~** pelouse f
communale.

◆ **Green** n POL vert m, -e f, écologiste mf; **the Greens** les Verts, les Écologistes.

◆ **greens** npl [vegetables] légumes mpl verts.

greenback ['griːnbæk] n Am inf billet m vert.

green belt n Br ceinture f verte.

green card n -1. Br [for vehicle] carte f verte. -2. Am [residence permit] carte f de séjour.

greenery ['griːnərɪ] n verdure f.

greenfly ['griːnflaɪ] (pl inv OR -ies) n puceron m.

greengage ['griːngeɪdʒ] n reine-claude f.

greengrocer ['griːnˌgrəʊsəʳ] n marchand m, -e f de légumes; ~'s (shop) magasin m de fruits et légumes.

greenhouse ['griːnhaʊs, pl -haʊzɪz] n serre f.

greenhouse effect n: the ~ l'effet m de serre.

Greenland ['griːnlənd] n Groenland m.

green salad n salade f verte.

greet [griːt] vt -1. [say hello to] saluer. -2. [receive] accueillir.

greeting ['griːtɪŋ] n salutation f, salut m.

◆ **greetings** npl: **Christmas/birthday ~s** vœux mpl de Noël/d'anniversaire.

greetings card Br, **greeting card** Am n carte f de vœux.

grenade [grə'neɪd] n: (hand) ~ grenade f (à main).

grew [gruː] pt → grow.

grey Br, **gray** Am [greɪ] ◇ adj -1. [in colour] gris(e). -2. [grey-haired]: **to go ~** grisonner. -3. [dull, gloomy] morne, triste. ◇ n gris m.

grey-haired [-'heəd] adj aux cheveux gris.

greyhound ['greɪhaʊnd] n lévrier m.

grid [grɪd] n -1. [grating] grille f. -2. [system of squares] quadrillage m.

griddle ['grɪdl] n plaque f à cuire.

gridlock ['grɪdlɒk] n Am embouteillage m.

grief [griːf] n (U) -1. [sorrow] chagrin m, peine f. -2. inf [trouble] ennuis mpl. -3. phr: **to come to ~** [person] avoir de gros problèmes; [project] échouer, tomber à l'eau; **good ~!** Dieu!, mon Dieu!

grievance ['griːvns] n grief m, doléance f.

grieve [griːv] vi [at death] être en deuil; **to ~ for sb/sthg** pleurer qqn/qqch.

grievous ['griːvəs] adj fml grave; [shock] cruel(elle).

grievous bodily harm n (U) coups mpl et blessures fpl.

grill [grɪl] ◇ n [on cooker, fire] gril m. ◇ vt -1. [cook on grill] griller, faire griller. -2. inf [interrogate] cuisiner.

grille [grɪl] n grille f.

grim [grɪm] adj -1. [stern - face, expression] sévère; [- determination] inflexible. -2. [cheerless - truth, news] sinistre; [- room, walls] lugubre; [- day] morne, triste.

grimace [grɪ'meɪs] ◇ n grimace f. ◇ vi grimacer, faire la grimace.

grime [graɪm] n (U) crasse f, saleté f.

grimy ['graɪmɪ] adj sale, encrassé(e).

grin [grɪn] ◇ n (large) sourire m. ◇ vi: **to ~ (at sb/sthg)** adresser un large sourire (à qqn/qqch).

grind [graɪnd] (pt & pp ground) ◇ vt [crush] moudre. ◇ vi [scrape] grincer. ◇ n [hard, boring work] corvée f.

◆ **grind down** vt sep [oppress] opprimer.

◆ **grind up** vt sep pulvériser.

grinder ['graɪndəʳ] n moulin m.

grip [grɪp] ◇ n -1. [grasp, hold] prise f. -2. [control] contrôle m; **he's got a good ~ on the situation** il a la situation bien en main; **to get to ~s with sthg** s'attaquer à qqch; **to get a ~ on o.s.** se ressaisir. -3. [adhesion] adhérence f. -4. [handle] poignée f. -5. [bag] sac m (de voyage). ◇ vt -1. [grasp] saisir; [subj: tyres] adhérer à. -2. fig [imagination, country] captiver.

gripe [graɪp] inf ◇ n [complaint]

plainte f. ◇ vi: **to ~ (about sthg)** râler OR rouspéter (contre qqch).

gripping ['grɪpɪŋ] adj passionnant(e).

grisly ['grɪzlɪ] adj [horrible, macabre] macabre.

gristle ['grɪsl] n (U) nerfs mpl.

grit [grɪt] ◇ n (U) **-1.** [stones] gravillon m; [in eye] poussière f. **-2.** inf [courage] cran m. ◇ vt sabler.

gritty ['grɪtɪ] adj **-1.** [stony] couvert(e) de gravillon. **-2.** inf [brave - person] qui a du cran; [- performance, determination] courageux(euse).

groan [grəʊn] ◇ n gémissement m. ◇ vi **-1.** [moan] gémir. **-2.** [creak] grincer, gémir.

grocer ['grəʊsər] n épicier m, -ière f; **~'s (shop)** épicerie f.

groceries ['grəʊsərɪz] npl [foods] provisions fpl.

grocery ['grəʊsərɪ] n [shop] épicerie f.

groggy ['grɒgɪ] adj groggy (inv).

groin [grɔɪn] n aine f.

groom [gruːm] ◇ n **-1.** [of horses] palefrenier m, garçon m d'écurie. **-2.** [bridegroom] marié m. ◇ vt **-1.** [brush] panser. **-2.** fig [prepare]: **to ~ sb (for sthg)** préparer OR former qqn (pour qqch).

groove [gruːv] n [in metal, wood] rainure f; [in record] sillon m.

grope [grəʊp] vi: **to ~ (about) for sthg** chercher qqch à tâtons.

gross [grəʊs] (pl inv OR **-es**) ◇ adj **-1.** [total] brut(e). **-2.** fml [serious - negligence] coupable; [- misconduct] choquant(e); [- inequality] flagrant(e). **-3.** [coarse, vulgar] grossier(ière). **-4.** inf [obese] obèse, énorme. ◇ n grosse f, douze douzaines fpl.

grossly ['grəʊslɪ] adv [seriously] extrêmement, énormément.

grotesque [grəʊ'tesk] adj grotesque.

grotto ['grɒtəʊ] (pl **-es** OR **-s**) n grotte f.

grotty ['grɒtɪ] adj Br inf minable.

ground [graʊnd] ◇ pt & pp → **grind**. ◇ n **-1.** (U) [surface of earth] sol m, terre f; **above ~** en surface; **below ~** sous terre; **on the ~** par terre, au

sol. **-2.** (U) [area of land] terrain m. **-3.** [for sport etc] terrain m. **-4.** [advantage]: **to gain/lose ~** gagner/perdre du terrain. ◇ vt **-1.** [base]: **to be ~ed on** OR **in sthg** être fondé(e) sur qqch. **-2.** [aircraft, pilot] interdire de vol. **-3.** inf [child] priver de sortie. **-4.** Am ELEC: **to be ~ed** être à la masse.

◆ **grounds** npl **-1.** [reason] motif m, raison f; **~s for sthg** motifs de qqch; **~s for doing sthg** raisons de faire qqch. **-2.** [land round building] parc m. **-3.** [of coffee] marc m.

ground crew n personnel m au sol.

ground floor n rez-de-chaussée m.

grounding ['graʊndɪŋ] n: **~ (in)** connaissances fpl de base (en).

groundless ['graʊndlɪs] adj sans fondement.

groundsheet ['graʊndʃiːt] n tapis m de sol.

ground staff n **-1.** [at sports ground] personnel m d'entretien (d'un terrain de sport). **-2.** Br = **ground crew**.

groundswell ['graʊndswel] n vague f de fond.

groundwork ['graʊndwɜːk] n (U) travail m préparatoire.

group [gruːp] ◇ n groupe m. ◇ vt grouper, réunir. ◇ vi: **to ~ (together)** se grouper.

groupie ['gruːpɪ] n inf groupie f.

grouse [graʊs] (pl inv OR **-s**) ◇ n [bird] grouse f, coq m de bruyère. ◇ vi inf râler, rouspéter.

grove [grəʊv] n [group of trees] bosquet m.

grovel ['grɒvl] vi: **to ~ (to sb)** ramper (devant qqn).

grow [grəʊ] (pt **grew**, pp **grown**) ◇ vi **-1.** [gen] pousser; [person, animal] grandir; [company, city] s'agrandir; [fears, influence, traffic] augmenter, s'accroître; [problem, idea, plan] prendre de l'ampleur, se développer. **-2.** [become] devenir; **to ~ old** vieillir; **to ~ tired of sthg** se fatiguer de qqch. ◇ vt **-1.** [plants] faire pousser. **-2.** [hair, beard] laisser pousser.

◆ **grow on** vt fus inf plaire de plus en plus à; **it'll ~ on you** cela finira par te plaire.

◆ **grow out of** vt fus -**1.** [clothes, shoes] devenir trop grand pour. -**2.** [habit] perdre.

◆ **grow up** vi -**1.** [become adult] grandir, devenir adulte; **~ up!** ne fais pas l'enfant! -**2.** [develop] se développer.

grower ['grəʊəʳ] n cultivateur m, -trice f.

growl [graʊl] vi [animal] grogner, gronder; [engine] vrombir, gronder; [person] grogner.

grown [grəʊn] ◇ pp → grow. ◇ adj adulte.

grown-up ◇ adj -**1.** [fully grown] adulte, grand(e). -**2.** [mature] mûr(e). ◇ n adulte mf, grande personne f.

growth [grəʊθ] n -**1.** [increase - gen] croissance f; [- of opposition, company] développement m; [- of population] augmentation f, accroissement m. -**2.** MED [lump] tumeur f, excroissance f.

grub [grʌb] n -**1.** [insect] larve f. -**2.** inf [food] bouffe f.

grubby ['grʌbɪ] adj sale, malpropre.

grudge [grʌdʒ] ◇ n rancune f; **to bear sb a ~, to bear a ~ against sb** garder rancune à qqn. ◇ vt: **to ~ sb sth** donner qqch à qqn à contrecœur; [success] en vouloir à qqn à cause de qqch.

gruelling Br, **grueling** Am ['grʊəlɪŋ] adj épuisant(e), exténuant(e).

gruesome ['gru:səm] adj horrible.

gruff [grʌf] adj -**1.** [hoarse] gros (grosse). -**2.** [rough, unfriendly] brusque, bourru(e).

grumble ['grʌmbl] vi -**1.** [complain]: **to ~ about sth** rouspéter OR grommeler contre qqch. -**2.** [rumble - thunder, train] gronder; [- stomach] gargouiller.

grumpy ['grʌmpɪ] adj inf renfrogné(e).

grunt [grʌnt] ◇ n grognement m. ◇ vi grogner.

G-string n cache-sexe m inv.

guarantee [,gærən'ti:] ◇ n garantie f. ◇ vt garantir.

guard [gɑ:d] ◇ n -**1.** [person] garde m; [in prison] gardien m. -**2.** [group of guards] garde f. -**3.** [defensive operation] garde f; **to be on ~** être de garde OR de faction; **to catch sb off ~** prendre qqn au dépourvu. -**4.** Br RAIL chef m de train. -**5.** [protective device - for body] protection f; [- for fire] garde-feu m inv. ◇ vt -**1.** [protect - building] protéger, garder; [- person] protéger. -**2.** [prisoner] garder, surveiller. -**3.** [hide - secret] garder.

guard dog n chien m de garde.

guarded ['gɑ:dɪd] adj prudent(e).

guardian ['gɑ:djən] n -**1.** [of child] tuteur m, -trice f. -**2.** [protector] gardien m, -ienne f, protecteur m, -trice f.

guardrail ['gɑ:dreɪl] n Am [on road] barrière f de sécurité.

guard's van n Br wagon m du chef de train.

guerilla [gə'rɪlə] = guerrilla.

Guernsey ['gɜ:nzɪ] n [place] Guernesey f.

guerrilla [gə'rɪlə] n guérillero m; **urban ~** guérillero m des villes.

guerrilla warfare n (U) guérilla f.

guess [ges] ◇ n conjecture f. ◇ vt deviner; **~ what?** tu sais quoi? ◇ vi -**1.** [conjecture] deviner; **to ~ at sth** deviner qqch. -**2.** [suppose]: **I ~ (so)** je suppose (que oui).

guesswork ['geswɜ:k] n (U) conjectures fpl, hypothèses fpl.

guest [gest] n -**1.** [gen] invité m, -e f. -**2.** [at hotel] client m, -e f.

guesthouse ['gesthaʊs, pl -haʊzɪz] pension f de famille.

guestroom ['gestrʊm] n chambre f d'amis.

guffaw [gʌ'fɔ:] ◇ n gros rire m. ◇ vi rire bruyamment.

guidance ['gaɪdəns] n (U) -**1.** [help] conseils mpl. -**2.** [leadership] direction f.

guide [gaɪd] ◇ n -**1.** [person, book] guide m. -**2.** [indication] indication f. ◇ vt -**1.** [show by leading] guider. -**2.** [control] diriger. -**3.** [influence]: **to be**

~d **by sb/sthg** se laisser guider par qqn/qqch.
◆ **Guide** n = **Girl Guide**.
guide book n guide m.
guide dog n chien m d'aveugle.
guidelines ['gaɪdlaɪnz] npl directives fpl, lignes fpl directrices.
guild [gɪld] n **-1.** HISTORY corporation f, guilde f. **-2.** [association] association f.
guile [gaɪl] n (U) literary ruse f, astuce f.
guillotine ['gɪlə,tiːn] ◇ n **-1.** [for executions] guillotine f. **-2.** [for paper] massicot m. ◇ vt [execute] guillotiner.
guilt [gɪlt] n culpabilité f.
guilty ['gɪltɪ] adj coupable; **to be ~ of sthg** être coupable de qqch; **to be found ~/not ~** JUR être reconnu coupable/non coupable.
guinea pig ['gɪnɪ-] n cobaye m.
guise [gaɪz] n fml apparence f.
guitar [gɪ'tɑːʳ] n guitare f.
guitarist [gɪ'tɑːrɪst] n guitariste mf.
gulf [gʌlf] n **-1.** [sea] golfe m. **-2.** [breach, chasm]: **~ (between)** abîme m (entre).
◆ **Gulf** n: **the Gulf** le Golfe.
gull [gʌl] n mouette f.
gullet ['gʌlɪt] n œsophage m; [of bird] gosier m.
gullible ['gʌləbl] adj crédule.
gully ['gʌlɪ] n **-1.** [valley] ravine f. **-2.** [ditch] rigole f.
gulp [gʌlp] ◇ n [of drink] grande gorgée f; [of food] grosse bouchée f. ◇ vt avaler. ◇ vi avoir la gorge nouée.
◆ **gulp down** vt sep avaler.
gum [gʌm] ◇ n **-1.** [chewing gum] chewing-gum m. **-2.** [adhesive] colle f, gomme f. **-3.** ANAT gencive f. ◇ vt coller.
gumboots ['gʌmbuːts] npl Br bottes fpl de caoutchouc.
gun [gʌn] n **-1.** [weapon - small] revolver m; [- rifle] fusil m; [- large] canon m; [starting pistol] pistolet m. **-3.** [tool] pistolet m; [for staples] agrafeuse f.
◆ **gun down** vt sep abattre.

gunboat ['gʌnbəʊt] n canonnière f.
gunfire ['gʌnfaɪəʳ] n (U) coups mpl de feu.
gunman ['gʌnmən] (pl -men [-mən]) n personne f armée.
gunpoint ['gʌnpɔɪnt] n: **at ~** sous la menace d'un fusil OR pistolet.
gunpowder ['gʌn,paʊdəʳ] n poudre f à canon.
gunshot ['gʌnʃɒt] n [firing of gun] coup m de feu.
gunsmith ['gʌnsmɪθ] n armurier m.
gurgle ['gɜːgl] vi **-1.** [water] glouglouter. **-2.** [baby] gazouiller.
guru ['guːruː] n gourou m, guru m.
gush [gʌʃ] ◇ n jaillissement m. ◇ vi **-1.** [flow out] jaillir. **-2.** pej [enthuse] s'exprimer de façon exubérante.
gusset ['gʌsɪt] n gousset m.
gust [gʌst] n rafale f, coup m de vent.
gusto ['gʌstəʊ] n: **with ~** avec enthousiasme.
gut [gʌt] ◇ n MED intestin m. ◇ vt **-1.** [remove organs from] vider. **-2.** [destroy] réduire à rien.
◆ **guts** npl inf **-1.** [intestines] intestins mpl; **to hate sb's ~s** ne pas pouvoir piffer qqn, ne pas pouvoir voir qqn en peinture. **-2.** [courage] cran m.
gutter ['gʌtəʳ] n **-1.** [ditch] rigole f. **-2.** [on roof] gouttière f.
gutter press n presse f à sensation.
guy [gaɪ] n **-1.** inf [man] type m. **-2.** [person] copain m, copine f. **-3.** Br [dummy] effigie f de Guy Fawkes.
Guy Fawkes' Night [-'fɔːks-] n fête célébrée le 5 novembre pendant laquelle sont tirés des feux d'artifice et allumés des feux de joie.
guy rope n corde f de tente.
guzzle ['gʌzl] ◇ vt bâfrer; [drink] lamper. ◇ vi s'empiffrer.
gym [dʒɪm] n inf **-1.** [gymnasium] gymnase m. **-2.** [exercises] gym f.
gymnasium [dʒɪm'neɪzjəm] (pl -iums OR -ia [-jə]) n gymnase m.
gymnast ['dʒɪmnæst] n gymnaste mf.
gymnastics [dʒɪm'næstɪks] n (U) gymnastique f.

gym shoes *npl* (chaussures *fpl* de) tennis *mpl*.

gymslip ['dʒɪm,slɪp] *n Br* tunique *f*.

gynaecologist *Br*, **gynecologist** *Am* [,gaɪnə'kɒlədʒɪst] *n* gynécologue *mf*.

gynaecology *Br*, **gynecology** *Am* [,gaɪnə'kɒlədʒɪ] *n* gynécologie *f*.

gypsy ['dʒɪpsɪ] = **gipsy**.

gyrate [dʒaɪ'reɪt] *vi* tournoyer.

H

h (*pl* **h's** OR **hs**), **H** (*pl* **H's** OR **Hs**) [eɪtʃ] *n* [letter] h *m inv*, H *m inv*.

haberdashery ['hæbədæʃərɪ] *n* mercerie *f*.

habit ['hæbɪt] *n* **-1.** [customary practice] habitude *f*; **out of ~** par habitude; **to make a ~ of doing sthg** avoir l'habitude de faire qqch. **-2.** [garment] habit *m*.

habitat ['hæbɪtæt] *n* habitat *m*.

habitual [hə'bɪtʃʊəl] *adj* **-1.** [usual, characteristic] habituel(elle). **-2.** [regular] invétéré(e).

hack [hæk] ⋄ *n* [writer] écrivailleur *m*, -euse *f*. ⋄ *vt* [cut] tailler.
◆ **hack into** *vt fus* COMPUT pirater.

hacker ['hækə'] *n*: **(computer) ~** pirate *m* informatique.

hackneyed ['hæknɪd] *adj* rebattu(e).

hacksaw ['hæksɔ:] *n* scie *f* à métaux.

had [weak form həd, strong form hæd] *pt & pp* → **have**.

haddock ['hædək] (*pl inv*) *n* églefin *m*, aiglefin *m*.

hadn't ['hædnt] = **had not**.

haemophiliac [,hi:mə'fɪlɪæk] = **hemophiliac**.

haemorrhage ['hemərɪdʒ] = **hemorrhage**.

haemorrhoids ['hemərɔɪdz] = **hemorrhoids**.

haggard ['hægəd] *adj* [face] défait(e); [person] abattu(e).

haggis ['hægɪs] *n plat typique écossais fait d'une panse de brebis farcie, le plus souvent servie avec des navets et des pommes de terre.*

haggle ['hægl] *vi* marchander; **to ~ over** OR **about sthg** marchander qqch.

Hague [heɪg] *n*: **The ~** La Haye.

hail [heɪl] ⋄ *n* grêle *f*; *fig* pluie *f*. ⋄ *vt* **-1.** [call] héler. **-2.** [acclaim]: **to ~ sb/ sthg as sthg** acclamer qqn/qqch comme qqch. ⋄ *v impers* grêler.

hailstone ['heɪlstəʊn] *n* grêlon *m*.

hair [heə'] *n* **-1.** (*U*) [on human head] cheveux *mpl*; **to do one's ~** se coiffer. **-2.** (*U*) [on animal, human skin] poils *mpl*. **-3.** [individual hair - on head] cheveu *m*; [- on skin] poil *m*.

hairbrush ['heəbrʌʃ] *n* brosse *f* à cheveux.

haircut ['heəkʌt] *n* coupe *f* de cheveux.

hairdo ['heədu:] (*pl* **-s**) *n inf* coiffure *f*.

hairdresser ['heə,dresə'] *n* coiffeur *m*, -euse *f*; **~'s (salon)** salon *m* de coiffure.

hairdryer ['heə,draɪər] *n* [handheld] sèche-cheveux *m inv*; [with hood] casque *m*.

hair gel *n* gel *m* coiffant.

hairgrip ['heəgrɪp] *n Br* pince *f* à cheveux.

hairpin ['heəpɪn] *n* épingle *f* à cheveux.

hairpin bend *n* virage *m* en épingle à cheveux.

hair-raising [-,reɪzɪŋ] *adj* à faire dresser les cheveux sur la tête; [journey] effrayant(e).

hair remover [-rɪ,mu:və'] *n* (crème *f*) dépilatoire *m*.

hair slide *n Br* barrette *f*.

hairspray ['heəspreɪ] *n* laque *f*.

hairstyle ['heəstaɪl] *n* coiffure *f*.

hairy ['heərɪ] *adj* **-1.** [covered in hair] velu(e), poilu(e). **-2.** *inf* [dangerous] à faire dresser les cheveux sur la tête.

Haiti ['heɪtɪ] *n* Haïti *m*.

hake [heɪk] (*pl inv* OR **-s**) *n* colin *m*, merluche *f*.

half [*Br* hɑːf, *Am* hæf] (*pl senses 1 and 2* **halves**, *pl senses 3, 4 and 5* **halves** OR **halfs**) ◇ *adj* demi(e); **~ a dozen** une demi-douzaine; **~ an hour** une demi-heure; **~ a pound** une demi-livre; **~ English** à moitié anglais. ◇ *adv* **-1.** [gen] à moitié; **~-and-~** moitié-moitié. **-2.** [by half] de moitié. **-3.** [in telling the time]: **~ past ten** *Br*, **~ after ten** *Am* dix heures et demie; **it's ~ past** il est la demie. ◇ *n* **-1.** [gen] moitié *f*; **in ~** en deux; **to go halves (with sb)** partager (avec qqn). **-2.** SPORT [of match] mi-temps *f*. **-3.** SPORT [halfback] demi *m*. **-4.** [of beer] demi *m*. **-5.** [child's ticket] demi-tarif *m*, tarif *m* enfant. ◇ *pron* la moitié; **~ of them** la moitié d'entre eux.

halfback ['hɑːfbæk] *n* demi *m*.

half board *n* demi-pension *f*.

half-breed ◇ *adj* métis(isse). ◇ *n* métis *m*, -isse *f* (*attention: le terme 'half-breed' est considéré raciste*).

half-caste [-kɑːst] ◇ *adj* métis(isse). ◇ *n* métis *m*, -isse *f* (*attention: le terme 'half-caste' est considéré raciste*).

half-hearted [-'hɑːtɪd] *adj* sans enthousiasme.

half hour *n* demi-heure *f*.

half-mast *n*: **at ~** [flag] en berne.

half moon *n* demi-lune *f*.

half note *n Am* MUS blanche *f*.

halfpenny ['heɪpnɪ] (*pl* **-pennies** OR **-pence**) *n* demi-penny *m*.

half-price *adj* à moitié prix.

half term *n Br* congé *m* de mi-trimestre.

half time *n* (*U*) mi-temps *f*.

halfway [hɑːf'weɪ] ◇ *adj* à mi-chemin. ◇ *adv* **-1.** [in space] à mi-chemin. **-2.** [in time] à la moitié.

halibut ['hælɪbət] (*pl inv* OR **-s**) *n* flétan *m*.

hall [hɔːl] *n* **-1.** [in house] vestibule *m*, entrée *f*. **-2.** [meeting room, building] salle *f*. **-3.** [country house] manoir *m*.

hallmark ['hɔːlmɑːk] *n* **-1.** [typical fea-

ture] marque *f*. **-2.** [on metal] poinçon *m*.

hallo [hə'ləʊ] = **hello**.

hall of residence (*pl* **halls of residence**) *n Br* UNIV résidence *f* universitaire.

Hallowe'en [ˌhæləʊ'iːn] *n* Halloween *f* (*fête des sorcières et des fantômes*).

hallucinate [hə'luːsɪneɪt] *vi* avoir des hallucinations.

hallway ['hɔːlweɪ] *n* vestibule *m*.

halo ['heɪləʊ] (*pl* **-es** OR **-s**) *n* nimbe *m*; ASTRON **halo** *m*.

halt [hɔːlt] ◇ *n* [stop]: **to come to a ~** [vehicle] s'arrêter, s'immobiliser; [activity] s'interrompre; **to call a ~ to** sthg mettre fin à qqch. ◇ *vt* arrêter. ◇ *vi* s'arrêter.

halterneck ['hɔːltənek] *adj* dos nu (*inv*).

halve [*Br* hɑːv, *Am* hæv] *vt* **-1.** [reduce by half] réduire de moitié. **-2.** [divide] couper en deux.

halves [*Br* hɑːvz, *Am* hævz] *pl* → **half**.

ham [hæm] ◇ *n* [meat] jambon *m*. ◇ *comp* au jambon.

hamburger ['hæmbɜːgər] *n* **-1.** [burger] hamburger *m*. **-2.** (*U*) *Am* [mince] viande *f* hachée.

hamlet ['hæmlɪt] *n* hameau *m*.

hammer ['hæmər] ◇ *n* marteau *m*. ◇ *vt* **-1.** [with tool] marteler; [nail] enfoncer à coups de marteau. **-2.** [with fist] marteler du poing. **-3.** *fig*: **to ~ sthg into sb** faire entrer qqch dans la tête de qqn. **-4.** *inf* [defeat] battre à plates coutures. ◇ *vi* [with fist]: **to ~ (on)** cogner du poing (à).

◆ **hammer out** *vt fus* [agreement, solution] parvenir finalement à.

hammock ['hæmək] *n* hamac *m*.

hamper ['hæmpər] ◇ *n* **-1.** [for food] panier *m* d'osier. **-2.** *Am* [for laundry] coffre *m* à linge. ◇ *vt* gêner.

hamster ['hæmstər] *n* hamster *m*.

hamstring ['hæmstrɪŋ] *n* tendon *m* du jarret.

hand [hænd] ◇ *n* **-1.** [part of body] main *f*; **to hold ~s** se tenir la main;

by ~ à la main; **to get** OR **lay one's ~s** on mettre la main sur; **to get out of** ~ échapper à tout contrôle; **to have a situation in** ~ avoir une situation en main; **to have one's ~s full** avoir du pain sur la planche; **to try one's** ~ **at sthg** s'essayer à qqch. **-2.** [help] coup m de main; **to give** OR **lend sb a** ~ **(with sthg)** donner un coup de main à qqn (pour faire qqch). **-3.** [worker] ouvrier m, -ière f. **-4.** [of clock, watch] aiguille f. **-5.** [handwriting] écriture f. **-6.** [of cards] jeu m, main f. ◇ vt: **to ~ sthg to sb, to ~ sb sthg** passer qqch à qqn.
◆ **(close) at hand** adv proche.
◆ **on hand** adv disponible.
◆ **on the other hand** conj d'autre part.
◆ **out of hand** adv [completely] d'emblée.
◆ **to hand** adv à portée de la main, sous la main.
◆ **hand down** vt sep transmettre.
◆ **hand in** vt sep remettre.
◆ **hand out** vt sep distribuer.
◆ **hand over** ◇ vt sep **-1.** [baton, money] remettre. **-2.** [responsibility, power] transmettre. ◇ vi: **to ~ over (to)** passer le relais (à).

handbag ['hændbæg] n sac m à main.

handball ['hændbɔːl] n [game] handball m.

handbook ['hændbʊk] n manuel m; [for tourist] guide m.

handbrake ['hændbreɪk] n frein m à main.

handcuffs ['hændkʌfs] npl menottes fpl.

handful ['hændfʊl] n [of sand, grass, people] poignée f.

handgun ['hændgʌn] n revolver m, pistolet m.

handicap ['hændɪkæp] ◇ n handicap m. ◇ vt handicaper; [progress, work] entraver.

handicapped ['hændɪkæpt] ◇ adj handicapé(e). ◇ npl: **the ~** les handicapés mpl.

handicraft ['hændɪkrɑːft] n activité f artisanale.

handiwork ['hændɪwɜːk] n (U) ouvrage m.

handkerchief ['hæŋkətʃɪf] (pl **-chiefs** OR **-chieves** [-tʃiːvz]) n mouchoir m.

handle ['hændl] ◇ n poignée f; [of jug, cup] anse f; [of knife, pan] manche m. ◇ vt **-1.** [with hands] manipuler; [without permission] toucher à. **-2.** [deal with, be responsible for] s'occuper de; [difficult situation] faire face à. **-3.** [treat] traiter, s'y prendre avec.

handlebars ['hændlbɑːz] npl guidon m.

handler ['hændlə'] n **-1.** [of dog] maître-chien m. **-2.** [at airport]: **(baggage)** ~ bagagiste m.

hand luggage n (U) Br bagages mpl à main.

handmade [,hænd'meɪd] adj fait(e) (à la) main.

handout ['hændaʊt] n **-1.** [gift] don m. **-2.** [leaflet] prospectus m.

handrail ['hændreɪl] n rampe f.

handset ['hændset] n combiné m.

handshake ['hændʃeɪk] n serrement m OR poignée f de main.

handsome ['hænsəm] adj **-1.** [good-looking] beau (belle). **-2.** [reward, profit] beau (belle); [gift] généreux(euse).

handstand ['hændstænd] n équilibre m (sur les mains).

handwriting ['hænd,raɪtɪŋ] n écriture f.

handy ['hændɪ] adj inf **-1.** [useful] pratique; **to come in** ~ être utile. **-2.** [skilful] adroit(e). **-3.** [near] tout près, à deux pas.

handyman ['hændɪmæn] (pl **-men** [-men]) n bricoleur m.

hang [hæŋ] (pt & pp sense 1 **hung**, pt & pp sense 2 **hung** OR **hanged**) ◇ vt **-1.** [fasten] suspendre. **-2.** [execute] pendre. ◇ vi **-1.** [be fastened] pendre, être accroché(e). **-2.** [be executed] être pendu(e). ◇ n: **to get the ~ of sthg** inf saisir le truc OR attraper le coup pour faire qqch.

◆**hang about, hang around** *vi* traîner.

◆**hang on** *vi* **-1.** [keep hold]: **to ~ on (to)** s'accrocher OR se cramponner (à). **-2.** *inf* [continue waiting] attendre. **-3.** [persevere] tenir bon.

◆**hang out** *vi inf* [spend time] traîner.

◆**hang round** = hang about.

◆**hang up** ◇ *vt sep* pendre. ◇ *vi* [on telephone] raccrocher.

◆**hang up on** *vt fus* TÉLEC raccrocher au nez de.

hangar ['hæŋəʳ] *n* hangar *m*.

hanger ['hæŋəʳ] *n* cintre *m*.

hanger-on (*pl* **hangers-on**) *n* parasite *m*.

hang gliding *n* deltaplane *m*, vol *m* libre.

hangover ['hæŋ,əʊvəʳ] *n* [from drinking] gueule *f* de bois.

hang-up *n inf* complexe *m*.

hanker ['hæŋkəʳ]

◆**hanker after, hanker for** *vt fus* convoiter.

hankie, hanky ['hæŋkɪ] (*abbr of* **handkerchief**) *n inf* mouchoir *m*.

haphazard [,hæp'hæzəd] *adj* fait(e) au hasard.

hapless ['hæplɪs] *adj literary* infortuné(e).

happen ['hæpən] *vi* **-1.** [occur] arriver, se passer; **to ~ to sb** arriver à qqn. **-2.** [chance]: **I just ~ed to meet him** je l'ai rencontré par hasard; **as it ~s** en fait.

happening ['hæpənɪŋ] *n* événement *m*.

happily ['hæpɪlɪ] *adv* **-1.** [with pleasure] de bon cœur. **-2.** [contentedly]: **to be ~ doing sthg** être bien tranquillement en train de faire qqch. **-3.** [fortunately] heureusement.

happiness ['hæpɪnɪs] *n* bonheur *m*.

happy ['hæpɪ] *adj* **-1.** [gen] heureux(euse); **to be ~ to do sthg** être heureux de faire qqch; **Happy Christmas/birthday!** joyeux Noël/anniversaire!; **~ New Year!** bonne année! **-2.** [satisfied] heureux(euse),

content(e); **to be ~ with** OR **about sthg** être heureux de qqch.

happy-go-lucky *adj* décontracté(e).

happy medium *n* juste milieu *m*.

harangue [həˈræŋ] ◇ *n* harangue *f*. ◇ *vt* haranguer.

harass ['hærəs] *vt* harceler.

harbour *Br*, **harbor** *Am* ['hɑːbəʳ] ◇ *n* port *m*. ◇ *vt* **-1.** [feeling] entretenir; [doubt, grudge] garder. **-2.** [person] héberger.

hard [hɑːd] ◇ *adj* **-1.** [gen] dur(e); **to be ~ on sb/sthg** être dur avec qqn/pour qqch. **-2.** [winter, frost] rude. **-3.** [water] calcaire. **-4.** [fact] concret(ète); [news] sûr(e), vérifié(e). **-5.** *Br* POL: **~ left/right** extrême gauche/droite. ◇ *adv* **-1.** [strenuously - work] dur; [- listen, concentrate] avec effort; **to try ~ (to do sthg)** faire de son mieux (pour faire qqch). **-2.** [forcefully] fort. **-3.** [heavily - rain] à verse; [- snow] dru. **-4.** *phr*: **to be ~ pushed** OR **put** OR **pressed to do sthg** avoir bien de la peine à faire qqch; **to feel ~ done by** avoir l'impression d'avoir été traité injustement.

hardback ['hɑːdbæk] ◇ *adj* relié(e). ◇ *n* livre *m* relié.

hardboard ['hɑːdbɔːd] *n* panneau *m* de fibres.

hard-boiled *adj* CULIN: **~ egg** œuf *m* dur.

hard cash *n* (U) espèces *fpl*.

hard copy *n* COMPUT sortie *f* papier.

hard disk *n* COMPUT disque *m* dur.

harden ['hɑːdn] ◇ *vt* durcir; [steel] tremper. ◇ *vi* **-1.** [glue, concrete] durcir. **-2.** [attitude, opposition] se durcir.

hard-headed [-'hedɪd] *adj* [decision] pragmatique; **to be ~** [person] avoir la tête froide.

hard-hearted [-'hɑːtɪd] *adj* insensible, impitoyable.

hard labour *n* (U) travaux *mpl* forcés.

hard-liner *n* partisan *m* de la manière forte.

hardly ['hɑːdlɪ] *adv* **-1.** [scarcely] à peine, ne ... guère; **~ ever/anything**

presque jamais/rien; **I can ~ move/ wait je peux à peine bouger/ attendre. -2.** [only just] à peine.

hardness ['hɑːdnɪs] *n* **-1.** [firmness] dureté *f*. **-2.** [difficulty] difficulté *f*.

hardship ['hɑːdʃɪp] *n* **-1.** (*U*) [difficult conditions] épreuves *fpl*. **-2.** [difficult circumstance] épreuve *f*.

hard shoulder *n Br* AUT bande *f* d'arrêt d'urgence.

hard up *adj inf* fauché(e); **~ for sthg** à court de qqch.

hardware ['hɑːdweəʳ] *n* (*U*) **-1.** [tools, equipment] quincaillerie *f*. **-2.** COMPUT hardware *m*, matériel *m*.

hardware shop *n* quincaillerie *f*.

hardwearing [,hɑːd'weərɪŋ] *adj Br* résistant(e).

hardworking [,hɑːd'wɜːkɪŋ] *adj* travailleur(euse).

hardy ['hɑːdɪ] *adj* **-1.** [person, animal] vigoureux(euse), robuste. **-2.** [plant] résistant(e), vivace.

hare [heəʳ] *n* lièvre *m*.

harebrained ['heə,breɪnd] *adj inf* [person] écervelé(e); [scheme, idea] insensé(e).

harelip [,heə'lɪp] *n* bec-de-lièvre *m*.

haricot (bean) ['hærɪkəʊ-] *n* haricot *m* blanc.

harm [hɑːm] ◇ *n* **-1.** [injury] mal *m*. **-2.** [damage - to clothes, plant] dommage *m*; [- to reputation] tort *m*; **to do ~ to sb, to do sb ~** faire du tort à qqn; **to do ~ to sthg, to do sthg ~** endommager qqch; **to be out of ~'s way** [person] être en sûreté OR lieu sûr; [thing] être en lieu sûr. ◇ *vt* **-1.** [injure] faire du mal à. **-2.** [damage - clothes, plant] endommager; [- reputation] faire du tort à.

harmful ['hɑːmfʊl] *adj* nuisible, nocif(ive).

harmless ['hɑːmlɪs] *adj* **-1.** [not dangerous] inoffensif(ive). **-2.** [inoffensive] innocent(e).

harmonica [hɑː'mɒnɪkə] *n* harmonica *m*.

harmonize, -ise ['hɑːmənaɪz] ◇ *vt* harmoniser. ◇ *vi* s'harmoniser.

harmony ['hɑːmənɪ] *n* harmonie *f*.

harness ['hɑːnɪs] ◇ *n* [for horse, child] harnais *m*. ◇ *vt* **-1.** [horse] harnacher. **-2.** [energy, resources] exploiter.

harp [hɑːp] *n* harpe *f*.

◆ **harp on** *vi*: **to ~ on (about sthg)** rabâcher (qqch).

harpoon [hɑː'puːn] ◇ *n* harpon *m*. ◇ *vt* harponner.

harpsichord ['hɑːpsɪkɔːd] *n* clavecin *m*.

harrowing ['hærəʊɪŋ] *adj* [experience] éprouvant(e); [report, film] déchirant(e).

harsh [hɑːʃ] *adj* **-1.** [life, conditions] rude; [criticism, treatment] sévère. **-2.** [to senses - sound] discordant(e); [- light, voice] criard(e); [- surface] rugueux(euse), rêche; [- taste] âpre.

harvest ['hɑːvɪst] ◇ *n* [of cereal crops] moisson *f*; [of fruit] récolte *f*; [of grapes] vendange *f*, vendanges *fpl*. ◇ *vt* [cereals] moissonner; [fruit] récolter; [grapes] vendanger.

has [weak form həz, strong form hæz] → **have**.

has-been *n inf pej* ringard *m*, -e *f*.

hash [hæʃ] *n* **-1.** [meat] hachis *m*. **-2.** *inf* [mess]: **to make a ~ of sthg** faire un beau gâchis de qqch.

hashish ['hæʃiːʃ] *n* haschich *m*.

hasn't ['hæznt] = **has not**.

hassle ['hæsl] *inf* ◇ *n* [annoyance] tracas *m*, embêtement *m*. ◇ *vt* tracasser.

haste [heɪst] *n* hâte *f*; **to do sthg in ~** faire qqch à la hâte; **to make ~** *dated* se hâter.

hasten ['heɪsn] *fml* ◇ *vt* hâter, accélérer. ◇ *vi* se hâter, se dépêcher; **to ~ to do sthg** s'empresser de faire qqch.

hastily ['heɪstɪlɪ] *adv* **-1.** [quickly] à la hâte. **-2.** [rashly] sans réfléchir.

hasty ['heɪstɪ] *adj* **-1.** [quick] hâtif(ive). **-2.** [rash] irréfléchi(e).

hat [hæt] *n* chapeau *m*.

hatch [hætʃ] ◇ *vt* **-1.** [chick] faire éclore; [egg] couver. **-2.** *fig* [scheme, plot] tramer. ◇ *vi* [chick, egg] éclore.

◇ *n* [for serving food] **passe-plats** *m* *inv.*

hatchback ['hætʃ,bæk] *n* voiture *f* avec hayon.

hatchet ['hætʃɪt] *n* hachette *f*.

hatchway ['hætʃ,weɪ] *n* passe-plats *m inv*, guichet *m*.

hate [heɪt] ◇ *n* (U) haine *f*. ◇ *vt* **-1.** [detest] haïr. **-2.** [dislike] détester; **to ~ doing sthg** avoir horreur de faire qqch.

hateful ['heɪtfʊl] *adj* odieux(ieuse).

hatred ['heɪtrɪd] *n* (U) haine *f*.

hat trick *n* SPORT: **to score a ~** marquer trois buts.

haughty ['hɔ:tɪ] *adj* hautain(e).

haul [hɔ:l] ◇ *n* **-1.** [of drugs, stolen goods] prise *f*, butin *m*. **-2.** [distance]: **long ~** long voyage *m* OR trajet *m*. ◇ *vt* [pull] traîner, tirer.

haulage ['hɔ:lɪdʒ] *n* transport *m* routier, camionnage *m*.

haulier *Br* ['hɔ:lɪəʳ], **hauler** *Am* ['hɔ:lər] *n* entrepreneur *m* de transports routiers.

haunch [hɔ:ntʃ] *n* [of person] hanche *f*, [of animal] derrière *m*, arrière-train *m*.

haunt [hɔ:nt] ◇ *n* repaire *m*. ◇ *vt* hanter.

have [hæv] (*pt* & *pp* **had**) ◇ *aux vb* (*to form perfect tenses - gen*) avoir; (*- with many intransitive verbs*) être; **to ~ eaten** avoir mangé; **to ~ left** être parti(e); **she hasn't gone yet, has she?** elle n'est pas encore partie, si?; **I was out of breath, having run all the way** j'étais essoufflé d'avoir couru tout le long du chemin. ◇ *vt* **-1.** [possess, receive]: **to ~ (got)** avoir; **I ~ no money, I haven't got any money** je n'ai pas d'argent; **I've got things to do** j'ai (des choses) à faire. **-2.** [experience illness] avoir; **to ~ flu** avoir la grippe. **-3.** (*referring to an action, instead of another verb*): **to ~ a read** lire; **to ~ a swim** nager; **to ~ a bath/shower** prendre un bain/une douche; **to ~ a cigarette** fumer une cigarette; **to ~ a meeting** tenir une réu-

nion. **-4.** [give birth to]: **to ~ a baby** avoir un bébé. **-5.** [cause to be done]: **to ~ sb do sthg** faire faire qqch à qqn; **to ~ sthg done** faire faire qqch; **to ~ one's hair cut** se faire couper les cheveux. **-6.** [be treated in a certain way]: **I had my car stolen** je me suis fait voler ma voiture, on m'a volé ma voiture. **-7.** *inf* [cheat]: **to be had** se faire avoir. **-8.** *phr*: **to ~ it in for sb** en avoir après qqn, en vouloir à qqn; **to ~ had it** [car, machine, clothes] avoir fait son temps. ◇ *modal vb* [be obliged]: **to ~ (got) to do sthg** devoir faire qqch, être obligé(e) de faire qqch; **do you ~ to go?, ~ you got to go?** est-ce que tu dois partir?, est-ce que tu es obligé de partir?; **I've got to go to work** il faut que j'aille travailler.

◆ **have on** *vt sep* **-1.** [be wearing] porter. **-2.** [tease] faire marcher.

◆ **have out** *vt sep* **-1.** [have removed]: **to ~ one's appendix/tonsils out** se faire opérer de l'appendicite/des amygdales. **-2.** [discuss frankly]: **to ~ it out with sb** s'expliquer avec qqn.

haven ['heɪvn] *n* havre *m*.

haven't ['hævnt] = **have not**.

haversack ['hævəsæk] *n* sac *m* à dos.

havoc ['hævək] *n* (U) dégâts *mpl*; **to play ~ with** [gen] abîmer; [with health] détraquer; [with plans] ruiner.

Hawaii [hə'waɪiː] *n* Hawaii *m*.

hawk [hɔ:k] *n* faucon *m*.

hawker ['hɔ:kəʳ] *n* colporteur *m*.

hay [heɪ] *n* foin *m*.

hay fever *n* (U) rhume *m* des foins.

haystack ['heɪ,stæk] *n* meule *f* de foin.

haywire ['heɪ,waɪəʳ] *adj inf*: **to go ~** [person] perdre la tête; [machine] se détraquer.

hazard ['hæzəd] ◇ *n* hasard *m*. ◇ *vt* hasarder.

hazardous ['hæzədəs] *adj* hasardeux(euse).

hazard warning lights *npl Br* AUT feux *mpl* de détresse.

haze [heɪz] *n* brume *f*.

hazel ['heizl] *adj* noisette (*inv*).

hazelnut ['heizl,nʌt] *n* noisette *f.*

hazy ['heizi] *adj* **-1.** [misty] brumeux(euse). **-2.** [memory, ideas] flou(e), vague.

he [hiː] *pers pron* **-1.** (*unstressed*) il; ~'s tall il est grand; **there** ~ **is** le voilà. **-2.** (*stressed*) lui; **HE can't do it** lui ne peut pas le faire.

head [hed] ◇ *n* **-1.** [of person, animal] tête *f;* **a** OR **per** ~ par tête, par personne; **to laugh one's** ~ **off** rire à gorge déployée; **to be off one's** ~ *Br,* **to be out of one's** ~ *Am* être dingue; **to be soft in the** ~ être débile; **to go to one's** ~ [alcohol, praise] monter à la tête; **to keep one's** ~ garder son sang-froid; **to lose one's** ~ perdre la tête. **-2.** [of table, bed, hammer] tête *f;* [of stairs, page] haut *m.* **-3.** [of flower] tête *f;* [of cabbage] pomme *f.* **-4.** [leader] chef *m.* **-5.** [head teacher] directeur *m,* -trice *f* [procession, list] être en tête de. **-2.** [be in charge of] être à la tête de. **-3.** FTBL: **to** ~ **the ball** faire une tête. ◇ *vi:* **where are you ~ing?** où allez-vous?
♦ **heads** *npl* [on coin] face *f;* ~**s or tails?** pile ou face?
♦ **head for** *vt fus* **-1.** [place] se diriger vers. **-2.** *fig* [trouble, disaster] aller au devant de.

headache ['hedeik] *n* mal *m* de tête; **to have a** ~ avoir mal à la tête.

headband ['hedbænd] *n* bandeau *m.*

head boy *n Br* élève chargé de la discipline et qui siège aux conseils de son école.

headdress ['hed,dres] *n* coiffe *f.*

header ['hedər] *n* FTBL tête *f.*

headfirst [,hed'fɜːst] *adv* (la) tête la première.

head girl *n Br* élève chargée de la discipline et qui siège aux conseils de son école.

heading ['hediŋ] *n* titre *m,* intitulé *m.*

headlamp ['hedlæmp] *n Br* phare *m.*

headland ['hedlənd] *n* cap *m.*

headlight ['hedlait] *n* phare *m.*

headline ['hedlain] *n* [in newspaper] gros titre *m;* TV & RADIO grand titre *m.*

headlong ['hedlɒŋ] *adv* **-1.** [quickly] à toute allure. **-2.** [unthinkingly] tête baissée. **-3.** [headfirst] (la) tête la première.

headmaster [,hed'mɑːstər] *n* directeur *m* (d'une école).

headmistress [,hed'mistris] *n* directrice *f* (d'une école).

head office *n* siège *m* social.

head-on ◇ *adj* [collision] de plein fouet; [confrontation] de front. ◇ *adv* de plein fouet.

headphones ['hedfəunz] *npl* casque *m.*

headquarters [,hed'kwɔːtəz] *npl* [of business, organization] siège *m;* [of armed forces] quartier *m* général.

headrest ['hedrest] *n* appui-tête *m.*

headroom ['hedrum] *n* (*U*) hauteur *f.*

headscarf ['hedskɑːf] (*pl* -scarves [-skɑːvz] OR -scarfs) *n* foulard *m.*

headset ['hedset] *n* casque *m.*

head start *n* avantage *m* au départ; ~ **on** OR **over** avantage sur.

headstrong ['hedstrɒŋ] *adj* volontaire, têtu(e).

head waiter *n* maître *m* d'hôtel.

headway ['hedwei] *n*: **to make** ~ faire des progrès.

headwind ['hedwind] *n* vent *m* contraire.

heady ['hedi] *adj* **-1.** [exciting] grisant(e). **-2.** [causing giddiness] capiteux(euse).

heal [hiːl] ◇ *vt* **-1.** [cure] guérir. **-2.** *fig* [troubles, discord] apaiser. ◇ *vi* se guérir.

healing ['hiːliŋ] ◇ *adj* curatif(ive). ◇ *n* (*U*) guérison *f.*

health [helθ] *n* santé *f.*

health centre *n* ≃ centre *m* médico-social.

health food *n* produits *mpl* diététiques.

health food shop *n* magasin *m* de produits diététiques.

health service *n* ≃ sécurité *f* sociale.

healthy ['helθι] *adj* -1. [gen] sain(e). -2. [well] en bonne santé, bien portant(e). -3. *fig* [economy, company] qui se porte bien. -4. [profit] bon (bonne).

heap [hi:p] ◇ *n* tas *m*. ◇ *vt* [pile up] entasser.
♦ **heaps** *npl inf*: ~s of [people, objects] des tas de; [time, money] énormément de.

hear [hɪər] (*pt & pp* **heard** [hɜ:d]) ◇ *vt* -1. [gen & JUR] entendre. -2. [learn of] apprendre; **to ~ (that)** ... apprendre que .... ◇ *vi* -1. [perceive sound] entendre. -2. [know]: **to ~ about** entendre parler de. -3. [receive news]: **to ~ about** avoir des nouvelles de; **to ~ from sb** recevoir des nouvelles de qqn. -4. *phr*: **to have heard of** avoir entendu parler de; **I won't ~ of it!** je ne veux pas en entendre parler!

hearing ['hɪərɪŋ] *n* -1. [sense] ouïe *f*; **hard of ~** dur(e) d'oreille. -2. [trial] audience *f*.

hearing aid *n* audiophone *m*.

hearsay ['hɪəseɪ] *n* ouï-dire *m*.

hearse [hɜ:s] *n* corbillard *m*.

heart [hɑ:t] *n lit & fig* cœur *m*; **from the ~** du fond du cœur; **to lose ~** perdre courage; **to break sb's ~** briser le cœur à qqn.
♦ **hearts** *npl* cœur *m*.
♦ **at heart** *adv* au fond (de soi).
♦ **by heart** *adv* par cœur.

heartache ['hɑ:teɪk] *n* peine *f* de cœur.

heart attack *n* crise *f* cardiaque.

heartbeat ['hɑ:tbi:t] *n* battement *m* de cœur.

heartbroken ['hɑ:t,brəʊkn] *adj* qui a le cœur brisé.

heartburn ['hɑ:tbɜ:n] *n* (U) brûlures *fpl* d'estomac.

heart failure *n* arrêt *m* cardiaque.

heartfelt ['hɑ:tfelt] *adj* sincère.

hearth [hɑ:θ] *n* foyer *m*.

heartless ['hɑ:tlɪs] *adj* sans cœur.

heartwarming ['hɑ:t,wɔ:mɪŋ] *adj* réconfortant(e).

hearty ['hɑ:tɪ] *adj* -1. [greeting, person] cordial(e). -2. [substantial - meal] copieux(ieuse); [- appetite] gros (grosse).

heat [hi:t] ◇ *n* -1. (U) [warmth] chaleur *f*. -2. (U) *fig* [pressure] pression *f*. -3. [eliminating round] éliminatoire *f*. -4. ZOOL: **on** *Br* OR **in** ~ en chaleur. ◇ *vt* chauffer.
♦ **heat up** ◇ *vt sep* réchauffer. ◇ *vi* chauffer.

heated ['hi:tɪd] *adj* [argument, discussion, person] animé(e); [issue] chaud(e).

heater ['hi:tər] *n* appareil *m* de chauffage.

heath [hi:θ] *n* lande *f*.

heathen ['hi:ðn] ◇ *adj* païen(enne). ◇ *n* païen *m*, -enne *f*.

heather ['heðər] *n* bruyère *f*.

heating ['hi:tɪŋ] *n* chauffage *m*.

heatstroke ['hi:tstrəʊk] *n* (U) coup *m* de chaleur.

heat wave *n* canicule *f*, vague *f* de chaleur.

heave [hi:v] ◇ *vt* -1. [pull] tirer (avec effort); [push] pousser (avec effort). -2. *inf* [throw] lancer. ◇ *vi* -1. [pull] tirer. -2. [rise and fall] se soulever. -3. [retch] avoir des haut-le-cœur.

heaven ['hevn] *n* paradis *m*.
♦ **heavens** ◇ *npl*: **the ~s** *literary* les cieux *mpl*. ◇ *excl*: **(good) ~s!** juste ciel!

heavenly ['hevnlɪ] *adj inf* [delightful] délicieux(ieuse), merveilleux(euse).

heavily ['hevɪlɪ] *adv* -1. [booked, in debt] lourdement; [rain, smoke, drink] énormément. -2. [solidly - built] solidement. -3. [breathe, sigh] péniblement, bruyamment. -4. [fall, sit down] lourdement.

heavy ['hevɪ] *adj* -1. [gen] lourd(e); **how ~ is it?** ça pèse combien? -2. [traffic] dense; [rain] battant(e); [fighting] acharné(e); [casualties, corrections] nombreux(euses); [smoker, drinker] gros (grosse). -3. [noisy - breathing] bruyant(e). -4. [schedule] chargé(e). -5. [physically exacting - work, job] pénible.

heavy cream n Am crème f fraîche épaisse.

heavy goods vehicle n Br poids lourd m.

heavyweight ['hevɪweɪt] SPORT ◇ adj poids lourd. ◇ n poids lourd m.

Hebrew ['hi:bru:] ◇ adj hébreu, hébraïque. ◇ n -1. [person] Hébreu m, Israélite mf. -2. [language] hébreu m.

Hebrides ['hebrɪdi:z] npl: the ~ les (îles fpl) Hébrides.

heck [hek] excl inf: what/where/why the ~ ...? que/où/pourquoi diable ...?; a ~ of a nice guy un type vachement sympa; a ~ of a lot of people un tas de gens.

heckle ['hekl] ◇ vt interpeller. ◇ vi interrompre bruyamment.

hectic ['hektɪk] adj [meeting, day] agité(e), mouvementé(e).

he'd [hi:d] = he had, he would.

hedge [hedʒ] ◇ n haie f. ◇ vi [prevaricate] répondre de façon détournée.

hedgehog ['hedʒhɒg] n hérisson m.

heed [hi:d] ◇ n: to take ~ of sthg tenir compte de qqch. ◇ vt fml tenir compte de.

heedless ['hi:dlɪs] adj: ~ of sthg qui ne tient pas compte de qqch.

heel [hi:l] n talon m.

hefty ['heftɪ] adj -1. [well-built] costaud(e). -2. [large] gros (grosse).

heifer ['hefər] n génisse f.

height [haɪt] n -1. [of building, mountain] hauteur f; [of person] taille f; 5 metres in ~ 5 mètres de haut; what ~ is it? ça fait quelle hauteur?; what ~ are you? combien mesurez-vous? -2. [above ground - of aircraft] altitude f. -3. [zenith]: at the ~ of the summer/season au cœur de l'été/de la saison; at the ~ of his fame au sommet de sa gloire.

heighten ['haɪtn] vt & vi augmenter.

heir [eər] n héritier m.

heiress ['eərɪs] n héritière f.

heirloom ['eəlu:m] n meuble m/bijou m de famille.

heist [haɪst] n inf casse m.

held [held] pt & pp → **hold**.

helicopter ['helɪkɒptər] n hélicoptère m.

helium ['hi:lɪəm] n hélium m.

hell [hel] ◇ n -1. lit & fig enfer m. -2. inf [for emphasis]: he's a ~ of a nice guy c'est un type vachement sympa; what/where/why the ~ ...? que/où/pourquoi ..., bon sang? -3. phr: to do sthg for the ~ of it inf faire qqch pour le plaisir, faire qqch juste comme ça; to give sb ~ inf [verbally] engueuler qqn; go to ~! v inf va te faire foutre! ◇ excl inf merde!, zut!

he'll [hi:l] = he will.

hellish ['helɪʃ] adj inf infernal(e).

hello [hə'ləʊ] excl -1. [as greeting] bonjour!; [on phone] allô! -2. [to attract attention] hé!

helm [helm] n lit & fig barre f.

helmet ['helmɪt] n casque m.

help [help] ◇ n -1. (U) [assistance] aide f; he gave me a lot of ~ il m'a beaucoup aidé; with the ~ of sthg à l'aide de qqch; with sb's ~ avec l'aide de qqn; to be of ~ rendre service. -2. (U) [emergency aid] secours m. -3. [useful person or object]: to be a ~ aider, rendre service. ◇ vi aider. ◇ vt -1. [assist] aider; to ~ sb (to) do sthg aider qqn à faire qqch; to ~ sb with sthg aider qqn à faire qqch. -2. [avoid]: I can't ~ it je n'y peux rien; I couldn't ~ laughing je ne pouvais pas m'empêcher de rire. -3. phr: to ~ o.s. (to sthg) se servir (de qqch). ◇ excl au secours!, à l'aide!
◆ **help out** vt sep & vi aider.

helper ['helpər] n -1. [gen] aide mf. -2. Am [to do housework] femme f de ménage.

helpful ['helpfʊl] adj -1. [person] serviable. -2. [advice, suggestion] utile.

helping ['helpɪŋ] n portion f; [of cake, tart] part f.

helpless ['helplɪs] adj impuissant(e); [look, gesture] d'impuissance.

helpline ['helplaɪn] n ligne f d'assistance téléphonique.

Helsinki ['helsɪŋkɪ] n Helsinki.

hem [hem] ◇ n ourlet m. ◇ vt ourler.

◆ **hem in** *vt sep* encercler.

hemisphere ['hemɪˌsfɪə'] *n* hémisphère *m*.

hemline ['hemlaɪn] *n* ourlet *m*.

hemophiliac [ˌhiːmə'fɪlɪæk] *n* hémophile *mf*.

hemorrhage ['hemərɪdʒ] *n* hémorragie *f*.

hemorrhoids ['hemərɔɪdz] *npl* hémorroïdes *fpl*.

hen [hen] *n* -1. [female chicken] poule *f*. -2. [female bird] femelle *f*.

hence [hens] *adv fml* -1. [therefore] d'où. -2. [from now] d'ici.

henceforth [ˌhens'fɔːθ] *adv fml* dorénavant.

henchman ['hentʃmən] (*pl* -men [-mən]) *n pej* acolyte *m*.

henna ['henə] ◇ *n* henné *m*. ◇ *vt* [hair] appliquer du henné sur.

henpecked ['henpekt] *adj pej* dominé par sa femme.

her [hɜː'] ◇ *pers pron* -1. (*direct - unstressed*) la, l' (+ *vowel or silent 'h'*); (- *stressed*) elle; **I know/like** ~ je la connais/l'aime; **it's** ~ c'est elle. -2. (*referring to animal, car, ship etc*) follow the gender of your translation. -3. (*indirect*) lui; **we spoke to** ~ nous lui avons parlé; **he sent** ~ **a letter** il lui a envoyé une lettre. -4. (*after prep, in comparisons etc*) elle; **I'm shorter than** ~ je suis plus petit qu'elle. ◇ *poss adj* son (sa), ses (*pl*); ~ **coat** son manteau; ~ **bedroom** sa chambre; ~ **children** ses enfants; **it was HER fault** c'était de sa faute à elle.

herald ['herəld] ◇ *vt fml* annoncer. ◇ *n* [messenger] héraut *m*.

herb [hɜːb] *n* herbe *f*.

herd [hɜːd] ◇ *n* troupeau *m*. ◇ *vt* -1. [cattle, sheep] mener. -2. *fig* [people] conduire, mener; [into confined space] parquer.

here [hɪə'] *adv* -1. [in this place] ici; ~ **he is/they are** le/les voici; ~ **it is** le/la voici; ~ **is/are** voici; ~ **and there** çà et là. -2. [present] là.

hereabouts *Br* [ˌhɪərə'baʊts], **hereabout** *Am* [ˌhɪərə'baʊt] *adv* par ici.

hereafter [ˌhɪər'ɑːftə'] ◇ *adv fml* ci-après. ◇ *n*: **the** ~ l'au-delà *m*.

hereby [ˌhɪə'baɪ] *adv fml* par la présente.

hereditary [hɪ'redɪtrɪ] *adj* héréditaire.

heresy ['herəsɪ] *n* hérésie *f*.

herewith [ˌhɪə'wɪð] *adv fml* [with letter] ci-joint, ci-inclus.

heritage ['herɪtɪdʒ] *n* héritage *m*, patrimoine *m*.

hermetically [hɜː'metɪklɪ] *adv*: ~ **sealed** fermé(e) hermétiquement.

hermit ['hɜːmɪt] *n* ermite *m*.

hernia ['hɜːnjə] *n* hernie *f*.

hero ['hɪərəʊ] (*pl* -es) *n* héros *m*.

heroic [hɪ'rəʊɪk] *adj* héroïque.

heroin ['herəʊɪn] *n* héroïne *f*.

heroine ['herəʊɪn] *n* héroïne *f*.

heron ['herən] (*pl inv* OR -s) *n* héron *m*.

herring ['herɪŋ] (*pl inv* OR -s) *n* hareng *m*.

hers [hɜːz] *poss pron* le sien (la sienne), les siens (les siennes) (*pl*); **that money is** ~ cet argent est à elle OR est le sien; **a friend of** ~ un ami à elle, un de ses amis.

herself [hɜː'self] *pron* -1. (*reflexive*) se; (*after prep*) elle. -2. (*for emphasis*) elle-même.

he's [hiːz] = **he is, he has**.

hesitant ['hezɪtənt] *adj* hésitant(e).

hesitate ['hezɪteɪt] *vi* hésiter; **to** ~ **to do sthg** hésiter à faire qqch.

hesitation [ˌhezɪ'teɪʃn] *n* hésitation *f*.

heterogeneous [ˌhetərə'dʒiːnjəs] *adj fml* hétérogène.

heterosexual [ˌhetərəʊ'sekʃʊəl] ◇ *adj* hétérosexuel(elle). ◇ *n* hétérosexuel *m*, -elle *f*.

het up [het-] *adj inf* excité(e), énervé(e).

hexagon ['heksəgən] *n* hexagone *m*.

hey [heɪ] *excl* hé!

heyday ['heɪdeɪ] *n* âge *m* d'or.

HGV (*abbr of* **heavy goods vehicle**) *n* PL *m*.

hi [haɪ] *excl inf* salut!

hiatus [haɪ'eɪtəs] (*pl* **-es**) *n fml* pause *f*.

hibernate ['haɪbəneɪt] *vi* hiberner.

hiccough, hiccup ['hɪkʌp] ◇ *n* hoquet *m*; *fig* [difficulty] accroc *m*; **to have ~s** avoir le hoquet. ◇ *vi* hoqueter.

hid [hɪd] *pt* → **hide**.

hidden ['hɪdn] ◇ *pp* → **hide**. ◇ *adj* caché(e).

hide [haɪd] (*pt* **hid**, *pp* **hidden**) ◇ *vt*: **to ~ sthg (from sb)** cacher qqch (à qqn); [information] taire qqch (à qqn). ◇ *vi* se cacher. ◇ *n* **-1.** [animal skin] peau *f*. **-2.** [for watching birds, animals] cachette *f*.

hide-and-seek *n* cache-cache *m*.

hideaway ['haɪdəweɪ] *n* cachette *f*.

hideous ['hɪdɪəs] *adj* hideux(euse); [error, conditions] abominable.

hiding ['haɪdɪŋ] *n* **-1.** [concealment]: **to be in ~** se tenir caché(e). **-2.** *inf* [beating]: **to give sb a (good) ~** donner une (bonne) raclée OR correction à qqn.

hiding place *n* cachette *f*.

hierarchy ['haɪərɑːkɪ] *n* hiérarchie *f*.

hi-fi ['haɪfaɪ] *n* hi-fi *f inv*.

high [haɪ] ◇ *adj* **-1.** [gen] haut(e); **it's 3 feet/6 metres ~** cela fait 3 pieds/6 mètres de haut; **how ~ is it?** cela fait combien de haut? **-2.** [speed, figure, altitude, office] élevé(e). **-3.** [high-pitched] aigu(uë). **-4.** *drugs sl* qui plane, défoncé(e). **-5.** *inf* [drunk] bourré(e). ◇ *adv* haut. ◇ *n* [highest point] maximum *m*.

highbrow ['haɪbraʊ] *adj* intellectuel(elle).

high chair *n* chaise *f* haute (*d'enfant*).

high-class *adj* de premier ordre; [hotel, restaurant] de grande classe.

High Court *n Br* JUR Cour *f* suprême.

higher ['haɪər] *adj* [exam, qualification] supérieur(e).

♦ **Higher** *n*: **Higher (Grade)** SCH *examen de fin d'études secondaires en Écosse*.

higher education *n* (U) études *fpl* supérieures.

high-handed [-'hændɪd] *adj* despotique.

high jump *n* saut *m* en hauteur.

Highland Games ['haɪlənd-] *npl* jeux *mpl* écossais.

Highlands ['haɪləndz] *npl*: **the ~** les Highlands *fpl* (*région montagneuse du nord de l'Écosse*).

highlight ['haɪlaɪt] ◇ *n* [of event, occasion] moment *m* OR point *m* fort. ◇ *vt* souligner; [with highlighter] surligner.

♦ **highlights** *npl* [in hair] reflets *mpl*, mèches *fpl*.

highlighter (pen) ['haɪlaɪtər-] *n* surligneur *m*.

highly ['haɪlɪ] *adv* **-1.** [very] extrêmement, très. **-2.** [in important position]: **~ placed** haut placé(e). **-3.** [favourably]: **to think ~ of sb/sthg** penser du bien de qqn/qqch.

highly-strung *adj* nerveux(euse).

Highness ['haɪnɪs] *n*: **His/Her/Your (Royal) ~** Son/Votre Altesse (Royale); **their (Royal) ~es** leurs Altesses (Royales).

high-pitched [-'pɪtʃt] *adj* aigu(uë).

high point *n* [of occasion] point *m* fort.

high-powered [-'paʊəd] *adj* **-1.** [powerful] de forte puissance. **-2.** [prestigious - activity, place] de haut niveau; [- job, person] important(e).

high-ranking [-'ræŋkɪŋ] *adj* de haut rang.

high-rise *adj*: **~ block of flats** tour *f*.

high school *n Br* lycée *m*; *Am* établissement *m* d'enseignement supérieur.

high season *n* haute saison *f*.

high spot *n* point *m* fort.

high street *n Br* rue *f* principale.

high-tech [-'tek] *adj* [method, industry] de pointe.

high tide *n* marée *f* haute.

highway ['haɪweɪ] *n* **-1.** *Am* [motorway] autoroute *f*. **-2.** [main road] grande route *f*.

Highway Code *n Br*: **the ~** le code de la route.

hijack ['haɪdʒæk] ◇ *n* détournement *m*. ◇ *vt* détourner.

hijacker ['haɪdʒækə'] *n* [of aircraft] pirate *m* de l'air; [of vehicle] pirate *m* de la route.

hike [haɪk] ◇ *n* [long walk] randonnée *f*. ◇ *vi* faire une randonnée.

hiker ['haɪkə'] *n* randonneur *m*, -euse *f*.

hiking ['haɪkɪŋ] *n* marche *f*.

hilarious [hɪ'leərɪəs] *adj* hilarant(e).

hill [hɪl] *n* **-1.** [mound] colline *f*. **-2.** [slope] côte *f*.

hillside ['hɪlsaɪd] *n* coteau *m*.

hilly ['hɪlɪ] *adj* vallonné(e).

hilt [hɪlt] *n* garde *f*; **to support/defend sb to the ~** soutenir/défendre qqn à fond.

him [hɪm] *pers pron* **-1.** (*direct - un-stressed*) le, l' (+ *vowel or silent 'h'*); (*- stressed*) lui; **I know/like ~** je le connais/l'aime; **it's ~** c'est lui. **-2.** (*indirect*) lui; **we spoke to ~** nous lui avons parlé; **she sent ~ a letter** elle lui a envoyé une lettre. **-3.** (*after prep, in comparisons etc*) lui; **I'm short-er than ~** je suis plus petit que lui.

Himalayas [,hɪmə'leɪəz] *npl*: **the ~** l'Himalaya *m*.

himself [hɪm'self] *pron* **-1.** (*reflexive*) se; (*after prep*) lui. **-2.** (*for emphasis*) lui-même.

hind [haɪnd] (*pl inv* OR **-s**) ◇ *adj* de derrière. ◇ *n* biche *f*.

hinder ['hɪndə'] *vt* gêner, entraver.

Hindi ['hɪndɪ] *n* hindi *m*.

hindrance ['hɪndrəns] *n* obstacle *m*.

hindsight ['haɪndsaɪt] *n*: **with the benefit of ~** avec du recul.

Hindu ['hɪnduː] (*pl* **-s**) ◇ *adj* hindou(e). ◇ *n* Hindou *m*, -e *f*.

hinge [hɪndʒ] *n* [whole fitting] charnière *f*; [pin] gond *m*.

♦ **hinge (up)on** *vt fus* [depend on] dépendre de.

hint [hɪnt] ◇ *n* **-1.** [indication] allusion *f*; **to drop a ~** faire une allusion. **-2.** [piece of advice] conseil *m*, indication *f*. **-3.** [small amount] soupçon *m*. ◇ *vi*:

to ~ at sthg faire allusion à qqch. ◇ *vt*: **to ~ that ...** insinuer que ....

hip [hɪp] *n* hanche *f*.

hippie ['hɪpɪ] = **hippy**.

hippo ['hɪpəʊ] (*pl* **-s**) *n* hippopotame *m*.

hippopotamus [,hɪpə'pɒtəməs] (*pl* **-muses** OR **-mi** [-maɪ]) *n* hippopotame *m*.

hippy ['hɪpɪ] *n* hippie *mf*.

hire ['haɪə'] ◇ *n* (*U*) [of car, equipment] location *f*; **for ~** [bicycles etc] à louer; [taxi] libre. ◇ *vt* **-1.** [rent] louer. **-2.** [employ] employer les services de.

♦ **hire out** *vt sep* louer.

hire car *n Br* voiture *f* de location.

hire purchase *n* (*U*) *Br* achat *m* à crédit OR à tempérament.

his [hɪz] ◇ *poss adj* son (sa), ses (*pl*); **~ house** sa maison; **~ money** son argent; **~ children** ses enfants; **~ name is Joe** il s'appelle Joe. ◇ *poss pron* le sien (la sienne), les siens (les siennes) (*pl*); **that money is ~** cet argent est à lui OR est le sien; **it wasn't her fault, it was HIS** ce n'était pas de sa faute à elle, c'était de sa faute à lui; **a friend of ~** un ami à lui, un de ses amis.

hiss [hɪs] ◇ *n* [of animal, gas etc] sifflement *m*; [of crowd] sifflet *m*. ◇ *vi* [animal, gas etc] siffler.

historic [hɪ'stɒrɪk] *adj* historique.

historical [hɪ'stɒrɪkəl] *adj* historique.

history ['hɪstərɪ] *n* **-1.** [gen] histoire *f*. **-2.** [past record] antécédents *mpl*; **medical ~** passé *m* médical.

hit [hɪt] (*pt & pp* **hit**) ◇ *n* **-1.** [blow] coup *m*. **-2.** [successful strike] coup *m* OR tir *m* réussi; [in fencing] touche *f*. **-3.** [success] succès *m*; **to be a ~ with** plaire à. ◇ *comp* à succès. ◇ *vt* **-1.** [strike] frapper; [nail] taper sur. **-2.** [crash into] heurter, percuter. **-3.** [reach] atteindre. **-4.** [affect badly] toucher, affecter. **-5.** *phr*: **to ~ it off (with sb)** bien s'entendre (avec qqn).

hit-and-miss = **hit-or-miss**.

hit-and-run *adj* [accident] avec délit de fuite; ~ **driver** chauffard *m* (*qui a commis un délit de fuite*).

hitch [hɪtʃ] ◇ *n* [problem, snag] ennui *m*. ◇ *vt* **-1.** [catch]: **to ~ a lift** faire du stop. **-2.** [fasten]: **to ~ sthg on** OR **onto** accrocher OR attacher qqch à. ◇ *vi* [hitchhike] faire du stop.

♦ **hitch up** *vt sep* [pull up] remonter.

hitchhike ['hɪtʃhaɪk] *vi* faire de l'auto-stop.

hitchhiker ['hɪtʃhaɪkə^r] *n* auto-stoppeur *m*, - euse *f*.

hi-tech [,haɪ'tek] = **high-tech**.

hitherto [,hɪðə'tuː] *adv fml* jusqu'ici.

hit-or-miss *adj* aléatoire.

HIV (*abbr of* **human immunodeficiency virus**) *n* VIH *m*, HIV *m*; **to be ~-positive** être séropositif.

hive [haɪv] *n* ruche *f*; **a ~ of activity** une véritable ruche.

♦ **hive off** *vt sep* [assets] séparer.

HNC (*abbr of* **Higher National Certificate**) *n* brevet de technicien en Grande-Bretagne.

HND (*abbr of* **Higher National Diploma**) *n* brevet de technicien supérieur en Grande-Bretagne.

hoard [hɔːd] ◇ *n* [store] réserves *fpl*; [of useless items] tas *m*. ◇ *vt* amasser; [food, petrol] faire des provisions de.

hoarding ['hɔːdɪŋ] *n Br* [for advertisements] panneau *m* d'affichage publicitaire.

hoarfrost ['hɔːfrɒst] *n* gelée *f* blanche.

hoarse [hɔːs] *adj* [person, voice] enroué(e); [shout, whisper] rauque.

hoax [həʊks] *n* canular *m*.

hob [hɒb] *n Br* [on cooker] rond *m*, plaque *f*.

hobble ['hɒbl] *vi* [limp] boitiller.

hobby ['hɒbɪ] *n* passe-temps *m inv*, hobby *m*.

hobbyhorse ['hɒbɪhɔːs] *n* **-1.** [toy] cheval *m* à bascule. **-2.** *fig* [favourite topic] dada *m*.

hobo ['həʊbəʊ] (*pl* **-es** OR **-s**) *n Am* clochard *m*, -e *f*.

hockey ['hɒkɪ] *n* **-1.** [on grass] hockey *m*. **-2.** *Am* [ice hockey] hockey *m* sur glace.

hoe [həʊ] ◇ *n* houe *f*. ◇ *vt* biner.

hog [hɒg] ◇ *n* **-1.** *Am* [pig] cochon *m*. **-2.** *inf* [greedy person] goinfre *m*. **-3.** *phr*: **to go the whole ~** aller jusqu'au bout. ◇ *vt inf* [monopolize] accaparer, monopoliser.

Hogmanay ['hɒgməneɪ] *n* la Saint-Sylvestre en Écosse.

hoist [hɔɪst] ◇ *n* [device] treuil *m*. ◇ *vt* hisser.

hold [həʊld] (*pt & pp* **held**) ◇ *vt* **-1.** [gen] tenir. **-2.** [keep in position] maintenir. **-3.** [as prisoner] détenir; **to ~ sb prisoner/hostage** détenir qqn prisonnier/comme otage. **-4.** [have, possess] avoir. **-5.** *fml* [consider] considérer, estimer; **to ~ sb responsible for sthg** rendre qqn responsable de qqch, tenir qqn pour responsable de qqch. **-6.** [on telephone]: **please ~ the line** ne quittez pas, je vous prie. **-7.** [keep, maintain] retenir. **-8.** [sustain, support] supporter. **-9.** [contain] contenir. **-10.** *phr*: **~ it!**, **~ everything!** attendez!, arrêtez!; **to ~ one's own** se défendre. ◇ *vi* **-1.** [remain unchanged - gen] tenir; [- luck] persister; [- weather] se maintenir; **to ~ still** OR **steady** ne pas bouger, rester tranquille. **-2.** [on phone] attendre. ◇ *n* **-1.** [grasp, grip] prise *f*, étreinte *f*; **to take** OR **lay ~ of sthg** saisir qqch; **to get ~ of sthg** [obtain] se procurer qqch; **to get ~ of sb** [find] joindre. **-2.** [of ship, aircraft] cale *f*. **-3.** [control, influence] prise *f*.

♦ **hold back** *vt sep* **-1.** [restrain, prevent] retenir; [anger] réprimer. **-2.** [keep secret] cacher.

♦ **hold down** *vt sep* [job] garder.

♦ **hold off** *vt sep* [fend off] tenir à distance.

♦ **hold on** *vi* **-1.** [wait] attendre; [on phone] ne pas quitter. **-2.** [grip]: **to ~ on (to sthg)** se tenir (à qqch).

♦ **hold out** ◇ *vt sep* [hand, arms] tendre. ◇ *vi* **-1.** [last] durer. **-2.** [resist]: **to**

~ **out (against sb/sthg)** résister (à qqn/qqch).
◆ **hold up** vt sep **-1.** [raise] lever. **-2.** [delay] retarder.

holdall ['həʊldɔːl] n Br fourre-tout m inv.

holder ['həʊldə⁺] n **-1.** [for cigarette] porte-cigarettes m inv. **-2.** [owner] détenteur m, -trice f; [of position, title] titulaire mf.

holding ['həʊldɪŋ] n **-1.** [investment] effets mpl en portefeuille. **-2.** [farm] ferme f.

holdup ['həʊldʌp] n **-1.** [robbery] hold-up m. **-2.** [delay] retard m.

hole [həʊl] n **-1.** [gen] trou m. **-2.** inf [predicament] pétrin m.

holiday ['hɒlɪdeɪ] n **-1.** [vacation] vacances fpl; **to be/go on** ~ être/partir en vacances. **-2.** [public holiday] jour m férié.

holiday camp n Br camp m de vacances.

holidaymaker ['hɒlɪdɪˌmeɪkə⁺] n Br vacancier m, -ière f.

holiday pay n Br salaire payé pendant les vacances.

holiday resort n Br lieu m de vacances.

holistic [həʊ'lɪstɪk] adj holistique.

Holland ['hɒlənd] n Hollande f.

holler ['hɒlə⁺] vi & vt inf gueuler, brailler.

hollow ['hɒləʊ] ◇ adj creux (creuse); [eyes] cave; [promise, victory] faux (fausse); [laugh] qui sonne faux. ◇ n creux m.
◆ **hollow out** vt sep creuser, évider.

holly ['hɒlɪ] n houx m.

holocaust ['hɒləkɔːst] n [destruction] destruction f, holocauste m.
◆ **Holocaust** n: **the Holocaust** l'holocauste m.

holster ['həʊlstə⁺] n étui m.

holy ['həʊlɪ] adj saint(e); [ground] sacré(e).

Holy Ghost n: **the** ~ le Saint-Esprit.

Holy Land n: **the** ~ la Terre sainte.

Holy Spirit n: **the** ~ le Saint-Esprit.

home [həʊm] ◇ n **-1.** [house, institution] maison f; **to make one's** ~ s'établir, s'installer. **-2.** [own country] patrie f; [city] ville f natale. **-3.** [one's family] foyer m; **to leave** ~ quitter la maison. **-4.** fig [place of origin] berceau m. ◇ adj **-1.** [not foreign] intérieur(e); [- product] national(e). **-2.** [in one's own home - cooking] familial(e); [- life] de famille; [- improvements] domestique. **-3.** [SPORT - game] sur son propre terrain; [- team] qui reçoit. ◇ adv [to or at one's house] chez soi, à la maison.
◆ **at home** adv **-1.** [in one's house, flat] chez soi, à la maison. **-2.** [comfortable] à l'aise; **at** ~ **with sthg** à l'aise dans qqch; **to make o.s. at** ~ faire comme chez soi. **-3.** [in one's own country] chez nous.

home address n adresse f du domicile.

home brew n (U) [beer] bière f faite à la maison.

home computer n ordinateur m domestique.

Home Counties npl: **the** ~ les comtés entourant Londres.

home economics n (U) économie f domestique.

home help n Br aide f ménagère.

homeland ['həʊmlænd] n **-1.** [country of birth] patrie f. **-2.** [in South Africa] homeland m, bantoustan m.

homeless ['həʊmlɪs] ◇ adj sans abri. ◇ npl: **the** ~ les sans-abri mpl.

homely ['həʊmlɪ] adj **-1.** [simple] simple. **-2.** [unattractive] ordinaire.

homemade [ˌhəʊm'meɪd] adj fait(e) (à la) maison.

Home Office n Br: **the** ~ ≃ le ministère de l'Intérieur.

homeopathy [ˌhəʊmɪ'ɒpəθɪ] n homéopathie f.

Home Secretary n Br ≃ ministre m de l'Intérieur.

homesick ['həʊmsɪk] adj qui a le mal du pays.

hometown ['həʊmtaʊn] n ville f natale.

homeward ['həʊmwəd] ◇ *adj* de retour. ◇ *adv* = **homewards**.

homewards ['həʊmwədz] *adv* vers la maison.

homework ['həʊmwɜːk] *n* (*U*) **-1.** SCH devoirs *mpl*. **-2.** *inf* [preparation] boulot *m*.

homey, homy ['həʊmɪ] *adj Am* confortable, agréable.

homicide ['hɒmɪsaɪd] *n* homicide *m*.

homoeopathy *etc* [,həʊmɪ'ɒpəθɪ] = **homeopathy** *etc*.

homogeneous [,hɒmə'dʒiːnjəs] *adj* homogène.

homosexual [,hɒmə'sekʃʊəl] ◇ *adj* homosexuel(elle). ◇ *n* homosexuel *m*, -elle *f*.

homy = **homey**.

hone [həʊn] *vt* aiguiser.

honest ['ɒnɪst] ◇ *adj* **-1.** [trustworthy] honnête, probe. **-2.** [frank] franc (franche), sincère; **to be ~ ...** pour dire la vérité, à dire vrai. **-3.** [legal] légitime. ◇ *adv inf* = **honestly** 2.

honestly ['ɒnɪstlɪ] ◇ *adv* **-1.** [truthfully] honnêtement. **-2.** [expressing sincerity] je vous assure. ◇ *excl* [expressing impatience, disapproval] franchement!

honesty ['ɒnɪstɪ] *n* honnêteté *f*, probité *f*.

honey ['hʌnɪ] *n* **-1.** [food] miel *m*. **-2.** [dear] chéri *m*, -e *f*.

honeycomb ['hʌnɪkəʊm] *n* gâteau *m* de miel.

honeymoon ['hʌnɪmuːn] ◇ *n lit* & *fig* lune *f* de miel. ◇ *vi* aller en voyage de noces, passer sa lune de miel.

honeysuckle ['hʌnɪ,sʌkl] *n* chèvrefeuille *m*.

Hong Kong [,hɒŋ'kɒŋ] *n* Hong Kong, Hongkong.

honk [hɒŋk] ◇ *vi* **-1.** [motorist] klaxonner. **-2.** [goose] cacarder. ◇ *vt*: **to ~ the horn** klaxonner.

honor *etc Am* = **honour** *etc*.

honorary [*Br* 'ɒnərərɪ, *Am* ɒnə'reərɪ] *adj* honoraire.

honour *Br*, **honor** *Am* ['ɒnər] ◇ *n* honneur *m*; **in ~ of sb/sthg** en

l'honneur de qqn/qqch. ◇ *vt* honorer.

◆ **honours** *npl* **-1.** [tokens of respect] honneurs *mpl*. **-2.** [of university degree] ≃ licence *f*.

honourable *Br*, **honorable** *Am* ['ɒnrəbl] *adj* honorable.

hood [hʊd] *n* **-1.** [on cloak, jacket] capuchon *m*. **-2.** [of cooker] hotte *f*. **-3.** [of pram, convertible car] capote *f*. **-4.** *Am* [car bonnet] capot *m*.

hoodlum ['huːdləm] *n Am inf* gangster *m*, truand *m*.

hoof [huːf, hʊf] (*pl* **-s** OR **hooves**) *n* sabot *m*.

hook [hʊk] ◇ *n* **-1.** [for hanging things on] crochet *m*. **-2.** [for catching fish] hameçon *m*. **-3.** [fastener] agrafe *f*. **-4.** [of telephone]: **off the ~** décroché. ◇ *vt* **-1.** [attach with hook] accrocher. **-2.** [catch with hook] prendre.

◆ **hook up** *vt sep*: **to ~ sthg up to sthg** connecter qqch à qqch.

hooked [hʊkt] *adj* **-1.** [shaped like a hook] crochu(e). **-2.** *inf* [addicted]: **to be ~ (on)** être accro (à); [music, art] être mordu(e) (de).

hook(e)y ['hʊkɪ] *n Am inf*: **to play ~** faire l'école buissonnière.

hooligan ['huːlɪgən] *n* hooligan *m*, vandale *m*.

hoop [huːp] *n* **-1.** [circular band] cercle *m*. **-2.** [toy] cerceau *m*.

hooray [hʊ'reɪ] = **hurray**.

hoot [huːt] ◇ *n* **-1.** [of owl] hululement *m*. **-2.** [of horn] coup *m* de klaxon. **-3.** *Br inf* [something amusing]: **to be a ~** être tordant(e). ◇ *vi* **-1.** [owl] hululer. **-2.** [horn] klaxonner. ◇ *vt*: **to ~ the horn** klaxonner.

hooter ['huːtər] *n* [horn] klaxon *m*.

Hoover® *Br* ['huːvər] *n* aspirateur *m*.

◆ **hoover** *vt* [room] passer l'aspirateur dans; [carpet] passer à l'aspirateur.

hooves [huːvz] *pl* → **hoof**.

hop [hɒp] ◇ *n* saut *m*; [on one leg] saut à cloche-pied. ◇ *vi* sauter; [on one leg] sauter à cloche-pied; [bird] sautiller.

◆ **hops** *npl* houblon *m*.

hope [həʊp] ◇ *vi* espérer; **to ~ for sthg** espérer qqch; **I ~ so** j'espère bien; **I ~ not** j'espère bien que non. ◇ *vt*: **to ~ (that)** espérer que; **to ~ to do sthg** espérer faire qqch. ◇ *n* espoir *m*; **in the ~ of** dans l'espoir de.

hopeful ['həʊpful] *adj* **-1.** [optimistic] plein(e) d'espoir; **to be ~ of doing sthg** avoir l'espoir de faire qqch; **to be ~ of sthg** espérer qqch. **-2.** [promising] encourageant(e), qui promet.

hopefully ['həʊpfəlɪ] *adv* **-1.** [in a hopeful way] avec bon espoir, avec optimisme. **-2.** [with luck]: **~, ...** espérons que ...

hopeless ['həʊplɪs] *adj* **-1.** [gen] désespéré(e); [tears] de désespoir. **-2.** *inf* [useless] nul (nulle).

hopelessly ['həʊplɪslɪ] *adv* **-1.** [despairingly] avec désespoir. **-2.** [completely] complètement.

horizon [hə'raɪzn] *n* horizon *m*; **on the ~** *lit & fig* à l'horizon.

horizontal [‚hɒrɪ'zɒntl] ◇ *adj* horizontal(e). ◇ *n*: **the ~** l'horizontale *f*.

hormone ['hɔːməʊn] *n* hormone *f*.

horn [hɔːn] *n* **-1.** [of animal] corne *f*. **-2.** MUS [instrument] cor *m*. **-3.** [on car] klaxon *m*; [on ship] sirène *f*.

hornet ['hɔːnɪt] *n* frelon *m*.

horny ['hɔːnɪ] *adj* **-1.** [hard] corné(e); [hand] calleux(euse). **-2.** *v inf* [sexually excited] excité(e) (sexuellement).

horoscope ['hɒrəskəʊp] *n* horoscope *m*.

horrendous [hɒ'rendəs] *adj* horrible.

horrible ['hɒrəbl] *adj* horrible.

horrid ['hɒrɪd] *adj* [unpleasant] horrible.

horrific [hɒ'rɪfɪk] *adj* horrible.

horrify ['hɒrɪfaɪ] *vt* horrifier.

horror ['hɒrər] *n* horreur *f*.

horror film *n* film *m* d'épouvante.

horse [hɔːs] *n* [animal] cheval *m*.

horseback ['hɔːsbæk] ◇ *adj* à cheval; **~ riding** *Am* équitation *f*. ◇ *n*: **on ~** à cheval.

horse chestnut *n* [nut] marron *m*

d'Inde; **~ (tree)** marronnier *m* d'Inde.

horseman ['hɔːsmən] (*pl* **-men** [-mən]) *n* cavalier *m*.

horsepower ['hɔːs‚paʊər] *n* puissance *f* en chevaux.

horse racing *n* (*U*) courses *fpl* de chevaux.

horseradish ['hɔːs‚rædɪʃ] *n* [plant] raifort *m*.

horse riding *n* équitation *f*.

horseshoe ['hɔːsʃuː] *n* fer *m* à cheval.

horsewoman ['hɔːs‚wʊmən] (*pl* **-women** [-‚wɪmɪn]) *n* cavalière *f*.

horticulture ['hɔːtɪkʌltʃər] *n* horticulture *f*.

hose [həʊz] ◇ *n* [hosepipe] tuyau *m*. ◇ *vt* arroser au jet.

hosepipe ['həʊzpaɪp] *n* = **hose**.

hosiery ['həʊzɪərɪ] *n* bonneterie *f*.

hospitable [hɒ'spɪtəbl] *adj* hospitalier(ière), accueillant(e).

hospital ['hɒspɪtl] *n* hôpital *m*.

hospitality [‚hɒspɪ'tælətɪ] *n* hospitalité *f*.

host [həʊst] ◇ *n* **-1.** [gen] hôte *m*. **-2.** [compere] animateur *m*, -trice *f*. **-3.** [large number]: **a ~ of** une foule de. ◇ *vt* présenter, animer.

hostage ['hɒstɪdʒ] *n* otage *m*.

hostel ['hɒstl] *n* **-1.** [basic accommodation] foyer *m*. **-2.** [youth hostel] auberge *f* de jeunesse.

hostess ['həʊstes] *n* hôtesse *f*.

hostile [*Br* 'hɒstaɪl, *Am* 'hɒstl] *adj*: **~ (to)** hostile (à).

hostility [hɒ'stɪlətɪ] *n* [antagonism, unfriendliness] hostilité *f*.

◆ **hostilities** *npl* hostilités *fpl*.

hot [hɒt] *adj* **-1.** [gen] chaud(e); **I'm ~** j'ai chaud; **it's ~** il fait chaud. **-2.** [spicy] épicé(e). **-3.** *inf* [expert] fort(e), calé(e); **to be ~ on** OR **at sthg** être fort OR calé en qqch. **-4.** [recent] de dernière heure OR minute. **-5.** [temper] colérique.

hot-air balloon *n* montgolfière *f*.

hotbed ['hɒtbed] *n* foyer *m*.

hot-cross bun *n petit pain sucré que l'on mange le vendredi saint.*

hot dog *n* hot dog *m*.
hotel [həʊ'tel] *n* hôtel *m*.
hot flush *Br*, **hot flash** *Am n* bouffée *f* de chaleur.
hotfoot ['hɒt,fʊt] *adv* à toute vitesse.
hotheaded [,hɒt'hedɪd] *adj* impulsif(ive).
hothouse ['hɒthaʊs, *pl* -haʊzɪz] *n* [greenhouse] serre *f*.
hot line *n* **-1.** [between government heads] téléphone *m* rouge. **-2.** [special line] ligne ouverte 24 heures sur 24.
hotly ['hɒtlɪ] *adv* **-1.** [passionately] avec véhémence. **-2.** [closely] de près.
hotplate ['hɒtpleɪt] *n* plaque *f* chauffante.
hot-tempered [-'tempəd] *adj* colérique.
hot-water bottle *n* bouillotte *f*.
hound [haʊnd] ◇ *n* [dog] chien *m*. ◇ *vt* **-1.** [persecute] poursuivre, pourchasser. **-2.** [drive]: **to ~ sb out (of)** chasser qqn (de).
hour ['aʊəʳ] *n* heure *f*; **half an ~** une demi-heure; **70 miles per** OR **an ~** 110 km à l'heure; **on the ~** à l'heure juste.
◆ **hours** *npl* [of business] heures *fpl* d'ouverture.
hourly ['aʊəlɪ] ◇ *adj* **-1.** [happening every hour] toutes les heures. **-2.** [per hour] à l'heure. ◇ *adv* **-1.** [every hour] toutes les heures. **-2.** [per hour] à l'heure.
house [*n* & *adj* haʊs, *pl* 'haʊzɪz, *vb* haʊz] ◇ *n* **-1.** [gen] maison *f*; **on the ~** aux frais de la maison. **-2.** POL chambre *f*. **-3.** [in debates] assistance *f*. **-4.** THEATRE [audience] auditoire *m*, salle *f*; **to bring the ~ down** *inf* faire crouler la salle sous les applaudissements. ◇ *vt* [accommodate] loger, héberger; [department, store] abriter. ◇ *adj* **-1.** [within business] d'entreprise; [style] de la maison. **-2.** [wine] maison (*inv*).
house arrest *n*: **under ~** en résidence surveillée.
houseboat ['haʊsbəʊt] *n* péniche *f* aménagée.

housebreaking ['haʊs,breɪkɪŋ] *n* (U) cambriolage *m*.
housecoat ['haʊskəʊt] *n* peignoir *m*.
household ['haʊshəʊld] ◇ *adj* **-1.** [domestic] ménager(ère). **-2.** [word, name] connu(e) de tous. ◇ *n* maison *f*, ménage *m*.
housekeeper ['haʊs,kiːpər] *n* gouvernante *f*.
housekeeping ['haʊs,kiːpɪŋ] *n* (U) **-1.** [work] ménage *m*. **-2.** **~ (money)** argent *m* du ménage.
house music *n* house music *f*.
House of Commons *n Br*: **the ~** la Chambre des communes.
House of Lords *n Br*: **the ~** la Chambre des lords.
House of Representatives *n Am*: **the ~** la Chambre des représentants.
houseplant ['haʊsplɑːnt] *n* plante *f* d'appartement.
Houses of Parliament *npl*: **the ~** le Parlement britannique (*où se réunissent la Chambre des communes et la Chambre des lords*).
housewarming (party) ['haʊs,-wɔːmɪŋ-] *n* pendaison *f* de crémaillère.
housewife ['haʊswaɪf] (*pl* **-wives** [-waɪvz]) *n* femme *f* au foyer.
housework ['haʊswɜːk] *n* (U) ménage *m*.
housing ['haʊzɪŋ] *n* (U) [accommodation] logement *m*.
housing association *n Br* association *f* d'aide au logement.
housing benefit *n Br* (U) allocation *f* logement.
housing estate *Br*, **housing project** *Am n* cité *f*.
hovel ['hɒvl] *n* masure *f*, taudis *m*.
hover ['hɒvəʳ] *vi* [fly] planer.
hovercraft ['hɒvəkrɑːft] (*pl inv* OR **-s**) *n* aéroglisseur *m*, hovercraft *m*.
how [haʊ] *adv* **-1.** [gen] comment; **~ do you do it?** comment fait-on ça?; **~ are you?** comment allez-vous?; **~ do you do?** enchanté(e) (de faire votre connaissance). **-2.** [referring to degree, amount]: **~ high is it?** combien cela

fait-il de haut?, quelle en est la hauteur?; ~ **long have you been waiting?** cela fait combien de temps que vous attendez?; ~ **many people came?** combien de personnes sont venues?; ~ **old are you?** quel âge as-tu? **-3.** [in exclamations]: ~ **nice!** que c'est bien!; ~ **awful!** quelle horreur!

◆ **how about** adv: ~ **about a drink?** si on prenait un verre?; ~ **about you?** et toi?

◆ **how much** ◇ pron combien; ~ **much does it cost?** combien ça coûte? ◇ adj combien de; ~ **much bread?** combien de pain?

however [hau'evər] ◇ adv **-1.** [nevertheless] cependant, toutefois. **-2.** [no matter how] quelque ... que (+ subjunctive), si ... que (+ subjunctive); ~ **many/much** peu importe la quantité de. **-3.** [how] comment. ◇ conj [in whatever way] de quelque manière que (+ subjunctive).

howl [haul] ◇ n hurlement m; [of laughter] éclat m. ◇ vi hurler; [with laughter] rire aux éclats.

hp (abbr of **horsepower**) n CV m.

HP n **-1.** Br (abbr of **hire purchase**): **to buy sthg on** ~ acheter qqch à crédit. **-2.** = **hp.**

HQ (abbr of **headquarters**) n QG m.

hr (abbr of **hour**) h.

hub [hʌb] n **-1.** [of wheel] moyeu m. **-2.** [of activity] centre m.

hubbub ['hʌbʌb] n vacarme m, brouhaha m.

hubcap ['hʌbkæp] n enjoliveur m.

huddle ['hʌdl] ◇ vi se blottir. ◇ n petit groupe m.

hue [hju:] n [colour] teinte f, nuance f.

huff [hʌf] n: **in a** ~ froissé(e).

hug [hʌg] ◇ n étreinte f; **to give sb a** ~ serrer qqn dans ses bras. ◇ vt **-1.** [embrace] étreindre, serrer dans ses bras. **-2.** [hold] tenir. **-3.** [stay close to] serrer.

huge [hju:dʒ] adj énorme; [subject] vaste; [success] fou (folle).

hulk [hʌlk] n **-1.** [of ship] carcasse f. **-2.** [person] malabar m, mastodonte m.

hull [hʌl] n coque f.

hullo [hə'ləu] excl = **hello.**

hum [hʌm] ◇ vi **-1.** [buzz] bourdonner; [machine] vrombir, ronfler. **-2.** [sing] fredonner, chantonner. **-3.** [be busy] être en pleine activité. ◇ vt fredonner, chantonner.

human ['hju:mən] ◇ adj humain(e). ◇ n: ~ **(being)** être m humain.

humane [hju:'mein] adj humain(e).

humanitarian [hju:,mæni'teəriən] adj humanitaire.

humanity [hju:'mænəti] n humanité f.

◆ **humanities** npl: **the humanities** les humanités fpl, les sciences fpl humaines.

human race n: **the** ~ la race humaine.

human rights npl droits mpl de l'homme.

humble ['hʌmbl] ◇ adj humble; [origins, employee] modeste. ◇ vt humilier.

humbug ['hʌmbʌg] n **-1.** dated [hypocrisy] hypocrisie f. **-2.** Br [sweet] type de bonbon dur.

humdrum ['hʌmdrʌm] adj monotone.

humid ['hju:mid] adj humide.

humidity [hju:'midəti] n humidité f.

humiliate [hju:'milieit] vt humilier.

humiliation [hju:,mili'eiʃn] n humiliation f.

humility [hju:'miləti] n humilité f.

humor Am = **humour.**

humorous ['hju:mərəs] adj humoristique; [person] plein(e) d'humour.

humour Br, **humor** Am ['hju:mər] ◇ n **-1.** [sense of fun] humour m. **-2.** [of situation, remark] côté m comique. **-3.** dated [mood] humeur f. ◇ vt se montrer conciliant(e) envers.

hump [hʌmp] n bosse f.

humpbacked bridge ['hʌmpbækt-] n pont m en dos d'âne.

hunch [hʌntʃ] n inf pressentiment m, intuition f.

hunchback ['hʌntʃbæk] n bossu m, -e f.

hunched [hʌntʃt] adj voûté(e).

hundred ['hʌndrəd] num cent; a OR one ~ cent; see also six.
◆ **hundreds** npl des centaines.

hundredth ['hʌndrətθ] num centième; see also sixth.

hundredweight ['hʌndrədweɪt] n [in UK] poids m de 112 livres, = 50,8 kg; [in US] poids m de 100 livres, = 45,3 kg.

hung [hʌŋ] pt & pp → hang.

Hungarian [hʌŋˈgeərɪən] ◇ adj hongrois(e). ◇ n **-1.** [person] Hongrois m, -e f. **-2.** [language] hongrois m.

Hungary ['hʌŋgərɪ] n Hongrie f.

hunger ['hʌŋgər] n **-1.** [gen] faim f. **-2.** [strong desire] soif f.
◆ **hunger after, hunger for** vt fus avoir faim de, avoir soif de.

hunger strike n grève f de la faim.

hung over adj inf: to be ~ avoir la gueule de bois.

hungry ['hʌŋgrɪ] adj **-1.** [for food]: to be ~ avoir faim; [starving] être affamé(e). **-2.** [eager]: to be ~ for être avide de.

hung up adj inf: to be ~ (on OR about) être obsédé(e) (par).

hunk [hʌŋk] n **-1.** [large piece] gros morceau m. **-2.** inf [man] beau mec m.

hunt [hʌnt] ◇ n chasse f; [for missing person] recherches fpl. ◇ vi **-1.** [chase animals, birds] chasser. **-2.** Br [chase foxes] chasser le renard. **-3.** [search]: to ~ (for sthg) chercher partout (qqch). ◇ vt **-1.** [animals, birds] chasser. **-2.** [person] poursuivre, pourchasser.

hunter ['hʌntər] n [of animals, birds] chasseur m.

hunting ['hʌntɪŋ] n **-1.** [of animals] chasse f. **-2.** Br [of foxes] chasse f au renard.

hurdle ['hɜːdl] ◇ n **-1.** [in race] haie f. **-2.** [obstacle] obstacle m. ◇ vt [jump over] sauter.

hurl [hɜːl] vt **-1.** [throw] lancer avec violence. **-2.** [shout] lancer.

hurray [hʊˈreɪ] excl hourra!

hurricane ['hʌrɪkən] n ouragan m.

hurried ['hʌrɪd] adj [hasty] précipité(e).

hurriedly ['hʌrɪdlɪ] adv précipitamment; [eat, write] vite, en toute hâte.

hurry ['hʌrɪ] ◇ vt [person] faire se dépêcher; [process] hâter; to ~ to do sthg se dépêcher OR se presser de faire qqch. ◇ vi se dépêcher, se presser. ◇ n hâte f, précipitation f; to be in a ~ être pressé(e); to do sthg in a ~ faire qqch à la hâte.
◆ **hurry up** vi se dépêcher.

hurt [hɜːt] (pt & pp **hurt**) ◇ vt **-1.** [physically, emotionally] blesser; [one's leg, arm] se faire mal à; to ~ o.s. se faire mal. **-2.** fig [harm] faire du mal à. ◇ vi **-1.** [gen] faire mal; my leg ~s ma jambe me fait mal. **-2.** fig [do harm] faire du mal. ◇ adj blessé(e); [voice] offensé(e).

hurtful ['hɜːtful] adj blessant(e).

hurtle ['hɜːtl] vi aller à toute allure.

husband ['hʌzbənd] n mari m.

hush [hʌʃ] ◇ n silence m. ◇ excl silence!, chut!

husk [hʌsk] n [of seed, grain] enveloppe f.

husky ['hʌskɪ] ◇ adj [hoarse] rauque. ◇ n chien m esquimau.

hustle ['hʌsl] ◇ vt [hurry] pousser, bousculer. ◇ n agitation f.

hut [hʌt] n **-1.** [rough house] hutte f. **-2.** [shed] cabane f.

hutch [hʌtʃ] n clapier m.

hyacinth ['haɪəsɪnθ] n jacinthe f.

hydrant ['haɪdrənt] n bouche f d'incendie.

hydraulic [haɪˈdrɔːlɪk] adj hydraulique.

hydroelectric [ˌhaɪdrəʊˈlektrɪk] adj hydro-électrique.

hydrofoil ['haɪdrəfɔɪl] n hydrofoil m.

hydrogen ['haɪdrədʒən] n hydrogène m.

hyena [haɪˈiːnə] n hyène f.

hygiene ['haɪdʒiːn] n hygiène f.

Identikit picture®

hygienic [haɪˈdʒiːnɪk] *adj* hygiénique.

hymn [hɪm] *n* hymne *m*, cantique *m*.

hype [haɪp] *inf* ◇ *n* (U) battage *m* publicitaire. ◇ *vt* faire un battage publicitaire autour de.

hyperactive [ˌhaɪpərˈæktɪv] *adj* hyperactif(ive).

hypermarket [ˈhaɪpəˌmɑːkɪt] *n* hypermarché *m*.

hyphen [ˈhaɪfn] *n* trait *m* d'union.

hypnosis [hɪpˈnəʊsɪs] *n* hypnose *f*.

hypnotic [hɪpˈnɒtɪk] *adj* hypnotique.

hypnotize, -ise [ˈhɪpnətaɪz] *vt* hypnotiser.

hypocrisy [hɪˈpɒkrəsɪ] *n* hypocrisie *f*.

hypocrite [ˈhɪpəkrɪt] *n* hypocrite *mf*.

hypocritical [ˌhɪpəˈkrɪtɪkl] *adj* hypocrite.

hypothesis [haɪˈpɒθɪsɪs] (*pl* -**theses** [-θɪsiːz]) *n* hypothèse *f*.

hypothetical [ˌhaɪpəˈθetɪkl] *adj* hypothétique.

hysteria [hɪsˈtɪərɪə] *n* hystérie *f*.

hysterical [hɪsˈterɪkl] *adj* **-1.** [gen] hystérique. **-2.** *inf* [very funny] désopilant(e).

hysterics [hɪsˈterɪks] *npl* **-1.** [panic, excitement] crise *f* de nerfs. **-2.** *inf* [laughter] fou rire *m*.

I

i (*pl* **i's** OR **is**), **I** (*pl* **I's** OR **Is**) [aɪ] *n* [letter] **i** *m inv*, **I** *m inv*.

I [aɪ] *pers pron* **-1.** (*unstressed*) je, j' (*before vowel or silent 'h'*); **he and I are leaving for Paris** lui et moi (nous) partons pour Paris. **-2.** (*stressed*) moi; **I can't do it** moi je ne peux pas le faire.

ice [aɪs] ◇ *n* **-1.** [frozen water, ice cream] glace *f*. **-2.** [on road] verglas *m*. **-3.** (U) [ice cubes] glaçons *mpl*. ◇ *vt Br* glacer.

◆**ice over, ice up** *vi* [lake, pond] geler; [window, windscreen] **givrer**; [road] se couvrir de verglas.

iceberg [ˈaɪsbɜːg] *n* iceberg *m*.

iceberg lettuce *n* laitue *f* iceberg.

icebox [ˈaɪsbɒks] *n* **-1.** *Br* [in refrigerator] freezer *m*. **-2.** *Am* [refrigerator] réfrigérateur *m*.

ice cream *n* glace *f*.

ice cube *n* glaçon *m*.

ice hockey *n* hockey *m* sur glace.

Iceland [ˈaɪslənd] *n* Islande *f*.

Icelandic [aɪsˈlændɪk] ◇ *adj* islandais(e). ◇ *n* [language] islandais *m*.

ice lolly *n Br* sucette *f* glacée.

ice pick *n* pic *m* à glace.

ice rink *n* patinoire *f*.

ice skate *n* patin *m* à glace.

◆**ice-skate** *vi* faire du patin (à glace).

ice-skating *n* patinage *m* (sur glace).

icicle [ˈaɪsɪkl] *n* glaçon *m* (naturel).

icing [ˈaɪsɪŋ] *n* (U) glaçage *m*, glace *f*.

icing sugar *n Br* sucre *m* glace.

icon [ˈaɪkɒn] *n* [gen & COMPUT] icône *f*.

icy [ˈaɪsɪ] *adj* **-1.** [weather, manner] glacial(e). **-2.** [covered in ice] verglacé(e).

I'd [aɪd] = **I would, I had.**

ID *n* (*abbr of* **identification**) (U) papiers *mpl*.

idea [aɪˈdɪə] *n* idée *f*; [intention] intention *f*; **to have an ~ (that)** ... avoir idée que ...; **to have no ~** n'avoir aucune idée; **to get the ~** *inf* piger.

ideal [aɪˈdɪəl] ◇ *adj* idéal(e). ◇ *n* idéal *m*.

ideally [aɪˈdɪəlɪ] *adv* idéalement; [suited] parfaitement.

identical [aɪˈdentɪkl] *adj* identique.

identification [aɪˌdentɪfɪˈkeɪʃn] *n* (U) **-1.** [gen]: **~ (with)** identification *f* (à). **-2.** [documentation] pièce *f* d'identité.

identify [aɪˈdentɪfaɪ] ◇ *vt* **-1.** [recognize] identifier. **-2.** [subj: document, card] permettre de reconnaître. **-3.** [associate]: **to ~ sb with sthg** associer qqn à qqch. ◇ *vi* [empathize]: **to ~ with** s'identifier à.

Identikit picture® [aɪˈdentɪkɪt-] *n* portrait-robot *m*.

identity [aɪ'dentətɪ] n identité f.

identity card n carte f d'identité.

identity parade n séance d'identification d'un suspect dans un échantillon de plusieurs personnes.

ideology [ˌaɪdɪ'ɒlədʒɪ] n idéologie f.

idiom ['ɪdɪəm] n -1. [phrase] expression f idiomatique. -2. fml [style] langue f.

idiomatic [ˌɪdɪə'mætɪk] adj idiomatique.

idiosyncrasy [ˌɪdɪə'sɪŋkrəsɪ] n particularité f, caractéristique f.

idiot ['ɪdɪət] n idiot m, -e f, imbécile mf.

idiotic [ˌɪdɪ'ɒtɪk] adj idiot(e).

idle ['aɪdl] ◇ adj -1. [lazy] oisif(ive), désœuvré(e). -2. [not working - machine, factory] arrêté(e); [- worker] qui chôme, en chômage. -3. [threat] vain(e). -4. [curiosity] simple, pur(e). ◇ vi tourner au ralenti.

◆ **idle away** vt sep [time] perdre à ne rien faire.

idol ['aɪdl] n idole f.

idolize, -ise ['aɪdəlaɪz] vt idolâtrer, adorer.

idyllic [ɪ'dɪlɪk] adj idyllique.

i.e. (abbr of id est) c-à-d.

if [ɪf] conj -1. [gen] si; ~ I were you à ta place, si j'étais toi. -2. [though] bien que. -3. [that] que.

◆ **if not** conj sinon.

◆ **if only** ◇ conj -1. [naming a reason] ne serait-ce que. -2. [expressing regret] si seulement. ◇ excl si seulement!

igloo ['ɪgluː] (pl -s) n igloo m, iglou m.

ignite [ɪg'naɪt] ◇ vt mettre le feu à, enflammer; [firework] tirer. ◇ vi prendre feu, s'enflammer.

ignition [ɪg'nɪʃn] n -1. [act of igniting] ignition f. -2. AUT allumage m; to switch on the ~ mettre le contact.

ignition key n clef f de contact.

ignorance ['ɪgnərəns] n ignorance f.

ignorant ['ɪgnərənt] adj -1. [uneducated, unaware] ignorant(e); to be ~ of sthg être ignorant de qqch. -2. [rude] mal élevé(e).

ignore [ɪg'nɔːr] vt [advice, facts] ne pas tenir compte de; [person] faire semblant de ne pas voir.

ilk [ɪlk] n: of that ~ [of that sort] de cet acabit, de ce genre.

ill [ɪl] ◇ adj -1. [unwell] malade; to feel ~ se sentir malade OR souffrant; to be taken ~, to fall ~ tomber malade. -2. [bad] mauvais(e); ~ luck malchance f. ◇ adv mal; to speak/think ~ of sb dire/penser du mal de qqn.

I'll [aɪl] = I will, I shall.

ill-advised [-əd'vaɪzd] adj [remark, action] peu judicieux(ieuse); [person] malavisé(e).

ill at ease adj mal à l'aise.

illegal [ɪ'liːgl] adj illégal(e); [immigrant] en situation irrégulière.

illegible [ɪ'ledʒəbl] adj illisible.

illegitimate [ˌɪlɪ'dʒɪtɪmət] adj illégitime.

ill-equipped [-ɪ'kwɪpt] adj: to be ~ to do sthg être mal placé(e) pour faire qqch.

ill-fated [-'feɪtɪd] adj fatal(e), funeste.

ill feeling n animosité f.

ill health n mauvaise santé f.

illicit [ɪ'lɪsɪt] adj illicite.

illiteracy [ɪ'lɪtərəsɪ] n analphabétisme m, illettrisme m.

illiterate [ɪ'lɪtərət] ◇ adj analphabète, illettré(e). ◇ n analphabète mf, illettré m, -e f.

illness ['ɪlnɪs] n maladie f.

illogical [ɪ'lɒdʒɪkl] adj illogique.

ill-suited adj mal assorti(e); to be ~ for sthg être inapte à qqch.

ill-timed [-'taɪmd] adj déplacé(e), mal à propos.

ill-treat vt maltraiter.

illuminate [ɪ'luːmɪneɪt] vt éclairer.

illumination [ɪˌluːmɪ'neɪʃn] n [lighting] éclairage m.

◆ **illuminations** npl Br illuminations fpl.

illusion [ɪ'luːʒn] n illusion f; to have no ~s about ne se faire OR n'avoir aucune illusion sur; to be under the

~ **that** croire OR s'imaginer que, avoir l'illusion que.
illustrate ['ɪləstreɪt] *vt* illustrer.
illustration [,ɪlə'streɪʃn] *n* illustration *f*.
illustrious [ɪ'lʌstrɪəs] *adj* illustre, célèbre.
ill will *n* animosité *f*.
I'm [aɪm] = **I am**.
image ['ɪmɪdʒ] *n* **-1.** [gen] image *f*. **-2.** [of company, politician] image *f* de marque.
imagery ['ɪmɪdʒrɪ] *n* (*U*) images *fpl*.
imaginary [ɪ'mædʒɪnrɪ] *adj* imaginaire.
imagination [ɪ,mædʒɪ'neɪʃn] *n* **-1.** [ability] imagination *f*. **-2.** [fantasy] invention *f*.
imaginative [ɪ'mædʒɪnətɪv] *adj* imaginatif(ive); [solution] plein(e) d'imagination.
imagine [ɪ'mædʒɪn] *vt* imaginer; **to ~ doing sthg** s'imaginer OR se voir faisant qqch; **~ (that)!** tu t'imagines!
imbalance [,ɪm'bæləns] *n* déséquilibre *m*.
imbecile ['ɪmbɪsiːl] *n* imbécile *mf*, idiot *m*, -e *f*.
IMF (*abbr of* **International Monetary Fund**) *n* FMI *m*.
imitate ['ɪmɪteɪt] *vt* imiter.
imitation [,ɪmɪ'teɪʃn] ◇ *n* imitation *f*. ◇ *adj* [leather] imitation (*before n*); [jewellery] en toc.
immaculate [ɪ'mækjʊlət] *adj* impeccable.
immaterial [,ɪmə'tɪərɪəl] *adj* [unimportant] sans importance.
immature [,ɪmə'tjʊəʳ] *adj* **-1.** [lacking judgment] qui manque de maturité. **-2.** [not fully grown] jeune, immature.
immediate [ɪ'miːdjət] *adj* **-1.** [urgent] immédiat(e); [problem, meeting] urgent(e). **-2.** [very near] immédiat(e); [family] le plus proche.
immediately [ɪ'miːdjətlɪ] ◇ *adv* **-1.** [at once] immédiatement. **-2.** [directly] directement. ◇ *conj* dès que.
immense [ɪ'mens] *adj* immense; [improvement, change] énorme.

immerse [ɪ'mɜːs] *vt*: **to ~ sthg in sthg** immerger OR plonger qqch dans qqch; **to ~ o.s. in sthg** *fig* se plonger dans qqch.
immersion heater [ɪ'mɜːʃn-] *n* chauffe-eau *m* électrique.
immigrant ['ɪmɪgrənt] *n* immigré *m*, -e *f*.
immigration [,ɪmɪ'greɪʃn] *n* immigration *f*.
imminent ['ɪmɪnənt] *adj* imminent(e).
immobilize, -ise [ɪ'məʊbɪlaɪz] *vt* immobiliser.
immoral [ɪ'mɒrəl] *adj* immoral(e).
immortal [ɪ'mɔːtl] ◇ *adj* immortel(elle). ◇ *n* immortel *m*, -elle *f*.
immortalize, -ise [ɪ'mɔːtəlaɪz] *vt* immortaliser.
immovable [ɪ'muːvəbl] *adj* **-1.** [fixed] fixe. **-2.** [determined] inébranlable.
immune [ɪ'mjuːn] *adj* **-1.** MED: ~ **(to)** immunisé(e) (contre). **-2.** *fig* [protected]: **to be ~ to** OR **from** être à l'abri de.
immunity [ɪ'mjuːnətɪ] *n* **-1.** MED: ~ **(to)** immunité *f* (contre). **-2.** *fig* [protection]: ~ **to** OR **from** immunité *f* contre.
immunize, -ise ['ɪmjuːnaɪz] *vt*: **to ~ sb (against)** immuniser qqn (contre).
imp [ɪmp] *n* **-1.** [creature] lutin *m*. **-2.** [naughty child] petit diable *m*, coquin *m*, -e *f*.
impact [*n* 'ɪmpækt, *vb* ɪm'pækt] ◇ *n* impact *m*; **to make an ~ on** OR **upon sb** faire une forte impression sur qqn; **to make an ~ on** OR **upon sthg** avoir un impact sur qqch. ◇ *vt* **-1.** [collide with] entrer en collision avec. **-2.** [influence] avoir un impact sur.
impair [ɪm'peəʳ] *vt* affaiblir, abîmer; [efficiency] réduire.
impart [ɪm'pɑːt] *vt fml* **-1.** [information]: **to ~ sthg (to sb)** communiquer OR transmettre qqch (à qqn). **-2.** [feeling, quality]: **to ~ sthg (to)** donner qqch (à).
impartial [ɪm'pɑːʃl] *adj* impartial(e).
impassable [ɪm'pɑːsəbl] *adj* impraticable.

impassive [ɪm'pæsɪv] *adj* impassible.

impatience [ɪm'peɪʃns] *n* **-1.** [gen] impatience *f*. **-2.** [irritability] irritation *f*.

impatient [ɪm'peɪʃnt] *adj* **-1.** [gen] impatient(e); **to be ~ to do sthg** être impatient de faire qqch; **to be ~ for sthg** attendre qqch avec impatience. **-2.** [irritable]: **to become** OR **get ~** s'impatienter.

impeccable [ɪm'pekəbl] *adj* impeccable.

impede [ɪm'piːd] *vt* entraver, empêcher; [person] gêner.

impediment [ɪm'pedɪmənt] *n* **-1.** [obstacle] obstacle *m*. **-2.** [disability] défaut *m*.

impel [ɪm'pel] *vt*: **to ~ sb to do sthg** inciter qqn à faire qqch.

impending [ɪm'pendɪŋ] *adj* imminent(e).

imperative [ɪm'perətɪv] ◇ *adj* [essential] impératif(ive), essentiel(elle). ◇ *n* impératif *m*.

imperfect [ɪm'pɜːfɪkt] ◇ *adj* imparfait(e). ◇ *n* GRAMM: **~ (tense)** imparfait *m*.

imperial [ɪm'pɪərɪəl] *adj* **-1.** [of empire] impérial(e). **-2.** [system of measurement] *qui a cours légal dans le Royaume-Uni*.

imperil [ɪm'perɪl] *vt* mettre en péril OR en danger; [project] compromettre.

impersonal [ɪm'pɜːsnl] *adj* impersonnel(elle).

impersonate [ɪm'pɜːsəneɪt] *vt* se faire passer pour.

impersonation [ɪm,pɜːsə'neɪʃn] *n* usurpation *f* d'identité; [by mimic] imitation *f*.

impertinent [ɪm'pɜːtɪnənt] *adj* impertinent(e).

impervious [ɪm'pɜːvjəs] *adj* [not influenced]: **~ to** indifférent(e) à.

impetuous [ɪm'petʃʊəs] *adj* impétueux(euse).

impetus ['ɪmpɪtəs] *n* (U) **-1.** [momentum] élan *m*. **-2.** [stimulus] impulsion *f*.

impinge [ɪm'pɪndʒ] *vi*: **to ~ on sb/sthg** affecter qqn/qqch.

implant [*n* 'ɪmplɑːnt, *vb* ɪm'plɑːnt] ◇ *n* implant *m*. ◇ *vt*: **to ~ sthg in** OR **into sb** implanter qqch dans qqn.

implausible [ɪm'plɔːzəbl] *adj* peu plausible.

implement [*n* 'ɪmplɪmənt, *vb* 'ɪmplɪment] ◇ *n* outil *m*, instrument *m*. ◇ *vt* exécuter, appliquer.

implication [,ɪmplɪ'keɪʃn] *n* implication *f*; **by ~** par voie de conséquence.

implicit [ɪm'plɪsɪt] *adj* **-1.** [inferred] implicite. **-2.** [belief, faith] absolu(e).

implore [ɪm'plɔːr] *vt*: **to ~ sb (to do sthg)** implorer qqn (de faire qqch).

imply [ɪm'plaɪ] *vt* **-1.** [suggest] sous-entendre, laisser supposer OR entendre. **-2.** [involve] impliquer.

impolite [,ɪmpə'laɪt] *adj* impoli(e).

import [*n* 'ɪmpɔːt, *vb* ɪm'pɔːt] ◇ *n* [product, action] importation *f*. ◇ *vt* [gen & COMPUT] importer.

importance [ɪm'pɔːtns] *n* importance *f*.

important [ɪm'pɔːtnt] *adj* important(e); **to be ~ to sb** importer à qqn.

importer [ɪm'pɔːtər] *n* importateur *m*, -trice *f*.

impose [ɪm'pəʊz] ◇ *vt* [force]: **to ~ sthg (on)** imposer qqch (à). ◇ *vi* [cause trouble]: **to ~ (on sb)** abuser (de la gentillesse de qqn).

imposing [ɪm'pəʊzɪŋ] *adj* imposant(e).

imposition [,ɪmpə'zɪʃn] *n* **-1.** [of tax, limitations etc] imposition *f*. **-2.** [cause of trouble]: **it's an ~** c'est abuser de ma/notre gentillesse.

impossible [ɪm'pɒsəbl] *adj* impossible.

impostor, imposter Am [ɪm'pɒstər] *n* imposteur *m*.

impotent ['ɪmpətənt] *adj* impuissant(e).

impound [ɪm'paʊnd] *vt* confisquer.

impoverished [ɪm'pɒvərɪʃt] *adj* appauvri(e).

impractical [ɪm'præktɪkl] *adj* pas pratique.

impregnable [ɪm'pregnəbl] *adj* **-1.** [fortress, defences] imprenable. **-2.** *fig* [person] inattaquable.

impregnate ['ɪmpregneɪt] *vt* **-1.** [introduce substance into]: **to ~ sthg with** imprégner qqch de. **-2.** *fml* [fertilize] féconder.

impress [ɪm'pres] *vt* **-1.** [person] impressionner. **-2.** [stress]: **to ~ sthg on sb** faire bien comprendre qqch à qqn.

impression [ɪm'preʃn] *n* **-1.** [gen] impression *f*; **to be under the ~ (that)** ..., avoir l'impression que ...; **to make an ~** faire impression. **-2.** [by mimic] imitation *f*. **-3.** [of stamp, book] impression *f*, empreinte *f*.

impressive [ɪm'presɪv] *adj* impressionnant(e).

imprint ['ɪmprɪnt] *n* **-1.** [mark] empreinte *f*. **-2.** [publisher's name] nom *m* de l'éditeur.

imprison [ɪm'prɪzn] *vt* emprisonner.

improbable [ɪm'prɒbəbl] *adj* [story, excuse] improbable.

impromptu [ɪm'prɒmptjuː] *adj* impromptu(e).

improper [ɪm'prɒpər] *adj* **-1.** [unsuitable] impropre. **-2.** [incorrect, illegal] incorrect(e). **-3.** [rude] indécent(e).

improve [ɪm'pruːv] ◇ *vi* s'améliorer; [patient] aller mieux; **to ~ on OR upon sthg** améliorer qqch. ◇ *vt* améliorer.

improvement [ɪm'pruːvmənt] *n*: **(in/on)** amélioration *f* (de/par rapport à).

improvise ['ɪmprəvaɪz] *vt & vi* improviser.

impudent ['ɪmpjʊdənt] *adj* impudent(e).

impulse ['ɪmpʌls] *n* impulsion *f*; **on ~** par impulsion.

impulsive [ɪm'pʌlsɪv] *adj* impulsif(ive).

impunity [ɪm'pjuːnətɪ] *n*: **with ~** avec impunité.

impurity [ɪm'pjʊərətɪ] *n* impureté *f*.

in [ɪn] ◇ *prep* **-1.** [indicating place, position] dans; **~ a box/bag/drawer** dans une boîte/un sac/un tiroir; **~ Paris** à Paris; **~ Belgium** en Belgique; **~ Canada** au Canada; **~ the United States** aux États-Unis; **~ the country** à la campagne; **to be ~ hospital/prison** être à l'hôpital/en prison; **~ here** ici; **~ there** là. **-2.** [wearing] en; **dressed ~ a suit** vêtu d'un costume. **-3.** [at a particular time, season]: **~ 1994** en 1994; **~ April** en avril; **~ (the) spring au printemps**; **~ (the) winter** en hiver; **at two o'clock ~ the afternoon** à deux heures de l'après-midi. **-4.** [period of time - within] en; [- after] dans; **he learned to type ~ two weeks** il a appris à taper à la machine en deux semaines; **I'll be ready ~ five minutes** je serai prêt dans 5 minutes. **-5.** [during]: **it's my first decent meal ~ weeks** c'est mon premier repas correct depuis des semaines. **-6.** [indicating situation, circumstances]: **~ the sun** au soleil; **~ the rain** sous la pluie; **to live/die ~ poverty** vivre/mourir dans la misère; **~ danger/difficulty** en danger/difficulté. **-7.** [indicating manner, condition]: **~ a loud/soft voice** d'une voix forte/douce; **to write ~ pencil/ink** écrire au crayon/à l'encre; **to speak ~ English/French** parler (en) anglais/français. **-8.** [indicating emotional state]: **~ anger** sous le coup de la colère; **~ joy/delight** avec joie/plaisir. **-9.** [specifying area of activity] dans; **he's ~ computers** il est dans l'informatique. **-10.** [referring to quantity, numbers, age]: **~ large/small quantities** en grande/petite quantité; **~ (their) thousands** par milliers; **she's ~ her sixties** elle a la soixantaine. **-11.** [describing arrangement]: **~ twos** par deux; **~ a line/ row/circle** en ligne/rang/cercle. **-12.** [as regards]: **to be three metres ~ length/width** faire trois mètres de long/large; **a change ~ direction** un changement de direction. **-13.** [in ratios]: **5 pence ~ the pound** 5 pence par livre ster-

ling; **one ~ ten** un sur dix. **-14.** (*after superl*) de; **the longest river ~ the world** le fleuve le plus long du monde. **-15.** (+ *present participle*): **~ doing sthg** en faisant qqch. ◇ *adv* **-1.** [inside] dedans, à l'intérieur. **-2.** [at home, work] là; **I'm staying ~ tonight** je reste à la maison OR chez moi ce soir; **is Judith ~?** est-ce que Judith est là? **-3.** [of train, boat, plane]: **to be ~** être arrivé(e). **-4.** [of tide]: **the tide's ~** c'est la marée haute. **-5.** *phr*: **we're ~ for some bad weather** nous allons avoir du mauvais temps; **you're ~ for a shock** tu vas avoir un choc. ◇ *adj inf* à la mode.
◆ **ins** *npl*: **the ~s and outs** les tenants et les aboutissants *mpl*.
in. *abbr of* **inch.**
inability [,ɪnə'bɪlətɪ] *n*: ~ **(to do sthg)** incapacité *f* (à faire qqch).
inaccessible [,ɪnək'sesəbl] *adj* inaccessible.
inaccurate [ɪn'ækjʊrət] *adj* inexact(e).
inadequate [ɪn'ædɪkwət] *adj* insuffisant(e).
inadvertently [,ɪnəd'vɜ:təntlɪ] *adv* par inadvertance.
inadvisable [,ɪnəd'vaɪzəbl] *adj* déconseillé(e).
inane [ɪ'neɪn] *adj* inepte; [person] stupide.
inanimate [ɪn'ænɪmət] *adj* inanimé(e).
inappropriate [ɪnə'prəʊprɪət] *adj* inopportun(e); [expression, word] impropre; [clothing] peu approprié(e).
inarticulate [,ɪnɑː'tɪkjʊlət] *adj* inarticulé(e), indistinct(e); [person] qui s'exprime avec difficulté; [explanation] mal exprimé(e).
inasmuch [,ɪnəz'mʌtʃ]
◆ **inasmuch as** *conj fml* attendu que.
inaudible [ɪ'nɔ:dɪbl] *adj* inaudible.
inaugural [ɪ'nɔ:gjʊrəl] *adj* inaugural(e).
inauguration [ɪ,nɔ:gjʊ'reɪʃn] *n* [of leader, president] investiture *f*; [of building, system] inauguration *f*.
in-between *adj* intermédiaire.
inborn [,ɪn'bɔ:n] *adj* inné(e).

inbound ['ɪnbaʊnd] *adj Am* qui arrive.
inbred [,ɪn'bred] *adj* **-1.** [closely related] consanguin(e); [animal] croisé(e). **-2.** [inborn] inné(e).
inbuilt [,ɪn'bɪlt] *adj* [inborn] inné(e).
inc. (*abbr of* **inclusive**): **12-15 April ~** du 12 au 15 avril inclus.
Inc. [ɪŋk] (*abbr of* **incorporated**) ≃ SARL.
incapable [ɪn'keɪpəbl] *adj* incapable; **to be ~ of sthg/of doing sthg** être incapable de qqch/de faire qqch.
incapacitated [,ɪnkə'pæsɪteɪtɪd] *adj* inapte physiquement; **~ for work** mis(e) dans l'incapacité de travailler.
incarcerate [ɪn'kɑ:səreɪt] *vt* incarcérer.
incendiary device [ɪn'sendjərɪ-] *n* dispositif *m* incendiaire.
incense [*n* 'ɪnsens, *vb* ɪn'sens] ◇ *n* encens *m*. ◇ *vt* [anger] mettre en colère.
incentive [ɪn'sentɪv] *n* **-1.** [encouragement] motivation *f*. **-2.** COMM récompense *f*, prime *f*.
incentive scheme *n* programme *m* d'encouragement.
inception [ɪn'sepʃn] *n fml* commencement *m*.
incessant [ɪn'sesnt] *adj* incessant(e).
incessantly [ɪn'sesntlɪ] *adv* sans cesse.
incest ['ɪnsest] *n* inceste *m*.
inch [ɪntʃ] ◇ *n* = 2,5 cm, ≃ pouce *m*. ◇ *vi*: **to ~ forward** avancer petit à petit.
incidence ['ɪnsɪdəns] *n* [of disease, theft] fréquence *f*.
incident ['ɪnsɪdənt] *n* incident *m*.
incidental [,ɪnsɪ'dentl] *adj* accessoire.
incidentally [,ɪnsɪ'dentəlɪ] *adv* à propos.
incinerate [ɪn'sɪnəreɪt] *vt* incinérer.
incipient [ɪn'sɪpɪənt] *adj fml* naissant(e).
incisive [ɪn'saɪsɪv] *adj* incisif(ive).
incite [ɪn'saɪt] *vt* inciter; **to ~ sb to do sthg** inciter qqn à faire qqch.
inclination [,ɪnklɪ'neɪʃn] *n* **-1.** (*U*) [liking, preference] inclination *f*, goût *m*. **-2.** [tendency]: ~ **to do sthg** inclination *f* à faire qqch.

incline [n 'ɪnklaɪn, vb ɪn'klaɪn] ◇ n inclinaison f. ◇ vt [head] incliner.

inclined [ɪn'klaɪnd] adj **-1.** [tending]: **to be ~ to** sthg/**to do** sthg avoir tendance à qqch/à faire qqch. **-2.** [wanting]: **to be ~ to do** sthg être enclin(e) à faire qqch. **-3.** [sloping] incliné(e).

include [ɪn'kluːd] vt inclure.

included [ɪn'kluːdɪd] adj inclus(e).

including [ɪn'kluːdɪŋ] prep y compris.

inclusive [ɪn'kluːsɪv] adj inclus(e); [including all costs] tout compris; **~ of VAT** TVA incluse OR comprise.

incoherent [ˌɪnkəʊ'hɪərənt] adj incohérent(e).

income ['ɪŋkʌm] n revenu m.

income support n Br allocations supplémentaires accordées aux personnes ayant un faible revenu.

income tax n impôt m sur le revenu.

incompatible [ˌɪnkəm'pætɪbl] adj: **~ (with)** incompatible (avec).

incompetent [ɪn'kɒmpɪtənt] adj incompétent(e).

incomplete [ˌɪnkəm'pliːt] adj incomplet(ète).

incomprehensible [ɪn,kɒmprɪ'hensəbl] adj incompréhensible.

inconceivable [ˌɪnkən'siːvəbl] adj inconcevable.

inconclusive [ˌɪnkən'kluːsɪv] adj peu concluant(e).

incongruous [ɪn'kɒŋgrʊəs] adj incongru(e).

inconsequential [ˌɪnkɒnsɪ'kwenʃl] adj sans importance.

inconsiderable [ˌɪnkən'sɪdərəbl] adj: **not ~** non négligeable.

inconsiderate [ˌɪnkən'sɪdərət] adj inconsidéré(e); [person] qui manque de considération.

inconsistency [ˌɪnkən'sɪstənsɪ] n inconsistance f.

inconsistent [ˌɪnkən'sɪstənt] adj **-1.** [not agreeing, contradictory] contradictoire; [person] inconséquent(e); **~ with** sthg en contradiction avec qqch. **-2.** [erratic] inconsistant(e).

inconspicuous [ˌɪnkən'spɪkjʊəs] adj qui passe inaperçu(e).

inconvenience [ˌɪnkən'viːnjəns] ◇ n désagrément m. ◇ vt déranger.

inconvenient [ˌɪnkən'viːnjənt] adj inopportun(e).

incorporate [ɪn'kɔːpəreɪt] vt **-1.** [integrate]: **to ~ sb/sthg (into)** incorporer qqn/qqch (dans). **-2.** [comprise] contenir, comprendre.

incorporated [ɪn'kɔːpəreɪtɪd] adj COMM constitué(e) en société commerciale.

incorrect [ˌɪnkə'rekt] adj incorrect(e).

incorrigible [ɪn'kɒrɪdʒəbl] adj incorrigible.

increase [n 'ɪnkriːs, vb ɪn'kriːs] ◇ n: **~ (in)** augmentation f (de); **to be on the ~** aller en augmentant. ◇ vt & vi augmenter.

increasing [ɪn'kriːsɪŋ] adj croissant(e).

increasingly [ɪn'kriːsɪŋlɪ] adv de plus en plus.

incredible [ɪn'kredəbl] adj incroyable.

incredulous [ɪn'kredjʊləs] adj incrédule.

increment ['ɪnkrɪmənt] n augmentation f.

incriminating [ɪn'krɪmɪneɪtɪŋ] adj compromettant(e).

incubator ['ɪnkjʊbeɪtər] n [for baby] incubateur m, couveuse f.

incumbent [ɪn'kʌmbənt] fml ◇ adj: **to be ~ on** OR **upon sb to do** sthg incomber à qqn de faire qqch. ◇ n [of post] titulaire m.

incur [ɪn'kɜːr] vt encourir.

indebted [ɪn'detɪd] adj [grateful]: **~ to sb** redevable à qqn.

indecent [ɪn'diːsnt] adj **-1.** [improper] indécent(e). **-2.** [unreasonable] malséant(e).

indecent assault n attentat m à la pudeur.

indecent exposure n outrage m public à la pudeur.

indecisive [ˌɪndɪ'saɪsɪv] adj indécis(e).

indeed [ɪn'diːd] adv **-1.** [certainly, to express surprise] vraiment; **~ I am, yes ~** certainement. **-2.** [in fact] en effet.

-3. [for emphasis]: **very big/bad** ~ extrêmement grand/mauvais, vraiment grand/mauvais.

indefinite [ɪn'defɪnɪt] *adj* **-1.** [not fixed] indéfini(e). **-2.** [imprecise] vague.

indefinitely [ɪn'defɪnətlɪ] *adv* **-1.** [for unfixed period] indéfiniment. **-2.** [imprecisely] vaguement.

indemnity [ɪn'demnətɪ] *n* indemnité *f*.

indent [ɪn'dent] *vt* **-1.** [dent] entailler. **-2.** [text] mettre en retrait.

independence [ˌɪndɪ'pendəns] *n* indépendance *f*.

Independence Day *n* fête *de l'indépendance américaine, le 4 juillet*.

independent [ˌɪndɪ'pendənt] *adj*: ~ **(of)** indépendant(e) (de).

independent school *n* Br école *f* privée.

in-depth *adj* approfondi(e).

indescribable [ˌɪndɪ'skraɪbəbl] *adj* indescriptible.

indestructible [ˌɪndɪ'strʌktəbl] *adj* indestructible.

index ['ɪndeks] (*pl senses 1 and 2* -es, *sense 3* -es OR **indices**) *n* **-1.** [of book] index *m*. **-2.** [in library] répertoire *m*, fichier *m*. **-3.** ECON indice *m*.

index card *n* fiche *f*.

index finger *n* index *m*.

index-linked [-ˌlɪŋkt] *adj* indexé(e).

India ['ɪndjə] *n* Inde *f*.

Indian ['ɪndjən] ◇ *adj* indien(ienne). ◇ *n* Indien *m*, -ienne *f*.

Indian Ocean *n*: **the** ~ l'océan *m* Indien.

indicate ['ɪndɪkeɪt] ◇ *vt* indiquer. ◇ *vi* AUT mettre son clignotant.

indication [ˌɪndɪ'keɪʃn] *n* **-1.** [suggestion] indication *f*. **-2.** [sign] signe *m*.

indicative [ɪn'dɪkətɪv] ◇ *adj*: ~ **of** indicatif(ive) de. ◇ *n* GRAMM indicatif *m*.

indicator ['ɪndɪkeɪtə'] *n* **-1.** [sign] indicateur *m*. **-2.** AUT clignotant *m*.

indices ['ɪndɪsi:z] *pl* → **index**.

indict [ɪn'daɪt] *vt*: **to** ~ **sb (for)** accuser qqn (de).

indictment [ɪn'daɪtmənt] *n* **-1.** JUR acte

m d'accusation. **-2.** [criticism] mise *f* en accusation.

indifference [ɪn'dɪfrəns] *n* indifférence *f*.

indifferent [ɪn'dɪfrənt] *adj* **-1.** [uninterested]: ~ **(to)** indifférent(e) (à). **-2.** [mediocre] médiocre.

indigenous [ɪn'dɪdʒɪnəs] *adj* indigène.

indigestion [ˌɪndɪ'dʒestʃn] *n* (*U*) indigestion *f*.

indignant [ɪn'dɪgnənt] *adj*: ~ **(at)** indigné(e) (de).

indignity [ɪn'dɪgnətɪ] *n* indignité *f*.

indigo ['ɪndɪgəʊ] ◇ *adj* indigo (*inv*). ◇ *n* indigo *m*.

indirect [ˌɪndɪ'rekt] *adj* indirect(e).

indiscreet [ˌɪndɪ'skri:t] *adj* indiscret(ète).

indiscriminate [ˌɪndɪ'skrɪmɪnət] *adj* [person] qui manque de discernement; [treatment] sans distinction; [killing] commis au hasard.

indispensable [ˌɪndɪ'spensəbl] *adj* indispensable.

indisputable [ˌɪndɪ'spju:təbl] *adj* indiscutable.

indistinguishable [ˌɪndɪ'stɪŋgwɪʃəbl] *adj*: ~ **(from)** que l'on ne peut distinguer (de).

individual [ˌɪndɪ'vɪdʒʊəl] ◇ *adj* **-1.** [separate, for one person] individuel(elle). **-2.** [distinctive] personnel(elle). ◇ *n* individu *m*.

individually [ˌɪndɪ'vɪdʒʊəlɪ] *adv* individuellement.

indoctrination [ɪnˌdɒktrɪ'neɪʃn] *n* endoctrinement *m*.

Indonesia [ˌɪndə'ni:zjə] *n* Indonésie *f*.

indoor ['ɪndɔ:'] *adj* d'intérieur; [swimming pool] couvert(e); [sports] en salle.

indoors [ˌɪn'dɔ:z] *adv* à l'intérieur.

induce [ɪn'dju:s] *vt* **-1.** [persuade]: **to** ~ **sb to do sthg** inciter OR pousser qqn à faire qqch. **-2.** [bring about] provoquer.

inducement [ɪn'dju:smənt] *n* [incentive] incitation *f*, encouragement *m*.

induction [ɪn'dʌkʃn] *n* **-1.** [into official position]: ~ **(into)** installation *f* (à).

-2. [introduction to job] introduction f. **-3.** ELEC induction f.

induction course n stage m d'initiation.

indulge [ɪn'dʌldʒ] ◇ vt **-1.** [whim, passion] céder à. **-2.** [child, person] gâter. ◇ vi: **to ~ in sthg** se permettre qqch.

indulgence [ɪn'dʌldʒəns] n **-1.** [act of indulging] indulgence f. **-2.** [special treat] gâterie f.

indulgent [ɪn'dʌldʒənt] adj indulgent(e).

industrial [ɪn'dʌstrɪəl] adj industriel(ielle).

industrial action n: **to take ~** se mettre en grève.

industrial estate Br, **industrial park** Am n zone f industrielle.

industrialist [ɪn'dʌstrɪəlɪst] n industriel m.

industrial park Am = **industrial estate**.

industrial relations npl relations fpl patronat-syndicats.

industrial revolution n révolution f industrielle.

industrious [ɪn'dʌstrɪəs] adj industrieux(ieuse).

industry ['ɪndəstrɪ] n **-1.** [gen] industrie f. **-2.** (U) [hard work] assiduité f, application f.

inebriated [ɪ'niːbrɪeɪtɪd] adj fml ivre.

inedible [ɪn'edɪbl] adj **-1.** [meal, food] immangeable. **-2.** [plant, mushroom] non comestible.

ineffective [,ɪnɪ'fektɪv] adj inefficace.

ineffectual [,ɪnɪ'fektʃʊəl] adj inefficace; [person] incapable, incompétent(e).

inefficiency [,ɪnɪ'fɪʃnsɪ] n inefficacité f; [of person] incapacité f, incompétence f.

inefficient [,ɪnɪ'fɪʃnt] adj inefficace; [person] incapable, incompétent(e).

ineligible [ɪn'elɪdʒəbl] adj inéligible; **to be ~ for sthg** ne pas avoir droit à qqch.

inept [ɪ'nept] adj inepte; [person] stupide.

inequality [,ɪnɪ'kwɒlətɪ] n inégalité f.

inert [ɪ'nɜːt] adj inerte.

inertia [ɪ'nɜːʃə] n inertie f.

inescapable [,ɪnɪ'skeɪpəbl] adj inéluctable.

inevitable [ɪn'evɪtəbl] ◇ adj inévitable. ◇ n: **the ~** l'inévitable m.

inevitably [ɪn'evɪtəblɪ] adv inévitablement.

inexcusable [,ɪnɪk'skjuːzəbl] adj inexcusable, impardonnable.

inexhaustible [,ɪnɪg'zɔːstəbl] adj inépuisable.

inexpensive [,ɪnɪk'spensɪv] adj bon marché (inv), pas cher (chère).

inexperienced [,ɪnɪk'spɪərɪənst] adj inexpérimenté(e), qui manque d'expérience.

inexplicable [,ɪnɪk'splɪkəbl] adj inexplicable.

infallible [ɪn'fæləbl] adj infaillible.

infamous ['ɪnfəməs] adj infâme.

infancy ['ɪnfənsɪ] n petite enfance f; **in its ~** fig à ses débuts.

infant ['ɪnfənt] n **-1.** [baby] nouveau-né m, nouveau-née f, nourrisson m. **-2.** [young child] enfant mf en bas âge.

infantry ['ɪnfəntrɪ] n infanterie f.

infant school n Br école f maternelle (de 5 à 7 ans).

infatuated [ɪn'fætjʊeɪtɪd] adj: **~ (with)** entiché(e) (de).

infatuation [ɪn,fætjʊ'eɪʃn] n: **~ (with)** béguin m (pour).

infect [ɪn'fekt] vt **-1.** MED infecter. **-2.** fig [subj: enthusiasm etc] se propager à.

infection [ɪn'fekʃn] n infection f.

infectious [ɪn'fekʃəs] adj **-1.** [disease] infectieux(ieuse). **-2.** fig [feeling, laugh] contagieux(ieuse).

infer [ɪn'fɜːʳ] vt [deduce]: **to ~ sthg (from)** déduire qqch (de).

inferior [ɪn'fɪərɪəʳ] ◇ adj **-1.** [in status] inférieur(e). **-2.** [product] de qualité inférieure; [work] médiocre. ◇ n [in status] subalterne mf.

inferiority [ɪn,fɪərɪ'ɒrətɪ] n infériorité f.

inferiority complex n complexe m d'infériorité.

inferno [ɪnˈfɜːnəʊ] (pl -s) n brasier m.

infertile [ɪnˈfɜːtaɪl] adj -1. [woman] stérile. -2. [soil] infertile.

infested [ɪnˈfestɪd] adj: ~ **with** infesté(e) de.

infighting [ˈɪnˌfaɪtɪŋ] n (U) querelles fpl intestines.

infiltrate [ˈɪnfɪltreɪt] vt infiltrer.

infinite [ˈɪnfɪnət] adj infini(e).

infinitive [ɪnˈfɪnɪtɪv] n infinitif m.

infinity [ɪnˈfɪnətɪ] n infini m.

infirm [ɪnˈfɜːm] ◇ adj infirme. ◇ npl: **the** ~ les infirmes mpl.

infirmary [ɪnˈfɜːmərɪ] n [hospital] hôpital m.

infirmity [ɪnˈfɜːmətɪ] n infirmité f.

inflamed [ɪnˈfleɪmd] adj MED enflammé(e).

inflammable [ɪnˈflæməbl] adj inflammable.

inflammation [ˌɪnfləˈmeɪʃn] n MED inflammation f.

inflatable [ɪnˈfleɪtəbl] adj gonflable.

inflate [ɪnˈfleɪt] vt -1. [tyre, life jacket etc] gonfler. -2. ECON [prices, salaries] hausser, gonfler.

inflation [ɪnˈfleɪʃn] n ECON inflation f.

inflationary [ɪnˈfleɪʃnrɪ] adj ECON inflationniste.

inflict [ɪnˈflɪkt] vt: **to** ~ **sthg on sb** infliger qqch à qqn.

influence [ˈɪnfluəns] ◇ n influence f; **under the** ~ **of** [person, group] sous l'influence de; [alcohol, drugs] sous l'effet OR l'empire de. ◇ vt influencer.

influential [ˌɪnfluˈenʃl] adj influent(e).

influenza [ˌɪnfluˈenzə] n (U) grippe f.

influx [ˈɪnflʌks] n afflux m.

inform [ɪnˈfɔːm] vt: **to** ~ **sb (of)** informer qqn (de); **to** ~ **sb about** renseigner qqn sur.

◆ **inform on** vt fus dénoncer.

informal [ɪnˈfɔːml] adj -1. [party, person] simple; [clothes] de tous les jours. -2. [negotiations, visit] officieux(ieuse); [meeting] informel(elle).

informant [ɪnˈfɔːmənt] n informateur m, -trice f.

information [ˌɪnfəˈmeɪʃn] n (U): ~ **(on** OR **about)** renseignements mpl OR informations fpl (sur); **a piece of** ~ un renseignement; **for your** ~ fml à titre d'information.

information desk n bureau m de renseignements.

information technology n informatique f.

informative [ɪnˈfɔːmətɪv] adj informatif(ive).

informer [ɪnˈfɔːmər] n indicateur m, -trice f.

infrared [ˌɪnfrəˈred] adj infrarouge.

infrastructure [ˈɪnfrəˌstrʌktʃər] n infrastructure f.

infringe [ɪnˈfrɪndʒ] ◇ vt -1. [right] empiéter sur. -2. [law, agreement] enfreindre. ◇ vi -1. [on right]: **to** ~ **on** empiéter sur. -2. [on law, agreement]: **to** ~ **on** enfreindre.

infringement [ɪnˈfrɪndʒmənt] n -1. [of right]: ~ **(of)** atteinte f (à). -2. [of law, agreement] transgression f.

infuriating [ɪnˈfjʊərieɪtɪŋ] adj exaspérant(e).

ingenious [ɪnˈdʒiːnjəs] adj ingénieux(ieuse).

ingenuity [ˌɪndʒɪˈnjuːətɪ] n ingéniosité f.

ingenuous [ɪnˈdʒenjuəs] adj ingénu(e), naïf (naïve).

ingot [ˈɪŋgət] n lingot m.

ingrained [ˌɪnˈgreɪnd] adj -1. [dirt] incrusté(e). -2. fig [belief, hatred] enraciné(e).

ingratiating [ɪnˈgreɪʃieɪtɪŋ] adj doucereux(euse), mielleux(euse).

ingredient [ɪnˈgriːdjənt] n ingrédient m; fig élément m.

inhabit [ɪnˈhæbɪt] vt habiter.

inhabitant [ɪnˈhæbɪtənt] n habitant m, -e f.

inhale [ɪnˈheɪl] ◇ vt inhaler, respirer. ◇ vi [breathe in] respirer.

inhaler [ɪnˈheɪlər] n MED inhalateur m.

inherent [ɪnˈhɪərənt, ɪnˈherənt] adj: ~ **(in)** inhérent(e) (à).

inherently [ɪn'hɪərəntlɪ, ɪn'herəntlɪ] *adv* fondamentalement, en soi.

inherit [ɪn'herɪt] ◇ *vt*: **to ~ sthg (from sb)** hériter qqch (de qqn). ◇ *vi* hériter.

inheritance [ɪn'herɪtəns] *n* héritage *m*.

inhibit [ɪn'hɪbɪt] *vt* **-1.** [prevent] empêcher. **-2.** PSYCH inhiber.

inhibition [ˌɪnhɪ'bɪʃn] *n* inhibition *f*.

inhospitable [ˌɪnhɒ'spɪtəbl] *adj* inhospitalier(ière).

in-house ◇ *adj* interne; [staff] de la maison. ◇ *adv* [produce, work] sur place.

inhuman [ɪn'hjuːmən] *adj* inhumain(e).

initial [ɪ'nɪʃl] ◇ *adj* initial(e), premier(ière); **~ letter** initiale *f*. ◇ *vt* parapher.

◆ **initials** *npl* initiales *fpl*.

initially [ɪ'nɪʃəlɪ] *adv* initialement, au début.

initiate [ɪ'nɪʃɪeɪt] *vt* **-1.** [talks] engager; [scheme] ébaucher, inaugurer. **-2.** [teach]: **to ~ sb into sthg** initier qqn à qqch.

initiative [ɪ'nɪʃətɪv] *n* **-1.** [gen] initiative *f*. **-2.** [advantage]: **to have the ~** avoir l'avantage *m*.

inject [ɪn'dʒekt] *vt* **-1.** MED: **to ~ sb with sthg, to ~ sthg into sb** injecter qqch à qqn. **-2.** *fig* [excitement] insuffler; [money] injecter.

injection [ɪn'dʒekʃn] *n lit & fig* injection *f*.

injure [ˈɪndʒər] *vt* **-1.** [limb, person] blesser; **to ~ one's arm** se blesser au bras. **-2.** *fig* [reputation, chances] compromettre.

injured [ˈɪndʒəd] ◇ *adj* [limb, person] blessé(e). ◇ *npl*: **the ~** les blessés *mpl*.

injury [ˈɪndʒərɪ] *n* **-1.** [to limb, person] blessure *f*; **to do o.s. an ~** se blesser. **-2.** *fig* [to reputation] coup *m*, atteinte *f*.

injury time *n* (U) arrêts *mpl* de jeu.

injustice [ɪn'dʒʌstɪs] *n* injustice *f*; **to do sb an ~** se montrer injuste envers qqn.

ink [ɪŋk] *n* encre *f*.

ink-jet printer *n* COMPUT imprimante *f* à jet d'encre.

inkling [ˈɪŋklɪŋ] *n*: **to have an ~ of** avoir une petite idée de.

inlaid [ˌɪn'leɪd] *adj*: **~ (with)** incrusté(e) (de).

inland [*adj* 'ɪnlənd, *adv* ɪn'lænd] ◇ *adj* intérieur(e). ◇ *adv* à l'intérieur.

Inland Revenue *n Br*: **the ~** ≈ le fisc.

in-laws *npl inf* [parents-in-law] beaux-parents *mpl*; [others] belle-famille *f*.

inlet [ˈɪnlet] *n* **-1.** [of lake, sea] avancée *f*. **-2.** TECH arrivée *f*.

inmate [ˈɪnmeɪt] *n* [of prison] détenu *m*, -e *f*; [of mental hospital] interné *m*, -e *f*.

inn [ɪn] *n* auberge *f*.

innate [ˌɪ'neɪt] *adj* inné(e).

inner [ˈɪnər] *adj* **-1.** [on inside] interne, intérieur(e). **-2.** [feelings] intime.

inner city *n*: **the ~** les quartiers *mpl* pauvres.

inner tube *n* chambre *f* à air.

innings [ˈɪnɪŋz] (*pl inv*) *n Br* CRICKET tour *m* de batte.

innocence [ˈɪnəsəns] *n* innocence *f*.

innocent [ˈɪnəsənt] ◇ *adj* innocent(e); **~ of** [crime] non coupable de. ◇ *n* innocent *m*, -e *f*.

innocuous [ɪ'nɒkjuəs] *adj* inoffensif(ive).

innovation [ˌɪnə'veɪʃn] *n* innovation *f*.

innovative [ˈɪnəvətɪv] *adj* **-1.** [idea, design] innovateur(trice). **-2.** [person, company] novateur(trice).

innuendo [ˌɪnjuː'endəʊ] (*pl* **-es** OR **-s**) *n* insinuation *f*.

innumerable [ɪ'njuːmərəbl] *adj* innombrable.

inoculate [ɪ'nɒkjuleɪt] *vt*: **to ~ sb (with sthg)** inoculer (qqch à) qqn.

inordinately [ɪ'nɔːdɪnətlɪ] *adv* excessivement.

in-patient *n* malade hospitalisé *m*, malade hospitalisée *f*.

input [ˈɪnpʊt] (*pt & pp* **input** OR **-ted**) ◇ *n* **-1.** [contribution] contribution *f*, concours *m*. **-2.** COMPUT & ELEC entrée *f*. ◇ *vt* COMPUT entrer.

inquest ['ɪnkwest] *n* enquête *f*.

inquire [ɪn'kwaɪə^r] ◇ *vt*: **to ~ when/ whether/how ...** demander quand/si/ comment .... ◇ *vi*: **to ~ (about)** se renseigner (sur).

◆ **inquire after** *vt fus* s'enquérir de.

◆ **inquire into** *vt fus* enquêter sur.

inquiry [ɪn'kwaɪərɪ] *n* **-1.** [question] demande *f* de renseignements; "In-quiries" «renseignements». **-2.** [investigation] enquête *f*.

inquiry desk *n* bureau *m* de renseignements.

inquisitive [ɪn'kwɪzətɪv] *adj* inquisiteur(trice).

inroads ['ɪnrəʊdz] *npl*: **to make ~ into** [savings] entamer.

insane [ɪn'seɪn] *adj* fou (folle).

insanity [ɪn'sænətɪ] *n* folie *f*.

insatiable [ɪn'seɪʃəbl] *adj* insatiable.

inscription [ɪn'skrɪpʃn] *n* **-1.** [engraved] inscription *f*. **-2.** [written] dédicace *f*.

inscrutable [ɪn'skru:təbl] *adj* impénétrable.

insect ['ɪnsekt] *n* insecte *m*.

insecticide [ɪn'sektɪsaɪd] *n* insecticide *m*.

insect repellent *n* crème *f* anti-insectes.

insecure [,ɪnsɪ'kjʊə^r] *adj* **-1.** [person] anxieux(ieuse). **-2.** [job, investment] incertain(e).

insensible [ɪn'sensəbl] *adj* **-1.** [unconscious] inconscient(e). **-2.** [unaware, not feeling]: **~ of/to** insensible à.

insensitive [ɪn'sensətɪv] *adj*: **~ (to)** insensible (à).

inseparable [ɪn'seprəbl] *adj* inséparable.

insert [*vb* ɪn'sɜ:t, *n* 'ɪnsɜ:t] ◇ *vt*: **to ~ sthg (in** OR **into)** insérer qqch (dans). ◇ *n* [in newspaper] encart *m*.

insertion [ɪn'sɜ:ʃn] *n* insertion *f*.

in-service training *n* Br formation *f* en cours d'emploi.

inshore [*adj* 'ɪnʃɔ:^r, *adv* ɪn'ʃɔ:^r] ◇ *adj*

côtier(ière). ◇ *adv* [be situated] **près de la côte**; [move] vers la côte.

inside [ɪn'saɪd] ◇ *prep* **-1.** [building, object] à l'intérieur de, dans; [group, organization] au sein de. **-2.** [time]: **~ three weeks** en moins de trois semaines. ◇ *adv* **-1.** [gen] dedans, à l'intérieur; **to go ~** entrer; **come ~!** entrez! **-2.** *prison sl* en taule. ◇ *adj* intérieur(e). ◇ *n* **-1.** [interior]: **the ~** l'intérieur *m*; **~ out** [clothes] à l'envers; **to know sthg ~ out** connaître qqch à fond. **-2.** AUT: **the ~** [in UK] la gauche; [in Europe, US etc] la droite.

◆ **insides** *npl inf* tripes *fpl*.

◆ **inside of** *prep Am* [building, object] à l'intérieur de, dans.

inside lane *n* AUT [in UK] voie *f* de gauche; [in Europe, US etc] voie *f* de droite.

insight ['ɪnsaɪt] *n* **-1.** [wisdom] sagacité *f*, perspicacité *f*. **-2.** [glimpse]: **~ (into)** aperçu *m* (de).

insignificant [,ɪnsɪg'nɪfɪkənt] *adj* insignifiant(e).

insincere [,ɪnsɪn'sɪə^r] *adj* pas sincère.

insinuate [ɪn'sɪnjʊeɪt] *vt* insinuer, laisser entendre.

insipid [ɪn'sɪpɪd] *adj* insipide.

insist [ɪn'sɪst] ◇ *vt* **-1.** [claim]: **to ~ (that) ...** insister sur le fait que .... **-2.** [demand]: **to ~ (that) ...** insister pour que (+ *subjunctive*) .... ◇ *vi*: **to ~ (on sthg)** exiger (qqch); **to ~ on doing sthg** tenir à faire qqch, vouloir absolument faire qqch.

insistent [ɪn'sɪstənt] *adj* **-1.** [determined] insistant(e); **to be ~ on** insister sur. **-2.** [continual] incessant(e).

insofar [,ɪnsəʊ'fɑ:^r]

◆ **insofar as** *conj* dans la mesure où.

insole ['ɪnsəʊl] *n* semelle *f* intérieure.

insolent ['ɪnsələnt] *adj* insolent(e).

insolvent [ɪn'sɒlvənt] *adj* insolvable.

insomnia [ɪn'sɒmnɪə] *n* insomnie *f*.

inspect [ɪn'spekt] *vt* **-1.** [letter, person] examiner. **-2.** [factory, troops etc] inspecter.

inspection [ɪnˈspekʃn] *n* **-1.** [investigation] examen *m*. **-2.** [official check] inspection *f*.

inspector [ɪnˈspektər] *n* inspecteur *m*, -trice *f*.

inspiration [ˌɪnspəˈreɪʃn] *n* inspiration *f*.

inspire [ɪnˈspaɪər] *vt*: **to ~ sb to do sthg** pousser OR encourager qqn à faire qqch; **to ~ sb with sthg, to ~ sthg in sb** inspirer qqch à qqn.

install *Br*, **instal** *Am* [ɪnˈstɔːl] *vt* [fit] installer.

installation [ˌɪnstəˈleɪʃn] *n* installation *f*.

instalment *Br*, **installment** *Am* [ɪnˈstɔːlmənt] *n* **-1.** [payment] acompte *m*; **in ~s** par acomptes. **-2.** [episode] épisode *m*.

instance [ˈɪnstəns] *n* exemple *m*; **for ~** par exemple.

instant [ˈɪnstənt] ◇ *adj* **-1.** [immediate] instantané(e), immédiat(e). **-2.** [coffee] soluble; [food] à préparation rapide. ◇ *n* instant *m*; **the ~ (that) ...** dès OR aussitôt que ...; **this ~** tout de suite, immédiatement.

instantly [ˈɪnstəntlɪ] *adv* immédiatement.

instead [ɪnˈsted] *adv* au lieu de cela.
◆ **instead of** *prep* au lieu de; **~ of him** à sa place.

instep [ˈɪnstep] *n* cou-de-pied *m*.

instigate [ˈɪnstɪɡeɪt] *vt* être à l'origine de, entreprendre.

instil *Br*, **instill** *Am* [ɪnˈstɪl] *vt*: **to ~ sthg in** OR **into sb** instiller qqch à qqn.

instinct [ˈɪnstɪŋkt] *n* **-1.** [intuition] instinct *m*. **-2.** [impulse] réaction *f*, mouvement *m*.

instinctive [ɪnˈstɪŋktɪv] *adj* instinctif(ive).

institute [ˈɪnstɪtjuːt] ◇ *n* institut *m*. ◇ *vt* instituer.

institution [ˌɪnstɪˈtjuːʃn] *n* institution *f*.

instruct [ɪnˈstrʌkt] *vt* **-1.** [tell, order]: **to ~ sb to do sthg** charger qqn de faire

qqch. **-2.** [teach] instruire; **to ~ sb in sthg** enseigner qqch à qqn.

instruction [ɪnˈstrʌkʃn] *n* instruction *f*.
◆ **instructions** *npl* mode *m* d'emploi, instructions *fpl*.

instructor [ɪnˈstrʌktər] *n* **-1.** [gen] instructeur *m*, -trice *f*, moniteur *m*, -trice *f*. **-2.** *Am* SCH enseignant *m*, -e *f*.

instrument [ˈɪnstrʊmənt] *n* lit & fig instrument *m*.

instrumental [ˌɪnstrʊˈmentl] *adj* [important, helpful]: **to be ~ in** contribuer à.

instrument panel *n* tableau *m* de bord.

insubordinate [ˌɪnsəˈbɔːdɪnət] *adj* insubordonné(e).

insubstantial [ˌɪnsəbˈstænʃl] *adj* [structure] peu solide; [meal] peu substantiel(ielle).

insufficient [ˌɪnsəˈfɪʃnt] *adj* fml insuffisant(e).

insular [ˈɪnsjʊlər] *adj* [outlook] borné(e); [person] à l'esprit étroit.

insulate [ˈɪnsjʊleɪt] *vt* **-1.** [loft, cable] isoler; [hot water tank] calorifuger. **-2.** [protect]: **to ~ sb against** OR **from sthg** protéger qqn de qqch.

insulating tape [ˈɪnsjʊleɪtɪŋ-] *n Br* chatterton *m*.

insulation [ˌɪnsjʊˈleɪʃn] *n* isolation *f*.

insulin [ˈɪnsjʊlɪn] *n* insuline *f*.

insult [*vt* ɪnˈsʌlt, *n* ˈɪnsʌlt] ◇ *vt* insulter, injurier. ◇ *n* insulte *f*, injure *f*.

insuperable [ɪnˈsuːprəbl] *adj* fml insurmontable.

insurance [ɪnˈʃʊərəns] *n* **-1.** [against fire, accident, theft] assurance *f*. **-2.** fig [safeguard, protection] protection *f*, garantie *f*.

insurance policy *n* police *f* d'assurance.

insure [ɪnˈʃʊər] ◇ *vt* **-1.** [against fire, accident, theft]: **to ~ sb/sthg against sthg** assurer qqn/qqch contre qqch. **-2.** *Am* [make certain] s'assurer. ◇ *vi* [prevent]: **to ~ against** se protéger de.

insurer [ɪnˈʃʊərər] *n* assureur *m*.

insurmountable [ˌɪnsə'maʊntəbl] *adj*
fml insurmontable.

intact [ɪn'tækt] *adj* intact(e).

intake ['ɪnteɪk] *n* **-1.** [amount consumed] consommation *f.* **-2.** [people recruited] admission *f.* **-3.** [inlet] prise *f*, arrivée *f.*

integral ['ɪntɪgrəl] *adj* intégral(e); **to be ~ to sthg** faire partie intégrante de qqch.

integrate ['ɪntɪgreɪt] ◇ *vi* s'intégrer. ◇ *vt* intégrer.

integrity [ɪn'tegrətɪ] *n* **-1.** [honour] intégrité *f*, honnêteté *f.* **-2.** *fml* [wholeness] intégrité *f*, totalité *f.*

intellect ['ɪntəlekt] *n* **-1.** [ability to think] intellect *m.* **-2.** [cleverness] intelligence *f.*

intellectual [ˌɪntə'lektjʊəl] ◇ *adj* intellectuel(elle). ◇ *n* intellectuel *m*, - elle *f.*

intelligence [ɪn'telɪdʒəns] *n* (U) **-1.** [ability to think] intelligence *f.* **-2.** [information service] service *m* de renseignements. **-3.** [information] informations *fpl*, renseignements *mpl.*

intelligent [ɪn'telɪdʒənt] *adj* intelligent(e).

intelligent card *n* carte *f* à puce OR à mémoire.

intend [ɪn'tend] *vt* [mean] avoir l'intention de; **to be ~ed for** être destiné à; **to be ~ed to do sthg** être destiné à faire qqch, viser à faire qqch; **to ~ doing** OR **to do sthg** avoir l'intention de faire qqch.

intended [ɪn'tendɪd] *adj* [result] voulu(e); [victim] visé(e).

intense [ɪn'tens] *adj* **-1.** [gen] intense. **-2.** [serious - person] sérieux(ieuse).

intensely [ɪn'tenslɪ] *adv* **-1.** [irritating, boring] extrêmement; [suffer] énormément. **-2.** [look] intensément.

intensify [ɪn'tensɪfaɪ] ◇ *vt* intensifier, augmenter. ◇ *vi* s'intensifier.

intensity [ɪn'tensətɪ] *n* intensité *f.*

intensive [ɪn'tensɪv] *adj* intensif(ive).

intensive care *n* réanimation *f.*

intent [ɪn'tent] ◇ *adj* **-1.** [absorbed] absorbé(e). **-2.** [determined]: **to be ~**

on OR **upon doing sthg** être résolu(e) OR décidé(e) à faire qqch. ◇ *n fml* intention *f*; **to all ~s and purposes** pratiquement, virtuellement.

intention [ɪn'tenʃn] *n* intention *f.*

intentional [ɪn'tenʃənl] *adj* intentionnel(elle), voulu(e).

intently [ɪn'tentlɪ] *adv* avec attention, attentivement.

interact [ˌɪntər'ækt] *vi* **-1.** [communicate, work together]: **to ~ (with sb)** communiquer (avec qqn). **-2.** [react]: **to ~ (with sthg)** interagir (avec qqch).

intercede [ˌɪntə'siːd] *vi fml*: **to ~ (with sb)** intercéder (auprès de qqn).

intercept [ˌɪntə'sept] *vt* intercepter.

interchange [*n* 'ɪntətʃeɪndʒ, *vb* ˌɪntə'tʃeɪndʒ] ◇ *n* **-1.** [exchange] échange *m.* **-2.** [road junction] échangeur *m.* ◇ *vt* échanger.

interchangeable [ˌɪntə'tʃeɪndʒəbl] *adj*: **~ (with)** interchangeable (avec).

intercity [ˌɪntə'sɪtɪ] *n* système de trains rapides reliant les grandes villes en Grande-Bretagne; **Intercity 125®** train rapide pouvant rouler à 125 miles (200 km) à l'heure.

intercom ['ɪntəkɒm] *n* interphone *m.*

intercourse ['ɪntəkɔːs] *n* (U) [sexual] rapports *mpl* (sexuels).

interest ['ɪntrəst] ◇ *n* **-1.** [gen] intérêt *m*; **to lose ~** se désintéresser. **-2.** [hobby] centre *m* d'intérêt. **-3.** (U) FIN intérêt *m*, intérêts *mpl.* ◇ *vt* intéresser.

interested ['ɪntrəstɪd] *adj* intéressé(e); **to be ~ in** s'intéresser à; **I'm not ~ in that** cela ne m'intéresse pas; **to be ~ in doing sthg** avoir envie de faire qqch.

interesting ['ɪntrəstɪŋ] *adj* intéressant(e).

interest rate *n* taux *m* d'intérêt.

interface ['ɪntəfeɪs] *n* **-1.** COMPUT interface *f.* **-2.** *fig* [junction] rapports *mpl*, relations *fpl.*

interfere [ˌɪntə'fɪə] *vi* **-1.** [meddle]: **to ~ in sthg** s'immiscer dans qqch, se mêler de qqch. **-2.** [damage]: **to ~ with sthg** gêner OR contrarier qqch; [routine] déranger qqch.

interference [ˌɪntəˈfɪərəns] *n* (*U*) **-1.** [meddling]: **~ (with** OR **in)** ingérence *f* (dans), intrusion *f* (dans). **-2.** TELEC parasites *mpl*.

interim [ˈɪntərɪm] ◇ *adj* provisoire. ◇ *n*: **in the ~** dans l'intérim, entre-temps.

interior [ɪnˈtɪərɪəʳ] ◇ *adj* **-1.** [inner] intérieur(e). **-2.** POL de l'Intérieur. ◇ *n* intérieur *m*.

interlock [ˌɪntəˈlɒk] *vi* [gears] s'enclencher, s'engrener; [fingers] s'entrelacer.

interloper [ˈɪntələʊpəʳ] *n* intrus *m*, -e *f*.

interlude [ˈɪntəluːd] *n* **-1.** [pause] intervalle *m*. **-2.** [interval] interlude *m*.

intermediary [ˌɪntəˈmiːdjərɪ] *n* intermédiaire *mf*.

intermediate [ˌɪntəˈmiːdjət] *adj* **-1.** [transitional] intermédiaire. **-2.** [post-beginner - level] moyen(enne); [- student, group] de niveau moyen.

interminable [ɪnˈtɜːmɪnəbl] *adj* interminable, sans fin.

intermission [ˌɪntəˈmɪʃn] *n* entracte *m*.

intermittent [ˌɪntəˈmɪtənt] *adj* intermittent(e).

intern [*vb* ɪnˈtɜːn, *n* ˈɪntɜːn] ◇ *vt* interner. ◇ *n* Am [gen] stagiaire *mf*; MED interne *mf*.

internal [ɪnˈtɜːnl] *adj* **-1.** [gen] interne. **-2.** [within country] intérieur(e).

internally [ɪnˈtɜːnəlɪ] *adv* **-1.** [within the body]: **to bleed ~** faire une hémorragie interne. **-2.** [within country] à l'intérieur. **-3.** [within organization] intérieurement.

Internal Revenue *n* Am: **the ~** ≃ le fisc.

international [ˌɪntəˈnæʃənl] ◇ *adj* international(e). ◇ *n* Br SPORT **-1.** [match] match *m* international. **-2.** [player] international *m*, - e *f*.

interpret [ɪnˈtɜːprɪt] ◇ *vt*: **to ~ sthg**

(as) interpréter qqch (comme). ◇ *vi* [translate] faire l'interprète.

interpreter [ɪnˈtɜːprɪtəʳ] *n* interprète *mf*.

interracial [ˌɪntəˈreɪʃl] *adj* entre des races différentes, racial(e).

interrelate [ˌɪntərɪˈleɪt] ◇ *vt* mettre en corrélation. ◇ *vi*: **to ~ (with)** être lié(e) (à), être en corrélation (avec).

interrogate [ɪnˈterəgeɪt] *vt* interroger.

interrogation [ɪnˌterəˈgeɪʃn] *n* interrogatoire *m*.

interrogation mark *n* Am point *m* d'interrogation.

interrogative [ˌɪntəˈrɒgətɪv] GRAMM ◇ *adj* interrogatif(ive). ◇ *n* interrogatif *m*.

interrupt [ˌɪntəˈrʌpt] ◇ *vt* interrompre; [calm] rompre. ◇ *vi* interrompre.

interruption [ˌɪntəˈrʌpʃn] *n* interruption *f*.

intersect [ˌɪntəˈsekt] ◇ *vi* s'entrecroiser, s'entrecouper. ◇ *vt* croiser, couper.

intersection [ˌɪntəˈsekʃn] *n* [in road] croisement *m*, carrefour *m*.

intersperse [ˌɪntəˈspɜːs] *vt*: **to be ~d with** être émaillé(e) de, être entremêlé(e) de.

interstate (highway) [ˈɪntəsteɪt-] *n* Am autoroute *f*.

interval [ˈɪntəvl] *n* **-1.** [gen] intervalle *m*; **at ~s** par intervalles; **at monthly/yearly ~s** tous les mois/ans. **-2.** Br [at play, concert] entracte *m*.

intervene [ˌɪntəˈviːn] *vi* **-1.** [person, police]: **to ~ (in)** intervenir (dans), s'interposer (dans). **-2.** [event, war, strike] survenir. **-3.** [time] s'écouler.

intervention [ˌɪntəˈvenʃn] *n* intervention *f*.

interview [ˈɪntəvjuː] ◇ *n* **-1.** [for job] entrevue *f*, entretien *m*. **-2.** PRESS interview *f*. ◇ *vt* **-1.** [for job] faire passer une entrevue OR un entretien à. **-2.** PRESS interviewer.

interviewer [ˈɪntəvjuːəʳ] *n* **-1.** [for job] personne *f* qui fait passer une entrevue. **-2.** PRESS interviewer *m*.

intestine [ɪnˈtestɪn] *n* intestin *m*.

intimacy ['ɪntɪməsɪ] *n* **-1.** [closeness]: ~ **(between/with)** intimité *f* (entre/avec). **-2.** [intimate remark] familiarité *f*.

intimate [*adj & n* 'ɪntɪmət, *vb* 'ɪntɪmeɪt] ◇ *adj* **-1.** [gen] intime. **-2.** [detailed - knowledge] approfondi(e). ◇ *vt fml* faire savoir, faire connaître.

intimately ['ɪntɪmətlɪ] *adv* **-1.** [very closely] étroitement. **-2.** [as close friends] intimement. **-3.** [in detail] à fond.

intimidate [ɪn'tɪmɪdeɪt] *vt* intimider.

into ['ɪntʊ] *prep* **-1.** [inside] dans. **-2.** [against]: **to bump** ~ **sthg** se cogner contre qqch; **to crash** ~ rentrer dans. **-3.** [referring to change in state] en; **to translate sthg** ~ **Spanish** traduire qqch en espagnol. **-4.** [concerning]: **research/investigation** ~ recherche/enquête sur. **-5.** MATH: **3** ~ **2 2** divisé par 3. **-6.** *inf* [interested in]: **to be** ~ **sthg** être passionné(e) par qqch.

intolerable [ɪn'tɒlrəbl] *adj* intolérable, insupportable.

intolerance [ɪn'tɒlərəns] *n* intolérance *f*.

intolerant [ɪn'tɒlərənt] *adj* intolérant(e).

intoxicated [ɪn'tɒksɪkeɪtɪd] *adj* **-1.** [drunk] ivre. **-2.** *fig* [excited]: **to be** ~ **by** OR **with sthg** être grisé(e) OR enivré(e) par qqch.

intractable [ɪn'træktəbl] *adj* **-1.** [stubborn] intraitable. **-2.** [insoluble] insoluble.

intransitive [ɪn'trænzətɪv] *adj* intransitif(ive).

intravenous [ˌɪntrə'viːnəs] *adj* intraveineux(euse).

in-tray *n* casier *m* des affaires à traiter.

intricate ['ɪntrɪkət] *adj* compliqué(e).

intrigue [ɪn'triːg] ◇ *n* intrigue *f*. ◇ *vt* intriguer, exciter la curiosité de.

intriguing [ɪn'triːgɪŋ] *adj* fascinant(e).

intrinsic [ɪn'trɪnsɪk] *adj* intrinsèque.

introduce [ˌɪntrə'djuːs] *vt* **-1.** [present] présenter; **to** ~ **sb to sb** présenter qqn à qqn. **-2.** [bring in]: **to** ~ **sthg**

(to OR **into)** introduire qqch (dans). **-3.** [allow to experience]: **to** ~ **sb to sthg** initier qqn à qqch, faire découvrir qqch à qqn. **-4.** [signal beginning of] annoncer.

introduction [ˌɪntrə'dʌkʃn] *n* **-1.** [in book, of new method etc] introduction *f*. **-2.** [of people]: ~ **(to sb)** présentation *f* (à qqn).

introductory [ˌɪntrə'dʌktrɪ] *adj* d'introduction, préliminaire.

introvert ['ɪntrəvɜːt] *n* introverti *m*, -e *f*.

introverted ['ɪntrəvɜːtɪd] *adj* introverti(e).

intrude [ɪn'truːd] *vi* faire intrusion; **to** ~ **on sb** déranger qqn.

intruder [ɪn'truːdər] *n* intrus *m*, -e *f*.

intrusive [ɪn'truːsɪv] *adj* gênant(e), importun(e).

intuition [ˌɪntjuː'ɪʃn] *n* intuition *f*.

inundate ['ɪnʌndeɪt] *vt* **-1.** *fml* [flood] inonder. **-2.** [overwhelm]: **to be** ~**d with** être submergé(e) de.

invade [ɪn'veɪd] *vt* **-1.** MIL & *fig* envahir. **-2.** [disturb - privacy etc] violer.

invalid [*adj* ɪn'vælɪd, *n & vb* 'ɪnvəlɪd] ◇ *adj* **-1.** [illegal, unacceptable] non valide, non valable. **-2.** [not reasonable] non valable. ◇ *n* invalide *mf*.

invaluable [ɪn'væljʊəbl] *adj*: ~ **(to)** [help, advice, person] précieux(ieuse) (pour); [experience, information] inestimable (pour).

invariably [ɪn'veərɪəblɪ] *adv* invariablement, toujours.

invasion [ɪn'veɪʒn] *n lit* & *fig* invasion *f*.

invent [ɪn'vent] *vt* inventer.

invention [ɪn'venʃn] *n* invention *f*.

inventive [ɪn'ventɪv] *adj* inventif(ive).

inventor [ɪn'ventər] *n* inventeur *m*, -trice *f*.

inventory ['ɪnventrɪ] *n* **-1.** [list] inventaire *m*. **-2.** *Am* [goods] stock *m*.

invert [ɪn'vɜːt] *vt* retourner.

inverted commas [ɪn,vɜːtɪd-] *npl Br* guillemets *mpl*.

invest [ɪn'vest] ◇ *vt* **-1.** [money]: **to** ~ **sthg (in)** investir qqch (dans). **-2.**

[time, energy]: **to ~ sthg in sthg/in doing sthg** consacrer qqch à qqch/à faire qqch, employer qqch à qqch/à faire qqch. ◇ *vi* **-1.** FIN: **to ~ (in sthg)** investir (dans qqch). **-2.** *fig* [buy]: **to ~ in sthg** se payer qqch, s'acheter qqch.

investigate [ɪn'vestɪgeɪt] *vt* enquêter sur, faire une enquête sur; [subj: scientist] faire des recherches sur.

investigation [ɪn,vestɪ'geɪʃn] *n* **-1.** [enquiry]: **~ (into)** enquête *f* (sur); [scientific] recherches *fpl* (sur). **-2.** (U) [investigating] investigation *f*.

investment [ɪn'vestmənt] *n* **-1.** FIN investissement *m*, placement *m*. **-2.** [of energy] **dépense** *f*.

investor [ɪn'vestə*] *n* investisseur *m*.

inveterate [ɪn'vetərət] *adj* invétéré(e).

invidious [ɪn'vɪdɪəs] *adj* [task] ingrat(e); [comparison] injuste.

invigilate [ɪn'vɪdʒɪleɪt] *Br* ◇ *vi* surveiller les candidats (à un examen). ◇ *vt* surveiller.

invigorating [ɪn'vɪgəreɪtɪŋ] *adj* tonifiant(e), vivifiant(e).

invincible [ɪn'vɪnsɪbl] *adj* [army, champion] invincible; [record] imbattable.

invisible [ɪn'vɪzɪbl] *adj* invisible.

invitation [,ɪnvɪ'teɪʃn] *n* [request] invitation *f*.

invite [ɪn'vaɪt] *vt* **-1.** [ask to come]: **~ sb (to)** inviter qqn (à). **-2.** [ask politely]: **to ~ sb to do sthg** inviter qqn à faire qqch. **-3.** [encourage]: **to ~ trouble** aller au devant des ennuis; **to ~ gossip** faire causer.

inviting [ɪn'vaɪtɪŋ] *adj* attrayant(e), agréable; [food] appétissant(e).

invoice ['ɪnvɔɪs] ◇ *n* facture *f*. ◇ *vt* **-1.** [client] envoyer la facture à. **-2.** [goods] facturer.

invoke [ɪn'vəʊk] *vt* **-1.** *fml* [law, act] invoquer. **-2.** [feelings] susciter, faire naître; [help] demander, implorer.

involuntary [ɪn'vɒləntrɪ] *adj* involontaire.

involve [ɪn'vɒlv] *vt* **-1.** [entail] nécessiter; **what's ~d?** de quoi s'agit-il?; **to ~ doing sthg** nécessiter de faire

qqch. **-2.** [concern, affect] toucher. **-3.** [person]: **to ~ sb in sthg** impliquer qqn dans qqch.

involved [ɪn'vɒlvd] *adj* **-1.** [complex] complexe, compliqué(e). **-2.** [participating]: **to be ~ in sthg** participer OR prendre part à qqch. **-3.** [in relationship]: **to be ~ with sb** avoir des relations intimes avec qqn.

involvement [ɪn'vɒlvmənt] *n* **-1.** [participation]: **~ (in)** participation *f* (à). **-2.** [concern, enthusiasm]: **~ (in)** engagement *m* (dans).

inward ['ɪnwəd] ◇ *adj* **-1.** [inner] intérieur(e). **-2.** [towards the inside] vers l'intérieur. ◇ *adv Am* = **inwards**.

inwards ['ɪnwədz] *adv* vers l'intérieur.

iodine [*Br* 'aɪədiːn, *Am* 'aɪədaɪn] *n* iode *m*.

iota [aɪ'əʊtə] *n* brin *m*, grain *m*.

IOU (*abbr of* **I owe you**) *n* reconnaissance *f* de dette.

IQ (*abbr of* **intelligence quotient**) *n* QI *m*.

IRA *n* (*abbr of* **Irish Republican Army**) IRA *f*.

Iran [ɪ'rɑːn] *n* Iran *m*.

Iranian [ɪ'reɪnjən] ◇ *adj* iranien(ienne). ◇ *n* Iranien *m*, -ienne *f*.

Iraq [ɪ'rɑːk] *n* Iraq *m*, Irak *m*.

Iraqi [ɪ'rɑːkɪ] ◇ *adj* iraquien(ienne), irakien(ienne). ◇ *n* Iraquien *m*, -ienne *f*, Irakien *m*, -ienne *f*.

irate [aɪ'reɪt] *adj* furieux(ieuse).

Ireland ['aɪələnd] *n* Irlande *f*.

iris ['aɪərɪs] (*pl* **-es**) *n* iris *m*.

Irish ['aɪrɪʃ] ◇ *adj* irlandais(e). ◇ *n* [language] irlandais *m*. ◇ *npl*: **the ~** les Irlandais.

Irishman ['aɪrɪʃmən] (*pl* **-men** [-mən]) *n* Irlandais *m*.

Irish Sea *n*: **the ~** la mer d'Irlande.

Irishwoman ['aɪrɪʃ,wʊmən] (*pl* **-women** [-,wɪmɪn]) *n* Irlandaise *f*.

irksome ['ɜːksəm] *adj* ennuyeux(euse), assommant(e).

iron ['aɪən] ◇ *adj* **-1.** [made of iron] de OR en fer. **-2.** *fig* [very strict] de fer. ◇ *n* **-1.** [metal, golf club] fer *m*. **-2.** [for clothes] **fer** *m* à repasser. ◇ *vt* repasser.

◆ **iron out** *vt sep fig* [difficulties] aplanir; [problems] résoudre.

Iron Curtain *n*: the ~ le rideau de fer.

ironic(al) [aɪˈrɒnɪk(l)] *adj* ironique.

ironing [ˈaɪənɪŋ] *n* repassage *m*.

ironing board *n* planche *f* OR table *f* à repasser.

ironmonger [ˈaɪən,mʌŋgəʳ] *n Br* quincaillier *m*; ~'s (**shop**) quincaillerie *f*.

irony [ˈaɪrənɪ] *n* ironie *f*.

irrational [ɪˈræʃənl] *adj* irrationnel(elle), déraisonnable; [person] non rationnel(elle).

irreconcilable [ɪ,rekənˈsaɪləbl] *adj* inconciliable.

irregular [ɪˈregjʊləʳ] *adj* irrégulier(ière).

irrelevant [ɪˈreləvənt] *adj* sans rapport.

irreparable [ɪˈrepərəbl] *adj* irréparable.

irreplaceable [,ɪrɪˈpleɪsəbl] *adj* irremplaçable.

irrepressible [,ɪrɪˈpresəbl] *adj* [enthusiasm] que rien ne peut entamer; **he's ~** il est d'une bonne humeur à toute épreuve.

irresistible [,ɪrɪˈzɪstəbl] *adj* irrésistible.

irrespective [,ɪrɪˈspektɪv]

◆ **irrespective of** *prep* sans tenir compte de.

irresponsible [,ɪrɪˈspɒnsəbl] *adj* irresponsable.

irrigate [ˈɪrɪgeɪt] *vt* irriguer.

irrigation [,ɪrɪˈgeɪʃn] ◇ *n* irrigation *f*. ◇ *comp* d'irrigation.

irritable [ˈɪrɪtəbl] *adj* irritable.

irritate [ˈɪrɪteɪt] *vt* irriter.

irritating [ˈɪrɪteɪtɪŋ] *adj* irritant(e).

irritation [ɪrɪˈteɪʃn] *n* **-1.** [anger, soreness] irritation *f*. **-2.** [cause of anger] source *f* d'irritation.

IRS (*abbr of* **Internal Revenue Service**) *n Am*: **the ~** ≃ le fisc.

is [ɪz] → **be**.

Islam [ˈɪzlɑːm] *n* islam *m*.

island [ˈaɪlənd] *n* **-1.** [isle] île *f*. **-2.** AUT refuge *m* pour piétons.

islander [ˈaɪləndəʳ] *n* habitant *m*, -e *f* d'une île.

isle [aɪl] *n* île *f*.

Isle of Man *n*: **the ~** l'île *f* de Man.

Isle of Wight [-waɪt] *n*: **the ~** l'île *f* de Wight.

isn't [ˈɪznt] = **is not**.

isobar [ˈaɪsəbɑːʳ] *n* isobare *f*.

isolate [ˈaɪsəleɪt] *vt*: **to ~ sb/sthg (from)** isoler qqn/qqch (de).

isolated [ˈaɪsəleɪtɪd] *adj* isolé(e).

Israel [ˈɪzreɪəl] *n* Israël *m*.

Israeli [ɪzˈreɪlɪ] ◇ *adj* israélien(ienne). ◇ *n* Israélien *m*, -ienne *f*.

issue [ˈɪʃuː] ◇ *n* **-1.** [important subject] question *f*, problème *m*; **to make an ~ of sthg** faire toute une affaire de qqch; **at ~** en question, en cause. **-2.** [edition] numéro *m*. **-3.** [bringing out - of banknotes, shares] émission *f*. ◇ *vt* **-1.** [make public - decree, statement] faire; [- warning] lancer. **-2.** [bring out - banknotes, shares] émettre; [- book] publier. **-3.** [passport etc] délivrer.

isthmus [ˈɪsməs] *n* isthme *m*.

it [ɪt] *pron* **-1.** [referring to specific person or thing - subj] il (elle); [- direct object] le (la), l' (+ *vowel or silent 'h'*); [- indirect object] lui; **did you find ~?** tu l'as trouvé(e)?; **give ~ to me at once** donne-moi ça tout de suite. **-2.** [with prepositions]: **in/to/at ~** y; **put the vegetables in ~** mettez-y les légumes; **on ~** dessus; **about ~** en; **under ~** dessous; **beside ~** à côté; **from/of ~** en; **he's very proud of ~** il en est très fier. **-3.** [impersonal use] il, ce; **~ is cold today** il fait froid aujourd'hui; **~'s two o'clock** il est deux heures; **who is ~?** — **~'s Mary/me** qui est-ce? — c'est Mary/moi.

IT *n abbr of* **information technology**.

Italian [ɪˈtæljən] ◇ *adj* italien(ienne). ◇ *n* **-1.** [person] Italien *m*, -ienne *f*. **-2.** [language] italien *m*.

italic [ɪˈtælɪk] *adj* italique.

◆ **italics** *npl* italiques *fpl*.

Italy [ˈɪtəlɪ] *n* Italie *f*.

itch [ɪtʃ] ◇ n démangeaison f. ◇ vi **-1.** [be itchy]: **my arm ~es** mon bras me démange. **-2.** fig [be impatient]: **to be ~ing to do sthg** mourir d'envie de faire qqch.

itchy ['ɪtʃɪ] adj qui démange.

it'd ['ɪtəd] = it would, it had.

item ['aɪtəm] n **-1.** [gen] chose f, article m; [on agenda] question f, point m. **-2.** PRESS article m.

itemize, -ise ['aɪtəmaɪz] vt détailler.

itinerary [aɪ'tɪnərərɪ] n itinéraire m.

it'll [ɪtl] = it will.

its [ɪts] poss adj son (sa), ses (pl).

it's [ɪts] = it is, it has.

itself [ɪt'self] pron **-1.** (reflexive) se; (after prep) soi. **-2.** (for emphasis) lui-même (elle-même); **in ~** en soi.

ITV (abbr of **Independent Television**) n sigle désignant les programmes diffusés par les chaînes relevant de l'IBA.

I've [aɪv] = I have.

ivory ['aɪvərɪ] n ivoire m.

ivy ['aɪvɪ] n lierre m.

Ivy League n Am les huit grandes universités de l'est des États-Unis.

J

j (pl **j's** OR **js**), **J** (pl **J's** OR **Js**) [dʒeɪ] n [letter] j m inv, J m inv.

jab [dʒæb] ◇ n **-1.** Br inf [injection] piqûre f. **-2.** BOXING direct m. ◇ vt: **to ~ sthg into** planter OR enfoncer qqch dans.

jabber ['dʒæbər] vt & vi baragouiner.

jack [dʒæk] n **-1.** [device] cric m. **-2.** [playing card] valet m.

◆ **jack up** vt sep **-1.** [car] soulever avec un cric. **-2.** fig [prices] faire grimper.

jackal ['dʒækəl] n chacal m.

jackdaw ['dʒækdɔ:] n choucas m.

jacket ['dʒækɪt] n **-1.** [garment] veste f. **-2.** [of potato] peau f, pelure f. **-3.** [of book] jaquette f. **-4.** Am [of record] pochette f.

jacket potato n pomme de terre f en robe de chambre.

jackhammer ['dʒæk,hæmər] n Am marteau-piqueur m.

jack knife n canif m.

◆ **jack-knife** vi [lorry] se mettre en travers de la route.

jack plug n jack m.

jackpot ['dʒækpɒt] n gros lot m.

jaded ['dʒeɪdɪd] adj blasé(e).

jagged ['dʒægɪd] adj déchiqueté(e), dentelé(e).

jail [dʒeɪl] ◇ n prison f. ◇ vt emprisonner, mettre en prison.

jailer ['dʒeɪlər] n geôlier m, -ière f.

jam [dʒæm] ◇ n **-1.** [preserve] confiture f. **-2.** [of traffic] embouteillage m, bouchon m. **-3.** inf [difficult situation]: **to get into/be in à ~ se** mettre/être dans le pétrin. ◇ vt **-1.** [mechanism, door] bloquer, coincer. **-2.** [push tightly]: **to ~ sthg into** entasser OR tasser qqch dans; **to ~ sthg onto** enfoncer qqch sur. **-3.** [block-streets] embouteiller; [- switchboard] surcharger. **-4.** RADIO brouiller. ◇ vi [lever, door] se coincer; [brakes] se bloquer.

Jamaica [dʒə'meɪkə] n la Jamaïque.

jam-packed [-'pækt] adj inf plein(e) à craquer.

jangle ['dʒæŋgl] ◇ vt [keys] faire cliqueter; [bells] faire retentir. ◇ vi [keys] cliqueter; [bells] retentir.

janitor ['dʒænɪtər] n Am & Scot concierge mf.

January ['dʒænjʊərɪ] n janvier m; see also **September**.

Japan [dʒə'pæn] n Japon m.

Japanese [,dʒæpə'ni:z] (pl inv) ◇ adj japonais(e). ◇ n [language] japonais m. ◇ npl [people]: **the ~** les Japonais mpl.

jar [dʒɑ:ʳ] ◇ n pot m. ◇ vt [shake] secouer. ◇ vi **-1.** [noise, voice]: **to ~ (on sb)** irriter (qqn), agacer (qqn). **-2.** [colours] jurer.

jargon ['dʒɑ:gən] n jargon m.

jaundice ['dʒɔ:ndɪs] *n* jaunisse *f*.
jaundiced ['dʒɔ:ndɪst] *adj fig* [attitude, view] aigri(e).
jaunt [dʒɔ:nt] *n* balade *f*.
jaunty ['dʒɔ:ntɪ] *adj* désinvolte, insouciant(e).
javelin ['dʒævlɪn] *n* javelot *m*.
jaw [dʒɔ:] *n* mâchoire *f*.
jawbone ['dʒɔ:bəʊn] *n* (os *m*) maxillaire *m*.
jay [dʒeɪ] *n* geai *m*.
jaywalker ['dʒeɪwɔ:kəʳ] *n* piéton *m* qui traverse en dehors des clous.
jazz [dʒæz] *n* jazz *m*.
♦ **jazz up** *vt sep inf* égayer.
jazzy ['dʒæzɪ] *adj* [bright] voyant(e).
jealous ['dʒeləs] *adj* jaloux(ouse).
jealousy ['dʒeləsɪ] *n* jalousie *f*.
jeans [dʒi:nz] *npl* jean *m*, blue-jean *m*.
jeep [dʒi:p] *n* jeep *f*.
jeer [dʒɪəʳ] ◇ *vt* huer, conspuer. ◇ *vi:* **to ~ (at sb)** huer (qqn), conspuer (qqn).
Jehovah's Witness [dʒɪ,həʊvəz-] *n* témoin *m* de Jéhovah.
Jello® ['dʒeləʊ] *n Am* gelée *f*.
jelly ['dʒelɪ] *n* gelée *f*.
jellyfish ['dʒelɪfɪʃ] *n* (*pl inv* OR **-es**) *n* méduse *f*.
jeopardize, -ise ['dʒepədaɪz] *vt* compromettre, mettre en danger.
jerk [dʒɜ:k] ◇ *n* **-1.** [movement] secousse *f*, saccade *f*. **-2.** *v inf* [fool] abruti *m*, -e *f* ◇ *vi* [person] sursauter; [vehicle] cahoter.
jersey ['dʒɜ:zɪ] (*pl* **jerseys**) *n* **-1.** [sweater] pull *m*. **-2.** [cloth] jersey *m*.
Jersey ['dʒɜ:zɪ] *n* Jersey *f*.
jest [dʒest] *n* plaisanterie *f*; **in ~** pour rire.
Jesus (Christ) ['dʒi:zəs-] *n* Jésus *m*, Jésus-Christ *m*.
jet [dʒet] *n* **-1.** [plane] jet *m*, avion *m* à réaction. **-2.** [of fluid] jet *m*. **-3.** [nozzle, outlet] ajutage *m*.
jet-black *adj* noir(e) comme (du) jais.
jet engine *n* moteur *m* à réaction.
jetfoil ['dʒetfɔɪl] *n* hydroglisseur *m*.

jet lag *n* fatigue *f* due au décalage horaire.
jetsam ['dʒetsəm] → **flotsam**.
jettison ['dʒetɪsən] *vt* **-1.** [cargo] jeter, larguer. **-2.** *fig* [ideas] abandonner, renoncer à.
jetty ['dʒetɪ] *n* jetée *f*.
Jew [dʒu:] *n* Juif *m*, -ive *f*.
jewel ['dʒu:əl] *n* bijou *m*; [in watch] rubis *m*.
jeweller *Br*, **jeweler** *Am* ['dʒu:ələʳ] *n* bijoutier *m*; **~'s (shop)** bijouterie *f*.
jewellery *Br*, **jewelry** *Am* ['dʒu:əlrɪ] *n* (*U*) bijoux *mpl*.
Jewess ['dʒu:ɪs] *n* juive *f*.
Jewish ['dʒu:ɪʃ] *adj* juif(ive).
jib [dʒɪb] *n* **-1.** [of crane] flèche *f*. **-2.** [sail] foc *m*.
jibe [dʒaɪb] *n* sarcasme *m*, moquerie *f*.
jiffy ['dʒɪfɪ] *n inf:* **in a ~** en un clin d'œil.
Jiffy bag® *n* enveloppe *f* matelassée.
jig [dʒɪg] *n* gigue *f*.
jigsaw (puzzle) ['dʒɪgsɔ:-] *n* puzzle *m*.
jilt [dʒɪlt] *vt* laisser tomber.
jingle ['dʒɪŋgl] ◇ *n* **-1.** [sound] cliquetis *m*. **-2.** [song] jingle *m*, indicatif *m*. ◇ *vi* [bell] tinter; [coins, bracelets] cliqueter.
jinx [dʒɪŋks] *n* poisse *f*.
jitters ['dʒɪtəz] *npl inf:* **the ~** le trac.
job [dʒɒb] *n* **-1.** [employment] emploi *m*, boulot *m inf*. **-2.** [task] travail *m*, tâche *f*. **-3.** [difficult task]: **to have a ~ doing sthg** avoir du mal à faire qqch. **-4.** *phr:* **that's just the ~** *Br inf* c'est exactement OR tout à fait ce qu'il faut.
job centre *n Br* agence *f* pour l'emploi.
jobless ['dʒɒblɪs] *adj* au chômage.
jobsharing ['dʒɒbʃeərɪŋ] *n* partage *m* de l'emploi.
jockey ['dʒɒkɪ] (*pl* **jockeys**) ◇ *n* jockey *m*. ◇ *vi:* **to ~ for position** manœuvrer pour devancer ses concurrents.

jocular ['dʒɒkjʊlə'] *adj* **-1.** [cheerful] enjoué(e), jovial(e). **-2.** [funny] amusant(e).

jodhpurs ['dʒɒdpəz] *npl* jodhpurs *mpl*, culotte *f* de cheval.

jog [dʒɒg] ◇ *n*: **to go for a ~** faire du jogging. ◇ *vt* pousser; **to ~ sb's memory** rafraîchir la mémoire de qqn. ◇ *vi* faire du jogging, jogger.

jogging ['dʒɒgɪŋ] *n* jogging *m*.

john [dʒɒn] *n Am inf* petit coin *m*, cabinets *mpl*.

join [dʒɔɪn] ◇ *n* raccord *m*, joint *m*. ◇ *vt* **-1.** [connect - gen] unir, joindre; [- towns etc] relier. **-2.** [get together with] rejoindre, retrouver. **-3.** [political party] devenir membre de; [club] s'inscrire à; [army] s'engager dans; **to ~ a queue** *Br*, **to ~ a line** *Am* prendre la queue. ◇ *vi* **-1.** [connect] se joindre. **-2.** [become a member - gen] devenir membre; [- of club] s'inscrire. ◆ **join in** ◇ *vt fus* prendre part à, participer à. ◇ *vi* participer. ◆ **join up** *vi* MIL s'engager dans l'armée.

joiner ['dʒɔɪnə'] *n* menuisier *m*.

joinery ['dʒɔɪnərɪ] *n* menuiserie *f*.

joint [dʒɔɪnt] ◇ *adj* [effort] conjugué(e); [responsibility] collectif(ive). ◇ *n* **-1.** [gen & TECH] joint *m*. **-2.** ANAT articulation *f*. **-3.** *Br* [of meat] rôti *m*. **-4.** *inf* [place] bouge *m*. **-5.** *drugs sl* joint *m*.

joint account *n* compte *m* joint.

jointly ['dʒɔɪntlɪ] *adv* conjointement.

joke [dʒəʊk] ◇ *n* blague *f*, plaisanterie *f*; **to play a ~ on sb** faire une blague à qqn, jouer un tour à qqn; **it's no ~** *inf* [not easy] ce n'est pas de la tarte. ◇ *vi* plaisanter, blaguer; **to ~ about sthg** plaisanter sur qqch, se moquer de qqch.

joker ['dʒəʊkə'] *n* **-1.** [person] blagueur *m*, -euse *f*. **-2.** [playing card] joker *m*.

jolly ['dʒɒlɪ] ◇ *adj* [person] jovial(e), enjoué(e); [time, party] agréable. ◇ *adv Br inf* drôlement, rudement.

jolt [dʒəʊlt] ◇ *n* **-1.** [jerk] secousse *f*, soubresaut *m*. **-2.** [shock] choc *m*. ◇ *vt* secouer.

Jordan ['dʒɔ:dn] *n* Jordanie *f*.

jostle ['dʒɒsl] ◇ *vt* bousculer. ◇ *vi* se bousculer.

jot [dʒɒt] *n* [of truth] grain *m*, brin *m*. ◆ **jot down** *vt sep* noter, prendre note de.

jotter ['dʒɒtə'] *n* [notepad] bloc-notes *m*.

journal ['dʒɜ:nl] *n* **-1.** [magazine] revue *f*. **-2.** [diary] journal *m*.

journalism ['dʒɜ:nəlɪzm] *n* journalisme *m*.

journalist ['dʒɜ:nəlɪst] *n* journaliste *mf*.

journey ['dʒɜ:nɪ] (*pl* **journeys**) *n* voyage *m*.

jovial ['dʒəʊvjəl] *adj* jovial(e).

jowls [dʒaʊlz] *npl* bajoues *fpl*.

joy [dʒɔɪ] *n* joie *f*.

joyful ['dʒɔɪfʊl] *adj* joyeux(euse).

joyride ['dʒɔɪraɪd] (*pt* **-rode**, *pp* **-ridden**) *vi* faire une virée dans une voiture volée.

joystick ['dʒɔɪstɪk] *n* AERON manche *m* (à balai); COMPUT manette *f*.

JP *n abbr of* **Justice of the Peace**.

Jr. (*abbr of* **Junior**) Jr.

jubilant ['dʒu:bɪlənt] *adj* [person] débordant(e) de joie, qui jubile; [shout] de joie.

jubilee ['dʒu:bɪli:] *n* jubilé *m*.

judge [dʒʌdʒ] ◇ *n* juge *m*. ◇ *vt* **-1.** [gen] juger. **-2.** [estimate] évaluer, juger. ◇ *vi* juger; **to ~ from** OR **by, judging from** OR **by** à en juger par.

judg(e)ment ['dʒʌdʒmənt] *n* jugement *m*.

judicial [dʒu:'dɪʃl] *adj* judiciaire.

judiciary [dʒu:'dɪʃərɪ] *n*: **the ~** la magistrature.

judicious [dʒu:'dɪʃəs] *adj* judicieux(ieuse).

judo ['dʒu:dəʊ] *n* judo *m*.

jug [dʒʌg] *n* pot *m*, pichet *m*.

juggernaut ['dʒʌgənɔ:t] *n* poids *m* lourd.

juggle ['dʒʌgl] ◇ *vt lit & fig* jongler avec. ◇ *vi* jongler.

juggler ['dʒʌglər] *n* jongleur *m*, -euse *f*.

jugular (vein) ['dʒʌgjolər-] *n* (veine *f*) jugulaire *f*.

juice [dʒuːs] *n* jus *m*.

juicy ['dʒuːsɪ] *adj* [fruit] juteux(euse).

jukebox ['dʒuːkbɒks] *n* juke-box *m*.

July [dʒuːˈlaɪ] *n* juillet *m*; *see also* **September**.

jumble ['dʒʌmbl] ◇ *n* [mixture] mélange *m*, fatras *m*. ◇ *vt*: **to ~ (up)** mélanger, embrouiller.

jumble sale *n Br* vente *f* de charité (*où sont vendus des articles d'occasion*).

jumbo jet ['dʒʌmbəʊ-] *n* jumbo-jet *m*.

jumbo-sized [-saɪzd] *adj* géant(e).

jump [dʒʌmp] ◇ *n* **-1.** [leap] saut *m*, bond *m*. **-2.** [rapid increase] flambée *f*, hausse *f* brutale. ◇ *vt* **-1.** [fence, stream etc] sauter, franchir d'un bond. **-2.** *inf* [attack] sauter sur, tomber sur. ◇ *vi* **-1.** [gen] sauter, bondir; [in surprise] sursauter. **-2.** [increase rapidly] grimper en flèche, faire un bond.

◆ **jump at** *vt fus fig* sauter sur.

jumper ['dʒʌmpər] *n* **-1.** *Br* [pullover] pull *m*. **-2.** *Am* [dress] robe *f* chasuble.

jump leads *npl* câbles *mpl* de démarrage.

jump-start *vt*: **to ~ a car** faire démarrer une voiture en la poussant.

jumpsuit ['dʒʌmpsuːt] *n* combinaison-pantalon *f*.

jumpy ['dʒʌmpɪ] *adj* nerveux(euse).

Jun. = **Junr**.

junction ['dʒʌŋkʃn] *n* [of roads] carrefour *m*; RAIL embranchement *m*.

June [dʒuːn] *n* juin *m*; *see also* **September**.

jungle ['dʒʌŋgl] *n lit & fig* jungle *f*.

junior ['dʒuːnjər] ◇ *adj* **-1.** [gen] jeune. **-2.** [after name] junior. ◇ *n* **-1.** [in rank] subalterne *mf*. **-2.** [in age] cadet *m*, -ette *f*. **-3.** *Am* SCH ≃ élève *mf* de première; UNIV ≃ étudiant *m*, -e *f* de deuxième année.

junior high school *n Am* ≃ collège *m* d'enseignement secondaire.

junior school *n Br* école *f* primaire.

junk [dʒʌŋk] *n* [unwanted objects] bric-à-brac *m*.

junk food *n* (U) *pej* cochonneries *fpl*.

junkie ['dʒʌŋkɪ] *n drugs sl* drogué *m*, -e *f*.

junk mail *n* (U) *pej* prospectus *mpl* publicitaires envoyés par la poste.

junk shop *n* boutique *f* de brocanteur.

Junr (*abbr of* **Junior**) Jr.

Jupiter ['dʒuːpɪtər] *n* [planet] Jupiter *f*.

jurisdiction [,dʒʊərɪsˈdɪkʃn] *n* juridiction *f*.

juror ['dʒʊərər] *n* juré *m*, -e *f*.

jury ['dʒʊərɪ] *n* jury *m*.

just [dʒʌst] ◇ *adv* **-1.** [recently]: **he's ~ left** il vient de partir. **-2.** [at that moment]: **I was ~ about to go** j'allais juste partir, j'étais sur le point de partir; **I'm ~ going to do it now** je vais le faire tout de suite OR à l'instant; **she arrived ~ as I was leaving** elle est arrivée au moment même où je partais OR juste comme je partais. **-3.** [only, simply]: **it's ~ a rumour** ce n'est qu'une rumeur; **~ add water** vous n'avez plus qu'à ajouter de l'eau; **~ a minute** OR **moment** OR **second!** un (petit) instant! **-4.** [almost not] tout juste, à peine; **I only ~ missed the train** j'ai manqué le train de peu; **we have ~ enough time** on a juste assez de temps. **-5.** [for emphasis]: **~ look at this mess!** non, mais regarde un peu ce désordre! **-6.** [exactly, precisely] tout à fait, exactement; **it's ~ what I need** c'est tout à fait ce qu'il me faut. **-7.** [in requests]: **could you ~ move over please?** pourriez-vous vous pousser un peu s'il vous plaît? ◇ *adj* juste, équitable.

◆ **just about** *adv* à peu près, plus ou moins.

◆ **just as** *adv* [in comparison] tout aussi; **you're ~ as clever as he is** tu es tout aussi intelligent que lui.

◆**just now** *adv* -**1.** [a short time ago] tout à l'heure. -**2.** [at this moment] en ce moment.

justice ['dʒʌstɪs] *n* -**1.** [gen] justice *f*. -**2.** [of claim, cause] bien-fondé *m*.

Justice of the Peace (*pl* **Justices of the Peace**) *n* juge *m* de paix.

justify ['dʒʌstɪfaɪ] *vt* [give reasons for] justifier.

jut [dʒʌt] *vi*: **to ~ (out)** faire saillie, avancer.

juvenile ['dʒuːvənaɪl] ◇ *adj* -**1.** JUR mineur(e), juvénile. -**2.** [childish] puéril(e). ◇ *n* JUR mineur *m*, -e *f*.

juxtapose [ˌdʒʌkstə'pəʊz] *vt* juxtaposer.

K

k (*pl* **k's** OR **ks**), **K** (*pl* **K's** OR **Ks**) [keɪ] *n* [letter] k *m inv*, K *m inv*.

◆**K** -**1.** (*abbr of* **kilobyte**) Ko. -**2.** (*abbr of* **thousand**) K.

kaleidoscope [kə'laɪdəskəʊp] *n* kaléidoscope *m*.

kangaroo [ˌkæŋgə'ruː] *n* kangourou *m*.

kaput [kə'pʊt] *adj inf* fichu(e), foutu(e).

karat ['kærət] *n Am* carat *m*.

karate [kə'rɑːtɪ] *n* karaté *m*.

kayak ['kaɪæk] *n* kayak *m*.

KB (*abbr of* **kilobyte(s)**) *n* COMPUT Ko *m*.

kcal (*abbr of* **kilocalorie**) Kcal.

kebab [kɪ'bæb] *n* brochette *f*.

keel [kiːl] *n* quille *f*; **on an even ~** stable.

◆**keel over** *vi* [ship] chavirer; [person] tomber dans les pommes.

keen [kiːn] *adj* -**1.** [enthusiastic] enthousiaste, passionné(e); **to be ~ on sthg** avoir la passion de qqch; **he's ~ on her** elle lui plaît; **to be ~ to do** OR **on doing sthg** tenir à faire qqch. -**2.**

[interest, desire, mind] vif (vive); [competition] âpre, acharné(e). -**3.** [sense of smell] fin(e); [eyesight] perçant(e).

keep [kiːp] (*pt* & *pp* **kept**) ◇ *vt* -**1.** [retain, store] garder; **~ the change!** gardez la monnaie!; **to ~ sthg warm** garder OR tenir qqch au chaud. -**2.** [prevent]: **to keep sb/sthg from doing sthg** empêcher qqn/qqch de faire qqch. -**3.** [detain] retenir; [prisoner] détenir; **to ~ sb waiting** faire attendre qqn. -**4.** [promise] tenir; [appointment] aller à; [vow] être fidèle à. -**5.** [not disclose]: **to ~ sthg from sb** cacher qqch à qqn; **to ~ sthg to o.s.** garder qqch pour soi. -**6.** [diary, record, notes] tenir. -**7.** [own - sheep, pigs etc] élever; [- shop] tenir; [- car] avoir, posséder. -**8.** *phr*: **they ~ themselves to themselves** ils restent entre eux, ils se tiennent à l'écart. ◇ *vi* -**1.** [remain]: **to ~ warm** se tenir au chaud; **to ~ quiet** garder le silence; **~ quiet!** taisez-vous! -**2.** [continue]: **he ~s interrupting me** il n'arrête pas de m'interrompre; **to ~ talking/walking** continuer à parler/à marcher. -**3.** [continue moving]: **to ~ left/right** garder sa gauche/sa droite; **to ~ north/south** continuer vers le nord/le sud. -**4.** [food] se conserver. -**5.** *Br* [in health]: **how are you ~ing?** comment allez-vous? ◇ *n*: **to earn one's ~** gagner sa vie.

◆**keeps** *n*: **for ~s** pour toujours.

◆**keep back** *vt sep* [information] cacher, ne pas divulguer; [money] retenir.

◆**keep off** *vt fus*: "**~ off the grass**" «(il est) interdit de marcher sur la pelouse».

◆**keep on** *vi* -**1.** [continue]: **to ~ on (doing sthg)** [without stopping] continuer (de OR à faire qqch); [repeatedly] ne pas arrêter (de faire qqch). -**2.** [talk incessantly]: **to ~ on (about sthg)** ne pas arrêter de parler (de qqch).

◆**keep out** ◇ *vt sep* empêcher d'entrer. ◇ *vi*: "**~ out**" «défense d'entrer».

◆**keep to** vt fus [rules, deadline] respecter, observer.

◆**keep up** ◇ vt sep [continue to do] continuer; [maintain] maintenir. ◇ vi [maintain pace, level etc]: **to ~ up (with sb)** aller aussi vite (que qqn).

keeper ['ki:pə'] n gardien m, -ienne f.

keep-fit n (U) Br gymnastique f.

keeping ['ki:pɪŋ] n **-1.** [care] garde f. **-2.** [conformity, harmony]: **to be in/out of ~ with** [rules etc] être/ne pas être conforme à; [subj: clothes, furniture] aller/ne pas aller avec.

keepsake ['ki:pseɪk] n souvenir m.

keg [keg] n tonnelet m, baril m.

kennel ['kenl] n **-1.** [shelter for dog] niche f. **-2.** Am = **kennels.**

◆**kennels** npl Br chenil m.

Kenya ['kenjə] n Kenya m.

Kenyan ['kenjən] ◇ adj kenyan(e). ◇ n Kenyan m, -e f.

kept [kept] pt & pp → **keep.**

kerb [kɜ:b] n Br bordure f du trottoir.

kernel ['kɜ:nl] n amande f.

kerosene ['kerəsi:n] n kérosène m.

ketchup ['ketʃəp] n ketchup m.

kettle ['ketl] n bouilloire f.

key [ki:] ◇ n **-1.** [gen & MUS] clef f, clé f; **the ~ (to sthg)** fig la clé (de qqch). **-2.** [of typewriter, computer, piano] touche f. **-3.** [of map] légende f. ◇ adj clé (after n).

keyboard ['ki:bɔ:d] n [gen & COMPUT] clavier m.

keyed up [,ki:d-] adj tendu(e), énervé(e).

keyhole ['ki:həʊl] n trou m de serrure.

keynote ['ki:nəʊt] ◇ n note f dominante. ◇ comp: ~ **speech** discours-programme m.

keypad ['ki:pæd] n COMPUT pavé m numérique.

key ring n porte-clés m inv.

kg (abbr of **kilogram**) kg.

khaki ['kɑ:kɪ] ◇ adj kaki (inv). ◇ n [colour] kaki m.

kick [kɪk] ◇ n **-1.** [with foot] coup m de pied. **-2.** inf [excitement]: **to get a**

~ **from sthg** trouver qqch excitant; **to do sthg for ~s** faire qqch pour le plaisir. ◇ vt **-1.** [with foot] donner un coup de pied à; **to ~ o.s.** fig se donner des gifles OR des claques. **-2.** inf [give up]: **to ~ the habit** arrêter. ◇ vi [person - repeatedly] donner des coups de pied; [- once] donner un coup de pied; [baby] gigoter; [animal] ruer.

◆**kick about, kick around** vi Br inf traîner.

◆**kick off** vi **-1.** FTBL donner le coup d'envoi. **-2.** inf fig [start] démarrer.

◆**kick out** vt sep inf vider, jeter dehors.

kid [kɪd] ◇ n **-1.** inf [child] gosse mf, gamin m, -e f. **-2.** inf [young person] petit jeune m, petite jeune f. **-3.** [goat, leather] chevreau m. ◇ comp inf [brother, sister] petit(e). ◇ vt inf **-1.** [tease] faire marcher. **-2.** [delude]: **to ~ o.s.** se faire des illusions. ◇ vi inf: **to be kidding** plaisanter.

kidnap ['kɪdnæp] vt kidnapper, enlever.

kidnapper Br, **kidnaper** Am ['kɪdnæpə'] n kidnappeur m, -euse f, ravisseur m, -euse f.

kidnapping Br, **kidnaping** Am ['kɪdnæpɪŋ] n enlèvement m.

kidney ['kɪdnɪ] (pl **kidneys**) n **-1.** ANAT rein m. **-2.** CULIN rognon m.

kidney bean n haricot m rouge.

kill [kɪl] ◇ vt **-1.** [cause death of] tuer. **-2.** fig [hope, chances] mettre fin à; [pain] supprimer. ◇ vi tuer. ◇ n mise f à mort.

killer ['kɪlə'] n [person] meurtrier m, -ière f; [animal] tueur m, -euse f.

killing ['kɪlɪŋ] n meurtre m; **to make a** ~ inf faire une bonne affaire, réussir un beau coup.

killjoy ['kɪldʒɔɪ] n rabat-joie m inv.

kiln [kɪln] n four m.

kilo ['ki:ləʊ] (pl **-s**) (abbr of **kilogram**) n kilo m.

kilobyte ['kɪləbaɪt] n COMPUT kilo-octet m.

kilogram(me) ['kɪləgræm] n kilo-gramme m.

kilohertz ['kıləhɜːtz] (*pl inv*) *n* kilohertz *m*.

kilometre *Br* ['kılə,miːtəʳ], **kilometer** *Am* [kı'lɒmıtəʳ] *n* kilomètre *m*.

kilowatt ['kıləwɒt] *n* kilowatt *m*.

kilt [kılt] *n* kilt *m*.

kin [kın] *n* → **kith**.

kind [kaınd] ◇ *adj* gentil(ille), aimable. ◇ *n* genre *m*, sorte *f*; **they're two of a ~** ils se ressemblent; **in ~** [payment] en nature; **a ~ of** une espèce de, une sorte de; **~ of** *Am inf* un peu.

kindergarten ['kındə,gɑːtn] *n* jardin *m* d'enfants.

kind-hearted [-'hɑːtıd] *adj* qui a bon cœur, bon (bonne).

kindle ['kındl] *vt* **-1.** [fire] allumer. **-2.** *fig* [feeling] susciter.

kindly ['kaındlı] ◇ *adj* **-1.** [person] plein(e) de bonté, bienveillant(e). **-2.** [gesture] plein(e) de gentillesse. ◇ *adv* **-1.** [speak, smile etc] avec gentillesse. **-2.** [please]: **~ leave the room!** veuillez sortir, s'il vous plaît!; **will you ~ ...?** veuillez ..., je vous prie de ....

kindness ['kaındnıs] *n* gentillesse *f*.

kindred ['kındrıd] *adj* [similar] semblable, similaire; **~ spirit** âme *f* sœur.

king [kıŋ] *n* roi *m*.

kingdom ['kıŋdəm] *n* **-1.** [country] royaume *m*. **-2.** [of animals, plants] règne *m*.

kingfisher ['kıŋ,fıʃəʳ] *n* martin-pêcheur *m*.

king-size(d) [-saız(d)] *adj* [cigarette] long (longue); [pack] géant(e); **a ~ bed** un grand lit (*de 195 cm*).

kinky ['kıŋkı] *adj inf* vicieux(ieuse).

kiosk ['kiːɒsk] *n* **-1.** [small shop] kiosque *m*. **-2.** *Br* [telephone box] cabine *f* (téléphonique).

kip [kıp] *Br inf* ◇ *n* somme *m*, roupillon *m*. ◇ *vi* faire OR piquer un petit somme.

kipper ['kıpəʳ] *n* hareng *m* fumé OR saur.

kiss [kıs] ◇ *n* baiser *m*; **to give sb a ~** embrasser qqn, donner un baiser

à qqn. ◇ *vt* embrasser. ◇ *vi* s'embrasser.

kiss of life *n*: **the ~** le bouche-à-bouche.

kit [kıt] *n* **-1.** [set] trousse *f*. **-2.** *Br* (*U*) SPORT affaires *fpl*, équipement *m*. **-3.** [to be assembled] kit *m*.

kit bag *n* sac *m* de marin.

kitchen ['kıtʃın] *n* cuisine *f*.

kitchen sink *n* évier *m*.

kitchen unit *n* élément *m* de cuisine.

kite [kaıt] *n* [toy] cerf-volant *m*.

kith [kıθ] *n*: **~ and kin** parents et amis *mpl*.

kitten ['kıtn] *n* chaton *m*.

kitty ['kıtı] *n* [shared fund] cagnotte *f*.

kiwi ['kiːwiː] *n* **-1.** [bird] kiwi *m*, aptéryx *m*. **-2.** *inf* [New Zealander] Néo-Zélandais *m*, -e *f*.

kiwi fruit *n* kiwi *m*.

km (*abbr of* **kilometre**) km.

km/h (*abbr of* **kilometres per hour**) km/h.

knack [næk] *n*: **to have a** OR **the ~ (for doing sthg)** avoir le coup (pour faire qqch).

knackered ['nækəd] *adj Br v inf* crevé(e), claqué(e).

knapsack ['næpsæk] *n* sac *m* à dos.

knead [niːd] *vt* pétrir.

knee [niː] *n* genou *m*.

kneecap ['niːkæp] *n* rotule *f*.

kneel [niːl] (*Br pt & pp* **knelt**, *Am pt & pp* **knelt** OR **-ed**) *vi* se mettre à genoux, s'agenouiller.

◆ **kneel down** *vi* se mettre à genoux, s'agenouiller.

knelt [nelt] *pt & pp* → **kneel**.

knew [njuː] *pt* → **know**.

knickers ['nıkəz] *npl* **-1.** *Br* [underwear] culotte *f*. **-2.** *Am* [knickerbockers] pantalon *m* de golf.

knick-knack ['nıknæk] *n* babiole *f*, bibelot *m*.

knife [naıf] (*pl* **knives**) ◇ *n* couteau *m*. ◇ *vt* donner un coup de couteau à, poignarder.

knight [naıt] ◇ *n* **-1.** [in history, member of nobility] chevalier *m*. **-2.** [in chess] cavalier *m*. ◇ *vt* faire chevalier.

knighthood ['naɪthʊd] *n* titre *m* de chevalier.

knit [nɪt] (*pt* & *pp* **knit** OR **-ted**) ◇ *adj*: **closely** OR **tightly** ~ *fig* très uni(e). ◇ *vt* tricoter. ◇ *vi* **-1.** [with wool] tricoter. **-2.** [broken bones] se souder.

knitting ['nɪtɪŋ] *n* (U) tricot *m*.

knitting needle *n* aiguille *f* à tricoter.

knitwear ['nɪtweəʳ] *n* (U) tricots *mpl*.

knives [naɪvz] *pl* → **knife**.

knob [nɒb] *n* **-1.** [on door] poignée *f*, bouton *m*; [on drawer] poignée; [on bedstead] pomme *f*. **-2.** [on TV, radio etc] bouton *m*.

knock [nɒk] ◇ *n* **-1.** [hit] coup *m*. **-2.** *inf* [piece of bad luck] coup *m* dur. ◇ *vt* **-1.** [hit] frapper, cogner; **to** ~ **sb/ sthg over** renverser qqn/qqch. **-2.** *inf* [criticize] critiquer, dire du mal de. ◇ *vi* **-1.** [on door]: **to** ~ **(at** OR **on)** frapper (à). **-2.** [car engine] cogner, avoir des ratés.

◆ **knock down** *vt sep* **-1.** [subj: car, driver] renverser. **-2.** [building] démolir.

◆ **knock off** *vi inf* [stop working] finir son travail OR sa journée.

◆ **knock out** *vt sep* **-1.** [make unconscious] assommer. **-2.** [from competition] éliminer.

knocker ['nɒkəʳ] *n* [on door] heurtoir *m*.

knock-kneed [-'niːd] *adj* cagneux(euse), qui a les genoux cagneux.

knock-on effect *n Br* réaction *f* en chaîne.

knockout ['nɒkaʊt] *n* knock-out *m*, K.-O. *m*.

knot [nɒt] ◇ *n* **-1.** [gen] nœud *m*; **to tie/untie a** ~ faire/défaire un nœud. **-2.** [of people] petit attroupement *m*. ◇ *vt* nouer, faire un nœud à.

knotty ['nɒtɪ] *adj fig* épineux(euse).

know [nəʊ] (*pt* **knew,** *pp* **known**) ◇ *vt* **-1.** [gen] savoir; [language] savoir parler; **to** ~ **(that)** ... savoir que ...; **to let sb** ~ **(about sthg)** faire savoir (qqch) à qqn, informer qqn (de

qqch); **to** ~ **how to do sthg** savoir faire qqch; **to get to** ~ **sthg** apprendre qqch. **-2.** [person, place] connaître; **to get to** ~ **sb** apprendre à mieux connaître qqn. ◇ *vi* savoir; **to** ~ **of sthg** connaître qqch; **to** ~ **about** [be aware of] être au courant de; [be expert in] s'y connaître en. ◇ *n*: **to be in the** ~ être au courant.

know-all *n Br* (monsieur) je-sais-tout *m*, (madame) je-sais-tout *f*.

know-how *n* savoir-faire *m*, technique *f*.

knowing ['nəʊɪŋ] *adj* [smile, look] entendu(e).

knowingly ['nəʊɪŋlɪ] *adv* **-1.** [smile, look] d'un air entendu. **-2.** [intentionally] sciemment.

know-it-all = **know-all.**

knowledge ['nɒlɪdʒ] *n* (U) **-1.** [gen] connaissance *f*; **without my** ~ à mon insu; **to the best of my** ~ **à ma** connaissance, autant que je sache. **-2.** [learning, understanding] savoir *m*, connaissances *fpl*.

knowledgeable ['nɒlɪdʒəbl] *adj* bien informé(e).

known [nəʊn] *pp* → **know.**

knuckle ['nʌkl] *n* **-1.** ANAT articulation *f* OR jointure *f* du doigt. **-2.** [of meat] jarret *m*.

knuckle-duster *n* coup-de-poing *m* américain.

koala (bear) [kəʊ'ɑːlə-] *n* koala *m*.

Koran [kɒ'rɑːn] *n*: **the** ~ le Coran.

Korea [kə'rɪə] *n* Corée *f*.

Korean [kə'rɪən] ◇ *adj* coréen(enne). ◇ *n* **-1.** [person] Coréen *m*, -enne *f*. **-2.** [language] coréen *m*.

kosher ['kəʊʃəʳ] *adj* **-1.** [meat] kasher (*inv*). **-2.** *inf* [reputable] O.K. (*inv*), réglo (*inv*).

Koweit = **Kuwait.**

kung fu [ˌkʌŋ'fuː] *n* kung-fu *m*.

Kurd [kɜːd] *n* Kurde *mf*.

Kuwait [kʊ'weɪt], **Koweit** [kəʊ'weɪt] *n* **-1.** [country] Koweït *m*. **-2.** [city] Koweït City.

l¹ (*pl* **l's** OR **ls**), **L** (*pl* **L's** OR **Ls**) [el] *n* [letter] l *m inv*, L *m inv*.

l² (*abbr of* **litre**) l.

lab [læb] *n inf* labo *m*.

label ['leɪbl] ◇ *n* -1. [identification] étiquette *f*. -2. [ôf record] label *m*, maison *f* de disques. ◇ *vt* -1. [fix label to] étiqueter. -2. [describe]: **to ~ sb (as)** cataloguer OR étiqueter qqn (comme).

labor *etc Am* = **labour** *etc*.

laboratory [Br lə'bɒrətrɪ, Am 'læbrə,tɔːrɪ] *n* laboratoire *m*.

laborious [lə'bɔːrɪəs] *adj* laborieux(ieuse).

labor union *n Am* syndicat *m*.

labour *Br*, **labor** *Am* ['leɪbər] ◇ *n* -1. [gen & MED] travail *m*. -2. [workers, work carried out] main d'œuvre *f*. ◇ *vi* travailler dur; **to ~ at** OR **over** peiner sur.

◆ **Labour** POL ◇ *adj* travailliste. ◇ *n* (*U*) *Br* les travaillistes *mpl*.

laboured *Br*, **labored** *Am* ['leɪbəd] *adj* [breathing] pénible; [style] lourd(e), laborieux(ieuse).

labourer *Br*, **laborer** *Am* ['leɪbərər] *n* travailleur manuel *m*, travailleuse manuelle *f*; [agricultural] ouvrier agricole *m*, ouvrière agricole *f*.

Labour Party *n Br*: **the ~** le parti travailliste.

Labrador ['læbrədɔːr] *n* [dog] labrador *m*.

labyrinth ['læbərɪnθ] *n* labyrinthe *m*.

lace [leɪs] ◇ *n* -1. [fabric] dentelle *f*. -2. [of shoe etc] lacet *m*. ◇ *vt* -1. [shoe etc] lacer. -2. [drink] verser de l'alcool dans.

◆ **lace up** *vt sep* lacer.

lace-up *n Br* chaussure *f* à lacets.

lack [læk] ◇ *n* manque *m*; **for** OR **through ~ of** par manque de; **no ~ of** bien assez de. ◇ *vt* manquer de. ◇ *vi*: **to be ~ing in sthg** manquer de qqch; **to be ~ing** manquer, faire défaut.

lackadaisical [,lækə'deɪzɪkl] *adj pej* nonchalant(e).

lacklustre *Br*, **lackluster** *Am* ['læk,lʌstər] *adj* terne.

laconic [lə'kɒnɪk] *adj* laconique.

lacquer ['lækər] ◇ *n* [for wood] vernis *m*, laque *f*; [for hair] laque *f*. ◇ *vt* laquer.

lacrosse [lə'krɒs] *n* crosse *f*.

lad [læd] *n inf* [boy] garçon *m*, gars *m*.

ladder ['lædər] ◇ *n* -1. [for climbing] échelle *f*. -2. *Br* [in tights] maille *f* filée, estafilade *f*. ◇ *vt & vi Br* [tights] filer.

laden ['leɪdn] *adj*: **~ (with)** chargé(e) (de).

ladies *Br* ['leɪdɪz], **ladies' room** *Am* *n* toilettes *fpl* (pour dames).

ladle ['leɪdl] ◇ *n* louche *f*. ◇ *vt* servir (à la louche).

lady ['leɪdɪ] ◇ *n* [gen] dame *f*. ◇ *comp*: **a ~ doctor** une femme docteur.

◆ **Lady** *n* Lady *f*.

ladybird *Br* ['leɪdɪbɜːd], **ladybug** *Am* ['leɪdɪbʌg] *n* coccinelle *f*.

lady-in-waiting [-'weɪtɪŋ] (*pl* **ladies-in-waiting**) *n* dame *f* d'honneur.

ladylike ['leɪdɪlaɪk] *adj* distingué(e).

Ladyship ['leɪdɪʃɪp] *n*: **her/your ~** Madame la baronne/la duchesse *etc*.

lag [læg] ◇ *vi*: **to ~ (behind)** [person, runner] traîner; [economy, development] être en retard, avoir du retard. ◇ *vt* [roof, pipe] calorifuger. ◇ *n* [timelag] décalage *m*.

lager ['lɑːgər] *n* (bière *f*) blonde *f*.

lagoon [lə'guːn] *n* lagune *f*.

laid [leɪd] *pt & pp* → **lay**.

laid-back *adj inf* relaxe, décontracté(e).

lain [leɪn] *pp* → **lie**.

lair [leər] *n* repaire *m*, antre *m*.

laity ['leɪətɪ] *n* RELIG: **the ~** les laïcs *mpl*.

lake [leɪk] *n* lac *m*.

Lake District *n*: **the ~** la région des lacs (*au nord-ouest de l'Angleterre*).

Lake Geneva *n* le lac Léman OR de Genève.

lamb [læm] *n* agneau *m*.

lambswool ['læmzwʊl] ◇ *n* lambswool *m*. ◇ *comp* en lambswool, en laine d'agneau.

lame [leɪm] *adj lit* & *fig* boiteux(euse).

lament [lə'ment] ◇ *n* lamentation *f*. ◇ *vt* se lamenter sur.

lamentable ['læməntəbl] *adj* lamentable.

laminated ['læmɪneɪtɪd] *adj* [wood] stratifié(e); [glass] feuilleté(e); [steel] laminé(e).

lamp [læmp] *n* lampe *f*.

lampoon [læm'puːn] ◇ *n* satire *f*. ◇ *vt* faire la satire de.

lamppost ['læmppəʊst] *n* réverbère *m*.

lampshade ['læmpʃeɪd] *n* abat-jour *m*.

lance [lɑːns] ◇ *n* lance *f*. ◇ *vt* [boil] percer.

lance corporal *n* caporal *m*.

land [lænd] ◇ *n* **-1.** [solid ground] terre *f* (ferme); [farming ground] terre, terrain *m*. **-2.** [property] terres *fpl*, propriété *f*. **-3.** [nation] pays *m*. ◇ *vt* **-1.** [from ship, plane] débarquer. **-2.** [catch - fish] prendre. **-3.** [plane] atterrir. **-4.** *inf* [obtain] décrocher. **-5.** *inf* [place]: **to ~ sb in trouble** attirer des ennuis à qqn; **to be ~ed with sthg** se coltiner qqch. ◇ *vi* **-1.** [plane] atterrir. **-2.** [fall] tomber.
♦ **land up** *vi inf* atterrir.

landing ['lændɪŋ] *n* **-1.** [of stairs] palier *m*. **-2.** AERON atterrissage *m*. **-3.** [of goods from ship] débarquement *m*.

landing card *n* carte *f* de débarquement.

landing gear *n* (*U*) train *m* d'atterrissage.

landing stage *n* débarcadère *m*.

landing strip *n* piste *f* d'atterrissage.

landlady ['lænd,leɪdɪ] *n* [living in] logeuse *f*; [owner] propriétaire *f*.

landlord ['lændlɔːd] *n* **-1.** [of rented property] propriétaire *m*. **-2.** [of pub] patron *m*.

landmark ['lændmɑːk] *n* point *m* de repère; *fig* événement *m* marquant.

landowner ['lænd,əʊnər] *n* propriétaire foncier *m*, propriétaire foncière *f*.

landscape ['lændskeɪp] *n* paysage *m*.

landslide ['lændslaɪd] *n* **-1.** [of earth] glissement *m* de terrain; [of rocks] éboulement *m*. **-2.** *fig* [election victory] victoire *f* écrasante.

lane [leɪn] *n* **-1.** [in country] petite route *f*, chemin *m*. **-2.** [in town] ruelle *f*. **-3.** [for traffic] voie *f*; **"keep in ~"** «ne changez pas de file». **-4.** AERON & SPORT couloir *m*.

language ['læŋgwɪdʒ] *n* **-1.** [of people, country] langue *f*. **-2.** [terminology, ability to speak] langage *m*.

language laboratory *n* laboratoire *m* de langues.

languid ['læŋgwɪd] *adj* indolent(e).

languish ['læŋgwɪʃ] *vi* languir.

lank [læŋk] *adj* terne.

lanky ['læŋkɪ] *adj* dégingandé(e).

lantern ['læntən] *n* lanterne *f*.

lap [læp] ◇ *n* **-1.** [of person]: **on sb's ~** sur les genoux de qqn. **-2.** [of race] tour *m* de piste. ◇ *vt* **-1.** [subj: animal] laper. **-2.** [in race] prendre un tour d'avance sur. ◇ *vi* [water, waves] clapoter.

lapel [lə'pel] *n* revers *m*.

Lapland ['læplænd] *n* Laponie *f*.

lapse [læps] ◇ *n* **-1.** [failing] défaillance *f*. **-2.** [in behaviour] écart *m* de conduite. **-3.** [of time] intervalle *m*, laps *m* de temps. ◇ *vi* **-1.** [passport] être périmé(e); [membership] prendre fin; [tradition] se perdre. **-2.** [person]: **to ~ into bad habits** prendre de mauvaises habitudes.

lap-top (computer) *n* (ordinateur *m*) portable *m*.

larceny ['lɑːsənɪ] *n* (*U*) vol *m* (simple).

lard [lɑːd] *n* saindoux *m*.

larder ['lɑːdər] *n* garde-manger *m*.

large [lɑ:dʒ] *adj* grand(e); [person, animal, book] gros (grosse).
♦ **at large** *adv* **-1.** [as a whole] dans son ensemble. **-2.** [prisoner, animal] en liberté.
♦ **by and large** *adv* dans l'ensemble.
largely ['lɑ:dʒlɪ] *adv* en grande partie.
lark [lɑ:k] *n* **-1.** [bird] alouette *f.* **-2.** *inf* [joke] blague *f.*
♦ **lark about** *vi* s'amuser.
laryngitis [,lærɪn'dʒaɪtɪs] *n* (U) laryngite *f.*
larynx ['lærɪŋks] *n* larynx *m*.
lasagna, lasagne [lə'zænjə] *n* (U) lasagnes *fpl.*
laser ['leɪzəʳ] *n* laser *m.*
laser printer *n* imprimante *f* (à) laser.
lash [læʃ] ◇ *n* **-1.** [eyelash] cil *m.* **-2.** [with whip] coup *m* de fouet. ◇ *vt* **-1.** [gen] fouetter. **-2.** [tie] attacher.
♦ **lash out** *vi* **-1.** [physically]: **to ~ out (at** OR **against)** envoyer un coup (à). **-2.** *Br inf* [spend money]: **to ~ out (on sthg)** faire une folie (en s'achetant qqch).
lass [læs] *n* jeune fille *f.*
lasso [læ'su:] (*pl* **-s**) ◇ *n* lasso *m.* ◇ *vt* attraper au lasso.
last [lɑ:st] ◇ *adj* dernier(ière); **~ week/year** la semaine/l'année dernière, la semaine/l'année passée; **~ night** hier soir; **~ but one** avant-dernier (avant-dernière); **down to the ~ detail/penny** jusqu'au moindre détail/dernier sou. ◇ *adv* **-1.** [most recently] la dernière fois. **-2.** [finally] en dernier, le, dernier (la dernière). ◇ *pron:* **the Saturday before ~** pas samedi dernier, mais le samedi d'avant; **the year before ~** il y a deux ans; **the ~ but one** l'avant-dernier *m*, l'avant-dernière *f*; **to leave sthg till ~** faire qqch en dernier. ◇ *n:* **the ~ I saw of him** la dernière fois que je l'ai vu. ◇ *vi* durer; [food] se garder, se conserver; [feeling] persister.
♦ **at (long) last** *adv* enfin.
last-ditch *adj* ultime, désespéré(e).

lasting ['lɑ:stɪŋ] *adj* durable.
lastly ['lɑ:stlɪ] *adv* pour terminer, finalement.
last-minute *adj* de dernière minute.
last name *n* nom *m* de famille.
latch [lætʃ] *n* loquet *m.*
♦ **latch onto** *vt fus inf* s'accrocher à.
late [leɪt] ◇ *adj* **-1.** [not on time]: **to be ~ (for sthg)** être en retard (pour qqch). **-2.** [near end of]: **in ~ December** vers la fin décembre. **-3.** [later than normal] tardif(ive). **-4.** [former] ancien(ienne). **-5.** [dead] feu(e). ◇ *adv* **-1.** [not on time] en retard; **to arrive 20 minutes ~** arriver avec 20 minutes de retard. **-2.** [later than normal] tard; **to work/go to bed ~** travailler/se coucher tard.
♦ **of late** *adv* récemment, dernièrement.
latecomer ['leɪt,kʌməʳ] *n* retardataire *mf.*
lately ['leɪtlɪ] *adv* ces derniers temps, dernièrement.
latent ['leɪtənt] *adj* latent(e).
later ['leɪtəʳ] ◇ *adj* [date] ultérieur(e); [edition] postérieur(e). ◇ *adv:* **~ (on)** plus tard.
lateral ['lætərəl] *adj* latéral(e).
latest ['leɪtɪst] ◇ *adj* dernier(ière). ◇ *n:* **at the ~** au plus tard.
lathe [leɪð] *n* tour *m.*
lather ['lɑ:ðəʳ] ◇ *n* mousse *f* (de savon). ◇ *vt* savonner.
Latin ['lætɪn] ◇ *adj* latin(e). ◇ *n* [language] latin *m.*
Latin America *n* Amérique *f* latine.
Latin American ◇ *adj* latino-américain(e). ◇ *n* [person] Latino-Américain *m,* -e *f.*
latitude ['lætɪtju:d] *n* latitude *f.*
latter ['lætəʳ] ◇ *adj* **-1.** [later] dernier(ière). **-2.** [second] deuxième. ◇ *n:* **the ~** celui-ci (celle-ci), ce dernier (cette dernière).
latterly ['lætəlɪ] *adv* récemment.
lattice ['lætɪs] *n* treillis *m*, treillage *m.*
Latvia ['lætvɪə] *n* Lettonie *f.*
laudable ['lɔ:dəbl] *adj* louable.

laugh [lɑːf] ◇ *n* rire *m*; **we had a good ~ inf** on a bien rigolé, on s'est bien amusé; **to do sthg for ~s** OR **a ~ inf** faire qqch pour rire OR rigoler. ◇ *vi* rire.

◆ **laugh at** *vt fus* [mock] se moquer de, rire de.

◆ **laugh off** *vt sep* tourner en plaisanterie.

laughable ['lɑːfəbl] *adj* ridicule, risible.

laughingstock ['lɑːfɪŋstɒk] *n* risée *f*.

laughter ['lɑːftə'] *n* (*U*) rire *m*, rires *mpl*.

launch [lɔːntʃ] ◇ *n* **-1.** [gen] lancement *m*. **-2.** [boat] chaloupe *f*. ◇ *vt* lancer.

launch(ing) pad ['lɔːntʃ(ɪŋ)-] *n* pas *m* de tir.

launder ['lɔːndə'] *vt lit* & *fig* blanchir.

laund(e)rette [lɔːn'dret], **Laundromat**® *Am* ['lɔːndrəmæt] *n* laverie *f* automatique.

laundry ['lɔːndrɪ] *n* **-1.** (*U*) [clothes] lessive *f*. **-2.** [business] blanchisserie *f*.

laurel ['lɒrəl] *n* laurier *m*.

lava ['lɑːvə] *n* lave *f*.

lavatory ['lævətrɪ] *n* toilettes *fpl*.

lavender ['lævəndə'] *n* [plant] lavande *f*.

lavish ['lævɪʃ] ◇ *adj* **-1.** [generous] généreux(euse); **to be ~ with** être prodigue de. **-2.** [sumptuous] somptueux(euse). ◇ *vt*: **to ~ sthg on sb** prodiguer qqch à qqn.

law [lɔː] *n* **-1.** [gen] loi *f*; **against the ~** contraire à la loi, illégal(e); **to break the ~** enfreindre OR transgresser la loi; **~ and order** ordre *m* public. **-2.** JUR droit *m*.

law-abiding [-ə,baɪdɪŋ] *adj* respectueux(euse) des lois.

law court *n* tribunal *m*, cour *f* de justice.

lawful ['lɔːful] *adj* légal(e), licite.

lawn [lɔːn] *n* pelouse *f*, gazon *m*.

lawnmower ['lɔːn,məuə'] *n* tondeuse *f* à gazon.

lawn tennis *n* tennis *m*.

law school *n* faculté *f* de droit.

lawsuit ['lɔːsuːt] *n* procès *m*.

lawyer ['lɔːjə'] *n* [in court] avocat *m*; [of company] conseiller *m* juridique; [for wills, sales] notaire *m*.

lax [læks] *adj* relâché(e).

laxative ['læksətɪv] *n* laxatif *m*.

lay [leɪ] (*pt* & *pp* **laid**) ◇ *pt* → **lie**. ◇ *vt* **-1.** [gen] poser, mettre; **to ~ the blame for sthg on sb** rejeter la responsabilité de qqch sur qqn. **-2.** [trap, snare] tendre, dresser; [plans] faire; **to ~ the table** mettre la table OR le couvert. **-3.** [egg] pondre. ◇ *adj* **-1.** RELIG laïque. **-2.** [untrained] profane.

◆ **lay aside** *vt sep* mettre de côté.

◆ **lay down** *vt sep* **-1.** [guidelines, rules] imposer, stipuler. **-2.** [put down] déposer.

◆ **lay off** ◇ *vt sep* [make redundant] licencier. ◇ *vt fus inf* **-1.** [leave alone] ficher la paix à. **-2.** [give up] arrêter.

◆ **lay on** *vt sep Br* [provide, supply] organiser.

◆ **lay out** *vt sep* **-1.** [arrange] arranger, disposer. **-2.** [design] concevoir.

layabout ['leɪəbaut] *n Br inf* fainéant *m*, -e *f*.

lay-by (*pl* **lay-bys**) *n Br* aire *f* de stationnement.

layer ['leɪə'] *n* couche *f*; *fig* [level] niveau *m*.

layman ['leɪmən] (*pl* **-men** [-mən]) *n* **-1.** [untrained person] profane *m*. **-2.** RELIG laïc *m*.

layout ['leɪaut] *n* [of office, building] agencement *m*; [of garden] plan *m*; [of page] mise *f* en page.

laze [leɪz] *vi*: **to ~ (about** OR **around)** paresser.

lazy ['leɪzɪ] *adj* [person] paresseux(euse), fainéant(e); [action] nonchalant(e).

lazybones ['leɪzɪbəunz] (*pl inv*) *n* paresseux *m*, -euse *f*, fainéant *m*, -e *f*.

lb (*abbr of* **pound**) livre (unité de poids).

LCD (*abbr of* **liquid crystal display**) *n* affichage à cristaux liquides.

lead[1] [liːd] (*pt* & *pp* **led**) ◇ *n* **-1.** [winning position]: **to be in** OR **have**

the ~ mener, être en tête. -2. [amount ahead]: **to have a ~ of ...** devancer de .... -3. [initiative, example] initiative *f*, exemple *m*; **to take the ~** montrer l'exemple. -4. THEATRE: **the ~** le rôle principal. -5. [clue] indice *m*. -6. [for dog] laisse *f*. -7. [wire, cable] câble *m*, fil *m*. ◇ *adj* [role etc] principal(e). ◇ *vt* -1. [be at front of] mener, être à la tête de. -2. [guide] guider, conduire. -3. [be in charge of] être à la tête de, diriger. -4. [organize - protest etc] mener, organiser. -5. [life] mener. -6. [cause]: **to ~ sb to do sthg** inciter OR pousser qqn à faire qqch. ◇ *vi* -1. [path, cable etc] mener, conduire. -2. [give access]: **to ~ to/into** donner sur, donner accès à. -3. [in race, match] mener. -4. [result in]: **to ~ to sthg** aboutir à qqch, causer qqch.
◆ **lead up to** *vt fus* -1. [precede] conduire à, aboutir à. -2. [build up to] amener.

lead² [led] ◇ *n* plomb *m*; [in pencil] mine *f*. ◇ *comp* en OR de plomb.

leaded ['ledɪd] *adj* [petrol] au plomb; [window] à petits carreaux.

leader ['liːdər] *n* -1. [head, chief] chef *m*; POL leader *m*. -2. [in race, competition] premier *m*, -ière *f*. -3. Br PRESS éditorial *m*.

leadership ['liːdəʃɪp] *n* -1. [people in charge]: **the ~** les dirigeants *mpl*. -2. [position of leader] direction *f*. -3. [qualities of leader] qualités *fpl* de chef.

lead-free [led-] *adj* sans plomb.

leading ['liːdɪŋ] *adj* -1. [most important] principal(e). -2. [at front] de tête.

leading light *n* personnage *m* très important OR influent.

leaf [liːf] (*pl* **leaves**) *n* -1. [of tree, plant] feuille *f*. -2. [of table - hinged] abattant *m*; [- pull-out] rallonge *f*. -3. [of book] feuille *f*, page *f*.
◆ **leaf through** *vt fus* [magazine etc] parcourir, feuilleter.

leaflet ['liːflɪt] *n* prospectus *m*.

league [liːg] *n* ligue *f*; SPORT championnat *m*; **to be in ~ with** être de connivence avec.

leak [liːk] ◇ *n lit* & *fig* fuite *f*. ◇ *vt fig* [secret, information] divulguer. ◇ *vi* fuir.
◆ **leak out** *vi* -1. [liquid] fuir. -2. *fig* [secret, information] transpirer, être divulgué(e).

leakage ['liːkɪdʒ] *n* fuite *f*.

lean [liːn] (*pt* & *pp* **leant** OR **-ed**) ◇ *adj* -1. [slim] mince. -2. [meat] maigre. -3. *fig* [month, time] mauvais(e). ◇ *vt* [rest]: **to ~ sthg against** appuyer qqch contre, adosser qqch à. ◇ *vi* -1. [bend, slope] se pencher. -2. [rest]: **to ~ on/against** s'appuyer sur/contre.

leaning ['liːnɪŋ] *n*: **~ (towards)** penchant *m* (pour).

leant [lent] *pt* & *pp* → **lean**.

lean-to (*pl* **lean-tos**) *n* appentis *m*.

leap [liːp] (*pt* & *pp* **leapt** OR **-ed**) ◇ *n lit* & *fig* bond *m*. ◇ *vi* -1. [gen] bondir. -2. *fig* [increase] faire un bond.

leapfrog ['liːpfrɒg] ◇ *n* saute-mouton *m*. ◇ *vt* dépasser (d'un bond). ◇ *vi*: **to ~ over** sauter par-dessus.

leapt [lept] *pt* & *pp* → **leap**.

leap year *n* année *f* bissextile.

learn [lɜːn] (*pt* & *pp* **-ed** OR **learnt**) ◇ *vt*: **to ~ (that)** ... apprendre que ...; **to ~ (how) to do sthg** apprendre à faire qqch. ◇ *vi*: **to ~ (of OR about sthg)** apprendre (qqch).

learned ['lɜːnɪd] *adj* savant(e).

learner ['lɜːnər] *n* débutant *m*, -e *f*.

learner (driver) *n* conducteur débutant *m*, conductrice débutante *f* (*qui n'a pas encore son permis*).

learning ['lɜːnɪŋ] *n* savoir *m*, érudition *f*.

learnt [lɜːnt] *pt* & *pp* → **learn**.

lease [liːs] ◇ *n* bail *m*. ◇ *vt*: **to ~ sthg from sb** louer qqch à qqn; **to ~ sthg to sb** louer qqch à qqn.

leasehold ['liːshəʊld] ◇ *adj* loué(e) à bail, tenu(e) à bail. ◇ *adv* à bail.

leash [liːʃ] *n* laisse *f*.

least [liːst] (*superl of* **little**) ◇ *adj*: **the ~** le moindre (la moindre), le plus petit (la plus petite). ◇ *pron* [smallest amount]: **the ~** le moins; **it's the ~ (that) he can do** c'est la moindre des choses qu'il puisse faire; **not in the ~** pas du tout, pas le moins du monde; **to say the ~** c'est le moins qu'on puisse dire. ◇ *adv*: **(the) ~** le moins (la moins).

◆ **at least** *adv* au moins; [to correct] du moins.

◆ **least of all** *adv* surtout pas, encore moins.

◆ **not least** *adv fml* notamment.

leather ['leðə^r] ◇ *n* cuir *m*. ◇ *comp* en cuir.

leave [li:v] (*pt* & *pp* **left**) ◇ *vt* **-1.** [gen] laisser. **-2.** [go away from] quitter; **to ~ sb alone** laisser qqn tranquille. **-3.** [bequeath]: **to ~ sb sthg, to ~ sthg to sb** léguer OR laisser qqch à qqn; *see also* **left**. ◇ *vi* partir. ◇ *n* congé *m*; **to be on ~** [from work] être en congé; [from army] être en permission.

◆ **leave behind** *vt sep* **-1.** [abandon] abandonner, laisser. **-2.** [forget] oublier, laisser.

◆ **leave out** *vt sep* omettre, exclure.

leave of absence *n* congé *m*.

leaves [li:vz] *pl* → **leaf**.

Lebanon ['lebənən] *n* Liban *m*.

lecherous ['letʃərəs] *adj* lubrique, libidineux(euse).

lecture ['lektʃə^r] ◇ *n* **-1.** [talk - gen] conférence *f*; [- UNIV] cours *m* magistral. **-2.** [scolding]: **to give sb a ~** réprimander qqn, sermonner qqn. ◇ *vt* [scold] réprimander, sermonner. ◇ *vi*: **to ~ on sthg** faire un cours sur qqch; **to ~ in sthg** être professeur de qqch.

lecturer ['lektʃərə^r] *n* [speaker] conférencier *m*, -ière *f*; UNIV maître assistant *m*.

led [led] *pt* & *pp* → **lead¹**.

ledge [ledʒ] *n* **-1.** [of window] rebord *m*. **-2.** [of mountain] corniche *f*.

ledger ['ledʒə^r] *n* grand livre *m*.

leech [li:tʃ] *n lit* & *fig* sangsue *f*.

leek [li:k] *n* poireau *m*.

leer [lɪə^r] ◇ *n* regard *m* libidineux. ◇ *vi*: **to ~ at** reluquer.

leeway ['li:weɪ] *n* [room to manoeuvre] marge *f* de manœuvre.

left [left] ◇ *pt* & *pp* → **leave**. ◇ *adj* **-1.** [remaining]: **to be ~** rester; **have you any money ~?** il te reste de l'argent? **-2.** [not right] gauche. ◇ *adv* à gauche. ◇ *n*: **on** OR **to the ~** à gauche.

◆ **Left** *n* POL: **the Left** la Gauche.

left-hand *adj* de gauche; **~ side** gauche *f*, côté *m* gauche.

left-hand drive *adj* [car] avec la conduite à gauche.

left-handed [-'hændɪd] *adj* **-1.** [person] gaucher(ère). **-2.** [implement] pour gaucher.

left luggage (office) *n Br* consigne *f*.

leftover ['leftəʊvə^r] *adj* qui reste, en surplus.

◆ **leftovers** *npl* restes *mpl*.

left wing POL *n* gauche *f*.

◆ **left-wing** *adj* de gauche.

leg [leg] *n* **-1.** [of person, trousers] jambe *f*; [of animal] patte *f*; **to pull sb's ~** faire marcher qqn. **-2.** CULIN [of lamb] gigot *m*; [of pork, chicken] cuisse *f*. **-3.** [of furniture] pied *m*. **-4.** [of journey, match] étape *f*.

legacy ['legəsɪ] *n lit* & *fig* legs *m*, héritage *m*.

legal ['li:gl] *adj* **-1.** [concerning the law] juridique. **-2.** [lawful] légal(e).

legalize, -ise ['li:gəlaɪz] *vt* légaliser, rendre légal.

legal tender *n* monnaie *f* légale.

legend ['ledʒənd] *n lit* & *fig* légende *f*.

leggings ['legɪŋz] *npl* jambières *fpl*, leggings *mpl* or *fpl*.

legible ['ledʒəbl] *adj* lisible.

legislation [,ledʒɪs'leɪʃn] *n* législation *f*.

legislature ['ledʒɪsleɪtʃə^r] *n* corps *m* législatif.

legitimate [lɪ'dʒɪtɪmət] *adj* légitime.

legless ['leglɪs] *adj Br inf* [drunk] bourré(e), rond(e).

legroom ['legrom] *n* (*U*) place *f* pour les jambes.

leg-warmers [-,wɔ:məz] *npl* jambières *fpl*.

leisure [Br 'leʒər, Am 'liːʒər] n loisir m, temps m libre; **at (one's)** ~ à loisir, tout à loisir.

leisure centre n centre m de loisirs.

leisurely [Br 'leʒəlɪ, Am 'liːʒərlɪ] ◇ adj [pace] lent(e), tranquille. ◇ adv [walk] sans se presser.

leisure time n (U) temps m libre, loisirs mpl.

lemon ['lemən] n [fruit] citron m.

lemonade [ˌlemə'neɪd] n -1. Br [fizzy] limonade f. -2. [still] citronnade f.

lemon juice n jus m de citron.

lemon sole n limande-sole f.

lemon squash n Br citronnade f.

lemon squeezer [-'skwiːzər] n presse-citron m inv.

lemon tea n thé m (au) citron.

lend [lend] (pt & pp **lent**) vt -1. [loan] prêter; to ~ sb sthg, to ~ sthg to sb prêter qqch à qqn. -2. [offer]: **to** ~ **support (to sb)** offrir son soutien (à qqn); **to** ~ **assistance (to sb)** prêter assistance (à qqn). -3. [add]: **to** ~ **sthg to sthg** [quality etc] ajouter qqch à qqch.

lending rate ['lendɪŋ-] n taux m de crédit.

length [leŋθ] n -1. [gen] longueur f; **what** ~ **is it?** ça fait quelle longueur?; **it's five metres in** ~ cela fait cinq mètres de long. -2. [piece - of string, wood] morceau m, bout m; [- of cloth] coupon m. -3. [duration] durée f. -4. phr: **to go to great** ~**s to do sthg** tout faire pour faire qqch.

◆ **at length** adv -1. [eventually] enfin. -2. [in detail] à fond.

lengthen ['leŋθən] ◇ vt [dress etc] rallonger; [life] prolonger. ◇ vi allonger.

lengthways ['leŋθweɪz] adv dans le sens de la longueur.

lengthy ['leŋθɪ] adj très long (longue).

lenient ['liːnjənt] adj [person] indulgent(e); [laws] clément(e).

lens [lenz] n -1. [of camera] objectif m; [of glasses] verre m. -2. [contact lens] verre m de contact, lentille f (cornéenne).

lent [lent] pt & pp → **lend**.

Lent [lent] n Carême m.

lentil ['lentɪl] n lentille f.

Leo ['liːəʊ] n le Lion.

leopard ['lepəd] n léopard m.

leotard ['liːətɑːd] n collant m.

leper ['lepər] n lépreux m, -euse f.

leprosy ['leprəsɪ] n lèpre f.

lesbian ['lezbɪən] n lesbienne f.

less [les] (compar of **little**) ◇ adj moins de; ~ **money/time than me** moins d'argent/de temps que moi. ◇ pron moins; **it costs** ~ **than you think** ça coûte moins cher que tu ne le crois; **no** ~ **than £50** pas moins de 50 livres; **the** ~ **... the** ~ **...** moins ... moins .... ◇ adv moins; ~ **than five** moins de cinq; ~ **and** ~ de moins en moins. ◇ prep [minus] moins.

lessen ['lesn] ◇ vt [risk, chance] diminuer, réduire; [pain] atténuer. ◇ vi [gen] diminuer; [pain] s'atténuer.

lesser ['lesər] adj moindre; **to a** ~ **extent** OR **degree** à un moindre degré.

lesson ['lesn] n leçon f, cours m; **to teach sb a** ~ fig donner une (bonne) leçon à qqn.

let [let] (pt & pp **let**) vt -1. [allow]: **to** ~ **sb do sthg** laisser qqn faire qqch; **to** ~ **sb know sthg** dire qqch à qqn; **to** ~ **go of sb/sthg** lâcher qqn/qqch; **to** ~ **sb go** [gen] laisser (partir) qqn; [prisoner] libérer qqn. -2. [in verb forms]: ~ **them wait** qu'ils attendent; ~'**s go!** allons-y!; ~'**s see** voyons. -3. [rent out] louer; "**to** ~" «à louer».

◆ **let alone** adv encore moins, sans parler de.

◆ **let down** vt sep -1. [deflate] dégonfler. -2. [disappoint] décevoir.

◆ **let in** vt sep [admit] laisser OR faire entrer.

◆ **let off** vt sep -1. [excuse]: **to** ~ **sb off sthg** dispenser qqn de qqch. -2. [not punish] ne pas punir. -3. [bomb] faire éclater; [gun, firework] faire partir.

◆ **let on** vi: **don't** ~ **on!** ne dis rien (à personne)!

◆ **let out** vt sep -1. [allow to go out] laisser sortir; **to** ~ **air out of sthg** dé-

gonfler qqch. **-2.** [laugh, scream] laisser échapper.
◆ **let up** *vi* **-1.** [rain] diminuer. **-2.** [person] s'arrêter.
letdown ['letdaʊn] *n inf* déception *f*.
lethal ['liːθl] *adj* mortel(elle), fatal(e).
lethargic [ləˈθɑːdʒɪk] *adj* léthargique.
let's [lets] = **let us**.
letter ['letər] *n* lettre *f*.
letter bomb *n* lettre *f* piégée.
letterbox ['letəbɒks] *n Br* boîte *f* aux OR à lettres.
letter of credit *n* lettre *f* de crédit.
lettuce ['letɪs] *n* laitue *f*, salade *f*.
letup ['letʌp] *n* [in fighting] répit *m*; [in work] relâchement *m*.
leuk(a)emia [luːˈkiːmɪə] *n* leucémie *f*.
level ['levl] ◇ *adj* **-1.** [equal in height] à la même hauteur; [horizontal] horizontal(e); **to be ~ with** être au niveau de. **-2.** [equal in standard] à égalité. **-3.** [flat] plat(e), plan(e). ◇ *n* **-1.** [gen] niveau *m*; **to be on the ~** *inf* être réglo. **-2.** *Am* [spirit level] niveau *m* à bulle. ◇ *vt* **-1.** [make flat] niveler, aplanir. **-2.** [demolish] raser.
◆ **level off, level out** *vi* **-1.** [inflation etc] se stabiliser. **-2.** [aeroplane] se mettre en palier.
◆ **level with** *vt fus inf* être franc (franche) OR honnête avec.
level crossing *n Br* passage *m* à niveau.
level-headed [-ˈhedɪd] *adj* raisonnable.
lever [*Br* ˈliːvər, *Am* ˈlevər] *n* levier *m*.
leverage [*Br* ˈliːvərɪdʒ, *Am* ˈlevərɪdʒ] *n (U)* **-1.** [force]: **to get ~ on sthg** avoir une prise sur qqch. **-2.** *fig* [influence] influence *f*.
levy ['levɪ] ◇ *n* prélèvement *m*, impôt *m*. ◇ *vt* prélever, percevoir.
lewd [ljuːd] *adj* obscène.
liability [,laɪəˈbɪlətɪ] *n* responsabilité *f*; *fig* [person] danger *m* public.
◆ **liabilities** *npl* FIN dettes *fpl*, passif *m*.
liable ['laɪəbl] *adj* **-1.** [likely]: **to be ~ to do sthg** risquer de faire qqch, être susceptible de faire qqch. **-2.** [prone]:

to be ~ to sthg être sujet(ette) à qqch. **-3.** JUR: **to be ~ (for)** être responsable (de); **to be ~ to** être passible de.
liaise [lɪˈeɪz] *vi*: **to ~ with** assurer la liaison avec.
liar ['laɪər] *n* menteur *m*, -euse *f*.
libel ['laɪbl] ◇ *n* diffamation *f*. ◇ *vt* diffamer.
liberal ['lɪbərəl] ◇ *adj* **-1.** [tolerant] libéral(e). **-2.** [generous] généreux(euse). ◇ *n* libéral *m*, -e *f*.
◆ **Liberal** POL ◇ *adj* libéral(e). ◇ *n* libéral *m*, -e *f*.
Liberal Democrat *n* adhérent du principal parti centriste britannique.
liberate ['lɪbəreɪt] *vt* libérer.
liberation [,lɪbəˈreɪʃn] *n* libération *f*.
liberty ['lɪbətɪ] *n* liberté *f*; **to be at ~** être libre; **to be at ~ to do sthg** être libre de faire qqch; **to take liberties (with sb)** prendre des libertés (avec qqn).
Libra ['liːbrə] *n* Balance *f*.
librarian [laɪˈbreərɪən] *n* bibliothécaire *mf*.
library ['laɪbrərɪ] *n* bibliothèque *f*.
library book *n* livre *m* de bibliothèque.
libretto [lɪˈbretəʊ] (*pl* **-s**) *n* livret *m*.
Libya ['lɪbɪə] *n* Libye *f*.
lice [laɪs] *pl* → **louse**.
licence ['laɪsəns] ◇ *n* **-1.** [gen] permis *m*, autorisation *f*; **driving ~** permis *m* de conduire; **TV ~** redevance *f* télé. **-2.** COMM licence *f*. ◇ *vt Am* = **license**.
license ['laɪsəns] ◇ *vt* autoriser. ◇ *n Am* = **licence**.
license plate *n Am* plaque *f* d'immatriculation.
licensed ['laɪsənst] *adj* **-1.** [person]: **to be ~ to do sthg** avoir un permis pour OR l'autorisation de faire qqch. **-2.** *Br* [premises] qui détient une licence de débit de boissons.
lick [lɪk] *vt* **-1.** [gen] lécher. **-2.** *inf* [defeat] écraser.
licorice ['lɪkərɪs] = **liquorice**.
lid [lɪd] *n* **-1.** [cover] couvercle *m*. **-2.** [eyelid] paupière *f*.

lie [laɪ] (*pt sense 1* **lied**, *pt senses 2-6* **lay**, *pp sense 1* **lied**, *pp senses 2-6* **lain**, *cont all senses* **lying**) ◇ *n* mensonge *m*; **to tell ~s** mentir (à qqn), dire des mensonges. ◇ *vi* **-1.** [tell lie]: **to ~ (to sb)** mentir (à qqn). **-2.** [be horizontal] être allongé(e), être couché(e). **-3.** [lie down] s'allonger, se coucher. **-4.** [be situated] se trouver, être. **-5.** [difficulty, solution etc] résider. **-6.** *phr*: **to ~ low** se planquer, se tapir.

◆ **lie about**, **lie around** *vi* traîner.

◆ **lie down** *vi* s'allonger, se coucher.

◆ **lie in** *vi Br* rester au lit, faire la grasse matinée.

Liechtenstein ['lɪktənstaɪn] *n* Liechtenstein *m*.

lie-down *n Br*: **to have a ~** faire une sieste OR une (petit) somme.

lie-in *n Br*: **to have a ~** faire la grasse matinée.

lieutenant [*Br* lef'tenənt, *Am* luː'tenənt] *n* lieutenant *m*.

life [laɪf] (*pl* **lives**) *n* **-1.** [gen] vie *f*; **that's ~!** c'est la vie!; **for ~** à vie; **to come to ~** s'éveiller, s'animer; **to scare the ~ out of sb** faire une peur bleue à qqn. **-2.** (*U*) *inf* [life imprisonment] emprisonnement *m* perpétuel.

life assurance *n* = **life insurance**.

life belt *n* bouée *f* de sauvetage.

lifeboat ['laɪfbəʊt] *n* canot *m* de sauvetage.

life buoy *n* bouée *f* de sauvetage.

life expectancy [-ɪk'spektənsɪ] *n* espérance *f* de vie.

lifeguard ['laɪfgɑːd] *n* [at swimming pool] maître-nageur sauveteur *m*; [at beach] gardien *m* de plage.

life imprisonment [-ɪm'prɪznmənt] *n* emprisonnement *m* à perpétuité.

life insurance *n* assurance-vie *f*.

life jacket *n* gilet *m* de sauvetage.

lifeless ['laɪflɪs] *adj* **-1.** [dead] sans vie, inanimé(e). **-2.** [listless - performance] qui manque de vie; [- voice] monotone.

lifelike ['laɪflaɪk] *adj* **-1.** [statue, doll] qui semble vivant(e). **-2.** [portrait] ressemblant(e).

lifeline ['laɪflaɪn] *n* corde *f* (de sauvetage); *fig* lien *m* vital (avec l'extérieur).

lifelong ['laɪflɒŋ] *adj* de toujours.

life preserver [-prɪ,zɜːvəʳ] *n Am* [life belt] bouée *f* de sauvetage; [life jacket] gilet *m* de sauvetage.

life raft *n* canot *m* pneumatique (de sauvetage).

lifesaver ['laɪf,seɪvəʳ] *n* [person] maître-nageur sauveteur *m*.

life sentence *n* condamnation *f* à perpétuité.

life-size(d) [-saɪz(d)] *adj* grandeur nature (*inv*).

lifespan ['laɪfspæn] *n* **-1.** [of person, animal] espérance *f* de vie. **-2.** [of product, machine] durée *f* de vie.

lifestyle ['laɪfstaɪl] *n* style *m* de vie.

life-support system *n* respirateur *m* artificiel.

lifetime ['laɪftaɪm] *n* vie *f*; **in my ~** de mon vivant.

lift [lɪft] ◇ *n* **-1.** [in car]: **to give sb a ~** emmener OR prendre qqn en voiture. **-2.** *Br* [elevator] ascenseur *m*. ◇ *vt* **-1.** [gen] lever; [weight] soulever. **-2.** [plagiarize] plagier. **-3.** *inf* [steal] voler. ◇ *vi* **-1.** [lid etc] s'ouvrir. **-2.** [fog etc] se lever.

lift-off *n* décollage *m*.

light [laɪt] (*pt & pp* **lit** OR **-ed**) ◇ *adj* **-1.** [not dark] clair(e). **-2.** [not heavy] léger(ère). **-3.** [traffic] fluide; [corrections] peu nombreux(euses). **-4.** [work] facile. ◇ *n* **-1.** (*U*) [brightness] lumière *f*. **-2.** [device] lampe *f*; [AUT - gen] feu *m*; [- headlamp] phare *m*. **-3.** [for cigarette etc] feu *m*; **have you got a ~?** vous avez du feu?; **to set ~ to sthg** mettre le feu à qqch. **-4.** [perspective]: **in the ~ of** *Br*, **in ~ of** *Am* à la lumière de. **-5.** *phr*: **to come to ~** être découvert(e) OR dévoilé(e). ◇ *vt* **-1.** [fire, cigarette] allumer. **-2.** [room, stage] éclairer. ◇ *adv*: **to travel ~** voyager léger.

◆ **light up** ◇ *vt sep* **-1.** [illuminate] éclairer. **-2.** [cigarette etc] allumer. ◇

vi **-1.** [face] s'éclairer. **-2.** *inf* [start smoking] allumer une cigarette.

light bulb *n* ampoule *f*.

lighten ['laɪtn] ◇ *vt* **-1.** [give light to] éclairer; [make less dark] éclaircir. **-2.** [make less heavy] alléger. ◇ *vi* [brighten] s'éclaircir.

lighter ['laɪtər] *n* [cigarette lighter] briquet *m*.

light-headed [-'hedɪd] *adj*: **to feel ~** avoir la tête qui tourne.

light-hearted [-'hɑːtɪd] *adj* **-1.** [cheerful] joyeux(euse), gai(e). **-2.** [amusing] amusant(e).

lighthouse ['laɪthaʊs, *pl* -haʊzɪz] *n* phare *m*.

lighting ['laɪtɪŋ] *n* éclairage *m*.

light meter *n* posemètre *m*, cellule *f* photoélectrique.

lightning ['laɪtnɪŋ] *n* (U) éclair *m*, foudre *f*.

lightweight ['laɪtweɪt] ◇ *adj* [object] léger(ère). ◇ *n* [boxer] poids *m* léger.

likable ['laɪkəbl] *adj* sympathique.

like [laɪk] ◇ *prep* **-1.** [gen] comme; **to look ~ sb/sthg** ressembler à qqn/qqch; **to taste ~ sthg** avoir un goût de qqch; **~ this/that** comme ci/ça. **-2.** [such as] tel que, comme. ◇ *vt* **-1.** [gen] aimer; **I ~ her** elle me plaît; **to ~ doing** OR **to do sthg** aimer faire qqch. **-2.** [expressing a wish]: **would you ~ some more cake?** vous prendrez encore du gâteau?; **I'd ~ to go** je voudrais bien OR j'aimerais y aller; **I'd ~ you to come** je voudrais bien OR j'aimerais que vous veniez; **if you ~** si vous voulez. ◇ *n*: **the ~** une chose pareille.

♦ **likes** *npl*: **~s and dislikes** goûts *mpl*.

likeable ['laɪkəbl] = **likable**.

likelihood ['laɪklɪhʊd] *n* (U) chances *fpl*, probabilité *f*.

likely ['laɪklɪ] *adj* **-1.** [probable] probable; **he's ~ to get angry** il risque de se fâcher; **a ~ story!** *iro* à d'autres! **-2.** [candidate] prometteur(euse).

liken ['laɪkn] *vt*: **to ~ sb/sthg to** assimiler qqn/qqch à.

likeness ['laɪknɪs] *n* **-1.** [resemblance]: **~ (to)** ressemblance *f* (avec). **-2.** [portrait] portrait *m*.

likewise ['laɪkwaɪz] *adv* [similarly] de même; **to do ~** faire pareil OR de même.

liking ['laɪkɪŋ] *n* [for person] affection *f*, sympathie *f*; [for food, music] goût *m*, penchant *m*; **to have a ~ for sthg** avoir le goût de qqch; **to be to sb's ~** être du goût de qqn, plaire à qqn.

lilac ['laɪlək] ◇ *adj* [colour] lilas (*inv*). ◇ *n* lilas *m*.

Lilo® ['laɪləʊ] (*pl* -s) *n Br* matelas *m* pneumatique.

lily ['lɪlɪ] *n* lis *m*.

lily of the valley (*pl* **lilies of the valley**) *n* muguet *m*.

limb [lɪm] *n* **-1.** [of body] membre *m*. **-2.** [of tree] branche *f*.

limber ['lɪmbər]

♦ **limber up** *vi* s'échauffer.

limbo ['lɪmbəʊ] (*pl* -s) *n* (U) [uncertain state]: **to be in ~** être dans les limbes.

lime [laɪm] *n* **-1.** [fruit] citron *m* vert. **-2.** [drink]: **~ (juice)** jus *m* de citron vert. **-3.** [linden tree] tilleul *m*. **-4.** [substance] chaux *f*.

limelight ['laɪmlaɪt] *n*: **to be in the ~** être au premier plan.

limerick ['lɪmərɪk] *n poème humoristique en cinq vers.*

limestone ['laɪmstəʊn] *n* (U) pierre *f* à chaux, calcaire *m*.

limey ['laɪmɪ] (*pl* **limeys**) *n Am inf* terme péjoratif désignant un Anglais.

limit ['lɪmɪt] ◇ *n* limite *f*; **off ~s** d'accès interdit; **within ~s** [to an extent] dans une certaine mesure. ◇ *vt* limiter, restreindre.

limitation [,lɪmɪ'teɪʃn] *n* limitation *f*, restriction *f*.

limited ['lɪmɪtɪd] *adj* limité(e), restreint(e).

limited (liability) company *n* société *f* anonyme.

limousine ['lɪməziːn] *n* limousine *f*.

limp [lɪmp] ◇ *adj* mou (molle). ◇ *n*: **to have a ~** boiter. ◇ *vi* boiter.

limpet ['lɪmpɪt] *n* patelle *f*, bernique *f*.

line [laɪn] ◇ *n* **-1.** [gen] ligne *f*. **-2.** [row] rangée *f*. **-3.** [queue] file *f*, queue *f*; **to stand** OR **wait in ~** faire la queue. **-4.** [RAIL - track] voie *f*; [- route] ligne *f*. **-5.** [of poem, song] vers *m*. **-6.** [wrinkle] ride *f*. **-7.** [string, wire etc] corde *f*; **a fishing ~** une ligne. **-8.** TELEC ligne *f*; **hold the ~!** ne quittez pas! **-9.** *inf* [short letter]: **to drop sb a ~** écrire un (petit) mot à qqn. **-10.** *inf* [work]: **~ of business** branche *f*. **-11.** [borderline] frontière *f*. **-12.** COMM gamme *f*. **-13.** *phr*: **to draw the ~ at sthg** refuser de faire OR d'aller jusqu'à faire qqch; **to step out of ~** faire cavalier seul. ◇ *vt* [drawer, box] tapisser; [clothes] doubler.

◆ **out of line** *adj* [remark, behaviour] déplacé(e).

◆ **line up** ◇ *vt sep* **-1.** [in rows] aligner. **-2.** [organize] prévoir. ◇ *vi* [in row] s'aligner; [in queue] faire la queue.

lined [laɪnd] *adj* **-1.** [paper] réglé(e). **-2.** [wrinkled] ridé(e).

linen ['lɪnɪn] *n* (U) **-1.** [cloth] lin *m*. **-2.** [tablecloths, sheets] linge *m* (de maison).

liner ['laɪnər] *n* [ship] paquebot *m*.

linesman ['laɪnzmən] (*pl* **-men** [-mən]) *n* TENNIS juge *m* de ligne; FTBL juge de touche.

lineup ['laɪnʌp] *n* **-1.** SPORT équipe *f*. **-2.** *Am* [identification parade] rangée *f* de suspects (*pour identification par un témoin*).

linger ['lɪŋgər] *vi* **-1.** [person] s'attarder. **-2.** [doubt, pain] persister.

lingo ['lɪŋgəʊ] (*pl* **-es**) *n inf* jargon *m*.

linguist ['lɪŋgwɪst] *n* linguiste *mf*.

linguistics [lɪŋ'gwɪstɪks] *n* (U) linguistique *f*.

lining ['laɪnɪŋ] *n* **-1.** [of coat, curtains, box] doublure *f*. **-2.** [of stomach] muqueuse *f*. **-3.** AUT [of brakes] garniture *f*.

link [lɪŋk] ◇ *n* **-1.** [of chain] maillon *m*. **-2.** [connection] lien *m* (entre/avec). ◇ *vt* [cities, parts] relier; [events etc] lier; **to ~ arms** se donner le bras.

◆ **link up** *vt sep* relier; **to ~ sthg up with sthg** relier qqch avec OR à qqch.

links [lɪŋks] (*pl inv*) *n* terrain *m* de golf (*au bord de la mer*).

lino ['laɪnəʊ], **linoleum** [lɪ'nəʊlɪəm] *n* lino *m*, linoléum *m*.

lintel ['lɪntl] *n* linteau *m*.

lion ['laɪən] *n* lion *m*.

lioness ['laɪənes] *n* lionne *f*.

lip [lɪp] *n* **-1.** [of mouth] lèvre *f*. **-2.** [of container] bord *m*.

lip-read *vi* lire sur les lèvres.

lip salve [-sælv] *n Br* pommade *f* pour les lèvres.

lip service *n*: **to pay ~ to sthg** approuver qqch pour la forme.

lipstick ['lɪpstɪk] *n* rouge *m* à lèvres.

liqueur [lɪ'kjʊər] *n* liqueur *f*.

liquid ['lɪkwɪd] ◇ *adj* liquide. ◇ *n* liquide *m*.

liquidation [ˌlɪkwɪ'deɪʃn] *n* liquidation *f*.

liquidize, -ise ['lɪkwɪdaɪz] *vt Br* CULIN passer au mixer.

liquidizer ['lɪkwɪdaɪzər] *n Br* mixer *m*.

liquor ['lɪkər] *n* (U) alcool *m*, spiritueux *mpl*.

liquorice ['lɪkərɪʃ, 'lɪkərɪs] *n* réglisse *f*.

liquor store *n Am* magasin *m* de vins et d'alcools.

Lisbon ['lɪzbən] *n* Lisbonne.

lisp [lɪsp] ◇ *n* zézaiement *m*. ◇ *vi* zézayer.

list [lɪst] ◇ *n* liste *f*. ◇ *vt* [in writing] faire la liste de; [in speech] énumérer.

listed building [ˌlɪstɪd-] *n Br* monument *m* classé.

listen ['lɪsn] *vi*: **to ~ to (sb/sthg)** écouter (qqn/qqch); **to ~ for sthg** guetter qqch.

listener ['lɪsnər] *n* auditeur *m*, -trice *f*.

listless ['lɪstlɪs] *adj* apathique, mou (molle).

lit [lɪt] *pt & pp* → **light**.

liter *Am* = **litre**.

literacy ['lɪtərəsɪ] n fait m de savoir lire et écrire.

literal ['lɪtərəl] adj littéral(e).

literally ['lɪtərəlɪ] adv littéralement; **to take sthg ~** prendre qqch au pied de la lettre.

literary ['lɪtərərɪ] adj littéraire.

literate ['lɪtərət] adj **-1.** [able to read and write] qui sait lire et écrire. **-2.** [well-read] cultivé(e).

literature ['lɪtrətʃəʳ] n littérature f; [printed information] documentation f.

lithe [laɪð] adj souple, agile.

Lithuania [ˌlɪθjʊ'eɪnɪə] n Lituanie f.

litigation [ˌlɪtɪ'geɪʃn] n litige m; **to go to ~** aller en justice.

litre Br, **liter** Am ['liːtəʳ] n litre m.

litter ['lɪtəʳ] ◇ n **-1.** (U) [rubbish] ordures fpl, détritus mpl. **-2.** [of animals] portée f. ◇ vt: **to be ~ed with** être couvert(e) de.

litterbin ['lɪtəˌbɪn] n Br boîte f à ordures.

little ['lɪtl] (compar sense 2 **less**, superl sense 2 **least**) ◇ adj **-1.** [not big] petit(e); **a ~ while** un petit moment. **-2.** [not much] peu de; **~ money** peu d'argent; **a ~ money** un peu d'argent. ◇ pron: **~ of the money was left** il ne restait pas beaucoup d'argent, il restait peu d'argent; **a ~** un peu. ◇ adv peu, pas beaucoup; **~ by ~** peu à peu.

little finger n petit doigt m, auriculaire m.

live[1] [lɪv] ◇ vi **-1.** [gen] vivre. **-2.** [have one's home] habiter, vivre; **to ~ in Paris** habiter (à) Paris. ◇ vt: **to ~ a quiet life** mener une vie tranquille; **to ~ it up** inf faire la noce.

◆ **live down** vt sep faire oublier.

◆ **live off** vt fus [savings, the land] vivre de; [family] vivre aux dépens de.

◆ **live on** ◇ vt fus vivre de. ◇ vi [memory, feeling] rester, survivre.

◆ **live together** vi vivre ensemble.

◆ **live up to** vt fus: **to ~ up to sb's expectations** répondre à l'attente de qqn; **to ~ up to one's reputation** faire honneur à sa réputation.

◆ **live with** vt fus **-1.** [cohabit with] vivre avec. **-2.** inf [accept] se faire à, accepter.

live[2] [laɪv] adj **-1.** [living] vivant(e). **-2.** [coal] ardent(e). **-3.** [bullet, bomb] non explosé(e). **-4.** ELEC sous tension. **-5.** RADIO & TV en direct; [performance] en public.

livelihood ['laɪvlɪhʊd] n gagne-pain m.

lively ['laɪvlɪ] adj **-1.** [person] plein(e) d'entrain. **-2.** [debate, meeting] animé(e). **-3.** [mind] vif (vive).

liven ['laɪvn]

◆ **liven up** ◇ vt sep [person] égayer; [place] animer. ◇ vi s'animer.

liver ['lɪvəʳ] n foie m.

livery ['lɪvərɪ] n livrée f.

lives [laɪvz] pl → **life**.

livestock ['laɪvstɒk] n (U) bétail m.

livid ['lɪvɪd] adj **-1.** [angry] furieux (ieuse). **-2.** [bruise] violacé(e).

living ['lɪvɪŋ] ◇ adj vivant(e), en vie. ◇ n: **to earn** OR **make a ~** gagner sa vie; **what do you do for a ~?** qu'est-ce que vous faites dans la vie?

living conditions npl conditions fpl de vie.

living room n salle f de séjour, living m.

living standards npl niveau m de vie.

living wage n minimum m vital.

lizard ['lɪzəd] n lézard m.

llama ['lɑːmə] (pl inv OR **-s**) n lama m.

load [ləʊd] ◇ n **-1.** [something carried] chargement m, charge f. **-2.** [large amount]: **~s of**, **a ~ of** inf des tas de, plein de; **a ~ of rubbish** inf de la foutaise. ◇ vt [gen & COMPUT] charger; [video recorder] mettre une vidéo-cassette dans; **to ~ sb/sthg with** charger qqn/qqch de; **to ~ a gun/camera (with)** charger un fusil/un appareil (avec).

◆ **load up** vt sep & vi charger.

loaded ['ləʊdɪd] adj **-1.** [question] insidieux(ieuse). **-2.** inf [rich] plein(e) aux as.

loading bay ['ləʊdɪŋ-] n aire f de chargement.

loaf [ləʊf] (*pl* **loaves**) *n*: **a ~ (of bread)** un pain.

loafer ['ləʊfə'] *n* [shoe] mocassin *m*.

loan [ləʊn] ◇ *n* prêt *m*; **on ~** prêté(e). ◇ *vt* prêter; **to ~ sthg to sb, to ~ sb sthg** prêter qqch à qqn.

loath [ləʊθ] *adj*: **to be ~ to do sthg** ne pas vouloir faire qqch, hésiter à faire qqch.

loathe [ləʊð] *vt* détester; **to ~ doing sthg** avoir horreur de OR détester faire qqch.

loathsome ['ləʊðsəm] *adj* dégoûtant(e), répugnant(e).

loaves [ləʊvz] *pl* → loaf.

lob [lɒb] ◇ *n* TENNIS lob *m*. ◇ *vt* -1. [throw] lancer. -2. TENNIS: **to ~ a ball** lober, faire un lob.

lobby ['lɒbɪ] ◇ *n* -1. [of hotel] hall *m*. -2. [pressure group] lobby *m*, groupe *m* de pression. ◇ *vt* faire pression sur.

lobe [ləʊb] *n* lobe *m*.

lobster ['lɒbstə'] *n* homard *m*.

local ['ləʊkl] ◇ *adj* local(e). ◇ *n inf* -1. [person]: **the ~s** les gens *mpl* du coin OR du pays. -2. *Br* [pub] café *m* OR bistro *m* du coin.

local authority *n Br* autorités *fpl* locales.

local call *n* communication *f* urbaine.

local government *n* administration *f* municipale.

locality [ləʊ'kælətɪ] *n* endroit *m*.

localized, -ised ['ləʊkəlaɪzd] *adj* localisé(e).

locally ['ləʊkəlɪ] *adv* -1. [on local basis] localement. -2. [nearby] dans les environs, à proximité.

locate [*Br* ləʊ'keɪt, *Am* 'ləʊkeɪt] *vt* -1. [find - position] trouver, repérer; [- source, problem] localiser. -2. [situate - business, factory] implanter, établir; **to be ~d** être situé.

location [ləʊ'keɪʃn] *n* -1. [place] emplacement *m*. -2. CINEMA: **on ~** en extérieur.

loch [lɒk, lɒx] *n Scot* loch *m*, lac *m*.

lock [lɒk] ◇ *n* -1. [of door etc] serrure *f*. -2. [on canal] écluse *f*. -3. AUT [steering lock] angle *m* de braquage. -4. [of hair] mèche *f*. ◇ *vt* -1. [door, car, drawer] fermer à clef; [bicycle] cadenasser. -2. [immobilize] bloquer. ◇ *vi* -1. [door, suitcase] fermer à clef. -2. [become immobilized] se bloquer.

◆ **lock in** *vt sep* enfermer (à clef).

◆ **lock out** *vt sep* -1. [accidentally] enfermer dehors, laisser dehors; **to ~ o.s. out** s'enfermer dehors. -2. [deliberately] empêcher d'entrer, mettre à la porte.

◆ **lock up** *vt sep* [person - in prison] mettre en prison OR sous les verrous; [- in asylum] enfermer; [house] fermer à clef; [valuables] enfermer, mettre sous clef.

locker ['lɒkə'] *n* casier *m*.

locker room *n Am* vestiaire *m*.

locket ['lɒkɪt] *n* médaillon *m*.

locksmith ['lɒksmɪθ] *n* serrurier *m*.

locomotive ['ləʊkə,məʊtɪv] *n* locomotive *f*.

locum ['ləʊkəm] (*pl* **-s**) *n* remplaçant *m*, -e *f*.

locust ['ləʊkəst] *n* sauterelle *f*, locuste *f*.

lodge [lɒdʒ] ◇ *n* -1. [of caretaker, freemasons] loge *f*. -2. [of manor house] pavillon *m* (de gardien). -3. [for hunting] pavillon *m* de chasse. ◇ *vi* -1. [stay]: **to ~ with sb** loger chez qqn. -2. [become stuck] se loger, se coincer. -3. *fig* [in mind] s'enraciner, s'ancrer. ◇ *vt* [complaint] déposer; **to ~ an appeal** interjeter OR faire appel.

lodger ['lɒdʒə'] *n* locataire *mf*.

lodging ['lɒdʒɪŋ] *n* → board.

◆ **lodgings** *npl* chambre *f* meublée.

loft [lɒft] *n* grenier *m*.

lofty ['lɒftɪ] *adj* -1. [noble] noble. -2. *pej* [haughty] hautain(e), arrogant(e). -3. *literary* [high] haut(e), élevé(e).

log [lɒg] ◇ *n* -1. [of wood] bûche *f*. -2. [of ship] journal *m* de bord; [of plane] carnet *m* de vol. ◇ *vt* consigner, enregistrer.

◆ **log in** vi COMPUT ouvrir une session.

◆ **log out** vi COMPUT fermer une session.

logbook ['lɒgbʊk] n **-1.** [of ship] journal m de bord; [of plane] carnet m de vol. **-2.** [of car] ≃ carte f grise.

loggerheads ['lɒgəhedz] n: at ~ en désaccord.

logic ['lɒdʒɪk] n logique f.

logical ['lɒdʒɪkl] adj logique.

logistics [lə'dʒɪstɪks] ◇ n (U) MIL logistique f. ◇ npl fig organisation f.

logo ['ləʊgəʊ] (pl -s) n logo m.

loin [lɔɪn] n filet m.

loiter ['lɔɪtər] vi traîner.

loll [lɒl] vi **-1.** [sit, lie about] se prélasser. **-2.** [hang down - head, tongue] pendre.

lollipop ['lɒlɪpɒp] n sucette f.

lollipop lady n Br dame qui fait traverser la rue aux enfants à la sortie des écoles.

lollipop man n Br monsieur qui fait traverser la rue aux enfants à la sortie des écoles.

lolly ['lɒlɪ] n inf **-1.** [lollipop] sucette f. **-2.** Br [ice lolly] sucette f glacée.

London ['lʌndən] n Londres.

Londoner ['lʌndənər] n Londonien m, -ienne f.

lone [ləʊn] adj solitaire.

loneliness ['ləʊnlɪnɪs] n [of person] solitude f; [of place] isolement m.

lonely ['ləʊnlɪ] adj **-1.** [person] solitaire, seul(e). **-2.** [childhood] solitaire. **-3.** [place] isolé(e).

loner ['ləʊnər] n solitaire mf.

lonesome ['ləʊnsəm] adj Am inf **-1.** [person] solitaire, seul(e). **-2.** [place] isolé(e).

long [lɒŋ] ◇ adj long (longue); two days/years ~ de deux jours/ans, qui dure deux jours/ans; 10 metres/miles ~ long de 10 mètres/miles, de 10 mètres/miles (de long). ◇ adv longtemps; how ~ will it take? combien de temps cela va-t-il prendre?; how ~ will you be? tu en as pour combien de temps?; how ~ is the

book? le livre fait combien de pages?; I no ~er like him je ne l'aime plus; I can't wait any ~er je ne peux pas attendre plus longtemps; so ~! inf au revoir!, salut!; before ~ sous peu. ◇ vt: to ~ to do sthg avoir très envie de faire qqch.

◆ **as long as**, **so long as** conj tant que.

◆ **long for** vt fus [peace and quiet] désirer ardemment; [holidays] attendre avec impatience.

long-distance adj [runner, race] de fond; ~ **lorry driver** routier m.

long-distance call n communication f interurbaine.

longhand ['lɒŋhænd] n écriture f normale.

long-haul adj long-courrier.

longing ['lɒŋɪŋ] ◇ adj plein(e) de convoitise. ◇ n **-1.** [desire] envie f, convoitise f; a ~ for un grand désir OR une grande envie de. **-2.** [nostalgia] nostalgie f, regret m.

longitude ['lɒndʒɪtjuːd] n longitude f.

long jump n saut m en longueur.

long-life adj [milk] longue conservation (inv); [battery] longue durée (inv).

long-playing record [-'pleɪɪŋ-] n 33 tours m.

long-range adj **-1.** [missile, bomber] à longue portée. **-2.** [plan, forecast] à long terme.

long shot n [guess] coup m à tenter (sans grand espoir de succès).

longsighted [,lɒŋ'saɪtɪd] adj presbyte.

long-standing adj de longue date.

longsuffering [,lɒŋ'sʌfərɪŋ] adj [person] à la patience infinie.

long term n: in the ~ à long terme.

long wave n (U) grandes ondes fpl.

longwinded [,lɒŋ'wɪndɪd] adj [person] prolixe, verbeux(euse); [speech] interminable, qui n'en finit pas.

loo [luː] (pl -s) n Br inf cabinets mpl, petit coin m.

look [lʊk] ◇ n **-1.** [with eyes] regard m; to take OR have a ~ (at sthg) regarder (qqch), jeter un coup d'œil (à

qqch); **to give sb a ~** jeter un regard à qqn, regarder qqn de travers. **-2.** [search]: **to have a ~ (for sthg)** chercher (qqch). **-3.** [appearance] aspect *m*, air *m*; **by the ~** OR **~s of it, by the ~** OR **~s of things** vraisemblablement, selon toute probabilité. ◇ *vi* **-1.** [with eyes] regarder. **-2.** [search] chercher. **-3.** [building, window]: **to ~ (out) onto** donner sur. **-4.** [seem] avoir l'air, sembler; **it ~s like rain** OR **as if it will rain** on dirait qu'il va pleuvoir; **she ~s like her mother** elle ressemble à sa mère.
♦ **looks** *npl* [attractiveness] beauté *f.*
♦ **look after** *vt fus* s'occuper de.
♦ **look at** *vt fus* **-1.** [see, glance at] regarder; [examine] examiner. **-2.** [judge] considérer.
♦ **look down on** *vt fus* [condescend to] mépriser.
♦ **look for** *vt fus* chercher.
♦ **look forward to** *vt fus* attendre avec impatience.
♦ **look into** *vt fus* examiner, étudier.
♦ **look on** *vi* regarder.
♦ **look out** *vi* prendre garde, faire attention; **~ out!** attention!
♦ **look out for** *vt fus* [person] guetter; [new job] être à l'affût de, essayer de repérer.
♦ **look round** ◇ *vt fus* [house, shop, town] faire le tour de. ◇ *vi* **-1.** [turn] se retourner. **-2.** [browse] regarder.
♦ **look to** *vt fus* **-1.** [depend on] compter sur. **-2.** [future] songer à.
♦ **look up** ◇ *vt sep* **-1.** [in book] chercher. **-2.** [visit - person] aller OR passer voir. ◇ *vi* [improve - business] reprendre; **things are ~ing up** ça va mieux, la situation s'améliore.
♦ **look up to** *vt fus* admirer.

lookout ['lukaʊt] *n* **-1.** [place] poste *m* de guet. **-2.** [person] guetteur *m.* **-3.** [search]: **to be on the ~ for** être à la recherche de.

loom [lu:m] ◇ *n* métier *m* à tisser. ◇ *vi* [building, person] se dresser; *fig* [date, threat] être imminent(e).
♦ **loom up** *vi* surgir.

loony ['lu:nɪ] *inf* ◇ *adj* cinglé(e), timbré(e). ◇ *n* cinglé *m*, -e *f*, fou *m*, folle *f.*

loop [lu:p] *n* **-1.** [gen & COMPUT] boucle *f.* **-2.** [contraceptive] stérilet *m.*

loophole ['lu:phəʊl] *n* faille *f*, échappatoire *f.*

loose [lu:s] *adj* **-1.** [not firm - joint] desserré(e); [- handle, post] branlant(e); [- tooth] qui bouge OR branle; [- knot] défait(e). **-2.** [unpackaged - sweets, nails] en vrac, au poids. **-3.** [clothes] ample, large. **-4.** [not restrained - hair] dénoué(e); [- animal] en liberté, détaché(e). **-5.** *pej* & *dated* [woman] facile; [living] dissolu(e). **-6.** [inexact - translation] approximatif(ive).

loose change *n* petite OR menue monnaie *f.*

loose end *n*: **to be at a ~** *Br*, **to be at ~s** *Am* être désœuvré, n'avoir rien à faire.

loosely ['lu:slɪ] *adv* **-1.** [not firmly] sans serrer. **-2.** [inexactly] approximativement.

loosen ['lu:sn] *vt* desserrer, défaire.
♦ **loosen up** *vi* **-1.** [before game, race] s'échauffer. **-2.** *inf* [relax] se détendre.

loot [lu:t] ◇ *n* butin *m.* ◇ *vt* piller.

looting ['lu:tɪŋ] *n* pillage *m.*

lop [lɒp] *vt* élaguer, émonder.
♦ **lop off** *vt sep* couper.

lop-sided [-'saɪdɪd] *adj* [table] bancal(e), boiteux(euse); [picture] de travers.

lord [lɔ:d] *n Br* seigneur *m.*
♦ **Lord** *n* **-1.** RELIG: **the Lord** [God] le Seigneur; **good Lord!** *Br* Seigneur!, mon Dieu! **-2.** [in titles] Lord *m*; [as form of address]: **my Lord** Monsieur le duc/comte *etc.*
♦ **Lords** *npl Br* POL: **the (House of) Lords** la Chambre des lords.

Lordship ['lɔ:dʃɪp] *n*: **your/his ~** Monsieur le duc/comte *etc.*

lore [lɔ:ʳ] *n* (U) traditions *fpl.*

lorry ['lɒrɪ] *n Br* camion *m.*

lorry driver *n Br* camionneur *m*, conducteur *m* de poids lourd.

lose [luːz] (*pt* & *pp* **lost**) ◇ *vt* **-1.** [gen] perdre; **to ~ sight of** *lit* & *fig* perdre de vue; **to ~ one's way** se perdre, perdre son chemin; *fig* être un peu perdu. **-2.** [subj: clock, watch] retarder de; **to ~ time** retarder. **-3.** [pursuers] semer. ◇ *vi* perdre.

◆ **lose out** *vi* être perdant(e).

loser ['luːzə^r] *n* **-1.** [gen] perdant *m*, -e *f*. **-2.** *inf pej* [unsuccessful person] raté *m*, -e *f*.

loss [lɒs] *n* **-1.** [gen] perte *f*. **-2.** *phr*: **to be at a ~** être perplexe, être embarrassé(e).

lost [lɒst] ◇ *pt* & *pp* → **lose**. ◇ *adj* [gen] perdu(e); **to get ~** se perdre; **get ~!** *inf* fous/foutez le camp!

lost-and-found office *n* *Am* bureau *m* des objets trouvés.

lost property office *n* *Br* bureau *m* des objets trouvés.

lot [lɒt] *n* **-1.** [large amount]: **a ~ (of)**, **~s (of)** beaucoup (de); [entire amount]: **the ~** le tout. **-2.** [at auction] lot *m*. **-3.** [destiny] sort *m*. **-4.** *Am* [of land] terrain *m*; [car park] parking *m*. **-5.** *phr*: **to draw ~s** tirer au sort.

◆ **a lot** *adv* beaucoup.

lotion ['ləʊʃn] *n* lotion *f*.

lottery ['lɒtərɪ] *n* *lit* & *fig* loterie *f*.

loud [laʊd] ◇ *adj* **-1.** [not quiet, noisy - gen] fort(e); [- person] bruyant(e). **-2.** [colour, clothes] voyant(e). ◇ *adv* fort; **out ~** tout haut.

loudhailer [ˌlaʊd'heɪlə^r] *n* *Br* mégaphone *m*, porte-voix *m*.

loudly ['laʊdlɪ] *adv* **-1.** [noisily] fort. **-2.** [gaudily] de façon voyante.

loudspeaker [ˌlaʊd'spiːkə^r] *n* haut-parleur *m*.

lounge [laʊndʒ] ◇ *n* **-1.** [in house] salon *m*. **-2.** [in airport] hall *m*, salle *f*. **-3.** *Br* = **lounge bar**. ◇ *vi* se prélasser.

lounge bar *n* *Br l'une des deux salles d'un bar, la plus confortable.*

louse [laʊs] (*pl sense 1* **lice**, *pl sense 2* **-s**) *n* **-1.** [insect] pou *m*. **-2.** *inf pej* [person] salaud *m*.

lousy ['laʊzɪ] *adj* *inf* minable, nul(le); [weather] pourri(e).

lout [laʊt] *n* rustre *m*.

louvre *Br*, **louver** *Am* ['luːvə^r] *n* persienne *f*.

lovable ['lʌvəbl] *adj* adorable.

love [lʌv] ◇ *n* **-1.** [gen] amour *m*; **to be in ~** être amoureux(euse); **to fall in ~** tomber amoureux(euse); **to make ~** faire l'amour; **give her my ~** embrasse-la pour moi; **~ from** [at end of letter] affectueusement, grosses bises. **-2.** *inf* [form of address] mon chéri (ma chérie). **-3.** TENNIS zéro *m*. ◇ *vt* aimer; **to ~ to do sthg** OR **doing sthg** aimer OR adorer faire qqch.

love affair *n* liaison *f*.

love life *n* vie *f* amoureuse.

lovely ['lʌvlɪ] *adj* **-1.** [beautiful] très joli(e). **-2.** [pleasant] très agréable, excellent(e).

lover ['lʌvə^r] *n* **-1.** [sexual partner] amant *m*, -e *f*. **-2.** [enthusiast] passionné *m*, -e *f*, amoureux *m*, -euse *f*.

loving ['lʌvɪŋ] *adj* [person, relationship] affectueux(euse); [care] tendre.

low [ləʊ] ◇ *adj* **-1.** [not high - gen] bas (basse); [- wall, building] peu élevé(e); [- standard, quality] mauvais(e); [- intelligence] faible; [- neckline] décolleté(e). **-2.** [little remaining] presque épuisé(e). **-3.** [not loud - voice] bas (basse); [- whisper, moan] faible. **-4.** [depressed] déprimé(e). **-5.** [not respectable] bas (basse). ◇ *adv* **-1.** [not high] bas. **-2.** [not loudly - speak] à voix basse; [- whisper] faiblement. ◇ *n* **-1.** [low point] niveau *m* OR point *m* bas. **-2.** METEOR dépression *f*.

low-calorie *adj* à basses calories.

low-cut *adj* décolleté(e).

lower ['ləʊə^r] ◇ *adj* inférieur(e). ◇ *vt* **-1.** [gen] baisser; [flag] abaisser. **-2.** [reduce - price, level] baisser; [- age of consent] abaisser; [- resistance] diminuer.

low-fat *adj* [yoghurt, crisps] allégé(e); [milk] demi-écrémé(e).

low-key *adj* discret(ète).

lowly ['ləʊlɪ] *adj* modeste, humble.

low-lying *adj* bas (basse).

loyal ['lɔɪəl] *adj* loyal(e).

loyalty ['lɔɪəltɪ] *n* loyauté *f*.

lozenge ['lɒzɪndʒ] *n* **-1.** [tablet] pastille *f*. **-2.** [shape] losange *m*.

LP (*abbr of* **long-playing record**) *n* 33 tours *m*.

L-plate *n* Br plaque signalant que le conducteur du véhicule est en conduite accompagnée.

Ltd, ltd (*abbr of* **limited**) ≃ SARL; **Smith and Sons,** ~ ≃ Smith & Fils, SARL.

lubricant ['lu:brɪkənt] *n* lubrifiant *m*.

lubricate ['lu:brɪkeɪt] *vt* lubrifier.

lucid ['lu:sɪd] *adj* lucide.

luck [lʌk] *n* chance *f*; **good** ~ chance; **good** ~! bonne chance!; **bad** ~ malchance *f*; **bad** OR **hard** ~! pas de chance!; **to be in** ~ avoir de la chance; **with (any)** ~ avec un peu de chance.

luckily ['lʌkɪlɪ] *adv* heureusement.

lucky ['lʌkɪ] *adj* **-1.** [fortunate - person] qui a de la chance; [- event] heureux(euse). **-2.** [bringing good luck] porte-bonheur (*inv*).

lucrative ['lu:krətɪv] *adj* lucratif(ive).

ludicrous ['lu:dɪkrəs] *adj* ridicule.

lug [lʌg] *vt inf* traîner.

luggage ['lʌgɪdʒ] *n* (*U*) Br bagages *mpl*.

luggage rack *n* Br porte-bagages *m inv*.

lukewarm ['lu:kwɔ:m] *adj lit* & *fig* tiède.

lull [lʌl] ◇ *n*: ~ **(in)** [storm] accalmie *f* (de); [fighting, conversation] arrêt *m* (de). ◇ *vt*: **to** ~ **sb to sleep** endormir qqn en le berçant; **to** ~ **sb into a false sense of security** endormir les soupçons de qqn.

lullaby ['lʌləbaɪ] *n* berceuse *f*.

lumber ['lʌmbəʳ] *n* (*U*) **-1.** Am [timber] bois *m* de charpente. **-2.** Br [bric-a-brac] bric-à-brac *m inv*.

◆ **lumber with** *vt sep* Br *inf*: **to** ~ **sb with sthg** coller qqch à qqn.

lumberjack ['lʌmbədʒæk] *n* bûcheron *m*, -onne *f*.

luminous ['lu:mɪnəs] *adj* [dial] lumineux(euse); [paint, armband] phosphorescent(e).

lump [lʌmp] ◇ *n* **-1.** [gen] morceau *m*; [of earth, clay] motte *f*; [in sauce] grumeau *m*. **-2.** [on body] grosseur *f*. ◇ *vt*: **to** ~ **sthg together** réunir qqch; **to** ~ **it** *inf* faire avec, s'en accommoder.

lump sum *n* somme *f* globale.

lunacy ['lu:nəsɪ] *n* folie *f*.

lunar ['lu:nəʳ] *adj* lunaire.

lunatic ['lu:nətɪk] ◇ *adj pej* dément(e), démentiel(lelle). ◇ *n* **-1.** *pej* [fool] fou *m*, folle *f*. **-2.** [insane person] fou *m*, folle *f*, aliéné *m*, -e *f*.

lunch [lʌntʃ] ◇ *n* déjeuner *m*. ◇ *vi* déjeuner.

luncheon ['lʌntʃən] *n fml* déjeuner *m*.

luncheon meat *n* sorte de saucisson.

luncheon voucher *n* Br ticket-restaurant *m*.

lunch hour *n* pause *f* de midi.

lunchtime ['lʌntʃtaɪm] *n* heure *f* du déjeuner.

lung [lʌŋ] *n* poumon *m*.

lunge [lʌndʒ] *vi* faire un brusque mouvement (du bras) en avant; **to** ~ **at sb** s'élancer sur qqn.

lurch [lɜ:tʃ] ◇ *n* [of person] écart *m* brusque; [of car] embardée *f*; **to leave sb in the** ~ laisser qqn dans le pétrin. ◇ *vi* [person] tituber; [car] faire une embardée.

lure [ljʊəʳ] ◇ *n* charme *m* trompeur. ◇ *vt* attirer OR persuader par la ruse.

lurid ['ljʊərɪd] *adj* **-1.** [outfit] aux couleurs criardes. **-2.** [story, details] affreux(euse).

lurk [lɜ:k] *vi* **-1.** [person] se cacher, se dissimuler. **-2.** [memory, danger, fear] subsister.

luscious ['lʌʃəs] *adj* **-1.** [delicious] succulent(e). **-2.** *fig* [woman] appétissant(e).

lush [lʌʃ] *adj* **-1.** [luxuriant] luxuriant(e). **-2.** [rich] luxueux(euse).

lust [lʌst] *n* **-1.** [sexual desire] désir *m*. **-2.** *fig*: ~ **for sthg** soif de qqch.

◆ **lust after, lust for** *vt fus* **-1.** [wealth, power etc] être assoiffé(e) de. **-2.** [person] désirer.

lusty ['lʌstɪ] *adj* vigoureux(euse).

Luxembourg ['lʌksəmbɜːg] *n* **-1.** [country] Luxembourg *m*. **-2.** [city] Luxembourg.

luxurious [lʌg'ʒʊərɪəs] *adj* **-1.** [expensive] luxueux(euse). **-2.** [pleasurable] voluptueux(euse).

luxury ['lʌkʃərɪ] ◇ *n* luxe *m*. ◇ *comp* de luxe.

LW (*abbr of* **long wave**) GO.

Lycra® ['laɪkrə] ◇ *n* Lycra® *m*. ◇ *comp* en Lycra®.

lying ['laɪɪŋ] ◇ *adj* [person] menteur(euse). ◇ *n* (*U*) mensonges *mpl*.

lynch [lɪntʃ] *vt* lyncher.

lyric ['lɪrɪk] *adj* lyrique.

lyrical ['lɪrɪkl] *adj* lyrique.

lyrics ['lɪrɪks] *npl* paroles *fpl*.

m¹ (*pl* **m's** OR **ms**), **M** (*pl* **M's** OR **Ms**) [em] *n* [letter] m *inv*, M *m inv*.
◆ **M** *Br abbr of* **motorway**.

m² **-1.** (*abbr of* **metre**) m. **-2.** (*abbr of* **million**) M. **-3.** *abbr of* **mile**.

MA *n abbr of* **Master of Arts**.

mac [mæk] (*abbr of* **mackintosh**) *n Br inf* imper *m*.

macaroni [,mækə'rəʊnɪ] *n* (*U*) macaronis *mpl*.

mace [meɪs] *n* **-1.** [ornamental rod] masse *f*. **-2.** [spice] macis *m*.

machine [mə'ʃiːn] ◇ *n lit* & *fig* machine *f*. ◇ *vt* **-1.** SEWING coudre à la machine. **-2.** TECH usiner.

machinegun [mə'ʃiːngʌn] *n* mitrailleuse *f*.

machine language *n* COMPUT langage *m* machine.

machinery [mə'ʃiːnərɪ] *n* (*U*) machines *fpl*; *fig* mécanisme *m*.

macho ['mætʃəʊ] *adj* macho (*inv*).

mackerel ['mækrəl] (*pl inv* OR **-s**) *n* maquereau *m*.

mackintosh ['mækɪntɒʃ] *n Br* imperméable *m*.

mad [mæd] *adj* **-1.** [insane] fou (folle); **to go ~** devenir fou. **-2.** [foolish] insensé(e). **-3.** [furious] furieux(ieuse). **-4.** [hectic - rush, pace] fou (folle). **-5.** [very enthusiastic]: **to be ~ about sb/ sthg** être fou (folle) de qqn/qqch.

Madagascar [,mædə'gæskəʳ] *n* Madagascar *m*.

madam ['mædəm] *n* madame *f*.

madcap ['mædkæp] *adj* risqué(e), insensé(e).

madden ['mædn] *vt* exaspérer.

made [meɪd] *pt* & *pp* → **make**.

Madeira [mə'dɪərə] *n* **-1.** [wine] madère *m*. **-2.** GEOGR Madère *f*.

made-to-measure *adj* fait(e) sur mesure.

made-up *adj* **-1.** [with make-up] maquillé(e). **-2.** [invented] fabriqué(e).

madly ['mædlɪ] *adv* [frantically] comme un fou; **~ in love** follement amoureux.

madman ['mædmən] (*pl* **-men** [-mən]) *n* fou *m*.

madness ['mædnɪs] *n lit* & *fig* folie *f*, démence *f*.

Madrid [mə'drɪd] *n* Madrid.

Mafia ['mæfɪə] *n*: **the ~** la Mafia.

magazine [,mægə'ziːn] *n* **-1.** PRESS revue *f*, magazine *m*; RADIO & TV magazine *m*. **-2.** [of gun] magasin *m*.

maggot ['mægət] *n* ver *m*, asticot *m*.

magic ['mædʒɪk] ◇ *adj* magique. ◇ *n* magie *f*.

magical ['mædʒɪkl] *adj* magique.

magician [mə'dʒɪʃn] *n* magicien *m*.

magistrate ['mædʒɪstreɪt] *n* magistrat *m*, juge *m*.

magistrates' court *n Br* ≃ tribunal *m* d'instance.

magnanimous [mæg'nænɪməs] *adj* magnanime.

magnate ['mægneɪt] *n* magnat *m*.

magnesium [mæg'niːzɪəm] *n* magnésium *m*.

magnet ['mægnɪt] *n* aimant *m*.

magnetic [mæg'netɪk] *adj lit* & *fig* magnétique.

magnetic tape *n* bande *f* magnétique.

magnificent [mæg'nɪfɪsənt] *adj* magnifique, superbe.

magnify ['mægnɪfaɪ] *vt* [in vision] grossir; [sound] amplifier; *fig* exagérer.

magnifying glass ['mægnɪfaɪɪŋ-] *n* loupe *f*.

magnitude ['mægnɪtjuːd] *n* envergure *f*, ampleur *f*.

magpie ['mægpaɪ] *n* pie *f*.

mahogany [mə'hɒgənɪ] *n* acajou *m*.

maid [meɪd] *n* [servant] domestique *f*.

maiden ['meɪdn] ◇ *adj* [flight, voyage] premier(ière). ◇ *n literary* jeune fille *f*.

maiden aunt *n* tante *f* célibataire.

maiden name *n* nom *m* de jeune fille.

mail [meɪl] ◇ *n* -1. [letters, parcels] courrier *m*. -2. [system] poste *f*. ◇ *vt* poster.

mailbox ['meɪlbɒks] *n Am* boîte *f* à OR aux lettres.

mailing list ['meɪlɪŋ-] *n* liste *f* d'adresses.

mailman ['meɪlmən] (*pl* **-men** [-mən]) *n Am* facteur *m*.

mail order *n* vente *f* par correspondance.

mailshot ['meɪlʃɒt] *n* publipostage *m*.

maim [meɪm] *vt* estropier.

main [meɪn] ◇ *adj* principal(e). ◇ *n* [pipe] conduite *f*.

◆ **mains** *npl*: the ~s le secteur.

◆ **in the main** *adv* dans l'ensemble.

main course *n* plat *m* principal.

mainframe (computer) ['meɪnfreɪm-] *n* ordinateur *m* central.

mainland ['meɪnlənd] ◇ *adj* continental(e). ◇ *n*: the ~ le continent.

mainly ['meɪnlɪ] *adv* principalement.

main road *n* route *f* à grande circulation.

mainstay ['meɪnsteɪ] *n* pilier *m*, élément *m* principal.

mainstream ['meɪnstriːm] ◇ *adj* dominant(e). ◇ *n*: the ~ la tendance générale.

maintain [meɪn'teɪn] *vt* -1. [preserve, keep constant] maintenir. -2. [provide for, look after] entretenir. -3. [assert]: to ~ (that) ... maintenir que ..., soutenir que ....

maintenance ['meɪntənəns] *n* -1. [of public order] maintien *m*. -2. [care] entretien *m*, maintenance *f*. -3. JUR pension *f* alimentaire.

maize [meɪz] *n* maïs *m*.

majestic [mə'dʒestɪk] *adj* majestueux(euse).

majesty ['mædʒəstɪ] *n* [grandeur] majesté *f*.

◆ **Majesty** *n*: His/Her Majesty Sa Majesté le roi/la reine.

major ['meɪdʒəʳ] ◇ *adj* -1. [important] majeur(e). -2. [main] principal(e). -3. MUS majeur(e). ◇ *n* -1. [in army] ≃ chef *m* de bataillon; [in air force] commandant *m*. -2. UNIV [subject] matière *f*.

Majorca [mə'dʒɔːkə, mə'jɔːkə] *n* Majorque *f*.

majority [mə'dʒɒrətɪ] *n* majorité *f*; in a OR the ~ dans la majorité.

make [meɪk] (*pt* & *pp* **made**) ◇ *vt* -1. [gen - produce] faire; [- manufacture] faire, fabriquer; to ~ **a meal** préparer un repas; to ~ **a film** tourner OR réaliser un film. -2. [perform an action] faire; to ~ **a decision** prendre une décision; to ~ **a mistake** faire une erreur, se tromper. -3. [cause to be] rendre; to ~ **sb happy/sad** rendre qqn heureux/triste. -4. [force, cause to do]: to ~ **sb do sthg** faire faire qqch à qqn, obliger qqn à faire qqch; to ~ **sb laugh** faire rire qqn. -5. [be constructed]: **to be made of** être en; **what's it made of?** c'est en quoi? -6. [add up to] faire; **2 and 2 ~ 4** 2 et 2 font 4. -7. [calculate]: **I ~ it 50** d'après moi il y en a 50, j'en ai compté 50; **what time do you ~ it?** quelle heure as-tu?; **I ~ it 6 o'clock** il est 6 heures (à ma montre). -8.

[earn] **gagner, se faire; to ~ a profit** faire des bénéfices; **to ~ a loss** essuyer des pertes. **-9.** [reach] arriver à. **-10.** [gain - friend, enemy] **se faire; to ~ friends (with sb)** se lier d'amitié (avec qqn). **-11.** *phr.* **to ~ it** [reach in time] arriver à temps; [be a success] réussir, arriver; [be able to attend] se libérer, pouvoir venir; **to ~ do with** se contenter de. ◇ *n* [brand] marque *f*.

◆ **make for** *vt fus* **-1.** [move towards] se diriger vers. **-2.** [contribute to, be conducive to] rendre probable, favoriser.

◆ **make of** *vt sep* **-1.** [understand] comprendre. **-2.** [have opinion of] penser de.

◆ **make off** *vi* filer.

◆ **make out** ◇ *vt sep* **-1.** [see, hear] discerner, [understand] comprendre. **-2.** [fill out - cheque] **libeller;** [- bill, receipt] **faire;** [- form] **remplir.** ◇ *vt fus* [pretend, claim]: **to ~ out (that)** ... prétendre que ....

◆ **make up** ◇ *vt sep* **-1.** [compose, constitute] **composer, constituer. -2.** [story, excuse] **inventer. -3.** [apply cosmetics to] **maquiller. -4.** [prepare - gen] **faire;** [- prescription] **préparer, exécuter. -5.** [make complete] **compléter.** ◇ *vi* [become friends again] se réconcilier.

◆ **make up for** *vt fus* compenser.

◆ **make up to** *vt sep*: **to ~ it up to sb (for sthg)** se racheter auprès de qqn (pour qqch).

make-believe *n*: **it's all ~** c'est (de la) pure fantaisie.

maker ['meɪkə'] *n* [of product] **fabricant** *m*, **-e** *f*; [of film] **réalisateur** *m*, **-trice** *f*.

makeshift ['meɪkʃɪft] *adj* de fortune.

make-up *n* **-1.** [cosmetics] **maquillage** *m*; **~ remover** démaquillant *m*. **-2.** [person's character] **caractère** *m*. **-3.** [of team, group, object] **constitution** *f*.

making ['meɪkɪŋ] *n* **fabrication** *f*; **his problems are of his own ~** ses problèmes sont de sa faute; **in the ~** en

formation; **to have the ~s of** avoir l'étoffe de.

malaise [mə'leɪz] *n fml* malaise *m*.

malaria [mə'leərɪə] *n* malaria *f*.

Malaya [mə'leɪə] *n* Malaisie *f*, Malaysia *f* Occidentale.

Malaysia [mə'leɪzɪə] *n* Malaysia *f*.

male [meɪl] ◇ *adj* [gen] **mâle;** [sex] **masculin(e).** ◇ *n* mâle *m*.

male nurse *n* infirmier *m*.

malevolent [mə'levələnt] *adj* malveillant(e).

malfunction [mæl'fʌŋkʃn] ◇ *n* mauvais fonctionnement *m*. ◇ *vi* mal fonctionner.

malice ['mælɪs] *n* méchanceté *f*.

malicious [mə'lɪʃəs] *adj* malveillant(e).

malign [mə'laɪn] ◇ *adj* pernicieux(ieuse). ◇ *vt* calomnier.

malignant [mə'lɪgnənt] *adj* MED malin(igne).

mall [mɔːl] *n*: **(shopping) ~** centre *m* commercial.

mallet ['mælɪt] *n* maillet *m*.

malnutrition [,mælnjuː'trɪʃn] *n* malnutrition *f*.

malpractice [,mæl'præktɪs] *n* (*U*) JUR faute *f* professionnelle.

malt [mɔːlt] *n* malt *m*.

Malta ['mɔːltə] *n* Malte *f*.

mammal ['mæml] *n* mammifère *m*.

mammoth ['mæməθ] ◇ *adj* gigantesque. ◇ *n* mammouth *m*.

man [mæn] (*pl* **men** [men]) ◇ *n* **-1.** homme *m*; **the ~ in the street** l'homme de la rue. **-2.** [as form of address] mon vieux. ◇ *vt* [ship, spaceship] **fournir du personnel pour;** [telephone] **répondre au;** [switchboard] assurer le service de.

manage ['mænɪdʒ] ◇ *vi* **-1.** [cope] se débrouiller, y arriver. **-2.** [survive, get by] s'en sortir. ◇ *vt* **-1.** [succeed]: **to ~ to do sthg** arriver à faire qqch. **-2.** [be responsible for, control] **gérer.**

manageable ['mænɪdʒəbl] *adj* maniable.

management ['mænɪdʒmənt] *n* **-1.**

[control, running] **gestion** f. **-2.** [people in control] **direction** f.
manager ['mænɪdʒəʳ] n [of organization] **directeur** m, **-trice** f; [of shop, restaurant, hotel] **gérant** m, **-e** f; [of football team, pop star] **manager** m.
manageress [ˌmænɪdʒə'res] n Br [of organization] **directrice** f; [of shop, restaurant, hotel] **gérante** f.
managerial [ˌmænɪ'dʒɪərɪəl] adj directorial(e).
managing director ['mænɪdʒɪŋ-] n directeur général m, directrice générale f.
mandarin ['mændərɪn] n [fruit] mandarine f.
mandate ['mændeɪt] n mandat m.
mandatory ['mændətrɪ] adj obligatoire.
mane [meɪn] n crinière f.
maneuver Am = manoeuvre.
manfully ['mænfʊlɪ] adv courageusement, vaillamment.
mangle ['mæŋgl] vt mutiler, déchirer.
mango ['mæŋgəʊ] (pl **-es** OR **-s**) n mangue f.
mangy ['meɪndʒɪ] adj galeux(euse).
manhandle ['mæn,hændl] vt malmener.
manhole ['mænhəʊl] n regard m, trou m d'homme.
manhood ['mænhʊd] n: **to reach ~** devenir un homme.
manhour ['mæn,aʊəʳ] n heure-homme f.
mania ['meɪnjə] n: **~ (for)** manie f (de).
maniac ['meɪnɪæk] n fou m, folle f; **sex ~** un obsédé sexuel (une obsédée sexuelle).
manic ['mænɪk] adj fig [person] surexcité(e); [behaviour] de fou.
manicure ['mænɪ,kjʊəʳ] n manucure f.
manifest ['mænɪfest] fml ◇ adj manifeste, évident(e). ◇ vt manifester.
manifesto [ˌmænɪ'festəʊ] (pl **-s** OR **-es**) n manifeste m.
manipulate [mə'nɪpjʊleɪt] vt lit & fig manipuler.

manipulative [mə'nɪpjʊlətɪv] adj [person] rusé(e); [behaviour] habile, subtil(e).
mankind [mæn'kaɪnd] n humanité f, genre m humain.
manly ['mænlɪ] adj viril(e).
man-made adj [fabric, fibre] synthétique; [environment] artificiel(ielle); [problem] causé (causée) par l'homme.
manner ['mænəʳ] n **-1.** [method] manière f, façon f. **-2.** [attitude] attitude f, comportement m.
♦ **manners** npl manières fpl.
mannerism ['mænərɪzm] n tic m, manie f.
mannish ['mænɪʃ] adj masculin(e).
manoeuvre Br, **maneuver** Am [mə'nuːvəʳ] ◇ n manœuvre f. ◇ vt & vi manœuvrer.
manor ['mænəʳ] n manoir m.
manpower ['mæn,paʊəʳ] n main-d'œuvre f.
mansion ['mænʃn] n château m.
manslaughter ['mæn,slɔːtəʳ] n homicide m involontaire.
mantelpiece ['mæntlpiːs] n (dessus m de) cheminée f.
manual ['mænjʊəl] ◇ adj manuel(elle). ◇ n manuel m.
manual worker n travailleur manuel m, travailleuse manuelle f.
manufacture [ˌmænjʊ'fæktʃəʳ] ◇ n fabrication f; [of cars] construction f. ◇ vt fabriquer; [cars] construire.
manufacturer [ˌmænjʊ'fæktʃərəʳ] n fabricant m; [of cars] constructeur m.
manure [mə'njʊəʳ] n fumier m.
manuscript ['mænjʊskrɪpt] n manuscrit m.
many ['menɪ] (compar **more**, superl **most**) ◇ adj beaucoup de; **how ~ ...?** combien de ...?; **too ~** trop de; **as ~ ... as** autant de ... que; **so ~** autant de; **a good** OR **great ~** un grand nombre de. ◇ pron [a lot, plenty] beaucoup.
map [mæp] n carte f.
♦ **map out** vt sep [plan] élaborer; [timetable] établir; [task] définir.

maple ['meɪpl] *n* érable *m*.

mar [mɑːʳ] *vt* gâter, gâcher.

marathon ['mærəθən] ◇ *adj* marathon (*inv*). ◇ *n* marathon *m*.

marauder [mə'rɔːdəʳ] *n* maraudeur *m*, -euse *f*.

marble ['mɑːbl] *n* **-1.** [stone] marbre *m*. **-2.** [for game] bille *f*.

march [mɑːtʃ] ◇ *n* marche *f*. ◇ *vi* **-1.** [soldiers etc] marcher au pas. **-2.** [demonstrators] manifester, faire une marche de protestation. **-3.** [quickly]: **to ~ up to sb** s'approcher de qqn d'un pas décidé.

March [mɑːtʃ] *n* mars *m*; *see also* **September**.

marcher ['mɑːtʃəʳ] *n* [protester] marcheur *m*, -euse *f*.

mare [meəʳ] *n* jument *f*.

margarine [,mɑːdʒə'riːn, ,mɑːgə'riːn] *n* margarine *f*.

marge [mɑːdʒ] *n inf* margarine *f*.

margin ['mɑːdʒɪn] *n* **-1.** [gen] marge *f*; **to win by a narrow ~** gagner de peu OR de justesse. **-2.** [edge - of an area] bord *m*.

marginal ['mɑːdʒɪnl] *adj* **-1.** [unimportant] marginal(e), secondaire. **-2.** *Br* POL: **~ seat** circonscription électorale où la majorité passe facilement d'un parti à un autre.

marginally ['mɑːdʒɪnəlɪ] *adv* très peu.

marigold ['mærɪgəʊld] *n* souci *m*.

marihuana, marijuana [,mærɪ'wɑːnə] *n* marihuana *f*.

marine [mə'riːn] ◇ *adj* marin(e). ◇ *n* marine *m*.

marital ['mærɪtl] *adj* [sex, happiness] conjugal(e); [problems] matrimonial(e).

marital status *n* situation *f* de famille.

maritime ['mærɪtaɪm] *adj* maritime.

mark [mɑːk] ◇ *n* **-1.** [stain] tache *f*, marque *f*. **-2.** [sign, written symbol] marque *f*. **-3.** [in exam] note *f*, point *m*. **-4.** [stage, level] barre *f*. **-5.** [currency] mark *m*. ◇ *vt* **-1.** [gen] marquer. **-2.** [stain] marquer, tacher. **-3.** [exam, essay] noter, corriger.

◆ **mark off** *vt sep* [cross off] cocher.

marked [mɑːkt] *adj* [change, difference] marqué(e); [improvement, deterioration] sensible.

marker ['mɑːkəʳ] *n* [sign] repère *m*.

marker pen *n* marqueur *m*.

market ['mɑːkɪt] ◇ *n* marché *m*. ◇ *vt* commercialiser.

market garden *n* jardin *m* maraîcher.

marketing ['mɑːkɪtɪŋ] *n* marketing *m*.

marketplace ['mɑːkɪtpleɪs] *n* **-1.** [in a town] place *f* du marché. **-2.** COMM marché *m*.

market research *n* étude *f* de marché.

market value *n* valeur *f* marchande.

marking ['mɑːkɪŋ] *n* SCH correction *f*.

◆ **markings** *npl* [on animal, flower] taches *fpl*, marques *fpl*; [on road] signalisation *f* horizontale.

marksman ['mɑːksmən] (*pl* **-men** [-mən]) *n* tireur *m* d'élite.

marmalade ['mɑːməleɪd] *n* confiture *f* d'oranges amères.

maroon [mə'ruːn] *adj* bordeaux (*inv*).

marooned [mə'ruːnd] *adj* abandonné(e).

marquee [mɑː'kiː] *n* grande tente *f*.

marriage ['mærɪdʒ] *n* mariage *m*.

marriage bureau *n Br* agence *f* matrimoniale.

marriage certificate *n* acte *m* de mariage.

marriage guidance *n* conseil *m* conjugal.

married ['mærɪd] *adj* **-1.** [person] marié(e); **to get ~** se marier. **-2.** [life] conjugal(e).

marrow ['mærəʊ] *n* **-1.** *Br* [vegetable] courge *f*. **-2.** [in bones] moelle *f*.

marry ['mærɪ] ◇ *vt* **-1.** [become spouse of] épouser, se marier avec. **-2.** [subj: priest, registrar] marier. ◇ *vi* se marier.

Mars [mɑːz] *n* [planet] Mars *f*.

marsh [mɑːʃ] *n* marais *m*, marécage *m*.

marshal ['mɑːʃl] ◇ *n* **-1.** MIL maréchal *m*. **-2.** [steward] membre *m* du service d'ordre. **-3.** *Am* [law officer] officier *m* de police fédérale. ◇ *vt lit* & *fig* rassembler.

martial arts [ˌmɑːʃl-] *npl* arts *mpl* martiaux.

martial law [ˌmɑːʃl-] *n* loi *f* martiale.

martyr ['mɑːtəʳ] *n* martyr *m*, -e *f*.

martyrdom ['mɑːtədəm] *n* martyre *m*.

marvel ['mɑːvl] ◇ *n* merveille *f*. ◇ *vi*: **to ~ (at)** s'émerveiller (de), s'étonner (de).

marvellous *Br*, **marvelous** *Am* ['mɑːvələs] *adj* merveilleux(euse).

Marxism ['mɑːksɪzm] *n* marxisme *m*.

Marxist ['mɑːksɪst] ◇ *adj* marxiste. ◇ *n* marxiste *mf*.

marzipan ['mɑːzɪpæn] *n* (U) pâte *f* d'amandes.

mascara [mæsˈkɑːrə] *n* mascara *m*.

masculine ['mæskjʊlɪn] *adj* masculin(e).

mash [mæʃ] *vt* faire une purée de.

mashed potatoes [mæʃt-] *npl* purée *f* de pommes de terre.

mask [mɑːsk] *lit* & *fig* ◇ *n* masque *m*. ◇ *vt* masquer.

masochist ['mæsəkɪst] *n* masochiste *mf*.

mason ['meɪsn] *n* **-1.** [stonemason] maçon *m*. **-2.** [freemason] franc-maçon *m*.

masonry ['meɪsnrɪ] *n* [stones] maçonnerie *f*.

masquerade [ˌmæskəˈreɪd] *vi*: **to ~ as** se faire passer pour.

mass [mæs] ◇ *n* [gen & PHYSICS] masse *f*. ◇ *adj* [protest, meeting] en masse, en nombre; [unemployment, support] massif(ive). ◇ *vi* se masser.

♦ **Mass** *n* RELIG messe *f*.

♦ **masses** *npl* **-1.** *inf* [lots]: **~es (of)** des masses (de); [food] des tonnes (de). **-2.** [workers]: **the ~es** les masses *fpl*.

massacre ['mæsəkəʳ] ◇ *n* massacre *m*. ◇ *vt* massacrer.

massage [*Br* 'mæsɑːʒ, *Am* məˈsɑːʒ] ◇ *n* massage *m*. ◇ *vt* masser.

massive ['mæsɪv] *adj* massif(ive), énorme.

mass media *n* or *npl*: **the ~** les (mass) media *mpl*.

mass production *n* fabrication *f* OR production *f* en série.

mast [mɑːst] *n* **-1.** [on boat] mât *m*. **-2.** RADIO & TV pylône *m*.

master ['mɑːstəʳ] ◇ *n* **-1.** [gen] maître *m*. **-2.** *Br* [SCH - in primary school] instituteur *m*, maître *m*; [- in secondary school] professeur *m*. ◇ *adj* maître. ◇ *vt* maîtriser; [difficulty] surmonter, vaincre; [situation] se rendre maître de.

master key *n* passe *m*, passe-partout *m*.

masterly ['mɑːstəlɪ] *adj* magistral(e).

mastermind ['mɑːstəmaɪnd] ◇ *n* cerveau *m*. ◇ *vt* organiser, diriger.

Master of Arts (*pl* **Masters of Arts**) *n* **-1.** [degree] maîtrise *f* ès lettres. **-2.** [person] titulaire *mf* d'une maîtrise ès lettres.

Master of Science (*pl* **Masters of Science**) *n* **-1.** [degree] maîtrise *f* ès sciences. **-2.** [person] titulaire *mf* d'une maîtrise ès sciences.

masterpiece ['mɑːstəpiːs] *n* chef-d'œuvre *m*.

master's degree *n* ≃ maîtrise *f*.

mastery ['mɑːstərɪ] *n* maîtrise *f*.

mat [mæt] *n* **-1.** [on floor] petit tapis *m*; [at door] paillasson *m*. **-2.** [on table] set *m* de table; [coaster] dessous *m* de verre.

match [mætʃ] ◇ *n* **-1.** [game] match *m*. **-2.** [for lighting] allumette *f*. **-3.** [equal]: **to be no ~ for sb** ne pas être de taille à lutter contre qqn. ◇ *vt* **-1.** [be the same as] correspondre à, s'accorder avec. **-2.** [pair off] faire correspondre. **-3.** [be equal with] égaler, rivaliser avec. ◇ *vi* **-1.** [be the same] correspondre. **-2.** [go together well] être assorti(e).

matchbox ['mætʃbɒks] *n* boîte *f* à allumettes.

matching ['mætʃɪŋ] *adj* assorti(e).

mate [meɪt] ◇ *n* **-1.** *inf* [friend] copain *m*, copine *f*, pote *m*. **-2.** *Br inf* [term of address] mon vieux. **-3.** [of female animal] mâle m; [of male animal] femelle f. **-4.** NAUT: **(first)** ~ second m. ◇ vi s'accoupler.

material [mə'tɪərɪəl] ◇ adj **-1.** [goods, benefits, world] **matériel(ielle). -2.** [important] **important(e), essentiel(ielle).** ◇ n **-1.** [substance] **matière** f, **substance** f; [type of substance] **matériau** m, **matière** f. **-2.** [fabric] **tissu** m, **étoffe** f; [type of fabric] **tissu. -3.** (U) [information - for book, article etc] **matériaux** mpl.

♦ **materials** npl matériaux mpl.

materialistic [mə,tɪərɪə'lɪstɪk] adj matérialiste.

materialize, -ise [mə'tɪərɪəlaɪz] vi **-1.** [offer, threat] se concrétiser, se réaliser. **-2.** [person, object] apparaître.

maternal [mə'tɜːnl] adj maternel(elle).

maternity [mə'tɜːnətɪ] n maternité f.

maternity dress n robe f de grossesse.

maternity hospital n maternité f.

math Am = maths.

mathematical [,mæθə'mætɪkl] adj mathématique.

mathematics [,mæθə'mætɪks] n (U) mathématiques fpl.

maths Br [mæθs], **math** Am [mæθ] (abbr of **mathematics**) inf n (U) maths fpl.

matinée ['mætɪneɪ] n matinée f.

mating season ['meɪtɪŋ-] n saison f des amours.

matrices ['meɪtrɪsiːz] pl → **matrix**.

matriculation [mə,trɪkjʊ'leɪʃn] n inscription f.

matrimonial [,mætrɪ'məʊnjəl] adj matrimonial(e), conjugal(e).

matrimony ['mætrɪmənɪ] n (U) mariage m.

matrix ['meɪtrɪks] (pl **matrices** OR **-es**) n **-1.** [context, framework] contexte m, structure f. **-2.** MATH & TECH matrice f.

matron ['meɪtrən] n **-1.** Br [in hospital] infirmière f en chef. **-2.** [in school] infirmière f.

matronly ['meɪtrənlɪ] adj euphemism [woman] qui a l'allure d'une matrone; [figure] de matrone.

matt Br, **matte** Am [mæt] adj mat(e).

matted ['mætɪd] adj emmêlé(e).

matter ['mætər] ◇ n **-1.** [question, situation] question f, affaire f; **that's another** OR **a different** ~ c'est tout autre chose, c'est une autre histoire; **as a** ~ **of course** automatiquement; **to make** ~s **worse** aggraver la situation; **and to make** ~s **worse ...** pour tout arranger ...; **that's a** ~ **of opinion** c'est (une) affaire OR question d'opinion. **-2.** [trouble, cause of pain]: **there's something the** ~ **with my radio** il y a quelque chose qui cloche OR ne va pas dans ma radio; **what's the** ~? qu'est-ce qu'il y a?; **what's the** ~ **with him?** qu'est-ce qu'il a? **-3.** PHYSICS matière f. **-4.** (U) [material] matière f; **reading** ~ choses fpl à lire. ◇ vi [be important] importer, avoir de l'importance; **it doesn't** ~ cela n'a pas d'importance.

♦ **as a matter of fact** adv en fait, à vrai dire.

♦ **for that matter** adv d'ailleurs.

♦ **no matter** adv: **no** ~ **what** coûte que coûte, à tout prix; **no** ~ **how hard I try to explain ...** j'ai beau essayer de lui expliquer ....

Matterhorn ['mætəhɔːn] n: **the** ~ le mont Cervin.

matter-of-fact adj terre-à-terre, neutre.

mattress ['mætrɪs] n matelas m.

mature [mə'tjʊər] ◇ adj **-1.** [person, attitude] mûr(e). **-2.** [cheese] fait(e); [wine] arrivé(e) à maturité. ◇ vi **-1.** [person] mûrir. **-2.** [cheese, wine] se faire.

mature student n Br UNIV étudiant qui a commencé ses études sur le tard.

maul [mɔːl] vt mutiler.

mauve [məʊv] ◇ adj mauve. ◇ n mauve m.

max. [mæks] (abbr of **maximum**) max.

maxim ['mæksɪm] (pl **-s**) n maxime f.

maxima ['mæksɪmə] pl → **maximum**.

maximum ['mæksɪməm] (pl **maxima** OR **-s**) ◇ adj maximum (inv). ◇ n maximum m.

may [meɪ] *modal vb* **-1.** [expressing possibility]: **it ~ rain** il se peut qu'il pleuve, il va peut-être pleuvoir; **be that as it ~** quoi qu'il en soit. **-2.** [can] pouvoir; **on a clear day the coast ~ be seen** on peut voir la côte par temps clair. **-3.** [asking permission]: **~ I come in?** puis-je entrer? **-4.** [as contrast]: **it ~ be expensive but ...** c'est peut-être cher, mais .... **-5.** *fml* [expressing wish, hope]: **~ they be happy!** qu'ils soient heureux!; *see also* **might**.

May [meɪ] *n* mai *m*; *see also* **September**.

maybe ['meɪbiː] *adv* peut-être; **~ I'll come** je viendrai peut-être.

May Day *n* le Premier mai.

mayhem ['meɪhem] *n* pagaille *f*.

mayonnaise [ˌmeɪə'neɪz] *n* mayonnaise *f*.

mayor [meəʳ] *n* maire *m*.

mayoress ['meərɪs] *n* [female mayor, mayor's wife] femme *f* du maire.

maze [meɪz] *n* lit & fig labyrinthe *m*, dédale *m*.

MB (*abbr of megabyte*) Mo.

MD *n abbr of managing director*.

me [miː] *pers pron* **-1.** [direct, indirect] me, m' (+ *vowel or silent "h"*); **can you see/hear ~?** tu me vois/m'entends?; **it's ~** c'est moi; **they spoke to ~** ils m'ont parlé; **she gave it to ~** elle me l'a donné. **-2.** [stressed, after prep, in comparisons etc] moi; **you can't expect ME to do it** tu ne peux pas exiger que ce soit moi qui le fasse; **she's shorter than ~** elle est plus petite que moi.

meadow ['medəʊ] *n* prairie *f*, pré *m*.

meagre *Br*, **meager** *Am* ['miːgəʳ] *adj* maigre.

meal [miːl] *n* repas *m*.

mealtime ['miːltaɪm] *n* heure *f* du repas.

mean [miːn] (*pt & pp* **meant**) ◇ *vt* **-1.** [signify] signifier, vouloir dire; **money ~s nothing to him** l'argent ne compte pas pour lui. **-2.** [intend]: **to ~ to do sthg** vouloir faire qqch, avoir l'intention de faire qqch; **I didn't ~ to drop it** je n'ai pas fait exprès de le laisser tomber; **to be meant for sb/sthg** être destiné(e) à qqn/qqch; **to be meant to do sthg** être censé(e) faire qqch; **to ~ well** agir dans une bonne intention. **-3.** [be serious about]: **I ~ it** je suis sérieux(ieuse). **-4.** [entail] occasionner, entraîner. **-5.** *phr*: **I ~** [as explanation] c'est vrai; [as correction] je veux dire. ◇ *adj* **-1.** [miserly] radin(e), chiche; **to be ~ with sthg** être avare de qqch. **-2.** [unkind] mesquin(e), méchant(e); **to be ~ to sb** être mesquin envers qqn. **-3.** [average] moyen(enne). ◇ *n* [average] moyenne *f*; *see also* **means**.

meander [mɪ'ændəʳ] *vi* [river, road] serpenter; [person] errer.

meaning ['miːnɪŋ] *n* sens *m*, signification *f*.

meaningful ['miːnɪŋfʊl] *adj* [look] significatif(ive); [relationship, discussion] important(e).

meaningless ['miːnɪŋlɪs] *adj* [gesture, word] dénué(e) OR vide de sens; [proposal, discussion] **sans importance**.

means [miːnz] ◇ *n* [method, way] moyen *m*; **by ~ of** au moyen de. ◇ *npl* [money] moyens *mpl*, ressources *fpl*.

◆ **by all means** *adv* mais certainement, bien sûr.

◆ **by no means** *adv fml* nullement, en aucune façon.

meant [ment] *pt & pp* → **mean**.

meantime ['miːntaɪm] *n*: **in the ~** en attendant.

meanwhile ['miːnwaɪl] *adv* **-1.** [at the same time] pendant ce temps. **-2.** [between two events] en attendant.

measles ['miːzlz] *n*: **(the) ~** la rougeole.

measly ['miːzlɪ] *adj inf* misérable, minable.

measure ['meʒəʳ] ◇ *n* **-1.** [gen] mesure *f*. **-2.** [indication]: **it is a ~ of her success that ...** la preuve de son succès, c'est que .... ◇ *vt & vi* mesurer.

measurement ['meʒəmənt] *n* mesure f.

meat [mi:t] *n* viande f.

meatball ['mi:tbɔ:l] *n* boulette f de viande.

meat pie *n Br* tourte f à la viande.

meaty ['mi:tɪ] *adj fig* important(e).

Mecca ['mekə] *n* La Mecque.

mechanic [mɪ'kænɪk] *n* mécanicien m, -ienne f.

♦ mechanics ◇ *n* (U) [study] mécanique f. ◇ *npl fig* mécanisme m.

mechanical [mɪ'kænɪkl] *adj* -1. [device] mécanique. -2. [person, mind] fort(e) en mécanique. -3. [routine, automatic] machinal(e).

mechanism ['mekənɪzm] *n lit* & *fig* mécanisme m.

medal ['medl] *n* médaille f.

medallion [mɪ'dæljən] *n* médaillon m.

meddle ['medl] *vi*: **to ~ in** se mêler de.

media ['mi:djə] ◇ *pl* → **medium**. ◇ *n or npl*: **the ~** les médias *mpl*.

mediaeval [ˌmedɪ'i:vl] = **medieval**.

median ['mi:djən] *n Am* [of road] bande f médiane (*qui sépare les deux côtés d'une grande route*).

mediate ['mi:dɪeɪt] ◇ *vt* négocier. ◇ *vi*: **to ~ (for/between)** servir de médiateur (pour/entre).

mediator ['mi:dɪeɪtər] *n* médiateur m, -trice f.

Medicaid ['medɪkeɪd] *n Am* assistance médicale aux personnes sans ressources.

medical ['medɪkl] ◇ *adj* médical(e). ◇ *n* examen m médical.

Medicare ['medɪkeər] *n Am* programme fédéral d'assistance médicale pour personnes âgées.

medicated ['medɪkeɪtɪd] *adj* traitant(e).

medicine ['medsɪn] *n* -1. [subject, treatment] médecine f; **Doctor of Medicine** UNIV docteur m en médecine. -2. [substance] médicament m.

medieval [ˌmedɪ'i:vl] *adj* médiéval(e).

mediocre [ˌmi:dɪ'əʊkər] *adj* médiocre.

meditate ['medɪteɪt] *vi*: **to ~ (on OR upon)** méditer (sur).

Mediterranean [ˌmedɪtə'reɪnjən] ◇ *n* [sea]: **the ~ (Sea)** la (mer) Méditerranée. ◇ *adj* méditerranéen(enne).

medium ['mi:djəm] (*pl sense 1* **media**, *pl sense 2* **mediums**) ◇ *adj* moyen(enne). ◇ *n* -1. [way of communicating] moyen m. -2. [spiritualist] médium m.

medium-size(d) [-saɪz(d)] *adj* de taille moyenne.

medium wave *n* onde f moyenne.

medley ['medlɪ] (*pl* **medleys**) *n* -1. [mixture] mélange m. -2. MUS pot-pourri m.

meek [mi:k] *adj* docile.

meet [mi:t] (*pt* & *pp* **met**) ◇ *vt* -1. [gen] rencontrer; [by arrangement] retrouver. -2. [go to meet - person] aller/venir attendre, aller/venir chercher; [- train, plane] aller attendre. -3. [need, requirement] satisfaire, répondre à. -4. [problem] résoudre; [challenge] répondre à. -5. [costs] payer. -6. [join] rejoindre. ◇ *vi* -1. [gen] se rencontrer; [by arrangement] se retrouver; [for a purpose] se réunir; [join] se joindre. ◇ *n Am* [meeting] meeting m.

♦ meet up *vi* se retrouver; **to ~ up with sb** rencontrer qqn, retrouver qqn.

♦ meet with *vt fus* -1. [encounter - disapproval] être accueilli(e) par; [- success] remporter; [- failure] essuyer. -2. *Am* [by arrangement] retrouver.

meeting ['mi:tɪŋ] *n* -1. [for discussions, business] réunion f. -2. [by chance] rencontre f; [by arrangement] entrevue f.

megabyte ['megəbaɪt] *n* COMPUT méga-octet m.

megaphone ['megəfəʊn] *n* mégaphone m, porte-voix m.

melancholy ['melənkəlɪ] ◇ *adj* [person] mélancolique; [news, facts] triste. ◇ *n* mélancolie f.

mellow ['meləʊ] ◇ *adj* [light, voice] doux (douce); [taste, wine] moelleux(euse). ◇ *vi* s'adoucir.

melody ['melədɪ] *n* mélodie f.

melon ['melən] *n* melon m.

melt [melt] ◇ *vt* faire fondre. ◇ *vi*
-1. [become liquid] fondre. **-2.** *fig:* **his
heart ~ed at the sight** il fut tout at-
tendri devant ce spectacle. **-3.** [disap-
pear]: **to ~ (away)** fondre.
◆ **melt down** *vt sep* fondre.

meltdown ['meltdaon] *n* fusion *f* du
cœur (du réacteur).

melting pot ['meltɪŋ-] *n fig* creuset *m*.

member ['membə'] *n* membre *m*; [of
club] adhérent *m*, -e *f*.

Member of Congress (*pl* **Members
of Congress**) *n Am* membre *m* du
Congrès.

Member of Parliament (*pl* **Members
of Parliament**) *n Br* ≃ député *m*.

membership ['membəʃɪp] *n* **-1.** [of or-
ganization] adhésion *f*. **-2.** [number of
members] nombre *m* d'adhérents. **-3.**
[members]: **the ~** les membres *mpl*.

membership card *n* carte *f*
d'adhésion.

memento [mɪ'mentəʊ] (*pl* **-s**) *n* souvenir *m*.

memo ['meməʊ] (*pl* **-s**) *n* note *f* de
service.

memoirs ['memwɑːz] *npl* mémoires
mpl.

memorandum [,memə'rændəm] (*pl*
-da [-də] OR **-dums**) *n* note *f* de service.

memorial [mɪ'mɔːrɪəl] ◇ *adj* commé-
moratif(ive). ◇ *n* monument *m*.

memorize, -ise ['meməraɪz] *vt* [phone
number, list] retenir; [poem] apprendre
par cœur.

memory ['memərɪ] *n* **-1.** [gen & COM-
PUT] mémoire *f*; **from ~** de mémoire.
-2. [event, experience] souvenir *m*.

men [men] *pl* → **man**.

menace ['menəs] ◇ *n* **-1.** [gen] menace *f*. **-2.** *inf* [nuisance] plaie *f*. ◇ *vt*
menacer.

menacing ['menəsɪŋ] *adj* menaçant(e).

mend [mend] ◇ *n inf:* **to be on the ~**
aller mieux. ◇ *vt* réparer; [clothes]
raccommoder; [sock, pullover] repriser.

menial ['miːnjəl] *adj* avilissant(e).

meningitis [,menɪn'dʒaɪtɪs] *n* (*U*) méningite *f*.

menopause ['menəpɔːz] *n:* **the ~** la
ménopause.

men's room *n Am:* **the ~** les toilettes
fpl pour hommes.

menstruation [,menstrʊ'eɪʃn] *n* menstruation *f*.

menswear ['menzweə'] *n* (*U*) vêtements *mpl* pour hommes.

mental ['mentl] *adj* mental(e); [image,
picture] dans la tête.

mental hospital *n* hôpital *m* psychiatrique.

mentality [men'tælətɪ] *n* mentalité *f*.

mentally handicapped ['mentəlɪ-] *npl:*
the ~ les handicapés *mpl* mentaux.

mention ['menʃn] ◇ *vt* mentionner,
signaler; **not to ~** sans parler de;
don't ~ it! je vous en prie. ◇ *n* mention *f*.

menu ['menjuː] *n* [gen & COMPUT]
menu *m*.

meow *Am* = **miaow**.

MEP (*abbr of* **Member of the European Parliament**) *n* parlementaire *m*
européen.

mercenary ['mɜːsɪnrɪ] ◇ *adj* mercenaire. ◇ *n* mercenaire *m*.

merchandise ['mɜːtʃəndaɪz] *n* (*U*)
marchandises *fpl*.

merchant ['mɜːtʃənt] *n* marchand *m*,
-e *f*, commerçant *m*, -e *f*.

merchant bank *n Br* banque *f*
d'affaires.

merchant navy *Br*, **merchant marine**
Am n marine *f* marchande.

merciful ['mɜːsɪfʊl] *adj* **-1.** [person]
clément(e). **-2.** [death, release] qui est
une délivrance.

merciless ['mɜːsɪlɪs] *adj* impitoyable.

mercury ['mɜːkjʊrɪ] *n* mercure *m*.

Mercury ['mɜːkjʊrɪ] *n* [planet] Mercure *f*.

mercy ['mɜːsɪ] *n* **-1.** [kindness, pity] pitié *f*; **at the ~ of** *fig* à la merci de.
-2. [blessing]: **what a ~ (that ...)**
quelle chance que ....

mere [mɪə'] *adj* seul(e); **she's a ~** ~

child ce n'est qu'une enfant; **it cost a ~ £10** cela n'a coûté que 10 livres.

merely ['mɪəlɪ] *adv* seulement, simplement.

merge [mɜːdʒ] ◇ *vt* COMM & COMPUT fusionner. ◇ *vi* **-1.** COMM: **to ~ (with)** fusionner (avec). **-2.** [roads, lines]: **to ~ (with)** se joindre (à). **-3.** [colours] se fondre. ◇ *n* COMPUT fusion *f*.

merger ['mɜːdʒəʳ] *n* fusion *f*.

meringue [məˈræŋ] *n* meringue *f*.

merit ['merɪt] ◇ *n* [value] mérite *m*, valeur *f*. ◇ *vt* mériter.

◆ **merits** *npl* [advantages] qualités *fpl*.

mermaid ['mɜːmeɪd] *n* sirène *f*.

merry ['merɪ] *adj* **-1.** *literary* [happy] joyeux(euse); **Merry Christmas!** joyeux Noël! **-2.** *inf* [tipsy] gai(e), éméché(e).

merry-go-round *n* manège *m*.

mesh [meʃ] ◇ *n* maille *f* (du filet); **wire ~** grillage *m*. ◇ *vi* [gears] s'engrener.

mesmerize, -ise ['mezməraɪz] *vt*: **to be ~d by** être fasciné(e) par.

mess [mes] *n* **-1.** [untidy state] désordre *m*; *fig* gâchis *m*. **-2.** MIL mess *m*.

◆ **mess about, mess around** *inf* ◇ *vt sep*: **to ~ sb about** traiter qqn par-dessus OR par-dessous la jambe. ◇ *vi* **-1.** [fool around] perdre OR gaspiller son temps. **-2.** [interfere]: **to ~ about with sthg** s'immiscer dans qqch.

◆ **mess up** *vt sep inf* **-1.** [room] mettre en désordre; [clothes] salir. **-2.** *fig* [spoil] gâcher.

message ['mesɪdʒ] *n* message *m*.

messenger ['mesɪndʒəʳ] *n* messager *m*, -ère *f*.

Messrs, Messrs. ['mesəz] *(abbr of* **messieurs)** MM.

messy ['mesɪ] *adj* **-1.** [dirty] sale; [untidy] désordonné(e); **a ~ job** un travail salissant. **-2.** *inf* [divorce] difficile; [situation] embrouillé(e).

met [met] *pt & pp* → **meet**.

metal ['metl] ◇ *n* métal *m*. ◇ *comp* en OR de métal.

metallic [mɪˈtælɪk] *adj* **-1.** [sound, ore]

métallique. **-2.** [paint, finish] métallisé(e).

metalwork ['metlwɜːk] *n* [craft] ferronnerie *f*.

metaphor ['metəfəʳ] *n* métaphore *f*.

mete [miːt]

◆ **mete out** *vt sep* [punishment] infliger.

meteor ['miːtɪəʳ] *n* météore *m*.

meteorology [ˌmiːtjəˈrɒlədʒɪ] *n* météorologie *f*.

meter ['miːtəʳ] ◇ *n* **-1.** [device] compteur *m*. **-2.** *Am* = **metre**. ◇ *vt* [gas, electricity] établir la consommation de.

method ['meθəd] *n* méthode *f*.

methodical [mɪˈθɒdɪkl] *adj* méthodique.

Methodist ['meθədɪst] ◇ *adj* méthodiste. ◇ *n* méthodiste *mf*.

meths [meθs] *n Br inf* alcool *m* à brûler.

methylated spirits ['meθɪleɪtɪd-] *n* alcool *m* à brûler.

meticulous [mɪˈtɪkjʊləs] *adj* méticuleux(euse).

metre *Br*, **meter** *Am* ['miːtəʳ] *n* mètre *m*.

metric ['metrɪk] *adj* métrique.

metronome ['metrənəʊm] *n* métronome *m*.

metropolitan [ˌmetrəˈpɒlɪtn] *adj* métropolitain(e).

Metropolitan Police *npl*: **the ~** la police de Londres.

mettle ['metl] *n*: **to be on one's ~** être d'attaque; **to show** OR **prove one's ~** montrer ce dont on est capable.

mew [mjuː] = **miaow**.

mews [mjuːz] *(pl inv)* *n Br* ruelle *f*.

Mexican ['meksɪkn] ◇ *adj* mexicain(e). ◇ *n* Mexicain *m*, -e *f*.

Mexico ['meksɪkəʊ] *n* Mexique *m*.

MI5 *(abbr of* **Military Intelligence 5)** *n service de contre-espionnage britannique.*

MI6 *(abbr of* **Military Intelligence 6)** *n service de renseignements britannique.*

miaow *Br* [miːˈaʊ], **meow** *Am* [mɪˈaʊ] ◇ *n* miaulement *m*, miaou *m*. ◇ *vi* miauler.

mice [maɪs] *pl* → **mouse**.

mickey [ˈmɪkɪ] *n*: **to take the ~ out of sb** *Br inf* se payer la tête de qqn, faire marcher qqn.

microchip [ˈmaɪkrəʊtʃɪp] *n* COMPUT puce *f*.

microcomputer [ˌmaɪkrəʊkəmˈpjuːtəʳ] *n* micro-ordinateur *m*.

microfilm [ˈmaɪkrəʊfɪlm] *n* microfilm *m*.

microphone [ˈmaɪkrəfəʊn] *n* microphone *m*, micro *m*.

microscope [ˈmaɪkrəskəʊp] *n* microscope *m*.

microscopic [ˌmaɪkrəˈskɒpɪk] *adj* microscopique.

microwave (oven) [ˈmaɪkrəweɪv-] *n* (four *m* à) micro-ondes *m*.

mid- [mɪd] *prefix*: ~**height** mi-hauteur; ~**morning** milieu de la matinée; ~**winter** plein hiver.

midair [mɪdˈeəʳ] ◇ *adj* en plein ciel. ◇ *n*: **in** ~ en plein ciel.

midday [ˈmɪddeɪ] *n* midi *m*.

middle [ˈmɪdl] ◇ *adj* [centre] du milieu, du centre. ◇ *n* **-1.** [centre] milieu *m*, centre *m*; **in the** ~ **(of)** au milieu (de). **-2.** [in time] milieu *m*; **to be in the** ~ **of doing sthg** être en train de faire qqch; **to be in the** ~ **of a meeting** être en pleine réunion; **in the** ~ **of the night** au milieu de la nuit, en pleine nuit. **-3.** [waist] taille *f*.

middle-aged *adj* d'une cinquantaine d'années.

Middle Ages *npl*: **the** ~ le Moyen Âge.

middle-class *adj* bourgeois(e).

middle classes *npl*: **the** ~ la bourgeoisie.

Middle East *n*: **the** ~ le Moyen-Orient.

middleman [ˈmɪdlmæn] (*pl* **-men** [-mən]) *n* intermédiaire *mf*.

middle name *n* second prénom *m*.

middleweight [ˈmɪdlweɪt] *n* poids *m* moyen.

middling [ˈmɪdlɪŋ] *adj* moyen(enne).

Mideast [ˌmɪdˈiːst] *n Am*: **the** ~ le Moyen-Orient.

midfield [ˌmɪdˈfiːld] *n* FTBL milieu *m* de terrain.

midge [mɪdʒ] *n* moucheron *m*.

midget [ˈmɪdʒɪt] *n* nain *m*, -e *f*.

midi system [ˈmɪdɪ-] *n* chaîne *f* midi.

Midlands [ˈmɪdləndz] *npl*: **the** ~ *les comtés du centre de l'Angleterre.*

midnight [ˈmɪdnaɪt] *n* minuit *m*.

midriff [ˈmɪdrɪf] *n* diaphragme *m*.

midst [mɪdst] *n* **-1.** [in space]: **in the** ~ **of** au milieu de. **-2.** [in time]: **to be in the** ~ **of doing sthg** être en train de faire qqch.

midsummer [ˈmɪdˌsʌməʳ] *n* cœur *m* de l'été.

Midsummer Day *n* la Saint-Jean.

midway [ˌmɪdˈweɪ] *adv* **-1.** [in space]: ~ **(between)** à mi-chemin (entre). **-2.** [in time]: ~ **through the meeting** en pleine réunion.

midweek [*adj* mɪdˈwiːk, *adv* ˈmɪdwiːk] ◇ *adj* du milieu de la semaine. ◇ *adv* en milieu de semaine.

midwife [ˈmɪdwaɪf] (*pl* **-wives** [-waɪvz]) *n* sage-femme *f*.

midwifery [ˈmɪdˌwɪfərɪ] *n* obstétrique *f*.

might [maɪt] ◇ *modal vb* **-1.** [expressing possibility]: **the criminal** ~ **be armed** il est possible que le criminel soit armé. **-2.** [expressing suggestion]: **it** ~ **be better to wait** il vaut peut-être mieux attendre. **-3.** *fml* [asking permission]: **he asked if he** ~ **leave the room** il demanda s'il pouvait sortir de la pièce. **-4.** [expressing concession]: **you** ~ **well be right** vous avez peut-être raison. **-5.** *phr*: **I** ~ **have known** OR **guessed** j'aurais dû m'en douter. ◇ *n* (*U*) force *f*.

mighty [ˈmaɪtɪ] ◇ *adj* [powerful] puissant(e). ◇ *adv Am inf* drôlement, vachement.

migraine [ˈmiːgreɪn, ˈmaɪgreɪn] *n* migraine *f*.

migrant ['maɪgrənt] ◇ *adj* **-1.** [bird, animal] migrateur(trice). **-2.** [workers] émigré(e). ◇ *n* **-1.** [bird, animal] migrateur *m*. **-2.** [person] émigré *m*, -e *f*.

migrate [Br maɪ'greɪt, Am 'maɪgreɪt] *vi* **-1.** [bird, animal] migrer. **-2.** [person] émigrer.

mike [maɪk] (*abbr of* **microphone**) *n inf* micro *m*.

mild [maɪld] *adj* **-1.** [disinfectant, reproach] léger(ère). **-2.** [tone, weather] doux (douce). **-3.** [illness] bénin(igne).

mildew ['mɪldjuː] *n* (*U*) moississure *f*.

mildly ['maɪldlɪ] *adv* **-1.** [gently] doucement; **to put it ~** le moins qu'on puisse dire. **-2.** [not strongly] légèrement. **-3.** [slightly] un peu.

mile [maɪl] *n* mile *m*; NAUT mille *m*; **to be ~s away** *fig* être très loin.

mileage ['maɪlɪdʒ] *n* distance *f* en miles, ≃ kilométrage *m*.

mileometer [maɪ'lɒmɪtər] *n* compteur *m* de miles, ≃ compteur kilométrique.

milestone ['maɪlstəʊn] *n* [marker stone] borne *f*; *fig* événement *m* marquant OR important.

militant ['mɪlɪtənt] ◇ *adj* militant(e). ◇ *n* militant *m*, -e *f*.

military ['mɪlɪtrɪ] ◇ *adj* militaire. ◇ *n*: **the ~** les militaires *mpl*, l'armée *f*.

militia [mɪ'lɪʃə] *n* milice *f*.

milk [mɪlk] ◇ *n* lait *m*. ◇ *vt* **-1.** [cow] traire. **-2.** *fig* [use to own ends] exploiter.

milk chocolate *n* chocolat *m* au lait.

milkman ['mɪlkmən] (*pl* **-men** [-mən]) *n* laitier *m*.

milk shake *n* milk-shake *m*.

milky ['mɪlkɪ] *adj* **-1.** *Br* [coffee] avec beaucoup de lait. **-2.** [pale white] laiteux(euse).

Milky Way *n*: **the ~** la Voie lactée.

mill [mɪl] ◇ *n* **-1.** [flour-mill, grinder] moulin *m*. **-2.** [factory] usine *f*. ◇ *vt* moudre.
◆ **mill about, mill around** *vi* grouiller.

millennium [mɪ'lenɪəm] (*pl* **-nnia** [-nɪə]) *n* millénaire *m*.

miller ['mɪlər] *n* meunier *m*.

millet ['mɪlɪt] *n* millet *m*.

milligram(me) ['mɪlɪgræm] *n* milligramme *m*.

millimetre *Br*, **millimeter** *Am* ['mɪlɪˌmiːtər] *n* millimètre *m*.

millinery ['mɪlɪnrɪ] *n* chapellerie *f* féminine.

million ['mɪljən] *n* million *m*; **a ~, ~s of** *fig* des milliers de, un million de.

millionaire [ˌmɪljə'neər] *n* millionnaire *mf*.

millstone ['mɪlstəʊn] *n* meule *f*.

milometer [maɪ'lɒmɪtər] = **mileometer**.

mime [maɪm] ◇ *n* mime *m*. ◇ *vt & vi* mimer.

mimic ['mɪmɪk] (*pt & pp* **-ked**, *cont* **-king**) ◇ *n* imitateur *m*, -trice *f*. ◇ *vt* imiter.

mimicry ['mɪmɪkrɪ] *n* imitation *f*.

min. [mɪn] **-1.** (*abbr of* **minute**) mn, min. **-2.** (*abbr of* **minimum**) min.

mince [mɪns] ◇ *n* *Br* viande *f* hachée. ◇ *vt* [meat] hacher. ◇ *vi* marcher à petits pas maniérés.

mincemeat ['mɪnsmiːt] *n* **-1.** [fruit] mélange de pommes, raisins secs et épices utilisé en pâtisserie. **-2.** *Am* [meat] viande *f* hachée.

mince pie *n* tartelette *f* de Noël.

mincer ['mɪnsər] *n* hachoir *m*.

mind [maɪnd] ◇ *n* **-1.** [gen] esprit *m*; **state of ~** état d'esprit; **to bear sthg in ~** ne pas oublier qqch; **to come into/cross sb's ~** venir à/traverser l'esprit de qqn; **to have sthg on one's ~** avoir l'esprit préoccupé, être préoccupé par qqch; **to keep an open ~** réserver son jugement; **to have a ~ to do sthg** avoir bien envie de faire qqch; **to have sthg in ~** avoir qqch dans l'idée; **to make one's ~ up** se décider. **-2.** [attention]: **to put one's ~ to sthg** s'appliquer à qqch; **to keep one's ~ on sthg** se concentrer sur qqch. **-3.** [opinion]: **to change one's ~** changer d'avis; **to my ~** à mon avis; **to speak one's ~** parler franchement; **to be in two ~s**

miraculous

(about sthg) se tâter OR être indécis (à propos de qqch). **-4.** [person] cerveau *m*. ◇ *vi* [be bothered]: **I don't ~ ça m'est égal; I hope you don't ~** j'espère que vous n'y voyez pas d'inconvénient; **never ~** [don't worry] ne t'en fais pas; [it's not important] ça ne fait rien. ◇ *vt* **-1.** [be bothered about, dislike]: **I don't ~ waiting** ça ne me gêne OR dérange pas d'attendre; **do you ~ if ...?** cela ne vous ennuie pas si ...?; **I wouldn't ~ a beer** je prendrais bien une bière. **-2.** [pay attention to] faire attention à, prendre garde à. **-3.** [take care of - luggage] garder, surveiller; [- shop] tenir.
◆ **mind you** *adv* remarquez.

minder ['maɪndə'] *n Br inf* [bodyguard] ange *m* gardien.

mindful ['maɪndfʊl] *adj*: **~ of** [risks] attentif(ive) à; [responsibility] soucieux (ieuse) de.

mindless ['maɪndlɪs] *adj* stupide, idiot(e).

mine¹ [maɪn] *poss pron* le mien (la mienne), les miens (les miennes) (*pl*); **that money is ~** cet argent est à moi; **it wasn't your fault, it was MINE** ce n'était pas de votre faute, c'était de la mienne OR de ma faute à moi; **a friend of ~** un ami à moi, un de mes amis.

mine² [maɪn] ◇ *n* mine *f*. ◇ *vt* **-1.** [coal, gold] extraire. **-2.** [road, beach, sea] miner.

minefield ['maɪnfiːld] *n* champ *m* de mines; *fig* situation *f* explosive.

miner ['maɪnə'] *n* mineur *m*.

mineral ['mɪnərəl] ◇ *adj* minéral(e). ◇ *n* minéral *m*.

mineral water *n* eau *f* minérale.

minesweeper ['maɪn,swiːpə'] *n* dragueur *m* de mines.

mingle ['mɪŋgl] *vi*: **to ~ (with)** [sounds, fragrances] se mélanger (à); [people] se mêler (à).

miniature ['mɪnətʃə'] ◇ *adj* miniature. ◇ *n* **-1.** [painting] miniature *f*. **-2.** [of alcohol] bouteille *f* miniature. **-3.** [small scale]: **in ~** en miniature.

minibus ['mɪnɪbʌs] (*pl* **-es**) *n* minibus *m*.

minicab ['mɪnɪkæb] *n Br* radiotaxi *m*.

minima ['mɪnɪmə] *pl* → **minimum**.

minimal ['mɪnɪml] *adj* [cost] insignifiant(e); [damage] minime.

minimum ['mɪnɪməm] (*pl* **-mums** OR **-ma**) ◇ *adj* minimum (*inv*). ◇ *n* minimum *m*.

mining ['maɪnɪŋ] ◇ *n* exploitation *f* minière. ◇ *adj* minier(ière).

miniskirt ['mɪnɪskɜːt] *n* minijupe *f*.

minister ['mɪnɪstə'] *n* **-1.** POL ministre *m*. **-2.** RELIG pasteur *m*.
◆ **minister to** *vt fus* [person] donner OR prodiguer ses soins à; [needs] pourvoir à.

ministerial [,mɪnɪ'stɪərɪəl] *adj* ministériel(ielle).

minister of state *n* secrétaire *mf* d'État.

ministry ['mɪnɪstrɪ] *n* **-1.** POL ministère *m*. **-2.** RELIG: **the ~** le saint ministère.

mink [mɪŋk] (*pl inv*) *n* vison *m*.

minnow ['mɪnəʊ] *n* vairon *m*.

minor ['maɪnə'] ◇ *adj* [gen & MUS] mineur(e); [detail] petit(e); [role] secondaire. ◇ *n* mineur *m*, -e *f*.

minority [maɪ'nɒrətɪ] *n* minorité *f*.

mint [mɪnt] ◇ *n* **-1.** [herb] menthe *f*. **-2.** [sweet] bonbon *m* à la menthe. **-3.** [for coins]: **the Mint** l'hôtel de la Monnaie; **in ~ condition** en parfait état. ◇ *vt* [coins] battre.

minus ['maɪnəs] (*pl* **-es**) ◇ *prep* moins. ◇ *adj* [answer, quantity] négatif(ive). ◇ *n* **-1.** MATH signe *m* moins. **-2.** [disadvantage] handicap *m*.

minus sign *n* signe *m* moins.

minute¹ ['mɪnɪt] *n* minute *f*; **at any ~** à tout moment, d'une minute à l'autre; **stop that this ~!** arrête tout de suite OR immédiatement!
◆ **minutes** *npl* procès-verbal *m*, compte *m* rendu.

minute² [maɪ'njuːt] *adj* minuscule.

miracle ['mɪrəkl] *n* miracle *m*.

miraculous [mɪ'rækjʊləs] *adj* miraculeux(euse).

mirage [mɪ'rɑːʒ] *n lit* & *fig* mirage *m*.

mire [maɪəʳ] *n* fange *f*, boue *f*.

mirror ['mɪrəʳ] ◇ *n* miroir *m*, glace *f*. ◇ *vt* refléter.

mirth [mɜːθ] *n* hilarité *f*, gaieté *f*.

misadventure [ˌmɪsəd'ventʃəʳ] *n*: **death by ~** JUR mort *f* accidentelle.

misapprehension ['mɪsˌæprɪ'henʃn] *n* idée *f* fausse.

misappropriation ['mɪsəˌprəʊprɪ'eɪʃn] *n* détournement *m*.

misbehave [ˌmɪsbɪ'heɪv] *vi* se conduire mal.

miscalculate [ˌmɪs'kælkjʊleɪt] ◇ *vt* mal calculer. ◇ *vi* se tromper.

miscarriage [ˌmɪs'kærɪdʒ] *n* MED fausse couche *f*; **to have a ~** faire une fausse couche.

miscarriage of justice *n* erreur *f* judiciaire.

miscellaneous [ˌmɪsə'leɪnjəs] *adj* varié(e), divers(e).

mischief ['mɪstʃɪf] *n* (*U*) **-1.** [playfulness] malice *f*, espièglerie *f*. **-2.** [naughty behaviour] sottises *fpl*, bêtises *fpl*. **-3.** [harm] dégât *m*.

mischievous ['mɪstʃɪvəs] *adj* **-1.** [playful] malicieux(ieuse). **-2.** [naughty] espiègle, coquin(e).

misconception [ˌmɪskən'sepʃn] *n* idée *f* fausse.

misconduct [ˌmɪs'kɒndʌkt] *n* inconduite *f*.

misconstrue [ˌmɪskən'struː] *vt fml* mal interpréter.

miscount [ˌmɪs'kaʊnt] *vt* & *vi* mal compter.

misdeed [ˌmɪs'diːd] *n* méfait *m*.

misdemeanour *Br*, **misdemeanor** *Am* [ˌmɪsdɪ'miːnəʳ] *n* JUR délit *m*.

miser ['maɪzəʳ] *n* avare *mf*.

miserable ['mɪzrəbl] *adj* **-1.** [person] malheureux(euse), triste. **-2.** [conditions, life] misérable; [pay] dérisoire; [weather] maussade. **-3.** [failure] pitoyable, lamentable.

miserly ['maɪzəlɪ] *adj* avare.

misery ['mɪzərɪ] *n* **-1.** [of person] tristesse *f*. **-2.** [of conditions, life] misère *f*.

misfire [ˌmɪs'faɪəʳ] *vi* **-1.** [gun, plan] rater. **-2.** [car engine] avoir des ratés.

misfit ['mɪsfɪt] *n* inadapté *m*, -e *f*.

misfortune [mɪs'fɔːtʃuːn] *n* **-1.** [bad luck] malchance *f*. **-2.** [piece of bad luck] malheur *m*.

misgivings [mɪs'gɪvɪŋz] *npl* craintes *fpl*, doutes *mpl*.

misguided [ˌmɪs'gaɪdɪd] *adj* [person] malavisé(e); [attempt] malencontreux (euse); [opinion] peu judicieux(euse).

mishandle [ˌmɪs'hændl] *vt* **-1.** [person, animal] manier sans précaution. **-2.** [negotiations] mal mener; [business] mal gérer.

mishap ['mɪshæp] *n* mésaventure *f*.

misinterpret [ˌmɪsɪn'tɜːprɪt] *vt* mal interpréter.

misjudge [ˌmɪs'dʒʌdʒ] *vt* **-1.** [distance, time] mal évaluer. **-2.** [person, mood] méjuger, se méprendre sur.

mislay [ˌmɪs'leɪ] (*pt* & *pp* **-laid** [-'leɪd]) *vt* égarer.

mislead [ˌmɪs'liːd] (*pt* & *pp* **-led**) *vt* induire en erreur.

misleading [ˌmɪs'liːdɪŋ] *adj* trompeur(euse).

misled [ˌmɪs'led] *pt* & *pp* → **mislead**.

misnomer [ˌmɪs'nəʊməʳ] *n* nom *m* mal approprié.

misplace [ˌmɪs'pleɪs] *vt* égarer.

misprint ['mɪsprɪnt] *n* faute *f* d'impression.

miss [mɪs] ◇ *vt* **-1.** [gen] rater, manquer. **-2.** [home, person]: **I ~ my family/her** ma famille/elle me manque. **-3.** [avoid, escape] échapper à; **I just ~ed being run over** j'ai failli me faire écraser. ◇ *vi* rater. ◇ *n*: **to give sthg a ~** *inf* ne pas aller à qqch. ♦ **miss out** ◇ *vt sep* [omit - by accident] oublier; [- deliberately] omettre. ◇ *vi*: **to ~ out on sthg** ne pas pouvoir profiter de qqch.

Miss [mɪs] *n* Mademoiselle *f*.

misshapen [ˌmɪs'ʃeɪpn] *adj* difforme.

missile [*Br* 'mɪsaɪl, *Am* 'mɪsəl] *n* **-1.** [weapon] missile *m*. **-2.** [thrown object] projectile *m*.

missing ['mɪsɪŋ] adj -1. [lost] perdu(e), égaré(e). -2. [not present] manquant(e), qui manque.

mission ['mɪʃn] n mission f.

missionary ['mɪʃənrɪ] n missionnaire mf.

misspend [,mɪs'spend] (pt & pp -spent [-'spent]) vt gaspiller.

mist [mɪst] n brume f.

♦ **mist over, mist up** vi s'embuer.

mistake [mɪ'steɪk] (pt -took, pp -taken) ◇ n erreur f; by ~ par erreur; to make a ~ faire une erreur, se tromper. ◇ vt -1. [misunderstand - meaning] mal comprendre; [- intention] se méprendre sur. -2. [fail to recognize]: to ~ sb/sthg for prendre qqn/qqch pour, confondre qqn/qqch avec.

mistaken [mɪ'steɪkn] ◇ pp → mistake. ◇ adj -1. [person]: to be ~ (about) se tromper (en ce qui concerne OR sur). -2. [belief, idea] erroné(e), faux (fausse).

mister ['mɪstər] n inf monsieur m.

♦ **Mister** n Monsieur m.

mistletoe ['mɪsltəʊ] n gui m.

mistook [mɪ'stʊk] pt → mistake.

mistreat [,mɪs'triːt] vt maltraiter.

mistress ['mɪstrɪs] n maîtresse f.

mistrust [,mɪs'trʌst] ◇ n méfiance f. ◇ vt se méfier de.

misty ['mɪstɪ] adj brumeux(euse).

misunderstand [,mɪsʌndə'stænd] (pt & pp -stood) vt & vi mal comprendre.

misunderstanding [,mɪsʌndə'stændɪŋ] n malentendu m.

misunderstood [,mɪsʌndə'stʊd] pt & pp → misunderstand.

misuse [n ,mɪs'juːs, vb ,mɪs'juːz] ◇ n -1. [of one's time, resources] mauvais emploi m. -2. [of power] abus m; [of funds] détournement m. ◇ vt -1. [one's time, resources] mal employer. -2. [power] abuser de; [funds] détourner.

miter Am = mitre.

mitigate ['mɪtɪgeɪt] vt atténuer, mitiger.

mitre Br, **miter** Am ['maɪtər] n -1. [hat] mitre f. -2. [joint] onglet m.

mitt [mɪt] n -1. = mitten. -2. [in baseball] gant m.

mitten ['mɪtn] n moufle f.

mix [mɪks] ◇ vt -1. [gen] mélanger. -2. [activities]: to ~ sthg with sthg combiner OR associer qqch et qqch. -3. [drink] préparer; [cement] malaxer. ◇ vi -1. [gen] se mélanger. -2. [socially]: to ~ with fréquenter. ◇ n -1. [gen] mélange m. -2. MUS mixage m.

♦ **mix up** vt sep -1. [confuse] confondre. -2. [disorganize] mélanger.

mixed [mɪkst] adj -1. [assorted] assortis(ies). -2. [education] mixte.

mixed-ability adj Br [class] tous niveaux confondus.

mixed grill n assortiment m de grillades.

mixed up adj -1. [confused - person] qui ne sait plus où il en est, paumé(e); [- mind] embrouillé(e). -2. [involved]: to be ~ in sthg être mêlé(e) à qqch.

mixer ['mɪksər] n [for food] mixer m.

mixture ['mɪkstʃər] n -1. [gen] mélange m. -2. MED préparation f.

mix-up n inf confusion f.

mm (abbr of millimetre) mm.

moan [məʊn] ◇ n [of pain, sadness] gémissement m. ◇ vi -1. [in pain, sadness] gémir. -2. inf [complain]: to ~ (about) rouspéter OR râler (à propos de).

moat [məʊt] n douves fpl.

mob [mɒb] ◇ n foule f. ◇ vt assaillir.

mobile ['məʊbaɪl] ◇ adj -1. [gen] mobile. -2. [able to travel] motorisé(e). ◇ n mobile m.

mobile home n auto-caravane f.

mobile phone n téléphone m portatif.

mobilize, **-ise** ['məʊbɪlaɪz] vt & vi mobiliser.

mock [mɒk] ◇ adj faux (fausse); ~ exam examen blanc. ◇ vt se moquer de. ◇ vi se moquer.

mockery ['mɒkərɪ] n moquerie f.

mod cons [,mɒd-] (*abbr of* **modern conveniences**) *npl Br inf:* **all ~** tout confort, tt. conf.

mode [məʊd] *n* mode *m*.

model ['mɒdl] ◇ *n* **-1.** [gen] modèle *m*. **-2.** [fashion model] mannequin *m*. ◇ *adj* **-1.** [perfect] modèle. **-2.** [reduced-scale] (en) modèle réduit. ◇ *vt* **-1.** [clay] modeler. **-2.** [clothes]: **to ~ a dress** présenter un modèle de robe. **-3.** [copy]: **to ~ o.s. on sb** prendre modèle OR exemple sur qqn, se modeler sur qqn. ◇ *vi* être mannequin.

modem ['məʊdem] *n* COMPUT modem *m*.

moderate [*adj & n* 'mɒdərət, *vb* 'mɒdəreɪt] ◇ *adj* modéré(e). ◇ *n* POL modéré *m*, -e *f.* ◇ *vt* modérer. ◇ *vi* se modérer.

moderation [,mɒdə'reɪʃn] *n* modération *f*; **in ~** avec modération.

modern ['mɒdən] *adj* moderne.

modernize, -ise ['mɒdənaɪz] ◇ *vt* moderniser. ◇ *vi* se moderniser.

modern languages *npl* langues *fpl* vivantes.

modest ['mɒdɪst] *adj* modeste.

modesty ['mɒdɪstɪ] *n* modestie *f*.

modicum ['mɒdɪkəm] *n* minimum *m*.

modify ['mɒdɪfaɪ] *vt* modifier.

module ['mɒdjuːl] *n* module *m*.

mogul ['məʊgl] *n fig* magnat *m*.

mohair ['məʊheəʳ] *n* mohair *m*.

moist [mɔɪst] *adj* [soil, climate] humide; [cake] moelleux(euse).

moisten ['mɔɪsn] *vt* humecter.

moisture ['mɔɪstʃəʳ] *n* humidité *f*.

moisturizer ['mɔɪstʃəraɪzəʳ] *n* crème *f* hydratante, lait *m* hydratant.

molar ['məʊləʳ] *n* molaire *f*.

molasses [mə'læsɪz] *n* (U) mélasse *f*.

mold *etc Am* = **mould**.

mole [məʊl] *n* **-1.** [animal, spy] taupe *f*. **-2.** [on skin] grain *m* de beauté.

molecule ['mɒlɪkjuːl] *n* molécule *f*.

molest [mə'lest] *vt* **-1.** [attack sexually] attenter à la pudeur de. **-2.** [attack] molester.

mollusc, mollusk *Am* ['mɒləsk] *n* mollusque *m*.

mollycoddle ['mɒlɪ,kɒdl] *vt inf* chouchouter.

molt *Am* = **moult**.

molten ['məʊltn] *adj* en fusion.

mom [mɒm] *n Am inf* maman *f*.

moment ['məʊmənt] *n* moment *m*, instant *m*; **at any ~** d'un moment à l'autre; **at the ~** en ce moment; **for the ~** pour le moment.

momentarily ['məʊməntərɪlɪ] *adv* **-1.** [for a short time] momentanément. **-2.** *Am* [soon] très bientôt.

momentary ['məʊməntrɪ] *adj* momentané(e), passager(ère).

momentous [mə'mentəs] *adj* capital(e), très important(e).

momentum [mə'mentəm] *n* (U) **-1.** PHYSICS moment *m*. **-2.** *fig* [speed, force] vitesse *f*; **to gather ~** prendre de la vitesse.

momma ['mɒmə], **mommy** ['mɒmɪ] *n Am* maman *f*.

Monaco ['mɒnəkəʊ] *n* Monaco *m*.

monarch ['mɒnək] *n* monarque *m*.

monarchy ['mɒnəkɪ] *n* monarchie *f*.

monastery ['mɒnəstrɪ] *n* monastère *m*.

Monday ['mʌndɪ] *n* lundi *m*; *see also* **Saturday**.

monetary ['mʌnɪtrɪ] *adj* monétaire.

money ['mʌnɪ] *n* argent *m*; **to make ~** gagner de l'argent; **to get one's ~'s worth** en avoir pour son argent.

moneybox ['mʌnɪbɒks] *n* tirelire *f*.

moneylender ['mʌnɪ,lendəʳ] *n* prêteur *m*, -euse *f* sur gages.

money order *n* mandat *m* postal.

money-spinner [-,spɪnəʳ] *n inf* mine *f* d'or.

mongol ['mɒŋgəl] *dated & offensive n* mongolien *m*, -ienne *f*.

Mongolia [mɒŋ'gəʊlɪə] *n* Mongolie *f*.

mongrel ['mʌŋgrəl] *n* [dog] bâtard *m*.

monitor ['mɒnɪtəʳ] ◇ *n* COMPUT, MED & TV moniteur *m*. ◇ *vt* **-1.** [check] contrôler, suivre de près. **-2.** [broadcasts, messages] être à l'écoute de.

monk [mʌŋk] *n* moine *m*.

monkey ['mʌŋkɪ] (*pl* **monkeys**) *n* singe *m*.

monkey nut *n* cacahuète *f*.

monkey wrench *n* clef *f* à molette.

mono ['mɒnəʊ] ◇ *adj* mono (*inv*). ◇ *n* [sound] monophonie *f*.

monochrome ['mɒnəkrəʊm] *adj* monochrome.

monocle ['mɒnəkl] *n* monocle *m*.

monologue, monolog *Am* ['mɒnəlɒg] *n* monologue *m*.

monopolize, -ise [mə'nɒpəlaɪz] *vt* monopoliser.

monopoly [mə'nɒpəlɪ] *n*: ~ (**on** OR **of**) monopole *m* (de).

monotone ['mɒnətəʊn] *n* ton *m* monocorde.

monotonous [mə'nɒtənəs] *adj* monotone.

monotony [mə'nɒtənɪ] *n* monotonie *f*.

monsoon [mɒn'su:n] *n* mousson *f*.

monster ['mɒnstə^r] *n* **-1.** [creature, cruel person] monstre *m*. **-2.** [huge thing, person] colosse *m*.

monstrosity [mɒn'strɒsətɪ] *n* monstruosité *f*.

monstrous ['mɒnstrəs] *adj* monstrueux(euse).

Mont Blanc [ˌmɔ̃'blɑ̃] *n* le mont Blanc.

month [mʌnθ] *n* mois *m*.

monthly ['mʌnθlɪ] ◇ *adj* mensuel(elle). ◇ *adv* mensuellement. ◇ *n* [publication] mensuel *m*.

Montreal [ˌmɒntrɪ'ɔːl] *n* Montréal *m*.

monument ['mɒnjʊmənt] *n* monument *m*.

monumental [ˌmɒnjʊ'mentl] *adj* monumental(e).

moo [mu:] (*pl* **-s**) ◇ *n* meuglement *m*, beuglement *m*. ◇ *vi* meugler, beugler.

mood [mu:d] *n* humeur *f*; **in a** (**bad**) ~ de mauvaise humeur; **in a good** ~ de bonne humeur.

moody ['mu:dɪ] *adj pej* **-1.** [changeable] lunatique. **-2.** [bad-tempered] de mauvaise humeur, mal luné(e).

moon [mu:n] *n* lune *f*.

moonlight ['mu:nlaɪt] (*pt* & *pp* **-ed**) ◇ *n* clair *m* de lune. ◇ *vi* travailler au noir.

moonlighting ['mu:nlaɪtɪŋ] *n* (U) travail *m* (au) noir.

moonlit ['mu:nlɪt] *adj* [countryside] éclairé(e) par la lune; [night] de lune.

moor [mɔː^r] ◇ *n* lande *f*. ◇ *vt* amarrer. ◇ *vi* mouiller.

moorland ['mɔːlənd] *n* lande *f*.

moose [mu:s] (*pl inv*) *n* [North American] orignal *m*.

mop [mɒp] ◇ *n* **-1.** [for cleaning] balai *m* à laver. **-2.** *inf* [hair] tignasse *f*. ◇ *vt* **-1.** [floor] laver. **-2.** [sweat] essuyer; **to** ~ **one's face** s'essuyer le visage.
◆ **mop up** *vt sep* [clean up] éponger.

mope [məʊp] *vi* broyer du noir.

moped ['məʊped] *n* vélomoteur *m*.

moral ['mɒrəl] ◇ *adj* moral(e). ◇ *n* [lesson] morale *f*.
◆ **morals** *npl* moralité *f*.

morale [mə'rɑːl] *n* (U) moral *m*.

morality [mə'rælətɪ] *n* moralité *f*.

morass [mə'ræs] *n fig* [of detail, paperwork] fatras *m*.

morbid ['mɔːbɪd] *adj* morbide.

more [mɔː^r] ◇ *adv* **-1.** (*with adjectives and adverbs*) plus; ~ **important (than)** plus important (que); ~ **often/quickly (than)** plus souvent/rapidement (que). **-2.** [to a greater degree] plus, davantage. **-3.** [another time]: **once/twice** ~ une fois/deux fois de plus, encore une fois/deux fois. ◇ *adj* **-1.** [larger number, amount of] plus de, davantage de; **there are** ~ **trains in the morning** il y a plus de trains le matin; ~ **than 70 people died** plus de 70 personnes ont péri. **-2.** [an extra amount of] encore (de); **have some** ~ **tea** prends encore du thé; **I finished two** ~ **chapters today** j'ai fini deux autres OR encore deux chapitres aujourd'hui; **we need** ~ **money/time** il nous faut plus d'argent/de temps, il nous faut davantage d'argent/de temps. ◇ *pron* plus, davantage; ~ **than five** plus de cinq; **he's got** ~ **than I have** il en a

plus que moi; **there's no ~ (left)** il n'y en a plus, il n'en reste plus; **(and) what's ~** de plus, qui plus est.
♦ **any more** *adv*: **not ... any ~** ne ... plus.
♦ **more and more** ◇ *adv & pron* de plus en plus; **~ and ~ depressed** de plus en plus déprimé. ◇ *adj* de plus en plus de; **there are ~ and ~ cars on the roads** il y a de plus en plus de voitures sur les routes.
♦ **more or less** *adv* **-1.** [almost] plus ou moins. **-2.** [approximately] environ, à peu près.

moreover [mɔːˈrəʊvəʳ] *adv* de plus.

morgue [mɔːg] *n* morgue *f*.

Mormon [ˈmɔːmən] *n* mormon *m*, -e *f*.

morning [ˈmɔːnɪŋ] *n* matin *m*; [duration] matinée *f*; **I work in the ~** je travaille le matin; **I'll do it tomorrow ~** OR **in the ~** je le ferai demain.
♦ **mornings** *adv Am* le matin.

Moroccan [məˈrɒkən] ◇ *adj* marocain(e). ◇ *n* Marocain *m*, -e *f*.

Morocco [məˈrɒkəʊ] *n* Maroc *m*.

moron [ˈmɔːrɒn] *n* *inf* idiot *m*, -e *f*, crétin *m*, -e *f*.

morose [məˈrəʊs] *adj* morose.

morphine [ˈmɔːfiːn] *n* morphine *f*.

Morse (code) [mɔːs-] *n* morse *m*.

morsel [ˈmɔːsl] *n* bout *m*, morceau *m*.

mortal [ˈmɔːtl] ◇ *adj* mortel(elle). ◇ *n* mortel *m*, -elle *f*.

mortality [mɔːˈtælətɪ] *n* mortalité *f*.

mortar [ˈmɔːtəʳ] *n* mortier *m*.

mortgage [ˈmɔːgɪdʒ] ◇ *n* emprunt-logement *m*. ◇ *vt* hypothéquer.

mortified [ˈmɔːtɪfaɪd] *adj* mortifié(e).

mortuary [ˈmɔːtʃʊərɪ] *n* morgue *f*.

mosaic [məˈzeɪɪk] *n* mosaïque *f*.

Moscow [ˈmɒskəʊ] *n* Moscou.

Moslem [ˈmɒzləm] = **Muslim**.

mosque [mɒsk] *n* mosquée *f*.

mosquito [məˈskiːtəʊ] (*pl* **-es** OR **-s**) *n* moustique *m*.

moss [mɒs] *n* mousse *f*.

most [məʊst] (*superl of* **many**) ◇ *adj* **-1.** [the majority of] la plupart de; **~ tourists here are German** la plupart

des touristes ici sont allemands. **-2.** [largest amount of]: **(the) ~** le plus de; **she's got (the) ~ money/sweets** c'est elle qui a le plus d'argent/de bonbons. ◇ *pron* **-1.** [the majority] la plupart; **~ of the tourists here are German** la plupart des touristes ici sont allemands; **~ of them** la plupart d'entre eux. **-2.** [largest amount]: **(the) ~** le plus; **at ~** au maximum, tout au plus. **-3.** *phr*: **to make the ~ of sthg** profiter de qqch au maximum. ◇ *adv* **-1.** [to greatest extent]: **(the) ~** le plus. **-2.** *fml* [very] très, fort. **-3.** *Am* [almost] presque.

mostly [ˈməʊstlɪ] *adv* principalement, surtout.

MOT *n* (*abbr of* **Ministry of Transport (test)**) contrôle technique annuel obligatoire pour les véhicules de plus de trois ans.

motel [məʊˈtel] *n* motel *m*.

moth [mɒθ] *n* papillon *m* de nuit; [in clothes] mite *f*.

mothball [ˈmɒθbɔːl] *n* boule *f* de naphtaline.

mother [ˈmʌðəʳ] ◇ *n* mère *f*. ◇ *vt* [child] materner, dorloter.

motherhood [ˈmʌðəhʊd] *n* maternité *f*.

mother-in-law (*pl* **mothers-in-law** OR **mother-in-laws**) *n* belle-mère *f*.

motherly [ˈmʌðəlɪ] *adj* maternel(elle).

mother-of-pearl *n* nacre *f*.

mother-to-be (*pl* **mothers-to-be**) *n* future maman *f*.

mother tongue *n* langue *f* maternelle.

motif [məʊˈtiːf] *n* motif *m*.

motion [ˈməʊʃn] ◇ *n* **-1.** [gen] mouvement *m*; **to set sthg in ~** mettre qqch en branle. **-2.** [in debate] motion *f*. ◇ *vt*: **to ~ sb to do sthg** faire signe à qqn de faire qqch. ◇ *vi*: **to ~ to sb** faire signe à qqn.

motionless [ˈməʊʃənlɪs] *adj* immobile.

motion picture *n Am* film *m*.

motivated [ˈməʊtɪveɪtɪd] *adj* motivé(e).

motivation [,məʊtɪ'veɪʃn] n motivation f.

motive ['məʊtɪv] n motif m.

motley ['mɒtlɪ] adj pej hétéroclite.

motor ['məʊtəʳ] ◇ adj Br automobile. ◇ n [engine] moteur m.

motorbike ['məʊtəbaɪk] n inf moto f.

motorboat ['məʊtəbəʊt] n canot m automobile.

motorcar ['məʊtəkɑːʳ] n Br automobile f, voiture f.

motorcycle ['məʊtə,saɪkl] n moto f.

motorcyclist ['məʊtə,saɪklɪst] n motocycliste mf.

motoring ['məʊtərɪŋ] ◇ adj Br [magazine, correspondent] automobile. ◇ n tourisme m automobile.

motorist ['məʊtərɪst] n automobiliste mf.

motor racing n (U) course f automobile.

motor scooter n scooter m.

motor vehicle n véhicule m automobile.

motorway ['məʊtəweɪ] Br n autoroute f.

mottled ['mɒtld] adj [leaf] tacheté(e); [skin] marbré(e).

motto ['mɒtəʊ] (pl -s OR -es) n devise f.

mould, mold Am [məʊld] ◇ n -1. [growth] moisissure f. -2. [shape] moule m. ◇ vt -1. [shape] mouler, modeler. -2. fig [influence] former, façonner.

moulding, molding Am ['məʊldɪŋ] n [decoration] moulure f.

mouldy, moldy Am ['məʊldɪ] adj moisi(e).

moult, molt Am [məʊlt] vi muer.

mound [maʊnd] n -1. [small hill] tertre m, butte f. -2. [pile] tas m, monceau m.

mount [maʊnt] ◇ n -1. [support - for jewel] monture f; [- for photograph] carton m de montage; [- for machine] support m. -2. [horse] monture f. -3. [mountain] mont m. ◇ vt monter; **to ~ a horse** monter sur un cheval; **to ~ a bike** monter OR enfourcher un vélo. ◇ vi -1. [increase] monter, augmenter. -2. [climb on horse] se mettre en selle.

mountain ['maʊntɪn] n lit & fig montagne f.

mountain bike n VTT m.

mountaineer [,maʊntɪ'nɪəʳ] n alpiniste mf.

mountaineering [,maʊntɪ'nɪərɪŋ] n alpinisme m.

mountainous ['maʊntɪnəs] adj [region] montagneux(euse).

mourn [mɔːn] ◇ vt pleurer. ◇ vi: **to ~ (for sb)** pleurer (qqn).

mourner ['mɔːnəʳ] n [related] parent m du défunt; [unrelated] ami m, -e f du défunt.

mournful ['mɔːnfʊl] adj [face] triste; [sound] lugubre.

mourning ['mɔːnɪŋ] n deuil m; **in ~** en deuil.

mouse [maʊs] (pl mice) n COMPUT & ZOOL souris f.

mousetrap ['maʊstræp] n souricière f.

mousse [muːs] n mousse f.

moustache Br [məˈstɑːʃ], **mustache** Am ['mʌstæʃ] n moustache f.

mouth [maʊθ] n -1. [of person, animal] bouche f; [of dog, cat, lion] gueule f. -2. [of cave] entrée f; [of river] embouchure f.

mouthful ['maʊθfʊl] n [of food] bouchée f; [of drink] gorgée f.

mouthorgan ['maʊθ,ɔːgən] n harmonica m.

mouthpiece ['maʊθpiːs] n -1. [of telephone] microphone m; [of musical instrument] bec m. -2. [spokesperson] porte-parole m inv.

mouthwash ['maʊθwɒʃ] n eau f dentifrice.

mouth-watering [-,wɔːtərɪŋ] adj alléchant(e).

movable ['muːvəbl] adj mobile.

move [muːv] ◇ n -1. [movement] mouvement m; **to get a ~ on** inf se remuer, se grouiller. -2. [change - of house] déménagement m; [- of job] changement m d'emploi. -3. [in game - action] coup m; [- turn to play] tour

m; *fig* démarche *f*. ◇ *vt* **-1.** [shift] déplacer, bouger. **-2.** [change - job, office] changer de; **to ~ house** déménager. **-3.** [cause]: **to ~ sb to do sthg** inciter qqn à faire qqch. **-4.** [emotionally] émouvoir. **-5.** [propose]: **to ~ sthg/that ...** proposer qqch/que .... ◇ *vi* **-1.** [shift] bouger. **-2.** [act] agir. **-3.** [to new house] déménager; [to new job] changer d'emploi.
◆ **move about** *vi* **-1.** [fidget] remuer. **-2.** [travel] voyager.
◆ **move along** ◇ *vt sep* faire avancer. ◇ *vi* se déplacer; **the police asked him to ~ along** la police lui a demandé de circuler.
◆ **move around** = move about.
◆ **move away** *vi* [leave] partir.
◆ **move in** *vi* [to house] emménager.
◆ **move on** *vi* **-1.** [after stopping] se remettre en route. **-2.** [in discussion] changer de sujet.
◆ **move out** *vi* [from house] déménager.
◆ **move over** *vi* s'écarter, se pousser.
◆ **move up** *vi* [on bench etc] se déplacer.
moveable ['muːvəbl] = **movable**.
movement ['muːvmənt] *n* mouvement *m*.
movie ['muːvɪ] *n* film *m*.
movie camera *n* caméra *f*.
moving ['muːvɪŋ] *adj* **-1.** [emotionally] émouvant(e), touchant(e). **-2.** [not fixed] mobile.
mow [məʊ] (*pt* -ed, *pp* -ed OR mown) *vt* faucher; [lawn] tondre.
◆ **mow down** *vt sep* faucher.
mower ['məʊər] *n* tondeuse *f* à gazon.
mown [məʊn] *pp* → mow.
MP *n* **-1.** (*abbr of* **Military Police**) P.M. **-2.** *Br* (*abbr of* **Member of Parliament**) ≃ député *m*.
mpg (*abbr of* **miles per gallon**) *n* miles au gallon.
mph (*abbr of* **miles per hour**) *n* miles à l'heure.
Mr ['mɪstər] *n* Monsieur *m*; [on letter] M.

Mrs ['mɪsɪz] *n* Madame *f*; [on letter] Mme.
Ms [mɪz] *n titre que les femmes peuvent utiliser au lieu de madame ou mademoiselle pour éviter la distinction entre les femmes mariées et les célibataires.*
MS *n* (*abbr of* **multiple sclerosis**) SEP *f.*
MSc (*abbr of* **Master of Science**) *n* (titulaire d'une) maîtrise de sciences.
much [mʌtʃ] (*compar* more, *superl* most) ◇ *adj* beaucoup de; **there isn't ~ rice left** il ne reste pas beaucoup de riz; **as ~ money as ...** autant d'argent que ...; **too ~** trop de; **how ~ ...?** combien de ...?; **how ~ money do you earn?** tu gagnes combien? ◇ *pron* beaucoup; **I don't think ~ of his new house** sa nouvelle maison ne me plaît pas trop; **as ~ as** autant que; **too ~** trop; **how ~?** combien?; **I'm not ~ of a cook** je suis un piètre cuisinier; **so ~ for all my hard work** tout ce travail pour rien; **I thought as ~** c'est bien ce que je pensais. ◇ *adv* beaucoup; **I don't go out ~** je ne sors pas beaucoup OR souvent; **as ~ as** autant que; **thank you very ~** merci beaucoup; **without so ~ as ...** sans même ....
◆ **much as** *conj* bien que (+ *subjunctive*).
muck [mʌk] *n* (U) *inf* **-1.** [dirt] saletés *fpl.* **-2.** [manure] fumier *m.*
◆ **muck about, muck around** *Br inf* ◇ *vt sep*: **to ~ sb about** traiter qqn par-dessus OR par-dessous la jambe. ◇ *vi* traîner.
◆ **muck up** *vt sep Br inf* gâcher.
mucky ['mʌkɪ] *adj* sale.
mucus ['mjuːkəs] *n* mucus *m.*
mud [mʌd] *n* boue *f.*
muddle ['mʌdl] ◇ *n* désordre *m*, fouillis *m.* ◇ *vt* **-1.** [papers] mélanger. **-2.** [person] embrouiller.
◆ **muddle along** *vi* se débrouiller tant bien que mal.
◆ **muddle through** *vi* se tirer d'affaire, s'en sortir tant bien que mal.

muslin

◆ **muddle up** *vt sep* mélanger.
muddy ['mʌdɪ] ◇ *adj* boueux(euse).
◇ *vt fig* embrouiller.
mudguard ['mʌdgɑːd] *n* garde-boue *m inv*.
mudslinging ['mʌd,slɪŋɪŋ] *n* (U) *fig* attaques *fpl*.
muesli ['mjuːzlɪ] *n Br* muesli *m*.
muff [mʌf] ◇ *n* manchon *m*. ◇ *vt inf* louper.
muffin ['mʌfɪn] *n* muffin *m*.
muffle ['mʌfl] *vt* étouffer.
muffler ['mʌflər] *n Am* [for car] silencieux *m*.
mug [mʌg] ◇ *n* **-1.** [cup] (grande) tasse *f*. **-2.** *inf* [fool] andouille *f*. ◇ *vt* [attack] agresser.
mugging ['mʌgɪŋ] *n* agression *f*.
muggy ['mʌgɪ] *adj* lourd(e), moite.
mule [mjuːl] *n* mule *f*.
mull [mʌl]
◆ **mull over** *vt sep* ruminer, réfléchir à.
mulled [mʌld] *adj*: ~ **wine** vin *m* chaud.
multicoloured *Br*, **multicolored** *Am* ['mʌltɪ,kələd] *adj* multicolore.
multilateral [,mʌltɪ'lætərəl] *adj* multilatéral(e).
multinational [,mʌltɪ'næʃənl] *n* multinationale *f*.
multiple ['mʌltɪpl] ◇ *adj* multiple. ◇ *n* multiple *m*.
multiple sclerosis [-sklɪ'rəusɪs] *n* sclérose *f* en plaques.
multiplex cinema ['mʌltɪpleks-] *n* grand cinéma *m* à plusieurs salles.
multiplication [,mʌltɪplɪ'keɪʃn] *n* multiplication *f*.
multiply ['mʌltɪplaɪ] ◇ *vt* multiplier. ◇ *vi* se multiplier.
multistorey *Br*, **multistory** *Am* [,mʌltɪ'stɔːrɪ] ◇ *adj* à étages. ◇ *n* [car park] parking *m* à étages.
multitude ['mʌltɪtjuːd] *n* multitude *f*.
mum [mʌm] *Br inf* ◇ *n* maman *f*. ◇ *adj*: **to keep** ~ ne pas piper mot.
mumble ['mʌmbl] *vt & vi* marmotter.
mummy ['mʌmɪ] *n* **-1.** *Br inf* [mother]

maman *f*. **-2.** [preserved body] momie *f*.
mumps [mʌmps] *n* (U) oreillons *mpl*.
munch [mʌntʃ] *vt & vi* croquer.
mundane [mʌn'deɪn] *adj* banal(e), ordinaire.
municipal [mjuː'nɪsɪpl] *adj* municipal(e).
municipality [mjuː,nɪsɪ'pælətɪ] *n* municipalité *f*.
mural ['mjuːərəl] *n* peinture *f* murale.
murder ['mɜːdər] ◇ *n* meurtre *m*. ◇ *vt* assassiner.
murderer ['mɜːdərər] *n* meurtrier *m*, assassin *m*.
murderous ['mɜːdərəs] *adj* meurtrier(ière).
murky ['mɜːkɪ] *adj* **-1.** [place] sombre. **-2.** [water, past] trouble.
murmur ['mɜːmər] ◇ *n* murmure *m*; MED souffle *m* au cœur. ◇ *vt & vi* murmurer.
muscle ['mʌsl] *n* muscle *m*; *fig* [power] poids *m*, impact *m*.
◆ **muscle in** *vi* intervenir, s'immiscer.
muscular ['mʌskjʊlər] *adj* **-1.** [spasm, pain] musculaire. **-2.** [person] musclé(e).
muse [mjuːz] ◇ *n* muse *f*. ◇ *vi* méditer, réfléchir.
museum [mjuː'ziːəm] *n* musée *m*.
mushroom ['mʌʃrum] ◇ *n* champignon *m*. ◇ *vi* [organization, party] se développer, grandir; [houses] proliférer.
music ['mjuːzɪk] *n* musique *f*.
musical ['mjuːzɪkl] ◇ *adj* **-1.** [event, voice] musical(e). **-2.** [child] doué(e) pour la musique, musicien(ienne). ◇ *n* comédie *f* musicale.
musical instrument *n* instrument *m* de musique.
music centre *n* chaîne *f* compacte.
music hall *n Br* music-hall *m*.
musician [mjuː'zɪʃn] *n* musicien *m*, -ienne *f*.
Muslim ['mʊzlɪm] ◇ *adj* musulman(e). ◇ *n* Musulman *m*, -e *f*.
muslin ['mʌzlɪn] *n* mousseline *f*.

mussel ['mʌsl] *n* moule *f.*

must [mʌst] ◇ *modal vb* **-1.** [expressing obligation] devoir; **I ~ go** il faut que je m'en aille, je dois partir; **you ~ come and visit** il faut absolument que tu viennes nous voir. **-2.** [expressing likelihood]: **they ~ have known** ils devaient le savoir. ◇ *n inf*: **a ~** un must, un impératif.

mustache *Am* = **moustache**.

mustard ['mʌstəd] *n* moutarde *f.*

muster ['mʌstər] ◇ *vt* rassembler. ◇ *vi* se réunir, se rassembler.

mustn't [mʌsnt] = **must not**.

must've ['mʌstəv] = **must have**.

musty ['mʌsti] *adj* [smell] de moisi; [room] qui sent le renfermé OR le moisi.

mute [mju:t] ◇ *adj* muet(ette). ◇ *n* muet *m*, -ette *f.*

muted ['mju:tid] *adj* **-1.** [colour] sourd(e). **-2.** [reaction] peu marqué(e); [protest] voilé(e).

mutilate ['mju:tɪleɪt] *vt* mutiler.

mutiny ['mju:tɪnɪ] ◇ *n* mutinerie *f.* ◇ *vi* se mutiner.

mutter ['mʌtər] ◇ *vt* [threat, curse] marmonner. ◇ *vi* marmotter, marmonner.

mutton ['mʌtn] *n* mouton *m.*

mutual ['mju:tʃʊəl] *adj* **-1.** [feeling, help] réciproque, mutuel(elle). **-2.** [friend, interest] commun(e).

mutually ['mju:tʃʊəlɪ] *adv* mutuellement, réciproquement.

muzzle ['mʌzl] ◇ *n* **-1.** [of dog - mouth] museau *m*; [- guard] muselière *f.* **-2.** [of gun] gueule *f.* ◇ *vt lit & fig* museler.

MW (*abbr of* **medium wave**) PO.

my [maɪ] *poss adj* **-1.** [referring to oneself] mon (ma), mes (*pl*); **~ dog** mon chien; **~ house** ma maison; **~ children** mes enfants; **~ name is Joe/Sarah** je m'appelle Joe/Sarah; **it wasn't MY fault** ce n'était pas de ma faute à moi. **-2.** [in titles]: **yes, ~ Lord** oui, monsieur le comte/duc *etc.*

myriad ['mɪrɪəd] *literary* ◇ *adj* innombrable. ◇ *n* myriade *f.*

myself [maɪ'self] *pron* **-1.** (*reflexive*) me; (*after prep*) moi; (*for emphasis*) moi-même; **I did it ~** je l'ai fait tout seul.

mysterious [mɪ'stɪərɪəs] *adj* mystérieux(ieuse).

mystery ['mɪstərɪ] *n* mystère *m.*

mystical ['mɪstɪkl] *adj* mystique.

mystified ['mɪstɪfaɪd] *adj* perplexe.

mystifying ['mɪstɪfaɪɪŋ] *adj* inexplicable, déconcertant(e).

mystique [mɪ'sti:k] *n* mystique *f.*

myth [mɪθ] *n* mythe *m.*

mythical ['mɪθɪkl] *adj* mythique.

mythology [mɪ'θɒlədʒɪ] *n* mythologie *f.*

N

n (*pl* **n's** OR **ns**), **N** (*pl* **N's** OR **Ns**) [en] *n* (letter) n *m inv*, N *m inv.*
◆ **N** (*abbr of* **north**), N.

n/a, N/A (*abbr of* **not applicable**) s.o.

nab [næb] *vt inf* **-1.** [arrest] pincer. **-2.** [get quickly] attraper, accaparer.

nag [næg] ◇ *vt* harceler. ◇ *n inf* [horse] canasson *m.*

nagging ['nægɪŋ] *adj* **-1.** [doubt] persistant(e), tenace. **-2.** [husband, wife] enquiquineur(euse).

nail [neɪl] ◇ *n* **-1.** [for fastening] clou *m.* **-2.** [of finger, toe] ongle *m.* ◇ *vt* clouer.
◆ **nail down** *vt sep* **-1.** [lid] clouer. **-2.** *fig* [person]: **to ~ sb down to sthg** faire préciser qqch à qqn.

nailbrush ['neɪlbrʌʃ] *n* brosse *f* à ongles.

nail file *n* lime *f* à ongles.

nail polish *n* vernis *m* à ongles.

nail scissors *npl* ciseaux *mpl* à ongles.

nail varnish *n* vernis *m* à ongles.

nail varnish remover [-rɪ'mu:vər] *n* dissolvant *m.*

naive, naïve [naɪ'iːv] *adj* naïf(ïve).

naked ['neɪkɪd] *adj* **-1.** [body, flame] nu(e); **with the ~ eye** à l'œil nu. **-2.** [emotions] **manifeste, évident(e)**; [aggression] **non déguisé(e)**.

name [neɪm] ◇ *n* **-1.** [identification] nom *m*; **what's your ~?** comment vous appelez-vous?; **to know sb by ~** connaître qqn de nom; **in my/his ~** à mon/son nom; **in the ~ of peace** au nom de la paix; **to call sb ~s** traiter qqn de tous les noms, injurier qqn. **-2.** [reputation] réputation *f*. **-3.** [famous person] **grand nom** *m*, **célébrité** *f*. ◇ *vt* **-1.** [gen] nommer; **to ~ sb/sthg after** *Br*, **to ~ sb/sthg for** *Am* donner à qqn/à qqch le nom de. **-2.** [date, price] fixer.

nameless ['neɪmlɪs] *adj* inconnu(e), sans nom; [author] anonyme.

namely ['neɪmlɪ] *adv* à savoir, c'est-à-dire.

namesake ['neɪmseɪk] *n* homonyme *m*.

nanny ['nænɪ] *n* nurse *f*, bonne *f* d'enfants.

nap [næp] ◇ *n*: **to have** OR **take a ~** faire un petit somme. ◇ *vi* faire un petit somme; **to be caught napping** *inf fig* être pris au dépourvu.

nape [neɪp] *n* nuque *f*.

napkin ['næpkɪn] *n* serviette *f*.

nappy ['næpɪ] *n Br* couche *f*.

nappy liner *n* change *m* (jetable).

narcissi [nɑː'sɪsaɪ] *pl* → **narcissus**.

narcissus [nɑː'sɪsəs] (*pl* **-cissuses** OR **-cissi**) *n* narcisse *m*.

narcotic [nɑː'kɒtɪk] *n* stupéfiant *m*.

narrative ['nærətɪv] ◇ *adj* narratif(ive). ◇ *n* **-1.** [story] récit *m*, narration *f*. **-2.** [skill] art *m* de la narration.

narrator [*Br* nə'reɪtər, *Am* 'næreɪtər] *n* narrateur *m*, -trice *f*.

narrow ['nærəʊ] ◇ *adj* **-1.** [gen] étroit(e). **-2.** [victory, majority] de justesse. ◇ *vt* **-1.** [reduce] réduire, limiter. **-2.** [eyes] fermer à demi, plisser. ◇ *vi lit & fig* se rétrécir.

◆ **narrow down** *vt sep* réduire, limiter.

narrowly ['nærəʊlɪ] *adv* **-1.** [win, lose] de justesse. **-2.** [miss] de peu.

narrow-minded [-'maɪndɪd] *adj* [person] à l'esprit étroit, borné(e); [attitude] étroit(e), borné(e).

nasal ['neɪzl] *adj* nasal(e).

nasty ['nɑːstɪ] *adj* **-1.** [unpleasant - smell, feeling] mauvais(e); [- weather] vilain(e), mauvais(e). **-2.** [unkind] méchant(e). **-3.** [problem] difficile, délicat(e). **-4.** [injury] vilain(e); [accident] grave; [fall] mauvais(e).

nation ['neɪʃn] *n* nation *f*.

national ['næʃənl] ◇ *adj* national(e); [campaign, strike] à l'échelon national; [custom] du pays, de la nation. ◇ *n* ressortissant *m*, -e *f*.

national anthem *n* hymne *m* national.

national dress *n* costume *m* national.

National Health Service *n*: **the ~** le service national de santé britannique.

National Insurance *n* (U) *Br* **-1.** [system] système *m* de sécurité sociale (maladie, retraite) et d'assurance chômage. **-2.** [payment] ≃ contributions *fpl* à la Sécurité sociale.

nationalism ['næʃnəlɪzm] *n* nationalisme *m*.

nationalist ['næʃnəlɪst] ◇ *adj* nationaliste. ◇ *n* nationaliste *mf*.

nationality [,næʃə'nælətɪ] *n* nationalité *f*.

nationalize, -ise ['næʃnəlaɪz] *vt* nationaliser.

national park *n* parc *m* national.

national service *n Br* MIL service *m* national OR militaire.

National Trust *n Br*: **the ~** organisme non gouvernemental assurant la conservation de certains sites et monuments historiques.

nationwide ['neɪʃənwaɪd] ◇ *adj* dans tout le pays; [campaign, strike] à l'échelon national. ◇ *adv* à travers tout le pays.

native ['neɪtɪv] ◇ adj **-1.** [country, area] natal(e). **-2.** [language] maternel(elle); **an English ~ speaker** une personne de langue maternelle anglaise. **-3.** [plant, animal] indigène; **~ to** originaire de. ◇ n autochtone mf; [of colony] indigène mf.

Native American n Indien m, -ienne f d'Amérique, Amérindien m, -ienne f.

Nativity [nə'tɪvətɪ] n: **the ~** la Nativité.

NATO ['neɪtəʊ] (abbr of **North Atlantic Treaty Organization**) n OTAN f.

natural ['nætʃrəl] adj **-1.** [gen] naturel(elle). **-2.** [instinct, talent] inné(e). **-3.** [footballer, musician] né(e).

natural gas n gaz m naturel.

naturalize, -ise ['nætʃrəlaɪz] vt naturaliser; **to be ~d** se faire naturaliser.

naturally ['nætʃrəlɪ] adv **-1.** [gen] naturellement. **-2.** [unaffectedly] sans affectation, avec naturel.

natural wastage n (U) départs mpl volontaires.

nature ['neɪtʃər] n nature f; **by ~** [basically] par essence; [by disposition] de nature, naturellement.

nature reserve n réserve f naturelle.

naughty ['nɔːtɪ] adj **-1.** [badly behaved] vilain(e), méchant(e). **-2.** [rude] grivois(e).

nausea ['nɔːsjə] n nausée f.

nauseam ['nɔːzɪæm] → ad nauseam.

nauseating ['nɔːsɪeɪtɪŋ] adj lit & fig écœurant(e).

nautical ['nɔːtɪkl] adj nautique.

naval ['neɪvl] adj naval(e).

nave [neɪv] n nef f.

navel ['neɪvl] n nombril m.

navigate ['nævɪgeɪt] ◇ vt **-1.** [plane] piloter; [ship] gouverner. **-2.** [seas, river] naviguer sur. ◇ vi AERON & NAUT naviguer; AUT lire la carte.

navigation [,nævɪ'geɪʃn] n navigation f.

navigator ['nævɪgeɪtər] n navigateur m.

navvy ['nævɪ] n Br inf terrassier m.

navy ['neɪvɪ] ◇ n marine f. ◇ adj [in colour] bleu marine (inv).

navy blue ◇ adj bleu marine (inv). ◇ n bleu m marine.

Nazareth ['næzərɪθ] n Nazareth.

Nazi ['nɑːtsɪ] (pl **-s**) ◇ adj nazi(e). ◇ n Nazi m, -e f.

NB (abbr of **nota bene**) NB.

near [nɪər] ◇ adj proche; **a ~ disaster** une catastrophe évitée de justesse OR de peu; **in the ~ future** dans un proche avenir, dans un avenir prochain; **it was a ~ thing** il était moins cinq. ◇ adv **-1.** [close] près. **-2.** [almost]: **~ impossible** presque impossible; **nowhere ~ ready/enough** loin d'être prêt/assez. ◇ prep: **~ (to)** [in space] près de; [in time] près de, vers; **~ to tears** au bord des larmes; **~ (to) death** sur le point de mourir; **~ (to) the truth** proche de la vérité. ◇ vt approcher de. ◇ vi approcher.

nearby [nɪə'baɪ] ◇ adj proche. ◇ adv tout près, à proximité.

nearly ['nɪəlɪ] adv presque; **I ~ fell** j'ai failli tomber; **not ~ enough/as good** loin d'être suffisant/aussi bon.

near miss n **-1.** SPORT coup m qui a raté de peu. **-2.** [between planes, vehicles] quasi-collision f.

nearside ['nɪəsaɪd] n [right-hand drive] côté m gauche; [left-hand drive] côté droit.

nearsighted [,nɪə'saɪtɪd] adj Am myope.

neat [niːt] adj **-1.** [room, house] bien tenu(e), en ordre; [work] soigné(e); [handwriting] net (nette); [appearance] soigné(e), net (nette). **-2.** [solution, manoeuvre] habile, ingénieux(ieuse). **-3.** [alcohol] pur(e), sans eau. **-4.** Am inf [very good] chouette, super (inv).

neatly ['niːtlɪ] adv **-1.** [arrange] avec ordre; [write] soigneusement; [dress] avec soin. **-2.** [skilfully] habilement, adroitement.

nebulous ['nebjʊləs] adj nébuleux(euse).

necessarily [Br 'nesəsrəlɪ, ,nesə'serɪlɪ] adv forcément, nécessairement.

necessary ['nesəsrɪ] *adj* **-1.** [required] nécessaire, indispensable; **to make the ~ arrangements** faire le nécessaire. **-2.** [inevitable] inévitable, inéluctable.

necessity [nɪ'sesətɪ] *n* nécessité *f*; **of ~** inévitablement, fatalement.

neck [nek] ◇ *n* **-1.** ANAT cou *m*. **-2.** [of shirt, dress] encolure *f*. **-3.** [of bottle] col *m*, goulot *m*. ◇ *vi inf* se bécoter.

necklace ['neklɪs] *n* collier *m*.

neckline ['neklaɪn] *n* encolure *f*.

necktie ['nektaɪ] *n Am* cravate *f*.

nectarine ['nektərɪn] *n* brugnon *m*, nectarine *f*.

need [niːd] ◇ *n* besoin *m*; **there's no ~ to get up** ce n'est pas la peine de te lever; **there's no ~ for such language** tu n'as pas besoin d'être grossier; **~ for sthg/to do sthg** besoin de qqch/de faire qqch; **to be in** OR **have ~ of sthg** avoir besoin de qqch; **if ~ be** si besoin est, si nécessaire; **in ~** dans le besoin. ◇ *vt* **-1.** [require]: **to ~ sthg/to do sthg** avoir besoin de qqch/de faire qqch; **I ~ to go to the doctor** il faut que j'aille chez le médecin. **-2.** [be obliged]: **to ~ to do sthg** être obligé(e) de faire qqch. ◇ *modal vb*: **~ we go?** faut-il qu'on y aille?; **it ~ not happen** cela ne doit pas forcément se produire.

needle ['niːdl] ◇ *n* **-1.** [gen] aiguille *f*. **-2.** [stylus] saphir *m*. ◇ *vt inf* [annoy] asticoter, lancer des piques à.

needless ['niːdlɪs] *adj* [risk, waste] inutile; [remark] déplacé(e); **~ to say ...** bien entendu ....

needlework ['niːdlwɜːk] *n* **-1.** [embroidery] travail *m* d'aiguille. **-2.** (*U*) [activity] couture *f*.

needn't ['niːdnt] = **need not**.

needy ['niːdɪ] *adj* nécessiteux(euse), indigent(e).

negative ['negətɪv] ◇ *adj* négatif(ive). ◇ *n* **-1.** PHOT négatif *m*. **-2.** LING négation *f*; **to answer in the ~** répondre négativement OR par la négative.

neglect [nɪ'glekt] ◇ *n* [of garden] mauvais entretien *m*; [of children] manque

m de soins; [of duty] manquement *m*. ◇ *vt* négliger; [garden] laisser à l'abandon; **to ~ to do sthg** négliger OR omettre de faire qqch.

neglectful [nɪ'glektfʊl] *adj* négligent(e).

negligee ['neglɪʒeɪ] *n* déshabillé *m*, négligé *m*.

negligence ['neglɪdʒəns] *n* négligence *f*.

negligible ['neglɪdʒəbl] *adj* négligeable.

negotiate [nɪ'gəʊʃɪeɪt] ◇ *vt* **-1.** COMM & POL négocier. **-2.** [obstacle] franchir; [bend] prendre, négocier. ◇ *vi* négocier; **to ~ with sb (for sthg)** engager des négociations avec qqn (pour obtenir qqch).

negotiation [nɪ,gəʊʃɪ'eɪʃn] *n* négociation *f*.

Negress ['niːgrɪs] *n* négresse *f*.

Negro ['niːgrəʊ] (*pl* **-es**) ◇ *adj* noir(e). ◇ *n* Noir *m*.

neigh [neɪ] *vi* [horse] hennir.

neighbour *Br*, **neighbor** *Am* ['neɪbə'] *n* voisin *m*, -e *f*.

neighbourhood *Br*, **neighborhood** *Am* ['neɪbəhʊd] *n* **-1.** [of town] voisinage *m*, quartier *m*. **-2.** [approximate figure]: **in the ~ of £300** environ 300 livres, dans les 300 livres.

neighbouring *Br*, **neighboring** *Am* ['neɪbərɪŋ] *adj* avoisinant(e).

neighbourly *Br*, **neighborly** *Am* ['neɪbəlɪ] *adj* bon voisin (bonne voisine).

neither ['naɪðə', 'niːðə'] ◇ *adv*: **~ good nor bad** ni bon ni mauvais; **that's ~ here nor there** cela n'a rien à voir. ◇ *pron* aucun(e) ni l'un ni l'autre (ni l'une ni l'autre). ◇ *conj*: **~ do I** moi non plus.

neon ['niːɒn] *n* néon *m*.

neon light *n* néon *m*, lumière *f* au néon.

nephew ['nefjuː] *n* neveu *m*.

Neptune ['neptjuːn] *n* [planet] Neptune *f*.

nerve [nɜːv] *n* **-1.** ANAT nerf *m*. **-2.** [courage] courage *m*, sang-froid *m*; **to**

lose one's ~ se dégonfler, flancher. **-3.** [cheek] culot *m*, toupet *m*.
♦ **nerves** *npl* nerfs *mpl*; **to get on sb's** ~**s** taper sur les nerfs OR le système de qqn.

nerve-racking [-,rækɪŋ] *adj* angoissant(e), éprouvant(e).

nervous ['nɜːvəs] *adj* **-1.** [gen] nerveux(euse). **-2.** [apprehensive - smile, person etc] inquiet(iète); [- performer] qui a le trac; **to be** ~ **about sthg** appréhender qqch.

nervous breakdown *n* dépression *f* nerveuse.

nest [nest] ◇ *n* nid *m*; ~ **of tables** table *f* gigogne. ◇ *vi* [bird] faire son nid, nicher.

nest egg *n* pécule *m*, bas *m* de laine.

nestle ['nesl] *vi* se blottir.

net [net] ◇ *adj* net (nette); ~ **result** résultat final. ◇ *n* **-1.** [gen] filet *m*. **-2.** [fabric] voile *m*, tulle *m*. ◇ *vt* **-1.** [fish] prendre au filet. **-2.** [money - subj: person] toucher net, gagner net; [- subj: deal] rapporter net.

netball ['netbɔːl] *n* netball *m*.

net curtains *npl* voilage *m*.

Netherlands ['neðələndz] *npl*: **the** ~ les Pays-Bas *mpl*.

net profit *n* bénéfice *m* net.

net revenue *n* *Am* chiffre *m* d'affaires.

nett [net] *adj* = **net**.

netting ['netɪŋ] *n* **-1.** [metal, plastic] grillage *m*. **-2.** [fabric] voile *m*, tulle *m*.

nettle ['netl] *n* ortie *f*.

network ['netwɜːk] ◇ *n* réseau *m*. ◇ *vt* RADIO & TV diffuser.

neurosis [,njʊə'rəʊsɪs] (*pl* **-ses**) *n* névrose *f*.

neurotic [,njʊə'rɒtɪk] ◇ *adj* névrosé(e). ◇ *n* névrosé *m*, -e *f*.

neuter ['njuːtər] ◇ *adj* neutre. ◇ *vt* [cat] châtrer.

neutral ['njuːtrəl] ◇ *adj* [gen] neutre. ◇ *n* AUT point *m* mort.

neutrality [njuː'trælətɪ] *n* neutralité *f*.

neutralize, -ise ['njuːtrəlaɪz] *vt* neutraliser.

never ['nevər] *adv* jamais ... ne, ne ... jamais; ~ **ever** jamais, au grand jamais; **well I** ~! ça par exemple!

never-ending *adj* interminable.

nevertheless [,nevəðə'les] *adv* néanmoins, pourtant.

new [adj njuː, *n* njuːz] *adj* **-1.** [gen] nouveau(elle). **-2.** [not used] neuf (neuve); **as good as** ~ comme neuf.
♦ **news** *n* (*U*) **-1.** [information] nouvelle *f*; **a piece of** ~**s** une nouvelle; **that's** ~**s to me** première nouvelle. **-2.** RADIO informations *fpl*. **-3.** TV journal *m* télévisé, actualités *fpl*.

newborn ['njuːbɔːn] *adj* nouveau-né(e).

newcomer ['njuː,kʌmər] *n*: ~ **(to sthg)** nouveau-venu *m*, nouvelle-venue *f* (dans qqch).

newfangled [,njuː'fæŋgld] *adj inf pej* ultramoderne, trop moderne.

new-found *adj* récent(e), de fraîche date.

newly ['njuːlɪ] *adv* récemment, fraîchement.

newlyweds ['njuːlɪwedz] *npl* nouveaux OR jeunes mariés *mpl*.

new moon *n* nouvelle lune *f*.

news agency *n* agence *f* de presse.

newsagent *Br* ['njuːzeɪdʒənt], **newsdealer** *Am* ['njuːzdiːlər] *n* marchand *m* de journaux.

newscaster ['njuːzkɑːstər] *n* présentateur *m*, -trice *f*.

newsdealer *Am* = **newsagent**.

newsflash ['njuːzflæʃ] *n* flash *m* d'information.

newsletter ['njuːz,letər] *n* bulletin *m*.

newspaper ['njuːz,peɪpər] *n* journal *m*.

newsprint ['njuːzprɪnt] *n* papier *m* journal.

newsreader ['njuːz,riːdər] *n* présentateur *m*, -trice *f*.

newsreel ['njuːzriːl] *n* actualités *fpl* filmées.

newsstand ['njuːzstænd] *n* kiosque *m* à journaux.

newt [njuːt] *n* triton *m*.

new town *n* *Br* ville *f* nouvelle.

New Year *n* nouvel an *m*, nouvelle année *f*; **Happy ~!** bonne année!

New Year's Day *n* jour *m* de l'an, premier *m* de l'an.

New Year's Eve *n* la Saint-Sylvestre.

New York [-'jɔːk] *n* **-1.** [city]: ~ **(City)** New York. **-2.** [state]: ~ **(State)** l'État *m* de New York.

New Zealand [-'ziːlənd] *n* Nouvelle-Zélande *f*.

New Zealander [-'ziːləndəʳ] *n* Néo-Zélandais *m*, -e *f*.

next [nekst] ◇ *adj* prochain(e); [room] d'à côté; [page] suivant(e); ~ **Tuesday** mardi prochain; ~ **time** la prochaine fois; ~ **week** la semaine prochaine; **the** ~ **week** la semaine suivante OR d'après; ~ **year** l'année prochaine; **~, please!** au suivant!; **the day after** ~ le surlendemain; **the week after** ~ dans deux semaines. ◇ *adv* **-1.** [afterwards] ensuite, après. **-2.** [again] la prochaine fois. **-3.** (*with superlatives*): ~ **best** le meilleur à part ..., le mieux après ...; ~ **biggest** le plus grand ... après. ◇ *prep Am* à côté de.
♦ **next to** *prep* à côté de; **it cost ~ to nothing** cela a coûté une bagatelle OR trois fois rien; **I know ~ to nothing** je ne sais presque OR pratiquement rien.

next door *adv* à côté.
♦ **next-door** *adj*: **next-door neighbour** voisin *m*, -e *f* d'à côté.

next of kin *n* plus proche parent *m*.

NF *n* (*abbr of* **National Front**) ≃ FN *m*.

NHS (*abbr of* **National Health Service**) *n* service national de santé en Grande-Bretagne; ≃ sécurité sociale *f*.

NI *n abbr of* **National Insurance**.

nib [nɪb] *n* plume *f*.

nibble ['nɪbl] *vt* grignoter, mordiller.

Nicaragua [ˌnɪkə'ræɡjʊə] *n* Nicaragua *m*.

nice [naɪs] *adj* **-1.** [holiday, food] bon (bonne); [day, picture] beau (belle); [dress] joli(e). **-2.** [person] gentil(ille), sympathique; **to be ~ to sb** être gentil OR aimable avec qqn.

nice-looking [-'lʊkɪŋ] *adj* joli(e), beau (belle).

nicely ['naɪslɪ] *adv* **-1.** [made, manage etc] bien; [dressed] joliment; **that will do ~** cela fera très bien l'affaire. **-2.** [politely - ask] poliment, gentiment; [- behave] bien.

niche [niːʃ] *n* [in wall] niche *f*; *fig* bonne situation *f*, voie *f*.

nick [nɪk] ◇ *n* **-1.** [cut] entaille *f*, coupure *f*. **-2.** *Br inf* [condition]: **in good/bad ~** en bon/mauvais état. **-3.** *phr*: **in the ~ of time** juste à temps. ◇ *vt* **-1.** [cut] couper, entailler. **-2.** *Br inf* [steal] piquer, faucher. **-3.** *Br inf* [arrest] pincer, choper.

nickel ['nɪkl] *n* **-1.** [metal] nickel *m*. **-2.** *Am* [coin] pièce *f* de cinq cents.

nickname ['nɪkneɪm] ◇ *n* sobriquet *m*, surnom *m*. ◇ *vt* surnommer.

nicotine ['nɪkətiːn] *n* nicotine *f*.

niece [niːs] *n* nièce *f*.

Nigeria [naɪ'dʒɪərɪə] *n* Nigeria *m*.

Nigerian [naɪ'dʒɪərɪən] ◇ *adj* nigérian(e). ◇ *n* Nigérian *m*, -e *f*.

niggle ['nɪɡl] *vt Br* **-1.** [worry] tracasser. **-2.** [criticize] faire des réflexions à, critiquer.

night [naɪt] *n* **-1.** [not day] nuit *f*; **at ~** la nuit. **-2.** [evening] soir *m*; **at ~** le soir. **-3.** *phr*: **to have an early ~** se coucher de bonne heure; **to have a late ~** veiller, se coucher tard.
♦ **nights** *adv* **-1.** *Am* [at night] la nuit. **-2.** *Br* [nightshift]: **to work ~s** travailler OR être de nuit.

nightcap ['naɪtkæp] *n* [drink] boisson alcoolisée prise avant de se coucher.

nightclub ['naɪtklʌb] *n* boîte *f* de nuit, night-club *m*.

nightdress ['naɪtdres] *n* chemise *f* de nuit.

nightfall ['naɪtfɔːl] *n* tombée *f* de la nuit OR du jour.

nightgown ['naɪtɡaʊn] *n* chemise *f* de nuit.

nightie ['naɪtɪ] *n inf* chemise *f* de nuit.

nightingale ['naɪtɪŋɡeɪl] *n* rossignol *m*.

nightlife ['naɪtlaɪf] *n* vie *f* nocturne, activités *fpl* nocturnes.

nightly ['naɪtlɪ] ◇ *adj* (de) toutes les nuits OR tous les soirs. ◇ *adv* toutes les nuits, tous les soirs.

nightmare ['naɪtmeəʳ] *n lit* & *fig* cauchemar *m*.

night porter *n* veilleur *m* de nuit.

night school *n* (*U*) cours *mpl* du soir.

night shift *n* [period] poste *m* de nuit.

nightshirt ['naɪtʃɜːt] *n* chemise *f* de nuit d'homme.

nighttime ['naɪttaɪm] *n* nuit *f*.

nil [nɪl] *n* néant *m*; *Br* SPORT zéro *m*.

Nile [naɪl] *n*: the ~ le Nil.

nimble ['nɪmbl] *adj* agile, leste; *fig* [mind] vif (vive).

nine [naɪn] *num* neuf; *see also* six.

nineteen [,naɪn'tiːn] *num* dix-neuf; *see also* six.

ninety ['naɪntɪ] *num* quatre-vingt-dix; *see also* sixty.

ninth [naɪnθ] *num* neuvième; *see also* sixth.

nip [nɪp] ◇ *n* **-1.** [pinch] pinçon *m*; [bite] morsure *f*. **-2.** [of drink] goutte *f*, doigt *m*. ◇ *vt* [pinch] pincer; [bite] mordre.

nipple ['nɪpl] *n* **-1.** ANAT bout *m* de sein, mamelon *m*. **-2.** [of bottle] tétine *f*.

nit [nɪt] *n* **-1.** [in hair] lente *f*. **-2.** *Br inf* [idiot] idiot *m*, -e *f*, crétin *m*, -e *f*.

nitpicking ['nɪtpɪkɪŋ] *n inf* ergotage *m*, pinaillage *m*.

nitrogen ['naɪtrədʒən] *n* azote *m*.

nitty-gritty [,nɪtɪ'grɪtɪ] *n inf*: to get down to the ~ en venir à l'essentiel OR aux choses sérieuses.

no [nəʊ] (*pl* -es) ◇ *adv* **-1.** [gen] non; [expressing disagreement] mais non. **-2.** [not any]: ~ **bigger/smaller** pas plus grand/petit; ~ **better** pas mieux. ◇ *adj* aucun(e), pas de; **there's** ~ **telling what will happen** impossible de dire ce qui va se passer; **he's** ~ **friend of mine** il ne se compte pas parmi mes amis. ◇ *n* non *m*; **she won't take** ~ **for an answer** elle n'accepte pas de refus OR qu'on lui dise non.

No., no. (*abbr of* **number**) No, no.

nobility [nə'bɪlətɪ] *n* noblesse *f*.

noble ['nəʊbl] ◇ *adj* noble. ◇ *n* noble *m*.

nobody ['nəʊbədɪ] ◇ *pron* personne, aucun(e). ◇ *n pej* rien-du-tout *mf*, moins que rien *mf*.

nocturnal [nɒk'tɜːnl] *adj* nocturne.

nod [nɒd] ◇ *vt*: to ~ one's head incliner la tête, faire un signe de tête. ◇ *vi* **-1.** [in agreement] faire un signe de tête affirmatif, faire signe que oui. **-2.** [to indicate sthg] faire un signe de tête. **-3.** [as greeting]: to ~ to sb saluer qqn d'un signe de tête. ◆ **nod off** *vi* somnoler, s'assoupir.

noise [nɔɪz] *n* bruit *m*.

noisy ['nɔɪzɪ] *adj* bruyant(e).

no-man's-land *n* no man's land *m*.

nominal ['nɒmɪnl] *adj* **-1.** [in name only] de nom seulement, nominal(e). **-2.** [very small] nominal(e), insignifiant(e).

nominate ['nɒmɪneɪt] *vt* **-1.** [propose]: to ~ sb (for/as sthg) proposer qqn (pour/comme qqch). **-2.** [appoint]: to ~ sb (as sthg) nommer qqn (qqch); to ~ sb (to sthg) nommer qqn à qqch).

nominee [,nɒmɪ'niː] *n* personne *f* nommée OR désignée.

non- [nɒn] *prefix* non-.

nonalcoholic [,nɒnælkə'hɒlɪk] *adj* non-alcoolisé(e).

nonaligned [,nɒnə'laɪnd] *adj* non-aligné(e).

nonchalant [*Br* 'nɒnʃələnt, *Am* ,nɒnʃə'lɑːnt] *adj* nonchalant(e).

noncommittal [,nɒnkə'mɪtl] *adj* évasif(ive).

nonconformist [,nɒnkən'fɔːmɪst] ◇ *adj* non-conformiste. ◇ *n* non-conformiste *mf*.

nondescript [*Br* 'nɒndɪskrɪpt, *Am* ,nɒndɪ'skrɪpt] *adj* quelconque, terne.

none [nʌn] ◇ *pron* **-1.** [nobody]: there was ~ left il n'y en avait plus, il n'en restait plus; **I'll have** ~ **of your nonsense** je ne tolérerai pas de bêtises de ta part. **-2.** [nobody] personne, nul (nulle). ◇ *adv*: ~ **the worse/wiser** pas plus mal/avancé; ~ **the better** pas mieux.

◆ **none too** *adv* pas tellement OR trop.

nonentity [nɒ'nentətɪ] *n* nullité *f*, zéro *m*.

nonetheless [ˌnʌnðə'les] *adv* néanmoins, pourtant.

non-event *n* événement *m* raté OR décevant.

nonexistent [ˌnɒnɪg'zɪstənt] *adj* inexistant(e).

nonfiction [ˌnɒn'fɪkʃn] *n* (*U*) ouvrages *mpl* généraux.

no-nonsense *adj* direct(e), sérieux(ieuse).

nonpayment [ˌnɒn'peɪmənt] *n* nonpaiement *m*.

nonplussed, **nonplused** *Am* [ˌnɒn'plʌst] *adj* déconcerté(e), perplexe.

nonreturnable [ˌnɒnrɪ'tɜ:nəbl] *adj* [bottle] non consigné(e).

nonsense ['nɒnsəns] ◇ *n* (*U*) **-1.** [meaningless words] charabia *m*. **-2.** [foolish idea]: **it was ~ to suggest** ... il était absurde de suggérer .... **-3.** [foolish behaviour] bêtises *fpl*, idioties *fpl*; **to make (a) ~ of sthg** gâcher OR saboter qqch. ◇ *excl* quelles bêtises OR foutaises!

nonsensical [nɒn'sensɪkl] *adj* absurde, qui n'a pas de sens.

nonsmoker [ˌnɒn'sməʊkəʳ] *n* nonfumeur *m*, -euse *f*, personne *f* qui ne fume pas.

nonstick [ˌnɒn'stɪk] *adj* qui n'attache pas, téflonisé(e).

nonstop [ˌnɒn'stɒp] ◇ *adj* [flight] direct(e), sans escale; [activity] continu(e); [rain] continuel(elle). ◇ *adv* [talk, work] sans arrêt; [rain] sans discontinuer.

noodles ['nu:dlz] *npl* nouilles *fpl*.

nook [nʊk] *n* [of room] coin *m*, recoin *m*; **every ~ and cranny** tous les coins, les coins et les recoins.

noon [nu:n] *n* midi *m*.

no one *pron* = **nobody**.

noose [nu:s] *n* nœud *m* coulant.

no-place *Am* = **nowhere**.

nor [nɔ:ʳ] *conj*: ~ **do I** moi non plus; → **neither**.

norm [nɔ:m] *n* norme *f*.

normal ['nɔ:ml] *adj* normal(e).

normality [nɔ:'mælɪtɪ], **normalcy** *Am* ['nɔ:mlsɪ] *n* normalité *f*.

normally ['nɔ:məlɪ] *adv* normalement.

Normandy ['nɔ:məndɪ] *n* Normandie *f*.

north [nɔ:θ] ◇ *n* **-1.** [direction] nord *m*. **-2.** [region]: **the ~** le nord. ◇ *adj* nord (*inv*); [wind] du nord. ◇ *adv* au nord, vers le nord; ~ **of** au nord de.

North Africa *n* Afrique *f* du Nord.

North America *n* Amérique *f* du Nord.

North American ◇ *adj* nordaméricain(aine). ◇ *n* Nord-Américain *m*, -aine *f*.

northeast [ˌnɔ:θ'i:st] ◇ *n* **-1.** [direction] nord-est *m*. **-2.** [region]: **the ~** le nord-est. ◇ *adj* nord-est (*inv*); [wind] du nord-est. ◇ *adv* au nord-est, vers le nord-est; ~ **of** au nord-est, de.

northerly ['nɔ:ðəlɪ] *adj* du nord; **in a ~ direction** vers le nord, en direction du nord.

northern ['nɔ:ðən] *adj* du nord, nord (*inv*).

Northern Ireland *n* Irlande *f* du Nord.

northernmost ['nɔ:ðənməʊst] *adj* le plus au nord (la plus au nord), à l'extrême nord.

North Korea *n* Corée *f* du Nord.

North Pole *n*: **the ~** le pôle Nord.

North Sea *n*: **the ~** la mer du Nord.

northward ['nɔ:θwəd] ◇ *adj* au nord. ◇ *adv* = **northwards**.

northwards ['nɔ:θwədz] *adv* au nord, vers le nord.

northwest [ˌnɔ:θ'west] ◇ *n* **-1.** [direction] nord-ouest *m*. **-2.** [region]: **the ~** le nord-ouest. ◇ *adj* nord-ouest (*inv*); [wind] du nord-ouest. ◇ *adv* au nord-ouest, vers le nord-ouest; ~ **of** au nord-ouest de.

Norway ['nɔːweɪ] *n* Norvège *f*.
Norwegian [nɔːˈwiːdʒən] ◇ *adj* norvégien(ienne). ◇ *n* **-1.** [person] Norvégien *m*, -ienne *f*. **-2.** [language] norvégien *m*.

nose [nəʊz] *n* nez *m*; **keep your ~ out of my business** occupe-toi OR mêle-toi de tes affaires, occupe-toi OR mêle-toi de tes oignons; **to look down one's ~ at sb** *fig* traiter qqn de haut (en bas); **to look down one's ~ at sthg** *fig* considérer qqch avec mépris; **to poke** OR **stick one's ~ into sthg** mettre OR fourrer son nez dans qqch; **to turn up one's ~ at sthg** dédaigner qqch.
◆ **nose about**, **nose around** *vi* fouiner, fureter.
nosebleed ['nəʊzbliːd] *n*: **to have a ~** saigner du nez.
nosedive ['nəʊzdaɪv] ◇ *n* [of plane] piqué *m*. ◇ *vi* **-1.** [plane] descendre en piqué, piquer du nez. **-2.** *fig* [prices] dégringoler; [hopes] s'écrouler.
nosey ['nəʊzɪ] = **nosy**.
nostalgia [nɒˈstældʒə] *n*: **~ (for sthg)** nostalgie *f* (de qqch).
nostril ['nɒstrəl] *n* narine *f*.
nosy ['nəʊzɪ] *adj* curieux(ieuse), fouinard(e).
not [nɒt] *adv* ne pas, pas; **I think ~** je ne crois pas; **I'm afraid ~** je crains que non; **~ always** pas toujours; **~ that ...** ce n'est pas que ..., non pas que ...; **~ at all** [no] pas du tout; [to acknowledge thanks] de rien, je vous en prie.
notable ['nəʊtəbl] *adj* notable, remarquable; **to be ~ for sthg** être célèbre pour qqch.
notably ['nəʊtəblɪ] *adv* **-1.** [in particular] notamment, particulièrement. **-2.** [noticeably] sensiblement, nettement.
notary ['nəʊtərɪ] *n*: **~ (public)** notaire *m*.
notch [nɒtʃ] *n* **-1.** [cut] entaille *f*, encoche *f*. **-2.** *fig* [on scale] cran *m*.
note [nəʊt] ◇ *n* **-1.** [gen & MUS] note *f*; [short letter] mot *m*; **to take ~ of sthg** prendre note de qqch. **-2.**

[money] **billet** *m* (de banque). ◇ *vt* **-1.** [notice] remarquer, constater. **-2.** [mention] mentionner, signaler.
◆ **notes** *npl* [in book] notes *fpl*.
◆ **note down** *vt sep* noter, inscrire.
notebook ['nəʊtbʊk] *n* **-1.** [for notes] carnet *m*, calepin *m*. **-2.** COMPUT ordinateur *m* portable compact.
noted ['nəʊtɪd] *adj* célèbre, éminent(e).
notepad ['nəʊtpæd] *n* bloc-notes *m*.
notepaper ['nəʊtpeɪpə'] *n* papier *m* à lettres.
noteworthy ['nəʊt,wɜːðɪ] *adj* remarquable, notable.
nothing ['nʌθɪŋ] ◇ *pron* rien; **I've got ~ to do** je n'ai rien à faire; **for ~** pour rien; **~ if not** avant tout, surtout; **~ but** ne ... que, rien que; **there's ~ for it (but to do sthg)** *Br* il n'y a rien d'autre à faire (que de faire qqch). ◇ *adv*: **you're ~ like your brother** tu ne ressembles pas du tout OR en rien à ton frère; **I'm ~ like finished** je suis loin d'avoir fini.
notice ['nəʊtɪs] ◇ *n* **-1.** [written announcement] affiche *f*, placard *m*. **-2.** [attention]: **to take ~ (of sb/sthg)** faire OR prêter attention (à qqn/qqch); **to take no ~ (of sb/sthg)** ne pas faire attention (à qqn/qqch). **-3.** [warning] avis *m*, avertissement *m*; **at short ~** dans un bref délai; **until further ~** jusqu'en nouvel ordre. **-4.** [at work]: **to be given one's ~** recevoir son congé, être renvoyé(e); **to hand in one's ~** donner sa démission, demander son congé. ◇ *vt* remarquer, s'apercevoir de.
noticeable ['nəʊtɪsəbl] *adj* sensible, perceptible.
notice board *n* panneau *m* d'affichage.
notify ['nəʊtɪfaɪ] *vt*: **to ~ sb (of sthg)** avertir OR aviser qqn (de qqch).
notion ['nəʊʃn] *n* idée *f*, notion *f*.
◆ **notions** *npl Am* mercerie *f*.
notorious [nəʊˈtɔːrɪəs] *adj* [criminal] notoire; [place] mal famé(e).

notwithstanding [,nɒtwɪθ'stændɪŋ] *fml* ◇ *prep* malgré, en dépit de. ◇ *adv* néanmoins, malgré tout.

nought [nɔːt] *num* zéro *m*; ~**s and crosses** morpion *m*.

noun [naʊn] *n* nom *m*.

nourish ['nʌrɪʃ] *vt* nourrir.

nourishing ['nʌrɪʃɪŋ] *adj* nourrissant(e).

nourishment ['nʌrɪʃmənt] *n* (U) nourriture *f*, aliments *mpl*.

novel ['nɒvl] ◇ *adj* nouveau (nouvelle), original(e). ◇ *n* roman *m*.

novelist ['nɒvəlɪst] *n* romancier *m*, -ière *f*.

novelty ['nɒvltɪ] *n* -**1.** [gen] nouveauté *f*. -**2.** [cheap object] gadget *m*.

November [nə'vembə^r] *n* novembre *m*; *see also* **September**.

novice ['nɒvɪs] *n* novice *mf*.

now [naʊ] ◇ *adv* -**1.** [at this time, at once] maintenant; **any day/time** ~ d'un jour/moment à l'autre; ~ **and then** OR **again** de temps en temps, de temps à autre. -**2.** [in past] à ce moment-là, alors. -**3.** [to introduce statement]: ~ **let's just calm down** bon, on se calme maintenant. ◇ *conj*: ~ **(that)** maintenant que. ◇ *n*: **for** ~ pour le présent; **from** ~ **on** à partir de maintenant, désormais; **up until** ~ jusqu'à présent; **by** ~ déjà.

nowadays ['naʊədeɪz] *adv* actuellement, aujourd'hui.

nowhere *Br* ['nəʊweə^r], **no-place** *Am adv* nulle part; ~ **near** loin de; **we're getting** ~ on n'avance pas, on n'arrive à rien.

nozzle ['nɒzl] *n* ajutage *m*, buse *f*.

nuance [nju:'ɑːns] *n* nuance *f*.

nuclear ['nju:klɪə^r] *adj* nucléaire.

nuclear bomb *n* bombe *f* nucléaire.

nuclear disarmament *n* désarmement *m* nucléaire.

nuclear energy *n* énergie *f* nucléaire.

nuclear power *n* énergie *f* nucléaire.

nuclear reactor *n* réacteur *m* nucléaire.

nucleus ['nju:klɪəs] (*pl* -**lei** [-lɪaɪ]) *n lit* & *fig* noyau *m*.

nude [nju:d] ◇ *adj* nu(e). ◇ *n* nu *m*; **in the** ~ nu(e).

nudge [nʌdʒ] *vt* pousser du coude; *fig* encourager, pousser.

nudist ['nju:dɪst] ◇ *adj* nudiste. ◇ *n* nudiste *mf*.

nugget ['nʌgɪt] *n* pépite *f*.

nuisance ['nju:sns] *n* ennui *m*, embêtement *m*; **to make a** ~ **of o.s.** embêter le monde; **what a** ~! quelle plaie!

nuke [nju:k] *inf* ◇ *n* bombe *f* nucléaire. ◇ *vt* atomiser.

null [nʌl] *adj*: ~ **and void** nul et non avenu.

numb [nʌm] ◇ *adj* engourdi(e); **to be** ~ **with** [fear] être paralysé par; [cold] être transi de. ◇ *vt* engourdir.

number ['nʌmbə^r] ◇ *n* -**1.** [numeral] chiffre *m*. -**2.** [of telephone, house, car] numéro *m*. -**3.** [quantity] nombre *m*; **a** ~ **of** un certain nombre de, plusieurs; **any** ~ **of** un grand nombre de, bon nombre de. -**4.** [song] chanson *f*. ◇ *vt* -**1.** [amount to, include] compter; **to** ~ **among** compter parmi. -**2.** [give number to] numéroter.

number one ◇ *adj* premier(ière), principal(e). ◇ *n inf* [oneself] soi, sa pomme.

numberplate ['nʌmbəpleɪt] *n* plaque *f* d'immatriculation.

Number Ten *n* la résidence officielle du premier ministre britannique.

numeral ['nju:mərəl] *n* chiffre *m*.

numerate ['nju:mərət] *adj Br* [person] qui sait compter.

numerical [nju:'merɪkl] *adj* numérique.

numerous ['nju:mərəs] *adj* nombreux(euse).

nun [nʌn] *n* religieuse *f*, sœur *f*.

nurse [nɜːs] ◇ *n* infirmière *f*; **(male)** ~ infirmier *m*. ◇ *vt* -**1.** [patient, cold] soigner. -**2.** *fig* [desires, hopes] nourrir. -**3.** [subj: mother] allaiter.

nursery ['nɜːsərɪ] *n* -**1.** [for children] garderie *f*. -**2.** [for plants] pépinière *f*.

nursery rhyme *n* comptine *f*.

nursery school *n* (école *f*) maternelle *f*.

nursery slopes *npl* pistes *fpl* pour débutants.

nursing ['nɜːsɪŋ] *n* métier *m* d'infirmière.

nursing home *n* [for old people] maison *f* de retraite privée; [for childbirth] maternité *f* privée.

nurture ['nɜːtʃər] *vt* **-1.** [children] élever; [plants] soigner. **-2.** *fig* [hopes etc] nourrir.

nut [nʌt] *n* **-1.** [to eat] *terme générique désignant les fruits tels que les noix, noisettes etc.* **-2.** [of metal] écrou *m*. **-3.** *inf* [mad person] cinglé *m*, -e *f*.
♦ **nuts** ◇ *adj inf*: to be ~s être dingue. ◇ *excl Am inf* zut!

nutcrackers ['nʌt,krækəz] *npl* casse-noix *m inv*, casse-noisettes *m inv*.

nutmeg ['nʌtmeg] *n* noix *f* (de) muscade.

nutritious [njuːˈtrɪʃəs] *adj* nourrissant(e).

nutshell ['nʌtʃel] *n*: in a ~ en un mot.

nuzzle ['nʌzl] ◇ *vt* frotter son nez contre. ◇ *vi*: to ~ (up) against se frotter contre, frotter son nez contre.

nylon ['naɪlɒn] ◇ *n* nylon *m*. ◇ *comp* en nylon.

o (*pl* o's OR os), **O** (*pl* O's OR Os) [əʊ] *n* **-1.** [letter] o *m inv*, O *m inv*. **-2.** [zero] zéro *m*.

oak [əʊk] ◇ *n* chêne *m*. ◇ *comp* de OR en chêne.

OAP (*abbr of* **old age pensioner**) *n* retraité *m*, -e *f*.

oar [ɔːr] *n* rame *f*, aviron *m*.

oasis [əʊˈeɪsɪs] (*pl* oases [əʊˈeɪsiːz]) *n* oasis *f*.

oatcake ['əʊtkeɪk] *n* galette *f* d'avoine.

oath [əʊθ] *n* **-1.** [promise] serment *m*; on OR under ~ sous serment. **-2.** [swearword] juron *m*.

oatmeal ['əʊtmiːl] *n* (*U*) flocons *mpl* d'avoine.

oats [əʊts] *npl* [grain] avoine *f*.

obedience [əˈbiːdjəns] *n* obéissance *f*.

obedient [əˈbiːdjənt] *adj* obéissant(e), docile.

obese [əʊˈbiːs] *adj* obèse.

obey [əˈbeɪ] ◇ *vt* obéir à. ◇ *vi* obéir.

obituary [əˈbɪtʃʊərɪ] *n* nécrologie *f*.

object [*n* ˈɒbdʒɪkt, *vb* əbˈdʒekt] ◇ *n* **-1.** [gen] objet *m*. **-2.** [aim] objectif *m*, but *m*. **-3.** GRAMM complément *m* d'objet. ◇ *vt* objecter. ◇ *vi* protester; to ~ to sthg faire objection à qqch, s'opposer à qqch; to ~ to doing sthg se refuser à faire qqch.

objection [əbˈdʒekʃn] *n* objection *f*; to have no ~ to sthg/to doing sthg ne voir aucune objection à qqch/à faire qqch.

objectionable [əbˈdʒekʃənəbl] *adj* [person, behaviour] désagréable; [language] choquant(e).

objective [əbˈdʒektɪv] ◇ *adj* objectif(ive). ◇ *n* objectif *m*.

obligation [,ɒblɪˈɡeɪʃn] *n* obligation *f*.

obligatory [əˈblɪɡətrɪ] *adj* obligatoire.

oblige [əˈblaɪdʒ] *vt* **-1.** [force]: to ~ sb to do sthg forcer OR obliger qqn à faire qqch. **-2.** *fml* [do a favour to] obliger.

obliging [əˈblaɪdʒɪŋ] *adj* obligeant(e).

oblique [əˈbliːk] ◇ *adj* oblique; [reference, hint] indirect(e). ◇ *n* TYPO barre *f* oblique.

obliterate [əˈblɪtəreɪt] *vt* [destroy] détruire, raser.

oblivion [əˈblɪvɪən] *n* oubli *m*.

oblivious [əˈblɪvɪəs] *adj*: to be ~ to OR of être inconscient(e) de.

oblong ['ɒblɒŋ] ◇ *adj* rectangulaire. ◇ *n* rectangle *m*.

obnoxious [əbˈnɒkʃəs] *adj* [person] odieux(ieuse); [smell] infect(e), fétide; [comment] désobligeant(e).

oboe ['əʊbəʊ] *n* hautbois *m*.

obscene [əbˈsiːn] *adj* obscène.

obscure [əb'skjʊəʳ] ◇ *adj* obscur(e). ◇ *vt* **-1.** [gen] obscurcir. **-2.** [view] masquer.

observance [əb'zɜ:vəns] *n* observation *f.*

observant [əb'zɜ:vnt] *adj* observateur(trice).

observation [ˌɒbzə'veɪʃn] *n* observation *f.*

observatory [əb'zɜ:vətrɪ] *n* observatoire *m.*

observe [əb'zɜ:v] *vt* **-1.** [gen] observer. **-2.** [remark] remarquer, faire observer.

observer [əb'zɜ:vəʳ] *n* observateur *m*, -trice *f.*

obsess [əb'ses] *vt* obséder; **to be ~ed by** OR **with sb/sthg** être obsédé par qqn/qqch.

obsessive [əb'sesɪv] *adj* [person] obsessionnel(elle); [need etc] qui est une obsession.

obsolescent [ˌɒbsə'lesnt] *adj* [system] qui tombe en désuétude; [machine] obsolescent(e).

obsolete ['ɒbsəliːt] *adj* obsolète.

obstacle ['ɒbstəkl] *n* obstacle *m.*

obstetrics [ɒb'stetrɪks] *n* obstétrique *f.*

obstinate ['ɒbstənət] *adj* **-1.** [stubborn] obstiné(e). **-2.** [cough] persistant(e); [stain, resistance] tenace.

obstruct [əb'strʌkt] *vt* **-1.** [block] obstruer. **-2.** [hinder] entraver, gêner.

obstruction [əb'strʌkʃn] *n* **-1.** [in road] encombrement *m*; [in pipe] engorgement *m.* **-2.** SPORT obstruction *f.*

obtain [əb'teɪn] *vt* obtenir.

obtainable [əb'teɪnəbl] *adj* que l'on peut obtenir.

obtrusive [əb'truːsɪv] *adj* [behaviour] qui attire l'attention; [smell] fort(e).

obtuse [əb'tjuːs] *adj* obtus(e).

obvious ['ɒbvɪəs] *adj* évident(e).

obviously ['ɒbvɪəslɪ] *adv* **-1.** [of course] bien sûr. **-2.** [clearly] manifestement.

occasion [ə'keɪʒn] ◇ *n* **-1.** [gen] occasion *f.* **-2.** [important event] événement *m*; **to rise to the ~** se montrer

à la hauteur de la situation. ◇ *vt* [cause] provoquer, occasionner.

occasional [ə'keɪʒənl] *adj* [showers] passager(ère); [visit] occasionnel(elle); **I have the ~ drink/cigarette** je bois un verre/je fume une cigarette de temps à autre.

occasionally [ə'keɪʒnəlɪ] *adv* de temps en temps, quelquefois.

occult [ɒ'kʌlt] *adj* occulte.

occupant ['ɒkjʊpənt] *n* occupant *m*, -e *f*; [of vehicle] passager *m.*

occupation [ˌɒkjʊ'peɪʃn] *n* **-1.** [job] profession *f.* **-2.** [pastime, by army] occupation *f.*

occupational hazard [ɒkjʊˌpeɪʃənl-] *n* risque *m* du métier.

occupational therapy [ɒkjʊˌpeɪʃənl-] *n* thérapeutique *f* occupationnelle, ergothérapie *f.*

occupier ['ɒkjʊpaɪəʳ] *n* occupant *m*, -e *f.*

occupy ['ɒkjʊpaɪ] *vt* occuper; **to ~ o.s.** s'occuper.

occur [ə'kɜ:ʳ] *vi* **-1.** [happen - gen] avoir lieu, se produire; [- difficulty] se présenter. **-2.** [be present] se trouver, être présent(e). **-3.** [thought, idea]: **to ~ to sb** venir à l'esprit de qqn.

occurrence [ə'kʌrəns] *n* [event] événement *m*, circonstance *f.*

ocean ['əʊʃn] *n* océan *m*; *Am* [sea] mer *f.*

oceangoing ['əʊʃnˌgəʊɪŋ] *adj* au long cours.

ochre *Br*, **ocher** *Am* ['əʊkəʳ] *adj* ocre (*inv*).

o'clock [ə'klɒk] *adv*: **two ~** deux heures.

octave ['ɒktɪv] *n* octave *f.*

October [ɒk'təʊbəʳ] *n* octobre *m*; *see also* **September**.

octopus ['ɒktəpəs] (*pl* **-puses** OR **-pi** [-paɪ]) *n* pieuvre *f.*

OD -1. *abbr of* **overdose. -2.** *abbr of* **overdrawn.**

odd [ɒd] *adj* **-1.** [strange] bizarre, étrange. **-2.** [leftover] qui reste. **-3.** [occasional]: **I play the ~ game of tennis** je joue au tennis de temps en temps. **-4.** [not part of pair] dépareil-lé(e). **-5.** [number] impair(e). **-6.** *phr*: **twenty ~ years** une vingtaine d'années.

◆ **odds** *npl*: **the ~s** les chances *fpl*; **the ~s are that ...** il y a des chances pour que ... (+ *subjunctive*) il est probable que ...; **against the ~s** envers et contre tout; **~s and ends** petites choses *fpl*, petits bouts *mpl*; **to be at ~s with sb** être en désaccord avec qqn.

oddity ['ɒdɪtɪ] (*pl* **-ies**) *n* **-1.** [person] personne *f* bizarre; [thing] chose *f* bizarre. **-2.** [strangeness] étrangeté *f*.

odd jobs *npl* petits travaux *mpl*.

oddly ['ɒdlɪ] *adv* curieusement; **~ enough** chose curieuse.

oddments ['ɒdmənts] *npl* fins *fpl* de série.

odds-on ['ɒdz-] *adj inf*: **~ favourite** grand favori.

odometer [əʊ'dɒmɪtər] *n* odomètre *m*.

odour *Br*, **odor** *Am* ['əʊdər] *n* odeur *f*.

of [unstressed əv, stressed ɒv] *prep* **-1.** [gen] de; **the cover ~ a book** la couverture d'un livre; **to die ~ cancer** mourir d'un cancer. **-2.** [expressing quantity, amount, age etc] de; **thousands ~ people** des milliers de gens; **a piece ~ cake** un morceau de gâteau; **a pound ~ tomatoes** une livre de tomates; **a child ~ five** un enfant de cinq ans; **a cup ~ coffee** une tasse de café. **-3.** [made from] en. **-4.** [with dates, periods of time]: **the 12th ~ February** le 12 février.

off [ɒf] ◇ *adv* **-1.** [at a distance, away]: **10 miles ~** à 16 kilomètres; **two days ~** dans deux jours; **far ~** au loin; **to be ~** partir, s'en aller. **-2.** [so as to remove]: **to take ~** enlever; **to cut sthg ~** couper qqch. **-3.** [so as to complete]: **to finish ~** terminer; **to kill ~** achever. **-4.** [not at work etc]: **a day/week ~** un jour/une semaine de congé. **-5.** [discounted]: **£10 ~** 10 livres de remise OR réduction. ◇ *prep* **-1.** [at a distance from, away from] de; **to get ~ a bus** descendre d'un bus;

to take a book ~ a shelf prendre un livre sur une étagère; **~ the coast** près de la côte. **-2.** [not attending]: **to be ~ work** ne pas travailler; **~ school** absent de l'école. **-3.** [no longer liking]: **she's ~ her food** elle n'a pas d'appétit. **-4.** [deducted from] sur. **-5.** *inf* [from]: **to buy sthg ~ sb** acheter qqch à qqn. ◇ *adj* **-1.** [food] avarié(e), gâté(e); [milk] tourné(e). **-2.** [TV, light] éteint(e); [engine] coupé(e). **-3.** [cancelled] annulé(e). **-4.** [not at work etc] absent(e). **-5.** *inf* [offhand]: **he was a bit ~ with me** il n'a pas été sympa avec moi.

offal ['ɒfl] *n* (*U*) abats *mpl*.

off-chance *n*: **on the ~ that ...** au cas où ....

off colour *adj* [ill] patraque.

off duty *adj* qui n'est pas de service; [doctor, nurse] qui n'est pas de garde.

offence *Br*, **offense** *Am* [ə'fens] *n* **-1.** [crime] délit *m*. **-2.** [upset]: **to cause sb ~** vexer qqn; **to take ~** se vexer.

offend [ə'fend] *vt* offenser.

offender [ə'fendər] *n* **-1.** [criminal] criminel *m*, -elle *f*. **-2.** [culprit] coupable *mf*.

offense [sense 2 'ɒfens] *n Am* **-1.** = **offence**. **-2.** SPORT attaque *f*.

offensive [ə'fensɪv] ◇ *adj* **-1.** [behaviour, comment] blessant(e). **-2.** [weapon, action] offensif(ive). ◇ *n* offensive *f*.

offer ['ɒfər] ◇ *n* **-1.** [gen] offre *f*, proposition *f*. **-2.** [price, bid] offre *f*. **-3.** [in shop] promotion *f*; **on ~** [available] en vente; [at a special price] en réclame, en promotion. ◇ *vt* **-1.** [gen] offrir; **to ~ sthg to sb, to ~ sb sthg** offrir qqch à qqn; **to ~ to do sthg** proposer OR offrir de faire qqch. **-2.** [provide - services etc] proposer; [- hope] donner. ◇ *vi* s'offrir.

offering ['ɒfərɪŋ] *n* RELIG offrande *f*.

off-guard *adj* au dépourvu.

offhand [ˌɒf'hænd] ◇ *adj* cavalier(ière). ◇ *adv* tout de suite.

office ['ɒfɪs] *n* **-1.** [place, staff] bureau *m*. **-2.** [department] département *m*,

service m. **-3.** [position] fonction f, poste m; **in ~** en fonction; **to take ~** entrer en fonction.

office automation n bureautique f.

office block n immeuble m de bureaux.

office hours npl heures fpl de bureau.

officer ['ɒfisər] n **-1.** [in armed forces] officier m. **-2.** [in organization] agent m, fonctionnaire m. **-3.** [in police force] officier m (de police).

office worker n employé m, -e f de bureau.

official [ə'fɪʃl] ◇ adj officiel(ielle). ◇ n fonctionnaire mf.

officialdom [ə'fɪʃəldəm] n bureaucratie f.

offing ['ɒfiŋ] n: **in the ~** en vue, en perspective.

off-licence n Br magasin autorisé à vendre des boissons alcoolisées à emporter.

off-line adj COMPUT non connecté(e).

off-peak adj [electricity] utilisé(e) aux heures creuses; [fare] réduit(e) aux heures creuses.

off-putting [-,pʊtiŋ] adj désagréable, rébarbatif(ive).

off season n: **the ~** la morte-saison.

offset ['ɒfset] (pt & pp **offset**) vt [losses] compenser.

offshoot ['ɒfʃuːt] n: **to be an ~ of** sthg être né(e) OR provenir de qqch.

offshore ['ɒfʃɔːr] ◇ adj [oil rig] offshore (inv); [island] proche de la côte; [fishing] côtier(ière). ◇ adv au large.

offside [adj & adv ,ɒf'said, n 'ɒfsaid] ◇ adj **-1.** [right-hand drive] de droite; [left-hand drive] de gauche. **-2.** SPORT hors-jeu (inv). ◇ adv SPORT hors-jeu. ◇ n [right-hand drive] côté m droit; [left-hand drive] côté m gauche.

offspring ['ɒfspriŋ] (pl inv) n rejeton m.

offstage [,ɒf'steidʒ] adj & adv dans les coulisses.

off-the-cuff ◇ adj impromptu(e). ◇ adv impromptu.

off-the-peg adj Br de prêt-à-porter.

off-the-record ◇ adj officieux(ieuse). ◇ adv confidentiellement.

off-white adj blanc cassé (inv).

often ['ɒfn, 'ɒftn] adv souvent, fréquemment; **how ~ do you visit her?** vous la voyez tous les combien?; **as ~ as not** assez souvent; **every so ~** de temps en temps; **more ~ than not** le plus souvent, la plupart du temps.

ogle ['əʊgl] vt reluquer.

oh [əʊ] excl oh!; [expressing hesitation] euh!

oil [ɔil] ◇ n **-1.** [gen] huile f. **-2.** [for heating] mazout m. **-3.** [petroleum] pétrole m. ◇ vt graisser, lubrifier.

oilcan ['ɔilkæn] n burette f d'huile.

oilfield ['ɔilfiːld] n gisement m pétrolifère.

oil filter n filtre m à huile.

oil-fired [-,faiəd] adj au mazout.

oil painting n peinture f à l'huile.

oilrig ['ɔilrig] n [at sea] plate-forme f de forage OR pétrolière; [on land] derrick m.

oilskins ['ɔilskinz] npl ciré m.

oil slick n marée f noire.

oil tanker n **-1.** [ship] pétrolier m, tanker m. **-2.** [lorry] camion-citerne m.

oil well n puits m de pétrole.

oily ['ɔili] adj [rag etc] graisseux(euse); [food] gras (grasse).

ointment ['ɔintmənt] n pommade f.

OK (pt & pp **OKed**, cont **OKing**), **okay** [,əʊ'kei] inf ◇ adj: **is it ~ with** OR **by you?** ça vous va?, vous êtes d'accord?; **are you ~?** ça va? ◇ excl **-1.** [expressing agreement] d'accord, O.K. **-2.** [to introduce new topic]: **~, can we start now?** bon, on commence? ◇ vt approuver, donner le feu vert à.

old [əʊld] ◇ adj **-1.** [gen] vieux (vieille), âgé(e); **I'm 20 years ~** j'ai 20 ans; **how ~ are you?** quel âge as-tu? **-2.** [former] ancien(ienne). **-3.** inf [as intensifier]: **any ~** n'importe quel (n'importe quelle). ◇ *npl*: **the ~** les personnes *fpl* âgées.

old age *n* vieillesse *f*.

old age pensioner *n* Br retraité *m*, -e *f*.

Old Bailey [-'beɪlɪ] *n*: **the ~** *la Cour d'assises de Londres*.

old-fashioned [-'fæʃnd] *adj* **-1.** [outmoded] démodé(e), passé(e) de mode. **-2.** [traditional] vieux jeu (*inv*).

old people's home *n* hospice *m* de vieillards.

O level *n* Br *examen qui jusqu'en 1988 sanctionnait la fin d'études au niveau de la seconde*.

olive ['ɒlɪv] ◇ *adj* olive (*inv*). ◇ *n* olive *f*.

olive green *adj* vert olive (*inv*).

olive oil *n* huile *f* d'olive.

Olympic [ə'lɪmpɪk] *adj* olympique.
◆ **Olympics** *npl*: **the ~s** les Jeux *mpl* Olympiques.

Olympic Games *npl*: **the ~** les Jeux *mpl* Olympiques.

ombudsman ['ɒmbʊdzmən] (*pl* -men [-mən]) *n* ombudsman *m*.

omelet(te) ['ɒmlɪt] *n* omelette *f*; **mushroom ~** omelette aux champignons.

omen ['əʊmen] *n* augure *m*, présage *m*.

ominous ['ɒmɪnəs] *adj* [event, situation] de mauvais augure; [sign] inquiétant(e); [look, silence] menaçant(e).

omission [ə'mɪʃn] *n* omission *f*.

omit [ə'mɪt] *vt* omettre; **to ~ to do sthg** oublier de faire qqch.

omnibus ['ɒmnɪbəs] *n* **-1.** [book] recueil *m*. **-2.** Br RADIO & TV *diffusion groupée des épisodes de la semaine*.

on [ɒn] ◇ *prep* **-1.** [indicating position, location] sur; **~ a chair/the wall** sur une chaise/le mur; **~ the ceiling au** plafond; **the information is ~ disk** l'information est sur disquette; **~ the left/right** à gauche/droite. **-2.** [indicating means]: **the car runs ~ petrol** la voiture marche à l'essence; **to be shown ~ TV** passer à la télé; **~ the radio** à la radio; **~ the tele-** phone au téléphone; **to live ~ fruit** vivre OR se nourrir de fruits; **to hurt o.s. ~ sthg** se faire mal avec qqch. **-3.** [indicating mode of transport]: **to travel ~ a bus/train/ship** voyager en bus/par le train/en bateau; **I was ~ the bus** j'étais dans le bus; **~ foot** à pied. **-4.** [concerning] sur; **a book ~ astronomy** un livre sur l'astronomie. **-5.** [indicating time, activity]: **~ Thursday** jeudi; **~ the 10th of February** le 10 février; **~ my birthday** le jour de mon anniversaire; **~ my return**, **~ returning** à mon retour; **~ holiday** en vacances. **-6.** [indicating influence] sur; **the impact ~ the environment** l'impact sur l'environnement. **-7.** [using, supported by]: **to be ~ social security** recevoir l'aide sociale; **he's ~ tranquillizers** il prend des tranquillisants; **to be ~ drugs** se droguer. **-8.** [earning]: **to be ~ £25,000 a year** gagner 25 000 livres par an; **to be ~ a low income** avoir un faible revenu. **-9.** [referring to musical instrument]: **to play sthg ~ the violin/flute/guitar** jouer qqch au violon/à la flûte/à la guitare. **-10.** *inf* [paid by]: **the drinks are ~ me** c'est moi qui régale, c'est ma tournée. ◇ *adv* **-1.** [indicating covering, clothing]: **put the lid ~** mettez le couvercle; **to put a sweater ~** mettre un pull; **what did she have ~?** qu'est-ce qu'elle portait?; **he had nothing ~** il était tout nu. **-2.** [being shown]: **what's ~ at the Ritz?** qu'est-ce qu'on joue OR donne au Ritz? **-3.** [working - radio, TV, light] allumé(e); [- machine] en marche; [- tap] ouvert(e); **turn ~ the power** mets le courant. **-4.** [indicating continuing action]: **to work ~** continuer à travailler; **he kept ~ walking** il continua à marcher. **-5.** [forward]: **send my mail ~ (to me)** faites suivre mon courrier; **later ~** plus tard; **earlier ~** plus tôt. **-6.** *inf* [referring to behaviour]: **it's just not ~!** cela ne se fait pas!
◆ **from ... on** *adv*: **from now ~** dorénavant, désormais; **from then ~** à partir de ce moment-là.

◆ **on and off** *adv* de temps en temps.

◆ **on to, onto** *prep* (*only written as* **onto** *for senses 4 and 5*) **-1.** [to a position on top of] sur; **she jumped ~ to the chair** elle a sauté sur la chaise. **-2.** [to a position on a vehicle] dans; **she got ~ to the bus** elle est montée dans le bus; **he jumped ~ to his bicycle** il a sauté sur sa bicyclette. **-3.** [to a position attached to]: **stick the photo ~ to the page with glue** colle la photo sur la page. **-4.** [aware of wrongdoing]: **to be onto sb** être sur la piste de qqn. **-5.** [into contact with]: **get onto the factory** contactez l'usine.

once [wʌns] ◇ *adv* **-1.** [on one occasion] une fois; **~ a day** une fois par jour; **~ again** OR **more** encore une fois; **~ and for all** une fois pour toutes; **~ in a while** de temps en temps; **~ or twice** une ou deux fois; **for ~** pour une fois. **-2.** [previously] autrefois, jadis; **~ upon a time** il était une fois. ◇ *conj* dès que.
◆ **at once** *adv* **-1.** [immediately] immédiatement. **-2.** [at the same time] en même temps; **all at ~** tout d'un coup.

oncoming ['ɒn,kʌmɪŋ] *adj* [traffic] venant en sens inverse; [danger] imminent(e).

one [wʌn] ◇ *num* [the number 1] un (une); **page ~** page un; **~ of my friends** l'un de mes amis, un ami à moi; **~ fifth** un cinquième. ◇ *adj* **-1.** [only] seul(e), unique; **it's her ~ ambition/love** c'est son unique ambition/son seul amour. **-2.** [indefinite]: **~ of these days** un de ces jours. ◇ *pron* **-1.** [referring to a particular thing or person]: **which ~ do you want?** lequel voulez-vous?; **this ~** celui-ci; **that ~** celui-là; **she's the ~ I told you about** c'est celle dont je vous ai parlé. **-2.** *fml* [you, anyone] on; **to do ~'s duty** faire son devoir.
◆ **for one** *adv*: **I for ~ remain unconvinced** pour ma part je ne suis pas convaincu.

one-armed bandit *n* machine *f* à sous.

one-man *adj* [business] dirigé(e) par un seul homme.

one-man band *n* [musician] homme-orchestre *m*.

one-off *inf* ◇ *adj* [offer, event, product] unique. ◇ *n*: **a ~** [product] un exemplaire unique; [event] un événement unique.

one-on-one *Am* = one-to-one.

one-parent family *n* famille *f* monoparentale.

oneself [wʌn'self] *pron* **-1.** (*reflexive*) se; (*after prep*) soi. **-2.** (*emphatic*) soi-même.

one-sided [-'saɪdɪd] *adj* **-1.** [unequal] inégal(e). **-2.** [biased] partial(e).

one-to-one *Br*, **one-on-one** *Am adj* [discussion] en tête-à-tête; **~ tuition** cours *mpl* particuliers.

one-upmanship [,wʌn'ʌpmənʃɪp] *n* art *m* de faire toujours mieux que les autres.

one-way *adj* **-1.** [street] à sens unique. **-2.** [ticket] simple.

ongoing ['ɒn,gəʊɪŋ] *adj* en cours, continu(e).

onion ['ʌnjən] *n* oignon *m*.

online ['ɒnlaɪn] *adj & adv* COMPUT en ligne, connecté(e).

onlooker ['ɒn,lʊkər] *n* spectateur *m*, -trice *f*.

only ['əʊnlɪ] ◇ *adj* seul(e), unique; an **~ child** un enfant unique. ◇ *adv* **-1.** [gen] ne ... que, seulement; **he ~ reads science fiction** il ne lit que de la science fiction; **it's ~ a scratch** c'est juste une égratignure; **he left ~ a few minutes ago** il n'y a pas deux minutes. **-2.** [for emphasis]: **I ~ wish I could** je voudrais bien; **it's ~ natural (that)** ... c'est tout à fait normal que ...; **I was ~ too willing to help** je ne demandais qu'à aider; **not ~ ... but also** non seulement ... mais encore; **I ~ just caught the**

train j'ai eu le train de justesse. ◇ *conj* seulement, mais.

onset ['ɒnset] *n* début *m*, commencement *m*.

onshore ['ɒnʃɔːʳ] *adj* & *adv* [from sea] du large; [on land] à terre.

onslaught ['ɒnslɔːt] *n* attaque *f*.

onto [*unstressed before consonant* 'ɒntə, *unstressed before vowel* 'ɒntʊ, *stressed* 'ɒntuː] = **on to**.

onus ['əʊnəs] *n* responsabilité *f*, charge *f*.

onward ['ɒnwəd] *adj* & *adv* en avant.

onwards ['ɒnwədz] *adv* en avant; **from now ~** dorénavant, désormais; **from then ~** à partir de ce moment-là.

ooze [uːz] ◇ *vt fig* [charm, confidence] respirer. ◇ *vi*: **to ~ from** OR **out of sthg** suinter de qqch.

opaque [əʊ'peɪk] *adj* opaque; *fig* obscur(e).

OPEC ['əʊpek] (*abbr of* **Organization of Petroleum Exporting Countries**) *n* OPEP *f*.

open ['əʊpn] ◇ *adj* **-1.** [gen] ouvert(e). **-2.** [receptive]: **to be ~ (to)** être réceptif(ive) (à). **-3.** [view, road, space] dégagé(e). **-4.** [uncovered - car] découvert(e). **-5.** [meeting] public(ique); [competition] ouvert(e) à tous. **-6.** [disbelief, honesty] manifeste, évident(e). **-7.** [unresolved] non résolu(e). ◇ *n*: **in the ~** [sleep] à la belle étoile; [eat] au grand air; **to bring sthg out into the ~** divulguer qqch, exposer qqch au grand jour. ◇ *vt* **-1.** [gen] ouvrir. **-2.** [inaugurate] inaugurer. ◇ *vi* **-1.** [door, flower] s'ouvrir. **-2.** [shop, library etc] ouvrir. **-3.** [meeting, play etc] commencer.
♦ **open on to** *vt fus* [subj: room, door] donner sur.
♦ **open up** ◇ *vt sep* [develop] exploiter, développer. ◇ *vi* **-1.** [possibilities etc] s'offrir, se présenter. **-2.** [unlock door] ouvrir.

opener ['əʊpnəʳ] *n* [for cans] ouvre-boîtes *m inv*; [for bottles] ouvre-bouteilles *m inv*, décapsuleur *m*.

opening ['əʊpnɪŋ] ◇ *adj* [first] premier(ière); [remarks] préliminaire. ◇ *n* **-1.** [beginning] commencement *m*, début *m*. **-2.** [in fence] trou *m*, percée *f*; [in clouds] trouée *f*, déchirure *f*. **-3.** [opportunity - gen] occasion *f*; [- COMM] débouché *m*. **-4.** [job vacancy] poste *m*.

opening hours *npl* heures *fpl* d'ouverture.

openly ['əʊpənlɪ] *adv* ouvertement, franchement.

open-minded [-'maɪndɪd] *adj* [person] qui a l'esprit large; [attitude] large.

open-plan *adj* non cloisonné(e).

Open University *n Br*: **the ~** ≃ centre *m* national d'enseignement à distance.

opera ['ɒpərə] *n* opéra *m*.

opera house *n* opéra *m*.

operate ['ɒpəreɪt] ◇ *vt* **-1.** [machine] faire marcher, faire fonctionner. **-2.** COMM diriger. ◇ *vi* **-1.** [rule, law, system] jouer, être appliqué(e); [machine] fonctionner, marcher. **-2.** COMM opérer, travailler. **-3.** MED opérer; **to ~ on sb/sthg** opérer qqn/de qqch.

operating theatre *Br*, **operating room** *Am* ['ɒpəreɪtɪŋ-] *n* salle *f* d'opération.

operation [,ɒpə'reɪʃn] *n* **-1.** [gen & MED] opération *f*; **to have an ~ (for)** se faire opérer (de). **-2.** [of machine] marche *f*, fonctionnement *m*; **to be in ~** [machine] être en marche OR en service; [law, system] être en vigueur. **-3.** [COMM - company] exploitation *f*; [- management] administration *f*, gestion *f*.

operational [,ɒpə'reɪʃənl] *adj* [machine] en état de marche.

operative ['ɒprətɪv] ◇ *adj* en vigueur. ◇ *n* ouvrier *m*, -ière *f*.

operator ['ɒpəreɪtəʳ] *n* **-1.** TELEC standardiste *mf*. **-2.** [of machine] opérateur *m*, -trice *f*. **-3.** COMM directeur *m*, -trice *f*.

opinion [ə'pɪnjən] *n* opinion *f*, avis *m*; **to be of the ~ that** être d'avis que, estimer que; **in my ~** à mon avis.

opinionated [ə'pɪnjəneɪtɪd] *adj pej* dogmatique.

opinion poll *n* sondage *m* d'opinion.

opponent [ə'pəʊnənt] *n* adversaire *mf*.

opportune ['ɒpətjuːn] *adj* opportun(e).

opportunist [,ɒpə'tjuːnɪst] *n* opportuniste *mf*.

opportunity [,ɒpə'tjuːnətɪ] *n* occasion *f*; **to take the ~ to do** OR **of doing sthg** profiter de l'occasion pour faire qqch.

oppose [ə'pəʊz] *vt* s'opposer à.

opposed [ə'pəʊzd] *adj* opposé(e); **to be ~ to** être contre, être opposé à; **as ~ to** par opposition à.

opposing [ə'pəʊzɪŋ] *adj* opposé(e).

opposite ['ɒpəzɪt] ◇ *adj* opposé(e); [house] d'en face. ◇ *adv* en face. ◇ *prep* en face de. ◇ *n* contraire *m*.

opposite number *n* homologue *mf*.

opposition [,ɒpə'zɪʃn] *n* **-1.** [gen] opposition *f*. **-2.** [opposing team] adversaire *mf*.

◆ Opposition *n Br* POL: **the Opposition** l'opposition.

oppress [ə'pres] *vt* **-1.** [persecute] opprimer. **-2.** [depress] oppresser.

oppressive [ə'presɪv] *adj* **-1.** [unjust] oppressif(ive). **-2.** [weather, heat] étouffant(e), lourd(e). **-3.** [silence] oppressant(e).

opt [ɒpt] ◇ *vt*: **to ~ to do sthg** choisir de faire qqch. ◇ *vi*: **to ~ for** opter pour.

◆ opt in *vi*: **to ~ in (to)** choisir de participer (à).

◆ opt out *vi*: **to ~ out (of)** [gen] choisir de ne pas participer (à); [of responsibility] se dérober (à); [of NHS] ne plus faire partie (de).

optical ['ɒptɪkl] *adj* optique.

optician [ɒp'tɪʃn] *n* **-1.** [who sells glasses] opticien *m*, -ienne *f*. **-2.** [ophthalmologist] ophtalmologiste *mf*.

optimist ['ɒptɪmɪst] *n* optimiste *mf*.

optimistic [,ɒptɪ'mɪstɪk] *adj* optimiste.

optimum ['ɒptɪməm] *adj* optimum.

option ['ɒpʃn] *n* option *f*, choix *m*; **to have the ~ to do** OR **of doing sthg** pouvoir faire qqch, avoir la possibilité de faire qqch.

optional ['ɒpʃənl] *adj* facultatif(ive); **an ~ extra** un accessoire.

or [ɔːr] *conj* **-1.** [gen] ou. **-2.** [after negative]: **he can't read ~ write** il ne sait ni lire ni écrire. **-3.** [otherwise] sinon. **-4.** [as correction] ou plutôt.

oral ['ɔːrəl] ◇ *adj* **-1.** [spoken] oral(e). **-2.** [MED - medicine] par voie orale, par la bouche; [- hygiene] buccal(e). ◇ *n* oral *m*, épreuve *f* orale.

orally ['ɔːrəlɪ] *adv* **-1.** [in spoken form] oralement. **-2.** MED par voie orale.

orange ['ɒrɪndʒ] ◇ *adj* orange (*inv*). ◇ *n* **-1.** [fruit] orange *f*. **-2.** [colour] orange *m*.

orator ['ɒrətər] *n* orateur *m*, -trice *f*.

orbit ['ɔːbɪt] ◇ *n* orbite *f*. ◇ *vt* décrire une orbite autour de.

orchard ['ɔːtʃəd] *n* verger *m*; **apple ~** champ *m* de pommiers, pommeraie *f*.

orchestra ['ɔːkɪstrə] *n* orchestre *m*.

orchestral [ɔː'kestrəl] *adj* orchestral(e).

orchid ['ɔːkɪd] *n* orchidée *f*.

ordain [ɔː'deɪn] *vt* **-1.** [decree] ordonner, décréter. **-2.** RELIG: **to be ~ed** être ordonné prêtre.

ordeal [ɔː'diːl] *n* épreuve *f*.

order ['ɔːdər] ◇ *n* **-1.** [gen] ordre *m*; **to be under ~s** **to do sthg** avoir (reçu) l'ordre de faire qqch. **-2.** COMM commande *f*; **to place an ~ with sb for sthg** passer une commande de qqch à qqn; **to ~** sur commande. **-3.** [sequence] ordre *m*; **in ~** dans l'ordre; **in ~ of importance** par ordre d'importance. **-4.** [fitness for use]: **in working ~** en état de marche; **out of ~** [machine] en panne; [behaviour] déplacé(e); **in ~** [correct] en ordre. **-5.** (*U*) [discipline - gen] ordre *m*; [- in classroom] discipline *f*. **-6.** *Am* [portion] part *f*. ◇ *vt* **-1.** [command] ordonner; **to ~ sb to do sthg** ordonner à qqn de faire qqch; **to ~ that** ordonner que. **-2.** COMM commander.

◆ **in the order of** *Br*, **on the order of** *Am prep* environ, de l'ordre de.

◆ **in order that** *conj* pour que, afin que.

◆ **in order to** *conj* pour, afin de.

◆ **order about**, **order around** *vt sep* commander.

order form *n* bulletin *m* de commande.

orderly ['ɔːdəlɪ] ◇ *adj* [person] ordonné(e); [crowd] discipliné(e); [office, room] en ordre. ◇ *n* [in hospital] garçon *m* de salle.

ordinarily ['ɔːdənrəlɪ] *adv* d'habitude, d'ordinaire.

ordinary ['ɔːdənrɪ] ◇ *adj* **-1.** [normal] ordinaire. **-2.** *pej* [unexceptional] ordinaire, quelconque. ◇ *n*: **out of the ~** qui sort de l'ordinaire, exceptionnel(elle).

ordnance ['ɔːdnəns] *n* (*U*) **-1.** [supplies] matériel *m* militaire. **-2.** [artillery] artillerie *f*.

ore [ɔːʳ] *n* minerai *m*.

oregano [,ɒrɪ'gɑːnəu] *n* origan *m*.

organ ['ɔːgən] *n* **-1.** [gen] organe *m*. **-2.** MUS orgue *m*.

organic [ɔː'gænɪk] *adj* **-1.** [of animals, plants] organique. **-2.** [farming, food] biologique.

organization [,ɔːgənaɪ'zeɪʃn] *n* organisation *f*.

organize, -ise ['ɔːgənaɪz] *vt* organiser.

organizer ['ɔːgənaɪzəʳ] *n* organisateur *m*, -trice *f*.

orgasm ['ɔːgæzm] *n* orgasme *m*.

orgy ['ɔːdʒɪ] *n lit* & *fig* orgie *f*.

Orient ['ɔːrɪənt] *n*: **the ~** l'Orient *m*.

oriental [,ɔːrɪ'entl] *adj* oriental(e).

orienteering [,ɔːrɪən'tɪərɪŋ] *n* (*U*) course *f* d'orientation.

origami [,ɒrɪ'gɑːmɪ] *n* origami *m*.

origin ['ɒrɪdʒɪn] *n* **-1.** [of river] source *f*; [of word, conflict] origine *f*. **-2.** [birth]: **country of ~** pays *m* d'origine.

◆ **origins** *npl* origines *fpl*.

original [ə'rɪdʒənl] ◇ *adj* original(e); [owner] premier(ière). ◇ *n* original *m*.

originally [ə'rɪdʒənəlɪ] *adv* à l'origine, au départ.

originate [ə'rɪdʒəneɪt] ◇ *vt* être l'auteur de, être à l'origine de. ◇ *vi* [belief, custom]: **to ~ (in)** prendre naissance (dans); **to ~ from** provenir de.

Orkney Islands ['ɔːknɪ-], **Orkneys** ['ɔːknɪz] *npl*: **the ~** les Orcades *fpl*.

ornament ['ɔːnəmənt] *n* **-1.** [object] bibelot *m*. **-2.** (*U*) [decoration] ornement *m*.

ornamental [,ɔːnə'mentl] *adj* [garden, pond] d'agrément; [design] décoratif(ive).

ornate [ɔː'neɪt] *adj* orné(e).

ornithology [,ɔːnɪ'θɒlədʒɪ] *n* ornithologie *f*.

orphan ['ɔːfn] ◇ *n* orphelin *m*, -e *f*. ◇ *vt*: **to be ~ed** devenir orphelin(e).

orphanage ['ɔːfənɪdʒ] *n* orphelinat *m*.

orthodox ['ɔːθədɒks] *adj* **-1.** [conventional] orthodoxe. **-2.** RELIG [traditional] traditionaliste.

orthopaedic [,ɔːθə'piːdɪk] *adj* orthopédique.

orthopedic *etc* [,ɔːθə'piːdɪk] = **orthopaedic** *etc*.

oscillate ['ɒsɪleɪt] *vi lit* & *fig* osciller.

Oslo ['ɒzləʊ] *n* Oslo.

ostensible [ɒ'stensəbl] *adj* prétendu(e).

ostentatious [,ɒstən'teɪʃəs] *adj* ostentatoire.

osteopath ['ɒstɪəpæθ] *n* ostéopathe *mf*.

ostracize, -ise ['ɒstrəsaɪz] *vt* frapper d'ostracisme, mettre au ban.

ostrich ['ɒstrɪtʃ] *n* autruche *f*.

other ['ʌðəʳ] ◇ *adj* autre; **the ~ one** l'autre; **the ~ day/week** l'autre jour/semaine. ◇ *adv*: **there was nothing to do ~ than confess** il ne pouvait faire autrement que d'avouer; **~ than John** John à part. ◇ *pron*: **~s** d'autres; **the ~** l'autre; **the ~s** les autres; **one after the ~** l'un après l'autre (l'une après l'autre); **one or ~ of you** l'un (l'une) de vous deux; **none ~** than nul (nulle) autre que.

◆**something or other** *pron* quelque chose, je ne sais quoi.

◆**somehow or other** *adv* d'une manière ou d'une autre.

otherwise ['ʌðəwaɪz] ◇ *adv* autrement; **or** ~ [or not] ou non. ◇ *conj* sinon.

otter ['ɒtər] *n* loutre *f*.

ouch [aʊtʃ] *excl* aïe!, ouïe!

ought [ɔːt] *aux vb* **-1.** [sensibly]: **I really** ~ **to go** il faut absolument que je m'en aille; **you** ~ **to see a doctor** tu devrais aller chez le docteur. **-2.** [morally]: **you** ~ **not to have done that** tu n'aurais pas dû faire cela; **you** ~ **to look after your children better** tu devrais t'occuper un peu mieux de tes enfants. **-3.** [expressing probability]: **she** ~ **to pass her exam** elle devrait réussir à son examen.

ounce [aʊns] *n* =28,35 g, once *f*.

our ['aʊər] *poss adj* notre, nos (*pl*); ~ **money/house** notre argent/maison; ~ **children** nos enfants; **it wasn't OUR fault** ce n'était pas de notre faute à nous.

ours ['aʊəz] *poss pron* le nôtre (la nôtre), les nôtres (*pl*); **that money is** ~ cet argent est à nous OR est le nôtre; **it wasn't their fault, it was OURS** ce n'était pas de leur faute, c'était de notre faute à nous OR de la nôtre; **a friend of** ~ un ami à nous, un de nos amis.

ourselves [aʊə'selvz] *pron pl* **-1.** (*reflexive*) nous. **-2.** (*for emphasis*) nous-mêmes; **we did it by** ~ nous l'avons fait tous seuls.

oust [aʊst] *vt*: **to** ~ **sb (from)** évincer qqn (de).

out [aʊt] *adv* **-1.** [not inside, out of doors] dehors; **I'm going** ~ **for a walk** je sors me promener; **to run** ~ sortir en courant; ~ **here** ici; ~ **there** là-bas. **-2.** [away from home, office, published] sorti(e); **John's** ~ **at the moment** John est sorti, John n'est pas là en ce moment; **an afternoon** ~ une sortie de l'après-midi. **-3.** [extinguished] éteint(e); **the lights went** ~ les lumières se sont éteintes. **-4.** [of tides]: **the tide is** ~ la marée est basse. **-5.** [out of fashion] démodé(e), passé(e) de mode. **-6.** [in flower] en fleur. **-7.** *inf* [on strike] en grève. **-8.** [determined]: **to be** ~ **to do sthg** être résolu(e) OR décidé(e) à faire qqch.

◆**out of** *prep* **-1.** [outside] en dehors de; **to go** ~ **of the room** sortir de la pièce; **to be** ~ **of the country** être à l'étranger. **-2.** [indicating cause] par; ~ **of spite/love/boredom** par dépit/amour/ennui. **-3.** [indicating origin, source] de, dans; **a page** ~ **of a book** une page d'un livre; **it's made** ~ **of plastic** c'est en plastique. **-4.** [without] sans; ~ **of petrol/money** à court d'essence/d'argent. **-5.** [sheltered from] à l'abri de; **we're** ~ **of the wind here** nous sommes à l'abri du vent ici. **-6.** [to indicate proportion] sur; **one** ~ **of ten people** une personne sur dix; **ten** ~ **of ten** dix sur dix.

out-and-out *adj* [liar] fieffé(e); [disgrace] complet(ète).

outback ['aʊtbæk] *n*: **the** ~ l'intérieur *m* du pays (*en Australie*).

outboard (motor) ['aʊtbɔːd-] *n* (moteur *m*) hors-bord *m*.

outbreak ['aʊtbreɪk] *n* [of war, crime] début *m*, déclenchement *m*; [of spots etc] éruption *f*.

outburst ['aʊtbɜːst] *n* explosion *f*.

outcast ['aʊtkɑːst] *n* paria *m*.

outcome ['aʊtkʌm] *n* issue *f*, résultat *m*.

outcrop ['aʊtkrɒp] *n* affleurement *m*.

outcry ['aʊtkraɪ] *n* tollé *m*.

outdated [,aʊt'deɪtɪd] *adj* démodé(e), vieilli(e).

outdid [,aʊt'dɪd] *pt* → outdo.

outdo [,aʊt'duː] (*pt* -did, *pp* -done [-'dʌn]) *vt* surpasser.

outdoor ['aʊtdɔːr] *adj* [life, swimming pool] en plein air; [activities] de plein air.

outdoors [aʊt'dɔːz] *adv* dehors.

outer ['aʊtər] *adj* extérieur(e).

outer space *n* cosmos *m*.

outfit ['aʊtfɪt] *n* **-1.** [clothes] tenue *f.* **-2.** *inf* [organization] équipe *f.*

outfitters ['aʊt,fɪtəz] *n Br dated* [for clothes] magasin *m* spécialisé de confection pour hommes.

outgoing ['aʊt,gəʊɪŋ] *adj* **-1.** [chairman etc] sortant(e); [mail] à expédier; [train] en partance. **-2.** [friendly, sociable] ouvert(e).

◆ **outgoings** *npl Br* dépenses *fpl.*

outgrow [,aʊt'grəʊ] (*pt* **-grew**, *pp* **-grown**) *vt* **-1.** [clothes] devenir trop grand(e) pour. **-2.** [habit] se défaire de.

outhouse ['aʊthaʊs, *pl* -haʊzɪz] *n* appentis *m.*

outing ['aʊtɪŋ] *n* [trip] sortie *f.*

outlandish [aʊt'lændɪʃ] *adj* bizarre.

outlaw ['aʊtlɔː] ◇ *n* hors-la-loi *m inv.* ◇ *vt* [practice] proscrire.

outlay ['aʊtleɪ] *n* dépenses *fpl.*

outlet ['aʊtlet] *n* **-1.** [for emotion] exutoire *m.* **-2.** [hole, pipe] sortie *f.* **-3.** [shop]: **retail ~ point** *m* de vente. **-4.** *Am* ELEC prise *f* (de courant).

outline ['aʊtlaɪn] ◇ *n* **-1.** [brief description] grandes lignes *fpl*; **in ~** en gros. **-2.** [silhouette] silhouette *f.* ◇ *vt* [describe briefly] exposer les grandes lignes de.

outlive [,aʊt'lɪv] *vt* [subj: person] survivre à.

outlook ['aʊtlʊk] *n* **-1.** [disposition] attitude *f*, conception *f.* **-2.** [prospect] perspective *f.*

outlying ['aʊt,laɪɪŋ] *adj* [village] reculé(e); [suburbs] écarté(e).

outmoded [,aʊt'məʊdɪd] *adj* démodé(e).

outnumber [,aʊt'nʌmbər] *vt* surpasser en nombre.

out-of-date *adj* [passport] périmé(e); [clothes] démodé(e); [belief] dépassé(e).

out of doors *adv* dehors.

out-of-the-way *adj* [village] perdu(e); [pub] peu fréquenté(e).

outpatient ['aʊt,peɪʃnt] *n* malade *mf* en consultation externe.

outpost ['aʊtpəʊst] *n* avant-poste *m.*

output ['aʊtpʊt] *n* **-1.** [production] production *f.* **-2.** COMPUT sortie *f.*

outrage ['aʊtreɪdʒ] ◇ *n* **-1.** [emotion] indignation *f.* **-2.** [act] atrocité *f.* ◇ *vt* outrager.

outrageous [aʊt'reɪdʒəs] *adj* **-1.** [offensive, shocking] scandaleux(euse), monstrueux(euse). **-2.** [very unusual] choquant(e).

outright [*adj* 'aʊtraɪt, *adv* ,aʊt'raɪt] ◇ *adj* absolu(e), total(e). ◇ *adv* **-1.** [deny] carrément, franchement. **-2.** [win, fail] complètement, totalement.

outset ['aʊtset] *n*: **at the ~** au commencement, au début; **from the ~** depuis le commencement OR début.

outside [*adv* ,aʊt'saɪd, *adj, prep & n* 'aʊtsaɪd] ◇ *adj* **-1.** [gen] extérieur(e); **an ~ opinion** une opinion indépendante. **-2.** [unlikely - chance, possibility] faible. ◇ *adv* à l'extérieur; **to go/run/look ~** aller/courir/regarder dehors. ◇ *prep* **-1.** [not inside] à l'extérieur de, en dehors de. **-2.** [beyond]: **~ office hours** en dehors des heures de bureau. ◇ *n* extérieur *m.*

◆ **outside of** *prep Am* [apart from] à part.

outside lane *n* AUT [in UK] voie *f* droite; [in Europe, US] voie *f* de gauche.

outside line *n* TELEC ligne *f* extérieure.

outsider [,aʊt'saɪdər] *n* **-1.** [in race] outsider *m.* **-2.** [from society] étranger *m*, -ère *f.*

outsize ['aʊtsaɪz] *adj* **-1.** [bigger than usual] énorme, colossal(e). **-2.** [clothes] grande taille (*inv*).

outskirts ['aʊtskɜːts] *npl*: **the ~** la banlieue.

outspoken [,aʊt'spəʊkn] *adj* franc (franche).

outstanding [,aʊt'stændɪŋ] *adj* **-1.** [excellent] exceptionnel(elle), remarquable. **-2.** [example] marquant(e). **-3.** [not paid] impayé(e). **-4.** [unfinished - work, problem] en suspens.

outstay [,aʊt'steɪ] vt: **I don't want to ~ my welcome** je ne veux pas abuser de votre hospitalité.

outstretched [,aʊt'stretʃt] adj [arms, hands] tendu(e); [wings] déployé(e).

outstrip [,aʊt'strɪp] vt devancer.

out-tray n corbeille f pour le courrier à expédier.

outward ['aʊtwəd] ◇ adj -1. [going away]: **~ journey** aller m. -2. [apparent, visible] extérieur(e). ◇ adv Am = **outwards**.

outwardly ['aʊtwədlɪ] adv [apparently] en apparence.

outwards Br ['aʊtwədz], **outward** Am adv vers l'extérieur.

outweigh [,aʊt'weɪ] vt fig primer sur.

outwit [,aʊt'wɪt] vt se montrer plus malin(igne) que.

oval ['əʊvl] ◇ adj ovale. ◇ n ovale m.

Oval Office n: **the ~** le bureau du président des États-Unis à la Maison-Blanche.

ovary ['əʊvərɪ] n ovaire m.

ovation [əʊ'veɪʃn] n ovation f; **the audience gave her a standing ~** le public l'a ovationnée.

oven ['ʌvn] n [for cooking] four m.

ovenproof ['ʌvnpru:f] adj qui va au four.

over ['əʊvər] ◇ prep -1. [above] au-dessus de. -2. [on top of] sur. -3. [on other side of] de l'autre côté de; **they live ~ the road** ils habitent en face. -4. [to other side of] par-dessus; **to go ~ the border** franchir la frontière. -5. [more than] plus de; **~ and above** en plus de. -6. [concerning] à propos de, au sujet de. -7. [during] pendant. ◇ adv -1. [distance away]: **~ here** ici; **~ there** là-bas. -2. [across]: **they flew ~ to America** ils se sont envolés pour les États-Unis; **we invited them ~** nous les avons invités chez nous. -3. [more] plus. -4. [remaining]: **there's nothing (left) ~** il ne reste rien. -5. RADIO: **~ and out!** à vous! -6. [involving repetitions]: **(all) ~ again** (tout) au début; **~ and ~ again** à maintes re-prises, maintes fois. ◇ adj [finished] fini(e), terminé(e).

♦ **all over** ◇ prep [throughout] partout, dans tout; **all ~ the world** dans le monde entier. ◇ adv [everywhere] partout. ◇ adj [finished] fini(e).

overall [adj & n 'əʊvərɔːl, adv ,əʊvər'ɔːl] ◇ adj [general] d'ensemble. ◇ adv en général. ◇ n -1. [gen] tablier m. -2. Am [for work] bleu m de travail.

♦ **overalls** npl -1. [for work] bleu m de travail. -2. Am [dungarees] salopette f.

overawe [,əʊvər'ɔː] vt impressionner.

overbalance [,əʊvə'bæləns] vi basculer.

overbearing [,əʊvə'beərɪŋ] adj autoritaire.

overboard ['əʊvəbɔːd] adv: **to fall ~** tomber par-dessus bord.

overbook [,əʊvə'bʊk] vi surréserver.

overcame [,əʊvə'keɪm] pt → **overcome**.

overcast [,əʊvə'kɑːst] adj couvert(e).

overcharge [,əʊvə'tʃɑːdʒ] vt: **to ~ sb (for sthg)** faire payer (qqch) trop cher à qqn.

overcoat ['əʊvəkəʊt] n pardessus m.

overcome [,əʊvə'kʌm] (pt **-came**, pp **-come**) vt -1. [fears, difficulties] surmonter. -2. [overwhelm]: **to be ~ (by** OR **with)** [emotion] être submergé(e) (de); [grief] être accablé(e) (de).

overcrowded [,əʊvə'kraʊdɪd] adj bondé(e).

overcrowding [,əʊvə'kraʊdɪŋ] n surpeuplement m.

overdo [,əʊvə'du:] (pt **-did** [-'dɪd], pp **-done**) vt -1. [exaggerate] exagérer. -2. [do too much] trop faire; **to ~ it** se surmener. -3. [overcook] trop cuire.

overdone [,əʊvə'dʌn] ◇ pp → **overdo**. ◇ adj [food] trop cuit(e).

overdose ['əʊvədəʊs] n overdose f.

overdraft ['əʊvədrɑːft] n découvert m.

overdrawn [,əʊvə'drɔːn] adj à découvert.

overdue [,əʊvə'dju:] adj -1. [late]: **~ (for)** en retard (pour). -2. [change, reform]: **(long)** ~ attendu(e) (depuis longtemps). **-3.** [unpaid] **arriéré(e)**, impayé(e).

overestimate [,əʊvər'estɪmeɪt] *vt* surestimer.

overflow [*vb* ,əʊvə'fləʊ, *n* 'əʊvəfləʊ] ◇ *vi* **-1.** [gen] déborder. **-2.** [streets, box]: **to be ~ing (with)** regorger (de). ◇ *n* [pipe, hole] trop-plein *m*.

overgrown [,əʊvə'grəʊn] *adj* [garden] envahi(e) par les mauvaises herbes.

overhaul [*n* 'əʊvəhɔːl, *vb* ,əʊvə'hɔːl] ◇ *n* **-1.** [of car, machine] **révision** *f*. **-2.** *fig* [of system] refonte *f*, remaniement *m*. ◇ *vt* **-1.** [car, machine] réviser. **-2.** *fig* [system] refondre, remanier.

overhead [*adv* ,əʊvə'hed, *adj & n* 'əʊvəhed] ◇ *adj* aérien(ienne). ◇ *adv* au-dessus. ◇ *n Am* (U) frais *mpl* généraux.
♦ **overheads** *npl Br* frais *mpl* généraux.

overhead projector *n* rétroprojecteur *m*.

overhear [,əʊvə'hɪəʳ] (*pt & pp* -**heard** [-'hɜːd]) *vt* entendre par hasard.

overheat [,əʊvə'hiːt] ◇ *vt* surchauffer. ◇ *vi* [engine] chauffer.

overjoyed [,əʊvə'dʒɔɪd] *adj*: ~ **(at)** transporté(e) de joie (à).

overkill ['əʊvəkɪl] *n* [excess]: **that would be ~** ce serait de trop.

overladen [,əʊvə'leɪdn] ◇ *pp* → **overload**. ◇ *adj* surchargé(e).

overland ['əʊvəlænd] *adj & adv* par voie de terre.

overlap [,əʊvə'læp] *vi lit & fig* se chevaucher.

overleaf [,əʊvə'liːf] *adv* au verso, au dos.

overload [,əʊvə'ləʊd] (*pp* -**loaded** OR -**laden**) *vt* surcharger.

overlook [,əʊvə'lʊk] *vt* **-1.** [subj: building, room] donner sur. **-2.** [disregard, miss] oublier, négliger. **-3.** [excuse] passer sur, fermer les yeux sur.

overnight [*adj* 'əʊvənaɪt, *adv* ,əʊvə'naɪt] ◇ *adj* **-1.** [journey, parking] de nuit; [stay] d'une nuit. **-2.** *fig* [sud-

den]: ~ **success** succès *m* immédiat. ◇ *adv* **-1.** [stay, leave] la nuit. **-2.** [suddenly] du jour au lendemain.

overpass ['əʊvəpɑːs] *n Am* ≃ Toboggan® *m*.

overpower [,əʊvə'paʊəʳ] *vt* **-1.** [in fight] vaincre. **-2.** *fig* [overwhelm] accabler, terrasser.

overpowering [,əʊvə'paʊərɪŋ] *adj* [desire] irrésistible; [smell] entêtant(e).

overran [,əʊvə'ræn] *pt* → **overrun**.

overrated [,əʊvə'reɪtɪd] *adj* surfait(e).

override [,əʊvə'raɪd] (*pt* -**rode**, *pp* -**ridden**) *vt* **-1.** [be more important than] l'emporter sur, prévaloir sur. **-2.** [overrule - decision] annuler.

overriding [,əʊvə'raɪdɪŋ] *adj* [need, importance] primordial(e).

overrode [,əʊvə'rəʊd] *pt* → **override**.

overrule [,əʊvə'ruːl] *vt* [person] prévaloir contre; [decision] annuler; [objection] rejeter.

overrun [,əʊvə'rʌn] (*pt* -**ran**, *pp* -**run**) ◇ *vt* **-1.** MIL [occupy] occuper. **-2.** *fig* [cover, fill]: **to be ~ with** [weeds] être envahi(e) de; [rats] être infesté(e) de. ◇ *vi* dépasser (le temps alloué).

oversaw [,əʊvə'sɔː] *pt* → **oversee**.

overseas [*adj* 'əʊvəsiːz, *adv* ,əʊvə'siːz] ◇ *adj* [sales, company] à l'étranger; [market] extérieur(e); [visitor, student] étranger(ère); ~ **aid** aide *f* aux pays étrangers. ◇ *adv* à l'étranger.

oversee [,əʊvə'siː] (*pt* -**saw**, *pp* -**seen** [-'siːn]) *vt* surveiller.

overseer ['əʊvə,siːəʳ] *n* contremaître *m*.

overshadow [,əʊvə'ʃædəʊ] *vt* [subj: building, tree] dominer; *fig* éclipser.

overshoot [,əʊvə'ʃuːt] (*pt & pp* -**shot**) *vt* dépasser, rater.

oversight ['əʊvəsaɪt] *n* oubli *m*; **through ~** par mégarde.

oversleep [,əʊvə'sliːp] (*pt & pp* -**slept** [-'slept]) *vi* ne pas se réveiller à temps.

overspill ['əʊvəspɪl] *n* [of population] excédent *m*.

pace

overstep [,əʊvə'step] vt dépasser; **to ~ the mark** dépasser la mesure.

overt ['əʊvɜːt] adj déclaré(e), non déguisé(e).

overtake [,əʊvə'teɪk] (pt **-took**, pp **-taken** [-'teɪkn]) ◇ vt **-1.** AUT doubler, dépasser. **-2.** [subj: misfortune, emotion] frapper. ◇ vi AUT doubler.

overthrow [n 'əʊvəθrəʊ, vb ,əʊvə'θrəʊ] (pt **-threw** [-'θruː], pp **-thrown** [-'θrəʊn]) ◇ n [of government] coup m d'État. ◇ vt [government] renverser.

overtime ['əʊvətaɪm] ◇ n (U) **-1.** [extra work] heures fpl supplémentaires. **-2.** Am SPORT prolongations fpl. ◇ adv: **to work ~** faire des heures supplémentaires.

overtones ['əʊvətəʊnz] npl notes fpl, accents mpl.

overtook [,əʊvə'tʊk] pt → overtake.

overture ['əʊvə,tjʊəʳ] n MUS ouverture f.

overturn [,əʊvə'tɜːn] ◇ vt **-1.** [gen] renverser. **-2.** [decision] annuler. ◇ vi [vehicle] se renverser; [boat] chavirer.

overweight [,əʊvə'weɪt] adj trop gros (grosse).

overwhelm [,əʊvə'welm] vt **-1.** [subj: grief, despair] accabler; **to be ~ed with joy** être au comble de la joie. **-2.** MIL [gain control of] écraser.

overwhelming [,əʊvə'welmɪŋ] adj **-1.** [overpowering] irrésistible, irrépressible. **-2.** [defeat, majority] écrasant(e).

overwork [,əʊvə'wɜːk] ◇ n surmenage m. ◇ vt [person, staff] surmener.

overwrought [,əʊvə'rɔːt] adj excédé(e), à bout.

owe [əʊ] vt: **to ~ sthg to sb, to ~ sb sthg** devoir qqch à qqn.

owing ['əʊɪŋ] adj dû (due).

◆ **owing to** prep à cause de, en raison de.

owl [aʊl] n hibou m.

own [əʊn] ◇ adj propre; **my ~ car** ma propre voiture; **she has her ~ style** elle a son style à elle. ◇ pron: **I've got my ~** j'ai le mien; **he has a house of his ~** il a une maison à lui,

il a sa propre maison; **on one's ~** tout seul (toute seule); **to get one's ~ back** inf prendre sa revanche. ◇ vt posséder.

◆ **own up** vi: **to ~ up (to sthg)** avouer OR confesser (qqch).

owner ['əʊnəʳ] n propriétaire mf.

ownership ['əʊnəʃɪp] n propriété f.

ox [ɒks] (pl **oxen**) n bœuf m.

Oxbridge ['ɒksbrɪdʒ] n désignation collective des universités d'Oxford et de Cambridge.

oxen ['ɒksn] pl → ox.

oxtail soup ['ɒksteɪl-] n soupe f à la queue de bœuf.

oxygen ['ɒksɪdʒən] n oxygène m.

oxygen mask n masque m à oxygène.

oxygen tent n tente f à oxygène.

oyster ['ɔɪstəʳ] n huître f.

oz. abbr of **ounce**.

ozone ['əʊzəʊn] n ozone m.

ozone-friendly adj qui préserve la couche d'ozone.

ozone layer n couche f d'ozone.

P

p¹ (pl **p's** OR **ps**), **P** (pl **P's** OR **Ps**) [piː] n [letter] p m inv, P m inv.

p² **-1.** (abbr of **page**) p. **-2.** abbr of **penny, pence**.

pa [pɑː] n inf papa m.

p.a. (abbr of **per annum**) p.a.

PA n **-1.** Br abbr of **personal assistant**. **-2.** (abbr of **public address system**) sono f.

pace [peɪs] ◇ n **-1.** [speed, rate] vitesse f, allure f; **to keep ~ (with sb)** marcher à la même allure (que qqn); **to keep ~ (with sthg)** se maintenir au même niveau (que qqch). **-2.** [step] pas m. ◇ vi: **to ~ (up and down)** faire les cent pas.

pacemaker ['peɪs,meɪkə'] n **-1.** MED stimulateur m cardiaque, pacemaker m. **-2.** SPORT meneur m, -euse f.

Pacific [pə'sɪfɪk] ◇ adj du Pacifique. ◇ n: **the ~ (Ocean)** l'océan m Pacifique, le Pacifique.

pacifier ['pæsɪfaɪə'] n Am [for child] tétine f, sucette f.

pacifist ['pæsɪfɪst] n pacifiste mf.

pacify ['pæsɪfaɪ] vt **-1.** [person, baby] apaiser. **-2.** [country] pacifier.

pack [pæk] ◇ n **-1.** [bag] sac m. **-2.** [packet] paquet m. **-3.** [of cards] jeu m. **-4.** [of dogs] meute f; [of wolves, thieves] bande f. ◇ vt **-1.** [clothes, belongings] emballer; **to ~ one's bags** faire ses bagages. **-2.** [fill] remplir; **to be ~ed into** être entassé dans. ◇ vi [for journey] faire ses bagages OR sa valise.

◆ **pack in** ◇ vt sep Br inf [stop] plaquer; **~ it in!** [stop annoying me] arrête!, ça suffit maintenant!; [shut up] la ferme! ◇ vi tomber en panne.

◆ **pack off** vt sep inf [send away] expédier.

package ['pækɪdʒ] ◇ n **-1.** [of books, goods] paquet m. **-2.** fig [of proposals etc] ensemble m, série f. **-3.** COMPUT progiciel m. ◇ vt [wrap up] conditionner.

package deal n contrat m global.

package tour n vacances fpl organisées.

packaging ['pækɪdʒɪŋ] n conditionnement m.

packed [pækt] adj: **~ (with)** bourré(e) (de).

packed lunch n Br panier-repas m.

packet ['pækɪt] n [gen] paquet m.

packing ['pækɪŋ] n [material] emballage m.

packing case n caisse f d'emballage.

pact [pækt] n pacte m.

pad [pæd] ◇ n **-1.** [of cotton wool etc] morceau m. **-2.** [of paper] bloc m. **-3.** SPACE: **(launch) ~** pas m de tir. **-4.** [of cat, dog] coussinet m. **-5.** inf [home] pénates mpl. ◇ vt [furniture, jacket] rembourrer; [wound] tamponner. ◇ vi [walk softly] marcher à pas feutrés.

padding ['pædɪŋ] n **-1.** [material] rembourrage m. **-2.** fig [in speech, letter] délayage m.

paddle ['pædl] ◇ n **-1.** [for canoe etc] pagaie f. **-2.** [in sea]: **to have a ~** faire trempette. ◇ vi **-1.** [in canoe etc] avancer en pagayant. **-2.** [in sea] faire trempette.

paddle boat, paddle steamer n bateau m à aubes.

paddling pool ['pædlɪŋ-] n Br **-1.** [in park etc] pataugeoire f. **-2.** [inflatable] piscine f gonflable.

paddock ['pædək] n **-1.** [small field] enclos m. **-2.** [at racecourse] paddock m.

paddy field ['pædɪ-] n rizière f.

padlock ['pædlɒk] ◇ n cadenas m. ◇ vt cadenasser.

paediatrics [,piːdɪ'ætrɪks] = **pediatrics**.

pagan ['peɪgən] ◇ adj païen(ienne). ◇ n païen m, -ienne f.

page [peɪdʒ] ◇ n **-1.** [of book] page f. **-2.** [sheet of paper] feuille f. ◇ vt [in airport] appeler au micro.

pageant ['pædʒənt] n [show] spectacle m historique.

pageantry ['pædʒəntrɪ] n apparat m.

paid [peɪd] ◇ pt & pp → **pay**. ◇ adj [work, holiday, staff] rémunéré(e), payé(e).

pail [peɪl] n seau m.

pain [peɪn] n **-1.** [hurt] douleur f; **to be in ~** souffrir. **-2.** inf [annoyance]: **it's/he is such a ~** c'est/il est vraiment assommant.

◆ **pains** npl [effort, care]: **to be at ~s to do sthg** vouloir absolument faire qqch; **to take ~s to do sthg** se donner beaucoup de mal OR peine pour faire qqch.

pained [peɪnd] adj peiné(e).

painful ['peɪnful] adj **-1.** [physically] douloureux(euse). **-2.** [emotionally] pénible.

painfully ['peɪnfulɪ] adv **-1.** [fall, hit]

douloureusement. **-2.** [remember, feel] péniblement.

painkiller ['peɪn,kɪləʳ] n calmant m, analgésique m.

painless ['peɪnlɪs] adj **-1.** [without hurt] indolore, sans douleur. **-2.** fig [changeover] sans heurt.

painstaking ['peɪnz,teɪkɪŋ] adj [worker] assidu(e); [detail, work] soigné(e).

paint [peɪnt] ◇ n peinture f. ◇ vt [gen] peindre.

paintbrush ['peɪntbrʌʃ] n pinceau m.

painter ['peɪntəʳ] n peintre m.

painting ['peɪntɪŋ] n **-1.** (U) [gen] peinture f. **-2.** [picture] toile f, tableau m.

paint stripper n décapant m.

paintwork ['peɪntwɜːk] n (U) surfaces fpl peintes.

pair [peəʳ] n **-1.** [of shoes, wings etc] paire f; **a ~ of trousers** un pantalon. **-2.** [couple] couple m.

pajamas [pə'dʒɑːməz] = **pyjamas**.

Pakistan [Br ,pɑːkɪ'stɑːn, Am ,pækɪ'stæn] n Pakistan m.

Pakistani [Br ,pɑːkɪ'stɑːnɪ, Am ,pækɪ'stænɪ] ◇ adj pakistanais(e). ◇ n Pakistanais m, -e f.

pal [pæl] n inf **-1.** [friend] copain m, copine f. **-2.** [as term of address] mon vieux m.

palace ['pælɪs] n palais m.

palatable ['pælətəbl] adj **-1.** [food] agréable au goût. **-2.** fig [idea] acceptable, agréable.

palate ['pælət] n palais m.

palaver [pə'lɑːvəʳ] n (U) inf **-1.** [talk] palabres fpl. **-2.** [fuss] histoire f, affaire f.

pale [peɪl] adj pâle.

Palestine ['pælə,staɪn] n Palestine f.

Palestinian [,pælə'stɪnɪən] ◇ adj palestinien(ienne). ◇ n Palestinien m, -ienne f.

palette ['pælət] n palette f.

palings ['peɪlɪŋz] npl palissade f.

pall [pɔːl] ◇ n **-1.** [of smoke] voile m. **-2.** Am [coffin] cercueil m. ◇ vi perdre de son charme.

pallet ['pælɪt] n palette f.

pallor ['pæləʳ] n literary pâleur f.

palm [pɑːm] n **-1.** [tree] palmier m. **-2.** [of hand] paume f.
♦ **palm off** vt sep inf: **to ~ sthg off on sb** refiler qqch à qqn; **to ~ sb off with sthg** se débarrasser de qqn avec qqch.

Palm Sunday n dimanche m des Rameaux.

palm tree n palmier m.

palpable ['pælpəbl] adj évident(e), manifeste.

paltry ['pɔːltrɪ] adj dérisoire.

pamper ['pæmpəʳ] vt choyer, dorloter.

pamphlet ['pæmflɪt] n brochure f.

pan [pæn] ◇ n **-1.** [gen] casserole f. **-2.** Am [for bread, cakes etc] moule m. ◇ vt inf [criticize] démolir. ◇ vi CINEMA faire un panoramique.

panacea [,pænə'sɪə] n panacée f.

panama [,pænə'mɑː] n: **~ (hat)** panama m.

Panama [,pænə'mɑː] n Panama m.

Panama Canal n: **the ~** le canal de Panama.

pancake ['pænkeɪk] n crêpe f.

Pancake Day n Br mardi gras m.

Pancake Tuesday n mardi gras m.

panda ['pændə] (pl inv OR **-s**) n panda m.

Panda car n Br voiture f de patrouille.

pandemonium [,pændɪ'məʊnjəm] n tohu-bohu m inv.

pander ['pændəʳ] vi: **to ~ to sb** se prêter aux exigences de qqn; **to ~ to sthg** se plier à qqch.

pane [peɪn] n vitre f, carreau m.

panel ['pænl] n **-1.** TV & RADIO invités mpl; [of experts] comité m. **-2.** [of wood] panneau m. **-3.** [of machine] tableau m de bord.

panelling Br, **paneling** Am ['pænəlɪŋ] n (U) lambris m.

pang [pæŋ] n tiraillement m.

panic ['pænɪk] (pt & pp **-ked**, cont **-king**) ◇ n panique f. ◇ vi paniquer.

panicky ['pænɪkɪ] adj [person] paniqué(e); [feeling] de panique.

panic-stricken *adj* affolé(e), pris(e) de panique.

panorama [,pænə'rɑːmə] *n* panorama *m*.

pansy ['pænzɪ] *n* -1. [flower] pensée *f*. -2. *inf pej* [man] tante *f*, tapette *f*.

pant [pænt] *vi* haleter.

panther ['pænθər] (*pl inv* OR **-s**) *n* panthère *f*.

panties ['pæntɪz] *npl inf* culotte *f*.

pantihose ['pæntɪhəuz] = **panty hose**.

pantomime ['pæntəmaɪm] *n Br spectacle de Noël pour enfants, généralement inspiré de contes de fée.*

pantry ['pæntrɪ] *n* garde-manger *m inv*.

pants [pænts] *npl* -1. *Br* [underpants - for men] slip *m*, caleçon *m*; [- for women] culotte *f*, slip. -2. *Am* [trousers] pantalon *m*.

panty hose ['pæntɪhəuz] *npl Am* collant *m*.

papa [*Br* pə'pɑ:, *Am* 'pæpə] *n* papa *m*.

paper ['peɪpər] ◇ *n* -1. (*U*) [for writing on] papier *m*; **a piece of ~** [sheet] une feuille de papier; [scrap] un bout de papier; **on ~** [written down] par écrit; [in theory] sur le papier. -2. [newspaper] journal *m*. -3. [in exam - test] épreuve *f*; [- answers] copie *f*. -4. [essay]: **~** (**on**) essai *m* (sur). ◇ *adj* [hat, bag etc] en papier; *fig* [profits] théorique. ◇ *vt* tapisser.

◆ **papers** *npl* [official documents] papiers *mpl*.

paperback ['peɪpəbæk] *n*: **~** (**book**) livre *m* de poche.

paper clip *n* trombone *m*.

paper handkerchief *n* mouchoir *m* en papier.

paper knife *n* coupe-papier *m inv*.

paper shop *n Br* marchand *m* de journaux.

paperweight ['peɪpəweɪt] *n* presse-papiers *m inv*.

paperwork ['peɪpəwɜːk] *n* paperasserie *f*.

paprika ['pæprɪkə] *n* paprika *m*.

par [pɑːr] *n* -1. [parity]: **on a ~ with** à égalité avec. -2. GOLF par *m*. -3. [good health]: **below** OR **under ~** pas en forme.

parable ['pærəbl] *n* parabole *f*.

parachute ['pærəʃuːt] ◇ *n* parachute *m*. ◇ *vi* sauter en parachute.

parade [pə'reɪd] ◇ *n* -1. [celebratory] parade *f*, revue *f*. -2. MIL défilé *m*. ◇ *vt* -1. [people] faire défiler. -2. [object] montrer. -3. *fig* [flaunt] afficher. ◇ *vi* défiler.

paradise ['pærədaɪs] *n* paradis *m*.

paradox ['pærədɒks] *n* paradoxe *m*.

paradoxically [,pærə'dɒksɪklɪ] *adv* paradoxalement.

paraffin ['pærəfɪn] *n* paraffine *f*.

paragon ['pærəgən] *n* modèle *m*, parangon *m*.

paragraph ['pærəgrɑːf] *n* paragraphe *m*.

Paraguay ['pærəgwaɪ] *n* Paraguay *m*.

parallel ['pærəlel] ◇ *adj lit* & *fig*: **~** (**to** OR **with**) parallèle (à). ◇ *n* -1. GEOM parallèle *f*. -2. [similarity & GEOGR] parallèle *m*. -3. *fig* [similar person, object] équivalent *m*.

paralyse *Br*, **-yze** *Am* ['pærəlaɪz] *vt lit* & *fig* paralyser.

paralysis [pə'rælɪsɪs] (*pl* **-lyses** [-lɪsiːz]) *n* paralysie *f*.

paramedic [,pærə'medɪk] *n* auxiliaire médical *m*, auxiliaire médicale *f*.

parameter [pə'ræmɪtər] *n* paramètre *m*.

paramount ['pærəmaʊnt] *adj* primordial(e); **of ~ importance** d'une importance suprême.

paranoid ['pærənɔɪd] *adj* paranoïaque.

paraphernalia [,pærəfə'neɪljə] *n* (*U*) attirail *m*, bazar *m*.

parasite ['pærəsaɪt] *n lit* & *fig* parasite *m*.

parasol ['pærəsɒl] *n* [above table] parasol *m*; [hand-held] ombrelle *f*.

paratrooper ['pærətruːpər] *n* parachutiste *mf*.

parcel ['pɑːsl] *n* paquet *m*.

◆ **parcel up** *vt sep* empaqueter.

parched [pɑːtʃt] *adj* **-1.** [gen] desséché(e). **-2.** *inf* [very thirsty] assoiffé(e), mort(e) de soif.

parchment ['pɑːtʃmənt] *n* parchemin *m*.

pardon ['pɑːdn] ◇ *n* **-1.** JUR grâce *f*. **-2.** (U) [forgiveness] pardon *m*; **I beg your** ~? [showing surprise, asking for repetition] comment?, pardon?; **I beg your** ~! [to apologize] je vous demande pardon. ◇ *vt* **-1.** [forgive] pardonner; **to** ~ **sb for sthg** pardonner qqch à qqn; ~ **me!** pardon!, excusez-moi! **-2.** JUR gracier. ◇ *excl* comment?

parent ['peərənt] *n* père *m*, mère *f*.
♦ **parents** *npl* parents *mpl*.

parental [pə'rentl] *adj* parental(e).

parenthesis [pə'renθɪsɪs] (*pl* **-theses** [-θɪsiːz]) *n* parenthèse *f*.

Paris ['pærɪs] *n* Paris.

parish ['pærɪʃ] *n* **-1.** RELIG paroisse *f*. **-2.** *Br* [area of local government] commune *f*.

Parisian [pə'rɪzjən] ◇ *adj* parisien(ienne). ◇ *n* Parisien *m*, -ienne *f*.

parity ['pærətɪ] *n* égalité *f*.

park [pɑːk] ◇ *n* parc *m*, jardin *m* public. ◇ *vt* garer. ◇ *vi* se garer, stationner.

parking ['pɑːkɪŋ] *n* stationnement *m*; "**no** ~" «défense de stationner», «stationnement interdit».

parking lot *n Am* parking *m*.

parking meter *n* parcmètre *m*.

parking ticket *n* contravention *f*, PV *m*.

parlance ['pɑːləns] *n*: **in common/legal** *etc* ~ en langage courant/juridique *etc*.

parliament ['pɑːləmənt] *n* parlement *m*.

parliamentary [,pɑːlə'mentərɪ] *adj* parlementaire.

parlour *Br*, **parlor** *Am* ['pɑːləʳ] *n* *dated* salon *m*.

parochial [pə'rəʊkjəl] *adj pej* de clocher.

parody ['pærədɪ] ◇ *n* parodie *f*. ◇ *vt* parodier.

parole [pə'rəʊl] *n* (U) parole *f*; **on** ~ en liberté conditionnelle.

parrot ['pærət] *n* perroquet *m*.

parry ['pærɪ] *vt* **-1.** [blow] parer. **-2.** [question] éluder.

parsley ['pɑːslɪ] *n* persil *m*.

parsnip ['pɑːsnɪp] *n* panais *m*.

parson ['pɑːsn] *n* pasteur *m*.

part [pɑːt] ◇ *n* **-1.** [gen] partie *f*; **for the most** ~ dans l'ensemble. **-2.** [of TV serial etc] épisode *m*. **-3.** [component] pièce *f*. **-4.** [in proportions] mesure *f*. **-5.** THEATRE rôle *m*. **-6.** [involvement]: ~ **in participation** *f*; **to play an important** ~ **in** jouer un rôle important dans; **to take** ~ **in** participer à; **for my** ~ en ce qui me concerne. **-7.** *Am* [hair parting] raie *f*. ◇ *adv* en partie. ◇ *vt*: **to** ~ **one's hair** se faire une raie. ◇ *vi* **-1.** [couple] se séparer. **-2.** [curtains] s'écarter, s'ouvrir.
♦ **parts** *npl*: **in these** ~**s** dans cette région.
♦ **part with** *vt fus* [money] débourser; [possession] se défaire de.

part exchange *n* reprise *f*; **in** ~ comme reprise en compte.

partial ['pɑːʃl] *adj* **-1.** [incomplete] partiel(ielle). **-2.** [biased] partial(e). **-3.** [fond]: **to be** ~ **to** avoir un penchant pour.

participant [pɑː'tɪsɪpənt] *n* participant *m*, -e *f*.

participate [pɑː'tɪsɪpeɪt] *vi*: **to** ~ **(in)** participer (à).

participation [pɑː,tɪsɪ'peɪʃn] *n* participation *f*.

participle ['pɑːtɪsɪpl] *n* participe *m*.

particle ['pɑːtɪkl] *n* particule *f*.

parti-coloured ['pɑːtɪ-] *adj* bariolé(e).

particular [pə'tɪkjʊləʳ] *adj* **-1.** [gen] particulier(ière). **-2.** [fussy] pointilleux(euse); ~ **about** exigeant(e) à propos de.
♦ **particulars** *npl* renseignements *mpl*.
♦ **in particular** *adv* en particulier.

particularly [pə'tɪkjʊləlɪ] *adv* particulièrement.

parting ['pɑːtɪŋ] n -1. [separation] séparation f. -2. Br [in hair] raie f.
partisan [ˌpɑːtɪ'zæn] ◇ adj partisan(e). ◇ n partisan m, -e f.
partition [pɑː'tɪʃn] ◇ n [wall, screen] cloison f. ◇ vt -1. [room] cloisonner. -2. [country] partager.
partly ['pɑːtlɪ] adv partiellement, en partie.
partner ['pɑːtnəʳ] ◇ n -1. [gen] partenaire mf. -2. [in a business, crime] associé m, -e f. ◇ vt être le partenaire de.
partnership ['pɑːtnəʃɪp] n association f.
partridge ['pɑːtrɪdʒ] n perdrix f.
part-time adj & adv à temps partiel.
party ['pɑːtɪ] ◇ n -1. POL parti m. -2. [social gathering] fête f, réception f; to have OR throw a ~ donner une fête. -3. [group] groupe m. -4. JUR partie f. ◇ vi fam faire la fête.
party line n -1. POL ligne f du parti. -2. TELEC ligne f commune à deux abonnés.
pass [pɑːs] ◇ n -1. SPORT passe f. -2. [document - for security] laissez-passer m inv; [- for travel] carte f d'abonnement. -3. Br [in exam] mention f passable. -4. [between mountains] col m. -5. phr: to make a ~ at sb faire du plat à qqn. ◇ vt -1. [object, time] passer; to ~ sthg to sb, to ~ sb sthg passer qqch à qqn. -2. [person in street etc] croiser. -3. [place] passer devant. -4. AUT dépasser, doubler. -5. [exceed] dépasser. -6. [exam] réussir (à); [driving test] passer. -7. [candidate] recevoir, admettre. -8. [law, motion] voter. -9. [opinion] émettre; [judgment] rendre, prononcer. ◇ vi -1. [gen] passer. -2. AUT doubler, dépasser. -3. SPORT faire une passe. -4. [in exam] réussir, être reçu(e).
◆ **pass as** vt fus passer pour.
◆ **pass away** vi s'éteindre.
◆ **pass by** ◇ vt sep: the news ~ed him by la nouvelle ne l'a pas affecté. ◇ vi passer à côté.
◆ **pass for** = pass as.

◆ **pass on** ◇ vt sep: to ~ sthg on (to) [object] faire passer qqch (à); [tradition, information] transmettre qqch (à). ◇ vi [move on] continuer son chemin. -2. = pass away.
◆ **pass out** vi -1. [faint] s'évanouir. -2. Br MIL finir OR terminer les classes.
◆ **pass over** vt fus [problem, topic] passer sous silence.
◆ **pass up** vt sep [opportunity, invitation] laisser passer.
passable ['pɑːsəbl] adj -1. [satisfactory] passable. -2. [road] praticable; [river] franchissable.
passage ['pæsɪdʒ] n -1. [gen] passage m. -2. [between rooms] couloir m. -3. [sea journey] traversée f.
passageway ['pæsɪdʒweɪ] n [between houses] passage m; [between rooms] couloir m.
passbook ['pɑːsbuk] n livret m de banque.
passenger ['pæsɪndʒəʳ] n passager m, -ère f.
passerby [ˌpɑːsə'baɪ] (pl **passersby** [ˌpɑːsəz'baɪ]) n passant m, -e f.
passing ['pɑːsɪŋ] adj [remark] en passant; [trend] passager(ère).
◆ **in passing** adv en passant.
passion ['pæʃn] n passion f; to have a ~ for avoir la passion de.
passionate ['pæʃənət] adj passionné(e).
passive ['pæsɪv] adj passif(ive).
Passover ['pɑːsˌəʊvəʳ] n: (the) ~ la Pâque juive.
passport ['pɑːspɔːt] n [document] passeport m.
passport control n contrôle m des passeports.
password ['pɑːswɜːd] n mot m de passe.
past [pɑːst] ◇ adj -1. [former] passé(e); for the ~ five years ces cinq dernières années; the ~ week la semaine passée OR dernière. -2. [finished] fini(e). ◇ adv -1. [in times]: it's ten ~ il est dix. -2. [in front]: to drive ~ passer (devant) en voiture;

to run ~ passer (devant) en courant.
◇ n passé m; **in the** ~ dans le temps.
◇ prep **-1.** [in times]: **it's half** ~ **eight**
il est huit heures et demie; **it's five**
~ **nine** il est neuf heures cinq. **-2.** [in
front of] devant; **we drove** ~ **them**
nous les avons dépassés en voiture.
-3. [beyond] après, au-delà de.

pasta ['pæstə] n (U) pâtes fpl.

paste [peɪst] ◇ n **-1.** [gen] pâte f. **-2.**
CULIN pâté m. **-3.** (U) [glue] colle f. ◇
vt coller.

pastel ['pæstl] ◇ adj pastel (inv). ◇ n
pastel m.

pasteurize, -ise ['pɑːstʃəraɪz] vt pasteuriser.

pastille ['pæstɪl] n pastille f.

pastime ['pɑːstaɪm] n passe-temps m
inv.

pastor ['pɑːstər] n pasteur m.

past participle n participe m passé.

pastry ['peɪstrɪ] n **-1.** [mixture] pâte f.
-2. [cake] pâtisserie f.

past tense n passé m.

pasture ['pɑːstʃər] n pâturage m, pré
m.

pasty[1] ['peɪstɪ] adj blafard(e), ter-
reux(euse).

pasty[2] ['pæstɪ] n Br petit pâté m,
friand m.

pat [pæt] ◇ n **-1.** [light stroke] petite
tape f; [to animal] caresse f. **-2.** [of
butter] noix f, noisette f. ◇ vt [person]
tapoter, donner une tape à; [animal]
caresser.

patch [pætʃ] ◇ n **-1.** [piece of material]
pièce f; [to cover eye] bandeau m. **-2.**
[small area - of snow, ice] plaque f. **-3.**
[of land] parcelle f, lopin m; **vegetable**
~ carré m de légumes. **-4.** [period of
time]: **a difficult** ~ une mauvaise
passe. ◇ vt rapiécer.
♦ **patch up** vt sep **-1.** [mend] rafistol-
ler, bricoler. **-2.** fig [quarrel] régler, arranger; **to** ~ **up a relationship** se raccommoder.

patchwork ['pætʃwɜːk] n patchwork
m.

patchy ['pætʃɪ] adj [gen] inégal(e);

[knowledge] **insuffisant(e), impar-
fait(e).**

pâté ['pæteɪ] n pâté m.

patent [Br 'peɪtənt, Am 'pætənt] ◇ adj
[obvious] évident(e), manifeste. ◇ n
brevet m (d'invention). ◇ vt faire
breveter.

patent leather n cuir m verni.

paternal [pə'tɜːnl] adj paternel(elle).

path [pɑːθ, pl pɑːðz] n **-1.** [track] chemin m, sentier m. **-2.** [way ahead,
course of action] voie f, chemin m. **-3.**
[trajectory] **trajectoire** f.

pathetic [pə'θetɪk] adj **-1.** [causing
pity] pitoyable, attendrissant(e). **-2.**
[useless - efforts, person] pitoyable, minable.

pathological [,pæθə'lɒdʒɪkl] adj pa-
thologique.

pathology [pə'θɒlədʒɪ] n pathologie f.

pathos ['peɪθɒs] n pathétique m.

pathway ['pɑːθweɪ] n chemin m, sentier m.

patience ['peɪʃns] n **-1.** [of person] patience f. **-2.** [card game] réussite f.

patient ['peɪʃnt] ◇ adj patient(e). ◇ n
[in hospital] patient m, -e f, malade mf;
[of doctor] patient.

patio ['pætɪəʊ] (pl -s) n patio m.

patriotic [Br ,pætrɪ'ɒtɪk, Am
,peɪtrɪ'ɒtɪk] adj [gen] patriotique; [per-
son] patriote.

patrol [pə'trəʊl] ◇ n patrouille f. ◇ vt
patrouiller dans, faire une patrouille
dans.

patrol car n voiture f de police.

patrolman [pə'trəʊlmən] (pl -men
[-mən]) n Am agent m de police.

patron ['peɪtrən] n **-1.** [of arts] mécène m, protecteur m, -trice f. **-2.** Br
[of charity] patron m, -onne f. **-3.** fml
[customer] client m, -e f.

patronize, -ise ['pætrənaɪz] vt **-1.** [talk
down to] traiter avec condescen-
dance. **-2.** fml [back financially] pa-
tronner, protéger.

patronizing ['pætrənaɪzɪŋ] adj
condescendant(e).

patter ['pætər] ◇ n **-1.** [sound - of rain]
crépitement m. **-2.** [talk] baratin m,

bavardage *m*. ◇ *vi* [feet, paws] trottiner; [rain] frapper, fouetter.

pattern ['pætən] *n* **-1.** [design] motif *m*, dessin *m*. **-2.** [of distribution, population] schéma *m*; [of life, behaviour] mode *m*. **-3.** [diagram]: **(sewing)** ~ patron *m*. **-4.** [model] modèle *m*.

paunch [pɔ:ntʃ] *n* bedaine *f*.

pauper ['pɔ:pər] *n* indigent *m*, -e *f*, nécessiteux *m*, -euse *f*.

pause [pɔ:z] ◇ *n* **-1.** [short silence] pause *f*, silence *m*. **-2.** [break] pause *f*, arrêt *m*. ◇ *vi* **-1.** [stop speaking] marquer un temps. **-2.** [stop moving, doing] faire une pause, s'arrêter.

pave [peɪv] *vt* paver; **to ~ the way for sb/sthg** ouvrir la voie à qqn/qqch.

pavement ['peɪvmənt] *n* **-1.** *Br* [at side of road] trottoir *m*. **-2.** *Am* [roadway] chaussée *f*.

pavilion [pə'vɪljən] *n* pavillon *m*.

paving ['peɪvɪŋ] *n* (*U*) pavé *m*.

paving stone *n* pavé *m*.

paw [pɔ:] *n* patte *f*.

pawn [pɔ:n] ◇ *n* lit & fig pion *m*. ◇ *vt* mettre en gage.

pawnbroker ['pɔ:n,brəukər] *n* prêteur *m*, -euse *f* sur gages.

pawnshop ['pɔ:nʃɒp] *n* mont-de-piété *m*.

pay [peɪ] (*pt* & *pp* **paid**) ◇ *vt* **-1.** [gen] payer; **to ~ sb for sthg** payer qqn pour qqch, payer qqch à qqn; **I paid £20 for that shirt** j'ai payé cette chemise 20 livres; **to ~ money into an account** *Br* verser de l'argent sur un compte; **to ~ a cheque into an account** déposer un chèque sur un compte. **-2.** [be profitable to] rapporter à. **-3.** [give, make]: **to ~ attention (to sb/sthg)** prêter attention (à qqn/qqch); **to ~ sb a compliment** faire un compliment à qqn; **to ~ sb a visit** rendre visite à qqn. ◇ *vi* payer; **to ~ dearly for sthg** fig payer qqch cher. ◇ *n* salaire *m*, traitement *m*.

◆ **pay back** *vt sep* **-1.** [return loan of money] rembourser. **-2.** [revenge oneself on] revaloir; **I'll ~ you back for**

that tu me le paieras, je te le revaudrai.

◆ **pay off** ◇ *vt sep* **-1.** [repay - debt] s'acquitter de, régler; [- loan] rembourser. **-2.** [dismiss] licencier, congédier. **-3.** [bribe] soudoyer, acheter. ◇ *vi* [course of action] être payant(e).

◆ **pay up** *vi* payer.

payable ['peɪəbl] *adj* **-1.** [gen] payable. **-2.** [on cheque]: ~ **to** à l'ordre de.

paycheck ['peɪtʃek] *n Am* paie *f*.

payday ['peɪdeɪ] *n* jour *m* de paie.

payee [peɪ'i:] *n* bénéficiaire *mf*.

pay envelope *n Am* salaire *m*.

payment ['peɪmənt] *n* paiement *m*.

pay packet *n Br* **-1.** [envelope] enveloppe *f* de paie. **-2.** [wages] paie *f*.

pay phone, pay station *Am n* téléphone *m* public, cabine *f* téléphonique.

payroll ['peɪrəul] *n* registre *m* du personnel.

payslip ['peɪslɪp] *n Br* feuille *f* OR bulletin *m* de paie.

pay station *Am* = **pay phone**.

pc (*abbr of* **per cent**) p. cent.

PC *n* **-1.** (*abbr of* **personal computer**) PC *m*, micro *m*. **-2.** *abbr of* **police constable**.

PE (*abbr of* **physical education**) *n* EPS *f*.

pea [pi:] *n* pois *m*.

peace [pi:s] *n* (*U*) paix *f*; [quiet, calm] calme *m*, tranquillité *f*; **to make (one's) ~ with sb** faire la paix avec qqn.

peaceable ['pi:səbl] *adj* paisible, pacifique.

peaceful ['pi:sful] *adj* **-1.** [quiet, calm] paisible, calme. **-2.** [not aggressive - person] pacifique; [- demonstration] non-violent(e).

peacetime ['pi:staɪm] *n* temps *m* de paix.

peach [pi:tʃ] ◇ *adj* couleur pêche (*inv*). ◇ *n* pêche *f*.

peacock ['pi:kɒk] *n* paon *m*.

peak [pi:k] ◇ *n* **-1.** [mountain top] sommet *m*, cime *f*. **-2.** fig [of career, success] **apogée** m, **sommet** m. **-3.** [of cap] **visière** f. ◇ adj [condition] **optimum**. ◇ vi atteindre un niveau maximum.

peaked [pi:kt] adj [cap] à visière.

peak hours npl heures fpl d'affluence OR de pointe.

peak period n période f de pointe.

peak rate n tarif m normal.

peal [pi:l] ◇ n [of bells] carillonnement m; [of laughter] éclat m; [of thunder] coup m. ◇ vi [bells] carillonner.

peanut ['pi:nʌt] n cacahuète f.

peanut butter n beurre m de cacahuètes.

pear [peəʳ] n poire f.

pearl [pɜ:l] n perle f.

peasant ['peznt] n [in countryside] paysan m, -ànne f.

peat [pi:t] n tourbe f.

pebble ['pebl] n galet m, caillou m.

peck [pek] ◇ n **-1.** [with beak] coup m de bec. **-2.** [kiss] bise f. ◇ vt **-1.** [with beak] picoter, becqueter. **-2.** [kiss]: to ~ **sb on the cheek** faire une bise à qqn.

pecking order ['pekiŋ-] n hiérarchie f.

peckish ['pekiʃ] adj Br inf: to feel ~ avoir un petit creux.

peculiar [pɪ'kju:ljəʳ] adj **-1.** [odd] bizarre, curieux(ieuse). **-2.** [slightly ill]: to feel ~ se sentir tout drôle (toute drôle) OR tout chose (toute chose). **-3.** [characteristic]: ~ to propre à, particulier(ière) à.

peculiarity [pɪ,kju:lɪ'ærətɪ] n **-1.** [oddness] bizarrerie f, singularité f. **-2.** [characteristic] particularité f, caractéristique f.

pedal ['pedl] ◇ n pédale f. ◇ vi pédaler.

pedal bin n poubelle f à pédale.

pedantic [pɪ'dæntɪk] adj pej pédant(e).

peddle ['pedl] vt **-1.** [drugs] faire le trafic de. **-2.** [gossip, rumour] colporter, répandre.

pedestal ['pedɪstl] n piédestal m.

pedestrian [pɪ'destrɪən] ◇ adj pej médiocre, dépourvu(e) d'intérêt. ◇ n piéton m.

pedestrian crossing n Br passage m pour piétons, passage clouté.

pedestrian precinct Br, **pedestrian zone** Am n zone f piétonne.

pediatrics [,pi:dɪ'ætrɪks] n pédiatrie f.

pedigree ['pedɪgri:] ◇ adj [animal] de race. ◇ n **-1.** [of animal] pedigree m. **-2.** [of person] ascendance f, généalogie f.

pedlar Br, **peddler** Am ['pedləʳ] n colporteur m.

pee [pi:] inf ◇ n pipi m, pisse f. ◇ vi faire pipi, pisser.

peek [pi:k] inf ◇ n coup m d'œil furtif. ◇ vi jeter un coup d'œil furtif.

peel [pi:l] ◇ n [of apple, potato] peau f; [of orange, lemon] écorce f. ◇ vt éplucher, peler. ◇ vi **-1.** [paint] s'écailler. **-2.** [wallpaper] se décoller. **-3.** [skin] peler.

peelings ['pi:lɪŋz] npl épluchures fpl.

peep [pi:p] ◇ n **-1.** [look] coup m d'œil OR regard m furtif. **-2.** inf [sound] bruit m. ◇ vi jeter un coup d'œil furtif.

♦ **peep out** vi apparaître, se montrer.

peephole ['pi:phəʊl] n judas m.

peer [pɪəʳ] ◇ n pair m. ◇ vi scruter, regarder attentivement.

peerage ['pɪərɪdʒ] n [rank] pairie f; the ~ les pairs mpl.

peer group n pairs mpl.

peeved [pi:vd] adj inf fâché(e), irrité(e).

peevish ['pi:vɪʃ] adj grincheux(euse).

peg [peg] ◇ n **-1.** [hook] cheville f. **-2.** [for clothes] pince f à linge. **-3.** [on tent] piquet m. ◇ vt fig [prices] bloquer.

pejorative [pɪ'dʒɒrətɪv] adj péjoratif(ive).

pekinese [,pi:kə'ni:z], **pekingese** [,pi:kɪŋ'i:z] (pl inv OR **-s**) n [dog] pékinois m.

Peking [pi:'kɪŋ] n Pékin.

pekingese = pekinese.

pelican ['pelɪkən] (pl inv OR **-s**) n pélican m.

pelican crossing n Br passage m pour piétons avec feux de circulation.

pellet ['pelɪt] n **-1.** [small ball] boulette f. **-2.** [for gun] plomb m.

pelmet ['pelmɪt] n Br lambrequin m.

pelt [pelt] ◇ n [animal skin] peau f, fourrure f. ◇ vt: **to ~ sb ~ with sthg** bombarder qqn (de qqch). ◇ vi **-1.** [rain] tomber à verse. **-2.** [run fast]: **to ~ along** courir ventre à terre; **to ~ down the stairs** dévaler l'escalier.

pelvis ['pelvɪs] (pl **-vises** OR **-ves** [-viːz]) n pelvis m, bassin m.

pen [pen] ◇ n **-1.** [for writing] stylo m. **-2.** [enclosure] parc m, enclos m. ◇ vt [enclose] parquer.

penal ['piːnl] adj pénal(e).

penalize, -ise ['piːnəlaɪz] vt **-1.** [gen] pénaliser. **-2.** [put at a disadvantage] désavantager.

penalty ['penltɪ] n **-1.** [punishment] pénalité f; **to pay the ~ (for sthg)** fig supporter OR subir les conséquences (de qqch). **-2.** [fine] amende f. **-3.** HOCKEY pénalité f; **~ (kick)** FTBL penalty m; RUGBY (coup m de pied de) pénalité f.

penance ['penəns] n **-1.** RELIG pénitence f. **-2.** fig [punishment] corvée f, pensum m.

pence [pens] Br pl → **penny**.

penchant [Br pɑ̃ʃɑ̃, Am 'pentʃənt] n: **to have a ~ for sthg** avoir un faible pour qqch; **to have a ~ for doing sthg** avoir tendance à OR bien aimer faire qqch.

pencil ['pensl] ◇ n crayon m; **in ~** au crayon. ◇ vt griffonner au crayon, crayonner.

pencil case n trousse f (d'écolier).

pencil sharpener n taille-crayon m.

pendant ['pendənt] n [jewel on chain] pendentif m.

pending ['pendɪŋ] fml ◇ adj **-1.** [imminent] imminent(e). **-2.** [court case] en instance. ◇ prep en attendant.

pendulum ['pendjʊləm] (pl **-s**) n balancier m.

penetrate ['penɪtreɪt] vt **-1.** [gen] pénétrer dans; [subj: light] percer; [subj: rain] s'infiltrer dans. **-2.** [subj: spy] infiltrer.

pen friend n correspondant m, -e f.

penguin ['peŋgwɪn] n manchot m.

penicillin [,penɪ'sɪlɪn] n pénicilline f.

peninsula [pə'nɪnsjʊlə] (pl **-s**) n péninsule f.

penis ['piːnɪs] (pl **penises** ['piːnɪsɪz]) n pénis m.

penitentiary [,penɪ'tenʃərɪ] n Am prison f.

penknife ['pennaɪf] (pl **-knives** [-naɪvz]) n canif m.

pen name n pseudonyme m.

pennant ['penənt] n fanion m, flamme f.

penniless ['penɪlɪs] adj sans le sou.

penny ['penɪ] (pl sense 1 **-ies**, pl sense 2 **pence**) n **-1.** [coin] Br penny m; Am cent m. **-2.** Br [value] pence m.

pen pal n inf correspondant m, -e f.

pension ['penʃn] n **-1.** Br [on retirement] retraite f. **-2.** [from disability] pension f.

pensioner ['penʃənər] n Br: **(old-age) ~** retraité m, -e f.

pensive ['pensɪv] adj songeur(euse).

pentagon ['pentəgən] n pentagone m. ♦ **Pentagon** n Am: **the Pentagon** le Pentagone (siège du ministère américain de la Défense).

Pentecost ['pentɪkɒst] n Pentecôte f.

penthouse ['penthaʊs, pl -haʊzɪz] n appartement m de luxe (en attique).

pent up ['pent-] adj [emotions] refoulé(e); [energy] contenu(e).

penultimate [pe'nʌltɪmət] adj avant-dernier(ière).

people ['piːpl] ◇ n [nation, race] nation f, peuple m. ◇ npl **-1.** [persons] personnes fpl; **few/a lot of ~** peu/beaucoup de monde, peu/beaucoup de gens; **there were a lot of ~ present** il y avait beaucoup de monde. **-2.** [in general] gens mpl; **~ say that ...** on dit que .... **-3.** [inhabitants] habitants mpl. **-4.** POL: **the ~** le

peuple. ◇ *vt*: **to be ~d by** OR **with** être peuplé(e) de.
pep [pep] *n inf* (U) entrain *m*, pep *m*.
♦ **pep up** *vt sep inf* **-1.** [person] remonter, requinquer. **-2.** [party, event] animer.
pepper ['pepər] *n* **-1.** [spice] poivre *m*. **-2.** [vegetable] poivron *m*.
pepperbox *n Am* = **pepper pot**.
peppermint ['pepəmɪnt] *n* **-1.** [sweet] bonbon *m* à la menthe. **-2.** [herb] menthe *f* poivrée.
pepper pot *Br*, **pepperbox** *Am* ['pepəbɒks] *n* poivrier *m*.
pep talk *n inf* paroles *fpl* OR discours *m* d'encouragement.
per [pɜːr] *prep*: **~ person** par personne; **to be paid £10 ~ hour** être payé 10 livres de l'heure; **~ kilo** le kilo; **as ~ instructions** conformément aux instructions.
per annum *adv* par an.
per capita [pə'kæpɪtə] *adj & adv* par habitant OR tête.
perceive [pə'siːv] *vt* **-1.** [notice] percevoir. **-2.** [understand, realize] remarquer, s'apercevoir de. **-3.** [consider]: **to ~ sb/sthg as** considérer qqn/qqch comme.
per cent *adv* pour cent.
percentage [pə'sentɪdʒ] *n* pourcentage *m*.
perception [pə'sepʃn] *n* **-1.** [aural, visual] perception *f*. **-2.** [insight] perspicacité *f*, intuition *f*.
perceptive [pə'septɪv] *adj* perspicace.
perch [pɜːtʃ] ◇ (*pl sense 2 only inv* OR **-es**) *n* **-1.** [lit & fig] [position] perchoir *m*. **-2.** [fish] perche *f*. ◇ *vi* se percher.
percolator ['pɜːkəleɪtər] *n* cafetière *f* à pression.
percussion [pə'kʌʃn] *n* MUS percussion *f*.
perennial [pə'renjəl] ◇ *adj* permanent(e), perpétuel(elle); BOT vivace. ◇ *n* BOT plante *f* vivace.
perfect [*adj & n* 'pɜːfɪkt, *vb* pə'fekt] ◇ *adj* parfait(e); **he's a ~ nuisance** il est absolument insupportable. ◇ *n*

GRAMM: **~ (tense)** parfait *m*. ◇ *vt* parfaire, mettre au point.
perfection [pə'fekʃn] *n* perfection *f*; **to ~** parfaitement (bien).
perfectionist [pə'fekʃənɪst] *n* perfectionniste *mf*.
perfectly ['pɜːfɪktlɪ] *adv* parfaitement; **you know ~ well** tu sais très bien.
perforate ['pɜːfəreɪt] *vt* perforer.
perforations [,pɜːfə'reɪʃnz] *npl* [in paper] pointillés *mpl*.
perform [pə'fɔːm] ◇ *vt* **-1.** [carry out] exécuter; [- function] remplir. **-2.** [play, concert] jouer. ◇ *vi* **-1.** [machine] marcher, fonctionner; [team, person]: **to ~ well/badly** avoir de bons/mauvais résultats. **-2.** [actor] jouer; [singer] chanter.
performance [pə'fɔːməns] *n* **-1.** [carrying out] exécution *f*. **-2.** [show] représentation *f*. **-3.** [by actor, singer etc] interprétation *f*. **-4.** [of car, engine] performance *f*.
performer [pə'fɔːmər] *n* artiste *mf*, interprète *mf*.
perfume ['pɜːfjuːm] *n* parfum *m*.
perfunctory [pə'fʌŋktərɪ] *adj* rapide, superficiel(ielle).
perhaps [pə'hæps] *adv* peut-être; **~ so/not** peut-être que oui/non.
peril ['perɪl] *n* danger *m*, péril *m*.
perimeter [pə'rɪmɪtər] *n* périmètre *m*; **~ fence** clôture *f*; **~ wall** mur *m* d'enceinte.
period ['pɪərɪəd] ◇ *n* **-1.** [gen] période *f*. **-2.** SCH ≃ heure *f*. **-3.** [menstruation] règles *fpl*. **-4.** *Am* [full stop] point *m*. ◇ *comp* [dress, house] d'époque.
periodic [,pɪərɪ'ɒdɪk] *adj* périodique.
periodical [,pɪərɪ'ɒdɪkl] ◇ *adj* = **periodic**. ◇ *n* [magazine] périodique *m*.
peripheral [pə'rɪfərəl] ◇ *adj* **-1.** [unimportant] secondaire. **-2.** [at edge] périphérique. ◇ *n* COMPUT périphérique *m*.
perish ['perɪʃ] *vi* **-1.** [die] périr, mourir. **-2.** [food] pourrir, se gâter; [rubber] se détériorer.
perishable ['perɪʃəbl] *adj* périssable.

◆ **perishables** *npl* denrées *fpl* périssables.

perjury ['pɜːdʒərɪ] *n* (*U*) JUR parjure *m*, faux serment *m*.

perk [pɜːk] *n inf* à-côté *m*, avantage *m*.

◆ **perk up** *vi* se ragaillardir.

perky ['pɜːkɪ] *adj* [cheerful] guilleret(ette); [lively] plein(e) d'entrain.

perm [pɜːm] *n* permanente *f*.

permanent ['pɜːmənənt] ◇ *adj* permanent(e). ◇ *n Am* [perm] permanente *f*.

permeate ['pɜːmɪeɪt] *vt* -1. [subj: liquid, smell] s'infiltrer dans, pénétrer. -2. [subj: feeling, idea] se répandre dans.

permissible [pə'mɪsəbl] *adj* acceptable, admissible.

permission [pə'mɪʃn] *n* permission *f*, autorisation *f*.

permissive [pə'mɪsɪv] *adj* permissif(ive).

permit [*vb* pə'mɪt, *n* 'pɜːmɪt] ◇ *vt* permettre; **to ~ sb to do sthg** permettre à qqn de faire qqch, autoriser qqn à faire qqch; **to ~ sb sthg** permettre qqch à qqn. ◇ *n* permis *m*.

pernicious [pə'nɪʃəs] *adj fml* [harmful] pernicieux(ieuse).

pernickety [pə'nɪkətɪ] *adj inf* [fussy] tatillon(onne), pointilleux(euse).

perpendicular [,pɜːpən'dɪkjuləʳ] ◇ *adj* perpendiculaire. ◇ *n* perpendiculaire *f*.

perpetrate ['pɜːpɪtreɪt] *vt* perpétrer, commettre.

perpetual [pə'petʃuəl] *adj* -1. *pej* [continuous] continuel(elle), incessant(e). -2. [long-lasting] perpétuel(elle).

perplex [pə'pleks] *vt* rendre perplexe.

perplexing [pə'pleksɪŋ] *adj* déroutant(e), déconcertant(e).

persecute ['pɜːsɪkjuːt] *vt* persécuter, tourmenter.

perseverance [,pɜːsɪ'vɪərəns] *n* persévérance *f*, ténacité *f*.

persevere [,pɜːsɪ'vɪəʳ] *vi* -1. [with difficulty] persévérer, persister; **to ~ with**

persévérer OR persister dans. -2. [with determination] **to ~ in doing sthg** persister à faire qqch.

Persian ['pɜːʃn] *adj* persan(e); HISTORY perse.

persist [pə'sɪst] *vi*: **to ~ (in doing sthg)** persister OR s'obstiner (à faire qqch).

persistence [pə'sɪstəns] *n* persistance *f*.

persistent [pə'sɪstənt] *adj* -1. [noise, rain] continuel(elle); [problem] constant(e). -2. [determined] tenace, obstiné(e).

person ['pɜːsn] (*pl* **people** OR **persons** *fml*) *n* -1. [man or woman] personne *f*; **in ~** en personne. -2. *fml* [body]: **about one's ~** sur soi.

personable ['pɜːsnəbl] *adj* sympathique, agréable.

personal ['pɜːsənl] *adj* -1. [gen] personnel(elle). -2. *pej* [rude] désobligeant(e).

personal assistant *n* secrétaire *mf* de direction.

personal column *n* petites annonces *fpl*.

personal computer *n* ordinateur *m* personnel OR individuel.

personality [,pɜːsə'nælətɪ] *n* personnalité *f*.

personally ['pɜːsnəlɪ] *adv* personnellement; **to take sthg ~** se sentir visé par qqch.

personal organizer *n* agenda *m* modulaire multifonction.

personal property *n* (*U*) JUR biens *mpl* personnels.

personal stereo *n* baladeur *m*, Walkman® *m*.

personify [pə'sɒnɪfaɪ] *vt* personnifier.

personnel [,pɜːsə'nel] ◇ *n* (*U*) [department] service *m* du personnel. ◇ *npl* [staff] personnel *m*.

perspective [pə'spektɪv] *n* -1. ART perspective *f*. -2. [view, judgment] point *m* de vue, optique *f*.

Perspex® ['pɜːspeks] *n Br* ≃ Plexiglas® *m*.

perspiration [ˌpɜːspəˈreɪʃn] n **-1.** [sweat] sueur f. **-2.** [act of perspiring] transpiration f.

persuade [pəˈsweɪd] vt: to ~ sb to do sthg persuader OR convaincre qqn de faire qqch; to ~ sb that convaincre qqn que; to ~ sb of convaincre qqn de.

persuasion [pəˈsweɪʒn] n **-1.** [act of persuading] persuasion f. **-2.** [belief - religious] confession f; [- political] opinion f, conviction f.

persuasive [pəˈsweɪsɪv] adj [person] persuasif(ive); [argument] convaincant(e).

pert [pɜːt] adj mutin(e), coquin(e).

pertain [pəˈteɪn] vi fml: ~ing to concernant, relatif(ive) à.

pertinent [ˈpɜːtɪnənt] adj pertinent(e), approprié(e).

perturb [pəˈtɜːb] vt inquiéter, troubler.

Peru [pəˈruː] n Pérou m.

peruse [pəˈruːz] vt lire attentivement.

pervade [pəˈveɪd] vt [subj: smell] se répandre dans; [subj: feeling, influence] envahir.

perverse [pəˈvɜːs] adj [contrary - person] contrariant(e); [- enjoyment] malin (igne).

perversion [Br pəˈvɜːʃn, Am pəˈvɜːrʒn] n **-1.** [sexual] perversion f. **-2.** [of truth] travestissement m.

pervert [n ˈpɜːvɜːt, vb pəˈvɜːt] ◇ n pervers m, -e f ◇ vt **-1.** [truth, meaning] travestir, déformer; [course of justice] entraver. **-2.** [sexually] pervertir.

pessimist [ˈpesɪmɪst] n pessimiste mf.

pessimistic [ˌpesɪˈmɪstɪk] adj pessimiste.

pest [pest] n **-1.** [insect] insecte m nuisible; [animal] animal m nuisible. **-2.** inf [nuisance] casse-pieds mf inv.

pester [ˈpestər] vt harceler, importuner.

pet [pet] ◇ adj [favourite]: ~ subject dada m; ~ hate bête f noire. ◇ n **-1.** [animal] animal m (familier). **-2.** [favourite person] chouchou m, -oute f.

◇ vt caresser, câliner. ◇ vi se peloter, se caresser.

petal [ˈpetl] n pétale m.

peter [ˈpiːtər]
♦ **peter out** vi [path] s'arrêter, se perdre; [interest] diminuer, décliner.

petite [pəˈtiːt] adj menu(e).

petition [pɪˈtɪʃn] ◇ n pétition f. ◇ vt adresser une pétition à.

petrified [ˈpetrɪfaɪd] adj [terrified] paralysé(e) OR pétrifié(e) de peur.

petrol [ˈpetrəl] n Br essence f.

petrol bomb n Br cocktail m Molotov.

petrol can n Br bidon m à essence.

petroleum [pɪˈtrəʊljəm] n pétrole m.

petrol pump n Br pompe f à essence.

petrol station n Br station-service f.

petrol tank n Br réservoir m d'essence.

petticoat [ˈpetɪkəʊt] n jupon m.

petty [ˈpeti] adj **-1.** [small-minded] mesquin(e). **-2.** [trivial] insignifiant(e), sans importance.

petty cash n (U) caisse f des dépenses courantes.

petty officer n second maître m.

petulant [ˈpetjʊlənt] adj irritable.

pew [pjuː] n banc m d'église.

pewter [ˈpjuːtər] n étain m.

phantom [ˈfæntəm] ◇ adj fantomatique, spectral(e). ◇ n [ghost] fantôme m.

pharmaceutical [ˌfɑːməˈsjuːtɪkl] adj pharmaceutique.

pharmacist [ˈfɑːməsɪst] n pharmacien m, -ienne f.

pharmacy [ˈfɑːməsi] n pharmacie f.

phase [feɪz] n phase f.
♦ **phase in** vt sep introduire progressivement.
♦ **phase out** vt sep supprimer progressivement.

PhD (abbr of **Doctor of Philosophy**) n (titulaire d'un) doctorat de 3e cycle.

pheasant [ˈfeznt] (pl inv OR **-s**) n faisan m.

phenomena [fɪˈnɒmɪnə] pl → **phenomenon**.

phenomenal [fɪ'nɒmɪnl] *adj* phénoménal(e), extraordinaire.

phenomenon [fɪ'nɒmɪnən] (*pl* -mena) *n* phénomène *m*.

phial ['faɪəl] *n* fiole *f*.

philanthropist [fɪ'lænθrəpɪst] *n* philanthrope *mf*.

philately [fɪ'lætəlɪ] *n* philatélie *f*.

Philippine ['fɪlɪpiːn] *adj* philippin(e).

◆ **Philippines** *npl*: the ~s les Philippines *fpl*.

philosopher [fɪ'lɒsəfəʳ] *n* philosophe *mf*.

philosophical [ˌfɪlə'sɒfɪkl] *adj* -1. philosophique. -2. [stoical] philosophe.

philosophy [fɪ'lɒsəfɪ] *n* philosophie *f*.

phlegm [flem] *n* flegme *m*.

phlegmatic [fleg'mætɪk] *adj* flegmatique.

phobia ['fəʊbjə] *n* phobie *f*.

phone [fəʊn] ◇ *n* téléphone *m*; to be on the ~ [speaking] être au téléphone; *Br* [connected to network] avoir le téléphone. ◇ *comp* téléphonique. ◇ *vt* téléphoner à, appeler. ◇ *vi* téléphoner.

◆ **phone up** *vt sep & vi* téléphoner.

phone book *n* annuaire *m* (du téléphone).

phone booth *n* cabine *f* téléphonique.

phone box *n Br* cabine *f* téléphonique.

phone call *n* coup *m* de téléphone OR fil; to make a ~ passer OR donner un coup de fil.

phonecard ['fəʊnkɑːd] *n* ≃ Télécarte® *f*.

phone-in *n* RADIO & TV programme *m* à ligne ouverte.

phone number *n* numéro *m* de téléphone.

phonetics [fə'netɪks] *n* (U) phonétique *f*.

phoney *Br*, **phony** *Am* ['fəʊnɪ] *inf* ◇ *adj* -1. [passport, address] bidon (*inv*). -2. [person] hypocrite, pas franc (pas franche). ◇ *n* poseur *m*, -euse *f*.

phosphorus ['fɒsfərəs] *n* phosphore *m*.

photo ['fəʊtəʊ] *n* photo *f*; to take a ~ of sb/sthg photographier qqn/qqch, prendre qqn/qqch en photo.

photocopier [ˌfəʊtəʊ'kɒpɪəʳ] *n* photocopieur *m*, copieur *m*.

photocopy ['fəʊtəʊˌkɒpɪ] ◇ *n* photocopie *f*. ◇ *vt* photocopier.

photograph ['fəʊtəɡrɑːf] ◇ *n* photographie *f*; to take a ~ (of sb/sthg) prendre (qqn/qqch) en photo, photographier (qqn/qqch). ◇ *vt* photographier, prendre en photo.

photographer [fə'tɒɡrəfəʳ] *n* photographe *mf*.

photography [fə'tɒɡrəfɪ] *n* photographie *f*.

phrasal verb ['freɪzl-] *n* verbe *m* à postposition.

phrase [freɪz] ◇ *n* expression *f*. ◇ *vt* exprimer, tourner.

phrasebook ['freɪzbʊk] *n* guide *m* de conversation (*pour touristes*).

physical ['fɪzɪkl] ◇ *adj* -1. [gen] physique. -2. [world, objects] matériel(ielle). ◇ *n* [examination] visite *f* médicale.

physical education *n* éducation *f* physique.

physically ['fɪzɪklɪ] *adv* physiquement.

physically handicapped ◇ *adj*: to be ~ être handicapé(e) physique. ◇ *npl*: the ~ les handicapés *mpl* physiques.

physician [fɪ'zɪʃn] *n* médecin *m*.

physicist ['fɪzɪsɪst] *n* physicien *m*, -ienne *f*.

physics ['fɪzɪks] *n* (U) physique *f*.

physiotherapy [ˌfɪzɪəʊ'θerəpɪ] *n* kinésithérapie *f*.

physique [fɪ'ziːk] *n* physique *m*.

pianist ['pɪənɪst] *n* pianiste *mf*.

piano [pɪ'ænəʊ] (*pl* -s) *n* piano *m*.

pick [pɪk] ◇ *n* -1. [tool] pioche *f*, pic *m*. -2. [selection]: to take one's ~ choisir, faire son choix. -3. [best]: the ~ of le meilleur (la meilleure) de. ◇ *vt* -1. [select, choose] choisir, sélectionner. -2. [gather] cueillir. -3. [remove] enlever. -4. [nose]: to ~ one's nose se décrotter le nez; to ~ one's

teeth se curer les dents. **-5.** [fight, quarrel] chercher; **to ~ a fight (with sb)** chercher la bagarre (à qqn). **-6.** [lock] crocheter.

◆ **pick on** vt fus s'en prendre à, être sur le dos de.

◆ **pick out** vt sep **-1.** [recognize] repérer, reconnaître. **-2.** [select, choose] choisir, désigner.

◆ **pick up** ◇ vt sep **-1.** [lift up] ramasser. **-2.** [collect] aller chercher, passer prendre. **-3.** [collect in car] prendre, chercher. **-4.** [skill, language] apprendre; [habit] prendre; [bargain] découvrir; **to ~ up speed** prendre de la vitesse. **-5.** inf [sexually - woman, man] draguer. **-6.** RADIO & TELEC [detect, receive] capter, recevoir. **-7.** [conversation, work] reprendre, continuer. ◇ vi [improve, start again] reprendre.

pickaxe Br, **pickax** Am ['pɪkæks] n pioche f, pic m.

picket ['pɪkɪt] ◇ n piquet m de grève. ◇ vt mettre un piquet de grève devant.

picket line n piquet m de grève.

pickle ['pɪkl] ◇ n pickles mpl; **to be in a ~** être dans le pétrin. ◇ vt conserver dans du vinaigre/de la saumure etc.

pickpocket ['pɪk,pɒkɪt] n pickpocket m, voleur m à la tire.

pick-up n **-1.** [of record player] pick-up m. **-2.** [truck] camionnette f.

picnic ['pɪknɪk] (pt & pp **-ked**, cont **-king**) ◇ n pique-nique m. ◇ vi pique-niquer.

pictorial [pɪk'tɔːrɪəl] adj illustré(e).

picture ['pɪktʃər] ◇ n **-1.** [painting] tableau m, peinture f; [drawing] dessin m. **-2.** [photograph] photo f, photographie f. **-3.** TV image f. **-4.** CINEMA film m. **-5.** [in mind] tableau m, image f. **-6.** fig [situation] tableau m. **-7.** phr: **to get the ~** inf piger; **to put sb in the ~** mettre qqn au courant. ◇ vt **-1.** [in mind] imaginer, s'imaginer, se représenter. **-2.** [in photo] photographier. **-3.** [in painting] représenter, peindre.

◆ **pictures** npl Br: **the ~s** le cinéma.

picture book n livre m d'images.

picturesque [,pɪktʃə'resk] adj pittoresque.

pie [paɪ] n tourte f.

piece [piːs] n **-1.** [gen] morceau m; [of string] bout m; **a ~ of furniture** un meuble; **a ~ of clothing** un vêtement; **a ~ of advice** un conseil; **a ~ of information** un renseignement; **to fall to ~s** tomber en morceaux; **to take sthg to ~s** démonter qqch; **in ~s** en morceaux; **in one ~** [intact] intact(e); [unharmed] sain et sauf (saine et sauve). **-2.** [coin, item, in chess] pièce f; [in draughts] pion m. **-3.** PRESS article m.

◆ **piece together** vt sep [facts] coordonner.

piecemeal ['piːsmiːl] ◇ adj fait(e) petit à petit. ◇ adv petit à petit, peu à peu.

piecework ['piːswɜːk] n (U) travail m à la pièce OR aux pièces.

pie chart n camembert m, graphique m rond.

pier [pɪər] n [at seaside] jetée f.

pierce [pɪəs] vt percer, transpercer; **to have one's ears ~d** se faire percer les oreilles.

piercing ['pɪəsɪŋ] adj **-1.** [sound, look] perçant(e). **-2.** [wind] pénétrant(e).

pig [pɪg] n **-1.** [animal] porc m, cochon m. **-2.** inf pej [greedy eater] goinfre m, glouton m. **-3.** inf pej [unkind person] sale type m.

pigeon ['pɪdʒɪn] (pl inv OR **-s**) n pigeon m.

pigeonhole ['pɪdʒɪnhəʊl] ◇ n [compartment] casier m. ◇ vt [classify] étiqueter, cataloguer.

piggybank ['pɪgɪbæŋk] n tirelire f.

pigheaded [,pɪg'hedɪd] adj têtu(e).

pigment ['pɪgmənt] n pigment m.

pigpen Am = pigsty.

pigskin ['pɪgskɪn] n (peau f de) porc m.

pigsty ['pɪgstaɪ], **pigpen** Am ['pɪgpen] n lit & fig porcherie f.

pigtail ['pɪgteɪl] n natte f.

pike [paɪk] (*pl sense 1 only inv* OR **-s**) *n* **-1.** [fish] brochet *m.* **-2.** [spear] pique *f.*

pilchard ['pɪltʃəd] *n* pilchard *m.*

pile [paɪl] ◇ *n* **-1.** [heap] tas *m*; **a ~ of, ~s of** un tas OR des tas de. **-2.** [neat stack] pile *f.* **-3.** [of carpet] poil *m.* ◇ *vt* empiler.

◆ **piles** *npl* MED hémorroïdes *fpl.*

◆ **pile into** *vt fus inf* s'entasser dans, s'empiler dans.

◆ **pile up** ◇ *vt sep* empiler, entasser. ◇ *vi* **-1.** [form a heap] s'entasser. **-2.** *fig* [work, debts] s'accumuler.

pileup ['paɪlʌp] *n* AUT carambolage *m.*

pilfer ['pɪlfər] ◇ *vt* chaparder. ◇ *vi*: **to ~ (from)** faire du chapardage (dans).

pilgrim ['pɪlgrɪm] *n* pèlerin *m.*

pilgrimage ['pɪlgrɪmɪdʒ] *n* pèlerinage *m.*

pill [pɪl] *n* **-1.** [gen] pilule *f.* **-2.** [contraceptive]: **the ~** la pilule; **to be on the ~** prendre la pilule.

pillage ['pɪlɪdʒ] *vt* piller.

pillar ['pɪlər] *n lit* & *fig* pilier *m.*

pillar box *n Br* boîte *f* aux lettres.

pillion ['pɪljən] *n* siège *m* arrière; **to ride ~** monter derrière.

pillow ['pɪləʊ] *n* **-1.** [for bed] oreiller *m.* **-2.** *Am* [on sofa, chair] coussin *m.*

pillowcase ['pɪləʊkeɪs], **pillowslip** ['pɪləʊslɪp] *n* taie *f* d'oreiller.

pilot ['paɪlət] ◇ *n* **-1.** AERON & NAUT pilote *m.* **-2.** TV émission *f* pilote. ◇ *comp* pilote. ◇ *vt* piloter.

pilot burner, pilot light *n* veilleuse *f.*

pilot study *n* étude *f* pilote OR expérimentale.

pimp [pɪmp] *n inf* maquereau *m*, souteneur *m.*

pimple ['pɪmpl] *n* bouton *m.*

pin [pɪn] ◇ *n* **-1.** [for sewing] épingle *f*; **to have ~s and needles** avoir des fourmis. **-2.** [drawing pin] punaise *f.* **-3.** [safety pin] épingle *f* de nourrice OR de sûreté. **-4.** [of plug] fiche *f.* **-5.** TECH goupille *f*, cheville *f.* ◇ *vt*: **to ~ sthg to/on sthg** épingler qqch à/sur qqch; **to ~ sb against** OR **to clouer**

qqn contre; **to ~ sthg on sb** [blame] mettre OR coller qqch sur le dos de qqn; **to ~ one's hopes on sb/sthg** mettre tous ses espoirs en qqn/dans qqch.

◆ **pin down** *vt sep* **-1.** [identify] définir, identifier. **-2.** [force to make a decision]: **to ~ sb down** obliger qqn à prendre une décision.

pinafore ['pɪnəfɔːr] *n* **-1.** [apron] tablier *m.* **-2.** *Br* [dress] chasuble *f.*

pinball ['pɪnbɔːl] *n* flipper *m.*

pincers ['pɪnsəz] *npl* **-1.** [tool] tenailles *fpl.* **-2.** [of crab] pinces *fpl.*

pinch [pɪntʃ] ◇ *n* **-1.** [nip] pincement *m.* **-2.** [of salt] pincée *f.* ◇ *vt* **-1.** [nip] pincer. **-2.** [subj: shoes] serrer. **-3.** *inf* [steal] piquer, faucher.

◆ **at a pinch** *Br*, **in a pinch** *Am adv* à la rigueur.

pincushion ['pɪn,kʊʃn] *n* pelote *f* à épingles.

pine [paɪn] ◇ *n* pin *m.* ◇ *vi*: **to ~ for** désirer ardemment.

◆ **pine away** *vi* languir.

pineapple ['paɪnæpl] *n* ananas *m.*

pinetree ['paɪntriː] *n* pin *m.*

ping [pɪŋ] *n* [of bell] tintement *m*; [of metal] bruit *m* métallique.

Ping-Pong® [-pɒŋ] *n* ping-pong *m.*

pink [pɪŋk] ◇ *adj* rose; **to go** OR **turn ~** rosir, rougir. ◇ *n* [colour] rose *m.*

pinnacle ['pɪnəkl] *n* **-1.** [mountain peak, spire] pic *m*, cime *f.* **-2.** *fig* [high point] apogée *m.*

pinpoint ['pɪnpɔɪnt] *vt* **-1.** [cause, problem] définir, mettre le doigt sur. **-2.** [position] localiser.

pin-striped [-,straɪpt] *adj* à très fines rayures.

pint [paɪnt] *n* **-1.** *Br* [unit of measurement] = *0,568 litre*, ≈ demi-litre *m.* **-2.** *Am* [unit of measurement] = *0,473 litre*, ≈ demi-litre *m.* **-3.** *Br* [beer] ≈ demi *m.*

pioneer [,paɪə'nɪər] ◇ *n lit* & *fig* pionnier *m.* ◇ *vt*: **to ~ sthg** être un des premiers (une des premières) à faire qqch.

pious ['paɪəs] *adj* **-1.** RELIG pieux (pieuse). **-2.** *pej* [sanctimonious] moralisateur(trice).

pip [pɪp] *n* **-1.** [seed] pépin *m*. **-2.** *Br* RADIO top *m*.

pipe [paɪp] ◇ *n* **-1.** [for gas, water] tuyau *m*. **-2.** [for smoking] pipe *f*. ◇ *vt* acheminer par tuyau.
♦ **pipes** *npl* MUS cornemuse *f*.
♦ **pipe down** *vi inf* se taire, la fermer.
♦ **pipe up** *vi inf* se faire entendre.

pipe cleaner *n* cure-pipe *m*.

pipe dream *n* projet *m* chimérique.

pipeline ['paɪplaɪn] *n* [for gas] gazoduc *m*; [for oil] oléoduc *m*, pipeline *m*.

piper ['paɪpər] *n* joueur *m*, -euse *f* de cornemuse.

piping hot ['paɪpɪŋ-] *adj* bouillant(e).

pique [piːk] *n* dépit *m*.

pirate ['paɪrət] ◇ *adj* [video, program] pirate. ◇ *n* pirate *m*. ◇ *vt* [video, program] pirater.

pirate radio *n Br* radio *f* pirate.

pirouette [,pɪrʊ'et] ◇ *n* pirouette *f*. ◇ *vi* pirouetter.

Pisces ['paɪsiːz] *n* Poissons *mpl*.

piss [pɪs] *vulg* ◇ *n* [urine] pisse *f*. ◇ *vi* pisser.

pissed [pɪst] *adj vulg* **-1.** *Br* [drunk] bourré(e). **-2.** *Am* [annoyed] en boule.

pissed off *adj vulg* qui en a plein le cul.

pistol ['pɪstl] *n* pistolet *m*.

piston ['pɪstən] *n* piston *m*.

pit [pɪt] ◇ *n* **-1.** [hole] trou *m*; [in road] petit trou; [on face] marque *f*. **-2.** [for orchestra] fosse *f*. **-3.** [mine] mine *f*. **-4.** *Am* [of fruit] noyau *m*. ◇ *vt*: **to ~ sb against sb** opposer qqn à qqn.
♦ **pits** *npl* [in motor racing]: **the ~s** les stands *mpl*.

pitch [pɪtʃ] ◇ *n* **-1.** SPORT terrain *m*. **-2.** MUS ton *m*. **-3.** [level, degree] degré *m*. **-4.** [selling place] place *f*. **-5.** *inf* [sales talk] baratin *m*. ◇ *vt* **-1.** [throw] lancer. **-2.** [set - price] fixer; [- speech] adapter. **-3.** [tent] dresser; [camp] établir. ◇ *vi* **-1.** [ball] rebondir. **-2.** [fall]:

to ~ forward être projeté(e) en avant. **-3.** AERON & NAUT tanguer.

pitch-black *adj* noir(e) comme dans un four.

pitched battle [,pɪtʃt-] *n* bataille *f* rangée.

pitcher ['pɪtʃər] *n Am* **-1.** [jug] cruche *f*. **-2.** [in baseball] lanceur *m*.

pitchfork ['pɪtʃfɔːk] *n* fourche *f*.

piteous ['pɪtɪəs] *adj* pitoyable.

pitfall ['pɪtfɔːl] *n* piège *m*.

pith [pɪθ] *n* **-1.** [in plant] moelle *f*. **-2.** [of fruit] peau *f* blanche.

pithy ['pɪθɪ] *adj* [brief] concis(e); [terse] piquant(e).

pitiful ['pɪtɪfʊl] *adj* [condition] pitoyable; [excuse, effort] lamentable.

pitiless ['pɪtɪlɪs] *adj* sans pitié, impitoyable.

pit stop *n* [in motor racing] arrêt *m* aux stands.

pittance ['pɪtəns] *n* [wage] salaire *m* de misère.

pity ['pɪtɪ] ◇ *n* pitié *f*; **what a ~!** quel dommage!; **it's a ~** c'est dommage; **to take** OR **have ~ on sb** prendre qqn en pitié, avoir pitié de qqn. ◇ *vt* plaindre.

pivot ['pɪvət] *n lit & fig* pivot *m*.

pizza ['piːtsə] *n* pizza *f*.

placard ['plækɑːd] *n* placard *m*, affiche *f*.

placate [plə'keɪt] *vt* calmer, apaiser.

place [pleɪs] ◇ *n* **-1.** [location] endroit *m*, lieu *m*; **~ of birth** lieu de naissance. **-2.** [proper position, seat, vacancy, rank] place *f*. **-3.** [home]: **at/to my ~** chez moi. **-4.** [in book]: **to lose one's ~** perdre sa page. **-5.** MATH: **decimal ~** décimale *f*. **-6.** [instance]: **in the first ~** tout de suite; **in the first ~ ... and in the second ~ ...** premièrement ... et deuxièmement .... **-7.** *phr*: **to take ~** avoir lieu; **to take the ~ of** prendre la place de, remplacer. ◇ *vt* **-1.** [position, put] placer, mettre. **-2.** [apportion]: **to ~ the responsibility for sthg on sb** tenir qqn pour responsable de qqch. **-3.** [identify] remettre. **-4.** [an order] pas-

ser; **to ~ a bet** parier. **-5.** [in race]: **to
be ~d** être placé(e).
◆ **all over the place** adv [everywhere]
partout.
◆ **in place** adv **-1.** [in proper position]
à sa place. **-2.** [established] mis en
place.
◆ **in place of** prep à la place de.
◆ **out of place** adv pas à sa place; fig
déplacé(e).

place mat n set m (de table).

placement ['pleɪsmənt] n placement m.

placid ['plæsɪd] adj **-1.** [person] placide. **-2.** [sea, place] calme.

plagiarize, -ise ['pleɪdʒəraɪz] vt plagier.

plague [pleɪg] ◇ n **-1.** MED peste f. **-2.**
fig [nuisance] fléau m. ◇ vt: **to be ~d
by** [bad luck] être poursuivi(e) par;
[doubt] être rongé(e) par; **to ~ sb
with questions** harceler qqn de
questions.

plaice [pleɪs] (pl inv) n carrelet m.

plaid [plæd] n plaid m.

Plaid Cymru [ˌplaɪd'kʌmrɪ] n parti nationaliste gallois.

plain [pleɪn] ◇ adj **-1.** [not patterned]
uni(e). **-2.** [simple] simple. **-3.** [clear]
clair(e), évident(e). **-4.** [blunt] car-
ré(e), franc (franche). **-5.** [absolute]
pur(e) (et simple). **-6.** [not pretty]
quelconque, ordinaire. ◇ adv inf
complètement. ◇ n GEOGR plaine f.

plain chocolate n Br chocolat m à
croquer.

plain-clothes adj en civil.

plain flour n Br farine f (sans levure).

plainly ['pleɪnlɪ] adv **-1.** [obviously]
manifestement. **-2.** [distinctly] clairement. **-3.** [frankly] carrément, sans
détours. **-4.** [simply] simplement.

plaintiff ['pleɪntɪf] n demandeur m,
-eresse f.

plait [plæt] ◇ n natte f. ◇ vt natter,
tresser.

plan [plæn] ◇ n plan m, projet m; **to
go according to ~** se passer OR aller
comme prévu. ◇ vt **-1.** [organize] préparer. **-2.** [propose]: **to ~ to do sthg**

projeter de faire qqch, avoir l'intention de faire qqch. **-3.** [design]
concevoir. ◇ vi: **to ~ (for sthg)** faire
des projets (pour qqch).
◆ **plans** npl projets mpl; **have you any
~s for tonight?** avez-vous prévu quelque chose pour ce
soir?
◆ **plan on** vt fus: **to ~ on doing sthg**
prévoir de faire qqch.

plane [pleɪn] ◇ adj plan(e). ◇ n **-1.**
[aircraft] avion m. **-2.** GEOM plan m. **-3.**
fig [level] niveau m. **-4.** [tool] rabot m.
-5. [tree] platane m.

planet ['plænɪt] n planète f.

plank [plæŋk] n **-1.** [of wood] planche
f. **-2.** POL [policy] point m.

planning ['plænɪŋ] n **-1.** [designing]
planification f. **-2.** [preparation] préparation f, organisation f.

planning permission n permis m de
construire.

plant [plɑːnt] ◇ n **-1.** BOT plante f. **-2.**
[factory] usine f. **-3.** (U) [heavy machin-
ery] matériel m. ◇ vt **-1.** [gen] planter.
-2. [bomb] poser.

plantation [plæn'teɪʃn] n plantation f.

plaque [plɑːk] n **-1.** [commemorative
sign] plaque f. **-2.** (U) [on teeth]
plaque f dentaire.

plaster ['plɑːstər] ◇ n **-1.** [material]
plâtre m. **-2.** Br [bandage] pansement
m adhésif. ◇ vt **-1.** [wall, ceiling] plâtrer. **-2.** [cover]: **to ~ sthg (with)** couvrir qqch (de).

plaster cast n **-1.** [for broken bones]
plâtre m. **-2.** [model, statue] moule m.

plastered ['plɑːstəd] adj inf [drunk]
bourré(e).

plasterer ['plɑːstərər] n plâtrier m.

plaster of Paris n plâtre m de moulage.

plastic ['plæstɪk] ◇ adj plastique. ◇ n
plastique m.

Plasticine® Br ['plæstɪsiːn], **play
dough** Am n pâte f à modeler.

plastic surgery n chirurgie f esthétique OR plastique.

plate [pleɪt] ◇ n **-1.** [dish] assiette f.
-2. [sheet of metal, plaque] tôle f. **-3.**

(U) [metal covering]: **gold/silver** ~
plaqué m or/argent. **-4.** [in book]
planche f. **-5.** [in dentistry] dentier m.
◇ vt: **to be ~d (with)** être plaqué(e)
(de).

plateau ['plætəʊ] (pl **-s** OR **-x** [-z]) n
plateau m; fig phase f OR période f de
stabilité.

plate-glass adj vitré(e).

platform ['plætfɔːm] n **-1.** [stage] estrade f; [for speaker] tribune f. **-2.**
[raised structure, of bus, of political par-
ty] plate-forme f. **-3.** RAIL quai m.

platform ticket n Br ticket m de
quai.

platinum ['plætɪnəm] n platine m.

platoon [plə'tuːn] n section f.

platter ['plætər] n [dish] plat m.

plausible ['plɔːzəbl] adj plausible.

play [pleɪ] ◇ n **-1.** (U) [amusement]
jeu m, amusement m. **-2.** THEATRE
pièce f (de théâtre); **a radio ~** une
pièce radiophonique. **-3.** [game]: ~
on words jeu m de mots. **-4.** TECH jeu
m. ◇ vt **-1.** [gen] jouer; **to ~ a part** OR
role in fig jouer un rôle dans. **-2.**
[game, sport] jouer à. **-3.** [team, oppo-
nent] jouer contre. **-4.** MUS [instrument]
jouer de. **-5.** phr: **to ~ it safe** ne pas
prendre de risques. ◇ vi jouer.
◆ **play along** vi: **to ~ along (with sb)**
entrer dans le jeu (de qqn).
◆ **play down** vt sep minimiser.
◆ **play up** ◇ vt sep [emphasize] insister sur. ◇ vi **-1.** [machine] faire des
siennes. **-2.** [child] ne pas être sage.

play-act vi jouer la comédie.

playboy ['pleɪbɔɪ] n playboy m.

play dough Am = **Plasticine**®.

player ['pleɪər] n **-1.** [gen] joueur m,
-euse f. **-2.** THEATRE acteur m, -trice f.

playful ['pleɪfʊl] adj **-1.** [person, mood]
taquin(e). **-2.** [kitten, puppy] joueur
(euse).

playground ['pleɪgraʊnd] n cour f de
récréation.

playgroup ['pleɪgruːp] n jardin m
d'enfants.

playing card ['pleɪɪŋ-] n carte f à
jouer.

playing field ['pleɪɪŋ-] n terrain m de
sport.

playmate ['pleɪmeɪt] n camarade mf.

play-off n SPORT belle f.

playpen ['pleɪpen] n parc m.

playschool ['pleɪskuːl] n jardin m
d'enfants.

plaything ['pleɪθɪŋ] n lit & fig jouet m.

playtime ['pleɪtaɪm] n récréation f.

playwright ['pleɪraɪt] n dramaturge m.

plc abbr of **public limited company.**

plea [pliː] n **-1.** [for forgiveness, mercy]
supplication f; [for help, quiet] appel
m. **-2.** JUR: **to enter a ~ of not guilty**
plaider non coupable.

plead [pliːd] (pt & pp **-ed** OR **pled**) ◇
vt **-1.** JUR plaider. **-2.** [give as excuse]
invoquer. ◇ vi **-1.** [beg]: **to ~ with sb
(to do sthg)** supplier qqn (de faire
qqch); **to ~ for sthg** implorer qqch.
-2. JUR plaider.

pleasant ['pleznt] adj agréable.

pleasantry ['plezntri] n: **to exchange
pleasantries** échanger des propos ai-
mables.

please [pliːz] ◇ vt plaire à, faire plaisir à; **to ~ o.s.** faire comme on veut;
~ yourself! comme vous voulez! ◇
vi plaire, faire plaisir; **to do as one
~s** faire comme on veut. ◇ adv s'il
vous plaît.

pleased [pliːzd] adj **-1.** [satisfied]: **to
be ~ (with)** être content(e) (de). **-2.**
[happy]: **to be ~ (about)** être heu-
reux(euse) (de); **~ to meet you!** en-
chanté(e)!

pleasing ['pliːzɪŋ] adj plaisant(e).

pleasure ['pleʒər] n plaisir m; **with ~**
avec plaisir, volontiers; **it's a ~, my
~** je vous en prie.

pleat [pliːt] ◇ n pli m. ◇ vt plisser.

pled [pled] pt & pp → **plead.**

pledge [pledʒ] ◇ n **-1.** [promise] promesse f. **-2.** [token] gage m. ◇ vt **-1.**
[promise] promettre. **-2.** [make prom-
ise]: **to ~ o.s. to** s'engager à; **to ~
sb to secrecy** faire promettre le secret à qqn. **-3.** [pawn] mettre en
gage.

plentiful ['plentɪfʊl] adj abondant(e).

plenty ['plentɪ] ◇ *n* (U) abondance *f.* ◇ *pron:* ~ **of** beaucoup de; **we've got** ~ **of time** nous avons largement le temps. ◇ *adv Am* [very] très.

pliable ['plaɪəbl], **pliant** ['plaɪənt] *adj* **-1.** [material] pliable, souple. **-2.** *fig* [person] docile.

pliers ['plaɪəz] *npl* tenailles *fpl*, pinces *fpl.*

plight [plaɪt] *n* condition *f* critique.

plimsoll ['plɪmsəl] *n Br* tennis *m.*

plinth [plɪnθ] *n* socle *m.*

PLO (*abbr of* **Palestine Liberation Organization**) *n* OLP *f.*

plod [plɒd] *vi* **-1.** [walk slowly] marcher lentement OR péniblement. **-2.** [work slowly] peiner.

plodder ['plɒdər] *n pej* bûcheur *m,* -euse *f.*

plonk [plɒŋk] *n* (U) *Br inf* [wine] pinard *m,* vin *m* ordinaire.

◆ **plonk down** *vt sep inf* poser brutalement.

plot [plɒt] ◇ *n* **-1.** [plan] complot *m,* conspiration *f.* **-2.** [story] intrigue *f.* **-3.** [of land] (parcelle *f* de) terrain *m,* lopin *m.* ◇ *vt* **-1.** [plan] comploter; **to** ~ **to do sthg** comploter de faire qqch. **-2.** [chart] déterminer, marquer. **-3.** MATH tracer, marquer. ◇ *vi* comploter.

plotter ['plɒtər] *n* [schemer] conspirateur *m,* -trice *f.*

plough *Br,* **plow** *Am* [plaʊ] ◇ *n* charrue *f.* ◇ *vt* [field] labourer.

◆ **plough into** ◇ *vt sep* [money] investir. ◇ *vt fus* [subj: car] rentrer dans.

ploughman's ['plaʊmənz] (*pl inv*) *n Br:* ~ **(lunch)** repas *de pain, fromage et pickles.*

plow *etc Am* = **plough** *etc.*

ploy [plɔɪ] *n* stratagème *m,* ruse *f.*

pluck [plʌk] ◇ *vt* **-1.** [flower, fruit] cueillir. **-2.** [pull sharply] arracher. **-3.** [chicken, turkey] plumer. **-4.** [eyebrows] épiler. **-5.** MUS pincer. ◇ *n* (U) *dated* courage *m,* cran *m.*

◆ **pluck up** *vt fus:* **to** ~ **up the cour-**

age to do sthg rassembler son courage pour faire qqch.

plucky ['plʌkɪ] *adj dated* qui a du cran, courageux(euse).

plug [plʌg] ◇ *n* **-1.** ELEC prise *f* de courant. **-2.** [for bath, sink] bonde *f.* ◇ *vt* **-1.** [hole] boucher, obturer. **-2.** *inf* [new book, film etc] faire de la publicité pour.

◆ **plug in** *vt sep* brancher.

plughole ['plʌghəʊl] *n* bonde *f,* trou *m* d'écoulement.

plum [plʌm] ◇ *adj* **-1.** [colour] prune (*inv*). **-2.** [very good]: **a** ~ **job** un boulot en or. ◇ *n* [fruit] prune *f.*

plumb [plʌm] ◇ *adv* **-1.** *Br* [exactly] exactement, en plein. **-2.** *Am* [completely] complètement. ◇ *vt:* **to** ~ **the depths of** toucher le fond de.

plumber ['plʌmər] *n* plombier *m.*

plumbing ['plʌmɪŋ] *n* (U) **-1.** [fittings] plomberie *f,* tuyauterie *f.* **-2.** [work] plomberie *f.*

plume [pluːm] *n* **-1.** [feather] plume *f.* **-2.** [on hat] panache *m.* **-3.** [column]: **a** ~ **of smoke** un panache de fumée.

plummet ['plʌmɪt] *vi* **-1.** [bird, plane] plonger. **-2.** *fig* [decrease] dégringoler.

plump [plʌmp] *adj* bien en chair, grassouillet(ette).

◆ **plump for** *vt fus* opter pour, choisir.

◆ **plump up** *vt sep* [cushion] secouer.

plum pudding *n* pudding *m* de Noël.

plunder ['plʌndər] ◇ *n* (U) **-1.** [stealing, raiding] pillage *m.* **-2.** [stolen goods] butin *m.* ◇ *vt* piller.

plunge [plʌndʒ] ◇ *n* **-1.** [dive] plongeon *m;* **to take the** ~ se jeter à l'eau. **-2.** *fig* [decrease] dégringolade *f,* chute *f.* ◇ *vt:* **to** ~ **sthg into** plonger qqch dans. ◇ *vi* **-1.** [dive] plonger, tomber. **-2.** *fig* [decrease] dégringoler.

plunger ['plʌndʒər] *n* débouchoir *m* à ventouse.

pluperfect [,pluː'pɜːfɪkt] *n:* ~ **(tense)** plus-que-parfait *m.*

plural ['plʊərəl] ◇ *adj* **-1.** GRAMM pluriel(ielle). **-2.** [not individual] collec-

tif(ive). -3. [multicultural] **multiculturel(elle). ◇** *n* pluriel *m*.

plus [plʌs] (*pl* **-es** OR **-ses**) ◇ *adj*: 30 ~ 30 ou plus. ◇ *n* **-1.** MATH signe *m* plus. **-2.** *inf* [bonus] plus *m*, atout *m*. ◇ *prep* et. ◇ *conj* [moreover] de plus.

plush [plʌʃ] *adj* luxueux(euse), somptueux(euse).

plus sign *n* signe *m* plus.

Pluto ['pluːtəʊ] *n* [planet] Pluton *f*.

plutonium [pluːˈtəʊnɪəm] *n* plutonium *m*.

ply [plaɪ] ◇ *n* [of wool] fil *m*; [of wood] pli *m*. ◇ *vt* **-1.** [trade] exercer. **-2.** [supply]: **to ~ sb with drink** ne pas arrêter de remplir le verre de qqn. ◇ *vi* [ship etc] faire la navette.

plywood ['plaɪwʊd] *n* contreplaqué *m*.

p.m., pm (*abbr of* **post meridiem**) **at 3 ~** à 15 h.

PM *abbr of* **prime minister**.

PMT *abbr of* **premenstrual tension**.

pneumatic [njuːˈmætɪk] *adj* pneumatique.

pneumatic drill *n* marteau piqueur *m*.

pneumonia [njuːˈməʊnjə] *n* (U) pneumonie *f*.

poach [pəʊtʃ] ◇ *vt* **-1.** [fish] pêcher sans permis; [deer etc] chasser sans permis. **-2.** *fig* [idea] voler. **-3.** CULIN pocher. ◇ *vi* braconner.

poacher ['pəʊtʃə'] *n* braconnier *m*.

poaching ['pəʊtʃɪŋ] *n* braconnage *m*.

PO Box (*abbr of* **Post Office Box**) *n* BP *f*.

pocket ['pɒkɪt] ◇ *n* *lit* & *fig* poche *f*; **to be out of ~** en être de sa poche; **to pick sb's ~** faire les poches à qqn. ◇ *adj comp* de poche. ◇ *vt* empocher.

pocketbook ['pɒkɪtbʊk] *n* **-1.** [notebook] carnet *m*. **-2.** *Am* [handbag] sac *m* à main.

pocketknife ['pɒkɪtnaɪf] (*pl* **-knives** [-naɪvz]) *n* canif *m*.

pocket money *n* argent *m* de poche.

pockmark ['pɒkmɑːk] *n* marque *f* de la petite vérole.

pod [pɒd] *n* **-1.** [of plants] cosse *f*. **-2.** [of spacecraft] nacelle *f*.

podgy ['pɒdʒɪ] *adj* *inf* boulot(otte), rondelet(ette).

podiatrist [pəˈdaɪətrɪst] *n* *Am* pédicure *mf*.

podium ['pəʊdɪəm] (*pl* **-diums** OR **-dia** [-dɪə]) *n* podium *m*.

poem ['pəʊɪm] *n* poème *m*.

poet ['pəʊɪt] *n* poète *m*.

poetic [pəʊˈetɪk] *adj* poétique.

poetry ['pəʊɪtrɪ] *n* poésie *f*.

poignant ['pɔɪnjənt] *adj* poignant(e).

point [pɔɪnt] ◇ *n* **-1.** [tip] pointe *f*. **-2.** [place] endroit *m*, point *m*. **-3.** [time] stade *m*, moment *m*. **-4.** [detail, argument] question *f*, détail *m*; **you have a ~** il y a du vrai dans ce que vous dites; **to make a ~** faire une remarque; **to make one's ~** dire ce qu'on a à dire, dire son mot. **-5.** [main idea] point *m* essentiel; **to get** OR **come to the ~** en venir au fait; **to miss the ~** ne pas comprendre; **beside the ~** à côté de la question. **-6.** [feature]: **good ~** qualité *f*; **bad ~** défaut *m*. **-7.** [purpose]: **what's the ~ in buying a new car?** à quoi bon acheter une nouvelle voiture?; **there's no ~ in having a meeting** cela ne sert à rien d'avoir une réunion. **-8.** [on scale, in scores] point *m*. **-9.** MATH: **two ~ six** deux virgule six. **-10.** [of compass] aire *f* du vent. **-11.** *Br* ELEC prise *f* (de courant). **-12.** *Am* [full stop] point *m* (final). **-13.** *phr*: **to make a ~ of doing sthg** ne pas manquer de faire qqch. ◇ *vt*: **to ~ sthg (at)** [gun, camera] braquer qqch (sur); [finger, hose] pointer qqch (sur). ◇ *vi* **-1.** [indicate with finger]: **to ~ (at sb/sthg), to ~ (to sb/sthg)** montrer (qqn/qqch) du doigt, indiquer (qqn/qqch) du doigt. **-2.** *fig* [suggest]: **to ~ to sthg** suggérer qqch, laisser supposer qqch.

◆ **points** *npl* *Br* RAIL aiguillage *m*.
◆ **up to a point** *adv* jusqu'à un certain point, dans une certaine mesure.

◆ **on the point of** *prep* sur le point de.

◆ **point out** *vt sep* [person, place] montrer, indiquer; [fact, mistake] signaler.

point-blank *adv* **-1.** [refuse] catégoriquement; [ask] de but en blanc. **-2.** [shoot] à bout portant.

pointed ['pɔɪntɪd] *adj* **-1.** [sharp] pointu(e). **-2.** *fig* [remark] mordant(e), incisif(ive).

pointer ['pɔɪntə'] *n* **-1.** [piece of advice] tuyau *m*, conseil *m*. **-2.** [needle] aiguille *f*. **-3.** [stick] baguette *f*. **-4.** COMPUT pointeur *m*.

pointless ['pɔɪntlɪs] *adj* inutile, vain(e).

point of view (*pl* points of view) *n* point *m* de vue.

poise [pɔɪz] *n fig* calme *m*, sang-froid *m*.

poised [pɔɪzd] *adj* **-1.** [ready]: ~ **(for)** prêt(e) (pour); **to be** ~ **to do sthg** se tenir prêt à faire qqch. **-2.** *fig* [calm] calme, posé(e).

poison ['pɔɪzn] ◇ *n* poison *m*. ◇ *vt* **-1.** [gen] empoisonner. **-2.** [pollute] polluer.

poisoning ['pɔɪznɪŋ] *n* empoisonnement *m*; **food** ~ intoxication *f* alimentaire.

poisonous ['pɔɪznəs] *adj* **-1.** [fumes] toxique; [plant] vénéneux(euse). **-2.** [snake] venimeux(euse).

poke [pəʊk] ◇ *vt* **-1.** [prod] pousser, donner un coup de coude à. **-2.** [put] fourrer. **-3.** [fire] attiser, tisonner. ◇ *vi* [protrude] sortir, dépasser.

◆ **poke about**, **poke around** *vi inf* fouiller, fourrager.

poker ['pəʊkə'] *n* **-1.** [game] poker *m*. **-2.** [for fire] tisonnier *m*.

poker-faced [-,feɪst] *adj* au visage impassible.

poky ['pəʊkɪ] *adj pej* [room] exigu(ë), minuscule.

Poland ['pəʊlənd] *n* Pologne *f*.

polar ['pəʊlə'] *adj* polaire.

Polaroid® ['pəʊlərɔɪd] *n* **-1.** [camera]

Polaroïd® *m*. **-2.** [photograph] photo *f* polaroïd.

pole [pəʊl] *n* **-1.** [rod, post] perche *f*, mât *m*. **-2.** ELEC & GEOGR pôle *m*.

Pole [pəʊl] *n* Polonais *m*, -e *f*.

pole vault *n*: **the** ~ le saut à la perche.

police [pə'liːs] ◇ *npl* **-1.** [police force]: **the** ~ la police. **-2.** [policemen] agents *mpl* de police. ◇ *vt* maintenir l'ordre dans.

police car *n* voiture *f* de police.

police constable *n Br* agent *m* de police.

police force *n* police *f*.

policeman [pə'liːsmən] (*pl* **-men** [-mən]) *n* agent *m* de police.

police officer *n* policier *m*.

police record *n* casier *m* judiciaire.

police station *n* commissariat *m* (de police).

policewoman [pə'liːs,wʊmən] (*pl* **-women** [-,wɪmɪn]) *n* femme *f* agent de police.

policy ['pɒləsɪ] *n* **-1.** [plan] politique *f*. **-2.** [document] police *f*.

polio ['pəʊlɪəʊ] *n* polio *f*.

polish ['pɒlɪʃ] ◇ *n* **-1.** [for shoes] cirage *m*; [for floor] cire *f*, encaustique *f*. **-2.** [shine] brillant *m*, lustre *m*. **-3.** *fig* [refinement] raffinement *m*. ◇ *vt* [shoes, floor] cirer; [car] astiquer; [cutlery, glasses] faire briller.

◆ **polish off** *vt sep inf* expédier.

Polish ['pəʊlɪʃ] ◇ *adj* polonais(e). ◇ *n* [language] polonais *m*. ◇ *npl*: **the** ~ les Polonais *mpl*.

polished ['pɒlɪʃt] *adj* **-1.** [refined] raffiné(e). **-2.** [accomplished] accompli(e), parfait(e).

polite [pə'laɪt] *adj* [courteous] poli(e).

politic ['pɒlətɪk] *adj* politique.

political [pə'lɪtɪkl] *adj* politique.

politically correct [pə,lɪtɪklɪ-] *adj conforme au mouvement qui préconise le remplacement de termes jugés discriminants par d'autres "politiquement corrects".*

politician [,pɒlɪ'tɪʃn] *n* homme *m*, femme *f* politique.

politics ['pɒlətɪks] ◇ *n* (U) politique *f*. ◇ *npl* **-1.** [personal beliefs]: **what are his ~?** de quel bord est-il? **-2.** [of group, area] politique *f*.

polka ['pɒlkə] *n* polka *f*.

polka dot *n* pois *m*.

poll [pəʊl] ◇ *n* vote *m*, scrutin *m*. ◇ *vt* **-1.** [people] interroger, sonder. **-2.** [votes] obtenir.
♦ **polls** *npl*: **to go to the ~s** aller aux urnes.

pollen ['pɒlən] *n* pollen *m*.

polling booth ['pəʊlɪŋ-] *n* isoloir *m*.

polling day ['pəʊlɪŋ-] *n Br* jour *m* du scrutin OR des élections.

polling station ['pəʊlɪŋ-] *n* bureau *m* de vote.

pollute [pə'luːt] *vt* polluer.

pollution [pə'luːʃn] *n* pollution *f*.

polo ['pəʊləʊ] *n* polo *m*.

polo neck *n Br* **-1.** [neck] col *m* roulé. **-2.** [jumper] pull *m* à col roulé.

polyethylene *Am* = **polythene**.

Polynesia [,pɒlɪ'niːzjə] *n* Polynésie *f*.

polystyrene [,pɒlɪ'staɪriːn] *n* polystyrène *m*.

polytechnic [,pɒlɪ'teknɪk] *n Br* établissement d'enseignement supérieur; en 1993, les "polytechnics" ont été transformés en universités.

polythene *Br* ['pɒlɪθiːn], **polyethylene** *Am* [,pɒlɪ'eθɪliːn] *n* polyéthylène *m*.

polythene bag *n Br* sac *m* en plastique.

pomegranate ['pɒmɪ,grænɪt] *n* grenade *f*.

pomp [pɒmp] *n* pompe *f*, faste *m*.

pompom ['pɒmpɒm] *n* pompon *m*.

pompous ['pɒmpəs] *adj* **-1.** [person] fat, suffisant(e). **-2.** [style, speech] pompeux(euse).

pond [pɒnd] *n* étang *m*, mare *f*.

ponder ['pɒndər] *vt* considérer, peser.

ponderous ['pɒndərəs] *adj* **-1.** [dull] lourd(e). **-2.** [large, heavy] pesant(e).

pong [pɒŋ] *Br inf n* puanteur *f*.

pontoon [pɒn'tuːn] *n* **-1.** [bridge] ponton *m*. **-2.** *Br* [game] vingt-et-un *m*.

pony ['pəʊnɪ] *n* poney *m*.

ponytail ['pəʊnɪteɪl] *n* queue-de-cheval *f*.

pony-trekking [-,trekɪŋ] *n* randonnée *f* à cheval OR en poney.

poodle ['puːdl] *n* caniche *m*.

pool [puːl] ◇ *n* **-1.** [pond, of blood] mare *f*; [of rain, light] flaque *f*. **-2.** [swimming pool] piscine *f*. **-3.** SPORT billard *m* américain. ◇ *vt* [resources etc] mettre en commun.
♦ **pools** *npl Br*: **the ~s** ≈ le loto sportif.

poor [pɔːr] ◇ *adj* **-1.** [gen] pauvre. **-2.** [not very good] médiocre, mauvais(e). ◇ *npl*: **the ~** les pauvres *mpl*.

poorly ['pɔːlɪ] ◇ *adj Br* souffrant(e). ◇ *adv* mal, médiocrement.

pop [pɒp] ◇ *n* **-1.** (U) [music] pop *m*. **-2.** (U) *inf* [fizzy drink] boisson *f* gazeuse. **-3.** *inf* [father] papa *m*. **-4.** [sound] pan *m*. ◇ *vt* **-1.** [burst] faire éclater, crever. **-2.** [put quickly] mettre, fourrer. ◇ *vi* **-1.** [balloon] éclater, crever; [cork, button] sauter. **-2.** [eyes]: **his eyes popped** il a écarquillé les yeux.
♦ **pop in** *vi* faire une petite visite.
♦ **pop up** *vi* surgir.

pop concert *n* concert *m* pop.

popcorn ['pɒpkɔːn] *n* pop-corn *m*.

pope [pəʊp] *n* pape *m*.

pop group *n* groupe *m* pop.

poplar ['pɒplər] *n* peuplier *m*.

poppy ['pɒpɪ] *n* coquelicot *m*, pavot *m*.

Popsicle® ['pɒpsɪkl] *n Am* ≈ Esquimau® *m*.

populace ['pɒpjʊləs] *n*: **the ~** le peuple.

popular ['pɒpjʊlər] *adj* **-1.** [gen] populaire. **-2.** [name, holiday resort] à la mode.

popularize, -ise ['pɒpjʊləraɪz] *vt* **-1.** [make popular] populariser. **-2.** [simplify] vulgariser.

population [,pɒpjʊ'leɪʃn] *n* population *f*.

porcelain ['pɔːsəlɪn] *n* porcelaine *f*.

porch [pɔːtʃ] *n* **-1.** [entrance] porche *m*. **-2.** *Am* [verandah] véranda *f*.

porcupine ['pɔːkjupaɪn] *n* porc-épic *m*.

pore [pɔːʳ] *n* pore *m*.

◆ **pore over** *vt fus* examiner de près.

pork [pɔːk] *n* porc *m*.

pork pie *n* pâté *m* de porc en croûte.

pornography [pɔːˈnɒgrəfɪ] *n* pornographie *f*.

porous ['pɔːrəs] *adj* poreux(euse).

porridge ['pɒrɪdʒ] *n* porridge *m*.

port [pɔːt] *n* **-1.** [town, harbour] port *m*. **-2.** NAUT [left-hand side] bâbord *m*. **-3.** [drink] porto *m*. **-4.** COMPUT port *m*.

portable ['pɔːtəbl] *adj* portatif(ive).

portent ['pɔːtənt] *n* présage *m*.

porter ['pɔːtəʳ] *n* **-1.** *Br* [doorman] concierge *m*, portier *m*. **-2.** [for luggage] porteur *m*. **-3.** *Am* [on train] employé *m*, -e *f* des wagons-lits.

portfolio [,pɔːtˈfəʊljəʊ] (*pl* **-s**) *n* **-1.** [case] serviette *f*. **-2.** [sample of work] portfolio *m*. **-3.** FIN portefeuille *m*.

porthole ['pɔːthəʊl] *n* hublot *m*.

portion ['pɔːʃn] *n* **-1.** [section] portion *f*, part *f*. **-2.** [of food] portion *f*.

portly ['pɔːtlɪ] *adj* corpulent(e).

portrait ['pɔːtreɪt] *n* portrait *m*.

portray [pɔːˈtreɪ] *vt* **-1.** CINEMA & THEATRE jouer, interpréter. **-2.** [describe] dépeindre. **-3.** [paint] faire le portrait de.

Portugal ['pɔːtʃʊgl] *n* Portugal *m*.

Portuguese [,pɔːtʃʊˈgiːz] ◇ *adj* portugais(e). ◇ *n* [language] portugais *m*. ◇ *npl*: **the ~** les Portugais *mpl*.

pose [pəʊz] ◇ *n* **-1.** [stance] pose *f*. **-2.** *pej* [affectation] pose *f*, affectation *f*. ◇ *vt* **-1.** [danger] présenter. **-2.** [problem, question] poser. ◇ *vi* **-1.** ART & *pej* poser. **-2.** [pretend to be]: **to ~ as** se faire passer pour.

posh [pɒʃ] *adj inf* **-1.** [hotel, clothes etc] chic (*inv*). **-2.** *Br* [accent, person] de la haute.

position [pəˈzɪʃn] *n* **-1.** [gen] position *f*. **-2.** [job] poste *m*, emploi *m*. **-3.** [state] situation *f*. ◇ *vt* placer, mettre en position.

positive ['pɒzətɪv] *adj* **-1.** [gen] positif(ive). **-2.** [sure] sûr(e), certain(e); **to**

be ~ about sthg être sûr de qqch. **-3.** [optimistic] positif(ive), optimiste; **to be ~ about sthg** avoir une attitude positive au sujet de qqch. **-4.** [definite] formel(elle), précis(e). **-5.** [evidence] irréfutable, indéniable. **-6.** [downright] véritable.

posse ['pɒsɪ] *n Am* détachement *m*, troupe *f*.

possess [pəˈzes] *vt* posséder.

possession [pəˈzeʃn] *n* possession *f*. ◆ **possessions** *npl* possessions *fpl*, biens *mpl*.

possessive [pəˈzesɪv] ◇ *adj* possessif(ive). ◇ *n* GRAMM possessif *m*.

possibility [,pɒsəˈbɪlətɪ] *n* **-1.** [chance, likelihood] possibilité *f*, chances *fpl*; **there is a ~ that ...** il se peut que ... (+ *subjunctive*). **-2.** [option] possibilité *f*, option *f*.

possible ['pɒsəbl] ◇ *adj* possible; **as much as ~** autant que possible; **as soon as ~** dès que possible. ◇ *n* possible *m*.

possibly ['pɒsəblɪ] *adv* **-1.** [perhaps] peut-être. **-2.** [expressing surprise]: **how could he ~ have known?** mais comment a-t-il pu le savoir? **-3.** [for emphasis]: **I can't ~ accept your money** je ne peux vraiment pas accepter cet argent.

post [pəʊst] ◇ *n* **-1.** [service]: **the ~** la poste; **by ~** par la poste. **-2.** [letters, delivery] courrier *m*. **-3.** *Br* [collection] levée *f*. **-4.** [pole] poteau *m*. **-5.** [position, job] poste *m*, emploi *m*. **-6.** MIL poste *m*. ◇ *vt* **-1.** [by mail] poster, mettre à la poste. **-2.** [employee] muter.

postage ['pəʊstɪdʒ] *n* affranchissement *m*; **~ and packing** frais *mpl* de port et d'emballage.

postal ['pəʊstl] *adj* postal(e).

postal order *n* mandat *m* postal.

postbox ['pəʊstbɒks] *n Br* boîte *f* aux lettres.

postcard ['pəʊstkɑːd] *n* carte *f* postale.

postcode ['pəʊstkəʊd] *n Br* code *m* postal.

postdate [,pəust'deɪt] *vt* postdater.

poster ['pəustə'] *n* [for advertising] affiche *f*; [for decoration] poster *m*.

poste restante [,pəust'restɑ:nt] *n* poste *f* restante.

posterior [pɒ'stɪərɪə'] ◇ *adj* postérieur(e). ◇ *n hum* postérieur *m*, derrière *m*.

postgraduate [,pəust'grædʒuət] ◇ *adj* de troisième cycle. ◇ *n* étudiant *m*, -e *f* de troisième cycle.

posthumous ['pɒstjuməs] *adj* posthume.

postman ['pəustmən] (*pl* -men [-mən]) *n* facteur *m*.

postmark ['pəustmɑ:k] ◇ *n* cachet *m* de la poste. ◇ *vt* timbrer, tamponner.

postmaster ['pəust,mɑ:stə'] *n* receveur *m* des postes.

postmortem [,pəust'mɔ:təm] *n lit* & *fig* autopsie *f*.

post office *n* -1. [organization]: **the Post Office** les Postes et Télécommunications *fpl*. -2. [building] (bureau *m* de) poste *f*.

post office box *n* boîte *f* postale.

postpone [,pəust'pəun] *vt* reporter, remettre.

postscript ['pəustskrɪpt] *n* postscriptum *m inv*; *fig* supplément *m*, addenda *m inv*.

posture ['pɒstʃə'] *n* -1. (U) [pose] position *f*, posture *f*. -2. *fig* [attitude] attitude *f*.

postwar [,pəust'wɔ:'] *adj* d'après-guerre.

posy ['pəusɪ] *n* petit bouquet *m* de fleurs.

pot [pɒt] ◇ *n* -1. [for cooking] marmite *f*, casserole *f*. -2. [for tea] théière *f*; [for coffee] cafetière *f*. -3. [for paint, jam, plant] pot *m*. -4. (U) *inf* [cannabis] herbe *f*. ◇ *vt* [plant] mettre en pot.

potassium [pə'tæsɪəm] *n* potassium *m*.

potato [pə'teɪtəu] (*pl* -es) *n* pomme *f* de terre.

potato peeler [-,pi:lə'] *n* (couteau *m*) éplucheur *m*.

potent ['pəutənt] *adj* -1. [powerful, influential] puissant(e). -2. [drink] fort(e). -3. [man] viril.

potential [pə'tenʃl] ◇ *adj* [energy, success] potentiel(ielle); [uses, danger] possible; [enemy] en puissance. ◇ *n* (U) [of person] capacités *fpl* latentes; **to have ~** [person] promettre; [company] avoir de l'avenir; [scheme] offrir des possibilités.

potentially [pə'tenʃəlɪ] *adv* potentiellement.

pothole ['pɒthəul] *n* -1. [in road] nid-de-poule *m*. -2. [underground] caverne *f*, grotte *f*.

potholing ['pɒt,həulɪŋ] *n Br*: **to go ~** faire de la spéléologie.

potion ['pəuʃn] *n* [magic] breuvage *m*; **love ~** philtre *m*.

potluck [,pɒt'lʌk] *n*: **to take ~** [gen] choisir au hasard; [at meal] manger à la fortune du pot.

potshot ['pɒt,ʃɒt] *n*: **to take a ~ (at sthg)** tirer (sur qqch) sans viser.

potted ['pɒtɪd] *adj* -1. [plant]: **~ plant** plante *f* d'appartement. -2. [food] conservé(e) en pot.

potter ['pɒtə'] *n* potier *m*.

◆ **potter about**, **potter around** *vi Br* bricoler.

pottery ['pɒtərɪ] *n* poterie *f*; **a piece of ~** une poterie.

potty ['pɒtɪ] *Br inf* ◇ *adj*: **~ (about)** toqué(e) (de). ◇ *n* pot *m* (de chambre).

pouch [pautʃ] *n* -1. [small bag] petit sac *m*; **tobacco ~** blague *f* à tabac. -2. [of kangaroo] poche *f* ventrale.

poultry ['pəultrɪ] ◇ *n* (U) [meat] volaille *f*. ◇ *npl* [birds] volailles *fpl*.

pounce [pauns] *vi*: **to ~ (on)** [bird] fondre (sur); [person] se jeter (sur).

pound [paund] ◇ *n* -1. *Br* [money] livre *f*. -2. [weight] = 453,6 *grammes*, ≈ livre *f*. -3. [for cars, dogs] fourrière *f*. ◇ *vt* -1. [strike loudly] marteler. -2. [crush] piler, broyer. ◇ *vi* -1. [strike loudly]: **to ~ on** donner de grands coups à. -2. [heart] battre fort; **my**

head is ~ing j'ai des élancements dans la tête.

pound sterling n livre f sterling.

pour [pɔːʳ] ◇ vt verser; **shall I ~ you a drink?** je te sers quelque chose à boire? ◇ vi -1. [liquid] couler à flots. -2. fig [rush]: **to ~ in/out** entrer/sortir en foule. ◇ v impers [rain hard] pleuvoir à verse.

◆ **pour in** vi [letters, news] affluer.

◆ **pour out** vt sep -1. [empty] vider. -2. [serve - drink] verser, servir.

pouring ['pɔːrɪŋ] adj [rain] torrentiel(ielle).

pout [paut] vi faire la moue.

poverty ['pɒvətɪ] n pauvreté f; fig [of ideas] indigence f, manque m.

poverty-stricken adj [person] dans la misère; [area] misérable, très pauvre.

powder ['paudəʳ] ◇ n poudre f. ◇ vt [face, body] poudrer.

powder compact n poudrier m.

powdered ['paudəd] adj -1. [milk, eggs] en poudre. -2. [face] poudré(e).

powder puff n houppette f.

powder room n toilettes fpl pour dames.

power ['pauəʳ] ◇ n -1. (U) [authority, ability] pouvoir m; **to take ~** prendre le pouvoir; **to come to ~** parvenir au pouvoir; **to be in ~** être au pouvoir; **to be in OR within one's ~ to do sthg** être en son pouvoir de faire qqch. -2. [strength, powerful person] puissance f, force f. -3. (U) [energy] énergie f. -4. [electricity] courant m, électricité f. ◇ vt faire marcher, actionner.

powerboat ['pauəbəut] n hors-bord m inv.

power cut n coupure f de courant.

power failure n panne f de courant.

powerful ['pauəful] adj -1. [gen] puissant(e). -2. [smell, voice] fort(e). -3. [speech, novel] émouvant(e).

powerless ['pauəlɪs] adj impuissant(e); **to be ~ to do sthg** être dans l'impossibilité de faire qqch, ne pas pouvoir faire qqch.

power point n Br prise f de courant.

power station n centrale f électrique.

power steering n direction f assistée.

pp (abbr of per procurationem) pp.

p & p abbr of postage and packing.

PR n -1. abbr of proportional representation. -2. abbr of public relations.

practicable ['præktɪkəbl] adj réalisable, faisable.

practical ['præktɪkl] ◇ adj -1. [gen] pratique. -2. [plan, solution] réalisable. ◇ n épreuve f pratique.

practicality [,præktɪ'kælətɪ] n (U) aspect m pratique.

practical joke n farce f.

practically ['præktɪklɪ] adv -1. [in a practical way] d'une manière pratique. -2. [almost] presque, pratiquement.

practice, practise Am ['præktɪs] n -1. (U) [at sport] entraînement m; [at music etc] répétition f; **to be out of ~** être rouillé(e). -2. [training session - at sport] séance f d'entraînement; [- at music etc] répétition f. -3. [act of doing]: **to put sthg into ~** mettre qqch en pratique; **in ~** [in fact] en réalité, en fait. -4. [habit] pratique f, coutume f. -5. (U) [of profession] exercice m. -6. [of doctor] cabinet m; [of lawyer] étude f.

practicing Am = practising.

practise, practice Am ['præktɪs] ◇ vt -1. [sport] s'entraîner à; [piano etc] s'exercer à. -2. [custom] suivre, pratiquer; [religion] pratiquer. -3. [profession] exercer. ◇ vi -1. SPORT s'entraîner; MUS s'exercer. -2. [doctor, lawyer] exercer.

practising, practicing Am ['præktɪsɪŋ] adj [doctor, lawyer] en exercice; [Christian etc] pratiquant(e); [homosexual] déclaré(e).

practitioner [præk'tɪʃnəʳ] n praticien m, -ienne f.

Prague [prɑːg] n Prague.

prairie ['preərɪ] n prairie f.

praise [preɪz] ◇ n (U) louange f, louanges fpl, éloge m, éloges mpl. ◇ vt louer, faire l'éloge de.

praiseworthy ['preiz,wɜːðɪ] *adj* louable, méritoire.

pram [præm] *n* landau *m*.

prance [prɑːns] *vi* **-1.** [person] se pavaner. **-2.** [horse] caracoler.

prank [præŋk] *n* tour *m*, niche *f*.

prawn [prɔːn] *n* crevette *f* rose.

pray [preɪ] *vi*: to ~ (to sb) prier (qqn).

prayer [preəʳ] *n lit* & *fig* prière *f*.

prayer book *n* livre *m* de messe.

preach [priːtʃ] ◇ *vt* [gen] prêcher; [sermon] prononcer. ◇ *vi* **-1.** RELIG: to ~ (to sb) prêcher (qqn). **-2.** *pej* [pontificate]: to ~ (at sb) sermonner (qqn).

preacher ['priːtʃəʳ] *n* prédicateur *m*, pasteur *m*.

precarious [prɪ'keərɪəs] *adj* précaire.

precaution [prɪ'kɔːʃn] *n* précaution *f*.

precede [prɪ'siːd] *vt* précéder.

precedence ['presɪdəns] *n*: to take ~ over sthg avoir la priorité sur qqch; to have OR take ~ over sb avoir la préséance sur qqn.

precedent ['presɪdənt] *n* précédent *m*.

precinct ['priːsɪŋkt] *n* **-1.** *Br* [area]: pedestrian ~ zone *f* piétonne; shopping ~ centre *m* commercial. **-2.** *Am* [district] circonscription *f* (administrative).

♦ **precincts** *npl* [of institution] enceinte *f*.

precious ['preʃəs] *adj* **-1.** [gen] précieux(ieuse). **-2.** *inf iro* [damned] sacré(e). **-3.** [affected] affecté(e).

precipice ['presɪpɪs] *n* précipice *m*, paroi *f* à pic.

precipitate [*adj* prɪ'sɪpɪtət, *vb* prɪ'sɪpɪteɪt] *fml* ◇ *adj* hâtif(ive). ◇ *vt* [hasten] hâter, précipiter.

precise [prɪ'saɪs] *adj* précis(e); [measurement, date] exact(e).

precisely [prɪ'saɪslɪ] *adv* précisément, exactement.

precision [prɪ'sɪʒn] *n* précision *f*, exactitude *f*.

preclude [prɪ'kluːd] *vt fml* empêcher; [possibility] écarter; to ~ sb from doing sthg empêcher qqn de faire qqch.

precocious [prɪ'kəʊʃəs] *adj* précoce.

preconceived [,priːkən'siːvd] *adj* préconçu(e).

precondition [,priːkən'dɪʃn] *n fml* condition *f* sine qua non.

predator ['predətəʳ] *n* **-1.** [animal, bird] prédateur *m*, rapace *m*. **-2.** *fig* [person] corbeau *m*.

predecessor ['priːdɪsesəʳ] *n* **-1.** [person] prédécesseur *m*. **-2.** [thing] précédent *m*, -e *f*.

predicament [prɪ'dɪkəmənt] *n* situation *f* difficile; to be in a ~ être dans de beaux draps.

predict [prɪ'dɪkt] *vt* prédire.

predictable [prɪ'dɪktəbl] *adj* prévisible.

prediction [prɪ'dɪkʃn] *n* prédiction *f*.

predispose [,priːdɪs'pəʊz] *vt*: to be ~d to sthg/to do sthg être prédisposé(e) à qqch/à faire qqch.

predominant [prɪ'dɒmɪnənt] *adj* prédominant(e).

predominantly [prɪ'dɒmɪnəntlɪ] *adv* principalement, surtout.

preempt [,priː'empt] *vt* [action, decision] devancer, prévenir.

preemptive [,priː'emptɪv] *adj* préventif(ive).

preen [priːn] *vt* **-1.** [subj: bird] lisser, nettoyer. **-2.** *fig* [subj: person]: to ~ o.s. se faire beau (belle).

prefab ['priːfæb] *n inf* maison *f* préfabriquée.

preface ['prefɪs] *n*: ~ (to) préface *f* (de), préambule *m* (de).

prefect ['priːfekt] *n Br* [pupil] *élève de terminale qui aide les professeurs à maintenir la discipline*.

prefer [prɪ'fɜːʳ] *vt* préférer; to ~ sthg to sthg préférer qqch à qqch, aimer mieux qqch que qqch; to ~ to do sthg préférer faire qqch, aimer mieux faire qqch.

preferable ['prefrəbl] *adj*: ~ (to) préférable (à).

preferably ['prefrəblɪ] *adv* de préférence.

preference ['prefərəns] *n* préférence *f*.

preferential [,prefə'renʃl] *adj* préférentiel(ielle).

prefix ['pri:fɪks] n préfixe m.

pregnancy ['pregnənsɪ] n grossesse f.

pregnant ['pregnənt] adj [woman] enceinte; [animal] pleine, gravide.

prehistoric [,pri:hɪ'stɒrɪk] adj préhistorique.

prejudice ['predʒʊdɪs] ◇ n -1. [biased view]: ~ (in favour of/against) préjugé m (en faveur de/contre), préjugés mpl (en faveur de/contre). -2. (U) [harm] préjudice m, tort m. ◇ vt -1. [bias]: to ~ sb (in favour of/against) prévenir qqn (en faveur de/contre), influencer qqn (en faveur de/contre). -2. [harm] porter préjudice à.

prejudiced ['predʒʊdɪst] adj [person] qui a des préjugés; [opinion] préconçu(e); to be ~ in favour of/against avoir des préjugés en faveur de/contre.

prejudicial [,predʒʊ'dɪʃl] adj: ~ (to) préjudiciable (à), nuisible (à).

preliminary [prɪ'lɪmɪnərɪ] adj préliminaire.

prelude ['prelju:d] n [event]: ~ to sthg prélude m de qqch.

premarital [,pri:'mærɪtl] adj avant le mariage.

premature ['premə,tjʊəʳ] adj prématuré(e).

premeditated [,pri:'medɪteɪtɪd] adj prémédité(e).

premenstrual syndrome, **premenstrual tension** [pri:'menstrʊəl-] n syndrome m prémenstruel.

premier ['premjəʳ] ◇ adj primordial(e), premier(ière). ◇ n premier ministre m.

premiere ['premɪeəʳ] n première f.

premise ['premɪs] n prémisse f.
◆ **premises** npl local m, locaux mpl; on the ~s sur place, sur les lieux.

premium ['pri:mjəm] n prime f; at a ~ [above usual value] à prix d'or; [in great demand] très recherché OR demandé.

premium bond n Br ≃ billet m de loterie.

premonition [,premə'nɪʃn] n prémonition f, pressentiment m.

preoccupied [pri:'ɒkjʊpaɪd] adj: ~ (with) préoccupé(e) (de).

prep [prep] n (U) Br inf devoirs mpl.

prepaid ['pri:peɪd] adj payé(e) d'avance; [envelope] affranchi(e).

preparation [,prepə'reɪʃn] n préparation f.
◆ **preparations** npl préparatifs mpl; to make ~s for faire des préparatifs pour, prendre ses dispositions pour.

preparatory [prɪ'pærətrɪ] adj [work, classes] préparatoire; [actions, measures] préliminaire.

preparatory school n [in UK] école f primaire privée; [in US] école privée qui prépare à l'enseignement supérieur.

prepare [prɪ'peəʳ] ◇ vt préparer. ◇ vi: to ~ for sthg/to do sthg se préparer à qqch/à faire qqch.

prepared [prɪ'peəd] adj -1. [done beforehand] préparé(e) d'avance. -2. [willing]: to be ~ to do sthg être prêt(e) OR disposé(e) à faire qqch. -3. [ready]: to be ~ for sthg être prêt(e) pour qqch.

preposition [,prepə'zɪʃn] n préposition f.

preposterous [prɪ'pɒstərəs] adj ridicule, absurde.

prep school abbr of **preparatory school**.

prerequisite [,pri:'rekwɪzɪt] n condition f préalable.

prerogative [prɪ'rɒgətɪv] n prérogative f, privilège m.

Presbyterian [,prezbɪ'tɪərɪən] ◇ adj presbytérien(ienne). ◇ n presbytérien m, -ienne f.

preschool [,pri:'sku:l] ◇ adj préscolaire. ◇ n Am école f maternelle.

prescribe [prɪ'skraɪb] vt -1. MED prescrire. -2. [order] ordonner, imposer.

prescription [prɪ'skrɪpʃn] n [MED - written form] ordonnance f; [- medicine] médicament m.

prescriptive [prɪ'skrɪptɪv] adj normatif(ive).

presence ['prezns] *n* présence *f*; **to be in sb's** ~ OR **in the** ~ **of sb** être en présence de qqn.

presence of mind *n* présence *f* d'esprit.

present [*adj & n* 'preznt, *vb* prɪ'zent] ◇ *adj* **-1.** [current] actuel(elle). **-2.** [in attendance] présent(e); **to be** ~ **at** assister à. ◇ *n* **-1.** [current time]: **the** ~ le présent; **at** ~ actuellement, en ce moment. **-2.** [gift] cadeau *m*. **-3.** GRAMM: ~ **(tense)** présent *m*. ◇ *vt* **-1.** [gen] présenter; [opportunity] donner. **-2.** [give]: **to** ~ **sb with sthg, to** ~ **sthg to sb** donner OR remettre qqch à qqn. **-3.** [portray] représenter, décrire. **-4.** [arrive]: **to** ~ **o.s.** se présenter.

presentable [prɪ'zentəbl] *adj* présentable.

presentation [,prezn'teɪʃn] *n* **-1.** [gen] présentation *f*. **-2.** [ceremony] remise *f* (de récompense/prix). **-3.** [talk] exposé *m*. **-4.** [of play] représentation *f*.

present day *n*: **the** ~ aujourd'hui.

♦ **present-day** *adj* d'aujourd'hui, contemporain(e).

presenter [prɪ'zentəʳ] *n Br* présentateur *m*, -trice *f*.

presently ['prezntlɪ] *adv* **-1.** [soon] bientôt, tout à l'heure. **-2.** [at present] actuellement, en ce moment.

preservation [,prezə'veɪʃn] *n* (*U*) **-1.** [maintenance] maintien *m*. **-2.** [protection] protection *f*, conservation *f*.

preservative [prɪ'zɜːvətɪv] *n* conservateur *m*.

preserve [prɪ'zɜːv] ◇ *vt* **-1.** [maintain] maintenir. **-2.** [protect] conserver. **-3.** [food] conserver, mettre en conserve. ◇ *n* [jam] confiture *f*.

♦ **preserves** *npl* [jam] confiture *f*; [vegetables] pickles *mpl*, condiments *mpl*.

preset [,priː'set] (*pt & pp* preset) *vt* prérégler.

president ['prezɪdənt] *n* **-1.** [gen] président *m*. **-2.** *Am* [company chairman] P-DG *m*.

presidential [,prezɪ'denʃl] *adj* présidentiel(ielle).

press [pres] ◇ *n* **-1.** [push] pression *f*. **-2.** [journalism]: **the** ~ [newspapers] la presse, les journaux *mpl*; [reporters] les journalistes *mpl*. **-3.** [printing machine] presse *f*. ◇ *vt* **-1.** [push] appuyer sur; **to** ~ **sthg against sthg** appuyer qqch sur qqch. **-2.** [squeeze] serrer. **-3.** [iron] repasser, donner un coup de fer à. **-4.** [urge]: **to** ~ **sb (to do sthg** OR **into doing sthg)** presser qqn (de faire qqch). **-5.** [pursue - claim] insister sur. ◇ *vi* **-1.** [push]: **to** ~ **(on)** appuyer (sur). **-2.** [squeeze]: **to** ~ **(on sthg)** serrer (qqch). **-3.** [crowd] se presser.

♦ **press for** *vt fus* demander avec insistance.

♦ **press on** *vi* [continue]: **to** ~ **on (with sthg)** continuer (qqch), ne pas abandonner (qqch).

press agency *n* agence *f* de presse.

press conference *n* conférence *f* de presse.

pressed [prest] *adj*: **to be** ~ **for time/ money** être à court de temps/ d'argent.

pressing ['presɪŋ] *adj* urgent(e).

press officer *n* attaché *m* de presse.

press release *n* communiqué *m* de presse.

press-stud *n Br* pression *f*.

press-up *n Br* pompe *f*, traction *f*.

pressure ['preʃəʳ] *n* (*U*) **-1.** [gen] pression *f*; **to put** ~ **on sb (to do sthg)** faire pression sur qqn (pour qu'il fasse qqch). **-2.** [stress] tension *f*.

pressure cooker *n* Cocotte-Minute® *f*, autocuiseur *m*.

pressure gauge *n* manomètre *m*.

pressure group *n* groupe *m* de pression.

pressurize, -ise ['preʃəraɪz] *vt* **-1.** TECH pressuriser. **-2.** *Br* [force]: **to** ~ **sb to do** OR **into doing sthg** forcer qqn à faire qqch.

prestige [pre'stiːʒ] *n* prestige *m*.

presumably [prɪ'zjuːməblɪ] *adv* vraisemblablement.

presume [prɪ'zjuːm] *vt* présumer; **to** ~ **(that)** ... supposer que ....

presumption [prɪ'zʌmpʃn] n -1. [assumption] supposition f, présomption f. -2. (U) [audacity] présomption f.

presumptuous [prɪ'zʌmptʃuəs] adj présomptueux(euse).

pretence, pretense Am [prɪ'tens] n prétention f; **to make a ~ of doing sthg** faire semblant de faire qqch; **under false ~s** sous des prétextes fallacieux.

pretend [prɪ'tend] ◇ vt: **to ~ to do sthg** faire semblant de faire qqch. ◇ vi faire semblant.

pretense Am = pretence.

pretension [prɪ'tenʃn] n prétention f.

pretentious [prɪ'tenʃəs] adj prétentieux(ieuse).

pretext ['priːtekst] n prétexte m; **on** OR **under the ~ that ...** sous prétexte que ...; **on** OR **under the ~ of doing sthg** sous prétexte de faire qqch.

pretty ['prɪtɪ] ◇ adj joli(e). ◇ adv [quite] plutôt; **~ much** OR **well** pratiquement, presque.

prevail [prɪ'veɪl] vi -1. [be widespread] avoir cours, régner. -2. [triumph]: **to ~ (over)** prévaloir (sur), l'emporter (sur). -3. [persuade]: **to ~ on** OR **upon sb to do sthg** persuader qqn de faire qqch.

prevailing [prɪ'veɪlɪŋ] adj -1. [current] actuel(elle). -2. [wind] dominant(e).

prevalent ['prevələnt] adj courant(e), répandu(e).

prevent [prɪ'vent] vt: **to ~ sb/sthg (from doing sthg)** empêcher qqn/qqch (de faire qqch).

preventive [prɪ'ventɪv] adj préventif(ive).

preview ['priːvjuː] n avant-première f.

previous ['priːvjəs] adj -1. [earlier] antérieur(e). -2. [preceding] précédent(e).

previously ['priːvjəslɪ] adv avant, auparavant.

prewar [ˌpriː'wɔːr] adj d'avant-guerre.

prey [preɪ] n proie f.
◆ **prey on** vt fus -1. [live off] faire sa proie de. -2. [trouble]: **to ~ on sb's mind** ronger qqn, tracasser qqn.

price [praɪs] ◇ n [cost] prix m; **at any ~** à tout prix. ◇ vt fixer le prix de.

priceless ['praɪslɪs] adj sans prix, inestimable.

price list n tarif m.

price tag n [label] étiquette f.

pricey ['praɪsɪ] adj inf chérot.

prick [prɪk] ◇ n -1. [scratch, wound] piqûre f. -2. vulg [stupid person] con m, conne f. ◇ vt piquer.
◆ **prick up** vt fus: **to ~ up one's ears** [animal] dresser les oreilles; [person] dresser OR tendre l'oreille.

prickle ['prɪkl] ◇ n -1. [thorn] épine f. -2. [sensation on skin] picotement m. ◇ vi picoter.

prickly ['prɪklɪ] adj -1. [plant, bush] épineux(euse). -2. fig [person] irritable.

prickly heat n (U) boutons mpl de chaleur.

pride [praɪd] ◇ n (U) -1. [satisfaction] fierté f; **to take ~ in sthg/in doing sthg** être fier de qqch/de faire qqch. -2. [self-esteem] orgueil m, amour-propre m. -3. pej [arrogance] orgueil m. ◇ vt: **to ~ o.s. on sthg** être fier (fière) de qqch.

priest [priːst] n prêtre m.

priestess ['priːstɪs] n prêtresse f.

priesthood ['priːsthʊd] n -1. [position, office]: **the ~** le sacerdoce. -2. [priests]: **the ~** le clergé.

prig [prɪg] n petit saint m, petite sainte f.

prim [prɪm] adj guindé(e).

primarily ['praɪmərɪlɪ] adv principalement.

primary ['praɪmərɪ] ◇ adj -1. [main] premier(ière), principal(e). -2. SCH primaire. ◇ n Am POL primaire f.

primary school n école f primaire.

primate ['praɪmeɪt] n -1. ZOOL primate m. -2. RELIG primat m.

prime [praɪm] ◇ adj -1. [main] principal(e), primordial(e). -2. [excellent] excellent(e); **~ quality** première qualité. ◇ n: **to be in one's ~** être dans la fleur de l'âge. ◇ vt -1. [gun, pump] amorcer. -2. [paint] apprêter. -3. [inform]: **to ~ sb about sthg** mettre qqn au courant de qqch.

prime minister *n* premier ministre *m*.

primer ['praɪmər] *n* **-1.** [paint] apprêt *m*. **-2.** [textbook] introduction *f*.

primeval [praɪ'miːvl] *adj* [ancient] primitif(ive).

primitive ['prɪmɪtɪv] *adj* primitif(ive).

primrose ['prɪmrəʊz] *n* primevère *f*.

Primus stove® ['praɪməs-] *n* réchaud *m* de camping.

prince [prɪns] *n* prince *m*.

princess [prɪn'ses] *n* princesse *f*.

principal ['prɪnsəpl] ◇ *adj* principal(e). ◇ *n* SCH directeur *m*, -trice *f*; UNIV doyen *m*, -enne *f*.

principle ['prɪnsəpl] *n* principe *m*; **on ~, as a matter of ~** par principe.
♦ **in principle** *adv* en principe.

print [prɪnt] ◇ *n* **-1.** (U) [type] caractères *mpl*; **to be in ~** être disponible; **to be out of ~** être épuisé. **-2.** ART gravure *f*. **-3.** [photograph] épreuve *f*. **-4.** [fabric] imprimé *m*. **-5.** [mark] empreinte *f*. ◇ *vt* **-1.** [produce by printing] imprimer. **-2.** [publish] publier. **-3.** [write in block letters] écrire en caractères d'imprimerie. ◇ *vi* [printer] imprimer.
♦ **print out** *vt sep* COMPUT imprimer.

printed matter ['prɪntɪd-] *n* (U) imprimés *mpl*.

printer ['prɪntər] *n* **-1.** [person, firm] imprimeur *m*. **-2.** COMPUT imprimante *f*.

printing ['prɪntɪŋ] *n* (U) **-1.** [act of printing] impression *f*. **-2.** [trade] imprimerie *f*.

printout ['prɪntaʊt] *n* COMPUT sortie *f* d'imprimante, listing *m*.

prior ['praɪər] ◇ *adj* antérieur(e), précédent(e). ◇ *n* [monk] prieur *m*.
♦ **prior to** *prep* avant; **~ to doing sthg** avant de faire qqch.

priority [praɪ'ɒrəti] *n* priorité *f*; **to have** OR **take ~ (over)** avoir la priorité (sur).

prise [praɪz] *vt*: **to ~ sthg away from**

sb arracher qqch à qqn; **to ~ sthg open** forcer qqch.

prison ['prɪzn] *n* prison *f*.

prisoner ['prɪznər] *n* prisonnier *m*, -ière *f*.

prisoner of war (*pl* **prisoners of war**) *n* prisonnier *m*, -ière *f* de guerre.

privacy [*Br* 'prɪvəsɪ, *Am* 'praɪvəsɪ] *n* intimité *f*.

private ['praɪvɪt] ◇ *adj* **-1.** [not public] privé(e). **-2.** [confidential] confidentiel(ielle). **-3.** [personal] personnel(elle). **-4.** [unsociable - person] secret(ète). ◇ *n* **-1.** [soldier] [simple] soldat *m*. **-2.** [secrecy]: **in ~** en privé.

private enterprise *n* (U) entreprise *f* privée.

private eye *n* détective *m* privé.

privately ['praɪvɪtlɪ] *adv* **-1.** [not by the state]: **~ owned** du secteur privé. **-2.** [confidentially] en privé. **-3.** [personally] intérieurement, dans son for intérieur.

private property *n* propriété *f* privée.

private school *n* école *f* privée.

privatize, -ise ['praɪvɪtaɪz] *vt* privatiser.

privet ['prɪvɪt] *n* troène *m*.

privilege ['prɪvɪlɪdʒ] *n* privilège *m*.

privy ['prɪvɪ] *adj*: **to be ~ to sthg** être dans le secret de qqch.

Privy Council *n Br*: **the ~** le Conseil privé.

prize [praɪz] ◇ *adj* [possession] très précieux(ieuse); [animal] primé(e); [idiot, example] parfait(e). ◇ *n* prix *m*. ◇ *vt* priser.

prize-giving [-,gɪvɪŋ] *n Br* distribution *f* des prix.

prizewinner ['praɪz,wɪnər] *n* gagnant *m*, -e *f*.

pro [prəʊ] (*pl* **-s**) *n* **-1.** *inf* [professional] pro *mf*. **-2.** [advantage]: **the ~s and cons** le pour et le contre.

probability [,prɒbə'bɪlətɪ] *n* probabilité *f*.

probable ['prɒbəbl] *adj* probable.

probably ['prɒbəblɪ] *adv* probablement.

probation [prə'beɪʃn] *n* (U) **-1.** JUR mise *f* à l'épreuve; **to put sb on ~** mettre qqn en sursis avec mise à l'épreuve. **-2.** [trial period] essai *m*; **to be on ~** être à l'essai.

probe [prəʊb] ◇ *n* **-1.** [investigation]: **~ (into)** enquête *f* (sur). **-2.** MED & TECH sonde *f*. ◇ *vt* sonder.

problem ['prɒbləm] ◇ *n* problème *m*; **no ~!** *inf* pas de problème! ◇ *comp* difficile.

procedure [prə'siːdʒəʳ] *n* procédure *f*.

proceed [*vb* prə'siːd, *npl* 'prəʊsiːdz] ◇ *vt* [do subsequently]: **to ~ to do sthg** se mettre à faire qqch. ◇ *vi* **-1.** [continue]: **to ~ (with sthg)** continuer (qqch), poursuivre (qqch). **-2.** *fml* [advance] avancer.
♦ **proceeds** *npl* recette *f*.

proceedings [prə'siːdɪŋz] *npl* **-1.** [of meeting] débats *mpl*. **-2.** JUR poursuites *fpl*.

process ['prəʊses] ◇ *n* **-1.** [series of actions] processus *m*; **in the ~** ce faisant; **to be in the ~ of doing sthg** être en train de faire qqch. **-2.** [method] procédé *m*. ◇ *vt* [raw materials, food, data] traiter, transformer; [application] s'occuper de.

processing ['prəʊsesɪŋ] *n* traitement *m*, transformation *f*.

procession [prə'seʃn] *n* cortège *m*, procession *f*.

proclaim [prə'kleɪm] *vt* [declare] proclamer.

procrastinate [prə'kræstɪneɪt] *vi* faire traîner les choses.

procure [prə'kjʊəʳ] *vt* [for oneself] se procurer; [for someone else] procurer; [release] obtenir.

prod [prɒd] *vt* [push, poke] pousser doucement.

prodigal ['prɒdɪgl] *adj* prodigue.

prodigy ['prɒdɪdʒɪ] *n* prodige *m*.

produce [*n* 'prɒdjuːs, *vb* prə'djuːs] ◇ *n* (U) produits *mpl*. ◇ *vt* **-1.** [gen] produire. **-2.** [cause] provoquer, cau-

ser. **-3.** [show] présenter. **-4.** THEATRE mettre en scène.

producer [prə'djuːsəʳ] *n* **-1.** [of film, manufacturer] producteur *m*, -trice *f*. **-2.** THEATRE metteur *m* en scène.

product ['prɒdʌkt] *n* produit *m*.

production [prə'dʌkʃn] *n* **-1.** (U) [manufacture, of film] production *f*. **-2.** (U) [output] rendement *m*. **-3.** THEATRE [of play] mise *f* en scène. **-4.** [show - gen] production *f*; [- THEATRE] pièce *f*.

production line *n* chaîne *f* de fabrication.

productive [prə'dʌktɪv] *adj* **-1.** [land, business, workers] productif(ive). **-2.** [meeting, experience] fructueux(euse).

productivity [,prɒdʌk'tɪvətɪ] *n* productivité *f*.

profane [prə'feɪn] *adj* impie.

profession [prə'feʃn] *n* profession *f*; **by ~** de son métier.

professional [prə'feʃənl] ◇ *adj* **-1.** [gen] professionnel(elle). **-2.** [of high standard] de (haute) qualité. ◇ *n* professionnel *m*, - elle *f*.

professor [prə'fesəʳ] *n* **-1.** *Br* UNIV professeur *m* (de faculté). **-2.** *Am* & *Can* [teacher] professeur *m*.

proficiency [prə'fɪʃənsɪ] *n*: **~ (in)** compétence *f* (en).

profile ['prəʊfaɪl] *n* profil *m*.

profit ['prɒfɪt] ◇ *n* **-1.** [financial] bénéfice *m*, profit *m*; **to make a ~** faire un bénéfice. **-2.** [advantage] profit *m*. ◇ *vi* [financially] être le bénéficiaire; [gain advantage] tirer avantage OR profit.

profitability [,prɒfɪtə'bɪlətɪ] *n* rentabilité *f*.

profitable ['prɒfɪtəbl] *adj* **-1.** [financially] rentable, lucratif(ive). **-2.** [beneficial] fructueux(euse), profitable.

profiteering [,prɒfɪ'tɪərɪŋ] *n* affairisme *m*, mercantilisme *m*.

profound [prə'faʊnd] *adj* profond(e).

profusely [prə'fjuːslɪ] *adv* [sweat, bleed] abondamment; **to apologize ~** se confondre en excuses.

profusion [prə'fjuːʒn] *n* profusion *f*.

progeny ['prɒdʒənɪ] *n* progéniture *f*.

prognosis [prɒg'nəʊsɪs] (*pl* **-noses** [-'nəʊsiːz]) *n* pronostic *m*.

program ['prəʊgræm] (*pt* & *pp* **-med** OR **-ed**, *cont* **-ming** OR **-ing**) ◇ *n* **-1.** COMPUT programme *m*. **-2.** *Am* = **programme**. ◇ *vt* **-1.** COMPUT programmer. **-2.** *Am* = **programme**.

programer *Am* = **programmer**.

programme *Br*, **program** *Am* ['prəʊgræm] ◇ *n* **-1.** [schedule, booklet] programme *m*. **-2.** RADIO & TV émission *f*. ◇ *vt* programmer; **to ~ sthg to do sthg** programmer qqch pour faire qqch.

programmer *Br*, **programer** *Am* ['prəʊgræmə'] *n* COMPUT programmeur *m*, -euse *f*.

programming ['prəʊgræmɪŋ] *n* programmation *f*.

progress [*n* 'prəʊgres, *vb* prə'gres] ◇ *n* progrès *m*; **to make ~** [improve] faire des progrès; **to make ~ in sthg** avancer dans qqch; **in ~** en cours. ◇ *vi* **-1.** [improve - gen] progresser, avancer; [- person] faire des progrès. **-2.** [continue] avancer.

progressive [prə'gresɪv] *adj* **-1.** [enlightened] progressiste. **-2.** [gradual] progressif(ive).

prohibit [prə'hɪbɪt] *vt* prohiber; **to ~ sb from doing sthg** interdire OR défendre à qqn de faire qqch.

project [*n* 'prɒdʒekt, *vb* prə'dʒekt] ◇ *n* **-1.** [plan, idea] projet *m*, plan *m*. **-2.** SCH [study]: **~ (on)** dossier *m* (sur), projet *m* (sur). ◇ *vt* **-1.** [gen] projeter. **-2.** [estimate] prévoir. ◇ *vi* [jut out] faire saillie.

projectile [prə'dʒektaɪl] *n* projectile *m*.

projection [prə'dʒekʃn] *n* **-1.** [estimate] prévision *f*. **-2.** [protrusion] saillie *f*. **-3.** (*U*) [display, showing] projection *f*.

projector [prə'dʒektə'] *n* projecteur *m*.

proletariat [,prəʊlɪ'teərɪət] *n* prolétariat *m*.

prolific [prə'lɪfɪk] *adj* prolifique.

prologue, **prolog** *Am* ['prəʊlɒg] *n* lit & *fig* prologue *m*.

prolong [prə'lɒŋ] *vt* prolonger.

prom [prɒm] *n* **-1.** *Br inf* (*abbr of* **promenade**) promenade *f*, front *m* de mer. **-2.** *Am* [ball] bal *m* d'étudiants. **-3.** *Br inf* (*abbr of* **promenade concert**) concert *m* promenade.

promenade [,prɒmə'nɑːd] *n* *Br* [road by sea] promenade *f*, front *m* de mer.

promenade concert *n* *Br* concert *m* promenade.

prominent ['prɒmɪnənt] *adj* **-1.** [important] important(e). **-2.** [noticeable] proéminent(e).

promiscuous [prə'mɪskjʊəs] *adj* [person] aux mœurs légères; [behaviour] immoral(e).

promise ['prɒmɪs] ◇ *n* promesse *f*. ◇ *vt*: **to ~ (sb) to do sthg** promettre (à qqn) de faire qqch; **to ~ sb sthg** promettre qqch à qqn. ◇ *vi* promettre.

promising ['prɒmɪsɪŋ] *adj* prometteur(euse).

promontory ['prɒməntrɪ] *n* promontoire *m*.

promote [prə'məʊt] *vt* **-1.** [foster] promouvoir. **-2.** [push, advertise] promouvoir, lancer. **-3.** [in job] promouvoir.

promoter [prə'məʊtə'] *n* **-1.** [organizer] organisateur *m*, -trice *f*. **-2.** [supporter] promoteur *m*, -trice *f*.

promotion [prə'məʊʃn] *n* promotion *f*, avancement *m*.

prompt [prɒmpt] ◇ *adj* rapide, prompt(e). ◇ *adv*: **at nine o'clock ~** à neuf heures précises OR tapantes. ◇ *vt* **-1.** [motivate, encourage]: **to ~ sb (to do sthg)** pousser OR inciter qqn (à faire qqch). **-2.** THEATRE souffler sa réplique à. ◇ *n* THEATRE réplique *f*.

promptly ['prɒmptlɪ] *adv* **-1.** [immediately] rapidement, promptement. **-2.** [punctually] ponctuellement.

prone [prəʊn] *adj* **-1.** [susceptible]: **to be ~ to sthg** être sujet(ette) à qqch; **to be ~ to do sthg** avoir tendance à faire qqch. **-2.** [lying flat] étendu(e) face contre terre.

prong [prɒŋ] *n* [of fork] dent *f*.

pronoun ['prəʊnaʊn] *n* pronom *m*.

pronounce [prə'naʊns] ◇ *vt* prononcer. ◇ *vi*: **to ~ on** se prononcer sur.

pronounced [prə'naʊnst] *adj* prononcé(e).

pronouncement [prə'naʊnsmənt] *n* déclaration *f*.

pronunciation [prə,nʌnsɪ'eɪʃn] *n* prononciation *f*.

proof [pruːf] *n* **-1.** [evidence] preuve *f*. **-2.** [of book etc] épreuve *f*. **-3.** [of alcohol] teneur *f* en alcool.

prop [prɒp] ◇ *n* **-1.** [physical support] support *m*, étai *m*. **-2.** *fig* [supporting thing, person] soutien *m*. ◇ *vt*: **to ~ sthg against** appuyer qqch contre OR à.

◆ **props** *npl* accessoires *mpl*.

◆ **prop up** *vt sep* **-1.** [physically support] soutenir, étayer. **-2.** *fig* [sustain] soutenir.

propaganda [,prɒpə'gændə] *n* propagande *f*.

propel [prə'pel] *vt* propulser; *fig* pousser.

propeller [prə'pelər] *n* hélice *f*.

propelling pencil [prə'pelɪŋ-] *n Br* porte-mine *m inv*.

propensity [prə'pensətɪ] *n*: ~ **(for** OR **to)** propension *f* (à).

proper ['prɒpər] *adj* **-1.** [real] vrai(e). **-2.** [correct] correct(e), bon (bonne). **-3.** [decent - behaviour etc] convenable.

properly ['prɒpəlɪ] *adv* **-1.** [satisfactorily, correctly] correctement, comme il faut. **-2.** [decently] convenablement, comme il faut.

proper noun *n* nom *m* propre.

property ['prɒpətɪ] *n* **-1.** (U) [possessions] biens *mpl*, propriété *f*. **-2.** [building] bien *m* immobilier; [land] terres *fpl*. **-3.** [quality] propriété *f*.

property owner *n* propriétaire *m* (foncier).

prophecy ['prɒfɪsɪ] *n* prophétie *f*.

prophesy ['prɒfɪsaɪ] *vt* prédire.

prophet ['prɒfɪt] *n* prophète *m*.

proportion [prə'pɔːʃn] *n* **-1.** [part] part *f*, partie *f*. **-2.** [ratio] rapport *m*, proportion *f*. **-3.** ART: **in ~** proportionné(e); **out of ~** mal propor-

tionné; **a sense of ~** *fig* le sens de la mesure.

proportional [prə'pɔːʃənl] *adj* proportionnel(elle).

proportional representation *n* représentation *f* proportionnelle.

proportionate [prə'pɔːʃnət] *adj* proportionnel(elle).

proposal [prə'pəʊzl] *n* **-1.** [suggestion] proposition *f*, offre *f*. **-2.** [offer of marriage] demande *f* en mariage.

propose [prə'pəʊz] ◇ *vt* **-1.** [suggest] proposer. **-2.** [intend]: **to ~ to do** OR **doing sthg** avoir l'intention de faire qqch, se proposer de faire qqch. **-3.** [toast] porter. ◇ *vi* faire une demande en mariage; **to ~ to sb** demander qqn en mariage.

proposition [,prɒpə'zɪʃn] *n* proposition *f*.

proprietor [prə'praɪətər] *n* propriétaire *mf*.

propriety [prə'praɪətɪ] *n* (U) *fml* [moral correctness] bienséance *f*.

pro rata [-'rɑːtə] ◇ *adj* proportionnel(elle). ◇ *adv* au prorata.

prose [prəʊz] *n* (U) prose *f*.

prosecute ['prɒsɪkjuːt] ◇ *vt* poursuivre (en justice). ◇ *vi* [police] engager des poursuites judiciaires; [lawyer] représenter la partie plaignante.

prosecution [,prɒsɪ'kjuːʃn] *n* poursuites *fpl* judiciaires, accusation *f*; **the ~** la partie plaignante; [in Crown case] ≃ le ministère public.

prosecutor ['prɒsɪkjuːtər] *n* plaignant *m*, -e *f*.

prospect [*n* 'prɒspekt, *vb* prə'spekt] ◇ *n* **-1.** [hope] possibilité *f*, chances *fpl*. **-2.** [probability] perspective *f*. ◇ *vi*: **to ~ (for sthg)** prospecter (pour chercher qqch).

◆ **prospects** *npl*: ~**s (for)** chances *fpl* (de), perspectives *fpl* (de).

prospecting [prə'spektɪŋ] *n* prospection *f*.

prospective [prə'spektɪv] *adj* éventuel(elle).

prospector [prə'spektər] *n* prospecteur *m*, -trice *f*.

prospectus [prə'spektəs] (*pl* -es) *n* prospectus *m*.

prosper ['prɒspə'] *vi* prospérer.

prosperity [prɒ'sperəti] *n* prospérité *f*.

prosperous ['prɒspərəs] *adj* prospère.

prostitute ['prɒstɪtjuːt] *n* prostituée *f*.

prostrate ['prɒstreɪt] *adj* -1. [lying down] à plat ventre. -2. [with grief etc] prostré(e).

protagonist [prə'tægənɪst] *n* protagoniste *mf*.

protect [prə'tekt] *vt*: to ~ sb/sthg (against), to ~ sb/sthg (from) protéger qqn/qqch (contre), protéger qqn/qqch (de).

protection [prə'tekʃn] *n*: ~ (from OR against) protection *f* (contre), défense *f* (contre).

protective [prə'tektɪv] *adj* -1. [layer, clothing] de protection. -2. [person, feelings] protecteur(trice).

protein ['prəʊtiːn] *n* protéine *f*.

protest [*n* 'prəʊtest, *vb* prə'test] ◇ *n* protestation *f*. ◇ *vt* -1. [state] protester de. -2. *Am* [protest against] protester contre. ◇ *vi*: to ~ (about/against) protester (à propos de/contre).

Protestant ['prɒtɪstənt] ◇ *adj* protestant(e). ◇ *n* protestant *m*, -e *f*.

protester [prə'testə'] *n* [on march, at demonstration] manifestant *m*, -e *f*.

protest march *n* manifestation *f*, marche *f* de protestation.

protocol ['prəʊtəkɒl] *n* protocole *m*.

prototype ['prəʊtətaɪp] *n* prototype *m*.

protracted [prə'træktɪd] *adj* prolongé(e).

protrude [prə'truːd] *vi* avancer, dépasser.

protuberance [prə'tjuːbərəns] *n* protubérance *f*.

proud [praʊd] *adj* -1. [satisfied, dignified] fier (fière). -2. *pej* [arrogant] orgueilleux(euse), fier (fière).

prove [pruːv] (*pp* -d OR **proven**) *vt* -1. [show to be true] prouver. -2. [turn out]: to ~ (to be) **false/useful** s'avérer faux/utile; to ~ o.s. to be sthg se révéler être qqch.

proven ['pruːvn, 'prəʊvn] ◇ *pp* → **prove**. ◇ *adj* [fact] avéré(e), établi(e); [liar] fieffé(e).

proverb ['prɒvɜːb] *n* proverbe *m*.

provide [prə'vaɪd] *vt* fournir; to ~ sb with sthg fournir qqch à qqn; to ~ sthg for sb fournir qqch à qqn.

♦ **provide for** *vt fus* -1. [support] subvenir aux besoins de. -2. *fml* [make arrangements for] prévoir.

provided [prə'vaɪdɪd]

♦ **provided (that)** *conj* à condition que (+ *subjunctive*), pourvu que (+ *subjunctive*).

providing [prə'vaɪdɪŋ]

♦ **providing (that)** *conj* à condition que (+ *subjunctive*), pourvu que (+ *subjunctive*).

province ['prɒvɪns] *n* -1. [part of country] province *f*. -2. [speciality] domaine *m*, compétence *f*.

provincial [prə'vɪnʃl] *adj* -1. [town, newspaper] de province. -2. *pej* [narrow-minded] provincial(e).

provision [prə'vɪʒn] *n* -1. (*U*) [act of supplying]: ~ (of) approvisionnement *m* (en), fourniture *f* (de). -2. [supply] provision *f*, réserve *f*. -3. (*U*) [arrangements]: to make ~ for [the future] prendre des mesures pour. -4. [in agreement, law] clause *f*, disposition *f*.

♦ **provisions** *npl* [supplies] provisions *fpl*.

provisional [prə'vɪʒənl] *adj* provisoire.

proviso [prə'vaɪzəʊ] (*pl* -s) *n* condition *f*, stipulation *f*; with the ~ that à (la) condition que (+ *subjunctive*).

provocative [prə'vɒkətɪv] *adj* provocant(e).

provoke [prə'vəʊk] *vt* -1. [annoy] agacer, contrarier. -2. [cause - fight, argument] provoquer; [- reaction] susciter.

prow [praʊ] *n* proue *f*.

prowess ['praʊɪs] *n* prouesse *f*.

prowl [praʊl] ◇ *n*: to be on the ~ rôder. ◇ *vt* [streets etc] rôder dans. ◇ *vi* rôder.

prowler ['praʊlə'] *n* rôdeur *m*, -euse *f*.

proxy ['prɒksı] *n*: **by** ~ par procuration.

prudent ['pru:dnt] *adj* prudent(e).

prudish ['pru:dıʃ] *adj* prude, pudibond(e).

prune [pru:n] ◇ *n* [fruit] pruneau *m*. ◇ *vt* [tree, bush] tailler.

pry [praı] *vi* se mêler de ce qui ne vous regarde pas; **to** ~ **into sthg** chercher à découvrir qqch.

PS (*abbr of* postscript) *n* PS *m*.

psalm [sɑ:m] *n* psaume *m*.

pseudonym ['sju:dənım] *n* pseudonyme *m*.

psyche ['saıkı] *n* psyché *f*.

psychiatric [,saıkı'ætrık] *adj* psychiatrique.

psychiatrist [saı'kaıətrıst] *n* psychiatre *mf*.

psychiatry [saı'kaıətrı] *n* psychiatrie *f*.

psychic ['saıkık] ◇ *adj* -1. [clairvoyant - person] doué(e) de seconde vue; [- powers] parapsychique. -2. MED psychique. ◇ *n* médium *m*.

psychoanalysis [,saıkəʊə'næləsıs] *n* psychanalyse *f*.

psychoanalyst [,saıkəʊ'ænəlıst] *n* psychanalyste *mf*.

psychological [,saıkə'lɒdʒıkl] *adj* psychologique.

psychologist [saı'kɒlədʒıst] *n* psychologue *mf*.

psychology [saı'kɒlədʒı] *n* psychologie *f*.

psychopath ['saıkəpæθ] *n* psychopathe *m*.

psychotic [saı'kɒtık] ◇ *adj* psychotique. ◇ *n* psychotique *mf*.

pt -1. *abbr of* pint. -2. *abbr of* point.

PT (*abbr of* physical training) *n* EPS *f*.

PTO (*abbr of* please turn over) TSVP.

pub [pʌb] *n* pub *m*.

puberty ['pju:bətı] *n* puberté *f*.

pubic ['pju:bık] *adj* du pubis.

public ['pʌblık] ◇ *adj* public(ique); [library] municipal(e). ◇ *n*: **the** ~ le public; **in** ~ en public.

public-address system *n* système *m* de sonorisation.

publican ['pʌblıkən] *n* Br gérant *m*, -e *f* d'un pub.

publication [,pʌblı'keıʃn] *n* publication *f*.

public bar *n* Br bar *m*.

public company *n* société *f* anonyme (*cotée en Bourse*).

public convenience *n* Br toilettes *fpl* publiques.

public holiday *n* jour *m* férié.

public house *n* Br pub *m*.

publicity [pʌb'lısıtı] *n* (U) publicité *f*.

publicize, -ise ['pʌblısaız] *vt* faire connaître au public.

public limited company *n* société *f* anonyme (*cotée en Bourse*).

public opinion *n* (U) opinion *f* publique.

public prosecutor *n* ≃ procureur *m* de la République.

public relations ◇ *n* (U) relations *fpl* publiques. ◇ *npl* relations *fpl* publiques.

public school *n* -1. Br [private school] école *f* privée. -2. Am [state school] école *f* publique.

public-spirited *adj* qui fait preuve de civisme.

public transport *n* (U) transports *mpl* en commun.

publish ['pʌblıʃ] *vt* publier.

publisher ['pʌblıʃər] *n* éditeur *m*, -trice *f*.

publishing ['pʌblıʃıŋ] *n* (U) [industry] édition *f*.

pub lunch *n* repas de midi servi dans un pub.

pucker ['pʌkər] *vt* plisser.

pudding ['pʊdıŋ] *n* -1. [food - sweet] entremets *m*; [- savoury] pudding *m*. -2. (U) Br [course] dessert *m*.

puddle ['pʌdl] *n* flaque *f*.

puff [pʌf] ◇ *n* -1. [of cigarette, smoke] bouffée *f*. -2. [gasp] souffle *m*. ◇ *vt* [cigarette etc] tirer sur. ◇ *vi* -1. [smoke]: **to** ~ **at** OR **on sthg** fumer qqch. -2. [pant] haleter.

♦ **puff out** *vt sep* [cheeks, chest] gonfler.

puffed [pʌft] *adj* [swollen]: ~ **(up)** gonflé(e).

puffin ['pʌfɪn] *n* macareux *m*.

puff pastry, puff paste *Am n* (*U*) pâte *f* feuilletée.

puffy ['pʌfɪ] *adj* gonflé(e), bouffi(e).

pugnacious [pʌg'neɪʃəs] *adj fml* querelleur(euse), batailleur(euse).

pull [pʊl] ◇ *vt* **-1.** [gen] tirer. **-2.** [strain - muscle, hamstring] se froisser. **-3.** [tooth] arracher. **-4.** [attract] attirer. **-5.** [gun] sortir. ◇ *vi* tirer. ◇ *n* **-1.** [tug with hand]: **to give sthg a** ~ tirer sur qqch. **-2.** (*U*) [influence] influence *f*.

♦ **pull apart** *vt sep* [separate] séparer.

♦ **pull at** *vt fus* tirer sur.

♦ **pull away** *vi* **-1.** AUT démarrer. **-2.** [in race] prendre de l'avance.

♦ **pull down** *vt sep* [building] démolir.

♦ **pull in** *vi* AUT se ranger.

♦ **pull off** *vt sep* **-1.** [take off] enlever, ôter. **-2.** [succeed in] réussir.

♦ **pull out** ◇ *vt sep* [troops etc] retirer. ◇ *vi* **-1.** RAIL partir, démarrer. **-2.** AUT déboîter. **-3.** [withdraw] se retirer.

♦ **pull over** *vi* AUT se ranger.

♦ **pull through** *vi* s'en sortir, s'en tirer.

♦ **pull together** *vt sep*: **to** ~ **o.s. together** se ressaisir, se reprendre.

♦ **pull up** ◇ *vt sep* **-1.** [raise] remonter. **-2.** [chair] avancer. ◇ *vi* s'arrêter.

pulley ['pʊlɪ] (*pl* **pulleys**) *n* poulie *f*.

pullover ['pʊl,əʊvəʳ] *n* pull *m*.

pulp [pʌlp] ◇ *adj* [fiction, novel] de quatre sous. ◇ *n* **-1.** [for paper] pâte *f* à papier. **-2.** [of fruit] pulpe *f*.

pulpit ['pʊlpɪt] *n* chaire *f*.

pulsate [pʌl'seɪt] *vi* [heart] battre fort; [air, music] vibrer.

pulse [pʌls] ◇ *n* **-1.** MED pouls *m*. **-2.** TECH impulsion *f*. ◇ *vi* battre, palpiter.

♦ **pulses** *npl* [food] légumes *mpl* secs.

puma ['pjuːmə] (*pl inv* OR **-s**) *n* puma *m*.

pumice (stone) ['pʌmɪs-] *n* pierre *f* ponce.

pummel ['pʌml] *vt* bourrer de coups.

pump [pʌmp] ◇ *n* pompe *f*. ◇ *vt* **-1.** [water, gas etc] pomper. **-2.** *inf* [interrogate] essayer de tirer les vers du nez à. ◇ *vi* [heart] battre fort.

♦ **pumps** *npl* [shoes] escarpins *mpl*.

pumpkin ['pʌmpkɪn] *n* potiron *m*.

pun [pʌn] *n* jeu *m* de mots, calembour *m*.

punch [pʌntʃ] ◇ *n* **-1.** [blow] coup *m* de poing. **-2.** [tool] poinçonneuse *f*. **-3.** [drink] punch *m*. ◇ *vt* **-1.** [hit - once] donner un coup de poing à; [- repeatedly] donner des coups de poing à. **-2.** [ticket] poinçonner; [paper] perforer.

Punch-and-Judy show [-'dʒuːdɪ-] *n* guignol *m*.

punch(ed) card [pʌntʃ(t)-] *n* carte *f* perforée.

punch line *n* trait *m* final (*d'une blague*).

punch-up *n Br inf* bagarre *f*.

punchy ['pʌntʃɪ] *adj inf* [style] incisif(ive).

punctual ['pʌŋktʃʊəl] *adj* ponctuel(elle).

punctuation [,pʌŋktʃʊ'eɪʃn] *n* ponctuation *f*.

punctuation mark *n* signe *m* de ponctuation.

puncture ['pʌŋktʃəʳ] ◇ *n* crevaison *f*. ◇ *vt* [tyre, ball] crever; [skin] piquer.

pundit ['pʌndɪt] *n* pontife *m*.

pungent ['pʌndʒənt] *adj* **-1.** [smell] âcre; [taste] piquant(e). **-2.** *fig* [criticism] caustique, acerbe.

punish ['pʌnɪʃ] *vt* punir; **to** ~ **sb for sthg/for doing sthg** punir qqn pour qqch/pour avoir fait qqch.

punishing ['pʌnɪʃɪŋ] *adj* [schedule, work] épuisant(e), éreintant(e); [defeat] cuisant(e).

punishment ['pʌnɪʃmənt] *n* punition *f*, châtiment *m*.

punk [pʌŋk] ◇ *adj* punk (*inv*). ◇ *n* **-1.** (*U*) [music]: ~ **(rock)** punk *m*. **-2.** ~ **(rocker)** punk *mf*. **-3.** *Am inf* [lout] loubard *m*.

punt [pʌnt] *n* [boat] bateau *m* à fond plat.

punter ['pʌntər] n Br -1. [gambler] parieur m, -ieuse f. -2. inf [customer] client m, -e f.

puny ['pjuːnɪ] adj chétif(ive).

pup [pʌp] n -1. [young dog] chiot m. -2. [young seal] bébé phoque m.

pupil ['pjuːpl] n -1. [student] élève mf. -2. [of eye] pupille f.

puppet ['pʌpɪt] n -1. [toy] marionnette f. -2. pej [person, country] fantoche m, pantin m.

puppy ['pʌpɪ] n chiot m.

purchase ['pɜːtʃəs] ◇ n achat m. ◇ vt acheter.

purchaser ['pɜːtʃəsər] n acheteur m, -euse f.

purchasing power ['pɜːtʃəsɪŋ-] n pouvoir m d'achat.

pure [pjʊər] adj pur(e).

puree ['pjʊəreɪ] n purée f.

purely ['pjʊəlɪ] adv purement.

purge [pɜːdʒ] ◇ n POL purge f. ◇ vt -1. POL purger. -2. [rid] débarrasser, purger.

purify ['pjʊərɪfaɪ] vt purifier, épurer.

purist ['pjʊərɪst] n puriste mf.

puritan ['pjʊərɪtən] ◇ adj puritain(e). ◇ n puritain m, -e f.

purity ['pjʊərətɪ] n pureté f.

purl [pɜːl] ◇ n (U) maille f à l'envers. ◇ vt tricoter à l'envers.

purple ['pɜːpl] ◇ adj violet(ette). ◇ n violet m.

purport [pə'pɔːt] vi fml: to ~ to do/be sthg prétendre faire/être qqch.

purpose ['pɜːpəs] n -1. [reason] raison f, motif m. -2. [aim] but m, objet m; to no ~ en vain, pour rien. -3. [determination] détermination f.
♦ **on purpose** adv exprès.

purposeful ['pɜːpəsfʊl] adj résolu(e), déterminé(e).

purr [pɜːr] vi ronronner.

purse [pɜːs] ◇ n -1. [for money] porte-monnaie m inv, bourse f. -2. Am [handbag] sac m à main. ◇ vt [lips] pincer.

purser ['pɜːsər] n commissaire m de bord.

pursue [pə'sjuː] vt -1. [follow] poursuivre, pourchasser. -2. [policy, aim] poursuivre; [question] continuer à débattre; [matter] approfondir; [project] donner suite à; to ~ an interest in sthg se livrer à qqch.

pursuer [pə'sjuːər] n poursuivant m, -e f.

pursuit [pə'sjuːt] n -1. (U) fml [attempt to obtain] recherche f, poursuite f. -2. [chase, in sport] poursuite f. -3. [occupation] occupation f, activité f.

pus [pʌs] n pus m.

push [pʊʃ] ◇ vt -1. [press, move - gen] pousser; [- button] appuyer sur. -2. [encourage]: to ~ sb (to do sthg) inciter OR pousser qqn (à faire qqch). -3. [force]: to ~ sb (into doing sthg) forcer OR obliger qqn (à faire qqch). -4. inf [promote] faire de la réclame pour. ◇ vi -1. [gen] pousser; [on button] appuyer. -2. [campaign]: to ~ for sthg faire pression pour obtenir qqch. ◇ n -1. [with hand] poussée f. -2. [forceful effort] effort m.
♦ **push around** vt sep inf fig marcher sur les pieds de.
♦ **push in** vi [in queue] resquiller.
♦ **push off** vi inf filer, se sauver.
♦ **push on** vi continuer.
♦ **push through** vt sep [law, reform] faire accepter.

pushchair ['pʊʃtʃeər] n Br poussette f.

pushed [pʊʃt] adj inf: to be ~ for sthg être à court de qqch; to be hard ~ to do sthg avoir du mal OR de la peine à faire qqch.

pusher ['pʊʃər] n drugs sl dealer m.

pushover ['pʊʃ,əʊvər] n inf: it's a ~ c'est un jeu d'enfant.

push-up n pompe f, traction f.

pushy ['pʊʃɪ] adj pej qui se met toujours en avant.

puss [pʊs], **pussy (cat)** ['pʊsɪ-] n inf minet m, minou m.

put [pʊt] (pt & pp put) vt -1. [gen] mettre. -2. [place] mettre, poser, placer; to ~ the children to bed coucher les enfants. -3. [express] dire, exprimer. -4. [question] poser. -5. [estimate]

estimer, évaluer. **-6.** [invest]: **to ~ money into** investir de l'argent dans.
◆ **put across** vt sep [ideas] faire comprendre.
◆ **put away** vt sep **-1.** [tidy away] ranger. **-2.** inf [lock up] enfermer.
◆ **put back** vt sep **-1.** [replace] remettre (à sa place OR en place). **-2.** [postpone] remettre. **-3.** [clock, watch] retarder.
◆ **put by** vt sep [money] mettre de côté.
◆ **put down** vt sep **-1.** [lay down] poser, déposer, **-2.** [quell - rebellion] réprimer. **-3.** [write down] inscrire, noter. **-4.** Br [kill]: **to have a dog/cat ~ down** faire piquer un chien/chat.
◆ **put down to** vt sep attribuer à.
◆ **put forward** vt sep **-1.** [propose] proposer, avancer. **-2.** [meeting, clock, watch] avancer.
◆ **put in** vt sep **-1.** [spend - time] passer. **-2.** [submit] présenter.
◆ **put off** vt sep **-1.** [postpone] remettre (à plus tard). **-2.** [cause to wait] décommander. **-3.** [discourage] dissuader. **-4.** [disturb] déconcerter, troubler. **-5.** [cause to dislike] dégoûter. **-6.** [switch off - radio, TV] éteindre.
◆ **put on** vt sep **-1.** [clothes] mettre, enfiler. **-2.** [arrange - exhibition etc] organiser; [- play] monter. **-3.** [gain]: **to ~ on weight** prendre du poids, grossir. **-4.** [switch on - radio, TV] allumer, mettre; **to ~ the light on** allumer (la lumière); **to ~ the brake on** freiner. **-5.** [record, CD, tape] passer, mettre. **-6.** [start cooking] mettre à cuire. **-7.** [pretend - gen] feindre; [- accent etc] prendre. **-8.** [bet] parier, miser. **-9.** [add] ajouter.
◆ **put out** vt sep **-1.** [place outside] mettre dehors. **-2.** [book, statement] publier; [record] sortir. **-3.** [fire, cigarette] éteindre; **to ~ the light out** éteindre (la lumière). **-4.** [extend - hand] tendre. **-5.** [annoy, upset]: **to be ~ out** être contrarié(e). **-6.** [inconvenience] déranger.
◆ **put through** vt sep TELEC passer.

◆ **put up** ◇ vt sep **-1.** [build - gen] ériger; [- tent] dresser. **-2.** [umbrella] ouvrir; [flag] hisser. **-3.** [fix to wall] accrocher. **-4.** [provide - money] fournir. **-5.** [propose - candidate] proposer. **-6.** [increase] augmenter. **-7.** [provide accommodation for] loger, héberger. ◇ vt fus: **to ~ up a fight** se défendre.
◆ **put up with** vt fus supporter.
putrid ['pju:trid] adj putride.
putt [pʌt] ◇ n putt m. ◇ vt & vi putter.
putting green ['pʌtɪŋ-] n green m.
putty ['pʌti] n mastic m.
puzzle ['pʌzl] ◇ n **-1.** [toy] casse-tête m inv; [mental] devinette f. **-2.** [mystery] mystère m, énigme f. ◇ vt rendre perplexe. ◇ vi: **to ~ over sthg** essayer de comprendre qqch.
◆ **puzzle out** vt sep comprendre.
puzzling ['pʌzlɪŋ] adj curieux(ieuse).
pyjamas [pə'dʒɑːməz] npl pyjama m; **a pair of ~** un pyjama.
pylon ['paɪlən] n pylône m.
pyramid ['pɪrəmɪd] n pyramide f.
Pyrenees [,pɪrə'niːz] npl: **the ~** les Pyrénées fpl.
Pyrex® ['paɪreks] n Pyrex® m.
python ['paɪθn] (pl inv OR **-s**) n python m.

Q

q (pl **q's** OR **qs**), **Q** (pl **Q's** OR **Qs**) [kjuː] n [letter] q m inv, Q m inv.
quack [kwæk] n **-1.** [noise] coin-coin m inv. **-2.** inf pej [doctor] charlatan m.
quad [kwɒd] abbr of **quadrangle**.
quadrangle ['kwɒdræŋgl] n **-1.** [figure] quadrilatère m. **-2.** [courtyard] cour f.
quadruple [kwɒ'druːpl] ◇ adj quadruple. ◇ vt & vi quadrupler.
quadruplets ['kwɒdruplɪts] npl quadruplés mpl.

quads [kwɒdz] *npl inf* quadruplés *mpl*.

quagmire ['kwægmaɪəʳ] *n* bourbier *m*.

quail [kweɪl] (*pl inv* OR **-s**) ◇ *n* caille *f*. ◇ *vi literary* reculer.

quaint [kweɪnt] *adj* pittoresque.

quake [kweɪk] ◇ *n* (*abbr of* **earthquake**) *inf* tremblement *m* de terre. ◇ *vi* trembler.

Quaker ['kweɪkəʳ] *n* quaker *m*, -eresse *f*.

qualification [,kwɒlɪfɪ'keɪʃn] *n* **-1.** [certificate] diplôme *m*. **-2.** [quality, skill] compétence *f*. **-3.** [qualifying statement] réserve *f*.

qualified ['kwɒlɪfaɪd] *adj* **-1.** [trained] diplômé(e). **-2.** [able]: **to be ~ to do sthg** avoir la compétence nécessaire pour faire qqch. **-3.** [limited] restreint(e), modéré(e).

qualify ['kwɒlɪfaɪ] ◇ *vt* **-1.** [modify] apporter des réserves à. **-2.** [entitle]: **to ~ sb to do sthg** qualifier qqn pour faire qqch. ◇ *vi* **-1.** [pass exams] obtenir un diplôme. **-2.** [be entitled]: **to ~ (for sthg)** avoir droit (à qqch), remplir les conditions requises (pour qqch). **-3.** SPORT se qualifier.

quality ['kwɒlətɪ] ◇ *n* qualité *f*. ◇ *comp* de qualité.

qualms [kwɑːmz] *npl* doutes *mpl*.

quandary ['kwɒndərɪ] *n* embarras *m*; **to be in a ~ about** OR **over sthg** être bien embarrassé à propos de qqch.

quantify ['kwɒntɪfaɪ] *vt* quantifier.

quantity ['kwɒntətɪ] *n* quantité *f*.

quantity surveyor *n* métreur *m*, -euse *f*.

quarantine ['kwɒrəntiːn] ◇ *n* quarantaine *f*. ◇ *vt* mettre en quarantaine.

quark [kwɑːk] *n* quark *m*.

quarrel ['kwɒrəl] ◇ *n* querelle *f*, dispute *f*. ◇ *vi*: **to ~ (with)** se quereller (avec), se disputer (avec).

quarrelsome ['kwɒrəlsəm] *adj* querelleur(euse).

quarry ['kwɒrɪ] *n* **-1.** [place] carrière *f*. **-2.** [prey] proie *f*.

quart [kwɔːt] *n* =1,136 *litre Br*, =0,946 *litre Am*, ≈ litre *m*.

quarter ['kwɔːtəʳ] *n* **-1.** [fraction, weight] quart *m*; **a ~ past two** *Br*, **a ~ after two** *Am* deux heures et quart; **a ~ to two** *Br*, **a ~ of two** *Am* deux heures moins le quart. **-2.** [of year] trimestre *m*. **-3.** *Am* [coin] pièce *f* de 25 cents. **-4.** [area in town] quartier *m*. **-5.** [direction]: **from all ~s** de tous côtés.

◆ **quarters** *npl* [rooms] quartiers *mpl*.

◆ **at close quarters** *adv* de près.

quarterfinal [,kwɔːtə'faɪnl] *n* quart *m* de finale.

quarterly ['kwɔːtəlɪ] ◇ *adj* trimestriel(ielle). ◇ *adv* trimestriellement. ◇ *n* publication *f* trimestrielle.

quartermaster ['kwɔːtə,mɑːstəʳ] *n* MIL intendant *m*.

quartet [kwɔː'tet] *n* quatuor *m*.

quartz [kwɔːts] *n* quartz *m*.

quartz watch *n* montre *f* à quartz.

quash [kwɒʃ] *vt* **-1.** [sentence] annuler, casser. **-2.** [rebellion] réprimer.

quasi- ['kweɪzaɪ] *prefix* quasi-.

quaver ['kweɪvəʳ] ◇ *n* **-1.** MUS croche *f*. **-2.** [in voice] tremblement *m*, chevrotement *m*. ◇ *vi* trembler, chevroter.

quay [kiː] *n* quai *m*.

quayside ['kiːsaɪd] *n* bord *m* du quai.

queasy ['kwiːzɪ] *adj*: **to feel ~** avoir mal au cœur.

Quebec [kwɪ'bek] *n* [province] Québec *m*.

queen [kwiːn] *n* **-1.** [gen] reine *f*. **-2.** [playing card] dame *f*.

Queen Mother *n*: **the ~** la reine mère.

queer [kwɪəʳ] ◇ *adj* [odd] étrange, bizarre. ◇ *n inf pej* pédé *m*, homosexuel *m*.

quell [kwel] *vt* réprimer, étouffer.

quench [kwentʃ] *vt*: **to ~ one's thirst** se désaltérer.

querulous ['kwerʊləs] *adj* [child] ronchonneur(euse); [voice] plaintif(ive).

query ['kwɪərɪ] ◇ *n* question *f*. ◇ *vt* mettre en doute, douter de.

quest [kwest] *n literary*: **~ (for)** quête *f* (de).

question ['kwestʃn] ◇ n **-1.** [gen] question f; **to ask (sb) a** ~ poser une question (à qqn). **-2.** [doubt] doute m; **to call** OR **bring sthg into** ~ mettre qqch en doute; **without** ~ incontestablement, sans aucun doute; **beyond** ~ [know] sans aucun doute. **-3.** phr: **there's no** ~ **of** ... il n'est pas question de .... ◇ vt **-1.** [interrogate] questionner. **-2.** [express doubt about] mettre en question OR doute.

♦ **in question** adv: **the** ... **in** ~ le/la/les ... en question.

♦ **out of the question** adv hors de question.

questionable ['kwestʃənəbl] adj **-1.** [uncertain] discutable. **-2.** [not right, not honest] douteux(euse).

question mark n point m d'interrogation.

questionnaire [ˌkwestʃə'neəʳ] n questionnaire m.

queue [kju:] Br ◇ n queue f, file f. ◇ vi faire la queue.

quibble ['kwɪbl] pej ◇ n chicane f. ◇ vi: **to** ~ **(over** OR **about)** chicaner (à propos de).

quiche [ki:ʃ] n quiche f.

quick [kwɪk] ◇ adj **-1.** [gen] rapide. **-2.** [response, decision] prompt(e), rapide. ◇ adv vite, rapidement.

quicken ['kwɪkn] ◇ vt accélérer, presser. ◇ vi s'accélérer.

quickly ['kwɪklɪ] adv **-1.** [rapidly] vite, rapidement. **-2.** [without delay] promptement, immédiatement.

quicksand ['kwɪksænd] n sables mpl mouvants.

quick-witted [-'wɪtɪd] adj [person] à l'esprit vif.

quid [kwɪd] (pl inv) n Br inf livre f.

quiet ['kwaɪət] ◇ adj **-1.** [not noisy] tranquille; [voice] bas (basse); [engine] silencieux(ieuse); **be** ~**!** taisez-vous! **-2.** [not busy] calme. **-3.** [silent] silencieux(ieuse); **to keep** ~ **about sthg** ne rien dire à propos de qqch, garder qqch secret. **-4.** [intimate] intime. **-5.** [colour] discret(ète), sobre. ◇ tran-

quillité f; **on the** ~ inf en douce. ◇ vt Am calmer, apaiser.

♦ **quiet down** ◇ vt sep calmer, apaiser. ◇ vi se calmer.

quieten ['kwaɪətn] vt calmer, apaiser.

♦ **quieten down** ◇ vt sep calmer, apaiser. ◇ vi se calmer.

quietly ['kwaɪətlɪ] adv **-1.** [without noise] sans faire de bruit, silencieusement; [say] doucement. **-2.** [without excitement] tranquillement, calmement. **-3.** [without fuss - leave] discrètement.

quilt [kwɪlt] n [padded] édredon m; **(continental)** ~ couette f.

quinine [kwɪ'ni:n] n quinine f.

quins Br [kwɪnz], **quints** Am [kwɪnts] npl inf quintuplés mpl.

quintet [kwɪn'tet] n quintette m.

quints Am = quins.

quintuplets [kwɪn'tju:plɪts] npl quintuplés mpl.

quip [kwɪp] ◇ n raillerie f. ◇ vi railler.

quirk [kwɜ:k] n bizarrerie f.

quit [kwɪt] (Br pt & pp quit OR -ted, Am pt & pp quit) ◇ vt **-1.** [resign from] quitter. **-2.** [stop]: **to** ~ **smoking** arrêter de fumer. ◇ vi **-1.** [resign] démissionner. **-2.** [give up] abandonner.

quite [kwaɪt] adv **-1.** [completely] tout à fait, complètement; **I** ~ **agree** je suis entièrement d'accord; **not** ~ pas tout à fait; **I don't** ~ **understand** je ne comprends pas bien. **-2.** [fairly] assez, plutôt. **-3.** [for emphasis]: **she's** ~ **a singer** c'est une chanteuse formidable. **-4.** [to express agreement]: ~ **(so)!** exactement!

quits [kwɪts] adj inf: **to be** ~ **(with sb)** être quitte (envers qqn); **to call it** ~ en rester là.

quiver ['kwɪvəʳ] ◇ n **-1.** [shiver] frisson m. **-2.** [for arrows] carquois m. ◇ vi frissonner.

quiz [kwɪz] (pl -zes) ◇ n **-1.** [gen] quiz m, jeu-concours m. **-2.** Am SCH interrogation f. ◇ vt: **to** ~ **sb (about sthg)** interroger qqn (au sujet de qqch).

quizzical ['kwɪzɪkl] *adj* narquois(e), moqueur(euse).

quota ['kwəʊtə] *n* quota *m*.

quotation [kwəʊ'teɪʃn] *n* -1. [citation] citation *f*. -2. COMM devis *m*.

quotation marks *npl* guillemets *mpl*; **in ~** entre guillemets.

quote [kwəʊt] ◇ *n* -1. [citation] citation *f*. -2. COMM devis *m*. ◇ *vt* -1. [cite] citer. -2. COMM indiquer, spécifier. ◇ *vi* -1. [cite]: **to ~ (from sthg)** citer (qqch). -2. COMM: **to ~ for sthg** établir un devis pour qqch.

quotient ['kwəʊʃnt] *n* quotient *m*.

R

r (*pl* **r's** OR **rs**), **R** (*pl* **R's** OR **Rs**) [ɑːʳ] *n* [letter] r *m inv*, R *m inv*.

rabbi ['ræbaɪ] *n* rabbin *m*.

rabbit ['ræbɪt] *n* lapin *m*.

rabbit hutch *n* clapier *m*.

rabble ['ræbl] *n* cohue *f*.

rabies ['reɪbiːz] *n* rage *f*.

RAC (*abbr of* **Royal Automobile Club**) *n* *club automobile britannique*, ≃ TCF *m*, ≃ ACF *m*.

race [reɪs] ◇ *n* -1. [competition] course *f*. -2. [people, ethnic background] race *f*. ◇ *vt* -1. [compete against] faire la course avec. -2. [horse] faire courir. ◇ *vi* -1. [compete] courir; **to ~ against sb** faire la course avec qqn. -2. [rush]: **to ~ in/out** entrer/sortir à toute allure. -3. [pulse] être très rapide. -4. [engine] s'emballer.

race car *Am* = **racing car**.

racecourse ['reɪskɔːs] *n* champ *m* de courses.

race driver *Am* = **racing driver**.

racehorse ['reɪshɔːs] *n* cheval *m* de course.

racetrack ['reɪstræk] *n* piste *f*.

racial discrimination ['reɪʃl-] *n* discrimination *f* raciale.

racing ['reɪsɪŋ] *n* (*U*): **(horse) ~** les courses *fpl*.

racing car *Br*, **race car** *Am* *n* voiture *f* de course.

racing driver *Br*, **race driver** *Am* *n* coureur *m* automobile, pilote *m* de course.

racism ['reɪsɪzm] *n* racisme *m*.

racist ['reɪsɪst] ◇ *adj* raciste. ◇ *n* raciste *mf*.

rack [ræk] *n* [for bottles] casier *m*; [for luggage] porte-bagages *m inv*; [for plates] égouttoir *m*; **toast ~** portetoasts *m inv*.

racket ['rækɪt] *n* -1. [noise] boucan *m*. -2. [illegal activity] racket *m*. -3. SPORT raquette *f*.

racquet ['rækɪt] *n* raquette *f*.

racy ['reɪsɪ] *adj* [novel, style] osé(e).

radar ['reɪdɑːʳ] *n* radar *m*.

radial (tyre) ['reɪdjəl-] *n* pneu *m* à carcasse radiale.

radiant ['reɪdjənt] *adj* -1. [happy] radieux(ieuse). -2. *literary* [brilliant] rayonnant(e).

radiate ['reɪdɪeɪt] ◇ *vt* -1. [heat, light] émettre, dégager. -2. *fig* [confidence, health] respirer. ◇ *vi* -1. [heat, light] irradier. -2. [roads, lines] rayonner.

radiation [,reɪdɪ'eɪʃn] *n* [radioactive] radiation *f*.

radiator ['reɪdɪeɪtəʳ] *n* radiateur *m*.

radical ['rædɪkl] ◇ *adj* radical(e). ◇ *n* POL radical *m*, -e *f*.

radically ['rædɪklɪ] *adv* radicalement.

radii ['reɪdɪaɪ] *pl* → **radius**.

radio ['reɪdɪəʊ] (*pl* -**s**) ◇ *n* radio *f*; **on the ~** à la radio. ◇ *comp* de radio. ◇ *vt* [person] appeler par radio; [information] envoyer par radio.

radioactive [,reɪdɪəʊ'æktɪv] *adj* radioactif(ive).

radio alarm *n* radio-réveil *m*.

radio-controlled [-kən'trəʊld] *adj* téléguidé(e).

radiography [,reɪdɪ'ɒgrəfɪ] *n* radiographie *f*.

radiology [,reɪdɪ'ɒlədʒɪ] *n* radiologie *f*.

radiotherapy [ˌreɪdɪəʊ'θerəpɪ] *n* radio-thérapie *f*.

radish ['rædɪʃ] *n* radis *m*.

radius ['reɪdɪəs] (*pl* **radii**) *n* **-1.** MATH rayon *m*. **-2.** ANAT radius *m*.

RAF [ɑːreɪ'ef, ræf] *n abbr of* Royal Air Force.

raffle ['ræfl] ◇ *n* tombola *f*. ◇ *vt* mettre en tombola.

raft [rɑːft] *n* [of wood] radeau *m*.

rafter ['rɑːftəʳ] *n* chevron *m*.

rag [ræg] *n* **-1.** [piece of cloth] chiffon *m*. **-2.** *pej* [newspaper] torchon *m*.
♦ **rags** *npl* [clothes] guenilles *fpl*.

rag-and-bone man *n* chiffonnier *m*.

rag doll *n* poupée *f* de chiffon.

rage [reɪdʒ] ◇ *n* **-1.** [fury] rage *f*, fureur *f*. **-2.** *inf* [fashion]: **to be (all) the ~** faire fureur. ◇ *vi* **-1.** [person] être furieux(ieuse). **-2.** [storm, argument] faire rage.

ragged ['rægɪd] *adj* **-1.** [person] en haillons; [clothes] en lambeaux. **-2.** [line, edge, performance] inégal(e).

rag week *n Br semaine de carnaval organisée par des étudiants afin de collecter des fonds pour des œuvres charitables.*

raid [reɪd] ◇ *n* **-1.** MIL raid *m*. **-2.** [by criminals] hold-up *m inv*; [by police] descente *f*. ◇ *vt* **-1.** MIL faire un raid sur. **-2.** [subj: criminals] faire un hold-up dans; [subj: police] faire une descente dans.

raider ['reɪdəʳ] *n* **-1.** [attacker] agresseur *m*. **-2.** [thief] braqueur *m*.

rail [reɪl] ◇ *n* **-1.** [on ship] bastingage *m*; [on staircase] rampe *f*; [on walkway] garde-fou *m*; [bar] barre *f*. **-3.** RAIL rail *m*; **by ~** en train. ◇ *comp* [transport, travel] par le train; [strike] des cheminots.

railcard ['reɪlkɑːd] *n Br carte donnant droit à des tarifs préférentiels sur les chemins de fer.*

railing ['reɪlɪŋ] *n* [fence] grille *f*; [on ship] bastingage *m*; [on staircase] rampe *f*; [on walkway] garde-fou *m*.

railway *Br* ['reɪlweɪ], **railroad** *Am* ['reɪlrəʊd] *n* [system, company] chemin *m* de fer; [track] voie *f* ferrée.

railway line *n* [route] ligne *f* de chemin de fer; [track] voie *f* ferrée.

railwayman ['reɪlweɪmən] (*pl* **-men** [-mən]) *n Br* cheminot *m*.

railway station *n* gare *f*.

railway track *n* voie *f* ferrée.

rain [reɪn] ◇ *n* pluie *f*. ◇ *v impers* METEOR pleuvoir; **it's ~ing** il pleut. ◇ *vi* [fall like rain] pleuvoir.

rainbow ['reɪnbəʊ] *n* arc-en-ciel *m*.

rain check *n Am*: **I'll take a ~ (on that)** *une autre fois peut-être.*

raincoat ['reɪnkəʊt] *n* imperméable *m*.

raindrop ['reɪndrɒp] *n* goutte *f* de pluie.

rainfall ['reɪnfɔːl] *n* [shower] chute *f* de pluie; [amount] précipitations *fpl*.

rain forest *n* forêt *f* tropicale humide.

rainy ['reɪnɪ] *adj* pluvieux(ieuse).

raise [reɪz] ◇ *vt* **-1.** [lift up] lever; **to ~ o.s.** se lever. **-2.** [increase - gen] augmenter; [- standards] élever; **to ~ one's voice** élever la voix. **-3.** [obtain]: **to ~ money** [from donations] collecter des fonds; [by selling, borrowing] se procurer de l'argent. **-4.** [subject, doubt] soulever; [memories] évoquer. **-5.** [children, cattle] élever. **-6.** [crops] cultiver. **-7.** [build] ériger, élever. ◇ *n Am* augmentation *f* (de salaire).

raisin ['reɪzn] *n* raisin *m* sec.

rake [reɪk] ◇ *n* **-1.** [implement] râteau *m*. **-2.** *dated & literary* [immoral man] débauché *m*. ◇ *vt* [path, lawn] ratisser; [leaves] râteler.

rally ['rælɪ] ◇ *n* **-1.** [meeting] rassemblement *m*. **-2.** [car race] rallye *m*. **-3.** SPORT [exchange of shots] échange *m*. ◇ *vt* rallier. ◇ *vi* **-1.** [supporters] se rallier. **-2.** [patient] aller mieux; [prices] remonter.
♦ **rally round** ◇ *vt fus* apporter son soutien à. ◇ *vi inf* venir en aide.

ram [ræm] ◇ *n* bélier *m*. ◇ *vt* **-1.** [crash into] percuter contre, emboutir. **-2.** [force] tasser.

RAM [ræm] (*abbr of* **random access memory**) *n* RAM *f*.

ramble ['ræmbl] ◇ n randonnée f, promenade f à pied. ◇ vi -1. [walk] faire une promenade à pied. -2. pej [talk] radoter.
◆ **ramble on** vi pej radoter.

rambler ['ræmblər] n [walker] randonneur m, -euse f.

rambling ['ræmblɪŋ] adj -1. [house] plein(e) de coins et recoins. -2. [speech] décousu(e).

ramp [ræmp] n -1. [slope] rampe f. -2. AUT [to slow traffic down] ralentisseur m.

rampage [ræm'peɪdʒ] n: to go on the ~ tout saccager.

rampant ['ræmpənt] adj qui sévit.

ramparts ['ræmpɑːts] npl rempart m.

ramshackle ['ræm,ʃækl] adj branlant(e).

ran [ræn] pt → run.

ranch [rɑːntʃ] n ranch m.

rancher ['rɑːntʃər] n propriétaire mf de ranch.

rancid ['rænsɪd] adj rance.

rancour Br, **rancor** Am ['ræŋkər] n rancœur f.

random ['rændəm] ◇ adj fait(e) au hasard; [number] aléatoire. ◇ n: at ~ au hasard.

random access memory n COMPUT mémoire f vive.

R and R (abbr of rest and recreation) n Am permission f.

randy ['rændɪ] adj inf excité(e).

rang [ræŋ] pt → ring.

range [reɪndʒ] ◇ n -1. [of plane, telescope etc] portée f; **at close** ~ à bout portant. -2. [of subjects, goods] gamme f; **price** ~ éventail m des prix. -3. [of mountains] chaîne f. -4. [shooting area] champ m de tir. -5. MUS [of voice] tessiture f. ◇ vt [place in row] mettre en rang. ◇ vi -1. [vary]: to ~ **between** ... **and** ... varier entre ... et ...; to ~ **from** ... **to** ... varier de ... à ... -2. [include]: to ~ **over sthg** couvrir qqch.

ranger ['reɪndʒər] n garde m forestier.

rank [ræŋk] ◇ adj -1. [absolute - disgrace, stupidity] complet(ète); [- injus-

tice] flagrant(e); **he's a** ~ **outsider** il n'a aucune chance. -2. [smell] fétide. ◇ n -1. [in army, police etc] grade m. -2. [social class] rang m. -3. [row] rangée f. -4. phr: **the** ~ **and file** la masse; [of union] la base. ◇ vt [classify] classer. ◇ vi: to ~ **among** compter parmi; to ~ **as** être aux rangs de.
◆ **ranks** npl -1. MIL: **the** ~s le rang. -2. fig [members] rangs mpl.

rankle ['ræŋkl] vi: it ~d with him ça lui est resté sur l'estomac OR le cœur.

ransack ['rænsæk] vt [search through] mettre tout sens dessus dessous dans; [damage] saccager.

ransom ['rænsəm] n rançon f; **to hold sb to** ~ fig exercer un chantage sur qqn.

rant [rænt] vi déblatérer.

rap [ræp] ◇ n -1. [knock] coup m sec. -2. MUS rap m. ◇ vt [table] frapper sur; [knuckles] taper sur.

rape [reɪp] ◇ n -1. [crime, attack] viol m. -2. fig [of countryside etc] destruction f. -3. [plant] colza m. ◇ vt violer.

rapeseed ['reɪpsiːd] n graine f de colza.

rapid ['ræpɪd] adj rapide.
◆ **rapids** npl rapides mpl.

rapidly ['ræpɪdlɪ] adv rapidement.

rapist ['reɪpɪst] n violeur m.

rapport [ræ'pɔːr] n rapport m.

rapture ['ræptʃər] n ravissement m.

rapturous ['ræptʃərəs] adj [applause, welcome] enthousiaste.

rare [reər] adj -1. [gen] rare. -2. [meat] saignant(e).

rarely ['reəlɪ] adv rarement.

raring ['reərɪŋ] adj: **to be** ~ **to go** être impatient(e) de commencer.

rarity ['reərətɪ] n rareté f.

rascal ['rɑːskl] n polisson m, -onne f.

rash [ræʃ] ◇ adj irréfléchi(e), imprudent(e). ◇ n -1. MED éruption f. -2. [spate] succession f, série f.

rasher ['ræʃər] n tranche f.

rasp [rɑːsp] n [harsh sound] grincement m.

raspberry ['rɑːzbərɪ] n -1. [fruit] framboise f. -2. [rude sound]: **to blow a ~** faire pfft.

rat [ræt] n -1. [animal] rat m. -2. inf pej [person] ordure f, salaud m.

rate [reɪt] ◇ n -1. [speed] vitesse f; [of pulse] fréquence f; **at this ~** à ce train-là. -2. [ratio, proportion] taux m. -3. [price] tarif m. ◇ vt -1. [consider]: **I ~ her very highly** je la tiens en haute estime; **to ~ sb/sthg as** considérer qqn/qqch comme; **to ~ sb/ sthg among** classer qqn/qqch parmi. -2. [deserve] mériter.
♦ **rates** npl Br impôts mpl locaux.
♦ **at any rate** adv en tout cas.

ratepayer ['reɪt,peɪə'] n Br contribuable mf.

rather ['rɑːðə'] adv -1. [somewhat, more exactly] plutôt. -2. [to small extent] un peu. -3. [preferably]: **I'd ~ wait** je préférerais attendre; **she'd ~ not go** elle préférerait ne pas y aller. -4. [on the contrary]: **(but) ~ ...** au contraire ...
♦ **rather than** conj plutôt que.

ratify ['rætɪfaɪ] vt ratifier, approuver.

rating ['reɪtɪŋ] n [of popularity etc] cote f.

ratio ['reɪʃɪəʊ] (pl -s) n rapport m.

ration ['ræʃn] ◇ n ration f. ◇ vt rationner.
♦ **rations** npl vivres mpl.

rational ['ræʃənl] adj rationnel(elle).

rationale [,ræʃə'nɑːl] n logique f.

rationalize, **-ise** ['ræʃənəlaɪz] vt rationaliser.

rat race n jungle f.

rattle ['rætl] ◇ n -1. [of bottles, typewriter keys] cliquetis m; [of engine] bruit m de ferraille. -2. [toy] hochet m. ◇ vt -1. [bottles] faire s'entrechoquer; [keys] faire cliqueter. -2. [unsettle] secouer. ◇ vi [bottles] s'entrechoquer; [keys, machine] cliqueter; [engine] faire un bruit de ferraille.

rattlesnake ['rætlsneɪk], **rattler** Am ['rætlə'] n serpent m à sonnettes.

raucous ['rɔːkəs] adj [voice, laughter] rauque; [behaviour] bruyant(e).

ravage ['rævɪdʒ] vt ravager.
♦ **ravages** npl ravages mpl.

rave [reɪv] ◇ adj [review] élogieux(ieuse). ◇ n Br inf [party] rave f. ◇ vi -1. [talk angrily]: **to ~ at** OR **against** tempêter OR fulminer contre. -2. [talk enthusiastically]: **to ~ about** parler avec enthousiasme de.

raven ['reɪvn] n corbeau m.

ravenous ['rævənəs] adj [person] affamé(e); [animal, appetite] vorace.

ravine [rə'viːn] n ravin m.

raving ['reɪvɪŋ] adj: **~ lunatic** fou furieux (folle furieuse).

ravioli [,rævɪ'əʊlɪ] n (U) ravioli mpl.

ravishing ['rævɪʃɪŋ] adj ravissant(e), enchanteur(eresse).

raw [rɔː] adj -1. [uncooked] cru(e). -2. [untreated] brut(e). -3. [painful] à vif. -4. [inexperienced] novice; **~ recruit** bleu m. -5. [weather] froid(e); [wind] âpre.

raw deal n: **to get a ~** être défavorisé(e).

raw material n matière f première.

ray [reɪ] n [beam] rayon m; fig [of hope] lueur f.

rayon ['reɪɒn] n rayonne f.

raze [reɪz] vt raser.

razor ['reɪzə'] n rasoir m.

razor blade n lame f de rasoir.

RC abbr of **Roman Catholic.**

Rd abbr of **Road.**

R & D (abbr of **research and development**) n R-D f.

re [riː] prep concernant.

RE n (abbr of **religious education**) instruction f religieuse.

reach [riːtʃ] ◇ vt -1. [gen] atteindre; [place, destination] arriver à; [agreement, decision] parvenir à. -2. [contact] joindre, contacter. ◇ vi [land] s'étendre; **to ~ out** tendre le bras; **to ~ down to pick sthg up** se pencher pour ramasser qqch. ◇ n [of arm, boxer] allonge f; **within ~** [object] à portée; [place] à proximité; **out of** OR **beyond sb's ~** [object] hors de portée; [place] d'accès difficile, difficilement accessible.

react [rɪ'ækt] *vi* [gen] réagir.

reaction [rɪ'ækʃn] *n* réaction *f.*

reactionary [rɪ'ækʃənrɪ] ◇ *adj* réactionnaire. ◇ *n* réactionnaire *mf.*

reactor [rɪ'æktə*r*] *n* réacteur *m.*

read [riːd] (*pt & pp* read [red]) ◇ *vt* **-1.** [gen] lire. **-2.** [subj: sign, letter] dire. **-3.** [interpret, judge] interpréter. **-4.** [subj: meter, thermometer etc] indiquer. **-5.** *Br* UNIV étudier. ◇ *vi* lire; **the book ~s well** le livre se lit bien.
♦ **read out** *vt sep* lire à haute voix.
♦ **read up on** *vt fus* étudier.

readable ['riːdəbl] *adj* agréable à lire.

reader ['riːdə*r*] *n* [of book, newspaper] lecteur *m,* -trice *f.*

readership ['riːdəʃɪp] *n* [of newspaper] nombre *m* de lecteurs.

readily ['redɪlɪ] *adv* **-1.** [willingly] volontiers. **-2.** [easily] facilement.

reading ['riːdɪŋ] *n* **-1.** (*U*) [gen] lecture *f.* **-2.** [interpretation] interprétation *f.* **-3.** [on thermometer, meter etc] indications *fpl.*

readjust [,riːə'dʒʌst] ◇ *vt* [instrument] régler (de nouveau); [mirror] rajuster; [policy] rectifier. ◇ *vi* [person]: **to ~ (to)** se réadapter (à).

readout ['riːdaʊt] *n* COMPUT affichage *m.*

ready ['redɪ] ◇ *adj* **-1.** [prepared] prêt(e); **to be ~ to do sthg** être prêt à faire qqch; **to get ~** se préparer; **to get sthg ~** préparer qqch. **-2.** [willing]: **to be ~ to do sthg** être prêt(e) OR disposé(e) à faire qqch. ◇ *vt* préparer.

ready cash *n* liquide *m.*

ready-made *adj lit & fig* tout fait (toute faite).

ready money *n* liquide *m.*

ready-to-wear *adj* prêt-à-porter.

reafforestation ['riː,ə,fɒrɪ'steɪʃn] *n* reboisement *m.*

real ['rɪəl] ◇ *adj* **-1.** [gen] vrai(e), véritable; ~ **life** réalité *f;* **for** ~ pour de vrai; **this is the** ~ **thing** [object] c'est de l'authentique; [situation] c'est

pour de vrai OR de bon. **-2.** [actual] réel(elle); **in** ~ **terms** dans la pratique. ◇ *adv Am* très.

real estate *n* (*U*) biens *mpl* immobiliers.

realign [,riːə'laɪn] *vt* POL regrouper.

realism ['rɪəlɪzm] *n* réalisme *m.*

realistic [,rɪə'lɪstɪk] *adj* réaliste.

reality [rɪ'ælətɪ] *n* réalité *f.*

realization [,rɪəlaɪ'zeɪʃn] *n* réalisation *f.*

realize, -ise ['rɪəlaɪz] *vt* **-1.** [understand] se rendre compte de, réaliser. **-2.** [sum of money, idea, ambition] réaliser.

really ['rɪəlɪ] ◇ *adv* **-1.** [gen] vraiment. **-2.** [in fact] en réalité. ◇ *excl* **-1.** [expressing doubt] vraiment? **-2.** [expressing surprise] pas possible! **-3.** [expressing disapproval] franchement!, ça alors!

realm [relm] *n* **-1.** *fig* [subject area] domaine *m.* **-2.** [kingdom] royaume *m.*

realtor ['rɪəltə*r*] *n Am* agent *m* immobilier.

reap [riːp] *vt* **-1.** [harvest] moissonner. **-2.** *fig* [obtain] récolter.

reappear [,riːə'pɪə*r*] *vi* réapparaître, reparaître.

rear [rɪə*r*] ◇ *adj* arrière (*inv*), de derrière. ◇ *n* **-1.** [back] arrière *m;* **to bring up the** ~ fermer la marche. **-2.** *inf* [bottom] derrière *m.* ◇ *vt* [children, animals] élever. ◇ *vi* [horse]: **to ~ (up)** se cabrer.

rearm [riː'ɑːm] *vt & vi* réarmer.

rearmost ['rɪəməʊst] *adj* dernier(ière).

rearrange [,riːə'reɪndʒ] *vt* **-1.** [furniture, room] réarranger; [plans] changer. **-2.** [meeting - to new time] changer l'heure de; [- to new date] changer la date de.

rearview mirror ['rɪəvjuː-] *n* rétroviseur *m.*

reason ['riːzn] ◇ *n* **-1.** [cause]: ~ **(for)** raison *f* (de); **for some** ~ pour une raison ou pour une autre. **-2.** (*U*) [justification]: **to have** ~ **to do sthg** avoir de bonnes raisons de faire qqch. **-3.** [common sense] bon sens *m;*

he won't listen to ~ on ne peut pas lui faire entendre raison; **it stands to** ~ c'est logique. ◇ *vt* déduire. ◇ *vi* raisonner.

◆ **reason with** *vt fus* raisonner (avec).

reasonable ['riːznəbl] *adj* raisonnable.

reasonably ['riːznəbli] *adv* **-1.** [quite] assez. **-2.** [sensibly] raisonnablement.

reasoned ['riːznd] *adj* raisonné(e).

reasoning ['riːznɪŋ] *n* raisonnement *m*.

reassess [,riːə'ses] *vt* réexaminer.

reassurance [,riːə'ʃɔːrəns] *n* **-1.** [comfort] réconfort *m*. **-2.** [promise] assurance *f*.

reassure [,riːə'ʃɔːʳ] *vt* rassurer.

reassuring [,riːə'ʃɔːrɪŋ] *adj* rassurant(e).

rebate ['riːbeit] *n* [on product] rabais *m*; **tax** ~ ≈ dégrèvement *m* fiscal.

rebel [*n* 'rebl, *vb* rɪ'bel] ◇ *n* rebelle *mf*. ◇ *vi*: **to** ~ **(against)** se rebeller (contre).

rebellion [rɪ'beljən] *n* rébellion *f*.

rebellious [rɪ'beljəs] *adj* rebelle.

rebound [*n* 'riːbaund, *vb* rɪ'baund] ◇ *n* [of ball] rebond *m*. ◇ *vi* [ball] rebondir.

rebuff [rɪ'bʌf] *n* rebuffade *f*.

rebuild [,riː'bɪld] *vt* reconstruire.

rebuke [rɪ'bjuːk] ◇ *n* réprimande *f*. ◇ *vt* réprimander.

rebuttal [rɪ'bʌtl] *n* réfutation *f*.

recalcitrant [rɪ'kælsɪtrənt] *adj* récalcitrant(e).

recall [rɪ'kɔːl] ◇ *n* [memory] rappel *m*. ◇ *vt* **-1.** [remember] se rappeler, se souvenir de. **-2.** [summon back] rappeler.

recant [rɪ'kænt] *vi* se rétracter; RELIG abjurer.

recap ['riːkæp] ◇ *n* récapitulation *f*. ◇ *vt* [summarize] récapituler. ◇ *vi* récapituler.

recapitulate [,riːkə'pɪtjuleit] *vt & vi* récapituler.

recd, rec'd *abbr of* **received**.

recede [riː'siːd] *vi* [person, car etc] s'éloigner; [hopes] s'envoler.

receding [rɪ'siːdɪŋ] *adj* [hairline] dégarni(e); [chin, forehead] fuyant(e).

receipt [rɪ'siːt] *n* **-1.** [piece of paper] reçu *m*. **-2.** (U) [act of receiving] réception *f*.

◆ **receipts** *npl* recettes *fpl*.

receive [rɪ'siːv] *vt* **-1.** [gen] recevoir; [news] apprendre. **-2.** [welcome] accueillir, recevoir; **to be well/badly** ~d [film, speech etc] être bien/mal accueilli.

receiver [rɪ'siːvəʳ] *n* **-1.** [of telephone] récepteur *m*, combiné *m*. **-2.** [radio, TV set] récepteur *m*. **-3.** [criminal] receleur *m*, -euse *f*. **-4.** FIN [official] administrateur *m*, -trice *f* judiciaire.

recent ['riːsnt] *adj* récent(e).

recently ['riːsntli] *adv* récemment; **until** ~ jusqu'à ces derniers temps.

receptacle [rɪ'septəkl] *n* récipient *m*.

reception [rɪ'sepʃn] *n* **-1.** [gen] réception *f*. **-2.** [welcome] accueil *m*, réception *f*.

reception desk *n* réception *f*.

receptionist [rɪ'sepʃənɪst] *n* réceptionniste *mf*.

recess ['riːses, *Br* rɪ'ses] *n* **-1.** [alcove] niche *f*. **-2.** [secret place] recoin *m*. **-3.** POL: **to be in** ~ être en vacances. **-4.** *Am* SCH récréation *f*.

recession [rɪ'seʃn] *n* récession *f*.

recharge [,riː'tʃɑːdʒ] *vt* recharger.

recipe ['resɪpɪ] *n* lit & fig recette *f*.

recipient [rɪ'sɪpɪənt] *n* [of letter] destinataire *mf*; [of cheque] bénéficiaire *mf*; [of award] récipiendaire *mf*.

reciprocal [rɪ'sɪprəkl] *adj* réciproque.

recital [rɪ'saɪtl] *n* récital *m*.

recite [rɪ'saɪt] *vt* **-1.** [say aloud] réciter. **-2.** [list] énumérer.

reckless ['reklɪs] *adj* imprudent(e).

reckon ['rekn] *vt* **-1.** *inf* [think] penser. **-2.** [consider, judge] considérer. **-3.** [calculate] calculer.

◆ **reckon on** *vt fus* compter sur.

◆ **reckon with** *vt fus* [expect] s'attendre à.

reckoning ['rekənɪŋ] *n* [calculation] (U) calculs *mpl*.

reclaim [rɪ'kleɪm] vt -1. [claim back] réclamer. -2. [land] assécher.

recline [rɪ'klaɪn] vi [person] être allongé(e).

reclining [rɪ'klaɪnɪŋ] adj [chair] à dossier réglable.

recluse [rɪ'kluːs] n reclus m, -e f.

recognition [,rekəg'nɪʃn] n reconnaissance f; **in** ~ **of** en reconnaissance de; **the town has changed beyond** OR **out of all** ~ la ville est méconnaissable.

recognizable ['rekəgnaɪzəbl] adj reconnaissable.

recognize, -ise ['rekəgnaɪz] vt reconnaître.

recoil [vb rɪ'kɔɪl, n 'riːkɔɪl] ◇ vi: **to** ~ **(from)** reculer (devant). ◇ n [of gun] recul m.

recollect [,rekə'lekt] vt se rappeler.

recollection [,rekə'lekʃn] n souvenir m.

recommend [,rekə'mend] vt -1. [commend]: **to** ~ **sb/sthg (to sb)** recommander qqn/qqch (à qqn). -2. [advise] conseiller, recommander.

recompense ['rekəmpens] ◇ n dédommagement m. ◇ vt dédommager.

reconcile ['rekənsaɪl] vt -1. [beliefs, ideas] concilier. -2. [people] réconcilier. -3. [accept]: **to** ~ **o.s. to sthg** se faire à l'idée de qqch.

reconditioned [,riːkən'dɪʃnd] adj remis(e) en état.

reconnaissance [rɪ'kɒnɪsəns] n reconnaissance f.

reconnoitre Br, **reconnoiter** Am [,rekə'nɔɪtər] ◇ vt reconnaître. ◇ vi aller en reconnaissance.

reconsider [,riːkən'sɪdər] ◇ vt reconsidérer. ◇ vi reconsidérer la question.

reconstruct [,riːkən'strʌkt] vt -1. [gen] reconstruire. -2. [crime, event] reconstituer.

record [n & adj 'rekɔːd, vb rɪ'kɔːd] ◇ n -1. [written account] rapport m; [file] dossier m; **to keep sthg on** ~ archiver qqch; **(police)** ~ casier m judiciaire; **off the** ~ non officiel. -2. [vinyl disc] disque m. -3. [best achievement] record m. ◇ adj record (inv). ◇ vt -1. [write down] noter. -2. [put on tape] enregistrer.

recorded delivery [rɪ'kɔːdɪd-] n: **to send sthg by** ~ envoyer qqch en recommandé.

recorder [rɪ'kɔːdər] n [musical instrument] flûte f à bec.

record holder n détenteur m, -trice f du record.

recording [rɪ'kɔːdɪŋ] n enregistrement m.

record player n tourne-disque m.

recount [n 'riːkaʊnt, vt sense 1 rɪ'kaʊnt, sense 2 ,riː'kaʊnt] ◇ n [of vote] deuxième dépouillement m du scrutin. ◇ vt -1. [narrate] raconter. -2. [count again] recompter.

recoup [rɪ'kuːp] vt récupérer.

recourse [rɪ'kɔːs] n: **to have** ~ **to** avoir recours à.

recover [rɪ'kʌvər] ◇ vt -1. [retrieve] récupérer; **to** ~ **sthg from sb** reprendre qqch à qqn. -2. [one's balance] retrouver; [consciousness] reprendre. ◇ vi -1. [from illness] se rétablir; [from shock, divorce] se remettre. -2. fig [economy] se redresser; [trade] reprendre.

recovery [rɪ'kʌvərɪ] n -1. [from illness] guérison f, rétablissement m. -2. fig [of economy] redressement m, reprise f. -3. [retrieval] récupération f.

recreation [,rekrɪ'eɪʃn] n (U) [leisure] récréation f, loisirs mpl.

recrimination [rɪ,krɪmɪ'neɪʃn] n récrimination f.

recruit [rɪ'kruːt] ◇ n recrue f. ◇ vt recruter; **to** ~ **sb to do sthg** fig embaucher qqn pour faire qqch. ◇ vi recruter.

recruitment [rɪ'kruːtmənt] n recrutement m.

rectangle ['rek,tæŋgl] n rectangle m.

rectangular [rek'tæŋgjʊlər] adj rectangulaire.

rectify ['rektɪfaɪ] vt [mistake] rectifier.

rector ['rektə^r] *n* **-1.** [priest] pasteur *m*. **-2.** *Scot* [head - of school] directeur *m*; [- of college, university] *président élu par les étudiants*.

rectory ['rektərɪ] *n* presbytère *m*.

recuperate [rɪ'ku:pəreɪt] *vi* se rétablir.

recur [rɪ'kɜ:^r] *vi* [error, problem] se reproduire; [dream] revenir; [pain] réapparaître.

recurrence [rɪ'kʌrəns] *n* répétition *f*.

recurrent [rɪ'kʌrənt] *adj* [error, problem] qui se reproduit souvent; [dream] qui revient souvent.

recycle [,ri:'saɪkl] *vt* recycler.

red [red] ◇ *adj* rouge; [hair] roux (rousse). ◇ *n* rouge *m*; **to be in the ~** *inf* être à découvert.

red card *n* FTBL: **to be shown the ~, to get a ~** recevoir un carton rouge.

red carpet *n*: **to roll out the ~ for sb** dérouler le tapis rouge pour qqn.
◆ **red-carpet** *adj*: **to give sb the red-carpet treatment** recevoir qqn en grande pompe.

Red Cross *n*: **the ~** la Croix-Rouge.

redcurrant ['redkʌrənt] *n* [fruit] groseille *f*; [bush] groseillier *m*.

redden ['redn] *vt & vi* rougir.

redecorate [,ri:'dekəreɪt] ◇ *vt* repeindre et retapisser. ◇ *vi* refaire la peinture et les papiers peints.

redeem [rɪ'di:m] *vt* **-1.** [save, rescue] racheter. **-2.** [from pawnbroker] dégager.

redeeming [rɪ'di:mɪŋ] *adj* qui rachète (les défauts).

redeploy [,ri:dɪ'plɔɪ] *vt* MIL. redéployer; [staff] réorganiser, réaffecter.

red-faced [-'feɪst] *adj* rougeaud(e), rubicond(e); [with embarrassment] rouge de confusion.

red-haired [-'heəd] *adj* roux (rousse).

red-handed [-'hændɪd] *adj*: **to catch sb ~** prendre qqn en flagrant délit OR la main dans le sac.

redhead ['redhed] *n* roux *m*, rousse *f*.

red herring *n* *fig* fausse piste *f*.

red-hot *adj* **-1.** [extremely hot] brûlant(e); [metal] chauffé(e) au rouge. **-2.** [very enthusiastic] ardent(e).

redid [,ri:'dɪd] *pt* → redo.

redirect [,ri:dɪ'rekt] *vt* **-1.** [energy, money] réorienter. **-2.** [traffic] détourner. **-3.** [letters] faire suivre.

rediscover [,ri:dɪ'skʌvə^r] *vt* redécouvrir.

red light *n* [traffic signal] feu *m* rouge.

red-light district *n* quartier *m* chaud.

redo [,ri:'du:] (*pt* -did, *pp* -done) *vt* refaire.

redolent ['redələnt] *adj literary* **-1.** [reminiscent]: **~ of** qui rappelle, évocateur(trice) de. **-2.** [smelling]: **~ of** qui sent.

redone [,ri:'dʌn] *pp* → redo.

redouble [,ri:'dʌbl] *vt*: **to ~ one's efforts (to do sthg)** redoubler d'efforts (pour faire qqch).

redraft [,ri:'drɑ:ft] *vt* rédiger à nouveau.

redress [rɪ'dres] ◇ *n* (*U*) *fml* réparation *f*. ◇ *vt*: **to ~ the balance** rétablir l'équilibre.

Red Sea *n*: **the ~** la mer Rouge.

red tape *n* *fig* paperasserie *f* administrative.

reduce [rɪ'dju:s] ◇ *vt* réduire; **to be ~d to doing sthg** en être réduit à faire qqch; **to ~ sb to tears** faire pleurer qqn. ◇ *vi* *Am* [diet] suivre un régime amaigrissant.

reduction [rɪ'dʌkʃn] *n* **-1.** [decrease]: **~ (in)** réduction *f* (de), baisse *f* (de). **-2.** [discount] rabais *m*, réduction *f*.

redundancy [rɪ'dʌndənsɪ] *n* *Br* [dismissal] licenciement *m*; [unemployment] chômage *m*.

redundant [rɪ'dʌndənt] *adj* **-1.** *Br* [jobless]: **to be made ~** être licencié(e). **-2.** [not required] superflu(e).

reed [ri:d] *n* **-1.** [plant] roseau *m*. **-2.** MUS anche *f*.

reef [ri:f] *n* récif *m*, écueil *m*.

reek [ri:k] ◇ *n* relent *m*. ◇ *vi*: **to ~ (of sthg)** puer (qqch), empester (qqch).

reel [ri:l] ◇ *n* **-1.** [roll] bobine *f*. **-2.** [on fishing rod] moulinet *m*. ◇ *vi* [stagger] chanceler.
◆ **reel in** *vt sep* remonter.

◆ **reel off** vt sep [list] débiter.

reenact [,ri:r'nækt] vt [play] reproduire; [event] reconstituer.

ref [ref] n **-1.** inf (abbr of referee) arbitre m. **-2.** (abbr of reference) ADMIN réf. f.

refectory [rɪ'fektərɪ] n réfectoire m.

refer [rɪ'fɜːr] vt **-1.** [person]: **to ~ sb to** [hospital] envoyer qqn à; [specialist] adresser qqn à; ADMIN renvoyer qqn à. **-2.** [report, case, decision]: **to ~ sthg to** soumettre qqch à.

◆ **refer to** vt fus **-1.** [speak about] parler de, faire allusion à OR mention de. **-2.** [apply to] s'appliquer à, concerner. **-3.** [consult] se référer à, se reporter à.

referee [,refə'ri:] ◇ n **-1.** SPORT arbitre m. **-2.** Br [for job application] répondant m, -e f. ◇ vt SPORT arbitrer. ◇ vi SPORT être arbitre.

reference ['refrəns] n **-1.** [mention]: **~ (to)** allusion f (à), mention f (de); **with ~ to** comme suite à. **-2.** (U) [for advice, information]: **~ (to)** consultation f (de), référence f (à). **-3.** COMM référence f. **-4.** [in book] renvoi m; **map ~** coordonnées fpl. **-5.** [for job application - letter] référence f; [- person] répondant m, -e f.

reference book n ouvrage m de référence.

reference number n numéro m de référence.

referendum [,refə'rendəm] (pl **-s** OR **-da** [-də]) n référendum m.

refill [n 'ri:fɪl, vb ,ri:'fɪl] ◇ n **-1.** [for pen] recharge f. **-2.** inf [drink]: **would you like a ~?** vous voulez encore un verre? ◇ vt remplir à nouveau.

refine [rɪ'faɪn] vt raffiner; fig peaufiner.

refined [rɪ'faɪnd] adj raffiné(e); [system, theory] perfectionné(e).

refinement [rɪ'faɪnmənt] n **-1.** [improvement] perfectionnement m. **-2.** (U) [gentility] raffinement m.

reflect [rɪ'flekt] ◇ vt **-1.** [be a sign of] refléter. **-2.** [light, image] réfléchir, refléter; [heat] réverbérer. **-3.** [think]: **to**

~ that ... se dire que .... ◇ vi [think]: **to ~ (on** OR **upon)** réfléchir (sur), penser (à).

reflection [rɪ'flekʃn] n **-1.** [sign] indication f, signe m. **-2.** [criticism]: **~ on** critique f de. **-3.** [image] reflet m. **-4.** (U) [of light, heat] réflexion f. **-5.** [thought] réflexion f; **on ~** réflexion faite.

reflector [rɪ'flektər] n réflecteur m.

reflex ['ri:fleks] n: **~ (action)** réflexe m.

reflexive [rɪ'fleksɪv] adj GRAMM [pronoun] réfléchi(e); **~ verb** verbe m pronominal réfléchi.

reforestation [ri:,fɒrɪ'steɪʃn] = reafforestation.

reform [rɪ'fɔ:m] ◇ n réforme f. ◇ vt [gen] réformer; [person] corriger. ◇ vi [behave better] se corriger, s'amender.

Reformation [,refə'meɪʃn] n: **the ~** la Réforme.

reformatory [rɪ'fɔ:mətrɪ] n Am centre m d'éducation surveillée (pour jeunes délinquants).

reformer [rɪ'fɔ:mər] n réformateur m, -trice f.

refrain [rɪ'freɪn] ◇ n refrain m. ◇ vi: **to ~ from doing sthg** s'abstenir de faire qqch.

refresh [rɪ'freʃ] vt rafraîchir, revigorer.

refreshed [rɪ'freʃt] adj reposé(e).

refresher course [rɪ'freʃər-] n cours m de recyclage OR remise à niveau.

refreshing [rɪ'freʃɪŋ] adj **-1.** [pleasantly different] agréable, réconfortant(e). **-2.** [drink, swim] rafraîchissant(e).

refreshments [rɪ'freʃmənts] npl rafraîchissements mpl.

refrigerator [rɪ'frɪdʒəreɪtər] n réfrigérateur m, Frigidaire® m.

refuel [,ri:'fjʊəl] ◇ vt ravitailler. ◇ vi se ravitailler en carburant.

refuge ['refju:dʒ] n lit & fig refuge m, abri m; **to take ~ in** se réfugier dans.

refugee [,refju'dʒi:] n réfugié m, -e f.

refund [n 'ri:fʌnd, vb rɪ'fʌnd] ◇ n remboursement m. ◇ vt: **to ~ sthg to**

sb, to ~ sb sthg rembourser qqch à qqn.

refurbish [ˌriːˈfɜːbɪʃ] *vt* remettre à neuf, rénover.

refusal [rɪˈfjuːzl] *n*: ~ **(to do sthg)** refus *m* (de faire qqch).

refuse[1] [rɪˈfjuːz] ◇ *vt* refuser; **to ~ to do sthg** refuser de faire qqch. ◇ *vi* refuser.

refuse[2] [ˈrefjuːs] *n* (U) [rubbish] ordures *fpl*, détritus *mpl*.

refuse collection [ˈrefjuːs-] *n* enlèvement *m* des ordures ménagères.

refute [rɪˈfjuːt] *vt* réfuter.

regain [rɪˈgeɪn] *vt* [composure, health] retrouver; [leadership] reprendre.

regal [ˈriːgl] *adj* majestueux(euse), royal(e).

regalia [rɪˈgeɪljə] *n* (U) insignes *mpl*.

regard [rɪˈgɑːd] ◇ *n* **-1.** (U) [respect] estime *f*, respect *m*. **-2.** [aspect]: **in this/that ~** à cet égard. ◇ *vt* considérer; **to ~ o.s. as** se considérer comme; **to be highly ~ed** être tenu(e) en haute estime.
◆ **regards** *npl*: **(with best) ~s** bien amicalement; **give her my ~s** faites-lui mes amities.
◆ **as regards** *prep* en ce qui concerne.
◆ **in regard to, with regard to** *prep* en ce qui concerne, relativement à.

regarding [rɪˈgɑːdɪŋ] *prep* concernant, en ce qui concerne.

regardless [rɪˈgɑːdlɪs] *adv* quand même.
◆ **regardless of** *prep* sans tenir compte de, sans se soucier de.

regime [reɪˈʒiːm] *n* régime *m*.

regiment [ˈredʒɪmənt] *n* régiment *m*.

region [ˈriːdʒən] *n* région *f*; **in the ~ of** environ.

regional [ˈriːdʒənl] *adj* régional(e).

register [ˈredʒɪstər] ◇ *n* [record] registre *m*. ◇ *vt* **-1.** [record officially] déclarer. **-2.** [show, measure] indiquer, montrer. **-3.** [express] exprimer. ◇ *vi* **-1.** [on official list] s'inscrire, se faire inscrire. **-2.** [at hotel] signer le regis-

tre. **-3.** *inf* [advice, fact]: **it didn't ~** je n'ai pas compris.

registered [ˈredʒɪstəd] *adj* **-1.** [person] inscrit(e); [car] immatriculé(e); [charity] agréé(e) par le gouvernement. **-2.** [letter, parcel] recommandé(e).

registered trademark *n* marque *f* déposée.

registrar [ˌredʒɪˈstrɑːr] *n* **-1.** [keeper of records] officier *m* de l'état civil. **-2.** UNIV secrétaire *m* général. **-3.** *Br* [doctor] chef *m* de clinique.

registration [ˌredʒɪˈstreɪʃn] *n* **-1.** [gen] enregistrement *m*, inscription *f*. **-2.** AUT = **registration number.**

registration number *n* AUT numéro *m* d'immatriculation.

registry [ˈredʒɪstrɪ] *n* bureau *m* de l'enregistrement.

registry office *n* bureau *m* de l'état civil.

regret [rɪˈgret] ◇ *n* regret *m*. ◇ *vt* [be sorry about]: **to ~ sthg/doing sthg** regretter qqch/d'avoir fait qqch.

regretfully [rɪˈgretfʊlɪ] *adv* à regret.

regrettable [rɪˈgretəbl] *adj* regrettable, fâcheux(euse).

regroup [ˌriːˈgruːp] *vi* se regrouper.

regular [ˈregjʊlər] ◇ *adj* **-1.** [gen] régulier(ière); [customer] fidèle. **-2.** [usual] habituel(elle). **-3.** *Am* [normal - size] standard (*inv*). **-4.** *Am* [pleasant] sympa (*inv*). ◇ *n* [at pub] habitué *m*, -e *f*; [at shop] client *m*, -e *f* fidèle.

regularly [ˈregjʊlɪ] *adv* régulièrement.

regulate [ˈregjʊleɪt] *vt* régler.

regulation [ˌregjʊˈleɪʃn] ◇ *adj* [standard] réglementaire. ◇ *n* **-1.** [rule] règlement *m*. **-2.** (U) [control] réglementation *f*.

rehabilitate [ˌriːəˈbɪlɪteɪt] *vt* [criminal] réinsérer, réhabiliter; [patient] rééduquer.

rehearsal [rɪˈhɜːsl] *n* répétition *f*.

rehearse [rɪˈhɜːs] *vt & vi* répéter.

reign [reɪn] ◇ *n* règne *m*. ◇ *vi*: **to ~ (over)** *lit & fig* régner (sur).

reimburse [ˌriːɪmˈbɜːs] *vt*: **to ~ sb (for)** rembourser qqn (de).

rein [reɪn] *n fig*: **to give (a) free ~ to sb, to give sb free ~** laisser la bride sur le cou à qqn.
◆ **reins** *npl* [for horse] rênes *fpl*.

reindeer ['reɪn,dɪə'] (*pl inv*) *n* renne *m*.

reinforce [,riːɪn'fɔːs] *vt* **-1.** [strengthen] renforcer. **-2.** [back up, confirm] appuyer, étayer.

reinforced concrete [,riːɪn'fɔːst-] *n* béton *m* armé.

reinforcement [,riːɪn'fɔːsmənt] *n* **-1.** (*U*) [strengthening] renforcement *m*. **-2.** [strengthener] renfort *m*.
◆ **reinforcements** *npl* renforts *mpl*.

reinstate [,riːɪn'steɪt] *vt* [employee] rétablir dans ses fonctions, réintégrer; [policy, method] rétablir.

reissue [riː'ɪʃuː] ◇ *n* [of book] réédition *f*. ◇ *vt* [book] rééditer; [film, record] ressortir.

reiterate [riː'ɪtəreɪt] *vt* réitérer, répéter.

reject [*n* 'riːdʒekt, *vb* rɪ'dʒekt] ◇ *n* [product] article *m* de rebut. ◇ *vt* **-1.** [not accept] rejeter. **-2.** [candidate, coin] refuser.

rejection [rɪ'dʒekʃn] *n* **-1.** [nonacceptance] rejet *m*. **-2.** [of candidate] refus *m*.

rejoice [rɪ'dʒɔɪs] *vi*: **to ~ (at** OR **in)** se réjouir (de).

rejuvenate [rɪ'dʒuːvəneɪt] *vt* rajeunir.

rekindle [,riː'kɪndl] *vt fig* ranimer, raviver.

relapse [rɪ'læps] ◇ *n* rechute *f*. ◇ *vi*: **to ~ into** retomber dans.

relate [rɪ'leɪt] ◇ *vt* **-1.** [connect]: **to ~ sthg to sthg** établir un lien OR rapport entre qqch et qqch. **-2.** [tell] raconter. ◇ *vi* **-1.** [be connected]: **to ~ to** avoir un rapport avec. **-2.** [concern]: **to ~ to** se rapporter à. **-3.** [empathize]: **to ~ (to sb)** s'entendre (avec qqn).
◆ **relating to** *prep* concernant.

related [rɪ'leɪtɪd] *adj* **-1.** [people] apparenté(e). **-2.** [issues, problems etc] lié(e).

relation [rɪ'leɪʃn] *n* **-1.** [connection]: **~ (to/between)** rapport *m* (avec/entre). **-2.** [person] parent *m*, -e *f*.
◆ **relations** *npl* [relationship] relations *fpl*, rapports *mpl*.

relationship [rɪ'leɪʃnʃɪp] *n* **-1.** [between people, countries] relations *fpl*, rapports *mpl*; [romantic] liaison *f*. **-2.** [connection] rapport *m*, lien *m*.

relative ['relətɪv] ◇ *adj* relatif(ive). ◇ *n* parent *m*, -e *f*.
◆ **relative to** *prep* [compared with] relativement à; [connected with] se rapportant à, relatif(ive) à.

relatively ['relətɪvlɪ] *adv* relativement.

relax [rɪ'læks] ◇ *vt* **-1.** [person] détendre, relaxer. **-2.** [muscle, body] décontracter, relâcher; [one's grip] desserrer. **-3.** [rule] relâcher. ◇ *vi* **-1.** [person] se détendre, se décontracter. **-2.** [muscle, body] se relâcher, se décontracter. **-3.** [one's grip] se desserrer.

relaxation [,riːlæk'seɪʃn] *n* **-1.** [of person] relaxation *f*, détente *f*. **-2.** [of rule] relâchement *m*.

relaxed [rɪ'lækst] *adj* détendu(e), décontracté(e).

relaxing [rɪ'læksɪŋ] *adj* relaxant(e), qui détend.

relay ['riːleɪ] ◇ *n* **-1.** SPORT: **~ (race)** course *f* de relais. **-2.** RADIO & TV [broadcast] retransmission *f*. ◇ *vt* **-1.** RADIO & TV [broadcast] relayer. **-2.** [message, information] transmettre, communiquer.

release [rɪ'liːs] ◇ *n* **-1.** [from prison, cage] libération *f*. **-2.** [from pain, misery] délivrance *f*. **-3.** [statement] communiqué *m*. **-4.** [of gas, heat] échappement *m*. **-5.** (*U*) [of film, record] sortie *f*. **-6.** [film] nouveau film *m*; [record] nouveau disque *m*. ◇ *vt* **-1.** [set free] libérer. **-2.** [lift restriction on]: **to ~ sb from** dégager qqn de. **-3.** [make available - supplies] libérer; [- funds] débloquer. **-4.** [let go of] lâcher. **-5.** TECH [brake, handle] desserrer; [mechanism] déclencher. **-6.** [gas, heat]: **to be ~d (from/into)** se dégager (de/dans), s'échapper (de/dans).

-7. [film, record] **sortir**; [statement, report] **publier**.

relegate ['religeit] vt **reléguer; to be ~d** Br SPORT **être relégué à la division inférieure.**

relent [rɪ'lent] vi [person] **se laisser fléchir**; [wind, storm] **se calmer.**

relentless [rɪ'lentlɪs] adj **implacable.**

relevant ['reləvənt] adj **-1.** [connected] : **~ (to)** qui a un rapport (avec). **-2.** [significant] : **~ (to)** important(e) (pour). **-3.** [appropriate - information] **utile**; [- document] **justificatif(ive).**

reliable [rɪ'laɪəbl] adj [person] **sur qui on peut compter, fiable**; [device] **fiable**; [company, information] **sérieux(ieuse).**

reliably [rɪ'laɪəblɪ] adv **de façon fiable; to be ~ informed (that)** ... **savoir de source sûre que** ....

reliant [rɪ'laɪənt] adj : **to be ~ on** **être dépendant(e) de.**

relic ['relik] n **relique** f; [of past] **vestige** m.

relief [rɪ'liːf] n **-1.** [comfort] **soulagement** m. **-2.** [for poor, refugees] **aide** f, **assistance** f. **-3.** Am [social security] **aide** f **sociale.**

relieve [rɪ'liːv] vt **-1.** [pain, anxiety] **soulager; to ~ sb of sthg** [take away from] **délivrer qqn de qqch. -2.** [take over from] **relayer. -3.** [give help to] **secourir, venir en aide à.**

religion [rɪ'lɪdʒn] n **religion** f.

religious [rɪ'lɪdʒəs] adj **religieux(ieuse)**; [book] **de piété.**

relinquish [rɪ'lɪŋkwɪʃ] vt [power] **abandonner**; [claim, right] **renoncer à**; [post] **quitter.**

relish ['relɪʃ] ◇ n **-1.** [enjoyment] : **with (great) ~** avec délectation. **-2.** [pickle] **condiment** m. ◇ vt [enjoy] **prendre plaisir à; I don't ~ the thought** OR **idea** OR **prospect of seeing him** la perspective de le voir ne m'enchante OR ne me sourit guère.

relocate [,riːləʊ'keɪt] ◇ vt **installer ailleurs, transférer.** ◇ vi **s'installer ailleurs, déménager.**

reluctance [rɪ'lʌktəns] n **répugnance** f.

reluctant [rɪ'lʌktənt] adj **peu enthousiaste; to be ~ to do sthg** **rechigner à faire qqch, être peu disposé à faire qqch.**

reluctantly [rɪ'lʌktəntlɪ] adv **à contrecœur, avec répugnance.**

rely [rɪ'laɪ]
◆ **rely on** vt fus **-1.** [count on] **compter sur; to ~ on sb to do sthg** **compter sur qqn** OR **faire confiance à qqn pour faire qqch. -2.** [be dependent on] **dépendre de.**

remain [rɪ'meɪn] ◇ vt **rester; to ~ to be done rester à faire.** ◇ vi **rester.**
◆ **remains** npl **-1.** [remnants] **restes** mpl. **-2.** [antiquities] **ruines** fpl, **vestiges** mpl.

remainder [rɪ'meɪndər] n **reste** m.

remaining [rɪ'meɪnɪŋ] adj **qui reste.**

remand [rɪ'mɑːnd] JUR ◇ n : **on ~ en détention préventive.** ◇ vt : **to ~ sb (in custody)** **placer qqn en détention préventive.**

remark [rɪ'mɑːk] ◇ n [comment] **remarque** f, **observation** f. ◇ vt [comment] : **to ~ that** ... **faire remarquer que** ....

remarkable [rɪ'mɑːkəbl] adj **remarquable.**

remarry [,riː'mærɪ] vi **se remarier.**

remedial [rɪ'miːdjəl] adj **-1.** [pupil, class] **de rattrapage. -2.** [exercise] **correctif(ive)**; [action] **de rectification.**

remedy ['remədɪ] ◇ n : **~ (for)** MED **remède** m (pour OR contre); fig **remède** (à OR contre). ◇ vt **remédier à.**

remember [rɪ'membər] ◇ vt [gen] **se souvenir de, se rappeler; to ~ to do sthg** **ne pas oublier de faire qqch, penser à faire qqch; to ~ doing sthg** **se souvenir d'avoir fait qqch, se rappeler avoir fait qqch.** ◇ vi **se souvenir, se rappeler.**

remembrance [rɪ'membrəns] n : **in ~ of en souvenir** OR **mémoire de.**

Remembrance Day n **l'Armistice** m.

remind [rɪ'maɪnd] vt : **to ~ sb of** OR **about sthg** **rappeler qqch à qqn; to**

~ **sb to do sthg** rappeler à qqn de faire qqch, faire penser à qqn à faire qqch.

reminder [rɪ'maɪndər] n **-1.** [to jog memory]: **to give sb a ~ (to do sthg)** faire penser à qqn (à faire qqch). **-2.** [letter, note] rappel m.

reminisce [,remɪ'nɪs] vi évoquer des souvenirs; **to ~ about sthg** évoquer qqch.

reminiscent [,remɪ'nɪsnt] adj: ~ **of** qui rappelle, qui fait penser à.

remiss [rɪ'mɪs] adj négligent(e).

remit¹ [rɪ'mɪt] vt [money] envoyer, verser.

remit² ['riːmɪt] n Br [responsibility] attributions fpl.

remittance [rɪ'mɪtns] n **-1.** [amount of money] versement m. **-2.** COMM règlement m, paiement m.

remnant ['remnənt] n **-1.** [remaining part] reste m, restant m. **-2.** [of cloth] coupon m.

remold Am = **remould**.

remorse [rɪ'mɔːs] n (U) remords m.

remorseful [rɪ'mɔːsful] adj plein(e) de remords.

remorseless [rɪ'mɔːslɪs] adj implacable.

remote [rɪ'məʊt] adj **-1.** [far-off - place] éloigné(e); [- time] lointain(e). **-2.** [person] distant(e). **-3.** [possibility, chance] vague.

remote control n télécommande f.

remotely [rɪ'məʊtlɪ] adv **-1.** [in the slightest]: **not ~** pas le moins du monde, absolument pas. **-2.** [far off] au loin.

remould Br, **remold** Am ['riːməʊld] n pneu m rechapé.

removable [rɪ'muːvəbl] adj [detachable] détachable, amovible.

removal [rɪ'muːvl] n **-1.** (U) [act of removing] enlèvement m. **-2.** Br [change of house] déménagement m.

removal van n Br camion m de déménagement.

remove [rɪ'muːv] vt **-1.** [take away - gen] enlever; [- stain] faire partir, enlever; [- problem] résoudre; [- suspi-

cion] dissiper. **-2.** [clothes] ôter, enlever. **-3.** [employee] renvoyer.

remuneration [rɪ,mjuːnə'reɪʃn] n rémunération f.

Renaissance [rə'neɪsəns] n: **the ~** la Renaissance.

render ['rendər] vt rendre; [assistance] porter; FIN [account] présenter.

rendering ['rendərɪŋ] n [of play, music etc] interprétation f.

rendezvous ['rɒndɪvuː] (pl inv) n rendez-vous m inv.

renegade ['renɪgeɪd] n renégat m, -e f.

renew [rɪ'njuː] vt **-1.** [gen] renouveler; [negotiations, strength] reprendre; [interest] faire renaître; **to ~ acquaintance with sb** renouer connaissance avec qqn. **-2.** [replace] remplacer.

renewable [rɪ'njuːəbl] adj renouvelable.

renewal [rɪ'njuːəl] n **-1.** [of activity] reprise f. **-2.** [of contract, licence etc] renouvellement m.

renounce [rɪ'naʊns] vt [reject] renoncer à.

renovate ['renəveɪt] vt rénover.

renown [rɪ'naʊn] n renommée f, renom m.

renowned [rɪ'naʊnd] adj: ~ **(for)** renommé(e) (pour).

rent [rent] ◇ n [for house] loyer m. ◇ vt louer.

rental ['rentl] ◇ adj de location. ◇ n [for car, television, video] prix m de location; [for house] loyer m.

renunciation [rɪ,nʌnsɪ'eɪʃn] n renonciation f.

reorganize, -ise [,riː'ɔːgənaɪz] vt réorganiser.

rep [rep] n **-1.** (abbr of **representative**) VRP m. **-2.** abbr of **repertory**.

repaid [riː'peɪd] pt & pp → **repay**.

repair [rɪ'peər] ◇ n réparation f; **in good/bad ~** en bon/mauvais état. ◇ vt réparer.

repair kit n trousse f à outils.

repartee [,repɑː'tiː] n repartie f.

repatriate [,riː'pætrɪeɪt] vt rapatrier.

repay [riː'peɪ] (pt & pp **repaid**) vt **-1.** [money]: **to ~ sb sthg, to ~ sthg to sb**

rembourser qqch à qqn. **-2.** [favour] payer de retour, récompenser.

repayment [riː'peɪmənt] *n* remboursement *m*.

repeal [rɪ'piːl] ◇ *n* abrogation *f*. ◇ *vt* abroger.

repeat [rɪ'piːt] ◇ *vt* **-1.** [gen] répéter. **-2.** RADIO & TV rediffuser. ◇ *n* RADIO & TV reprise *f*, rediffusion *f*.

repeatedly [rɪ'piːtɪdlɪ] *adv* à maintes reprises, très souvent.

repel [rɪ'pel] *vt* repousser.

repellent [rɪ'pelənt] ◇ *adj* répugnant(e), repoussant(e). ◇ *n*: **insect ~ crème** *f* anti-insecte.

repent [rɪ'pent] ◇ *vt* **se repentir** de. ◇ *vi*: **to ~ (of)** faire se repentir (de).

repentance [rɪ'pentəns] *n* (*U*) repentir *m*.

repercussions [,riːpə'kʌʃnz] *npl* répercussions *fpl*.

repertoire ['repətwɑːr] *n* répertoire *m*.

repertory ['repətrɪ] *n* répertoire *m*.

repetition [,repɪ'tɪʃn] *n* répétition *f*.

repetitious [,repɪ'tɪʃəs], **repetitive** [rɪ'petɪtɪv] *adj* [action, job] répétitif(ive); [article, speech] qui a des redites.

replace [rɪ'pleɪs] *vt* **-1.** [gen] remplacer. **-2.** [put back] remettre (à sa place).

replacement [rɪ'pleɪsmənt] *n* **-1.** [substituting] remplacement *m*; [putting back] replacement *m*. **-2.** [new person]: **~ (for sb)** remplaçant *m*, -e *f* (de qqn).

replay [*n* 'riːpleɪ, *vb* ,riː'pleɪ] ◇ *n* match *m* rejoué. ◇ *vt* **-1.** [match, game] rejouer. **-2.** [film, tape] repasser.

replenish [rɪ'plenɪʃ] *vt*: **to ~ one's supply of** sthg se réapprovisionner en qqch.

replica ['replɪkə] *n* copie *f* exacte, réplique *f*.

reply [rɪ'plaɪ] ◇ *n*: **~ (to)** réponse *f* (à). ◇ *vt & vi* répondre.

reply coupon *n* coupon-réponse *m*.

report [rɪ'pɔːt] ◇ *n* **-1.** [account] rapport *m*, compte rendu *m*; PRESS reportage *m*. **-2.** *Br* SCH bulletin *m*. ◇ *vt* **-1.**

[news, crime] rapporter, signaler. **-2.** [make known]: **to ~ that ...** annoncer que .... **-3.** [complain about]: **to ~ sb (to)** dénoncer qqn (à). ◇ *vi* **-1.** [give account]: **to ~ (on)** faire un rapport (sur); PRESS faire un reportage (sur). **-2.** [present oneself]: **to ~ (to sb/for sthg)** se présenter (à qqn/pour qqch).

report card *n* bulletin *m* scolaire.

reportedly [rɪ'pɔːtɪdlɪ] *adv* à ce qu'il paraît.

reporter [rɪ'pɔːtər] *n* reporter *m*.

repose [rɪ'pəuz] *n literary* repos *m*.

repossess [,riːpə'zes] *vt* saisir.

reprehensible [,reprɪ'hensəbl] *adj* répréhensible.

represent [,reprɪ'zent] *vt* [gen] représenter.

representation [,reprɪzen'teɪʃn] *n* [gen] représentation *f*.

♦ **representations** *npl*: **to make ~s to sb** faire une démarche auprès de qqn.

representative [,reprɪ'zentətɪv] ◇ *adj* représentatif(ive). ◇ *n* représentant *m*, -e *f*.

repress [rɪ'pres] *vt* réprimer.

repression [rɪ'preʃn] *n* répression *f*; [sexual] refoulement *m*.

reprieve [rɪ'priːv] ◇ *n* **-1.** *fig* [delay] sursis *m*, répit *m*. **-2.** JUR sursis *m*. ◇ *vt* accorder un sursis à.

reprimand ['reprɪmɑːnd] ◇ *n* réprimande *f*. ◇ *vt* réprimander.

reprisal [rɪ'praɪzl] *n* représailles *fpl*.

reproach [rɪ'prəutʃ] ◇ *n* reproche *m*. ◇ *vt*: **to ~ sb for** OR **with sthg** reprocher qqch à qqn.

reproachful [rɪ'prəutʃful] *adj* [look, words] de reproche.

reproduce [,riːprə'djuːs] ◇ *vt* reproduire. ◇ *vi* se reproduire.

reproduction [,riːprə'dʌkʃn] *n* reproduction *f*.

reproof [rɪ'pruːf] *n* reproche *m*, blâme *m*.

reprove [rɪ'pruːv] *vt*: **to ~ sb (for)** blâmer qqn (pour OR de), réprimander qqn (pour).

reptile ['reptaɪl] *n* reptile *m*.
republic [rɪ'pʌblɪk] *n* république *f*.
republican [rɪ'pʌblɪkən] ◇ *adj* républicain(e). ◇ *n* républicain *m*, -e *f*.
◆ **Republican** ◇ *adj* républicain(e); **the Republican Party** *Am* le parti républicain. ◇ *n* républicain *m*, -e *f*.
repudiate [rɪ'pjuːdɪeɪt] *vt fml* [offer, suggestion] rejeter; [friend] renier.
repulse [rɪ'pʌls] *vt* repousser.
repulsive [rɪ'pʌlsɪv] *adj* repoussant(e).
reputable ['repjʊtəbl] *adj* de bonne réputation.
reputation [ˌrepjʊ'teɪʃn] *n* réputation *f*.
repute [rɪ'pjuːt] *n*: **of good ~** de bonne réputation.
reputed [rɪ'pjuːtɪd] *adj* réputé(e); **to be ~ to be sthg** être réputé pour être qqch, avoir la réputation d'être qqch.
reputedly [rɪ'pjuːtɪdlɪ] *adv* à OR d'après ce qu'on dit.
request [rɪ'kwest] ◇ *n*: **~ (for)** demande *f* (de); **on ~** sur demande. ◇ *vt* demander; **to ~ sb to do sthg** demander à qqn de faire qqch.
request stop *n Br* arrêt *m* facultatif.
require [rɪ'kwaɪəʳ] *vt* [subj: person] avoir besoin de; [subj: situation] nécessiter; **to ~ sb to do sthg** exiger de qqn qu'il fasse qqch.
requirement [rɪ'kwaɪəmənt] *n* besoin *m*.
requisition [ˌrekwɪ'zɪʃn] *vt* réquisitionner.
reran [ˌriː'ræn] *pt* → **rerun**.
rerun [*n* 'riːrʌn, *vb* ˌriː'rʌn] (*pt* **-ran**, *pp* **-run**) ◇ *n* [of TV programme] rediffusion *f*, reprise *f*; *fig* répétition *f*. ◇ *vt* **-1.** [race] réorganiser. **-2.** [TV programme] rediffuser; [tape] passer à nouveau, repasser.
resat [ˌriː'sæt] *pt & pp* → **resit**.
rescind [rɪ'sɪnd] *vt* [contract] annuler; [law] abroger.
rescue ['reskjuː] ◇ *n* **-1.** (*U*) [help] secours *mpl*. **-2.** [successful attempt] sauvetage *m*. ◇ *vt* sauver, secourir.
rescuer ['reskjʊəʳ] *n* sauveteur *m*.

research [ˌrɪ'sɜːtʃ] ◇ *n* (*U*): **~ (on** OR **into)** recherche *f* (sur), recherches *fpl* (sur); **~ and development** recherche et développement. ◇ *vt* faire des recherches sur.
researcher [rɪ'sɜːtʃəʳ] *n* chercheur *m*, -euse *f*.
resemblance [rɪ'zembləns] *n*: **~ (to)** ressemblance *f* (avec).
resemble [rɪ'zembl] *vt* ressembler à.
resent [rɪ'zent] *vt* être indigné(e) par.
resentful [rɪ'zentfʊl] *adj* plein(e) de ressentiment.
resentment [rɪ'zentmənt] *n* ressentiment *m*.
reservation [ˌrezə'veɪʃn] *n* **-1.** [booking] réservation *f*. **-2.** [uncertainty]: **without ~** sans réserve. **-3.** *Am* [for Native Americans] réserve *f* indienne.
◆ **reservations** *npl* [doubts] réserves *fpl*.
reserve [rɪ'zɜːv] ◇ *n* **-1.** [gen] réserve *f*; **in ~** en réserve. **-2.** SPORT remplaçant *m*, -e *f*. ◇ *vt* **-1.** [save] garder, réserver. **-2.** [book] réserver *f* indienne. **-2.** [retain]: **to ~ the right to do sthg** se réserver le droit de faire qqch.
reserved [rɪ'zɜːvd] *adj* réservé(e).
reservoir ['rezəvwɑːʳ] *n* réservoir *m*.
reset [ˌriː'set] (*pt & pp* **reset**) *vt* **-1.** [clock, watch] remettre à l'heure; [meter, controls] remettre à zéro. **-2.** COMPUT ré-initialiser.
reshape [ˌriː'ʃeɪp] *vt* [policy, thinking] réorganiser.
reshuffle [ˌriː'ʃʌfl] ◇ *n* remaniement *m*; **cabinet ~** remaniement ministériel. ◇ *vt* remanier.
reside [rɪ'zaɪd] *vi fml* résider.
residence ['rezɪdəns] *n* résidence *f*.
residence permit *n* permis *m* de séjour.
resident ['rezɪdənt] ◇ *adj* résidant(e); [chaplain, doctor] à demeure. ◇ *n* résident *m*, -e *f*.
residential [ˌrezɪ'denʃl] *adj*: **~ course** *stage ou formation avec logement sur place*; **~ institution** internat *m*.
residential area *n* quartier *m* résidentiel.

residue ['rezidjuː] *n* reste *m*; CHEM résidu *m*.

resign [rɪ'zaɪn] ◇ *vt* **-1.** [job] démissionner de. **-2.** [accept calmly]: **to ~ o.s. to** se résigner à. ◇ *vi*: **to ~ (from)** démissionner (de).

resignation [ˌrezɪg'neɪʃn] *n* **-1.** [from job] démission *f*. **-2.** [calm acceptance] résignation *f*.

resigned [rɪ'zaɪnd] *adj*: **~ (to)** résigné(e) (à).

resilient [rɪ'zɪlɪənt] *adj* [material] élastique; [person] qui a du ressort.

resin ['rezɪn] *n* résine *f*.

resist [rɪ'zɪst] *vt* résister à.

resistance [rɪ'zɪstəns] *n* résistance *f*.

resit [*n* 'riːsɪt, *vb* ˌriː'sɪt] (*pt & pp* **-sat**) *Br* ◇ *n* deuxième session *f*. ◇ *vt* repasser, se représenter à.

resolute ['rezəluːt] *adj* résolu(e).

resolution [ˌrezə'luːʃn] *n* résolution *f*.

resolve [rɪ'zɒlv] ◇ *n* (U) [determination] résolution *f*. ◇ *vt* **-1.** [decide]: **to ~ (that)** ... décider que ...; **to ~ to do sthg** résoudre OR décider de faire qqch. **-2.** [solve] résoudre.

resort [rɪ'zɔːt] *n* **-1.** [for holidays] lieu *m* de vacances. **-2.** [recourse] recours *m*; **as a last ~, in the last ~** en dernier ressort OR recours.

◆ **resort to** *vt fus* recourir à, avoir recours à.

resound [rɪ'zaʊnd] *vi* **-1.** [noise] résonner. **-2.** [place]: **to ~ with** retentir de.

resounding [rɪ'zaʊndɪŋ] *adj* retentissant(e).

resource [rɪ'sɔːs] *n* ressource *f*.

resourceful [rɪ'sɔːsful] *adj* plein(e) de ressources, débrouillard(e).

respect [rɪ'spekt] ◇ *n* **-1.** [gen]: **~ (for)** respect *m* (pour); **with ~** avec respect; **with ~, ...** sauf votre respect, ... **-2.** [aspect]: **in this** OR **that ~** à cet égard; **in some ~s** à certains égards. ◇ *vt* respecter; **to ~ sb for sthg** respecter qqn pour qqch.

◆ **respects** *npl* respects *mpl*, hommages *mpl*.

◆ **with respect to** *prep* en ce qui concerne, quant à.

respectable [rɪ'spektəbl] *adj* **-1.** [morally correct] respectable. **-2.** [adequate] raisonnable, honorable.

respectful [rɪ'spektful] *adj* respectueux(euse).

respective [rɪ'spektɪv] *adj* respectif(ive).

respectively [rɪ'spektɪvlɪ] *adv* respectivement.

respite ['respaɪt] *n* répit *m*.

resplendent [rɪ'splendənt] *adj* resplendissant(e).

respond [rɪ'spɒnd] *vi*: **to ~ (to)** répondre (à).

response [rɪ'spɒns] *n* réponse *f*.

responsibility [rɪˌspɒnsə'bɪlətɪ] *n*: **~ (for)** responsabilité *f* (de).

responsible [rɪ'spɒnsəbl] *adj* **-1.** [gen]: **~ (for sthg)** responsable (de qqch); **to be ~ to sb** être responsable devant qqn. **-2.** [job, position] qui comporte des responsabilités.

responsibly [rɪ'spɒnsəblɪ] *adv* de façon responsable.

responsive [rɪ'spɒnsɪv] *adj* **-1.** [quick to react] qui réagit bien. **-2.** [aware]: **~ (to)** attentif(ive) (à).

rest [rest] ◇ *n* **-1.** [remainder]: **the ~ (of)** le reste (de); **the ~ (of them)** les autres *mfpl*. **-2.** [relaxation, break] repos *m*; **to have a ~** se reposer. **-3.** [support] support *m*, appui *m*. ◇ *vt* **-1.** [relax] faire OR laisser reposer. **-2.** [support]: **to ~ sthg on/against** appuyer qqch sur/contre. **-3.** *phr*: **~ assured** soyez certain(e). ◇ *vi* **-1.** [relax] se reposer. **-2.** [be supported]: **to ~ on/against** s'appuyer sur/contre. **-3.** *fig* [argument, result]: **to ~ on** reposer sur.

restaurant ['restərɒnt] *n* restaurant *m*.

restaurant car *n Br* wagon-restaurant *m*.

restful ['restful] *adj* reposant(e).

rest home *n* maison *f* de repos.

restive ['restɪv] *adj* agité(e).

restless ['restlɪs] *adj* agité(e).

restoration [,restə'reɪʃn] *n* **-1.** [of law and order, monarchy] rétablissement *m*. **-2.** [renovation] restauration *f*.

restore [rɪ'stɔːʳ] *vt* **-1.** [law and order, monarchy] rétablir; [confidence] redonner. **-2.** [renovate] restaurer. **-3.** [give back] rendre, restituer.

restrain [rɪ'streɪn] *vt* [person, crowd] contenir, retenir; [emotions] maîtriser, contenir; **to ~ o.s. from doing sthg** se retenir de faire qqch.

restrained [rɪ'streɪnd] *adj* [tone] mesuré(e); [person] qui sait se dominer.

restraint [rɪ'streɪnt] *n* **-1.** [restriction] restriction *f*, entrave *f*. **-2.** (*U*) [self-control] mesure *f*, retenue *f*.

restrict [rɪ'strɪkt] *vt* restreindre, limiter.

restriction [rɪ'strɪkʃn] *n* restriction *f*, limitation *f*.

restrictive [rɪ'strɪktɪv] *adj* restrictif(ive).

rest room *n* *Am* toilettes *fpl*.

result [rɪ'zʌlt] ◇ *n* résultat *m*; **as a ~** en conséquence; **as a ~ of** [as a consequence of] à la suite de; [because of] à cause de. ◇ *vi* **-1.** [cause]: **to ~ in** aboutir à. **-2.** [be caused]: **to ~ (from)** résulter (de).

resume [rɪ'zjuːm] *vt & vi* reprendre.

résumé ['rezjuːmeɪ] *n* **-1.** [summary] résumé *m*. **-2.** *Am* [curriculum vitae] curriculum vitae *m inv*, CV *m*.

resumption [rɪ'zʌmpʃn] *n* reprise *f*.

resurgence [rɪ'sɜːdʒəns] *n* réapparition *f*.

resurrection [,rezə'rekʃn] *n fig* résurrection *f*.

resuscitation [rɪ,sʌsɪ'teɪʃn] *n* réanimation *f*.

retail ['riːteɪl] ◇ *n* (*U*) détail *m*. ◇ *adv* au détail.

retailer ['riːteɪləʳ] *n* détaillant *m*, -e *f*.

retail price *n* prix *m* de détail.

retain [rɪ'teɪn] *vt* conserver.

retainer [rɪ'teɪnəʳ] *n* [fee] provision *f*.

retaliate [rɪ'tælɪeɪt] *vi* rendre la pareille, se venger.

retaliation [rɪ,tælɪ'eɪʃn] *n* (*U*) vengeance *f*, représailles *fpl*.

retarded [rɪ'tɑːdɪd] *adj* retardé(e).

retch [retʃ] *vi* avoir des haut-le-cœur.

retentive [rɪ'tentɪv] *adj* [memory] fidèle.

reticent ['retɪsənt] *adj* peu communicatif(ive); **to be ~ about sthg** ne pas beaucoup parler de qqch.

retina ['retɪnə] (*pl* **-nas** OR **-nae** [-niː]) *n* rétine *f*.

retinue ['retɪnjuː] *n* suite *f*.

retire [rɪ'taɪəʳ] *vi* **-1.** [from work] prendre sa retraite. **-2.** [withdraw] se retirer. **-3.** [to bed] (aller) se coucher.

retired [rɪ'taɪəd] *adj* à la retraite, retraité(e).

retirement [rɪ'taɪəmənt] *n* retraite *f*.

retiring [rɪ'taɪərɪŋ] *adj* [shy] réservé(e).

retort [rɪ'tɔːt] ◇ *n* [sharp reply] riposte *f*. ◇ *vt* riposter.

retrace [rɪ'treɪs] *vt*: **to ~ one's steps** revenir sur ses pas.

retract [rɪ'trækt] ◇ *vt* **-1.** [statement] rétracter. **-2.** [undercarriage] rentrer, escamoter; [claws] rentrer. ◇ *vi* [undercarriage] rentrer, s'escamoter.

retrain [,riː'treɪn] *vt* recycler.

retraining [,riː'treɪnɪŋ] *n* recyclage *m*.

retread ['riːtred] *n* pneu *m* rechapé.

retreat [rɪ'triːt] ◇ *n* retraite *f*. ◇ *vi* [move away] se retirer; MIL battre en retraite.

retribution [,retrɪ'bjuːʃn] *n* châtiment *m*.

retrieval [rɪ'triːvl] *n* (*U*) COMPUT recherche *f* et extraction *f*.

retrieve [rɪ'triːv] *vt* **-1.** [get back] récupérer. **-2.** COMPUT rechercher et extraire. **-3.** [situation] sauver.

retriever [rɪ'triːvəʳ] *n* [dog] retriever *m*.

retrograde ['retrəgreɪd] *adj* rétrograde.

retrospect ['retrəspekt] *n*: **in ~** après coup.

retrospective [,retrə'spektɪv] *adj* **-1.** [mood, look] rétrospectif(ive). **-2.** JUR [law, pay rise] rétroactif(ive).

return [rɪ'tɜːn] ◇ *n* **-1.** (*U*) [arrival back, giving back] retour *m*. **-2.** TENNIS renvoi *m*. **-3.** *Br* [ticket] aller (et) re-

tour m. **-4.** [profit] rapport m, rendement m. ◇ vt **-1.** [gen] rendre; [a loan] rembourser; [library book] rapporter. **-2.** [send back] renvoyer. **-3.** [replace] remettre. **-4.** ◇ vi [come back] revenir; [go back] retourner.

◆ **returns** npl COMM recettes fpl; **many happy ~s (of the day)!** bon anniversaire!

◆ **in return** adv en retour, en échange.

◆ **in return for** prep en échange de.

return ticket n Br aller (et) retour m.

reunification [,riːjuːnɪfɪˈkeɪʃn] n réunification f.

reunion [,riːˈjuːnjən] n réunion f.

reunite [,riːjuˈnaɪt] vt: **to be ~d with sb** retrouver qqn.

rev [rev] inf ◇ n (abbr of **revolution**) tour m. ◇ vt [the engine (up)] emballer le moteur. ◇ vi: **to ~ (up)** s'emballer.

revamp [,riːˈvæmp] vt inf [system, department] réorganiser; [house] retaper.

reveal [rɪˈviːl] vt révéler.

revealing [rɪˈviːlɪŋ] adj **-1.** [clothes - low-cut] décolleté(e); [- transparent] qui laisse deviner le corps. **-2.** [comment] révélateur(trice).

reveille [Br rɪˈvælɪ, Am ˈrevəlɪ] n réveil m.

revel [ˈrevl] vi: **to ~ in sthg** se délecter de qqch.

revelation [,revəˈleɪʃn] n révélation f.

revenge [rɪˈvendʒ] ◇ n vengeance f; **to take ~ (on sb)** se venger (de qqn). ◇ vt venger; **to ~ o.s. on sb** se venger de qqn.

revenue [ˈrevənjuː] n revenu m.

reverberate [rɪˈvɜːbəreɪt] vi retentir, se répercuter; fig avoir des répercussions.

reverberations [rɪ,vɜːbəˈreɪʃnz] npl réverbérations fpl; fig répercussions fpl.

revere [rɪˈvɪər] vt révérer, vénérer.

reverence [ˈrevərəns] n révérence f, vénération f.

Reverend [ˈrevərənd] n révérend m.

reverie [ˈrevərɪ] n rêverie f.

reversal [rɪˈvɜːsl] n **-1.** [of policy, decision] revirement m. **-2.** [ill fortune] revers m de fortune.

reverse [rɪˈvɜːs] ◇ adj [order, process] inverse. ◇ n **-1.** AUT: **~ (gear)** marche f arrière. **-2.** [opposite]: **the ~** le contraire. **-3.** [back]: **the ~** [of paper] le verso, le dos; [of coin] le revers. ◇ vt **-1.** [order, positions] inverser; [decision, trend] renverser. **-2.** [turn over] retourner. **-3.** Br TELEC: **to ~ the charges** téléphoner en PCV. ◇ vi AUT faire marche arrière.

reverse-charge call n Br appel m en PCV.

reversing light [rɪˈvɜːsɪŋ-] n Br feu m de marche arrière.

revert [rɪˈvɜːt] vi: **to ~ to** retourner à.

review [rɪˈvjuː] ◇ n **-1.** [of salary, spending] révision f; [of situation] examen m. **-2.** [of book, play etc] critique f, compte rendu m. ◇ vt **-1.** [salary] réviser; [situation] examiner. **-2.** [book, play etc] faire la critique de. **-3.** [troops] passer en revue. **-4.** Am [study again] réviser.

reviewer [rɪˈvjuːər] n critique mf.

revile [rɪˈvaɪl] vt injurier.

revise [rɪˈvaɪz] ◇ vt **-1.** [reconsider] modifier. **-2.** [rewrite] corriger. **-3.** Br [study again] réviser. ◇ vi Br: **to ~ (for)** réviser (pour).

revision [rɪˈvɪʒn] n révision f.

revitalize, -ise [,riːˈvaɪtəlaɪz] vt revitaliser.

revival [rɪˈvaɪvl] n [of economy, trade] reprise f; [of interest] regain m.

revive [rɪˈvaɪv] ◇ vt **-1.** [person] ranimer. **-2.** fig [economy] relancer; [interest] faire renaître; [tradition] rétablir; [musical, play] reprendre; [memories] ranimer, raviver. ◇ vi **-1.** [person] reprendre connaissance. **-2.** fig [economy] repartir, reprendre; [hopes] renaître.

revolt [rɪˈvəʊlt] ◇ n révolte f. ◇ vt révolter, dégoûter. ◇ vi se révolter.

revolting [rɪˈvəʊltɪŋ] adj dégoûtant(e); [smell] infect(e).

revolution [,revə'lu:ʃn] *n* **-1.** [gen] révolution *f*. **-2.** TECH tour *m*, révolution *f*.

revolutionary [revə'lu:ʃnərɪ] ◇ *adj* révolutionnaire. ◇ *n* révolutionnaire *mf*.

revolve [rɪ'vɒlv] *vi*: **to ~ (around)** tourner (autour de).

revolver [rɪ'vɒlvər] *n* revolver *m*.

revolving [rɪ'vɒlvɪŋ] *adj* tournant(e); [chair] pivotant(e).

revolving door *n* tambour *m*.

revue [rɪ'vju:] *n* revue *f*.

revulsion [rɪ'vʌlʃn] *n* répugnance *f*.

reward [rɪ'wɔːd] ◇ *n* récompense *f*. ◇ *vt*: **to ~ sb (for/with sthg)** récompenser qqn (de/par qqch).

rewarding [rɪ'wɔːdɪŋ] *adj* [job] qui donne de grandes satisfactions; [book] qui vaut la peine d'être lu(e).

rewind [,ri:'waɪnd] (*pt & pp* **rewound**) *vt* [tape] rembobiner.

rewire [,ri:'waɪər] *vt* [house] refaire l'installation électrique de.

reword [,ri:'wɜːd] *vt* reformuler.

rewound [,ri:'waund] *pt & pp* → **rewind**.

rewrite [,ri:'raɪt] (*pt* **rewrote** [,ri:'rəʊt], *pp* **rewritten** [,ri:'rɪtn]) *vt* récrire.

Reykjavik ['rekjəvɪk] *n* Reykjavik.

rhapsody ['ræpsədɪ] *n* rhapsodie *f*; **to go into rhapsodies about sthg** s'extasier sur qqch.

rhetoric ['retərɪk] *n* rhétorique *f*.

rhetorical question [rɪ'tɒrɪkl-] *n* question *f* pour la forme.

rheumatism ['ruːmətɪzm] *n* (U) rhumatisme *m*.

Rhine [raɪn] *n*: **the ~** le Rhin.

rhino ['raɪnəʊ] (*pl inv* OR **-s**), **rhinoceros** [raɪ'nɒsərəs] (*pl inv* OR **-es**) *n* rhinocéros *m*.

rhododendron [,rəʊdə'dendrən] *n* rhododendron *m*.

Rhône [rəʊn] *n*: **the (River) ~** le Rhône.

rhubarb ['ruːbɑːb] *n* rhubarbe *f*.

rhyme [raɪm] ◇ *n* **-1.** [word, tech-

nique] rime *f*. **-2.** [poem] poème *m*. ◇ *vi*: **to ~ (with)** rimer (avec).

rhythm ['rɪðm] *n* rythme *m*.

rib [rɪb] *n* **-1.** ANAT côte *f*. **-2.** [of umbrella] baleine *f*; [of structure] membrure *f*.

ribbed [rɪbd] *adj* [jumper, fabric] à côtes.

ribbon ['rɪbən] *n* ruban *m*.

rice [raɪs] *n* riz *m*.

rice pudding *n* riz *m* au lait.

rich [rɪtʃ] ◇ *adj* riche; [clothes, fabrics] somptueux(euse); **to be ~ in** être riche en. ◇ *npl*: **the ~** les riches *mpl*.

♦ **riches** *npl* richesses *fpl*, richesse *f*.

richly ['rɪtʃlɪ] *adv* **-1.** [rewarded] largement; [provided] très bien. **-2.** [sumptuously] richement.

richness ['rɪtʃnɪs] *n* (U) richesse *f*.

rickets ['rɪkɪts] *n* (U) rachitisme *m*.

rickety ['rɪkətɪ] *adj* branlant(e).

rickshaw ['rɪkʃɔː] *n* pousse-pousse *m inv*.

ricochet ['rɪkəʃeɪ] (*pt & pp* **-ed** OR **-ted**, *cont* **-ing** OR **-ting**) ◇ *n* ricochet *m*. ◇ *vi*: **to ~ (off)** ricocher (sur).

rid [rɪd] (*pt* **rid** OR **-ded**, *pp* **rid**) *vt*: **to ~ sb/sthg of** débarrasser qqn/qqch de; **to get ~ of** se débarrasser de.

ridden ['rɪdn] *pp* → **ride**.

riddle ['rɪdl] *n* énigme *f*.

riddled ['rɪdld] *adj*: **to be ~ with** être criblé(e) de.

ride [raɪd] (*pt* **rode**, *pp* **ridden**) ◇ *n* promenade *f*, tour *m*; **to go for a ~** [on horse] faire une promenade à cheval; [on bike] faire une promenade à vélo; [in car] faire un tour en voiture; **to take sb for a ~** *inf fig* faire marcher qqn. ◇ *vt* **-1.** [travel on]: **to ~ a horse/a bicycle** monter à cheval/à bicyclette. **-2.** *Am* [travel in - bus, train, elevator] prendre. **-3.** [distance] parcourir, faire. ◇ *vi* [on horseback] monter à cheval, faire du cheval; [on bicycle] faire de la bicyclette OR du vélo; **to ~ in a car/bus** aller en voiture/bus.

rider ['raɪdər] *n* [of horse] cavalier *m*,

-ière f; [of bicycle] **cycliste** mf; [of motorbike] **motocycliste** mf.

ridge [rɪdʒ] n **-1.** [of mountain, roof] crête f, arête f. **-2.** [on surface] strie f.

ridicule ['rɪdɪkjuːl] ◇ n ridicule m. ◇ vt ridiculiser.

ridiculous [rɪ'dɪkjələs] adj ridicule.

riding ['raɪdɪŋ] n équitation f.

riding school n école f d'équitation.

rife [raɪf] adj répandu(e).

riffraff ['rɪfræf] n racaille f.

rifle ['raɪfl] ◇ n fusil m. ◇ vt [drawer, bag] vider.

rifle range n [indoor] stand m de tir; [outdoor] champ m de tir.

rift [rɪft] n **-1.** GEOL fissure f. **-2.** [quarrel] désaccord m.

rig [rɪg] ◇ n: **(oil)** ~ [on land] derrick m; [at sea] plate-forme f de forage. ◇ vt [match, election] truquer.

♦ **rig up** vt sep installer avec les moyens du bord.

rigging ['rɪgɪŋ] n [of ship] gréement m.

right [raɪt] ◇ adj **-1.** [correct - answer, time] juste, exact(e); [- decision, direction, idea] bon (bonne); **to be** ~ **(about)** avoir raison (au sujet de). **-2.** [morally correct] bien (inv); **to be** ~ **to do sthg** avoir raison de faire qqch. **-3.** [appropriate] qui convient. **-4.** [not left] droit(e). **-5.** Br inf [complete] véritable. ◇ n **-1.** (U) [moral correctness] bien m; **to be in the** ~ avoir raison. **-2.** [entitlement, claim] droit m; **by** ~**s** en toute justice. **-3.** [not left] droite f. ◇ adv **-1.** [correctly] correctement. **-2.** [not left] à droite. **-3.** [emphatic use]: ~ **down/up** tout en bas/en haut; ~ **here** ici (même); ~ **in the middle** en plein milieu; **go** ~ **to the end of the street** allez tout au bout de la rue; ~ **now** tout de suite; ~ **away** immédiatement. ◇ vt **-1.** [injustice, wrong] réparer. **-2.** [ship] redresser. ◇ excl bon!

♦ **Right** n POL: **the Right** la droite.

right angle n angle m droit; **to be at** ~**s (to)** faire un angle droit (avec).

righteous ['raɪtʃəs] adj [person] droit(e); [indignation] justifié(e).

rightful ['raɪtful] adj légitime.

right-hand adj de droite; ~ **side** droite f, côté m droit.

right-hand drive adj avec conduite à droite.

right-handed [-'hændɪd] adj [person] droitier(ère).

right-hand man n bras m droit.

rightly ['raɪtlɪ] adv **-1.** [answer, believe] correctement. **-2.** [behave] bien. **-3.** [angry, worried etc] à juste titre.

right of way n **-1.** AUT priorité f. **-2.** [access] droit m de passage.

right-on adj inf branché(e).

right wing n: **the** ~ la droite.

♦ **right-wing** adj de droite.

rigid ['rɪdʒɪd] adj **-1.** [gen] rigide. **-2.** [harsh] strict(e).

rigmarole ['rɪgmərəʊl] n pej **-1.** [process] comédie f. **-2.** [story] galimatias m.

rigor Am = rigour.

rigorous ['rɪgərəs] adj rigoureux(euse).

rigour Br, **rigor** Am ['rɪgəʳ] n rigueur f.

rile [raɪl] vt agacer.

rim [rɪm] n [of container] bord m; [of wheel] jante f; [of spectacles] monture f.

rind [raɪnd] n [of fruit] peau f; [of cheese] croûte f; [of bacon] couenne f.

ring [rɪŋ] (pt rang, pp vt senses 1 & 2 & vi rung, pt & pp vt sense 3 only **ringed**) ◇ n **-1.** [telephone call]: **to give sb a** ~ donner OR passer un coup de téléphone à qqn. **-2.** [sound of bell] sonnerie f. **-3.** [circular object] anneau m; [on finger] bague f; [for napkin] rond m. **-4.** [of people, trees etc] cercle m. **-5.** [for boxing] ring m. **-6.** [of criminals, spies] réseau m. ◇ vt **-1.** Br [make phone call to] téléphoner à, appeler. **-2.** [bell] (faire) sonner; **to** ~ **the doorbell** sonner à la porte. **-3.** [draw a circle round, surround] entourer. ◇ vi **-1.** Br [make phone call] téléphoner. **-2.** [bell, telephone, person] sonner; **to** ~ **for sb** sonner qqn. **-3.** [resound]: **to** ~ **with** résonner de.

◆ **ring back** *vt sep & vi Br* rappeler.
◆ **ring off** *vi Br* raccrocher.
◆ **ring up** *vt sep Br* téléphoner à, appeler.
ring binder *n* classeur *m* à anneaux.
ringing ['rɪŋɪŋ] *n* [of bell] sonnerie *f*; [in ears] tintement *m*.
ringing tone *n* sonnerie *f*.
ringleader ['rɪŋ,liːdər] *n* chef *m*.
ringlet ['rɪŋlɪt] *n* anglaise *f*.
ring road *n Br* (route *f*) périphérique *m*.
rink [rɪŋk] *n* [for ice skating] patinoire *f*; [for roller-skating] **skating** *m*.
rinse [rɪns] *vt* rincer; **to ~ one's mouth out** se rincer la bouche.
riot ['raɪət] ◇ *n* émeute *f*; **to run ~** se déchaîner. ◇ *vi* participer à une émeute.
rioter ['raɪətər] *n* émeutier *m*, -ière *f*.
riotous ['raɪətəs] *adj* [crowd] tapageur(euse); [behaviour] séditieux(ieuse); [party] bruyant(e).
riot police *npl* ≃ CRS *mpl*.
rip [rɪp] ◇ *n* déchirure *f*, accroc *m*. ◇ *vt* **-1.** [tear] déchirer. **-2.** [remove violently] arracher. ◇ *vi* se déchirer.
RIP (*abbr of* **rest in peace**) qu'il/elle repose en paix.
ripe [raɪp] *adj* mûr(e).
ripen ['raɪpn] *vt & vi* mûrir.
rip-off *n inf*: **that's a ~!** c'est de l'escroquerie OR de l'arnaque!
ripple ['rɪpl] ◇ *n* ondulation *f*, ride *f*; **a ~ of applause** des applaudissements discrets. ◇ *vt* rider.
rise [raɪz] (*pt* **rose**, *pp* **risen** ['rɪzn]) ◇ *n* **-1.** *Br* [increase] augmentation *f*, hausse *f*; [in temperature] élévation *f*, hausse *f*. **-2.** *Br* [increase in salary] augmentation *f* (de salaire). **-3.** [to power, fame] ascension *f*. **-4.** [slope] côte *f*, pente *f*. **-5.** *phr*: **to give ~ to** donner lieu à. ◇ *vi* **-1.** [move upwards] s'élever, monter; **to ~ to power** arriver au pouvoir; **to ~ to fame** devenir célèbre; **to ~ to a challenge/to the occasion** se montrer à la hauteur d'un défi/de la situation. **-2.** [from chair, bed] se lever. **-3.**

[increase - gen] monter, augmenter; [- voice, level] s'élever. **-4.** [rebel] se soulever.
rising ['raɪzɪŋ] ◇ *adj* **-1.** [ground, tide] montant(e). **-2.** [prices, inflation, temperature] en hausse. **-3.** [star, politician etc] à l'avenir prometteur. ◇ *n* [revolt] soulèvement *m*.
risk [rɪsk] ◇ *n* risque *m*, danger *m*; **at one's own ~** à ses risques et périls; **to run the ~ of doing sthg** courir le risque de faire qqch; **to take a ~** prendre un risque; **at ~** en danger. ◇ *vt* [health, life etc] risquer; **to ~ doing sthg** courir le risque de faire qqch.
risky ['rɪskɪ] *adj* risqué(e).
risqué ['rɪskeɪ] *adj* risqué(e), osé(e).
rissole ['rɪsəʊl] *n Br* rissole *f*.
rite [raɪt] *n* rite *m*.
ritual ['rɪtʃʊəl] ◇ *adj* rituel(elle). ◇ *n* rituel *m*.
rival ['raɪvl] ◇ *adj* rival(e), concurrent(e). ◇ *n* rival *m*, -e *f*. ◇ *vt* rivaliser avec.
rivalry ['raɪvlrɪ] *n* rivalité *f*.
river ['rɪvər] *n* rivière *f*, fleuve *m*.
river bank *n* berge *f*, rive *f*.
riverbed ['rɪvəbed] *n* lit *m* (de rivière OR de fleuve).
riverside ['rɪvəsaɪd] *n*: **the ~** le bord de la rivière OR du fleuve.
rivet ['rɪvɪt] ◇ *n* rivet *m*. ◇ *vt* **-1.** [fasten with rivets] river, riveter. **-2.** *fig* [fascinate]: **to be ~ed by** être fasciné(e) par.
Riviera [,rɪvɪ'eərə] *n*: **the French ~** la Côte d'Azur; **the Italian ~** la Riviera italienne.
road [rəʊd] *n* route *f*; [small] chemin *m*; [in town] rue *f*; **by ~** par la route; **on the ~ to** *fig* sur le chemin de.
roadblock ['rəʊdblɒk] *n* barrage *m* routier.
road hog *n inf pej* chauffard *m*.
road map *n* carte *f* routière.
road safety *n* sécurité *f* routière.
roadside ['rəʊdsaɪd] *n*: **the ~** le bord de la route.

road sign n panneau m routier OR de signalisation.
road tax n ≈ vignette f.
roadway ['rəʊdweɪ] n chaussée f.
road works [-wɜːks] npl travaux mpl (de réfection des routes).
roadworthy ['rəʊd,wɜːðɪ] adj en bon état de marche.
roam [rəʊm] ◇ vt errer dans. ◇ vi errer.
roar [rɔːr] ◇ vi [person, lion] rugir; [wind] hurler; [car] gronder; [plane] vrombir; **to ~ with laughter** se tordre de rire. ◇ vt hurler. ◇ n [of person, lion] rugissement m; [of traffic] grondement m; [of plane, engine] vrombissement m.
roaring ['rɔːrɪŋ] adj: **a ~ fire** une belle flambée; **~ drunk** complètement saoul(e); **to do a ~ trade** faire des affaires en or.
roast [rəʊst] ◇ adj rôti(e). ◇ n rôti m. ◇ vt -1. [meat, potatoes] rôtir. -2. [coffee, nuts etc] griller.
roast beef n rôti m de bœuf, rosbif m.
rob [rɒb] vt [person] voler; [bank] dévaliser; **to ~ sb of sthg** [money, goods] voler OR dérober qqch à qqn; [opportunity, glory] enlever qqch à qqn.
robber ['rɒbər] n voleur m, -euse f.
robbery ['rɒbərɪ] n vol m.
robe [rəʊb] n -1. [gen] robe f. -2. Am [dressing gown] peignoir m.
robin ['rɒbɪn] n rouge-gorge m.
robot ['rəʊbɒt] n robot m.
robust [rəʊ'bʌst] adj robuste.
rock [rɒk] ◇ n -1. (U) [substance] roche f. -2. [boulder] rocher m. -3. Am [pebble] caillou m. -4. [music] rock m. -5. Br [sweet] sucre m d'orge. ◇ comp [music, band] de rock. ◇ vt -1. [baby] bercer; [cradle, boat] balancer. -2. [shock] secouer. ◇ vi (se) balancer.
◆ **on the rocks** adv -1. [drink] avec de la glace OR des glaçons. -2. [marriage, relationship] près de la rupture.
rock and roll n rock m, rock and roll m.

rock bottom n: **at ~** au plus bas; **to hit ~** toucher le fond.
◆ **rock-bottom** adj [price] sacrifié(e).
rockery ['rɒkərɪ] n rocaille f.
rocket ['rɒkɪt] ◇ n -1. [gen] fusée f. -2. MIL fusée f, roquette f. ◇ vi monter en flèche.
rocket launcher [-,lɔːntʃər] n lance-fusées m inv, lance-roquettes m inv.
rocking chair ['rɒkɪŋ-] n fauteuil m à bascule, rocking-chair m.
rocking horse ['rɒkɪŋ-] n cheval m à bascule.
rock'n'roll [,rɒkən'rəʊl] = **rock and roll**.
rocky ['rɒkɪ] adj -1. [ground, road] rocailleux(euse), cailllouteux(euse). -2. fig [economy, marriage] précaire.
Rocky Mountains npl: **the ~** les montagnes fpl Rocheuses.
rod [rɒd] n [metal] tige f; [wooden] baguette f; (fishing) ~ canne f à pêche.
rode [rəʊd] pt → **ride**.
rodent ['rəʊdənt] n rongeur m.
roe [rəʊ] n (U) œufs mpl de poisson.
roe deer n chevreuil m.
rogue [rəʊg] n -1. [likeable rascal] coquin m. -2. dated [dishonest person] filou m, crapule f.
role [rəʊl] n rôle m.
roll [rəʊl] ◇ n -1. [of material, paper etc] rouleau m. -2. [of bread] petit pain m. -3. [list] liste f. -4. [of drums, thunder] roulement m. ◇ vt rouler; [log, ball etc] faire rouler. ◇ vi rouler.
◆ **roll about, roll around** vi [person] se rouler; [object] rouler çà et là.
◆ **roll over** vi se retourner.
◆ **roll up** ◇ vt sep -1. [carpet, paper etc] rouler. -2. [sleeves] retrousser. ◇ vi inf [arrive] s'amener, se pointer.
roll call n appel m.
roller ['rəʊlər] n rouleau m.
roller coaster n montagnes fpl russes.
roller skate n patin m à roulettes.
rolling ['rəʊlɪŋ] adj -1. [hills] onduleux(euse). -2. phr: **to be ~ in it** inf rouler sur l'or.
rolling pin n rouleau m à pâtisserie.

rolling stock n matériel m roulant.

roll-on adj [deodorant] à bille.

ROM [rɒm] (abbr of **read only memory**) n ROM f.

Roman ['rəʊmən] ◇ adj romain(e). ◇ n Romain m, -e f.

Roman Catholic ◇ adj catholique. ◇ n catholique mf.

romance [rəʊ'mæns] n -1. (U) [romantic quality] charme m. -2. [love affair] idylle f. -3. [book] roman m (d'amour).

Romania [ruː'meɪnjə] n Roumanie f.

Romanian [ruː'meɪnjən] ◇ adj roumain(e). ◇ n -1. [person] Roumain m, -e f. -2. [language] roumain m.

Roman numerals npl chiffres mpl romains.

romantic [rəʊ'mæntɪk] adj romantique.

Rome [rəʊm] n Rome.

romp [rɒmp] ◇ n ébats mpl. ◇ vi s'ébattre.

rompers ['rɒmpəz] npl, **romper suit** ['rɒmpə-] n barboteuse f.

roof [ruːf] n toit m; [of cave, tunnel] plafond m; **the ~ of the mouth** la voûte du palais; **to go through** OR **hit the ~** fig exploser.

roofing ['ruːfɪŋ] n toiture f.

roof rack n galerie f.

rooftop ['ruːftɒp] n toit m.

rook [rʊk] n -1. [bird] freux m. -2. [chess piece] tour f.

rookie ['rʊkɪ] n Am inf bleu m.

room [ruːm, rʊm] n -1. [in building] pièce f. -2. [bedroom] chambre f. -3. (U) [space] place f.

rooming house ['ruːmɪŋ-] n Am maison f de rapport.

roommate ['ruːmmeɪt] n camarade mf de chambre.

room service n service m dans les chambres.

roomy ['ruːmɪ] adj spacieux(ieuse).

roost [ruːst] ◇ n perchoir m, juchoir m. ◇ vi se percher, se jucher.

rooster ['ruːstər] n coq m.

root [ruːt] ◇ n racine f; fig [of problem] origine f; **to take ~** lit & fig prendre racine. ◇ vi: **to ~ through** fouiller dans.

◆ **roots** npl racines fpl.

◆ **root for** vt fus Am inf encourager.

◆ **root out** vt sep [eradicate] extirper.

rope [rəʊp] ◇ n corde f; **to know the ~s** connaître son affaire, être au courant. ◇ vt corder; [climbers] encorder.

◆ **rope in** vt sep inf fig enrôler.

rosary ['rəʊzərɪ] n rosaire m.

rose [rəʊz] ◇ pt → **rise**. ◇ adj [pink] rose. ◇ n [flower] rose f.

rosé ['rəʊzeɪ] n rosé m.

rosebud ['rəʊzbʌd] n bouton m de rose.

rose bush n rosier m.

rosemary ['rəʊzmərɪ] n romarin m.

rosette [rəʊ'zet] n rosette f.

roster ['rɒstər] n liste f, tableau m.

rostrum ['rɒstrəm] (pl **-trums** OR **-tra** [-trə]) n tribune f.

rosy ['rəʊzɪ] adj rose.

rot [rɒt] ◇ n (U) -1. [decay] pourriture f. -2. Br dated [nonsense] bêtises fpl, balivernes fpl. ◇ vt & vi pourrir.

rota ['rəʊtə] n liste f, tableau m.

rotary ['rəʊtərɪ] ◇ adj rotatif(ive). ◇ n Am [roundabout] rond-point m.

rotate [rəʊ'teɪt] ◇ vt [turn] faire tourner. ◇ vi [turn] tourner.

rotation [rəʊ'teɪʃn] n [turning movement] rotation f.

rote [rəʊt] n: **by ~** de façon machinale, par cœur.

rotten ['rɒtn] adj -1. [decayed] pourri(e). -2. inf [bad] moche. -3. inf [unwell]: **to feel ~** se sentir mal fichu(e).

rouge [ruːʒ] n rouge m à joues.

rough [rʌf] ◇ adj -1. [not smooth - surface] rugueux(euse), rêche; [- road] accidenté(e); [- sea] agité(e), houleux(euse); [- crossing] mauvais(e). -2. [person, treatment] brutal(e); [manners, conditions] rude; [area] mal fréquenté(e). -3. [guess] approximatif(ive); ~ **copy**, ~ **draft** brouillon m; ~ **sketch** ébauche f. -4. [harsh - voice, wine] âpre; [- life] dur(e); **to have a ~ time** en baver. ◇ adv: **to sleep ~** coucher à la dure. ◇ *n* **-1.** GOLF rough *m*. **-2.** [undetailed form]: **in ~** au brouillon. ◇ *vt phr*: **to ~ it** vivre à la dure.

roughage ['rʌfɪdʒ] *n* (U) fibres *fpl* alimentaires.

rough and ready *adj* rudimentaire.

roughcast ['rʌfkɑːst] *n* crépi *m*.

roughen ['rʌfn] *vt* rendre rugueux(euse) OR rêche.

roughly ['rʌflɪ] *adv* **-1.** [approximately] approximativement. **-2.** [handle, treat] brutalement. **-3.** [built, made] grossièrement.

roulette [ruː'let] *n* roulette *f*.

round [raʊnd] ◇ *adj* rond(e). ◇ *prep* autour de; **~ here** par ici; **all ~ the country** dans tout le pays; **just ~ the corner** au coin de la rue; *fig* tout près; **to go ~ sthg** [obstacle] contourner qqch; **to go ~ a museum** visiter un musée. ◇ *adv* **-1.** [surrounding]: **all ~** tout autour. **-2.** [near]: **~ about** dans le coin. **-3.** [in measurements]: **10 metres ~** 10 mètres de diamètre. **-4.** [to other side]: **to go ~** faire le tour; **to turn ~** se retourner; **to look ~** se retourner (pour regarder). **-5.** [at or to nearby place]: **come ~ and see us** venez OR passez nous voir; **he's ~ at her house** il est chez elle. **-6.** [approximately]: **~ (about)** vers, environ. ◇ *n* **-1.** [of talks etc] série *f*; **a ~ of applause** une salve d'applaudissements. **-2.** [of competition] manche *f*. **-3.** [of doctor] visites *fpl*; [of postman, milkman] tournée *f*. **-4.** [of ammunition] cartouche *f*. **-5.** [of drinks] tournée *f*. **-6.** BOXING reprise *f*, round *m*. **-7.** GOLF partie *f*. ◇ *vt* [corner] tourner; [bend] prendre.

◆ **rounds** *npl* [of doctor] visites *fpl*; **to do** OR **go the ~s** [story, joke] circuler; [illness] faire des ravages.

◆ **round off** *vt sep* terminer, conclure.

◆ **round up** *vt sep* **-1.** [gather together] rassembler. **-2.** MATH arrondir.

roundabout ['raʊndəbaʊt] ◇ *adj* détourné(e). ◇ *n Br* **-1.** [on road] rond-point *m*. **-2.** [at fairground] manège *m*.

rounders ['raʊndəz] *n Br* sorte de base-ball.

roundly ['raʊndlɪ] *adv* [beaten] complètement; [condemned etc] franchement, carrément.

round-shouldered [-'ʃəʊldəd] *adj* voûté(e).

round trip *n* aller et retour *m*.

roundup ['raʊndʌp] *n* [summary] résumé *m*.

rouse [raʊz] *vt* **-1.** [wake up] réveiller. **-2.** [impel]: **to ~ o.s. to do sthg** se forcer à faire qqch; **to ~ sb to action** pousser OR inciter qqn à agir. **-3.** [emotions] susciter, provoquer.

rousing ['raʊzɪŋ] *adj* [speech] vibrant(e), passionné(e); [welcome] enthousiaste.

rout [raʊt] ◇ *n* déroute *f*. ◇ *vt* mettre en déroute.

route [ruːt] ◇ *n* **-1.** [gen] itinéraire *m*. **-2.** *fig* [way] chemin *m*, voie *f*. ◇ *vt* [goods] acheminer.

route map *n* [for journey] croquis *m* d'itinéraire; [for buses, trains] carte *f* du réseau.

routine [ruː'tiːn] ◇ *adj* **-1.** [normal] habituel(elle), de routine. **-2.** *pej* [uninteresting] de routine. ◇ *n* routine *f*.

roving ['raʊvɪŋ] *adj* itinérant(e).

row[1] [rəʊ] ◇ *n* **-1.** [line] rangée *f*; [of seats] rang *m*. **-2.** *fig* [of defeats, victories] série *f*; **in a ~** d'affilée, de suite. ◇ *vt* [boat] faire aller à la rame; [person] transporter en canot OR bateau. ◇ *vi* ramer.

row[2] [raʊ] ◇ *n* **-1.** [quarrel] dispute *f*, querelle *f*. **-2.** *inf* [noise] vacarme *m*, raffut *m*. ◇ *vi* [quarrel] se disputer, se quereller.

rowboat ['rəʊbəʊt] *n Am* canot *m*.

rowdy ['raʊdɪ] *adj* chahuteur(euse), tapageur(euse).

row house [rəʊ-] *n Am* maison attenante aux maisons voisines.

rowing ['rəʊɪŋ] *n* SPORT aviron *m*.

rowing boat *n Br* canot *m*.

royal ['rɔɪəl] ◇ *adj* royal(e). ◇ *n inf* membre *m* de la famille royale.

Royal Air Force n: the ~ l'armée f de l'air britannique.

royal family n famille f royale.

Royal Mail n Br: the ~ ≃ la Poste.

Royal Navy n: the ~ la marine de guerre britannique.

royalty ['rɔɪəltɪ] n royauté f.

◆ **royalties** npl droits mpl d'auteur.

rpm npl (abbr of **revolutions per minute**) tours mpl par minute, tr/min.

RSPCA (abbr of **Royal Society for the Prevention of Cruelty to Animals**) n société britannique protectrice des animaux, ≃ SPA f.

RSVP (abbr of **répondez s'il vous plaît**) RSVP.

Rt Hon (abbr of **Right Honourable**) expression utilisée pour des titres nobiliaires.

rub [rʌb] ◇ vt frotter; **to ~ sthg in** [cream etc] faire pénétrer qqch (en frottant); **to ~ one's eyes/hands** se frotter les yeux/les mains; **to ~ sb up the wrong way** Br, **to ~ sb the wrong way** Am fig prendre qqn à rebrousse-poil. ◇ vi frotter.

◆ **rub off on** vt fus [subj: quality] déteindre sur.

◆ **rub out** vt sep [erase] effacer.

rubber ['rʌbər] ◇ adj en caoutchouc. ◇ n -1. [substance] caoutchouc m. -2. Br [eraser] gomme f. -3. Am inf [condom] préservatif m. -4. [in bridge] robre m, rob m.

rubber band n élastique m.

rubber plant n caoutchouc m.

rubber stamp n tampon m.

◆ **rubber-stamp** vt fig approuver sans discussion.

rubbish ['rʌbɪʃ] ◇ n (U) -1. [refuse] détritus mpl, ordures fpl. -2. inf fig [worthless objects] camelote f; **the play was** ~ la pièce était nulle. -3. inf [nonsense] bêtises fpl, inepties fpl. ◇ vt inf débiner.

rubbish bin n Br poubelle f.

rubbish dump n Br dépotoir m.

rubble ['rʌbl] n (U) décombres mpl.

ruby ['ru:bɪ] n rubis m.

rucksack ['rʌksæk] n sac m à dos.

ructions ['rʌkʃnz] npl inf grabuge m.

rudder ['rʌdər] n gouvernail m.

ruddy ['rʌdɪ] adj -1. [complexion, face] coloré(e). -2. Br inf dated [damned] sacré(e).

rude [ru:d] adj -1. [impolite - gen] impoli(e); [- word] grossier(ière); [- noise] incongru(e). -2. [sudden]: **it was a ~ awakening** le réveil fut pénible.

rudimentary [,ru:dɪ'mentərɪ] adj rudimentaire.

rueful ['ru:ful] adj triste.

ruffian ['rʌfjən] n voyou m.

ruffle ['rʌfl] vt -1. [hair] ébouriffer; [water] troubler. -2. [person] froisser; [composure] faire perdre.

rug [rʌg] n -1. [carpet] tapis m. -2. [blanket] couverture f.

rugby ['rʌgbɪ] n rugby m.

rugged ['rʌgɪd] adj -1. [landscape] accidenté(e); [features] rude. -2. [vehicle etc] robuste.

rugger ['rʌgər] n Br inf rugby m.

ruin ['ru:ɪn] ◇ n ruine f. ◇ vt ruiner; [clothes, shoes] abîmer.

◆ **in ruin(s)** adv lit & fig en ruine.

rule [ru:l] ◇ n -1. [gen] règle f; **as a ~** en règle générale. -2. [regulation] règlement m. -3. (U) [control] autorité f. ◇ vt -1. [control] dominer. -2. [govern] gouverner. -3. [decide]: **to ~ (that)** ... décider que .... ◇ vi -1. [give decision - gen] décider; [- JUR] statuer. -2. fml [be paramount] prévaloir. -3. [king, queen] régner; POL gouverner.

◆ **rule out** vt sep exclure, écarter.

ruled [ru:ld] adj [paper] réglé(e).

ruler ['ru:lər] n -1. [for measurement] règle f. -2. [leader] chef m d'État.

ruling ['ru:lɪŋ] ◇ adj au pouvoir. ◇ n décision f.

rum [rʌm] n rhum m.

Rumania [ru:'meɪnjə] = **Romania**.

Rumanian [ru:'meɪnjən] = **Romanian**.

rumble ['rʌmbl] ◇ n [thunder, traffic] grondement m; [in stomach] gargouillement m. ◇ vi [thunder, traffic] gronder; [stomach] gargouiller.

rummage ['rʌmɪdʒ] vi fouiller.

rumour *Br*, **rumor** *Am* ['ru:mə'] *n* rumeur *f*.

rumoured *Br*, **rumored** *Am* ['ru:məd] *adj*: **he is ~ to be very wealthy** le bruit court OR on dit qu'il est très riche.

rump [rʌmp] *n* **-1.** [of animal] croupe *f*. **-2.** *inf* [of person] derrière *m*.

rump steak *n* romsteck *m*.

rumpus ['rʌmpəs] *n inf* chahut *m*.

run [rʌn] (*pt* ran, *pp* run) ◇ *n* **-1.** [on foot] course *f*; **to go for a ~** faire un petit peu de course à pied; **on the ~** en fuite, en cavale. **-2.** [in car - for pleasure] tour *m*; [- journey] trajet *m*. **-3.** [series] suite *f*, série *f*; **a ~ of bad luck** une période de déveine; **in the short/long ~** à court/long terme. **-4.** THEATRE: **to have a long ~** tenir longtemps l'affiche. **-5.** [great demand]: **~ on** ruée *f* sur. **-6.** [in tights] échelle *f*. **-7.** [in cricket, baseball] point *m*. **-8.** [track - for skiing, bobsleigh] piste *f*. ◇ *vt* **-1.** [race, distance] courir. **-2.** [manage - business] diriger; [- shop, hotel] tenir; [- course] organiser. **-3.** [operate] faire marcher. **-4.** [car] avoir, entretenir. **-5.** [water, bath] faire couler. **-6.** [publish] publier. **-7.** *inf* [drive]: **can you ~ me to the station?** tu peux m'amener OR me conduire à la gare? **-8.** [move]: **to ~ sthg along/over sthg** passer qqch le long de/sur qqch. ◇ *vi* **-1.** [on foot] courir. **-2.** [pass - road, river, pipe] passer; **to ~ through sthg** traverser qqch. **-3.** *Am* [in election]: **to ~ (for)** être candidat (à). **-4.** [operate - machine, factory] marcher; [- engine] tourner; **everything is running smoothly** tout va comme sur des roulettes, tout va bien; **to ~ on sthg** marcher à qqch; **to ~ off sthg** marcher à qqch. **-5.** [bus, train] faire le service; **trains ~ every hour** il y a un train toutes les heures. **-6.** [flow] couler; **my nose is running** j'ai le nez qui coule. **-7.** [colour] déteindre; [ink] baver. **-8.** [continue - contract, insurance policy] être valide; [- THEATRE] se jouer.

◆ **run across** *vt fus* [meet] tomber sur.

◆ **run away** *vi* [flee]: **to ~ away (from)** s'enfuir (de); **to ~ away from home** faire une fugue.

◆ **run down** ◇ *vt sep* **-1.** [in vehicle] renverser. **-2.** [criticize] dénigrer. **-3.** [production] restreindre; [industry] réduire l'activité de. ◇ *vi* [clock] s'arrêter; [battery] se décharger.

◆ **run into** *vt fus* **-1.** [encounter - problem] se heurter à; [- person] tomber sur. **-2.** [in vehicle] rentrer dans.

◆ **run off** ◇ *vt sep* [a copy] tirer. ◇ *vi*: **to ~ off (with)** s'enfuir (avec).

◆ **run out** *vi* **-1.** [food, supplies] s'épuiser; **time is running out** il ne reste plus beaucoup de temps. **-2.** [licence, contract] expirer.

◆ **run out of** *vt fus* manquer de; **to ~ out of petrol** tomber en panne d'essence, tomber en panne sèche.

◆ **run over** *vt sep* renverser.

◆ **run through** *vt fus* **-1.** [practise] répéter. **-2.** [read through] parcourir.

◆ **run to** *vt fus* [amount to] monter à, s'élever à.

◆ **run up** *vt fus* [bill, debt] laisser accumuler.

◆ **run up against** *vt fus* se heurter à.

runaway ['rʌnəweɪ] ◇ *adj* [train, lorry] fou (folle); [horse] emballé(e); [victory] haut la main; [inflation] galopant(e). ◇ *n* fuyard *m*, -ive *f*.

rundown ['rʌndaun] *n* **-1.** [report] bref résumé *m*. **-2.** [of industry] réduction *f* délibérée.

◆ **run-down** *adj* **-1.** [building] délabré(e). **-2.** [person] épuisé(e).

rung [rʌŋ] ◇ *pp* → **ring**. ◇ *n* échelon *m*, barreau *m*.

runner ['rʌnə'] *n* **-1.** [athlete] coureur *m*, -euse *f*. **-2.** [of guns, drugs] contrebandier *m*. **-3.** [of sledge] patin *m*; [for car seat] glissière *f*; [for drawer] coulisseau *m*.

runner bean *n Br* haricot *m* à rames.

runner-up (*pl* **runners-up**) *n* second *m*, -e *f*.

running ['rʌnɪŋ] ◇ *adj* **-1.** [argument, battle] continu(e). **-2.** [consecutive]: **three weeks ~** trois semaines de suite. **-3.** [water] courant(e). ◇ *n* **-1.** (*U*) SPORT course *f*; **to go ~** faire de la course. **-2.** [management] direction *f*, administration *f*. **-3.** [of machine] marche *f*, fonctionnement *m*. **-4.** *phr*: **to be in the ~ (for)** avoir des chances de réussir (dans); **to be out of the ~ (for)** n'avoir aucune chance de réussir (dans).

runny ['rʌnɪ] *adj* **-1.** [food] liquide. **-2.** [nose] qui coule.

run-of-the-mill *adj* banal(e), ordinaire.

runt [rʌnt] *n* avorton *m*.

run-up *n* **-1.** [preceding time]: **in the ~ to sthg** dans la période qui précède qqch. **-2.** SPORT course *f* d'élan.

runway ['rʌnweɪ] *n* piste *f*.

rupture ['rʌptʃə'] *n* rupture *f*.

rural ['ruərəl] *adj* rural(e).

ruse [ruːz] *n* ruse *f*.

rush [rʌʃ] ◇ *n* **-1.** [hurry] hâte *f*. **-2.** [surge] ruée *f*, bousculade *f*; **to make a ~ for sthg** se ruer OR se précipiter vers qqch; **a ~ of air** une bouffée d'air. **-3.** [demand]: **~ (on OR for)** ruée *f* (sur). ◇ *vt* **-1.** [hurry - work] faire à la hâte; [- person] bousculer; [- meal] expédier. **-2.** [send quickly] transporter OR envoyer d'urgence. **-3.** [attack suddenly] prendre d'assaut. ◇ *vi* **-1.** [hurry] se dépêcher; **to ~ into sthg** faire qqch sans réfléchir. **-2.** [move quickly, suddenly] se précipiter, se ruer; **the blood ~ed to her head** le sang lui monta à la tête.

◆ **rushes** *npl* BOT joncs *mpl*.

rush hour *n* heures *fpl* de pointe OR d'affluence.

rusk [rʌsk] *n* biscotte *f*.

Russia ['rʌʃə] *n* Russie *f*.

Russian ['rʌʃn] ◇ *adj* russe. ◇ *n* **-1.** [person] Russe *mf*. **-2.** [language] russe *m*.

rust [rʌst] ◇ *n* rouille *f*. ◇ *vi* se rouiller.

rustic ['rʌstɪk] *adj* rustique.

rustle ['rʌsl] ◇ *vt* **-1.** [paper] froisser. **-2.** *Am* [cattle] voler. ◇ *vi* [leaves] bruire; [papers] produire un froissement.

rusty ['rʌstɪ] *adj lit* & *fig* rouillé(e).

rut [rʌt] *n* ornière *f*; **to get into a ~** s'encroûter; **to be in a ~** être prisonnier de la routine.

ruthless ['ruːθlɪs] *adj* impitoyable.

RV *n Am* (*abbr of* **recreational vehicle**) camping-car *m*.

rye [raɪ] *n* [grain] seigle *m*.

rye bread *n* pain *m* de seigle.

S

s (*pl* **ss** OR **s's**), **S** (*pl* **Ss** OR **S's**) [es] *n* [letter] **s** *m inv*, **S** *m inv*.
◆ **S** (*abbr of* **south**) S.

Sabbath ['sæbəθ] *n*: **the ~** le sabbat.

sabbatical [sə'bætɪkl] *n* année *f* sabbatique; **to be on ~** faire une année sabbatique.

sabotage ['sæbətɑːʒ] ◇ *n* sabotage *m*. ◇ *vt* saboter.

saccharin(e) ['sækərɪn] *n* saccharine *f*.

sachet ['sæʃeɪ] *n* sachet *m*.

sack [sæk] ◇ *n* **-1.** [bag] sac *m*. **-2.** *Br inf* [dismissal]: **to get** OR **be given the ~** être renvoyé(e), se faire virer. ◇ *vt* *Br inf* [dismiss] renvoyer, virer.

sacking ['sækɪŋ] *n* [fabric] toile *f* à sac.

sacred ['seɪkrɪd] *adj* sacré(e).

sacrifice ['sækrɪfaɪs] *lit* & *fig* ◇ *n* sacrifice *m*. ◇ *vt* sacrifier.

sacrilege ['sækrɪlɪdʒ] *n lit* & *fig* sacrilège *m*.

sacrosanct ['sækrəʊsæŋkt] *adj* sacrosaint(e).

sad [sæd] *adj* triste.

sadden ['sædn] *vt* attrister, affliger.

saddle ['sædl] ◇ *n* selle *f*. ◇ *vt* **-1.** [horse] seller. **-2.** *fig* [burden]: **to ~ sb with sthg** coller qqch à qqn.

saddlebag ['sædlbæg] *n* sacoche *f*.

sadistic [sə'dɪstɪk] *adj* sadique.
sadly ['sædlɪ] *adv* **-1.** [unhappily] tristement. **-2.** [unfortunately] malheureusement.
sadness ['sædnɪs] *n* tristesse *f*.
s.a.e., sae *abbr of* **stamped addressed envelope**.
safari [sə'fɑːrɪ] *n* safari *m*.
safe [seɪf] ◇ *adj* **-1.** [not dangerous - gen] sans danger; [- driver, play, guess] prudent(e); **it's ~ to say (that)** ... on peut dire à coup sûr que .... **-2.** [not in danger] hors de danger, en sécurité; **~ and sound** sain et sauf (saine et sauve). **-3.** [not risky - bet, method] sans risque; [- investment] sûr(e); **to be on the ~ side** par précaution. ◇ *n* coffre-fort *m*.
safe-conduct *n* sauf-conduit *m*.
safe-deposit box *n* coffre-fort *m*.
safeguard ['seɪfgɑːd] ◇ *n*: **~ (against)** sauvegarde *f* (contre). ◇ *vt*: **to ~ sb/ sthg (against)** sauvegarder qqn/qqch (contre), protéger qqn/qqch (contre).
safekeeping [,seɪf'kiːpɪŋ] *n* bonne garde *f*.
safely ['seɪflɪ] *adv* **-1.** [not dangerously] sans danger. **-2.** [not in danger] en toute sécurité, à l'abri du danger. **-3.** [arrive - person] à bon port, sain et sauf (saine et sauve); [- parcel] à bon port. **-4.** [for certain]: **I can ~ say (that)** ... je peux dire à coup sûr que ....
safe sex *n* sexe *m* sans risque, S.S.R. *m*.
safety ['seɪftɪ] *n* sécurité *f*.
safety belt *n* ceinture *f* de sécurité.
safety pin *n* épingle *f* de sûreté OR de nourrice.
saffron ['sæfrən] *n* safran *m*.
sag [sæg] *vi* [sink downwards] s'affaisser, fléchir.
sage [seɪdʒ] ◇ *adj* sage. ◇ *n* **-1.** (U) [herb] sauge *f*. **-2.** [wise man] sage *m*.
Sagittarius [,sædʒɪ'teərɪəs] *n* Sagittaire *m*.
Sahara [sə'hɑːrə] *n*: **the ~ (Desert)** le (désert du) Sahara.
said [sed] *pt & pp* → **say**.

sail [seɪl] ◇ *n* **-1.** [of boat] voile *f*; **to set ~** faire voile, prendre la mer. **-2.** [journey] tour *m* en bateau. ◇ *vt* **-1.** [boat] piloter, manœuvrer. **-2.** [sea] parcourir. ◇ *vi* **-1.** [person - gen] aller en bateau; [- SPORT] faire de la voile. **-2.** [boat - move] naviguer; [- leave] partir, prendre la mer. **-3.** *fig* [through air] voler.
◆ **sail through** *vt fus fig* réussir les doigts dans le nez.
sailboat *Am* = **sailing boat**.
sailing ['seɪlɪŋ] *n* **-1.** (U) SPORT voile *f*; **to go ~** faire de la voile. **-2.** [departure] départ *m*.
sailing boat *Br*, **sailboat** *Am* ['seɪlbəʊt] *n* bateau *m* à voiles, voilier *m*.
sailing ship *n* voilier *m*.
sailor ['seɪlər] *n* marin *m*, matelot *m*.
saint [seɪnt] *n* saint *m*, -e *f*.
saintly ['seɪntlɪ] *adj* [person] saint(e); [life] de saint.
sake [seɪk] *n*: **for the ~ of sb** par égard pour qqn, pour (l'amour de) qqn; **for the children's ~** pour les enfants; **for the ~ of argument** à titre d'exemple; **for God's** OR **heaven's ~** pour l'amour de Dieu OR du ciel.
salad ['sæləd] *n* salade *f*.
salad bowl *n* saladier *m*.
salad cream *n Br* sorte de mayonnaise douce.
salad dressing *n* vinaigrette *f*.
salami [sə'lɑːmɪ] *n* salami *m*.
salary ['sælərɪ] *n* salaire *m*, traitement *m*.
sale [seɪl] *n* **-1.** [gen] vente *f*; **on ~** en vente; **(up) for ~** à vendre. **-2.** [at reduced prices] soldes *mpl*.
◆ **sales** *npl* **-1.** [quantity sold] ventes *fpl*. **-2.** [at reduced prices]: **the ~s** les soldes *mpl*.
saleroom *Br* ['seɪlrom], **salesroom** *Am* ['seɪlzrom] *n* salle *f* des ventes.
sales assistant ['seɪlz-], **salesclerk** ['seɪlzklɜːrk] *Am n* vendeur *m*, -euse *f*.
salesman ['seɪlzmən] (*pl* **-men** [-mən]) *n* [in shop] vendeur *m*; [travelling] représentant *m* de commerce.

sales rep n inf représentant m de commerce.

salesroom Am = saleroom.

saleswoman ['seɪlz,wʊmən] (pl -women [-,wɪmɪn]) n [in shop] vendeuse f; [travelling] représentante f de commerce.

salient ['seɪljənt] adj fml qui ressort.

saliva [sə'laɪvə] n salive f.

sallow ['sæləʊ] adj cireux(euse).

salmon ['sæmən] (pl inv OR -s) n saumon m.

salmonella [,sælmə'nelə] n salmonelle f.

salon ['sælɒn] n salon m.

saloon [sə'luːn] n -1. Br [car] berline f. -2. Am [bar] saloon m. -3. Br [in pub]: ~ (bar) bar m. -4. [in ship] salon m.

salt [sɔːlt, sɒlt] ◇ n sel m. ◇ vt [food] saler; [roads] mettre du sel sur.
◆ **salt away** vt sep mettre de côté.

salt cellar Br, **salt shaker** Am [-,ʃeɪkər] n salière f.

saltwater ['sɔːlt,wɔːtər] ◇ n eau f de mer. ◇ adj de mer.

salty ['sɔːltɪ] adj [food] salé(e); [water] saumâtre.

salutary ['sæljʊtrɪ] adj salutaire.

salute [sə'luːt] ◇ n salut m. ◇ vt saluer. ◇ vi faire un salut.

salvage ['sælvɪdʒ] ◇ n (U) -1. [rescue of ship] sauvetage m. -2. [property rescued] biens mpl sauvés. ◇ vt sauver.

salvation [sæl'veɪʃn] n salut m.

Salvation Army n: the ~ l'Armée f du Salut.

same [seɪm] ◇ adj même; she was wearing the ~ jumper as I was elle portait le même pull que moi; at the ~ time en même temps; one and the ~ un seul et même (une seule et même). ◇ pron: the ~ le même (la même), les mêmes (pl); I'll have the ~ as you je prendrai la même chose que toi; she earns the ~ as I do elle gagne autant que moi; to do the ~ faire de même, en faire autant; all OR just the ~ [anyway] quand même, tout de même; it's all the ~ to me ça m'est égal; its not the ~ ce n'est pas

pareil. ◇ adv: the ~ [treat, spelled] de la même manière.

sample ['sɑːmpl] ◇ n échantillon m. ◇ vt [taste] goûter.

sanatorium (pl -riums OR -ria [-rɪə]), **sanitorium** Am (pl -riums OR -ria [-rɪə]) [,sænə'tɔːrɪəm] n sanatorium m.

sanctimonious [,sæŋktɪ'məʊnjəs] adj moralisateur(trice).

sanction ['sæŋkʃn] ◇ n sanction f. ◇ vt sanctionner.

sanctity ['sæŋktətɪ] n sainteté f.

sanctuary ['sæŋktʃʊərɪ] n -1. [for birds, wildlife] réserve f. -2. [refuge] asile m.

sand [sænd] ◇ n sable m. ◇ vt [wood] poncer.

sandal ['sændl] n sandale f.

sandalwood ['sændlwʊd] n (bois m de) santal m.

sandbox Am = sandpit.

sandcastle ['sænd,kɑːsl] n château m de sable.

sand dune n dune f.

sandpaper ['sænd,peɪpər] ◇ n (U) papier m de verre. ◇ vt poncer (au papier de verre).

sandpit Br ['sændpɪt], **sandbox** Am ['sændbɒks] n bac m à sable.

sandstone ['sændstəʊn] n grès m.

sandwich ['sænwɪdʒ] ◇ n sandwich m. ◇ vt fig: to be ~ed between être (pris(e)) en sandwich entre.

sandwich board n panneau m publicitaire (d'homme sandwich ou posé comme un tréteau).

sandwich course n Br stage m de formation professionnelle.

sandy ['sændɪ] adj -1. [beach] de sable; [earth] sableux(euse). -2. [sand-coloured] sable (inv).

sane [seɪn] adj -1. [not mad] sain(e) d'esprit. -2. [sensible] raisonnable, sensé(e).

sang [sæŋ] pt → sing.

sanitary ['sænɪtrɪ] adj -1. [method, system] sanitaire. -2. [clean] hygiénique, salubre.

sanitary towel, **sanitary napkin** Am n serviette f hygiénique.

sanitation [ˌsænɪ'teɪʃn] n (U) [in house] installations fpl sanitaires.

sanitorium Am = sanatorium.

sanity ['sænətɪ] n (U) -1. [saneness] santé f mentale, raison f. -2. [good sense] bon sens m.

sank [sæŋk] pt → sink.

Santa (Claus) ['sæntə(ˌklɔːz)] n le père Noël.

sap [sæp] ◇ n [of plant] sève f. ◇ vt [weaken] saper.

sapling ['sæplɪŋ] n jeune arbre m.

sapphire ['sæfaɪəʳ] n saphir m.

sarcastic [sɑː'kæstɪk] adj sarcastique.

sardine [sɑː'diːn] n sardine f.

Sardinia [sɑː'dɪnjə] n Sardaigne f.

sardonic [sɑː'dɒnɪk] adj sardonique.

SAS (abbr of **Special Air Service**) n commando d'intervention spéciale de l'armée britannique.

SASE abbr of self-addressed stamped envelope.

sash [sæʃ] n [of cloth] écharpe f.

sat [sæt] pt & pp → sit.

SAT [sæt] n -1. (abbr of **Standard Assessment Test**) examen national en Grande-Bretagne pour les élèves de 7 ans, 11 ans et 14 ans. -2. (abbr of **Scholastic Aptitude Test**) examen d'entrée à l'université aux Etats-Unis.

Satan ['seɪtn] n Satan m.

satchel ['sætʃəl] n cartable m.

satellite ['sætəlaɪt] ◇ n satellite m. ◇ comp -1. [link] par satellite; ~ **dish** antenne f parabolique. -2. [country, company] satellite.

satellite TV n télévision f par satellite.

satin ['sætɪn] ◇ n satin m. ◇ comp [sheets, pyjamas] de OR en satin; [wallpaper, finish] satiné(e).

satire ['sætaɪəʳ] n satire f.

satisfaction [ˌsætɪs'fækʃn] n satisfaction f.

satisfactory [ˌsætɪs'fæktərɪ] adj satisfaisant(e).

satisfied ['sætɪsfaɪd] adj [happy]: ~ **(with)** satisfait(e) (de).

satisfy ['sætɪsfaɪ] vt -1. [gen] satisfaire.

-2. [convince] convaincre, persuader; **to ~ sb that** convaincre qqn que.

satisfying ['sætɪsfaɪɪŋ] adj satisfaisant(e).

satsuma [ˌsæt'suːmə] n satsuma f.

saturate ['sætʃəreɪt] vt: **to ~ sthg (with)** saturer qqch (de).

Saturday ['sætədɪ] ◇ n samedi m; **it's ~** on est samedi; **on ~** samedi; **on ~s** le samedi; **last ~** samedi dernier; **this ~** ce samedi; **next ~** samedi prochain; **every ~** tous les samedis; **every other ~** un samedi sur deux; **the ~ before last** samedi dernier, mais le samedi d'avant; **the ~ after next, ~ week, a week on ~** samedi en huit. ◇ comp [paper] du OR de samedi; **~ morning/afternoon/evening** samedi matin/après-midi/soir.

sauce [sɔːs] n CULIN sauce f.

saucepan ['sɔːspən] n casserole f.

saucer ['sɔːsəʳ] n sous-tasse f, soucoupe f.

saucy ['sɔːsɪ] adj inf coquin(e).

Saudi Arabia [ˌsaʊdɪə'reɪbjə] n Arabie Saoudite f.

Saudi (Arabian) ['saʊdɪ-] ◇ adj saoudien(ienne). ◇ n [person] Saoudien m, -ienne f.

sauna ['sɔːnə] n sauna m.

saunter ['sɔːntəʳ] vi flâner.

sausage ['sɒsɪdʒ] n saucisse f.

sausage roll n Br feuilleté m à la saucisse.

sauté [Br 'saʊteɪ, Am saʊ'teɪ] (pt & pp **sautéed** OR **sautéd**) ◇ adj sauté(e). ◇ vt [potatoes] faire sauter; [onions] faire revenir.

savage ['sævɪdʒ] ◇ adj [fierce] féroce. ◇ n sauvage mf. ◇ vt attaquer avec férocité.

save [seɪv] ◇ vt -1. [rescue] sauver; **to ~ sb's life** sauver la vie à OR de qqn. -2. [time] gagner; [strength] économiser; [food] garder; [money - set aside] mettre de côté; [- spend less] économiser. -3. [avoid] éviter, épargner; **to ~ sb sthg** épargner qqch à qqn; **to ~ sb from doing sthg** éviter à qqn de faire qqch. **-4.** SPORT arrêter. **-5.** COMPUT **sauvegarder.** ◇ *vi* [save money] mettre de l'argent de côté. ◇ *n* SPORT arrêt *m*. ◇ *prep fml:* ~ **(for)** sauf, à l'exception de.

◆ **save up** *vi* mettre de l'argent de côté.

saving grace *Br*, **savior** *Am* ['seɪvɪŋ-] *n:* its ~ was ... ce qui le rachetait, c'était ....

savings ['seɪvɪŋz] *npl* économies *fpl*.

savings account *n Am* compte *m* d'épargne.

savings and loan association *n Am* société *f* de crédit immobilier.

savings bank *n* caisse *f* d'épargne.

saviour *Br*, **savior** *Am* ['seɪvjər] *n* sauveur *m*.

savour *Br*, **savor** *Am* ['seɪvər] *vt lit & fig* savourer.

savoury *Br*, **savory** *Am* ['seɪvərɪ] ◇ *adj* **-1.** [food] salé(e). **-2.** [respectable] recommandable. ◇ *n* petit plat *m* salé.

saw [sɔː] (*Br pt* **-ed**, *pp* **sawn**, *Am pt & pp* **-ed**) ◇ *pt* → **see.** ◇ *n* scie *f*. ◇ *vt* scier.

sawdust ['sɔːdʌst] *n* sciure *f* (de bois).

sawed-off shotgun *Am* = **sawn-off shotgun.**

sawmill ['sɔːmɪl] *n* scierie *f*.

sawn [sɔːn] *pp Br* → **saw.**

sawn-off shotgun *Br*, **sawed-off shotgun** ['sɔːd-] *Am n* carabine *f* à canon scié.

saxophone ['sæksəfəʊn] *n* saxophone *m*.

say [seɪ] (*pt & pp* **said**) ◇ *vt* **-1.** [gen] dire; **could you** ~ **that again?** vous pouvez répéter ce que vous venez de dire?; **(let's)** ~ **you won a lottery** ... supposons que tu gagnes le gros lot ...; **it** ~**s a lot about him** cela en dit long sur lui; **she's said to be** ... on dit qu'elle est ...; **that goes without** ~**ing** cela va sans dire; **it has a lot to be said for it** cela a beaucoup d'avantages. **-2.** [subj: clock, watch] indiquer. ◇ *n:* **to have a/no** ~ avoir/ne pas avoir voix au chapitre; **to have a**

~ **in sthg** avoir son mot à dire sur qqch; **to have one's** ~ dire ce que l'on a à dire, dire son mot.

◆ **that is to say** *adv* c'est-à-dire.

saying ['seɪɪŋ] *n* dicton *m*.

scab [skæb] *n* **-1.** [of wound] croûte *f*. **-2.** *inf pej* [non-striker] jaune *m*.

scaffold ['skæfəʊld] *n* échafaud *m*.

scaffolding ['skæfəldɪŋ] *n* échafaudage *m*.

scald [skɔːld] ◇ *n* brûlure *f*. ◇ *vt* ébouillanter; **to** ~ **one's arm** s'ébouillanter le bras.

scale [skeɪl] *n* **-1.** [gen] échelle *f*; **to** ~ [map, drawing] à l'échelle. **-2.** [of ruler, thermometer] graduation *f*. **-3.** MUS gamme *f*. **-4.** [of fish, snake] écaille *f*. **-5.** *Am* = **scales.** ◇ *vt* **-1.** [cliff, fence] escalader. **-2.** [fish] écailler.

◆ **scales** *npl* balance *f*.

◆ **scale down** *vt fus* réduire.

scale model *n* modèle *m* réduit.

scallop ['skɒləp] ◇ *n* [shellfish] coquille *f* Saint-Jacques. ◇ *vt* [edge, garment] festonner.

scalp [skælp] ◇ *n* **-1.** ANAT cuir *m* chevelu. **-2.** [trophy] scalp *m*. ◇ *vt* scalper.

scalpel ['skælpəl] *n* scalpel *m*.

scamper ['skæmpər] *vi* trottiner.

scampi ['skæmpɪ] *n* (*U*) scampi *mpl*.

scan [skæn] ◇ *n* MED scanographie *f*; [during pregnancy] échographie *f*. ◇ *vt* **-1.** [examine carefully] scruter. **-2.** [glance at] parcourir. **-3.** TECH balayer. **-4.** COMPUT faire un scannage de.

scandal ['skændl] *n* **-1.** [gen] scandale *m*. **-2.** [gossip] médisance *f*.

scandalize, -ise ['skændəlaɪz] *vt* scandaliser.

Scandinavia [,skændɪ'neɪvjə] *n* Scandinavie *f*.

Scandinavian [,skændɪ'neɪvjən] ◇ *adj* scandinave. ◇ *n* [person] Scandinave *mf*.

scant [skænt] *adj* insuffisant(e).

scanty ['skæntɪ] *adj* [amount, resources] insuffisant(e); [income] maigre; [dress] minuscule.

scapegoat ['skeɪpgəʊt] n bouc m émissaire.

scar [skɑːʳ] n cicatrice f.

scarce ['skeəs] adj rare, peu abondant(e).

scarcely ['skeəslɪ] adv à peine; ~ **anyone** presque personne; **I ~ ever go there now** je n'y vais presque OR pratiquement plus jamais.

scare [skeəʳ] ◇ n -1. [sudden fear]: **to give sb a ~** faire peur à qqn. -2. [public fear] panique f; **bomb ~** alerte f à la bombe. ◇ vt faire peur à, effrayer.
◆ **scare away, scare off** vt sep faire fuir.

scarecrow ['skeəkrəʊ] n épouvantail m.

scared ['skeəd] adj apeuré(e); **to be ~** avoir peur; **to be ~ stiff** OR **to death** être mort de peur.

scarf [skɑːf] (pl -s OR **scarves**) n [wool] écharpe f; [silk etc] foulard m.

scarlet ['skɑːlət] ◇ adj écarlate. ◇ n écarlate f.

scarlet fever n scarlatine f.

scarves [skɑːvz] pl → **scarf**.

scathing ['skeɪðɪŋ] adj [criticism] acerbe; [reply] cinglant(e).

scatter ['skætəʳ] ◇ vt [clothes, paper etc] éparpiller; [seeds] semer à la volée. ◇ vi se disperser.

scatterbrained ['skætəbreɪnd] adj inf écervelé(e).

scavenger ['skævɪndʒəʳ] n -1. [animal] animal m nécrophage. -2. [person] personne f qui fait les poubelles.

scenario [sɪ'nɑːrɪəʊ] (pl -s) n -1. [possible situation] hypothèse f, scénario m. -2. [of film, play] scénario m.

scene [siːn] n -1. [in play, film, book] scène f; **behind the ~s** dans les coulisses. -2. [sight] spectacle m, vue f; [picture] tableau m. -3. [location] lieu m, endroit m. -4. [area of activity]: **the political ~** la scène politique; **the music ~** le monde de la musique. -5. phr: **to set the ~ for sb** mettre qqn au courant de la situation; **to**

set the ~ for sthg préparer la voie à qqch.

scenery ['siːnərɪ] n (U) -1. [of countryside] paysage m. -2. THEATRE décor m, décors mpl.

scenic ['siːnɪk] adj [tour] touristique; **a ~ view** un beau panorama.

scent [sent] n -1. [smell - of flowers] senteur f, parfum m; [- of animal] odeur f, fumet m. -2. (U) [perfume] parfum m.

scepter Am = **sceptre**.

sceptic Br, **skeptic** Am ['skeptɪk] n sceptique mf.

sceptical Br, **skeptical** Am ['skeptɪkl] adj: ~ **(about)** sceptique (sur).

sceptre Br, **scepter** Am ['septəʳ] n sceptre m.

schedule [Br 'ʃedjuːl, Am 'skedʒʊl] ◇ n -1. [plan] programme m, plan m; **on ~** [at expected time] à l'heure (prévue); [on expected day] à la date prévue; **ahead of/behind ~** en avance/en retard (sur le programme). -2. [list - of times] horaire m; [- of prices] tarif m. ◇ vt: **to ~ sthg (for)** prévoir qqch (pour).

scheduled flight [Br 'ʃedjuːld-, Am 'skedʒʊld-] n vol m régulier.

scheme [skiːm] ◇ n -1. [plan] plan m, projet m. -2. pej [dishonest plan] combine f. -3. [arrangement] arrangement m; **colour ~** combinaison f de couleurs. ◇ vi pej conspirer.

scheming ['skiːmɪŋ] adj intrigant(e).

schism ['sɪzm, 'skɪzm] n schisme m.

schizophrenic [,skɪtsə'frenɪk] ◇ adj schizophrène. ◇ n schizophrène mf.

scholar ['skɒləʳ] n -1. [expert] érudit m, -e f, savant m, -e f. -2. dated [student] écolier m, -ière f, élève mf. -3. [holder of scholarship] boursier m, -ière f.

scholarship ['skɒləʃɪp] n -1. [grant] bourse f (d'études). -2. [learning] érudition f.

school [skuːl] n -1. [gen] école f; [secondary school] lycée m, collège m. -2. [university department] faculté f. -3. Am [university] université f.

school age *n* âge *m* scolaire.

schoolbook ['sku:lbʊk] *n* livre *m* scolaire OR de classe.

schoolboy ['sku:lbɔɪ] *n* écolier *m*, élève *m*.

schoolchild ['sku:ltʃaɪld] (*pl* **-children** [-tʃɪldrən]) *n* écolier *m*, -ière *f*, élève *mf*.

schooldays ['sku:ldeɪz] *npl* années *fpl* d'école.

schoolgirl ['sku:lgɜːl] *n* écolière *f*, élève *f*.

schooling ['sku:lɪŋ] *n* instruction *f*.

school-leaver [-,li:vəʳ] *n Br* élève *qui a fini ses études secondaires.*

schoolmaster ['sku:l,mɑːstəʳ] *n* [primary] instituteur *m*, maître *m* d'école; [secondary] professeur *m*.

schoolmistress ['sku:l,mɪstrɪs] *n* [primary] institutrice *f*, maîtresse *f* d'école; [secondary] professeur *m*.

school of thought *n* école *f* (de pensée).

schoolteacher ['sku:l,ti:tʃəʳ] *n* [primary] instituteur *m*, -trice *f*; [secondary] professeur *m*.

school year *n* année *f* scolaire.

schooner ['sku:nəʳ] *n* **-1.** [ship] schooner *m*, goélette *f*. **-2.** *Br* [sherry glass] grand verre *m* à xérès.

sciatica [saɪˈætɪkə] *n* sciatique *f*.

science ['saɪəns] *n* science *f*.

science fiction *n* science-fiction *f*.

scientific [,saɪənˈtɪfɪk] *adj* scientifique.

scientist ['saɪəntɪst] *n* scientifique *mf*.

scintillating ['sɪntɪleɪtɪŋ] *adj* brillant(e).

scissors ['sɪzəz] *npl* ciseaux *mpl*; **a pair of** ~ une paire de ciseaux.

sclerosis [sklɪˈrəʊsɪs] → **multiple sclerosis**.

scoff [skɒf] ◇ *vt Br inf* bouffer, boulotter. ◇ *vi*: **to** ~ **(at)** se moquer (de).

scold [skəʊld] *vt* gronder, réprimander.

scone [skɒn] *n* scone *m*.

scoop [sku:p] ◇ *n* **-1.** [for sugar] pelle *f* à main; [for ice cream] cuiller *f* à glace. **-2.** [of ice cream] boule *f*. **-3.** [news report] exclusivité *f*, scoop *m*. ◇

vt [with hands] prendre avec les mains; [with scoop] prendre avec une pelle à main.

◆ **scoop out** *vt sep* évider.

scooter ['sku:təʳ] *n* **-1.** [toy] trottinette *f*. **-2.** [motorcycle] scooter *m*.

scope [skəʊp] *n* (*U*) **-1.** [opportunity] occasion *f*, possibilité *f*. **-2.** [of report, inquiry] étendue *f*, portée *f*.

scorch [skɔːtʃ] *vt* [clothes] brûler légèrement, roussir; [skin] brûler; [land, grass] dessécher.

scorching ['skɔːtʃɪŋ] *adj inf* [day] torride; [sun] brûlant(e).

score [skɔːʳ] ◇ *n* **-1.** SPORT score *m*. **-2.** [in test] note *f*. **-3.** *dated* [twenty] vingt. **-4.** MUS partition *f*. **-5.** [subject]: **on that** ~ à ce sujet, sur ce point. ◇ *vt* **-1.** [goal, point etc] marquer; **to** ~ **100%** avoir 100 sur 100. **-2.** [success, victory] remporter. **-3.** [cut] entailler. ◇ *vi* SPORT marquer (un but/point etc).

◆ **score out** *vt sep Br* barrer, rayer.

scoreboard ['skɔːbɔːd] *n* tableau *m*.

scorer ['skɔːrəʳ] *n* marqueur *m*.

scorn [skɔːn] ◇ *n* (*U*) mépris *m*, dédain *m*. ◇ *vt* **-1.** [person, attitude] mépriser. **-2.** [help, offer] rejeter, dédaigner.

scornful ['skɔːnfʊl] *adj* méprisant(e); **to be** ~ **of sthg** mépriser qqch, dédaigner qqch.

Scorpio ['skɔːpɪəʊ] (*pl* **-s**) *n* Scorpion *m*.

scorpion ['skɔːpjən] *n* scorpion *m*.

Scot [skɒt] *n* Écossais *m*, -e *f*.

scotch [skɒtʃ] *vt* [rumour] étouffer; [plan] faire échouer.

Scotch [skɒtʃ] ◇ *adj* écossais(e). ◇ *n* scotch *m*, whisky *m*.

Scotch (tape)® *n Am* Scotch® *m*.

scot-free *adj inf*: **to get off** ~ s'en tirer sans être puni(e).

Scotland ['skɒtlənd] *n* Écosse *f*.

Scots [skɒts] ◇ *adj* écossais(e). ◇ *n* [dialect] écossais *m*.

Scotsman ['skɒtsmən] (*pl* **-men** [-mən]) *n* Écossais *m*.

Scotswoman ['skɒtswʊmən] (*pl* **-women** [-ˌwɪmɪn]) *n* Ecossaise *f*.

Scottish ['skɒtɪʃ] *adj* écossais(e).

scoundrel ['skaʊndrəl] *n dated* gredin *m*.

scour [skaʊəʳ] *vt* **-1.** [clean] récurer. **-2.** [search - town etc] parcourir; [- countryside] battre.

scourge [skɜːdʒ] *n* fléau *m*.

scout [skaʊt] *n* MIL éclaireur *m*.
♦ **Scout** *n* [boy scout] Scout *m*.
♦ **scout around** *vi*: **to ~ around (for)** aller à la recherche (de).

scowl [skaʊl] ◇ *n* regard *m* noir. ◇ *vi* se renfrogner, froncer les sourcils; **to ~ at sb** jeter des regards noirs à qqn.

scrabble ['skræbl] *vi* **-1.** [scrape]: **to ~ at sthg** gratter qqch. **-2.** [feel around]: **to ~ around for sthg** tâtonner pour trouver qqch.

scraggy ['skrægɪ] *adj* décharné(e), maigre.

scramble ['skræmbl] ◇ *n* [rush] bousculade *f*, ruée *f*. ◇ *vi* **-1.** [climb]: **to ~ up a hill** grimper une colline en s'aidant des mains OR à quatre pattes. **-2.** [compete]: **to ~ for sthg** se disputer qqch.

scrambled eggs ['skræmbld-] *npl* œufs *mpl* brouillés.

scrap [skræp] ◇ *n* **-1.** [of paper, material] bout *m*; [of information] fragment *m*; [of conversation] bribe *f*. **-2.** [metal] ferraille *f*. **-3.** *inf* [fight, quarrel] bagarre *f*. ◇ *vt* [car] mettre à la ferraille; [plan, system] abandonner, laisser tomber.
♦ **scraps** *npl* [food] restes *mpl*.

scrapbook ['skræpbʊk] *n* album *m* (*de coupures de journaux etc*).

scrap dealer *n* ferrailleur *m*, marchand *m* de ferraille.

scrape [skreɪp] ◇ *n* **-1.** [scraping noise] raclement *m*, grattement *m*. **-2.** *dated* [difficult situation]: **to get into a ~ se fourrer dans le pétrin.** ◇ *vt* **-1.** [clean, rub] gratter, racler; **to ~ sthg off sthg** enlever qqch de qqch en grattant OR

raclant. **-2.** [surface, car, skin] érafler. ◇ *vi* gratter.
♦ **scrape through** *vt fus* réussir de justesse.

scraper ['skreɪpəʳ] *n* grattoir *m*, racloir *m*.

scrap merchant *n Br* ferrailleur *m*, marchand *m* de ferraille.

scrap paper *Br*, **scratch paper** *Am n* (papier *m*) brouillon *m*.

scrapyard ['skræpjɑːd] *n* parc *m* à ferraille.

scratch [skrætʃ] ◇ *n* **-1.** [wound] égratignure *f*, éraflure *f*. **-2.** [on glass, paint etc] éraflure *f*. **-3.** *phr*: **to be up to ~** être à la hauteur; **to do sthg from ~** faire qqch à partir de rien. ◇ *vt* **-1.** [wound] écorcher, égratigner. **-2.** [mark - paint, glass etc] rayer, érafler. **-3.** [rub] gratter. ◇ *vi* gratter; [person] se gratter.

scratch paper *Am* = **scrap paper.**

scrawl [skrɔːl] ◇ *n* griffonnage *m*, gribouillage *m*. ◇ *vt* griffonner, gribouiller.

scrawny ['skrɔːnɪ] *adj* [person] efflanqué(e); [body, animal] décharné(e).

scream [skriːm] ◇ *n* [cry] cri *m* perçant, hurlement *m*; [of laughter] éclat *m*. ◇ *vt* hurler. ◇ *vi* [cry out] crier, hurler.

scree [skriː] *n* éboulis *m*.

screech [skriːtʃ] ◇ *n* **-1.** [cry] cri *m* perçant. **-2.** [of tyres] crissement *m*. ◇ *vt* hurler. ◇ *vi* **-1.** [cry out] pousser des cris perçants. **-2.** [tyres] crisser.

screen [skriːn] ◇ *n* **-1.** [gen] écran *m*. **-2.** [panel] paravent *m*. ◇ *vt* **-1.** CINEMA projeter, passer; TV téléviser, passer. **-2.** [hide] cacher, masquer. **-3.** [shield] protéger. **-4.** [candidate, employee] passer au crible, filtrer.

screening ['skriːnɪŋ] *n* **-1.** CINEMA projection *f*; TV passage *m* à la télévision. **-2.** [for security] sélection *f*, tri *m*. **-3.** MED dépistage *m*.

screenplay ['skriːnpleɪ] *n* scénario *m*.

screw [skruː] ◇ *n* [for fastening] vis *f*. ◇ *vt* **-1.** [fix with screws]: **to ~ sthg to sthg** visser qqch à OR sur qqch. **-2.**

[twist] visser. **-3.** *vulg* [woman] baiser. ◇ *vi* se visser.

◆ **screw up** *vt sep* **-1.** [crumple up] froisser, chiffonner. **-2.** [eyes] plisser; [face] tordre. **-3.** *v inf* [ruin] gâcher, bousiller.

screwdriver ['skru:,draɪvə^r] *n* [tool] tournevis *m*.

scribble ['skrɪbl] ◇ *n* gribouillage *m*, griffonnage *m*. ◇ *vt & vi* gribouiller, griffonner.

script [skrɪpt] *n* **-1.** [of play, film etc] scénario *m*, script *m*. **-2.** [writing system] écriture *f*. **-3.** [handwriting] (écriture *f*) script *m*.

Scriptures ['skrɪptʃəz] *npl*: **the ~** les (Saintes) Écritures *fpl*.

scriptwriter ['skrɪpt,raɪtə^r] *n* scénariste *mf*.

scroll [skrəʊl] ◇ *n* rouleau *m*. ◇ *vt* COMPUT faire défiler.

scrounge [skraʊndʒ] *inf vt*: **to ~ money off sb** taper qqn; **can I ~ a cigarette off you?** je peux te piquer une cigarette?

scrounger ['skraʊndʒə^r] *n inf* parasite *m*.

scrub [skrʌb] ◇ *n* **-1.** [rub]: **to give sthg a ~** nettoyer qqch à la brosse. **-2.** (*U*) [undergrowth] broussailles *fpl*. ◇ *vt* [floor, clothes etc] laver OR nettoyer à la brosse; [hands, back] frotter; [saucepan] récurer.

scruff [skrʌf] *n*: **by the ~ of the neck** par la peau du cou.

scruffy ['skrʌfɪ] *adj* mal soigné(e), débraillé(e).

scrum(mage) ['skrʌm(ɪdʒ)] *n* RUGBY mêlée *f*.

scruples ['skru:plz] *npl* scrupules *mpl*.

scrutinize, -ise ['skru:tɪnaɪz] *vt* scruter, examiner attentivement.

scrutiny ['skru:tɪnɪ] *n* (*U*) examen *m* attentif.

scuff [skʌf] *vt* **-1.** [damage] érafler. **-2.** [drag]: **to ~ one's feet** traîner les pieds.

scuffle ['skʌfl] *n* bagarre *f*, échauffourée *f*.

scullery ['skʌlərɪ] *n* arrière-cuisine *f*.

sculptor ['skʌlptə^r] *n* sculpteur *m*.

sculpture ['skʌlptʃə^r] ◇ *n* sculpture *f*. ◇ *vt* sculpter.

scum [skʌm] *n* **-1.** (*U*) [froth] écume *f*, mousse *f*. **-2.** *v inf pej* [person] salaud *m*. **-3.** (*U*) *v inf pej* [people] déchets *mpl*.

scupper ['skʌpə^r] *vt* **-1.** NAUT couler. **-2.** *Br fig* [plan] saboter, faire tomber à l'eau.

scurrilous ['skʌrələs] *adj* calomnieux(ieuse).

scurry ['skʌrɪ] *vi* se précipiter; **to ~ away** OR **off** se sauver, détaler.

scuttle ['skʌtl] ◇ *n* seau *m* à charbon. ◇ *vi* courir précipitamment OR à pas précipités.

scythe [saɪð] *n* faux *f*.

SDLP (*abbr of* **Social Democratic and Labour Party**) *n* parti travailliste d'Irlande du Nord.

sea [si:] ◇ *n* **-1.** [gen] mer *f*; **at ~** en mer; **by ~** par mer; **by the ~** au bord de la mer; **out to ~** au large. **-2.** *phr*: **to be all at ~** nager complètement. ◇ *comp* [voyage] en mer; [animal] marin(e), de mer.

seabed ['si:bed] *n*: **the ~** le fond de la mer.

seaboard ['si:bɔ:d] *n* littoral *m*, côte *f*.

sea breeze *n* brise *f* de mer.

seafood ['si:fu:d] *n* (*U*) fruits *mpl* de mer.

seafront ['si:frʌnt] *n* front *m* de mer.

seagull ['si:gʌl] *n* mouette *f*.

seal [si:l] (*pl inv* OR **-s**) ◇ *n* **-1.** [animal] phoque *m*. **-2.** [official mark] cachet *m*, sceau *m*. **-3.** [official fastening] cachet *m*. ◇ *vt* **-1.** [envelope] coller, fermer. **-2.** [document, letter] sceller, cacheter. **-3.** [block off] obturer, boucher.

◆ **seal off** *vt sep* [area, entrance] interdire l'accès de.

sea level *n* niveau *m* de la mer.

sea lion (*pl inv* OR **-s**) *n* otarie *f*.

seam [si:m] *n* **-1.** SEWING couture *f*. **-2.** [of coal] couche *f*, veine *f*.

seaman ['si:mən] (*pl* **-men** [-mən]) *n* marin *m*.

seamy ['si:mɪ] *adj* sordide.

séance ['seɪɒns] *n* séance *f* de spiritisme.

seaplane ['si:pleɪn] *n* hydravion *m*.

seaport ['si:pɔːt] *n* port *m* de mer.

search [sɜːtʃ] ◇ *n* [of person, luggage, house] **fouille** *f*; [for lost person, thing] recherche *f*, recherches *fpl*; ~ **for** recherche de; **in ~ of** à la recherche de. ◇ *vt* [house, area, person] fouiller; [memory, mind, drawer] fouiller dans. ◇ *vi*: **to ~ (for sb/sthg)** chercher (qqn/qqch).

searching ['sɜːtʃɪŋ] *adj* [question] poussé(e), approfondi(e); [look] pénétrant(e); [review, examination] minutieux(ieuse).

searchlight ['sɜːtʃlaɪt] *n* projecteur *m*.

search party *n* équipe *f* de secours.

search warrant *n* mandat *m* de perquisition.

seashell ['si:ʃel] *n* coquillage *m*.

seashore ['si:ʃɔːr] *n*: **the ~** le rivage, la plage.

seasick ['si:sɪk] *adj*: **to be** OR **feel ~** avoir le mal de mer.

seaside ['si:saɪd] *n*: **the ~** le bord de la mer.

seaside resort *n* station *f* balnéaire.

season ['si:zn] ◇ *n* **-1.** [gen] saison *f*; **in ~** [food] de saison; **out of ~** [holiday] hors saison; [food] hors de saison. **-2.** [of films] cycle *m*. ◇ *vt* assaisonner, relever.

seasonal ['si:zənl] *adj* saisonnier(ière).

seasoned ['si:znd] *adj* [traveller, campaigner] chevronné(e), expérimenté(e); [soldier] aguerri(e).

seasoning ['si:znɪŋ] *n* assaisonnement *m*.

season ticket *n* carte *f* d'abonnement.

seat [si:t] ◇ *n* **-1.** [gen] siège *m*; [in theatre] fauteuil *m*; **take a ~!** asseyez-vous! **-2.** [place to sit - in bus, train] place *f*. **-3.** [of trousers] fond *m*. ◇ *vt* [sit down] faire asseoir, placer; **please be ~ed** veuillez vous asseoir.

seat belt *n* ceinture *f* de sécurité.

seating ['si:tɪŋ] *n* (U) [capacity] sièges *mpl*, places *fpl* (assises).

seawater ['si:ˌwɔːtər] *n* eau *f* de mer.

seaweed ['si:wi:d] *n* (U) algue *f*.

seaworthy ['si:ˌwɜːðɪ] *adj* en bon état de navigabilité.

sec. *abbr of* **second**.

secede [sɪ'si:d] *vi fml*: **to ~ (from)** se séparer (de), faire sécession (de).

secluded [sɪ'klu:dɪd] *adj* retiré(e), écarté(e).

seclusion [sɪ'klu:ʒn] *n* solitude *f*, retraite *f*.

second ['sekənd] ◇ *n* **-1.** [gen] seconde *f*; **wait a ~!** une seconde, (attendez) un instant!; ~ **(gear)** seconde. **-2.** Br UNIV ≃ licence *f* avec mention assez bien. ◇ *num* deuxième, second(e); **his score was ~ only to hers** il n'y a qu'elle qui a fait mieux que lui OR qui l'a surpassé; *see also* **sixth**. ◇ *vt* [proposal, motion] appuyer.

◆ **seconds** *npl* **-1.** COMM articles *mpl* de second choix. **-2.** [of food] rabiot *m*.

secondary ['sekəndrɪ] *adj* secondaire; **to be ~ to** être moins important(e) que.

secondary school *n* école *f* secondaire, lycée *m*.

second-class ['sekənd-] *adj* **-1.** *pej* [citizen] de deuxième zone; [product] de second choix. **-2.** [ticket] de seconde OR deuxième classe. **-3.** [stamp] à tarif réduit. **-4.** Br UNIV [degree] ≃ avec mention assez bien.

second-hand ['sekənd-] ◇ *adj* **-1.** [goods, shop] d'occasion. **-2.** *fig* [information] de seconde main. ◇ *adv* [not new] d'occasion.

second hand ['sekənd-] *n* [of clock] trotteuse *f*.

secondly ['sekəndlɪ] *adv* deuxièmement, en second lieu.

secondment [sɪ'kɒndmənt] *n* Br affectation *f* temporaire.

second-rate ['sekənd-] *adj pej* de deuxième ordre, médiocre.

second thought ['sekənd-] *n*: **to have ~s about sthg** avoir des doutes sur qqch; **on ~s** *Br*, **on ~** *Am* réflexion faite, tout bien réfléchi.

secrecy ['si:krəsɪ] *n* (U) secret *m*.

secret ['si:krɪt] ◇ *adj* secret(ète). ◇ *n* secret *m*; **in ~** en secret.

secretarial [,sekrə'teərɪəl] *adj* [course, training] de secrétariat, de secrétaire; **~ staff** secrétaires *mpl*.

secretary [*Br* 'sekrətrɪ, *Am* 'sekrə,terɪ] *n* **-1.** [gen] secrétaire *mf*. **-2.** POL [minister] ministre *m*.

Secretary of State *n* **-1.** *Br*: **~ (for)** ministre *m* (de). **-2.** *Am* ≃ ministre *m* des Affaires étrangères.

secretive ['si:krətɪv] *adj* secret(ète), dissimulé(e).

secretly ['si:krɪtlɪ] *adv* secrètement.

sect [sekt] *n* secte *f*.

sectarian [sek'teərɪən] *adj* [killing, violence] d'ordre religieux.

section ['sekʃn] ◇ *n* **-1.** [portion - gen] section *f*, partie *f*; [- of road, pipe] tronçon *m*; [- of document, law] article *m*. **-2.** GEOM coupe *f*, section *f*. ◇ *vt* sectionner.

sector ['sektər] *n* secteur *m*.

secular ['sekjulər] *adj* [life] séculier(ière); [education] laïque; [music] profane.

secure [sɪ'kjuər] ◇ *adj* **-1.** [fixed - gen] fixe; [- windows, building] bien fermé(e). **-2.** [safe - job, future] sûr(e); [- valuable object] en sécurité, en lieu sûr. **-3.** [free of anxiety - childhood] sécurisant(e); [- marriage] solide. ◇ *vt* **-1.** [obtain] obtenir. **-2.** [fasten - gen] attacher; [- door, window] bien fermer. **-3.** [make safe] assurer la sécurité de.

security [sɪ'kjuərətɪ] *n* sécurité *f*.
◆ **securities** *npl* FIN titres *mpl*, valeurs *fpl*.

security guard *n* garde *m* de sécurité.

sedan [sɪ'dæn] *n Am* berline *f*.

sedate [sɪ'deɪt] ◇ *adj* posé(e), calme. ◇ *vt* donner un sédatif à.

sedation [sɪ'deɪʃn] *n* (U) sédation *f*; **under ~** sous calmants.

sedative ['sedətɪv] *n* sédatif *m*, calmant *m*.

sediment ['sedɪmənt] *n* sédiment *m*, dépôt *m*.

seduce [sɪ'dju:s] *vt* séduire; **to ~ sb into doing sthg** amener OR entraîner qqn à faire qqch.

seductive [sɪ'dʌktɪv] *adj* séduisant(e).

see [si:] (*pt* **saw**, *pp* **seen**) ◇ *vt* **-1.** [gen] voir; **~ you!** au revoir!; **~ you soon/later/tomorrow** *etc*! à bientôt/ tout à l'heure/demain *etc*! **-2.** [accompany]: **I saw her to the door** je l'ai accompagnée OR reconduite jusqu'à la porte; **I saw her onto the train** je l'ai accompagnée au train. **-3.** [make sure]: **to ~ (that) ...** s'assurer que .... ◇ *vi* voir; **you ~, ...** voyez-vous, ...; **I ~** je vois, je comprends; **let's ~, let me ~** voyons, voyons voir.
◆ **seeing as, seeing that** *prep inf* vu que, étant donné que.
◆ **see about** *vt fus* [arrange] s'occuper de.
◆ **see off** *vt sep* **-1.** [say goodbye to] accompagner (pour dire au revoir). **-2.** *Br* [chase away] faire partir OR fuir.
◆ **see through** ◇ *vt fus* [scheme] voir clair dans; **to ~ through sb** voir dans le jeu de qqn. ◇ *vt sep* [deal, project] mener à terme, mener à bien.
◆ **see to** *vt fus* s'occuper de, se charger de.

seed [si:d] *n* **-1.** [of plant] graine *f*. **-2.** SPORT: **fifth ~** joueur classé cinquième *m*, joueuse classée cinquième *f*.
◆ **seeds** *npl fig* germes *mpl*, semences *fpl*.

seedling ['si:dlɪŋ] *n* jeune plant *m*, semis *m*.

seedy ['si:dɪ] *adj* miteux(euse).

seek [si:k] (*pt* & *pp* **sought**) *vt* **-1.** [gen] chercher; [peace, happiness] rechercher; **to ~ to do sthg** chercher à faire qqch. **-2.** [advice, help] demander.

seem [siːm] ◇ *vi* sembler, paraître; **to ~ bored** avoir l'air de s'ennuyer; **to ~ sad/tired** avoir l'air triste/fatigué. ◇ *v impers*: **it ~s (that)** ... il semble OR paraît que ....

seemingly ['siːmɪŋlɪ] *adv* apparemment.

seen [siːn] *pp* → **see**.

seep [siːp] *vi* suinter.

seesaw ['siːsɔː] *n* bascule *f*.

seethe [siːð] *vi* **-1.** [person] bouillir, être furieux(ieuse). **-2.** [place]: **to be seething with** grouiller de.

see-through *adj* transparent(e).

segment ['segmənt] *n* **-1.** [section] partie *f*, section *f*. **-2.** [of fruit] quartier *m*.

segregate ['segrɪgeɪt] *vt* séparer.

Seine [seɪn] *n*: **the (River) ~** la Seine.

seize [siːz] *vt* **-1.** [grab] saisir, attraper. **-2.** [capture] s'emparer de, prendre. **-3.** [arrest] arrêter. **-4.** *fig* [opportunity, chance] saisir, sauter sur.
♦ **seize (up)on** *vt fus* saisir, sauter sur.
♦ **seize up** *vi* **-1.** [body] s'ankyloser. **-2.** [engine, part] se gripper.

seizure ['siːʒəʳ] *n* **-1.** MED crise *f*, attaque *f*. **-2.** (U) [of town] capture *f*; [of power] prise *f*.

seldom ['seldəm] *adv* peu souvent, rarement.

select [sɪ'lekt] ◇ *adj* **-1.** [carefully chosen] choisi(e). **-2.** [exclusive] de premier ordre, d'élite. ◇ *vt* sélectionner, choisir.

selection [sɪ'lekʃn] *n* sélection *f*, choix *m*.

selective [sɪ'lektɪv] *adj* sélectif(ive); [person] difficile.

self [self] (*pl* **selves**) *n* moi *m*; **she's her old ~ again** elle est redevenue elle-même.

self-addressed stamped envelope [-ə,drest'stæmpt-] *n Am* enveloppe *f* affranchie pour la réponse.

self-assured *adj* sûr(e) de soi, plein(e) d'assurance.

self-catering *adj* [holiday - in house] en maison louée; [- in flat] en appartement loué.

self-centred [-'sentəd] *adj* égocentrique.

self-confessed [-kən'fest] *adj* de son propre aveu.

self-confident *adj* sûr(e) de soi, plein(e) d'assurance.

self-conscious *adj* timide.

self-contained [-kən'teɪnd] *adj* [flat] indépendant(e), avec entrée particulière; [person] qui se suffit à soi-même.

self-control *n* maîtrise *f* de soi.

self-defence *n* autodéfense *f*.

self-discipline *n* autodiscipline *f*.

self-employed [-ɪm'plɔɪd] *adj* qui travaille à son propre compte.

self-esteem *n* respect *m* de soi, estime *f* de soi.

self-evident *adj* qui va de soi, évident(e).

self-explanatory *adj* évident(e), qui ne nécessite pas d'explication.

self-government *n* autonomie *f*.

self-important *adj* suffisant(e).

self-indulgent *adj pej* [person] qui ne se refuse rien; [film, book, writer] nombriliste.

self-interest *n* (U) *pej* intérêt *m* personnel.

selfish ['selfɪʃ] *adj* égoïste.

selfishness ['selfɪʃnɪs] *n* égoïsme *m*.

selfless ['selflɪs] *adj* désintéressé(e).

self-made *adj*: **~ man** self-mademan *m*.

self-opinionated *adj* opiniâtre.

self-pity *n* apitoiement *m* sur soi-même.

self-portrait *n* autoportrait *m*.

self-possessed [-pə'zest] *adj* maître (maîtresse) de soi.

self-raising flour *Br* [-,reɪzɪŋ-], **self-rising flour** *Am n* farine *f* avec levure incorporée.

self-reliant *adj* indépendant(e), qui ne compte que sur soi.

self-respect *n* respect *m* de soi.

self-respecting [-rɪs'pektɪŋ] *adj* qui se respecte.

self-restraint *n* (U) retenue *f*, mesure *f*.

self-righteous *adj* satisfait(e) de soi.

self-rising flour *Am* = **self-raising flour**.

self-sacrifice *n* abnégation *f*.

self-satisfied *adj* suffisant(e), content(e) de soi.

self-service *n* libre-service *m*, selfservice *m*.

self-sufficient *adj* autosuffisant(e); **to be ~ in** satisfaire à ses besoins en.

self-taught *adj* autodidacte.

sell [sel] (*pt* & *pp* **sold**) ◇ *vt* -1. [gen] vendre; **to ~ sthg for £100** vendre qqch 100 livres; **to ~ sthg to sb, to ~ sb sthg** vendre qqch à qqn. -2. *fig* [make acceptable]: **to ~ sthg to sb, to ~ sb sthg** faire accepter qqch à qqn. ◇ *vi* -1. [person] vendre. -2. [product] se vendre; **it ~s for** OR **at £10 il se vend 10 livres.**

◆ **sell off** *vt sep* vendre, liquider.

◆ **sell out** ◇ *vt sep*: **the performance is sold out** il ne reste plus de places, tous les billets ont été vendus. ◇ *vi* -1. [shop]: **we have sold out** on n'en a plus. -2. [betray one's principles] être infidèle à ses principes.

sell-by date *n Br* date *f* limite de vente.

seller ['selər] *n* vendeur *m*, -euse *f*.

selling price ['selɪŋ-] *n* prix *m* de vente.

Sellotape® ['seləteɪp] *n Br* ≃ Scotch® *m*, ruban *m* adhésif.

sell-out *n*: **the match was a ~** on a joué à guichets fermés.

selves [selvz] *pl* → **self**.

semaphore ['seməfɔːr] *n* (U) signaux *mpl* à bras.

semblance ['sembləns] *n* semblant *m*.

semen ['siːmen] *n* (U) sperme *m*, semence *f*.

semester [sɪ'mestər] *n* semestre *m*.

semicircle ['semɪ,sɜːkl] *n* demi-cercle *m*.

semicolon [,semɪ'kəʊlən] *n* pointvirgule *m*.

semidetached [,semɪdɪ'tætʃt] ◇ *adj* jumelé(e). ◇ *n Br* maison *f* jumelée.

semifinal [,semɪ'faɪnl] *n* demi-finale *f*.

seminar ['seminɑːr] *n* séminaire *m*.

seminary ['seminəri] *n* RELIG séminaire *m*.

semiskilled [,semɪ'skɪld] *adj* spécialisé(e).

semolina [,semə'liːnə] *n* semoule *f*.

Senate ['senɪt] *n* POL: **the ~** le sénat; **the United States ~** le Sénat américain.

senator ['senətər] *n* sénateur *m*.

send [send] (*pt* & *pp* **sent**) *vt* [gen] envoyer; [letter] expédier, envoyer; **to ~ sb sthg, to ~ sthg to sb** envoyer qqch à qqn; **~ her my love** embrasse-la pour moi; **to ~ sb for sthg** envoyer qqn chercher qqch.

◆ **send for** *vt fus* -1. [person] appeler, faire venir. -2. [by post] commander par correspondance.

◆ **send in** *vt sep* [report, application] envoyer, soumettre.

◆ **send off** *vt sep* -1. [by post] expédier. -2. SPORT expulser.

◆ **send off for** *vt fus* commander par correspondance.

◆ **send up** *vt sep Br inf* [imitate] parodier, ridiculiser.

sender ['sendər] *n* expéditeur *m*, -trice *f*.

send-off *n* fête *f* d'adieu.

senile ['siːnaɪl] *adj* sénile.

senior ['siːnjər] ◇ *adj* -1. [highest-ranking] plus haut placé(e). -2. [higher-ranking]: **~ to sb** d'un rang plus élevé que qqn. -3. SCH [pupils, classes] grand(e). ◇ *n* -1. [older person] aîné *m*, -e *f*. -2. SCH grand *m*, -e *f*.

senior citizen *n* personne *f* âgée OR du troisième âge.

sensation [sen'seɪʃn] *n* sensation *f*.

sensational [sen'seɪʃənl] *adj* [gen] sensationnel(elle).

sensationalist [sen'seɪʃnəlɪst] *adj pej* à sensation.

sense [sens] ◇ *n* **-1.** [ability, meaning] sens *m*; **to make** ~ [have meaning] avoir un sens; ~ **of humour** sens de l'humour; ~ **of smell** odorat *m*. **-2.** [feeling] sentiment *m*. **-3.** [wisdom] bon sens *m*, intelligence *f*; **to make** ~ [be sensible] être sensé. **-4.** *phr*: **to come to one's ~s** [be sensible again] revenir à la raison; [regain consciousness] reprendre connaissance. ◇ *vt* [feel] sentir.
♦ **in a sense** *adv* dans un sens.

senseless ['senslɪs] *adj* **-1.** [stupid] stupide. **-2.** [unconscious] sans connaissance.

sensibilities [,sensɪ'bɪlətɪz] *npl* susceptibilité *f*.

sensible ['sensəbl] *adj* [reasonable] raisonnable, judicieux(ieuse).

sensitive ['sensɪtɪv] *adj* **-1.** [gen]: ~ **(to)** sensible (à). **-2.** [subject] délicat(e). **-3.** [easily offended]: ~ **(about)** susceptible (en ce qui concerne).

sensual ['sensjuəl] *adj* sensuel(elle).

sensuous ['sensjuəs] *adj* qui affecte les sens.

sent [sent] *pt & pp* → **send**.

sentence ['sentəns] ◇ *n* **-1.** GRAMM phrase *f*. **-2.** JUR condamnation *f*, sentence *f*. ◇ *vt*: **to** ~ **sb (to)** condamner qqn (à).

sentiment ['sentɪmənt] *n* **-1.** [feeling] sentiment *m*. **-2.** [opinion] opinion *f*, avis *m*.

sentimental [,sentɪ'mentl] *adj* sentimental(e).

sentry ['sentrɪ] *n* sentinelle *f*.

separate [*adj & n* 'seprət, *vb* 'sepəreɪt] ◇ *adj* **-1.** [not joined]: ~ **(from)** séparé(e) (de). **-2.** [individual, distinct] distinct(e). ◇ *vt* **-1.** [gen]: **to** ~ **sb/sthg (from)** séparer qqn/qqch (de); **to** ~ **sthg into** diviser OR séparer qqch en. **-2.** [distinguish]: **to** ~ **sb/sthg (from)** distinguer qqn/qqch (de). ◇ *vi* se séparer; **to** ~ **into** se diviser OR se séparer en.
♦ **separates** *npl* Br coordonnés *mpl*.

separately ['seprətlɪ] *adv* séparément.

separation [,sepə'reɪʃn] *n* séparation *f*.

September [sep'tembə'] *n* septembre *m*; **in** ~ en septembre; **last** ~ en septembre dernier; **this** ~ en septembre de cette année; **next** ~ en septembre prochain; **by** ~ en septembre, d'ici septembre; **every** ~ tous les ans en septembre; **during** ~ pendant le mois de septembre; **at the beginning of** ~ au début du mois de septembre, début septembre; **at the end of** ~ à la fin du mois de septembre, fin septembre; **in the middle of** ~ au milieu du mois de septembre, à la mi-septembre.

septic ['septɪk] *adj* infecté(e).

septic tank *n* fosse *f* septique.

sequel ['si:kwəl] *n* **-1.** [book, film]: ~ **(to)** suite *f* (de). **-2.** [consequence]: ~ **(to)** conséquence *f* (de).

sequence ['si:kwəns] *n* **-1.** [series] suite *f*, succession *f*. **-2.** [order] ordre *m*. **-3.** [of film] séquence *f*.

Serb = **Serbian**.

Serbia ['sɜ:bjə] *n* Serbie *f*.

Serbian ['sɜ:bjən], **Serb** [sɜ:b] ◇ *adj* serbe. ◇ *n* **-1.** [person] Serbe *mf*. **-2.** [dialect] serbe *m*.

serene [sɪ'ri:n] *adj* [calm] serein(e), tranquille.

sergeant ['sɑ:dʒənt] *n* **-1.** MIL sergent *m*. **-2.** [in police] brigadier *m*.

sergeant major *n* sergent-major *m*.

serial ['sɪərɪəl] *n* feuilleton *m*.

serial number *n* numéro *m* de série.

series ['sɪəri:z] (*pl inv*) *n* série *f*.

serious ['sɪərɪəs] *adj* sérieux(ieuse); [illness, accident, trouble] grave; **to be** ~ **about doing sthg** songer sérieusement à faire qqch.

seriously ['sɪərɪəslɪ] *adv* sérieusement; [ill] gravement; [wounded] grièvement, gravement; **to take sb/sthg** ~ prendre qqn/qqch au sérieux.

seriousness ['sɪərɪəsnɪs] *n* **-1.** [of mistake, illness] gravité *f*. **-2.** [of person, speech] sérieux *m*.

sermon ['sɜ:mən] *n* sermon *m*.

serrated [sɪ'reɪtɪd] *adj* en dents de scie.

servant ['sɜːvənt] *n* domestique *mf*.

serve [sɜːv] ◇ *vt* **-1.** [work for] servir. **-2.** [have effect]: **to ~ to do sthg** servir à faire qqch; **to ~ a purpose** [subj: device etc] servir à un usage. **-3.** [provide for] desservir. **-4.** [meal, drink, customer] servir; **to ~ sthg to sb, to ~ sb sthg** servir qqch à qqn. **-5.** JUR: **to ~ sb with a summons/writ, to ~ a summons/writ on sb** signifier une assignation/une citation à qqn. **-6.** [prison sentence] purger, faire; [apprenticeship] faire. **-7.** SPORT servir. **-8.** *phr*: **it ~s him/you right** c'est bien fait pour lui/toi. ◇ *vi* servir; **to ~ as** servir de. ◇ *n* SPORT service *m*.
◆ **serve out, serve up** *vt sep* [food] servir.

service ['sɜːvɪs] ◇ *n* **-1.** [gen] service *m*; **in/out of ~** en/hors service; **to be of ~ (to sb)** être utile (à qqn), rendre service (à qqn). **-2.** [of car] révision *f*; [of machine] entretien *m*. ◇ *vt* [car] réviser; [machine] assurer l'entretien de.
◆ **services** *npl* **-1.** [on motorway] aire *f* de services. **-2.** [armed forces]: **the ~s** les forces *fpl* armées. **-3.** [help] service *m*.

serviceable ['sɜːvɪsəbl] *adj* pratique.

service area *n* aire *f* de services.

service charge *n* service *m*.

serviceman ['sɜːvɪsmən] (*pl* **-men** [-mən]) *n* soldat *m*, militaire *m*.

service station *n* station-service *f*.

serviette [,sɜːvɪ'et] *n* serviette *f* (de table).

sesame ['sesəmɪ] *n* sésame *m*.

session ['seʃn] *n* **-1.** [gen] séance *f*. **-2.** *Am* [school term] trimestre *m*.

set [set] (*pt & pp* **set**) ◇ *adj* **-1.** [fixed - gen] fixe; [- phrase] figé(e). **-2.** *Br* SCH [book] au programme. **-3.** [ready]: **~ (for sthg/to do sthg)** prêt(e) (à qqch/à faire qqch). **-4.** [determined]: **to be ~ on sthg** vouloir absolument qqch; **to be ~ on doing sthg** être résolu(e) à faire qqch; **to be dead ~ against**

sthg s'opposer formellement à qqch.
◇ *n* **-1.** [of keys, tools, golf clubs etc] jeu *m*; [of stamps, books] collection *f*; [of saucepans] série *f*; [of tyres] train *m*; **a ~ of teeth** [natural] une dentition, une denture; [false] un dentier. **-2.** [television, radio] poste *m*. **-3.** CINEMA plateau *m*; THEATRE scène *f*. **-4.** TENNIS manche *f*, set *m*. ◇ *vt* **-1.** [place] placer, poser, mettre; [jewel] sertir, monter. **-2.** [cause to be]: **to ~ sb free** libérer qqn, mettre qqn en liberté; **to ~ sthg in motion** mettre qqch en branle OR en route; **to ~ sthg on fire** mettre le feu à qqch. **-3.** [prepare - trap] tendre; [- table] mettre. **-4.** [adjust] régler. **-5.** [fix - date, deadline, target] fixer. **-6.** [establish - example] donner; [- trend] lancer; [- record] établir. **-7.** [homework, task] donner; [problem] poser. **-8.** MED [bone, leg] remettre. **-9.** [story]: **to be ~ se passer, se dérouler.** ◇ *vi* **-1.** [sun] se coucher. **-2.** [jelly] prendre; [glue, cement] durcir.
◆ **set about** *vt fus* [start] entreprendre, se mettre à; **to ~ about doing sthg** se mettre à faire qqch.
◆ **set aside** *vt sep* **-1.** [save] mettre de côté. **-2.** [not consider] rejeter, écarter.
◆ **set back** *vt sep* [delay] retarder.
◆ **set off** ◇ *vt sep* **-1.** [cause] déclencher, provoquer. **-2.** [bomb] faire exploser; [firework] faire partir. ◇ *vi* se mettre en route, partir.
◆ **set out** ◇ *vt sep* **-1.** [arrange] disposer. **-2.** [explain] présenter, exposer. ◇ *vt fus* [intend]: **to ~ out to do sthg** entreprendre OR tenter de faire qqch. ◇ *vi* [on journey] se mettre en route, partir.
◆ **set up** *vt sep* **-1.** [organization] créer, fonder; [committee, procedure] constituer, mettre en place; [meeting] arranger, organiser. **-2.** [statue, monument] dresser, ériger; [roadblock] placer, installer. **-3.** [equipment] préparer, installer. **-4.** *inf* [make appear guilty] monter un coup contre.

setback ['setbæk] *n* contretemps *m*, revers *m*.

set menu n menu m fixe.

settee [se'ti:] n canapé m.

setting ['setɪŋ] n **-1.** [surroundings] décor m, cadre m. **-2.** [of dial, machine] réglage m.

settle ['setl] ◇ vt **-1.** [argument] régler; **that's ~d then** (c'est) entendu. **-2.** [bill, account] régler, payer. **-3.** [calmnerves] calmer; **to ~ one's stomach** calmer les douleurs d'estomac. **-4.** [make comfortable] installer. ◇ vi **-1.** [make one's home] s'installer, se fixer. **-2.** [make oneself comfortable] s'installer. **-3.** [dust] retomber; [sediment] se déposer; [bird, insect] se poser.

♦ **settle down** vi **-1.** [give one's attention]: **to ~ down to sthg/to doing sthg** se mettre à qqch/à faire qqch. **-2.** [make oneself comfortable] s'installer. **-3.** [become respectable] se ranger. **-4.** [become calm] se calmer.

♦ **settle for** vt fus accepter, se contenter de.

♦ **settle in** vi s'adapter.

♦ **settle on** vt fus [choose] fixer son choix sur, se décider pour.

♦ **settle up** vi: **to ~ up (with sb)** régler (qqn).

settlement ['setlmənt] n **-1.** [agreement] accord m. **-2.** [colony] colonie f. **-3.** [payment] règlement m.

settler ['setlə'] n colon m.

set-up n inf **-1.** [system]: **what's the ~?** comment est-ce que c'est organisé? **-2.** [deception to incriminate] coup m monté.

seven ['sevn] num sept; see also **six**.

seventeen [,sevn'ti:n] num dix-sept; see also **six**.

seventh ['sevnθ] num septième; see also **sixth**.

seventy ['sevntɪ] num soixante-dix; see also **sixty**.

sever ['sevə'] vt **-1.** [cut through] couper. **-2.** fig [relationship, ties] rompre.

several ['sevrəl] ◇ adj plusieurs. ◇ pron plusieurs mfpl.

severance ['sevrəns] n [of relations] rupture f.

severance pay n indemnité f de licenciement.

severe [sɪ'vɪə'] adj **-1.** [weather] rude, rigoureux(euse); [shock] gros (grosse), dur(e); [pain] violent(e); [illness, injury] grave. **-2.** [person, criticism] sévère.

severity [sɪ'verətɪ] n **-1.** [of storm] violence f; [of problem, illness] gravité f. **-2.** [sternness] sévérité f.

sew [səʊ] (Br pp **sewn**, Am pp **sewed** OR **sewn**) vt & vi coudre.

♦ **sew up** vt sep [join] recoudre.

sewage ['su:ɪdʒ] n (U) eaux fpl d'égout, eaux usées.

sewer ['suə'] n égout m.

sewing ['səʊɪŋ] n (U) **-1.** [activity] couture f. **-2.** [work] ouvrage m.

sewing machine n machine f à coudre.

sewn [səʊn] pp → **sew**.

sex [seks] n **-1.** [gender] sexe m. **-2.** (U) [sexual intercourse] rapports mpl (sexuels); **to have ~ with** avoir des rapports (sexuels) avec.

sexist ['seksɪst] ◇ adj sexiste. ◇ n sexiste mf.

sexual ['sekʃʊəl] adj sexuel(elle).

sexual harassment n harcèlement m sexuel.

sexual intercourse n (U) rapports mpl (sexuels).

sexy ['seksɪ] adj inf sexy (inv).

shabby ['ʃæbɪ] adj **-1.** [clothes] élimé(e), râpé(e); [furniture] minable; [person, street] miteux(euse). **-2.** [behaviour] moche, méprisable.

shack [ʃæk] n cabane f, hutte f.

shackle ['ʃækl] vt enchaîner; fig entraver.

♦ **shackles** npl fers mpl; fig entraves fpl.

shade [ʃeɪd] ◇ n **-1.** (U) [shadow] ombre f. **-2.** [lampshade] abat-jour m inv. **-3.** [colour] nuance f, ton m. **-4.** [of meaning, opinion] nuance f. ◇ vt [from light] abriter.

♦ **shades** npl inf [sunglasses] lunettes fpl de soleil.

shadow ['ʃædəʊ] n ombre f; **there's**

not a OR **the ~ of a doubt** il n'y a pas l'ombre d'un doute.

shadow cabinet n cabinet m fantôme.

shadowy ['ʃædəʊɪ] adj **-1.** [dark] ombreux(euse). **-2.** [sinister] mystérieux (ieuse).

shady ['ʃeɪdɪ] adj **-1.** [garden, street etc] ombragé(e); [tree] qui donne de l'ombre. **-2.** inf [dishonest] louche.

shaft [ʃɑːft] n **-1.** [vertical passage] puits m; [of lift] cage f. **-2.** TECH arbre m. **-3.** [of light] rayon m. **-4.** [of tool, golf club] manche m.

shaggy ['ʃægɪ] adj hirsute.

shake [ʃeɪk] (pt **shook**, pp **shaken**) ◇ vt **-1.** [move vigorously - gen] secouer; [- bottle] agiter; **to ~ sb's hand** serrer la main de OR à qqn; **to ~ hands se serrer la main; to ~ one's head** secouer la tête; [to say no] faire non de la tête. **-2.** [shock] ébranler, secouer. ◇ vi trembler. ◇ n [tremble] tremblement m; **to give sthg a ~** secouer qqch.
♦ **shake off** vt sep [police, pursuers] semer; [illness] se débarrasser de.

shaken ['ʃeɪkn] pp → **shake.**

shaky ['ʃeɪkɪ] adj [building, table] branlant(e); [hand] tremblant(e); [person] faible; [argument, start] incertain(e).

shall [weak form ʃəl, strong form ʃæl] aux vb **-1.** (1st person sg & 1st person pl) (to express future tense): **I ~ be ...** je serai .... **-2.** (esp 1st person sg & 1st person pl) (in questions): **~ we have lunch now?** tu veux qu'on déjeune maintenant?; **where ~ I put this?** où est-ce qu'il faut mettre ça? **-3.** (in orders): **you ~ tell me!** tu vas OR dois me le dire!

shallow ['ʃæləʊ] adj **-1.** [water, dish, hole] peu profond(e). **-2.** pej [superficial] superficiel(ielle).

sham [ʃæm] ◇ adj feint(e), simulé(e). ◇ n comédie f.

shambles ['ʃæmblz] n désordre m, pagaille f.

shame [ʃeɪm] ◇ n **-1.** (U) [remorse, humiliation] honte f; **to bring ~ on** OR

upon sb faire la honte de qqn. ◇ [pity]: **it's a ~ (that ...)** c'est dommage (que ... (+ subjunctive)); **what a ~!** quel dommage! ◇ vt faire honte à, mortifier; **to ~ sb into doing sthg** obliger qqn à faire qqch en lui faisant honte.

shamefaced [,ʃeɪm'feɪst] adj honteux(euse), penaud(e).

shameful ['ʃeɪmfʊl] adj honteux(euse), scandaleux(euse).

shameless ['ʃeɪmlɪs] adj effronté(e), éhonté(e).

shampoo [ʃæm'puː] (pl **-s**, pt & pp **-ed**, cont **-ing**) ◇ n shampooing m. ◇ vt: **to ~ sb** OR **sb's hair** faire un shampooing à qqn.

shamrock ['ʃæmrɒk] n trèfle m.

shandy ['ʃændɪ] n panaché m.

shan't [ʃɑːnt] = **shall not.**

shantytown ['ʃæntɪtaʊn] n bidonville m.

shape [ʃeɪp] ◇ n **-1.** [gen] forme f; **to take ~** prendre forme OR tournure. **-2.** [health]: **to be in good/bad ~** être en bonne/mauvaise forme. ◇ vt **-1.** [pastry, clay etc]: **to ~ sthg (into)** façonner OR modeler qqch (en). **-2.** [ideas, project, character] former.
♦ **shape up** vi [person, plans] se développer, progresser; [job, events] prendre tournure OR forme.

-shaped ['ʃeɪpt] suffix: **egg~** en forme d'œuf; **L~** en forme de L.

shapeless ['ʃeɪplɪs] adj informe.

shapely ['ʃeɪplɪ] adj bien fait(e).

share [ʃeəʳ] ◇ n [portion, contribution] part f. ◇ vt partager. ◇ vi: **to ~ (in sthg)** partager (qqch).
♦ **shares** npl actions fpl.
♦ **share out** vt sep partager, répartir.

shareholder ['ʃeə,həʊldəʳ] n actionnaire mf.

shark [ʃɑːk] (pl inv OR **-s**) n [fish] requin m.

sharp [ʃɑːp] ◇ adj **-1.** [knife, razor] tranchant(e), affilé(e); [needle, pencil, teeth] pointu(e). **-2.** [image, outline, contrast] net (nette). **-3.** [person, mind] vif (vive); [eyesight] perçant(e). **-4.**

[sudden - change, rise] **brusque, soudain(e)**; [- hit, tap] **sec (sèche)**. **-5.** [words, order, voice] **cinglant(e)**. **-6.** [cry, sound] **perçant(e)**; [pain, cold] **vif (vive)**; [taste] **piquant(e)**. **-7.** MUS: **C/D** ~ **do/ré dièse**. ◇ *adv* **-1.** [punctually]: **at 8 o'clock** ~ **à 8 heures pile** OR **tapantes**. **-2.** [immediately]: ~ **left/right tout à fait à gauche/droite**. ◇ *n* MUS **dièse** *m*.

sharpen ['ʃɑːpn] *vt* [knife, tool] **aiguiser**; [pencil] **tailler**.

sharpener ['ʃɑːpnəʳ] *n* [for pencil] **taille-crayon** *m*; [for knife] **aiguisoir** *m* **(pour couteaux)**.

sharp-eyed [-'aɪd] *adj*: **she's very** ~ **elle remarque tout, rien ne lui échappe**.

sharply ['ʃɑːplɪ] *adv* **-1.** [distinctly] **nettement**. **-2.** [suddenly] **brusquement**. **-3.** [harshly] **sévèrement, durement**.

shat [ʃæt] *pt & pp* → **shit**.

shatter ['ʃætəʳ] ◇ *vt* **-1.** [window, glass] **briser, fracasser**. **-2.** *fig* [hopes, dreams] **détruire**. ◇ *vi* **se fracasser, voler en éclats**.

shattered ['ʃætəd] *adj* **-1.** [upset] **bouleversé(e)**. **-2.** *Br inf* [very tired] **flapi(e)**.

shave [ʃeɪv] ◇ *n*: **to have a** ~ **se raser**. ◇ *vt* **-1.** [remove hair from] **raser**. **-2.** [wood] **planer, raboter**. ◇ *vi* **se raser**.

shaver ['ʃeɪvəʳ] *n* **rasoir** *m* **électrique**.

shaving brush ['ʃeɪvɪŋ-] *n* **blaireau** *m*.

shaving cream ['ʃeɪvɪŋ-] *n* **crème** *f* **à raser**.

shaving foam ['ʃeɪvɪŋ-] *n* **mousse** *f* **à raser**.

shavings ['ʃeɪvɪŋz] *npl* [of wood, metal] **copeaux** *mpl*.

shawl [ʃɔːl] *n* **châle** *m*.

she [ʃiː] ◇ *pers pron* **-1.** [referring to woman, girl, animal] **elle**; ~**'s tall elle est grande**; SHE **can't do it elle, elle ne peut pas le faire**; **there** ~ **is la voilà**; **if I were** OR **was** ~ *fml* **si j'étais elle, à sa place**. **-2.** [referring to boat, car, country] *follow the gender of your*

translation. ◇ *comp*: ~**-elephant éléphant** *m* **femelle**; ~**-wolf louve** *f*.

sheaf [ʃiːf] (*pl* **sheaves**) *n* **-1.** [of papers, letters] **liasse** *f*. **-2.** [of corn, grain] **gerbe** *f*.

shear [ʃɪəʳ] (*pt* **-ed**, *pp* **-ed** OR **shorn**) *vt* [sheep] **tondre**.

◆ **shears** *npl* **-1.** [for garden] **sécateur** *m*, **cisaille** *f*. **-2.** [for dressmaking] **ciseaux** *mpl*.

◆ **shear off** ◇ *vt fus* [branch] **couper**; [piece of metal] **cisailler**. ◇ *vi* **se détacher**.

sheath [ʃiːθ] (*pl* **-s** [ʃiːðz]) *n* **-1.** [for knife, cable] **gaine** *f*. **-2.** *Br* [condom] **préservatif** *m*.

sheaves [ʃiːvz] *pl* → **sheaf**.

shed [ʃed] (*pt & pp* **shed**) ◇ *n* [small] **remise** *f*, **cabane** *f*; [larger] **hangar** *m*. ◇ *vt* **-1.** [hair, skin, leaves] **perdre**. **-2.** [tears] **verser, répandre**. **-3.** [employees] **se défaire de, congédier**.

she'd [weak form ʃɪd, strong form ʃiːd] = **she had, she would**.

sheen [ʃiːn] *n* **lustre** *m*, **éclat** *m*.

sheep [ʃiːp] (*pl inv*) *n* **mouton** *m*.

sheepdog ['ʃiːpdɒg] *n* **chien** *m* **de berger**.

sheepish ['ʃiːpɪʃ] *adj* **penaud(e)**.

sheepskin ['ʃiːpskɪn] *n* **peau** *f* **de mouton**.

sheer [ʃɪəʳ] *adj* **-1.** [absolute] **pur(e)**. **-2.** [very steep] **à pic, abrupt(e)**. **-3.** [material] **fin(e)**.

sheet [ʃiːt] *n* **-1.** [for bed] **drap** *m*. **-2.** [of paper, glass, wood] **feuille** *f*; [of metal] **plaque** *f*.

sheik(h) [ʃeɪk] *n* **cheik** *m*.

shelf [ʃelf] (*pl* **shelves**) *n* [for storage] **rayon** *m*, **étagère** *f*.

shell [ʃel] ◇ *n* **-1.** [of egg, nut, snail] **coquille** *f*. **-2.** [of tortoise, crab] **carapace** *f*. **-3.** [on beach] **coquillage** *m*. **-4.** [of building, car] **carcasse** *f*. **-5.** MIL **obus** *m*. ◇ *vt* **-1.** [peas] **écosser**; [nuts, prawns] **décortiquer**; [eggs] **enlever la coquille de, écaler**. **-2.** MIL **bombarder**.

she'll [ʃiːl] = **she will, she shall**.

shellfish ['ʃelfɪʃ] (*pl inv*) *n* **-1.** [creature] crustacé *m*, coquillage *m*. **-2.** (*U*) [food] fruits *mpl* de mer.

shell suit *n Br* survêtement *m* (*en nylon imperméabilisé*).

shelter ['ʃeltər] ◇ *n* abri *m*. ◇ *vt* **-1.** [protect] abriter, protéger. **-2.** [refugee, homeless person] offrir un asile à; [criminal, fugitive] cacher. ◇ *vi* s'abriter, se mettre à l'abri.

sheltered ['ʃeltəd] *adj* **-1.** [from weather] abrité(e). **-2.** [life, childhood] protégé(e), sans soucis.

shelve [ʃelv] *vt fig* mettre au frigidaire, mettre en sommeil.

shelves [ʃelvz] *pl* → **shelf**.

shepherd ['ʃepəd] ◇ *n* berger *m*. ◇ *vt fig* conduire.

shepherd's pie ['ʃepədz-] *n* ≃ hachis *m* Parmentier.

sheriff ['ʃerɪf] *n Am* shérif *m*.

sherry ['ʃerɪ] *n* xérès *m*, sherry *m*.

she's [ʃiːz] = **she is**, **she has**.

Shetland ['ʃetlənd] *n*: **(the)** ~ **(Islands)** les (îles) Shetland *fpl*.

sh(h) [ʃ] *excl* chut!

shield [ʃiːld] ◇ *n* **-1.** [armour] bouclier *m*. **-2.** *Br* [sports trophy] plaque *f*. ◇ *vt*: **to** ~ **sb (from)** protéger qqn (de OR contre).

shift [ʃɪft] ◇ *n* **-1.** [change] changement *m*, modification *f*. **-2.** [period of work] poste *m*; [workers] équipe *f*. ◇ *vt* **-1.** [move] déplacer, changer de place. **-2.** [change] changer, modifier. ◇ *vi* **-1.** [move - gen] changer de place; [- wind] tourner, changer. **-2.** [change] changer, se modifier. **-3.** *Am* AUT changer de vitesse.

shiftless ['ʃɪftlɪs] *adj* fainéant(e), paresseux(euse).

shifty ['ʃɪftɪ] *adj inf* sournois(e), louche.

shilling ['ʃɪlɪŋ] *n* shilling *m*.

shilly-shally ['ʃɪlɪˌʃælɪ] *vi* hésiter, être indécis(e).

shimmer ['ʃɪmər] ◇ *n* reflet *m*, miroitement *m*. ◇ *vi* miroiter.

shin [ʃɪn] *n* tibia *m*.

shinbone ['ʃɪnbəʊn] *n* tibia *m*.

shine [ʃaɪn] (*pt & pp* **shone**) ◇ *n* brillant *m*. ◇ *vt* **-1.** [direct]: **to ~ a torch on sthg** éclairer qqch. **-2.** [polish] faire briller, astiquer. ◇ *vi* briller.

shingle ['ʃɪŋgl] *n* (*U*) [on beach] galets *mpl*.

◆ **shingles** *n* (*U*) zona *m*.

shiny ['ʃaɪnɪ] *adj* brillant(e).

ship [ʃɪp] ◇ *n* bateau *m*; [larger] navire *m*. ◇ *vt* [goods] expédier; [troops, passengers] transporter.

shipbuilding ['ʃɪpˌbɪldɪŋ] *n* construction *f* navale.

shipment ['ʃɪpmənt] *n* [cargo] cargaison *f*, chargement *m*.

shipper ['ʃɪpər] *n* affréteur *m*, chargeur *m*.

shipping ['ʃɪpɪŋ] *n* (*U*) **-1.** [transport] transport *m* maritime. **-2.** [ships] navires *mpl*.

shipshape ['ʃɪpʃeɪp] *adj* bien rangé(e), en ordre.

shipwreck ['ʃɪprek] ◇ *n* **-1.** [destruction of ship] naufrage *m*. **-2.** [wrecked ship] épave *f*. ◇ *vt*: **to be ~ed** faire naufrage.

shipyard ['ʃɪpjɑːd] *n* chantier *m* naval.

shire [ʃaɪər] *n* [county] comté *m*.

shirk [ʃɜːk] *vt* se dérober à.

shirt [ʃɜːt] *n* chemise *f*.

shirtsleeves ['ʃɜːtsliːvz] *npl*: **to be in (one's)** ~ être en manches OR en bras de chemise.

shit [ʃɪt] (*pt & pp* **shit** OR **-ted** OR **shat**) *vulg* ◇ *n* **-1.** [excrement] merde *f*. **-2.** (*U*) [nonsense] conneries *fpl*. ◇ *vi* chier. ◇ *excl* merde!

shiver ['ʃɪvər] ◇ *n* frisson *m*. ◇ *vi*: **to** ~ **(with)** trembler (de), frissonner (de).

shoal [ʃəʊl] *n* [of fish] banc *m*.

shock [ʃɒk] ◇ *n* **-1.** [surprise] choc *m*, coup *m*. **-2.** (*U*) MED: **to be suffering from** ~, **to be in (a state of)** ~ être en état de choc. **-3.** [impact] choc *m*, heurt *m*. **-4.** ELEC décharge *f* électrique. ◇ *vt* **-1.** [upset] bouleverser. **-2.** [offend] choquer, scandaliser.

shock absorber [-əb‚zɔːbəʳ] n amortisseur m.

shocking ['ʃɒkɪŋ] adj **-1.** [very bad] épouvantable, terrible. **-2.** [outrageous] scandaleux(euse).

shod [ʃɒd] ◇ pt & pp → shoe. ◇ adj chaussé(e).

shoddy ['ʃɒdɪ] adj [goods, work] de mauvaise qualité; [treatment] indigne, méprisable.

shoe [ʃuː] (pt & pp -ed OR shod) ◇ n chaussure f, soulier m. ◇ vt [horse] ferrer.

shoebrush ['ʃuːbrʌʃ] n brosse f à chaussures.

shoehorn ['ʃuːhɔːn] n chausse-pied m.

shoelace ['ʃuːleɪs] n lacet m de soulier.

shoe polish n cirage m.

shoe shop n magasin m de chaussures.

shoestring ['ʃuːstrɪŋ] n fig: **on a ~** à peu de frais.

shone [ʃɒn] pt & pp → shine.

shoo [ʃuː] ◇ vt chasser. ◇ excl ouste!

shook [ʃʊk] pt → shake.

shoot [ʃuːt] (pt & pp shot) ◇ vt **-1.** [kill with gun] tuer d'un coup de feu; [wound with gun] blesser d'un coup de feu; **to ~ o.s.** [kill o.s.] se tuer avec une arme à feu. **-2.** Br [hunt] chasser. **-3.** [arrow] décocher, tirer. **-4.** CINEMA tourner. ◇ vi **-1.** [fire gun]: **to ~ (at)** tirer (sur). **-2.** Br [hunt] chasser. **-3.** [move quickly]: **to ~ in/out/past** entrer/sortir/passer en trombe, entrer/sortir/passer comme un bolide. **-4.** CINEMA tourner. **-5.** SPORT tirer, shooter. ◇ n **-1.** Br [hunting expedition] partie f de chasse. **-2.** [of plant] pousse f.

◆ **shoot down** vt sep **-1.** [aeroplane] descendre, abattre. **-2.** [person] abattre.

◆ **shoot up** vi **-1.** [child, plant] pousser vite. **-2.** [price, inflation] monter en flèche.

shooting ['ʃuːtɪŋ] n **-1.** [killing] meurtre m. **-2.** (U) [hunting] chasse f.

shooting star n étoile f filante.

shop [ʃɒp] ◇ n **-1.** [store] magasin m, boutique f. **-2.** [workshop] atelier m. ◇ vi faire ses courses; **to go shopping** aller faire les courses OR commissions.

shop assistant n Br vendeur m, -euse f.

shop floor n: **the ~** fig les ouvriers mpl.

shopkeeper ['ʃɒp‚kiːpəʳ] n commerçant m, -e f.

shoplifting ['ʃɒp‚lɪftɪŋ] n (U) vol m à l'étalage.

shopper ['ʃɒpəʳ] n personne f qui fait ses courses.

shopping ['ʃɒpɪŋ] n (U) [purchases] achats mpl.

shopping bag n sac m à provisions.

shopping centre Br, **shopping mall** Am, **shopping plaza** Am [-‚plɑːzə] n centre m commercial.

shopsoiled Br ['ʃɒpsɔɪld], **shopworn** Am ['ʃɒpwɔːn] adj qui a fait l'étalage, abîmé(e) (en magasin).

shop steward n délégué syndical m, déléguée syndicale f.

shopwindow [‚ʃɒp'wɪndəʊ] n vitrine f.

shopworn Am = shopsoiled.

shore [ʃɔːʳ] n rivage m, bord m; **on ~** à terre.

◆ **shore up** vt sep étayer, étançonner; fig consolider.

shorn [ʃɔːn] ◇ pp → shear. ◇ adj tondu(e).

short [ʃɔːt] ◇ adj **-1.** [not long - in time] court(e), bref (brève); [- in space] court. **-2.** [not tall] petit(e). **-3.** [curt] brusque, sec (sèche). **-4.** [lacking]: **time/money is ~** nous manquons de temps/d'argent; **to be ~ of** manquer de. **-5.** [abbreviated]: **to be ~ for** être le diminutif de. ◇ adv: **to be running ~ of** [running out of] commencer à manquer de, commencer à être à court de; **to cut sthg ~** [visit, speech] écourter qqch; [discussion] couper court à qqch; **to stop ~** s'arrêter net.

◇ *n* **-1.** *Br* [alcoholic drink] **alcool** *m* fort. **-2.** [film] **court métrage** *m*.

◆ **shorts** *npl* **-1.** [gen] **short** *m*. **-2.** *Am* [underwear] **caleçon** *m*.

◆ **for short** *adv*: **he's called Bob for ~** Bob est son diminutif.

◆ **in short** *adv* (enfin) **bref**.

◆ **nothing short of** *prep* **rien moins que, pratiquement.**

◆ **short of** *prep* [unless, without]: **~ of doing sthg** à moins de faire qqch, à part faire qqch.

shortage ['ʃɔːtɪdʒ] *n* **manque** *m*, **insuffisance** *f*.

shortbread ['ʃɔːtbred] *n* **sablé** *m*.

short-change *vt* **-1.** [subj: shopkeeper]: **to ~ sb** **ne pas rendre assez à qqn**. **-2.** *fig* [cheat] **tromper, rouler**.

short circuit *n* **court-circuit** *m*.

shortcomings ['ʃɔːt,kʌmɪŋz] *npl* **défauts** *mpl*.

shortcrust pastry ['ʃɔːtkrʌst-] *n* **pâte** *f* **brisée**.

short cut *n* **-1.** [quick route] **raccourci** *m*. **-2.** [quick method] **solution** *f* **miracle**.

shorten ['ʃɔːtn] ◇ *vt* **-1.** [holiday, time] **écourter**. **-2.** [skirt, rope etc] **raccourcir**. ◇ *vi* [days] **raccourcir**.

shortfall ['ʃɔːtfɔːl] *n* **déficit** *m*.

shorthand ['ʃɔːthænd] *n* (*U*) [writing system] **sténographie** *f*.

shorthand typist *n Br* **sténodactylo** *f*.

short list *n Br* **liste** *f* **des candidats sélectionnés**.

shortly ['ʃɔːtlɪ] *adv* [soon] **bientôt**.

shortsighted [,ʃɔːt'saɪtɪd] *adj* **myope**; *fig* **imprévoyant(e)**.

short-staffed [-'stɑːft] *adj*: **to be ~ manquer de personnel.**

short story *n* **nouvelle** *f*.

short-tempered [-'tempəd] *adj* **emporté(e), irascible**.

short-term *adj* [effects, solution] **à court terme**; [problem] **de courte durée**.

short wave *n* (*U*) **ondes** *fpl* **courtes**.

shot [ʃɒt] ◇ *pt & pp* → **shoot**. ◇ *n* **-1.** [gunshot] **coup** *m* **de feu**; **like a ~**

sans tarder, sans hésiter. **-2.** [marksman] **tireur** *m*. **-3.** *SPORT* **coup** *m*. **-4.** [photograph] **photo** *f*; *CINEMA* **plan** *m*. **-5.** *inf* [attempt]: **to have a ~ at sthg** **essayer de faire qqch**. **-6.** [injection] **piqûre** *f*.

shotgun ['ʃɒtɡʌn] *n* **fusil** *m* **de chasse**.

should [ʃʊd] *aux vb* **-1.** [indicating duty]: **we ~ leave now** **il faudrait partir maintenant**. **-2.** [seeking advice, permission]: **~ I go too?** **est-ce que je devrais y aller aussi? -3.** [as suggestion]: **I ~ deny everything** **moi, je nierais tout**. **-4.** [indicating probability]: **she ~ be home soon** **elle devrait être de retour bientôt, elle va bientôt rentrer**. **-5.** [was or were expected]: **they ~ have won the match** **ils auraient dû gagner le match**. **-6.** [indicating intention, wish]: **I ~ like to come with you** **j'aimerais bien venir avec vous**. **-7.** (*as conditional*): **you ~ go if you're invited** **tu devrais y aller si tu es invité**. **-8.** (*in subordinate clauses*): **we decided that you ~ meet him** **nous avons décidé que ce serait toi qui irais le chercher**. **-9.** [expressing uncertain opinion]: **I ~ think he's about 50 (years old)** **je pense qu'il doit avoir dans les 50 ans**.

shoulder ['ʃəʊldə*r*] ◇ *n* **épaule** *f*. ◇ *vt* **-1.** [carry] **porter**. **-2.** [responsibility] **endosser**.

shoulder blade *n* **omoplate** *f*.

shoulder strap *n* **-1.** [on dress] **bretelle** *f*. **-2.** [on bag] **bandoulière** *f*.

shouldn't ['ʃʊdnt] = **should not**.

should've ['ʃʊdəv] = **should have**.

shout [ʃaʊt] ◇ *n* [cry] **cri** *m*. ◇ *vt & vi* **crier**.

◆ **shout down** *vt sep* **huer, conspuer**.

shouting ['ʃaʊtɪŋ] *n* (*U*) **cris** *mpl*.

shove [ʃʌv] ◇ *n*: **to give sb/sthg a ~** **pousser qqn/qqch**. ◇ *vt* **pousser**; **to ~ clothes into a bag** **fourrer des vêtements dans un sac**.

◆ **shove off** *vi* **-1.** [in boat] **pousser au large**. **-2.** *inf* [go away] **ficher le camp, filer**.

shovel ['ʃʌvl] ◇ n [tool] pelle f. ◇ vt enlever à la pelle, pelleter.

show [ʃəʊ] (pt -ed, pp shown OR -ed) ◇ n **-1.** [display] démonstration f, manifestation f. **-2.** [at theatre] spectacle m; [on radio, TV] émission f. **-3.** CINEMA séance f. **-4.** [exhibition] exposition f. ◇ vt **-1.** [gen] montrer; [profit, loss] indiquer; [respect] témoigner; [courage, mercy] faire preuve de; **to ~ sb sthg, to ~ sthg to sb** montrer qqch à qqn. **-2.** [escort]: **to ~ sb to his seat/table** conduire qqn à sa place/sa table. ∎**3.** [film] projeter, passer; [TV programme] donner, passer. ◇ vi **-1.** [indicate] indiquer, montrer. **-2.** [be visible] se voir, être visible. **-3.** CINEMA: **what's ~ing tonight?** qu'est-ce qu'on joue comme film ce soir?

◆ **show off** ◇ vt sep exhiber. ◇ vi faire l'intéressant(e).

◆ **show up** ◇ vt sep [embarrass] embarrasser, faire honte à. ◇ vi **-1.** [stand out] se voir, ressortir. **-2.** [arrive] s'amener, rappliquer.

show business n (U) monde m du spectacle, show-business m.

showdown ['ʃəʊdaʊn] n: **to have a ~ with sb** s'expliquer avec qqn, mettre les choses au point avec qqn.

shower ['ʃaʊə'] ◇ n **-1.** [device, act] douche f; **to have** OR **take a ~** prendre une douche, se doucher. **-2.** [of rain] averse f. **-3.** fig [of questions, confetti] avalanche f, déluge m. ◇ vt: **to ~ sb with** couvrir qqn de. ◇ vi [wash] prendre une douche, se doucher.

shower cap n bonnet m de douche.

showing ['ʃəʊɪŋ] n CINEMA projection f.

show jumping [-,dʒʌmpɪŋ] n jumping m.

shown [ʃəʊn] pp → **show**.

show-off n inf m'as-tu-vu m, -e f.

showpiece ['ʃəʊpiːs] n [main attraction] joyau m, trésor m.

showroom ['ʃəʊrʊm] n salle f OR magasin m d'exposition; [for cars] salle de démonstration.

shrank [ʃræŋk] pt → **shrink**.

shrapnel ['ʃræpnl] n (U) éclats mpl d'obus.

shred [ʃred] ◇ n **-1.** [of material, paper] lambeau m, brin m. **-2.** fig [of evidence] parcelle f; [of truth] once f, grain m. ◇ vt [food] râper; [paper] déchirer en lambeaux.

shredder ['ʃredə'] n [machine] destructeur m de documents.

shrewd [ʃruːd] adj fin(e), astucieux(ieuse).

shriek [ʃriːk] ◇ n cri m perçant, hurlement m; [of laughter] éclat m. ◇ vi pousser un cri perçant.

shrill [ʃrɪl] adj [sound, voice] aigu(ë); [whistle] strident(e).

shrimp [ʃrɪmp] n crevette f.

shrine [ʃraɪn] n [place of worship] lieu m saint.

shrink [ʃrɪŋk] (pt shrank, pp shrunk) ◇ vt rétrécir. ◇ vi **-1.** [cloth, garment] rétrécir; [person] rapetisser; fig [income, popularity etc] baisser, diminuer. **-2.** [recoil]: **to ~ away from sthg** reculer devant qqch; **to ~ from doing sthg** rechigner OR répugner à faire qqch.

shrinkage ['ʃrɪŋkɪdʒ] n rétrécissement m; fig diminution f, baisse f.

shrink-wrap vt emballer sous film plastique.

shrivel ['ʃrɪvl] ◇ vt: **to ~ (up)** rider, flétrir. ◇ vi: **to ~ (up)** se rider, se flétrir.

shroud [ʃraʊd] ◇ n [cloth] linceul m. ◇ vt: **to be ~ed in** [darkness, fog] être enseveli(e) sous; [mystery] être enveloppé(e) de.

Shrove Tuesday ['ʃrəʊv-] n Mardi m gras.

shrub [ʃrʌb] n arbuste m.

shrubbery ['ʃrʌbərɪ] n massif m d'arbustes.

shrug [ʃrʌg] ◇ vt: **to ~ one's shoulders** hausser les épaules. ◇ vi hausser les épaules.

◆ **shrug off** vt sep ignorer.

shrunk [ʃrʌŋk] *pp* → shrink.
shudder [ʃʌdə^r] *vi* **-1.** [tremble]: **to ~ (with)** frémir (de), frissonner (de). **-2.** [shake] vibrer, trembler.
shuffle [ʃʌfl] *vt* **-1.** [drag]: **to ~ one's feet** traîner les pieds. **-2.** [cards] mélanger, battre.
shun [ʃʌn] *vt* fuir, éviter.
shunt [ʃʌnt] *vt* RAIL aiguiller.
shut [ʃʌt] (*pt & pp* **shut**) ◇ *adj* [closed] fermé(e). ◇ *vt* fermer. ◇ *vi* **-1.** [door, window] se fermer. **-2.** [shop] fermer.
◆ **shut away** *vt sep* [valuables, papers] mettre sous clef.
◆ **shut down** *vt sep & vi* fermer.
◆ **shut out** *vt sep* [noise] supprimer; [light] ne pas laisser entrer; **to ~ sb out** laisser qqn à la porte.
◆ **shut up** *inf* ◇ *vt sep* [silence] faire taire. ◇ *vi* se taire.
shutter [ʃʌtə^r] *n* **-1.** [on window] volet *m*. **-2.** [in camera] obturateur *m*.
shuttle [ʃʌtl] ◇ *adj*: **~ service** (service *m* de) navette *f*. ◇ *n* [train, bus, plane] navette *f*.
shuttlecock [ʃʌtlkɒk] *n* volant *m*.
shy [ʃaɪ] ◇ *adj* [timid] timide. ◇ *vi* [horse] s'effaroucher.
Siberia [saɪbɪərɪə] *n* Sibérie *f*.
sibling [sɪblɪŋ] *n* [brother] frère *m*; [sister] sœur *f*.
Sicily [sɪsɪlɪ] *n* Sicile *f*.
sick [sɪk] *adj* **-1.** [ill] malade. **-2.** [nauseous]: **to feel ~** avoir envie de vomir, avoir mal au cœur; **to be ~** *Br* [vomit] vomir. **-3.** [fed up]: **to be ~ of** en avoir assez OR marre de. **-4.** [joke, humour] macabre.
sickbay [sɪkbeɪ] *n* infirmerie *f*.
sicken [sɪkn] ◇ *vt* écœurer, dégoûter. ◇ *vi Br*: **to be ~ing for sthg** couver qqch.
sickening [sɪknɪŋ] *adj* [disgusting] écœurant(e), dégoûtant(e).
sickle [sɪkl] *n* faucille *f*.
sick leave *n* (*U*) congé *m* de maladie.
sickly [sɪklɪ] *adj* **-1.** [unhealthy] maladif(ive), souffreteux(euse). **-2.** [smell, taste] écœurant(e).

sickness [sɪknɪs] *n* **-1.** [illness] maladie *f*. **-2.** *Br* (*U*) [nausea] nausée *f*, nausées *fpl*; [vomiting] vomissement *m*, vomissements *mpl*.
sick pay *n* (*U*) indemnité *f* OR allocation *f* de maladie.
side [saɪd] ◇ *n* **-1.** [gen] côté *m*; **at** OR **by my/her** *etc* **~** à mes/ses *etc* côtés; **on every ~, on all ~s** de tous côtés; **from ~ to ~** d'un côté à l'autre; **~ by ~** côte à côte. **-2.** [of table, river] bord *m*. **-3.** [of hill, valley] versant *m*, flanc *m*. **-4.** [in war, debate] camp *m*, côté *m*; SPORT équipe *f*, camp; [of argument] point *m* de vue; **to take sb's ~** prendre le parti de qqn. **-5.** [aspect - gen] aspect *m*; [- of character] facette *f*; **to be on the safe ~** pour plus de sûreté, par précaution. ◇ *adj* [situated on side] latéral(e).
◆ **side with** *vt fus* prendre le parti de, se ranger du côté de.
sideboard [saɪdbɔːd] *n* [cupboard] buffet *m*.
sideboards *Br* [saɪdbɔːdz], **sideburns** *Am* [saɪdbɜːnz] *npl* favoris *mpl*, rouflaquettes *fpl*.
side effect *n* **-1.** MED effet *m* secondaire OR indésirable. **-2.** [unplanned result] effet *m* secondaire, répercussion *f*.
sidelight [saɪdlaɪt] *n* AUT feu *m* de position.
sideline [saɪdlaɪn] *n* **-1.** [extra business] activité *f* secondaire. **-2.** SPORT ligne *f* de touche.
sidelong [saɪdlɒŋ] *adj & adv* de côté.
sidesaddle [saɪdˌsædl] *adv*: **to ride ~** monter en amazone.
sideshow [saɪdʃəʊ] *n* spectacle *m* forain.
sidestep [saɪdstep] *vt* faire un pas de côté pour éviter OR esquiver; *fig* éviter.
side street *n* [not main street] petite rue *f*; [off main street] rue transversale.
sidetrack [saɪdtræk] *vt*: **to be ~ed** se laisser distraire.
sidewalk [saɪdwɔːk] *n Am* trottoir *m*.

sideways ['saɪdweɪz] *adj & adv* de côté.

siding ['saɪdɪŋ] *n* voie *f* de garage.

sidle ['saɪdl]
◆ **sidle up** *vi*: to ~ up to sb se glisser vers qqn.

siege [siːdʒ] *n* siège *m*.

sieve [sɪv] ◇ *n* [for flour, sand etc] tamis *m*; [for liquids] passoire *f*. ◇ *vt* [flour etc] tamiser; [liquid] passer.

sift [sɪft] ◇ *vt* **-1.** [flour, sand] tamiser. **-2.** *fig* [evidence] passer au crible. ◇ *vi*: to ~ through examiner, éplucher.

sigh [saɪ] ◇ *n* soupir *m*. ◇ *vi* [person] soupirer, pousser un soupir.

sight [saɪt] ◇ *n* **-1.** [seeing] vue *f*; in ~ en vue; in/out of ~ en/hors de vue; at first ~ à première vue, au premier abord. **-2.** [spectacle] spectacle *m*. **-3.** [on gun] mire *f*. ◇ *vt* apercevoir.
◆ **sights** *npl* [of city] attractions *fpl* touristiques.

sightseeing ['saɪt,siːɪŋ] *n* tourisme *m*; to go ~ faire du tourisme.

sightseer ['saɪt,siːəʳ] *n* touriste *mf*.

sign [saɪn] ◇ *n* **-1.** [gen] signe *m*; no ~ of aucune trace de. **-2.** [notice] enseigne *f*; AUT panneau *m*. ◇ *vt* signer.
◆ **sign on** *vi* **-1.** [enrol – MIL] s'engager; [- for course] s'inscrire. **-2.** [register as unemployed] s'inscrire au chômage.
◆ **sign up** ◇ *vt sep* [worker] embaucher; [soldier] engager. ◇ *vi* MIL s'engager; [for course] s'inscrire.

signal ['sɪgnl] ◇ *n* signal *m*. ◇ *vt* **-1.** [indicate] indiquer. **-2.** [gesture to]: to ~ sb (to do sthg) faire signe à qqn (de faire qqch). ◇ *vi* **-1.** AUT clignoter, mettre son clignotant. **-2.** [gesture]: to ~ to sb (to do sthg) faire signe à qqn (de faire qqch).

signalman ['sɪgnlmən] (*pl* **-men** [-mən]) *n* RAIL aiguilleur *m*.

signature ['sɪgnətʃəʳ] *n* [name] signature *f*.

signature tune *n* indicatif *m*.

signet ring ['sɪgnɪt-] *n* chevalière *f*.

significance [sɪg'nɪfɪkəns] *n* **-1.** [importance] importance *f*, portée *f*. **-2.** [meaning] signification *f*.

significant [sɪg'nɪfɪkənt] *adj* **-1.** [considerable] considérable. **-2.** [important] important(e). **-3.** [meaningful] significatif(ive).

signify ['sɪgnɪfaɪ] *vt* signifier, indiquer.

signpost ['saɪnpəʊst] *n* poteau *m* indicateur.

Sikh [siːk] ◇ *adj* sikh (*inv*). ◇ *n* [person] Sikh *mf*.

silence ['saɪləns] ◇ *n* silence *m*. ◇ *vt* réduire au silence, faire taire.

silencer ['saɪlənsəʳ] *n* silencieux *m*.

silent ['saɪlənt] *adj* **-1.** [person, place] silencieux(ieuse). **-2.** CINEMA & LING muet(ette).

silhouette [,sɪluː'et] *n* silhouette *f*.

silicon chip [,sɪlɪkən-] *n* puce *f*, pastille *f* de silicium.

silk [sɪlk] ◇ *n* soie *f*. ◇ *comp* en OR de soie.

silky ['sɪlkɪ] *adj* soyeux(euse).

sill [sɪl] *n* [of window] rebord *m*.

silly ['sɪlɪ] *adj* stupide, bête.

silo ['saɪləʊ] (*pl* **-s**) *n* silo *m*.

silt [sɪlt] *n* vase *f*, limon *m*.

silver ['sɪlvəʳ] ◇ *adj* [colour] argenté(e). ◇ *n* (*U*) **-1.** [metal] argent *m*. **-2.** [coins] pièces *fpl* d'argent. **-3.** [silverware] argenterie *f*. ◇ *comp* en argent, d'argent.

silver foil, silver paper *n* (*U*) papier *m* d'argent OR d'étain.

silver-plated [-'pleɪtɪd] *adj* plaqué(e) argent.

silversmith ['sɪlvəsmɪθ] *n* orfèvre *mf*.

silverware ['sɪlvəweəʳ] *n* (*U*) **-1.** [dishes, spoons etc] argenterie *f*. **-2.** *Am* [cutlery] couverts *mpl*.

similar ['sɪmɪləʳ] *adj*: ~ (to) semblable (à), similaire (à).

similarly ['sɪmɪləlɪ] *adv* de la même manière, pareillement.

simmer ['sɪməʳ] *vt* faire cuire à feu doux, mijoter.

simpering ['sɪmpərɪŋ] *adj* affecté(e).

simple ['sɪmpl] *adj* **-1.** [gen] simple. **-2.** *dated* [mentally retarded] simplet(ette), simple d'esprit.

simple-minded [-'maɪndɪd] *adj* simplet(ette), simple d'esprit.

simplicity [sɪm'plɪsətɪ] *n* simplicité *f*.

simplify ['sɪmplɪfaɪ] *vt* simplifier.

simply ['sɪmplɪ] *adv* **-1.** [gen] simplement. **-2.** [for emphasis] absolument.

simulate ['sɪmjʊleɪt] *vt* simuler.

simultaneous [*Br* ˌsɪmʊl'teɪnjəs, *Am* ˌsaɪməl'teɪnjəs] *adj* simultané(e).

sin [sɪn] ◇ *n* péché *m*. ◇ *vi*: **to ~ (against)** pécher (contre).

since [sɪns] ◇ *adv* depuis. ◇ *prep* depuis. ◇ *conj* **-1.** [in time] depuis que. **-2.** [because] comme, puisque.

sincere [sɪn'sɪəʳ] *adj* sincère.

sincerely [sɪn'sɪəlɪ] *adv* sincèrement; **Yours ~** [at end of letter] veuillez agréer, Monsieur/Madame, l'expression de mes sentiments les meilleurs.

sincerity [sɪn'serətɪ] *n* sincérité *f*.

sinew ['sɪnjuː] *n* tendon *m*.

sinful ['sɪnfʊl] *adj* [thought] mauvais(e); [desire, act] coupable; **~ person** pécheur *m*, -eresse *f*.

sing [sɪŋ] (*pt* **sang**, *pp* **sung**) *vt* & *vi* chanter.

Singapore [ˌsɪŋə'pɔːʳ] *n* Singapour *m*.

singe [sɪndʒ] *vt* brûler légèrement; [cloth] roussir.

singer ['sɪŋəʳ] *n* chanteur *m*, -euse *f*.

singing ['sɪŋɪŋ] *n* (*U*) chant *m*.

single ['sɪŋgl] ◇ *adj* **-1.** [only one] seul(e), unique; **every ~** chaque. **-2.** [unmarried] célibataire. **-3.** *Br* [ticket] simple. ◇ *n* **-1.** *Br* [one-way ticket] billet *m* simple, aller *m* (simple). **-2.** MUS (disque *m*) 45 tours *m*.

◆ **singles** *npl* TENNIS simples *mpl*.

◆ **single out** *vt sep*: **to ~ sb out (for)** choisir qqn (pour).

single bed *n* lit *m* à une place.

single-breasted [-'brestɪd] *adj* [jacket] droit(e).

single cream *n Br* crème *f* liquide.

single file *n*: **in ~** en file indienne, à la file.

single-handed [-'hændɪd] *adv* tout seul (toute seule).

single-minded [-'maɪndɪd] *adj* résolu(e).

single-parent family *n* famille *f* monoparentale.

single room *n* chambre *f* pour une personne OR à un lit.

singlet ['sɪŋglɪt] *n Br* tricot *m* de peau; SPORT maillot *m*.

singular ['sɪŋgjʊləʳ] ◇ *adj* singulier(ière). ◇ *n* singulier *m*.

sinister ['sɪnɪstəʳ] *adj* sinistre.

sink [sɪŋk] (*pt* **sank**, *pp* **sunk**) ◇ *n* [in kitchen] évier *m*; [in bathroom] lavabo *m*. ◇ *vt* **-1.** [teeth, claws]: **to ~ sthg into** enfoncer qqch dans. ◇ *vi* **-1.** [in water - ship] couler; [- person, object] couler. **-2.** [ground] s'affaisser; [sun] baisser; **to ~ into poverty/despair** sombrer dans la misère/le désespoir. **-3.** [value, amount] baisser, diminuer; [voice] faiblir.

◆ **sink in** *vi*: **it hasn't sunk in yet** je n'ai pas encore réalisé.

sink unit *n* bloc-évier *m*.

sinner ['sɪnəʳ] *n* pécheur *m*, -eresse *f*.

sinus ['saɪnəs] (*pl* **-es**) *n* sinus *m inv*.

sip [sɪp] ◇ *n* petite gorgée *f*. ◇ *vt* siroter, boire à petits coups.

siphon ['saɪfn] ◇ *n* siphon *m*. ◇ *vt* **-1.** [liquid] siphonner. **-2.** *fig* [money] canaliser.

◆ **siphon off** *vt sep* **-1.** [liquid] siphonner. **-2.** *fig* [money] canaliser.

sir [sɜːʳ] *n* **-1.** [form of address] monsieur *m*. **-2.** [in titles]: **Sir Phillip Holden** sir Phillip Holden.

siren ['saɪərən] *n* sirène *f*.

sirloin (steak) ['sɜːlɔɪn-] *n* bifteck *m* dans l'aloyau OR d'aloyau.

sissy ['sɪsɪ] *n inf* poule *f* mouillée, dégonflé *m*, -e *f*.

sister ['sɪstəʳ] *n* **-1.** [sibling] sœur *f*. **-2.** [nun] sœur *f*, religieuse *f*. **-3.** *Br* [senior nurse] infirmière *f* chef.

sister-in-law (*pl* **sisters-in-law** OR **sister-in-laws**) *n* belle-sœur *f*.

sit [sɪt] (*pt* & *pp* **sat**) ◇ *vt Br* [exam] passer. ◇ *vi* **-1.** [person] s'asseoir; **to be sitting** être assis(e); **to ~ on a**

committee faire partie OR être membre d'un comité. **-2.** [court, parliament] siéger, être en séance.

◆ **sit about**, **sit around** *vi* rester assis(e) à ne rien faire.

◆ **sit down** *vi* s'asseoir.

◆ **sit in on** *vt fus* assister à.

◆ **sit through** *vt fus* rester jusqu'à la fin de.

◆ **sit up** *vi* **-1.** [sit upright] se redresser, s'asseoir. **-2.** [stay up] veiller.

sitcom ['sıtkɒm] *n inf* sitcom *f*.

site [saɪt] ◇ *n* [of town, building] emplacement *m*; [archaeological] site *m*; CONSTR chantier *m*. ◇ *vt* situer, placer.

sit-in *n* sit-in *m*, occupation *f* des locaux.

sitting ['sıtıŋ] *n* **-1.** [of meal] service *m*. **-2.** [of court, parliament] séance *f*.

sitting room *n* salon *m*.

situated ['sıtjʊeɪtıd] *adj*: **to be ~** être situé(e), se trouver.

situation [,sıtjʊ'eɪʃn] *n* **-1.** [gen] situation *f*. **-2.** [job] situation *f*, emploi *m*; **"Situations Vacant"** *Br* «offres d'emploi».

six [sıks] ◇ *num adj* six (*inv*); **she's ~ (years old)** elle a six ans. ◇ *num pron* six *mfpl*; **I want ~** j'en veux six; **there were ~ of us** nous étions six. ◇ *num n* **-1.** [gen] six *m inv*; **two hundred and ~** deux cent six. **-2.** [six o'clock]: **it's ~** il est six heures; **we arrived at ~** nous sommes arrivés à six heures.

sixteen [sıks'tiːn] *num* seize; *see also* **six**.

sixth [sıksθ] ◇ *num adj* sixième. ◇ *num adv* **-1.** [in race, competition] sixième, en sixième place. **-2.** [in list] sixièmement. ◇ *num pron* sixième *mf*. ◇ *n* **-1.** [fraction] sixième *m*. **-2.** [in dates]: **the ~ (of September)** le six (septembre).

sixth form *n Br* SCH ≃ (classe *f*) terminale *f*.

sixth form college *n Br établissement préparant aux A-levels.*

sixty ['sıkstı] *num* soixante; *see also* **six**.

◆ **sixties** *npl* **-1.** [decade]: **the sixties** les années *fpl* soixante. **-2.** [in ages]: **to be in one's sixties** être sexagénaire.

size [saɪz] *n* [of person, clothes, company] taille *f*; [of building] grandeur *f*, dimensions *fpl*; [of problem] ampleur *f*, taille; [of shoes] pointure *f*.

◆ **size up** *vt sep* [person] jauger; [situation] apprécier, peser.

sizeable ['saɪzəbl] *adj* assez important(e).

sizzle ['sızl] *vi* grésiller.

skate [skeɪt] (*pl sense 2 only inv* OR **-s**) ◇ *n* **-1.** [ice skate, roller skate] patin *m*. **-2.** [fish] raie *f*. ◇ *vi* [on ice skates] faire du patin sur glace, patiner; [on roller skates] faire du patin à roulettes.

skateboard ['skeɪtbɔːd] *n* planche *f* à roulettes, skateboard *m*, skate *m*.

skater ['skeɪtə^r] *n* [on ice] patineur *m*, -euse *f*; [on roller skates] patineur à roulettes.

skating ['skeɪtıŋ] *n* [on ice] patinage *m*; [on roller skates] patinage à roulettes.

skating rink *n* patinoire *f*.

skeleton ['skelıtn] *n* squelette *m*.

skeleton key *n* passe *m*, passepartout *m inv*.

skeleton staff *n* personnel *m* réduit.

skeptic *etc Am* = **sceptic** *etc*.

sketch [sketʃ] ◇ *n* **-1.** [drawing] croquis *m*, esquisse *f*. **-2.** [description] aperçu *m*, résumé *m*. **-3.** [by comedian] sketch *m*. ◇ *vt* **-1.** [draw] dessiner, faire un croquis de. **-2.** [describe] donner un aperçu de, décrire à grands traits.

sketchbook ['sketʃbʊk] *n* carnet *m* à dessins.

sketchpad ['sketʃpæd] *n* bloc *m* à dessins.

sketchy ['sketʃı] *adj* incomplet(ète).

skewer ['skjuə^r] ◇ *n* brochette *f*, broche *f*. ◇ *vt* embrocher.

ski [skiː] (*pt & pp* skied, *cont* skiing) ◇ *n* ski *m*. ◇ *vi* skier, faire du ski.

ski boots *npl* chaussures *fpl* de ski.

skid [skɪd] ◇ *n* dérapage *m*; **to go into a ~ déraper.** ◇ *vi* déraper.

skier ['skiːəʳ] *n* skieur *m*, -ieuse *f*.

skies [skaɪz] *pl* → sky.

skiing ['skiːɪŋ] *n* (U) ski *m*; **to go ~ faire du ski.**

ski jump *n* [slope] tremplin *m*; [event] saut *m* à ski OR en skis.

skilful, skillful *Am* ['skɪlful] *adj* habile, adroit(e).

ski lift *n* remonte-pente *m*.

skill [skɪl] *n* -1. (U) [ability] habileté *f*, adresse *f*. -2. [technique] technique *f*, art *m*.

skilled [skɪld] *adj* -1. [skilful]: ~ (in OR at doing sthg) habile OR adroit(e) (pour faire qqch). -2. [trained] qualifié(e).

skillful *etc Am* = skilful *etc*.

skim [skɪm] ◇ *vt* -1. [cream] écrémer; [soup] écumer. -2. [move above] effleurer, raser. ◇ *vi*: **to ~ through sthg** [newspaper, book] parcourir qqch.

skim(med) milk [skɪm(d)-] *n* lait *m* écrémé.

skimp [skɪmp] ◇ *vt* lésiner sur. ◇ *vi*: **to ~ on** lésiner sur.

skimpy ['skɪmpɪ] *adj* [meal] maigre; [clothes] étriqué(e); [facts] insuffisant(e).

skin [skɪn] ◇ *n* peau *f*. ◇ *vt* -1. [dead animal] écorcher, dépouiller; [fruit] éplucher, peler. -2. [graze]: **to ~ one's knee** s'érafler OR s'écorcher le genou.

skin-deep *adj* superficiel(ielle).

skin diving *n* plongée *f* sous-marine.

skinny ['skɪnɪ] *adj* maigre.

skin-tight *adj* moulant(e), collant(e).

skip [skɪp] ◇ *n* -1. [jump] petit saut *m*. -2. *Br* [container] benne *f*. ◇ *vt* [page, class, meal] sauter. ◇ *vi* -1. [gen] sauter, sautiller. -2. *Br* [over rope] sauter à la corde.

ski pants *npl* fuseau *m*.

ski pole *n* bâton *m* de ski.

skipper ['skɪpəʳ] *n* NAUT & SPORT capitaine *m*.

skipping rope ['skɪpɪŋ-] *n Br* corde *f* à sauter.

skirmish ['skɜːmɪʃ] *n* escarmouche *f*.

skirt [skɜːt] *n* [garment] jupe *f*. ◇ *vt* -1. [town, obstacle] contourner. -2. [problem] éviter.

◆ **skirt round** *vt fus* -1. [town, obstacle] contourner. -2. [problem] éviter.

skit [skɪt] *n* sketch *m*.

skittle ['skɪtl] *n Br* quille *f*.

◆ **skittles** *n* (U) [game] quilles *fpl*.

skive [skaɪv] *vi Br inf*: **to ~ (off)** s'esquiver, tirer au flanc.

skulk [skʌlk] *vi* [hide] se cacher; [prowl] rôder.

skull [skʌl] *n* crâne *m*.

skunk [skʌŋk] *n* [animal] mouffette *f*.

sky [skaɪ] *n* ciel *m*.

skylight ['skaɪlaɪt] *n* lucarne *f*.

skyscraper ['skaɪˌskreɪpəʳ] *n* gratte-ciel *m inv*.

slab [slæb] *n* [of concrete] dalle *f*; [of stone] bloc *m*; [of cake] pavé *m*.

slack [slæk] ◇ *adj* -1. [not tight] lâche. -2. [not busy] calme. -3. [person] négligent(e), pas sérieux(ieuse). ◇ *n* [in rope] mou *m*.

slacken ['slækn] ◇ *vt* [speed, pace] ralentir; [rope] relâcher. ◇ *vi* [speed, pace] ralentir.

slag [slæg] *n* (U) [waste material] scories *fpl*.

slagheap ['slæghiːp] *n* terril *m*.

slain [sleɪn] *pp* → slay.

slam [slæm] ◇ *vt* -1. [shut] claquer. -2. [place with force]: **to ~ sthg on OR onto** jeter qqch brutalement sur, flanquer qqch sur. ◇ *vi* claquer.

slander ['slɑːndəʳ] ◇ *n* calomnie *f*; JUR diffamation *f*. ◇ *vt* calomnier; JUR diffamer.

slang [slæŋ] *n* (U) argot *m*.

slant [slɑːnt] ◇ *n* -1. [angle] inclinaison *f*. -2. [perspective] point *m* de vue, perspective *f*. ◇ *vt* [bias] présenter d'une manière tendancieuse. ◇ *vi* [slope] être incliné(e), pencher.

slanting ['slɑːntɪŋ] *adj* [roof] en pente.

slap [slæp] ◇ *n* claque *f*, tape *f*; [on face] gifle *f*. ◇ *vt* -1. [person, face] gifler; [back] donner une claque OR une tape à. -2. [place with force]: **to ~ sthg**

on OR **onto** jeter qqch brutalement sur, flanquer qqch sur. ◇ *adv inf* [directly] en plein.

slapdash ['slæpdæʃ], **slaphappy** ['slæp,hæpɪ] *adj inf* [work] bâclé(e); [person, attitude] insouciant(e).

slapstick ['slæpstɪk] *n* (U) grosse farce *f*.

slap-up .*adj Br inf* [meal] fameux(euse).

slash [slæʃ] ◇ *n* **-1.** [long cut] entaille *f*. **-2.** [oblique stroke] barre *f* oblique. ◇ *vt* **-1.** [cut] entailler. **-2.** *inf* [prices] casser; [budget, unemployment] réduire considérablement.

slat [slæt] *n* lame *f*; [wooden] latte *f*.

slate [sleɪt] *n* ardoise *f*. ◇ *vt inf* [criticize] descendre en flammes.

slaughter ['slɔːtər] ◇ *n* **-1.** [of animals] abattage *m*. **-2.** [of people] massacre *m*, carnage *m*. ◇ *vt* **-1.** [animals] abattre. **-2.** [people] massacrer.

slaughterhouse ['slɔːtəhaʊs, -hauzɪz] *n* abattoir *m*.

slave [sleɪv] ◇ *n* esclave *mf*. ◇ *vi* travailler comme un nègre; **to ~ over sthg** peiner sur qqch.

slavery ['sleɪvərɪ] *n* esclavage *m*.

slay [sleɪ] (*pt* **slew**, *pp* **slain**) *vt literary* tuer.

sleazy ['sliːzɪ] *adj* [disreputable] mal famé(e).

sledge [sledʒ], **sled** *Am* [sled] *n* luge *f*; [larger] traîneau *m*.

sledgehammer ['sledʒ,hæmər] *n* masse *f*.

sleek [sliːk] *adj* **-1.** [hair, fur] lisse, luisant(e). **-2.** [shape] aux lignes pures.

sleep [sliːp] (*pt* & *pp* **slept**) ◇ *n* sommeil *m*; **to go to ~** s'endormir. ◇ *vi* **-1.** [be asleep] dormir. **-2.** [spend night] coucher.

◆ **sleep in** *vi* faire la grasse matinée.

◆ **sleep with** *vt fus euphemism* coucher avec.

sleeper ['sliːpər] *n* **-1.** [person]: **to be a heavy/light ~** avoir le sommeil lourd/léger. **-2.** [RAIL - berth] couchette *f*; [- carriage] wagon-lit *m*;

[- train] train-couchettes *m*. **-3.** *Br* [on railway track] traverse *f*.

sleeping bag ['sliːpɪŋ-] *n* sac *m* de couchage.

sleeping car ['sliːpɪŋ-] *n* wagon-lit *m*.

sleeping pill ['sliːpɪŋ-] *n* somnifère *m*.

sleepless ['sliːplɪs] *adj*: **to have a ~ night** passer une nuit blanche.

sleepwalk ['sliːpwɔːk] *vi* être somnambule.

sleepy ['sliːpɪ] *adj* [person] qui a envie de dormir.

sleet [sliːt] ◇ *n* neige *f* fondue. ◇ *v impers*: **it's ~ing** il tombe de la neige fondue.

sleeve [sliːv] *n* **-1.** [of garment] manche *f*. **-2.** [for record] pochette *f*.

sleigh [sleɪ] *n* traîneau *m*.

sleight of hand [,slaɪt-] *n* (U) **-1.** [skill] habileté *f*. **-2.** [trick] tour *m* de passe-passe.

slender ['slendər] *adj* **-1.** [thin] mince. **-2.** *fig* [resources, income] modeste, maigre; [hope, chance] faible.

slept [slept] *pt* & *pp* → **sleep**.

slew [sluː] ◇ *pt* → **slay**. ◇ *vi* [car] déraper.

slice [slaɪs] ◇ *n* **-1.** [thin piece] tranche *f*. **-2.** *fig* [of profits, glory] part *f*. **-3.** SPORT slice *m*. ◇ *vt* **-1.** [cut into slices] couper en tranches. **-2.** [cut cleanly] trancher. **-3.** SPORT slicer.

slick [slɪk] ◇ *adj* **-1.** [skilful] bien mené(e), habile. **-2.** *pej* [superficial - talk] facile; [- person] rusé(e). ◇ *n* nappe *f* de pétrole, marée *f* noire.

slide [slaɪd] (*pt* & *pp* **slid** [slɪd]) ◇ *n* **-1.** [in playground] toboggan *m*. **-2.** PHOT diapositive *f*, diapo *f*. **-3.** *Br* [for hair] barrette *f*. **-4.** [decline] déclin *m*; [in prices] baisse *f*. ◇ *vt* faire glisser. ◇ *vi* glisser.

sliding door [,slaɪdɪŋ-] *n* porte *f* coulissante.

sliding scale [,slaɪdɪŋ-] *n* échelle *f* mobile.

slight [slaɪt] ◇ *adj* **-1.** [minor] léger(ère); **the ~est** le moindre (la moindre); **not in the ~est** pas du tout. **-2.** [thin] mince. ◇ *n* affront *m*. ◇ *vt* offenser.

slightly ['slaɪtlɪ] *adv* [to small extent] légèrement.

slim [slɪm] ◇ *adj* **-1.** [person, object] mince. **-2.** [chance, possibility] faible. ◇ *vi* maigrir; [diet] suivre un régime amaigrissant.

slime [slaɪm] *n* (*U*) substance *f* visqueuse; [of snail] bave *f*.

slimming ['slɪmɪŋ] ◇ *n* amaigrissement *m*. ◇ *adj* [product] amaigrissant(e).

sling [slɪŋ] (*pt* & *pp* slung) ◇ *n* **-1.** [for arm] écharpe *f*. **-2.** NAUT [for loads] élingue *f*. ◇ *vt* **-1.** [hammock etc] suspendre. **-2.** *inf* [throw] lancer.

slip [slɪp] ◇ *n* **-1.** [mistake] erreur *f*; a ~ of the pen un lapsus; a ~ of the tongue un lapsus. **-2.** [of paper - gen] morceau *m*; [- strip] bande *f*. **-3.** [underwear] combinaison *f*. **-4.** *phr*: to give sb the ~ *inf* fausser compagnie à qqn. ◇ *vt* glisser; to ~ sthg on enfiler qqch. ◇ *vi* **-1.** [slide] glisser; to ~ into sthg se glisser dans qqch. **-2.** [decline] décliner.

♦ **slip up** *vi fig* faire une erreur.

slipped disc [,slɪpt-] *n* hernie *f* discale.

slipper ['slɪpər] *n* pantoufle *f*, chausson *m*.

slippery ['slɪpərɪ] *adj* glissant(e).

slip road *n Br* bretelle *f*.

slipshod ['slɪpʃɒd] *adj* peu soigné(e).

slip-up *n inf* gaffe *f*.

slipway ['slɪpweɪ] *n* cale *f* de lancement.

slit [slɪt] (*pt* & *pp* slit) ◇ *n* [opening] fente *f*; [cut] incision *f*. ◇ *vt* [make opening in] faire une fente dans, fendre; [cut] inciser.

slither ['slɪðər] *vi* [person] glisser; [snake] onduler.

sliver ['slɪvər] *n* [of glass, wood] éclat *m*; [of meat, cheese] lamelle *f*.

slob [slɒb] *n inf* [in habits] saligaud *m*; [in appearance] gros lard *m*.

slog [slɒg] *inf* ◇ *n* [tiring work] corvée

f. ◇ *vi* [work] travailler comme un bœuf OR un nègre.

slogan ['sləʊgən] *n* slogan *m*.

slop [slɒp] ◇ *vt* renverser. ◇ *vi* déborder.

slope [sləʊp] ◇ *n* pente *f*. ◇ *vi* [land] être en pente; [handwriting, table] pencher.

sloping ['sləʊpɪŋ] *adj* [land, shelf] en pente; [handwriting] penché(e).

sloppy ['slɒpɪ] *adj* [careless] peu soigné(e).

slot [slɒt] *n* **-1.** [opening] fente *f*. **-2.** [groove] rainure *f*. **-3.** [in schedule] créneau *m*.

slot machine *n* **-1.** [vending machine] distributeur *m* automatique. **-2.** [for gambling] machine *f* à sous.

slouch [slaʊtʃ] *vi* être avachi(e).

Slovakia [slə'vækɪə] *n* Slovaquie *f*.

slovenly ['slʌvnlɪ] *adj* négligé(e).

slow [sləʊ] ◇ *adj* **-1.** [gen] lent(e). **-2.** [clock, watch]: to be ~ retarder. ◇ *adv* lentement; to go ~ [driver] aller lentement; [workers] faire la grève perlée. ◇ *vt* & *vi* ralentir.

♦ **slow down, slow up** *vt sep* & *vi* ralentir.

slowdown ['sləʊdaʊn] *n* ralentissement *m*.

slowly ['sləʊlɪ] *adv* lentement.

slow motion *n*: in ~ au ralenti *m*.

sludge [slʌdʒ] *n* boue *f*.

slug [slʌg] *n* **-1.** [animal] limace *f*. **-2.** *inf* [of alcohol] rasade *f*. **-3.** *Am inf* [bullet] balle *f*.

sluggish ['slʌgɪʃ] *adj* [person] apathique; [movement, growth] lent(e); [business] calme, stagnant(e).

sluice [sluːs] *n* écluse *f*.

slum [slʌm] *n* [area] quartier *m* pauvre.

slumber ['slʌmbər] *literary* ◇ *n* sommeil *m*. ◇ *vi* dormir paisiblement.

slump [slʌmp] ◇ *n* **-1.** [decline]: **(in)** baisse *f* (de). **-2.** [period of poverty] crise *f* (économique). ◇ *vi lit* & *fig* s'effondrer.

slung [slʌŋ] *pt* & *pp* → **sling**.

slur [sl3ːʳ] ◇ *n* **-1.** [slight]: ~ **(on)** atteinte *f* (à). **-2.** [insult] affront *m*, insulte *f*. ◇ *vt* mal articuler.

slush [slʌʃ] *n* [snow] neige *f* fondue.

slush fund, slush money *Am n* fonds *mpl* secrets, caisse *f* noire.

slut [slʌt] *n* **-1.** *inf* [dirty, untidy] souillon *f*. **-2.** *v inf* [sexually immoral] salope *f*.

sly [slaɪ] (*compar* **slyer** OR **slier**, *superl* **slyest** OR **sliest**) *adj* **-1.** [look, smile] entendu(e). **-2.** [person] rusé(e), sournois(e).

smack [smæk] ◇ *n* **-1.** [slap] claque *f*; [on face] gifle *f*. **-2.** [impact] claquement *m*. ◇ *vt* **-1.** [slap] donner une claque à; [face] gifler. **-2.** [place violently] poser violemment.

small [smɔːl] *adj* **-1.** [gen] petit(e). **-2.** [trivial] petit, insignifiant(e).

small ads [-ædz] *npl Br* petites annonces *fpl*.

small change *n* petite monnaie *f*.

smallholder ['smɔːlˌhəʊldəʳ] *n Br* petit cultivateur *m*.

small hours *npl*: **in the** ~ au petit jour OR matin.

smallpox ['smɔːlpɒks] *n* variole *f*, petite vérole *f*.

small print *n*: **the** ~ les clauses *fpl* écrites en petits caractères.

small talk *n* (*U*) papotage *m*, bavardage *m*.

smarmy ['smɑːmɪ] *adj* mielleux(euse).

smart [smɑːt] *adj* **-1.** [stylish - person, clothes, car] élégant(e). **-2.** [clever] intelligent(e). **-3.** [fashionable - club, society, hotel] à la mode, in (*inv*). **-4.** [quick - answer, tap] vif (vive), rapide. ◇ *vi* **-1.** [eyes, skin] brûler, piquer. **-2.** [person] être blessé(e).

smarten ['smɑːtn]

◆ **smarten up** *vt sep* [room] arranger; **to** ~ **o.s. up** se faire beau (belle).

smash [smæʃ] ◇ *n* **-1.** [sound] fracas *m*. **-2.** *inf* [car crash] collision *f*, accident *m*. **-3.** SPORT smash *m*. ◇ *vt* **-1.** [glass, plate etc] casser, briser. **-2.** *fig* [defeat] détruire. ◇ *vi* **-1.** [glass, plate

etc] se briser. **-2.** [crash]: **to** ~ **into** sthg s'écraser contre qqch.

smashing ['smæʃɪŋ] *adj inf* super (*inv*).

smattering ['smætərɪŋ] *n*: **to have a** ~ **of German** savoir quelques mots d'allemand.

smear [smɪəʳ] ◇ *n* **-1.** [dirty mark] tache *f*. **-2.** MED frottis *m*. **-3.** [slander] diffamation *f*. ◇ *vt* **-1.** [smudge] barbouiller, maculer. **-2.** [spread]: **to** ~ **sthg onto sthg** étaler qqch sur qqch; **to** ~ **sthg with sthg** enduire qqch de qqch. **-3.** [slander] calomnier.

smell [smel] (*pt & pp* **-ed** OR **smelt**) ◇ *n* **-1.** [odour] odeur *f*. **-2.** [sense of smell] odorat *m*. ◇ *vt* sentir. ◇ *vi* **-1.** [flower, food] sentir; **to** ~ **of sthg** sentir qqch; **to** ~ **good/bad** sentir bon/mauvais. **-2.** [smell unpleasantly] sentir (mauvais), puer.

smelly ['smelɪ] *adj* qui sent mauvais, qui pue.

smelt [smelt] ◇ *pt & pp* → **smell**. ◇ *vt* [metal] **extraire** par fusion; [ore] fondre.

smile [smaɪl] ◇ *n* sourire *m*. ◇ *vi* sourire.

smirk [smɜːk] *n* sourire *m* narquois.

smock [smɒk] *n* blouse *f*.

smog [smɒg] *n* smog *m*.

smoke [sməʊk] ◇ *n* (*U*) [from fire] fumée *f*. ◇ *vt & vi* fumer.

smoked [sməʊkt] *adj* [food] fumé(e).

smoker ['sməʊkəʳ] *n* **-1.** [person] fumeur *m*, -euse *f*. **-2.** RAIL compartiment *m* fumeurs.

smokescreen ['sməʊkskriːn] *n fig* couverture *f*.

smoke shop *n Am* bureau *m* de tabac.

smoking ['sməʊkɪŋ] *n* tabagisme *m*; **"no** ~**"** «défense de fumer».

smoky ['sməʊkɪ] *adj* **-1.** [room, air] enfumé(e). **-2.** [taste] fumé(e).

smolder *Am* = **smoulder**.

smooth [smuːð] ◇ *adj* **-1.** [surface] lisse. **-2.** [sauce] homogène, onctueux(euse). **-3.** [movement] régulier(ière). **-4.** [taste] moelleux(euse).

-5. [flight, ride] confortable; [landing, take-off] en douceur. **-6.** pej [person, manner] doucereux (euse), mielleux(euse). **-7.** [operation, progress] sans problèmes. ◇ vt [hair] lisser; [clothes, tablecloth] défroisser.

◆ **smooth out** vt sep défroisser.

smother ['smʌðə'] vt **-1.** [cover thickly]: **to ~ sb/sthg with** couvrir qqn/qqch de. **-2.** [person, fire] étouffer. **-3.** fig [emotions] cacher, étouffer.

smoulder Br, **smolder** Am ['sməʊldə'] vi lit & fig couver.

smudge [smʌdʒ] ◇ n tache f; [of ink] bavure f. ◇ vt [drawing, painting] maculer; [paper] faire une marque OR trace sur; [face] salir.

smug [smʌg] adj suffisant(e).

smuggle ['smʌgl] vt [across frontiers] faire passer en contrebande.

smuggler ['smʌglə'] n contrebandier m, -ière f.

smuggling ['smʌglɪŋ] n (U) contrebande f.

smutty ['smʌtɪ] adj pej [book, language] cochon(onne).

snack [snæk] n casse-croûte m inv.

snack bar n snack m, snack-bar m.

snag [snæg] ◇ n [problem] inconvénient m, écueil m. ◇ vi: **to ~ (on)** s'accrocher (à).

snail [sneɪl] n escargot m.

snake [sneɪk] n serpent m.

snap [snæp] ◇ adj [decision, election] subit(e); [judgment] irréfléchi(e). ◇ n **-1.** [of branch] craquement m; [of fingers] claquement m. **-2.** [photograph] photo f. **-3.** [card game] ≃ bataille f. ◇ vt **-1.** [break] casser net. **-2.** [speak sharply] dire d'un ton sec. ◇ vi **-1.** [break] se casser net. **-2.** [dog]: **to ~ at essayer de mordre. -3.** [speak sharply]: **to ~ (at sb)** parler (à qqn) d'un ton sec.

◆ **snap up** vt sep [bargain] sauter sur.

snap fastener n pression f.

snappy ['snæpɪ] adj inf **-1.** [stylish] chic. **-2.** [quick] prompt(e); **make it ~!** dépêche-toi!, et que ça saute!

snapshot ['snæpʃɒt] n photo f.

snare [sneə'] ◇ n piège m, collet m. ◇ vt prendre au piège, attraper.

snarl [snɑːl] ◇ n grondement m. ◇ vi gronder.

snatch [snætʃ] ◇ n [of conversation] bribe f; [of song] extrait m. ◇ vt [grab] saisir.

sneak [sniːk] (Am pt **snuck**) ◇ n Br inf rapporteur m, -euse f. ◇ vt: **to ~ a look at sb/sthg** regarder qqn/qqch à la dérobée. ◇ vi [move quietly] se glisser.

sneakers ['sniːkəz] npl Am tennis mpl, baskets fpl.

sneaky ['sniːkɪ] adj inf sournois(e).

sneer [snɪə'] ◇ n [smile] sourire m dédaigneux; [laugh] ricanement m. ◇ vi [smile] sourire dédaigneusement.

sneeze [sniːz] ◇ n éternuement m. ◇ vi éternuer.

snide [snaɪd] adj sournois(e).

sniff [snɪf] ◇ vt [smell] renifler. ◇ vi [to clear nose] renifler.

snigger ['snɪgə'] ◇ n rire m en dessous. ◇ vi ricaner.

snip [snɪp] ◇ n inf [bargain] bonne affaire f. ◇ vt couper.

sniper ['snaɪpə'] n tireur m isolé.

snippet ['snɪpɪt] n fragment m.

snivel ['snɪvl] vi geindre.

snob [snɒb] n snob mf.

snobbish ['snɒbɪʃ], **snobby** ['snɒbɪ] adj snob (inv).

snooker ['snuːkə'] n [game] ≃ jeu m de billard.

snoop [snuːp] vi inf fureter.

snooty ['snuːtɪ] adj inf prétentieux (ieuse).

snooze [snuːz] ◇ n petit somme m. ◇ vi faire un petit somme.

snore [snɔː'] ◇ n ronflement m. ◇ vi ronfler.

snoring ['snɔːrɪŋ] n (U) ronflement m, ronflements mpl.

snorkel ['snɔːkl] n tuba m.

snort [snɔːt] ◇ n [of person] grognement m; [of horse, bull] ébrouement m. ◇ vi [person] grogner; [horse] s'ébrouer.

snout [snaʊt] n groin m.

snow [snəʊ] ◇ *n* neige *f.* ◇ *v impers* neiger.

snowball ['snəʊbɔːl] ◇ *n* boule *f* de neige. ◇ *vi fig* faire boule de neige.

snowbound ['snəʊbaʊnd] *adj* bloqué(e) par la neige.

snowdrift ['snəʊdrɪft] *n* congère *f.*

snowdrop ['snəʊdrɒp] *n* perce-neige *m inv.*

snowfall ['snəʊfɔːl] *n* chute *f* de neige.

snowflake ['snəʊfleɪk] *n* flocon *m* de neige.

snowman ['snəʊmæn] (*pl* -men [-men]) *n* bonhomme *m* de neige.

snowplough *Br*, **snowplow** *Am* ['snəʊplaʊ] *n* chasse-neige *m inv.*

snowshoe ['snəʊʃuː] *n* raquette *f.*

snowstorm ['snəʊstɔːm] *n* tempête *f* de neige.

SNP (*abbr of* Scottish National Party) *n parti nationaliste écossais.*

Snr, snr *abbr of* senior.

snub [snʌb] ◇ *n* rebuffade *f.* ◇ *vt* snober, ignorer.

snuck [snʌk] *pt* → sneak.

snuff [snʌf] *n* tabac *m* à priser.

snug [snʌg] *adj* -1. [person] à l'aise, confortable; [in bed] bien au chaud. -2. [place] douillet(ette). -3. [close-fitting] bien ajusté(e).

snuggle ['snʌgl] *vi* se blottir.

so [səʊ] ◇ *adv* -1. [to such a degree] si, tellement; ~ **difficult (that)** ... si OR tellement difficile que ...; **don't be** ~ **stupid!** ne sois pas si bête!; **we had** ~ **much work!** nous avions tant de travail!; **I've never seen** ~ **much money/many cars** je n'ai jamais vu autant d'argent/de voitures. -2. [in referring back to previous statement, event etc]: ~ **what's the point then?** alors à quoi bon?; ~ **you knew already?** alors tu le savais déjà?; **I don't think** ~ je ne crois pas; **I'm afraid** ~ je crains bien que oui; **if** ~ si oui; **is that** ~? vraiment? -3. [also] aussi; ~ **can/do/would** *etc* **I** moi aussi; **she speaks French and** ~ **does her husband** elle parle français et son

mari aussi. -4. [in this way]: **(like)** ~ comme cela OR ça, de cette façon. -5. [in expressing agreement]: ~ **there is** en effet, c'est vrai; ~ **I see** c'est ce que je vois. -6. [unspecified amount, limit]: **they pay us** ~ **much a week** ils nous payent tant par semaine; **or** ~ environ, à peu près. ◇ *conj* alors; **I'm away next week** ~ **I won't be there** je suis en voyage la semaine prochaine donc OR par conséquent je ne serai pas là; ~ **what have you been up to?** alors, qu'est-ce que vous devenez?; ~ **what?** *inf* et alors?, et après?; ~ **there!** *inf* là!, et voilà!

◆ **and so on, and so forth** *adv* et ainsi de suite.

◆ **so as** *conj* afin de, pour; **we didn't knock** ~ **as not to disturb them** nous n'avons pas frappé pour ne pas les déranger.

◆ **so that** *conj* [for the purpose that] pour que (+ *subjunctive*).

soak [səʊk] ◇ *vt* laisser OR faire tremper. ◇ *vi* -1. [become thoroughly wet]: **to leave sthg to** ~, **to let sthg** ~ laisser OR faire tremper qqch. -2. [spread]: **to** ~ **into sthg** tremper dans qqch; **to** ~ **through (sthg)** traverser (qqch).

◆ **soak up** *vt sep* absorber.

soaking ['səʊkɪŋ] *adj* trempé(e).

so-and-so *n inf* -1. [to replace a name]: **Mr** ~ Monsieur un tel. -2. [annoying person] enquiquineur *m,* -euse *f.*

soap [səʊp] *n* -1. (*U*) [for washing] savon *m.* -2. TV soap opera *m.*

soap flakes *npl* savon *m* en paillettes.

soap opera *n* soap opera *m.*

soap powder *n* lessive *f.*

soapy ['səʊpɪ] *adj* [water] savonneux(euse); [taste] de savon.

soar [sɔːʳ] *vi* -1. [bird] planer. -2. [balloon, kite] monter. -3. [prices, temperature] monter en flèche.

sob [sɒb] ◇ *n* sanglot *m.* ◇ *vi* sangloter.

sober ['səʊbər] adj **-1.** [not drunk] qui n'est pas ivre. **-2.** [serious] sérieux (ieuse). **-3.** [plain - clothes, colours] sobre.

♦ **sober up** vi dessoûler.

sobering ['səʊbərɪŋ] adj qui donne à réfléchir.

so-called [-kɔːld] adj **-1.** [misleadingly named] soi-disant (inv). **-2.** [widely known as] ainsi appelé(e).

soccer ['sɒkər] n football m.

sociable ['səʊʃəbl] adj sociable.

social ['səʊʃl] adj social(e).

social club n club m.

socialism ['səʊʃəlɪzm] n socialisme m.

socialist ['səʊʃəlɪst] ◇ adj socialiste. ◇ n socialiste mf.

socialize, -ise ['səʊʃəlaɪz] vi fréquenter des gens; **to ~ with sb** fréquenter qqn, frayer avec qqn.

social security n aide f sociale.

social services npl services mpl sociaux.

social worker n assistant social m, assistante sociale f.

society [sə'saɪətɪ] n **-1.** [gen] société f. **-2.** [club] association f, club m.

sociology [ˌsəʊsɪ'ɒlədʒɪ] n sociologie f.

sock [sɒk] n chaussette f.

socket ['sɒkɪt] n **-1.** [for light bulb] douille f; [for plug] prise f de courant. **-2.** [of eye] orbite f; [for bone] cavité f articulaire.

sod [sɒd] n **-1.** [of turf] motte f de gazon. **-2.** v inf [person] con m.

soda ['səʊdə] n **-1.** CHEM soude f. **-2.** [soda water] eau f de Seltz. **-3.** Am [fizzy drink] soda m.

soda water n eau f de Seltz.

sodden ['sɒdn] adj trempé(e), détrempé(e).

sodium ['səʊdɪəm] n sodium m.

sofa ['səʊfə] n canapé m.

Sofia ['səʊfjə] n Sofia.

soft [sɒft] adj **-1.** [not hard] doux (douce), mou (molle). **-2.** [smooth, not loud, not bright] doux (douce). **-3.** [without force] léger(ère). **-4.** [caring] tendre. **-5.** [lenient] faible, indulgent(e).

soft drink n boisson f non alcoolisée.

soften ['sɒfn] ◇ vt **-1.** [fabric] assouplir; [substance] ramollir; [skin] adoucir. **-2.** [shock, blow] atténuer, adoucir. **-3.** [attitude] modérer, adoucir. ◇ vi **-1.** [substance] se ramollir. **-2.** [attitude, person] s'adoucir, se radoucir.

softhearted [ˌsɒft'hɑːtɪd] adj au cœur tendre.

softly ['sɒftlɪ] adv **-1.** [gently, quietly] doucement. **-2.** [not brightly] faiblement. **-3.** [leniently] avec indulgence.

soft-spoken adj à la voix douce.

software ['sɒftweər] n (U) COMPUT logiciel m.

soggy ['sɒgɪ] adj trempé(e), détrempé(e).

soil [sɔɪl] ◇ n (U) **-1.** [earth] sol m, terre f. **-2.** fig [territory] sol m, territoire m. ◇ vt souiller, salir.

soiled [sɔɪld] adj sale.

solace ['sɒləs] n literary consolation f, réconfort m.

solar ['səʊlər] adj solaire.

sold [səʊld] pt & pp → sell.

solder ['səʊldər] ◇ n (U) soudure f. ◇ vt souder.

soldier ['səʊldʒər] n soldat m.

sold-out adj [tickets] qui ont tous été vendus; [play, concert] qui joue à guichets fermés.

sole [səʊl] (pl sense 2 only inv OR **-s**) ◇ adj **-1.** [only] seul(e), unique. **-2.** [exclusive] exclusif(ive). ◇ n **-1.** [of foot] semelle f. **-2.** [fish] sole f.

solemn ['sɒləm] adj solennel(elle); [person] sérieux(ieuse).

solicit [sə'lɪsɪt] ◇ vt [request] solliciter. ◇ vi [prostitute] racoler.

solicitor [sə'lɪsɪtər] n Br JUR notaire m.

solid ['sɒlɪd] ◇ adj **-1.** [not fluid, sturdy, reliable] solide. **-2.** [not hollow - tyres] plein(e); [- wood, rock, gold] massif(ive). **-3.** [without interruption]: **two hours ~** deux heures d'affilée. ◇ n solide m.

solidarity [ˌsɒlɪ'dærətɪ] n solidarité f.

solitaire [,sɒlɪ'teəʳ] n **-1.** [jewel, board game] solitaire m. **-2.** Am [card game] réussite f, patience f.

solitary ['sɒlɪtrɪ] adj **-1.** [lonely, alone] solitaire. **-2.** [just one] seul(e).

solitary confinement n isolement m cellulaire.

solitude ['sɒlɪtjuːd] n solitude f.

solo ['səʊləʊ] (pl **-s**) ◇ adj solo (inv). ◇ n solo m. ◇ adv en solo.

soloist ['səʊləʊɪst] n soliste mf.

soluble ['sɒljʊbl] adj soluble.

solution [sə'luːʃn] n **-1.** [to problem]: ~ **(to)** solution f (de). **-2.** [liquid] solution f.

solve [sɒlv] vt résoudre.

solvent ['sɒlvənt] ◇ adj FIN solvable. ◇ n dissolvant m, solvant m.

Somalia [sə'mɑːlɪə] n Somalie f.

sombre Br, **somber** Am ['sɒmbəʳ] adj sombre.

some [sʌm] ◇ adj **-1.** [a certain amount, number of]: ~ **meat** de la viande; ~ **money** de l'argent; ~ **coffee** du café; ~ **sweets** des bonbons. **-2.** [fairly large number or quantity of] quelque; **I had** ~ **difficulty getting here** j'ai eu quelque mal à venir ici; **I've known him for** ~ **years** je le connais depuis plusieurs années OR pas mal d'années. **-3.** (contrastive use) [certain]: ~ **jobs are better paid than others** certains boulots sont mieux rémunérés que d'autres; ~ **people like his music** il y en a qui aiment sa musique. **-4.** [in imprecise statements] quelque, quelconque; **she married** ~ **writer or other** elle a épousé un écrivain quelconque OR quelque écrivain; **there must be** ~ **mistake** il doit y avoir erreur. **-5.** inf [very good]: **that was** ~ **party!** c'était une soirée formidable!, quelle soirée! ◇ pron **-1.** [a certain amount]: **can I have** ~? [money, milk, coffee etc] est-ce que je peux en prendre?; ~ **of it is mine** une partie est à moi. **-2.** [a certain number] quelques-uns (quelques-unes), certains (certaines); **can I have** ~? [books, pens, potatoes etc] est-ce que je

peux en prendre (quelques-uns)?; ~ **(of them)** left early quelques-uns d'entre eux sont partis tôt. ◇ adv quelque, environ; **there were** ~ **7,000 people there** il y avait quelque OR environ 7 000 personnes.

somebody ['sʌmbədɪ] pron quelqu'un.

someday ['sʌmdeɪ] adv un jour, un de ces jours.

somehow ['sʌmhaʊ], **someway** Am ['sʌmweɪ] adv **-1.** [by some action] d'une manière ou d'une autre. **-2.** [for some reason] pour une raison ou pour une autre.

someone ['sʌmwʌn] pron quelqu'un.

someplace Am = **somewhere**.

somersault ['sʌməsɔːlt] ◇ n cabriole f, culbute f. ◇ vi faire une cabriole OR culbute.

something ['sʌmθɪŋ] ◇ pron [unknown thing] quelque chose; ~ **odd/interesting** quelque chose de bizarre/d'intéressant; **or** ~ inf ou quelque chose comme ça. ◇ adv: ~ **like,** ~ **in the region of** environ, à peu près.

sometime ['sʌmtaɪm] ◇ adj ancien(ienne). ◇ adv un de ces jours; ~ **last week** la semaine dernière.

sometimes ['sʌmtaɪmz] adv quelquefois, parfois.

someway Am = **somehow**.

somewhat ['sʌmwɒt] adv quelque peu.

somewhere Br ['sʌmweəʳ], **someplace** Am ['sʌmpleɪs] adv **-1.** [unknown place] quelque part; ~ **else** ailleurs; ~ **near here** près d'ici. **-2.** [used in approximations] environ, à peu près.

son [sʌn] n fils m.

song [sɒŋ] n chanson f; [of bird] chant m, ramage m.

sonic ['sɒnɪk] adj sonique.

son-in-law (pl **sons-in-law** OR **son-in-laws**) n gendre m, beau-fils m.

sonnet ['sɒnɪt] n sonnet m.

sonny ['sʌnɪ] n inf fiston m.

soon [suːn] adv **-1.** [before long] bientôt; ~ **after** peu après. **-2.** [early] tôt; **write back** ~ réponds-moi vite; **how**

~ **will it be ready?** ce sera prêt quand?, dans combien de temps est-ce que ce sera prêt?; **as ~ as** dès que, aussitôt que.

sooner ['suːnəʳ] *adv* **-1.** [in time] plus tôt; **no ~ ... than ...** à peine ... que ...; ~ **or later** tôt ou tard; **the ~ the better** le plus tôt sera le mieux. **-2.** [expressing preference]: **I would ~ ...** je préférerais ..., j'aimerais mieux ....

soot [sʊt] *n* suie *f.*

soothe [suːð] *vt* calmer, apaiser.

sophisticated [sə'fɪstɪkeɪtɪd] *adj* **-1.** [stylish] raffiné(e), sophistiqué(e). **-2.** [intelligent] averti(e). **-3.** [complicated] sophistiqué(e), très perfectionné(e).

sophomore ['sɒfəmɔːʳ] *n Am* étudiant *m*, -e *f* de seconde année.

soporific [ˌsɒpə'rɪfɪk] *adj* soporifique.

sopping ['sɒpɪŋ] *adj*: ~ **(wet)** tout trempé (toute trempée).

soppy ['sɒpɪ] *adj inf* **-1.** [sentimental - book, film] à l'eau de rose; [- person] sentimental(e). **-2.** [silly] bêta(asse), bête.

soprano [sə'prɑːnəʊ] (*pl* **-s**) *n* [person] soprano *mf*; [voice] soprano *m.*

sorbet ['sɔːbeɪ] *n* sorbet *m.*

sorcerer ['sɔːsərəʳ] *n* sorcier *m.*

sordid ['sɔːdɪd] *adj* sordide.

sore [sɔːʳ] ◇ *adj* **-1.** [painful] douloureux(euse); **to have a ~ throat** avoir mal à la gorge. **-2.** *Am* [upset] fâché(e), contrarié(e). ◇ *n* plaie *f.*

sorely ['sɔːlɪ] *adv literary* [needed] grandement.

sorrow ['sɒrəʊ] *n* peine *f*, chagrin *m.*

sorry ['sɒrɪ] ◇ *adj* **-1.** [expressing apology, disappointment, sympathy] désolé(e); **to be ~ about sthg** s'excuser pour qqch; **to be ~ for sthg** regretter qqch; **to be ~ to do sthg** être désolé OR regretter de faire qqch; **to be** OR **feel ~ for sb** plaindre qqn. **-2.** [poor]: **in a ~ state** en piteux état, dans un triste état. ◇ *excl* **-1.** [expressing apology] pardon!, excusez-moi!; ~, **we're sold out** désolé, on n'en a plus. **-2.** [asking for repetition] **pardon?**, com-

ment? **-3.** [to correct oneself] non, pardon OR je veux dire.

sort [sɔːt] ◇ *n* genre *m*, sorte *f*, espèce *f*; ~ **of** [rather] plutôt, quelque peu; **a ~ of** une espèce OR sorte de. ◇ *vt* trier, classer.

◆ **sort out** *vt sep* **-1.** [classify] ranger, classer. **-2.** [solve] résoudre.

sorting office ['sɔːtɪŋ-] *n* centre *m* de tri.

SOS (*abbr of* **save our souls**) *n* SOS *m.*

so-so *inf* ◇ *adj* quelconque. ◇ *adv* comme ci comme ça.

sought [sɔːt] *pt & pp* → **seek.**

soul [səʊl] *n* **-1.** [gen] âme *f.* **-2.** [music] soul *m.*

soul-destroying [-dɪˌstrɔɪɪŋ] *adj* abrutissant(e).

soulful ['səʊlfʊl] *adj* [look] expressif(ive); [song etc] sentimental(e).

sound [saʊnd] ◇ *adj* **-1.** [healthy - body] sain(e), en bonne santé; [- mind] sain. **-2.** [sturdy] solide. **-3.** [reliable - advice] judicieux(ieuse), sage; [- investment] sûr(e). ◇ *adv*: **to be ~ asleep** dormir à poings fermés, dormir d'un sommeil profond. ◇ *n* son *m*; [particular sound] bruit *m*, son *m*; **by the ~ of it** ... d'après ce que j'ai compris .... ◇ *vt* [alarm, bell] sonner. ◇ *vi* **-1.** [make a noise] sonner, retentir; **to ~ like sthg** ressembler à qqch. **-2.** [seem] sembler, avoir l'air; **to ~ like sthg** avoir l'air de qqch, sembler être qqch.

◆ **sound out** *vt sep*: **to ~ sb out (on** OR **about)** sonder qqn (sur).

sound barrier *n* mur *m* du son.

sound effects *npl* bruitage *m*, effets *mpl* sonores.

sounding ['saʊndɪŋ] *n* NAUT & *fig* sondage *m.*

soundly ['saʊndlɪ] *adv* **-1.** [beaten] à plates coutures .... **-2.** [sleep] profondément.

soundproof ['saʊndpruːf] *adj* insonorisé(e).

soundtrack ['saʊndtræk] *n* bande-son *f.*

soup [suːp] *n* soupe *f*, potage *m*.

soup plate *n* assiette *f* creuse OR à soupe.

soup spoon *n* cuiller *f* à soupe.

sour ['saʊəʳ] ◇ *adj* **-1.** [taste, fruit] acide, aigre. **-2.** [milk] aigre. **-3.** [ill-tempered] aigre, acerbe. ◇ *vt fig* faire tourner au vinaigre, faire mal tourner.

source [sɔːs] *n* **-1.** [gen] source *f*. **-2.** [cause] origine *f*, cause *f*.

sour grapes *n* (U) *inf*: what he said was just ~ il a dit ça par dépit.

south [saʊθ] ◇ *n* **-1.** [direction] sud *m*. **-2.** [region]: **the** ~ le sud; **the South of France** le Sud de la France, le Midi (de la France). ◇ *adj* sud (*inv*); [wind] du sud. ◇ *adv* au sud, vers le sud; ~ **of** au sud de.

South Africa *n* Afrique *f* du Sud.

South African ◇ *adj* sud-africain(e). ◇ *n* [person] Sud-Africain *m*, -e *f*.

South America *n* Amérique *f* du Sud.

South American ◇ *adj* sud-américain(e). ◇ *n* [person] Sud-Américain *m*, -e *f*.

southeast [ˌsaʊθ'iːst] ◇ *n* **-1.** [direction] sud-est *m*. **-2.** [region]: **the** ~ le sud-est. ◇ *adj* au sud-est, du sud-est; [wind] du sud-est. ◇ *adv* au sud-est, vers le sud-est; ~ **of** au sud-est de.

southerly ['sʌðəlɪ] *adj* au sud, du sud; [wind] du sud.

southern ['sʌðən] *adj* du sud; [France] du Midi.

South Korea *n* Corée *f* du Sud.

South Pole *n*: **the** ~ le pôle Sud.

southward ['saʊθwəd] ◇ *adj* au sud, du sud. ◇ *adv* = southwards.

southwards ['saʊθwədz] *adv* vers le sud.

southwest [ˌsaʊθ'west] ◇ *n* **-1.** [direction] sud-ouest *m*. **-2.** [region]: **the** ~ le sud-ouest. ◇ *adj* au sud-ouest, du sud-ouest; [wind] du sud-ouest. ◇ *adv* au sud-ouest, vers le sud-ouest; ~ **of** au sud-ouest de.

souvenir [ˌsuːvə'nɪəʳ] *n* souvenir *m*.

sovereign ['sɒvrɪn] ◇ *adj* souverain(e). ◇ *n* **-1.** [ruler] souverain *m*, -e *f*. **-2.** [coin] souverain *m*.

soviet ['səʊvɪət] *n* soviet *m*.
◆ **Soviet** ◇ *adj* soviétique. ◇ *n* [person] Soviétique *mf*.

Soviet Union *n*: **the (former)** ~ l'(ex-)Union *f* soviétique.

sow[1] [səʊ] (*pt* **-ed**, *pp* **sown** OR **-ed**) *vt lit & fig* semer.

sow[2] [saʊ] *n* truie *f*.

sown [səʊn] *pp* → **sow**[1].

soya ['sɔɪə] *n* soja *m*.

soy(a) bean ['sɔɪ(ə)-] *n* graine *f* de soja.

spa [spaː] *n* station *f* thermale.

space [speɪs] ◇ *n* **-1.** [gap, roominess, outer space] **espace** *m*; [on form] blanc *m*, espace. **-2.** [room] place *f*. **-3.** [of time]: **within** OR **in the** ~ **of ten minutes** en l'espace de dix minutes. ◇ *comp* spatial(e). ◇ *vt* espacer.
◆ **space out** *vt sep* espacer.

spacecraft ['speɪskrɑːft] (*pl inv*) *n* vaisseau *m* spatial.

spaceman ['speɪsmæn] (*pl* **-men** [-men]) *n* astronaute *m*, cosmonaute *m*.

spaceship ['speɪsʃɪp] *n* vaisseau *m* spatial.

space shuttle *n* navette *f* spatiale.

spacesuit ['speɪssuːt] *n* combinaison *f* spatiale.

spacing ['speɪsɪŋ] *n* TYPO espacement *m*.

spacious ['speɪʃəs] *adj* spacieux(ieuse).

spade [speɪd] *n* **-1.** [tool] pelle *f*. **-2.** [playing card] pique *m*.
◆ **spades** *npl* pique *m*.

spaghetti [spə'getɪ] *n* (U) spaghettis *mpl*.

Spain [speɪn] *n* Espagne *f*.

span [spæn] ◇ *pt* → **spin**. ◇ *n* **-1.** [in time] espace *m* de temps, durée *f*. **-2.** [range] éventail *m*, gamme *f*. **-3.** [of bird, plane] envergure *f*. **-4.** [of bridge] travée *f*; [of arch] ouverture *f*. ◇ *vt* **-1.** [in time] embrasser, couvrir. **-2.** [subj: bridge] franchir.

Spaniard ['spænjəd] *n* Espagnol *m*, -e *f*.

spaniel ['spænjəl] *n* épagneul *m*.

Spanish ['spænɪʃ] ◇ *adj* espagnol(e). ◇ *n* [language] espagnol *m*. ◇ *npl*: **the ~** les Espagnols.

spank [spæŋk] *vt* donner une fessée à, fesser.

spanner ['spænər] *n* clé *f* à écrous.

spar [spɑːr] ◇ *n* espar *m*. ◇ *vi* BOXING s'entraîner à la boxe.

spare [speər] ◇ *adj* **-1.** [surplus] de trop; [component, clothing etc] de réserve, de rechange. **-2.** [available - seat, time, tickets] disponible. ◇ *n* [part] pièce *f* détachée OR de rechange. ◇ *vt* **-1.** [make available - staff, money] se passer de; [- time] disposer de; **to have an hour to ~** avoir une heure de battement OR de libre; **with a minute to ~** avec une minute d'avance. **-2.** [not harm] épargner. **-3.** [not use] épargner, ménager; **to ~ no expense** ne pas regarder à la dépense. **-4.** [save from]: **to ~ sb sthg** épargner qqch à qqn, éviter qqch à qqn.

spare part *n* pièce *f* détachée OR de rechange.

spare time *n* (U) temps *m* libre, loisirs *mpl*.

spare wheel *n* roue *f* de secours.

sparing ['speərɪŋ] *adj*: **to be ~ with** OR **of sthg** être économe de qqch, ménager qqch.

sparingly ['speərɪŋlɪ] *adv* [use] avec modération; [spend] avec parcimonie.

spark [spɑːk] *n lit* & *fig* étincelle *f*.

sparking plug *Br* ['spɑːkɪŋ-] = **spark plug**.

sparkle ['spɑːkl] ◇ *n* (U) [of eyes, jewel] éclat *m*; [of stars] scintillement *m*. ◇ *vi* étinceler, scintiller.

sparkling wine ['spɑːklɪŋ-] *n* vin *m* mousseux.

spark plug *n* bougie *f*.

sparrow ['spærəu] *n* moineau *m*.

sparse ['spɑːs] *adj* clairsemé(e), épars(e).

spasm ['spæzm] *n* **-1.** MED spasme *m*; [of coughing] quinte *f*. **-2.** [of emotion] accès *m*.

spastic ['spæstɪk] MED *n* handicapé *m*, -e *f* moteur.

spat [spæt] *pt* & *pp* → **spit**.

spate [speɪt] *n* [of attacks etc] série *f*.

spatter ['spætər] *vt* éclabousser.

spawn [spɔːn] ◇ *n* (U) frai *m*, œufs *mpl*. ◇ *vt fig* donner naissance à, engendrer. ◇ *vi* [fish, frog] frayer.

speak [spiːk] (*pt* **spoke**, *pp* **spoken**) ◇ *vt* **-1.** [say] dire. **-2.** [language] parler. ◇ *vi* parler; **to ~ to** OR **with sb** parler à qqn; **to ~ to sb about sthg** parler de qqch à qqn; **to ~ about sb/sthg** parler de qqn/qqch.
◆ **so to speak** *adv* pour ainsi dire.
◆ **speak for** *vt fus* [represent] parler pour, parler au nom de.
◆ **speak up** *vi* **-1.** [support]: **to ~ up for sb/sthg** parler en faveur de qqn/qqch, soutenir qqn/qqch. **-2.** [speak louder] parler plus fort.

speaker ['spiːkər] *n* **-1.** [person talking] personne *f* qui parle. **-2.** [person making speech] orateur *m*. **-3.** [of language]: **a German ~** une personne qui parle allemand. **-4.** [loudspeaker] haut-parleur *m*.

speaking ['spiːkɪŋ] *adv*: **relatively/politically ~** relativement/politiquement parlant.

spear [spɪər] ◇ *n* lance *f*. ◇ *vt* transpercer d'un coup de lance.

spearhead ['spɪəhed] ◇ *n* fer *m* de lance. ◇ *vt* [campaign] mener; [attack] être le fer de lance de.

spec [spek] *n Br inf*: **on ~** à tout hasard.

special ['speʃl] *adj* **-1.** [gen] spécial(e). **-2.** [needs, effort, attention] particulier(ière).

special delivery *n* (U) [service] exprès *m*, envoi *m* par exprès; **by ~** en exprès.

specialist ['speʃəlɪst] ◇ *adj* spécialisé(e). ◇ *n* spécialiste *mf*.

speciality [,speʃɪ'ælətɪ], **specialty** *Am* ['speʃltɪ] *n* spécialité *f*.

spice

specialize, -ise ['speʃəlaɪz] *vi*: **to ~ (in)** se spécialiser (dans).
specially ['speʃəlɪ] *adv* **-1.** [specifically] spécialement; [on purpose] exprès. **-2.** [particularly] particulièrement.
specialty *n Am* = **speciality.**
species ['spiːʃiːz] (*pl inv*) *n* espèce *f*.
specific [spə'sɪfɪk] *adj* **-1.** [particular] particulier(ière), précis(e). **-2.** [precise] précis(e). **-3.** [unique]: **~ to** propre à.
specifically [spə'sɪfɪklɪ] *adv* **-1.** [particularly] particulièrement, spécialement. **-2.** [precisely] précisément.
specify ['spesɪfaɪ] *vt* préciser, spécifier.
specimen ['spesɪmən] *n* **-1.** [example] exemple *m*, spécimen *m*. **-2.** [of blood] prélèvement *m*; [of urine] échantillon *m*.
speck [spek] *n* **-1.** [small stain] toute petite tache *f*. **-2.** [of dust] grain *m*.
speckled ['spekld] *adj*: **~ (with)** tacheté(e) de.
specs [speks] *npl inf* [glasses] lunettes *fpl*.
spectacle ['spektəkl] *n* spectacle *m*.
◆ **spectacles** *npl Br* lunettes *fpl*.
spectacular [spek'tækjolər] *adj* spectaculaire.
spectator [spek'teɪtər] *n* spectateur *m*, -trice *f*.
spectre *Br*, **specter** *Am* ['spektər] *n* spectre *m*.
spectrum ['spektrəm] (*pl* **-tra** [-trə]) *n* **-1.** PHYSICS spectre *m*. **-2.** *fig* [variety] gamme *f*.
speculation [,spekjʊ'leɪʃn] *n* **-1.** [gen] spéculation *f*. **-2.** [conjecture] conjectures *fpl*.
sped [sped] *pt & pp* → **speed.**
speech [spiːtʃ] *n* **-1.** (*U*) [ability] parole *f*. **-2.** [formal talk] discours *m*. **-3.** THEATRE texte *m*. **-4.** [manner of speaking] façon *f* de parler. **-5.** [dialect] parler *m*.
speechless ['spiːtʃlɪs] *adj*: **~ (with)** muet(ette) (de).
speed [spiːd] (*pt & pp* **-ed** OR **sped**) ◇ *n* vitesse *f*; [of reply, action] vitesse, rapidité *f*. ◇ *vi* **-1.** [move fast]: **to ~**

along aller à toute allure OR vitesse; **to ~ away** démarrer à toute allure. **-2.** AUT [go too fast] rouler trop vite, faire un excès de vitesse.
◆ **speed up** ◇ *vt sep* [person] faire aller plus vite; [work, production] accélérer. ◇ *vi* aller plus vite; [car] accélérer.
speedboat ['spiːdbəʊt] *n* hors-bord *m inv*.
speeding ['spiːdɪŋ] *n* (*U*) excès *m* de vitesse.
speed limit *n* limitation *f* de vitesse.
speedometer [spɪ'dɒmɪtər] *n* compteur *m* (de vitesse).
speedway ['spiːdweɪ] *n* **-1.** (*U*) SPORT course *f* de motos. **-2.** *Am* [road] voie *f* express.
speedy ['spiːdɪ] *adj* rapide.
spell [spel] (*Br pt & pp* **spelt** OR **-ed**, *Am pt & pp* **-ed**) ◇ *n* **-1.** [period of time] période *f*. **-2.** [enchantment] charme *m*; [words] formule *f* magique; **to cast** OR **put a ~ on sb** jeter un sort à qqn, envoûter qqn. ◇ *vt* **-1.** [word, name] écrire. **-2.** *fig* [signify] signifier. ◇ *vi* épeler.
◆ **spell out** *vt sep* **-1.** [read aloud] épeler. **-2.** [explain]: **to ~ sthg out (for** OR **to sb)** expliquer qqch clairement (à qqn).
spellbound ['spelbaʊnd] *adj* subjugué(e).
spelling ['spelɪŋ] *n* orthographe *f*.
spelt [spelt] *Br pt & pp* → **spell.**
spend [spend] (*pt & pp* **spent**) *vt* **-1.** [pay out]: **to ~ money (on)** dépenser de l'argent (pour). **-2.** [time, life] passer; [effort] consacrer.
spendthrift ['spendθrɪft] *n* dépensier *m*, -ière *f*.
spent [spent] ◇ *pt & pp* → **spend.** ◇ *adj* [fuel, match, ammunition] utilisé(e); [patience, energy] épuisé(e).
sperm [spɜːm] (*pl inv* OR **-s**) *n* sperme *m*.
spew [spjuː] *vt & vi* vomir.
sphere [sfɪər] *n* sphère *f*.
spice [spaɪs] *n* **-1.** CULIN épice *f*. **-2.** (*U*) *fig* [excitement] piment *m*.

spick-and-span ['spɪkən,spæn] *adj* impeccable, nickel (*inv*).

spicy ['spaɪsɪ] *adj* **-1.** CULIN épicé(e). **-2.** *fig* [story] pimenté(e), piquant(e).

spider ['spaɪdər] *n* araignée *f*.

spike [spaɪk] *n* [metal] pointe *f*, lance *f*; [of plant] piquant *m*; [of hair] épi *m*.

spill [spɪl] (*Br pt & pp* **spilt** OR **-ed**, *Am pt & pp* **-ed**) ◇ *vt* renverser. ◇ *vi* [liquid] se répandre.

spilt [spɪlt] *Br pt & pp* → **spill**.

spin [spɪn] (*pt* **span** OR **spun**, *pp* **spun**) ◇ *n* **-1.** [turn]: **to give sthg a ~** faire tourner qqch. **-2.** AERON vrille *f*. **-3.** *inf* [in car] tour *m*. **-4.** SPORT effet *m*. ◇ *vt* **-1.** [wheel] faire tourner; **to ~ a coin** jouer à pile ou face. **-2.** [washing] essorer. **-3.** [thread, wool, cloth] filer. **-4.** SPORT [ball] donner de l'effet à. ◇ *vi* tourner, tournoyer.

♦ **spin out** *vt sep* [money, story] faire durer.

spinach ['spɪnɪdʒ] *n* (U) épinards *mpl*.

spinal column ['spaɪnl-] *n* colonne *f* vertébrale.

spinal cord ['spaɪnl-] *n* moelle *f* épinière.

spindly ['spɪndlɪ] *adj* grêle, chétif(ive).

spin-dryer *n Br* essoreuse *f*.

spine [spaɪn] *n* **-1.** ANAT colonne *f* vertébrale. **-2.** [of book] dos *m*. **-3.** [of plant, hedgehog] piquant *m*.

spinning ['spɪnɪŋ] *n* [of thread] filage *m*.

spinning top *n* toupie *f*.

spin-off *n* [by-product] dérivé *m*.

spinster ['spɪnstər] *n* célibataire *f*, *pej* vieille fille *f*.

spiral ['spaɪərəl] ◇ *adj* spiral(e). ◇ *n* spirale *f*. ◇ *vi* [staircase, smoke] monter en spirale.

spiral staircase *n* escalier *m* en colimaçon.

spire [spaɪər] *n* flèche *f*.

spirit ['spɪrɪt] *n* **-1.** [gen] esprit *m*. **-2.** (U) [determination] caractère *m*, courage *m*.

♦ **spirits** *npl* **-1.** [mood] humeur *f*; **to be in high ~s** être gai(e); **to be in**

low ~s être déprimé(e). **-2.** [alcohol] spiritueux *mpl*.

spirited ['spɪrɪtɪd] *adj* fougueux(euse); [performance] interprété(e) avec brio.

spirit level *n* niveau *m* à bulle d'air.

spiritual ['spɪrɪtʃʊəl] *adj* spirituel(elle).

spit [spɪt] (*Br pt & pp* **spat**, *Am pt & pp* **spit**) ◇ *n* **-1.** (U) [spittle] crachat *m*; [saliva] salive *f*. **-2.** [skewer] broche *f*. ◇ *vi* cracher. ◇ *v impers Br*: **it's spitting** il tombe quelques gouttes.

spite [spaɪt] ◇ *n* rancune *f*. ◇ *vt* contrarier.

♦ **in spite of** *prep* en dépit de, malgré.

spiteful ['spaɪtfʊl] *adj* malveillant(e).

spittle ['spɪtl] *n* (U) crachat *m*.

splash [splæʃ] ◇ *n* **-1.** [sound] plouf *m*. **-2.** [of colour, light] tache *f*. ◇ *vt* éclabousser. ◇ *vi* **-1.** [person]: **to ~ about** OR **around** barboter. **-2.** [liquid] jaillir.

♦ **splash out** *inf vi*: **to ~ out (on)** dépenser une fortune (pour).

spleen [spliːn] *n* **-1.** ANAT rate *f*. **-2.** (U) *fig* [anger] mauvaise humeur *f*.

splendid ['splendɪd] *adj* splendide; [work, holiday, idea] excellent(e).

splint [splɪnt] *n* attelle *f*.

splinter ['splɪntər] ◇ *n* éclat *m*. ◇ *vi* [wood] se fendre en éclats; [glass] se briser en éclats.

split [splɪt] (*pt & pp* **split**, *cont* **-ting**) ◇ *n* **-1.** [in wood] fente *f*; [in garment - tear] déchirure *f*; [- by design] échancrure *f*. **-2.** POL: **~ (in)** division *f* OR scission *f* (au sein de). **-3.** [difference]: **~ between** écart *m* entre. ◇ *vt* **-1.** [wood] fendre; [clothes] déchirer. **-2.** POL diviser. **-3.** [share] partager; **to ~ the difference** partager la différence. ◇ *vi* **-1.** [wood] se fendre; [clothes] se déchirer. **-2.** POL se diviser; [road, path] se séparer.

♦ **split up** *vi* [group, couple] se séparer.

split second *n* fraction *f* de seconde.

splutter ['splʌtər] *vi* [person] bredouiller, bafouiller; [engine] **tousser**; [fire] **crépiter**.

spoil [spɔɪl] (*pt & pp* **-ed** OR **spoilt**) *vt* **-1.** [ruin - holiday] **gâcher**, **gâter**; [- view] **gâter**; [- food] **gâter**, **abîmer**. **-2.** [over-indulge, treat well] **gâter**.
♦ **spoils** *npl* **butin** *m*.

spoiled [spɔɪld] *adj* = **spoilt**.

spoilsport ['spɔɪlspɔːt] *n* **trouble-fête** *m f inv.*

spoilt [spɔɪlt] ◇ *pt & pp* → **spoil**. ◇ *adj* [child] **gâté(e)**.

spoke [spəʊk] ◇ *pt* → **speak**. ◇ *n* **rayon** *m.*

spoken ['spəʊkn] *pp* → **speak**.

spokesman ['spəʊksmən] (*pl* **-men** [-mən]) *n* **porte-parole** *m inv.*

spokeswoman ['spəʊks,wʊmən] (*pl* **-women** [-,wɪmɪn]) *n* **porte-parole** *m inv.*

sponge [spʌndʒ] (*Br cont* **spongeing**, *Am cont* **sponging**) ◇ *n* **-1.** [for cleaning, washing] **éponge** *f.* **-2.** [cake] **gâteau** *m* OR **biscuit** *m* **de Savoie**. ◇ *vt* **éponger**. ◇ *vi inf*: **to ~ off sb** taper **qqn**.

sponge bag *n Br* **trousse** *f* de toilette.

sponge cake *n* **gâteau** *m* OR **biscuit** *m* de Savoie.

sponsor ['spɒnsəʳ] ◇ *n* **sponsor** *m.* ◇ *vt* **-1.** [finance, for charity] **sponsoriser**, **parrainer**. **-2.** [support] **soutenir**.

sponsored walk [,spɒnsəd-] *n* **marche organisée pour recueillir des fonds.**

sponsorship ['spɒnsəʃɪp] *n* **sponsoring** *m*, **parrainage** *m.*

spontaneous [spɒn'teɪnjəs] *adj* **spontané(e)**.

spooky ['spuːkɪ] *adj inf* **qui donne la chair de poule.**

spool [spuːl] *n* [gen & COMPUT] **bobine** *f.*

spoon [spuːn] *n* **cuillère** *f*, **cuiller** *f.*

spoon-feed *vt* **nourrir à la cuillère**; **to ~ sb** *fig* **mâcher le travail à qqn.**

spoonful ['spuːnfʊl] (*pl* **-s** OR **spoonsful** [-sfʊl]) *n* **cuillerée** *f.*

sporadic [spə'rædɪk] *adj* **sporadique**.

sport [spɔːt] *n* **-1.** [game] **sport** *m.* **-2.** *dated* [cheerful person] **chic type** *m/* **fille** *f.*

sporting ['spɔːtɪŋ] *adj* **-1.** [relating to sport] **sportif(ive)**. **-2.** [generous, fair] **chic** (*inv*); **to have a ~ chance of doing sthg** avoir des chances de faire qqch.

sports car ['spɔːts-] *n* **voiture** *f* de sport.

sports jacket ['spɔːts-] *n* **veste** *f* sport.

sportsman ['spɔːtsmən] (*pl* **-men** [-mən]) *n* **sportif** *m.*

sportsmanship ['spɔːtsmənʃɪp] *n* **sportivité** *f*, **esprit** *m* **sportif.**

sportswear ['spɔːtsweəʳ] *n* (U) **vêtements** *mpl* de sport.

sportswoman ['spɔːts,wʊmən] (*pl* **-women** [-,wɪmɪn]) *n* **sportive** *f.*

sporty ['spɔːtɪ] *adj inf* [person] **sportif(ive)**.

spot [spɒt] ◇ *n* **-1.** [mark, dot] **tache** *f.* **-2.** [pimple] **bouton** *m.* **-3.** [drop] **goutte** *f.* **-4.** *inf* [small amount]: **to have a ~ of bother** avoir quelques **ennuis**. **-5.** [place] **endroit** *m*; **on the ~ sur place**; **to do sthg on the ~** faire qqch **immédiatement** OR **sur-le-champ**. **-6.** RADIO & TV **numéro** *m.* ◇ *vt* [notice] **apercevoir**.

spot check *n* **contrôle** *m* au hasard OR **intermittent**.

spotless ['spɒtlɪs] *adj* [clean] **impeccable**.

spotlight ['spɒtlaɪt] *n* [in theatre] **projecteur** *m*, **spot** *m*; [in home] **spot** *m*; **to be in the ~** *fig* être en vedette.

spotted ['spɒtɪd] *adj* [pattern, material] **à pois**.

spotty ['spɒtɪ] *adj Br* [skin] **boutonneux(euse)**.

spouse [spaʊs] *n* **époux** *m*, **épouse** *f.*

spout [spaʊt] ◇ *n* **bec** *m.* ◇ *vi*: **to ~ from** OR **out of** jaillir de.

sprain [spreɪn] ◇ *n* **entorse** *f.* ◇ *vt*: **to ~ one's ankle/wrist** se faire une entorse à la cheville/au poignet, se fouler la cheville/le poignet.

sprang [spræŋ] *pt* → **spring**.

sprawl

sprawl [sprɔːl] *vi* **-1.** [person] être affalé(e). **-2.** [city] s'étaler.

spray [spreɪ] ◇ *n* **-1.** (U) [of water] gouttelettes *fpl*; [from sea] embruns *mpl*. **-2.** [container] bombe *f*, pulvérisateur *m*. **-3.** [of flowers] gerbe *f*. ◇ *vt* pulvériser; [plants, crops] pulvériser de l'insecticide sur.

spread [spred] (*pt & pp* **spread**) ◇ *n* **-1.** (U) [food] pâte *f* à tartiner. **-2.** [of fire, disease] propagation *f*. **-3.** [of opinions] gamme *f*. ◇ *vt* **-1.** [map, rug] étaler, étendre; [fingers, arms, legs] écarter. **-2.** [butter, jam etc]: **to ~ sthg (over)** étaler qqch (sur). **-3.** [disease, rumour, germs] répandre, propager. **-4.** [wealth, work] distribuer, répartir. ◇ *vi* **-1.** [disease, rumour] se propager, se répandre. **-2.** [water, cloud] s'étaler.
◆ **spread out** *vi* se disperser.

spread-eagled [-,iːgld] *adj* affalé(e).

spreadsheet ['spredʃiːt] *n* COMPUT tableur *m*.

spree [spriː] *n*: **to go on a spending** OR **shopping ~** faire des folies.

sprightly ['spraɪtlɪ] *adj* alerte, fringant(e).

spring [sprɪŋ] (*pt* **sprang**, *pp* **sprung**) ◇ *n* **-1.** [season] printemps *m*; **in ~** au printemps. **-2.** [coil] ressort *m*. **-3.** [water source] source *f*. ◇ *vi* **-1.** [jump] sauter, bondir. **-2.** [originate]: **to ~ from** provenir de.
◆ **spring up** *vi* [problem] surgir, se présenter; [friendship] naître; [wind] se lever.

springboard ['sprɪŋbɔːd] *n lit & fig* tremplin *m*.

spring-clean *vt* nettoyer de fond en comble.

spring onion *n Br* ciboule *f*.

springtime ['sprɪŋtaɪm] *n*: **in (the) ~** au printemps.

springy ['sprɪŋɪ] *adj* [carpet] moelleux(euse); [mattress, rubber] élastique.

sprinkle ['sprɪŋkl] *vt*: **to ~ water over** OR **on sthg, to ~ sthg with water** asperger qqch d'eau; **to ~ salt etc over**

OR **on sthg, to ~ sthg with salt** *etc* saupoudrer qqch de sel *etc*.

sprinkler ['sprɪŋklər] *n* [for water] arroseur *m*.

sprint [sprɪnt] ◇ *n* sprint *m*. ◇ *vi* sprinter.

sprout [spraʊt] ◇ *n* **-1.** [vegetable]: **(Brussels) ~s** choux *mpl* de Bruxelles. **-2.** [shoot] pousse *f*. ◇ *vt* [leaves] produire; **to ~ shoots** germer. ◇ *vi* [grow] pousser.

spruce [spruːs] ◇ *adj* net (nette), pimpant(e). ◇ *n* épicéa *m*.
◆ **spruce up** *vt sep* astiquer, briquer.

sprung [sprʌŋ] *pp* → **spring**.

spry [spraɪ] *adj* vif (vive).

spun [spʌn] *pt & pp* → **spin**.

spur [spɜːr] ◇ *n* **-1.** [incentive] incitation *f*. **-2.** [on rider's boot] éperon *m*. ◇ *vt* [encourage]: **to ~ sb to do sthg** encourager OR inciter qqn à faire qqch.
◆ **on the spur of the moment** *adv* sur un coup de tête, sous l'impulsion du moment.
◆ **spur on** *vt sep* encourager.

spurious ['spʊərɪəs] *adj* **-1.** [affection, interest] feint(e). **-2.** [argument, logic] faux (fausse).

spurn [spɜːn] *vt* repousser.

spurt [spɜːt] ◇ *n* **-1.** [gush] jaillissement *m*. **-2.** [of activity, energy] sursaut *m*. **-3.** [burst of speed] accélération *f*. ◇ *vi* [gush]: **to ~ (out of** OR **from)** jaillir (de).

spy [spaɪ] ◇ *n* espion *m*. ◇ *vt inf* apercevoir. ◇ *vi* espionner, faire de l'espionnage; **to ~ on sb** espionner qqn.

spying ['spaɪɪŋ] *n* (U) espionnage *m*.

Sq., sq. *abbr of* **square**.

squabble ['skwɒbl] ◇ *n* querelle *f*. ◇ *vi*: **to ~ (about** OR **over)** se quereller (à propos de).

squad [skwɒd] *n* **-1.** [of police] brigade *f*. **-2.** MIL peloton *m*. **-3.** SPORT [group of players] équipe *f* (*parmi laquelle la sélection sera faite*).

squadron ['skwɒdrən] *n* escadron *m*.

squalid ['skwɒlɪd] *adj* sordide, ignoble.

squall [skwɔ:l] *n* [storm] bourrasque *f*.

squalor ['skwɒləʳ] *n* (*U*) conditions *fpl* sordides.

squander ['skwɒndəʳ] *vt* gaspiller.

square [skweəʳ] ◇ *adj* **-1.** [in shape] carré(e); **one ~ metre** *Br* un mètre carré; **three metres ~** trois mètres sur trois. **-2.** [not owing money]: **to be ~** être quitte. ◇ *n* **-1.** [shape] carré *m*. **-2.** [in town] **place** *f*. **-3.** *inf* [unfashionable person]: **he's a ~** il est vieux jeu. ◇ *vt* **-1.** MATH élever au carré. **-2.** [reconcile] accorder.
♦ **square up** *vi* [settle up]: **to ~ up with sb** régler ses comptes avec qqn.

squarely ['skweəlɪ] *adv* **-1.** [directly] carrément. **-2.** [honestly] honnêtement.

square meal *n* bon repas *m*.

squash [skwɒʃ] ◇ *n* **-1.** SPORT squash *m*. **-2.** *Br* [drink]: **orange ~** orangeade *f*. **-3.** *Am* [vegetable] courge *f*. ◇ *vt* écraser.

squat [skwɒt] ◇ *adj* courtaud(e), ramassé(e). ◇ *vi* [crouch]: **to ~ (down)** s'accroupir.

squatter ['skwɒtəʳ] *n Br* squatter *m*.

squawk [skwɔ:k] *n* cri *m* strident OR perçant.

squeak [skwi:k] *n* **-1.** [of animal] petit cri *m* aigu. **-2.** [of door, hinge] grincement *m*.

squeal [skwi:l] *vi* [person, animal] pousser des cris aigus.

squeamish ['skwi:mɪʃ] *adj* facilement dégoûté(e).

squeeze [skwi:z] ◇ *n* [pressure] pression *f*. ◇ *vt* **-1.** [press firmly] presser. **-2.** [liquid, toothpaste] exprimer. **-3.** [cram]: **to ~ sthg into sthg** entasser qqch dans qqch.

squelch [skweltʃ] *vi*: **to ~ through mud** patauger dans la boue.

squid [skwɪd] (*pl inv* OR **-s**) *n* calmar *m*.

squiggle ['skwɪgl] *n* gribouillis *m*.

squint [skwɪnt] ◇ *n*: **to have a ~** loucher, être atteint(e) de strabisme. ◇

squire ['skwaɪəʳ] *n* [landowner] propriétaire *m*.

squirm [skwɜ:m] *vi* [wriggle] se tortiller.

squirrel [*Br* 'skwɪrəl, *Am* 'skwɜ:rəl] *n* écureuil *m*.

squirt [skwɜ:t] ◇ *vt* [water, oil] faire jaillir, faire gicler. ◇ *vi*: **to ~ (out of)** jaillir (de), gicler (de).

Sr *abbr of* **senior**.

Sri Lanka [ˌsri:'læŋkə] *n* Sri Lanka *m*.

St -1. (*abbr of* **saint**) St, Ste. **-2.** *abbr of* **Street**.

stab [stæb] ◇ *n* **-1.** [with knife] coup *m* de couteau. **-2.** *inf* [attempt]: **to have a ~ (at sthg)** essayer (qqch), tenter (qqch). **-3.** [twinge]: **~ of pain** élancement *m*; **~ of guilt** remords *m*. ◇ *vt* **-1.** [person] poignarder. **-2.** [food] piquer.

stable ['steɪbl] ◇ *adj* stable. ◇ *n* écurie *f*.

stack [stæk] ◇ *n* [pile] pile *f*. ◇ *vt* [pile up] empiler.

stadium ['steɪdjəm] (*pl* **-diums** OR **-dia** [-djə]) *n* stade *m*.

staff [stɑ:f] ◇ *n* [employees] personnel *m*; [of school] personnel enseignant, professeurs *mpl*. ◇ *vt* pourvoir en personnel.

stag [stæg] (*pl inv* OR **-s**) *n* cerf *m*.

stage [steɪdʒ] ◇ *n* **-1.** [phase] étape *f*, phase *f*, stade *m*. **-2.** [platform] scène *f*. **-3.** [acting profession]: **the ~** le théâtre. ◇ *vt* **-1.** THEATRE monter, mettre en scène. **-2.** [organize] organiser.

stagecoach ['steɪdʒkəʊtʃ] *n* diligence *f*.

stage fright *n* trac *m*.

stage-manage *vt lit* & *fig* mettre en scène.

stagger ['stægəʳ] ◇ *vt* **-1.** [astound] stupéfier. **-2.** [working hours] échelonner; [holidays] étaler. ◇ *vi* tituber.

stagnant ['stægnənt] *adj* stagnant(e).

stagnate [stæg'neɪt] *vi* stagner.

stag party *n* soirée *f* entre hommes;

[before wedding] *soirée où un futur marié enterre sa vie de garçon avec ses amis.*

staid [steɪd] *adj* guindé(e), collet monté.

stain [steɪn] ◇ *n* [mark] tache *f.* ◇ *vt* [discolour] **tacher.**

stained glass [ˌsteɪnd-] *n* (*U*) [windows] vitraux *mpl.*

stainless steel [ˈsteɪnlɪs-] *n* acier *m* inoxydable, Inox® *m.*

stain remover [-rɪˌmuːvəʳ] *n* détachant *m.*

stair [steəʳ] *n* marche *f.*
♦ **stairs** *npl* escalier *m.*

staircase [ˈsteəkeɪs] *n* escalier *m.*

stairway [ˈsteəweɪ] *n* escalier *m.*

stairwell [ˈsteəwel] *n* cage *f* d'escalier.

stake [steɪk] ◇ *n* -1. [share]: **to have a ~ in sthg** avoir des intérêts dans qqch. -2. [wooden post] poteau *m.* -3. [in gambling] enjeu *m.* ◇ *vt:* **to ~ money (on** OR **upon)** jouer OR miser de l'argent (sur); **to ~ one's reputation (on)** jouer OR risquer sa réputation (sur).
♦ **at stake** *adv* en jeu.

stale [steɪl] *adj* [food, water] pas frais (fraîche); [bread] rassis(e); [air] qui sent le renfermé.

stalemate [ˈsteɪlmeɪt] *n* -1. [deadlock] impasse *f.* -2. CHESS pat *m.*

stalk [stɔːk] ◇ *n* -1. [of flower, plant] tige *f.* -2. [of leaf, fruit] queue *f.* ◇ *vt* [hunt] traquer. ◇ *vi:* **to ~ in/out** entrer/sortir d'un air hautain.

stall [stɔːl] ◇ *n* -1. [in street, market] éventaire *m,* étal *m*; [at exhibition] stand *m.* -2. [in stable] stalle *f.* ◇ *vt* AUT caler. ◇ *vi* -1. AUT caler. -2. [delay] essayer de gagner du temps.
♦ **stalls** *npl* Br [in cinema, theatre] orchestre *m.*

stallion [ˈstæljən] *n* étalon *m.*

stalwart [ˈstɔːlwət] *n* pilier *m.*

stamina [ˈstæmɪnə] *n* (*U*) résistance *f.*

stammer [ˈstæməʳ] ◇ *n* bégaiement *m.* ◇ *vi* bégayer.

stamp [stæmp] ◇ *n* -1. [for letter] timbre *m.* -2. [tool] tampon *m.* -3. *fig* [of

authority etc] marque *f.* ◇ *vt* -1. [mark by stamping] **tamponner.** -2. [stomp]: **to ~ one's foot** taper du pied. ◇ *vi* -1. [stomp] taper du pied. -2. [tread heavily]: **to ~ on sthg** marcher sur qqch.

stamp album *n* album *m* de timbres.

stamp-collecting [-kəˌlektɪŋ] *n* philatélie *f.*

stamped addressed envelope [ˈstæmptəˌdrest-] *n* Br enveloppe *f* affranchie pour la réponse.

stampede [stæmˈpiːd] *n* débandade *f.*

stance [stæns] *n* lit & fig position *f.*

stand [stænd] (*pt* & *pp* **stood**) ◇ *n* -1. [stall] stand *m*; [selling newspapers] kiosque *m.* -2. [supporting object]: **umbrella ~** porte-parapluies *m inv*; **hat ~** porte-chapeaux *m inv.* -3. SPORT tribune *f.* -4. MIL résistance *f*; **to make a ~** résister. -5. [public position] position *f.* -6. *Am* JUR barre *f.* ◇ *vt* -1. [place] mettre (debout), poser (debout). -2. [withstand, tolerate] supporter. ◇ *vi* -1. [be upright - person] être OR se tenir debout; [- object] se trouver; [- building] se dresser; **~ still!** ne bouge pas!, reste tranquille! -2. [stand up] se lever. -3. [liquid] reposer. -4. [offer] tenir toujours; [decision] demeurer valable. -5. [be in particular state]: **as things ~** ... vu l'état actuel des choses .... -6. *Br* POL se présenter. -7. *Am* [park car]: **"no ~ing"** «stationnement interdit».
♦ **stand back** *vi* reculer.
♦ **stand by** ◇ *vt fus* -1. [person] soutenir. -2. [statement, decision] s'en tenir à. ◇ *vi* -1. [in readiness]: **to ~ by (for sthg/to do sthg)** être prêt(e) (pour qqch/pour faire qqch). -2. [remain inactive] rester là.
♦ **stand down** *vi* [resign] démissionner.
♦ **stand for** *vt fus* -1. [signify] représenter. -2. [tolerate] supporter, tolérer.
♦ **stand in** *vi:* **to ~ in for sb** remplacer qqn.
♦ **stand out** *vi* ressortir.

◆ **stand up** ◇ *vt sep inf* [boyfriend, girlfriend] poser un lapin à. ◇ *vi* [rise from seat] se lever; ~ **up!** debout!
◆ **stand up for** *vt fus* défendre.
◆ **stand up to** *vt fus* **-1.** [weather, heat etc] résister à. **-2.** [person, boss] tenir tête à.

standard ['stændəd] ◇ *adj* **-1.** [normal, gen] normal(e); [- size] standard (*inv*). **-2.** [accepted] correct(e). ◇ *n* **-1.** [level] niveau *m*. **-2.** [point of reference] critère *m*; TECH norme *f*. **-3.** [flag] étendard *m*.
◆ **standards** *npl* [principles] valeurs *fpl*.

standard lamp *n Br* lampadaire *m*.

standard of living (*pl* **standards of living**) *n* niveau *m* de vie.

standby ['stændbaɪ] (*pl* **standbys**) ◇ *n* [person] remplaçant *m*, -e *f*; **on** ~ prêt à intervenir. ◇ *comp* [ticket, flight] stand-by (*inv*).

stand-in *n* remplaçant *m*, -e *f*.

standing ['stændɪŋ] ◇ *adj* [invitation, army] permanent(e); [joke] continuel(elle). ◇ *n* **-1.** [reputation] importance *f*, réputation *f*. **-2.** [duration]: **of long** ~ de longue date; **we're friends of 20 years'** ~ nous sommes amis depuis 20 ans.

standing order *n* prélèvement *m* automatique.

standing room *n* (*U*) places *fpl* debout.

standoffish [,stænd'ɒfɪʃ] *adj* distant(e).

standpoint ['stændpɔɪnt] *n* point *m* de vue.

standstill ['stændstɪl] *n*: **at a** ~ [traffic, train] à l'arrêt; [negotiations, work] paralysé(e); **to come to a** ~ [traffic, train] s'immobiliser; [negotiations, work] cesser.

stank [stæŋk] *pt* → **stink**.

staple ['steɪpl] ◇ *adj* [principal] principal(e), de base. ◇ *n* **-1.** [for paper] agrafe *f*. **-2.** [principal commodity] produit *m* de base. ◇ *vt* agrafer.

stapler ['steɪplər] *n* agrafeuse *f*.

star [stɑːr] ◇ *n* **-1.** [gen] étoile *f*. **-2.** [celebrity] vedette *f*, star *f*. ◇ *comp* [quality] de star; ~ **performer** vedette *f*. ◇ *vi*: **to** ~ **(in)** être la vedette (de).
◆ **stars** *npl* horoscope *m*.

starboard ['stɑːbəd] ◇ *adj* de tribord. ◇ *n*: **to** ~ à tribord.

starch [stɑːtʃ] *n* amidon *m*.

stardom ['stɑːdəm] *n* (*U*) célébrité *f*.

stare [steər] ◇ *n* regard *m* fixe. ◇ *vi*: **to** ~ **at sb/sthg** fixer qqn/qqch du regard.

stark [stɑːk] ◇ *adj* **-1.** [room, decoration] austère; [landscape] désolé(e). **-2.** [reality, fact] à l'état brut; [contrast] dur(e). ◇ *adv*: ~ **naked** tout nu (toute nue), à poil.

starling ['stɑːlɪŋ] *n* étourneau *m*.

starry ['stɑːrɪ] *adj* étoilé(e).

starry-eyed [-'aɪd] *adj* innocent(e).

Stars and Stripes *n*: **the** ~ le drapeau des États-Unis, la bannière étoilée.

start [stɑːt] ◇ *n* **-1.** [beginning] début *m*. **-2.** [jump] sursaut *m*. **-3.** [starting place] départ *m*. **-4.** [time advantage] avance *f*. ◇ *vt* **-1.** [begin] commencer; **to** ~ **doing** OR **to do sthg** commencer à faire qqch. **-2.** [turn on - machine] mettre en marche; [- engine, vehicle] démarrer, mettre en marche. **-3.** [set up - business, band] créer. ◇ *vi* **-1.** [begin] commencer, débuter; **to** ~ **with** pour commencer, d'abord. **-2.** [function - machine] se mettre en marche; [- car] démarrer. **-3.** [begin journey] partir. **-4.** [jump] sursauter.
◆ **start off** ◇ *vt sep* [meeting] ouvrir, commencer; [rumour] faire naître; [discussion] entamer, commencer. ◇ *vi* **-1.** [begin] commencer; [begin job] débuter. **-2.** [leave on journey] partir.
◆ **start out** *vi* **-1.** [in job] débuter. **-2.** [leave on journey] partir.
◆ **start up** ◇ *vt sep* **-1.** [business] créer; [shop] ouvrir. **-2.** [car, engine] mettre en marche. ◇ *vi* **-1.** [begin] commencer. **-2.** [machine] se mettre en route; [car, engine] démarrer.

starter ['stɑːtəʳ] *n* **-1.** *Br* [of meal] hors-d'œuvre *m inv.* **-2.** AUT démarreur *m.* **-3.** [to begin race] starter *m.*

starting point ['stɑːtɪŋ-] *n* point *m* de départ.

startle ['stɑːtl] *vt* faire sursauter.

startling ['stɑːtlɪŋ] *adj* surprenant(e).

starvation [stɑːˈveɪʃn] *n* faim *f.*

starve [stɑːv] ◇ *vt* [deprive of food] affamer. ◇ *vi* **-1.** [have no food] être affamé(e); **to ~ to death** mourir de faim. **-2.** *inf* [be hungry] avoir très faim, crever OR mourir de faim.

state [steɪt] ◇ *n* état *m*; **to be in a ~** être dans tous ses états. ◇ *comp* d'État. ◇ *vt* **-1.** [express - reason] donner; [- name and address] décliner; **to ~ that ...** déclarer que .... **-2.** [specify] préciser.

◆ **State** *n*: **the State** l'État *m.*

◆ **States** *npl*: **the States** les États-Unis *mpl.*

State Department *n Am* ≃ ministère *m* des Affaires étrangères.

stately ['steɪtlɪ] *adj* majestueux(euse).

statement ['steɪtmənt] *n* **-1.** [declaration] déclaration *f.* **-2.** JUR déposition *f.* **-3.** [from bank] relevé *m* de compte.

state of mind (*pl* states of mind) *n* humeur *f.*

statesman ['steɪtsmən] (*pl* **-men** [-mən]) *n* homme *m* d'État.

static ['stætɪk] ◇ *adj* statique. ◇ *n* (*U*) parasites *mpl.*

static electricity *n* électricité *f* statique.

station ['steɪʃn] ◇ *n* **-1.** RAIL gare *f*; [for buses, coaches] gare routière. **-2.** RADIO station *f.* **-3.** [building] poste *m.* **-4.** *fml* [rank] rang *m.* ◇ *vt* **-1.** [position] placer, poster. **-2.** MIL poster.

stationary ['steɪʃnərɪ] *adj* immobile.

stationer ['steɪʃnəʳ] *n* papetier *m*, -ière *f*; **~'s (shop)** papeterie *f.*

stationery ['steɪʃnərɪ] *n* (*U*) [equipment] fournitures *fpl* de bureau; [paper] papier *m* à lettres.

stationmaster ['steɪʃn,mɑːstəʳ] *n* chef *m* de gare.

station wagon *n Am* break *m.*

statistic [stəˈtɪstɪk] *n* statistique *f.*

◆ **statistics** *n* (*U*) [science] statistique *f.*

statistical [stəˈtɪstɪkl] *adj* statistique; [expert] en statistiques; [report] de statistiques.

statue ['stætjuː] *n* statue *f.*

stature ['stætʃəʳ] *n* **-1.** [height, size] stature *f*, taille *f.* **-2.** [importance] envergure *f.*

status ['steɪtəs] *n* (*U*) **-1.** [legal or social position] statut *m.* **-2.** [prestige] prestige *m.*

status symbol *n* signe *m* extérieur de richesse.

statute ['stætjuːt] *n* loi *f.*

statutory ['stætjʊtrɪ] *adj* statutaire.

staunch [stɔːntʃ] ◇ *adj* loyal(e). ◇ *vt* [flow] arrêter; [blood] étancher.

stave [steɪv] (*pt* & *pp* **-d** OR **stove**) *n* MUS portée *f.*

◆ **stave off** *vt sep* [disaster, defeat] éviter; [hunger] tromper.

stay [steɪ] ◇ *vi* **-1.** [not move away] rester. **-2.** [as visitor - with friends] passer quelques jours; [- in town, country] séjourner; **to ~ in a hotel** descendre à l'hôtel. **-3.** [continue, remain] rester, demeurer; **to ~ out of sthg** ne pas se mêler de qqch. ◇ *n* [visit] séjour *m.*

◆ **stay in** *vi* rester chez soi, ne pas sortir.

◆ **stay on** *vi* rester (plus longtemps).

◆ **stay out** *vi* [from home] ne pas rentrer.

◆ **stay up** *vi* ne pas se coucher, veiller; **to ~ up late** se coucher tard.

staying power ['steɪɪŋ-] *n* endurance *f.*

stead [sted] *n*: **to stand sb in good ~** être utile à qqn.

steadfast ['stedfɑːst] *adj* ferme, résolu(e); [supporter] loyal(e).

steadily ['stedɪlɪ] *adv* **-1.** [gradually] progressivement. **-2.** [regularly - breathe] régulièrement; [- move] sans arrêt. **-3.** [calmly] de manière imperturbable.

steady ['stedɪ] ◇ *adj* **-1.** [gradual] progressif(ive). **-2.** [regular] régulier(ère).

-3. [not shaking] **ferme. -4.** [calm - voice] **calme;** [- stare] **imperturbable. -5.** [stable - job, relationship] **stable. -6.** [sensible] **sérieux(ieuse).** ◇ *vt* **-1.** [stop from shaking] **empêcher de bouger; to ~ o.s.** se remettre d'aplomb. **-2.** [control - nerves] **calmer.**

steak [steɪk] *n* steak *m*, bifteck *m*; [of fish] darne *f*.

steal [stiːl] (*pt* **stole**, *pp* **stolen**) ◇ *vt* voler, dérober. ◇ *vi* [move secretly] se glisser.

stealthy ['stelθɪ] *adj* furtif(ive).

steam [stiːm] ◇ *n* (U) vapeur *f.* ◇ *vt* CULIN cuire à la vapeur. ◇ *vi* [give off steam] fumer.

◆ **steam up** ◇ *vt sep* [mist up] embuer. ◇ *vi* se couvrir de buée.

steamboat ['stiːmbəʊt] *n* (bateau *m* à) vapeur *m*.

steam engine *n* locomotive *f* à vapeur.

steamer ['stiːmər] *n* [ship] (bateau *m* à) vapeur *m*.

steamroller ['stiːm,rəʊlər] *n* rouleau *m* compresseur.

steamy ['stiːmɪ] *adj* **-1.** [full of steam] embué(e). **-2.** *inf* [erotic] érotique.

steel [stiːl] ◇ *n* (U) acier *m.* ◇ *comp* en acier, d'acier.

steelworks ['stiːlwɜːks] (*pl inv*) *n* aciérie *f*.

steep [stiːp] *adj* **-1.** [hill, road] raide, abrupt(e). **-2.** [increase, decline] énorme. **-3.** *inf* [expensive] excessif(ive).

steeple ['stiːpl] *n* clocher *m*, flèche *f*.

steeplechase ['stiːpltʃeɪs] *n* **-1.** [horse race] steeple-chase *m*. **-2.** [athletics race] steeple *m*.

steer ['stɪər] ◇ *n* bœuf *m.* ◇ *vt* **-1.** [ship] **gouverner;** [car, aeroplane] **conduire, diriger. -2.** [person] **diriger, guider.** ◇ *vi*: **to ~ well** [ship] **gouverner bien;** [car] **être facile à manœuvrer; to ~ clear of sb/sthg** éviter qqn/qqch.

steering ['stɪərɪŋ] *n* (U) direction *f*.

steering wheel *n* volant *m*.

stem [stem] ◇ *n* **-1.** [of plant] **tige** *f*. **-2.** [of glass] **pied** *m*. **-3.** [of pipe] **tuyau** *m*. **-4.** GRAMM **radical** *m*. ◇ *vt* [stop] arrêter.

◆ **stem from** *vt fus* provenir de.

stench [stentʃ] *n* puanteur *f*.

stencil ['stensl] ◇ *n* pochoir *m*. ◇ *vt* faire au pochoir.

stenographer [stə'nɒɡrəfər] *n Am* sténographe *mf*.

step [step] ◇ *n* **-1.** [pace] **pas** *m*; **in/ out of ~ with** *fig* **en accord/ désaccord avec. -2.** [action] **mesure** *f*. **-3.** [stage] **étape** *f*; **by ~** petit à petit, progressivement. **-4.** [stair] **marche** *f*. **-5.** [of ladder] **barreau** *m*, **échelon** *m*. ◇ *vi* **-1.** [move foot]: **to ~ forward** avancer; **to ~ off** OR **down from sthg** descendre de qqch; **to ~ back** reculer. **-2.** [tread]: **to ~ on/in sthg** marcher sur/dans qqch.

◆ **steps** *npl* **-1.** [stairs] marches *fpl*. **-2.** *Br* [stepladder] escabeau *m*.

◆ **step down** *vi* [leave job] démissionner.

◆ **step in** *vi* intervenir.

◆ **step up** *vt sep* intensifier.

stepbrother ['step,brʌðər] *n* demi-frère *m*.

stepdaughter ['step,dɔːtər] *n* belle-fille *f*.

stepfather ['step,fɑːðər] *n* beau-père *m*.

stepladder ['step,lædər] *n* escabeau *m*.

stepmother ['step,mʌðər] *n* belle-mère *f*.

stepping-stone ['stepɪŋ-] *n* pierre *f* de gué; *fig* tremplin *m*.

stepsister ['step,sɪstər] *n* demi-sœur *f*.

stepson ['stepsʌn] *n* beau-fils *m*.

stereo ['sterɪəʊ] (*pl* -s) ◇ *adj* stéréo (*inv*). ◇ *n* **-1.** [appliance] chaîne *f* stéréo. **-2.** [sound]: **in ~** en stéréo.

stereotype ['sterɪətaɪp] *n* stéréotype *m*.

sterile ['steraɪl] *adj* stérile.

sterilize, -ise ['sterəlaɪz] *vt* stériliser.

sterling ['stɜːlɪŋ] ◇ *adj* **-1.** [of British money] sterling (*inv*). **-2.** [excellent] exceptionnel(elle). ◇ *n* (*U*) livre *f* sterling.

sterling silver *n* argent *m* fin.

stern [stɜːn] ◇ *adj* sévère. ◇ *n* NAUT arrière *m*.

steroid ['stɪərɔɪd] *n* stéroïde *m*.

stethoscope ['steθəskəʊp] *n* stéthoscope *m*.

stew [stjuː] ◇ *n* ragoût *m*. ◇ *vt* [meat] cuire en ragoût; [fruit] faire cuire.

steward ['stjʊəd] *n* -1. [on plane, ship, train] steward *m*. -2. *Br* [at demonstration, meeting] membre *m* du service d'ordre.

stewardess ['stjʊədɪs] *n* hôtesse *f*.

stick [stɪk] (*pt* & *pp* **stuck**) ◇ *n* -1. [of wood, dynamite, candy] bâton *m*. -2. [walking stick] canne *f*. -3. SPORT crosse *f*. ◇ *vt* -1. [push]: **to ~ sthg in** OR **into planter** qqch dans. -2. [with glue, Sellotape®]: **to ~ sthg (on** OR **to)** coller qqch (sur). -3. *inf* [put] mettre. -4. *Br inf* [tolerate] supporter. ◇ *vi* -1. [adhere]: **to ~ (to)** coller (à). -2. [jam] se coincer.

♦ **stick out** ◇ *vt sep* -1. [head] sortir; [hand] lever; [tongue] tirer. -2. *inf* [endure]: **to ~ it out** tenir le coup. ◇ *vi* -1. [protrude] dépasser. -2. *inf* [be noticeable] se remarquer.

♦ **stick to** *vt fus* -1. [follow closely] suivre. -2. [principles] rester fidèle à; [decision] s'en tenir à; [promise] tenir.

♦ **stick up** *vi* dépasser.

♦ **stick up for** *vt fus* défendre.

sticker ['stɪkər] *n* [label] autocollant *m*.

sticking plaster ['stɪkɪŋ-] *n* sparadrap *m*.

stickler ['stɪklər] *n*: **to be a ~ for** être à cheval sur.

stick shift *n Am* levier *m* de vitesses.

stick-up *n inf* vol *m* à main armée.

sticky ['stɪkɪ] *adj* -1. [hands, sweets] poisseux(euse); [label, tape] adhésif(ive). -2. *inf* [awkward] délicat(e).

stiff [stɪf] ◇ *adj* -1. [rod, paper, material] rigide; [shoes, brush] dur(e); [fabric] raide. -2. [door, drawer, window] dur(e) (à ouvrir/fermer); [joint] an-

kylosé(e); **to have a ~ back** avoir des courbatures dans le dos; **to have a ~ neck** avoir le torticolis. -3. [formal] guindé(e). -4. [severe - penalty] sévère; [- resistance] tenace; [- competition] serré(e). -5. [difficult - task] difficile. ◇ *adv inf*: **to be bored ~** s'ennuyer à mourir; **to be frozen/scared ~** mourir de froid/peur.

stiffen ['stɪfn] ◇ *vt* -1. [material] raidir; [with starch] empeser. -2. [resolve] renforcer. ◇ *vi* -1. [body] se raidir; [joints] s'ankyloser. -2. [competition, resistance] s'intensifier.

stifle ['staɪfl] *vt* & *vi* étouffer.

stifling ['staɪflɪŋ] *adj* étouffant(e).

stigma ['stɪgmə] *n* -1. [disgrace] honte *f*, stigmate *m*. -2. BOT stigmate *m*.

stile [staɪl] *n* échalier *m*.

stiletto heel [stɪ'letəʊ-] *n Br* talon *m* aiguille.

still [stɪl] ◇ *adv* -1. [up to now, up to then] encore, toujours; **I've ~ got £5 left** il me reste encore 5 livres. -2. [even now] encore. -3. [nevertheless] tout de même. -4. (*with comparatives*): **~ bigger/more important** encore plus grand/plus important. ◇ *adj* -1. [not moving] immobile. -2. [calm] calme, tranquille. -3. [not windy] sans vent. -4. [not fizzy - can] non gazeux(euse); [- mineral water] plat(e). ◇ *n* -1. PHOT photo *f*. -2. [for making alcohol] alambic *m*.

stillborn ['stɪlbɔːn] *adj* mort-né(e).

still life (*pl* **-s**) *n* nature *f* morte.

stilted ['stɪltɪd] *adj* emprunté(e), qui manque de naturel.

stilts ['stɪlts] *npl* -1. [for person] échasses *fpl*. -2. [for building] pilotis *mpl*.

stimulate ['stɪmjʊleɪt] *vt* stimuler.

stimulating ['stɪmjʊleɪtɪŋ] *adj* stimulant(e).

stimulus ['stɪmjʊləs] (*pl* **-li** [-laɪ]) *n* -1. [encouragement] stimulant *m*. -2. BIOL & PSYCH stimulus *m*.

sting [stɪŋ] (*pt* & *pp* **stung**) ◇ *n* -1. [by bee] piqûre *f*; [of bee] dard *m*. -2. [sharp pain] brûlure *f*. ◇ *vt* [gen] piquer. ◇ *vi* piquer.

stingy ['stɪndʒɪ] *adj inf* radin(e).

stink [stɪŋk] (*pt* **stank** OR **stunk**, *pp* **stunk**) ◇ *n* puanteur *f*. ◇ *vi* [smell] puer, empester.

stinking ['stɪŋkɪŋ] *inf adj* [cold] gros (grosse); [weather] pourri(e); [place] infect(e).

stint [stɪnt] ◇ *n* [period of work] part *f* de travail. ◇ *vi*: **to ~ on** lésiner sur.

stipulate ['stɪpjʊleɪt] *vt* stipuler.

stir [stɜːʳ] ◇ *n* [public excitement] sensation *f*. ◇ *vt* **-1.** [mix] remuer. **-2.** [move gently] agiter. **-3.** [move emotionally] émouvoir. ◇ *vi* bouger, remuer.

◆ **stir up** *vt sep* **-1.** [dust] soulever. **-2.** [trouble] provoquer; [resentment, dissatisfaction] susciter; [rumour] faire naître.

stirrup ['stɪrəp] *n* étrier *m*.

stitch [stɪtʃ] ◇ *n* **-1.** SEWING point *m*; [in knitting] maille *f*. **-2.** MED point *m* de suture. **-3.** [stomach pain]: **to have a ~** avoir un point de côté. ◇ *vt* **-1.** SEWING coudre. **-2.** MED suturer.

stoat [stəʊt] *n* hermine *f*.

stock [stɒk] ◇ *n* **-1.** [supply] réserve *f*. **-2.** (*U*) COMM stock *m*, réserve *f*; **in ~** en stock; **out of ~** épuisé(e). **-3.** FIN valeurs *fpl*; **~s and shares** titres *mpl*. **-4.** [ancestry] souche *f*. **-5.** CULIN bouillon *m*. **-6.** [livestock] cheptel *m*. **-7.** *phr*: **to take ~ (of)** faire le point (de). ◇ *adj* classique. ◇ *vt* **-1.** COMM vendre, avoir en stock. **-2.** [fill - shelves] garnir.

◆ **stock up** *vi*: **to ~ up (with)** faire des provisions (de).

stockbroker ['stɒk,brəʊkəʳ] *n* agent *m* de change.

stock cube *n Br* bouillon-cube *m*.

stock exchange *n* Bourse *f*.

stockholder ['stɒk,həʊldəʳ] *n Am* actionnaire *mf*.

Stockholm ['stɒkhəʊm] *n* Stockholm.

stocking ['stɒkɪŋ] *n* [for woman] bas *m*.

stockist ['stɒkɪst] *n Br* dépositaire *m*, stockiste *m*.

stock market *n* Bourse *f*.

stock phrase *n* cliché *m*.

stockpile ['stɒkpaɪl] ◇ *n* stock *m*. ◇ *vt* [weapons] amasser; [food] stocker.

stocktaking ['stɒk,teɪkɪŋ] *n* (*U*) inventaire *m*.

stocky ['stɒkɪ] *adj* trapu(e).

stodgy ['stɒdʒɪ] *adj* [food] lourd(e) (à digérer).

stoical ['stəʊɪkl] *adj* stoïque.

stoke [stəʊk] *vt* [fire] entretenir.

stole [stəʊl] ◇ *pt* → **steal**. ◇ *n* étole *f*.

stolen ['stəʊln] *pp* → **steal**.

stolid ['stɒlɪd] *adj* impassible.

stomach ['stʌmək] ◇ *n* [organ] estomac *m*; [abdomen] ventre *m*. ◇ *vt* [tolerate] encaisser, supporter.

stomachache ['stʌməkeɪk] *n* mal *m* de ventre, douleurs *fpl* d'estomac.

stomach upset *n* embarras *m* gastrique.

stone [stəʊn] (*pl sense 3 only inv* OR **-s**) ◇ *n* **-1.** [rock] pierre *f*; [smaller] caillou *m*. **-2.** [seed] noyau *m*. **-3.** *Br* [unit of measurement] = *6,348 kg*. ◇ *comp* de OR en pierre. ◇ *vt* [person, car etc] jeter des pierres sur.

stone-cold *adj* complètement froid(e) OR glacé(e).

stonewashed ['stəʊnwɒʃt] *adj* délavé(e).

stonework ['stəʊnwɜːk] *n* maçonnerie *f*.

stood [stʊd] *pt & pp* → **stand**.

stool [stuːl] *n* [seat] tabouret *m*.

stoop [stuːp] ◇ *n* [bent back]: **to walk with a ~** marcher le dos voûté. ◇ *vi* **-1.** [bend down] se pencher. **-2.** [hunch shoulders] être voûté(e).

stop [stɒp] ◇ *n* **-1.** [gen] arrêt *m*; **to put a ~ to sthg** mettre un terme à qqch. **-2.** [full stop] point *m*. ◇ *vt* **-1.** [gen] arrêter; [end] mettre fin à; **to ~ doing sthg** arrêter de faire qqch; **to ~ work** arrêter de travailler, cesser le travail. **-2.** [prevent]: **to ~ sb/sthg (from doing sthg)** empêcher qqn/qqch (de faire qqch). **-3.** [block] boucher. ◇ *vi* s'arrêter, cesser.

◆ **stop off** *vi* s'arrêter, faire halte.

◆ **stop up** *vt sep* [block] boucher.

stopgap ['stɒpgæp] *n* bouche-trou *m*.

stopover ['stɒp,əʊvə'] *n* halte *f*.

stoppage ['stɒpɪdʒ] *n* **-1.** [strike] grève *f*. **-2.** *Br* [deduction] retenue *f*.

stopper ['stɒpə'] *n* bouchon *m*.

stop press *n* nouvelles *fpl* de dernière heure.

stopwatch ['stɒpwɒtʃ] *n* chronomètre *m*.

storage ['stɔːrɪdʒ] *n* **-1.** [of goods] entreposage *m*, emmagasinage *m*; [of household objects] rangement *m*. **-2.** COMPUT stockage *m*, mémorisation *f*.

storage heater *n Br* radiateur *m* à accumulation.

store [stɔː'] ◇ *n* **-1.** [shop] magasin *m*. **-2.** [supply] provision *f*. **-3.** [place of storage] réserve *f*. ◇ *vt* **-1.** [save] mettre en réserve; [goods] entreposer, emmagasiner. **-2.** COMPUT stocker, mémoriser.
◆ **store up** *vt sep* [provisions] mettre en réserve; [goods] emmagasiner; [information] mettre en mémoire, noter.

storekeeper ['stɔː,kiːpə'] *n Am* commerçant *m*, -e *f*.

storeroom ['stɔːrʊm] *n* magasin *m*.

storey *Br* (*pl* storeys), **story** *Am* (*pl* -ies) ['stɔːrɪ] *n* étage *m*.

stork [stɔːk] *n* cigogne *f*.

storm [stɔːm] ◇ *n* **-1.** [bad weather] orage *m*. **-2.** *fig* [of abuse] torrent *m*; [of applause] tempête *f*. ◇ *vt* MIL prendre d'assaut. ◇ *vi* **-1.** [go angrily]: to ~ **in/out** entrer/sortir comme un ouragan. **-2.** [speak angrily] fulminer.

stormy ['stɔːmɪ] *adj lit* & *fig* orageux(euse).

story ['stɔːrɪ] *n* **-1.** [gen] histoire *f*. **-2.** PRESS article *m*; RADIO & TV nouvelle *f*. **-3.** *Am* = **storey**.

storybook ['stɔːrɪbʊk] *adj* [romance etc] de conte de fées.

storyteller ['stɔːrɪ,telə'] *n* **-1.** [narrator] conteur *m*, -euse *f*. **-2.** *euphemism* [liar] menteur *m*, -euse *f*.

stout [staʊt] ◇ *adj* **-1.** [rather fat] corpulent(e). **-2.** [strong] solide. **-3.** [resolute] ferme, résolu(e). ◇ *n* (*U*) stout *m*, bière *f* brune.

stove [stəʊv] ◇ *pt* & *pp* → **stave**. ◇ *n* [for cooking] cuisinière *f*; [for heating] poêle *m*.

stow [stəʊ] *vt*: to ~ **sthg (away)** ranger qqch.

stowaway ['stəʊəweɪ] *n* passager *m* clandestin.

straddle ['strædl] *vt* enjamber; [chair] s'asseoir à califourchon sur.

straggle ['strægl] *vi* **-1.** [buildings] s'étendre, s'étaler; [hair] être en désordre. **-2.** [person] traîner, lambiner.

straggler ['stræglə'] *n* traînard *m*, -e *f*.

straight [streɪt] ◇ *adj* **-1.** [not bent] droit(e); [hair] raide. **-2.** [frank] franc (franche), honnête. **-3.** [tidy] en ordre. **-4.** [choice, exchange] simple. **-5.** [alcoholic drink] sec, sans eau. **-6.** *phr*: let's get this ~ entendons-nous bien. ◇ *adv* **-1.** [in a straight line] droit. **-2.** [directly, immediately] droit, tout de suite. **-3.** [frankly] carrément, franchement. **-4.** [undiluted] sec, sans eau.
◆ **straight off** *adv* tout de suite, surle-champ.
◆ **straight out** *adv* sans mâcher ses mots.

straightaway [,streɪtə'weɪ] *adv* tout de suite, immédiatement.

straighten ['streɪtn] *vt* **-1.** [tidy - hair, dress] arranger; [- room] mettre de l'ordre dans. **-2.** [make straight - horizontally] rendre droit(e); [- vertically] redresser.
◆ **straighten out** *vt sep* [problem] résoudre.

straight face *n*: to keep a ~ garder son sérieux.

straightforward [,streɪt'fɔːwəd] *adj* **-1.** [easy] simple. **-2.** [frank] honnête, franc (franche).

strain [streɪn] ◇ *n* **-1.** [mental] tension *f*, stress *m*. **-2.** MED foulure *f*. **-3.** TECH contrainte *f*, effort *m*. ◇ *vt* **-1.** [work hard - eyes] plisser fort; to ~ one's ears tendre l'oreille. **-2.** [MED - muscle] se froisser; [- eyes] se fatiguer; to ~ one's back se faire un tour de reins. **-3.** [patience] mettre à rude épreuve; [budget] grever. **-4.** [drain]

passer. **-5.** TECH exercer une contrainte sur. ◇ *vi* [try very hard]: **to ~ to do sthg** faire un gros effort pour faire qqch, se donner du mal pour faire qqch.
♦ **strains** *npl* [of music] accords *mpl*, airs *mpl*.

strained [streɪnd] *adj* **-1.** [worried] contracté(e), tendu(e). **-2.** [relations, relationship] tendu(e). **-3.** [unnatural] forcé(e).

strainer ['streɪnəʳ] *n* passoire *f*.

strait [streɪt] *n* détroit *m*.
♦ **straits** *npl*: **in dire** OR **desperate ~s** dans une situation désespérée.

straitjacket ['streɪtˌdʒækɪt] *n* camisole *f* de force.

straitlaced [ˌstreɪt'leɪst] *adj* collet monté (*inv*).

strand [strænd] *n* **-1.** [of cotton, wool] brin *m*, fil *m*; [of hair] mèche *f*. **-2.** [theme] fil *m*.

stranded ['strændɪd] *adj* [boat] échoué(e); [people] abandonné(e), en rade.

strange [streɪndʒ] *adj* **-1.** [odd] étrange, bizarre. **-2.** [unfamiliar] inconnu(e).

stranger ['streɪndʒəʳ] *n* **-1.** [unfamiliar person] inconnu *m*, -e *f*. **-2.** [from another place] étranger *m*, -ère *f*.

strangle ['stræŋgl] *vt* étrangler; *fig* étouffer.

stranglehold ['stræŋglhəʊld] *n* **-1.** [round neck] étranglement *m*. **-2.** *fig* [control]: **~ (on)** domination *f* (de).

strap [stræp] ◇ *n* [for fastening] sangle *f*, courroie *f*; [of bag] bandoulière *f*; [of rifle, dress, bra] bretelle *f*; [of watch] bracelet *m*. ◇ *vt* [fasten] attacher.

strapping ['stræpɪŋ] *adj* bien bâti(e), robuste.

Strasbourg ['stræzbɜːg] *n* Strasbourg.

strategic [strə'tiːdʒɪk] *adj* stratégique.

strategy ['strætɪdʒɪ] *n* stratégie *f*.

straw [strɔː] *n* paille *f*; **that's the last ~!** ça c'est le comble!

strawberry ['strɔːbərɪ] ◇ *n* [fruit] fraise *f*. ◇ *comp* [tart, yoghurt] aux fraises; [jam] de fraises.

stray [streɪ] ◇ *adj* **-1.** [animal] errant(e), perdu(e). **-2.** [bullet] perdu(e); [example] isolé(e). ◇ *vi* **-1.** [person, animal] errer, s'égarer. **-2.** [thoughts] vagabonder, errer.

streak [striːk] ◇ *n* **-1.** [line] bande *f*, marque *f*; **~ of lightning** éclair *m*. **-2.** [in character] côté *m*. ◇ *vi* [move quickly] se déplacer comme un éclair.

stream [striːm] ◇ *n* **-1.** [small river] ruisseau *m*. **-2.** [of liquid, light] flot *m*, jet *m*. **-3.** [of people, cars] flot *m*; [of complaints, abuse] torrent *m*. **-4.** *Br* SCH classe *f* de niveau. ◇ *vi* **-1.** [liquid] couler à flots, ruisseler; [light] entrer à flots. **-2.** [people, cars] affluer; **to ~ past** passer à flots. ◇ *vt Br* SCH répartir par niveau.

streamer ['striːməʳ] *n* [for party] serpentin *m*.

streamlined ['striːmlaɪnd] *adj* **-1.** [aerodynamic] au profil aérodynamique. **-2.** [efficient] rationalisé(e).

street [striːt] *n* rue *f*.

streetcar ['striːtkɑːʳ] *n Am* tramway *m*.

street lamp, **street light** *n* réverbère *m*.

street plan *n* plan *m*.

streetwise ['striːtwaɪz] *adj inf* averti(e), futé(e).

strength [streŋθ] *n* **-1.** [gen] force *f*. **-2.** [power, influence] puissance *f*. **-3.** [solidity, of currency] solidité *f*.

strengthen ['streŋθn] *vt* **-1.** [structure, team, argument] renforcer. **-2.** [economy, currency, friendship] consolider. **-3.** [resolve, dislike] fortifier, affermir. **-4.** [person] enhardir.

strenuous ['strenjʊəs] *adj* [exercise, activity] fatigant(e), dur(e); [effort] vigoureux(euse), acharné(e).

stress [stres] ◇ *n* **-1.** [emphasis]: **~ (on)** accent *m* (sur). **-2.** [mental] stress *m*, tension *f*. **-3.** TECH: **~ (on)** contrainte *f* (sur), effort *m* (sur). **-4.** LING accent *m*. ◇ *vt* **-1.** [emphasize] souligner, insister sur. **-2.** LING accentuer.

stressful ['stresfʊl] *adj* stressant(e).

stretch [stretʃ] ◇ *n* **-1.** [of land, water] étendue *f*; [of road, river] partie *f*, section *f*. **-2.** [of time] période *f*. ◇ *vt* **-1.** [arms] allonger; [legs] se dégourdir; [muscles] distendre. **-2.** [pull taut] tendre, étirer. **-3.** [overwork - person] surmener; [- resources, budget] grever. **-4.** [challenge]: **to ~ sb** pousser qqn à la limite de ses capacités. ◇ *vi* **-1.** [area]: **to ~ over** s'étendre sur; **to ~ from ... to** s'étendre de ... à. **-2.** [person, animal] s'étirer. **-3.** [material, elastic] se tendre, s'étirer.
♦ **stretch out** ◇ *vt sep* [arm, leg, hand] tendre. ◇ *vi* [lie down] s'étendre, s'allonger.

stretcher ['stretʃər] *n* brancard *m*, civière *f*.

strew [struː] (*pt* **-ed**, *pp* **strewn** [struːn] OR **-ed**) *vt*: **to be strewn with** être jonché(e) de.

stricken ['strɪkn] *adj*: **to be ~ by** OR **with panic** être pris(e) de panique; **to be ~ by an illness** souffrir OR être atteint(e) d'une maladie.

strict [strɪkt] *adj* [gen] strict(e).

strictly ['strɪktlɪ] *adv* **-1.** [gen] strictement; **~ speaking** à proprement parler. **-2.** [severely] d'une manière stricte, sévèrement.

stride [straɪd] (*pt* **strode**, *pp* **stridden** ['strɪdn]) ◇ *n* [long step] grand pas *m*, enjambée *f*. ◇ *vi* marcher à grandes enjambées OR à grands pas.

strident ['straɪdnt] *adj* **-1.** [voice, sound] strident(e). **-2.** [demand, attack] véhément(e), bruyant(e).

strife [straɪf] *n* (*U*) conflit *m*, lutte *f*.

strike [straɪk] (*pt & pp* **struck**) ◇ *n* **-1.** [by workers] grève *f*; **to be (out) on ~** être en grève; **to go on ~** faire grève, se mettre en grève. **-2.** MIL raid *m*. **-3.** [of oil, gold] découverte *f*. ◇ *vt* **-1.** [hit - deliberately] frapper; [- accidentally] heurter. **-2.** [subj: thought] venir à l'esprit de. **-3.** [conclude - deal, bargain] conclure. **-4.** [light - match] frotter. ◇ *vi* **-1.** [workers] faire grève. **-2.** [hit] frapper. **-3.** [attack] attaquer. **-4.** [chime] sonner.

♦ **strike down** *vt sep* terrasser.
♦ **strike out** ◇ *vt sep* rayer, barrer. ◇ *vi* [head out] se mettre en route, partir.
♦ **strike up** *vt fus* **-1.** [conversation] commencer, engager; **to ~ up a friendship (with)** se lier d'amitié (avec). **-2.** [music] commencer à jouer.

striker ['straɪkər] *n* **-1.** [person on strike] gréviste *mf*. **-2.** FTBL buteur *m*.

striking ['straɪkɪŋ] *adj* **-1.** [noticeable] frappant(e), saisissant(e). **-2.** [attractive] d'une beauté frappante.

string [strɪŋ] (*pt & pp* **strung**) *n* **-1.** (*U*) [thin rope] ficelle *f*. **-2.** [piece of thin rope] bout *m* de ficelle; **to pull ~s** faire jouer le piston. **-3.** [of beads, pearls] rang *m*. **-4.** [series] série *f*, suite *f*. **-5.** [of musical instrument] corde *f*.
♦ **strings** *npl* MUS: **the ~s** les cordes *fpl*.
♦ **string out** *vt fus* échelonner.
♦ **string together** *vt sep fig* aligner.

string bean *n* haricot *m* vert.

stringed instrument ['strɪŋd-] *n* instrument *m* à cordes.

stringent ['strɪndʒənt] *adj* strict(e), rigoureux(euse).

strip [strɪp] ◇ *n* **-1.** [narrow piece] bande *f*. **-2.** *Br* SPORT tenue *f*. ◇ *vt* **-1.** [undress] déshabiller, dévêtir. **-2.** [paint, wallpaper] enlever. ◇ *vi* [undress] se déshabiller, se dévêtir.
♦ **strip off** *vi* se déshabiller, se dévêtir.

strip cartoon *n Br* bande *f* dessinée.

stripe [straɪp] *n* **-1.** [band of colour] rayure *f*. **-2.** [sign of rank] galon *m*.

striped [straɪpt] *adj* à rayures, rayé(e).

strip lighting *n* éclairage *m* au néon.

stripper ['strɪpər] *n* **-1.** [performer of striptease] strip-teaseuse *f*, effeuilleuse *f*. **-2.** [for paint] décapant *m*.

striptease ['striptiːz] *n* strip-tease *m*.

strive [straɪv] (*pt* **strove**, *pp* **striven** ['strɪvn]) *vi*: **to ~ for sthg** essayer d'obtenir qqch; **to ~ to do sthg** s'efforcer de faire qqch.

strode [strəʊd] *pt* → **stride**.

stroke [strəʊk] ◇ *n* **-1.** MED attaque *f* cérébrale. **-2.** [of pen, brush] trait *m*. **-3.** [in swimming - movement] mouvement *m* des bras; [- style] nage *f*; [in rowing] coup *m* d'aviron; [in golf, tennis etc] coup *m*. **-4.** [of clock]: **on the third ~ ≃** au quatrième top. **-5.** Br TYPO [oblique] barre *f*. **-6.** [piece]: **a ~ of genius** un trait de génie; **a ~ of luck** un coup de chance OR de veine; **at a ~** d'un seul coup. ◇ *vt* caresser.

stroll [strəʊl] ◇ *n* petite promenade *f*, petit tour *m*. ◇ *vi* se promener, flâner.

stroller ['strəʊlər] *n* Am [for baby] poussette *f*.

strong [strɒŋ] *adj* **-1.** [gen] fort(e); **~ point** point *m* fort. **-2.** [structure, argument, friendship] solide. **-3.** [healthy] robuste, vigoureux(euse). **-4.** [policy, measures] énergique. **-5.** [in numbers]: **the crowd was 2,000 ~** il y avait une foule de 2 000 personnes. **-6.** [team, candidate] sérieux(ieuse), qui a des chances de gagner.

strongbox ['strɒŋbɒks] *n* coffre-fort *m*.

stronghold ['strɒŋhəʊld] *n* fig bastion *m*.

strongly ['strɒŋlɪ] *adv* **-1.** [gen] fortement. **-2.** [solidly] solidement.

strong room *n* chambre *f* forte.

strove [strəʊv] *pt* → **strive**.

struck [strʌk] *pt & pp* → **strike**.

structure ['strʌktʃər] *n* **-1.** [organization] structure *f*. **-2.** [building] construction *f*.

struggle ['strʌgl] ◇ *n* **-1.** [great effort]: **~ (for sthg/to do sthg)** lutte *f* (pour qqch/pour faire qqch). **-2.** [fight] bagarre *f*. ◇ *vi* **-1.** [make great effort]: **to ~ (for)** lutter (pour); **to ~ to do sthg** s'efforcer de faire qqch. **-2.** [to free oneself] se débattre; [fight] se battre.

strum [strʌm] *vt* [guitar] gratter de; [tune] jouer.

strung [strʌŋ] *pt & pp* → **string**.

strut [strʌt] ◇ *n* CONSTR étai *m*, support *m*. ◇ *vi* se pavaner.

stub [stʌb] ◇ *n* **-1.** [of cigarette] mégot *m*; [of pencil] morceau *m*. **-2.** [of ticket, cheque] talon *m*. ◇ *vt*: **to ~ one's toe** se cogner le doigt de pied.
◆ **stub out** *vt sep* écraser.

stubble ['stʌbl] *n* (U) **-1.** [in field] chaume *m*. **-2.** [on chin] barbe *f* de plusieurs jours.

stubborn ['stʌbən] *adj* **-1.** [person] têtu(e), obstiné(e). **-2.** [stain] qui ne veut pas partir, rebelle.

stuck [stʌk] ◇ *pt & pp* → **stick**. ◇ *adj* **-1.** [jammed, trapped] coincé(e). **-2.** [stumped]: **to be ~** sécher. **-3.** [stranded] bloqué(e), en rade.

stuck-up *adj inf pej* bêcheur(euse).

stud [stʌd] *n* **-1.** [metal decoration] clou *m* décoratif. **-2.** [earring] clou *m* d'oreille. **-3.** Br [on boot, shoe] clou *m*; [on sports boots] crampon *m*. **-4.** [of horses] haras *m*.

studded ['stʌdɪd] *adj*: **~ (with)** parsemé(e) (de), constellé(e) (de).

student ['stju:dnt] ◇ *n* étudiant *m*, -e *f*. ◇ *comp* [life] estudiantin(e); [politics] des étudiants; [disco] pour étudiants.

studio ['stju:dɪəʊ] (*pl* **-s**) *n* studio *m*; [of artist] atelier *m*.

studio flat Br, **studio apartment** Am *n* studio *m*.

studious ['stju:djəs] *adj* studieux(ieuse).

studiously ['stju:djəslɪ] *adv* studieusement.

study ['stʌdɪ] ◇ *n* **-1.** [gen] étude *f*. **-2.** [room] bureau *m*. ◇ *vt* **-1.** [learn] étudier, faire des études de. **-2.** [examine] examiner, étudier. ◇ *vi* étudier, faire ses études.

stuff [stʌf] ◇ *n* (U) **-1.** *inf* [things] choses *fpl*. **-2.** [substance] substance *f*. **-3.** *inf* [belongings] affaires *fpl*. ◇ *vt* **-1.** [push] fourrer. **-2.** [fill]: **to ~ sthg (with)** remplir OR bourrer qqch (de). **-3.** CULIN farcir.

stuffed [stʌft] *adj* **-1.** [filled]: **~ with** bourré(e) de. **-2.** *inf* [with food] gavé(e). **-3.** CULIN farci(e). **-4.** [preserved - animal] empaillé(e).

stuffing ['stʌfɪŋ] n (U) **-1.** [filling] bourre f, rembourrage m. **-2.** CULIN farce f.

stuffy ['stʌfɪ] adj **-1.** [room] mal aéré(e), qui manque d'air. **-2.** [person, club] vieux jeu (inv).

stumble ['stʌmbl] vi trébucher.
♦ **stumble across, stumble on** vt fus tomber sur.

stumbling block ['stʌmblɪŋ-] n pierre f d'achoppement.

stump [stʌmp] ◇ n [of tree] souche f; [of arm, leg] moignon m. ◇ vt [subj: question, problem] dérouter, rendre perplexe.

stun [stʌn] vt **-1.** [knock unconscious] étourdir, assommer. **-2.** [surprise] stupéfier, renverser.

stung [stʌŋ] pt & pp → sting.

stunk [stʌŋk] pt & pp → stink.

stunning ['stʌnɪŋ] adj **-1.** [very beautiful] ravissant(e); [scenery] merveilleux (euse). **-2.** [surprising] stupéfiant(e), renversant(e).

stunt [stʌnt] ◇ n **-1.** [for publicity] coup m. **-2.** CINEMA cascade f. ◇ vt retarder, arrêter.

stunted ['stʌntɪd] adj rabougri(e).

stunt man n cascadeur m.

stupefy ['stju:pɪfaɪ] vt **-1.** [tire] abrutir. **-2.** [surprise] stupéfier, abasourdir.

stupendous [stju:'pendəs] adj extraordinaire, prodigieux(ieuse).

stupid ['stju:pɪd] adj **-1.** [foolish] stupide, bête. **-2.** inf [annoying] fichu(e).

stupidity [stju:'pɪdətɪ] n (U) bêtise f, stupidité f.

sturdy ['stɜ:dɪ] adj [person] robuste; [furniture, structure] solide.

stutter ['stʌtər] vi bégayer.

sty [staɪ] n [pigsty] porcherie f.

stye [staɪ] n orgelet m, compère-loriot m.

style [staɪl] ◇ n **-1.** [characteristic manner] style m. **-2.** (U) [elegance] chic m, élégance f. **-3.** [design] genre m, modèle m. ◇ vt [hair] coiffer.

stylish ['staɪlɪʃ] adj chic (inv), élégant(e).

stylist ['staɪlɪst] n [hairdresser] coiffeur m, -euse f.

stylus ['staɪləs] (pl -es) n [on record player] pointe f de lecture, saphir m.

suave [swɑ:v] adj doucereux(euse).

sub [sʌb] n inf **-1.** SPORT (abbr of substitute) remplaçant m, -e f. **-2.** (abbr of submarine) sous-marin m. **-3.** Br (abbr of subscription) cotisation f.

subconscious [ˌsʌb'kɒnʃəs] ◇ adj inconscient(e). ◇ n: **the ~** l'inconscient m.

subcontract [ˌsʌbkən'trækt] vt soustraiter.

subdivide [ˌsʌbdɪ'vaɪd] vt subdiviser.

subdue [səb'dju:] vt [control - rioters, enemy] soumettre, subjuguer; [- temper, anger] maîtriser, réprimer.

subdued [səb'dju:d] adj **-1.** [person] abattu(e). **-2.** [anger, emotion] contenu(e). **-3.** [colour] doux (douce); [light] tamisé(e).

subject [adj, n & prep 'sʌbdʒekt, vt səb'dʒekt] ◇ adj soumis(e); **to be ~ to** [tax, law] être soumis à; [disease, headaches] être sujet (sujette) à. ◇ n **-1.** [gen] sujet m. **-2.** SCH & UNIV matière f. ◇ vt **-1.** [control] soumettre, assujettir. **-2.** [force to experience]: **to ~ sb to sthg** exposer OR soumettre qqn à qqch.
♦ **subject to** prep sous réserve de.

subjective [səb'dʒektɪv] adj subjectif(ive).

subject matter n (U) sujet m.

subjunctive [səb'dʒʌŋktɪv] n GRAMM: **~ (mood)** (mode m) subjonctif m.

sublet [ˌsʌb'let] (pt & pp sublet) vt sous-louer.

sublime [sə'blaɪm] adj sublime.

submachine gun [ˌsʌbmə'ʃi:n-] n mitraillette f.

submarine [ˌsʌbmə'ri:n] n sous-marin m.

submerge [səb'mɜ:dʒ] ◇ vt immerger, plonger. ◇ vi s'immerger, plonger.

submission [səb'mɪʃn] n **-1.** [obedience] soumission f. **-2.** [presentation] présentation f, soumission f.

submissive [səb'mɪsɪv] *adj* soumis(e), docile.

submit [səb'mɪt] ◇ *vt* soumettre. ◇ *vi*: **to ~ (to)** se soumettre (à).

subnormal [ˌsʌb'nɔːml] *adj* arriéré(e), attardé(e).

subordinate [sə'bɔːdɪnət] ◇ *adj fml* [less important]: **~ (to)** subordonné(e) (à), moins important(e) (que). ◇ *n* subordonné *m*, -e *f*.

subpoena [sə'piːnə] (*pt & pp* **-ed**) JUR ◇ *n* citation *f*, assignation *f*. ◇ *vt* citer OR assigner à comparaître.

subscribe [səb'skraɪb] *vi* **-1.** [to magazine, newspaper] s'abonner, être abonné(e). **-2.** [to view, belief]: **to ~ to** être d'accord avec, approuver.

subscriber [səb'skraɪbər] *n* [to magazine, service] abonné *m*, -e *f*.

subscription [səb'skrɪpʃn] *n* **-1.** [to magazine] abonnement *m*. **-2.** [to charity, campaign] souscription *f*. **-3.** [to club] cotisation *f*.

subsequent ['sʌbsɪkwənt] *adj* ultérieur(e), suivant(e).

subsequently ['sʌbsɪkwəntlɪ] *adv* par la suite, plus tard.

subservient [səb'sɜːvjənt] *adj* [servile]: **~ (to)** servile (vis-à-vis de), obséquieux(ieuse) (envers).

subside [səb'saɪd] *vi* **-1.** [pain, anger] se calmer, s'atténuer; [noise] diminuer. **-2.** [CONSTR - building] s'affaisser; [- ground] se tasser.

subsidence [səb'saɪdns, 'sʌbsɪdns] *n* [CONSTR - of building] affaissement *m*; [- of ground] tassement *m*.

subsidiary [səb'sɪdjərɪ] ◇ *adj* subsidiaire. ◇ *n*: **~ (company)** filiale *f*.

subsidize, -ise ['sʌbsɪdaɪz] *vt* subventionner.

subsidy ['sʌbsɪdɪ] *n* subvention *f*, subside *m*.

substance ['sʌbstəns] *n* **-1.** [gen] substance *f*. **-2.** [importance] importance *f*.

substantial [səb'stænʃl] *adj* **-1.** [considerable] considérable, important(e); [meal] substantiel(ielle). **-2.** [solid, well-built] solide.

substantially [səb'stænʃəlɪ] *adv* **-1.** [considerably] considérablement. **-2.** [mainly] en grande partie.

substantiate [səb'stænʃɪeɪt] *vt fml* prouver, établir.

substitute ['sʌbstɪtjuːt] ◇ *n* **-1.** [replacement]: **~ (for)** [person] remplaçant *m*, -e *f* (de); [thing] succédané *m* (de). **-2.** SPORT remplaçant *m*, -e *f*. ◇ *vt*: **to ~ A for B** substituer A à B, remplacer B par A.

subtitle ['sʌbˌtaɪtl] *n* sous-titre *m*.

subtle ['sʌtl] *adj* subtil(e).

subtlety ['sʌtltɪ] *n* subtilité *f*.

subtract [səb'trækt] *vt*: **to ~ sthg (from)** soustraire qqch (de).

subtraction [səb'trækʃn] *n* soustraction *f*.

suburb ['sʌbɜːb] *n* faubourg *m*.
◆ **suburbs** *npl*: **the ~s** la banlieue.

suburban [sə'bɜːbn] *adj* **-1.** [of suburbs] de banlieue. **-2.** *pej* [life] étriqué(e); [person] à l'esprit étroit.

suburbia [sə'bɜːbɪə] *n* (*U*) la banlieue.

subversive [səb'vɜːsɪv] ◇ *adj* subversif(ive). ◇ *n* personne *f* qui agit de façon subversive.

subway ['sʌbweɪ] *n* **-1.** *Br* [underground walkway] passage *m* souterrain. **-2.** *Am* [underground railway] métro *m*.

succeed [sək'siːd] ◇ *vt* succéder à. ◇ *vi* réussir; **to ~ in doing sthg** réussir à faire qqch.

succeeding [sək'siːdɪŋ] *adj fml* [in future] à venir; [in past] suivant(e).

success [sək'ses] *n* succès *m*, réussite *f*.

successful [sək'sesful] *adj* **-1.** [attempt] couronné(e) de succès. **-2.** [film, book etc] à succès; [person] qui a du succès.

succession [sək'seʃn] *n* succession *f*.

successive [sək'sesɪv] *adj* successif(ive).

succinct [sək'sɪŋkt] *adj* succinct(e).

succumb [sə'kʌm] *vi*: **to ~ (to)** succomber (à).

such [sʌtʃ] ◇ *adj* tel (telle), pareil(eille); ~ **nonsense** de telles inepties; **do you have ~ a thing as a tin-opener?** est-ce que tu aurais un ouvre-boîtes par hasard?; ~ **money/books as I have** le peu d'argent/de livres que j'ai; ~ ... **that** tel ... que. ◇ *adv* **-1.** [for emphasis] si, tellement; **it's ~ a horrible day!** quelle journée épouvantable!; ~ **a lot of books** tellement de livres; ~ **a long time** si OR tellement longtemps. **-2.** [in comparisons] aussi. ◇ *pron:* **and ~ (like)** et autres choses de ce genre.
♦ **as such** *adv* en tant que tel (telle), en soi.
♦ **such and such** *adj* tel et tel (telle et telle).

suck [sʌk] *vt* **-1.** [with mouth] sucer. **-2.** [draw in] aspirer.

sucker ['sʌkər] *n* **-1.** [suction pad] ventouse *f.* **-2.** *inf* [gullible person] poire *f.*

suction ['sʌkʃn] *n* succion *f.*

Sudan [suː'dɑːn] *n* Soudan *m.*

sudden ['sʌdn] *adj* soudain(e), brusque; **all of a ~** tout d'un coup, soudain.

suddenly ['sʌdnlɪ] *adv* soudainement, tout d'un coup.

suds [sʌdz] *npl* mousse *f* de savon.

sue [suː] *vt:* **to ~ sb (for)** poursuivre qqn (pour).

suede [sweɪd] *n* daim *m.*

suet ['suɪt] *n* graisse *f* de rognon.

suffer ['sʌfər] ◇ *vt* **-1.** [pain, injury] souffrir de. **-2.** [consequences, setback, loss] subir. ◇ *vi* souffrir; **to ~ from** MED souffrir de.

sufferer ['sʌfrər] *n* MED malade *mf.*

suffering ['sʌfrɪŋ] *n* souffrance *f.*

suffice [sə'faɪs] *vi fml* suffire.

sufficient [sə'fɪʃnt] *adj* suffisant(e).

sufficiently [sə'fɪʃntlɪ] *adv* suffisamment.

suffocate ['sʌfəkeɪt] *vt & vi* suffoquer.

suffrage ['sʌfrɪdʒ] *n* suffrage *m.*

suffuse [sə'fjuːz] *vt* baigner.

sugar ['ʃʊgər] ◇ *n* sucre *m.* ◇ *vt* sucrer.

sugar beet *n* betterave *f* à sucre.

sugarcane ['ʃʊgəkeɪn] *n* (U) canne *f* à sucre.

sugary ['ʃʊgərɪ] *adj* [food] sucré(e).

suggest [sə'dʒest] *vt* **-1.** [propose] proposer, suggérer. **-2.** [imply] suggérer.

suggestion [sə'dʒestʃn] *n* **-1.** [proposal] proposition *f,* suggestion *f.* **-2.** (U) [implication] suggestion *f.*

suggestive [sə'dʒestɪv] *adj* suggestif(ive); **to be ~ of sthg** suggérer qqch.

suicide ['suɪsaɪd] *n* suicide *m;* **to commit ~** se suicider.

suit [suːt] ◇ *n* **-1.** [for man] costume *m,* complet *m;* [for woman] tailleur *m.* **-2.** [in cards] couleur *f.* **-3.** JUR procès *m,* action *f.* ◇ *vt* **-1.** [subj: clothes, hairstyle] aller à. **-2.** [be convenient, appropriate to] convenir à. ◇ *vi* convenir, aller.

suitable ['suːtəbl] *adj* qui convient, qui va.

suitably ['suːtəblɪ] *adv* convenablement.

suitcase ['suːtkeɪs] *n* valise *f.*

suite [swiːt] *n* **-1.** [of rooms] suite *f.* **-2.** [of furniture] ensemble *m.*

suited ['suːtɪd] *adj* **-1.** [suitable]: **to be ~ to/for** convenir à/pour, aller à/pour. **-2.** [couple]: **well ~** très bien assortis.

suitor ['suːtər] *n dated* soupirant *m.*

sulfur *Am* = **sulphur.**

sulk [sʌlk] *vi* bouder.

sulky ['sʌlkɪ] *adj* boudeur(euse).

sullen ['sʌlən] *adj* maussade.

sulphur *Br,* **sulfur** *Am* ['sʌlfər] *n* soufre *m.*

sultana [səl'tɑːnə] *n Br* [dried grape] raisin *m* sec.

sultry ['sʌltrɪ] *adj* **-1.** [weather] lourd(e). **-2.** [sexual] sensuel(elle).

sum [sʌm] *n* **-1.** [amount of money] somme *f.* **-2.** [calculation] calcul *m.*
♦ **sum up** ◇ *vt sep* [summarize] résumer. ◇ *vi* récapituler.

summarize, -ise ['sʌməraɪz] ◇ *vt* résumer. ◇ *vi* récapituler.

summary ['sʌmərɪ] *n* résumé *m.*

summer ['sʌmə^r] ◇ n été m; **in ~ en été**. ◇ comp d'été; **the ~ holidays** les grandes vacances fpl.

summerhouse ['sʌməhaʊs, pl -haʊzɪz] n pavillon m (de verdure).

summer school n université f d'été.

summertime ['sʌmətaɪm] n été m.

summit ['sʌmɪt] n sommet m.

summon ['sʌmən] vt appeler, convoquer.

◆ **summon up** vt sep rassembler.

summons ['sʌmənz] (pl **summonses**) JUR ◇ n assignation f. ◇ vt assigner.

sump [sʌmp] n carter m.

sumptuous ['sʌmptʃʊəs] adj somptueux(euse).

sun [sʌn] n soleil m; **in the ~ au soleil**.

sunbathe ['sʌnbeɪð] vi prendre un bain de soleil.

sunbed ['sʌnbed] n lit m à ultraviolets.

sunburn ['sʌnbɜːn] n (U) coup de soleil.

sunburned ['sʌnbɜːnd], **sunburnt** ['sʌnbɜːnt] adj brûlé(e) par le soleil, qui a attrapé un coup de soleil.

Sunday ['sʌndɪ] n dimanche m; **~ lunch** déjeuner m du dimanche OR dominical; see also **Saturday**.

Sunday school n catéchisme m.

sundial ['sʌndaɪəl] n cadran m solaire.

sundown ['sʌndaʊn] n coucher m du soleil.

sundries ['sʌndrɪz] npl fml articles mpl divers, objets mpl divers.

sundry ['sʌndrɪ] adj fml divers; **all and ~** tout le monde, n'importe qui.

sunflower ['sʌn,flaʊə^r] n tournesol m.

sung [sʌŋ] pp → **sing**.

sunglasses ['sʌn,glɑːsɪz] npl lunettes fpl de soleil.

sunk [sʌŋk] pp → **sink**.

sunlight ['sʌnlaɪt] n lumière f du soleil.

sunny ['sʌnɪ] adj **-1.** [day, place] ensoleillé(e). **-2.** [cheerful] radieux(ieuse), heureux(euse).

sunrise ['sʌnraɪz] n lever m du soleil.

sunroof ['sʌnruːf] n toit m ouvrant.

sunset ['sʌnset] n coucher m du soleil.

sunshade ['sʌnʃeɪd] n parasol m.

sunshine ['sʌnʃaɪn] n lumière f du soleil.

sunstroke ['sʌnstrəʊk] n (U) insolation f.

suntan ['sʌntæn] ◇ n bronzage m. ◇ comp [lotion, cream] solaire.

suntrap ['sʌntræp] n endroit très ensoleillé.

super ['suːpə^r] adj inf **génial(e)**, super (inv).

superannuation ['suːpə,rænjʊ'eɪʃn] n (U) pension f de retraite.

superb [suː'pɜːb] adj superbe.

supercilious [,suːpə'sɪlɪəs] adj hautain(e).

superficial [,suːpə'fɪʃl] adj superficiel(ielle).

superfluous [suː'pɜːflʊəs] adj superflu(e).

superhuman [,suːpə'hjuːmən] adj surhumain(e).

superimpose [,suːpərɪm'pəʊz] vt: **to ~ sthg (on)** superposer qqch (à).

superintendent [,suːpərɪn'tendənt] n **-1.** Br [of police] ≃ commissaire m. **-2.** [of department] directeur m, -trice f.

superior [suː'pɪərɪə^r] ◇ adj **-1.** [gen]: **~ (to)** supérieur(e) (à). **-2.** [goods, craftsmanship] de qualité supérieure. ◇ n supérieur m, -e f.

superlative [suː'pɜːlətɪv] ◇ adj exceptionnel(elle), sans pareil(eille). ◇ n GRAMM superlatif m.

supermarket ['suːpə,mɑːkɪt] n supermarché m.

supernatural [,suːpə'nætʃrəl] adj surnaturel(elle).

superpower ['suːpə,paʊə^r] n superpuissance f.

supersede [,suːpə'siːd] vt remplacer.

supersonic [,suːpə'sɒnɪk] adj supersonique.

superstitious [,suːpə'stɪʃəs] adj superstitieux(ieuse).

superstore ['suːpəstɔː^r] n hypermarché m.

supertanker ['suːpəˌtæŋkəʳ] n supertanker m.

supervise ['suːpəvaɪz] vt surveiller;
[work] superviser.

supervisor ['suːpəvaɪzəʳ] n surveillant
m, -e f.

supper ['sʌpəʳ] n -1. [evening meal] dîner
m. -2. [before bedtime] collation f.

supple ['sʌpl] adj souple.

supplement [n 'sʌplɪmənt, vb
'sʌplɪment] ◇ n supplément m. ◇ vt
compléter.

supplementary [ˌsʌplɪ'mentərɪ] adj
supplémentaire.

supplementary benefit n Br ancien
nom des allocations supplémentaires accordées aux personnes ayant un faible revenu.

supplier [sə'plaɪəʳ] n fournisseur m.

supply [sə'plaɪ] ◇ n -1. [store] réserve
f, provision f. -2. [system] alimentation f. -3. (U) ECON offre f. ◇ vt -1.
[provide]: **to ~ sthg (to sb)** fournir
qqch (à qqn). -2. [provide to]: **to ~
sb (with)** fournir qqn (en), approvisionner qqn (en); **to ~ sthg with
sthg** alimenter qqch en qqch.
◆ **supplies** npl [food] vivres mpl; MIL
approvisionnements mpl; office supplies fournitures fpl de bureau.

support [sə'pɔːt] ◇ n -1. (U) [physical
help] appui m. -2. (U) [emotional,
financial help] soutien m. -3. [object]
support m, appui m. ◇ vt -1. [physic-
ally] soutenir, supporter; [weight] supporter. -2. [emotionally] soutenir. -3.
[financially] subvenir aux besoins de.
-4. [theory] être en faveur de, être
partisan de; [political party, candidate]
appuyer; SPORT être un supporter de.

supporter [sə'pɔːtəʳ] n -1. [of person,
plan] partisan m, -e f. -2. SPORT supporter m.

suppose [sə'pəʊz] ◇ vt supposer. ◇
vi supposer; **I ~ (so)** je suppose que
oui; **I ~ not** je suppose que non.

supposed [sə'pəʊzd] adj -1. [doubtful]
supposé(e). -2. [reputed, intended]: **to
be ~ to** be être censé(e) être.

supposedly [sə'pəʊzɪdlɪ] adv soi-
disant.

supposing [sə'pəʊzɪŋ] conj et si, à
supposer que (+ subjunctive).

suppress [sə'pres] vt -1. [uprising] réprimer. -2. [information] supprimer.
-3. [emotions] réprimer, étouffer.

supreme [sʊ'priːm] adj suprême.

Supreme Court n [in US]: **the ~** la
Cour Suprême.

surcharge ['sɜːtʃɑːdʒ] n [extra pay-
ment] surcharge f; [extra tax] surtaxe f.

sure [ʃʊəʳ] ◇ adj -1. [gen] sûr(e); **to
be ~ of o.s.** être sûr de soi. -2. [cer-
tain]: **to be ~ (of sthg/of doing sthg)**
être sûr(e) (de qqch/de faire qqch),
être certain(e) (de qqch/de faire
qqch); **to make ~ (that)** ... s'assurer
OR vérifier que .... -3. phr: **I am** OR
I'm ~ (that) ... je suis bien certain
que ..., je ne doute pas que .... ◇
adv -1. inf [yes] bien sûr. -2. Am [real-
ly] vraiment.
◆ **for sure** adv sans aucun doute.
◆ **sure enough** adv en effet, effectivement.

surely ['ʃʊəlɪ] adv sûrement.

surety ['ʃʊərətɪ] n (U) caution f.

surf [sɜːf] n ressac m.

surface ['sɜːfɪs] ◇ n surface f; **on the
~** fig à première vue, de
l'extérieur. ◇ vi -1. [diver] remonter
à la surface; [submarine] faire surface.
-2. [problem, rumour] apparaître OR
s'étaler au grand jour.

surface mail n courrier m par voie
de terre/de mer.

surfboard ['sɜːfbɔːd] n planche f de
surf.

surfeit ['sɜːfɪt] n fml excès m.

surfing ['sɜːfɪŋ] n surf m.

surge [sɜːdʒ] ◇ n -1. [of people, vehi-
cles] déferlement m; ELEC surtension f.
-2. [of emotion, interest] vague f, montée f; [of anger] bouffée f; [of sales, ap-
plications] afflux m. ◇ vi [people, vehi-
cles] déferler.

surgeon ['sɜːdʒən] n chirurgien m.

surgery ['sɜːdʒərɪ] n -1. (U) MED [performing operations] **chirurgie** f. **-2.** Br MED [place] **cabinet** m de consultation.

surgical ['sɜːdʒɪkl] adj **chirurgical(e);** ~ **stocking** bas m orthopédique.

surgical spirit n Br **alcool** m à 90°.

surly ['sɜːlɪ] adj **revêche,** renfrogné(e).

surmount [sɜːˈmaʊnt] vt **surmonter.**

surname ['sɜːneɪm] n **nom** m de famille.

surpass [sɜːˈpɑːs] vt fml **dépasser.**

surplus ['sɜːpləs] ◇ adj en **surplus.** ◇ n **surplus** m.

surprise [səˈpraɪz] ◇ n **surprise** f. ◇ vt **surprendre.**

surprised [səˈpraɪzd] adj **surpris(e).**

surprising [səˈpraɪzɪŋ] adj **surprenant(e).**

surprisingly [səˈpraɪzɪŋlɪ] adv **étonnamment.**

surrender [səˈrendəʳ] ◇ n **reddition** f, **capitulation** f. ◇ vi **-1.** [stop fighting]: **to** ~ **(to)** se rendre (à). **-2.** fig [give in]: **to** ~ **(to)** se laisser aller (à), se livrer (à).

surreptitious [ˌsʌrəpˈtɪʃəs] adj subreptice.

surrogate ['sʌrəgeɪt] ◇ adj de **substitution.** ◇ n **substitut** m.

surrogate mother n **mère** f **porteuse.**

surround [səˈraʊnd] vt **entourer;** [subj: police, army] **cerner.**

surrounding [səˈraʊndɪŋ] adj **environnant(e).**

surroundings [səˈraʊndɪŋz] npl **environnement** m.

surveillance [sɜːˈveɪləns] n **surveillance** f.

survey [n 'sɜːveɪ, vb səˈveɪ] ◇ n **-1.** [investigation] **étude** f; [of public opinion] **sondage** m. **-2.** [of land] **levé** m; [of building] **inspection** f. ◇ vt **-1.** [contemplate] **passer en revue. -2.** [investigate] **faire une étude de, enquêter sur. -3.** [land] **faire le levé de;** [building] **inspecter.**

surveyor [səˈveɪəʳ] n [of building] **expert** m; [of land] **géomètre** m.

survival [səˈvaɪvl] n [continuing to live] **survie** f.

survive [səˈvaɪv] ◇ vt **survivre** à. ◇ vi **survivre.**

survivor [səˈvaɪvəʳ] n **survivant** m, **-e** f; fig **battant** m, **-e** f.

susceptible [səˈseptəbl] adj: ~ **(to)** **sensible** (à).

suspect [adj & n 'sʌspekt, vb səˈspekt] ◇ adj **suspect(e).** ◇ n **suspect** m, **-e** f. ◇ vt **-1.** [distrust] **douter de. -2.** [think likely, consider guilty] **soupçonner; to** ~ **sb of sthg** soupçonner qqn de qqch.

suspend [səˈspend] vt **-1.** [gen] **suspendre. -2.** [from school] **renvoyer temporairement.**

suspended sentence [səˈspendɪd-] n **condamnation** f **avec sursis.**

suspender belt [səˈspendəʳ-] n Br **porte-jarretelles** m inv.

suspenders [səˈspendəz] npl **-1.** Br [for stockings] **jarretelles** fpl. **-2.** Am [for trousers] **bretelles** fpl.

suspense [səˈspens] n **suspense** m.

suspension [səˈspenʃn] n **-1.** [gen & AUT] **suspension** f. **-2.** [from school] **renvoi** m **temporaire.**

suspension bridge n **pont** m **suspendu.**

suspicion [səˈspɪʃn] n **soupçon** m.

suspicious [səˈspɪʃəs] adj **-1.** [having suspicions] **soupçonneux(euse). -2.** [causing suspicion] **suspect(e), louche.**

sustain [səˈsteɪn] vt **-1.** [maintain] **soutenir. -2.** fml [suffer - damage] **subir;** [- injury] **recevoir. -3.** fml [weight] **supporter.**

sustenance ['sʌstɪnəns] n (U) fml **nourriture** f.

SW (abbr of **short wave**) OC.

swab [swɒb] n MED **tampon** m.

swagger ['swægəʳ] vi **parader.**

Swahili [swɑːˈhiːlɪ] n [language] **swahili** m.

swallow ['swɒləʊ] ◇ n [bird] **hirondelle** f. ◇ vt **avaler;** fig [anger, tears] **ravaler.** ◇ vi **avaler.**

swam [swæm] pt → **swim.**

swamp [swɒmp] ◇ n **marais** m. ◇ vt **-1.** [flood] **submerger. -2.** [overwhelm] **déborder, submerger.**

swan [swɒn] n cygne m.

swap [swɒp] vt: **to ~ sthg (with sb/for sthg)** échanger qqch (avec qqn/contre qqch).

swarm [swɔːm] ◇ n essaim m. ◇ vi fig [people] grouiller; **to be ~ing (with)** [place] grouiller (de).

swarthy ['swɔːðɪ] adj basané(e).

swastika ['swɒstɪkə] n croix f gammée.

swat [swɒt] vt écraser.

sway [sweɪ] ◇ vt [influence] influencer. ◇ vi se balancer.

swear [sweər] (pt swore, pp sworn) ◇ vt jurer; **to ~ to do sthg** jurer de faire qqch. ◇ vi jurer.

swearword ['sweəwɜːd] n juron m, gros mot m.

sweat [swet] ◇ n [perspiration] transpiration f, sueur f. ◇ vi -1. [perspire] transpirer, suer. -2. inf [worry] se faire du mouron.

sweater ['swetər] n pullover m.

sweatshirt ['swetʃɜːt] n sweat-shirt m.

sweaty ['swetɪ] adj [skin, clothes] mouillé(e) de sueur.

swede [swiːd] n Br rutabaga m.

Swede [swiːd] n Suédois m, -e f.

Sweden ['swiːdn] n Suède f.

Swedish ['swiːdɪʃ] ◇ adj suédois(e). ◇ n [language] suédois m. ◇ npl: **the ~** les Suédois mpl.

sweep [swiːp] (pt & pp swept) ◇ n -1. [sweeping movement] grand geste m. -2. [with brush]: **to give sthg a ~** donner un coup de balai à qqch, balayer qqch. -3. [chimney sweep] ramoneur m. ◇ vt [gen] balayer; [scan with eyes] parcourir des yeux.

♦ **sweep away** vt sep [destroy] emporter, entraîner.

♦ **sweep up** ◇ vt sep [with brush] balayer. ◇ vi balayer.

sweeping ['swiːpɪŋ] adj -1. [effect, change] radical(e). -2. [statement] hâtif(ive).

sweet [swiːt] ◇ adj -1. [gen] doux (douce); [cake, flavour, pudding] sucré(e). -2. [kind] gentil(ille). -3. [attrac-

tive] adorable, mignon(onne). ◇ n Br -1. [candy] bonbon m. -2. [dessert] dessert m.

sweet corn n maïs m.

sweeten ['swiːtn] vt sucrer.

sweetheart ['swiːthɑːt] n -1. [term of endearment] chéri m, -e f, mon cœur m. -2. [boyfriend, girlfriend] petit ami m, petite amie f.

sweetness ['swiːtnɪs] n -1. [gen] douceur f; [of taste] goût m sucré, douceur. -2. [attractiveness] charme m.

sweet pea n pois m de senteur.

swell [swel] (pt -ed, pp swollen -ed) ◇ vi -1. [leg, face etc] enfler; [lungs, balloon] se gonfler; **to ~ with pride** se gonfler d'orgueil. -2. [crowd, population etc] grossir, augmenter; [sound] grossir, s'enfler. ◇ vt grossir, augmenter. ◇ n [of sea] houle f. ◇ adj Am inf chouette, épatant(e).

swelling ['swelɪŋ] n enflure f.

sweltering ['sweltərɪŋ] adj étouffant(e), suffocant(e).

swept [swept] pt & pp → sweep.

swerve [swɜːv] vi faire une embardée.

swift [swɪft] ◇ adj -1. [fast] rapide. -2. [prompt] prompt(e). ◇ n [bird] martinet m.

swig [swɪg] inf n lampée f.

swill [swɪl] ◇ n (U) [pig food] pâtée f. ◇ vt Br [wash] laver à grande eau.

swim [swɪm] (pt swam, pp swum) ◇ n: **to have a ~** nager; **to go for a ~** aller se baigner, aller nager. ◇ vi -1. [person, fish, animal] nager. -2. [room] tourner; **my head was swimming** j'avais la tête qui tournait.

swimmer ['swɪmər] n nageur m, -euse f.

swimming ['swɪmɪŋ] n natation f; **to go ~** aller nager.

swimming cap n bonnet m de bain.

swimming costume n Br maillot m de bain.

swimming pool n piscine f.

swimming trunks npl maillot m OR slip m de bain.

swimsuit ['swɪmsuːt] n maillot m de bain.

swindle ['swɪndl] ◇ n escroquerie f. ◇ vt escroquer, rouler; **to ~ sb out of sthg** escroquer qqch à qqn.

swine [swaɪn] n inf [person] salaud m.

swing [swɪŋ] (pt & pp **swung**) ◇ n -1. [child's toy] balançoire f. -2. [change - of opinion] revirement m; [- of mood] changement m, saute f. -3. [sway] balancement m. -4. phr: **to be in full ~** battre son plein. ◇ vt -1. [move back and forth] balancer. -2. [move in a curve] faire virer. ◇ vi -1. [move back and forth] se balancer. -2. [turn - vehicle] virer, tourner; **to ~ round** [person] se retourner. -3. [change] changer.

swing bridge n pont m tournant.

swing door n porte f battante.

swingeing ['swɪndʒɪŋ] adj très sévère.

swipe [swaɪp] ◇ vt inf [steal] faucher, piquer. ◇ vi: **to ~ at** envoyer OR donner un coup à.

swirl [swɜːl] ◇ n tourbillon m. ◇ vi tourbillonner, tournoyer.

swish [swɪʃ] vt [tail] battre l'air de.

Swiss [swɪs] ◇ adj suisse. ◇ n [person] Suisse mf. ◇ npl: **the ~** les Suisses mpl.

switch [swɪtʃ] ◇ n -1. [control device] interrupteur m, commutateur m; [on radio, stereo etc] bouton m. -2. [change] changement m. ◇ vt [swap] échanger; [jobs] changer de.
♦ **switch off** vt sep éteindre.
♦ **switch on** vt sep allumer.

switchboard ['swɪtʃbɔːd] n standard m.

Switzerland ['swɪtsələnd] n Suisse f; **in ~** en Suisse.

swivel ['swɪvl] ◇ vt [chair] faire pivoter; [head, eyes] faire tourner. ◇ vi [chair] pivoter; [head, eyes] tourner.

swivel chair n fauteuil m pivotant OR tournant.

swollen ['swəʊln] ◇ pp → **swell**. ◇ adj [ankle, face] enflé(e); [river] en crue.

swoop [swuːp] ◇ n [raid] descente f. ◇ vi -1. [bird, plane] piquer. -2. [police, army] faire une descente.

swop [swɒp] = **swap**.

sword [sɔːd] n épée f.

swordfish ['sɔːdfɪʃ] (pl inv OR **-es**) n espadon m.

swore [swɔːr] pt → **swear**.

sworn [swɔːn] ◇ pp → **swear**. ◇ adj JUR sous serment.

swot [swɒt] Br inf ◇ n pej bûcheur m, **-euse** f. ◇ vi: **to ~ (for)** bûcher (pour).

swum [swʌm] pp → **swim**.

swung [swʌŋ] pt & pp → **swing**.

sycamore ['sɪkəmɔːr] n sycomore m.

syllable ['sɪləbl] n syllabe f.

syllabus ['sɪləbəs] (pl **-buses** OR **-bi** [-baɪ]) n programme m.

symbol ['sɪmbl] n symbole m.

symbolize, -ise ['sɪmbəlaɪz] vt symboliser.

symmetry ['sɪmətrɪ] n symétrie f.

sympathetic [ˌsɪmpə'θetɪk] adj -1. [understanding] compatissant(e), compréhensif(ive). -2. [willing to support]: **~ (to)** bien disposé(e) (à l'égard de).

sympathize, -ise ['sɪmpəθaɪz] vi -1. [feel sorry] compatir; **to ~ with sb** plaindre qqn; [in grief] compatir à la douleur de qqn. -2. [understand]: **to ~ with sthg** comprendre qqch. -3. [support]: **to ~ with sthg** approuver qqch, soutenir qqch.

sympathizer, -iser ['sɪmpəθaɪzər] n sympathisant m, **-e** f.

sympathy ['sɪmpəθɪ] n (U) -1. [understanding]: **~ (for)** compassion f (pour), sympathie f (pour). -2. [agreement] approbation f, sympathie f.
♦ **sympathies** npl [to bereaved person] condoléances fpl.

symphony ['sɪmfənɪ] n symphonie f.

symposium [sɪm'pəʊzjəm] (pl **-siums** OR **-sia** [-zjə]) n symposium m.

symptom ['sɪmptəm] n symptôme m.

synagogue ['sɪnəgɒg] n synagogue f.

syndicate ['sɪndɪkət] n syndicat m, consortium m.

syndrome ['sɪndrəʊm] n syndrome m.

synonym ['sɪnənɪm] *n*: ~ **(for** OR **of)** synonyme *m* (de).

synopsis [sɪ'nɒpsɪs] (*pl* **-ses** [-siːz]) *n* résumé *m*.

syntax ['sɪntæks] *n* syntaxe *f*.

synthesis ['sɪnθəsɪs] (*pl* **-ses** [-siːz]) *n* synthèse *f*.

synthetic [sɪn'θetɪk] *adj* **-1.** [man-made] synthétique. **-2.** *pej* [insincere] artificiel(ielle), forcé(e).

syphilis ['sɪfɪlɪs] *n* syphilis *f*.

syphon ['saɪfn] = **siphon**.

Syria ['sɪrɪə] *n* Syrie *f*.

syringe [sɪ'rɪndʒ] *n* seringue *f*.

syrup ['sɪrəp] *n* (U) **-1.** [sugar and water] sirop *m*. **-2.** *Br* [golden syrup] mélasse *f* raffinée.

system ['sɪstəm] *n* **-1.** [gen] système *m*; **road/railway** ~ réseau *m* routier/ de chemins de fer. **-2.** [equipment - gen] installation *f*; [- electric, electronic] appareil *m*. **-3.** (U) [methodical approach] système *m*, méthode *f*.

systematic [ˌsɪstə'mætɪk] *adj* systématique.

system disk *n* COMPUT disque *m* système.

systems analyst ['sɪstəmz-] *n* COMPUT analyste fonctionnel *m*, analyste fonctionnelle *f*.

t (*pl* **t's** OR **ts**), **T** (*pl* **T's** OR **Ts**) [tiː] *n* [letter] t *m inv*, T *m inv*.

ta [tɑː] *excl Br inf* merci!

tab [tæb] *n* **-1.** [of cloth] étiquette *f*. **-2.** [of metal] languette *f*. **-3.** *Am* [bill] addition *f*. **-4.** *phr*: **to keep ~s on sb** tenir OR avoir qqn à l'œil, surveiller qqn.

tabby ['tæbɪ] *n*: ~ **(cat)** chat tigré *m*, chatte tigrée *f*.

table ['teɪbl] ◇ *n* table *f*. ◇ *vt Br* [propose] présenter, proposer.

tablecloth ['teɪblklɒθ] *n* nappe *f*.

table lamp *n* lampe *f*.

tablemat ['teɪblmæt] *n* dessous-de-plat *m inv*.

tablespoon ['teɪblspuːn] *n* **-1.** [spoon] cuiller *f* de service. **-2.** [spoonful] cuillerée *f* à soupe.

tablet ['tæblɪt] *n* **-1.** [pill] comprimé *m*, cachet *m*. **-2.** [of stone] plaque *f* commémorative. **-3.** [of soap] savonnette *f*, pain *m* de savon.

table tennis *n* ping-pong *m*, tennis *m* de table.

table wine *n* vin *m* de table.

tabloid ['tæblɔɪd] *n*: ~ **(newspaper)** tabloïd *m*, tabloïde *m*; **the ~ press** la presse populaire.

tabulate ['tæbjʊleɪt] *vt* présenter sous forme de tableau.

tacit ['tæsɪt] *adj* tacite.

taciturn ['tæsɪtɜːn] *adj* taciturne.

tack [tæk] ◇ *n* **-1.** [nail] clou *m*. **-2.** NAUT bord *m*, bordée *f*. **-3.** *fig* [course of action] tactique *f*, méthode *f*. ◇ *vt* **-1.** [fasten with nail - gen] clouer; [- notice] punaiser. **-2.** SEWING faufiler. ◇ *vi* NAUT tirer une bordée.

tackle ['tækl] ◇ *n* **-1.** FTBL tacle *m*; RUGBY plaquage *m*. **-2.** [equipment] équipement *m*, matériel *m*. **-3.** [for lifting] palan *m*, appareil *m* de levage. ◇ *vt* **-1.** [deal with] s'attaquer à. **-2.** FTBL tacler; RUGBY plaquer. **-3.** [attack] empoigner.

tacky ['tækɪ] *adj* **-1.** *inf* [film, remark] d'un goût douteux; [jewellery] de pacotille. **-2.** [sticky] collant(e), pas encore sec (sèche).

tact [tækt] *n* (U) tact *m*, délicatesse *f*.

tactful ['tæktfʊl] *adj* [remark] plein(e) de tact; [person] qui a du tact OR de la délicatesse.

tactic ['tæktɪk] *n* tactique *f*.

◆ **tactics** *n* (U) MIL tactique *f*.

tactical ['tæktɪkl] *adj* tactique.

tactless ['tæktlɪs] *adj* qui manque de tact OR délicatesse.

tadpole ['tædpəʊl] *n* têtard *m*.

tag [tæg] *n* **-1.** [of cloth] marque *f*. **-2.** [of paper] étiquette *f*.

◆ **tag along** vi inf suivre.

tail [teɪl] ◇ n **-1.** [gen] queue f. **-2.** [of coat] basque f, pan m; [of shirt] pan. ◇ vt inf [follow] filer.

◆ **tails** npl **-1.** [formal dress] queue-de-pie f, habit m. **-2.** [side of coin] pile f.

◆ **tail off** vi [voice] s'affaiblir; [noise] diminuer.

tailback ['teɪlbæk] n Br ralentissement m.

tailcoat [,teɪl'kəʊt] n habit m, queue-de-pie f.

tail end n fin f.

tailgate ['teɪlgeɪt] n AUT hayon m.

tailor ['teɪlər] ◇ n tailleur m. ◇ vt fig adapter.

tailor-made adj fig sur mesure.

tailwind ['teɪlwɪnd] n vent m arrière.

tainted ['teɪntɪd] adj **-1.** [reputation] souillé(e), entaché(e). **-2.** Am [food] avarié(e).

Taiwan [,taɪ'wɒn] n Taiwan.

take [teɪk] (pt **took**, pp **taken**) ◇ vt **-1.** [gen] prendre; to ~ **an exam** passer un examen; to ~ **a walk** se promener, faire une promenade; to ~ **a bath/photo** prendre un bain/une photo; to ~ **offence** se vexer, s'offenser. **-2.** [lead, drive] emmener. **-3.** [accept] accepter. **-4.** [contain] contenir, avoir une capacité de. **-5.** [tolerate] supporter. **-6.** [require] demander; **how long will it** ~? combien de temps cela va-t-il prendre? **-7.** [wear] **what size do you** ~? [clothes] quelle taille faites-vous?; [shoes] vous chaussez du combien? **-8.** [assume] **I** ~ **it (that)** ... je suppose que ..., je pense que .... **-9.** [rent] prendre, louer. ◇ n CINEMA prise f de vues.

◆ **take after** vt fus tenir de, ressembler à.

◆ **take apart** vt sep [dismantle] démonter.

◆ **take away** vt sep **-1.** [remove] enlever. **-2.** [deduct] retrancher, soustraire.

◆ **take back** vt sep **-1.** [return] rendre, rapporter. **-2.** [accept] reprendre. **-3.** [statement, accusation] retirer.

◆ **take down** vt sep **-1.** [dismantle] démonter. **-2.** [write down] prendre. **-3.** [lower] baisser.

◆ **take in** vt sep **-1.** [deceive] rouler, tromper. **-2.** [understand] comprendre. **-3.** [include] englober, couvrir. **-4.** [provide accommodation for] recueillir.

◆ **take off** ◇ vt sep **-1.** [remove] enlever, ôter. **-2.** [have as holiday]: to ~ **a week/day off** prendre une semaine/un jour de congé. **-3.** Br [imitate] imiter. ◇ vi **-1.** [plane] décoller. **-2.** [go away suddenly] partir.

◆ **take on** vt sep **-1.** [accept] accepter, prendre. **-2.** [employ] embaucher, prendre. **-3.** [confront] s'attaquer à; [competitor] faire concurrence à; SPORT jouer contre.

◆ **take out** vt sep **-1.** [from container] sortir; [from pocket] prendre. **-2.** [go out with] emmener, sortir avec.

◆ **take over** ◇ vt sep **-1.** [take control of] reprendre, prendre la direction de. **-2.** [job]: to ~ **over sb's job** remplacer qqn, prendre la suite de qqn. ◇ vi **-1.** [take control] prendre le pouvoir. **-2.** [in job] prendre la relève.

◆ **take to** vt fus **-1.** [person] éprouver de la sympathie pour, sympathiser avec; [activity] prendre goût à. **-2.** [begin]: to ~ **to doing sthg** se mettre à faire qqch.

◆ **take up** vt sep **-1.** [begin - job] prendre; to ~ **up singing** se mettre au chant. **-2.** [use up] prendre, occuper.

◆ **take up on** vt sep [accept]: to ~ **sb up on an offer** accepter l'offre de qqn.

takeaway Br ['teɪkə,weɪ], **takeout** Am ['teɪkaʊt] n [food] plat m à emporter.

taken ['teɪkn] pp → take.

takeoff ['teɪkɒf] n [of plane] décollage m.

takeout Am = takeaway.

takeover ['teɪk,əʊvər] n **-1.** [of company] prise *f* de contrôle, rachat *m*. **-2.** [of government] prise *f* de pouvoir.

takings ['teɪkɪŋz] *npl* recette *f*.

talc [tælk], **talcum** **(powder)** ['tælkəm] *n* talc *m*.

tale [teɪl] *n* **-1.** [fictional story] histoire *f*, conte *m*. **-2.** [anecdote] récit *m*, histoire *f*.

talent ['tælənt] *n*: ~ **(for)** talent *m* (pour).

talented ['tæləntɪd] *adj* qui a du talent, talentueux(euse).

talk [tɔːk] ◇ *n* **-1.** [conversation] discussion *f*, conversation *f*. **-2.** (*U*) [gossip] bavardages *mpl*, racontars *mpl*. **-3.** [lecture] conférence *f*, causerie *f*. ◇ *vi* **-1.** [speak]: **to** ~ **(to sb)** parler (à qqn); **to** ~ **about** parler de. **-2.** [gossip] bavarder, jaser. **-3.** [make a speech] faire un discours, parler; **to** ~ **on** OR **about** parler de. ◇ *vt* parler.
◆ **talks** *npl* entretiens *mpl*, pourparlers *mpl*.
◆ **talk into** *vt sep*: **to** ~ **sb into doing sthg** persuader qqn de faire qqch.
◆ **talk out of** *vt sep*: **to** ~ **sb out of doing sthg** dissuader qqn de faire qqch.
◆ **talk over** *vt sep* discuter de.

talkative ['tɔːkətɪv] *adj* bavard(e), loquace.

talk show *Am n* talk-show *m*, causerie *f*.

tall [tɔːl] *adj* grand(e); **how** ~ **are you?** combien mesurez-vous?; **she's 5 feet** ~ elle mesure 1,50 m.

tall story *n* histoire *f* à dormir debout.

tally ['tælɪ] ◇ *n* compte *m*. ◇ *vi* correspondre, concorder.

talon ['tælən] *n* serre *f*, griffe *f*.

tambourine [,tæmbə'riːn] *n* tambourin *m*.

tame [teɪm] ◇ *adj* **-1.** [animal, bird] apprivoisé(e). **-2.** *pej* [person] docile; [party, story, life] terne, morne. ◇ *vt* **-1.** [animal, bird] apprivoiser. **-2.** [people] mater, dresser.

tamper ['tæmpə']

◆ **tamper with** *vt fus* [machine] toucher à; [records, file] altérer, falsifier; [lock] essayer de crocheter.

tampon ['tæmpɒn] *n* tampon *m*.

tan [tæn] ◇ *adj* brun clair (*inv*). ◇ *n* bronzage *m*, hâle *m*. ◇ *vi* bronzer.

tang [tæŋ] *n* [taste] saveur *f* forte OR piquante; [smell] odeur *f* forte OR piquante.

tangent ['tændʒənt] *n* GEOM tangente *f*; **to go off at a** ~ *fig* changer de sujet, faire une digression.

tangerine [,tændʒə'riːn] *n* mandarine *f*.

tangible ['tændʒəbl] *adj* tangible.

Tangier [tæn'dʒɪə'] *n* Tanger.

tangle ['tæŋgl] *n* **-1.** [mass] enchevêtrement *m*, emmêlement *m*. **-2.** *fig* [confusion]: **to get into a** ~ s'empêtrer, s'embrouiller.

tank [tæŋk] *n* **-1.** [container] réservoir *m*; **fish** ~ aquarium *m*. **-2.** MIL tank *m*, char *m* (d'assaut).

tanker ['tæŋkə'] *n* **-1.** [ship - for oil] pétrolier *m*. **-2.** [truck] camion-citerne *m*. **-3.** [train] wagon-citerne *m*.

tanned [tænd] *adj* bronzé(e), hâlé(e).

Tannoy® ['tænɔɪ] *n* système *m* de haut-parleurs.

tantalizing ['tæntəlaɪzɪŋ] *adj* [smell] très appétissant(e); [possibility, thought] très tentant(e).

tantamount ['tæntəmaʊnt] *adj*: ~ **to** équivalent(e) à.

tantrum ['tæntrəm] (*pl* **-s**) *n* crise *f* de colère; **to have** OR **throw a** ~ faire OR piquer une colère.

Tanzania [,tænzə'nɪə] *n* Tanzanie *f*.

tap [tæp] ◇ *n* **-1.** [device] robinet *m*. **-2.** [light blow] petite tape *f*, petit coup *m*. ◇ *vt* **-1.** [hit] tapoter, taper. **-2.** [resources, energy] exploiter, utiliser. **-3.** [telephone, wire] mettre sur écoute.

tap dance *n* claquettes *fpl*.

tape [teɪp] ◇ *n* **-1.** [magnetic tape] bande *f* magnétique; [cassette] cassette *f*. **-2.** [strip of cloth, adhesive material] ruban *m*. ◇ *vt* **-1.** [record] enregistrer; [on video] magnétoscoper, enregistrer au magnétoscope. **-2.** [stick] scotcher.

tape measure n centimètre m, mètre m.

taper ['teɪpəʳ] vi s'effiler; [trousers] se terminer en fuseau.

tape recorder n magnétophone m.

tapestry ['tæpɪstrɪ] n tapisserie f.

tar [tɑːʳ] n (U) goudron m.

target ['tɑːgɪt] ◇ n **-1.** [of missile, bomb] objectif m; [for archery, shooting] cible f. **-2.** fig [for criticism] cible f. **-3.** fig [goal] objectif m. ◇ vt **-1.** [city, building] viser. **-2.** fig [subj: policy] s'adresser à, viser; [subj: advertising] cibler.

tariff ['tærɪf] n **-1.** [tax] tarif m douanier. **-2.** [list] tableau m OR liste f des prix.

Tarmac® ['tɑːmæk] n [material] macadam m.
♦ **tarmac** n AERON: **the tarmac** la piste.

tarnish ['tɑːnɪʃ] vt lit & fig ternir.

tarpaulin [tɑːˈpɔːlɪn] n [material] toile f goudronnée; [sheet] bâche f.

tart [tɑːt] ◇ adj **-1.** [bitter] acide. **-2.** [sarcastic] acide, acerbe. ◇ n **-1.** CULIN tarte f. **-2.** v inf [prostitute] pute f.
♦ **tart up** vt sep Br inf pej [room] retaper, rénover; **to ~ o.s. up** se faire beau (belle).

tartan ['tɑːtn] ◇ n tartan m. ◇ comp écossais(e).

tartar(e) sauce ['tɑːtəʳ-] n sauce f tartare.

task [tɑːsk] n tâche f, besogne f.

task force n MIL corps m expéditionnaire.

tassel ['tæsl] n pompon m, gland m.

taste [teɪst] ◇ n **-1.** [gen] goût m; **have a ~!** goûte!; **in good/bad ~** de bon/mauvais goût. **-2.** fig [liking]: **~ (for)** penchant m (pour), goût m (pour). **-3.** fig [experience] aperçu m. ◇ vt **-1.** [sense - food] sentir. **-2.** [test, try] déguster, goûter. **-3.** fig [experience] tâter de, goûter de. ◇ vi: **to ~ of/like** avoir le goût de; **to ~ good/**

odd etc avoir bon goût/un drôle de goût etc.

tasteful ['teɪstful] adj de bon goût.

tasteless ['teɪstlɪs] adj **-1.** [object, decor, remark] de mauvais goût. **-2.** [food] qui n'a aucun goût, fade.

tasty ['teɪstɪ] adj [delicious] délicieux(ieuse), succulent(e).

tatters ['tætəz] npl: **in ~** [clothes] en lambeaux; [confidence] brisé(e); [reputation] ruiné(e).

tattoo [tə'tuː] (pl **-s**) ◇ n **-1.** [design] tatouage m. **-2.** Br [military display] parade f OR défilé m militaire. ◇ vt tatouer.

tatty ['tætɪ] adj Br inf pej [clothes] défraîchi(e), usé(e); [flat, area] minable.

taught [tɔːt] pt & pp → **teach**.

taunt [tɔːnt] ◇ vt railler, se moquer de. ◇ n raillerie f, moquerie f.

Taurus ['tɔːrəs] n Taureau m.

taut [tɔːt] adj tendu(e).

tawdry ['tɔːdrɪ] adj pej [jewellery] clinquant(e); [clothes] voyant(e), criard(e).

tax [tæks] ◇ n taxe f, impôt m. ◇ vt **-1.** [goods] taxer. **-2.** [profits, business, person] imposer. **-3.** [strain] mettre à l'épreuve.

taxable ['tæksəbl] adj imposable.

tax allowance n abattement m fiscal.

taxation [tæk'seɪʃn] n (U) **-1.** [system] imposition f. **-2.** [amount] impôts mpl.

tax avoidance [-ə'vɔɪdəns] n évasion f fiscale.

tax collector n percepteur m.

tax disc n Br vignette f.

tax evasion n fraude f fiscale.

tax-free Br, **tax-exempt** Am adj exonéré(e) (d'impôt).

taxi ['tæksɪ] ◇ n taxi m. ◇ vi [plane] rouler au sol.

taxi driver n chauffeur m de taxi.

tax inspector n inspecteur m des impôts.

taxi rank Br, **taxi stand** n station f de taxis.

taxpayer ['tæks,peɪəʳ] n contribuable mf.

tax relief n allègement m OR dégrèvement m fiscal.

tax return n déclaration f d'impôts.

TB n abbr of **tuberculosis**.

tea [tiː] n -1. [drink, leaves] thé m. -2. Br [afternoon meal] goûter m; [evening meal] dîner m.

teabag ['tiːbæg] n sachet m de thé.

tea break n Br pause-café f.

teach [tiːtʃ] (pt & pp **taught**) ◇ vt -1. [instruct] apprendre; **to ~ sb sthg, to ~ sthg to sb** apprendre qqch à qqn; **to ~ sb to do sthg** apprendre à qqn à faire qqch. -2. [subj: teacher] enseigner; **to ~ sb sthg, to ~ sthg to sb** enseigner qqch à qqn. ◇ vi enseigner.

teacher ['tiːtʃər] n [in primary school] instituteur m, -trice f, maître m, maîtresse f; [in secondary school] professeur m.

teacher training college Br, **teachers college** Am n ≃ institut m universitaire de formation de maîtres, ≃ IUFM m.

teaching ['tiːtʃɪŋ] n enseignement m.

tea cloth n Br -1. [tablecloth] nappe f. -2. [tea towel] torchon m.

tea cosy Br, **tea cozy** Am n couvrethéière m, cosy m.

teacup ['tiːkʌp] n tasse f à thé.

teak [tiːk] n teck m.

team [tiːm] n équipe f.

teammate ['tiːmmeɪt] n co-équipier m, -ière f.

teamwork ['tiːmwɜːk] n (U) travail m d'équipe, collaboration f.

teapot ['tiːpɒt] n théière f.

tear[1] [tɪər] n larme f.

tear[2] [teər] (pt **tore**, pp **torn**) ◇ vt -1. [rip] déchirer. -2. [remove roughly] arracher. ◇ vi -1. [rip] se déchirer. -2. [move quickly] foncer, aller à toute allure. ◇ n déchirure f, accroc m.

◆ **tear apart** vt sep -1. [rip up] déchirer, mettre en morceaux. -2. fig [country, company] diviser; [person] déchirer.

◆ **tear down** vt sep [building] démolir; [poster] arracher.

◆ **tear up** vt sep déchirer.

teardrop ['tɪədrɒp] n larme f.

tearful ['tɪəful] adj [person] en larmes.

tear gas [tɪər-] n (U) gaz m lacrymogène.

tearoom ['tiːrʊm] n salon m de thé.

tease [tiːz] ◇ n taquin m, -e f. ◇ vt [mock]: **to ~ sb (about sthg)** taquiner qqn (à propos de qqch).

tea service, tea set n service m à thé.

teaspoon ['tiːspuːn] n -1. [utensil] petite cuillère f, cuillère à café. -2. [amount] cuillerée f à café.

teat [tiːt] n tétine f.

teatime ['tiːtaɪm] n Br l'heure f du thé.

tea towel n torchon m.

technical ['teknɪkl] adj technique.

technical college n Br collège m technique.

technicality [,teknɪ'kælətɪ] n -1. [intricacy] technicité f. -2. [detail] détail m technique.

technically ['teknɪklɪ] adv -1. [gen] techniquement. -2. [theoretically] en théorie.

technician [tek'nɪʃn] n technicien m, -ienne f.

technique [tek'niːk] n technique f.

technological [,teknə'lɒdʒɪkl] adj technologique.

technology [tek'nɒlədʒɪ] n technologie f.

teddy ['tedɪ] n: **~ (bear)** ours m en peluche, nounours m.

tedious ['tiːdjəs] adj ennuyeux(euse).

tee [tiː] n GOLF tee m.

teem [tiːm] vi -1. [rain] pleuvoir à verse. -2. [place]: **to be ~ing with** grouiller de.

teenage ['tiːneɪdʒ] adj adolescent(e).

teenager ['tiːn,eɪdʒər] n adolescent m, -e f.

teens [tiːnz] npl adolescence f.

tee shirt n tee-shirt m.

teeter ['tiːtər] vi vaciller; **to ~ on the brink of** fig être au bord de.

teeth [tiːθ] *pl* → tooth.

teethe [tiːð] *vi* [baby] percer ses dents.

teething troubles ['tiːðɪŋ-] *npl fig* difficultés *fpl* initiales.

teetotaller *Br*, **teetotaler** *Am* [tiːˈtəʊtlər] *n* personne *f* qui ne boit jamais d'alcool.

TEFL ['tefl] (*abbr of* **teaching of English as a foreign language**) *n* enseignement de l'anglais langue étrangère.

tel. (*abbr of* **telephone**) tél.

telecommunications [ˌtelɪkəˌmjuːnɪˈkeɪʃnz] *npl* télécommunications *fpl*.

telegram ['telɪɡræm] *n* télégramme *m*.

telegraph ['telɪɡrɑːf] ◇ *n* télégraphe *m*. ◇ *vt* télégraphier.

telegraph pole, **telegraph post** *Br n* poteau *m* télégraphique.

telepathy [tɪˈlepəθɪ] *n* télépathie *f*.

telephone ['telɪfəʊn] ◇ *n* téléphone *m*; **to be on the** ~ *Br* [connected] avoir le téléphone; [speaking] être au téléphone. ◇ *vt* téléphoner à. ◇ *vi* téléphoner.

telephone book *n* annuaire *m*.

telephone booth *n* cabine *f* téléphonique.

telephone box *n Br* cabine *f* téléphonique.

telephone call *n* appel *m* téléphonique, coup *m* de téléphone.

telephone directory *n* annuaire *m*.

telephone number *n* numéro *m* de téléphone.

telephonist [tɪˈlefənɪst] *n Br* téléphoniste *mf*.

telephoto lens [ˌtelɪˈfəʊtəʊ-] *n* téléobjectif *m*.

telescope ['telɪskəʊp] *n* télescope *m*.

teletext ['telɪtekst] *n* télétexte *m*.

televise ['telɪvaɪz] *vt* téléviser.

television [ˌtelɪˈvɪʒn] *n* **-1.** (*U*) [medium, industry] télévision *f*; **on** ~ à la télévision. **-2.** [apparatus] (poste *m* de) télévision *f*, téléviseur *m*.

television set *n* poste *m* de télévision, téléviseur *m*.

telex ['teleks] ◇ *n* télex *m*. ◇ *vt* [message] envoyer par télex, télexer; [person] envoyer un télex à.

tell [tel] (*pt & pp* **told**) ◇ *vt* **-1.** [gen] dire; [story] raconter; **to** ~ **sb sthg, to** ~ **sthg to sb** dire qqch à qqn; **to** ~ **sb that ...** dire à qqn que ...; **to** ~ **sb to do sthg** dire OR ordonner à qqn de faire qqch. **-2.** [judge, recognize] savoir, voir; **could you** ~ **me the time?** tu peux me dire l'heure (qu'il est)? ◇ *vi* **-1.** [speak] parler. **-2.** [judge] savoir. **-3.** [have effect] se faire sentir.

◆ **tell apart** *vt sep* distinguer.

◆ **tell off** *vt sep* gronder.

telling ['telɪŋ] *adj* [remark] révélateur(trice).

telltale ['telteɪl] ◇ *adj* révélateur(trice). ◇ *n* rapporteur *m*, -euse *f*, mouchard *m*, -e *f*.

telly ['telɪ] (*abbr of* **television**) *n Br inf* télé *f*; **on** ~ à la télé.

temp [temp] *inf* ◇ *n* (*abbr of* **temporary (employee)**) intérimaire *mf*. ◇ *vi* travailler comme intérimaire.

temper ['tempər] ◇ *n* **-1.** [angry state]: **to be in a** ~ être en colère; **to lose one's** ~ se mettre en colère. **-2.** [mood] humeur *f*. **-3.** [temperament] tempérament *m*. ◇ *vt* [moderate] tempérer.

temperament ['temprəmənt] *n* tempérament *m*.

temperamental [ˌttemprəˈmentl] *adj* [volatile, unreliable] capricieux(ieuse).

temperate ['temprət] *adj* tempéré(e).

temperature ['temprətʃər] *n* température *f*; **to have a** ~ avoir de la température OR de la fièvre.

tempestuous [tem'pestjuəs] *adj lit & fig* orageux(euse).

template ['templɪt] *n* gabarit *m*.

temple ['templ] *n* **-1.** RELIG temple *m*. **-2.** ANAT tempe *f*.

temporarily [ˌtempəˈrerəlɪ] *adv* temporairement, provisoirement.

temporary ['tempərərɪ] *adj* temporaire, provisoire.

tempt [tempt] *vt* tenter; **to** ~ **sb to do**

sthg donner à qqn l'envie de faire qqch.

temptation [temp'teɪʃn] n tentation f.

tempting ['temptɪŋ] adj tentant(e).

ten [ten] num dix; see also **six**.

tenable ['tenəbl] adj [argument, position] défendable.

tenacious [tɪ'neɪʃəs] adj tenace.

tenancy ['tenənsɪ] n location f.

tenant ['tenənt] n locataire mf.

tend [tend] vt **-1.** [have tendency]: **to ~ to do sthg** avoir tendance à faire qqch. **-2.** [look after] s'occuper de, garder.

tendency ['tendənsɪ] n: **~ (to do sthg)** tendance f (à faire qqch).

tender ['tendər] ◇ adj tendre; [bruise, part of body] sensible, douloureux(euse). ◇ n COMM soumission f. ◇ vt fml [apology, money] offrir; [resignation] donner.

tendon ['tendən] n tendon m.

tenement ['tenəmənt] n immeuble m.

Tenerife [,tenə'riːf] n Tenerife.

tenet ['tenɪt] n fml principe m.

tennis ['tenɪs] n (U) tennis m.

tennis ball n balle f de tennis.

tennis court n court m de tennis.

tennis racket n raquette f de tennis.

tenor ['tenər] n [singer] ténor m.

tense [tens] ◇ adj tendu(e). ◇ n temps m. ◇ vt tendre.

tension ['tenʃn] n tension f.

tent [tent] n tente f.

tentacle ['tentəkl] n tentacule m.

tentative ['tentətɪv] adj **-1.** [hesitant] hésitant(e). **-2.** [not final] provisoire.

tenterhooks ['tentəhʊks] npl: **to be on ~** être sur des charbons ardents.

tenth [tenθ] num dixième; see also **sixth**.

tent peg n piquet m de tente.

tent pole n montant m OR mât m de tente.

tenuous ['tenjʊəs] adj ténu(e).

tenure ['tenjər] n (U) fml **-1.** [of property] bail m. **-2.** [of job]: **to have ~** être titulaire.

tepid ['tepɪd] adj tiède.

term [tɜːm] ◇ n **-1.** [word, expression] terme m. **-2.** SCH & UNIV trimestre m. **-3.** [period of time] durée f, période f; **in the long/short ~** à long/court terme. ◇ vt appeler.
◆ **terms** npl **-1.** [of contract, agreement] conditions fpl. **-2.** [basis]: **in international/real ~s** en termes internationaux/réels; **to be on good ~s (with sb)** être en bons termes (avec qqn); **to come to ~s with sthg** accepter qqch.
◆ **in terms of** prep sur le plan de, en termes de.

terminal ['tɜːmɪnl] ◇ adj MED en phase terminale. ◇ n **-1.** AERON, COMPUT & RAIL terminal m. **-2.** ELEC borne f.

terminate ['tɜːmɪneɪt] ◇ vt **-1.** fml [end - gen] terminer, mettre fin à; [- contract] résilier. **-2.** [pregnancy] interrompre. ◇ vi **-1.** [bus, train] s'arrêter. **-2.** [contract] se terminer.

termini ['tɜːmɪnaɪ] pl → **terminus**.

terminus ['tɜːmɪnəs] (pl **-ni** OR **-nuses**) terminus m.

terrace ['terəs] n **-1.** [patio, on hillside] terrasse f. **-2.** Br [of houses] rangée f de maisons.
◆ **terraces** npl FTBL: **the ~s** les gradins mpl.

terraced ['terəst] adj [hillside] en terrasses.

terraced house n Br maison attenante aux maisons voisines.

terrain [te'reɪn] n terrain m.

terrible ['terəbl] adj terrible; [holiday, headache, weather] affreux(euse), épouvantable.

terribly ['terəblɪ] adv terriblement; [sing, write, organized] affreusement mal; [injured] affreusement.

terrier ['terɪər] n terrier m.

terrific [tə'rɪfɪk] adj **-1.** [wonderful] fantastique, formidable. **-2.** [enormous] énorme, fantastique.

terrified ['terɪfaɪd] adj terrifié(e); **to be ~ of** avoir une terreur folle OR peur folle de.

terrifying ['terɪfaɪɪŋ] adj terrifiant(e).

territory ['terətrɪ] n territoire m.

terror ['terə'] n terreur f.

terrorism ['terərizm] n terrorisme m.

terrorist ['terərist] n terroriste mf.

terrorize, -ise ['terəraiz] vt terroriser.

terse [tɜːs] adj brusque.

Terylene® ['teriliːn] n Térylène® m.

test [test] ◇ n -1. [trial] essai m; [of friendship, courage] épreuve f. -2. [examination - of aptitude, psychological] test m; [- SCH & UNIV] interrogation f écrite/ orale; [- of driving] (examen m du) permis m de conduire. -3. [MED - of blood, urine] analyse f; [- of eyes] examen m, ◇ vt -1. [try] essayer; [- determination, friendship] mettre à l'épreuve. -2. SCH & UNIV faire faire une interrogation écrite/orale à; to ~ sb on sthg interroger qqn sur qqch. -3. [MED - blood, urine] analyser; [- eyes, reflexes] faire un examen de.

testament ['testəmənt] n [will] testament m.

test-drive vt essayer.

testicles ['testiklz] npl testicules mpl.

testify ['testifai] ◇ vt: to ~ that ... témoigner que .... ◇ vi -1. JUR témoigner. -2. [be proof]: to ~ to sthg témoigner de qqch.

testimony [Br 'testiməni, Am 'testəməuni] n témoignage m.

testing ['testiŋ] adj éprouvant(e).

test match n Br match m international.

test pilot n pilote m d'essai.

test tube n éprouvette f.

test-tube baby n bébé-éprouvette m.

tetanus ['tetənəs] n tétanos m.

tether ['teðə'] ◇ vt attacher. ◇ n: to be at the end of one's ~ être à bout du rouleau.

text [tekst] n texte m.

textbook ['tekstbuk] n livre m OR manuel m scolaire.

textile ['tekstail] n textile m.

texture ['tekstʃə'] n texture f; [of paper, wood] grain m.

Thai [tai] ◇ adj thaïlandais(e). ◇ n -1. [person] Thaïlandais m, -e f. -2. [language] thaï m.

Thailand ['tailænd] n Thaïlande f.

Thames [temz] n: the ~ la Tamise.

than [weak form ðən, strong form ðæn] conj que; **Sarah is younger ~ her sister** Sarah est plus jeune que sa sœur; **more ~ three days/50 people** plus de trois jours/50 personnes.

thank [θæŋk] vt: to ~ sb (for) remercier qqn (pour OR de); ~ **God** OR **goodness** OR **heavens! Dieu merci!**

◆ **thanks** ◇ npl remerciements mpl. ◇ excl merci!

◆ **thanks to** prep grâce à.

thankful ['θæŋkful] adj -1. [grateful]: ~ (for) reconnaissant(e) (de). -2. [relieved] soulagé(e).

thankless ['θæŋklis] adj ingrat(e).

thanksgiving ['θæŋks,giviŋ] n action f de grâce.

◆ **Thanksgiving (Day)** n fête nationale américaine commémorant, le 4e jeudi de novembre, l'installation des premiers colons en Amérique.

thank you excl: ~ **(for)** merci (pour OR de).

that [ðæt, weak form of pron sense 2 & conj ðət] (pl **those**) ◇ pron -1. (demonstrative use: pl 'those') ce, cela, ça; (as opposed to 'this') celui-là (celle-là); **who's ~?** qui est-ce?; **is ~ Maureen?** c'est Maureen?; **what's ~?** qu'est-ce que c'est que ça?; ~'s a **shame** c'est dommage; **which shoes are you going to wear, these or those?** quelles chaussures vas-tu mettre, celles-ci ou celles-là?; **those who** ceux (celles) qui. -2. (to introduce relative clauses - subject) qui; (- object) que; (- with prep) lequel (laquelle), lesquels (lesquelles) (pl); **we came to a path ~ led into the woods** nous arrivâmes à un sentier qui menait dans les bois; **show me the book ~ you bought** montre-moi le livre que tu as acheté; **on the day ~ we left** le jour où nous sommes partis. ◇ adj (demonstrative: pl 'those') ce (cette), cet (before vowel or silent "h"), ces (pl); (as opposed to 'this') ce (cette) ... -là, ces ... -là (pl); **those chocolates are delicious** ces chocolats sont délicieux; **later ~ day** plus tard ce jour-là; **I prefer ~ book** je préfère ce livre-là; **I'll have ~ one** je prendrai celui-là. ◇ *adv* aussi, si; **it wasn't ~ bad/good** ce n'était pas si mal/bien que ça. ◇ *conj* que; **tell him ~ the children aren't coming** dites-lui que les enfants ne viennent pas; **he recommended ~ I phone you** il m'a conseillé de vous appeler.

♦ **that is (to say)** *adv* c'est-à-dire.

thatched [θætʃt] *adj* de chaume.

that's [ðæts] = **that is**.

thaw [θɔː] ◇ *vt* [ice] faire fondre OR dégeler; [frozen food] décongeler. ◇ *vi* **-1.** [ice] dégeler, fondre; [frozen food] décongeler. **-2.** *fig* [people, relations] se dégeler. ◇ *n* dégel *m*.

the [*weak form* ðə, *before vowel* ðɪ, *strong form* ðiː] *def art* **-1.** [gen] le (la), l' (+ *vowel or silent "h"*), les (*pl*); **~ book** le livre; **~ sea** la mer; **~ man** l'homme; **~ boys/girls** les garçons/filles; **~ Joneses are coming to supper** les Jones viennent dîner; **to play ~ piano** jouer du piano. **-2.** (*with an adjective to form a noun*): **~ British** les Britanniques; **~ old/young** les vieux/jeunes; **~ impossible** l'impossible. **-3.** [in dates]: **~ twelfth of May** le douze mai; **~ forties** les années quarante. **-4.** [in comparisons]: **~ more ... ~ less** plus ... moins; **~ sooner ~ better** le plus tôt sera le mieux. **-5.** [in titles]: **Alexander ~ Great** Alexandre le Grand; **George ~ First** Georges Premier.

theatre, theater *Am* ['θɪətər] *n* **-1.** THEATRE théâtre *m*. **-2.** *Br* MED salle *f* d'opération. **-3.** *Am* [cinema] cinéma *m*.

theatregoer, theatergoer *Am* ['θɪətə,gəʊər] *n* habitué *m*, -e *f* du théâtre.

theatrical [θɪ'ætrɪkl] *adj* théâtral(e); [company] de théâtre.

theft [θeft] *n* vol *m*.

their [ðeər] *poss adj* leur, leurs (*pl*); **~ house** leur maison; **~ children** leurs enfants; **it wasn't THEIR fault** ce n'était pas de leur faute à eux.

theirs [ðeəz] *poss pron* le leur (la leur), les leurs (*pl*); **that house is ~** cette maison est la leur, cette maison est à eux/elles; **it wasn't our fault, it was THEIRS** ce n'était pas de notre faute, c'était de la leur; **a friend of ~** un de leurs amis, un ami à eux/elles.

them [*weak form* ðəm, *strong form* ðem] *pers pron pl* **-1.** (*direct*) les; **I know ~** je les connais; **if I were OR was ~** si j'étais eux/elles, à leur place. **-2.** (*indirect*) leur; **we spoke to ~** nous leur avons parlé; **she sent ~ a letter** elle leur a envoyé une lettre; **I gave it to ~** je le leur ai donné. **-3.** (*stressed, after prep, in comparisons etc*) eux (elles); **you can't expect THEM to do it** tu ne peux pas exiger que ce soit eux qui le fassent; **with ~** avec eux/elles; **without ~** sans eux/elles; **we're not as wealthy as ~** nous ne sommes pas aussi riches qu'eux/qu'elles.

theme [θiːm] *n* **-1.** [topic, motif] thème *m*, sujet *m*. **-2.** MUS thème *m*; [signature tune] indicatif *m*.

theme tune *n* chanson *f* principale.

themselves [ðem'selvz] *pron* **-1.** (*reflexive*) se; (*after prep*) eux (elles). **-2.** (*for emphasis*) eux-mêmes *mpl*, elles-mêmes *fpl*; **they did it ~** ils l'ont fait tout seuls.

then [ðen] *adv* **-1.** [not now] alors, à cette époque. **-2.** [next] puis, ensuite. **-3.** [in that case] alors, dans ce cas. **-4.** [therefore] donc. **-5.** [also] d'ailleurs, et puis.

theology [θɪ'ɒlədʒɪ] *n* théologie *f*.

theoretical [θɪə'retɪkl] *adj* théorique.

theorize, -ise ['θɪəraɪz] *vi*: **to ~ (about)** émettre une théorie (sur), théoriser (sur).

theory ['θɪərɪ] *n* théorie *f*; **in ~** en théorie.

therapist ['θerəpɪst] *n* thérapeute *mf*, psychothérapeute *mf*.

therapy ['θerəpɪ] *n* (U) thérapie *f*.

there [ðeəʳ] ◇ *pron* [indicating existence of sthg]: ~ **is/are** il y a; ~**'s someone at the door** il y a quelqu'un à la porte; ~ **must be some mistake** il doit y avoir erreur. ◇ *adv* **-1.** [in existence, available] y, là; **is anybody** ~? il y a quelqu'un?; **is John** ~, **please?** [when telephoning] est-ce que John est là, s'il vous plaît? **-2.** [referring to place] **I'm going** ~ **next week** j'y vais la semaine prochaine; ~ **it is** c'est là; ~ **he is!** le voilà!; **over** ~ là-bas; **it's six kilometres** ~ **and back** cela fait six kilomètres aller-retour. ◇ *excl:* ~, **I knew he'd turn up** tiens OR voilà, je savais bien qu'il s'amènerait; ~, ~, **allons, allons.**
♦ **there and then, then and there** *adv* immédiatement, sur-le-champ.

thereabouts [ðeərə'bauts], **thereabout** *Am* [ðeərə'baut] *adv:* **or** ~ [nearby] par là; [approximately] environ.

thereafter [ˌðeər'ɑːftəʳ] *adv fml* après cela, par la suite.

thereby [ˌðeər'baɪ] *adv fml* ainsi, de cette façon.

therefore ['ðeəfɔːʳ] *adv* donc, par conséquent.

there's [ðeəz] = **there is.**

thermal ['θɜːml] *adj* thermique; [clothes] en thermolactyl.

thermometer [θə'mɒmɪtəʳ] *n* thermomètre *m.*

Thermos (flask)® ['θɜːməs-] *n* bouteille *f* Thermos®, Thermos® *m* or *f.*

thermostat ['θɜːməstæt] *n* thermostat *m.*

thesaurus [θɪ'sɔːrəs] (*pl* **-es**) *n* dictionnaire *m* de synonymes.

these [ðiːz] *pl* → **this.**

thesis ['θiːsɪs] (*pl* **theses** ['θiːsiːz]) *n* thèse *f.*

they [ðeɪ] *pers pron pl* **-1.** [people, things, animals - unstressed] ils (elles); [- stressed] eux (elles); ~**'re pleased** ils sont contents (elles sont contentes); ~**'re pretty earrings** ce sont de jolies boucles d'oreille; **THEY can't do it** eux (elles), ils (elles) ne peuvent pas le faire; **there** ~ **are** les voilà. **-2.** [unspecified people] on, ils; ~ **say it's going to snow** on dit qu'il va neiger.

they'd [ðeɪd] = **they had, they would.**

they'll [ðeɪl] = **they shall, they will.**

they're [ðeəʳ] = **they are.**

they've [ðeɪv] = **they have.**

thick [θɪk] ◇ *adj* **-1.** [gen] épais (épaisse); [forest, hedge, fog] dense; [voice] indistinct(e); **to be 6 inches** ~ avoir 15 cm d'épaisseur. **-2.** *inf* [stupid] bouché(e). ◇ *n:* **in the** ~ **of** au plus fort de, en plein OR au beau milieu de.

thicken ['θɪkn] ◇ *vt* épaissir. ◇ *vi* s'épaissir.

thicket ['θɪkɪt] *n* fourré *m.*

thickness ['θɪknɪs] *n* épaisseur *f.*

thickset [ˌθɪk'set] *adj* trapu(e).

thick-skinned [-'skɪnd] *adj* qui a la peau dure.

thief [θiːf] (*pl* **thieves**) *n* voleur *m,* -euse *f.*

thieve [θiːv] *vt & vi* voler.

thieves [θiːvz] *pl* → **thief.**

thigh [θaɪ] *n* cuisse *f.*

thimble ['θɪmbl] *n* dé *m* (à coudre).

thin [θɪn] *adj* **-1.** [slice, layer, paper] mince; [cloth] léger(ère); [person] maigre. **-2.** [liquid, sauce] clair(e), peu épais (peu épaisse). **-3.** [sparse - crowd] épars(e); [- vegetation, hair] clairsemé(e).
♦ **thin down** *vt sep* [liquid, paint] délayer, diluer; [sauce] éclaircir.

thing [θɪŋ] *n* **-1.** [gen] chose *f;* **the (best)** ~ **to do would be ...** le mieux serait de ...; **the** ~ **is ...** le problème, c'est que .... **-2.** [anything]: **I don't know a** ~ je n'y connais absolument rien. **-3.** [object] chose *f,* objet *m.* **-4.** [person]: **you poor** ~! mon pauvre!
♦ **things** *npl* **-1.** [clothes, possessions] affaires *fpl.* **-2.** *inf* [life]: **how are** ~**s?** comment ça va?

think [θɪŋk] (*pt & pp* **thought**) ◇ *vt* **-1.** [believe]: **to** ~ **(that)** croire que, penser que; **I** ~ **so/not** je crois que oui/non, je pense que oui/non. **-2.** [have in mind] penser à. **-3.** [imagine]

s'imaginer. **-4.** [in polite requests]: **do you ~ you could help me?** tu pourrais m'aider? ◇ *vi* **-1.** [use mind] réfléchir, penser. **-2.** [have stated opinion]: **what do you ~ of** OR **about his new film?** que pensez- vous de son dernier film?; **to ~ a lot of sb/sthg** penser beaucoup de bien de qqn/ qqch. **-3.** *phr*: **to ~ twice** y réfléchir à deux fois.

◆ **think about** *vt fus*: **to ~ about sb/ sthg** songer à OR penser à qqn/qqch; **to ~ about doing sthg** songer à faire qqch; **I'll ~ about it** je vais y réfléchir.

◆ **think of** *vt fus* **-1.** [consider] = **think about. -2.** [remember] se rappeler. **-3.** [conceive] penser à, avoir l'idée de; **to ~ of doing sthg** avoir l'idée de faire qqch.

◆ **think over** *vt sep* réfléchir à.

◆ **think up** *vt sep* imaginer.

think tank *n* comité *m* d'experts.

third [θɜːd] ◇ *num* troisième; *see also* **sixth.** ◇ *n* UNIV ≃ licence *f* mention passable.

thirdly [θɜːdlɪ] *adv* troisièmement, tertio.

third party insurance *n* assurance *f* de responsabilité civile.

third-rate *adj pej* de dernier OR troisième ordre.

Third World *n*: **the ~** le tiers-monde.

thirst [θɜːst] *n* soif *f*; **~ for** *fig* soif de.

thirsty [θɜːstɪ] *adj* [person]: **to be** OR **feel ~** avoir soif; [work] qui donne soif.

thirteen [ˌθɜːˈtiːn] *num* treize; *see also* **six.**

thirty [θɜːtɪ] *num* trente; *see also* **six-ty.**

this [ðɪs] (*pl* **these**) ◇ *pron* (*demonstrative use*) ce, ceci; (*as opposed to* c'est pour vous; **who's ~?** qui est-ce?; **what's ~?** qu'est-ce que c'est?; **which sweets does she prefer, these or those?** quels bonbons préfère-t-elle, ceux-ci ou ceux-là?; **~ is Daphne Logan** [introducing another person] je vous présente Daphne Logan; [introducing oneself on phone] ici Daphne Logan, Daphne Logan à l'appareil. ◇ *adj* **-1.** (*demonstrative use*) ce (cette), cet (*before vowel or silent "h"*), ces (*pl*); (*as opposed to* **these chocolates are delicious** ces chocolats sont délicieux; **I prefer ~ book** je préfère ce livre-ci; **I'll have ~ one** je prendrai celui-ci; **~ afternoon** cet après-midi; **~ morning** ce matin; **~ week** cette semaine. **-2.** *inf* [a certain] un certain (une certaine). ◇ *adv* aussi; **it was ~ big** c'était aussi grand que ça; **you'll need about ~ much** il vous en faudra à peu près comme ceci.

thistle [θɪsl] *n* chardon *m*.

thong [θɒŋ] *n* [of leather] lanière *f*.

thorn [θɔːn] *n* épine *f*.

thorny [θɔːnɪ] *adj lit* & *fig* épineux(euse).

thorough [θʌrə] *adj* **-1.** [exhaustive - search, inspection] minutieux(ieuse); [- investigation, knowledge] approfondi(e). **-2.** [meticulous] méticuleux(euse). **-3.** [complete, utter] complet(ète), absolu(e).

thoroughbred [θʌrəbred] *n* pur-sang *m inv.*

thoroughfare [θʌrəfeəʳ] *n fml* rue *f*, voie *f* publique.

thoroughly [θʌrəlɪ] *adv* **-1.** [fully, in detail] à fond. **-2.** [completely, utterly] absolument, complètement.

those [ðəʊz] *pl* → **that.**

though [ðəʊ] ◇ *conj* bien que (+ *subjunctive*), quoique (+ *subjunctive*). ◇ *adv* pourtant, cependant.

thought [θɔːt] ◇ *pt & pp* → **think.** ◇ *n* **-1.** [gen] pensée *f*; [idea] idée *f*, pensée; **after much ~** après avoir mûrement réfléchi. **-2.** [intention] intention *f*.

◆ **thoughts** *npl* **-1.** [reflections] pensées *fpl*, réflexions *fpl*. **-2.** [views] opinions *fpl*, idées *fpl*.

thoughtful [θɔːtful] *adj* **-1.** [pensive] pensif(ive). **-2.** [considerate - person] prévenant(e), attentionné(e); [- remark, act] plein(e) de gentillesse.

thoughtless ['θɔːtlɪs] *adj* [person] qui manque d'égards (pour les autres); [remark, behaviour] irréfléchi(e).

thousand ['θaʊznd] *num* mille; a OR one ~ mille; ~s of des milliers de; *see also* **six**.

thousandth ['θaʊzntθ] *num* millième; *see also* **sixth**.

thrash [θræʃ] *vt* **-1.** [hit] battre, rosser. **-2.** *inf* [defeat] écraser, battre à plates coutures.
◆ **thrash about**, **thrash around** *vi* s'agiter.
◆ **thrash out** *vt sep* [problem] débrouiller, démêler; [idea] débattre, discuter.

thread [θred] ◇ *n* **-1.** [gen] fil *m*. **-2.** [of screw] filet *m*, pas *m*. ◇ *vt* [needle] enfiler.

threadbare ['θredbeəʳ] *adj* usé(e) jusqu'à la corde.

threat [θret] *n*: ~ **(to)** menace *f* (pour).

threaten ['θretn] ◇ *vt*: to ~ sb **(with)** menacer qqn (de); to ~ to do sthg menacer de faire qqch. ◇ *vi* menacer.

three [θriː] *num* trois; *see also* **six**.

three-dimensional [-dɪˈmenʃənl] *adj* [film, picture] en relief; [object] à trois dimensions.

threefold ['θriːfəʊld] ◇ *adj* triple. ◇ *adv*: to increase ~ tripler.

three-piece *adj*: ~ suit (costume *m*) trois pièces *m*; ~ suite canapé *m* et deux fauteuils assortis.

three-ply *adj* [wool] à trois fils.

thresh [θreʃ] *vt* battre.

threshold ['θreʃhəʊld] *n* seuil *m*.

threw [θruː] *pt* → **throw**.

thrifty ['θrɪftɪ] *adj* économe.

thrill [θrɪl] ◇ *n* **-1.** [sudden feeling] frisson *m*, sensation *f*. **-2.** [enjoyable experience] plaisir *m*. ◇ *vt* transporter, exciter.

thrilled [θrɪld] *adj*: ~ **(with sthg/to do sthg)** ravi(e) (de qqch/de faire qqch), enchanté(e) (de qqch/de faire qqch).

thriller ['θrɪləʳ] *n* thriller *m*.

thrilling ['θrɪlɪŋ] *adj* saisissant(e), palpitant(e).

thrive [θraɪv] (*pt* -**d** OR **throve**, *pp* -**d**) *vi* [person] bien se porter; [plant] pousser bien; [business] prospérer.

thriving ['θraɪvɪŋ] *adj* [person] bien portant(e); [plant] qui pousse bien; [business] prospère.

throat [θrəʊt] *n* gorge *f*.

throb [θrɒb] *vi* [heart] palpiter, battre fort; [engine] vibrer; [music] taper; my head is throbbing j'ai des élancements dans la tête.

throes [θrəʊz] *npl*: to be in the ~ of [war, disease] être en proie à; to be in the ~ of an argument être en pleine dispute.

throne [θrəʊn] *n* trône *m*.

throng [θrɒŋ] ◇ *n* foule *f*, multitude *f*. ◇ *vt* remplir, encombrer.

throttle ['θrɒtl] ◇ *n* [valve] papillon *m* des gaz; [lever] commande *f* des gaz. ◇ *vt* [strangle] étrangler.

through [θruː] ◇ *adj* [finished]: are you ~? tu as fini?; to be ~ with sthg avoir fini qqch. ◇ *adv*: to let sb ~ laisser passer qqn; to read sthg ~ lire qqch jusqu'au bout; to sleep ~ till ten dormir jusqu'à dix heures. ◇ *prep* **-1.** [relating to place, position] à travers; to travel ~ sthg traverser qqch; to cut ~ sthg couper qqch. **-2.** [during] pendant. **-3.** [because of] à cause de. **-4.** [by means of] par l'intermédiaire de, par l'entremise de. **-5.** *Am* [up till and including]: Monday ~ Friday du lundi au vendredi.
◆ **through and through** *adv* [completely] jusqu'au bout des ongles; [thoroughly] par cœur, à fond.

throughout [θruːˈaʊt] ◇ *prep* **-1.** [during] pendant, durant; ~ the meeting pendant toute la réunion. **-2.** [everywhere in] partout dans. ◇ *adv* **-1.** [all the time] tout le temps. **-2.** [everywhere] partout.

throve [θrəʊv] *pt* → **thrive**.

throw [θrəʊ] (*pt* **threw**, *pp* **thrown**) ◇ *vt* **-1.** [gen] jeter; [ball, javelin] lancer. **-2.** [rider] désarçonner. **-3.** *fig* [confuse] déconcerter, décontenancer. ◇ *n* lancement *m*, jet *m*.

♦ **throw away** *vt sep* **-1.** [discard] jeter. **-2.** *fig* [money] gaspiller; [opportunity] perdre.

♦ **throw out** *vt sep* **-1.** [discard] jeter. **-2.** *fig* [reject] rejeter. **-3.** [from house] mettre à la porte; [from army, school] expulser, renvoyer.

♦ **throw up** *vi inf* [vomit] dégobiller, vomir.

throwaway ['θrəʊə,weɪ] *adj* **-1.** [disposable] jetable, à jeter. **-2.** [remark] désinvolte.

throw-in *n Br* FTBL rentrée *f* en touche.

thrown [θrəʊn] *pp* → throw.

thru [θru:] *Am inf* = through.

thrush [θrʌʃ] *n* **-1.** [bird] grive *f*. **-2.** MED muguet *m*.

thrust [θrʌst] ◇ *n* **-1.** [forward movement] poussée *f*; [of knife] coup *m*. **-2.** [main aspect] idée *f* principale, aspect *m* principal. ◇ *vt* [shove] enfoncer, fourrer.

thud [θʌd] ◇ *n* bruit *m* sourd. ◇ *vi* tomber en faisant un bruit sourd.

thug [θʌg] *n* brute *f*, voyou *m*.

thumb [θʌm] ◇ *n* pouce *m*. ◇ *vt inf* [hitch]: **to ~ a lift** faire du stop OR de l'auto-stop.

♦ **thumb through** *vt fus* feuilleter, parcourir.

thumbs down [,θʌmz-] *n*: **to get OR be given the ~** être rejeté(e).

thumbs up [,θʌmz-] *n* [go-ahead]: **to give sb the ~** donner le feu vert à qqn.

thumbtack ['θʌmtæk] *n Am* punaise *f*.

thump [θʌmp] ◇ *n* **-1.** [blow] grand coup *m*. **-2.** [thud] bruit *m* sourd. ◇ *vt* [hit] cogner, taper sur. ◇ *vi* [heart] battre fort.

thunder ['θʌndər] ◇ *n* (U) **-1.** METEOR tonnerre *m*. **-2.** *fig* [of traffic] vacarme *m*; [of applause] tonnerre *m*. ◇ *v impers* METEOR tonner.

thunderbolt ['θʌndəbəʊlt] *n* coup *m* de foudre.

thunderclap ['θʌndəklæp] *n* coup *m* de tonnerre.

thunderstorm ['θʌndəstɔːm] *n* orage *m*.

thundery ['θʌndərɪ] *adj* orageux(euse).

Thursday ['θɜːzdɪ] *n* jeudi *m*; *see also* Saturday.

thus [ðʌs] *adv fml* **-1.** [therefore] par conséquent, donc, ainsi. **-2.** [in this way] ainsi, de cette façon, comme ceci.

thwart [θwɔːt] *vt* contrecarrer, contrarier.

thyme [taɪm] *n* thym *m*.

thyroid ['θaɪrɔɪd] *n* thyroïde *f*.

tiara [tɪ'ɑːrə] *n* [worn by woman] diadème *m*.

Tibet [tɪ'bet] *n* Tibet *m*.

tic [tɪk] *n* tic *m*.

tick [tɪk] ◇ *n* **-1.** [written mark] coche *f*. **-2.** [sound] tic-tac *m*. **-3.** [insect] tique *f*. ◇ *vt* cocher. ◇ *vi* faire tic-tac.

♦ **tick off** *vt sep* **-1.** [mark off] cocher. **-2.** [tell off] enguirlander.

♦ **tick over** *vi* [engine, business] tourner au ralenti.

ticket ['tɪkɪt] *n* **-1.** [for access, train, plane] billet *m*; [for bus] ticket *m*; [for library] carte *f*; [label on product] étiquette *f*. **-2.** [for traffic offence] P.-V. *m*, papillon *m*.

ticket collector *n Br* contrôleur *m*, -euse *f*.

ticket inspector *n Br* contrôleur *m*, -euse *f*.

ticket machine *n* distributeur *m* de billets.

ticket office *n* bureau *m* de vente des billets.

tickle ['tɪkl] ◇ *vt* **-1.** [touch lightly] chatouiller. **-2.** *fig* [amuse] amuser. ◇ *vi* chatouiller.

ticklish ['tɪklɪʃ] *adj* [person] qui craint les chatouilles, chatouilleux(euse).

tidal ['taɪdl] *adj* [force] de la marée; [river] à marées; [barrier] contre la marée.

tidal wave *n* raz-de-marée *m inv*.

tidbit Am = **titbit**.

tiddlywinks ['tɪdlɪwɪŋks], **tiddledy-winks** Am ['tɪdldɪwɪŋks] *n* jeu *m* de puce.

tide [taɪd] *n* **-1.** [of sea] marée *f*. **-2.** *fig* [of opinion, fashion] courant *m*, tendance *f*; [of protest] vague *f*.

tidy ['taɪdɪ] ◇ *adj* **-1.** [room, desk] en ordre, bien rangé(e); [hair, dress] soigné(e). **-2.** [person - in habits] ordonné(e); [- in appearance] soigné(e). ◇ *vt* ranger, mettre de l'ordre dans.
◆ **tidy up** ◇ *vt sep* ranger, mettre de l'ordre dans. ◇ *vi* ranger.

tie [taɪ] (*pt* & *pp* **tied**, *cont* **tying**) ◇ *n* **-1.** [necktie] cravate *f*. **-2.** [in game, competition] égalité *f* de points. ◇ *vt* **-1.** [fasten] attacher. **-2.** [shoelaces] nouer, attacher; **to** ~ **a knot** faire un nœud. **-3.** *fig* [link]: **to be** ~**d to** être lié(e) à. ◇ *vi* [draw] être à égalité.
◆ **tie down** *vt sep fig* [restrict] restreindre la liberté de.
◆ **tie in with** *vt fus* concorder avec, coïncider avec.
◆ **tie up** *vt sep* **-1.** [with string, rope] attacher. **-2.** [shoelaces] nouer, attacher. **-3.** *fig* [money, resources] immobiliser. **-4.** *fig* [link]: **to be** ~**d up with** être lié(e) à.

tiebreak(er) ['taɪbreɪk(əʳ)] *n* **-1.** TENNIS tie-break *m*. **-2.** [in game, competition] question *f* subsidiaire.

tiepin ['taɪpɪn] *n* épingle *f* de cravate.

tier [tɪəʳ] *n* [of seats] gradin *m*; [of cake] étage *m*.

tiff [tɪf] *n* bisbille *f*, petite querelle *f*.

tiger ['taɪgəʳ] *n* tigre *m*.

tight [taɪt] ◇ *adj* **-1.** [clothes, group, competition, knot] serré(e). **-2.** [taut] tendu(e). **-3.** [schedule] serré(e), minuté(e). **-4.** [strict] strict(e), sévère. **-5.** [corner, bend] raide. **-6.** *inf* [drunk] soûl(e), rond(e). **-7.** *inf* [miserly] radin(e), avare. ◇ *adv* **-1.** [firmly, securely] bien, fort; **to hold** ~ tenir bien; **hold** ~! tiens bon!; **to shut** OR **close sthg** ~ bien fermer qqch. **-2.** [tautly] à fond.
◆ **tights** *npl* collant *m*, collants *mpl*.

tighten ['taɪtn] ◇ *vt* **-1.** [belt, knot, screw] resserrer; **to** ~ **one's hold** OR **grip on** resserrer sa prise sur. **-2.** [pull tauter] tendre. **-3.** [make stricter] renforcer. ◇ *vi* **-1.** [rope] se tendre. **-2.** [grip, hold] se resserrer.

tightfisted [,taɪt'fɪstɪd] *adj pej* radin(e), pingre.

tightly ['taɪtlɪ] *adv* [firmly] bien, fort.

tightrope ['taɪtrəʊp] *n* corde *f* raide.

tile [taɪl] *n* [on roof] tuile *f*; [on floor, wall] carreau *m*.

tiled [taɪld] *adj* [floor, wall] carrelé(e); [roof] couvert de tuiles.

till [tɪl] ◇ *prep* jusqu'à; **from six** ~ **ten o'clock** de six heures à dix heures. ◇ *conj* jusqu'à ce que (+ *subjunctive*); **wait** ~ **I come back** attends que je revienne; (*after negative*) avant que (+ *subjunctive*); **it won't be ready** ~ **tomorrow** ça ne sera pas prêt avant demain. ◇ *n* tiroir-caisse *m*.

tiller ['tɪləʳ] *n* NAUT barre *f*.

tilt [tɪlt] ◇ *vt* incliner, pencher. ◇ *vi* s'incliner, pencher.

timber ['tɪmbəʳ] *n* **-1.** (*U*) [wood] bois *m* de charpente OR de construction. **-2.** [beam] poutre *f*, madrier *m*.

time [taɪm] ◇ *n* **-1.** [gen] temps *m*; **a long** ~ longtemps; **in a short** ~ dans peu de temps, sous peu; **to take** ~ prendre du temps; **to be** ~ **for sthg** être l'heure de qqch; **to have a good** ~ s'amuser bien; **in good** ~ de bonne heure; **ahead of** ~ en avance, avant l'heure; **on** ~ à l'heure; **to have no** ~ **for sb/sthg** ne pas supporter qqn/qqch; **to pass the** ~ passer le temps; **to play for** ~ essayer de gagner du temps. **-2.** [as measured by clock] heure *f*; **what's the** ~? quelle heure est-il?; **in a week's/year's** ~ dans une semaine/un an. **-3.** [point in time in past] époque *f*; **before my** ~ avant que j'arrive ici. **-4.** [occasion] fois *f*; **from** ~ **to** ~ de temps en temps, de temps à autre; ~ **after** ~, ~ **and again** à maintes reprises, maintes et maintes fois. **-5.** MUS mesure *f*. ◇ *vt* **-1.** [schedule] fixer, prévoir. **-2.** [race, runner] chronométrer. **-3.** [arrival, remark] choisir le moment de.

◆ **times** ◇ *npl* fois *fpl*; **four ~s as much as me** quatre fois plus que moi. ◇ *prep* MATH fois.

◆ **at a time** *adv* à la fois; **one at a ~** un par un, un seul à la fois; **months at a ~** des mois et des mois.

◆ **at times** *adv* quelquefois, parfois.

◆ **at the same time** *adv* en même temps.

◆ **about time** *adv*: **it's about ~ (that) ...** il est grand temps que ...; **about ~ too!** ce n'est pas trop tôt!

◆ **for the time being** *adv* pour le moment.

◆ **in time** *adv* **-1.** [not late]: **in ~ (for)** à l'heure (pour). **-2.** [eventually] à la fin, à la longue; [after a while] avec le temps, à la longue.

time bomb *n lit* & *fig* bombe *f* à retardement.

time lag *n* décalage *m*.

timeless ['taɪmlɪs] *adj* éternel(elle).

time limit *n* délai *m*.

timely ['taɪmlɪ] *adj* opportun(e).

time off *n* temps *m* libre.

time out *n* SPORT temps *m* mort.

timer ['taɪməʳ] *n* minuteur *m*.

time scale *n* période *f*; [of project] délai *m*.

time-share *n Br* logement *m* en multipropriété.

time switch *n* minuterie *f*.

timetable ['taɪm,teɪbl] *n* **-1.** SCH emploi *m* du temps. **-2.** [of buses, trains] horaire *m*. **-3.** [schedule] calendrier *m*.

time zone *n* fuseau *m* horaire.

timid ['tɪmɪd] *adj* timide.

timing ['taɪmɪŋ] *n* (*U*) **-1.** [of remark] à-propos *m*. **-2.** [scheduling]: **the ~ of the election** le moment choisi pour l'élection. **-3.** [measuring] chronométrage *m*.

timpani ['tɪmpənɪ] *npl* timbales *fpl*.

tin [tɪn] *n* **-1.** (*U*) [metal] étain *m*; [in sheets] fer-blanc *m*. **-2.** *Br* [can] boîte *f* de conserve. **-3.** [small container] boîte *f*.

tin can *n* boîte *f* de conserve.

tinfoil ['tɪnfɔɪl] *n* (*U*) papier *m* (d')aluminium.

tinge [tɪndʒ] *n* **-1.** [of colour] teinte *f*, nuance *f*. **-2.** [of feeling] nuance *f*.

tinged [tɪndʒd] *adj*: **~ with** teinté(e) de.

tingle ['tɪŋgl] *vi* picoter.

tinker ['tɪŋkəʳ] ◇ *n Br pej* [gypsy] romanichel *m*, -elle *f*. ◇ *vi*: **to ~ (with sthg)** bricoler (qqch).

tinkle ['tɪŋkl] *vi* [ring] tinter.

tinned [tɪnd] *adj Br* en boîte.

tin opener *n Br* ouvre-boîtes *m inv*.

tinsel ['tɪnsl] *n* (*U*) guirlandes *fpl* de Noël.

tint [tɪnt] *n* teinte *f*, nuance *f*; [in hair] rinçage *m*.

tinted ['tɪntɪd] *adj* [glasses, windows] teinté(e).

tiny ['taɪnɪ] *adj* minuscule.

tip [tɪp] ◇ *n* **-1.** [end] bout *m*. **-2.** *Br* [dump] décharge *f*. **-3.** [to waiter etc] pourboire *m*. **-4.** [piece of advice] tuyau *m*. ◇ *vt* **-1.** [tilt] faire basculer. **-2.** [spill] renverser. **-3.** [waiter etc] donner un pourboire à. ◇ *vi* **-1.** [tilt] basculer. **-2.** [spill] se renverser.

◆ **tip over** ◇ *vt sep* renverser. ◇ *vi* se renverser.

tip-off *n* tuyau *m*; [to police] dénonciation *f*.

tipped ['tɪpt] *adj* [cigarette] à bout filtre.

tipsy ['tɪpsɪ] *adj inf* gai(e).

tiptoe ['tɪptəʊ] ◇ *n*: **on ~** sur la pointe des pieds. ◇ *vi* marcher sur la pointe des pieds.

tip-top *adj inf dated* excellent(e).

tire ['taɪəʳ] ◇ *n Am* = **tyre**. ◇ *vt* fatiguer. ◇ *vi* **-1.** [get tired] se fatiguer. **-2.** [get fed up]: **to ~ of** se lasser de.

tired ['taɪəd] *adj* **-1.** [sleepy] fatigué(e), las (lasse). **-2.** [fed up]: **to be ~ of sthg/of doing sthg** en avoir assez de qqch/de faire qqch.

tireless ['taɪəlɪs] *adj* infatigable.

tiresome ['taɪəsəm] *adj* ennuyeux(euse).

tiring ['taɪərɪŋ] *adj* fatigant(e).

tissue ['tɪʃuː] *n* **-1.** [paper handkerchief] mouchoir *m* en papier. **-2.** (*U*) BIOL tissu *m*.

tissue paper *n* (*U*) papier *m* de soie.

tit [tɪt] *n* **-1.** [bird] mésange *f*. **-2.** *vulg* [breast] nichon *m*, néné *m*.

titbit *Br* ['tɪtbɪt], **tidbit** *Am* ['tɪdbɪt] *n* **-1.** [of food] bon morceau *m*. **-2.** *fig* [of news] petite nouvelle *f*.

tit for tat [-'tæt] *n* un prêté pour un rendu.

titillate ['tɪtɪleɪt] *vt* titiller.

title ['taɪtl] *n* titre *m*.

title deed *n* titre *m* de propriété.

title role *n* rôle *m* principal.

titter ['tɪtə'] *vi* rire bêtement.

TM *abbr* of **trademark**.

to [unstressed before consonant tə, unstressed before vowel tu, stressed tuː] ◇ *prep* **-1.** [indicating place, direction] à; **to go ~ Liverpool/Spain/school** aller à Liverpool/en Espagne/à l'école; **to go ~ the butcher's** aller chez le boucher; **~ the left/right** à gauche/droite. **-2.** (*to express indirect object*) à; **to give sthg ~ sb** donner qqch à qqn; **we were listening ~ the radio** nous écoutions la radio. **-3.** [indicating reaction, effect] à; **~ my delight/surprise** à ma grande joie/surprise. **-4.** [in stating opinion]: **~ me, ...** à mon avis, ...; **it seemed quite unnecessary ~ me/him** *etc* cela me/lui *etc* semblait tout à fait inutile. **-5.** [indicating state, process]: **to drive sb ~ drink** pousser qqn à boire; **it could lead ~ trouble** cela pourrait causer des ennuis. **-6.** [as far as] à, jusqu'à; **to count ~ 10** compter jusqu'à 10; **we work from 9 ~ 5** nous travaillons de 9 heures à 17 heures. **-7.** [in expressions of time] moins; **it's ten ~ three/quarter ~ one** il est trois heures moins dix/une heure moins le quart. **-8.** [per] à; **40 miles ~ the gallon ≃** 7 litres aux cent (km). **-9.** [of, for] de; **the key ~ the car** la clef de la voiture; **a letter ~ my daughter** une lettre à ma fille. ◇ *adv* [shut]: **push the door ~** fermez la porte. ◇ *with*

infinitive **-1.** (*forming simple infinitive*): **~ walk** marcher; **~ laugh** rire. **-2.** (*following another verb*): **to begin ~ do sthg** commencer à faire qqch; **to try ~ do sthg** essayer de faire qqch; **to want ~ do sthg** vouloir faire qqch. **-3.** (*following an adjective*): **difficult ~ do** difficile à faire; **ready ~ go** prêt à partir. **-4.** (*indicating purpose*) pour; **he worked hard ~ pass his exam** il a travaillé dur pour réussir à son examen. **-5.** (*substituting for a relative clause*): **I have a lot ~ do** j'ai beaucoup à faire; **he told me ~ leave** il m'a dit de partir. **-6.** (*to avoid repetition of infinitive*): **I meant to call him but I forgot ~** je voulais l'appeler, mais j'ai oublié. **-7.** [in comments]: **~ be honest ...** en toute franchise ...; **~ sum up, ...** en résumé, ..., pour récapituler, ...

♦ **to and fro** *adv*: **to go ~ and fro** aller et venir; **to walk ~ and fro** marcher de long en large.

toad [təʊd] *n* crapaud *m*.

toadstool ['təʊdstuːl] *n* champignon *m* vénéneux.

toast [təʊst] ◇ *n* **-1.** (*U*) [bread] pain *m* grillé, toast *m*. **-2.** [drink] toast *m*. ◇ *vt* **-1.** [bread] (faire) griller. **-2.** [person] porter un toast à.

toasted sandwich [,təʊstɪd-] *n* sandwich *m* grillé.

toaster ['təʊstə'] *n* grille-pain *m inv*.

tobacco [tə'bækəʊ] *n* (*U*) tabac *m*.

tobacconist [tə'bækənɪst] *n* buraliste *mf*; **~'s (shop)** bureau *m* de tabac.

toboggan [tə'bɒgən] *n* luge *f*.

today [tə'deɪ] ◇ *n* aujourd'hui *m*. ◇ *adv* aujourd'hui.

toddler ['tɒdlə'] *n* tout-petit *m* (*qui commence à marcher*).

toddy ['tɒdɪ] *n* grog *m*.

to-do (*pl* **-s**) *n inf dated* histoire *f*.

toe [təʊ] ◇ *n* [of foot] orteil *m*, doigt *m* de pied; [of sock, shoe] bout *m*. ◇ *vt*: **to ~ the line** se plier.

toenail ['təʊneɪl] *n* ongle *m* d'orteil.

toffee ['tɒfɪ] *n* caramel *m*.

toga ['təʊgə] *n* toge *f*.

together [tə'geðə'] adv **-1.** [gen] ensemble. **-2.** [at the same time] en même temps.

◆ **together with** prep ainsi que.

toil [tɔɪl] literary ◇ n labeur m. ◇ vi travailler dur.

toilet ['tɔɪlɪt] n [lavatory] toilettes fpl, cabinets mpl; **to go to the ~** aller aux toilettes OR aux cabinets.

toilet bag n trousse f de toilette.

toilet paper n (U) papier m hygiénique.

toiletries ['tɔɪlɪtrɪz] npl articles mpl de toilette.

toilet roll n rouleau m de papier hygiénique.

toilet water n eau f de toilette.

token ['təʊkn] ◇ adj symbolique. ◇ n **-1.** [voucher] bon m. **-2.** [symbol] marque f.

◆ **by the same token** adv de même.

told [təʊld] pt & pp → **tell**.

tolerable ['tɒlərəbl] adj passable.

tolerance ['tɒlərəns] n tolérance f.

tolerant ['tɒlərənt] adj tolérant(e).

tolerate ['tɒləreɪt] vt **-1.** [put up with] supporter. **-2.** [permit] tolérer.

toll [təʊl] ◇ n **-1.** [number] nombre m. **-2.** [fee] péage m. **-3.** phr: **to take its ~** se faire sentir. ◇ vt & vi sonner.

toll-free Am adv: **to call ~** appeler un numéro vert.

tomato [Br tə'mɑːtəʊ, Am tə'meɪtəʊ] (pl **-es**) n tomate f.

tomb [tuːm] n tombe f.

tomboy ['tɒmbɔɪ] n garçon m manqué.

tombstone ['tuːmstəʊn] n pierre f tombale.

tomcat ['tɒmkæt] n matou m.

tomorrow [tə'mɒrəʊ] ◇ n demain m. ◇ adv demain.

ton [tʌn] (pl inv OR **-s**) n **-1.** [imperial] = 1016 kg Br, = 907,2 kg Am, ≃ tonne f. **-2.** [metric] = 1000 kg, tonne f.

◆ **tons** npl inf: **~s (of)** des tas (de), plein (de).

tone [təʊn] n **-1.** [gen] ton m. **-2.** [on phone] tonalité f.

◆ **tone down** vt sep modérer.

◆ **tone up** vt sep tonifier.

tone-deaf adj qui n'a aucune oreille.

tongs [tɒŋz] npl pinces fpl; [for hair] fer m à friser.

tongue [tʌŋ] n **-1.** [gen] langue f; **to hold one's ~** fig tenir sa langue. **-2.** [of shoe] languette f.

tongue-in-cheek adj ironique.

tongue-tied [-,taɪd] adj muet(ette).

tongue twister [-,twɪstə'] n phrase f difficile à dire.

tonic ['tɒnɪk] n **-1.** [tonic water] Schweppes® m. **-2.** [medicine] tonique m.

tonic water n Schweppes® m.

tonight [tə'naɪt] ◇ n ce soir m; [late] cette nuit f. ◇ adv ce soir; [late] cette nuit.

tonnage ['tʌnɪdʒ] n tonnage m.

tonne [tʌn] (pl inv OR **-s**) n tonne f.

tonsil ['tɒnsl] n amygdale f.

tonsil(l)itis [,tɒnsɪ'laɪtɪs] n (U) amygdalite f.

too [tuː] adv **-1.** [also] aussi. **-2.** [excessively] trop; **~ many people** trop de gens; **it was over all ~ soon** ça s'était terminé bien trop tôt; **I'd be only ~ happy to help** je serais trop heureux de vous aider; **I wasn't ~ impressed** ce m'a pas impressionné outre mesure.

took [tʊk] pt → **take**.

tool [tuːl] n lit & fig outil m.

tool box n boîte f à outils.

tool kit n trousse f à outils.

toot [tuːt] ◇ n coup m de klaxon. ◇ vi klaxonner.

tooth [tuːθ] (pl **teeth**) n dent f.

toothache ['tuːθeɪk] n mal m OR rage f de dents; **to have ~** avoir mal aux dents.

toothbrush ['tuːθbrʌʃ] n brosse f à dents.

toothpaste ['tuːθpeɪst] n (pâte f) dentifrice m.

toothpick ['tuːθpɪk] n cure-dents m inv.

top [tɒp] ◇ *adj* **-1.** [highest] du haut. **-2.** [most important, successful - officials] important(e); [- executives] supérieur(e); [- pop singer] fameux(euse); [- sportsman, sportswoman] meilleur(e); [- in exam] premier(ière). **-3.** [maximum] maximum. ◇ *n* **-1.** [highest point - of hill] sommet *m*; [- of page, pile] haut *m*; [- of tree] cime *f*; [- of list] début *m*, tête *f*; on ~ dessus; at the ~ of one's voice à tue-tête. **-2.** [lid - of bottle, tube] bouchon *m*; [- of pen] capuchon *m*; [- of jar] couvercle *m*. **-3.** [of table, box] dessus *m*. **-4.** [clothing] haut *m*. **-5.** [toy] toupie *f*. **-6.** [highest rank - in league] tête *f*; [- in scale] haut *m*; [- SCH] premier *m*, -ière *f*. ◇ *vt* **-1.** [be first in] être en tête de. **-2.** [better] surpasser. **-3.** [exceed] dépasser.
♦ **on top of** *prep* **-1.** [in space] sur. **-2.** [in addition to] en plus de.
♦ **top up** *Br*, **top off** *Am vt sep* remplir.

top floor *n* dernier étage *m*.

top hat *n* haut-de-forme *m*.

top-heavy *adj* mal équilibré(e).

topic ['tɒpɪk] *n* sujet *m*.

topical ['tɒpɪkl] *adj* d'actualité.

topless ['tɒplɪs] *adj* [woman] aux seins nus.

top-level *adj* au plus haut niveau.

topmost ['tɒpməʊst] *adj* le plus haut (la plus haute).

topping ['tɒpɪŋ] *n* garniture *f*.

topple ['tɒpl] ◇ *vt* renverser. ◇ *vi* basculer.

top-secret *adj* top secret (top secrète).

topspin ['tɒpspɪn] *n* lift *m*.

topsy-turvy [ˌtɒpsɪ'tɜːvɪ] *adj* **-1.** [messy] sens dessus dessous. **-2.** [confused] ~ ne pas tourner rond.

torch [tɔːtʃ] *n* **-1.** *Br* [electric] lampe *f* électrique. **-2.** [burning] torche *f*.

tore [tɔːʳ] *pt* → **tear**.

torment [*n* 'tɔːment, *vb* tɔː'ment] ◇ *n* tourment *m*. ◇ *vt* tourmenter.

torn [tɔːn] *pp* → **tear**.

tornado [tɔː'neɪdəʊ] (*pl* **-es** OR **-s**) *n* tornade *f*.

torpedo [tɔː'piːdəʊ] (*pl* **-es**) *n* torpille *f*.

torrent ['tɒrənt] *n* torrent *m*.

torrid ['tɒrɪd] *adj* **-1.** [hot] torride. **-2.** *fig* [passionate] ardent(e).

tortoise ['tɔːtəs] *n* tortue *f*.

tortoiseshell ['tɔːtəʃel] ◇ *adj*: ~ cat chat *m* roux tigré. ◇ *n* (U) [material] écaille *f*.

torture ['tɔːtʃəʳ] ◇ *n* torture *f*. ◇ *vt* torturer.

Tory ['tɔːrɪ] ◇ *adj* tory, conservateur(trice). ◇ *n* tory *mf*, conservateur *m*, -trice *f*.

toss [tɒs] ◇ *vt* **-1.** [throw] jeter; to ~ a coin jouer à pile ou face; to ~ one's head rejeter la tête en arrière. **-2.** [salad] remuer; [pancake] faire sauter. **-3.** [throw about] ballotter. ◇ *vi* [move about]: to ~ and turn se tourner et se retourner.
♦ **toss up** *vi* jouer à pile ou face.

tot [tɒt] *n* **-1.** *inf* [small child] tout-petit *m*. **-2.** [of drink] larme *f*, goutte *f*.

total ['təʊtl] ◇ *adj* total(e); [disgrace, failure] complet(ète). ◇ *n* total *m*. ◇ *vt* **-1.** [add up] additionner. **-2.** [amount to] s'élever à.

totalitarian [ˌtəʊtælɪ'teərɪən] *adj* totalitaire.

totally ['təʊtəlɪ] *adv* totalement; I ~ agree je suis entièrement d'accord.

totter ['tɒtəʳ] *vi lit & fig* chanceler.

touch [tʌtʃ] ◇ *n* **-1.** (U) [sense] toucher *m*. **-2.** [detail] touche *f*. **-3.** (U) [skill] marque *f*, note *f*. **-4.** [contact]: to keep in ~ (with sb) rester en contact (avec qqn); to get in ~ with sb entrer en contact avec qqn; to lose ~ with sb perdre qqn de vue; to be out of ~ with ne plus être au courant de. **-5.** SPORT: in ~ en touche. **-6.** [small amount]: a ~ un petit peu. ◇ *vt* toucher. ◇ *vi* [be in contact] se toucher.
♦ **touch down** *vi* [plane] atterrir.
♦ **touch on** *vt fus* effleurer.

touch-and-go *adj* incertain(e).

touchdown ['tʌtʃdaʊn] n -1. [of plane] atterrissage m. -2. [in American football] but m.

touched [tʌtʃt] adj -1. [grateful] touché(e). -2. inf [slightly mad] fêlé(e).

touching ['tʌtʃɪŋ] adj touchant(e).

touchline ['tʌtʃlaɪn] n ligne f de touche.

touchy ['tʌtʃɪ] adj -1. [person] susceptible. -2. [subject, question] délicat(e).

tough [tʌf] adj -1. [material, vehicle, person] **solide**; [character, life] dur(e). -2. [meat] dur(e). -3. [decision, problem, task] difficile. -4. [rough - area of town] dangereux(euse). -5. [strict] sévère.

toughen ['tʌfn] vt -1. [character] endurcir. -2. [material] renforcer.

toupee ['tu:peɪ] n postiche m.

tour [tʊər] ◇ n -1. [journey] voyage m; [by pop group etc] tournée f. -2. [of town, museum] visite f, tour m. ◇ vt visiter.

touring ['tʊərɪŋ] n tourisme m.

tourism ['tʊərɪzm] n tourisme m.

tourist ['tʊərɪst] n touriste mf.

tourist (information) office n office m de tourisme.

tournament ['tɔ:nəmənt] n tournoi m.

tour operator n voyagiste m.

tousle ['taʊzl] vt ébouriffer.

tout [taʊt] ◇ n revendeur m de billets. ◇ vt [tickets] revendre; [goods] vendre. ◇ vi: **to ~ for trade** racoler les clients.

tow [təʊ] ◇ n: **"on ~"** Br «véhicule en remorque». ◇ vt remorquer.

towards Br [təˈwɔːdz], **toward** Am [təˈwɔːd] prep -1. [gen] vers; [movement] vers, en direction de. -2. [in attitude] envers. -3. [for the purpose of] pour.

towel ['taʊəl] n serviette f; [tea towel] torchon m.

towelling Br, **toweling** Am ['taʊəlɪŋ] n (U) tissu m éponge.

towel rail n porte-serviettes m inv.

tower ['taʊər] ◇ n tour f. ◇ vi s'élever; **to ~ over sb/sthg** dominer qqn/qqch.

tower block n Br tour f.

towering ['taʊərɪŋ] adj imposant(e).

town [taʊn] n ville f; **to go out on the ~** faire la tournée des grands ducs; **to go to ~ on sthg** fig ne pas lésiner sur qqch.

town centre n centre-ville m.

town council n conseil m municipal.

town hall n mairie f.

town plan n plan m de ville.

town planning n urbanisme m.

township ['taʊnʃɪp] n -1. [in South Africa] township f. -2. [in US] ≃ canton m.

towpath ['təʊpɑːθ, pl -pɑːðz] n chemin m de halage.

towrope ['təʊrəʊp] n câble m de remorquage.

tow truck n Am dépanneuse f.

toxic ['tɒksɪk] adj toxique.

toy [tɔɪ] n jouet m.

◆ **toy with** vt fus -1. [idea] caresser. -2. [coin etc] jouer avec; **to ~ with one's food** manger du bout des dents.

toy shop n magasin m de jouets.

trace [treɪs] ◇ n trace f. ◇ vt -1. [relatives, criminal] retrouver; [development, progress] suivre; [history, life] retracer. -2. [on paper] tracer.

tracing paper ['treɪsɪŋ-] n (U) papier-calque m.

track [træk] ◇ n -1. [path] chemin m. -2. SPORT piste f. -3. RAIL voie f ferrée. -4. [of animal, person] trace f. -5. [on record, tape] piste f. -6. phr: **to keep ~ of sb** rester en contact avec qqn; **to lose ~ of sb** perdre contact avec qqn; **to be on the right ~** être sur la bonne voie; **to be on the wrong ~** être sur la mauvaise piste. ◇ vt suivre la trace de.

◆ **track down** vt sep [criminal, animal] dépister; [object, address etc] retrouver.

track record n palmarès m.

tracksuit ['træksuːt] n survêtement m.

tract [trækt] n -1. [pamphlet] tract m. -2. [of land, forest] étendue f.

traction ['trækʃn] *n* (*U*) **-1.** PHYSICS traction *f*. **-2.** MED: **in** ~ en extension.

tractor ['træktə'] *n* tracteur *m*.

trade [treɪd] ◇ *n* **-1.** (*U*) [commerce] commerce *m*. **-2.** [job] métier *m*; **by** ~ de son état. ◇ *vt* [exchange]: **to** ~ **sthg (for)** échanger qqch (contre). ◇ *vi* COMM: **to** ~ **(with sb)** commercer (avec qqn).

♦ **trade in** *vt sep* [exchange] échanger, faire reprendre.

trade fair *n* exposition *f* commerciale.

trade-in *n* reprise *f*.

trademark ['treɪdmɑːk] *n* **-1.** COMM marque *f* de fabrique. **-2.** *fig* [characteristic] marque *f*.

trade name *n* nom *m* de marque.

trader ['treɪdə'] *n* marchand *m*, -e *f*, commerçant *m*, -e *f*.

tradesman ['treɪdzmən] (*pl* **-men** [-mən]) *n* commerçant *m*.

trade(s) union *n Br* syndicat *m*.

Trades Union Congress *n Br*: **the** ~ la Confédération des syndicats britanniques.

trade(s) unionist [-'juːnjənɪst] *n Br* syndicaliste *mf*.

trading ['treɪdɪŋ] *n* (*U*) commerce *m*.

trading estate *n Br* zone *f* industrielle.

tradition [trə'dɪʃn] *n* tradition *f*.

traditional [trə'dɪʃənl] *adj* traditionnel(elle).

traffic ['træfɪk] (*pt* & *pp* **-ked**, *cont* **-king**) ◇ *n* (*U*) **-1.** [vehicles] circulation *f*. **-2.** [illegal trade]: ~ **(in)** trafic *m* (de). ◇ *vi*: **to** ~ **in** faire le trafic de.

traffic circle *n Am* rond-point *m*.

traffic jam *n* embouteillage *m*.

trafficker ['træfɪkə'] *n*: ~ **(in)** trafiquant *m*, -e *f* (de).

traffic lights *npl* feux *mpl* de signalisation.

traffic warden *n Br* contractuel *m*, -elle *f*.

tragedy ['trædʒədɪ] *n* tragédie *f*.

tragic ['trædʒɪk] *adj* tragique.

trail [treɪl] ◇ *n* **-1.** [path] sentier *m*. **-2.** [trace] piste *f*. ◇ *vt* **-1.** [drag] traîner. **-2.** [follow] suivre. ◇ *vi* **-1.** [drag, move slowly] traîner. **-2.** SPORT [lose]: **to be** ~**ing** être mené(e).

♦ **trail away**, **trail off** *vi* s'estomper.

trailer ['treɪlə'] *n* **-1.** [vehicle - for luggage] remorque *f*; [- for living in] caravane *f*. **-2.** CINEMA bande-annonce *f*.

train [treɪn] ◇ *n* **-1.** RAIL train *m*. **-2.** [of dress] traîne *f*. ◇ *vt* **-1.** [teach]: **to** ~ **sb to do sthg** apprendre à qqn à faire qqch. **-2.** [for job] former; **to** ~ **sb as/in** former qqn comme/dans. **-3.** SPORT: **to** ~ **sb (for)** entraîner qqn (pour). **-4.** [gun, camera] braquer. ◇ *vi* **-1.** [for job]: **to** ~ **(as)** recevoir OR faire une formation (de). **-2.** SPORT: **to** ~ **(for)** s'entraîner (pour).

trained [treɪnd] *adj* formé(e).

trainee [treɪ'niː] *n* stagiaire *mf*.

trainer ['treɪnə'] *n* **-1.** [of animals] dresseur *m*, -euse *f*. **-2.** SPORT entraîneur *m*.

♦ **trainers** *npl Br* chaussures *fpl* de sport.

training ['treɪnɪŋ] *n* (*U*) **-1.** [for job]: ~ **(in)** formation *f* (de). **-2.** SPORT entraînement *m*.

training college *n Br* école *f* professionnelle.

training shoes *npl Br* chaussures *fpl* de sport.

train of thought *n*: **my/his** ~ le fil de mes/ses pensées.

traipse [treɪps] *vi* traîner.

trait [treɪt] *n* trait *m*.

traitor ['treɪtə'] *n* traître *m*.

trajectory [trə'dʒektərɪ] *n* trajectoire *f*.

tram [træm], **tramcar** ['træmkɑː'] *n Br* tram *m*, tramway *m*.

tramp [træmp] ◇ *n* [homeless person] clochard *m*, -e *f*. ◇ *vi* marcher d'un pas lourd.

trample ['træmpl] *vt* piétiner.

trampoline ['træmpəliːn] *n* trampoline *m*.

trance [trɑːns] *n* transe *f*.

tranquil ['træŋkwɪl] *adj* tranquille.

tranquillizer *Br*, **tranquilizer** *Am* ['træŋkwɪlaɪzə'] *n* tranquillisant *m*, calmant *m*.

transaction [træn'zækʃn] *n* transaction *f*.

transcend [træn'send] *vt* transcender.

transcript ['trænskrɪpt] *n* transcription *f*.

transfer [*n* 'trænsfɜː', *vb* træns'fɜː'] *n* **-1.** [gen] transfert *m*; [of power] passation *f*; [of money] virement *m*. **-2.** [design] décalcomanie *f*. ◇ *vt* **-1.** [gen] transférer; [power, control] faire passer; [money] virer. **-2.** [employee] transférer, muter. ◇ *vi* être transféré.

transfix [træns'fɪks] *vt*: **to be ~ed with fear** être paralysé(e) par la peur.

transform [træns'fɔːm] *vt*: **to ~ sb/ sthg (into)** transformer qqn/qqch (en).

transfusion [træns'fjuːʒn] *n* transfusion *f*.

transient ['trænzɪənt] *adj* passager(ère).

transistor [træn'zɪstə'] *n* transistor *m*.

transistor radio *n* transistor *m*.

transit ['trænsɪt] *n*: **in ~** en transit.

transition [træn'zɪʃn] *n* transition *f*.

transitive ['trænzɪtɪv] *adj* GRAMM transitif(ive).

transitory ['trænzɪtrɪ] *adj* transitoire.

translate [træns'leɪt] *vt* traduire.

translation [træns'leɪʃn] *n* traduction *f*.

translator [træns'leɪtə'] *n* traducteur *m*, -trice *f*.

transmission [trænz'mɪʃn] *n* **-1.** [gen] transmission *f*. **-2.** RADIO & TV [programme] émission *f*.

transmit [trænz'mɪt] *vt* transmettre.

transmitter [trænz'mɪtə'] *n* émetteur *m*.

transparency [trans'pærənsɪ] *n* PHOT diapositive *f*; [for overhead projector] transparent *m*.

transparent [træns'pærənt] *adj* transparent(e).

transpire [træn'spaɪə'] *fml* ◇ *vt*: **it ~s**

that ... on a appris que .... ◇ *vi* [happen] se passer, arriver.

transplant [*n* 'trænspluːnt, *vb* træns'pluːnt] ◇ *n* MED greffe *f*, transplantation *f*. ◇ *vt* **-1.** MED greffer, transplanter. **-2.** [seedlings] repiquer.

transport [*n* 'trænspɔːt, *vb* træn'spɔːt] ◇ *n* transport *m*. ◇ *vt* transporter.

transportation [‚trænspɔː'teɪʃn] *n* transport *m*.

transport cafe *n Br* restaurant *m* de routiers, routier *m*.

transpose [træns'pəʊz] *vt* transposer.

trap [træp] ◇ *n* piège *m*. ◇ *vt* prendre au piège; **to be trapped** être coincé.

trapdoor [‚træp'dɔː'] *n* trappe *f*.

trapeze [trə'piːz] *n* trapèze *m*.

trappings ['træpɪŋz] *npl* signes *mpl* extérieurs.

trash [træʃ] *n* (*U*) **-1.** *Am* [refuse] ordures *fpl*. **-2.** *inf pej* [poor-quality thing] camelote *f*.

trashcan ['træʃkæn] *n Am* poubelle *f*.

traumatic [trɔː'mætɪk] *adj* traumatisant(e).

travel ['trævl] ◇ *n* (*U*) voyage *m*, voyages *mpl*. ◇ *vt* parcourir. ◇ *vi* **-1.** [make journey] voyager. **-2.** [move - current, signal] aller, passer; [- news] se répandre, circuler.

travel agency *n* agence *f* de voyages.

travel agent *n* agent *m* de voyages; **to/at the ~'s** à l'agence *f* de voyages.

traveller *Br*, **traveler** *Am* ['trævlə'] *n* **-1.** [person on journey] voyageur *m*, -euse *f*. **-2.** [sales representative] représentant *m*.

traveller's cheque *n* chèque *m* de voyage.

travelling *Br*, **traveling** *Am* ['trævlɪŋ] *adj* **-1.** [theatre, circus] ambulant(e). **-2.** [clock, bag etc] de voyage; [allowance] de déplacement.

travelsick ['trævəlsɪk] *adj*: **to be ~** avoir le mal de la route/de l'air/de mer.

travesty ['trævəstɪ] *n* parodie *f*.

trawler ['trɔːlə'] *n* chalutier *m*.

tray [treɪ] *n* plateau *m*.
treacherous ['tretʃərəs] *adj* traître (traîtresse).
treachery ['tretʃərɪ] *n* traîtrise *f*.
treacle ['triːkl] *n Br* mélasse *f*.
tread [tred] (*pt* **trod**, *pp* **trodden**) ◇ *n* **-1.** [on tyre] bande *f* de roulement; [of shoe] semelle *f*. **-2.** [way of walking] pas *m*; [sound] bruit *m* de pas. ◇ *vi*: to ~ (**on**) marcher (sur).
treason ['triːzn] *n* trahison *f*.
treasure ['treʒəʳ] ◇ *n* trésor *m*. ◇ *vt* [object] garder précieusement; [memory] chérir.
treasurer ['treʒərəʳ] *n* trésorier *m*, -ière *f*.
treasury ['treʒərɪ] *n* [room] trésorerie *f*.
◆ **Treasury** *n*: **the Treasury** le ministère des Finances.
treat [triːt] ◇ *vt* **-1.** [gen] traiter. **-2.** [on special occasion]: to ~ **sb to sthg** offrir OR payer qqch à qqn. ◇ *n* **-1.** [gift] cadeau *m*. **-2.** [delight] plaisir *m*.
treatise ['triːtɪs] *n*: ~ (**on**) traité *m* (de).
treatment ['triːtmənt] *n* traitement *m*.
treaty ['triːtɪ] *n* traité *m*.
treble ['trebl] ◇ *adj* **-1.** [MUS - voice] de soprano; [- recorder] aigu (aiguë). **-2.** [triple] triple. ◇ *n* [on stereo control] aigu *m*; [boy singer] soprano *m*. ◇ *vt & vi* tripler.
treble clef *n* clef *f* de sol.
tree [triː] *n* **-1.** [gen] arbre *m*. **-2.** COMPUT arbre *m*, arborescence *f*.
treetop ['triːtɒp] *n* cime *f*.
tree-trunk *n* tronc *m* d'arbre.
trek [trek] *n* randonnée *f*.
trellis ['trelɪs] *n* treillis *m*.
tremble ['trembl] *vi* trembler.
tremendous [trɪ'mendəs] *adj* **-1.** [size, success, difference] énorme; [noise] terrible. **-2.** *inf* [really good] formidable.
tremor ['treməʳ] *n* tremblement *m*.
trench [trentʃ] *n* tranchée *f*.
trench coat *n* trench-coat *m*.
trend [trend] *n* [tendency] tendance *f*.
trendy [trendɪ] *inf adj* branché(e), à la mode.

trepidation [ˌtrepɪ'deɪʃn] *n fml*: **in** OR **with** ~ avec inquiétude.
trespass ['trespəs] *vi* [on land] entrer sans permission; "**no** ~**ing**" «défense d'entrer».
trespasser ['trespəsəʳ] *n* intrus *m*, -e *f*.
trestle ['tresl] *n* tréteau *m*.
trestle table *n* table *f* à tréteaux.
trial ['traɪəl] *n* **-1.** JUR procès *m*; **to be on** ~ (**for**) passer en justice (pour). **-2.** [test, experiment] essai *m*; **on** ~ à l'essai; **by** ~ **and error** en tâtonnant. **-3.** [unpleasant experience] épreuve *f*.
triangle ['traɪæŋgl] *n* [gen] triangle *m*.
tribe [traɪb] *n* tribu *f*.
tribunal [traɪ'bjuːnl] *n* tribunal *m*.
tributary ['trɪbjʊtrɪ] *n* affluent *m*.
tribute ['trɪbjuːt] *n* tribut *m*, hommage *m*; **to pay** ~ **to** payer tribut à, rendre hommage à; **to be a** ~ **to sthg** témoigner de qqch.
trice [traɪs] *n*: **in a** ~ en un clin d'œil.
trick [trɪk] ◇ *n* **-1.** [to deceive] tour *m*, farce *f*; **to play a** ~ **on sb** jouer un tour à qqn. **-2.** [to entertain] tour *m*. **-3.** [knack] truc *m*; **that will do the** ~ *inf* ça fera l'affaire. ◇ *vt* attraper, rouler; **to** ~ **sb into doing sthg** amener qqn à faire qqch (par la ruse).
trickery ['trɪkərɪ] *n* (U) ruse *f*.
trickle ['trɪkl] ◇ *n* [of liquid] filet *m*. ◇ *vi* [liquid] dégouliner; **to** ~ **in/out** [people] entrer/sortir par petits groupes.
tricky ['trɪkɪ] *adj* [difficult] difficile.
tricycle ['traɪsɪkl] *n* tricycle *m*.
tried [traɪd] *adj*: ~ **and tested** [method, system] qui a fait ses preuves.
trifle ['traɪfl] *n* **-1.** *Br* CULIN ≃ diplomate *m*. **-2.** [unimportant thing] bagatelle *f*.
◆ **a trifle** *adv* un peu, un tantinet.
trifling ['traɪflɪŋ] *adj* insignifiant(e).
trigger ['trɪgəʳ] *n* [on gun] détente *f*, gâchette *f*.
◆ **trigger off** *vt sep* déclencher, provoquer.
trill [trɪl] *n* trille *m*.

trim [trɪm] ◇ *adj* **-1.** [neat and tidy] net (nette). **-2.** [slim] svelte. ◇ *n* [of hair] coupe *f*. ◇ *vt* **-1.** [cut - gen] couper; [- hedge] tailler. **-2.** [decorate]: **to ~ sthg (with)** garnir OR orner qqch (de).

trimming ['trɪmɪŋ] *n* **-1.** [on clothing] parement *m*. **-2.** CULIN garniture *f*.

trinket ['trɪŋkɪt] *n* bibelot *m*.

trio ['triːəʊ] (*pl* **-s**) *n* trio *m*.

trip [trɪp] ◇ *n* **-1.** [journey] voyage *m*. **-2.** *drugs sl* trip *m*. ◇ *vt* [make stumble] faire un croche-pied à. ◇ *vi* [stumble]: **to ~ (over)** trébucher (sur).
♦ **trip up** *vt sep* [make stumble] faire un croche-pied à.

tripe [traɪp] *n* (*U*) **-1.** CULIN tripe *f*. **-2.** *inf* [nonsense] bêtises *fpl*, idioties *fpl*.

triple ['trɪpl] ◇ *adj* triple. ◇ *vt & vi* tripler.

triple jump *n*: **the ~** le triple saut.

triplets ['trɪplɪts] *npl* triplés *mpl*, triplées *fpl*.

triplicate ['trɪplɪkət] *n*: **in ~** en trois exemplaires.

tripod ['traɪpɒd] *n* trépied *m*.

trite [traɪt] *adj pej* banal(e).

triumph ['traɪəmf] ◇ *n* triomphe *m*. ◇ *vi*: **to ~ (over)** triompher (de).

trivia ['trɪvɪə] *n* (*U*) [trifles] vétilles *fpl*, riens *mpl*.

trivial ['trɪvɪəl] *adj* insignifiant(e).

trod [trɒd] *pt* → **tread**.

trodden ['trɒdn] *pp* → **tread**.

trolley ['trɒlɪ] (*pl* **trolleys**) *n* **-1.** *Br* [for shopping, luggage] chariot *m*, caddie *m*. **-2.** *Br* [for food, drinks] chariot *m*, table *f* roulante. **-3.** *Am* [tram] tramway *m*, tram *m*.

trombone [trɒm'bəʊn] *n* MUS trombone *m*.

troop [truːp] ◇ *n* bande *f*, troupe *f*. ◇ *vi*: **to ~ in/out/off** entrer/sortir/partir en groupe.
♦ **troops** *npl* troupes *fpl*.

trophy ['trəʊfɪ] *n* trophée *m*.

tropical ['trɒpɪkl] *adj* tropical(e).

tropics ['trɒpɪks] *npl*: **the ~** les tropiques *mpl*.

trot [trɒt] ◇ *n* [of horse] trot *m*. ◇ *vi* trotter.
♦ **on the trot** *adv inf* de suite, d'affilée.

trouble ['trʌbl] ◇ *n* (*U*) **-1.** [difficulty] problème *m*, difficulté *f*; **to be in ~** avoir des ennuis. **-2.** [bother] peine *f*, mal *m*; **to take the ~ to do sthg** se donner la peine de faire qqch; **it's no ~!** ça ne me dérange pas! **-3.** [pain, illness] mal *m*, ennui *m*. **-4.** [fighting] bagarre *f*, POL troubles *mpl*, conflits *mpl*. ◇ *vt* **-1.** [worry, upset] peiner, troubler. **-2.** [bother] déranger. **-3.** [give pain to] faire mal à.
♦ **troubles** *npl* **-1.** [worries] ennuis *mpl*. **-2.** POL troubles *mpl*, conflits *mpl*.

troubled ['trʌbld] *adj* **-1.** [worried] inquiet(iète). **-2.** [disturbed - period] de troubles, agité(e); [- country] qui connaît une période de troubles.

troublemaker ['trʌbl,meɪkə*r*] *n* fauteur *m*, -trice *f* de troubles.

troubleshooter ['trʌbl,ʃuːtə*r*] *n* expert *m*, spécialiste *m*.

troublesome ['trʌblsəm] *adj* [job] pénible; [cold] gênant(e); [back, knee] qui fait souffrir.

trough [trɒf] *n* **-1.** [for animals - with water] abreuvoir *m*; [- with food] auge *f*. **-2.** [low point - of wave] creux *m*; *fig* point *m* bas.

troupe [truːp] *n* troupe *f*.

trousers ['traʊzəz] *npl* pantalon *m*.

trout [traʊt] (*pl inv* OR **-s**) *n* truite *f*.

trowel ['traʊəl] *n* [for gardening] déplantoir *m*; [for cement, plaster] truelle *f*.

truant ['truːənt] *n* [child] élève *mf* absentéiste; **to play ~** faire l'école buissonnière.

truce [truːs] *n* trêve *f*.

truck [trʌk] *n* **-1.** [lorry] camion *m*. **-2.** RAIL wagon *m* à plate-forme.

truck driver *n* routier *m*.

trucker ['trʌkə*r*] *n Am* routier *m*.

truck farm *n Am* jardin *m* maraîcher.

truculent ['trʌkjʊlənt] *adj* agressif(ive).

trudge [trʌdʒ] *vi* marcher péniblement.

true [truː] *adj* **-1.** [factual] vrai(e); **to come** ~ se réaliser. **-2.** [genuine] vrai(e), authentique; ~ **love** le grand amour. **-3.** [exact] exact(e). **-4.** [faithful] fidèle, loyal(e).

truffle ['trʌfl] *n* truffe *f.*

truly ['truːlɪ] *adv* **-1.** [gen] vraiment. **-2.** [sincerely] vraiment, sincèrement. **-3.** *phr:* **yours** ~ [at end of letter] croyez à l'expression de mes sentiments distingués.

trump [trʌmp] *n* atout *m.*

trumped-up ['trʌmpt-] *adj pej* inventé(e) de toutes pièces.

trumpet ['trʌmpɪt] *n* trompette *f.*

truncheon ['trʌntʃən] *n* matraque *f.*

trundle ['trʌndl] *vi* aller lentement.

trunk [trʌŋk] *n* **-1.** [of tree, person] tronc *m.* **-2.** [of elephant] trompe *f.* **-3.** [box] malle *f.* **-4.** *Am* [of car] coffre *m.*
◆ **trunks** *npl* maillot *m* de bain.

trunk call *n Br* communication *f* interurbaine.

trunk road *n* (route *f*) nationale *f.*

truss [trʌs] *n* MED bandage *m* herniaire.

trust [trʌst] ◇ *vt* **-1.** [have confidence in] avoir confiance en, se fier à; **to** ~ **sb to do sthg** compter sur qqn pour faire qqch. **-2.** [entrust]: **to** ~ **sb with sthg** confier qqch à qqn. **-3.** *fml* [hope]: **to** ~ **(that)** ... espérer que .... ◇ *n* **-1.** (U) [faith]: ~ **(in sb/sthg)** confiance *f* (en qqn/dans qqch). **-2.** (U) [responsibility] responsabilité *f.* **-3.** FIN: **in** ~ en dépôt. **-4.** COMM trust *m.*

trusted ['trʌstɪd] *adj* [person] de confiance; [method] qui a fait ses preuves.

trustee [trʌs'tiː] *n* FIN & JUR fidéicommissaire *mf;* [of institution] administrateur *m,* -trice *f.*

trust fund *n* fonds *m* en fidéicommis.

trusting ['trʌstɪŋ] *adj* confiant(e).

trustworthy ['trʌst,wɜːðɪ] *adj* digne de confiance.

truth [truːθ] *n* vérité *f;* **in (all)** ~ à dire vrai, en vérité.

truthful ['truːθful] *adj* [person, reply] honnête; [story] véridique.

try [traɪ] ◇ *vt* **-1.** [attempt, test] essayer; [food, drink] goûter; **to** ~ **to do sthg** essayer de faire qqch. **-2.** JUR juger. **-3.** [put to the test] éprouver, mettre à l'épreuve. ◇ *vi* essayer; **to** ~ **for sthg** essayer d'obtenir qqch. ◇ *n* **-1.** [attempt] essai *m,* tentative *f;* **to give sthg a** ~ essayer qqch. **-2.** RUGBY essai *m.*
◆ **try on** *vt sep* [clothes] essayer.
◆ **try out** *vt sep* essayer.

trying ['traɪɪŋ] *adj* pénible, éprouvant(e).

T-shirt *n* tee-shirt *m.*

T-square *n* té *m.*

tub [tʌb] *n* **-1.** [of ice cream - large] boîte *f;* [- small] petit pot *m;* [of margarine] barquette *f.* **-2.** [bath] baignoire *f.*

tubby ['tʌbɪ] *adj inf* rondouillard(e), boulot(otte).

tube [tjuːb] *n* **-1.** [cylinder, container] tube *m.* **-2.** *Br* [underground train] métro *m;* **the** ~ [system] le métro; **by** ~ en métro.

tuberculosis [tjuːˌbɜːkjʊˈləʊsɪs] *n* tuberculose *f.*

tubing ['tjuːbɪŋ] *n* (U) tubes *mpl,* tuyaux *mpl.*

tubular ['tjuːbjʊləʳ] *adj* tubulaire.

TUC *n abbr of* Trades Union Congress.

tuck [tʌk] *vt* [place neatly] ranger.
◆ **tuck away** *vt sep* [store] mettre de côté OR en lieu sûr.
◆ **tuck in** ◇ *vt* **-1.** [child, patient] border. **-2.** [clothes] rentrer. ◇ *vi inf* boulotter.
◆ **tuck up** *vt sep* [child, patient] border.

tuck shop *n Br* [at school] *petite boutique qui vend des bonbons et des gâteaux.*

Tuesday ['tjuːzdɪ] *n* mardi *m;* see also **Saturday.**

tuft [tʌft] *n* touffe *f.*

tug [tʌg] ◇ n **-1.** [pull]: **to give sthg a ~** tirer sur qqch. **-2.** [boat] remorqueur m. ◇ vt tirer. ◇ vi: **to ~ (at)** tirer (sur).

tug-of-war n lutte f de traction à la corde; fig lutte acharnée.

tuition [tjuːˈɪʃn] n (U) cours mpl.

tulip [ˈtjuːlɪp] n tulipe f.

tumble [ˈtʌmbl] ◇ vi **-1.** [person] tomber, faire une chute; [water] tomber en cascades. **-2.** fig [prices] tomber, chuter. ◇ n chute f, culbute f.
◆ **tumble to** vt fus Br inf piger.

tumbledown [ˈtʌmbldaʊn] adj délabré(e), qui tombe en ruines.

tumble-dryer [-ˌdraɪəʳ] n sèche-linge m inv.

tumbler [ˈtʌmbləʳ] n [glass] verre m (droit).

tummy [ˈtʌmɪ] n inf ventre m.

tumour Br, **tumor** Am [ˈtjuːməʳ] n tumeur f.

tuna [Br ˈtjuːnə, Am ˈtuːnə] (pl inv OR **-s**) n thon m.

tune [tjuːn] ◇ n **-1.** [song, melody] air m. **-2.** [harmony]: **in ~** [instrument] accordé(e), juste; [play, sing] juste; **out of ~** [instrument] mal accordé(e); [play, sing] faux; **to be in/out of ~ (with)** fig être en accord/désaccord (avec). ◇ vt **-1.** MUS accorder. **-2.** RADIO & TV régler. **-3.** [engine] régler.
◆ **tune in** vi RADIO & TV être à l'écoute; **to ~ in to** se mettre sur.
◆ **tune up** vi MUS accorder son instrument.

tuneful [ˈtjuːnfʊl] adj mélodieux(ieuse).

tuner [ˈtjuːnəʳ] n **-1.** RADIO & TV syntoniseur m, tuner m. **-2.** MUS [person] accordeur m.

tunic [ˈtjuːnɪk] n tunique f.

tuning fork [ˈtjuːnɪŋ-] n diapason m.

Tunisia [tjuːˈnɪzɪə] n Tunisie f.

tunnel [ˈtʌnl] ◇ n tunnel m. ◇ vi faire OR creuser un tunnel.

turban [ˈtɜːbən] n turban m.

turbine [ˈtɜːbaɪn] n turbine f.

turbocharged [ˈtɜːbəʊtʃɑːdʒd] adj turbo (inv).

turbulence [ˈtɜːbjʊləns] n (U) **-1.** [in air, water] turbulence f. **-2.** fig [unrest] agitation f.

turbulent [ˈtɜːbjʊlənt] adj **-1.** [air, water] agité(e). **-2.** fig [disorderly] tumultueux(euse), agité(e).

tureen [təˈriːn] n soupière f.

turf [tɜːf] (pl **-s** OR **turves**) ◇ n [grass surface] gazon m; [clod] motte f de gazon. ◇ vt gazonner.
◆ **turf out** vt sep Br inf [person] virer; [old clothes] balancer, bazarder.

turgid [ˈtɜːdʒɪd] adj fml [style, writing] pompeux(euse), ampoulé(e).

Turk [tɜːk] n Turc m, Turque f.

turkey [ˈtɜːkɪ] (pl **turkeys**) n dinde f.

Turkey [ˈtɜːkɪ] n Turquie f.

Turkish [ˈtɜːkɪʃ] ◇ adj turc (turque). ◇ n [language] turc m. ◇ npl: **the ~** les Turcs mpl.

Turkish delight n loukoum m.

turmoil [ˈtɜːmɔɪl] n agitation f, trouble m.

turn [tɜːn] ◇ n **-1.** [in road] virage m, tournant m; [in river] méandre m. **-2.** [revolution, twist] tour m. **-3.** [change] tournure f, tour m. **-4.** [in game] tour m; **in ~** tour à tour, chacun (à) son tour. **-5.** [performance] numéro m. **-6.** MED crise f, attaque f. **-7.** phr: **to do sb a good ~** rendre (un) service à qqn. ◇ vt **-1.** [gen] tourner; [omelette, steak etc] retourner; **to ~ sthg inside out** retourner qqch; **to ~ one's thoughts/attention to sthg** tourner ses pensées/son attention vers qqch. **-2.** [change]: **to ~ sthg into** changer qqch en. **-3.** [become]: **to ~ red** rougir. ◇ vi **-1.** [gen] tourner; [person] se tourner, se retourner. **-2.** [in book]: **to ~ to a page** se reporter OR aller à une page. **-3.** [for consolation]: **to ~ to sb/sthg** se tourner vers qqn/qqch. **-4.** [change]: **to ~ into** se changer en, se transformer en.
◆ **turn around** = turn round.
◆ **turn away** ◇ vt sep [refuse entry to] refuser. ◇ vi se détourner.
◆ **turn back** ◇ vt sep [sheets] replier;

[person, vehicle] refouler. ◇ *vi* rebrousser chemin.

◆ **turn down** *vt sep* **-1.** [reject] rejeter, refuser. **-2.** [radio, volume, gas] baisser.

◆ **turn in** *vi inf* [go to bed] se pieuter.

◆ **turn off** ◇ *vt fus* [road, path] quitter. ◇ *vt sep* [radio, TV, engine, gas] éteindre; [tap] fermer. ◇ *vi* [leave path, road] tourner.

◆ **turn on** ◇ *vt sep* **-1.** [radio, TV, engine, gas] allumer; [tap] ouvrir; **to ~ the light on** allumer la lumière. **-2.** *inf* [excite sexually] exciter. ◇ *vt fus* [attack] attaquer.

◆ **turn out** ◇ *vt sep* **-1.** [light, gas fire] éteindre. **-2.** [empty - pocket, bag] retourner, vider. ◇ *vt fus*: **to ~ out to be** s'avérer; **it ~s out that ...** il s'avère OR se trouve que .... ◇ *vi* **-1.** [end up] finir. **-2.** [arrive - person] venir.

◆ **turn over** ◇ *vt sep* **-1.** [playing card, stone] retourner; [page] tourner. **-2.** [consider] retourner dans sa tête. **-3.** [hand over] rendre, remettre. ◇ *vi* **-1.** [roll over] se retourner. **-2.** *Br* TV changer de chaîne.

◆ **turn round** ◇ *vt sep* **-1.** [reverse] retourner. **-2.** [wheel, words] tourner. ◇ *vi* [person] se retourner.

◆ **turn up** ◇ *vt sep* [TV, radio] mettre plus fort; [gas] monter. ◇ *vi* **-1.** [arrive - person] se pointer. **-2.** [be found - person, object] être retrouvé; [- opportunity] se présenter.

turning ['tɜːnɪŋ] *n* [off road] route *f* latérale.

turning point *n* tournant *m*, moment *m* décisif.

turnip ['tɜːnɪp] *n* navet *m*.

turnout ['tɜːnaʊt] *n* [at election] taux *m* de participation; [at meeting] assistance *f*.

turnover ['tɜːn,əʊvə'] *n* (U) **-1.** [of personnel] renouvellement *m*. **-2.** FIN chiffre *m* d'affaires.

turnpike ['tɜːnpaɪk] *n Am* autoroute *f* à péage.

turnstile ['tɜːnstaɪl] *n* tourniquet *m*.

turntable ['tɜːn,teɪbl] *n* platine *f*.

turn-up *n Br* [on trousers] revers *m inv*; **a ~ for the books** *inf* une sacrée surprise.

turpentine ['tɜːpəntaɪn] *n* térébenthine *f*.

turquoise ['tɜːkwɔɪz] ◇ *adj* turquoise (*inv*). ◇ *n* **-1.** [mineral, gem] turquoise *f*. **-2.** [colour] turquoise *m*.

turret ['tʌrɪt] *n* tourelle *f*.

turtle ['tɜːtl] (*pl inv* OR **-s**) *n* tortue *f* de mer.

turtleneck ['tɜːtlnek] *n* [garment] pull *m* à col montant; [neck] col *m* montant.

turves [tɜːvz] *Br pl* → **turf**.

tusk [tʌsk] *n* défense *f*.

tussle ['tʌsl] ◇ *n* lutte *f*. ◇ *vi* se battre; **to ~ over sthg** se disputer qqch.

tutor ['tjuːtə'] ◇ *n* **-1.** [private] professeur *m* particulier. **-2.** UNIV directeur *m*, -trice *f* d'études.

tutorial [tjuː'tɔːrɪəl] *n* travaux *mpl* dirigés.

tuxedo [tʌk'siːdəʊ] (*pl* **-s**) *n* smoking *m*.

TV (*abbr of* **television**) *n* **-1.** (U) [medium, industry] **télé** *f*. **-2.** [apparatus] (poste *m* de) télé *f*.

twang [twæŋ] *n* **-1.** [sound] bruit *m* de pincement. **-2.** [accent] nasillement *m*.

tweed [twiːd] *n* tweed *m*.

tweezers ['twiːzəz] *npl* pince *f* à épiler.

twelfth [twelfθ] *num* douzième; *see also* **sixth**.

twelve [twelv] *num* douze; *see also* **six**.

twentieth ['twentɪəθ] *num* vingtième; *see also* **sixth**.

twenty ['twentɪ] *num* vingt; *see also* **six**.

twice [twaɪs] *adv* deux fois; **~ a day** deux fois par jour; **he earns ~ as much as me** il gagne deux fois plus que moi OR le double de moi; **~ as big** deux fois plus grand; **~ my size/age** le double de ma taille/mon âge.

twiddle ['twɪdl] ◇ vt jouer avec. ◇ vi: **to ~ with sthg** jouer avec qqch.

twig [twɪg] n brindille f, petite branche f.

twilight ['twaɪlaɪt] n crépuscule m.

twin [twɪn] ◇ adj jumeau (jumelle); [town] jumelé(e); **~ beds** lits mpl jumeaux. ◇ n jumeau m, jumelle f.

twin-bedded [-'bedɪd] adj à deux lits.

twine [twaɪn] ◇ n (U) ficelle f. ◇ vt: **to ~ sthg round sthg** enrouler qqch autour de qqch.

twinge [twɪndʒ] n [of pain] élancement m; **a ~ of guilt** un remords.

twinkle ['twɪŋkl] vi [star, lights] scintiller; [eyes] briller, pétiller.

twin room n chambre f à deux lits.

twin town n ville f jumelée.

twirl [twɜːl] ◇ vt faire tourner. ◇ vi tournoyer.

twist [twɪst] ◇ n **-1.** [in road] zigzag m, tournant m; [in river] méandre m, coude m; [in rope] entortillement m. **-2.** fig [in plot] tour m. ◇ vt **-1.** [wind, curl] entortiller. **-2.** [contort] tordre. **-3.** [turn] tourner; [lid - to open] dévisser; [- to close] visser. **-4.** [sprain]: **to ~ one's ankle** se tordre OR se fouler la cheville. **-5.** [words, meaning] déformer. ◇ vi **-1.** [river, path] zigzaguer. **-2.** [be contorted] se tordre. **-3.** [turn]: **to ~ round** se retourner.

twit [twɪt] n Br inf crétin m, -e f.

twitch [twɪtʃ] ◇ n tic m. ◇ vi [muscle, eye, face] se contracter.

two [tuː] num deux; **in ~** en deux; see also **six**.

two-door adj [car] à deux portes.

twofaced [,tuː'feɪst] adj pej fourbe.

twofold ['tuːfəʊld] ◇ adj double. ◇ adv doublement; **to increase ~** doubler.

two-piece adj: **~ swimsuit** deux-pièces m inv; **~ suit** [for man] costume m (deux-pièces).

twosome ['tuːsəm] n inf couple m.

two-way adj [traffic, trade] dans les deux sens.

tycoon [taɪ'kuːn] n magnat m.

type [taɪp] ◇ n **-1.** [sort, kind] genre m, sorte f; [model] modèle m; [in classification] type m. **-2.** (U) TYPO caractères mpl. ◇ vt [letter, reply] taper (à la machine). ◇ vi taper (à la machine).

typecast ['taɪpkɑːst] (pt & pp **typecast**) vt: **to be ~ as** être cantonné dans le rôle de; **to be ~** être cantonné aux mêmes rôles.

typeface ['taɪpfeɪs] n TYPO œil m de caractère.

typescript ['taɪpskrɪpt] n texte m dactylographié.

typeset ['taɪpset] (pt & pp **typeset**) vt composer.

typewriter ['taɪp,raɪtər] n machine f à écrire.

typhoid (fever) ['taɪfɔɪd-] n typhoïde f.

typhoon [taɪ'fuːn] n typhon m.

typical ['tɪpɪkl] adj: **~ (of)** typique (de), caractéristique (de); **that's ~ (of him/her)!** c'est bien de lui/d'elle!

typing ['taɪpɪŋ] n dactylo f, dactylographie f.

typist ['taɪpɪst] n dactylo mf, dactylographe mf.

typography [taɪ'pɒgrəfɪ] n typographie f.

tyranny ['tɪrənɪ] n tyrannie f.

tyrant ['taɪrənt] n tyran m.

tyre Br, **tire** Am ['taɪər] n pneu m.

tyre pressure n pression f (de gonflage).

U

u (pl **u's** OR **us**), **U** (pl **U's** OR **Us**) [juː] n [letter] u m inv, U m inv.

U-bend n siphon m.

udder ['ʌdər] n mamelle f.

UFO (abbr of **unidentified flying object**) n OVNI m, ovni m.

Uganda [juː'gændə] n Ouganda m.

ugh [ʌg] excl pouah!, beurk!

ugly ['ʌglɪ] *adj* **-1.** [unattractive] laid(e).
-2. *fig* [unpleasant] **pénible, désagréable.**

UHF (*abbr of* **ultra-high frequency**) *n*
UHF.

UK (*abbr of* **United Kingdom**) *n*
Royaume-Uni *m*, R.U. *m*.

Ukraine [juːˈkreɪn] *n*: **the ~** l'Ukraine
f.

ulcer ['ʌlsər] *n* ulcère *m*.

ulcerated ['ʌlsəreɪtɪd] *adj* ulcéré(e).

Ulster ['ʌlstər] *n* Ulster *m*.

ulterior [ʌlˈtɪərɪər] *adj*: **~ motive**
arrière-pensée *f*.

ultimata [ˌʌltɪˈmeɪtə] *pl* → **ultimatum.**

ultimate ['ʌltɪmət] ◇ *adj* **-1.** [final]
final(e), ultime. **-2.** [most powerful] ultime, suprême. ◇ *n*: **the ~ in** le fin
du fin dans.

ultimately ['ʌltɪmətlɪ] *adv* [finally] finalement.

ultimatum [ˌʌltɪˈmeɪtəm] (*pl* **-tums** OR
-ta [-tə]) *n* ultimatum *m*.

ultrasound ['ʌltrəsaʊnd] *n* (U) ultra-
sons *mpl*.

ultraviolet [ˌʌltrəˈvaɪələt] *adj* ultra-
violet(ette).

umbilical cord [ʌmˈbɪlɪkl-] *n* cordon
m ombilical.

umbrella [ʌmˈbrelə] ◇ *n* [portable] parapluie *m*; [fixed] parasol *m*. ◇ *adj* [or-
ganization] qui en regroupe plusieurs
autres.

umpire ['ʌmpaɪər] ◇ *n* arbitre *m*. ◇ *vt*
arbitrer.

umpteen [ˌʌmpˈtiːn] *num adj inf* je ne
sais combien de.

umpteenth [ˌʌmpˈtiːnθ] *num adj inf*
énième.

UN (*abbr of* **United Nations**) *n*: **the ~**
l'ONU *f*, l'Onu *f*.

unabated [ˌʌnəˈbeɪtɪd] *adj*: **the rain
continued ~** la pluie continua de
tomber sans répit.

unable [ʌnˈeɪbl] *adj*: **to be ~ to do
sthg** ne pas pouvoir faire qqch, être
incapable de faire qqch.

unacceptable [ˌʌnəkˈseptəbl] *adj* inacceptable.

unaccompanied [ˌʌnəˈkʌmpənɪd] *adj*
-1. [child] non accompagné(e); [lug-
gage] sans surveillance. **-2.** [song] a
cappella, sans accompagnement.

unaccountably [ˌʌnəˈkaʊntəblɪ] *adv*
[inexplicably] de façon inexplicable,
inexplicablement.

unaccounted [ˌʌnəˈkaʊntɪd] *adj*: **to be
~ for** manquer.

unaccustomed [ˌʌnəˈkʌstəmd] *adj* [un-
used]: **to be ~ to sthg/to doing sthg**
ne pas être habitué(e) à qqch/à faire
qqch.

unadulterated [ˌʌnəˈdʌltəreɪtɪd] *adj*
-1. [unspoilt - wine] non frelaté(e);
[- food] naturel(elle). **-2.** [absolute -
joy] sans mélange; [- nonsense, truth]
pur et simple (pure et simple).

unanimous [juːˈnænɪməs] *adj* unanime.

unanimously [juːˈnænɪməslɪ] *adv* à
l'unanimité.

unanswered [ˌʌnˈɑːnsəd] *adj* qui reste
sans réponse.

unappetizing, -ising [ˌʌnˈæpɪtaɪzɪŋ]
adj peu appétissant(e).

unarmed [ˌʌnˈɑːmd] *adj* non armé(e).

unarmed combat *n* combat *m* sans
armes.

unashamed [ˌʌnəˈʃeɪmd] *adj* [luxury]
insolent(e); [liar, lie] effronté(e), éhon-
té(e).

unassuming [ˌʌnəˈsjuːmɪŋ] *adj* modeste, effacé(e).

unattached [ˌʌnəˈtætʃt] *adj* **-1.** [not
fastened, linked]: **~ (to)** indépen-
dant(e) (de). **-2.** [without partner] libre,
sans attaches.

unattended [ˌʌnəˈtendɪd] *adj* [luggage,
shop] sans surveillance; [child] seul(e).

unattractive [ˌʌnəˈtræktɪv] *adj* **-1.** [not
beautiful] peu attrayant(e), peu sédui-
sant(e). **-2.** [not pleasant] déplai-
sant(e).

unauthorized, -ised [ˌʌnˈɔːθəraɪzd]
adj non autorisé(e).

unavailable [ˌʌnəˈveɪləbl] *adj* qui n'est
pas disponible, indisponible.

unavoidable [ˌʌnəˈvɔɪdəbl] *adj* inévitable.

unaware [ˌʌnə'weəʳ] *adj* ignorant(e), inconscient(e); **to be ~ of sthg** ne pas avoir conscience de qqch, ignorer qqch.

unawares [ˌʌnə'weəz] *adv*: **to catch** OR **take sb ~** prendre qqn au dépourvu.

unbalanced [ˌʌn'bælənst] *adj* **-1.** [biased] tendancieux(ieuse), partial(e). **-2.** [deranged] déséquilibré(e).

unbearable [ʌn'beərəbl] *adj* insupportable.

unbeatable [ˌʌn'biːtəbl] *adj* imbattable.

unbeknown(st) [ˌʌnbɪ'nəʊn(st)] *adv*: **~ to** à l'insu de.

unbelievable [ˌʌnbɪ'liːvəbl] *adj* incroyable.

unbending [ˌʌn'bendɪŋ] *adj* inflexible, intransigeant(e).

unbia(s)sed [ˌʌn'baɪəst] *adj* impartial(e).

unborn [ˌʌn'bɔːn] *adj* [child] qui n'est pas encore né(e).

unbreakable [ˌʌn'breɪkəbl] *adj* incassable.

unbridled [ˌʌn'braɪdld] *adj* effréné(e), débridé(e).

unbutton [ˌʌn'bʌtn] *vt* déboutonner.

uncalled-for [ˌʌn'kɔːld-] *adj* [remark] déplacé(e); [criticism] injustifié(e).

uncanny [ʌn'kænɪ] *adj* étrange, mystérieux(ieuse); [resemblance] troublant(e).

unceasing [ˌʌn'siːsɪŋ] *adj fml* incessant(e), continuel(elle).

unceremonious ['ʌn,serɪ'məʊnjəs] *adj* brusque.

uncertain [ʌn'sɜːtn] *adj* incertain(e); **in no ~ terms** sans mâcher ses mots.

unchanged [ˌʌn'tʃeɪndʒd] *adj* inchangé(e).

unchecked [ˌʌn'tʃekt] *adj* non maîtrisé(e), sans frein.

uncivilized, -ised [ˌʌn'sɪvɪlaɪzd] *adj* non civilisé(e), barbare.

uncle ['ʌŋkl] *n* oncle *m*.

unclear [ˌʌn'klɪəʳ] *adj* **-1.** [message, meaning, motive] qui n'est pas clair(e). **-2.** [uncertain - person, future] incertain(e).

uncomfortable [ˌʌn'kʌmftəbl] *adj* **-1.** [shoes, chair, clothes etc] inconfortable; *fig* [fact, truth] désagréable. **-2.** [person - physically] qui n'est pas à l'aise; [- ill at ease] mal à l'aise.

uncommon [ʌn'kɒmən] *adj* **-1.** [rare] rare. **-2.** *fml* [extreme] extraordinaire.

uncompromising [ˌʌn'kɒmprəmaɪzɪŋ] *adj* intransigeant(e).

unconcerned [ˌʌnkən'sɜːnd] *adj* [not anxious] qui ne s'inquiète pas.

unconditional [ˌʌnkən'dɪʃənl] *adj* inconditionnel(elle).

unconscious [ʌn'kɒnʃəs] ◇ *adj* **-1.** [having lost consciousness] sans connaissance. **-2.** *fig* [unaware]: **to be ~ of** ne pas avoir conscience de, ne pas se rendre compte de. **-3.** [unnoticed - desires, feelings] inconscient(e). ◇ *n* PSYCH inconscient *m*.

unconsciously [ʌn'kɒnʃəslɪ] *adv* inconsciemment.

uncontrollable [ˌʌnkən'trəʊləbl] *adj* **-1.** [unrestrainable - emotion, urge] irrépressible, irrésistible; [- increase, epidemic] qui ne peut être enrayé(e). **-2.** [unmanageable - person] impossible, difficile.

unconventional [ˌʌnkən'venʃənl] *adj* peu conventionnel(elle), original(e).

unconvinced [ˌʌnkən'vɪnst] *adj* qui n'est pas convaincu(e), sceptique.

uncouth [ʌn'kuːθ] *adj* grossier(ière).

uncover [ʌn'kʌvəʳ] *vt* découvrir.

undecided [ˌʌndɪ'saɪdɪd] *adj* [person] indécis(e), irrésolu(e); [issue] indécis(e).

undeniable [ˌʌndɪ'naɪəbl] *adj* indéniable, incontestable.

under ['ʌndəʳ] ◇ *prep* **-1.** [gen] sous. **-2.** [less than] moins de; **children ~ five** les enfants de moins de cinq ans. **-3.** [subject to - effect, influence] sous; **~ the circumstances** dans ces circonstances, étant donné les circonstances; **to be ~ the impression that ...** avoir l'impression que .... **-4.** [undergoing]: **~ discussion** en discussion; **~ consideration** à l'étude, à l'examen. **-5.** [according to] selon, conformément à. ◇ *adv* **-1.** [underneath] dessous; [underwater] sous l'eau; **to go ~** [company] couler, faire faillite. **-2.** [less] au-dessous.

underage [ˌʌndər'eɪdʒ] *adj* mineur(e).

undercarriage ['ʌndə,kærɪdʒ] *n* train *m* d'atterrissage.

undercharge [ˌʌndə'tʃɑːdʒ] *vt* ne pas faire assez payer à.

underclothes ['ʌndəkləʊðz] *npl* sous-vêtements *mpl*.

undercoat ['ʌndəkəʊt] *n* [of paint] couche *f* de fond.

undercover ['ʌndə,kʌvə'] *adj* secret(ète).

undercurrent ['ʌndə,kʌrənt] *n fig* [tendency] courant *m* sous-jacent.

undercut [ˌʌndə'kʌt] (*pt & pp* **undercut**) *vt* [in price] vendre moins cher que.

underdeveloped [ˌʌndədɪ'veləpt] *adj* [country] sous-développé(e); [person] qui n'est pas complètement développé(e) OR formé(e).

underdog ['ʌndədɒg] *n*: **the ~** l'opprimé *m*; SPORT celui (celle) que l'on donne perdant(e).

underdone [ˌʌndə'dʌn] *adj* [food] pas assez cuit(e); [steak] saignant(e).

underestimate [ˌʌndər'estɪmeɪt] *vt* sous-estimer.

underexposed [ˌʌndərɪk'spəʊzd] *adj* PHOT sous-exposé(e).

underfoot [ˌʌndə'fʊt] *adv* sous les pieds.

undergo [ˌʌndə'gəʊ] (*pt* **-went**, *pp* **-gone** [-'gɒn]) *vt* subir; [pain, difficulties] éprouver.

undergraduate [ˌʌndə'grædjʊət] *n* étudiant *m*, -e *f* qui prépare la licence.

underground [*adj & n* 'ʌndəgraʊnd, *adv* ˌʌndə'graʊnd] ◇ *adj* **-1.** [below the ground] souterrain(e). **-2.** *fig* [secret] clandestin(e). ◇ *adv*: **to go/be forced ~** entrer dans la clandestinité. ◇ *n* **-1.** *Br* [subway] métro *m*. **-2.** [activist movement] résistance *f*.

undergrowth ['ʌndəgrəʊθ] *n* (*U*) sous-bois *m inv*.

underhand [ˌʌndə'hænd] *adj* sournois(e), en dessous.

underline [ˌʌndə'laɪn] *vt* souligner.

underlying [ˌʌndə'laɪɪŋ] *adj* sous-jacent(e).

undermine [ˌʌndə'maɪn] *vt fig* [weaken] saper, ébranler.

underneath [ˌʌndə'niːθ] ◇ *prep* **-1.** [beneath] sous, au-dessous de. **-2.** [in movements] sous. ◇ *adv* **-1.** [beneath] en dessous, dessous. **-2.** *fig* [fundamentally] au fond. ◇ *adj inf* d'en dessous. ◇ *n* [underside]: **the ~** le dessous.

underpaid ['ʌndəpeɪd] *adj* sous-payé(e).

underpants ['ʌndəpænts] *npl* slip *m*.

underpass ['ʌndəpɑːs] *n* [for cars] passage *m* inférieur; [for pedestrians] passage *m* souterrain.

underprivileged [ˌʌndə'prɪvɪlɪdʒd] *adj* défavorisé(e), déshérité(e).

underrated [ˌʌndə'reɪtɪd] *adj* sous-estimé(e).

undershirt ['ʌndəʃɜːt] *n Am* maillot *m* de corps.

underside ['ʌndəsaɪd] *n*: **the ~** le dessous.

underskirt ['ʌndəskɜːt] *n* jupon *m*.

understand [ˌʌndə'stænd] (*pt & pp* **-stood**) ◇ *vt* **-1.** [gen] comprendre. **-2.** *fml* [be informed]: **I ~ (that)** ... je crois comprendre que ..., il paraît que .... ◇ *vi* comprendre.

understandable [ˌʌndə'stændəbl] *adj* compréhensible.

understanding [ˌʌndə'stændɪŋ] ◇ *n* **-1.** [knowledge, sympathy] compréhension *f*. **-2.** [agreement] accord *m*, arrangement *m*. ◇ *adj* [sympathetic] compréhensif(ive).

understatement [ˌʌndə'steɪtmənt] *n* **-1.** [inadequate statement] affirmation *f* en dessous de la vérité. **-2.** (*U*) [quality of understating] euphémisme *m*.

understood [ˌʌndə'stʊd] *pt & pp* → **understand**.

understudy ['ʌndə,stʌdɪ] *n* doublure *f*.

undertake [ˌʌndə'teɪk] (*pt* **-took**, *pp* **-taken** [-'teɪkn]) *vt* **-1.** [take on - gen] entreprendre; [- responsibility] assumer. **-2.** [promise]: **to ~ to do sthg** promettre de faire qqch, s'engager à faire qqch.

undertaker ['ʌndə,teɪkəʳ] *n* entrepreneur *m* des pompes funèbres.

undertaking [ˌʌndə'teɪkɪŋ] *n* **-1.** [task] entreprise *f*. **-2.** [promise] promesse *f*.

undertone ['ʌndətəʊn] *n* **-1.** [quiet voice] **voix** *f* basse. **-2.** [vague feeling] courant *m*.

undertook [ˌʌndə'tʊk] *pt* → **undertake**.

underwater [ˌʌndə'wɔːtəʳ] ◇ *adj* sous-marin(e). ◇ *adv* sous l'eau.

underwear ['ʌndəweəʳ] *n* (*U*) sous-vêtements *mpl*.

underwent [ˌʌndə'went] *pt* → **undergo**.

underworld ['ʌndə,wɜːld] *n* [criminal society]: **the ~** le milieu, la pègre.

underwriter ['ʌndə,raɪtəʳ] *n* assureur *m*.

undid [ˌʌn'dɪd] *pt* → **undo**.

undies ['ʌndɪz] *npl inf* dessous *mpl*, lingerie *f*.

undisputed [ˌʌndɪ'spjuːtɪd] *adj* incontesté(e).

undistinguished [ˌʌndɪ'stɪŋgwɪʃt] *adj* médiocre, quelconque.

undo [ˌʌn'duː] (*pt* **-did**, *pp* **-done**) *vt* **-1.** [unfasten] défaire. **-2.** [nullify] annuler, détruire.

undoing [ˌʌn'duːɪŋ] *n* (*U*) *fml* perte *f*, ruine *f*.

undone [ˌʌn'dʌn] ◇ *pp* → **undo**. ◇ *adj* **-1.** [unfastened] défait(e). **-2.** [task] non accompli(e).

undoubted [ʌn'daʊtɪd] *adj* indubitable, certain(e).

undoubtedly [ʌn'daʊtɪdlɪ] *adv* sans aucun doute.

undress [ˌʌn'dres] ◇ *vt* déshabiller. ◇ *vi* se déshabiller.

undue [ˌʌn'djuː] *adj fml* excessif(ive).

undulate ['ʌndjʊleɪt] *vi* onduler.

unduly [ˌʌn'djuːlɪ] *adv fml* trop, excessivement.

unearth [ˌʌn'ɜːθ] *vt* **-1.** [dig up] déterrer. **-2.** *fig* [discover] découvrir, dénicher.

unearthly [ʌn'ɜːθlɪ] *adj inf* [uncivilized - time of day] indu(e), impossible.

unease [ʌn'iːz] *n* (*U*) malaise *m*.

uneasy [ʌn'iːzɪ] *adj* [person, feeling] mal à l'aise, gêné(e); [peace] troublé(e), incertain(e); [silence] gêné(e).

uneconomic ['ʌn,iːkə'nɒmɪk] *adj* peu économique, peu rentable.

uneducated [ˌʌn'edjʊkeɪtɪd] *adj* [person] sans instruction.

unemployed [ˌʌnɪm'plɔɪd] ◇ *adj* au chômage, sans travail. ◇ *npl*: **the ~** les sans-travail *mpl*, les chômeurs *mpl*.

unemployment [ˌʌnɪm'plɔɪmənt] *n* chômage *m*.

unemployment benefit *Br*, **unemployment compensation** *Am n* allocation *f* de chômage.

unerring [ˌʌn'ɜːrɪŋ] *adj* sûr(e), infaillible.

uneven [ˌʌn'iːvn] *adj* **-1.** [not flat - surface] inégal(e); [- ground] accidenté(e). **-2.** [inconsistent] inégal(e). **-3.** [unfair] injuste.

unexpected [ˌʌnɪk'spektɪd] *adj* inattendu(e), imprévu(e).

unexpectedly [ˌʌnɪk'spektɪdlɪ] *adv* subitement, d'une manière imprévue.

unfailing [ʌn'feɪlɪŋ] *adj* qui ne se dément pas, constant(e).

unfair [ˌʌn'feəʳ] *adj* injuste.

unfaithful [ˌʌn'feɪθfʊl] *adj* infidèle.

unfamiliar [ˌʌnfə'mɪljəʳ] *adj* **-1.** [not well-known] peu familier(ière), peu connu(e). **-2.** [not acquainted]: **to be ~ with sthg/sb** mal connaître qqch/qqn, ne pas connaître qqch/qqn.

unfashionable [ˌʌn'fæʃnəbl] *adj* démodé(e), passé(e) de mode; [person] qui n'est plus à la mode.

unfasten [ˌʌn'fɑːsn] *vt* défaire.

unfavourable *Br*, **unfavorable** *Am* [ˌʌn'feɪvrəbl] *adj* défavorable.

unfeeling [ʌn'fiːlɪŋ] *adj* impitoyable, insensible.

unfinished [ˌʌnˈfɪnɪʃt] *adj* inachevé(e).

unfit [ˌʌnˈfɪt] *adj* **-1.** [not in good health] qui n'est pas en forme. **-2.** [not suitable]: ~ **(for)** impropre (à); [person] inapte (à).

unfold [ʌnˈfəʊld] ◇ *vt* [map, newspaper] déplier. ◇ *vi* [become clear] se dérouler.

unforeseen [ˌʌnfɔːˈsiːn] *adj* imprévu(e).

unforgettable [ˌʌnfəˈgetəbl] *adj* inoubliable.

unforgivable [ˌʌnfəˈgɪvəbl] *adj* impardonnable.

unfortunate [ʌnˈfɔːtʃnət] *adj* **-1.** [unlucky] malheureux(euse), malchanceux(euse). **-2.** [regrettable] regrettable, fâcheux(euse).

unfortunately [ʌnˈfɔːtʃnətlɪ] *adv* malheureusement.

unfounded [ˌʌnˈfaʊndɪd] *adj* sans fondement, dénué(e) de tout fondement.

unfriendly [ˌʌnˈfrendlɪ] *adj* hostile, malveillant(e).

unfurnished [ˌʌnˈfɜːnɪʃt] *adj* non meublé(e).

ungainly [ʌnˈgeɪnlɪ] *adj* gauche.

ungodly [ˌʌnˈgɒdlɪ] *adj inf* [unreasonable] indu(e), impossible.

ungrateful [ʌnˈgreɪtfʊl] *adj* ingrat(e), peu reconnaissant(e).

unhappy [ʌnˈhæpɪ] *adj* **-1.** [sad] triste, malheureux(euse). **-2.** [uneasy]: **to be** ~ **(with** OR **about)** être inquiet(iète) (au sujet de). **-3.** [unfortunate] malheureux(euse), regrettable.

unharmed [ʌnˈhɑːmd] *adj* indemne, sain et sauf (saine et sauve).

unhealthy [ʌnˈhelθɪ] *adj* **-1.** [person, skin] maladif(ive); [conditions, place] insalubre, malsain(e); [habit] malsain. **-2.** *fig* [undesirable] malsain(e).

unheard-of [ʌnˈhɜːd-] *adj* **-1.** [unknown] inconnu(e). **-2.** [unprecedented] sans précédent, inouï(e).

unhook [ˌʌnˈhʊk] *vt* **-1.** [dress, bra] dégrafer. **-2.** [coat, picture, trailer] décrocher.

unhurt [ˌʌnˈhɜːt] *adj* indemne, sain et sauf (saine et sauve).

unhygienic [ˌʌnhaɪˈdʒiːnɪk] *adj* non hygiénique.

unidentified flying object [ˌʌnaɪˈdentɪfaɪd-] *n* objet *m* volant non identifié.

unification [ˌjuːnɪfɪˈkeɪʃn] *n* unification *f*.

uniform [ˈjuːnɪfɔːm] ◇ *adj* [rate, colour] uniforme; [size] même, ◇ *n* uniforme *m*.

unify [ˈjuːnɪfaɪ] *vt* unifier.

unilateral [ˌjuːnɪˈlætərəl] *adj* unilatéral(e).

unimportant [ˌʌnɪmˈpɔːtənt] *adj* sans importance, peu important(e).

uninhabited [ˌʌnɪnˈhæbɪtɪd] *adj* inhabité(e).

uninjured [ˌʌnˈɪndʒəd] *adj* qui n'est pas blessé(e), indemne.

unintelligent [ˌʌnɪnˈtelɪdʒent] *adj* inintelligent(e).

unintentional [ˌʌnɪnˈtenʃənl] *adj* involontaire, non intentionnel(elle).

union [ˈjuːnjən] ◇ *n* **-1.** [trade union] syndicat *m*. **-2.** [alliance] union *f*. ◇ *comp* syndical(e).

Union Jack *n*: the ~ l'Union Jack *m*, le drapeau britannique.

unique [juːˈniːk] *adj* **-1.** [exceptional] unique, exceptionnel(elle). **-2.** [exclusive]: ~ **to** propre à. **-3.** [very special] unique.

unison [ˈjuːnɪzn] *n* unisson *m*; **in** ~ à l'unisson; [say] en chœur, en même temps.

unit [ˈjuːnɪt] *n* **-1.** [gen] unité *f*. **-2.** [machine part] élément *m*, bloc *m*. **-3.** [of furniture] élément *m*. **-4.** [department] service *m*.

unite [juːˈnaɪt] ◇ *vt* unifier. ◇ *vi* s'unir.

united [juːˈnaɪtɪd] *adj* **-1.** [in harmony] uni(e). **-2.** [unified] unifié(e).

United Kingdom *n*: the ~ le Royaume-Uni.

United Nations *n*: the ~ les Nations *fpl* Unies.

United States *n*: the ~ (of America) les Etats-Unis *mpl* (d'Amérique); **in the** ~ aux Etats-Unis.

unit trust *n* *Br* société *f* d'investissement à capital variable.

unity ['ju:nətɪ] *n* (*U*) unité *f*.

universal [,ju:nɪ'vɜ:sl] *adj* universel(elle).

universe ['ju:nɪvɜ:s] *n* univers *m*.

university [,ju:nɪ'vɜ:sətɪ] ◇ *n* université *f*. ◇ *comp* universitaire; [lecturer] d'université; ~ **student** étudiant *m*, -e *f* à l'université.

unjust [,ʌn'dʒʌst] *adj* injuste.

unkempt [,ʌn'kempt] *adj* [clothes, person] négligé(e), débraillé(e); [hair] mal peigné(e).

unkind [ʌn'kaɪnd] *adj* [uncharitable] méchant(e), pas gentil(ille).

unknown [,ʌn'nəʊn] *adj* inconnu(e).

unlawful [,ʌn'lɔ:fʊl] *adj* illégal(e).

unleaded [,ʌn'ledɪd] *adj* sans plomb.

unleash [,ʌn'li:ʃ] *vt literary* déchaîner.

unless [ən'les] *conj* à moins que (+ *subjunctive*); ~ **I'm mistaken** à moins que je (ne) me trompe.

unlike [,ʌn'laɪk] *prep* **-1.** [different from] différent(e) de. **-2.** [in contrast to] contrairement à, à la différence de. **-3.** [not typical of]: **it's** ~ **you to complain** cela ne te ressemble pas de te plaindre.

unlikely [ʌn'laɪklɪ] **-1.** [event, result] peu probable, improbable; [story] invraisemblable. **-2.** [bizarre - clothes etc] invraisemblable.

unlisted [ʌn'lɪstɪd] *adj* *Am* [phone number] qui est sur la liste rouge.

unload [,ʌn'ləʊd] *vt* décharger.

unlock [,ʌn'lɒk] *vt* ouvrir.

unlucky [ʌn'lʌkɪ] *adj* **-1.** [unfortunate - person] malchanceux(euse), qui n'a pas de chance; [- experience, choice] malheureux(euse). **-2.** [object, number etc] qui porte malheur.

unmarried [,ʌn'mærɪd] *adj* célibataire, qui n'est pas marié(e).

unmistakable [,ʌnmɪ'steɪkəbl] *adj* qu'on ne peut pas ne pas reconnaître.

unmitigated [ʌn'mɪtɪgeɪtɪd] *adj* [disaster] total(e); [evil] non mitigé(e).

unnatural [ʌn'nætʃrəl] *adj* **-1.** [unusual] anormal(e), qui n'est pas naturel(elle). **-2.** [affected] peu naturel(elle); [smile] forcé(e).

unnecessary [ʌn'nesəsərɪ] *adj* [remark, expense, delay] inutile.

unnerving [,ʌn'nɜ:vɪŋ] *adj* troublant(e).

unnoticed [,ʌn'nəʊtɪst] *adj* inaperçu(e).

unobtainable [,ʌnəb'teɪnəbl] *adj* impossible à obtenir.

unobtrusive [,ʌnəb'tru:sɪv] *adj* [person] effacé(e); [object] discret(ète); [building] que l'on remarque à peine.

unofficial [,ʌnə'fɪʃl] *adj* non officiel(elle).

unorthodox [,ʌn'ɔ:θədɒks] *adj* peu orthodoxe.

unpack [,ʌn'pæk] ◇ *vt* [suitcase] défaire; [box] vider; [clothes] déballer. ◇ *vi* défaire ses bagages.

unpalatable [ʌn'pælətəbl] *adj* d'un goût désagréable; *fig* dur(e) à avaler.

unparalleled [ʌn'pærəleld] *adj* [success, crisis] sans précédent; [beauty] sans égal.

unpleasant [ʌn'pleznt] *adj* désagréable.

unplug [ʌn'plʌg] *vt* débrancher.

unpopular [,ʌn'pɒpjʊlər] *adj* impopulaire.

unprecedented [ʌn'presɪdəntɪd] *adj* sans précédent.

unpredictable [ʌnprɪ'dɪktəbl] *adj* imprévisible.

unprofessional [,ʌnprə'feʃənl] *adj* [person, work] peu professionnel(elle); [attitude] contraire à l'éthique de la profession.

unqualified [,ʌn'kwɒlɪfaɪd] *adj* **-1.** [person] non qualifié(e); [teacher, doctor] non diplômé(e). **-2.** [success] formidable; [support] inconditionnel(elle).

unquestionable [ʌn'kwestʃənəbl] *adj* [fact] incontestable; [honesty] certain(e).

unquestioning [ʌnˈkwestʃənɪŋ] *adj*
aveugle, absolu(e).

unravel [ʌnˈrævl] *vt* **-1.** [undo - knit-
ting] défaire; [- fabric] effiler; [- threads]
démêler. **-2.** *fig* [solve] éclaircir.

unreal [ˌʌnˈrɪəl] *adj* [strange] ir-
réel(elle).

unrealistic [ˌʌnrɪəˈlɪstɪk] *adj* irréaliste.

unreasonable [ʌnˈriːznəbl] *adj* qui
n'est pas raisonnable, déraisonnable.

unrelated [ˌʌnrɪˈleɪtɪd] *adj*: **to be ~
(to)** n'avoir aucun rapport (avec).

unrelenting [ˌʌnrɪˈlentɪŋ] *adj* implacable.

unreliable [ˌʌnrɪˈlaɪəbl] *adj* [machine,
method] **peu fiable**; [person] sur qui
on ne peut pas compter.

unremitting [ˌʌnrɪˈmɪtɪŋ] *adj* inlassable.

unrequited [ˌʌnrɪˈkwaɪtɪd] *adj* non
partagé(e).

unreserved [ˌʌnrɪˈzɜːvd] *adj* [support,
admiration] **sans réserve.**

unresolved [ˌʌnrɪˈzɒlvd] *adj* non réso-
lu(e).

unrest [ʌnˈrest] *n* (U) troubles *mpl*.

unrivalled *Br*, **unrivaled** *Am*
[ʌnˈraɪvld] *adj* sans égal(e).

unroll [ʌnˈrəʊl] *vt* dérouler.

unruly [ʌnˈruːlɪ] *adj* [crowd, child] tur-
bulent(e); [hair] indisciplinés.

unsafe [ʌnˈseɪf] *adj* **-1.** [dangerous]
dangereux(euse). **-2.** [in danger]: **to
feel ~** ne pas se sentir en sécurité.

unsaid [ʌnˈsed] *adj*: **to leave sthg ~**
passer qqch sous silence.

unsatisfactory [ˌʌnˌsætɪsˈfæktərɪ] *adj*
qui laisse à désirer, peu satisfai-
sant(e).

unsavoury, unsavory *Am* [ʌnˈseɪvərɪ]
adj [person] peu recommandable; [dis-
trict] mal famé(e).

unscathed [ʌnˈskeɪðd] *adj* indemne.

unscrew [ʌnˈskruː] *vt* dévisser.

unscrupulous [ʌnˈskruːpjʊləs] *adj* sans
scrupules.

unseemly [ʌnˈsiːmlɪ] *adj* inconve-
nant(e).

unselfish [ʌnˈselfɪʃ] *adj* désintéres-
sé(e).

unsettled [ˌʌnˈsetld] *adj* **-1.** [person]
perturbé(e), troublé(e). **-2.** [weather]
variable, incertain(e). **-3.** [argument]
qui n'a pas été résolu(e); [situation]
incertain(e).

unshak(e)able [ʌnˈʃeɪkəbl] *adj* inébranlable.

unshaven [ˌʌnˈʃeɪvn] *adj* non rasé(e).

unsightly [ʌnˈsaɪtlɪ] *adj* laid(e).

unskilled [ˌʌnˈskɪld] *adj* non quali-
fié(e).

unsociable [ʌnˈsəʊʃəbl] *adj* sauvage.

unsocial [ˌʌnˈsəʊʃl] *adj*: **to work ~
hours** travailler en dehors des heures normales.

unsound [ˌʌnˈsaʊnd] *adj* **-1.** [theory]
mal fondé(e); [decision] peu judi-
cieux(ieuse). **-2.** [building, structure] en
mauvais état.

unspeakable [ʌnˈspiːkəbl] *adj* indescriptible.

unstable [ˌʌnˈsteɪbl] *adj* instable.

unsteady [ˌʌnˈstedɪ] *adj* [hand] trem-
blant(e); [table, ladder] instable.

unstoppable [ʌnˈstɒpəbl] *adj* qu'on
ne peut pas arrêter.

unstuck [ˌʌnˈstʌk] *adj*: **to come ~** [no-
tice, stamp, label] se décoller; *fig* [plan,
system] s'effondrer; *fig* [person] essuyer un échec.

unsuccessful [ˌʌnsəkˈsesfʊl] *adj* [at-
tempt] vain(e); [meeting] infruc-
tueux(euse); [candidate] refusé(e).

unsuccessfully [ˌʌnsəkˈsesfʊlɪ] *adv* en
vain, sans succès.

unsuitable [ʌnˈsuːtəbl] *adj* qui ne
convient pas; [clothes] peu appro-
prié(e); **to be ~ for** ne pas convenir
à.

unsure [ˌʌnˈʃɔːʳ] *adj* **-1.** [not certain]:
to be ~ (about/of) ne pas être sûr(e)
(de). **-2.** [not confident]: **to be ~ (of
o.s.)** ne pas être sûr(e) de soi.

unsuspecting [ˌʌnsəˈspektɪŋ] *adj* qui
ne se doute de rien.

unsympathetic [ˈʌnˌsɪmpəˈθetɪk] *adj*
[unfeeling] indifférent(e).

untangle [ˌʌnˈtæŋgl] *vt* [string, hair] démêler.

untapped [ˌʌnˈtæpt] *adj* inexploité(e).

untenable [ˌʌn'tenəbl] *adj* indéfendable.

unthinkable [ʌn'θɪŋkəbl] *adj* impensable.

untidy [ʌn'taɪdɪ] *adj* [room, desk] en désordre; [work, handwriting] brouillon (*inv*); [person, appearance] négligé(e).

untie [ˌʌn'taɪ] (*cont* **untying**) *vt* [knot, parcel, shoelaces] défaire; [prisoner] détacher.

until [ən'tɪl] ⋄ *prep* **-1.** [gen] jusqu'à; ~ **now** jusqu'ici. **-2.** (*after negative*) avant; **not** ~ **tomorrow** pas avant demain. ⋄ *conj* **-1.** [gen] jusqu'à ce que (+ *subjunctive*). **-2.** (*after negative*) avant que (+ *subjunctive*).

untimely [ʌn'taɪmlɪ] *adj* [death] prématuré(e); [arrival] intempestif(ive); [remark] mal à propos; [moment] mal choisi(e).

untold [ˌʌn'təʊld] *adj* [amount, wealth] incalculable; [suffering, joy] indescriptible.

untoward [ˌʌntə'wɔːd] *adj* malencontreux(euse).

untrue [ˌʌn'truː] *adj* [not accurate] faux (fausse), qui n'est pas vrai(e).

unused [*sense 1* ˌʌn'juːzd, *sense 2* ʌn'juːst] *adj* **-1.** [clothes] neuf (neuve); [machine] qui n'a jamais servi; [land] qui n'est pas exploité. **-2.** [unaccustomed]: **to be** ~ **to sthg/to doing sthg** ne pas avoir l'habitude de qqch/de faire qqch.

unusual [ʌn'juːʒl] *adj* rare, inhabituel(elle).

unusually [ʌn'juːʒəlɪ] *adv* exceptionnellement.

unveil [ˌʌn'veɪl] *vt lit* & *fig* dévoiler.

unwanted [ˌʌn'wɒntɪd] *adj* [object] dont on ne se sert pas; [child] non désiré(e); **to feel** ~ se sentir mal-aimé(e).

unwavering [ʌn'weɪvərɪŋ] *adj* [determination] inébranlable.

unwelcome [ʌn'welkəm] *adj* [news, situation] fâcheux(euse); [visitor] importun(e).

unwell [ˌʌn'wel] *adj*: **to be/feel** ~ ne pas être/se sentir bien.

unwieldy [ʌn'wiːldɪ] *adj* **-1.** [cumbersome] peu maniable. **-2.** *fig* [system] lourd(e); [method] trop complexe.

unwilling [ˌʌn'wɪlɪŋ] *adj*: **to be** ~ **to do sthg** ne pas vouloir faire qqch.

unwind [ˌʌn'waɪnd] (*pt* & *pp* **-wound**) ⋄ *vt* dérouler. ⋄ *vi fig* [person] se détendre.

unwise [ˌʌn'waɪz] *adj* imprudent(e), peu sage.

unwitting [ʌn'wɪtɪŋ] *adj fml* involontaire.

unworkable [ˌʌn'wɜːkəbl] *adj* impraticable.

unworthy [ʌn'wɜːðɪ] *adj* [undeserving]: ~ **(of)** indigne (de).

unwound [ˌʌn'waʊnd] *pt* & *pp* → **unwind**.

unwrap [ˌʌn'ræp] *vt* défaire.

unwritten law [ˌʌn'rɪtn-] *n* droit *m* coutumier.

up [ʌp] ⋄ *adv* **-1.** [towards or in a higher position] en haut; **she's** ~ **in her bedroom** elle est en haut dans sa chambre; **we walked** ~ **to the top** on est montés jusqu'en haut; **prices are going** ~ les prix augmentent; ~ **there** là-haut. **-2.** [into an upright position]: **to stand** ~ se lever; **to sit** ~ s'asseoir (bien droit). **-3.** [northwards]: **I'm coming** ~ **to York next week** je viens à York la semaine prochaine; ~ **north** dans le nord. **-4.** [along a road, river]: **their house is a little further** ~ leur maison est un peu plus loin. ⋄ *prep* **-1.** [towards or in a higher position] en haut de; ~ **a hill/mountain** en haut d'une colline/d'une montagne; ~ **a ladder** sur une échelle; **I went** ~ **the stairs** j'ai monté l'escalier. **-2.** [at far end of]: **they live** ~ **the road from us** ils habitent un peu plus haut OR loin que nous (dans la même rue). **-3.** [against current of river]: **to sail** ~ **the Amazon** remonter l'Amazone en bateau. ⋄ *adj* **-1.** [out of bed] levé(e); **I was** ~ **at six today** je me suis levé à six heu-

upstream

res aujourd'hui. **-2.** [at an end]: **time's ~** c'est l'heure. **-3.** *inf* [wrong]: **is something ~?** il y a quelque chose qui ne va pas?; **what's ~?** qu'est-ce qui ne va pas?, qu'est-ce qu'il y a? ◇ *n*: **~s and downs** hauts et bas *mpl*.
◆ **up and down** ◇ *adv*: **to jump ~ and down** sauter; **to walk ~ and down** faire les cent pas. ◇ *prep*: **we walked ~ and down the avenue** nous avons arpenté l'avenue.
◆ **up to** *prep* **-1.** [indicating level]: jusqu'à; **it could take ~ to six weeks** cela peut prendre jusqu'à six semaines; **it's not ~ to standard** ce n'est pas de la qualité voulue, ceci n'a pas le niveau requis. **-2.** [well or able enough for]: **to be ~ to doing sthg** [able to] être capable de faire qqch; [well enough for] être en état de faire qqch; **my French isn't ~ to .much** mon français ne vaut pas grand-chose OR n'est pas fameux. **-3.** *inf* [secretly doing something]: **what are you ~ to?** qu'est-ce que tu fabriques?; **they're ~ to something** ils mijotent quelque chose, ils préparent un coup. **-4.** [indicating responsibility]: **it's not ~ to me to decide** ce n'est pas moi qui décide, il ne m'appartient pas de décider; **it's ~ to you** c'est à vous de voir.
◆ **up to, up until** *prep* jusqu'à.
up-and-coming *adj* à l'avenir prometteur.
upbringing ['ʌp,brɪŋɪŋ] *n* éducation *f*.
update [,ʌp'deɪt] *vt* mettre à jour.
upheaval [ʌp'hiːvl] *n* bouleversement *m*.
upheld [ʌp'held] *pt & pp* → **uphold**.
uphill [,ʌp'hɪl] ◇ *adj* **-1.** [slope, path] qui monte. **-2.** *fig* [task] ardu(e). ◇ *adv*: **to go ~** monter.
uphold [ʌp'həʊld] (*pt & pp* **-held**) *vt* [law] maintenir; [decision, system] soutenir.
upholstery [ʌp'həʊlstərɪ] *n* rembourrage *m*; [of car] garniture *f* intérieure.
upkeep ['ʌpkiːp] *n* entretien *m*.
uplifting [ʌp'lɪftɪŋ] *adj* édifiant(e).

up-market *adj* haut de gamme (*inv*).
upon [ə'pɒn] *prep fml* sur; **~ hearing the news ...** à ces nouvelles ...; **summer/the weekend is ~ us** l'été/le week-end approche.
upper ['ʌpər] ◇ *adj* supérieur(e). ◇ *n* [of shoe] empeigne *f*.
upper class *n*: **the ~** la haute société.
◆ **upper-class** *adj* [accent, person] aristocratique.
upper hand *n*: **to have the ~** avoir le dessus; **to gain** OR **get the ~** prendre le dessus.
uppermost ['ʌpəməʊst] *adj* le plus haut (la plus haute); **it was ~ in his mind** c'était sa préoccupation majeure.
upright [*adj sense 1 & adv* ,ʌp'raɪt, *adj sense 2 & n* 'ʌpraɪt] ◇ *adj* **-1.** [person] droit(e); [structure] vertical(e); [chair] à dossier droit. **-2.** *fig* [honest] droit(e). ◇ *adv* [stand, sit] droit. ◇ *n* montant *m*.
uprising ['ʌp,raɪzɪŋ] *n* soulèvement *m*.
uproar ['ʌprɔːr] *n* **-1.** (*U*) [commotion] tumulte *m*. **-2.** [protest] protestations *fpl*.
uproot [ʌp'ruːt] *vt lit & fig* déraciner.
upset [ʌp'set] (*pt & pp* **upset**) ◇ *adj* **-1.** [distressed] peiné(e), triste; [offended] vexé(e). **-2.** MED: **to have an ~ stomach** avoir l'estomac dérangé. ◇ *n*: **to have a stomach ~** avoir l'estomac dérangé. ◇ *vt* **-1.** [distress] faire de la peine à. **-2.** [plan, operation] déranger. **-3.** [over-turn] renverser.
upshot ['ʌpʃɒt] *n* résultat *m*.
upside down ['ʌpsaɪd-] ◇ *adj* à l'envers. ◇ *adv* à l'envers; **to turn sthg ~** *fig* mettre qqch sens dessus dessous.
upstairs [,ʌp'steəz] ◇ *adj* d'en haut, du dessus. ◇ *adv* en haut. ◇ *n* étage *m*.
upstart ['ʌpstɑːt] *n* parvenu *m*, -e *f*.
upstream [,ʌp'striːm] ◇ *adj* d'amont; **to be ~ (from)** être en amont (de).

◇ *adv* vers l'amont; [swim] contre le courant.

upsurge ['ʌpsɜːdʒ] *n*: ~ **(of/in)** recrudescence *f* (de).

uptake ['ʌpteɪk] *n*: **to be quick on the ~** saisir vite; **to be slow on the ~** être lent(e) à comprendre.

uptight [ʌp'taɪt] *adj inf* tendu(e).

up-to-date *adj* **-1.** [modern] moderne. **-2.** [most recent - news] tout dernier (toute dernière). **-3.** [informed]: **to keep ~ with** se tenir au courant de.

upturn ['ʌptɜːn] *n*: ~ **(in)** reprise *f* (de).

upward ['ʌpwəd] ◇ *adj* [movement] ascendant(e); [look, rise] vers le haut. ◇ *adv Am* = **upwards**.

upwards ['ʌpwədz] *adv* vers le haut.
♦ **upwards of** *prep* plus de.

uranium [jʊ'reɪnjəm] *n* uranium *m*.

urban ['ɜːbən] *adj* urbain(e).

urbane [ɜː'beɪn] *adj* courtois(e).

urchin ['ɜːtʃɪn] *n dated* gamin *m*, -e *f*.

Urdu ['ʊədu:] *n* ourdou *m*.

urge [ɜːdʒ] ◇ *n* forte envie *f*; **to have an ~ to do sthg** avoir une forte envie de faire qqch. ◇ *vt* **-1.** [try to persuade]: **to ~ sb to do sthg** pousser qqn à faire qqch, presser qqn de faire qqch. **-2.** [advocate] conseiller.

urgency ['ɜːdʒənsɪ] *n* (*U*) urgence *f*.

urgent ['ɜːdʒənt] *adj* [letter, case, request] urgent(e); [plea, voice, need] pressant(e).

urinal [ˌjʊə'raɪnl] *n* urinoir *m*.

urinate ['jʊərɪneɪt] *vi* uriner.

urine ['jʊərɪn] *n* urine *f*.

urn [ɜːn] *n* **-1.** [for ashes] urne *f*. **-2.** [for tea]: **tea ~** fontaine *f* à thé.

Uruguay ['jʊərəgwaɪ] *n* Uruguay *m*.

us [ʌs] *pers pron* nous; **can you see/hear ~?** vous nous voyez/entendez?; **it's ~** c'est nous; **you can't expect US to do it** vous ne pouvez pas exiger que ce soit nous qui le fassions; **she gave it to ~** elle nous l'a donné; **with/without ~** avec/sans nous; **they are more wealthy than ~** ils sont plus riches que nous; **some of ~** quelques-uns d'entre nous.

US *n abbr of* **United States**.

USA *n abbr of* **United States of America**.

usage ['ju:zɪdʒ] *n* **-1.** LING usage *m*. **-2.** (*U*) [handling, treatment] traitement *m*.

use [*n & aux vb* ju:s, *vt* ju:z] ◇ *n* **-1.** [act of using] utilisation *f*, emploi *m*; **to be in ~** être utilisé; **to be out of ~** être hors d'usage; **to make ~ of sthg** utiliser qqch. **-2.** [ability to use] usage *m*. **-3.** [usefulness]: **to be of ~** être utile; **it's no ~** ça ne sert à rien; **what's the ~ (of doing sthg)?** à quoi bon (faire qqch)? ◇ *aux vb*: **I ~d to live in London** avant j'habitais à Londres; **he didn't ~ to be so fat** il n'était pas si gros avant; **there ~d to be a tree here** (autrefois) il y avait un arbre ici. ◇ *vt* **-1.** [gen] utiliser, se servir de, employer. **-2.** *pej* [exploit] se servir de.
♦ **use up** *vt sep* [supply] épuiser; [food] finir; [money] dépenser.

used [*senses 1 and 2* ju:zd, *sense 3* ju:st] *adj* **-1.** [handkerchief, towel] sale. **-2.** [car] d'occasion. **-3.** [accustomed]: **to be ~ to sthg/to doing sthg** avoir l'habitude de qqch/de faire qqch; **to get ~ to sthg** s'habituer à qqch.

useful ['ju:sfʊl] *adj* utile.

useless ['ju:slɪs] *adj* **-1.** [gen] inutile. **-2.** *inf* [person] incompétent(e), nul (nulle).

user ['ju:zə'] *n* [of product, machine] utilisateur *m*, -trice *f*; [of service] usager *m*.

user-friendly *adj* convivial(e), facile à utiliser.

usher ['ʌʃə'] ◇ *n* placeur *m*. ◇ *vt*: **to ~ sb in/out** faire entrer/sortir qqn.

usherette [ˌʌʃə'ret] *n* ouvreuse *f*.

USSR (*abbr of* **Union of Soviet Socialist Republics**) *n*: **the (former) ~** l'(ex-)URSS *f*.

usual ['ju:ʒəl] *adj* habituel(elle); **as ~** comme d'habitude.

usually ['ju:ʒəlɪ] *adv* d'habitude, d'ordinaire.

usurp [ju:'zɜːp] *vt* usurper.

utensil [ju:'tensl] *n* ustensile *m*.

uterus ['juːtərəs] (*pl* **-ri** [-raɪ] OR **-ruses**) *n* utérus *m*.

utility [juːˈtɪlətɪ] *n* **-1.** (*U*) [usefulness] utilité *f*. **-2.** [public service] service *m* public. **-3.** COMPUT utilitaire *m*.

utility room *n* buanderie *f*.

utilize, -ise ['juːtəlaɪz] *vt* utiliser; [resources] exploiter, utiliser.

utmost ['ʌtməʊst] ◇ *adj* le plus grand (la plus grande). ◇ *n*: **to do one's ~** faire tout son possible, faire l'impossible; **to the ~** au plus haut point.

utter ['ʌtər] ◇ *adj* total(e), complet(ète). ◇ *vt* prononcer; [cry] pousser.

utterly ['ʌtəlɪ] *adv* complètement.

U-turn *n* demi-tour *m*; *fig* revirement *m*.

V

v¹ (*pl* **v's** OR **vs**), **V** (*pl* **V's** OR **Vs**) [viː] *n* [letter] v *m inv*, V *m inv*.

v² **-1.** (*abbr of* **verse**) v. **-2.** (*abbr of* **vide**) [cross-reference] v. **-3.** *abbr of* **versus**. **-4.** (*abbr of* **volt**) v.

vacancy ['veɪkənsɪ] *n* **-1.** [job] poste *m* vacant. **-2.** [room available] chambre *f* à louer; **"vacancies"** «chambres à louer»; **"no vacancies"** «complet».

vacant ['veɪkənt] *adj* **-1.** [room] inoccupé(e); [chair, toilet] libre. **-2.** [job, post] vacant(e). **-3.** [look, expression] distrait(e).

vacant lot *n* terrain *m* inoccupé; [for sale] terrain *m* à vendre.

vacate [vəˈkeɪt] *vt* quitter.

vacation [vəˈkeɪʃn] *n Am* vacances *fpl*.

vacationer [vəˈkeɪʃənər] *n Am* vacancier *m*, -ière *f*.

vaccinate ['væksɪneɪt] *vt* vacciner.

vaccine [*Br* 'væksiːn, *Am* væk'siːn] *n* vaccin *m*.

vacuum ['vækjʊəm] ◇ *n* **-1.** TECH & *fig* vide *m*. **-2.** [cleaner] aspirateur *m*. ◇ *vt* [room] passer l'aspirateur dans; [carpet] passer à l'aspirateur.

vacuum cleaner *n* aspirateur *m*.

vacuum-packed *adj* emballé(e) sous vide.

vagina [vəˈdʒaɪnə] *n* vagin *m*.

vagrant ['veɪɡrənt] *n* vagabond *m*, -e *f*.

vague [veɪɡ] *adj* **-1.** [gen] vague, imprécis(e). **-2.** [absent-minded] distrait(e).

vaguely ['veɪɡlɪ] *adv* vaguement.

vain [veɪn] *adj* **-1.** [futile, worthless] vain(e). **-2.** *pej* [conceited] vaniteux(euse).

◆ **in vain** *adv* en vain, vainement.

valentine card ['væləntaɪn-] *n* carte *f* de la Saint-Valentin.

Valentine's Day ['væləntaɪnz-] *n*: **(St) ~** la Saint-Valentin.

valet ['væleɪ, 'vælɪt] *n* valet *m* de chambre.

valiant ['væljənt] *adj* vaillant(e).

valid ['vælɪd] *adj* **-1.** [reasonable] valable. **-2.** [legally usable] valide.

valley ['vælɪ] (*pl* **valleys**) *n* vallée *f*.

valour *Br*, **valor** *Am* ['vælər] *n* (*U*) *fml* & *literary* bravoure *f*.

valuable ['væljʊəbl] *adj* **-1.** [advice, time, information] précieux(ieuse). **-2.** [object, jewel] de valeur.

◆ **valuables** *npl* objets *mpl* de valeur.

valuation [,væljʊ'eɪʃn] *n* **-1.** (*U*) [pricing] estimation *f*, expertise *f*. **-2.** [estimated price] valeur *f* estimée.

value ['væljuː] ◇ *n* valeur *f*; **to be good ~** être d'un bon rapport qualité-prix; **to get ~ for money** en avoir pour son argent. ◇ *vt* **-1.** [estimate price of] expertiser. **-2.** [cherish] apprécier.

◆ **values** *npl* [morals] valeurs *fpl*.

value-added tax [-ædɪd-] *n* taxe *f* sur la valeur ajoutée.

valued ['væljuːd] *adj* précieux(ieuse).

valve [vælv] *n* [on tyre] valve *f*; TECH soupape *f*.

van [væn] *n* **-1.** AUT camionnette *f.* **-2.** *Br* RAIL fourgon *m.*

vandal ['vændl] *n* vandale *mf.*

vandalism ['vændəlɪzm] *n* vandalisme *m.*

vandalize, -ise ['vændəlaɪz] *vt* saccager.

vanguard ['væŋgɑːd] *n* avant-garde *f;* **in the ~ of** à l'avant-garde de.

vanilla [və'nɪlə] *n* vanille *f.*

vanish ['vænɪʃ] *vi* disparaître.

vanity ['vænətɪ] *n* (*U*) *pej* vanité *f.*

vantagepoint ['vɑːntɪdʒ,pɔɪnt] *n* [for view] bon endroit *m;* *fig* position *f* avantageuse.

vapour *Br*, **vapor** *Am* ['veɪpəʳ] *n* (*U*) vapeur *f;* [condensation] buée *f.*

variable ['veərɪəbl] *adj* variable; [mood] changeant(e).

variance ['veərɪəns] *n fml*: **at ~ (with)** en désaccord (avec).

variation [,veərɪ'eɪʃn] *n*: **~ (in)** variation *f* (de).

varicose veins ['værɪkəʊs-] *npl* varices *fpl.*

varied ['veərɪd] *adj* varié(e).

variety [və'raɪətɪ] *n* **-1.** [gen] variété *f.* **-2.** [type] variété *f*, sorte *f.*

variety show *n* spectacle *m* de variétés.

various ['veərɪəs] *adj* **-1.** [several] plusieurs. **-2.** [different] divers.

varnish ['vɑːnɪʃ] ◇ *n* vernis *m.* ◇ *vt* vernir.

vary ['veərɪ] ◇ *vt* varier. ◇ *vi*: **to ~ (in/with)** varier (en/selon), changer (en/selon).

vase [*Br* vɑːz, *Am* veɪz] *n* vase *m.*

Vaseline® ['væsəliːn] *n* vaseline® *f.*

vast [vɑːst] *adj* vaste, immense.

vat [væt] *n* cuve *f.*

VAT [væt, viːeɪ'tiː] (*abbr of* **value added tax**) *n* TVA *f.*

Vatican ['vætɪkən] *n*: **the ~** le Vatican.

vault [vɔːlt] ◇ *n* **-1.** [in bank] chambre *f* forte. **-2.** [roof] voûte *f.* **-3.** [in church] caveau *m.* ◇ *vt* sauter. ◇ *vi*: **to ~ over sthg** sauter (par-dessus) qqch.

VCR (*abbr of* **video cassette recorder**) *n* magnétoscope *m.*

VD *n abbr of* **venereal disease**.

VDU (*abbr of* **visual display unit**) *n* moniteur *m.*

veal [viːl] *n* (*U*) veau *m.*

veer [vɪəʳ] *vi* virer.

vegan ['viːgən] ◇ *adj* végétalien(ienne). ◇ *n* végétalien *m*, -ienne *f.*

vegetable ['vedʒtəbl] ◇ *n* légume *m.* ◇ *adj* [matter, protein] végétal(e); [soup, casserole] de OR aux légumes.

vegetarian [,vedʒɪ'teərɪən] ◇ *adj* végétarien(ienne). ◇ *n* végétarien *m*, -ienne *f.*

vegetation [,vedʒɪ'teɪʃn] *n* (*U*) végétation *f.*

vehement ['viːəmənt] *adj* véhément(e).

vehicle ['viːəkl] *n lit* & *fig* véhicule *m.*

veil [veɪl] *n lit* & *fig* voile *m.*

vein [veɪn] *n* **-1.** ANAT veine *f.* **-2.** [of leaf] nervure *f.* **-3.** [of mineral] filon *m.*

velocity [vɪ'lɒsətɪ] *n* vélocité *f.*

velvet ['velvɪt] *n* velours *m.*

vendetta [ven'detə] *n* vendetta *f.*

vending machine ['vendɪŋ-] *n* distributeur *m* automatique.

vendor ['vendɔːʳ] *n* **-1.** *fml* [salesperson] marchand *m*, -e *f.* **-2.** JUR vendeur *m*, -eresse *f.*

veneer [və'nɪəʳ] *n* placage *m;* *fig* apparence *f.*

venereal disease [vɪ'nɪərɪəl-] *n* maladie *f* vénérienne.

venetian blind [vɪ,niːʃn-] *n* store *m* vénitien.

Venezuela [,venɪz'weɪlə] *n* Venezuela *m.*

vengeance ['vendʒəns] *n* vengeance *f;* **it began raining with a ~** il a commencé à pleuvoir très fort.

venison ['venɪzn] *n* venaison *f.*

venom ['venəm] *n lit* & *fig* venin *m.*

vent [vent] ◇ *n* [pipe] tuyau *m;* [opening] orifice *m;* **to give ~ to** donner libre cours à. ◇ *vt* [anger, feelings] donner libre cours à; **to ~ sthg on sb** décharger qqch sur qqn.

ventilate ['ventɪleɪt] *vt* ventiler.

ventilator ['ventɪleɪtər] *n* ventilateur *m*.

ventriloquist [ven'trɪləkwɪst] *n* ventriloque *mf*.

venture ['ventʃər] ◇ *n* entreprise *f*. ◇ *vt* risquer; **to ~ to do sthg** se permettre de faire qqch. ◇ *vi* s'aventurer.

venue ['venjuː] *n* lieu *m*.

veranda(h) [və'rændə] *n* véranda *f*.

verb [vɜːb] *n* verbe *m*.

verbal ['vɜːbl] *adj* verbal(e).

verbatim [vɜː'beɪtɪm] *adj* & *adv* mot pour mot.

verbose [vɜː'bəʊs] *adj* verbeux(euse).

verdict ['vɜːdɪkt] *n* **-1.** JUR verdict *m*. **-2.** [opinion]: **~ (on)** avis *m* (sur).

verge [vɜːdʒ] *n* **-1.** [of lawn] bordure *f*; [of road] bas-côté *m*, accotement *m*. **-2.** [brink]: **on the ~ of sthg** au bord de qqch; **on the ~ of doing sthg** sur le point de faire qqch.
◆ **verge (up)on** *vt fus* friser, approcher de.

verify ['verɪfaɪ] *vt* vérifier.

veritable ['verɪtəbl] *adj hum* or *fml* véritable.

vermin ['vɜːmɪn] *npl* vermine *f*.

vermouth ['vɜːməθ] *n* vermouth *m*.

versa ['vɜːsə] → **vice versa**.

versatile ['vɜːsətaɪl] *adj* [person, player] aux talents multiples; [machine, tool, food] souple d'emploi.

verse [vɜːs] *n* **-1.** (U) [poetry] vers *mpl*. **-2.** [stanza] strophe *f*. **-3.** [in Bible] verset *m*.

versed [vɜːst] *adj*: **to be well ~ in sthg** être versé(e) dans qqch.

version ['vɜːʃn] *n* version *f*.

versus ['vɜːsəs] *prep* **-1.** SPORT contre. **-2.** [as opposed to] par opposition à.

vertebra ['vɜːtɪbrə] (*pl* **-brae** [-briː]) *n* vertèbre *f*.

vertical ['vɜːtɪkl] *adj* vertical(e).

vertigo ['vɜːtɪgəʊ] *n* (U) vertige *m*.

verve [vɜːv] *n* verve *f*.

very ['verɪ] ◇ *adv* **-1.** [as intensifier] très; **~ much** beaucoup. **-2.** [as euphemism]: **not ~** pas très. ◇ *adj*: **the ~ room/book** la pièce/le livre même; **the ~ man/thing I've been**

looking for juste l'homme/la chose que je cherchais; **at the ~ least** tout au moins; **~ last/first** tout dernier/premier; **of one's ~ own** bien à soi.
◆ **very well** *adv* très bien; **I can't ~ well tell him ...** je ne peux tout de même pas lui dire que ...

vessel ['vesl] *n fml* **-1.** [boat] vaisseau *m*. **-2.** [container] récipient *m*.

vest [vest] *n* **-1.** *Br* [undershirt] maillot *m* de corps. **-2.** *Am* [waistcoat] gilet *m*.

vested interest ['vestɪd-] *n*: **~ (in)** intérêt *m* particulier (à).

vestibule ['vestɪbjuːl] *n fml* [entrance hall] vestibule *m*.

vestige ['vestɪdʒ] *n* vestige *m*.

vestry ['vestrɪ] *n* sacristie *f*.

vet [vet] ◇ *n Br* (*abbr of* **veterinary surgeon**) vétérinaire *mf*. ◇ *vt* [candidates] examiner avec soin.

veteran ['vetrən] ◇ *adj* [experienced] chevronné(e). ◇ *n* **-1.** MIL ancien combattant *m*, vétéran *m*. **-2.** [experienced person] vétéran *m*.

veterinarian [,vetərɪ'neərɪən] *n Am* vétérinaire *mf*.

veterinary surgeon ['vetərɪnrɪ-] *n Br fml* vétérinaire *mf*.

veto ['viːtəʊ] (*pl* **-es**, *pt* & *pp* **-ed**, *cont* **-ing**) ◇ *n* veto *m*. ◇ *vt* opposer son veto à.

vex [veks] *vt* contrarier.

vexed question [,vekst-] *n* question *f* controversée.

vg (*abbr of* **very good**) tb.

VHF (*abbr of* **very high frequency**) VHF.

VHS (*abbr of* **video home system**) *n* VHS *m*.

via ['vaɪə] *prep* **-1.** [travelling through] via, par. **-2.** [by means of] au moyen de.

viable ['vaɪəbl] *adj* viable.

vibrate [vaɪ'breɪt] *vi* vibrer.

vicar ['vɪkər] *n* [in Church of England] pasteur *m*.

vicarage ['vɪkərɪdʒ] *n* presbytère *m*.

vicarious [vɪ'keərɪəs] *adj*: **to take a ~**

pleasure in sthg retirer du plaisir indirectement de qqch.

vice [vaɪs] *n* **-1.** [immorality, fault] vice *m*. **-2.** [tool] étau *m*.

vice-chairman *n* vice-président *m*, -e *f*.

vice-chancellor *n* UNIV président *m*, -e *f*.

vice-president *n* vice-président *m*, -e *f*.

vice versa [,vaɪsɪ-] *adv* vice versa.

vicinity [vɪ'sɪnətɪ] *n*: **in the ~ (of)** aux alentours (de), dans les environs (de).

vicious ['vɪʃəs] *adj* violent(e), brutal(e).

vicious circle *n* cercle *m* vicieux.

victim ['vɪktɪm] *n* victime *f*.

victimize, -ise ['vɪktɪmaɪz] *vt* faire une victime de.

victor ['vɪktər] *n* vainqueur *m*.

victorious [vɪk'tɔːrɪəs] *adj* victorieux(ieuse).

victory ['vɪktərɪ] *n*: **~ (over)** victoire *f* (sur).

video ['vɪdɪəʊ] (*pl* **-s**, *pt & pp* **-ed**, *cont* **-ing**) ◇ *n* **-1.** [medium, recording] vidéo *f*. **-2.** [machine] magnétoscope *m*. **-3.** [cassette] vidéocassette *f*. ◇ *comp* vidéo (*inv*). ◇ *vt* **-1.** [using video recorder] **magnétoscoper. -2.** [using camera] faire une vidéo de, filmer.

video camera *n* caméra *f* vidéo.

video cassette *n* vidéocassette *f*.

video game *n* jeu *m* vidéo.

videorecorder ['vɪdɪəʊrɪ,kɔːdər] *n* magnétoscope *m*.

video shop *n* vidéoclub *m*.

videotape ['vɪdɪəʊteɪp] *n* **-1.** [cassette] vidéocassette *f*. **-2.** (*U*) [ribbon] bande *f* vidéo.

vie [vaɪ] (*pt & pp* **vied**, *cont* **vying**) *vi*: **to ~ for sthg** lutter pour qqch; **to ~ with sb** [for sthg/to do sthg] rivaliser avec qqn (pour qqch/pour faire qqch).

Vienna [vɪ'enə] *n* Vienne.

Vietnam [*Br* ,vjet'næm, *Am* ,vjet'nɑːm] *n* Viêt-nam *m*.

Vietnamese [,vjetnə'miːz] ◇ *adj* vietnamien(ienne). ◇ *n* [language] vietnamien *m*. ◇ *npl*: **the ~** les Vietnamiens.

view [vjuː] ◇ *n* **-1.** [opinion] opinion *f*, avis *m*; **in my ~** à mon avis. **-2.** [scene, ability to see] vue *f*; **to come into ~** apparaître. ◇ *vt* **-1.** [consider] considérer. **-2.** [examine - gen] examiner; [- house] visiter.

◆ **in view of** *prep* vu, étant donné.

◆ **with a view to** *conj* dans l'intention de, avec l'idée de.

viewer ['vjuːər] *n* **-1.** TV téléspectateur *m*, - trice *f*. **-2.** [for slides] visionneuse *f*.

viewfinder ['vjuː,faɪndər] *n* viseur *m*.

viewpoint ['vjuːpɔɪnt] *n* point *m* de vue.

vigil ['vɪdʒɪl] *n* veille *f*; RELIG vigile *f*.

vigilante [,vɪdʒɪ'læntɪ] *n* membre *m* d'un groupe d'autodéfense.

vigorous ['vɪgərəs] *adj* vigoureux(euse).

vile [vaɪl] *adj* [mood] massacrant(e), exécrable; [person, act] vil(e), ignoble; [food] infect(e), exécrable.

villa ['vɪlə] *n* villa *f*; [bungalow] pavillon *m*.

village ['vɪlɪdʒ] *n* village *m*.

villager ['vɪlɪdʒər] *n* villageois *m*, -e *f*.

villain ['vɪlən] *n* **-1.** [of film, book] méchant *m*, -e *f*; [of play] traître *m*. **-2.** [criminal] bandit *m*.

vindicate ['vɪndɪkeɪt] *vt* justifier.

vindictive [vɪn'dɪktɪv] *adj* vindicatif(ive).

vine [vaɪn] *n* vigne *f*.

vinegar ['vɪnɪgər] *n* vinaigre *m*.

vineyard ['vɪnjəd] *n* vignoble *m*.

vintage ['vɪntɪdʒ] ◇ *adj* **-1.** [wine] de grand cru. **-2.** [classic] typique. ◇ *n* année *f*, millésime *m*.

vintage wine *n* vin *m* de grand cru.

vinyl ['vaɪnɪl] *n* vinyle *m*.

viola [vɪ'əʊlə] *n* alto *m*.

violate ['vaɪəleɪt] *vt* violer.

violence ['vaɪələns] *n* violence *f*.

violent ['vaɪələnt] *adj* [gen] violent(e).

violet ['vaɪələt] ◇ adj violet(ette). ◇ n -1. [flower] violette f. -2. [colour] violet m.

violin [,vaɪə'lɪn] n violon m.

violinist [,vaɪə'lɪnɪst] n violoniste mf.

VIP (abbr of **very important person**) n VIP mf.

viper ['vaɪpər] n vipère f.

virgin ['vɜːdʒɪn] ◇ adj literary [land, forest, soil] vierge. ◇ n [woman] vierge f; [man] garçon m/homme m vierge.

Virgo ['vɜːɡəʊ] (pl -s) n Vierge f.

virile ['vɪraɪl] adj viril(e).

virtually ['vɜːtʃʊəlɪ] adv virtuelle-ment, pratiquement.

virtual reality n réalité f virtuelle.

virtue ['vɜːtjuː] n -1. [good quality] vertu f. -2. [benefit]: ~ (in doing sthg) mérite m (à faire qqch).
♦ **by virtue of** prep fml en vertu de.

virtuous ['vɜːtʃʊəs] adj ver-tueux(euse).

virus ['vaɪrəs] n COMPUT & MED virus m.

visa ['viːzə] n visa m.

vis-à-vis [,viːzɑː'viː] prep fml par rap-port à.

viscose ['vɪskəʊs] n viscose f.

visibility [,vɪzɪ'bɪlətɪ] n visibilité f.

visible ['vɪzəbl] adj visible.

vision ['vɪʒn] n -1. (U) [ability to see] vue f. -2. [foresight, dream] vision f.

visit ['vɪzɪt] ◇ n visite f; **on a** ~ en visite. ◇ vt [person] rendre visite à; [place] visiter.

visiting hours ['vɪzɪtɪŋ-] npl heures fpl de visite.

visitor ['vɪzɪtər] n [to person] invité m, -e f; [to place] visiteur m, -euse f; [to hotel] client m, -e f.

visitors' book n livre m d'or; [in ho-tel] registre m.

visitor's passport n Br passeport m temporaire.

visor ['vaɪzər] n visière f.

vista ['vɪstə] n [view] vue f.

visual ['vɪʒʊəl] adj visuel(elle).

visual aids npl supports mpl visuels.

visual display unit n écran m de vi-sualisation.

visualize, -ise ['vɪʒʊəlaɪz] vt se repré-senter, s'imaginer.

vital ['vaɪtl] adj -1. [essential] essen-tiel(ielle). -2. [full of life] plein(e) d'entrain.

vitally ['vaɪtəlɪ] adv absolument.

vital statistics npl inf [of woman] mensurations fpl.

vitamin [Br 'vɪtəmɪn, Am 'vaɪtəmɪn] n vitamine f.

vivacious [vɪ'veɪʃəs] adj enjoué(e).

vivid ['vɪvɪd] adj -1. [bright] vif (vive). -2. [clear - description] vivant(e); [- memory] net (nette), précis(e).

vividly ['vɪvɪdlɪ] adv [describe] d'une manière vivante; [remember] claire-ment.

vixen ['vɪksn] n [fox] renarde f.

VLF (abbr of **very low frequency**) n très basse fréquence.

V-neck n [neck] décolleté m en V; [sweater] pull m à décolleté en V.

vocabulary [və'kæbjʊlərɪ] n vocabu-laire m.

vocal ['vəʊkl] adj -1. [outspoken] qui se fait entendre. -2. [of the voice] vo-cal(e).

vocal cords npl cordes fpl vocales.

vocation [vəʊ'keɪʃn] n vocation f.

vocational [vəʊ'keɪʃənl] adj profes-sionnel(elle).

vociferous [və'sɪfərəs] adj bruyant(e).

vodka ['vɒdkə] n vodka f.

vogue [vəʊɡ] n vogue f, mode f; **in** ~ en vogue, à la mode.

voice [vɔɪs] ◇ n [gen] voix f. ◇ vt [opinion, emotion] exprimer.

void [vɔɪd] ◇ adj -1. [invalid] nul (nulle); → **null**. -2. fml [empty]: ~ **of** dépourvu(e) de, dénué(e) de. ◇ n vide m.

volatile [Br 'vɒlətaɪl, Am 'vɒlətl] adj [situation] explosif(ive); [person] lunatique, versatile; [market] instable.

volcano [vɒl'keɪnəʊ] (pl -es OR -s) n volcan m.

volition [və'lɪʃn] n fml: **of one's own** ~ de son propre gré.

volley ['vɒlɪ] (pl **volleys**) ◇ n -1. [of gunfire] salve f. -2. fig [of questions, curses] **torrent** m; [of blows] **volée** f, **pluie** f. **-3.** SPORT **volée** f. ◇ vt **frapper à la volée**, **reprendre de volée**.

volleyball ['vɒlɪbɔːl] n volley-ball m.

volt [vəʊlt] n volt m.

voltage ['vəʊltɪdʒ] n voltage m, tension f.

voluble ['vɒljʊbl] adj volubile, loquace.

volume ['vɒljuːm] n **-1.** [gen] volume m. **-2.** [of work, letters] **quantité** f; [of traffic] **densité** f.

voluntarily [Br 'vɒləntrɪlɪ, Am ˌvɒlən'terəlɪ] adv volontairement.

voluntary ['vɒləntrɪ] adj **-1.** [not obligatory] volontaire. **-2.** [unpaid] bénévole.

volunteer [ˌvɒlən'tɪəʳ] ◇ n **-1.** [gen & MIL] volontaire mf. **-2.** [unpaid worker] bénévole mf. ◇ vt **-1.** [offer]: **to ~ to do sthg** se proposer OR se porter volontaire pour faire qqch. **-2.** [information, advice] **donner spontanément**. ◇ vi **-1.** [offer one's services]: **to ~ (for)** se porter volontaire (pour), proposer ses services (pour). **-2.** MIL s'engager comme volontaire.

vomit ['vɒmɪt] ◇ n vomi m. ◇ vi vomir.

vote [vəʊt] ◇ n **-1.** [individual decision]: **~ (for/against)** vote m (pour/contre), voix f (pour/contre). **-2.** [ballot] vote m. **-3.** [right to vote] droit m de vote. ◇ vt **-1.** [declare] élire. **-2.** [choose]: **to ~ to do sthg** voter OR se prononcer pour faire; **they ~d to return to work** ils ont voté le retour au travail. ◇ vi: **to ~ (for/against)** voter (pour/contre).

vote of thanks (pl **votes of thanks**) n discours m de remerciement.

voter ['vəʊtəʳ] n électeur m, -trice f.

voting ['vəʊtɪŋ] n scrutin m.

vouch [vaʊtʃ]

♦ **vouch for** vt fus **répondre de**, se **porter garant de**.

voucher ['vaʊtʃəʳ] n bon m, coupon m.

vow [vaʊ] ◇ n vœu m, serment m. ◇

vt: **to ~ to do sthg** jurer de faire qqch; **to ~ (that) ...** jurer que ....

vowel ['vaʊəl] n voyelle f.

voyage ['vɔɪɪdʒ] n voyage m en mer; [in space] vol m.

vs abbr of **versus**.

VSO (abbr of **Voluntary Service Overseas**) n organisation britannique envoyant des travailleurs bénévoles dans des pays en voie de développement pour contribuer à leur développement technique.

vulgar ['vʌlgəʳ] adj **-1.** [in bad taste] vulgaire. **-2.** [offensive] grossier(ière).

vulnerable ['vʌlnərəbl] adj vulnérable; **~ to** [attack] exposé(e) à; [colds] sensible à.

vulture ['vʌltʃəʳ] n lit & fig vautour m.

w (pl **w's** OR **ws**), **W** (pl **W's** OR **Ws**) ['dʌbljuː] n [letter] w m inv, W m inv.

♦ **W -1.** (abbr of **west**) O, W. **-2.** (abbr of **watt**) w.

wad [wɒd] n **-1.** [of cotton wool, paper] **tampon** m. **-2.** [of banknotes, documents] **liasse** f. **-3.** [of tobacco] **chique** f; [of chewing-gum] **boulette** f.

waddle ['wɒdl] vi se dandiner.

wade [weɪd] vi patauger.

♦ **wade through** vt fus fig se taper.

wading pool ['weɪdɪŋ-] n Am pataugeoire f.

wafer ['weɪfəʳ] n [thin biscuit] gaufrette f.

waffle ['wɒfl] ◇ n **-1.** CULIN gaufre f. **-2.** Br inf [vague talk] **verbiage** m. ◇ vi parler pour ne rien dire.

waft [wɑːft, wɒft] vi flotter.

wag [wæg] ◇ vt **remuer**, **agiter**. ◇ vi [tail] **remuer**.

wage [weɪdʒ] ◇ n **salaire** m, **paie** f, **paye** f. ◇ vt: **to ~ war against** faire la guerre à.

◆ **wages** npl salaire m.

wage earner [-,ɜːnəʳ] n salarié m, -e f.

wage packet n Br **-1.** [envelope] enveloppe f de paye. **-2.** fig [pay] paie f, paye f.

wager ['weɪdʒəʳ] n pari m.

waggle ['wægl] inf vt agiter, remuer; [ears] remuer.

waggon ['wægən] Br = wagon.

wagon ['wægən] n **-1.** [horse-drawn] chariot m, charrette f. **-2.** Br RAIL wagon m.

wail [weɪl] ◇ n gémissement m. ◇ vi gémir.

waist [weɪst] n taille f.

waistcoat ['weɪskəʊt] n gilet m.

waistline ['weɪstlaɪn] n taille f.

wait [weɪt] ◇ n attente f. ◇ vi attendre; **I can't ~ to do sthg** je brûle d'impatience de faire qqch; **~ and see!** tu vas voir!

◆ **wait for** vt fus attendre; **to ~ for sb to do sthg** attendre que qqn fasse qqch.

◆ **wait on** vt fus [serve food to] servir.

◆ **wait up** vi veiller, ne pas se coucher.

waiter ['weɪtəʳ] n garçon m, serveur m.

waiting list ['weɪtɪŋ-] n liste f d'attente.

waiting room ['weɪtɪŋ-] n salle f d'attente.

waitress ['weɪtrɪs] n serveuse f.

waive [weɪv] vt [fee] renoncer à; [rule] prévoir une dérogation à.

wake [weɪk] (pt woke OR -d, pp woken OR -d) ◇ n [of ship] sillage m. ◇ vt réveiller. ◇ vi se réveiller.

◆ **wake up** vt sep réveiller. ◇ vi [wake] se réveiller.

waken ['weɪkən] fml ◇ vt réveiller. ◇ vi se réveiller.

Wales [weɪlz] n pays m de Galles.

walk [wɔːk] ◇ n **-1.** [way of walking] démarche f, façon f de marcher. **-2.** [journey - for pleasure] promenade f; [- long distance] marche f; **it's a long ~** c'est loin à pied; **to go for a ~** aller se promener, aller faire une pro-

menade. ◇ vt **-1.** [accompany - person] accompagner; [- dog] promener. **-2.** [distance] faire à pied. ◇ vi **-1.** [gen] marcher. **-2.** [for pleasure] se promener.

◆ **walk out** vi **-1.** [leave suddenly] partir. **-2.** [go on strike] se mettre en grève, faire grève.

◆ **walk out on** vt fus quitter.

walker ['wɔːkəʳ] n [for pleasure] promeneur m, -euse f; [long-distance] marcheur m, -euse f.

walkie-talkie [,wɔːkɪ'tɔːkɪ] n talkie-walkie m.

walking ['wɔːkɪŋ] n (U) marche f à pied, promenade f.

walking shoes npl chaussures fpl de marche.

walking stick n canne f.

Walkman® ['wɔːkmən] n baladeur m, Walkman® m.

walk of life (pl walks of life) n milieu m.

walkout ['wɔːkaʊt] n [strike] grève f, débrayage m.

walkover ['wɔːk,əʊvəʳ] n victoire f facile.

walkway ['wɔːkweɪ] n passage m; [between buildings] passerelle f.

wall [wɔːl] n **-1.** [of room, building] mur m; [of rock, cave] paroi f. **-2.** ANAT paroi f.

wallchart ['wɔːltʃɑːt] n planche f murale.

walled [wɔːld] adj fortifié(e).

wallet ['wɒlɪt] n portefeuille m.

wallflower ['wɔːl,flaʊəʳ] n **-1.** [plant] giroflée f. **-2.** inf fig [person]: **to be a ~** faire tapisserie.

wallop ['wɒləp] inf vt [person] flanquer un coup à; [ball] taper fort dans.

wallow ['wɒləʊ] vi [in liquid] se vautrer.

wallpaper ['wɔːl,peɪpəʳ] ◇ n papier m peint. ◇ vt tapisser.

Wall Street n Wall Street m (quartier financier de New York).

wally ['wɒlɪ] n Br inf idiot m, -e f, andouille f.

walnut ['wɔːlnʌt] *n* **-1.** [nut] noix *f.* **-2.** [tree, wood] noyer *m.*

walrus ['wɔːlrəs] (*pl inv* OR **-es**) *n* morse *m.*

waltz [wɔːls] ◇ *n* valse *f.* ◇ *vi* [dance] valser, danser la valse.

wan [wɒn] *adj* pâle, blême.

wand [wɒnd] *n* baguette *f.*

wander ['wɒndər] *vi* **-1.** [person] errer. **-2.** [mind] divaguer; [thoughts] vagabonder.

wane [weɪn] *vi* **-1.** [influence, interest] diminuer, faiblir. **-2.** [moon] décroître.

wangle ['wæŋgl] *vt inf* se débrouiller pour obtenir.

want [wɒnt] ◇ *n* **-1.** [need] besoin *m.* **-2.** [lack] manque *m*; **for ~ of** faute de, par manque de. **-3.** [deprivation] pauvreté *f*, besoin *m.* ◇ *vt* **-1.** [desire] vouloir; **to ~ to do sthg** vouloir faire qqch; **to ~ sb to do sthg** vouloir que qqn fasse qqch. **-2.** *inf* [need] avoir besoin de.

wanted ['wɒntɪd] *adj*: **to be ~ (by the police)** être recherché(e) (par la police).

wanton ['wɒntən] *adj* [destruction, neglect] gratuit(e).

war [wɔːr] *n* guerre *f.*

ward [wɔːd] *n* **-1.** [in hospital] salle *f.* **-2.** *Br* POL circonscription *f* électorale. **-3.** JUR pupille *mf.*
◆ **ward off** *vt fus* [danger] écarter; [disease, blow] éviter; [evil spirits] éloigner.

warden ['wɔːdn] *n* **-1.** [of park etc] gardien *m*, -ienne *f.* **-2.** *Br* [of youth hostel, hall of residence] directeur *m*, -trice *f.* **-3.** *Am* [of prison] directeur *m*, -trice *f.*

warder ['wɔːdər] *n* [in prison] gardien *m*, -ienne *f.*

wardrobe ['wɔːdrəub] *n* garde-robe *f.*

warehouse ['weəhaus, *pl* -hauzɪz] *n* entrepôt *m*, magasin *m.*

wares [weəz] *npl* marchandises *fpl.*

warfare ['wɔːfeər] *n* (U) guerre *f.*

warhead ['wɔːhed] *n* ogive *f*, tête *f.*

warily ['weərəlɪ] *adj* avec précaution OR circonspection.

warm [wɔːm] ◇ *adj* **-1.** [gen] chaud(e); **it's ~ today** il fait chaud aujourd'hui. **-2.** [friendly] chaleureux(euse). ◇ *vt* chauffer.
◆ **warm to** *vt fus* [person] se prendre de sympathie pour; [idea, place] se mettre à aimer.
◆ **warm up** ◇ *vt sep* réchauffer. ◇ *vi* **-1.** [person, room] se réchauffer. **-2.** [machine, engine] chauffer. **-3.** SPORT s'échauffer.

warm-hearted [-'hɑːtɪd] *adj* chaleureux(euse), affectueux(euse).

warmly ['wɔːmlɪ] *adv* **-1.** [in warm clothes]: **to dress ~** s'habiller chaudement. **-2.** [in a friendly way] chaleureusement.

warmth [wɔːmθ] *n* chaleur *f.*

warn [wɔːn] *vt* avertir, prévenir; **to ~ sb of sthg** avertir qqn de qqch; **to ~ sb not to do sthg** conseiller à qqn de ne pas faire qqch, déconseiller à qqn de faire qqch.

warning ['wɔːnɪŋ] *n* avertissement *m.*

warning light *n* voyant *m*, avertisseur *m* lumineux.

warning triangle *n Br* triangle *m* de signalisation.

warp [wɔːp] ◇ *vt* **-1.** [wood] gauchir, voiler. **-2.** [personality] fausser, pervertir. ◇ *vi* [wood] gauchir, se voiler.

warrant ['wɒrənt] ◇ *n* JUR mandat *m.* ◇ *vt* **-1.** [justify] justifier. **-2.** [guarantee] garantir.

warranty ['wɒrəntɪ] *n* garantie *f.*

warren ['wɒrən] *n* terrier *m.*

warrior ['wɒrɪər] *n* guerrier *m*, -ière *f.*

Warsaw ['wɔːsɔː] *n* Varsovie; **the ~ Pact** le pacte de Varsovie.

warship ['wɔːʃɪp] *n* navire *m* de guerre.

wart [wɔːt] *n* verrue *f.*

wartime ['wɔːtaɪm] *n*: **in ~** en temps de guerre.

wary ['weərɪ] *adj* prudent(e), circonspect(e); **to be ~ of** se méfier de; **to be ~ of doing sthg** hésiter à faire qqch.

was [*weak form* wəz, *strong form* wɒz] *pt* → **be**.

wash [wɒʃ] ◇ *n* **-1.** [act] lavage *m*; **to have a ~** se laver; **to give sthg a ~** laver qqch. **-2.** [clothes] lessive *f*. **-3.** [from boat] remous *m*. ◇ *vt* [clean] laver; **to ~ one's hands** se laver les mains. ◇ *vi* se laver.

◆ **wash away** *vt sep* emporter.

◆ **wash up** ◇ *vt sep Br* [dishes]: **to ~ the dishes up** faire OR laver la vaisselle. ◇ *vi* **-1.** *Br* [wash dishes] faire OR laver la vaisselle. **-2.** *Am* [wash oneself] se laver.

washable ['wɒʃəbl] *adj* lavable.

washbasin *Br* ['wɒʃ,beɪsn], **washbowl** *Am* ['wɒʃbəʊl] *n* lavabo *m*.

washcloth ['wɒʃ,klɒθ] *n Am* gant *m* de toilette.

washer ['wɒʃər] *n* **-1.** TECH rondelle *f*. **-2.** [washing machine] machine *f* à laver.

washing ['wɒʃɪŋ] *n* (U) **-1.** [action] lessive *f*. **-2.** [clothes] linge *m*, lessive *f*.

washing line *n* corde *f* à linge.

washing machine *n* machine *f* à laver.

washing powder *n Br* lessive *f*, détergent *m*.

Washington ['wɒʃɪŋtən] *n* [city]: ~ D.C. Washington.

washing-up *n Br* vaisselle *f*.

washing-up liquid *n Br* liquide *m* pour la vaisselle.

washout ['wɒʃaʊt] *n inf* fiasco *m*.

washroom ['wɒʃrʊm] *n Am* toilettes *fpl*.

wasn't [wɒznt] = **was not**.

wasp [wɒsp] *n* guêpe *f*.

wastage ['weɪstɪdʒ] *n* gaspillage *m*.

waste [weɪst] ◇ *adj* [material] de rebut; [fuel] perdu(e); [area of land] en friche. ◇ *n* **-1.** [misuse] gaspillage *m*; **it's a ~ of money** [extravagance] c'est du gaspillage; [bad investment] c'est de l'argent perdu; **a ~ of time** une perte de temps. **-2.** (U) [refuse] déchets *mpl*, ordures *fpl*. ◇ *vt* [money,

food, energy] **gaspiller**; [time, opportunity] perdre.

◆ **wastes** *npl literary* étendues *fpl* désertes.

wastebasket *Am* = **wastepaper basket**.

waste disposal unit *n* broyeur *m* d'ordures.

wasteful ['weɪstfʊl] *adj* [person] gaspilleur(euse); [activity] peu économique.

waste ground *n* (U) terrain *m* vague.

wastepaper basket [,weɪst'peɪpər-], **wastepaper bin** [,weɪst'peɪpər-], **wastebasket** *Am* ['weɪst,bɑːskɪt] *n* corbeille *f* à papier.

watch [wɒtʃ] ◇ *n* **-1.** [timepiece] montre *f*. **-2.** [act of watching]: **to keep ~** faire le guet, monter la garde; **to keep ~ on sb/sthg** surveiller qqn/qqch. **-3.** [guard] garde *f*; NAUT [shift] quart *m*. ◇ *vt* **-1.** [look at] regarder. **-2.** [spy on, guard] surveiller. **-3.** [be careful about] faire attention à. ◇ *vi* regarder.

◆ **watch out** *vi* faire attention, prendre garde.

watchdog ['wɒtʃdɒg] *n* **-1.** [dog] chien *m* de garde. **-2.** *fig* [organization] organisation *f* de contrôle.

watchful ['wɒtʃfʊl] *adj* vigilant(e).

watchmaker ['wɒtʃ,meɪkər] *n* horloger *m*.

watchman ['wɒtʃmən] (*pl* **-men** [-mən]) *n* gardien *m*.

water ['wɔːtər] ◇ *n* [liquid] eau *f*. ◇ *vt* arroser. ◇ *vi* **-1.** [eyes] pleurer, larmoyer. **-2.** [mouth]: **my mouth was ~ing** j'en avais l'eau à la bouche.

◆ **waters** *npl* [sea] eaux *fpl*.

◆ **water down** *vt sep* **-1.** [dilute] diluer; [alcohol] couper d'eau. **-2.** *usu pej* [plan, demand] atténuer, modérer; [play, novel] édulcorer.

water bottle *n* gourde *f*, bidon *m* (à eau).

water closet *n dated* toilettes *fpl*, waters *mpl*.

watercolour ['wɔːtə,kʌlər] *n* **-1.** [picture] aquarelle *f*. **-2.** [paint] peinture *f* à l'eau, couleur *f* pour aquarelle.

watercress ['wɔ:təkres] n cresson m.

waterfall ['wɔ:təfɔ:l] n chute f d'eau, cascade f.

water heater n chauffe-eau m inv.

waterhole ['wɔ:təhəʊl] n mare f, point m d'eau.

watering can ['wɔ:tərɪŋ-] n arrosoir m.

water level n niveau m de l'eau.

water lily n nénuphar m.

waterline ['wɔ:təlaɪn] n NAUT ligne f de flottaison.

waterlogged ['wɔ:təlɒgd] adj **-1.** [land] détrempé(e). **-2.** [vessel] plein(e) d'eau.

water main n conduite f principale d'eau.

watermark ['wɔ:təmɑ:k] n **-1.** [in paper] filigrane m. **-2.** [showing water level] laisse f.

watermelon ['wɔ:tə,melən] n pastèque f.

water polo n water-polo m.

waterproof ['wɔ:təpru:f] ◇ adj imperméable. ◇ n imperméable m.

watershed ['wɔ:təʃed] n fig [turning point] tournant m, moment m critique.

water skiing n ski m nautique.

water tank n réservoir m d'eau, citerne f.

watertight ['wɔ:tətaɪt] adj **-1.** [waterproof] étanche. **-2.** fig [excuse, contract] parfait(e); [argument] irréfutable; [plan] infaillible.

waterway ['wɔ:təweɪ] n voie f navigable.

waterworks ['wɔ:təwɜ:ks] (pl inv) n [building] installation f hydraulique, usine f de distribution d'eau.

watery ['wɔ:tərɪ] adj **-1.** [food, drink] trop dilué(e); [tea, coffee] pas assez fort(e). **-2.** [pale] pâle.

watt [wɒt] n watt m.

wave [weɪv] ◇ n **-1.** [of hand] geste m, signe m. **-2.** [of water, emotion, nausea] vague f. **-3.** [of light, sound] onde f; [of heat] bouffée f. **-4.** [in hair] cran m, ondulation f. ◇ vt [arm, handkerchief] agiter; [flag, stick] brandir. ◇

vi **-1.** [with hand] faire signe de la main; **to ~ at** OR **to sb** faire signe à qqn, saluer qqn de la main. **-2.** [flags, trees] flotter.

wavelength ['weɪvleŋθ] n longueur f d'ondes; **to be on the same ~** fig être sur la même longueur d'ondes.

waver ['weɪvər] vi **-1.** [falter] vaciller, chanceler. **-2.** [hesitate] hésiter, vaciller. **-3.** [fluctuate] fluctuer, varier.

wavy ['weɪvɪ] adj [hair] ondulé(e); [line] onduleux(euse).

wax [wæks] ◇ n (U) **-1.** [in candles, polish] cire f; [for skis] fart m. **-2.** [in ears] cérumen m. ◇ vt cirer; [skis] farter. ◇ vi [moon] croître.

wax paper n Am papier m sulfurisé.

waxworks ['wækswɜ:ks] (pl inv) n [museum] musée m de cire.

way [weɪ] ◇ n **-1.** [means, method] façon f; **to get** OR **have one's ~** obtenir ce qu'on veut. **-2.** [manner, style] façon f, manière f; **in the same ~** de la même manière OR façon; **this/that ~** comme ça, de cette façon; **in a ~** d'une certaine manière, en quelque sorte. **-3.** [route, path] chemin m; **~ in** entrée f; **~ out** sortie f; **to be out of one's ~** [place] ne pas être sur sa route; **on the** OR **one's ~** sur le OR son chemin; **to be under ~** [ship] faire route; fig [meeting] être en cours; **to get under ~** [ship] se mettre en route; fig [meeting] démarrer; **"give ~"** Br AUT «vous n'avez pas la priorité»; **to be in the ~** gêner; **to go out of one's ~** to do sthg se donner du mal pour faire qqch; **to keep out of sb's ~** éviter qqn; **keep out of the ~!** restez à l'écart!; **to make ~ for** faire place à. **-4.** [direction]: **to go/look/come this ~** aller/regarder/venir par ici; **the right/wrong ~ round** [in sequence] dans le bon/mauvais ordre; **she had her hat on the wrong ~ round** elle avait mis son chapeau à l'envers; **the right/wrong ~ up** dans le bon/mauvais sens. **-5.** [distance]: **all the ~** tout le trajet; fig [support etc] jusqu'au bout; **a long ~** loin. **-6.**

phr: **to give** ~ [under weight, pressure] céder; **no** ~**!** pas question! ◇ *adv inf* [a lot] largement; ~ **better** bien mieux.

◆ **ways** *npl* [customs, habits] coutumes *fpl.*

◆ **by the way** *adv* au fait.

waylay [ˌweɪˈleɪ] (*pt* & *pp* -**laid** [-ˈleɪd]) *vt* arrêter (au passage).

wayward [ˈweɪwəd] *adj* qui n'en fait qu'à sa tête; [behaviour] capricieux(ieuse).

WC (*abbr of* **water closet**) *n* W.-C. *mpl.*

we [wiː] *pers pron* nous; **WE can't do it** nous, nous ne pouvons pas le faire; **as** ~ **say in France** comme on dit en France; ~ **British** nous autres Britanniques.

weak [wiːk] *adj* -**1.** [gen] faible. -**2.** [delicate] fragile. -**3.** [unconvincing] peu convaincant(e). -**4.** [drink] léger(ère).

weaken [ˈwiːkn] ◇ *vt* -**1.** [undermine] affaiblir. -**2.** [reduce] diminuer. -**3.** [physically - person] affaiblir; [- structure] fragiliser. ◇ *vi* faiblir.

weakling [ˈwiːklɪŋ] *n pej* mauviette *f.*

weakness [ˈwiːknɪs] *n* -**1.** (U) [physical - of person] faiblesse *f*; [- of structure] fragilité *f.* -**2.** [imperfect point] point *m* faible, faiblesse *f.*

wealth [welθ] *n* -**1.** (U) [riches] richesse *f.* -**2.** [abundance]: **a** ~ **of** une profusion de.

wealthy [ˈwelθɪ] *adj* riche.

wean [wiːn] *vt* [baby, lamb] sevrer.

weapon [ˈwepən] *n* arme *f.*

weaponry [ˈwepənrɪ] *n* (U) armement *m.*

wear [weər] (*pt* **wore**, *pp* **worn**) ◇ *n* (U) -**1.** [type of clothes] tenue *f.* -**2.** [damage] usure *f*; ~ **and tear** usure. -**3.** [use]: **these shoes have had a lot of** ~ ces chaussures ont fait beaucoup d'usage. ◇ *vt* -**1.** [clothes, hair] porter. -**2.** [damage] user. ◇ *vi* -**1.** [deteriorate] s'user. -**2.** [last]: **to** ~ **well** durer longtemps, faire de l'usage; **to** ~ **badly** ne pas durer longtemps.

◆ **wear away** ◇ *vt sep* [rock, wood] user; [grass] abîmer. ◇ *vi* [rock, wood] s'user; [grass] s'abîmer.

◆ **wear down** *vt sep* -**1.** [material] user. -**2.** [person, resistance] épuiser.

◆ **wear off** *vi* disparaître.

◆ **wear out** ◇ *vt sep* -**1.** [shoes, clothes] user. -**2.** [person] épuiser. ◇ *vi* s'user.

weary [ˈwɪərɪ] *adj* -**1.** [exhausted] las (lasse); [sigh] de lassitude. -**2.** [fed up]: **to be** ~ **of sthg/of doing sthg** être las de qqch/de faire qqch.

weasel [ˈwiːzl] *n* belette *f.*

weather [ˈweðər] ◇ *n* temps *m*; **to be under the** ~ être patraque. ◇ *vt* [crisis, problem] surmonter.

weather-beaten [-ˌbiːtn] *adj* [face, skin] tanné(e).

weathercock [ˈweðəkɒk] *n* girouette *f.*

weather forecast *n* météo *f*, prévisions *fpl* météorologiques.

weatherman [ˈweðəmæn] (*pl* -**men** [-men]) *n* météorologue *m.*

weather vane [-veɪn] *n* girouette *f.*

weave [wiːv] (*pt* **wove**, *pp* **woven**) ◇ *vt* [using loom] tisser. ◇ *vi* [move] se faufiler.

weaver [ˈwiːvər] *n* tisserand *m*, -e *f.*

web [web] *n* -**1.** [cobweb] toile *f* (d'araignée). -**2.** *fig* [of lies] tissu *m.*

wed [wed] (*pt* & *pp* **wed** OR -**ded**) *literary* ◇ *vt* épouser. ◇ *vi* se marier.

we'd [wiːd] = **we had**, **we would**.

wedding [ˈwedɪŋ] *n* mariage *m.*

wedding anniversary *n* anniversaire *m* de mariage.

wedding cake *n* pièce *f* montée.

wedding dress *n* robe *f* de mariée.

wedding ring *n* alliance *f.*

wedge [wedʒ] ◇ *n* -**1.** [for steadying] cale *f.* -**2.** [for splitting] coin *m.* -**3.** [of cake, cheese] morceau *m.* ◇ *vt* caler.

Wednesday [ˈwenzdɪ] *n* mercredi *m*; *see also* **Saturday.**

wee [wiː] ◇ *adj Scot* petit(e). ◇ *n v inf* pipi *m.* ◇ *vi v inf* faire pipi.

weed [wiːd] ◇ *n* -**1.** [plant] mauvaise

herbe f. **-2.** Br inf [feeble person] mauviette f. ◇ vt désherber.

weedkiller ['wiːd,kɪlər] n désherbant m.

weedy ['wiːdɪ] adj Br inf [feeble] qui agit comme une mauviette.

week [wiːk] n semaine f.

weekday ['wiːkdeɪ] n jour m de semaine.

weekend [,wiːk'end] n week-end m; **on** OR **at the ~** le week-end.

weekly ['wiːklɪ] ◇ adj hebdomadaire. ◇ adv chaque semaine. ◇ n hebdomadaire m.

weep ['wiːp] (pt & pp **wept**) vt & vi pleurer.

weeping willow [,wiːpɪŋ-] n saule m pleureur.

weigh [weɪ] vt **-1.** [gen] peser. **-2.** NAUT: **to ~ anchor** lever l'ancre.

◆ **weigh down** vt sep **-1.** [physically]: **to be ~ed down with** sthg plier sous le poids de qqch. **-2.** [mentally]: **to be ~ed down by** OR **with** sthg être accablé par qqch.

◆ **weigh up** vt sep **-1.** [consider carefully] examiner. **-2.** [size up] juger, évaluer.

weight [weɪt] n lit & fig poids m; **to put on** OR **gain ~** prendre du poids, grossir; **to lose ~** perdre du poids, maigrir; **to pull one's ~** faire sa part du travail, participer à la tâche.

weighted ['weɪtɪd] adj: **to be ~ in favour of/against** être favorable/défavorable à.

weighting ['weɪtɪŋ] n indemnité f.

weightlifting ['weɪt,lɪftɪŋ] n haltérophilie f.

weighty ['weɪtɪ] adj [serious] important(e), de poids.

weir [wɪər] n barrage m.

weird [wɪəd] adj bizarre.

welcome ['welkəm] ◇ adj **-1.** [guest, help etc] bienvenu(e). **-2.** [free]: **you're ~ to ... n'hésitez pas à .... -3.** [in reply to thanks]: **you're ~** il n'y a pas de quoi, de rien. ◇ n accueil m. ◇ vt **-1.** [receive] accueillir. **-2.** [approve of] se réjouir de. ◇ excl bienvenue!

weld [weld] ◇ n soudure f. ◇ vt souder.

welfare ['welfeər] ◇ adj social(e). ◇ n **-1.** [well-being] bien-être m. **-2.** Am [income support] assistance f publique.

welfare state n État-providence m.

well [wel] (compar **better**, superl **best**) ◇ adj bien; **I'm very ~, thanks** je vais très bien, merci; **all is ~** tout va bien; **just as ~** aussi bien. ◇ adv bien; **the team was ~ beaten** l'équipe a été battue à plates coutures; **to go ~** aller bien; **~ done!** bravo!; **~ and truly** bel et bien. ◇ n [for water, oil] puits m. ◇ excl **-1.** [in hesitation] heu!, eh bien! **-2.** [to correct oneself] bon!, enfin! **-3.** [to express resignation]: **oh ~!** eh bien! **-4.** [in surprise] tiens!

◆ **as well** adv **-1.** [in addition] aussi, également. **-2.** [with same result]: **I/you** etc **may** OR **might as ~** (do sthg) je/tu etc ferais aussi bien (de faire qqch).

◆ **as well as** conj en plus de, aussi bien que.

◆ **well up** vi: **tears ~ed up in her eyes** les larmes lui montaient aux yeux.

we'll [wiːl] = **we shall, we will**.

well-advised [-əd'vaɪzd] adj sage; **you would be ~ to do sthg** tu ferais bien de faire qqch.

well-behaved [-bɪ'heɪvd] adj sage.

wellbeing [,wel'biːɪŋ] n bien-être m.

well-built adj bien bâti(e).

well-done adj CULIN bien cuit(e).

well-dressed [-'drest] adj bien habillé(e).

well-earned [-ɜːnd] adj bien mérité(e).

well-heeled [-hiːld] adj inf nanti(e).

wellington boots ['welɪŋtən-], **wellingtons** ['welɪŋtənz] npl bottes fpl de caoutchouc.

well-kept adj **-1.** [building, garden] bien tenu(e). **-2.** [secret] bien gardé(e).

well-known adj bien connu(e).

well-mannered [-'mænəd] *adj* bien élevé(e).

well-meaning *adj* bien intentionné(e).

well-nigh [-naɪ] *adv* presque, pratiquement.

well-off *adj* **-1.** [rich] riche. **-2.** [well-provided]: **to be ~ for sthg** être bien pourvu(e) en qqch.

well-read [-'red] *adj* cultivé(e).

well-rounded [-'raʊndɪd] *adj* [education, background] complet(ète).

well-timed [-'taɪmd] *adj* bien calculé(e), qui vient à point nommé.

well-to-do *adj* riche.

wellwisher ['wel,wɪʃər] *n* admirateur *m*, -trice *f*.

Welsh [welʃ] ◇ *adj* gallois(e). ◇ *n* [language] gallois *m*. ◇ *npl*: **the ~** les Gallois *mpl*.

Welshman ['welʃmən] (*pl* **-men** [-mən]) *n* Gallois *m*.

Welshwoman ['welʃ,wʊmən] (*pl* **-women** [-,wɪmɪn]) *n* Galloise *f*.

went [went] *pt* → **go**.

wept [wept] *pt & pp* → **weep**.

were [wɜːr] → **be**.

we're [wɪər] = **we are**.

weren't [wɜːnt] = **were not**.

west [west] ◇ *n* **-1.** [direction] ouest *m*. **-2.** [region]: **the ~** l'ouest *m*. ◇ *adj* ouest (*inv*); [wind] d'ouest. ◇ *adv* de l'ouest, vers l'ouest; **~ of** à l'ouest de.

◆ **West** *n* POL: **the West** l'Occident *m*.

West Bank *n*: **the ~** la Cisjordanie.

West Country *n Br*: **the ~** le sud-ouest de l'Angleterre.

West End *n Br*: **the ~** le West-End (*quartier des grands magasins et des théâtres, à Londres*).

westerly ['westəlɪ] *adj* à l'ouest; [wind] de l'ouest; **in a ~ direction** vers l'ouest.

western ['westən] ◇ *adj* **-1.** [gen] de l'ouest. **-2.** POL occidental(e). ◇ *n* [book, film] western *m*.

West German ◇ *adj* ouest-allemand(e). ◇ *n* Allemand *m*, -e *f* de l'Ouest.

West Germany *n*: (former) **~** (ex-)Allemagne *f* de l'Ouest.

West Indian ◇ *adj* antillais(e). ◇ *n* Antillais *m*, -e *f*.

West Indies [-'ɪndiːz] *npl*: **the ~** les Antilles *fpl*.

Westminster ['westmɪnstər] *n* quartier de Londres où se situe le Parlement britannique.

westward ['westwəd] *adj & adv* vers l'ouest.

westwards ['westwədz] *adv* vers l'ouest.

wet [wet] (*pt & pp* **wet** OR **-ted**) ◇ *adj* **-1.** [damp, soaked] mouillé(e). **-2.** [rainy] pluvieux(ieuse). **-3.** [not dry - paint, cement] frais (fraîche). **-4.** *Br inf pej* [weak, feeble] ramolli(e). ◇ *n inf* POL modéré *m*, -e *f*. ◇ *vt* mouiller.

wet blanket *n inf pej* rabat-joie *m inv*.

wet suit *n* combinaison *f* de plongée.

we've [wiːv] = **we have**.

whack [wæk] *inf* ◇ *n* **-1.** [share] part *f*. **-2.** [hit] grand coup *m*. ◇ *vt* donner un grand coup à, frapper fort.

whale [weɪl] *n* baleine *f*.

wharf [wɔːf] (*pl* **-s** OR **wharves** [wɔːvz]) *n* quai *m*.

what [wɒt] ◇ *adj* **-1.** (*in direct, indirect questions*) quel (quelle), quels (quelles) (*pl*); **~ colour is it?** c'est de quelle couleur?; **he asked me ~ colour it was** il m'a demandé de quelle couleur c'était. **-2.** (*in exclamations*) quel (quelle), quels (quelles) (*pl*); **~ a surprise!** quelle surprise!; **an idiot I am!** ce que je peux être bête! ◇ *pron* **-1.** (*interrogative - subject*) qu'est-ce qui; (- *object*) qu'est-ce que, que; (- *after prep*) quoi; **~ are they doing?** qu'est-ce qu'ils font?, que font-ils?; **~ is going on?** qu'est-ce qui se passe?; **~ are they talking about?** de quoi parlent-ils?; **~ about another drink/going out for a meal?** et si on prenait un autre verre/allait manger au restaurant?; **~ about the rest of us?** et nous alors?; **~ if ...?** et si ...? **-2.** (*relative - subject*) ce qui; (*- object*) ce que; **I saw ~ happened/fell** j'ai vu ce qui s'était passé/était tombé; **you can't have ~ you want** tu ne peux pas avoir ce que tu veux. ◇ *excl* [expressing disbelief] comment!, quoi!

whatever [wɒt'evəʳ] ◇ *adj* quel (quelle) que soit; **any book ~** n'importe quel livre; **no chance ~** pas la moindre chance; **nothing ~** rien du tout. ◇ *pron* quoi que (+ *subjunctive*); **I'll do ~ I can** je ferai tout ce que je peux; **~ can this be?** qu'est-ce que cela peut-il bien être?; **~ that may mean** quoi que cela puisse bien vouloir dire; **or ~** ou n'importe quoi d'autre.

whatsoever [,wɒtsəʊ'evəʳ] *adj*: **I had no interest ~** je n'éprouvais pas le moindre intérêt; **nothing ~** rien du tout.

wheat [wi:t] *n* blé *m*.

wheedle ['wi:dl] *vt*: **to ~ sb into doing sthg** enjôler qqn pour qu'il fasse qqch; **to ~ sthg out of sb** enjôler qqn pour obtenir qqch.

wheel [wi:l] ◇ *n* **-1.** [gen] roue *f*. **-2.** [steering wheel] volant *m*. ◇ *vt* pousser. ◇ *vi*: **to ~ (round)** se retourner brusquement.

wheelbarrow ['wi:l,bærəʊ] *n* brouette *f*.

wheelchair ['wi:l,tʃeəʳ] *n* fauteuil *m* roulant.

wheelclamp ['wi:l,klæmp] ◇ *n* sabot *m* de Denver. ◇ *vt*: **my car was ~ed** on a mis un sabot à ma voiture.

wheeze [wi:z] ◇ *n* [sound] respiration *f* sifflante. ◇ *vi* respirer avec un bruit sifflant.

whelk [welk] *n* bulot *m*, buccin *m*.

when [wen] ◇ *adv* (*in direct, indirect questions*) quand; **~ does the plane arrive?** quand OR à quelle heure arrive l'avion?; **he asked me ~ I would be in London** il m'a demandé quand je serais à Londres. ◇ *conj* **-1.** [referring to time] quand, lorsque; **he came to see me ~ I was abroad** il est venu me voir quand j'étais à l'étranger; **one day ~ I was on my own** un jour que OR où j'étais tout seul; **on the day ~ it happened** le jour où cela s'est passé. **-2.** [whereas, considering that] alors que.

whenever [wen'evəʳ] ◇ *conj* quand; [each time that] chaque fois que. ◇ *adv* n'importe quand.

where [weəʳ] ◇ *adv* (*in direct, indirect questions*) où; **~ do you live?** où habitez-vous?; **do you know ~ he lives?** est-ce que vous savez où il habite? ◇ *conj* [referring to place, situation] où; **this is ~ ...** c'est là que .... **-2.** [whereas] alors que.

whereabouts [*adv* ,weərə'baʊts, 'weərəbaʊts] ◇ *adv* où. ◇ *npl*: **their ~ are still unknown** on ne sait toujours pas où ils se trouvent.

whereas [weər'æz] *conj* alors que.

whereby [weə'baɪ] *conj fml* par lequel (laquelle), au moyen duquel (de laquelle).

whereupon [,weərə'pɒn] *conj fml* après quoi, sur quoi.

wherever [weər'evəʳ] ◇ *conj* où que (+ *subjunctive*). ◇ *adv* **-1.** [no matter where] n'importe où. **-2.** [where] donc; **~ did you hear that?** mais où donc as-tu entendu dire cela?

wherewithal ['weəwɪðɔ:l] *n fml*: **to have the ~ to do sthg** avoir les moyens de faire qqch.

whet [wet] *vt*: **to ~ sb's appetite for sthg** donner à qqn envie de qqch.

whether ['weðəʳ] *conj* **-1.** [indicating choice, doubt] si. **-2.** [no matter if]: **~ I want to or not** que je le veuille ou non.

which [wɪtʃ] ◇ *adj* **-1.** (*in direct, indirect questions*) quel (quelle), quels (quelles) (*pl*); **~ house is yours?** quelle maison est la tienne?; **~ one?** lequel (laquelle)? **-2.** [to refer back to sthg]: **in ~ case** auquel cas. ◇ *pron* **-1.** (*in direct, indirect questions*) lequel (laquelle), lesquels (lesquelles) (*pl*); **~ do you prefer?** lequel préférez-vous?; **I can't decide ~ to have** je ne sais vraiment pas lequel prendre. **-2.** (*in relative clauses - subject*) qui; (*- object*) que; (*- after prep*) lequel (laquelle), lesquels (lesquelles) (*pl*); **take the slice ~ is nearer to you** prends la tranche qui est le plus près de toi; **the television ~ we bought** le téléviseur que nous avons acheté; **the settee on ~ I am sitting** le canapé sur lequel je suis assis; **the film of ~ you spoke** le film dont vous avez parlé. **-3.** (*referring back - subject*) ce qui; (*- object*) ce que; **why did you say you were ill, ~ nobody believed?** pourquoi as-tu dit que tu étais malade, ce que personne n'a cru?

whichever [wɪtʃ'evəʳ] ◇ *adj* quel (quelle) que soit; **choose ~ colour you prefer** choisissez la couleur que vous préférez, n'importe laquelle. ◇ *pron* n'importe lequel (laquelle).

whiff [wɪf] *n* [of perfume, smoke] bouffée *f*; [of food] odeur *f*.

while [waɪl] ◇ *n* moment *m*; **let's stay here for a ~** restons ici un moment; **for a long ~** longtemps; **after a ~** après quelque temps. ◇ *conj* **-1.** [during the time that] pendant que. **-2.** [as long as] tant que. **-3.** [whereas] alors que.
◆ **while away** *vt sep* passer.

whilst [waɪlst] *conj* = **while**.

whim [wɪm] *n* lubie *f*.

whimper ['wɪmpəʳ] *vt & vi* gémir.

whimsical ['wɪmzɪkl] *adj* saugrenu(e).

whine [waɪn] *vi* [make sound] gémir.

whinge [wɪndʒ] *vi Br*: **to ~ (about)** se plaindre (de).

whip [wɪp] ◇ *n* **-1.** [for hitting] fouet *m*. **-2.** *Br* POL chef *m* de file (*d'un groupe parlementaire*). ◇ *vt* **-1.** [gen] fouetter. **-2.** [take quickly]: **to ~ sthg out** sortir qqch brusquement; **to ~ sthg off** ôter OR enlever qqch brusquement.

whipped cream [wɪpt-] *n* crème *f* fouettée.

whip-round *n Br inf*: **to have a ~** faire une collecte.

whirl [wɜːl] ◇ *n lit & fig* tourbillon *m*. ◇ *vt*: **to ~ sb/sthg round** [spin round] faire tourbillonner qqn/qqch. ◇ *vi* tourbillonner; *fig* [head, mind] tourner.

whirlpool ['wɜːlpuːl] *n* tourbillon *m*.

whirlwind ['wɜːlwɪnd] *n* tornade *f*.

whirr [wɜːʳ] *vi* [engine] ronronner.

whisk [wɪsk] ◇ *n* CULIN fouet *m*, batteur *m* (à œufs). ◇ *vt* **-1.** [move quickly] emmener OR emporter rapidement. **-2.** CULIN battre.

whisker ['wɪskəʳ] *n* moustache *f*.
◆ **whiskers** *npl* favoris *mpl*.

whisky *Br*, **whiskey** *Am & Irish* (*pl* **whiskeys**) ['wɪskɪ] *n* whisky *m*.

whisper ['wɪspəʳ] ◇ *vt* murmurer, chuchoter. ◇ *vi* chuchoter.

whistle ['wɪsl] ◇ *n* **-1.** [sound] sifflement *m*. **-2.** [device] sifflet *m*. ◇ *vt & vi* siffler.

white [waɪt] ◇ *adj* **-1.** [in colour] blanc (blanche). **-2.** [coffee, tea] au lait. ◇ *n* **-1.** [colour, of egg, eye] blanc *m*. **-2.** [person] Blanc *m*, Blanche *f*.

white-collar *adj* de bureau.

white elephant *n fig* objet *m* coûteux et inutile.

Whitehall ['waɪthɔːl] *n* rue de Londres, centre administratif du gouvernement britannique.

white-hot *adj* chauffé(e) à blanc.

White House *n*: **the ~** la Maison-Blanche.

white lie *n* pieux mensonge *m*.

whiteness ['waɪtnɪs] *n* blancheur *f*.

white paper *n* POL livre *m* blanc.

white sauce *n* sauce *f* blanche.

white spirit *n Br* white-spirit *m*.

whitewash ['waɪtwɒʃ] ◇ *n* **-1.** (U) [paint] chaux *f*. **-2.** *pej* [cover-up]: **a government ~** une combine du gouvernement pour étouffer l'affaire. ◇ *vt* [paint] blanchir à la chaux.

whiting ['waɪtɪŋ] (*pl inv* OR **-s**) *n* merlan *m*.

Whitsun ['wɪtsn] *n* Pentecôte *f*.

whittle ['wɪtl] *vt* [reduce]: **to ~ sthg away** OR **down** réduire qqch.

whiz, whizz [wɪz] *vi* [go fast] aller à toute allure.

whiz(z) kid *n inf* petit prodige *m*.

who [hu:] *pron* **-1.** (*in direct, indirect questions*) qui; ~ **are you?** qui êtes-vous?; **I didn't know** ~ **she was** je ne savais pas qui c'était. **-2.** (*in relative clauses*) qui; **he's the doctor** ~ **treated me** c'est le médecin qui m'a soigné; **I don't know the person** ~ **came to see you** je ne connais pas la personne qui est venue vous voir.

who'd [hu:d] = **who had, who would**.

whodu(n)nit [ˌhu:'dʌnɪt] *n inf* polar *m*.

whoever [hu:'evər] *pron* **-1.** [unknown person] quiconque. **-2.** [indicating surprise, astonishment] qui donc. **-3.** [no matter who] qui que (+ *subjunctive*); ~ **you are** qui que vous soyez; ~ **wins** qui que ce soit qui gagne.

whole [həʊl] ◇ *adj* **-1.** [entire, complete] entier(ière). **-2.** [for emphasis]: **a** ~ **lot bigger** bien plus gros; **a** ~ **new idea** une idée tout à fait nouvelle. ◇ *n* **-1.** [all]: **the** ~ **of the school** toute l'école; **the** ~ **of the summer** tout l'été. **-2.** [unit, complete thing] tout *m*.
♦ **as a whole** *adv* dans son ensemble.
♦ **on the whole** *adv* dans l'ensemble.

wholefood ['həʊlfu:d] *n* Br aliments *mpl* complets.

whole-hearted [-'hɑ:tɪd] *adj* sans réserve, total(e).

wholemeal ['həʊlmi:l] Br, **whole wheat** Am *adj* complet(ète).

wholesale ['həʊlseɪl] ◇ *adj* **-1.** [buying, selling] en gros; [price] de gros. **-2.** *pej* [excessive] en masse. ◇ *adv* **-1.** [in bulk] en gros. **-2.** *pej* [excessively] en masse.

wholesaler ['həʊlˌseɪlər] *n* marchand *m* de gros, grossiste *mf*.

wholesome ['həʊlsəm] *adj* sain(e).

whole wheat Am = **wholemeal**.

who'll [hu:l] = **who will**.

wholly ['həʊlɪ] *adv* totalement.

whom [hu:m] *pron fml* **-1.** (*in direct, indirect questions*) qui; ~ **did you phone?** qui avez-vous appelé au téléphone?; **for/of/to** ~ pour/de/à qui. **-2.** (*in relative clauses*) que; **the girl** ~ **he married** la jeune fille qu'il a épousée; **the man of** ~ **you speak** l'homme dont vous parlez; **the man to** ~ **you were speaking** l'homme à qui vous parliez.

whooping cough ['hu:pɪŋ-] *n* coqueluche *f*.

whopping ['wɒpɪŋ] *inf* ◇ *adj* énorme. ◇ *adv*: **a** ~ **great lorry/lie** un camion/mensonge absolument énorme.

whore [hɔ:r] *n offensive* putain *f*.

who're ['hu:ər] = **who are**.

whose [hu:z] *pron* **-1.** (*in direct, indirect questions*) à qui; ~ **is this?** à qui est ceci? **-2.** (*in relative clauses*) dont; **that's the boy** ~ **father's an MP** c'est le garçon dont le père est député; **the girl** ~ **mother you phoned yesterday** la fille à la mère de qui OR de laquelle tu as téléphoné hier. ◇ *adj* à qui; ~ **car is that?** à qui est cette voiture?; ~ **son is he?** de qui est-il le fils?

who's who [hu:z-] *n* [book] bottin *m* mondain.

who've [hu:v] = **who have**.

why [waɪ] ◇ *adv* (*in direct questions*) pourquoi; ~ **did you lie to me?** pourquoi m'as-tu menti?; ~ **don't you all come?** pourquoi ne pas tous venir?, pourquoi est-ce que vous ne viendriez pas tous?; ~ **not?** pourquoi pas? ◇ *conj* pourquoi; **I don't know** ~ **he said that** je ne sais pas pourquoi il a dit cela. ◇ *pron*: **there are several reasons** ~ **he left** il est parti pour plusieurs raisons, les raisons pour lesquelles il est parti sont nombreuses; **I don't know the reason** ~ je ne sais pas pourquoi. ◇ *excl* tiens!
♦ **why ever** *adv* pourquoi donc.

wick [wɪk] *n* [of candle, lighter] mèche *f*.

wicked ['wɪkɪd] *adj* **-1.** [evil] mauvais(e). **-2.** [mischievous, devilish] malicieux(ieuse).

wicker ['wɪkər] *adj* en osier.

wickerwork ['wɪkəwɜːk] *n* vannerie *f*.

wicket ['wɪkɪt] *n* CRICKET **-1.** [stumps, dismissal] guichet *m*. **-2.** [pitch] terrain *m* entre les guichets.

wide [waɪd] ◇ *adj* **-1.** [gen] large; **how ~ is the room?** quelle est la largeur de la pièce?; **to be six metres ~** faire six mètres de large OR de largeur. **-2.** [gap, difference] grand(e). **-3.** [experience, knowledge, issue] vaste. ◇ *adv* **-1.** [broadly] largement; **open ~!** ouvrez grand! **-2.** [off-target]: **the shot went ~** le coup est passé loin du but OR à côté.

wide-angle lens *n* PHOT objectif *m* grand angle.

wide-awake *adj* tout à fait réveillé(e).

widely ['waɪdlɪ] *adv* **-1.** [smile, vary] largement. **-2.** [extensively] beaucoup; **to be ~ read** avoir beaucoup lu; **it is ~ believed that ...** beaucoup pensent que ..., nombreux sont ceux qui pensent que ....

widen ['waɪdn] *vt* **-1.** [make broader] élargir. **-2.** [gap, difference] agrandir, élargir.

wide open *adj* grand ouvert (grande ouverte).

wide-ranging [-'reɪndʒɪŋ] *adj* varié(e); [consequences] de grande envergure.

widespread ['waɪdspred] *adj* très répandu(e).

widow ['wɪdəʊ] *n* veuve *f*.

widowed ['wɪdəʊd] *adj* veuf (veuve).

widower ['wɪdəʊər] *n* veuf *m*.

width [wɪdθ] *n* largeur *f*; **in ~** de large.

wield [wiːld] *vt* **-1.** [weapon] manier. **-2.** [power] exercer.

wife [waɪf] (*pl* **wives**) *n* femme *f*, épouse *f*.

wig [wɪg] *n* perruque *f*.

wiggle ['wɪgl] *inf vt* remuer.

wild [waɪld] *adj* **-1.** [animal, attack, scenery, flower] sauvage. **-2.** [weather, sea] déchaîné(e). **-3.** [laughter, hope, plan] fou (folle). **-4.** [random - estimate] fantaisiste; **I made a ~ guess** j'ai dit ça au hasard.

◆ **wilds** *npl*: **the ~s of** le fin fond de; **to live in the ~s** habiter en pleine nature.

wilderness ['wɪldənɪs] *n* étendue *f* sauvage.

wild-goose chase *n inf*: **it turned out to be a ~** ça s'est révélé être totalement inutile.

wildlife ['waɪldlaɪf] *n* (*U*) faune *f* et flore *f*.

wildly ['waɪldlɪ] *adv* **-1.** [enthusiastically, fanatically] frénétiquement. **-2.** [guess, suggest] au hasard; [shoot] dans tous les sens. **-3.** [very - different, impractical] tout à fait.

wilful *Br*, **willful** *Am* ['wɪlful] *adj* **-1.** [determined] obstiné(e). **-2.** [deliberate] délibéré(e).

will[1] [wɪl] ◇ *n* **-1.** [mental] volonté *f*; **against one's ~** contre son gré. **-2.** [document] testament *m*. ◇ *vt*: **to ~ sthg to happen** prier de toutes ses forces pour que qqch se passe; **to ~ sb to do sthg** concentrer toute sa volonté sur qqn pour qu'il fasse qqch.

will[2] [wɪl] *modal vb* **-1.** (*to express future tense*): **I ~ see you next week** je te verrai la semaine prochaine; **when ~ you have finished it?** quand est-ce que tu l'auras fini?; **~ you be here next week? — yes I ~/no I won't** est-ce que tu seras là la semaine prochaine? — oui/non. **-2.** [indicating willingness]: **~ you have some more tea?** voulez-vous encore du thé?; **I won't do it** je refuse de le faire, je ne veux pas le faire. **-3.** [in commands, requests]: **you ~ leave this house at once** tu vas quitter cette maison tout de suite; **close that window, ~ you?** ferme cette fenêtre, veux-tu?; **~ you be quiet!** veux-tu te taire!, tu vas te taire! **-4.** [indicating possibility, what usually happens]: **the hall ~ hold up to 1000 people** la salle peut abriter jusqu'à 1000 personnes. **-5.** [expressing an assumption]: **that'll be your father** cela doit être ton père. **-6.** [indicating irritation]: **she ~ keep phoning me** elle n'arrête pas de me téléphoner.

willful Am = **wilful.**

willing ['wɪlɪŋ] adj **-1.** [prepared]: **if you're ~** si vous voulez bien; **to be ~ to do sthg** être disposé(e) OR prêt(e) à faire qqch. **-2.** [eager] enthousiaste.

willingly ['wɪlɪŋlɪ] adv volontiers.

willow (tree) ['wɪləʊ-] n saule m.

willpower ['wɪl,paʊəʳ] n volonté f.

willy-nilly [,wɪlɪ'nɪlɪ] adv **-1.** [at random] n'importe comment. **-2.** [wanting to or not] bon gré mal gré.

wilt [wɪlt] vi [plant] se faner; fig [person] dépérir.

wily ['waɪlɪ] adj rusé(e).

wimp [wɪmp] n pej inf mauviette f.

win [wɪn] (pt & pp **won**) ◇ n victoire f. ◇ vt **-1.** [game, prize, competition] gagner. **-2.** [support, approval] obtenir; [love, friendship] gagner. ◇ vi gagner.
♦ **win over, win round** vt sep convaincre, gagner à sa cause.

wince [wɪns] vi: **to ~ (at/with)** [with body] tressaillir (à/de); [with face] grimacer (à/de).

winch [wɪntʃ] n treuil m.

wind¹ [wɪnd] ◇ n **-1.** METEOR vent m. **-2.** [breath] souffle m. **-3.** (U) [in stomach] gaz mpl. ◇ vt [knock breath out of] couper le souffle à.

wind² [waɪnd] (pt & pp **wound**) ◇ vt **-1.** [string, thread] enrouler. **-2.** [clock] remonter. ◇ vi [river, road] serpenter.
♦ **wind down** ◇ vt sep **-1.** [car window] baisser. **-2.** [business] cesser graduellement. ◇ vi [relax] se détendre.
♦ **wind up** vt sep **-1.** [finish - meeting] clôturer; [- business] liquider. **-2.** [clock, car window] remonter. **-3.** Br inf [deliberately annoy] faire marcher.

-4. inf [end up]: **to ~ up doing sthg** finir par faire qqch.

windfall ['wɪndfɔːl] n [unexpected gift] aubaine f.

winding ['waɪndɪŋ] adj sinueux(euse).

wind instrument [wɪnd-] n instrument m à vent.

windmill ['wɪndmɪl] n moulin m à vent.

window ['wɪndəʊ] n **-1.** [gen & COMPUT] fenêtre f. **-2.** [pane of glass, in car] vitre f. **-3.** [of shop] vitrine f.

window box n jardinière f.

window cleaner n laveur m, -euse f de vitres.

window ledge n rebord m de fenêtre.

window pane n vitre f.

windowsill ['wɪndəʊsɪl] n [outside] rebord m de fenêtre; [inside] appui m de fenêtre.

windpipe ['wɪndpaɪp] n trachée f.

windscreen ['wɪndskriːn], **windshield** Am ['wɪndʃiːld] n pare-brise m inv.

windscreen washer n lave-glace m.

windscreen wiper [-,waɪpəʳ] n essuie-glace m.

windshield Am = **windscreen.**

windsurfing ['wɪnd,sɜːfɪŋ] n: **to go ~** faire de la planche à voile.

windswept ['wɪndswept] adj [scenery] balayé(e) par les vents.

windy ['wɪndɪ] adj venteux(euse); **it's ~** il fait du vent.

wine [waɪn] n vin m.

wine bar n Br bar m à vin.

wine cellar n cave f (à vin).

wineglass ['waɪnglɑːs] n verre m à vin.

wine list n carte f des vins.

wine merchant n Br marchand m de vins.

wine tasting [-,teɪstɪŋ] n dégustation f (de vins).

wine waiter n sommelier m.

wing [wɪŋ] n aile f.
♦ **wings** npl THEATRE: **the ~s** les coulisses fpl.

winger ['wɪŋəʳ] n SPORT ailier m.

wink [wɪŋk] ◇ n clin m d'œil. ◇ vi [with eyes]: **to ~ (at sb)** faire un clin d'œil (à qqn).

winkle ['wɪŋkl] n bigorneau m.

◆ **winkle out** vt sep extirper; **to ~ sthg out of sb** arracher qqch à qqn.

winner ['wɪnəʳ] n [person] gagnant m, -e f.

winning ['wɪnɪŋ] adj [victorious, successful] **gagnant(e)**.

◆ **winnings** npl gains mpl.

winning post n poteau m d'arrivée.

winter ['wɪntəʳ] ◇ n hiver m; **in ~** en hiver. ◇ comp d'hiver.

winter sports npl sports mpl d'hiver.

wintertime ['wɪntətaɪm] n (U) hiver m.

wint(e)ry ['wɪntrɪ] adj d'hiver.

wipe [waɪp] ◇ n: **to give sthg a ~** essuyer qqch, donner un coup de torchon à qqch. ◇ vt essuyer.

◆ **wipe out** vt sep **-1.** [erase] effacer. **-2.** [eradicate] anéantir.

◆ **wipe up** vt sep & vi essuyer.

wire ['waɪəʳ] ◇ n **-1.** (U) [metal] fil m de fer. **-2.** [cable etc] fil m. **-3.** [telegram] télégramme m. ◇ vt **-1.** [ELEC - plug] installer; [- house] faire l'installation électrique de. **-2.** [send telegram to] télégraphier à.

wireless ['waɪəlɪs] n dated T.S.F. f.

wiring ['waɪərɪŋ] n (U) installation f électrique.

wiry ['waɪərɪ] adj **-1.** [hair] crépu(e). **-2.** [body, man] noueux(euse).

wisdom ['wɪzdəm] n sagesse f.

wisdom tooth n dent f de sagesse.

wise [waɪz] adj sage.

wisecrack ['waɪzkræk] n pej vanne f.

wish [wɪʃ] ◇ n **-1.** [desire] souhait m, désir m; **~ for sthg/to do sthg** désir de qqch/de faire qqch. **-2.** [magic request] vœu m. ◇ vt **-1.** [want]: **to ~ to do sthg** souhaiter faire qqch; **I ~ (that) he'd come** j'aimerais bien qu'il vienne; **I ~ I could** si seulement je pouvais. **-2.** [expressing hope]: **to ~ sb sthg** souhaiter qqch à qqn. ◇ vi [by magic]: **to ~ for sthg** souhaiter qqch.

◆ **wishes** npl: **best ~es** meilleurs vœux; **(with) best ~es** [at end of letter] bien amicalement.

wishful thinking [,wɪʃful-] n: **that's just ~** c'est prendre mes/ses etc désirs pour des réalités.

wishy-washy ['wɪʃɪ,wɒʃɪ] adj inf pej [person] sans personnalité; [ideas] vague.

wisp [wɪsp] n **-1.** [tuft] mèche f. **-2.** [small cloud] mince filet m OR volute f.

wistful ['wɪstful] adj nostalgique.

wit [wɪt] n **-1.** [humour] esprit m. **-2.** [intelligence]: **to have the ~ to do sthg** avoir l'intelligence de faire qqch.

◆ **wits** npl: **to have** OR **keep one's ~s about one** être attentif(ive) OR sur ses gardes.

witch [wɪtʃ] n sorcière f.

with [wɪð] prep **-1.** [in company of] avec; **I play tennis ~ his wife** je joue au tennis avec sa femme; **we stayed ~ them for a week** nous avons passé une semaine chez eux. **-2.** [indicating opposition] avec; **to argue ~ sb** discuter avec qqn; **the war ~ Germany** la guerre avec OR contre l'Allemagne. **-3.** [indicating means, manner, feelings] avec; **I washed it ~ detergent** je l'ai lavé avec un détergent; **she was trembling ~ fright** elle tremblait de peur. **-4.** [having] avec; **a man ~ a beard** un homme avec une barbe, un barbu; **the man ~ the moustache** l'homme à la moustache. **-5.** [regarding]: **he's very mean ~ money** il est très près de ses sous, il est très avare; **the trouble ~ her is that ...** l'ennui avec elle OR ce qu'il y a avec elle c'est que .... **-6.** [indicating simultaneity]: **I can't do it ~ you watching me** je ne peux pas le faire quand OR pendant que tu me regardes. **-7.** [because of]: **~ my luck, I'll probably lose** avec ma chance habituelle, je suis sûr de perdre. **-8.** phr: **I'm ~ you** [I understand] je vous suis; [I'm on your side] je suis des vôtres; [I agree] je suis d'accord avec vous.

withdraw [wɪð'drɔː] (*pt* -drew, *pp* -drawn) ◇ *vt* -1. [remove]: to ~ sthg (from) enlever qqch (de). -2. [money, troops, remark] retirer. ◇ *vi* -1. *fml* [leave]: to ~ (from) se retirer (de). -2. MIL se replier; to ~ from évacuer. -3. [quit, give up]: to ~ (from) se retirer (de).

withdrawal [wɪð'drɔːəl] *n* -1. [gen]: ~ (from) retrait *m* (de). -2. MIL repli *m*.

withdrawal symptoms *npl* crise *f* de manque.

withdrawn [wɪð'drɔːn] ◇ *pp* → withdraw. ◇ *adj* [shy, quiet] renfermé(e).

withdrew [wɪð'druː] *pt* → withdraw.

wither ['wɪðə'] *vi* -1. [dry up] se flétrir. -2. [weaken] mourir.

withhold [wɪð'həʊld] (*pt & pp* -held [-'held]) *vt* [services] refuser; [information] cacher; [salary] retenir.

within [wɪ'ðɪn] ◇ *prep* -1. [inside] à l'intérieur de, dans; ~ her en elle, à l'intérieur d'elle-même. -2. [budget, comprehension] dans les limites de; [limits] dans. -3. [less than - distance] à moins de; [- time] d'ici, en moins de; ~ the week avant la fin de la semaine. ◇ *adv* à l'intérieur.

without [wɪð'aʊt] ◇ *prep* sans; ~ a coat sans manteau; I left ~ seeing him je suis parti sans l'avoir vu; I left ~ him seeing me je suis parti sans qu'il m'ait vu; to go ~ sthg se passer de qqch. ◇ *adv*: to go OR do ~ s'en passer.

withstand [wɪð'stænd] (*pt & pp* -stood [-'stʊd]) *vt* résister à.

witness ['wɪtnɪs] ◇ *n* -1. [gen] témoin *m*. -2. [testimony]: to bear ~ to sthg témoigner de qqch. ◇ *vt* -1. [accident, crime] être témoin de. -2. *fig* [changes, rise in birth rate] assister à. -3. [countersign] contresigner.

witness box *Br*, **witness stand** *Am n* barre *f* des témoins.

witticism ['wɪtɪsɪzm] *n* mot *m* d'esprit.

witty ['wɪtɪ] *adj* plein(e) d'esprit, spirituel(elle).

wives [waɪvz] *pl* → **wife**.

wizard ['wɪzəd] *n* magicien *m*; *fig* as *m*, champion *m*, -ionne *f*.

wobble ['wɒbl] *vi* [hand, wings] trembler; [chair, table] branler.

woe [wəʊ] *n literary* malheur *m*.

woke [wəʊk] *pt* → **wake**.

woken ['wəʊkn] *pp* → **wake**.

wolf [wʊlf] (*pl* **wolves**) *n* [animal] loup *m*.

woman ['wʊmən] (*pl* **women**) ◇ *n* femme *f*. ◇ *comp*: ~ **doctor** femme *f* médecin; ~ **teacher** professeur *m* femme.

womanly ['wʊmənlɪ] *adj* féminin(e).

womb [wuːm] *n* utérus *m*.

women ['wɪmɪn] *pl* → **woman**.

women's lib *n* libération *f* de la femme.

women's liberation *n* libération *f* de la femme.

won [wʌn] *pt & pp* → **win**.

wonder ['wʌndə'] ◇ *n* -1. (U) [amazement] étonnement *m*. -2. [cause for surprise]: it's a ~ (that) ... c'est un miracle que ...; it's no OR little OR small ~ (that) ... il n'est pas étonnant que .... -3. [amazing thing, person] merveille *f*. ◇ *vt* -1. [speculate]: to ~ (if OR whether) se demander (si). -2. [in polite requests]: I ~ whether you would mind shutting the window? est-ce que cela ne vous ennuierait pas de fermer la fenêtre? ◇ *vi* [speculate] se demander; to ~ about sthg s'interroger sur qqch.

wonderful ['wʌndəful] *adj* merveilleux(euse).

wonderfully ['wʌndəfulɪ] *adv* -1. [very well] merveilleusement, à merveille. -2. [for emphasis] extrêmement.

won't [wəʊnt] = **will not**.

woo [wuː] *vt* -1. *literary* [court] courtiser. -2. [try to win over] chercher à rallier (à soi OR à sa cause).

wood [wʊd] ◇ *n* bois *m*. ◇ *comp* en bois.

◆ **woods** *npl* bois *mpl*.

wooded ['wʊdɪd] *adj* boisé(e).

wooden ['wʊdn] *adj* -1. [of wood] en bois. -2. *pej* [actor] gauche.

woodpecker ['wʊd,pekəʳ] *n* pivert *m*.

woodwind ['wʊdwɪnd] *n*: **the** ~ les bois *mpl*.

woodwork ['wʊdwɜːk] *n* menuiserie *f*.

woodworm ['wʊdwɜːm] *n* ver *m* du bois.

wool [wʊl] *n* laine *f*; **to pull the** ~ **over sb's eyes** *inf* rouler qqn (dans la farine).

woollen *Br*, **woolen** *Am* ['wʊlən] *adj* en laine, de laine.

◆ **woollens** *npl* lainages *mpl*.

woolly ['wʊlɪ] *adj* **-1.** [woollen] en laine, de laine. **-2.** *inf* [idea, thinking] confus(e).

word [wɜːd] ◇ *n* **-1.** LING mot *m*; **too stupid for** ~**s** vraiment trop bête; ~ **for** ~ [repeat, copy] mot pour mot; [translate] mot à mot; **in other** ~**s** en d'autres mots OR termes; **in a** ~ en un mot; **to have a** ~ **(with sb)** parler (à qqn); **she doesn't mince her** ~**s** elle ne mâche pas ses mots; **I couldn't get a** ~ **in edgeways** je n'ai pas réussi à placer un seul mot. **-2.** (*U*) [news] nouvelles *fpl*. **-3.** [promise] parole *f*; **to give sb one's** ~ donner sa parole à qqn. ◇ *vt* [letter, reply] rédiger.

wording ['wɜːdɪŋ] *n* (*U*) termes *mpl*.

word processing *n* (*U*) COMPUT traitement *m* de texte.

word processor [-,prəʊsesəʳ] *n* COMPUT machine *f* à traitement de texte.

wore [wɔːʳ] *pt* → **wear**.

work [wɜːk] ◇ *n* **-1.** (*U*) [employment] travail *m*, emploi *m*; **out of** ~ sans emploi, au chômage; **at** ~ au travail. **-2.** [activity, tasks] travail *m*. **-3.** ART & LITERATURE œuvre *f*. ◇ *vt* **-1.** [person, staff] faire travailler. **-2.** [machine] faire marcher. **-3.** [wood, metal, land] travailler. ◇ *vi* **-1.** [do a job] travailler; **to** ~ **on sthg** travailler à qqch. **-2.** [function] marcher, fonctionner. **-3.** [succeed] marcher. **-4.** [become]: **to** ~ **loose** se desserrer.

◆ **works** ◇ *n* [factory] usine *f*. ◇ *npl*

-1. [mechanism] mécanisme *m*. **-2.** [digging, building] travaux *mpl*.

◆ **work on** *vt fus* **-1.** [pay attention to] travailler à. **-2.** [take as basis] se baser sur.

◆ **work out** ◇ *vt sep* **-1.** [plan, schedule] mettre au point. **-2.** [total, answer] trouver. ◇ *vi* **-1.** [figure, total]: **to** ~ **out at** se monter à. **-2.** [turn out] se dérouler. **-3.** [be successful] (bien) marcher. **-4.** [train, exercise] s'entraîner.

◆ **work up** *vt sep* **-1.** [excite]: **to** ~ **o.s. up into** se mettre dans. **-2.** [generate]: **to** ~ **up an appetite** s'ouvrir l'appétit; **to** ~ **up enthusiasm** s'enthousiasmer.

workable ['wɜːkəbl] *adj* [plan] réalisable; [system] fonctionnel(elle).

workaholic [,wɜːkə'hɒlɪk] *n* bourreau *m* de travail.

workday ['wɜːkdeɪ] *n* [not weekend] jour *m* ouvrable.

worked up [,wɜːkt-] *adj* dans tous ses états.

worker ['wɜːkəʳ] *n* travailleur *m*, -euse *f*, ouvrier *m*, -ière *f*.

workforce ['wɜːkfɔːs] *n* main *f* d'œuvre.

working ['wɜːkɪŋ] *adj* **-1.** [in operation] qui marche. **-2.** [having employment] qui travaille. **-3.** [conditions, clothes, hours] de travail.

◆ **workings** *npl* [of system, machine] mécanisme *m*.

working class *n*: **the** ~ la classe ouvrière.

◆ **working-class** *adj* ouvrier(ière).

working order *n*: **in** ~ en état de marche.

workload ['wɜːkləʊd] *n* quantité *f* de travail.

workman ['wɜːkmən] (*pl* -men [-mən]) *n* ouvrier *m*.

workmanship ['wɜːkmənʃɪp] *n* (*U*) travail *m*.

workmate ['wɜːkmeɪt] *n* camarade *mf* OR collègue *mf* de travail.

work permit [-,pɜːmɪt] *n* permis *m* de travail.

workplace ['wɜːkpleɪs] *n* lieu *m* de travail.

workshop ['wɜːkʃɒp] *n* atelier *m*.

workstation ['wɜːk,steɪʃn] *n* COMPUT poste *m* de travail.

worktop ['wɜːktɒp] *n* Br plan *m* de travail.

work-to-rule *n* Br grève *f* du zèle.

world [wɜːld] ◇ *n* -1. [gen] monde *m*. -2. *loc:* to think the ~ of sb admirer qqn énormément, ne jurer que par qqn; a ~ of difference une énorme différence. ◇ *comp* [power] mondial(e); [language] universel(elle); [tour] du monde.

world-class *adj* de niveau international.

world-famous *adj* de renommée mondiale.

worldly ['wɜːldlɪ] *adj* de ce monde, matériel(ielle).

World War I *n* la Première Guerre mondiale.

World War II *n* la Deuxième Guerre mondiale.

worldwide ['wɜːldwaɪd] ◇ *adj* mondial(e). ◇ *adv* dans le monde entier.

worm [wɜːm] *n* [animal] ver *m*.

worn [wɔːn] ◇ *pp* → wear. ◇ *adj* -1. [threadbare] usé(e). -2. [tired] las (lasse).

worn-out *adj* -1. [old, threadbare] usé(e). -2. [tired] épuisé(e).

worried ['wʌrɪd] *adj* soucieux(ieuse), inquiet(iète).

worry ['wʌrɪ] ◇ *n* -1. [feeling] souci *m*. -2. [problem] souci *m*, ennui *m*. ◇ *vt* inquiéter, tracasser. ◇ *vi* s'inquiéter; to ~ about se faire du souci au sujet de; not to ~! ne vous en faites pas!

worrying ['wʌrɪɪŋ] *adj* inquiétant(e).

worse [wɜːs] ◇ *adj* -1. [not as good] pire; to get ~ [situation] empirer. -2. [more ill]: he's ~ today il va plus mal aujourd'hui. ◇ *adv* plus mal; they're even ~ off c'est encore pire pour eux; ~ off [financially] plus pauvre. ◇ *n* pire *m*; for the ~ pour le pire.

worsen ['wɜːsn] *vt & vi* empirer.

worship ['wɜːʃɪp] ◇ *vt* adorer. ◇ *n* -1. (*U*) RELIG culte *m*. -2. [adoration] adoration *f*.

◆ **Worship** *n:* Your/Her/His Worship Votre/Son Honneur *m*.

worst [wɜːst] ◇ *adj:* the ~ le pire (la pire), le plus mauvais (la plus mauvaise). ◇ *adv* le plus mal; the ~ affected area la zone la plus touchée. ◇ *n:* the ~ le pire; if the ~ comes to the ~ au pire.

◆ **at (the) worst** *adv* au pire.

worth [wɜːθ] ◇ *prep* -1. [in value]: to be ~ sthg valoir qqch; how much is it ~? combien cela vaut-il? -2. [deserving of]: it's ~ a visit cela vaut une visite; to be ~ doing sthg valoir la peine de faire qqch. ◇ *n* valeur *f*; a week's/£20 ~ of groceries pour une semaine/20 livres d'épicerie.

worthless ['wɜːθlɪs] *adj* -1. [object] sans valeur, qui ne vaut rien. -2. [person] qui n'est bon à rien.

worthwhile [,wɜːθ'waɪl] *adj* [job, visit] qui en vaut la peine; [charity] louable.

worthy ['wɜːðɪ] *adj* -1. [deserving of respect] digne. -2. [deserving]: to be ~ of sthg mériter qqch. -3. *pej* [good but unexciting] méritant(e).

would [wʊd] *modal vb* -1. (*in reported speech*): she said she ~ come elle a dit qu'elle viendrait. -2. [indicating likelihood]: what ~ you do? que ferais-tu?; what ~ you have done? qu'aurais-tu fait?; I ~ be most grateful je vous en serais très reconnaissant. -3. [indicating willingness]: she ~n't go elle ne voulait pas y aller; he ~ do anything for her il ferait n'importe quoi pour elle. -4. (*in polite questions*): ~ you like a drink? voulez-vous OR voudriez-vous à boire?; ~ you mind closing the window? cela vous ennuierait de fermer la fenêtre? -5. [indicating inevitability]: he ~ say that j'étais sûr qu'il allait dire ça, ça ne m'étonne pas de lui. -6. [giving advice]: I ~ report it if I were you si j'étais vous je préviendrais les autorités. **-7.** [expressing opinions]: **I ~ prefer** je préférerais; **I ~ have thought (that)** ... j'aurais pensé que .... **-8.** [indicating habit]: **he ~ smoke a cigar after dinner** il fumait un cigare après le dîner; **she ~ often complain about the neighbours** elle se plaignait souvent des voisins.

would-be *adj* prétendu(e).

wouldn't ['wʊdnt] = **would not**.

would've ['wʊdəv] = **would have**.

wound¹ [wuːnd] ◇ *n* blessure *f*. ◇ *vt* blesser.

wound² [waʊnd] *pt & pp* → **wind²**.

wove [wəʊv] *pt* → **weave**.

woven ['wəʊvn] *pp* → **weave**.

WP *n* (*abbr of* **word processing**, **word processor**) TTX *m*.

wrangle ['ræŋgl] ◇ *n* dispute *f*. ◇ *vi*: **to ~ (with sb over sthg)** se disputer (avec qqn à propos de qqch).

wrap [ræp] ◇ *vt* [cover in paper, cloth]: **to ~ sthg (in)** envelopper OR emballer qqch (dans); **to ~ sthg around** OR **round sthg** enrouler qqch autour de qqch. ◇ *n* [garment] châle *m*.
♦ **wrap up** ◇ *vt sep* [cover in paper or cloth] envelopper, emballer. ◇ *vi* [put warm clothes on]: **~ up well** OR **warmly!** couvrez-vous bien!

wrapper ['ræpər] *n* papier *m*; *Br* [of book] jaquette *f*, couverture *f*.

wrapping ['ræpɪŋ] *n* emballage *m*.

wrapping paper *n* (*U*) papier *m* d'emballage.

wrath [rɒθ] *n* (*U*) *literary* courroux *m*.

wreak [riːk] *vt* [havoc] entraîner.

wreath [riːθ] *n* couronne *f*.

wreck [rek] ◇ *n* **-1.** [car, plane, ship] épave *f*. **-2.** *inf* [person] loque *f*. ◇ *vt* **-1.** [destroy] détruire. **-2.** NAUT provoquer le naufrage de; **to be ~ed** s'échouer. **-3.** [spoil - holiday] gâcher; [- health, hopes, plan] ruiner.

wreckage ['rekɪdʒ] *n* (*U*) débris *mpl*.

wren [ren] *n* roitelet *m*.

wrench [rentʃ] ◇ *n* [tool] clef *f* anglaise. ◇ *vt* **-1.** [pull violently] tirer violemment; **to ~ sthg off** arracher qqch. **-2.** [arm, leg, knee] se tordre.

wrestle ['resl] *vi* **-1.** [fight]: **to ~ (with sb)** lutter (contre qqn). **-2.** *fig* [struggle]: **to ~ with sthg** se débattre OR lutter contre qqch.

wrestler ['reslər] *n* lutteur *m*, -euse *f*.

wrestling ['reslɪŋ] *n* lutte *f*.

wretch [retʃ] *n* pauvre diable *m*.

wretched ['retʃɪd] *adj* **-1.** [miserable] misérable. **-2.** *inf* [damned] fichu(e).

wriggle ['rɪgl] *vi* remuer, se tortiller.

wring [rɪŋ] (*pt & pp* **wrung**) *vt* [washing] essorer, tordre.

wringing ['rɪŋɪŋ] *adj*: **~ (wet)** [person] trempé(e); [clothes] mouillé(e).

wrinkle ['rɪŋkl] ◇ *n* **-1.** [on skin] ride *f*. **-2.** [in cloth] pli *m*. ◇ *vt* plisser. ◇ *vi* se plisser, faire des plis.

wrist [rɪst] *n* poignet *m*.

wristwatch ['rɪstwɒtʃ] *n* montre-bracelet *f*.

writ [rɪt] *n* acte *m* judiciaire.

write [raɪt] (*pt* **wrote**, *pp* **written**) ◇ *vt* **-1.** [gen & COMPUT] écrire. **-2.** *Am* [person] écrire à. **-3.** [cheque, prescription] faire. ◇ *vi* [gen & COMPUT] écrire.
♦ **write back** *vi* répondre.
♦ **write down** *vt sep* écrire, noter.
♦ **write into** *vt sep*: **to ~ a clause into a contract** insérer une clause dans un contrat.
♦ **write off** *vt sep* **-1.** [project] considérer comme fichu. **-2.** [debt, investment] passer aux profits et pertes. **-3.** [person] considérer comme fini. **-4.** *Br inf* [vehicle] bousiller.
♦ **write up** *vt sep* [notes] mettre au propre.

write-off *n* [vehicle]: **to be a ~** être complètement démoli(e).

writer ['raɪtər] *n* **-1.** [as profession] écrivain *m*. **-2.** [of letter, article, story] auteur *m*.

writhe [raɪð] *vi* se tordre.

writing ['raɪtɪŋ] *n* (*U*) **-1.** [handwriting, activity] écriture *f*; **in ~** par écrit. **-2.** [something written] écrit *m*.

writing paper *n* (*U*) papier *m* à lettres.

written ['rɪtn] ◇ *pp* → **write**. ◇ *adj* écrit(e).

wrong [rɒŋ] ◇ adj **-1.** [not normal, not satisfactory] qui ne va pas; **is something ~?** y a-t-il quelque chose qui ne va pas?; **what's ~?** qu'est-ce qui ne va pas?; **there's something ~ with the switch** l'interrupteur ne marche pas bien. **-2.** [not suitable] qui ne convient pas. **-3.** [not correct - answer, address] faux (fausse), mauvais(e); [- decision] mauvais; **to be ~** [person] avoir tort; **to be ~ to do sthg** avoir tort de faire qqch. **-4.** [morally bad]: **it's ~ to ...** c'est mal de .... ◇ adv [incorrectly] mal; **to get sthg ~** se tromper à propos de qqch; **to go ~** [make a mistake] se tromper, faire une erreur; [stop functioning] se détraquer. ◇ n mal m; **to be in the ~** être dans son tort. ◇ vt faire du tort à.

wrongful ['rɒŋfʊl] adj [unfair] injuste; [arrest, dismissal] injustifié(e).

wrongly ['rɒŋlɪ] adv **-1.** [unsuitably] mal. **-2.** [mistakenly] à tort.

wrong number n faux numéro m.

wrote [rəʊt] pt → **write**.

wrought iron [rɔːt-] n fer m forgé.

wrung [rʌŋ] pt & pp → **wring**.

wry [raɪ] adj **-1.** [amused - smile, look] amusé(e); [- humour] ironique. **-2.** [displeased] désabusé(e).

x (pl **x's** OR **xs**), **X** (pl **X's** OR **Xs**) [eks] n **-1.** [letter] x m inv, X m inv. **-2.** [unknown thing] x m inv. **-3.** [to mark place] croix f. **-4.** [at end of letter]: **XXX** grosses bises.

xenophobia [ˌzenə'fəʊbjə] n xénophobie f.

Xmas ['eksməs] n Noël m.

X-ray ◇ n **-1.** [ray] rayon m X. **-2.** [picture] radiographie f, radio f. ◇ vt radiographier.

xylophone ['zaɪləfəʊn] n xylophone m.

y (pl **y's** OR **ys**), **Y** (pl **Y's** OR **Ys**) [waɪ] n [letter] y m inv, Y m inv.

yacht [jɒt] n yacht m.

yachting ['jɒtɪŋ] n yachting m.

yachtsman ['jɒtsmən] (pl **-men** [-mən]) n yachtman m.

Yank [jæŋk] n Br inf terme péjoratif désignant un Américain, Amerloque mf.

Yankee ['jæŋkɪ] n Br inf [American] terme péjoratif désignant un Américain, Amerloque mf.

yap [jæp] vi [dog] japper.

yard [jɑːd] n **-1.** [unit of measurement] = 91,44 cm, yard m. **-2.** [walled area] cour f. **-3.** [area of work] chantier m. **-4.** Am [attached to house] jardin m.

yardstick ['jɑːdstɪk] n mesure f.

yarn [jɑːn] n [thread] fil m.

yawn [jɔːn] ◇ n [when tired] bâillement m. ◇ vi [when tired] bâiller.

yd abbr of **yard**.

yeah [jeə] adv inf ouais.

year [jɪər] n **-1.** [calendar year] année f; **all (the) ~ round** toute l'année. **-2.** [period of 12 months] année f, an m; **to be 21 ~s old** avoir 21 ans. **-3.** [financial year] année f; **the ~ 1992-93** l'exercice 1992-93.

◆ **years** npl [long time] années fpl.

yearly ['jɪəlɪ] ◇ adj annuel(elle). ◇ adv **-1.** [once a year] annuellement. **-2.** [every year] chaque année; **twice ~** deux fois par an.

yearn [jɜːn] vi: **to ~ for sthg/to do sthg** aspirer à qqch/à faire qqch.

yearning ['jɜːnɪŋ] n: **~ (for sb/sthg)** désir m ardent (pour qqn/de qqch).

yeast [jiːst] n levure f.

yell [jel] ◇ n hurlement m. ◇ vi & vt hurler.

yellow ['jeləʊ] ◇ adj [colour] jaune. ◇ n jaune m.

yellow card n FTBL carton m jaune.

yelp [jelp] vi japper.

yeoman of the guard ['jəʊmən-] (pl

yeomen of the guard [ˈjəʊmən-]) *n* hallebardier *m* de la garde royale.

yes [jes] ◇ *adv* **-1.** [gen] oui; ~, **please** oui, s'il te/vous plaît. **-2.** [expressing disagreement] si. ◇ *n* oui *m inv.*

yesterday [ˈjestədɪ] ◇ *n* hier *m*; **the day before** ~ avant-hier. ◇ *adv* hier.

yet [jet] ◇ *adv* **-1.** [gen] encore; ~ **faster** encore plus vite; **not** ~ **pas** encore; ~ **again** encore une fois; **as** ~ jusqu'ici. **-2.** déjà; **have they finished** ~? est-ce qu'ils ont déjà fini? ◇ *conj* et cependant, mais.

yew [juː] *n* if *m*.

yield [jiːld] ◇ *n* rendement *m*. ◇ *vt* **-1.** [produce] produire. **-2.** [give up] céder. ◇ *vi* **-1.** [gen]: **to** ~ (**to**) céder (à). **-2.** *Am* AUT [give way]: "~" «cédez le passage»

YMCA (*abbr of* **Young Men's Christian Association**) *n* union chrétienne de jeunes gens (*proposant notamment des services d'hébergement*).

yoga [ˈjəʊgə] *n* yoga *m*.

yoghourt, yoghurt, yogurt [*Br* ˈjɒgət, *Am* ˈjəʊgərt] *n* yaourt *m*.

yoke [jəʊk] *n* lit & fig joug *m*.

yolk [jəʊk] *n* jaune *m* (d'œuf).

you [juː] *pers pron* **-1.** (*subject - sg*) tu; (- *polite form, pl*) vous; ~'**re a good cook** tu es/vous êtes bonne cuisinière; **are** ~ **French**? tu es/vous êtes français?; ~ **French** vous autres Français; ~ **idiot!** espèce d'idiot!; **if I were** OR **was** ~ si j'étais toi/vous, à ta/votre place; **there** ~ **are** [you've appeared] te/vous voilà; [have this] voilà, tiens/tenez; **that jacket really isn't** ~ cette veste n'est pas vraiment ton/votre style. **-2.** (*object - unstressed, sg*) te; (- *polite form, pl*) vous; **I can see** ~ je te/vous vois; **I gave it to** ~ je te/vous l'ai donné. **-3.** (*object - stressed, sg*) toi; (- *polite form, pl*) vous; **I don't expect YOU to do it** je n'exige pas que ce soit toi qui le fasses/vous qui le fassiez. **-4.** (*after prep, in comparisons etc, sg*) toi; (- *polite form, pl*) vous; **we shall go without** ~ nous

irons sans toi/vous; **I'm shorter than** ~ je suis plus petit que toi/vous. **-5.** [anyone, one] on; ~ **have to be careful** on doit faire attention; **exercise is good for** ~ l'exercice est bon pour la santé.

you'd [juːd] = **you had, you would**.

you'll [juːl] = **you will**.

young [jʌŋ] ◇ *adj* jeune. ◇ *npl* **-1.** [young people]: **the** ~ les jeunes *mpl*. **-2.** [baby animals] les petits *mpl*.

younger [ˈjʌŋgər] *adj* plus jeune.

youngster [ˈjʌŋstər] *n* jeune *m*.

your [jɔːr] *poss adj* **-1.** (*referring to one person*) ton (ta), tes (*pl*); (*polite form, pl*) votre, vos (*pl*); ~ **dog** ton/votre chien; ~ **house** ta/votre maison; ~ **children** tes/vos enfants; **what's** ~ **name**? comment t'appelles-tu/vous appelez-vous?; **it wasn't YOUR fault** ce n'était pas de ta faute à toi/de votre faute à vous. **-2.** (*impersonal - one's*) son (sa), ses (*pl*); ~ **attitude changes as you get older** on change sa manière de voir en vieillissant; **it's good for** ~ **teeth/hair** c'est bon pour les dents/les cheveux; ~ **average Englishman** l'Anglais moyen.

you're [jɔːr] = **you are**.

yours [jɔːz] *poss pron* (*referring to one person*) le tien (la tienne), les tiens (les tiennes) (*pl*); (*polite form, pl*) le vôtre (la vôtre), les vôtres (*pl*); **that desk is** ~ ce bureau est le tien/le vôtre; **it wasn't** ~ **fault, it was YOURS** ce n'était pas de sa faute, c'était de la faute à toi/de votre faute à vous; **a friend of** ~ un ami à toi/vous, un de tes/vos amis.

◆ **Yours** *adv* [in letter] → **faithfully, sincerely** *etc.*

yourself [jɔːˈself] (*pl* **-selves** [-ˈselvz]) *pron* **-1.** (*reflexive - sg*) te; (- *polite form, pl*) vous; (*after preposition - sg*) toi; (- *polite form, pl*) vous. **-2.** (*for emphasis - sg*) toi-même; (- *polite form*) vous-même; (- *pl*) vous-mêmes; **did you do it** ~? tu l'as/vous l'avez fait tout seul?

youth [ju:θ] *n* **-1.** (*U*) [period, quality] jeunesse *f*. **-2.** [young man] jeune homme *m*. **-3.** (*U*) [young people] jeunesse *f*, jeunes *mpl*.

youth club *n* centre *m* de jeunes.

youthful ['ju:θful] *adj* **-1.** [eager, innocent] de jeunesse, juvénile. **-2.** [young] jeune.

youth hostel *n* auberge *f* de jeunesse.

you've [ju:v] = **you have**.

YTS (*abbr of* **Youth Training Scheme**) *n programme gouvernemental britannique d'insertion des jeunes dans la vie professionnelle.*

Yugoslav = **Yugoslavian**.

Yugoslavia [ˌju:gə'slɑ:vɪə] *n* Yougoslavie *f*.

Yugoslavian [ˌju:gə'slɑ:vɪən], **Yugoslav** [ˌju:gə'slɑ:v] ◇ *adj* yougoslave. ◇ *n* Yougoslave *mf*.

yuppie, yuppy ['jʌpɪ] *n inf* yuppie *mf*.

YWCA (*abbr of* **Young Women's Christian Association**) *n union chrétienne de jeunes filles (proposant notamment des services d'hébergement).*

z (*pl* **z's** OR **zs**), **Z** (*pl* **Z's** OR **Zs**) [*Br* zed, *Am* zi:] *n* [letter] z *m inv*, Z *m inv*.

Zambia ['zæmbɪə] *n* Zambie *f*.

zany ['zeɪnɪ] *adj inf* dingue.

zap [zæp] *vi inf*: **to ~ (off) somewhere** foncer quelque part.

zeal [zi:l] *n* zèle *m*.

zealous ['zeləs] *adj* zélé(e).

zebra [*Br* 'zebrə, *Am* 'zi:brə] (*pl inv* OR **-s**) *n* zèbre *m*.

zebra crossing *n Br* passage *m* pour piétons.

zenith [*Br* 'zenɪθ, *Am* 'zi:nəθ] *n lit & fig* zénith *m*.

zero [*Br* 'zɪərəʊ, *Am* 'zi:rəʊ] (*pl inv* OR **-es**) ◇ *adj* zéro, aucun(e). ◇ *n* zéro *m*.

zest [zest] *n* (*U*) **-1.** [excitement] piquant *m*. **-2.** [eagerness] entrain *m*. **-3.** [of orange, lemon] zeste *m*.

zigzag ['zɪgzæg] *vi* zigzaguer.

Zimbabwe [zɪm'bɑ:bwɪ] *n* Zimbabwe *m*.

zinc [zɪŋk] *n* zinc *m*.

zip [zɪp] *n Br* [fastener] fermeture *f* éclair®.

◆ **zip up** *vt sep* [jacket] remonter la fermeture éclair de; [bag] fermer la fermeture éclair de.

zip code *n Am* code *m* postal.

zip fastener *n Br* = **zip**.

zipper ['zɪpər] *n Am* = **zip**.

zodiac ['zəʊdɪæk] *n*: **the ~** le zodiaque.

zone [zəʊn] *n* zone *f*.

zoo [zu:] *n* zoo *m*.

zoology [zəʊ'ɒlədʒɪ] *n* zoologie *f*.

zoom [zu:m] ◇ *vi inf* [move quickly] aller en trombe. ◇ *n* PHOT zoom *m*.

zoom lens *n* zoom *m*.

zucchini [zu:'ki:nɪ] (*pl inv*) *n Am* courgette *f*.

IMPRIMERIE HÉRISSEY – ÉVREUX – N° 67854
Dépôt légal : avril 1994 – N° de série Éditeur : 12560
IMPRIMÉ EN FRANCE (*Printed in France*). 401761 A - Avril 1995